Preciso entender o significado das palavras para poder utilizá-las!

variantes britânicas — storekeeper /'stɔːrkiːpər/ (GB shopkeeper) s comerciante

outras formas possíveis de se escrever uma palavra — favor (GB favour) /'feɪvər/ ♦ s favor: *to ask a favor of sb* pedir um favor a alguém

authorization, -isation /ˌɔːθərɪ'zeɪʃn; GB -raɪ'z-/ s autorização

authorize, -ise /'ɔːθəraɪz/ vt autorizar

pronúncia e acentuação tônica — photograph /'foʊtəgræf; GB -grɑːf/ ♦ s (tb abrev photo) fotografia ♦ 1 vt fotografar 2 vi: *He photographs well.* Ele é fotogênico. photographer /fə'tɑgrəfər/ s fotógrafo, -a photographic /ˌfoʊtə'græfɪk/ adj fotográfico photography /fə'tɑgrəfi/ s fotografia

exemplos que ajudam a entender como se utiliza a palavra — fortunate /'fɔːrtʃənət/ adj afortunado: *to be fortunate* ter sorte

notas de vocabulário para se aprender outras palavras relacionadas à que se está consultando —
gato, -a sm-sf cat
Tom-cat ou **tom** é um gato macho, **kittens** são os gatinhos. Os gatos ronronam (**purr**) e miam (**meow**).
LOC **Gata Borralheira** Cinderella **Gato de Botas** Puss in Boots **gato siamês** Siamese

notas culturais que explicam alguns detalhes interessantes e práticos das culturas americana e britânica —
Natal sm Christmas: *Feliz Natal!* Merry Christmas! ♦ *Sempre nos reunimos no Natal.* We always get together at Christmas.
Nos Estados Unidos e na Grã-Bretanha, praticamente não se celebra a véspera de Natal ou a noite de Natal, **Christmas Eve**. O dia mais importante é o dia 25 de dezembro, **Christmas Day** quando a família abre os presentes trazidos pelo Papai Noel, **Santa Claus**, **Father Christmas** (GB).

palavras que são utilizadas apenas em determinadas situações, por exemplo, ao se falar com os amigos, mas não ao se falar com o professor — slob /slɑb/ s (coloq) 1 vadio 2 porcalhão

Dicionário

Oxford Escolar

**para estudantes
brasileiros de inglês**

português–inglês
inglês–português

OXFORD
UNIVERSITY PRESS

OXFORD
UNIVERSITY PRESS

Great Clarendon Street, Oxford OX2 6DP

Oxford University Press is a department of the University of Oxford.
It furthers the University's objective of excellence in research,
scholarship, and education by publishing worldwide in

Oxford New York

Auckland Bangkok Buenos Aires Cape Town Chennai
Dar es Salaam Delhi Hong Kong Istanbul Karachi Kolkata
Kuala Lumpur Madrid Melbourne Mexico City Mumbai Nairobi
São Paulo Shanghai Taipei Tokyo Toronto

Oxford and Oxford English are registered trade marks of Oxford
University Press in the UK and in certain other countries

ISBN 0 19 431368 9

Design Holdsworth Associates, Isle of Wight
Capa Stonesfield Design, Stonesfield,Witney, Oxon
Ilustrações Martin Cox, Margaret Heath, Phil Longford Nigel Paige,
Martin Shovel, Paul Thomas, Harry Venning, Michael Woods,
Hardlines, Graham White, Kevin Maddison, Gay Galsworthy

Typeset in Great Britain by Tradespools Ltd, Frome, Somerset
Printed in China

Índice

Como utilizar o *Oxford Escolar*	*Interior da capa*
Introdução	vi
Teste sobre o dicionário	vii–ix

Dicionário português–inglês
de A a Z 1–284

Páginas de estudo 285
Preposições de lugar	286
Preposições de movimento	287
Como corrigir seus próprios erros	288–9
Como guardar o vocabulário novo	290–1
Como escrever uma carta	292–3
As horas	294
Como telefonar	295
Palavras que andam juntas	296–7
A pontuação inglesa	298–9
Falsos amigos	300

Dicionário inglês–português
de A a Z 301–669

Apêndices 671
1 Expressões numéricas	672–5
2 Nomes de pessoas	676
3 Nomes de lugares	677–9
4 Divisão territorial dos EUA	680
Mapa dos Estados Unidos da América e Canadá	681
5 As Ilhas Britânicas	682
Mapa das Ilhas Britânicas	683
6 Pronúncia	684
7 Abreviaturas e símbolos	685

Verbos irregulares	*Interior da contracapa*

Símbolos fonéticos	*Rodapé (do lado inglês-português)*

Introdução

O *Dicionário Oxford Escolar para estudantes brasileiros de inglês* é o primeiro dicionário bilíngüe de bolso concebido e escrito exclusivamente para estudantes brasileiros de inglês de nível básico a intermediário. Ele foi produzido por uma equipe de lexicógrafos que possuem ampla experiência na área de ensino de línguas e, portanto, conhecem bem os problemas com que se deparam os alunos brasileiros ao estudar o idioma inglês.

O objetivo essencial deste dicionário é o de orientar o estudante ao longo da primeira etapa de descoberta da língua e da cultura do mundo anglo-saxônico. Por isso, inclui inúmeros exemplos de emprego dos verbetes, além de notas gramaticais, culturais e de vocabulário.

O *Dicionário Oxford Escolar* pertence a uma nova geração de dicionários bilíngües publicados pela Oxford University Press, os únicos a ter como base a análise de uma enorme coleção de textos de inglês americano e britânico – o Corpus Nacional Britânico (o BNC), uma base de dados de 100 milhões de palavras provenientes de todo tipo de textos escritos e orais autênticos. Desta maneira, temos certeza de que a informação oferecida ao leitor reflete com total fidelidade o idioma utilizado atualmente nos países de expressão inglesa.

Em primeiro lugar, gostaria de agradecer a Bill Martin, Ana Buede-Fletcher e Manoel-Paulo Ferreira por seu empenho e trabalho infatigável na edição, compilação e tradução desta obra. Quero também agradecer a Maria Amélia Dalsenter por sua contribuição no lado inglês-português e na preparação das Páginas de estudo, a Margaret Jull Costa por sua contribuição editorial no lado português-inglês, a Eliana MT Lewis, José Antonio Arantes e Lisa Isenman por seu auxílio na correção das provas, a Sharon Peters e Colin McIntosh por seu auxílio, sobretudo, na fase final do projeto e a Michael Ashby, especialista em fonética.

Judith Willis
Editora

Teste sobre o dicionário

Para demonstrarmos como o **Dicionário Oxford Escolar** pode ajudar na aprendizagem do inglês, propomos este pequeno teste, que pode ser respondido consultando-se o dicionário.

1 Como se chamam a fêmea e a cria do **porco** em inglês?

2 Como se diz **elevador** em inglês britânico?

3 Como se chamam os naipes do **baralho** em inglês?

4 Quais são os dois sons que um **gato** faz?

5 Como se deseja feliz **aniversário** a um amigo em inglês?

6 O que se diz em inglês quando alguém **espirra**?

7 O que fazem as crianças na noite de **Halloween** nos Estados Unidos?

8 O que se comemora na Grã-Bretanha com a **Bonfire Night**?

9 As palavras **peace** e **piece** são pronunciadas da mesma maneira?

10 De quantas maneiras se pode pronunciar o substantivo **row**? O que significa em cada um dos casos?

Vocabulário

O **Dicionário Oxford Escolar** pode ajudar a ampliar seu vocabulário de várias maneiras: fornecendo detalhes sobre as palavras já conhecidas, introduzindo outras palavras relacionadas a essas, indicando a versão britânica quando esta existe, etc.

O dicionário também traz expressões típicas da língua inglesa que podem ser utilizadas em diversas situações.

Cada país tem suas tradições e festividades. Neste dicionário mencionamos as mais importantes nos Estados Unidos e na Grã-Bretanha, para que você entenda melhor a cultura do mundo de língua inglesa.

Pronúncia

No lado inglês-português apresentamos a pronúncia das palavras. Além disso, fornecemos os símbolos fonéticos no rodapé das páginas e mais algumas explicações sobre pronúncia no Apêndice 6.

11 A palavra *lung* é um substantivo, um adjetivo ou um verbo?

12 O substantivo foi bem utilizado na frase *I need some informations?* Por quê?

13 Qual a forma correta do verbo na seguinte frase: *Jane do her homework in the library?*

14 Qual é o passado do verbo *to break?*

15 Como se escreve *party* no plural?

16 Qual é a forma em *-ing* do verbo *to hit?*

17 Como se diz *escova de dentes* e *escova de cabelo* em inglês?

18 Onde se devem fritar ovos: numa *frying pan* ou numa *saucepan?*

19 Como se lê a seguinte *data* em inglês: *July 4, 2004?*

20 Em inglês, como se chama uma pessoa que nasceu na *Alemanha?*

Gramática

Para se descobrir se a palavra é um substantivo, um verbo, um advérbio, etc., devem-se consultar as classes gramaticais indicadas em cada verbete.

É possível verificar se o substantivo é utilizado de maneira diferente em inglês. Às vezes, por exemplo, não se pode usar o plural de um substantivo porque este é não contável.

As formas verbais mais importantes (passado e particípio) são indicadas para cada verbo irregular e, no interior da contracapa, encontram-se listados os verbos irregulares mais comuns.

Ortografia

O dicionário também pode ser utilizado para se verificar como se escreve determinada palavra, pois com freqüência indicamos se existe alguma pequena variação, devido ao tempo verbal ou à forma plural, por exemplo.

Explicações ilustradas

Para facilitar a distinção entre palavras de um mesmo grupo, utilizamos também ilustrações que ajudam a identificar com exatidão a palavra de que se necessita.

Informação adicional

As páginas de estudo, no meio do livro, e os apêndices, no final, ensinam a dizer as horas, a escrever e a ler datas, a utilizar as preposições e os verbos irregulares, a pronunciar nomes de lugares e pessoas, etc.

Exercício 1

No final de alguns verbetes, encontra-se a nota *Ver tb* seguida de uma palavra. Procurando-se o verbete correspondente à dita palavra, descobrem-se expressões que se traduzem de uma forma muito interessante e, às vezes, inesperada!

Por exemplo, no final do verbete **coroa** indicamos *Ver tb* CARA. No verbete **cara** se encontra a expressão **cara ou coroa**, que em inglês se diz *heads or tails*.

Adivinhe a que expressão nos referimos nos seguintes verbetes e descubra como se traduzem em inglês:

1 cântaro   4 ambiente
2 turbilhão 5 letra
3 vocal

Procure o significado das expressões a que nos referimos nos seguintes verbetes:

6 basket   9 herring
7 bird   10 bright
8 bucket

Exercício 2

Complete as frases utilizando a preposição adequada:

1 Everybody **laughed** ...... the joke.
2 We were very **pleased** ...... the hotel.
3 It took her a long time to **recover** ...... the accident.
4 He's very **proud** ...... his motorbike.
5 The hotel is **close** ...... the beach.

Exercício 3

Consulte o dicionário e escolha a forma verbal correta para os verbos entre parênteses:

1 Did you **finish** .... (clean) your room?
2 He **keeps** .... (call) me up.
3 I **persuaded** Jan .... (come) to the party.
4 Try to **avoid** .... (make) mistakes.
5 She **asked** me .... (shut) the door.

Respostas

Exercício 1

1 **chover a cântaros** to pour
2 **estar com a cabeça num turbilhão** to be confused
3 **cordas vocais** vocal cords
4 **meio ambiente** environment
5 **ao pé da letra** literally
6 **to put all your eggs in one basket** arriscar tudo (em uma só coisa)
7 **the early bird gets the worm** Deus ajuda quem cedo madruga
8 **to kick the bucket** bater as botas
9 **a red herring** uma pista falsa
10 **to look on the bright side** ver o lado bom das coisas

Exercício 2

1 at   2 with   3 from   4 of   5 to

Exercício 3

1 cleaning   2 calling   3 to come   4 making   5 to shut

Aa

a¹ *art def* the: *A casa é velha.* The house is old. ◊ *A Maria ainda não chegou.* Maria hasn't arrived yet. ☛ *Ver nota em* THE **LOC a de/que ...** *Ver* O¹

a² *pron pess* **1** (*ela*) her: *Surpreendeu-a.* It surprised her. ◊ *Eu a vi sábado à tarde.* I saw her on Saturday afternoon. **2** (*coisa*) it: *Não a vejo.* I can't see it. **3** (*você*) you: *Eu a avisei!* I told you so!

a³ *prep*
- **direção** to: *Vou a São Paulo.* I'm going to São Paulo. ◊ *Ela se dirigiu a mim.* She came up to me.
- **posição**: *à esquerda* on the left ◊ *ao meu lado* by my side ◊ *Eles estavam sentados à mesa.* They were sitting at the table.
- **distância**: *a dez quilômetros daqui* ten kilometers from here
- **tempo 1** (*com horas, idade*) at: *às doze* at twelve o'clock ◊ *aos sessenta anos* at (the age of) sixty **2** (*com data, parte do dia*): *Estamos a dois de janeiro.* It's January second. ◊ *à tarde* in the afternoon ◊ *à noite* at night ◊ *amanhã à noite* tomorrow night ◊ *hoje à noite* tonight ◊ *ontem à noite* last night
- **freqüência**: *Tenho aula de direção às segundas e sextas.* I have my driving lessons on Mondays and Fridays.
- **modo, meio**: *ir a pé* to go on foot ◊ *Faça à sua maneira.* Do it your way. ◊ *vestir-se à hippy* to dress like a hippy ◊ *escrever à máquina* to type ◊ *lavar à mão* to handwash ◊ *Funciona a pilhas.* It runs on batteries.
- **objeto indireto** to: *Dê a seu irmão.* Give it to your brother.
- **outras construções 1** (*distribuição, velocidade*) at: *Cabem três a cada um.* It works out at three each. ◊ *Eles iam a 60 quilômetros por hora.* They were going at 60 kilometers an hour. **2** (*tarifa, preço*) a, per (*mais formal*): *cinco dólares à hora* five dollars an hour **3** (*quantidade, medida*) by: *vender algo à dúzia* to sell sth by the dozen **4** (*Esporte*): *Eles ganharam de três a zero.* They won three to nothing. ◊ *Eles empataram por dois a dois.* They tied at two.

aba *sf* (*chapéu*) brim: *um chapéu de ~ larga* a wide-brimmed hat

abacate *sm* avocado [*pl* avocados]

abacaxi *sm* pineapple

abadia *sf* abbey [*pl* abbeys]

abafado, -a *pp, adj* **1** (*tempo*): *Está muito ~ hoje.* It's very sultry today. ◊ *um dia muitíssimo ~* a stiflingly hot day **2** (*aposento*) stuffy **3** (*ruído*) muffled *Ver tb* ABAFAR

abafar ◆ *vt* **1** (*ruído*) to muffle **2** (*notícia, escândalo*) to suppress **3** (*fogo*) to smother ◆ *vi* (*fazer sucesso*) to steal the show

abaixar ◆ *vt* **1** (*voz*) to lower **2** (*som*) to turn *sth* down: *Quer ~ o volume da televisão?* Could you turn down the TV? ◆ **abaixar-se** *v pron* to bend down

abaixo ◆ *adv* down: *rua/escadas ~* down the street/stairs ◆ **abaixo ...!** *interj* down with ...! **LOC abaixo de** below: *temperaturas ~ de zero* temperatures below zero **ir/vir abaixo 1** (*edifício*) to collapse **2** (*governo*) to fall **mais abaixo 1** (*mais longe*) further down: *na mesma rua, mais ~* further down the street **2** (*em sentido vertical*) lower down: *Ponha o quadro mais ~.* Put the picture lower down. **pôr abaixo 1** (*edifício*) to knock *sth* down **2** (*governo*) to bring *sth* down *Ver tb* CIMA, ENCOSTA, RIO, RUA

abajur *sm* lampshade

abalar *vt* **1** (*alterar*) to shake **2** (*impressionar*) to shock

abalo *sm* (*choque*) shock **LOC abalo sísmico** (earth) tremor

abanar ◆ *vt* **1** (*rabo*) to wag **2** (*braços, bandeira*) to wave ◆ **abanar-se** *v pron* (*com leque*) to fan (yourself) **LOC abanar a cabeça** (*em sinal de negação*) to shake your head

abandonado, -a *pp, adj* (*descuidado*) derelict: *um terreno ~* a derelict plot of land *Ver tb* ABANDONAR

abandonar *vt* **1** to abandon: *~ uma criança/um animal/um projeto* to abandon a child/an animal/a project **2** (*lugar*) to leave: *~ a sala* to leave the room **3** (*fig*) to desert: *Os meus amigos nunca me abandonariam.* My friends would never desert me. **4** (*desistir*) to give *sth* up: *Não abandone os seus sonhos.* Don't give up your dreams. **5** (*Esporte*) to withdraw **from** *sth*: *~ uma competição* to withdraw from a competition

abarrotado, -a pp, adj full: um armário ~ de roupa a closet full of clothes Ver tb ABARROTAR

abarrotar vt to fill sth full (of sth): Ele abarrotou a casa com livros. He filled his house full of books.

abastecer ◆ vt to supply sb (with sth): A fazenda abastece de ovos todo o vilarejo. The farm supplies the whole village with eggs. ◆ abastecer-se v pron abastecer-se de to stock up on sth: abastecer-se de farinha to stock up on flour

abastecimento sm 1 (ato) supplying: Quem se encarrega do ~ das tropas? Who is in charge of supplying the troops? 2 (provisão) supply: controlar o ~ de água to regulate the water supply

abater ◆ vt 1 (árvore) to fell 2 (animal) to slaughter 3 (pessoa) to kill 4 (debilitar) to weaken ◆ abater-se v pron abater-se sobre to fall on sb/sth

abatido, -a pp, adj 1 (deprimido) depressed 2 (fisionomia) haggard 3 (debilitado) weak Ver tb ABATER

abdicar vi (rei, rainha) to abdicate (in favor of sb): Eduardo VIII abdicou a/em favor do irmão. Edward the Eighth abdicated in favor of his brother.

abdome (tb **abdômen**) sm abdomen

abdominal ◆ adj abdominal ◆ abdominais sm 1 (músculos) abdominal muscles 2 (exercícios) sit-ups: fazer abdominais to do sit-ups

abecedário sm alphabet

abelha sf bee

abelhudo, -a ◆ adj 1 (intrometido) interfering 2 (bisbilhoteiro) nosy ◆ sm-sf busybody

abençoar vt to bless

aberto, -a pp, adj 1 ~ (a) open (to sb/sth): Deixe a porta aberta. Leave the door open. ◊ ~ ao público open to the public ◊ O caso continua em ~. The case is still open. 2 (torneira) running: deixar uma torneira aberta to leave a faucet running 3 (fecho) undone: Sua braguilha está aberta. Your fly is undone. 4 (céu) clear 5 (pessoa) (a) (liberal) open-minded (b) (franco) frank LOC Ver CÉU; Ver tb ABRIR

abertura sf 1 opening: a cerimônia de ~ the opening ceremony 2 (fenda) crack 3 (Mús) overture

abeto sm fir (tree)

abismado, -a pp, adj astonished

abismo sm 1 (Geog) abyss 2 ~ entre... gulf between...: Há um ~ entre nós. There is a gulf between us.

abóbada sf vault

abóbora sf pumpkin

abobrinha sf zucchini, courgette (GB)

abolição sf abolition

abolir vt to abolish

abono sm (gratificação) bonus: ~ de fim de ano Christmas bonus

abordagem sf (assunto, problema) approach: a ~ de um tema the approach to a topic

abordar vt 1 (pessoa) to approach 2 (assunto, problema) to deal with sth 3 (barco) to board

aborrecer ◆ vt to annoy: Não aborreça as crianças. Stop annoying the children. ◆ aborrecer-se v pron to get annoyed: Ela se aborreceu com o que eu disse. She became annoyed by what I said.

aborrecido, -a pp, adj 1 (chato) boring: um discurso ~ a boring speech 2 (irritado) annoyed: Ele está ~ comigo por causa do carro. He's annoyed with me about the car. 3 (que irrita) annoying Ver tb ABORRECER

aborrecimento sm annoyance

abortar vi 1 (acidentalmente) to have a miscarriage 2 (voluntariamente) to have an abortion

aborto sm 1 (acidental) miscarriage: ter um ~ to have a miscarriage 2 (provocado) abortion

abotoar vt to button sth (up): Abotoei-lhe a camisa. I buttoned (up) his shirt.

abraçar vt to hug, to embrace (mais formal): Ela abraçou os filhos. She hugged her children.

abraço sm hug, embrace (mais formal) LOC um abraço/um grande abraço love/lots of love: Dê um ~ nos seus pais (por mim). Give my love to your parents.

abrandar ◆ vt (dor) to ease ◆ vi 1 (chuva, dor) to ease off 2 (vento) to drop

abrangente adj wide-ranging

abranger vt to include

abrasador, ~a adj (calor, sol) scorching

abreugrafia sf X-ray [pl X-rays]

abreviar vt to abbreviate

abreviatura sf abbreviation

abridor sm opener: um ~ de latas a can opener

abrigado, -a pp, adj 1 (lugar) sheltered **2** (*pessoa*) well wrapped-up *Ver tb* ABRIGAR

abrigar ◆ *vt* to shelter *sb* (**from sth**) ◆ **abrigar-se** *v pron* **1** (*com roupa*) to wrap up: *Abrigue-se bem.* Wrap up well. **2 abrigar-se de** to shelter **from sth**: *abrigar-se do frio/de uma tempestade* to shelter from the cold/from a storm

abrigo *sm* **1** (*refúgio*) shelter **2** (*de ginástica*) sweat suit LOC **ao abrigo de** sheltered from *sth*: *ao ~ da chuva* sheltered from the rain

abril *sm* April (*abrev* Apr) ☛ *Ver exemplos em* JANEIRO

abrir ◆ *vt* **1** to open: *Não abra a janela.* Don't open the window. ◊ *~ fogo* to open fire ◊ *~ o ferrolho* to unbolt the door **2** (*torneira, gás*) to turn *sth* on **3** (*túnel*) to bore **4** (*buraco*) to make **5** (*cortinas*) to draw *sth* back ◆ *vi* **1** (*abrir a porta*) to open up: *Abra!* Open up! **2** (*sinal de trânsito*) to turn green **3** (*flor*) to open ◆ **abrir-se** *v pron* **1** to open: *A porta se abriu.* The door opened. **2** (*desabafar*) to open up: *Ele acabou se abrindo e me contou tudo.* He finally opened up and told me everything. LOC **abrir caminho** to make way (*for sb/sth*): *Abram caminho para a ambulância!* Make way for the ambulance! **abrir mão de** to forgo **abrir o apetite** to whet *sb's* appetite **abrir os braços** to stretch out your arms **abrir uma exceção** to make an exception **não abrir o bico/a boca** not to say a word: *Ele não abriu a boca a tarde inteira.* He didn't say a word all afternoon. **num abrir e fechar de olhos** in the twinkling of an eye

abrupto, -a *adj* abrupt

absolutamente *adv* **1** (*para intensificar*) absolutely **2** (*com sentido negativo*): *—Você se importa? —Absolutamente.* "Do you mind?" "Not at all."

absoluto, -a *adj* absolute: *conseguir a maioria absoluta* to obtain an absolute majority

absolver *vt* **1** (*Relig*) to absolve *sb* (**from sth**) **2** (*Jur*) to acquit *sb* (**of sth**)

absolvição *sf* **1** (*Relig*) absolution: *dar a ~* to give absolution **2** (*Jur*) acquittal

absorto, -a *pp, adj* **1** (*pensativo*) lost in thought **2 ~** (**em**) (*concentrado*) engrossed (**in sth**): *Ela estava completamente absorta na leitura do livro.* She was completely engrossed in her book. *Ver tb* ABSORVER

absorver *vt* to absorb: *~ um líquido/odor* to absorb a liquid/smell

abstêmio, -a *sm-sf* teetotaler

abster-se *v pron* **~** (**de**) to abstain (**from sth/doing sth**): *~ de beber/de fumar* to abstain from drinking/smoking ◊ *O deputado absteve-se.* The congressman abstained.

abstinência *sf* abstinence LOC *Ver* SÍNDROME

abstrato, -a *adj* abstract

absurdo, -a ◆ *adj* absurd ◆ *sm* nonsense

abundância *sf* abundance

abundante *adj* abundant

abusar *vi, vt* **~** (**de**) to abuse: *Não abuse da confiança dele.* Don't abuse his trust.

abuso *sm* abuse: *É um ~!* That's outrageous! LOC **abuso de confiança** breach of trust

abutre *sm* vulture

acabado, -a *pp, adj* **1** *uma palavra acabada em "r"* a word ending in "r" **2** (*envelhecido*) old *Ver tb* ACABAR

acabamento *sm* finish

acabar ◆ *vt, vi* **~** (**de**) (*terminar*) to finish (*sth/doing sth*): *Ainda não acabei o artigo.* I haven't finished the article yet. ◊ *Tenho de ~ de lavar o carro.* I must finish washing the car. ◊ *O espetáculo acaba às três.* The show finishes at three. ◆ *vi* **1** (*esgotar-se*) to run out (**of sth**): *Acabou o café/leite.* We've run out of coffee/milk. **2 ~** (**em algo/fazendo algo**) to end up: *~ na miséria* to end up broke ◊ *O copo vai ~ se quebrando.* The glass will end up broken. ◊ *Acabei cedendo.* I ended up giving in. **3 ~ de fazer algo** to have just done sth: *Acabo de vê-lo.* I've just seen him. **4 ~ em** to end **in sth**: *Acaba em ponta.* It ends in a point. ◊ *Acaba em "s" ou "z"?* Does it end in an "s" or a "z"? **5 ~ com (a)** (*pessoa*) to be the death of *sb*: *Você vai ~ comigo.* You'll be the death of me. **(b)** (*relação*) to break up **with sb**: *Acabei com o Paulo.* I broke up with Paulo. **(c)** (*pôr fim*) to put an end **to sth**: *~ com a injustiça* to put an end to injustice **(d)** (*esgotar*) to use *sth* up: *Você acabou com o meu perfume.* You've used up all my perfume. LOC **acabar mal**: *Isto vai ~ mal.* No good can come of this. ◊ *Esse menino vai ~ mal.* That boy will come to no good. **acabou-se!** that's it!

academia *sf* academy [*pl* academies]: *~ militar/de polícia* military/police academy LOC **academia de ginástica** gymnasium, gym (*mais coloq*)

acadêmico, -a *adj* academic: *ano ~* academic year

acalmar ♦ *vt* **1** (*nervos*) to calm **2** (*dor*) to relieve ♦ *vi* (*vento, dor*) to abate ♦ **acalmar-se** *v pron* to calm down: *quando se acalmarem os ânimos* once everybody has calmed down

acampamento *sm* camping

acampar *vi* to camp: *ir ~* to go camping

acanhado, -a *adj* (*inibido*) shy

ação *sf* **1** action: *~ criminosa/legal* criminal/legal action ◊ *entrar em ~* to go into action **2** (*ato*) deed: *uma boa/má ~* a good/bad deed **3** (*Fin*) share **4** (*Jur*) claim (**for sth**): *mover uma ~ por algo* to put in a claim for sth LOC **ação judicial** lawsuit

acariciar *vt* **1** (*pessoa*) to caress **2** (*animal*) to pet

acarretar *vt* (*problemas*) to cause

acasalar *vi* to mate

acaso *sm* chance: *Encontrei-os por ~.* I met them by chance. LOC **ao acaso** at random: *Escolha um número ao ~.* Choose a number at random. *Ver tb* PURO

acatar *vt* (*leis, ordens*) to obey

aceitar *vt* **1** to accept: *Você vai ~ a oferta deles?* Are you going to accept their offer? ◊ *Aceitam-se cartões de crédito.* We accept credit cards. **2** (*concordar*) to agree **to do sth**

aceitável *adj* acceptable (**to sb**)

aceito, -a *pp, adj* LOC **ser aceito** (*por instituição*) to be admitted to sth: *As mulheres serão aceitas no exército.* Women will be admitted to the army. *Ver tb* ACEITAR

aceleração *sf* acceleration

acelerador *sm* accelerator, gas pedal (*mais coloq*)

acelerar *vt, vi* to accelerate LOC **acelerar o passo** to quicken your pace

acenar *vi* (*saudar*) to wave (**to sb**) LOC **acenar (que sim) com a cabeça** to nod

acender ♦ *vt* **1** (*cigarro, vela, fogo*) to light **2** (*aparelho, luz*) to turn sth on: *Acenda a luz.* Turn the light on. ♦ *vi* **1** (*fósforo, lenha*) to light: *Se estiver molhado não acende.* It won't light if it's wet. **2** (*luz*) to come on ♦ **acender-se** *v pron* (*aparelho, luz*) to come on: *Acendeu-se uma luz vermelha.* A red light came on.

aceno *sm* **1** (*com a mão*) wave **2** (*com a cabeça*) nod

acento *sm* accent: *~ agudo/circunflexo* acute/circumflex accent

acentuar ♦ *vt* **1** (*palavra*) to accent: *Acentuem as seguintes palavras.* Put the accents on the following words. **2** (*enfatizar, agravar*) to accentuate ♦ **acentuar-se** *v pron* (*aumentar*) to increase

acepção *sf* sense

acerca *adv* LOC **acerca de** about, concerning (*mais formal*)

acertado, -a *pp, adj* **1** (*correto*) right: *a decisão acertada* the right decision **2** (*sensato*) smart: *uma idéia acertada* a smart idea *Ver tb* ACERTAR

acertar *vt* **1** (*relógio*) to set **2** *~ em* (a) (*ao disparar*) to hit: *~ no alvo* to hit the target (b) (*em teste, jogo*) to get sth right: *Só acertei em duas perguntas do teste.* I only got two questions right in the test. **3** *~ em/com* (*adivinhar*) to guess: *~ na resposta* to guess the answer LOC **acertar contas com alguém** to get even with sb **acertar na bucha** to hit the nail on the head **não acertar uma** to be unable to do anything right: *Hoje você não acerta uma.* You can't do anything right today.

aceso, -a *pp, adj* **1** (*com chama*) (a) (*com o verbo estar*) lit: *Vi que o fogo estava ~.* I noticed that the fire was lit. (b) (*depois de um substantivo*) lighted: *um cigarro ~* a lighted cigarette **2** (*aparelho, luz*) on: *A luz estava acesa.* The light was on. *Ver tb* ACENDER

acessível *adj* accessible

acesso *sm* *~* (a) **1** (*tb Informát*) access (**to sb/sth**): *~ à casa-forte* access to the strongroom ◊ *a porta de ~ à cozinha* the door into the kitchen **2** (*via de entrada*) approach (**to sth**): *São quatro os ~s ao palácio.* There are four approaches to the palace. **3** *~ de* fit of **sth**: *um ~ de raiva* a fit of rage

acessório *sm* accessory [*pl* accessories]

acetona *sf* nail polish remover

achado *sm* **1** (*descoberta*) find **2** (*pechincha*) bargain

achar *vt* **1** (*encontrar*) to find: *Não acho o meu relógio.* I can't find my watch. **2** (*parecer*): *Acho-o triste.* He seems very sad to me. ◊ *Achei o seu pai muito melhor.* I thought your father was looking a lot better. **3** (*pensar*) to think: *Ele acha que é muito esperto.* He thinks he's very smart. ◊ *Quem eles acham que são?* Who do they think they are? LOC **acho que sim/não** I think so/I don't think so

achatar *vt* to flatten

acidentado, -a *pp, adj* **1** (*terreno*) rugged **2** (*estrada*) bumpy **3** (*cheio de peripécias*) eventful: *uma viagem acidentada* an eventful journey

acidental *adj* accidental: *morte* ~ accidental death

acidente *sm* **1** accident: ~ *de trânsito* traffic accident ◊ *sofrer um* ~ to have an accident **2** (*Geog*) (geographical) feature LOC **acidente aéreo/de automóvel** plane/car crash

ácido, -a ◆ *adj* (*sabor*) sharp ◆ *sm* acid

acima *adv* up: *morro/ladeira* ~ up the hill ◊ *rua/escadas* ~ up the street/stairs LOC **acima de** above: *A água nos chegava* ~ *dos joelhos.* The water came above our knees. **acima de tudo** above all **mais acima 1** (*mais longe*) further along: *na mesma rua, mais* ~ further along the street **2** (*em sentido vertical*) higher up: *Ponha o quadro mais* ~. Put the picture higher up. *Ver tb* ENCOSTA, RIO, RUA

acionar *vt* to set *sth* in motion

acne *sf* acne

aço *sm* steel: ~ *inoxidável* stainless steel

acocorar-se *v pron* to squat (down)

acolhedor, ~a *adj* welcoming

acolher *vt* **1** (*convidado, idéia, notícia*) to welcome: *Ele me acolheu com um sorriso.* He welcomed me with a smile. **2** (*refugiado, órfão*) to take *sb* in

acolhida *sf* welcome

acomodar-se *v pron* **1** (*instalar-se*) to settle down: *Ele se acomodou no sofá.* He settled down on the couch. **2** ~ **a** (*adaptar-se*) to adjust **to** *sth*

acompanhamento *sm* **1** (*de um prato*) side order **2** (*Mús*) accompaniment

acompanhante *smf* **1** (*companhia*) companion **2** (*Mús*) accompanist **3** (*de pessoa idosa*) carer

acompanhar *vt* **1** to go/come with *sb/ sth*: *o cassete que acompanha o livro* the tape that goes with the book ◊ *Você me acompanha?* Will you come with me? ◊ *Nós os acompanhamos à estação.* We took them to the station. **2** (*Mús*) to accompany: *A irmã acompanhava-o ao piano.* His sister accompanied him on the piano.

aconchegante *adj* (*lugar*) cozy

aconchegar ◆ *vt* **1** (*em cama*) to tuck *sb* in **2** (*abrigar*) to wrap *sb/sth* up (**in** *sth*): *Ela aconchegou o bebê na manta.*

She wrapped the baby up in the blanket. ◆ **aconchegar-se** *v pron* **1** (*acomodar-se*) to curl up: *Ele se aconchegou no sofá.* He curled up on the couch. **2** (*encostar-se*) to huddle (together): *Aconchegaram-se uns aos outros para não sentir frio.* They huddled together against the cold.

aconselhar *vt* to advise *sb* (**to do sth**): *Aconselho-o a aceitar esse emprego.* I advise you to accept that job. ◊ —*Compro-o?—Não lhe aconselho.* "Should I buy it?" "I wouldn't advise you to."

aconselhável *adj* advisable: *pouco* ~ inadvisable

acontecer *vi* to happen: *Não quero que volte a* ~. I don't want it to happen again. LOC **aconteça o que aconteça** come what may **acontece que...** it so happens that... **caso aconteça que/ não vá acontecer que...** (just) in case...

acontecimento *sm* event

acordado, -a *pp, adj* awake: *Você está* ~? Are you awake? LOC *Ver* SONHAR; *Ver tb* ACORDAR

acordar ◆ *vt* to wake *sb* up: *A que horas quer que o acorde?* What time do you want me to wake you up? ◆ *vi* to wake up

acorde *sm* (*Mús*) chord

acordeão *sm* accordion

acordo *sm* agreement: *chegar a um* ~ *em relação a algo* to reach an agreement on sth LOC **de acordo!** OK: *Estamos de* ~? All right? **de acordo com** (*lei, norma*) in accordance with *sth* **estar de acordo** (**com**) to agree (with *sb/ sth*): *Estamos os dois de* ~. We both agree. ◊ *Estou de* ~ *com os termos do contrato.* I agree with the terms of the contract. **pôr-se de acordo** to reach an agreement (*to do sth*)

acostamento *sm* (*estrada*) shoulder, hard shoulder (*GB*)

acostumado, -a *pp, adj* used to *sb/ sth/doing sth*: *Ele está* ~ *a se levantar cedo.* He's used to getting up early. *Ver tb* ACOSTUMAR-SE

acostumar-se *v pron* ~ (**a**) to get used **to** *sb/sth/doing sth*: ~ *ao calor* to get used to the heat ◊ *Você vai ter de se acostumar a madrugar.* You'll have to get used to getting up early.

açougue *sm* butcher shop

açougueiro *sm* butcher

acreditar *vt, vi* to believe: *Não acredito.* I don't believe it. ◊ *Não acredite nele.*

Don't believe him. ◊ ~ *em Deus* to believe in God

acrescentar *vt* to add

acréscimo *sm* (*aumento*) increase

acrobacia *sf* acrobatics [*pl*]: *fazer* ~*s* to perform acrobatics

acrobata *smf* acrobat

açúcar *sm* sugar: *um torrão de* ~ a lump of sugar LOC **açúcar mascavo** brown sugar

açucareiro *sm* sugar bowl

acudir *vt* ~ **a** to go **to** *sb/sth*: ~ *alguém* to go to sb's aid

acumular ♦ *vt* **1** to accumulate **2** (*fortuna*) to amass ♦ **acumular-se** *v pron* to accumulate

acupuntura *sf* acupuncture

acusação *sf* accusation: *fazer uma* ~ *contra alguém* to make an accusation against sb

acusado, -a *sm-sf* accused: *os* ~*s* the accused

acusar *vt* **1** (*culpar*) to accuse *sb* (*of sth/doing sth*) **2** (*Jur*) to charge *sb* (*with sth/doing sth*): ~ *alguém de homicídio* to charge sb with homicide

acústica *sf* acoustics [*pl*]: *A* ~ *desta sala não é muito boa.* The acoustics in this hall aren't very good.

adaptador *sm* (*Eletrôn*) adaptor

adaptar ♦ *vt* to adapt: ~ *um romance para o teatro* to adapt a novel for the stage ♦ **adaptar-se** *v pron* **adaptar-se (a) 1** (*habituar-se*) to adapt (**to** *sth*): *adaptar-se às mudanças* to adapt to change **2** (*adequar-se*) to fit in (**with** *sth*): *É o que melhor se adapta às nossas necessidades.* It's what suits our needs best.

adentro *adv*: *Ela entrou sala* ~ *aos gritos.* She came into the room screaming. LOC *Ver* MAR

adepto, -a *sm-sf* follower

adequado, -a *pp, adj* right: *Este não é o momento* ~. This isn't the right moment. ◊ *Não conseguem encontrar a pessoa adequada para o cargo.* They can't find the right person for the post. ◊ *um vestido* ~ *à ocasião* an appropriate dress for the occasion

aderir *vi* ~ **(a) 1** (*colar*) to stick (**to** *sth*) **2** (*organização, partido, causa*) to support **3** (*idéia*) to uphold

adesão *sf* **1** (*organização*) entry (**into** *sth*): *a* ~ *do Brasil ao Mercosul* Brazil's entry into Mercosur **2** (*apoio*) support

adesivo, -a *adj* adhesive

adeus! *interj* goodbye!, bye! (*mais coloq*)

adiantado, -a ♦ *pp, adj* **1** (*relógio*) fast: *O seu relógio está cinco minutos* ~. Your watch is five minutes fast. **2** (*quase feito*): *A minha tese está bastante adiantada.* My thesis is nearly finished. **3** (*em comparações*) ahead: *Estamos muito* ~*s em relação à outra turma.* We're way ahead of the other class. **4** (*avançado*) advanced: *Esta criança está muito adiantada para a sua idade.* This child is very advanced for his age. ♦ *adv* in advance: *pagar* ~ to pay in advance ◊ *chegar* ~ to arrive early LOC *Ver* PAGAR

adiantamento *sm* advance: *Pedi um* ~. I asked for an advance.

adiantar ♦ *vt* **1** (*trabalho*) to get ahead with *sth* **2** (*dinheiro*) to advance *sth* (**to** *sb*): *Ele me adiantou dois mil reais.* He advanced me two thousand reais. **3** (*relógio*) to put *sth* forward: *Não esqueça de* ~ *o relógio uma hora.* Don't forget to put your watch forward one hour. **4** (*conseguir*) to achieve: *Não vai* ~ *nada discutirmos.* We won't achieve anything by arguing. ♦ *vi* **1** (*relógio*) to gain: *Este relógio adianta.* This clock gains. **2** (*valer a pena*): *Não adianta gritar, ele é surdo.* There's no point in shouting—he's deaf. ♦ **adiantar-se** *v pron* **adiantar-se a** to get ahead of *sb/sth*: *Ele se adiantou aos rivais.* He got ahead of his rivals.

adiante *adv* forward: *um passo* ~ a step forward LOC **ir adiante (com)** to go ahead (with *sth*) **levar algo adiante** to go through with *sth* **mais adiante 1** (*espaço*) further on **2** (*tempo*) later

adiar *vt* **1** to put *sth* off, to postpone (*mais formal*) **2** (*pagamento*) to defer

adição *sf* addition

adicionar *vt* to add *sth* (**to** *sth*)

adivinhar *vt* to guess: *Adivinhe o que eu tenho aqui.* Guess what I have here. LOC **adivinhar o futuro** to tell fortunes

adivinho *sm* (*vidente*) fortune-teller

adjetivo *sm* adjective

administração *sf* **1** administration: *a* ~ *de uma empresa* running a business **2** (*Pol*) government: *a* ~ *municipal/regional* local/regional government

administrador, ~a *sm-sf* administrator

administrar *vt* **1** (*dirigir*) to run, to manage (*mais formal*): ~ *uma empresa* to run a business **2** (*aplicar*) to administer *sth* (**to** *sb*): ~ *um medicamento/*

castigo to administer medicine/a punishment

administrativo, -a *adj* administrative

admiração *sf* **1** (*espanto*) amazement **2** (*respeito*) admiration

admirador, ~a *sm-sf* admirer

admirar ♦ *vt* **1** (*contemplar*) to admire: *~ a paisagem* to admire the scenery **2** (*espantar*) to amaze: *Muito me admira que você tenha sido aprovado.* I'm amazed you passed. ♦ **admirar-se** *v pron* **admirar-se** (**com**) to be surprised (**at** *sb/sth*): *Não me admiro.* I'm not surprised.

admirável *adj* **1** (*digno de respeito*) admirable **2** (*espantoso*) amazing

admissão *sf* admission

admitir *vt* **1** (*culpa, erro*) to admit: *Admito que a culpa foi minha.* I admit (that) it was my fault. **2** (*deixar entrar*) to admit *sb/sth* (**to** *sth*): *Fui admitido na escola.* I was admitted to the school. **3** (*permitir*) to allow: *Não admito falta de respeito.* I won't allow any insolence.

adoçante *sm* sweetener

adoção *sf* adoption

adoçar *vt* to sweeten

adoecer *vi ~* (**de**) to fall ill (**with** *sth*)

adolescência *sf* adolescence

adolescente *smf* adolescent

adorar *vt* **1** (*gostar de*) to love *sth/doing sth*: *Adoro batatas fritas.* I love French fries. ◊ *Adoramos ir ao cinema.* We love going to the movies. **2** (*amar*) to adore **3** (*Relig*) to worship

adorável *adj* adorable

adormecer ♦ *vi* **1** (*cair no sono*) to fall asleep: *Adormeci vendo televisão.* I fell asleep watching TV. **2** (*perna, etc.*) to go numb ♦ *vt* (*criança*) to get *sb* off to sleep

adormecido, -a *pp, adj* sleeping, asleep: *uma criança adormecida* a sleeping child ◊ *estar ~* to be asleep ☛ *Ver nota em* ASLEEP; *Ver tb* ADORMECER

adornar *vt* to decorate, to adorn (*mais formal*)

adorno *sm* **1** adornment **2** (*objeto*) ornament

adotar *vt* to adopt

adotivo, -a *adj* **1** adopted: *filho/país ~* adopted child/country **2** (*pais*) adoptive LOC *Ver* MÃE

adquirir *vt* **1** to acquire: *~ riqueza/fama* to acquire wealth/fame **2** (*comprar*) to buy LOC *Ver* IMPORTÂNCIA, VÍCIO

adubar *vt* (*terra*) to fertilize

adubo *sm* fertilizer

adular *vt* to flatter

adultério *sm* adultery

adulto, -a *adj, sm-sf* adult LOC *Ver* IDADE

advérbio *sm* adverb

adversário, -a *sm-sf* adversary [*pl* adversaries]

advertência *sf* warning

advertir *vt* **1** (*avisar*) to warn *sb* (**about/of** *sth*): *Adverti-os do perigo.* I warned them of the danger. **2** (*dizer*) to tell: *Eu adverti você!* I told you so! **3** (*repreender*) to reprimand

advocacia *sf* legal profession LOC **exercer/praticar advocacia** to practice law

advogado, -a *sm-sf* lawyer

Lawyer é um termo genérico aplicado aos vários tipos de advogados existentes nos Estados Unidos e na Grã-Bretanha.
Nos Estados Unidos usa-se a palavra **attorney** para descrever os diferentes tipos de advogado: **criminal attorney**, **tax attorney**, **defense attorney**, **corporate attorney**.
Na Grã-Bretanha existe uma distinção entre **barrister**, o advogado que tem a capacidade para atuar em todos os tribunais, e **solicitor**, que apenas pode atuar nos tribunais inferiores e que fornece assessoria legal e prepara os documentos de que o seu cliente necessita.

LOC **advogado do diabo** devil's advocate

aéreo, -a *adj* **1** air [*s atrib*]: *tráfego ~* air traffic **2** (*vista, fotografia*) aerial **3** (*distraído*) absent-minded LOC *Ver* ACIDENTE, COMPANHIA, CORREIO, FORÇA, LINHA, PONTE, VIA

aeróbica *sf* aerobics [*sing*]

aerodinâmico, -a *adj* aerodynamic

aeródromo *sm* airfield

aeromoça *sf* flight attendant

aeronave *sf* aircraft [*pl* aircraft]

aeroporto *sm* airport: *Vamos buscá-los no ~.* We're going to meet them at the airport.

aerossol *sm* aerosol

afanar *vt* (*roubar*) to swipe, to steal (*mais formal*): *Afanaram o meu rádio.* Somebody swiped my radio.

afastado, -a *pp, adj* **1** (*parente*) distant **2** (*distante*) remote **3** (*retirado*) isolated

4 ~ de... (*longe de*) far from... *Ver tb*
AFASTAR
afastar ♦ *vt* **1** (*mover*) to move *sth*
(along/down/over/up): *Afaste um pou-
co a sua cadeira.* Move your chair over/
back a bit. **2** (*retirar*) to move *sb/sth*
away (**from sb/sth**): *~ a mesa da janela*
to move the table away from the win-
dow **3** (*distanciar*) to distance *sb/sth*
(**from sb/sth**): *A desavença nos afastou
dos meus pais.* The disagreement dis-
tanced us from my parents. **4** (*apartar*)
to separate *sb/sth* **from sb/sth**: *Os pais
o afastaram dos amigos.* His parents
stopped him from seeing his friends. ♦
afastar-se *v pron* **1** (*desviar-se*) to move
(over): *Afaste-se, você está atrapa-
lhando.* Move over, you're in the way.
2 afastar-se (**de**) (*distanciar-se*) to move
away (**from sb/sth**): *afastar-se de um
objetivo/da família* to move away from
a goal/from your family ◊ *Não se afas-
tem muito.* Don't go too far away. **3**
(*caminho*) to leave LOC **afastar-se do
tema** to wander off the subject
afável *adj* friendly
afeição *sf* (*afeto*) affection
afeiçoar-se *v pron* ~ (**a**) to become
attached (**to sb/sth**): *Afeiçoamo-nos
muito ao nosso cão.* We've become very
attached to our dog.
aferrolhar *vt* to bolt
afetado, -a *pp, adj* **1** (*pessoa, estilo*)
affected: *Que menina mais afetada!*
What an affected little girl! **2** (*efemina-
do*) effeminate *Ver tb* AFETAR
afetar *vt* to affect: *A pancada lhe afetou
a audição.* The blow affected his hear-
ing. ◊ *A morte dele me afetou muito.* I
was deeply affected by his death.
afetivo, -a *adj* (*carência, problema*)
emotional: *carência afetiva* emotional
deprivation
afeto *sm* affection
afetuoso, -a *adj* affectionate
afiado, -a *pp, adj* sharp *Ver tb* AFIAR
afiar *vt* to sharpen
aficionado, -a *sm-sf* fan: *Sou um gran-
de ~ do ciclismo.* I'm a great fan of bike
riding.
afilhado, -a *sm-sf* **1** (*sem distinção de
sexo*) godchild [*pl* godchildren] **2** (*só
masculino*) godson **3** (*só feminino*) god-
daughter
afiliação *sf* (*partido, clube*) member-
ship
afiliar-se *v pron* ~ (**a**) (*organização,
partido*) to join (*sth*)

afim *adj* similar
afinado, -a *pp, adj* **1** (*motor*) tuned **2**
(*instrumento, voz*) in tune *Ver tb* AFINAR
afinal *adv* after all LOC *Ver* CONTA
afinar *vt* to tune
afinidade *sf* affinity LOC **por afinidade**
by marriage: *Somos primos por ~.*
We're cousins by marriage.
afirmação *sf* statement
afirmar *vt* to state, to say (*mais coloq*):
*Ele afirmou que não tinha nada a ver
com o assunto.* He said he had nothing
to do with it.
afirmativo, -a *adj* affirmative
afixar *vt* (*cartaz, aviso*) to put *sth* up
aflição *sf* (*ansiedade*) anxiety
afligir, afligir-se *vt, v pron* to worry
(**about sb/sth**): *Você não deve se ~ com o
atraso deles.* Don't worry if they're late.
aflito, -a *pp, adj* upset *Ver tb* AFLIGIR
(-SE)
afobação *sf* fluster
afogar, afogar-se *vt, v pron* to drown
afônico, -a *adj* LOC **estar afônico** to
have lost your voice **ficar afônico** to
lose your voice
afora *adv* LOC **e por aí afora** and so on
Ver tb PORTA
África *sf* Africa
africano, -a *adj, sm-sf* African
afronta *sf* insult
afrouxar *vt* to loosen: *~ a gravata* to
loosen your tie
afta *sf* canker sore, mouth ulcer (*GB*)
afugentar *vt* to frighten *sb/sth* away
afundar ♦ *vt* to sink: *Uma bomba afun-
dou o barco.* A bomb sank the boat. ♦ *vi*
1 (*ir ao fundo*) to sink **2** (*ruir*) to col-
lapse: *A ponte afundou.* The bridge col-
lapsed. **3** (*negócio*) to go under: *Muitas
empresas afundaram.* Many businesses
went under.
agachar-se *v pron* to crouch (down)
agarrar ♦ *vt* **1** (*apanhar*) to catch: *~
uma bola* to catch a ball **2** (*segurar*) to
hold: *Agarre isto e não deixe cair.* Hold
this and don't drop it. **3** (*pegar firme-
mente*) to grab: *Ele me agarrou pelo
braço.* He grabbed me by the arm. ♦
agarrar-se *v pron* **agarrar-se** (**a**) to
hold on (**to sb/sth**): *Agarre-se a mim.*
Hold on to me. ◊ *agarrar-se ao corrimão*
to hold on to the railing
agasalhado, -a *pp, adj* (*pessoa*): *bem ~*
well wrapped up ◊ *Você está pouco ~.*
You're not very warmly dressed. *Ver tb*
AGASALHAR

agasalhar ◆ *vt* to wrap *sb* up: *Agasalhe bem a criança*. Wrap the child up well. ◆ *vi* (*peça de roupa*) to keep *sb* warm: *Esse cachecol não agasalha nada*. That scarf won't keep you warm. ◆ **agasalhar-se** *v pron* to wrap up: *Agasalhe-se que está frio lá fora*. Wrap up warm—it's cold outside.

agência *sf* **1** (*empresa*) agency [*pl* agencies] **2** (*repartição*) office: ~ *de correios* post office LOC **agência de viagens** travel agency [*pl* travel agencies] **agência funerária** funeral home, undertaker's (*GB*)

agenda *sf* diary [*pl* diaries]

agente *smf* **1** (*representante, Cinema, Teat*) agent: *o ~ da atriz* the actress's agent **2** (*polícia*) policeman/woman [*pl* policemen/women]

ágil *adj* agile

agilidade *sf* agility

agir *vi* to act

agitação *sf* agitation

agitado, -a *pp, adj* **1** (*vida, dia*) hectic **2** (*mar*) rough **3** (*pessoa*) agitated *Ver tb* AGITAR

agitar *vt* **1** (*frasco*) to shake: *Agite* (*bem*) *antes de usar*. Shake (well) before using. **2** (*braços*) to wave

agonia *sf* agony: *Esperar os resultados do exame foi pura ~*. It was agony waiting for my exam results.

agonizar *vi* to be dying

agora *adv* now: *E ~, o que é que vou fazer?* Now what am I going to do? ◊ *Só ~ é que cheguei*. I only just arrived. LOC **agora mesmo 1** (*neste momento*) right now: *Venha aqui ~ mesmo!* Come here right now! **2** (*em seguida*) right away: *Eu lhe dou ~ mesmo*. I'll give it to you right away. **agora que ...** now that ...: ~ *que você chegou podemos começar*. Now that you're here we can start. **até agora** up until now **de agora em diante** from now on **por agora** for the time being: *Por ~ chega*. That's enough for the time being.

agosto *sm* August (*abrev* Aug) ☞ *Ver exemplos em* JANEIRO

agouro *sm* omen

agradar *vi* ~ **a** to please *sb* [*vt*]: *Eles são muito difíceis de ~*. They're very hard to please.

agradável *adj* pleasant LOC **agradável à vista/ao ouvido** pleasing to the eye/ear

agradecer *vt* to thank *sb* (**for sth/**doing sth): *Agradeço muito a sua ajuda*. Thank you very much for your help. ◊ *Eu agradeceria se você chegasse na hora*. I'd be grateful if you could be here on time.

agradecido, -a *pp, adj* grateful: *Estou muito ~ ao senhor*. I'm very grateful to you. *Ver tb* AGRADECER

agradecimento *sm* thanks [*pl*]: *umas palavras de ~* a few words of thanks LOC **os meus agradecimentos!** many thanks!

agrário, -a *adj* (*lei, reforma*) land [*s atrib*], agrarian (*mais formal*): *reforma agrária* land reform

agravamento *sm* worsening: *o ~ da crise/situação* the worsening of the crisis/situation

agravar ◆ *vt* to make *sth* worse ◆ **agravar-se** *v pron* to get worse

agredir *vt* to attack

agressão *sf* aggression: *um ato de ~* an act of aggression

agressivo, -a *adj* aggressive

agressor, ~a *sm-sf* aggressor

agrião *sm* watercress [*não contável*]

agrícola *adj* agricultural LOC *Ver* PRODUTO, TRABALHO

agricultor, ~a *sm-sf* farmer

agricultura *sf* agriculture, farming (*mais coloq*)

agridoce *adj* (*Cozinha*) sweet and sour

agrônomo, -a *sm-sf* agronomist LOC *Ver* ENGENHEIRO

agrupar ◆ *vt* to put *sb/sth* in a group ◆ **agrupar-se** *v pron* **1** (*juntar-se*) to gather together **2** (*formar grupos*) to get into groups: *agrupar-se quatro a quatro* to get into groups of four

água *sf* water LOC **água corrente** running water **água da torneira** tap water **água doce/salgada** fresh/salt water: *peixes de ~ doce* freshwater fish **água mineral com/sem gás** sparkling/non-carbonated mineral water **água oxigenada** hydrogen peroxide **água potável** drinking water **água sanitária** (household) bleach **dar água na boca** to be mouthwatering *Ver tb* CLARO, ESTAÇÃO, GOTA, PANCADA, PEIXE, PROVA, QUEDA, TEMPESTADE

aguaceiro *sm* shower

água-de-colônia *sf* eau de cologne

aguado, -a *adj* (*café, sopa*) watery

aguardar *vt, vi* to wait (for *sb/sth*)

aguardente *sf* liquor, spirit (*GB*)

água-viva *sf* jellyfish

aguçado, -a *pp, adj* **1** (*sentidos*) acute **2** (*ouvido*) keen

agudo, -a ◆ *adj* **1** acute: *uma dor aguda* an acute pain ◇ *ângulo/acento ~* acute angle/accent **2** (*som, voz*) high-pitched ◆ *sm* (*Mús*) treble [*não contável*]: *Não se ouvem bem os ~s.* You can't hear the treble very well.

agüentar ◆ *vt* to put up with *sb/sth*: *Você vai ter de ~ a dor.* You'll have to put up with the pain.

Quando a frase é negativa, usa-se muito **to stand**: *Não agüento este calor.* I can't stand this heat. ◇ *Não os agüento.* I can't stand them.

◆ *vi* **1** (*durar*) to last: *O carpete ainda agüenta mais um ano.* The carpet should last another year. **2** (*esperar*) to hold on: *Agüenta um pouco que estamos quase lá.* Hold on; we're almost there. **3** (*resistir*) to hold: *Esta prateleira não vai ~.* This shelf won't hold. **4** ~ **com** (*peso*) to take *sth* [*vt*]: *A ponte não agüentou com o peso do caminhão.* The bridge couldn't take the weight of the truck. ◆ **agüentar-se** *v pron* (*suportar*) to put up with it: *Mesmo não gostando você tem de se ~.* You may not like it, but you'll just have to put up with it! LOC **agüentar as pontas** to hold on

águia *sf* eagle

agulha *sf* **1** needle: *enfiar a linha na ~* to thread a needle ◇ *~s de pinheiro* pine needles **2** (*de toca-discos*) stylus [*pl* styluses/styli] LOC *Ver* PROCURAR

ah! ah! ah! *interj* ha! ha!

ai! *interj* **1** (*de dor*) ow! **2** (*de aflição*) oh (dear)!

aí *adv* there: *Aí vão eles.* There they go. ◇ *Fique aí!* Stay there! LOC **aí dentro/fora**: —*Onde está o meu casaco?* —*Aí dentro do armário.* "Where's my jacket?" "It's in the closet." **aí embaixo/em cima** down/up there: *Os meus livros estão aí embaixo?* Are my books down there? **aí mesmo** right there **e aí?** (*cumprimento*) so how are things with you? **por aí 1** (*naquela direção*) that way **2** (*em lugar indeterminado*): *Andei por aí.* I've been out. ◇ *dar uma volta por aí* to go out for a walk

aidético, -a *sm-sf* person with AIDS

AIDS *sf* AIDS

ainda *adv* **1** (*em orações afirmativas e interrogativas*) still: *~ faltam duas horas.* There are still two hours to go. ◇ *Você ~ está aqui?* Are you still here? ◇ *Você ~ mora em Londres?* Do you still live in London? **2** (*em orações negativas e interrogativas negativas*) yet: *~ não estão maduras.* They're not ripe yet. ◇ —*Ainda não lhe responderam?* —*Ainda não.* "Haven't they written back yet?" "No, not yet." ☛ *Ver nota em* STILL[1] **3** (*em orações comparativas*) even: *Gosto ~ mais desta.* I like this one even better. ◇ *Ela pinta ~ melhor.* She paints even better. LOC **ainda bem que…** it's just as well that…: *~ que já o fiz!* It's just as well I've already done it! **ainda por cima** on top of everything: *E, ~ por cima, você ri!* And on top of everything, you stand there laughing!

aipo *sm* celery

ajeitar *vt* (*arrumar*) to adjust: *Ajeite a gravata, está torta.* Straighten your tie, it's crooked.

ajoelhar-se *v pron* to kneel (down)

ajuda *sf* help [*não contável*]: *Obrigado pela sua ~.* Thanks for your help. ◇ *Necessito de ~.* I need some help. ◇ *Ele me levantou sem ~ de ninguém.* He lifted me up by himself.

ajudante *adj, smf* assistant

ajudar *vt, vi* to help *sb* (**to do sth**): *Posso ~?* Can I help?

ajustar ◆ *vt* **1** to adjust **2** (*apertar*) to take *sth* in: *~ uma saia* to take a skirt in ◆ **ajustar-se** *v pron* **ajustar-se a** to adjust to *sth*

ajuste *sm* LOC **ajuste de contas** settling of accounts

ala *sf* wing: *a ~ leste do edifício* the east wing of the building ◇ *a ~ conservadora do partido* the conservative wing of the party

alagamento *sm* flooding [*não contável*]

alameda *sf* avenue

alargamento *sm* **1** (*local*) expansion: *o ~ do aeroporto* the expansion of the airport **2** (*prazo*) extension

alargar ◆ *vt* **1** to widen **2** (*prazo*) to extend **3** (*peça de roupa*) to let *sth* out ◆ *vi* to stretch: *Estes sapatos alargaram.* These shoes have stretched.

alarmante *adj* alarming

alarmar ◆ *vt* to alarm ◆ **alarmar-se** *v pron* ~ (**com**) to be alarmed (**at sth**)

alarme *sm* alarm: *dar o ~* to raise the alarm ◇ *Soou o ~.* The alarm went off. LOC **alarme de incêndio** fire alarm

alastrar *vt, vi* to spread

alavanca *sf* lever: *Em caso de emergência, puxar a ~.* In case of emergency, pull the lever. LOC **alavanca de câmbio** gear shift, gearstick (*GB*)

albergue *sm* LOC **albergue da juventude** youth hostel

álbum *sm* album

alça *sf* **1** (*vestido, mochila, etc.*) strap **2** (*sacola, mala*) handle

alcachofra *sf* artichoke

alçada *sf* power, competence (*mais formal*)

alcançar *vt* **1** to reach: *Não consigo alcançá-lo.* I can't reach it. **2** (*conseguir*) to achieve: ~ *os objetivos* to achieve your objectives **3** (*apanhar*) to catch up to *sb*, to catch *sb* up (*GB*): *Não consegui alcançá-los.* I couldn't catch up to them. ◊ *Vá andando que depois alcanço você.* You go on—I'll catch up to you. **4** (*Esporte, triunfo*) to score: *A equipe alcançou uma grande vitória.* The team scored a great victory.

alcance *sm* **1** reach: *fora do seu ~* out of your reach **2** (*arma, emissora, telescópio*) range: *mísseis de médio ~* medium-range missiles

alcatrão *sm* tar

álcool *sm* alcohol LOC **sem álcool** nonalcoholic *Ver tb* CERVEJA

alcoólico, -a *adj, sm-sf* alcoholic LOC *Ver* TEOR

alcoolismo *sm* alcoholism

aldeia *sf* small village: *uma pessoa da ~* a villager

alegar *vt* to allege: *Alegam que houve fraude.* They allege that a fraud took place. ◊ *Eles alegam que não têm dinheiro.* They say they have no money.

alegrar ◆ *vt* **1** (*fazer feliz*) to make *sb* happy: *A carta me alegrou muito.* The letter made me very happy. **2** (*animar*) **(a)** (*pessoa*) to cheer *sb* up: *Tentamos ~ os idosos.* We tried to cheer the old people up. **(b)** (*festa*) to liven *sth* up: *Os mágicos alegraram a festa.* The magicians livened up the party. **3** (*casa, lugar*) to brighten *sth* up ◆ **alegrar-se** *v pron* **1** **alegrar-se** (**com/por**) to be pleased (**about** *sth*/**to do** *sth*): *Alegro-me ao ouvir isto.* I'm pleased to hear it. ◊ *Ele se alegrou com a minha chegada.* He was pleased to see me. **2** **alegrar-se por alguém** to be delighted **for** *sb*: *Alegro-me por vocês.* I'm delighted for you.

alegre *adj* **1** (*feliz*) happy **2** (*de bom humor*) cheerful: *Ele é uma pessoa ~.* He's a cheerful person. **3** (*música, espetáculo*) lively **4** (*cor, sala*) bright

alegria *sf* joy: *gritar/pular de ~* to shout/jump for joy LOC *Ver* SALTAR, VIBRAR

aleijar *vt* (*mutilar*) to maim

além ◆ *adv* over there ◆ **o além** *sm* the afterlife LOC **além de 1** (*no espaço*) beyond: ~ *do rio* beyond the river **2** (*afora*) besides **3** (*número*) (well) over: *Eram ~ de mil pessoas.* There were well over a thousand people. **4** (*assim como*) as well as: ~ *de inteligente ele é muito trabalhador.* He's not only intelligent, he's very hard-working too. **além disso** besides **além do mais** (and) what's more: ~ *do mais, não creio que eles venham.* What's more, I don't think they'll come. **mais além** (*mais longe*) further on

Alemanha *sf* Germany

alemão, -ã *adj, sm-sf, sm* German: *os alemães* the Germans ◊ *falar ~* to speak German LOC *Ver* PASTOR

alergia *sf* ~ (**a**) allergy [*pl* allergies] (**to sth**): *ter ~ a algo* to be allergic to sth

alérgico, -a *adj* ~ (**a**) allergic (**to sth**)

alerta ◆ *sm* alert: *em estado de ~* on alert ◊ *Deram o ~.* They gave the alert. ◆ *adj* alert (**to sth**)

alertar *vt* to alert *sb* (**to sth**): *Eles nos alertaram contra o perigo.* They alerted us to the danger.

alfabético, -a *adj* alphabetical

alfabetizar *vt* to teach *sb* to read and write

alfabeto *sm* alphabet

alface *sf* lettuce

alfândega *sf* customs [*pl*]: *Passamos pela ~.* We went through customs.

alfazema *sf* lavender

alfinete *sm* pin LOC **alfinete de segurança** safety pin

alga *sf* **1** (*nome genérico*) algae [*pl*]: *O lago está cheio de ~s.* The pond is full of algae. **2** (*de água salgada*) seaweed [*não contável*]

algarismo *sm* numeral: ~*s arábicos/ romanos* Arabic/Roman numerals

algazarra *sf* uproar

álgebra *sf* algebra

algemar *vt* to handcuff

algemas *sf* handcuffs

algo ◆ *pron* something, anything ☞ A diferença entre **something** e **anything** é a mesma que entre **some** e **any**. *Ver nota em* SOME. ◆ *adv* rather: ~ *ingênuo* pretty naive ☞ *Ver nota em* FAIRLY

algodão *sm* **1** (*planta, fibra*) cotton

2 (*Med*) cotton, cotton wool (*GB*): *Tapei os ouvidos com ~.* I put cotton balls in my ears. LOC **algodão doce** cotton candy, candyfloss (*GB*)

alguém *pron* somebody, anybody: *Você acha que ~ vem?* Do you think anybody will come? ☛ A diferença entre **somebody** e **anybody** é a mesma que entre **some** e **any**. *Ver nota em* SOME.

Note que **somebody** e **anybody** são seguidos de verbo no singular, mas podem ser seguidos de um adjetivo ou pronome no plural (p.ex. "their"): *Alguém se esqueceu do casaco.* Somebody's left their coat behind.

algum, ~a ♦ *adj* **1** some, any: *Comprei alguns livros para você se entreter.* I bought you some books to keep you occupied. ◊ *~ problema?* Is there a problem? ☛ *Ver nota em* SOME **2** (*poucos*) a few: *alguns amigos* a few friends ◊ —*Quantos você quer?*—*Alguns.* "How many would you like?" "Just a few." **3** (*com número*) several: *algumas centenas de pessoas* several hundred people **4** (*um que outro*) the occasional: *Poderão ocorrer alguns chuviscos.* There may be the occasional shower. ♦ *pron: Alguns de vocês são muito preguiçosos.* Some of you are very lazy. ◊ *Com certeza foi ~ de vocês.* It must have been one of you. ◊ *Alguns protestaram.* Some (people) protested. LOC **alguma coisa** something, anything ☛ A diferença entre **something** e **anything** é a mesma que entre **some** e **any**. *Ver nota em* SOME. **algumas vezes** sometimes **alguma vez** ever: *Você esteve lá alguma vez?* Have you ever been there? **algum dia** some day **em alguma coisa** in any way: *Se eu puder ajudar em alguma coisa...* If I can help in any way... **em algum lugar/em alguma parte** somewhere, anywhere ☛ A diferença entre **somewhere** e **anywhere** é a mesma que entre **some** e **any**. *Ver nota em* SOME. **mais alguma coisa?** (*loja*) anything else?

alheio, -a *adj* **1** (*de outro*) somebody else's: *em casa alheia* in somebody else's house **2** (*de outros*) other people's: *meter-se na vida alheia* to interfere in other people's lives **3** (*distraído*) withdrawn: *~ a algo* oblivious to something

alho *sm* garlic LOC *Ver* CABEÇA, DENTE

alho-poró *sm* leek

ali *adv* there: *Eles estão ~!* There they

are! ◊ *a 30 quilômetros dali* 30 kilometers from there ◊ *uma moça que passava por ~* a girl who was passing by LOC **ali dentro/fora** in/out there **ali embaixo/em cima** down/up there **ali mesmo** right there **foi ali que...** that's where...: *Foi ~ que caí.* That's where I fell. **por ali** that way

aliado, -a ♦ *pp, adj* allied ♦ *sm-sf* ally [*pl* allies] *Ver tb* ALIAR-SE

aliança *sf* **1** (*união*) alliance: *uma ~ entre cinco partidos* an alliance of five parties **2** (*anel*) wedding ring

aliar-se *v pron* ~ (**a/com/contra**) to form an alliance (**with/against** *sb/sth*)

aliás *adv* **1** (*a propósito*) by the way, incidentally **2** (*contudo*) nevertheless **3** (*ou seja*) that is **4** (*senão*) otherwise **5** (*além disso*) what's more, furthermore (*mais formal*)

álibi *sm* alibi [*pl* alibis]

alicate *sm* pliers [*pl*]: *Onde está o ~?* Where are the pliers? ◊ *Preciso de um ~.* I need a pair of pliers.

alicerces *sm* foundations

alimentação *sf* **1** (*ação*) feeding **2** (*comida*) food **3** (*dieta*) diet: *uma ~ equilibrada* a balanced diet **4** (*máquina*) supply: *A alimentação deste motor é diesel.* This engine runs on diesel.

alimentar ♦ *vt* to feed *sb/sth* (**on/with** *sth*): *~ os cavalos com feno* to feed the horses (on) hay ♦ *vi* to be nourishing: *Alimenta bem.* It's very nourishing. ♦ **alimentar-se** *v pron* ~ (*comer*) to eat: *Você precisa se ~ melhor.* You need to eat better. **2 alimentar-se de** to live **on** *sth*

alimentício, -a *adj* **1** (*próprio para comer*) food [*s atrib*]: *produtos ~s* foodstuffs **2** (*nutritivo*) nutritional: *o valor ~* the nutritional value LOC *Ver* GÊNERO, PENSÃO, PRODUTO

alimento *sm* (*comida*) food: *~s enlatados* canned food(s)

alinhar *vt* (*pôr em linha reta*) to line *sb/sth* up

alisar *vt* to smooth

alistamento *sm* (*Mil*) enlistment (**in** *sth*)

alistar-se *v pron* ~ (**em**) to enlist (**in** *sth*)

aliviar *vt* to relieve: *~ a dor* to relieve pain ◊ *A massagem me aliviou um pouco.* The massage made me feel a little better.

alívio *sm* relief: *Que ~!* What a relief! ◊

Foi um ~ para todos. It came as a relief to everybody.

alma *sf* soul: *Não se via viva ~.* There wasn't a soul to be seen. ◊ *uma ~ nobre* a noble soul LOC **ter alma de artista, líder, etc.** to be a born artist, leader, etc.

almanaque *sm* almanac

almirante *smf* admiral

almoçar *vi* to have lunch: *A que horas vamos ~?* What time are we having lunch? ◊ *O que a gente tem para ~?* What are we having for lunch?

almoço *sm* lunch: *O que a gente tem para o ~?* What are we having for lunch?

almofada *sf* cushion

almôndega *sf* meatball

alô *interj* (*telefone*) hello

alojamento *sm* **1** accommodation **2** (*estudantes*) dormitory [*pl* dormitories], dorm (*mais coloq*), hall of residence (*GB*)

alojar ◆ *vt* **1** to accommodate: *O hotel tem capacidade para ~ 200 pessoas.* The hotel can accommodate 200 people. **2** (*sem cobrar*) to put *sb* up: *Depois do incêndio alojaram-nos numa escola.* After the fire, they put us up in a school. ◆ **alojar-se** *v pron* to stay: *Nós nos alojamos num hotel.* We stayed in a hotel.

alongar ◆ *vt* to extend: *~ uma estrada* to extend a road ◆ **alongar-se** *v pron* (*falando*) to go on for too long

alpendre *sm* porch

alpinismo *sm* mountaineering: *fazer ~* to go mountaineering

alpinista *smf* mountaineer

alta *sf* (*preço, valor*) rise LOC **dar alta a alguém** to discharge sb (from hospital) **ter alta** to be discharged (from hospital)

altar *sm* altar

alterar ◆ *vt* to alter ◆ **alterar-se** *v pron* **1** (*mudar*) to change **2** (*irritar-se*) to get worked up

alternado, -a *adj* alternate: *em dias ~s* on alternate days

alternar *vt, vi* **1** to alternate **2** ~ (**com**) (**para**) to take turns (**with** *sb*) (**to do sth**): *Alterno com o David para acabar a tarefa.* I take turns with David to finish the job.

alternativa *sf* ~ (**a**) alternative (**to sth**): *É a nossa única ~.* It's our only alternative.

alternativo, -a *adj* alternative

altitude *sf* height, altitude (*mais formal*): *a 3.000 metros de ~* at an altitude of 3,000 meters

altivo, -a *adj* lofty

alto, -a ◆ *adj* **1** tall, high

Tall é usado para pessoas, árvores e edifícios que são tanto altos como estreitos: *o edifício mais alto do mundo* the tallest building in the world ◊ *uma menina muito alta* a very tall girl. **High** é muito utilizado com substantivos abstratos: *níveis de poluição altos* high levels of pollution ◊ *juros altos* high interest rates, e para nos referirmos à altitude em relação ao nível do mar: *La Paz é a capital mais alta do mundo.* La Paz is the highest capital in the world. Os antônimos de **tall** são **short** e **small**, e o antônimo de **high** é **low**. As duas palavras têm em comum o substantivo **height**, *altura*.

2 (*comando, funcionário*) high-ranking **3** (*classe social, região*) upper: *o ~ Amazonas* the upper Amazon **4** (*som, voz*) loud: *Não ponha a música tão alta.* Don't play the music so loud. ◆ *adv* **1** (*pôr, subir*) high: *Você pendurou o quadro ~ demais.* You've hung the picture too high (up). **2** (*falar, tocar*) loud: *Não fale tão ~.* Don't talk so loud. ◊ *Ponha o som mais ~.* Turn the sound up. ◆ *sm* top ◆ **alto!** *interj* halt! LOC **alta costura** haute couture **alta fidelidade** hi-fi **de alta categoria** first-rate **do alto de** from the top of **fazer algo por alto** to do sth superficially **os altos e baixos de algo** the ups and downs of sth **por alto** roughly: *Assim por ~, deviam ser umas 500 pessoas.* I think there were roughly 500 people. *Ver tb* CLASSE, ESTIMA, FAROL, FOGO, MÃO, OLHO, PONTO, POTÊNCIA, SALTO²

alto-falante *sm* loudspeaker: *Anunciaram pelos ~s.* They announced it over the loudspeakers.

altura *sf* **1** height: *cair de uma ~ de três metros* to fall from a height of three meters **2** (*época*) time [*sing*]: *nesta/por esta ~* at/around this time (of the year) LOC **a certa altura** at a given moment **a esta altura (do campeonato)** at this stage (of the championship) **altura máxima** maximum headroom **estar à altura da situação** to be equal to the task **na altura de**: *Fica na ~ da rodoviária.* It's up near the bus terminal. **nessa altura** at that time **ter dois, etc. metros**

de altura (*coisa*) to be two, etc. meters high *Ver tb* SALTO[1]

alucinação *sf* hallucination: *Você está com alucinações?* You're hallucinating!

alucinante *adj* (*tremendo*) awesome

alucinar *vi* to hallucinate

aludir *vt* ~ **a** to allude **to** *sb/sth*

alugar *vt*

● **referindo-se à pessoa que toma de aluguel**

Nos Estados Unidos *alugar* se traduz por **to rent**: *Aluguei um apartamento em São Paulo.* I rented an apartment in São Paulo.

Na Grã-Bretanha **to hire** é empregado quando se aluga algo por pouco tempo, tal como um carro ou um terno: *Mais vale você alugar um carro.* You'd be better off hiring a car. ◊ *Ele alugou um terno para o casamento.* He hired a suit for the wedding. **To rent** implica períodos mais longos, por exemplo quando se aluga uma casa ou um quarto: *Quanto me custaria alugar um apartamento com dois quartos?* How much would it cost me to rent a two-bedroomed apartment?

● **referindo-se à pessoa que dá de aluguel**

Nos Estados Unidos diz-se **to rent out**: *Eles alugaram a casa de praia para turistas no verão passado.* They rented out their beach house to tourists last summer.

Na Grã-Bretanha **to hire sth (out)** é empregado quando nos referimos a um curto espaço de tempo: *Eles ganham a vida alugando cavalos para turistas.* They make their living hiring (out) horses to tourists. **To rent sth (out)** é empregado quando nos referimos a períodos mais longos, e utiliza-se tanto para objetos como para quartos ou casas: *uma empresa que aluga eletrodomésticos* a company that rents out household appliances. **To let sth (out)** é utilizado apenas com casas ou quartos: *Há um apartamento para alugar no nosso edifício.* There's an apartment to let in our building.

aluguel *sm* **1** (*ato de alugar*) rental, hire (*GB*): *uma empresa de ~ de automóveis* a car rental company **2** (*preço*) **(a)** rental, hire charge (*GB*) **(b)** (*casa, quarto*) rent: *Você pagou o ~?* Did you pay the rent? ☞ *Ver nota em* ALUGAR

alumínio *sm* aluminum LOC *Ver* PAPEL

aluno, -a *sm-sf* student

alusão *sf* allusion LOC **fazer alusão a** to allude to *sb/sth*

alvo *sm* target: *tiro ao ~* target shooting

alvoroço *sm* **1** (*barulho*) racket: *Por que tanto ~?* What's all the racket about? **2** (*distúrbio*) disturbance: *O ~ levou a polícia a intervir.* The disturbance led the police to intervene.

amabilidade *sf* kindness: *Ela é a ~ em pessoa.* She's kindness itself.

amaciar *vt* to soften

amador, ~a *adj, sm-sf* amateur: *uma companhia de teatro ~* an amateur theater company ◊ *Para ~es não tocam mal.* They don't play badly for amateurs.

amadurecer *vi* **1** (*fruta*) to ripen **2** (*pessoa*) to mature

amainar *vi* (*vento*) to die down

amaldiçoar *vt* to curse

amamentar *vt* **1** (*pessoa*) to nurse, to breastfeed (*GB*) **2** (*animal*) to suckle

amanhã ♦ *sm* future: *Precisamos pensar no ~.* We need to think about the future. ♦ *adv* tomorrow: *~ é sábado, não é?* Tomorrow is Saturday, isn't it? ◊ *o jornal de ~* tomorrow's paper LOC **amanhã de manhã** tomorrow morning **até amanhã!** see you tomorrow! **depois de amanhã** the day after tomorrow *Ver tb* DIA

amanhecer[1] ♦ *vi* to dawn: *Já amanhecia o dia.* Day was already dawning. ♦ *v imp*: *Amanheceu muito cedo.* Dawn broke very early. ◊ *Amanheceu chovendo.* It was raining when dawn broke.

amanhecer[2] *sm* **1** (*madrugada*) dawn: *Levantamo-nos ao ~.* We got up at dawn. **2** (*nascer do sol*) sunrise: *contemplar o ~* to watch the sunrise

amante ♦ *adj* loving: *~ de música* music-loving ♦ *smf* lover: *um ~ de ópera* an opera lover

amar *vt* to love

amarelo, -a ♦ *adj* **1** (*cor*) yellow: *É ~.* It's yellow. ◊ *Eu estava de ~.* I was wearing yellow. ◊ *pintar algo de ~* to paint sth yellow ◊ *o menino da camisa amarela* the boy in the yellow shirt **2** (*semáforo*) amber ♦ *sm* yellow: *Não gosto de ~.* I don't like yellow.

amargo, -a *adj* bitter

amargura *sf* **1** (*tristeza*) sorrow: *um olhar de ~* a sorrowful look **2** (*ressentimento*) bitterness: *Ela se tornou uma* *pessoa com muita* ~. She's become very bitter.

amarrar *vt* **1** to tie *sb/sth* up: *Eles o amarraram com uma corda.* They tied him up with a rope. **2** (*Náut*) to moor

amarrotar ◆ *vt* **1** (*papel*) to crumple *sth* (up) **2** (*roupa*) to crease ◆ **amarrotar-se** *v pron* (*roupa*) to crease: *Esta saia se amarrota facilmente.* This skirt creases easily.

amassar *vt* **1** to crumple **2** (*massa de pão*) to knead **3** (*batatas*) to mash **4** (*cimento*) to mix **5** (*carro*) to dent

amável *adj* ~ (**com**) kind (**to** *sb*): *Foi muito ~ da parte deles me ajudar.* It was very kind of them to help me. ◊ *Obrigado, você é muito* ~. Thank you, you're very kind.

Amazonas *sm* **o Amazonas** the Amazon

âmbar *sm* amber

ambição *sf* ambition

ambicionar *vt* (*desejar*) to want: *O que eu mais ambiciono é…* What I want more than anything else is…

ambicioso, -a *adj* ambitious

ambiental *adj* environmental

ambientalista *smf* environmentalist

ambiente ◆ *adj* background: *música* ~ background music ◆ *sm* **1** (*natureza, meio que nos rodeia*) environment: *Precisamos proteger o* ~. We must protect the environment. ◊ *O* ~ *familiar nos influencia muito.* Our family environment has a great influence on us. **2** (*atmosfera*) atmosphere: *um* ~ *poluído/abafado* a polluted/stuffy atmosphere ◊ *O local tem bom* ~. The place has a good atmosphere. LOC *Ver* MEIO

ambíguo, -a *adj* ambiguous

âmbito *sm* (*campo de ação*) scope

ambos, -as *num* both (of us, you, them): *Dou-me bem com* ~. I get along well with both of them. ◊ ~ *gostamos de viajar.* Both of us like traveling./We both like traveling.

ambulância *sf* ambulance

ambulante *adj* traveling: *um circo* ~ a traveling circus

ameaça *sf* threat: *estar sob* ~ to be under threat

ameaçador, ~a *adj* threatening

ameaçar *vt* to threaten (**to do sth**): *Ameaçaram matá-lo.* They threatened to kill him. ◊ *Eles os ameaçaram com um processo judicial.* They threatened to take them to court. ◊ *Ele me ameaçou*

com uma faca. He threatened me with a knife.

ameixa *sf* plum LOC **ameixa seca** prune

ameixeira *sf* plum tree

amém *interj* amen

amêndoa *sf* almond

amendoeira *sf* almond tree

amendoim *sm* peanut

ameno, -a *adj* **1** (*temperatura, clima*) mild **2** (*agradável*) pleasant: *uma conversa muito amena* a very pleasant conversation

América *sf* America LOC **América Central/Latina** Central/Latin America **América do Norte/Sul** North/South America

americano, -a *adj, sm-sf* American

ametista *sf* amethyst

amianto *sm* asbestos

amido *sm* starch

amigável *adj* friendly

amígdala (*tb* amídala) *sf* tonsil: *Fui operado das* ~s. I had my tonsils out.

amigdalite (*tb* amidalite) *sf* tonsillitis [*não contável*]

amigo, -a ◆ *adj* **1** (*voz*) friendly **2** (*mão*) helping ◆ *sm-sf* friend: *a minha melhor amiga* my best friend ◊ *Ele é um* ~ *íntimo meu.* He's a very close friend of mine. ◊ *ter* ~s *nas altas esferas* to have friends in high places LOC **ser muito amigo(s)** to be good friends (*with sb*): *Somos muito* ~s. We're good friends.

amistoso *sm* (*Futebol*) friendly

amizade *sf* **1** (*relação*) friendship: *acabar com uma* ~ to end a friendship **2 amizades** friends: *Não faço parte do seu grupo de* ~s. I don't belong to his circle of friends. LOC **fazer amizade** to make friends

amnésia *sf* amnesia

amolação *sf* **1** (*incômodo*) bore, drag (*mais coloq*) **2** (*aborrecimento*) irritation

amolar *vt* **1** (*afiar*) to sharpen **2** (*importunar*) to bother, to annoy

amolecer *vt, vi* to soften

amoníaco *sm* ammonia

amontoar ◆ *vt* **1** (*empilhar*) to pile *sth* up **2** (*acumular*) to amass: ~ *tralha* to collect junk ◆ **amontoar-se** *v pron* **1** to pile up: *O trabalho foi amontoando-se.* The work steadily piled up. **2** (*apinhar*) to cram (*into…*): *Todos se amontoaram* *no carro.* They all crammed into the car.

amor *sm* love: *uma canção/história de ~* a love song/love story ◊ *o ~ da minha vida* the love of my life ◊ *carta de ~* love letter LOC **amor à primeira vista** love at first sight: *Foi ~ à primeira vista.* It was love at first sight. **fazer amor com** to make love (to/with *sb*) **pelo amor de Deus!** for God's sake!

amordaçar *vt* to gag: *Os assaltantes amordaçaram-no.* The robbers gagged him.

amoroso, -a *adj* **1** (*relativo ao amor*) love [*s atrib*]: *vida amorosa* love life **2** (*carinhoso*) loving LOC *Ver* DESILUSÃO

amor-próprio *sm* **1** (*orgulho*) pride **2** (*estima de si mesmo*) self-esteem

amostra *sf* (*Med, Estatística, mercadoria*) sample: *uma ~ de sangue* a blood sample

amparar ◆ *vt* to protect (and support) *sb/sth* (**against** *sb/sth*): *Todos precisamos de alguém que nos ampare.* We all need someone to protect and support us. ◆ **amparar-se** *v pron* **amparar-se em** (*apoiar-se*) to seek the support of *sb/sth*: *Ele amparou-se na família.* He sought the support of his family.

amparo *sm* support

ampère *sm* amp

ampliação *sf* enlargement

ampliar *vt* **1** (*Fot*) to enlarge **2** (*aumentar*) to extend: *~ o estabelecimento* to extend the premises **3** (*negócio, império*) to expand

amplificador *sm* amplifier

amplificar *vt* (*som*) to amplify

amplo, -a *adj* **1** wide: *uma ampla variedade de produtos* a wide range of goods **2** (*lugar*) spacious: *um apartamento ~* a spacious apartment

amputar *vt* to amputate

amuado, -a *pp, adj* sulky *Ver tb* AMUAR

amuar *vi* to sulk

amuleto *sm* charm

analfabetismo *sm* illiteracy

analfabeto, -a *adj, sm-sf* illiterate [*adj*]: *ser um ~* to be illiterate

analgésico *sm* painkiller

analisar *vt* to analyze

análise *sf* analysis [*pl* analyses] LOC *Ver* ÚLTIMO

anão, -ã *adj, sm-sf* dwarf [*pl* dwarfs/dwarves] [*s*]: *uma conífera anã* a dwarf conifer

anarquia *sf* anarchy

anarquista *adj, smf* anarchist

anatomia *sf* anatomy [*pl* anatomies]

anchova *sf* anchovy [*pl* .anchovies]

ancinho *sm* rake

âncora *sf* anchor: *lançar ~* to drop anchor LOC *Ver* LEVANTAR

andaime *sm* scaffolding [*não contável*]: *Há ~s por todo lado.* There's scaffolding everywhere.

andamento *sm* **1** (*progresso*) progress **2** (*rumo*) direction LOC **dar andamento a algo** (*processo*) to set sth in motion **em andamento** (*em execução*) in progress: *O projeto já está em ~.* The project is already underway.

andar¹ ◆ *vi* **1** (*caminhar*) to walk: *Fomos andando até o cinema.* We walked to the movie theater. **2** *~ de* to ride: *~ de bicicleta* to ride a bike **3** (*funcionar*) to work: *Este relógio não anda.* This clock doesn't work. **4** (*estar*) to be: *~ ocupado/deprimido* to be busy/depressed ◊ *Ela anda à procura de um apartamento.* She's looking for an apartment. ◆ *vt ~ por* to be about *sth*: *Ele deve ~ aí pelos 50 anos.* He must be about 50. LOC **anda!** hurry up! ☛ *Ver nota em* ANDAR **☛** Para outras expressões com **andar**, ver os verbetes para o substantivo, adjetivo, etc., p.ex. **andar à deriva** em **deriva** e **andar de gatinhas** em **gatinhas**.

andar² *sm* (*modo de caminhar*) walk: *Eu o reconheci pelo ~.* I recognized him by his walk.

andar³ *sm* (*edifício*) floor: *Moro no terceiro ~.* I live on the fourth floor. ◊ *Moro no ~ de baixo/cima.* I live on the floor below/above. **☛** *Ver nota em* TÉRREO LOC **de dois, etc. andares** (*edifício*) two-story, etc.: *um prédio de cinco ~es* a five-story building

andorinha *sf* swallow

anedota *sf* joke

anel *sm* ring LOC **anel (rodo)viário** beltway, ring road (*GB*)

anemia *sf* anemia

anêmico, -a *adj* anemic

anestesia *sf* anesthetic: *Deram-me uma ~ geral/local.* They gave me a general/local anesthetic.

anestesiar *vt* to anesthetize

anexo, -a ◆ *adj* (*folhas, documentos*) attached ◆ *sm* (*edifício*) annex

anfetamina *sf* amphetamine

anfíbio, -a ◆ *adj* amphibious ◆ *sm* amphibian

anfiteatro *sm* **1** (*romano*) amphitheater **2** (*sala de aula*) lecture hall/theater

anfitrião, -ã *sm-sf* host [*fem* hostess]

angariar *vt* (*fundos*) to raise

anglicano, -a *adj, sm-sf* Anglican

anglo-saxão, -ã *sm-sf* Anglo-Saxon

anglo-saxônico, -a *adj* Anglo-Saxon

Angola *sf* Angola

angolano, -a *adj, sm-sf* Angolan

ângulo *sm* angle: ~ *reto/agudo/obtuso* right/acute/obtuse angle ◊ *Eu vejo as coisas por outro* ~. I see things from a different angle.

angústia *sf* anguish: *Ele gritou com* ~. He cried out in anguish.

animação *sf* **1** (*alegria*) liveliness **2** (*entusiasmo*) enthusiasm

animado, -a *pp, adj* **1** lively: *uma festa/cidade animada* a lively party/city **2** (*entusiasmado*) enthusiastic LOC *Ver* DESENHO; *Ver tb* ANIMAR

animal *adj, sm* animal [*s*]: ~ *doméstico/selvagem* domestic/wild animal ◊ *o reino* ~ the animal kingdom

animar ◆ *vt* **1** (*pessoa*) to cheer *sb* up **2** (*conversa, jogo*) to liven *sth* up **3** (*apoiar*) to cheer *sb* on: ~ *a equipe* to cheer the team on ◆ **animar-se** *v pron* to cheer up: *Anime-se!* Cheer up!

ânimo ◆ *sm* spirits [*pl*]: *Faltava-nos* ~. Our spirits were low. ◆ **ânimo!** *interj* cheer up!

aniquilar *vt* to annihilate

anis *sm* **1** (*semente*) aniseed **2** (*licor*) anisette

anistia *sf* amnesty [*pl* amnesties]

aniversário *sm* **1** (*de pessoa*) birthday [*pl* birthdays]: *O meu* ~ *é segunda-feira.* It's my birthday on Monday. ◊ *Feliz Aniversário!* Happy Birthday! **2** (*de instituição, evento*) anniversary [*pl* anniversaries]: *o* ~ *do nosso casamento* our anniversary

anjo *sm* angel LOC **anjo da guarda** guardian angel *Ver* SONHAR

ano *sm* year: *o* ~ *todo* all year (round) ◊ *todos os* ~*s* every year ◊ ~ *acadêmico/escolar* academic/school year ◊ *Feliz Ano Novo!* Happy New Year! LOC **ano bissexto** leap year **ano sim, ano não** every other year **de dois, etc. anos**: *uma mulher de trinta* ~*s* a woman of thirty **a** thirty-year-old woman **fazer anos**: *Segunda-feira faço* ~*s.* It's my birthday on Monday. **os anos 50, 60, etc.** the 50s, 60s, etc. **ter dois, etc. anos** to be two, etc. (years old): *Quantos* ~*s*

você tem? How old are you? ◊ *Tenho dez* ~*s.* I'm ten (years old). ☛ *Ver nota em* OLD; *Ver tb* CURSO, NOITE, PASSAGEM

anoitecer¹ *v imp* to get dark: *No inverno anoitece mais cedo.* In winter it gets dark earlier.

anoitecer² *sm* dusk: *ao* ~ at dusk LOC **antes/depois do anoitecer** before/after dark

ano-luz *sm* light year

anônimo, -a *adj* anonymous: *uma carta anônima* an anonymous letter LOC *Ver* SOCIEDADE

anorexia *sf* anorexia

anormal *adj* **1** abnormal: *um comportamento* ~ abnormal behavior **2** (*indivíduo*) disabled

anotar *vt* to note *sth* down: *Anotei o endereço.* I noted down the address.

ânsia *sf* **1** ~ (**de**) longing (**for** *sth*/**to do** *sth*): *a* ~ *de vencer* the will to win **2** ~ (**por**) desire (**for** *sth*): *por bons resultados* a desire to get good results LOC **ter ânsia de vômito** to feel like throwing up

ansiar *vi* ~ **por** to long **for** *sth*

ansiedade *sf* anxiety [*pl* anxieties]

ansioso, -a *adj* anxious

antártico, -a ◆ *adj* Antarctic ◆ **Antártico** *sm* Antarctic Ocean LOC *Ver* CÍRCULO

antebraço *sm* forearm

antecedência *sf* LOC **com antecedência** in advance: *com dois anos de* ~ two years in advance

antecedentes *sm* (*criminais*) record [*sing*]: ~ *criminais* a criminal record

antecipadamente *adv* in advance

antecipar *vt* **1** (*prever*) to anticipate **2** (*evento, data*) to bring *sth* forward: *Queremos* ~ *o exame uma semana.* We want to bring the test forward a week.

antemão *adv* LOC **de antemão** beforehand

antena *sf* **1** (*Rádio, TV*) antenna, aerial (*GB*) **2** (*Zool*) antenna LOC **antena parabólica** satellite dish

anteontem *adv* the day before yesterday LOC **anteontem à noite** the night before last

antepassado, -a *sm-sf* ancestor

anterior *adj* previous

antes *adv* (*previamente*) before: *Já tinha sido discutido* ~. We had discussed it before. ☛ *Ver nota em* AGO LOC **antes de** before *sth*/*doing sth*: ~ *de ir para a cama* before going to bed ◊ ~ *do Natal* before Christmas *Ver tb* CONSUMIR, QUANTO

antiaderente *adj* non-stick

antibiótico *sm* antibiotic

anticoncepcional *adj* contraceptive: *métodos anticoncepcionais* contraceptive methods

anticorpo *sm* antibody [*pl* antibodies]

antídoto *sm* ~ (**contra**) antidote (**to sth**)

antigamente *adv* in the old days

antigo, -a *adj* **1** old: *prédios ~s* old buildings ◊ *o meu ~ chefe* my old boss **2** (*Hist*) ancient: *a Grécia antiga* ancient Greece

antiguidade *sf* **1** (*época*) ancient times **2** (*no trabalho*) seniority **3** (*objeto*) antique: *loja de ~s* antique shop

antílope *sm* antelope

antipático, -a *adj* (*pessoa*) unpleasant

antiquado, -a *adj* old-fashioned: *idéias antiquadas* old-fashioned ideas

antiquário *sm* (*loja*) antique shop

anti-roubo *adj* anti-theft: *dispositivo ~* anti-theft device

anti-séptico, -a *adj* antiseptic

antônimo *sm* opposite, antonym (*mais formal*): *Qual é o ~ de alto?* What's the opposite of tall?

antropologia *sf* anthropology

antropólogo, -a *sm-sf* anthropologist

anual *adj* annual

anualmente *adv* annually

anular[1] *vt* **1** (*gol, ponto*) to disallow **2** (*votação*) to declare *sth* invalid **3** (*casamento*) to annul

anular[2] *sm* (*dedo*) ring finger LOC *Ver* DEDO

anunciar *vt* **1** (*informar*) to announce: *Anunciaram o resultado pelos alto-falantes.* They announced the result over the loudspeakers. **2** ~ (**em …**) (*fazer publicidade*) to advertise (**in/on …**): *~ na televisão* to advertise on TV

anúncio *sm* **1** (*imprensa, televisão*) advertisement, ad (*coloq*) **2** (*pôster*) poster **3** (*declaração*) announcement (**about sth**)

ânus *sm* anus [*pl* anuses]

anzol *sm* fish hook

ao *prep* + *inf* **1** when: *Caíram na risada ao me ver.* They burst out laughing when they saw me. **2** (*simultaneidade*) as: *Eu o vi ao sair.* I saw him as I was leaving. *Ver tb* A[3]

aonde *adv* where: *Aonde você vai?* Where are you going?

apagado, -a *pp, adj* **1** (*pessoa*) listless **2** (*cor*) dull LOC **estar apagado 1** (*luz*) to be off **2** (*fogo*) to be out *Ver tb* APAGAR

apagar ◆ *vt* **1** (*com borracha*) to erase: *~ uma palavra* to erase a word **2** (*quadro*) to clean **3** (*fogo*) to put *a fire* out **4** (*vela*) to blow *a candle* out **5** (*cigarro*) to stub *a cigarette* out **6** (*luz*) to switch off ◆ *vi* to go out: *Minha vela/meu cigarro apagou.* My candle/cigarette went out.

apaixonado, -a ◆ *pp, adj* **1** (*enamorado*) in love **2** (*intenso*) passionate: *um temperamento muito ~* a very passionate temperament **3** ~ **por** wild **about sth** ◆ *sm-sf* lover: *os ~s por computador* computer lovers/lovers of computers *Ver tb* APAIXONAR

apaixonar ◆ *vt* to win *sb's* heart ◆ **apaixonar-se** *v pron* **apaixonar-se (por)** to fall in love (**with sb/sth**)

apalpar *vt* **1** to touch **2** (*indecentemente*) to paw **3** (*examinando, procurando*) to feel: *O médico apalpou a minha barriga.* The doctor felt my stomach. ◊ *Ele apalpou os bolsos.* He felt his pockets.

apanhado *sm* summary [*pl* summaries]: *fazer um ~ da situação* to summarize the situation

apanhar ◆ *vt* **1** to catch: *~ uma bola* to catch a ball ◊ *Foram apanhados em flagrante.* They were caught red-handed. ◊ *~ um resfriado* to catch a cold ◊ *~ um trem* to catch a train **2** (*objeto caído*) to pick up: *Apanhe o lenço.* Pick up the handkerchief. **3** (*colher*) to pick: *~ flores/fruta* to pick flowers/fruit **4** (*viajar*) to take: *Prefiro ~ o ônibus.* I'd rather take the bus. **5** (*ir buscar*) to pick *sb/sth* up: *~ as crianças na escola* to pick the children up from school **6** (*encontrar*) to get hold of *sb* ◆ *vi* to get a spanking: *Olha que você vai ~!* You'll get a spanking if you're not careful! ☞ Para expressões com **apanhar**, ver os verbetes para o substantivo, adjetivo, etc., p.ex. **apanhar frio** em FRIO e **apanhar carona** em CARONA.

aparafusar *vt* to screw *sth* down/in/on: *~ a última peça* to screw the last piece on

aparar *vt* to trim

aparecer *vi* **1** to appear: *Ele aparece muito na televisão.* He appears a lot on TV. **2** (*alguém/algo que se tinha perdi-*

do) to turn up: *Perdi os óculos mas eles acabaram aparecendo.* I lost my glasses but they turned up in the end. **3** (*chegar*) to show up: *Pedro apareceu por volta das dez.* Pedro showed up around ten. **4** ~ (**para**) (*fantasma*) to appear (**to sb**)

aparecimento *sm* appearance

aparelhagem *sf* equipment LOC *Ver* SOM

aparelho *sm* **1** (*máquina*) machine: *Como funciona este ~?* How does this machine work? **2** (*doméstico*) appliance **3** (*rádio, televisão*) set **4** (*Anat*) system: *o ~ digestivo* the digestive system **5** (*para os dentes*) braces, brace (*GB*): *Vou ter que usar ~.* I'm going to have to wear braces. **6** (*ginástica*) apparatus [*não contável*] LOC **aparelho auditivo** hearing aid *Ver tb* SOM

aparência *sf* appearance LOC *Ver* MANTER

aparentar *vt* (*idade*) to look: *Ele aparenta ter uns 50 anos.* He looks about 50.

aparente *adj* apparent: *sem nenhum motivo ~* for no apparent reason

aparição *sf* **1** (*Relig*) vision **2** (*fantasma*) apparition

apartamento *sm* apartment, flat (*GB*): *prédios de ~s* apartment buildings LOC **apartamento conjugado** studio flat *Ver tb* BLOCO, COLEGA

apaziguar *vt* to appease

apear-se *v pron* (*cavalo*) to dismount: *Ele a ajudou a apear-se do cavalo.* He helped her to dismount.

apegado, -a *adj*: *ser ~ a algo* to be very attached to sth

apego *sm* ~ (**a**) attachment (**to sb/sth**)

apelar *vi* to appeal: *Apelaram para a nossa generosidade.* They appealed to our generosity. ◊ *Apelaram contra a sentença.* They appealed against the sentence.

apelidar *vt* ~ **alguém de** to nickname **sb sth**

apelido *sm* nickname

apelo *sm* appeal: *fazer um ~ a alguém* to appeal to sb

apenas *adv* only: *Eu trabalho ~ aos sábados.* I only work on Saturdays. ◊ *Ele é ~ uma criança.* He's only a child.

apêndice *sm* **1** (*Anat*) appendix [*pl* appendixes] **2** (*livro, documento*) appendix [*pl* appendices]

apendicite *sf* appendicitis

aperceber-se *v pron* ~ **de** to realize sth

aperfeiçoamento *sm* improvement

aperfeiçoar *vt* (*melhorar*) to improve: *Quero ~ o meu alemão.* I want to improve my German.

aperitivo *sm* **1** (*bebida*) aperitif [*pl* aperitifs] **2** (*comida*) appetizer

apertado, -a *pp, adj* (*justo*) tight: *Essa saia está um pouco apertada para você.* That skirt's a little tight on you. **2** (*gente*) squashed together **3** (*curva*) sharp *Ver tb* APERTAR

apertar ◆ *vt* **1** (*botão, interruptor*) to press: *Aperte a tecla duas vezes.* Press the key twice. **2** (*campainha*) to ring **3** (*parafuso, tampa, nó*) to tighten: *~ as cordas de uma raquete* to tighten the strings of a racket **4** (*cinto de segurança*) to fasten **5** (*mãos*) to shake **6** (*gatilho*) to pull **7** (*roupa larga*) to take sth in ◆ *vi* **1** (*roupa*) to be too tight (**for sb**): *Esta calça está me apertando.* These pants are too tight (for me). **2** (*sapatos*) to pinch **3** (*dar um aperto de mão*): *Aperte aqui!* Put it there! ◆ **apertar-se** *v pron* **apertar-se** (**contra**) to squeeze up (**against sth**) LOC **apertar o cinto** (*fig*) to tighten your belt

aperto *sm* **1** (*pressão*) pressure **2** (*situação difícil*) fix

apesar *adv* LOC **apesar de... 1** (+ *substantivo ou pronome*) in spite of...: *Fomos ~ da chuva.* We went in spite of the rain. **2** (+ *infinitivo*) although...: ~ *de ser arriscado...* Although it was risky... **apesar de que...** although...: ~ *de que tivesse gostado...* Although he'd enjoyed it... **apesar de tudo** in spite of everything **apesar disso** nevertheless

apetecer *vi* **1** (*dar vontade*) to be/look appetizing: *Este ensopado me apetece.* This stew looks very tasty. **2** (*estar disposto*) to be in the mood *to do sth*

apetite *sm* appetite: *ter bom ~* to have a good appetite ◊ *A caminhada vai abrir o seu ~.* The walk will give you an appetite. LOC **bom apetite!** enjoy your meal! *Ver tb* ABRIR

apetrechos *sm* (*Esporte*) gear [*não contável*]: ~ *de caça* hunting gear ◊ ~ *de pesca* fishing tackle

ápice *sm* LOC **no ápice** at the peak *of...*

apinhado, -a *pp, adj* crowded

apitar *vi* **1** (*polícia, árbitro*) to blow the/your whistle (**at sb/sth**): *O polícia apitou em nossa direção.* The policeman blew his whistle at us. **2** (*chaleira*, *trem*) to whistle

apito *sm* whistle: *o ~ do trem* the whistle of the train

aplacar *vt* **1** (*fome*) to satisfy **2** (*sede*) to quench **3** (*ânimos*) to soothe

aplainar *vt* (*madeira*) to plane

aplaudir *vt, vi* to applaud: *~ de pé* to give a standing ovation

aplauso *sm* applause [*não contável*]: *~s calorosos* loud applause

aplicação *sf* **1** application **2** (*da lei*) enforcement

aplicado, -a *pp, adj* **1** (*pessoa*) hardworking **2** *~* (*a*) applied (**to** *sth*): *matemática aplicada* applied mathematics *Ver tb* APLICAR

aplicar ◆ *vt* **1** to apply *sth* (**to** *sth*): *~ uma regra* to apply a rule ◊ *Aplique a pomada sobre a zona afetada.* Apply the ointment to the affected area. **2** (*pôr em prática*) to put *sth* into practice: *Vamos ~ o que aprendemos.* Let's put what we've learned into practice. **3** (*lei*) to enforce ◆ **aplicar-se** *v pron* **aplicar-se** (**a/em**) to apply yourself (**to** *sth*): *aplicar-se nos estudos* to apply yourself to your studies

aplicável *adj* *~* (**a**) applicable (**to** *sb/sth*)

aplique *sm* **1** (*luz*) wall light **2** (*cabelo*) hairpiece

apoderar-se *v pron* *~* **de** to take possession of, to seize: *Apoderaram-se das jóias.* They seized the jewels.

apodrecer *vt, vi* to rot

apoiado, -a *pp, adj* *~* **em/sobre/contra 1** (*descansando*) resting **on/against** *sth*: *Sua cabeça estava apoiada nas costas da cadeira.* His head was resting on the back of the chair. **2** (*inclinado*) leaning **against** *sth*: *~ contra a parede* leaning against the wall ☛ *Ver ilustração em* LEAN²; *Ver tb* APOIAR

apoiar ◆ *vt* **1** to lean *sth* **against** *sth*: *Não o apoie contra a parede.* Don't lean it against the wall. ☛ *Ver ilustração em* LEAN² **2** (*descansar*) to rest *sth* **on/against** *sth*: *Apóie a cabeça no meu ombro.* Rest your head on my shoulder. **3** (*defender*) to support: *~ uma greve/um companheiro* to support a strike/colleague **4** (*dar apoio*) to back *sb/sth* up: *Os meus pais me apoiaram tantas vezes.* My parents have backed me up so often. ◆ **apoiar-se** *v pron* to lean **on/against** *sth*: *apoiar-se à parede* to lean against the wall

apoio *sm* support: *~ moral* moral support

apólice *sf* (*seguros*) policy [*pl* policies]: *adquirir uma ~* to take out a policy

apologia *sf* *~* (**de**) defense (**of** *sb/sth*)

apontador *sm* pencil sharpener

apontamento *sm* note

apontar ◆ *vt* **1** to point *sth* out: *~ um erro* to point out a mistake ◊ *~ algo num mapa* to point sth out on a map **2** (*razões*) to put *sth* forward ◆ *vt, vi* to aim (*sth*) (**at** *sb/sth*): *Apontei muito alto.* I aimed too high. ◊ *Ele apontou o revólver para mim.* He aimed his gun at me.

aporrinhar *vt* to annoy: *Páre de me ~!* Stop annoying me!

após *prep* **1** (*depois*) after: *dia após dia* day after day **2** (*atrás de*) behind: *A porta fechou após ela entrar.* The door closed behind her.

aposentado, -a ◆ *pp, adj* retired: *estar ~* to be retired ◆ *sm-sf* senior citizen, pensioner (*GB*)

aposentadoria *sf* **1** (*serviço*) retirement **2** (*pensão*) pension

aposentar-se *v pron* to retire

aposta *sf* bet: *fazer uma ~* to make a bet

apostar *vt, vi* *~* (**em**) to bet (**on** *sb/sth*): *~ num cavalo* to bet on a horse ◊ *Aposto o que você quiser como eles não vêm.* I bet you anything they won't come.

apostila *sf* lecture notes [*pl*]

apóstolo *sm* apostle

apóstrofo *sm* apostrophe ☛ *Ver págs 298-9*

apreciação *sf* appreciation

apreciar *vt* **1** (*coisa*) to appreciate: *Aprecio um trabalho bem feito.* I appreciate a job well done. **2** (*pessoa*) to think highly **of** *sb*: *Eles te apreciam muito.* They think very highly of you. **3** (*avaliar*) to assess **4** (*gostar*) to enjoy: *Aprecio um bom vinho.* I enjoy a good wine.

apreço *sm* regard (**for** *sb/sth*): *ter grande ~ por alguém* to hold sb in high regard

apreender *vt* **1** (*confiscar*) to seize: *A polícia apreendeu 10kg de cocaína.* The police seized 10kg of cocaine. **2** (*compreender*) to grasp: *~ o sentido de algo* to grasp the meaning of sth

apreensão *sf* **1** (*bens*, *contrabando*) seizure **2** (*conhecimentos*) grasp **3** (*preocupação*) apprehension

apreensivo, -a *adj* apprehensive

aprender *vt, vi* to learn: *~ francês/a dirigir* to learn French/to drive ◊ *Você devia ~ a ouvir os outros.* You should learn to listen to other people.

aprendiz, ~a *sm-sf* apprentice: *um ~ de eletricista* an apprentice electrician

aprendizagem *sf: a ~ de uma língua* learning a language

apresentação *sf* **1** presentation: *A ~ é muito importante.* Presentation is very important. **2 apresentações** introductions: *Você ainda não fez as apresentações.* You still haven't introduced us. LOC *Ver* CARTA

apresentador, ~a *sm-sf* presenter

apresentar ◆ *vt* **1** to present (*sb*) (**with sth**); to present (*sth*) (**to sb**): *~ um programa* to present a program ◊ *Ele apresentou as provas ao juiz.* He presented the judge with the evidence/the evidence to the judge. **2** (*demissão*) to tender: *Ela apresentou a sua demissão.* She tendered her resignation. **3** (*queixa*) to make: *~ uma queixa* to make a complaint **4** (*pessoa*) to introduce *sb* (**to sb**): *Quando é que você vai apresentá-la a nós?* When are you going to introduce her to us? ◊ *Apresento-lhe o meu marido.* This is my husband.

Há várias formas de apresentar as pessoas em inglês segundo o grau de formalidade da situação, por exemplo: "John, meet Mary." (*informal*); "Mrs. Smith, this is my daughter Jane" (*informal*); "May I introduce you. Sir Godfrey, this is Mr. Jones. Mr. Jones, Sir Godfrey." (*formal*). Quando você é apresentado a alguém, pode responder "Hello" ou "Nice to meet you" se a situação é informal, ou "How do you do?" se é uma situação formal. A "How do you do?" a outra pessoa responde "How do you do?"

◆ **apresentar-se** *v pron* **1** (*a desconhecido*) to introduce yourself **2** (*comparecer*) to report (**to sb/sth**)

apressar ◆ *vt* to rush: *Não me apresse.* Don't rush me. ◆ **apressar-se** *v pron* **1** to hurry up **2 ~ a** to hasten **to do sth**: *Apressei-me a agradecê-los.* I hastened to thank them.

aprimorar *vt* to improve: *~ os seus dotes culinários* to improve your cooking

aprofundar ◆ *vt* **1** (*conhecimentos*) to go deeper into *sth* **2** (*escavar*) to make *sth* deeper ◆ **aprofundar-se** *v pron*

aprofundar-se em: *aprofundar-se num assunto* to deepen your knowledge of a subject

apropriado, -a *pp, adj* appropriate

aprovação *sf* **1** (*consentimento*) approval **2** (*em exame*) pass

aprovado, -a *pp, adj* (*Educ*): *ser ~* to pass *Ver tb* APROVAR

aprovar ◆ *vt* **1** (*aceitar*) to approve of *sb/sth*: *Não aprovo o comportamento deles.* I don't approve of their behavior. **2** (*lei*) to pass ◆ *vi* (*Educ*) to pass

aproveitamento *sm* **1** (*uso*) use **2** (*Educ*) grades [*pl*]: *O aluno tem bom ~ em todas as disciplinas.* The student gets good grades in all his subjects.

aproveitar ◆ *vt* **1** (*utilizar*) to use: *~ bem o tempo* to use your time well **2** (*recursos naturais*) to make use of: *~ a energia solar* to make use of solar energy **3** (*oportunidade, tirar proveito*) to take advantage of *sb/sth*: *Aproveitei a viagem para visitar o meu irmão.* I took advantage of the trip to visit my brother. ◆ **aproveitar-se** *v pron* **aproveitar-se** (**de**) to take advantage (**of sb/sth**)

aproximação *sf* **1** (*chegada*) approach **2** (*proximidade*) nearness

aproximado, -a *pp, adj* approximate *Ver tb* APROXIMAR

aproximar ◆ *vt* **1** (*coisas*) to bring *sth* closer **2** (*pessoas*) to bring *sb* together ◆ **aproximar-se** *v pron* **1** to approach, to draw near: *Aproxima-se o Natal.* Christmas is approaching. **2 aproximar-se** (**de**) (*acercar-se*) to approach *sb/sth*

aptidão *sf* **1** aptitude (**for sth/doing sth**): *teste de ~* aptitude test **2** (*talento*) gift: *ter ~ para a música* to have a gift for music LOC *Ver* EXAME

apunhalar *vt* to stab

apuração *sf* **1** (*averiguação*) investigation **2** (*aperfeiçoamento*) refinement **3** (*de votos*) counting

apurado, -a *pp, adj* **1** (*paladar*) refined **2** (*ouvido*) keen *Ver tb* APURAR

apurar *vt* **1** (*averiguar*) to investigate **2** (*melhorar*) to refine **3** (*votos*) to count

apuro *sm* **1** (*situação difícil*) fix [*sing*]: *Isso com certeza nos tiraria deste ~.* That would definitely get us out of this fix. ◊ *tirar alguém de um ~* to get sb out of a fix **2 apuros** trouble [*sing*]: *um alpinista em ~s* a climber in trouble ◊ *estar em ~s* to be in trouble/in a fix

aquarela *sf* watercolor LOC *Ver* PINTAR

Aquário sm (*Astrologia*) Aquarius ☞ *Ver exemplos em* AQUARIUS

aquário sm aquarium [*pl* aquariums/ aquaria]

aquático, -a adj **1** (*Biol*) aquatic **2** (*Esporte*) water [*s atrib*]: *esportes* ~s water sports LOC *Ver* ESQUI

aquecedor sm heater: ~ *elétrico/a gás* electric/gas heater ◊ ~ *de água* water heater

aquecer ◆ vt **1** to heat *sth* up: *Vou* ~ *o seu jantar.* I'll go and heat up your dinner. **2** (*pessoa, músculo*) to warm *sb/ sth* up ◆ vi (*ficar muito quente*) to get very hot: *O motor aqueceu demais.* The engine overheated. ◆ **aquecer-se** v pron (*pessoa, Esporte*) to warm up

aquecimento sm **1** (*sistema*) heating: ~ *central* central heating **2** (*Esporte*) warm-up: *exercícios de* ~ warm-up exercises ◊ *Antes de começar vamos fazer um* ~. We're going to do a warm-up first.

aqueduto sm aqueduct

aquele, -a pron **1** (*adjetivo*) that [*pl* those] **2** (*substantivo*) **(a)** (*coisa*) that one [*pl* those (ones)]: *Este carro é meu e* ~ *é do Pedro.* This car's mine and that one is Pedro's. ◊ *Prefiro* ~s. I prefer those (ones). **(b)** (*pessoa*): *Você conhece* ~s *ali?* Do you know those people?

aqui adv **1** (*lugar*) here: *Estão* ~. They're here. ◊ *É* ~ *mesmo.* It's right here. **2** (*agora*) now: *de* ~ *por diante* from now on ◊ *Até* ~ *tudo bem.* So far so good. **3** (*ao telefone*): ~ *é a Ana. Posso falar com o Paulo?* It's Ana. May I speak to Paulo? LOC **aqui (por) perto** near here **aqui vou eu!** here I come! **por aqui** (*por favor*) this way (please)

aquilo pron: *Você está vendo* ~? Can you see that? LOC **aquilo que...** what...: *Lembre-se daquilo que a sua mãe sempre dizia.* Remember what your mother always used to say.

ar sm air: *ar puro* fresh air LOC **ao ar livre** in the open air: *um concerto ao ar livre* an open-air concert **ar condicionado** air-conditioning **dar-se ares** to put on airs **estar no ar** (*sendo transmitido*) to be on the air **ir/voar pelos ares** to blow up **tomar ar** to get a breath of fresh air *Ver tb* CORRENTE, ESPINGARDA, PERNA, PISTOLA

árabe sm (*língua*) Arabic

arábico, -a adj Arabic LOC *Ver* NUMERAÇÃO

arado sm plow

arame sm wire LOC **arame farpado** barbed wire *Ver tb* REDE

aranha sf spider LOC *Ver* TEIA

arar vt to plow

arbitragem sf **1** arbitration **2** (*Esporte*) refereeing

arbitrar vt **1** (*Futebol, Boxe*) to referee **2** (*Tênis*) to umpire

arbitrário, -a adj arbitrary

árbitro, -a sm-sf **1** (*futebol, boxe*) referee **2** (*tênis*) umpire **3** (*mediador*) arbitrator

arbusto sm bush

arca sf (*caixa*) chest

arcar vi ~ **com** (*conseqüências*) to face *sth* [*vt*]: *Vocês terão que* ~ *com as conseqüências.* You'll have to face the consequences.

arcebispo sm archbishop

arco sm **1** (*Arquit*) arch **2** (*Mat*) arc: *um* ~ *de 36°* a 36° arc **3** (*Esporte, Mús*) bow: *um* ~ *e flecha* a bow and arrow **4 arcos** arcade [*sing*]: *os* ~s *da praça* the arcade round the square LOC *Ver* TIRO

arco-e-flecha sm archery

arco-íris sm rainbow: *Olha lá o* ~. Look! There's a rainbow.

ardente adj **1** (*que arde, queima*) burning **2** (*apaixonado*) ardent

arder vi **1** (*queimar*) to burn **2** (*olhos*) to sting: *Meus olhos estão ardendo.* My eyes are stinging.

ardor sm ardor

ardósia sf slate: *um telhado de* ~ a slate roof

área sf area: *a* ~ *de um retângulo* the area of a rectangle ◊ *uma* ~ *de serviço* a service area

areia sf sand: *brincar na* ~ to play in the sand LOC **areia movediça** quicksand *Ver tb* BANCO, CASTELO

arejar ◆ vt (*quarto, roupa*) to air ◆ vi to get some fresh air

arena sf arena: ~ *de touros* bullring

arenque sm herring

arfar vi to puff and pant

Argentina sf Argentina

argentino, -a adj, sm-sf Argentinian

argila sf clay

argola sf **1** ring: *as* ~s *olímpicas* the Olympic rings **2** (*brinco*) hoop earring

argumentar vt, vi to argue

argumento sm **1** (*razão*) argument: *os* ~s *a favor e contra* the arguments for and against **2** (*Cinema, Liter*) plot

árido, -a adj arid

Áries *sm* (*Astrologia*) Aries ☞ *Ver exemplos em* AQUARIUS

aristocracia *sf* aristocracy [*v sing ou pl*]

aristocrata *smf* aristocrat

aritmética *sf* arithmetic

arma *sf* **1** weapon: *~s nucleares* nuclear weapons **2 armas** arms: *um traficante de ~s* an arms dealer ◊ *a indústria de ~s* the arms industry LOC **arma branca** knife **arma de fogo** firearm **arma do crime** murder weapon

armação *sf* frame

armada *sf* navy [*pl* navies]

armadilha *sf* trap: *cair numa ~* to fall into a trap

armadura *sf* armor [*não contável*]: *uma ~* a suit of armor

armamento *sm* arms [*pl*]

armar *vt* **1** (*fornecer armas*) to arm *sb* (**with sth**): *Armaram os soldados com pistolas.* They armed the soldiers with pistols. **2** (*montar*) to put *sth* up, to assemble (*mais formal*): *~ uma barraca* to put a tent up LOC **armar confusão** to cause chaos *Ver tb* ESCÂNDALO

armarinho *sm* haberdashery

armário *sm* **1** cupboard **2** (*para roupa*) closet, wardrobe (*GB*) LOC **armário de remédios** medicine chest

armazém *sm* **1** (*edifício*) warehouse **2** (*depósito*) storeroom **3** (*loja*) store

armazenamento *sm* storage

armazenar *vt* to store

aro *sm* **1** (*argola*) ring **2** (*roda*) rim

aroma *sm* aroma

aromático, -a *adj* aromatic

arpão *sm* harpoon

arqueologia *sf* archeology

arqueológico, -a *adj* archeological

arqueólogo, -a *sm-sf* archeologist

arquibancada *sf* bleachers, terraces (*GB*) [*pl*]

arquipélago *sm* archipelago [*pl* archipelagos/archipelagoes]

arquitetar *vt* (*plano, projeto*) to devise

arquiteto, -a *sm-sf* architect

arquitetura *sf* architecture

arquivar *vt* **1** (*classificar*) to file **2** (*assunto*) to shelve

arquivo *sm* **1** (*polícia*) file **2** (*Hist*) archive(s) [*usa-se muito no plural*]: *um ~ histórico* historical archives

arraigado, -a *pp, adj* deep-rooted: *um costume muito ~* a deep-rooted custom

arrancar ◆ *vt* **1** (*remover*) to take *sth* off, to remove (*mais formal*): *Arranque a etiqueta do preço.* Take the price tag off. **2** (*extrair*) to take *sb/sth* out (**of sth**): *O dentista arrancou-lhe um dente.* The dentist pulled his tooth out. **3** (*planta, pêlo*) to pull *sth* out/up: *~ um prego* to pull a nail out ◊ *~ as ervas daninhas* to pull up the weeds **4** (*página*) to tear *a page* out **5** (*informação, confissão*) to extract ◆ *vi* **1** (*motor*) to start **2** (*partir*) to set off ◆ **arrancar-se** *v pron* to run off: *Os ladrões se arrancaram assim que ouviram um barulho.* The thieves ran off the moment they heard a noise.

arranha-céu *sm* skyscraper

arranhão *sm* scratch

arranhar *vt* **1** to scratch: *~ o carro* to scratch your car ◊ *Ouvi o cão ~ a porta.* I heard the dog scratching at the door. **2** (*idioma*) to have a smattering of *sth*: *~ italiano* to have a smattering of Italian

arranjar ◆ *vt* **1** (*pôr em ordem*) to clean *sth* up **2** (*conseguir*) to get: *Não sei onde é que ela arranjou o dinheiro.* I don't know where she got the money from. ◊ *Você me arranja uma cerveja?* Can you get me a beer, please? **3** (*resolver*) to sort *sth* out ◆ **arranjar-se** *v pron* **1** (*dar certo*) to work out: *No fim tudo se arranjou.* It all worked out in the end. **2** (*virar-se*) to manage, to get by (*mais coloq*): *A comida é pouca, mas nós nos arranjamos.* There's not much food, but we manage. LOC **arranjar coragem** to pluck up courage **arranjar problemas** to cause trouble **arranjar um jeito** to find a way (*to do sth/of doing sth*): *Arranjamos um jeito de entrar na festa.* We found a way of getting into the party.

arranjo *sm* (*disposição*) arrangement

arranque *sm* **1** (*início*) start **2** (*motor*): *Tenho problemas com o ~.* I have problems starting the car.

arrasado, -a *pp, adj* (*deprimido*) devastated (**at/by sth**): *~ com a perda do filho* devastated by the loss of his son *Ver tb* ARRASAR

arrasar ◆ *vt* **1** to destroy: *A guerra arrasou a cidade.* The war destroyed the city. **2** (*vencer*) to whip, to thrash (*GB*) ◆ *vi* (*ganhar*) to win hands down: *A equipe local arrasou.* The local team won hands down.

arrastar ◆ *vt* **1** to drag: *Não arraste os*

pés. Don't drag your feet. ◊ *Eles não queriam ir, tive que arrastá-los.* They didn't want to go, so I had to drag them away. **2** *(vento, água)* to carry *sb/sth* away: *A criança foi arrastada pela correnteza.* The child was carried away by the current. ◆ **arrastar-se** *v pron* **1** *(engatinhar)* to crawl: *arrastar-se pelo chão* to crawl across the floor **2** *(processo, situação)* to drag (on) **3 arrastar-se (diante de)** *(humilhar-se)* to grovel **(to sb)**

arrebentar *vt, vi* to burst

arrebitado, -a *adj (nariz)* turned-up

arrecadar *vt* **1** *(impostos)* to collect **2** *(embolsar)* to pocket: *Arrecadaram um dinheirão.* They pocketed a fortune.

arredondar *vt* to round *sth* off

arredores *sm* outskirts: *Eles vivem nos ~ de Recife.* They live on the outskirts of Recife.

arregaçar *vt* **1** *(mangas, calças)* to roll *sth* up: *Ele arregaçou as calças.* He rolled up his pants. ◊ *de mangas arregaçadas* with your sleeves rolled up **2** *(saia)* to lift *sth* (up)

arregalar *vt* LOC **arregalar os olhos**: *O garotinho arregalou os olhos quando viu tanto brinquedo.* The little boy's eyes almost popped out of his head when he saw so many toys.

arreganhar *vt* LOC **arreganhar os dentes** to bare your teeth

arreios *sm* harness [*sing*]

arremedar *vt* to mimic

arrendar *vt* to lease ☛ *Ver nota em* ALUGAR

arrepender-se *v pron* ~ **(de) 1** *(lamentar)* to regret **sth/doing sth**: *Eu me arrependo de ter dito isso.* I regret saying it. ◊ *Você vai se arrepender!* You'll regret it! **2** *(pecado)* to repent **(of sth)**

arrependido, -a *pp, adj* LOC **estar arrependido (de)** to be sorry (for/about) *sth Ver tb* ARREPENDER-SE

arrependimento *sm* **1** *(pesar)* regret **2** *(Relig)* repentance

arrepiado, -a *pp, adj (pele)* covered in goose bumps *Ver tb* ARREPIAR-SE

arrepiar-se *vt, v pron* to shiver LOC **de arrepiar os cabelos** horrific

arrepio *sm* shiver

arriscado, -a *pp, adj* **1** *(perigoso)* risky **2** *(audaz)* daring *Ver tb* ARRISCAR

arriscar ◆ *vt* to risk: ~ *a saúde/o dinheiro/a vida* to risk your health/ money/life ◆ **arriscar-se** *v pron* to take

a risk/risks: *Se eu fosse você, não me arriscaria.* If I were you, I wouldn't risk it. LOC *Ver* PELE

arrogância *sf* arrogance

arrogante *adj* arrogant

arrombar *vt* **1** *(porta)* to force **2** *(casa)* to break into *sth* **3** *(cofre)* to crack

arrotar ◆ *vi* to burp ◆ *vi, vt (alardear)* to brag **(about sth)**: *O time adversário arrotava a vitória.* The opposition was bragging about its win.

arroto *sm* burp

arroz *sm* rice LOC *Ver* PÓ

arroz-doce *sm* rice pudding

arruinar ◆ *vt* to ruin: *A tempestade arruinou as colheitas.* The storm ruined the crops. ◆ **arruinar-se** *v pron (falir)* to go bankrupt

arrumadeira *sf* chambermaid

arrumado, -a *pp, adj* **1** neat **2** *(vestido)* dressed *Ver tb* ARRUMAR

arrumar ◆ *vt* **1** *(ordenar)* to clear *sth* up: ~ *a casa* to clear up the house ◊ *Será que você podia ~ o seu quarto?* Could you clean up your room? **2** *(mala)* to pack: *Você já arrumou as malas?* Have you packed yet? **3** *(mentira, desculpa)* to think *sth* up **4** *(emprego)* to find ◆ **arrumar-se** *v pron (preparar-se)* to get ready

arsenal *sm* arsenal

arsênico *sm* arsenic

arte *sf* **1** art: *uma obra de ~* a work of art ◊ *~s marciais* martial arts **2** *(habilidade)* skill **(at sth/doing sth)** LOC **fazer arte** to get up to mischief

artéria *sf* artery [*pl* arteries]

artesanal *adj* handmade

artesanato *sm* **1** *(habilidade)* craftsmanship **2** *(produtos)* handicrafts [*pl*]

ártico, -a ◆ *adj* Arctic ◆ **Ártico** *sm (oceano)* Arctic Ocean LOC *Ver* CÍRCULO

articulação *sf* **1** *(Anat, Mec)* joint **2** *(pronúncia)* articulation

articular *vi (pronunciar bem)* to speak clearly

artificial *adj* artificial LOC *Ver* RESPIRAÇÃO

artigo *sm* article: *Espero que publiquem o meu ~.* I hope they publish my article. ◊ *o ~ definido* the definite article

artilharia *sf* artillery

artista *smf* artist

artístico, -a *adj* artistic

artrite *sf* arthritis

árvore *sf* tree: ~ *frutífera* fruit tree LOC **árvore genealógica** family tree

as *art def, pron pess* Ver OS

ás *sm* ace: *o ás de copas* the ace of hearts ☞ *Ver nota em* BARALHO LOC **ser um ás** (*pessoa*) to be a genius (*at sth/doing sth*): *Ele é um ás do ciclismo.* He's a champion cyclist.

asa *sf* **1** wing: *as* ~*s de um avião* the wings of a plane **2** (*de utensílio*) handle LOC Ver BATER

asa-delta *sf* **1** (*aparelho*) hang glider **2** (*esporte*) hang gliding

ascensão *sf* **1** (*partido, figura pública*) rise **2** (*empregado, equipe*) promotion

asfaltar *vt* to asphalt

asfalto *sm* asphalt

asfixia *sf* suffocation, asphyxia (*mais formal*)

asfixiar *vt* **1** (*com fumaça, gás*) to suffocate, to asphyxiate (*mais formal*) **2** (*com uma almofada*) to smother

Ásia *sf* Asia

asiático, -a *adj, sm-sf* Asian

asilo *sm* **1** (*lar*) home **2** (*Pol*) asylum: *procurar* ~ *político* to seek political asylum

asma *sf* asthma

asmático, -a *adj, sm-sf* asthmatic

asneira *sf: Mas que* ~! What a dumb thing to do! ◊ *dizer* ~*s* to talk nonsense

aspargo *sm* asparagus [*não contável*]

aspas *sf* quotation marks, quotes (*mais coloq*) ☞ *Ver págs* 298–9. LOC **entre aspas** in quotes

aspecto *sm* **1** (*aparência*) look: *A sua avó não está com bom* ~. Your granny doesn't look very well. **2** (*faceta*) aspect: *o* ~ *jurídico* the legal aspect

áspero, -a *adj* rough

aspirador *sm* vacuum cleaner: *passar o* ~ to vacuum

aspirar *vt* **1** (*com aspirador*) to vacuum **2** (*máquina*) to suck *sth* up **3** (*respirar*) to breathe *sth* in **4** ~ **a** to aspire **to** *sth*: ~ *a um salário decente* to aspire to a decent salary

aspirina *sf* aspirin: *tomar uma* ~ to take an aspirin

asqueroso, -a *adj* disgusting

assado, -a *pp, adj* roast: *frango* ~ (*no forno*) roast chicken LOC **assado na brasa** grilled: *costeletas assadas na brasa* grilled chops Ver tb ASSAR

assalariado, -a *sm-sf* salaried employee

assaltante *smf* **1** (*agressor*) assailant **2** (*banco*) robber **3** (*casa*) burglar **4** (*pessoa*) mugger ☞ *Ver nota em* THIEF

assaltar *vt* **1** (*atacar*) to attack **2** (*banco, loja, pessoa*) to rob **3** (*casa*) to burglarize, to burgle (*GB*): *Assaltaram a nossa casa.* Our house was burglarized. **4** (*pessoa fora de casa*) to mug: *Fui assaltado no metrô.* I was mugged on the subway. **5** (*roubar à mão armada*) to hold *sb/sth* up: ~ *uma sucursal do Banco Central* to hold up a branch of the Central Bank **6** (*saquear*) to raid: *Dois indivíduos assaltaram o banco.* Two men raided the bank. ☞ *Ver nota em* ROB

assalto *sm* ~ (**a**) **1** (*agressão*) attack (**on sb**) **2** (*banco, loja, pessoa*) robbery [*pl* robberies]: *o* ~ *ao supermercado* the supermarket raid ◊ *Fui vítima de um* ~. I was robbed. **3** (*casa, escritório*) burglary [*pl* burglaries], break-in (*mais coloq*): *No domingo houve três* ~*s nesta rua.* There were three burglaries in this street on Sunday. **4** (*pessoa fora de casa*) mugging **5** (*roubo à mão armada*) hold-up: *Fizeram um* ~ *a uma joalheria.* They held up a jewelry store. **6** (*saque*) raid (**on sth**): *um* ~ *a uma joalheria* a raid on a jewelry store **7** (*Boxe*) round ☞ *Ver nota em* THEFT

assar ♦ *vt* **1** (*carne*) to roast **2** (*pão, batata*) to bake ♦ *vi* (*passar calor*) to roast: *Com este calor vamos* ~ *na praia.* We'll roast on the beach in this heat.

assassinar *vt* to murder

Também existe o verbo **to assassinate** e os substantivos **assassination** (*assassinato*) e **assassin** (*assassino*), mas estes só se utilizam quando se trata de uma pessoa importante: *Quem é que assassinou o senador?* Who assassinated the senator? ◊ *Houve uma tentativa de assassinato do presidente.* There was an assassination attempt on the President. ◊ *um assassino contratado* a hired assassin.

assassinato (*tb* **assassínio**) *sm* murder: *cometer um* ~ to commit (a) murder ☞ *Ver nota em* ASSASSINAR

assassino, -a ♦ *sm-sf* murderer ☞ *Ver nota em* ASSASSINAR ♦ *adj* (*olhar*) murderous

assédio *sm* (*perseguição*) harassment: ~ *sexual* sexual harassment

assegurar ♦ *vt* **1** (*garantir*) to ensure: ~ *que tudo funciona* to ensure that everything works **2** (*afirmar*) to assure:

Ela nos assegurou de que não os viu. She assured us that she didn't see them. ◆ **assegurar-se** *v pron* (*certificar-se*) to make sure (**of** *sth/that...*): *Assegure-se de que está tudo em ordem.* Make sure everything's OK.

asseio *sm* **1** (*limpeza*) cleanliness **2** (*apuro*) neatness

assembléia *sf* **1** (*reunião*) meeting **2** (*Pol*) assembly [*pl* assemblies]: *Assembléia Nacional* National Assembly

assemelhar-se *v pron* ~ **a** to look like *sb/sth*

assentar ◆ *vt* to settle: ~ *os sem-terra* to settle the landless ◆ *vi* **1** (*pó, sedimento*) to settle **2** (*adaptar-se*) to settle down

assentir *vi, vt* **1** (*consentir*) to agree (**to sth**): *Ele não gostou do meu plano, mas acabou assentindo.* He didn't like my plan, but he finally agreed to it. **2** (*com a cabeça*) to nod

assento *sm* seat

assessor, ~a *sm-sf* advisor

assessoria *sf* advisory body LOC **assessoria de imprensa** press office

assim *adv, adj* **1** (*deste modo, como este*) like this: *Segure-o ~.* Hold it like this. **2** (*daquele modo, como aquele*) like that: *Quero um carro ~.* I want a car like that. **3** (*portanto*) so, therefore (*mais formal*) LOC **assim, assim** so so **assim como** as well as **assim de grande, gordo, etc.** this big, fat, etc. **assim é que se fala/faz!** well said/well done! **assim que** as soon as: ~ *que você chegar* as soon as you arrive **como assim?** how do you mean? **e assim por diante/sucessivamente** and so on (and so forth) **ou coisa assim** or so: *uns doze ou coisa* ~ a dozen or so **por assim dizer** so to speak

assimilar *vt* to assimilate

assinalar *vt* **1** (*marcar*) to mark: *Assinale os erros em vermelho.* Mark the mistakes in red. **2** (*mostrar*) to point *sth* out: ~ *algo num mapa* to point sth out on a map

assinar ◆ *vt, vi* to sign: *Assine na linha pontilhada.* Sign on the dotted line. ◆ *vt* (*revista*) to subscribe **to sth**

assinatura *sf* **1** (*nome*) signature **2** (*ato*) signing: *a ~ do contrato* the signing of the contract **3** (*publicação*) subscription **4** (*Teat*) season ticket

assistência *sf* **1** (*público*) audience **2** (*a doentes*) care: ~ *médica* medical/health care ◇ ~ *hospitalar* hospital

treatment **3** (*ajuda*) help, assistance (*mais formal*): *prestar* ~ *a alguém* to give sb assistance **4** (*presença*) attendance LOC **assistência social** social services [*pl*]

assistente *smf* assistant LOC **assistente social** social worker

assistir *vt* ~ (**a**) **1** (*estar presente em*) to attend: ~ *a uma aula/reunião* to attend a class/meeting ◇ ~ *a um espetáculo* to go to a show **2** (*ver*) to watch: ~ *a um programa de televisão* to watch a program on TV **3** (*testemunhar*) to witness: ~ *a um acidente* to witness an accident **4** (*ajudar*) to assist **5** (*médico*) to treat: *Que médico lhe assistiu?* Which doctor treated you?

assoalho *sm* wooden floor

assoar *vt* LOC **assoar o nariz** to blow your nose

assobiar *vt, vi* to whistle: ~ *uma melodia* to whistle a tune

assobio *sm* whistle: *os* ~*s do vento* the whistling of the wind

associação *sf* association: ~ *de moradores* residents' association

associar ◆ *vt* to associate *sb/sth* (**with sb/sth**): ~ *o calor a férias* to associate hot weather with being on vacation ◆ **associar-se** *v pron* to go into partnership

assombrado, -a *pp, adj* (*lugar*) haunted: *uma casa assombrada* a haunted house

assombro *sm* amazement LOC **ser um assombro** to be amazing: *A casa é um* ~. The house is amazing.

assumir *vt* **1** (*compromissos, obrigações*) to take *sth* on **2** (*responsabilidade*) to accept **3** (*culpa*) to admit

assunto *sm* **1** (*tema*) subject: *Qual era o* ~ *da conversa?* What was the topic of conversation? **2** (*questão*) matter: *um* ~ *de interesse geral* a matter of general interest **3** (*Pol*) affair LOC **assunto encerrado!** subject closed! **o assunto do dia** the topic of the day *Ver tb* DIRETO, ESPONJA, ÍNDICE

assustador, ~a *adj* scary, frightening (*mais formal*)

assustar ◆ *vt* to scare, to frighten (*mais formal*): *O cachorro me assustou.* The dog scared me. ◆ **assustar-se** *v pron* to be scared **by/of sb/sth**; to be frightened **by/of sb/sth** (*mais formal*): *Você se assusta com tudo.* You're frightened of everything.

asterisco *sm* asterisk

astro *sm* star

astrologia *sf* astrology

astrólogo, -a *sm-sf* astrologer

astronauta *smf* astronaut

astronomia *sf* astronomy

astrônomo, -a *sm-sf* astronomer

astuto, -a *adj* shrewd

ata *sf* minutes [*pl*]

atacado *sm* LOC **por atacado** (*vender*) wholesale

atacante *smf* **1** (*Esporte*) offense, forward (*GB*): *Ele joga como ~.* He plays in offense. **2** (*agressor*) attacker

atacar *vt* to attack

atadura *sf* (*bandagem*) bandage: *~ de gaze* gauze bandage

atalho *sm* short cut: *ir por um ~* to take a short cut

ataque *sm* **1** *~* (**a/contra**) (*agressão*) attack (**on sb/sth**): *um ~ ao governo* an attack on the government **2** *~* **de** (*riso, tosse, raiva, ciúme*) fit (**of sth**): *um ~ de tosse/ciúmes* a coughing fit/a fit of jealousy **3** (*investida*) raid: *efetuar um ~* to raid LOC **ataque de nervos** fit of hysteria *Ver tb* CARDÍACO

atar *vt* to tie *sb/sth* (up): *Eles ataram nossas mãos.* They tied our hands.

atarefado, -a *pp, adj* **1** (*pessoa*) busy **2** (*dia*) hectic

atarracado, -a *adj* (*pessoa*) stocky

atarraxar *vt* (*parafusos*) to screw *sth* down/in/on

até ◆ *prep*

• **tempo** until, till (*mais coloq*)

Usa-se **until** tanto em inglês formal como informal. Usa-se **till** sobretudo no inglês falado e não se deve usar no início de uma frase: *Estarei lá até às sete.* I'll be there until seven. ◊ *Você vai ficar até quando?* How long are you staying?

• **lugar 1** (*distância*) as far as …: *Eles vieram comigo até Belo Horizonte.* They came with me as far as Belo Horizonte. **2** (*altura, quantidade*) up to …: *A água chegou até aqui.* The water came up to here. **3** (*para baixo*) down to …: *A saia vem até os tornozelos.* The skirt comes down to my ankles.

• **saudações** see you …: *Até amanhã/ segunda!* See you tomorrow/on Monday! ◊ *Até logo!* Bye! **◆** *adv* even: *Até eu fiz.* Even I did it. ◊ *~ me deram dinheiro.* They even gave me money.

ateliê *sm* (*Arte*) studio [*pl* studios]

atenção ◆ *sf* attention **◆ atenção!** *interj* look out! LOC *Ver* CHAMAR, PRENDER, PRESTAR

atenciosamente *adv* (*fórmula de despedida*) Sincerely yours, Yours sincerely (*GB*)

atencioso, -a *adj* **1** (*respeitoso*) considerate **2** (*amável*) kind

atender *vt* **1** (*numa loja*) to serve: *Já foram atendidos?* Are you being served? **2** (*receber*) to see: *O médico tem que ~ muitas pessoas.* The doctor has to see a lot of people. **3** (*tarefa, problema, pedido*) to deal with *sth*: *Só atendemos casos urgentes.* We only deal with emergencies. **4** (*responder*) to answer: *~ as chamadas/o telefone* to answer calls/ the phone **5** (*à porta, ao telefone*) to answer

atentado *sm* **1** (*tentativa de assassinato*) attempt on *sb's* life: *um ~ contra dois senadores* an attempt on the lives of two senators **2** (*ataque*) attack (**on sb/ sth**): *um ~ a um quartel do exército* an attack on an army barracks

atento, -a *adj* (*com atenção*) attentive: *Eles ouviram ~s.* They listened attentively. LOC **estar atento a algo 1** (*vigiar*) to watch out for sth: *estar ~ à chegada do trem* to watch out for the train **2** (*prestar atenção*) to pay attention to sth **estar atento a alguém 1** (*vigiar*) to keep an eye on sb: *Fique ~ às crianças.* Keep an eye on the children. **2** (*prestar atenção*) to be attentive to sb: *Ele estava muito ~ aos seus convidados.* He was very attentive to his guests.

aterrador, ~a *adj* terrifying

aterrissagem *sf* landing: *fazer uma ~ forçada* to make an emergency landing LOC *Ver* TREM

aterrissar *vi* (*pousar*) to land: *Vamos ~ em Los Angeles.* We will be landing at Los Angeles.

aterro *sm* landfill

aterrorizar *vt* **1** (*amedrontar*) to terrify: *Aterrorizava-me a idéia de que eles pudessem pôr a porta abaixo.* I was terrified they might break the door down. **2** (*com violência*) to terrorize

atestado *sm* certificate: *~ de óbito* death certificate ◊ *~ médico* sick note

ateu, atéia *sm-sf* atheist: *ser ~* to be an atheist

atingir *vt* **1** (*alcançar*) to reach: *~ a linha de chegada* to reach the finishing line **2** (*pessoa com arma de fogo, alvo*) to hit: *A bala atingiu-o na perna.* The bullet hit him in the leg. **3** (*objetivo*) to achieve **4** (*afetar*) to affect: *Muitas empresas foram atingidas pela crise.* Many companies were affected by the crisis. **5** (*criticar*) to get to sb: *Ele se sentiu atingido pelo comentário.* The remark really got to him.

atiradeira *sf* (*brinquedo*) catapult

atirar ◆ *vt* **1** to throw *sth* (**to** *sb*): *As crianças atiravam pedras.* The children were throwing stones.

Quando se atira algo em alguém com a intenção de ferir, usa-se **to throw sth at sb/sth**: *atirar pedras na polícia* to throw stones at the police. *Ver tb nota em* THROW¹

2 ~ (**contra**) (*com força ou violência*) to hurl *sb/sth* (**against sth**): *Ela o atirou contra a parede.* She hurled him against the wall. **3** (*com arma*) to shoot at *sb/sth* ◆ **atirar-se** *v pron* **1** (*lançar-se*) to throw yourself: *atirar-se da janela/dentro d'água* to throw yourself out of the window/into the water **2** **atirar-se em cima de** (*com força ou violência*) to pounce **on** *sb/sth*: *Eles se atiraram em cima de mim/do dinheiro.* They pounced on me/the money. LOC **atirar ao chão** to knock *sb* over

atitude *sf* attitude (**to/towards** *sb/sth*)

ativar *vt* to activate: ~ *um mecanismo* to activate a mechanism

atividade *sf* activity [*pl* activities]

ativo, -a *adj* active

atlântico, -a ◆ *adj* Atlantic ◆ **Atlântico** *sm* Atlantic Ocean

atlas *sm* atlas [*pl* atlases]

atleta *smf* athlete

atlético, -a *adj* athletic

atletismo *sm* athletics [*sing*]

atmosfera *sf* atmosphere: ~ *pesada* oppressive atmosphere

atmosférico, -a *adj* atmospheric: *condições atmosféricas* atmospheric conditions

ato *sm* **1** (*ação, Teat*) act: *um ~ violento* an act of violence ◊ *uma peça em quatro ~s* a play in four acts **2** (*cerimônia*) ceremony [*pl* ceremonies]: *o ~ de encerramento* the closing ceremony LOC **no ato 1** (*no momento*) on the spot: *pagar no ~ da compra* to pay on the spot **2** (*imediatamente*) right away: *Levantei-me no ~.* I stood up right away.

atoleiro *sm* bog

atômico, -a *adj* atomic

átomo *sm* atom

atônito, -a *adj* speechless: *ficar ~* to be speechless

ator, atriz *sm-sf* actor [*fem* actress] ☞ *Ver nota em* ACTRESS LOC **ator/atriz principal** male/female lead

atordoar *vt* **1** (*golpe, notícia*) to stun **2** (*som*) to deafen

atormentar *vt* to torment

atração *sf* attraction: *sentir ~ por alguém* to feel attracted to sb ◊ *uma ~ turística* a tourist attraction

atraente *adj* attractive

atrair *vt* **1** to attract: ~ *os turistas* to attract tourists ◊ *Os homens mais velhos me atraem.* I'm attracted to older men. **2** (*idéia*) to appeal to *sb*

atrapalhar ◆ *vt* **1** (*confundir*) to confuse **2** (*incomodar*) to be in the way of *sb/sth*; to be in *sb's* way: *Avise se essas caixas estiverem atrapalhando.* Tell me if those boxes are in your way. ◊ *Estou te atrapalhando?* Am I in your way? ◆ **atrapalhar-se** *v pron* to be confused: *Eu me atrapalhei na prova oral e rodei.* I got confused in the oral and failed.

atrás *adv* **1** (*no fundo, na parte de trás*) at the back: *Eles sentam sempre ~.* They always sit at the back. **2** (*sentido temporal*) ago: *anos ~* years ago LOC **andar/estar atrás de alguém/algo** to be after *sb/sth* **atrás de 1** behind: ~ *de nós/da casa* behind us/the house **2** (*depois de*) after: *Ele fumou um cigarro ~ do outro.* He smoked one cigarette after another. **ir atrás de alguém/algo** (*seguir*) to follow *sb/sth* **não ficar (muito) atrás** not to be far behind: *Ela não fica muito ~ de você.* She's not far behind you. *Ver tb* VOLTAR

atrasado, -a *pp, adj* **1** (*país, região*) backward **2** (*publicação, salário*) back: *os números ~s de uma revista* the back issues of a magazine **3** (*relógio*) slow: *O seu relógio está ~.* Your watch is slow. **4** (*pagamento, renda*) late LOC **chegar/estar atrasado** to arrive/be late: *O trem chegou uma hora ~.* The train was an hour late. **estar atrasado no trabalho, etc.** to be behind with your work, etc.: *Ela está atrasada nos pagamentos.* She's behind with her payments. *Ver tb* ATRASAR

atrasar ◆ *vt* **1** (*retardar*) to hold *sb/sth* up: *O acidente atrasou todos os vôos.* The accident held up all the flights. **2** (*relógio*) to put *sth* back: ~ *o relógio uma hora* to put the clock back an hour ◆ *vi* **1** (*trem, ônibus*) to be delayed: *O* *trem atrasou e cheguei tarde no empre-go.* The train was delayed and I was late for work. **2** (*relógio*) to be slow: *Este relógio está atrasado dez minutos.* This watch is ten minutes slow. ◆ **atrasar-se** *v pron* (*chegar tarde*) to be late: *Vou procurar não me ~ mais.* I'll try not to be late again.

atraso *sm* **1** (*demora*) delay [*pl* delays]: *Alguns vôos sofreram ~s.* Some flights were subject to delays. **2** (*subdesenvolvimento*) backwardness LOC (**estar**) **com atraso** (to be) late: *Começou com cinco minutos de ~.* It began five minutes late.

atrativo, -a ◆ *adj* attractive ◆ *sm* **1** (*coisa que atrai*) attraction: *um dos ~s da cidade* one of the city's attractions **2** (*interesse*) appeal [*não contável*] **3** (*pessoa*) charm

através *adv* LOC **através de 1** through: *Ele corria ~ do bosque.* He was running through the woods. **2** (*de um lado para o outro*) across: *Eles correram ~ do parque/dos campos.* They ran across the park/fields.

atravessar ◆ *vt* **1** to cross: *~ a rua/fronteira* to cross the street/border ◊ *~ a rua correndo* to run across the street ◊ *~ o rio a nado* to swim across the river **2** (*perfurar, experimentar*) to go through *sth*: *Eles estão atravessando uma grave crise.* They're going through a serious crisis. ◊ *A bala atravessou-lhe o coração.* The bullet went through his heart. ◆ **atravessar-se** *v pron* **1** (*no caminho*) to block *sb's* path: *Um elefante se atravessou no nosso caminho.* An elephant blocked our path. **2** (*na garganta*): *Uma espinha se atravessou na minha garganta.* A bone was stuck in my throat.

atrelar *vt* to hitch: *~ um reboque ao trator* to hitch a trailer to the tractor

atrever-se *v pron* ~ (**a**) to dare (**do sth**): *Não me atrevo a lhe pedir dinheiro.* I don't dare ask him for money. ☞ *Ver nota em* DARE[1]

atrevido, -a *pp, adj* **1** (*audaz*) daring **2** (*malcriado*) sassy *Ver tb* ATREVER-SE

atrevimento *sm* **1** (*audácia*) daring **2** (*insolência*) nerve: *Que ~!* What a nerve!

atribuir *vt* **1** (*causa*) to attribute *sth* (**to sb/sth**) **2** (*conceder*) to award: *~ um prêmio/uma bolsa a alguém* to award a prize/scholarship to sb **3** (*culpa, responsabilidade*) to lay: *Ela sempre atri-*

bui a culpa a outra pessoa. She always lays the blame on someone else. **4** (*importância*) to attach: *Não atribua muita importância ao caso.* Don't attach too much importance to the matter. **5** (*cargo, função*) to assign

atributo *sm* attribute

atrito *sm* friction [*não contável*]: *Parece existir um certo ~ entre ele e o patrão.* There seems to be some friction between him and his boss.

atrocidade *sf* atrocity [*pl* atrocities]

atropelado, -a *pp, adj* (*por um veículo*): *Ele morreu ~.* He died after being run over by a car. *Ver tb* ATROPELAR

atropelar *vt* to run over: *Um carro me atropelou.* I was run over by a car.

atuação *sf* (*desempenho*) performance

atual *adj* **1** (*relativo ao momento presente*) current: *o estado ~ das obras* the current state of the building work **2** (*relativo à atualidade*) present-day: *a ciência ~* present-day science

atualidade *sf* (*tempo presente*) present (times) LOC **da atualidade** topical: *assuntos/temas da ~* topical issues

atualizar ◆ *vt* **1** (*informação, dados*) to update **2** (*computador*) to upgrade ◆ **atualizar-se** *v pron* to get up to date

atualmente *adv* currently

atuar *vi* **1** (*artista*) to perform **2** (*agir*) to act

atum *sm* tuna [*pl* tuna]

aturar *vt* (*agüentar*) to put up with *sb/sth*: *Tive que ~ o filme inteiro.* I had to sit through the entire movie.

atxim! *interj* achoo!

A pessoa que espirra desculpa-se com **excuse me!**. As pessoas à sua volta costumam dizer **bless you!**, entretanto muitas vezes não dizem nada.

au-au *sm, interj* woof

audácia *sf* **1** (*ousadia*) daring **2** (*insolência*) audacity

audacioso, -a *adj* daring: *um decote ~* a daring neckline ◊ *uma decisão audaciosa* a bold decision

audição *sf* **1** (*ouvido*) hearing: *perder a ~* to lose your hearing **2** (*teste*) audition

audiência *sf* audience: *o programa de maior ~* the program with the largest audience LOC *Ver* ÍNDICE

audiovisual *adj* audiovisual

auditório *sm* **1** (*edifício*) concert hall **2** (*ouvintes*) audience

auge *sm* peak: *estar no ~ da fama* to be at the peak of your fame

aula *sf* 1 lesson: *~s de direção* driving lessons 2 (*na escola*) class LOC **dar aulas** to teach *Ver tb* MATAR, SALA

aumentar ◆ *vt* 1 to increase: *~ a competitividade* to increase competition 2 (*volume*) to turn *sth* up 3 (*lupa, microscópio*) to magnify ◆ *vi* to increase: *A população está aumentando.* The population is increasing.

aumento *sm* 1 rise, increase (*mais formal*) (**in** *sth*): *um ~ populacional* an increase in the population ◊ *Haverá um ~ de temperatura.* There will be a rise in temperature. 2 (*salarial*) raise, rise (*GB*): *pedir um ~* to ask for a raise

aurora *sf* dawn: *ao romper da ~* at daybreak LOC *Ver* ROMPER

ausência *sf* absence

ausentar-se *v pron* ~ (**de**) (*país, sala*) to be away (**from...**): *Eu me ausentei da sala apenas por alguns minutos.* I was only out of the room for a few minutes.

ausente ◆ *adj* ~ (**de**) absent (**from...**): *Ele estava ~ da reunião.* He was absent from the meeting. ◆ *smf* absentee

austeridade *sf* austerity

austero, -a *adj* austere

Austrália *sf* Australia

australiano, -a *adj, sm-sf* Australian

autenticado, -a *pp, adj* (*fotocópia, documento*) certified

autêntico, -a *adj* genuine, authentic (*mais formal*): *um Renoir ~* an authentic Renoir

auto-adesivo ◆ *adj* self-adhesive ◆ *sm* sticker

autobiografia *sf* autobiography [*pl* autobiographies]

autobiográfico, -a *adj* autobiographical

autodefesa *sf* self-defense

autódromo *sm* racetrack

auto-escola *sf* driving school

auto-estrada *sf* highway [*pl* highways], motorway [*pl* motorways] (*GB*) ☛ *Ver nota em* RODOVIA

autografar *vt* to autograph

autógrafo *sm* autograph

automático, -a *adj* automatic LOC *Ver* CAIXA, LAVAGEM, PILOTO

automobilismo *sm* motor racing

automobilista *smf* motorist

automóvel *sm* automobile

autonomia *sf* autonomy

autônomo, -a *adj* 1 (*Pol*) autonomous 2 (*trabalhador*) self-employed

autópsia *sf* autopsy [*pl* autopsies]

autor, ~a *sm-sf* 1 (*escritor*) author 2 (*compositor musical*) composer 3 (*crime*) perpetrator

auto-retrato *sm* self-portrait

autoridade *sf* 1 authority [*pl* authorities] 2 (*pessoa*) expert

autorização *sf* authorization

autorizar *vt* 1 (*ação*) to authorize: *Não autorizaram a greve.* The strike was unauthorized. 2 (*dar o direito*) to give *sb* the right (**to do** *sth*): *O cargo autoriza-nos a utilizar um carro oficial.* The job gives us the right to use an official car.

auxiliar¹ ◆ *adj* auxiliary: *o pessoal ~* the auxiliary staff ◆ *smf* assistant

auxiliar² *vt* to assist

auxílio *sm* 1 *O ~ não tardará a chegar.* Help will be here soon. ◊ *prestar ~ a alguém* to help *sb* 2 (*monetário, financeiro*) aid

avalanche *sf* avalanche

avaliação *sf* assessment

avaliar *vt* 1 to value *sth* (**at** *sth*): *O anel foi avaliado em um milhão de reais.* The ring was valued at a million reals. 2 (*Educ*) to assess: *~ um aluno/os resultados* to assess a student/the results 3 (*situação, riscos*) to weigh *sth* up

avançado, -a *pp, adj* advanced *Ver tb* AVANÇAR

avançar ◆ *vt* (*objeto*) to move *sth* forward: *Avancei um peão.* I moved a pawn forward. ◆ *vi* to advance

avanço *sm* advance: *os ~s da medicina* advances in medicine

avarento, -a (*tb* **avaro, -a**) ◆ *adj* stingy ◆ *sm-sf* miser

avareza *sf* stinginess

ave *sf* bird: *~s de rapina* birds of prey LOC **ser uma ave rara** to be an oddball

aveia *sf* oats [*pl*]

avelã *sf* hazelnut

ave-maria *sf* Hail Mary: *rezar três ~s* to say three Hail Marys

avenida *sf* avenue (*abrev* Ave.)

avental *sm* 1 apron 2 (*de escola, de trabalho*) smock, overall (*GB*) 3 (*de laboratório*) lab coat 4 (*de hospital*) white coat

aventura *sf* 1 (*peripécia*) adventure 2 (*caso amoroso*) fling

aventureiro, -a ◆ *adj* adventurous ◆ *sm-sf* adventurer

averiguar *vt* **1** (*investigar*) to check *sth* out **2** (*descobrir*) to find *sth* out, to discover (*mais formal*)

aversão *sf* aversion: *ter ~ à matemática* to have an aversion to math

avessas *sf* LOC **às avessas 1** (*ao revés*) the wrong way round **2** (*de cabeça para baixo*) upside down ☛ *Ver ilustração em* CONTRÁRIO

avesso *sm* (*tecido*) wrong side LOC **pelo avesso** inside out: *O seu suéter está pelo ~.* Your sweater is on inside out. ☛ *Ver ilustração em* CONTRÁRIO

avestruz *sm, sf* ostrich

aviação *sf* aviation: *~ civil* civil aviation

avião *sm* plane, airplane (*mais formal*) LOC **ir/viajar de avião** to fly

avisar *vt* **1** (*informar*) to let *sb* know (**about sth**): *Avise-me quando eles chegarem.* Let me know when they arrive. **2** (*prevenir*) to warn: *Estou avisando, se você não pagar…* I'm warning you, if you don't pay… LOC **sem avisar**: *Eles vieram sem ~.* They turned up unexpectedly. ◊ *Ele foi embora para casa sem ~.* He went home without telling anyone.

aviso *sm* **1** notice: *Fechado até novo ~.* Closed until further notice. **2** (*advertência*) warning: *sem ~ prévio* without prior warning LOC *Ver* QUADRO

avo *sm*: *um doze ~s* one twelfth

avô, avó *sm-sf* **1** grandfather [*fem* grandmother], grandpa [*fem* grandma] (*coloq*) **2 avós** grandparents: *na casa dos meus avós* at my grandparents' (house)

avulso, -a *adj* loose: *bombons ~* loose chocolates

axila *sf* armpit

azar *sm* **1** (*acaso*) chance: *jogo de ~* game of chance **2** (*falta de sorte*) bad luck LOC **estar com azar** to be out of luck **por azar** unfortunately: *Por ~ não o tenho comigo.* Unfortunately I don't have it with me.

azarado, -a *adj* unlucky: *Eles são ~s mesmo!* They're so unlucky!

azedar *vi* (*vinho, creme*) to go/turn sour, to go off (*GB*)

azedo, -a *adj* **1** (*leite, vinho, caráter*) sour **2** (*comida*) bad

azeite *sm* olive oil

azeitona *sf* olive: *~s recheadas/sem caroço* stuffed/pitted olives

azeviche *sm* jet: *negro como o ~* jet black

azia *sf* heartburn

azul *adj, sm* blue ☛ *Ver exemplos em* AMARELO

azulejo *sm* tile

azul-marinho *adj, sm* navy blue ☛ *Ver exemplos em* AMARELO

Bb

baba *sf* **1** (*de pessoa, cachorro*) dribble **2** (*de quiabo, lesma*) slime

babá *sf* nanny [*pl* nannies]

babado *sm* frill

babador (*tb* babadouro) *sm* bib

babar-se *v pron* **1** to dribble **2 babar-se (por)** to dote (**on sb**): *Ela se baba toda pelos netos.* She dotes on her grandchildren.

babysitter *smf* babysitter

bacalhau *sm* cod: *~ (seco)* salt cod

bacia *sf* **1** (*recipiente*) bowl **2** (*Geog*) basin: *a ~ do São Francisco* the São Francisco basin **3** (*Anat*) pelvis

baço *sm* spleen

bacon *sm* bacon

bactéria *sf* bacterium [*pl* bacteria]

badalada *sf* (*relógio*) stroke: *as doze ~s da meia-noite* the twelve strokes of midnight LOC **dar duas, etc. badaladas** to strike two, etc.: *O relógio deu seis ~s.* The clock struck six.

badalado, -a *pp, adj* (*muito falado*) much talked-about: *uma festa badalada* a much talked-about party

badulaques *sm* odds and ends

bafômetro *sm* breathalyzer®: *fazer o teste do ~* to be breathalyzed

bagageiro *sm* (*no teto de carro*) luggage rack

bagagem *sf* baggage, luggage: *Não tenho muita ~.* I don't have much baggage. ◊ *~ de mão* hand luggage ◊

bago

32

preparar a ~ to pack your bags LOC *Ver* COLETA, DEPÓSITO, EXCESSO

bago *sm* grape: *um* ~ *de uva* a grape

baguete *sf* baguette

bagunça *sf* (*desordem*) mess: *Mas que* ~ *que está o seu escritório!* Your office is a real mess!

baía *sf* bay [*pl* bays]

bailado *sm* **1** (*balé*) ballet **2** (*dança*) dance

bailarino, -a *sm-sf* dancer

baile *sm* dance LOC **baile de gala** ball **baile de máscaras** costume ball, fancy dress ball (*GB*)

bainha *sf* hem

bairro *sm* **1** neighborhood: *Fui criado neste* ~. I grew up in this neighborhood. **2** (*zona típica*) quarter: *o* ~ *dos pescadores* the fishermen's quarter **3** (*divisão administrativa*) district LOC **do bairro** local: *o padeiro do* ~ the local baker

baixa *sf* **1** (*preço*) fall (*in sth*): *uma* ~ *no preço do pão* a fall in the price of bread **2** (*Mil*) casualty [*pl* casualties]

baixa-mar *sf* low tide

baixar ◆ *vt* **1** to get *sth* down: *Você me ajuda a* ~ *a mala?* Could you help me get my suitcase down? **2** (*pôr mais para baixo*) to bring *sth* down: *Baixe-o um pouco mais.* Bring it down a bit. **3** (*olhos, voz*) to lower: ~ *a cabeça* lower your head **4** (*som*) to turn *sth* down **5** (*preço*) to bring *sth* down, to lower (*mais formal*) ◆ *vi* **1** (*temperatura*) to fall: *Baixou a temperatura.* The temperature has fallen. **2** (*inchaço*) to go down **3** (*maré*) to go out **4** (*preços*) to come down: *O pão baixou de novo.* (The price of) bread has come down again. LOC **baixar a crista de alguém** to take sb down a peg or two

baixaria *sf*: *Saiu briga na festa, virou a maior* ~. A fight broke out at the party and it all turned very nasty. ◊ *Ele bebe demais e aí começa com a* ~. He drinks too much and gets really nasty.

baixela *sf* tableware

baixo¹ *sm* (*instrumento*) bass

baixo² *adv* **1** (*posição*) below: *desde* ~ from below **2** (*em edifício*) downstairs: *o vizinho de* ~ the man who lives downstairs **3** (*a pouca altura*) low: *O avião voou* ~ *sobre as casas.* The plane flew low over the houses. **4** (*suavemente*) quietly: *Fale mais* ~. Talk more quietly. LOC **o de baixo** the bottom one **para baixo** downward **por baixo de** under(neath) *Ver tb* ALTO, BOCA, CABEÇA, FAROL, LÁ, PANO, ROUPA

baixo, -a *adj* **1** low: *uma sopa baixa em calorias* a low-calorie soup ◊ *A televisão está baixa demais.* The TV's on too low. ◊ *As notas dele têm sido muito baixas.* His grades have been very low. **2** (*pessoa*) short **3** (*voz*) quiet: *falar em voz baixa* to speak quietly/softly **4** (*atitude*) mean LOC *Ver* CLASSE, GOLPE

bajulação *sf* flattery [*não contável*]

bajular *vt* to flatter

bala *sf* **1** (*arma*) bullet **2** (*doce*) candy, sweet (*GB*) LOC **como uma bala** like a shot *Ver tb* COLETE, PROVA

balança ◆ *sf* **1** (*instrumento*) scale, scales [*pl*] (*GB*): ~ *de banheiro* bathroom scale **2** (*Com*) balance ◆ **Balança** *sm* (*Astrologia*) Libra ☞ *Ver exemplos em* AQUARIUS

balançar, balançar-se *vt, v pron* **1** to swing **2** (*cadeira de balanço, barco*) to rock

balanço *sm* **1** balance: ~ *positivo/ negativo* a positive/negative balance **2** (*número de vítimas*) toll **3** (*balouço*) swing: *brincar de* ~*s* to play on the swings LOC **fazer um balanço** to take stock (*of sth*): *Preciso fazer um* ~ *das minhas tarefas.* I need to take stock of what I have to do. *Ver tb* CADEIRA

balão *sm* **1** balloon: *uma viagem de* ~ a balloon trip **2** (*em história em quadrinhos*) speech bubble

balbuciar *vt, vi* **1** (*gaguejar*) to stammer **2** (*dizer/falar sem clareza*) to mumble: *Ele balbuciou umas palavras.* He mumbled a few words.

balbúrdia *sf* (*desordem*) mess: *Que* ~! What a mess!

balcão *sm* **1** (*loja*) counter **2** (*informações, recepção*) desk **3** (*bar*) bar: *Eles estavam sentados ao* ~ *tomando café.* They were sitting at the bar drinking coffee. **4** (*teatro*) balcony, circle (*GB*)

balconista *smf* salesclerk, shop assistant (*GB*)

balde *sm* bucket

baldeação *sf* transfer LOC **fazer baldeação** to change: *Tivemos que fazer* ~ *duas vezes.* We had to change twice.

baldio, -a *adj* LOC *Ver* TERRENO

balé *sm* ballet

baleia *sf* whale LOC **estar uma baleia (de gordo)** to be very overweight

baliza *sf* **1** (*Esporte*) goal **2** (*Náut*) buoy [*pl* buoys] **3** (*Aeronáut*) beacon

balneário *sm* spa

balsa *sf* ferry [*pl* ferries]

bambo, -a *adj* **1** (*frouxo*) slack **2** (*vacilante*) wobbly LOC *Ver* CORDA

bambu *sm* bamboo: *uma mesa de* ~ a bamboo table

banana *sf* banana

bananeira *sf* banana tree

banca *sf* (*de trabalho*) bench LOC **banca de jornal** newsstand **banca examinadora** examination board

bancada *sf* **1** (*estádio*) stand: *As* ~*s estavam cheias.* The stands were full. **2** (*de trabalho*) bench

bancar *vt* **1** (*custear*) to finance **2** (*fingir*) to play: ~ *o palhaço* to act the fool ◊ *Ele gosta de* ~ *o milionário.* He enjoys acting like a millionaire.

bancário, -a ◆ *adj* bank [*s atrib*]: *conta bancária* bank account ◆ *sm-sf* bank clerk LOC *Ver* TRANSFERÊNCIA

bancarrota *sf* bankruptcy LOC **ir à bancarrota** to go bankrupt

banco *sm* **1** bank: *o Banco do Brasil* the Bank of Brazil ◊ ~ *de sangue* blood bank **2** (*parque, Esporte*) bench **3** (*cozinha, bar*) stool **4** (*igreja*) pew **5** (*carro*) seat LOC **banco de areia** sandbank **banco de dados** database **banco do(s) réu(s)** (*Jur*) dock: *estar no* ~ *dos réus* to be in the dock

banda *sf* **1** (*filarmônica*) brass band **2** (*lado*) side

band-aid® *sm* Band-Aid®, plaster (*GB*)

bandeira *sf* **1** flag: *As* ~*s estão a meio mastro.* The flags are flying at half-mast. **2** (*Mil*) colors [*pl*] LOC **bandeira branca** white flag

bandeirada *sf* (*táxi*) minimum fare

bandeirante *sf* Girl Scout

bandeja *sf* tray [*pl* trays] LOC **dar de bandeja** to hand *sb* sth on a plate

bandido, -a *sm-sf* **1** (*fora-da-lei*) bandit **2** (*pessoa marota*) villain

bando *sm* **1** (*quadrilha*) gang **2** (*aves*) flock **3** (*leões*) pride

banha *sf* (*Cozinha*) lard

banhado, -a *pp, adj* bathed: ~ *em lágrimas/suor/sangue* bathed in tears/sweat/blood LOC **banhado a ouro/prata** gold-plated/silver-plated *Ver tb* BANHAR

banhar ◆ *vt* **1** to bathe, to bath (*GB*) **2** (*em metal*) to plate *sth* (**with sth**) ◆ **banhar-se** *v pron* to take a bath, to have a bath (*GB*)

banheira *sf* bathtub, bath (*GB*)

banheiro *sm* **1** bathroom **2** (*em edifício público, restaurante*) restroom, toilet (*GB*): *Por favor, onde é o* ~? Can you tell me where the restroom is? ☛ *Ver nota em* TOILET

banhista *smf* bather

banho *sm* **1** (*em banheira*) bath: *tomar* ~ to take a bath **2** (*de chuveiro*) shower: *De manhã tomo sempre um* ~ *de chuveiro.* I always take a shower in the morning. LOC **tomar banho de sol** to sunbathe **vai tomar banho!** get lost! *Ver tb* CALÇÃO, SAL, TOUCA, TRAJE

banir *vt* to banish

banqueiro, -a *sm-sf* banker

banqueta *sf* stool: *trepar numa* ~ to stand on a stool

banquete *sm* banquet (*formal*), dinner: *Deram um* ~ *em sua honra.* They gave a dinner in his honor.

banzé *sm* **1** (*barulho*) racket: *armar* ~ to make a racket **2** (*discussão*) fuss: *Ele armou um tremendo* ~ *na loja.* He kicked up a terrible fuss in the shop.

baqueta *sf* (*para tambor*) drumstick

bar *sm* **1** (*bebidas alcoólicas*) bar **2** (*lanchonete*) snack bar

baralho *sm* deck of cards, pack of cards (*GB*)

Nos Estados Unidos e na Grã-Bretanha, assim como no Brasil, utiliza-se o baralho francês. Este tem 52 cartas que se dividem em quatro *naipes* ou **suits**: **hearts** (*copas*), **diamonds** (*ouros*), **clubs** (*paus*) e **spades** (*espadas*). Cada um tem um **ace** (*ás*), **king** (*rei*), **queen** (*dama*), **jack** (*valete*), e nove cartas numeradas de 2 a 10. Antes de se começar a jogar, *embaralham-se* (**shuffle**), *cortam-se* (**cut**) e *dão-se* (**deal**) as cartas.

barão, -onesa *sm-sf* baron [*fem* baroness]

barata *sf* cockroach

barato *sm* (*curtição*): *A festa foi o maior* ~. The party was awesome.

barato, -a ◆ *adj* cheap: *Aquele é mais* ~. That one's cheaper. ◆ *adv*: *comprar algo* ~ to buy sth cheaply

barba *sf* beard: *deixar crescer a* ~ to grow a beard ◊ *um homem de* ~ a bearded man LOC **fazer a barba** to (have a) shave *Ver tb* PINCEL

barbante *sm* string

barbaridade *sf* **1** (*brutalidade*) barbarity **2** (*disparate*) nonsense [*não contável*]: *Não diga* ~*s!* Don't talk nonsense!

barbatana *sf* fin

barbeador *sm* razor: *um ~ elétrico* an electric razor

barbearia *sf* barber's [*pl* barbers]

barbear, barbear-se *vt, v pron* to shave: *Você se barbeou hoje?* Did you shave today? LOC *Ver* CREME, LÂMINA

barbeiragem *sf* careless mistake: *Sou péssimo motorista, faço uma ~ atrás da outra.* I'm a very bad driver—I make one mistake after another.

barbeiro *sm* **1** (*pessoa*) barber **2** (*local*) barber's [*pl* barbers]

barco *sm* **1** boat: *dar um passeio de ~* to go for a ride in a boat **2** (*navio*) ship ☛ *Ver nota em* BOAT LOC **barco a motor** motorboat **barco a remo** rowboat, rowing boat (*GB*) **barco a vapor** steamship **barco à vela** sailboat, sailing boat (*GB*) **ir de barco** to go by boat/ship

barítono *sm* baritone

barman *sm* bartender, barman (*GB*)

barômetro *sm* barometer

barra *sf* **1** bar: *uma ~ de ferro* an iron bar ◊ *uma ~ de chocolate* a chocolate bar **2** (*sinal gráfico*) slash LOC *Ver* FORÇAR, SEGURAR

barraca *sf* **1** (*de camping, de praia*) tent: *montar/desmontar uma ~* to put up/take down a tent **2** (*de feira*) stall

barraco *sm* shack

barragem *sf* (*represa*) dam

barranco *sm* ravine

barra-pesada *adj* **1** (*pessoa*) aggressive **2** (*lugar*) rough: *um bairro ~* a rough neighborhood **3** (*situação*) tough: *O exame foi ~.* The exam was really tough.

barrar *vt* to bar

barreira *sf* **1** barrier: *a ~ da língua* the language barrier ◊ *A ~ estava levantada.* The barrier was up. **2** (*Futebol*) wall **3** (*Esporte*) hurdle: *os 400 metros com ~s* the 400 meters hurdles

barrento, -a *adj* muddy

barricada *sf* barricade

barriga *sf* **1** (*estômago*) stomach: *Estou com dor de ~.* I have a stomachache. **2** (*ventre*) belly [*pl* bellies] (*coloq*) **3** (*pança*) paunch: *Você está ganhando ~.* You're getting a paunch. LOC **barriga da perna** calf [*pl* calves] *Ver tb* ENCHER

barril *sm* barrel

barro *sm* **1** (*argila*) clay **2** (*lama*) mud LOC **de barro** earthenware: *panelas de ~* earthenware pots

barroco, -a *adj, sm* baroque

barulheira *sf* racket: *Que ~!* What a racket!

barulhento, -a *adj* noisy

barulho *sm* noise: *Não faça ~.* Don't make any noise. ◊ *O carro faz muito ~.* The car is very noisy.

base *sf* **1** base: *~ militar* military base **2** (*fundamento*) basis [*pl* bases]: *A confiança é a ~ da amizade.* Trust is the basis of friendship. LOC **base espacial** space station

baseado *sm* joint

basear ◆ *vt* to base *sth* **on** *sth*: *Basearam o filme num romance.* They based the movie on a novel. ◆ **basear-se** *v pron* **basear-se em 1** (*pessoa*) to have grounds (**for** *sth*/*doing sth*): *Em que você se baseia para afirmar isso?* What grounds do you have for saying that? **2** (*teoria, filme*) to be based **on** *sth*

básico, -a *adj* basic

basquetebol (*tb* **basquete**) *sm* basketball

bastante ◆ *adj* (*suficiente*) enough: *Temos dinheiro ~.* We have enough money. ◆ *pron* a lot: *Tenho ~ coisa para fazer.* I have a lot of things to do. ◊ *Faz ~ tempo desde a última vez em que a visitei.* It's been a long time since I last visited her. ◆ *adv* **1** + **adj/adv** pretty: *Ele é ~ inteligente.* He's pretty smart. ◊ *Eles lêem ~ bem para a idade.* They read pretty well for their age. ☛ *Ver nota em* FAIRLY **2** (*o suficiente*) enough: *Você comeu ~.* You've eaten enough. **3** (*muito*) a lot: *Aprendi ~ em três meses.* I learned a lot in three months.

bastão *sm* **1** stick **2** (*Esporte*) bat: *~ de beisebol* baseball bat

bastar *vi* to be enough LOC **basta!** that's enough!

bastidores *sm* (*teatro*) wings

batalha *sf* battle LOC *Ver* CAMPO

batalhão *sm* battalion LOC **para um batalhão** (*comida*): *Temos comida para um ~.* We have enough food to feed an army.

potato chips

batata
potato chips

French fries

batata *sf* potato [*pl* potatoes] LOC **batatas fritas 1** (*de pacote*) (potato) chips, crisps (*GB*) **2** (*Cozinha*) (French) fries, chips (*GB*) *Ver tb* PURÊ

batata-doce *sf* sweet potato

bate-boca *sm* argument: *ter um ~* to have an argument

batedeira *sf* **1** whisk **2** (*eletrodoméstico*) mixer

batedor, ~a *sm-sf* LOC **batedor de carteiras** pickpocket

batente *sm* **1** (*de porta*) frame **2** (*trabalho*) work

bate-papo *sm* chat: *Ficamos no ~ até clarear o dia.* We stayed chatting till dawn.

bater ◆ *vt* **1** to beat: *~ o adversário/o recorde mundial* to beat your opponent/the world record ◊ *~ ovos* to beat eggs **2** (*creme*) to whip **3** (*bola*) to bounce **4** (*asas*) to flap **5** (*horas*) to strike: *O relógio bateu seis horas.* The clock struck six. **6** *~ em/com/contra* to hit: *Um dos meninos bateu no outro.* One of the kids hit the other. ◊ *Bati com a cabeça.* I hit my head. ◊ *O carro bateu contra a árvore.* The car hit the tree. **7** *~ em* (*luz, sol*) to shine on *sth*: *O sol batia na cara dela.* The sun was shining on her face. **8** *~ em* (*assunto*) to go on about *sth*: *Pare de ~ na mesma tecla.* Stop going on about it. ◆ *vi* **1** to beat: *O coração dela batia aceleradamente.* Her heart was beating fast. **2** to crash: *Vá devagar ou você vai acabar batendo.* Go slowly or you'll crash. LOC **bater à máquina** to type **bater as asas** (*fugir*) to take flight **bater as botas** (*morrer*) to buy the farm, to kick the bucket (*GB*) **bater boca** to quarrel **bater (com) a porta** to slam the door **bater na porta 1** (*lit*) to knock at the door **2** (*fig*): *O Natal está batendo na porta.* Christmas is just around the corner. **bater o pé 1** (*lit*) to stamp: *~ (com) o pé no chão* to stamp your feet on the ground **2** (*fig*) to refuse to budge **bater o queixo** to shiver **bater os dentes**: *Ele batia os dentes de frio.* His teeth were chattering. **bater palmas** to clap **não bater bem (da bola/cabeça)** to be nuts *Ver tb* MÁQUINA

bateria *sf* **1** (*Eletrôn, Mil*) battery [*pl* batteries]: *A ~ descarregou.* The battery is flat. **2** (*Mús*) drums [*pl*]: *Gene Krupa na ~.* Gene Krupa on drums.

baterista *smf* drummer

batida *sf* **1** (*coração*) (heart)beat **2** (*bebida*) rum cocktail **3** (*com o carro*) crash **4** (*policial*) raid

batido, -a *pp, adj* **1** (*assunto*) old hat:

Isso já está muito ~. That's old hat by now. **2** (*roupa*) worn *Ver tb* BATER

batismal *adj* baptismal: *pia ~* (baptismal) font

batismo *sm* **1** (*sacramento*) baptism **2** (*ato de dar um nome*) christening LOC *Ver* NOME

batizado *sm* baptism

batizar *vt* **1** (*Relig*) to baptize **2** (*dar um nome*) **(a)** (*a uma pessoa*) to christen: *Vamos batizá-la com o nome Marta.* We're going to christen her Marta. **(b)** (*a um barco, um invento*) to name

batom *sm* lipstick

batuta *sf* baton

baú *sm* trunk

baunilha *sf* vanilla

bêbado, -a *adj, sm-sf* drunk

bebê *sm* baby [*pl* babies] LOC *Ver* CARINHO

bebedeira *sf*: *tomar uma ~* (*de uísque*) to get drunk (on whiskey)

bebedor, ~a *sm-sf* drinker

beber *vt, vi* to drink: *Beba tudo.* Drink it up. ◊ *~ à saúde de alguém* to drink to sb's health LOC **beber aos goles/golinhos** to sip **beber como uma esponja** to drink like a fish

beberrão, -ona *sm-sf* heavy drinker

bebida *sf* drink: *~ não-alcoólica* nonalcoholic drink

beça *sf* LOC **à beça**: *divertir-se à ~* to have a great time ◊ *Eles têm livros à ~.* They have lots of books.

beco *sm* alley [*pl* alleys] LOC **beco sem saída** dead end

bedelho *sm* LOC *Ver* METER

bege *adj, sm* beige ☞ *Ver exemplos em* AMARELO

beicinho *sm* LOC **fazer beicinho** to pout

beija-flor *sm* hummingbird

beijar, beijar-se *vt, v pron* to kiss: *Ele beijou a mão dela.* He kissed her hand. ◊ *Ela me beijou na testa.* She kissed me on the forehead. ◊ *Eles nunca se beijam em público.* They never kiss in public.

beijo *sm* kiss: *Dê um ~ na sua prima.* Give your cousin a kiss. ◊ *Nós nos demos um ~.* We kissed each other. ◊ *atirar um ~ a alguém* to blow sb a kiss LOC *Ver* COBRIR

beira *sf* LOC **à beira de 1** (*lit*) beside: *à ~ da estrada/do rio* beside the road/river ◊ *à beira d'água* at the water's edge **2** (*fig*) on the verge of *sth*: *à ~ das lágrimas* on the verge of tears

beirada *sf* edge: *a ~ do telhado* the edge of the roof

beira-mar *sf* LOC **à beira-mar** by/near the ocean: *uma casa à ~* a house by the ocean

beisebol *sm* baseball

belas-artes *sf* fine arts LOC *Ver* ESCOLA

beleza *sf* **1** (*qualidade*) beauty [*pl* beauties] **2** (*coisa bela*): *O casamento estava uma ~*. The wedding was wonderful. LOC *Ver* CONCURSO, INSTITUTO, SALÃO

beliche *sm* **1** (*em casa*) bunk bed **2** (*em barco*) bunk

bélico, -a *adj* war [*s atrib*]: *armas bélicas* weapons of war

beliscão *sm* pinch LOC **dar um beliscão** to pinch

beliscar *vt* to pinch

belo, -a *adj* beautiful

bem[1] *adv* **1** well: *portar-se ~* to behave well ◊ *Não me sinto ~ hoje*. I don't feel well today. ◊ *Você fala ~ português*. You speak Portuguese very well. **2** (*de acordo, adequado*) OK: *Pareceu-lhes ~*. They thought it was OK. ◊ *—Você me empresta?—Está ~, mas tenha cuidado.* "Can I borrow it?" "OK, but be careful." **3** (*qualidade, aspecto, cheiro, sabor*) good: *Você parece ~*. You look good. ◊ *Como cheira ~!* It smells really good! **4** (*corretamente*): *Respondi ~ à pergunta*. I gave the right answer. **5** (*muito*) very: *Está ~ sujo*. It's very dirty. ◊ *Foi ~ caro*. It was very expensive. **6** (*exatamente*): *Não foi ~ assim que aconteceu*. It didn't happen quite like that. ◊ *Foi ~ aqui que o deixei*. I left it right here. LOC **bem como** as well as **está bem!** OK! **muito bem!** (very) good! **por bem:** *É melhor que você o faça por ~*. It would be better if you did it willingly. **por bem ou por mal** whether you like it or not, whether he/she likes it or not, etc. ☛ Para outras expressões com **bem**, ver os verbetes para o adjetivo, verbo, etc., p.ex. **bem feito** em FEITO e **bem ensinado** em ENSINADO.

bem[2] *sm* **1** (*o bom*) good: *o ~ e o mal* good and evil ◊ *São gente de ~*. They're good-hearted people. **2** bens possessions LOC **bens de consumo** consumer goods **bens imóveis** real estate **para meu, seu, etc. bem** for my, your, etc. own sake **para o bem de** for the good of *sb/sth Ver tb* MAL[2]

bem-comportado, -a *adj* well-behaved

bem-educado, -a *adj* well-mannered

bem-estar *sm* well-being

bem-humorado, -a *adj* good-tempered

bem-intencionado, -a *adj* well-meaning

bem-sucedido, -a *adj* successful

bem-vindo, -a *adj* welcome: *~ a São Paulo!* Welcome to São Paulo!

bem-visto, -a *adj* well-thought-of

bênção *sf* blessing: *dar a ~ a alguém* to bless sb

bendito, -a *pp, adj* blessed

beneficente *adj* charity [*s atrib*]: *obras ~s* charity work ◊ *uma instituição ~* a charity

beneficiar, beneficiar-se *vt, v pron* to benefit: *Eles se beneficiaram com o desconto*. They benefitted from the reduction.

benefício *sm* benefit: *em seu ~* for your benefit

benéfico, -a *adj* **1** beneficial **2** (*salutar*) healthy: *um clima ~* a healthy climate **3** (*favorável*) favorable: *ventos ~s* favorable winds

bengala *sf* **1** (*bastão*) walking stick **2** (*pão*) baguette

benigno, -a *adj* benign

benzer ♦ *vt* to bless ♦ **benzer-se** *v pron* to cross yourself

berço *sm* crib, cot (*GB*)

berinjela *sf* eggplant, aubergine (*GB*)

bermuda *sf* Bermuda shorts, Bermudas [*pl*]: *uma ~ amarela* a pair of yellow Bermudas

berrante *adj* **1** (*cor*) loud **2** (*coisa*) flashy: *Ele se veste de uma forma muito ~*. He wears very flashy clothes.

berrar *vt, vi* to shout

berro *sm* shout: *dar ~s* to shout LOC **aos berros** at the top of your voice

besouro *sm* beetle

besta ♦ *sf* beast ♦ *smf* (*pessoa*) idiot ♦ *adj* (*pedante*) pretentious

bexiga *sf* **1** (*Anat*) bladder **2** (*marca da varíola*) pockmark **3** **bexigas** (*Med*) smallpox [*não contável*]

bezerro, -a *sm-sf* calf [*pl* calves]

Bíblia *sf* Bible

bíblico, -a *adj* biblical

bibliografia *sf* bibliography [*pl* bibliographies]

biblioteca *sf* library [*pl* libraries]

bibliotecário, -a *sm-sf* librarian

bica *sf* water outlet LOC *Ver* SUAR

bicada *sf* (*pássaro*) peck

bicampeão, -eã *sm-sf* two-time champion

bicar *vt, vi* (*pássaro*) to peck

bicarbonato *sm* bicarbonate

bíceps *sm* biceps [*pl* biceps]

bicho *sm* **1** (*inseto*) bug **2** (*animal*) animal LOC **bicho de pelúcia** stuffed animal, soft toy (*GB*) **que bicho mordeu você?** what's eating you?

bicho-carpinteiro *sm* LOC **ter bicho-carpinteiro** to be fidgety

bicho-da-seda *sm* silkworm

bicho-de-sete-cabeças *sm* big deal: *fazer um ~ de alguma coisa* to make a big deal out of sth ◊ *Não é nenhum ~.* It's no big deal.

bicho-do-mato *sm* (*pessoa insociável*) loner

bicho-papão *sm* bogeyman

bicicleta *sf* bicycle, bike (*mais coloq*): *Você sabe andar de ~?* Can you ride a bike? ◊ *ir de ~ para o trabalho* to ride your bike to work ◊ *dar um passeio de ~* to go for a ride on your bicycle LOC **bicicleta de corrida/montanha** racing/mountain bike

bico *sm* **1** (*pássaro*) beak **2** (*de caneta*) nib **3** (*gás*) gas tap **4** (*sapato*) toe **5** (*bule, chaleira*) spout **6** (*emprego*) odd job **7** (*do seio*) nipple **8** (*mamadeira*) teat **9** (*boca*) mouth LOC **bico calado!** don't say a word! *Ver tb* ABRIR, CALAR

bicudo, -a *adj* (*pontiagudo*) pointed

bidê *sm* bidet

bife *sm* steak

bifurcação *sf* fork

bifurcar-se *v pron* to fork

bigode *sm* **1** (*pessoa*) mustache [*sing*]: *um homem de ~* a man with a mustache ◊ *O Papai Noel tinha un grande ~.* Santa had a large mustache. **2** (*gato*) whiskers [*pl*]

bijuteria *sf* costume jewelry

bilhão *sm* billion

bilhar *sm* (*jogo*) billiards [*sing*]

bilhete *sm* **1** (*passagem*) ticket: *comprar um ~ de avião* to buy an airline ticket **2** (*recado*) note: *Viu o ~ que deixaram para você?* Did you see the note they left for you? LOC **bilhete de ida e volta** round-trip ticket, return (ticket) (*GB*) **bilhete simples/de ida** one-way ticket, single (ticket) (*GB*)

bilheteria *sf* **1** (*estação, Esporte*) ticket office **2** (*Cinema, Teat*) box office

biliar *adj* LOC *Ver* VESÍCULA

bilíngüe *adj* bilingual

bílis *sf* bile

binário, -a *adj* binary

bingo *sm* **1** (*jogo*) bingo: *jogar ~* to play bingo **2** (*sala*) bingo hall

binóculo *sm* binoculars [*pl*]: *Onde está o ~?* Where are the binoculars?

biodegradável *adj* biodegradable

biografia *sf* biography [*pl* biographies]

biologia *sf* biology

biológico, -a *adj* biological

biólogo, -a *sm-sf* biologist

biombo *sm* screen

bip *sm* pager

biquíni *sm* bikini [*pl* bikinis]

birra *sf* **1** (*teimosia*) stubbornness **2** (*mau gênio*) tantrum: *fazer ~* to throw a tantrum

birrento, -a *adj* (*teimoso*) stubborn

biruta *smf* (*amalucado*) lunatic

bis! *interj* encore!

bisavô, -ó *sm-sf* **1** great-grandfather [*fem* great-grandmother] **2** **bisavós** great-grandparents

bisbilhotar *vi* to pry (**into sth**)

bisbilhoteiro, -a ◆ *adj* nosy ◆ *sm-sf* snoop

bisbilhotice *sf* prying [*não contável*]: *Não quero ~s no escritório.* I don't want any prying in the office.

biscate *sm* odd job: *fazer* (*uns*) *~s* to do some odd jobs

biscoito *sm* **1** (*doce*) cookie, biscuit (*GB*) **2** (*salgado*) cracker

bisnaga *sf* **1** (*recipiente*) tube ☛ *Ver ilustração em* CONTAINER **2** (*pão*) French bread ☛ *Ver ilustração em* PÃO

bisneto, -a *sm-sf* **1** great-grandson [*fem* great-granddaughter] **2** **bisnetos** great-grandchildren

bispo *sm* bishop

bissexto *adj* LOC *Ver* ANO

bisturi *sm* scalpel

bit *sm* (*Informát*) bit

blasfemar *vi* to blaspheme (**against sb/sth**)

blasfêmia *sf* blasphemy: *dizer ~s* to blaspheme

blazer *sm* blazer

blefar *vi* to bluff

blefe *sm* bluff

blindado, -a ◆ *pp, adj* **1** (*veículo*) armored **2** (*porta*) reinforced ◆ *sm* armored car

bloco *sm* **1** block: *um ~ de mármore* a

marble block **2** (*Pol*) bloc LOC **bloco de
apartamentos** apartment building,
block of flats (*GB*) **bloco de notas/
papel** writing pad

bloquear *vt* **1** (*obstruir*) to block: ~ *o
caminho/uma estrada* to block access/a
road ◊ ~ *um jogador* to block a player **2**
(*Mil*) to blockade

bloqueio *sm* **1** (*Esporte*) block **2** (*Mil*)
blockade

blusa *sf* blouse

blusão *sm* **1** jacket: *um ~ de couro* a
leather jacket **2** (*de ginástica, jogging*)
sweatshirt

blush *sm* blusher: *pôr um pouco de ~* to
put on some blusher

boa *sf* LOC **estar numa boa** to be doing
fine **numa boa** without any problems:
—*Você pode me dar uma mãozinha?*
—*Claro, numa ~!* "Could you give me a
hand?" "Sure, no problem."

boas-festas *sf*: *desejar ~* to wish sb a
merry Christmas

boas-vindas *sf* welcome [*sing*]: *dar as
~ a alguém* to welcome sb

boate *sm* club

boato *sm* rumor: *Ouvi um ~ de que eles
estão para se casar.* I heard a rumor
(that) they're going to get married. LOC
correr o boato to be rumored (*that…*):
Corre o ~ de que eles estão arruinados.
It's rumored (that) they're ruined. ◊
Correu o ~ de que ele estava morto. He
was rumored to be dead.

bobagem *sf* dumb thing: *Não diga bo-
bagens.* Don't talk dumb.

bobina *sf* **1** (*fio*) reel **2** (*Eletrôn, arame*)
coil

bobo, -a *adj* **1** (*tonto*) silly **2** (*ingênuo*)
naive: *Você é tão ~.* You're so naive.

boca *sf* **1** (*Anat*) mouth: *Não fale com a
~ cheia.* Don't talk with your mouth
full. **2** (*entrada*) entrance: *a ~ do túnel*
the entrance to the tunnel LOC **apanhar
alguém com a boca na botija** to catch
sb red-handed **de boca em boca**: *A
história foi passando de ~ em ~.* The
story did the rounds. **de boca para
baixo/cima** (*virado*) face down/up **de
boca suja** foul-mouthed **dizer algo da
boca para fora** to say sth without
meaning it **ficar de boca aberta** (*de
surpresa*) to be dumbfounded *Ver tb*
ABRIR, ÁGUA, CALAR, CÉU, RESPIRAÇÃO

bocado *sm* **1** (*pão, bolo*) piece **2** (*relati-
vo a tempo*) while: *Um ~ mais tarde
tocou o telefone.* The telephone rang a
while later. ◊ *Cheguei há um ~.* I

arrived some time ago. LOC **maus bo-
cados** (*dificuldades*) a bad patch [*sing*]:
atravessar maus ~s to go through a bad
patch

bocal *sm* (*Mús*) mouthpiece

bocejar *vi* to yawn

bocejo *sm* yawn

bochecha *sf* cheek

bochechar *vi* to rinse (out) your
mouth

bodas *sf* anniversary [*sing*] LOC **bodas
de ouro/prata** golden/silver wedding
[*sing*]

bode *sm* **1** (*animal*) (billy) goat **2** (*con-
fusão*) fix: *Os dois foram pegos colando e
deu o maior ~ para eles.* The two of
them were caught cheating and got into
a real fix. LOC **bode expiatório** scape-
goat

bofetada *sf* slap (in the face): *Ela me
deu uma ~.* She slapped me (in the
face).

boi *sm* steer LOC *Ver* COMER

bóia *sf* **1** (*para nadar*) rubber ring **2**
(*pesca*) float **3** (*comida*) chow (*coloq*)
LOC **bóia salva-vidas** life preserver,
lifebuoy (*GB*)

boiar *vi* to float

boicotar *vt* to boycott

boicote *sm* boycott

boina *sf* beret

bola *sf* **1** ball: *uma ~ de tênis* a tennis
ball ◊ *uma ~ de cristal* a crystal ball **2**
(*sabão, chiclete*) bubble: *fazer ~s de sa-
bão* to blow bubbles LOC **bola de neve**
snowball **bolas de naftalina** mothballs
Ver tb BATER, ORA, PISAR

bolada *sf*: *uma ~ de dinheiro* a pile of
cash

boletim *sm* (*publicação*) bulletin LOC
boletim (*escolar*) report card, school
report (*GB*) **boletim informativo/
meteorológico** news/weather report

bolha ◆ *sf* **1** (*em líquido, saliva*) bubble
2 (*na pele*) blister ◆ *smf* (*pessoa*) bore

boliche *sm* bowling: *jogar ~* to go bowl-
ing ◊ *pista de ~* bowling alley

bolinha *sf* polka dot: *uma saia de ~s* a
polka-dot skirt

Bolívia *sf* Bolivia

boliviano, -a *adj, sm-sf* Bolivian

bolo *sm* cake: *um ~ de aniversário* a
birthday cake

bolor *sm* mold LOC **criar/ter bolor** to
go/be moldy

bolorento, -a *adj* moldy

bolsa *sf* **1** bag **2** (*de mulher*) purse, handbag (*GB*) **3** (*concentração*) pocket: *uma ~ de ar* an air pocket **4** (*Com*) stock exchange: *a Bolsa de Londres* the London Stock Exchange LOC **bolsa de estudos** scholarship

bolso *sm* pocket: *Está no ~ do meu casaco.* It's in my coat pocket. LOC **de bolso** pocket(-sized): *guia de ~* pocket guide *Ver tb* LIVRO

bom, boa *adj* **1** good: *Essa é uma boa notícia.* That's good news. ◊ *É ~ fazer exercício.* It is good to exercise. **2** (*amável*) nice: *Eles foram muito bons comigo.* They were very nice to me. **3** (*comida*) tasty **4** (*correto*) right: *Você não está no ~ caminho.* You're on the wrong road. **5** (*doente, aparelho*) fine: *Estive doente mas agora já estou ~.* I was sick but I'm fine now. LOC **está bom** that's fine

bomba¹ *sf* **1** (*Mil*) bomb: *~ atômica* atomic bomb ◊ *colocar uma ~* to plant a bomb **2** (*notícia*) bombshell LOC **levar bomba** to fail, to flunk (*mais coloq*): *Levei ~ em matemática.* I flunked math.

bomba² *sf* (*água, ar*) pump: *~ de ar* air pump

bombardear *vt* **1** (*com bombas*) to bomb **2** (*com mísseis/perguntas*) to bombard: *Bombardearam-me com perguntas.* They bombarded me with questions.

bomba-relógio *sf* time bomb

bombeiro *sm* **1** firefighter **2** (*encanador*) plumber LOC *Ver* CARRO, CORPO, QUARTEL

bombo *sm* (*Mús*) bass drum

bombom *sm* chocolate: *uma caixa de bombons* a box of chocolates

bombordo *sm* port: *a ~* to port

bom-dia *sm* LOC **dar bom-dia** to say good morning

bondade *sf* goodness LOC **ter a bondade de** to be so kind as *to do sth*: *Tenha a ~ de se sentar.* Kindly take a seat.

bonde *sm* streetcar, tram (*GB*)

bondoso, -a *adj* ~ (**com**) kind (**to sb/ sth**)

boné *sm* cap

boneco, -a *sm-sf* **1** (*brinquedo*) doll: *uma boneca de trapos* a rag doll **2** (*de um ventríloquo, manequim*) dummy [*pl* dummies] LOC **boneco de neve** snowman [*pl* snowmen]

bonitinho, -a *adj* cute

bonito, -a *adj* **1** pretty: *Ela está sempre muito bonita.* She always looks very

pretty. ◊ *Que bebê ~!* What a pretty baby! **2** (*homem*) good-looking **3** (*coisa, animal*) beautiful: *uma casa/voz bonita* a beautiful house/voice LOC **estar bonito** to look pretty: *Você está muito bonita com esse vestido.* You look really pretty in that dress.

bônus *sm* bonus [*pl* bonuses]

boquiaberto, -a *adj* (*surpreendido*) speechless

borboleta *sf* **1** (*Zool*) butterfly [*pl* butterflies] **2** (*portão*) turnstile LOC *Ver* NADAR

borbulha *sf* **1** (*em líquido*) bubble **2** (*na pele*) pimple: *Estou cheio de ~s no rosto.* My face has broken out.

borbulhar *vi* to bubble

borda *sf* **1** edge: *na ~ da mesa* on the edge of the table **2** (*objeto circular*) rim: *a ~ do copo* the rim of the glass **3** (*lago, mar*) shore **4** (*de navio*) side (*of the ship*): *debruçar-se sobre a ~* to lean over the side (*of the ship*)

bordado *sm* embroidery [*não contável*]: *um vestido com ~s nas mangas* a dress with embroidery on the sleeves

bordar *vt* (*Costura*) to embroider

bordo *sm* LOC **a bordo** on board: *subir a ~ do avião* to board the plane

borracha *sf* **1** (*material*) rubber **2** (*para apagar*) eraser, rubber (*GB*) LOC *Ver* BOTE, ESPUMA

borrão *sm* **1** (*mancha*) smudge: *cheio de borrões* full of smudges **2** (*rascunho*) rough draft

borrar *vt* (*sujar*) to blot

borrifar *vt* to sprinkle

bosque *sm* woods [*pl*]

bota *sf* boot LOC *Ver* BATER, GATO

botânica *sf* botany

botão *sm* **1** (*roupa*) button: *Você está com um ~ aberto.* One of your buttons is undone. **2** (*controle*) knob: *O ~ vermelho é o do volume.* The red knob is the volume control. **3** (*flor*) bud: *um ~ de rosa* a rosebud

botar ◆ *vt* **1** (*pôr*) to put: *Quer ~ esses livros na prateleira?* Could you put these books on the shelf? **2** (*vestir*) to put *sth* on: *Botei o paletó e saí.* I put on my jacket and left. ◆ *vi* (*pôr ovos*) to lay eggs LOC **botar defeito** to find fault (*with sb/sth*) **botar para fora 1** (*expulsar*) to kick *sb/sth* out **2** (*externar emoção*): *~ emoção para fora* to show your feelings *Ver tb* FOGO, RUA

bote *sm* boat LOC **bote de borracha**

(rubber) dinghy [*pl* (rubber) dinghies] **bote salva-vidas** lifeboat

botijão *sm* cylinder: ~ *de gás/oxigênio* gas/oxygen cylinder

bovino, -a *adj* LOC *Ver* GADO

boxe *sm* boxing LOC *Ver* LUTA

boxeador *sm* boxer

boxear *vi* to box

braçada *sf* **1** (*Natação*) stroke **2** (*quantidade*) armful: *uma ~ de flores* an armful of flowers

braçadeira *sf* **1** (*tira de pano*) armband **2** (*para cano, mangueira*) bracket

bracelete *sm* bracelet

braço *sm* **1** arm: *Quebrei o ~.* I broke my arm. **2** (*rio*) branch **3** (*mar*) inlet LOC **dar o braço a torcer** to give in **de braço dado** arm in arm ☞ *Ver ilustração em* ARM **ficar de braços cruzados**: *Não fique aí de ~s cruzados! Faça alguma coisa.* Don't just stand there! Do something. **ser o braço direito de alguém** to be sb's right-hand man **ver-se a braços com algo** to come up against sth *Ver tb* ABRIR, CADEIRA, CRUZAR

braguilha *sf* fly: *A sua ~ está aberta.* Your fly is undone.

branco, -a ♦ *adj* white: *pão/vinho ~* white bread/wine ☞ *Ver exemplos em* AMARELO ♦ *sm-sf* (*pessoa*) white man/woman [*pl* white men/women] ♦ *sm* (*cor*) white LOC **branco como a neve** as white as snow **em branco** blank: *um cheque/uma página em ~* a blank check/page **passar em brancas nuvens** to go unnoticed **ter um branco** to go blank *Ver tb* ARMA, BANDEIRA, CHEQUE, NUVEM

brando, -a *adj* **1** gentle: *um professor ~* a gentle teacher **2** (*indulgente*) soft LOC *Ver* FOGO

branquear *vt* to whiten

brasa *sf* ember LOC *Ver* ASSADO, PISAR, PUXAR

brasão *sm* coat of arms

Brasil *sm* Brazil

brasileiro, -a *adj, sm-sf* Brazilian: *os ~s* the Brazilians

bravo, -a ♦ *adj* **1** (*corajoso*) brave **2** (*animal*) fierce **3** (*zangado*) angry **4** (*mar*) rough ♦ **bravo!** *interj* bravo!

brecha *sf* gap

brega *adj* tacky

brejo *sm* marsh LOC **ir para o brejo** (*coloq*) to go down the drain

breu *sm* pitch LOC *Ver* ESCURO

breve *adj* **1** short: *uma estada ~* a short stay **2** (*ao falar*) brief: *ser ~* to be brief

LOC **até breve!** see you soon! **em breve** soon

briga *sf* fight: *procurar ~* to be looking for a fight ◊ *meter-se numa ~* to get into a fight

brigada *sf* **1** (*Mil*) brigade **2** (*polícia*) squad: *a ~ de homicídios/anti-droga* the homicide/drug squad

brigão, -ona *sm-sf* troublemaker

brigar *vt, vi* ~ (**com**) (**por**) **1** (*discutir*) to argue (**with sb**) (**about/over sth**): *Não briguem por isso.* Don't argue over this. **2** (*zangar-se*) to get into a fight (**with sb**) (**about/over sth**): *Acho que ele brigou com a namorada.* I think he's had a fight with his girlfriend. **3** (*lutar*) to fight (**with sb**) (**for/against/over sb/ sth**): *As crianças estavam brigando pelos brinquedos.* The children were fighting over the toys.

brilhante ♦ *adj* **1** (*luz, cor*) bright **2** (*superfície*) shiny **3** (*fenomenal, perfeito*) brilliant: *Fiz um exame ~.* I did really well on the exam. ♦ *sm* diamond

brilhar *vi* **1** to shine: *Os olhos deles brilhavam de alegria.* Their eyes shone with joy. ◊ *Olhe como brilha!* Look how shiny it is! **2** (*lâmpada*) to give off light: *Aquela lâmpada de rua não brilha muito.* That street light doesn't give off much light. **3** ~ (**em**) (*distinguir-se*) to do really well (**in sth**): *Ela brilhou em matemática este ano.* She did really well in math this year. LOC *Ver* OURO

brilho *sm* **1** brightness: *o ~ da lâmpada* the brightness of the lamp **2** (*cabelo, sapatos*) shine **3** (*metal, olhos*) gleam **4** (*fogo*) blaze

brincadeira *sf* **1** (*piada*) joke: *Não trate isso como uma ~.* Don't treat it as a joke. ◊ *Deixe de ~s!* Stop messing around! **2** (*jogo*) game LOC **brincadeira de criança** child's play **brincadeira de mau gosto** practical joke **de brincadeira** for fun **fora de brincadeira** joking apart **levar algo na brincadeira** to treat sth as a joke **nem por brincadeira!** no way!

brincalhão, -ona ♦ *adj* playful ♦ *sm-sf* joker: *Ele é um autêntico ~.* He's a real joker.

brincar *vi* **1** (*criança*) to play **2** (*gracejar*) to joke: *dizer algo brincando* to say sth as a joke LOC **brincar com alguém** (*amolar*) to pull sb's leg

brinco *sm* earring

brincos-de-princesa *sm* fuchsia

brindar *vt* **1** ~ (**a**) to drink a toast (**to**

sb/sth): *Brindemos à felicidade deles.* Let's drink (a toast) to their happiness. **2** ~ **alguém com algo** (*presentear*) to give **sth to sb**

brinde *sm* **1** (*saudação*) toast **2** (*presente*) gift LOC **fazer um brinde** to drink a toast (*to sb/sth*)

brinquedo *sm* toy [*pl* toys] LOC **de brinquedo** toy: *caminhão de* ~ toy truck

brisa *sf* breeze

britânico, -a *adj, sm-sf* British: *os* ~*s* the British LOC *Ver* ILHA

broa *sf* corn bread

broca *sf* drill

broche *sm* (*jóia*) pin, brooch (*GB*)

brochura *sf* **1** (*folheto*) brochure **2** (*livro*) paperback

brócolis *sm* broccoli [*não contável, v sing*]

bronca *sf* reprimand, telling-off (*GB*) LOC **dar bronca em alguém** to scold sb

bronco, -a ♦ *adj* stupid ♦ *sm-sf* idiot

bronquite *sf* bronchitis [*não contável*]

bronze *sm* bronze

bronzeado, -a ♦ *pp, adj* tanned ♦ *sm* (sun)tan

bronzeador *sm* suntan lotion

bronzear ♦ *vt* (*pele*) to tan ♦ **bronzear-se** *v pron* to get a suntan

brotar *vi* **1** (*plantas*) to sprout **2** (*flores*) to bud **3** (*líquido*) to gush (out) (*from sth*)

broto *sm* **1** (*planta*) shoot **2** (*flor*) bud

broxa *sf* brush

bruços *sm* LOC **de bruços** (*posição*) face down

brusco, -a *adj* **1** (*repentino*) sudden **2** (*pessoa*) abrupt

brutal *adj* brutal

bruto, -a ♦ *adj* **1** (*força*) brute **2** (*pessoa*) heavy-handed **3** (*peso, rendimento*) gross **4** (*petróleo*) crude ♦ *sm-sf* (*pessoa violenta*) brute: *Você é mesmo um* ~! You're such a brute! LOC **em bruto** in the raw: *ter um talento ainda em* ~ to have raw talent *Ver tb* PETRÓLEO, PRODUTO

bruxa *sf* **1** (*feiticeira*) witch **2** (*mulher feia*) hag LOC *Ver* CAÇA¹

bruxaria *sf* witchcraft

bruxo *sm* **1** (*feiticeiro*) wizard **2** (*adivinho*) psychic [*adj*]: *Você deve ser* ~. You must be psychic.

bucha *sf* plug: *Ele tapou o buraco com uma* ~. He plugged the hole. LOC *Ver* ACERTAR

budismo *sm* Buddhism

budista *adj, smf* Buddhist

bueiro *sm* storm drain

búfalo *sm* buffalo [*pl* buffalo/buffaloes]

bufar *vi* to snort

bufê *sm* **1** (*refeição*) buffet **2** (*móvel*) buffet, sideboard (*GB*) **3** (*serviço*) catering service

bujão *sm* (*gás*) (gas) cylinder

buldogue *sm* bulldog

bule *sm* **1** (*chá*) teapot **2** (*café*) coffee pot

buquê *sm* bunch: *um* ~ *de rosas* a bunch of roses

buraco *sm* **1** hole: *fazer um* ~ to make a hole **2** (*em estrada*) pothole: *Estas estradas estão cheias de* ~*s*. These roads are full of potholes. LOC **buraco da fechadura** keyhole

burla *sf* fraud

burlar *vt* **1** (*enganar*) to evade: ~ *a justiça* to evade justice ◊ ~ *os impostos* to evade taxes **2** (*fraudar*) to swindle *sb* (**out of sth**): *Ele burlou os investidores em milhões de dólares.* He swindled the investors out of millions of dollars. **3** (*vigilância*) to get past *sb/sth*: *Eles só conseguiram fugir porque burlaram os guardas.* They only managed to escape because they got past the guards.

burocracia *sf* **1** bureaucracy **2** (*papelada excessiva*) red tape

burocrático, -a *adj* bureaucratic

burrada *sf* dumb thing: *Foi uma* ~ *o que você fez.* That was a really dumb thing to do.

burro, -a ♦ *adj* **1** (*estúpido*) dumb, thick (*GB*) ♦ *sm-sf* **1** (*animal*) donkey [*pl* donkeys] **2** (*pessoa*) idiot: *o* ~ *do meu cunhado* my idiotic brother-in-law LOC **burro de carga** (*pessoa*) gofer **ser burro como/que nem uma porta** to be (as) thick as two short planks

busca *sf* ~ (**de**) search (**for sb/sth**): *Abandonaram a* ~ *do cadáver.* They abandoned the search for the body. ◊ *Realizaram uma* ~ *nos bosques.* They searched the woods. LOC **em busca de** in search of *sb/sth*

buscar *vt* **1** (*recolher alguém*) **(a)** (*de carro*) to pick *sb* up: *Fomos buscá-lo na estação.* We went to pick him up at the train station. **(b)** (*a pé*) to meet **2** (*procurar*) to look for *sb/sth* LOC **ir/vir buscar alguém/algo** to go/come and get *sb/sth*: *Fui* ~ *o médico.* I went to get the doctor. ◊ *Tenho de ir* ~ *pão.* I've got to go and get some bread. **mandar buscar alguém/algo** to send for *sb/sth*

bússola *sf* compass

busto *sm* **1** bust **2** (*escultura*) torso [*pl* torsos]

butique *sf* boutique

buzina *sf* horn: *tocar a ~* to blow your horn

buzinada *sf* honking, hooting (*GB*)

buzinar *vi* to honk, to hoot (*GB*): *O motorista buzinou para mim.* The driver honked at me.

byte *sm* (*Informát*) byte

Cc

cá *adv*: *Venha cá.* Come here. ◊ *Chegue-o mais para cá.* Bring it closer. LOC **cá entre nós** between you and me *Ver tb* LÁ[1]

cabana *sf* shack

cabeça *sf* **1** head **2** (*juízo*) sense: *Que falta de ~ a sua!* You've got no sense! LOC **cabeça de alho** head of garlic **de cabeça 1** (*mergulho*) headlong: *atirar-se de ~ na piscina* to dive headlong into the swimming pool **2** (*mentalmente*) in my, your, etc. head: *Não sou capaz de fazer uma conta de ~.* I can't add in my head. **3** (*de memória*) from memory: *Assim de ~ não sei responder a pergunta.* I can't give an answer from memory. **de cabeça para baixo** upside down ☛ *Ver ilustração em* CONTRÁRIO **estar/andar com a cabeça nas nuvens/ na lua** to have your head in the clouds **estar com a cabeça girando** to feel dizzy **estar com a cabeça num turbilhão** to be confused **fazer a cabeça de alguém** to persuade sb *to do sth*: *Os meus pais estão querendo fazer a minha ~ para estudar medicina.* My parents are trying to persuade me to go to medical school. **meter/enfiar algo na cabeça** to take it into your head to do sth **não estar bom da cabeça** not to be right in the head **por cabeça** a/per head **ter cabeça** to be very bright *Ver tb* ABANAR, ACENAR, BATER, DOR, ENTRAR, ESQUENTAR, LAVAR, PÉ, PERDER, QUEBRAR, SUBIR, VIRAR

cabeçada *sf* **1** (*golpe*) head butt **2** (*futebol*) header LOC **dar uma cabeçada 1** (*no teto, etc.*) to bang your head (*on sth*) **2** (*na bola*) to head *the ball*

cabeça-de-casal *sm* head of the household

cabeça-de-vento *smf* scatterbrain

cabeça-dura *adj*, *smf* stubborn [*adj*]

cabeçalho *sm* **1** (*jornal*) masthead **2** (*página, documento*) heading

cabecear *vi* **1** (*de sono*) to nod **2** (*futebol*): *~ para a rede* to head the ball into the net

cabeceira *sf* **1** head: *sentar-se à ~ da mesa* to sit at the head of the table **2** (*parte de uma cama*) headboard

cabeçudo, -a *adj* (*teimoso*) pigheaded

cabeleira *sf* **1** (*postiça*) wig **2** (*verdadeira*) head of hair

cabeleireiro, -a *sm-sf* **1** (*pessoa*) hairstylist, hairdresser (*GB*) **2** (*local*) hairdresser's [*pl* hairdressers]

cabelo *sm* hair: *usar o ~ solto* to wear your hair loose ◊ *ter o ~ encaracolado/ liso* to have curly/straight hair ◊ *Os meus ~s se arrepiaram.* My hair stood on end. LOC **estar pelos cabelos** to be fed up **por um fio de cabelo** by the skin of your teeth: *Eles se livraram de um acidente por um fio de ~.* They nearly had an accident. *Ver tb* ARREPIAR, CORTAR, CORTE[1], ESCOVA, FITA, LAVAR, PINTAR, RAIZ, SECADOR, SOLTAR

caber *vi* **1** ~ (**em**) to fit (**in/into** *sth*): *A minha roupa não cabe na mala.* My clothes won't fit in the suitcase. ◊ *Caibo?* Is there room for me? **2** (*passar*) to go **through** *sth*: *O piano não cabia na porta.* The piano wouldn't go through the door. **3** ~ **a** to be up to *sb* (**to do** *sth*): *Cabe a você fazer o jantar hoje.* It's up to you to make dinner today. **4** (*vir a propósito*) to be appropriate (**to do** *sth*): *Não cabe aqui fazer comentários.* This is neither the time nor the place to comment. LOC **não caber em si** to be bursting *with sth*: *não ~ em si de felicidade/alegria/contente* to be bursting with happiness

cabide *sm* **1** (*de armário*) (clothes) hanger: *Pendure seu terno num ~.* Put your suit on a hanger. **2** (*de pé*) coat stand **3** (*de parede*) coat hook

cabimento *sm* suitability LOC **ter/não ter cabimento** to be appropriate/to be out of the question

cabine (*tb* **cabina**) *sf* **1** (*avião*) cockpit **2** (*barco*) cabin **3** (*caminhão*) cab LOC **cabine de provas** fitting room ☛ Também se diz *dressing room*. **cabine eleitoral** polling booth **cabine (telefônica/de telefone)** telephone booth, telephone box (*GB*)

cabisbaixo, -a *adj* (*abatido*) downcast

cabo *sm* **1** cable **2** (*Rádio, TV, etc.*) cord, lead (*GB*) **3** (*utensílio, vassoura, esfregão, etc.*) handle **4** (*Náut*) rope **5** (*Geog*) cape: *o Cabo da Boa Esperança* the Cape of Good Hope **6** (*Mil*) corporal: *o Cabo Ramos* Corporal Ramos LOC **ao cabo de** after: *ao ~ de um ano* after a year **dar cabo 1** (*estragar*) to ruin: *Alguém deu ~ do vídeo.* Somebody ruined the VCR. **2** (*acabar*) to finish *sth* (up): *Vou dar ~ desta torta.* I'm going to finish up this pie. **de cabo a rabo** from beginning to end **levar a cabo** to carry *sth* out

cabra *sf* nanny-goat

cabra-cega *sf* (*jogo*) blind man's bluff

cabrito, -a *sm-sf* kid

caca *sf* poo

caça¹ *sf* **1** (*caçada*) hunting: *ir à ~* to go hunting ◊ *Não gosto de ~.* I don't like hunting. **2** (*com espingarda*) shooting **3** (*animais*) game: *Nunca provei ~.* I've never tried game. LOC **andar/ir à caça de** (*fig*) to be after *sb/sth* **caça às bruxas** witch-hunt **ir à caça 1** to go hunting **2** (*com espingarda*) to go shooting

caça² *sm* (*Aeronáut*) fighter (plane)

caçada *sf* **1** hunt: *uma ~ ao elefante* an elephant hunt **2** (*com espingarda*) shoot

caçador, ~a *sm-sf* hunter

caça-minas *sm* minesweeper

caça-níqueis *sm* slot machine, fruit machine (*GB*)

caçar ◆ *vt* **1** to hunt **2** (*com espingarda*) to shoot **3** (*capturar*) to catch: *~ borboletas* to catch butterflies ◆ *vi* **1** to hunt **2** (*com espingarda*) to shoot

cacarejar *vi* to cackle

caçarola *sf* casserole ☛ *Ver ilustração em* SAUCEPAN

cacatua *sf* cockatoo [*pl* cockatoos]

cacau *sm* **1** (*planta*) cacao **2** (*em pó*) cocoa

cacetada *sf* whack

cacete *sm* stick

cachaça *sf* sugar cane liquor

cachecol *sm* scarf [*pl* scarves]

cachimbo *sm* pipe: *fumar ~* to smoke a pipe ◊ *o ~ da paz* the pipe of peace

cacho *sm* **1** (*frutas*) bunch **2** (*cabelo*) curl

cachoeira *sf* waterfall

cachorrinho, -a *sm-sf* puppy [*pl* puppies]

cachorro, -a *sm-sf* **1** (*animal*) dog ☛ *Ver nota em* CÃO **2** (*pessoa*) scoundrel: *Que ~! Como é que me fez uma coisa dessas?* What a scoundrel! How could he do such a thing to me? LOC *Ver* VIDA

cachorro-quente *sm* hot dog

caco *sm* **1** (*louça, vidro*) piece **2** (*pessoa*) wreck

cacto *sm* cactus [*pl* cacti/cactuses]

caçula ◆ *adj* youngest: *o filho ~* the youngest child ◆ *smf* youngest child, baby of the family (*mais coloq*)

cada *adj* **1** each: *Deram um presente a ~ criança.* They gave each child a present. ☛ *Ver nota em* EVERY **2** (*com expressões numéricas, com expressões de tempo*) every: *~ semana/vez* every week/time ◊ *~ dez dias* every ten days **3** (*com valor exclamativo*): *Você diz ~ coisa!* The things you come out with! LOC **cada coisa a seu tempo** all in good time **cada doido com a sua mania** each to his own **cada dois dias, duas semanas, etc.** every other day, week, etc. **cada qual** everyone **cada um** each (one): *~ um valia cinco mil dólares.* Each one cost 5,000 dollars. ◊ *Deram um saco a ~ um de nós.* They gave each of us a bag./They gave us each a bag. **cada vez mais** more and more: *~ vez há mais problemas.* There are more and more problems. ◊ *Você está ~ vez mais bonita.* You're looking prettier and prettier. **cada vez melhor/pior** better and better/worse and worse **cada vez menos**: *Tenho ~ vez menos dinheiro.* I've got less and less money. ◊ *~ vez há menos alunos.* There are fewer and fewer students. ◊ *Vemo-nos ~ vez menos.* We see less and less of each other. **cada vez que...** whenever... **para cada...** between: *um livro para ~ dois/três alunos* one book between two/three students *Ver tb* VEZ

cadarço *sm* shoelace

cadastrar-se *v pron* to register: *~ na*

Receita Federal to register with the Internal Revenue Service

cadastro *sm* (*bancário*) records [*pl*]: *O meu ~ no banco estava errado.* My personal records at the bank were wrong. LOC **cadastro eleitoral** electoral register

cadáver *sm* corpse, body [*pl* bodies] (*mais coloq*)

cadeado *sm* padlock: *fechado a ~* padlocked

cadeia *sf* **1** chain **2** (*prisão*) prison: *estar na ~* to be in prison LOC **cadeia montanhosa** mountain range

cadeira *sf* **1** (*móvel*) chair: *sentado numa ~* sitting on a chair **2** (*disciplina*) specialty [*pl* specialties], subject (*GB*): *A ~ dele é literatura inglesa.* His specialty is English literature. LOC **cadeira de balanço** rocking chair **cadeira de braços** armchair **cadeira de rodas** wheelchair *Ver tb* CHÁ

cadela *sf* bitch ☛ *Ver nota em* CÃO

caderneta *sf* **1** (*caderno*) notebook **2** (*investimento*) passbook **3** (*escolar*) report card LOC **caderneta de poupança** savings account

caderno *sm* notebook

caducar *vi* **1** (*documento, prazo*) to expire **2** (*pessoa*) to become senile

cafajeste *sm* womanizer

café *sm* **1** coffee: *Você quer um ~?* Would you like a cup of coffee? **2** (*estabelecimento*) cafe LOC **café (da manhã)** breakfast: *Vocês já tomaram ~?* Did you have breakfast yet? **café espresso** espresso [*pl* espressos] **café (preto)/com leite** black coffee/coffee with milk

cafeeiro, -a ◆ *adj* coffee [*s atrib*]: *a indústria cafeeira* the coffee industry ◆ *sm* coffee plant

cafeína *sf* caffeine: *sem ~* caffeine-free

cafeteira *sf* coffee pot LOC **cafeteira elétrica** coffee maker

cafona *adj* tacky

cágado *sm* turtle LOC *Ver* PASSO

caiar *vt* to whitewash

cãibra *sf* cramp: *~ no estômago* stomach cramps

caído, -a *pp, adj* LOC **caído do céu**: *um presente ~ do céu* a real godsend *Ver tb* CAIR

cair *vi* **1** to fall: *Cuidado para não ~.* Careful you don't fall. ◊ *~ na armadilha* to fall into the trap ◊ *Caía a noite.*

Night was falling. **2** (*dente, cabelo*) to fall out: *O cabelo dele está caindo.* His hair is falling out. **3** (*soltar-se*) to come off: *Um dos seus botões caiu.* One of your buttons has come off. **4** ~ **sobre** (*responsabilidade, suspeita*) to fall **on** *sb*: *Todas as suspeitas caíram sobre mim.* Suspicion fell on me. LOC **ao cair da tarde/noite** at dusk/at nightfall **cair bem/mal 1** (*roupa*) to look good/bad *on sb*: *Este vestido não me cai nada bem.* This dress doesn't look good on me at all. **2** (*alimento*) to agree/not to agree *with sb*: *Café não me cai bem.* Coffee doesn't agree with me. **3** (*fazer um bom efeito*) to make a good/bad impression: *O discurso do presidente caiu muito bem.* The president's speech went down very well. ☛ **Para outras expressões com cair**, ver os verbetes para o substantivo, adjetivo, etc., p.ex. **cair na farra** em FARRA e **cair na rede** em REDE.

cais *sm* wharf [*pl* wharves]

caixa¹ *sf* **1** box: *uma ~ de papelão* a cardboard box ◊ *uma ~ de bombons* a box of chocolates ☛ *Ver ilustração em* CONTAINER **2** (*ovos*) carton **3** (*vinho*) case LOC **caixa de descarga** cistern **caixa de ferramentas** toolbox **caixa de isopor** (*com gelo*) cooler, coolbox (*GB*) **caixa de mudanças/marchas** gearshift, gearbox (*GB*) **caixa de primeiros socorros** first-aid kit **caixa do correio** mailbox

caixa² ◆ *sf* **1** (*supermercado*) checkout **2** (*outras lojas*) cash desk **3** (*banco*) teller's window ◆ *smf* (*pessoa*) cashier LOC **caixa econômica** savings bank **caixa eletrônico** ATM, cash machine (*GB*) **caixa registradora** cash register **fazer a caixa** to cash up

caixão *sm* casket, coffin (*GB*)

caixa-preta *sf* black box

caixote *sm* **1** (*de papelão*) cardboard box **2** (*de madeira*) crate

caju *sm* *Ver* CASTANHA

cal *sf* lime

calabouço *sm* dungeon

calado, -a *pp, adj* **1** quiet: *O seu irmão está muito ~ hoje.* Your brother is very quiet today. **2** (*em completo silêncio*) silent: *Ele permaneceu ~.* He remained silent. *Ver tb* CALAR

calafrio *sm* shiver LOC **dar calafrios** to send shivers down your spine **sentir/estar com calafrios** to shiver

calamidade *sf* calamity [*pl* calamities]

calar ◆ *vt* (*pessoa*) to get *sb* to be quiet

♦ **calar-se** v pron **1** (não falar) to say nothing: Prefiro me ~. I'd rather say nothing. **2** (deixar de falar ou fazer barulho) to be quiet, to shut up (coloq): Cale-se! Be quiet! ◊ Dê isso a ele, quem sabe ele se cala. Give it to him and see if he shuts up. **3** (não revelar) to keep quiet about sth LOC **calar a boca/o bico** to shut up: Faça essas crianças calarem a boca! Tell those children to be quiet!

calça sf **calças** pants, trousers (GB): Não encontro a(s) ~(s) do pijama. I can't find my pajama pants. ◊ Ele estava usando uma ~ velha. He was wearing some old pants. ◊ uma ~ preta a pair of black pants

calçada sf **1** (de café): Vamos sentar na ~. Let's sit outside. ◊ Já puseram as mesas na ~? Did they put the tables out yet? **2** (para pedestres) sidewalk, pavement (GB)

calçado sm footwear

calcanhar sm (pé, sapato) heel

calção sm shorts LOC **calção de banho** swimming trunks [pl]: Esse ~ de banho é pequeno demais para você. Those swimming trunks are too small for you. ☞ Note que um calção de banho corresponde a **a pair of swimming trunks.**

calcar vt **1** (pisar) to stand on sb's foot **2** (comprimir) to stick sth (**to sth**)

calçar ♦ vt **1** (sapato) to take: Que número você calça? What size (shoe) do you take? **2** (pessoa) to put sb's shoes on: Você pode ~ os sapatos no garotinho? Can you put the little boy's shoes on for him? ♦ **calçar-se** v pron to put your shoes on

calcinha sf **calcinhas** panties, knickers (GB) ☞ Note que uma calcinha corresponde a **a pair of panties**: Você tem uma calcinha limpa na gaveta. There is a clean pair of panties in the drawer.

cálcio sm calcium

calço sm wedge

calculadora sf calculator

calcular vt **1** to work sth out, to calculate (mais formal): Calcule quanto necessitamos. Work out/calculate how much we need. **2** (supor) to reckon: Calculo que haja umas 60 pessoas. I reckon there must be around 60 people.

cálculo sm calculation: Segundo os meus ~s são105. It's 105 according to my calculations. ◊ Tenho de fazer uns ~s antes de decidir. I have to do some calculations before deciding. LOC **(fazer)** um cálculo aproximado (to make) a rough estimate

calda sf syrup: pêssegos em ~ peaches in syrup

caldeira sf boiler

caldo sm **1** (para cozinhar) stock: ~ de galinha chicken stock **2** (sopa) broth

calefação sf heating: ~ central central heating

calendário sm calendar

calha sf (cano) gutter

calhambeque sm (veículo) jalopy

calhar vi (acontecer) to happen: Calhou eu estar em casa sozinho… It's a good job I happened to be at home otherwise… LOC **vir a calhar** to come in handy

calibre sm caliber: uma pistola de ~ 38 a .38 caliber gun

cálice sm **1** (copo) wine glass **2** (sagrado) chalice

caligrafia sf **1** (letra) handwriting **2** (arte) calligraphy

calista smf podiatrist, chiropodist (GB)

calma sf calm: manter a ~ to keep calm LOC **levar algo com calma** to take sth easy: Leve as coisas com ~. Take it easy. **(tenha) calma!** calm down! Ver tb PERDER

calmante sm tranquilizer

calmo, -a adj **1** calm: Ela é uma pessoa muito calma. She's a very calm person. ◊ O mar está ~. The sea is calm. **2** (relaxado) laid-back

calo sm **1** (dedo do pé) corn **2** (mão, planta do pé) callus [pl calluses]

calor sm heat LOC **estar com calor** (pessoa) to be/feel hot **estar/fazer calor** (tempo) to be hot: Faz muito ~. It's very hot. ☞ Ver nota em FRIO; Ver tb MORRER

caloria sf calorie: uma dieta baixa em ~s a low-calorie diet ◊ queimar ~s to burn off the calories

caloroso, -a adj warm: uma recepção calorosa a warm welcome

calote sm swindle LOC **dar/passar (o) calote** to swindle

calouro, -a sm-sf freshman [pl freshmen], fresher (GB)

calvo, -a adj bald: ficar ~ to go bald

cama sf bed: ir para a ~ to go to bed ◊ Você ainda está na ~? Are you still in bed? ◊ enfiar-se/meter-se na ~ to get into bed ◊ sair da ~ to get out of bed LOC **cama de casal/solteiro** double/single bed

camada sf **1** layer: a ~ de ozônio the ozone layer **2** (tinta, verniz) coat

camaleão *sm* chameleon

câmara *sf* **1** chamber: *música de ~* chamber music **2** (*Cinema, Fot*) camera LOC **câmara de vídeo** camcorder **câmara municipal 1** (*organismo*) council **2** (*edifício*) city hall **em câmara lenta** in slow motion *Ver tb* MÚSICA, OPERADOR

camarada *smf* **1** (*Pol*) comrade **2** (*colega*) buddy [*pl* buddies]

camaradagem *sf* comradeship

câmara-de-ar *sf* inner tube

camarão *sm* shrimp, prawn (*GB*)

camarim *sm* dressing-room

camarote *sm* **1** (*navio*) cabin **2** (*teatro*) box

cambalear *vi* to reel: *Ele cambaleou até o ponto do ônibus.* He reeled towards the bus stop.

cambalhota *sf* **1** (*pessoa*) somersault: *dar uma ~* to do a somersault **2** (*veículo*): *O carro deu três ~s.* The car turned over three times.

câmbio *sm* (*Fin*) exchange rate LOC *Ver* ALAVANCA

camélia *sf* camellia

camelo *sm* camel

camelô *sm* street peddler

caminhada *sf* **1** walk: *Foi uma longa ~.* It was a long walk. **2** (*por montanha, deserto, etc.*) trek

caminhão *sm* truck, lorry [*pl* lorries] (*GB*) LOC **caminhão de mudanças** moving van, removal van (*GB*) **caminhão do lixo** garbage truck, dustcart (*GB*)

caminhar ♦ *vi* to walk ♦ *vt* to cover: *Caminhamos 150km.* We covered 150 km.

caminho *sm* **1** way [*pl* ways]: *Não me lembro do ~.* I can't remember the way. ◊ *Encontrei-a no ~.* I met her on the way. ◊ *Sai do ~!* Get out of the way! ◊ *Fica no meu ~.* It's on my way. **2** (*estrada não asfaltada*) track **3** *~* (**de/para**) (*rumo*) path (**to** *sth*): *o ~ da fama* the path to fame LOC (**estar**) **a caminho de...** to be on the/your way to... **estar no caminho certo/errado** to be on the right/wrong track **pelo caminho** as I, you, etc. go (along): *A gente decide pelo ~.* We'll decide as we go along. **pôr-se a caminho** to set off *Ver tb* ABRIR, CORTAR, ERRAR, MEIO

caminhoneiro, -a *sm-sf* truck driver, lorry driver (*GB*)

caminhonete *sf* pickup truck

camisa *sf* shirt LOC *Ver* MANGA¹

camiseta *sf* **1** (*camisa*) T-shirt **2** (*roupa de baixo*) undershirt, vest (*GB*)

camisola *sf* nightgown

camomila *sf* camomile: *um chá de ~* a cup of camomile tea

campainha *sf* bell: *tocar a ~* to ring the bell

campanário *sm* belfry [*pl* belfries]

campanha *sf* campaign: *~ eleitoral* election campaign

campeão, -eã *sm-sf* champion: *o ~ do mundo* the world champion

campeonato *sm* championship(s): *o Campeonato Mundial de Atletismo* the World Athletics Championships

camping *sm* camping LOC *Ver* PARQUE

campo *sm* **1** (*natureza*) country: *viver no ~* to live in the country **2** (*terra de cultivo*) field: *~s de cevada* barley fields **3** (*paisagem*) countryside: *O ~ é lindo em abril.* The countryside is beautiful in April. **4** (*âmbito, Fís, Informát*) field: *~ magnético* magnetic field ◊ *o ~ da engenharia* the field of engineering **5** (*Esporte*) **(a)** (*futebol, rúgbi*) field, pitch (*GB*): *entrar em ~* to come out onto the field **(b)** (*estádio*) ground **6** (*acampamento*) camp: *~ de concentração/prisioneiros* concentration/prison camp LOC **campo de batalha** battlefield **campo de golfe** golf course **no campo contrário** (*Esporte*) away: *jogar no ~ contrário* to play away

camponês, -esa *sm-sf* peasant

campus *sm* (*universitário*) campus [*pl* campuses]

camuflagem *sf* camouflage

camuflar *vt* to camouflage

camundongo *sm* mouse [*pl* mice]

camurça *sf* (*pele*) suede

cana *sf* cane

Canadá *sm* Canada

cana-de-açúcar *sf* sugar cane

canadense *adj, smf* Canadian

canal *sm* **1** (*estreito marítimo natural, TV*) channel: *um ~ de televisão* a TV channel **2** (*estreito marítimo artificial, de irrigação*) canal: *o ~ de Suez* the Suez Canal **3** (*Med*) duct

canalização *sf* (*canos*) plumbing

canário *sm* (*pássaro*) canary [*pl* canaries]

canção *sf* (*Mús*) song LOC **canção de ninar** lullaby [*pl* lullabies]

cancelamento *sm* cancellation

cancelar *vt* to cancel: ~ *um vôo/uma reunião* to cancel a flight/meeting

Câncer *sm* Cancer ☞ *Ver exemplos em* AQUARIUS

câncer *sm* cancer [*não contável*]: ~ *do pulmão* lung cancer

candidatar-se *v pron* **1** (*em eleições*) to run (**for sth**): ~ *a senador* to run for the senate **2** ~ **a** (*emprego, bolsa*) to apply **for sth**

candidato, -a *sm-sf* ~ (**a**) **1** candidate (**for sth**): *o* ~ *à presidência do clube* the candidate for chair of the club **2** (*emprego, bolsa, curso*) applicant (**for sth**)

candidatura *sf* ~ (**a**) **1** (*cargo*) candidacy (**for sth**): *retirar a sua* ~ to withdraw your candidacy ◊ *Ele apresentou a sua* ~ *ao senado.* He's running for the senate. **2** (*a emprego, curso*) application (**for sth**): *uma* ~ *a um emprego* a job application

caneca *sf* mug: ~ *de cerveja* beer mug ☞ *Ver ilustração em* MUG

canela *sf* **1** (*especiaria*) cinnamon **2** (*perna*) shin LOC *Ver* ESTICAR

caneta *sf* pen LOC **caneta esferográfica** ballpoint (pen) **caneta hidrográfica** felt-tip (pen) **caneta marca texto** highlighter

caneta-tinteiro *sf* fountain pen

canguru *sm* kangaroo [*pl* kangaroos]

canhão *sm* (*de artilharia*) cannon

canhoto, -a *adj* left-handed

canibal *smf* cannibal

caniço *sm* (*junco*) reed

canil *sm* **1** (*para um cão*) kennel **2** (*para muitos cães*) kennels

canino, -a ◆ *adj* canine ◆ *sm* (*dente*) canine (tooth)

canivete *sm* pocket-knife, penknife (*GB*)

canja *sf* **1** (*caldo*) chicken soup/broth **2** (*coisa fácil*) a breeze: *O exame foi* ~. The exam was a breeze.

cano *sm* **1** pipe: *Rebentou um* ~. A pipe burst. **2** (*espingarda*) barrel: *uma espingarda de dois* ~s a double-barrelled shotgun LOC **cano de descarga** exhaust **cano de esgoto** drainpipe

canoa *sf* canoe

canoagem *sf* canoeing: *praticar* ~ to go canoeing

cansaço *sm* tiredness LOC *Ver* MORTO

cansado, -a *pp, adj* **1** ~ (**de**) (*fatigado*) tired (**from sth/doing sth**): *Estão* ~s *de tanto correr.* They're tired from all that

running. **2** ~ **de** (*farto*) sick **of sb/sth/ doing sth**: *Estou* ~ *de tanto falar.* I'm sick of talking so much. LOC *Ver* VISTA; *Ver tb* CANSAR

cansar ◆ *vt* **1** (*fatigar*) to tire *sb/sth* (out) **2** (*aborrecer, fartar*): *Cansa-me ter que repetir as coisas.* I'm sick of having to repeat things. ◆ *vi* to be tiring: *Trabalhar com crianças cansa muito.* Working with children is very tiring. ◆ **cansar-se** *v pron* **cansar-se** (**de**) to get tired (**of sb/sth/doing sth**): *Ele se cansa muito facilmente.* He gets tired very easily.

cansativo, -a *adj* **1** tiring: *A viagem foi cansativa.* It was a tiring journey. **2** (*pessoa*) tiresome

cantada *sf* LOC **dar uma cantada em alguém** to make a pass at sb: *Ele me deu uma* ~. He made a pass at me.

cantar ◆ *vt* **1** to sing **2** (*seduzir*) to make a pass **at sb** ◆ *vi* **1** to sing **2** (*cigarra, pássaro pequeno*) to chirp **3** (*galo*) to crow LOC **cantar vitória antes do tempo** to count your chickens before they're hatched

cântaro *sm* pitcher LOC *Ver* CHOVER

cantarolar *vt, vi* to hum

canteiro *sm* (*de flores*) flowerbed

cântico *sm* chant LOC **cântico de Natal** Christmas carol

cantiga *sf* ballad

cantil *sm* **1** (*para água*) canteen **2** (*para bebidas alcoólicas*) (hip) flask

cantina *sf* (*escola, fábrica*) canteen

canto¹ *sm* **1** (*arte*) singing: *estudar* ~ to study singing **2** (*canção, poema*) song

canto² *sm* corner LOC *Ver* OBSERVAR

cantor, ~a *sm-sf* singer

canudo *sm* (*bebidas*) (drinking) straw

cão *sm* dog

Quando queremos nos referir apenas à fêmea, dizemos **bitch**. Os cachorros recém-nascidos chamam-se **puppies**.

LOC **cão de guarda** guard dog **cão que ladra não morde** his/her bark is worse than his/her bite **de cão** lousy: *um dia de* ~ a lousy day **ser como cão e gato** to fight like cats and dogs *Ver tb* VIDA

caolho, -a *adj* cross-eyed

caos *sm* chaos [*não contável*]: *Minha vida está um* ~. My life is in chaos.

capa *sf* **1** cover **2** (*disco*) sleeve **3** (*peça de vestuário*) (**a**) (*comprida*) cloak (**b**) (*curta*) cape LOC **capa de chuva** raincoat

capacete *sm* helmet: *usar ~* to wear a helmet

capacho *sm* (*tapete*) doormat

capacidade *sf* ~ (**de/para**) **1** capacity (**for sth**): *uma grande ~ de trabalho* a great capacity for work ◊ *um hotel com ~ para 300 pessoas* a hotel with capacity for 300 guests **2** (*aptidão*) ability (**to do sth**): *Ela tem ~ para fazê-lo.* She has the ability to do it.

capataz *sm* foreman [*pl* foremen]

capaz *adj* ~ (**de**) capable (**of sth/doing sth**): *Quero pessoas ~es e trabalhadoras.* I want capable, hard-working people. LOC **ser capaz de 1** (*poder*) to be able *to do sth*: *Não sei como eles foram ~es de lhe dizer daquela forma.* I don't know how they could tell her like that. ◊ *Não sou ~ de fazer isso.* I just can't do it. **2** (*talvez*) to be likely *to do sth*: *É ~ que eu chegue hoje.* I might arrive today. ◊ *É ~ de chover.* It might rain.

capela *sf* chapel

capelão *sm* chaplain

capeta *sm* **1** (*diabo*) devil **2** (*criança*) brat

capital ◆ *sf* capital ◆ *sm* (*Fin*) capital

capitalismo *sm* capitalism

capitalista *adj, smf* capitalist

capitão, -ã ◆ *sm-sf* captain: *o ~ do time* the team captain ◆ *smf* (*Mil*) captain

capitular *vi* to surrender

capítulo *sm* **1** (*livro*) chapter: *Em que ~ você está?* What chapter are you on? **2** (*Rádio, TV*) episode

capô *sm* (*carro*) hood, bonnet (*GB*)

capotar *vi* (*carro*) to overturn: *O carro capotou três vezes.* The car turned over three times.

capricho *sm* **1** (*desejo*) whim: *os ~s da moda* the whims of fashion **2** (*esmero*) care: *As crianças fazem o dever de casa com muito ~.* The children take great care over their homework. **3** (*teimosia*) obstinacy LOC **fazer os caprichos de alguém** to give in to sb's whims

caprichoso, -a *adj* meticulous

Capricórnio *sm* Capricorn ☞ *Ver exemplos em* AQUARIUS

cápsula *sf* capsule: *~ espacial* space capsule

captar *vt* **1** (*atenção*) to attract **2** (*sinal, onda*) to pick *sth* up **3** (*compreender*) to grasp

captura *sf* **1** (*fugitivo*) capture **2** (*armas, drogas*) seizure

capturar *vt* **1** (*fugitivo*) to capture **2** (*armas, drogas*) to seize

capuz *sm* hood

cáqui *adj, sm* khaki: *uma calça ~* a pair of khaki pants ☞ *Ver exemplos em* AMARELO

cara ◆ *sf* **1** (*rosto*) face **2** (*aspecto*) look: *Não vou com a ~ dele.* I don't much like the look of him. **3** (*expressão*) expression: *com uma ~ pensativa* with a thoughtful expression ◆ *sm* (*indivíduo*) guy [*pl* guys] LOC **cair de cara no chão** to fall flat on your face **cara a cara** face to face **cara ou coroa** heads or tails **dar as caras** to put in an appearance **dar de cara com alguém/algo** to come face to face with sb/sth **dar na cara de alguém** to slap sb **de cara** straight (away): *Eu lhe disse de ~ que não estava interessado.* I told him straight that I wasn't interested. **de cara cheia** (*bêbado*) drunk **estar com uma cara boa** (*pessoa*) to look well **estar claro** to be obvious **ir com a cara de alguém** (*gostar*) to like sb: *A minha mãe foi com a sua ~.* My mother really liked you. ◊ *Não vou com a ~ dele.* I can't stand him. **ser cara de um focinho do outro** to be like two peas in a pod **ter cara de garoto** to look very young *Ver tb* CUSTAR, ENCHER, FECHAR, METER, QUEBRAR, VIRAR

caracol *sm* **1** (*animal*) snail **2** (*cabelo*) curl LOC *Ver* ESCADA

característico, -a ◆ *adj* characteristic ◆ **característica** *sf* characteristic

caracterizar ◆ *vt* **1** (*distinguir*) to characterize **2** (*Cinema, Teat*) to dress sb up **as sb/sth**: *Caracterizaram-me de marinheiro.* They dressed me up as a sailor. ◆ **caracterizar-se** *v pron* **caracterizar-se de** to dress up **as sb/sth**

cara-de-pau *smf* (*pessoa*) wise guy [*pl* wise guys] LOC **que cara-de-pau!** what a nerve!

caramba! *interj* wow! LOC **pra caramba**: *Choveu pra ~.* It rained a lot. ◊ *divertir-se pra ~* to have a terrific time ◊ *Tive de esperar pra ~.* I had to wait for hours.

caramelo *sm* **1** (*bala*) candy [*ger não contável*] **2** (*açúcar queimado*) caramel

caranguejo *sm* crab

caratê *sm* karate: *fazer ~* to do karate

caráter *sm* **1** character: *um defeito de ~* a character defect **2** (*índole*) nature LOC **ter bom/mau caráter** to be good-natured/ill-natured **ter muito/pouco**

caráter to be strong-minded/weak-minded

carboidrato *sm* carbohydrate

carbonizado, -a *pp, adj* charred

carbono *sm* carbon LOC *Ver* DIÓXIDO, MONÓXIDO

carcereiro, -a *sm-sf* jailer

cardápio *sm* menu: *Não estava no ~.* It wasn't on the menu.

cardeal *sm* (*Relig*) cardinal

cardíaco, -a *adj* LOC **ataque cardíaco/parada cardíaca** cardiac arrest

cardinal *adj* cardinal

cardume *sm* (*peixes*) shoal

careca ◆ *adj* bald: *ficar ~* to go bald ◆ *sf* bald patch

carecer *vt ~* **de 1** (*ter falta*) to lack: *Carecemos de remédios.* We lack medicines. **2** (*precisar*) to need

careta *sf* grimace LOC **fazer careta(s)** to make/pull a face (*at sb*), to grimace (*formal*): *Não faça ~, coma.* Don't make a face—just eat it.

carga *sf* **1** (*ação*) loading: *~ e descarga* loading and unloading **2** (*peso*) load: *~ máxima* maximum load **3** (*mercadorias*) **(a)** (*avião, barco*) cargo [*pl* cargoes] **(b)** (*caminhão*) load **(c)** (*trem*) freight **4** (*explosivo, munição, Eletrôn*) charge: *uma ~ elétrica* an electric charge **5** (*obrigação*) burden **6** (*caneta*) refill LOC **carga horária** workload **por que cargas-d'água...?** why the hell...? *Ver tb* BURRO, TREM

cargo *sm* **1** post: *um ~ importante* an important post **2** (*Pol*) office: *o ~ de prefeito* the office of mayor

cariar *vi* (*dente*) to decay

caricatura *sf* **1** caricature: *fazer uma ~* to draw a caricature **2** (*em jornal*) cartoon

caricaturista *smf* **1** caricaturist **2** (*para jornal*) cartoonist

carícia *sf* caress LOC **fazer carícias** to caress

caridade *sf* charity: *viver da ~ alheia* to live on charity ◊ *uma instituição de ~* a charity

caridoso, -a *adj ~* (**com/para com**) charitable (**to/towards** *sb*)

cárie *sf* **1** (*doença*) tooth decay [*não contável*]: *para prevenir a ~* to prevent tooth decay **2** (*buraco*) cavity [*pl* cavities]: *Tenho uma ~ num molar.* There is a cavity in one of my back teeth.

carimbar *vt* to stamp: *~ uma carta/um passaporte* to stamp a letter/passport

carimbo *sm* **1** stamp **2** (*em carta*) postmark

carinho *sm* **1** (*afeto*) affection **2** (*delicadeza*) care: *Ele trata as coisas dele com muito ~.* He takes great care of his things. LOC **com carinho** (*em cartas*) with love **ter carinho por alguém/algo** to be fond of sb/sth

carinhoso, -a *adj ~* (**com**) **1** affectionate (**towards** *sb/sth*) **2** (*abraço*) warm **3** (*pai, marido, etc.*) loving: *um pai e marido ~* a loving husband and father

carioca ◆ *adj* from Rio de Janeiro ◆ *smf* person from Rio de Janeiro: *os ~s* the people of Rio de Janeiro

carnal *adj* (*sensual*) carnal

carnaval *sm* carnival

carne *sf* **1** (*Anat, Relig, fruta*) flesh **2** (*alimento*) meat: *Gosto da ~ bem passada.* I like my meat well done.

Em inglês existem palavras diferentes para os animais e a carne que deles se obtém: do *porco* (**pig**) obtém-se **pork**, da *vaca* (**cow**), **beef**, da *vitela* (**calf**), **veal**. **Mutton** é a carne da *ovelha* (**sheep**), e do *cordeiro* (**lamb**) obtém-se a carne de **lamb**.

LOC **carne moída** ground beef, mince (*GB*) **carnes frias** cold cuts **em carne e osso** in the flesh **em carne viva** (red and) raw: *Você está com o joelho em ~ viva.* Your knee is red and raw. **ser de carne e osso** to be only human *Ver tb* UNHA

carneiro *sm* **1** (*animal*) ram **2** (*carne*) mutton

carnificina *sf* massacre

carnívoro, -a *adj* carnivorous

caro, -a¹ ◆ *adj* expensive ◆ *adv: pagar muito ~* to pay a lot for sth LOC **custar/pagar caro** to cost sb dearly: *Eles pagarão ~ pelo erro.* Their mistake will cost them dearly.

caro, -a² *adj* (*em cartas*) dear

caroço *sm* **1** (*Med*) lump: *Apareceu um ~ na minha mão.* I have a lump on my hand. ◊ *um molho com ~s* a lumpy sauce **2** (*fruto*) pit, stone (*GB*)

carona *sf* ride, lift (*GB*): *dar ~ a alguém* to give sb a ride LOC **apanhar/pedir carona** to hitch a ride (*with sb*) **ir de carona** to hitchhike

carpa *sf* carp [*pl* carp]

carpete *sm* carpet

carpintaria *sf* carpentry

carpinteiro *sm* carpenter

carranca *sf* frown

carrapato *sm* tick

carregado, -a *pp, adj* **1** ~ (**de/com**) loaded (**with** *sth*): *uma arma carregada* a loaded gun ◊ *Eles vinham ~s com malas.* They were loaded down with suitcases. **2** ~ **de** (*responsabilidades*) weighed down **with** *sth* **3** (*atmosfera*) stuffy *Ver tb* CARREGAR

carregador *sm* **1** (*Eletrón*) charger: ~ *de pilhas* battery charger **2** (*profissão*) porter

carregamento *sm* **1** (*ação*) loading: *O ~ do navio levou vários dias.* Loading the ship took several days. **2** (*mercadorias*) **(a)** (*avião, navio*) cargo [*pl* cargoes] **(b)** (*caminhão*) load

carregar *vt* **1 (a)** to load: *Eles carregaram o caminhão com caixas.* They loaded the truck with boxes. ◊ ~ *uma arma* to load a weapon **(b)** (*caneta, isqueiro*) to fill **(c)** (*pilha, bateria*) to charge **2 (a)** (*levar*) to carry: *Sou sempre eu que carrego tudo.* I always end up carrying everything. **(b)** (*responsabilidade*) to shoulder **3** (*problema, dívida*): *Há semanas que carrego este resfriado.* I've had this cold for weeks now.

carreira *sf* **1** (*pequena corrida*) run **2** (*profissão*) career: *Estou no melhor momento da minha* ~. I'm at the peak of my career. LOC **dar uma carreira** to go running **sair às carreiras** to dash off

carretel *sm* (*bobina*) reel

carrinho *sm* (*de compras*) cart, trolley [*pl* trolleys] (*GB*): ~ *de supermercado* shopping cart LOC **carrinho de bebê** baby carriage, pram (*GB*) **carrinho de criança** stroller, pushchair (*GB*) *Ver tb* CHOQUE

carro *sm* car: ~ *esporte* sports car ◊ *ir de* ~ to go by car LOC **carro alegórico** float **carro alugado** rental car, hire car (*GB*) **carro de bombeiros** fire engine **carro de corrida** race car, racing car (*GB*) **carro fúnebre** hearse *Ver tb* ELÉTRICO

carro-bomba *sm* car bomb

carroça *sf* cart

carroceria *sf* bodywork [*não contável*]

carro-leito *sm* sleeping car

carro-pipa *sm* tanker

carrossel *sm* merry-go-round

carruagem *sf* carriage

carta *sf* **1** (*missiva*) letter: *pôr uma* ~ *no correio* to mail a letter ◊ ~ *registrada/urgente* certified/express letter ◊ *Alguma* ~ *para mim?* Is there any mail for me? **2** (*de baralho*) (playing) card: *jogar* ~ to play cards ☛ *Ver nota em* BARALHO

3 (*navegação*) chart **4** (*documento*) charter LOC **carta de apresentação** cover letter *Ver tb* PAPEL

cartão *sm* **1** card: ~ *de crédito/embarque* credit/boarding card ◊ ~ *de Natal* Christmas card ◊ *Deram-lhe o* ~ *amarelo.* He was shown the yellow card. **2** (*material*) cardboard LOC *Ver* PAGAR

cartaz *sm* poster: *afixar um* ~ to put up a poster LOC **cartaz publicitário** billboard, hoarding (*GB*) **em cartaz** (*Cine, Teat*) on: *Está em* ~ *há um mês.* It's been on for a month. *Ver tb* PROIBIDO

carteira *sf* **1** (*porta-notas*) wallet **2** (*escrivaninha*) desk LOC **carteira (de motorista)** driver's license, driving licence (*GB*) **tirar a carteira (de motorista)** to pass your driving test *Ver tb* BATEDOR, IDENTIDADE

carteiro *sm* letter carrier, postman (*GB*) [*pl* postmen]

cartola *sf* top hat

cartolina *sf* card

cartório *sm* (*registro civil*) registry office (*GB*)

cartucho *sm* cartridge

cartunista *smf* cartoonist

carvalho *sm* oak (tree)

carvão *sm* coal LOC **carvão vegetal/de lenha** charcoal

casa *sf* **1** (*residência*) **(a)** house: *procurar* ~ *para morar* to look for a house ◊ ~ *de campo* country house **(b)** (*apartamento*) apartment, flat (*GB*) **(c)** (*prédio*) apartment building, block of flats (*GB*) **2** (*lar*) home: *Não há nada como a nossa* ~. There's no place like home. **3** (*empresa*) company [*pl* companies]: *uma* ~ *comercial* a commercial company **4** (*xadrez, damas*) square **5** (*botão*) buttonhole LOC **Casa da Moeda** mint **casa de saúde** hospital **casa lotérica** lottery agency [*pl* lottery agencies] **em casa** at home: *trabalhar em* ~ to work at home

No inglês americano, com os verbos **be** e **stay** costuma-se dizer **home** sem a preposição *at*: *Fiquei em casa.* I stayed home. ◊ *A sua mãe está em casa?* Is your mother home?

ir para a casa de to go to *sb's* (house): *Vou para a* ~ *dos meus pais.* I'm going to my parents' (house). **ir para casa** to go home **na casa de** at *sb's* (house): *Estarei na* ~ *da minha irmã.* I'll be at my sister's house. ☛ *Em linguagem* coloquial, assim como no Brasil, omite-se a palavra "house": *Eu estava na Ana.* I was at Ana's. **passar pela casa de alguém** to drop in on sb: *Passo pela sua ~ amanhã.* I'll drop in on you tomorrow. **ser de casa** to be like one of the family *Ver tb* CHEGAR, DONO, MUDAR(-SE), TRABALHO

casaca *sf* LOC *Ver* VIRAR

casaco *sm* **1** (*sobretudo*) coat: *Vista o ~.* Put your coat on. **2** (*de malha*) cardigan

casado, -a ◆ *pp, adj* married: *ser ~* (*com alguém*) to be married (to sb) ◆ *sm-sf* married man/woman *Ver tb* CASAR(-SE)

casal *sm* **1** couple: *Eles fazem um lindo ~.* They make a delightful couple. **2** (*animais*) pair LOC *Ver* CAMA

casamento *sm* **1** (*instituição*) marriage **2** (*cerimônia*) wedding: *aniversário de ~* wedding anniversary ◊ *Amanhã vamos a um ~.* We're going to a wedding tomorrow.

> **Wedding** refere-se à cerimônia, e **marriage** refere-se ao matrimônio como instituição. Nos Estados Unidos e na Grã-Bretanha os casamentos são celebrados tanto na *igreja* (a **church wedding**) como no *registro civil* (a **civil ceremony**). A *noiva* (**bride**) costuma ser acompanhada por *damas de honra* (**bridesmaids**). O *noivo* (**groom**) é acompanhado pelo **best man** (normalmente o seu melhor amigo). Depois da cerimônia realiza-se a *recepção* (**reception**).

LOC *Ver* PEDIDO

casar, casar-se *vi, v pron* **1** to get married: *Adivinhe quem vai ~?* Guess who's getting married? **2** ~ **com** to marry *sb*: *Nunca me casarei com você.* I'll never marry you. LOC **casar na igreja/no civil** to get married in a church/a civil ceremony ☛ *Ver nota em* CASAMENTO

casca *sf* **1** (*ovo, noz*) shell: *~ de ovo* eggshell **2** (*limão, laranja*) peel [*não contável*] **3** (*banana*) skin **4** (*pão*) crust **5** (*árvore*) bark **6** (*cereal*) husk **7** (*queijo*) rind

cascalho *sm* (*pedra britada*) gravel

cascata *sf* waterfall

cascavel *sf* rattlesnake

casco *sm* **1** (*animal*) hoof [*pl* hoofs/hooves] **2** (*barco*) hull **3** (*garrafa vazia*) empty bottle: *Tenho que devolver estes ~s.* I have to take the empties back.

caseiro, -a ◆ *adj* **1** homemade: *geléia caseira* homemade jam **2** (*pessoa*) home-loving: *ser muito ~* to love being at home ◆ *sm-sf* (*empregado*) housekeeper

caso ◆ *sm* **1** case: *em qualquer ~* in any case **2** (*aventura amorosa*) (love) affair, fling (*mais coloq*) ◆ *conj* if: *~ ele lhe pergunte…* If he asks you… LOC **caso contrário** otherwise **em caso de** in the event of *sth*: *Quebrar o vidro em ~ de incêndio.* Break the glass in the event of fire. **em todo o caso** in any case **fazer caso de** to take notice of *sb/sth* **no caso de…** if… **no melhor/pior dos casos** at best/worst **ser um caso à parte** to be different: *O Felipe é um ~ à parte porque ele não tem onde morar.* Felipe is different because he has nowhere to live. **vir/não vir ao caso** to be relevant/irrelevant *Ver tb* ACONTECER, TAL, ÚLTIMO

caspa *sf* dandruff

casquinha *sf* (*sorvete*) (ice cream) cone: *uma ~ de chocolate* a chocolate ice cream cone

cassar *vt* to take *sth* away (**from sb/sth**): *Cassaram a minha carteira de motorista.* I had my driver's license taken away.

cassete *sm* LOC *Ver* FITA

cassetete *sm* (*de polícia*) nightstick, truncheon (*GB*)

cassino *sm* casino [*pl* casinos]

casta *sf* caste

castanha *sf* (*fruto*) chestnut LOC **castanha de caju** cashew nut

castanha-do-pará *sf* Brazil nut

castanho, -a *adj, sm* brown: *olhos ~s* brown eyes ◊ *Ele tem cabelo ~.* He has brown hair. ☛ *Ver exemplos em* AMARELO

castanholas *sf* castanets

castelo *sm* castle LOC **castelo de areia** sandcastle

castiçal *sm* candlestick

castigar *vt* to punish *sb* (**for sth**): *Fui castigado por ter mentido.* I was punished for telling lies.

castigo *sm* punishment: *crime e ~* crime and punishment ◊ *Ficamos de ~ durante o recreio.* We were kept in during recess as a punishment.

casto, -a *adj* chaste

castor *sm* beaver

castrar *vt* **1** to castrate **2** (*animal doméstico*) to neuter **3** (*cavalo*) to geld casual 52

casual *adj* chance [*s atrib*]: *um encontro ~* a chance meeting

casualidade *sf* chance LOC *Ver* PURO

casulo *sm* (*inseto*) cocoon

catalisador *sm* **1** (*Quím*) catalyst **2** (*carro*) catalytic converter

catálogo *sm* catalog

catapora *sf* (*Med*) chickenpox [*não contável*]

catarata *sf* **1** (*cascata*) waterfall **2** (*Med*) cataract

catarro *sm* catarrh

catástrofe *sf* catastrophe

cata-vento *sm* **1** (*meteorologia*) weathervane **2** (*moinho*) windmill

catecismo *sm* catechism

catedral *sf* cathedral

catedrático, -a *sm-sf* head of department

categoria *sf* **1** (*classe*) category [*pl* categories] **2** (*nível*) level: *um torneio de ~ intermediária* an intermediate-level tournament **3** (*social, profissional*) status: *a minha ~ profissional* my professional status LOC **de primeira/segunda/terceira categoria** first-rate/second-rate/third-rate *Ver tb* ALTO

categórico, -a *adj* categorical

cativante *adj* captivating

cativar *vt* (*atrair*) to captivate

cativeiro *sm* captivity

cativo, -a *adj, sm-sf* captive

catolicismo *sm* Catholicism

católico, -a *adj, sm-sf* Catholic: *ser ~* to be a Catholic

catorze *num, sm Ver* QUATORZE

caução *sf* (*Jur*) bail [*não contável*]: *uma ~ de três milhões de reais* bail of three million reals

cauda *sf* **1** (*animal*) tail **2** (*vestido*) train LOC *Ver* PIANO

caule *sm* (*planta*) stalk

causa *sf* **1** (*origem, ideal*) cause: *a principal ~ do problema* the main cause of the problem ◊ *Ele abandonou tudo pela ~.* He gave up everything for the cause. **2** (*motivo*) reason: *sem ~ aparente* for no apparent reason **3** (*Jur, ação judicial*) case LOC **por causa de** because of *sb/sth*

causar *vt* **1** to cause: *~ a morte/ferimentos/danos* to cause death/injury/damage **2** (*sentimentos*): *Causou-me uma grande alegria.* It made me very happy. LOC *Ver* SENSAÇÃO

cautela *sf* caution LOC **com cautela** cautiously **por cautela** as a safeguard **ter cautela** to be careful

cauteloso, -a *adj* cautious

cavalar *adj* (*dose*) huge

cavalaria *sf* **1** (*Mil*) cavalry **2** (*Hist*) chivalry

cavalariça *sf* stable

cavaleiro *sm* **1** (*pessoa a cavalo*) rider **2** (*Hist*) knight

cavalete *sm* **1** (*Arte*) easel **2** (*suporte*) trestle

cavalgadura *sf* (*animal*) mount

cavalgar *vi* **~ (em)** to ride (on *sth*)

cavalheiro *sm* gentleman [*pl* gentlemen]: *O meu avô era um verdadeiro ~.* My grandfather was a real gentleman.

cavalo *sm* **1** (*animal*) horse **2** (*Xadrez*) knight **3** (*Mec*) horsepower (*abrev* hp): *um motor com doze ~s* a twelve horsepower engine **4** (*Ginástica*) (vaulting) horse LOC **cavalo de corrida(s)** racehorse

cavalo-marinho *sm* sea horse

cavalo-vapor *sm* horsepower

cavar *vt, vi* to dig

caveira *sf* skull

caverna *sf* cavern

caviar *sm* caviar

caxias *adj* (*pessoa*) stickler [*s*]

caxumba *sf* mumps [*sing*]: *estar com ~* to have (the) mumps

cear ◆ *vi* to have dinner, supper ◆ *vt* to have *sth* for dinner, supper

cebola *sf* onion

cebolinha *sf* spring onion

ceder ◆ *vt* **1** to hand *sth* over (**to sb**): *~ o poder* to hand over power **2** (*lugar*) to give *sth* up: *Cedi o meu lugar a um senhor idoso.* I gave my seat up to an old gentleman. **3** (*emprestar*) to lend: *A professora cedeu o seu dicionário a um dos alunos.* The teacher lent her dictionary to one of her students. ◆ *vi* **1** (*transigir*) to give in (**to sb/sth**): *É importante saber ~.* It's important to know how to give in gracefully. **2** (*intensidade, força*) to drop: *O vento cedeu.* The wind dropped. **3** (*não resistir*) to give way: *A prateleira cedeu com o peso de tantos livros.* The shelf gave way under all the books. LOC **ceder a palavra** to call upon *sb* to speak **ceder a passagem** to give way

cedilha *sf* cedilla

cedo *adv* early: *Ele chegou de manhã ~.* He arrived early in the morning. LOC

mais cedo ou mais tarde sooner or later

cedro *sm* cedar

cédula *sf* banknote LOC **cédula eleitoral** ballot *Ver tb* IDENTIDADE

cegar *vt* to blind: *As luzes me cegaram.* I was blinded by the lights.

cego, -a ◆ *adj* **1** ~ (**de**) blind (**with sth**): *ficar* ~ to go blind ◊ ~ *de raiva* blind with rage **2** (*faca*) blunt ◆ *sm-sf* blind man/woman [*pl* blind men/women]: *uma coleta para os* ~*s* a collection for the blind

cegonha *sf* stork

cegueira *sf* blindness

ceia *sf* dinner, supper

ceifar *vt* to reap

cela *sf* cell

celebração *sf* celebration

celebrar *vt* to celebrate: ~ *um aniversário* to celebrate a birthday ◊ ~ *uma missa* to celebrate mass

célebre *adj* famous

celeiro *sm* barn

celeste (*tb* **celestial**) *adj* heavenly

celofane *sm* cellophane: *papel* ~ cellophane (paper)

célula *sf* cell

celular *sm* (*telefone*) cellular phone, cell phone (*mais coloq*)

celulite *sf* cellulite

cem ◆ *num* a hundred: *Ela faz* ~ *anos hoje.* She's a hundred today. ◊ *Havia* ~ *mil pessoas lá.* There were a hundred thousand people there. ☞ *Ver Apêndice 1.* ◆ *sm* hundred LOC **cem por cento** a hundred per cent

cemitério *sm* **1** cemetery [*pl* cemeteries] **2** (*de igreja*) graveyard

cena *sf* scene: *primeiro ato, segunda* ~ act one, scene two ◊ *fazer uma* ~ to make a scene LOC **em cena** showing: *A peça está em* ~ *desde o Natal.* The play's been on since Christmas. **entrar em cena 1** (*entrar no palco*) to come on **2** (*entrar em ação*) to start up **pôr em cena** to stage

cenário *sm* **1** (*filme, peça teatral*) setting **2** (*programa de televisão*) set

cenoura *sf* carrot

censo *sm* census [*pl* censuses]

censor, ~a *sm-sf* censor

censura *sf* censorship

censurar *vt* **1** (*livro, filme*) to censor **2** (*condenar*) to censure

centavo *sm* cent LOC **estar sem um centavo** to be broke

centeio *sm* rye

centelha *sf* spark

centena *sf* **1** (*cem*) (a) hundred [*pl* hundred]: *unidades, dezenas e* ~*s* hundreds, tens and units **2** (*cem aproximadamente*) a hundred or so: *uma* ~ *de espectadores* a hundred or so spectators ☞ *Ver Apêndice 1.* LOC **centenas de...** hundreds of...: ~*s de pessoas* hundreds of people

centenário *sm* centennial, centenary [*pl* centenaries] (*GB*): *o* ~ *da sua fundação* the centennial of its founding ◊ *o sexto* ~ *do seu nascimento* the 600th anniversary of his birth

centésimo, -a *num, sm* hundredth: *um* ~ *de segundo* a hundredth of a second

centígrado *sm* Celsius, centigrade (*abrev* C): *cinqüenta graus* ~*s* fifty degrees Celsius

centímetro *sm* centimeter (*abrev* cm): ~ *quadrado/cúbico* square/cubic centimeter ☞ *Ver Apêndice 1.*

cento ◆ *num, sm* a hundred [*pl* hundred]: ~ *e sessenta e três* a hundred and sixty-three ☞ *Ver Apêndice 1.* ◆ *sm* hundred LOC **por cento** per cent: *50 por* ~ *da população* 50 per cent of the population

centopéia *sf* centipede

central ◆ *adj* central: *aquecimento* ~ central heating ◆ *sf* **1** (*energia*) power plant: *uma* ~ *elétrica* a power plant **2** (*repartição principal*) head office LOC **central telefônica** telephone exchange *Ver tb* AMÉRICA

centrar ◆ *vt* **1** (*colocar no centro*) to center: ~ *uma fotografia numa página* to center a photo on a page **2** (*atenção, olhar*) to focus **sth on sth**: *Eles centraram as críticas no governo.* They focused their criticism on the government. ◆ *vi* (*Esporte*) to center (the ball): *Ele centrou e o colega marcou o gol.* He centered the ball and his team-mate scored.

centro *sm* **1** center: *o* ~ *das atenções* the center of attention **2** (*de uma cidade*) downtown: *o* ~ *da cidade* downtown ◊ *um apartamento no* ~ a downtown apartment ◊ *ir ao* ~ to go downtown LOC **centro comercial** (shopping) mall **centro cultural** arts center **centro de**

ensino técnico-profissional community college, technical college (*GB*) **centro de turismo** tourist information center *Ver tb* MESA

centroavante *sm* (*Futebol*) center

cera *sf* wax LOC *Ver* LÁPIS

cerâmica *sf* ceramics, pottery (*mais coloq*)

cerca¹ *sf* (*vedação*) fence LOC **cerca viva** hedge

cerca² *adv* LOC **cerca de** about: *O trem atrasou ~ de uma hora.* The train was about an hour late. ◊ *Ele chegou há ~ de uma hora.* He arrived about an hour ago.

cercar *vt* **1** (*vedar*) to fence *sth* in **2** (*rodear*) to surround **3** (*sitiar*) to besiege

cereal *sm* **1** (*planta, grão*) cereal **2 cereais** cereal [*ger não contável*]: *No café da manhã como cereais.* I have cereal for breakfast.

cerebral *adj* (*Med*) brain [*s atrib*]: *um tumor ~* a brain tumor LOC *Ver* LAVAGEM

cérebro *sm* **1** (*Anat*) brain **2** (*pessoa*) brains [*sing*]: *o ~ da quadrilha* the brains behind the gang

cereja *sf* cherry [*pl* cherries]

cerejeira *sf* cherry tree

cerimônia *sf* ceremony [*pl* ceremonies] LOC **de cerimônia** formal: *traje de ~* formal dress **sem cerimônia** unceremoniously

cerração *sf* fog

cerrado, -a *pp, adj* **1** (*nevoeiro, vegetação*) thick **2** (*noite*) dark

certamente *adv* definitely

certeiro, -a *adj* accurate

certeza *sf* certainty [*pl* certainties] LOC **com certeza** definitely: *Vou com ~.* I'm definitely going. **dar certeza** to confirm: *Ela não deu ~ se viria ou não.* She didn't confirm if she'd be coming or not. **ter certeza** to be sure (*of sth/ that...*): *Tenho ~ de que não o fizeram.* I'm sure they didn't do it.

certidão *sf* (*nascimento, casamento*) certificate

certificado, -a ◆ *pp, adj* (*documento*) certified ◆ *sm* certificate LOC **certificado escolar** high school diploma *Ver tb* CERTIFICAR

certificar ◆ *vt* to certify ◆ **certificar-se** *v pron* **certificar-se** (**de**) (*verificar*) to make sure (*of sth*)

certo, -a ◆ *adj* **1** certain: *Eles só estão*

lá a certas horas do dia. They're only there at certain times of the day. ◊ *com certa ansiedade* with a certain amount of anxiety **2** (*correto*) right: *Quantas das suas respostas estavam certas?* How many of your answers were right? ◆ *adv* (*responder, agir*) correctly: *Respondi ~ a todas as perguntas.* I answered all the questions correctly. ◆ **certo!** *interj* right! LOC **ao certo** for certain: *Não sei ao ~ o que aconteceu.* I don't know for certain what happened. **até certo ponto** up to a point **dar certo** to work: *O plano não deu ~.* The plan didn't work. **o mais certo é ...**: *O mais ~ é eles chegarem tarde.* They're bound to be late. **ter por/como certo que...** to take it for granted that...

cerveja *sf* beer: *Duas ~s, por favor.* Two beers, please. LOC **cerveja sem álcool** alcohol-free beer *Ver tb* CANECA, FÁBRICA

cessar *vt, vi* ~ (**de**) to stop (*doing sth*) LOC **sem cessar** incessantly

cessar-fogo *sm* ceasefire

cesta *sf* **1** (*recipiente, Esporte*) basket **2** (*com tampa*) hamper: *~ de Natal* Christmas hamper LOC **fazer cesta** (*Esporte*) to score a basket

cesto *sm* basket: *um ~ de frutas* a basket of fruit LOC **cesto de roupa suja** laundry basket

cético, -a ◆ *adj* skeptical ◆ *sm-sf* skeptic

cetim *sm* satin

céu *sm* **1** (*firmamento*) sky [*pl* skies] **2** (*Relig*) heaven LOC **a céu aberto** (*ao ar livre*) in the open air **céu da boca** roof of the mouth *Ver tb* CAÍDO

cevada *sf* barley

chá *sm* tea: *Você quer (um) ~?* Would you like a cup of tea? LOC **chá de ervas** herbal tea **tomar chá de cadeira** to be a wallflower *Ver tb* COLHER¹

chacal *sm* jackal

chácara *sf* smallholding

chacina *sf* massacre

chacota *sf* mockery: *ser motivo de ~ to* be a laughing stock

chá-de-panela *sm* (bridal) shower

chafariz *sm* (*fonte*) fountain

chaga *sf* **1** (*ferida aberta*) sore **2** (*úlcera*) ulcer

chalé *sm* chalet

chaleira *sf* teakettle, kettle (*GB*)

chama *sf* flame: *estar em ~s* to be in flames

chamada *sf* **1** call: *fazer uma ~ (telefônica)* to make a (phone) call **2** *(exames)*: *Fiquei para segunda ~, em dezembro.* I'll retake the exam in December. LOC **chamada a cobrar** collect call, reverse charge call *(GB)* **chamada interurbana** long-distance call: *fazer uma ~ interurbana* to call long distance **fazer a chamada** *(na escola)* to call the roll

chamado, -a *pp, adj* so-called: *o ~ Terceiro Mundo* the so-called Third World *Ver tb* CHAMAR

chamar ◆ *vt* to call: *O nome dele é Antônio, mas todos o chamam de Toninho.* His name's Antônio, but everyone calls him Toninho. ◊ *~ a polícia* to call the police ◆ **chamar-se** *v pron* to be called: *Eu me chamo Ana.* I'm called Ana. ◊ *Como você se chama?* What's your name? LOC **chamar a atenção 1** *(sobressair)* to attract attention: *Ele se veste assim para ~ a atenção.* He dresses like that to attract attention. **2** *(surpreender)* to surprise: *Chamou-nos a atenção você ter voltado sozinha.* We were surprised that you came back alone. **3** *(repreender)* to scold **chamar a cobrar** to call collect, to reverse the charges *(GB)*

chamativo, -a *adj (cor)* flashy

chaminé *sf* **1** chimney *[pl* chimneys]: *Daqui se vêem as ~s da fábrica.* You can see the factory chimneys from here. **2** *(navio)* funnel

champanhe *sm* champagne

chamuscar *vt* to singe

chance *sf* chance **to do sth**: *ter a ~ de fazer algo* to have the chance to do sth ◊ *Acho que tenho bastante ~ de passar.* I think I have a good chance of passing. ◊ *não ter a menor ~ de fazer algo* to have no chance of doing sth

chantagear *vt* to blackmail *sb (into doing sth)*

chantagem *sf* blackmail LOC **fazer chantagem com alguém** to blackmail sb

chantagista *smf* blackmailer

chão *sm* ground: *cair no ~* to fall (to the ground) LOC *Ver* ATIRAR, CARA

chapa *sf* **1** *(lâmina, Fot)* plate: *~s de aço* steel plates **2** *(radiografia)* X-ray *[pl* X-rays] **3** *(placa)* license plate, number plate *(GB)*

chapado, -a *pp, adj (drogado)* stoned

chapéu *sm (cabeça)* hat

charada *sf* riddle: *decifrar uma ~* to solve a riddle

charco *sm* stagnant pool

charlatão, -ona *sm-sf* quack

charme *sm* charm: *Ele tem muito ~.* He has a lot of charm. LOC **fazer charme/charminho** to use your charm

charter *adj, sm*: *um (vôo) ~* a charter flight LOC *Ver* VÔO

charuto *sm* cigar

chassi *sm* chassis *[pl* chassis]

chatear ◆ *vt* **1** *(irritar)* to annoy: *O que mais me chateia é que…* What annoys me most of all is that… **2** *(pedir com insistência)* to pester: *Ele só parou de nos ~ quando lhe compramos a bicicleta.* He kept pestering us until we bought him the bike. ◊ *Pare de me ~!* Stop pestering me! ◆ *vi (importunar)* to be a nuisance ◆ **chatear-se** *v pron* **chatear-se (com) (por) 1** *(irritar-se)* to get annoyed **(with sb) (about sth) 2** *(ficar triste)* to get upset: *Não se chateie com isso.* Don't upset yourself over it.

chatice *sf* **1** *(incômodo)* pain (in the neck): *Estas moscas são uma ~.* These flies are a real pain. **2** *(tédio)* bore: *Esse filme é uma ~ só!* This movie is a real bore!

chato, -a *adj* **1** *(plano)* flat: *ter pé ~* to have flat feet **2** *(entediante)* boring, tiresome *(mais formal)*: *Não seja ~!* Don't be (so) tiresome! ◊ *Que ~!* What a bore! **3** *(maçante)* annoying: *Que criança mais ~!* What an annoying child! ◊ *Eles são muito ~s.* They're a real pain in the neck.

chauvinista *adj, smf* chauvinist

chave *sf ~* **(de)** key *[pl* keys] **(to sth)**: *a ~ do armário* the key to the closet ◊ *a ~ da porta* the door key ◊ *a ~ do sucesso deles* the key to their success ◊ *fator/pessoa ~* key factor/person LOC **a sete chaves/debaixo de chave** under lock and key **chave de fenda** screwdriver **chave de ignição** ignition key **chave inglesa** (monkey) wrench *Ver tb* FECHAR

chaveiro *sm* **1** *(objeto)* keyring **2** *(pessoa)* locksmith

check-in *sm* check-in LOC **fazer o check-in** to check *(sth)* in: *Você já fez o ~ (das malas)?* Did you check in (the cases) yet?

check-up *sm (Med)* checkup: *fazer um ~* to have a checkup

chefe *smf* **1** *(superior)* boss: *ser o ~* to be the boss **2** *(de um grupo)* head: *~ de* *departamento/estado* head of department/state **3** (*de uma tribo*) chief LOC **chefe da quadrilha** ringleader **chefe de cozinha** chef **chefe de estação** station master

chefiar *vt* to lead

chegada *sf* arrival LOC *Ver* LINHA

chegado, -a *adj* LOC **ser chegado a** to love: *Ele é ~ a uma cerveja.* He just loves beer.

chegar ◆ *vt, vi* to arrive (*at/in…*): *Chegamos ao aeroporto às cinco horas.* We arrived at the airport at five o'clock. ◊ *Cheguei à Inglaterra um mês atrás.* I arrived in England a month ago. ◊ *O trem chega sempre atrasado.* The train is always late. ☛ *Ver nota em* ARRIVE ◆ *vt* **1** (*aproximar*) to bring *sth* closer (*to sb/sth*): *Ele chegou o microfone à boca.* He brought the microphone to his mouth. **2 ~ a** to reach: *~ a uma conclusão* to reach a conclusion ◊ *A minha filha já chega no meu ombro.* My daughter reaches my shoulder now. ◆ *vi* **1** (*aproximar-se*) to get closer (*to sb/sth*): *Chegue mais perto.* Come closer. **2** (*tempo*) to come: *quando ~ o verão* when summer comes ◊ *Chegou o momento de…* The time came to… **3** (*bastar*) to be enough: *Chega!* That's enough! ◊ *A comida não chegou para todos.* There wasn't enough food for everybody. ◊ *3.000 reais chegam.* 3,000 reals is enough. LOC **chegar a fazer algo** (*conseguir*) to manage to do sth **chegar ao fim** to come to an end **chegar a ser** to become **chegar a tempo** to be on time **chegar bem** to arrive safely **chegar cedo/tarde** to be early/late **chegar em casa** to arrive home, to get home (*mais coloq*) **estar chegando**: *O seu pai deve estar chegando.* Your father should be here any time now.

cheia *sf* flood

cheio, -a *adj* **1** full (*of sth*): *A sala estava cheia de fumaça.* The room was full of smoke. ◊ *O ônibus estava completamente ~.* The bus was totally packed. **2** (*coberto*) covered **in/with sth**: *O teto estava ~ de teias de aranha.* The ceiling was covered in cobwebs. LOC **em cheio** (*precisamente*) on target: *O tiro acertou em ~.* The shot was right on target. **estar cheio de alguém/algo** (*estar farto*) to be sick of sb/sth **ser cheio da nota** (*ser rico*) to be loaded **ser cheio de si** (*convencido*) to be full of yourself *Ver tb* CARA

cheirar *vt, vi* ~ (**a**) to smell (**of sth**): ~

mal to smell bad ◊ *~ a tinta* to smell of paint ☛ *Ver nota em* SMELL LOC **cheirar a queimado** to smell of burning **não cheirar bem** (*fig*) to smell fishy: *Esta história não me cheira bem.* There's something fishy about this story. *Ver tb* FLOR, MARAVILHA

cheiro *sm* smell (*of sth*): *Sentia-se um ~ de rosas/queimado.* There was a smell of roses/burning. ◊ *Esse perfume tem um ~ bom.* That perfume smells good.

cheiroso, -a *adj* sweet-smelling

cheque *sm* check: *um ~ no valor de…* a check for… ◊ *depositar/descontar um ~* to pay in/cash a check LOC **cheque de viagem** traveler's check **cheque em branco** blank check **cheque sem fundos** bad check **cheque visado** authorized check *Ver tb* PAGAR, TALÃO

chiado *sm* **1** (*rato, bicicleta*) squeak **2** (*freios, pneus*) screech

chiar *vi* **1** (*rato, bicicleta*) to squeak: *A corrente da minha bicicleta chia.* My bicycle chain squeaks. **2** (*toucinho*) to sizzle **3** (*freios, pneus*) to screech **4** (*reclamar*) to complain: *O jogo está encerrado e não adianta ~!* The game is over, so there's no point in complaining!

chiclete *sm* (chewing) gum [*não contável*]: *um ~ de hortelã* some spearmint gum

chicotada *sf* **1** (*golpe*) lash **2** (*som*) crack

chicote *sm* whip

chifre *sm* horn

Chile *sm* Chile

chileno, -a *adj, sm-sf* Chilean

chilique *sm* LOC **ter um chilique 1** (*desmaiar*) to faint **2** (*enervar-se*) to throw a tantrum

chimpanzé *sm* chimpanzee

China *sf* China LOC *Ver* NEGÓCIO

chinelo *sm* **1** (*de quarto*) slipper **2** (*de praia*) flip-flop

chinês, -esa ◆ *adj, sm* Chinese: *falar ~* to speak Chinese ◆ *sm-sf* Chinese man/woman [*pl* Chinese men/women]: *os ~s* the Chinese

chip *sm* chip

chique *adj* **1** posh: *a zona ~ da cidade* the posh part of the city **2** (*bem vestido*) stylish

chiqueiro *sm* pigsty [*pl* pigsties]

chispar *vi* (*faiscar*) to flash: *Os olhos dela chisparam.* Her eyes flashed. LOC **chispando** in a rush: *Ele saiu chispando.* He rushed off.

chocalho *sm* **1** bell **2** (*de bebê*) rattle

chocante *adj* shocking

chocar¹ ◆ *vt* to shock: *As condições do hospital nos chocaram muito.* We were very shocked by conditions in the hospital. ◆ **chocar-se** *v pron* **chocar-se (com/contra)** (*colidir*) to crash (**into sth**): *chocar-se com outro veículo* to crash into another vehicle ◊ *chocar-se contra alguém* to bump into sb

chocar² *vt* (*ovo*) to hatch

chocolate *sm* chocolate

chofer *sm* **1** (*carro particular*) chauffeur **2** (*caminhão, ônibus*) driver

chope *sm* (*cerveja*) beer

choque *sm* **1** (*colisão, ruído*) crash **2** (*confronto*) clash **3** (*eletricidade*) (electric) shock: *levar um ~* to get a shock **4** (*desgosto*) shock LOC *Ver* POLÍCIA

choramingas *smf* cry-baby [*pl* cry-babies]

chorão *sm* (*árvore*) weeping willow

chorar *vi* to cry: *~ de alegria/raiva* to cry with joy/rage ◊ *pôr-se a ~* to burst into tears LOC **chorar a perda de alguém/algo** to grieve for sb/sth **chorar até não poder mais/chorar rios de lágrimas** to cry your eyes out *Ver tb* DESATAR

choro *sm* crying

chover *vi* to rain: *Choveu toda a tarde.* It rained all afternoon. LOC **chover a cântaros** to pour (with rain): *Chove a cântaros.* It's pouring. **chover granizo** to hail

chuchu *sm* chayote

chumaço *sm* (*de algodão, gaze, etc.*) wad

chumbo *sm* **1** (*metal*) lead **2** (*negativa*) fail: *Levei ~!* I failed! LOC *Ver* GASOLINA

chupadela *sf* suck: *O menino dava ~s no pirulito.* The little boy was sucking his Popsicle.

chupar *vt* **1** to suck **2** (*absorver*) to soak *sth* up: *Esta planta chupa muita água.* This plant soaks up a lot of water. LOC **chupar o dedo 1** (*lit*) to suck your thumb **2** (*ficar sem nada*) to end up with nothing: *Nós ficamos chupando o dedo.* We ended up with nothing.

chupeta *sf* pacifier, dummy [*pl* dummies] (*GB*)

churrasco *sm* barbecue: *fazer um ~* to have a barbecue

churrasquinho *sm* kebab

chutar ◆ *vt* **1** (*dar chute*) to kick **2** (*arriscar*) to guess ◆ *vi* (*Esporte*) to shoot (**at** *sb/sth*): *~ no gol/ para a trave* to shoot at goal

chute *sm* kick: *dar um ~ no gato* to give the cat a kick LOC **no chute**: *acertar no ~* to get sth right by guessing

chuteira *sf* cleat, football boot (*GB*)

chuva *sf* **1** rain: *~ ácida* acid rain ◊ *um dia de ~* a rainy day **2** *~ de* (*dinheiro, presentes, pó*) shower **of** *sth* **3** *~ de* (*balas, pedras, murros, insultos*) hail **of** *sth* LOC **chuva radioativa** radioactive fallout **debaixo de/da chuva** in the rain *Ver tb* CAPA

chuvarada *sf* downpour

chuveiro *sm* shower: *tomar banho de ~* to take a shower

chuviscar *vi* to drizzle

chuvoso, -a *adj* rainy

cicatriz *sf* scar

cicatrizar *vi* to heal

ciclismo *sm* bike riding: *fazer ~* to go bike riding

ciclista *smf* cyclist

ciclo *sm* cycle: *um ~ de quatro anos* a four-year cycle ◊ *um ~ de palestras* a round of talks

ciclone *sm* cyclone

cidadania *sf* citizenship

cidadão, -dã *sm-sf* citizen

cidade *sf* city [*pl* cities] LOC **cidade geminada** twin town **cidade natal** home town **cidade universitária** (university) campus [*pl* campuses]

ciência *sf* **1** science **2** ciências (*Educ*) science [*sing*]: *o meu professor de ~s* my science teacher ◊ *Estudei ~s.* I studied science.

ciente *adj* ~ **de** aware of *sth*: *não estar ~ de algo* to be unaware of sth

científico, -a *adj* scientific LOC *Ver* FICÇÃO

cientista *smf* scientist

cifra *sf* (*número*) figure: *uma ~ de um milhão de reais* a figure of one million reals

cifrão *sm* dollar/real sign

cigano, -a *adj, sm-sf* gypsy [*pl* gypsies]

cigarra *sf* cicada

cigarro *sm* cigarette

cilada *sf* trap: *cair numa ~* to fall into a trap

cilíndrico, -a *adj* cylindrical

cilindro *sm* cylinder

cima *adv* **1** up: *aquele castelo lá em ~*

that castle up there ◊ *da cintura para ~* from the waist up **2** (*andar*) upstairs: *Eles moram em ~.* They live upstairs. ◊ *os vizinhos de ~* our upstairs neighbors LOC **de cima abaixo 1** up and down: *Ele me olhou de ~ abaixo.* He looked me up and down. **2** (*completamente*) from top to bottom: *mudar alguma coisa de ~ abaixo* to change sth from top to bottom **em cima (de) 1** (*em*) on: *Deixe-o em ~ da mesa.* Leave it on the table. **2** (*sobre*) on top (**of** *sb/sth*): *Deixei-o em ~ dos outros discos.* I've put it on top of the other records. ◊ *Leve o que está em ~.* Take the top one. **estar/ficar em cima de alguém** to be on sb's back **para cima** upwards: *Mova um pouco o quadro para ~.* Move the picture up a bit. **para cima de 1** (*para o cimo de*) onto: *O gato pulou para ~ da mesa.* The cat jumped onto the table. **2** (*mais de*) over: *Eram para ~ de mil.* There were over a thousand. **para cima e para baixo** up and down: *mover alguma coisa para ~ e para baixo* to move something up and down **por cima (de)** over: *pôr uma coberta por ~ do sofá* to put a blanket over the couch *Ver tb* AÍ, ALI, BOCA, LÁ¹, OLHAR, TIRAR

cimento *sm* cement

cinco *num, sm* **1** five **2** (*data*) fifth ☛ *Ver exemplos em* SEIS

cineasta *smf* movie director

cinema *sm* **1** (*arte*) cinema **2** (*sala*) movie theater, cinema (*GB*): *ir ao ~* to go to the movies LOC **de cinema** (*festival, crítico*) movie, film (*GB*): *um ator/diretor de ~* a movie actor/director

cinematográfico, -a *adj* movie, film (*GB*) [*s atrib*]: *a indústria cinematográfica* the movie industry

cínico, -a ♦ *adj* cynical ♦ *sm-sf* cynic

cinquenta *num, sm* **1** fifty **2** (*quinquagésimo*) fiftieth ☛ *Ver exemplos em* SESSENTA

cinta *sf* **1** (*cintura*) waist **2** (*peça de roupa*) girdle

cintilar *vi* **1** (*estrelas*) to twinkle **2** (*luz*) to glimmer **3** (*pedras, objetos, etc.*) to glitter

cinto *sm* belt LOC **cinto (de segurança)** seat belt *Ver tb* APERTAR

cintura *sf* waist LOC *Ver* JOGO

cinza ♦ *sf* ash ♦ *adj* gray: *um casaco ~ escuro* a charcoal gray jacket LOC *Ver* QUARTA-FEIRA

cinzeiro *sm* ashtray [*pl* ashtrays]

cinzel *sm* chisel

cinzento, -a ♦ *adj* **1** (*cor*) gray ☛ *Ver exemplos em* AMARELO **2** (*tempo*) dull: *Está um dia ~.* It's a dull day. ♦ *sm* gray

cipreste *sm* cypress

circo *sm* circus [*pl* circuses]

circuito *sm* **1** (*Esporte*) track: *O piloto deu dez voltas no ~.* The driver did ten laps of the track. **2** (*Eletrôn*) circuit

circulação *sf* **1** circulation **2** (*trânsito*) traffic LOC **circulação sanguínea/do sangue** circulation: *má ~ do sangue* poor circulation *Ver tb* IMPOSTO

circular¹ *adj, sf* circular: *uma mesa ~* a round table ◊ *enviar uma ~* to send out a circular

circular² ♦ *vt, vi* to circulate: *~ uma carta* to circulate a letter ♦ *vi* **1** (*trem, ônibus*) to run **2** (*pedestre*) to walk: *~ pela esquerda* to walk on the left **3** (*rumor*) to go around

círculo *sm* **1** circle: *formar um ~* to form a circle **2** (*associação*) society [*pl* societies] LOC **círculo polar ártico/antártico** Arctic/Antarctic Circle **círculo vicioso** vicious circle

circunferência *sf* (*perímetro*) circumference

circunflexo, -a *adj* circumflex

circunscrição *sf* LOC **circunscrição eleitoral** constituency [*pl* constituencies]

circunstância *sf* circumstance: *nas ~s* under the circumstances

cirurgia *sf* surgery: *~ estética/plástica* cosmetic/plastic surgery

cirurgião, -ã *sm-sf* surgeon

cirúrgico, -a *adj* surgical: *uma intervenção cirúrgica* an operation

cisco *sm* speck: *Estou com um ~ no olho.* There's something in my eye.

cisma *sf* (*idéia fixa*) fixation

cismar ♦ *vt* to decide **to do sth/that** …: *Ele cismou de comprar uma moto.* He's decided to buy a motorbike. ◊ *Ele agora cismou que estamos tentando enganá-lo.* He's decided that we're trying to trick him. ♦ *vi* (*refletir*) to think deeply (**about sth**): *depois de muito ~* after much thought

cisne *sm* swan

cisterna *sf* (*depósito*) tank

citação *sf* (*frase*) quotation

citar *vt* **1** (*fazer referência*) to quote (**from sb/sth**) **2** (*Jur*) to summons

citrinos *sm* citrus fruits

ciúme *sm* **ciúmes** jealousy [*não contá-*

vel, v sing]: *São só ~s.* You're just jealous. ◊ *Ele sentiu ~s.* He felt jealous. LOC **fazer ciúmes a alguém** to make sb jealous **ter ciúmes (de alguém)** to be jealous (of sb) *Ver tb* MORTO

ciumento, -a *adj* jealous

cívico, -a *adj* **1** (*obrigações*) civic **2** (*relativo ao bem público*) public-spirited: *sentido ~* public-spiritedness

civil ♦ *adj* civil: *um confronto ~* a civil disturbance ♦ *smf* civilian LOC *Ver* CA-SAR(-SE), ENGENHEIRO, ESTADO

civilização *sf* civilization

civilizado, -a *pp, adj* civilized

civismo *sm* public spirit

clã *sm* clan

clamor *sm* shouts [*pl*]: *o ~ da multidão* the shouts of the crowd

clandestino, -a ♦ *adj* clandestine: *operação clandestina* undercover operation ♦ *smf* (*passageiro*) stowaway [*pl* stowaways]: *viajar como ~* to stow away

claque *sf* fans [*pl*]

clara *sf* (*ovo*) egg white

clarabóia *sf* skylight

clarão *sm* flash

clarear *vi, vt* **1** (*céu*) to clear up: *Clareou por volta das cinco.* It cleared up around five o'clock. **2** (*tempo, dia*) to brighten up **3** (*amanhecer*) to get light

clareira *sf* (*bosque*) clearing

clareza *sf* clarity: *falar com ~* to speak clearly

claridade *sf* **1** (*luz*) light **2** (*fig*) clarity

clarim *sm* bugle

clarinete *sm* clarinet

claro, -a ♦ *adj* **1** clear: *um céu ~/uma mente clara* a clear sky/mind **2** (*cor*) light: *verde ~* light green **3** (*luminoso*) bright **4** (*cabelo*) fair ♦ *adv* clearly: *falar ~* to speak clearly ♦ **claro!** *interj* of course! LOC **claro que não** of course not **claro que sim** of course **deixar claro** to make *sth* clear **ser claro como água** to be crystal clear

classe *sf* class: *viajar em primeira ~* to travel first class LOC **classe alta/baixa/média** upper/lower/middle class(es) [*usa-se muito no plural*]

clássico, -a ♦ *adj* **1** (*Arte, Hist, Mús*) classical **2** (*habitual*) usual: *o comentário ~* the usual comment ♦ *sm* classic

classificação *sf* **1** classification **2** (*nota escolar*) grade, mark (*GB*): *boa ~* good grades **3** (*descrição*) description: *O comportamento dele não merece outra ~.*

His behavior cannot be described in any other way. **4** (*Esporte*): *desafio para ~* qualifying match ◊ *O tenista alemão está à frente na ~ mundial.* The German player is number one in the world rankings. ◊ *a ~ geral para a taça* the league table

classificados *sm* classifieds, classified ads (*GB*)

classificar ♦ *vt* **1** (*ordenar*) to classify: *~ os livros por assunto* to classify books by subject **2** (*descrever*) to label *sb* (*as sth*): *Classificaram-na de excêntrica.* They labeled her an eccentric. ♦ **classificar-se** *v pron* **classificar-se (para)** to qualify (**for *sth***): *classificar-se para a final* to qualify for the final LOC **classificar-se em segundo, terceiro, etc. lugar** to come second, third, etc.

classificatório, -a *adj* qualifying

claustro *sm* cloister

claustrofobia *sf* claustrophobia

claustrofóbico, -a *adj* claustrophobic

cláusula *sf* clause

clave *sf* (*Mús*) clef LOC **clave de sol/fá** treble/bass clef

clavícula *sf* collarbone

clero *sm* clergy [*pl*]

clichê *sm* (*lugar-comum*) cliché

cliente *smf* **1** (*loja, restaurante*) customer **2** (*empresa*) client

clientela *sf* customers [*pl*]

clima *sm* **1** (*lit*) climate: *um ~ úmido* a damp climate **2** (*fig*) atmosphere: *um ~ de cordialidade/tensão* a friendly/tense atmosphere

climatizado, -a *pp, adj* air-conditioned

clímax *sm* climax

clínica *sf* clinic

clipe *sm* **1** (*papel*) paper clip **2** (*vídeo*) video [*pl* videos]

clone *sm* clone

clorofila *sf* chlorophyll

clube *sm* club

coadjuvante *smf, adj* (*Cinema, Teatro*) co-star

coador *sm* (*leite, chá*) strainer

coagir *vt* to coerce *sb* (**into doing sth**)

coágulo *sm* clot

coalhar *vi* **1** (*leite*) to curdle **2** (*iogurte*) to set

coalizão *sf* coalition: *um governo de ~* a coalition government

coar *vt* **1** (*chá*) to strain **2** (*café*) to filter

coaxar *vi* to croak

cobaia *sf* guinea pig

coberta *sf* **1** (*cama*) bedspread **2** (*navio*) deck

coberto, -a *pp, adj* **1** ~ (**com/de/por**) covered (**in/with sth**): ~ *de manchas* covered in stains ◊ *A cadeira estava coberta com um lençol.* The chair was covered with a sheet. **2** (*instalação*) indoor: *uma piscina coberta* an indoor swimming pool *Ver tb* COBRIR

cobertor *sm* blanket: *Cubra-o com um* ~. Put a blanket over him.

cobertura *sf* **1** (*revestimento*) covering **2** (*Jornal*) coverage

cobiça *sf* **1** (*avidez*) greed **2** (*inveja*) envy **3** ~ de lust **for sth**: *a sua* ~ *de poder/riquezas* their lust for power/riches

cobiçar *vt* **1** (*ambicionar*) to covet **2** (*invejar*) to envy: *Cobiço-lhe a moto.* I envy him his motorbike.

cobra *sf* snake LOC **dizer cobras e lagartos de alguém** to call sb every name in the book

cobrador, ~a *sm-sf* **1** (*ônibus*) conductor **2** (*dívidas, faturas*) collector

cobrança *sf* **1** (*dívida, impostos*) collection **2** (*preço, tarifa*) charging

cobrar ◆ *vt* to charge (*sb*) (**for sth**): *Cobraram-me 10 reais por um café.* They charged me 10 reals for a coffee. ◆ *vt* **1** (*imposto, dívida*) to collect **2** (*custar*) to cost: *A guerra cobrou muitas vidas.* The war cost many lives. LOC **a cobrar** cash on delivery (*abrev* COD) **cobrar a/de mais/menos** to overcharge/undercharge *Ver tb* CHAMADA, CHAMAR, LIGAÇÃO, REMESSA

cobre *sm* copper

cobrir *vt* **1** to cover *sb/sth* (**with sth**): ~ *as despesas de viagem* to cover traveling expenses ◊ ~ *uma ferida com uma atadura* to cover a wound with a bandage **2** (*Cozinha*) to coat *sth* (**in/with sth**) **3** (*distância*): *Todos os dias cubro 50km de carro.* I travel 50km every day. LOC **cobrir de beijos** to smother *sb* with kisses

Coca-Cola® *sf* Coke®

cocaína *sf* cocaine

coçar *vt* to scratch

cócegas *sf* LOC **fazer cócegas** to tickle **sentir cócegas** to be ticklish: *Sinto muitas* ~ *nos pés.* My feet are very ticklish.

cochichar *vt, vi* to whisper

cochilar *vi* **1** (*dormir*) to snooze: *Gosto de* ~ *depois do almoço.* I like to have a snooze after lunch. **2** (*descuidar-se*) to be distracted

cochilo *sm* **1** (*sono*) doze **2** (*descuido*) oversight

coco *sm* (*fruto*) coconut LOC *Ver* LEITE

cocô *sm* (*fruto*) poo: *fazer* ~ to poo

cócoras *sf* LOC **de cócoras** squatting: *pôr-se de* ~ to squat

codificar *vt* (*Informát*) to encode

código *sm* code: *Qual é o* ~ *de Recife?* What's the code for Recife? LOC **código da estrada** Highway Code **código postal** zip code, postcode (*GB*)

coeficiente *sm* coefficient LOC **coeficiente de inteligência** intelligence quotient (*abrev* IQ)

coelho, -a *sm-sf* rabbit

Rabbit é o substantivo genérico, **buck** refere-se apenas ao macho. Quando queremos nos referir apenas à fêmea, utilizamos **doe**.

LOC *Ver* MATAR

coentro *sm* cilantro, coriander (*GB*)

coerência *sf* **1** (*lógica*) coherence **2** (*congruência*) consistency

coexistência *sf* coexistence

cofre *sm* safe [*pl* safes]

cogitação *sf* LOC **fora de cogitação** out of the question

cogumelo *sm* mushroom LOC **cogumelo venenoso** toadstool

coice *sm* **1** kick: *dar* ~s to kick **2** (*de arma*) recoil

coincidência *sf* coincidence: *por* ~ by coincidence ◊ *Que* ~*!* What a coincidence!

coincidir *vi, vt* ~ (**com**) **1** (*acontecimentos, resultados*) to coincide, to clash (*mais coloq*) (**with sth**): *Espero que não coincida com os meus exames.* I hope it doesn't clash with my exams. **2** (*estar de acordo*) to tally (**with sth**): *A notícia não coincide com o que aconteceu.* The news doesn't tally with what happened.

coiote *sm* coyote

coisa *sf* **1** thing: *Uma* ~ *ficou clara…* One thing is clear… ◊ *As* ~s *vão bem para eles.* Things are going well for them. **2** (*algo*) something: *Eu queria lhe perguntar uma* ~. I wanted to ask you something. **3** (*nada*) nothing, anything: *Não há* ~ *mais impressionante do que o mar.* There's nothing more impressive than the ocean. **4 coisas** (*assuntos*) affairs: *Primeiro quero tratar das minhas* ~s. I want to sort out my own affairs first. ◊ *Ele nunca conta as* ~s *da sua* *vida particular.* He never talks about his personal life. LOC **coisa de** roughly: *Durou ~ de uma hora.* It lasted roughly an hour. **coisas da vida!** that's life! **como são as coisas!** would you believe it! **com uma coisa e outra** what with one thing and another **não ser grande coisa** to be nothing special **ou coisa parecida** or something like that **por uma coisa/coisinha de nada** over the slightest thing **que coisa mais estranha!** how odd! **ser coisa de alguém**: *Esta brincadeira deve ser ~ da minha irmã.* This joke must be my sister's doing. **ser pouca coisa** *(ferimento)* not to be serious **ter coisa (por trás de algo)**: *Tem ~ por trás dessa oferta.* There's a catch to that offer. **ver tal/semelhante coisa**: *Alguma vez você viu tal ~?* Did you ever see anything like it? *Ver tb* ALGUM, CADA, OUTRO, QUALQUER

coitado, -a *adj* poor: *~ do menino!* Poor kid!

cola *sf* **1** *(adesivo)* glue **2** *(cópia)* crib

colaboração *sf* collaboration: *fazer algo em ~ com alguém* to do sth in collaboration with sb

colaborador, ~a *sm-sf* collaborator

colaborar *vi* ~ **(com) (em)** to collaborate **(with sb) (on sth)**

colagem *sf* collage: *fazer uma ~* to make a collage

colapso *sm* collapse

colar¹ *sm* necklace: *um ~ de esmeraldas* an emerald necklace

colar² ◆ *vt (com cola)* to glue *sth* (together): *~ uma etiqueta num pacote* to glue a label on a package ◆ *vi* **1** *(aderir)* to stick **2** *(desculpa, história)* to be believed: *Não vai ~.* Nobody's going to believe that. **3** *(copiar)* to cheat

colarinho *sm* collar: *o ~ da camisa* shirt collar

colcha *sf* bedspread

colchão *sm* **1** mattress **2** *(camping, praia)* air-mattress

colchete *sm* **1** *(Costura)* fastener **2** *(sinal)* square bracket LOC **colchete (macho e fêmea)** hook and eye (fastener)

coleção *sf* collection

colecionador, ~a *sm-sf* collector

colecionar *vt* to collect

colega *smf* **1** *(companheiro)* colleague: *um ~ meu* a colleague of mine **2** *(amigo)* friend LOC **colega de equipe** teammate **colega de quarto/apartamento** roommate **colega de turma** classmate

colégio *sm* *(Educ)* (private) school ☛ *Ver nota em* SCHOOL LOC **colégio de padres/freiras** Catholic school **colégio interno** boarding school

coleira *sf* *(cão, gato)* collar

cólera *sf* **1** *(raiva)* fury **2** *(doença)* cholera

colesterol *sm* cholesterol

coleta *sf* collection LOC **coleta de bagagem** baggage claim

colete *sm* vest, waistcoat *(GB)* LOC **colete à prova de bala(s)** bulletproof vest **colete salva-vidas** life jacket

coletivo, -a *adj* **1** collective **2** *(transporte)* public LOC *Ver* ENTREVISTA, TRANSPORTE

colheita *sf* **1** harvest: *A ~ deste ano será boa.* It's going to be a good harvest this year. **2** *(vinho)* vintage: *a ~ de 1985* the 1985 vintage

colher¹ *sf* **1** *(objeto)* spoon **2** *(conteúdo)* spoonful **3** *(pedreiro)* trowel LOC **colher de chá** teaspoon **colher de pau** wooden spoon

colher² *vt* **1** *(frutos, flores, legumes)* to pick **2** *(cereais)* to harvest

colherada *sf* spoonful: *duas ~s de açúcar* two spoonfuls of sugar

cólica *sf* colic [não contável]

coligação *sf* coalition

colina *sf* hill

colisão *sf* collision **(with sth)**: *uma ~ de frente* a head-on collision

colite *sf* diarrhea [não contável]

collant *sm* pantyhose, tights *(GB)*

colmeia *sf* beehive

colo *sm* *(regaço)* lap

colocar *vt* **1** *(posicionar)* to put, to place *(mais formal)*: *Isto me coloca numa situação difícil.* This puts me in an awkward position. **2** *(bomba)* to plant **3** *(em emprego)* to post: *Ela ficou colocada em Porto Alegre.* She was posted to Porto Alegre. **4** *(problema, questões)* to raise: *~ dúvidas/perguntas* to raise doubts/questions

Colômbia *sf* Colombia

colombiano, -a *adj, sm-sf* Colombian

cólon *sm* colon

colônia¹ *sf* colony [pl colonies]: *a ~ italiana de São Paulo* São Paulo's Italian community

colônia² *sf* *(perfume)* cologne: *pôr ~* to put (some) cologne on

colonial *adj* colonial

colonização *sf* colonization

colonizador, ~a ♦ *adj* colonizing ♦ *sm-sf* settler

colono, -a *sm-sf* settler

coloquial *adj* colloquial

colorau *sm* paprika

colorido, -a *pp, adj* colorful LOC *Ver* GIZ

colorir *vt* to color *sth* (in)

coluna *sf* 1 column 2 (*Anat*) spine LOC **coluna social** gossip column **coluna vertebral** 1 (*Anat*) spinal column 2 (*fig*) backbone

com *prep* 1 with: *Vivo com os meus pais.* I live with my parents. ◊ *Pregue-o com um percevejo.* Hang it up with a thumbtack. ◊ *Com que é que se limpa?* What do you clean it with? ☞ Às vezes se traduz por "and": *pão com manteiga* bread and butter ◊ *água com açúcar* sugar and water. Também se pode traduzir por "to": *Com quem você estava falando?* Who were you talking to? ◊ *Ela é simpática com todo o mundo.* She's pleasant to everybody. 2 (*conteúdo*) of: *uma mala com roupa* a suitcase (full) of clothes ◊ *um balde com água e sabão* a bucket of soapy water 3 (*em expressões com o verbo estar*): *estar com pressa* to be in a hurry ◊ *estar com calor/fome/sono* to be hot/hungry/sleepy

coma *sm ou sf* (*Med*) coma: *estar em ~* to be in a coma

comandante *sm* commander

comando *sm* 1 (*direção*) (a) (*liderança*) leadership: *ter o dom do ~* to have leadership qualities (b) (*Mil*) command: *entregar/tomar o ~* to hand over/take command 2 (*Mil, pessoa, divisão*) commando [*pl* commandos/commandoes]

combate *sm* combat [*não contável*]: *soldados mortos em ~* soldiers killed in combat ◊ *O ~ foi feroz.* There was fierce fighting. LOC **de combate** fighter: *avião/piloto de ~* fighter plane/pilot

combatente *smf* combatant

combater ♦ *vt* to combat: *~ o terrorismo* to combat terrorism ♦ *vi* to fight

combinação *sf* 1 combination: *a ~ de um cofre* the combination of a safe 2 (*peça de vestuário*) slip 3 (*acordo*) agreement

combinar ♦ *vt* 1 to combine 2 (*roupa*) to match *sth* (**with** *sth*): *Estes sapatos não combinam com a bolsa.* Those shoes don't match the purse. 3 (*plane-*

jar) to arrange *sth* (**with** *sb*): *Combinei com a Guida de ir ao cinema.* I arranged with Guida to go to the movies. 4 (*cores*) to go **with** *sth*: *O preto combina com qualquer cor.* Black goes with any color. ♦ *vi* to go together: *Cor de laranja e vermelho não combinam.* Orange and red don't really go together. LOC **está combinado!** it's a deal!

comboio *sm* convoy [*pl* convoys]

combustão *sf* combustion

combustível ♦ *adj* combustible ♦ *sm* fuel

começar *vt, vi* ~ (**a**) to begin, to start (*sth/doing sth/to do sth*): *De repente ele começou a chorar.* He suddenly started to cry. ◊ *para ~* to start with LOC **começar com o pé direito** to get off to a good start *Ver tb* ZERO

começo *sm* start, beginning (*mais formal*)

comédia *sf* comedy [*pl* comedies] LOC **comédia musical** musical

comemoração *sf* 1 (*recordação*) commemoration: *um monumento em ~ aos mortos de guerra* a monument to commemorate the war dead 2 (*celebração*) celebrations [*pl*]: *A ~ estendeu-se pela noite adentro.* The celebrations continued well into the night.

comemorar *vt* 1 (*lembrar*) to commemorate 2 (*celebrar*) to celebrate

comentar *vt* 1 (*analisar*) to comment **on** *sth* 2 (*dizer*) to say: *Ele se limitou a ~ que estava doente.* He would only say that he was sick. 3 (*falar mal de*) to make comments **about** *sb/sth*

comentário *sm* 1 (*observação*) remark: *fazer um ~* to make a remark 2 (*jogo de futebol*) commentary [*pl* commentaries] LOC **comentário de texto** textual criticism **fazer comentários** to comment (*on sb/sth*) **sem comentários** no comment

comentarista *smf* commentator

comer ♦ *vt* 1 to eat: *~ um sanduíche* to eat a sandwich 2 (*omitir*) to miss *sth* out: *~ uma palavra* to miss a word out 3 (*Xadrez, Damas*) to take 4 (*insetos*) to eat *sb* alive: *Os mosquitos me comeram vivo.* The mosquitoes practically ate me alive. ♦ *vi* to eat: *Ele não quer ~.* He doesn't want to eat anything. ◊ *~ fora* to eat out LOC **comer como um abade/boi/lobo** to eat like a horse **dar de comer** to feed *sb/sth*

comercial *adj* commercial LOC *Ver* CENTRO

comerciante *smf* (*dono de loja*) storekeeper, shopkeeper (*GB*)

comerciar *vt, vi* **1** ~ (**em**) to trade (**in** *sth*): ~ *em armas* to trade in arms **2** ~ (**com**) to do business (**with** *sb*)

comércio *sm* trade: ~ *exterior* foreign trade

comestível ◆ *adj* edible ◆ **comestíveis** *sm* (*víveres*) foodstuffs

cometa *sm* comet

cometer *vt* **1** (*delito, infração*) to commit **2** (*erro*) to make

comichão *sf* **1** (*coceira*) itch: *Sinto uma* ~ *nas costas.* My back is itching. **2** (*desejo premente*) urge (**to do sth**): *Desde que enviuvou, ela tem essa* ~ *de viajar.* Since she was widowed she's had an urge to travel.

cômico, -a ◆ *adj* **1** (*engraçado*) funny **2** (*de comédia*) comedy [*s atrib*]: *ator* ~ comedy actor ◆ *sm-sf* comedian [*fem* comedienne]

comida *sf* **1** (*alimentos*) food **2** (*refeição*) meal: *Ela me telefona sempre na hora da* ~. She always calls me at mealtimes.

comigo *pron pess* with me: *Venha* ~. Come with me. ◊ *Ele não quer falar* ~. He doesn't want to speak to me. LOC **comigo mesmo/próprio** with myself: *Estou contente* ~ *mesma.* I'm pleased with myself.

comilão, -ona ◆ *adj* greedy ◆ *sm-sf* glutton

cominho *sm* cumin

comissão *sf* commission: *10% de* ~ 10% commission ◊ *por* ~ on commission

comissário, -a *sm-sf* **1** (*polícia*) superintendent **2** (*membro de comissão*) commissioner **3** (*de bordo*) flight attendant

comitê *sm* committee

como ◆ *adv* **1** (*modo, na qualidade de, segundo*) as: *Respondi* ~ *pude.* I answered as best I could. ◊ *Levei-o para casa* ~ *recordação.* I took it home as a souvenir. ◊ ~ *eu estava dizendo…* As I was saying… **2** (*comparação, exemplo*) like: *Ele tem um carro* ~ *o nosso.* He has a car like ours. ◊ *chás* ~ *o de camomila* herbal teas like camomile ◊ *macio* ~ *a seda* smooth as silk **3** (*em interrogativas*) **(a)** (*de que modo*) how: ~ *se traduz esta palavra?* How do you translate this word? ◊ *Não sabemos* ~ *aconteceu.* We don't know how it happened. ◊ ~ *é que você pôde não me dizer?* How could you not tell me? **(b)** (*quando não se ouviu ou entendeu algo*) sorry, pardon (*mais formal*): ~? *A senhora pode repetir?* Sorry? Could you say that again? **4** (*em exclamações*): ~ *você se parece com o seu pai!* You're just like your father! ◆ *conj* (*causa*) as: ~ *cheguei cedo, preparei um café para mim.* As I was early, I made myself a cup of coffee. ◆ **como!** *interj* what!: *Como! Você ainda não se vestiu?* What! Aren't you dressed yet? LOC **a como está/estão?** how much is it/are they? **como é?** (*descrição*) what is he, she, it, etc. like? **como é isso?** how come? **como é que…?**: ~ *é que você não saiu?* How come you didn't go out? ◊ ~ *é que eu podia saber!* How was I supposed to know! **como que** (*aproximadamente*) about: *Entrevistei* ~ *que dez pessoas para o emprego.* I interviewed about ten people for the job. **como que…?**: ~ *que você não sabia?* What do you mean, you didn't know? **como se** as if: *Ele me trata* ~ *se eu fosse sua filha.* He treats me as if I were his daughter.

Neste tipo de expressões é mais correto dizer "as if I/he/she/it **were**", contudo atualmente na linguagem falada usa-se muito "as if I/he/she/it **was**".

como vai/vão…? how is/are…?: ~ *vai você?* How are you? ◊ ~ *vão os seus pais?* How are your parents? **seja como for 1** (*a qualquer preço*) at all costs: *Temos que ganhar seja* ~ *for.* We must win at all costs. **2** (*em qualquer dos casos*) in any case: *Seja* ~ *for, nós vamos.* We're going in any case.

cômoda *sf* dresser

comodidade *sf* **1** (*conforto*) comfort **2** (*conveniência*) convenience

comodista *smf* egoist

cômodo, -a ◆ *adj* **1** (*confortável*) comfortable: *uma poltrona cômoda* a comfortable armchair **2** (*conveniente*) convenient: *É muito* ~ *esquecer o assunto.* It's very convenient just to forget it all. ◆ *sm* room

comovente (*tb* **comovedor, ~a**) *adj* moving

comover *vt* to move

compact disc *sm* CD

compacto, -a *adj* compact

compadecer-se *v pron* ~ (**de**) to feel sorry (**for** *sb*)

compaixão *sf* pity, compassion (*mais formal*): *ter* ~ *de alguém* to take pity on sb

companheirismo *sm* comradeship

companheiro, -a *sm-sf* **1** (*amigo*) companion **2** (*em casal*) partner **3** (*em trabalho*) colleague **4** (*em turma*) classmate LOC **companheiro de equipe** team-mate

companhia *sf* company [*pl* companies]: *Ele trabalha numa ~ de seguros.* He works for an insurance company. LOC **companhia aérea** airline **fazer companhia a alguém** to keep sb company

comparação *sf* comparison: *Esta casa não tem ~ alguma com a anterior.* There's no comparison between this house and the old one. LOC **em comparação com** compared to/with *sb/sth*

comparar *vt* to compare *sb/sth* (**to/with** *sb/sth*): *Não compare São Paulo com Minas!* You can't compare São Paulo and Minas!

comparável *adj* ~ **a/com** comparable **to/with** *sb/sth*

comparecer *vi* **1** to appear, to turn up (*mais coloq*) **2** ~ **a** to attend: *Você precisa ~ às aulas.* You must attend the classes.

compartilhar *vt* to share

compartimento *sm* compartment

compasso *sm* **1** (*Mat*) compass **2** (*Mús*) **(a)** (*tempo*) time: *o ~ de três por quatro* three four time **(b)** (*divisão de pentagrama*) bar: *os primeiros ~s duma sinfonia* the first bars of a symphony LOC *Ver* MARCAR

compatível *adj* compatible

compatriota *smf* fellow countryman/woman [*pl* fellow countrymen/women]

compensação *sf* compensation LOC **em compensação** on the other hand

compensar ◆ *vt* **1** (*duas coisas*) to make up for *sth*: *para ~ a diferença de preços* to make up for the difference in price **2** (*uma pessoa*) to repay *sb* (**for** *sth*): *Não sei como compensá-los por tudo o que fizeram.* I don't know how to repay them for all they've done. ◆ *vi* to be worth (*doing sth*): *A longo prazo compensa.* It's worth it in the long run. ◊ *Não compensa ir só por uma hora.* It's not worth going just for one hour.

competência *sf* competence: *falta de ~* incompetence

competente *adj* competent

competição *sf* competition

competir *vt* to compete: *~ pelo título* to compete for the title

complemento *sm* **1** (*suplemento*) supplement **2** (*Gram*) object

completar *vt* to complete

completo, -a *adj* complete: *a coleção completa* the complete collection ◊ *instruções completas* full instructions ◊ *duas horas completas* two whole hours LOC *Ver* NOME, PENSÃO

complexado, -a *adj*: *uma pessoa muito complexada* a person with a lot of hang-ups

complexo, -a *adj*, *sm* complex: *É um problema muito ~.* It's a very complex problem. ◊ *ter ~ de superioridade* to have a superiority complex

complicado, -a *pp, adj* **1** complicated **2** (*pessoa*) difficult *Ver tb* COMPLICAR

complicar ◆ *vt* to complicate: *~ as coisas* to complicate things ◆ **complicar-se** *v pron* to become complicated LOC **complicar(-se) a vida** to make life difficult for yourself

complô *sm* plot

componente *sm* component

compor ◆ *vt* **1** to compose **2** (*arrumar*) to clean *sth* up, to tidy *sth* up (*GB*) ◆ **compor-se** *v pron* **compor-se de** to consist of *sth*: *O curso compõe-se de seis matérias.* The course consists of six subjects.

comportamento *sm* behavior [*não contável*]: *O ~ deles foi exemplar.* Their behavior was exemplary.

comportar-se *v pron* to behave

composição *sf* composition

compositor, ~a *sm-sf* composer

composto, -a ◆ *pp, adj* **1** compound: *palavras compostas* compound words **2** ~ **de/por** consisting **of** *sth* ◆ *sm* compound *Ver tb* COMPOR

compota *sf* **1** (*doce*) preserve **2** (*fruta cozida*) stewed fruit: *~ de maçã* stewed apples

compra *sf* purchase: *uma boa ~* a good buy LOC **fazer (as) compras** to do the shopping **ir às compras** to go shopping

comprador, ~a *sm-sf* purchaser

comprar *vt* to buy: *Quero ~ um presente para eles.* I want to buy them a present. ◊ *Você compra isso para mim?* Will you buy this for me? ◊ *Comprei a bicicleta de um amigo.* I bought the bike from a friend.

compreender *vt* **1** (*entender*) to understand: *Os meus pais não me compreendem.* My parents don't understand me. **2** (*incluir*) to include

compreensão *sf* understanding LOC **ter/mostrar compreensão** to be understanding (*towards sb*)

compreensivo, -a *adj* understanding (***towards sb***)

comprido, -a *adj* long: *O casaco é muito ~ para você.* That coat's too long for you. ◊ *É uma história muito comprida.* It's a very long story. LOC **ao comprido** lengthwise *Ver tb* ESPINGARDA

comprimento *sm* length: *nadar seis vezes o ~ da piscina* to swim six lengths ◊ *Quanto é que mede de ~?* How long is it? ◊ *Tem cinqüenta metros de ~.* It's fifty meters long. LOC *Ver* SALTO

comprimido *sm* (*medicamento*) tablet LOC *Ver* PISTOLA

comprometer ◆ *vt* **1** (*deixar mal*) to compromise **2** (*obrigar*) to commit *sb* **to sth/doing sth** ◆ **comprometer-se** *v pron* **1** (*dar a sua palavra*) to promise (**to do sth**): *Comprometi-me a ir.* I promised to go. **2** (*em casamento*) to get engaged (***to sb***)

compromisso *sm* **1** (*obrigação*) commitment: *O casamento é um grande ~.* Marriage is a big commitment. **2** (*acordo*) agreement **3** (*encontro, matrimonial*) engagement: *Não posso ir pois tenho um ~.* I can't go as I have a prior engagement. LOC **por compromisso** out of a sense of duty **sem compromisso** no obligation

comprovação *sf* proof

comprovar *vt* to prove

compulsivo, -a *adj* compulsive

computador

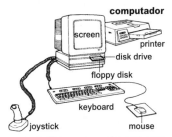

computador *sm* computer LOC **computador pessoal** personal computer (*abrev* PC)

computadorizar *vt* to computerize

comum *adj* **1** common: *um problema ~* a common problem ◊ *características comuns a um grupo* characteristics common to a group **2** (*compartilhado*): joint:

um esforço ~ a joint effort ◊ *um amigo ~* a mutual friend LOC **ter algo em comum** to have sth in common *Ver tb* GENTE, VALA

comungar *vi* to take Communion

comunhão *sf* communion: *fazer a primeira ~* to make your first Communion

comunicação *sf* **1** communication: *a falta de ~* lack of communication **2** (*comunicado*) statement LOC *Ver* MEIO, VEÍCULO

comunicado *sm* announcement

comunicar ◆ *vt* to report *sth* (**to sb**): *Eles comunicaram as suas suspeitas à polícia.* They reported their suspicions to the police. ◆ **comunicar-se** *v pron* **comunicar-se (com)** **1** to communicate (**with sb/sth**): *Tenho dificuldades em me ~ com os outros.* I find it difficult to communicate with people. **2** (*pôr-se em contato*) to get in touch **with sb**: *Não consigo me ~ com eles.* I can't get in touch with them. **3** (*quarto*) to be adjoining to *sth*: *O meu quarto se comunica com o seu.* My room is adjoining to yours.

comunicativo, -a *adj* communicative

comunidade *sf* community [*pl* communities]

comunismo *sm* communism

comunista *adj, smf* communist

côncavo, -a *adj* concave

conceber *vt, vi* to conceive

conceder *vt* **1** to give: *~ um empréstimo a alguém* to give sb a loan ◊ *O senhor pode me ~ uns minutos, por favor?* Could you please spare me a few minutes? **2** (*prêmio, bolsa*) to award: *Concederam-me uma bolsa.* I was awarded a scholarship. **3** (*reconhecer*) to acknowledge LOC *Ver* EQUIVALÊNCIA

conceito *sm* **1** (*idéia*) concept **2** (*opinião*) opinion: *Não sei que ~ você tem de mim.* I don't know what you think of me.

concentração *sf* concentration: *falta de ~* lack of concentration

concentrado, -a ◆ *pp, adj* **1** (*pessoa*): *Eu estava tão ~ na leitura que não ouvi você entrar.* I was so immersed in my book that I didn't hear you come in. **2** (*substância*) concentrated ◆ *sm* concentrate: *~ de uva* grape concentrate LOC **concentrado de tomate** tomato paste *Ver tb* CONCENTRAR

concentrar ◆ *vt* **1** (*atenção*) to focus *attention* **on sth 2** (*esforços*) to concentrate (*your efforts*) (**on sth/doing sth**) ◆

concentrar-se *v pron* **concentrar-se (em) 1** to concentrate (**on** *sth*): *Concentre-se no que está fazendo.* Concentrate on what you're doing. **2** (*prestar atenção*) to pay attention (**to** *sth*): *sem se ~ nos detalhes* without paying attention to detail

concepção *sf* **1** (*criação*) conception **2** (*opinião*) opinion: *Na minha ~...* In my opinion...

concerto *sm* **1** (*recital*) concert **2** (*composição musical*) concerto [*pl* concertos]

concessão *sf* concession: *fazer uma ~* to make a concession

concessionária *sf* dealer: *uma ~ da Volkswagen* a Volkswagen dealer

concha *sf* **1** shell **2** (*sopa*) ladle

conciliar *vt* to combine *sth* (**with** *sth*): *~ o trabalho com a família* to combine work with family life

conciso, -a *adj* concise

concluir ◆ *vt, vi* (*terminar*) to conclude, to finish (*mais coloq*) ◆ *vt* (*deduzir*) to conclude *sth* (**from** *sth*): *Concluíram que ele era inocente.* They concluded that he was innocent.

conclusão *sf* conclusion: *chegar a/ tirar uma ~* to reach/draw a conclusion

concordar *vi, vt* to agree (**with** *sb*) (**on/about** *sth*/**to do** *sth*): *Concordamos em tudo.* We agree on everything. ◊ *Concordam comigo em que ele é um rapaz estupendo.* They agree with me that he's a great kid. ◊ *Concordamos em voltar ao trabalho.* We agreed to return to work.

concorrência *sf* competition LOC **fazer concorrência (a)** to compete (with *sb/sth*)

concorrente *smf* **1** (*competição, concurso*) contestant **2** (*adversário*) rival

concorrer *vt, vi* **1** **~ a** (*candidatar-se*) to apply **for** *sth*: *~ a um emprego* to apply for a job **2** (*competir*) to compete (**for** *sth*) **3** (*a concurso*) to take part (**in** *sth*)

concorrido, -a *pp, adj* **1** (*cheio de gente*) crowded **2** (*popular*) popular *Ver tb* CONCORRER

concreto *sm* concrete

concreto, -a *adj* specific

concurso *sm* **1** (*Esporte, jogos de habilidade*) competition **2** (*Rádio, TV*) game show **3** (*para emprego*) open competition LOC **concurso de beleza** beauty contest

conde, -essa *sm-sf* count [*fem* countess]

condecoração *sf* medal

condenação *sf* **1** (*sentença*) conviction **2** (*censura*) condemnation

condenado, -a *sm-sf* convicted prisoner

condenar *vt* **1** (*desaprovar*) to condemn **2** (*Jur*) **(a)** (*a uma pena*) to sentence *sb* (**to** *sth*): *~ alguém à morte* to sentence sb to death **(b)** (*por um delito*) to convict *sb* (**of** *sth*)

condensar, condensar-se *vt, v pron* to condense

condescendente *adj* **1** (*transigente*) easygoing: *Os pais são muito ~s com ele.* His parents are very easygoing with him. **2** (*com ares de superioridade*) condescending: *um risinho ~* a condescending smile

condessa *sf Ver* CONDE

condição *sf* **1** condition: *Eles estabeleceram as condições.* They laid down the conditions. ◊ *A mercadoria chegou em perfeitas condições.* The goods arrived in perfect condition. ◊ *Faço-o com a ~ de que você me ajude.* I'll do it on condition that you help me. **2** (*social*) status LOC **estar em condições (de) 1** (*fisicamente*) to be fit *to do sth* **2** (*ter a possibilidade*) to be in a position *to do sth* **sem condições** unconditional(ly): *uma rendição sem condições* an unconditional surrender ◊ *Ele aceitou sem condições.* He accepted unconditionally.

condicionado, -a *pp, adj* LOC *Ver* AR

condicional *adj, sm* conditional LOC *Ver* LIBERDADE

condizer *vi, vt* **~** (**com**) (*cores, roupa*) to go with *sth*, to go together: *Este vestido não condiz com os meus sapatos.* This dress doesn't go with my shoes. ◊ *As cores que você escolheu não condizem.* The colors you chose don't go together.

condomínio *sm* **1** (*taxa*) service charge **2** (*co-propriedade*) condominium, condo [*pl* condos] (*mais coloq*)

conduta *sf* behavior [*não contável*]

conduto *sm* (*tubo*) pipe LOC **conduto do lixo** garbage chute

conduzir *vt* **1** (*levar*) to lead *sb* (**to** *sth*): *As pistas conduziram-nos ao ladrão.* The clues led us to the thief. **2** (*negociações, negócio*) to carry *sth* out

cone *sm* cone

conexão *sf* **1** **~** (**com**) connection (**to/**

with *sth*) **2** ~ (**entre**) connection (**be-tween…**)

confeitaria *sf* cake shop

conferência *sf* **1** (*exposição oral*) lecture **2** (*congresso*) conference

conferir ◆ *vt* **1** (*verificar*) to check **2** (*comparar*) to compare **3** (*dar*) to award ◆ *vi* to tally (**with** *sth*)

confessar ◆ *vt*, *vi* **1** to confess (**to** *sth/* **doing** *sth*): *Tenho que* ~ *que prefiro o seu.* I must confess I prefer yours. ◊ ~ *um crime/homicídio* to confess to a crime/murder ◊ *Eles confessaram ter assaltado o banco.* They confessed to robbing the bank. **2** (*Relig*) to hear (*sb's*) confession: *Não confessam aos domingos* They don't hear confessions on Sundays. ◆ **confessar-se** *v pron* (*Relig*) to go to confession LOC **confessar a verdade** to tell the truth

confiança *sf* **1** ~ (**em**) confidence (**in** *sb/sth*): *Eles não têm muita* ~ *nele.* They don't have much confidence in him. **2** (*familiaridade*) familiarity: *tratar alguém com demasiada* ~ to be over-familiar with sb LOC **confiança em si mesmo/próprio** self-confidence: *Não tenho* ~ *em mim mesmo.* I don't have much self-confidence. **de confiança** trustworthy: *um empregado de* ~ a trustworthy employee *Ver tb* ABUSO, DIGNO

confiar *vt* **1** ~ **em** to trust: *Confie em mim.* Trust me. **2** (*entregar em confiança*) to entrust *sb/sth* **with** *sth*: *Sei que posso* ~ *a ele a organização da festa.* I know I can entrust him with the arrangements for the party.

confiável *adj* reliable

confidência *sf* confidence LOC **em confidência** in confidence

confidencial *adj* confidential

confirmação *sf* confirmation

confirmar *vt* to confirm

confiscar *vt* to seize: *A polícia confiscou-lhes os documentos.* The police seized their documents.

confissão *sf* confession

conflito *sm* conflict: *um* ~ *entre as duas potências* a conflict between the two powers LOC **conflito de interesses** conflict of interest *Ver tb* ENTRAR

conformar-se *v pron* ~ (**com**) **1** to be happy (**with** *sth*)/(**doing** *sth*): *Eu me conformo com uma nota cinco.* I'll be happy with a pass. ◊ *Eles se conformam com pouco.* They're easily pleased. **2** (*resignar-se*) to put up **with** *sth*: *Não me* *agrada, mas terei que me* ~. I don't like it, but I'll just have to put up with it.

conforme ◆ *prep* **1** (*de acordo com*) according to *sth*: *conforme os planos* according to the plans **2** (*dependendo de*) depending on *sth*: *conforme o seu tamanho* depending on its size ◆ *conj* **1** (*depende*) it all depends **2** (*de acordo com o que*) according to what: *conforme ouvi dizer* from what I've heard **3** (*à medida que*) as: *conforme eles forem entrando* as they come in

conformista *adj*, *smf* conformist

confortar *vt* to comfort

confortável *adj* comfortable

conforto *sm* comfort

confrontar *vt* **1** (*encarar*) to bring *sb* face to face **with** *sb/sth* **2** (*comparar*) to compare *sb/sth* **with** *sb/sth*

confronto *sm* **1** confrontation **2** (*paralelo*) comparison

confundir ◆ *vt* **1** to confuse: *Não me confunda.* Don't confuse me. ◊ *Creio que você me confundiu com outra pessoa.* You must have confused me with somebody else. **2** (*misturar*) to mix *sth* up: *Você confunde sempre tudo.* You always mix everything up. ◆ **confundir-se** *v pron* to be confused: *Qualquer um pode se* ~. Anyone can make a mistake.

confusão *sf* **1** (*falta de clareza*) confusion: *causar* ~ to cause confusion **2** (*equívoco*) mistake: *Deve ter havido uma* ~. There must have been a mistake. **3** (*desordem*) mess: *Mas que* ~*!* What a mess! **4** (*problema*) trouble [*não contável*]: *Não se meta em confusões.* Don't get into trouble. **5** (*tumulto*) commotion: *Era tamanha a* ~ *que a polícia teve que intervir.* There was such a commotion that the police had to intervene. LOC **fazer confusão** to get confused *Ver tb* ARMAR

confuso, -a *adj* **1** (*pouco claro*) confusing: *As indicações que ele me deu eram muito confusas.* The directions he gave me were very confusing. ◊ *uma mensagem confusa* a garbled message **2** (*perplexo*) confused

congelador *sm* freezer

congelar *vt* to freeze

congestionado, -a *pp*, *adj* **1** (*ruas*) congested **2** (*nariz*) stuffed up, blocked up (*GB*): *Ainda estou com o nariz* ~. My nose is still stuffed up. *Ver tb* CONGESTIONAR

congestionamento *sm* (*trânsito*) congestion [*não contável*]: *provocar um ~* to cause congestion

congestionar *vt* to bring *sth* to a standstill: *O acidente congestionou o trânsito.* The accident brought the traffic to a standstill.

congresso *sm* congress

conhaque *sm* brandy [*pl* brandies]

conhecer *vt* **1** to know: *Conheço muito bem Paris.* I know Paris very well. **2** (*uma pessoa pela primeira vez*) to meet: *Conheci-os nas férias.* I met them on vacation. **3** (*saber da existência*) to know *of sb/sth*: *Você conhece um bom hotel?* Do you know of a good hotel? **4** (*passar a ter conhecimento sobre*) to get to know: *~ novas culturas* to get to know other ways of life LOC **conhecer algo como a palma da mão** to know sth like the back of your hand **conhecer de vista** to know sb by sight *Ver tb* PRAZER

conhecido, -a ♦ *pp, adj* (*famoso*) well-known: *um ~ sociólogo* a well-known sociologist ♦ *sm-sf* acquaintance *Ver tb* CONHECER

conhecimento *sm* knowledge [*não contável*]: *Eles puseram à prova os seus ~s.* They put their knowledge to the test. ◊ *É do ~ de todos.* It's common knowledge. LOC **tomar conhecimento de algo** to find out about sth: *Tomei ~ do ocorrido pela rádio.* I found out about what happened from the radio. *Ver tb* TRAVAR

cônico, -a *adj* conical

conífera *sf* conifer

conjugação *sf* conjugation

conjugar *vt* to conjugate

conjunção *sf* conjunction

conjuntivite *sf* conjunctivitis [*não contável*]

conjunto *sm* **1** (*de objetos, obras*) collection **2** (*totalidade*) whole: *a indústria alemã no ~* German industry as a whole **3** (*musical*) group **4** (*roupa*) outfit: *Ela está usando um ~ de saia e casaco.* She's wearing a skirt and matching jacket. **5** (*Mat*) set **6** (*agrupamento de edifícios*) complex: *um ~ de escritórios* an office complex ◊ *~ residencial* housing development

conosco *pron pess* with us: *Você vem ~?* Are you coming with us?

conquista *sf* conquest

conquistador, ~a ♦ *adj* conquering ♦ *sm-sf* conqueror

conquistar *vt* **1** (*Mil*) to conquer **2** (*seduzir*) to win *sb* over

consagrar *vt* **1** (*dedicar*) to devote *sth* (*to sth*): *~ a vida ao esporte* to devote your life to sports **2** (*tornar famoso*) to establish *sb/sth* (*as sth*): *A exposição consagrou-o como pintor.* The exhibition established him as a painter.

consciência *sf* **1** (*sentido moral*) conscience: *ter a ~ limpa/tranqüila* to have a clear conscience **2** (*conhecimento*) consciousness: *~ da diferença de classes* class-consciousness LOC **ter/tomar consciência de algo** to be/become aware of sth

consciente *adj* conscious

conscientizar ♦ *vt* to make *sb* aware (*of sth*): *~ a população para a necessidade de cuidar do meio ambiente* to make people aware of the need to take care of the environment ♦ **conscientizar-se** *v pron* to become aware (*of sth*)

conseguir *vt* **1** (*obter*) to get: *~ um visto* to get a visa ◊ *~ que alguém faça algo* to get sb to do sth **2** (*alcançar*) to achieve: *para ~ os nossos objetivos* to achieve our aims **3** (*ganhar*) to win: *~ uma medalha* to win a medal **4 + inf** to manage *to do sth*: *Consegui convencê-los.* I managed to persuade them.

conselheiro, -a *sm-sf* advisor

conselho *sm* **1** (*recomendação*) advice [*não contável*]: *Vou lhe dar um ~.* I'll give you some advice/a piece of advice. ◊ *Não siga os ~s deles.* Don't follow their advice. **2** (*organismo*) council

consentimento *sm* consent

consentir *vt* (*tolerar*) to allow: *Não consentirei que você me trate assim.* I won't allow you to treat me like this.

conseqüência *sf* **1** consequence: *arcar com as ~s* to face the consequences **2** (*resultado*) result: *como/em ~ daquilo* as a result of that

consertar *vt* (*reparar*) to fix: *Eles vêm ~ a máquina de lavar.* They're coming to fix the washing machine.

conserto *sm* repair: *fazer uns ~s* to do repairs LOC **não tem conserto 1** (*objeto, problema*) it can't be fixed **2** (*pessoa*) he/she is a hopeless case

conserva *sf* canned food: *tomates em ~* canned tomatoes

conservação *sf* **1** (*do meio ambiente*) conservation **2** (*de alimentos*) preserving

conservador, ~a *adj, sm-sf* conservative

conservante *sm* preservative

conservar *vt* **1** (*comida*) to preserve **2** (*coisas*) to keep: *Ainda conservo as cartas dele*. I still have his letters. **3** (*calor*) to retain

conservatório *sm* conservatory [*pl* conservatories]

consideração *sf* **1** (*reflexão, cuidado*) consideration: *levar algo em ~* to take sth into consideration **2** *~* (**por**) (*respeito*) respect (**for** *sb*) LOC **com/sem consideração** considerately/inconsiderately **em/por consideração a** out of consideration for

considerar *vt* **1** (*examinar*) to weigh *sth* up, to consider (*mais formal*): *~ os prós e os contras* to weigh up the pros and cons **2** (*ver, apreciar*) to consider, to regard *sb/sth* (**as** *sth*): *Considero-a a nossa melhor jogadora.* I consider her our best player. **3** (*pensar em*) to consider, to think (**about** *sth/doing sth*): *Não considerei essa possibilidade!* I hadn't thought of that!

considerável *adj* considerable

consigo *pron pess* **1** (*ele, ela*) with him/her **2** (*eles, elas*) with them **3** (*coisa, animal*) with it LOC **consigo mesmo/próprio** with himself, herself, etc.

consistente *adj* **1** (*constante, firme*) consistent **2** (*refeição*) big: *um café da manhã ~* a big breakfast

consistir *vt ~* **em** to consist **of** *sth/doing sth*: *O meu trabalho consiste em atender o público.* My work consists of dealing with the public.

consoante *sf* consonant

consolação *sf* consolation: *prêmio de ~* consolation prize

consolar *vt* to console

console *sm* console

consolo *sm* consolation

conspiração *sf* conspiracy [*pl* conspiracies]

constante *adj* constant

constar *vt ~* (**de**) **1** (*figurar*) to appear (**in** *sth*): *O seu nome não consta da lista.* Your name doesn't appear on the list. **2** (*consistir*) to consist **of** *sth*: *A peça consta de três atos.* The play consists of three acts. LOC **consta que…** it is said that…: *Consta que esta cidade já foi muito bonita.* It is said that this city was once very beautiful.

constelação *sf* constellation

constipação *sf* **1** (*prisão de ventre*) constipation **2** (*resfriado*) cold: *Estou*

com uma ~. I have a cold. ◊ *apanhar uma ~* to catch a cold

constipado, -a *pp, adj*: *Estou ~.* I have a cold.

A palavra **constipated** não significa "resfriado" mas *com prisão de ventre*.

Ver tb CONSTIPAR-SE

constipar-se *v pron* to catch a cold

constitucional *adj* constitutional

constituição *sf* constitution

constituir *vt* to be, to constitute (*formal*): *Pode ~ um perigo para a saúde.* It may constitute a health hazard.

constrangedor, ~a *adj* embarrassing: *uma situação ~a* an embarrassing situation

constranger *vt* to embarrass

construção *sf* building, construction (*mais formal*) LOC **em construção** under construction

construir *vt, vi* to build: *~ um futuro melhor* to build a better future

construtor, ~a *sm-sf* construction worker

cônsul *smf* consul

consulado *sm* consulate

consulta *sf* consultation LOC **de consulta**: *horário de ~* office hours ◊ *livros de ~* reference books *Ver tb* MARCAR

consultar *vt* **1** to consult *sb/sth* (**about** *sth*): *Eles nos consultaram sobre a questão.* They consulted us about the matter. **2** (*palavra, dado*) to look *sth* up: *Consulte o dicionário para ver o que a palavra significa.* Look the word up in the dictionary to find out what it means. LOC **consultar o travesseiro** (**sobre algo**) to sleep on sth

consultor, ~a *sm-sf* consultant

consultório *sm* (*de médico*) doctor's office, surgery (*GB*)

consumidor, ~a ♦ *adj* consuming: *países ~es de petróleo* oil-consuming countries ♦ *sm-sf* consumer

consumir *vt* **1** to consume: *um país que consome mais do que produz* a country that consumes more than it produces **2** (*energia*) to use: *Este aquecedor consome muita eletricidade.* This radiator uses a lot of electricity. **3** (*destruir*) to destroy: *O incêndio consumiu a fábrica.* The factory was destroyed by fire. LOC **consumir de preferência antes de…** best before…

consumo *sm* consumption LOC *Ver* BEM³, IMPRÓPRIO

conta *sf* **1** (*Com, Fin*) account: ~ *corrente* checking account, current account (*GB*) **2** (*fatura*) **(a)** bill: *a ~ do gás/da luz* the gas/electricity bill **(b)** (*num restaurante*) check, bill (*GB*): *Garçom, a ~!* Could I have the check, please? **3** (*operação aritmética*) sum: *A ~ não dá certo.* I can't get this sum to come out right. LOC **afinal de/no final/no fim das contas** after all **dar conta de** to cope with *sth*: *Não dou ~ desse trabalho todo.* I can't cope with all this work. **dar-se conta de 1** to realize (*that…*): *Dei-me ~ de que eles não estavam ouvindo.* I realized (that) they weren't listening. **2** (*ver*) to notice *sth/that…* **fazer contas** to work *sth* out **fazer de conta** (*fingir*) to pretend: *Ele nos viu mas fez de ~ que não.* He saw us, but pretended that he hadn't. **por conta própria** (*trabalhador*) self-employed: *trabalhar por ~ própria* to be self-employed **sem conta** countless: *vezes sem ~* countless times **ter/levar em conta 1** (*considerar*) to bear *sth* in mind: *Terei em ~ os seus conselhos.* I'll bear your advice in mind. **2** (*fazer caso*) to take *sth* to heart: *Não leve isso em ~.* Don't take it to heart. **tomar conta de 1** (*responsabilizar-se*) to take charge of *sth* **2** (*cuidar de alguém*) to take care of *sb Ver tb* ACERTAR, AJUSTE, FIM

contabilidade *sf* **1** (*contas*) accounts [*pl*]: *a ~ da empresa* the company accounts ◊ *fazer a ~* to do the accounts **2** (*profissão*) accounting, accountancy (*GB*)

contador, ~a *sm-sf* accountant

contagem *sf* counting LOC **contagem regressiva** countdown

contagiar *vt* to infect

contagioso, -a *adj* contagious

contaminação *sf* contamination

contaminar *vt* to contaminate

contar ◆ *vt* **1** (*enumerar, calcular*) to count: *Ele contou o número de passageiros.* He counted the number of passengers. **2** (*explicar*) to tell: *Eles nos contaram uma história.* They told us a story. ◊ *Conte-me o que aconteceu.* Tell me what happened. **3** ~ **com** (*esperar*) to count on *sb/sth*: *Conto com eles.* I'm counting on them. **4** (*denunciar*) to tell (on *sb*): *Ele me viu copiando e foi ~ ao professor.* He saw me copying and told on me to the teacher. ◊ *Vou ~ à mamãe.* I'm going to tell mommy. ◆ *vi* to count: ~ *nos dedos* to count on your fingers LOC **contar fazer algo** to expect to do sth

contatar *vt* ~ (**com**) to contact: *Tentei ~ (com) a minha família.* I tried to contact my family.

contato *sm* contact LOC **manter-se/entrar em contato com alguém** to keep/get in touch with sb **pôr alguém em contato com alguém** to put sb in touch with sb

contêiner *sm* container

contemplar ◆ *vt* **1** to look at *sb/sth*: ~ *um quadro* to look at a painting **2** (*considerar*) to consider: ~ *uma possibilidade* to consider a possibility ◆ *vt, vi* to meditate (**on** *sth*)

contemporâneo, -a *adj, sm-sf* contemporary [*pl* contemporaries]

contentar-se *v pron* ~ **com** to be satisfied **with** *sth*: *Ele se contenta com pouco.* He's easily pleased.

contente, -a *adj* **1** (*feliz*) happy **2** ~ (**com**) (*satisfeito*) pleased (**with** *sb/sth*): *Estamos ~s com o novo professor.* We're pleased with the new teacher.

conter ◆ *vt* **1** to contain: *Este texto contém alguns erros.* This text contains a few mistakes. **2** (*reprimir*) to hold *sth* back: *O menino não conseguia ~ as lágrimas.* The little boy couldn't hold back his tears. **3** (*inflação*) to control **4** (*rebelião*) to suppress ◆ **conter-se** *v pron* to contain yourself

conterrâneo, -a *sm-sf* fellow countryman/woman [*pl* fellow countrymen/women]

conteúdo *sm* contents [*pl*]: *o ~ de uma garrafa* the contents of a bottle

contexto *sm* context

contigo *pron pess* with you: *Ele saiu ~.* He left with you. ◊ *Quero falar ~.* I want to talk to you. LOC **contigo mesmo/próprio** with yourself

continente *sm* continent

continuação *sf* continuation

continuar *vt, vi* **1** (*atividade*) to carry on (**with** *sth/doing sth*), to continue (**with** *sth/to do sth*) (*mais formal*): *Continuaremos a apoiar você.* We'll continue to support you. ◊ *Continue!* Carry on! **2** (*estado*) to be still…: *Continua muito quente.* It's still very hot. LOC **continuar na mesma** to be just the same

contínuo *sm* office boy

contínuo, -a *adj* **1** (*sem interrupção*) continuous **2** (*repetido*) continual ☛ *Ver nota em* CONTINUAL

conto *sm* **1** story [*pl* stories]: ~*s de*

fadas fairy stories ◊ *Conte-me um ~.*
Tell me a story. **2** (*gênero literário*)
short story

contornar *vt* **1** (*esquina, edifício*) to go
around *sth* **2** (*problema, situação*) to get
around *sth* **3** (*desenho*) to outline

contorno *sm* (*perfil*) outline

contra *prep* **1** against: *a luta contra o
crime* the fight against crime ◊ *Coloque-se contra a parede.* Stand against
the wall. ◊ *uma vacina contra a AIDS* a
vaccine against AIDS ◊ *Você é a favor ou
contra?* Are you for or against? **2** (*com
verbos como lançar, disparar, atirar*) at:
Eles lançaram pedras contra as janelas.
They threw stones at the windows. **3**
(*com verbos como chocar, arremeter*)
into: *O meu carro chocou-se contra a
parede.* My car crashed into the wall. **4**
(*golpe, ataque*) on: *Ela deu com a cabeça
contra a porta.* She banged her head on
the door. ◊ *um atentado contra a vida
dele* an attempt on his life **5** (*resultado*)
to: *Eles ganharam por onze votos contra
seis.* They won by eleven votes to six.
LOC **ser do contra** to disagree: *Eles
gostam de ser do contra.* They like to
disagree. *Ver tb* PRÓ

contra-atacar *vt* to fight back

contra-ataque *sm* counterattack

contrabaixo *sm* (*instrumento*) double
bass

contrabandista *smf* smuggler

contrabando *sm* **1** (*atividade*) smuggling **2** (*mercadoria*) contraband

contracapa *sf* **1** (*livro*) back cover **2**
(*revista*) back page

contracepção *sf* contraception

contraceptivo, -a *adj, sm* contraceptive

contradição *sf* contradiction

contraditório, -a *adj* contradictory

contradizer *vt* to contradict

contragosto *sm* LOC **a contragosto**
reluctantly

contrair ◆ *vt* to contract: *~ dívidas/
malária* to contract debts/malaria ◆
contrair-se *v pron* (*materiais, músculos*) to contract LOC **contrair matrimônio** to get married (*to sb*)

contramão ◆ *adj* one-way: *uma rua ~*
a one-way street ◆ *adv* out of your way:
*O novo supermercado é muito ~ para
mim.* The new supermarket is really
out of my way. ◆ *sf: entrar na ~* to go
the wrong way

contrariar *vt* (*aborrecer*) to annoy

contrariedade *sf* (*aborrecimento*) annoyance

contrário

upside down

backwards   inside out

contrário, -a ◆ *adj* **1** (*equipe, opinião,
teoria*) opposing **2** (*direção, lado*) opposite **3** ~ **a** (*pessoa*) opposed (**to** *sth*) ◆ *sm*
opposite LOC **ao contrário 1** (*mal*)
wrong: *Tudo me sai ao ~!* Everything's
going wrong for me! **2** (*inverso*) the
other way round: *Fiz tudo ao ~ de você.*
I did everything the other way round
from you. **3** (*de cabeça para baixo*)
upside down **4** (*do avesso*) inside out:
Você está com o suéter ao ~. Your sweater's on inside out. **5** (*detrás para diante*) backward **ao contrário de** unlike:
Ao ~ de você, eu detesto futebol. Unlike
you, I hate soccer. **do contrário** otherwise **muito pelo contrário** on the contrary *Ver tb* CAMPO, CASO

contrastante *adj* contrasting

contrastar *vt, vi* ~ (**com**) to contrast
(*sth*) (**with** *sth*): *~ uns resultados com os
outros* to contrast one set of results
with another

contraste *sm* contrast

contratação *sf* **1** (*trabalhadores*) recruitment **2** (*Esporte*) signing: *a ~ de
um novo jogador para o Botafogo* the
signing of a new player for Botafogo

contratante *smf* contractor

contratar *vt* **1** (*pessoal*) to recruit **2**
(*esportista, artista*) to sign *sb* on/up **3**
(*detetive, decorador, etc.*) to employ

contratempo *sm* **1** (*problema*) setback
2 (*acidente*) mishap

contrato *sm* contract

contravenção *sf* contravention: *a ~ da lei* breaking the law

contribuição *sf* ~ (**para**) contribution (**to sth**)

contribuinte *smf* taxpayer

contribuir *vi* **1** to contribute (*sth*) (**to/towards sth**): *Eles contribuíram com dez milhões de reais para a construção do hospital.* They contributed ten million reals towards building the hospital. **2** ~ **para fazer algo** (*ajudar*) to help **to do sth**: *Isso contribuirá para melhorar a imagem dele.* This will help to improve his image.

controlar *vt* to control: ~ *as pessoas/a situação* to control people/the situation

controle *sm* **1** control: *perder o ~* to lose control ◇ ~ *de natalidade* birth control ◇ ~ *remoto* remote control ◇ *estar sob/fora de ~* to be under/out of control **2** (*de polícia*) checkpoint

controvérsia *sf* controversy [*pl* controversies]

controvertido, -a *adj* controversial

contudo *conj* however

contundente *adj* **1** (*instrumento*) blunt **2** (*comentário*) cutting

contundir *vt* to bruise: *Ele contundiu o joelho.* He bruised his knee.

contusão *sf* bruise

convalescer *vi* to convalesce

convenção *sf* convention

convencer ◆ *vt* **1** to convince *sb* (*of sth/to do sth/that…*): *Eles nos convenceram de que estava certo.* They convinced us it was right. **2** (*persuadir*) to persuade *sb* (**to do sth**): *Veja se o convence a vir.* See if you can persuade him to come. ◆ **convencer-se** *v pron* **convencer-se de** (**que**) to convince yourself (*that…*): *Você tem que se ~ de que tudo já passou.* You must simply convince yourself that it's all over.

convencido, -a *pp, adj* (*vaidoso*) conceited *Ver tb* CONVENCER

convencional *adj* conventional

conveniente *adj* convenient: *uma hora/um lugar ~* a convenient time/place

convênio *sm* agreement

convento *sm* **1** (*para freiras*) convent **2** (*para frades*) monastery [*pl* monasteries]

conversa *sf* talk: *Precisamos ter uma ~.* We need to talk. ◇ *Deixe de ~!* Stop talking! LOC **conversa fiada** idle chatter

conversação *sf* conversation: *um tópico de ~* a topic of conversation

conversão *sf* conversion

conversar *vi* to talk, to chat (*mais coloq*) (**to/with sb**) (*about sb/sth*): *Conversamos sobre atualidades.* We talked about current affairs.

conversível *adj, sm* convertible

conversor *sm* LOC **conversor catalítico** catalytic converter

converter ◆ *vt* **1** to turn *sb/sth into sth*: *A casa dele foi convertida num museu.* His house was turned into a museum. **2** (*Relig*) to convert *sb* (**to sth**) ◆ **converter-se** *v pron* **1 converter-se em** to turn **into sth**: *O príncipe converteu-se em sapo.* The prince turned into a toad. **2 converter-se a** to convert **to sth**: *converter-se ao catolicismo* to convert to Catholicism

convés *sm* deck: *subir ao ~* to go up on deck

convexo, -a *adj* convex

convicção *sf* conviction: *dizer algo com ~* to say something with conviction

convicto, -a *adj* convinced

convidado, -a *pp, adj, sm-sf* guest [*s*]: *o artista* ~ the guest artist ◇ *Os ~s chegarão às sete.* The guests will arrive at seven. *Ver tb* CONVIDAR

convidar *vt* to invite *sb* (**to sth/to do sth**): *Ela me convidou para a sua festa.* She invited me to her party.

convincente *adj* convincing

convir *vi* **1** (*ser conveniente*) to suit: *Faça o que melhor lhe convier.* Do whatever suits you best. **2** (*ser aconselhável*): *Convém que você reveja tudo.* You'd better go over it again. LOC **como me convier** however I, you, etc. want: *Vou fazer como me convier.* I'll do it however I want. **não convém…** it's not a good idea…: *Não convém chegar tarde.* It's not a good idea to arrive late.

convite *sm* invitation (**to sth/to do sth**): ~ *de casamento* wedding invitation

conviver *vi* to live together, to live with *sb*: *Eles são incapazes de ~ um com o outro.* They're incapable of living together/with one another.

convocação *sf* **1** (*greve, eleições*) call: *a ~ de uma greve/eleições* a strike call/a call for elections **2** (*para reunião, julgamento*) summons

convocar *vt* **1** (*greve, eleições, reunião*) to call: ~ *uma greve geral* to call a general strike **2** (*citar*) to summon: ~ *os dirigentes para uma reunião* to summon the leaders to a meeting

convulsão *sf* convulsion

cooperar *vi* ~ (**com**) (**em**) to cooperate (**with** *sb*) (**on** *sth*): *Ele se recusou a ~ com eles no projeto.* He refused to cooperate with them on the project.

cooperativo, -a ♦ *adj* cooperative ♦ **cooperativa** *sf* cooperative

coordenada *sf* coordinate

coordenar *vt* to coordinate

copa *sf* **1** (*árvore*) top **2** (*aposento*) pantry **3** (*futebol*) cup: *a Copa do Mundo* the World Cup **4 copas** (*naipe*) hearts ☛ *Ver nota em* BARALHO

cópia *sf* copy [*pl* copies]: *fazer/tirar uma ~ de algo* to make a copy of sth LOC **cópia impressa** printout

copiar ♦ *vt, vi* to copy (*sth*) (**from** *sb/sth*): *Você copiou este quadro a partir do original?* Did you copy this painting from the original? ◊ *Copiei do Luís.* I copied from Luís. ♦ *vt* (*escrever*) to copy *sth* down: *Os alunos copiaram o que o professor escreveu.* The students copied down what the teacher wrote.

co-piloto *smf* **1** (*avião*) copilot **2** (*automóvel*) co-driver

copo *sm* glass: *um ~ de água* a glass of water LOC **copo de plástico/papel** plastic/paper cup *Ver tb* TEMPESTADE

coque *sm* (*penteado*) bun: *Ela está sempre de ~.* She always wears her hair in a bun.

coqueiro *sm* coconut palm

coqueluche *sf* **1** (*Med*) whooping cough **2** (*modismo*) fad

coquetel *sm* **1** (*bebida*) cocktail **2** (*reunião*) cocktail party

cor[1] *sm* LOC **saber algo de cor (e salteado)** to know sth by heart

cor[2] *sf* color: *~es vivas* bright colors LOC **a cores**: *uma televisão a ~es* a color TV **de cor** colored: *lápis de ~* colored pencils

coração *sm* heart: *no fundo do seu ~* in his heart of hearts ◊ *em pleno ~ da cidade* in the very heart of the city LOC **com o coração na mão** (*inquieto*) on tenterhooks: *Você nos deixou com o ~ na mão a noite toda.* You kept us on tenterhooks all night long. **de coração/do fundo do meu coração** from the heart: *Estou falando do fundo do meu ~.* I'm speaking from the heart. **ter bom coração** to be kind-hearted *Ver tb* OLHO, SOFRER, TRIPA

corado, -a *adj* **1** (*de saúde, pelo sol*) ruddy **2** (*de vergonha, embaraço*) flushed

coragem *sf* courage LOC *Ver* ARRANJAR

corajoso, -a *adj* courageous

coral *sm* **1** (*Zool*) coral **2** (*Mús*) choir

corante *adj, sm* coloring: *sem ~s nem conservantes* no artificial colorings or preservatives

corar *vi* to blush

corcunda ♦ *adj* hunched ♦ *smf* hunchback: *o Corcunda de Notre Dame* the Hunchback of Notre Dame ♦ *sf* hump: *a ~ do camelo* the camel's hump

corda *sf* **1** rope: *uma ~ de pular* a jump rope ◊ *Amarre-o com uma ~.* Tie it with some rope. **2** (*Mús*) string: *instrumentos de ~* stringed instruments **3** (*para secar roupa*) clothesline LOC **corda bamba** tightrope **cordas vocais** vocal cords **dar corda a alguém** to encourage sb (to talk) **dar corda num relógio** to wind up a clock/watch **estar com a corda no pescoço** to be in a fix

cordão *sm* **1** (*barbante*) cord **2** (*sapato*) (shoe)lace: *atar os cordões dos sapatos* to tie your shoelaces **3** (*jóia*) chain **4** (*policial*) cordon LOC **cordão umbilical** umbilical cord

cordeiro *sm* lamb

cor-de-rosa *adj, sm* pink ☛ *Ver exemplos em* AMARELO

cordilheira *sf* mountain range: *a ~ dos Andes* the Andes

córnea *sf* cornea

corneta *sf* bugle

coro *sm* choir LOC **em coro** in unison: *Eles gritaram em ~ que sim.* They all shouted "yes" in unison. *Ver tb* MENINO

coroa ♦ *sf* **1** crown **2** (*de flores*) wreath ♦ *smf* (*pessoa*) oldie LOC *Ver* CARA

coroação *sf* coronation

coroar *vt* to crown: *Ele foi coroado rei.* He was crowned king.

coronel *sm* colonel

corpete *sm* top: *um ~ cor da pele* a beige top

corpo *sm* body [*pl* bodies] LOC **corpo de bombeiros** fire department, fire brigade (*GB*) **de corpo inteiro** full-length: *uma fotografia de ~ inteiro* a full-length photograph

corporal *adj* body [*s atrib*]: *linguagem ~* body language

corpulento, -a *adj* burly

correção *sf* correction: *fazer correções num texto* to make corrections to a text

corrediço, -a *adj* LOC Ver PORTA

corredor *sm* **1** corridor: *O elevador fica no fim do ~.* The elevator is at the end of the corridor. **2** (*igreja, avião, teatro*) aisle

corredor, ~a *sm-sf* (*atleta*) runner

correia *sf* **1** strap: *~ do relógio* watch strap **2** (*máquina*) belt: *~ transportadora/do ventilador* conveyor/fan belt

correio *sm* **1** mail, post (*GB*): *Chegou pelo ~ na quinta-feira.* It came in Thursday's mail. ◊ *votar pelo ~* to vote by mail ☛ Ver nota em MAIL **2** (*edifício*) post office: *Onde é o ~?* Where's the post office? LOC **correio aéreo** airmail **correio eletrônico** e-mail ☛ Ver nota em E-MAIL **correio expresso** express mail **pôr no correio** to mail, to post (*GB*) Ver tb CAIXA¹, VOTAR

corrente ◆ *adj* **1** (*comum*) common: *de uso ~* commonly used **2** (*atual*) current: *despesas/receitas ~s* current expenses/receipts ◆ *sf* **1** (*água, eletricidade*) current: *Eles foram arrastados pela ~.* They were swept away by the current. **2** (*bicicleta*) chain LOC **corrente de ar** draft **corrente sanguínea** bloodstream **o ano, mês, etc. corrente** this year, month, etc. Ver tb ÁGUA

correr ◆ *vi* **1** to run: *As crianças corriam pelo pátio de recreio.* The children were running around in the playground. ◊ *Saí e corri atrás dele.* I ran out after him. ◊ *Quando me viu, ele desatou a ~.* He ran away when he saw me. **2** (*despachar-se*) to hurry: *Não corra, você ainda tem tempo.* There's no need to hurry. You still have time. **3** (*líquidos*) to flow: *A água corria pela rua.* Water was flowing down the street. **4** (*boato, notícia*) to go around: *Corria o boato de que ela ia se casar.* There was a rumor going around that she was getting married. **5** (*resultar*) to go: *A excursão correu muito bem.* The trip went really well. ◆ *vt* **1** (*Esporte*) to compete in *sth*: *~ os 100 metros com barreiras* to compete in the 100 meters hurdles **2** (*risco*) to run: *Ela corre o risco de perder o emprego.* She runs the risk of losing her job. LOC **correr perigo** to be in danger **fazer algo correndo** to do sth in a rush **sair correndo** to dash off

correspondência *sf* **1** (*cartas*) correspondence **2** (*relação*) relation LOC Ver VENDA

correspondente ◆ *adj* **1** ~ (a) corresponding (to *sth*): *as palavras ~s às definições* the words corresponding to the definitions **2** (*adequado*) relevant: *apresentar os documentos ~s* to produce the relevant documents **3** ~ a for: *matéria ~ ao primeiro semestre* subjects for the first semester ◆ *smf* correspondent

corresponder ◆ *vi* to correspond (to *sth*): *Esse texto corresponde a outra fotografia.* This text corresponds to another photo. ◆ **corresponder-se** *v pron* **corresponder-se (com)** to write to *sb*: *Gostaria de me ~ com alguém inglês.* I'd like to have an English penpal.

correto, -a *adj* correct: *a resposta correta* the correct answer ◊ *O seu avô é sempre muito ~.* Your grandfather is always very correct.

corretor, ~a ◆ *sm-sf* (*profissão*) broker ◆ *sm* (*de texto*) correction fluid LOC **corretor de imóveis** real estate agent, estate agent (*GB*)

corrida *sf* race: *~ de revezamento/sacos* relay/sack race ◊ *~ de cavalos* horse race LOC **corrida armamentista** arms race **corrida automobilística** motor race Ver tb BICICLETA, CARRO, CAVALO

corrigir *vt* **1** to correct: *Corrija-me se eu estiver errada.* Correct me if I'm wrong. **2** (*Educ*) to grade, to mark (*GB*): *~ provas* to grade tests

corrimão *sm* (*escada*) banister(s) [*usa-se muito no plural*]: *descer pelo ~* to slide down the banister

corriqueiro, -a *adj* (*habitual*) ordinary: *acontecimentos ~s* ordinary events

corromper *vt* to corrupt

corrosão *sf* corrosion

corrupção *sf* corruption

corrupto, -a *adj* corrupt: *um político ~* a corrupt politician

cortada *sf* (*Esporte*) smash LOC **dar uma cortada em alguém** to snap at sb

cortante *adj* sharp: *um objeto ~* a sharp object

cortar ◆ *vt* **1** to cut: *Corte-o em quatro pedaços.* Cut it into four pieces. **2** (*água, luz, telefone, parte do corpo, ramo*) to cut *sth* off: *Cortaram o telefone/gás.* The telephone/gas has been cut off. ◊ *A máquina cortou-lhe um dedo.* The machine cut off one of his fingers. **3** (*com tesoura*) to cut *sth* out: *Cortei a figura de uma revista velha.* I cut the picture out of an old magazine. **4** (*rasgar*) to slash: *Cortaram os meus pneus.* They slashed my tires. ◆ *vi* to cut: *Esta faca não corta.* This knife doesn't cut. LOC **cortar caminho** to take a short cut **cortar o cabelo 1** (*o próprio*) to cut your hair **2** (*no cabeleireiro*) to have your hair cut *Ver tb* LIGAÇÃO

corte[1] *sm* cut: *Ele sofreu vários ~s no braço.* He suffered several cuts to his arm. LOC **corte de cabelo** haircut **corte de energia** power outage, power cut (*GB*) **corte e costura** dressmaking

corte[2] *sf* (*de um reino*) court

cortejo *sm* **1** (*carnaval*) parade **2** (*religioso, fúnebre*) procession

cortesia *sf* courtesy [*pl* courtesies]: *por ~* out of courtesy

cortiça *sf* cork

cortina *sf* curtain: *abrir/fechar as ~s* to draw the curtains

coruja *sf* owl

corvo *sm* raven

coser *vt, vi* to sew: *~ um botão* to sew a button on

cosmético, -a *adj, sm* cosmetic

cósmico, -a *adj* cosmic

cosmos *sm* cosmos

costa *sf* **1** (*junto ao mar*) coast: *na ~ sul* on the south coast **2** (*montanha*) slope LOC *Ver* DOR

costa-abaixo *adv* downhill

costa-acima *adv* uphill

costas *sf* **1** back [*sing*]: *Estou com dor nas ~.* My back hurts. **2** (*natação*) backstroke: *100 metros de ~* 100 meters backstroke LOC **às costas** on your back **de costas**: *Fique de ~ contra a parede.* Stand with your back to the wall. ◊ *ver alguém de ~* to see sb from behind **de costas um para o outro** back to back **fazer algo nas costas de alguém** to do sth behind sb's back **voltar as costas** to turn your back on *sb/sth Ver tb* NADAR

costela *sf* rib

costeleta *sf* **1** chop: *~s de porco* pork chops **2** (*vitela*) cutlet **3 costeletas** (*suíças*) sideburns

costumar *vi* **1** (*no presente*) to usually do sth: *Não costumo tomar café da manhã.* I don't usually have breakfast. ☛ *Ver nota em* ALWAYS **2** (*no passado*) used to do sth: *Costumávamos visitá-lo no verão.* We used to visit him in the summer. ◊ *Não costumávamos sair.* We didn't use to go out. ☛ *Ver nota em* USED TO

costume *sm* **1** (*de uma pessoa*) habit: *Temos o ~ de ouvir rádio.* We're in the habit of listening to the radio. **2** (*de um país*) custom: *É um ~ brasileiro.* It's a Brazilian custom. LOC **como de costume** as usual: *Ele está atrasado, como de ~.* He's late as usual. **de costume** usual: *mais simpático do que de ~* nicer than usual *Ver tb* PERDER

costura *sf* **1** (*atividade*) sewing: *uma caixa de ~* a sewing box **2** (*de peça de roupa*) seam: *A ~ do casaco se desfez.* The seam of the coat came undone. LOC *Ver* ALTO, CORTE[1]

costurar *vt, vi* to sew: *~ um botão* to sew a button on

costureira *sf* dressmaker

cota *sf* (*de sócio, membro*) fee: *a ~ de sócio* the membership fee

cotonete *sm* Q-tip®, cotton bud (*GB*)

cotovelada *sf* **1** (*para chamar a atenção*) nudge: *Ele me deu uma ~.* He gave me a nudge. **2** (*violenta, para abrir caminho*) seam: *Abri caminho às ~s.* I elbowed my way through the crowd.

cotovelo *sm* elbow LOC *Ver* DOR, FALAR

couraça *sf* **1** (*tartaruga*) shell **2** (*blindagem*) armor-plate

couraçado *sm* battleship

couro *sm* leather: *uma jaqueta de ~* a leather jacket LOC **couro cabeludo** scalp

couve *sf* spring greens [*pl*] LOC **couve crespa** savoy cabbage

couve-de-bruxelas *sf* Brussels sprout

couve-flor *sf* cauliflower

cova *sf* **1** (*buraco*) hole: *cavar uma ~* to dig a hole **2** (*sepultura*) grave

covarde ◆ *adj* cowardly: *Não seja ~.* Don't be so cowardly. ◆ *smf* coward

covardia *sf* cowardice [*não contável*]: *Isso é uma ~.* This is pure cowardice.

covil *sm* **1** den **2** (*ladrões*) hideout

covinha *sf* (*queixo, rosto*) dimple

coxa *sf* thigh

coxear *vi* ~ (**de**) (*ser coxo*) to limp

coxo, -a *adj* **1** (*pessoa*): *ser ~* to have a limp ◊ *Ele ficou ~ depois do acidente.* The accident left him with a limp. **2** (*animal*) lame

cozer *vi* to cook

cozido, -a *pp, adj* cooked LOC *Ver* OVO

cozimento *sm* cooking: *tempo de ~* cooking time

cozinha *sf* **1** (*lugar*) kitchen **2** (*gastronomia*) cooking: *a ~ chinesa* Chinese

cooking LOC *Ver* CHEFE, MULTIPROCESSA-
DOR, TREM, UTENSÍLIO

cozinhar *vt, vi* to cook: *Não sei ~.* I
can't cook. LOC **cozinhar demais** to
overcook **cozinhar em fogo brando** to
simmer

cozinheiro, -a *sm-sf* cook: *ser bom ~* to
be a good cook

crachá *sm* (*insígnia*) badge

crânio *sm* skull, cranium [*pl* crania]
(*científico*)

craque *smf* **1** expert **2** (*Esporte*) star

crasso, -a *adj* serious: *um erro ~* a
grave error

cratera *sf* crater

cravar *vt* **1** (*faca, punhal*) to stick **sth
into sb/sth**: *Ele cravou a faca na mesa.*
He stuck the knife into the table. **2**
(*unhas, garras, dentes*) to dig **sth into
sth/sb**: *O gato cravou as unhas na per-
na dele.* The cat dug its claws into his
leg.

cravo *sm* **1** (*flor*) carnation **2** (*Cozinha*)
clove **3** (*na pele*) blackhead

crawl *sm* crawl LOC *Ver* NADAR

creche *sf* nursery

crédito *sm* credit: *comprar algo a ~* to
buy sth on credit

credo ♦ *sm* creed: *liberdade de ~* reli-
gious freedom ♦ **credo!** *interj* good
heavens!

credor, ~a *sm-sf* creditor

crédulo, -a *adj* gullible

cremar *vt* to cremate

crematório *sm* crematorium [*pl*
crematoria]

creme ♦ *sm* **1** cream: *Põe um pouco de
~ nas costas.* Put some lotion on your
back. **2** (*sopa cremosa*) cream [*não con-
tável*]: *~ de cogumelos* cream of mush-
room soup ♦ *adj* cream: *um cachecol ~*
a cream(-colored) scarf LOC **creme
chantilly** whipped cream **creme de bar-
bear** shaving cream **creme de limpeza**
cleanser

cremoso, -a *adj* creamy

crença *sf* belief [*pl* beliefs]

crente *smf* believer

crêpe *sm* pancake ☞ *Ver nota em*
TERÇA-FEIRA

crepúsculo *sm* twilight

crer *vt, vi* **1** to believe (**in sb/sth**): *~ na
justiça* to believe in justice **2** (*pensar*)
to think: *Eles crêem ter descoberto a
verdade.* They think they've uncovered
the truth. LOC **ver para crer** seeing is
believing

crescente *adj* growing LOC *Ver*
QUARTO

crescer *vi* **1** to grow: *Como o seu cabelo
cresceu!* Hasn't your hair grown! **2** (*cri-
ar-se*) to grow up: *Eu cresci no campo.* I
grew up in the country. **3** (*Cozinha*) to
rise: *O bolo não cresceu.* The cake didn't
rise. LOC **deixar crescer o cabelo, a
barba, etc.** to grow your hair, a beard,
etc. **quando crescer** when I, you, etc.
grow up: *Quero ser médico quando ~.* I
want to be a doctor when I grow up.

crescido, -a *adj* **1** (*adulto*) grown-up:
Os filhos deles já são ~s. Their children
are grown-up now. **2** (*maduro*) old: *Você
não acha que já está bastante ~ para
essas brincadeiras?* Don't you think
you're too old for that kind of game?

crescimento *sm* growth

crespo, -a *adj* (*cabelo*) curly LOC *Ver*
COUVE

cria *sf* (*leão, tigre*) young

criação *sf* **1** creation: *a ~ de empregos*
job creation **2** (*de animais*) breeding: *~
de cães* dog breeding **3** (*educação*) up-
bringing LOC **criação de gado** live-
stock farming *Ver tb* MÃE

criado, -a *sm-sf* servant

criador, ~a *sm-sf* **1** creator **2** (*de ani-
mais*) breeder LOC **criador de gado**
livestock farmer/breeder

criança *sf* child [*pl* children], kid (*mais
coloq*): *São ~s adoráveis.* They're won-
derful kids. LOC **desde criança**: *Eu a
conheço desde ~.* I've known her all my
life. ◊ *amigos desde ~* lifelong friends
Ver tb BRINCADEIRA, CARRINHO

criar ♦ *vt* **1** to create: *~ problemas* to
create problems ◊ *~ inimigos* to make
enemies **2** (*educar*) to bring *sb* up **3**
(*empresa*) to set *sth* up **4** (*gado*) to rear
5 (*cães, cavalos*) to breed ♦ *~-se*
v pron (*pessoa*) to grow up: *Criei-me
na cidade.* I grew up in the city. LOC
criar distúrbios to make trouble **criar
juízo** to come to your senses **criar
raízes 1** (*planta*) to take root **2** (*pessoa*)
to put down roots

criatividade *sf* creativity

criativo, -a *adj* creative

criatura *sf* creature

crime *sm* crime: *cometer um ~* to com-
mit a crime LOC *Ver* ARMA

criminoso, -a *adj, sm-sf* criminal

crina *sf* mane

crioulo, -a ♦ *adj* creole ♦ *sm-sf* (*pes-
soa*) black (person)

crise *sf* **1** crisis [*pl* crises] **2** (*histeria, nervos*) fit

crista *sf* **1** (*galo*) comb **2** (*outras aves, montanha, onda*) crest LOC *Ver* BAIXAR

cristal *sm* crystal: *um vaso de* ~ a crystal vase

cristaleira *sf* glass cabinet

cristalino, -a *adj* (*água*) crystal clear

cristão, -ã *adj, sm-sf* Christian

cristianismo *sm* Christianity

Cristo Christ LOC **antes/depois de Cristo** B.C./A.D.

critério *sm* **1** (*princípio*) criterion [*pl* criteria] [*usa-se muito no plural*] **2** (*capacidade de julgar, Jur*) judgement: *Deixo a seu* ~. I'll leave it to your judgement.

crítica *sf* **1** criticism: *Estou farta das suas* ~*s*. I've had enough of your criticism. **2** (*num jornal*) review: *A peça teve* ~*s excelentes.* The play got excellent reviews. **3** (*conjunto de críticos*) critics [*pl*]: *bem recebida pela* ~ well received by the critics

criticar *vt, vi* to criticize

crítico, -a ◆ *adj* critical ◆ *sm-sf* critic

crivar *vt* (*perfurar*) to riddle: ~ *alguém de balas* to riddle sb with bullets

crocante *adj* (*alimento*) crunchy

crochê *sm* crochet: *fazer* ~ to crochet

crocodilo *sm* crocodile LOC *Ver* LÁGRIMA

croissant *sm* croissant ☛ *Ver ilustração em* PÃO

cromo *sm* (*Quím*) chromium

crônico, -a *adj* chronic

cronista *smf* (*Jornal*) columnist

cronológico, -a *adj* chronological

cronometrar *vt* to time

cronômetro *sm* (*Esporte*) stopwatch

croquete *sm* croquette

crosta *sf* (*ferida*) scab LOC **a crosta terrestre** the earth's crust

cru, ~a *adj* **1** (*não cozido*) raw **2** (*realidade*) harsh **3** (*linguagem*) crude

crucificar *vt* to crucify

crucifixo *sm* crucifix

cruel *adj* cruel

crueldade *sf* cruelty [*pl* cruelties]

crustáceo *sm* crustacean

cruz ◆ *sf* cross: *Assinale a resposta com uma* ~. Put an X next to the answer. ◆ **cruzes!** *interj* good Lord! LOC **Cruz Vermelha** Red Cross **estar entre a cruz e a caldeirinha** to be between a rock and a hard place

cruzado, -a *pp, adj* (*cheque*) crossed LOC *Ver* BRAÇO, PALAVRA, PERNA; *Ver tb* CRUZAR

cruzamento *sm* **1** (*de estradas*) junction: *Quando chegar ao* ~ *vire à direita.* Turn right when you reach the junction. **2** (*de etnias*) cross: *um* ~ *de raças* a crossbreed

cruzar ◆ *vt* to cross: ~ *as pernas* to cross your legs ◆ **cruzar-se** *v pron* to meet (*sb*): *Cruzamo-nos no caminho.* We met on the way. LOC **cruzar os braços** to fold your arms

cruzeiro *sm* (*viagem*) cruise: *fazer um* ~ to go on a cruise

Cuba *sf* Cuba

cubano, -a *adj, sm-sf* Cuban

cúbico, -a *adj* cubic: *metro* ~ cubic meter LOC *Ver* RAIZ

cubículo *sm* cubicle

cubo *sm* cube: ~ *de gelo* ice cube LOC *Ver* ELEVADO

cuco *sm* cuckoo

cueca **cuecas** *sf* underpants [*pl*] ☛ Note que *uma cueca* equivale a a **pair of underpants**.

cuidado ◆ *sm* **1** care **2** ~ **com**: ~ *com o cão!* Beware of the dog! ◊ ~ *com o degrau!* Watch out for the step! ◆ **cuidado!** *interj* look out!: *Cuidado! Lá vem um carro.* Look out! There's a car coming. LOC **com** (**muito**) **cuidado** (very) carefully **ter cuidado** (**com**) to be careful (with *sb/sth*): *Teremos que ter* ~. We'll have to be careful.

cuidadoso, -a *adj* ~ (**com**) careful (**with sth**): *Ele é muito* ~ *com os brinquedos.* He's very careful with his toys.

cuidar ◆ *vt, vi* ~ (**de**) to take care of *sb/ sth*: *Você pode* ~ *das crianças?* Could you take care of the children? ◆ **cuidar-se** *v pron* to take care of yourself: *Cuide-se* (*bem*). Take care of yourself.

cujo, -a *pron rel* whose: *Aquela é a moça* ~ *pai me apresentaram.* That's the girl whose father was introduced to me. ◊ *a casa cujas portas você pintou* the house whose doors you painted

culatra *sf* (*arma*) breech LOC *Ver* TIRO

culinária *sf* cookery: *um livro de* ~ a cookbook

culpa *sf* **1** (*responsabilidade*) fault: *A* ~ *não é minha.* It isn't my fault. **2** (*sentimento*) guilt LOC **por culpa de** because of *sb/sth* **pôr a culpa em alguém** to blame sb **ter culpa** to be to blame (*for*

culpado

sth): *Ninguém tem ~ do que se passou.* Nobody is to blame for what happened.

culpado, -a ◆ *adj* ~ **(de)** guilty **(of sth)**: *ser ~ de homicídio* to be guilty of murder ◆ *sm-sf* culprit

culpar *vt* to blame *sb* **(for sth)**: *Culpam-me pelo que aconteceu.* They blame me for what happened.

cultivar *vt* **1** (*terra*) to cultivate **2** (*plantas*) to grow

cultivo *sm* cultivation

culto, -a ◆ *adj* **1** (*pessoa*) cultured **2** (*linguagem, expressão*) formal ◆ *sm* **1** ~ **(a)** (*veneração*) worship **(of sb/sth)**: *o ~ do Sol* sun worship **2** (*seita*) cult: *membros de um novo ~ religioso* members of a new religious cult **3** (*missa*) service

cultuar *vt* to worship

cultura *sf* culture

cultural *adj* cultural LOC *Ver* CENTRO

cume *sm* top: *chegar ao ~* to reach the top

cúmplice *smf* accomplice **(in/to sth)**

cumprimentar *vt* to say hello **(to sb)**, to greet (*mais formal*): *Ele me viu mas não me cumprimentou.* He saw me but didn't say hi.

cumprimento *sm* **1** (*saudação*) greeting **2** (*elogio*) compliment **3 cumprimentos** best wishes, regards (*mais formal*): *Eles lhe enviam seus ~s.* They send their regards.

cumprir *vt* **1** (*ordem*) to carry *sth* out **2** (*profecia, obrigação*) to fulfill **3** (*promessa*) to keep **4** (*prazo*) to meet: *Cumprimos o prazo.* We met the deadline. **5** (*pena*) to serve **6** ~ **a alguém fazer algo** to be sb's responsibility to do sth LOC **cumprir a sua parte** to do your bit: *Eu cumpri a minha parte.* I did my bit.

cúmulo *sm* LOC **ser o cúmulo** to be the last straw

cunha *sf* wedge

cunhado, -a *sm-sf* brother-in-law [*fem* sister-in-law] [*pl* brothers-in-law/sisters-in-law]

cupim *sm* termite

cupom *sm* coupon

cúpula *sf* dome LOC *Ver* REUNIÃO

cura *sf* cure LOC **ter/não ter cura** to be curable/incurable

curandeiro, -a *sm-sf* (*charlatão*) quack

curar ◆ *vt* **1** (*sarar*) to cure (*sb*) **(of sth)**: *Esses comprimidos me curaram do resfriado.* These pills cured my cold. **2** (*ferida*) to dress **3** (*alimentos*) to cure

◆ **curar-se** *v pron* **curar-se (de)** (*ficar bom*) to recover **(from sth)**: *O menino se curou do sarampo.* The little boy recovered from the measles.

curativo *sm* (*de uma ferida*) dressing: *Depois de lavar a ferida, aplique o ~.* After washing the wound, apply the dressing.

curinga *sm* (*baralho*) joker

curiosidade *sf* curiosity [*pl* curiosities] LOC **por curiosidade** out of curiosity: *Entrei por pura ~.* I went in out of sheer curiosity. **ter curiosidade (de)** to be curious (about *sth*): *Tenho ~ de saber como eles são.* I'm curious to find out what they're like.

curioso, -a ◆ *adj* curious ◆ *sm-sf* **1** (*observador*) onlooker **2** (*indiscreto*) busybody [*pl* busybodies] LOC **estar curioso (por)** to be curious (about *sth*)

curral *sm* (*gado*) pen

currículo *sm* **1** curriculum vitae resumé, curriculum vitae (*abrev* CV) (*GB*) **2** (*Educ*) syllabus **3** (*empregado, estudante*) record: *ter um bom ~ acadêmico* to have a good academic record

curso *sm* **1** course: *o ~ de um rio* the course of a river ◊ *~s de línguas* language courses **2** (*licenciatura*) degree: *fazer um ~ de advocacia* to do a law degree ◊ *~ universitário/superior* college degree LOC **o ano/mês em curso** the current year/month

cursor *sm* cursor

curta-metragem *sm* (*Cinema*) movie short, short (film) (*GB*)

curtição *sf* **1** fun [*não contável*]: *O show foi uma ~.* The show was great fun. **2** (*couro*) tanning

curtir *vt* **1** (*couro*) to tan: *~ peles* to tan leather hides **2** (*gostar*) to like: *Curto à beça esta música.* I really love this music. LOC **curtir muito/adoidado** to have a great time: *Curti muito as minhas férias.* I had a great time on vacation.

curto, -a *adj* short: *Essas calças ficam curtas em você.* Those pants are too short for you. ◊ *uma camisa de manga curta* a short-sleeved shirt LOC *Ver* PAVIO, PRAZO

curto-circuito *sm* short-circuit

curva *sf* **1** (*linha, gráfico*) curve: *desenhar uma ~* to draw a curve **2** (*estrada, rio*) bend: *uma ~ perigosa/fechada* a dangerous/sharp bend

curvar, curvar-se *vt, v pron* to bend: *~ a cabeça* to bend your head

curvo, -a *adj* curved: *uma linha curva* a curved line

cuspir ◆ *vt* to spit *sth* (out) ◆ *vi* to spit: *~ em alguém* to spit at sb

custa *sf* **custas** (*Jur*) costs LOC **à custa de 1** (*a expensas de*) at *sb's* expense: *à nossa ~* at our expense ◊ *à ~ dos pais* at their parents' expense **2** (*com o auxílio de*) by means of: *à ~ de muito esforço* by means of hard work *Ver tb* VIVER

custar ◆ *vt* **1** (*valer*) to cost: *O bilhete custa 30 dólares.* The ticket costs 30 dollars. ◊ *O acidente custou a vida de cem pessoas.* The accident cost the lives of a hundred people. **2** (*achar difícil*) to find it hard (**to do sth**): *Custa-me muito levantar cedo.* I find it very hard to get up early. ◆ *vi* (*ser difícil*) to be hard: *Custa acreditar.* It's hard to believe. LOC **custar muito/pouco 1** (*dinheiro*) to be expensive/cheap **2** (*esforço*) to be hard/easy **custar os olhos da cara** to cost an arm and a leg **custe o que custar** at all costs *Ver tb* CARO[1], QUANTO, TRABALHO

custear *vt* to finance

custo *sm* cost: *o ~ de vida* the cost of living LOC **a custo** with difficulty **a todo o custo** at all costs

custódia *sf* custody

cútis *sf* **1** (*pele*) skin **2** (*tez*) complexion

cutucar *vt* **1** (*com cotovelo*) to nudge **2** (*com dedo*) to poke (at) *sth* **3** (*com instrumento*) to prod

Dd

dado *sm* **1** (*informação*) information [*não contável*]: *um ~ importante* an important piece of information **2 dados** (*Informát*) data [*v sing ou pl*]: *processamento de ~s* data processing **3** (*de jogar*) dice [*pl* dice]: *lançar/atirar os ~s* to roll the dice LOC **dados pessoais** personal details *Ver tb* BANCO

dado, -a *pp, adj* **1** given: *em ~ momento* at a given moment **2** (*afável*) friendly LOC **dado que** given that *Ver tb* DAR

daí *adv* **1** (*espaço*) from there: *Sai ~!* Get out of there! **2** (*tempo*): *~ em/por diante* from then on LOC **daí a um ano, mês, uma hora, etc.** one year, month, hour, etc. later **e daí?** so what?

dali *adv* **1** (*espaço*) from there: *Ele saiu ~, daquela porta.* He came out from there, through that door. **2** (*tempo*): *~ em/por diante* from then on LOC **dali a um ano, mês, uma hora, etc.** one year, month, hour, etc. later

daltônico, -a *adj* color-blind

dama *sf* **1** (*senhora*) lady [*pl* ladies] **2** (*em jogo de cartas*) queen **3 damas** checkers, draughts (*GB*) LOC **dama de honra** bridesmaid ☛ *Ver nota em* CASAMENTO

damasco *sm* apricot

danado, -a *pp, adj* **1** (*zangado*) angry **2** (*travesso*) naughty

dança *sf* dance LOC *Ver* PISTA

dançar *vt, vi* to dance: *tirar alguém para ~* to ask sb to dance

dançarino, -a *sm-sf* dancer

danificar *vt* to damage

dano *sm* damage [*não contável*]: *A chuva causou muitos ~s.* The rain caused a great deal of damage. LOC **danos e prejuízos** damages *Ver tb* PERDA

daqui *adv* **1** (*espaço*) from here: *~ não se vê nada.* You can't see a thing from here. **2** (*tempo*): *~ em/por diante* from now on LOC **daqui a pouco** in a little while **daqui a um ano, mês, uma hora, etc.** in one year, month, hour, etc.

dar *vt* **1** to give: *Ele me deu a chave.* He gave me the key. ◊ *Que susto que você me deu!* You gave me such a fright! **2** (*quando não se quer mais algo*) to give *sth* away: *Vou ~ as suas bonecas.* I'm going to give your dolls away. **3** (*Educ*) **(a)** (*professor*) to teach: *~ aulas* to teach ◊ *~ ciências* to teach science **(b)** (*aluno*) to do: *Agora estamos dando os verbos irregulares.* Now we're doing the irregular verbs. **4** (*Educ, trabalho para casa*) to set **5** (*relógio*) to strike: *O relógio deu dez horas.* The clock struck ten. ◊ *Já deram cinco horas.* Is it five o'clock already? **6** (*fruto, flor*) to bear **7** (*calcular*): *Quantos anos você dá para ela?* How old do you think she is? **8** (*cartas*) to deal **9** (*ser suficiente*) to be enough: *Isto dá para todos?* Is it enough everyone? **10** (*ataque*) to have: *Deu-lhe um ataque de tosse.* He had a coughing fit. **11** (*luz*) to shine: *A luz dava direto nos meus olhos.* The light was shining right in my eyes. **12** ~ **com** to hit: *Ele deu com o joelho na mesa.* He hit his knee against the table. **13** ~ **para** to overlook: *A varanda dá para a praça.* The balcony overlooks the square. **14** ~ **para** (*pessoa*) to be good **as sth**: *Eu não dava para a professora.* I'd be no good as a teacher. LOC (**a mim**) **tanto se me dá** I, you, etc. couldn't care less **dar-se bem/mal** to get along well/badly (*with sb*) **dar uma de:** *Não dê uma de pai para cima de mim.* Don't act as if you were my father. ☛ Para outras expressões com **dar**, ver *os* verbetes para o substantivo, adjetivo, etc., p.ex. **dar uma cabeçada** em CABEÇADA e **dar um passeio** em PASSEIO.

dardo *sm* **1** (*Esporte*) javelin: *lançamento de* ~ javelin throwing **2 dardos** darts: *jogar* ~s to play darts

data *sf* date: ~ *de nascimento* date of birth ◊ ~ *de encerramento* closing date ◊ *Qual é a* ~ *de hoje?* What's the date today? LOC **data de validade** expiration date, sell-by date (*GB*) *Ver tb* PASSADO

datilografar *vt* to type

datilógrafo, -a *sm-sf* typist

de *prep*

- **posse 1** (*de alguém*): *o livro do Pedro* Pedro's book ◊ *o cachorro dos meus amigos* my friends' dog ◊ *É dela/da minha avó.* It's hers/my grandmother's. **2** (*de algo*): *uma página do livro* a page of the book ◊ *os cômodos da casa* the rooms in the house ◊ *o porto* ~ *Santos* Santos harbor

- **origem, procedência** from: *Eles são de Manaus.* They're from Manaus. ◊ *de Londres a São Paulo* from London to São Paulo

- **meio de transporte** by: *de trem/avião/carro* by train/plane/car

- **em descrições de pessoas 1** (*qualidades físicas*) **(a)** with: *uma menina de cabelo louro* a girl with fair hair **(b)** (*roupa, cores*) in: *a senhora do vestido verde* the woman in the green dress **2** (*qualidades não físicas*) of: *uma pessoa de muito caráter* a person of great character ◊ *uma mulher de 30 anos* a woman of 30

- **em descrições de coisas 1** (*qualidades físicas*) **(a)** (*material*): *um vestido de linho* a linen dress **(b)** (*conteúdo*) of: *um*

copo de leite a glass of milk **2** (*qualidades não físicas*) of: *um livro de grande interesse* a book of great interest

- **tema, disciplina**: *um livro/professor de física* a physics book/teacher ◊ *uma aula de história* a history class

- **com números e expressões de tempo**: *mais/menos de dez* more/less than ten ◊ *um selo de um real* a one real stamp ◊ *um quarto de quilo* a quarter of a kilo ◊ *de noite/dia* at night/during the day ◊ *às dez da manhã* at ten in the morning ◊ *de manhã/tarde* in the morning/afternoon ◊ *de abril a junho* from April to June ◊ *do 8 até o 15* from the 8th to the 15th

- **série**: *de quatro em quatro metros* every four meters ◊ *de meia em meia hora* every half hour

- **agente** by: *um livro de Drummond* a book by Drummond ◊ *seguido de três jovens* followed by three young people

- **causa**: *morrer de fome* to die of hunger ◊ *Pulamos de alegria.* We jumped for joy.

- **outras construções**: *o melhor ator do mundo* the best actor in the world ◊ *de um trago* in one gulp ◊ *mais rápido do que o outro* faster than the other one ◊ *um daqueles livros* one of those books

debaixo *adv* **1** underneath: *Leve o que está* ~. Take the bottom one. **2** ~ **de** under: *Está* ~ *da mesa.* It's under the table. ◊ *Nós nos abrigamos* ~ *de um guarda-chuvas.* We took cover under an umbrella. ◊ ~ *de chuva* in the rain LOC **por debaixo de** below *sth*: *por* ~ *da porta* under the door *Ver tb* CHAVE

debandada *sf* stampede LOC *Ver* FUGIR

debate *sm* debate: *ter um* ~ to hold a debate

debater ♦ *vt* (*discutir*) to debate ♦ **debater-se** *v pron* to struggle

débil *adj* weak: *Ele tem um coração* ~. He has a weak heart.

debilidade *sf* weakness

débito *sm* (*Com*) debit

debochar *vt* ~ **de** to mock

deboche *sm* mockery [*não contável*]

debruçar-se *v pron* (*inclinar-se*) to lean over: *Não se debruce na janela.* Don't lean out of the window.

década *sf* decade LOC **a década de oitenta, noventa, etc.** the eighties, nineties, etc. [*pl*]

decadência *sf* **1** (*declínio*) decline **2** (*corrupção*) decadence

decadente *adj* decadent

decalque *sm* tracing: *papel de* ~ tracing paper ◊ *fazer (um)* ~ *de algo* to trace sth

decapitar *vt* to behead

decente *adj* decent

decepar *vt* to cut *sth* off

decepção *sf* disappointment: *ser uma* ~ to be a disappointment ◊ *ter uma* ~ to be disappointed

decepcionante *adj* disappointing

decepcionar *vt* **1** (*desiludir*) to disappoint: *O livro me decepcionou.* The book was disappointing. **2** (*falhar*) to let *sb* down: *Você me decepcionou novamente.* You've let me down again.

decidido, a *pp, adj* (*determinado*) determined: *uma pessoa muito decidida* a very determined person *Ver tb* DECIDIR

decidir ◆ *vt, vi* to decide: *Decidiram vender a casa.* They decided to sell the house. ◆ **decidir-se** *v pron* **1** to make up your mind: *Decida-se!* Make up your mind! **2 decidir-se por** to opt for *sb/sth*: *Todos nos decidimos pelo vermelho.* We all opted for the red one.

decifrar *vt* **1** (*mensagem*) to decode **2** (*escrita*) to decipher **3** (*enigma*) to solve

decimal *adj, sm* decimal

décimo, -a *num, sm* tenth ☞ *Ver exemplos em* SEXTO LOC **décimo primeiro, segundo, terceiro, etc.** eleventh, twelfth, thirteenth, etc. ☞ *Ver Apêndice 1.*

decisão *sf* decision: *a* ~ *do árbitro* the referee's decision ◊ *tomar uma* ~ to make a decision

decisivo, -a *adj* decisive

declaração *sf* **1** declaration: *uma* ~ *de amor* a declaration of love **2** (*manifestação pública, Jur*) statement: *A polícia ouviu a* ~ *dele.* The police took his statement. LOC **declaração de renda** (income) tax return *Ver tb* PRESTAR

declarar ◆ *vt* **1** to declare: *Algo a* ~? Anything to declare? **2** (*em público*) to state: *segundo o que declarou o ministro* according to the minister's statement ◆ **declarar-se** *v pron* **1** to come out: *declarar-se a favor de/contra algo* to come out in favor of/against sth **2** (*confessar amor*): *Ele se declarou para mim.* He told me he loved me. **3** (*Jur*) to plead: *declarar-se culpado/inocente* to plead guilty/not guilty

declinar ◆ *vi* **1** (*sol*) to sink **2** (*decair*)

to decline ◆ *vt* to decline: ~ *um convite* to decline an invitation

declínio *sm* decline

decodificador *sm* decoder

decodificar *vt* to decode

decolagem *sf* (*avião*) take-off

decolar *vi* (*avião*) to take off

decompor, decompor-se *vt, v pron* (*apodrecer*) to decompose

decoração *sf* **1** (*ação, adorno*) decoration **2** (*estilo*) décor

decorar[1] *vt* (*ornamentar*) to decorate

decorar[2] *vt* (*memorizar*) to learn *sth* by heart

decorrer *vi* **1** (*tempo*) to pass: *Decorreram dois dias desde a partida dele.* Two days have passed since he left. **2** (*suceder*) to take place LOC **com o decorrer do tempo** in time

decotado, -a *pp, adj* low-cut

decote *sm* neckline LOC **decote em V** V neck

decreto *sm* decree

decreto-lei *sm* act

dedal *sm* thimble

dedetizar *vt* to spray

dedicação *sf* dedication

dedicar ◆ *vt* **1** to devote *sth* **to sb/sth**: *Eles dedicaram a vida aos animais.* They devoted their lives to animals. **2** (*canção, poema*) to dedicate *sth* (**to sb**): *Dediquei o livro ao meu pai.* I dedicated the book to my father. **3** (*exemplar*) to autograph ◆ **dedicar-se** *v pron* **dedicar-se a**: *A que você se dedica no seu tempo livre?* What do you do in your free time? ◊ *Ele se dedica a comprar e vender antiguidades.* He buys and sells antiques for a living.

dedicatória *sf* dedication

dedinho *sm* LOC **dedinho do pé** little toe

dedo *sm* **1** (*da mão*) finger **2** (*do pé*) toe **3** (*medida*) half an inch: *Ponha dois* ~*s de água na panela.* Fill the pan with about an inch of water. LOC **dedo anular/médio/indicador** ring/middle/index finger **dedo mindinho** little finger, pinkie (*mais coloq*) **dedo polegar** thumb *Ver tb* CHUPAR, METER, NÓ

deduzir *vt* **1** (*concluir*) to deduce **2** (*descontar*) to deduct *sth* (**from sth**)

defeito *sm* **1** fault, defect (*mais formal*): *um* ~ *na instalação elétrica* a fault in the electrical system ◊ *um* ~ *na fala* a speech defect ◊ *achar/pôr* ~ *em tudo* to find fault with everything **2** (*veículo*)

defeituoso 82

breakdown: *estar/ficar com* ~ to break down **3** (*roupa*) flaw ☛ *Ver nota em* MISTAKE LOC *Ver* BOTAR

defeituoso, -a *adj* defective, faulty (*mais coloq*)

defender ◆ *vt* **1** to defend *sb/sth* (**against** *sb/sth*) **2** (*gol*) to save ◆ **defender-se** *v pron* **1 defender-se** (**de**) to defend yourself (**against** *sb/sth*) **2** (*justificar-se*) to stand up for yourself

defensiva *sf* LOC (**estar**) **na defensiva** (to be) on the defensive

defensivo, -a *adj* defensive

defensor, ~a *sm-sf* defender

defesa ◆ *sf* **1** defense: *as* ~*s do corpo* the body's defenses ◊ *uma equipe com uma boa* ~ a team with a good defense **2** (*Esporte*) save: *O goleiro fez uma* ~ *incrível.* The goalie made a spectacular save. **3** (*elefante, javali*) tusk ◆ *smf* (*Esporte*) defender LOC *Ver* LEGÍTIMO

deficiência *sf* deficiency [*pl* deficiencies]

deficiente ◆ *adj* **1** ~ (**em**) (*carente*) deficient (**in** *sth*) **2** (*imperfeito*) defective **3** (*Med*) disabled: ~ *físico/mental* physically disabled/mentally handicapped ◆ *smf* disabled person: *lugares reservados aos* ~*s* seats for the disabled

definição *sf* definition

definido, -a *pp, adj* (*artigo*) definite *Ver tb* DEFINIR

definir *vt* to define

definitivamente *adv* **1** (*para sempre*) for good: *Ele voltou* ~ *para o seu país.* He went back to his own country for good. **2** (*de forma determinante*) definitely

definitivo, -a *adj* **1** final: *o número* ~ *de vítimas* the final death toll **2** (*solução*) definitive

deflagração *sf* **1** (*bomba*) explosion **2** (*guerra*) outbreak

deflagrar ◆ *vt, vi* (*bomba*) to explode ◆ *vi* (*incêndio, epidemia*) to break out

deformar ◆ *vt* **1** (*corpo*) to deform **2** (*peça de vestuário*) to pull *sth* out of shape **3** (*imagem, realidade*) to distort ◆ **deformar-se** *v pron* **1** (*corpo*) to become deformed **2** (*peça de vestuário*) to lose its shape

defrontar, defrontar-se *vt, v pron* to face: *defrontar-se com dificuldades* to face difficulties

defumar *vt* (*alimentos*) to smoke

defunto, -a *sm-sf* corpse

degenerado, -a *pp, adj, sm-sf* degenerate *Ver tb* DEGENERAR

degenerar *vi* to degenerate

degolar *vt* to cut *sb's* throat

degradante *adj* degrading

degrau *sm* step

deitado, -a *pp, adj* LOC **estar deitado 1** (*na cama*) to be in bed **2** (*estendido*) to be lying down *Ver tb* DEITAR

deitar ◆ *vt* **1** (*pôr na cama*) to put *sb* to bed **2** (*estender*) to lay *sb/sth* down ◆ **deitar-se** *v pron* **1** (*ir para a cama*) to go to bed: *Você deveria se* ~ *cedo hoje.* You should go to bed early tonight. ◊ *Está na hora de nos deitarmos.* Time for bed. **2** (*estender-se*) to lie down ☛ *Ver nota em* LIE²

deixar ◆ *vt* **1** to leave: *Onde é que você deixou as chaves?* Where did you leave the keys? ◊ *Deixe isso para depois.* Leave it till later. ◊ *Deixe-me em paz!* Leave me alone! **2** (*abandonar*) to give *sth* up: ~ *o emprego* to give up work **3** (*permitir*) to let *sb* (**do sth**): *Os meus pais não me deixam sair à noite.* My parents don't let me go out at night. **4** ~ **de (a)** (*parar*) to stop *doing sth*: *Deixou de chover.* It's stopped raining. **(b)** (*abandonar*) to give up *doing sth*: ~ *de fumar* to give up smoking ◊ ~ *de estudar* to give up your studies ◆ *v aux* **+ particípio**: *A notícia nos deixou preocupados.* We were worried by the news. LOC **deixar cair** to drop: *Deixei o sorvete cair.* I dropped my ice cream. ☛ Para outras expressões com **deixar**, ver os verbetes para o substantivo, adjetivo, etc., p.ex. **deixar escapar** em ESCAPAR e **deixar alguém plantado** em PLANTADO.

dela 1 (*de pessoa*) her(s): *Os pais* ~ *não a deixam sair à noite.* Her parents don't let her go out at night. ◊ *Esse colar era* ~. This necklace used to be hers.

Note que *um amigo dela* se traduz por **a friend of hers** porque significa *um dos amigos dela*.

2 (*de coisa, de animal*) its

delas their(s)

Note que *um amigo delas* se traduz por **a friend of theirs** porque significa *um dos amigos delas*.

delatar *vt* to inform **on** *sb*

delator, ~a *sm-sf* **1** tattletale, telltale (*GB*) **2** (*da polícia*) informer

dele 1 (*de pessoa*) his: *O carro* ~ *está enguiçado.* His car has broken down. ◊

Não são dela, são ~. They're not hers —they're his.

Note que *um amigo dele* se traduz por **a friend of his** porque significa *um dos amigos dele.*

2 (*de coisa, de animal*) its

delegação *sf* delegation: *uma ~ de paz* a peace delegation

delegacia *sf* LOC **delegacia policial/de polícia** police station

delegado, -a *sm-sf* (*Pol*) delegate LOC **delegado de polícia** police chief

deles their(s): *O carro ~ está enguiçado.* Their car has broken down.

Note que *um amigo deles* se traduz por **a friend of theirs** porque significa *um dos amigos deles.*

deliberado, -a *pp, adj* deliberate

delicadeza *sf* **1** delicacy **2** (*tato*) tact: *Você podia ter dito com mais ~.* You could have put it more tactfully. ◊ *É uma falta de ~.* It's very tactless. **3** (*cortesia*) thoughtfulness **4** (*cuidado*) care

delicado, -a *adj* **1** delicate **2** (*cortês*) thoughtful: *Você é sempre tão ~.* You're always so thoughtful.

delícia *sf* **1** (*prazer*) delight: *Que ~!* How delightful! **2** (*comida*) delicacy [*pl* delicacies]: *ser uma ~* to be delicious

deliciar ◆ *vt* to delight ◆ **deliciar-se** *v pron* **deliciar-se com** to take delight in *sth/doing sth*

delicioso, -a *adj* **1** (*comida*) delicious **2** (*encantador*) delightful

delinqüência *sf* crime LOC **delinqüência juvenil** juvenile delinquency

delinqüente *smf* delinquent

delirante *adj* (*arrebatador*) thrilling

delirar *vi* **1** (*Med*) to be delirious **2** (*dizer disparates*) to talk nonsense **3** (*sentir com grande intensidade*) to go wild: *Ela delirou com a notícia.* She went wild at the news.

delito *sm* crime: *cometer um ~* to commit a crime

delta *sm* delta

demais ◆ *adj* **1** (*com substantivo não contável*) too much: *Há comida ~.* There's too much food. **2** (*com substantivo contável*) too many: *Você comprou coisas ~.* You bought too many things. ◆ *pron* (the) others: *Só veio o Paulo; os ~ ficaram em casa.* Paulo came on his own; the others stayed at home. ◊ *ajudar os ~* to help others ◆ *adv* **1** (*modifi-*

cando um verbo) too much: *beber/comer ~* to drink/eat too much **2** (*modificando um adj ou adv*) too: *grande/depressa ~* too big/fast LOC **ser demais** (*ser muito bom*) to be really great

demão *sf* coat: *uma ~ de tinta* a coat of paint

demasiado, -a ◆ *adj* **1** (*com substantivo não contável*) too much **2** (*com substantivo contável*) too many ◆ *adv* **1** (*modificando um verbo*) too much **2** (*modificando um adj ou adv*) too

demissão *sf* **1** (*voluntária*) resignation: *Ele apresentou a sua ~.* He handed in his resignation. **2** (*involuntária*) dismissal LOC *Ver* PEDIR

demitir ◆ *vt* to dismiss, to fire (*mais coloq*) ◆ **demitir-se** (**de**) to resign (**from** *sth*): *demitir-se de um cargo* to resign from a job

democracia *sf* democracy [*pl* democracies]

democrata *smf* democrat

democrático, -a *adj* democratic

demolição *sf* demolition

demolir *vt* to demolish

demônio *sm* **1** (*diabo*) devil **2** (*espírito*) demon

demonstração *sf* **1** (*apresentação*) demonstration **2** (*manifestação*) sign: *uma ~ de afeto* a sign of affection

demonstrar *vt* **1** (*provar*) to prove **2** (*mostrar*) to show **3** (*explicar*) to demonstrate

demora *sf* delay: *sem ~* without delay

demorar *vi* to take (time) *to do sth*: *A sua irmã está demorando.* Your sister's taking a long time! ◊ *Eles demoraram muito a responder.* It took them a long time to reply. LOC **não demorar (nada)** not to be long: *Não demore.* Don't be long. ◊ *Não demorou nada para fazer.* It didn't take long to do.

densidade *sf* density

denso, -a *adj* dense

dentada *sf* bite

dentadura *sf* teeth [*pl*]: *~ postiça* false teeth

dente *sm* **1** tooth [*pl* teeth] **2** (*de garfo, ancinho*) prong LOC **dente de alho** clove of garlic **dente de leite** baby tooth, milk tooth (*GB*) **dente de siso** wisdom tooth *Ver tb* ARREGANHAR, BATER, DOR, ESCOVA, LÍNGUA, PASTA[2]

dentifrício *sm* toothpaste

dentista *smf* dentist

dentro *adv* **1** in/inside: *O gato está lá*

~. The cat is inside. ◊ *ali/aqui* ~ in there/here **2** (*edifício*) indoors: *Prefiro ficar aqui* ~. I'd rather stay indoors. **3** ~ **de (a)** (*espaço*) in/inside: ~ *do envelope* in/inside the envelope **(b)** (*tempo*) in: ~ *de uma semana* in a week ◊ ~ *de três meses* in three months' time LOC **de dentro** from (the) inside **dentro em breve/pouco** very soon **estar por dentro de algo** (*ter conhecimento*) to be in the know about sth: *Ela estava por* ~ *da história toda.* She was in the know about the whole story. **mais para dentro** further in **para dentro** in: *Põe a barriga para* ~. Pull your stomach in. **por dentro** (on the) inside: *pintado por* ~ painted on the inside *Ver tb* AÍ, ALI, LÁ[1]

denúncia *sf* **1** (*acidente, delito*) report **2** (*revelação*) disclosure

denunciar *vt* **1** to report: *Eles me denunciaram à polícia.* They reported me to the police. **2** (*revelar*) to denounce

deparar *vt* ~ **com** (*encontrar*) to come across *sth*

departamento *sm* department LOC *Ver* LOJA

dependência *sf* **1** (*droga*) dependency **2** (*casa*) room

depender *vt* **1** ~ **de (a)** to depend **on sth /on whether** …: *Depende do tempo.* It depends on the weather. ◊ *Isso depende de você me trazer o dinheiro (ou não).* That depends on whether you bring me the money (or not). **(b)** (*economicamente*) to be dependent **on sb/sth 2** ~ **de alguém** to be up to *sb* (*whether*…): *Depende do meu chefe eu poder tirar um dia de folga ou não.* It's up to my boss whether I can have a day off or not.

depilar *vt* **1** (*sobrancelhas*) to pluck **2** (*pernas, axilas*) **(a)** (*com cera*) to wax: *Tenho de* ~ *as pernas antes de sairmos de férias.* I must have my legs waxed before we go on vacation. **(b)** (*com lâmina*) to shave

depoimento *sm* **1** (*na delegacia*) statement **2** (*no tribunal*) testimony

depois *adv* **1** (*mais tarde*) afterward, later ~ *ele disse que não tinha gostado.* He said afterward he hadn't liked it. ◊ *Eles saíram pouco* ~. They came out shortly afterward. ◊ *Só muito* ~ *é que me disseram.* They didn't tell me until much later. **2** (*a seguir, em seguida*) then: *Bata os ovos e* ~ *adicione o açúcar.* Beat the eggs and then add the sugar. ◊ *Primeiro vem o hospital e* ~ *a farmácia.*

First there's the hospital and then the drugstore. LOC **depois de** after *sth/ doing sth*: ~ *das duas* after two o'clock ◊ ~ *de falar com eles* after talking with them ◊ *A farmácia fica* ~ *do banco.* The drugstore is after the bank. **e depois?** then what? *Ver tb* LOGO

depor *vi* **1** (*na delegacia*) to make a statement **2** (*no tribunal*) to testify

deportar *vt* to deport

depositar *vt* **1** (*dinheiro*) to pay *sth* in: ~ *dinheiro numa conta bancária* to pay money into a bank account **2** (*confiança*) to place: ~ *a sua confiança em alguém* to place your trust in sb

depósito *sm* **1** (*reservatório*) tank: ~ *de água* water tank **2** (*dinheiro*) deposit LOC **depósito de bagagem** baggage room, left luggage office (*GB*)

depredado, -a *pp, adj* (*zona, edifício*) run-down

depressa ◆ *adv* **1** (*em breve*) soon: *Volte* ~. Come back soon. **2** (*rapidamente*) quickly: *Por favor, doutor, venha* ~. Please, doctor, come quickly. ◆ **depressa!** *interj* hurry up!

depressão *sf* depression

deprimente *adj* depressing

deprimido, -a *pp, adj* depressed: *estar/ficar* ~ to be/get depressed

deprimir *vt* to depress

deputado, -a *sm-sf* deputy [*pl* deputies]

Nos Estados Unidos o equivalente do *deputado federal* é **Representative** (*abrev* **Rep.**) e na Grã-Bretanha, **Member of Parliament** (*abrev* **MP**).

deriva *sf* LOC **à deriva** adrift **andar à deriva** to drift

derivar *vt* ~ **de 1** (*Ling*) to derive **from sth 2** (*proceder*) to stem **from sth**

derramamento *sm* spilling LOC **derramamento de sangue** bloodshed

derramar *vt* **1** (*verter*) to spill: *Derramei um pouco de vinho no tapete.* I spilled some wine on the carpet. **2** (*despejar*) to pour **3** (*sangue, lágrimas*) to shed

derrame *sm* stroke

derrapagem *sf* skid: *ter/sofrer uma* ~ to skid

derrapar *vi* to skid

derreter, derreter-se *vt, v pron* **1** (*manteiga, gordura*) to melt **2** (*neve, gelo*) to thaw

derrota *sf* defeat

derrotar *vt* to defeat

derrubar *vt* **1** (*edifício*) to knock *sth* down, to demolish (*mais formal*) **2** (*fazer cair*) to knock *sb/sth* over: *Cuidado para não ~ esse vaso.* Be careful you don't knock that vase over. **3** (*porta*) to batter *a door* down **4** (*governo, regime*) to bring *sth* down

desabafar ♦ *vt* ~ **com alguém** to confide **in sb** ♦ desabafar, desabafar-se *vi, v pron* to let off steam

desabar *vi* to collapse

desabitado, -a *adj* uninhabited

desabotoar *vt* to unbutton

desabrigado, -a *pp, adj, sm-sf* homeless: *os* ~s the homeless

desacato *sm* disrespect: ~ *às autoridades* disrespect for the authorities

desafiar *vt* **1** (*provocar*) to challenge *sb* (**to sth**): *Desafio você para um jogo de damas.* I challenge you to a game of checkers. **2** (*perigo*) to defy

desafinado, -a *pp, adj* out of tune *Ver tb* DESAFINAR

desafinar *vi* **1** (*ao cantar*) to sing out of tune **2** (*instrumento*) to be out of tune **3** (*músico*) to play out of tune

desafio *sm* challenge

desagradar *vt* to displease

desagradável *adj* unpleasant

desaguar *vi* ~ **em** (*rio*) to flow **into sth**

desajeitado, -a *adj* clumsy

desamparado, -a *pp, adj* helpless

desanimador, ~a *adj* discouraging

desanimar ♦ *vt* to discourage ♦ desanimar-se *v pron* to lose heart

desanuviar-se *v pron* (*céu*) to clear up: *O céu desanuviou-se por volta das cinco horas.* It cleared up at about five.

desaparecer *vi* to disappear LOC **desaparecer do mapa** to vanish off the face of the earth

desaparecido, -a ♦ *pp, adj* missing ♦ *sm-sf* missing person *Ver tb* DESAPARECER

desaparecimento *sm* disappearance

desapertar *vt* to loosen: *Desapertei o cinto.* I loosened my belt.

desapontado, -a *pp, adj* disappointed: *ficar* ~ to be disappointed *Ver tb* DESAPONTAR

desapontamento *sm* disappointment

desapontar *vt* to disappoint

desarmamento *sm* disarmament: *o* ~ *nuclear* nuclear disarmament

desarmar *vt* **1** (*pessoa, exército*) to dis-

arm **2** (*desmontar*) to take *sth* apart, to dismantle (*mais formal*) **3** (*bomba*) to defuse

desarrumado, -a *pp, adj* untidy *Ver tb* DESARRUMAR

desarrumar *vt* to mess *sth* up

desastrado, -a *adj* clumsy

desastre *sm* **1** (*acidente*) accident: *um ~ de automóvel* a car crash **2** (*catástrofe*) disaster

desastroso, -a *adj* disastrous

desatar ♦ *vt* **1** (*nó, corda*) to untie **2** ~ **a** (*começar*) to start **doing sth/to do sth**: *Eles desataram a correr.* They started to run. ♦ desatar-se *v pron* to come undone: *Um dos meus cadarços desatou-se.* One of my laces came undone. LOC **desatar a rir/chorar** to burst out laughing/crying

desatento, -a *adj* distracted

desativar *vt* **1** (*bomba*) to defuse **2** (*fábrica*) to shut *sth* down

desatualizado, -a *adj* **1** (*máquina, livro*) outdated **2** (*pessoa*) out of touch

desbotar *vt, vi* (*perder a cor*) to fade: *A sua saia desbotou.* Your skirt's faded.

descafeinado, -a ♦ *adj* decaffeinated ♦ *sm* decaf

descalçar ♦ *vt* (*sapatos, botas*) to take *sth* off: *Descalce os sapatos.* Take your shoes off. ♦ descalçar-se *v pron* to take your shoes off

descalço, -a *adj* barefoot: *Gosto de andar ~ na areia.* I love walking barefoot on the sand. ◊ *Não ande ~.* Don't go around in your bare feet.

descampado *sm* open countryside

descansar ♦ *vt, vi* to rest: ~ *os olhos* to rest your eyes ◊ *Deixe-me ~ um pouco.* Let me rest for a few minutes. ♦ *vi* (*fazer uma pausa*) to take a break: *Vamos terminar isto e depois ~ cinco minutos.* Let's finish this and then take a five-minute break.

descanso *sm* **1** (*repouso*) rest: *O médico recomendou ~ e ar fresco.* The doctor prescribed rest and fresh air. **2** (*no trabalho*) break: *trabalhar sem ~* to work without a break **3** (*para mesa*) place mat

descarado, -a *adj* sassy, cheeky (*GB*)

descaramento *sm* nerve: *Que ~!* What (a) nerve!

descarga *sf* **1** (*mercadoria*) unloading: *a carga e ~ de mercadoria* the loading and unloading of goods **2** (*elétrica*) discharge **3** (*w.c.*) flush: *puxar a* ~ to flush the toilet LOC *Ver* CAIXA¹, CANO

descarregado, -a *pp, adj* (*pilha, bateria*) flat *Ver tb* DESCARREGAR

descarregar ◆ *vt* **1** to unload: ~ *um caminhão/um revólver* to unload a truck/gun **2** (*raiva, frustração*) to vent ◆ *vi* (*pilha, bateria*) to go flat

descarrilamento *sm* derailment

descarrilar *vi* to be derailed: *O trem descarrilou.* The train was derailed.

descartar ◆ *vt* to rule *sb/sth* out: ~ *um candidato/uma possibilidade* to rule out a candidate/possibility ◆ **descartar-se** *v pron* **descartar-se de** to get rid of *sb/sth*

descartável *adj* disposable

descascar *vt* **1** to peel: ~ *uma laranja* to peel an orange **2** (*ervilhas, marisco, nozes*) to shell

descendência *sf* descendants [*pl*]

descendente *smf* descendant

descender *vt* ~ **de** (*família*) to be descended **from** *sb*: *Ele descende de um príncipe russo.* He's descended from a Russian prince.

descer ◆ *vt* **1** (*levar/trazer*) to take/to bring *sth* down: *Você me ajuda a ~ a mala?* Could you help me take my suitcase down? ◊ *Temos de ~ esta cadeira até o segundo andar?* Do we have to take this chair down to the second floor? **2** (*ir/vir para baixo*) to go/to come down: ~ *o morro* to go/come down the hill ◆ *vi* **1** (*ir/vir para baixo*) to go/to come down: *Podia ~ até a recepção, por favor?* Could you come down to reception, please? **2** ~ (**de**) **(a)** (*automóvel*) to get out (**of** *sth*): *Nunca desça do carro enquanto ele estiver em movimento.* Never get out of a moving car. **(b)** (*transporte público, cavalo, bicicleta*) to get off (*sth*): ~ *do ônibus* to get off the bus LOC *Ver* ESCADA

descida *sf* **1** (*declive*) descent: *O avião teve problemas durante a* ~. The plane had problems during the descent. **2** (*ladeira*) slope: *uma* ~ *suave/acentuada* a gentle/steep slope

descoberta *sf* discovery [*pl* discoveries]: *fazer uma grande* ~ to make a great discovery

descobridor, ~a *sm-sf* discoverer

descobrimento *sm* discovery [*pl* discoveries]

descobrir *vt* **1** (*encontrar, dar-se conta*) to discover: ~ *uma ilha* to discover an island ◊ *Descobri que estava sem dinheiro.* I discovered I had no money. **2** (*averiguar*) to find *sth* (out): *Descobri que estavam me enganando.* I found out they were deceiving me. **3** (*destapar, desvendar*) to uncover

descolado, -a *pp, adj* unstuck *Ver tb* DESCOLAR

descolar ◆ *vt* **1** (*tirar*) to pull *sth* off **2** (*conseguir*) to get: *Meu tio vai me ajudar a ~ um emprego.* My uncle's going to help me get a job. **3** (*dar*) to give: *Dá para me ~ uns trocados?* Do you have any spare change to give me? ◆ *vi* (*soltar*) to come off: *A asa descolou.* The handle came off.

descompostura *sf* (*reprimenda*) reprimand

desconcertado, -a *pp, adj* LOC **estar/ficar desconcertado** to be taken aback: *Eles ficaram* ~*s com a minha recusa.* They were taken aback by my refusal. *Ver tb* DESCONCERTAR

desconcertar *vt* to puzzle: *A reação dele me desconcertou.* His reaction puzzled me.

desconfiado, -a *adj* suspicious: *Você é muito* ~. You have a very suspicious mind.

desconfiar *vt* **1** ~ **de** to distrust: *Ele desconfia até da própria sombra.* He doesn't trust anyone. **2** (*supor*) to have a feeling: *Desconfio que vai chover.* I have a feeling it's going to rain.

desconfortável *adj* uncomfortable

desconforto *sm* discomfort

descongelar *vt* (*geladeira, alimento*) to defrost

desconhecer *vt* not to know: *Desconheço a razão.* I don't know why.

desconhecido, -a ◆ *pp, adj* unknown ◆ *sm-sf* stranger *Ver tb* DESCONHECER

descontar *vt* **1** (*subtrair*) to deduct **2** (*fazer um desconto*) to give a discount (**on** *sth*) **3** (*cheque, vale postal*) to cash

descontente *adj* ~ (**com**) dissatisfied (**with** *sb/sth*)

desconto *sm* discount: *Eles me fizeram um* ~ *de cinco por cento.* They gave me a five per cent discount. ◊ *dar um* ~ *de 10% em algo* to give a 10% discount on sth

descontração *sf* (*informalidade*) informality

descontrair-se *v pron* to relax

descontrolado, -a *adj* **1** (*máquina*) out of control **2** (*pessoa*) hysterical

descontrolar-se *v pron* **1** (*pessoa*) to break down: *Ela se descontrolou completamente quando soube do acidente.* She broke down completely when she heard of the accident. **2** (*máquina*) to get out of control

desconversar *vi* to change the subject

descrever *vt* to describe

descrição *sf* description

descuidado, -a *pp, adj* **1** (*desatento*) careless **2** (*desleixado*) scruffy *Ver tb* DESCUIDAR

descuidar ◆ *vt* to neglect ◆ **descuidar-se** *v pron: Eu me descuidei da hora.* I didn't notice the time.

descuido *sm* carelessness [*não contável*]: *O acidente ocorreu devido a um ~ do motorista.* The accident was due to the driver's carelessness. ◊ *Num momento de ~ dele, o cachorro fugiu.* He wasn't paying attention and the dog ran away.

desculpa *sf* **1** (*justificativa*) excuse (**for sth**): *Ele arranja sempre uma ~ para não vir.* He always finds an excuse not to come. ◊ *Isto não tem ~.* There's no excuse for this. **2** (*pedido de perdão*) apology [*pl* apologies] LOC *Ver* PEDIR

desculpar ◆ *vt* to forgive ◆ **desculpar-se** *v pron* to apologize (**to sb**) (**for sth**): *Eu me desculpei a ela por não ter escrito.* I apologized to her for not writing. LOC **desculpa, desculpe, etc. 1** (*para pedir desculpa*) sorry: *Desculpe o atraso.* Sorry I'm late. ◊ *Desculpe interromper.* Sorry to interrupt. ◊ *Desculpe, pisei em você?* Sorry, did I step on your foot? **2** (*para chamar a atenção*) excuse me: *Desculpe! O senhor tem horas, por favor?* Excuse me, do you have the time, please? ☞ *Ver nota em* EXCUSE

desde *prep* since: *Moro nesta casa desde 1986.* I've lived in this house since 1986. ☞ *Ver nota em* FOR LOC **desde que...** **1** (*depois que*) since: *Desde que eles foram embora...* Since they left... **2** (*contanto que*) as long as: *desde que você me avise* as long as you let me know

desdém *sm* scorn: *um olhar de ~* a scornful look

desdenhoso, -a *adj* scornful

desdobrar ◆ *vt* **1** (*mapa, papel*) to unfold **2** (*tropas, armamento*) to deploy **3** (*esforços*) to redouble ◆ **desdobrar-se** *v pron* (*esforçar-se*) to do your utmost

desejar *vt* **1** (*querer*) to want: *O que deseja?* What would you like? **2** (*ansiar*) to wish for *sth: O que mais eu podia ~?* What more could I wish for? **3** (*boa sorte*) to wish **sb sth**: *Eu lhe desejo boa sorte.* I wish you luck.

desejo *sm* **1** wish: *Faça um ~.* Make a wish. **2** (*anseio*) desire **3** (*mulher grávida*) craving: *ter ~ de algo* to have a craving for sth

desemaranhar *vt* to disentangle

desembaraçado, -a *pp, adj* **1** (*desinibido*) free and easy **2** (*engenhoso*) resourceful **3** (*expedito*) efficient *Ver tb* DESEMBARAÇAR

desembaraçar ◆ *vt* to untangle: *~ o cabelo* to get the tangles out of your hair ◆ **desembaraçar-se** *v pron* **desembaraçar-se de** to get rid of *sb/sth*

desembarcar ◆ *vt* (*mercadoria, pessoa*) to land ◆ *vi* to disembark

desembocar *vi* **~ em 1** (*rio*) to flow **into sth 2** (*rua, túnel*) to lead **to sth**

desembolsar *vt* to pay *sth* (out)

desembrulhar *vt* to unwrap: *~ um pacote* to unwrap a package

desempatar *vi* **1** (*Esporte*) to play off **2** (*Pol*) to break the deadlock

desempate *sm* play-off

desempenhar *vt* to play: *~ um papel* to play a role

desempenho *sm* (*motor*) performance: *um motor de alto ~* a high-performance engine

desempregado, -a ◆ *pp, adj* unemployed ◆ *sm-sf* unemployed person: *os ~s* the unemployed

desemprego *sm* unemployment

desencaminhar ◆ *vt* to lead *sb* astray ◆ **desencaminhar-se** *v pron* to go astray

desencontrar-se *v pron* to miss one another

desencorajar *vt* to discourage

desenferrujar *vt* **1** (*metal*) to remove the rust from *sth* **2** (*língua*) to brush up (on) *sth: ~ o meu francês* to brush up (on) my French **3** (*pernas*) to stretch

desenfreado, -a *pp, adj* (*cavalo, festa*) wild

desenhar *vi, vt* **1** to draw **2** (*vestuário, mobília, produtos*) to design

desenhista *smf* draftsman/woman [*pl* draftsmen/women]

desenho *sm* **1** (*Arte*) drawing: *estudar ~* to study drawing ◊ *Faça um ~ da sua família.* Do a drawing of your family. **2** (*Tec*) design: *~ gráfico* graphic design

3 (*padrão*) pattern LOC **desenho animado** cartoon

desenrolar *vt* **1** (*papel*) to unroll **2** (*cabo*) to unwind

desenroscar *vt* to unscrew

desenterrar *vt* **1** to dig *sth* up: ~ *um osso* to dig up a bone **2** (*descobrir*) to unearth

desentupir *vt* to unblock

desenvoltura *sf* (*desembaraço*) self-confidence: *Ele tem muita* ~. He's full of confidence.

desenvolver, desenvolver-se *vt, v pron* to develop: ~ *os músculos* to develop your muscles

desenvolvimento *sm* development LOC **em desenvolvimento** developing: *países em* ~ developing countries

desequilibrar-se *v pron* to lose your balance

deserto, -a ♦ *adj* deserted ♦ *sm* desert

desertor, ~a *sm-sf* deserter

desesperado, -a *pp, adj* desperate *Ver tb* DESESPERAR

desesperar ♦ *vt* to drive *sb* to despair: *Desesperava-o não ter trabalho.* Not having a job was driving him to despair. ♦ *vi* to despair

desespero *sm* despair: *para* ~ *meu/dos médicos* to my despair/the despair of the doctors

desfavorável *adj* unfavorable

desfazer ♦ *vt* **1** (*nó, embrulho*) to undo **2** (*cama*) to unmake **3** (*dúvida, engano*) to dispel **4** (*desmontar*) to break *sth* up: ~ *um quebra-cabeças* to break up a puzzle ♦ **desfazer-se** *v pron* **1** (*nó, costura*) to come undone **2** (*derreter-se*) to melt **3** (*desmanchar-se*) to fall to pieces **4** (*despedaçar*) to break: *O vaso se desfez em mil pedaços.* The vase broke into a thousand pieces. **5 desfazer-se de** to get rid of *sb/sth*: *desfazer-se de um carro velho* to get rid of an old car LOC *Ver* MALA

desfecho *sm* outcome

desfeita *sf* insult

desfigurar *vt* (*tornar feio*) to disfigure

desfiladeiro *sm* (*Geog*) pass

desfilar *vi* **1** to march **2** (*modelos*) to parade

desfile *sm* parade LOC **desfile de moda** fashion show

desforra *sf* revenge

desgastante *adj* (*cansativo*) stressful

desgastar, desgastar-se *vt, v pron* (*rochas*) to wear (*sth*) away, to erode (*mais formal*)

desgaste *sm* **1** (*máquina, mobília*) wear and tear **2** (*rochas*) erosion

desgosto *sm* (*tristeza*) sorrow: *A decisão dele causou-lhes um grande* ~. His decision caused them great sorrow. LOC **dar desgosto (a)** to upset: *Ele dá muito* ~ *aos pais.* He's always upsetting his parents. *Ver tb* MATAR

desgostoso, -a *adj* sad

desgraça *sf* misfortune: *Têm-lhes acontecido muitas* ~*s.* They've suffered many misfortunes.

desgraçado, -a ♦ *pp, adj* **1** (*sem sorte*) unlucky **2** (*infeliz*) unhappy: *levar uma vida desgraçada* to lead an unhappy life ♦ *sm-sf* **1** (*infeliz*) wretch **2** (*pessoa má*) swine

desgravar *vt* (*fita cassete*) to erase

desidratação *sf* dehydration

design *sm* (*Tec*) design

designar *vt* **1** (*para cargo*) to appoint *sb* (**sth/to sth**): *Foi designado presidente/para o cargo.* He was appointed chairman/to the post. **2** (*lugar*) to designate *sth* (**as sth**): ~ *o Rio como o local dos jogos* to designate Rio as the venue for the Games

designer *smf* designer

desigual *adj* **1** (*tratamento*) unfair **2** (*terreno*) uneven **3** (*luta*) unequal

desigualdade *sf* inequality [*pl* inequalities]

desiludir *vt* to disappoint

desilusão *sf* disappointment: *sofrer uma* ~ to be disappointed LOC **ter/sofrer uma desilusão amorosa** to be disappointed in love *Ver tb* SOFRER

desimpedir *vt* to clear

desinchar ♦ *vt* to make *sth* go down: *A pomada vai* ~ *o seu dedo.* This cream will make the swelling in your finger go down. ♦ *vi* to go down

desinfetante *sm* disinfectant

desinfetar *vt* to disinfect

desinibido, -a *adj* uninhibited

desintegração *sf* disintegration

desintegrar-se *v pron* to disintegrate

desinteressar-se *v pron* ~ **de** to lose interest **in** *sb/sth*

desinteresse *sm* lack of interest

desistir *vt, vi* ~ (**de**) to give up (**sth/doing sth**); to give up: *Não desista.* Don't give up. ◊ ~ *de fumar* to give up smoking

desleal *adj* disloyal

desleixado, -a adj **1** (*pouco cuidadoso*) sloppy **2** (*desmazelado*) scruffy

desligar ◆ vt **1** (*apagar*) to turn sth off **2** (*de tomada*) to unplug ◆ **desligar-se** v pron **1** (*aparelho*) to go off **2** (*pessoa*) to turn your back **on sb/sth** LOC **desligar** (**o telefone**) to hang up: *Não desligue, por favor.* Please hold.

deslizamento sm LOC Ver TERRA

deslizar vi **1** to slide: *~ no gelo* to slide on the ice **2** (*cobra*) to slither

deslize sm (*lapso*) slip

deslocado, -a pp, adj (*pessoa*) out of place: *sentir-se ~* to feel out of place Ver tb DESLOCAR LOC Ver SENTIR

deslocar ◆ vt to dislocate ◆ **deslocar-se** v pron to go: *Eles se deslocam para todo lado de táxi.* They go everywhere by taxi.

deslumbrante adj dazzling: *uma iluminação/atuação ~* a dazzling light/performance

deslumbrar vt to dazzle

desmaiado, -a pp, adj (*pessoa*) unconscious Ver tb DESMAIAR

desmaiar vi to faint

desmaio sm fainting fit LOC **ter um desmaio** to faint

desmancha-prazeres smf spoilsport

desmantelar vt to dismantle

desmatamento sm deforestation

desmazelado, -a pp, adj scruffy

desmentir vt to deny

desmontar vt **1** to take sth apart: *~ uma bicicleta* to take a bicycle apart **2** (*andaime, estante, tenda*) to take sth down **3** (*destruir*) to smash: *A criança desmontou por completo os brinquedos.* The child smashed his toys to pieces.

desmoralizar vt to demoralize

desmoronamento sm (*edifício*) collapse LOC Ver TERRA

desmoronar vi to collapse

desnatado, -a pp, adj LOC Ver LEITE

desnecessário, -a adj unnecessary

desobedecer vi, vt to disobey: *~ às ordens/aos seus pais* to disobey orders/your parents

desobediência sf disobedience

desobediente adj disobedient

desobstruir vt to unblock

desocupado, -a adj vacant: *um lote ~* a vacant lot

desodorante sm deodorant

desolado, -a pp, adj **1** (*lugar*) desolate **2** (*pessoa*) devastated

desonesto, -a adj dishonest

desordeiro, -a sm-sf troublemaker

desordem sm mess: *Peço desculpa pela ~.* Excuse the mess. ◊ *A casa estava em ~.* The house was a mess.

desordenado, -a pp, adj messy Ver tb DESORDENAR

desordenar vt to mess sth up: *Você desordenou todos os meus livros!* You've messed up all my books!

desorganizado, -a pp, adj disorganized

desorientar ◆ vt to disorient ◆ **desorientar-se** v pron to become disoriented

despachar ◆ vt (*mercadoria*) to dispatch ◆ **despachar-se** v pron **despachar-se de** to get rid of sb/sth: *Ele se despachou de nós rapidamente.* He soon got rid of us.

desparafusar vt to unscrew

despedaçar, despedaçar-se vt, v pron to smash

despedida sf **1** farewell: *jantar de ~* farewell dinner **2** (*celebração*) farewell party LOC **despedida de solteiro** bachelor party, stag night (*GB*)

despedir ◆ vt (*empregado*) to fire ◆ **despedir-se** v pron **1 despedir-se (de)** (*dizer a*) to say goodbye (**to sb/sth**): *Eles nem sequer se despediram.* They didn't even say goodbye. **2** (*demitir-se*) to resign

despeitado, -a adj spiteful

despejar vt **1** (*esvaziar*) to empty: *Despeje o cesto de papéis.* Empty the wastebasket. **2** (*resíduos*) to dump **3** (*para um recipiente*) to pour: *Despeje o leite em outra xícara.* Pour the milk into another cup. **4** (*de casa, apartamento*) to evict

despencar vi to plummet

despensa sf pantry [pl pantries]

despenteado, -a pp, adj disheveled: *Você está todo ~.* Your hair's messy. Ver tb DESPENTEAR

despentear vt to mess sb's hair up: *Não me despenteie.* Don't mess my hair up.

despercebido, -a adj unnoticed: *passar ~* to go unnoticed

desperdiçar vt to waste: *Não desperdice esta oportunidade.* Don't waste this opportunity.

desperdício sm waste

despertador sm alarm (clock): *Pus o ~ para as sete.* I set the alarm for seven. ☞ *Ver ilustração em* RELÓGIO

despertar ♦ *vt* **1** (*pessoa*) to wake *sb* up: *A que horas você quer que eu o desperte?* What time do you want me to wake you up? **2** (*interesse, suspeitas*) to arouse ♦ **despertar, despertar-se** *vi, v pron* to wake up

despesa *sf* expense

despido, -a *pp, adj* (*pessoa*) naked *Ver tb* DESPIR

despir ♦ *vt* **1** (*roupa*) to take *sth* off **2** (*pessoa*) to undress ♦ **despir-se** *v pron* to get undressed: *Ele despiu-se e meteu-se na cama.* He got undressed and climbed into bed.

despistar *vt* **1** (*desorientar*) to confuse **2** (*escapar a*) to throw *sb* off the scent: *Ele despistou a polícia.* He threw the police off the scent.

despontar *vi* **1** (*aurora, dia*) to break **2** (*sol*) **(a)** (*amanhecer*) to rise **(b)** (*por entre as nuvens*) to come out: *O sol despontou à tarde.* The sun came out in the afternoon.

despovoado, -a *pp, adj* uninhabited *Ver tb* DESPOVOAR

despovoamento *sm* depopulation

despovoar *vt* to depopulate

desprender ♦ *vt* to unhook ♦ **desprender-se** *v pron* to come off

desprendimento *sm* (*desapego*) detachment

despreocupado, -a *adj* carefree

desprevenido, -a *adj* unprepared LOC **apanhar/pegar alguém desprevenido** to catch *sb* unawares

desprezar *vt* **1** (*menosprezar*) to despise, to look down on *sb* (*mais coloq*): *Eles desprezavam os outros alunos.* They looked down on the other students. **2** (*rejeitar*) to refuse: *Eles desprezaram a nossa ajuda.* They refused our help.

desprezo *sm* contempt (*for sb/sth*): *mostrar ~ por alguém* to show contempt for *sb*

desproporcionado, -a *adj* disproportionate (**to sth**)

desprovido, -a *pp, adj* ~ **de** lacking **in sth**

desqualificação *sf* (*Esporte*) disqualification

desqualificar *vt* (*Esporte*) to disqualify: *Ele foi desqualificado por trapacear.* He was disqualified for cheating.

desrespeitador, ~a *adj* ~ **com/para com** disrespectful (**to/towards sb/sth**)

destacar ♦ *vt* (*salientar*) to point *sth* out: *O professor destacou vários aspectos da sua obra.* The teacher pointed out various aspects of his work. ♦ **destacar-se** *v pron* to stand out: *O vermelho destaca-se contra o verde.* The red stands out against the green.

destampar *vt* to take the lid **off** *sth*: ~ *uma panela* to take the lid off a pot

destaque *sm* **1** (*proeminência*) prominence **2** (*de noticiário*) main point LOC **de destaque** prominent: *um membro de ~ da comunidade* a prominent member of the community **em destaque** in focus

destemido, -a *adj* fearless

destinatário, -a *sm-sf* addressee

destino *sm* **1** (*sina*) fate **2** (*avião, navio, trem, passageiro*) destination LOC **com destino a...** for...: *o navio com ~ a Recife* the boat for Recife

destoar *vt* ~ (**de**) to clash (**with sth**)

destreza *sf* skill

destro, -a *adj* **1** (*hábil*) skillful **2** (*ágil*) deft **3** (*que usa a mão direita*) right-handed

destroçar *vt* **1** to destroy **2** (*fazer em pedaços*) to smash: *Destroçaram os vidros da vitrina.* They smashed the shop window. **3** (*arruinar*) to ruin: ~ *a vida de alguém* to ruin *sb's* life

destroços *sm* wreckage [*sing*]

destróier *sm* destroyer

destruição *sf* destruction

destruir *vt* to destroy

destrutivo, -a *adj* destructive

desumano, -a *adj* inhuman

desuso *sm* disuse: *cair em ~* to fall into disuse

desvalorização *sf* devaluation

desvalorizar ♦ *vt* to devalue ♦ **desvalorizar-se** *v pron* to depreciate

desvantagem *sf* disadvantage LOC **estar em desvantagem** to be at a disadvantage

desviar ♦ *vt* to divert: ~ *o trânsito* to divert the traffic ◊ ~ *fundos de uma companhia* to divert company funds ♦ **desviar-se** *v pron* to get out of the way LOC **desviar o olhar** to look away

desvio *sf* **1** (*trânsito*) diversion **2** (*volta*) detour: *Tivemos que fazer um ~ de cinco quilômetros.* We had to make a five-kilometer detour. **3** ~ (**de**) (*irregularidade*) deviation (**from sth**) **4** (*fundos*) embezzlement

detalhadamente *adv* in detail

detalhado, -a *pp, adj* detailed *Ver tb* DETALHAR

detalhar *vt* **1** (*contar com detalhes*) to give details **of** *sth* **2** (*especificar*) to specify

detalhe *sm* detail

detectar *vt* to detect

detector *sm* detector: *um ~ de mentiras/metais* a lie/metal detector

detenção *sf* **1** (*prisão*) arrest **2** (*paralisação*) halt

deter ♦ *vt* **1** to stop **2** (*prender*) to arrest ♦ **deter-se** *v pron* to stop

detergente *sm* detergent LOC **detergente para a louça** dishwashing liquid, washing-up liquid (*GB*)

deteriorar ♦ *vt* (*danificar*) to damage ♦ **deteriorar-se** *v pron* to deteriorate

determinado, -a *pp, adj* **1** (*certo*) certain: *em ~s casos* in certain cases **2** (*decidido*) determined: *uma pessoa muito determinada* a very determined person *Ver tb* DETERMINAR

determinar *vt* to determine

detestar *vt* to detest *sb/sth/doing sth*, to hate *sb/sth/doing sth* (*mais coloq*)

detetive *smf* detective: *~ particular* private detective

detido, -a ♦ *pp, adj*: *estar/ficar ~* to be under arrest ♦ *sm-sf* detainee *Ver tb* DETER

deus *sm* god LOC **Deus me livre!** God forbid! **meu Deus!** good God! **se Deus quiser** God willing **só Deus sabe/sabe Deus** God knows *Ver tb* AMOR, GRAÇAS

deusa *sf* goddess

devagar ♦ *adv* slowly ♦ **devagar!** *interj* slow down! LOC **devagar e sempre** slowly but surely

dever¹ *vt* **1** + substantivo to owe: *Devo-lhe 3.000 reais/uma explicação.* I owe you 3,000 reais/an explanation. **2** + inf **(a)** (*no presente ou futuro, frases afirmativas*) must: *Você deve obedecer às regras.* You must obey the rules. ◊ *Ela já deve estar em casa.* She must be home by now. ☞ *Ver nota em* MUST **(b)** (*no presente ou futuro, frases negativas*): *Não deve ser fácil.* It can't be easy. **(c)** (*no passado ou condicional*) should: *Faz uma hora que você devia estar aqui.* You should have been here an hour ago. ◊ *Você não devia sair assim.* You shouldn't go out like that. ◊ *Você devia ter dito isso antes de sairmos!* You should have said so before we left! **3** to

be due **to sth**: *Isto se deve à falta de fundos.* This is due to a lack of funds. LOC **como deve ser**: *um escritório como deve ser* a real office ◊ *fazer algo como deve ser* to do sth right

dever² *sm* **1** (*obrigação moral*) duty [*pl* duties]: *cumprir um ~* to do your duty **2** **deveres** (*Educ*) homework [*não contável, v sing*]: *fazer os ~es* to do your homework ◊ *O professor passa muitos ~es.* Our teacher gives us a lot of homework.

devido, -a *pp, adj* (*correto*) proper LOC **devido a** due to *sb/sth Ver tb* DEVER¹

devolução *sf* **1** (*artigo*) return: *a ~ de produtos defeituosos* the return of defective goods **2** (*dinheiro*) refund

devolver *vt* **1** to return *sth* (**to sb/sth**): *Você devolveu os livros à biblioteca?* Did you return the books to the library? **2** (*dinheiro*) to refund: *O dinheiro lhe será devolvido.* Your money will be refunded.

devoto, -a *adj* devout

dez *num, sm* **1** ten **2** (*data*) tenth ☞ *Ver exemplos em* SEIS

dezembro *sm* December (*abrev* Dec) ☞ *Ver exemplos em* JANEIRO

dezena *sf* **1** (*Mat, número coletivo*) ten **2** (*aproximadamente*) about ten: *uma ~ de pessoas/vezes* about ten people/times

dezenove *num, sm* **1** nineteen **2** (*data*) nineteenth ☞ *Ver exemplos em* ONZE *e* SEIS

dezesseis *num, sm* **1** sixteen **2** (*data*) sixteenth ☞ *Ver exemplos em* ONZE *e* SEIS

dezessete *num, sm* **1** seventeen **2** (*data*) seventeenth ☞ *Ver exemplos em* ONZE *e* SEIS

dezoito *num, sm* **1** eighteen **2** (*data*) eighteenth ☞ *Ver exemplos em* ONZE *e* SEIS

dia *sm* **1** day [*pl* days]: *—Que ~ é hoje?—Terça-feira.* "What day is it today?" "Tuesday." ◊ *no ~ seguinte* on the following day ◊ *Está um ~ bonito hoje.* It's a nice day today. **2** (*em datas*): *Termina no ~ 15.* It ends on the 15th. ◊ *Eles chegaram no ~ 10 de abril.* They arrived on April 10. ☞ Diz-se "April tenth" ou "the tenth of April" LOC **ao/por dia** a day: *três vezes ao ~* three times a day **bom dia!** good morning!, morning! (*mais coloq*) **de dia/durante o dia** in the daytime/during the daytime: *Eles dormem de ~.* They sleep during the day. **dia das mães/dos pais** Mother's/Father's Day **dia de Natal**

Christmas Day ☛ *Ver nota em* NATAL **dia de Reis** January 6 **dia de semana** weekday **dia dos namorados** Valentine's Day **dia livre/de folga 1** (*não ocupado*) free day **2** (*sem ir trabalhar*) day off: *Amanhã é o meu ~ livre.* Tomorrow's my day off. **dia sim, dia não** every other day **dia útil** working day **estar/andar em dia** to be up to date **o dia de amanhã** in the future **pôr em dia** to bring *sb/sth* up to date **ser (de) dia** to be light **todos os dias** every day ☛ *Ver nota em* EVERYDAY; *Ver tb* ALGUM, ASSUNTO, HOJE, NOITE, QUINZE

diabetes (*tb* **diabete**) *sf ou sm* diabetes [*sing*]

diabético, -a *adj, sm-sf* diabetic

diabo *sm* devil LOC **do(s) diabo(s)**: *Está um frio dos ~s.* It's freezing. ◊ *um problema dos ~s* one hell of a problem **por que diabo(s)…?** why the hell…?: *Por que ~s você não me disse?* Why the hell didn't you tell me? *Ver tb* ADVOGADO, FEIO

diabrete *sm* little devil

diagnóstico *sm* diagnosis [*pl* diagnoses]

diagonal *adj, sf* diagonal

diagrama *sm* diagram

dialeto *sm* dialect: *um ~ do inglês* a dialect of English

diálogo *sm* dialogue

diamante *sm* diamond

diâmetro *sm* diameter

diante *prep* LOC **diante de 1** (*espaço*) in front of *sb/sth*: *Ela estava sentada diante dele.* She was sitting in front of him. **2** (*perante*) **(a)** (*pessoa*) in the presence of: *Você está diante do futuro presidente.* You're in the presence of the future president. **(b)** (*coisa*) up against: *Estamos diante de um grande problema.* We're up against a major problem. *Ver tb* ASSIM, HOJE

dianteira *sf* **1** (*carro*) front **2** (*liderança*) lead: *ir na ~* to be in the lead

dianteiro, -a *adj* front

diário, -a ◆ *adj* daily ◆ *sm* **1** (*jornal*) daily [*pl* dailies] **2** (*pessoal*) diary [*pl* diaries] LOC *Ver* USO

diarréia *sf* diarrhea [*não contável*]

dica *sf* tip

dicionário *sm* dictionary [*pl* dictionaries]: *Procure no ~.* Look it up in the dictionary. ◊ *um ~ bilíngüe* a bilingual dictionary

didático, -a *adj* educational LOC *Ver* LIVRO, MATERIAL

diesel *sm* diesel: *motor a ~* diesel engine

dieta *sf* diet: *estar de ~* to be on a diet

difamar *vt* **1** (*oralmente*) to slander **2** (*por escrito*) to libel

diferença *sf* **1** ~ **em relação a/entre** difference **between sth and sth**: *O Rio tem duas horas de ~ em relação a Nova York.* There's a two hour time difference between Rio and New York. **2** ~ **(de)** difference (**in/of sth**): *Não há muita ~ de preço entre os dois.* There's not much difference in price between the two. ◊ ~ *de opinião* difference of opinion ◊ *Que diferença faz?* What difference does it make?

diferenciar ◆ *vt* to differentiate *sth* (**from sth**); to differentiate **between sth and sth** ◆ **diferenciar-se** *v pron*: *Eles não se diferenciam em nada.* There's no difference between them. ◊ *Como se diferenciam?* What's the difference?

diferente *adj* ~ (**de/para**) different (**from/than** *sb/sth*): *Pensamos de modo/maneira ~.* We think differently.

difícil *adj* difficult

dificuldade *sf* difficulty [*pl* difficulties]: *criar/causar ~s* to create difficulties LOC **ter dificuldade (de fazer algo)** to have trouble *doing sth*: *Tive ~ de passar em matemática.* I had trouble passing math.

dificultar *vt* **1** (*tornar difícil*) to make *sth* difficult **2** (*progresso, mudança*) to hinder

difundido, -a *pp, adj* widespread *Ver tb* DIFUNDIR

difundir ◆ *vt* **1** (*Rádio, TV*) to broadcast **2** (*publicar*) to publish **3** (*oralmente*) to spread ◆ **difundir-se** *v pron* (*notícia, luz*) to spread

difusão *sf* **1** (*idéias*) dissemination **2** (*programas*) broadcasting **3** (*jornal, revista*) circulation

digerir *vt* to digest

digestão *sf* digestion LOC **fazer a digestão** to let your food go down: *Ainda estou fazendo a ~.* I'm still waiting for my food to go down.

digestivo, -a *adj* digestive: *o aparelho ~* the digestive system

digital *adj* digital LOC *Ver* IMPRESSÃO

digitar *vt* **1** (*palavra*) to key *sth* in **2** (*Informát*) to enter

dígito *sm* digit: *um número de telefone com seis ~s* a six-digit phone number

dignar-se *v pron* ~ **a** to deign **to do sth**

dignidade *sf* dignity

digno, -a *adj* **1** decent: *o direito a um trabalho ~* the right to a decent job **2** ~ **de** worthy **of sth**: *~ de atenção* worthy of attention LOC **digno de confiança** reliable

dilatar, dilatar-se *vt, v pron* **1** (*aumentar, distender(-se)*) to expand **2** (*poros, pupilas*) to dilate

dilema *sm* dilemma

diluir *vt* **1** (*sólido*) to dissolve **2** (*líquido*) to dilute **3** (*molho, tinta*) to thin

dilúvio *sm* deluge LOC **o Dilúvio** the Flood

dimensão *sf* dimension: *a quarta ~* the fourth dimension ◊ *as dimensões de uma sala* the dimensions of a room

diminuição *sf* fall (**in sth**): *uma ~ no número de acidentes* a fall in the number of accidents

diminuir ◆ *vt* to reduce: *Diminua a velocidade.* Reduce your speed. ◆ *vi* to drop: *Os preços diminuíram.* Prices have dropped.

diminutivo, -a *adj, sm* diminutive

diminuto, -a *adj* tiny

dinâmica *sf* dynamics [*sing*]

dinâmico, -a *adj* dynamic

dinamite *sf* dynamite

dínamo *sm* dynamo [*pl* dynamos]

dinastia *sf* dynasty [*pl* dynasties]

dinheirão *sm* fortune: *Custa um ~.* It costs a fortune.

dinheiro *sm* money [*não contável*]: *Você tem algum ~?* Do you have any money? ◊ *Necessito de ~.* I need some money. LOC **andar/estar mal de dinheiro** to be short of money **dinheiro trocado** loose change *Ver tb* PAGAR

dinossauro *sm* dinosaur

dióxido *sm* dioxide LOC **dióxido de carbono** carbon dioxide

diploma *sm* diploma: *~ escolar* high school diploma

diplomacia *sf* diplomacy

diplomado, -a *pp, adj* qualified: *uma enfermeira diplomada* a qualified nurse

diplomata *smf* diplomat

diplomático, -a *adj* diplomatic

dique *sm* dike

direção *sf* **1** (*rumo, Cinema*) direction: *Eles iam na ~ contrária.* They were going in the opposite direction. ◊ *sair em ~ a Porto Alegre* to set off for Porto Alegre ◊ *ir em ~ a alguém/algo* to go toward sb/sth **2** (*empresa*) management **3** (*carro*) steering: *~ motorizada* power steering LOC *Ver* MUDANÇA

direito, -a ◆ *adj* **1** (*destro*) right: *quebrar o pé ~* to break your right foot **2** (*reto*) straight: *Este quadro não está ~.* That picture isn't straight. ◊ *Sente ~ na cadeira.* Sit up straight. **3** (*aprumado*) upright ◆ *sm* **1** (*oposto de avesso*) right side **2** (*faculdade legal ou moral*) right: *Com que ~ você entra aqui?* What right do you have to come in here? ◊ *os ~s humanos* human rights ◊ *o ~ de voto* the right to vote **3** (*curso*) law **4** (*pé*) right foot ◆ **direita** *sf* **1** right: *É a segunda porta à direita.* It's the second door on the right. ◊ *Quando chegar ao sinal de trânsito, vire à direita.* Turn right at the traffic lights. **2** (*mão*) right hand: *escrever com a direita* to be right-handed LOC **a direita** (*Pol*) the Right **de direita** right-wing **direitos alfandegários** customs duties **direitos autorais** copyright **estar no seu direito** to be within your rights: *Estou no meu ~.* I'm within my rights. **não está direito!** it's not fair! *Ver tb* BRAÇO, TORTO

diretamente *adv* straight: *Regressamos ~ a São Paulo.* We went straight back to São Paulo.

direto, -a ◆ *adj* direct: *um vôo ~* a direct flight ◊ *Qual é o caminho mais ~?* What's the most direct route? ◆ *adv* straight: *Vá ~ para casa.* Go straight home. LOC **ir direto ao assunto** to get to the point

diretor, ~a *sm-sf* **1** director: *~ artístico/financeiro* artistic/financial director ◊ *um ~ de cinema* a movie director **2** (*escola*) principal, head teacher (*GB*) **3** (*jornal, editora*) editor

diretoria *sf* **1** (*empresa*) **(a)** (*diretores*) board **(b)** (*sala*) boardroom **2** (*escola*) principal

dirigente ◆ *adj* **1** (*Pol*) ruling **2** (*gerente*) management [*s atrib*]: *a equipe ~* the management team ◆ *smf* (*Pol*) leader

dirigir ◆ *vt* **1** (*peça de teatro, filme, trânsito*) to direct **2** **(a)** (*carro*) to drive: *Estou aprendendo a ~.* I'm learning to drive. **(b)** (*moto*) to ride **3** (*orquestra*) to conduct **4** (*carta, mensagem*) to address *sth* **to sb/sth 5** (*arma, mangueira, telescópio*) to point *sth* **at sb/sth 6** (*debate, campanha, expedição, partido*) to lead **7** (*negócio*) to run ◆ **dirigir-se** *v pron*

1 dirigir-se a/para to head for...: *dirigir-se à fronteira* to head for the border **2** dirigir-se a (a) *(falar)* to speak **to sb** **(b)** *(por carta)* to write **to sb** LOC **dirigir a palavra** to speak *to sb*

discar *vi, vt* to dial: *Você discou errado.* You dialed the wrong number.

disciplina *sf* **1** discipline: *manter a ~* to maintain discipline **2** *(matéria)* subject: *Levei bomba em duas ~s.* I flunked two subjects.

discípulo, -a *sm-sf* **1** *(seguidor)* disciple **2** *(aluno)* student

disc-jóquei *smf* disc jockey [*pl* disc jockeys] *(abrev* DJ)

disco *sm* **1** *(Mús)* record: *gravar/pôr um ~* to make/play a record **2** *(Informát, objeto circular)* disk: *o ~ rígido* the hard disk **3** *(Esporte)* discus LOC **disco voador** flying saucer

discordar *vi, vt ~* **(de)** to disagree *(with sb)* **(about sth)**

discoteca *sf* **1** *(clube noturno)* club **2** *(loja de discos)* record store LOC **de discoteca** *(música)* disco: *um ritmo de ~* a disco beat

discreto, -a *adj* **1** *(prudente)* discreet **2** *(modesto)* unremarkable

discrição *sf* discretion

discriminação *sf* discrimination: *a ~ racial* racial discrimination ◊ *a ~ contra as mulheres* discrimination against women

discriminar *vt* to discriminate **against sb**

discurso *sm* speech: *fazer um ~* to make a speech

discussão *sf* **1** *(debate)* discussion **2** *(briga)* argument LOC *Ver* ENTRAR

discutir ◆ *vt* **1** *~* **(sobre)** *(debater)* to discuss: *~ política* to discuss politics **2** *(questionar)* to question: *~ uma decisão* to question a decision ◆ *vi (brigar)* to argue **(with sb)** **(about sth)** LOC *Ver* GOSTO

disenteria *sf* dysentery

disfarçar ◆ *vt* to disguise: *~ a voz* to disguise your voice ◊ *~ uma cicatriz* to hide a scar ◆ *vi (fingir)* to pretend: *Disfarce, faça como se você não soubesse de nada.* Pretend you don't know anything.

disfarce *sm* disguise

disforme *adj* deformed

dislexia *sf* dyslexia

disléxico, -a *adj, sm-sf* dyslexic

disparado, -a *pp, adj* LOC **sair**

disparado/em disparada to shoot out *(of...)*: *Eles saíram ~s do banco.* They shot out of the bank. *Ver tb* DISPARAR

disparar ◆ *vt, vi* to shoot: *~ uma flecha* to shoot an arrow ◊ *Não disparem!* Don't shoot! ◊ *Eles disparavam contra tudo o que se movesse.* They were shooting at everything that moved. ◆ *vi* **1** *(arma, dispositivo)* to go off: *A pistola disparou.* The pistol went off. **2** *(preços)* to shoot up

disparatado, -a *adj* foolish

disparate *sm* **1** *(dito)* nonsense [*não contável*]: *Não diga ~s!* Don't talk nonsense! **2** *(feito)* stupid thing

disparo *sm* shot

dispensar *vt* **1** *(passar sem)* to dispense with *sth*: *Dispensa apresentações.* Don't bother with introductions. **2** *(de exame, prova)* to let *sb* **off sth**: *Como ele tinha boas notas, dispensaram-no do exame.* He got such good grades that they let him off the test. **3** *(ceder)* to lend *sb sth*: *Você pode me ~ uma folha?* Could you lend me a sheet of paper? **4** *(de um cargo)* to relieve *sb* **of sth**: *Ele foi dispensado do cargo.* He was relieved of his duties.

dispersar, dispersar-se *vt, vi, v pron* to disperse

disponível *adj* available

dispor ◆ *vt* **1** to arrange: *Dispus os livros em pequenas pilhas.* I arranged the books in small piles. **2** *~* **de (a)** *(ter)* to have *sth* **(b)** *(utilizar)* to use *sth*: *~ das suas economias* to use your savings ◆ **dispor-se** *v pron* **dispor-se a** **1** *(estar pronto)* to get ready **for sth/to do sth**: *Eu me dispunha a sair quando chegou a minha sogra.* I was getting ready to leave when my mother-in-law arrived. **2** *(oferecer-se)* to offer **to do sth**: *Dispus-me a ajudar mas recusaram a minha ajuda.* I offered to help but they turned me down.

dispositivo *sm* device

disposto, -a *pp, adj* **1** *(ordenado)* arranged **2** *(solícito)* willing **3** *~* **a** *(decidido)* prepared **to do sth**: *Não estou ~ a demitir-me.* I'm not prepared to resign. *Ver tb* DISPOR

disputa *sf* **1** *(briga)* argument **2** *(competição)* competition

disputado, -a *pp, adj* fiercely contested *Ver tb* DISPUTAR

disputar *vt* **1** to compete **for sth 2** *(Esporte)* to play

disquete *sf* floppy disk ☞ *Ver ilustração em* COMPUTADOR

dissecar *vt* to dissect

dissertação *sf* paper

dissimuladamente *adv* surreptitiously

dissimular ◆ *vt* to hide ◆ *vi* to pretend

dissolver, dissolver-se *vt, v pron* **1** (*num líquido*) to dissolve: *Dissolva o açúcar no leite.* Dissolve the sugar in the milk. **2** (*manifestação*) to break (*sth*) up: *A manifestação dissolveu-se imediatamente.* The demonstration broke up immediately.

dissuadir *vt* to dissuade *sb* (**from sth/ doing sth**)

distância *sf* distance: *A que ~ fica o próximo posto de gasolina?* How far is it to the next gas station? LOC **a/à distância** at/from a distance **a muita/pouca distância de...** a long way/not far from...: *a pouca ~ de nossa casa* not far from our house *Ver tb* SALTO[1]

distanciar ◆ *vt* **1** (*no espaço, tempo*) to distance **2** (*pessoas*) to drive *sb* apart ◆ **distanciar-se** *v pron* **1** (*afastar-se*) to move away **2** (*pessoas*) to grow apart

distante *adj* distant

distinção *sf* distinction: *fazer distinções* to make distinctions LOC **sem distinção de raça, sexo, etc.** regardless of race, gender, etc.

distinguir ◆ *vt* **1** to distinguish *sb/sth* (**from sb/sth**): *Você consegue ~ os machos das fêmeas?* Can you distinguish the males from the females? ◊ *Não consigo ~ os dois irmãos.* I can't tell the brothers apart. **2** (*divisar*) to make *sth* out: *~ uma silhueta* to make out an outline ◆ **distinguir-se** *v pron* **distinguir-se por** to be known **for sth**: *Ele se distingue pela tenacidade.* He's known for his tenacity.

distinto, -a *adj* **1** (*diferente*) different **2** (*som, ruído*) distinct **3** (*eminente*) distinguished

distorcer *vt* (*alterar*) to distort: *~ uma imagem/os fatos* to distort an image/ the facts

distração *sf* **1** (*divertimento, esquecimento*) distraction **2** (*falta de atenção*) absent-mindedness **3** (*descuido*) oversight **4** (*relaxamento*) relaxation

distraído, -a *pp, adj* absent-minded LOC **estar/ir distraído** to be miles away **fazer-se de distraído** to pretend not to notice *Ver tb* DISTRAIR

distrair ◆ *vt* **1** (*entreter*) to keep *sb* amused: *Contei histórias para distraí-los.* I told them stories to keep them amused. **2** (*fazer perder a atenção*) to distract *sb* (**from sth**): *Não me distraia do meu trabalho.* Don't distract me from my work. ◆ **distrair-se** *v pron* **1** **distrair-se com algo/fazendo algo (a)** (*passar o tempo*) to pass the time doing **sth (b)** (*gostar de*) to enjoy doing **sth**: *Eu me distraio lendo.* I enjoy reading. **2** (*descuidar-se*) to be distracted: *Distraí-me por um instante.* I was distracted for a moment.

distribuição *sf* **1** distribution **2** (*correspondência*) delivery **3** (*casa, apartamento*) layout

distribuir *vt* **1** (*dar*) to distribute: *Distribuirão alimentos aos refugiados.* They will distribute food to the refugees. **2** (*repartir*) to share *sth* out

distrito *sm* district

distúrbio *sm* **1** (*perturbação*) disturbance **2** (*violento*) riot LOC *Ver* CRIAR

ditado *sm* **1** (*para ser escrito*) dictation: *Vamos fazer um ~.* We're going to do a dictation. **2** (*provérbio*) saying: *Como diz o ~...* As the saying goes...

ditador, ~a *sm-sf* dictator

ditadura *sf* dictatorship: *durante a ~ militar* under the military dictatorship

ditar *vt* to dictate

dito, -a *pp, adj* LOC **dito de outra forma/maneira** in other words (**foi) dito e feito** no sooner said than done *Ver tb* DIZER

ditongo *sm* diphthong

divã *sm* divan

diversão *sf* **1** (*distração*) amusement **2** (*prazer*) fun: *Pintar para mim é uma ~.* I paint for fun. **3** (*espetáculo*) entertainment: *lugares de ~* places of entertainment LOC *Ver* PARQUE

diverso, -a *adj* **1** (*variado, diferente*) different: *pessoas de diversas origens* people from different backgrounds **2** **diversos** (*vários*) various: *O livro cobre ~s aspectos.* The book covers various aspects.

divertido, -a *pp, adj* **1** (*engraçado*) funny **2** (*agradável*) enjoyable: *umas férias divertidas* an enjoyable vacation LOC **estar/ser (muito) divertido** to be (great) fun *Ver tb* DIVERTIR

divertimento *sm* amusement

divertir ◆ *vt* to amuse ◆ **divertir-se** *v pron* **1** to enjoy yourself: *Divirta-se!* Enjoy yourself!/Have a good time! **2** **divertir-se (a/com/fazendo algo)** to enjoy **sth/doing sth**: *Eles se divertem irritando as pessoas.* They enjoy annoying people.

dívida *sf* debt: *estar em ~ (para) com o banco* to be in debt to the bank

dividir ◆ *vt* **1** to divide *sth* (up): *~ o trabalho/o bolo* to divide (up) the work/cake ◊ *~ algo em três partes* to divide something into three parts ◊ *Dividiram-no entre os/pelos filhos* They divided it between their children. **2** (*Mat*) to divide *sth* (**by sth**): *~ oito por dois* to divide eight by two **3** (*partilhar*) to share: *~ um apartamento* to share an apartment ◆ **dividir, dividir-se** *vt, v pron* **dividir(-se)** (**em**) to split (**into sth**): *dividir-se em duas facções* to split into two factions

divino, -a *adj* divine

divisa *sf* **1** (*fronteira*) border: *a ~ entre São Paulo e Minas Gerais* the border between São Paulo and Minas Gerais **2 divisas** (*dinheiro*) (foreign) currency [*não contável*]: *pagar em ~s* to pay in foreign currency

divisão *sf* **1** division: *um time da primeira ~* a first-division team **2** (*compartimento*) compartment: *uma gaveta com duas divisões* a drawer with two compartments

divisória *sf* partition

divorciado, -a *pp, adj* divorced *Ver tb* DIVORCIAR-SE

divorciar-se *v pron ~* (**de**) to get divorced (**from sb**)

divórcio *sm* divorce

divulgar, divulgar-se *vt, v pron* to spread

dizer *vt* to say, to tell

Dizer geralmente se traduz por **to say**: —*São três horas, disse a Rosa.* "It's three o'clock," said Rosa. ◊ *O que é que ele disse?* What did he say? Quando especificamos a pessoa com quem estamos falando, é mais habitual utilizar **to tell**: *Ele me disse que ia chegar tarde.* He told me he'd be late. ◊ *Quem lhe disse?* Who told you? **To tell** também é utilizado para dar ordens: *Ela me disse que lavasse as mãos.* She told me to wash my hands. *Ver tb nota em* SAY.

LOC **digamos…** let's say…: *Digamos às seis.* Let's say six o'clock. **digo…** I mean…: *Custa quatro, digo cinco mil reais.* It costs four, I mean five, thousand reais. **não (me) diga! diga!** you don't say! **sem dizer nada** without a word ☞ Para outras expressões com **dizer**,

ver os verbetes para o substantivo, adjetivo, etc., p.ex. **por assim dizer** em ASSIM e **dizer tolices** em TOLICE.

dó¹ *sm* LOC **dar dó** to be a pity: *Dá dó jogar fora tanta comida.* It's a pity to throw away so much food. **sem dó nem piedade** ruthless: *uma pessoa sem dó nem piedade* a ruthless individual **ter dó de alguém** to take pity on sb

dó² *sm* (*Mús*) C: *em dó maior* in C major

doação *sf* donation: *fazer uma ~* to make a donation

doador, ~a *sm-sf* donor: *um ~ de sangue* a blood donor

doar *vt* to donate

dobra *sf* **1** fold **2** (*livro, envelope*) flap

dobradiça *sf* hinge

dobradinha *sf* (*Cozinha*) tripe [*não contável, v sing*]

dobrar ◆ *vt* **1** (*sobrepor*) to fold: *~ um papel em oito* to fold a piece of paper into eight **2** (*curvar, flexionar*) to bend: *~ o joelho/uma barra de ferro* to bend your knee/an iron bar **3** (*duplicar*) to double: *Eles dobraram a oferta.* They doubled their offer. **4** (*esquina*) to turn ◆ *vi* (*sinos*) to toll ◆ **dobrar-se** *v pron* (*curvar-se*) to bend (over)

dobrável *adj* folding: *uma cama ~* a folding bed

dobro *sm* twice as much/many: *Custa o ~.* It costs twice as much. ◊ *Ela ganha o ~ de mim.* She earns twice as much as me. ◊ *Havia lá o ~ das pessoas.* There were twice as many people there. ◊ *com o ~ da largura* twice as wide

doca *sf* dock

doce ◆ *adj* **1** sweet: *um vinho ~* a sweet wine **2** (*pessoa, voz*) gentle ◆ *sm* sweet LOC **doce de leite** fudge *Ver tb* ÁGUA, ALGODÃO, FLAUTA, PÃO, QUEDA

docente *adj* teaching: *corpo ~* teaching staff

dócil *adj* docile

documentação *sf* **1** (*de uma pessoa*) identity card, ID card (*mais coloq*) **2** (*de um carro*) documents [*pl*]

documentário *sm* documentary [*pl* documentaries]

documento *sm* **1** document **2 documentos (a)** (*de uma pessoa*) identity card, ID card (*mais coloq*): *Eles me pediram os ~.* They asked to see my ID. **(b)** (*de um carro*) documents

doença *sf* **1** illness: *recuperar-se de uma ~ grave* to recover from a serious illness **2** (*infecciosa, contagiosa*) disease: ~ *hereditária/de Parkinson* hereditary/Parkinson's disease ☞ *Ver nota em* DISEASE

doente ◆ *adj* sick: *estar/ficar* ~ to be/get sick ◆ *smf* **1** sick person ☞ Quando queremos nos referir aos doentes em geral, dizemos **the sick**: *cuidar dos doentes* to care for the sick. **2** (*paciente*) patient LOC **deixar alguém doente** to make sb sick

doer ◆ *vi* **1** to hurt: *Isto não vai* ~ *nada.* This won't hurt (you) at all. ◊ *A minha perna/o meu estômago está doendo.* My leg/stomach hurts. **2** (*cabeça, dentes*) to ache: *A minha cabeça está doendo.* I have a headache. ◆ *vt* to hurt: *Doeu-me muito eles não me terem apoiado.* I was very hurt by their lack of support. LOC *Ver* FEIO

doidão, -ona *adj* stoned

doidice *sf* **1** (*loucura*) madness **2** (*idéia*) crazy idea

doido, -a ◆ *adj* ~ (**por**) crazy (**about sb/sth**): *ficar* ~ to go crazy ◊ *Ele é* ~ *por você.* He's crazy about you. ◆ *sm-sf* lunatic: *Eles dirigem como* ~*s.* They drive like lunatics. LOC **ser doido varrido** to be as mad as a hatter *Ver tb* CADA

dois, duas *num, sm* **1** two **2** (*data*) second ☞ *Ver exemplos em* SEIS LOC **dois a dois** in pairs **dois pontos** colon ☞ *Ver págs 298–9. Ver tb* CADA

dólar *sm* dollar

dolorido, -a *adj* sore: *Estou com o ombro* ~. My shoulder is sore.

doloroso, -a *adj* painful

dom *sm* gift: *o* ~ *da palavra* the gift of the gab

domar *vt* **1** to tame **2** (*cavalo*) to break *a horse* in

domesticar *vt* to domesticate

doméstico, -a ◆ *adj* **1** household [*s atrib*]: *tarefas domésticas* household chores **2** (*animal*) domestic ◆ **doméstica** *sf* (*empregada*) maid LOC *Ver* EMPREGADO, TAREFA, TRABALHO

domicílio *sm* home, residence (*mais formal*): *mudança de* ~ change of address ◊ *entrega/serviço a* ~ delivery service LOC *Ver* ENTREGA

dominante *adj* dominant

dominar *vt* **1** to dominate: ~ *os demais* to dominate other people **2** (*língua*) to be fluent **in sth**: *Ele domina bem o russo.* He's fluent in Russian. **3** (*matéria, técnica*) to be good **at sth**

domingo *sm* Sunday [*pl* Sundays]

(*abrev* Sun) ☞ *Ver exemplos em* SEGUNDA-FEIRA LOC **Domingo de Ramos/Páscoa** Palm/Easter Sunday

domínio *sm* **1** (*controle*) control: *o seu* ~ *da bola* his ball control **2** (*língua*) command **3** (*técnica*) mastery **4** (*setor, campo*) field **5** (*território*) domain LOC **ser de/do domínio público** to be common knowledge

dominó *sm* (*jogo*) dominoes [*sing*]: *jogar* ~ to play dominoes

dona *sf*: *Dona Fernanda (Costa)* Mrs. (Fernanda) Costa LOC **dona de casa** housewife [*pl* housewives] *Ver tb* DONO

donativo *sm* donation

dono, -a *sm-sf* **1** owner **2** (*bar, pensão*) landlord [*fem* landlady] LOC **ser dono do seu nariz** to know your own mind

dor *sf* **1** pain: *algo contra/para a* ~ something for the pain ◊ *Ela está com* ~? Is she in pain? **2** (*mágoa*) grief LOC **dor de cabeça, dentes, ouvidos, etc.** headache, toothache, earache, etc.: *estar com* ~ *de estômago* to have a stomachache ◊ ~ *nas costas* backache **dor de garganta** sore throat: *Ele está com* ~ *de garganta.* He has a sore throat. *Ver tb* ESTREMECER, GRITAR, TORCER

dor-de-cotovelo *sf* jealousy: *ter/estar com dor de cotovelo* to be jealous

dormente *adj* numb: *Estou com a perna* ~. My leg's gone to sleep.

dormir *vi* **1** to sleep: *Não consigo* ~. I can't sleep. ◊ *Não dormi nada.* I didn't sleep a wink. **2** (*estar adormecido*) to be asleep: *enquanto a minha mãe dormia* while my mother was asleep **3** (*dormitar*) to doze off LOC **dormir como uma pedra** to sleep like a log **hora de dormir!** time for bed! **não deixar dormir** to keep *sb* awake *Ver tb* QUARTO

dormitório *sm* bedroom

dorsal *adj* LOC *Ver* ESPINHA

dosagem *sf* dosage

dose *sf* **1** (*Med*) dose **2** (*bebida alcoólica*) shot: *Vou tomar uma* ~ *de uísque.* I'm going to have a shot of whiskey.

dossiê *sm* (*processo*) dossier

dotado, -a *pp, adj* **1** (*talentoso*) gifted **2** ~ **de** (*de uma qualidade*) endowed **with sth**: ~ *de inteligência* endowed with intelligence

dote *sm* **1** (*de uma mulher*) dowry [*pl* dowries] **2** (*talento*) gift

dourado, -a *pp, adj* **1** gold [*s atrib*]: *uma bolsa* ~ a gold bag ◊ *cores/tons* ~*s*

gold colors/tones **2** (*cabelo*) golden LOC
Ver PEIXE

doutor, ~a *sm-sf* doctor (*abrev* Dr.)

doutoramento *sm* doctorate

doutrina *sf* doctrine

doze *num, sm* **1** twelve **2** (*data*) twelfth
☛ Ver exemplos em ONZE *e* SEIS

dragão *sm* dragon

drama *sm* drama

dramático, -a *adj* dramatic

dramatizar *vt, vi* to dramatize: *Agora
vão ~ a obra e fazer um seriado de
televisão.* They're going to dramatize
the book for television. ◊ *Não drama-
tize!* Don't be over-dramatic!

dramaturgo, -a *sm-sf* playwright

driblar *vt, vi* (*Esporte*) to dribble

droga ♦ *sf* **1** (*substância*) drug: *uma ~
leve/pesada* a soft/hard drug **2 a droga**
(*atividade*) drugs [*pl*]: *a luta contra a ~*
the fight against drugs ◊ *organizar uma
campanha contra a ~* to organize an
anti-drugs campaign **3** (*coisa de má
qualidade*) garbage ♦ **droga!** *interj*
darn it! LOC Ver QUE³, TRÁFICO

drogado, -a *sm-sf* drug addict

drogar ♦ *vt* to drug ♦ **drogar-se** *v pron*
to take drugs

drogaria *sf* drugstore, chemist's (*GB*)

duas *adj, pron Ver* DOIS

dublar *vt* to dub: *~ um filme em portu-
guês* to dub a movie into Portuguese

dublê *smf* **1** (*substituto*) stand-in **2**
(*para cenas perigosas*) stuntman/
woman [*pl* stuntmen/women]

ducha *sf* shower: *tomar uma ~* to take a
shower LOC Ver GEL

duelo *sm* duel

duende *sm* elf [*pl* elves]

duna *sf* dune

duo *sm* **1** (*composição*) duet **2** (*par*) duo
[*pl* duos] LOC Ver VEZ

duodécimo, -a *num, sm* twelfth

dupla *sf* pair Ver tb DUPLO

dúplex *sm* duplex (apartment)

duplicar *vi* to double

duplo, -a *num* double: *com (um) ~ sen-
tido* with a double meaning LOC Ver
ESTACIONAR, PISTA

duque, -esa *sm-sf* duke [*fem* duchess]

O plural de **duke** é "dukes", mas quan-
do dizemos *os duques* referindo-nos ao
duque e à duquesa, traduzimos por
"**the duke and duchess**".

duração *sf* **1** length: *a ~ de um filme*
the length of a movie ◊ *Qual é a ~ do
contrato?* How long is the contract for?
2 (*lâmpada, pilha*) life: *pilhas de longa
~* long-life batteries

durante *prep* during, for: *durante o
concerto* during the concert ◊ *durante
dois anos* for two years

Utilizamos **during** quando queremos
nos referir ao tempo ou ao momento
em que se inicia a ação e **for** quando se
especifica a duração da ação: *Senti-me
mal durante a reunião.* I felt sick dur-
ing the meeting. ◊ *Ontem à noite choveu
durante três horas.* Last night it rained
for three hours.

durar *vi* to last: *A crise durou dois anos.*
The crisis lasted two years. ◊ *~ muito* to
last a long time ◊ *Durou pouco.* It didn't
last long.

Durex® LOC Ver FITA

duro, -a ♦ *adj* **1** hard: *A manteiga está
dura.* The butter's hard. ◊ *uma vida
dura* a hard life ◊ *ser ~ com alguém* to
be hard on sb **2** (*castigo, clima, crítica*)
harsh **3** (*forte, resistente, carne*) tough:
É preciso ser ~ para sobreviver. You
have to be tough to survive. **4** (*pão*)
stale ♦ *adv* hard: *trabalhar ~* to work
hard LOC **duro de ouvido** hard of hear-
ing Ver tb OSSO, OVO

dúvida *sf* **1** (*incerteza*) doubt: *sem ~
(alguma/nenhuma)* without a doubt ◊
longe de ~ beyond (all) doubt **2** (*proble-
ma*): *Alguma ~?* Are there any ques-
tions? ◊ *O professor passou a aula toda
tirando ~s.* The teacher spent the whole
class answering questions. LOC **estar
em dúvida** to be in some doubt **não há
dúvida (de) que...** there is no doubt
that... **sem dúvida!** absolutely! Ver tb
LUGAR, SOMBRA, VIA

duvidar ♦ *vt, vi ~* (**de/que...**) to doubt:
Duvido! I doubt it. ◊ *Você duvida da
minha palavra?* Do you doubt my
word? ◊ *Duvido que seja fácil.* I doubt
it'll be easy. ♦ *vt ~* **de alguém** to mis-
trust sb: *Ela duvida de todos.* She mis-
trusts everyone.

duvidoso, -a *adj* **1** (*suspeito*) dubious:
um penalty ~ a dubious penalty **2** (*in-
certo*) doubtful: *Estou meio ~.* I'm pretty
doubtful.

duzentos, -as *num, sm* two hundred
☛ Ver exemplos em SEISCENTOS

dúzia *sf* dozen: *uma ~ de pessoas* a
dozen people LOC **às dúzias** by the
dozen

e *conj* **1** (*aditiva*) and: *meninos e meninas* boys and girls **2** (*em interrogativas*) and what about…?: *E você?* And what about you? **3** (*para designar as horas*) after, past (GB): *São duas e dez.* It's ten after two.

ébano *sm* ebony

ebulição *sf* boiling LOC *Ver* PONTO

echarpe *sf* scarf [*pl* scarves]

eclesiástico, -a *adj* ecclesiastical

eclipse *sm* eclipse

eco *sm* echo [*pl* echoes]: *A gruta fazia* ~. The cave had an echo.

ecologia *sf* ecology

ecológico, -a *adj* ecological

ecologista ◆ *adj* environmental: *grupos* ~s environmental groups ◆ *smf* environmentalist

economia *sf* **1** economy [*pl* economies]: *a* ~ *do nosso país* our country's economy **2** **economias** (*poupanças*) savings

econômico, -a *adj* **1** (*que gasta pouco*) economical: *um carro muito* ~ a very economical car **2** (*Econ*) economic LOC *Ver* CAIXA²

economista *smf* economist

economizar *vt, vi* to save: ~ *tempo/dinheiro* to save time/money

ecossistema *sm* ecosystem

edição *sf* **1** (*publicação*) publication **2** (*tiragem, versão, Rádio, TV*) edition: *a primeira* ~ *do livro* the first edition of the book ◊ ~ *pirata/semanal* pirate/weekly edition

edificar *vt, vi* to build

edifício *sm* building

editar *vt* **1** (*publicar*) to publish **2** (*preparar texto, Informát*) to edit

editor, ~a ◆ *sm-sf* **1** (*empresário*) publisher **2** (*textos, Jornal, Rádio, TV*) editor ◆ **editora** *sf* (*casa editorial*) publishing house: *De que* ~ *é?* Who are the publishers?

editorial ◆ *adj* (*setor*) publishing: *o mundo* ~ the publishing world ◆ *sm* (*em jornal*) editorial ◆ *sf* (*casa editorial*) publishing house

edredom (*tb* edredão) *sm* **1** quilt **2** (*grosso*) comforter, duvet (GB)

educação *sf* **1** (*ensino*) education: ~ *sexual* sex education **2** (*criança*) upbringing: *Eles tiveram uma boa* ~. They were well brought up. **3** (*cortesia*) manners [*pl*]: *Ela não tem* ~ *nenhuma!* She has no manners. LOC **educação física** physical education (*abrev* P.E.) **fazer algo por educação** to do sth to be polite: *Não o faça só por* ~. Don't do it just to be polite. **ser boa/má educação** to be good/bad manners (*to do sth*): *Bocejar é má* ~. It's bad manners to yawn. *Ver tb* FALTA

educado, -a *pp, adj* polite *Ver tb* EDUCAR

educador, ~a *sm-sf* educator

educar *vt* **1** (*ensinar*) to educate **2** (*criar*) to bring *sb* up: *É difícil* ~ *bem os filhos.* It's difficult to bring your children up well.

educativo, -a *adj* **1** educational: *brinquedos* ~s educational toys **2** (*sistema*) education [*s atrib*]: *o sistema* ~ the education system LOC *Ver* MATERIAL

efeito *sm* **1** effect: *fazer* ~ to have an effect **2** (*bola*) spin: *A bola vinha com um* ~. The ball had (a) spin on it. LOC **com efeito** indeed **efeito estufa** greenhouse effect **ficar sem efeito** (*contrato, acordo*) to become invalid **para todos os efeitos** for all intents and purposes *Ver tb* SURTIR

efeminado, -a *pp, adj* effeminate

efervescente *adj* effervescent

efetivo, -a *adj* (*permanente*) permanent

efetuar ◆ *vt* to carry *sth* out, to effect (*formal*): ~ *um ataque/uma prova* to carry out an attack/a test ◊ ~ *mudanças* to effect change ◆ **efetuar-se** *v pron* to take place

eficaz *adj* **1** (*que produz efeito*) effective: *um remédio* ~ an effective remedy **2** (*eficiente*) efficient

eficiência *sf* efficiency

eficiente *adj* efficient

egocêntrico, -a *adj* self-centered

egoísmo *sm* selfishness

egoísta *adj* selfish

égua *sf* mare

eh! *interj* hey!: *Eh, cuidado!* Hey, watch out!

eixo *sm* **1** (*rodas*) axle **2** (*Geom, Geog,*

Pol) axis [*pl* axes] LOC **estar/andar fora dos eixos** to be disturbed

ela *pron pess* **1** *(pessoa)* **(a)** *(sujeito)* she: *~ e a Maria são primas.* She and Maria are cousins. **(b)** *(complemento, em comparações)* her: *É para ~.* It's for her. ◊ *Você é mais alto do que ~.* You're taller than her. **2** *(coisa)* it LOC **é ela 1** it's her **2** *(ao telefone)* speaking **ela mesma/própria** (she) herself: *Foi ~ mesma que me disse.* It was she herself who told me.

elaborar *vt* *(redigir)* to draw *sth* up: *~ um relatório* to draw up a report

elástico, -a ♦ *adj* **1** elastic **2** *(atleta)* supple **♦** *sm* **1** elastic **2** *(para papéis)* rubber band

ele *pron pess* **1** *(pessoa)* **(a)** *(sujeito)* he: *~ e o José são primos.* He and José are cousins. **(b)** *(complemento, em comparações)* him: *É para ~.* It's for him. ◊ *Você é mais alta do que ~.* You're taller than him. **2** *(coisa)* it: *Perdi o relógio e não posso passar sem ~.* I've lost my watch and I can't do without it. LOC **é ele 1** it's him **2** *(ao telefone)* speaking **ele mesmo/próprio** (he) himself: *Foi ~ mesmo que me disse.* It was he himself who told me.

elefante *sm* elephant

elegância *sf* elegance

elegante *adj* elegant

eleger *vt* to elect: *Vão ~ um novo presidente.* They are going to elect a new president.

eleição *sf* **1** *(escolha)* choice **2 eleições** election(s): *convocar eleições* to call an election LOC **eleições legislativas** general election **eleições municipais** local elections

eleito, -a *pp, adj* **1** elected **2** *(escolhido)* chosen

eleitor, ~a *sm-sf* voter

eleitorado *sm* electorate

eleitoral *adj* electoral: *campanha ~* electoral campaign ◊ *lista ~* list of (election) candidates LOC *Ver* CABINE, CADASTRO, CÉDULA, CIRCUNSCRIÇÃO, SEÇÃO

elementar *adj* elementary

elemento *sm* **1** *(Quím, Mat, etc.)* element: *estar no seu ~* to be in your element **2** *(equipe)* member **3** *(informação)* fact

elenco *sm* *(Cinema, Teat)* cast

eles, elas *pron pess* **1** *(sujeito)* they **2** *(complemento, em comparações)* them: *Isto é para ~.* This is for them. LOC **são**

eles it's them **eles mesmos/próprios** (they) themselves: *Foram elas mesmas que me disseram.* It was they themselves who told me.

eletricidade *sf* electricity

eletricista *smf* electrician

elétrico, -a ♦ *adj* electric, electrical

> Empregamos **electric** quando queremos nos referir a eletrodomésticos e dispositivos elétricos específicos, como por exemplo *electric razor/car/fence*; também se usa em frases feitas, como *an electric shock*, e em sentido figurado, em expressões como *The atmosphere was electric*. **Electrical** refere-se à eletricidade num sentido mais geral, como por exemplo *electrical engineering, electrical goods* ou *electrical appliances*.

♦ *sm* streetcar, tram *(GB)* LOC **carros/carrinhos elétricos** bumper cars *Ver tb* CAFETEIRA, ENERGIA, INSTALAÇÃO

eletrodo *sm* electrode

eletrodoméstico *sm* electrical appliance

eletrônico, -a ♦ *adj* electronic **♦** **eletrônica** *sf* electronics [*sing*] LOC *Ver* CORREIO, SECRETÁRIO

elevado, -a *pp, adj* high: *temperaturas elevadas* high temperatures LOC **elevado ao quadrado/cubo** squared/cubed **elevado a quatro, etc.** (raised) to the power of four, etc. *Ver tb* ELEVAR

elevador *sm* elevator, lift *(GB)*: *chamar o ~* to call the elevator

elevar ♦ *vt* to raise: *~ o nível de vida* to raise the standard of living **♦ elevar-se** *v pron* to rise

eliminação *sf* elimination

eliminar *vt* to eliminate

eliminatória *sf* *(Esporte)* heat

elipse *sf* ellipse

elite *sf* elite

elo *sm* LOC **elo de ligação** link

elogiar *vt* to praise *sb/sth* (**for sth**): *Elogiaram-no por sua coragem.* They praised him for his courage.

elogio *sm* praise [*não contável*]: *Fizeram muitos ~s a você.* They were full of praise for you. ◊ *Não era uma crítica, mas um ~.* It wasn't meant to be a criticism so much as a compliment.

em *prep*

● **lugar 1** *(dentro)* in/inside: *As chaves estão na gaveta.* The keys are in the drawer. **2** *(dentro, com movimento)* into: *Ele entrou no quarto.* He went into the room. **3** *(sobre)* on: *Está na mesa.* It's on the table. **4** (*cidade, país, campo*) in: *Eles trabalham em Fortaleza/no campo.* They work in Fortaleza/in the country. **5** (*ponto de referência*) at

Quando nos referimos a um lugar, não o consideramos como uma área mas como um ponto de referência, utilizamos **at**: *Espere-me na esquina.* Wait for me at the corner. ◊ *Encontramo-nos na estação.* We'll meet at the station. Também se utiliza **at** quando queremos nos referir a lugares onde as pessoas trabalham, estudam ou se divertem: *Eles estão na escola.* They're at school. ◊ *Os meus pais estão no teatro.* My parents are at the theater. ◊ *Trabalho no supermercado.* I work at the supermarket.

• **com expressões de tempo 1** (*meses, anos, séculos, estações*) in: *no verão/no século XII* in the summer/the twelfth century **2** (*dia*) on: *O que foi que você fez na véspera de Ano Novo?* What did you do on New Year's Eve? ◊ *É numa segunda-feira.* It falls on a Monday. **3** (*Natal, Páscoa, momento*) at: *Vou sempre para casa no Natal.* I always go home at Christmas. ◊ *neste momento* at this moment **4** (*dentro de*) in: *Estarei aqui numa hora.* I'll be here in an hour.

• **outras construções 1** (*modo*) in: *pagar em reais* to pay in reals ◊ *Pergunteilhe em inglês.* I asked him in English. ◊ *de porta em porta* from door to door ◊ *Ela gasta o dinheiro todo em roupa.* She spends all her money on clothes. **2** (*assunto*): *um perito em computadores* an expert in/on computers ◊ *formar-se em Letras/Economia* to graduate in Arts/Economics **3** (*estado*) in: *em boas/más condições* in good/bad condition ◊ *uma máquina em funcionamento* a machine in working order **4** (+ *complemento*): *O termo caiu em desuso.* The term has fallen in disuse. ◊ *Nunca confiei nele.* I never trusted him.

emagrecer *vi* to lose weight: ~ *três quilos* to lose six pounds

emancipar-se *v pron* to become independent

emaranhar, emaranhar-se *vt, v pron* (*cabelo*) to get (*sth*) tangled (up)

embaçado, -a *adj* (*imagem, foto*) blurred: *Sem óculos vejo tudo* ~. Everything looks blurred without my glasses.

embaçar ◆ *vt* **1** (*vapor*) to cause *sth* to steam up **2** (*olhos*) to cause *sth* to mist over ◆ **embaçar, embaçar-se** *vi, v*

pron **1** (*vapor*) to steam up **2** (*olhos*) to mist over

embaixada *sf* embassy [*pl* embassies]

embaixador, ~a *sm-sf* ambassador

embaixo *adv* LOC (**por**) **embaixo de** under(neath) *Ver tb* AÍ, ALI

embalado, -a *pp, adj* LOC **embalado a vácuo** vacuum-packed *Ver tb* EMBALAR

embalagem *sf* packaging LOC *Ver* PORTE

embalar *vt* **1** (*produto*) to pack **2** (*bebê*) to rock

embaraçado, -a *pp, adj* embarrassed *Ver tb* EMBARAÇAR

embaraçar ◆ *vt* **1** (*desconcertar*) to embarrass **2** (*cabelo*) to get *sth* tangled ◆ **embaraçar-se** *v pron* to get tangled (up)

embaraçoso, -a *adj* embarrassing

embaralhar ◆ *vt* **1** (*cartas*) to shuffle **2** (*misturar*) to mix *sth* up: *A bibliotecária embaralhou os livros todos.* The librarian has mixed up all the books. **3** (*confundir*) to confuse: *Não me embaralhe.* Don't confuse me. ◆ **embaralhar-se** *v pron* **embaralhar-se** (**com/em**) to get confused (**about/over** *sth*): *Ele sempre se embaralha com as datas.* He always gets confused over dates.

embarcação *sf* boat, vessel (*mais formal*) ☛ *Ver nota em* BOAT

embarcar ◆ *vt* **1** (*passageiros*) to embark **2** (*mercadorias*) to load ◆ *vi* to board, to embark (*mais formal*)

embarque *sm* boarding: *O avião está pronto para o* ~. The plane is ready for boarding. LOC *Ver* PORTÃO

emblema *sm* emblem

embolsar *vt* to pocket: *Eles embolsaram um dinheirão.* They pocketed a fortune.

embora ◆ *conj* although: ~ *eu não gostasse dele* although I didn't like him ◆ *adv* away: *mandar alguém* ~ to send sb away ◊ *ir* ~ to go away ◊ *levar algo* ~ to take sth away LOC *Ver* MANDAR

emboscada *sf* ambush: *armar uma* ~ *para alguém* to set an ambush for sb

embreagem *sf* clutch: *pisar na/apertar a* ~ to press the clutch

embriagar ◆ *vt* to get *sb* drunk ◆ **embriagar-se** *v pron* **embriagar-se** (**com**) to get drunk (**on** *sth*)

embrião *sm* embryo [*pl* embryos]

embrulhar *vt* **1** (*envolver*) to wrap *sb/sth* (up) (**in** *sth*): *Quer que embrulhe?*

Would you like me to wrap it? **2** (*confundir*) to muddle sth up: *Ela fala tão rápido, que embrulha as palavras todas.* She speaks so quickly that she muddles up her words. **3** (*estômago*) to upset LOC **embrulhar para presente** to gift-wrap: *Podia ~ para presente, por favor?* Could you gift-wrap it, please?

embrulho *sm* package LOC *Ver* PAPEL

emburrado, -a *adj* sulky: *ficar ~* to sulk

embutido, -a *pp, adj* built-in: *armários ~s* built-in cupboards

emenda *sf* (*Jur*) amendment

emendar ◆ *vt* **1** (*erros, defeitos*) to correct **2** (*danos*) to repair **3** (*lei*) to amend ◆ **emendar-se** *v pron* to mend your ways

emergência *sf* emergency [*pl* emergencies] LOC *Ver* SERVIÇO

emigração *sf* emigration

emigrante *adj, smf* emigrant [*s*]

emigrar *vi* to emigrate

emissão *sf* emission

emissora *sf* (*Rádio*) radio station

emitir *vt* **1** (*calor, luz, som*) to emit **2** (*Administração*) to issue: *~ um passaporte* to issue a passport

emoção *sf* **1** (*comoção*) emotion **2** (*entusiasmo*) excitement: *Que ~!* How exciting!

emocionante *adj* **1** (*comovedor*) moving **2** (*entusiasmante*) exciting

emocionar ◆ *vt* **1** (*comover*) to move **2** (*excitar*) to thrill ◆ **emocionar-se** *v pron* **1** (*comover-se*) to be moved (*by sth*) **2** (*entusiasmar-se*) to get excited (*about sth*)

emoldurar *vt* to frame

emotivo, -a *adj* emotional

empacotar *vt* to wrap sth up

empada *sf* pasty (*GB*) [*pl* pasties] ☞ *Ver nota em* PIE

empadão *sm* pie ☞ *Ver nota em* PIE

empalidecer *vi* to go pale

empanturrar-se *v pron ~* (**de/com**) to stuff yourself (**with sth**): *Nós nos empanturramos de lagosta.* We stuffed ourselves with lobster.

emparelhar *vt* **1** (*pessoas*) to pair sb off (**to sb**) **2** (*coisas*) to match sth (**with sth**): *~ as perguntas com as respostas* to match the questions to the answers

empatado, -a *pp, adj* LOC **estar empatado**: *Quando fui embora eles estavam ~s.* They were even when I left. ◊ *Estão* ~*s em quatro a quatro.* They're tied at four-four. *Ver tb* EMPATAR

empatar *vt, vi* **1** (*Esporte*) **(a)** (*em relação ao resultado final*) to tie, to draw (*GB*) (**with sb**): *Empataram com o Palmeiras.* They tied with Palmeiras. **(b)** (*no marcador*) to equalize: *Temos que ~ antes do intervalo.* We must equalize before half-time. **2** (*votação, concurso*) to tie (**with sb**) LOC **empatar em/por zero a zero, um a um, etc.** to tie at zero, at one, etc.

empate *sm* tie, draw (*GB*): *um ~ por dois a dois* a two-two tie LOC *Ver* GOL

empenhado, -a *pp, adj* LOC **estar empenhado** (**em fazer algo**) to be determined (to do sth) *Ver tb* EMPENHAR

empenhar ◆ *vt* to pawn ◆ **empenhar-se** *v pron* **empenhar-se** (**em**) (*esmerar-se*) to do your utmost (**to do sth**)

empenho *sm ~* (**de/em/por**) determination (**to do sth**)

emperrar *vi* to jam

empestear *vt* to make sth stink (**of sth**)

empilhar *vt* to stack

empinado, -a *pp, adj* **1** (*encosta*) steep **2** (*nariz*) turned-up

empinar *vt* (*papagaio*) to fly: *~ papagaio* to fly a kite

empírico, -a *adj* empirical

empreendedor, ~a *adj* enterprising

empregado, -a *sm-sf* employee LOC **empregada** (**doméstica**) maid **empregado de escritório** office worker

empregador, ~a *sm-sf* employer

empregar *vt* **1** (*dar trabalho*) to employ **2** (*utilizar*) to use **3** (*tempo, dinheiro*) to spend: *Empreguei tempo demais nisto.* I spent too long on this. ◊ *~ mal o tempo* to waste your time

emprego *sm* **1** (*trabalho*) job: *conseguir um bom ~* to get a good job ☞ *Ver nota em* WORK¹ **2** (*Pol*) employment LOC *Ver* ESTABILIDADE, OFERTA

empresa *sf* **1** (*Com*) company [*pl* companies] **2** (*projeto*) enterprise LOC **empresa de laticínios** dairy [*pl* dairies] **empresa estatal/pública** state-owned company **empresa privada** private company

empresarial *adj* business [*s atrib*]: *sentido ~* business acumen

empresário, -a *sm-sf* **1** businessman/ woman [*pl* businessmen/women] **2** (*espetáculo*) impresario [*pl* impresarios]

emprestado, -a *pp, adj*: *Não é meu, é ~.* It's not mine, it's borrowed. ◊ *Por que é que você não pede ~ a ele?* Why don't you ask him if you can borrow it? LOC *Ver* PEDIR; *Ver tb* EMPRESTAR

emprestar *vt* to lend: *Emprestei os meus livros a ela.* I lent her my books. ◊ *Você me empresta?* Can I borrow it? ◊ *Empresto se você tiver cuidado.* I'll lend it to you if you're careful. ☞ *Ver nota em* BORROW e ilustração em BORROW

empréstimo *sm* loan

empunhar *vt* **1** (*de forma ameaçadora*) to brandish **2** (*ter na mão*) to hold

empurrão *sm* push: *dar um ~ em alguém* to give sb a push LOC **aos empurrões**: *Eles saíram aos empurrões.* They pushed (and shoved) their way out.

empurrar *vt* **1** to push: *Não me empurre!* Don't push me! ☞ *Ver ilustração em* PUSH **2** (*carro de mão, bicicleta*) to wheel **3** (*obrigar*) to push *sb into doing sth*: *A família empurrou-a para o curso de direito.* Her family pushed her into studying law.

emudecer *vi* **1** (*perder a fala*) to go dumb **2** (*calar-se*) to go quiet

encabeçar *vt* to head: *Ela encabeça o movimento.* She heads the movement.

encadear *vt* (*idéias*) to link

encadernador, ~a *sm-sf* bookbinder

encadernar *vt* (*livro*) to bind

encaixar ◆ *vt* **1** (*colocar, meter*) to fit *sth* (**into sth**) **2** (*juntar*) to fit *sth* together: *Estou tentando ~ as peças do quebra-cabeça.* I'm trying to fit the pieces of the jigsaw together. ◆ *vi* to fit: *Não encaixa.* It doesn't fit. ◆ **encaixar-se** *v pron* **encaixar-se (em)** (*enquadrar-se*) to fit in (**with sb/sth**): *Tentaremos encaixar-nos no seu horário.* We'll try to fit in with your timetable.

encaixotar *vt* to box *sth* up

encalhar *vi* (*embarcação*) to run aground

encaminhar ◆ *vt* **1** (*aconselhar*) to put *sb* on the right track **2** (*processo*) to set *sth* in motion ◆ **encaminhar-se** *v pron* **encaminhar-se para** to head (**for…**): *Eles se encaminharam para casa.* They headed for home.

encanador, ~a *sm-sf* plumber

encantado, -a *pp, adj* **1** ~ (**com**) delighted (**about/at/with sb/sth**) **2** ~ (**por**) delighted (**to do sth**)/(**that…**): *Estou encantada por terem vindo.* I'm delighted

(**that**) you've come. **3** (*enfeitiçado*) enchanted: *um príncipe ~* an enchanted prince LOC *Ver* PRÍNCIPE; *Ver tb* ENCANTAR

encantador, ~a *adj* lovely

encantar *vt* (*enfeitiçar*) to cast a spell on *sb/sth*

encanto *sm* (*feitiço*) spell: *quebrar um ~* to break a spell LOC **como que por encanto** as if by magic **ser um encanto** to be lovely

encapar *vt* to cover *sth* (**with sth**): *~ um livro* to cover a book

encaracolado, -a *pp, adj* curly: *Tenho o cabelo ~.* I have curly hair. *Ver tb* ENCARACOLAR

encaracolar ◆ *vt* to curl ◆ *vi* to go curly: *Com a chuva o meu cabelo encaracolou.* My hair's gone curly in the rain.

encarar *vt* (*enfrentar*) to face: *~ a realidade* to face (up to) reality

encarcerar *vt* to imprison

encargo *sm* **1** (*responsabilidade*) responsibility [*pl* responsibilities]: *Um dos ~s dela é supervisionar o trabalho da equipe.* One of her responsibilities is to supervise the work of the team. **2** (*tarefa*) errand: *Tenho uns ~s para resolver.* I have to do a few errands.

encarnar *vt* (*representar*) to embody

encarregado, -a ◆ *pp, adj* in charge (**of sth/doing sth**): *o juiz ~ do caso* the judge in charge of the case ◊ *Você fica encarregada de receber o dinheiro.* You're in charge of collecting the money. ◆ *sm* (*de grupo de trabalhadores*) foreman *Ver tb* ENCARREGAR

encarregar ◆ *vt* (*mandar*) to put *sb* in charge **of doing sth**: *Encarregaram-me de regar o jardim* They put me in charge of watering the garden. ◆ **encarregar-se** *v pron* **encarregar-se de 1** (*cuidar*) to take care of *sb/sth*: *Quem se encarrega do bebê?* Who's looking after the baby? **2** (*ser responsável*) to be in charge **of sth 3** (*comprometer-se*) to undertake *to do sth*

encenar *vt* **1** (*representar*) to stage **2** (*adaptar*) to dramatize

encerar *vt* to wax

encerramento *sm* closure LOC **de encerramento** closing: *ato/discurso de ~* closing ceremony/speech

encerrar *vt, vi* **1** to shut (*sb/sth* up) **2** (*terminar*) to end

encestar *vi* (*basquete*) to score (a basket)

encharcado, -a *pp, adj* **1** soaked through **2** (*terreno*) covered with puddles LOC **ficar encharcado até os ossos** to get soaked through *Ver tb* ENCHARCAR

encharcar ♦ *vt* (*molhar*) to soak: *Você me encharcou a saia.* You've made my skirt soaking wet! ♦ **encharcar-se** *v pron* to get soaked

enchente *sf* flood

encher ♦ *vt* **1** to fill *sb/sth* (**with** *sth*): *Encha a jarra de água.* Fill the pitcher with water. ◊ *O garçom voltou a ~ o meu copo.* The waiter refilled my glass. **2** (*com ar*) to blow *sth* up, to inflate (*mais formal*): *~ uma bola* to blow up a ball ♦ **encher-se** *v pron* **1** to fill (up) (**with** *sth*): *A casa encheu-se de convidados.* The house filled (up) with guests. **2** (*ao comer*) to stuff yourself (**with** *sth*) LOC **encher a barriga (de)** to stuff yourself (with *sth*) **encher a cara** to get drunk

enchimento *sm* (*de roupa*) padding: *Ele não gosta de paletó com ~ nos ombros.* He doesn't like jackets with padded shoulders.

enciclopédia *sf* encyclopedia [*pl* encyclopedias]

encoberto, -a *adj* (*céu, dia*) overcast

encobrir *vt* **1** to conceal: *~ um crime* to conceal a crime **2** (*delinquente*) to harbor

encolher *vi* to shrink: *Não encolhe em água fria.* It doesn't shrink in cold water. LOC **encolher os ombros** to shrug your shoulders

encomenda *sf* **1** (*Com*) order: *fazer/anular uma ~* to place/cancel an order **2** (*pacote*) package: *mandar uma ~ pelo correio* to mail a package ☛ *Ver nota em* PACKAGE

encomendar *vt* to order: *Já encomendamos o sofá na loja.* We ordered the couch from the store.

encontrar ♦ *vt* to find: *Não encontro o meu relógio.* I can't find my watch. ♦ **encontrar-se** *v pron* **encontrar-se (com) 1** (*pessoa*) **(a)** (*marcar encontro*) to meet (*sb*): *Decidimos encontrar-nos na livraria.* We decided to meet at the bookstore. **(b)** (*por acaso*) to run into *sb*: *Encontrei-me com ela no supermercado.* I ran into her in the supermarket. **2** (*estar*) to be LOC **encontrar um rumo na vida** to get on in life

encontro *sm* **1** (*casal*) date **2** (*reunião*) meeting LOC **ir de encontro a** (*chocarse*) to run into: *O carro foi de ~ à árvore.* The car ran into the tree. *Ver tb* MARCAR

encorajar *vt* to encourage *sb* (**to do sth**): *Eu os encorajei a estudar mais.* I encouraged them to study harder.

encosta *sf* slope LOC **encosta acima/abaixo** uphill/downhill

encostar *vt* **1** (*apoiar*) to lean *sth* (**on sb/sth**): *Ele encostou a cabeça no meu ombro.* He leaned his head on my shoulder. **2** (*pôr contra*) to put *sth* **against sth**: *Ele encostou a cama na janela.* He put his bed against the window.

encosto *sm* (*assento*) back

encrenca *sf* trouble: *meter-se em ~s* to get into trouble

encrenqueiro, -a *sm-sf* troublemaker

encurralar *vt* (*pessoa*) to corner

encurtar *vt* to shorten

endereço *sm* address

endireitar, endireitar-se *vt, v pron* to straighten (up): *Endireite as costas.* Straighten your back. ◊ *Endireite-se!* Stand up straight!

endividar-se *v pron* to get into debt

endoidecer *vi* to go crazy

endurecer *vt* **1** to harden **2** (*músculos*) to firm *sth* up

enegrecer ♦ *vt* to blacken ♦ *vi* to turn black

energia *sf* energy [*ger não contável*]: *~ nuclear/solar* nuclear/solar energy ◊ *Não tenho ~ nem para me levantar da cama.* I don't even have the energy to get out of bed. LOC **energia elétrica/eólica** electric/wind power *Ver tb* CORTE[1]

enérgico, -a *adj* **1** (*vigoroso*) energetic **2** (*firme*) strict

enervar ♦ *vt* **1** (*irritar*) to get on *sb's* nerves **2** (*pôr nervoso*) to make *sb* nervous ♦ **enervar-se** *v pron* **1** (*zangar-se*) to get worked up **2** (*pôr-se nervoso*) to get nervous: *Não se enerve.* Calm down! **3 enervar-se (com) (por)** (*irritar-se*) to get annoyed (**with sb**) (**about sth**)

enésimo, -a *adj* (*Mat*) nth LOC **pela enésima vez** for the umpteenth time

enevoado, -a *adj* (*céu*) cloudy

enfaixar *vt* to bandage *sb/sth* (up): *Enfaixaram-me o tornozelo.* They bandaged (up) my ankle.

enfarte *sm* heart attack

ênfase *sf* emphasis [*pl* emphases]

enfatizar *vt* to stress

enfeitar *vt* to decorate: ~ *a casa para o Natal* to decorate the house for Christmas

enfeite *sm* decoration: ~*s de Natal* Christmas decorations

enfeitiçado, -a *pp, adj (fascinado)* bewitched *Ver tb* ENFEITIÇAR

enfeitiçar *vt* to bewitch, to cast a spell (**on** *sb*)

enfermagem *sf* nursing: *tirar o curso de* ~ to train as a nurse

enfermaria *sf* ward

enfermeiro, -a *sm-sf* nurse

enferrujado, -a *pp, adj* rusty *Ver tb* ENFERRUJAR

enferrujar ◆ *vt* to corrode ◆ *vi* to go rusty: *A tesoura enferrujou.* The scissors have gone rusty.

enfiar *vt* **1** *(introduzir)* to put *sth* **in** *sth*: *Ele enfiou as mãos nos bolsos.* He put his hands in his pockets. **2** *(calças, camisa)* to put *sth* on **3** *(agulha)* to thread LOC *Ver* CABEÇA

enfim *adv* **1** *(finalmente)* at last: ~ *você chegou!* You're here at last! **2** *(em resumo)* in short: ~, *apanharam-nos desprevenidos.* To cut a long story short, they caught us unawares. **3** *(bem)* (oh) well: ~, *é a vida.* Oh well, that's life.

enforcar, enforcar-se *vt, v pron* to hang (yourself)

No sentido de *enforcar* o verbo **to hang** é regular, portanto para formar o passado basta acrescentar -**ed**.

enfraquecer *vt* to weaken

enfrentar *vt* **1** to face: *O país enfrenta uma crise profunda.* The country is facing a serious crisis. **2** *(encarar)* to face up to *sth*: ~ *a realidade* to face up to reality **3** *(Esporte)* to take *sb* on: *O Brasil enfrentará a Argentina na Copa América.* Brazil will take on Argentina in the Copa America.

enfumaçado, -a *pp, adj* smoky

enfurecer ◆ *vt* to infuriate ◆ **enfurecer-se** *v pron* **enfurecer-se (com) (por)** to become furious (**with** *sb*) (**at** *sth*)

enganado, -a *pp, adj* wrong: *estar* ~ to be wrong ◊ *A não ser que eu esteja* ~... Unless I'm mistaken... *Ver tb* ENGANAR

enganar ◆ *vt* **1** *(mentir)* to lie **to** *sb*: *Não me engane.* Don't lie to me. ☛ *Ver nota em* LIE² **2** *(ser infiel)* to cheat **on** *sb* ◆ **enganar-se** *v pron* **1** ~ **(em)** *(confundir-se)* to be wrong (**about** *sth*): *Aí é que*

você se engana. You're wrong about that. **2** *(errar)*: *Você se enganou no número.* You dialed the wrong number. ◊ *enganar-se de estrada* to take the wrong road **3** *(iludir-se)* to fool yourself

engano *sm* **1** *(erro)* mistake: *cometer um* ~ to make a mistake ◊ *por* ~ by mistake **2** *(mal-entendido)* misunderstanding LOC **é engano** *(ao telefone)* wrong number

engarrafamento *sm (trânsito)* traffic jam

engarrafar *vt* to bottle

engasgar-se *v pron* **1** ~ **(com** *sth*): *Engasguei-me com uma espinha.* I choked on a bone. **2** *(com palavra)* to get stuck: *Engasgo-me sempre nesta palavra.* I always get stuck on that word.

engatar *vt* **1** *(atrelar)* to hitch: ~ *um trailer ao trator* to hitch a trailer to the tractor **2** *(gancho, anzol)* to hook **3** *(marcha)*: *Tenho dificuldade para* ~ *a segunda neste carro.* I have difficulty putting the car into second.

engatinhar *vi* to crawl

engavetamento *sm (acidente)* pile-up

engenharia *sf* engineering

engenheiro, -a *sm-sf* engineer LOC **engenheiro agrônomo** agronomist **engenheiro civil** civil engineer

engenho *sm* **1** *(máquina, aparelho)* device: *um* ~ *explosivo* an explosive device **2** *(fazenda)* sugar plantation

engenhoca *sf* contraption

engenhoso, -a *adj* ingenious

engessado, -a *pp, adj* in a cast: *Estou com o braço* ~. My arm's in a cast. *Ver tb* ENGESSAR

engessar *vt (Med)* to put *sth* in a cast: *Engessaram-me uma perna.* They put my leg in a cast.

engolir *vt, vi* **1** *(ingerir)* to swallow: *Engoli um caroço de azeitona.* I swallowed an olive pit. ◊ ~ *o orgulho* to swallow your pride ◊ *Ele engoliu a história da promoção do Miguel.* He swallowed the story about Miguel's promotion. **2** *(comer muito rápido)* to gobble *sth* (up/down) **3** *(suportar)* to put up with *sth*: *Não sei como você consegue* ~ *tanto.* I don't know how you put up with it. LOC **engolir em seco** to swallow hard

engordar ◆ *vt* to fatten *sb/sth* (up) ◆ *vi*

1 (*pessoa*) to gain weight: *Engordei muito.* I've gained a lot of weight. **2** (*alimento*) to be fattening: *Os doces engordam.* Desserts are fattening.

engordurar *vt* **1** (*com gordura*) to grease **2** (*com óleo*) to oil

engraçadinho, -a *adj, sm-sf* (*atrevido*) sassy, cheeky (*GB*): *Não se meta a ~ comigo!* Don't you get smart with me!

engraçado, -a *adj* funny, amusing (*formal*): *Não acho essa piada muito engraçada.* I don't find that joke very funny. LOC **fazer-se de engraçado** to play the clown **que engraçado!** how funny!

engradado *sm* crate

engravidar *vt, vi* to get (*sb*) pregnant

engraxar *vt* (*sapatos*) to polish

engraxate *smf* shoeshine

engrossar *vi* **1** (*tornar espesso*) to thicken **2** (*ser grosseiro*) to turn nasty

enguiçar *vi* (*motor, máquina*) to break down

enho *sm* fawn ☛ *Ver nota em* VEADO

enigma *sm* enigma

enjaular *vt* to cage

enjoado, -a *pp, adj* **1** nauseous, sick (*GB*): *Estou um pouco ~.* I'm feeling a little nauseous. **2** (*farto*) sick and tired: *Já estou ~ de suas queixas.* I'm sick and tired of your complaints. *Ver tb* ENJOAR

enjoar ◆ *vt* **1** to make *sb* feel nauseous, to make *sb* feel sick (*GB*): *Esse cheiro me enjoa.* That smell makes me feel nauseous. **2** (*fartar*) to get on *sb's* nerves: *A música deles está começando a enjoá-la.* Their music is starting to get on her nerves. ◆ *vi* **1** to get nauseous, to get sick (*GB*): *Enjôo quando vou no banco de trás.* I get nauseous if I sit in the back seat. **2** (*em barco*) to get seasick

enjoativo, -a *adj* nauseating

enjôo *sm* (*náusea*) nausea, sickness (*GB*)

enlatados *sm* canned foods

enlatar *vt* to can

enlouquecedor, ~a *adj* maddening

enlouquecer ◆ *vi* to go wild: *O público enlouqueceu de entusiasmo.* The audience went wild with excitement. ◆ *vt* to drive *sb* wild

enluarado, -a *adj* moonlit: *uma noite enluarada* a moonlit night

enorme *adj* enormous, massive (*mais coloq*): *uma ~ afluência de turistas* a

massive influx of tourists LOC *Ver* DIMENSÃO

enquanto *conj* **1** (*simultaneidade*) while: *Ele canta ~ pinta.* He sings while he paints. **2** (*tanto tempo como, sempre que*) as long as: *Agüente-se ~ for possível.* Put up with it as long as you can. LOC **por enquanto** for the time being

enraivecido, -a *adj* enraged

enredar ◆ *vt* (*comprometer*) to entangle *sb* (**in** *sth*) ◆ **enredar-se** *v pron* **enredar-se** (**em**) (*disputa, assunto*) to get involved (**in** *sth*)

enredo *sm* plot

enriquecer ◆ *vt* (*fig*) to enrich: *~ o vocabulário* to enrich your vocabulary ◆ *vi* to get rich

enrolado, -a *sm-sf, adj* (*pessoa*) complicated

enrolar ◆ *vt* **1** (*fio, papel*) to roll *sth* up: *~ um cigarro* to roll a cigarette **2** (*cabelo*) to curl **3** (*enganar*) to deceive, to con (*coloq*): *Não se deixe ~.* Don't let yourself be conned. ◆ **enrolar-se** *v pron* (*confundir-se*) to get mixed up

enroscar ◆ *vt* **1** (*tampa*) to screw *sth* on: *Enrosque bem a tampa.* Screw the top on tightly. **2** (*peças, porcas*) to screw *sth* together ◆ **enroscar-se** *v pron* **1** (*gato, cão*) to curl up **2** (*cobra*) to coil up

enrugar, enrugar-se *vt, vi, v pron* to wrinkle LOC **enrugar a testa** to frown

ensaboar *vt* to soap

ensaiar *vt, vi* **1** to practice **2** (*Mús, Teat*) to rehearse

ensaio *sm* **1** (*experiência*) test: *um tubo de ~* a test tube **2** (*Mús, Teat*) rehearsal **3** (*Liter*) essay [*pl* essays] LOC **ensaio geral** dress rehearsal *Ver tb* TUBO

ensangüentado, -a *pp, adj* bloodstained

enseada *sf* cove

ensebado, -a *pp, adj* (*sujo*) greasy

ensinado, -a *pp, adj* LOC **bem ensinado** well-trained *Ver tb* ENSINAR

ensinar *vt* **1** to teach *sth*, to teach *sb* **to do** *sth*: *Ele ensina matemática.* He teaches math. ◊ *Quem ensinou você a jogar?* Who taught you how to play? **2** (*mostrar*) to show: *Ensine-me onde fica.* Show me where it is.

ensino *sm* **1** teaching **2** (*sistema educativo*) education: *~ básico/secundário* primary/secondary education LOC **ensino superior** higher education *Ver tb* CENTRO

ensolarado, -a *adj* sunny

ensopado, -a ◆ *pp, adj* soaked: *A chuva me deixou ~.* I got soaked in the rain. ◆ *sm* stew

ensurdecedor, ~a *adj* deafening

ensurdecer ◆ *vt* to deafen ◆ *vi* to go deaf: *Você corre o perigo de ~.* You run the risk of going deaf.

entalar, entalar-se *vt, v pron* ~ (**com/em**) to jam (*sth*) (in *sth*): *Entalei o dedo na porta.* I caught my finger in the door.

entanto *adv* LOC **no entanto** however, nevertheless (*formal*) **e no entanto…** and yet…

então *adv* **1** (*nesse momento*) then **2** (*naquela altura*) at that time **3** (*nesse caso*) so: *Eles não vinham, ~ fui-me embora.* They didn't come so I left. ◊ *Quer dizer, ~, que vão mudar?* So you're moving, are you? LOC **desde então** since then **e então?** what then?

entardecer *sm* dusk: *ao ~* at dusk

enteado, -a *sm-sf* stepson [*fem* stepdaughter] [*pl* stepchildren]

entender ◆ *vt* **1** to understand: *Não entendo isso.* I don't understand. ◊ *fácil/difícil de ~* easy/difficult to understand **2** ~ **de** (*saber*) to know **about** *sth*: *Não entendo muito disso.* I don't know much about this. ◆ **entender-se** *v pron* **entender-se** (**com**) to get along (**with** *sb*): *Entendemo-nos muito bem.* We get along very well. LOC **dar a entender** to imply **entender mal** to misunderstand **estou me fazendo entender?** do you see what I mean? **eu entendo que…** I think (that)… **não entender nada:** *Não entendi nada do que ele disse.* I didn't understand a word he said. *Ver tb* PATAVINA

entendido, -a ◆ *sm-sf* ~ (**em**) expert (**at/in/on** *sth*) ◆ *interj*: *Entendido!* Right! ◊ *Entendido?* All right?

enterrar *vt* **1** to bury **2** (*afundar*) to sink: *~ os pés na areia* to sink your feet into the sand

enterro *sm* **1** funeral: *Havia muita gente no ~.* There were a lot of people at the funeral. **2** (*sepultamento*) burial LOC *Ver* VELA¹

entoar ◆ *vt* **1** (*cantar*) to sing **2** (*dar o tom*) to pitch ◆ *vi* (*Mús*) to sing in tune

entonação *sf* intonation

entornar *vt* to spill: *Tenha cuidado, você vai ~ o café.* Be careful or you'll spill the coffee.

entorpecente *sm* narcotic

entorse *sf* (*Med*) sprain

entortar *vt* (*curvar*) to bend

entrada *sf* **1** ~ (**em**) (*ação de entrar*) **(a)** entry (**into** *sth*): *~ proibida.* No entry. **(b)** (*clube, associação, hospital, instituição*) admission (**to** *sth*): *Os sócios não pagam ~.* Admission is free for members. ◊ *~ grátis/livre* free admission **2** (*bilhete*) ticket: *As ~s estão esgotadas.* The tickets have sold out. **3** (*porta*) entrance (**to** *sth*): *Espero você na ~.* I'll wait for you at the entrance. **4** (*primeiro pagamento*) deposit (**on** *sth*): *dar 20% de ~* to pay a 20% deposit **5** (*prato*) appetizer LOC **dar entrada** (*em centro hospitalar*): *Ele deu ~ no Hospital de São José às 4.30.* He was admitted to São José Hospital at 4.30. **entrada proibida** no entry: *~ proibida a cães.* No dogs allowed. ◊ *~ proibida a menores de 18 anos.* No admission to persons under the age of 18.

entrar *vt, vi* **1** ~ (**em**) to go in/inside, to go into…: *Não me atrevi a ~.* I didn't dare (to) go in. ◊ *Não entre no meu escritório quando eu não estou.* Don't go into my office when I'm not there. ◊ *~ em pormenores* to go into detail **2** ~ (**em**) (*passar*) to come in/inside, to come into…: *Diga-lhe que entre.* Ask him to come in. ◊ *Não entre no meu quarto sem bater.* Knock before you come into my room. **3** ~ **para** (*ingressar*) **(a)** (*instituição, clube*) to join: *~ para o exército* to join the army **(b)** (*profissão, esfera social*) to enter **4** ~ (**em**) (*trem, ônibus*) to get on, to get on *sth* **(b)** (*automóvel*) to get in, to get into *sth*: *Entrei no táxi.* I got into the taxi. **5** (*caber*) **(a)** (*roupa*) to fit: *Esta saia não me entra.* This skirt doesn't fit (me). **(b)** ~ (**em**) to fit (**in/into** *sth*): *Não creio que entre no porta-malas.* I don't think it'll fit in the trunk. **6** ~ (**em**) (*participar*) to take part (**in** *sth*): *Eu não quis ~ na brincadeira.* I didn't want to take part in the fun. **7** ~ **com** (*contribuir*) to give: *Entrei com 20 reais para ajudar os desabrigados.* I gave 20 reals to help the homeless. LOC **entrar bem** to do badly: *Ele entrou ~ no exame.* He did badly in the test. **entrar em conflito** (**com alguém**) to clash (with sb) **entrar em discussões** to start arguing: *Não vamos ~ em discussões.* Let's not argue about it. **entrar em férias** to start your vacation **entrar em pânico** to panic **entrar em vigor** (*lei*) to come into force **entrar na cabeça de alguém** to be understood by sb: *Não me entra na ca-beça.* I just don't understand. **entrar nos eixos 1** (*normalizar-se*) to go back to normal **2** (*ter bom senso*) to get back on the straight and narrow **entrar numa fria** to get into a fix *Ver tb* CONTATO

entre

a small house **between** two large ones

a house **among** some trees

entre *prep* **1** (*duas coisas, pessoas*) between: *entre a loja e o cinema* between the store and the movie theater **2** (*mais de duas coisas, pessoas*) among: *Sentamo-nos entre as árvores.* We sat down among the trees. **3** (*no meio*) somewhere between: *uma cor entre o verde e o azul* somewhere between green and blue LOC **entre si 1** (*duas pessoas*) each other: *Elas falavam entre si.* They were talking to each other. **2** (*várias pessoas*) among themselves: *Os garotos discutiam o assunto entre si.* The boys were discussing it among themselves.

entreaberto, -a *pp, adj* (*porta*) ajar *Ver tb* ENTREABRIR

entreabrir *vt* **1** to open *sth* half way **2** (*porta*) to leave *sth* ajar

entrega *sf* **1** handing over: *a ~ do dinheiro* handing over the money **2** (*mercadorias, correio*) delivery [*pl* deliveries]: *o homem das ~s* the delivery man LOC **entrega a domicílio** delivery service **entrega de medalhas** award ceremony **entrega de prêmios** prize-giving

entregador, ~a *sm-sf* delivery man/woman [*pl* delivery men/women]

entregar ◆ *vt* **1** to hand *sb/sth* over (**to sb**): *~ os documentos/as chaves* to hand over the documents/keys ◊ *~ alguém às autoridades* to hand *sb* over to the authorities **2** (*prêmio, medalhas*) to present *sth* (**to sb**) **3** (*correio, mercadorias*) to deliver ◆ **entregar-se** *v pron* **entregar-se** (**a**) **1** (*render-se*) to give yourself up, to surrender (**to sb**): *Eles se entregaram à polícia.* They gave themselves up to the police. **2** (*dedicar-se*) to devote yourself **to sb/sth**

entrelinhas LOC *Ver* LER

entretanto *adv* in the meantime

entretenimento *sm* **1** (*diversão*) entertainment **2** (*passatempo*) pastime

entreter ◆ *vt* **1** (*demorar*) to keep: *Não quero ~ o senhor por muito tempo.* I don't want to keep you long. **2** (*divertir*) to keep *sb* amused **3** (*distrair*) to keep *sb* busy: *Entretenha-o enquanto eu faço as compras.* Keep him busy while I go shopping. ◆ **entreter-se** *v pron* **1** **entreter-se** (**com**) (*ocupar o tempo*): *É só para me ~.* I do it just to pass the time. ◊ *Entretenho-me com qualquer coisa.* I'm easily amused. **2** (*deter-se*) to hang around (**doing sth**): *Não se entretenham, venham imediatamente para casa.* Don't hang around. Come straight back home.

entrevista *sf* interview LOC **entrevista coletiva** press conference

entrevistador, ~a *sm-sf* interviewer

entrevistar *vt* to interview

entristecer ◆ *vt* to make *sb* sad: *Entristece-me pensar que não tornarei a ver você.* It makes me sad to think I won't see you again. ◆ *vi* ~ (**com/por**) to be sad (**because of/about sth**)

entroncamento *sm* (*ferroviário, rodoviário*) junction

entrosar-se *v pron* ~ (**com**) (*relacionar-se*) to get along well (**with sb**)

entupir ◆ *vt* to block *sth* (up) ◆ **entupir-se** *v pron* to get blocked

enturmar-se *v pron* to make friends

entusiasmado, -a *pp, adj* thrilled

entusiasmo *sm* ~ (**por**) enthusiasm (**for sth**) LOC **com entusiasmo** enthusiastically

entusiasta *smf* enthusiast

entusiástico, -a *adj* enthusiastic

enumerar *vt* to list, to enumerate (*formal*)

enunciar *vt* to enunciate

envelhecer ◆ *vi* (*pessoa*) to get old: *Ele envelheceu muito.* He's gotten very old. ◆ *vt* **1** (*pessoa, vinho*) to age: *A doença envelheceu-o.* The illness aged him. **2** (*madeira*) to season

envelope *sm* envelope

envenenar *vt* to poison

envergonhado, -a *pp, adj* **1** (*tímido*) shy **2** (*embaraçado*) embarrassed: *estar/ficar ~* to be embarrassed *Ver tb* ENVERGONHAR

envergonhar ◆ *vt* **1** (*humilhar*) to make *sb* feel ashamed **2** (*embaraçar*) to

embarrass: *A maneira como você se veste me envergonha.* The way you dress embarrasses me. ◆ **envergonhar-se** *v pron* **1** *(arrepender-se)* to be ashamed (**of** *sth/doing sth*): *Eu me envergonho de ter mentido a eles.* I'm ashamed of having lied to them. **2** *(sentir-se incomodado)* to feel embarrassed

enviado, -a *sm-sf* **1** *(emissário)* envoy [*pl* envoys] **2** *(Jornal)* correspondent: ~ *especial* special correspondent

enviar *vt* to send

enviesado, -a *pp, adj (torto)* crooked

envio *sm* **1** *(ação)* sending, dispatch *(mais formal)* **2** *(remessa)* remittance

enviuvar *vi* to be widowed

envolver ◆ *vt (implicar)* to involve *sb* (**in** *sth*) ◆ **envolver-se** *v pron* **1 envolver-se (em)** *(disputa, assunto)* to get involved (**in** *sth*) **2 envolver-se com** *(caso amoroso)* to get involved **with** *sb*

envolvido, -a *pp, adj* LOC **andar/estar envolvido com alguém** to be involved with sb **estar envolvido com algo** to be busy with sth *Ver tb* ENVOLVER

enxada *sf* hoe

enxaguar *vt* to rinse

enxame *sm* swarm

enxaqueca *sf* migraine

enxergar *vt* to see LOC **não enxergar um palmo adiante do nariz** to be blind as a bat

enxofre *sm* sulfur

enxotar *vt (moscas)* to shoo *sth* away

enxoval *sm* **1** *(da noiva)* trousseau [*pl* trousseaus/trousseaux] **2** *(de bebê)* layette

enxugar ◆ *vt* **1** *(secar)* to dry **2** *(suor, lágrimas)* to wipe *sth* (away): *Ele enxugou as lágrimas.* He wiped his tears away. ◆ *vi* to dry

enxuto, -a *pp, adj* **1** *(seco)* dry **2** *(corpo)* in good shape: *Considerando a idade que tem, ela está bem enxuta.* She's in really good shape for her age. *Ver tb* ENXUGAR

epicentro *sm* epicenter

epidemia *sf* epidemic: *uma ~ de cólera* a cholera epidemic

epilepsia *sf* epilepsy

epiléptico, -a *(tb* **epilético, -a)** *adj, sm-sf* epileptic

episódio *sm* **1** episode: *uma série com cinco ~s* a serial in five episodes **2** *(história curiosa ou divertida)* anecdote

época *sf* **1** time: *naquela ~* at that time ◇ *a ~ mais fria do ano* the coldest time of the year **2** *(era)* age **3** *(temporada)* season: *a ~ das chuvas* the rainy season

equação *sf* equation LOC **equação de segundo/terceiro grau** quadratic/cubic equation

Equador *sm* Ecuador

equador *sm* equator

equatorial *adj* equatorial

equatoriano, -a *adj, sm-sf* Ecuadorean

eqüilátero, -a *adj* LOC *Ver* TRIÂNGULO

equilibrar *vt* to balance

equilíbrio *sm* **1** balance: *manter/perder o ~* to keep/lose your balance ◇ *~ de forças* balance of power **2** *(Fís)* equilibrium

equilibrista *smf* **1** *(acrobata)* acrobat **2** *(de corda bamba)* tightrope walker

eqüino, -a *adj* LOC *Ver* GADO

equipamento *sm* **1** equipment [*não contável*] **2** *(Esporte)* gear

equipar ◆ *vt* **1** to equip *sb/sth* (**with** *sth*): *~ um escritório* to equip an office **2** *(roupa, Náut)* to supply *sb/sth* (**with** *sth*): *~ o time com chuteiras* to supply the team with cleats ◆ **equipar-se** *v pron* to kit yourself out

equipe *sf* team: *uma ~ de futebol* a soccer team ◇ *uma ~ de peritos* a team of experts LOC *Ver* COLEGA, COMPANHEIRO, TRABALHO

equitação *sf* horseback riding

equivalência *sf* equivalence LOC **conceder/obter equivalência** to recognize: *obter a ~ da licenciatura* to have your degree recognized

equivalente *adj, sm* equivalent

equivaler *vt* ~ **a** to be equivalent **to** *sth*: *Equivaleria a mil reais.* That would be equivalent to one thousand reals.

equivocado, -a *pp, adj* wrong: *estar ~* to be wrong *Ver tb* EQUIVOCAR-SE

equivocar-se *v pron* to be wrong (**about** *sth*)

equívoco *sm* **1** *(erro)* mistake: *cometer um ~* to make a mistake **2** *(mal-entendido)* misunderstanding

era *sf* **1** age: *Vivemos na ~ dos computadores.* We live in the computer age. **2** *(Geol)* era LOC **era glacial** ice age

ereção *sf* erection

erguer ◆ *vt* **1** *(levantar)* to lift *sth* up **2** *(cabeça)* to hold *your* head up **3** *(monumento)* to erect ◆ **erguer-se** *v pron* *(levantar-se)* to get up

erosão *sf* erosion

erótico, -a *adj* erotic

erotismo *sm* eroticism

errado, -a *adj* wrong: *Eles tomaram a decisão errada.* They made the wrong decision.

errar ◆ *vt* **1** (*resposta*) to get sth wrong **2** (*falhar*) to miss: *O caçador errou o tiro.* The hunter missed. ◆ *vi* **1** (*enganar-se*) to make a mistake **2** (*vaguear*) to wander **3** (*não acertar*) to miss LOC **errar o caminho** to lose your way

erro *sm* mistake: *cometer/fazer um ~* to make a mistake ◊ *~s de ortografia* spelling mistakes ☞ *Ver nota em* MISTAKE LOC **erro tipográfico** typo [*pl* typos] *Ver tb* INDUZIR

errôneo, -a *adj* erroneous

erupção *sf* **1** eruption **2** (*Med*) rash

erva *sf* **1** (*Med, Cozinha*) herb **2** (*maconha*) pot LOC **erva daninha** weed *Ver tb* CHÁ

esbanjar *vt* (*dinheiro*) to squander

esbarrão *sm* bump: *Ele me deu um ~.* He bumped into me.

esbarrar *vt ~* **com/em/contra 1** (*topar, encontrar*) to bump into *sb/sth*: *Esbarrei com a sua irmã no parque.* I bumped into your sister in the park. **2** (*problema*) to come up against *sth*

esbelto, -a *adj* **1** (*magro*) slender **2** (*elegante*) graceful

esboço *sm* **1** (*Arte*) sketch **2** (*idéia geral*) outline

esbofetear *vt* to slap

esborrachar ◆ *vt* **1** (*esmagar*) to squash: *~ uma barata* to squash a cockroach **2** (*esmurrar*) to slap: *~ a cara de alguém* to slap sb's face ◆ **esborrachar-se** *v pron* to sprawl: *Ele se esborrachou no chão.* He fell sprawling on the ground.

esbravejar *vi, vt* to shout

esbugalhado, -a *adj* (*olhos*) bulging

escada (*tb* escadas) *sf* **1** (*de um edifício*) stairs [*pl*], staircase (*mais formal*): *A casa tem uma ~ antiga.* The house has an old staircase. ◊ *Caí pelas ~s abaixo.* I fell down the stairs. **2** (*portátil*) ladder LOC **descer/subir as escadas** to go downstairs/upstairs **escada de incêndio** fire escape **escada em caracol** spiral staircase **escada rolante** escalator *Ver tb* VÃO

escala *sf* **1** scale: *numa ~ de um a dez* on a scale of one to ten **2** (*viagem*) stopover LOC **escala musical** scale **fazer escala** (*num avião*) to stop over

escalada *sf* **1** (*montanha*) ascent **2** (*guerra*) escalation: *a ~ da violência no Oriente Médio* the escalation of violence in the Middle East

escalar *vt* (*montanha*) to climb (up) *sth*

escaldar ◆ *vt* **1** (*legumes*) to blanch **2** (*queimar*) to scald ◆ *vi* (*estar muito quente*) to be boiling hot: *Tenha cuidado que a sopa está escaldando.* Be careful, the soup is boiling hot.

escaleno, -a *adj* LOC *Ver* TRIÂNGULO

escalope *sm* cutlet

escama *sf* scale

escancarado, -a *pp, adj* (*porta*) wide open

escandalizar *vt* to shock

escândalo *sm* scandal LOC **armar/fazer um escândalo** to make a fuss **dar escândalo** to make a scene **ser um escândalo** to be outrageous

escandaloso, -a *adj* scandalous

escangalhar-se *v pron* to fall apart LOC **escangalhar-se de rir** to dissolve into laughter

escaninho *sm* (*cartas, chaves*) cubby hole, pigeon-hole (*GB*)

escanteio *sm* (*futebol*) corner (kick)

escapada *sf* **1** (*fuga*) escape **2** (*viagem*) short break: *uma ~ de fim de semana* a weekend break

escapamento *sm* **1** (*veículo*) exhaust **2** (*gás*) leak

escapar *vi, vt* **1** *~* (*de*) (*fugir*) to escape (**from** *sb/sth*): *O papagaio escapou da gaiola.* The parrot escaped from its cage. **2** *~* (*a*) (*evitar*) to escape: *~ à justiça* to escape justice **3** (*segredo, involuntariamente*) to let *sth* slip: *Escapou-me* (*da boca*) *que ela estava grávida.* I let (it) slip that she was pregnant. **4** (*pormenores, oportunidade*) to miss: *A você não escapa nada.* You don't miss a thing. **5** (*gás, líquido*) to leak LOC **deixar escapar 1** (*pessoa*) to let *sb* get away **2** (*oportunidade*) to let *sth* slip: *Você deixou ~ a oportunidade da sua vida.* You let slip the chance of a lifetime. **escapar por um fio/triz** to escape by the skin of your teeth

escapatória *sf* way out

escapulir *vi, vt* **1** (*escapar*) to slip away **2** *~* **de/de entre** to slip out of *sth*: *~ das mãos* to slip out of your hands **3** (*fugir*) to run away

escarcéu *sm* (*alvoroço*) racket

escarola *sf* (*Bot*) endive

escarrado, -a *pp, adj*: *Ela é a cópia*

escarrada da mãe. She's the spitting image of her mother. *Ver tb* ESCARRAR

escarrar *vt* to spit

escassear *vi* to be scarce

escassez *sf* shortage: *Há ~ de professores*. There is a shortage of teachers.

escasso, -a *adj* little: *A ajuda que eles receberam foi escassa*. They received very little help. ◊ *devido ao ~ interesse* due to lack of interest

escavação *sf* excavation

escavadora *sf* digger

escavar *vt* **1** to dig: *~ um túnel* to dig a tunnel **2** (*arqueologia*) to excavate

esclarecer *vt* **1** (*explicar*) to clarify **2** (*crime*) to clear *sth* up: *~ um assassinato* to solve a murder

esclerosado, -a *pp, adj* senile

escocês, -esa ◆ *adj* Scottish ◆ *sm-sf* Scotsman/woman [*pl* Scotsmen/women]: *os escoceses* the Scots

Escócia *sf* Scotland

escoicear *vi* to kick

escola *sf* school: *Iremos depois da ~*. We'll go after school. ◊ *Terça-feira vou à ~ falar com o seu professor*. On Tuesday I'm going to the school to talk to your teacher. ☞ *Ver nota em* SCHOOL LOC **escola de belas-artes** art school **escola de samba** samba school **escola maternal** kindergarten **escola particular/pública** private/public school **escola primária/secundária** elementary/high school **escola superior (técnica)** ≃ technical college (*GB*) *Ver tb* MESA

Nos Estados Unidos uma escola pública é uma **public school**. Na Grã-Bretanha, contudo, as **public schools** são colégios particulares tradicionais e com muito prestígio, como por exemplo Eton e Harrow.

escolar *adj* **1** school [*s atrib*]: *o ano ~* the school year **2** (*sistema*) education [*s atrib*]: *o sistema ~* the education system LOC *Ver* BOLETIM, CERTIFICADO, DIPLOMA, FÉRIA, PERÍODO, TAXA

escolha *sf* choice: *não ter ~* to have no choice LOC *Ver* MÚLTIPLO

escolher *vt* to choose: *~ entre duas coisas* to choose between two things

escolta *sf* escort

escoltar *vt* to escort

escombros *sm* rubble [*não contável, v sing*]: *reduzir algo a ~* to reduce sth to rubble ◊ *um monte de ~* a pile of rubble

esconde-esconde *sm* hide-and-seek: *brincar de ~* to play hide-and-seek

esconder ◆ *vt* to hide *sb/sth* (*from sb/sth*): *Eles me esconderam da polícia*. They hid me from the police. ◊ *Não tenho nada para ~*. I have nothing to hide. ◆ **esconder-se** *v pron* to hide (*from sb/sth*): *De quem vocês estão se escondendo?* Who are you hiding from?

esconderijo *sm* hiding place

escondido, -a *pp, adj* (*oculto*) hidden LOC **às escondidas** in secret *Ver tb* ESCONDER

escorpião ◆ *sm* (*animal*) scorpion ◆ **Escorpião** *sm* (*Astrologia*) Scorpio ☞ *Ver exemplos em* AQUARIUS

escorredor *sm* **1** (*verduras*) colander **2** (*louça*) dishrack

escorregadio, -a *adj* slippery

escorregador *sm* (*parque*) slide

escorregão *sm* slip: *dar um ~* to slip

escorregar *vi, vt* **1** (*pessoa*) to slip (*on sth*): *Escorreguei numa mancha de óleo*. I slipped on a patch of oil. **2** (*superfície*) to be slippery **3** ~ (**de/por entre**) to slip (*out of/from sth*): *O sabão escorregou-lhe das mãos*. The soap slipped from his hands.

escorrer ◆ *vt* (*pratos, verduras*) to drain ◆ *vi* **1** to drain: *Deixe os pratos escorrendo*. Leave the dishes to drain. **2** (*pingar*) to drip **3** ~ (**por**) to slide (**along/down sth**): *A chuva escorria pelos vidros*. The rain slid down the windows. LOC *Ver* NARIZ

escoteiro *sm* (Boy) Scout

escotilha *sf* hatch

escova *sf* brush: *~ de unhas* nail brush ☞ *Ver ilustração em* BRUSH LOC **escova de dentes/de cabelo** toothbrush/hairbrush

escovar *vt* **1** to brush: *~ os dentes* to brush your teeth **2** (*cão, cavalo*) to groom

escravidão *sf* slavery

escravizar *vt* to enslave

escravo, -a *adj, sm-sf* slave [*s*]: *ser ~ do dinheiro* to be a slave to money ◊ *tratar alguém como um ~* to treat sb like a slave

escrever ◆ *vt* **1** to write: *~ um livro* to write a book **2** (*ortografia*) to spell: *Não sei como se escreve*. I don't know how to spell it. ◊ *Como se escreve?* How do you spell it? ◆ *vi* to write: *Você nunca me escreve*. You never write to me. ◊ *Ele ainda não sabe ~*. He can't write yet.

LOC **escrever à mão** to write *sth* in longhand *Ver tb* MÁQUINA

escrita *sf* writing

escrito, -a ♦ *pp, adj* written: *pôr algo por ~* to put sth in writing ♦ *sm* **1** (*documento*) document **2** (*mensagem*) message LOC **escrito à mão/à máquina** handwritten/typed *Ver tb* ESCREVER

escritor, ~a *sm-sf* writer

escritório *sm* **1** (*local de trabalho*) office: *Ela nos recebeu no seu ~.* She saw us in her office. **2** (*casa*) study [*pl* studies]: *Os livros dela estão todos no ~.* All her books are in the study. LOC *Ver* EMPREGADO, MESA

escritura *sf* **1** (*documento legal*) deed **2 Escritura(s)** Scripture(s): *a Sagrada Escritura/as Sagradas Escrituras* the Holy Scripture(s)

escrivaninha *sf* (*mesa*) desk

escrúpulo *sm* scruple: *não ter ~s* to have no scruples

escrupuloso, -a *adj* scrupulous

escudo *sm* shield: *~ protetor* protective shield

esculachado, -a *adj* (*desleixado*) sloppy: *Ele se veste de um jeito muito ~.* He's a very sloppy dresser.

esculacho *sm* (*repreensão*) lecture: *levar um ~* to get a lecture

esculpir *vt, vi* to sculpt

escultor, ~a *sm-sf* sculptor

escultura *sf* sculpture

escurecer ♦ *vt* to darken ♦ *v imp* to get dark

escuridão *sf* darkness

escuro, -a ♦ *adj* (*cabelo, pele*) dark ♦ *sm* dark: *Tenho medo do ~.* I'm scared of the dark. LOC **às escuras** in the dark: *Ficamos às escuras.* We were left in the dark. **escuro como o breu** pitch-black *Ver tb* ÓCULO, TIRO

escutar *vt, vi* to listen (**to** *sb/sth*): *Escute! Você consegue ouvir isso?* Listen! Can you hear it? ◊ *Você nunca me escuta.* You never listen to me.

esfaquear *vt* to stab

esfarrapado, -a *pp, adj* **1** (*roto*) ragged **2** (*inconsistente*) feeble: *desculpas esfarrapadas* feeble excuses

esfera *sf* sphere

esferográfica *sf* ballpoint (pen)

esfinge *sf* sphinx

esfolar *vt* (*arranhar*) to graze: *~ a mão* to graze your hand

esfomeado, -a *adj* starving

esforçado, -a *adj* hard-working: *O meu filho é muito ~ nos estudos.* My son studies very hard.

esforçar-se *v pron* ~ (**para/por**) to try (hard) (**to do sth**): *Eles se esforçaram muito.* They tried very hard.

esforço *sm* **1** effort: *fazer um ~* to make an effort **2** (*tentativa*) attempt (**at doing sth/to do sth**): *num último ~ para evitar um desastre* in a last attempt to avoid disaster LOC **sem esforço** effortlessly

esfregão *sm* mop

esfregar *vt* **1** (*limpar*) to scrub **2** (*friccionar*) to rub: *O garotinho esfregava os olhos.* The little boy was rubbing his eyes. **3** (*panela, tacho*) to scour LOC **esfregar as mãos** to rub your hands together

esfriar ♦ *vi* to get cold: *A sua sopa está esfriando.* Your soup's getting cold. ♦ *v imp* to cool down: *De noite esfria um pouco.* It gets a little cooler at night.

esganiçado, -a *pp, adj* (*voz*) shrill

esgarçar *vt, vi* to fray

esgotado, -a *pp, adj* **1** (*cansado*) worn out, exhausted (*mais formal*) **2** (*produtos, entradas*) sold out **3** (*edição*) out of print LOC **deixar esgotado** (*cansar*) to wear *sb* out: *As crianças me deixam esgotada.* The children wear me out. *Ver tb* ESGOTAR

esgotamento *sm* (*cansaço*) exhaustion LOC **esgotamento nervoso** nervous breakdown

esgotar ♦ *vt* **1** to exhaust: *~ um tema* to exhaust a subject **2** (*produtos, reservas*) to use *sth* up: *Esgotamos todo o nosso estoque.* We've used up all our supplies. ♦ **esgotar-se** *v pron* **1** to run out: *A minha paciência está se esgotando.* My patience is running out. **2** (*livro, ingressos*) to sell out

esgoto *sm* drain: *rede de ~* sewage system LOC *Ver* CANO

esgrima *sf* (*Esporte*) fencing: *praticar ~* to fence

esgueirar-se *v pron* to sneak off

esguichar *vi, vt* to spurt (out)

esguicho *sm* (*jato*) jet: *um ~ de água quente* a jet of hot water

eslaide *sm Ver* SLIDE

esmagar *vt* **1** to crush: *~ alho* to crush garlic **2** (*coisa mole, inseto*) to squash

esmalte *sm* enamel LOC **esmalte de unhas** nail polish

esmeralda *sf* emerald

esmerar-se *v pron* ~ (**por**) to try very hard (**to do sth**): *Esmere-se um pouco mais.* Try a little harder.

esmero *sm* (great) care LOC **com esmero** (very) carefully

esmigalhar *vt* **1** to break *sth* into small pieces **2** (*pão, bolachas*) to crumble *sth* (up)

esmo *sm* LOC **a esmo** (*sem rumo*) aimlessly: *andar a ~ pela cidade* to wander aimlessly around the city

esmola *sf*: *Nós lhe demos uma ~.* We gave him some money. ◊ *Uma ~, por favor.* Can you spare any change, please? LOC *Ver* PEDIR

esmorecer *vi* to lose heart

esmurrar *vt* to punch

esnobe ◆ *adj* snobby ◆ *smf* snob

espacial *adj* space [*s atrib*]: *missão/vôo ~* space mission/flight LOC *Ver* BASE, NAVE, ÔNIBUS, SONDA, TRAJE

espaço *sm* **1** space **2** (*lugar*) room: *Há ~ na minha mala para o seu suéter.* There's room in my suitcase for your sweater. **3** (*em branco*) blank: *Preencha os ~s com as preposições.* Fill in the blanks with prepositions.

espaçoso, -a *adj* (*aposento*) spacious

espada *sf* **1** (*arma*) sword **2 espadas** (*naipe*) spades ☞ *Ver nota em* BARALHO

espaguete *sm* spaghetti: *Adoro ~.* I love spaghetti.

espairecer *vi, vt* (*distrair-se*) to relax

espalhado, -a *pp, adj* **1** (*disperso*) scattered **2** (*pelo chão*) lying (around): *~ pelo chão* lying on the floor ◊ *Deixaram tudo ~.* They left everything lying around. *Ver tb* ESPALHAR(-SE)

espalhafato *sm* racket: *fazer ~* to make a racket

espalhafatoso, -a *adj* **1** (*barulhento*) loud **2** (*extravagante*) over the top: *Ela se veste de maneira muito espalhafatosa.* She wears very outlandish clothes.

espalhar, espalhar-se *vt, v pron* **1** (*dispersar(-se)*) to scatter **2** (*notícia, boato*) to spread

espancamento *sm* beating

espancar *vt* to beat *sb* up

Espanha *sf* Spain

espanhol, ~a ◆ *adj, sm* Spanish: *falar ~* to speak Spanish ◆ *sm-sf* Spaniard: *os espanhóis* the Spanish

espantalho *sm* scarecrow

espantar ◆ *vt* **1** (*surpreender*) to amaze **2** (*afugentar*) to drive *sb/sth* away ◆ **espantar-se** *v pron* **1** (*surpreender-se*)

to be amazed: *Eles se espantaram em nos ver.* They were amazed to see us. **2** (*assustar-se*) to be frightened

espanto *sm* amazement: *olhar com ~* to look in amazement ◊ *ter cara de ~* to look amazed

espantoso, -a *adj* amazing

esparadrapo *sm* Band-Aid®, plaster (*GB*)

esparramar ◆ *vt* **1** (*espalhar*) to scatter: *~ os brinquedos pelo chão* to scatter toys on the floor **2** (*entornar*) to spill: *Cuidado para não ~ o leite.* Careful you don't spill the milk. ◆ **esparramar-se** *v pron* (*sentar-se de qualquer jeito*) to sprawl: *Ele se esparramou no sofá e ali ficou o dia todo.* He sprawled on the couch and stayed there all day.

espatifar ◆ *vt* (*destruir*) to smash ◆ **espatifar-se** *v pron* (*de carro, moto*) to crash

espátula *sf* spatula

especial *adj* special LOC *Ver* NADA

especialidade *sf* speciality [*pl* specialities]

especialista *smf* ~ (**em**) specialist (**in sth**): *um ~ em informática* an IT specialist

especializado, -a *pp, adj* ~ (**em**) **1** specialized (in sth) **2** (*trabalhador*) skilled *Ver tb* ESPECIALIZAR-SE

especializar-se *v pron* ~ (**em**) to specialize (**in sth**)

especialmente *adv* **1** (*sobretudo*) especially: *Adoro animais, ~ gatos.* I love animals, especially cats. **2** (*em particular*) particularly **3** (*exclusivamente*) specially: *~ desenhado para deficientes* specially designed for disabled people ☞ *Ver nota em* SPECIALLY

especiaria *sf* spice

espécie *sf* **1** (*Biol*) species [*pl* species]: *uma ~ em vias de extinção* an endangered species **2** (*tipo*) kind: *Era uma ~ de verniz.* It was a kind of varnish. LOC **pagar em espécie** to pay (in) cash

especificar *vt* to specify

específico, -a *adj* specific

espécime (*tb* **espécimen**) *sm* specimen

espectador, ~a *sm-sf* **1** (*Esporte*) spectator **2** (*TV*) viewer **3** (*Teat, Mús*) member of the audience

espectro *sm* **1** (*fantasma*) specter **2** (*Fís*) spectrum

especulação *sf* speculation

especular *vt* ~ (**sobre**) to speculate (*on/about sth*)

espelho *sm* mirror: *ver-se/olhar-se no* ~ to look (at yourself) in the mirror LOC **espelho retrovisor** rear view mirror

espelunca *sf* (*lugar escuro e sujo*) dive

espera *sf* wait LOC **estar à espera de** to be waiting for *sb/sth* ☞ *Ver nota em* ESPERAR; *Ver tb* SALA

esperança *sf* hope

esperar ◆ *vt* to wait for *sb/sth*, to expect, to hope

Cada um dos três verbos **to wait**, **to expect** e **to hope** significa esperar, contudo não devem ser confundidos:
To wait indica que uma pessoa está à espera de que alguém chegue ou de que algo aconteça: *Espere por mim, por favor.* Wait for me, please. ◇ *Estou esperando o ônibus.* I'm waiting for the bus. ◇ *Estamos esperando que pare de chover.* We're waiting for it to stop raining.
To expect é utilizado quando o que se espera é não apenas lógico como muito provável: *Havia mais trânsito do que eu esperava.* There was more traffic than I had expected. ◇ *Estava esperando uma carta dele ontem, mas não recebi nada.* I was expecting a letter from him yesterday, but I didn't receive one. Se uma mulher está grávida, também se diz **to expect**: *Ela está esperando bebê.* She's expecting a baby.
Com **to hope** exprime-se o desejo de que algo aconteça ou tenha acontecido: *Espero voltar a vê-lo em breve.* I hope to see you again soon. ◇ *Espero que sim/não.* I hope so/not.

◆ *vi* to wait: *Estou farta de* ~. I'm tired of waiting. LOC **fazer alguém esperar** to keep sb waiting **ir esperar alguém** to meet *sb*: *Você tem que ir* ~ *o Luís na estação.* You have to meet Luís at the train station. (**não**) **saber o que esperar** (not) to know what to expect

espernear *vi* **1** to kick (your feet) **2** (*fazer birra*) to throw a tantrum

espertalhão, -ona *sm-sf* sharp operator

esperto, -a *adj* smart, bright (*GB*) LOC **fazer-se de esperto** to be/get smart: *Não se faça de* ~ *comigo.* Don't get smart with me.

espesso, -a *adj* thick

espessura *sf* thickness: *Esta tábua tem dois centímetros de* ~. This piece of wood is two centimeters thick.

espetacular *adj* spectacular

espetáculo *sm* **1** spectacle: *um* ~ *impressionante* an impressive spectacle **2** (*diversão*) show LOC **dar espetáculo** to make a spectacle of yourself *Ver tb* MUNDO

espetada *sf* prick: *Dei uma* ~ *no dedo.* I pricked my finger.

espetar ◆ *vt* **1** (*cravar*) to stick **2** (*com alfinete*) to prick ◆ **espetar-se** *v pron* **espetar-se em** (*picar-se*) to prick yourself: *Espetei-me num espinho.* I pricked my finger on a thorn. ◇ *Tenha cuidado para não se* ~ *com a tesoura.* Be careful you don't hurt yourself with the scissors.

espetinho *sm* kebab

espevitado, -a *pp, adj* **1** (*vivo*) lively **2** (*atrevido*) sassy, cheeky (*GB*)

espiada *sf* peep LOC **dar uma espiada em alguém/algo** to have/take a look at sb/sth

espião, -ã *sm-sf* (*tb espia smf*) spy [*pl* spies]

espiar *vt, vi* **1** (*olhar*) to peek (**at** *sb/sth*): *Não me espie.* Don't peek. **2** (*espionar*) to spy (**on** *sb*)

espichar *vt* (*esticar*) to stretch

espiga *sf* (*milho*) ear

espinafre *sm* spinach

espingarda *sf* shotgun: ~ *de dois canos* double-barrelled shotgun LOC **espingarda de ar comprimido** airgun

espinha *sf* **1** (*peixe*) bone **2** (*acne*) pimple LOC **espinha dorsal** spine

espinho *sm* **1** thorn: *uma rosa sem* ~s a rose without thorns **2** (*de animal*) spine

espionagem *sf* spying, espionage (*mais formal*): *Fui acusado de* ~. I was accused of spying.

espiral *adj, sf* spiral LOC *Ver* ESCADA

espiritismo *sm* spiritualism

espírito *sm* **1** spirit: ~ *de equipe* team spirit **2** (*humor*) wit LOC **Espírito Santo** Holy Spirit *Ver tb* ESTADO, PRESENÇA

espiritual *adj* spiritual

espirituoso, -a *adj* witty: *um comentário* ~ a witty remark

espirrar **1** (*pessoa*) to sneeze ☞ *Ver nota em* ATXIM! **2** (*fritura*) to spit: *O óleo espirrou da frigideira.* The oil spat from the frying pan.

espirro *sm* sneeze

esplanada *sf* esplanade

esplêndido, -a *adj* splendid

esponja *sf* sponge LOC **passar uma es-**

ponja no assunto to wipe the slate clean *Ver tb* BEBER

espontâneo, -a *adj* spontaneous

espora *sf* spur

esporádico, -a *adj* sporadic

esporte ◆ *sm* sport: *Você pratica algum ~?* Do you play any sports? ◆ *adj* (*vestuário*) casual: *roupa/sapatos ~* casual clothes/shoes

esportivo, -a *adj* **1** sports [*s atrib*]: *competição esportiva* sports competition **2** (*comportamento*) sporting: *um comportamento pouco ~* bad sportsmanship LOC **levar as coisas na esportiva** to take sth lightly *Ver tb* ROUPA

esposo, -a *sm-sf* husband [*fem* wife] [*pl* wives]

espreguiçadeira *sf* sun lounger

espreguiçar-se *v pron* to stretch

espreita *sf* LOC **estar à espreita 1** (*vigiar*) to be on the lookout *for sb/sth* **2** (*esperar escondido*) to lie in wait (*for sb/sth*)

espreitar *vt, vi* **1** (*espiar*) to spy (**on sb**): *~ pelo buraco da fechadura* to spy through the keyhole **2** (*esperar escondido*) to lie in wait (**for sb/sth**): *O inimigo espreitava na escuridão.* The enemy lay in wait in the darkness.

espremedor *sm* **1** (*manual*) (lemon-/orange-) squeezer **2** (*elétrico*) juicer

espremer *vt* (*fruta*) to squeeze *sth* (out)

espresso *adj* LOC *Ver* CAFÉ

espuma *sf* **1** foam **2** (*cerveja*) froth **3** (*sabonete, xampu*) lather **4** (*banho*) bubble: *um banho de ~* a bubble bath **5** (*mar*) surf LOC **espuma (de borracha)** foam (rubber) **fazer espuma 1** (*ondas*) to foam **2** (*sabão*) to lather

espumante ◆ *adj* (*vinho*) sparkling ◆ *sm* sparkling wine

esquadra *sf* **1** (*Náut*) fleet **2** (*Mil*) squad

esquadrão *sm* squadron

esquadro *sm* set square

esquartejar *vt* to cut *sth* up

esquecer, esquecer-se *vt, v pron* **1** to forget *sth/to do sth*: *~ o passado* to forget the past ◊ *Eu me esqueci de comprar sabão em pó.* I forgot to buy detergent. **2** (*deixar*) to leave *sth* (behind): *Esqueci o guarda-chuva no ônibus.* I left my umbrella on the bus. ◊ *Não se esqueça dele.* Don't leave it behind.

esquecido, -a *pp, adj* (*pessoa*) forgetful *Ver tb* ESQUECER(-SE)

esquelético, -a *adj* (*muito magro*) scrawny ☞ *Ver nota em* MAGRO

esqueleto *sm* **1** (*Anat*) skeleton **2** (*estrutura*) framework

esquema *sm* **1** (*diagrama*) diagram **2** (*resumo*) outline **3** (*plano*) plan

esquentar *vt, vi* to warm (*sth*) up: *Esquente o leite, mas não deixe ferver.* Warm up the milk, but don't let it boil. ◊ *Como esquentou depois da chuva!* It's really warmed up since the rain! LOC **esquentar a cabeça** (*preocupar-se*) to worry about sth: *Pare de ~ a cabeça.* Stop worrying about it.

esquerdo, -a ◆ *adj* left: *Quebrei o braço ~.* I broke my left arm. ◊ *a margem esquerda do Sena* the left bank of the Seine ◆ **esquerda** *sf* left: *Siga pela esquerda.* Keep left. ◊ *dirigir pela esquerda* to drive on the left ◊ *a casa da esquerda* the house on the left ◊ *A estrada vira à esquerda.* The road bears left. LOC **a esquerda** (*Pol*) the left: *A esquerda ganhou as eleições.* The left won the election. **à esquerda** on the left **de esquerda** left-wing: *grupos de esquerda* left-wing groups *Ver tb* LEVANTAR, ZERO

esqui *sm* **1** (*objeto*) ski [*pl* skis] **2** (*Esporte*) skiing LOC **esqui aquático** water-skiing: *fazer ~ aquático* to go water-skiing *Ver tb* PISTA

esquiar *vi* to ski: *Eles esquiam todos os fins de semana.* They go skiing every weekend.

esquilo *sm* squirrel

esquina *sf* corner: *Espere-me na ~.* Wait for me on the corner. ◊ *A casa que faz ~ com a Rua da Moeda.* It's the house on the corner of Rua da Moeda. LOC **virando a esquina** (just) around the corner

esquisito, -a *adj* (*estranho*) strange: *uma maneira muito esquisita de falar* a very strange way of speaking ◊ *Que ~!* How strange!

esquivar-se *v pron* ~ (**de**) **1** to dodge **2** (*pessoa*) to avoid

esquizofrenia *sf* schizophrenia

esquizofrênico, -a *adj, sm-sf* schizophrenic

esse, -a *pron* **1** (*adjetivo*) that/this [*pl* these]: *~s livros* these books **2** (*substantivo*) **(a)** (*coisa*) that/this one [*pl* those/these (ones)]: *Não quero ~/~s.* I don't want this one/these. **(b)** (*pessoa*): *Foi essa aí!* It was her! ◊ *Não vou com ~s aí.* I'm not going with those people.

essência *sf* essence

essencial *adj* ~ (**para**) essential (**to/for sth**)

esses, -as *pron Ver* ESSE

esta *pron Ver* ESTE

estabelecer ♦ *vt* **1** (*determinar, ordenar*) to establish: ~ *a identidade de uma pessoa* to establish a person's identity **2** (*criar*) to set *sth* up: ~ *uma sociedade* to set up a company **3** (*recorde*) to set ♦ **estabelecer-se** *v pron* **1** (*fixar-se*) to settle **2** (*num negócio*) to set up: *estabelecer-se por conta própria* to set up your own business

estabelecimento *sm* establishment

estabilidade *sf* stability

estabilizar, estabilizar-se *vt, v pron* to stabilize

estábulo *sm* cowshed

estaca *sf* **1** stake **2** (*tenda*) peg

estação *sf* **1** station: *Onde fica a ~?* Where's the station? **2** (*do ano*) season LOC **estação de águas** spa

estacar *vi* (*pessoa*) to freeze: *Estaquei ao ver a cobra.* I froze when I saw the snake.

estacionamento *sm* **1** (*ato*) parking **2** (*vaga*) parking space **3** (*local*) parking lot, car park (*GB*): *um ~ subterrâneo* an underground parking lot

estacionar *vt, vi* to park: *Onde é que você estacionou?* Where did you park? LOC **estacionar em fila dupla** to double-park

estadia (*tb* estada) *sf* **1** stay: *a sua ~ no hospital* his stay in the hospital **2** (*gastos*) living expenses [*pl*]: *pagar os custos de viagem e ~* to pay travel and living expenses

estádio *sm* (*Esporte*) stadium [*pl* stadiums/stadia]

estadista *smf* statesman [*fem* stateswoman]

estado *sm* **1** state: *a segurança do ~* state security **2** (*condição médica*) condition: *O ~ dela não é grave.* Her condition isn't serious. LOC **em bom/mau estado 1** in good/bad condition **2** (*estrada*) in a good/bad state of repair **estado civil** marital status **estado de espírito** state of mind *Ver tb* GOLPE, SECRETARIA

Estados Unidos *sm* (the) United States (*abrev* US/USA)

estadual *adj* state [*s atrib*]: *lei ~* state law

estafa *sf* **1** (*cansaço*) fatigue **2** (*esgotamento nervoso*) nervous breakdown

estafado, -a *pp, adj* (*cansado*) exhausted

estagiário, -a *sm-sf* trainee

estagnado, -a *pp, adj* (*água*) stagnant *Ver tb* ESTAGNAR

estagnar *vi* (*água*) to stagnate **2** (*negociações*) to come to a standstill

estalactite *sf* stalactite

estalagmite *sf* stalagmite

estalar ♦ *vt* **1** to crack **2** (*língua*) to click **3** (*dedos*) to snap ♦ *vi* **1** to crack **2** (*lenha*) to crackle

estaleiro *sm* shipyard

estalido *sm* **1** crack **2** (*fogueira*) crackle

estalo *sm* **1** (*som*) crack **2** (*língua*) click: *dar um ~ com a língua* to click your tongue **3** (*dedos*) snap LOC **de estalo** suddenly **ter/dar um estalo**: *De repente me deu um ~.* Suddenly it all clicked. ◊ *Eu tive um ~ e encontrei a solução.* The solution suddenly occurred to me.

estampa *sf* (*ilustração*) plate: *~s coloridas* color plates

estampar *vt* (*imprimir*) to print

estampilha *sf* (*selo fiscal*) official stamp

estandarte *sm* banner

estanho *sm* tin

estante *sf* bookcase

estar ♦ *vi* to be: *A Ana está em casa?* Is Ana home? ◊ *Está em todos os jornais.* It's in all the papers. ♦ *v lig* **1** (*achar-se*) to be: ~ *doente/cansado* to be sick/tired **2** (*aspecto*) to look: *Você está muito bonito hoje.* You look very nice today. ♦ *vt* ~ **em** (*consistir*) to lie **in sth**: *O êxito do grupo está na sua originalidade.* The group's success lies in their originality. ♦ *v aux* to be **doing sth**: *Eles estavam jogando.* They were playing. ♦ *v imp* (*clima*): *Está frio/calor/ventando.* It's cold/hot/windy. LOC **está bem 1** (*de acordo*) OK: —*Pode me emprestar?*—*Está bem.* "Could you lend it to me?" "OK." **2** (*chega*) that's enough **estar a 1** (*data*): *Estamos a três de maio.* It's the third of May. **2** (*preço*) to cost: *A quanto estão as bananas?* How much are the bananas? **estar aí** (**mesmo**) (*estar chegando*) (just) around the corner: *O verão está aí.* Summer's just around the corner. **estar com** (*apoiar*) to be rooting for *sb*: *Ânimo, que nós estamos contigo!* Go for it, we're rooting for you! **estar/ficar bom** to be/get well **estar que** …: *Estou que nem me agüento em* *pé.* I'm dead on my feet. **estar que estar** to be in seventh heaven **não estar para** not to be in the mood for *sth*: *Não estou para brincadeiras.* I'm not in the mood for jokes. ☞ *Para outras expressões com* **estar***, ver os verbetes para o substantivo, adjetivo, etc., p.ex.* **estar numa boa** *em* BOA *e* **estar em jogo** *em* JOGO.

estardalhaço *sm* (*ruído*) racket: *fazer ~* to make a racket

estatal *adj* state-owned [*s atrib*]: *empresa ~* state-owned company LOC *Ver* EMPRESA

estático, -a *adj* static

estatística *sf* **1** (*ciência*) statistics [*sing*] **2** (*cifra*) statistic

estátua *sf* statue

estatura *sf* height: *uma mulher de ~ mediana* a woman of average height ◊ *Ele é de baixa ~.* He's short.

estatuto *sm* statute

estável *adj* stable

este, -a *pron* **1** (*adjetivo*) this [*pl* these] **2** (*substantivo*) this one [*pl* these (ones)]: *Prefiro aquele terno a ~.* I prefer that suit to this one. ◊ *Você prefere ~s?* Do you prefer these ones?

esteira *sf* **1** (*tapete*) rug **2** (*rastro*) wake LOC **esteira rolante** conveyor belt

estender ◆ *vt* **1** (*esticar, braço, mão*) to stretch *sth* out **2** (*alargar*) to extend: *~ uma mesa* to extend a table ◊ *~ o prazo das matrículas* to extend the registration period **3** (*desdobrar, espalhar*) to spread *sth* (out): *~ um mapa sobre a mesa* to spread a map out on the table **4** (*roupa no varal*) to hang *sth* out: *Ainda tenho que ~ a roupa.* I still have to hang the laundry out. **◆ estender-se** *v pron* **1** (*deitar-se*) to lie down ☞ *Ver nota em* LIE[2] **2** (*no espaço*) to stretch: *O jardim se estende até o lago.* The garden stretches down to the lake. **3** (*no tempo*) to last: *O debate se estendeu por horas e horas.* The debate lasted for hours. **4** (*propagar-se*) to spread: *A epidemia se estendeu país afora.* The epidemic spread throughout the country. **5 estender-se sobre** (*alongar-se*) to speak at length **about** *sth*

estendido, -a *pp, adj* **1** (*pessoa*) lying: *Ele estava ~ no chão.* He was lying on the floor. **2** (*roupa*): *A roupa já está estendida.* The laundry is already out on the line. **3** (*braços, pernas*) outstretched *Ver tb* ESTENDER

estepe *sm* (*pneu*) spare tire

esterco *sm* manure

estereofônico, -a *adj* stereo: *um gravador com som ~* a stereo cassette player

estereótipo *sm* stereotype

estéril *adj* sterile

esterilizar *vt* to sterilize

esterlina *adj* sterling: *libras ~s* pounds sterling

estética *sf* aesthetics [*sing*]

esteticista *smf* beautician

estético, -a *adj* aesthetic

estetoscópio *sm* stethoscope

estibordo *sm* starboard: *a ~* to starboard

esticada *sf* LOC **dar uma esticada**: *Depois da festa, demos uma ~ numa boate.* After the party we went on to a nightclub.

esticado, -a *pp, adj* (*estendido*) tight: *Assegure-se de que a corda está bem esticada.* Make sure the rope is really tight. *Ver tb* ESTICAR

esticar ◆ *vt* **1** to stretch: *~ uma corda* to stretch a rope tight **2** (*braço, perna*) to stretch *sth* out **3** (*dinheiro*) to spin *sth* out **4** (*alisar*) to smooth **◆ esticar-se** *v pron* (*espreguiçar-se*) to stretch LOC **esticar as canelas** to kick the bucket

estilhaçar, estilhaçar-se *vt, v pron* to shatter

estilista *smf* (*moda*) fashion designer

estilo *sm* style: *ter muito ~* to have a lot of style LOC **com muito estilo** stylish **de estilo** period: *móveis de ~* period furniture **estilo de vida** lifestyle

estima *sf* esteem LOC **ter alguém em alta/grande estima** to think highly of sb

estimação *sf* esteem LOC **de estimação** favorite: *um animal de ~* a pet (animal) ◊ *objetos de ~* objects of sentimental value

estimativa *sf* estimate

estimulante ◆ *adj* stimulating **◆** *sm* stimulant

estimular *vt* **1** (*incitar*) to stimulate **2** (*animar*) to encourage

estímulo *sm ~* (**para**) stimulus [*pl* stimuli] (*to sth*/*to do sth*)

estirada *sf* (*distância*) way: *Ainda é uma boa ~ até a minha casa.* It's still quite a way to my house.

estivador *sm* longshoreman, docker (*GB*)

estofamento *sm* (*carro, móvel*) upholstery [*não contável*]

estofar *vt* (*móvel, carro*) to upholster

estojo *sm* **1** (*lápis, instrumento musical*) case **2** (*maquiagem, jóias*) box LOC **estojo de primeiros socorros** first aid kit

estômago *sm* stomach LOC *Ver* DOR

estoque *sm* stock(s) [*usa-se muito no plural*]

estorvar *vt* **1** (*incomodar*) to annoy **2** (*dificultar*) to block: ~ *as saídas de incêndio* to block the fire exits

estourar *vi* **1** (*balão, pneu*) to burst **2** (*guerra*) to break out **3** (*escândalo*) to break

estouro *sm* (*explosão*) explosion

estrábico, -a *adj* cross-eyed

estrabismo *sm* squint

estrada *sf* road: ~ *de terra* dirt road LOC **estrada de ferro** railroad, railway (*GB*) **estrada de rodagem** highway [*pl* highways], motorway [*pl* motorways] (*GB*) ☛ *Ver nota em* RODOVIA; *Ver tb* CÓDIGO

estrado *sm* platform

estragado, -a *pp, adj* **1** (*alimento*) spoiled, off (*GB*): *O peixe estava* ~. The fish was spoiled. **2** (*máquina*) out of order *Ver tb* ESTRAGAR

estragar ♦ *vt* **1** to ruin: *A chuva estragou os nossos planos.* The rain ruined our plans. **2** (*aparelho*) to break **3** (*desperdiçar*) to waste ♦ **estragar-se** *v pron* **1** (*não funcionar*) to break down **2** (*comida*) to go bad

estrago *sm* (*dano*) damage [*não contável*]: *causar/sofrer* ~s to cause/suffer damage

estrangeiro, -a ♦ *adj* foreign ♦ *sm-sf* foreigner LOC **no/para o estrangeiro** abroad *Ver tb* MINISTÉRIO, MINISTRO

estrangular *vt* to strangle

estranhar *vt* to find *sth* strange: *No princípio você vai* ~, *mas acabará se acostumando.* At first you'll find it strange, but you'll get used to it in the end. ◊ *Estranhei o seu comportamento.* I found your behavior strange.

estranho, -a ♦ *adj* strange ♦ *sm-sf* stranger LOC *Ver* COISA

estratagema *sm* scheme: *Estou farta dos seus* ~s *para ganhar mais dinheiro!* I'm sick of your schemes to earn more money.

estratégia *sf* strategy [*pl* strategies]

estratégico, -a *adj* strategic

estrato *sm* (*Geol, Sociol*) stratum [*pl* strata]

estrear *vt* **1** *Estou estreando estes sapatos.* I am wearing new shoes. **2** (*filme, peça de teatro*) to première

estréia *sf* **1** (*filme, peça de teatro*) première **2** (*ator*) debut

estreitar *vi* to narrow

estreito, -a ♦ *adj* narrow ♦ *sm* strait(s) [*usa-se muito no plural*]: *o* ~ *de Bering* the Bering Strait(s)

estrela *sf* star: ~ *polar* pole star ◊ *um hotel de três* ~s a three-star hotel ◊ *uma* ~ *de cinema* a movie star LOC **estrela cadente** shooting star **ver estrelas** to see stars

estrelado, -a *pp, adj* **1** (*noite, céu*) starry **2** (*figura*) star-shaped **3** (*ovo*) fried *Ver tb* ESTRELAR

estrelar *vt* **1** (*em filme*) to star in *sth* **2** (*ovos*) to fry

estrelato *sm* stardom: *chegar ao* ~ to become a star

estremecer *vt, vi* (*tremer*) to shake LOC **estremecer de dor** to wince with pain **estremecer de medo** to tremble with fear

estresse *sm Ver* STRESS

estria *sf* **1** groove **2** (*pele*) stretch mark

estribeira *sf* LOC *Ver* PERDER

estribilho *sm* chorus

estribo *sm* stirrup

estridente *adj* (*som*) shrill

estrito, -a *adj* strict

estrofe *sf* verse

estrondo *sm* bang: *A porta se fechou com um grande* ~. The door slammed shut. ◊ *o* ~ *do trovão* the rumble of thunder

estrondoso, -a *adj* **1** (*aplauso*) thunderous: *aplausos* ~s thunderous applause **2** (*sucesso*) resounding

estrutura *sf* structure

estuário *sm* estuary [*pl* estuaries]

estudante *smf* student: *um grupo de* ~s *de medicina* a group of medical students

estudar *vt, vi* to study: *Gostaria de* ~ *francês.* I'd like to study French. ◊ *Ela estuda num colégio particular.* She's at a private school.

estúdio *sm* (*Cinema, Fot, TV*) studio [*pl* studios]

estudioso, -a *adj* studious

estudo *sm* **1** study [*pl* studies]: *realizar* ~s *sobre algo* to carry out a study of sth

2 estudos education [*sing*]: *não ter ~s* to lack education LOC **em estudo** under consideration *Ver tb* BOLSA, PROGRAMA

estufa *sf* (*Ver plantas*) greenhouse LOC *Ver* EFEITO

estupendo, -a *adj* fantastic

estupidez *sf* **1** (*grosseria*) rudeness **2** (*burrice*) stupidity: *o cúmulo da ~* the height of stupidity

estúpido, -a ◆ *adj* **1** (*grosseiro*) rude **2** (*burro*) stupid **◆** *sm-sf* idiot

esturricado, -a *pp, adj* burned

esvair-se *v pron* to vanish

esvaziar ◆ *vt* **1** to empty *sth* (out) (**into sth**): *Vamos ~ aquela caixa.* Let's empty (out) that box. **2** (*tirar o ar*) to let the air out of *sth*: *Esvaziaram meus pneus.* They let the air out of my tires. **◆ esvaziar-se** *v pron* (*perder o ar*) to go down

etapa *sf* stage: *Fizemos a viagem em duas ~s.* We did the journey in two stages. ◊ *por ~s* in stages

etc. *sm* et cetera (*abrev* etc.)

eternidade *sf* **1** eternity **2 uma eternidade** forever: *Você demorou uma ~.* You took forever.

eterno, -a *adj* eternal

ético, -a ◆ *adj* ethical **◆ ética** *sf* ethics [*sing*]

etimologia *sf* etymology [*pl* etymologies]

etiqueta *sf* **1** label: *a ~ num pacote* the label on a package **2** (*preço*) price tag **3** (*social*) etiquette

etiquetar *vt* to label

etnia *sf* ethnic group

étnico, -a *adj* ethnic

eu *pron pess* **1** (*sujeito*) I: *minha irmã e eu* my sister and I **2** (*em comparações, com preposição*) me: *como eu* like me ◊ *exceto eu* except (for) me ◊ *Você chegou antes do que eu.* You got here before me. ◊ *incluindo eu* including me LOC **eu?** me?: *Quem? Eu?* Who do you mean? Me? **eu mesmo/próprio** I myself: *Eu mesmo o farei.* I'll do it myself. ◊ *Fui eu mesma quem lhe disse.* I was the one who told you. **se eu fosse você** if I were you: *Se eu fosse você, não iria.* If I were you, I wouldn't go. **sou eu** it's me

eucalipto *sm* eucalyptus [*pl* eucalyptuses/eucalypti]

eucaristia *sf* Eucharist

euforia *sf* euphoria

eufórico, -a *adj* euphoric

Europa *sf* Europe

europeu, -éia *adj, sm-sf* European

eutanásia *sf* euthanasia

evacuar *vt* to evacuate: *O público evacuou o cinema.* The audience evacuated the movie theater. ◊ *Evacuem a sala, por favor.* Please clear the hall.

evadir-se *v pron* ~ (**de**) to escape (**from sth**)

evangelho *sm* gospel: *o ~ segundo São João* the Gospel according to Saint John

evaporar, evaporar-se *vt, v pron* to evaporate

evasão *sf* **1** (*fuga*) escape **2** (*subterfúgio*) evasion: *~ de impostos* tax evasion

evasiva *sf* excuse: *Não me venha com ~s.* Don't give me excuses.

evento *sm* **1** (*acontecimento*) event: *os ~s dos últimos dias* the events of the past few days **2** (*incidente*) incident

eventual *adj* (*fortuito*) accidental

evidência *sf* evidence

evidente *adj* obvious

evitar *vt* **1** (*prevenir*) to avert: *~ uma catástrofe* to avert a disaster **2** (*esquivar-se*) to avoid *sb/sth/doing sth*: *Ele faz de tudo para me ~.* He does everything he can to avoid me. ◊ *Ela evitou o meu olhar.* She avoided my gaze. **3** (*pessoa*) to give *sb* the slip **4** (*golpe, obstáculo*) to dodge LOC **não consigo evitar/não posso evitar** I, you, etc. can't help it **se você pudesse evitar** if you could help it

evolução *sf* **1** (*Biol*) evolution **2** (*desenvolvimento*) development

evoluir *vi* **1** (*Biol*) to evolve **2** (*desenvolver-se*) to develop

exagerado, -a *pp, adj* **1** exaggerated: *Não seja ~.* Don't exaggerate. **2** (*excessivo*) excessive: *O preço me parece ~.* I think the price is excessive. *Ver tb* EXAGERAR

exagerar *vt, vi* to exaggerate: *~ a importância de algo* to exaggerate the importance of sth ◊ *Não exagere.* Don't exaggerate.

exalar ◆ *vt* (*gás, vapor, odor*) to give *sth* off **◆** *vi* to breathe out, to exhale (*formal*)

exaltado, -a *pp, adj* **1** (*excitado*) in a state of excitement: *Os ânimos estão ~s.* Feelings are running high. **2** (*irritado*) angry (**about sth**) *Ver tb* EXALTAR

exaltar ◆ *vt* (*elogiar*) to praise **◆ exaltar-se** *v pron* **1** (*irritar-se*) to get annoyed **2** (*excitar-se*) to get excited

exame *sm* (*Educ*) exam, examination (*mais formal*): *prestar/repetir um ~* to take/retake an exam LOC **exame de sangue** blood test **exame de motorista** driving test **exame médico/de aptidão física** physical, medical (*GB*): *Você tem que fazer um ~ médico.* You have to have a physical. *Ver tb* PRESTAR

examinador, ~a *sm-sf* examiner LOC *Ver* BANCA

examinar *vt* to examine

exatamente! *interj* exactly!

exato, -a *adj* **1** (*correto*) exact: *Necessito das medidas exatas.* I need the exact measurements. ◊ *Dois quilos ~s.* Exactly two kilos. **2** (*descrição, relógio*) accurate: *Não me deram uma descrição muito exata.* They didn't give me a very accurate description.

exaustivo, -a *adj* thorough

exausto, -a *adj* exhausted

exaustor *sm* (*de ar*) extractor (fan)

exceção *sf* exception LOC **com exceção de** except (for) *sb/sth Ver tb* ABRIR

exceder ◆ *vt* to exceed ◆ **exceder-se** *v pron* **exceder-se em** to overdo *sth*: *Acho que você se excedeu no sal.* I think you put in too much salt.

excelência *sf* LOC **por excelência** par excellence **Sua Excelência** His/Her Excellency **Vossa Excelência** Your Excellency

excelente ◆ *adj* **1** (*resultado, referência, tempo*) excellent **2** (*qualidade, nível*) top **3** (*preço, recorde*) unbeatable **4** (*atuação*) outstanding ◆ *sm* (*Educ*) ≈ A: *Tive três ~s.* I got three A's.

excepcional *adj* exceptional

excessivo, -a *adj* excessive

excesso *sm* ~ (**de**) excess (**of** *sth*) LOC **em excesso** too much **excesso de bagagem** excess baggage **excesso de velocidade** speeding: *Ele foi multado por ~ de velocidade.* He got a ticket for speeding.

exceto *prep* except (**for**) *sb/sth*: *todos exceto eu* everybody except me ◊ *todos exceto o último* all of them except (for) the last one

excitado, -a *pp, adj* **1** (*entusiasmado*) enthusiastic: *Eu estava muito ~ no início.* I was very enthusiastic to begin with. **2** ~ **com** excited **about** *sth/doing sth*: *Estão muito ~s com a viagem.* They're very excited about the trip. *Ver tb* EXCITAR

excitar ◆ *vt* to excite ◆ **excitar-se** *v pron* to get excited (**about/over** *sth*)

exclamação *sf* exclamation LOC *Ver* PONTO

exclamar *vi, vt* to exclaim

excluir *vt* to exclude *sb/sth* (**from** *sth*)

exclusiva *sf* (*reportagem*) exclusive

exclusivo, -a *adj* exclusive

excomungar *vt* to excommunicate

excursão *sf* excursion, trip (*mais coloq*): *fazer uma ~* to go on an excursion/a trip

excursionista *smf* tourist

executar *vt* **1** (*realizar*) to carry *sth* out: ~ *um projeto* to carry out a project **2** (*pena de morte, Jur, Informát*) to execute

executivo, -a *adj, sm-sf* executive: *órgão ~* executive body ◊ *um ~ importante* an important executive LOC *Ver* PODER²

exemplar ◆ *adj* exemplary ◆ *sm* copy [*pl* copies]: *vender mil ~es de um livro* to sell a thousand copies of a book

exemplo *sm* example: *Espero que isto lhe sirva de ~.* Let this be an example to you. LOC **dar o exemplo** to set an example **por exemplo** for example (*abrev* e.g.)

exercer *vt* **1** (*profissão*) to practice: ~ *a advocacia/medicina* to practice law/medicine **2** (*autoridade, poder, direitos*) to exercise **3** (*função*) to fulfill **4** (*cargo*) to hold LOC *Ver* ADVOCACIA

exercício *sm* **1** exercise: *Você deveria fazer mais ~.* You should exercise more. **2** (*Educ*) problem: *fazer um ~ de matemática* to do a math problem **3** (*profissão*) practice

exército *sm* army [*pl* armies]: *alistar-se no ~* to enlist in the army

exibição *sf* exhibition LOC **em exibição** (*filme, peça*) showing

exibicionista *smf* exhibitionist

exibido, -a *sm-sf* showoff

exibir ◆ *vt* **1** (*expor*) to exhibit **2** (*filme*) to show ◆ **exibir-se** *v pron* to show off: *Eles gostam de se ~.* They love showing off.

exigência *sf* **1** (*requisito*) requirement **2** (*imposição*) demand (**for** *sth/that…*)

exigente *adj* **1** (*que pede muito*) demanding **2** (*rigoroso*) strict

exigir *vt* **1** (*pedir*) to demand *sth* (**from** *sb*): *Exijo uma explicação.* I demand an explanation. **2** (*requerer*) to require: *Exige uma preparação especial.* It requires special training. LOC *Ver* RES-GATE

exilado, -a ♦ *pp, adj* exiled ♦ *sm-sf* exile *Ver tb* EXILAR

exilar ♦ *vt* to exile *sb* (**from…**) ♦ **exilar-se** *v pron* **exilar-se** (**em**) to go into exile (**in…**)

exílio *sm* exile

existência *sf* existence

existente *adj* existing

existir *vi* **1** to exist: *Essa palavra não existe.* That word doesn't exist. **2** (*haver*): *Não existe espírito de colaboração.* There is no spirit of cooperation.

êxito *sm* success LOC **ter êxito** to be successful

exótico, -a *adj* exotic

expandir, expandir-se *vt, v pron* to expand

expansão *sf* expansion

expectativa *sf* expectation: *Foi além das minhas ~s.* It exceeded my expectations. ◊ *A ~ está aumentando.* Expectation is growing. LOC **estar/ficar na expectativa** to be on the lookout (*for sth*) **expectativa de vida** life expectancy

expedição *sf* (*viagem*) expedition

expediente *sm* (*horário de trabalho*) working hours [*pl*]: *O ~ está encerrado por hoje.* We've finished working for the day. LOC *Ver* MEIO

expedir *vt* **1** (*carta, encomenda*) to send **2** (*visto, passaporte*) to issue

experiência *sf* **1** experience: *anos de ~ de trabalho* years of work experience ◊ *Foi uma grande ~.* It was a great experience. **2** (*teste*) experiment: *fazer uma ~* to carry out an experiment ◊ *Fui contratado para trabalhar na fábrica em caráter de ~.* I was taken on at the factory for a trial period. LOC **sem experiência** inexperienced

experiente *adj* experienced

experimental *adj* experimental: *em caráter ~* on an experimental basis

experimentar ♦ *vt* **1** (*testar*) to try *sth* out: *~ uma nova marca de batom* to try out a new brand of lipstick **2** (*tentar*) to try (**doing sth**): *Você experimentou abrir a janela?* Did you try opening the window? ◊ *Experimentei (de) tudo sem sucesso.* I tried everything but without success. **3** (*roupa*) to try *sth* on **4** (*mudança*) to experience ♦ *vi* to experiment (**with sth**)

experimento *sm* (*tb* experimentação

sf) experiment: *fazer um ~* to conduct an experiment

expirar ♦ *vt, vi* to breathe (*sth*) out: *Inspire (o ar) pelo nariz e expire pela boca.* Breathe in through your nose and out through your mouth. ♦ *vi* (*morrer*) to expire

explicação *sf* explanation

explicar *vt* to explain *sth* (**to sb**): *Ele me explicou os seus problemas.* He explained his problems to me.

explodir *vt, vi* (*destruir*) to blow (*sth*) up, to explode (*mais formal*): *~ um edifício* to blow up a building

explorador, ~a *sm-sf* **1** (*pesquisador*) explorer **2** (*oportunista*) exploiter

explorar *vt* **1** (*investigar*) to explore **2** (*abusar*) to exploit

explosão *sf* explosion: *uma ~ nuclear* a nuclear explosion ◊ *a ~ demográfica* the population explosion

explosivo, -a *adj, sm* explosive

expor ♦ *vt* **1** (*pintura, escultura*) to exhibit **2** (*idéias*) to present **3** (*produtos*) to display **4** (*submeter*) to subject *sb/sth* **to sth**: *Expuseram o metal ao calor.* The metal was subjected to heat. ♦ **expor-se** *v pron* **expor-se a** to expose yourself **to sth**: *Não se exponha demais ao sol.* Don't stay out in the sun too long.

exportação *sf* export LOC *Ver* IMPOR-TAÇÃO

exportador, ~a ♦ *adj* exporting: *os países ~es de petróleo* the oil-exporting countries ♦ *sm-sf* exporter

exportar *vt* to export

exposição *sf* **1** (*de arte*) exhibition: *uma ~ de fotografia* an exhibition of photographs ◊ *montar uma ~* to put on an exhibition **2** (*de um tema*) presentation

exposto, -a *pp, adj* (*pintura, escultura, produtos*) on show *Ver tb* EXPOR

expressão *sf* expression LOC *Ver* LI-BERDADE

expressar, expressar-se *vt, v pron* to express (yourself)

expressivo, -a *adj* **1** expressive: *um trecho musical muito ~* a very expressive piece of music **2** (*olhar*) meaningful

expresso, -a *adj* express: *correio ~* express mail LOC *Ver* CORREIO

exprimir, exprimir-se *vt, v pron* to express (yourself)

expulsão *sf* expulsion

expulsar *vt* **1** to expel *sb* (*from...*): *Vão expulsá-la da escola.* They're going to expel her (from school). **2** (*Esporte*) to send *sb* off: *Ele foi expulso* (*do campo*). He was sent off (the field).

êxtase *sm* ecstasy [*pl* ecstasies]

extensão *sf* **1** (*superfície*) area: *uma grande ~ de terra* a large area of land **2** (*duração*): *uma grande ~ de tempo* a long period of time **3** (*prazo, acordo, telefone*) extension

extenso, -a *adj* **1** (*grande*) extensive **2** (*comprido*) long LOC **por extenso** in full: *escrever algo por ~* to write sth out in full

exterior ◆ *adj* **1** outside: *as paredes ~es* the outside walls **2** (*superfície*) outer: *a camada ~ da Terra* the outer layer of the Earth **3** (*comércio, política*) foreign: *política ~* foreign policy ◆ *sm* **1** outside: *o ~ da casa* the outside of the house ◊ *do ~ do teatro* from outside the theater **2** (*o estrangeiro*) abroad: *Ela foi trabalhar no ~ dois anos atrás.* She went to work abroad two years ago. LOC *Ver* MINISTÉRIO, MINISTRO

exterminar *vt* to exterminate

externo, -a *adj* external: *influências externas* external influences LOC *Ver* USO

extinção *sf* (*espécie*) extinction: *em vias de ~* on the verge of extinction

extinguir ◆ *vt* **1** (*fogo*) to put *sth* out **2** (*espécie*) to wipe *sth* out ◆ **extinguir-se** *v pron* **1** (*fogo*) to go out **2** (*espécie*) to become extinct

extinto, -a *pp, adj* extinct *Ver tb* EXTINGUIR

extintor *sm* (fire) extinguisher

extorsão *sf* extortion

extra ◆ *adj* **1** (*adicional*) extra: *uma camada ~ de verniz* an extra coat of varnish **2** (*superior*) top quality ◆ *smf* (*Cinema, Teat*) extra LOC *Ver* HORA

extracurricular *adj* extracurricular: *atividades ~es* extracurricular activities

extrair *vt* to extract *sth* **from** *sb/sth*: *~ ouro de uma mina* to extract gold from a mine ◊ *~ informações de alguém* to extract information from sb

extraordinário, -a *adj* **1** (*excepcional*) extraordinary: *uma mulher extraordinária* an extraordinary woman **2** (*excelente*) excellent: *A comida estava extraordinária.* The food was excellent. **3** (*especial*) special: *edição/missão extraordinária* special edition/mission **4** (*reunião*) extraordinary

extraterrestre ◆ *adj* extraterrestrial ◆ *smf* alien

extrato *sm* **1** extract **2** (*de conta*) statement

extravagante *adj* extravagant

extraviar ◆ *vt* to lose ◆ **extraviar-se** *v pron* to go astray: *A carta deve ter se extraviado.* The letter must have gone astray.

extremidade *sf* (*ponta*) end

extremo, -a *adj, sm* extreme: *um caso ~* an extreme case ◊ *fazer algo com ~ cuidado* to do sth with extreme care ◊ *ir de um ~ ao outro* to go from one extreme to another LOC *Ver* ORIENTE

extrovertido, -a *adj* extrovert [*s*]: *Ele é muito ~.* He's a real extrovert.

Ff

fá *sm* F: *fá maior* F major LOC *Ver* CLAVE

fã *smf* fan: *um ~ de futebol* a soccer fan

fábrica *sf* **1** factory [*pl* factories]: *uma ~ de conservas* a canning factory **2** (*cimento, tijolos*) works [*v sing ou pl*]: *A ~ de cimento vai fechar.* The cement works is/are closing down. LOC **fábrica de cerveja** brewery [*pl* breweries] **fábrica de papel** paper mill

fabricação *sf* manufacture: *~ de aviões* aircraft manufacture LOC **de fabricação brasileira, holandesa, etc.** made in Brazil, Holland, etc.

fabricante *smf* manufacturer

fabricar *vt* to manufacture, to make (*mais coloq*): *~ automóveis* to manufacture cars LOC **fabricar em série** to mass-produce

fabuloso, -a *adj* fabulous

faca *sf* knife [*pl* knives]

facada *sf* stab: *matar alguém a ~s* to

stab sb to death LOC **dar uma facada em alguém** (*pedir dinheiro*) to get money out of sb

façanha *sf* exploit

facção *sf* (*Mil, Pol*) faction

face *sf* **1** face **2** (*Geom*) side LOC **em face de** in view of **face a face** face to face

fachada *sf* (*Arquit*) façade (*formal*), front: *a ~ do hospital* the front of the hospital

facho *sm* beam: *um ~ de luz* a beam of light

fácil *adj* easy: *É mais ~ do que parece.* It's easier than it looks. ◇ *Isso é ~ de dizer.* That's easy enough to say.

facilidade *sf* **1** ease **2** (*talento*) gift: *ter ~ para línguas* to have a gift for languages

faculdade *sf* **1** (*capacidade*) faculty [*pl* faculties]: *em pleno poder das suas ~s mentais* in full possession of his mental faculties **2** (*Educ*) **(a)** (*universidade*) college: *um colega da ~* a college friend **(b)** **Faculdade** Faculty [*pl* Faculties]: *~ de Letras* Arts Faculty

facultativo, -a *adj* optional

fada *sf* fairy [*pl* fairies]: *um conto de ~s* a fairytale

fadiga *sf* fatigue

faisão *sm* pheasant

faísca *sf* spark: *soltar ~s* to send out sparks

faixa *sf* **1** (*estrada*) lane: *~ de ônibus/bicicletas* bus/bicycle lane **2** (*tira de pano*) sash **3** (*caratê*) belt: *ser ~ preta* to be a black belt LOC **faixa etária** age group **faixa para pedestres** crosswalk, pedestrian crossing (*GB*)

fala *sf* (*faculdade*) speech

falado, -a *pp, adj* spoken: *o inglês ~* spoken English *Ver tb* FALAR LOC *Ver* RETRATO

falador, ~a ♦ *adj* talkative ♦ *sm-sf* chatterbox

falar *vt, vi* **1** *~* (**com alguém**) (**de/sobre alguém/algo**) to speak, to talk (**to sb**) (**about sb/sth**): *Fale mais alto/baixo.* Speak louder/more quietly.

To speak e to talk têm praticamente o mesmo significado, contudo, **to speak** é um termo mais geral: *Fale mais devagar.* Speak more slowly. ◇ *falar em público* to speak in public ◇ *Posso falar com o Flávio?* Can I speak to Flávio? **To talk** é mais utilizado quando nos referimos a vários falantes: *falar de política*

to talk about politics ◇ *Estão falando de nós.* They're talking about us. ◇ *Eles estão falando de se mudar.* They're talking about moving. ◇ *Falamos a noite inteira.* We talked all night.

2 (*língua*) to speak: *Você fala russo?* Do you speak Russian? LOC **falar pelos cotovelos** to talk a blue streak, to talk nineteen to the dozen (*GB*) **falar sério** to be serious: *Você está falando sério?* Are you serious? **não falar com alguém** not to be on speaking terms with sb **para falar a verdade** to tell the truth **por falar nisso** by the way **quem fala?** (*ao telefone*) who's calling? **sem falar em alguém/algo** not to mention sb/sth *Ver tb* OUVIR

falatório *sm* (*ruído de vozes*) talking

falcão *sm* falcon

falecer *vi* to pass away

falecido, -a ♦ *pp, adj* late: *o ~ presidente* the late president ♦ *sm-sf* deceased: *os familiares do ~* the family of the deceased *Ver tb* FALECER

falecimento *sm* death

falência *sf* bankruptcy [*pl* bankruptcies] LOC **ir à falência** to go bankrupt **levar à falência** to make *sb* bankrupt

falha *sf* **1** (*erro*) mistake, error (*mais formal*): *devido a uma ~ humana* due to human error **2** (*problema*) fault: *uma ~ nos freios* a fault in the brakes **3** (*imperfeição*) flaw **4** (*omissão*) omission ☛ *Ver nota em* MISTAKE

falhar *vi* to fail: *Minha vista está começando a ~.* My eyesight's failing. ◇ *O motor está falhando* The engine keeps misfiring.

falido, -a *pp, adj* (*Fin*) bankrupt

falir *vi* to go bankrupt

falsificação *sf* forgery [*pl* forgeries]

falsificar *vt* to forge

falso, -a *adj* **1** false: *um alarme ~* a false alarm **2** (*de imitação*) fake: *diamantes ~s* fake diamonds **3** (*documento*) forged **4** (*dinheiro*) counterfeit **5** (*pessoa*) two-faced LOC *Ver* REBATE

falta *sf* **1** (*carência*) lack: *a sua ~ de ambição/respeito* his lack of ambition/respect **2** (*erro*) mistake **3** (*futebol*) foul: *cometer uma ~* to commit a foul **4** (*ausência*): *Você já teve três ~s este mês.* You've already missed school three times this month. ◇ *Não quero que a professora me dê ~.* I don't want to be marked absent. LOC **falta de educação** rudeness: *Que ~ de educação!* How rude! **falta de jeito** clumsiness **fazer falta 1** (*sendo preciso*) to need *sb/sth* [*vt*]: *Um carro me faz ~.* I need a car. ◊ *Pode levar que não me faz ~.* Take it. I don't need it. ◊ *Esse lápis não vai te fazer ~?* Won't you need that pencil? **2** (*provocando saudade*) to miss *sb/sth* [*vt*]: *Os meus pais me fazem muita ~.* I really miss my parents. **sem falta** without fail **sentir falta de alguém/algo** to miss *sb/sth*: *Sinto ~ da minha cama.* I miss my own bed. ◊ *Sentimos ~ das nossas idas ao cinema.* We miss our trips to the movies. *Ver tb* SENTIR

faltar ◆ *vi* **1** (*necessitar*) to need *sb/sth* [*vt*]: *Falta-lhes carinho.* They need affection. ◊ *Falta um gerente aqui.* This place needs a manager. ◊ *Faltam duas fichas para eu poder telefonar.* I need two tokens to make a phone call. ◊ *Faltam medicamentos em muitos hospitais.* Many hospitals lack medicines. **2** (*não estar*) to be missing: *Falta alguém?* Is anyone missing? ◊ *Cinco alunos faltaram.* Five students were absent. **3** (*restar tempo*): *Faltam dez* (*minutos*) *para as nove.* It's ten to nine. ◊ *Faltam dez minutos* (*para que termine a aula*). There are ten minutes to go (till the end of the class). ◊ *Falta muito para o almoço?* Is it long till lunch? ◊ *Faltam três dias para as férias.* It's only three days until our vacation. **4** (*enfraquecer*) to flag: *Começam a me ~ as forças.* My strength is flagging. ◆ *vt* ~ **a 1** (*escola, trabalho*) **(a)** (*intencionalmente*) to skip: *~ às aulas* to cut/skip class **(b)** (*não intencional*) to miss: *~ a uma aula* to miss a class **2** (*prometido*) to break **3** (*respeito*): *~ ao respeito* to be disrespectful LOC **era só o que faltava!** that's all I/we needed! **faltar um parafuso em alguém** to be quirky

fama *sf* **1** (*celebridade*) fame: *alcançar a ~* to achieve fame **2** ~ (**de**) (*reputação*) reputation (**for sth/doing sth**): *ter boa/má ~* to have a good/bad reputation ◊ *Ele tem ~ de ser duro.* He has a reputation for being strict.

famigerado *adj* **1** (*malfeitor*) notorious **2** (*célebre*) famous

família *sf* family [*pl* families]: *uma ~ numerosa* a large family ◊ *A minha ~ é do norte.* My family is from the north.

Existem duas formas de dizer o nome de família em inglês: usando **family** ("the Robertson family") ou usando o sobrenome no plural ("the Robertsons").

LOC **mãe/pai de família** mother/father of family **ser de família** to run in the family: *Esse mau gênio dele é de ~.* That bad temper of his runs in the family.

familiar ◆ *adj* **1** (*da família*) family [*s atrib*]: *laços ~es* family ties **2** (*conhecido*) familiar: *um rosto ~* a familiar face ◆ *smf* relative

faminto, -a *adj* starving

famoso, -a *adj* ~ (**por**) **1** (*célebre*) famous (**for sth**): *tornar-se ~* to become famous **2** (*com má fama*) notorious (**for sth**): *Ele é ~ pelo mau gênio.* He's notoriously bad-tempered.

fanático, -a *sm-sf* fanatic

fanatismo *sm* fanaticism

fanhoso, -a *adj* (*voz*) nasal

faniquito *sm* LOC **ter/dar** (**um**) **faniquito** to get flustered

fantasia *sf* **1** fantasy [*pl* fantasies]: *É só uma ~ da cabeça dele.* It's just a fantasy of his. **2** (*máscara*) costume, fancy dress (*GB*): *uma loja que aluga ~s* a store where you can rent costumes

fantasiar-se *v pron* ~ (**de**) (*para uma festa*) to dress up (**as sb/sth**): *Ela se fantasiou de Cinderela.* She dressed up as Cinderella.

fantasma *sm* ghost: *uma história de ~s* a ghost story

fantástico, -a *adj* fantastic

fantoche *sm* puppet

faqueiro *sm* set of silverware, canteen of cutlery (*GB*)

farda *sf* uniform: *estar de ~* to be in uniform

fardado, -a *pp, adj* uniformed

farejar ◆ *vi* **1** (*cheirar*) to sniff around **2** (*pesquisar*) to snoop around: *A polícia andou farejando por aqui.* The police were snooping around here. ◆ *vt* **1** (*cheirar*) to sniff **2** (*seguir o rastro*) to follow the scent of *sb/sth*

farinha *sf* flour

farmacêutico, -a *sm-sf* pharmacist

farmácia *sf* pharmacy [*pl* pharmacies]: *Há uma ~ por aqui?* Is there a pharmacy around here? ☛ *Ver nota em* PHARMACY LOC **farmácia de plantão** all-night pharmacy

faro *sm* (*cão*) smell LOC **ter faro** to have a nose *for sth*: *Eles têm ~ para antiguidades.* They have a nose for antiques.

faroeste *sm* (*filme*) western

farol *sm* **1** (*torre*) lighthouse **2** (*carro, moto*) headlight **3** (*bicicleta*) (bicycle) lamp LOC **farol alto** brights, full beam

(*GB*) **farol baixo** low beam, dipped headlight (*GB*)

farolete *sm* parking light, sidelight (*GB*)

farpa *sf* **1** (*lasca de madeira*) splinter **2** (*arame*) barb

farra *sf* partying: *Fizemos uma tremenda ~ no dia do casamento.* We had a big party on the day of the wedding. LOC **cair na farra** to go out partying **por farra** as a joke

farrapo *sm* rag

farsa *sf* (*fingimento*) sham

fartar-se *v pron* **1** ~ (**de**) (*cansar-se*) to be sick (**of** *sb/sth/doing sth*) **2** (*empanturrar-se*) **(a)** to be stuffed: *Comi até me fartar.* I ate till I was stuffed. **(b)** ~ **de** to stuff yourself (**with** *sth*): *Eu me fartei de bolo.* I stuffed myself with cakes.

farto, -a *adj* ~ (**de**) **1** (*cheio*) full (**of** *sth*) **2** (*cansado*) sick (**of** *sb/sth*): *Estou ~ de você.* I'm sick of you. ◊ *Estou farto de suas queixas.* I'm sick of your complaints.

fartura *sf* (*abundância*) abundance

fascículo *sm* installment: *publicar/vender algo em ~s* to publish/sell sth in installments

fascinante *adj* fascinating

fascinar *vt* to fascinate

fascismo *sm* fascism

fascista *adj, smf* fascist

fase *sf* stage, phase (*mais formal*): *a ~ inicial/classificatória* the preliminary/qualifying stage LOC **em fase de** in the process of *doing sth*: *Estamos em ~ de reestruturação.* We are in the process of restructuring.

fatal *adj* fatal: *um acidente ~* a fatal accident

fatalidade *sf* misfortune

fatia *sf* slice: *uma ~ de melancia* a slice of watermelon ◊ *duas ~s de pão* two slices of bread ☛ *Ver ilustração em* PÃO LOC **em fatias** sliced

fatigado, -a *adj* tired

fatigante *adj* tiring

fato *sm* **1** fact **2** (*acontecimento*) event: *a sua versão dos ~s* his version of events LOC **de fato** in fact **pelo fato de** because: *Pelo ~ de ser rico, ele acha que tem direito a privilégios.* Because he's rich, he thinks he's entitled to special treatment. ◊ *pelo simples ~ de eu ter dito a verdade* just because I spoke the truth **um fato consumado** a fait accompli

fator *sm* factor: *um ~ chave* a key factor

fatura *sf* invoice

fauna *sf* fauna

fava *sf* broad bean

favela *sf* shantytown

favelado, -a *sm-sf* shantytown dweller

favo *sm* LOC **favo (de mel)** honeycomb

favor *sm* favor: *Pode me fazer um ~?* Can you do me a favor? ◊ *pedir um ~ a alguém* to ask sb a favor ◊ *Faça o ~ de entrar.* Do come in. LOC **a favor de** in favor of *sb/sth/doing sth*: *Somos a ~ de agir.* We're in favor of taking action. **por favor 1** (*para pedir algo*) please **2** (*para chamar a atenção*) excuse me

favorável *adj* favorable

favorecer *vt* **1** to favor: *Estas medidas nos favorecem.* These measures favor us. **2** (*roupa, penteado*) to suit: *O vermelho lhe favorece.* Red suits you.

favoritismo *sm* favoritism

favorito, -a *adj, sm-sf* favorite

fax *sm* fax: *enviar um ~* to send a fax ◊ *Mandaram por ~.* They faxed it.

faxina *sf* clean: *O seu quarto está precisando de uma boa ~.* Your room needs a good clean.

faxineiro, -a *sm-sf* cleaner

fazenda *sf* **1** (*tecido*) cloth **2** (*sítio*) farm LOC *Ver* MINISTÉRIO, MINISTRO

fazer ♦ *vt*

● traduz-se por **to make** nos seguintes casos: **1** (*fabricar*): *~ bicicletas/uma blusa* to make bicycles/a blouse **2** (*dinheiro, barulho, cama*): *Você nunca faz a cama de manhã.* You never make your bed in the morning. **3** (*comentário, promessa, esforço*): *Você tem que ~ um esforço.* You must make an effort. **4** (*amor*): *Faça amor, não faça guerra.* Make love, not war. **5** (*tornar*): *Dizem que o sofrimento nos faz mais fortes.* They say suffering makes us stronger. ☛ *Ver exemplos em* MAKE[1]

● traduz-se por **to do** nos seguintes casos: **1** quando falamos de uma atividade sem dizer do que se trata: *O que vamos ~ esta tarde?* What should we do this afternoon? ◊ *Faço o que posso.* I do what I can. ◊ *Conte para mim o que você faz na escola.* Tell me what you do at school. **2** (*estudos*): *Os deveres* to do your homework ◊ *~ contas* to do arithmetic **3** (*favor*): *Você me faz um favor?* Can you do me a favor? ☛ *Ver exemplos em* DO[2]

● **outros usos: 1** to get *sb* **to do** *sth*:

Eles nos fazem vir todos os sábados. They're getting us to come in every Saturday. ◊ *Eu os fiz mudarem o pneu.* I got them to change the tire. **2** (*quando outra pessoa realiza a ação*) to have sth done: *Estão fazendo obra na casa.* They're having the house done up. **3** (*anos*) to be: *Ela faz 16 anos em agosto.* She'll be 16 in August. **4** (*escrever*) to write: ~ *uma redação* to write an essay **5** (*pintar, desenhar*) to paint, to draw: ~ *um desenho* to draw a picture **6** (*nó*) to tie: ~ *um laço* to tie a bow **7** (*pergunta*) to ask: *Por que é que você faz tantas perguntas?* Why do you ask so many questions? **8** (*papel*) to play: *Fiz o papel de Julieta.* I played the part of Juliet. **9** (*Esporte*): ~ *judô/aeróbica* to do judo/ aerobics ◊ ~ *ciclismo/alpinismo* to go bike riding/climbing ◆ *v imp* **1** (*tempo cronológico*): *Faz dez anos que me casei.* I got married ten years ago. ☛ *Ver nota em* AGO **2** (*tempo meteorológico*): *Faz frio.* It's cold. ◊ *Fez um tempo ótimo no verão passado.* The weather was beautiful last summer. **3** (*temperatura*): *Está fazendo 30°C no Rio hoje.* It's 86°F in Rio today. ◆ **fazer-se** *v pron* **fazer-se de** to pretend to be *sth*: *Não se faça de surdo.* Don't pretend you didn't hear me. ◊ *Não se faça de esperta comigo.* Don't get smart with me. LOC **fazer bem/mal 1** (*ao agir*) to be right/wrong (*to do sth*): *Fiz bem em ir?* Was I right to go? **2** (*para a saúde*) to be good/bad for sb/sth: *Fumar faz mal.* Smoking is bad for you. **fazer de** (*agir como*) to act as *sth* **fazer pouco (de)** to make fun of *sb/sth* **fazer que...** to pretend: *Ele fez que não me viu.* He pretended not to see me. **fazer-se passar por...** to pass yourself off as *sb/sth*: *Ele se fez passar por filho do dono.* He passed himself off as the owner's son. **fazer uma das suas** to be up to his, her, etc. old tricks again: *O Antônio voltou a ~ uma das suas.* Antônio's been up to his old tricks again. **não faz mal** (*não importa*) it doesn't matter: *Não faz mal se você o perdeu.* It doesn't matter if you lost it. **o que (é que) você faz? 1** (*profissão*) what do you do?: *—O que é que ela faz?—É professora.* "What does she do?" "She's a teacher." **2** (*neste momento*) what are you doing?: *—Oi, o que você está fazendo?—Estou vendo um filme.* "Hi, what are you doing?" "Watching a movie." ☛ Para outras expressões com **fazer**, ver os verbetes para o substantivo, adjetivo, etc., p.ex.

fazer contas em CONTA e **fazer falta** em FALTA.

fé *sf* faith (*in sb/sth*)

febre *sf* **1** (*temperatura alta*) temperature: *ter* ~ to have a temperature ◊ *Ele tem 38° de* ~. He has a temperature of 100°. ◊ *Baixou/Subiu a sua* ~. Your temperature has gone down/up. **2** (*doença*) (*fig*) fever: ~ *amarela* yellow fever

fechado, -a *pp, adj* **1** closed, shut (*mais coloq*) ☛ *Ver nota em* SHUT **2** (*à chave*) locked **3** (*espaço*) enclosed **4** (*torneira*) turned off **5** (*cara*) stern **6** (*pessoa*) reserved **7** (*tempo*) overcast: *Leve guarda-chuva, o tempo está* ~. Take an umbrella—it's looking overcast. LOC *Ver* NEGÓCIO; *Ver tb* FECHAR

fechadura *sf* lock LOC *Ver* BURACO

fechamento *sm* (*ato de encerrar*) closure

fechar ◆ *vt* **1** to close, to shut (*mais coloq*): *Feche a porta.* Shut the door. ◊ *Fechei os olhos.* I closed my eyes. **2** (*permanentemente*) to close *sth* down: *Fecharam mais duas fábricas na região.* They closed down two more factories in the area. **3** (*gás, torneira*) to turn *sth* off **4** (*envelope*) to seal **5** (*negócio*) to close: ~ *um negócio* to close a business deal ◆ *vi* **1** (*encerrar expediente*) to close, to shut (*mais coloq*): *Não fechamos para o almoço.* We don't close for lunch. **2** (*sinal de trânsito*) to turn red: *O sinal fechou.* The traffic light turned red. **3** (*tempo*) to cloud over: *O tempo fechou bem na hora em que íamos sair.* It clouded over just as we were leaving. ◆ **fechar-se** *v pron* **1** to close, to shut (*mais coloq*): *A porta se fechou.* The door closed. ◊ *Meus olhos estavam se fechando.* My eyes were closing. **2** (*a si próprio*) **(a)** to shut yourself in **(b)** (*com chave*) to lock yourself in LOC **fechar a cara** to frown **fechar à chave** to lock **fechar a porta na cara de alguém** to shut the door in sb's face **fechar com tranca** to bolt *Ver tb* ABRIR

fecho *sm* **1** (*de peça de roupa*) zipper, zip (*GB*): *Não consigo subir o* ~. I can't do my zipper up. ◊ *Abra o* ~ (*do meu vestido*). Unzip my dress for me. **2** (*colar, pulseira*) clasp LOC **fecho de segurança** safety catch

fecundar *vt* to fertilize

federação *sf* federation

federal *adj* federal LOC *Ver* DISTRITO

fedor *sm* stink

feijão *sm* beans [*pl*]

feijoada *sf* bean stew

feio, -a *adj* **1** (*aspecto*) ugly: *uma pessoa/casa feia* an ugly person/house **2** (*desagradável*) nasty: *Que costume mais ~.* That's a very nasty habit. LOC **ser feio de doer/como o diabo** to be as ugly as sin

feira *sf* **1** fair: *~ do livro/industrial* book/trade fair **2** (*mercado*) market

feiticeiro, -a *sm-sf* **1** wizard [*fem* witch] **2** (*em tribos primitivas*) witch doctor

feitiço *sm* spell

feito, -a ◆ *pp, adj* **1** (*manufaturado*) made: *~ à mão/máquina* handmade/machine-made ◊ *É ~ de quê?* What's it made of? **2** (*adulto*) grown: *um homem ~ a* grown man ◆ *sm* (*façanha*) deed LOC **bem feito!** it serves you right! **que é feito de ... ?**: *Que é feito da sua irmã?* What became of your sister? *Ver tb* DITO, FRASE *e* FAZER

feiúra *sf* ugliness

feixe *sm* bundle

felicidade *sf* **1** happiness: *cara de ~* a happy face **2 felicidades** best wishes (**on sth**)

felicitar *vt* to congratulate *sb* (**on sth**): *Eu o felicitei por sua promoção.* I congratulated him on his promotion.

feliz *adj* happy LOC **Feliz aniversário!** Happy birthday! **Feliz Natal!** Merry Christmas!

felizmente *adv* fortunately

feltro *sm* felt LOC *Ver* CANETA

fêmea *sf* female: *um leopardo ~* a female leopard ☛ *Ver nota em* FEMALE LOC *Ver* COLCHETE

feminino, -a *adj* **1** female: *o sexo ~* the female sex **2** (*Esporte, moda*) women's: *a equipe ~* the women's team **3** (*característico da mulher, Gram*) feminine: *Ela veste roupas muito femininas.* She wears very feminine clothes. ☛ *Ver nota em* FEMALE

feminismo *sm* feminism

feminista *adj, smf* feminist

fenda *sf* **1** crack **2** (*ranhura*) slot LOC *Ver* CHAVE

feno *sm* hay

fenomenal *adj* fantastic

fenômeno *sm* **1** phenomenon [*pl* phenomena]: *~s climatológicos* meteorological phenomena **2** (*prodígio*) fantastic [*adj*]: *Este ator é um ~.* This actor is fantastic.

fera *sf* wild animal LOC **estar uma fera**

to be fuming: *O seu pai está uma ~.* Your father is fuming. **ficar uma fera** to be furious, to flip (*coloq*) **ser fera em algo** to be a whiz at sth: *ser ~ em matemática* to be a math whiz

feriado *sm* holiday [*pl* holidays]: *Amanhã é ~* (*nacional*). Tomorrow's a holiday.

férias *sf* vacation [*sing*], holiday [*pl* holidays] (*GB*): *estar/sair de ~* to be/go on vacation ◊ *Vamos sempre para a praia nas ~.* We always spend our vacation at the beach. LOC **férias escolares** summer vacation, school holidays (*GB*) *Ver tb* ENTRAR

ferido, -a *sm-sf* casualty [*pl* casualties]

ferimento *sm* (*tb* **ferida** *sf*) **1** injury [*pl* injuries] **2** (*bala, navalha*) wound

É difícil saber quando usar **wound** e quando usar **injury**, ou os verbos **to wound** e **to injure**.

Wound e **to wound** são utilizados quando nos referimos a ferimentos causados por uma arma (p.ex. uma navalha, pistola, etc.) de forma deliberada: *ferimentos de bala* gunshot wounds ◊ *A ferida não tardará a cicatrizar.* The wound will soon heal. ◊ *Ele foi ferido durante a guerra.* He was wounded in the war.

Se o ferimento é o resultado de um acidente utilizamos **injury** ou **to injure**, que às vezes também se pode traduzir por *lesão* ou *lesionar*: *Ele apenas sofreu ferimentos leves.* He only suffered minor injuries. ◊ *Os estilhaços de vidro feriram várias pessoas.* Several people were injured by flying glass. ◊ *O capacete protege os jogadores de possíveis lesões cerebrais.* Helmets protect players from brain injuries.

ferir *vt* **1** to injure: *gravemente ferido* badly injured **2** (*bala, navalha*) to wound **3** (*ofender*) to hurt ☛ *Ver nota em* FERIMENTO

fermentar *vt, vi* to ferment

fermento *sm* yeast

feroz *adj* fierce

ferrado, -a *pp, adj* LOC **estar ferrado** to be in a fix: *Se o banco não liberar o empréstimo, estou ~.* I'm in a real fix if the bank doesn't give me the loan. **estar ferrado no sono** to be fast asleep *Ver tb* FERRAR

ferradura *sf* horseshoe

ferragem *sf* (*objetos*) hardware [*não contável*]: *loja de ferragens* hardware store

ferramenta sf tool LOC Ver CAIXA¹

ferrão sm (inseto) sting: cravar o ~ em alguém to sting sb

ferrar ◆ vt (cavalo) to shoe ◆ **ferrar-se** v pron to fail: A metade da turma se ferrou no vestibular. Half the class failed the university entrance exam.

ferreiro sm (pessoa) blacksmith

ferro sm (material, eletrodoméstico) iron: uma barra de ~ an iron bar ◊ ~ batido/fundido wrought/cast iron LOC Ver ESTRADA, MÃO

ferroada sf (abelha, vespa) sting

ferrolho sm bolt

ferro-velho sm (local) scrapyard

ferrovia sm railroad, railway (GB)

ferroviário, -a ◆ adj railroad, railway (GB): estação ferroviária train station ◆ sm-sf railroad worker

ferrugem sf (metal) rust

fértil adj fertile

fertilizante sm fertilizer

ferver ◆ vt, vi to boil: O leite está fervendo. The milk is boiling. ◊ Sinto o sangue ~ só de lembrar. Just thinking about it makes my blood boil. ◆ vi (estar muito quente) to be boiling hot: A sopa está fervendo. The soup is boiling hot.

festa sf 1 (celebração) party [pl parties]: dar uma ~ de aniversário to hold a birthday party 2 festas (festividades): as ~s locais the local festival LOC **Boas festas!** Merry Christmas! **fazer festa(s)** (a) 1 (animal) to pet 2 (pessoa) to caress

festejar vt, vi to celebrate

festival sm festival

festividade sf: as ~s natalinas the Christmas festivities ◊ as ~s locais the local festival

fétido, -a adj foul

feto sm fetus [pl fetuses]

fevereiro sm February (abrev Feb) ☛ Ver exemplos em JANEIRO

fiança sf (Jur) bail [não contável]: uma ~ de três mil reais bail of three thousand reals LOC Ver LIBERDADE

fiapo sm thread

fiar ◆ vt to let sb have sth on credit: O padeiro me fiou o pão. The baker let me have the bread on credit ◆ vi to give credit ◆ **fiar-se** v pron **fiar-se em** to trust sb/sth: Não me fio nela. I don't trust her.

fiasco sm fiasco [pl fiascoes/fiascos]

fibra sf fiber

ficar ◆ vi 1 (estar situado, alcançar) to be: Onde fica a casa deles? Where's their house? ◊ A escola fica muito perto da minha casa. The school is very near my house. ◊ Ficamos em terceiro lugar no concurso. We came third in the competition. 2 (permanecer) to stay: ~ na cama/em casa to stay in bed/at home 3 (restar) to be left (over): Se tiramos três de cinco, ficam dois. If you take three from five you get two. **4 + adj (a)** to get: Ele ficou doente. He got sick. ◊ Estou ficando velho. I'm getting old. **(b)** (tornar-se): ~ careca/cego to go bald/blind ◊ ~ louco to go crazy **5** (roupa) to look: Que tal fica? How does it look? ◊ Esse pulôver fica muito bem em você. That sweater looks really good on you. ◊ Este vestido fica muito mal em mim. This dress doesn't look good on me. ◊ Você fica bem de cabelo curto. You look good with short hair. ◊ A saia ficava muito grande em mim. The skirt was very big for me. ◆ vt **1** ~ **com** (guardar) to keep: Fique com o troco. Keep the change. **2** ~ **de** (concordar) to agree **to do sth**: Ficamos de nos encontrar na terça. We agreed to meet on Tuesday. **3** ~ **de** (prometer) to promise **to do sth**: Ele ficou de me ajudar. He promised to help me. **4** ~ **em** (custar) to cost: O jantar ficou em cinqüenta reais. The meal cost fifty reals. **5** ~ **sem (a)** (perder) to lose: Ela ficou sem emprego e sem casa. She lost her job and her home. **(b)** (esgotar-se): Fiquei sem dinheiro trocado. I ran out of change. LOC **ficar na sua** to get on with your own life: Não se meta, você fique na sua. Stay out of it and get on with your own life. ☛ Para outras expressões com **ficar**, ver os verbetes para o substantivo, adjetivo, etc., p.ex. **ficar para trás** em TRÁS e **ficar uma fera** em FERA.

ficção sf fiction LOC **ficção científica** science fiction, sci-fi (coloq)

ficha sf **1** (de fichário) (index) card **2** (médica, na polícia) record: ~ médica/na polícia medical/police record **3** (formulário) form: preencher uma ~ to fill in a form **4** (telefone) token **5** (peça de jogo) (playing) piece

fichar vt (polícia) to open a file **on sb**

fichário sm **1** file **2** (caixa) card catalog, card index (GB) **3** (móvel) filing cabinet

fidelidade sf faithfulness LOC Ver ALTO

fiel adj ~ (a) **1** (leal) faithful (**to sb/sth**) **2** (princípios, palavra) true **to sth**: ~ às suas idéias true to his ideas

fígado *sm* liver

figo *sm* fig

figueira *sf* fig tree

figura *sf* figure: *uma ~ política* a political figure LOC **estar uma figura** to look ridiculous: *Ele estava uma ~ com aquele blusão!* He looked ridiculous in that jacket! **ser uma figura** (*fig*) to be a (real) character: *Só mesmo a Anna para fazer uma dessas! Ela é uma ~!* Only Anna could do a thing like that! She's a real character!

figurante *smf* (*Cinema, Teatro*) extra

figurão *sm* big shot

figurar *vi* (*encontrar-se*) to be: *O seu nome não figura na lista.* Your name isn't on the list.

figurinha *sf* (*de coleção*) picture card

figurinista *smf* designer

fila *sf* **1** (*um ao lado do outro*) row: *Sentaram-se na primeira/última ~.* They sat in the front/back row. **2** (*um atrás do outro*) line, queue (*GB*): *Formem uma ~.* Get in line. LOC (**em**) **fila indiana** (in) single file **fazer fila** to line up, to queue (up) (*GB*) *Ver tb* ESTACIONAR

filar *vt* (*dinheiro, cigarros*) to bum *sth* (**off** *sb*): *Filei um cigarro dele.* I bummed a cigarette off him.

filarmônica *sf* philharmonic (orchestra)

filé *sm* steak

fileira *sf* **1** (*um ao lado do outro*) row: *uma ~ de crianças/árvores* a row of children/trees **2** (*um atrás do outro*) line

filhinho, -a *sm-sf* LOC **filhinho de papai** rich kid

filho, -a *sm-sf* son [*fem* daughter] [*pl* children]: *Eles têm três filhos, duas meninas e um menino.* They have two daughters and a son. ◊ *Não temos ~s.* We don't have any children. LOC **filho único** only child: *Sou ~ único.* I'm an only child. *Ver tb* TAL

filhote *sm* **1** cub: *um ~ de leão* a lion cub **2** (*cachorro*) puppy [*pl* puppies]

filial *sf* (*empresa*) branch

filiar-se *v pron* ~ **a** to join: *Resolvi me filiar ao partido.* I decided to join the party.

filmagem *sf* filming: *a ~ de uma série televisiva* the filming of a TV serial

filmar *vt* to film LOC *Ver* VÍDEO

filme *sm* **1** (*Cinema*) movie, film (*GB*) **2** (*Fot*) film LOC **filme de cowboy/bangue-bangue** western **filme mudo** silent movie **filme de terror** horror movie **passar um filme** to show a movie

filologia *sf* philology

filosofia *sf* philosophy [*pl* philosophies]

filósofo, -a *sm-sf* philosopher

filtrar *vt* to filter

filtro *sm* filter

fim *sm* **1** end: *no ~ do mês* at the end of the month ◊ *Fica no ~ do corredor.* It's at the end of the corridor. ◊ *Não é o ~ do mundo.* It's not the end of the world. **2** (*finalidade*) purpose LOC **a fim de** in order to *do sth* **é o fim da picada** it's the last straw **estar a fim de (fazer algo)** to feel like doing sth: *Não estou a ~ de discutir.* I'm not in the mood to argue. **fim de semana** weekend: *Só nos vemos nos fins de semana.* We only see each other on the weekends. **no fim das contas** after all **no fim de** (*tarde*) late: *no ~ da tarde de ontem* late yesterday evening ◊ *terça-feira no ~ do dia* late last Tuesday **por fim** at last **sem fim** endless **ter por fim** to aim *to do sth* **ter um fim em mente** to have an end in mind *Ver tb* CHEGAR, CONTA, PRINCÍPIO

final ◆ *adj* final: *a decisão* ~ the final decision ◆ *sm* **1** end: *a dois minutos do ~* two minutes from the end **2** (*romance, filme*) ending: *um ~ feliz* a happy ending ◆ *sf* final: *a ~ da Copa* the Cup Final LOC *Ver* CONTA, PONTO, PRAZO, PROVA, RETA

finalidade *sf* (*objetivo*) purpose

finalista *adj, smf* finalist [*s*]: *as equipes ~s* the finalists ◊ *Ele foi um dos ~ do torneio.* He reached the final.

finanças *sf* **1** (*economia*) finances: *As minhas ~ andam um pouco em baixa.* My finances aren't too good at the moment. **2** (*departamento*) finance department LOC *Ver* MINISTÉRIO, MINISTRO

financiar *vt* to finance

fincar *vt* **1** (*apoiar*) to plant *sth* **on** *sth*: *Ele fincou os cotovelos na mesa.* He planted his elbows on the table. **2** (*olhos*) to fix *your eyes* **on** *sb/sth* **3** (*estaca*) to drive *sth* **into** *sth*: *Ele fincou as estacas na terra.* He drove the stakes into the ground.

fingimento *sm* pretense

fingir *vt, vi* to pretend: *Ele deve estar fingindo.* He's probably just pretending. ◊ *Eles fingiram não nos ver.* They pretended they hadn't seen us.

fino, -a *adj* **1** (*delgado*) fine: *um lápis ~* a fine pencil **2** (*dedos, cintura*) slender **3** (*elegante*) classy: *Ela é uma moça* *muito fina*. She's a very classy lady. **4** (*educado*) polite LOC **a fina flor** the crème de la crème *Ver tb* GENTE, SAL

fio *sm* **1** (*lit e fig*) thread: *Perdi o ~ da meada*. I lost the thread of the argument. **2** (*de metal, de eletricidade*) wire: *~ de aço/cobre* steel/copper wire ◊ *~ elétrico* wire **3** (*de líquido*) trickle: *um ~ de água/óleo* a trickle of water/oil **4** (*faca, navalha*) blade LOC **estar por um fio**: *A vida dele está por um ~*. His life's hanging by a thread. **sem fio** cordless: *um telefone sem ~* a cordless phone *Ver tb* CABELO, ESCAPAR, TELEFONE

firma *sf* company [*pl* companies]

firme *adj* firm: *um colchão ~* a firm mattress LOC *Ver* MANTER, TERRA

fiscal ♦ *adj* tax [*s atrib*]: *encargos fiscais* taxes ♦ *smf* inspector LOC *Ver* FRAUDE, SELO

fiscalizar *vt* **1** (*exame*) to invigilate **2** (*inspecionar*) to inspect

física *sf* physics [*sing*]

físico, -a ♦ *adj* **1** physical **2** (*necessidades, funções, contato*) bodily: *necessidades físicas* bodily needs ♦ *sm-sf* (*cientista*) physicist ♦ *sm* (*de pessoa*) physique LOC *Ver* EDUCAÇÃO, PREPARO

fisionomia *sf* (*expressão*): *Você está com uma ~ cansada*. You look tired.

fisioterapeuta *smf* physical therapist, physiotherapist (*GB*)

fisioterapia *sf* physical therapy, physiotherapy (*GB*)

fita *sf* **1** tape: *~ isolante/magnética* insulating/magnetic tape **2** (*cabelo*) band: *uma ~ para o cabelo* a hair band **3** (*tira, máquina de escrever*) ribbon LOC **fita cassete** tape

Rewind é rebobinar e **fast forward** é avançar.

fita Durex® Scotch tape®, Sellotape® (*GB*) **fita métrica** tape measure

fitar *vt* to stare at *sb/sth*

fivela *sf* buckle

fixar *vt* **1** to fix: *~ um preço/uma data* to set a price/date **2** (*memorizar*) to memorize

fixo, -a *adj* **1** fixed: *um preço ~* a fixed price **2** (*permanente*) permanent: *um posto/contrato ~* a permanent post/contract LOC *Ver* PREÇO

flácido, -a *adj* flabby

flagrante *sm* LOC **em flagrante** red-handed: *apanhar alguém em ~* to catch sb red-handed

flamingo *sm* flamingo [*pl* flamingos/flamingoes]

flâmula *sf* pennant

flanco *sm* flank

flanela *sf* flannel

flash *sm* (*Fot*) flash

flauta *sf* flute LOC **flauta doce** recorder

flautista *smf* flutist

flecha *sf* arrow

flertar *vi* to flirt

flexão *sf* push-up [*pl* push-ups], press-up [*pl* press-ups] (*GB*)

flexionar *vt* to flex

flexível *adj* flexible

fliperama *sm* pinball

floco *sm* flake: *~s de neve* snowflakes

flor *sf* **1** flower: *~es secas* dried flowers **2** (*árvore frutífera, arbusto*) blossom [*ger não contável*]: *a ~ da amendoeira/laranjeira* almond/orange blossom LOC **em flor** in bloom **estar na flor da idade** to be in the prime of life **não ser flor que se cheire** to be a nasty piece of work *Ver tb* FINO, NERVO

flora *sf* flora

florescer *vi* **1** (*planta*) to flower **2** (*árvore frutífera, arbusto*) to blossom **3** (*fig*) to flourish: *A indústria de informática está florescendo*. The computer industry is flourishing.

floresta *sf* forest: *~ tropical* tropical rain forest

florestal *adj* forest [*s atrib*]: *um incêndio ~* a forest fire

florista *sf* florist

fluência *sf* fluency: *Ela fala francês com ~*. She speaks fluent French.

fluido, -a ♦ *adj* **1** (*circulação, diálogo*) free-flowing **2** (*linguagem, estilo*) fluent ♦ *sm* fluid

fluir *vi* to flow

fluminense ♦ *adj* from Rio de Janeiro State ♦ *smf* person from Rio de Janeiro State: *os ~s* the people of Rio de Janeiro State

flúor *sm* **1** (*gás*) fluorine **2** (*dentifrício*) fluoride

fluorescente *adj* fluorescent LOC *Ver* LÂMPADA

flutuar *vi* to float: *A bola flutuava sobre a água*. The ball was floating on the water.

fluvial *adj* river [*s atrib*]: *o transporte ~* river transportation

fluxo *sm* flow

foca *sf* seal

focalizar vt **1** (*focar*) to focus sth (**on sb/sth**) **2** (*assunto, problema*) to approach

focinheira sf muzzle

focinho sm **1** muzzle **2** (*porco*) snout LOC *Ver* CARA

foco sm **1** (*luz*) focus [pl focuses] **2** (*ponto de vista*) angle: *abordar um assunto sob um ~ diferente* to approach an issue from a different angle

fofo, -a adj (*macio*) soft

fofoca sf gossip [*não contável*]: *Você ouviu a última ~?* Did you hear the latest gossip?

fofoqueiro, -a sm-sf gossip

fogão sm (*Cozinha*) stove, cooker (*GB*)

fogo sm fire LOC **em fogo brando/alto** over a low/high heat **fogos de artifício** fireworks **pôr/botar fogo** to set fire to sth: *Puseram ~ na casa.* They set fire to the house. *Ver tb* ARMA

fogueira sf bonfire ☛ *Ver nota em* BONFIRE NIGHT

foguete sm rocket

foice sf **1** (*pequena*) sickle **2** (*grande*) scythe

folclore sm folklore

fôlego sm breath LOC **sem fôlego** out of breath: *Estou sem ~.* I'm out of breath. **tomar fôlego** to get your breath back

folga sf **1** (*dia livre*) day off: *ter/tirar (um dia de) ~* to have a day off **2** (*espaço livre*) gap LOC *Ver* DIA

folgado, -a pp, adj **1** (*roupa*) loose-fitting **2** (*pessoa*) cheeky

folha sf **1** leaf [pl leaves]: *as ~s de uma árvore* the leaves of a tree **2** (*livro, jornal*) page: *virar ~* to turn over (the page) **3** (*de papel*) sheet (of paper): *uma ~ em branco* a clean sheet of paper **4** (*metal, faca*) blade LOC **folha de pagamento** payroll *Ver tb* NOVO, OURO

folhagem sf foliage

folhear vt **1** (*virar folhas*) to leaf through sth: *~ uma revista* to leaf through a magazine **2** (*ler por alto*) to glance at sth: *~ o jornal* to glance at the paper

folhetim sm (*romance*) serial ☛ *Ver nota em* SERIES

folheto sm **1** (*de publicidade*) brochure: *um ~ de viagens* a travel brochure **2** (*de informação*) leaflet: *Arranjei um ~ com o horário.* I picked up a leaflet with the timetable.

fome sf hunger, starvation, famine

Não se deven confundir as palavras **hunger**, **starvation** e **famine**.

Hunger é o termo geral e usa-se em casos como: *fazer greve de fome* to go on (a) hunger strike, ou para exprimir um desejo: *fome de conhecimento/poder* hunger for knowledge/power.

Starvation refere-se à fome sofrida durante um prolongado período de tempo: *Deixaram-no morrer de fome.* They let him die of starvation. O verbo **to starve** significa *morrer de fome* e também é utilizado na expressão: *Estou morto de fome.* I'm starving.

Famine refere-se à fome que afeta um grande número de pessoas e é normalmente consequência de uma catástrofe natural: *uma população enfraquecida pela fome* a population weakened by famine ◊ *A seca prolongada foi seguida de longos meses de fome.* The long drought was followed by months of famine.

LOC **estar com fome** to be hungry: *O bebê está com ~.* The baby is hungry. **passar/sentir/ter fome** to go/feel/be hungry **ter uma fome de lobo** to be starving *Ver tb* LOUCO, MATAR, MORTO

fone sm (*telefone*) receiver LOC **fones de ouvido** headphones

fonte sf **1** (*nascente*) spring **2** (*numa praça, num jardim*) fountain **3** (*origem*) source: *~s próximas do governo* sources close to the government **4** (*cabeça*) temple

fora ◆ adv **1** ~ (**de**) outside: *Está rachado por ~.* It's cracked on the outside. ◊ *~ do Brasil* outside Brazil **2** (*ausente de casa*) out: *jantar ~* to eat out ◊ *Passam o dia todo ~.* They're out all day. **3** (*em viagem*) away: *Ele está ~ a negócios.* He's away on business. **4** ~ **de** (*fig*) out of sth: *~ de controle/perigo* out of control/danger ◊ *~ do normal* out of the ordinary ◊ *Manter ~ do alcance das crianças.* Keep out of reach of children. ◆ **fora!** interj get out! LOC **dá o fora!** get lost! **deixar alguém fora de si** to drive sb crazy **fora de si** beside himself, herself, etc. *Ver tb* AÍ, ALI, BOTAR, MODA

forasteiro, -a sm-sf stranger

forca sf **1** (*cadafalso*) gallows [sing] **2** (*jogo*) hangman

força sf **1** (*potência, Fís, Mil, Pol*) force: *a ~ da gravidade* the force of gravity ◊ *as ~s armadas* the armed forces **2** (*energia física*) strength [*não contável*]: *recobrar as ~s* to get your strength back ◊ *Não tenho ~s para continuar.* I don't have the strength to carry on. LOC **à força** (*violentamente*) by force: *Eles o removeram à ~.* They removed him by force. **com força 1** (*usando força, intensamente*) hard: *puxar uma corda com ~* to pull a rope hard **2** (*firmemente*) tight: *Segure com ~!* Hold on tight! **força aérea** air force **força de vontade** willpower

forçado, -a *pp, adj* LOC Ver TRABALHO; Ver tb FORÇAR

forçar *vt* to force LOC **forçar a barra** to force the issue

forjar *vt* to forge

forma *sf* **1** (*contorno*) shape: *em ~ de cruz* in the shape of a cross **2** (*modo*) way [*pl* ways]: *Desta ~ é mais fácil.* It's easier if you do it this way. LOC **de forma espontânea, indefinida, etc.** spontaneously, indefinitely, etc. **estar/ficar em forma** to be/get in (good) shape Ver tb DITO, MANTER, PLENO

fôrma *sf* **1** mold **2** (*Cozinha*) baking tin LOC Ver PÃO

formação *sf* **1** formation: *a ~ de um governo* the formation of a government **2** (*educação*) education LOC **formação profissional** vocational training

formal *adj* formal

formar ◆ *vt* **1** (*criar*) to form: *~ um grupo* to form a group **2** (*educar*) to educate **◆** *vi* (*Mil*) to fall in: *Formar!* Fall in! **◆ formar-se** *v pron* **1** (*tomar forma*) to form **2** (*Educ*) to graduate: *Ela se formou pela Universidade de São Paulo.* She graduated from São Paulo University.

formato *sm* format

formiga *sf* ant

formigueiro *sm* **1** (*buraco*) ants' nest **2** (*montículo*) anthill **3** (*comichão*) pins and needles [*não contável*]: *Sinto um ~.* I have pins and needles.

formoso, -a *adj* beautiful

fórmula *sf* formula [*pl* formulas/formulae]

formulário *sm* form: *preencher um ~* to fill in a form

fornecedor, ~a *sm-sf* supplier

fornecer *vt* to supply (*sb*) (*with sth*): *Ele me forneceu os dados.* He supplied me with the information.

fornecimento *sm* supply

forno *sm* **1** oven: *acender o ~* to turn the oven on ◊ *Esta sala é um ~.* It's like an oven in here. **2** (*Tec*) furnace **3** (*cerâmica, tijolos*) kiln

forquilha *sf* (*jardim, bicicleta*) fork

forra *sf* LOC **ir à forra** to get your own back: *Ele resolveu ir à ~.* He decided to get his own back.

forrar *vt* to line *sth* (*with sth*): *~ uma caixa com veludo* to line a box with velvet

forro *sm* **1** (*interior*) lining: *pôr ~ num casaco* to put a lining in a coat **2** (*exterior*) cover

fortalecer *vt* to strengthen

fortaleza *sf* fortress

forte ◆ *adj* **1** strong: *um cheiro muito ~* a very strong smell **2** (*chuva, neve*) heavy **3** (*dor, crise*) severe **4** (*abraço*) big **◆** *sm* fort

fortuna *sf* fortune: *fazer uma ~* to make a fortune

fosforescente *adj* phosphorescent

fósforo *sm* **1** (*para acender*) match: *acender um ~* to light a match ◊ *uma caixa de ~s* a box of matches **2** (*Quím*) phosphorus

fossa *sf* pit LOC **estar na fossa** (*triste*) to be down in the dumps

fóssil *sm* fossil

foto *sf* photo [*pl* photos]

fotocópia *sf* photocopy [*pl* photocopies]

fotocopiar *vt* to photocopy

fotogênico, -a *adj* photogenic

fotografar *vt* to photograph

fotografia *sf* **1** (*atividade*) photography **2** (*imagem*) photo [*pl* photos], photograph (*mais formal*): *um álbum de ~s* a photograph album ◊ *~ de passaporte* passport photo ◊ *Ele tirou uma ~ minha.* He took a photo of me.

fotográfico, -a *adj* photographic LOC Ver MÁQUINA, REPÓRTER

fotógrafo, -a *sm-sf* photographer

foz *sf* mouth

fração *sf* fraction

fracassar *vi* **1** to fail **2** (*planos*) to fall through

fracasso *sm* failure

fraco, -a *adj* **1** weak: *um café ~* a weak coffee **2** (*sem qualidade*) poor: *O seu trabalho de casa está bastante ~.* Your homework is poorly done. **3** (*som*) faint **4** (*luz*) dim LOC **estar/ser fraco em algo** to be weak at/in sth: *Sou muito ~ em história.* I'm very weak at history. Ver tb PONTO

frade *sm* friar

frágil *adj* fragile

fragmento *sm* fragment

fralda *sf* diaper, nappy [*pl* nappies] (*GB*): *trocar a ~ de um bebê* to change a baby's diaper

framboesa *sf* raspberry [*pl* raspberries]

França *sf* France

francamente ♦ *adv* frankly: *Disse a ela ~ o que pensava.* I told her frankly what I thought. ♦ **francamente!** *interj* honestly!

francês, -esa ♦ *adj, sm* French: *falar ~* to speak French ♦ *sm-sf* Frenchman/ woman [*pl* Frenchmen/women]: *os franceses* the French

franco, -a ♦ *adj* **1** (*sincero*) frank **2** (*claro*) marked: *um ~ declínio* a marked decline ♦ *sm* (*moeda*) franc LOC **para ser franco…** to be quite honest…

frango *sm* chicken: *~ assado/na brasa* roast/barbecued chicken

franja *sf* **1** (*cabelo*) bangs [*pl*], fringe (*GB*) **2 franjas** (*adorno*) fringe [*sing*]: *um casaco de couro com ~s* a fringed leather jacket

franquear *vt* (*carta, encomenda*) to pay postage on *sth*

franqueza *sf* frankness: *Falemos com ~.* Let's be frank.

franquia *sf* postage

franzir *vt* **1** (*Costura*) to gather **2** (*enrugar*) to crease LOC **franzir a testa/as sobrancelhas** to frown **franzir o nariz** to wrinkle your nose

fraqueza *sf* weakness

frasco *sm* **1** (*perfume, medicamento*) bottle **2** (*conservas, compota*) jar ☛ *Ver ilustração em* CONTAINER

frase *sf* **1** (*oração*) sentence **2** (*locução*) phrase LOC **frase feita** set phrase

fraternal (*tb* **fraterno, -a**) *adj* brotherly, fraternal (*mais formal*): *o amor ~* brotherly love

fraternidade *sf* brotherhood

fratura *sf* fracture

fraturar *vt* to fracture

fraudar *vt* to defraud

fraude *sf* fraud LOC **fraude fiscal** tax evasion

fraudulento, -a *adj* fraudulent

freada *sf*: *Ouviu-se uma ~.* There was a screech of brakes. LOC **dar uma freada** to slam on the brakes

frear *vi* to brake: *Freei de repente.* I slammed on the brakes.

freguês, -esa *sm-sf* (*cliente*) customer

freguesia *sf* (*clientela*) customers [*pl*]

freio *sm* brake: *Os meus ~s falharam.* My brakes failed. ◊ *pisar no/soltar o ~* to put on/release the brake(s) LOC **freio de mão** emergency brake, handbrake (*GB*)

freira *sf* nun LOC *Ver* COLÉGIO

frenético, -a *adj* hectic

across from   in front of

frente *sf* front: *uma ~ fria* a cold front LOC **à frente de** (*encarregado de*) in charge of *sth*: *Ele está à ~ da empresa.* He's in charge of the company. **da frente** front: *os assentos da ~* the front seats **em/à frente** forward: *Dei um passo à ~.* I took a step forward. ◊ *Siga sempre em ~ até o fim da rua.* Go straight on to the end of the road. ◊ *o motorista à ~* the driver in front **em frente** across (from *sb/sth*), opposite (*GB*): *o senhor sentado em ~* the man sitting across from me ◊ *O hospital fica em ~.* The hospital is just across the road. **em frente de** across from, opposite (*GB*): *A minha casa fica em ~ do estádio.* My house is across from the stadium. **estar na frente** (*em competição*) to be in the lead **fazer frente a alguém/algo** to stand up to *sb/sth* **frente a frente** face to face **na frente (de)** in front (of *sb/sth*): *Sente na ~, se não consegue ver o quadro.* Sit at the front if you can't see the board. ◊ *na ~ da televisão* in front of the television ◊ *Ela me contou na ~ de outras pessoas.* She told me in front of other people. **para a frente** forward **pela frente** ahead: *Temos uma longa viagem pela ~.* We have a long journey ahead of us. *Ver tb* PARTE, SEMPRE, TRÁS

freqüência *sf* frequency [*pl* frequencies] LOC **com freqüência** often **com que freqüência?** how often?

freqüentar *vt* **1** (*lugar*) to frequent **2** (*curso*) to attend

freqüente *adj* frequent

freqüentemente *adv* often

frescão *sm* air-conditioned bus

fresco, -a *adj* **1** (*temperatura, roupa*) cool: *O dia está um pouco ~.* It's fairly cool today. ◊ *Está ~ à noite.* It's cool at night. ☞ *Ver nota em* FRIO **2** (*comida, ar*) fresh: *apanhar/tomar ar ~* to get some fresh air **3** (*notícia*) latest: *notícias frescas* the latest news **4** (*efeminado*) camp **5** (*cheio de manias*) fussy LOC *Ver* TINTA

frescobol *sm* beach tennis

frescura *sf* LOC **ter frescura** to be fussy: *Eu não tenho ~.* I'm not fussy.

fresta *sf* crack

friccionar *vt* to rub

frigideira *sf* frying pan: *~ antiaderente* non-stick frying pan ☞ *Ver ilustração em* SAUCEPAN

frigorífico *sm* freezer

frio, -a *adj, sm* cold: *Ela é muito fria com a família.* She's very cold towards her family. ◊ *Feche a porta, senão entra ~.* Shut the door, or you'll let the cold in.

Não se deve confundir as seguintes palavras: **cold** e **cool**, **hot** e **warm**.
Cold indica uma temperatura mais baixa do que **cool** e muitas vezes desagradável: *Este inverno foi muito frio.* It was a very cold winter. **Cool** significa mais *fresco* do que frio: *Lá fora está calor, mas aqui está fresco.* It's hot outside but it's nice and cool in here.
Hot descreve uma temperatura bem mais quente do que **warm**. **Warm** corresponde a *morno* ou *ameno* e quase sempre tem conotações agradáveis. Compare os seguintes exemplos: *Não posso bebê-lo, está muito quente.* I can't drink it; it's too hot. ◊ *Que calor que faz aqui!* It's so hot in here!

LOC **apanhar frio** to catch (a) cold **estar com frio** to be cold: *Estou com ~.* I'm cold. **estar frio** to be cold: *Está muito ~ na rua.* It's very cold outside. **estar um frio de rachar** to be freezing (cold) **passar/sentir/ter frio** to be/feel cold: *Tenho ~ nas mãos.* My hands are cold. *Ver tb* CARNE, MORRER, MORTO, TREMER

friorento, -a *adj*: *Sou muito ~.* I feel the cold a lot.

frisar *vt* **1** (*cabelo*) to crimp **2** (*enfatizar*) to stress

fritar *vt, vi* to fry

frito, -a *pp, adj* fried LOC **estar frito** to be done for *Ver tb* BATATA, OVO; *Ver tb* FRITAR

fronha *sf* pillowcase

fronteira *sf* border, frontier (*mais formal*): *atravessar a ~* to cross the border ◊ *na ~ argentina* on the border with Argentina ☞ *Ver nota em* BORDER LOC **fazer fronteira (com)** to border on…: *A Argentina faz ~ com o Brasil.* Argentina borders on Brazil.

frota *sf* fleet

frouxo, -a *adj* (*elástico, corda*) slack

frustração *sf* frustration

frustrado, -a ◆ *adj* frustrated ◆ *sm-sf*: *Ele é um ~.* He feels like a failure.

frustrante *adj* frustrating

fruta *sf* fruit [*ger não contável*]: *Você quer (uma) ~?* Do you want some fruit? ◊ *~s secas* dried fruit LOC *Ver* SALADA

fruteiro, -a ◆ *sm-sf* (*loja*) greengrocer's [*pl* greengrocers] ◆ **fruteira** *sf* (*prato*) fruit bowl

frutífero, -a *adj* **1** fruit [*s atrib*]: *uma árvore frutífera* a fruit tree **2** (*proveitoso*) fruitful

fruto *sm* **1** fruit **2** (*resultado*) result: *Isto é ~ de muito trabalho.* This is the result of a lot of hard work. LOC **dar fruto** to bear fruit

fuga *sf* escape

fugaz *adj* fleeting

fugir *vi* ~ (**de**) **1** (*país*) to flee *sth* [*vt*]: *Fugiram do país.* They fled the country. **2** (*prisão*) to escape (**from** *sb/sth*): *Fugiram da prisão.* They escaped from prison. **3** (*casa, colégio*) to run away (**from** *sth*) LOC **fugir em debandada** to scatter in all directions

fugitivo, -a *adj, sm-sf* fugitive

fulano, -a *sm-sf* so-and-so [*pl* so-and-so's]: *Imagine que vem ~…* Just imagine so-and-so comes… LOC **(o senhor) fulano de tal** Mr. So-and-so

fuligem *sf* soot

fulminante *adj* (*olhar*) withering

fulo, -a *adj* furious: *estar ~ (de raiva/ da vida)* to be furious

fumaça *sf* **1** smoke: *Havia muita ~.* There was a lot of smoke. **2** (*carro*) fumes [*pl*]: *a ~ do cano de descarga* exhaust fumes

fumante *smf* smoker LOC **fumante ou não-fumante?** (*em transportes, restaurantes*) smoking or non-smoking?

fumar *vt, vi* to smoke: *~ cachimbo* to

smoke a pipe ◊ *Você devia deixar de ~.* You should give up smoking. ◊ *Proibido ~.* No smoking. LOC *Ver* PROIBIDO

fumo *sm* (*tabaco*) tobacco: *~ de cachimbo* pipe tobacco

função *sf* function

funcionamento *sm* operation: *pôr algo em ~* to put sth into operation

funcionar *vi* to work: *O alarme não funciona.* The alarm doesn't work. ◊ *Como é que funciona?* How does it work?

funcionário, -a *sm-sf* **1** employee: *~ público* public employee **2** (*representante de organização*) official: *um ~ do governo/da ONU* a government/UN official

fundação *sf* foundation

fundador, ~a *adj, sm-sf* founder [*s*]: *os membros ~es* the founding members

fundamental *adj* fundamental

fundamento *sm* **1** (*motivo*) grounds [*pl*] **2** (*princípio*) fundamental LOC **sem fundamento** unfounded: *uma acusação sem ~* an unfounded accusation

fundar *vt* to found

fundir, fundir-se *vt, v pron* to melt: *~ queijo* to melt cheese

fundo, -a ◆ *adj* deep: *um poço muito ~* a very deep well ◆ *sm* **1** bottom: *ir ao ~ da questão* to get to the bottom of the matter **2** (*mar, rio*) bed **3** (*quarto, cenário*) back: *no ~ do restaurante* at the back of the restaurant ◊ *o quarto dos ~s* the back room **4** (*quadro*) background **5 fundos** (*financiamento*) funds: *arranjar ~s* to raise funds LOC **a fundo** thorough: *uma revisão a ~* a thorough review **de fundo** cross-country: *um esquiador de ~* a cross-country skier **no fundo 1** (*apesar das aparências*) deep down: *Você diz que não, mas no ~ você se importa.* You say you don't mind, but deep down you do. **2** (*na realidade*) basically: *No ~ todos nós pensamos o mesmo.* We all basically think the same. **fundo musical** soundtrack **sem fundo** bottomless *Ver tb* CHEQUE, CORAÇÃO, MÚSICA, PRATO

fúnebre *adj* **1** (*para um funeral*) funeral [*s atrib*]: *a marcha ~* the funeral march **2** (*triste*) gloomy LOC *Ver* CARRO

funeral *sm* funeral

funerária *sf* funeral home, undertaker's (*GB*) LOC *Ver* AGÊNCIA

fungo *sm* fungus [*pl* fungi/funguses]

funil *sm* funnel

furacão *sm* hurricane

furado, -a *pp, adj* **1** (*dente*) bad **2** (*cano*) leaky **3** (*calçado*): *O seu sapato está ~.* You have a hole in your shoe. **4** (*orelha*) pierced **5** (*pneu*) flat: *É o segundo pneu ~ esta semana.* That's the second flat I've had this week. *Ver tb* FURAR LOC *Ver* TOSTÃO

furar *vt* **1** to make a hole in sth **2** (*com máquina de furar*) to drill a hole in sth: *Os pedreiros furaram o cimento.* The workmen drilled a hole in the cement. **3** (*folha com furador*) to punch holes in sth **4** (*orelha*) to pierce **5** (*bola, pneu*) to puncture **6** (*fila*) to jump: *~ o sinal* to jump the lights

furgão *sm* van

fúria *sf* fury LOC **com fúria** furiously

furioso, -a *adj* furious: *Eu estava ~ com ela.* I was furious with her. LOC **ficar furioso** to fly into a rage

furo *sm* **1** (*pneu*) flat (tire), puncture (*GB*): *remendar um ~* to fix a flat tire **2** (*buraco*) hole **3** (*jornalístico*) scoop **4** (*gafe*) blunder: *Que ~ que eu dei!* I really goofed!

furtar *vt* to steal

furtivo, -a *adj* furtive

furto *sm* theft

fusão *sf* **1** (*Fís*) fusion: *~ nuclear* nuclear fusion **2** (*gelo, metais*) melting **3** (*empresas, partidos políticos*) merger LOC *Ver* PONTO

fusível *sm* fuse: *Queimaram os fusíveis.* The fuses blew.

futebol *sm* soccer, football (*GB*)

Nos Estados Unidos apenas se usa o termo **soccer**, para não haver confusão com o futebol americano.

LOC **futebol de salão** five-a-side football (*GB*) **futebol totó** table football (*GB*)

fútil *adj* **1** (*frívolo*) frivolous **2** (*insignificante*) trivial

futuro, -a *adj, sm* future: *ter um bom ~ pela frente* to have a good future ahead of you LOC *Ver* ADIVINHAR

fuzil *sm* rifle

Gg

gabar-se *vt* ~ (**de**) to boast (**about/of sth**)

gabinete *sm* **1** (*escritório*) office **2** (*Pol*) Cabinet

gado *sm* livestock LOC **gado** (**bovino**) cattle [*pl*] **gado eqüino/ovino** horses/sheep [*pl*] **gado suíno** pigs [*pl*] *Ver tb* CRIAÇÃO, CRIADOR

gafanhoto *sm* **1** grasshopper **2** (*praga*) locust

gafe *sf* blunder: *cometer uma* ~ to make a blunder

gago, -a *adj, sm-sf*: *os* ~*s* people who stutter LOC **ser gago** to have a stutter

gaguejar *vt, vi* to stutter

gaiola *sf* cage

gaita *sf* (*instrumento musical*) harmonica LOC **gaita de foles** bagpipes [*pl*]: *tocar* ~ *de foles* to play the bagpipes

gaivota *sf* seagull

gala *sf* gala: *um jantar de* ~ a gala dinner LOC *Ver* BAILE, TRAJE

galáctico, -a *adj* galactic

galão¹ *sm* (*uniforme*) stripe

galão² *sm* (*medida*) gallon

galáxia *sf* galaxy [*pl* galaxies]

galeria *sf* (*Arte, Teat*) gallery [*pl* galleries]: *uma* ~ *de arte* an art gallery ☞ *Ver nota em* MUSEUM

galês, -esa ♦ *adj, sm* Welsh: *falar* ~ to speak Welsh ♦ *sm-sf* Welshman/woman [*pl* Welshmen/women]: *os galeses* the Welsh

galgo *sm* greyhound

galinha *sf* hen LOC **galinha choca** broody hen

galinheiro *sm* hen house

galo *sm* **1** (*ave*) rooster **2** (*inchaço*) bump: *Eu tinha um* ~ *na cabeça*. I had a bump on my head. LOC *Ver* MISSA

galopar *vi* to gallop: *ir* ~ to go for a gallop

galope *sm* gallop LOC **a galope**: *Eles partiram a* ~. They galloped off.

gama *sf* range: *uma grande* ~ *de cores* a wide range of colors

gamar *vi* ~ (**por**) to fall in love (**with sb**)

ganância *sf* greed

ganancioso, -a *adj* greedy

gancho *sm* hook

gandula *smf* ballboy [*fem* ballgirl]

gangrena *sf* gangrene

gângster (*tb* **gangster**) *sm* gangster

gangue *sf* gang: *uma* ~ *de contrabandistas* a gang of smugglers

ganhador, ~a ♦ *adj* winning ♦ *sm-sf* winner

ganhar ♦ *vt* **1** (*dinheiro, respeito*) to earn: *Este mês ganhei pouco.* I didn't earn much this month. ◊ ~ *a vida* to earn your living ◊ *Ele ganhou o respeito de todos.* He earned everybody's respect. **2** (*prêmio, jogo, guerra*) to win: ~ *a loteria* to win the lottery ◊ *Quem é que ganhou o jogo?* Who won the match? **3** (*conseguir*) to gain (**by/from sth/doing sth**): *O que é que eu ganho em lhe dizer?* What do I gain by telling you? ♦ *vi* **1** (*vencer*) to win **2** ~ **de** (*derrotar*) to beat *sb/sth* [*vt*]: *O Brasil ganhou da Holanda.* Brazil beat Holland. LOC **ganhar o pão de cada dia** to earn your living **ganhar tempo** to save time **sair ganhando** to do well *out of sth*: *Saí ganhando com a reestruturação.* I did well out of the reorganization. *Ver tb* DISPARADO, IMPORTÂNCIA

ganho *sm* gain LOC *Ver* PERDA

ganir *vi* to whine

ganso *sm* goose [*pl* geese]

Se queremos especificar que se trata de um ganso macho, dizemos **gander**.

garagem *sf* garage

garantia *sf* guarantee

garantir *vt* **1** to guarantee: *Garantimos a qualidade do produto.* We guarantee the quality of the product. **2** (*assegurar*) to assure: *Eu lhe garanto que eles virão.* They'll come, I assure you.

garçom *sm* waiter

garçonete *sf* waitress

garfo *sm* fork

gargalhada *sf* roar of laughter [*pl* roars of laughter]

gargalo *sm* neck: *o* ~ *de uma garrafa* the neck of a bottle ◊ *beber pelo* ~ to drink straight out of the bottle

garganta *sf* **1** (*Anat*) throat: *Estou com dor de* ~. I have a sore throat. **2** (*Geog*) gorge LOC *Ver* DOR, NÓ, PASTILHA

gargantilha *sf* choker (necklace)

gargarejar *vi* to gargle

garimpar *vi* to prospect

garoto, -a *sm-sf* boy [*fem* girl] LOC *Ver* CARA

garra¹ *sf* **1** (*animal*) claw **2** (*ave de rapina*) talon

garra² *sf* (*entusiasmo*) drive

garrafa *sf* bottle LOC **de/em garrafa** bottled: *Compramos leite em ~.* We buy bottled milk. **garrafa térmica** Thermos® bottle, Thermos® flask [*GB*] *Ver tb* BEBER

garrafão *sm* (*recipiente*) flagon

gás *sm* **1** gas: *Cheira a ~.* It smells of gas. **2 gases** (*Med*) gas, wind (*GB*) [*não contável, v sing*]: *O bebê está com gases.* The baby has gas. **3** (*pessoa*) get-up-and-go: *uma pessoa de pouco ~* a person with very little get-up-and-go LOC **com/sem gás** (*bebida*) sparkling/non-carbonated **gás lacrimogêneo** tear gas *Ver tb* ÁGUA

gasolina *sf* gas, petrol (*GB*) LOC **gasolina sem chumbo** unleaded gasoline *Ver tb* INDICADOR, POSTO, TANQUE

gasoso, -a *adj* **1** (*Quím*) gaseous **2** (*bebida*) sparkling

gastador, -a *adj, sm-sf* spendthrift [*s*]

gastar ◆ *vt* **1** (*dinheiro*) to spend *sth* (**on sb/sth**): *Gasto muito em revistas.* I spend a lot on magazines. **2** (*consumir*) to use: *~ menos eletricidade* to use less electricity **3** (*desperdiçar*) to waste: *~ tempo e dinheiro* to waste time and money ◆ **gastar, gastar-se** *vt, v pron* (*calçado*) to wear (*sth*) out: *~ um par de botas* to wear out a pair of boots

gasto, -a ◆ *pp, adj* **1** (*dinheiro*) spent: *calcular o dinheiro ~* to work out what you've spent **2** (*água, eletricidade*) **(a)** (*usado*) used **(b)** (*desperdiçado*) wasted **3** (*roupa, sapatos*) worn out *Ver tb* GASTAR ◆ *sm* **1** (*dinheiro*) expense: *Não ganho nem para os ~s.* I don't earn enough to cover my expenses. **2** (*água, energia, gasolina*) consumption

gatilho *sm* trigger: *apertar o ~* to pull the trigger

gatinhas *sf* LOC **andar de gatinhas** to crawl **de gatinhas** on all fours: *ficar de ~* to get down on all fours

gato, -a *sm-sf* cat

Tom-cat ou **tom** é um gato macho, **kittens** são os gatinhos. Os gatos ronronam (**purr**) e miam (**meow**).

LOC **Gata Borralheira** Cinderella **Gato de Botas** Puss in Boots **gato siamês** Siamese *Ver tb* CÃO, VENDER

gaúcho, -a ◆ *adj* from Rio Grande do Sul ◆ *sm-sf* person from Rio Grande do Sul: *os ~s* the people of Rio Grande do Sul

gaveta *sf* drawer

gavião *sm* hawk

gay *adj, sm* gay

gaze *sf* **1** (*tecido*) gauze **2** (*curativo*) bandage

gazela *sf* gazelle

geada *sf* frost

gel *sm* gel: *~ de banho* shower gel

geladeira *sf* refrigerator

gelado, -a *pp, adj* **1** (*congelado*) frozen: *um lago ~* a frozen pond **2** (*pessoa, quarto*) freezing: *Estou ~.* I'm freezing!

gelatina *sf* **1** (*substância*) gelatin **2** (*Cozinha*) Jell-O®, jelly (*GB*)

geléia *sf* **1** jam: *~ de pêssego* peach jam **2** (*de laranja*) marmalade LOC **geléia real** royal jelly

geleira *sf* glacier

gelo *sm* ice [*não contável*]: *Traga-me um pouco de ~.* Bring me some ice. ◊ *~ picado* crushed ice LOC **dar o gelo** to give *sb* the cold shoulder *Ver tb* HÓQUEI, PEDRA, QUEBRAR

gema *sf* (*ovo*) (egg) yolk

gêmeo, -a ◆ *adj, sm-sf* twin: *irmãs gêmeas* twin sisters ◆ **Gêmeos** *sm* (*Astrologia*) Gemini ☛ *Ver exemplos em* AQUARIUS LOC *Ver* SIAMÊS

gemer *vi* **1** (*pessoa*) to groan **2** (*animal*) to whine

gemido *sm* **1** (*pessoa*) groan: *Ouviam-se os ~s do doente.* You could hear the sick man groaning. **2** (*animal*) whine: *os ~s do cão* the whining of the dog

geminado, -a *pp, adj* LOC *Ver* CIDADE

gene *sm* gene

genealógico, -a *adj* genealogical LOC *Ver* ÁRVORE

general *sm* (*Mil*) general

generalizado, -a *pp, adj* widespread *Ver tb* GENERALIZAR

generalizar *vt, vi* to generalize: *Não se pode ~.* You can't generalize.

genérico, -a *adj* generic

gênero *sm* **1** (*tipo*) kind: *problemas desse ~* problems of that kind **2** (*Arte, Liter*) genre **3** (*Gram*) gender **4** **gêneros** (*mercadoria*) goods LOC **algo do gênero** something like that: *pimenta ou algo do ~* pepper or something like that **gênero policial** crime writing **gêneros alimentícios** foodstuffs

generosidade *sf* generosity

generoso, -a *adj* generous: *Ele é muito*

~ **com os amigos.** He is very generous to his friends.

genético, -a ♦ *adj* genetic ♦ **genética** *sf* genetics [*sing*]

gengiva *sf* gum

genial *adj* brilliant: *uma idéia/um pianista* ~ a brilliant idea/pianist

gênio *sm* ~ (**em/para**) genius [*pl* geniuses] (**at sth/doing sth**): *Você é um ~ para consertar coisas.* You're a genius at fixing things. LOC **ter (mau) gênio** to have a bad temper: *Que ~ que você tem!* What a temper you've got!

genital *adj* genital LOC *Ver* ÓRGÃO

genro *sm* son-in-law [*pl* sons-in-law]

gente *sf* people [*pl*]: *Havia muita ~.* There were a lot of people. LOC **gente comum** ordinary folk **gente grande** grown-ups [*pl*] **ser boa gente/gente fina** to be a nice person

gentil *adj* kind

gentileza *sf* kindness: *Foi muita ~ da sua parte.* That was very kind of you. LOC **que gentileza!** how thoughtful! **ter a gentileza de** to be so kind as *to do sth*

geografia *sf* geography

geográfico, -a *adj* geographical

geógrafo, -a *sm-sf* geographer

geologia *sf* geology

geológico, -a *adj* geological

geólogo, -a *sm-sf* geologist

geometria *sf* geometry

geométrico, -a *adj* geometric(al)

geração *sf* generation

gerador *sm* generator

geral *adj* general LOC **em geral/de um modo geral** as a general rule **no geral** in general *Ver tb* ENSAIO

gerânio *sm* geranium

gerar *vt* **1** (*causar*) to generate: ~ *energia* to generate energy **2** (*conceber*) to conceive

gerente *smf* manager

gerir *vt* to run: ~ *um negócio* to run a business

germe *sm* germ

germinar *vi* to germinate

gesso *sm* **1** plaster **2** (*Med*) plaster cast

gestão *sf* management

gesticular *vi* to gesticulate

gesto *sm* gesture: *um ~ simbólico* a symbolic gesture ◊ *comunicar/falar por ~s* to communicate by gestures

gigante ♦ *adj* **1** gigantic **2** (*Bot*) giant [*s atrib*]: *um olmo* ~ a giant elm ♦ *sm* giant LOC *Ver* RODA

gigantesco, -a *adj* enormous

gilete *sf* razor blade

gim *sm* gin

gim-tônica *sm* gin and tonic

ginástica *sf* **1** gymnastics [*sing*]: *o campeonato de* ~ *desportiva* the gymnastics championships **2** (*educação física*) physical education (*abrev* PE): *um professor de* ~ a PE teacher LOC **fazer ginástica** to exercise, to work out (*mais coloq*) *Ver tb* ACADEMIA

ginecologia *sf* gynaecology

ginecologista *smf* gynaecologist

girafa *sf* giraffe

girar *vt, vi* **1** to turn: ~ *o volante para a direita* to turn the steering wheel to the right ◊ *A chave não gira.* The key won't turn. **2** (*pião*) to spin LOC **girar em torno de alguém/algo** to revolve around sb/sth: *A Terra gira em torno do Sol.* The earth revolves around the sun. *Ver tb* CABEÇA

girassol *sm* sunflower

giratório, -a *adj* LOC *Ver* PORTA

gíria *sf* **1** (*linguagem coloquial*) slang **2** (*profissional*) jargon

girino *sm* tadpole

giro *sm* turn

giz *sm* chalk [*geralmente não contável*]: *Dê-me um (pedaço de)* ~. Give me a piece of chalk. ◊ *Traga-me mais* ~. Bring me some more chalk. LOC **gizes coloridos** colored chalks

glacial *adj* **1** (*vento*) icy **2** (*temperatura*) freezing **3** (*época, zona*) glacial **4** (*olhar, atmosfera*) frosty LOC *Ver* ERA

glândula *sf* gland

glicose (*tb* **glucose**) *sf* glucose

global *adj* (*mundial*) global: *o aquecimento* ~ global warming

globalização *sf* globalization

globo *sm* LOC **globo ocular** eyeball **o globo (terrestre)** the globe

glória *sf* glory: *fama e* ~ fame and glory

glossário *sm* glossary [*pl* glossaries]

glutão, -ona ♦ *adj* greedy ♦ *sm-sf* glutton

gol *sm* goal: *marcar um* ~ to score a goal ◊ *um empate sem* ~ a scoreless tie LOC **o gol do empate** the equalizer

gola *sf* collar LOC **gola rulê** turtleneck, polo-neck (*GB*)

gole *sm* sip: *tomar um* ~ *de café* to have a sip of coffee LOC **aos goles** in sips *Ver tb* BEBER

golear *vt, vi*: *A Alemanha goleou a*

Holanda de cinco a zero. Germany beat Holland five to nothing.

goleiro, -a *sm* goalie, goalkeeper (*GB*)

golfe *sm* golf LOC *Ver* CAMPO

golfinho *sm* dolphin

golfo *sm* gulf: *o ~ Pérsico* the Persian Gulf

golpe *sm* blow: *A morte dela foi um duro ~ para nós.* Her death came as a heavy blow to us. LOC **golpe baixo** dirty trick: *dar um ~ baixo em alguém* to play a dirty trick on sb **golpe de estado** coup **golpe de mestre** master-stroke

gomo *sm* (*fruta*) segment

gorar *vi* (*fracassar*) to founder

gordo, -a ◆ *adj* **1** (*pessoa, animal*) fat **2** (*alimento*) fatty ◆ *sm-sf* fat man/woman [*pl* fat men/women] LOC *Ver* TERÇA-FEI-RA

gordura *sf* **1** fat: *Frite as panquecas num pouco de ~.* Fry the pancakes in a little fat. **2** (*sujeira*) grease

gorduroso, -a (*tb* **gordurento, -a**) *adj* greasy

gorila *sm* gorilla

gorjeta *sf* tip: *Deixamos ~?* Shall we leave a tip? ◊ *Dei a ele três dólares de ~.* I gave him a three-dollar tip.

gostar *vi* ~ **de 1** to like *sth/doing sth* [*vt*]: *Não gosto.* I don't like it. ◊ *Eles gostam de passear.* They like walking. ◊ *Gosto da maneira como ela explica as coisas.* I like the way she explains things. ◊ *Não gosto nem um pouco de me levantar cedo.* I hate having to get up early. **2** (*sentimentalmente*) to have a crush on *sb* [*vt*]: *Acho que ele gosta de você.* I think he has a crush on you. LOC **gostar mais de** to prefer *sth/doing sth*: *Gosto mais do vestido vermelho.* I prefer the red dress. **gostar muito de** to thoroughly enjoy *sth/doing sth*: *Gostei muito.* I thoroughly enjoyed it.

gosto *sm* **1** taste: *Ele fez um comentário de mau ~.* His remark was in bad taste. ◊ *para todos os ~s* to suit all tastes ◊ *Temos ~s totalmente diferentes.* Our tastes are completely different. **2** (*prazer*) pleasure: *ter o ~ de fazer algo* to have the pleasure of doing sth LOC **gosto não se discute** there's no accounting for taste **ter gosto (de algo)** to taste (of sth): *Tem um ~ delicioso!* It tastes delicious! ◊ *Tem ~ de salsa.* It tastes of parsley. ◊ *Tem ~ de queimado.* It tastes burned.

gota *sf* drop LOC **ser a última gota/a**

gota d'água to be the last straw *Ver tb* ÚLTIMO

goteira *sf* (*fenda*) leak: *Sempre que chove, temos ~s.* The roof leaks every time it rains.

gotejar *vi* to drip

gótico, -a *adj, sm* Gothic

governador, ~a *sm-sf* governor

governamental *adj* government [*s atrib*]: *fontes governamentais* government sources

governanta *sf* housekeeper

governante ◆ *adj* governing ◆ *smf* leader

governar *vt* **1** (*país*) to govern **2** (*barco*) to steer

governo *sm* government: *~ federal/central* federal/central government

gozar *vt, vi* ~ (**de**) **1** (*fazer troça*) to make fun of *sb/sth: Pare de me ~!* Stop making fun of me! **2** (*desfrutar*) to enjoy *sth/doing sth: ~ de boa saúde* to enjoy good health ◊ *~ umas férias na praia* to enjoy a beach vacation

Grã-Bretanha *sf* Great Britain (*abrev* GB)

graça *sf* **1** (*elegância, Relig*) grace **2** (*piada*) witty remark: *Ela nos fez rir com as suas ~s.* She made us laugh with her witty remarks. LOC **dar graças a Deus** to count yourself lucky: *Dou-lhe cinco reais, e dê ~s a Deus!* I'll give you five reals, and you can count yourself lucky. **de graça** free: *Os aposentados viajam de ~.* Senior citizens travel free. ◊ *Vamos ver se entramos de ~.* Let's see if we can get in for free. **graças a...** thanks to *sb/sth: ~s a você, consegui o emprego.* Thanks to you, I got the job. **sem graça** dull **ser uma graça** to be lovely: *Esse vestido é uma ~.* That dress is lovely. **ter graça** to be funny: *As suas piadas não têm ~ nenhuma.* Your jokes aren't the least bit funny. ◊ *Não tem ~ nenhuma, sabia?* It's not funny, you know.

grade *sf* **1** (*janela, carro*) grille **2 grades (a)** (*varanda, vedação*) railings: *pular por cima de umas ~s de ferro* to jump over some iron railings **(b)** (*prisão*) bars: *atrás das ~s* behind bars

gradeado *sm* **1** (*jaula, janela*) bars [*pl*] **2** (*para plantas*) trellis

gradual *adj* gradual

graduar ◆ *vt* (*regular*) to adjust ◆ **graduar-se** *v pron* to graduate

gráfica *sf* (*local*) printer's [*pl* printers]

gráfico, -a ◆ *adj* graphic ◆ *sm* graph

grafite sm graffiti [não contável]: A parede estava coberta de ~. The wall was covered in graffiti.

gralha sf rook

grama¹ sf grass: Proibido pisar na ~. Keep off the grass. LOC Ver PROIBIDO

grama² sm gram(me) (abrev g) ☞ Ver Apêndice 1.

gramado sm 1 (em jardim) lawn 2 (em campo de futebol, etc.) turf

gramática sf grammar

grampear vt 1 (papéis) to staple 2 (telefone) to tap

grampo sm 1 (para cabelo) hair clip 2 (para papéis) staple 3 (para carro) clamp

grande adj 1 (tamanho) large, big (mais coloq): uma casa/cidade ~ a big house/city ◊ ~ ou pequeno? Large or small? ☞ Ver nota em BIG 2 (fig) big: um ~ problema a big problem 3 (número, quantidade) large: uma ~ quantidade de areia a large amount of sand ◊ um ~ número de pessoas a large number of people 4 (importante, notável) great: um ~ músico a great musician LOC (a/uma) **grande parte de** most of: ~ parte do público era formada por crianças. Most of the audience members were children. Ver tb DIMENSÃO, ESTIMA, GENTE, OLHO, POTÊNCIA, SORTE

granel sm LOC **a granel 1** in bulk **2** (vinho) from the cask

granito sm granite

granizo sm hail: tempestade de ~ hailstorm LOC Ver CHOVER

granja sf small farm

grão sm 1 grain: um ~ de areia a grain of sand 2 (semente) seed 3 (café) bean 4 (poeira) speck

grão-de-bico sm chickpea

grasnar vi 1 (pessoa) to shriek 2 (pato) to quack

gratidão sf gratitude: Que falta de ~! How ungrateful!

grátis adj free: As bebidas eram ~. The drinks were free.

grato, -a adj grateful: Sou muito ~ a ela. I'm very grateful to her.

gratuitamente adv 1 (de graça) for free: Estavam distribuindo ingressos ~. They were handing out free tickets. 2 (sem motivo) gratuitously

gratuito, -a adj 1 (de graça) free 2 (sem motivo) gratuitous

grau sm degree: queimaduras de terceiro ~ third-degree burns LOC **graus abaixo de zero** below (zero): Está fazendo dois ~s abaixo de zero. It's two below (zero). Ver tb PRIMO

gravação sf recording

gravador sm tape recorder

gravadora sf record company

gravar vt 1 (som, imagem) to record 2 (metal, pedra) to engrave LOC Ver VÍDEO

gravata sf tie: Todos estavam usando ~. They were all wearing ties.

grave adj 1 serious: um problema/uma doença ~ a serious problem/illness ◊ Ele sofreu ferimentos ~s. He's seriously injured. 2 (solene) solemn: expressão ~ solemn expression 3 (som, nota) low: O baixo produz sons ~s. The bass guitar produces low notes. 4 (voz) deep 5 (acento) grave

gravemente adv seriously

grávida adj pregnant: Ela está ~ de cinco meses. She's five months pregnant.

gravidade sf 1 (Fís) gravity 2 (importância) seriousness

gravidez sf pregnancy [pl pregnancies]

gravura sf 1 engraving 2 (em livro) illustration

graxa sf (calçado) (shoe) polish: Passe ~ nos sapatos. Polish your shoes.

Grécia sf Greece

grego, -a ♦ adj, sm Greek: falar ~ to speak Greek ♦ sm-sf Greek man/woman [pl Greek men/women]: os ~s the Greeks

grelha sf grill: bife na ~ grilled steak

grelhar vt to grill

grêmio sm (estudantes) student union

greve sf strike: estar em/fazer ~ to be/go on strike ◊ uma ~ geral/de fome a general/hunger strike

grevista smf striker

grid sm LOC **grid de largada** (Automobilismo) starting grid

grilo sm cricket

gripe sf (the) flu [não contável]: Estou com ~. I've got (the) flu.

grisalho, -a adj gray: ser ~ to have gray hair

gritar vi to shout (at sb): Não grite (comigo)! Don't shout at me! ☞ Ver nota em SHOUT LOC **gritar de dor** to cry out in pain

grito sm 1 shout: Ouvimos um ~. We heard a shout. 2 (auxílio, dor, alegria) cry [pl cries]: ~s de alegria cries of joy LOC **aos gritos** at the top of your voice: O professor pediu aos ~s que nos calás-

semos. The teacher shouted at us to be quiet. **dar um grito** to shout

groselha *sf* red currant

grosseiro, -a *adj* **1** (*pessoa, tecido, linguagem*) coarse **2** (*piada*) rude

grosseria *sf* obscenity: *dizer* ~s to make obscene remarks

grosso, -a ♦ *adj* **1** thick **2** (*voz*) deep ♦ *adj, sm-sf* (*mal-educado*) rude [*adj*]: *Você é um* ~. You're very rude. LOC *Ver* SAL

grossura *sf* **1** (*espessura*) thickness: *Esta tábua tem dois centímetros de* ~. This piece of wood is two centimeters thick. **2** (*grosseria*) rudeness

grua *sf* crane

grunhir *vi* **1** (*pessoa, porco*) to grunt **2** (*resmungar*) to grumble

grupo *sm* **1** group: *Formamos* ~s *de seis.* We got into groups of six. ◊ *Gosto de trabalho em* ~. I enjoy group work. **2** (*musical*) band LOC **grupo sanguíneo** blood group

gruta *sf* **1** (*natural*) cave **2** (*artificial*) grotto [*pl* grottoes/grottos]

guarda ♦ *smf* **1** (*polícia*) policeman/woman [*pl* policemen/women] **2** (*vigilante*) guard: ~ *de segurança* security guard ♦ *sf* guard: *montar* ~ to mount guard LOC *Ver* CÃO

guarda-chuva *sm* umbrella: *abrir/fechar um* ~ to put up/take down an umbrella

guarda-costas *smf* bodyguard: *rodeado de* ~ surrounded by bodyguards

guarda-florestal *smf* forest ranger

guarda-louça *sm* (*armário*) sideboard

guardanapo *sm* napkin: ~s *de papel* paper napkins

guarda-noturno *sm* nightwatchman [*pl* nightwatchmen]

guardar *vt* **1** to keep: *Guarde o seu bilhete.* Keep your ticket. ◊ ~ *um segredo* to keep a secret **2** (*recolher*) to put *sth* away: *Já guardei toda a roupa de inverno.* I've put away all my winter clothes. **3** (*vigiar*) to guard: ~ *os prisioneiros/o cofre-forte* to guard the prisoners/safe LOC **guardar rancor a/contra alguém** to bear a grudge against sb: *Não lhe guardo nenhum rancor.* I don't bear him any grudge.

guarda-roupa *sm* wardrobe

guarda-sol *sm* (*sombrinha*) sunshade

guardião, -ã *sm-sf* guardian

guarita *sf* **1** (*sentinela*) sentry box **2** (*portaria*) janitor's quarters, porter's lodge (*GB*)

guarnição *sf* **1** (*Cozinha*) garnish: *uma* ~ *de legumes* a garnish of vegetables **2** (*Mil*) garrison

gude *sm* marbles [*sing*]: *jogar bola de* ~ to play marbles

guerra *sf* war: *estar em* ~ to be at war ◊ *durante a Primeira Guerra Mundial* during the First World War ◊ *declarar* ~ *a alguém* to declare war on sb ◊ *filmes de* ~ war films LOC *Ver* NAVIO

guerreiro, -a ♦ *adj* (*bélico*) warlike ♦ *sm-sf* warrior

guerrilha *sf* **1** (*grupo*) guerrillas [*pl*] **2** (*tipo de guerra*) guerrilla warfare

gueto *sm* ghetto [*pl* ghettoes]

guia ♦ *smf* (*pessoa*) guide ♦ *sm* **1** guide (book): ~ *turístico/de hotéis* tourist/hotel guide **2** (*estudos*) prospectus [*pl* prospectuses]: *A universidade publica um* ~ *anual.* The university publishes a prospectus every year.

guiar ♦ *vt* (*indicar o caminho*) to guide ♦ *vt, vi* to drive LOC **guiar-se por algo**: *guiar-se por um mapa/pelas estrelas* to be guided by a map/by the stars ◊ *Você não deve se* ~ *pelas aparências.* You can't go by appearances.

guichê *sm* **1** (*banco, correios*) counter **2** (*cinema, teatro*) window

guidom (*tb* **guidão**) *sm* (*bicicleta*) handlebars [*pl*]

guinada *sf* **1** (*Náut*) lurch **2** (*carro*) swerve: *dar uma* ~ to swerve

guinar *vi* **1** (*Náut*) to lurch **2** (*carro*) to swerve: *Ele teve que* ~ *para a direita.* He had to swerve to the right.

guinchar¹ *vi* **1** (*pessoa*) to shriek **2** (*ave*) to screech

guinchar² *vt* (*carro*) to tow *sth* (away): *O meu carro foi guinchado.* My car was towed away.

guincho *sm* **1** (*pessoa*) shriek **2** (*ave*) screech **3** (*veículo*) tow truck **4** (*máquina*) winch

guindaste *sm* crane

guisado *sm* stew

guisar *vt, vi* to braise

guitarra *sf* (electric) guitar

guitarrista *smf* guitarist

guizo *sm* bell

gula *sf* gluttony

guloseima *sf* titbit

guloso, -a ♦ *adj* gluttonous ♦ *sm-sf* glutton

gume *sm* cutting edge

Hh

hábil *adj* **1** skillful: *um jogador muito ~* a very skillful player **2** (*astuto*) clever: *uma manobra ~* a clever move

habilidade *sf* skill

habilidoso, -a *adj* handy

habilitações *sf* qualifications: *~ acadêmicas* academic qualifications

habitação *sf* housing [*não contável*]: *o problema da ~* the housing problem

habitante *smf* inhabitant

habitar *vt ~* (**em**) to live **in**...: *os animais que habitam os bosques* the animals that live in the woods

habitat *sm* habitat

hábito *sm* habit: *adquirir o ~ de fazer algo* to get into the habit of doing sth LOC **como (é) de hábito** as usual: *Como de ~, ele está atrasado.* As usual, he's late. **por hábito** out of habit: *Faço isso mais por ~ do que por vontade.* I do it more from habit than desire.

habitual *adj* **1** (*normal*) usual **2** (*cliente, leitor, visitante*) regular

habituar ◆ *vt* (*acostumar*) to get *sb/sth* used **to doing sth**: *~ uma criança a se deitar cedo* to get a child used to going to bed early ◆ **habituar-se** *v pron ~* (**a**) **1** (*acostumar-se*) to get used **to sth/doing sth**: *Você vai acabar se habituando.* You'll get used to it eventually. **2** (*prazer, vício*) to acquire a taste **for sth**: *habituar-se à boa vida* to acquire a taste for the good life

hálito *sm* breath: *ter mau ~* to have bad breath

hall *sm* (*entrance*) hall

halterofilismo *sm* weightlifting

hambúrguer *sm* hamburger, burger (*mais coloq*)

hamster *sm* hamster

handebol (*tb* **handball**) *sm* handball

harmonia *sf* harmony [*pl* harmonies]

harmônica *sf* concertina

harpa *sf* harp

haste *sf* **1** (*bandeira*) flagpole **2** (*óculos*) arm LOC Ver MEIO

haver ◆ *v aux* **1** (*tempos compostos*) to have: *Haviam me dito que viriam.* They had told me they would come. **2** *~* **que** must: *Há que ser valente.* You must be brave. **3** *~* **de**: *Hei de chegar lá.* I'll get

there. ◆ *v imp* **1** (*existir*) there is, there are

There is é utilizado com substantivos no singular e substantivos não contáveis: *Há uma garrafa de vinho na mesa.* There's a bottle of wine on the table. ◊ *Não há pão.* There isn't any bread. ◊ *Não havia ninguém.* There wasn't anybody.

There are é utilizado com substantivos no plural: *Quantas garrafas de vinho há?* How many bottles of wine are there?

2 (*tempo cronológico*): *Há dez anos que me casei.* I got married ten years ago. ◊ *Eles tinham se conhecido há/havia dois meses.* They had met two months earlier. ◊ *Você mora aqui há muito tempo?* Have you been living here long? ◊ *Há anos que nos conhecemos.* We've known each other for years. ◊ *Eles estão esperando há duas horas.* They've been waiting for two hours. ◊ *Há quanto tempo você está no Rio?* How long have you been in Rio? ☞ *Ver nota em* AGO LOC **haja o que houver** whatever happens **haver-se com alguém** to answer to sb: *Se bater no meu irmão você vai ter de se ~ comigo!* If you hit my brother you'll have me to deal with! **o que é que há?** what's up?

haxixe *sm* hashish

hectare *sm* hectare (*abrev* ha)

hélice *sf* propeller

helicóptero *sm* helicopter

hélio *sm* helium

hematoma *sm* bruise

hemisfério *sm* hemisphere: *o ~ norte/sul* the northern/southern hemisphere

hemofílico, -a *sm-sf* hemophiliac

hemorragia *sf* hemorrhage

hepatite *sf* hepatitis [*não contável*]

hera *sf* ivy

herança *sf* inheritance

herbívoro, -a *adj* herbivorous

herdar *vt* to inherit *sth* (**from sb**): *Após a sua morte herdei todas as suas propriedades.* When he died I inherited all his property.

herdeiro, -a *sm-sf ~* (**de**) heir (**to sth**): *o ~/a herdeira do trono* the heir to the throne

Também existe o feminino **heiress**, porém só é usado quando queremos nos referir a uma *herdeira rica*.

hereditário, -a *adj* hereditary

hermético, -a *adj* airtight

hérnia *sf* hernia

herói, heroína *sm-sf* hero [*pl* heroes] [*fem* heroine]

heróico, -a *adj* heroic

heroína *sf* (*droga*) heroin

hesitar *vt, vi* ~ (**em**) to hesitate (*to do sth*): *Não hesite em perguntar*. Don't hesitate to ask.

heterossexual *adj, smf* heterosexual

hexágono *sm* hexagon

hibernação *sf* hibernation

hibernar *vi* to hibernate

hidratante *adj* moisturizing: *creme/loção* ~ moisturizer

hidráulico, -a *adj* hydraulic: *energia/bomba hidráulica* hydraulic power/pump

hidroavião *sm* seaplane

hidroelétrico, -a *adj* hydroelectric

hidrogênio *sm* hydrogen

hierarquia *sf* hierarchy [*pl* hierarchies]

hieróglifo *sm* hieroglyphic

hífen *sm* (*Ortografia*) hyphen ☞ *Ver págs 298–9.*

higiene *sf* hygiene: *a* ~ *oral/pessoal* oral/personal hygiene

higiênico, -a *adj* hygienic LOC *Ver* PAPEL

hindu *adj, smf* (*Relig*) Hindu

hino *sm* hymn LOC **hino nacional** national anthem

hipermercado *sm* superstore

hipermetropia *sf* far-sightedness, long-sightedness (*GB*): *ter* ~ to be far-sighted

hípico, -a *adj* horseback riding [*s atrib*]: *clube* ~/*corrida hípica* horseback riding club/competition

hipismo *sm* riding

hipnose *sf* hypnosis

hipnotizar *vt* to hypnotize

hipocondríaco, -a *adj, sm-sf* hypochondriac

hipocrisia *sf* hypocrisy: *Deixe de* ~! Don't be such a hypocrite!

hipócrita ♦ *adj* hypocritical ♦ *smf* hypocrite

hipódromo *sm* racetrack, racecourse (*GB*)

hipopótamo *sm* hippo [*pl* hippos] **Hippopotamus** é o termo científico.

hipótese *sf* **1** (*possibilidade*) possibility **2** (*suposição*) hypothesis [*p* hypotheses] LOC **em hipótese alguma** under no circumstances **na hipótese de** in the event of **na melhor/pior das hipóteses** at best/worst

histeria *sf* hysteria: *Ele teve um ataque de* ~. He became hysterical.

histérico, -a *adj* hysterical LOC **ficar histérico** to have hysterics

história *sf* **1** history: ~ *antiga/natural* ancient/natural history ◊ *Passei em história*. I passed history. **2** (*relato*) story [*pl* stories]: *Conte-nos uma* ~. Tell us a story. **3** (*mentira*) lie: *Não me venha com* ~s. Don't tell lies. LOC **deixar de história(s)** to get to the point **histórias da carochinha** fairy tales

historiador, ~a *sm-sf* historian

histórico, -a ♦ *adj* **1** historical: *documentos/personagens* ~s historical documents/figures **2** (*importante*) historic: *uma vitória histórica/um acordo* ~ an historic victory/agreement ♦ *sm* record: ~ *médico* medical record

hoje *adv* today LOC **de hoje**: *a música de* ~ the music of today ◊ *o jornal de* ~ today's paper **de hoje em diante** from now on **hoje em dia** nowadays *Ver tb* NOITE

Holanda *sf* Holland

holandês, -esa ♦ *adj, sm* Dutch: *falar* ~ to speak Dutch ♦ *sm-sf* Dutchman/woman [*pl* Dutchmen/women]: *os holandeses* the Dutch

holocausto *sm* holocaust: *um* ~ *nuclear* a nuclear holocaust

holofote *sm* **1** (*em estádios*) floodlight **2** (*no teatro*) spotlight

homem *sm* **1** man [*pl* men]: *o* ~ *moderno* modern man ◊ *ter uma conversa de* ~ *para* ~ to have a man-to-man talk **2** (*humanidade*) mankind: *a evolução do* ~ the evolution of mankind ☞ *Ver nota em* MAN¹ LOC **de/para homem** for men: *roupa de* ~ menswear **tornar-se homem** to grow up *Ver tb* NEGÓCIO

homem-rã *sm* frogman [*pl* frogmen]

homenagear *vt* to pay tribute to *sb/sth*

homenagem *sf* tribute [*não contável*]: *fazer uma* ~ *a alguém* to pay tribute to sb LOC **em homenagem a** in honor of *sb/sth*

homeopatia *sf* homeopathy

homicida *smf* murderer

homicídio *sm* homicide

homogêneo, -a *adj* homogeneous

homônimo *sm* **1** homonym **2** (*xará*) namesake

homossexual *adj, smf* homosexual

honestidade *sf* honesty

honesto, -a *adj* honest

honorários *sm* fees

honra *sf* honor: *o convidado de* ~ the guest of honor ◊ *É uma grande ~ para mim estar aqui hoje*. It's a great honor for me to be here today. LOC **com muita honra!** and proud of it! **ter a honra de** to have the honor of *doing sth Ver tb* DAMA, PALAVRA

honrado, -a *pp, adj* honest *Ver tb* HON-RAR

honrar *vt* to honor *sb* (**with sth**)

hóquei *sm* field hockey, hockey (*GB*) LOC **hóquei sobre o gelo** hockey, ice hockey (*GB*)

hora *sf* **1** hour: *A aula dura duas* ~*s*. The class lasts two hours. ◊ *120km por* ~ 120km an hour **2** (*relógio, momento, horário*) time: *Que* ~*s são?* What time is it? ◊ *A que* ~*s eles vêm?* What time are they coming? ◊ *a qualquer* ~ *do dia* at any time of the day ◊ *na* ~ *do almoço/ jantar* at lunchtime/dinner time **3** (*encontro*) appointment: *Tenho* ~ *marcada no dentista*. I have a dental appointment. LOC **bem na/em cima da hora** in the nick of time: *Você chegou bem na* ~. You arrived in the nick of time. **estar na hora de** to be time *to do sth*: *Está na* ~ *de ir para a cama*. It's time to go to bed. ◊ *Acho que está na* ~ *de irmos embora*. I think it's time to leave. **fazer hora** to kill time **ficar/passar horas** to spend ages (*doing sth*): *Ele passa* ~*s no banheiro*. He spends forever in the bathroom. **hora do rush** rush hour **horas extras** overtime [*sing*] **horas vagas** spare time [*sing*]: *O que é que você faz nas* ~*s vagas?* What do you do in your spare time? **já era hora!** about time too! **na hora** on time: *chegar/partir na* ~ to arrive/to leave on time **na hora H** when it comes to the crunch **passar horas a fio/horas a fazendo algo** to do sth for hours on end *Ver tb* MAR-CAR, ÚLTIMO, UM, UMA²

horário *sm* **1** (*aulas, trem*) schedule, timetable (*GB*) **2** (*consulta, trabalho, visita*) hours [*pl*]: *O* ~ *de trabalho é das*

nove às seis. Office hours are from nine to six. LOC *Ver* CARGA

horizontal *adj* horizontal

horizonte *sm* horizon: *no* ~ on the horizon

hormônio *sm* hormone

horóscopo *sm* horoscope

horrível *adj* awful

horror *sm* horror: *um grito de* ~ a cry of horror ◊ *os* ~*es da guerra* the horrors of war LOC **dizer horrores de alguém/ algo** to say horrible things about sb/ sth **que horror!** how awful! **ter horror a** to hate *sth/doing sth*

horroroso, -a *adj* **1** (*aterrador*) horrific: *um incêndio* ~ a horrific fire **2** (*muito feio*) hideous: *Ele tem um nariz* ~. He has a hideous nose. **3** (*mau*) awful: *O tempo está* ~. The weather's awful. ◊ *Faz um calor* ~. It's awfully hot.

horta *sf* vegetable garden

hortaliça *sf* vegetables [*pl*]

hortelã *sf* mint

hospedar ♦ *vt* to put *sb* up: *Vamos* ~ *uns amigos no próximo fim de semana*. We have some friends coming to stay with us next weekend. ♦ **hospedar-se** *v pron* to stay: *hospedar-se num hotel* to stay at a hotel

hóspede *smf* guest LOC *Ver* QUARTO

hospital *sm* hospital: ~ *psiquiátrico* psychiatric hospital ☛ *Ver nota em* SCHOOL

hospitaleiro, -a *adj* hospitable

hospitalidade *sf* hospitality

hospitalizar *vt* to hospitalize

hostil *adj* hostile

hotel *sm* hotel

humanidade *sf* humanity [*pl* humanities]

humanitário, -a *adj* humanitarian

humano, -a ♦ *adj* **1** human: *o corpo* ~ the human body ◊ *direitos* ~*s* human rights **2** (*compreensivo, justo*) humane: *um sistema judicial mais* ~ a more humane judicial system ♦ *sm* human being

humildade *sf* humility

humilde *adj* humble

humilhante *adj* humiliating

humilhar *vt* to humiliate

humor *sm* humor: *ter senso de* ~ to have a sense of humor ◊ ~ *negro* black humor LOC **estar de bom/mau humor** to be in a good/bad mood

humorista *smf* **1** (*de palco*) comedian [*fem* comedienne] **2** (*escritor*) humorist

humorístico, -a *adj*: *um seriado* ~ a comedy series

Ii

iate *sm* yacht

içar *vt* to hoist

ICMS *sm* VAT (*GB*)

ícone *sm* icon

ida *sf* outward journey: *durante a ~* on the way there LOC **ida e volta** there and back: *~ e volta são três horas.* It's three hours there and back. *Ver tb* BILHETE

idade *sf* age: *com a/na sua ~* at your age ◊ *crianças de todas as ~* children of all ages ◊ *estar numa ~ difícil* to be at an awkward age ◊ *Que ~ eles têm?* How old are they? LOC **a Idade Média** the Middle Ages [*pl*] **da minha idade** my, your, etc. age: *Não havia ninguém da minha ~.* There wasn't anybody my age. **idade adulta** adulthood **não ter idade (para)** to be too young/too old (for *sth/to do sth*) **ter idade (para)** to be old enough (for *sth/to do sth*) *Ver tb* FLOR, MAIOR, MENOR, TERCEIRO

ideal *adj, sm* ideal: *Isso seria o ~.* That would be ideal. ◊ *Ele é um homem sem ideais.* He's a man without ideals.

idealista ◆ *adj* idealistic ◆ *smf* idealist

idealizar *vt* to idealize

idéia *sf* **1** idea: *Tenho uma ~.* I have an idea. ◊ *ter ~s malucas* to have strange ideas **2** (*conceito*) concept: *a ~ de democracia* the concept of democracy **3** **idéias** (*ideologia*) beliefs: *~s políticas/ religiosas* political/religious beliefs LOC **não faço a menor/mínima idéia!** I don't have a clue! **que idéia!** you must be joking! *Ver tb* MUDAR

idem *pron* **1** (*numa lista*) ditto ☞ *Ver nota em* DITTO **2** (*igualmente*): *Ele é um descarado e o filho ~.* He's a cheeky so-and-so and the same goes for his son.

idêntico, -a *adj* ~ (a) identical (to *sb/ sth*): *gêmeos ~s* identical twins ◊ *É ~ ao meu.* It's identical to mine.

identidade *sf* identity [*pl* identities] LOC **carteira/cédula de identidade** ID, identity card (*formal*)

identificação *sf* identification

identificar ◆ *vt* to identify ◆ **identificar-se** *v pron* **1** (*mostrar identificação*) to identify yourself **2** **identificar-se com** to identify with *sb/sth*: *identificar-se com o personagem principal* to identify with the main character

ideologia *sf* ideology [*pl* ideologies]

idioma *sm* language

idiota ◆ *adj* dumb ◆ *smf* idiot: *Que ~ que ele é!* What an idiot he is! LOC *Ver* SEU

idiotice *sf* stupidity LOC **dizer idiotices** to talk nonsense

ídolo *sm* idol

idoso, -a ◆ *adj* elderly ◆ *sm-sf* elderly man/woman [*pl* elderly men/women]: *os ~s* the elderly LOC *Ver* LAR

ignorância *sf* ignorance

ignorante ◆ *adj* ignorant ◆ *smf* ignoramus [*pl* ignoramuses]

ignorar *vt* **1** (*desconhecer*) not to know: *Ignoro se já saíram.* I don't know if they've already left. **2** (*não querer saber*) to ignore

igreja *sf* church: *a ~ Católica* the Catholic Church ☞ *Ver nota em* SCHOOL LOC *Ver* CASAR(-SE)

igual ◆ *adj* **1** equal: *Todos os cidadãos são iguais.* All citizens are equal. ◊ *A é ~ a B.* A is equal to B. **2** ~ (a) (*idêntico*) the same (as *sb/sth*): *Aquela saia é ~ à sua.* That skirt is the same as yours. ◆ *smf* equal LOC **sem igual** unrivaled

igualar ◆ *vt* **1** (*ser igual*) to equal **2** (*fazer igual*) to make *sb/sth* equal **3** (*nivelar*) to level ◆ *vi* **1** to be the equal (of *sb/sth*) **2** (*ficar no mesmo nível*) to be level (with *sth*)

igualdade *sf* equality

igualmente ◆ *adv* equally: *São ~ culpados.* They are equally to blame. ◆ **igualmente!** *interj* the same to you!

ilegal *adj* illegal

ilegível *adj* illegible

ileso, -a *adj* unharmed: *escapar/sair ~* to escape unharmed

ilha *sf* island: *~ deserta* desert island LOC **as Ilhas Britânicas** the British Isles

ilhéu, -oa *sm-sf* islander

ilimitado, -a *adj* unlimited: *quilometragem ilimitada* unlimited mileage

ilógico, -a *adj* illogical

iluminação *sf* lighting

iluminado, -a *pp, adj* ~ (com) lit (up) (with *sth*): *A cozinha estava iluminada com velas.* The kitchen was lit with candles. *Ver tb* ILUMINAR

iluminar ◆ *vt* **1** to light *sth* up: *~ um*

monumento to light a monument up **2** (*apontar uma luz*) to shine a light **on sth**: *Ilumine a caixa dos fusíveis.* Shine a light on the fuse box. ◆ **iluminar-se** *v pron* to light up: *O rosto dele se iluminou.* His face lit up.

ilusão *sf* illusion LOC **perder as ilusões** to become disillusioned **ter ilusões** to cherish fond hopes

ilustração *sf* illustration

ilustrar *vt* to illustrate

ilustre *adj* illustrious

ímã *sm* magnet

imagem *sf* **1** image: *Os espelhos distorciam a sua ~.* The mirrors distorted his image. ◊ *Gostaria de mudar de ~.* I'd like to change my image. **2** (*TV*) picture

imaginação *sf* imagination

imaginar *vt* to imagine: *Imagino que já saíram.* I imagine they must have left by now. ◊ *Imagino que sim.* I imagine so. ◊ *Imagine!* Just imagine!

imaginário, -a *adj* imaginary

imaturo, -a *adj* immature

imbecil ◆ *adj* dumb ◆ *smf* idiot: *Cale-se, ~!* Be quiet, you idiot!

imediato, -a *adj* immediate

imenso, -a *adj* **1** immense **2** (*sentimentos*) great: *uma alegria/dor imensa* great happiness/sorrow

imigração *sf* immigration

imigrante *smf* immigrant

imigrar *vi* to immigrate

imitação *sf* imitation LOC **de imitação** fake

imitar *vt* **1** (*copiar*) to imitate **2** (*reproduzir*) to mimic: *Ele imita muito bem os professores.* He's really good at mimicking the teachers.

imobiliária *sf* (*agência*) real estate agency, estate agency (*GB*)

imoral *adj* immoral

imortal *adj, smf* immortal

imóvel *adj* still: *permanecer ~* to stand still LOC *Ver* BEM², CORRETOR

impaciência *sf* impatience

impacientar ◆ *vt* to exasperate ◆ **impacientar-se** *v pron* **impacientar-se (com)** to lose your patience (**with** *sb/sth*)

impaciente *adj* impatient

impacto *sm* impact

ímpar *adj* **1** (*Mat*) odd: *números ~es* odd numbers **2** (*único*) unique

imparcial *adj* unbiased

impedido, -a *pp, adj* **1** blocked **2** (*futebol*) offside *Ver tb* IMPEDIR

impedimento *sm* **1** (*obstáculo*) obstacle **2** (*Jur*) impediment **3** (*futebol*) offside

impedir *vt* **1** (*passagem*) to block *sth* (up) **2** (*impossibilitar*) to prevent *sb/sth* (**from doing sth**): *A chuva impediu que se celebrasse o casamento.* The rain prevented the wedding from taking place. ◊ *Ninguém pode te ~ de fazer o que quer.* Nobody can stop you from doing what you want.

impenetrável *adj* impenetrable

impensável *adj* unthinkable

imperador, -triz *sm-sf* emperor [*fem* empress]

imperativo, -a *adj, sm* imperative

imperdoável *adj* unforgivable

imperfeição *sf* imperfection

imperial *adj* imperial

imperialismo *sm* imperialism

império *sm* empire

impermeável ◆ *adj* waterproof ◆ *sm* raincoat, mac (*GB*)

Mac é a abreviatura de **mackintosh**, forma pouco usada.

impertinente *adj* impertinent

impessoal *adj* impersonal

implacável *adj* (*impiedoso*) ruthless

implantar *vt* to introduce: *Querem ~ um novo sistema.* They want to introduce a new system.

implicar *vt* **1** (*comprometer*) to implicate: *Implicaram-no no assassinato.* He was implicated in the murder. **2** (*significar*) to imply **3** (*acarretar*) to involve **4** *~* **com** to pick on *sb*

implorar *vt* to beg *sb* **for sth**; to beg *sb* **to do sth**: *Implorei ajuda aos meus amigos.* I begged my friends for help.

impor ◆ *vt* **1** (*ordem, silêncio*) to impose: *~ condições/uma multa* to impose conditions/a fine **2** (*respeito*) to command ◆ **impor-se** *v pron* (*fazer-se respeitar*) to command respect

importação *sf* import: *a ~ de trigo* the import of wheat ◊ *reduzir as importações* to reduce imports LOC **de importação e exportação** import-export: *um negócio de ~ e exportação* an import-export business

importador, ~a *sm-sf* importer

importância *sf* **1** importance **2** (*quantidade*) amount: *a ~ da dívida* the amount owed LOC **adquirir/ganhar**

importância to become important **dar pouca importância a algo** to play sth down: *Ela sempre dá pouca ~ aos seus sucessos.* She always plays down her achievements. **não tem importância** it doesn't matter **sem importância** unimportant

importante *adj* important: *É muito ~ que você assista às aulas.* It's very important that you attend the lectures. LOC **o importante é que...** the main thing is that...

importar¹ *vt* to import: *O Brasil importa petróleo.* Brazil imports oil.

importar² ◆ *vi* **1** (*ter importância*) to matter: *O que importa é ter boa saúde.* Good health is what matters most. ◊ *Não importa.* It doesn't matter. **2** (*preocupar*) to care (**about sb/sth**): *Não me importa o que eles pensam.* I don't care what they think. ◊ *Pouco me importa.* I couldn't care less. ◆ **importar-se** *v pron* **1** (*incomodar-se*) to mind: *Você se importa que eu fume?* Do you mind if I smoke? ◊ *Você se importa de fechar a porta?* Would you mind shutting the door? ◊ *Não me importo de levantar cedo.* I don't mind getting up early. **2 importar-se** (**com**) (*preocupar-se*) to care (**about sb/sth**): *Ele parece não se ~ com os filhos.* He doesn't seem to care about his children. ◊ *Claro que eu me importo!* Of course I care!

impossível *adj, sm* impossible: *Não peça o ~.* Don't ask (for) the impossible.

imposto *sm* tax: *isento de ~s* tax-free LOC **Imposto de Renda** (*abrev* **IR**) income tax **Imposto sobre Circulação de Mercadorias e Serviços** (*abrev* **ICMS**) value added tax (*abrev* VAT) *Ver tb* LIVRE .

impostor, ~a *sm-sf* impostor

impotente *adj* impotent

imprensa *sf* **1** (*prelo*) printing press **2** (*jornais*) papers [*pl*]: *Não li o que disse a ~.* I haven't seen what the papers said. **3 a imprensa** (*jornalistas*) the press: *Estava lá toda a ~ internacional.* All the international press was there. LOC **imprensa sensacionalista/marrom** gutter press *Ver tb* ASSESSORIA, LETRA, LIBERDADE

imprescindível *adj* indispensable

impressão *sf* **1** (*sensação*) impression: *causar boa/má ~* to make a good/bad impression **2** (*processo*) printing: *pronto para ~* ready for printing LOC **impressão digital** fingerprint **tenho a impressão de que...** I get the feeling

that... **ter/ficar com (uma) boa/má impressão** to have/get a good/bad impression: *O Rui deve ter ficado com uma má ~ de mim.* Rui must have got a bad impression of me.

impressionante *adj* **1** impressive: *um feito ~* an impressive achievement **2** (*espetacular*) striking: *uma beleza ~* striking beauty **3** (*comovente*) moving

impressionar *vt* **1** to impress: *A eficiência dela me impressiona.* I'm impressed by her efficiency. **2** (*emocionar*) to move: *O final me impressionou muito.* I found the ending very moving. **3** (*desagradavelmente*) to shock: *O acidente nos impressionou muito.* The accident really shocked us.

impressionável *adj* impressionable

impresso, -a *pp, adj* printed *Ver tb* IMPRIMIR LOC *Ver* CÓPIA

impressora *sf* printer ☞ *Ver ilustração em* COMPUTADOR

imprestável *adj* (*inútil*) useless

imprevisível *adj* unpredictable

imprevisto, -a ◆ *adj* unforeseen ◆ *sm*: *Surgiu um ~.* Something unexpected has come up.

imprimir *vt* to print

impróprio, -a *adj* ~ (**para**) unsuitable (**for sth**) LOC **impróprio para consumo** unfit for human consumption

improvável *adj* unlikely

improvisar *vt* to improvise

imprudente *adj* **1** rash **2** (*motorista*) reckless

impulsivo, -a *adj* impulsive

impulso *sm* **1** impulse: *agir por ~* to act on impulse **2** (*empurrão*) boost: *O bom tempo deu um tremendo ~ ao turismo.* The good weather gave a boost to tourism.

impuro, -a *adj* impure

imundície (*tb* **imundicia**) *sf* filth: *Esta cozinha está uma ~.* This kitchen is filthy.

imundo, -a *adj* filthy

imune *adj* ~ (**a**) immune (**to sth**): *~ à dor/doença* immune to pain/illness

imunidade *sf* immunity: *gozar de/ter ~ diplomática* to have diplomatic immunity

inabalável *adj* **1** adamant: *uma recusa ~* an adamant refusal **2** (*crença, opinião*) unshakeable

inaceitável *adj* unacceptable

inacessível *adj* inaccessible

inacreditável *adj* unbelievable

inadequado, -a *adj* inappropriate

inadiável *adj* pressing: *um compromisso* ~ a pressing engagement

inadmissível *adj* unacceptable: *um comportamento* ~ unacceptable behavior

inalador *sm* inhaler

inalar *vt* to inhale

inato, -a *adj* innate

inauguração *sf* opening, inauguration (*formal*): *a cerimônia de* ~ the opening ceremony

inaugurar *vt* to open, to inaugurate (*formal*)

incansável *adj* tireless

incapaz *adj* ~ **de** incapable **of** *sth/ doing sth*: *São* ~*es de prestar atenção.* They're incapable of paying attention.

incendiar ♦ *vt* to set fire **to** *sth*: *Um louco incendiou a escola.* A madman set fire to the school. ♦ **incendiar-se** *v pron* to catch fire

incendiário, -a *sm-sf* **1** (*criminoso*) arsonist **2** (*revolucionário*) agitator

incêndio *sm* fire: *apagar um* ~ to put out a fire LOC **incêndio premeditado** arson *Ver tb* ALARME, ESCADA

incenso *sm* incense

incentivar *vt* to motivate: *É preciso* ~ *os alunos.* You have to motivate the students.

incentivo *sm* incentive

incerto, -a *adj* uncertain

inchação *sf* (*tb* **inchaço** *sm*) (*Med*) swelling: *Parece que a* ~ *diminuiu.* The swelling seems to have gone down.

inchado, -a *pp, adj* **1** swollen: *um braço/pé* ~ a swollen arm/foot **2** (*estômago*) bloated **3** (*orgulhoso*) full of yourself *Ver tb* INCHAR

inchar *vi* to swell (up): *Meu tornozelo inchou.* My ankle has swollen up.

incinerar *vt* **1** to incinerate **2** (*cadáver*) to cremate

incisivo, -a ♦ *adj* **1** (*cortante*) sharp **2** (*fig*) incisive ♦ *sm* incisor

incitar *vt* to incite

inclinar ♦ *vt* **1** to tilt **2** (*cabeça*) to nod ♦ **inclinar, inclinar-se** *vi, v pron* to lean: *O edifício inclina para o lado.* The building leans over to one side.

incluído, -a *pp, adj* including LOC **(com) tudo incluído** all included: *São 10.000 reais com tudo* ~. It's 10,000 reais all included. *Ver tb* INCLUIR

incluir *vt* to include: *O preço inclui o serviço.* The price includes a service charge. ◊ *incluindo eu* including me

inclusive *adv* including: *Trabalho todos os dias,* ~ *no fim de semana.* I work every day, including weekends.

incógnito, -a ♦ *adj* incognito: *viajar* ~ to travel incognito ♦ **incógnita** *sf* mystery [*pl* mysteries]

incolor *adj* colorless

incomodar ♦ *vt* **1** (*importunar*) to bother: *Desculpe por vir te* ~ *a esta hora.* I'm sorry to bother you so late. **2** (*interromper*) to disturb: *Ela não quer que ninguém a incomode enquanto trabalha.* She doesn't want to be disturbed while she's working. ♦ *vi* to be a nuisance: *Não quero* ~. I don't want to be a nuisance. ♦ **incomodar-se** *v pron* **1 incomodar-se (com)** (*importar-se*) to care (**about** *sth*): *Não me incomodo com o que as pessoas possam pensar.* I don't care what people might think. **2 incomodar-se (em)** (*dar-se ao trabalho*) to bother (**to do sth**): *Ele nem se incomodou em responder à minha carta.* He didn't even bother to reply to my letter. LOC **não incomodar** do not disturb **você se incomoda se...?** do you mind if...?: *Você se incomoda se eu fumar?* Do you mind if I smoke?

incômodo, -a ♦ *adj* uncomfortable ♦ *sm* **1** (*dor*) discomfort [*não contável*] **2** (*chatice*) inconvenience [*sing*]: *causar* ~ *a alguém* to cause inconvenience to sb ◊ *Desculpem o* ~. We apologize for any inconvenience. LOC **se não for incômodo** if it's no trouble

incomparável *adj* (*ímpar*) unique: *uma experiência/obra de arte* ~ a unique experience/work of art

incompatível *adj* incompatible

incompetente *adj, smf* incompetent

incompleto, -a *adj* **1** incomplete: *informação incompleta* incomplete information **2** (*por terminar*) unfinished

incompreensível *adj* incomprehensible

incomunicável *adj* **1** cut off: *Ficamos incomunicáveis devido à neve.* We were cut off by the snow. **2** (*preso*) in solitary confinement

inconfundível *adj* unmistakable

inconsciente ♦ *adj, sm* unconscious: *O doente está* ~. The patient is unconscious. ◊ *um gesto* ~ an unconscious gesture ♦ *adj, smf* (*irresponsável*) irresponsible [*adj*]: *Você é um ~.* You're so irresponsible.

inconscientemente *adv* without realizing

incontável *adj* countless

inconveniente ♦ *adj* **1** (*inoportuno, incômodo*) inconvenient: *uma hora ~* an inconvenient time **2** (*pouco apropriado*) inappropriate: *um comentário ~* an inappropriate comment ♦ *sm* **1** (*dificuldade, obstáculo*) problem: *Surgiram alguns ~s.* Some problems have arisen. **2** (*desvantagem*) disadvantage: *O maior ~ de viver aqui é o barulho.* The main disadvantage of living here is the noise.

incorporação *sf* ~ (**a**) (*admissão*) entry (**to/into sth**)

incorporado, -a *pp, adj* ~ **a** incorporated **into sth**: *novos vocábulos ~s à língua* new words incorporated into the language

incorreto, -a *adj* **1** (*errado*) incorrect **2** (*comportamento*) improper

incriminar *vt* to incriminate

incrível *adj* incredible

incrustar-se *v pron* (*projétil*): *A bala se incrustou na parede.* The bullet embedded itself in the wall.

incubadora *sf* incubator

incubar *vt, vi* to incubate

inculto, -a *adj* uneducated

incurável *adj* incurable

indagação *sf* inquiry [*pl* inquiries]

indecente *adj* **1** (*roupa*) indecent **2** (*espetáculo, gesto, linguagem*) obscene: *piadas indecentes* dirty jokes LOC *Ver* PROPOSTA

indeciso, -a *adj* (*pessoa*) indecisive

indefeso, -a *adj* defenseless

indefinido, -a *adj* **1** (*Ling*) indefinite **2** (*cor, idade, forma*) indeterminate

indelicado, -a *adj* impolite

indenizar *vt* to pay *sb* compensation (**for sth**)

independência *sf* independence

independente *adj* independent LOC **independente de…** irrespective of…: *~ do número de alunos* irrespective of the number of students **tornar-se independente** (*país, colônia*) to gain independence

indescritível *adj* indescribable

indestrutível *adj* indestructible

indeterminado, -a *adj* **1** (*período*) indefinite: *uma greve por tempo ~* an in-

definite strike **2** (*cor, idade, forma*) indeterminate

Índia *sf* India

indiano, -a *adj, sm-sf* Indian: *os ~s* the Indians LOC *Ver* FILA

indicação *sf* **1** sign **2 indicações (a)** (*instruções*) instructions: *Siga as indicações do folheto.* Follow the instructions in the leaflet. **(b)** (*caminho*) directions: *pedir indicações* to ask for directions **3** (*cargo, prêmio*) nomination

indicado, -a *pp, adj* **1** (*adequado*) suitable (**for sth/to do sth**): *Eles não são os candidatos mais ~s para este trabalho.* They're not the most suitable candidates for the job. **2** (*marcado*) specified: *a data indicada no documento* the date specified in the document **3** (*aconselhável*) advisable *Ver tb* INDICAR

indicador *sm* **1** indicator **2** (*dedo*) index finger LOC **indicador de gasolina** gas gauge, petrol gauge (*GB*) *Ver tb* DEDO

indicar *vt* to show, to indicate (*mais formal*): *~ o caminho* to show the way

índice *sm* index LOC **índice (de assuntos)** table of contents **índice de audiência** (*TV*) ratings [*pl*] **índice de natalidade** birth rate

indício *sm* **1** (*sinal*) sign **2** (*pista*) clue

Índico *sm* Indian Ocean

indiferença *sf* indifference (**to sb/sth**)

indiferente *adj* indifferent (**to sb/sth**), not interested (**in sb/sth**) (*mais coloq*): *Ela é ~ à moda.* She isn't interested in fashion. LOC **me é indiferente** I, you, etc. don't care **ser indiferente**: *É ~ que seja branco ou preto.* It doesn't matter whether it's black or white.

indígena ♦ *adj* **1** indigenous **2** (*índio*) Indian ♦ *smf* **1** native **2** (*índio*) Indian

indigestão *sf* indigestion

indignado, -a *pp, adj* indignant (**at/about/over sth**) *Ver tb* INDIGNAR

indignar ♦ *vt* to infuriate ♦ **indignar-se** *v pron* **indignar-se** (**com**) (**por**) to get angry (**with sb**) (**about sth**)

indigno, -a *adj* **1** (*desprezível*) contemptible **2** ~ **de** unworthy **of sb/sth**: *um comportamento ~ de um diretor* behavior unworthy of a school principal

índio, -a *adj, sm-sf* (American) Indian: *os ~s* the Indians

indireta *sf* hint: *Não perceberam a ~.* They didn't take the hint. LOC **dar uma indireta** to drop a hint indireto, -a *adj* indirect

indiscreto, -a *adj* indiscreet

indiscrição *sf* indiscretion: *Perdoe a minha ~, mas...* Pardon me/my asking, but... ◊ *se não for ~ da minha parte* if you don't mind me/my asking

indispensável *adj* essential LOC **o indispensável** the essentials [*v pl*]

indisposto, -a *adj* (*maldisposto*) not well: *Ele está ~.* He isn't well.

individual *adj* individual

individualista *adj* individualist

indivíduo *sm* **1** individual **2** (*homem*) guy [*pl* guys]: *Quem é aquele ~?* Who's that guy?

indomável *adj* fierce

indubitável *adj* undoubted

indulto *sm* pardon: *O juiz lhe concedeu o ~.* The judge pardoned him.

indústria *sf* industry [*pl* industries]: *~ alimentícia/siderúrgica* food/iron and steel industry

industrial ◆ *adj* industrial ◆ *smf* industrialist

induzir *vt* (*persuadir*) to persuade *sb* **to do sth** LOC **induzir alguém ao erro** to mislead *sb*

inédito, -a *adj* **1** (*original*) unheard-of **2** (*livro*) unpublished

ineficaz *adj* ineffective

ineficiente *adj* inefficient

inegável *adj* undeniable

inércia *sf* inertia

inerente *adj* ~ (**a**) inherent (**in** *sb/sth*): *problemas ~s ao cargo* problems inherent in the job

inesgotável *adj* **1** (*interminável*) inexhaustible **2** (*incansável*) tireless

inesperado, -a *adj* unexpected

inesquecível *adj* unforgettable

inestimável *adj* invaluable: *ajuda ~* invaluable help

inevitável *adj* inevitable

inexato, -a *adj* inaccurate

inexperiência *sf* inexperience

inexperiente *adj* inexperienced

infalível *adj* infallible

infância *sf* childhood LOC Ver JARDIM

infantaria *sf* infantry

infantil *adj* **1** (*para crianças*) children's: *literatura/programação ~* children's books/programs **2** (*inocente*) childlike: *um sorriso ~* a childlike smile **3** (*pejorativo*) childish: *Não seja ~.* Don't be so childish. LOC Ver PARQUE

infecção *sf* infection

infeccionar (*tb* infectar) ◆ *vt* to infect *sb/sth* (**with sth**) ◆ *vi* to become infected: *A ferida infeccionou.* The wound became infected.

infeccioso, -a *adj* infectious

infelicidade *sf* **1** unhappiness **2** (*desgraça*) misfortune

infeliz ◆ *adj* **1** unhappy **2** (*inoportuno*) unfortunate: *um comentário ~* an unfortunate remark ◆ *smf* unfortunate person

infelizmente *adv* unfortunately

inferior *adj* ~ (**a**) **1** inferior (**to** *sb/sth*): *de uma qualidade ~ à sua* inferior in quality to yours **2** (*mais baixo*) lower (**than** *sth*): *uma taxa de natalidade ~ à do ano passado* a lower birth rate than last year's

inferno *sm* hell: *ir para o ~* to go to hell ◊ *tornar a vida de alguém um ~* to make life hell for *sb*

infiel *adj* unfaithful (**to** *sb/sth*): *Ele foi ~ a ela.* He was unfaithful to her.

infiltrar-se *v pron* **1** to filter (in/out): *A luz infiltrava-se pelas frestas.* Light was filtering in through the cracks. **2** (*líquido*) to seep (in/out): *A água se infiltrou pela parede.* Water was seeping in through the wall.

infinidade *sf* **1** infinity **2** (*grande quantidade*) a great many: *uma ~ de gente/coisas* a great many people/things

infinitivo *sm* infinitive

infinito, -a *adj* infinite: *É preciso ter uma paciência infinita.* You need infinite patience.

inflação *sf* inflation

inflacionário, -a *adj* inflationary

inflamação *sf* (*Med*) inflammation

inflamado, -a *pp, adj* inflamed: *O meu tornozelo está um pouco ~.* My ankle is slightly inflamed. *Ver tb* INFLAMAR(-SE)

inflamar, inflamar-se *vt, v pron* **1** (*incendiar-se*) to ignite **2** (*Med*) to become inflamed

inflamável *adj* inflammable

inflar ◆ *vt* (*inchar*) to blow *sth* up, to inflate (*mais formal*) ◆ inflar-se *v pron* to inflate

influência *sf* influence (**on/over** *sb/sth*): *Não tenho qualquer ~ sobre ele.* I have no influence over him.

influenciar *vt* to influence: *Não quero ~ a sua decisão.* I don't want to influence your decision.

influente *adj* influential: *ter amigos ~s* to have friends in high places

influir *vt* ~ **em** to influence *sb/sth*

informação *sf* **1** information (**on/ about sb/sth**) [*não contável*]: *pedir ~ to* ask for information ◊ *segundo as informações deles* according to their information **2** (*notícias*) news [*sing*]: *A televisão oferece muita ~ esportiva.* There's a lot of sports news on television. **3 informações** (*recepção*) information (desk) [*sing*] LOC **informações telefônicas** directory assistance

informal *adj* **1** (*cerimônia, etc.*) informal: *uma reunião ~* an informal gathering **2** (*roupa*) casual

informante *smf* informer

informar ◆ *vt* **1** ~ (**de/sobre**) (*notificar*) to inform *sb* (**of/about sth**), to tell *sb* (**about sth**) (*mais coloq*): *Devemos ~ a polícia sobre o acidente.* We must inform the police of the accident. ◊ *~ alguém do que aconteceu na reunião* to tell sb what happened at the meeting **2** (*anunciar*) to announce: *Informaram no rádio que…* It was announced on the radio that… ◆ **informar-se** *v pron* **informar-se** (**sobre/de**) to find out (**about sb/sth**): *Tenho de me ~ sobre o que aconteceu.* I must find out what happened.

informática *sf* information technology (*abrev* IT)

infração *sf* **1** violation: *uma ~ de trânsito* a traffic violation **2** (*acordo, contrato, regra*) breach (**of sth**): *uma ~ da lei* a breach of the law

infravermelho, -a *adj* infrared

infundado, -a *adj* unfounded

infusão *sf* infusion

ingênuo, -a *adj* **1** (*inocente*) innocent **2** (*crédulo*) naive

ingerir *vt* to consume

Inglaterra *sf* England

inglês, -esa ◆ *adj, sm* English: *falar ~* to speak English ◆ *sm-sf* Englishman/ woman [*pl* Englishmen/women]: *os ingleses* the English LOC *Ver* CHAVE

ingrato, -a *adj* **1** (*pessoa*) ungrateful **2** (*trabalho, tarefa*) thankless

ingrediente *sm* ingredient

íngreme *adj* steep

ingresso *sm* admission (**to sth**)

inibição *sf* inhibition

inibir ◆ *vt* to inhibit ◆ **inibir-se** *v pron* to feel inhibited

iniciação *sf* ~ (**a**) **1** introduction (**to**

sth): *uma ~ à música* an introduction to music **2** (*rito*) initiation (**into sth**)

inicial *adj, sf* initial LOC *Ver* PONTAPÉ

iniciar *vt* **1** (*começar*) to begin: *~ a reunião* to begin the meeting **2** (*negócio*) to start *sth* (up) **3** (*reformas*) to initiate LOC **iniciar** (**a**) **viagem** (**para**) to set out (for…)

iniciativa *sf* initiative: *ter ~* to show initiative ◊ *tomar a ~* to take the initiative ◊ *por ~ própria* on your own initiative

início *sm* beginning: *desde o ~ da sua carreira* from the beginning of his career ◊ *no ~ de…* at the beginning of… LOC **dar início** to begin **estar no início** to be in its early stages

inimigo, -a *adj, sm-sf* enemy [*s*] [*pl* enemies]: *as tropas inimigas* the enemy troops

injeção *sf* shot, injection (*mais formal*): *dar uma ~ em alguém* to give sb a shot

injetar *vt* to inject

injustiça *sf* injustice LOC **ser uma injustiça**: *É uma ~.* It's not fair.

injusto, -a *adj* ~ (**com/para**) unfair (**on/to sb**): *É ~ para os outros.* It's unfair on the others.

inocência *sf* innocence

inocente ◆ *adj* **1** innocent: *Sou ~.* I'm innocent. ◊ *fazer-se de ~* to play the innocent ◊ *uma brincadeira ~* a harmless joke **2** (*ingênuo*) naive ◆ *smf* innocent

inofensivo, -a *adj* harmless LOC *Ver* MENTIRA

inoportuno, -a *adj* inopportune: *um momento ~* an inopportune moment

inovador, ~a *adj* innovative

inoxidável *adj* stainless: *aço ~* stainless steel

inquebrável *adj* unbreakable

inquérito *sm* investigation: *um ~ policial* a police investigation

inquietação (*tb* **inquietude**) *sf* anxiety [*pl* anxieties]

inquieto, -a *adj* ~ (**com**) (*preocupado*) worried (**about sb/sth**)

inquilino, -a *sm-sf* tenant

insatisfatório, -a *adj* unsatisfactory

insatisfeito, -a *adj* dissatisfied (**with sb/sth**)

inscrever ◆ *vt* **1** (*em lista*) to sign *sb* up **2** (*matricular*) to enroll *sb*: *Vou ~ o meu filho na escola.* I'm going to enroll my son in school. **3** (*gravar*) to inscribe

◆ **inscrever-se** *v pron* ~ (**em**) **1** (*curso, lista*) to enroll (**for/on** *sth*): *Eu me inscrevi no judô.* I enrolled for judo classes. **2** (*competição, concurso*) to enter

inscrição *sf* **1** (*gravura*) inscription **2** (*registro*) registration **3** (*curso, exército*) enrollment

insegurança *sf* insecurity

inseguro, -a *adj* **1** (*pessoa*) insecure **2** (*perigoso*) unsafe **3** (*passo, voz*) unsteady

insensato, -a *adj* foolish

insensível *adj* **1** ~ (**a**) insensitive (**to sth**): ~ *ao frio/sofrimento* insensitive to cold/suffering **2** (*membro, nervo*) numb

inseparável *adj* inseparable: *As duas são inseparáveis.* The two of them are inseparable.

inseticida *sm* insecticide

inseto *sm* insect

insignificante *adj* insignificant

insinuação *sf* insinuation

insinuar *vt* to insinuate: *Você está insinuando que eu estou mentindo?* Are you insinuating that I'm lying?

insípido, -a *adj* **1** (*comida*) bland **2** (*pessoa*) dull

insistente *adj* **1** (*com palavras*) insistent **2** (*atitude*) persistent

insistir *vt, vi* ~ (**em**) to insist (**on sth/ doing sth**): *Ele insistiu que fôssemos.* He insisted that we should go.

insolação *sf* sunstroke [*não contável*]: *apanhar* (*uma*) ~ to get sunstroke

insolente *adj* insolent

insônia *sf* insomnia

insosso, -a *adj* (*comida*) bland

inspeção *sf* inspection: *realizar uma* ~ *nas escolas* to carry out an inspection of schools

inspecionar *vt* to inspect

inspetor, ~a *sm-sf* inspector

inspiração *sf* inspiration

inspirar ◆ *vt* to inspire (*sb*) (**with sth**): *Esse médico não me inspira nenhuma confiança.* This doctor doesn't inspire me with much confidence. ◆ **inspirar-se** *v pron* **inspirar-se** (**em**) to get inspiration (**from sth**): *O autor se inspirou num fato verídico.* The author got his inspiration from a real-life event.

instabilidade *sf* (*tempo*) uncertainty [*pl* uncertainties]

instalação *sf* **1** installation **2 instalações** facilities: *instalações culturais/esportivas* cultural/sports facilities LOC **instalação elétrica** (electrical) wiring

instalar ◆ *vt* to install ◆ **instalar-se** *v pron* **1** (*em cidade, país*) to settle (down) **2** (*numa casa*) to move **into sth**: *Acabamos de nos* ~ *na nova casa.* We just moved into our new house. **3** (*pânico, medo*) to spread: *O pânico se instalou.* Panic spread.

instantâneo, -a *adj* **1** (*rápido*) instantaneous **2** (*café*) instant

instante *sm* moment: *naquele mesmo* ~ at that very moment ◊ *a qualquer* ~ at any moment ◊ *por um* ~ for a moment LOC **a todo** (**o**) **instante** constantly **dentro de instantes** shortly: *Retomaremos a transmissão dentro de* ~*s.* We will shortly resume transmission. **de um instante para o outro** suddenly

instável *adj* **1** unstable: *Ele é uma pessoa muito* ~. He's very unstable. **2** (*tempo*) changeable

instinto *sm* instinct LOC **por instinto** instinctively

instituição *sf* institution

instituto *sm* institute LOC **instituto de beleza** beauty salon **Instituto Nacional da Previdência Social** (**INPS**) ≃ Welfare Department (*USA*), ≃ Department of Social Security (*abrev* DSS) (*GB*)

instrução *sf* **1** (*Mil*) training **2 instruções** instructions: *instruções de uso* instructions for use

instrumental *adj* instrumental

instrumento *sm* instrument

instrutor, ~a *sm-sf* instructor

insubordinado, -a *adj* rebellious

insucesso *sm* failure

insuficiência *sf* **1** (*falta*) lack **2** (*Med*) failure: ~ *cardíaca/renal* heart/kidney failure **3** (*deficiência*) inadequacy [*pl* inadequacies]

insuficiente ◆ *adj* **1** (*escasso*) insufficient **2** (*deficiente*) inadequate ◆ *sm* (*Educ*) fail, ≃ F: *Ele tirou* ~. He got an "F".

insulina *sf* insulin

insultar *vt* to insult

insulto *sm* insult

insuperável *adj* **1** (*feito, beleza*) matchless **2** (*dificuldade*) insuperable **3** (*qualidade, oferta*) unbeatable

insuportável *adj* unbearable

intato, -a *adj* **1** (*não tocado*) untouched **2** (*não danificado*) intact: *A reputação dele permanece intata.* His reputation remains intact.

íntegra *sf* LOC **na íntegra** whole: *o meu ordenado na ~* my whole salary

integração *sf ~* (**em**) integration (**into sth**)

integral *adj* (*completo*) comprehensive: *uma reforma ~* a comprehensive reform LOC *Ver* LEITE, PÃO, TEMPO

integrar-se *v pron ~* (**em**) to integrate (**into sth**)

integridade *sf* integrity

íntegro, -a *adj* honest

inteirar-se *v pron ~* (**de**) 1 (*descobrir*) to find out (**about sth**) 2 (*notícia*) to hear (**about sth**): *Já me inteirei do que aconteceu com o seu avô.* I heard what happened to your grandfather.

inteiro, -a *adj* 1 (*completo*) whole, entire (*mais formal*) 2 (*intato*) intact LOC *Ver* CORPO

intelectual *adj, smf* intellectual LOC *Ver* QUOCIENTE

inteligência *sf* intelligence LOC *Ver* COEFICIENTE, QUOCIENTE

inteligente *adj* intelligent

intenção *sf* intention: *ter más intenções* to have evil intentions LOC **com más intenções** maliciously **fazer algo com boas intenções** to mean well: *Ele o fez com boas intenções.* He meant well. **ter a intenção de** to intend *to do sth*: *Temos a ~ de comprar um apartamento.* We intend to buy an apartment. *Ver tb* SEGUNDO *adj*

intencional *adj* deliberate

intensidade *sf* 1 intensity 2 (*corrente elétrica, vento, voz*) strength

intensificar, intensificar-se *vt, v pron* to intensify

intensivo, -a *adj* intensive LOC *Ver* UNIDADE

intenso, -a *adj* 1 intense: *uma onda de frio/calor ~* intense cold/heat 2 (*chuva, neve, trânsito, trabalho*) heavy: *um ritmo ~ de trabalho* a heavy work schedule 3 (*dor, crise*) severe

interação *sf* interaction

interativo, -a *adj* interactive

intercâmbio *sm* exchange LOC *Ver* VIAGEM

interceder *vt ~* (**a favor de/por**) to intervene (**on sb's behalf**): *Eles intercederam por mim.* They intervened on my behalf.

interessado, -a *pp, adj ~* (**em**) 1 interested (**in sth/doing sth**): *Não estou ~.* I'm not interested. ◊ *Você está ~ em participar?* Are you interested in tak-

ing part? 2 (*disposto*) keen (**to do sth**): *Estou ~ em ir.* I am keen to go. *Ver tb* INTERESSAR

interessante *adj* interesting

interessar ◆ *vt* 1 *~* **alguém** (**em algo**) to interest sb (**in sth**): *Ele não conseguiu ~ o público na reforma.* He wasn't able to interest the public in the reforms. 2 *~* **a álguem** to be interested (**in sth/doing sth**): *A arte nos interessa.* We're interested in art. ◆ **interessar-se** *v pron* **interessar-se por** 1 (*mostrar interesse*) to show (an) interest **in sth**: *O diretor interessou-se pela minha obra.* The director showed (an) interest in my work. 2 (*como passatempo*) to get into **sth/doing sth**: *Ela se interessou muito pelo xadrez.* She's really gotten into chess. LOC **que me, te, etc. interessa?** what's it to me, you, etc.?

interesse *sm* 1 *~* (**em/por**) interest (**in sb/sth**): *O romance suscitou grande ~.* The novel aroused a lot of interest. ◊ *ter ~ pela política* to be interested in politics ◊ *Eles não mostram qualquer ~ pelo trabalho que fazem.* They show no interest in their work. 2 (*egoísmo*) self-interest: *Eles o fizeram por puro ~.* They did it purely out of self-interest. LOC *Ver* CONFLITO

interferência *sf* interference: *O programa foi afetado por ~.* The program was affected by interference.

interferir *vt, vi~* (**em**) to interfere (**in sth**): *Deixe de ~ nos meus assuntos.* Stop interfering in my affairs.

interfone *sm* intercom

interino, -a *adj* acting: *o diretor ~ da escola* the acting principal of the school

interior ◆ *adj* 1 inner: *um quarto ~* an inner room 2 (*bolso*) inside ◆ *sm* interior: *o ~ de um edifício/país* the interior of a building/country

interjeição *sf* interjection

intermediário, -a *sm-sf* 1 (*mediador*) mediator: *A ONU atuou como intermediária no conflito.* The UN acted as a mediator in the conflict. 2 (*mensageiro*) go-between [*pl* go-betweens] 3 (*Com*) middleman [*pl* middlemen]

intermédio, -a *adj* intermediate LOC **por intermédio de…** through…

interminável *adj* endless

internacional *adj* international

internar *vt*: *Ele foi internado no hospital.* He was admitted to the hospital. ◊ *Eles internaram o pai num asilo.* They put their father into a retirement home.

internato sm boarding school

Internet sf Internet LOC Ver NAVEGAR

interno, -a ♦ adj **1** internal: *órgãos ~s* internal organs **2** (*comércio, política, vôo*) domestic: *comércio/vôo ~* domestic trade/flight **3** (*face, parte*) inner: *a parte interna da coxa* the inner thigh ♦ sm-sf (*aluno*) boarder LOC Ver COLÉGIO

interpretação sf interpretation

interpretar vt **1** to interpret: *~ a lei* to interpret the law **2** (*Cinema, Teat, Mús*) to perform LOC **interpretar mal** to misinterpret: *Você interpretou mal as minhas palavras.* You misinterpreted what I said.

intérprete smf **1** interpreter **2** (*Cinema, Teat, Mús*) performer

interrogar vt to question

interrogatório sm interrogation

interromper vt **1** to interrupt: *~ um programa* to interrupt a program ◊ *Não me interrompa.* Don't interrupt me. **2** (*trânsito, aula*) to disrupt: *As obras irão ~ o trânsito.* The roadworks will disrupt the traffic.

interrupção sf interruption

interruptor sm switch

interurbano, -a adj **1** inter-city: *serviços ~s* inter-city services **2** (*chamada*) long-distance LOC Ver CHAMADA

intervalo sm **1** intermission: *Encontrei-me com eles durante o ~ (da peça).* I met up with them during the intermission. ◊ *com ~s de meia hora* at half-hourly intervals **2** (*aula, programa de televisão*) break **3** (*Esporte*) half-time: *No ~ estava três a um.* The score was three to one at half-time.

intervir vt, vi **1** ~ (**em**) to intervene (**in sth**): *A polícia teve de ~.* The police had to intervene. **2** (*falar*) to speak

intestino sm intestine: *~ delgado/grosso* small/large intestine LOC Ver PRENDER

intimidade sf **1** (*privacidade*) privacy: *o direito à ~* the right to privacy **2** (*familiaridade*) familiarity: *tratar alguém com demasiada ~* to be too familiar with sb.

intimidar vt to intimidate

íntimo, -a adj **1** intimate: *uma conversa íntima* an intimate conversation **2** (*amizade, relação*) close: *Eles são amigos ~s.* They're very close friends.

intitulado, -a pp, adj (*livro, filme*) called, entitled (*mais formal*)

intolerância sf intolerance

intolerante adj intolerant

intolerável adj intolerable

intoxicação sf poisoning: *~ alimentar* food poisoning ☞ Note que "intoxication" em inglês equivale a **embriaguez** em português.

intragável adj **1** (*comida*) inedible **2** (*pessoa*) unbearable

intriga sf **1** (*maquinação, romance*) intrigue: *~s políticas* political intrigues **2** (*filme*) plot **3** (*mexerico*) gossip [*não contável*]: *a última ~* the latest piece of gossip

intrigado, -a pp, adj intrigued: *Eu fiquei ~ com a resposta dela.* I was intrigued by her reply.

intrincado, -a adj complicated

introdução sf introduction: *uma ~ à música* an introduction to music

introduzir vt to insert: *Introduza a moeda na fenda.* Insert the coin into the slot.

intrometer-se v pron ~ (**em**) to interfere (**in sth**): *Não quero intrometer-me em assuntos de família.* I don't want to meddle in family affairs.

intrometido, -a pp, adj interfering Ver tb INTROMETER-SE

introvertido, -a ♦ adj introverted ♦ sm-sf introvert

intruso, -a sm-sf intruder

intuição sf intuition: *Respondi por ~.* I answered intuitively.

intuir vt to sense

inúmero, -a adj countless: *inúmeras vezes* countless times

inundação sf flood

inundar, inundar-se vt, v pron to flood: *Inundaram-se os campos.* The fields flooded.

inútil ♦ adj useless: *cacarecos inúteis* useless junk ◊ *Será um esforço ~.* It'll be a waste of time. ◊ *É ~ tentar.* It's pointless trying. ♦ smf good-for-nothing

invadir vt to invade

invalidez sf disability [*pl* disabilities]

inválido, -a ♦ adj (*pessoa*) disabled ♦ sm-sf disabled person

invasão sf invasion

invasor, ~a ♦ adj invading ♦ sm-sf invader

inveja sf envy: *fazer algo por ~* to do sth out of envy ◊ *Que ~!* I really envy you! LOC **fazer inveja** to make sb jealous **ter inveja** to be jealous (of sb/sth) Ver tb MORTO

invejar vt to envy

invejoso, -a adj envious

invenção sf **1** invention **2** (mentira) lie: Não é verdade, são invenções dela. It's not true; she's lying.

invencível adj invincible

inventar vt, vi **1** (criar) to invent: Gutenberg inventou a imprensa. Gutenberg invented the printing press. **2** (desculpa, história) to make sth up: ~ uma desculpa to make up an excuse ◊ Não é verdade, você está inventando. It's not true; you're just making it up. **3** (idear) to think sth up, to devise (mais formal)

invento sm invention

inventor, ~a sm-sf inventor

inverno sm winter: no ~ in (the) winter ◊ roupa de ~ winter clothes LOC Ver JARDIM

inverso, -a adj **1** (proporção) inverse **2** (ordem) reverse **3** (direção) opposite: em sentido ~ ao da rotação in the opposite direction to the rotation

invertebrado, -a adj, sm invertebrate

inverter vt (trocar) to reverse: ~ os papéis to reverse roles

invés sm LOC **ao invés de…** instead of…

investigação sf ~ (de/sobre) **1** investigation (into sth): Será feita uma ~ do acidente. There'll be an investigation into the accident. **2** (científica, acadêmica) research [não contável] (into/on sth): Estão realizando um trabalho de ~ sobre a malária. They're doing research on malaria.

investigador, ~a sm-sf investigator

investigar vt **1** to investigate: ~ um caso to investigate a case **2** (cientista, acadêmico) to do research (into/on sth): Estão investigando o vírus da Aids. They're doing research on the AIDS virus.

investimento sm (Fin) investment

investir vt, vi ~ (em) (tempo, dinheiro) to invest (sth) (in sth): Investiram dez milhões de dólares na companhia. They invested ten million dollars in the company.

invicto, -a adj unbeaten: Ele está contente, porque o time dele continua ~. He's happy because his team's still unbeaten.

invisível adj invisible

invólucro sm wrapper

iodo sm iodine

ioga sf yoga: fazer ~ to practice yoga

iogurte sm yogurt: ~ magro low-fat yogurt

ir ◆ vi **1** to go: Eles vão a Roma. They're going to Rome. ◊ ir de carro/trem/avião to go by car/train/plane ◊ ir a pé to go on foot ◊ Como vão as coisas com o seu namorado? How are things going with your boyfriend? **2** ~ com (roupa, cores) to go with sth: O casaco não vai com a saia. The jacket doesn't go with the skirt. **3** (Mat): 22 e vão dois 22 and carry two. ◊ De nove para doze vão três. Nine from twelve is three. ◆ v aux **1** (+ infinitivo) **(a)** to be going to do sth: Vamos vender a casa. We're going to sell the house. ◊ Íamos comer quando tocou o telefone. We were just going to eat when the phone rang. **(b)** (em ordens) to go and do sth: Vá falar com o seu pai. Go and talk to your father. **2** (+ gerúndio) **(a)** (iniciar) to start doing sth: Vá pondo a mesa. Start setting the table. **(b)** (indicando simultaneidade) to go on doing sth: Ela ia comendo enquanto ele falava. She went on eating while he was talking. ◆ ir-se v pron to leave LOC **ir contra alguém** to go against sb **ir dar em** (rua) to lead to sth: Este caminho vai dar na cidade. This road leads to the city. **ir de** (vestido) **1** to be dressed as sb/sth: Fui de palhaço. I was dressed as a clown. **2** to be dressed in sth: ir de azul to be dressed in blue **ir indo**: Como vai a sua mãe? Vai indo. How's your mother? Not so bad. ◊ Vamos indo. We're doing OK. **já vou!** coming! **vamos…?** (sugestões) shall we…?: Vamos comer? Shall we eat? ◊ Vamos ver? Shall we go and see? **vamos!** come on!: Vamos, senão perdemos o trem! Come on or we'll miss the train! ◊ Vamos, Flamengo! Come on, Flamengo! **vamos que…** (temor) what if…: Vamos que tenha acontecido alguma coisa com eles. What if something has happened to them? ☛ Para outras expressões com **ir**, ver os verbetes para o substantivo, adjetivo, etc., p.ex. **ir às compras** em COMPRA e **ir a pique** em PIQUE.

íris sf iris

Irlanda sf Ireland LOC **Irlanda do Norte** Northern Ireland

irlandês, -esa ♦ *adj, sm* Irish: *falar ~* to speak Irish ♦ *sm-sf* Irishman/woman [*pl* Irishmen/women]: *os irlandeses* the Irish

irmandade *sf* **1** (*entre homens*) brotherhood **2** (*entre mulheres*) sisterhood **3** (*confraria*) association

irmão, -ã *sm-sf* **1** (*parente*) brother [*fem* sister]: *Tenho um ~ mais velho.* I have an older brother. ◊ *a minha irmã mais nova* my youngest sister ◊ *São dois ~s e três irmãs.* There are two boys and three girls.

Ás vezes dizemos *irmãos* referindo-nos a irmãos e irmãs. Nesses casos, devemos dizer em inglês **brothers and sisters**: *Você tem irmãos?* Do you have any brothers and sisters? ◊ *Somos seis irmãos.* I have five brothers and sisters.

2 (*comunidade religiosa*) brother [*fem* sister]: *o ~ Francisco* Brother Francis **LOC irmão de criação** stepbrother [*fem* stepsister]

ironia *sf* irony [*pl* ironies]: *uma das ~s da vida* one of life's little ironies

irônico, -a *adj* ironic

irracional *adj* irrational

irreal *adj* unreal

irreconhecível *adj* unrecognizable

irregular *adj* **1** irregular: *verbos ~es* irregular verbs ◊ *um batimento cardíaco ~* an irregular heartbeat **2** (*anormal*) abnormal: *uma situação ~* an abnormal situation

irremediável *adj* irremediable: *uma perda/falha ~* an irremediable loss/mistake

irrequieto, -a *adj* restless: *uma criança irrequieta* a restless child

irresistível *adj* irresistible: *uma atração/força ~* an irresistible attraction/force ◊ *Eles tinham uma vontade ~ de se verem.* They were dying to see each other.

irresponsável *adj* irresponsible: *Você é tão ~!* You're so irresponsible!

irrigação *sf* irrigation

irritante *adj* annoying

irritar ♦ *vt* to irritate ♦ **irritar-se** *v pron* **1 irritar-se** (**com**) (**por**) to get annoyed (**with sb**) (**about sth**): *Ele se irrita por qualquer coisa.* He's easily annoyed. **2** (*Med*) to become irritated

isca *sf* bait

isento, -a *adj* ~ (**de**) **1** (*não obrigado*) exempt (**from sth**) **2** (*livre*) free (**from sth**): *~ de impostos* tax-free

islâmico, -a *adj* Islamic

isolado, -a *pp, adj* isolated: *casos ~s* isolated cases *Ver tb* ISOLAR

isolador, ~a ♦ *adj* insulating ♦ *sm* insulator

isolante *adj* insulating

isolar *vt* **1** (*separar*) to isolate *sb/sth* (**from sb/sth**) **2** (*deixar incomunicável*) to cut *sb/sth* off (**from sb/sth**): *A aldeia foi isolada pelas cheias.* The village was cut off by the floods. **3** (*com material isolante*) to insulate **4** (*polícia*) to cordon *sth* off **LOC isola!** knock on wood!

isopor *sm* Styrofoam®, polystyrene (*GB*) **LOC** *Ver* CAIXA¹

isósceles *adj* **LOC** *Ver* TRIÂNGULO

isqueiro *sm* lighter

isso *pron* that, this: *O que é ~?* What's this? **LOC é isso!/isso mesmo!** that's right! **isso é que não!** definitely not! **não tenho nada com isso** it has nothing to do with me **para isso** in order to do that **por isso** so, therefore (*formal*)

istmo *sm* isthmus [*pl* isthmuses]

isto *pron* this: *Que é ~?* What's this? ◊ *Temos que acabar com ~.* We've got to put a stop to this. **LOC isto é...** that is (to say)...

Itália *sf* Italy

italiano, -a *adj, sm-sf* Italian: *os ~s* the Italians ◊ *falar ~* to speak Italian

itinerário *sm* itinerary [*pl* itineraries], route (*mais coloq*)

Jj

já *adv* **1** (*referindo-se ao passado*) already: *Você já acabou?* Did you finish it already? ☛ *Ver nota em* YET **2** (*referindo-se ao presente*) now: *Ele estava muito doente mas agora já está bom.* He was sick but he's fine now. **3** (*em ordens*) this minute: *Venha aqui já!* Come here this minute! ◊ *Quero que você faça já.* I want you to do it now. **4** (*alguma vez*) ever: *Você já andou de avião?* Did you ever fly in an airplane? **5** (*uso enfático*): *Já sei.* I know. ◊ *Sim, já entendi.* Yes, I understand. ◊ *Você já vai ver.* Just you wait and see. LOC **é para já!** coming up! **já que** since **já vou!** coming!

jacaré *sm* alligator

jacinto *sm* hyacinth

jaguar *sm* jaguar

jamais *adv* never: *~ conheci alguém assim.* I've never known anyone like him. ☛ *Ver nota em* ALWAYS

janeiro *sm* January (*abrev* Jan): *Os exames são em ~.* We have exams in January. ◊ *O meu aniversário é no dia 12 de ~.* My birthday's (on) January 12. ☛ *Diz-se* "January twelfth" *ou* "the twelfth of January".

janela *sf* window

jangada *sf* raft

jantar¹ *sm* dinner, supper: *O que temos para o ~?* What's for dinner? ◊ *Comi uma omelete no ~.* I had an omelet for dinner.

jantar² ◆ *vi* to have dinner, supper ◆ *vt* to have *sth* for dinner, supper LOC *Ver* MESA, SALA

Japão *sm* Japan

japonês, -esa ◆ *adj, sm* Japanese: *falar ~* to speak Japanese ◆ *sm-sf* Japanese man/woman [*pl* Japanese men/women]: *os japoneses* the Japanese

jaqueta *sf* jacket

jardim *sm* garden LOC **jardim botânico** botanical gardens [*pl*] **jardim de infância** preschool **jardim de inverno** conservatory [*pl* conservatories] **jardim público** public gardens [*pl*] **jardim zoológico** zoo

jardinagem *sf* gardening

jardineira *sf* **1** (*vaso*) window box **2** (*peça de vestuário*) overalls *Ver tb* JARDINEIRO

jardineiro, -a *sm-sf* gardener

jargão *sm* jargon

jarra *sf* **1** (*flores*) vase **2** (*bebida*) pitcher, jug (*GB*)

jarro *sm* pitcher, jug (*GB*)

jato *sm* jet

jaula *sf* cage

javali *sm* wild boar [*pl* wild boar]

jazida *sf* **1** (*Geol*) deposit: *uma ~ de carvão* a coalfield **2** (*Arqueologia*) site

jazigo *sm* grave

jeans *sm* **1** (*calça*) jeans: *Quero comprar uns ~.* I want to buy some jeans/a pair of jeans. **2** (*tecido*) denim: *uma jaqueta de ~* a denim jacket

jeito *sm* **1** (*modo*) way: *Não gosto do ~ como ele fala.* I don't like the way he talks. **2** (*habilidade*) skill LOC **apanhar/pegar o jeito** to get the hang *of sth*: *Ela já começa a pegar o ~ do inglês.* She's getting the hang of English now. **com jeito** carefully **dar um jeito em** (*reparar*) to fix: *Veja se você dá um ~ na televisão.* See if you can fix the TV. **dar um (mau) jeito no pé/tornozelo** to sprain your foot/ankle **de jeito nenhum!** no way! **de qualquer jeito** any old way: *Ele deixa sempre a roupa de qualquer ~.* He always leaves his clothes any old way. **ter jeito de** to look like: *Ele tem cada vez mais o ~ do pai.* He looks more and more like his father. **ter jeito para** to be good at *sth/doing sth*: *ter ~ para carpintaria* to be good at carpentry ◊ *ter ~/não ter ~ para a matemática* to have a good head/to have no head for math *Ver tb* ARRANJAR, FALTA

jeitoso, -a *adj* (*hábil*) skillful

jejum *sm* fast: *40 dias de ~* 40 days of fasting LOC **em jejum**: *Estou em ~.* I've had nothing to eat or drink.

jesuíta *adj, sm* Jesuit

jibóia *sf* boa (constrictor)

jipe *sm* Jeep®

joalheiro, -a *sm-sf* jeweler

joalheria *sf* jewelry store, jeweller's (*GB*)

joaninha *sf* ladybug, ladybird (*GB*)

joelheira *sf* **1** (*Esporte*) kneepad **2**

(*Med*) knee support **3** (*remendo*) knee patch

joelho *sm* knee LOC **de joelhos**: *Todo mundo estava de ~s.* Everyone was kneeling down. ◊ *Você terá de me pedir de ~s.* You'll have to get down on your knees and beg. **pôr-se de joelhos** to kneel (down)

jogada *sf* move

jogador, ~a *sm-sf* **1** (*competidor*) player: *~ de futebol/tênis* soccer/tennis player **2** (*apostador*) gambler

jogar *vt, vi* **1** to play: *~ bola/futebol* to play soccer ◊ *Esta semana o Palmeiras joga fora de casa.* Palmeiras is playing away this week. ◊ *~ na loteria* to buy a lottery ticket ◊ *~ limpo/sujo* to play fair/dirty **2** (*apostar*) to bet: *~ 30.000 reais num cavalo* to bet 30,000 reais on a horse **3** (*atirar*) to throw: *Jogue os dados.* Throw the dice. ◊ *~ algo no lixo* to throw sth in the garbage ◊ *~ fora uma oportunidade única* to throw away a unique opportunity ◊ *~ dinheiro fora* to throw your money away

jogging *sm* **1** (*Esporte*) jogging: *fazer ~* to go jogging **2** (*roupa*) sweatsuit, tracksuit (*GB*)

jogo *sm* **1** game: *~s de vídeo/tabuleiro* video/board games ◊ *~ de azar* game of chance ◊ *Ela ganhou por três ~s a um.* She won by three games to one. **2** (*azar*) gambling **3** (*conjunto*) set: *um ~ de chaves* a set of keys LOC **estar em jogo** to be at stake **jogo da velha** tic-tac-toe, noughts and crosses (*GB*) **jogo de palavras** pun **jogo limpo/sujo** fair/foul play **Jogos Olímpicos** Olympic Games **pôr em jogo** (*arriscar*) to put sth at stake **ter jogo de cintura** (*ser flexível*) to be adaptable

jóia *sf* **1** (*pedra*) jewel **2 jóias** jewelry [*não contável*]: *As ~s estavam no cofre.* The jewelry was in the safe. ◊ *~s roubadas* stolen jewelry **3** (*coisa, pessoa*) treasure: *Você é uma ~.* You're a treasure.

jóquei *smf* jockey [*pl* jockeys]

jornada *sf* **1** day [*pl* days]: *uma ~ de trabalho de oito horas* an eight-hour working day **2** (*viagem*) journey [*pl* journeys]

jornal *sm* newspaper, paper (*mais coloq*) LOC *Ver* BANCA

jornaleiro, -a *sm-sf* newsdealer, newsagent (*GB*)

jornalismo *sm* journalism

jornalista *smf* journalist

jorrar *vi* to gush out

jorro *sm* **1** jet **2** (*muito abundante*) gush: *sair aos ~s* to gush out

jovem ◆ *adj* young: *Ela é a mais ~ da família.* She's the youngest in the family. ◆ *smf* **1** (*rapaz*) young man/woman [*pl* young men/women] **2 jovens** young people, kids (*mais coloq*)

juba *sf* mane

jubileu *sm* jubilee: *~ de prata* silver jubilee

judeu, -ia ◆ *adj* Jewish ◆ *sm-sf* Jew

judicial *adj* LOC *Ver* AÇÃO

judô *sm* judo: *fazer ~* to practice judo

juiz, -íza *sm-sf* **1** (*Jur*) judge **2** (*futebol, boxe*) referee **3** (*tênis, beisebol*) umpire

juízo ◆ *sm* **1** (*sensatez*) (common) sense: *Você não tem um pingo de ~.* You don't have an ounce of common sense. **2** (*opinião*) opinion: *emitir um ~* to give an opinion ◆ *juízo! interj* behave! LOC **não estar bom do juízo** not to be in your right mind *Ver tb* CRIAR, PERDER

julgamento *sm* **1** judgment: *Confio no ~ das pessoas.* I trust people's judgment. **2** (*Jur*) trial

julgar *vt* **1** to judge **2** (*achar*) to think: *Ele se julga muito esperto.* He thinks he's very smart. LOC **julgar mal** to misjudge

julho *sm* July (*abrev* Jul) ☛ *Ver exemplos em* JANEIRO

junho *sm* June (*abrev* Jun) ☛ *Ver exemplos em* JANEIRO

júnior *smf* (*Esporte*) junior: *Ela joga nos juniores.* She plays in the junior team.

juntar ◆ *vt* **1** (*pôr lado a lado*) to put sb/sth together: *Juntamos as mesas?* Shall we put the tables together? **2** (*unir*) to join sth (together): *Juntei os dois pedaços.* I've joined the two pieces (together). **3** (*reunir*) to get people together **4** (*adicionar*) to add: *Junte um pouco de água.* Add a little water. **5** (*dinheiro*) **(a)** (*poupar*) to save sth (up): *Estou juntando dinheiro para comprar um skate.* I'm saving up for a skateboard. **(b)** (*angariar*) to raise ◆ **juntar-se** *v pron* **1** (*reunir-se*) to gather: *Um monte de gente se juntou à volta dele.* A crowd of people gathered around him. **2** (*para fazer algo*) to get together (**to do sth**): *Toda a turma se juntou para comprar o presente.* Everyone in the class got together to buy the present. **3** (*casal*) to move in together

junto, -a ◆ *adj* **1** together: *todos ~s* all together ◊ *Estudamos sempre ~s.* We always study together. **2** (*próximo*) close together: *As árvores estão muito juntas.* The trees are very close together. ♦ *adv* **1** ~ **a** next to: *O cinema fica ~ ao café.* The movie theater is next to the café. **2** ~ **com** with

Júpiter *sm* Jupiter

juramento *sm* oath [*pl* oaths] LOC *Ver* PRESTAR

jurar *vt, vi* to swear

júri *sm* jury [*pl* juries]: *O ~ saiu para deliberar.* The jury retired to consider its verdict.

juro *sm* **juros** interest [*não contável*]: *com 10% de ~s* at 10% interest

justamente *adv* **1** (*exatamente*) just: *Ele chegou ~ quando eu estava saindo.* He arrived just as I was leaving. **2** (*com justiça*) fairly

justiça *sf* **1** justice: *Espero que seja feita ~.* I hope justice is done. **2** (*retribuição*) law: *Não faça ~ com as próprias mãos.* Don't take the law into your own hands. LOC **fazer justiça a alguém** to do

sb credit: *O seu comportamento lhe faz ~.* Your behavior does you credit. *Ver tb* PALÁCIO

justificar *vt* to justify

justificável *adv* justifiable

justo, -a ♦ *adj* **1** (*razoável*) fair: *uma decisão justa* a fair decision **2** (*correto, exato*) right: *o preço ~* the right price **3** (*apertado*) tight: *Esta saia está muito justa em mim.* This skirt is very tight on me. ◊ *um vestido ~* a tight dress ♦ *adv* just: *Encontrei-o ~ onde você me disse.* I found it just where you told me. ◊ *Chegaram ~ quando estávamos para ir embora.* They arrived just as we were leaving.

juvenil *adj* **1** (*caráter*) youthful **2** (*para jovens*): *a moda ~* young people's fashion **3** (*Esporte*) junior LOC *Ver* DELINQUÊNCIA

juventude *sf* **1** (*idade*) youth **2** (*os jovens*) young people [*pl*]: *a ~ de hoje* young people today LOC *Ver* ALBERGUE

Kk

karaokê *sm* karaoke
kart *sm* go-cart

kiwi *sm* kiwi

Ll

lá¹ *adv* there: *Tenho um amigo lá.* I have a friend there. LOC **de lá para cá**: *Passei o dia de lá para cá.* I've been running around all day. ◊ *Tenho andado de lá para cá à sua procura.* I've been looking for you everywhere. **lá dentro/fora** inside/outside **lá em cima/embaixo** up/down there **2** (*numa casa*) upstairs/downstairs **lá para dentro/fora** inside/outside: *Vamos lá para fora.* Let's go outside. **mais para lá** further over: *empurrar a mesa mais para lá* to push the table further over **para lá de 1** (*mais de*) more than: *Eram para lá de cem.* There were more than a hundred of them. **2** (*para além de*) beyond: *Fica para lá de Manaus.* It's be-

yond Manaus. **sei lá!** how should I know!

lá² *sm* (*Mús*) A: *lá menor* A minor

lã *sf* wool: *um suéter de ~* a wool sweater

labareda *sf* flame

lábio *sm* lip LOC *Ver* LER, PINTAR

labirinto *sm* **1** labyrinth **2** (*num jardim*) maze

laboratório *sm* laboratory [*pl* laboratories], lab (*mais coloq*)

labuta *sf* work, grind (*mais coloq*): *a ~ diária* the daily grind

laço *sm* **1** (*laçada*) bow: *uma blusa com ~s vermelhos* a blouse with red bows **2** (*fita*) ribbon: *Ponha-lhe um ~ no cabelo.* Put a ribbon in her hair. **3** (*vínculo*) tie:

~s de família family ties ◊ ~s de amiza-de bonds of friendship

lacre sm seal

lacrimejar vi to water: *Meus olhos es-tão lacrimejando.* My eyes are water-ing.

lacrimogêneo, -a adj LOC Ver GÁS

lácteo, -a adj (produto) dairy [s atrib] LOC Ver VIA

lacuna sf 1 (omissão) gap 2 (espaço em branco) blank: *preencher as ~s* to fill in the blanks

ladeira sf slope

lado sm 1 side: *Um triângulo tem três ~s.* A triangle has three sides. ◊ *no ~ da caixa* on the side of the box ◊ *ver o ~ bom das coisas* to look on the bright side ◊ *Vamos jogar em ~s opostos.* We'll be playing on different sides. ◊ *Vivem no outro ~ da cidade.* They live on the other side of town. 2 (lugar) place: *de um ~ para o outro* from one place to another ◊ *em algum/nenhum ~* somewhere/nowhere 3 (direção) way: *Foram por outro ~.* They went a differ-ent way. ◊ *olhar para todos os ~s* to look in all directions ◊ *Foi cada um por seu ~.* They all went their separate ways. LOC **ao lado 1** (perto) (very) near: *Fica aqui ao ~.* It's very near here. **2** (vizinho) next door: *o edifício ao ~* the building next door **ao lado de** next to *sb/sth*: *Ela se sentou ao ~ da amiga.* She sat down next to her friend. ◊ *Fique ao meu ~.* Stand next to me. **deixar/pôr de lado** to set *sth* aside **de lado** on its/their side: *pôr algo de ~* to put sth on its side **de lado a lado/de um lado ao outro** from one side to the other **do lado** next door: *os vizinhos do ~* the next-door neighbors **do lado de fora** from outside: *do ~ de fora do teatro* from outside the theater **em/por todo o lado** all over the place **estar/ficar do lado de alguém** to be on/take sb's side: *De que ~ você está?* Whose side are you on? **lado a lado** side by side **passar ao lado** (sem ver) to go straight past *sb/sth* **por todo(s) o(s) lado(s)** all around: *Ha-via livros por todos os ~s.* There were books everywhere. **por um lado... por outro (lado)** on the one hand... on the other (hand) Ver tb OUTRO

ladrão, -dra sm-sf **1** thief [pl thieves] **2** (de casas) burglar **3** (de bancos) robber ☞ Ver nota em THIEF

ladrar vi to bark (*at sb/sth*) LOC Ver CÃO

ladrilhar vt to tile

ladrilho sm tile

lagarta sf caterpillar

lagartixa sf gecko [pl geckos]

lagarto sm lizard

lago sm **1** (natural) lake **2** (jardim, par-que) pond

lagoa sf **1** (lago pequeno) small lake **2** (laguna) lagoon

lagosta sf lobster

lágrima sf tear LOC **lágrimas de croco-dilo** crocodile tears Ver tb CHORAR

laguna sf lagoon

lajota sf **1** (interior) floor tile **2** (exter-ior) paving stone

lama sf mud

lamacento, -a adj muddy

lambada sf **1** (paulada) blow **2** (dança) lambada

lamber ◆ vt to lick: *~ os dedos* to lick your fingers ◆ **lamber-se** v pron **1** (pes-soa) to lick your lips **2** (gato) to wash itself

lambreta® sf scooter

lambuzar vt to smear

lamber-se v pron to smear

lamentar ◆ vt to regret *sth/doing sth*: *Lamentamos ter-lhe causado tanto transtorno.* We regret having caused you so much trouble. ◊ *Lamentamos comunicar-lhe que...* We regret to in-form you that... ◊ *Lamento muito.* I'm very sorry. ◆ **lamentar-se** v pron to complain (*about sth*): *Agora não adian-ta nada a gente se ~.* It's no use com-plaining now.

lamentável adj **1** (aspecto, condição) pitiful **2** (erro, injustiça) regrettable

lâmina sf blade LOC **lâmina de barbear** razor blade

lâmpada sf light bulb: *A ~ queimou.* The bulb has blown. LOC **lâmpada fluo-rescente** fluorescent light

lança sf spear

lançamento sm **1** (míssil, satélite, pro-duto) launch: *o ~ de seu novo livro* the launch of their new book **2** (filme, disco) release: *o ~ do seu novo disco* the release of their new album **3** (Esporte) throw: *O último ~ dele foi o melhor.* His last throw was the best. **4** (bomba) dropping LOC **lançamento (lateral)** (Fu-tebol) throw-in

lançar ◆ vt **1** (navio, míssil, produto) to launch **2** (filme, disco) to release **3** (ati-rar) to throw **4** (bomba) to drop ◆ **lan-**

çar-se *v pron* **lançar-se sobre** to pounce **on** *sb/sth*: *Eles se lançaram sobre mim/o dinheiro.* They pounced on me/the money.

lance *sm* **1** (*arremesso*) throw **2** (*de escada*) flight **3** (*leilão*) bid

lancha *sf* launch

lanchar ◆ *vt* to have sth as a snack ◆ *vi* to have a snack: *Costumo ~ às quatro.* I normally have a snack at four.

lanche *sm* snack

lancheira *sf* lunch box

lanchonete *sf* snack bar

lânguido, -a *adj* languid

lantejoula *sf* sequin

lanterna *sf* **1** lantern **2** (*de bolso*) flashlight, torch (*GB*)

lanterninha *smf* usher [*fem* usherette]

lapela *sf* lapel

lápide *sf* gravestone

lápis *sm* pencil: *~ de cor* colored pencils LOC **a lápis** in pencil **lápis de cera** crayon

lapso *sm* **1** (*esquecimento*) slip **2** (*engano*) mistake: *Foi um ~ da minha parte.* It was a mistake on my part.

laquê *sm* hairspray

lar *sm* **1** (*casa*) home: *~ doce ~* home sweet home **2** (*família*) family: *casar-se e formar um ~* to get married and start a family LOC **lar de idosos** retirement home

laranja ◆ *sf* (*fruto*) orange ◆ *adj, sm* (*cor*) orange ☞ *Ver exemplos em* AMARELO

laranjada *sf* orange juice

laranjeira *sf* orange tree

lareira *sf* fireplace: *sentados junto à ~* sitting by the fireplace ◊ *Acenda a ~.* Light the fire.

largar *vt* **1** (*soltar*) to let go of *sb/sth*: *Largue-me!* Let go of me! ◊ *Não largue a minha mão.* Don't let go of my hand. **2** (*deixar cair*) to drop **3** (*abandonar*) to leave: *Ele largou a mulher e o emprego.* He left his wife and his job. **4** (*superar*) to come off *sth*: *~ as drogas* to come off drugs

largo, -a ◆ *adj* **1** wide: *uma estrada larga* a wide road **2** (*roupa*) baggy: *um suéter ~* a baggy sweater ◊ *A cintura é larga demais.* The waist is too big. **3** (*ombros, costas*) broad: *Ele tem os ombros ~s.* He has broad shoulders. ☞ *Ver nota em* BROAD ◆ *sm* (*praça*) square LOC *Ver* RÉDEA

largura *sf* width: *Quanto mede de ~?* How wide is it? ◊ *Tem dois metros de ~.* It's two meters wide.

laringite *sf* laryngitis

larva *sf* **1** (*nos alimentos*) maggot **2** (*Zool*) larva

lasanha *sf* lasagne

lasca *sf* (*madeira*) splinter

laser *sm* laser LOC *Ver* RAIO[1], TOCA-DISCOS

lástima *sf* pity: *Que ~!* What a pity! ◊ *É uma ~ jogá-lo fora.* It's a pity to throw it away.

lata *sf* **1** (*embalagem*) can, tin (*GB*) **2** (*material*) tin LOC **de/em lata** canned, tinned (*GB*) **lata de lixo** garbage can, dustbin (*GB*)

latão *sm* brass

lataria *sf* (*carroceria*) bodywork

latejar *vi* to throb

lateral ◆ *adj* side: *uma rua ~* a side street ◆ *sm* (*futebol*) *~ direito/esquerdo* right/left back LOC *Ver* LANÇAMENTO

latido *sm* bark: *Ouvia-se o ~ de um cão ao longe.* You could hear a dog barking in the distance.

latifúndio *sm* large estate

latim *sm* Latin

latino, -a *adj* Latin: *a gramática latina* Latin grammar LOC *Ver* AMÉRICA

latir *vi* to bark

latitude *sf* latitude

lava *sf* lava

lavabo *sm* **1** (*lavatório*) sink, washbasin (*GB*) **2** (*banheiro*) bathroom, toilet (*GB*): *Onde é que é o ~, por favor?* Where's the bathroom, please?

lavagem *sf* laundry LOC **lavagem a seco** dry cleaning **lavagem automática** car wash **lavagem cerebral** brainwashing: *fazer uma ~ cerebral em alguém* to brainwash sb

lavanda *sf* lavender

lavanderia *sf* **1** laundry **2** (*tinturaria*) dry-cleaner's [*pl* dry-cleaners] LOC **lavanderia automática** laundromat, launderette (*GB*)

lavar ◆ *vt* **1** to wash: *~ a roupa/os pés* to wash your clothes/your feet **2** (*dinheiro*) to launder ◆ **lavar-se** *v pron* to wash (yourself) LOC **lavar a cabeça/o cabelo** to wash your hair **lavar a louça** to do the dishes **lavar à mão** to wash sth by hand **lavar a roupa suja em público** to wash your dirty linen in public **lavar a seco** to dry-clean *Ver tb* MÁQUINA

lavatório *sm* **1** sink, washbasin (*GB*) **2** (*banheiro*) bathroom, toilet (*GB*)

lavoura *sf* farm work

lavrador, ~a *sm-sf* **1** (*proprietário*) small farmer **2** (*empregado*) farm laborer

lavrar *vt* to plow

laxante *adj, sm* laxative

lazer *sm* leisure: *uma viagem de ~* a pleasure trip

leal *adj* **1** (*pessoa*) loyal (**to sb/sth**) **2** (*animal*) faithful (**to sb**)

lealdade *sf* loyalty (**to sb/sth**)

leão, -oa ♦ *sm-sf* lion [*fem* lioness] ♦ **Leão** *sm* (*Astrologia*) Leo [*pl* Leos] ☞ *Ver exemplos em* AQUARIUS

lebre *sf* hare LOC *Ver* VENDER

lecionar *vi, vt* to teach

legal *adj* **1** (*Jur*) legal **2** (*ótimo*) cool: *Ele é um cara ~.* He's a cool guy. ◊ *Mas que ~!* Cool! LOC *Ver* QUE³

legalizar *vt* to legalize

legenda *sf* **1** (*mapa*) key **2** (*imagem*) caption **3 legendas** (*Cinema, TV*) subtitles

legislação *sf* legislation

legislar *vi* to legislate

legislativo, -a *adj* LOC *Ver* ELEIÇÃO

legítimo, -a *adj* legitimate LOC **em legítima defesa** in self-defense

legível *adj* legible

legume *sm* vegetable

lei *sf* **1** law: *ir contra a ~* to break the law ◊ *a ~ da gravidade* the law of gravity **2** (*parlamento*) act LOC *Ver* PROJETO

leigo, -a *adj*: *Sou ~ no assunto.* I know very little about the subject.

leilão *sm* auction

leitão *sm* suckling pig

leite *sm* milk: *Acabou o ~.* We've run out of milk. ◊ *Compro ~?* Should I buy some milk? LOC **leite de coco** coconut milk **leite em pó** powdered milk **leite integral/desnatado/semidesnatado** whole/skim/two percent milk, full-fat/skimmed/semi-skimmed (*GB*) *Ver tb* CAFÉ, DENTE, DOCE, PUDIM

leiteiro, -a ♦ *adj* dairy [*s atrib*]: *uma vaca leiteira* a dairy cow ♦ *sm-sf* milkman [*pl* milkmen]

leito *sm* bed

leitor, ~a *sm-sf* reader

leitura *sf* reading: *O meu passatempo favorito é a ~.* My favorite hobby is reading.

lema *sm* **1** (*Com, Pol*) slogan **2** (*regra de conduta*) motto [*pl* mottoes]

lembrança *sf* **1** (*presente*) souvenir **2** (*recordação*) memory [*pl* memories] **3** (*idéia*) idea **4 lembranças** regards: *Dê ~s a ele.* Give him my regards. ◊ *A minha mãe manda ~s.* My mother sends her regards.

lembrar ♦ *vt* **1** ~ **algo a alguém** to remind *sb* (**about sth/to do sth**): *Lembre-me de comprar pão.* Remind me to buy some bread. ◊ *Lembre-me amanhã, senão esqueço.* Remind me tomorrow or I'll forget. **2** (*por associação*) to remind *sb* **of sb/sth**): *Ele me lembra o meu irmão.* He reminds me of my brother. ◊ *Sabe o que/quem esta canção me lembra?* Do you know what/who this song reminds me of? ☞ *Ver nota em* REMIND ♦ **lembrar-se** *v pron* **lembrar-se (de)** (*recordar-se*) to remember (**sth/doing sth/to do sth**): *Não me lembro do nome dele.* I can't remember his name. ◊ *Lembre-se que amanhã você tem prova.* Remember that you have a test tomorrow. ◊ *que eu me lembre* as far as I remember ◊ *Lembro-me de tê-los visto.* I remember seeing them. ◊ *Lembre-se de pôr a carta no correio.* Remember to mail the letter. ☞ *Ver nota em* REMEMBER

leme *sm* **1** (*objeto*) rudder **2** (*posição*) helm: *Quem ia ao ~?* Who was at the helm?

lenço *sm* **1** (*mão*) handkerchief [*pl* handkerchiefs/handkerchieves] **2** (*cabeça, pescoço*) scarf [*pl* scarves] LOC **lenço de papel** tissue

lençol *sm* sheet

lenda *sf* legend

lenha *sf* firewood LOC *Ver* CARVÃO

lenhador, ~a *sm-sf* woodcutter

lentamente *adv* slowly

lente *sf* lens [*pl* lenses]: *~s de contato* contact lenses

lentilha *sf* lentil

lento, -a *adj* slow LOC *Ver* CÂMARA

leopardo *sm* leopard

lepra *sf* leprosy

leproso, -a *sm-sf* leper

leque *sm* **1** fan **2** (*variedade*) range: *um amplo ~ de opções* a wide range of options

ler *vt, vi* to read: *Leia a lista para mim.* Read me the list. LOC **ler a sorte** to tell *sb's* fortune **ler em voz baixa** to read to yourself **ler nas entrelinhas** to read between the lines **ler o pensamento** to read *sb's* mind **ler os lábios** to lip-read

lesão *sf* **1** injury [*pl* injuries]: *lesões graves* serious injuries **2** (*fígado, rim, cérebro*) damage [*não contável*] ☞ *Ver nota em* FERIMENTO

lesar *vt* (*enganar*) to con *sb* (**out of sth**): *Ele foi lesado em 40.000 reais.* They conned him out of 40,000 reais.

lésbica *sf* lesbian

lesma *sf* **1** (*bicho*) slug **2** (*pessoa*) slow-poke, slowcoach (*GB*)

leste *sm* east (*abrev* E): *a/no ~* in the east ◊ *na costa ~* on the east coast ◊ *mais a ~* further east

letivo, -a *adj* school [*s atrib*]: *ano ~* school year

letra *sf* **1** (*alfabeto*) letter: *~ maiúscula* capital letters **2** (*escrita*) handwriting: *Não entendo a sua ~.* I can't read your handwriting. **3** (*canção*) lyrics [*pl*] **4** (*num cartaz, letreiro*) lettering [*não contável*]: *As ~s são pequenas demais.* The lettering is too small. **5** Letras (*Educ*) arts: *Faculdade de Letras* Arts Faculty LOC **letra de imprensa** block capitals [*pl*] *Ver tb* PÉ

letreiro *sm* **1** (*aviso*) sign **2** (*Cinema*) subtitles

léu *sm* LOC **ao léu**: *andar ao ~* to walk aimlessly

leucemia *sf* leukemia

levadiço, -a *adj* LOC *Ver* PONTE

levantamento *sm* survey [*pl* surveys]: *efetuar um ~* to carry out a survey LOC **levantamento de pesos** weightlifting

levantar ◆ *vt* **1** to raise: *Levante o braço esquerdo.* Raise your left arm. ◊ *~ o moral/a voz* to raise your spirits/voice **2** (*coisa pesada, tampa*) to lift *sth* up: *Levante essa tampa.* Lift up the lid. **3** (*erguer*) to pick *sb/sth* up: *Levantaram-no entre si.* They picked him up between them. ◆ **levantar-se** *v pron* **1** (*ficar de pé*) to stand up **2** (*da cama*) to get up: *Tenho de me ~ cedo normalmente.* I normally have to get up early. LOC **levantar (a) âncora** to weigh anchor **levantar pesos** (*Esporte*) to do weight training **levantar-se com o pé esquerdo** to get out on the wrong side of bed **levantar vôo** to take off

levar ◆ *vt* **1** to take: *Leve as cadeiras para a cozinha.* Take the chairs to the kitchen. ◊ *Levarei uns dois dias para consertá-lo.* It'll take me a couple of days to fix it. ◊ *Levaram-me para casa.*

They took me home. ◊ *O ladrão levou o vídeo.* The thief took the VCR.

Quando a pessoa que fala se oferece para levar algo a quem ouve, utiliza-se **to bring**: *Não precisa vir aqui, eu levo para você na sexta-feira.* There's no need for you to come here—I'll bring it to you on Friday.

☞ *Ver ilustração em* TAKE **2** (*carga*) to carry: *Ele se ofereceu para ~ a mala.* He offered to carry her suitcase. **3** (*palmada, bofetada*) to get: *Fique quieto ou você vai ~ uma palmada.* Be quiet or you'll get a spanking. **4** (*dirigir*) to drive: *Quem é que levava o carro?* Who was driving? **5** (*ter*) to have: *Eu não levava dinheiro.* I didn't have any cash on me. **6** (*tomar emprestado*) to borrow: *Posso ~ o seu carro?* Can I borrow your car? ☞ *Ver ilustração em* BORROW ◆ *vi* **1** (*conduzir*) to lead **to sth 2** (*levar uma bofetada*) to get a beating: *Olhe que você ainda leva!* You'll get a beating if you're not careful! LOC **levar a mal** to take offense (at *sb/sth*): *Não me leve a mal.* Don't take offense. **levar consigo** (*dinheiro, documentos*) to have *sth* on you: *Não levo um tostão comigo.* I don't have a cent on me. ☞ *Para outras expressões com* **levar**, *ver os verbetes para o substantivo, adjetivo, etc., p.ex.* **levar bomba** em BOMBA e **levar a cabo** em CABO.

leve *adj* **1** light: *comida/roupa ~* light food/clothing ◊ *ter sono ~* to sleep lightly **2** (*que quase não se nota*) slight **3** (*ágil*) agile LOC **de leve 1** (*superficialmente*) superficially **2** (*levemente*) lightly

lhama *sf* llama

lhe *pron pess* **1** (*ele, ela, coisa*) **(a)** (*complemento*) him/her/it: *Vi a minha chefe de longe mas não lhe chamei.* I saw my boss in the distance but I didn't speak to her. ◊ *Vamos comprar-lhe um vestido.* We're going to buy her a dress. **(b)** (*partes do corpo, objetos pessoais*): *Tiraram-lhe a carteira de identidade.* They took away his identity card. **2** (*você*) **(a)** (*complemento*) you: *Fiz-lhe uma pergunta.* I asked you a question. **(b)** (*partes do corpo, objetos pessoais*): *Tenha cuidado, ou ainda lhe roubam a carteira.* Be careful your wallet isn't stolen.

lhes *pron pess* **1** (*complemento*) them: *Dei-lhes tudo o que tinha.* I gave them everything I had. ◊ *Comprei-lhes um* *bolo.* I bought them a cake./I bought a cake for them. **2** (*partes do corpo, objetos pessoais*): *Apertei-lhes as mãos.* I shook hands with them.

libélula *sf* dragonfly [*pl* dragonflies]

liberado, -a *pp, adj* liberated: *uma mulher liberada* a liberated woman *Ver tb* LIBERAR

liberal *adj, smf* liberal

liberar *vt* to free

liberdade *sf* freedom LOC **liberdade condicional** parole **liberdade de expressão** freedom of speech **liberdade de imprensa** freedom of the press **liberdade sob fiança** bail: *ser posto em ~ sob fiança* to be released on bail **pôr em liberdade** to release: *Dois dos suspeitos foram postos em ~.* Two of the suspects were released.

libertação *sf* **1** (*país*) liberation **2** (*presos*) release

libertar *vt* **1** (*país*) to liberate **2** (*prisioneiro*) to release

libra *sf* **1** (*dinheiro*) pound: *cinqüenta ~s (£50)* fifty pounds ◊ *~s esterlinas* pounds sterling **2** (*peso*) pound (*abrev* lb) ☞ *Ver Apêndice 1.* ◆ **Libra** *sf* (*Astrologia*) Libra ☞ *Ver exemplos em* AQUARIUS

lição *sf* lesson LOC **dar uma lição em alguém** to teach sb a lesson

licença *sf* **1** (*autorização*) permission (**to do sth**): *pedir/dar ~* to ask/give permission **2** (*documento*) license: *~ de exportação/importação* export/import license **3** (*férias*) leave: *Estou de ~.* I'm on leave. ◊ *Pedi uma semana de ~.* I asked for a week off. LOC **com licença** excuse me: *Com ~, posso passar?* Excuse me, could you let me through? **licença médica** sick leave

licenciado, -a *sm-sf* ~ (**em**) graduate (**in sth**): *~ em biologia* a graduate in biology ◊ *um ~ pela Universidade de Londres* a graduate of London University

licenciar-se *v pron* ~ (**em**) to graduate (**in sth**): *~ em história* to graduate in history ◊ *~ na Universidade de Brasília* to graduate from the University of Brasília

licenciatura *sf* **1** (*diploma*) degree **2** (*curso*) undergraduate course

licor *sm* liqueur

lidar *vt* ~ **com** to deal with *sb/sth*

líder *smf* leader

liderança *sf* leadership

liderar *vt* to lead

liga *sf* **1** league: *a ~ de basquetebol* the basketball league **2** (*para meias*) garter

ligação *sf* **1** link **2** (*ônibus, trens*) connection **3** (*amorosa*) affair LOC **cair/cortar a ligação** (*telefone*) to be cut off: *Estávamos falando e de repente caiu a ~.* We were talking when suddenly we got cut off. ◊ *Cortaram a ~.* We were cut off. **fazer ligação** (**com algo**) (*transportes*) to connect (with sth) **ligação a cobrar** collect call, reverse charge call (*GB*) *Ver tb* ELO

ligada *sf* call: *Dê uma ~ para mim quando chegar.* Give me a call when you get there.

ligado, -a *pp, adj* **1** (*televisão, luz*) (switched) on **2** (*interessado*) into *sth*: *Ela é ligada em música pop.* She's into pop music. *Ver tb* LIGAR

ligamento *sm* ligament: *sofrer uma ruptura de ~* to tear a ligament

ligar ◆ *vt* **1** (*televisão, luz*) to turn *sth* on **2** (*aparelho na tomada*) to plug *sth* in ◆ *vt, vi* **1** (*unir, relacionar*) to connect (*sth*) (**to/with sth**): *~ a impressora ao computador* to connect the printer to the computer **2** ~ (**para**) **(a)** (*telefonar*) to call: *Alguém ligou?* Did anyone call? ◊ *Ele ligou para a polícia.* He called the police. **(b)** (*prestar atenção*) to take notice of *sb/sth*: *Ele não liga nem um pouco para o que eu lhe digo.* He doesn't take any notice of what I say. ◊ *Ela não ligou a mínima para mim a noite toda.* She took no notice of me all night. **(c)** (*dar importância*) to care (**about sth**): *Não ligo (para essas coisas).* I don't care (about such things).

ligeiramente *adv* slightly

ligeiro, -a *adj* **1** (*que quase não se nota, pouco intenso*) slight: *um ~ sotaque português* a slight Portuguese accent **2** (*ágil*) agile

lilás *sm* lilac ☞ *Ver exemplos em* AMARELO

lima¹ *sf* (*ferramenta*) file

lima² *sf* (*fruta*) lime

limão *sm* **1** (*verde*) lime **2** (*amarelo*) lemon

limiar *sm* threshold: *no ~ do novo século* on the threshold of the new century

limitação *sf* limitation

limitado, -a *pp, adj* limited: *um número ~ de lugares* a limited number of places LOC *Ver* SOCIEDADE; *Ver tb* LIMITAR

limitar ◆ *vt* to limit ◆ **limitar-se** *v pron*

limitar-se a: *Limite-se a responder à pergunta.* Just answer the question.

limite *sm* **1** limit: *o ~ de velocidade* the speed limit **2** (*Geog, Pol*) boundary [*pl* boundaries] ☞ *Ver nota em* BORDER LOC **passar dos limites** (*pessoa*) to go too far **sem limites** unlimited

limo *sm* slime

limoeiro *sm* **1** (*fruto amarelo*) lemon tree **2** (*fruto verde*) lime tree

limonada *sf* lemonade LOC *Ver* SODA

limpador *sm* LOC **limpador de pára-brisas** windshield wiper, windscreen wiper (*GB*)

limpar ◆ *vt* **1** to clean: *Tenho que ~ os vidros.* I have to clean the windows. **2** (*passar um pano*) to wipe **3** (*roubar*) to clean *sb/sth* out: *Assaltaram a minha casa e limparam tudo.* They broke into my house and completely cleaned me out. ◆ **limpar-se** *v pron* to clean yourself up

limpeza *sf* **1** (*ação de limpar*) cleaning: *produtos de ~* cleaning products **2** (*asseio*) cleanliness LOC **limpeza de pele** facial *Ver tb* CREME, PRODUTO

limpo, -a ◆ *adj* **1** clean: *O hotel era bem ~.* The hotel was very clean. **2** (*sem nuvens*) clear: *um céu ~* a clear sky **3** (*sem dinheiro*) broke ◆ *adv* fair: *jogar ~* to play fair LOC **tirar a limpo** (*esclarecer*) to get to the bottom *of sth*: *Vou tirar essa história a ~!* I'm going to get to the bottom of this! *Ver tb* JOGO, PRATO

lince *sm* lynx LOC *Ver* OLHO

linchar *vt* to lynch

lindo, -a *adj* beautiful

língua *sf* **1** (*Anat*) tongue: *mostrar a ~ para alguém* to stick your tongue out at sb ◊ *perder a ~* to lose your tongue **2** (*idioma*) language: *Sou formado em Língua Portuguesa.* I have a degree in Portuguese. LOC **dar com a língua nos dentes** to let the cat out of the bag **de língua portuguesa, francesa, etc.** Portuguese-speaking, French-speaking, etc. **língua materna** mother tongue *Ver tb* PAPA², PONTA

linguado *sm* sole [*pl* sole]

linguagem *sf* **1** language **2** (*falada*) speech

linguarudo, -a *sm-sf* gossip

lingüiça *sf* sausage

lingüística *sf* linguistics [*sing*]

linha *sf* **1** line: *uma ~ reta* a straight line ◊ *~ divisória* dividing line **2** (*fio*)

(piece of) thread: *um carretel de ~* a spool of thread **3** (*estrada de ferro*) track: *a ~ do trem* the train track LOC **linha aérea** airline **linha de chegada** finishing line *Ver tb* JUIZ, MANTER

linho *sm* **1** (*Bot*) flax **2** (*tecido*) linen: *uma saia de ~* a linen skirt

liquidação *sf* **1** (*dívida, conta*) settlement **2** (*saldo*) sale: *a ~ de verão* the summer sales

liquidar *vt* **1** (*dívida, conta*) to settle **2** (*negócio*) to liquidate **3** (*produto*) to clear **4** (*matar*) to kill

liquidificador *sm* blender, liquidizer (*GB*)

líquido, -a ◆ *adj* **1** liquid **2** (*Econ*): net: *rendimento ~* net income ◊ *peso ~* net weight ◆ *sm* liquid: *Só posso tomar ~s.* I can only have liquids.

lírio *sm* lily [*pl* lilies]

liso, -a *adj* **1** (*plano*) flat **2** (*suave*) smooth **3** (*sem adornos, de uma só cor*) plain **4** (*cabelo*) straight **5** (*sem dinheiro*) broke

lisonjear *vt* to flatter

lisonjeiro, -a *adj* flattering

lista *sf* **1** list: *~ de compras/espera* shopping/waiting list ◊ *a ~ de vinhos* the wine list **2** (*telefônica*) phone book: *Procure na ~.* Look it up in the phone book. **3** (*de nomes*) roll: *~ eleitoral* electoral roll

listra (*tb* **lista**) *sf* stripe

listrado, -a *adj* striped

literário, -a *adj* literary

literatura *sf* literature

litoral *sm* coastline

litro *sm* liter (*abrev* l): *meio ~* half a liter ☞ *Ver Apêndice 1.*

livrar ◆ *vt* to save *sb/sth* **from sth/doing sth** ◆ **livrar-se** *v pron* **livrar-se (de) 1** (*escapar*) to get out of *sth/doing sth*: *Livrei-me do serviço militar.* I got out of doing my military service. **2** (*desembaraçar-se*) to get rid of *sb/sth*: *Queria ver se me livrava deste aquecedor.* I wanted to get rid of this heater. LOC *Ver* DEUS

livraria *sf* bookstore

livre *adj* free: *Sou ~ para fazer o que quiser.* I'm free to do what I want. ◊ *Esta cadeira está ~?* Is this seat free? ◊ *Você está ~ no sábado?* Are you free on Saturday? ◊ *~ iniciativa* free enterprise LOC **livre arbítrio** free will **livre de impostos** tax-free *Ver tb* AR, DIA, LUTA, QUEDA, VÔO

livreiro, -a *sm-sf* bookseller

livro *sm* book LOC **livro de bolso** paperback **livro didático** textbook

lixa *sf* 1 sandpaper 2 (*unhas*) emery board

lixar ◆ *vt* (*madeira*) to sand ◆ **lixar-se** *v pron* not to care: *Levei bomba, mas estou pouco me lixando.* I failed my exams, but I couldn't care less.

lixeira *sf* garbage can, dustbin (*GB*)

lixeiro *sm* garbage man, dustman (*GB*)

lixo *sm* garbage, rubbish (*GB*) [*não contável*]: *lata de* ~ garbage can ◊ *jogar algo no* ~ to throw sth away LOC *Ver* CAMINHÃO, CONDUTO, LATA, PÁ

lobo, -a *sm-sf* wolf [*pl* wolves]

Quando queremos especificar que se trata de uma fêmea, dizemos **she-wolf**.

LOC *Ver* COMER

locadora *sf* rental company LOC **locadora de vídeo** video store

local ◆ *adj* local ◆ *sm* 1 place 2 (*acidente, crime*) scene 3 (*concerto, jogo*) venue 4 (*de interesse histórico, para construção*) site 5 (*instalações*) premises [*pl*]: *O* ~ *é bastante grande.* The premises are pretty big. LOC **local de nascimento** 1 birthplace 2 (*em impressos*) place of birth

localidade *sf* 1 locality [*pl* localities] 2 (*aldeia*) village 3 (*cidade pequena*) town

localizar *vt* 1 (*encontrar*) to locate 2 (*contatar*) to get hold of *sb*: *Passei toda a manhã tentando* ~ *você.* I've been trying to get hold of you all morning.

loção *sf* lotion

locutor, ~a *sm-sf* 1 (*rádio*) announcer 2 (*que lê as notícias*) newscaster, newsreader (*GB*)

lodo *sm* mud

lógico, -a *adj* 1 (*normal*) natural: *É* ~ *que você se preocupe.* It's only natural that you're worried. 2 (*Fil*) logical

logo ◆ *adv* (*imediatamente*) at once ◆ *conj* therefore: *Penso,* ~ *existo.* I think therefore I am. LOC **até logo!** bye! **logo depois** soon afterward: *Ele chegou* ~ *depois.* He arrived soon afterward. **logo mais** later: *Eu lhe conto* ~ *mais.* I'll tell you later. **logo que** as soon as

loja *sf* store, shop (*GB*): ~ *de brinquedos/ferragens* toy/hardware store ◊ ~ *de produtos naturais* health food store LOC **loja de departamentos** department store

lojista *smf* storekeeper, shopkeeper (*GB*)

lombada *sf* 1 (*livro*) spine 2 (*estrada*) ramp

lombo *sm* 1 (*Cozinha*) loin: ~ *de porco* loin of pork 2 (*Anat*) back

lona *sf* canvas LOC **estar na lona** (*sem dinheiro*) to be broke

longa-metragem *sm* feature film

longe *adv* ~ (**de**) a long way (away) (**from** *sb/sth*): *Fica muito* ~ *daqui.* It's a long way (away) from here. LOC **ao longe** in the distance **de longe** 1 (*distância*) from a distance 2 (*enfático*) by far: *Ela é de* ~ *a mais inteligente.* She's by far the most intelligent. **ir longe** to go far: *Essa menina vai* ~. That girl will go far. **ir longe demais** to go too far **longe disso** far from it

longitude *sf* longitude

longo, -a *adj* long LOC **ao longo de 1** (*espaço*) along... 2 (*tempo*) throughout...: *ao* ~ *do dia* throughout the day *Ver tb* PRAZO

losango *sm* rhombus [*pl* rhombuses]

lotado, -a *pp, adj* packed *Ver tb* LOTAR

lotar *vt* to fill *sth* up

lote *sm* 1 portion: *um* ~ *de peras* a portion of pears 2 (*Com*) batch 3 (*terreno*) plot

loteria *sf* lottery [*pl* lotteries]

louça *sf* china LOC *Ver* DETERGENTE, LAVAR, MÁQUINA

louco, -a ◆ *adj* crazy, mad (*GB*): *ficar* ~ to go crazy ◊ *Sou* ~ *por chocolate.* I'm crazy about chocolate. ◆ *sm-sf* madman/woman [*pl* madmen/women] LOC **estar louco de fome** to be starving **estar louco para fazer algo** to be dying to do something: *Estou* ~ *para vê-la.* I'm dying to see her. **ser louco de pedra** to be completely nuts

loucura *sf* 1 madness 2 (*disparate*) crazy thing: *Fiz muitas* ~s. I've done a lot of crazy things. ◊ *É uma* ~ *ir sozinho.* It's crazy to go alone.

louro *sm* 1 (*Cozinha*) bay leaf [*pl* bay leaves]: *uma folha de* ~ a bay leaf 2 (*papagaio*) parrot

louro, -a *adj* fair, blond(e)

Fair refere-se apenas ao cabelo louro natural, **blond** refere-se tanto ao cabelo naturalmente louro como pintado: *Ele é louro.* He has fair/blond hair. *Ver tb* nota em BLOND

louvar *vt* to praise *sb/sth* (**for sth**): *Louvaram-no pela sua coragem.* They praised him for his courage.

louvável *adj* praiseworthy

louvor *sm* praise

lua *sf* moon: *uma viagem à Lua* a trip to the moon ◊ ~ *cheia/nova* full/new moon LOC **estar na lua/no mundo da lua** to be miles away *Ver tb* CABEÇA

lua-de-mel *sf* honeymoon

luar *sm* moonlight LOC **ao luar** in the moonlight

lubrificante *sm* lubricant

lubrificar *vt* to lubricate

lúcido, -a *adj* lucid

lucrar *vt* ~ (**com**) to profit (**from** *sth*)

lucrativo, -a *adj* lucrative

lucro *sm* profit: *dar/ter* ~ to make a profit

lugar *sm* **1** place: *Gosto deste* ~. I like this place. **2** (*posto*) position: *ocupar um* ~ *importante na empresa* to have an important position in the firm **3** (*Cinema, Teat, veículo*) seat: *Resta algum* ~ *no ônibus?* Are there any seats left on the bus? **4** (*povoação*) village LOC **dar lugar a algo** to cause sth **em lugar nenhum** nowhere, anywhere

Utiliza-se **nowhere** quando o verbo está na afirmativa em inglês: *Desse modo não iremos a lugar nenhum.* At this rate we'll get nowhere. Utiliza-se **anywhere** quando o verbo está na negativa: *Não o encontro em nenhuma parte.* I can't find it anywhere.

em primeiro, segundo, etc. lugar 1 (*posição*): *Em primeiro* ~ *está o ciclista espanhol.* The Spanish cyclist is in first place. ◊ *A equipe francesa ficou classificada em último* ~. The French team came last. **2** (*em discurso*) first of all, secondly, etc.: *Em último* ~... Last of all... **lugar de nascimento** birthplace **não há lugar para dúvida** there's no doubt **no seu lugar** if I were you: *No seu* ~, *eu aceitaria o convite.* If I were you, I'd accept the invitation. **ter lugar** (*ocorrer*) to take place: *O acidente teve* ~ *às duas da madrugada.* The accident took place at two in the morning. **tomar o lugar de alguém/algo** (*substituir*) to replace sb/sth: *O computador tomou o* ~ *da máquina de escrever.* Computers have replaced typewriters. *Ver tb* ALGUM, CLASSIFICAR, OUTRO, PRIMEIRO, QUALQUER

lugar-comum *sm* cliché

lúgubre *adj* gloomy

lula *sf* squid [*pl* squid]

luminária *sf* **1** lamp **2** (*de papel*) paper lantern **3 luminárias** (*iluminação de festa*) lights

lunar *adj* lunar

lunático, -a *adj, sm-sf* lunatic

lupa *sf* magnifying glass

lustrar *vt* to polish

lustre *sm* **1** (*brilho*) shine **2** (*luminária*) chandelier

luta *sf* ~ (**por/contra**) fight (**for/against** *sb/sth*): *a* ~ *pela igualdade/contra a poluição* the fight for equality/against pollution LOC **luta de boxe** boxing match **luta livre** wrestling

lutador, ~a *sm-sf* **1** fighter: *Ele é um* ~. He's a real fighter. **2** (*esportista*) wrestler

lutar *vi* **1** to fight: ~ *pela liberdade* to fight for freedom ◊ ~ *contra os preconceitos raciais* to fight racial prejudice **2** (*Esporte*) to wrestle

luto *sm* mourning: *um dia de* ~ a day of mourning LOC **estar de luto** to be in mourning (*for sb/sth*)

luva *sf* **1** glove **2** (*com um só dedo*) mitten LOC **cair como uma luva** to fit like a glove

luxo *sm* luxury [*pl* luxuries]: *Não posso me permitir tais* ~s. I can't afford such luxuries. LOC **de luxo** luxury: *um apartamento de* ~ a luxury apartment *Ver tb* PERMITIR

luxuoso, -a *adj* luxurious

luxúria *sf* lust

luz *sf* **1** light: *acender/apagar a* ~ to turn the light on/off ◊ *Este apartamento tem muita* ~. This apartment gets a lot of light. ◊ *ver algo contra a* ~ to look at sth against the light **2** (*eletricidade*) electricity: *Ficamos sem* ~ *durante a tempestade.* The electricity went off during the storm. **3** (*dia*) daylight LOC **apanhar luz** (*rolo fotográfico*) to be exposed: *Não abra a máquina ou o rolo vai apanhar* ~. Don't open the camera or you'll expose the film. **dar à luz** to give birth (*to sb*): *Ela deu à* ~ *uma menina.* She gave birth to a baby girl. **luz de vela/do sol** candlelight/sunlight **trazer à luz** to bring *sth* (out) into the open **vir à luz** (*segredo*) to come to light *Ver tb* POSTE

M m

maca *sf* (*Med*) stretcher

maçã *sf* apple LOC **maçã do rosto** cheekbone

macabro, -a *adj* macabre

macacão *sm* **1** (*roupa informal*) jumpsuit **2** (*para trabalho*) coveralls, overalls (*GB*) [*pl*] **3** (*calça com peito*) overalls, dungarees (*GB*) [*pl*]

macaco, -a ◆ *sm-sf* (*animal*) monkey [*pl* monkeys] ◆ *sm* (*carro*) jack

maçaneta *sf* **1** (*porta*) doorknob **2** (*gaveta*) knob

macarrão *sm* macaroni

machado *sm* ax

machismo *sm* machismo

machista *adj, smf* sexist: *propaganda ~* sexist advertising ◊ *O meu chefe é um ~ de primeira.* My boss is a real male chauvinist.

macho ◆ *adj, sm* **1** male: *uma ninhada de dois ~s e três fêmeas* a litter of two males and three females ◊ *É ~ ou fêmea?* Is it a he or a she? ☛ *Ver nota em* FEMALE **2** (*varonil*) macho [*adj*]: *Esse cara é ~.* He's a very macho guy. ◆ *sm* (*Eletrôn*) plug ☛ *Ver ilustração em* TOMADA LOC *Ver* COLCHETE

machucar *vt* to hurt

maciço, -a *adj* **1** (*objeto*) solid **2** (*quantidade*) massive: *uma dose maciça* a massive dose

macieira *sf* apple tree

macio, -a *adj* **1** (*tenro*) tender: *carne macia* tender meat **2** (*suave*) soft: *um colchão ~* a soft mattress

maço *sm* **1** (*tabaco*) pack, packet (*GB*): *um ~ de cigarros* a pack of cigarettes ☛ *Ver ilustração em* CONTAINER **2** (*folhas, notas*) bundle

maconha *sf* dope: *fumar ~* to smoke dope

macrobiótico, -a *adj* macrobiotic

macumba *sf* voodoo: *fazer ~* to practice voodoo

madeira *sf* **1** (*material*) wood: *O carvalho é uma ~ de grande qualidade.* Oak is a high-quality wood. ◊ *feito de ~* made of wood **2** (*para construção*) timber: *a ~ do telhado* the roof timbers LOC **de madeira** wooden: *uma cadeira/viga de ~* a wooden chair/beam

madeixa *sf* (*de cabelo*) lock

madrasta *sf* stepmother

madre *sf* LOC **madre (superiora)** Mother Superior

madrepérola *sf* mother-of-pearl

madrinha *sf* **1** (*batismo*) godmother **2** (*casamento*) woman who acts as a witness at a wedding ☛ *Ver nota em* CASAMENTO

madrugada *sf*: *às duas da ~* at two in the morning ◊ *na ~ de sexta para sábado* in the early hours of Saturday morning LOC **de madrugada** early: *Ele se levantou de ~.* He got up early.

madrugar *vi* to get up early

maduro, -a *adj* **1** (*fruta*) ripe **2** (*de meia-idade*) middle-aged: *um homem ~* a middle-aged man **3** (*sensato*) mature: *O Luís é muito ~ para a idade que tem.* Luís is very mature for his age.

mãe *sf* mother: *ser ~ de dois filhos* to be the mother of two children LOC **mãe adotiva/de criação** foster mother **mãe solteira** single mother *Ver tb* DIA, FAMÍLIA, ÓRFÃO

maestro *sm* conductor

máfia *sf* mafia: *a ~ da droga* the drugs mafia ◊ *a Máfia* the Mafia

magia *sf* magic: *~ branca/negra* white/black magic

mágico, -a ◆ *adj* magic: *poderes ~s* magic powers ◆ *sm-sf* (*ilusionista*) magician LOC *Ver* OLHO

magistério *sm* **1** (*ensino*) teaching: *A Helena ingressou muito cedo no ~.* Helena started teaching very young. **2** (*professores*) teachers [*pl*]

magistrado, -a *sm-sf* magistrate

magnata *smf* tycoon, magnate (*mais formal*)

magnético, -a *adj* magnetic

magnetismo *sm* magnetism

magnífico, -a *adj* wonderful: *O tempo estava ~.* The weather was wonderful.

mago, -a *adj* magician LOC *Ver* REI

mágoa *sf* (*pesar*) sorrow

magoar *vt* to hurt: *Fiquei muito magoado com o fato de eles não terem me apoiado.* I was very hurt by their lack of support.

magro, -a *adj* thin, slim

Thin é a palavra mais geral para dizer magro e pode ser utilizada para pessoas, animais e coisas. **Slim** só se utiliza em relação a uma pessoa magra e com boa aparência. Existe também a palavra **skinny**, que significa *magricela*.

maio *sm* May ☞ *Ver exemplos em* JANEIRO

maiô *sm* swimming suit

maionese *sf* mayonnaise

maior *adj*

● **uso comparativo 1** (*tamanho*) bigger (**than sth**): *São Paulo é ~ do que o Rio.* São Paulo is bigger than Rio. ◊ *~ do que parece* bigger than it looks **2** (*importância*) greater (**than sth**): *Tenho problemas ~es do que esse.* I have bigger problems than that.

● **uso superlativo 1** (*tamanho*) biggest: *O ~ dos três, quatro, etc.* The biggest of the three, four, etc. ◊ *O ~ dos dois.* The bigger (one) of the two. **2** (*importância*) greatest: *Um dos ~es escritores atuais.* One of today's greatest writers.

● **outros usos** (*Mús*) major: *em dó ~* in C major LOC **a maior parte** (**de**) most (of *sb/sth*): *A ~ parte são católicos.* Most of them are Catholics. **ser maior de idade** to be 18 or over: *Ela não é ~ de idade.* She's under 18.

maioria *sf* majority [*pl* majorities]: *obter a ~ absoluta* to get an absolute majority LOC **a maioria de...** most (of...): *A ~ de nós gosta.* Most of us like it. ◊ *A ~ dos ingleses prefere viver no campo.* Most English people would rather live in the country. ☞ *Ver nota em* MOST

maioridade *sf* adulthood

mais ◆ *adv*

● **uso comparativo** more (**than sb/sth**): *Ela é ~ alta/inteligente do que eu.* She's taller/more intelligent than me. ◊ *Você viajou ~ do que eu.* You've traveled more than I have. ◊ *~ de quatro semanas* more than four weeks ◊ *Gosto ~ do seu.* I like yours better. ◊ *durar/trabalhar ~* to last longer/work harder ◊ *São ~ de duas horas* It's just after two.

● **uso superlativo** most (**in/of...**): *o edifício ~ antigo da cidade* the oldest building in town ◊ *o ~ simpático de todos* the nicest one of all ◊ *a loja que vendeu ~ livros* the store that has sold most books

Quando o superlativo se refere a apenas duas coisas ou pessoas, utiliza-se a forma **more** ou **-er**. Compare as seguintes frases: (*Das duas camas*), *qual é a mais confortável?* Which bed is more comfortable? ◊ *Qual é a cama mais confortável da casa?* Which is the most comfortable bed in the house?

● **com pronomes negativos, interrogativos e indefinidos** else: *Se você tem ~ alguma coisa para me dizer...* If you have anything else to say to me... ◊ *~ alguém?* Anyone else? ◊ *~ nada/ninguém* nothing more/nobody else ◊ *Que ~ posso fazer por vocês?* What else can I do for you?

● **outras construções 1** (*exclamações*): *Que paisagem ~ bonita!* What beautiful scenery! ◊ *Que cara ~ chato!* What a boring guy! **2** (*negativas*) only: *Não sabemos ~ do que aquilo que disseram no rádio.* We only know what was reported on the radio.

◆ *sm, prep* plus: *Dois ~ dois são quatro.* Two plus two is four. LOC **a mais** too much, too many: *Você pagou três dólares a ~.* You paid three dollars too much. ◊ *Há duas cadeiras a ~.* There are two chairs too many. **mais ou menos** more or less: —*Que tal vão as coisas?—Mais ou menos.* "How are things?" "So-so." ◊ *O negócio vai ~ ou menos.* Business isn't going too well. **mais que nada** particularly **por mais que** however much: *Por ~ que você grite...* However much you shout... **sem mais nem menos 1** (*sem pensar*) just like that: *Você decidiu assim, sem ~ nem menos?* So you made your mind up, just like that? **2** (*sem avisar*) out of the blue: *Bem, se você lhe disser assim sem ~ nem menos...* Well, if you tell him out of the blue like that... ☞ *Para outras expressões com* **mais**, *ver os verbetes para o adjetivo, advérbio, etc.*, p.ex. **mais além** em ALÉM e **nunca mais** em NUNCA.

maisena® *sf* cornstarch, cornflour (*GB*)

maiúscula *sf* capital letter, uppercase letter (*mais formal*) LOC **com maiúscula** with a capital letter **em maiúsculas** in capitals

Majestade *sf* Majesty [*pl* Majesties]: *Sua/Vossa ~* His/Your Majesty

major *sm* major

mal¹ *adv* **1** badly: *comportar-se/falar ~* to behave/speak badly ◊ *um trabalho ~ pago* a poorly/badly paid job ◊ *A minha avó ouve muito ~.* My grandmother's hearing is very bad. **2** (*qualidade, aspecto*) bad: *Este casaco não fica ~.* This jacket's not bad. **3** (*erradamente, moralmente*) wrong: *Fica ~ você responder à sua mãe.* It's wrong to talk back to your mother. ◊ *Você escolheu ~.* You made the wrong choice. ◊ *responder ~ a uma pergunta* to give the wrong answer **4** (*quase não*) hardly: *~ falaram.* They hardly spoke. **5** (*quase nunca*) hardly ever: *Agora ~ os vemos.* We hardly ever see them now. **6** (*pouco mais de*) scarcely: *~ faz um ano.* It's scarcely a year ago. LOC **andar/estar mal de** (*de dinheiro*) to be short of *sth* **estar mal de** (*de saúde*) to be/feel sick: *A vovó está ~* (*de saúde*). Grandma's not feeling well.

mal² *sm* **1** (*dano*) harm: *Não lhe desejo nenhum ~.* I don't wish you any harm. ◊ *Ele não fez por ~.* He didn't mean any harm. ◊ *Que ~ eu lhe fiz?* What have I done to upset you? **2** (*Fil*) evil: *o bem e o ~* good and evil **3** (*doença*) disease: *Ele tem um ~ incurável.* He has an incurable disease. **4** (*problema*) problem: *A venda da casa nos salvou de ~es maiores.* The sale of the house saved us from having further problems. LOC **não há mal que não venha para bem** every cloud has a silver lining

mal³ *conj* (*assim que*) as soon as: *~ eles chegaram, ela saiu.* She left as soon as they arrived.

duffle bag

briefcase

malas

suitcase

trunk

backpack

mala *sf* **1** (*viagem*) (suit)case **2** (*carro*) trunk, boot (*GB*) LOC **fazer/desfazer a(s) mala(s)** to pack/unpack

mal-agradecido, -a *adj* ungrateful

malagueta *sf* chili [*pl* chilies]

malandro, -a ◆ *adj* **1** (*preguiçoso*) lazy **2** (*patife*) double-dealing **3** (*astuto*) wily

◆ *sm-sf* **1** (*preguiçoso*) layabout **2** (*patife*) hustler

malcriado, -a *adj* rude

maldade *sf* wickedness [*não contável*]: *Foi uma ~ da sua parte.* That was a wicked thing you did.

maldição *sf* curse

maldito, -a ◆ *pp, adj* **1** (*lit*) damned **2** (*fig*) wretched: *Estes ~s sapatos me apertam!* These wretched shoes are too tight for me! ◆ **maldito!** *interj* damn! *Ver tb* MALDIZER

maldizer *vt* to curse

maldoso, -a *adj* **1** (*malicioso*): *Que comentário ~!* What a nasty remark! **2** (*mau*) wicked: *uma pessoa extremamente maldosa* an extremely wicked person

mal-educado, -a *adj* **1** rude: *Que crianças mal-educadas!* What rude children! **2** (*ao falar*) foul-mouthed

mal-entendido *sm* misunderstanding: *Foi um ~.* It was a misunderstanding.

mal-estar *sm* **1** (*indisposição*): *Sinto um ~ geral.* I don't feel too good. **2** (*inquietação*) unease: *As palavras dele causaram ~ no meio político.* His words caused unease in political circles.

malha *sf* **1** (*rede*) mesh **2** (*tricô*) knitting [*não contável*] **3** (*roupa de malha*) knitwear [*não contável*] **4** (*balé, ginástica*) leotard **5** (*casaco*) sweater LOC **de malha** knitted: *um vestido de ~* a knitted dress

malhado, -a *adj* (*animal*) spotted

mal-humorado, -a *adj* LOC **estar mal-humorado** to be in a bad mood **ser mal-humorado** to be bad-tempered

malícia *sf* malice

malicioso, -a *adj* malicious

maligno, -a *adj* (*Med*) malignant

má-língua *sf* gossip: *As más-línguas dizem que…* Gossip has it that…

mal-intencionado, -a *adj* malicious

mal-passado, -a *adj* (*bife*) rare

maltratar *vt* to mistreat: *Disseram que tinham sido maltratados.* They said they had been mistreated. ◊ *Maltrataram-nos física e verbalmente.* We were subjected to physical and verbal abuse.

maluco, -a ◆ *adj* ~ (**por**) crazy, mad (*GB*) (**about** *sb/sth*): *A minha prima é maluca por desenhos animados.* My cousin is crazy about cartoons. ◆ *sm-sf* madman/madwoman

maluquice *sf* **1** (*loucura*) madness **2** (*idéia*) crazy idea **3** (*disparate*) crazy thing: *Fiz muitas ~s.* I've done a lot of crazy things.

malvado, -a *adj* wicked

malvisto, -a *adj* LOC **ser malvisto** to be frowned upon

mama *sf* breast: *câncer de ~* breast cancer

mamadeira *sf* bottle

mamãe *sf* mom, mum (*GB*) ☛ As crianças pequenas dizem **mommy**, **mummy** (*GB*).

mamão *sm* papaya

mamar *vi* to nurse, to feed (*GB*): *Ele adormece assim que termina de ~.* He falls asleep as soon as he's finished nursing. LOC **dar de mamar** to nurse, to breastfeed (*GB*)

mamífero *sm* mammal

mamilo *sm* nipple

manada *sf* **1** herd: *uma ~ de elefantes* a herd of elephants **2** (*de gente*) crowd

mancar *vi* to limp

mancha *sf* **1** (*sujeira*) stain: *uma ~ de gordura* a grease stain **2** (*pele*) spot LOC **mancha de óleo** oil slick

manchado, -a *pp, adj* ~ (**de**) (*sujo*) stained (**with** *sth*): *uma carta manchada de sangue/tinta* a bloodstained/ink-stained letter *Ver tb* MANCHAR

manchar ◆ *vt* (*sujar*) to get *sth* dirty: *Não manche a toalha.* Don't get the tablecloth dirty. ◆ *vi* to stain

manchete *sf* (*jornal*) headline

manco, -a *adj* lame

manda-chuva *smf* big shot

mandado *sm* (*Jur*) warrant: *um ~ de busca* a search warrant

mandamento *sm* (*Relig*) commandment

mandão, -ona *adj, sm-sf* bossy [*adj*]: *Você é um ~.* You're very bossy.

mandar ◆ *vt* **1** (*ordenar*) to tell *sb* **to do** *sth*: *Ele mandou as crianças se calarem.* He told the children to be quiet. **2** (*enviar*) to send: *Mandei uma carta para você.* I sent you a letter. **3** (*levar*) to have *sth* done: *Vou ~ limpá-lo.* I'm going to have it cleaned. ◆ *vi* **1** (*governo*) to be in power **2** (*ser o chefe*) to be the boss (*coloq*), to be in charge: *gostar de ~ nos outros* to like to boss people around LOC **mandar alguém passear** to tell sb to get lost **mandar embora** (*demitir*) to fire *sb Ver tb* BUSCAR

mandíbula *sf* jaw

maneira *sf* **1** ~ (**de**) (*modo*) way [*pl* ways] (**of** *doing sth*): *a ~ dela de falar/*vestir her way of speaking/dressing ◊ *Desta ~ é mais fácil.* It's easier this way. **2 maneiras** manners: *boas ~s* good manners LOC **à minha maneira** my, your, etc. way **de maneira que** (*portanto*) so **de todas as maneiras** anyway **maneira de ser:** *É a minha ~ de ser.* It's just the way I am. **não haver maneira de** to be impossible *to do sth*: *Não havia ~ de o carro pegar.* It was impossible to start the car. **que maneira de…!** what a way to…!: *Que ~ de dirigir!* What a way to drive! *Ver tb* DITO, NENHUM

maneiro, -a *adj* cool (*coloq*): *Foi uma festa maneira.* The party was really cool.

manejar *vt* **1** to handle: *~ uma arma* to handle a weapon **2** (*máquina*) to operate

manequim ◆ *sm* (*vitrina*) mannequin ◆ *smf* (*pessoa*) model

maneta *adj* **1** (*sem um braço*) one-armed **2** (*sem uma mão*) one-handed

manga¹ *sf* sleeve: *uma camisa de ~ comprida/curta* a long-sleeved/short-sleeved shirt LOC **em mangas de camisa** in shirtsleeves **sem mangas** sleeveless

manga² *sf* (*fruta*) mango [*pl* mangoes]

mangueira *sf* **1** (*água*) hose **2** (*árvore*) mango tree

manha *sf* **1** (*esperteza, astúcia*) cunning [*não contável*]: *Ele usou de todas as ~s para conseguir ser promovido.* He used all his cunning to get promoted. ◊ *ter muita ~* to be very cunning **2** (*fingimento*) act: *Isso é ~, eu mal toquei nele.* That's (all) an act, I hardly touched him. LOC **fazer manha** (*fingir*) to put on an act

manhã *sf* morning: *Ele parte esta ~.* He's leaving this morning. ◊ *na ~ seguinte* the following morning ◊ *às duas da ~* at two o'clock in the morning ◊ *O exame é segunda de ~.* The exam is on Monday morning. ◊ *Partimos amanhã de ~.* We're leaving tomorrow morning. ☛ *Ver nota em* MORNING LOC *Ver* AMANHÃ, CAFÉ

mania *sf* quirk: *Todos nós temos as nossas pequenas ~s.* We all have our little quirks. ◊ *Isso está virando uma ~ sua!* You're getting obsessed about it! LOC **ter a mania de fazer algo** to have the strange habit of doing sth *Ver tb* PERDER

maníaco, -a *adj* (*obcecado*) obsessive

manicure *sf* manicure

manifestação *sf* 1 (*de protesto*) demonstration 2 (*expressão*) expression: *uma ~ de apoio* an expression of support

manifestante *smf* demonstrator

manifestar ◆ *vt* 1 (*opinião*) to express 2 (*mostrar*) to show ◆ **manifestar-se** *v pron* to demonstrate: *manifestar-se contra/a favor de algo* to demonstrate against/in favor of sth

manifesto, -a ◆ *adj* clear, manifest (*mais formal*) ◆ *sm* manifesto [*pl* manifestos/manifestoes]: *o ~ comunista* the Communist Manifesto

manipular *vt* 1 to manipulate: *Não se deixe ~.* Don't let yourself be manipulated. 2 (*eleições, etc.*) to rig: *~ os resultados das eleições* to rig the election results

manivela *sf* handle, crank (*tec*)

manjar *sm* delicacy [*pl* delicacies]

manobra *sf* maneuver

manobrar *vi* to maneuver

mansão *sf* mansion

manso, -a *adj* 1 (*animal*) tame 2 (*pessoa*) meek

manta *sf* blanket: *Cubra-o com uma ~.* Put a blanket over him.

manteiga *sf* butter

manter ◆ *vt* 1 (*conservar*) to keep: *~ a comida quente* to keep food hot ◊ *~ uma promessa* to keep a promise 2 (*economicamente*) to support: *~ uma família de oito pessoas* to support a family of eight 3 (*afirmar*) to maintain ◆ **manter-se** *v pron* (*situação, problema*) to remain LOC **manter a linha/manter-se em forma** to keep in shape **manter as aparências** to keep up appearances **manter-se em pé** to remain standing **manter-se firme** to stand firm **manter vivo** to keep *sb/sth* alive: *~ viva a esperança* to keep hope alive *Ver tb* CONTATO

mantimento *sm* 1 (*manutenção*) maintenance 2 **mantimentos** provisions

manual ◆ *adj* manual ◆ *sm* 1 manual: *~ de instruções* handbook 2 (*Educ*) textbook LOC *Ver* TRABALHO

manufaturar *vt* to manufacture

manuscrito *sm* manuscript

manusear *vt* to handle: *~ alimentos* to handle food

manutenção *sf* maintenance

mão *sf* 1 hand: *Levante a ~.* Put your hand up. ◊ *estar em boas ~s* to be in good hands 2 (*pintura*) coat 3 (*animal*) paw LOC **à mão 1** (*perto*) at hand: *Você tem um dicionário à ~?* Do you have a dictionary at hand? **2** (*manualmente*) by hand: *Deve ser lavado à ~.* It needs to be washed by hand. ◊ *feito à ~* handmade **à mão armada** armed: *um assalto à ~ armada* an armed robbery **dar a mão** to hold *sb's* hand: *Dê-me a ~.* Hold my hand. **dar uma mão** to give *sb* a hand **de mãos dadas** hand in hand (*with sb*): *Eles passeavam de ~s dadas.* They were walking along hand in hand. **em mãos** in person: *Entregue-o em ~s.* Give it to him in person. **estar à mão** to be close by **fora de mão** (*fora de caminho*) out of the way: *Fica fora de ~ para nós.* It's out of our way. **mão de ferro** firm hand **mãos ao alto!** hands up! *Ver tb* ABRIR, CARRINHO, CONHECER, CORAÇÃO, ESCREVER, ESCRITO, ESFREGAR, FREIO, LAVAR, METER, PÁSSARO, PINTADO, SEGUNDO *adj*

mão-aberta *smf* generous person

mão-de-obra *sf* labor

mapa *sm* map: *Está no ~.* It's on the map. LOC *Ver* DESAPARECER

mapa-múndi *sm* world map

maquete *sf* model

maquiador, ~a *sm-sf* make-up artist

maquiagem *sf* make-up [*não contável*]

maquiar ◆ *vt* to make *sb* up ◆ **maquiar-se** *v pron* to put on your make-up

máquina *sf* 1 machine: *~ de costura* sewing machine ◊ *~ de café* coffee maker 2 (*trem*) engine LOC **escrever/bater à máquina** to type **máquina de escrever** typewriter **máquina de lavar** washing machine **máquina de lavar louça** dishwasher **máquina de secar** dryer **máquina de vender** vending machine **máquina fotográfica** camera *Ver tb* BATER, ESCRITO

maquinaria *sf* machinery

maquinista *smf* engineer, train driver (*GB*)

mar *sm* ocean, sea: *por ~* by sea LOC **fazer-se ao mar** to put out to sea **mar adentro** out to sea

maracujá *sm* passion fruit

maratona *sf* marathon

maravilha *sf* wonder LOC **cheirar/ter um sabor que é uma maravilha** to smell/taste wonderful **fazer maravilhas** to work wonders: *Este xarope faz ~s.* This cough syrup works wonders. **que maravilha!** how wonderful! *Ver tb* MIL

maravilhoso, -a *adj* wonderful

marca *sf* **1** (*sinal*) mark **2** (*produtos de limpeza, alimentos, roupa, cigarro*) brand: *uma ~ de jeans* a brand of jeans **3** (*carros, motos, eletrodomésticos, computador*) make: *De que ~ é o seu carro?* What make is your car? LOC **de marca**: *produtos de ~* branded goods **marca registrada** (registered) trademark

marcador *sm* (*Esporte, painel*) scoreboard

marcar ♦ *vt* **1** to mark: *~ o chão com giz* to mark the ground with chalk **2** (*data*) to fix **3** (*gado*) to brand **4** (*indicar*) to say: *O relógio marcava cinco horas.* The clock said five o'clock. **5** (*Esporte*) to score: *Ele marcou três gols.* He scored three goals. ♦ *vi* **1** (*Esporte*) to score: *Eles marcaram no primeiro tempo.* They scored in the first half. **2** (*encontrar-se*) to meet: *Onde é que a gente marca?* Where shall we meet? LOC **marcar encontro** (**com**) to arrange to meet *sb* **marcar hora/uma consulta** to make an appointment **marcar o compasso/ritmo** to beat time **marcar para o próprio time** to score an own goal

marcha *sf* **1** (*bicicleta, carro*) gear: *trocar de ~* to shift gear ◊ *um carro com cinco ~s* a car with a five-speed transmission **2** (*Mil, Mús, de protesto*) march **3** (*Esporte*) walk LOC **dar marcha à ré** to reverse *Ver tb* CAIXA[1]

marcial *adj* martial

marco[1] *sm* (*estrada*) landmark

marco[2] *sm* (*moeda*) mark

março *sm* March (*abrev* Mar) ☛ *Ver exemplos em* JANEIRO

maré *sf* **1** tide: *~ alta/baixa* high/low tide ◊ *Subiu/Baixou a ~.* The tide came in/went out. **2** (*série*) run: *uma ~ de sorte* a run of good luck ◊ *uma ~ de desgraças* a series of misfortunes

marfim *sm* ivory

margarida *sf* daisy [*pl* daisies]

margarina *sf* margarine

margem *sf* **1** (*rio, canal*) bank **2** (*numa página*) margin **3** (*oportunidade*) room (**for sth**): *~ para dúvida* room for doubt LOC **à margem**: *viver à ~ da sociedade* to live on the fringes of society ◊ *Eles o deixam à ~ de tudo.* They leave him out of everything.

marginal ♦ *smf* (*pessoa*) delinquent ♦ *sf* (*estrada*) coast road

marginalizado, -a ♦ *pp, adj* **1** (*pes-*

soa) marginalized: *sentir-se ~* to feel marginalized **2** (*zona*) deprived ♦ *sm-sf* outcast

maricas *sm* fag, poof (*GB*) ☛ Estas duas palavras são consideradas ofensivas. A palavra mais comum é **gay**.

marido *sm* husband

marinha *sf* navy [*pl* navies] LOC **a Marinha Mercante** the Merchant Marine, the Merchant Navy (*GB*)

marinheiro *sm* sailor

marinho, -a *adj* **1** marine: *vida/poluição marinha* marine life/pollution **2** (*aves, sal*) sea [*s atrib*]

marionete *sf* puppet: *teatro de ~s* puppet show

mariposa *sf* moth

marisco *sm* shellfish [*não contável*]

marítimo, -a *adj* **1** (*povoação, zona*) coastal **2** (*porto, rota*) sea [*s atrib*]: *porto ~* sea port

marketing *sm* marketing

marmelada *sf* quince jelly

mármore *sm* marble

marquês, -esa *sm-sf* marquis [*fem* marchioness]

marquise *sf* awning

marrom *adj, sm* brown ☛ *Ver exemplos em* AMARELO LOC *Ver* IMPRENSA

marta *sf* mink

Marte *sm* Mars

martelar *vt, vi* **1** to hammer *sth* (in): *~ um prego* to hammer a nail in **2** (*insistir*): *Martelei tanto a canção que eles acabaram aprendendo.* I went over and over the song with them until they learned it. **3** (*piano*) to bang away **on the piano**

martelo *sm* hammer

mártir *smf* martyr

marxismo *sm* marxism

marzipã *sm* marzipan

mas *conj* but: *devagar mas com segurança* slowly but surely

mascar *vt, vi* to chew

máscara *sf* mask LOC *Ver* BAILE

mascarar *vt* to mask

mascavo *adj* LOC *Ver* AÇÚCAR

mascote *sf* mascot

masculino, -a *adj* **1** male: *a população masculina* the male population **2** (*Esporte, moda*) men's: *a prova masculina dos 100 metros* the men's 100 meters **3** (*característico do homem, Gram*) masculine ☛ *Ver nota em* MALE

massa *sf* **1** mass: *~ atômica* atomic

mass ◊ *uma ~ de gente* a mass of people **2** (*macarrão*) pasta **3** (*para torta, empada*) pastry: *~ folhada* puff pastry **4** (*para pão*) dough LOC **de massa** mass: *cultura de ~* mass culture

massacrar *vt* **1** (*chacinar*) to massacre **2** (*estafar*) to exhaust: *Trabalhar dez horas por dia anda me massacrando.* Working ten hours a day is exhausting me.

massacre *sm* massacre

massagear *vt* to massage

massagem *sf* massage: *Você me faz uma ~ nas costas?* Can you massage my back for me?

massagista *smf* masseur [*fem* masseuse]

mastigar *vt, vi* to chew: *Você deve ~ bem a comida.* You should chew your food thoroughly.

mastro *sm* **1** (*barco*) mast **2** (*bandeira*) flagpole

masturbar-se *v pron* to masturbate

mata *sf* forest

matado, -a *pp, adj* (*malfeito*) badly done *Ver tb* MATAR

matadouro *sm* slaughterhouse

matança *sf* slaughter

matar *vt* to kill: *Vou ~ você!* I'm going to kill you! ◊ *~ o tempo* to kill time LOC **matar a fome**: *Compramos frutas para ~ a fome.* We bought some fruit to keep us going. **matar a tiro** to shoot *sb* dead **matar aula** to skip class **matar de desgosto** to make *sb's* life a misery **matar dois coelhos de uma cajadada** to kill two birds with one stone **matar (as) saudades**: *para ~ (as) saudades* for old time's sake ◊ *~ as saudades dos amigos* to meet up with your old friends **matar-se de fazer algo** to wear yourself out doing sth: *Matamo-nos de estudar/trabalhar.* We wore ourselves out studying/working.

mate *sm* (*Xadrez*) mate

matemática *sf* math, maths (*GB*), mathematics (*formal*): *Ele é muito bom em ~.* He's very good at math.

matemático, -a ◆ *adj* mathematical ◆ *sm-sf* mathematician

matéria *sf* **1** matter: *~ orgânica* organic matter **2** (*disciplina, tema*) subject: *ser um perito na ~* to be an expert on the subject **3** (*de estudo*) syllabus [*pl* syllabuses]

material ◆ *adj* material ◆ *sm* **1** (*matéria, dados*) material: *um ~ resistente ao fogo* fire-resistant material ◊ *Tenho todo o ~ de que necessito para o artigo.* I have all the material I need for the article. **2** (*equipamento*) equipment [*não contável*]: *~ esportivo/de laboratório* sports/laboratory equipment LOC **material didático/educativo** teaching materials [*pl*]

materialista ◆ *adj* materialistic ◆ *smf* materialist

matéria-prima *sf* raw material

maternal *adj* motherly, maternal (*mais formal*) LOC *Ver* ESCOLA

maternidade *sf* **1** (*condição*) motherhood, maternity (*mais formal*) **2** (*hospital*) maternity hospital

materno, -a *adj* **1** (*maternal*) motherly: *amor ~* motherly love **2** (*parentesco*) maternal: *avô ~* maternal grandfather LOC *Ver* LÍNGUA

matilha *sf* (*cães*) pack

matinal *adj* morning [*s atrib*]: *um vôo ~* a morning flight ◊ *no fim da sessão ~* at the end of the morning session

matiz *sm* **1** (*cor*) shade **2** (*nuança*) nuance: *~es de significado* nuances of meaning ◊ *um ~ irônico* a touch of irony

mato *sm* scrubland

matraca *sf* (*tagarela*) talkative person

matrícula *sf* (*inscrição*) registration: *Já começaram as ~s.* Registration has begun. LOC *Ver* NÚMERO

matricular, matricular-se *vt, v pron* to enroll (*sb*) (*in sth*)

matrimônio *sm* marriage ☛ *Ver nota em* CASAMENTO LOC *Ver* CONTRAIR

matriz *sf* **1** (*fotografia, cópia*) original **2** (*Mat*) matrix [*pl* matrices/matrixes]

maturidade *sf* maturity

matutino, -a ◆ *adj* morning [*s atrib*] ◆ *sm* (*jornal*) morning paper

mau, má *adj* **1** bad: *uma pessoa má* a bad person ◊ *~s modos/~ comportamento* bad manners/behavior ◊ *Tivemos muito ~ tempo.* We had very bad weather. **2** (*inadequado*) poor: *má alimentação/visibilidade* poor food/visibility ◊ *devido ao ~ estado do terreno* due to the poor condition of the ground **3** (*travesso*) naughty: *Não seja ~ e beba o leite.* Don't be naughty—drink up your milk. **4** *~ a/em/para* (*ignoran-*

te) bad **at sth/doing sth**: *Sou muito ~ em matemática.* I'm really bad at math.

mau-caráter *sm* bad guy

maus-tratos *sm* ill-treatment: *Eles sofreram ~ na prisão.* They were subjected to ill-treatment in prison. ◊ *~ contra crianças* ill-treatment of children

maxilar *sm* jaw

máxima *sf* **1** (*ditado*) maxim **2** (*temperatura*) maximum temperature: *Santos registrou a ~ de 45°C.* Santos was the hottest place with a temperature of 113°F.

máximo, -a ♦ *adj* maximum: *temperatura máxima* maximum temperature ◊ *Temos um prazo ~ de sete dias para pagar.* We have a maximum of seven days in which to pay. ♦ *sm* maximum: *um ~ de dez pessoas* a maximum of ten people **ao máximo**: *Devemos aproveitar os nossos recursos ao ~.* We must make the most of our resources. ◊ *Esforcei-me ao ~.* I tried my very best. **no máximo** at most *Ver tb* ALTURA, VELOCIDADE

me *pron pess* **1** (*complemento*) me: *Você não me viu?* Didn't you see me? ◊ *Dê-me isso.* Give me that. ◊ *Compre-me aquilo!* Buy that for me! **2** (*reflexivo*) (myself): *Eu me vi no espelho.* I saw myself in the mirror. ◊ *Vesti-me imediatamente.* I got dressed right away.

meados *sm* LOC **em/nos meados de …** in the middle of…

mecânica *sf* mechanics [*sing*]

mecânico, -a ♦ *adj* mechanical ♦ *sm-sf* mechanic

mecanismo *sm* mechanism

mecha *sf* **1** (*vela*) wick **2** (*bomba*) fuse **3 mechas** (*penteado*) highlights: *fazer ~s* to have your hair highlighted

medalha *sf* medal: *~ de ouro* gold medal LOC *Ver* ENTREGA

média *sf* **1** average: *em ~* on average **2** (*Mat*) mean

mediano, -a *adj* average: *de estatura mediana* of average height

medicamento *sm* medicine: *receitar um ~* to prescribe a medicine

medicar *vt* (*tratar*) to treat

medicina *sf* medicine

médico, -a ♦ *adj* medical: *um exame ~* a medical examination ♦ *sm-sf* doctor: *ir ao ~* to go to the doctor's LOC *Ver* EXAME, LICENÇA

médico-legista *sm* forensic expert

medida *sf* **1** (*extensão*) measurement:

Quais são as ~s desta sala? What are the measurements of this room? **2** (*unidade, precauções*) measure: *pesos e ~s* weights and measures ◊ *Será preciso tomar ~s a esse respeito.* Something must be done about it. LOC **à medida que** as: *à ~ que a doença for avançando* as the illness progresses (**feito**) **sob medida** (made) to measure **ficar na medida** to be a perfect fit **na medida do possível** as far as possible *Ver tb* MEIO

medieval *adj* medieval

médio, -a ♦ *adj* **1** medium: *de tamanho ~* of medium size **2** (*mediano, normal*) average: *temperatura/velocidade média* average temperature/speed **3** (*dedo*) middle ♦ *sm* (*Futebol, jogador*) midfielder LOC *Ver* CLASSE, DEDO, IDADE, ORIENTE, PRAZO

medíocre *adj* mediocre

medir *vt, vi* to measure: *~ a cozinha* to measure the kitchen ◊ *A mesa mede 1,50m de comprimento e 1m de largura.* The table measures 1·50m long by 1m wide. ◊ *Quanto você mede?* How tall are you?

meditar ♦ *vt ~* (**em**) (*refletir*) to ponder sth: *Ele meditou na resposta.* He pondered his reply. ♦ *vi* (*fazer meditação*) to meditate

mediterrâneo, -a *adj, sm* Mediterranean

medo *sm* fear (*of sb/sth/doing sth*): *o ~ de voar/do fracasso* fear of flying/failure LOC **com/por medo de** for fear of *sb/sth/doing sth*: *Não fiz com ~ de ralharem comigo.* I didn't do it for fear of getting into trouble. **ficar com medo** to be scared *of sb/sth/doing sth* **que medo!** how scary! **sentir medo** to be frightened/scared: *Senti muito ~.* I was very frightened. **ter medo** to be frightened/scared (*of sb/sth/doing sth*): *Ele tem muito ~ de cães.* He's very scared of dogs. ◊ *Você teve ~ de ser reprovado?* Were you afraid you would fail? *Ver tb* ESTREMECER, METER, MORRER, MORTO

medonho, -a *adj* **1** (*assustador*) frightening **2** (*horrível*) horrible

medroso, -a *adj* fearful

medula *sf* marrow: *~ óssea* bone marrow

medusa *sf* jellyfish [*pl* jellyfish]

meia *sf* **1** (*curta*) sock **2** (*de nylon*) stocking **3 meias** (*collants*) pantyhose, tights (*GB*) *Ver tb* MEIO

meia-calça *sf* **meias-calças** panty-hose, tights (*GB*)

meia-idade *sf* middle age: *uma pessoa de ~* a middle-aged person

meia-noite *sf* midnight: *Eles chegaram à ~.* They arrived at midnight.

meia-tigela *sf* LOC **de meia-tigela** second-rate: *um ator de ~* a second-rate actor

meia-volta *sf* LOC **dar meia-volta** to turn around: *Ela deu ~ e voltou para trás.* She turned around and went back.

meigo, -a *adj* sweet

meio, -a ♦ *adj* (*metade de*) half a, half an: *meia garrafa de vinho* half a bottle of wine ◊ *meia hora* half an hour ♦ *adv* half: *Quando ele chegou estávamos ~ adormecidos.* We were half-asleep when he arrived. ♦ *sm* **1** (*centro*) middle: *uma praça com uma banca de jornais no ~* a square with a newsstand in the middle ◊ *no ~ da manhã/tarde* in the middle of the morning/afternoon **2** (*ambiente*) environment **3** (*social*) circle: *~s financeiros* financial circles **4** (*procedimento, recurso*) means [*pl* means]: *~ de transporte* means of transportation ◊ *Eles não têm ~s para comprar uma casa.* They don't have enough money to buy a house. ♦ *num* half [*pl* halves]: *Dois ~s dão um inteiro.* Two halves make a whole. ♦ **meia** *num* (*relógio*): *São três e meia.* It's three thirty. LOC **a meia haste** at half-mast **de meio expediente** part-time: *um emprego de ~ expediente* a part-time job **e meio** and a half: *um quilo e ~ de tomates* one and a half kilos of tomatoes ◊ *Demoramos duas horas e meia.* It took us two and a half hours. **meias medidas** half measures **meio ambiente** environment **meio de comunicação** medium [*pl* media] **meio mundo** lots of people [*pl*] **não ser de meias palavras**: *Ele não é de meias palavras.* He doesn't beat around the bush. **no meio de** in the middle of *sth Ver tb* PENSÃO, VOLTA

meio-de-campo *sm* midfield: *um jogador de ~* a midfield player

meio-dia *sm* noon, midday: *a refeição do ~* the midday meal ◊ *Eles chegaram ao ~.* They arrived at noon.

meio-fio *sm* curb, kerb (*GB*)

meio-irmão, meia-irmã *sm-sf* half-brother [*fem* half-sister]

meio-termo *sm* compromise

mel *sm* honey LOC *Ver* FAVO

melancia *sf* watermelon

melancólico, -a *adj* melancholy

melão *sm* melon

melhor ♦ *adj, adv* **1** (*uso comparativo*) better (*than sb/sth*): *Eles têm um apartamento ~ do que o nosso.* They have a better apartment than ours. ◊ *Sinto-me muito ~.* I feel much better. ◊ *quanto antes ~* the sooner the better ◊ *Você canta ~ do que eu.* You're a better singer than me. ◊ *É ~ você levar o guarda-chuva.* You'd better take your umbrella. **2** ~ (**de**) (*uso superlativo*) best (**in/of/that…**): *o meu ~ amigo* my best friend ◊ *a ~ equipe do campeonato* the best team in the league ◊ *Ela é a ~ da turma.* She's the best in the class. ◊ *o que ~ canta* the one who sings best ♦ *sm* best thing: *Se você não sabe a resposta, o ~ é ficar calado.* If you don't know the answer, the best thing is to keep quiet. LOC **fazer o melhor possível** to do your best: *Compareça ao exame e faça o ~ possível.* Just turn up at the exam and do your best. **melhor do que nunca** better than ever **ou melhor** I mean: *cinco, ou ~, seis* five, I mean six *Ver tb* CADA, CASO

melhora *sf* improvement (**in sb/sth**): *a ~ do seu estado de saúde* the improvement in his health

melhoramento *sm* improvement

melhorar ♦ *vt* to improve: *~ as estradas* to improve the roads ♦ *vi* **1** to improve: *Se as coisas não melhorarem…* If things don't improve… **2** (*doente*) to get better: *Melhore logo!* Get well soon!

melindroso, -a *adj* **1** (*problema, situação*) delicate **2** (*suscetível*) touchy

melodia *sf* tune

melro *sm* blackbird

membro *sm* **1** member: *tornar-se ~* to become a member **2** (*Anat*) limb

memorável *adj* memorable

memória *sf* **1** memory: *Você tem boa ~.* You have a good memory. ◊ *perder a ~* to lose your memory **2 memórias** (*autobiografia*) memoirs LOC **de memória** by heart: *saber algo de ~* to know something by heart **puxar pela memória** to try to remember

memorizar *vt* to memorize

menção *sf* mention

mencionar *vt* to mention LOC **para não/sem mencionar…** not to mention…

mendigar *vt, vi* to beg (**for *sth***): ~ *comida* to beg for food

mendigo, -a *sm-sf* beggar

menina *sf* LOC **ser a menina dos olhos de alguém** to be the apple of sb's eye *Ver tb* MENINO

meninice *sf* childhood

menino, -a *sm-sf* boy [*fem* girl] LOC **menino do coro** choirboy **menino prodígio** child prodigy [*pl* child prodigies] **menino rico** rich kid

menopausa *sf* menopause

menor ♦ *adj*

● **uso comparativo** smaller (*than sth*): *O meu jardim é* ~ *do que o seu.* My yard is smaller than yours.

● **uso superlativo** smallest: *o* ~ *dos dois* the smaller of the two

● **outros usos** (*Mús*) minor: *uma sinfonia em mi* ~ a symphony in E minor ♦ *smf* (*menor de idade*) minor: *Não se serve álcool a* ~*es.* We do not serve alcohol to minors. LOC **menor de 18, etc. anos**: *Proibida a entrada a* ~*es de 18 anos.* No entry for under-18s. **ser menor de idade** to be under 21

menos ♦ *adv*

● **uso comparativo** less (*than sb/sth*): *Dê-me* ~. Give me less. ◊ *Demorei* ~ *do que pensava.* It took me less time than I thought it would. ☛ Com substantivos contáveis a forma mais correta é **fewer**, apesar de cada vez mais pessoas utilizarem **less**: *Havia menos gente/carros que ontem.* There were fewer people/cars than yesterday. *Ver tb nota em* LESS.

● **uso superlativo** least (*in/of…*): *a* ~ *faladora da família* the least talkative member of the family ◊ *o aluno que* ~ *estuda* the student who works least ☛ Com substantivos contáveis a forma mais correta é **fewest**, apesar de cada vez mais pessoas utilizarem **least**: *a turma com menos alunos* the class with fewest students *Ver tb nota em* LESS. ♦ *prep* **1** (*exceto*) except: *Foram todos* ~ *eu.* Everybody went except me. **2** (*Mat, temperatura*) minus: *Cinco* ~ *três são dois.* Five minus three is two. ◊ *Estamos com* ~ *dez graus.* It's minus ten. ♦ *sm* (*sinal matemático*) minus (sign) LOC **a menos** too little, too few: *Deram-me dez reais a* ~. They gave me ten reals too little. ◊ *três garfos a* ~ three forks too few **a menos que** unless: *a* ~ *que pare de chover* unless it stops raining **ao/pelo menos** at least: *Dê pelo* ~ *um*

para mim. Give me at least one. **menos mal!** thank goodness! *Ver tb* MAIS

menosprezar *vt* to despise

mensageiro, -a *sm-sf* messenger

mensagem *sf* message

mensal *adj* monthly: *um salário* ~ a monthly salary

menstruação *sf* menstruation

mental *adj* mental

mentalidade *sf* mentality [*pl* mentalities] LOC **ter uma mentalidade aberta/fechada** to be open-minded/narrow-minded

mente *sf* mind LOC **ter algo em mente** to have sth in mind

mentir *vi, vt* to lie: *Não minta para mim!* Don't lie to me! ☛ *Ver nota em* LIE[2]

mentira *sf* lie: *contar/dizer* ~*s* to tell lies ◊ *Isso é* ~! That's a lie! LOC **uma mentira inofensiva** a white lie *Ver tb* PARECER

mentiroso, -a ♦ *adj* deceitful: *uma pessoa mentirosa* a deceitful person ♦ *sm-sf* liar

menu *sm* menu: *Não estava no* ~. It wasn't on the menu.

mercadinho *sm* convenience store, corner shop (*GB*)

mercado *sm* market: *Comprei no* ~. I bought it at the market. LOC **mercado negro** black market

mercadoria *sf* goods [*pl*]: *A* ~ *estava danificada.* The goods were damaged. LOC *Ver* IMPOSTO

mercearia *sf* grocery store

merceeiro, -a *sm-sf* grocer

mercenário, -a *adj, sm-sf* mercenary [*pl* mercenaries]: *tropas mercenárias* mercenaries

mercúrio *sm* **1** (*Quím*) mercury **2** **Mercúrio** (*planeta*) Mercury

merecer *vt* to deserve: *Você merece um castigo.* You deserve to be punished. ◊ *A equipe mereceu perder.* The team deserved to lose.

merecido, -a *pp, adj* well-deserved: *uma vitória bem merecida* a well-deserved victory *Ver tb* MERECER

merengue *sm* (*Cozinha*) meringue

mergulhador, ~a *sm-sf* **1** diver **2** (*Esporte*) scuba-diver

mergulhar *vi* to dive

mergulho *sm* **1** (*ação*) dive **2** (*Esporte*) scuba diving: *praticar* ~ to go scuba diving **3** (*nadando*) dip: *ir dar um* ~ to go for a dip LOC *Ver* TRAJE

meridiano *sm* meridian

mérito *sm* merit LOC **ter mérito** to be praiseworthy

mero, -a *adj* mere: *Foi mera coincidência.* It was mere coincidence.

mês *sm* month: *no ~ passado/que vem* last/next month ◊ *no início do ~* at the beginning of the month LOC **mês sim, mês não** every other month **num mês** (*no prazo de um mês*) within a month: *Fechou num ~.* It closed within a month. **por mês 1** (*em cada mês*) a month: *Quanto você gasta por ~?* How much do you spend a month? **2** (*mensalmente*) monthly: *Somos pagos por ~.* We're paid monthly. *Ver tb* CURSO

mesa *sf* table: *Não ponha os pés na ~.* Don't put your feet on the table. ◊ *Sentamo-nos à ~?* Should we sit at the table? LOC **mesa de centro/jantar** coffee/dining table **mesa** (**de escritório/escola**) desk **pôr/tirar a mesa** to set/clear the table *Ver tb* TÊNIS, TOALHA

mesada *sf* allowance

mesa-de-cabeceira *sf* bedside table

meseta *sf* plateau

mesmo, -a ◆ *adj* **1** (*idêntico*) same: *ao ~ tempo* at the same time ◊ *este ~ rapaz* this very boy ◊ *Moro na mesma casa que ele.* I live in the same house as him. **2** (*uso enfático*) *Eu ~ o vi.* I saw it myself. ◊ *estar em paz consigo ~* to be at peace with yourself ◊ *a princesa, ela mesma* the princess herself ◆ *pron* same one: *Ela é a mesma que veio ontem.* She's the same woman who came yesterday. ◆ *adv* **1** (*exatamente*) right: *Prometo-lhe que faço hoje ~.* I promise you I'll get it done today. **2** (*no caso, apesar de*) even: *~ quando* even when ◊ *nem ~* not even ◊ *Eles não quiseram vir, ~ sabendo que você estava aqui.* They didn't want to come even though they knew you were here. **3** (*de verdade*) really: *É uma maçã ~!* It really is an apple! LOC **esse mesmo** the very same **isso mesmo!** that's right! **mesmo assim** even so: *~ assim, eu não aceitaria.* Even so, I wouldn't accept. **mesmo que/se** even if: *Venha, ~ que seja tarde.* Come along, even if it's late. **o mesmo** the same: *Vou querer o ~ de sempre.* I'll have the same as usual. ◊ *O ~, por favor!* Same again, please! **para mim dá no mesmo/na mesma** It's all the same to me, you, etc. **por isso mesmo** that's why *Ver tb* AGORA, AÍ, ALI

mesquinho, -a *adj* (*avarento*) stingy

mesquita *sf* mosque

mestiço, -a *adj*, *sm-sf* (person) of mixed race

mestrado *sm* master's (degree)

mestre, -a *sm-sf* **1** (*educador*) teacher **2** ~ (**de/em**) (*figura destacada*) master: *um ~ do xadrez* a chess master LOC *Ver* GOLPE

meta *sf* **1** (*Atletismo*) finishing line: *o primeiro a atravessar a ~* the first to cross the finishing line **2** (*objetivo*) goal: *alcançar uma ~* to achieve a goal

metade *sf* half [*pl* halves]: *~ dos deputados votou contra.* Half the Representatives voted against it. ◊ *partir algo pela ~* to cut sth in half LOC **na/pela metade** (**de**): *Paramos na ~ do caminho.* We'll stop halfway. ◊ *A garrafa estava pela ~.* The bottle was half empty. **pela metade do preço** half-price: *Comprei pela ~ do preço.* I bought it half-price.

metáfora *sf* metaphor

metal *sm* metal

metálico, -a *adj* **1** metal [*s atrib*]: *uma barra metálica* a metal bar **2** (*brilho, som*) metallic

meteorito *sm* meteorite

meteoro *sm* meteor

meteorológico, -a *adj* weather [*s atrib*], meteorological (*formal*): *um boletim ~* a weather report LOC *Ver* BOLETIM

meteorologista *smf* weather forecaster

meter ◆ *vt* **1** to put: *Meta o carro na garagem.* Put the car in the garage. ◊ *Onde você meteu as minhas chaves?* Where did you put my keys? ◊ *Meti 2.000 reais na minha conta.* I put 2,000 reais into my account. **2** (*introduzir*) to introduce **3** (*implicar*) to involve ◆ **meter-se** *v pron* **1** (*introduzir-se*) to get into *sth*: *meter-se na cama/debaixo do chuveiro* to get into bed/the shower **2** (*involver-se, interessar-se*) to get involved *in sth*: *meter-se na política* to get involved in politics **3** (*nos assuntos de outro*) to interfere (*in sth*): *Eles se metem em tudo.* They interfere in everything. **4** **meter-se com** to pick on *sb* LOC **meter a mão em/na cara de alguém** to hit sb **meter medo** to frighten *sb*, to scare *sb* (*mais coloq*): *As ameaças dele não me metem nenhum medo.* His threats don't scare me. **meter o bedelho** to interfere (*in sth*): *Faça o favor de não ~ o bedelho na minha vida!*

Please don't interfere in my life! **meter o dedo no nariz** to pick your nose **meter o nariz** to poke/stick your nose *into sth* **meter os pés pelas mãos** to get into a tangle **meter-se na vida dos outros** to poke your nose into other people's business **meter-se onde não se é chamado** to poke your nose in (where it's not wanted) *Ver tb* CABEÇA

meticuloso, -a *adj* (*cuidadoso*) meticulous

metido, -a *pp, adj* **1** (*pretensioso*) conceited **2** (*intrometido*) nosy: *Não seja ~, ninguém pediu a sua opinião.* Don't be so nosy. No one asked you for your opinion. *Ver tb* METER

método *sm* method

metralhadora *sf* machine gun

métrico, -a *adj* metric: *o sistema ~* the metric system LOC *Ver* FITA

metro *sm* **1** (*medida*) meter (*abrev* m): *os 200 ~s de nado de peito* the 200 meters breaststroke ◊ *Vende-se por ~.* It's sold by the meter. ☛ *Ver Apêndice 1.* **2** (*fita para medir*) tape measure

metrô *sm* subway, underground (*GB*): *Podemos ir de ~.* We can go there on the subway.

O metrô de Londres chama-se **the tube**: *Apanhamos o último metrô.* We caught the last tube.

meu, minha ◆ *pron adj* my: *os ~s amigos* my friends ◆ *pron subs* mine: *Estes livros são ~s.* These books are mine.

Note que *um amigo meu* se traduz por **a friend of mine** pois significa *um dos meus amigos*.

mexer ◆ *vt, vi* **1** (*mover*) to move: *Não consigo ~ as pernas.* I can't move my legs. **2** (a) (*líquido*) to stir: *Não pare de ~ a sopa.* Keep stirring the soup. **(b)** (*salada*) to toss **3** ~ (**em**) (**a**) (*tocar*) to touch: *Não mexa nisso!* Don't touch it! **(b)** (*bisbilhotar*) to poke around (**in sth**): *Você está sempre mexendo nas minhas coisas.* You're always poking around in my things. **4** ~ **com** (**a**) (*comover*) to affect, to get to *sb* (*coloq*): *Sabe que esse filme mexeu comigo?* The movie really got to me, you know. **(b)** (*irritar*) to tease: *Não faça caso, ele só está mexendo com você.* Ignore him—he's only teasing you. **(c)** (*trabalhar*) to work **with sth**: *O seu pai mexe com quê?* What does your father work with? ◆ **mexer-se** *v pron* **1** (*mover-se*) to move: *Não se mexa!* Don't move! **2**

(*apressar-se*) to get a move on: *Mexa-se ou perdemos o trem.* Get a move on or we'll miss the train.

mexericar *vi* to gossip

mexerico *sm* gossip [*não contável*]

mexeriqueiro, -a *adj, sm-sf* gossip [*s*]

mexicano, -a *adj, sm-sf* Mexican

México *sm* Mexico

mexido, -a *pp, adj* LOC *Ver* OVO

mexilhão *sm* mussel

mi *sm* E: *mi maior* E major

miar *vi* to meow

miau *sm* meow ☛ *Ver nota em* GATO

micróbio *sm* microbe, germ (*mais coloq*)

microfone *sm* microphone, mike (*mais coloq*)

microondas *sm* microwave (oven)

microônibus *sm* minibus

microscópio *sm* microscope

migalha *sf* crumb: *~s de bolacha* cookie crumbs

migração *sf* migration

migrar *vi* to migrate

mijar *vi* to pee

mil *num, sm* **1** (a) thousand: *~ pessoas* a thousand people ◊ *uma conta de cinco ~ reais* a bill for five thousand reals

Também se pode traduzir **mil** por **one thousand** quando é seguido de outro número: *mil trezentos e sessenta* one thousand three hundred and sixty, ou quando se deseja dar mais ênfase: *Eu disse mil, não dois mil.* I said one thousand, not two. De 1.100 a 1.900 é muito freqüente usar as formas **eleven hundred, twelve hundred**, etc.: *uma corrida de mil e quinhentos metros* a fifteen hundred meters race.

2 (*anos*): *em 1600* in sixteen hundred ◊ *1713* seventeen thirteen ◊ *o ano 2000* the year two thousand ☛ *Ver Apêndice 1.* LOC **às mil maravilhas** wonderfully *Ver tb* CEM

milagre *sm* miracle

milênio *sm* millennium

milésimo, -a *num, sm* thousandth: *um ~ de segundo* a thousandth of a second

milha *sf* mile

milhão *sm* million [*pl* million]: *dois milhões trezentos e quinze* two million three hundred and fifteen ◊ *Tenho um ~ de coisas para fazer.* I have a million things to do. ☛ *Ver Apêndice 1.* LOC

milhões de ... millions of ... : *milhões de partículas* millions of particles

milhar *sm* thousand [*pl* thousand] LOC **aos milhares** in their thousands **milhares de** ... thousands of ... : *~es de moscas/pessoas* thousands of flies/people

milho *sm* **1** (*planta*) corn, maize (*GB*) **2** (*grão*) corn on the cob, sweetcorn (*GB*)

milímetro *sm* millimeter (*abrev* mm) ☛ *Ver Apêndice 1.*

milionário, -a *sm-sf* millionaire [*fem* millionairess]

militar ◆ *adj* military: *uniforme ~* military uniform ◆ *smf* soldier: *O meu pai era ~.* My father was in the army. LOC *Ver* SERVIÇO

mim *pron pess* me: *É para mim?* Is it for me? ◊ *Não gosto de falar de mim (mesma).* I don't like talking about myself.

mimar *vt* to spoil

mímica *sf* mime: *fazer ~* to mime

mímico, -a *sm-sf* mime

mimo *sm* (*carinho*) fuss [*não contável*]: *As crianças precisam de ~s.* Children need to be made a fuss of.

mina *sf* **1** mine: *uma ~ de carvão* a coal mine **2** (*lapiseira*) lead LOC **mina (de ouro)** (*negócio lucrativo*) gold-mine **mina (terrestre)** landmine

mindinho *sm* **1** (*da mão*) little finger, pinkie (*mais coloq*) **2** (*do pé*) little toe

mineiro, -a ◆ *adj* **1** mining [*s atrib*]: *várias empresas mineiras* several mining companies **2** (*de Minas Gerais*) from Minas Gerais ◆ *sm-sf* **1** miner **2** (*de Minas Gerais*) person from Minas Gerais: *os ~s* the people of Minas Gerais

mineral *adj, sm* mineral LOC *Ver* ÁGUA

minério *sm* ore: *~ de ferro* iron ore

minguante *adj* (*lua*) waning LOC *Ver* QUARTO

minhoca *sf* earthworm

miniatura *sf* miniature

minimizar *vt* **1** to minimize **2** (*dar pouca importância*) to play *sth* down

mínimo, -a ◆ *adj* **1** (*menor*) minimum: *a tarifa mínima* the minimum charge **2** (*insignificante*) minimal: *A diferença entre eles era mínima.* The difference between them was minimal. ◆ *sm* minimum: *reduzir ao ~ a poluição* to cut pollution to the minimum LOC **no mínimo** at least **o mínimo que** ... the least ... : *O ~ que podem fazer é devolver*

o dinheiro. The least they can do is give the money back. *Ver tb* SALÁRIO

minissaia *sf* miniskirt

ministério *sm* (*Pol, Relig*) ministry [*pl* ministries] LOC **Ministério da Fazenda** Treasury Department **Ministério das Relações Exteriores** State Department (*USA*), Foreign Office (*GB*)

ministro, -a *sm-sf* minister: *o Ministro da Educação brasileiro* the Brazilian Minister for Education LOC **Ministro da Fazenda** Secretary of the Treasury (*USA*), Chancellor of the Exchequer (*GB*) **Ministro das Relações Exteriores/do Exterior** Secretary of State (*USA*), Foreign Secretary (*GB*)

minoria *sf* minority [*v sing ou pl*] [*pl* minorities] LOC **ser a minoria** to be in the minority

minúsculo, -a ◆ *adj* **1** (*diminuto*) tiny **2** (*letra*) small, lowercase (*mais formal*): *um "m" ~* a small "m" ◆ **minúscula** *sf* small letter, lowercase letter (*mais formal*)

minuto *sm* minute: *Espere um ~.* Just a minute.

miolo *sm* **1** (*pão*) crumb **2** (*cérebro*) brain

míope *adj* near-sighted, short-sighted (*GB*)

miopia *sf* near-sightedness, short-sightedness (*GB*)

miragem *sf* mirage

mirante *sm* viewpoint

miserável ◆ *adj* **1** (*sórdido, escasso*) miserable: *um quarto/salário ~* a miserable room/income **2** (*pessoa, vida*) wretched ◆ *smf* (*desgraçado*) wretch

miséria *sf* **1** (*pobreza*) poverty **2** (*quantidade pequena*) pittance: *Ele ganha uma ~.* He earns a pittance. LOC *Ver* PETIÇÃO

missa *sf* mass LOC **missa do galo** midnight mass

missão *sf* mission

míssil *sm* missile

missionário, -a *sm-sf* missionary [*pl* missionaries]

mistério *sm* mystery [*pl* mysteries]

misterioso, -a *adj* mysterious

misto, -a *adj* (*escola*) coeducational LOC *Ver* SALADA

misto-quente *sm* toasted ham and cheese sandwich

mistura *sf* **1** mixture: *uma ~ de azeite e vinagre* a mixture of oil and vinegar **2**

(*tabaco, álcool, café, chá*) blend **3** (*racial, social, musical*) mix

misturar ◆ *vt* **1** to mix: ~ *bem os ingredientes.* Mix the ingredients well. **2** (*desordenar*) to get *sth* mixed up: *Não misture as fotografias.* Don't get the photos mixed up. **3** (*amalgamar*) to blend **4** (*salada*) to toss ◆ **misturar-se** *v pron* (*envolver-se*) to mix **with sb**: *Ele não quer se ~ com a gente do povoado.* He doesn't want to mix with people from the town.

mito *sm* **1** (*lenda*) myth **2** (*pessoa famosa*) legend: *Ele é um ~ do futebol brasileiro.* He's a Brazilian soccer legend.

mitologia *sf* mythology

miúdo, -a ◆ *adj* (*pequeno*) small ◆ **miúdos** *sm* (*ave*) giblets

mixe (*tb* mixo) *adj* **1** (*de má qualidade*) crummy **2** (*insignificante*) measly

mobília *sf* furniture LOC **sem mobília** unfurnished

mobiliar *vt* to furnish

mobiliário *sm* furniture

moçambicano, -a *adj, sm-sf* Mozambican

Moçambique *sm* Mozambique

mochila *sf* backpack

mocinho, -a *sm-sf* good guy: *O ~ ganhou.* The good guy won.

moço, -a ◆ *sm-sf* young man/woman [*pl* young men/women]: *uma moça de 25 anos* a young woman of twenty-five ◆ *adj* young

moda *sf* fashion: *seguir a ~* to follow fashion LOC **estar/entrar na moda** to be/become fashionable **fora de moda** old-fashioned **sair de moda** to go out of fashion *Ver tb* DESFILE, ÚLTIMO

modelo ◆ *sm* **1** model: *Ele é um aluno ~.* He's a model student. **2** (*roupa*) style: *Temos vários ~s de casaco.* We have several styles of jacket. ◆ *smf* (*pessoa*) model

moderação *sf* moderation: *beber com ~* to drink in moderation

moderado, -a *pp, adj* moderate *Ver tb* MODERAR

moderar *vt* **1** (*velocidade*) to reduce **2** (*violência*) to control

modernizar *vt* to modernize

moderno, -a *adj* modern

modéstia *sf* modesty

modesto, -a *adj* modest

modificar *vt* **1** (*mudar*) to change **2** (*Gram*) to modify

modo *sm* **1** (*maneira*) way [*pl* ways] (**of**

doing sth): *um ~ especial de rir* a special way of laughing ◊ *Ele o faz do mesmo ~ que eu.* He does it the same way as me. **2 modos** (*maneiras*) manners: *maus ~s* bad manners LOC **a/do meu modo** my, your, etc. way: *Prefiro fazer as coisas do meu ~.* I prefer to do things my way. **de modo que** (*portanto*) so **de qualquer modo/de todo modo/de todos os modos** anyway **de tal modo que** so much that: *Ele gritou de tal ~ que perdeu a voz.* He shouted so much that he lost his voice. *Ver tb* GERAL, NENHUM

módulo *sm* module

moeda *sf* **1** (*metal*) coin: *Você tem uma ~ de 50 centavos?* Do you have a 50 cent coin? **2** (*unidade monetária*) currency [*pl* currencies]: *a ~ francesa* French currency LOC *Ver* CASA

moedor *sm* **1** (*de café*) grinder **2** (*de carne*) mincer

moer *vt* **1** (*café, trigo*) to grind **2** (*cansar*) to wear *sb* out

mofado, -a *adj* moldy

mofo *sm* mold

mogno *sm* mahogany

moinho *sm* mill LOC **moinho de vento** windmill

moita *sf* LOC (**fazer algo**) **na moita** (to do sth) on the quiet: *Eu os vi entrar na ~.* I saw them sneak in.

mola *sf* (*peça de aço*) spring

molar *sm* (*dente*) molar

moldar *vt* to mold

molde *sm* **1** (*fôrma*) mold **2** (*costura*) pattern **3** (*para desenhar*) template

moldura *sf* frame

mole *adj* soft

molécula *sf* molecule

moleza *sf* **1** softness **2** (*fraqueza*) weakness **3** (*preguiça*) listlessness LOC **ser (uma) moleza** (*ser fácil*) to be a breeze

molhado, -a *pp, adj* wet *Ver tb* MOLHAR

molhar ◆ *vt* **1** to get *sb/sth* wet: *Não molhe o chão.* Don't get the floor wet. ◊ *~ os pés* to get your feet wet **2** (*mergulhar*) to dip: *~ o pão na sopa* to dip bread in soup ◆ **molhar-se** *v pron* to get wet: *Você se molhou?* Did you get wet?

molho¹ *sm* **1** sauce: *~ de tomate* tomato sauce **2** (*para carne*) gravy LOC **pôr de molho** to soak

molho² *sm* (*feixe*) sprig

momento *sm* **1** moment: *Espere um ~.* Just a moment. ◊ *a qualquer ~* at any moment ◊ *neste* ~ at this moment **2** (*período*) time [*não contável*]: *nestes* ~*s de crise* at this time of crisis LOC **a todo o momento** constantly **de um momento para o outro** suddenly **do momento** contemporary: *o melhor cantor do* ~ the best contemporary singer **em momento nenhum** never: *Em* ~ *nenhum pensei que o fariam.* I never thought they would do it. **no momento** for the moment: *No* ~ *tenho bastante trabalho.* I have enough work for the moment. **no momento em que…** just when…

monarca *smf* monarch

monarquia *sf* monarchy [*pl* monarchies]

monetário, -a *adj* monetary: *o Fundo Monetário Internacional* the International Monetary Fund

monge, monja *sm-sf* monk [*fem* nun]

monitor *sm* (*Informát*) monitor

monopólio *sm* monopoly [*pl* monopolies]

monopolizar *vt* to monopolize

monótono, -a *adj* monotonous

monóxido *sm* monoxide LOC **monóxido de carbono** carbon monoxide

monstro *sm* monster: *um* ~ *de três olhos* a three-eyed monster

monstruoso, -a *adj* monstrous

montado, -a *pp, adj*: ~ *num cavalo/ numa motocicleta* riding a horse/a motorcycle *Ver tb* MONTAR

montagem *sf* **1** (*máquina*) assembly: *uma linha de* ~ an assembly line **2** (*Cinema*) montage

montanha *sf* **1** mountain: *no alto de uma* ~ on the top of a mountain **2** (*tipo de paisagem*) mountains [*pl*]: *Prefiro* ~ *à praia.* I prefer the mountains to the beach. **3** (*muitos*) a lot **of sth**: *uma* ~ *de cartas* a lot of letters LOC *Ver* BICICLETA

montanha-russa *sf* roller coaster

montanhismo *sm* mountaineering

montanhoso, -a *adj* mountainous LOC *Ver* CADEIA

montão *sm* a lot (**of sth**): *um* ~ *de dinheiro* a lot of money

montar ◆ *vt* **1** (*criar*) to set *sth* up: ~ *um negócio* to set up a business **2** (*máquina*) to assemble **3** (*barraca de camping*) to pitch **4** ~ (**em**) (*cavalo, bicicleta*) to get on (*sth*) ◆ *vi* to ride: *Gosto de* ~ *a cavalo.* I like horseback riding. ◊ *botas/ roupa de* ~ riding boots/clothes

monte *sm* **1** hill **2** (*em nome próprio*) Mount: *o Monte Evereste* Mount Everest **3** (*pilha*) pile: *um* ~ *de areia* a pile of sand LOC **um monte de** (*grande quantidade*) lots of: *Havia um* ~ *de carros.* There were lots of cars. *Ver tb* VENDER

monumento *sm* monument

morada *sf* home, residence (*formal*)

morador, ~a *sm-sf* resident

moral ◆ *adj* moral ◆ *sf* **1** (*princípios*) morality **2** (*de história*) moral ◆ *sm* (*ânimo*) morale: *O* ~ *está baixo.* Morale is low.

morango *sm* strawberry [*pl* strawberries]

morar *vi* to live: *Onde você mora?* Where do you live? ◊ *Moram em Ipanema/no quinto andar.* They live in Ipanema/on the fifth floor.

mórbido, -a *adj* morbid

morcego *sm* bat

mordaça *sf* gag

morder *vt, vi* to bite: *O cão me mordeu na perna.* The dog bit my leg. ◊ *Mordi a maçã.* I bit into the apple. LOC *Ver* BICHO, CÃO

mordida *sf* bite

mordomo *sm* butler

moreno, -a *adj* **1** (*pele*) dark: *A minha irmã é mais morena do que eu.* My sister's much darker than me. **2** (*bronzeado*) tan: *ficar* ~ to tan

morfina *sf* morphine

moribundo, -a *adj* dying

morno, -a *adj* lukewarm

morrer *vi* to die: ~ *de enfarte/num acidente* to die of a heart attack/in an accident LOC **deixar morrer** (*motor*) to stall: *Deixei* ~ *o carro.* I stalled the car. **morrer afogado** to drown **morrer de calor** to be sweltering: *Estou morrendo de calor.* I'm sweltering. **morrer de fome** to starve: *Estou morrendo de fome!* I'm starving! **morrer de frio** to be freezing (cold) **morrer de medo** to be scared stiff **morrer de rir** to die laughing **morrer de tédio** to be bored stiff **morrer de vergonha** to die of embarrassment **morrer de vontade de fazer algo** to be dying to do sth *Ver tb* ONDE, SONO

morro *sm* **1** hill **2** (*favela*) shanty town

mortadela *sf* bologna

mortal ◆ *adj* **1** mortal: *pecado* ~ mortal sin **2** (*veneno, inimigo*) deadly ◆ *smf* mortal

mortalidade *sf* mortality

morte *sf* death LOC *Ver* PENA², PENSAR, VEZ

morto, -a *pp, adj, sm-sf* dead: *Tinha*

sido dada por morta. They had given her up for dead. ◊ *A cidade fica praticamente morta durante o inverno*. The town is practically dead in winter. ◊ *os ~s na guerra* the war dead **LOC estar morto de vontade de fazer algo** to be dying to do sth **morto de cansaço** dead tired **morto de frio/fome** freezing/starving **morto de inveja** green with envy **morto de medo** scared to death **morto de raiva/ciúme(s)** eaten up with anger/jealousy **morto de sede** dying of thirst **morto de tédio** bored to death **morto de vergonha** extremely embarrassed *Ver tb* PESAR¹, PONTO, VIVO *e* MORRER

mosaico *sm* mosaic

mosca *sf* fly [*pl* flies] **LOC estar às moscas** to be deserted: *O bar estava às ~s*. The bar was deserted. **não faz mal a uma mosca** he, she, it, etc. wouldn't hurt a fly

mosquito *sm* mosquito [*pl* mosquitoes]

mostarda *sf* mustard

mosteiro *sm* monastery [*pl* monasteries]

mostra *sf* **1** (*sinal*) sign: *dar ~s de cansaço* to show signs of fatigue **2** (*exposição*) exhibition

mostrar ◆ *vt* to show: *Eles mostraram muito interesse por ela*. They showed great interest in her. ◆ **mostrar-se** *v pron* (*parecer*) to seem: *Ele se mostrou um pouco pessimista*. He seemed rather pessimistic.

motim *sm* mutiny [*pl* mutinies]

motivar *vt* **1** (*causar*) to cause **2** (*incentivar*) to motivate

motivo *sm* reason (**for sth**): *o ~ da nossa viagem* the reason for our trip ◊ *por ~s de saúde* for health reasons ◊ *Ele se zangou comigo sem nenhum ~*. He became angry with me for no reason.

motocicleta (*tb* **moto**) *sf* motorcycle, motorbike (*mais coloq*): *andar de ~* to ride a motorcycle

motociclismo *sm* motorcycling

motociclista *smf* motorcyclist

motor *sm* engine, motor ☞ *Ver nota em* ENGINE **LOC** *Ver* BARCO

motorista *smf* driver **LOC** *Ver* CARTEIRA, EXAME

mouse *sm* (*Informát*) mouse ☞ *Ver ilustração em* COMPUTADOR

movediço, -a *adj* unstable **LOC** *Ver* AREIA

móvel ◆ *adj* mobile ◆ *sm* **1** piece of furniture: *um ~ muito bonito* a beautiful piece of furniture **2 móveis** (*conjunto*) furniture [*não contável, v sing*]: *Os móveis estavam cobertos de pó*. The furniture was covered in dust.

mover, mover-se *vt, v pron* to move: *~ uma peça de xadrez* to move a chess piece ◊ *Não se mova ou eu atiro*. Don't move or I'll shoot.

movimentado, -a *pp, adj* **1** (*ativo*) busy: *Tivemos um mês muito ~*. We had a very busy month. **2** (*animado*) lively: *um bar muito ~* a very lively bar *Ver tb* MOVIMENTAR(-SE)

movimentar, movimentar-se *vt, v pron* to move

movimento *sm* **1** movement: *um ligeiro ~ da mão* a slight movement of the hand ◊ *o ~ operário/romântico* the labor/Romantic movement **2** (*andamento*) motion: *O carro estava em ~*. The car was in motion. ◊ *pôr algo em ~* to set sth in motion

muçulmano, -a *adj, sm-sf* Muslim

mudança *sf* **1** ~ (**de**) change (**in/of sth**): *uma ~ de temperatura* a change in temperature ◊ *Houve uma ~ de planos*. There was a change of plan. **2** (*casa*) move **LOC estar de mudança** to be moving **mudança de direção/sentido** U-turn *Ver tb* CAIXA¹, CAMINHÃO

mudar, mudar-se *vt, vi, v pron* **1** (*de posição, de casa*) to move: *Mudaram as minhas coisas para outro escritório*. They moved all my things to another office. ◊ *Mudamos para o número três*. We moved to number three. ◊ *mudar-se para longe da família* to move away from your family **2** ~ (**de**) (*alterar(-se)*) to change: *~ de assunto* to change the subject ◊ *Ele mudou muito nestes últimos anos*. He's changed a lot in the last few years. **LOC mudar de casa** to move **mudar de idéia/opinião** to change your mind **mudar de roupa** to change

mudo, -a *adj* mute **LOC** *Ver* FILME

mugido *sm* moo

mugir *vi* **1** (*vaca*) to moo **2** (*touro*) to bellow

muito, -a ◆ *adj*
● **em orações afirmativas** a lot of *sth*: *Tenho ~ trabalho*. I have a lot of work. ◊ *Havia ~s carros*. There were a lot of cars.
● **em orações negativas e interrogativas 1** (+ *substantivo não contável*) much, a lot of *sth* (*mais coloq*): *Ele não*

tem muita sorte. He doesn't have much luck. ◊ *Você toma ~ café?* Do you drink a lot of coffee? **2** (+ *substantivo contável*) many, a lot of *sth* (*mais coloq*): *Não havia ~s ingleses.* There weren't many English people.

● **outras construções**: *Você está com muita fome?* Are you very hungry? ◊ *há ~ tempo* a long time ago ◆ *pron* **1** (*em orações afirmativas*) a lot: *~s dos meus amigos* a lot of my friends **2** (*em orações negativas e interrogativas*) much [*pl* many] ☞ *Ver nota em* MANY ◆ *adv* **1** a lot: *Ele se parece ~ com o pai.* He's a lot like his father. ◊ *O seu amigo vem ~ aqui.* Your friend comes around here a lot. ◊ *~ trabalhar ~* to work hard **2** (+ *adjetivo ou advérbio, em respostas*) very: *Eles estão ~ bem/cansados.* They're very well/tired. ◊ *~ devagar/cedo* very slowly/early ◊ *—Você está cansado?—Não ~.* "Are you tired?" "Not very." ◊ *—Você gostou?—Muito.* "Did you like it?" "Very much." **3** (*com formas comparativas*) much: *Você é ~ mais velho do que ela.* You're much older than her. ◊ *~ mais interessante* much more interesting **4** (*muito tempo*) a long time: *há ~* a long time ago ◊ *Eles chegaram ~ antes de nós.* They got here a long time before us. **5** (+ *substantivo*): *Ele é ~ homem.* He's a real man. LOC **muito bem!** well done! **quando muito** at the most *Ver tb* CURTIR

mula *sf* mule

muleta *sf* crutch

mulher *sf* **1** woman [*pl* women] **2** (*esposa*) wife [*pl* wives] LOC *Ver* NEGÓCIO

multa *sf* fine LOC **dar/passar uma multa** to fine: *Deram-lhe uma ~.* He's been fined.

multar *vt* to fine

multidão *sf* crowd

multinacional *adj, sf* multinational

multiplicação *sf* multiplication

multiplicar *vt* (*Mat*) to multiply: *~ dois por quatro* to multiply two by four

múltiplo, -a *adj* **1** (*não simples*) multiple: *uma fratura múltipla* a multiple fracture **2** (*numerosos*) numerous: *em ~s casos* in numerous cases LOC **múltipla escolha** multiple choice

multirracial *adj* multiracial

múmia *sf* mummy [*pl* mummies]

mundial ◆ *adj* world [*s atrib*]: *o recorde*

~ the world record ◆ *sm* world championship: *o Mundial de Atletismo* the World Athletics Championships

mundo *sm* world: *dar a volta ao ~* to go around the world LOC **o mundo do espetáculo** show business **todo mundo** everybody, everyone: *A polícia interrogou todo ~ que estava lá.* The police questioned everybody who was there. *Ver tb* LUA, MEIO, NADA, VOLTA

munição *sf* ammunition [*não contável*]: *ficar sem munições* to run out of ammunition

municipal *adj* municipal LOC *Ver* CÂMARA, ELEIÇÃO

município *sm* municipality

mural *sm* mural

muralha *sf* wall: *a Muralha da China* the Great Wall of China

murcho, -a *adj* **1** (*flor*) withered **2** (*pessoa*) sad

murmurar *vt, vi* to murmur

murmúrio *sm* murmur: *o ~ do vento* the murmur of the wind

muro *sm* wall

murro *sm* punch: *dar um ~ em alguém* to punch sb

musa *sf* muse

musculação *sf* working out

muscular *adj* muscle [*s atrib*]: *uma lesão ~* a muscle injury LOC *Ver* DISTENSÃO

músculo *sm* muscle

musculoso, -a *adj* muscular

museu *sm* museum ☞ *Ver nota em* MUSEUM

musgo *sm* moss

música *sf* music: *Não gosto de ~ clássica.* I don't like classical music. LOC **música ao vivo** live music **música de câmara** chamber music **música de fundo** background music

musical *adj, sm* musical LOC *Ver* COMÉDIA, ESCALA, FUNDO

músico, -a *sm-sf* musician

mutante *adj, smf* mutant

mutilar *vt* to mutilate

mutreta *sf* swindle

mutuamente *adv* each other, one another: *Eles se odeiam ~.* They hate each other. ☞ *Ver nota em* EACH OTHER

mútuo, -a *adj* mutual

nabo *sm* turnip

nação *sf* nation

nacional *adj* **1** (*da nação*) national: *a bandeira* ~ the national flag **2** (*não internacional*) domestic: *o mercado* ~ the domestic market LOC *Ver* HINO, PRODUTO

nacionalidade *sf* **1** nationality [*pl* nationalities] **2** (*cidadania*) citizenship

nacionalista *adj* nationalist

nada ♦ *pron* nothing, anything

Utiliza-se **nothing** quando o verbo está na afirmativa em inglês e **anything** quando o verbo está na negativa: *Não sobrou nada.* There's nothing left. ◊ *Não tenho nada a perder.* I've got nothing to lose. ◊ *Não quero nada.* I don't want anything. ◊ *Eles não têm nada em comum.* They haven't got anything in common. ◊ *Você não quer nada?* Don't you want anything? ◊ *Não ouço* ~. I can't hear anything/a thing.

♦ *adv* at all: *Não está* ~ *claro.* It's not at all clear. LOC **de nada 1** (*sem importância*) little: *É um arranhão de* ~. It's only a little scratch. **2** (*exclamação*) you're welcome: —*Obrigado pelo jantar.*—*De* ~! "Thank you for the meal." "You're welcome!" **nada de especial/do outro mundo** nothing to write home about **nada disso!** no way! **nada mais 1** (*é tudo*) that's all **2** (*só*) only: *Tenho um,* ~ *mais.* I only have one. **por nada deste mundo**: *Esta criança não come por* ~ *deste mundo.* This child won't eat for love nor money.

nadadeira *sf* (*peixe*) fin

nadador, ~a *sm-sf* swimmer

nadar *vi* to swim: *Não sei* ~. I can't swim. LOC **nadar de costas/peito** to do (the) backstroke/breaststroke **nadar em estilo borboleta/crawl** to do (the) butterfly/the crawl

nádega *sf* buttock

nado *sm* stroke: ~ *de costas* backstroke LOC **a nado**: *Eles atravessaram o rio a* ~. They swam across the river.

naftalina *sf* LOC *Ver* BOLA

naipe *sm* (*cartas*) suit

namorado, -a *sm-sf* boyfriend [*fem* girlfriend]: *Você tem namorada?* Do you have a girlfriend? LOC **ser namorados**: *Somos* ~*s há dois anos.* We've been going out together for two years. *Ver tb* DIA

namorar ♦ *vt* to go out with *sb* ♦ *vi* to go out together

namoro *sm* relationship

não ♦ *adv* **1** (*resposta*) no: *Não, obrigado.* No, thank you. ◊ *Eu disse que não.* I said no. **2** (*referindo-se a verbos, advérbios, frases*) not: *Não é um bom exemplo.* It's not a good example. ◊ *Começamos agora ou não?* Are we starting now or not? ◊ *Claro que não.* Of course not. ◊ *Não sei.* I don't know. **3** (*negativa dupla*): *Ele não sai nunca.* He never goes out. ◊ *Não sei nada de futebol.* I know nothing about soccer. **4** (*palavras compostas*) non-: *não-fumante* non-smoker ♦ *sm* no [*pl* noes]: *um não categórico* a categorical no LOC **não é, foi, etc.?**: *Hoje é terça-feira, não é?* Today is Tuesday, isn't it? ◊ *Você comprou, não comprou?* You did buy it, didn't you?

não-oficial *adj* unofficial

narcótico *sm* **narcóticos** drugs

narina *sf* nostril

nariz *sm* nose: *Assoe o* ~. Blow your nose. LOC **estar com o nariz escorrendo** to have a runny nose *Ver tb* ASSOAR, DONO, ENXERGAR, FRANZIR, METER, TORCER

narrador, ~a *sm-sf* narrator

narrar *vt* to tell

nasal *adj* nasal

nascença *sf* birth: *Ela é cega de* ~. She was born blind.

nascente ♦ *adj* (*sol*) rising ♦ *sf* **1** (*água*) spring: *água de* ~ spring water **2** (*rio*) source

nascer *vi* **1** (*pessoa, animal*) to be born: *Onde você nasceu?* Where were you born? ◊ *Nasci em 1971.* I was born in 1971. **2** (*sol, rio*) to rise **3** (*planta, cabelo, penas*) to grow LOC **nascer para ser ator, cantor, etc.** to be a born actor, singer, etc. **o nascer do sol** sunrise

nascimento *sm* birth: *data de* ~ date of birth LOC **de nascimento** by birth: *ser brasileiro de* ~ to be Brazilian by birth *Ver tb* LOCAL, LUGAR

natação *sf* swimming

natal ♦ *adj* native: *terra* ~ native land

◆ **Natal** *sm* Christmas: *Feliz Natal!* Merry Christmas! ◊ *Sempre nos reunimos no Natal.* We always get together at Christmas.

Nos Estados Unidos e na Grã-Bretanha praticamente não se celebra a véspera de Natal ou a noite de Natal, **Christmas Eve**. O dia mais importante é o dia 25 de dezembro, **Christmas Day** quando a família abre os presentes trazidos pelo Papai Noel, **Santa Claus, Father Christmas** (GB).

LOC *Ver* CÂNTICO, CARTÃO, CIDADE, DIA, FELIZ, NOITE, TERRA

natalidade *sf* birth rate LOC *Ver* ÍNDICE

nativo, -a *adj, sm-sf* native

nato, -a *adj* born: *um músico* ~ a born musician

natural *adj* **1** natural: *causas naturais* natural causes ◊ *É* ~! It's only natural! **2** (*fruta, flor*) fresh **3** (*espontâneo*) unaffected: *um gesto* ~ an unaffected gesture LOC **ser natural de...** (*origem*) to come from...

naturalidade *sf* **1** (*origem*): *de* ~ *paulista* born in São Paulo **2** (*simplicidade*): *com a maior* ~ *do mundo* as if it were the most natural thing in the world LOC **com naturalidade** naturally

naturalmente *adv* of course: *Sim,* ~. Yes, of course.

natureza *sf* nature LOC **por natureza** by nature

natureza-morta *sf* (*Arte*) still life [*pl* still lifes]

naufragar *vi* to be shipwrecked

naufrágio *sm* shipwreck

náufrago, -a *sm-sf* castaway [*pl* castaways]

náusea *sf* nausea LOC **dar náuseas** to make *sb* feel nauseous **sentir/ter náuseas** to feel nauseous

náutico, -a *adj* sailing: *clube* ~ sailing club

navalha *sf* **1** (*de barba*) (cut-throat) razor **2** (*arma*) knife [*pl* knives]: *Fui atacado na rua com uma* ~. Someone pulled a knife on me in the street.

nave *sf* (*igreja*) nave LOC **nave espacial** spaceship

navegação *sf* navigation

navegar *vi* **1** (*barcos*) to sail **2** (*aviões*) to fly LOC **navegar na Internet** to surf the Net

navio *sm* ship LOC **navio de guerra** warship

nazista *adj, smf* Nazi

neblina *sf* mist

necessário, -a *adj* necessary: *Farei o que for* ~. I'll do whatever's necessary. ◊ *Não leve mais do que é* ~. Only take what you need. ◊ *Não é* ~ *que você venha.* There's no need for you to come. LOC **se for necessário** if necessary

necessidade *sf* **1** (*coisa imprescindível*) necessity [*pl* necessities]: *O ar condicionado é uma* ~. Air conditioning is a necessity. **2** ~ (**de**) need (**for sth/to do sth**): *Não vejo* ~ *de ir de carro.* I don't see the need to go by car. ◊ *Não há* ~ *de autorização.* There's no need for authorization. LOC **passar necessidade** to suffer hardship **sem necessidade** needlessly *Ver tb* PRIMEIRO

necessitado, -a ◆ *pp, adj* (*pobre*) needy ◆ *sm-sf*: *ajudar os* ~*s* to help the needy *Ver tb* NECESSITAR

necessitar *vt, vi* ~ (**de**) to need

necrotério *sm* morgue

negar ◆ *vt* **1** (*fato*) to deny *sth/doing sth/that...*: *Ele negou ter roubado o quadro.* He denied stealing the picture. **2** (*autorização, ajuda*) to refuse: *Negaram-nos a entrada no país.* We were refused entry into the country. ◆ **negar-se** *v pron* **negar-se a** to refuse **to do sth**: *Eles se negaram a pagar.* They refused to pay.

negativa *sf* (*recusa*) refusal

negativo, -a *adj, sm* negative LOC *Ver* SALDO

negligente *adj* careless, negligent (*mais formal*)

negociação *sf* negotiation

negociante *smf* businessman/woman [*pl* businessmen/women]

negociar *vt, vi* to negotiate

negócio *sm* **1** (*comércio, assunto*) business: *fazer* ~ to do business ◊ *Muitos* ~*s fracassaram.* A lot of businesses went bust. ◊ ~*s são* ~*s.* Business is business. ◊ *Estou aqui a* ~*s.* I'm here on business. **2** (*loja*) shop: *Eles têm um pequeno* ~. They have a small shop. **3** (*troço*) thing: *Dê-me aquele* ~. Give me that thing. LOC **homem/mulher de negócios** businessman/woman [*pl* businessmen/women] **negócio da China** good business **negócio fechado**! it's a deal! **o negócio é o seguinte...** here's the deal...

negro, -a ◆ *adj, sm* black ☛ *Ver exemplos en* AMARELO ◆ *sm-sf* black man/woman [*pl* black men/women] LOC *Ver* MERCADO, OVELHA

nem *conj* **1** (*negativa dupla*) neither … nor … : *Nem você nem eu falamos francês.* Neither you nor I speak French. ◊ *Ele não disse nem que sim nem que não.* He didn't say yes or no. **2** (*nem sequer*) not even: *Nem ele mesmo sabe quanto ganha.* Not even he knows how much he earns. LOC **nem eu** neither am I, do I, have I, etc.: —*Não acredito.*—*Nem eu.* "I don't believe it." "Neither do I." **nem que** even if: *nem que me dessem dinheiro* not even if they paid me **nem todos** not everybody/all of them **nem um** not a single (one): *Não tenho nem um real sobrando.* I don't have a single real left. **nem uma palavra, um dia, etc.** mais not another word, day, etc. **que nem:** *correr que nem um louco* to run like crazy

nenhum, ~a ♦ *adj* no, any

Utiliza-se **no** quando o verbo está na afirmativa em inglês: *Ainda não chegou nenhum aluno.* No students have arrived yet. ◊ *Ele não mostrou nenhum entusiasmo.* He showed no enthusiasm. Utiliza-se **any** quando o verbo está na negativa: *Ele não prestou nenhuma atenção.* He didn't pay any attention.

♦ *pron* **1** (*entre duas pessoas ou coisas*) neither, either

Utiliza-se **neither** quando o verbo está na afirmativa em inglês: —*Qual dos dois você prefere?*—*Nenhum.* "Which one do you prefer?" "Neither (of them)." Utiliza-se **either** quando o verbo está na negativa: *Não discuti com nenhum dos dois.* I didn't argue with either of them.

2 (*entre mais de duas pessoas ou coisas*) none: *Havia três, mas não sobrou ~.* There were three, but there are none left. ◊ *~ dos concorrentes acertou.* None of the contestants got the right answer. LOC **de maneira nenhuma/modo nenhum!** no way! (*coloq*), certainly not! *Ver tb* LUGAR, MOMENTO

neozelandês, -esa ♦ *adj* New Zealand [*s atrib*] **♦** *sm-sf* New Zealander

nervo *sm* **1** nerve: *São os ~s.* It's just nerves. **2** (*carne*) gristle LOC **ter os nervos à flor da pele** to be highly-strung *Ver tb* ATAQUE, PILHA

nervosismo *sm* nervousness

nervoso, -a *adj* **1** nervous: *o sistema ~* the nervous system ◊ *estar ~* to be nervous **2** (*Anat, célula, fibra*) nerve [*s atrib*]: *tecido ~* nerve tissue LOC **ficar**

nervoso to get worked up *Ver tb* ESGOTAMENTO

neto, -a *sm-sf* **1** grandson [*fem* granddaughter] **2 netos** grandchildren

Netuno *sm* Neptune

neutro, -a *adj* **1** neutral **2** (*Biol, Gram*) neuter

nevar *v imp* to snow

neve *sf* snow LOC *Ver* BOLA, BONECO, BRANCO

névoa *sf* mist

nevoeiro *sm* fog: *Há muito ~.* It's very foggy.

nicotina *sf* nicotine

ninguém *pron* nobody: *~ sabe disso.* Nobody knows this. ◊ *~ mais estava lá.* There was nobody else there.

Note que, quando o verbo em inglês está na negativa, usamos **anybody**: *Ele está zangado e não quer falar com ninguém.* He's angry and won't talk to anybody.

ninhada *sf* (*Zool*) litter

ninharia *sf* (*coisa de pouco valor*): *Para ela, mil dólares é uma ~.* A thousand dollars is nothing to her.

ninho *sm* nest: *fazer um ~* to build a nest

nítido, -a *adj* **1** (*claro*) clear **2** (*imagem*) sharp

nitrogênio *sm* nitrogen

nível *sm* **1** level: *~ da água/do mar* water/sea level ◊ *a todos os níveis* at all levels **2** (*qualidade, preparação*) standard: *um excelente ~ de jogo* an excellent standard of play LOC **nível de vida** standard of living *Ver tb* PASSAGEM

nivelar *vt* **1** (*superfície, terreno*) to level **2** (*desigualdades*) to even sth out

nó *sm* knot: *fazer/desfazer um ~* to tie/undo a knot LOC **nó dos dedos** knuckle **sentir um nó na garganta** to have a lump in your throat

nobre ♦ *adj* noble **♦** *smf* nobleman/woman [*pl* noblemen/women]

nobreza *sf* nobility

noção *sf* notion LOC **ter noções de algo** to have a basic grasp of sth

nocaute *sm* knockout

nocivo, -a *adj* ~ (**para**) harmful (**to sb/sth**)

nódoa *sf* stain

nogueira *sf* walnut tree

noite *sf* night: *às dez da ~* at ten o'clock at night LOC **à noite** at night: *segunda-*

feira à ~ on Monday night **boa noite!** good night!

Utiliza-se **good night** apenas como forma de despedida. Para saudar alguém diz-se **good evening**: *Boa noite, senhoras e senhores.* Good evening, ladies and gentlemen.

da noite evening: *sessão da ~* evening performance **da noite para o dia** overnight **de noite 1** (*vestido*) evening **2** (*à noite*) at night **3** (*escuro*) dark: *Já era de* ~. It was already dark. **esta noite/hoje à noite** tonight **fazer-se noite** to get dark **noite de Natal/Ano Novo** Christmas Eve/New Year's Eve: *na ~ de Natal* on Christmas Eve *Ver tb* ANTEONTEM, CAIR, ONTEM, VARAR, VESTIDO

noivado *sm* engagement: *anel de ~* engagement ring

noivo, -a *sm-sf* **1** (*prometido*) fiancé [*fem* fiancée] **2** (*em casamento, recém-casados*) (bride)groom [*fem* bride] ☞ *Ver nota em* CASAMENTO LOC **estar noivos** to be engaged **os noivos 1** (*em casamento*) the bride and groom **2** (*recém-casados*) the newlyweds *Ver tb* VESTIDO

nojento, -a *adj* **1** (*sujo*) filthy **2** (*repugnante*) disgusting

nojo *sm* **1** (*náusea*) nausea **2** (*repugnância*) disgust: *Ele não conseguia esconder o ~ que sentia.* He couldn't hide his disgust. LOC **dar nojo**: *Rim me dá ~.* I can't stand kidney. ◊ *Este país me dá ~.* This country makes me sick. **estar um nojo** to be filthy **que nojo!** how gross!

nômade ◆ *adj* nomadic ◆ *smf* nomad

nome *sm* **1** (**a**) name (**b**) (*em formulários*) first name ☞ *Ver nota em* MIDDLE NAME **2** (*Gram*) noun: *~ próprio* proper noun LOC **em nome de** on behalf of *sb*: *Ele agradeceu a ela em ~ do presidente.* He thanked her on behalf of the president. **nome completo** full name **nome de batismo** first name **nome de solteira** maiden name

nomear *vt* **1** (*mencionar*) to mention *sb's name*: *sem o ~* without mentioning his name **2** (*designar alguém para um cargo*) to appoint *sb* (**to sth**) **3** (*eleger para um prêmio*) to nominate *sb* (**for sth**): *Ela foi nomeada para um Oscar.* She was nominated for an Oscar.

nono, -a *num, sm* ninth ☞ *Ver exemplos em* SEXTO

nora *sf* (*parente*) daughter-in-law [*pl* daughters-in-law]

nordeste *sm* **1** (*ponto cardeal, região*) northeast (*abrev* NE) **2** (*vento, direção*) northeasterly

nordestino, -a ◆ *adj* north-eastern ◆ *sm-sf* person from the North-East: *os ~s* the people of the North-East

norma *sf* rule LOC (**ter**) **como norma fazer/não fazer algo** to always/never do sth: *Como ~ não bebo durante as refeições.* I never drink at mealtimes.

normal *adj* **1** (*habitual*) normal: *o curso ~ dos acontecimentos* the normal course of events ◊ *É o ~.* That's the normal thing. **2** (*comum*) ordinary: *um emprego ~* an ordinary job **3** (*padrão*) standard: *o procedimento ~* the standard procedure

normalizar ◆ *vt* (*relações, situação*) to restore *sth* to normal ◆ *vi* to return to normal

noroeste *sm* **1** (*ponto cardeal, região*) northwest (*abrev* NW) **2** (*direção, vento*) northwesterly

norte *sm* north (*abrev* N): *a/no ~ do Brasil* in the north of Brazil ◊ *na costa ~* on the north coast LOC *Ver* AMÉRICA, IRLANDA

nortista ◆ *adj* northern ◆ *smf* northerner

nos *pron pess* **1** (*complemento*) us: *Eles nos viram.* They saw us. ◊ *Eles nunca nos dizem a verdade.* They never tell us the truth. ◊ *Eles nos prepararam o jantar.* They made supper for us. **2** (*reflexivo*) ourselves: *Nós nos divertimos muito.* We enjoyed ourselves very much. **3** (*recíproco*) each other, one another: *Nós nos amamos muito.* We love each other very much. ☞ *Ver nota em* EACH OTHER

nós *pron pess* **1** (*sujeito*) we: *Nós também vamos.* We're going too. **2** (*complemento, em comparações*) us: *Ele pratica menos esporte do que nós.* He plays sports less than us. LOC **entre nós** (*confidencialmente*) between ourselves **nós mesmos/próprios** we ourselves: *Fomos nós mesmas que a construímos.* We built it ourselves. ◊ *Nós próprios lhe dissemos isso.* We told you so ourselves. **somos nós** it's us

nosso, -a ◆ *pron adj* our: *nossa família* our family ◆ *pron subs* ours: *O seu carro é melhor do que o ~.* Your car is better than ours.

Note que *uma amiga nossa* se traduz por **a friend of ours** pois significa *uma das nossas amigas.*

nostalgia *sf* nostalgia

nostálgico, -a *adj* nostalgic

nota *sf* **1** note: *Deixei uma ~ para você na cozinha.* I left you a note in the kitchen. **2** (*Educ*) grade, mark (*GB*): *tirar boas ~s* to get good grades **3** (*dinheiro*) bill, (bank)note (*GB*): *~s de dez dólares* ten-dollar bills LOC **tomar nota** to take note (*of sth*) *Ver tb* BLOCO, CHEIO

notar ◆ *vt* (*observar*) to notice: *Não notei nenhuma mudança.* I didn't notice any change. **◆ notar-se** *v pron* **1** (*sentir-se*) to feel: *Nota-se a tensão.* You can feel the tension. ◊ *Notava-se que ela estava nervosa.* You could tell she was nervous. **2** (*ver-se*): *Não se nota a idade dele.* He doesn't look his age.

notável *adj* remarkable

notícia *sf* **1** news [*não contável*]: *Tenho uma má ~ para lhe dar.* I have some bad news for you. ◊ *As ~s são alarmantes.* The news is alarming. **2** (*Jornal, TV*) news item LOC **ter notícias de alguém** to hear from sb: *Você tem tido ~s da sua irmã?* Did you hear from your sister?

noticiário *sm* news: *Ligue o rádio que está na hora do ~.* Turn on the radio—it's time for the news.

notificar *vt* to notify *sb* (*of sth*): *Notificamos a polícia do roubo.* We notified the police of the theft.

noturno, -a *adj* **1** night [*s atrib*]: *serviço ~ de ônibus* night bus service **2** (*aulas*) evening [*s atrib*]

nova *sf* news [*não contável*]: *Tenho boas ~s.* I have good news.

novamente *adv* again: *Vou ter que fazer tudo ~.* I'll have to do it all again.

novato, -a ◆ *adj* inexperienced **◆** *sm-sf* beginner

Nova Zelândia *sf* New Zealand

nove *num, sm* **1** nine **2** (*data*) ninth ☛ *Ver exemplos em* SEIS

novecentos, -as *num, sm* nine hundred ☛ *Ver exemplos em* SEISCENTOS

novela *sf* **1** (*livro*) novella **2** (*Rádio, TV*) soap (opera)

novelo *sm* ball: *um ~ de lã* a ball of wool

novembro *sm* November (*abrev* Nov) ☛ *Ver exemplos em* JANEIRO

noventa *num, sm* ninety ☛ *Ver exemplos em* SESSENTA

novidade *sf* **1** novelty [*pl* novelties]: *a ~ da situação* the novelty of the situation ◊ *a grande ~ da temporada* the latest thing **2** (*alteração*) change: *Não*

há ~s com relação ao estado do doente. There's no change in the patient's condition. **3** (*notícia*) news [*não contável*]: *Alguma ~?* Any news?

novilho, -a *sm-sf* steer [*fem* heifer]

novo, -a *adj* **1** new: *Esses sapatos são ~s?* Are those shoes new? **2** (*adicional*) further: *Surgiram ~s problemas.* Further problems arose. **3** (*jovem*) young: *Você é mais ~ do que ela.* You're younger than her. ◊ *o mais ~ dos dois* the younger of the two ◊ *o mais ~ da turma* the youngest in the class ◊ *o irmão mais ~ da Maria* Maria's youngest brother LOC **de novo** again **novo em folha** brand-new **o que há de novo?** what's new? *Ver tb* NOITE

noz *sf* **1** (*fruto*) walnut **2 nozes** (*frutos de casca dura*) nuts [*pl*]

nu, nua *adj* **1** (*pessoa*) naked: *A criança estava nua.* The child was naked. **2** (*parte do corpo, vazio*) bare: *braços ~s/ paredes nuas* bare arms/walls ☛ *Ver nota em* NAKED LOC **nu em pêlo** stark naked **pôr a nu** to expose: *O filme põe a nu a corrupção do governo.* The movie exposes government corruption. *Ver tb* TORSO

nublado, -a *pp, adj* cloudy *Ver tb* NUBLAR-SE

nublar-se *v pron* (*céu*) to cloud over

nuca *sf* nape

nuclear *adj* nuclear

núcleo *sm* nucleus [*pl* nuclei]

nudez *sf* nudity

nulo, -a *adj* **1** (*inválido*) invalid: *um acordo ~* an invalid agreement **2** (*inexistente*) nonexistent: *As possibilidades são praticamente nulas.* The possibilities are almost nonexistent. LOC *Ver* VOTO

numeração *sf* numbers [*pl*] LOC **numeração arábica/romana** Arabic/ Roman numerals [*pl*]

numeral *sm* numeral

numerar *vt* to number

número *sm* **1** number: *um ~ de telefone* a phone number ◊ *~ par/ímpar* even/ odd number **2** (*tamanho*) size: *Que ~ você calça?* What size shoe do you take? **3** (*publicação*) issue: *um ~ atrasado* a back issue **4** (*Teat*) act: *um ~ de circo* a circus act LOC **número de matrícula** registration number **número primo** prime number **um sem número de…** hundreds of…: *Estive lá um sem ~ de vezes.* I've been there hundreds of times.

numeroso, -a *adj* **1** (*grande*) large: *uma família numerosa* a large family **2** (*muitos*) numerous: *em numerosas ocasiões* on numerous occasions

nunca *adv* never, ever

Utiliza-se **never** quando o verbo está na afirmativa em inglês: *Nunca estive em Paris.* I've never been to Paris. Utiliza-se **ever** para exprimir idéias negativas ou com palavras como **nobody**, **nothing**, etc.: *sem nunca ver o sol* without ever seeing the sun ◊ *Nunca acontece nada.* Nothing ever happens. *Ver tb nota em* ALWAYS.

LOC mais (do) que nunca more than ever: *Hoje está mais calor do que ~.* It's hotter than ever today. **nunca mais** never again **quase nunca** hardly ever: *Quase ~ nos vemos.* We hardly ever see each other. *Ver tb* MELHOR

núpcias *sf* wedding [*sing*]

nutrição *sf* nutrition

nutritivo, -a *adj* nutritious

nuvem *sf* cloud LOC **andar/estar nas nuvens** to have your head in the clouds *Ver tb* BRANCO, CABEÇA

O o

o¹ *art def* **1** the: *O trem chegou tarde.* The train was late. ☞ *Ver nota em* THE **2** (*para substantivar*) the…thing: *o interessante/difícil é…* the interesting/difficult thing is… LOC **o/a de…** **1** (*posse*): *O da Marisa é melhor.* Marisa's (one) is better. ◊ *Esta bagagem é a do Miguel.* These bags are Miguel's. **2** (*característica*) the one with…: *o de olhos verdes/de barba* the one with green eyes/the beard ◊ *Eu prefiro o de bolinhas.* I'd prefer the one with polka dots. **3** (*vestuário*) the one in…: *o do casaco cinza* the one in the gray coat ◊ *a de vermelho* the one in red **4** (*procedência*) the one from…: *o de Belo Horizonte* the one from Belo Horizonte **o/a que…** **1** (*pessoa*) the one (who/that)…: *O que eu vi era mais alto.* The one I saw was taller. **2** (*coisa*) the one (which/that)…: *A que compramos ontem era melhor.* The one (that) we bought yesterday was nicer. **3** (*quem quer que*) whoever: *O que chegar primeiro faz o café.* Whoever gets there first has to make the coffee. **o que** which: *o que não é verdade* which isn't true **o que…** what: *Você nem imagina o que foi aquilo.* You can't imagine what it was like. ◊ *Farei o que você disser.* I'll do whatever you say. **o que é meu** (*posse*) my, your, etc. things: *Tudo o que é meu é seu.* Everything I have is yours.

o² *pron pess* **1** (*ele*) him: *Expulsei-o de casa.* I threw him out of the house. ◊ *Vi-o no sábado à tarde.* I saw him on Saturday afternoon. **2** (*coisa*) it: *Onde é que você o guarda?* Where do you keep it? ◊ *Ignore-o.* Ignore it. **3** (*você*) you: *Eu o avisei!* I told you so!

oásis *sm* oasis [*pl* oases]

obcecado, -a *pp, adj* obsessed: *Ele é ~ por livros.* He's obsessed with books.

obedecer *vi* to obey: *~ aos pais* to obey your parents ◊ *Obedeça!* Do as you're told!

obediência *sf* obedience

obediente *adj* obedient

obeso, -a *adj* obese

obituário *sm* obituary [*pl* obituaries]

objetar *vt* to object

objetiva *sf* (*Fot*) lens

objetivo, -a ♦ *adj* objective ♦ *sm* **1** (*finalidade*) objective: *~s a longo prazo* long-term objectives **2** (*propósito*) purpose

objeto *sm* (*coisa, Gram*) object

oblíquo, -a *adj* oblique

oboé *sm* oboe

obra *sf* **1** work: *uma ~ de arte* a work of art ◊ *as ~ completas de Monteiro Lobato* the complete works of Monteiro Lobato **2** (*lugar em construção*) site: *Houve um acidente na ~.* There was an accident at the site. **3 obras** (*na estrada*) construction [*sing*], roadworks (*GB*)

obra-prima *sf* masterpiece

obrigação *sf* obligation LOC **ter (a) obrigação de** to be obliged *to do sth*

obrigado, -a ♦ *pp, adj* obliged: *sentir-se/ver-se ~ a fazer algo* to feel obliged to do sth ♦ *interj* thank you!, thanks! (*mais coloq*): *muito ~!* thank you very much! LOC **ser obrigado a** to have *to do sth*: *Somos ~s a trocá-lo.* We have to change it. *Ver tb* OBRIGAR

obrigar *vt* to force *sb* **to do sth**: *Obrigaram-me a entregar a mala.* They forced me to hand over the bag.

obrigatório, -a *adj* compulsory: *ensino ~* compulsory education

obsceno, -a *adj* obscene

obscuridade *sf* (*fig*) obscurity: *viver na ~* to live in obscurity

obscuro, -a *adj* (*fig*) obscure: *um poeta ~* an obscure poet

observação *sf* observation: *capacidade de ~* powers of observation LOC **estar em observação** to be under observation

observador, ~a ♦ *adj* observant ♦ *sm-sf* observer

observar *vt* **1** (*olhar*) to observe, to watch (*mais coloq*): *Eu observava as pessoas da minha janela.* I was watching people from my window. **2** (*notar*) to notice: *Você observou algo estranho nele?* Did you notice anything odd about him? **3** (*comentar*) to remark

observatório *sm* observatory [*pl* observatories]

obsessão *sf* obsession (**with sb/sth/ doing sth**): *uma ~ com motos/ganhar* an obsession with motorcycles/winning

obstáculo *sm* obstacle

obstante LOC **não obstante** nevertheless, however (*mais coloq*)

obstinado, -a *pp, adj* obstinate

obstruir *vt* to block *sth* (up): *~ a entrada* to block the entrance (up)

obter *vt* **1** to obtain, to get (*mais coloq*): *~ um empréstimo/o apoio de alguém* to get a loan/sb's support **2** (*vitória*) to score: *A equipe obteve a sua primeira vitória.* The team scored its first victory. LOC *Ver* EQUIVALÊNCIA

obturação *sf* (*dente*) filling

obturar *vt* to fill: *Vão ter que me ~ três dentes.* I have to have three teeth filled.

óbvio, -a *adj* obvious

ocasião *sf* **1** (*vez*) occasion: *em várias ocasiões* on several occasions **2** (*oportunidade*) opportunity [*pl* opportunities], chance (*mais coloq*) (**to do sth**): *uma ~ única* a unique opportunity

oceano *sm* ocean

ocidental ♦ *adj* western: *o mundo ~* the western world ♦ *smf* westerner

ocidente *sm* west: *as diferenças entre o Oriente e o Ocidente* the differences between East and West

ócio *sm* leisure

oco, -a *adj* hollow: *Esta parede é oca.* This wall is hollow.

ocorrer *vi* **1** (*acontecer*) to happen, to occur (*mais formal*): *Não quero que volte a ~.* I don't want it to happen again. **2** (*lembrar*) to occur **to sb**: *Acaba de me ~ que…* It has just occurred to me that…

ocular *adj* LOC *Ver* GLOBO, TESTEMUNHA

oculista *smf* (*pessoa*) optician

óculos *sm* **1** glasses: *um rapaz louro, de ~* a fair-haired boy with glasses ◊ *usar ~* to wear glasses **2** (*motociclista, esquiador, mergulhador*) goggles LOC **óculos escuros** sunglasses, shades (*coloq*)

ocultar *vt* to hide *sb/sth* (**from sb/sth**): *Não tenho nada a ~.* I have nothing to hide.

ocupado, -a *pp, adj* **1** ~ (**em/com**) (*pessoa*) busy (**with sb/sth**); busy (**doing sth**): *Se alguém telefonar, diga que estou ~.* If anyone calls, say I'm busy. **2** (*telefone*) busy, engaged (*GB*): *O telefone está ~.* The line's busy. **3** (*banheiro*) occupied, engaged (*GB*) **4** (*lugar, táxi*) taken: *Este lugar está ~?* Is this seat taken? *Ver tb* OCUPAR

ocupar *vt* **1** (*espaço, tempo*) to take up *sth*: *O artigo ocupa meia página.* The article takes up half a page. **2** (*cargo oficial*) to hold **3** (*país*) to occupy

odiar *vt* to hate *sb/sth/doing sth*: *Odeio cozinhar.* I hate cooking.

ódio *sm* hatred (**for/of sb/sth**) LOC **ter ódio de alguém/algo** to hate *sb/sth*

odioso, -a *adj* hateful

odor *sm* odor

oeste *sm* west (*abrev* W): *a/no ~* in the west ◊ *na costa ~* on the west coast ◊ *mais a ~* further west

ofegante *adj* breathless

ofegar *vi* to pant

ofender ♦ *vt* to offend ♦ **ofender-se** *v pron* to take offense (**at sth**): *Você se ofende com pouco.* You take offense at the slightest thing.

ofensa *sf* offense

ofensiva *sf* offensive

ofensivo, -a *adj* offensive

oferecer ♦ *vt* **1** to offer: *Eles nos ofereceram um café.* They offered us a cup of coffee. **2** (*dar*) to give: *Eles me ofereceram este livro.* They gave me this book. **3** (*proporcionar*) to provide: ~ *ajuda* to provide help ◆ **oferecer-se** *v pron* **oferecer-se para** to volunteer *to do sth*: *Ofereci-me para levá-los em casa.* I volunteered to take them home. LOC **oferecer-se como voluntário** to volunteer

oferta *sf* **1** offer: *uma ~ especial* a special offer **2** (*Econ, Fin*) supply: *A procura é maior do que a ~.* Demand outstrips supply. LOC **em oferta** on sale **ofertas de emprego** job vacancies

oficial ◆ *adj* official ◆ *smf* (*polícia*) officer

oficina *sf* **1** workshop: *uma ~ de teatro/ carpintaria* a theater/carpenter's workshop **2** (*Mec*) garage

ofício *sm* (*profissão*) trade: *aprender um ~* to learn a trade LOC *Ver* OSSO

oh! *interj* gee!: *Oh, sinto muito!* Gee, I'm sorry!

oi! *interj* hi!

oitavo, -a *num, sm* eighth ☞ *Ver exemplos em* SEXTO

oitenta *num, sm* eighty ☞ *Ver exemplos em* SESSENTA

oito *num, sm* **1** eight **2** (*data*) eighth ☞ *Ver exemplos em* SEIS

oitocentos, -as *num, sm* eight hundred ☞ *Ver exemplos em* SEISCENTOS

olá! *interj* hi! (*coloq*), hello!

olaria *sf* pottery

óleo *sm* oil: *~ de girassol* sunflower oil ◊ *~ lubrificante* lubricating oil LOC **quadro/pintura a óleo** oil painting *Ver tb* MANCHA, PINTAR

oleoso, -a *adj* (*pele, cabelo*) greasy: *cabelos ~s* greasy hair

olfato *sm* sense of smell

olhada *sf* (*vista de olhos*) glance: *só com uma ~* at a glance ◊ *Uma ~ é o suficiente.* Just a quick look will do. LOC **dar uma olhada** to glance *at sb/sth*: *Só tive tempo de dar uma ~ no jornal.* I only had time to glance at the newspaper.

olhar¹ ◆ *vt* (*observar*) to watch: *Olhavam as crianças brincando.* They watched the children playing. ◆ *vi* to look: *~ para o relógio* to look at the clock ◊ *~ para cima/baixo* to look up/ down ◊ *~ pela janela/por um buraco* to look out of the window/through a hole ◊ *Ele olhava muito para você.* He kept looking at you. LOC **olha!** (*surpresa*) hey!: *Olha! Está chovendo!* Hey, it's raining! **olhar alguém de cima** to look down your nose at sb **por onde quer**

que se olhe whichever way you look at it

olhar² *sm* look: *ter um ~ inexpressivo* to have a blank look (on your face) LOC *Ver* DESVIAR

olheiras *sf* dark rings under the eyes

olho *sm* eye: *Ela é morena de ~s verdes.* She has dark hair and green eyes. ◊ *ter ~s salientes* to have bulging eyes ◊ *ter um bom ~ para os negócios* to have a good eye for business LOC **com os olhos vendados** blindfold **ficar de olho em** to keep an eye out for *sb/sth* **olhar (bem) nos olhos** to look into *sb's* eyes **olho grande** envy **olho mágico** (*porta*) peephole **olho roxo** black eye **o que os olhos não vêem o coração não sente** what the eye doesn't see, the heart doesn't grieve over **passar os olhos por alto** to skim through *sth* **pôr alguém no olho da rua** to fire sb **ver com bons olhos** to approve of *sb/sth Ver tb* ABRIR, ALTO, ARREGALAR, CUSTAR, MENINA, OBSERVAR, PINTAR, PREGAR², RABO, SALTAR, SOMBRA, TIRAR, VISTA

olímpico, -a *adj* Olympic: *o recorde ~* the Olympic record LOC *Ver* JOGO, VILA

oliveira *sf* olive tree

ombro *sm* shoulder: *carregar algo nos ~s* to carry sth on your shoulders LOC *Ver* ENCOLHER

omelete *sf* omelet

omitir *vt* to leave *sth* out, to omit (*formal*)

onça *sf* jaguar

onda *sf* wave: *~ sonora/de choque* sound/shock wave ◊ *~ curta/média/ longa* short/medium/long wave LOC **estar na onda** to be in fashion **ir na onda** to go with the flow

onde ◆ *adv rel* **1** where: *a cidade ~ nasci* the city where I was born ◊ *Deixe-o ~ você puder.* Leave it wherever you can. ◊ *um lugar ~ morar* a place to live **2** (*com preposição*): *a cidade para ~ se dirigem* the city they're heading for ◊ *um morro de ~ se vê o mar* a hill from where you can see the ocean ◆ *adv interr* where: *~ foi que você o colocou?* Where did you put it? ◊ *De ~ você é?* Where are you from? LOC **não ter onde cair morto** to have nothing to call your own **por onde?** which way?: *Por ~ eles foram?* Which way did they go?

ondulação *sf* **1** (*mar*) swell: *uma ~ forte* a heavy swell **2** (*cabelo*) wave

ondulado, -a *pp, adj* **1** (*cabelo*) wavy **2**

(*superfície*) undulating **3** (*cartão, papel*) corrugated

ônibus *sm* bus: *apanhar/perder o ~* to catch/miss the bus LOC **ônibus espacial** space shuttle

ontem *adv* yesterday: *~ à tarde/de manhã* yesterday afternoon/morning ◊ *o jornal de ~* yesterday's paper LOC **ontem à noite** last night

ONU *sf* UN

onze *num, sm* **1** eleven **2** (*data*) eleventh ☛ *Ver exemplos em* SEIS

opaco, -a *adj* opaque

opção *sf* option: *Ele não tem outra ~.* He has no option.

opcional *adj* optional

ópera *sf* opera

operação *sf* **1** operation: *submeter-se a uma ~ cardíaca* to have a heart operation ◊ *uma ~ policial* a police operation **2** (*Fin*) transaction LOC *Ver* SALA

operado, -a *pp, adj* LOC **ser operado** to have an operation *Ver tb* OPERAR

operador, ~a *sm-sf* operator

operar ◆ *vt* to operate **on sb**: *Tenho que ~ o pé.* I have to have an operation on my foot. ◆ *vi* to operate

operário, -a ◆ *adj* **1** (*família, bairro*) working-class **2** (*sindicato*) labor [*s atrib*]: *o movimento ~* the labor movement ◆ *sm-sf* manual worker

opinar *vt* **1** to think **2** (*dar um parecer*): *Não quero ~ sobre o assunto.* I don't want to give an opinion on the subject.

opinião *sf* opinion: *na minha ~* in my opinion ◊ *~ pública* public opinion LOC *Ver* MUDAR(-SE)

oponente *smf* opponent

opor ◆ *vt* to offer: *~ resistência a alguém/algo* to offer resistance to sb/sth ◆ **opor-se** *v pron* **1 opor-se a** to oppose: *opor-se a uma idéia* to oppose an idea **2** (*objetar*) to object: *Irei à festa se os meus pais não se opuserem.* I'll go to the party if my parents don't object.

oportunidade *sf* chance, opportunity [*pl* opportunities] (*mais formal*): *Tive a ~ de ir ao teatro.* I had the chance to go to the theater.

oportunista *smf* opportunist

oportuno, -a *adj* opportune: *o momento ~* the opportune moment ◊ *um comentário ~* an opportune remark

oposição *sf* opposition (**to sb/sth**): *o líder da ~* the leader of the opposition

oposto, -a ◆ *pp, adj* **1** (*extremo, lado, direção*) opposite (**of sth**) **2** (*diferente*)

different: *Ele é o ~ do irmão.* He's completely different from his brother. ◆ *sm* opposite: *Ela fez exatamente o ~ do que eu lhe disse.* She did exactly the opposite of what I told her. *Ver tb* OPOR

opressão *sf* oppression

opressivo, -a *adj* oppressive

oprimir *vt* to oppress

optar *vt* **~ por** to opt **for sth / to do sth**: *Eles optaram por continuar a estudar.* They opted to continue studying.

ora *adv* now: *por ~* for now LOC **ora essa!** come now! **ora…, ora…** sometimes…, sometimes…: *Ora ele estuda, ~ não estuda.* Sometimes he studies, sometimes he doesn't. ◊ *Ora chove, ~ faz sol.* One minute it's raining, the next it's sunny.

oração *sf* **1** (*Relig*) prayer: *fazer uma ~* to say a prayer **2** (*Gram*) **(a)** sentence: *uma ~ composta* a complex sentence **(b)** (*proposição*) clause: *uma ~ subordinada* a subordinate clause

oral *adj, sf* oral

orar *vi* to pray

órbita *sf* **1** (*Astron*) orbit: *colocar/entrar em ~* to put/go into orbit ◊ *estar em ~* to be in orbit **2** (*olho*) socket

orçamento *sm* **1** (*de gastos*) budget: *Não quero exceder o ~.* I don't want to exceed the budget. **2** (*estimativa*) estimate: *Pedi que me fizessem um ~ para o banheiro.* I asked for an estimate for the bathroom.

ordem *sf* **1** order: *em/por ~ alfabética* in alphabetical order ◊ *por ~ de importância* in order of importance ◊ *dar ordens* to give orders ◊ *por ~ do juiz* by order of the court ◊ *a ~ dos franciscanos* the Franciscan Order **2** (*associação*) association: *a ~ dos médicos* the medical association LOC **em ordem** in order

ordenado *sm* **1** pay: *pedir um aumento de ~* to ask for a raise **2** (*mensal*) salary [*pl* salaries]

ordenado, -a *pp, adj* neat: *um quarto muito ~* a very neat room *Ver tb* ORDENAR

ordenar *vt* **1** (*fichários*) to put *sth* in order: *~ as fichas alfabeticamente* to put the cards in alphabetical order **2** (*mandar*) to order *sb* **to do sth**: *Ele ordenou que eu me sentasse.* He ordered me to sit down.

ordenhar *vt* to milk

orelha *sf* ear LOC **de orelha em pé** on your guard **estar até as orelhas** to be up to your ears (*in sth*): *Ele está endividado até as ~s.* He's up to his ears in debt. *Ver tb* PULGA

orfanato *sm* orphanage

órfão, -ã *adj, sm-sf* orphan [*s*]: *~s de guerra* war orphans ◊ *ser ~* to be an orphan LOC **órfão de mãe/pai** motherless/fatherless

orgânico, -a *adj* organic

organismo *sm* **1** (*Biol*) organism **2** (*organização*) organization

organização *sf* organization: *organizações internacionais* international organizations ◊ *uma ~ juvenil* a youth group LOC **Organização das Nações Unidas** (*abrev* **ONU**) United Nations (*abrev* UN)

organizador, ~a ◆ *adj* organizing ◆ *sm-sf* organizer

organizar ◆ *vt* to organize ◆ **organizar-se** *v pron* (*pessoa*) to get yourself organized: *Eu devia me ~ melhor.* I should get myself better organized.

órgão *sm* (*Anat, Mús*) organ LOC **órgãos genitais/sexuais** genitals

orgulhar ◆ *vt* to make *sb* proud ◆ **orgulhar-se** *v pron* **orgulhar-se de** to be proud **of** *sb*/*sth*: *Orgulhamo-nos muito de você.* We're very proud of you.

orgulho *sm* pride: *ferir o ~ de alguém* to hurt sb's pride

orgulhoso, -a *adj* proud

oriental ◆ *adj* eastern ◆ *smf* oriental [*adj*]: *Na minha classe há dois orientais.* There are two Asians in my class.

A palavra **Oriental** também existe em inglês como substantivo, mas é preferível não usá-la pois pode ser considerada ofensiva.

orientar ◆ *vt* **1** (*posicionar*) to position: *~ uma antena* to position an antenna **2** (*dirigir*) to show *sb* the way: *O policial os orientou.* The policeman showed them the way. **3** (*aconselhar*) to advise: *Ela me orientou em relação aos cursos.* She advised me about different courses. ◆ **orientar-se** *v pron* (*encontrar o caminho*) to find your way around

oriente *sm* east LOC **o Oriente Próximo/Médio/o Extremo Oriente** the Near/Middle/Far East

orifício *sm* hole: *dois ~s de bala* two bullet holes

origem *sf* origin LOC **dar origem a** to give rise to *sth*

original *adj, sm* original LOC *Ver* VERSÃO

originar ◆ *vt* to lead to *sth* ◆ **originar-se** *v pron* to start: *O rio se origina nas montanhas.* The river has its source in the mountains.

ornamento *sm* decoration

orquestra *sf* (*de música clássica*) orchestra: *~ sinfônica/de câmara* symphony/chamber orchestra **2** (*de música popular*) band: *~ de dança/jazz* dance/ jazz band

orquídea *sf* orchid

ortografia *sf* spelling: *erros de ~* spelling mistakes

orvalho *sm* dew

os, as ◆ *art def* the: *os livros que comprei ontem* the books I bought yesterday ☞ *Ver nota em* THE ◆ *pron pess* them: *Vi-os/as no teatro.* I saw them at the theater. LOC **os/as de...** **1** (*posse*): *os da minha avó* my grandmother's **2** (*característico*) the ones (*with...*): *Prefiro os de ponta fina.* I prefer the ones with a fine point. ◊ *Gosto dos com motivo xadrez.* I like the checked ones. **3** (*roupa*) the ones in...: *as de vermelho* the ones in red **4** (*procedência*) the ones from...: *os de Salvador* the ones from Salvador **os/as que...** **1** (*pessoas*): *os que se encontravam na casa* the ones who were in the house ◊ *os que têm que madrugar* those of us who have to get up early ◊ *Entrevistamos todos os que se candidataram.* We interviewed everyone who applied. **2** (*coisas*) the ones (which/that)...: *as que compramos ontem* the ones we bought yesterday

oscilar *vi* **1** (*candeeiro, pêndulo*) to swing **2** ~ (**entre**) (*preços, temperaturas*) to vary (**from** *sth* **to** *sth*): *O preço oscila entre cinco e sete dólares.* The price varies from five to seven dollars.

osso *sm* bone LOC **os ossos do ofício** part and parcel of the job **ser um osso duro de roer** **1** (*rigoroso*) to be very strict: *O meu professor é um ~ duro de roer.* My teacher is very strict. **2** (*difícil*) to be a hard nut to crack *Ver tb* CARNE, ENCHARCAR, PELE

ostentar *vt* **1** (*exibir*) to show **2** (*alardear*) to show *sth* off

ostra *sf* oyster

otário, -a *sm-sf* idiot: *Você pensa que sou ~?* Do you think I'm an idiot?

otimismo *sm* optimism

otimista ◆ *adj* optimistic ◆ *smf* optimist

ótimo, -a *adj* excellent

ou *conj* or: *Chá ou café?* Tea or coffee? LOC **ou seja** in other words

ouriço-do-mar *sm* sea urchin

ouro *sm* **1** gold: *uma medalha de ~* a gold medal ◊ *ter um coração de ~* to have a heart of gold **2 ouros** (*naipe*) diamonds ☛ *Ver nota em* BARALHO LOC **nem tudo o que brilha/reluz é ouro** all that glitters is not gold **ouro em folha** gold leaf *Ver tb* BODAS, MINA

ousado, -a *adj* daring

outdoor *sm* billboard, hoarding (*GB*)

outono *sm* fall, autumn (*GB*): *no ~* in the fall

outro, -a ◆ *adj* another, other

Usa-se **another** com substantivos no singular e **other** com substantivos no plural: *Não há outro trem até as cinco.* There isn't another train until five. ◊ *numa outra ocasião* on another occasion ◊ *Você tem outras cores?* Do you have any other colors? Também se utiliza **other** em expressões como: *o meu outro irmão* my other brother.

◆ *pron* another (one) [*pl* others]: *um dia ou ~* one day or another ◊ *Você tem ~?* Do you have another (one)? ◊ *Não gosto destes. Você tem ~s?* I don't like these ones. Do you have any others? ☛ **O outro, a outra** traduzem-se por "the other one": *Onde está o outro?* Where's the other one? LOC **em outro/noutro lugar, em outra/noutra parte** somewhere else **outra coisa** something else: *Tinha outra coisa que eu queria lhe dizer.* There was something else I wanted to tell you.

Se a oração é negativa, podemos dizer **nothing else** ou **anything else**, dependendo de haver ou não outra partícula negativa na frase: *Eles não puderam fazer outra coisa.* They couldn't do anything else.

outra vez again: *Fui reprovado outra vez.* I failed again. **outro(s) tanto(s)** as much/as many again: *Ele me pagou 5.000 reais e ainda me deve ~ tanto.* He's

paid me 5,000 reals and still owes me as much again. **por outro lado** on the other hand *Ver tb* COISA

outubro *sm* October (*abrev* Oct) ☛ *Ver exemplos em* JANEIRO

ouvido *sm* **1** (*Anat*) ear **2** (*sentido*) hearing LOC **ao ouvido**: *Diga-me ao ~.* Whisper it in my ear. **dar ouvidos** to listen *to sb*: *Ela nunca me dá ~s.* She never listens to me. **de ouvido** by ear: *Toco piano de ~.* I play the piano by ear. **fazer ouvidos de mercador** to turn a deaf ear (*to sb/sth*) **ser todo ouvidos** to be all ears **ter bom ouvido** to have a good ear *Ver tb* DOR, DURO, EDUCAR, FONE, PAREDE

ouvinte *smf* **1** listener **2** (*Educ, aluno*) auditor, unregistered student (*GB*)

ouvir *vt* **1** (*perceber sons*) to hear: *Eles não ouviram o despertador.* They didn't hear the alarm. ◊ *Não ouvi você entrar.* I didn't hear you come in. **2** (*escutar*) to listen (*to sb/sth*): *~ o rádio* to listen to the radio LOC **de ouvir falar**: *Conheço-o de ~ falar, mas nunca fomos apresentados.* I've heard a lot about him, but we've never been introduced.

ova *sf* **ovas 1** (*Zool*) spawn [*não contável*]: *~s de rã* frog spawn **2** (*Cozinha*) roe [*não contável*] LOC **uma ova!** no way!

oval *adj* oval

ovário *sm* ovary [*pl* ovaries]

ovelha *sf* **1** sheep [*pl* sheep]: *um rebanho de ~s* a flock of sheep **2** (*fêmea*) ewe LOC **ovelha negra** black sheep

overdose *sf* overdose

ovino, -a *adj* LOC *Ver* GADO

óvni *sm* UFO [*pl* UFOs]

ovo *sm* egg: *pôr um ~* to lay an egg LOC **estar de ovo virado** to be in a bad mood **ovo cozido/duro** hard-boiled egg **ovo estrelado/frito** fried egg **ovo pochê** poached egg **ovos mexidos** scrambled eggs

oxidar *vt, vi* to rust

oxigênio *sm* oxygen

ozônio *sm* ozone: *a camada de ~* the ozone layer

Pp

pá *sf* **1** shovel: *o balde e a ~* pail and shovel **2** (*Cozinha, porco, vaca*) shoulder LOC **da pá virada** wild **pá de lixo** dustpan

paciência ♦ *sf* **1** patience: *perder a ~* to lose your patience ◊ *A minha ~ está chegando ao fim.* My patience is wearing thin. **2** (*jogo de cartas*) solitaire, patience (*GB*): *jogar ~* to play a game of solitaire ♦ **paciência!** *interj* oh well! LOC **ter paciência** to be patient

paciente *adj, smf* patient

pacífico, -a ♦ *adj* peaceful ♦ **Pacífico** *adj, sm* Pacific: *o (oceano) Pacífico* the Pacific (Ocean)

pacifista *smf* pacifist

pacote *sm* **1** (*comida*) packet: *um ~ de sopa* a packet of soup ☛ *Ver ilustração em* CONTAINER **2** (*embrulho*) package, parcel (*GB*) ☛ *Ver nota em* PACKAGE **3** (*Econ, Informát, turismo*) package: *~ turístico* package tour

pacto *sm* agreement

pactuar *vi* to make an agreement (**with sb**) (**to do sth**)

padaria *sf* bakery [*pl* bakeries]

padeiro, -a *sm-sf* baker

padrão *adj, sm* **1** (*norma*) standard: *uniforme ~* regulation uniform **2** (*desenho*) pattern **3** (*modelo*) model LOC **padrão de vida** standard of living

padrasto *sm* stepfather

padre *sm* **1** priest **2 Padre** (*título*) father: *o Padre Garcia* Father Garcia ◊ *o Santo Padre* the Holy Father LOC *Ver* COLÉGIO

padrinho *sm* **1** (*batismo*) godfather **2** (*casamento*) man who acts as a witness at a wedding ☛ *Ver nota em* CASAMENTO **3 padrinhos** (*batismo*) godparents

padroeiro, -a *sm-sf* (*Relig*) patron saint: *São Sebastião é o ~ do Rio de Janeiro.* Saint Sebastian is the patron saint of Rio de Janeiro.

pagamento *sm* **1** (*ordenado*) pay **2** (*dívida*) payment: *efetuar/fazer um ~* to make a payment LOC *Ver* FOLHA, ORDEM

pagão, -ã *adj, sm-sf* pagan

pagar ♦ *vt* to pay (**for**) **sth**: *~ as dívidas/os impostos* to pay your debts/ taxes ◊ *O meu avô paga os meus estudos.* My grandfather is paying for my education. ♦ *vi* to pay: *Pagam bem.* They pay well. LOC **pagar adiantado** to pay (*sth*) in advance **pagar à vista**: *Pagamos o carro à vista.* We paid for the car in cash. **pagar com cheque/cartão de crédito** to pay (*for sth*) by check/ credit card **pagar em dinheiro** to pay (*for sth*) in cash **pagar o pato** to carry the can (*GB*) **você me paga!** you'll pay for this! *Ver tb* CARO[1]

página *sf* page: *na ~ três* on page three

pai *sm* **1** father: *Ele é ~ de dois filhos.* He is the father of two children. **2 pais** parents, mom and dad (*coloq*) LOC *Ver* DIA, FAMÍLIA, ÓRFÃO, TAL

painel *sm* panel: *~ de controle/ instrumentos* control/instrument panel

pai-nosso *sm* Our Father: *rezar dois ~s* to say two Our Fathers

país *sm* country [*pl* countries] LOC **País de Gales** Wales

paisagem *sf* landscape ☛ *Ver nota em* SCENERY

paisana *sf* LOC **à paisana 1** (*militar*) in civilian dress **2** (*polícia*) in plain clothes

paixão *sf* passion LOC **ter paixão por alguém/algo** to be crazy about sb/sth

palácio *sm* palace LOC **Palácio da Justiça** Law Courts [*pl*]

paladar *sm* palate

palavra *sf* word: *uma ~ com três letras* a three-letter word ◊ *em outras ~s* in other words ◊ *Dou-lhe a minha ~.* I give you my word. LOC **em poucas palavras** palavra (**de honra**)! honest! **palavras cruzadas** crossword [*sing*]: *fazer ~s cruzadas* to do the crossword **ter a última palavra** to have the last word (*on sth*) *Ver tb* CEDER, DIRIGIR, JOGO, MEIO, VOLTAR

palavrão *sm* swear word: *dizer ~* to swear LOC *Ver* SOLTAR

palco *sm* **1** (*teatro, auditório*) stage: *entrar no/subir ao ~* to come onto the stage **2** (*lugar*) scene: *o ~ do crime* the scene of the crime

palerma *adj, smf* fool [*s*]: *Não seja ~.* Don't be a fool.

palestra *sf* **1** (*gen*) talk **2** (*conferência*) lecture

paleta *sf* (*pintor*) palette

paletó *sm* jacket

palha *sf* straw

palhaçada *sf* LOC **fazer palhaçadas** to play the fool

palhaço, -a *sm-sf* clown

palheiro *sm* hay loft LOC *Ver* PROCURAR

pálido, -a *adj* pale: *rosa* ~ pale pink ◊ *ficar* ~ to go pale

palito *sm* (*para os dentes*) toothpick LOC **estar um palito** to be as thin as a rake

palma *sf* palm LOC *Ver* BATER, CONHECER, SALVA²

palmada *sf* slap: *Fique quieto, se não vou te dar uma* ~! Be quiet, or I'll slap you!

palmeira *sf* palm (tree)

palmo *sm*: *Ele é um* ~ *mais alto do que eu.* He's several inches taller than me. LOC **palmo a palmo** inch by inch *Ver tb* ENXERGAR

pálpebra *sf* eyelid

palpitar *vi* (*coração*) to beat

palpite *sm* **1** (*pressentimento*) hunch **2** (*opinião*) opinion LOC **dar palpite** to put in your two cents' worth, to stick your oar in (*GB*)

pancada *sf* **1** blow: *uma* ~ *forte na cabeça* a severe blow to the head ◊ *Mataram-no a* ~*s.* They beat him to death. **2** (*acidente*): *Dei uma* ~ *com a cabeça.* I banged my head. **3** (*para chamar a atenção*) knock: *Ouvi uma* ~ *na porta.* I heard a knock on the door. ◊ *Dei umas* ~*s na porta.* I knocked on the door. LOC **pancada d'água** downpour

pâncreas *sm* pancreas

panda *sm* panda

pandeiro *sm* tambourine

panela *sf* saucepan: *Não esqueça de lavar as* ~*s.* Don't forget to do the pots and pans. LOC **panela de pressão** pressure cooker ☛ *Ver ilustração em* SAUCEPAN

panfleto *sm* pamphlet

pânico *sm* panic LOC *Ver* ENTRAR

pano *sm* **1** cloth, material, fabric

Cloth é o termo mais geral para pano e o utilizamos tanto para nos referirmos ao pano usado na confecção de roupas, cortinas, etc. como para descrever o material com que é feita determinada coisa: *É feito de pano.* It's made of cloth. ◊ *um saco de pano* a cloth bag. Utilizamos **material** e **fabric** apenas quando queremos nos referir ao pano que se usa na confecção de vestuário e tapeçaria, sobretudo quando se trata de um tecido com diversas cores. **Material** e **fabric** são substantivos contáveis e não contáveis, ao passo que **cloth** é não contável quando significa tecido: *Alguns tecidos encolhem ao lavar.* Some materials/fabrics shrink when you wash them. ◊ *Preciso de mais pano/tecido para as cortinas.* I need to buy some more cloth/material/fabric for the curtains.

2 (*Teatro*) curtain: *Subiram o* ~. The curtain went up. LOC **pano de pó** duster **pano de prato** dish towel, tea towel (*GB*) **por baixo do pano** under the counter

panorama *sm* **1** (*vista*) view: *contemplar o bonito* ~ to look at the beautiful view **2** (*perspectiva*) prospect

panqueca *sf* pancake

pântano *sm* marsh

pantera *sf* panther

pantufa *sf* slipper

French bread   pão

donut

slice

rolls

loaf

crust

pão *sm* **1** bread [*não contável*]: *Você quer* ~? Do you want some bread? ☛ *Ver nota em* BREAD **2** (*individual*) **(a)** (*pequeno*) roll: *Eu quero três pães, por favor.* Could I have three rolls, please? **(b)** (*grande*) (round) loaf [*pl* (round) loaves] LOC **dizer/ser pão, pão, queijo, queijo** to call a spade a spade **pão de fôrma** white loaf **pão doce** bun **pão dormido** stale bread **pão integral** wholewheat bread, wholemeal bread (*GB*) **ser um pão** (*homem*) to be a hunk *Ver tb* GANHAR

Pão de Açúcar *sm* Sugar Loaf Mountain

pão-de-ló *sm* sponge cake

pão-duro, pão-dura ♦ *adj* stingy ♦ *sm-sf* skinflint

pãozinho *sm* roll

papa¹ *sm* pope: *o* ~ *João Paulo II* Pope John Paul II

papa² *sf* (*bebê*) baby food LOC **não ter papas na língua** not to beat around the bush

papagaio *sm* 1 (*ave*) parrot 2 (*brinquedo*) kite

papai *sm* dad: *Pergunte ao ~.* Ask your dad. ☞ As crianças pequenas dizem **daddy**. LOC **Papai Noel** Santa Claus, Father Christmas (*GB*) *Ver tb* FILHINHO

papel *sm* 1 (*material*) paper [*não contável*]: *uma folha de ~* a sheet of paper ◊ *O chão está coberto de papéis.* The ground is covered in pieces of paper. ◊ *guardanapos de ~* paper napkins ◊ *~ quadriculado/reciclado* graph/recycled paper 2 (*recorte, pedaço*) piece of paper: *anotar algo num ~* to note sth down on a piece of paper 3 (*personagem, função*) part, role (*mais formal*): *fazer o ~ de Otelo* to play the part of Othello ◊ *Terá um ~ importante na reforma.* It will play an important part in the reform. LOC **papel de alumínio** aluminum foil **papel de carta** writing paper **papel de embrulho** wrapping paper **papel de parede** wallpaper **papel higiênico** toilet paper **papel principal/secundário** (*Cinema, Teat*) leading/supporting role **papel vegetal** 1 (*para cozinhar*) waxed paper, greaseproof paper (*GB*) 2 (*de desenho*) tracing paper *Ver tb* BLOCO, COPO, FÁBRICA, LENÇO

papelada *sf* paperwork

papelão *sm* cardboard: *uma caixa de ~* a cardboard box LOC **fazer um papelão** to make a fool of yourself

papelaria *sf* stationer's [*pl* stationers] (*GB*)

papoula *sf* poppy [*pl* poppies]

paquerar *vt, vi* to flirt (**with** *sb*): *Ele estava paquerando a secretária.* He was flirting with his secretary.

par ♦ *adj* even: *números ~es* even numbers ♦ *sm* 1 (*em relação amorosa*) couple: *Eles fazem um lindo ~.* They make a really nice couple. 2 (*equipe, coisas*) pair: *o ~ vencedor do torneio* the winning pair in the tournament ◊ *um ~ de meias* a pair of socks 3 (*em jogos, em dança*) partner: *Não posso jogar porque não tenho ~.* I can't play because I don't have a partner. LOC **aos pares** two by two: *Eles entraram aos ~es.* They went in two by two. **estar a par (de)** to be up to date (**on** *sth*): *Estou a ~ da situação.* I'm up to date on what's happening. **pôr alguém a par** to fill *sb* in (**on** *sth*): *Ele me pôs a ~ da situação.* He filled me

in on what was happening. **sem par** incomparable

para *prep* 1 for: *muito útil para a chuva* very useful for the rain ◊ *muito complicado para mim* too complicated for me ◊ *Para que é que você o quer?* What do you want it for? ◊ *Comprei uma bicicleta para minha filha.* I bought a bicycle for my daughter. 2 (*a*) to: *Dê para o seu irmão.* Give it to your brother. 3 + *inf* to do sth: *Eles vieram para ficar.* They came to stay. ◊ *Eu o fiz para não incomodar você.* I did it so as not to bother you. ◊ *para não perdê-lo* so as not to miss it 4 (*futuro*): *Preciso dele para segunda-feira.* I need it for Monday. ◊ *Deve estar pronto lá para o outono.* It ought to be finished by fall. 5 (*em direção a*) to, toward: *Ela foi para a cama.* She went to bed. ◊ *Vou agora mesmo para casa.* I'm going home now. ◊ *Ele se dirigiu para a cama.* He moved toward the bed. ◊ *Eles já estão indo para lá.* They're on their way. LOC **para isso**: *Foi para isso que você me chamou?* Is that why you called me? **para que ...** so (that)...: *Ele os repreendeu para que não tornassem a fazer o mesmo.* He lectured them so that they wouldn't do it again. ◊ *Vim para que você tivesse companhia.* I came to keep you company. **para si** to yourself: *dizer algo para si próprio* to say sth to yourself

parabenizar *vt* to congratulate

parabéns *sm* 1 best wishes (**on ...**): *~ pelo seu aniversário.* Best wishes on your birthday. 2 (*felicitação*) congratulations (**on** *sth/doing sth*): *Meus ~!* Congratulations! ◊ *~ pelo seu novo emprego/por passar nos exames.* Congratulations on your new job/on passing your exams. LOC **dar os parabéns** 1 (*por determinado êxito*) to congratulate *sb* (**on** *sth*) 2 (*por aniversário*) to wish *sb* a happy birthday **parabéns!** happy birthday!

parábola *sf* 1 (*Bíblia*) parable 2 (*Geom*) parabola

parabólica *sf* satellite dish

pára-brisa *sm* windshield, windscreen (*GB*)

pára-choque *sm* fender, bumper (*GB*)

parada *sf* 1 stop: *~ de ônibus* bus stop ◊ *Desça na próxima ~.* Get off at the next stop. 2 (*Med*) arrest: *~ cardíaca* cardiac arrest LOC **a parada de sucessos** the charts *Ver tb* CARDÍACO

paradeiro *sm* whereabouts [*pl*]

parado, -a *pp, adj* **1** (*imóvel*) motionless **2** (*imobilizado*) at a standstill: *As obras estão paradas já faz dois meses.* The roadworks have been at a standstill for two months. **3** (*desligado*) switched off *Ver tb* PARAR

parafuso *sm* screw: *apertar um ~* to tighten a screw LOC *Ver* FALTAR

parágrafo *sm* paragraph LOC *Ver* PONTO

Paraguai *sm* Paraguay

paraguaio, -a *adj, sm-sf* Paraguayan

paraíso *sm* paradise LOC **paraíso terrestre** heaven on earth

pára-lama *sm* **1** (*de bicicleta*) mudguard **2** (*de automóvel*) fender, wing (*GB*)

paralelo, -a *adj, sm ~* (**a**) parallel (**to sth**): *linhas paralelas* parallel lines ◊ *estabelecer um ~ entre A e B* to draw a parallel between A and B

paralisar *vt* to paralyze

paralisia *sf* paralysis [*não contável*]

paralítico, -a *adj* paralyzed: *ficar ~ da cintura para baixo* to be paralyzed from the waist down

parapeito *sm* windowsill

pára-quedas *sm* parachute: *saltar de ~* to parachute

pára-quedista *smf* parachutist

parar *vt, vi* **1** to stop: *Pare o carro.* Stop the car. ◊ *O trem não parou.* The train didn't stop. ◊ *Parei para falar com uma amiga.* I stopped to talk to a friend. **2** *~ de fazer algo* to stop **doing sth** LOC **ir parar em** to end up: *Foram ~ na prisão.* They ended up in prison. **não parar** to be always on the go **sem parar** nonstop: *trabalhar sem ~* to work non-stop **ser de parar o trânsito** (*muito atraente*) to be a stunner

pára-raios *sm* lightning rod, lightning conductor (*GB*)

parasita *smf* **1** (*Biol*) parasite **2** (*pessoa*) freeloader, scrounger (*GB*)

parceiro, -a *sm-sf* partner: *Não posso jogar porque não tenho ~.* I can't play because I don't have a partner. ◊ *Ana veio com o ~ dela.* Ana came with her partner.

parcela *sf* **1** portion: *uma ~ da população* a sector of the population **2** (*pagamento*) installment

parcial *adj* **1** (*incompleto*) partial: *uma solução ~* a partial solution **2** (*partidário*) biased

pardal *sm* sparrow

parecer¹ *sm* opinion

parecer² ♦ *vi* **1** (*dar a impressão*) to seem: *Eles parecem (estar) muito seguros.* They seem very certain. ◊ *Parece que foi ontem.* It seems like only yesterday. **2** (*ter aspecto*) **(a)** **+ adj** to look: *Ela parece mais jovem do que é.* She looks younger than she is. **(b)** **+ substantivo** to look like *sb/sth*: *Ela parece uma atriz.* She looks like an actress. ♦ *vt* (*opinar*) to think: *Pareceu-me que ele não tinha razão.* I thought he was wrong. ♦ **parecer-se** *v pron* **parecer-se** (**com**) **1** (*pessoas*) **(a)** (*fisicamente*) to look alike, to look like *sb*: *Eles se parecem muito.* They look very much alike. ◊ *Você se parece muito com a sua irmã.* You look very much like your sister. **(b)** (*em caráter*) to be like *sb*: *Nisso você se parece com o seu pai.* You're like your father in that respect. **2** (*coisas*) to be similar (**to sth**): *Parece-se muito com o meu.* It's very similar to mine. LOC **até parece que...!** anyone would think...: *Até parece que sou milionário!* Anyone would think I was a millionaire!

parecido, -a *pp, adj ~* (**com**) **1** (*pessoas*) alike, like *sb*: *Vocês são tão ~s!* You're so alike! ◊ *Você é muito parecida com a sua mãe.* You're very like your mother. **2** (*coisas*) similar (**to sth**): *Eles têm estilos ~s.* They have similar styles. ◊ *Esse vestido é muito ~ com o da Ana.* That dress is very similar to Ana's. LOC (**ou**) **algo parecido** (or) something like that *Ver tb* COISA, PARECER²

parede *sf* wall: *~ divisória* partition wall ◊ *Há vários pôsteres na ~.* There are a few posters on the wall. LOC **as paredes têm ouvidos** walls have ears *Ver tb* PAPEL, SUBIR

parente, -a *sm-sf* relation: *~ próximo/afastado* close/distant relation LOC **ser parente (de alguém)** to be related (to sb)

parentesco *sm* relationship LOC **ter parentesco com alguém** to be related to sb

parêntese (*tb* **parênteses**) *sm* (*sinal*) parentheses, brackets (*GB*) [*pl*] ☞ *Ver págs 298-9.* LOC **entre parênteses** in parentheses

parir *vt, vi* to give birth (**to sb/sth**)

parlamentar ♦ *adj* parliamentary ♦ *smf* congressman/woman [*pl* congressmen/women], Member of Parliament (*GB*)

parlamento *sm* parliament

pároco *sm* parish priest

paródia *sf* parody [*pl* parodies]

paróquia *sf* **1** (*igreja*) parish church **2** (*comunidade*) parish

parque *sm* **1** (*jardim*) park **2** (*de bebê*) playpen LOC **parque de camping** campsite **parque de diversões** amusement park **parque infantil** playground

parquímetro *sm* parking meter

parreira *sf* vine

parte *sf* **1** part: *três ~s iguais* three equal parts ◊ *Em que ~ da cidade você mora?* Which part of town do you live in? **2** (*pessoa*) party [*pl* parties]: *a ~ contrária* the opposing party LOC **à parte 1** (*de lado*) aside: *Porei estes papéis à ~.* I'll put these documents aside. **2** (*separadamente*) separate(ly): *Para estas coisas, faça uma conta à ~.* Give me a separate bill for these items. ◊ *Vou pagar isto à ~.* I'll pay for this separately. **3** (*exceto*) apart from *sb/sth*: *À ~ isso não aconteceu mais nada.* Apart from that nothing else happened. **4** (*diferente*) different: *um mundo à ~* a different world **a parte de baixo/cima** the bottom/top **a parte de trás/da frente** the back/front **da parte de alguém** on behalf of sb: *da ~ de nós todos* on behalf of us all **da parte de quem?** (*ao telefone*) who's calling? **dar parte** to report: *dar ~ de alguém à polícia* to report sb to the police **de minha parte** as far as I am, you are, etc. concerned: *De nossa ~ não há nenhum problema.* As far as we're concerned, there's no problem. **em/por toda(s) a(s) parte(s)** everywhere **por partes** bit by bit: *Estamos consertando o telhado por ~s.* We're repairing the roof bit by bit. **tomar parte** to take part (*in sth*) *Ver tb* ALGUM, CASO, CUMPRIR, GRANDE, MAIOR, OUTRO, QUALQUER, SEXTO

parteira *sf* midwife [*pl* midwives]

participação *sf* participation: *a ~ do público* audience participation

participante ♦ *adj* participating: *os países ~s* the participating countries ♦ *smf* participant

participar *vi* ~ (**de**) to participate, to take part (*mais coloq*) (**in sth**): *~ de um projeto* to participate in a project

partícula *sf* particle

particular *adj* **1** (*privado*) private: *aulas ~es* private classes **2** (*característico*) characteristic: *Cada vinho tem um sabor ~.* Each wine has its own character-

istic taste. LOC **em particular 1** (*especialmente*) in particular: *Suspeitam de um deles em ~.* They suspect one of them in particular. **2** (*confidencialmente*) in private: *Posso falar com você em ~?* Can I talk to you in private? *Ver tb* ESCOLA, SECRETÁRIO

particularmente *adv* particularly

partida *sf* **1** (*saída*) departure: *~s nacionais/internacionais* domestic/international departures ◊ *o painel de ~s* the departures board ◊ *estar de ~* to be leaving **2** (*corrida*) start **3** (*jogo*) game: *jogar uma ~ de xadrez* to have a game of chess ◊ *uma ~ de futebol* a soccer game LOC *Ver* PONTO

partidário, -a ♦ *adj* ~ **de** in favor of **sth/doing sth**: *Não sou ~ desse método de ação.* I'm not in favor of that approach. ♦ *sm-sf* supporter

partido *sm* (*Pol*) party [*pl* parties] LOC **tirar partido de algo** to take advantage of sth **tomar o partido de alguém** to side with sb

partilhar *vt* to share

partir ♦ *vt* **1** to break **2** (*com faca*) to cut *sth* (up): *~ o bolo* to cut the cake **3** (*com as mãos*) to break *sth* (off): *Você me parte um pedaço de pão?* Could you break me off a piece of bread? **4** (*noz*) to crack **5** (*rachar*) to split ♦ *vi* (*ir-se embora*) to leave (**for...**): *Eles partem amanhã para Porto Alegre.* They're leaving for Porto Alegre tomorrow. ♦ **partir, partir-se** *vi*, *v pron* **1** (*quebrar*) to break **2** (*corda*) to snap LOC **a partir de** from...(on): *a ~ das nove da noite* from 9 p.m. on ◊ *a ~ de então* from then on ◊ *a ~ de amanhã* starting from tomorrow *Ver tb* ZERO

partitura *sf* score

parto *sm* birth LOC *Ver* TRABALHO

Páscoa *sf* Easter LOC *Ver* DOMINGO

pasmado, -a *pp*, *adj* amazed (**at/by sth**): *Fiquei ~ com a insolência deles.* I was amazed at their insolence.

passa *sf* (*uva*) raisin

passada *sf* step LOC **dar uma passada em** to stop by..., to call in at... (*GB*): *Dei uma ~ na casa da minha mãe.* I stopped by my mom's house.

passado, -a¹ *pp*, *adj* **1** (*carne*): *bem ~/ ~ demais* well done/overdone ◊ *mal ~* rare

Para um bife no ponto, diz-se **medium rare**.

2 (*fruta*) bad **3** (*peixe*) off *Ver tb* PASSAR

passado, -a² ◆ *pp, adj* **1** (*dia, semana, mês, verão, etc.*) last: *terça-feira passada* last Tuesday **2** (*Gram, época*) past: *séculos ~s* past centuries ◆ *sm* past *Ver tb* PASSAR

passageiro, -a *sm-sf* passenger

passagem *sf* **1** passage: *a ~ do tempo* the passage of time **2** (*caminho*) way (through): *Por aqui não há ~.* There's no way through. LOC **de passagem** in passing **passagem de ano** New Year's Eve: *O que foi que você fez na ~ de ano?* What did you do on New Year's Eve? **passagem de nível** grade crossing, level crossing (*GB*) **passagem proibida** no access **passagem subterrânea** underpass *Ver tb* CEDER

passaporte *sm* passport

passar ◆ *vt* **1** to pass: *Pode me ~ esse livro?* Could you pass me that book, please? ◊ *~ o tempo* to pass the time **2** (*período de tempo*) to spend: *Passamos a tarde/duas horas conversando.* We spent the afternoon/two hours talking. **3** (*ponte, rio, fronteira*) to cross **4** (*filme, programa*) to show: *Vai ~ um filme bom esta noite.* They're showing a good movie tonight. **5** (*a ferro*) to iron: *~ uma camisa* to iron a shirt ◊ *É a minha vez de ~ a roupa.* It's my turn to do the ironing. **6** (*doença, vírus*) to pass *sth* on: *Você vai ~ o vírus para todo mundo.* You're going to pass your germs on to everybody. **7** (*aplicar*) to apply: *Passe um pouco de creme nessa pele seca.* Apply a little cream to your dry skin. ◆ *vi* **1** to pass: *A moto passou a toda a velocidade.* The motorcycle passed at top speed. ◊ *Passaram três horas.* Three hours passed. ◊ *Já passaram dois dias desde que ele telefonou.* It's two days since he phoned. ◊ *Como o tempo passa!* How time flies! ◊ *Esse ônibus passa pelo museu.* That bus goes past the museum. ◊ *~ por alguém na rua* to pass sb in the street **2** (*ir*) to go: *Amanhã passo pelo banco.* I'll go to the bank tomorrow. **3** (*terminar*) to be over: *Pronto, não chore que já passou.* Come on, don't cry, it's all over now. ◊ *A dor de cabeça dela já passou.* Her headache's better now. **4** (*Educ*) to pass: *Passei na primeira.* I passed first time. ◊ *Passei em física.* I passed physics. ◊ *Passei na prova de física.* I passed the physics test. ◊ *Passei de ano.* I've (now) moved up a year. **5** (*filme, programa*) to show: *O que é que está passando na televisão?* What's (showing) on TV? ◆ **passar-se** *v pron* **1**

(*acontecer*) to happen: *Passou-se o mesmo comigo.* The same thing happened to me. **2** (*romance, filme*) to be set (*in...*): *O filme se passa no século XVI.* The movie is set in the sixteenth century. LOC **como tem passado?** how have you been? **não passar de...** to be nothing but...: *Tudo isto não passa de um grande mal-entendido.* The whole thing's nothing but a misunderstanding. **o (que é) que se passa?** what's the matter? **passar alguém para trás 1** (*negócios*) to con sb **2** (*romance*) to cheat on sb **passar (bem) sem 1** (*sobreviver*) to do without *sb/sth*: *Passo bem sem a sua ajuda/sem você.* I can do without your help/you. **2** (*omitir*) to skip: *~ sem comer* to skip a meal **passar por 1** (*confundir-se*) to pass for *sb/sth*: *Essa garota passa facilmente por italiana.* That girl could easily pass for an Italian. **2** (*atravessar*) to go through *sth*: *Ela está passando por maus bocados.* She's having a hard time. ☛ Para outras expressões com **passar**, ver os verbetes para o substantivo, adjetivo, etc., p.ex. **passar um carão** em CARÃO e **passar fome** em FOME.

pássaro *sm* bird LOC **mais vale um pássaro na mão que dois voando** a bird in the hand is worth two in the bush

passatempo *sm* hobby [*pl* hobbies]: *como/por ~* as a hobby ◊ *O ~ favorito dela é a fotografia.* Her hobby is photography.

passe *sm* **1** (*trem*) season ticket **2** (*autorização*) pass: *Você não pode entrar sem ~.* You can't get in without a pass. **3** (*Futebol*) pass

passear *vi* to walk: *~ pela praia* to walk along the beach ◊ *levar o cachorro para ~* to take the dog for a walk LOC *Ver* MANDAR

passeata *sf* march: *fazer uma ~ a favor de algo* to hold a march in favor of sth

passeio *sm* **1** (*a pé*) walk **2** (*de bicicleta, a cavalo*) ride **3** (*de carro*) drive **4** (*em rua*) sidewalk, pavement (*GB*) LOC **dar um passeio** to go for a walk

passivo, -a *adj* passive: *O verbo está na voz passiva.* The verb is in the passive.

passo *sm* **1** step: *dar um ~ atrás/em frente* to take a step back/forward ◊ *um ~ para a paz* a step towards peace **2** (*ruído*) footstep: *Acho que ouvi ~s.* I think I heard footsteps. **3** (*ritmo*) pace:

Neste ~ não vamos chegar lá nunca. We'll never get there at this rate. LOC **ao passo que...** while... **a passo de cágado** at a snail's pace **ficar a dois passos** to be just around the corner: *Fica a dois ~s daqui.* It's just around the corner from here. **passo a passo** step by step *Ver tb* ACELERAR

pasta¹ *sf* **1** (*maleta*) briefcase **2** (*da escola*) school bag **3** (*cartolina, plástico*) binder **4** (*médico*) (doctor's) bag **5** (*Pol*) portfolio: *ministro sem ~* minister without portfolio

pasta² *sf* paste: *Misturar até formar uma ~ espessa.* Mix to a thick paste. LOC **pasta de dentes** toothpaste

pastar *vi* to graze

pastel *sm* **1** (*para comer*) pastry [*pl* pastries] **2** (*Arte*) pastel LOC *Ver* ROLO

pastilha *sf* (*doce*) pastille LOC **pastilha para a garganta** throat lozenge **pastilha para a tosse** cough drop

pasto *sm* pasture

pastor, ~a *sm-sf* **1** (*guardador de gado*) shepherd [*fem* shepherdess] **2** (*sacerdote*) minister LOC **pastor alemão** German shepherd

pata *sf* **1** (*pé de animal*) **(a)** (*quadrúpede com unhas*) paw: *O cachorro machucou a ~.* The dog hurt its paw. **(b)** (*casco*) hoof [*pl* hoofs/hooves]: *as ~s de um cavalo* a horse's hooves **2** *Ver* PATO

patada *sf* kick: *Ele deu uma ~ na mesa.* He kicked the table. ◊ *levar uma ~* to be kicked

patamar *sm* **1** (*escada*) landing **2** (*nível*) level

patavina *sf* LOC **não entender/saber patavina** not to understand/know a thing: *Não sei ~ de francês.* I don't know a word of French.

patê *sm* pâté

patente *sf* patent

paternal *adj* fatherly, paternal (*mais formal*)

paternidade *sf* fatherhood, paternity (*formal*)

paterno, -a *adj* **1** (*paternal*) fatherly **2** (*parentesco*) paternal: *avô ~* paternal grandfather

pateta *smf* halfwit

patife *sm* scoundrel

patim *sm* **1** (*com rodas paralelas*) roller skate **2** (*de lâmina*) ice skate

patinação *sf* skating: *~ no gelo/artística* ice skating/figure skating LOC *Ver* PISTA

patinador, ~a *sm-sf* skater

patinar *vi* to skate

patinho, -a *sm-sf* duckling ☛ *Ver nota em* PATO

pátio *sm* **1** courtyard **2** (*escola*) playground

pato, -a *sm-sf* duck

Duck é o substantivo genérico. Quando queremos nos referir apenas ao macho dizemos **drake**. **Ducklings** são os patinhos.

LOC *Ver* PAGAR

patrão, -oa *sm-sf* boss

pátria *sf* (native) country

patrício, -a *sm-sf* (*compatriota*) fellow countryman/woman [*pl* fellow countrymen/women]

patrimônio *sm* **1** (*herança*) heritage: *~ nacional* national heritage **2** (*bens*) property

patriota *smf* patriot

patriótico, -a *adj* patriotic

patriotismo *sm* patriotism

patrocinador, ~a *sm-sf* sponsor

patrocinar *vt* to sponsor

patrocínio *sm* sponsorship

patrono, -a *sm-sf Ver* PADROEIRO

patrulha *sf* patrol: *carro de ~* patrol car

patrulhar *vt, vi* to patrol

pau *sm* **1** stick **2 paus** (*naipe de cartas*) clubs ☛ *Ver nota em* BARALHO LOC **a dar com o pau** loads of *sth*: *Havia gente a dar com o ~.* There were loads of people. **de pau** wooden: *perna de ~* wooden leg *Ver tb* COLHER¹

paulista ♦ *adj* from São Paulo State ♦ *smf* person from São Paulo State: *os ~s* the people of São Paulo State

paulistano, -a ♦ *adj* São Paulo [*s atrib*] ♦ *sm-sf* person from São Paulo: *os ~s* the people of São Paulo

pausa *sf* pause: *fazer uma ~* to pause

pauta *sf* **1** (*de discussão*) agenda **2** (*Mús*) stave

pauzinhos *sm* (*talher*) chopsticks

pavão, -oa *sm-sf* peacock [*fem* peahen]

pavilhão *sm* **1** (*exposição*) pavilion: *o ~ da França* the French pavilion **2** (*Esporte*) gym

pavimentar *vt* to pave

pavimento *sm* **1** (*de rua*) surface **2** (*andar*) story [*pl* stories]

pavio *sm* (*vela*) wick LOC **ter o pavio curto** to have a short fuse

pavor *sm* terror: *um grito de ~* a cry of

terror LOC **ter pavor de alguém/algo** to be terrified of sb/sth

paz *sf* peace: *plano de* ~ peace plan ◊ *em tempo(s) de* ~ in peacetime LOC **deixar em paz** to leave *sb/sth* alone: *Não me deixam em* ~. They won't leave me alone. **fazer as pazes** to make it up (*with sb*): *Eles fizeram as* ~*es*. They made it up.

pé *sm* **1** foot [*pl* feet]: *o pé direito/ esquerdo* your right/left foot ◊ *ter pé chato* to have flat feet **2** (*estátua, coluna*) pedestal **3** (*copo*) stem **4** (*abajur*) stand **5** (*mesa, cadeira*) leg LOC **ao pé da letra** literally **ao pé de** near: *Sentamos ao pé da lareira*. We sat by the fire. **a pé** on foot **dar no pé** (*fugir*) to run off **dar pé 1** (*em água*): *Não dá pé*. I'm out of my depth. **2** (*ser possível*): *Amanhã não dá pé, que tal outro dia?* I can't manage tomorrow. What about another day? **dos pés à cabeça** from top to toe **estar de pé** to be standing (up) **ficar de pé** to stand up **ficar no pé de alguém** to nag sb **não ter pé nem cabeça** to be absurd *Ver tb* BATER, COMEÇAR, DEDINHO, JEITO, LEVANTAR, MANTER, METER, ORELHA, PEITO, PONTA

peão *sm* **1** (*trabalhador rural*) farm laborer **2** (*Xadrez*) pawn

peça *sf* **1** (*Xadrez, Mús, etc.*) piece **2** (*Mec*) part: *uma* ~ *sobressalente* a spare part LOC **peça de roupa/vestuário** garment **peça (teatral/de teatro)** play [*pl* plays] *Ver tb* PREGAR²

pecado *sm* sin

pecador, ~a *sm-sf* sinner

pecar *vi* to sin LOC **pecar por** to be too...: *Você peca por confiar demais*. You're too trusting.

pechincha *sf* bargain

pechinchar *vi* to haggle

peculiar *adj* **1** (*especial*) special **2** (*característico*) particular

pedacinho *sm* LOC **fazer em pedacinhos** (*papel, tecido*) to tear *sth* to shreds

pedaço *sm* piece: *um* ~ *de bolo/pão* a piece of cake/bread ◊ *Corte a carne em* ~*s*. Cut the meat into pieces. ◊ *Este livro está caindo aos* ~*s*. This book is falling to pieces.

pedágio *sm* toll

pedagogia *sf* education

pedagógico, -a *adj* educational

pedal *sm* pedal

pedalar *vi* to pedal

pedalinho *sm* (*embarcação*) pedalo [*pl* pedalos]

pedante *adj* pretentious

pé-de-pato *sm* (*nadador, mergulhador*) flipper

pedestre *smf* pedestrian LOC *Ver* FAIXA

pediatra *smf* pediatrician

pediatria *sf* pediatrics

pedicuro, -a *sm-sf* (*tb pedicure smf*) podiatrist, chiropodist (*GB*)

pedido *sm* **1** request (*for sth*): *um* ~ *de informação* a request for information ◊ *a* ~ *de alguém* at sb's request **2** (*Com*) order LOC **pedido de casamento** marriage proposal

pedinte *smf* beggar

pedir *vt* **1** to ask (*sb*) for *sth*: ~ *pão/a conta* to ask for bread/the bill ◊ ~ *ajuda aos vizinhos* to ask the neighbors for help **2** (*autorização, favor, quantidade*) to ask (*sb*) (*sth*): *Queria lhe pedir um favor*. I want to ask you a favor. ◊ *Eles estão pedindo dois mil dólares*. They're asking two thousand dollars. **3** ~ **a alguém que faça/para fazer algo** to ask sb **to do sth**: *Ele me pediu que esperasse/para esperar*. He asked me to wait. **4** (*encomendar*) to order: *Como entrada pedimos sopa*. For our first course we ordered soup. LOC **pedir desculpa/perdão** to apologize (*to sb*) (*for sth*) **pedir demissão** to resign **pedir emprestado** to borrow: *Ele me pediu o carro emprestado*. He borrowed my car. ☛ *Ver ilustração em* BORROW **pedir esmola** to beg *Ver tb* CARONA, RESGATE

pedra *sf* **1** stone: *uma* ~ *preciosa* a precious stone ◊ *um muro de* ~ a stone wall **2** (*lápide*) tombstone **3** (*granizo*) hailstone LOC **pedra de gelo** ice cube **ser de pedra** (*insensível*) to be hard-hearted **ser uma pedra no sapato de alguém** to be a thorn in sb's side *Ver tb* LOUCO

pedrada *sf*: *Receberam-no a* ~*s*. They threw stones at him.

pedreira *sf* quarry [*pl* quarries]

pedreiro *sm* **1** stonemason **2** (*que põe tijolos*) bricklayer

pegada *sf* **1** (*pé, sapato*) footprint **2** (*animal*) track: ~*s de urso* bear tracks

pegado, -a *pp, adj* (*muito perto*) right next *to sb/sth*: *estar/ficar* ~ *a algo* to be right next to sth *Ver tb* PEGAR

pegajoso, -a *adj* sticky

pegar ◆ *vt* **1** to catch: *Aposto que você não me pega!* I bet you can't catch me! ◊

~ *uma bola* to catch a ball ◊ *Eles foram pegos roubando.* They were caught stealing. ◊ ~ *um resfriado* to catch a cold ◊ *Peguei catapora dele.* I caught chicken pox from him. **2** (*levar*) to take: *Pegue os livros que quiser.* Take as many books as you like. **3** ~ (**em**) (*agarrar, segurar*) to take hold of sth: *Peguei-o pelo braço.* I took hold of his arm. ◊ *Pegue nesse lado que eu pego neste.* You take hold of that side and I'll take this one. **4** (*hábito, vício, sotaque*) to pick *sth* up ◆ *vi* **1** (*motor, carro*) to start: *A moto não quer* ~. The motorbike won't start. **2** (*mentira, desculpa*) to be believed: *Não vai* ~. Nobody will believe that. **3** (*idéia, moda*) to catch on: *Não acho que essa moda vai* ~. I don't think that fashion will catch on. **4** (*colar-se*) to stick **5** (*doença*) to be catching ◆ **pegar-se** *v pron* (*brigar*) to come to blows (*with sb*) LOC **pegar e...** to up and *do sth*: *Peguei e fui-me embora.* I upped and left.

peito *sm* **1** chest: *Ele se queixa de dores no* ~. He's complaining of chest pains. **2** (*apenas mulheres*) **(a)** (*busto*) bust **(b)** (*mama*) breast **3** (*ave*) breast: ~ *de frango* chicken breast LOC **no peito** (**e na raça**) whatever it takes **peito do pé** instep *Ver tb* NADAR

peitoril *sm* **1** ledge **2** (*janela*) window sill

peixaria *sf* fish market

peixe *sm* **1** fish [*pl* fish]: *Vou comprar* ~. I'm going to buy some fish. ◊ ~*s de água doce* freshwater fish ☞ *Ver nota em* FISH **2 Peixes** (*Astrologia*) Pisces ☞ *Ver exemplos em* AQUARIUS LOC **peixe dourado** goldfish [*pl* goldfish] (**sentir-se**) **como um peixe fora d'água** (to feel) like a fish out of water

peixe-espada *sm* swordfish

peixeiro, -a *sm-sf* fish seller

pelada *sf* game of soccer: *Vamos jogar uma* ~ *no sábado?* Shall we play a game of soccer this Saturday?

pelado, -a *pp, adj* **1** (*nu*) naked **2** (*sem dinheiro*) broke

pele *sf* **1** (*Anat*) skin: *ter* ~ *branca/morena* to have fair/dark skin ◊ *um casaco de* ~ *de carneiro* a sheepskin coat **2** (*com pêlo*) fur: *um casaco de* ~ a fur coat LOC **arriscar/salvar a pele** to risk/save your neck **cair na pele de alguém** to make fun of sb **ser/estar só pele e osso** to be nothing but skin and bone *Ver tb* LIMPEZA, NERVO

pelicano *sm* pelican

película *sf* movie, film (*GB*)

pêlo *sm* **1** hair: *ter* ~*s nas pernas* to have hair on your legs **2** (*pele de animal*) coat: *Esse cachorro tem um* ~ *muito macio.* That dog has a very smooth coat. LOC *Ver* NU

pelota *sf* ball LOC **dar pelota** to pay attention *to sth*: *Não dei* ~ *para o que ela disse.* I didn't pay attention to what she said.

pelotão *sm* platoon

pelúcia *sf* plush LOC *Ver* BICHO, URSO

peludo, -a *adj* **1** hairy: *braços* ~*s* hairy arms **2** (*animal*) furry

pena¹ *sf* (*ave*) feather: *um travesseiro de* ~*s* a feather pillow

pena² *sf* **1** (*tristeza*) sorrow **2** (*lástima*) pity: *Que* ~ *que você não possa vir!* What a pity you can't come! **3** (*condenação*) sentence: *Ele foi condenado a uma* ~ *de cinco anos.* He was given a five-year sentence. ◊ *cumprir* ~ to serve a term in prison. LOC **Essas crianças me dão tanta** ~. I feel so sorry for those children. **pena de morte** death penalty **vale a pena.../não vale a pena...** it's worth *doing sth* /there's no point *in doing sth*: *Vale a* ~ *lê-lo.* It's worth reading. ◊ *Não vale a* ~ *gritar.* There's no point in shouting.

penal *adj* penal

penalidade *sf* penalty [*pl* penalties]

pênalti *sm* (*Esporte*) penalty [*pl* penalties]: *cobrar/conceder um* ~ to take/concede a penalty ◊ *marcar um* (*gol de*) ~ to score (from) a penalty

penca *sf* (*bananas, etc.*) bunch

pendente ◆ *adj* **1** (*assunto, dívida, problema*) outstanding **2** (*decisão, veredicto*) pending ◆ *sm* pendant

pendurado, -a *pp, adj* ~ **a/em** hanging **on/from** *sth Ver tb* PENDURAR

pendurar *vt* **1** to hang *sth* (**from/on** *sth*) ☞ *Ver nota em* ENFORCAR(-SE) **2** (*roupa*) to hang *sth* up **3** (*pagamento*) to buy *sth* on credit LOC **pendurar as chuteiras** (*aposentar-se*) to retire

peneira *sf* sieve

penetra *smf* gatecrasher: *entrar de* ~ *numa festa* to crash a party

penetrante *adj* **1** penetrating: *um olhar* ~ a penetrating look **2** (*frio, vento*) bitter

penetrar *vt, vi* ~ (**em**) **1** (*entrar*) to enter, to get into *sth* (*mais coloq*): *A água penetrou no porão.* The water got into the basement. **2** (*bala, flecha, som*) to pierce: *A bala penetrou no coração dele.* The bullet pierced his heart.

penhasco *sm* cliff

penhor *sm* pledge

penhorar *vt* to pawn

penicilina *sf* penicillin

penico *sm* potty [*pl* potties]

península *sf* peninsula

pênis *sm* penis

penitência *sf* penance: *fazer ~* to do penance

penitenciária *sf* prison

penoso, -a *adj* **1** (*assunto, tratamento*) painful **2** (*trabalho, estudo*) difficult

pensamento *sm* thought LOC *Ver* LER

pensão *sf* **1** (*aposentadoria*) pension: *uma ~ de viúva* a widow's pension **2** (*residencial*) boarding house LOC **pensão alimentícia** maintenance **pensão completa/meia pensão** full/half board

pensar *vt, vi* **1** ~ (**em**) to think (**about/of** *sb/sth*); to think (**about/of** *doing sth*): *Em quem você está pensando?* Who are you thinking about? ◊ *Pense num número.* Think of a number. ◊ *No que você está pensando?* What are you thinking about? ◊ *Você só pensa em si próprio.* You only ever think of yourself. ◊ *Estamos pensando em casar.* We're thinking of getting married. **2** (*opinar*) to think *sth* **of** *sb/sth*: *Não pense mal deles.* Don't think badly of them. **3** (*ter decidido*): *Pensávamos ir amanhã.* We were thinking of going tomorrow. LOC **nem pensar!** no way! **pensando bem...** on second thoughts... **pensar na morte da bezerra** to daydream **sem pensar duas vezes** without thinking twice

pensativo, -a *adj* thoughtful

pensionista *smf* pensioner

pente *sm* comb

penteadeira *sf* dressing table

penteado, -a ♦ *pp, adj*: *Você ainda não está penteada?* Haven't you done your hair yet? ♦ *sm* hairstyle LOC **andar/estar bem/mal penteado**: *Ela estava muito bem penteada.* Her hair looked really nice. ◊ *Ele anda sempre mal ~.* His hair always looks messy. *Ver tb* PENTEAR

pentear ♦ *vt* **1** to comb *sb's* hair: *Deixe-me ~ você.* Let me comb your hair. **2** (*cabeleireiro*) to do *sb's* hair ♦ **pentear-se** *v pron* to comb your hair: *Penteie-se antes de sair.* Comb your hair before you go out.

penugem *sf* **1** (*ave*) down **2** (*pêlo*) fluff

penúltimo, -a ♦ *adj* penultimate, second to last (*mais coloq*): *o ~ capítulo* the penultimate chapter ◊ *a penúltima parada* the second to last stop ♦ *sm-sf* last but one

penumbra *sf* half-light

pepino *sm* cucumber

pequeno, -a *adj* **1** small: *um ~ problema/detalhe* a small problem/detail ◊ *O quarto é ~ demais.* The room is too small. ◊ *Todas as minhas saias estão pequenas para mim.* All my skirts are too small for me. ☛ *Ver nota em* SMALL **2** (*criança*) little: *quando eu era ~ when I was little* ◊ *as crianças pequenas* little children **3** (*pouco importante*) minor: *umas pequenas alterações* a few minor changes

pêra *sf* pear

perante *prep* **1** before: *perante as câmaras* before the cameras ◊ *comparecer perante o juiz* to appear before the judge **2** (*face a*) in the face of *sth*: *perante as dificuldades* in the face of adversity

perceber *vt* to realize: *Percebi que estava enganado.* I realized I was wrong.

percentagem *sf* percentage

percevejo *sm* **1** (*preguinho*) thumbtack, drawing-pin (*GB*) **2** (*inseto*) bedbug

percorrer *vt* **1** to travel around...: *Percorremos a França de trem.* We traveled around France by train. **2** (*distância*) to cover: *Percorremos 150km.* We covered 150km.

percurso *sm* route

percussão *sf* percussion

perda *sf* **1** loss: *A partida dele foi uma grande ~.* His leaving was a great loss. **2** (*de tempo*) waste: *Isto é uma ~ de tempo.* This is a waste of time. LOC **perdas e danos** damages **perdas e ganhos** profit and loss *Ver tb* CHORAR

perdão ♦ *sm* forgiveness ♦ **perdão!** *interj* sorry! ☛ *Ver nota em* EXCUSE LOC *Ver* PEDIR

perdedor, ~a ♦ *adj* losing: *a equipe perdedora* the losing team ♦ *sm-sf* loser: *ser um bom/mau ~* to be a good/bad loser

perder ♦ *vt* **1** to lose: *~ altura/peso* to lose height/weight ◊ *Perdi o relógio.* I lost my watch. **2** (*meio de transporte, oportunidade, filme*) to miss: *~ o ônibus/avião* to miss the bus/plane ◊ *Não perca esta oportunidade!* Don't miss this opportunity! **3** (*desperdiçar*) to waste: ~ *tempo* to waste time ◊ *sem ~ um minuto* without wasting a minute ♦ *vi* **1** ~ (**em**) to lose (**at** *sth*): *Perdemos.* We lost. ◊ ~ *no xadrez* to lose at chess **2** (*sair prejudicado*) to lose out: *Você é que perde.* It's your loss. ♦ **perder-se** *v pron* to get lost: *Se não levar um mapa, você vai se ~.* You'll get lost if you don't take a map. LOC **não perder uma** (*ser muito esperto*) to be sharp as a tack **perder a cabeça/o juízo** to lose your head **perder a calma** to lose your temper **perder as estribeiras** to lose your temper **perder a vontade** to go off the idea (*of doing sth*): *Perdi a vontade de ir ao cinema.* I went off the idea of going to the movies. **perder de vista** to lose sight *of sb/sth* **perder o costume/a mania** to stop (*doing sth*): ~ *o costume de roer as unhas* to kick the habit of biting your nails **perder o rastro** to lose track *of sb/sth* **pôr algo a perder** to ruin sth **sair perdendo** to lose out *Ver tb* ILUSÃO, SENTIDO

perdido, -a *pp, adj* **1** lost: *Estou completamente perdida.* I'm completely lost. **2** (*extraviado*) stray: *uma bala perdida* a stray bullet *Ver tb* PERDER

perdiz *sf* partridge

perdoar *vt* **1** to forgive *sb* (**for** *sth/doing sth*): *Você me perdoa?* Do you forgive me? ◊ *Jamais perdoarei o que ele fez.* I'll never forgive him for what he did. **2** (*dívida, obrigação, sentença*) to let *sb* off *sth*: *Ele me perdoou os mil reais que eu lhe devia.* He let me off the thousand reals I owed him.

peregrinação *sf* pilgrimage: *fazer ~* to go on a pilgrimage

peregrino, -a *sm-sf* pilgrim

pereira *sf* pear tree

perene *adj* **1** everlasting **2** (*Bot*) perennial

perfeito, -a *adj* perfect LOC **sair perfeito** to turn out perfectly: *Saiu tudo ~ para nós.* It all turned out perfectly for us.

perfil *sm* **1** (*pessoa*) profile: *Ele é mais bonito de ~.* He's better-looking in profile. ◊ *um retrato de ~* a profile portrait **2** (*edifício, montanha*) outline

perfilar ♦ *vt* **1** (*traçar o perfil de*) to draw the outline **of** *sth* **2** (*alinhar*) to line *sth* up **3** (*aprumar*) to stand *sth* up straight ♦ **perfilar-se** *v pron* to stand up straight

perfumado, -a *pp, adj* scented *Ver tb* PERFUMAR

perfumar ♦ *vt* to perfume ♦ **perfumar-se** *v pron* to put perfume on

perfume *sm* perfume

perfurador *sm* hole punch(er)

pergunta *sf* question: *fazer uma ~* to ask a question ◊ *responder a uma ~* to answer a question

perguntar ♦ *vt, vi* **1** to ask **2** ~ **por** (**a**) (*ao procurar alguém/algo*) to ask **for** *sb/sth*: *Esteve um homem aqui perguntando por você.* A man was here asking for you. (**b**) (*ao interessar-se por alguém*) to ask **after** *sb*: *Pergunte pelo filho mais novo dela.* Ask after her little boy. (**c**) (*ao interessar-se por algo*) to ask **about** *sth*: *Perguntei-lhe pelo exame.* I asked her about the exam. ♦ **perguntar-se** *v pron* to wonder

periferia *sf* (*de cidade*) outskirts [*pl*]

perigo *sm* danger: *Ele está em ~.* He's in danger. ◊ *fora de ~* out of danger LOC *Ver* CORRER

perigoso, -a *adj* dangerous

perímetro *sm* perimeter

periódico, -a ♦ *adj* periodic ♦ *sm* **1** (*revista*) magazine **2** (*jornal*) newspaper

período *sm* period LOC **período escolar** semester, term (*GB*)

peripécia *sf* **1** (*imprevisto*) incident **2** (*aventura*) adventure LOC **cheio de/com muitas peripécias** very eventful: *uma viagem cheia de ~s* a very eventful trip

periquito *sm* parakeet

perito, -a *adj, sm-sf* ~ (**em**) expert (**at/in** *sth/doing sth*)

permanecer *vi* to remain, to be (*mais coloq*): ~ *pensativo/sentado* to remain thoughtful/seated ◊ *Permaneci acordada toda a noite.* I was awake all night.

permanente ♦ *adj* permanent ♦ *sf* (*cabelo*) perm LOC **fazer permanente** to have your hair permed

permissão *sf* permission: *Ela pediu ~ para sair da sala.* She asked permission to leave the room.

permitir *vt* **1** (*deixar*) to let *sb* (**do** *sth*): *Permita-me ajudá-lo.* Let me help you. ◊ *Não me permitiriam.* They wouldn't let me. **2** (*autorizar*) to allow *sb* **to do** *sth*: *Não permitem que ninguém entre sem gravata.* No one is allowed in without a tie. ☞ *Ver nota em* ALLOW LOC **permitir-se o luxo de** to treat yourself (*to sth*): *Permiti-me o luxo de passar o fim* *de semana fora.* I treated myself to a weekend break.

permutação *sf* **1** (*Mat*) permutation **2** (*troca*) exchange

perna *sf* leg: *quebrar a ~* to break your leg ◊ *cruzar/esticar as ~s* to cross/stretch your legs ◊ *~ de carneiro* leg of lamb LOC **com as pernas cruzadas** cross-legged **de pernas para o ar** upside down: *Estava tudo de ~s para o ar.* Everything was upside down. *Ver tb* BARRIGA

pernil *sm* (*porco*) leg

pernilongo *sm* mosquito [*pl* mosquitoes]

pérola *sf* pearl

perpendicular *adj, sf* perpendicular

perpétuo, -a *adj* perpetual LOC *Ver* PRISÃO

perplexo, -a *adj* puzzled: *Fiquei ~.* I was puzzled. LOC **deixar alguém perplexo** to leave sb speechless: *A notícia deixou-nos ~s.* The news left us speechless.

perseguição *sf* **1** pursuit: *A polícia foi em ~ aos assaltantes.* The police went in pursuit of the robbers. **2** (*Pol, Relig*) persecution

perseguir *vt* **1** to pursue: *~ um carro/objetivo* to pursue a car/an objective **2** (*Pol, Relig*) to persecute

perseverança *sf* determination: *trabalhar com ~* to work with determination

persiana *sf* blind: *subir/baixar as ~s* to raise/lower the blinds

persistente *adj* persistent

persistir *vi* to persist (*in sth/doing sth*)

personagem *sm ou sf* character: *o ~ principal* the main character

personalidade *sf* personality [*pl* personalities]

perspectiva *sf* **1** perspective **2** (*vista*) view **3** (*para o futuro*) prospect: *boas ~s* good prospects

perspicácia *sf* insight

perspicaz *adj* perceptive

persuadir ◆ *vt* to persuade sb (*to do sth*): *Eu o persuadi a sair.* I persuaded him to come out. ◆ **persuadir-se** *v pron* to become convinced (*of sth/that…*)

persuasivo, -a *adj* persuasive

pertencente *adj* ~ **a** belonging **to sb/sth**: *os países ~s à União Européia* the countries belonging to the European Union

pertencer *vi* to belong **to sb/sth**: *Este colar pertencia à minha avó.* This necklace belonged to my grandmother.

pertences *sm* belongings

pertinente *adj* relevant

perto *adv* near(by): *Vivemos muito ~.* We live very near. ☛ *Ver nota em* NEAR LOC **de perto**: *Deixe-me vê-lo de ~.* Let me see it close up. **perto de 1** (*a pouca distância*) near: *~ daqui* near here **2** (*quase*) nearly: *O trem atrasou ~ de uma hora.* The train was almost an hour late. *Ver tb* AQUI

perturbar *vt* **1** (*atrapalhar*) to disturb **2** (*assediar*) to hassle **3** (*abalar*) to unsettle

Peru *sm* Peru

peru, ~a *sm-sf* turkey [*pl* turkeys]

perua *sf* (*veículo*) station wagon, estate car (*GB*)

peruano, -a *adj, sm-sf* Peruvian

peruca *sf* wig

perverso, -a *adj* (*malvado*) wicked

perverter *vt* to pervert

pervertido, -a *sm-sf* pervert

pesadelo *sm* nightmare: *Ontem à noite tive um ~.* I had a nightmare last night.

pesado, -a *pp, adj* heavy: *uma mala/comida pesada* a heavy suitcase/meal *Ver tb* PESAR[1]

pêsames *sm* condolences: *Os meus ~.* My deepest condolences. LOC **dar os pêsames** to offer sb your condolences

pesar[1] ◆ *vt* to weigh: *~ uma mala* to weigh a suitcase ◆ *vi* **1** to weigh: *Quanto você pesa?* How much do you weigh? ◊ *Isto pesa uma tonelada!* It weighs a ton! **2** (*ser pesado*) to be heavy: *Esta encomenda pesa e bem!* This package is very heavy! ◊ *Não pesa nada!* It hardly weighs a thing! LOC **pesar na consciência** to weigh on your conscience: *Pesou-me na consciência.* I felt very guilty.

pesar[2] *sm* (*tristeza*) sorrow

pesca *sf* fishing: *ir à ~* to go fishing LOC *Ver* VARA

pescador, ~a *sm-sf* fisherman/woman [*pl* fishermen/women]

pescar ◆ *vi* to fish: *Eles tinham ido ~.* They'd gone fishing. ◆ *vt* to catch: *Pesquei duas trutas.* I caught two trout.

pescoço *sm* neck: *Estou com dor no ~.* My neck hurts. LOC *Ver* CORDA

peso *sm* weight: *ganhar/perder ~* to put on/lose weight ◊ *vender algo por ~* to sell sth by weight ◊ *~ bruto/líquido*

gross/net weight LOC **de peso** (*fig*) **1**
(*pessoa*) influential **2** (*assunto*) weighty
tirar um peso de cima: *Tiraram um
grande ~ de cima de mim.* That's a great
weight off my mind. *Ver tb* LEVANTA-
MENTO, LEVANTAR

pesqueiro, -a ◆ *adj* fishing [*s atrib*]:
um porto ~ a fishing port ◆ *sm* (*barco*)
fishing boat

pesquisa *sf* research: *~ de mercado*
market research

pesquisador, ~a *sm-sf* researcher

pesquisar *vt* to research

pêssego *sm* peach

pessegueiro *sm* peach tree

pessimismo *sm* pessimism

pessimista ◆ *adj* pessimistic ◆ *smf*
pessimist

péssimo, -a *adj* terrible: *Eles tiveram
um ano ~.* They had a terrible year. ◊
Sinto-me ~. I feel terrible.

pessoa *sf* person [*pl* people]: *milhares
de ~s* thousands of people LOC **em pes-
soa** in person **por pessoa** per head:
1.000 reais por ~ 1,000 reals per head
ser (uma) boa pessoa/pessoa de bem
to be nice: *Eles são muito boas ~s.*
They're very nice.

pessoal ◆ *adj* personal ◆ *sm* staff LOC
Ver COMPUTADOR, DADO

pestana *sf* eyelash LOC **tirar uma pes-
tana** to have forty winks

pestanejar *vi* to blink: *Eles nem pesta-
nejaram.* They didn't even blink. LOC
sem pestanejar without batting an eye-
lid: *Ele escutou a notícia sem ~.* He
heard the news without batting an eye-
lid.

peste *sf* **1** (*doença*) plague: *~ bubônica*
bubonic plague **2** (*pessoa, animal*) pest:
Esta criança é uma ~. This child's a
pest.

pesticida *sm* pesticide

pétala *sf* petal

petição *sf* petition: *elaborar uma ~* to
draw up a petition LOC (**estar) em pe-
tição de miséria** (to be) in a terrible
state: *A casa está em ~ de miséria.* The
house is in a terrible state.

petiscar *vt* (*comer*) to nibble

petisco *sm* delicacy [*pl* delicacies]

petroleiro *sm* oil tanker

petróleo *sm* oil: *um poço de ~* an oil
well LOC **petróleo bruto** crude oil

pia *sf* sink

piada *sf* joke: *contar uma ~* to tell a
joke

pianista *smf* pianist

piano *sm* piano [*pl* pianos]: *tocar uma
peça musical ao ~* to play a piece of
music on the piano LOC **piano de cau-
da** grand piano

pião *sm* top

piar *vi* to chirp

picada *sf* **1** (*alfinete, agulha*) prick **2**
(*mosquito, cobra*) bite **3** (*abelha, vespa*)
sting: *Não se mexa senão você vai levar
uma ~.* Don't move or you'll get stung.
LOC *Ver* FIM

picadeiro *sm* **1** (*de circo*) (circus) ring
2 (*escola de equitação*) riding school

picante *adj* **1** (*Cozinha*) hot: *um molho
~* a hot sauce **2** (*anedota*) risqué

picar ◆ *vt* **1** to prick: *~ alguém com um
alfinete* to prick sb with a pin **2** (*mos-
quito, cobra*) to bite **3** (*abelha, vespa*) to
sting **4** (*cebola, hortaliça*) to chop *sth*
(up) ◆ *vi* **1** (*planta espinhosa*) to be
prickly: *Tenha cuidado que elas picam.*
Be careful, they're prickly. **2** (*produzir
comichão*) to itch: *Este suéter pica.* This
sweater is itchy.

pichação *sf* **1** (*piche*) pitch **2** (*grafite*)
graffiti **3** (*crítica*) criticism

pichar *vt* **1** (*cobrir com piche*) to cover
with pitch **2** (*grafitar*) to spray *sth* with
graffiti **3** (*criticar*) to criticize

piche *sm* pitch

picles *sm* pickles

pico *sm* **1** (*ponta aguda*) point **2** (*cume*)
peak: *os ~s cobertos de neve* the snow-
covered peaks LOC **e pico 1** odd: *dois
mil reais e ~* two thousand odd reals ◊
Ele tem trinta anos e ~. He's thirty
something. **2** (*hora*) just after: *Eram
umas duas e ~.* It was just after two.

picolé *sm* Popsicle®, ice lolly [*pl* ice
lollies] (*GB*)

picuinha *sf* LOC **fazer/ficar de picuinha**
to be spiteful

piedade *sf* **1** (*compaixão*) mercy (**on
sb**): *Senhor, tende ~.* Lord have mercy.
2 (*devoção*) piety LOC *Ver* DÓ¹

piedoso, -a *adj* (*religioso*) devout

piegas *adj* sappy, soppy (*GB*)

pifar *vi* (*estragar*) to break down: *A
televisão pifou.* The TV broke down.

pijama *sm* pajamas, pyjamas [*pl*] (*GB*):
Esse ~ fica pequeno em você. Those paja-
mas are too small for you. ☛ Note que
um pijama é **a pair of pajamas**: *Colo-*

que dois pijamas na mala. Pack two pairs of pajamas.

pilantra *smf* crook

pilar *sm* pillar

pilha *sf* **1** (*monte*) pile: *uma ~ de jornais* a pile of newspapers **2** (*Eletrôn*) battery [*pl* batteries]: *Acabaram as ~s.* The batteries are dead. LOC **ser/estar uma pilha de nervos** to be a bundle of nerves

pilotar *vt* **1** (*avião*) to fly **2** (*carro*) to drive

piloto *sm* **1** (*avião*) pilot **2** (*carro*) racing driver LOC **piloto automático** automatic pilot

pílula *sf* pill

pimenta *sf* pepper

pimenta-malagueta *sf* chili [*pl* chilies]

pimentão *sm* pepper: *~ verde/vermelho* green/red pepper

pinça *sf* **1** tweezers [*pl*]: *uma ~ para as sobrancelhas* eyebrow tweezers **2** (*gelo*) tongs [*pl*] **3** (*Med*) calipers [*pl*] **4** (*caranguejo, lagosta*) pincer

pincel *sm* paintbrush ☛ *Ver ilustração em* BRUSH LOC **pincel de barba** shaving brush

pinga *sf* sugar cane liquor

pingar ♦ *vi* **1** (*gotejar*) to drip **2** (*estar encharcado*) to be dripping wet ♦ *v imp* (*chover*) to drizzle: *Está começando a ~.* It's starting to drizzle.

pingente *sm* pendant

pingo *sm* (*gota*) drop

pingue-pongue *sm* ping-pong

pingüim *sm* penguin

pinha *sf* (*pinheiro*) pine cone

pinhal *sm* pine wood

pinhão *sm* pine nut

pinheiro *sm* pine (tree)

pino *sm* (*Mec*) pin LOC *Ver* SOL

pinta *sf* **1** (*mancha, bola*) dot **2** (*aspecto*) look: *Não gosto da ~ deste cara.* I don't like the look of this guy. LOC **ter pinta de** to look like *sth*: *Esse cara tem ~ de galã de cinema.* That guy looks like a movie star.

pintado, -a *pp, adj* painted: *As paredes estão pintadas de azul.* The walls are painted blue. LOC **pintado à mão** hand-painted *Ver* PINTAR

pintar ♦ *vt, vi* to paint: *~ as unhas* to paint your nails ◊ *~ uma parede de vermelho* to paint a wall red ♦ *vt* to color *sth* (in): *O garoto tinha pintado a casa de azul.* The little boy had colored

the house blue. ◊ *Ele desenhou uma bola e depois pintou-a.* He drew a ball and then colored it in. ♦ **pintar-se** *v pron* (*maquilar-se*) to put your makeup on: *Não tive tempo para me ~.* I didn't have time to put my makeup on. ◊ *Não me pinto.* I don't wear makeup. ◊ *Ela se pinta demais.* She wears too much makeup. LOC **pintar a óleo/aquarela** to paint in oils/watercolors **pintar o cabelo** to dye your hair: *~ o cabelo de castanho* to dye your hair dark brown **pintar o sete** to raise Cain **pintar os lábios/olhos** to put on your lipstick/eye makeup

pinto *sm* chick

pintor, ~a *sm-sf* painter

pintura *sf* painting LOC *Ver* ÓLEO

pio *sm* (*som*) cheep LOC **não dar um pio** not to say a word

piolho *sm* louse [*pl* lice]

pioneiro, -a ♦ *adj* pioneering ♦ *sm-sf* pioneer: *um ~ da cirurgia plástica* a pioneer of plastic surgery

pior ♦ *adj, adv* (*uso comparativo*) worse (*than sb/sth*): *Este carro é ~ do que aquele.* This car is worse than that one. ◊ *Sinto-me ~ hoje.* I feel worse today. ◊ *Foi ~ do que eu esperava.* It was worse than I had expected. ◊ *Ela cozinha ainda ~ do que a mãe.* She's an even worse cook than her mother. ♦ *adj, adv, smf* ~ (**de**) (*uso superlativo*) worst (**in/of…**): *Sou o ~ corredor do mundo.* I'm the worst runner in the world. ◊ *o ~ de tudo* the worst of all ◊ *o que canta ~* the one who sings worst LOC **o pior é que…** the worst thing is (that)… *Ver tb* CADA, CASO

piorar ♦ *vt* to make *sth* worse ♦ *vi* to get worse: *Ele piorou muito desde a última vez que o vi.* He's much worse since the last time I saw him.

pipa *sf* **1** (*barril*) barrel **2** (*papagaio*) kite

pipoca *sf* popcorn: *Você quer ~?* Would you like some popcorn?

pique *sm* LOC **ir a pique 1** (*barco*) to sink **2** (*arruinar-se*) to go bust

piquenique *sm* picnic: *fazer um ~* to go for a picnic

pirado, -a *pp, adj* nuts: *ser ~* to be nuts *Ver tb* PIRAR

pirâmide *sf* pyramid

piranha *sf* piranha

pirar ♦ *vi* (*ficar maluco*) to go nuts

♦ **pirar, pirar-se** *vi, v pron* (*fugir*) to clear off

pirata *adj, smf* pirate: *um barco ~* a pirate ship

piratear *vt* **1** (*disco, vídeo*) to pirate **2** (*sistema informático*) to hack **into sth**

pires *sm* saucer

pirilampo *sm* firefly [*pl* fireflies]

piromaníaco, -a (*tb* **pirômano, -a**) *sm-sf* arsonist

pirralho, -a *sm-sf* kid

pirueta *sf* pirouette

pirulito *sm* lollipop

pisada *sf* **1** (*som*) footstep **2** (*marca*) footprint

pisar ♦ *vt* **1** to step **on/in sth**: *~ no pé de alguém* to step on sb's foot ◊ *~ numa poça de água* to step in a puddle **2** (*terra*) to stomp **sth** down, to tread **sth** down (*GB*) **3** (*acelerador, freio*) to put your foot **on sth 4** (*dominar*) to walk all over **sb**: *Não deixe que pisem em você.* Don't let people walk all over you. **5** (*contundir*) to bruise ♦ *vi* to tread LOC **pisar em brasa** to be in a very difficult situation **pisar na bola** to overstep the mark **ver por onde se pisa** to tread carefully *Ver tb* PROIBIDO

piscadela *sf* wink

pisca-pisca *sm* turn signal, indicator (*GB*)

piscar ♦ *vt* **1** (*olho*) to wink: *Ele piscou para mim.* He winked at me. **2** (*farol*) to flash: *~ o farol* to flash your lights ♦ *vi* **1** (*olhos*) to blink **2** (*luz*) to flicker

piscina *sf* swimming pool

piso *sm* floor LOC **piso salarial** minimum wage

pista *sf* **1** (*rastro*) track(s) [*usa-se muito no plural*]: *seguir a ~ de um animal* to follow an animal's tracks **2** (*dado*) clue: *Dê-me mais ~s.* Give me more clues. **3** (*corridas*) track: *uma ~ ao ar livre/coberta* an outdoor/indoor track **4** (*Esporte, faixa, rodovia*) lane: *o atleta na ~ dois* the athlete in lane two **5** (*Aeronáut*) runway [*pl* runways] LOC **estar na pista de alguém** to be on sb's trail **pista de dança** dance floor **pista de esqui** ski slope **pista de patinação** skating rink **pista dupla** divided highway, dual carriageway (*GB*)

pistache *sm* pistachio [*pl* pistachios]

pistola *sf* gun LOC **pistola de ar comprimido** airgun

pistolão *sm* (*contato*) contacts [*pl*]: *Passaram porque tinham ~.* They passed thanks to their contacts. LOC **servir de pistolão** to pull strings **for sb**

pitada *sf* (*sal*) pinch

pitoresco, -a *adj* picturesque

pitu *sm* crayfish [*pl* crayfish]

pivete *sm* (*menino ladrão*) street urchin

pizza *sf* pizza

pizzaria *sf* pizzeria

placa *sf* **1** (*lâmina, Geol*) plate: *~s de aço* steel plates ◊ *A ~ na porta diz "dentista".* The plate on the door says "dentist". **2** (*comemorativa*) plaque: *uma ~ comemorativa* a commemorative plaque **3** (*em estrada*) sign **4** (*carro*) license plate, number plate (*GB*)

placar *sm* scoreboard

plaina *sf* (*ferramenta*) plane

planador *sm* glider

planalto *sm* plateau [*pl* plateaus/plateaux]

planar *vi* to glide

planejamento *sm* planning: *~ familiar* family planning

planejar *vt* to plan

planeta *sm* planet

planície *sf* plain

plano, -a ♦ *adj* flat: *uma superfície plana* a flat surface ♦ *sm* **1** (*desígnio*) plan: *Mudei de ~s.* I've changed my plans. ◊ *Você tem ~s para sábado?* Do you have anything planned for Saturday? **2** (*nível*) level: *As casas foram construídas em ~s diferentes.* The houses were built on different levels. ◊ *no ~ pessoal* on a personal level **3** (*Cinema*) shot LOC *Ver* PRIMEIRO

planta *sf* **1** (*Bot*) plant **2** (*desenho*) **(a)** (*cidade, metrô*) map **(b)** (*Arquit*) plan **3** (*do pé*) sole

plantação *sf* plantation

plantado, -a *pp, adj* LOC **deixar alguém plantado** to stand *sb* up *Ver tb* PLANTAR

plantão *sm* (*turno*) shift LOC **(estar) de plantão** (to be) on duty *Ver tb* FARMACÊUTICO

plantar *vt* to plant

plástico, -a ♦ *adj* plastic: *cirurgia plástica* plastic surgery ♦ *sm* plastic [*ger não contável*]: *um recipiente de ~* a plastic container ◊ *Tape-o com um ~.* Cover it with a plastic sheet. LOC *Ver* COPO

plastificar *vt* to laminate

plataforma *sf* platform

plátano *sm* plane tree

platéia *sf* **1** (*parte do teatro*) stalls [*pl*] **2** (*público*) audience

platina *sf* platinum

plebiscito *sm* referendum: *realizar um* ~ to hold a referendum

pleno, -a *adj* full LOC **em pleno...** (right) in the middle of...: *em ~ inverno* in the middle of winter ◊ *em ~ centro da cidade* right in the center of the city ◊ *em plena luz do dia* in broad daylight **estar em plena forma** to be in peak condition

plural *adj*, *sm* plural

Plutão *sm* Pluto

plutônio *sm* plutonium

pneu *sm* tire LOC **pneu furado** flat (tire)

pneumonia *sf* pneumonia [*não contável*]: *apanhar uma* ~ to catch pneumonia

pó *sm* **1** (*sujeira*) dust: *estar cheio de pó* to be covered in dust ◊ *Você está levantando pó.* You're kicking up the dust. **2** (*Cozinha, Quím, cosmético*) powder LOC **pó de arroz** face powder **tirar o pó (de)** to dust (*sth*) *Ver tb* LEITE, PANO

pobre ◆ *adj* poor ◆ *smf* **1** poor man/woman [*pl* poor men/women]: *os ricos e os* ~s the rich and the poor **2** (*desgraçado*) poor thing: *O ~ está com fome!* He's hungry, poor thing! LOC **o pobre de...** poor old...: *o ~ do Henrique* poor old Henrique

pobreza *sf* poverty

poça *sf* (*charco*) puddle

pochê *adj* LOC *Ver* OVO

pocilga *sf* pigsty [*pl* pigsties]

poço *sm* well: *um ~ de petróleo* an oil well

podar *vt* to prune

poder¹ *v aux* **1** can **do sth**; to be able **to do sth**: *Posso escolher Londres ou Rio.* I can choose London or Rio. ◊ *Eu não podia acreditar.* I couldn't believe it. ◊ *Desde então ele não pode andar.* He hasn't been able to walk since then. ☛ *Ver nota em* CAN² **2** (*ter autorização*) can, may (*mais formal*): *Posso falar com o André?* Can I talk to André? ◊ *Posso sair?* May I go out? ☛ *Ver nota em* MAY **3** (*probabilidade*) may, could, might

O uso de **may, could** e **might** depende do grau de probabilidade de uma ação se realizar: **could** e **might** exprimem menos probabilidade que **may**: *Eles podem chegar a qualquer momento.* They

may arrive at any minute. ◊ *Poderia ser perigoso.* It could/might be dangerous.

LOC **até não poder mais**: *Gritamos até não ~ mais.* We shouted as loud as we could. **não poder deixar de** can't/couldn't help *doing sth*: *Não pude deixar de ouvir os vizinhos discutindo.* I couldn't help hearing the neighbors quarreling. **não poder mais** (*estar cansado*) to be exhausted **poder com** to cope with *sth*: *Não posso com essa criança.* I can't cope with this child. **pode-se/não se pode**: *Pode-se usar bermuda?* Is it all right if I wear bermuda shorts? ◊ *Não se pode fumar aqui.* You can't smoke in here. **pode ser (que...)** maybe: *Pode ser que sim, pode ser que não.* Maybe, maybe not.

poder² *sm* power: *tomar o* ~ to seize power LOC **poder aquisitivo** purchasing power **ter algo em seu poder** to have sth in your possession

poderoso, -a *adj* powerful

podre *adj* rotten: *uma maçã/sociedade* ~ a rotten apple/society

poeira *sf* dust: ~ *radioativa* radioactive dust

poeirada *sf* cloud of dust

poeirento, -a *adj* dusty

poema *sm* poem

poesia *sf* **1** poetry: *a ~ épica* epic poetry **2** (*poema*) poem

poeta *sm* poet

poético, -a *adj* poetic

poetisa *sf* poet

pois *conj* well: *Não está com vontade de sair? ~ então não saia.* You don't feel like going out? Well, don't then. LOC **pois é** (*ao concordar*) that's right **pois não?** (*numa loja*) can I help you?

polar *adj* polar LOC *Ver* CÍRCULO

polegada *sf* inch (*abrev* in.) ☛ *Ver Apêndice 1.*

polegar *sm* thumb

poleiro *sm* **1** (*pássaros*) perch **2** (*galinhas*) roost

polêmico, -a ◆ *adj* controversial ◆ **polêmica** *sf* controversy [*pl* controversies]

pólen *sm* pollen

polícia ◆ *smf* police officer ◆ *sf* police [*pl*]: *A ~ está investigando o caso.* The police are investigating the case. LOC **polícia de choque** riot police **polícia rodoviária** traffic police *Ver tb* DELEGADO

policial ◆ *adj* police [*s atrib*] ◆ *sm*

police officer LOC *Ver* DELEGACIA, GÊ-NERO

poliglota *adj, smf* polyglot

polígono *sm* polygon

polimento *sm* polish: *dar um ~ nos móveis* to give the furniture a polish

pólio (*tb* poliomielite) *sf* polio: *Ela contraiu ~ quando era criança.* She caught polio when she was a child.

polir *vt* to polish

politécnico, -a *adj* polytechnic

política *sf* **1** (*Pol*) politics [*sing*]: *entrar para a ~* to go into politics **2** (*posição, programa*) policy [*pl* policies]: *~ externa* foreign policy

político, -a ◆ *adj* political: *um partido ~* a political party ◆ *sm-sf* politician: *um ~ de esquerda* a left-wing politician

pólo *sm* **1** (*Geog, Fís*) pole: *o ~ norte/sul* the North/South Pole **2** (*Esporte*) polo: *~ aquático* water polo

polpa *sf* pulp

poltrona *sf* (*cadeira*) armchair

poluição *sf* pollution

poluir *vt, vi* to pollute

polvilhar *vt* to sprinkle *sth* (**with sth**)

polvo *sm* octopus [*pl* octopuses]

pólvora *sf* gunpowder

pomada *sf* ointment

pombo, -a *sm-sf* **1** pigeon **2** (*branca*) dove: *a pomba da paz* the dove of peace

pomo-de-adão *sm* Adam's apple

pomposo, -a *adj* pompous

poncho *sm* poncho [*pl* ponchos]

ponderar *vt, vi* ~ (**sobre**) to reflect (**on sth**)

pônei *sm* pony [*pl* ponies]

ponta *sf* **1** (*faca, arma, pena, lápis*) point **2** (*língua, dedo, ilha, iceberg*) tip: *Não sinto as ~s dos dedos.* I can't feel my fingertips. **3** (*extremo, cabelo*) end: *~s quebradas* split ends ◊ *na outra ~ da mesa* at the other end of the table **4** (*futebol*) winger LOC **de ponta a ponta/de uma ponta à outra**: *de uma ~ à outra de São Paulo* from one end of São Paulo to the other **estar na ponta da língua** to be on the tip of your tongue **na ponta dos pés** on tiptoe: *andar na ~ dos pés* to walk on tiptoe ◊ *Entrei na ~ dos pés.* I tiptoed in. **uma ponta de** a touch of: *uma ~ de inveja* a touch of envy *Ver tb* AGÜENTAR, TECNOLOGIA

pontada *sf* twinge

pontapé *sm* kick: *Dei-lhe um ~.* I kicked him. LOC **pontapé inicial** (*futebol*) kickoff

pontaria *sf* aim LOC **fazer pontaria** to take aim **ter boa/má pontaria** to be a good/bad shot

ponte *sf* bridge LOC **ponte aérea** shuttle service **ponte levadiça** drawbridge **ponte suspensa** suspension bridge

ponteiro *sm* hand: *~ dos segundos/minutos/das horas* second/minute/hour hand

pontiagudo, -a *adj* pointed

pontinha *sf*: *uma ~ de sal* a pinch of salt ◊ *uma ~ de humor* a touch of humor LOC **da pontinha** just right

ponto *sm* **1** point: *em todos os ~s do país* all over the country ◊ *Passemos ao ~ seguinte.* Let's move on to the next point. ◊ *Perdemos por dois ~s.* We lost by two points. ◊ *Cada pergunta vale 10 ~s.* Each question is worth 10 points. **2** (*sinal de pontuação*) period, full stop (*GB*) ☛ *Ver págs 298–9.* **3** (*grau*) extent: *Até que ~ isso é verdade?* To what extent is this true? **4** (*Costura, Med*) stitch: *Dê um ~ nessa bainha.* Put a stitch in the hem. ◊ *Levei três ~s.* I had three stitches. **5** (*parada*) stop: *~ de ônibus* bus stop LOC **ao ponto** (*carne*) medium rare **em ponto** exactly: *São duas em ~.* It's two o'clock exactly. ◊ *às seis e meia em ~* at six thirty on the dot **e ponto final!** and that's that! **estar a ponto de fazer algo 1** to be about to do sth: *Está a ~ de terminar.* It's about to finish. **2** (*por pouco*) to nearly do sth: *Ele esteve a ~ de perder a vida.* He nearly lost his life. **ponto alto** high point: *O ~ alto da noite foi a chegada dele.* His arrival was the high point of the evening. **ponto de ebulição/fusão** boiling point/melting point **ponto de exclamação/interrogação** exclamation point/question mark ☛ *Ver págs 298–9.* **ponto de partida** starting point **ponto de táxi** cabstand, taxi rank (*GB*) **ponto de venda** point of sale **ponto de vista** point of view **ponto e vírgula** semicolon ☛ *Ver págs 298–9.* **ponto final** period ☛ *Ver págs 298–9.* **ponto fraco** weak point **ponto morto 1** (*carro*) neutral **2** (*negociações*) deadlock **ponto parágrafo** new paragraph **ponto por ponto** (*pormenorizadamente*) down to the last detail *Ver tb* CERTO, DOIS

pontuação *sf* punctuation: *sinais de ~* punctuation marks

pontual *adj* punctual

Utilizamos **punctual** quando queremos nos referir à qualidade ou virtude de uma pessoa: *É importante ser pontual.* It's important to be punctual. Quando queremos nos referir à idéia de *chegar a tempo* utilizamos a expressão **on time**: *Procure ser pontual.* Try to get there on time. ◊ *Ele nunca é pontual.* He's always late./He's never on time.

popa *sf* stern

população *sf* population: *a ~ ativa* the working population

popular *adj* popular

por *prep*

● **lugar 1** (*com verbos de movimento*): *circular pela direita/esquerda* to drive on the right/left ◊ *Você vai passar por uma farmácia?* Are you going past a drugstore? ◊ *passar pelo centro de Paris* to go through the center of Paris ◊ *Passo pela sua casa amanhã.* I'll drop by your house tomorrow. ◊ *viajar pela Europa* to travel around Europe ◊ *por aqui/ali* this/that way **2** (*com verbos como pegar, agarrar*) by: *Peguei-o pelo braço.* I grabbed him by the arm.

● **tempo 1** (*duração*) for: *só por uns dias* only for a few days ☛ *Ver nota em* FOR **2** (*perto de*) about: *Chegarei lá pelas oito.* I'll arrive (at) about eight.

● **causa**: *Foi cancelado por causa do mau tempo.* It was canceled because of bad weather. ◊ *Eu faria qualquer coisa por você.* I'd do anything for you. ◊ *fazer algo por dinheiro* to do sth for money ◊ *Ele foi despedido por furto/ser preguiçoso.* He was sacked for stealing/ being lazy. ◊ *por ciúme* out of jealousy ◊ *por costume* out of habit

● **agente** by: *assinado por…* signed by… ◊ *pintado por Portinari* painted by Portinari

● **para com/a favor de** for: *sentir carinho por alguém* to feel affection for sb ◊ *Por que time você torce?* Which team are you rooting for?

● **com expressões numéricas**: *Mede 7 por 2.* It measures 7 by 2. ◊ *50 reais por hora/por pessoa* 50 reals an hour/ per person

● **outras construções 1** (*meio, modo*): *por correio/avião* by mail/air ◊ *por escrito* in writing ◊ *vender algo por metro* to sell sth by the meter **2** (*freqüência*): *uma vez por ano* once a year **3** (*substituição*): *Ela irá por mim.* She'll go instead of me. ◊ *Comprei-o por dois mi-*

lhões de reais. I bought it for two million reals. **4** (*sucessão*) by: *um por um* one by one **5 + adj/adv** however: *Por mais simples que…* However simple… ◊ *Por mais que você trabalhe…* However hard you work… **6** (*inacabado*): *Os pratos ainda estavam por lavar.* The dishes still hadn't been done. ◊ *Tive que deixar o trabalho por acabar.* I had to leave the work unfinished. LOC **por isso** so: *Tenho muito trabalho, por isso vou chegar tarde.* I've a lot of work to do, so I won't be there until later. ◊ *Perdi-o, por isso não posso emprestá-lo.* I've lost it, so I won't be able to lend it. **por mim** as far as I am, you are, etc. concerned **por que/quê?** why: *Por que não?* Why not? ◊ *Ele não disse por que não viria.* He didn't say why he wasn't coming. ◊ *sem saber por quê* without knowing why

pôr ◆ *vt* **1** to put: *Ponha os livros sobre a mesa/numa caixa.* Put the books on the table/in a box. ◊ *~ o lixo na rua* to take out the garbage **2** (*parte do corpo*) to stick sth out: *Não ponha a língua de fora.* Don't stick your tongue out. ◊ *~ a cabeça para fora da janela* to stick your head out of the window **3** (*ligar*) to turn sth on: *~ o rádio para tocar* to turn on the radio **4** (*vestir, estender*) to put sth on: *O que é que eu ponho?* What shall I put on? ◊ *Ponha a toalha na mesa.* Put the tablecloth on the table. **5** (*disco*) to play **6** (*relógio*) to set: *Ponha o despertador para as seis.* Set the alarm for six. **7** (*servir*) to give: *Pode ~ mais um pouco de sopa, por favor?* Could you give me a little more soup please? **8** (*ovos*) to lay ◆ **pôr-se** *v pron* **1** (*colocar-se*) to stand: *Ponha-se ao meu lado.* Stand next to me. **2** (*sol*) to set **3 pôr-se a** to start doing sth/to do sth: *pôr-se a chorar* to burst into tears ◊ *Eles se puseram a correr.* They started to run. ☛ *Para expressões com* **pôr**, *ver os verbetes para o substantivo, adjetivo, etc., p.ex.* **pôr no correio** *em* CORREIO *e* **pôr abaixo** *em* ABAIXO.

porão *sm* **1** (*avião*) hold: *no ~ do navio* in the ship's hold **2** (*casa*) basement

porca *sf* **1** (*de parafuso*) nut **2** (*animal*) sow ☛ *Ver nota em* PORCO

porção *sf* (*comida*) portion: *Meia ~ de lulas, por favor.* A small portion of squid, please.

porcaria *sf* **1** (*sujeira*) filth **2** (*algo de má qualidade*) garbage, rubbish (*GB*) [*não contável*]: *O filme é uma ~.* The movie is garbage. **3** (*comida*) junk (food) [*não contável*, *v sing*]: *Pare de comer ~s.* Stop eating junk food. LOC **que porcaria de...**!: *Que ~ de tempo!* What lousy weather!

porcelana *sf* china, porcelain (*mais formal*): *um prato de ~* a china plate

porcentagem *sf Ver* PERCENTAGEM

porco, -a ◆ *adj* (*sujo*) filthy: *Ele é ~.* He's filthy. ◆ *sm-sf* **1** (*animal*) pig

Pig é o substantivo genérico, **boar** refere-se apenas ao macho. Quando queremos nos referir apenas à fêmea usamos a palavra **sow**. **Piglet** é a cria do porco.

2 (*pessoa*) slob ◆ *sm* (*carne*) pork: *lombo de ~* loin of pork ☛ *Ver nota em* CARNE

porco-espinho *sm* porcupine

porém *conj* however

pormenor *sm* detail

pormenorizado, -a *pp*, *adj* detailed *Ver tb* PORMENORIZAR

pormenorizar *vt* **1** (*contar em pormenores*) to give details **of** *sth* **2** (*especificar*) to specify

pornografia *sf* pornography

pornográfico, -a *adj* pornographic

poro *sm* pore

poroso, -a *adj* porous

porque *conj* (*explicação*) because: *Ele não vem ~ não quer.* He's not coming because he doesn't want to.

porquê *sm* ~ (**de**) reason (**for** *sth*): *o ~ da greve* the reason for the strike

porquinho-da-índia *sm* guinea pig

porre *sm* LOC **tomar um porre** to get wasted

porta *sf* door: *a ~ da frente/dos fundos* the front/back door ◊ *Há alguém à ~.* There's somebody at the door. LOC **porta corrediça/giratória** sliding/revolving door **sair porta afora** to clear off *Ver tb* BURRO, FECHAR, SURDO, VÃO

porta-aviões *sm* aircraft carrier

porta-jóias *sm* jewelry box

porta-malas *sm* trunk, boot (*GB*)

porta-níqueis *sm* change purse, purse (*GB*)

portanto *adv* therefore

portão *sm* gate LOC **portão de embarque** gate

portaria *sf* **1** (*entrada*) entrance (hall) **2** (*decreto*) decree

portar-se *v pron* to behave: *Porte-se bem.* Be good.

portátil *adj* portable: *uma televisão ~* a portable TV

porta-voz *smf* spokesperson

Existem as formas **spokesman** e **spokeswoman**, contudo, é preferível usar **spokesperson** porque se refere tanto a um homem como a uma mulher: *os porta-vozes da oposição* the spokespersons for the opposition.

porte *sm* **1** (*custo de envio*) postage **2** (*corpo*) **(a)** (*de mulher*) figure: *Ela tem um ~ bonito.* She has a nice figure. **(b)** (*de homem*) body LOC **porte e embalagem** postage and packing [*sing*] **porte registrado** registered mail

porteiro, -a *sm-sf* **1** (*de um edifício público*) custodian, caretaker (*GB*) **2** (*de um edifício residencial*) superintendent, porter (*GB*)

porto *sm* port: *um ~ comercial/pesqueiro* a commercial/fishing port

Portugal *sm* Portugal

português, -esa ◆ *adj*, *sm* Portuguese: *falar ~* to speak Portuguese ◆ *sm-sf* Portuguese man/woman [*pl* Portuguese men/women]: *os portugueses* the Portuguese

porventura *adv* by chance

posar *vi* to pose

pós-escrito *sm* postscript (*abrev* P.S.)

posição *sf* position: *dormir numa má ~* to sleep in an awkward position

positivo, -a *adj* positive: *O resultado do teste foi ~.* The test was positive.

posse *sf* **1** (*possessão*) possession: *ter ~ de algo* to be in possession of sth **2** **posses** (*dinheiro*) wealth [*sing*]: *ter muitas ~s* to be very wealthy LOC **tomar posse** (*de cargo*) to take up office: *O novo Presidente tomou ~ ontem.* The new President took up office yesterday.

possessivo, -a *adj* possessive

possesso, -a *adj* furious LOC **ficar possesso** to fly into a rage

possibilidade *sf* possibility [*pl* possibilities] LOC **ter (muita) possibilidade de...** to have a (good) chance of *doing sth*

possível *adj* **1** possible: *É ~ que já tenham chegado.* It's possible that they've already arrived. **2** (*potencial*) potential: *um ~ acidente* a potential accident LOC **fazer (todo) o possível para** to do your best *to do sth Ver tb* MEDIDA, MELHOR

possuir *vt* (*ser dono de*) to own

posta *sf* (*peixe*) piece: *uma ~ de lingua-do* a piece of sole

postal ◆ *adj* postal ◆ *sm* postcard LOC *Ver* CÓDIGO, REEMBOLSO, VALE²

postar ◆ *vt* (*pessoa*) to post sb (**to**...): *O cônsul passou três anos postado em Lima.* The consul was posted to Lima for three years. ◆ **postar-se** *v pron* to position yourself: *Ela se postou ao lado da janela.* She positioned herself by the window.

poste *sm* pole: *~ telegráfico* telegraph pole LOC **poste de alta tensão** tower, pylon (*GB*) **poste de luz** lamppost

pôster *sm* poster

posterior *adj ~* (**a**) **1** (*tempo*): *um acontecimento ~* a subsequent event ◊ *os anos ~es à guerra* the post-war years **2** (*lugar*): *na parte ~ do ônibus* at the back of the bus ◊ *a fila ~ à sua* the row behind yours

postiço, -a *adj* false: *dentadura postiça* false teeth

posto *sm* **1** (*lugar*) place: *Todos a ~s!* Places, everyone! **2** (*em emprego*) position: *Ofereceram-lhe um novo ~.* They offered him a new position. ◊ *A mulher dele tem um bom ~ na empresa.* His wife has a good position in the company. LOC **posto de gasolina** gas station, petrol station (*GB*) **posto de saúde** health center

potável *adj* LOC *Ver* ÁGUA

potência *sf* power: *~ atômica/econômica* atomic/economic power ◊ *as grandes ~s* the Great Powers LOC **de alta/grande potência** powerful

potente *adj* powerful

potro, -a *sm-sf* foal

> **Foal** é o substantivo genérico. Quando queremos nos referir apenas ao macho dizemos **colt**. **Filly** aplica-se só à fêmea e o plural é "fillies".

pouco, -a ◆ *adj* **1** (+ *substantivo não contável*) little, not much (*mais coloq*): *Eles demonstram ~ interesse.* They show little interest. ◊ *Tenho ~ dinheiro.* I don't have much money. **2** (+ *substantivo contável*) few, not many (*mais coloq*): *em poucas ocasiões* on very few occasions ◊ *Ele tem ~s amigos.* He doesn't have many friends. ☛ *Ver nota em* LESS ◆ *pron* little [*pl* few]: *Vieram muito ~s.* Very few came. ◆ *adv* **1** not much: *Ele come ~ para o seu tamanho.* He doesn't eat much for someone his size. **2** (*pouco tempo*) not long: *Eu a vi*

há ~. I saw her not long ago. **3** (+ *adj*) not very: *Ele é ~ inteligente.* He's not very intelligent. LOC **aos poucos** gradually **fazer pouco de** to make fun of sb/sth **por pouco não**... nearly: *Por ~ não me atropelaram.* They nearly ran me over. **pouco a pouco** little by little **pouco mais de** only just (*coloq*), barely: *Ela tem ~ mais de três anos.* She's only just turned three. **pouco mais/menos (de)** just over/under: *~ menos de 5.000 pessoas* just under 5,000 people **um pouco** a little: *um ~ mais/melhor* a little more/better ◊ *um ~ de açúcar* a little sugar ◊ *Espere um ~.* Wait a little. ☛ Para outras expressões com **pouco**, ver os verbetes para o substantivo, adjetivo, etc., p.ex. **ser pouca coisa** em COISA e **pouco provável** em PROVÁVEL. ☛ *Ver nota em* FEW

poupador, ~a ◆ *adj* thrifty ◆ *sm-sf* saver

poupança *sf* savings [*pl*]: *toda a minha ~* all my savings LOC *Ver* CADERNETA

poupar *vt, vi* **1** (*economizar*) to save: *~ tempo/dinheiro* to save time/money **2** (*vida*) to spare: *~ a vida de alguém* to spare sb's life

pousada *sf* inn

pousar *vt, vi ~* (**em/sobre**) to land (**on sth**)

povo *sm* people [*pl*]: *o ~ brasileiro* the Brazilian people

povoação *sf* **1** (*conjunto de pessoas*) population **2** (*localidade*) **(a)** (*cidade pequena*) town **(b)** (*aldeia*) village

povoado *sm* village

praça *sf* **1** (*espaço aberto*) square: *a ~ principal* the main square **2** (*mercado*) market (place)

prado *sm* meadow

praga *sf* **1** (*maldição*) curse: *rogar uma ~ a alguém* to put a curse on sb **2** (*abundância de coisas importunas*) plague: *uma ~ de mosquitos* a plague of mosquitos

praguejar *vi* to swear

praia *sf* beach: *Passamos o verão na ~.* We spent the summer at the beach.

prancha *sf* plank LOC **prancha de windsurfe** windsurfer

prata *sf* silver: *um anel de ~* a silver ring LOC *Ver* BANHADO, BODAS

prateado, -a *pp, adj* **1** (*cor*) silver: *tinta prateada* silver paint **2** (*revestido de prata*) silver-plated

prateleira *sf* shelf [*pl* shelves]

prática *sf* **1** practice: *Em teoria funciona, mas na ~…* It's all right in theory, but in practice… ◊ *pôr algo em ~* to put sth into practice **2** (*Educ, aula*) practical

praticamente *adv* practically

praticante *adj* practicing: *Sou católico ~.* I'm a practicing Catholic.

praticar *vt* **1** to practice: *~ medicina* to practice medicine **2** (*esporte*) to play: *Você pratica algum esporte?* Do you play any sports? LOC *Ver* ADVOCACIA

prático, -a *adj* practical

prato *sm* **1** (*utensílio*) plate **2** (*iguaria*) dish: *um ~ típico do país* a national dish **3** (*parte de uma refeição*) course: *o ~ principal* the main course **4 pratos** (*Mús*) cymbals LOC **pôr tudo em pratos limpos** to get things out into the open **prato fundo/de sopa** soup bowl **prato raso/de sobremesa** dinner/dessert plate *Ver tb* PANO

praxe *sf* custom

prazer *sm* pleasure: *Tenho o ~ de lhes apresentar o Dr. Garcia.* It is my pleasure to introduce Dr. Garcia. LOC **muito prazer!/prazer em conhecê-lo!** pleased to meet you!

prazo *sm* (*período*): *o ~ de matrícula* the enrollment period ◊ *Temos um ~ de dois meses para pagar.* We have two months to pay. ◊ *O ~ acaba amanhã.* The deadline's tomorrow. LOC **a curto/médio/longo prazo** in the short/medium/long term **prazo de validade** expiration date, sell-by date (*GB*)

preâmbulo *sm* **1** (*prólogo*) introduction **2** (*rodeios*): *Deixe de ~s.* Stop beating around the bush.

precaução *sf* precaution: *tomar precauções contra incêndio* to take precautions against fire LOC **com precaução** carefully: *Dirijam com ~.* Drive carefully. **por precaução** as a precaution

precaver-se *v pron* ~ (**de/contra**) to take precautions (**against** *sb/sth*)

precavido, -a *pp, adj* prepared: *Eu não vou me molhar porque vim ~.* I won't get wet because I came prepared. *Ver tb* PRECAVER-SE

precedente ◆ *adj* preceding ◆ *sm* precedent: *abrir ~* to make a precedent

preceder *vt* to precede, to go/come before *sb/sth* (*mais coloq*): *O adjetivo precede o substantivo.* The adjective comes before the noun.

preceito *sm* rule

precioso, -a *adj* precious: *o ~ dom da liberdade* the precious gift of freedom ◊ *uma pedra preciosa* a precious stone

precipício *sm* precipice

precipitação *sf* haste

precipitado, -a *pp, adj* hasty: *uma decisão precipitada* a hasty decision *Ver tb* PRECIPITAR-SE

precipitar-se *v pron* **1** (*não pensar*) to be hasty: *Pense bem, não se precipite.* Think it over. Don't be hasty. **2** (*atirar-se*) to throw yourself **out of sth**: *O pára-quedista se precipitou do avião.* The parachutist jumped from the plane. **3** ~ **sobre/em direção a** (*correr*) to rush **toward** *sb/sth*: *A multidão se precipitou em direção à porta.* The crowd rushed toward the door.

precisão *sf* accuracy LOC **com precisão** accurately

precisar *vt* **1** ~ (**de**) to need, to require (*mais formal*): *Precisamos de mais quatro cadeiras.* We need four more chairs. ◊ *Você precisa estudar mais.* You need to study harder. ◊ *Você não precisa vir.* You don't need to come. **2** (*especificar*) to specify: *~ até o último detalhe* to specify every last detail

preciso, -a *adj* **1** (*exato*) precise: *dar ordens precisas* to give precise instructions **2** (*necessário*) necessary: *Não foi ~ recorrerem aos bombeiros.* There was no need to call the fire department. ◊ *É ~ que você venha.* You must come.

preço *sm* price: *~s de fábrica* factory prices ◊ *Qual é o ~ do quarto de casal?* How much is the double room? LOC **a preço fixo** at a fixed price *Ver tb* METADE

precoce *adj* **1** (*criança*) precocious **2** (*prematuro*) premature: *calvície ~* premature balding

preconceito *sm* prejudice

predador, ~a ◆ *adj* predatory ◆ *sm* predator

prédio *sm* **1** (*edifício*) building **2** (*apartamentos*) apartment building, block of flats (*GB*)

predizer *vt* to predict

predominante *adj* predominant

preencher *vt* (*formulário, ficha*) to fill *sth* in: *~ um formulário* to fill in a form

pré-escolar *adj* pre-school: *crianças em idade ~* pre-school children

pré-fabricado, -a *adj* prefabricated

prefácio *sm* preface

prefeito, -a *sm-sf* mayor

prefeitura *sf* **1** (*prédio*) city hall, town hall (*GB*) **2** (*cargo*): *Quem está na ~ da cidade atualmente?* Who's the current mayor?

preferência *sf* preference LOC **de pre-ferência** preferably

preferencial ♦ *adj* preferential: *trata-mento ~* preferential treatment ♦ *sf* (*rua*) main street LOC *Ver* SINAL

preferido, -a *pp, adj, sm-sf* favorite *Ver tb* PREFERIR

preferir *vt* to prefer *sb/sth* (**to sb/sth**): *Prefiro chá a café.* I prefer tea to coffee. ◊ *Prefiro estudar de manhã.* I prefer to study in the morning.

Quando se pergunta o que uma pessoa prefere, utiliza-se **would prefer** quando se trata de duas coisas e **would rather** quando se trata de duas ações, por exemplo: *Você prefere chá ou café?* Would you prefer tea or coffee? ◊ *Você prefere ir ao cinema ou ver um vídeo?* Would you rather go to the movies or watch a video? Para responder a este tipo de perguntas deve-se utilizar **I would rather**, **he/she would rather**, etc. ou **I'd rather**, **he'd/she'd rather**, etc.: *—Você prefere chá ou café?—Prefiro chá.* "Would you prefer tea or coffee?" "I'd rather have tea, please." ◊ *—Você quer sair?—Não, prefiro ficar em casa esta noite.* "Would you like to go out?" "No, I'd rather stay home to-night."
Note que **would rather** é sempre se-guido do infinitivo sem TO.

preferível *adj* preferable LOC **ser pre-ferível** to be better (*to do sth*): *É ~ que você não entre agora.* You'd be better off not going in right now.

prefixo *sm* (*Ling*) prefix

prega *sf* **1** fold: *O tecido caía formando ~s.* The fabric fell in folds. **2** (*saia*) pleat

pregar[1] *vt, vi* (*Relig*) to preach LOC *Ver* SERMÃO

pregar[2] *vt* **1** (*prego*) to hammer *sth* **into** *sth*: *~ pregos na parede* to hammer nails into the wall **2** (*fixar algo com pregos*) to nail: *Pregaram o quadro na parede.* They nailed the picture to the wall. **3** (*botão*) to sew a *button* on LOC **não pregar olho** not to sleep a wink **pregar um susto em alguém** to give sb a fright **pregar uma peça** to play a dirty trick *on sb*

prego *sm* nail

preguiça *sf* laziness: *Depois de comer me dá uma ~.* I always feel sleepy after

lunch. ◊ *Que ~, não estou com a menor vontade de levantar agora!* I'm so sleepy, I don't feel at all like getting up right now.

preguiçoso, -a ♦ *adj* lazy ♦ *sm-sf* lazybones

pré-histórico, -a *adj* prehistoric

prejudicar *vt* **1** to damage: *A seca pre-judicou as colheitas.* The drought dam-aged the crops. ◊ *Fumar prejudica a saúde.* Smoking can damage your health. **2** (*interesses*) to prejudice

prejudicial *adj* ~ (**a**) **1** harmful (**to sb/sth**) **2** (*saúde*) bad (**for sb/sth**): *O tabaco é ~ à saúde.* Cigarettes are bad for your health.

prejuízo *sm* **1** (*em negócio*) loss: *um ~ de um milhão de reais* a loss of a mil-lion reals ◊ *A empresa teve muitos ~s.* The company suffered many losses. **2** (*dano*) harm [*não contável*]: *causar ~s a alguém* to cause sb harm LOC *Ver* DANO

preliminar ♦ *adj* preliminary ♦ *sf* (*Esporte*) preliminary [*pl* preliminar-ies]

prematuro, -a *adj* premature

premiado, -a ♦ *pp, adj* **1** (*escritor, li-vro*) prize-winning **2** (*número, títulos*) winning ♦ *sm-sf* prize-winner *Ver tb* PREMIAR

premiar *vt* **1** to award *sb* a prize: *Pre-miaram o romancista.* The novelist was awarded a prize. ◊ *Ele foi premiado com um Oscar.* He was awarded an Oscar. **2** (*recompensar*) to reward: *~ alguém pelo seu esforço* to reward sb for their efforts

prêmio *sm* **1** prize: *Ganhei o primeiro ~.* I won first prize. ◊ *~ de consolação* consolation prize **2** (*recompensa*) re-ward: *como ~ pelo seu esforço* as a re-ward for your efforts LOC *Ver* ENTREGA

pré-natal *adj* prenatal, antenatal (*GB*)

prender ♦ *vt* **1** (*atar*) to tie *sb/sth* (up): *Ela prendeu o cachorro a um banco.* She tied the dog to a bench. **2** (*cabelo*) to tie *your hair* back **3** (*com alfinetes*) to pin *sth* (**to/on** *sth*): *Prendi a manga com alfinetes.* I pinned the sleeve on. **4** (*deter*) to arrest: *Prenderam-no.* They arrested him. **5** (*encarcerar*) to im-prison **6** (*Mil*) to take *sb* prisoner **7** (*imobilizar*) to obstruct ♦ **prender-se** *v pron* **1** (*agarrar-se*) to get caught: *A minha manga se prendeu na porta.* My sleeve got caught in the door. **2** (*amar-rar-se*) to get tied down LOC **prender a atenção** to grab *sb's* attention **prender o intestino** to make *sb* constipated

prenhe *adj* pregnant

prensa *sf* press: ~ *hidráulica* hydraulic press

prensar *vt* to press

preocupação *sf* worry [*pl* worries]

preocupar ◆ *vt* to worry: *A saúde do meu pai me preocupa.* I'm worried about my father's health. ◆ **preocupar-se** *v pron* **preocupar-se (com)** to worry (**about** *sb/sth*): *Não se preocupe comigo.* Don't worry about me.

preparação *sf* **1** preparation **2** (*treino*) training: ~ *física* physical training

preparado, -a *pp, adj* **1** (*pronto*) ready **2** (*pessoa*) qualified *Ver tb* PREPARAR

preparar ◆ *vt* to prepare, to get *sb/sth* ready (*mais coloq*): ~ *o jantar* to get supper ready ◆ **preparar-se** *v pron* **preparar-se para** to prepare **for** *sth*: *Ele está se preparando para fazer o teste de direção.* He's practising for his driving test.

preparativos *sm* preparations

preparo *sm* preparation LOC **preparo físico** physical fitness

preposição *sf* preposition

presa *sf* (*caça*) prey [*não contável*]

prescindir *vt* ~ **de 1** (*privar-se*) to do without *sth*: *Não posso ~ do carro.* I can't do without the car. **2** (*desfazer-se*) to dispense with *sb*: *Prescindiram do treinador.* They dispensed with the trainer.

presença *sf* presence: *A ~ dele me deixa nervosa.* His presence makes me nervous. LOC **presença de espírito** presence of mind

presenciar *vt* **1** (*testemunhar*) to witness: *Muita gente presenciou o acidente.* Many people witnessed the accident. **2** (*estar presente*) to attend

presente ◆ *sm* present ◆ *adj* ~ (**em**) present (**at** *sth*): *entre os ~s na reunião* among those present at the meeting LOC *Ver* EMBRULHAR

presentear *vt* ~ **com** to give: *Ela me presenteou com um buquê de flores.* She gave me a bunch of flowers.

presépio *sm* (*natalino*) crib

preservativo *sm* **1** (*camisinha*) condom **2** (*em comida*) preservative: *um suco de frutas sem ~s* fruit juice without preservatives

presidência *sf* **1** presidency: *a ~ de um país* the presidency of a country **2** (*clube, comitê, empresa, partido*) chair

presidencial *adj* presidential

presidente, -a *sm-sf* **1** (*Pol, companhia*) president: *Presidente da República* President of the Republic **2** (*clube, comitê, empresa, partido*) chairman/woman [*pl* chairmen/women]

Cada vez mais se utiliza a palavra **chair** ou **chairperson** [*pl* chairpersons] para evitar discriminação.

presidiário, -a *sm-sf* convict

presidir *vt* ~ **a 1** to preside **at/over** *sth* **2** (*reunião*) to chair: *O secretário presidirá a reunião.* The secretary will chair the meeting.

preso, -a ◆ *pp, adj* **1** (*atado*) tied up **2** (*prisioneiro*): *estar* ~ to be in prison **3** (*imobilizado*) stuck: *Meu sapato ficou ~ na grade.* My shoe got caught in the grating. ◆ *sm-sf* prisoner *Ver tb* PRENDER

pressa *sf* hurry: *Não tem ~.* There's no hurry. ◊ *Estava com tanta ~ que me esqueci de desligá-lo.* I was in such a hurry that I forgot to unplug it. LOC **às pressas** hurriedly **estar com/ter pressa** to be in a hurry

presságio *sm* omen

pressão *sf* pressure: *a ~ atmosférica* atmospheric pressure LOC *Ver* PANELA

pressentimento *sm* feeling: *Tenho um ~ de que você vai passar.* I have a feeling that you're going to pass. ◊ *Tenho um mau ~.* I have a bad feeling about it.

pressentir *vt* **1** (*sentir antecipadamente*) to sense: ~ *o perigo* to sense danger **2** (*prever*) to have a feeling (**that…**)

pressionar *vt* **1** (*apertar*) to press: *Pressione a tecla duas vezes.* Press the key twice. **2** (*forçar*) to put pressure on *sb* (**to do sth**): *Não o pressione.* Don't put pressure on him.

prestação *sf* (*pagamento*) installment: *pagar algo a/em prestação* to pay for sth in installments

prestar *vi, vt* ~ (**para**) **1** (*servir*) to do: *Isso presta para quê?* What's that for? ☞ Para dizer *não prestar* emprega-se **to be no good**: *Joguei fora as canetas que não prestavam.* I threw away all the pens that were no good. **2** (*pessoa*) to be good (**as sth**): *Eu não prestaria para professora.* I'd be no good as a teacher. LOC **não prestar para nada** to be useless: *Isto não presta para nada.* This is utterly useless. **prestar atenção** to pay attention **prestar declarações** to give evidence **prestar juramento** to take an oath **prestar-se ao ridículo** to lay yourself open to ridicule **prestar um exame** to take an exam **prestar um serviço** to provide a service

prestativo, -a *adj* helpful

prestes *adj* ~ **a** about *to do sth*: *Eu estava ~ a sair quando tocou o telefone.* I was just about to go out when the phone rang.

prestígio *sm* prestige: *de (muito)* ~ (very) prestigious

presumido, -a *pp, adj* vain

presumível *adj* alleged: *o ~ criminoso* the alleged criminal

presunçoso, -a *adj (convencido)* conceited

presunto *sm* cured ham

pretender *vt* to intend *to do sth/doing sth*: *Ele não pretende ficar na nossa casa, né?* He's not intending to stay at our house, is he? ◊ *Se você pretende ir sozinha, pode esquecer.* If you're thinking of going alone, forget it.

pretexto *sm* excuse: *Você sempre arranja algum ~ para não lavar a louça.* You always find some excuse not to do the dishes.

preto, -a *adj, sm* black: *uns sapatos ~s* a pair of black shoes ◊ *Ela se veste sempre de ~.* She always wears black. ☛ *Ver exemplos em* AMARELO LOC *Ver* CAFÉ

prevalecer *vi* to prevail (*over sb/sth*): *Prevaleceu a justiça.* Justice prevailed.

prevenção *sf* **1** *(precaução)* prevention **2** *(parcialidade)* bias

prevenido, -a *pp, adj* **1** *(preparado)* prepared: *estar ~ para algo* to be prepared for sth **2** *(prudente)* prudent: *ser ~ to be prudent Ver tb* PREVENIR

prevenir *vt* **1** *(evitar)* to prevent: *~ um acidente* to prevent an accident **2** *(avisar)* to warn *sb about sth*: *Eu te preveni do que eles estavam planejando.* I warned you about what they were planning.

prever *vt* to foresee

previdência *sf* LOC **Previdência Social** welfare, social security *(GB) Ver tb* INSTITUTO

previdente *adj* far-sighted

prévio, -a *adj* previous: *experiência prévia* previous experience ◊ *sem aviso ~* without prior warning

previsão *sf* forecast: *a ~ do tempo* the weather forecast

prezado, -a *pp, adj (em correspondên-* cia) dear: *Prezado Senhor/Prezada Senhora* Dear Sir/Dear Madam

primário, -a *adj* **1** primary: *cor primária* primary color **2** *(Educ)* elementary, primary *(GB)*: *ensino ~* elementary education ◊ *professor ~* elementary school teacher LOC *Ver* ESCOLA

primavera *sf* spring: *na ~* in (the) spring

primeira *sf* **1** *(automóvel)* first (gear): *Engatei a ~ e saí a toda a velocidade.* I put it into first and sped off. **2** *(classe)* first class: *viajar de ~* to travel first class LOC **de primeira** top-class: *um restaurante de ~* a top-class restaurant **na primeira** first time: *Eu me saí bem na ~.* I got it right first time.

primeira-dama *sf* first lady

primeiro, -a ◆ *adj* first *(abrev* 1st*)*: *primeira classe* first class ◊ *Gostei dele desde o ~ momento.* I liked him from the first moment. ◊ *o dia ~ de maio* the first of May ◆ *num, sm* **1** first (one): *Fomos os ~s a sair.* We were the first (ones) to leave. **2** *(melhor)* top: *Você é o ~ da turma.* You're top of the class. ◆ *adv* first: *Prefiro fazer os deveres ~.* I'd rather do my homework first. LOC **à primeira vista** at first glance **de primeira necessidade** absolutely essential **em primeiro lugar** first of all **primeiro plano** foreground **primeiros socorros** first aid [*não contável] Ver tb* CAIXA[1], ESTOJO, PRIMO

primeiro-ministro,   primeira-ministra *sm-sf* prime minister

primitivo, -a *adj* primitive

primo, -a *sm-sf* cousin LOC **primo de primeiro/segundo grau** first/second cousin *Ver tb* NÚMERO

princesa *sf* princess

principal *adj* main, principal *(mais formal)*: *prato/oração ~* main meal/clause ◊ *Isso é o ~.* That's the main thing. ◊ *o ~ país produtor de açúcar* the principal sugar-producing country in the world LOC *Ver* ATOR, PAPEL

príncipe *sm* prince

O plural de **prince** é "princes", contudo quando nos referimos a um casal de príncipes, dizemos **prince and princess**: *Os príncipes nos receberam no palácio.* The prince and princess received us at the palace.

LOC **príncipe encantado** Prince Charming

principiante *smf* beginner

princípio *sm* **1** (*início*) beginning: *no ~ do romance* at the beginning of the novel ◊ *desde o ~* from the beginning **2** (*conceito, moral*) principle LOC **a princípio** at first **do princípio ao fim** from beginning to end **em princípio** in principle **no princípio de...** at the beginning of...: *no ~ do ano/mês* at the beginning of the year/month ◊ *no ~ de janeiro* in early January **por princípio** on principle

prioridade *sf* priority [*pl* priorities]

prisão *sf* **1** (*local*) prison: *ir para a ~* to go to prison ◊ *Mandaram-no para a ~.* They sent him to prison. **2** (*detenção*) arrest **3** (*clausura*) imprisonment: *10 meses de ~* 10 months' imprisonment LOC **prisão de ventre** constipation: *ter/ficar com ~ de ventre* to be/become constipated **prisão perpétua** life imprisonment

prisioneiro, -a *sm-sf* prisoner LOC **fazer prisioneiro** to take *sb* prisoner

privacidade *sf* privacy: *o direito à ~* the right to privacy

privado, -a *pp, adj* private LOC *Ver* EMPRESA; *Ver tb* PRIVAR

privar ♦ *vt* to deprive *sb/sth* (*of sth*) ♦ **privar-se** *v pron* **privar-se de** to do without *sth*

privatizar *vt* to privatize

privilegiado, -a *pp, adj* **1** (*excepcional*) exceptional: *uma memória privilegiada* an exceptional memory **2** (*favorecido*) privileged: *as classes privilegiadas* the privileged classes

privilégio *sm* privilege

pró *sm* LOC **os prós e os contras** the pros and cons

proa *sf* bow(s) [*usa-se muito no plural*]

probabilidade *sf* likelihood, probability [*pl* probabilities] (*mais formal*) LOC **contra todas as probabilidades** against all the odds

problema *sm* problem: *Não é ~ meu.* It's not my problem. LOC **problema seu!** tough! *Ver tb* ARRANJAR, XIS

procedência *sf* origin

procedente *adj* ~ **de** from...: *o trem ~ de Caxias* the train from Caxias

proceder ♦ *vt* ~ **de** (*originar-se*) to come from...: *A língua portuguesa procede do latim.* Portuguese comes from Latin. ♦ *vi* (*comportar-se*) to behave: *Você precisa aprender a ~ corretamente.* You must learn to behave properly.

procedimento *sm* **1** (*método*) procedure [*ger não contável*]: *de acordo com os ~s de praxe* according to established procedure **2** (*comportamento*) behavior

processador *sm* (*Informát*) processor: *~ de dados/texto* data/word processor

processamento *sm* processing: *~ de dados/textos* data/word processing

processar *vt* **1** (*classificar*) to file **2** (*Informát*) to process: *~ dados* to process data **3** (*Jur*) **(a)** (*indivíduo*) to sue *sb* (*for sth*) **(b)** (*Estado*) to prosecute *sb* (*for sth/doing sth*): *Ela foi processada por fraude.* She was prosecuted for fraud.

processo *sm* **1** process: *um ~ químico* a chemical process **2** (*Jur*) **(a)** (*ação civil*) lawsuit **(b)** (*divórcio, falência*) proceedings [*pl*]

procissão *sf* procession

procura *sf* **1** ~ (**de**) search (**for** *sth*) **2** (*Com*) demand: *oferta e ~* supply and demand LOC **à procura de**: *andar à ~ de alguém/algo* to be looking for sb/sth

procurar *vt* **1** to look for *sb/sth*: *Estou procurando trabalho.* I'm looking for work. **2** (*sistematicamente*) to search for *sb/sth*: *Usam cães para ~ drogas.* They use dogs to search for drugs. **3** (*num livro, numa lista*) to look *sth* up: *~ uma palavra no dicionário* to look a word up in the dictionary **4** ~ **fazer algo** to try **to do** *sth*: *Vamos ~ descansar.* Let's try to rest. **5** ~ (**em**) to look (**in/through** *sth*): *Procurei no arquivo.* I looked in the file. LOC **procurar uma agulha num palheiro** to look for a needle in a haystack **procura-se** wanted: *Procura-se apartamento.* Apartment wanted.

prodígio *sm* prodigy [*pl* prodigies] LOC *Ver* MENINO

produção *sf* **1** production: *a ~ de aço* steel production **2** (*industrial, artística*) output

produtivo, -a *adj* productive

produto *sm* product: *~s de beleza/limpeza* beauty/cleaning products LOC **produtos agrícolas** agricultural produce (*não contável*) **produtos alimentícios** foodstuffs ☛ *Ver nota em* PRODUCT

produtor, ~a ♦ *adj* producing: *um país ~ de petróleo* an oil-producing country ♦ *sm-sf* producer ♦ **produtora** *sf* production company [*pl* production companies]

produzir *vt* to produce: *~ óleo/papel* to produce oil/paper

proeza *sf* exploit LOC **ser uma grande proeza** to be quite a feat

profecia *sf* prophecy [*pl* prophecies]

proferir vt **1** (palavra, frase) to utter **2** (discurso) to give: ~ um discurso to give a speech **3** (insultos) to hurl **4** (acusações) to make **5** (sentença) to pass

professor, ~a sm-sf **1** teacher: um ~ de geografia a geography teacher **2** (em universidade) professor, lecturer (GB)

profeta, -isa sm-sf prophet

profissão sf profession ☞ Ver nota em WORK[1]

profissional adj, smf professional LOC Ver FORMAÇÃO

profundidade sf depth: a 400 metros de ~ at a depth of 400 meters ◊ Tem 200 metros de ~. It's 200 meters deep.

profundo, -a adj deep: uma voz profunda a deep voice ◊ cair num sono ~ to fall into a deep sleep

prognóstico sm (Med) prognosis [pl prognoses]: Qual é o ~ dos especialistas? What do the specialists think?

programa sm **1** (TV, Informát, etc.) program: um ~ de televisão a TV program ◊ ~ humorístico comedy program **2** (matéria de uma disciplina) syllabus [pl syllabuses] **3** (plano) plan: Você tem ~ para sábado? Do you have anything planned for Saturday?

programação sf **1** (rádio, televisão) programs [pl]: a ~ infantil children's programs **2** (Informát) programming **3** (de cinema, etc., em jornal ou revista) listings

programador, ~a sm-sf (Informát) programmer

programar ♦ vt **1** (elaborar) to plan **2** (dispositivo) to set: ~ o vídeo to set the VCR ♦ vt, vi (Informát) to program

progredir vi to make progress: Ele progrediu muito. He's made good progress.

progressivo, -a adj progressive

progresso sm progress [não contável]: fazer ~ to make progress

proibição sf ban (on sth): a ~ da caça à baleia the ban on whaling

proibido, -a pp, adj forbidden: O fruto ~ é o mais saboroso. Forbidden fruit is the sweetest. ◊ dirigir em sentido ~ to drive the wrong way LOC proibido fixar cartazes post no bills proibido fumar no smoking Ver tb SENTIDO, TRÂNSITO; Ver tb PROIBIR

proibir vt **1** not to allow sb to do sth, to forbid sb to do sth (formal): Proibiram-na de comer doces. She's not allowed to eat candy. ◊ O meu pai me proibiu de sair à noite. My father has

forbidden me to go out at night. **2** (oficialmente) to ban sb/sth (from doing sth): Proibiram o trânsito no centro da cidade. Traffic has been banned from downtown.

projetar vt **1** (refletir): ~ uma imagem numa tela to project an image onto a screen **2** (Cinema) to show: ~ slides/um filme to show slides/a movie

projétil sm projectile

projeto sm **1** project: Estamos quase no final do ~. We're almost at the end of the project. **2** (plano) plan: Você tem algum ~ para o futuro? Do you have any plans for the future? LOC projeto de lei bill

projetor sm **1** (lâmpada) spotlight: Vários ~s iluminavam o monumento. Several spotlights lit up the monument. **2** (de slides, etc.) projector

prol sm LOC em prol de in favor of sb/sth: a organização em ~ dos cegos the society for the blind

prolongamento sm extension

prolongar ♦ vt (tempo) to prolong (formal), to make sth longer: ~ a vida de um doente to prolong a patient's life ♦ **prolongar-se** v pron (demorar demais) to drag on: A reunião se prolongou até as duas. The meeting dragged on till two.

promessa sf promise: cumprir/fazer uma ~ to keep/make a promise

prometer vt to promise: Eu te prometo que vou voltar. I promise I'll be back. ◊ uma jovem que promete a young woman with great promise

promissor, ~a adj promising

promoção sf promotion: a ~ de um filme the promotion of a movie LOC em promoção on special offer

promotor, ~a sm-sf promoter LOC promotor público district attorney, public prosecutor (GB)

promover vt to promote: ~ o diálogo to promote dialogue ◊ Promoveram-no a capitão. He was promoted to captain.

pronome sm pronoun

prontificar-se v pron ~ a to offer to do sth

pronto, -a ♦ adj **1** (preparado) ready (for sth/to do sth): Está tudo ~ para a festa. Everything is ready for the party. ◊ Estamos ~s para sair. We're ready to leave. ◊ O jantar está ~. Dinner is ready. **2** (cozido) done: O frango ainda não está ~. The chicken isn't done yet.

♦ **pronto!** *interj* **1** (*bom!*) right (then)! **2** (*e acabou!*) so there!: *Pois agora não vou, ~!* Well, now I'm not going, so there!

pronto-socorro *sm* emergency room, casualty (department) (*GB*)

pronúncia *sf* pronunciation: *A sua ~ é muito boa.* Your pronunciation is very good.

pronunciar ♦ *vt* to pronounce ♦ **pronunciar-se** *v pron* **pronunciar-se contra/a favor de** to speak out **against/in favor of** *sth*: *pronunciar-se contra a violência* to speak out against violence LOC **pronunciar (a) sentença** to pass sentence

propaganda *sf* **1** (*publicidade*) advertising: *fazer ~ de um produto* to advertise a product **2** (*material publicitário*) leaflets [*pl*]: *A caixa do correio estava cheia de ~.* The mailbox was full of advertising leaflets. ◊ *Estavam distribuindo ~ da nova discoteca.* They were handing out flyers for the new disco. **3** (*Pol*) propaganda: *~ eleitoral* election propaganda

propenso, -a *adj* *~ a* prone **to** *sth*/**to do** *sth*

propina *sf* (*gorjeta*) tip

propor ♦ *vt* (*medida, plano*) to propose: *Eu te proponho um acordo.* I have a deal to put to you. ♦ **propor-se** *v pron* **1** **propor-se a** (*oferecer-se*) to offer **to do** *sth*: *Eu me propus a ajudar.* I offered to help. **2** (*decidir-se*) to set out **to do** *sth*: *Eu me propus a acabá-lo.* I set out to finish it.

proporção *sf* **1** (*relação, tamanho*) proportion **2** (*Mat*) ratio: *A ~ é de um rapaz para três moças.* The ratio of boys to girls is one to three.

propósito *sm* **1** (*intenção*) intention: *bons ~s* good intentions **2** (*objetivo*) purpose: *O ~ desta reunião é...* The purpose of this meeting is... LOC **a propósito** by the way **de propósito** on purpose

proposta *sf* proposal: *A ~ foi recusada.* The proposal was turned down. LOC **fazer propostas indecentes** to make improper suggestions

propriedade *sf* property [*pl* properties]: *~ particular* private property ◊ *as ~s medicinais das plantas* the medicinal properties of plants

proprietário, -a *sm-sf* **1** owner **2** (*de casa alugada*) landlord [*fem* landlady] [*pl* landlords/landladies]

próprio, -a ♦ *adj* **1** (*de cada um*) my, your, etc. own: *Tudo o que você faz é em benefício ~.* Everything you do is for your own benefit. **2** (*mesmo*) himself [*fem* herself] [*pl* themselves]: *O ~ pintor inaugurou a exposição.* The painter himself opened the exhibition. **3** (*característico*) typical **of** *sb* **4** (*conveniente*) suitable: *Esse filme não é ~ para menores de 18 anos.* This movie isn't suitable for people under 18. ♦ *pron* **o próprio/a própria** the very same LOC *Ver* CONTA, NOME

prorrogação *sf* **1** (*de um prazo*) extension **2** (*Esporte*) extra time

prosa *sf* prose

prospecto *sm* (*de propaganda*) leaflet

prosperar *vi* to prosper

prosperidade *sf* prosperity

próspero, -a *adj* prosperous

prostituta *sf* prostitute

protagonista *smf* main character

protagonizar *vt* to star **in** *sth*: *Dois atores desconhecidos protagonizam o filme.* Two unknown actors star in the film.

proteção *sf* protection

proteger *vt* to protect *sb*/*sth* (**against/from** *sb*/*sth*): *O chapéu te protege do sol.* Your hat protects you from the sun.

proteína *sf* protein

protestante *adj, smf* Protestant

protestar *vt, vi* ~ (**contra/por**) (*reivindicar*) to protest (**against/about** *sth*): *~ contra uma lei* to protest against a law

protesto *sm* protest: *Ignoraram os ~s dos alunos.* They ignored the students' protests. ◊ *uma carta de ~* a letter of protest

protetor, ~a ♦ *adj* protective (**towards** *sb*) ♦ *sm* **1** (*solar*) sunscreen **2** (*defensor*) protector

protótipo *sm* prototype: *o ~ dos novos motores* the prototype for the new engines

protuberante *adj* (*olhos*) bulging

prova *sf* **1** test: *uma ~ de aptidão* an aptitude test ◊ *Esta tarde tenho ~ de francês.* I have a French test this afternoon. **2** (*Mat*) proof **3** (*Esporte*): *Hoje começam as ~s de salto em altura.* The high jump competition begins today. **4** (*amostra*) token: *uma ~ de amor* a token of love **5** (*Jur*) evidence [*não contável*]: *Não há ~s contra mim.* There's no evidence against me. LOC **à prova d'água** waterproof **à prova de bala/**

som bulletproof/soundproof **pôr alguém à prova** to put sb to the test **prova final** final (exam): *As ~s finais começam na semana que vem.* Finals start next week. *Ver tb* CABINE, COLETE

provar *vt* **1** (*demonstrar*) to prove: *Isto prova que eu tinha razão.* This proves I was right. **2** (*comida, bebida*) to try: *Nunca provei caviar.* I've never tried caviar. ◊ *Prove isto. Falta sal?* Try this. Does it need more salt? **3** (*roupa*) to try *sth* on

provável *adj* probable: *É muito ~ que chova.* It's probably going to rain. ◊ *É ~ que ele não esteja em casa.* He probably won't be in. LOC **pouco provável** unlikely

provavelmente *adv* probably

proveito *sm* benefit LOC **bom proveito!** enjoy your meal! **tirar proveito** to benefit *from sth: tirar o máximo ~ de algo* to get the most out of sth

provérbio *sm* proverb

proveta *sf* test tube: *bebê de ~* test-tube baby

providência *sf* (*medida*) measure

província *sf* province

provinciano, -a *adj* provincial

provir *vt* ~ **de** to come **from sth**: *A sidra provém da maçã.* Cider comes from apples.

provisório, -a *adj* provisional

provocação *sf* provocation: *resistir a provocações* to resist provocation

provocar *vt* **1** (*desafiar*) to provoke **2** (*causar*) to cause: *~ um acidente* to cause an accident **3** (*incêndio*) to start

proximidade *sf* nearness, proximity (*mais formal*): *a ~ do mar* the proximity of the sea

próximo, -a ◆ *adj* **1** (*seguinte*) next: *a próxima parada* the next stop ◊ *o ~ mês/a próxima terça* next month/Tuesday **2** (*relativo a tempo*): *O Natal/verão está ~.* It will soon be Christmas/summer. ◊ *as próximas eleições* the forthcoming elections **3** ~ (**de**) (*relativo a intimidade*) close (**to sb/sth**): *um parente ~* a close relative ◊ *fontes próximas da família* sources close to the family **4** ~ **de** (*relativo a distância*) near *sb/sth*: *uma aldeia próxima de Goiás* a village near Goiás ☛ *Ver nota em* NEAR ◆ *sm* neighbor: *amar o ~* to love your neighbor LOC *Ver* ORIENTE

prudência *sf* caution LOC **com prudên-**

cia carefully: *dirigir com ~* to drive carefully

prudente *adj* **1** (*cuidadoso*) careful **2** (*sensato*) sensible: *um homem/uma decisão ~* a sensible man/decision

pseudônimo *sm* pseudonym

psicologia *sf* psychology

psicólogo, -a *sm-sf* psychologist

psicoterapeuta *smf* (psycho)therapist

psicoterapia *sf* (psycho)therapy

psiquiatra *smf* psychiatrist

psiquiatria *sf* psychiatry

psiu! *interj* (*silêncio!*) sh!

pub *sm* bar

puberdade *sf* puberty

púbis (*tb* **pube**) *sm* pubis

publicação *sf* publication LOC **de publicação semanal** weekly: *uma revista de ~ semanal* a weekly magazine

publicar *vt* **1** to publish: *~ um romance* to publish a novel **2** (*divulgar*) to publicize

publicidade *sf* **1** publicity: *Fizeram muita ~ do caso.* The case had a lot of publicity. **2** (*propaganda*) advertising

publicitário, -a *adj* advertising [*s atrib*]: *uma campanha publicitária* an advertising campaign

público, -a ◆ *adj* public: *a opinião pública* public opinion ◊ *transporte ~* public transportation ◆ *sm* **1** public: *O ~ é a favor da nova lei.* The public is in favor of the new law. ◊ *aberto/fechado ao ~* open/closed to the public ◊ *falar em ~* to speak in public **2** (*espectadores*) audience LOC *Ver* DOMÍNIO, ESCOLA, EMPRESA, JARDIM, PROMOTOR, RELAÇÃO, SERVIÇO, TELEFONE

pudim *sm* pudding LOC **pudim de leite** caramel custard

pudor *sm* shame

puericultura *sf* child care

pugilismo (*tb* **pugilato**) *sm* boxing

pugilista *smf* boxer

puir *vt* to wear *sth* out: *As suéteres dele ficam todas puídas nos cotovelos.* His sweaters are worn at the elbows.

pular *vi* to jump: *~ corda* to jump rope

pulga *sf* flea LOC **estar/ficar com a pulga atrás da orelha** to smell a rat

pulmão *sm* lung

pulmonar *adj* lung [*s atrib*]: *uma infecção ~* a lung infection

pulo *sm* jump LOC **dar pulos** to jump: *dar ~s de alegria* to jump for joy **dar um**

pulo a/até to stop by ... : *dar um ~ até o mercado para comprar leite* to stop by the market for some milk

pulôver *sm* sweater

púlpito *sm* pulpit

pulsação *sf* (*coração*) pulse: *O número de pulsações aumenta após o exercício.* Your pulse increases after exercise.

pulseira *sf* **1** (*bracelete*) bracelet **2** (*relógio*) strap

pulso *sm* **1** (*Anat*) wrist: *fraturar o ~* to fracture your wrist **2** (*Med*) pulse: *O seu ~ está muito fraco.* You have a very weak pulse. ◊ *O médico tomou o meu ~.* The doctor took my pulse.

pulverizador *sm* spray [*pl* sprays]

pulverizar *vt* **1** (*vaporizar*) to spray *sth* (**with sth**): *As plantas devem ser pulverizadas duas vezes ao dia.* The plants should be sprayed twice a day. **2** (*destroçar*) to pulverize

puma *sm* puma

punhado *sm* handful: *um ~ de arroz* a handful of rice

punhal *sm* dagger

punhalada *sf* stab

punho *sm* **1** (*mão fechada*) fist **2** (*manga*) cuff **3** (*bastão*) handle **4** (*espada*) hilt

punir *vt* to penalize

punk *adj, smf* punk [*s*]

pupila *sf* pupil

purê *sm* purée: *~ de maçã* apple purée LOC **purê (de batata)** mashed potatoes

pureza *sf* purity

purgatório *sm* purgatory

purificar *vt* to purify

puritanismo *sm* puritanism

puritano, -a ◆ *adj* **1** (*pudico*) puritanical **2** (*Relig*) Puritan ◆ *sm-sf* Puritan

puro, -a *adj* **1** pure: *ouro ~* pure gold **2** (*enfático*) simple: *a pura verdade* the simple truth LOC **por puro acaso/pura casualidade** by sheer chance

puro-sangue *sm* thoroughbred

púrpura *sf* purple

pus *sm* pus

puxa! *interj* **1** (*surpresa*) wow! **2** (*irritação*) darn! **3** (*desapontamento*) what a pity!

puxado, -a *pp, adj* (*difícil, cansativo*) hard: *O exame foi bem ~.* The test was really hard. ◊ *Tive um dia ~ hoje.* It's been a hard day today. *Ver tb* PUXAR

puxador *sm* (*porta, gaveta*) handle

puxão *sm* tug: *dar um ~ no cabelo de alguém* to give sb's hair a tug ◊ *Senti um ~ na manga.* I felt a tug at my sleeve.

puxar *vt* **1** to pull ☛ *Ver ilustração em* PUSH **2** *~ a* to look like *sb*: *Ele puxa um pouco à família da mãe.* He looks a little like his mother's side of the family. **3** *~ para*: *O cabelo dele puxa para o louro.* He has blondish hair. ◊ *cor-de-rosa puxando para o vermelho* pinkish red LOC **puxar a brasa para a sua sardinha** to look out for number one

puxa-saco *adj, smf*: *Não dê uma de ~.* Don't be such a creep.

Qq

quadra *sf* court: *~ de squash/tênis* squash/tennis court ◊ *Os jogadores já estão na ~.* The players are already on court.

quadrado, -a ◆ *adj* square ◆ *sm* **1** square **2** (*figura, formulário*) box: *colocar uma cruz no ~* to place an "x" in the box LOC *Ver* ELEVADO, RAIZ

quadragésimo, -a *num, sm* fortieth

quadril *sm* hip

quadrilha *sf* gang LOC *Ver* CHEFE

quadrinhos *sm* (*revista, jornal*) comic strip [*sing*] LOC *Ver* REVISTA

quadro *sm* **1** (*numa sala de aula*) (black)board: *ir ao ~* to go up to the (black)board **2** (*Arte*) painting **3** (*funcionários*) staff LOC **quadro de avisos** bulletin board, noticeboard (*GB*) *Ver tb* ÓLEO

quádruplo, -a ◆ *num* quadruple ◆ *sm* four times: *Qual é o ~ de quatro?* What's four times four?

qual ◆ *pron rel* **1** (*pessoa*) whom: *Tenho dez alunos, dois dos quais são ingleses.* I have ten students, two of whom are English. ☛ *Ver nota em* WHOM **2** (*coisa, animal*) which: *Ela comprou vários livros, entre os quais o último de Paulo Coelho.* She bought several books, among which was Paulo Coelho's latest. ♦ *pron interr* **1** what: *~ é a capital do Brasil?* What's the capital of Brazil? **2** (*entre vários*) which (one): *~ você prefere?* Which one do you prefer? ☛ Ver nota em WHAT LOC Ver CADA

qualidade *sf* quality [*pl* qualities]: *a ~ de vida nas cidades* the quality of life in the cities LOC **na qualidade de** as: *na ~ de porta-voz* as a spokesperson

qualificação *sf* qualification

qualificar-se *v pron* to qualify (**as sth**)

qualquer *pron* **1** any: *Tome ~ ônibus que vá para o centro.* Catch any bus that goes downtown. ◊ *em ~ caso* in any case ◊ *a ~ momento* at any time ☛ Ver nota em SOME **2** (*qualquer que seja*) any old: *Pegue um trapo ~.* Just use any old cloth. LOC **em qualquer lugar/parte** anywhere **por qualquer coisa** over the slightest thing: *Discutem por ~ coisa.* They argue over the slightest thing. **qualquer coisa** anything **qualquer um/uma 1** (*qualquer pessoa*) anybody: *~ um pode se enganar.* Anybody can make a mistake. **2** (*entre dois*) either (one): *~ um dos dois serve.* Either (of them) will do. ◊ *—Qual dos dois livros eu devo levar?—Qualquer um.* "Which of the two books should I take?" "Either one (of them)." **3** (*entre mais de dois*) (one): *em ~ uma dessas cidades* in any one of those cities **um/uma qualquer** (*pessoa sem importância*) a nobody: *Ele não passa de um ~.* He's just a nobody.

quando *adv, conj* **1** when: *Eles desataram a rir ~ me viram.* They burst out laughing when they saw me. ◊ *~ é que é a sua prova?* When's your exam? ◊ *Passe no banco ~ quiser.* Stop by the bank whenever you want. **2** (*simultaneidade*) as: *Eu o vi ~ eu estava saindo.* I saw him as I was leaving. LOC **de quando em quando** from time to time **desde quando?** since when…?: *Desde ~ é que você se interessa por esporte?* And since when have you been interested in sports? **quando muito** at (the) most: *Havia uns dez ~ muito.* There were ten of them at the most. **quando quer que…** whenever…

quantia *sf* amount

quantidade *sf* **1** amount: *uma pequena ~ de tinta* a small amount of paint **2** (*pessoas, objetos*) number: *Havia uma grande ~ de gente.* There were a large number of people. ◊ *Que ~ de carros!* What a lot of cars! **3** (*magnitude*) quantity LOC **em quantidade** in huge amounts

quanto, -a ♦ *pron*

● **uso interrogativo 1** (*com substantivo não contável*) how much: *~ dinheiro você gastou?* How much money did you spend? ◊ *De ~ você precisa?* How much do you need? **2** (*com substantivo contável*) how many: *Quantas pessoas estavam lá?* How many people were there?

● **uso exclamativo**: *~ vinho!* What a lot of wine! ◊ *~s turistas!* What a lot of tourists!

● **outras construções**: *Faça ~s testes forem necessários.* Do whatever tests are necessary. ◊ *Vou fazer quantas vezes forem necessárias.* I'll do it as many times as I have to. ◊ *Nós lhe demos o ~ tínhamos.* We gave him everything we had. ◊ *Chore o ~ quiser.* Cry as much as you like.

♦ *adv* **1** (*uso interrogativo*) how much **2** (*uso exclamativo*): *~ eu gosto deles!* I'm so fond of them! LOC **quanto a…** as for… (**o**) **quanto antes** as soon as possible **quanto é/custa?** how much is it? **quanto mais/menos…** the more/less…: *~ mais ele tem, mais quer.* The more he has, the more he wants. ◊ *~ mais eu penso no assunto, menos eu entendo.* The more I think about it, the less I understand it. **quanto** (**tempo**)/**quantos dias, meses, etc.?** how long…?: *~ tempo levou para você chegar lá?* How long did it take you to get there? ◊ *Há ~s anos você vive em Londres?* How long have you been living in London?

quarenta *num, sm* forty ☛ Ver exemplos em SESSENTA

quaresma *sf* Lent: *Estamos na ~.* It's Lent.

quarta-feira (*tb* **quarta**) *sf* Wednesday [*pl* Wednesdays] (*abrev* Wed) ☛ Ver exemplos em SEGUNDA-FEIRA LOC **Quarta-feira de Cinzas** Ash Wednesday

quartas-de-final *sf* quarter-finals

quarteirão *sm* (*de casas*) block

quartel *sm* **1** (*caserna*) barracks [*pl* barracks] **2** (*serviço militar*) military service: *Ele está no ~.* He's doing his military service. ◊ *entrar para o ~* to do your military service LOC **quartel do corpo de bombeiros** fire station

quartel-general *sm* headquarters (*abrev* HQ) [*v sing ou pl*]: *O ~ de polícia fica no fim da rua.* The police headquarters is/are at the end of the street.

quarto *sm* **1** room: *Não entre no meu ~.* Don't go into my room. **2** (*de dormir*) bedroom LOC **quarto de despejo** box-room **quarto de hóspedes** guestroom **quarto de solteiro** single room *Ver tb* COLEGA

quarto, -a ♦ *num, sm* fourth (*abrev* 4th) ☞ *Ver exemplos em* SEXTO ♦ *sm* (*quantidade*) quarter: *um ~ de hora* a quarter of an hour ♦ **quarta** *sf* (*marcha*) fourth (gear) LOC **quarto crescente/minguante** first/last quarter

quase *adv* **1** (*em frases afirmativas*) nearly, almost: *~ caí.* I almost fell. ◊ *Estava ~ cheio.* It was nearly full. ☞ *Ver nota em* NEARLY **2** (*em frases negativas*) hardly: *~ nunca a vejo.* I hardly ever see her. ◊ *~ ninguém veio.* Hardly anybody came. ◊ *Não sobrou ~ nada.* There was hardly anything left. LOC **quase sempre** nearly always

quatorze *num, sm* **1** fourteen **2** (*data*) fourteenth ☞ *Ver exemplos em* ONZE *e* SEIS

quatro *num, sm* **1** four **2** (*data*) fourth ☞ *Ver exemplos em* SEIS LOC *Ver* TRAÇÃO

quatrocentos, -as *num, sm* four hundred ☞ *Ver exemplos em* SEISCENTOS

que¹ ♦ *pron*

• **interrogação** ☞ what: *~ horas são?* What time is it? ◊ *Em ~ andar você mora?* What floor do you live on? ☞ Quando existem poucas possibilidades devemos usar **which**: *Que carro vamos usar hoje? O seu ou o meu?* Which car shall we take today? Yours or mine?

• **exclamação 1** (+ *substantivos contáveis no plural e substantivos não-contáveis*) what: *~ casas lindas!* What lovely houses! ◊ *~ coragem!* What courage! ◊ *Não sei o ~ você quer.* I don't know what you want. **2** (+ *substantivos contáveis no singular*) what a: *~ vida!* What a life! **3** (*quando se traduz por adjetivo*) how: *~ raiva/horror!* How annoying/awful! ♦ *adv* how: *~ interessante!* How interesting! LOC **que tal? 1** (*como é/são?*) what is/are *sb/sth* like?: *~ tal foi o filme?* What was the movie like? **2** (*sugestão*): *~ tal um café?* How about a coffee?

que² *pron rel*

• **sujeito 1** (*pessoas*) who: *o homem ~ esteve aqui ontem* the man who was here yesterday ◊ *A minha irmã, ~ vive lá, diz que é lindo.* My sister, who lives there, says it's pretty. **2** (*coisas*) that,

which: *o carro ~ está estacionado na praça* the car that's parked in the square ◊ *Este edifício, ~ antes foi sede de Governo, hoje é uma biblioteca.* This building, which previously housed the Government, is now a library.

• **complemento** ☞ Em inglês é preferível não traduzir **que** quando este funciona como complemento, apesar de ser correto usar **that/who** com pessoas e **that/which** com coisas: *a revista que você me emprestou ontem* the magazine (that/which) you lent me yesterday ◊ *o rapaz que você conheceu em Roma* the boy (that/who) you met in Rome LOC **o que/a que/os que/as que** *Ver* O¹

que³ *conj* **1** (*com orações subordinadas*) (that): *Ele disse ~ viria esta semana.* He said (that) he would come this week. ◊ *Quero ~ você viaje de primeira classe.* I want you to travel first class. ◊ *Foi para ele ~ eu contei.* He was the one I told. **2** (*em comparações*): *O meu irmão é mais alto* (*do*) *~ você.* My brother's taller than you. **3** (*em ordens*): *Espero ~ vocês se divirtam!* I hope you have a good time! **4** (*resultado*) (that): *Estava tão cansada ~ adormeci.* I was so tired (that) I fell asleep. **5** (*outras construções*): *Aumenta o rádio ~ não estou ouvindo nada.* Turn the radio up—I can't hear a thing. ◊ *Não há dia ~ não chova.* There isn't a single day when it doesn't rain.

quê! *interj* what!

quebra-cabeça *sm* puzzle: *fazer um ~* to do a (jigsaw) puzzle

quebra-mar *sm* breakwater

quebra-nozes *sm* nutcracker

quebrar *vt, vi* to break: *Quebrei o vidro com a bola.* I broke the window with my ball. ◊ *~ uma promessa* to break a promise LOC **quebrar a cabeça 1** (*lit*) to crack your head open **2** (*fig*) to rack your brains: *Tenho quebrado a cabeça, mas não consigo resolver esse problema.* I've been racking my brains, but I can't solve this problem. **quebrar a cara de alguém** to smash sb's face in **quebrar o gelo** to break the ice

queda *sf* **1** fall: *uma ~ de três metros* a three-meter fall ◊ *~ livre* free fall ◊ *a ~ do governo* the fall of the government ◊ *uma ~ dos preços* a fall in prices **2** (*temperatura*) drop *in sth* **3** (*cabelo*) loss: *prevenir a ~ de cabelo* to prevent hair loss LOC **queda d'água** waterfall **ter (uma) queda por doces** to have a sweet tooth: *as pessoas que têm ~ por* *doces* people with a sweet tooth *Ver tb* TIRO

queijo *sm* cheese: *um sanduíche de ~* a cheese sandwich ◊ *~ ralado* grated cheese LOC *Ver* PÃO

queimada *sf* forest fire: *as ~s na Amazônia* the forest fires in the Amazon region

queimado, -a *pp, adj* **1** burned **2** (*bronzeado*) tanned **3** (*calcinado*) charred LOC *Ver* CHEIRAR, QUEIMAR

queimadura *sf* **1** burn: *~s de segundo grau* second-degree burns **2** (*com líquido fervente*) scald LOC **queimadura solar** sunburn [*não contável*]

queimar ◆ *vt* to burn: *Você vai ~ a omelete.* You're going to burn the omelet. ◊ *~ a língua* to burn your tongue ◆ *vi* **1** to be hot: *Está queimando!* It's very hot! **2** (*sol*) to be strong **3** (*fusível*) to blow: *Os fusíveis queimaram.* The fuses blew. ◆ **queimar-se** *v pron* **1** **queimar-se (com/em)** (*pessoa*) to burn yourself (**on** *sth*): *Eu me queimei com a frigideira.* I burned myself on the frying pan. **2** (*com o sol*) to burn: *Eu me queimo facilmente.* I burn easily.

queixa *sf* complaint: *fazer ~ de alguém a/para alguém* to complain about sb to sb ◊ *apresentar uma ~* to report sth to the police

queixar-se *v pron* ~ (**de**) to complain (**about** *sb/sth*): *Pare de se queixar.* Stop complaining.

queixo *sm* chin LOC *Ver* BATER

quem ◆ *pron rel* **1** (*sujeito*) who: *~ me disse foi o meu irmão.* It was my brother who told me. **2** (*complemento*) ☞ Em inglês é preferível não traduzir **quem** quando este funciona como complemento, apesar de ser correto usar **who** ou **whom**: *Quem eu quero ver é a minha mãe.* It's my mother I want to see. ◊ *O rapaz com quem eu a vi ontem é primo dela.* The boy (who) I saw her with yesterday is her cousin. ◊ *a atriz sobre quem se tem escrito tanto* the actress about whom so much has been written **3** (*qualquer um*) whoever: *Convide ~ você quiser.* Invite whoever you want. ◊ *~ estiver a favor levante a mão.* Those in favour, raise your hands. ◊ *João, o Zé ou ~ quer que seja.* João, Zé or whoever. ◆ *pron interr* who: *~ é?* Who is it? ◊ *~ é que você viu?* Who did you see? ◊ *~ ~ é que vem?* Who's coming? ◊ *Para ~ é este presente?* Who is this

present for? ◊ *De ~ você está falando?* Who are you talking about? LOC **de quem...?** (*posse*) whose...?: *De ~ é este casaco?* Whose coat is this? **quem me dera!** if only!: *Tirar férias? ~ me dera!* Take a vacation? If only! ◊ *Quem me dera ganhar na loteria!* If only I could win the lottery! **quem quer que** whoever: *~ quer que seja culpado será castigado.* Whoever is responsible will be punished.

quente *adj* **1** hot: *água ~* hot water ◊ *um dia muito ~* a very hot day **2** (*morno*) warm: *A cama está ~.* The bed is warm. ◊ *uma noite ~* a warm night ☞ *Ver nota em* FRIO LOC *Ver* SACO¹

quer *conj* LOC **quer... quer...** whether... or...: *~ chova ~ não chova* whether it rains or not ◊ *~ queira, ~ não (queira)* whether you like it or not *Ver tb* QUEM

querer ◆ *vt* **1** to want: *Qual você quer?* Which one do you want? ◊ *Quero sair.* I want to go out. ◊ *Ele quer que vamos à casa dele.* He wants us to go to his house. ◊ *Como entrada, quero sopa de peixe.* I'd like fish soup to start with. ◊ *O que você quer de mim?* What do you want from me? ☞ *Ver nota em* WANT **2** (*amar*) to love ◆ *vi* to want to: *Não quero.* I don't want to. ◊ *Claro que ele quer.* Of course he wants to. LOC **por querer** (*de propósito*) on purpose **querer dizer** to mean: *O que quer dizer esta palavra?* What does this word mean? **queria eu...** I, he, etc. would like to...: *Queria eu saber por que é que você chega sempre atrasado.* I'd like to know why you're always late. **sem querer**: *Desculpe, foi sem ~.* Sorry, it was an accident.

querido, -a *pp, adj* dear ☞ *Ver págs* 292-3. ◆ *sm-sf* sweetheart: *Meu ~!* Sweetheart! *Ver tb* QUERER

querosene *sm* kerosene

questão *sf* **1** question: *Isso está fora de ~!* That's out of the question! **2** (*assunto, problema*) matter: *em ~ de horas* in a matter of hours ◊ *É uma ~ de vida ou morte.* It's a matter of life and death. LOC **a questão é...** the thing is... **em questão** in question **fazer questão (de)** to insist (on *doing sth*): *Ele fez ~ de pagar.* He insisted on paying. **pôr algo em questão** to question sth

questionário *sm* questionnaire: *preencher um ~* to fill in a questionnaire

quicar *vi* (*bola*) to bounce: *Esta bola quica muito.* This ball is very bouncy.

quieto, -a *adj* **1** (*imóvel*) still: *estar/ficar* ~ to keep still **2** (*em silêncio*) quiet: *Eles têm estado muito* ~*s, devem estar preparando alguma.* They've been very quiet—they must be up to something.

quilo *sm* kilo [*pl* kilos] (*abrev* kg.) ☞ *Ver Apêndice 1.*

quilômetro *sm* kilometer (*abrev* km.) ☞ *Ver Apêndice 1.*

quilowatt *sm* kilowatt (*abrev* kw.)

química *sf* chemistry

químico, -a ♦ *adj* chemical ♦ *sm-sf* chemist LOC *Ver* PRODUTO

quina *sf* (*aresta*) edge: *a* ~ *da mesa* the edge of the table

quinhentos, -as *num, sm* five hundred ☞ *Ver exemplos em* SEISCENTOS

quinta-feira (*tb* **quinta**) *sf* Thursday [*pl* Thursdays] (*abrev* Thur(s)) ☞ *Ver exemplos em* SEGUNDA-FEIRA LOC **Quinta-feira Santa** Maundy Thursday

quintal *sm* backyard

quinto, -a ♦ *num, sm* fifth ☞ *Ver exemplos em* SEXTO ♦ **quinta** *sf* (*marcha*) fifth (gear)

quinze *num, sm* **1** fifteen **2** (*data*) fifteenth **3** (*hora*) a quarter: *Chegaram às* ~ *para as dez.* They arrived at a quarter to/of ten. ◊ *É uma e* ~. It's a quarter after one. ☞ *Ver exemplos em* ONZE *e* SEIS LOC **quinze dias** fortnight: *Vamos ficar apenas* ~ *dias.* We're only staying for a fortnight.

quinzena *sf* (*quinze dias*) two weeks [*pl*]: *a segunda* ~ *de janeiro* the last two weeks of January

quiosque *sm* newsstand

quitar *vt* (*pagar*) to pay sth off: ~ *uma dívida* to pay off a debt

quite *adj* even (**with sb**): *Assim estamos* ~*s.* That way we're even.

quota *sf Ver* COTA

Rr

rã *sf* frog

rabanete *sm* radish

rabino *sm* rabbi [*pl* rabbis]

rabiscar *vt, vi* **1** (*desenhar*) to doodle **2** (*escrever*) to scribble

rabisco *sm* **1** (*desenho*) doodle **2** (*escrita*) scribble

rabo *sm* **1** (*animal*) tail **2** (*pessoa*) backside LOC **pelo/com o rabo do olho** out of the corner of your eye *Ver tb* CABO

rabo-de-cavalo *sm* (*cabelo*) ponytail

rabugento, -a *adj* grumpy

raça *sf* **1** (*humana*) race **2** (*animal*) breed: *De que* ~ *é?* What breed is it? LOC **de raça 1** (*cão*) pedigree **2** (*cavalo*) thoroughbred *Ver tb* PEITO

ração *sf* (*para gado*) fodder

racha *sf* (*fenda*) crack

rachar ♦ *vt* (*lenha*) to chop ♦ *vi* (*fender*) to crack: *O espelho rachou.* The mirror cracked.

racial *adj* racial: *discriminação* ~ racial discrimination ◊ *relações raciais* race relations

raciocinar *vi* to think: *Ele não conseguia* ~ *com clareza.* He wasn't thinking clearly.

raciocínio *sm* reasoning

racional *adj* rational

racionamento *sm* rationing: ~ *de água* water rationing

racionar *vt* to ration

racismo *sm* racism

racista *adj, smf* racist

radar *sm* radar [*não contável*]: ~*es inimigos* enemy radar

radiador *sm* radiator

radiante *adj* **1** (*brilhante*) bright: *O sol estava* ~. The sun was shining brightly. **2** (*pessoa*) radiant: ~ *de alegria* radiant with joy

radical *adj, smf* radical

rádio¹ *sm* (*Quím*) radium

rádio² *sm* radio [*pl* radios]: *ouvir* ~ to listen to the radio LOC **no rádio** on the radio: *Ouvi no* ~. I heard it on the radio. ◊ *falar no* ~ to speak on the radio

radioativo, -a *adj* radioactive LOC *Ver* CHUVA

radiodespertador *sm* clock radio

radiografia *sf* X-ray [*pl* X-rays]: *fazer/tirar uma* ~ to take an X-ray

radiogravador *sm* radio-cassette player

radionovela *sf* serial

radiotáxi *sm* minicab

raia *sf* **1** (*linha*) line: *Neste jogo, você perde ponto se passar da ~.* In this game you lose a point if you go over the line. **2** (*pista*) racetrack

rainha *sf* queen

raio¹ *sm* **1** ray [*pl* rays]: *um ~ de sol* a ray of sunshine ◊ *os ~s do sol* the sun's rays **2** (*Meteor*) lightning [*não contável*]: *~s e trovões me assustam.* Thunder and lightning frighten me. LOC **raio laser** laser beam **raios X** X-rays

raio² *sm* **1** (*Geom*) radius [*pl* radii] **2** (*roda*) spoke LOC **num raio**: *Não havia uma única casa num ~ de dez quilómetros.* There were no houses within ten kilometers.

raiva *sf* **1** (*ira*) rage: *Que ~!* I was furious! **2** (*Med*) rabies [*sing*]: *O cachorro tinha ~.* The dog had rabies. LOC **dar (uma) raiva** to drive sb crazy: *Isso me dá uma ~.* It really drives me crazy. **ter raiva de alguém** to hate sb: *Ela tem uma ~ dele!* She really hates him. *Ver tb* MORTO

raivoso, -a *adj* **1** (*furioso*) furious: *Ele respondeu ~.* He replied furiously. **2** (*Med*) rabid: *um cachorro ~* a rabid dog

raiz *sf* root LOC **estar até a raiz (dos cabelos)** to be sick and tired *of sb/sth* **raiz quadrada/cúbica** square/cube root *Ver tb* CRIAR

rajada *sf* **1** (*vento*) gust **2** (*disparos*) burst: *uma ~ de balas* a burst of gunfire

ralador *sm* grater

ralar *vt* to grate

ralhar *vt* ~ (**com**) (**por**) to reprimand sb (**for sth/doing sth**)

ralo *sm* drain

ralo, -a *adj* **1** (*líquido*) thin: *uma sopa rala* a thin soup **2** (*cabelo*) thinning

rama *sf* foliage

ramal *sm* **1** (*ferroviário*) branch line **2** (*telefônico*) extension

ramo *sm* **1** (*de flores*) bunch **2** (*de árvore, de ciência*) branch: *um ~ de árvore* the branch of a tree ◊ *um ~ da filosofia* a branch of philosophy **3** (*setor*) field LOC *Ver* DOMINGO

rampa *sf* ramp

rancor *sm* resentment LOC *Ver* GUARDAR

rancoroso, -a *adj* resentful

rançoso, -a *adj* rancid

ranger ◆ *vi* (*porta, soalho*) to creak ◆ *vt* (*dentes*) to grind

rangido *sm* (*porta*) creak

ranhura *sf* groove

rapar *vt* to shave: *~ a cabeça/as pernas* to shave your head/legs

rapaz *sm* young man

rapidez *sf* speed LOC **com rapidez** quickly

rápido, -a ◆ *adj* **1** (*breve*) quick: *Posso fazer uma chamada rápida?* Can I make a quick phone call? **2** (*veloz*) fast: *um corredor ~* a fast runner ☛ *Ver nota em* FAST¹ ◆ *adv* quickly

raposa *sf* fox

raptar *vt* to kidnap

rapto *sm* kidnapping

raptor, ~a *sm-sf* kidnapper

raquete *sf* racket: *uma ~ de tênis* a tennis racket

raro, -a *adj* (*pouco comum*) rare: *uma planta rara* a rare plant LOC *Ver* AVE

rascunho *sm* draft: *um ~ de uma redação* a rough draft of an essay

rasgar, rasgar-se *vt, v pron* to tear: *Rasguei minha saia num prego.* I tore my skirt on a nail. ◊ *Este tecido se rasga com facilidade.* This material tears easily. ◊ *Ele rasgou a carta.* He tore up the letter.

raso, -a *adj* **1** (*plano*) flat **2** (*colher, medida*) level **3** (*pouco profundo*) shallow

raspar *vt* **1** (*superfície*) to scrape *sth* (**off sth**): *Raspamos a tinta do chão.* We scraped the paint off the floor. ◊ *Raspe o papel da parede.* Scrape the paper off the wall. **2** (*tocar levemente*) to graze **3** (*barba, cabelo*) to shave *sth* off: *Ele raspou o bigode.* He shaved his mustache off.

rasteira *sf* LOC **passar uma rasteira** to trip: *Você passou uma ~ nele.* You tripped him.

rastejante *adj* **1** (*planta*) trailing **2** (*animal*) crawling

rastejar *vi* to crawl

rasto *sm* **1** (*marca, pista*) trail: *Os cães seguiram o ~.* The dogs followed the trail. **2** (*barco*) wake **3** (*avião*) vapor trail LOC **de rastos**: *Ele se aproximou de ~s.* He crawled over. **sem deixar rasto** without a trace *Ver tb* PERDER

rasurar *vt* to cross *sth* out

ratazana *sf* rat

ratificar *vt* to ratify

ratoeira *sf* trap

razão *sf* reason (**for sth/doing sth**): *A ~ da demissão dele é óbvia.* The reason for his resignation is obvious. LOC **com razão** rightly so **dar razão a alguém** to admit sb is right **sem razão** for no reason **ter/não ter razão** to be right/ wrong

razoável *adj* reasonable

ré ◆ *sm* (*Mús*) D: *ré maior* D major ◆ *sf* (*marcha*) reverse LOC *Ver* MARCHA

reabastecer, reabastecer-se *vt, vi, v pron* (*veículo*) to refuel

reabilitação *sf* **1** rehabilitation: *programas para a ~ de delinqüentes* rehabilitation programs for juvenile delinquents **2** (*prédio*) renovation

reabilitar *vt* **1** to rehabilitate **2** (*prédio*) to renovate

reação *sf* reaction

readmitir *vt* to reinstate *sb* (*to...*): *Readmitiram-no na empresa.* The company reinstated him.

reagir *vt, vi* ~ (**a**) **1** to react (**to** *sb/sth*) **2** (*doente*) to respond (**to** *sb/sth*): *O doente não está reagindo ao tratamento.* The patient is not responding to treatment.

real[1] ◆ *adj* (*de reis*) royal ◆ *sm* (*unidade monetária brasileira*) real: *mil reais* a thousand reals LOC *Ver* GELÉIA

real[2] *adj* **1** real: *o mundo ~* the real world ◊ *em tempo ~* real-time **2** (*caso, história*) true

realçar *vt* **1** (*cor, beleza*) to bring *sth* out **2** (*dar ênfase*) to enhance

realidade *sf* reality [*pl* realities] LOC **na realidade** actually *Ver tb* TORNAR

realismo *sm* realism

realista ◆ *adj* realistic ◆ *smf* realist

realização *sf* **1** (*projeto, trabalho*): *Eu me encarrego da ~ do plano.* I'll take charge of carrying out the plan. **2** (*objetivo, sonho*) fulfillment

realizar ◆ *vt* **1** (*levar a cabo*) to carry *sth* out: ~ *um projeto* to carry out a project **2** (*sonho, objetivo*) to fulfill **3** (*reunião*) to hold ◆ **realizar-se** *v pron* **1** (*tornar-se realidade*) to come true: *Os meus sonhos se realizaram.* My dreams came true. **2** (*pessoa*) to be fulfilled **3** (*reunião, evento*) to take place

realmente *adv* really

reanimar ◆ *vt* to revive ◆ *vi* **1** (*fortalecer*) to get your strength back **2** (*voltar a si*) to regain consciousness

reatar *vt* (*restabelecer*) to resume

reativar *vt* to revive

reator *sm* reactor: ~ *nuclear* nuclear reactor

rebaixamento *sm* (*Esporte*) relegation

rebaixar ◆ *vt* **1** to humiliate **2** (*Esporte*) to relegate (*GB*): *Eles foram rebaixados para o terceiro grupo.* They

were relegated to the third division. ◆ **rebaixar-se** *v pron* to lower yourself: *Eu não me rebaixaria a ponto de aceitar o seu dinheiro.* I wouldn't lower myself by accepting your money.

rebanho *sm* **1** (*ovelhas*) flock **2** (*gado*) herd

rebate *sm* LOC **rebate falso** false alarm

rebelde ◆ *adj* **1** rebel [*s atrib*]: *bases/tropas ~s* rebel bases/troops **2** (*espírito*) rebellious ◆ *smf* rebel

rebelião *sf* rebellion

rebentar ◆ *vi* **1** (*bomba*) to explode **2** (*balão, pneu, pessoa*) to burst **3** (*guerra, epidemia*) to break out **4** (*escândalo, tempestade*) to break ◆ *vt* (*balão*) to burst

rebobinar *vt* to rewind

rebocar *vt* to tow

reboque *sm* **1** (*ato*): *a ~* on tow ◊ *um carro com um trailer a ~* a car towing a trailer **2** (*veículo*) tow truck

rebote *sm* (*Esporte*) rebound: *no ~* on the rebound

rebuliço *sm* **1** (*ruído*) racket **2** (*atividade*) hustle and bustle: *o ~ da capital* the hustle and bustle of the capital

recado *sm* message: *deixar* (*um*) ~ to leave a message

recaída *sf* relapse: *ter uma ~* to have a relapse

recanto *sm* corner: *num tranqüilo ~ de Parati* in a quiet corner of Parati

recear *vt* to fear

receber *vt* **1** to get, to receive (*formal*): *Recebi a sua carta.* I got your letter. **2** (*notícia*) to take: *Eles receberam a notícia com resignação.* They took the news philosophically. **3** (*pessoa*) to welcome: *Ele veio aqui fora nos ~.* He came out to welcome us. **4** (*pagamento*): *Ainda não recebi o pagamento por aquelas aulas.* I still haven't been paid for those classes. ◊ *Recebemos na quinta!* We get paid on Thursday!

receio *sm* fear

receita *sf* **1** (*rendimentos*) **(a)** (*instituição*) income **(b)** (*Estado, município*) revenue: *Departamento da Receita Federal* Internal Revenue Service **2** (*Med*) prescription: *Só se vende mediante ~* (*médica*). Only available on prescription. **3** (*Cozinha*) recipe (**for sth**): *Você tem que me dar a ~ deste prato.* You must give me the recipe for this dish.

receitar *vt* to prescribe

recém-casado, -a ◆ *adj* newly married ♦ *sm-sf* newlywed: *os ~s* the newly-weds

recém-nascido, -a ♦ *adj* newborn ♦ *sm-sf* newborn baby [*pl* newborn babies]

recenseamento *sm* census [*pl* censuses]

recente *adj* recent

recepção *sf* reception

recepcionista *smf* receptionist

recessão *sf* recession: *~ econômica* economic recession

recheio *sm* **1** (*comida*) filling: *pastéis com ~ de queijo* pastries with a cheese filling **2** (*peru*) stuffing

rechonchudo, -a *adj* plump

recibo *sm* receipt

reciclagem *sf* recycling

reciclar *vt* to recycle

reciclável *adj* recyclable

recife *sm* reef

recipiente *sm* receptacle

recital *sm* recital

recitar *vt* to recite

reclamação *sf* complaint: *fazer/apresentar uma ~* to make/lodge a complaint

reclamar ♦ *vt* to demand: *Eles reclamam justiça.* They are demanding justice. ♦ *vi* to complain

reclinar-se *v pron* (*pessoa*) to lean back (*against/on sb/sth*) ☛ *Ver ilustração em* LEAN²

reclinável *adj* reclining: *bancos reclináveis* reclining seats

recluso, -a *sm-sf* **1** (*solitário*) recluse **2** (*prisioneiro*) prisoner

recobrar *vt* to recover, to get *sth* back (*mais coloq*): *~ a memória* to get your memory back ◊ *Tenho certeza de que ele irá ~ a visão.* I'm sure he'll recover his sight.

recolher ♦ *vt* to collect ♦ **recolher-se** *v pron* (*ir dormir*) to go to bed LOC *Ver* TOQUE

recomendação *sf* recommendation: *Fomos por ~ do meu irmão.* We went on my brother's recommendation.

recomendar *vt* to recommend

recompensa *sf* reward: *como ~ por algo* as a reward for sth

recompensar *vt* to reward *sb* (*for sth*)

reconciliar-se *v pron* to make up (*with sb*): *Eles brigaram, mas já se reconciliaram.* They argued but now they've made up.

reconhecer *vt* **1** to recognize: *Não a reconheci.* I didn't recognize her. **2** (*admitir*) to admit: *~ um erro* to admit a mistake

reconhecimento *sm* recognition

reconstruir *vt* **1** to rebuild **2** (*fatos, evento*) to reconstruct

recordação *sf* **1** (*memória*) memory [*pl* memories]: *Tenho boas recordações da nossa amizade.* I have happy memories of our friendship. **2** (*turismo*) souvenir

recordar, recordar-se *vt, v pron ~* (**de**) to remember, to recall (*formal*): *Não me recordo do nome dele.* I can't remember his name. ◊ *Recordo-me de tê-lo visto.* I remember seeing it. ◊ *~ o passado* to recall the past

recorde *sm* record: *bater/deter um ~* to break/hold a record

recordista *smf* record-holder

recorrer *vt ~* **a 1** (*utilizar*) to resort **to sth 2** (*pedir ajuda*) to turn **to sb**: *Eu não tinha ninguém a quem ~.* I had no one to turn to. **3** (*Jur*) to appeal

recortar *vt* to cut *sth* out: *Recortei a fotografia de uma revista velha.* I cut the photograph out of an old magazine.

recreio *sm* **1** (*pausa*) recess, break (*GB*): *Às onze saímos para o ~.* Recess is at eleven. **2** (*local*) playground LOC **de recreio** recreational

recruta *smf* recruit

recuar *vi* **1** (*retroceder*) to go back **2** (*desistir*) to back down

recuperar ♦ *vt* **1** to regain, to get *sth* back: *~ o dinheiro* to get the money back **2** (*saúde*) to recover, to get *sth* back (*mais coloq*) **3** (*tempo, aulas*) to make *sth* up: *Você vai ter que ~ as horas de trabalho.* You'll have to make up the time. ♦ **recuperar-se** *v pron* to recover (*from sth*): *~ de uma doença* to recover from an illness LOC *Ver* SENTIDO

recurso *sm* **1** (*meio*) resort **2 recursos** resources: *~s humanos/econômicos* human/economic resources **3** (*Jur*) appeal LOC *Ver* ÚLTIMO

recusa *sf* refusal (*to do sth*)

recusar, recusar-se *vt, v pron* to refuse: *~ um convite* to refuse an invitation ◊ *Recusei-me a acreditar.* I refused to believe it.

redação *sf* (*trabalho escolar*) assignment: *escrever uma ~ sobre a sua cidade* to write an assignment on your town

redator, ~a *sm-sf* (*Jornal*) editor

rede *sf* **1** (*Esporte, caça, pesca*) net: ~ *de segurança* safety net **2** (*Informát, comunicações*) network: *a* ~ *de computadores* the computer network ◊ *a* ~ *ferroviária/rodoviária* the railway/road network **3** (*de dormir*) hammock **4** (*organizações, sucursais*) chain LOC **cair na rede** to fall into the trap **rede de arame** wire netting

rédea *sf* rein LOC **dar rédea (larga)** to give free rein *to sb/sth*

redemoinho *sm* **1** (*em rio*) whirlpool **2** (*de vento*) whirlwind

redigir *vt* to write: ~ *uma carta* to write a letter

redondo, -a *adj* round: *em números* ~*s* in round numbers

redor *sm* LOC **ao/em redor (de)** around: *as pessoas ao meu* ~ the people around me ◊ *em* ~ *da casa* around the house

redução *sf* reduction

reduzido, -a *pp, adj* **1** (*pequeno*) small **2** (*limitado*) limited Ver tb REDUZIR

reduzir ◆ *vt* to reduce: *Ele reduziu o preço em 15%.* He gave us a 15 per cent reduction. ◆ **reduzir-se** *v pron*: *Tudo se reduz a…* It all boils down to… LOC **reduzir a velocidade** to slow down

reeleger *vt* to re-elect

reembolsar *vt* **1** (*quantidade paga*) to refund **2** (*gastos*) to reimburse

reembolso *sm* refund LOC **reembolso postal** cash on delivery (*abrev* COD)

reencarnação *sf* reincarnation

refazer *vt* to redo LOC **refazer a vida** to rebuild your life

refeição *sf* meal: *uma* ~ *ligeira* a light meal

refeitório *sm* (*escola, fábrica*) canteen

refém *smf* hostage

referência *sf* reference (*to sb/sth*): *ter boas* ~*s* to have good references ◊ *Com* ~ *à sua carta…* With reference to your letter… LOC **fazer referência a** to refer to *sb/sth*

referendo *sm* referendum [*pl* referendums/referenda]

referente *adj* ~ **a** regarding *sb/sth*

referir-se *v pron* ~ **a** to refer to *sb/sth*: *A que você se refere?* What are you referring to?

refinaria *sf* refinery [*pl* refineries]

refletir *vt, vi* ~ (**sobre**) to reflect (**on sth**)

reflexo, -a ◆ *adj* reflex [*s atrib*]: *um ato* ~ a reflex action ◆ *sm* **1** reflection: *Vi o meu* ~ *no espelho.* I saw my reflection in the mirror. **2** (*reação*) reflex: *ter bons* ~*s* to have good reflexes **3 reflexos** (*cabelo*) highlights

reforçar *vt* to reinforce *sth* (**with sth**)

reforço *sm* reinforcement

reforma *sf* **1** reform: ~ *agrária* agrarian reform **2** (*de um edifício*) alteration: *fechado para* ~*s* closed for alterations

reformar *vt* **1** to reform: ~ *uma lei/um delinquente* to reform a law/a delinquent **2** (*edifício*) to make alterations **to sth**

reformatório *sm* reform school

refrescante *adj* refreshing

refrescar ◆ *vt* **1** (*esfriar*) to cool **2** (*memória*) to refresh ◆ **refrescar-se** *v pron* to freshen up

refresco *sm* fruit cordial

refrigerante *sm* soft drink

refrigerar *vt* to refrigerate

refugiado, -a *sm-sf* refugee: *um campo de* ~*s* a refugee camp

refugiar-se *v pron* ~ (**de**) to take refuge (**from sth**): ~ *da chuva* to take refuge from the rain

refúgio *sm* refuge: *um* ~ *na montanha* a mountain refuge

regar *vt* to water

regatear *vt, vi* to haggle (**over/about sth**)

regateio *sm* bargaining

regenerar, regenerar-se *vt, v pron* to regenerate

regente *adj, smf* regent

reger *vt* **1** (*país, sociedade*) to rule **2** (*orquestra*) to conduct

região *sf* region

regime *sm* **1** (*Pol, normas*) regime: *um* ~ *muito liberal* a very liberal regime **2** (*dieta*) diet: *estar de* ~ to be on a diet

regimento *sm* regiment

regional *adj* regional

registrado, -a *pp, adj* LOC Ver CARTA, PORTE; Ver tb REGISTRAR

registrador, ~a *adj* LOC Ver CAIXA²

registrar ◆ *vt* **1** to register: ~ *um nascimento/uma carta* to register a birth/a letter **2** (*alteração, acontecimento*) to record: ~ *informação* to record information ◆ **registrar-se** *v pron* to register: *registrar-se num hotel* to check into a hotel

registro *sm* **1** (*inscrição*) registration **2** (*livro*) register

regozijar-se *v pron* ~ **com** to be delighted **at/with sth**: ~ *com a notícia* to be delighted at the news

regra *sf* rule: *Isso vai contra as ~s da escola.* It's against the school rules. LOC **em regra** as a general rule

regressar *vi* to go/come back (**to…**): *Eles não querem ~ ao seu país.* They don't want to go back to their own country. ◊ *Acho que regressam amanhã.* I think they'll be back tomorrow.

regresso *sm* return: *no meu ~ à cidade* on my return to the city

régua *sf* ruler

regulamento *sm* regulations [*pl*]

regular[1] *vt* to regulate

regular[2] ◆ *adj* regular: *verbos ~es* regular verbs ◊ *de altura* ~ regular height ◆ *sm* (*Educ*) ≈ C: *tirar* ~ to get (a) C LOC *Ver* vôo

regularidade *sf* regularity LOC **com regularidade** regularly

rei *sm* (*monarca*) king

> O plural de **king** é regular ("kings"), contudo quando dizemos *os reis* referindo-nos ao rei e à rainha, o equivalente em inglês é **the king and queen.**

LOC **os Reis Magos** the Three Wise Men *Ver tb* DIA

reinado *sm* reign

reinar *vi* to reign

reincidir *vi* ~ (**em**) to relapse (**into sth/doing sth**)

reiniciar *vt* to resume: ~ *o trabalho* to resume work

reino *sm* **1** kingdom: *o ~ animal* the animal kingdom **2** (*âmbito*) realm LOC **o Reino Unido** the United Kingdom (*abrev* UK)

reivindicação *sf* demand (**for sth**)

reivindicar *vt* (*exigir*) to demand: ~ *um aumento salarial* to demand a raise

rejeitar *vt* (*recusar*) to reject

relação *sf* **1** ~ (**com**) relationship (**with sb/sth**): *manter relações com alguém* to have a relationship with sb **2** ~ (**entre**) (*ligação*) connection (**between…**) LOC **com/em relação a** in/with relation to *sb/sth* **relações públicas** public relations (*abrev* PR) **ter relações (sexuais) com alguém** to have sex (*with sb*) *Ver tb* MINISTÉRIO, MINISTRO

relacionado, -a *pp, adj* ~ (**com**) related (**to sth**) *Ver tb* RELACIONAR

relacionamento *sm* (*relação*) relationship: *Devemos melhorar o nosso ~ com os vizinhos.* We must try to improve our relationship with our neighbors. ◊ *O nosso ~ é puramente profissional.* Our relationship is strictly professional.

relacionar ◆ *vt* to relate *sth* (**to/with sth**); to link *sth* (**to sth**) (*mais coloq*): *Os médicos relacionam os problemas do coração com o estresse.* Doctors link heart disease to stress. ◆ **relacionar-se** *v pron* **relacionar-se** (**com**) to mix (**with sb**)

relâmpago *sm* lightning [*não contável*]: *Um ~ e um trovão anunciaram a tempestade.* A flash of lightning and a clap of thunder heralded the storm. ◊ *uma viagem/visita* ~ a lightning trip/visit

relance *sm* LOC **de relance**: *Só a vi de ~.* I only caught a glimpse of her.

relatar *vt* to relate

relatividade *sf* relativity

relativo, -a *adj* **1** (*não absoluto*) relative: *Bem, isso é* ~. Well, it's all relative. **2** ~ **a** relating (**to sb/sth**)

relato *sm* **1** (*narrativa*) narrative: *um ~ histórico* a historical narrative **2** (*descrição*) account: *fazer um ~ dos acontecimentos* to give an account of events

relatório *sm* report: *o ~ anual da empresa* the company's annual report

relaxado, -a *adj* (*preguiçoso*) lazy

relaxamento *sm* relaxation: *técnicas de ~* relaxation techniques

relaxar *vt, vi* to relax: *Relaxe a mão.* Relax your hand. ◊ *Você precisa ~.* You need to relax. ◊ *Não tenho nenhum momento livre para ~.* I don't have any time to unwind.

relevância *sf* (*importância*) importance: *um acontecimento de ~ internacional* an event of international importance

relevo *sm* **1** (*Geog*) relief: *um mapa em ~ a* relief map ◊ *uma região com ~ acidentado* an area with a rugged landscape **2** (*importância*) importance

religião *sf* religion

religioso, -a ◆ *adj* religious ◆ *sm-sf* monk [*fem* nun]

relinchar *vi* to neigh

relíquia *sf* relic

relógio

digital watch

hands

clock

watch

alarm clock

relógio *sm* **1** clock: *Que horas são no ~ da cozinha?* What time does the kitchen clock say? ◊ *uma corrida contra o ~ a* race against the clock **2** *(de pulso, de bolso)* watch: *Meu ~ está atrasado.* My watch is slow. **3** meter: *o ~ do gás* the gas meter LOC *Ver* CORDA

reluzir *vi* to shine LOC *Ver* OURO

relva *sf* grass

remar *vi* to row

rematar *vt (terminar)* to finish *sb/sth* off

remate *sm* **1** *(acabamento)* border: *um ~ de renda* a lace border **2** *(final)* end

remediar *vt* to remedy: *~ a situação* to remedy the situation

remédio *sm* ~ **(para/contra)** remedy [*pl* remedies], cure *(mais coloq)* **(for** *sth***)** LOC **não ter outro remédio (senão…)** to have no choice (but to…) *Ver tb* ARMÁRIO

remendar *vt* to mend

remendo *sm* patch

remessa *sf* **1** *(ação)* sending **2** *(Com)* consignment **3** *(dinheiro)* remittance LOC **remessa a cobrar** cash on delivery *(abrev* COD)

remetente *smf* sender

remexer *vt* **1** *(terra)* to turn *sth* over **2** ~ **em** *(gavetas, papéis)* to rummage in/through *sth*: *Alguém andou remexendo nas minhas coisas.* Someone's been rummaging through my things. **3** ~ **em** *(assunto)* to bring *sth* up

remo *sm* **1** *(instrumento)* **(a)** *(grande)* oar **(b)** *(pequeno)* paddle **2** *(Esporte)* rowing: *praticar ~* to row ◊ *um clube de ~* a rowing club LOC **a remo**: *Eles atravessaram o rio a ~.* They rowed across the river. *Ver tb* BARCO

remontar *vt* ~ **a** *(evento, tradição)* to date back **to** *sth*

remorso *sm* remorse

remoto, -a *adj* remote: *uma possibilidade remota* a remote possibility

remover *vt* to remove

Renascença *sf (tb* **Renascimento** *sm)* Renaissance

renda[1] *sf (Fin)* income LOC *Ver* DECLARAÇÃO, IMPOSTO

renda[2] *sf (tecido)* lace

render ♦ *vt* **1** *(dinheiro)* to bring *sth* in **2** *(juros)* to earn **3** *(preço)* to reach ♦ *vi* **1** *(ser lucrativo)* to pay off **2** *(dar para muito)* to go a long way: *Arroz rende muito.* Rice goes a long way. ♦ **render-se** *v pron (Mil)* to surrender **(to** *sb/sth***)**

rendição *sf* surrender

rendimento *sm* **1** *(Fin)* income **2** *(atuação)* performance: *o seu ~ acadêmico* his academic performance

renovação *sf* **1** renewal: *a data de ~* the renewal date **2** *(decoração, equipamento)* renovation

renovar *vt* **1** to renew: *~ um contrato/o passaporte* to renew a contract/your passport **2** *(equipamento, decoração)* to renovate **3** *(modernizar)* to modernize

rentável *adj* profitable: *um negócio ~ a* profitable deal

rente ♦ *adj* ~ **a a level with** *sth*: *~ ao chão* along the floor ♦ *adv*: *cortar algo ~* to close-crop *sth* ◊ *Ela cortou o cabelo bem ~.* She cropped her hair.

renunciar *vt* ~ **a 1** to renounce: *~ a uma herança/um direito* to renounce an inheritance/a right **2** *(posto)* to resign **from** *sth*: *Ela renunciou ao cargo.* She resigned from her post.

reparar *vt* **1** *(consertar)* to repair **2** *(remediar)* to remedy: *~ a situação* to remedy the situation **3** ~ **em/que** to notice: *Reparei que os sapatos dele estavam molhados.* I noticed (that) his shoes were wet.

reparo *sm* **1** *(reparação)* repair: *Esta casa necessita de ~s.* This house is in need of repair. **2** *(comentário)* critical remark LOC **fazer reparos** *(criticar)* to find fault **with** *sth*

repartição *sf (administração)* department

repartir *vt* **1** *(dividir)* to share *sth* out: *~ o trabalho* to share out the work **2** *(distribuir)* to distribute

repente *sm* outburst: *De vez em quando lhe dão uns ~s.* Now and then he has these outbursts. LOC **de repente** suddenly

repentino, -a *adj* sudden

repercussão *sf* repercussion

repertório *sm* repertoire

repetição *sf* repetition

repetir ◆ *vt* **1** to repeat: *Pode ~?* Could you repeat that please? ◊ *Não vou ~.* I'm not going to tell you again. **2** (*servir-se de mais comida*) to have another helping (*of sth*): *Posso ~?* Can I have another helping? ◆ **repetir-se** *v pron* **1** (*acontecimento*) to happen again: *Que isto não se repita!* And don't let it happen again! **2** (*pessoa*) to repeat yourself

repicar *vt, vi* (*sino*) to chime

repleto, -a *adj* ~ (**de**) full (**of sb/sth**)

replicar *vt, vi* to retort

repolho *sm* cabbage: *~ roxo* red cabbage

repor *vt* **1** (*no devido lugar*) to put *sth* back: *Repus o livro na estante.* I put the book back in the bookcase. **2** (*substituir*) to replace: *Você vai ter que ~ a garrafa de vinho que bebeu.* You'll have to replace the bottle of wine you drank.

reportagem *sf* **1** (*TV, Rádio*) documentary [*pl* documentaries]: *Esta noite vai passar uma ~ sobre a Índia na televisão.* There's a TV documentary tonight about India. **2** (*Jornal*) article

repórter *smf* reporter LOC **repórter fotográfico** press photographer

repousar *vi* **1** to rest: *Você precisa ~.* You need to rest. **2** (*jazer*) to lie: *Os seus restos repousam neste cemitério.* His remains lie in this cemetery. ☛ *Ver nota em* LIE²

repouso *sm* **1** (*descanso*) rest **2** (*paz*) peace: *Não tenho um momento de ~.* I don't have a moment's peace.

repreender *vt* to reproach *sb* (**for sth/doing sth**)

represa *sf* **1** (*em rio*) weir **2** (*barragem*) dam

represália *sf* reprisal

representação *sf* **1** representation **2** (*Teat*) performance

representante *smf* representative: *o ~ do partido* the party representative

representar *vt* **1** (*organização, país*) to represent: *Eles representaram o Brasil nos Jogos Olímpicos.* They represented Brazil in the Olympics. **2** (*quadro, estátua*) to depict: *O quadro representa uma batalha.* The painting depicts a battle. **3** (*simbolizar*) to symbolize: *O verde representa a esperança.* Green symbolizes hope. **4** (*Teat*) **(a)** (*peça teatral*) to perform **(b)** (*papel*) to play: *Ele representou o papel de Otelo.* He played the part of Othello.

representativo, -a *adj* representative

repressão *sf* repression

repressivo, -a *adj* repressive

reprimenda *sf* reprimand

reprimido, -a *pp, adj* repressed

reprodução *sf* reproduction

reproduzir, reproduzir-se *vt, v pron* to reproduce

reprovação *sf* (*em exame*) failure: *O índice de reprovações foi muito alto neste ano.* The failure rate was very high this year.

reprovar *vt* (*em exame*) to fail: *ser reprovado em duas disciplinas* to fail two subjects

réptil *sm* reptile

república *sf* republic

republicano, -a *adj, sm-sf* republican

repugnante *adj* revolting

reputação *sf* reputation: *ter boa/má ~* to have a good/bad reputation

requentar *vt* to warm *sth* up

requerente *smf* **1** (*candidato*) applicant (**for sth**) **2** (*que faz reclamação*) claimant

requerimento *sm* request (**for sth**)

requintado, -a *adj* (*gosto, objeto*) exquisite

requisito *sm* requirement (**for sth/to do sth**)

rês *sf* (*farm*) animal

reserva ◆ *sf* **1** (*hotel, viagem, restaurante*) reservation: *fazer uma ~* to make a reservation **2** ~ (**de**) reserve(s) [*usa-se muito no plural*]: *uma boa ~ de carvão* good coal reserves ◊ *~s de petróleo* oil reserves **3** (*parque natural*) reserve ◆ *smf* (*Esporte*) reserve LOC **de reserva** spare: *um filme de ~* a spare roll of film

reservado, -a *pp, adj* (*pessoa*) reserved *Ver tb* RESERVAR

reservar *vt* **1** (*guardar*) to save: *Reserve um lugar para mim.* Save me a place. **2** (*pedir antecipadamente*) to reserve, to book (*mais coloq*): *Quero ~ uma mesa para três.* I should like to reserve a table for three.

reservatório *sm* **1** (*tanque*) tank **2** (*para abastecimento de área, cidade*) reservoir

resfriado *sm* cold: *pegar um ~* to catch a cold

resfriar, resfriar-se *vi, v pron* to catch a cold: *Saia da chuva ou vai acabar se resfriando.* Come in from the rain or you'll catch a cold.

resgatar *vt* **1** (*salvar*) to rescue *sb* (**from sth**) **2** (*recuperar*) to recover *sth* (**from sb/sth**): *Conseguiram ~ o dinheiro.* They were able to recover the money.

resgate *sm* (*pagamento*) ransom: *pedir um ~ elevado* to demand a high ransom LOC **exigir/pedir resgate por alguém** to hold *sb* to ransom

resguardar, resguardar-se *vt, v pron* to shelter (*sb/sth*) (**from sth**): *resguardar-se da chuva* to shelter from the rain

residência *sf* residence

residencial *adj* residential

residente *smf* resident

resíduo *sm* **resíduos** waste [*não contável, v sing*]: *~s tóxicos* toxic waste

resistência *sf* **1** (*oposição, defesa*) resistance: *Ele não ofereceu qualquer ~.* He offered no resistance. **2** (*pessoa*) stamina: *Eles têm pouca ~.* They have very little stamina. **3** (*material*) strength

resistir ◆ *vt* ~ **a 1** (*suportar*) to withstand: *Os barracos não resistiram ao furacão.* The shacks weren't able to withstand the hurricane. **2** (*peso*) to take: *A ponte não resistirá ao peso daquele caminhão.* The bridge can't take the weight of that truck. ◆ *vi* **1** (*tentação*) to resist: *Não pude ~ e comi todos os doces.* I couldn't resist and I ate all the candy. **2** (*manter-se firme*) to hold on **3** (*debater-se*) to struggle

resmungar *vi, vt* to grumble (**about sth**)

resolver ◆ *vt* **1** (*problema, mistério, caso*) to solve **2** ~ **fazer algo** to decide **to do sth**: *Resolvemos não dizer a ela.* We decided not to tell her. ◆ **resolver-se** *v pron* (*decidir-se*) to make up your mind (**to do sth**)

respectivo, -a *adj* respective

respeitar *vt* **1** (*considerar*) to respect *sb/sth* (**for sth**): *~ a opinião dos outros* to respect other people's opinions **2** (*código, sinal*) to obey: *~ os sinais de trânsito* to obey traffic signals

respeitável *adj* respectable: *uma pessoa/quantidade ~* a respectable person/amount

respeito *sm* ~ (**para com/por**) respect (**for sb/sth**): *~ pela natureza* respect for

nature LOC **com respeito a/a respeito de** with regard to *sb/sth* **dizer respeito (a)** to concern: *Esse assunto não te diz ~.* This matter doesn't concern you.

respeitoso, -a *adj* respectful

respiração *sf* **1** (*respiramento*) breathing: *exercícios de ~* breathing exercises **2** (*fôlego*) breath: *ficar sem ~* to be out of breath ◊ *conter a ~* to hold your breath LOC **respiração artificial** artificial respiration **respiração boca a boca** mouth-to-mouth resuscitation

respirar *vt, vi* to breathe: *~ ar puro* to breathe fresh air ◊ *Respire fundo.* Take a deep breath.

resplandecente *adj* shining

resplandecer *vi* to shine

responder *vt, vi* **1** (*dar uma resposta*) to answer, to reply (**to sb/sth**) (*mais formal*): *Nunca respondem às minhas cartas.* They never answer my letters. ◊ *~ a uma pergunta* to answer a question ◊ *Ele respondeu que não tinha nada a ver com o assunto.* He replied that he had nothing to do with it. **2** (*reagir*) to respond (**to sth**): *~ a um tratamento* to respond to treatment **3** ~ **por** to answer for *sb/sth*: *Não respondo por mim!* I won't answer for my actions! ◊ *Eu respondo por ele.* I'll answer for him. **4** (*replicar*) to answer back: *Não me responda!* Don't answer (me) back!

responsabilidade *sf* responsibility [*pl* responsibilities]

responsabilizar ◆ *vt* to hold *sb* responsible (**for sth/doing sth**) ◆ **responsabilizar-se** *v pron* **responsabilizar-se (por)** to bear responsibility (**for sth/doing sth**): *Eu me responsabilizo pelas minhas decisões.* I bear responsibility for my decisions.

responsável ◆ *adj* **1** responsible (**for sth**): *Quem é o ~ por esta barulheira?* Who is responsible for this racket? **2** (*de confiança*) reliable ◆ *smf*: *o ~ pelas obras* the person in charge of the building work ◊ *Os responsáveis se entregaram.* Those responsible gave themselves up.

resposta *sf* **1** answer, reply [*pl* replies] (*mais formal*): *Eu quero uma ~ à minha pergunta.* I want an answer to my question. ◊ *Não tivemos nenhuma ~.* We didn't receive a single reply. **2** (*reação*) response (**to sth**): *uma ~ favorável* a favorable response

ressaca *sf* **1** (*bebedeira*) hangover: *es-*

tar de ~ to have a hangover **2** (*mar*) undertow

ressaltar *vt* (*mencionar*) to point *sth* out: *Ele ressaltou que se tratava de um erro.* He pointed out that it was a mistake.

ressecado, -a *pp, adj* **1** (*terra*) parched **2** (*pele*) dry

ressentimento *sm* resentment

ressentir-se *v pron* to take offense (*at sth*): *Ela se ressentiu com o que eu disse.* She took offense at what I said.

ressoar *vi* **1** (*metal, voz*) to ring **2** (*retumbar*) to resound

ressurreição *sf* resurrection

ressuscitar ♦ *vi* (*Relig*) to rise from the dead ♦ *vt* (*Med*) to resuscitate

restabelecer ♦ *vt* **1** to restore: ~ *a ordem* to restore order **2** (*diálogo, negociações*) to resume ♦ **restabelecer-se** *v pron* to recover (*from sth*): *Ele levou várias semanas para se restabelecer.* He took several weeks to recover.

restar *vi* **1** (*haver*) to remain: *Resta ver se…* It remains to be seen whether… **2** (*ter*) to have *sth* left: *Ainda nos restam duas garrafas.* We still have two bottles left. ◊ *Não me resta nenhum dinheiro.* I don't have any money left.

restauração *sf* restoration

restaurante *sm* restaurant

restaurar *vt* to restore

resto *sm* **1** rest: *O* ~ *eu te conto amanhã.* I'll tell you the rest tomorrow. ◊ *O* ~ *não importa.* The rest doesn't matter. **2** (*Mat*) remainder **3** **restos (a)** (*Arqueologia, etc.*) remains: ~*s mortais* mortal remains **(b)** (*comida*) leftovers

restrição *sf* restriction: *restrições à liberdade de expressão* restrictions on freedom of speech

restringir *vt* to restrict

resultado *sm* **1** result: *como* ~ *da luta* as a result of the fight **2** (*num concurso*) score: *o* ~ *final* the final score LOC **dar/ não dar resultado** to be successful/ unsuccessful

resultar *vt* ~ (**em/de**) to result (**in/from sth**)

resumir *vt* **1** to summarize: ~ *um livro* to summarize a book **2** (*concluir*) to sum *sth* up: *Resumindo,…* To sum up,…

resumo *sm* summary [*pl* summaries]: ~ *informativo* news summary LOC **em resumo** in short

resvalar *vi* **1** to slip **2** (*veículo*) to skid

reta *sf* **1** (*linha*) straight line **2** (*estrada*) straight stretch LOC **reta final 1** (*Esporte*) home stretch **2** (*fig*) closing stages [*pl*]: *na* ~ *final da campanha* in the closing stages of the campaign

retalho *sm* (*tecido*) remnant

retangular *adj* rectangular

retângulo *sm* rectangle LOC *Ver* TRIÂNGULO

retardado, -a *pp, adj* **1** delayed: *de ação retardada* delayed-action **2** (*pessoa*) retarded

A palavra **retarded** pode ser considerada ofensiva. Para descrever uma pessoa retardada é preferível dizer que ela tem **special needs** ou **a learning disability**.

retardatário, -a *sm-sf* straggler

reter *vt* **1** (*guardar*) to keep **2** (*memorizar*) to remember **3** (*deter*) to hold: ~ *alguém contra a sua vontade* to hold sb against their will

retificar *vt* to rectify

retina *sf* retina

retirada *sf* (*Mil*) retreat: *O general ordenou a* ~. The general ordered the retreat.

retirar ♦ *vt* to withdraw *sth* (*from sb/ sth*): ~ *a licença de alguém* to withdraw sb's license ◊ ~ *uma revista de circulação* to withdraw a magazine from circulation ♦ *vi* (*Mil*) to retreat ♦ **retirar-se** *v pron* (*ir-se embora, desistir*) to withdraw (*from sth*): *retirar-se de uma luta/da política* to withdraw from a fight/from politics

retiro *sm* retreat

reto, -a ♦ *adj* straight: *em linha reta* in a straight line ♦ *sm* rectum [*pl* rectums/recta] LOC *Ver* SEMPRE

retomar *vt* to resume: ~ *o trabalho* to resume work

retoque *sm* finishing touch: *dar os últimos* ~ *s num desenho* to put the finishing touches to a drawing

retornar *vi* to go back

retorno *sm* return: *o* ~ *à normalidade* the return to normality

retrasado, -a *pp, adj* last *sb/sth* but one: *na semana retrasada* the week before last

retratar *vt* **1** (*pintar*) to paint *sb's* portrait: *O artista retratou-a em 1897.* The artist painted her portrait in 1897. **2** (*Fot*) to take a picture *of sb/sth* **3** (*descrever*) to portray

retrato *sm* **1** (*quadro*) portrait **2** (*fotografia*) photograph **3** (*descrição*) portrayal LOC **retrato falado** composite picture

retribuir *vt* to return: ~ *um favor* to return a favor

retrovisor *sm* rear-view mirror LOC *Ver* ESPELHO

retumbante *adj* **1** (*tremendo*) resounding: *um fracasso* ~ a resounding flop **2** (*recusa*) emphatic

retumbar *vt* to resound

réu, ré *sm-sf* accused LOC *Ver* BANCO

reumatismo *sm* rheumatism

reunião *sf* **1** meeting: *Amanhã temos uma ~ importante.* We have an important meeting tomorrow. **2** (*encontro*) reunion: *uma ~ de ex-alunos* a school reunion LOC **reunião de cúpula** summit

reunir ◆ *vt* **1** to gather *sb/sth* together: *Reuni as minhas amigas/a família.* I gathered my friends/family together. **2** (*informação*) to collect **3** (*dinheiro*) to raise **4** (*qualidades*) to have: ~ *qualidades de liderança* to have leadership qualities ◆ **reunir-se** *v pron* to meet: *Vamos nos ~ esta noite.* We're meeting this evening.

reveillon *sm* New Year's Eve: *Quais são seus planos para o ~?* What are you doing on New Year's Eve?

revelação *sf* **1** revelation **2** (*Fot*) developing **3** (*pessoa, fato*) discovery [*pl* discoveries]: *a ~ do ano* the discovery of the year

revelar *vt* **1** to reveal: *Ele nunca nos revelou o seu segredo.* He never revealed his secret to us. **2** (*Fot*) to develop **3** (*interesse, talento*) to show

rever *vt* **1** (*pessoa, lugar*) to see *sb/sth* again **2** (*fazer revisão*) to check: ~ *um texto* to check a text

reverência *sf* bow: *fazer (uma) ~ a alguém* to bow to sb

reversível *adj* reversible

reverso *sm* (*moeda*) reverse

revés *sm* **1** (*contratempo*) setback: *sofrer um ~* to suffer a setback **2** (*Esporte*) backhand

revestir *vt* (*cobrir*) to cover

revezamento *sm* (*Esporte*): *uma corrida de ~* a relay race

revezar ◆ *vt* ~ **com** (*substituir*) to take over **from sb**: *Um colega revezou comigo.* A coworker took over from me. ◆

revezar-se *v pron* (*fazer por turnos*) to take turns (**doing sth**)

revirar *vt* to mess *sth* up: *Não revire as gavetas.* Don't mess the drawers up.

reviravolta *sf* U-turn

revisão *sf* **1** (*Educ*) revision [*não contável*]: *Hoje vamos fazer revisões.* We're going to do revision today. ◊ *fazer uma ~ de algo* to revise sth **2** (*verificação, inspeção*) check **3** (*veículo*) service

revista *sf* **1** (*publicação*) magazine **2** (*inspeção*) search **3** (*Teat*) revue **4** (*Mil*) review LOC **revista em quadrinhos** comic (book)

revistar *vt* to search: *Revistaram todos os passageiros.* All the passengers were searched.

reviver *vt, vi* to revive

revolta *sf* revolt

revoltado, -a *pp, adj* (all) worked up: *O povo anda ~ com as eleições.* People are all worked up about the elections. *Ver tb* REVOLTAR-SE

revoltante *adj* outrageous

revoltar-se *v pron* **1** ~ (**contra**) to rebel (**against sb/sth**) **2** ~ (**com**) (*indignar-se*) to be outraged (**by sth**)

revolto, -a *adj* (*desarrumado*) messy

revolução *sf* revolution

revolucionar *vt* to revolutionize

revolucionário, -a *adj, sm-sf* revolutionary [*pl* revolutionaries]

revólver *sm* revolver

rezar ◆ *vt* to say: ~ *uma oração* to say a prayer ◆ *vi* ~ (**por**) to pray (**for sb/sth**)

riacho *sm* stream

rico, -a ◆ *adj* rich: *uma família rica* a rich family ◊ ~ *em minerais* rich in minerals ◆ *sm-sf* rich man/woman [*pl* rich men/women]: *os ~s* the rich LOC *Ver* MENINO

ricochetear *vi* to ricochet (**off sth**)

ridicularizar *vt* to ridicule

ridículo, -a *adj* ridiculous LOC *Ver* PRESTAR

rifa *sf* **1** (*sorteio*) raffle **2** (*bilhete*) raffle ticket

rifar *vt* to raffle

rígido, -a *adj* **1** (*teso*) rigid **2** (*severo*) strict: *Os pais dela são muito ~s.* Her parents are very strict.

rigoroso, -a *adj* **1** (*severo*) strict **2** (*minucioso*) thorough **3** (*castigo, inverno*) harsh

rijo, -a *adj* tough

rim *sm* kidney [*pl* kidneys]

rima *sf* rhyme

rimar *vi* to rhyme

rímel *sm* mascara: *pôr* ~ to put on mascara

ringue *sm* ring

rinoceronte *sm* rhino [*pl* rhinos]

> **Rhinoceros** é o termo científico.

rinque *sm* rink: ~ *de patinação* ice-skating rink

rio *sm* river

> Em inglês **river** se escreve com letra maiúscula quando precede o nome de um rio: *o rio Amazonas* the River Amazon.

LOC **rio abaixo/acima** downstream/upstream *Ver tb* CHORAR

riqueza *sf* **1** (*dinheiro*) wealth [*não contável*]: *acumular* ~s to amass wealth **2** (*qualidade*) richness: *a* ~ *do terreno* the richness of the land

rir *vi* to laugh: *desatar a* ~ to burst out laughing LOC **rir com alguém** to joke around with sb **rir de alguém/algo** to laugh at sb/sth: *De que você está rindo?* What are you laughing at? ◊ *Sempre riem de mim.* They always laugh at me. *Ver tb* DESATAR, ESCANGALHAR-SE, MORRER

risada *sf* laugh

riscar *vt* **1** (*rasurar*) to cross *sth* out: *Risque todos os adjetivos.* Cross out all the adjectives. **2** (*folha, livro*) to scribble **on** *sth*: *O Zé riscou o meu livro.* Zé scribbled on my book. **3** (*superfície*) to scratch: *Não risque o meu carro.* Don't scratch my car. **4** (*fósforo*) to strike

risco¹ *sm* **1** line: *fazer um* ~ to draw a line **2** (*rasura*) crossing-out [*pl* crossings-out] (*GB*): *cheio de* ~s full of red ink **3** (*linha delimitadora*) mark

risco² *sm* risk: *Correm o* ~ *de perder o dinheiro.* They run the risk of losing their money.

riso *sm* **1** laugh: *um* ~ *nervoso/contagiante* a nervous/contagious laugh ◊ *um ataque de* ~ a fit of laughter **2 risos** laughter [*não contável*]: *Ouviam-se os* ~s *das crianças.* You could hear the children's laughter. LOC *Ver* TORCER

risonho, -a *adj* **1** (*cara*) smiling **2** (*pessoa*) cheerful

ritmo *sm* **1** (*Mús*) rhythm, beat (*mais coloq*): *acompanhar o* ~ to keep in time with the beat **2** (*velocidade*) rate: *o* ~ *de crescimento* the growth rate ◊ *Se continuar neste* ~ *não vou durar muito.* I

won't last long if I carry on at this rate. LOC **ritmo de vida** pace of life **ter ritmo 1** (*pessoa*) to have a good sense of rhythm **2** (*melodia*) to have a good beat *Ver tb* MARCAR

rito *sm* rite

ritual *sm* ritual

rival *adj*, *smf* rival

rixa *sf* **1** (*briga*) fight **2** (*discussão*) argument

robô *sm* robot

robusto, -a *adj* robust

roçar ◆ *vt* ~ **em 1** to brush **against** *sb/sth*: *Rocei no vestido dela.* I brushed against her dress. ◊ *A bola roçou na minha perna.* The ball grazed my leg. **2** (*raspar*) to rub (**against**) *sth*: *O pára-lamas roça na roda.* The fender rubs against the wheel. ◆ *vi* (*folhas secas, papel*) to rustle

rocha *sf* rock

rochedo *sm* cliff

rochoso, -a *adj* rocky

roda *sm* **1** wheel: ~ *dianteira/traseira* front/back wheel **2** (*pessoas*) circle: *fazer uma* ~ to form a circle LOC **roda gigante** (*de parque de diversões*) Ferris wheel, big wheel (*GB*) *Ver tb* CADEIRA, TRAÇÃO

rodada *sf* (*Esporte, bebidas*) round

rodar ◆ *vt*, *vi* **1** (*girar*) to turn **2** (*girar rapidamente*) to spin ◆ *vt* (*filme*) to film, to shoot (*mais coloq*)

rodear *vt* to surround *sb/sth* (**with** *sb/sth*): *Rodeamos o inimigo.* We surrounded the enemy.

rodeio *sm* LOC **ficar com/fazer rodeios** to beat around the bush

rodela *sf* slice: *uma* ~ *de limão* a slice of lemon ◊ *Corte-o em* ~s. Cut it in slices ◊ *abacaxi em* ~s pineapple rings

rodovia *sf* highway [*pl* highways], motorway [*pl* motorways] (*GB*)

> A palavra **highway** é usada sobretudo na parte ocidental dos Estados Unidos. No leste diz-se **freeway** [*pl* **freeways**] e no sul, **interstate**.

rodoviário, -a ◆ *adj* road [*s atrib*] ◆ **rodoviária** *sf* bus station LOC *Ver* ANEL, POLÍCIA

roedor *sm* rodent

roer *vt* to gnaw (**at/on**) *sth*: *O cão roía o osso.* The dog was gnawing (on) a bone. LOC **roer as unhas** to bite your nails *Ver tb* OSSO

rogado, -a *pp, adj* LOC **fazer-se de rogado** to play hard to get *Ver tb* ROGAR

rogar *vt* **1** (*suplicar*) to beg (*sb*) **for sth**; to beg (*sth*) **of sb**: *Roguei-lhes que me soltassem.* I begged them to let me go. **2** (*rezar*) to pray: *Roguemos a Deus.* Let us pray.

roído, -a *pp, adj* (*de inveja, etc.*) consumed: *~ de ciúme(s)/raiva* consumed with jealousy/anger *Ver tb* ROER

rojão *sm* (*foguete*) rocket

rolante *adj* LOC *Ver* ESCADA, ESTEIRA

rolar *vi* **1** to roll: *As pedras rolaram pelo precipício.* The rocks rolled down the cliff. **2** (*andar de um lado para o outro*) to go around: *Faz um mês que esta carta está rolando pelo escritório.* This letter has been going around the office for a month.

roldana *sf* pulley [*pl* pulleys]

roleta *sf* roulette

rolha *sf* cork: *tirar a ~ de uma garrafa* to uncork a bottle

rolo *sm* **1** roll: *~s de papel higiênico* toilet rolls **2** (*Fot*) roll of film: *O ~ inteiro ficou desfocado.* The whole roll of film is blurred. **3** (*cabelo*) roller **4** (*embrulhada*): *Que ~!* What a mess! ◊ *Meteram-no num grande ~.* They got him into trouble. LOC **rolo de pastel** rolling pin

romã *sf* pomegranate

romance *sm* **1** (*Liter*) novel: *~ policial* detective novel **2** (*namoro*) romance

romancista *smf* novelist

romano, -a *adj, sm-sf* Roman: *os ~s* the Romans LOC *Ver* NUMERAÇÃO

romântico, -a *adj, sm-sf* romantic

romper ◆ *vt* **1** to tear: *~ um ligamento* to tear a ligament **2** (*contrato, acordo, noivado*) to break *sth* (off) **3** *~ com alguém* (*namorados*) to break up **with sb** ◆ **romper-se** *v pron* (*corda*) to snap: *A corda se rompeu quando ele a puxou.* The rope snapped when he pulled it. LOC **ao romper da aurora** at daybreak

roncar *vi* **1** to snore **2** (*barriga*) to rumble: *Minha barriga estava roncando.* My stomach was rumbling.

ronda *sf* round LOC **fazer a ronda 1** (*polícia*) to walk the beat **2** (*soldado, vigia*) to be on patrol

ronrom *sm* purr: *Ouvia-se o ~ do gato.* You could hear the cat purring.

ronronar *vi* to purr

roqueiro *sm* rock musician

rosa ◆ *sf* rose ◆ *adj, sm* pink ☛ *Ver exemplos em* AMARELO

rosário *sm* (*Relig*) rosary [*pl* rosaries]: *rezar o ~* to say the rosary

rosbife *sm* roast beef

rosca *sf* **1** (*pão*) (ring-shaped) roll **2** (*parafuso*) thread LOC *Ver* TAMPA

rosé *adj* rosé

roseira *sf* rose bush

rosnar *vi* (*cão*) to growl

rosto *sm* face: *A expressão no seu ~ dizia tudo.* The look on his face said it all. LOC *Ver* MAÇÃ

rota *sf* route: *Que ~ vamos tomar?* What route will we take?

rotação *sf* rotation

rotatividade *sf* turnover: *~ de pessoal* staff turnover

roteiro *sm* **1** (*itinerário*) itinerary [*pl* itineraries] **2** (*Cinema*) script

rotina *sf* routine: *a ~ diária* the daily routine ◊ *inspeções de ~* routine inspections

rótula *sf* kneecap

rotular *vt* to label: *~ uma embalagem* to put a label on a package ◊ *~ alguém de imbecil* to label sb a fool

rótulo *sm* label

roubar ◆ *vt* **1** (*pessoa, banco, loja*) to rob: *~ um banco* to rob a bank **2** (*dinheiro, objetos*) to steal: *Roubaram o meu relógio.* They stole my watch. **3** (*casa*) to burglarize: *Roubaram a casa dos vizinhos.* Our neighbors' house was burglarized. ◆ *vi* to steal: *Ele foi expulso da escola por ~.* He was expelled for stealing. ☛ *Ver nota em* ROB

roubo *sm* **1** (*banco, loja, pessoa*) robbery [*pl* robberies]: *o ~ do supermercado* the supermarket robbery ◊ *Fui vítima de um ~.* I was robbed. **2** (*objetos*) theft: *~ de carros/bicicletas* car/bicycle theft **3** (*preço excessivo*) rip-off: *Isso é um ~!* What a rip-off! ☛ *Ver nota em* THEFT

rouco, -a *adj* hoarse: *Fiquei ~ de tanto gritar.* I shouted myself hoarse.

roupa *sf* **1** (*de pessoas*) clothes [*pl*]: *~ infantil* children's clothes ◊ *~ usada/suja* second-hand/dirty clothes ◊ *Que ~ eu ponho?* What shall I wear? **2** (*para uso doméstico*) linens [*pl*]: *~ de cama* bed linens LOC **roupa de baixo** underwear **roupa esportiva** sportswear *Ver tb* CESTO, LAVAR, MUDAR, PEÇA, SECADOR

roupão *sm* bathrobe

rouxinol *sm* nightingale

roxo, -a ◆ *adj* **1** (*de frio*) blue **2** (*de pancadas*) black and blue: *Meu corpo estava todo ~ (de pancadas).* My whole body was black and blue. ◆ *adj, sm* (*cor*) purple ☞ *Ver exemplos em* AMARELO LOC *Ver* OLHO

rua ◆ *sf* street (*abrev* St.): *uma ~ de pedestres* a pedestrian street ◊ *Fica na ~ Augusta.* It's on Augusta Street.

Quando se menciona o número da casa ou porta usa-se a preposição **at**: *Moramos no número 49 da rua Augusta.* We live at 49 Augusta Street.

☞ *Ver nota em* STREET ◆ **rua!** *interj* (get) out! LOC **botar/pôr na rua 1** (*expulsar*) to throw sb out **2** (*despedir*) to fire sb **rua acima/abaixo** up/down the street *Ver tb* OLHO

rubéola *sf* German measles [*sing*]

rubi *sm* ruby [*pl* rubies]

ruborizar-se *v pron* to blush

rude *adj* coarse

ruela *sf* backstreet

ruga *sf* wrinkle

rúgbi *sm* rugby

rugido *sm* roar

rugir *vi* to roar

ruído *sm* noise: *Ouvi um ~ estranho.* I heard a strange noise. ◊ *Você ouviu algum ~?* Did you hear something?

ruidoso, -a *adj* noisy

ruim *adj* (*mau*) bad

ruína *sf* **1** ruin: *A cidade estava em ~s.* The city was in ruins. ◊ *as ~s de uma cidade romana* the ruins of a Roman city ◊ *~ econômica* financial ruin ◊ *levar alguém à ~* to ruin sb **2** (*desmoronamento*) collapse

ruir *vi* to collapse

ruivo, -a ◆ *adj* red-haired ◆ *sm-sf* redhead

rulê *adj* LOC *Ver* GOLA

rum *sm* rum

rumo *sm* **1** (*caminho, direção*) direction **2** (*avião, barco*) course: *O navio partiu ~ ao sul.* The ship set course southward. LOC **rumo a** bound for: *O navio ia ~ a Recife.* The ship was bound for Recife. **sem rumo** adrift *Ver tb* ENCONTRAR

rumor *sm* **1** (*notícia*) rumor: *Corre o ~ de que eles vão se casar.* There's a rumor going around that they're getting married. **2** (*murmúrio*) murmur

rural *adj* rural

Rússia *sf* Russia

russo, -a *adj, sm-sf, sm* Russian: *os ~s* the Russians ◊ *falar ~* to speak Russian

rústico, -a *adj* rustic

Ss

sábado *sm* Saturday [*pl* Saturdays] (*abrev* Sat) LOC **Sábado de Aleluia** Holy Saturday ☞ *Ver exemplos em* SEGUNDA-FEIRA

sabão *sm* soap: *uma barra de ~* a bar of soap

sabedoria *sf* wisdom

saber ◆ *vt* **1** to know: *Eu não soube o que dizer.* I didn't know what to say. ◊ *Não sei nada de mecânica.* I don't know anything about mechanics. ◊ *Eu sabia que ele voltaria.* I knew he would be back. ◊ *Já sei!* I know! **2** ~ **fazer algo** (*ser capaz*) can: *Você sabe nadar?* Can you swim? ◊ *Não sei bater à máquina.* I can't type. **3** ~ **de** (*ter notícias*) to hear **of sb/sth**: *Nunca mais soubemos dele.* That was the last we heard of him. **4** (*descobrir*) to find sth out: *Eu soube*

ontem. I found out yesterday. ◆ *vi* to know: *Sabe do que mais? O David vai se casar.* Know what? David's getting married. ◊ *Nunca se sabe.* You never know. ◊ *Como é que eu podia ~?* How should I know? LOC **que eu saiba** as far as I know ☞ Para outras expressões com **saber**, ver os verbetes para o substantivo, adjetivo, etc., p.ex. **não saber o que esperar** em ESPERAR e **saber algo de cor** em COR[1].

sabichão, -ona *sm-sf* know-it-all, know-all (*GB*)

sábio, -a *adj* wise

sabonete *sm* soap [*não contável*]: *um ~* a bar of soap

sabor *sm* **1** (*gosto*) taste: *A água não tem ~.* Water is tasteless. ◊ *Tem um ~ muito estranho.* It has a very strange taste. **2** (*aromatizante*) flavor: *Vem em sete ~es.* It comes in seven flavors. ◊ *Que ~ você quer?* Which flavor would you like? LOC **com sabor de** flavored: *um iogurte com ~ de banana* a banana-flavored yogurt

saborear *vt* **1** (*comida, bebida*) to savor **2** (*vitória, férias, sol*) to enjoy

saboroso, -a *adj* delicious

sabotagem *sf* sabotage

sabotar *vt* to sabotage

saca *sf* sack

sacada *sf* balcony [*pl* balconies]

sacar ◆ *vt* (*entender*) to understand: *Ele não saca essas coisas!* He doesn't understand these things! ◆ *vi* (*Esporte*) to serve

sacarina *sf* saccharin

saca-rolhas *sm* corkscrew

sacerdote *sm* priest

saciar *vt* **1** (*fome, ambição, desejo*) to satisfy **2** (*sede*) to quench

saco *sm* **1** bag: *um ~ de plástico* a plastic bag ◊ *~ de dormir/viagem* sleeping/travel bag **2** (*grande*) sack **3** (*inconveniente*) pain: *Que ~!* What a pain!

sacramento *sm* sacrament

sacrificar ◆ *vt* to sacrifice: *Sacrifiquei tudo pela minha família.* I sacrificed everything for my family. ◆ **sacrificar-se** *v pron* to make sacrifices: *Os meus pais se sacrificaram muito.* My parents made a lot of sacrifices.

sacrifício *sm* sacrifice: *Você terá que fazer alguns ~s.* You'll have to make some sacrifices.

sacudir *vt* **1** to shake: *~ a areia (da toalha)* to shake the sand off (the towel) **2** (*com mão, escova*) to brush *sth* (off): *~ a caspa do casaco* to brush the dandruff off your coat

sádico, -a ◆ *adj* sadistic ◆ *sm-sf* sadist

safar-se *v pron* **1** (*desembaraçar-se*) to get by: *Estudam apenas o suficiente para se safarem.* They do just enough work to get by. **2** (*escapar*) to get away

safira *sf* sapphire

safra *sf* harvest: *a ~ de café* the coffee harvest

Sagitário *sm* (*Astrologia*) Sagittarius ☞ *Ver exemplos em* AQUARIUS

sagrado, -a *adj* **1** (*Relig*) holy: *um lugar ~* a holy place ◊ *a Bíblia Sagrada* the Holy Bible **2** (*intocável*) sacred: *Os domingos para mim são ~s.* My Sundays are sacred.

saia *sf* skirt

saída *sf* **1** (*ação de sair*) way out (**of sth**): *à ~ do cinema* on the way out of the movie theater **2** (*porta*) exit: *a ~ de emergência* the emergency exit **3** (*avião, trem*) departure LOC *Ver* BECO

saiote *sm* short skirt

sair ◆ *vt, vi* **1** (*partir*) to leave: *A que horas sai o avião?* What time does the plane leave? ◊ *Saímos de casa às duas.* We left home at two. ◊ *O trem sai da plataforma cinco.* The train leaves from platform five. **2** (*ir/vir para fora*) to go/come out: *Saí para ver o que se passava.* I went out to see what was going on. ◊ *Ele não queria ~ do banheiro.* He wouldn't come out of the bathroom. ◊ *Não deixe o gato ~ para a rua.* Don't let the cat out onto the road. **3** (*cair, abandonar*) to come off: *Saiu uma peça.* A piece came off. ◊ *O carro saiu da estrada.* The car went off the road. **4** (*socialmente*) to go out: *Ontem à noite saímos para jantar.* We went out for dinner last night. ◊ *Ela está saindo com um aluno.* She's going out with a student. **5** (*líquido*) to leak **6** (*produto, flor*) to come out: *O disco/livro sai em abril.* The record/book is coming out in April. **7** (*sol*) to come out: *O sol saiu à tarde.* The sun came out in the afternoon. **8** (*resultar*) to turn out: *Que tal saiu a receita?* How did the recipe turn out? **9** ~ **de** (*superar*) to get through *sth*: *~ de uma situação difícil* to get through a tricky situation **10** ~ **a alguém** (*parecer-se*) to take after sb **11** ~ **a/por** (*custar*) to work out at *sth*: *Sai a 60 dólares o metro.* It works out at 60 dollars a meter. ◆ **sair-se** *v pron* (*obter êxito*) to get on: *Ele tem se saído bem no trabalho/na escola.* He's getting on well at work/school. LOC **sair-se bem/mal** to come off well/badly ☞ *Para outras expressões com* **sair**, *ver os verbetes para o substantivo, adjetivo, etc., p.ex.* **sair perdendo** *em* PERDER *e* **sair às carreiras** *em* CARREIRA.

sal *sm* salt: *sem ~* unsalted LOC **sais de banho** bath salts **sal fino/grosso** table/sea salt

sala *sf* **1** room: *~ de reuniões* meeting room **2** (*casa*) living room **3** (*Cinema*) screen: *A ~ 1 é a maior.* Screen 1 is the biggest. LOC **sala de aula** classroom **sala de espera** waiting room **sala de estar/jantar** living/dining room **sala de operações** operating room

salada *sf* salad: *~ mista/de frutas* mixed/fruit salad

salame *sm* salami

salão *sm* **1** (*de uma casa*) living room **2** (*de um hotel*) lounge LOC **salão de beleza** beauty salon *Ver tb* FUTEBOL

salário *sm* salary [*pl* salaries] LOC **salário mínimo** minimum wage

saldar *vt* (*conta, dívida*) to settle

saldo *sm* (*de uma conta*) balance LOC **estar com/ter saldo negativo** to be in the red

salgado, -a *pp, adj* **1** (*gosto*) salty **2** (*em oposição a doce*) savory LOC *Ver* ÁGUA

salgueiro *sm* willow

saliva *sf* saliva

salmão ♦ *sm* salmon [*pl* salmon] ♦ *adj, sm* (*cor*) salmon ☞ *Ver exemplos em* AMARELO

salmo *sm* psalm

salmoura *sf* brine

salpicar *vt* **1** (*sujar*) to splash *sb/sth* (**with sth**): *Um carro salpicou a minha calça.* A car splashed my pants. **2** (*polvilhar*) to sprinkle

salsa *sf* parsley

salsicha *sf* frankfurter

saltar ♦ *vt* to jump: *O cavalo saltou a cerca.* The horse jumped the fence. ♦ *vi* **1** to jump: *Saltaram na água/pela janela.* They jumped into the water/out of the window. ◊ *Saltei da cadeira quando ouvi a campainha.* I jumped up from my chair when I heard the bell. ◊ ~ **sobre alguém** to jump on sb **2** (*do ônibus*) to get off LOC **saltar à vista/aos olhos** to be obvious **saltar de alegria** to jump for joy

salto¹ *sm* **1** jump: *Atravessei o riacho com um ~.* I jumped over the stream. **2** (*pássaro, coelho, canguru*) hop **3** (*de trampolim*) dive **4** (*salto vigoroso, progresso*) leap **5** (*bola*) bounce LOC **dar saltos** (*pular*) to bounce **salto de vara** pole vault **salto em altura/distância** high/long jump

salto² *sm* (*calçado*) heel: *Ela nunca usa ~* (*alto*). She never wears high heels. LOC **de salto** (**alto**) high-heeled

salva¹ *sf* (*planta*) sage

salva² *sf* (*tiro*) salvo [*pl* salvoes] LOC **salva de palmas** round of applause

salvação *sf* salvation

salvador, ~a *sm-sf* savior

salvamento *sm* rescue: *equipe de ~* rescue team

salvar ♦ *vt* to save: *O cinto de segurança salvou a vida dele.* The seatbelt saved his life. ♦ **salvar-se** *v pron* **1** (*sobreviver*) to survive **2** (*escapar*) to escape LOC **salve-se quem puder!** every man for himself! *Ver tb* PELE

salva-vidas *sm* **1** (*pessoa*) lifeguard **2** (*barco*) lifeboat LOC *Ver* BÓIA, BOTE, COLETE

salvo, -a ♦ *adj* safe ♦ *prep* except LOC **estar a salvo** to be safe **pôr-se a salvo** to reach safety **salvo se…** unless… *Ver tb* SÃO

samambaia *sf* fern

samba *sm* samba LOC *Ver* ESCOLA

sanção *sf* **1** (*castigo*) sanction: *sanções econômicas* economic sanctions **2** (*multa*) fine **3** (*aprovação*) ratification

sancionar *vt* **1** to sanction **2** (*confirmar*) to ratify

sandália *sf* sandal

sanduíche *sm* sandwich: *um ~ de queijo* a cheese sandwich

sangrar *vt, vi* to bleed: *Estou sangrando pelo nariz.* I have a nosebleed.

sangrento, -a *adj* **1** (*luta*) bloody **2** (*ferida*) bleeding

sangue *sm* blood: *dar/doar ~* to give blood LOC *Ver* DERRAMAMENTO, EXAME, SUAR

sangue-frio *sm* calm manner: *Admiro o seu ~.* I admire her calm manner. LOC **a sangue-frio** in cold blood **ter sangue-frio** to keep calm

sanguíneo, -a *adj* blood [*s atrib*]: *grupo ~* blood group LOC *Ver* CIRCULAÇÃO, CORRENTE, GRUPO, VASO

sanidade *sf* health: *~ mental* mental health

sanitário, -a *adj* **1** (*de saúde*) health [*s atrib*]: *medidas sanitárias* health measures **2** (*de higiene*) sanitary LOC *Ver* ÁGUA, VASO

santo, -a ♦ *adj* **1** (*Relig*) holy **2** (*enfático*): *Ele vai para o trabalho todo ~ dia.* He goes to work every single day. ♦ *sm-sf* **1** saint: *Essa mulher é uma santa.* That woman is a saint. **2** (*título*) Saint (*abrev* St.): *Santo Antônio* Saint Anthony LOC *Ver* DIA, ESPÍRITO, QUINTA-FEIRA, SEMANA, SEXTA-FEIRA, TERRA

santuário *sm* shrine

São *adj* Saint (*abrev* St.): *São Pedro* Saint Peter

são, sã *adj* **1** healthy: *um homem ~* a healthy man **2** (*de espírito*) sane LOC **são e salvo** safe and sound

sapataria *sf* shoe store

sapateado *sm* tap-dancing

sapatilha *sf* **1** (*de pano*) canvas shoe **2** (*balé, tênis*) shoe

sapato *sm* shoe: ~*s sem salto* flat shoes ◊ ~*s de salto alto* high-heeled shoes LOC *Ver* PEDRA

sapo *sm* toad

saque *sm* **1** (*cidade*) sack **2** (*roubo*) looting **3** (*Esporte*) serve **4** (*de dinheiro*) withdrawal

saquear *vt* **1** (*cidade*) to sack **2** (*roubar*) to loot **3** (*despensa*) to raid

saraivada *sf* hail: *uma ~ de balas* a hail of bullets

sarampo *sm* measles [*sing*]

sarar *vi* **1** (*ferida*) to heal (over/up) **2** (*doente*) to recover

sarcástico, -a *adj* sarcastic

sarda *sf* freckle

sardinha *sf* sardine LOC *Ver* PUXAR

sargento *sm* sergeant

satélite *sm* satellite LOC *Ver* VIA

satisfação *sf* satisfaction: *Sinto ~ em poder fazer isso.* I'm pleased to be able to do it.

satisfatório, -a *adj* satisfactory

satisfazer ♦ *vt* **1** to satisfy: ~ *a fome/ curiosidade* to satisfy your hunger/ curiosity **2** (*sede*) to quench **3** (*ambição, sonho*) to fulfill **4** (*pessoa*) to satisfy: *Nada o satisfaz.* He's never satisfied. **5** (*agradar*) to please *sb* ♦ *vi* to be satisfactory

satisfeito, -a *pp, adj* **1** satisfied (**with sth**): *um cliente ~* a satisfied customer **2** (*contente*) pleased (**with sb/sth**): *Estou muito satisfeita com o rendimento dos meus alunos.* I'm very pleased with my students' performance. **3** (*saciado*): *Não quero mais, estou ~.* No more, thank you—I'm fine. LOC **dar-se por satisfeito** to be happy *with sth*: *Eu me daria por ~ com um seis.* I'd be happy with a pass. **satisfeito consigo mesmo/ próprio** self-satisfied *Ver tb* SATISFAZER

saturado, -a *pp, adj* **1** (*impregnado*) saturated (**with sth**) **2** (*farto*) sick **of sth**: *Estou ~ de tanto ouvir reclamação!* I'm sick of all these complaints!

Saturno *sm* Saturn

saudação *sf* **1** greeting **2 saudações** best wishes, regards (*mais formal*)

saudade *sf* **saudades** **1** (*casa, país*) homesickness [*não contável, v sing*]: *sentir ~s de casa* to be homesick **2** (*pessoa*) longing [*não contável, v sing*] **3** (*passado, infância*) nostalgia [*não con-*

tável, v sing] LOC **deixar saudades** to be missed: *Ele vai deixar ~s.* He'll be missed. **sentir/ter saudades de** to miss *sb/sth Ver tb* MATAR

saudar *vt* to say hello (**to sb**), to greet (*mais formal*)

saudável *adj* healthy

saúde *sf* health: *estar bem/mal de ~* to be in good/poor health ◊ ~ *pública* public health LOC **saúde! 1** (*brinde*) cheers! **2** (*ao espirrar*) bless you! ☛ *Ver nota em* ATXIM! *Ver tb* BEBER, CASA, CENTRO, POSTO

sauna *sf* sauna

saxofone *sm* saxophone (*abrev* sax)

se¹ *pron pess*

● **reflexivo 1** (*ele, ela, coisa*) himself, herself, itself: *Ela se machucou.* She hurt herself. **2** (*você, vocês*) yourself [*pl* yourselves]: *Sentem-se.* Sit (yourselves) down. **3** (*eles, elas*) themselves

● **recíproco** each other, one another: *Eles se amam.* They love each other. ◊ *Vocês se vêem com muita freqüência?* Do you see each other very often? ☛ *Ver nota em* EACH OTHER

● **apassivador**: *Registraram-se três mortes.* Three deaths were recorded. ◊ *Não se aceitam cartões de crédito.* We don't take credit cards.

● **impessoalidade**: *Diz-se que…* It's said (that)… ◊ *Vive-se bem aqui.* People live well here.

se² *conj* **1** if: *Se chover, não vamos.* If it rains, we won't go. ◊ *Se eu fosse rico, compraria uma moto.* If I were rich, I buy a motorbike. ☛ É mais correto dizer "if I/he/she/it **were**", contudo hoje em dia na linguagem falada usa-se freqüentemente "if I/he/she/it **was**". **2** (*dúvida*) whether: *Não sei se fico ou se saio.* I don't know whether to stay or go. **3** (*desejo*) if only: *Se você tivesse me dito antes!* If only you'd told me before! LOC **se bem que** although

sé *sf* cathedral

seboso, -a *adj* filthy

seca *sf* (*falta de chuva*) drought

secador *sm* dryer: ~ *de cabelo/roupa* hair/clothes dryer

secamente *adv* (*dizer, responder*) coldly

seção *sf* **1** (*Arquit, Mat, etc.*) section **2** (*loja*) department: ~ *masculina* menswear department **3** (*jornal, revista*) pages [*pl*]: *a ~ de esportes* the sports pages LOC **seção eleitoral** polling station

secar ♦ *vt* to dry: *Ele secou as lágrimas.* He dried his tears. ♦ *vi* **1** to dry **2** (*planta, rio, lago, terra, ferida*) to dry up: *O lago tinha secado.* The pond had dried up. LOC *Ver* MÁQUINA

seco, -a *adj* **1** dry: *Está ~?* Is it dry? ◊ *um clima muito ~* a very dry climate **2** (*frutos, flores*) dried: *figos ~s* dried figs **3** (*sem vida*) dead: *folhas secas* dead leaves **4** (*som, pancada*) sharp **5** (*pessoa*) cold **6** (*resposta*) curt LOC *Ver* AMEIXA, DIQUE, ENGOLIR, FRUTO, LAVAGEM, LAVAR

secretaria *sf* (*de escola*) admissions office LOC **Secretaria de Estado** government department

secretariado *sm* **1** (*curso*) secretarial course **2** (*organismo*) secretariat: *o ~ da ONU* the UN secretariat **3** (*sede do secretariado*) secretary's office

secretário, -a *sm-sf* secretary [*pl* secretaries] LOC **secretária eletrônica** answering machine **secretária particular** personal assistant (*abrev* PA)

secreto, -a *adj* secret

século *sm* **1** (*cem anos*) century [*pl* centuries]: *no ~ XX* in the 20th century ☛ Lê-se: "in the twentieth century". **2** **séculos** ages: *Há ~s que eu sabia disso!* I've known that for ages!

secundário, -a *adj* secondary LOC *Ver* ESCOLA, ESTRADA, PAPEL

seda *sf* silk: *uma camisa de ~* a silk shirt

sedativo *sm* sedative

sede[1] *sf* thirst LOC **ter/estar com sede** to be thirsty: *Tenho muita ~.* I'm very thirsty. *Ver tb* MORTO

sede[2] *sf* **1** headquarters (*abrev* HQ) [*v sing ou pl*] **2** (*Esporte*) venue

sediar *vt* to host: *~ as Olimpíadas* to host the Olympics

sedimento *sm* sediment

sedoso, -a *adj* silky: *cabelos ~s* silky hair

sedução *sf* **1** (*sexual*) seduction **2** (*encanto*) allure

sedutor, ~a ♦ *adj* **1** (*sentido sexual*) seductive **2** (*encantador*) alluring ♦ *sm-sf* seducer

seduzir *vt* **1** (*sexualmente*) to seduce **2** (*desencaminhar*) to lead *sb* astray

segmento *sm* segment

segredo *sm* secret: *em ~* in secret

segregar *vt* (*separar*) to segregate *sb/sth* (*from sb/sth*)

seguido, -a ♦ *pp, adj* in a row: *quatro vezes seguidas* four times in a row LOC **em seguida 1** (*depois, agora*) next: *E em ~ temos um filme de terror.* And next we have a horror movie. **2** (*imediatamente*) right away: *Li e dei para ele em ~.* I read it and gave it to him right away. *Ver tb* SEGUIR

seguidor, ~a *sm-sf* follower

seguinte *adj* next: *no dia ~* the next day

seguir ♦ *vt* **1** to follow: *Siga-me.* Follow me. **2** (*carreira*) to pursue: *Ele resolveu ~ a carreira de médico.* He decided to pursue a medical career. **3** (*regras, ordens*) to abide by *sth*: *Seguiremos as normas.* We will abide by the rules. ♦ *vi* to go on (*doing sth*): *Siga até a praça.* Go on till you reach the square. ♦ **seguir-se** *v pron* to ensue (*formal*): *Seguiram-se vinte anos de paz.* There ensued twenty years of peace. LOC **a seguir** (*depois*) afterwards **a seguir a ...** after ...

segunda-feira (*tb* **segunda**) *sf* Monday [*pl* Mondays] (*abrev* Mon): *~ de manhã/à tarde* Monday morning/afternoon ◊ *Não trabalho às ~s.* I don't work on Mondays. ◊ *~ sim, ~ não* every other Monday ◊ *Aconteceu ~ passada.* It happened last Monday. ◊ *Vemos-nos na ~ que vem.* We'll meet next Monday. ◊ *Este ano, o meu aniversário cai numa ~.* This year my birthday falls on a Monday. ◊ *Casam-se na ~, 25 de julho.* They're getting married on Monday, July 25. ☛ Lê-se: "Monday, July twenty-fifth".

segundo[1] ♦ *prep* according to *sb/sth*: *~ ela/os planos* according to her/the plans ♦ *conj* **1** (*de acordo com o que*) according to what ...: *~ ouvi dizer* from what I heard said **2** (*à medida que*) as: *~ forem entrando* as they come in

segundo[2] *sm* (*tempo*) second

segundo, -a ♦ *adj, num, sm* second (*abrev* 2nd) ☛ *Ver exemplos em* SEXTO ♦ **segunda** *sf* (*marcha*) second (gear) LOC **de segunda mão** second-hand: *carros de segunda mão* second-hand cars **ter segundas intenções** to have ulterior motives *Ver tb* EQUAÇÃO, PRIMO

segurança ♦ *sf* **1** (*contra acidentes*) safety: *a ~ pública/nas estradas* public/road safety **2** (*contra um ataque, roubo, etc., garantia*) security: *controles de ~*

security checks **3** (*certeza*) certainty **4** (*confiança*) confidence ◆ *smf* (*pessoa*) security guard LOC **com segurança** (*agir, afirmar, responder*) confidently *Ver tb* ALFINETE, CINTO, FECHO

segurar ◆ *vt* **1** (*agarrar*) to hold: *Segure bem o guarda-chuva.* Hold the umbrella tight. **2** (*prender*) to fasten: ~ *papéis com um clipe* to fasten papers together with a paper clip **3** (*com uma companhia de seguros*) to insure *sb/sth* (**against sth**): *Quero* ~ *o carro contra incêndio e roubo.* I want to insure my car against fire and theft. ◆ **segurar-se** *v pron* **segurar-se** (**em**) (*agarrar-se*) to hold on (**to sth**): *Segure-se no meu braço.* Hold on to my arm.

seguro, -a ◆ *adj* **1** (*sem risco*) safe: *um lugar* ~ a safe place **2** (*convencido*) sure: *Estou segura de que eles virão.* I'm sure they'll come. **3** (*firme, bem apertado*) secure: *O gancho não estava bem* ~. The hook wasn't secure. **4** (*atado*) fastened: *A bagagem estava bem segura.* The baggage was tightly fastened. **5** (*preso*): *Dois policiais o tinham bem* ~. Two policemen were holding him down. ◆ *sm* insurance [*não contável*]: *adquirir um* ~ *de vida* to take out life insurance ◊ *pôr algo no* ~ to insure sth LOC **seguro de si** confident

seio *sm* (*mama*) breast

seis *num, sm* **1** six: *o número* ~ number six ◊ *tirar* ~ *num exame* to get six in a test ◊ *O* ~ *vem depois do cinco.* Six comes after five. ◊ ~ *e três são nove.* Six and three are/make nine. ◊ ~ *vezes três* (*são*) *dezoito.* Three sixes are eighteen. **2** (*data*) sixth: *Fomos em 6 de maio.* We went on May 6. ☞ Lê-se: "on May sixth". LOC **às seis** at six o'clock **cinco, etc. para as seis** five, etc. to six **dar seis horas** to strike six: *Deu* ~ *horas* (*no relógio*). The clock struck six. **quinze para as seis** a quarter to six **são seis horas** it's six o'clock **seis e cinco, etc.** five, etc. after six **seis em cada dez** six out of ten **seis e meia** six thirty **seis e quinze** a quarter after six ☞ Para mais informação sobre números, datas, etc., ver Apêndice 1.

seiscentos, -as *num, sm* six hundred: ~ *e quarenta e dois* six hundred and forty-two ◊ *há* ~ *anos* six hundred years ago LOC **seiscentos e um, seiscentos e dois, etc.** six hundred and one, six hundred and two, etc. ☞ *Ver Apêndice 1.*

seita *sf* sect

seiva *sf* (*Bot*) sap

seixo *sm* pebble

sela *sf* saddle

selar¹ *vt* **1** (*fechar*) to seal: ~ *um envelope/uma amizade* to seal an envelope/a friendship **2** (*pôr selo*) to stamp

selar² *vt* (*cavalo*) to saddle *sth* (up)

seleção *sf* **1** selection **2** (*equipe*) (national) team: *a* ~ *brasileira de basquete* the Brazilian basketball team LOC **seleção mirim** youth squad

selecionar *vt* to select

seleto, -a *adj* select: *um grupo/restaurante* ~ a select group/restaurant

selim *sm* (*bicicleta*) saddle

selo *sm* **1** (*correios*) stamp: *Dois* ~*s para o Brasil, por favor.* Two stamps for Brazil, please. ◊ *Põe um* ~ *no postal.* Put a stamp on the postcard. **2** (*lacre*) seal LOC **selo fiscal** official stamp

selva *sf* jungle

selvagem *adj* **1** wild: *animais selvagens* wild animals **2** (*povo, tribo*) uncivilized

selvageria *sf* savagery

sem *prep* without: *sem açúcar* without sugar ◊ *sem pensar* without thinking ◊ *Ela saiu sem dizer nada.* She went out without saying anything. ◊ *Saíram sem ninguém os ver.* They left without anybody seeing them.

semáforo *sm* traffic light: *um* ~ *vermelho* a red light

semana *sf* week: *a* ~ *passada/que vem* last/next week ◊ *duas vezes por* ~ twice a week ◊ *hoje faz uma* ~ a week ago today ◊ *de hoje a uma* ~ in a week's time ◊ ~ *sim,* ~ *não* every other week LOC *Ver* DIA, FIM

semanal *adj* **1** (*a cada semana*) weekly: *uma revista* ~ a weekly magazine **2** (*por semana*): *Temos uma hora* ~ *de educação física.* We have one hour of P.E. a week.

semear *vt* to sow: ~ *trigo/uma terra* to sow wheat/a field

semelhança *sf* similarity [*pl* similarities] LOC **à semelhança de** just like: *à* ~ *do que aconteceu no ano passado* just like last year

semelhante *adj* **1** (*parecido*) similar: *um modelo* ~ *a este* a model similar to this one **2** (*tal*): *Como você pôde fazer coisa* ~? How could you do such a thing? LOC *Ver* COISA

sêmen *sm* semen

semente *sf* **1** (*de planta*) seed **2** (*de fruta*) pip

semestral *adj* half-yearly: *uma publicação ~* a half-yearly publication

semestre *sm* **1** (period of) six months: *durante o primeiro ~ de 1999* in the first six months of 1999 **2** (*Educ*) semester

semicírculo *sm* semicircle

semidesnatado, -a *adj* LOC *Ver* LEITE

semifinal *sf* semifinal

semifinalista *smf* semifinalist

seminário *sm* **1** (*aula*) seminar **2** (*Relig*) seminary [*pl* seminaries]

sempre *adv* always: *Você ~ diz o mesmo.* You always say the same thing. ◊ *Vivi ~ com os meus primos.* I've always lived with my cousins. ☞ *Ver nota em* ALWAYS LOC **como sempre** as usual **de sempre** (*habitual*) usual: *Nós nos encontramos no lugar de ~.* We'll meet in the usual place. **o de sempre** the usual thing **para sempre 1** (*permanentemente*) for good: *Estou deixando o Brasil para ~.* I'm leaving Brazil for good. **2** (*eternamente*) forever: *O nosso amor é para ~.* Our love will last forever. **sempre que...** whenever...: *~ que saímos de férias você fica doente.* Whenever we go on vacation you get sick. **sempre reto/em frente** straight on: *Siga ~ em frente até o fim da rua.* Go straight on to the end of the road. *Ver tb* DEVAGAR, QUASE

sem-terra *smf* landless person

sem-teto *smf* homeless person: *os ~* the homeless

sem-vergonha *smf* scoundrel

senado *sm* senate

senador, ~a *sm-sf* senator

senão ◆ *conj* or else: *Cale-se, ~ vai apanhar.* Shut up, or else you'll get in trouble. ◊ *É melhor você vender agora, ~ vai perder dinheiro.* You'd better sell now, otherwise you'll lose money. ◆ *prep* but: *Você não faz nada ~ criticar.* You do nothing but criticize. ◆ *sm* fault: *Você encontra ~ em tudo.* You always find fault with everything.

senha *sf* password

senhor, ~a ◆ *sm-sf* **1** man [*fem* lady] [*pl* men/ladies]: *Está aí um ~ que quer falar com você.* There's a man here who wants to talk to you. **2** (*antes do sobrenome*) Mr. [*fem* Mrs.] [*pl* Mr. and Mrs.]: *O ~ Lopes está?* Is Mr. Lopes in? ◊ *o ~ e ~a Silva* Mr. and Mrs. Silva **3** (*antes de cargo*): *o ~ Prefeito* the mayor **4** (*para chamar a atenção*) excuse me!: (*Minha*) *senhora! Deixou cair o bilhete.* Excuse me! You've dropped your ticket. **5** (*de cortesia*) sir [*fem* madam] [*pl* gentlemen/ladies]: *Bom dia, ~.* Good morning, sir. ◊ *Senhoras e senhores...* Ladies and gentlemen... ◆ *sm* **Senhor** Lord ◆ **senhora** *sf* (*esposa*) wife [*pl* wives] ◆ *adj* lavish: *Eles deram uma senhora festa.* They held a lavish party. ◊ *Ele acaba de comprar um ~ apartamento.* He's just bought a lavish apartment. LOC **não senhor/senhora!** no way! **sim senhor!** too right!

senhorio, -a *sm-sf* landlord [*fem* landlady] [*pl* landlords/landladies]

senhorita *sf* Miss, Ms.

Utiliza-se **Miss** com o sobrenome ou com o nome e sobrenome: "Miss Jones" ou "Miss Mary Jones", no entanto nunca se utiliza só com o nome próprio: *Telefone à Srta. Helena/à Srta. Helena Almeida.* Phone Helena/Miss Helena Almeida.

Ms. usa-se tanto para mulheres casadas como solteiras quando não se conhece (ou não se pretende diferenciar) o seu estado civil.

senil *adj* senile: *ficar ~* to go senile

sensação *sf* feeling: *causar ~* to cause a sensation

sensacional *adj* sensational

sensatez *sf* good sense

sensato, -a *adj* sensible

sensibilidade *sf* sensitivity

sensibilizar *vt* (*comover*) to touch

sensível *adj* **1** sensitive (**to sth**): *A minha pele é muito ~ ao sol.* My skin is very sensitive to the sun. ◊ *Ela é uma criança muito ~.* She's a very sensitive child. **2** (*grande*) noticeable: *uma melhora ~* a noticeable improvement

senso *sm* sense: *~ de humor* sense of humor LOC (**bom**) **senso** (*sensatez*) (common) sense: *Você não tem o menor bom ~.* You're totally lacking in common sense. **ter o bom senso de...** to be sensible enough to...

sensual *adj* sensual

sentado, -a *pp, adj* sitting, seated (*mais formal*): *Estavam ~s à mesa.* They were sitting at the table. ◊ *Ficaram ~s.* They remained seated. *Ver tb* SENTAR

sentar ◆ *vt* to sit *sb* (down): *Ele sentou o bebê no carrinho.* He sat the baby down in its stroller. ◆ **sentar-se** *v pron* to sit (down): *Sente-se, por favor.* Sit down, please. ◊ *Nós nos sentamos no chão.* We sat (down) on the floor.

sentença *sf* (*Jur*) sentence LOC **passar uma sentença** to pass sentence (*on sb*) *Ver tb* DITAR, PRONUNCIAR

sentenciar *vt* to sentence *sb* (**to sth**)

sentido *sm* **1** sense: *os cinco ~s* the five senses ◊ *Não faz ~.* It doesn't make sense. **2** (*significado*) meaning **3** (*direção*) direction LOC **perder/recuperar os sentidos** to lose/regain consciousness **pôr-se em sentido** to stand to attention **sem sentido 1** (*sem lógica*) meaningless **2** (*sem propósito*) pointless: *uma reunião sem ~* a pointless meeting **sem sentidos** unconscious **sentido!** attention! **sentido proibido** no entry **sentido único** one-way: *uma rua de ~ único* a one-way street *Ver tb* DUPLO, MUDANÇA, SEXTO

sentido, -a *pp, adj* hurt: *estar ~ com algo* to be hurt about sth *Ver tb* SENTIR

sentimental *adj* **1** sentimental: *valor ~* sentimental value **2** (*vida*) love [*s atrib*]: *vida ~* love life

sentimento *sm* feeling

sentinela *sf* **1** (*Mil*) sentry [*pl* sentries] **2** (*vigia*) lookout: *estar de ~* to be on the lookout

sentir ♦ *vt* **1** to feel: *~ frio/fome* to feel cold/hungry **2** (*lamentar*) to be sorry **about sth/ (that)…**: *Sinto muito não poder te ajudar.* I'm really sorry (that) I can't help you. ♦ **sentir-se** *v pron* to feel: *Eu me sinto muito bem.* I feel fine. LOC **sinto muito** I'm (very) sorry *Ver tb* VONTADE

separação *sf* separation

separado, -a *pp, adj* **1** (*estado civil*) separated: *—Solteira ou casada?—Separada.* "Married or single?" "Separated." **2** (*diferentes*) separate: *levar vidas separadas* to lead separate lives LOC **em separado** separately *Ver tb* SEPARAR

separar ♦ *vt* **1** to separate *sb/sth* (**from sb/sth**): *Separe as bolas vermelhas das verdes.* Separate the red balls from the green ones. **2** (*distanciar*) to move *sb/sth away* (**from sb/sth**) **3** (*guardar*) to put *sth* aside: *Separe um pão para mim.* Put a loaf aside for me. ♦ **separar-se** *v pron* to separate, to split up (*mais coloq*): *Ela se separou do marido.* She separated from her husband. ◊ *Nós nos separamos no meio do caminho.* We split up halfway.

sepultar *vt* (*lit e fig*) to bury

sepultura *sf* grave

seqüência *sf* sequence

sequer *adv* even: *Você nem ~ me telefonou.* You didn't even call me. ◊ *sem ~ se vestir* without even getting dressed

seqüestrador, ~a *sm-sf* **1** (*de uma pessoa*) kidnapper **2** (*de um avião*) hijacker

seqüestrar *vt* **1** (*pessoa*) to kidnap **2** (*avião*) to hijack

seqüestro *sm* **1** (*de uma pessoa*) kidnapping **2** (*de um avião*) hijacking

ser¹ ♦ *v lig, vt* **1** to be: *Ela é alta.* She's tall. ◊ *Sou de Pernambuco.* I'm from Pernambuco. ◊ *Dois e dois são quatro.* Two and two are four. ◊ *São sete horas.* It's seven o'clock. ◊ *—Quanto é?—São 320 reais.* "How much is it?" "(It's) 320 reais." ◊ *—Quem é? —É a Ana.* "Who's that?" "It's Ana." ◊ *Na minha família somos seis.* There are six of us in my family.

Em inglês utiliza-se o artigo indefinido **a/an** antes de profissões em orações com o verbo "to be": *Ele é médico/engenheiro.* He's a doctor/an engineer.

2 ~ de (*material*) to be made of **sth**: *É de alumínio.* It's made of aluminum. **3 ~ sobre** (*filme, livro*) to be about **sth**: *O filme é sobre o quê?* What's the movie about? **4 ~ de** (*equipe*) to support **sth**: *Eles são do Flamengo.* They're Flamengo fans. ♦ *v aux* to be: *Ele será julgado segunda-feira.* He will be tried on Monday. LOC **a não ser que…** unless… **como se (isso) fosse pouco** to top it all **é que…**: *É que não tenho vontade.* I just don't feel like it. **o que seja** whatever **ou seja** in other words: *No dia 17, ou seja, terça passada.* The 17th, in other words, last Tuesday. **se eu fosse…** if I were… **seja como for/seja o que for/seja quem for** no matter how/what/who **se não é/fosse por** if it weren't for *sb/sth* **se não fosse ele** if it weren't for him, her, etc.: *Se não fosse ele, teriam me matado.* If it weren't for him, I would have been killed. **sou eu** it's me, you, etc. ☛ Para outras expressões com **ser**, ver os verbetes para o substantivo, adjetivo, etc., p.ex. **ser o cúmulo** em CÚMULO e **ser gago** em GAGO.

ser² *sm* being: *um ~ humano/vivo* a human/living being

serão *sm* night shift LOC **fazer serão** to work late

sereia sf mermaid

sereno, -a ◆ adj, sm calm ◆ sm dew

série sf series [pl series]: uma ~ de desastres a series of disasters ◊ uma nova ~ de televisão a new TV series ☞ Ver nota em SERIES LOC Ver FABRICAR

seringa sf syringe

sério, -a ◆ adj 1 serious: um livro/ assunto ~ a serious book/matter 2 (responsável) reliable: Ele é um homem de negócios ~. He's a reliable businessman. 3 (honrado) honest ◆ adv seriously: Você está falando ~? Are you serious? LOC a sério seriously: levar algo a ~ to take sth seriously tirar alguém do sério to drive sb up the wall Ver tb FALAR

sermão sm (Relig) sermon LOC dar/ pregar (um) sermão to give sb a lecture

serpentina sf streamer

serra sf 1 (ferramenta) saw 2 (região) mountains [pl]: uma casa na ~ a house in the mountains 3 (Geog) mountain range

serragem sf sawdust

serralheiro, -a sm-sf locksmith

serrar vt to saw sth (up): Serrei a madeira. I sawed the wood.

serrote sm (hand)saw

servente sm (trabalhador) laborer

serviço sm 1 service: ~ de ônibus bus service ◊ fazer o ~ militar to do (your) military service 2 (trabalho) work: Cheguei atrasado ao ~. I was late for work. 3 (tarefa) job: Tenho um ~ para você. I have a job for you. LOC de serviço on duty: estar de ~ to be on duty ◊ o médico de ~ the doctor on duty Serviço de Emergência (em hospital) Accident and Emergency Department serviço fúnebre funeral serviço público civil service Ver tb PRESTAR

servir ◆ vt, vi 1 to serve: ~ na marinha to serve in the navy 2 ~ de/como/para to serve as sth/to do sth: Serviu para esclarecer as coisas. It served to clarify things. ◊ A caixa me serviu de mesa. I used the box as a table. 3 ~ para (usar-se) to be (used) for doing sth: Serve para cortar. It's used for cutting. ◊ Para que é que serve? What's it for? 4 ~ de (atuar como) to act as sth: ~ de intermediário to act as an intermediary 5 (roupa) to fit: Estas calças não me servem mais. These pants don't fit me any more. 6 (comida, bebida) to serve: Demoraram muito para nos ~. They

took a long time to serve us. ◊ Sirvo-lhe um pouco mais? Would you like some more? ◆ servir-se v pron (de comida) to help yourself (to sth): Eu me servi de salada. I helped myself to salad. ◊ Sirva-se. Help yourself. LOC não servir 1 (utensílio) to be no good (for sth/doing sth): Esta faca não serve para cortar carne. This knife is no good for cutting meat. 2 (pessoa) to be no good at sth/ doing sth: Não sirvo para ensinar. I'm no good at teaching.

sessão sf 1 session: ~ de treino/ encerramento training/closing session 2 (Cinema) showing 3 (Teat) performance

sessenta num, sm sixty LOC os anos sessenta the sixties sessenta e um, sessenta e dois, etc. sixty-one, sixty-two, etc. ☞ Ver Apêndice 1.

sesta sf nap: fazer/tirar uma ~ to take a nap

seta sf arrow

sete num, sm 1 seven 2 (data) seventh ☞ Ver exemplos em SEIS LOC ter sete vidas to have nine lives Ver tb CHAVE, PINTAR

setecentos, -as num, sm seven hundred ☞ Ver exemplos em SEISCENTOS

setembro sm September (abrev Sept) ☞ Ver exemplos em JANEIRO

setenta num, sm seventy ☞ Ver exemplos em SESSENTA

sétimo, -a num, sm seventh ☞ Ver exemplos em SEXTO

setor sm 1 (zona, indústria) sector 2 (grupo de pessoas) section: um pequeno ~ da população a small section of the population

seu, sua ◆ pron adj 1 (dele) his 2 (dela) her

Note que um amigo seu se traduz por a friend of yours porque significa um dos seus amigos.

3 (de objeto, animal, conceito) its 4 (deles/delas) their 5 (impessoal) their: Cada um tem a sua opinião. Everyone has their own opinion. 6 (de você, de vocês) your ◆ pron subs 1 (dele) his 2 (dela) hers 3 (de você, vocês) yours 4 (deles, delas) theirs

severo, -a adj 1 ~ (com) (rígido) strict (with sb): O meu pai era muito ~ conosco. My father was very strict with us. 2 (castigo, crítica) harsh 3 (intenso) severe: um golpe ~ a severe blow

sexagésimo, -a *num, sm* sixtieth: *Você é o ~ da lista.* You're (the) sixtieth on the list. ◊ *o ~ aniversário* the sixtieth anniversary ☞ *Ver Apêndice 1.*

sexo *sm* sex

sexta-feira (*tb* **sexta**) *sf* Friday [*pl* Fridays] (*abrev* Fri) ☞ *Ver exemplos em* SEGUNDA-FEIRA LOC **Sexta-feira Santa** Good Friday **sexta-feira treze** Friday the thirteenth

sexto, -a ◆ *num* sixth: *a sexta filha* the sixth daughter ◊ *D. João VI* John VI ☞ Lê-se: "John the Sixth". ◊ *Ele é o ~ da família.* He's the sixth child in the family. ◊ *Fui o ~ a cruzar a linha de chegada.* I was the sixth to cross the finishing line. ☞ *Ver Apêndice 1.* ◆ *sm* sixth: *cinco ~s* five sixths ◊ *Moro no ~.* I live on the sixth floor. LOC **a/uma sexta parte** a sixth **sexto sentido** sixth sense

sexual *adj* **1** sexual: *assédio ~* sexual harassment **2** (*educação, órgãos, vida*) sex [*s atrib*] LOC *Ver* ORGÃO, RELAÇÃO

sexualidade *sf* sexuality

shopping (*tb* **shopping center**) *sm* (shopping) mall: *Você quer dar uma volta no ~?* Do you want to walk around the mall?

si¹ *sm* (*Mús*) B: *si maior* B major

si² *pron pess reflexivo* **1** (*ele*) himself: *Ele falava para si* (*mesmo*). He was talking to himself. **2** (*ela*) herself: *Ela só fala de si* (*mesma*). All she talks about is herself. **3** (*coisa*) itself: *O problema se resolveu por si* (*mesmo*). The problem resolved itself. **4** (*eles, elas*) themselves **5 (a)** (*você*) yourself: *querer algo para si* to want sth for yourself **(b)** (*vocês*) yourselves ☞ *Ver nota em* YOU LOC **em si** (**mesmo**) in itself

siamês, -esa *adj* LOC **gêmeos/irmãos siameses** Siamese twins *Ver tb* GATO

siderurgia *sf* iron and steel industry

siderúrgica *sf* steelworks [*v sing ou pl*]

siderúrgico, -a *adj* iron and steel [*s atrib*]: *o setor ~ brasileiro* the Brazilian iron and steel sector

sidra *sf* cider

sigiloso, -a *adj* confidential

sigla *sf* acronym: *Qual é a ~ de…?* What's the acronym for…? ◊ *UE é a ~ da União Européia.* UE stands for "União Européia".

significado *sm* meaning

significar *vt* to mean *sth* (**to sb**): *O que significa esta palavra?* What does this word mean? ◊ *Ele significa muito para mim.* He means a lot to me.

significativo, -a *adj* significant: *um ~ aumento de salário* a significant raise

signo *sm* sign: *os ~s do zodíaco* the signs of the zodiac

sílaba *sf* syllable

silenciar *vt* **1** (*pessoa*) to silence **2** (*escândalo*) to hush *sth* up

silêncio *sm* silence: *A turma estava em ~ absoluto.* There was total silence in the classroom. ◊ *Silêncio, por favor.* Silence, please.

silenciosamente *adv* very quietly

silencioso, -a ◆ *adj* **1** (*em silêncio, calado*) silent: *A casa estava completamente silenciosa.* The house was totally silent. ◊ *um motor ~* a silent engine **2** (*tranqüilo*) quiet: *uma rua muito silenciosa* a very quiet street ◆ *sm* (*Mec*) muffler, silencer (*GB*)

silhueta *sf* silhouette

silício *sm* silicon: *uma plaqueta de ~* a silicon chip

silicone *sm* silicone

silvestre *adj* wild

silvo *sm* (*cobra*) hiss

sim ◆ *adv* yes: *—Você quer um pouco mais? —Quero sim.* "Would you like a bit more?" "Yes, please." ◆ *sm*: *Ele respondeu com um tímido ~.* He replied with a shy yes. ◊ *Ele ainda não disse que ~.* He still hasn't said yes.

simbólico, -a *adj* symbolic

simbolizar *vt* to symbolize

símbolo *sm* symbol

simétrico, -a *adj* symmetrical

similar *adj* ~ (**a**) similar (**to sb/sth**)

símio, -a *sm-sf* ape

simpatia *sf* (*atração*) liking LOC **ter simpatia por alguém** to like sb

simpático, -a *adj* nice: *Ela é uma moça muito simpática.* She's a very nice girl. ◊ *Ele me pareceu muito ~.* I thought he was very nice. ◊ *Ele estava tentando ser ~.* He was trying to be nice.

Note que **sympathetic** não significa simpático mas *compreensivo, solidário*: *Todos foram muito solidários.* Everyone was very sympathetic.

simpatizante *smf* sympathizer: *ser ~ do partido liberal* to be a liberal party sympathizer

simpatizar *vt* ~ **com** (*gostar de*) to like sb/sth: *Simpatizei com ele/o jeito dele.* I liked him/the look of him. ◊ *Simpatizamos com o Partido Verde.* Our sympathies lie with the Green Party.

simples *adj* **1** simple: *O problema não é tão ~ como parece.* The problem's not as simple as it looks. ◊ *uma refeição ~* a simple meal ◊ *O coitado do rapaz é um pouco ~.* The poor boy's a little simple. **2** (*mero*): *É uma ~ formalidade.* It's just a formality. **3** (*único*) single LOC *Ver* BILHETE

simplicidade *sf* simplicity

simplificar *vt* to simplify

simultâneo, -a *adj* simultaneous

sina *sf* fate

sinagoga *sf* synagogue

sinal *sm* **1** sign: *sinais de trânsito* road signs ◊ *É um bom/mau ~.* It's a good/bad sign. ◊ *em ~ de protesto* as a sign of protest **2** (*marca*) mark **3** (*telefone*) tone: *o ~ de discar/de ocupado* the dial tone/busy signal **4** (*na pele*) mole **5** (*de nascença*) birthmark LOC **dar sinal/sinais** to show signs *of sth/doing sth* **fazer sinal** to signal (*to sb*) (*to do sth*): *O motorista fazia ~ para mim.* The driver was signaling to me. ◊ *Ele me fez ~ para entrar.* He signaled to me to come in. **sinal de via preferencial** yield, give way (*GB*): *Não vi o ~ de via preferencial.* I didn't see the Yield sign. **sinal luminoso** flare

sinalização *sf* (*rodoviária*) road signs [*pl*]

sinalizar *vt* to signpost

sinceridade *sf* sincerity

sincero, -a *adj* sincere

sincronizar *vt* to synchronize

sindicato *sm* (labor) union: *o ~ dos mineiros* the miners' union

síndico *sm* building manager

síndrome *sf* syndrome LOC **síndrome de abstenção** withdrawal symptoms [*pl*] **síndrome de deficiência imunológica adquirida** acquired immune deficiency syndrome (*abrev* AIDS)

sinfonia *sf* symphony [*pl* symphonies]

sinfônico, -a *adj* **1** (*música*) symphonic **2** (*orquestra*) symphony [*s atrib*]: *orquestra sinfônica* symphony orchestra

singelo, -a *adj* simple

singular *adj* (*Gram*) singular

sinistro, -a *adj* sinister: *aspecto ~* sinister appearance

sino *sm* bell: *Soaram os ~s.* The bells rang out.

sinônimo, -a ◆ *adj* ~ (**de**) synonymous (**with** *sth*) ◆ *sm* synonym

síntese *sf* synthesis: *Vamos fazer uma ~ do que aprendemos até agora.* Let's sum up what we've learnt so far.

sintético, -a *adj* **1** (*resumido*) concise **2** (*artificial*) synthetic

sintetizador *sm* synthesizer

sintoma *sm* symptom

sintonizador *sm* tuner

sintonizar *vt, vi* to tune (*sth*) in (**to** *sth*): *~ a BBC* to tune in to the BBC

sirene *sf* siren: *~ da polícia* police siren

sísmico, -a *adj* seismic LOC *Ver* ABALO

sistema *sm* system: *~ político/educacional* political/educational system ◊ *o ~ solar* the solar system ◊ *~ operacional* operating system

sisudo, -a *adj* serious

sítio *sm* **1** (*chácara*) small property in the country **2** (*cerco*) siege: *estado de ~* state of siege

situação *sf* situation: *Assim você me deixa numa ~ difícil.* You're putting me in an awkward situation. LOC *Ver* ALTURA

situado, -a *pp, adj* situated *Ver tb* SITUAR

situar ◆ *vt* **1** (*colocar, edificar*) to place: *Situaram as tropas em volta do edifício.* They placed the troops around the building. ◊ *Resolveram ~ a nova ponte mais para norte.* They decided to place the new bridge further to the north. **2** (*em mapa*) to find: *Situe Angola no mapa.* Find Angola on the map. **3** (*romance, filme*) to set *sth* **in**... ◆ **situar-se** *v pron* **1** (*pôr-se*) to position yourself **2** (*estar situado*) to be situated

skate *sm* skateboard

slide *sm* slide: *um ~ a cores* a color slide

slogan *sm* slogan

smoking *sm* tuxedo [*pl* tuxedos], tux (*coloq*), dinner jacket (*GB*)

só ◆ *adj* **1** (*sem companhia*) alone: *Ela estava só em casa.* She was alone in the house. **2** (*solitário*) lonely: *Ela é uma pessoa muito só.* She's a very lonely person. ◆ *adv* only: *Só trabalho aos sábados.* I only work on Saturdays. ◊ *Só te peço uma coisa.* I'm asking you just one thing. LOC **estar/sentir-se só** to be/feel lonely **não só...como/mas também...** not only...but also...

soalho *sm* wooden floor

soar *vi* **1** (*alarme, sirene*) to go off **2** (*campainha, sino, telefone*) to ring **3**

(*parecer*) to sound: *Como te soa este parágrafo?* How does this paragraph sound to you?

sob *prep* under

soberano, -a *adj, sm-sf* sovereign

sobra *sf* **1** (*excesso*) surplus **2 sobras** leftovers LOC **de sobra 1** (*suficiente*) plenty (of *sth*): *Há comida de ~.* There's plenty of food. ◊ *Temos tempo de ~.* We have plenty of time. **2** (*em demasia*) too much/many...: *Tenho trabalho de ~.* I've got too much work.

sobrancelha *sf* eyebrow LOC *Ver* FRANZIR

sobrar *vi* **1** (*restar*) to be left (over): *Sobrou queijo de ontem.* There's some cheese left (over) from last night. **2** (*haver mais do que o necessário*) to be too much/many: *Sobram duas cadeiras.* There are two chairs too many. **3** (*estar de mais*) to be in the way: *Estamos sobrando aqui.* We're in the way here. LOC **sobrar algo a alguém** to have sth left: *Sobraram-me dois doces.* I have two pieces of candy left.

sobre *prep* **1** (*em cima de*) on: *sobre a mesa* on the table **2** (*por cima, sem tocar*) over: *Voamos sobre o Rio de Janeiro.* We flew over Rio de Janeiro. **3** (*a respeito de*) about: *um filme sobre a Escócia* a movie about Scotland **4** (*num total de*) out of: *oito sobre dez* eight out of ten

sobreaviso *sm* LOC **estar/ficar de sobreaviso** to be on your guard

sobrecarregar *vt* to overload

sobreloja *sf* (*edifício*) mezzanine

sobremesa *sf* dessert: *O que a gente tem de ~?* What's for dessert? ◊ *Comi bolo de ~.* I had cake for dessert. LOC *Ver* PRATO

sobrenatural *adj* supernatural

sobrenome *sm* family/last name, surname (*GB*)

sobressair *vi* to stick out, to protrude (*formal*)

sobressalente *adj* spare

sobressaltar *vt* to startle

sobressalto *sm* (*susto*) fright

sobretudo¹ *sm* overcoat

sobretudo² *adv* especially ☞ *Ver nota em* SPECIALLY

sobrevivência *sf* survival

sobrevivente ◆ *adj* surviving ◆ *smf* survivor

sobreviver *vi* to survive

sobrinho, -a *sm-sf* nephew [*fem* niece]

Às vezes dizemos *sobrinhos* ao nos referirmos a sobrinhos e sobrinhas. Nesses casos devemos dizer em inglês **nephews and nieces**: *Quantos sobrinhos você tem?* How many nephews and nieces do you have?

sóbrio, -a *adj* sober

social *adj* social LOC *Ver* ASSISTÊNCIA, ASSISTENTE, COLUNA, PREVIDÊNCIA

socialismo *sm* socialism

socialista *adj, smf* socialist

sociável *adj* sociable

sociedade *sf* **1** society [*pl* societies]: *uma ~ de consumo* a consumer society **2** (*Com*) company [*pl* companies] LOC **sociedade anônima** public corporation, public limited company (*abrev* plc) (*GB*) **sociedade limitada** limited company (*abrev* Ltd)

sócio, -a *sm-sf* **1** (*clube*) member: *tornar-se ~ de um clube* to become a member of a club/to join a club **2** (*Com*) partner

sociologia *sf* sociology

sociólogo, -a *sm-sf* sociologist

soco *sm* punch: *Ele me deu um ~ no estômago.* He punched me in the stomach.

socorrer *vt* to help

socorro ◆ *sm* help: *um pedido de ~* a cry for help ◆ socorro! *interj* help! LOC *Ver* PRIMEIRO

soda *sf* **1** (*bicarbonato*) baking soda, bicarbonate of soda (*GB*) **2** (*bebida*) soda (water) LOC **soda (limonada)** soda, (fizzy) lemonade (*GB*)

sofá *sm* couch, sofa

sofá-cama *sm* sofa bed

sofisticado, -a *adj* sophisticated

sofrer ◆ *vt* **1** to suffer: *~ uma derrota/lesão* to suffer a defeat/an injury **2** (*ter*) to have: *~ um acidente/ataque do coração* to have an accident/a heart attack ◊ *A cidade sofre com problemas de trânsito.* The city has traffic problems. **3** (*mudança*) to undergo ◆ *vi ~* (**de**) to suffer (**from** *sth*): *Ele sofre de dor de cabeça/nas costas.* He suffers from headaches/backache. LOC **sofrer do coração** to have heart trouble **sofrer uma desilusão** to be disappointed: *Sofri uma desilusão amorosa.* I was unlucky in love.

sofrimento *sm* suffering

sofrível *adj* (*aceitável*) passable

sogro, -a *sm-sf* **1** father-in-law [*fem*

mother-in-law] **2 sogros** parents-in-law, in-laws (*mais coloq*)

soja *sf* soybean, soya (*GB*)

sol¹ *sm* sun: *O ~ batia no meu rosto.* The sun was shining on my face. ◊ *sentar-se ao/no ~* to sit in the sun ◊ *uma tarde de ~* a sunny afternoon LOC **de sol a sol** from morning to night **fazer sol** to be sunny **tomar sol** to sunbathe *Ver tb* BANHO, LUZ, NASCER, PÔR, RAIO

sol² *sm* (*Mús*) G: ~ *bemol* G flat LOC *Ver* CLAVE

sola *sf* sole: *sapatos com ~ de borracha* rubber-soled shoes

solar¹ *adj* (*do sol*) solar LOC *Ver* CREME, QUEIMADURA, TETO

solar² *sm* manor (house)

solavanco *sm* jolt

soldado *sm* soldier

soldar *vt* to solder

soleira *sf* (*porta*) threshold

solene *adj* solemn

soletrar *vt* to spell

solfejo *sm* music theory

solicitação *sf* request

solicitar *vt* to request: ~ *uma entrevista* to request an interview

solícito, -a *adj* (*prestativo*) helpful

solidão *sf* loneliness, solitude (*mais formal*)

solidariedade *sf* solidarity

solidário, -a *adj* supportive LOC **ser solidário com** to support *sb/sth*

solidez *sf* solidity

solidificar *vt, vi* **1** to solidify **2** (*água*) to freeze

sólido, -a *adj, sm* solid

solista *smf* soloist

solitário, -a *adj* **1** (*sozinho*) solitary: *Ela leva uma vida solitária.* She leads a solitary life. **2** (*lugar*) lonely: *as ruas solitárias* the lonely streets

solo¹ *sm* **1** (*superfície da terra*) ground **2** (*terra*) soil

solo² *sm* (*Mús*) solo [*pl* solos]: *tocar/cantar um ~* to play/sing a solo

soltar ◆ *vt* **1** (*largar*) to let go of *sb/sth*: *Solte essa criança!* Let go of that child! **2** (*deixar cair*) to drop **3** (*libertar*) to set *sb/sth* free, to release (*mais formal*) **4** (*cão*) to set *a dog* loose **5** (*cabo, corda, grito, suspiro*) to let *sth* out: *Solte um pouco a corda.* Let the rope out a little. ◊ ~ *um suspiro de alívio* to heave a sigh of relief **6** (*fumo, cheiro*) to give *sth* off: *A chaminé estava soltando muita fu-*

maça. The chimney was giving off a lot of smoke. **7** (*velas*) to unfurl ◆ **soltar-se** *v pron* **1** (*desprender-se*) to come/work loose **2** (*botão*) to come undone: *O botão da minha saia se soltou.* The button on my skirt came undone. LOC **soltar o cabelo** to let your hair down **soltar (um) palavrão** to swear

solteirão, -ona *sm-sf* bachelor [*fem* spinster]

solteiro, -a ◆ *adj* single: *ser/estar ~* to be single ◆ *sm-sf* single man/woman [*pl* single men/women] LOC *Ver* CAMA, DESPEDIDA, MÃE, NOME

solto, -a *adj* loose: *uma página solta* a loose page ◊ *um parafuso ~* a loose screw ◊ *Uso sempre o cabelo ~.* I always wear my hair loose.

solução *sf* solution (**to sth**): *encontrar uma ~ para o problema* to find a solution to the problem

soluçar *vi* **1** (*chorar*) to sob **2** (*Med*) to hiccup

solucionar *vt* to solve: ~ *um problema* to solve a problem

soluço *sm* **1** (*ao chorar*) sob **2** (*Med*) hiccup: *curar os ~s* to cure the hiccups ◊ *estar com ~(s)* to have the hiccups

solúvel *adj* soluble: *aspirina ~* soluble aspirin

solvente *adj, sm* solvent

som *sm* sound: *Esta parede tem um ~ oco.* This wall sounds hollow. LOC **aparelhagem/aparelho de som** stereo (system) *Ver tb* PROVA, TOM

soma *sf* sum: *fazer uma ~* to do a sum

somar *vt, vi* to add: *Some dois mais cinco.* Add two and five. ◊ *Vocês sabem ~?* Can you add?

sombra

a shadow   They're sitting in the shade.

sombra *sf* **1** (*ausência de sol*) shade: *Nós nos sentamos à/na ~.* We sat in the shade. ◊ *A árvore fazia ~ no carro.* The car was shaded by the tree. ◊ *Você está fazendo ~.* You're keeping the sun off me. **2** (*silhueta*) shadow: *projetar uma ~* to cast a shadow ◊ *Ela não é nem a ~ do que era.* She's a shadow of her former self. LOC **sem sombra de dúvida** undoubtedly **sombra (para os olhos)** eyeshadow

sombreado, -a *adj* shady

sombrinha *sf* **1** (*guarda-sol*) sunshade **2** (*guarda-chuva*) umbrella

somente *adv* Ver só

sonâmbulo, -a *sm-sf* sleepwalker

sonda *sf* (*Med*) probe LOC **sonda espacial** space probe

sondagem *sf* (*opinião, mercado*) poll: *uma ~ de opinião* an opinion poll

sondar *vt* **1** (*pessoa*) to sound *sb* out (**about/on *sth***) **2** (*opinião, mercado*) to test LOC **sondar o terreno** (*averiguar*) to see how the land lies

soneca *sf* nap: *tirar uma ~* to take a nap

sonhador, ~a *sm-sf* dreamer

sonhar *vt, vi* **1** ~ (**com**) (*dormindo*) to dream (**about *sb/sth***): *Não sei se sonhei.* I don't know if I dreamed it. ◊ *Ontem à noite sonhei com você.* I dreamed about you last night. **2** ~ (**em**) (*desejar*) to dream (**of *doing sth***): *Sonham em ser famosos.* They dream of becoming famous. LOC **nem sonhando!** no chance! **sonhar acordado** to daydream **sonhar com os anjos** to have sweet dreams

sonho *sm* **1** (*dormindo, aspiração*) dream **2** (*Cozinha*) doughnut ☞ Ver *ilustração em* PÃO LOC **de sonho** dream: *uma casa de ~* a dream home **nem em sonho!** no chance!

sonífero *sm* sleeping pill

sono *sm* **1** (*descanso*) sleep: *por falta de ~* due to lack of sleep ◊ *Não deixe que isso lhe tire o ~.* Don't lose any sleep over it. **2** (*sonolência*) drowsiness: *Estes comprimidos dão ~.* These pills make you drowsy. LOC **dar sono** to make *sb* drowsy **estar caindo/morrendo de sono** to be dead on your feet **estar com/ter sono** to be sleepy Ver *tb* FERRADO

sonolento, -a *adj* sleepy

sonoro, -a *adj* **1** (*Tec*) sound [*s atrib*]: *efeitos ~s* sound effects **2** (*voz*) loud LOC Ver TRILHA

sopa *sf* soup: *~ de massinha* noodle soup ◊ *colher de ~* soup spoon LOC Ver PRATO

soprano *sf* soprano [*pl* sopranos]

soprar ◆ *vt* **1** (*para apagar algo*) to blow *sth* out: *~ uma vela* to blow out a candle **2** (*para esfriar algo*) to blow on *sth*: *~ a sopa* to blow on your soup ◆ *vi* to blow

sopro *sm* **1** blow: *Ele apagou todas as velas com um ~ só.* He blew out all the candles in one go. **2** (*vento*) gust

soquete *sf* sock

sórdido, -a *adj* sordid

soronegativo, -a *adj* HIV-negative

soropositivo, -a *adj* HIV-positive

sorridente *adj* smiling

sorrir *vi* to smile: *Ele sorriu para mim.* He smiled at me.

sorriso *sm* smile

sorte *sf* **1** luck: *Boa ~ no exame!* Good luck with your exam! ◊ *dar/trazer boa/má ~* to bring good/bad luck ◊ *Que ~!* What a stroke of luck! **2** (*destino*) fate LOC **à sorte** at random **de sorte** lucky: *o meu número de ~* my lucky number **por sorte** fortunately **sorte grande** (*loteria*) first prize **ter pouca/má sorte** to be unlucky: *ter a má ~ de...* to be unlucky enough to... **ter sorte** to be lucky **tirar à sorte** to draw lots for *sth*: *Tiramos à ~.* We drew lots for it. Ver *tb* LER

sortear *vt* **1** (*tirar à sorte*) to draw lots for *sth* **2** (*rifar*) to raffle

sorteio *sm* **1** (*loteria*) draw **2** (*rifa*) raffle

sortido, -a *pp, adj* (*variado*) assorted: *bombons ~s* assorted chocolates

sortimento *sm* selection: *Eles não têm um bom ~.* They don't have a very good selection.

sorver *vt, vi* **1** to sip **2** (*com um canudo*) to suck

sorvete *sm* **1** ice cream: *~ de chocolate* chocolate ice cream **2** (*feito com água*) sorbet

sorveteria *sf* ice cream parlor

S.O.S. *sm* SOS: *enviar um ~* to send out an SOS

sósia *smf* double

soslaio *sm* LOC **de soslaio** out of the corner of your eye: *Ele me olhava de ~.* He was looking at me out of the corner of his eye.

sossegado, -a *pp, adj* quiet: *deixar alguém ~* to leave sb in peace Ver *tb* SOSSEGAR

sossegar *vt, vi* to calm (*sb/sth*) down

sossego *sm* peace (and quiet)

sótão *sm* attic

sotaque *sm* accent: *falar com um ~ estrangeiro* to speak with a foreign accent

sova *sf* beating

sovaco *sm* armpit

sovina ♦ *adj* (*pessoa*) stingy ♦ *smf* miser

sozinho, -a *adj* **1** (*sem companhia*) alone: *Ela estava sozinha em casa.* She was alone in the house. **2** (*sem ajuda*) by myself, yourself, etc.: *Ele já come ~.* He can eat by himself now. ☛ *Ver nota em* ALONE

squash *sm* squash

standard *adj, sm* standard

status *sm* status

stress *sm* stress: *sofrer de ~* to suffer from stress

suado, -a *pp, adj* sweaty *Ver tb* SUAR

suar *vi* to sweat LOC **suar em bicas** to drip with sweat **suar sangue** to sweat blood

suave *adj* **1** (*cor, luz, música, pele, roupa, voz*) soft **2** (*superfície*) smooth **3** (*brisa, pessoa, curva, descida, som, exercícios*) gentle **4** (*castigo, clima, sabor*) mild **5** (*chuva, vento*) light

subconsciente *adj, sm* subconscious

subdesenvolvido, -a *adj* underdeveloped

subdesenvolvimento *sm* underdevelopment

subentender *vt* to assume: *Pelo seu comentário, subentende-se que você não gostou do filme.* From what you say, I take it you didn't like the movie.

subestimar *vt* to underestimate

subida *sf* **1** (*ação*) ascent **2** (*ladeira*) slope: *no alto desta ~* at the top of this slope **3** (*aumento*) rise (*in sth*): *uma ~ de preços* a rise in prices

subir ♦ *vt* **1** (*ir/vir para cima*) to go/come up: *~ uma rua* to go up a street **2** (*montanha, escada*) to climb: *~ o Evereste* to climb Everest **3** (*pôr mais para cima*) to put *sth* up **4** (*levantar*) to lift *sth* up: *Ele subiu a bagagem para o trem.* He lifted the baggage onto the train. **5** (*levar*) to take/bring *sth* up: *Ele subiu as malas até o quarto.* He took the suitcases up to the room. **6** (*preços*) to put *sth* up, to raise (*mais formal*) **7** (*persiana*) to raise ♦ *vi* **1** (*ir/vir para cima*) to go/come up: *Subimos até o último andar.* We went up to the top floor. ◊ *~ no telhado* to go up onto the roof **2** (*trepar*) to climb: *Ela gosta de ~*

em árvores. She loves climbing trees. **3** (*temperatura, rio*) to rise **4** (*maré*) to come in **5** (*preços*) to go up (in price): *A gasolina subiu.* Gasoline has gone up in price. **6** ~ (**em**) (*transporte público, cavalo, bicicleta*) to get on (*sth*): *Subiram dois passageiros.* Two passengers got on. LOC **subir à cabeça (de alguém)** (*bebida, sucesso, cargo*) to go to sb's head **subir pelas paredes** (*ficar furioso*) to hit the roof *Ver tb* ESCADA

súbito, -a *adj* sudden

subjetivo, -a *adj* subjective

subjuntivo *sm* (*Gram*) subjunctive

sublinhar *vt* to underline

sublocar *vt* to sublet

submarino, -a ♦ *adj* underwater ♦ *sm* submarine

submergir *vt* to submerge

submeter ♦ *vt* **1** (*dominar*) to subdue **2** (*expor*) to subject *sb/sth* **to sth**: *~ os presos a torturas* to subject prisoners to torture **3** (*procurar aprovação*) to submit *sth* (**to sb/sth**): *Eles têm que ~ o projeto ao conselho.* They have to submit the plan to the council. ♦ **submeter-se** *v pron* **submeter-se a 1** (*aceitar*) to submit **to sth**: *Ela se submeteu às exigências dele.* She submitted to his demands. **2** (*sofrer*) to undergo: *Ele se submeteu a várias operações.* He underwent several operations. LOC **submeter a votação** to put *sth* to the vote

submisso, -a *adj* submissive

subnutrido, -a *adj* undernourished

subordinado, -a *pp, adj, sm-sf* subordinate

subornar *vt* to bribe

suborno *sm*: *tentativa de ~* attempted bribery ◊ *aceitar ~s* to accept/take bribes

subsidiar *vt* to subsidize

subsídio *sm* subsidy [*pl* subsidies]

subsistir *vi* to subsist (**on sth**)

subsolo *sm* basement

substância *sf* substance

substancial *adj* substantial

substantivo *sm* noun

substituição *sf* **1** (*permanente*) replacement **2** (*temporária, Esporte*) substitution

substituir *vt* **1** (*permanentemente*) to replace *sb/sth* (**with sb/sth**) **2** (*pontualmente, tomar o lugar de*) to stand in **for sb**: *O meu ajudante vai me ~.* My assistant will stand in for me.

substituto, -a *sm-sf, adj* **1** (*permanente*) replacement: *Estão à procura de um ~ para o chefe de pessoal.* They're looking for a replacement for the personnel manager. **2** (*suplente*) substitute: *um professor ~* a substitute teacher

subterrâneo, -a *adj* underground LOC *Ver* PASSAGEM

subtração *sf* (*Mat*) subtraction

subtrair *vt* to subtract (*formal*), to take *sth* away: *~ 3 de 7* to take 3 away from 7

subúrbio *sm* **1** (*arredores*) suburb **2** (*bairro pobre*) slum

sucata *sf* scrap: *vender um carro para ~* to sell a car for scrap

sucedâneo, -a *sm-sf* substitute (**for sth**)

suceder **1** *vi* (*acontecer*) to happen (**to sb/sth**): *Eu me lembrei do que havia sucedido aquela noite.* I remembered what had happened that night. **2** *vt* (*cargo, trono*) to succeed: *O filho vai sucedê-lo no trono.* His son will succeed to the throne.

sucessão *sf* succession

sucessivamente *adv* successively LOC *Ver* ASSIM

sucesso *sm* **1** (*êxito*) success: *ter ~* to be successful **2** (*Mús, Cinema*) hit: *os seus últimos ~s comerciais* his latest box-office hits LOC *Ver* PARADA

sucessor, ~a *sm-sf* (**a/de**) successor (**to sb/sth**): *Ainda não nomearam a sucessora dela.* They haven't yet named her successor.

suco *sm* juice: *~ de abacaxi* pineapple juice ◊ *~ de laranja feito na hora* freshly squeezed orange juice

suculento, -a *adj* **1** juicy **2** (*carne*) succulent

sucursal *sf* branch

sudeste *sm* **1** (*ponto cardeal, região*) south-east (*abrev* SE): *a fachada ~ do edifício* the south-east face of the building **2** (*vento, direção*) south-easterly: *em direção ao ~* in a south-easterly direction

súdito, -a *sm-sf* subject: *uma súdita britânica* a British subject

sudoeste *sm* **1** (*ponto cardeal, região*) south-west (*abrev* SW) **2** (*vento, direção*) south-westerly

suéter *sm* sweater

suficiente ◆ *adj* enough: *Não há arroz ~ para tantas pessoas.* There isn't enough rice for all these people. ◊ *Serão ~s?* Will there be enough (of them)? ◊

Ganho o ~ para viver. I earn enough to live on. ◆ *sm* (*Educ*) ≃ C: *tirar ~* to get (a) C

sufocante *adj* stifling: *Estava um calor ~.* It was stiflingly hot.

sufocar ◆ *vt* **1** (*asfixiar*) to suffocate: *A fumaça estava me sufocando.* The smoke was suffocating me. **2** (*rebelião*) to put *sth* down ◆ *vi* **1** (*de calor*) to suffocate: *Eu estava quase sufocando no metrô.* I was almost suffocating on the subway. **2** (*respirar mal*) to get out of breath

sufoco *sm* **1** (*calor*): *Que ~! Abre um pouco a janela.* It's so hot in here! Open the window a little. **2** (*preocupação, agitação*) hassle: *Ainda bem que o ~ dos exames já passou.* I'm glad all the hassle of the exams is over.

sugerir *vt* to suggest **doing sth/that…**: *Ele sugeriu que fôssemos embora.* He suggested (that) we should leave. ◊ *Sugiro que vamos ao cinema esta tarde.* I suggest we go to the movies this evening.

sugestão *sf* suggestion

suicidar-se *v pron* to commit suicide

suicídio *sm* suicide

suíno *sm* pig ☛ *Ver nota em* PORCO LOC *Ver* GADO

sujar ◆ *vt* to get *sth* dirty: *Não suje a mesa.* Don't get the table dirty. ◊ *Você sujou o vestido de óleo.* You got oil on your dress. ◆ **sujar-se** *v pron* to get dirty

sujeira *sf* dirt LOC **fazer sujeira** to make a mess

sujeitar ◆ *vt* to subject *sb/sth* **to sth** ◆ **sujeitar-se** *v pron* (*arriscar-se*) to risk *sth*: *Você se sujeita a ser multado.* You're risking a fine.

sujeito, -a ◆ *adj* ~ **a** subject **to sth**: *Estamos ~s às regras do clube.* We are subject to the rules of the club. ◆ *sm* **1** (*tipo*) character **2** (*Gram*) subject

sujo, -a *adj* dirty LOC *Ver* CESTO, JOGO

sul *sm* south (*abrev* S): *no ~ da França* in the south of France ◊ *Fica ao ~ de Recife.* It's south of Recife. ◊ *na costa ~* on the south coast LOC *Ver* AMÉRICA

sulco *sm* **1** (*Agricultura, rugo*) furrow **2** (*água*) wake **3** (*disco, metal*) groove

sulista ◆ *adj* southern ◆ *smf* southerner

sultão, -ana *sm-sf* sultan [*fem* sultana]

suma *sf* LOC **em suma** in short

sumarento, -a *adj* juicy

sumariar *vt* to summarize

sumo *sm* (fruit) juice

sunga *sf* swimming trunks [*pl*]

suor *sm* sweat

superar ◆ *vt* **1** (*dificuldade, problema*) to overcome, to get over *sth* (*mais coloq*): *Superei o medo de voar.* I overcame my fear of flying. **2** (*rival, recorde*) to beat **3** (*prova*) to pass **4** (*fazer melhor*) to surpass: ~ *as expectativas* to surpass expectations ◊ *O time brasileiro superou os italianos no jogo.* The Brazilian team outplayed the Italians. ◆ **superar-se** *v pron* to outdo yourself: *Nesse jogo os brasileiros se superaram.* The Brazilians really outdid themselves in this match.

superestimar *vt* to overestimate

superficial *adj* superficial

superfície *sf* **1** surface: *a ~ da água* the surface of the water **2** (*Mat, extensão*) area

supérfluo, -a *adj* **1** superfluous: *detalhes ~s* superfluous details **2** (*despesas*) unnecessary

superior ◆ *adj* **1** ~ (a) higher (**than *sb/sth***): *um número 20 vezes ~ ao normal* a figure 20 times higher than normal ◊ *ensino* ~ higher education **2** ~ (a) (*qualidade*) superior (**to *sb/sth***): *Ele era ~ ao rival.* He was superior to his rival. **3** (*posição*) top: *o canto ~ esquerdo* the top left-hand corner ◊ *o lábio* ~ the upper lip **4** (*oficial*) senior **5** (*Mil*) superior ◆ *sm* superior LOC *Ver* ENSINO, ESCOLA, MADRE

superioridade *sf* superiority LOC *Ver* AR

superlotado, -a *pp, adj* packed: *Os ônibus estão sempre ~s.* The buses are always packed.

supermercado *sm* supermarket

superpovoado, -a *pp, adj* overpopulated

superstição *sf* superstition

supersticioso, -a *adj* superstitious

supervisionar *vt* to supervise

suplemento *sm* supplement: *o ~ dominical* the Sunday supplement

súplica *sf* plea

suplicar *vt* to beg (*sb*) (**for *sth***): *Eu lhe supliquei que não o fizesse.* I begged him not to do it.

suplício *sm* **1** (*tortura*) torture: *Estes saltos são um ~.* These high heels are torture. **2** (*experiência*) ordeal: *Aquelas*

horas de incerteza foram um ~. Those hours of uncertainty were an ordeal.

supor *vt* to suppose: *Suponho que eles virão.* I suppose they'll come. ◊ *Suponho que sim/não.* I suppose so/not. LOC **supondo/suponhamos que ...** supposing ...

suportar *vt* **1** (*pessoa, situação*) to put up with *sb/sth*: ~ *o calor* to put up with the heat ☛ Quando a frase é negativa, utiliza-se muito **to stand**: *Não a suporto.* I can't stand her. ◊ *Não suporto ter que esperar.* I can't stand waiting. **2** (*peso, pressão, dor*) to withstand **3** (*sustentar*) to support: *São as vigas que suportam o telhado.* The beams support the roof.

suporte *sm* **1** support **2** (*prateleira*) bracket

suposição *sf* supposition

supositório *sm* suppository [*pl* suppositories]

suposto, -a *pp, adj* (*presumível*) alleged: *o ~ culpado* the alleged culprit *Ver tb* SUPOR

supremacia *sf* supremacy (**over *sb/sth***)

supremo, -a *adj* supreme

suprimir *vt* **1** (*omitir, excluir*) to leave *sth* out: *Eu suprimiria este parágrafo.* I'd leave this paragraph out. **2** (*abolir*) to abolish: ~ *uma lei* to abolish a law

surdez *sf* deafness

surdo, -a *adj, sm-sf* deaf [*adj*]: *uma escola especial para ~s* a special school for the deaf ◊ *ficar* ~ to go deaf LOC **fazer-se de surdo** to pretend not to hear **surdo como uma porta** as deaf as a post

surdo-mudo, surda-muda ◆ *adj* deaf and dumb ◆ *sm-sf* deaf mute

surfe *sm* surfing: *fazer/praticar* ~ to go surfing

surfista *smf* surfer

surgir *vi* **1** (*aparecer*) to appear: *De onde é que isto surgiu?* Where did this appear from? **2** (*problema, complicação*) to arise: *Espero que não surja nenhum problema.* I hope no problems arise.

surpreendente *adj* surprising

surpreender *vt* **1** to surprise: *Surpreende-me que ele ainda não tenha chegado.* I'm surprised he hasn't arrived yet. **2** (*apanhar desprevenido*) to catch *sb* (unawares): *Surpreenderam os assaltantes.* They caught the robbers unawares. ◊ *Ele os surpreendeu roubando.* He caught them stealing.

surpreendido, -a *pp, adj* surprised
Ver tb SURPREENDER

surpresa *sf* surprise LOC **apanhar de surpresa** to take *sb* by surprise **fazer uma surpresa (a)** to surprise *sb*

surra *sf* thrashing: *O Fluminense deu uma ~ neles.* Fluminense gave them a real thrashing.

surrado, -a *pp, adj* threadbare

surtir *vt* LOC **surtir efeito** to produce an effect

surto *sm* (*epidemia, violência*) outbreak: *um ~ de cólera* an outbreak of cholera

suscetível *adj* **1** (*melindroso*) touchy **2** **~ de** (*capaz*) liable **to do sth**

suspeita *sf* suspicion

suspeitar *vt, vi* ~ (**de/que…**) to suspect: *Suspeitam que o jovem seja um terrorista.* They suspect the young man of being a terrorist. LOC **eu já suspeitava!** just as I thought!

suspeito, -a ♦ *adj* suspicious ♦ *sm-sf* suspect

suspender *vt* **1** (*aluno, jogo*) to suspend: *O árbitro suspendeu o jogo durante meia hora.* The referee suspended the game for half an hour. **2** (*adiar*) to postpone

suspense *sm* suspense: *estar em ~* to be in suspense

suspensórios *sm* suspenders, braces (*GB*)

suspirar *vi* to sigh

suspiro *sm* **1** (*ai*) sigh **2** (*Cozinha*) meringue

sussurrar *vt, vi* to whisper

sussurro *sm* whisper

sustenido, -a *adj* (*Mús*) sharp: *fá ~* F sharp

sustentar *vt* **1** (*suster*) to support, to hold *sth* up [*mais coloq*] **2** (*manter*) to maintain

sustento *sm* **1** (*alimento*) sustenance **2** (*suporte, apoio*) support

susto *sm* **1** (*medo, sobressalto*) fright: *Que ~ você me deu/pregou!* Oh, you gave me a fright! **2** (*falso alarme*) scare LOC *Ver* PREGAR²

sutiã *sm* bra

sutil *adj* subtle

Tt

tabacaria *sf* tobacconist's [*pl* tobacconists]

tabaco *sm* tobacco

tabefe *sm* (*bofetada*) slap

tabela *sf* **1** (*lista, índice*) table: *~ de equivalências* conversion table **2** (*preços*) price list **3** (*marcador*) scoreboard

tablete *sm* (*chocolate*) bar: *um ~ de chocolate* a candy bar

tabu *sm* taboo [*pl* taboos]: *um tema/uma palavra ~* a taboo subject/word

tábua *sf* **1** (*de madeira*) plank: *uma ponte feita de ~s* a bridge made from planks **2** (*de madeira polida, prancha*) board: *~ de passar roupa* ironing board

tabuleiro *sm* board: *~ de xadrez* chessboard

tabuleta *sf* sign

taça *sf* **1** (*copo*) (champagne) glass: *uma ~ de champanhe* a glass of champagne **2** **Taça** (*Esporte*) Cup

tacada *sf* **1** (*bilhar*) shot **2** (*Golfe*) stroke

tachinha *sf* thumbtack, drawing pin (*GB*)

taco *sm* **1** (*bilhar*) cue **2** (*Golfe*) (golf) club

tagarela ♦ *adj* talkative ♦ *smf* **1** (*falador*) chatterbox (*GB*) **2** (*indiscreto*) gossip

tagarelar *vi* to chatter

tagarelice *sf* chatter [*não contável*]

tal *adj* **1** (+ *substantivos contáveis no plural e substantivos não contáveis*) such: *em tais situações* in such situations ◊ *uma questão de ~ gravidade* a matter of such importance **2** (+ *substantivos contáveis no singular*) such a: *Como você pode dizer ~ coisa?* How can you say such a thing? LOC **em tal caso** in that case **o/a tal** the so-called: *A ~ esposa não era mais do que a cúmplice dele.* His so-called wife was only his accomplice. **tal como** (*do modo*) the way: *Escreve-se ~ como se diz.* It's spelled the way it sounds. **tal e qual** exactly like *sb/sth*: *Ele é ~ e qual o pai.* He's exactly like his father. **tal pai tal filho** like father like son **um/uma tal de** a: *Telefonou um ~ de Luís Martins.* A Luís Martins called for you. *Ver tb* COISA

talão *sm* stub LOC **talão de cheques** checkbook

talco *sm* talc

talento *sm* talent (*for sth/doing sth*): *Ele tem ~ para a música/pintura.* He has a talent for music/painting.

talhar ◆ *vt* **1** (*madeira, pedra*) to carve: *~ algo em coral* to carve sth in coral **2** (*jóia, vidro*) to cut ◆ *vi* (*leite, creme*) to curdle

talher *sm* **talheres** silverware, cutlery (*GB*) [*não contável*]: *Só me falta pôr os ~es.* I've just got to put out the silverware. ◊ *Ele ainda não aprendeu a usar os ~es.* He hasn't learned how to use a knife and fork yet.

talho *sm* cut

talismã *sm* good-luck charm

talo *sm* stem

talvez *adv* maybe: *— Você acha que ela vem?—Talvez.* "Do you think she'll come?" "Maybe."

tamanco *sm* clog

tamanduá *sm* anteater

tamanho, -a ◆ *adj* such: *Nunca ouvi tamanha estupidez.* I never heard anything so stupid. ◆ *sm* size: *Que ~ de camisa você veste?* What size shirt do you wear? ◊ *Que ~ tem a caixa?* What size is the box? ◊ *ser do/ter o mesmo ~* to be the same size

tâmara *sf* date

também *adv* also, too, as well

Too e **as well** são colocados no final da frase: *Eu também quero ir.* I want to go too/as well. ◊ *Eu também cheguei tarde.* I was late too/as well. **Also** é a variante mais formal e coloca-se antes do verbo principal, ou depois, se é um verbo auxiliar: *Também vendem sapatos.* They also sell shoes. ◊ *Conheci a Jane e os pais dela também.* I've met Jane and I've also met her parents.

LOC **eu também** me too: *— Quero um sanduíche.—Eu ~.* "I want a sandwich." "Me too." **também não** neither, nor, either: *— Não vi esse filme. —Eu ~ não.* "I didn't see that movie." "Neither

did I./Me neither./Nor did I." ◊ *—Não gosto.—Eu ~ não.* "I don't like it." "Nor do I./Neither do I./I don't either". ◊ *Eu ~ não fui.* I didn't go either." ☛ *Ver nota em* NEITHER *Ver tb* SÓ

tambor *sm* drum: *tocar ~* to play the drums

tampa *sf* **1** lid **2** (*garrafa, tubo*) top **3** (*Tec, banheira, ralo*) plug LOC **tampa de rosca** screw top

tampão *sm* (*higiênico*) tampon

tampouco *adv* neither, nor, either ☛ *Ver nota em* NEITHER

tangente *adj, sf* tangent

tangerina *sf* tangerine

tanque *sm* **1** (*reservatório, Mil*) tank **2** (*de lavar roupa*) sink LOC **tanque de gasolina** gas tank, petrol tank (*GB*)

tanto, -a ◆ *adj, pron* **1** (*referente a substantivo não contável*) so much: *Não ponha ~ arroz para mim.* Don't give me so much rice. ◊ *Nunca tinha passado tanta fome.* I'd never been so hungry. ◊ *Eles me dão ~ por mês.* They give me so much a month. **2** (*referente a substantivo contável*) so many: *Havia tantas pessoas lá!* There were so many people there! ◊ *Ele tinha ~s problemas!* He had so many problems! ◊ *Por que você comprou ~s?* Why did you buy so many? ◆ *adv* **1** so much: *Comi ~ que nem posso me mexer.* I ate so much that I can't move. **2** (*tão rápido*) so fast: *Não corra ~.* Don't run so fast. LOC **às/até as tantas** in/until the small hours **de tantas em tantas horas, semanas, etc.** every so many hours, weeks, etc. **e tanto** great: *Ele é um cara e ~.* He's a great guy. **e tantos** (*com quantidade, com idade*) odd: *quarenta e tantas pessoas* forty-odd people **tanto... como...** **1** (*em comparações*) **(a)** (+ *substantivo não contável*) as much...as...: *Bebi tanta cerveja como você.* I drank as much beer as you. **(b)** (+ *substantivo contável*) as many...as...: *Não temos ~s amigos como antes.* We don't have as many friends as we used to. **2** (*os dois*) both...and...: *~ ele como a irmã sabiam.* He and his sister both knew. **tanto faz** (*dá na mesma*) it's all the same **tanto melhor** so much the better **tanto pior** too bad **tanto quanto/quantos...** **1** (*quantidade*) as much/as many as...: *~s quantos forem necessários* as many as are needed **2** (*tempo*) as long as... **um tanto** (*bastante*) pretty, rather (*GB*):

É um ~ caro. It's pretty expensive. *Ver tb* OUTRO

tão *adv* **1** (*antes de um adjetivo/ advérbio*) so: *É ~ difícil que…* It's so hard that… ◊ *Não pensei que você chegaria ~ tarde.* I didn't think you'd be so late. ◊ *Não acho que ele seja ~ ingênuo assim.* I don't think he's that naive. **2** (*depois de um substantivo*) such: *Eu não esperava um presente ~ caro.* I wasn't expecting such an expensive present. ◊ *São umas crianças ~ boazinhas que…* They're such good children that… LOC **tão…como…** as…as…: *Ele é ~ elegante como o pai.* He's as elegant as his father.

tão-só (*tb* **tão-somente**) *adv* only

tapa *sm* **1** (*amigável*) pat: *Ele me deu um ~ nas costas.* He gave me a pat on the back. **2** (*bofetada*) slap

tapar *vt* **1** (*cobrir*) to cover *sb/sth* (**with sth**) **2** (*com uma tampa*) to put the lid on *sth*: *Tape a panela.* Put the lid on the pot. **3** (*com tampa de rosca*) to put the cap on *sth*: *~ a pasta de dentes* to put the cap on the toothpaste **4** (*caixa*) to close **5** (*buraco, goteira*) to stop *sth* (up) (**with sth**): *Tapei os buracos com gesso.* I stopped (up) the holes with plaster. **6** (*a vista*) to block *sb's* view (**of sth**)

tapete *sm* **1** (*grande*) carpet **2** (*pequeno*) rug **3** (*capacho*) mat

tarado, -a ♦ *adj* ~ **por** crazy **about** *sb/ sth*: *O João é completamente ~ pela Verinha.* João's really crazy about Verinha. ♦ *sm-sf* sex maniac

tarântula *sf* tarantula

tarde¹ *sf* afternoon, evening: *O concerto é à ~.* The concert is in the afternoon/ evening. ◊ *Eles chegaram domingo à ~.* They arrived on Sunday afternoon/ evening. ◊ *Vejo você amanhã à ~.* I'll see you tomorrow afternoon/evening. ◊ *O que é que você vai fazer hoje à ~?* What are you doing this afternoon/ evening? ◊ *às quatro da ~* at four o'clock in the afternoon ◊ *a programação da ~* afternoon viewing

Utiliza-se **afternoon** para o período do meio-dia até, aproximadamente, as seis da tarde e **evening** para o período das seis da tarde até a hora de dormir. *Ver tb* nota em MORNING.

LOC **boa tarde!** good afternoon/ evening! *Ver tb* CAIR

tarde² *adv* late: *Nós nos levantamos ~.* We got up late. ◊ *Vou-me embora, que já*

é ~. I'm off; it's getting late. ◊ *É ~ para telefonar.* It's too late to call them. LOC *Ver* CHEGAR

tarefa *sf* **1** task: *uma ~ impossível* an impossible task **2** (*obrigação*) duty [*pl* duties]: *Quais são as minhas ~s?* What are my duties? LOC **tarefas domésticas** housework [*não contável, v sing*]

tarifa *sf* tariff

tartaruga *sf* **1** (*da terra*) tortoise **2** (*do mar*) turtle

Nos Estados Unidos usa-se apenas uma palavra para os dois tipos de tartaruga, ou seja, **turtle**.

tática *sf* **1** tactics [*pl*]: *a ~ de guerra dos romanos* Roman military tactics ◊ *uma mudança de ~* a change of tactics **2** (*manobra*) tactic: *uma brilhante ~ eleitoral* a brilliant electoral tactic

tato *sm* **1** (*sentido*) sense of touch: *ter um ~ muito desenvolvido* to have a highly developed sense of touch ◊ *reconhecer algo pelo ~* to recognize sth by touch **2** (*habilidade*) tact: *Que falta de ~!* How tactless!

tatuagem *sf* tattoo [*pl* tattoos]

taxa *sf* **1** (*índice*) rate: *~ de câmbio* exchange rate **2** (*imposto*) tax LOC **taxas escolares** tuition fees

táxi *sm* taxi, cab (*mais coloq*) LOC *Ver* PONTO

taxista *smf* taxi driver, cab driver (*mais coloq*)

tchau! *interj* bye!

te *pron pess* **1** (*complemento*) you: *Ele te viu?* Did he see you? ◊ *Eu ~ trouxe um livro.* I've brought you a book. ◊ *Eu ~ escrevo em breve.* I'll write you soon. **2** (*parte do corpo, objetos pessoais*): *Não te engessaram o braço?* Didn't they put your arm in a cast?

teatral *adj* **1** (*comportamento, pessoa*) theatrical **2** (*relativo ao teatro*) theater [*s atrib*]: *companhia ~* theater company LOC *Ver* PEÇA

teatro *sm* theater: *o ~ clássico/moderno* classical/modern theater LOC *Ver* PEÇA

teatrólogo, -a *sm-sf* playwright

tecer *vt* **1** to weave **2** (*aranha, bicho-da-seda*) to spin

tecido *sm* **1** (*pano*) fabric ☞ *Ver* nota em PANO **2** (*Anat*) tissue

tecla *sf* key [*pl* keys]: *apertar uma ~* to press a key

tecladista *smf* keyboard player

teclado *sm* keyboard ☞ *Ver ilustração em* COMPUTADOR

técnica *sf* (*método*) technique

técnico, -a ◆ *adj* technical ◆ *sm-sf* **1** technician **2** (*Esporte*) manager

tecnologia *sf* technology [*pl* technologies] LOC **tecnologia de ponta** state-of-the-art technology

tédio *sm* boredom: *Eu como por puro ~.* I eat out of sheer boredom. LOC *Ver* MORRER, MORTO

teia *sf* web LOC **teia de aranha** spider web, cobweb (*GB*)

teimosia *sf* stubbornness

teimoso, -a *adj* stubborn

tela *sf* **1** (*TV, Informát*) screen: *uma ~ de computador* a computer screen ☞ *Ver ilustração em* COMPUTADOR **2** (*Pintura*) canvas

telecomunicações *sf* telecommunications

teleférico *sm* **1** (*de cabine*) cable car **2** (*de cadeira*) chairlift

telefonar *vt, vi* to telephone, to call (*mais coloq*)

telefone *sm* **1** (*aparelho*) telephone, phone (*mais coloq*): *Ela está ao ~, falando com a mãe.* She's on the phone with her mother. ◊ *Você atende o ~?* Can you answer the phone? ◊ *Ana, ~!* Phone for you, Ana! ◊ *O ~ dá sinal de ocupado.* The line's busy. **2** (*número*) phone number: *Você tem o meu ~?* Do you have my phone number? LOC **telefone celular** cellular phone, cell phone (*mais coloq*) **telefone público** (public) payphone **telefone sem fio** cordless phone *Ver tb* CABINE, DESLIGAR

telefonema *sm* phone call

telefônico, -a *adj* telephone, phone (*mais coloq*) [*s atrib*]: *fazer uma chamada telefônica* to make a phone call LOC *Ver* CABINE, CENTRAL, INFORMAÇÃO

telefonista *smf* (telephone) operator

telegrama *sm* telegram

telejornal *sm* news [*sing*]: *A que horas é o ~?* What time is the news on?

telenovela *sf* soap (opera)

teleobjetiva *sf* telephoto lens

telepatia *sf* telepathy

telescópio *sm* telescope

telespectador, ~a *sm-sf* viewer

teletexto *sm* teletext

televisão *sf* television (*abrev* TV): *aparecer na ~* to be on television ◊ *Ligue/desligue a ~.* Turn the TV on/off. ◊ *O que é que há hoje à noite na ~?* What's on TV tonight? ◊ *Estávamos vendo ~.* We were watching television. LOC **televisão a cabo** cable TV *Ver tb* TRANSMITIR

telex *sm* telex [*pl* telexes]

telha *sf* (*roof*) tile LOC **como/o que me der na telha** however/whatever I, you, etc. want: *Vou fazer como me der na ~.* I'll do it however I want.

telhado *sm* roof

tema *sm* **1** subject: *o ~ de uma palestra/um poema* the subject of a talk/poem **2** (*Mús*) theme LOC *Ver* AFASTAR

temática *sf* subject matter

temer *vt, vi* **1** to be afraid (**of sb/sth/doing sth**): *Temo me enganar.* I'm afraid of making mistakes. ◊ *Eu não disse nada, pois temi que ele se zangasse.* I didn't say it for fear of offending him. **2** ~ **por** to fear **for sb/sth**: *O carro ia em tal velocidade, que temi pela segurança do motorista.* The car was going so fast that I feared for the driver's safety.

temível *adj* frightening

temor *sm* fear

temperado, -a *pp, adj* (*clima*) mild *Ver tb* TEMPERAR

temperamento *sm* temperament

temperar *vt* **1** (*comida*) to season **2** (*salada*) to dress

temperatura *sf* temperature

tempero *sm* **1** (*comida*) seasoning **2** (*salada*) dressing

tempestade *sf* storm: *Vem aí uma ~.* There's a storm brewing. ◊ *Parece que vai haver ~.* It looks like there's going to be a storm. LOC **de tempestade** stormy: *época de ~* stormy season **uma tempestade num copo d'água** a tempest in a teapot, a storm in a teacup (*GB*)

tempestuoso, -a *adj* stormy

templo *sm* temple

tempo *sm* **1** time: *no ~ dos romanos* in Roman times ◊ *Há ~ que moro aqui.* I've been living here for some time. ◊ *no meu ~ livre* in my free time ◊ *passar o tempo* to pass the time ◊ *Há quanto ~ você estuda inglês?* How long have you been studying English? **2** (*meteorológico*) weather: *Ontem fez bom/mau ~.* The weather was good/bad yesterday. **3** (*Gram*) tense **4** (*Esporte*) half [*pl* halves]: *o primeiro ~* the first half LOC **ao mesmo tempo (que)** at the same time (as *sb/sth*): *Falamos ao mesmo ~. We spoke at the same time.* ◊ *Ele acabou ao mesmo ~ que eu.* He finished at the same time as I did. **com o tempo** in time: *Com o ~ você vai entender.* You'll understand in time. **com tempo 1** (*de sobra*) in good time: *Avise-me com ~.* Let me know in good time. **2** (*longamente*) at length **de tempo(s) em tempo(s)** from time to time **em tempo integral**: *Procuram alguém para trabalhar em ~ integral.* They're looking for someone to work full time. **estar em tempo** to be in time (*to do sth*): *Ainda está em ~ de você enviá-lo.* You're still in time to send it. **pouco tempo depois** soon afterwards *Ver tb* CHEGAR, DECORRER, GANHAR, QUANTO

têmpora *sf* (*Anat*) temple

temporada *sf* **1** (*período de tempo*) time: *Ele esteve doente durante uma longa ~.* He was sick for a long time. ◊ *passar uma ~ no estrangeiro* to spend some time abroad **2** (*época*) season: *a ~ de beisebol* the baseball season

temporal *sm* storm

temporário, -a *adj* temporary

tenaz ◆ *adj* tenacious ◆ **tenazes** *sf* tongs

tenda *sf* tent

tendão *sm* tendon

tendência *sf* **1** tendency [*pl* tendencies]: *Ele tem ~ a engordar.* He has a tendency to put on weight. **2** (*moda*) trend: *as últimas ~s da moda* the latest fashion trends

tender *vt* ~ **a** to tend **to do sth**: *Ele tende a complicar as coisas.* He tends to complicate things.

tenente *sm* lieutenant

tênis *sm* **1** (*jogo*) tennis **2** (*calçado*) sneaker, trainer (*GB*) LOC **tênis de mesa** table tennis

tenista *smf* tennis player

tenor *sm* tenor

tenro, -a *adj* tender: *um bife ~* a tender steak

tensão *sf* **1** tension: *a ~ de uma corda* the tension of a rope ◊ *Havia uma grande ~ durante o jantar.* There was a lot of tension during dinner. **2** (*elétrica*) voltage: *cabos de alta ~* high-voltage cables LOC *Ver* POSTE

tenso, -a *adj* tense

tentação *sf* temptation: *Não pude resistir à ~ de comê-lo.* I couldn't resist the

temptation to eat it. ◊ *cair em ~* to fall into temptation

tentáculo *sm* tentacle

tentador, ~a *adj* tempting

tentar *vt* **1** (*experimentar*) to try (*sth/to do sth*): *O que é que ele está tentando nos dizer?* What's he trying to tell us? ◊ *Tente.* Just try. **2** (*seduzir*) to tempt: *A idéia de ir de férias está me tentando.* The idea of going on vacation is very tempting.

tentativa *sf* attempt: *na primeira ~* at the first attempt

tênue *adj* faint

teologia *sf* theology

teor *sm* **1** (*de carta*) contents [*sing*] **2** (*de gordura*) content **3** (*de discurso*) tenor LOC **teor alcoólico**: *Este vinho tem ~ alcoólico 12.* The alcoholic content of this wine is 12%. ◊ *Esta cerveja tem alto ~ alcoólico.* This beer is very strong.

teoria *sf* theory [*pl* theories]: *em ~* in theory

teórico, -a *adj* theoretical

tépido, -a *adj* lukewarm

ter ◆ *vt*
● **posse** to have

Em inglês existem duas formas para *ter* no presente: *to have* e *to have got*. **To have** é mais freqüente nos Estados Unidos e é sempre acompanhado de um auxiliar nas orações negativas e interrogativas: *Você tem irmãos?* Do you have any brothers or sisters? ◊ *Ele não tem dinheiro nenhum.* He doesn't have any money.

To have got não necessita de um auxiliar nas orações negativas e interrogativas: Have you got any brothers or sisters? ◊ He hasn't got any money. Nos outros tempos verbais utiliza-se **to have**: *Quando era pequena, eu tinha uma bicicleta.* I had a bicycle when I was little.

● **estado, atitude 1** (*idade, tamanho*) to be: *A minha filha tem dez anos.* My daughter is ten (years old). ◊ *Tem três metros de comprimento.* It's three meters long. **2** (*sentir, ter determinada atitude*) to be

Quando "ter" significa "sentir", em inglês utiliza-se o verbo *to be* com um adjetivo, ao passo que em português usamos um substantivo: *Tenho muita fome.* I'm very hungry. ◊ *ter calor/frio/sede/medo* to be hot/cold/thirsty/frightened ◊ *Tenho um grande carinho pela sua mãe.* I'm very fond of your mother. ◊ *ter cuidado/paciência* to be careful/patient.

3 (*dor, doença*) to have: ~ *pneumonia/ dor de dente/febre* to have pneumonia/a toothache/a fever **4** (*amor, raiva, ódio*): *Ela tem um ódio tremendo dele.* She really hates him. ◊ ~ *carinho por alguém* to care about sb ♦ *v aux* **1** ~ **que/ de fazer algo** to have **to do sth**: *Eles tiveram que ir embora imediatamente.* They had to leave right away. ◊ *Você tem que dizer a ele.* You must tell him. ☛ *Ver nota em* MUST **2 + particípio**: *Eles têm tudo planejado.* They've got it all planned. ◊ *Eles tinham-me dito que viriam.* They had told me they would come. LOC **não tem de quê** you're welcome **se tivesse...** if...: *Se eu tivesse sabido antes, não teria dito nada.* If I had known, I wouldn't have said anything. **ter a ver** (*assunto*) to have to do with *sb/sth*: *Mas o que é que isso tem a ver com o assunto?* What's that got to do with anything? ◊ *Isso não tem nada a ver* (*com o assunto*). That's got nothing to do with it. ☛ *Para outras expressões com* **ter**, *ver os verbetes para o substantivo, adjetivo, etc., p.ex.* **ter cabeça** em CABEÇA e **ter graça** em GRAÇA.

terapeuta *smf* therapist

terapia *sf* therapy [*pl* therapies]: ~ *de grupo* group therapy

terça-feira (*tb* **terça**) *sf* Tuesday [*pl* Tuesdays] (*abrev* Tue(s)) ☛ *Ver exemplos em* SEGUNDA-FEIRA LOC **terça-feira gorda** Mardi Gras, Shrove Tuesday (*GB*)

Na Grã-Bretanha terça-feira gorda também se chama **Pancake Day** porque é tradicional comer panquecas com sumo de limão e açúcar nesse dia.

terceiro, -a ♦ *num* third (*abrev* 3rd) ☛ *Ver exemplos em* SEXTO ♦ *sm* **terceiros** third party: *seguro contra ~s* third-party insurance ♦ **terceira** *sf* (*marcha*) third (gear) LOC **terceira idade**: *atividades para a terceira idade* activities for senior citizens *Ver tb* EQUAÇÃO

terço ♦ *num, sm* (*quantidade*) third: *dois ~s da população* two thirds of the population ♦ *sm* (*Relig*) rosary [*pl* rosaries]: *rezar o* ~ to say the rosary

terçol *sm* sty [*pl* sties]: *Estou com* ~. I have a sty.

termas *sf* spa [*sing*]

térmico, -a *adj* thermal LOC *Ver* GARRAFA

terminação *sf* ending

terminal *adj, sm* terminal: *doentes terminais* terminally ill patients ◊ ~ *de passageiros* passenger terminal

terminar *vt, vi* **1** ~ (**de fazer algo**) to finish (**doing sth**): *Já terminei de fazer os deveres.* I've finished doing my homework. **2** ~ (**em**) to end (**in sth**): *As festas terminam na segunda-feira que vem.* The festivities end next Monday. ◊ *A manifestação terminou em tragédia.* The demonstration ended in tragedy.

termo *sm* **1** term: *em* ~*s gerais* in general terms **2** (*fim*) end

termômetro *sm* thermometer LOC **pôr o termômetro** to take *sb's* temperature

terno *sm* suit: *O Armando está vestindo um* ~ *muito elegante.* Armando is wearing a very elegant suit.

terno, -a *adj* tender: *um olhar* ~ a tender look

terra *sf* **1** (*por oposição ao mar, campo, terreno*) land [*não contável*]: *viajar por* ~ to travel by land ◊ *cultivar a* ~ to work the land ◊ *Ele vendeu as* ~*s da família.* He sold his family's land. **2** (*para plantas, terreno*) soil: *uma* ~ *fértil* fertile soil **3** (*chão*) ground: *Ele caiu por* ~. He fell to the ground. **4** (*pátria*) home: *costumes da minha* ~ customs from back home **5 Terra** (*planeta*) earth: *A Terra é um planeta.* The Earth is a planet. **6** (*Eletricidade*) ground, earth (*GB*): *O fio está ligado à* ~. The cable is grounded. **7** (*lugar*) place: *Ela viajou por muitas* ~*s.* She traveled around many places. LOC **deitar por terra** (*destruir*) to ruin **deslizamento/ desmoronamento de terra** landslide **terra à vista!** land ahoy! **terra firme** dry land **terra natal** homeland **Terra Santa** the Holy Land

terraço *sm* terrace

terremoto *sm* earthquake, quake (*coloq*)

terreno *sm* **1** (*terra*) land [*não contável*]: *um* ~ *muito fértil* very fertile land ◊ *Eles compraram um* ~. They bought some land. **2** (*fig*) field: *o* ~ *da biologia* the field of biology LOC **terreno baldio** wasteland *Ver tb* SONDAR

térreo *sm* ground floor

Note que na Grã-Bretanha o andar térreo chama-se **ground floor**, o primeiro andar **first floor**, etc. Nos Estados Unidos o andar térreo pode ser tanto **ground floor** ou **first floor**. O primeiro andar é o **second floor** e assim sucessivamente.

terrestre *adj* land [*s atrib*]: *um animal/ataque* ~ a land animal/attack LOC *Ver* CROSTA, GLOBO, MINA, PARAÍSO

território *sm* territory [*pl* territories]

terrível *adj* terrible: *Estou com uma dor de cabeça* ~! I have a terrible headache!

terror *sm* terror LOC **de terror** (*filme, romance*) horror [*s atrib*]: *um filme de* ~ a horror movie *Ver tb* FILME

terrorismo *sm* terrorism

terrorista *adj, smf* terrorist

tese *sf* thesis [*pl* theses]

teso, -a *adj* stiff

tesoura *sf* scissors [*pl*]

Scissors é uma palavra plural em inglês; assim, para nos referirmos a *uma tesoura* utilizamos **some**/**a pair of scissors**: *Preciso de uma tesoura nova*. I need some new scissors/a new pair of scissors.

tesoureiro, -a *sm-sf* treasurer

tesouro *sm* **1** treasure: *encontrar um* ~ *escondido* to find hidden treasure ◊ *Você é um* ~! You're a treasure! **2 Tesouro** Treasury: *o Tesouro Nacional* the Treasury

testa *sf* (*Anat*) forehead LOC *Ver* ENRUGAR, FRANZIR

testamento *sm* **1** (*Jur*) will: *fazer um* ~ to make a will **2 Testamento** Testament: *o Antigo/Novo Testamento* the Old/New Testament

testar *vt* **1** (*pôr a prova, Educ*) to test **2** (*experimentar*) to try sth out: ~ *a máquina de lavar* to try out the washing machine **3** (*carro*) to test-drive: ~ *um carro* to test-drive a car

teste *sm* test: *fazer o* ~ *de gravidez* to have a pregnancy test LOC **teste antidoping** drug test: *O resultado do seu* ~ *antidoping foi positivo*. He tested positive.

testemunha *sf* witness LOC **ser testemunha de algo** to witness sth **testemunha ocular** eyewitness

testemunhar ◆ *vt* (*presenciar*) to witness ◆ *vi* (*Jur*) to testify

testemunho *sm* (*Jur*) evidence: *dar o seu* ~ to give evidence

testículo *sm* testicle

teta *sf* teat

teto *sm* **1** ceiling: *Há uma mancha de umidade no* ~. There's a damp patch on the ceiling. **2** (*carro*) roof [*pl* roofs]

tétrico, -a *adj* gloomy

teu, tua ◆ *pron adj* your: *os teus livros* your books ◊ *Esses sapatos não são* ~s. Those shoes aren't yours. ◊ *Não é assunto* ~. That's none of your business.

Note que *um amigo teu* se traduz por **a friend of yours** pois significa *um dos teus amigos*.

◆ *pron subs* yours: *Esses sapatos não são os* ~s. Those shoes aren't yours.

têxtil *adj* textile: *uma fábrica* ~ a textile factory

texto *sm* text LOC *Ver* COMENTÁRIO

textualmente *adv* word for word

textura *sf* texture

tez *sf* complexion

ti *pron pess* you

tiete *smf* fan: *Sou* ~ *do Frank Sinatra*. I'm a Frank Sinatra fan.

tigela *sf* bowl

tigre *sm* tiger

Quando queremos nos referir especificamente à fêmea do tigre em inglês dizemos **tigress**.

tijolo *sm* brick

til *sm* tilde

tilintar ◆ *vt* **1** (*campainha*) to jingle **2** (*moedas*) to clink ◆ *sm* **1** (*campainha*) jingle **2** (*moedas*) clink

timão *sm* rudder

timbre *sm* **1** (*voz*) pitch: *Ele tem um* ~ *de voz muito alto*. He has a very high-pitched voice. **2** (*papel*) heading

time *sm* team LOC *Ver* PRÓPRIO

tímido, -a *adj* shy

tímpano *sm* (*ouvido*) eardrum

tingir *vt* to dye: ~ *uma camisa de vermelho* to dye a shirt red

tinta *sf* **1** (*de pintar*) paint: ~ *a óleo* oil paint **2** (*de escrever*) ink: *um desenho a* ~ an ink drawing **3** (*para tingir, para o cabelo*) dye LOC **tinta fresca** (*aviso*) wet paint

tintim! *interj* cheers! LOC **tintim por tintim** blow-by-blow: *Ela me contou a história* ~ *por* ~. She gave me a blow-by-blow account.

tinto ◆ *adj* (*vinho*) red ◆ *sm* red wine

tinturaria *sf* **1** (*lavanderia*) laundry [*pl* laundries] **2** (*lavanderia a seco*) dry cleaner's

tio, -a *sm-sf* **1** (*parente*) uncle [*fem* aunt]: *o* ~ *Daniel* Uncle Daniel **2 tios** uncle and aunt: *Vou para a casa dos* *meus ~s.* I'm going to my uncle and aunt's.

típico, -a *adj* **1** (*característico*) typical (**of sb/sth**): *É ~ dela chegar tarde.* It's typical of her to be late. **2** (*tradicional*) traditional: *uma dança típica/um traje ~* a traditional dance/costume

tipo *sm* **1** kind (**of sth**): *o ~ nervoso* the nervous kind ◊ *todo o ~ de gente* all kinds of people **2** (*pessoa*) guy [*pl* guys]: *Que ~ mais feio!* What an ugly guy!

tique *sm* twitch

tira¹ *sf* **1** (*papel, pano*) strip: *Corte o papel em ~s.* Cut the paper into strips. **2** (*sapato*) strap **3** (*de história em quadrinhos*) comic strip

tira² *smf* (*polícia*) cop: *Aí vêm os ~s.* The cops are coming.

tiracolo *sm* LOC **a tiracolo 1** (*bolsa*) over your shoulder **2** (*pessoa*) in tow: *com os filhos a ~* with her children in tow

tiragem *sf* (*jornal, revista*) circulation

tira-gosto *sm* appetizer

tirano, -a *sm-sf* tyrant

tirar *vt* **1** to take *sth* off/down, to remove (*mais formal*): *Tire o preço.* Take the price tag off. ◊ *Tire os sapatos.* Take your shoes off. ◊ *Tire as suas coisas da minha mesa.* Take your things off my desk. ◊ *Ele tirou o cartaz.* He took the poster down. **2** (*para fora*) to take *sb/sth* out (**of sth**): *Ele tirou uma pasta da gaveta.* He took a folder out of the drawer. ◊ *Tire as mãos dos bolsos!* Take your hands out of your pockets! **3** (*Mat, subtrair*) to take *sth* away (**from sb/sth**): *Se você tira de três...* If you take one (away) from three... **4** (*mancha*) to remove **5** (*conseguir*) to get: *Quanto foi que você tirou em matemática?* What did you get in math? **6** (*roubar*) to steal: *Quem é que me tirou a caneta?* Who stole my pen? **7** (*cópia*) to make **8** (*foto*) to take **9** (*mesa*) to clear **10** (*radiografia*) to take LOC **não tirar os olhos de** (**cima de**) not to take your eyes off *sb/sth* ☛ Para outras expressões com **tirar**, ver os verbetes para o substantivo, adjetivo, etc., p.ex. **tirar partido de algo** em PARTIDO e **tirar uma pestana** em PESTANA.

tiritar *vi* (*dentes*): *~ de frio* to chatter

tiro *sm* **1** (*disparo*) shot **2** (*ferida de disparo*) bullet wound: *um ~ na cabeça* a bullet wound to the head **3** (*Futebol*) kick: *~ livre* free kick LOC **dar um tiro** to shoot: *Ele deu um ~ em si mesmo.* He

shot himself. **dar um tiro no escuro** to take a risk **sair o tiro pela culatra** to backfire **ser tiro e queda** to be a sure thing **tiro com arco** archery *Ver tb* MATAR

tiroteio *sm* **1** (*entre polícia e criminosos*) shoot-out **2** (*ruído de disparos*) shooting [*não contável*]: *Ouvimos um ~ na rua.* We heard shooting in the street. **3** (*durante uma guerra*) fighting

titio, -a *sm-sf* uncle [*fem* auntie]

titular ◆ *adj*: *a equipe ~* the first team ◊ *um jogador ~* a first team player ◆ *smf* (*passaporte, conta bancária*) holder

título *sm* **1** title: *Que ~ você deu ao seu romance?* What's the title of your novel? ◊ *lutar pelo ~* to fight for the title **2** (*Fin*) bond

toa *sf* LOC **à toa 1** (*ao acaso*) aimlessly **2** (*sem motivo*) for nothing: *Não é à ~ que ele é considerado o nosso melhor jogador.* Not for nothing is he considered our best player. **3** (*desocupado*) at a loose end

toalete ◆ *sf*: *fazer a ~* to get washed and dressed ◆ *sm* (*banheiro*) restroom

toalha *sf* towel: *~ de banho* bath towel LOC **toalha absorvente** sanitary napkin, sanitary towel (*GB*) **toalha de mesa** tablecloth

tobogã *sm* slide

toca-CD *sm* CD player

toca-discos *sm* record player

toca-fitas *sm* tape deck

tocar ◆ *vt* **1** to touch **2** (*apalpar*) to feel: *Posso ~ o tecido?* Can I feel the fabric? **3** (*Mús*) to play: *~ violão* to play the violin **4** (*sino, campainha*) to ring **5** (*buzina, sirene*) to sound **6** (*assunto, tema*) to touch on *sth* **7** **~ a** to be up to *sb* **to do sth**: *Não toca a mim decidir.* It's not up to me to decide. ◆ *vi* **1** (*Mús*) to play **2** (*campainha, telefone*) to ring LOC **no que me toca** as far as I'm, you're, etc. concerned

tocha *sf* torch: *a ~ olímpica* the Olympic torch

toco *sm* **1** (*de cigarro*) butt **2** (*de árvore*) stump

todavia *conj* however

todo, -a ◆ *adj* **1** all: *Fiz o trabalho ~.* I did all the work. ◊ *Vão limpar todas as casas da aldeia.* They're going to clean up all the buildings in the village.

Com um substantivo contável no singular, em inglês é preferível utilizar **the whole**: *Vão limpar o edifício todo.*

They're going to clean the whole building.

2 (*cada*) every: *Levanto-me ~s os dias às sete.* I get up at seven every day. ☞ *Ver nota em* EVERY ◆ *pron* **1** all: *~s gostamos da peça.* We all/All of us liked the play. **2** (*toda a gente*) everyone, everybody [*sing*]: *~s dizem o mesmo.* Everyone says the same thing.

Note que **everyone** e **everybody** são acompanhados do verbo no singular, mas podem ser seguidos de um pronome no plural (p.ex. "their"): *Todos têm os seus lápis?* Does everyone have their pencils?

◆ *sm* whole: *considerado como um ~* taken as a whole LOC **ao todo** altogether: *Ao ~ somos dez.* There are ten of us altogether. **de todo** totally: *Não sou de ~ maluca.* I'm not totally nuts. **no todo** all in all: *No ~ até que foi uma boa experiência.* All in all, it was a good experience. **por todo o Brasil, todo o mundo, etc.** throughout Brazil, the world, etc. ☞ Para outras expressões com **todo**, ver os verbetes para o substantivo, adjetivo, etc., p.ex. **em todo o caso** em CASO e **a toda velocidade** em VELOCIDADE.

toldo *sm* **1** (*marquise*) awning **2** (*tenda grande*) marquee

tolerar *vt* **1** (*suportar*) to bear, to tolerate (*mais formal*): *Ele não tolera pessoas como eu.* He can't bear people like me. **2** (*consentir*) to turn a blind eye **to sth**: *O governo tolera a corrupção.* The government turns a blind eye to corruption.

tolice *sf* silly thing: *Discutimos por qualquer ~.* We argue over silly little things.

tolo, -a ◆ *adj* dumb, stupid

No inglês americano, **dumb** e **stupid** são praticamente sinônimos, mas **stupid** é um pouco mais forte: *uma desculpa tola* a dumb excuse ◊ *Não seja tolo, e pare de chorar.* Don't be so stupid and stop crying.
No inglês britânico, diz-se **silly** ou **stupid**.

◆ *sm-sf* fool LOC **fazer-se de tolo** to act dumb

tom *sm* **1** tone: *Não me fale nesse ~!* Don't you take that tone of voice with me! ◊ *~ de discar* dial tone **2** (*cor*) shade **3** (*Mús*) key [*pl* keys] LOC **ser de bom tom** to be the done thing

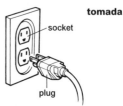

tomada

socket

plug

tomada *sf* **1** (*macho*) plug: *~ de três pernas* three-pin plug ◊ *~ dupla/tripla* double/triple adaptor plug **2** (*fêmea*) outlet, socket (*GB*)

tomar *vt* **1** to take: *~ uma ducha* to take a shower ◊ *~ notas/precauções* to take notes/precautions ◊ *As crianças tomam muito o meu tempo.* The children take up a lot of my time. **2** (*decisão*) to make **3** (*beber*) to drink: *O que é que você vai ~?* What would you like to drink? LOC **tome!** here!: *Tome, é para você!* Here, it's for you! ☞ Para outras expressões com **tomar**, ver os verbetes para o substantivo, adjetivo, etc., p.ex. **tomar conta** em CONTA e **tomar posse** em POSSE.

tomate *sm* tomato [*pl* tomatoes] LOC *Ver* VERMELHO

tombar ◆ *vt* to knock *sth* down ◆ *vi* to fall down

tombo *sm* (*queda*) fall

tona *sf* LOC **vir à tona** to emerge

tonalidade *sf* **1** (*cor*) shade **2** (*Mús*) key [*pl* keys]

tonelada *sf* ton

tônico, -a ◆ *adj* (*Ling*) stressed ◆ *sm* tonic

tonto, -a *adj* **1** (*zonzo*) dizzy: *estar/ficar ~* to feel/get dizzy ◊ *Esses comprimidos me deixaram ~.* Those pills made me dizzy. **2** (*tolo*) dumb ☞ *Ver nota em* TOLO

tontura *sf* dizziness LOC **estar com/ter tontura** to feel dizzy

topar *vt* **~ com** to bump **into sb/sth**: *Topei com o José na entrada do cinema.* I bumped into José on the way into the movie theater.

tópico *sm* main point

topo *sm* top

toque *sm* **1** (*pancada pequena*) tap **2** (*acabamento*) touch: *dar o ~ final em algo* to put the finishing touch on sth **3** (*campainha*) ring **4** (*telefone*) call LOC **dar um toque em alguém 1** (*mencio-*

nar) to mention *sth* to sb **2** (*avisar*) to have a word with sb **toque de recolher** curfew

tórax *sm* thorax [*pl* thoraxes/thoraces]

torcedor, ~a *sm-sf* fan

torcer *vt* **1** to twist: *Ela torceu o braço dele.* She twisted his arm. **2** (*Med*) to sprain: *~ o tornozelo* to sprain your ankle **3** (*roupa*) **(a)** (*à mão*) to wring *sth* out **(b)** (*na máquina de lavar*) to spin **4** *~* **por** (*time, partido*) to root for *sb/sth* **5** *~* **por alguém/para que** ... to keep your fingers crossed **for sb/that** ... : *Amanhã tenho prova, torça por mim.* I have a test tomorrow. Keep your fingers crossed for me. ◊ *Torça para que eu consiga o emprego.* Keep your fingers crossed that I get the job. LOC **torcer o nariz** to turn your nose up (*at sth*)

torcicolo *sm* crick in your neck: *Fiquei com ~.* I got a crick in my neck.

tormento *sm* torment

tornar ◆ *vt* **1** (*fazer*) to make: *O livro tornou-o famoso.* The book made him famous. **2** (*transformar*) to turn *sth* **into sth**: *Estou pensando em ~ este quarto num escritório.* I'm thinking of turning this room into a study. ◆ *vi* **~ a fazer algo** to do sth again ◆ *tornar-se v pron* to become: *Ele se tornou um déspota.* He became a tyrant. LOC **tornar-se realidade** to come true

torneio *sm* tournament

torneira *sf* faucet, tap (*GB*): *abrir/ fechar a ~* to turn the faucet on/off

torniquete *sm* (*Med*) tourniquet

torno *sm* LOC **em torno de 1** (*em volta de*) around: *em ~ da cidade* around the city **2** (*aproximadamente*) about: *Havia em ~ de 200 pessoas.* There were about 200 people. *Ver tb* GIRAR

tornozelo *sm* ankle: *Torci o ~.* I sprained my ankle.

torpedo *sm* torpedo [*pl* torpedoes]

torrada *sf* toast [*não contável*]: *Queimei as ~s.* I burned the toast. ◊ *uma ~ com geléia* a slice of toast with jelly

torradeira *sf* toaster

torrão *sm* lump: *um ~ de açúcar* a sugar lump

torrar ◆ *vt* **1** (*pão, frutos secos*) to toast **2** (*café*) to roast **3** (*dinheiro*) to blow ◆ *vi* (*ao sol*) to roast

torre *sf* **1** tower: *~ de controle* control tower **2** (*eletricidade, telecomunicações*) antenna, mast (*GB*) **3** (*Xadrez*) rook, castle (*mais coloq*) LOC **torre de vigia** watch tower

torrencial *adj* torrential: *chuvas torrenciais* torrential rain

torresmo *sm* crackling [*não contável*]

torso *sm* torso [*pl* torsos]

torta *sf* tart, pie: *uma ~ de maçã* an apple tart/pie ☛ *Ver nota em* PIE

torto, -a *adj* **1** (*dentes, nariz, linha*) crooked **2** (*quadro, roupa*) lopsided: *Você não vê que o quadro está ~?* Can't you see the picture isn't straight? LOC **a torto e a direito** left, right and center

tortura *sf* torture

torturar *vt* to torture

tosar *vt* **1** (*ovelha*) to shear **2** (*cabelo*) to crop

tosse *sf* cough: *A fumaça de cigarro me dá ~.* Cigarette smoke makes me cough.

tossir *vi* **1** to cough **2** (*para aclarar a voz*) to clear your throat

tostão *sm* LOC **um tostão furado**: *não ter um ~ furado* to be broke ◊ *não valer um ~ furado* not to be worth a penny

total ◆ *adj* **1** total: *um sucesso/fracasso ~* a total success/failure **2** (*seguro*) comprehensive ◆ *sm* total LOC **no total** altogether: *Somos dez no ~.* There are ten of us altogether.

totalizar *vt* to add *sth* up

totalmente *adv* totally

touca *sf* bonnet LOC **touca de banho 1** (*para piscina*) swimming cap **2** (*para ducha*) shower cap

toucinho *sm* bacon

toupeira *sf* **1** (*animal*) mole **2** (*pessoa*) idiot

tourada *sf* bullfight

toureiro, -a *sm-sf* bullfighter

touro ◆ *sm* (*animal*) bull ◆ **Touro** *sm* (*Astrologia*) Taurus ☛ *Ver exemplos em* AQUARIUS LOC **agarrar/pegar o touro à unha** to take the bull by the horns

tóxico, -a ◆ *adj* toxic ◆ *sm* drug

toxicomania *sf* drug addiction

toxicômano, -a *sm-sf* drug addict

trabalhador, ~a ◆ *adj* hard-working ◆ *sm-sf* worker: *~es qualificados/não qualificados* skilled/unskilled workers

trabalhar *vi, vt* to work: *Ela trabalha para uma empresa inglesa.* She works for an English company. ◊ *Nunca trabalhei como professora.* I've never worked as a teacher. ◊ *Em que trabalha a sua irmã?* What does your sister do? ◊ *~ a terra* to work the land

trabalho *sm* **1** work: *~ pesado* hard work ◊ *Tenho muito ~.* I have a lot of work. ◊ *Deram-me a notícia no* ~. I heard the news at work. **2** (*emprego*) job: *um* ~ *bem pago* a well-paid job ◊ *ficar sem* ~ to lose your job ☛ *Ver nota em* WORK[1] **3** (*na escola*) assignment: *fazer um* ~ *sobre o meio ambiente* to do an assignment on the environment LOC **dar trabalho** to give *sb* trouble: *Estas crianças dão muito* ~. These kids are a real handful. **dar-se ao trabalho de** to take the trouble *to do sth* **estar sem trabalho** to be out of work **trabalho agrícola** farm work **trabalho de casa** (*Educ*) homework [*não contável*] **trabalho de/em equipe** teamwork **trabalho de parto** labor **trabalho doméstico** housework **trabalho forçado** hard labor **trabalhos manuais** arts and crafts

traça *sf* moth

tração *sf* LOC (**com**) **tração nas quatro rodas** four-wheel drive

traçar *vt* **1** (*linha, mapa*) to draw **2** (*plano, projeto*) to draw *sth* up: ~ *um plano* to draw up a plan

traço *sm* **1** dash **2** (*personalidade*) characteristic: *os* ~*s distintivos da sua obra* the distinctive features of her work **3** (*de lápis, pincel*) stroke **4** traços (*do rosto*) features LOC **sem deixar traço(s)** without a trace: *Desapareceram sem deixar* ~*s.* They disappeared without a trace.

tradição *sf* tradition: *seguir uma* ~ *familiar* to follow a family tradition

tradicional *adj* traditional

tradução *sf* translation (**from sth**) (**into sth**): *fazer uma* ~ *do português para o russo* to do a translation from Portuguese into Russian

tradutor, ~a *sm-sf* translator

traduzir *vt, vi* to translate (*sth*) (**from sth**) (**into sth**): ~ *um livro do francês para o inglês* to translate a book from French into English ☛ *Ver nota em* INTERPRET

tráfego *sm* traffic

traficante *smf* dealer: *um* ~ *de armas/ drogas* an arms/drug dealer

traficar *vt, vi* to deal (**in sth**): *Eles traficavam drogas.* They dealt in drugs.

tráfico *sm* traffic LOC **tráfico de drogas** drug trafficking

tragada *sf* (*cigarro*) drag: *dar uma* ~ *num cigarro* to take a drag on a cigarette

tragar *vt* **1** (*bebida*) to swallow **2** (*fu-*

maça) to inhale **3** (*tolerar*) to bear, to tolerate (*mais formal*)

tragédia *sf* tragedy [*pl* tragedies]

trágico, -a *adj* tragic

trago *sm* mouthful LOC **tomar um trago** to have a drink

traição *sf* **1** betrayal: *cometer uma* ~ *contra os amigos* to betray your friends **2** (*contra o Estado*) treason: *Ele será julgado por alta* ~. He will be tried for high treason.

traidor, ~a *sm-sf* traitor

trailer *sm* **1** (*veículo*) trailer, caravan (*GB*) **2** (*Cine*) preview, trailer (*GB*)

training *sm* sweatsuit, tracksuit (*GB*)

trair ♦ *vt* **1** to betray: ~ *um companheiro/uma causa* to betray a friend/a cause **2** (*nervos*) to let *sb* down: *Os nervos me traíram.* My nerves let me down. ♦ **trair-se** *v pron* to give yourself away: *Sem querer, ele se traiu.* He unintentionally gave himself away.

trajar *vt* to wear: *Ele trajava terno e gravata.* He was wearing a suit and tie.

traje *sm* **1** (*de um país, de uma região*) dress **2** (*de carnaval*) costume LOC **traje a rigor** evening dress **traje de banho** swimsuit **traje de mergulho** wetsuit **traje espacial** spacesuit

trajeto *sm* route: *o* ~ *do ônibus* the bus route ◊ *Este trem faz o* ~ *São Paulo-Rio.* This train runs on the São Paulo-Rio route.

trajetória *sf* trajectory [*pl* trajectories]

trama *sf* (*intriga*) plot

tramar *vt* to plot: *Sei que eles estão tramando alguma.* I know they're up to something.

trâmite *sm* **trâmites** procedure: *Ele seguiu os* ~*s normais.* He followed the usual procedure.

trampolim *sm* **1** (*de ginasta*) trampoline **2** (*Natação*) diving board: *pular do* ~ to dive from the board

tranca *sf* **1** (*porta*) bolt **2** (*carro*) lock

trança *sf* braid, plait (*GB*): *Faça uma* ~. Braid your hair.

trancar *vt* to lock *sb/sth* up: *Você trancou o carro?* Did you lock the car?

tranqüilidade *sf* **1** calm: *um ambiente de* ~ an atmosphere of calm ◊ *a* ~ *do campo* the peace and quiet of the countryside **2** (*espírito*) peace of mind

tranqüilizante *sm* tranquilizer

tranqüilizar ♦ *vt* **1** to calm *sb* down: *Ele não conseguiu tranqüilizá-la.* He couldn't calm her down. **2** (*aliviar*) to

reassure: *As notícias tranqüilizaram-no.* The news reassured him. ◆
tranqüilizar-se *v pron* to calm down: *Tranqüilize-se, que eles não tardam a chegar.* Calm down—they'll be here soon.

tranqüilo, -a *adj* **1** calm **2** (*lugar*) peaceful

transa *sf* **1** (*acordo*) deal **2** (*caso amoroso*) love affair

transar *vi* **1** (*lidar*) to deal **2** (*ter relações sexuais*) to have sex

transatlântico *sm* (ocean) liner

transbordante *adj* ~ (**de**) overflowing (**with** *sth*): ~ *de alegria* overflowing with joy

transbordar *vi* **1** (*rio*) to burst its banks **2** (*passar das bordas*) to overflow: *A banheira está quase transbordando!* The bathtub's almost overflowing!

transcrição *sf* transcription: *uma ~ fonética* a phonetic transcription

transeunte *smf* passer-by [*pl* passers-by]

transferência *sf* transfer LOC **transferência bancária** credit transfer

transferir *vt* to transfer *sb/sth* (**to** *sth*): *Transferiram três jogadores do Flamengo.* Three Flamengo players were transferred.

transformador *sm* transformer

transformar ◆ *vt* to transform *sb/sth* (**into** *sth*): ~ *um lugar/uma pessoa* to transform a place/person ◆ **transformar-se** *v pron* **transformar-se em** to turn **into** *sb/sth*: *A rã transformou-se num príncipe.* The frog turned into a prince.

transfusão *sf* transfusion: *Deram-lhe duas transfusões (de sangue).* He was given two (blood) transfusions.

transição *sf* transition

transitar *vi* to circulate

transitivo, -a *adj* transitive

trânsito *sm* traffic: *Há muito ~ no centro.* There's a lot of traffic downtown. LOC **trânsito proibido** no through traffic

transmissão *sf* **1** (*Rádio, TV*) broadcast **2** (*Tec*) transmission: *problemas com a* ~ transmission problems

transmitir *vt* **1** to transmit, to pass *sth* on (**to** *sb*) (*mais coloq*): ~ *uma doença* to transmit a disease ◇ *Nós transmitimos a notícia a eles.* We passed the news on to them. **2** (*Rádio, TV*) to broadcast: ~

um jogo to broadcast a match LOC **transmitir pela televisão** to televise

transparecer *vi* **1** (*verdade*) to come out **2** (*emoção, sentimento*) to be apparent LOC **deixar transparecer** (*emoção, sentimento*) to show

transparente *adj* **1** transparent: *O vidro é* ~. Glass is transparent. **2** (*roupa*) see-through: *uma blusa* ~ a see-through blouse

transpiração *sf* perspiration

transpirar *vi* to perspire

transplantar *vt* to transplant

transplante *sm* transplant

transportador, ~a *sm-sf* carrier

transportar *vt* to carry

transporte *sm* transportation, transport (*GB*): ~ *público* public transportation ◇ *O* ~ *marítimo é mais barato que o aéreo.* Sending goods by sea is cheaper than by air. LOC **transporte coletivo** public transportation

transtornar *vt* to upset

transtorno *sm* disruption

transversal *adj* transverse: *eixo* ~ transverse axis ◇ *A Rua Pamplona é* ~ *à Avenida Paulista.* Rua Pamplona crosses Avenida Paulista.

trapaça *sf* swindle: *Que* ~*!* What a swindle!

trapacear *vt, vi* to swindle

trapézio *sm* **1** (*circo*) trapeze **2** (*Geom*) trapezoid, trapezium (*GB*)

trapezista *smf* trapeze artist

trapo *sm* old rag LOC **estar um trapo** to be a wreck: *Mal chegou aos 50 anos e já está um* ~. He's only 50, but he's a wreck already.

traquéia *sf* windpipe, trachea [*pl* tracheas/tracheae] (*científ*)

trás *adv* LOC **deixar para trás** to leave *sb/sth* behind **de trás** (*da traseira*) back: *a porta de* ~ the back door **de trás para frente** backwards: *Você está com o suéter de* ~ *para frente.* Your sweater is on backwards. ☛ *Ver ilustração em* CONTRÁRIO **ficar para trás**: *Ande, não fique para* ~. Come on, don't get left behind. ◇ *Ele começou a ficar para* ~ *nos estudos.* He began to fall behind in his studies. **para trás** backward: *andar para* ~ to walk backward ◇ *voltar para* ~ to go back **por trás** behind: *Por* ~ *de tudo isto está...* Behind all this there's...

traseira *sf* back: *O caminhão bateu na*

~ *do meu carro.* The truck ran into the back of my car.

traseiro, -a ◆ *adj* back: *a porta traseira* the back door ◆ *sm* behind, backside (*coloq*)

traste *sm* **1** (*coisa*) junk [*não contável*]: *uma loja cheia de ~s* a store full of junk **2** (*pessoa*) useless [*adj*]: *Ela é um ~.* She's really useless.

tratado *sm* (*Pol*) treaty [*pl* treaties]

tratamento *sm* treatment: *o mesmo ~ para todos* the same treatment for everyone ◊ *um ~ contra a celulite* a treatment for cellulite

tratar ◆ *vt* **1** to treat: *Gostamos que nos tratem bem.* We like people to treat us well. **2** ~ **de** (*discutir*) to deal **with sth**: *Trataremos destas questões amanhã.* We will deal with these matters tomorrow. **3** ~ **de** to be **about sth**: *O filme trata do mundo do espetáculo.* The movie is about show business. **4** ~ **de** (*assunto, problema*) to sort sth out: *Não se preocupe que eu trato do assunto.* Don't worry, I'll sort it out. **5** ~ **com** (*lidar*) to deal **with sb/sth**: *Não gosto de ~ com esse tipo de gente.* I don't like dealing with people like that. ◆ **tratar-se** *v pron* (*cuidar-se*) to take care of yourself: *Você não parece bem, devia se ~ mais.* You don't look well—you should take more care of yourself. LOC **trata-se de…** it's about…: *Trata-se do seu irmão.* It's about your brother.

trato *sm* **1** treatment **2** (*acordo*) deal: *fazer um ~* to make a deal

trator *sm* tractor

trauma *sm* trauma

traumatismo *sm* LOC **traumatismo craniano** concussion

travar ◆ *vt* (*carro*) to stop ◆ *vi* (*roda*) to lock LOC **travar conhecimento com alguém** to make sb's acquaintance **travar conversa** to strike up a conversation (*with sb*)

trave *sf* (*Esporte*) crossbar: *A bola bateu na ~.* The ball hit the crossbar.

travessa *sf* (*rua*) side street: *Fica numa das ~s da Avenida Rio Branco.* It's in a side street off Avenida Rio Branco. **2** (*prato*) dish: *uma ~ de carne* a dish of meat **3** (*para cabelo*) slide

travessão *sm* (*Ortografia*) dash ☛ *Ver págs 298–9.*

travesseiro *sm* pillow

travesso, -a *adj* naughty

travessura *sf* mischief [*não contável*]:

Esse garoto só faz ~s. That boy is always up to mischief. ◊ *Não faça ~s!* Don't be naughty!

travesti *sm* transvestite

trazer *vt* **1** to bring: *Traga-nos duas cervejas.* Bring us two beers. ◊ *Traga um travesseiro.* Bring a pillow (with you). ☛ *Ver ilustração em* TAKE **2** (*causar*) to cause: *O novo sistema vai nos ~ problemas.* The new system is going to cause us problems.

trecho *sm* **1** (*de caminho*) stretch: *um ~ perigoso* a dangerous stretch of road **2** (*de texto*) passage

treco *sm* LOC **ter um treco** to get sick, to be taken ill (*GB*): *Ele teve um ~ de repente e morreu.* He suddenly got sick and died.

trégua *sf* **1** (*de hostilidade*) truce: *romper uma ~* to break a truce **2** (*de incômodo*) rest, respite (*mais formal*)

treinador, ~a *sm-sf* **1** trainer **2** (*Esporte*) coach

treinamento (*tb* **treino**) *sm* training

treinar, treinar-se *vt, vi, v pron* to train (*sb/sth*) (*as/in sth*)

trela *sf* leash, lead (*GB*) LOC **dar trela a alguém** to lead sb on

treliça *sf* trellis

trem *sm* train: *apanhar/perder o ~* to catch/miss the train ◊ *estação de ~* railroad/train station ◊ *viajar de ~* to travel by train LOC **trem de carga** freight train, goods train (*GB*)

tremendo, -a *adj* **1** (*terrível*) terrible: *um ~ desgosto/uma dor tremenda* a terrible blow/pain **2** (*impressionante*) terrific: *Foi um sucesso ~.* It was a terrific success. ◊ *Aquela criança tem uma força tremenda.* That child is terrifically strong.

tremer *vi* **1** ~ (**de**) to tremble (**with sth**): *A mulher tremia de medo.* The woman was trembling with fear. ◊ *A voz dele tremia.* His voice trembled. **2** (*edifício, móveis*) to shake: *O terremoto fez ~ o povoado inteiro.* The quake shook the whole village. LOC **tremer como vara verde** to be shaking like a leaf **tremer de frio** to shiver

tremor *sm* tremor: *um ligeiro ~ na voz dele* a slight tremor in his voice ◊ *um ~ de terra* an earth tremor

trenó *sm* **1** sled, sledge (*GB*) **2** (*de cavalos, renas*) sleigh: *O Papai Noel viaja sempre de ~.* Santa always travels by sleigh.

trepadeira *sf* vine

trepar *vt, vi* ~ (**em**) to climb (**up**) *sth*: ~ *numa árvore* to climb (up) a tree

três *num, sm* **1** three **2** (*data*) third ☞ *Ver exemplos em* SEIS

trevas *sf* darkness [*sing*]

trevo *sm* (*Bot*) clover

treze *num, sm* **1** thirteen **2** (*data*) thirteenth ☞ *Ver exemplos em* ONZE *e* SEIS

trezentos, -as *num, sm* three hundred ☞ *Ver exemplos em* SEISCENTOS

triangular *adj* triangular

triângulo *sm* triangle LOC **triângulo equilátero/escaleno/isósceles** equilateral/scalene/isosceles triangle **triângulo retângulo** right-angled triangle

tribo *sf* tribe

tribuna *sf* platform

tribunal *sm* court: *levar alguém a* ~ to take sb to court ◊ *comparecer perante o* ~ to appear before the court ◊ *o Supremo Tribunal* the Supreme Court

tributação *sf* taxation

tributo *sm* **1** (*imposto*) tax **2** (*homenagem*) tribute

tricampeão, -eã *sm-sf* three-time champion

triciclo *sm* tricycle, trike (*coloq*)

tricô *sm* knitting: *fazer* ~ to knit

tricotar *vt, vi* to knit

trigêmeos, -as *sm-sf* triplets

trigo *sm* wheat

trilha *sf* (*caminho*) track LOC **trilha sonora** soundtrack

trilho *sm* (*carril*) rail

trimestral *adj* quarterly: *revistas/contas trimestrais* quarterly magazines/bills

trimestre *sm* quarter

trincheira *sf* trench

trinco *sm* (*porta*) latch LOC **sair dos trincos** (*porta*) to come off its hinges

trindade *sf* trinity

trinque *sm* LOC **nos trinques** (*bem vestido*) dressed up to the nines

trinta *num, sm* **1** thirty **2** (*data*) thirtieth ☞ *Ver exemplos em* SESSENTA

trio *sm* trio [*pl* trios]

tripa *sf* **tripas 1** (*Cozinha*) tripe [*não contável, v sing*] **2** (*intestinos*) gut LOC **fazer das tripas coração** to make a great effort

triplicar *vt* to treble

triplo, -a ◆ *num* triple: *salto* ~ triple

jump ◆ *sm* three times: *Nove é o* ~ *de três.* Nine is three times three. ◊ *Este tem o* ~ *do tamanho do outro.* This one's three times bigger than the other one. ◊ *Ele ganha o* ~ *do meu salário.* He earns three times as much as me.

tripulação *sf* crew

tripulante *smf* crew member

tripular *vt* (*avião, barco*) to man

triste *adj* **1** ~ (**com/por**) sad (**about sth**): *estar/sentir-se* ~ to be/feel sad **2** (*deprimente, deprimido, lugar*) gloomy: *uma paisagem/um quarto* ~ a gloomy landscape/room

tristeza *sf* **1** sadness **2** (*melancolia*) gloom

triturar *vt* (*alimentos*) to grind

triunfal *adj* **1** (*entrada*) triumphal **2** (*regresso*) triumphant

triunfante *adj* (*gesto, expressão*) triumphant

triunfar *vi* **1** (*ganhar*) to win: ~ *a qualquer preço* to win at any price **2** ~ **contra** to triumph **over** *sb/sth*: *Eles triunfaram contra os inimigos.* They triumphed over their enemies.

triunfo *sm* **1** (*Pol, Mil*) victory [*pl* victories] **2** (*feito pessoal, proeza*) triumph: *um* ~ *da engenharia* a triumph of engineering

trivial *adj* trivial

trivialidade *sf* triviality [*pl* trivialities]

triz *sm* LOC **por um triz** narrowly: *Não apanhei o trem por um* ~. I narrowly missed the train. ◊ *Escapei por um* ~. I had a narrow escape.

troca *sf* exchange: *uma* ~ *de impressões* an exchange of views LOC **em troca (de)** in return (for *sth/doing sth*): *Não receberam nada em* ~. They got nothing in return. ◊ *em* ~ *de você me ajudar com a matemática* in return for you helping me with my math

troça *sf* mockery: *um tom de* ~ a mocking tone LOC **fazer troça** to make fun *of sb/sth*: *Não faça* ~ *de mim.* Don't make fun of me.

trocadilho *sm* pun

trocado (*tb* trocados) *sm* loose change

trocador, ~a *sm-sf* (*ônibus*) conductor

trocar ◆ *vt* **1** (*dinheiro*) to change *sth* (**into sth**): ~ *reais por dólares* to change reais into dollars **2** (*permutar*) to exchange: ~ *prisioneiros* to exchange prisoners ◊ *Se não ficar bem você pode* ~. You can exchange it if it doesn't fit you. **3** (*veículo*) to trade *sth* in (**for sth**): *Vou*

~ *o meu carro por um* (*carro*) *maior.* I'm going to trade in my car for a bigger one. **4** (*confundir*) to mix *sth* up: *Ele não presta atenção no que está fazendo e troca tudo.* He doesn't pay attention to what he's doing and mixes everything up. **5** ~ **de** to change: ~ *de emprego/trem* to change jobs/trains ◊ ~ *de sapatos* to change your shoes ◆ **trocar-se** *v pron* to change: *Vou me ~ (de roupa) porque preciso sair.* I'm going to get changed because I have to go out. LOC **trocar tiros** to exchange gunfire

troco *sm* **1** change: *Deram-me o ~ errado.* They gave me the wrong change. ◊ *Tem ~ para 50 reais?* Do you have change for 50 reals? **2** (*dinheiro trocado*) loose change LOC **dar o troco (a alguém)** (*responder*) to reply in kind: *Ela fez umas piadas a meu respeito mas eu lhe dei o ~.* She made a few jokes at my expense but I replied in kind.

troço *sm* LOC **ter um troço** to be (very) upset: *Quase tive um ~ quando recebi as notas.* I was really upset when I got my results.

troféu *sm* trophy [*pl* trophies]

tromba *sf* (*Zool*) **1** (*de elefante*) trunk **2** (*de inseto*) proboscis **3** (*focinho*) snout LOC **estar/ficar de tromba** to be in/get into a bad mood: *Ela está de ~ porque não lhe emprestei o carro.* She's in a bad mood because I didn't lend her the car.

trombada *sf* crash: *dar/levar uma ~* to have a crash

tromba-d'água *sf* (*chuva*) downpour: *Ontem caiu uma ~ daquelas.* There was a real downpour yesterday.

trombadinha *sf* child thief

trombone *sm* trombone

trombose *sf* thrombosis

trompete *sm* trumpet

tronco *sm* trunk

trono *sm* throne: *subir ao ~* to come to the throne ◊ *o herdeiro do ~* the heir to the throne

tropa *sf* troop: *as ~s* the troops

tropeção *sm* stumble LOC **dar um tropeção** to trip

tropeçar *vt*, *vi* ~ (**em**) **1** (*cair*) to trip (**over** *sth*): ~ *numa raiz* to trip over a root **2** (*problemas*) to come up against *sth*: *Tropeçamos em várias dificuldades.* We came up against several difficulties.

tropical *adj* tropical

trópico *sm* tropic: *o ~ de Câncer/Capricórnio* the tropic of Cancer/Capricorn

trotar *vi* to trot

trote *sm* trot: *ir a ~* to go at a trot

trouxa ◆ *sf* (*roupa*) bundle ◆ *smf* (*pessoa*) sucker

trovão *sm* thunder [*não contável*]: *Aquilo foi um ~?* Was that a clap of thunder? ◊ *raios e trovões* thunder and lightning

trovejar *v imp* to thunder

trovoada *sf* thunder

trunfo *sm* **1** (*em jogo de cartas*) trump **2** (*vantagem*) asset: *A experiência é o teu ~.* Experience is your greatest asset.

truque *sm* trick

truta *sf* trout [*pl* trout]

tu *pron pess* you

tubarão *sm* shark

tuberculose *sf* tuberculosis (*abrev* TB)

tubo *sm* **1** (*cano*) pipe **2** (*recipiente*) tube: *um ~ de pasta de dentes* a tube of toothpaste ☞ *Ver ilustração em* CONTAINER LOC **tubo de ensaio** test tube

tudo *pron* **1** all: *É ~ por hoje.* That's all for today. ◊ *no fim de ~* after all **2** (*todas as coisas*) everything: ~ *o que eu te disse era verdade.* Everything I told you was true. **3** (*qualquer coisa*) anything: *O meu papagaio come de ~.* My parrot eats anything. LOC **dar/fazer tudo por algo** to give/do your all for sth **tudo bem?** how are things?

tufão *sm* typhoon

tule *sm* net: *cortinas de ~* net curtains

tulipa *sf* tulip

tumba *sf* **1** grave **2** (*mausoléu*) tomb: *a ~ de Lênin* Lenin's tomb

tumor *sm* tumor: ~ *benigno/cerebral* benign/brain tumor

túmulo *sm* grave

tumulto *sm* **1** (*algazarra*) hubbub **2** (*movimento*) bustle **3** (*motim*) rioting [*não contável*]

túnel *sm* tunnel: *passar por um ~* to go through a tunnel

turbante *sm* turban

turbilhão *sm* whirlwind LOC *Ver* CABEÇA

turbulência *sf* turbulence

turismo *sm* tourism LOC **fazer turismo** **1** (*por um país*) to travel: *fazer ~ pela África* to travel around Africa **2** (*por uma cidade*) to go sightseeing

turista *smf* tourist

turma *sf* class: *Estamos na mesma ~.* We're in the same class.

turnê *sf* tour LOC **estar em/fazer (uma) turnê** to be/go on tour

turno *sm* **1** (*trabalho*) shift: ~ *do dia/da noite* day/night shift ◊ *trabalhar em ~s* to do shift work **2** (*vez*) turn LOC **em turnos** in turn: *A limpeza das escadas é feita em ~s.* We take turns cleaning the stairs.

turquesa *adj, sf* turquoise ☞ *Ver exemplos em* AMARELO

turra *sf* LOC **às turras**: *Eles andam sempre às ~s.* They're always arguing.

turvar ♦ *vt* **1** (*líquido*) to make *sth* cloudy **2** (*relações, assunto*) to cloud ♦ **turvar-se** *v pron* **1** (*líquido*) to become cloudy **2** (*relações, assunto*) to become confused

turvo, -a *adj* **1** (*líquido*) cloudy **2** (*relações*) troubled **3** (*assunto*) murky

tutor, ~a *sm-sf* (*Jur*) guardian

Uu

ufa! *interj* phew!: *Ufa, que calor!* Phew, it's hot!

ufo *sm* UFO [*pl* UFOs]

uh! *interj* (*nojo*) ugh!: *Uh, que mau cheiro!* Ugh, what an awful smell!

uísque *sm* whiskey [*pl* whiskeys]

uivar *vi* to howl

uivo *sm* howl

úlcera *sf* ulcer

ultimamente *adv* recently

ultimato (*tb* **ultimátum**) *sm* ultimatum

último, -a ♦ *adj* **1** last: *o ~ episódio* the last episode ◊ *estes ~s dias* the last few days ◊ *Vou dizer pela última vez.* I'm going to say it for the last time. **2** (*mais recente*) latest: *a última moda* the latest fashion **3** (*mais alto*) top: *no ~ andar* on the top floor **4** (*mais baixo*) bottom: *Eles estão em ~ lugar na liga.* They're bottom of the league. ♦ *sm-sf* **1** last (one): *Fomos os ~s a chegar.* We were the last (ones) to arrive. **2** (*mencionado em último lugar*) latter LOC **à última hora** at the last moment **andar na última moda** to be fashionably dressed **em última análise** at the end of the day **em último caso/recurso** as a last resort **por último** finally **ser a última gota** to be the last straw

ultrapassado, -a *pp, adj* outdated *Ver tb* ULTRAPASSAR

ultrapassar *vt* **1** (*quantidade, limite, medida*) to exceed: *Ultrapassou os 170km por hora.* It exceeded 170km an hour. **2** (*veículo, pessoa*) to pass, to overtake (*GB*): *O caminhão me ultrapassou na curva.* The truck passed me on the curve.

ultravioleta *adj* ultraviolet

um, uma¹ *art indef* **1** a, an ☞ A forma **an** é empregada antes de uma vogal ou som vocálico: *uma árvore* a tree ◊ *um braço* an arm ◊ *uma hora* an hour **2 uns** some: *Preciso de uns sapatos novos.* I need some new shoes. ◊ *Já que você vai lá, compre umas bananas.* Get some bananas while you're there. ◊ *Você tem uns olhos muito bonitos.* You have beautiful eyes. **3** (*uso enfático*): *Está fazendo um calor!* It's so hot! ◊ *Estou com uma fome!* I'm starving! ◊ *Tive umas férias e tanto!* What a vacation I had!

um, uma² ♦ *num* one: *Eu disse um quilo e não dois.* I said one kilo, not two. ◊ *um, dois, três* one, two, three ♦ *pron* **1** one: *Como ele não tinha gravata, eu lhe emprestei uma.* He didn't have a tie, so I lent him one. **2 uns**: *Uns gostam, outros não.* Some (people) like it, some don't. LOC **à uma (hora)** at one (o'clock) **é uma hora** it's one o'clock **um ao outro** each other, one another: *Ajudaram-se uns aos outros.* They helped each other. ☞ *Ver nota em* EACH OTHER **um a um** one by one: *Ponha um a um.* Put them in one by one. ☞ *Para mais informação sobre o uso do numeral "um", ver os exemplos em* SEIS.

umbigo *sm* navel

umbilical *adj* LOC *Ver* CORDÃO

umedecer ♦ *vt* to moisten ♦ *vi* to get wet

umidade *sf* **1** damp: *Esta parede tem ~.* This wall is damp. **2** (*atmosfera*) humidity

úmido, -a *adj* **1** damp: *Estas meias estão úmidas.* These socks are damp. **2** (*ar, calor, lugar*) humid: *um país ~* a humid country ☞ *Ver nota em* MOIST

unânime *adj* unanimous: *uma decisão ~* a unanimous decision

unha *sf* **1** (*mão*) (finger)nail: *roer as ~s* to bite your nails **2** (*pé*) toenail **3** (*garra*) claw LOC **ser unha e carne** to be inseparable *Ver tb* ESMALTE

união *sf* **1** union: *a ~ monetária* monetary union **2** (*unidade*) unity: *A ~ é a nossa melhor arma.* Unity is our best weapon. **3** (*ato*) joining (together): *a ~ das duas partes* the joining together of the two parts

único, -a ◆ *adj* **1** (*um só*) only: *a única exceção* the only exception **2** (*sem paralelo*) unique: *uma obra de arte única* a unique work of art ◆ *sm-sf* only one: *Ela é a única que sabe nadar.* She's the only one who can swim. LOC *Ver* FILHO

unidade *sf* **1** unit: *~ de medida* unit of measurement **2** (*união*) unity: *falta de ~* lack of unity LOC **Unidade de Terapia Intensiva** intensive care

unido, -a *pp, adj* close: *uma família muito unida* a very close family ◊ *Eles são muito ~s.* They're very close. LOC *Ver* ORGANIZAÇÃO, REINO; *Ver tb* UNIR

unificar *vt* to unify

uniforme ◆ *adj* **1** uniform: *de tamanho ~* of uniform size **2** (*superfície*) even ◆ *sm* uniform LOC **com/de uniforme**: *soldados de ~* uniformed soldiers ◊ *alunos com ~* children in school uniform

unir ◆ *vt* **1** (*interesses, pessoas*) to unite: *os objetivos que nos unem* the aims that unite us **2** (*peças, objetos*) to join **3** (*estrada, ferrovia*) to link ◆ **unir-se** *v pron* **unir-se a** to join: *Eles se uniram ao grupo.* They joined the group.

universal *adj* **1** universal **2** (*história, literatura*) world [*s atrib*]

universidade *sf* university [*pl* universities]: *entrar para a ~* to go to college

universitário, -a ◆ *adj* university [*s atrib*] ◆ *sm-sf* (*estudante*) college/university student

universo *sm* universe

untar *vt* (*com manteiga, óleo, etc.*) to grease: *~ uma fôrma com margarina* to grease a pan with margarine

urânio *sm* uranium

Urano *sm* Uranus

urbanização *sf* housing development

urbano, -a *adj* urban

urgência *sf* emergency [*pl* emergencies]: *em caso de ~* in case of emergency

urgente *adj* **1** urgent: *um pedido/trabalho ~* an urgent order/job **2** (*correio*) express

urina *sf* urine

urinar ◆ *vi* to urinate ◆ **urinar-se** *v pron* to wet yourself

urna *sf* **1** (*cinzas*) urn **2** (*Pol*) ballot box

urso, -a *sm-sf* bear LOC **urso de pelúcia** teddy bear

urso-branco *sm* polar bear

urtiga *sf* nettle

urubu *sm* vulture

Uruguai *sm* Uruguay

uruguaio, -a *adj, sm-sf* Uruguayan

urze *sf* heather

usado, -a *pp, adj* **1** (*de segunda mão*) second-hand: *roupa usada* second-hand clothes **2** (*gasto*) worn-out: *sapatos ~s* worn-out shoes *Ver tb* USAR

usar *vt* **1** (*utilizar*) to use: *Uso muito o computador.* I use the computer a lot. **2** (*óculos, roupa, penteado*) to wear: *Ela usa óculos.* She wears glasses. ◊ *Que perfume você usa?* What perfume do you wear?

usina *sf* factory [*pl* factories] LOC **usina hidrelétrica/termonuclear** hydroelectric/nuclear power plant

uso *sm* use: *instruções de ~* instructions for use LOC **de uso diário** everyday: *botas de ~ diário* everyday boots **para uso externo** (*pomada*) for external use

usuário, -a *sm-sf* user

utensílio *sm* **1** (*ferramenta*) tool **2** (*cozinha*) utensil LOC **utensílios de cozinha** kitchenware [*não contável, v sing*]

útero *sm* womb

útil *adj* useful

utilidade *sf* usefulness LOC **ter muita utilidade** to be very useful

utilitário *sm* (*veículo*) Jeep™

utilizar *vt* to use

uva *sf* grape

Vv

vaca *sf* **1** (*animal*) cow **2** (*carne*) beef
☞ *Ver nota em* CARNE

vacina *sf* vaccine: *a ~ contra a pólio* the
polio vaccine

vacinar *vt* to vaccinate *sb/sth* (*against
sth*): *Temos que ~ o cachorro contra a
raiva.* We have to have the dog vaccin-
ated against rabies.

vácuo *sm* vacuum LOC *Ver* EMBALADO

vadio, -a *adj* (*pessoa*) idle

vaga *sf* **1** (*emprego*) vacancy [*pl* vacan-
cies]: *~s de emprego* job vacancies **2**
(*num curso*) vacancies] place: *Não há
mais ~s.* There are no places left.

vagabundo, -a ◆ *adj* (*de má qualida-
de*) shoddy ◆ *sm-sf* bum

vaga-lume *sm* (*pirilampo*) glow-worm

vagão *sm* car: *~ de carga/passageiros*
freight/passenger car

vagão-leito *sm* sleeping car

vagão-restaurante *sm* dining car

vagar *sm* LOC **com mais vagar** at a
more leisurely pace **com vagar** at your
leisure

vagaroso, -a *adj* slow

vagem *sf* string bean, French bean
(*GB*)

vagina *sf* vagina

vago, -a *adj* vague: *uma resposta/
semelhança vaga* a vague answer/
resemblance

vaguear (*tb* vagar) *vi* to wander: *~
pelas ruas da cidade* to wander around
the city streets

vaia *sf* booing

vaiar *vt* to boo

vaidade *sf* vanity

vaidoso, -a *adj* vain

vaivém *sm* swinging: *o ~ do pêndulo*
the swinging of the pendulum

vala *sf* ditch LOC **vala comum** common
grave

vale¹ *sm* (*Geog*) valley [*pl* valleys]

vale² *sm* **1** (*cupom*) coupon, voucher
(*GB*) **2** (*recibo*) receipt LOC **vale
postal** money order, postal order (*GB*)

valente *adj* brave

valentia *sf* courage

valer ◆ *vt* **1** (*custar*) to cost: *O livro
valia 100 reais.* The book cost 100 reais.
2 (*ter um valor*) to be worth: *Uma libra
vale mais ou menos 1,60 dólar.* A pound

is worth about $1·60. ◆ *vi* **1** (*ser permi-
tido*) to be allowed: *Não vale colar.* No
cheating. **2** (*documento*) to be valid: *Es-
te passaporte não vale mais.* This pass-
port is no longer valid. ◆ **valer-se** *v
pron* **valer-se de** to use: *Ele se valeu de
todos os meios para atingir seus objeti-
vos.* He used every means possible to
achieve his objectives. LOC **isso não
vale!** (*não é justo*) that's not fair! **não
valer para nada** to be useless **para valer**
(*a sério*) for real: *Desta vez é para ~.*
This time it's for real. **vale mais…**:
Vale mais dizer a verdade. It's better to
tell the truth. *Ver tb* PENA²

valete *sm* (*em baralho de cartas*) jack
☞ *Ver nota em* BARALHO

validade *sf* validity

válido, -a *adj* valid

valioso, -a *adj* valuable

valor *sm* **1** value: *Tem um grande ~
sentimental para mim.* It has great sen-
timental value for me. ◊ *um objeto de
grande ~* a very valuable object **2**
(*preço*) price: *As jóias alcançaram um ~
muito alto.* The jewels fetched a very
high price. **3** (*pessoa*) worth: *mostrar o
seu ~* to show your worth LOC **dar valor
a** to value *sth*: *Ela não dá ~ ao que tem.*
She doesn't value what she has. **sem
valor** worthless

valsa *sf* waltz

válvula *sf* valve

vampiro *sm* vampire

vandalismo *sm* vandalism

vândalo, -a *sm-sf* vandal

vanguarda *sf* **1** (*Mil*) vanguard **2** (*Arte*)
avant-garde: *teatro de ~* avant-garde
theater

vantagem *sf* advantage: *Morar no cam-
po tem muitas ~s.* Living in the country
has many advantages. ◊ *levar ~ sobre
alguém* to have an advantage over sb ◊
tirar ~ de algo to take advantage of sth

vão, vã ◆ *adj* vain: *uma tentativa vã* a
vain attempt ◆ *sm* gap LOC **em vão** in
vain **vão da escada** stairwell **vão da
porta** doorway

vapor *sm* **1** steam: *um ferro/uma má-
quina a ~* a steam iron/engine **2**
(*Quím*) vapor: *~es tóxicos* toxic vapors
LOC **a todo o vapor** flat out *Ver tb*
BARCO

vaquinha *sf* (*dinheiro em comum*) pot, kitty [*pl* kitties] (*GB*)

vara *sf* 1 (*pau*) stick 2 (*Esporte*) pole LOC **vara de pescar** fishing rod *Ver tb* SALTO[1]

varal *sm* (*corda*) clothesline

varanda *sf* balcony [*pl* balconies]: *ir para a ~* to go out onto the balcony

varar *vt* (*perfurar*) to pierce LOC **varar a noite** to stay up all night

varejo *sm* retail trade LOC **a varejo** (*vender*) retail

vareta *sf* rod

variação *sf* variation: *ligeiras variações de pressão* slight variations in pressure

variar *vt, vi* 1 (*tornar variado, ser variado*) to vary: *Os preços variam de acordo com o restaurante.* Prices vary depending on the restaurant. 2 (*mudar*) to change: *Não varia no plural.* It doesn't change in the plural. LOC **para variar** for a change

variável ♦ *adj* changeable ♦ *sf* variable

variedade *sf* variety [*pl* varieties]

varinha *sf* LOC **varinha de condão** magic wand

varíola *sf* smallpox

vários, -as *adj, pron* various, several: *em várias ocasiões* on several occasions

variz *sf* varicose vein

varredor, ~a *sm-sf* sweeper: *~ de rua* street sweeper

varrer *vt, vi* to sweep

vasculhar *vt* to go through *sth*: *Não quero que você vasculhe as minhas gavetas.* I don't want you to go through my drawers.

vasilha *sf* vessel

vaso *sm* 1 (*plantas*) flowerpot 2 (*Anat, Bot*) vessel: *~s capilares/sanguíneos* capillary/blood vessels LOC **vaso sanitário** toilet bowl

vassoura *sf* 1 broom, brush ☛ *Ver ilustração em* BRUSH 2 (*de bruxa*) broomstick

vasto, -a *adj* vast

vazamento *sm* (*gás, água*) leak

vazio, -a ♦ *adj* empty: *uma caixa/casa vazia* an empty box/house ♦ *sm* void

veado *sm* 1 (*animal*) deer [*pl* deer]

A palavra **deer** é o substantivo genérico, **stag** (ou **buck**) aplica-se apenas ao veado macho e **doe** apenas à fêmea. **Fawn** é a cria.

2 (*carne*) venison

vedação *sf* (*tapume*) fence

vedar *vt* 1 (*com cerca*) to fence *sth* off 2 (*recipiente*) to seal 3 (*acesso*) to block

vedete *sf* star: *uma ~ de cinema* a movie star

vegetação *sf* vegetation

vegetal ♦ *adj* vegetable [*s atrib*]: *óleos vegetais* vegetable oils ♦ *sm* vegetable LOC *Ver* CARVÃO

vegetar *vi* 1 (*Bot*) to grow 2 (*pessoa*) to be a vegetable

vegetariano, -a *adj, sm-sf* vegetarian: *ser ~* to be a vegetarian

veia *sf* vein

veículo *sm* vehicle LOC **veículo de comunicação** medium [*pl* media]

veio *sm* 1 (*rocha*) vein 2 (*mina*) seam 3 (*madeira*) grain

vela[1] *sf* 1 candle: *acender/apagar uma ~* to light/put out a candle 2 (*Mec*) spark plug

vela[2] *sf* 1 (*barco, moinho*) sail 2 (*Esporte*) sailing: *praticar ~* to go sailing LOC *Ver* BARCO

velar *vt* 1 (*cadáver*) to keep vigil (*over sb*) 2 (*doente*) to sit up **with sb** 3 *~ por* to take care of *sb/sth*: *O seu padrinho velará por você.* Your godfather will take care of you.

veleiro *sm* sailing boat

velharia *sf* (*traste*) old thing

velhice *sf* old age

velho, -a ♦ *adj* old: *estar/ficar ~* to look/get old ◊ *Sou mais ~ do que o meu irmão.* I'm older than my brother. ♦ *sm-sf* 1 old man/woman [*pl* old men/women] 2 **velhos** old people LOC **o mais velho** the oldest (one): *O mais ~ tem quinze anos.* The oldest (one) is fifteen. ◊ *o mais ~ da turma* the oldest (one) in the class ◊ *a mais velha das três irmãs* the oldest of the three sisters ☛ *Ver nota em* ELDER *Ver tb* JOGO

velhote, -a *sm-sf* old man [*fem* old woman]

velocidade *sf* (*rapidez*) speed: *a ~ do som* the speed of sound ◊ *trens de alta ~* high-speed trains LOC **a toda velocidade** at top speed **velocidade máxima** (*nas estradas*) speed limit *Ver tb* REDUZIR

velódromo *sm* velodrome, cycle track (*mais coloq*)

veloz *adj* fast: *Ele não é tão ~ como eu.* He isn't as fast as I am. ☛ *Ver nota em* FAST[1]

veludo *sm* velvet LOC **veludo cotelê**

corduroy: *calças de* ~ *cotelê* corduroy pants

vencedor, ~a ◆ *adj* **1** winning: *a equipe* ~*a* the winning team **2** (*país, exército*) victorious ◆ *sm-sf* **1** winner: *o* ~ *da prova* the winner of the competition **2** (*Mil*) victor

vencer ◆ *vt* **1** (*Esporte*) to beat: *Fomos vencidos na semifinal.* We were beaten in the semifinal. **2** (*Mil*) to defeat **3** (*superar*) to overcome: *O sono me venceu.* I was overcome with sleep. ◆ *vi* **1** to win: *Venceu a equipe visitante.* The visiting team won. **2** (*prazo*) to expire: *O prazo venceu ontem.* The deadline expired yesterday. **3** (*pagamento*) to be due: *O pagamento do empréstimo vence hoje.* Repayment of the loan is due today.

vencido, -a ◆ *pp, adj* beaten ◆ *sm-sf* loser: *vencedores e* ~*s* winners and losers LOC **dar-se por vencido** to give in *Ver tb* VENCER

vencimento *sm* **1** (*data de pagamento*) due date: *Quando é o* ~ *do aluguel?* When's the rent due? **2** (*fim de prazo*) expiration date, expiry date (*GB*) **3** (*salário*) salary LOC **não dar vencimento a** not to be able to keep up with *sth*: *Não dão* ~ *às encomendas.* They can't keep up with all the orders.

venda *sf* sale: *à* ~ for sale LOC **pôr à venda** to put *sth* on the market: *pôr a casa à* ~ to put the house on the market **venda por correspondência** mail order

vendar *vt* to blindfold

vendaval *sm* gale

vendedor, ~a *sm-sf* **1** seller **2** (*caixeiro-viajante*) salesman/woman [*pl* salesmen/women] **3** (*em loja*) salesclerk, shop assistant (*GB*)

vender *vt* to sell: *Vão* ~ *o apartamento de cima.* The upstairs apartment is for sale. LOC **vender aos montes** to sell like hotcakes **vender gato por lebre** to take *sb* in **vende-se** for sale

veneno *sm* poison

venenoso, -a *adj* poisonous LOC *Ver* COGUMELO

veneta *sf* LOC **dar na veneta** to take it into your head (*to do sth*): *Deu-me na* ~ *ir fazer compras.* I took it into my head to go shopping. ◊ *Ele só faz o que lhe dá na* ~. He only does what he wants to.

veneziana *sf* shutter: *fechar as* ~*s* to close the shutters

Venezuela *sf* Venezuela

venezuelano, -a *adj, sm-sf* Venezuelan

ventania *sf* gale

ventar *vi* to be windy: *Estava ventando demais.* It was much too windy.

ventilação *sf* ventilation

ventilador *sm* ventilator

vento *sm* wind LOC *Ver* MOINHO

ventre *sm* **1** (*abdômen*) stomach **2** (*útero*) womb

ventríloquo, -a *sm-sf* ventriloquist

Vênus *sm* Venus

ver¹ *sm* opinion: *A meu* ~ *você está completamente enganado.* In my opinion you're completely wrong.

ver² ◆ *vt* **1** to see: *Há muito tempo que não a vejo.* I haven't seen her for a long time. ◊ *Não vejo por quê.* I don't see why. ◊ *Você está vendo aquele edifício ali?* Can you see that building over there? **2** (*televisão*) to watch: ~ *televisão* to watch TV **3** (*examinar*) to look at *sth*: *Preciso* ~ *com mais calma.* I need more time to look at it. ◆ *vi* to see: *Espere, vou* ~. Wait—I'll go and see. ◊ *Vamos* ~ *se eu passo desta vez.* Let's see if I pass this time. ◆ **ver-se** *v pron* (*encontrar-se*) to be: *Eu nunca tinha me visto em tal situação.* I'd never been in a situation like that. LOC **dar para ver** (*prever*): *Dava mesmo para* ~ *que isso iria acontecer.* I could see it coming **para você ver!** so there! **vai ver que...** maybe: *Vai* ~ *que eles não chegaram porque se perderam.* Maybe they didn't get here because they were lost. **veja só...!**: *Veja só, casar com aquele imprestável!* Imagine marrying that good-for-nothing! ☞ Para outras expressões com **ver**, ver os verbetes para o substantivo, adjetivo, etc., p.ex. **ver estrelas** em ESTRELA e **ver para crer** em CRER .

veranista *smf* vacationer, holidaymaker (*GB*)

verão *sm* summer: *No* ~ *faz muito calor.* It's very hot in (the) summer. ◊ *as férias de* ~ the summer vacation

verbal *adj* verbal

verbete *sm* entry [*pl* entries]: *um dicionário com 20.000* ~*s* a dictionary with 20,000 entries

verbo *sm* verb

verdade *sf* truth: *Diga a* ~. Tell the truth. LOC **não é verdade?**: *Este carro é mais rápido, não é* ~? This car's faster, isn't it? ◊ *Você não gosta de leite, não é* ~? You don't like milk, do you? **ser**

verdade to be true: *Não pode ser ~.* It can't be true. **verdade?** really?

verdadeiro, -a *adj* true: *a verdadeira história* the true story

verde ◆ *adj* **1** (*cor*) green ☞ *Ver exemplos em* AMARELO **2** (*fruta*) unripe: *Ainda estão ~s.* They're not ripe yet. ◆ *sm* green

verdura *sf* **verduras** vegetables: *frutas e ~s* fruit and vegetables ◊ *As ~s fazem bem.* Vegetables are good for you. ◊ *sopa de ~s* vegetable soup

verdureiro *sm* greengrocer's [*pl* greengrocers]

vereador, ~a *sm-sf* (town) councillor

veredicto *sm* verdict

vergonha *sf* **1** (*timidez*) shyness **2** (*embaraço*) embarrassment: *Que ~!* How embarrassing! **3** (*sentimento de culpa, pudor*) shame: *Você não tem ~ na cara.* You have no shame. ◊ *Ele teve ~ de confessar.* He was ashamed to admit it. LOC **ter/ficar com vergonha 1** (*ser tímido*) to be shy: *Sirva-se, não fique com ~!* Don't be shy—help yourself! **2** (*sentir embaraço*) to be embarrassed: *Tenho ~ de perguntar a eles.* I'm too embarrassed to ask them. **ter vergonha de alguém/algo** to be ashamed of sb/sth

vergonhoso, -a *adj* disgraceful

verídico, -a *adj* true

verificar *vt* to check

verme *sm* worm

vermelho, -a *adj, sm* red: *ficar ~* to go red ☞ *Ver exemplos em* AMARELO LOC **estar no vermelho** to be in the red **ficar vermelho como um tomate** to go as red as a beet *Ver tb* CRUZ

verniz *sm* **1** (*para madeira*) varnish **2** (*couro*) patent leather: *uma bolsa de ~* a patent leather purse

verruga *sf* wart

versão *sf* version LOC **em versão original** (*filme*) with subtitles

verso¹ *sm* back: *no ~ do cartão* on the back of the card

verso² *sm* **1** (*linha de um poema*) line **2** (*poema*) verse **3** (*gênero literário*) poetry

vértebra *sf* vertebra [*pl* vertebrae]

vertebrado, -a *adj, sm* vertebrate

vertebral *adj* LOC *Ver* COLUNA

vertical *adj* **1** vertical: *uma linha ~* a vertical line **2** (*posição*) upright: *em posição ~* in an upright position

vértice *sm* vertex [*pl* vertexes/vertices]

vertigem *sf* vertigo: *sentir/ter ~* to have vertigo LOC **dar vertigem** to make sb dizzy

vesgo, -a *adj* cross-eyed

vesícula *sf* LOC **vesícula (biliar)** gall bladder

vespa *sf* **1** (*inseto*) wasp **2** **Vespa®** scooter

véspera *sf* day before (*sth*): *Deixei tudo preparado na ~.* I got everything ready the day before. ◊ *na ~ do exame* the day before the exam

Também existe a palavra **eve**, que se usa quando se trata da véspera de uma festa religiosa ou de um acontecimento importante: *a véspera de Natal* Christmas Eve ◊ *na véspera das eleições* on the eve of the election

LOC **em/nas vésperas de** just before sth: *em ~s de exames* just before the exams

vestiário *sm* **1** (*em teatro*) coatcheck, cloakroom (*GB*) **2** (*Esporte*) locker room, changing room (*GB*)

vestibular *sm* university entrance examination

vestíbulo *sm* **1** (*entrada*) hall **2** (*teatro, cinema, hotel*) foyer

vestido *sm* dress LOC **vestido de noite** evening gown **vestido de noiva** wedding dress

vestígio *sm* trace

vestir ◆ *vt* **1** to dress: *Vesti as crianças.* I got the children dressed. **2** (*levar*) to wear: *Ele vestia um terno cinza.* He was wearing a gray suit. **3** (*tamanho*) to take: *~ calças tamanho quarenta* to take size forty pants ◆ **vestir, vestir-se** *vi, v pron* **vestir(-se)** (**de** *sth*): *vestir-se bem/de branco* to dress well/in white ◆ **vestir-se** *v pron* to get dressed: *Vá se ~ ou você vai chegar tarde.* Get dressed or you'll be late.

vestuário *sm* clothing

veterano, -a ◆ *adj* experienced ◆ *sm-sf* veteran

veterinária *sf* veterinary science

veterinário, -a *sm-sf* veterinarian

veto *sm* veto [*pl* vetoes]

véu *sm* veil

vexame *sm* disgrace LOC **dar vexame** to make a fool of yourself

vez *sf* **1** time: *três ~es por ano* three times a year ◊ *Ganho quatro ~es mais do que ele.* I earn four times as much as he does. ◊ *4 ~es 3 são 12.* 4 times 3 is 12. **2** (*turno*) turn: *Espere a sua ~.* Wait for your turn. LOC **às vezes** sometimes **de cada vez** (*individualmente*) in turns **de uma** (*só*) **vez** in one go **de uma vez por todas/de uma vez** once and for all: *Responda de uma ~!* Hurry up and answer! **de vez** for good: *Ele foi embora de ~.* He left for good. **de vez em quando** from time to time **duas vezes** twice **em vez de** instead of *sb/sth/doing sth* **era uma vez…** once upon a time there was… **muitas/poucas vezes** often/seldom **por sua vez** in turn: *Ele, por sua ~, respondeu que…* He in turn answered that… **uma vez** once **uma vez na vida, outra na morte** once in a blue moon **um de cada vez** one at a time *Ver tb* ALGUM, CADA, CEM, OUTRO

via sf **1** (*estrada*) road **2 vias** (*Med*) tract [*sing*]: *~s respiratórias* respiratory tract LOC (**por**) **via aérea** (*correios*) (by) airmail **por via das dúvidas** just in case **via férrea** railroad, railway (*GB*) **Via Láctea** Milky Way **via satélite** satellite: *uma ligação ~ satélite* a satellite link

viagem sf journey [*pl* journeys], trip, travel

> Não se devem confundir as palavras **travel, journey** e **trip**.
> O substantivo **travel** é não contável e refere-se à atividade de viajar em geral: *As suas atividades favoritas são a leitura e viagens.* Her main interests are reading and travel. **Journey** e **trip** referem-se a uma viagem específica. **Journey** apenas denota o deslocamento de um lugar a outro: *A viagem foi cansativa.* The journey was exhausting. **Trip** denota também distância: *Que tal foi a sua viagem a Paris?* How did your trip to Paris go? ◊ *uma viagem de negócios* a business trip
> Utilizam-se também outras palavras para designar uma viagem, entre elas **voyage** e **tour**. **Voyage** é uma viagem longa por mar: *Cristovão Colombo ficou famoso pelas suas viagens ao Novo Mundo.* Columbus is famous for his voyages to the New World. **Tour** é uma viagem organizada que se faz parando em diferentes lugares: *A Jane vai fazer uma viagem pela Terra Santa.* Jane is going on a tour around the Holy Land.

LOC **boa viagem!** have a good trip! **estar/partir de viagem** to be/go away **viagem de intercâmbio** exchange visit *Ver tb* AGÊNCIA, CHEQUE, INICIAR

viajante smf **1** (*turista*) traveler: *um ~ incansável* a tireless traveler **2** (*passageiro*) passenger

viajar vi to travel: *~ de avião/carro* to travel by plane/car

viatura sf vehicle

viável adj feasible

víbora sf viper

vibrar vi to vibrate LOC **vibrar de alegria** to be thrilled

vice-campeão, -ã sm-sf runner-up [*pl* runners-up]

vice-presidente, -a sm-sf vice-president

vice-versa adv vice versa

viciado, -a ♦ *pp, adj* **~** (**em**) addicted (**to** *sth*) ♦ *sm-sf* addict *Ver tb* VICIAR-SE

viciar-se v pron **~** (**em**) to become addicted (**to** *sth*)

vício sm **1** vice: *Não tenho ~s.* I don't have any vices. **2** (*hábito*) addiction: *O jogo se transformou num ~.* Gambling became an addiction. LOC **adquirir/ter o vício de algo** to get/be addicted to sth

vicioso, -a adj vicious LOC *Ver* CÍRCULO

vida sf **1** life [*pl* lives]: *Como é que vai a ~?* How's life? ◊ *a ~ noturna do Rio* the night life of Rio ◊ *Nunca na minha ~ vi uma coisa assim.* I've never seen anything like it in all my life. **2** (*sustento*) living: *ganhar a ~* to make a living LOC **com vida** alive: *Eles ainda estão com ~.* They're still alive. **isto é que é vida!** this is the life! **para toda a vida** for life **sem vida** lifeless **ter/levar uma vida de cão/cachorro** to lead a dog's life *Ver tb* COMPLICAR, EXPECTATIVA, NÍVEL, RITMO

videira sf vine

vidente smf clairvoyant

vídeo sm **1** video [*pl* videos] **2** (*aparelho*) VCR [*pl* VCR's] LOC **filmar/gravar em vídeo** to videotape *Ver tb* CÂMERA, LOCADORA

videocassete sm videotape

videoclipe sm video [*pl* videos]

videoclube sm video store

vidraça sf (window)pane

vidraceiro, -a sm-sf glazier

vidrado, -a pp, adj LOC **estar vidrado** (**em alguém/algo**) to be nuts (about sb/sth) *Ver tb* VIDRAR

vidrar vt (*cerâmica*) to glaze

vidro sm **1** glass: *uma garrafa de ~* a glass bottle ◊ *Eu me cortei num pedaço de ~.* I cut myself on a piece of glass. **2** (*carro*) window: *Baixe/suba o ~.* Open/close the window. **3** (*vidraça*) (window)pane: *o ~ da janela* the windowpane

viga *sf* **1** (*madeira, concreto*) beam **2** (*metal*) girder

vigarice *sf* rip-off

vigarista *smf* con man

vigente *adj* current LOC **ser vigente** to be in force

vigia ◆ *sf* **1** (*vigilância*) watch: *estar/ ficar de ~* to keep watch **2** (*barco*) port-hole ◆ *smf* (*pessoa*) guard LOC *Ver* TOR-RE

vigiar *vt* **1** (*prestar atenção, tomar conta*) to keep an eye on *sb/sth* **2** (*guardar*) to guard: *~ a fronteira/os presos* to guard the border/prisoners

vigilância *sf* surveillance: *Vão aumentar a ~.* They're going to step up surveillance. LOC *Ver* TORRE

vigor *sm* **1** (*Jur*) force: *entrar em ~* to come into force **2** (*energia*) vigor LOC *Ver* ENTRAR

vigorar *vi* (*lei*) to be in force: *O acordo vigora desde o último dia 3.* The agreement has been in force since the 3rd.

vila *sf* **1** (*povoado*) small town **2** (*casa*) villa **3** (*conjunto de casas parecidas*) housing development LOC **vila olímpica** Olympic village

vime *sm* wicker: *um cesto de ~* a wicker basket

vinagre *sm* vinegar

vinagrete *adj* vinaigrette [*s*]

vinco *sm* crease

vínculo *sm* link

vingança *sf* revenge

vingar ◆ *vt* to avenge ◆ **vingar-se** *v pron* to take revenge (**on sb**) (**for sth**): *Ele se vingou do que lhe fizeram.* He took revenge for what they'd done to him. ◊ *Hei de me ~ dele.* I'll get my revenge on him.

vinha *sf* vineyard

vinho *sm* wine: *Você quer um copo de ~?* Would you like a glass of wine? ◊ *~ branco/tinto/de mesa* white/red/table wine

vinícola *adj* wine [*s atrib*]: *indústria ~* wine industry ◊ *região ~* wine-growing region

vinicultor, ~a *sm-sf* wine producer

vinte *num, sm* **1** twenty **2** (*data*) twentieth **3** (*vigésimo*) twentieth: *o século ~* the twentieth century ☞ *Ver exemplos em* SESSENTA

viola *sf* **1** (*acústica*) guitar **2** (*tipo de violino*) viola

violação *sf* **1** (*estupro*) rape **2** (*transgressão, profanação*) violation

violador, ~a *sm-sf* rapist

violar *vt* **1** (*estuprar*) to rape **2** (*transgredir*) to break **3** (*profanar*) to violate

violência *sf* violence

violento, -a *adj* violent: *um filme ~* a violent movie

violeta *adj, sf, sm* violet ☞ *Ver exemplos em* AMARELO

violinista *smf* violinist

violino *sm* violin

violoncelo *sm* cello [*pl* cellos]

vir ◆ *vi* **1** to come: *Venha aqui!* Come here! ◊ *Você nunca vem me ver.* You never come to see me. ◊ *Não me venha com desculpas.* Don't come making excuses. **2** (*voltar*) to be back: *Eu já venho.* I'll be back soon. **3** (*chegar*) to arrive: *Ela veio uma semana antes.* She arrived a week earlier. ◆ *v aux ~* **fazendo algo** to have been **doing sth**: *Há anos que venho te dizendo a mesma coisa.* I've been telling you the same thing for years. LOC **que vem** next: *terça que vem* next Tuesday ☞ *Para outras expressões com* vir, *ver os verbetes para o substantivo, adjetivo, etc., p.ex.* vir a calhar *em* CALHAR *e* vir à tona *em* TONA.

vira-casaca *smf* traitor

virada *sf* turn: *dar uma ~ para a esquerda* to turn left

vira-lata *adj, sm* (*cão*) mongrel [*s*]

virar ◆ *vt* **1** to turn: *Virei a cabeça.* I turned my head. ◊ *Ele me virou as costas.* He turned his back on me. **2** (*derrubar*) to knock *sth* over: *As crianças viraram a lata de lixo.* The children knocked the garbage can over. ◆ *vi* **1** ~ **a** (*dobrar*) to turn: *~ à direita/esquerda* to turn right/left **2** (*carro*) to turn off **3** (*tempo*) to change: *O tempo virou de repente.* The weather suddenly changed. ◆ **virar-se** *v pron* **1 virar-se** (**para**) to turn (**to/towards** *sb/sth*): *Ela se virou e olhou para mim.* She turned around and looked at me. ◊ *Ele se virou para a Helena.* He turned toward Helena. **2** (*sair de dificuldades*) to manage (**to do sth**): *Você vai ter que se ~ de alguma forma.* You'll have to manage somehow. LOC **virar a cara** to look the other way **virar a casaca** to be a traitor **virar de cabeça para baixo** to turn *sth* upside down: *Os ladrões viraram o apartamento de cabeça para baixo.* The burglars turned the apartment upside down. **virar de cabeça para cima** to overturn: *O carro derrapou e virou de* *cabeça para cima.* The car skidded and overturned.

virgem ♦ *adj* **1** virgin: *ser ~* to be a virgin ◊ *florestas virgens* virgin forests ◊ *azeite extra ~* extra virgin olive oil **2** *(cassete)* blank ♦ *smf* virgin: *a Virgem Maria* the Virgin Mary ♦ **Virgem** *(tb* **Virgo)** *sm (Astrologia)* Virgo [*pl* Virgos] ☛ *Ver exemplos em* AQUARIUS LOC *Ver* LÃ

virgindade *sf* virginity

vírgula *sf* **1** *(pontuação)* comma ☛ *Ver págs 298–9* **2** *(Mat)* point: *quarenta ~ cinco (40,5)* forty point five (40·5) ☛ *Ver Apêndice 1.* LOC *Ver* PONTO

viril *adj* manly, virile *(formal)*

virilha *sf* groin

virilidade *sf* manliness

virtual *adj* virtual: *a realidade ~* virtual reality

virtualmente *adv* virtually

virtude *sf* virtue: *a sua maior ~* your greatest virtue

virtuoso, -a ♦ *adj (honesto)* virtuous ♦ *sm* virtuoso [*pl* virtuosos]

vírus *sm* virus [*pl* viruses]

visão *sf* **1** *(vista)* (eye)sight: *perder a ~ de um olho* to lose the sight of one eye **2** *(ponto de vista)* view: *uma ~ pessoal/de conjunto* a personal/an overall view **3** *(alucinação)* vision: *ter uma ~* to have a vision **4** *(instinto)*: *um político com ~ a* very far-sighted politician

visar *vt, vi* **1** *(fazer pontaria)* to aim (**at sb/sth**) **2** *~ fazer algo* to aim to do sth

viscoso, -a *adj* viscous

viseira *sf* visor

visibilidade *sf* visibility: *pouca ~* poor visibility

visita *sf* **1** visit: *horário de ~ (s)* visiting hours **2** *(visitante)* visitor: *Parece-me que você tem ~.* I think you have a visitor. LOC **fazer uma visita** to pay *sb* a visit

visitante ♦ *adj* visiting: *a equipe ~* the visiting team ♦ *smf* visitor: *os ~s do palácio* visitors to the palace

visitar *vt* to visit: *Fui visitá-lo no hospital.* I went to visit him in the hospital.

visível *adj* visible

visom *sm* mink

vista *sf* **1** *Ele foi operado da ~.* He had an eye operation. ◊ *As cenouras fazem bem à ~.* Carrots are good for your eyesight. **2** *(panorama)* view: *a ~ do meu quarto* the view from my room ◊

com ~ para o mar overlooking the sea LOC **à vista** cash payment: *pagar algo à ~* to pay cash for sth **até a vista!** see you around/later! **(dar/passar) uma vista de olhos** (to have) a look *(at sb/ sth)*: *Uma ~ de olhos é o suficiente.* Just a quick look will do. **deixar algo à vista**: *Deixe-o à ~ para que eu não me esqueça.* Leave it where I can see it or I'll forget. **em vista de** in view of *sth*: *em ~ do que aconteceu* in view of what happened **fazer vista grossa** to turn a blind eye *(to sth)* **ter a vista cansada** to be farsighted *Ver tb* AFASTAR, AMOR, CONHECER, CURTO, PAGAR, PERDER, PONTO, PRIMEIRO, SALTAR, TERRA, TIRAR

visto *sm* visa: *~ de entrada/saída* entry/exit visa

visto, -a *pp, adj* LOC **pelo visto** apparently **visto que** since *Ver tb* VER[2]

vistoso, -a *adj* eye-catching

visual *adj* visual

vital *adj* **1** *(Biol)* life [*s atrib*]: *o ciclo ~* the life cycle **2** *(decisivo)* vital

vitalidade *sf* vitality

vitamina *sf* **1** vitamin: *a ~ C* vitamin C **2** *(bebida)* (milk)shake

vitelo, -a ♦ *sm-sf* calf [*pl* calves] ♦ **vitela** *sf (carne)* veal ☛ *Ver nota em* CARNE

viticultura *sf* wine-growing

vítima *sf* **1** victim: *ser ~ de um roubo* to be the victim of a theft **2** *(mortal)* casualty [*pl* casualties]

vitória *sf* **1** victory [*pl* victories] **2** *(Esporte)* win: *uma ~ fora de casa* an away win LOC *Ver* CANTAR

vitorioso, -a *adj* victorious LOC **sair vitorioso** to triumph

vitral *sm* stained glass window

vitrina *sf* store window

viúvo, -a ♦ *adj* widowed: *Ela ficou viúva muito jovem.* She was widowed at an early age. ♦ *sm-sf* widower [*fem* widow]

viva ♦ *sm* cheer ♦ **viva!** *interj* hooray!: *~, passei!* Hooray! I passed! ◊ *Viva o presidente!* Long live the president!

viveiro *sm* **1** *(plantas)* nursery [*pl* nurseries] **2** *(peixes)* fish farm **3** *(aves)* aviary [*pl* aviaries]

viver *vi, vt* to live: *Ele viveu quase setenta anos.* He lived for almost seventy years. ◊ *Como você vive bem!* What a nice life you have! ◊ *Viva a sua vida.* Live your own life. ◊ *Não sei do que eles vivem.* I don't know what they live on. ◊ *Vivemos com 200 dólares por mês.* We live on 200 dollars a month. ◊ *Eles vivem para os filhos.* They live for their children. LOC **viver às custas de alguém** to live off sb **viver rindo, brigando, etc.** to be always laughing, quarreling, etc.

víveres *sm* provisions

vivo, -a *adj* **1 (a)** (*com substantivo*) living: *seres ~s* living beings ◊ *línguas vivas* living languages **(b)** (*depois de "ser" ou "estar"*) alive: *Ele ainda é ~?* Is he still alive? **2** (*esperto*) smart **3** (*luz, cor, olhos*) bright **4** (*cheio de vida*) lively LOC **ao vivo** (*transmissão*) live **vivo ou morto** dead or alive *Ver tb* CARNE, CERCA², MANTER, MÚSICA

vizinhança *sf* **1** (*bairro*) neighborhood: *uma das escolas da ~* one of the neighborhood schools **2** (*vizinhos*) residents [*pl*]: *Toda a ~ saiu para a rua.* All the residents took to the streets.

vizinho, -a ♦ *adj* neighboring: *países ~s* neighboring countries ♦ *sm-sf* neighbor: *Como é que são os seus ~s?* What are your neighbors like?

voador, ~a *adj* flying LOC *Ver* DISCO

voar *vi* **1** to fly: *Voamos até Roma via Lisboa.* We flew to Rome via Lisbon. ◊ *O tempo voa.* Time flies. **2** (*com o vento*) to blow away: *O chapéu dele voou pelos ares.* His hat blew away. LOC **voando** (*depressa*) in a rush: *Saímos voando para o banco.* We rushed off to the bank.

vocabulário *sm* vocabulary [*pl* vocabularies]

vocação *sf* vocation

vocal *adj* vocal LOC *Ver* CORDA

vocalista *smf* lead singer

você *pron pess* you: *É ~?* Is that/it you? ◊ *~s devem ir.* You should go. LOC **você mesmo/próprio** you yourself: *~ mesma me contou.* You told me yourself. **vocês mesmos/próprios** you yourselves

vodca *sf* vodka

vogal ♦ *sf* (*letra*) vowel ♦ *smf* (*pessoa*) member

volante *sm* (*veículo*) steering wheel

voleibol *sm* volleyball

volt *sm* volt

volta *sf* **1** (*regresso*) return: *Vejo você na ~.* I'll see you when I get back. **2** (*Esporte*) lap: *Eles deram três ~s na pista.* They did three laps of the track. LOC **dar a volta ao mundo** to go around the world **dar a volta em algo** (*virar*) to turn sth over **dar uma volta 1** (*a pé*) to

go for a walk: *dar uma ~ no quarteirão* to go for a walk around the block **2** (*de carro*) to go for a drive: *sair para dar uma ~* to go out for a drive **dar voltas**: *A Lua dá ~s ao redor da Terra.* The moon goes around the earth. ◊ *A Terra dá ~s sobre o seu eixo.* The earth spins on its axis. **dar voltas em algo** to turn sth: *Dou sempre duas ~s na chave.* I always turn the key twice. **em volta** around: *Havia muita gente em ~ dele.* There were a lot of people around him. **estar de volta** to be back: *Estou de ~ a Boston.* I'm back in Boston. **por volta de 1** (*cerca de*) about: *Éramos por ~ de cem.* There were about a hundred of us. ◊ *Chegaremos por ~ das dez e meia.* We'll get there at about ten thirty. **2** (*no tempo*) around: *Aconteceu por ~ do Natal.* It happened around Christmas. ☞ *Ver nota em* AROUND¹ **volta e meia** every now and then *Ver tb* BILHETE, IDA

voltagem *sf* voltage

voltar ♦ *vi* **1** (*regressar*) to go/to come back: *Voltei para casa.* I went back home. ◊ *Volte aqui.* Come back here. ◊ *A que horas você volta?* What time will you be back? **2 ~ a fazer algo** to do sth again: *Não volte a dizer isso.* Don't say that again. ♦ *vt* to turn: *Voltei a cabeça.* I turned my head. ◊ *Ele me voltou as costas.* He turned his back on me. **voltar-se** *v pron* to turn around: *Ela se voltou e olhou para mim.* She turned around and looked at me. LOC **voltar a si** to come around **voltar atrás (com a palavra)** to go back (on your word)

volume *sm* **1** volume: *Comprei o primeiro ~.* I bought the first volume. ◊ *diminuir/aumentar o ~* to turn the volume down/up **2** (*embrulho*) package, parcel (*GB*)

volumoso, -a *adj* bulky: *Esta caixa é muito volumosa.* This box is very bulky. ◊ *É muito ~?* Does it take up much space?

voluntário, -a ♦ *adj* voluntary ♦ *sm-sf* volunteer: *Trabalho como ~.* I work as a volunteer. LOC *Ver* OFERECER

volúvel *adj* changeable

vomitar ♦ *vt* to throw sth up: *Vomitei o jantar todo.* I threw up all my dinner. ♦ *vi* to throw up, to vomit (*mais formal*): *Acho que vou ~.* I think I'm going to throw up.

vômito *sm* vomit

vontade *sf* **1** will: *Ele não tem ~ pró-*

pria. He has no will of his own. ◊ *contra a minha ~* against my will **2** (*desejo*) wishes [*pl*]: *Devemos respeitar a ~ dele*. We must respect his wishes. LOC **à vontade 1** (*como em sua própria casa*) at home: *Esteja/Fique à ~*. Make yourself at home. **2** (*com liberdade*) quite happily: *Aqui as crianças podem brincar à ~*. The children can play here quite happily. **boa vontade** goodwill: *mostrar boa ~* to show goodwill **dar vontade de fazer algo** to make *sb* want to do sth: *O mau cheiro me deu ~ de vomitar*. The smell made me want to throw up. **de boa/má vontade** willingly/reluctantly: *Ela fez de má ~*. She did it reluctantly. **estar com/ter vontade** to feel like *sth/doing sth*: *Estou com ~ de comer algo*. I feel like having something to eat. ◊ *Faço porque tenho ~*. I'm doing it because I want to. *Ver tb* FORÇA, MORRER, MORTO, PERDER

vôo *sm* flight: *o ~ Lisboa-Recife* the Lisbon-Recife flight ◊ *~s domésticos/internacionais* domestic/international flights LOC **vôo charter/fretado** charter flight **vôo livre** gliding **vôo regular** scheduled flight *Ver tb* LEVANTAR

vós *pron pess* you
vosso, -a ♦ *pron adj* your ♦ *pron subs* yours
votação *sf* vote LOC *Ver* SUBMETER
votar *vi* to vote (**for sb/sth**): *Votei no Partido Verde*. I voted for the Greens. ◊ *~ a favor de/contra algo* to vote for/against sth
voto *sm* **1** (*Pol*) vote: *100 ~s a favor e dois contra* 100 votes in favor, two against **2** (*Relig*) vow **3 votos** (*em carta*) wishes: *~ de felicidade* best wishes LOC **fazer votos** to hope: *Faço ~s de que estejam todos bem*. I hope you're all well. **voto nulo** spoiled vote
vovô, -ó *sm-sf* grandpa [*fem* grandma]: *A vovó telefonou e mandou lembranças*. Grandma called and sent her love.
voz *sf* voice: *dizer algo em ~ alta/baixa* to say sth in a loud/quiet voice LOC *Ver* LER
vulcão *sm* volcano [*pl* volcanoes]
vulgar *adj* vulgar
vulnerável *adj* vulnerable
vulto *sm* figure: *Parece que vi um ~ se mexendo*. I thought I saw a figure moving.

Ww

walkie-talkie *sm* walkie-talkie
walkman® *sm* Walkman® [*pl* Walkmans]
watt *sm* watt: *uma lâmpada de 60 ~s* a 60-watt light bulb

w.c. *sm* bathroom
windsurfe *sm* windsurfing: *praticar ~* to go windsurfing
windsurfista *smf* windsurfer LOC *Ver* PRANCHA

Xx

xadrez *sm* **1** (*jogo*) chess **2** (*tabuleiro e peças*) chess set **3** (*prisão*) slammer **4** (*tecido*) check: *uma blusa ~* a check blouse
xale *sm* shawl: *um ~ de seda* a silk shawl
xampu *sm* shampoo [*pl* shampoos]: *~ anticaspa* dandruff shampoo

xará *smf* namesake: *Somos ~s!* We have the same name!
xarope *sm* syrup: *~ para a tosse* cough syrup
xeque *sm* (*Xadrez*) check
xeque-mate *sm* (*Xadrez*) checkmate: *dar ~* to checkmate
xereta *adj* nosy

xérox *sm* **1** (*cópia*) photocopy [*pl* photo-copies] **2** (*máquina*) photocopier

xícara *sf* cup: *uma ~ de café* a cup of coffee ☛ *Ver ilustração em* MUG

xilofone *sm* xylophone

xixi *sm* pee LOC **fazer xixi** to (have a) pee

xô! *interj* shoo!

xodó *sm* pet: *Ele é o ~ do professor.* He's the teacher's pet.

Zz

zangado, -a *pp, adj* ~ (**com**) (**por**) mad (**at** *sb*) (**about** *sth*): *Estão ~s comigo.* They're mad at me. ◊ *Você parece ~.* You look pretty mad. *Ver tb* ZANGAR

zangar ♦ *vt* to make *sb* mad ♦ **zangar-se** *v pron* **zangar-se** (**com**) (**por**) to be mad (**at** *sb*) (**about** *sth*): *Não se zangue com eles.* Don't be mad at them.

zarolho, -a *adj* **1** (*cego de um olho*) one-eyed **2** (*estrábico*) cross-eyed

zarpar *vi* ~ (**para/rumo a**) to set sail (**for** ...): *O navio zarpou para Malta.* The boat set sail for Malta.

zás! *interj* bang!

zebra *sf* zebra

zelador, ~a *sm-sf* caretaker

zé-ninguém *sm* LOC **ser um zé-ninguém** to be a nobody

zero *sm* **1** zero, nought (*GB*): *um cinco e dois ~s* a five and two zeros ◊ *~ vírgula cinco* zero point five **2** (*temperaturas, grau*) zero: *temperaturas abaixo de ~* temperatures below zero ◊ *Está dez graus abaixo de ~.* It's minus ten. **3** (*em números de telefone*) O ☛ Pronuncia-se /oʊ/: *O meu telefone é dois-nove-zero-dois-quatro-zero-meia.* My telephone number is two nine O two four O six. **4** (*Esporte*) **(a)** nothing: *um a ~* one to nothing **(b)** (*Tênis*) love: *quinze-zero* fifteen love LOC **começar/partir do zero** to start from scratch **ser um zero à esquerda (em) 1** (*não saber nada*) to be useless (at *sth/doing sth*): *Sou um ~ à*

esquerda em matemática. I'm useless at math. **2** (*não ser importante*) to be a nobody ☛ *Ver Apêndice 1.*

ziguezague *sm* zigzag: *um caminho em ~* a zigzag path ◊ *andar em ~* to zigzag

zinco *sm* zinc

zodíaco *sm* zodiac: *os signos do ~* the signs of the zodiac

zombar *vt* ~ **de** to make fun **of** *sb/sth*

zona *sf* **1** (*área*) area: *~ industrial/residencial* industrial/residential area **2** (*Anat, Geog, Mil*) zone: *~ de fronteira/neutra* border/neutral zone LOC **zona norte, etc.** north, etc.: *a ~ sul da cidade* the south of the city **zonas verdes** green spaces

zonzo, -a *adj* dizzy

zôo (*tb* **zoológico**) *sm* zoo [*pl* zoos] LOC *Ver* JARDIM

zoologia *sf* zoology

zoom (*tb* **zum**) *sm* zoom lens

zumbi *adj, smf* zombie [*s*]: *parecer um ~* to go around like a zombie

zumbido *sm* **1** (*inseto, ouvidos*) buzzing [*não contável*]: *Ouvia-se um ~ das moscas.* You could hear the flies buzzing. ◊ *ter um ~ nos ouvidos* to have a buzzing in your ears **2** (*máquina*) humming [*não contável*]

zumbir *vi* to buzz

zunzum *sm* (*boato*) rumor

zurrar *vi* to bray

Páginas de estudo

Eis a lista de seções que elaboramos
para ajudá-lo no aprendizado do inglês:

Preposições de lugar   286

Preposições de movimento   287

Como corrigir seus próprios erros 288–9

Como guardar o vocabulário novo   290–1

Como escrever uma carta   292–3

As horas   294

Como telefonar   295

Palavras que andam juntas   296–7

A pontuação inglesa   298–9

Falsos amigos   300

Preposições de lugar

The lamp is **above/over** the table.

The meat is **on** the table.

The cat is **under** the table.

The truck is **in front of** the car.

The car is **behind** the truck.

Sam is **between** Kim and Tom.

Kim is **next to/beside** Sam.

The bird is **in/inside** the cage.

The temperature is **below** zero.

The girl is leaning **against** the wall.

Tom is **opposite/across from** Kim.

The house is **among** the trees.

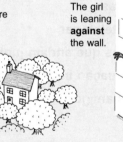

Preposições de movimento

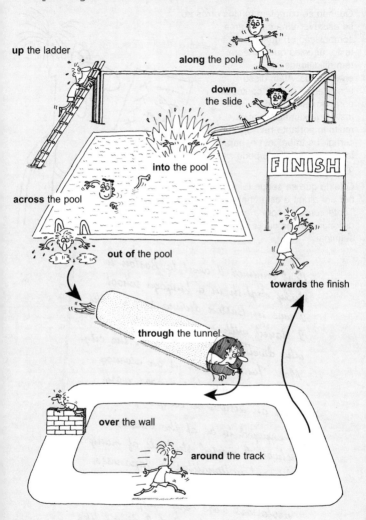

up the ladder

along the pole

down the slide

into the pool

across the pool

out of the pool

FINISH

towards the finish

through the tunnel

over the wall

around the track

Como corrigir seus próprios erros

.

Quando se cometem muitos erros ao se escrever uma carta, uma composição ou qualquer outro texto, aqueles que os lêem têm dificuldade em entendê-los. Além disso, esses erros podem contribuir para diminuir sua nota num teste ou exame. Assim, é muito importante revisar e corrigir os trabalhos; e, para isso, este dicionário pode ser de grande ajuda.

O texto que se segue foi escrito por um aluno e está cheio de erros. Tente corrigi-lo com a ajuda deste dicionário e das dicas na página seguinte.

Last summer I went to Boston to study english in a langage school. I was in Boston during two months. I stayed with an american family, who dwell in a suburb near the city. Mrs. Taylor works as an atorney and her spouse has a good work with an insuranse company.

I enjoyed to be at the langage school. I meeted students of many diferent nationalitys — Japanesse, Italien, Portugal and spain. The professors were very sympathetic and teached me a lot, but I didn't like making so many homeworks!

Dicas para a correção de textos

☐ 1 Utilizei a palavra correta?

Neste dicionário incluímos notas explicativas sobre palavras que as pessoas tendem a confundir. Verifique, por exemplo, palavras como *sympathetic* e *work* ou qualquer outra sobre a qual tenha dúvidas.

☐ 2 Escolhi o estilo mais adequado?

Algumas das palavras utilizadas talvez sejam demasiado formais ou informais para o texto que você escreveu. Você pode verificá-las, consultando os respectivos verbetes neste dicionário.

☐ 3 Combinei corretamente as palavras?

Diz-se *to **make** your **homework*** ou *to **do** your **homework***? Se você não tem certeza, consulte os verbos em questão e encontrará um exemplo que pode esclarecer sua dúvida.

☐ 4 Que preposição devo utilizar?

Diz-se ***work as*** ou ***work like***? As preposições em inglês podem ser um verdadeiro quebra-cabeças! Cada substantivo, adjetivo ou verbo parece ser acompanhado de uma preposição diferente! Este dicionário o ajudará a fazer a escolha certa.

☐ 5 Será que estruturei bem as minhas frases?

Enjoy to do sth ou ***enjoy doing sth***? Verifique o verbete ***enjoy*** e resolva sua dúvida. Lembre-se sempre de verificar este tipo de estrutura ao revisar seus textos.

☐ 6 Cometi algum erro ortográfico?

Tenha cuidado especial com palavras que se parecem muito com as do português, visto que quase sempre se escrevem de maneira diferente. Preste atenção também nos nomes de países e nacionalidades (dos quais você pode encontrar uma lista no Apêndice 3). E não se esqueça de verificar as terminações do plural, as formas terminadas em *-ing*, as consoantes duplas, etc.

☐ 7 Cometi erros gramaticais?

Você verificou se os substantivos eram contáveis ou não contáveis? Utilizou o passado ou particípio correto dos verbos? Consulte a lista de verbos irregulares na parte interna da contracapa para se certificar.

Agora você já pode virar o dicionário de cabeça para baixo e verificar as respostas.

Respostas

Last summer I went to Boston to study English in a language school. I was in Boston for two months. I stayed with an American family, who live in a suburb near the city. Mrs. Taylor works as an attorney and her husband has a good job with an insurance company.

I enjoyed being at the language school. I met students of many different nationalities – Japanese, Italian, Portuguese and Spanish. The teachers were very nice and taught me a lot, but I didn't like doing so much homework!

Como guardar o vocabulário novo

Para aprender novas palavras, a primeira coisa a se fazer é
organizar e registrar todas as palavras de que se quer lembrar.
Para isso, eis algumas sugestões:

Cadernos de vocabulário

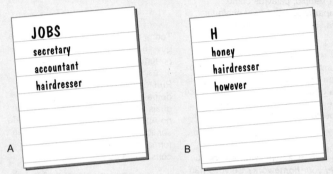

A

JOBS
secretary
accountant
hairdresser

B

H
honey
hairdresser
however

Muitos estudantes gostam de ter um caderno especial só para
anotar o vocabulário novo. Pode-se organizar esse caderno de
duas maneiras: por *temas* (como na figura A) ou por *ordem
alfabética* (figura B). Escreva algumas palavras no princípio e
depois vá adicionando as que for aprendendo.

Fichas de vocabulário

HILARIOUS

hilariante, divertido

Exemplo:
That movie is hilarious.

frente da ficha   *verso da ficha*

Outra forma de se organizar o vocabulário é escrever cada
palavra nova numa ficha e guardá-las todas num fichário.
Escreva a palavra na frente da ficha e a tradução e um
exemplo no verso. Isto lhe será muito útil quando você quiser
fazer uma revisão do que aprendeu: olhe a palavra e tente
lembrar-se da tradução em português; ou, se preferir, olhe
apenas a tradução e tente adivinhar de que palavra se trata
em inglês.

Como anotar informação adicional sobre uma palavra

Às vezes, talvez lhe interesse registrar certos pormenores de uma palavra. Procure esses detalhes no dicionário e decida quais deles quer anotar no caderno ou nas fichas de vocabulário. Tente sempre adicionar um exemplo, pois estes ajudam a recordar como se emprega a palavra em inglês.

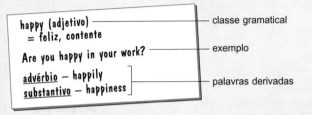

happy (adjetivo) ——————————— classe gramatical
= feliz, contente

Are you happy in your work? ——————— exemplo

<u>advérbio</u> – happily
<u>substantivo</u> – happiness ——————— palavras derivadas

Exercício 1

Decida, com a ajuda do dicionário, quais são as informações mais importantes para as palavras seguintes e depois as anote.

bleed   deaf   on the ball   fluent   swap

Quadros sinópticos e diagramas

Também pode ser interessante agrupar certas palavras por famílias. Observe os métodos que propomos a seguir:

a) Quadros sinópticos

Esporte	Pessoa	Local
football	football player	field
baseball	baseball player	ballpark
golf	golfer	course
tennis	tennis player	court

b) Diagramas

Exercício 2

a) *Elabore um quadro sinóptico com palavras referentes a profissões, locais de trabalho e coisas que as pessoas utilizam no trabalho.*

b) *Faça um diagrama que mostre o vocabulário relacionado às férias. Você pode agrupar as palavras segundo se refiram a alojamento, meios de transporte ou atividades.*

Como escrever uma carta

Cartas formais

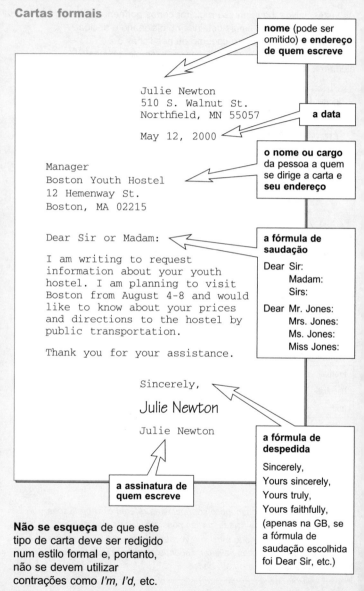

nome (pode ser omitido) **e endereço de quem escreve**

Julie Newton
510 S. Walnut St.
Northfield, MN 55057

a data

May 12, 2000

Manager
Boston Youth Hostel
12 Hemenway St.
Boston, MA 02215

o nome ou cargo da pessoa a quem se dirige a carta e **seu endereço**

Dear Sir or Madam:

I am writing to request information about your youth hostel. I am planning to visit Boston from August 4-8 and would like to know about your prices and directions to the hostel by public transportation.

Thank you for your assistance.

a fórmula de saudação

Dear Sir:
     Madam:
     Sirs:

Dear Mr. Jones:
     Mrs. Jones:
     Ms. Jones:
     Miss Jones:

Sincerely,

Julie Newton

Julie Newton

a fórmula de despedida

Sincerely,
Yours sincerely,
Yours truly,
Yours faithfully,
(apenas na GB, se a fórmula de saudação escolhida foi Dear Sir, etc.)

a assinatura de quem escreve

Não se esqueça de que este tipo de carta deve ser redigido num estilo formal e, portanto, não se devem utilizar contrações como *I'm, I'd,* etc.

Cartas informais

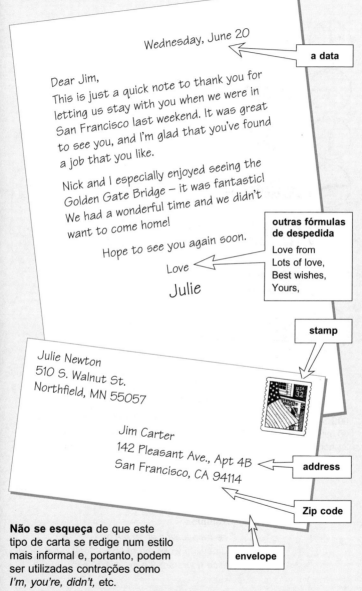

Wednesday, June 20

a data

Dear Jim,

This is just a quick note to thank you for letting us stay with you when we were in San Francisco last weekend. It was great to see you, and I'm glad that you've found a job that you like.

Nick and I especially enjoyed seeing the Golden Gate Bridge – it was fantastic! We had a wonderful time and we didn't want to come home!

Hope to see you again soon.

Love

Julie

outras fórmulas de despedida

Love from
Lots of love,
Best wishes,
Yours,

stamp

Julie Newton
510 S. Walnut St.
Northfield, MN 55057

Jim Carter
142 Pleasant Ave., Apt 4B
San Francisco, CA 94114

address

Zip code

envelope

Não se esqueça de que este tipo de carta se redige num estilo mais informal e, portanto, podem ser utilizadas contrações como *I'm, you're, didn't*, etc.

As horas

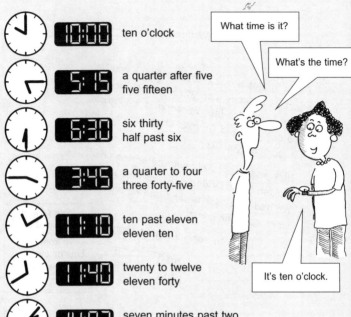

	10:00	ten o'clock
	5:15	a quarter after five five fifteen
	6:30	six thirty half past six
	3:45	a quarter to four three forty-five
	11:10	ten past eleven eleven ten
	11:40	twenty to twelve eleven forty
	14:07	seven minutes past two two o seven*

What time is it?

What's the time?

It's ten o'clock.

*O "relógio de vinte e quatro horas" não é utilizado na linguagem falada, exceto para ler os horários de ônibus, trens e aviões.

60 seconds = 1 minute
60 minutes = 1 hour
24 hours = 1 day

Para especificar que são 06:00 e não 18:00, pode-se dizer *six o'clock* **in the morning**. 15:30 é *half past three* **in the afternoon** e 19:00 é *seven o'clock* **in the evening**.

Na linguagem mais formal, utiliza-se *a.m./p.m.* para fazer a distinção entre as horas da manhã e as da tarde.

Exemplos
The train leaves at 6:56 a.m.
Something woke me at two o'clock in the morning.
Office hours are 9 a.m. to 4:30 p.m.

Como telefonar

Como se dizem ou lêem os números de telefone?

(617) 731–0293 area code six one seven, seven three one,
o two nine three
637–2335 six three seven, two three three five

Hello. **Is** Juliet **there,** please?

Oh hi, Juliet. **It's** Romeo.

receiver

Hello.

Juliet **speaking**.

buttons

Dr. Jekyll's office.

Who's calling?

I'm sorry – he's out at the moment. **Can I take a message?**

Hello. **Can I speak to** Dr. Jekyll, please?

It's Mr. Hyde.

Oh, no thank you. **I'll call back later.**

Para fazer um *telefonema* (a **telephone call**), *tiramos* o *fone do gancho* (**pick up** the **receiver**) e *discamos* um número de telefone (**dial** a telephone number). Quando o telefone *toca* (the telephone **rings**), a pessoa a quem telefonamos *atende* (**answers** it). Se, quando ligamos, a pessoa com quem queremos falar está ao telefone, então o telefone estará *ocupado* (**busy**).

Palavras que andam juntas

Além de explicar o significado de uma palavra, o *Dicionário Oxford Escolar* mostra como empregá-la corretamente em uma expressão ou frase.

Por exemplo, você *say* a joke ou *tell* a joke? (Diz-se *to tell* a joke.) Quando você procura uma palavra no dicionário, os exemplos mostram outras palavras que geralmente são utilizadas com ela:

To earn, to make, to spend e *to save* são verbos freqüentemente — utilizados com a palavra *money*.

> **money** /ˈmʌni/ s [*não contável*] dinheiro: *to spend/save money* gastar/guardar dinheiro ◆ *to earn/make money* ganhar/fazer dinheiro

Curly e *straight* são adjetivos _____ utilizados com a palavra *hair*.

> **cabelo** *sm* hair: *usar o ~ solto* to wear your hair loose ◆ *ter o ~ encaracolado/liso* to have curly/straight hair

---

Exercício 1

Ligue uma palavra do grupo **A** a outra do grupo **B**.
Encontre as palavras do grupo **B** no dicionário e anote os exemplos.

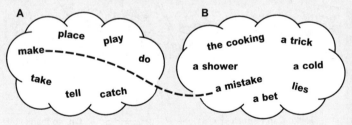

A

make — play — place — do — take — tell — catch

B

the cooking — a trick — a shower — a cold — a mistake — lies — a bet

---

Exercício 2

Procure a palavra em português no dicionário e olhe o exemplo. Qual é o antônimo de …

1 a bad reputation (**fama**)? ....
2 overdone (**passado**)? ....
3 a high tide (**maré**)? ....
4 a good impression (**impressão**)? ....
5 dark skin (**pele**)? ....
6 an even number (**número**)? ....
7 bad luck (**sorte**)? ....
8 good health (**saúde**)? ....

Preposições e verbos

O dicionário também indica qual preposição deve vir após um determinado substantivo, verbo ou adjetivo e qual construção deve ser utilizada depois de um verbo:

Indicou-se que a preposição utilizada com *married* é *to*.

Pode-se dizer *to hate somebody* ou *something* ou *to hate doing something*.

married /'mærid/ *adj* ~ (**to sb**) casado (com alguém): *to get married* casar-se ◆ *a married couple* um casal

odiar *vt* to hate *sb/sth/doing sth*: *Odeio cozinhar*. I hate cooking.

Exercício 3

Use o dicionário para completar as frases seguintes com a preposição correta:

1 You can **wait** .... me in the hall.
2 My boss is **paying** .... the meal.
3 I'm not **interested** .... old buildings.
4 He **crashed** .... the car in front.
5 I don't **agree** .... him at all.
6 My sister is very **good** .... English.
7 He's very **proud** .... his new car.
8 Everybody was very **nice** .... me when I was in hospital.

Exercício 4

Complete as lacunas com a forma correta dos verbos entre parênteses:

1 Please **stop** .... (*annoy*) me!
2 My mother won't **let** me .... (*swim*) after lunch.
3 Would you **mind** .... (*give*) me a hand?
4 I **need** .... (*speak*) to you urgently.
5 He **keeps** .... (*call*) me late at night.
6 You're not **allowed** .... (*smoke*) in here.
7 I **enjoy** .... (*go*) to the movies.
8 The pilot **told** us all .... (*stay*) calm.

A pontuação inglesa

. O *ponto final* ou **period** (.) (GB **full stop**) indica o final da frase, se esta não for uma pergunta ou uma exclamação:

We're leaving now.
That's all.
Thank you.

É também utilizado em abreviaturas:

Acacia Ave.
Walton St.

? O *ponto de interrogação* ou **question mark** (?) indica o final de uma oração interrogativa direta:

"Who's that man?" Jenny asked.

mas nunca o final de uma oração interrogativa indireta:

Jenny asked who the man was.

! O *ponto de exclamação* ou **exclamation point** (!) (GB **exclamation mark**) indica o final de uma oração que expressa surpresa, entusiasmo, medo, etc.:

What an amazing story!
How well you look!
Oh no! The cat's been run over!

É também utilizado com interjeições e palavras onomatopaicas:

Bye! Ow! Crash!

, A *vírgula* ou **comma** (,) indica uma breve pausa dentro de uma frase:

I ran all the way to the station, but I still missed the train.
However, he may be wrong.

É também utilizada para introduzir uma frase no discurso direto:

Fiona said, "I'll help you."
"I'll help you," said Fiona, "but you'll have to wait till Monday."

A vírgula também pode ser utilizada para separar os elementos de uma enumeração ou de uma listagem (mas não é obrigatória antes de "*and*"):

It was a cold, rainy day.
This store sells records, tapes, and CDs.

: Os *dois pontos* ou **colon** (:) são utilizados para introduzir frases mais longas do discurso direto, citações e também listagens:

There is a choice of main course: roast beef, turkey or omelette.

; O *ponto e vírgula* ou **semicolon** (;) é utilizado para separar duas partes bem distintas dentro de uma frase:

John wanted to go; I did not.

Também pode ser utilizado para separar elementos de uma enumeração ou listagem quando a vírgula já foi utilizada:

The school uniform consists of navy skirt or pants; gray, white or pale blue shirt; navy sweater or cardigan.

9 O *apóstrofo* ou **apostrophe** (') pode indicar duas coisas:

a) que uma letra foi omitida, como no caso das contrações:

hasn't, don't, I'm e *he's*

b) o genitivo:

Peter's scarf
Jane's mother
my friend's car

Quando o substantivo termina em *s*, nem sempre é necessário colocar um segundo *s*:

Charles' family

Observe também que a posição do apóstrofo difere, dependendo se o substantivo estiver no singular ou no plural:

the girl's keys
(= as chaves da menina)
the girls' keys
(= as chaves das meninas)

"" As *aspas* ou **quotation marks** (" ") são utilizadas para introduzir as palavras ou pensamentos de uma pessoa:

"Come and see," said Martin.
Angela shouted, "Over here!"
"Will they get here on time?" she wondered.

Quando queremos destacar uma palavra ou a utilizamos com um sentido mais irônico ou pouco comum, podemos colocá-la entre aspas:

The word "conversation" is often spelled incorrectly.

The "experts" were unable to answer a simple question.

— O *hífen* ou **hyphen** (-) é utilizado para unir duas ou mais palavras que formam uma unidade:

mother-in-law   a ten-ton truck

É também utilizado para unir um prefixo a uma palavra:

non-violent
anti-American

e em números compostos:

thirty-four
seventy-nine

E, quando precisamos dividir uma palavra no final de uma linha, também utilizamos o hífen.

— O *travessão* ou **dash** (–) é utilizado para separar uma oração ou explicação dentro de uma frase mais longa. Também pode ser empregado ao final de uma frase, para resumir seu conteúdo:

A few people – not more than ten – had already arrived.
The burglars had taken the furniture, the TV and stereo, the paintings – absolutely everything.

( ) Os *parênteses* ou **parentheses ( )** (*GB* **brackets**) servem para ressaltar informações adicionais dentro de uma oração:

Two of the runners (Johns and Smith) finished the race in under an hour.

Números e letras que indicam itens diferentes de uma listagem também são separados por parênteses:

The camera has three main advantages:
1) its compact size
2) its low price and
3) the quality of the photographs.
What would you do if you won a lot of money?
a) save it
b) travel around the world
c) buy a new house

Falsos amigos

Apesar das diferenças entre o português e o inglês, ambos os idiomas têm palavras que se assemelham na escrita ou no som. Algumas dessas palavras têm o mesmo significado nas duas línguas (como *television* ou *computer*, que se traduzem por "televisão" e "computador" respectivamente), mas outras diferem completa ou parcialmente quanto ao significado. Estes pares de palavras são conhecidos como **false friends** (falsos amigos) e listamos abaixo alguns daqueles que apresentam sentidos totalmente diferentes.

A palavra em inglês…	significa em português…	e não…	que em inglês é…
actual	exato; verdadeiro	atual	current
beef	carne de vaca	bife	steak
casual	ocasional	casual	chance
collar	colarinho; coleira	colar	necklace
college	centro de ensino superior	colégio	school
costume	traje	costume	habit; custom
data	dados; informação	data	date
exquisite	refinado	esquisito	strange
fabric	tecido	fábrica	factory
intend	pretender	entender	understand
intoxication	embriaguez	intoxicação	poisoning
library	biblioteca	livraria	bookstore
parent	mãe; pai	parente	relation
pretend	fingir, simular	pretender	intend
push	empurrar	puxar	pull
record	registrar, anotar; gravar	recordar	remember
sensible	sensato	sensível	sensitive; noticeable
stranger	desconhecido, forasteiro	estrangeiro	foreigner
sympathetic	compreensivo, solidário	simpático	nice

Exercício

Eis algumas outras palavras que se parecem (na escrita ou no som), mas que têm sentidos diferentes. Utilize o dicionário para encontrar o significado das palavras em inglês e em português.

1 *deception* ≠ decepção   4 *dent* ≠ dente
2 *cigar* ≠ cigarro   5 *baton* ≠ batom
3 *lunch* ≠ lanche   6 *assign* ≠ assinar

Aa

A, a /eɪ/ s (pl **A's, a's** /eɪz/) **1** A, a: *A as in apple* A de abelha ◊ *"bean" (spelled) with an "a"* "bean" com "a" ◊ *"Awful" begins/starts with an "A". "Awful"* começa com a letra "a". ◊ *"Data" ends in an "a".* (A palavra) "data" termina com um "a". **2** (Educ) (nota) A: *to get an A in English* tirar um A em inglês **3** (Mús) lá

a /ə, eɪ/ (tb **an** /ən, æn/) art indef ☞ **A, an** correspondem aos artigos *um, uma* em português, exceto nos seguintes casos: **1** (números): *a hundred and twenty people* cento e vinte pessoas **2** (profissões): *My mother is a lawyer.* Minha mãe é advogada. **3** por: *200 words a minute* 200 palavras por minuto ◊ *50¢ a dozen* 50 centavos a dúzia **4** (com desconhecidos) um(a) tal (de): *Do we know a Tim Smith?* Conhecemos um tal de Tim Smith?

aback /əˈbæk/ adv Ver TAKE

abandon /əˈbændən/ vt abandonar: *We abandoned the attempt.* Abandonamos o intento. ◊ *an abandoned baby/car/village* um bebê/carro/vilarejo abandonado

abbess /ˈæbes/ s abadessa

abbey /ˈæbi/ s (pl **-eys**) abadia

abbot /ˈæbət/ s abade

abbreviate /əˈbriːvieɪt/ vt abreviar **abbreviation** s **1** abreviação **2** abreviatura

ABC /ˌeɪ biː ˈsiː/ s **1** abecedário **2** abecê

abdicate /ˈæbdɪkeɪt/ vt, vi abdicar: *to abdicate (all) responsibility* renunciar a toda responsabilidade

abdomen /ˈæbdəmən/ s abdome **abdominal** /æbˈdɑmɪnl/ adj abdominal

abduct /əbˈdʌkt, æb-/ vt seqüestrar **abduction** s seqüestro

abide /əˈbaɪd/ vt suportar: *I can't abide them.* Não os suporto. PHR V **to abide by sth** **1** (veredito, decisão) acatar algo **2** (promessa) cumprir algo

ability /əˈbɪləti/ s (pl **-ies**) **1** (talento) capacidade, aptidão: *her ability to accept change* a capacidade de ela para aceitar mudanças ◊ *Despite his ability* as a dancer… Apesar das habilidades dele como bailarino… **2** habilidade

ablaze /əˈbleɪz/ adj **1** em chamas: *to set sth ablaze* colocar fogo em algo **2 to be ~ with sth** resplandecer com algo: *The garden was ablaze with flowers.* O jardim estava resplandecente de flores.

able¹ /ˈeɪbl/ adj **to be ~ to do sth** poder fazer algo: *Will he be able to help you?* Ele poderá ajudá-lo? ◊ *They are not yet able to swim.* Eles ainda não sabem nadar. ☞ *Ver nota em* CAN² LOC *Ver* BRING

able² /ˈeɪbl/ adj (**abler, ablest**) capaz

abnormal /æbˈnɔːrml/ adj anormal **abnormality** /ˌæbnɔːrˈmæləti/ s (pl **-ies**) anomalia, anormalidade

aboard /əˈbɔːrd/ adv, prep a bordo (de): *Welcome aboard.* Bem-vindos a bordo. ◊ *aboard the ship* a bordo do navio

abode /əˈboʊd/ s (formal) domicílio LOC *Ver* FIXED

abolish /əˈbɑlɪʃ/ vt abolir **abolition** s abolição

abominable /əˈbɑmənəbl; GB -mɪn-/ adj abominável

abort /əˈbɔːrt/ **1** vt, vi (Med) abortar **2** vt abortar: *They aborted the launch.* Eles cancelaram o lançamento.

abortion /əˈbɔːrʃn/ s aborto (intencional): *to have an abortion* abortar ☞ *Comparar com* MISCARRIAGE

abortive /əˈbɔːrtɪv/ adj fracassado: *an abortive coup/attempt* um golpe de Estado fracassado/uma tentativa fracassada

abound /əˈbaʊnd/ vi **~ (with sth)** abundar, ser rico (em algo)

about¹ /əˈbaʊt/ adv **1** (tb **around**) mais ou menos, aproximadamente: *about the same height as you* mais ou menos da sua altura **2** (tb **around**) cerca de: *I got home at about half past seven.* Eu cheguei em casa lá pelas sete e meia. ☞ *Ver nota em* AROUND¹ **3** (tb esp USA **around**) por perto: *She's somewhere about.* Ela está por aqui. ◊ *There are no jobs about at the moment.* Não há empregos no momento. **4** quase: *Dinner's about ready.* O jantar está quase

tʃ	dʒ	v	θ	ð	s	z	ʃ
chin	June	van	thin	then	so	zoo	she

pronto. LOC **to be about to do sth** estar prestes a fazer algo

about² /əˈbaʊt/ (*esp GB*) (*tb esp USA* **around**, *GB* **round**) *partíc adv* **1** de um lado para o outro: *I could hear people moving about.* Eu ouvia pessoas andando de um lado para outro. **2** aqui e ali: *People were standing about in the street.* Havia pessoas paradas na rua. ☞ Para o uso de **about** em PHRASAL VERBS, ver os verbetes dos verbos correspondentes, p.ex. **to lie about** em LIE.

about³ /əˈbaʊt/ *prep* **1** por: *papers strewn about the room* papéis espalhados pela sala ◊ *She's somewhere about the place.* Ela está em algum lugar por aqui. **2** sobre: *a book about flowers* um livro sobre flores ◊ *What's the book about?* Do que trata o livro? **3** [*com adj*]: *angry/happy about sth* zangado/feliz com algo **4** (*característica*): *There's something about her I like.* Há algo nela que me atrai. LOC **how/what about?**: *What about his car?* E o carro dele? ◊ *How about going swimming?* Que tal irmos nadar?

above¹ /əˈbʌv/ *adv* acima: *the people in the apartment above* as pessoas no apartamento de cima ◊ *children aged eleven and above* crianças de onze anos para cima

above² /əˈbʌv/ *prep* **1** acima de, além de: *1,000 meters above sea level* 1.000 metros acima do nível do mar ◊ *I live in the apartment above the store.* Vivo no apartamento acima da loja. **2** mais de: *above 50%* acima de 50% LOC **above all** acima de tudo, sobretudo

abrasive /əˈbreɪsɪv/ *adj* **1** (*pessoa*) grosso **2** (*superfície*) áspero: *abrasive paper* (papel de) lixa

abreast /əˈbrest/ *adv* ~ (**of sb/sth**): *to cycle two abreast* andar de bicicleta lado a lado com alguém LOC **to be/keep abreast of sth** estar/manter-se a par de algo

abridged /əˈbrɪdʒd/ *adj* resumido, condensado

abroad /əˈbrɔːd/ *adv* no exterior: *to go abroad* viajar para o exterior ◊ *Have you ever been abroad?* Você já foi ao exterior?

abrupt /əˈbrʌpt/ *adj* **1** (*mudança*) repentino, abrupto, brusco **2** (*pessoa*)

brusco: *He was very abrupt with me.* Ele foi muito brusco comigo.

absence /ˈæbsəns/ *s* **1** ausência: *absences due to illness* faltas por motivo de saúde **2** [*sing*] ausência, falta: *the complete absence of noise* a ausência total de ruído ◊ *in the absence of new evidence* na falta de novas provas LOC *Ver* CONSPICUOUS

absent /ˈæbsənt/ *adj* **1** ausente **2** distraído

absentee /ˌæbsənˈtiː/ *s* ausente

absent-minded /ˌæbsənt ˈmaɪndɪd/ *adj* distraído

absolute /ˈæbsəluːt/ *adj* absoluto

absolutely /ˈæbsəluːtli/ *adv* **1** absolutamente, completamente: *You are absolutely right.* Você está com toda a razão. ◊ *Are you absolutely sure/certain that…?* Você está completamente certo de que…? ◊ *It's absolutely essential/necessary that…* É imprescindível que… **2** [*em frases negativas*]: *absolutely nothing* nada em absoluto **3** (*concordando com algo*): *Oh absolutely!* Sem dúvida!

absolve /əbˈzɒlv/ *vt* ~ **sb** (**from/of sth**) absolver alguém (de algo)

absorb /əbˈsɔːrb/ *vt* **1** absorver, assimilar: *The root hairs absorb the water.* Os pêlos da raiz absorvem a água. ◊ *easily absorbed into the bloodstream* facilmente absorvido pelo sangue ◊ *to absorb information* assimilar informação **2** amortecer: *to absorb the shock* amortecer o choque

absorbed /əbˈsɔːrbd/ *adj* absorto

absorbing /əbˈsɔːrbɪŋ/ *adj* envolvente (*livro, filme, etc.*)

absorption /əbˈsɔːrpʃn/ *s* **1** (*líquidos*) absorção **2** (*idéias*) assimilação

abstain /əbˈsteɪn/ *vi* ~ (**from sth**) abster-se (de algo)

abstract /ˈæbstrækt/ ◆ *adj* abstrato ◆ *s* (*Arte*) obra de arte abstrata LOC **in the abstract** em abstrato

absurd /əbˈsɜːrd/ *adj* absurdo: *How absurd!* Que absurdo! ◊ *You look absurd in that hat.* Você fica ridículo com esse chapéu. **absurdity** *s* (*pl* **-ies**) absurdo: *our absurdities and inconsistencies* nossos absurdos e incongruências ◊ *the absurdity of…* o absurdo de…

abundance /əˈbʌndəns/ *s* abundância

abundant /əˈbʌndənt/ *adj* abundante

iː	i	ɪ	e	æ	ɑ	ʌ	ʊ	uː
see	happy	sit	ten	hat	cot	cup	put	too

abuse /əˈbjuːz/ ◆ *vt* **1** abusar de: *to abuse your power* abusar de seu poder **2** insultar **3** maltratar ◆ /əˈbjuːs/ *s* **1** abuso: *human rights abuses* abuso contra os direitos humanos **2** [*não contável*] insultos: *They shouted abuse at him.* Eles o insultaram aos gritos. **3** maus tratos **abusive** *adj* ofensivo, insultante, grosseiro

academic /ˌækəˈdemɪk/ ◆ *adj* **1** acadêmico **2** especulativo, teórico ◆ *s* acadêmico, -a

academy /əˈkædəmi/ *s* (*pl* -ies) academia

accelerate /əkˈseləreɪt/ *vt, vi* acelerar **acceleration** *s* aceleração **accelerator** *s* acelerador

accent /ˈæksent, ˈæksənt/ *s* **1** sotaque **2** ênfase **3** acento (gráfico)

accentuate /əkˈsentʃueɪt/ *vt* **1** acentuar **2** ressaltar **3** agravar

accept /əkˈsept/ **1** *vt, vi* aceitar **2** *vt, vi* admitir: *I've been accepted by the university.* Eu fui aceito na universidade. **3** *vt* (*máquina*): *The machine only accepts ten cent coins.* A máquina aceita somente moedas de dez centavos. LOC *Ver* FACE VALUE

acceptable /əkˈseptəbl/ *adj* ~ (**to sb**) aceitável (para alguém)

acceptance /əkˈseptəns/ *s* **1** aceitação **2** aprovação

access /ˈækses/ *s* ~ (**to sb/sth**) acesso (a alguém/algo)

accessible /əkˈsesəbl/ *adj* acessível

accessory /əkˈsesəri/ *s* (*pl* -ies) **1** acessório **2** [*ger pl*] (*roupas*) acessórios LOC **accessory** (**to sth**) cúmplice (de algo)

accident /ˈæksɪdənt/ *s* **1** acidente **2** acaso LOC **by accident 1** acidentalmente, sem querer **2** por acaso **3** por descuido **accidental** /ˌæksɪˈdentl/ *adj* **1** acidental **2** casual

acclaim /əˈkleɪm/ ◆ *vt* aclamar ◆ *s* [*não contável*] aclamação: *The book received great critical acclaim.* O livro foi bastante elogiado pelos críticos.

accommodate /əˈkɒmədeɪt/ *vt* **1** alojar, acomodar **2** (*veículo*): *The car can accommodate four people.* O carro pode acomodar quatro pessoas.

accommodations /əˌkɒməˈdeɪʃnz/ (*GB* **accommodation**) *s* [*pl*] alojamento, acomodação

accompaniment /əˈkʌmpənimənt/ *s* acompanhamento

accompany /əˈkʌmpəni/ *vt* (*pret, pp* -ied) acompanhar

accomplice /əˈkʌmplɪs; *GB* əˈkʌm-/ *s* cúmplice

accomplish /əˈkʌmplɪʃ; *GB* əˈkʌm-/ *vt* realizar

accomplished /əˈkʌmplɪʃt/ *adj* consumado, talentoso

accomplishment /əˈkʌmplɪʃmənt/ *s* **1** realização **2** talento

accord /əˈkɔːd/ ◆ *s* acordo LOC **in accord** (**with sb/sth**) de acordo (com alguém/algo) **of your own accord** por sua livre vontade ◆ **1** *vi* ~ **with sth** (*formal*) concordar com algo **2** *vt* (*formal*) outorgar, conceder

accordance /əˈkɔːdns/ *s* LOC **in accordance with sth** de acordo com algo

accordingly /əˈkɔːdɪŋli/ *adv* **1** portanto, por conseguinte **2** de acordo: *to act accordingly* agir de acordo

according to *prep* segundo

accordion /əˈkɔːdiən/ *s* acordeão

account /əˈkaʊnt/ ◆ *s* **1** (*Fin, Com*) conta: *checking account* conta corrente **2** fatura **3** accounts [*pl*] contabilidade **4** relato, descrição LOC **by/from all accounts** pelo que dizem **of no account** sem qualquer importância **on account of sth** por causa de algo **on no account; not on any account** por nenhum motivo, de forma alguma **on this/that account** por esta/aquela razão **to take account of sth; to take sth into account** ter/levar algo em conta **to take sb/sth into account** levar alguém/algo em consideração ◆ *vi* ~ (**to sb**) **for sth** prestar contas (a alguém) de algo

accountable /əˈkaʊntəbl/ *adj* ~ (**to sb**) (**for sth**) responsável (perante alguém) (por algo) **accountability** /əˌkaʊntəˈbɪləti/ *s* responsabilidade da qual se deve prestar contas

accountant /əˈkaʊntənt/ *s* contador, -ora

accounting /əˈkaʊntɪŋ/ (*GB* **accountancy** /əˈkaʊntənsi/) *s* contabilidade

accumulate /əˈkjuːmjəleɪt/ *vt, vi* acumular(-se) **accumulation** *s* acumulação

accuracy /ˈækjərəsi/ *s* precisão

accurate /ˈækjərət/ *adj* preciso, exato: *an accurate shot* um tiro certeiro

u	ɔː	ɜː	ə	j	w	eɪ	oʊ
situation	saw	fur	ago	yes	woman	pay	home

accusation /ˌækjuˈzeɪʃn/ s acusação

accuse /əˈkjuːz/ vt ~ **sb (of sth)** acusar alguém (de algo): *He was accused of murder.* Ele foi acusado de assassinato. **the accused** s (pl **the accused**) o acusado, a acusada **accusingly** adv: *to look accusingly at sb* olhar alguém acusadoramente

accustomed /əˈkʌstəmd/ adj ~ **to sth** acostumado a algo: *to be accustomed to sth* estar acostumado com algo ◊ *to become/get/grow accustomed to sth* acostumar-se a/com algo

ace /eɪs/ s ás

ache /eɪk/ ◆ s dor *Ver tb* BACKACHE, HEADACHE, TOOTHACHE ◆ vi doer

achieve /əˈtʃiːv/ vt **1** *(objetivo)* atingir **2** *(resultados, êxito)* obter **achievement** s realização

aching /ˈeɪkɪŋ/ adj dolorido

acid /ˈæsɪd/ ◆ s ácido ◆ adj **1** *(sabor)* ácido, acre **2** *(tb* acidic) ácido **acidity** /əˈsɪdəti/ s acidez

acid rain s chuva ácida

acknowledge /əkˈnɑlɪdʒ/ vt **1** reconhecer **2** *(carta)* acusar recebimento de **3** *I was standing next to her, but she didn't even acknowledge my presence.* Eu estava ao lado dela, mas ela nem demonstrou ter notado minha presença. **acknowledg(e)ment** s **1** reconhecimento **2** prova de recebimento **3** agradecimento *(em um livro, etc.)*

acne /ˈækni/ s acne

acorn /ˈeɪkɔːrn/ s *(Bot)* bolota

acoustic /əˈkuːstɪk/ adj acústico **acoustics** s [pl] acústica

acquaintance /əˈkweɪntəns/ s **1** amizade, conhecimento **2** conhecido, -a LOC **to make sb's acquaintance/to make the acquaintance of sb** *(formal)* conhecer alguém *(pela primeira vez)* **acquainted** adj familiarizado: *to become/get acquainted with sb* (vir a) conhecer alguém

acquiesce /ˌækwiˈes/ vi *(formal)* ~ **(in sth)** consentir (algo/em fazer algo); aceitar (algo) **acquiescence** s consentimento

acquire /əˈkwaɪər/ vt **1** *(conhecimento, posses)* adquirir **2** *(informação)* obter **3** *(reputação)* adquirir, ganhar

acquisition /ˌækwɪˈzɪʃn/ s aquisição

acquit /əˈkwɪt/ vt (-tt-) ~ **sb (of sth)**

absolver alguém (de algo) **acquittal** s absolvição

acre /ˈeɪkər/ s acre (=4.047 metros quadrados) ☛ *Ver Apêndice 1.*

acrobat /ˈækrəbæt/ s acrobata

across /əˈkrɔːs; GB əˈkrɒs/ partíc adv, prep **1** *[ger se traduz por um verbo]* de um lado a outro: *to swim across* atravessar a nado ◊ *to walk across the border* atravessar a fronteira a pé ◊ *to take the path across the fields* tomar o caminho que corta os campos **2** ao outro lado: *We were across in no time.* Chegamos ao outro lado num segundo. ◊ *from across the room* do outro lado da sala **3** sobre, ao longo de: *a bridge across the river* uma ponte sobre o rio ◊ *A branch lay across the path.* Havia um galho atravessado no caminho. **4** de largura: *The river is half a mile across.* O rio tem meia milha de largura. ☛ Para o uso de **across** em PHRASAL VERBS ver os verbetes dos verbos correspondentes, p.ex. **to come across** em COME.

across from *(GB* opposite) prep em frente de

acrylic /əˈkrɪlɪk/ adj, s acrílico

act /ækt/ ◆ s **1** ato: *an act of violence/kindness* um ato de violência/amabilidade **2** *(Teat)* ato **3** número: *a circus act* um número de circo **4** *(Jur)* decreto LOC **in the act of doing sth** no ato de fazer algo **to get your act together** *(coloq)* organizar-se **to put on an act** *(coloq)* fingir ◆ **1** vi atuar **2** vi comportar-se **3** vt *(Teat)* fazer o papel de LOC *Ver* FOOL

acting¹ /ˈæktɪŋ/ s teatro, atuação: *his acting career* sua carreira de ator ◊ *Her acting was awful.* A atuação dela foi horrível. ☛ Usa-se somente antes de substantivos.

acting² /ˈæktɪŋ/ adj interino: *He was acting chairman at the meeting.* Ele atuou como presidente na reunião. ☛ Usa-se somente antes de substantivos.

action /ˈækʃn/ s **1** ação **2** *(não contável)* medidas: *Drastic action is needed.* São necessárias medidas drásticas. **3** ato **4** *(Mil)* ação: *to go into action* entrar em ação LOC **in action** em ação **out of action**: *This machine is out of action.* Esta máquina não está funcionando. **to put sth into action** colocar algo em

aɪ	aʊ	ɔɪ	ɪə	eə	ʊə	ʒ	h	ŋ
five	now	join	near	hair	pure	vision	how	sing

prática **to take action** tomar medidas
Ver tb COURSE

activate /ˈæktɪveɪt/ *vt* ativar

active /ˈæktɪv/ *adj* **1** ativo: *to take an active part in sth* participar ativamente de algo ◊ *to take an active interest in sth* interessar-se vivamente por algo **2** (*vulcão*) em atividade

activity /ækˈtɪvəti/ *s* (*pl* -ies) **1** atividade **2** bulício

actor /ˈæktər/ *s* ator, atriz ☛ *Ver nota em* ACTRESS

actress /ˈæktrəs/ *s* atriz

Muitos preferem o termo **actor** tanto para o feminino como para o masculino.

actual /ˈæktʃuəl/ *adj* **1** exato: *What were his actual words?* O que ele disse exatamente? **2** verdadeiro: *based on actual events* baseado em fatos reais **3** propriamente dito: *the actual city center* o centro da cidade propriamente dito

Note que o termo em inglês para a palavra *atual* é **current**.

☛ *Comparar com* CURRENT *sentido 1,* PRESENT-DAY LOC **in actual fact** na realidade

actually /ˈæktʃuəli/ *adv* **1** na realidade, de fato: *He's actually very bright.* Na verdade ele é muito inteligente. **2** exatamente: *What did she actually say?* O que ela disse exatamente? **3** *Actually, my name's Sue, not Ann.* A propósito, meu nome é Sue e não Ann. **4** (*para enfatizar*) *You actually met her?* Você a conheceu mesmo? **5** até: *He actually expected me to leave.* Ele até esperava que eu fosse embora. ☛ *Comparar com* AT PRESENT *em* PRESENT, CURRENTLY *em* CURRENT

acupuncture /ˈækjʊpʌŋktʃər/ *s* acupuntura

acute /əˈkjuːt/ *adj* **1** extremo: *to become more acute* agravar-se **2** agudo: *acute angle* ângulo agudo ◊ *acute appendicitis* apendicite aguda **3** (*remorso, arrependimento*) profundo

AD /ˌeɪ ˈdiː/ *abrev* anno domini d.C. (depois de Cristo)

ad /æd/ *s* (*coloq*) advertisement anúncio (*de publicidade*)

adamant /ˈædəmənt/ *adj* ~ (**about/in sth**) firme, categórico quanto a algo: *He was adamant about staying behind.* Ele foi categórico quanto a ficar.

adapt /əˈdæpt/ *vt, vi* adaptar(-se) **adaptable** *adj* **1** (*pessoa*): *to learn to be adaptable* aprender a adaptar-se **2** (*aparelhos, etc.*) adaptável **adaptation** *s* adaptação

adaptor /əˈdæptər/ *s* adaptador

add /æd/ *vt* adicionar LOC **to add A and B together** somar A com B PHR V **to add sth on** (**to sth**) acrescentar algo (a algo) **to add to sth 1** aumentar algo **2** ampliar algo **to add up** (*coloq*) encaixar: *His story doesn't add up.* A história dele não faz sentido. **to add (sth) up** somar (algo) **to add up to sth** totalizar: *The bill adds up to $40.* A conta dá um total de 40 dólares.

adder /ˈædər/ *s* víbora

addict /ˈædɪkt/ *s* viciado, -a: *drug addict* toxicômano **addicted** /əˈdɪktɪd/ *adj* viciado **addiction** /əˈdɪkʃn/ *s* vício **addictive** /əˈdɪktɪv/ *adj* que vicia

addition /əˈdɪʃn/ *s* **1** incorporação **2** aquisição **3** (*Mat*) adição: *Children are taught addition and subtraction.* As crianças aprendem adição e subtração. LOC **in addition** além disso **in addition** (**to sth**) além (de algo) **additional** *adj* adicional

additive /ˈædətɪv/ *s* aditivo

address /ˈædres; *GB* əˈdres/ ♦ *s* **1** endereço: *address book* caderno de endereços **2** discurso LOC *Ver* FIXED ♦ *vt* **1** (*carta, etc.*) endereçar **2** ~ **sb** dirigir-se a alguém **3** ~ (**yourself to**) **sth** dedicar-se a algo

adept /əˈdept/ *adj* hábil

adequate /ˈædɪkwət/ *adj* **1** adequado **2** aceitável

adhere /ədˈhɪər/ *vi* (*formal*) **1** aderir **2** ~ **to sth** (*crença*) aderir a algo **adherence** *s* ~ (**to sth**) **1** adesão (a algo) **2** observância (de algo) **adherent** *s* adepto, -a

adhesive /ədˈhiːsɪv/ *adj, s* adesivo, aderente

adjacent /əˈdʒeɪsnt/ *adj* adjacente

adjective /ˈædʒɪktɪv/ *s* adjetivo

adjoining /əˈdʒɔɪnɪŋ/ *adj* contíguo, adjacente

adjourn /əˈdʒɜːrn/ **1** *vt* adiar **2** *vt, vi* (*reunião, sessão*) suspender

adjust /əˈdʒʌst/ **1** *vt* ajustar, regular,

tʃ	dʒ	v	θ	ð	s	z	ʃ
chin	**June**	**van**	**thin**	**then**	**so**	**zoo**	**she**

arrumar 2 *vt, vi* ~ (sth) (to sth) adaptar algo (a algo); adaptar-se (a algo) **adjustment** *s* 1 ajuste, modificação 2 adaptação

administer /ədˈmɪnɪstər/ *vt* 1 administrar 2 (*organização*) dirigir 3 (*castigo*) aplicar

administration /ədˌmɪnɪˈstreɪʃn/ *s* administração, direção

administrative /ədˈmɪnɪstreɪtɪv/ *adj* administrativo

administrator /ədˈmɪnɪstreɪtər/ *s* administrador, -ora

admirable /ˈædmərəbl/ *adj* admirável

admiral /ˈædmərəl/ *s* almirante

admiration /ˌædməˈreɪʃn/ *s* admiração

admire /ədˈmaɪər/ *vt* admirar, elogiar **admirer** *s* admirador, -ora **admiring** *adj* cheio de admiração

admission /ədˈmɪʃn/ *s* 1 entrada, admissão 2 confissão 3 (*hospital*) ingresso

admit /ədˈmɪt/ (-tt-) 1 *vt* ~ sb deixar entrar, admitir 2 *vt, vi* ~ (to) sth confessar algo (*crime*), reconhecer algo (*erro*) **admittedly** *adv*: *Admittedly…* Deve-se admitir que…

adolescent /ˌædəˈlesnt/ *adj, s* adolescente **adolescence** *s* adolescência

adopt /əˈdɑpt/ *vt* adotar **adopted** *adj* adotivo **adoption** *s* adoção

adore /əˈdɔːr/ *vt* adorar: *I adore cats.* Eu adoro gatos.

adorn /əˈdɔːrn/ *vt* adornar

adrenalin /əˈdrenəlɪn/ *s* adrenalina

adrift /əˈdrɪft/ *adj* à deriva

adult /əˈdʌlt, ˈædʌlt/ ◆ *adj* adulto, maior (de idade) ◆ *s* adulto, -a

adultery /əˈdʌltəri/ *s* adultério

adulthood /ˈædʌlthʊd/ *s* idade adulta

advance /ədˈvæns/; *GB* -ˈvɑːns/ ◆ *s* 1 avanço 2 (*pagamento*) adiantamento **LOC in advance** 1 de antemão 2 com antecedência 3 adiantado ◆ *adj* antecipado: *advance warning* aviso prévio ◆ 1 *vi* avançar 2 *vt* adiantar **advanced** *adj* avançado **advancement** *s* 1 desenvolvimento 2 (*trabalho*) promoção

advantage /ədˈvæntɪdʒ/; *GB* -ˈvɑːn-/ *s* 1 vantagem 2 benefício **LOC to take advantage of sth** aproveitar-se de algo 2 tirar proveito de algo **to take advantage of sb/sth** abusar de alguém/algo **advantageous** /ˌædvənˈteɪdʒəs/ *adj* vantajoso

advent /ˈædvent/ *s* 1 advento, vinda 2 **Advent** (*Relig*) Advento

adventure /ədˈventʃər/ *s* aventura **adventurer** *s* aventureiro, -a **adventurous** *adj* 1 aventureiro 2 arriscado 3 ousado

adverb /ˈædvɜːrb/ *s* advérbio

adversary /ˈædvərseri/; *GB* -səri/ *s* (*pl* -ies) adversário, -a

adverse /ˈædvɜːrs/ *adj* 1 adverso 2 (*crítica*) negativo **adversely** *adv* negativamente

adversity /ədˈvɜːrsəti/ *s* (*pl* -ies) adversidade

advert /ˈædvɜːrt/ *s* (*GB, coloq*) anúncio (*de publicidade*)

advertise /ˈædvərtaɪz/ 1 *vt* anunciar 2 *vi* fazer propaganda 3 *vi* ~ for sb/sth procurar alguém/algo por anuncio **advertisement** /ˌædvərˈtaɪzmənt; *GB* ədˈvɜːtɪsmənt/ (*tb* advert, ad) *s* ~ (for sb/sth) anúncio (de alguém/algo) **advertising** *s* 1 publicidade: *advertising campaign* campanha publicitária 2 anúncios

advice /ədˈvaɪs/ *s* [*não contável*] conselho: *a piece of advice* um conselho ◊ *I asked for her advice.* Pedi-lhe conselho. ◊ *to seek/take legal advice* procurar/consultar um advogado

advisable /ədˈvaɪzəbl/ *adj* aconselhável

advise /ədˈvaɪz/ *vt, vi* 1 aconselhar, recomendar: *to advise sb to do sth* aconselhar alguém a fazer algo ◊ *You would be well advised to…* Seria aconselhável… 2 assessorar **advisor** (*GB* adviser) *s* conselheiro, -a, assessor, -ora **advisory** *adj* consultivo

advocacy /ˈædvəkəsi/ *s* 1 ~ of sth apoio a algo; defesa de algo 2 advocacia

advocate /ˈædvəkeɪt/ *vt* apoiar: *I advocate a policy of reform.* Eu defendo uma política de reforma.

aerial /ˈeəriəl/ ◆ *s* (*GB, Tec*) antena ◆ *adj* aéreo

aerobics /eəˈroʊbɪks/ *s* [*sing*] ginástica, aeróbica

aerodynamic /ˌeərədaɪˈnæmɪk/ *adj* aerodinâmico

aeroplane /ˈeərəpleɪn/ (*GB*) (*USA* airplane) *s* avião

aesthetic /esˈθetɪk/ *adj* estético

affair /əˈfeər/ *s* 1 assunto: *current af-*

i:	i	ɪ	e	æ	ɑ	ʌ	ʊ	u:
see	happy	sit	ten	hat	cot	cup	put	too

fairs assuntos de atualidade ◊ *Department of Foreign Affairs* Ministério das Relações Exteriores ◊ *the Watergate affair* o caso Watergate **3** caso (amoroso): *to have an affair with sb* ter um caso com alguém LOC *Ver* STATE[1]

affect /əˈfekt/ *vt* **1** afetar, influir em **2** comover, emocionar ☞ *Comparar com* EFFECT

affection /əˈfekʃn/ *s* afeto **affectionate** *adj* ~ **(towards sb/sth)** afetuoso (com alguém/algo)

affinity /əˈfɪnəti/ *s* (*pl* -ies) afinidade

affirm /əˈfɜːrm/ *vt* afirmar, sustentar (*um ponto de vista*)

afflict /əˈflɪkt/ *vt* afligir: *to be afflicted with* sofrer de

affluent /ˈæfluənt/ *adj* rico, opulento **affluence** *s* riqueza, opulência

afford /əˈfɔːrd/ *vt* **1** permitir-se (o luxo): *Can you afford it?* Você pode dar-se ao luxo disso? **2** proporcionar **affordable** *adj* acessível

afield /əˈfiːld/ *adv* LOC **far/further afield**: *from as far afield as...* de lugares tão distantes como...

afloat /əˈfloʊt/ *adj* **1** à tona **2** a bordo

afraid /əˈfreɪd/ *adj* **1 to be ~ (of sb/sth)** ter medo (de alguém/algo) **2 to be ~ to do sth** ter medo de fazer algo **3 to be ~ for sb** temer por alguém LOC **I'm afraid (that...)** Acho que..., Sinto muito, mas ...: *I'm afraid so/not.* Temo que sim/não.

afresh /əˈfreʃ/ *adv* de novo

after /ˈæftər/ *GB* /ˈɑːf-/ ◆ *adv* **1** depois: *soon after* logo depois ◊ *the day after* o dia seguinte **2** atrás: *She came running after.* Ela veio correndo atrás. ◆ *prep* **1** depois de: *after doing your homework* depois de fazer a tarefa de casa ◊ *after lunch* depois do almoço ◊ *the day after tomorrow* depois de amanhã **2** após, atrás: *time after time* repetidas vezes **3** (*busca*): *They're after me.* Eles estão atrás de mim (procurando-me). ◊ *What are you after?* O que você está procurando? ◊ *She's after a job in advertising.* Ela está procurando um emprego em publicidade. **4** *We named him after you.* Nós lhe pusemos seu nome. LOC **after all** depois de tudo, afinal (de contas) ◆ *conj* depois de/que

aftermath /ˈæftərmæθ/ *GB* /ˈɑːf-/ *s* [*sing*] conseqüências LOC **in the after-** **math of** no período subseqüente a: *the rebuilding which took place in the aftermath of the war* a reconstrução que ocorreu depois da guerra

afternoon /ˌæftərˈnuːn/ *GB* /ˌɑːf-/ *s* tarde: *tomorrow afternoon* amanhã de tarde LOC **good afternoon** boa tarde ☞ *Ver nota em* MORNING, TARDE[1]

afterthought /ˈæftərθɔːt/ *GB* /ˈɑːf-/ *s* ocorrência/reflexão tardia: *As an afterthought...* Pensando melhor...

afterwards /ˈæftərwədz/ *GB* /ˈɑːf-/ (*USA tb* afterward) *adv* depois, mais tarde: *shortly/soon afterwards* logo depois

again /əˈgen, əˈgeɪn/ *adv* outra vez, novamente: *once again* mais uma vez ◊ *never again* nunca mais ◊ *Don't do it again.* Não faça mais isto. LOC **again and again** repetidamente **then/there again** por outro lado *Ver tb* NOW, OVER, TIME, YET

against /əˈgenst, əˈgeɪnst/ *prep* **1** (*contato*) contra: *Put the piano against the wall.* Ponha o piano encostado à parede. **2** (*oposição*) contra: *We were rowing against the current.* Nós estávamos remando contra a corrente. **3** (*contraste*) contra: *The mountains stood out against the blue sky.* As montanhas sobressaíam-se contra o céu azul. ☞ Para o uso de **against** em PHRASAL VERBS ver os verbetes dos verbos correspondentes, p.ex. **to come up against** em COME.

age /eɪdʒ/ ◆ *s* **1** idade: *to be six years of age* ter seis anos (de idade) **2** velhice: *It improves with age.* Melhora com o tempo/a idade. **3** época, era **4** eternidade: *It's ages since I saw her.* Faz um tempão que não a vejo. LOC **age of consent** maioridade **to come of age** atingir a maioridade **under age** muito jovem, menor (de idade) *Ver tb* LOOK[1] ◆ *vt, vi* (*part pres* aging *pret, pp* aged /eɪdʒd/) envelhecer

aged /ˈeɪdʒd/ ◆ *adj* **1** *He died aged 81.* Ele morreu aos 81 anos (de idade). **2** /ˈeɪdʒɪd/ idoso, velho ◆ /ˈeɪdʒɪd/ *s* [*pl*] **the aged** os idosos

agency /ˈeɪdʒənsi/ *s* (*pl* -ies) agência, organização

agenda /əˈdʒendə/ *s* pauta, ordem do dia ☞ *Comparar com* DIARY

u	ɔː	ɜː	ə	j	w	eɪ	oʊ
situation	saw	fur	ago	yes	woman	pay	home

agent /'eɪdʒənt/ s agente, representante

aggravate /'ægrəveɪt/ vt **1** agravar **2** irritar aggravating adj irritante aggravation s **1** irritação, incômodo **2** agravamento

aggression /ə'greʃn/ s [não contável] agressão, agressividade

aggressive /ə'gresɪv/ adj agressivo

agile /'ædʒl; GB 'ædʒaɪl/ adj ágil agility /ə'dʒɪləti/ s agilidade

aging (GB tb **ageing** /'eɪdʒɪŋ/) ◆ adj **1** envelhecido **2** (iron) não tão jovem ◆ s envelhecimento

agitated /'ædʒɪteɪtɪd/ adj agitado: to get agitated agitar-se agitation s **1** agitação, perturbação **2** (Pol) agitação

ago /ə'goʊ/ adv atrás: ten years ago dez anos atrás ◊ How long ago did she die? Há quanto tempo ela morreu? ◊ as long ago as 1950 já em 1950

Ago é utilizado com o simple past e o past continuous, mas nunca com o present perfect: She arrived a few minutes ago. Ela chegou alguns minutos atrás. Com o past perfect se utiliza before ou earlier: She had arrived two days before. Ela havia chegado dois dias antes.

agonize, -ise /'ægənaɪz/ vi ~ (**about/over sth**) atormentar-se (por/com algo): to agonize over a decision atormentar-se com uma decisão agonized, -ised adj agoniado agonizing, -ising adj **1** angustiante, agonizante **2** (dor) horroroso

agony /'ægəni/ s (pl -ies) **1** agonia: to be in agony sofrer dores horrorosas/ estar agonizante **2** (coloq): It was agony! Foi uma agonia!

agree /ə'griː/ **1** vi ~ (**with sb**) (**on/about sth**) estar de acordo, concordar (com alguém) (sobre algo): They agreed with me on all the major points. Eles concordaram comigo em todos os pontos principais. **2** vi ~ (**to sth**) consentir (em algo); concordar (com algo): He agreed to let me go. Ele concordou em me deixar ir. **3** vt chegar a um acordo: It was agreed that... Concordou-se que... **4** vi chegar a um acordo **5** vi concordar **6** vt (relatório, etc.) aprovar PHR V **to agree with sb** fazer bem (comida, clima): The climate doesn't agree with me. O clima não me faz bem.

agreeable adj **1** agradável **2** ~ (**to sth**) de acordo (com algo): They are agree-

able to our proposal. Eles estão de acordo com a nossa proposta.

agreement /ə'griːmənt/ s **1** conformidade, acordo **2** convênio, acordo **3** (Com) contrato LOC **in agreement with** de acordo com

agriculture /'ægrɪkʌltʃər/ s agricultura agricultural /ˌægrɪ'kʌltʃərəl/ adj agrícola

ah! /ɑ/ interj oh!

ahead /ə'hed/ ◆ partic adv **1** adiante: She looked (straight) ahead. Ela olhou para frente. **2** próximo: during the months ahead durante os próximos meses **3** adiante, à frente: the road ahead a estrada adiante LOC **to be ahead** estar na frente, levar vantagem ☞ Para o uso de **ahead** em PHRASAL VERBS ver os verbetes dos verbos correspondentes, p.ex. **to press ahead** em PRESS. ◆ prep ~ **of sb/sth 1** na frente de alguém/algo: directly ahead of us bem na nossa frente **2** antes de alguém/algo LOC **to be/get ahead of sb/sth** estar/ficar na frente de alguém/algo

aid /eɪd/ ◆ s **1** ajuda **2** auxílio: to come/go to sb's aid vir/ir em auxílio de alguém **3** apoio LOC **in aid of sb/sth** em apoio a alguém/algo ◆ vt ajudar, facilitar

AIDS (GB tb **Aids**) /eɪdz/ abrev acquired immune deficiency syndrome AIDS (=síndrome de imunodeficiência adquirida)

ailment /'eɪlmənt/ s indisposição, doença

aim /eɪm/ ◆ **1** vt, vi **to aim (sth) (at sb/sth)** (arma) apontar (algo) (para alguém/algo) **2** vt **to aim sth at sb/sth** dirigir algo contra alguém/algo: to be aimed at sth/doing sth ter como objetivo algo/fazer algo ◊ She aimed a blow at his head. Ela visou a cabeça dele para dar uma pancada. **3** vi **to aim at/ for sth** aspirar a algo **4** vi **to aim to do sth** ter a intenção de fazer algo ◆ s **1** objetivo, propósito **2** pontaria LOC **to take aim** apontar

aimless /'eɪmləs/ adj sem objetivo, sem propósito aimlessly adv sem rumo

ain't /eɪnt/ (coloq) **1** = AM/IS/ARE NOT Ver BE **2** = HAS/HAVE NOT Ver HAVE

air /eər/ ◆ s ar: air fares tarifas aéreas ◊ air pollution poluição do ar LOC **by air** de avião, por via aérea **in the air**: There's something in the air. Há algo no

aɪ	aʊ	ɔɪ	ɪə	eə	ʊə	ʒ	h	ŋ
five	now	join	near	hair	pure	vision	how	sing

ar. **to be on the air** estar no ar **to give yourself/put on airs** dar-se ares (de superioridade) **(up) in the air:** *The plan is still up in the air.* O plano ainda está no ar. *Ver tb* BREATH, CLEAR, OPEN, THIN ◆ *vt* **1** ventilar **2** (*roupa*) arejar **3** (*queixa, reclamação*) manifestar

air-conditioned /ˈeər kəndɪʃənd/ *adj* com ar-condicionado **air-conditioning** *s* ar-condicionado

aircraft /ˈeərkræft; *GB* -krɑːft/ *s* (*pl* **aircraft**) avião, aeronave

airfield /ˈeərfiːld/ *s* aeródromo, campo de pouso

air force *s* [*v sing ou pl*] força aérea

air hostess *s* aeromoça

airline /ˈeərlaɪn/ *s* companhia aérea **airliner** *s* avião de passageiros

airmail /ˈeərmeɪl/ *s* correio aéreo: *by airmail* por via aérea

airplane /ˈeərpleɪn/ *s* (*GB* **aeroplane**) avião

airport /ˈeərpɔːrt/ *s* aeroporto

air raid *s* ataque aéreo

airtight /ˈeərtaɪt/ *adj* hermético

aisle /aɪl/ *s* nave (de igreja), passagem, corredor

akin /əˈkɪn/ *adj* ~ **to sth** semelhante a algo

alarm /əˈlɑːrm/ ◆ *s* **1** alarme: *to raise/ sound the alarm* dar o alarme **2** (*tb* **alarm clock**) (relógio) despertador ☛ *Ver ilustração em* RELÓGIO **3** (*tb* **alarm bell**) campainha de alarme LOC *Ver* FALSE ◆ *vt* alarmar: *to be/become/ get alarmed* alarmar-se **alarming** *adj* alarmante

alas! /əˈlæs/ *interj* ai, que desgraça!

albeit /ˌɔːlˈbiːɪt/ *conj* (*formal*) embora

album /ˈælbəm/ *s* álbum

alcohol /ˈælkəhɒl/ *GB* -hɒl/ *s* álcool: *alcohol-free* sem álcool **alcoholic** /ˌælkəˈhɒlɪk/ **1** *adj* alcoólico **2** *s* alcoólatra

ale /eɪl/ *s* cerveja

alert /əˈlɜːrt/ ◆ *adj* alerta ◆ *s* **1** alerta: *to be on the alert* estar alerta **2** alerta: *bomb alert* alerta de bomba ◆ *vt* ~ **sb (to sth)** alertar alguém (de algo)

algae /ˈældʒiː; *GB tb* ˈælɡi/ *s* [*v sing ou pl*] algas

algebra /ˈældʒɪbrə/ *s* álgebra

alibi /ˈæləbaɪ/ *s* álibi

alien /ˈeɪliən/ ◆ *adj* **1** estranho **2** estrangeiro **3** ~ **to sb/sth** alheio a alguém/algo ◆ *s* **1** (*formal*) estrangeiro, -a **2** extraterrestre **alienate** *vt* alienar

alight /əˈlaɪt/ *adj*: *to be alight* estar em chamas LOC *Ver* SET²

align /əˈlaɪn/ **1** *vt* ~ **sth (with sth)** alinhar algo (com algo) **2** *v refl* ~ **yourself with sb** (*Pol*) aliar-se a alguém

alike /əˈlaɪk/ ◆ *adj* **1** parecido: *to be/ look alike* parecer-se **2** igual: *No two are alike.* Não há dois iguais. ◆ *adv* igualmente, do mesmo modo: *It appeals to young and old alike.* Atrai tanto a velhos quanto a jovens. LOC *Ver* GREAT

alive /əˈlaɪv/ *adj* [*nunca antes de substantivo*] **1** vivo, com vida: *to stay alive* sobreviver **2** do mundo: *He's the best player alive.* Ele é o melhor jogador do mundo. ☛ *Comparar com* LIVING LOC **alive and kicking** mais vivo do que nunca **to keep sth alive 1** (*tradição*) conservar algo **2** (*recordação*) manter algo vivo na mente **to keep yourself alive** sobreviver

all /ɔːl/ ◆ *adj* **1** todos: *all four of us* nós quatro **2** *He denied all knowledge of the crime.* Ele negou qualquer conhecimento do crime. LOC **not all that…** não tão… assim: *He doesn't sing all that well.* Ele não canta tão bem assim. **not as…as all that:** *They're not as rich as all that.* Eles não são tão ricos assim. **on all fours** de quatro *Ver tb* FOR ◆ *pron* **1** tudo, todos: *I ate all of it.* Eu comi tudo. ◊ *All of us liked it.* Todos nós gostamos. ◊ *Are you all going?* Vocês todos vão? **2** *All I want is…* Tudo o que quero é… LOC **all in all** no geral **all the more** tanto mais, ainda mais **at all:** *if it's at all possible* se houver a menor possibilidade **in all** no total **not at all 1** não, em absoluto **2** (*resposta*) de nada ◆ *adv* **1** totalmente: *all in white* todo de branco ◊ *all alone* completamente só **2** *all excited* todo emocionado **3** (*Esporte*): *The score is two all.* Estão empatados em dois a dois. LOC **all along** (*coloq*) o tempo todo **all but** quase: *It was all but impossible.* Foi quase impossível. **all over 1** por toda parte **2** *That's her all over.* Isso é típico dela. **all the better** tanto melhor **all too** demasiado **to be all for sth** estar/ser totalmente a favor de algo

all-around /ˌɔːl əˈraʊnd/ *adj* **1** geral **2** (*pessoa*) completo

tʃ	dʒ	v	θ	ð	s	z	ʃ
chin	**J**une	**v**an	**th**in	**th**en	**s**o	**z**oo	**sh**e

allegation /ˌæləˈgeɪʃn/ s alegação, denúncia (*sem provas*)

allege /əˈledʒ/ vt alegar **alleged** adj suposto **allegedly** adv supostamente

allegiance /əˈliːdʒəns/ s lealdade

allergic /əˈlɜːrdʒɪk/ adj ~ (**to sth**) alérgico (a algo)

allergy /ˈælərdʒi/ s (*pl* -ies) alergia

alleviate /əˈliːvieɪt/ vt aliviar **alleviation** s alívio

alley /ˈæli/ s (*pl* -eys) (*tb* **alleyway**) viela, passagem

alliance /əˈlaɪəns/ s aliança

allied /ˈælaɪd, əˈlaɪd/ adj ~ (**to sth**) **1** relacionado (com algo) **2** (*Pol*) aliado (a algo)

alligator /ˈælɪgeɪtər/ s aligátor, jacaré

allocate /ˈæləkeɪt/ vt alocar **allocation** s distribuição

allot /əˈlɑt/ vt (-tt-) ~ **sth** (**to sb/sth**) designar algo (a alguém/algo) **allotment** s **1** distribuição **2** parcela **3** (*GB*) (*horta*) lote

all-out /ˌɔːl ˈaʊt/ ◆ adj total ◆ adv LOC **to go all out** fazer/tentar todo o possível

allow /əˈlaʊ/ vt **1** ~ **sb/sth to do sth** permitir a alguém/algo que faça algo: *Dogs are not allowed.* É proibida a entrada de cães.

Utiliza-se **allow** tanto no inglês formal quanto no coloquial, e a forma passiva **be allowed** é muito comum. **Permit** é uma palavra muito formal, sendo utilizada principalmente em linguagem escrita. **Let** é informal, e muito utilizada no inglês falado.

2 conceder **3** reservar, calcular: *I would allow half an hour to get there.* Eu calcularia uma meia hora para chegar lá. **4** admitir PHR V **to allow for sth** levar algo em conta **allowable** adj admissível, permitido

allowance /əˈlaʊəns/ s **1** limite permitido **2** ajuda de custo, mesada LOC **to make allowances for sb/sth** abrir concessão a alguém/levar algo em consideração

alloy /ˈælɔɪ/ s (*Quím*) liga

all right (*tb* **alright**) adj, adv **1** bem: *Did you get here all right?* Foi fácil para você chegar até aqui? **2** (*adequado*): *The food was all right.* A comida não estava má. **3** (*consentimento*) de acordo

4 *That's him all right.* Tenho certeza de que é ele.

all-time /ˈɔːl taɪm/ adj de todos os tempos

ally /əˈlaɪ/ ◆ vt, vi (*pret*, *pp* **allied**) ~ (**yourself**) **with/to sb/sth** aliar-se a alguém/algo ◆ /ˈælaɪ/ s (*pl* -ies) aliado, -a

almond /ˈɑmənd, ˈɔːl-/ s **1** amêndoa **2** (*tb* **almond tree**) amendoeira

almost /ˈɔːlmoʊst/ adv quase ☞ *Ver nota em* NEARLY

alone /əˈloʊn/ adj, adv **1** só: *Are you alone?* Você está sozinha?

Note que **alone** não é utilizado antes de substantivo e é uma palavra neutra, ao passo que **lonely** pode ser utilizado antes do substantivo e sempre tem conotações negativas: *I want to be alone.* Quero ficar sozinho. ◊ *She was feeling very lonely.* Ela estava se sentindo muito só. ◊ *a lonely house* uma casa solitária.

2 somente: *You alone can help me.* Somente você pode ajudar-me. LOC **to leave/let sb/sth alone** deixar alguém/algo em paz *Ver tb* LET[1]

along /əˈlɔːŋ; *GB* əˈlɒŋ/ ◆ prep por, ao longo de: *a walk along the beach* uma caminhada ao longo da praia ◆ partic adv: *I was driving along.* Eu estava dirigindo. ◊ *Bring some friends along (with you).* Traga alguns amigos com você.

É comum utilizar-se **along** com verbos de movimento em tempo contínuo quando não se menciona o destino do movimento. Geralmente não é traduzido para o português.

LOC *segue com* junto com **come along!** venha! ☞ Para o uso de **along** em PHRASAL VERBS, ver os verbetes dos verbos correspondentes, p. ex. **to get along** em GET.

alongside /əlɔːŋˈsaɪd; *GB* əˌlɒŋˈsaɪd/ prep, adv junto a, ao lado/longo de: *A car drew up alongside.* Um carro parou ao nosso lado.

aloud /əˈlaʊd/ adv **1** em voz alta **2** (*bem*) alto

alphabet /ˈælfəbet/ s alfabeto **alphabetical** /ˌælfəˈbetɪkl/ adj alfabético: *in alphabetical order* por/em ordem alfabética

i:	i	ɪ	e	æ	ɑ	ʌ	ʊ	u:
see	happy	sit	ten	hat	cot	cup	put	too

already /ɔːlˈredi/ *adv* já: *We got there at 6.30 but Martin had already left.* Chegamos às 6.30, mas Martin já tinha ido embora. ◊ *Have you already eaten?* Você já comeu? ◊ *Surely you are not going already!* Você não está indo assim tão cedo! ☞ *Ver nota em* YET

alright /ɔːlˈraɪt/ *Ver* ALL RIGHT

also /ˈɔːlsəʊ/ *adv* também, além disso: *I've also met her parents.* Eu também conheci os pais dela. ◊ *She was also very rich.* Além disso, ela era muito rica. ☞ *Ver nota em* TAMBÉM

altar /ˈɔːltər/ *s* altar

alter /ˈɔːltər/ **1** *vt, vi* alterar **2** *vt* (*roupa*) ajustar: *The skirt needs altering.* A saia precisa de ajustes. **alteration** *s* **1** alteração **2** (*roupa*) ajuste

alternate /ˈɔːltərnət/ *GB* ɔːlˈtɜːnət/ ◆ *adj* alternado ◆ /ˈɔːltɜːrneɪt/ *vt, vi* alternar

alternative /ɔːlˈtɜːrnətɪv/ ◆ *s* alternativa, opção: *She had no alternative but to…* Ela não teve alternativa senão… ◆ *adj* alternativo

although /ɔːlˈðəʊ/ *conj* embora

altitude /ˈæltɪtuːd; *GB* -tjuːd/ *s* altitude

altogether /ˌɔːltəˈɡeðər/ *adv* **1** completamente: *I don't altogether agree.* Eu não concordo totalmente. **2** no total **3** *Altogether, it was disappointing.* No geral, foi decepcionante.

aluminum /əˈluːmɪnəm/ (*GB* **aluminium** /ˌæljəˈmɪniəm/) *s* alumínio

always /ˈɔːlweɪz/ *adv* sempre LOC **as always** como sempre

A posição dos advérbios de freqüência **always**, **never**, **ever**, **usually**, etc. depende do verbo que os acompanha. Ou seja, vão depois de verbos auxiliares e modais e diante dos demais verbos: *I have never visited her.* Eu nunca a visitei. ◊ *I am always tired.* Estou sempre cansado. ◊ *I usually go shopping on Mondays.* Eu geralmente faço compras às segundas-feiras.

am /əm, m, æm/ *Ver* BE

a.m. /ˌeɪ ˈem/ *abrev* da manhã: *at 11a.m.* às onze da manhã ☞ *Ver nota em* P.M.

amalgam /əˈmælɡəm/ *s* amálgama

amalgamate /əˈmælɡəmeɪt/ *vt, vi* amalgamar, fundir(-se)

amateur /ˈæmətər, -tʃʊər/ *adj, s* amador, -ora

amaze /əˈmeɪz/ *vt* assombrar: *to be amazed at/by sth* estar/ficar assombrado com algo **amazement** *s* assombro **amazing** *adj* assombroso

ambassador /æmˈbæsədər/ *s* embaixador, -ora

amber /ˈæmbər/ *adj, s* âmbar

ambiguity /ˌæmbɪˈɡjuːəti/ *s* (*pl* -ies) ambigüidade

ambiguous /æmˈbɪɡjuəs/ *adj* ambíguo

ambition /æmˈbɪʃn/ *s* ambição

ambitious /æmˈbɪʃəs/ *adj* ambicioso

ambulance /ˈæmbjələns/ *s* ambulância

ambush /ˈæmbʊʃ/ *s* emboscada

amen /ɑːˈmen, eɪˈmen/ *interj, s* amém

amend /əˈmend/ *vt* emendar, corrigir **amendment** *s* emenda

amends /əˈmendz/ *s* [*pl*] LOC **to make amends (to sb) (for sth)** compensar (alguém) (por algo)

amenities /əˈmenətiz; *GB* əˈmiːnətiz/ *s* [*pl*] **1** comodidades **2** (*GB*) instalações (*públicas*)

amiable /ˈeɪmiəbl/ *adj* amigável, amável

amicable /ˈæmɪkəbl/ *adj* amistoso

amid /əˈmɪd/ (*tb* **amidst** /əˈmɪdst/) *prep* (*formal*) entre, em meio de/a: *amid all the confusion* em meio a toda a confusão

ammunition /ˌæmjuˈnɪʃn/ *s* [*não contável*] **1** munição **2** (*fig*) argumentos (*para discutir*)

amnesty /ˈæmnəsti/ *s* (*pl* -ies) anistia

among /əˈmʌŋ/ (*tb* **amongst** /əˈmʌŋst/) *prep* entre (*mais de duas coisas*): *I was among the last to leave.* Fui dos últimos a sair. ☞ *Ver ilustração em* ENTRE

amount /əˈmaʊnt/ ◆ *vi* ~ **to sth 1** chegar a algo: *Our information doesn't amount to much.* Não temos muitas informações. ◊ *John will never amount to much.* John nunca chegará/irá muito longe. **2** equivaler a algo ◆ *s* **1** quantidade **2** (*fatura*) total **3** (*dinheiro*) soma LOC **any amount of** uma grande quantidade de: *any amount of money* todo o dinheiro necessário

amphibian /æmˈfɪbiən/ *adj, s* anfíbio

u	ɔː	ɜː	ə	j	w	eɪ	oʊ
sit**u**ation	s**aw**	f**ur**	**a**go	**y**es	**w**oman	p**ay**	h**o**me

amphitheater (*GB* **-tre**) /ˈæmfɪθɪətər/ *s* anfiteatro

ample /ˈæmpl/ *adj* **1** abundante **2** (*suficiente*) bastante **3** (*extenso*) amplo **amply** *adv* amplamente

amplify /ˈæmplɪfaɪ/ *vt* (*pret, pp* **-fied**) **1** amplificar **2** (*relato, etc.*) aumentar **amplifier** *s* amplificador

amuse /əˈmjuːz/ *vt* **1** entreter **2** distrair, divertir **amusement** *s* **1** diversão, distração **2** atração: *amusement arcade* salão de fliperama ◊ *amusement park* parque de diversões **amusing** *adj* divertido, engraçado

an *Ver* A

anaemia (*GB*) *Ver* ANEMIA

anaesthetic (*GB*) *Ver* ANESTHETIC

analogy /əˈnælədʒi/ *s* (*pl* **-ies**) analogia: *by analogy with…* por analogia com…

analyse (*GB*) *Ver* ANALYZE

analysis /əˈnæləsɪs/ *s* (*pl* **-yses** /-əsiːz/) análise LOC **in the last/final analysis** no final das contas

analyst /ˈænəlɪst/ *s* analista

analytic(al) /ˌænəˈlɪtɪk(l)/ *adj* analítico

analyze (*GB* **analyse**) /ˈænəlaɪz/ *vt* analisar

anarchist /ˈænərkɪst/ *adj, s* anarquista

anarchy /ˈænərki/ *s* anarquia **anarchic** /əˈnɑrkɪk/ *adj* anárquico

anatomy /əˈnætəmi/ *s* (*pl* **-ies**) anatomia

ancestor /ˈænsestər/ *s* antepassado **ancestral** /ænˈsestrəl/ *adj* ancestral: *ancestral home* casa dos antepassados **ancestry** /ˈænsestri/ *s* (*pl* **-ies**) ascendência

anchor /ˈæŋkər/ ◆ *s* **1** âncora **2** (*fig*) apoio, suporte LOC **at anchor** ancorado *Ver tb* WEIGH ◆ *vt, vi* ancorar

ancient /ˈeɪnʃənt/ *adj* **1** antigo **2** (*coloq*) velhíssimo

and /ænd, ənd/ *conj* **1** e **2** com: *bread and butter* pão com manteiga **3** (*números*): *one hundred and three* cento e três **4** *Come and help me.* Venha ajudar-me. **5** [*com comparativo*]: *bigger and bigger* cada vez maior **6** (*repetição*): *They shouted and shouted.* Eles gritaram sem parar. ◊ *I've tried and tried.* Eu tentei várias vezes. LOC *Ver* TRY

anecdote /ˈænɪkdoʊt/ *s* anedota

anemia (*GB* **anaemia**) /əˈniːmiə/ *s* anemia **anemic** (*GB* **anaemic**) *adj* anêmico

anesthetic (*GB* **anaesthetic**) /ˌænəsˈθetɪk/ *s* anestesia: *to give sb an anesthetic* anestesiar alguém

angel /ˈeɪndʒl/ *s* anjo: *guardian angel* anjo da guarda

anger /ˈæŋgər/ ◆ *s* ira, raiva ◆ *vt* irritar, irar

angle /ˈæŋgl/ *s* **1** ângulo **2** ponto de vista LOC **at an angle** inclinado

angling /ˈæŋglɪŋ/ *s* pesca (com vara)

angry /ˈæŋgri/ *adj* (**-ier, -iest**) **1** ~ (**at/ about sth**); ~ (**with sb**) com raiva (de algo); irado (com alguém) **2** (*céu*) tempestuoso LOC **to get angry** irar-se, ficar com raiva **to make sb angry** irritar alguém **angrily** *adv* com raiva

anguish /ˈæŋgwɪʃ/ *s* angústia **anguished** *adj* angustiado

angular /ˈæŋgjələr/ *adj* **1** angular **2** (*feições*) anguloso **3** (*compleição*) ossudo

animal /ˈænɪml/ *s* animal: *animal experiments* experimentos com animais

animate /ˈænɪmət/ ◆ *adj* animado (*vivo*) ◆ /ˈænɪmeɪt/ *vt* animar

ankle /ˈæŋkl/ *s* tornozelo

anniversary /ˌænɪˈvɜːrsəri/ *s* (*pl* **-ies**) aniversário

announce /əˈnaʊns/ *vt* anunciar (*tornar público*) **announcement** *s* aviso, anúncio (*em público*) LOC **to make an announcement** anunciar algo **announcer** *s* (*Radio, TV*) locutor, -ora, apresentador, -ora

annoy /əˈnɔɪ/ *vt* irritar, incomodar **annoyance** *s* irritação, incômodo: *much to our annoyance* para nosso aborrecimento **annoyed** *adj* irritado, incomodado LOC **to get annoyed** irritar-se, incomodar-se **annoying** *adj* irritante

annual /ˈænjuəl/ *adj* anual **annually** *adv* anualmente

anonymity /ˌænəˈnɪməti/ *s* anonimato **anonymous** /əˈnɑnɪməs/ *adj* anônimo

another /əˈnʌðər/ ◆ *adj* (um) outro: *another one* mais um ◊ *I'll do it another time.* Eu farei isso em uma outra hora. ☛ *Ver nota em* OUTRO ◆ *pron* (um) outro: *one way or another* de uma maneira ou de outra ☛ O plural do *pron* **another** é **others**. *Ver tb* ONE ANOTHER

aɪ	aʊ	ɔɪ	ɪə	eə	ʊə	ʒ	h	ŋ
five	now	join	near	hair	pure	vision	how	sing

answer /'ænsər; GB 'ɑːnsə(r)/ ♦ s 1 resposta: I called, but there was no answer. Eu telefonei, mas ninguém atendeu. 2 solução 3 (Mat) resultado LOC in answer (to sth) em resposta a (algo) to have/know all the answers saber tudo (sobre um assunto) ♦ 1 vt, vi ~ (sb/sth) responder (a alguém/algo): to answer the door atender a porta 2 vt (acusação) responder a 3 vt (pedido) ouvir PHR V to answer back replicar (com insolência) to answer for sb/sth responder por alguém/algo to answer to sb (for sth) responder a alguém (por algo), prestar contas a alguém to answer to sth responder a algo

ant /ænt/ s formiga

antagonism /æn'tægənɪzəm/ s antagonismo antagonistic adj hostil

antenna /æn'tenə/ s 1 (pl -nae /-niː/) (inseto) antena 2 (pl -s) (USA, TV, Rádio) antena

anthem /'ænθəm/ s hino

anthology /æn'θɑlədʒi/ s (pl -ies) antologia

anthropology /ˌænθrə'pɑlədʒi/ s antropologia anthropological /ˌænθrəpə'lɑdʒɪkl/ adj antropológico anthropologist /ˌænθrə'pɑlədʒɪst/ s antropólogo, -a

antibiotic /ˌæntibaɪ'ɑtɪk/ adj, s antibiótico

antibody /'æntibɑdi/ s (pl -ies) anticorpo

anticipate /æn'tɪsɪpeɪt/ vt 1 ~ sth prever algo: as anticipated como previsto ◊ We anticipate some difficulties. Nós prevemos algumas dificuldades. 2 ~ sb/sth antecipar-se a alguém/algo

anticipation /æn,tɪsɪ'peɪʃn/ s 1 previsão 2 expectativa

antics /'æntɪks/ s [pl] palhaçadas

antidote /'æntidoʊt/ s ~ (for/to sth) antídoto (contra algo)

antiquated /'æntɪkweɪtɪd/ adj antiquado

antique /æn'tiːk/ ♦ s (objeto) antiguidade: an antique shop uma loja de antiguidades ♦ adj antigo (ger objetos valiosos) antiquity /æn'tɪkwəti/ s (pl -ies) antiguidade

antithesis /æn'tɪθəsɪs/ s (pl -ses /æn'tɪθəsiːz/) antítese

antler /'æntlər/ s 1 [não contável] chifre de cervo, rena, alce 2 antlers [pl] galhada

anus /'eɪnəs/ s (pl ~es) ânus

anxiety /æŋ'zaɪəti/ s (pl -ies) 1 ansiedade, preocupação 2 (Med) ansiedade 3 ~ for sth/to do sth ânsia de algo/fazer algo

anxious /'æŋkʃəs/ adj 1 ~ (about sth) preocupado (com algo): an anxious moment um momento de preocupação 2 ~ to do sth ansioso para fazer algo anxiously adv ansiosamente

any /'eni/ ♦ adj, pron ☞ Ver nota em SOME

• orações interrogativas 1 Do you have any cash? Você tem dinheiro? 2 um pouco (de): Do you know any French? Você sabe um pouco de francês? Are there any problems? Há algum problema? ☞ Neste sentido, o substantivo só vai para o plural em inglês.

• orações negativas 1 He doesn't have any friends. Ele não tem amigos. ◊ There isn't any left. Não sobrou nenhum. ☞ Ver nota em NENHUM 2 [uso enfático]: We won't do you any harm. Nós não vamos lhe fazer mal algum.

• orações condicionais 1 If I had any relatives… Se eu tivesse parentes … 2 um pouco de: If he's got any sense, he won't go. Se ele tiver um mínimo de bom senso, não irá. 3 algum: If you see any mistakes, tell me. Se você vir algum erro, diga-me. ☞ Neste sentido, o substantivo só vai para o plural em inglês.

Nas orações condicionais, pode-se empregar a palavra some ou de vez de any em muitos casos: If you need some help, tell me. Se precisar de ajuda, diga-me.

• orações afirmativas 1 qualquer: just like any other boy como qualquer outro menino 2 Take any one you like. Pegue qualquer um que você quiser. 3 todo: Give her any help she needs. Dê-lhe toda a ajuda de que precisar.

♦ adv [antes de adj comparativo] mais: She doesn't work here any longer. Ela não trabalha mais aqui. ◊ I can't walk any faster. Eu não consigo andar mais depressa.

anybody /'enibɑdi/ (tb anyone) pron 1 [em orações interrogativas] alguém: Is anybody there? Há alguém aí? 2 [em orações negativas] ninguém: I can't see

tʃ	dʒ	v	θ	ð	s	z	ʃ
chin	June	van	thin	then	so	zoo	she

anybody. Não consigo ver ninguém. ☞ *Ver nota em* NOBODY **3** [*em orações afirmativas*] qualquer pessoa: *Invite anybody you like*. Convide quem você quiser. ◊ *Ask anybody*. Pergunte a qualquer um. **4** [*em orações comparativas*] qualquer (outra) pessoa: *He spoke more than anybody*. Ele falou mais do que qualquer outra pessoa. ☞ *Ver nota em* EVERYBODY, SOMEBODY LOC **anybody else** qualquer outra pessoa: *Anybody else would have refused*. Qualquer outra pessoa teria recusado. ◊ *Is anybody else coming?* Há mais alguém vindo? *Ver tb* GUESS

anyhow /'enɪhaʊ/ *adv* **1** (*coloq* any old how) de qualquer maneira, descuidadamente **2** (*tb* anyway) de qualquer forma, mesmo assim

anymore /ˌeniˈmɔːr/ *adv* (*GB* any more): *She doesn't live here anymore*. Ela não mora mais aqui.

anyone /'eniwʌn/ *Ver* ANYBODY

anyplace /'enɪpleɪs/ (*USA*) *Ver* ANYWHERE

anything /'eniθɪŋ/ *pron* **1** algo: *Is anything wrong?* Há algo errado? ◊ *Is there anything in these rumours?* Há alguma verdade nestes boatos? **2** [*em orações afirmativas*] qualquer coisa, tudo: *We'll do anything you say*. Faremos tudo que você disser. **3** [*em orações negativas*] nada: *He never says anything*. Ele nunca diz nada. **4** [*em orações comparativas*] qualquer (outra) coisa: *It was better than anything he'd seen before*. Era melhor do que qualquer (outra) coisa que ele tinha visto antes. ☞ *Ver nota em* NOBODY, SOMETHING LOC **anything but:** *It was anything but pleasant*. Foi tudo menos agradável. ◊ *"Are you tired?" "Anything but."* —Você está cansado? —De maneira alguma. **if anything:** *I'm a pacifist, if anything*. Eu sou um pacifista, para falar a verdade.

anyway /'eniweɪ/ *Ver* ANYHOW sentido 2

anywhere /'enɪweər/ (*USA tb* anyplace) *adv, pron* **1** [*em orações interrogativas*] em/a algum lugar **2** [*em orações afirmativas*] em/a qualquer lugar: *I'd live anywhere*. Eu moraria em qualquer lugar. ◊ *anywhere you like* onde você quiser **3** [*em orações negativas*] em/a lugar nenhum: *I didn't go anywhere special*. Não fui a nenhum lugar

especial. ◊ *I don't have anywhere to stay*. Não tenho onde ficar. ☞ *Ver nota em* NOBODY **4** [*em orações comparativas*]: *more beautiful than anywhere* mais bonito do que qualquer outro lugar ☞ *Ver nota em* SOMEWHERE LOC *Ver* NEAR

apart /əˈpɑrt/ *adv* **1** *The two men were five meters apart*. Os dois homens estavam a cinco metros um do outro. ◊ *They are a long way apart*. Estão muito distantes um do outro. **2** à parte **3** (em) separado: *They live apart*. Eles vivem separados. ◊ *I can't pull them apart*. Não consigo separá-los. LOC **to take sth apart 1** desmontar algo **2** (*fig*) despedaçar algo *Ver tb* JOKE, POLE

apart from (*USA tb* aside from) *prep* exceto por, além de: *Who else was there apart from you?* Além de você, quem mais estava lá?

apartment /əˈpɑrtmənt/ (*GB tb* flat) *s* apartamento

apathy /'æpəθi/ *s* apatia **apathetic** /ˌæpəˈθetɪk/ *adj* apático

ape /eɪp/ ♦ *s* macaco ♦ *vt* imitar

apologetic /əˌpɑləˈdʒetɪk/ *adj* de desculpa: *an apologetic look* um olhar de desculpa ◊ *to be apologetic (about sth)* desculpar-se (por algo)

apologize, -ise /əˈpɑlədʒaɪz/ *vi* ~ (**for sth**) desculpar-se (por algo)

apology /əˈpɑlədʒi/ *s* (*pl* -ies) (pedido de) desculpa LOC **to make no apologies/apology (for sth)** não se desculpar (por algo)

apostle /əˈpɑsl/ *s* apóstolo

appal (*USA tb* appall) /əˈpɔːl/ *vt* (-ll-) estarrecer: *He was appalled at/by her behavior*. Ele estava estarrecido com o comportamento dela. **appalling** *adj* estarrecedor, horrível

apparatus /ˌæpəˈrætəs; *GB* -ˈreɪtəs/ *s* [*não contável*] aparelho

apparent /əˈpærənt/ *adj* **1** evidente: *to become apparent* tornar-se evidente **2** aparente: *for no apparent reason* sem motivo aparente **apparently** *adv* ao que parece: *Apparently not*. Aparentemente, não.

appeal /əˈpiːl/ ♦ *vi* **1** ~ (**to sb**) **for sth** implorar algo (a alguém) **2** ~ **to sb to do sth** implorar a alguém para que faça algo **3** apelar **4** ~ (**to sb**) atrair alguém: *The idea has never appealed to me*. A

i:	i	ɪ	e	æ	ɑ	ʌ	ʊ	u:
see	happy	sit	ten	hat	cot	cup	put	too

idéia nunca me atraiu. **5** ~ (**against sth**) (*sentença, decisão, etc.*) recorrer (de algo) ◆ *s* **1** apelo: *an appeal for help* um apelo de ajuda **2** súplica **3** atração **4** recurso: *appeal(s) court* tribunal de apelação **appealing** *adj* **1** atraente: *to look appealing* ter um aspecto atraente **2** suplicante

appear /əˈpɪər/ *vi* **1** aparecer: *to appear on TV* aparecer na TV **2** parecer: *You appear to have made a mistake.* Parece que você cometeu um erro. = SEEM **3** (*fantasma*) aparecer **4** (*acusado*) comparecer **appearance** *s* **1** aparência **2** aparecimento LOC **to keep up appearances** manter as aparências

appendicitis /əˌpendəˈsaɪtɪs/ *s* apendicite

appendix /əˈpendɪks/ *s* **1** (*pl* -dices /-dɪsiːz/) (*texto*) apêndice **2** (*pl* -dixes) (*Anat*) apêndice

appetite /ˈæpɪtaɪt/ *s* apetite: *to give sb an appetite* abrir o apetite de alguém LOC *Ver* WHET

applaud /əˈplɔːd/ *vt*, *vi* aplaudir **applause** *s* [*não contável*] aplausos: *a big round of applause* uma grande salva de palmas

apple /ˈæpl/ *s* **1** maçã **2** (*tb* apple tree) macieira

appliance /əˈplaɪəns/ *s* aparelho: *electrical appliances* eletrodomésticos ◊ *kitchen appliances* utensílios de cozinha

applicable /ˈæplɪkəbl, əˈplɪkəbl/ *adj* aplicável, apropriado

applicant /ˈæplɪkənt/ *s* requerente, candidato, -a (*a uma vaga, a um emprego*)

application /ˌæplɪˈkeɪʃn/ *s* **1** solicitação: *application form* formulário para requerimento/inscrição **2** aplicação

applied /əˈplaɪd/ *adj* aplicado

apply /əˈplaɪ/ (*pret, pp* applied) **1** *vt* aplicar **2** *vt* (*força, etc.*) empregar: *to apply the brakes* frear **3** *vi* solicitar, inscrever-se **4** *vi* aplicar-se: *In this case, the condition does not apply.* Neste caso, a condição não se aplica. PHR V **to apply for sth** solicitar algo, inscrever-se em algo **to apply to sb/sth** aplicar-se a alguém/algo: *This applies to men and women.* Isto se aplica tanto aos homens quanto às mulheres. **to apply yourself** (**to sth**) dedicar-se a (algo)

appoint /əˈpɔɪnt/ *vt* **1** nomear **2** (*for-*

mal) (*hora, lugar*) marcar **appointment** *s* **1** (*ato*) nomeação **2** posto **3** compromisso (*profissional*)

appraisal /əˈpreɪzl/ *s* avaliação, estimativa

appreciate /əˈpriːʃieɪt/ **1** *vt* apreciar **2** *vt* (*ajuda, etc.*) agradecer **3** *vt* (*problema, etc.*) compreender **4** *vi* valorizar-se **appreciation** *s* **1** (*gen, Fin*) apreciação **2** agradecimento **3** valorização **appreciative** *adj* **1** ~ (**of sth**) agradecido (por algo) **2** (*olhar, comentário*) de admiração **3** (*reação*) favorável, caloroso

apprehend /ˌæprɪˈhend/ *vt* apreender, capturar **apprehension** *s* apreensão: *filled with apprehension* apreensivo **apprehensive** *adj* apreensivo

apprentice /əˈprentɪs/ *s* **1** aprendiz, -iza: *apprentice plumber* aprendiz de encanador **2** principiante **apprenticeship** *s* aprendizagem

approach /əˈproʊtʃ/ ◆ **1** *vt*, *vi* aproximar-se (de) **2** *vt* ~ **sb** (*para ajuda*) procurar alguém (para pedir/oferecer algo) **3** *vt* (*tema, pessoa*) abordar ◆ *s* **1** chegada **2** aproximação **3** acesso **4** enfoque

appropriate¹ /əˈproʊprieɪt/ *vt* apropriar-se de

appropriate² /əˈproʊpriət/ *adj* **1** apropriado, adequado **2** (*momento, etc.*) oportuno **appropriately** *adv* apropriadamente, adequadamente

approval /əˈpruːvl/ *s* aprovação, autorização LOC **on approval** sob condição: *He bought it on approval.* Ele o comprou sob condição (de devolver).

approve /əˈpruːv/ **1** *vt* aprovar **2** *vi* ~ (**of sth**) aprovar (algo); estar de acordo (com algo) **3** *vi* ~ (**of sb**): *I don't approve of him.* Não o tenho em bom conceito. **approving** *adj* aprovador

approximate /əˈprɒksɪmət/ ◆ *adj* aproximado ◆ /əˈprɒksɪmeɪt/ *vi* ~ **to sth** aproximar-se de algo **approximately** *adv* aproximadamente

apricot /ˈeɪprɪkɒt/ *s* **1** damasco **2** (*tb* apricot tree) damasqueiro **3** cor de damasco

April /ˈeɪprəl/ *s* (*abrev* Apr) abril: *April Fool's Day* primeiro de abril ☛ *Ver nota e exemplos em* JANUARY

apron /ˈeɪprən/ *s* avental

apt /æpt/ adj (**apter, aptest**) apropriado LOC **to be apt to do sth** ter tendência a fazer algo **aptly** adv apropriadamente

aptitude /ˈæptɪtuːd; GB -tjuːd/ s aptidão

aquarium /əˈkweəriəm/ s (pl **-riums** ou **-ria**) aquário

Aquarius /əˈkweəriəs/ s Aquário: My sister is (an) Aquarius. Minha irmã é aquariana/de Aquário. ◊ born under Aquarius nascido sob o signo de Aquário

aquatic /əˈkwætɪk/ adj aquático

arable /ˈærəbl/ adj cultivável: arable farming agricultura ◊ arable land terra de cultivo

arbitrary /ˈɑːbɪtreri; GB ˈɑːbɪtrəri/ adj arbitrário

arbitrate /ˈɑːbɪtreɪt/ vt, vi arbitrar **arbitration** s arbítrio

arc /ɑːk/ s arco

arcade /ɑːˈkeɪd/ s 1 galeria: amusement arcade salão de fliperama 2 [sing] arcada

arch /ɑːtʃ/ ◆ s arco ◆ vt, vi arquear(-se)

archaic /ɑːˈkeɪɪk/ adj arcaico

archbishop /ˌɑːtʃˈbɪʃəp/ s arcebispo

archeology (GB **archaeology**) /ˌɑːkiˈɑlədʒi/ s arqueologia **archeological** (GB **archaeological**) /ˌɑːkiəˈlɑdʒɪkl/ adj arqueológico **archeologist** (GB **archaeologist**) /ˌɑːkiˈɑlədʒɪst/ s arqueólogo, -a

archer /ˈɑːtʃər/ s arqueiro, -a **archery** s (Esporte) arcoeflecha

architect /ˈɑːkɪtekt/ s arquiteto, -a

architecture /ˈɑːkɪtektʃər/ s arquitetura **architectural** /ˌɑːkɪˈtektʃərəl/ adj arquitetônico

archive /ˈɑːkaɪv/ s arquivo

archway /ˈɑːtʃweɪ/ s arco (arquitetônico)

ardent /ˈɑːdnt/ adj ardente, entusiasta

ardor (GB **ardour**) /ˈɑːdər/ s fervor

arduous /ˈɑːdʒuəs; GB -djuː-/ adj árduo

are /ər, ɑːr/ Ver BE

area /ˈeəriə/ s 1 superfície 2 (Mat) área 3 (Geog) zona, região: area manager gerente regional 4 recinto 5 (de atividade, interesse, etc.) área

area code (GB **dialling code**) s prefixo (de DDD)

arena /əˈriːnə/ s 1 (Esporte) estádio 2 (circo) picadeiro 3 (praça de touros) arena 4 (fig) âmbito

aren't /ɑːnt/ = ARE NOT Ver BE

arguable /ˈɑːrgjuəbl/ adj 1 It is arguable that... Pode-se argumentar que... 2 discutível **arguably** adv provavelmente

argue /ˈɑːrgjuː/ 1 vi discutir 2 vt, vi argumentar: to argue for/against sth argumentar a favor de/contra algo

argument /ˈɑːrgjumənt/ s 1 discussão: to have an argument discutir ☛ Comparar com ROW³ 2 ~ (for/against sth) argumento (a favor de/contra algo)

arid /ˈeərɪd; GB ˈærɪd/ adj árido

Aries /ˈeəriːz/ s Áries ☛ Ver exemplos em AQUARIUS

arise /əˈraɪz/ vi (pret **arose** /əˈrouz/ pp **arisen** /əˈrɪzn/) 1 (problema) surgir 2 (oportunidade) aparecer 3 (tempestade) formar-se 4 (situação, etc.) surgir: should the need arise se houver necessidade 5 (questão, etc.) levantar(-se) 6 (antiquado) levantar-se

aristocracy /ˌærɪˈstɑkrəsi/ s [v sing ou pl] (pl **-ies**) aristocracia

aristocrat /əˈrɪstəkræt; GB ˈærɪst-/ s aristocrata **aristocratic** /əˌrɪstəˈkrætɪk/ adj aristocrático

arithmetic /əˈrɪθmətɪk/ s aritmética: mental arithmetic cálculo mental

ark /ɑːk/ s arca

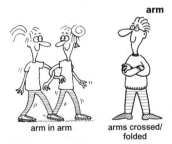

arm in arm   **arms crossed/ folded**

arm /ɑːrm/ ◆ s 1 braço: I've broken my arm. Quebrei o braço.

Note que, em inglês, as partes do corpo geralmente são precedidas por um adjetivo/pronome possessivo (my, your, her, etc.).

aɪ	aʊ	ɔɪ	ɪə	eə	ʊə	ʒ	h	ŋ
five	now	join	near	hair	pure	vision	how	sing

2 (*camisa, etc.*) manga Ver tb ARMS LOC
arm in arm (**with sb**) de braços dados
Ver tb CHANCE, FOLD ◆ *vt, vi* armar(-se):
to arm yourself with sth armar-se com/
de algo

armament /ˈɑrməmənt/ *s* armamento

armchair /ɑrmˈtʃeər/ *s* poltrona, cadeira de braços

armed /ɑrmd/ *adj* armado

armed forces (*tb* armed services) *s*
forças armadas

armed robbery *s* assalto à mão armada

armistice /ˈɑrmɪstɪs/ *s* armistício

armor (*GB* armour) /ˈɑrmər/ *s* [*não contável*] **1** armadura: *a suit of armor*
uma armadura **2** blindagem LOC *Ver*
CHINK **armored** (*GB* armoured) *adj* **1**
(*veículo*) blindado **2** (*barco*) encouraçado

armpit /ˈɑrmpɪt/ *s* axila

arms /ɑrmz/ *s* [*pl*] **1** armas: *arms race*
corrida armamentista **2** brasão LOC **to
be up in arms** (**about/over sth**) estar
em pé de guerra (por algo)

army /ˈɑrmi/ *s* (*pl* armies) exército

arose *pret de* ARISE

around[1] /əˈraʊnd/ (*tb* about) *adv* **1**
mais ou menos: *around 200 people* aproximadamente 200 pessoas **2** cerca de:
around 1850 por volta de 1850

Em expressões temporais, a palavra
about é precedida pelas preposições **at**,
on, **in**, etc., enquanto a palavra **around**
não requer preposição: *around/at
about five o'clock* por volta das cinco da
tarde ◇ *around/on about June 15* por
volta de 15 de junho.

3 por aqui: *There are few good teachers
around.* Não há muitos teachers bons por aqui.

around[2] /əˈraʊnd/ (*tb esp GB* about, *tb
GB* round) *partíc adv* **1** daqui para lá,
de lá para cá, por aí: *I've been dashing
around all morning.* Eu corri de lá para
cá a manhã toda. **2** ao redor: *to look
around* olhar ao redor ☛ Para o uso de
around em PHRASAL VERBS, ver os verbetes dos verbos correspondentes, p.ex.
to lie around em LIE[2].

around[3] /əˈraʊnd/ (*GB tb* round) *prep*
1 por: *to travel around the world* viajar
pelo mundo inteiro **2** ao redor de: *sit-*

ting around the table sentados ao redor
da mesa

arouse /əˈraʊz/ *vt* **1** suscitar **2** excitar
(sexualmente) **3 ~ sb** (**from sth**) despertar alguém (de algo)

arrange /əˈreɪndʒ/ *vt* **1** dispor **2** arrumar **3** (*evento*) organizar **4 ~ for sb to
do sth** providenciar para que alguém
faça algo **5 ~ to do sth/that...** combinar de fazer algo/que... **6** (*Mús*) fazer
arranjo (de) **arrangement** *s* **1** disposição **2** arranjo **3** acordo **4 arrangements**
[*pl*] preparativos

arrest /əˈrest/ ◆ *vt* **1** (*criminoso*) deter,
prender **2** (*formal*) (*inflação, etc.*) conter **3** (*atenção*) atrair ◆ *s* **1** detenção **2**
cardiac arrest parada cardíaca LOC **to
be under arrest** estar detido/preso

arrival /əˈraɪvl/ *s* **1** chegada **2** (*pessoa*):
new/recent arrivals recém-chegados

arrive /əˈraɪv/ *vi* **1** chegar

Arrive in ou **arrive at**? Utiliza-se **arrive in** quando se chega a um país ou a
uma cidade: *When did you arrive in
England?* Quando você chegou à Inglaterra? Utiliza-se **arrive at** quando o
verbo é seguido de um local específico,
como um edifício, estação, etc.: *We'll
phone you as soon as we arrive at the
airport.* Nós lhe telefonaremos assim
que chegarmos ao aeroporto. O uso de
at seguido do nome de uma cidade significa que esta cidade é considerada
apenas um ponto de um · itinerário.
Note que "chegar em casa" traduz-se
por *to arrive home* ou *to get home*.

2 (*coloq*) (*êxito*) chegar lá (em cima)

arrogant /ˈærəgənt/ *adj* arrogante **arrogance** *s* arrogância

arrow /ˈæroʊ/ *s* flecha, seta

arson /ˈɑrsn/ *s* incêndio premeditado

art /ɑrt/ *s* **1** arte: *a work of art* uma
obra de arte **2 the arts** [*pl*] as belasartes **3 arts** [*pl*] (*estudos*) humanas:
Bachelor of Arts Bacharel (em uma disciplina das ciências humanas) **4** astúcia

artery /ˈɑrtəri/ *s* (*pl* -ies) artéria

arthritis /ɑrˈθraɪtɪs/ *s* artrite **arthritic**
adj, *s* artrítico, -a

artichoke /ˈɑrtɪtʃoʊk/ *s* alcachofra

article /ˈɑrtɪkl/ *s* **1** artigo: *definite/
indefinite article* artigo definido/

indefinido **2** *articles of clothing* peças de roupa/vestuário

articulate¹ /ɑrˈtɪkjələt/ *adj* que se exprime com clareza

articulate² /ɑrˈtɪkjʊleɪt/ *vt, vi* articular

artificial /ˌɑrtɪˈfɪʃl/ *adj* artificial

artillery /ɑrˈtɪləri/ *s* artilharia

artisan /ˈɑrtɪzn; *GB* ˌɑːtɪˈzæn/ *s* artesão

artist /ˈɑrtɪst/ *s* artista

artistic /ɑrˈtɪstɪk/ *adj* artístico

artwork /ˈɑrtwɜːrk/ *s* (*publicações*) arte-final

as /əz, æz/ ◆ *prep* **1** (*na qualidade de*) como: *Treat me as a friend.* Trate-me como um amigo. ◊ *Use this plate as an ashtray.* Use este prato como cinzeiro. **2** (*em profissões*) como/de: *to work as a waiter* trabalhar como garçom **3** (*quando alguém é/era*): *as a child* quando (era/se é) criança

Note que em comparações e exemplos se utiliza *like*: *a car like yours* um carro como o seu ◊ *romantic poets, like Byron, Shelley, etc.* poetas românticos (tais) como Byron, Shelley, etc.

◆ *adv* **1** *as…as* tão…quanto/como: *She is as tall as me/as I am.* Ela é tão alta quanto eu. ◊ *as soon as possible* o quanto antes ◊ *I earn as much as her/as she does.* Ganho tanto quanto ela. **2** (*segundo*) como: *as you can see* como você pode ver ◆ *conj* **1** enquanto: *I watched her as she combed her hair.* Eu a observei enquanto ela se penteava. **2** uma vez que, como: *as you weren't there…* como você não estava lá… **3** tal como: *Leave it as you find it.* Deixe-o (tal) como você o encontrou. LOC **as for sb/sth** em relação a alguém/algo: *As for you, you should be ashamed of yourself.* Quanto a você, deveria estar envergonhado de si próprio. **as from** (*esp USA* **as of**): *as from/of May 12* a partir de 12 de maio **as if/as though** como se: *as if nothing had happened* como se nada houvesse acontecido **as it is** em vista da situação **as many 1** tantos: *We no longer have as many members.* Já não temos tantos membros. **2** outros tantos: *four jobs in as many months* quatro empregos no mesmo número de meses **as many again/more** outros tantos **as many as 1** *I didn't win as many as him.* Não ganhei tantos quanto ele. **2** até: *as many as ten people* até dez pesso-

as **3** *You ate three times as many as I did.* Você comeu três vezes mais do que eu. **as many…as** tantos…quanto **as much:** *I don't have as much as you.* Não tenho tanto quanto você. ◊ *I thought as much.* Foi o (mesmo) que eu pensei. **as much again** outro tanto **as to sth/as regards sth** quanto a/em relação a algo **as yet** até agora

asbestos /æsˈbestəs, əzˈbestəs/ *s* amianto

ascend /əˈsend/ (*formal*) **1** *vi* ascender **2** *vt* (*escadas, trono*) subir (a)

ascendancy /əˈsendənsi/ *s* ~ (**over sb/ sth**) influência, ascendência (sobre alguém/algo)

ascent /əˈsent/ *s* **1** ascensão **2** (*rua, monte*) subida

ascertain /ˌæsərˈteɪn/ *vt* (*formal*) averiguar

ascribe /əˈskraɪb/ *vt* ~ **sth to sb/sth** atribuir algo a alguém/algo

ash /æʃ/ *s* **1** (*tb* **ash tree**) freixo **2** cinza

ashamed /əˈʃeɪmd/ *adj* ~ (**of sb/sth**) envergonhado (de/por alguém/algo) LOC **to be ashamed to do sth** estar com vergonha de fazer algo

ashore /əˈʃɔːr/ *adv, prep* em/à terra: *to go ashore* desembarcar

ashtray /ˈæʃtreɪ/ *s* cinzeiro

Ash Wednesday *s* Quarta-feira de Cinzas

aside /əˈsaɪd/ ◆ *adv* **1** para um lado **2** de reserva, de lado ◆ *s* aparte (*Teatro*)

aside from *prep* (*esp USA*) exceto por

ask /æsk; *GB* ɑːsk/ **1** *vt, vi* **to ask** (**sb**) (**sth**) perguntar (algo) (a alguém): *to ask a question* fazer uma pergunta ◊ *to ask about sth* perguntar a respeito de algo **2** *vt, vi* **to ask** (**sb**) **for sth** pedir algo (a alguém) **3** *vt* **to ask sb to do sth** pedir a alguém que faça algo **4** *vt* **to ask sb** (**sth**) convidar alguém (para algo) LOC **don't ask me!** (*coloq*) eu é que sei!, sei lá! **for the asking:** *The job is yours for the asking.* Se você quiser, basta pedir e o emprego é seu. **to ask for trouble/it** (*coloq*) procurar sarna para se coçar **to ask sb out** convidar alguém para sair **to ask sb round** convidar alguém (para vir à sua casa) PHR V **to ask after sb** perguntar como alguém está **to ask for sb** pedir para ver/conversar com alguém

asleep /əˈsliːp/ *adj* adormecido: *to fall*

i:	i	ɪ	e	æ	ɑ	ʌ	ʊ	u:
see	happy	sit	ten	hat	cot	cup	put	too

asleep adormecer ◊ *fast/sound asleep* dormindo profundamente

Note que não se utiliza **asleep** antes de substantivos; portanto, para traduzirmos "um bebê adormecido" teríamos que dizer *a sleeping baby*.

asparagus /əˈspærəgəs/ s [*não contável*] asparago(s)

aspect /ˈæspekt/ s **1** (*de uma situação, etc.*) aspecto **2** (*Arquit*) orientação

asphalt /ˈæsfɔːlt; GB -fælt/ s asfalto

asphyxiate /əsˈfɪksieɪt/ vt asfixiar

aspiration /ˌæspəˈreɪʃn/ s aspiração

aspire /əˈspaɪər/ vi ~ **to sth** aspirar a algo: *aspiring musicians* músicos aspirantes

aspirin /ˈæsprɪn, ˈæspərɪn/ s aspirina

ass /æs/ s **1** asno **2** (*coloq*) (*idiota*) burro

assailant /əˈseɪlənt/ s (*formal*) agressor, -ora

assassin /əˈsæsn; GB -sɪn/ s assassino, -a **assassinate** vt assassinar **assassination** s assassinato ☛ *Ver nota em* ASSASSINAR

assault /əˈsɔːlt/ ◆ vt **1** agredir **2** (*sexualmente*) violar ◆ s **1** agressão **2** ~ (**on sb/sth**) ataque (contra alguém/algo) **3** (*sexual*) violação

assemble /əˈsembl/ **1** vt, vi reunir(-se) **2** vt (*Mec*) montar

assembly /əˈsembli/ s (*pl* -ies) **1** assembléia **2** (*escola*) reunião matinal **3** montagem: *assembly line* linha de montagem

assert /əˈsɜːrt/ vt **1** afirmar **2** (*direitos, etc.*) fazer valer LOC **to assert yourself** impor-se **assertion** s afirmação

assertive /əˈsɜːrtɪv/ adj firme, confiante

assess /əˈses/ vt **1** (*propriedade, etc.*) avaliar **2** (*impostos, etc.*) calcular **assessment** s avaliação **assessor** s avaliador, -ora

asset /ˈæset/ s **1** qualidade, vantagem: *to be an asset to sb/sth* ser de valor para alguém/algo **2** assets [*pl*] (*Com*) bens

assign /əˈsaɪn/ vt **1** ~ **sth to sb** designar algo a alguém **2** ~ **sb to sth** indicar alguém para algo

assignment /əˈsaɪnmənt/ s **1** (*escola*) trabalho **2** missão

assimilate /əˈsɪməleɪt/ **1** vt assimilar **2** vi ~ **into sth** incorporar-se a algo

assist /əˈsɪst/ vt, vi (*formal*) ajudar, assistir **assistance** s (*formal*) **1** ajuda **2** auxílio

assistant /əˈsɪstənt/ s **1** ajudante, assistente **2** (*tb* sales/shop assistant) vendedor, -ora **3** *assistant manager* subgerente

associate¹ /əˈsoʊʃiət, -siət/ s sócio, -a

associate² /əˈsoʊʃieɪt, -sieɪt/ **1** vt ~ **sb/ sth with sb/sth** associar alguém/algo com alguém/algo **2** vi ~ **with sb** tratar, envolver-se com alguém

association /əˌsoʊsiˈeɪʃn/ s **1** associação **2** envolvimento

assorted /əˈsɔːrtɪd/ adj **1** variado **2** (*biscoitos, etc.*) sortido

assortment /əˈsɔːrtmənt/ s variedade, sortimento

assume /əˈsuːm; GB əˈsjuːm/ vt **1** supor **2** dar por certo **3** (*expressão, identidade falsa*) adotar **4** (*significado*) adquirir **5** (*controle*) assumir

assumption /əˈsʌmpʃn/ s **1** suposição **2** (*de poder, etc.*) tomada

assurance /əˈʃʊərəns; GB əˈʃɔːrəns/ s **1** garantia **2** confiança

assure /əˈʃʊər/ **1** vt assegurar **2** vt ~ **sb of sth** garantir algo a alguém: *We were assured that everything possible was being done.* Eles nos garantiram que estava sendo feito todo o possível. **3** vt ~ **sb of sth** convencer alguém de algo **4** v refl ~ **yourself that...** assegurar-se de que... **assured** adj seguro LOC **to be assured of sth** estar seguro quanto a algo

asterisk /ˈæstərɪsk/ s asterisco

asthma /ˈæzmə; GB ˈæsmə/ s asma **asthmatic** adj, s asmático, -a

astonish /əˈstɑnɪʃ/ vt assombrar **astonishing** adj assombroso **astonishingly** adv incrivelmente **astonishment** s assombro

astound /əˈstaʊnd/ vt deixar atônito: *We were astounded to find him playing chess with his dog.* Nós ficamos atônitos ao encontrá-lo jogando xadrez com o cachorro. **astounding** adj incrível

astray /əˈstreɪ/ adv LOC **to go astray** extraviar-se

astride /əˈstraɪd/ prep ~ (**sth**) a cavalo (sobre algo)

astrology /əˈstrɑlədʒi/ s astrologia

astronaut /ˈæstrənɔːt/ s astronauta

astronomy /əˈstrɑnəmi/ s astronomia **astronomer** s astrônomo, -a **astronomical** /ˌæstrəˈnɑmɪkl/ adj astronômico

astute /əˈstuːt; GB əˈstjuːt/ adj astuto

asylum /əˈsaɪləm/ s 1 asilo (político) 2 (tb lunatic asylum) (antiquado) hospício

at /æt, ət/ prep 1 (posição) em, a: at home em casa ◊ at the door à porta ◊ at the top no alto ☛ Ver nota em EM 2 (tempo): at 3.35 às 3h35 ◊ at dawn ao amanhecer ◊ at times às vezes ◊ at night à noite ◊ at Christmas no Natal ◊ at the moment no momento 3 (preço, frequência, velocidade) a: at 70k.p.h. a 70km/h ◊ at full volume no máximo volume ◊ two at a time de dois em dois 4 (para): to stare at sb olhar fixamente para alguém 5 (reação): surprised at sth surpreso com algo ◊ At this, she fainted. Nesse momento, ela desmaiou. 6 (atividade) em: She's at work. Ela está trabalhando. ◊ to be at war estar em guerra ◊ children at play crianças brincando

ate pret de EAT

atheism /ˈeɪθiɪzəm/ s ateísmo **atheist** s ateu, ateia

athlete /ˈæθliːt/ s atleta

athletic /æθˈletɪk/ adj atlético **athletics** s [sing] atletismo

atlas /ˈætləs/ s 1 atlas 2 (de estradas) mapa

atmosphere /ˈætməsfɪər/ s 1 atmosfera 2 ambiente

atom /ˈætəm/ s 1 átomo 2 (fig) pingo

atomic /əˈtɑmɪk/ adj atômico: atomic weapons armas nucleares

atrocious /əˈtroʊʃəs/ adj 1 atroz 2 péssimo **atrocity** /əˈtrɑsəti/ s (pl -ies) atrocidade

attach /əˈtætʃ/ vt 1 atar 2 juntar 3 (documentos) anexar 4 (fig): to attach importance to sth dar importância a algo **attached** adj: to be attached to sb/sth ter carinho por alguém/algo LOC Ver STRING **attachment** s 1 acessório 2 ~ to sth apego a algo

attack /əˈtæk/ s ~ (on sb/sth) ataque (contra alguém/algo) vt, vi atacar **attacker** s agressor, -ora

attain /əˈteɪn/ vt alcançar, conseguir **attainment** s obtenção, realização

attempt /əˈtempt/ ◆ vt tentar: to attempt to do sth tentar fazer algo ◆ s 1 ~ (at doing/to do sth) tentativa (de fazer algo) 2 atentado **attempted** adj: attempted robbery/murder tentativa de roubo/assassinato

attend /əˈtend/ 1 vt, vi ~ (sth) assistir (a algo): to attend school ir à escola 2 vt, vi ~ (sth) comparecer (a algo): to attend a meeting participar de uma reunião 3 vi ~ to sb/sth ocupar-se de/com alguém/algo **attendance** s 1 assistência 2 comparecimento LOC in attendance presente

attendant /əˈtendənt/ s encarregado, -a

attention /əˈtenʃn/ ◆ s atenção: for the attention of… à atenção de… LOC Ver CATCH, FOCUS, PAY ◆ **attention!** interj (Mil) atenção!

attentive /əˈtentɪv/ adj atento

attic /ˈætɪk/ s sótão

attitude /ˈætɪtuːd; GB -tjuːd/ s atitude

attorney /əˈtɜːrni/ s (pl -eys) 1 (USA) advogado, -a ☛ Ver nota em ADVOGADO 2 procurador, -ora

Attorney-General /əˌtɜːrni ˈdʒenrəl/ s 1 (USA) procurador, -ora geral do Estado 2 (GB) procurador público, procuradora pública

attract /əˈtrækt/ vt 1 atrair 2 (atenção) chamar **attraction** s 1 atração 2 atrativo **attractive** adj 1 (pessoa) atraente 2 (salário, etc.) interessante

attribute /ˈætrɪbjuːt/ ◆ s atributo ◆ /əˈtrɪbjuːt/ vt ~ sth to sb/sth atribuir algo a alguém/algo

aubergine /ˈoʊbərʒiːn/ ◆ (USA eggplant) s berinjela ◆ adj roxo

auction /ˈɔːkʃn/ ◆ s leilão ◆ vt leiloar **auctioneer** /ˌɔːkʃəˈnɪər/ s leiloeiro, -a

audible /ˈɔːdəbl/ adj audível

audience /ˈɔːdiəns/ s 1 [v sing ou pl] (teatro, etc.) público 2 [v sing ou pl] (TV, rádio) audiência 3 ~ with sb audiência com alguém

audit /ˈɔːdɪt/ ◆ s auditoria ◆ vt fazer auditoria de

audition /ɔːˈdɪʃn/ ◆ s audição ◆ vi ~ for sth apresentar-se em uma audição para algo

auditor /ˈɔːdɪtər/ s auditor, -ora

auditorium /ˌɔːdɪˈtɔːriəm/ s (pl -ria ou -riums) auditório

aɪ	aʊ	ɔɪ	ɪə	eə	ʊə	ʒ	h	ŋ
five	now	join	near	hair	pure	vision	how	sing

August /'ɔːgəst/ s (*abrev* **Aug**) agosto
☞ *Ver nota e exemplos em* JANUARY

aunt /ænt; *GB* ɑːnt/ s tia: *Aunt Louise* a
tia Louise ◊ *my aunt and uncle* meus
tios **auntie** (*tb* **aunty**) s (*coloq*) titia

au pair /ˌoʊ 'peər/ s au pair (*pessoa
(geralmente estrangeira) que mora com
uma família em troca de serviços domés-
ticos*)

austere /ɔː'stɪər/ *adj* austero **austerity**
s austeridade

authentic /ɔː'θentɪk/ *adj* autêntico

authenticity /ˌɔːθen'tɪsəti/ s autentici-
dade

author /'ɔːθər/ s autor, -ora

authoritarian /ɔːˌθɒrɪ'teəriən/ *adj, s*
autoritário, -a

authoritative /ɔː'θɒrəteɪtɪv; *GB* -tətɪv/
adj **1** (*livro, fonte, etc.*) de grande auto-
ridade, confiável **2** (*voz, etc.*) autoritá-
rio

authority /ɔː'θɒrəti/ s (*pl* **-ies**) autori-
dade LOC **to have it on good authority
that…** saber de fonte segura que…

authorization, -isation /ˌɔːθərɪ'zeɪʃn;
GB -raɪ'z-/ s autorização

authorize, -ise /'ɔːθəraɪz/ *vt* autorizar

autobiographical /ˌɔːtəˌbaɪə'græfɪkl/
adj autobiográfico

autobiography /ˌɔːtəbaɪ'ɒgrəfi/ s (*pl
-ies*) autobiografia

autograph /'ɔːtəgræf; *GB* -grɑːf/ ♦ s
autógrafo ♦ *vt* autografar

automate /'ɔːtəmeɪt/ *vt* automatizar

automatic /ˌɔːtə'mætɪk/ ♦ *adj* automá-
tico ♦ s **1** pistola automática **2** carro
hidramático **automatically** *adv* auto-
maticamente

automation /ˌɔːtə'meɪʃn/ s automação

automobile /'ɔːtəməbiːl/ s (*esp USA*)
automóvel

autonomous /ɔː'tɒnəməs/ *adj* autô-
nomo **autonomy** s autonomia

autopsy /'ɔːtɒpsi/ s (*pl* **-ies**) autópsia

autumn /'ɔːtəm/ (*USA* **fall**) s outono

auxiliary /ɔːg'zɪliəri/ *adj, s* auxiliar,
assistente

avail /ə'veɪl/ s LOC **to no avail** em vão

available /ə'veɪləbl/ *adj* disponível

avalanche /'ævəlæntʃ; *GB* -lɑːnʃ/ s
avalanche

avant-garde /ˌævɒŋ 'gɑrd/ *adj* van-
guardista

avenue /'ævənuː; *GB* -njuː/ s **1** (*abrev*
Ave.) avenida, alameda **2** (*fig*) caminho

average /'ævərɪdʒ/ ♦ s média: *on aver-
age* em média ♦ *adj* **1** médio: *average
earnings* o salário médio **2** comum: *the
average man* o homem comum **3** (*coloq,
pej*) medíocre ♦ *vt* ter uma média de
PHR V **to average out**: *It averages out at
10%.* Sai a uma média de 10%.

aversion /ə'vɜːrʒn/ s aversão

avert /ə'vɜːrt/ *vt* **1** (*olhar*) desviar **2**
(*crise, etc.*) evitar

aviation /ˌeɪvi'eɪʃn/ s aviação

avid /'ævɪd/ *adj* ávido

avocado /ˌævə'kɑdoʊ, ˌɑv-/ s (*pl* **~s**)
abacate

avoid /ə'vɔɪd/ *vt* **1** ~ (**doing**) **sth** evitar
(fazer) algo: *She avoided going.* Ela evi-
tou ir. **2** (*responsabilidade, etc.*) exi-
mir-se de

await /ə'weɪt/ *vt* (*formal*) ~ **sth 1** estar
à espera de algo **2** aguardar algo: *A
surprise awaited us.* Uma surpresa nos
aguardava. ☞ *Comparar com* WAIT

awake /ə'weɪk/ ♦ *adj* **1** acordado **2** ~
to sth (*perigo, etc.*) consciente de algo ♦
vt, vi (*pret* **awoke** /ə'woʊk/ *pp* **awoken**
/ə'woʊkən/) acordar

Os verbos **awake** e **awaken** são empre-
gados somente em linguagem formal ou
literária. A expressão mais comum é **to
wake (sb) up**.

awaken /ə'weɪkən/ **1** *vt, vi* despertar
☞ *Ver nota em* AWAKE **2** *vt* ~ **sb to sth**
(*perigo, etc.*) despertar alguém para al-
go

award /ə'wɔːrd/ ♦ *vt* (*prêmio, etc.*) con-
ceder ♦ s prêmio, recompensa

aware /ə'weər/ *adj* ~ **of sth** consciente,
ciente de algo LOC **as far as I am aware**
que eu saiba **to make sb aware of sth**
informar alguém de algo *Ver tb* BECOME
awareness s **1** consciência: *political
awareness* consciência política **2** conhe-
cimento: *public awareness* conhecimen-
to público

away /ə'weɪ/ *partíc adv* **1** (*indicando
distância*): *The hotel is two kilometers
away.* O hotel está a dois quilômetros
(de distância). ◊ *It's a long way away.*
Fica bem longe daqui. ◊ *Christmas is
only a week away.* Falta apenas uma
semana para o Natal. ◊ *They are away
(on holidays) this week.* Eles estão

tʃ	dʒ	v	θ	ð	s	z	ʃ
chin	**June**	**van**	**thin**	**then**	**so**	**zoo**	**she**

viajando/fora esta semana. **2** [*com verbos de movimento*] movimentar-se de uma certa maneira: *He limped away.* Ele se foi mancando. **3** [*uso enfático com tempos contínuos*]: *I was working away all night.* Passei toda a noite trabalhando. **4** completamente: *The snow had melted away.* A neve se havia derretido completamente. **5** (*Esporte*) fora (de casa): *an away win* uma vitória fora de casa LOC *Ver* RIGHT ☞ Para o uso de **away** em PHRASAL VERBS, ver os verbetes dos verbos correspondentes, p.ex. **to get away** em GET.

awe /ɔ:/ *s* admiração, temor LOC **to be in awe of sb** sentir-se intimidado por alguém **awesome** *adj* impressionante

awful /'ɔ:fl/ *adj* **1** (*acidente, etc.*) horrível **2** *an awful lot of money* um monte

de dinheiro **awfully** *adv* terrivelmente: *I'm awfully sorry.* Sinto muitíssimo.

awkward /'ɔ:kwərd/ *adj* **1** (*momento, etc.*) inoportuno **2** (*sensação*) incômodo **3** (*pessoa*) difícil **4** (*movimento*) desajeitado **5** (*situação*) embaraçoso

awoke *pret de* AWAKE

awoken *pp de* AWAKE

ax (*GB* **axe**) /æks/ ◆ *s* machado LOC **to have an ax to grind** ter um interesse pessoal em algo ◆ *vt* **1** (*serviço, etc.*) cortar **2** (*pessoal, etc.*) despedir

axis /'æksɪs/ *s* (*pl* **axes** /'æksi:z/) eixo

axle /'æksl/ *s* eixo (*de rodas*)

aye (*tb* **ay**) /aɪ/ *interj, s* (*antiquado*) sim: *The ayes have it.* Ganharam os que estavam a favor. ☞ **Aye** é comum na Escócia e no norte da Inglaterra.

Bb

B, b /bi:/ *s* (*pl* **B's, b's** /bi:z/) **1** B, b: *B as in Benjamin* B de bola ☞ *Ver exemplos em* A, A **2** (*Educ*) (nota) B: *to get (a) B in science* tirar um B em ciências **3** (*Mús*) si

babble /'bæbl/ ◆ *s* **1** (*vozes*) fala ininteligível, burburinho **2** (*bebê*) balbucio ◆ *vt, vi* falar de maneira confusa, balbuciar

babe /beɪb/ *s* (*coloq*) garota (*brotinho*)

baby /'beɪbi/ *s* (*pl* **babies**) **1** bebê: *a newborn baby* um recém-nascido ◊ *a baby girl* uma menina **2** (*animal*) filhote **3** (*esp USA, coloq*) amorzinho

babysit /'beɪbɪsɪt/ *vi* (**-tt-**) (*pret* **-sat**) ~ **(for sb)** cuidar de uma criança (para alguém) **babysitter** *s* babá

bachelor /'bætʃələr/ *s* solteirão: *a bachelor flat* (*GB*) um apartamento de solteiro

back¹ /bæk/ ◆ *s* **1** parte de trás **2** dorso **3** (*página, etc.*) verso **4** costas: *to lie on your back* deitar-se de costas **5** (*cadeira*) encosto LOC **at the back of your/ sb's mind** no fundo (da mente de alguém) **back to back** de costas um para o outro **back to front** de trás para frente ☞ *Ver ilustração em* CONTRÁRIO **be-**

hind sb's back pelas costas (de alguém) **to be glad, pleased, etc. to see the back of sb/sth** alegrar-se por se ver livre de alguém/algo **to be on sb's back** estar em cima de alguém **to get/ put sb's back up** irritar alguém **to have your back to the wall** estar encurralado *Ver tb* BREAK¹, PAT, TURN ◆ *adj* **1** traseiro: *the back door* a porta dos fundos **2** (*fascículo*) atrasado LOC **by/ through the back door** de maneira ilegal ◆ *adv, partíc adv* **1** (*movimento, posição*) para trás: *Stand well back.* Mantenha-se afastado. ◊ *a mile back* uma milha atrás **2** (*volta, repetição*) de volta: *They are back in power.* Eles estão de volta ao poder. ◊ *on the way back* na volta ◊ *to go there and back* ir lá e voltar **3** (*tempo*) lá (por): *back in the seventies* lá nos anos setenta ◊ *a few years back* há alguns anos **4** (*reciprocidade*): *He smiled back (at her).* Ele lhe sorriu de volta LOC **to get/have your own back (on sb)** (*GB, coloq*) vingar-se (de alguém) **to go, travel, etc. back and forth** ir, viajar de lá para cá ☞ Para o uso de **back** em PHRASAL VERBS, ver os verbetes dos verbos correspondentes, p.ex. **to go back** em GO¹.

i:	i	ɪ	e	æ	ɑ	ʌ	ʊ	u:
see	happy	sit	ten	hat	cot	cup	put	too

back² /bæk/ **1** *vt* ~ **sb/sth (up)** apoiar alguém/algo **2** *vt* financiar **3** *vt* apostar em **4** *vi* ~ **(up)** dar marcha a ré PHR V **to back away (from sb/sth)** retroceder (diante de alguém/algo) **to back down**; *(USA)* **to back off** desistir **to back on to sth** *(GB)*: *Our house backs on to the river.* A parte de trás da nossa casa dá para o rio. **to back out (of an agreement, etc.)** voltar atrás (em um acordo, etc.)

backache /'bækeɪk/ *s* dor nas costas

backbone /'bækboʊn/ *s* **1** coluna vertebral **2** firmeza

backdrop /'bækdrɒp/ *(GB tb* **backcloth** /'bækklɔːθ; *GB* -klɒθ/) *s* pano de fundo

backfire /ˌbæk'faɪər/ *vi* **1** *(carro)* engasgar **2** ~ **(on sb)** *(fig)* sair (a alguém) o tiro pela culatra

background /'bækgraʊnd/ *s* **1** fundo **2** contexto **3** classe social, formação, origem

backing /'bækɪŋ/ *s* **1** respaldo, apoio **2** *(Mús)* acompanhamento

backlash /'bæklæʃ/ *s* reação violenta

backlog /'bæklɔːg/ *s* acúmulo: *a huge backlog of work* um monte de trabalho acumulado

backpack /'bækpæk/ *(GB tb* **rucksack**) *s* mochila ☛ *Ver ilustração em* MALA

back seat *s* *(carro)* assento traseiro LOC **to take a back seat** passar para o segundo plano

backside /'bæksaɪd/ *s* *(coloq)* traseiro

backstage /ˌbæk'steɪdʒ/ *adv* nos bastidores

backup /'bækʌp/ *s* **1** apoio, assistência, reserva **2** *(Informát)* cópia

backward /'bækwərd/ *adj* **1** para trás: *a backward glance* uma olhada para trás **2** atrasado

backward(s) /'bækwərdz/ *adv* **1** para trás **2** de costas: *He fell backwards.* Ele caiu de costas. **3** de trás para frente LOC **backward(s) and forward(s)** de um lado para o outro

backyard /ˌbæk'jɑrd/ *(tb yard)* *s* quintal

bacon /'beɪkən/ *s* toicinho ☛ *Comparar com* HAM, GAMMON

bacteria /bæk'tɪəriə/ *s [pl]* bactérias

bad /bæd/ *adj (comp* **worse** /wɜːrs/

superl **worst** /wɜːrst/) **1** mau: *It's bad for your health.* Não faz bem à saúde. ◊ *This movie's not bad.* O filme não é nada mau. **2** *(erro, acidente, etc.)* grave **3** *(dor de cabeça, etc.)* forte LOC **to be bad at sth**: *I'm bad at math.* Eu sou ruim em matemática. **to be in sb's bad books** *(GB)*: *I'm in his bad books.* Estou na sua lista negra. **to go through/hit a bad patch** *(coloq)* passar por uma fase ruim **too bad 1** uma pena: *It's too bad you can't come.* (É uma) pena que você não possa vir. **2** *(irônico)* pior para você!, que pena! *Ver tb* FAITH, FEELING

bade *pret de* BID

badge /bædʒ/ *s* **1** distintivo, crachá **2** *(fig)* símbolo

badger /'bædʒər/ *s* texugo

bad language *s* linguagem chula

badly /'bædli/ *adv (comp* **worse** /wɜːs/ *superl* **worst** /wɜːst/) **1** mal: *It's badly made.* Está malfeito. **2** *(danificar, etc.)*: *The house was badly damaged.* A casa estava bastante danificada. **3** *(necessitar, etc.)* com urgência LOC **(not) to be badly off** (não) estar mal (de dinheiro)

badminton /'bædmɪntən/ *s* espécie de tênis com peteca

bad-tempered /ˌbæd 'tempərd/ *adj* mal-humorado

baffle /'bæfl/ *vt* **1** confundir, desnortear **2** frustrar **baffling** *adj* que confunde

bag /bæg/ *s* bolsa, saco, sacola ☛ *Ver ilustração em* CONTAINER LOC **bags of sth** *(coloq)* montanhas de algo **to be in the bag** *(coloq)* estar no papo *Ver tb* LET¹, PACK

baggage /'bægɪdʒ/ *s* bagagem

bagpipe /'bægpaɪp/ *(tb* **bagpipes, pipes**) *s* gaita de foles

baguette /bæ'get/ *s* baguete ☛ *Ver ilustração em* PÃO

bail /beɪl/ *s [não contável]* fiança, liberdade sob fiança LOC *(GB* **to go/stand bail (for sb)** pagar a fiança (de alguém)

bailiff /'beɪlɪf/ *s* oficial de justiça

bait /beɪt/ *s* isca

bake /beɪk/ *vt, vi (pão, bolo, batata)* assar: *a baking tray* assadeira **baker** *s* padeiro, **-a bakery** *s (pl* **-ies**) padaria

baked beans *s [pl]* feijão com molho de tomate *(em lata)*

balance /'bæləns/ ◆ *s* **1** equilíbrio: *to lose your balance* perder o equilíbrio **2**

u	ɔː	ɜː	ə	j	w	eɪ	oʊ
situation	saw	fur	ago	yes	woman	pay	home

(*Fin*) saldo, balanço **3** (*instrumento*) balança LOC **on balance** (*GB*) considerando-se tudo *Ver tb* CATCH ◆ **1** *vi* ~ (**on sth**) equilibrar(-se) (sobre algo) **2** *vt* ~ **sth** (**on sth**) manter algo em equilíbrio (sobre algo) **3** *vt* equilibrar **4** *vt* compensar, contrabalançar **5** *vt, vi* (*contas*) (fazer) acertar

balcony /ˈbælkəni/ *s* (*pl* **-ies**) **1** sacada **2** (*Teat*) balcão

bald /bɔːld/ *adj* calvo, careca

ball /bɔːl/ *s* **1** (*Esporte*) bola **2** esfera **3** novelo **4** baile LOC (**to be**) **on the ball** (*coloq*) (estar) por dentro **to have a ball** (*coloq*) divertir-se muito **to start/set the ball rolling** (*conversa, atividade*) começar

ballad /ˈbæləd/ *s* balada

ballet /ˈbæleɪ/ *s* balé

ballet dancer *s* bailarino, -a

balloon /bəˈluːn/ *s* balão

ballot /ˈbælət/ *s* votação

ballot box *s* urna (*eleitoral*)

ballpoint pen /ˌbɔːlpɔɪnt ˈpen/ (*GB* biro) *s* (caneta) esferográfica

ballroom /ˈbɔːlruːm/ *s* salão de baile: *ballroom dancing* dança de salão

bamboo /ˌbæmˈbuː/ *s* bambu

ban /bæn/ ◆ *vt* (**-nn-**) proibir ◆ *s* **ban** (**on sth**) proibição (de algo)

banana /bəˈnænə; *GB* bəˈnɑːnə/ *s* banana: *banana skin* casca de banana

band /bænd/ *s* **1** faixa, fita **2** (*Rádio*) faixa **3** escala **4** (*Mús*) banda **5** (*de ladrões, etc.*) bando

bandage /ˈbændɪdʒ/ ◆ *s* faixa (de gaze) ◆ *vt* enfaixar

Band-Aid® /ˈbænd eɪd/ *s* (*USA*) (*GB* **plaster**) band-aid, curativo

bandwagon /ˈbændwægən/ *s* LOC **to climb/jump on the bandwagon** (*coloq*) entrar na onda/moda

bang /bæŋ/ ◆ **1** *vt* golpear: *He banged his fist on the table.* Ele deu um murro na mesa. ◊ *I banged the box down on the floor.* Atirei a caixa ao chão. ◊ *to bang the door* bater a porta **2** *vt* ~ **your head, etc.** (**against/on sth**) bater a cabeça, etc. (contra algo) **3** *vi* ~ **into sb/sth** chocar-se contra alguém/algo **4** *vi* (*porta, etc.*) bater ◆ *s* **1** golpe **2** explosão ◆ (*GB*) *adv* (*coloq*) justo, exatamente, completamente: *bang on time* na hora exata ◊ *bang up to date* totalmente em

dia LOC **bang goes sth** (*GB*) acabar-se algo: *Bang went his hopes of promotion.* E lá se foram as esperanças dele de promoção. **to go bang** (*coloq*) explodir ◆ **bang!** *interj* pum!, bang!

banger /ˈbæŋər/ *s* (*GB, coloq*) **1** salsicha **2** rojão **3** (*carro*) calhambeque: *an old banger* uma lata velha

bangs /bæŋz/ *s* [*pl*] franja (de cabelo)

banish /ˈbænɪʃ/ *vt* desterrar, expulsar

banister /ˈbænɪstər/ *s* corrimão

bank¹ /bæŋk/ *s* barranca (*de rio, lago*)
☞ *Comparar com* SHORE

bank² /bæŋk/ ◆ *s* banco: *bank manager* gerente de banco ◊ *bank statement* extrato bancário ◊ *bank account* conta bancária ◊ *bank balance* saldo bancário LOC *Ver* BREAK¹ ◆ **1** *vt* (*dinheiro*) depositar (em banco) **2** *vi* ter conta (em um banco): *Who do you bank with?* Em que banco você tem conta? PHR V **to bank on sb/sth** contar com alguém/algo

banker *s* banqueiro, -a

bank holiday *s* (*GB*) feriado (nacional)

bankrupt /ˈbæŋkrʌpt/ *adj* falido LOC **to go bankrupt** falir **bankruptcy** *s* falência, quebra

banner /ˈbænər/ *s* faixa (de passeata), estandarte

banning /ˈbænɪŋ/ *s* proibição

banquet /ˈbæŋkwɪt/ *s* banquete

baptism /ˈbæptɪzəm/ *s* batismo

baptize, -ise /ˈbæptaɪz; *GB* bæpˈtaɪz/ *vt* batizar

bar /bɑr/ ◆ *s* **1** barra **2** (*café*) bar **3** (*Mús*) compasso **4** barreira LOC **behind bars** (*coloq*) atrás das grades ◆ *vt* (**-rr-**) **to bar sb from doing sth** impedir alguém de fazer algo LOC **to bar the way** barrar o caminho ◆ *prep* exceto

barbarian /bɑrˈbeəriən/ *s* bárbaro, -a **barbaric** /bɑrˈbærɪk/ *adj* bárbaro

barbecue /ˈbɑrbɪkjuː/ *s* churrasqueira, churrasco

barbed wire /ˌbɑrbd ˈwaɪər/ *s* arame farpado

barber /ˈbɑrbər/ *s* barbeiro: *the barber's* a barbearia

barbershop /ˈbɑrbərʃɑp/ *s* barbearia

bare /beər/ *adj* (**barer, barest**) **1** nu ☞ *Ver nota em* NAKED **2** descoberto **3** ~ (**of sth**): *bare floors* pisos sem carpete ◊ *a room bare of furniture* uma sala sem móveis **4** mínimo: *the bare essentials* o mínimo essencial *barely adv* mal: *He can barely read.* Ele mal consegue ler.

barefoot /ˈbeərfʊt/ *adv* descalço

bargain /ˈbɑːrgən/ ◆ *s* **1** trato **2** barganha LOC **into the bargain** além disso *Ver tb* DRIVE ◆ *vi* **1** negociar **2** barganhar PHR V **to bargain for sth** (*coloq*) esperar algo: *He got more than he bargained for.* Ele recebeu mais do que esperava. *bargaining s* **1** negociação: *wage bargaining* negociações salariais **2** regateio

barge /bɑːrdʒ/ *s* barcaça

bar graph *s* gráfico de barras

baritone /ˈbærɪtoʊn/ *s* barítono

bark¹ /bɑːrk/ *s* casca (*de árvore*)

bark² /bɑːrk/ ◆ *s* latido ◆ **1** *vi* latir **2** *vt, vi* (*pessoa*) gritar *barking s* latidos

barley /ˈbɑːrli/ *s* cevada

barmaid /ˈbɑːrmeɪd/ *s* garçonete

barman /ˈbɑːrmən/ *s* (*pl* **-men** /-mən/) (*USA bartender*) barman

barn /bɑːrn/ *s* celeiro

barometer /bəˈrɑːmɪtər/ *s* barômetro

baron /ˈbærən/ *s* barão

baroness /ˈbærənəs/ *s* baronesa

barracks /ˈbærəks/ *s* [*v sing ou pl*] quartel

barrage /bəˈrɑːʒ; GB ˈbærɑːʒ/ *s* **1** (*Mil*) fogo de barragem **2** (*queixas, perguntas, etc.*) bombardeio **3** (*rio*) barragem

barrel /ˈbærəl/ *s* **1** barril, tonel **2** cano (*de arma*)

barren /ˈbærən/ *adj* árido, improdutivo (*terra, etc.*)

barricade /ˌbærɪˈkeɪd/ ◆ *s* barricada ◆ *vt* bloquear (com uma barricada) PHR V **to barricade yourself in** defender-se com barricadas

barrier /ˈbæriər/ *s* barreira

barrister /ˈbærɪstər/ *s* (*GB*) advogado, -a (*que trabalha nos tribunais*) ☞ *Ver nota em* ADVOGADO

barrow /ˈbæroʊ/ *s Ver* WHEELBARROW

bartender /ˈbɑːrtendər/ *s* (*GB barman*) barman

base /beɪs/ ◆ *s* base ◆ *vt* **1** basear(-se) **2 to be based in/at** ter base em

baseball /ˈbeɪsbɔːl/ *s* beisebol

basement /ˈbeɪsmənt/ *s* **1** porão **2** (*andar*) subsolo

bash /bæʃ/ ◆ *vt, vi* (*coloq*) **1** golpear com força **2** ~ **your head, elbow, etc.**

(**against/on/into sth**) bater a cabeça, o cotovelo, etc. (contra/em algo) ◆ *s* golpe forte LOC **to have a bash (at sth)** (*GB, coloq*) experimentar (algo)

basic /ˈbeɪsɪk/ ◆ *adj* **1** fundamental **2** básico **3** elementar ◆ **basics** *s* [*pl*] o essencial, o básico *basically adv* basicamente

basin /ˈbeɪsn/ *s* **1** (*tb* **washbasin**) pia (de banheiro) ☞ *Comparar com* SINK **2** bacia **3** (*Geog*) bacia

basis /ˈbeɪsɪs/ *s* (*pl* **bases** /ˈbeɪsiːz/) base: *on the basis of sth* baseando-se em algo ◊ *Payment will be made on a monthly basis.* O pagamento será efetuado todo mês. LOC *Ver* REGULAR

basket /ˈbæskɪt; GB ˈbɑːskɪt/ *s* cesta, cesto LOC *Ver* EGG

basketball /ˈbæskɪtbɔːl; GB ˈbɑːs-/ *s* basquete(bol)

bass /beɪs/ ◆ *s* **1** (*cantor*) baixo **2** grave: *to turn up the bass* aumentar o (som) grave **3** (*tb* **bass guitar**) baixo (elétrico) **4** (*tb* **double bass**) (contra)baixo ◆ *adj* grave ☞ *Comparar com* TREBLE²

bat¹ /bæt/ *s* morcego

bat² /bæt/ ◆ *s* bastão (*de beisebol, críquete*) ◆ *vt, vi* (**-tt-**) dar tacada (em) LOC **not to bat an eye** (*coloq*) não pestanejar

batch /bætʃ/ *s* lote

bath /bæθ; GB bɑːθ/ ◆ *s* (*pl* ~**s** /bæðz; GB bɑːðz/*)* **1** banho: *to have/take a bath* tomar banho **2** banheira ◆ *vt* (*GB*) dar banho em

bathe /beɪð/ **1** *vt* (*olhos, ferida*) lavar **2** *vi* tomar banho de mar, rio, etc.

bathroom /ˈbæθruːm; GB ˈbɑːθ-/ *s* banheiro ☞ *Ver nota em* TOILET

baton /bəˈtɑːn; GB ˈbætn, ˈbætɒn/ *s* **1** (*polícia*) cassetete **2** (*Mús*) batuta **3** (*Esporte*) bastão

battalion /bəˈtæliən/ *s* batalhão

batter /ˈbætər/ **1** *vt* ~ **sb** espancar alguém: *to batter sb to death* matar alguém a pancadas **2** *vt, vi* ~ (**at/on**) **sth** dar murro em algo PHR V **to batter sth down** amassar algo *battered adj* estropiado

battery /ˈbætəri/ *s* (*pl* **-ies**) **1** bateria, pilha (*Eletrôn*) **2** de criação intensiva: *a battery hen* galinha criada industrialmente ☞ *Comparar com* FREE-RANGE

battle /ˈbætl/ ◆ *s* batalha, luta LOC *Ver*

tʃ	dʒ	v	θ	ð	s	z	ʃ
chin	**June**	**van**	**thin**	**then**	**so**	**zoo**	**she**

FIGHT, WAGE ♦ *vi* **1** ~ (**with/against sb/ sth**) (**for sth**) lutar (com/contra alguém/algo) (por algo) **2** ~ (**on**) seguir lutando

battlefield /ˈbætlfiːld/ (*tb* **battle- ground**) *s* campo de batalha

battlements /ˈbætlmənts/ *s* [*pl*] amei- as

battleship /ˈbætlʃɪp/ *s* encouraçado

bauble /ˈbɔːbl/ *s* penduricalho, bugi- ganga

bawl /bɔːl/ **1** *vi* berrar **2** *vt* gritar

bay /beɪ/ ♦ *s* **1** baía **2** *loading bay* zona de abastecimento **3** (*tb* **bay tree**) lou- reiro **4** cavalo baio LOC **to hold/keep sb/sth at bay** manter alguém/algo a distância ♦ *vi* uivar

bayonet /ˈbeɪənət/ *s* baioneta

bay window *s* janela (*saliente*)

bazaar /bəˈzɑːr/ *s* **1** bazar **2** bazar bene- ficente Ver *tb* FÊTE

BC /ˌbiː ˈsiː/ *abrev* **before Christ** antes de Cristo

be /bi, biː/ ☛ Para os usos de **be** com **there** ver THERE.

• **v intransitivo 1** ser: *Life is unfair.* A vida é injusta. ◊ *"Who is it?" "It's me."* —Quem é?—Sou eu. ◊ *It's John's.* É de John. ◊ *Be quick!* Anda logo! ◊ *I was late.* Cheguei atrasado. **2** (*estado*) estar: *How are you?* Como está? ◊ *Is he alive?* Ele está vivo?

Compare as duas orações: *He's bored.* Ele está entediado. ◊ *He's boring.* Ele é chato. Com adjetivos terminados em -ed, como *interested, tired*, etc., o verbo **to be** expressa um estado e se traduz como "estar", enquanto com adjetivos terminados em -ing, como *interesting, tiring*, etc., expressa uma qualidade e se traduz como "ser".

I'm right, aren't I? Estou certo, não? ◊ *I'm hot/afraid.* Estou com calor/medo. ◊ *Are you in a hurry?* Está com pressa?

Note que em português usa-se **estar com** com substantivos como *calor, frio, fome, sede*, etc., enquanto em inglês usa-se **be** com o adjetivo corresponden- te.

3 (*localização*) estar: *Mary's upstairs.* Mary está lá em cima. **4** (*origem*) ser: *She's from Italy.* Ela é italiana. **5** [*só em tempos perfeitos*] visitar: *I've never been to Spain.* Nunca fui à Espanha. ◊ *Has the mailman been yet?* O carteiro já veio? ◊ *I've been downtown.* Fui ao cen- tro. ☛ Às vezes **been** é utilizado como particípio de **go**. Ver nota em GO. **6** (*idade*) ter: *He is ten (years old).* Ele tem dez anos. ☛ Ver nota em OLD, YEAR **7** (*tempo*): *It's cold/hot.* Está frio/quente. ◊ *It's foggy.* Está nebuloso. **8** (*medida*) medir: *He is six feet tall.* Ele mede 1,80m. **9** (*hora*) ser: *It's two o'clock.* São duas horas. **10** (*preço*) custar: *How much is that dress?* Quanto custa aquele vestido? **11** (*Mat*) ser: *Two and two is/ are four.* Dois e dois são quatro.

• **v auxiliar 1** [*com particípios para formar a voz passiva*]: *He was killed in the war.* Ele foi morto na guerra. ◊ *It is said that he is/He is said to be rich.* Dizem que ele é rico. **2** [*com -ing para formar os tempos contínuos*]: *What are you doing?* O que você está fazendo? ◊ *I'm just coming!* Já vou! **3** [*com infiniti- vo*]: *I am to inform you that…* Devo informar-lhe que… ◊ *They were to be married.* Eles iam se casar. ☛ Para ex- pressões com **be**, ver os verbetes do substantivo, adjetivo, etc., p.ex. **to be a drain on sth** em DRAIN. PHR V **to be through** (**to sb/sth**) (*GB*) estar falando (ao telefone) (com alguém/algo) **to be through** (**with sb/sth**) terminar (com alguém/de fazer algo)

beach /biːtʃ/ ♦ *s* praia ♦ *vt* encalhar

beacon /ˈbiːkən/ *s* **1** farol **2** (*fogueira*) sinal **3** (*tb* **radio beacon**) radiofarol

be	formas contraídas	formas contraídas na negativa	passado
presente			
I **am**	I**'m**	I**'m not**	I was
you **are**	you**'re**	you **aren't**	you **were**
he/she/it **is**	he**'s**/she**'s**/it**'s**	he/she/it **isn't**	he/she/it **was**
we **are**	we**'re**	we **aren't**	we **were**
you **are**	you**'re**	you **aren't**	you **were**
they **are**	they**'re**	they **aren't**	they **were**

forma em -ing **being**   *particípio passado* **been**

bead /biːd/ s **1** conta **2 beads** [pl] colar de contas **3** (*de suor, etc.*) gota

beak /biːk/ s bico

beaker /ˈbiːkər/ s **1** proveta (*descartável*) **2** (*GB*) copo de plástico com bico

beam /biːm/ ◆ s **1** viga, trave **2** (*de luz*) feixe **3** (*de lanterna, etc.*) facho de luz ◆ vi: *to beam at sb* sorrir com alegria para alguém ◆ vt transmitir (*programa, mensagem*)

bean /biːn/ s **1** feijão: *kidney beans* feijão roxinho ◊ *lima beans* favas *Ver tb* BAKED BEANS **2** (*café, cacau*) grão

bear¹ /beər/ s urso

bear² /beər/ (*pret* **bore** /bɔːr/ *pp* **borne** /bɔrn/) **1** vt suportar **2** vt (*assinatura, etc.*) levar **3** vt (*peso*) sustentar **4** vt (*despesas*) responsabilizar-se por **5** vt (*responsabilidade*) assumir **6** vt resistir a: *It won't bear close examination.* Não resistirá a um exame detalhado. **7** vt (*formal*) (*filho*) dar à luz **8** vt (*colheita, resultado*) produzir **9** vi (*estrada, etc.*) tomar uma determinada direção LOC **to bear a grudge** guardar rancor **to bear a resemblance to sb/sth** parecer com alguém/algo **to bear little relation to sth** ter pouco a ver com algo **to bear sb/sth in mind** ter alguém/algo em mente, lembrar alguém/algo *Ver tb* GRIN PHR V **to bear sb/sth out** confirmar algo/a suspeita de alguém sobre algo **to bear with sb** ter paciência com alguém **bearable** adj tolerável

beard /bɪərd/ s barba **bearded** adj barbado, com barba

bearer /ˈbeərər/ s **1** (*notícias, cheque*) portador, -ora **2** (*documento*) titular

bearing /ˈbeərɪŋ/ s (*Náut*) marcação LOC **to get/take your bearings** (*GB*) orientar-se **to have a bearing on sth** ter relação com algo

beast /biːst/ s animal, besta: *wild beasts* feras

beat /biːt/ ◆ (*pret* **beat** *pp* **beaten** /ˈbiːtn/) **1** vt golpear **2** vt (*metal, ovos, asas*) bater **3** vt (*tambor*) tocar **4** vt, vi bater (em) **5** vi (*coração*) bater **6** vi ~ **against/on sth** bater (em) algo **7** vt ~ **sb** (*at sth*) derrotar alguém (em algo) **8** vt (*recorde*) bater **9** vt (*fig*): *Nothing beats home cooking.* Não há nada melhor do que comida caseira. LOC **to beat about the bush** fazer rodeios **off the beaten track** (num lugar) fora do mapa PHR V

to beat sb up dar uma surra em alguém ◆ s **1** ritmo **2** (*tambor*) toque **3** (*polícia*) ronda **beating** s **1** (*castigo, derrota*) surra **2** (*porta, etc.*) bater **3** (*coração*) batida LOC **to take a lot of/some beating** ser difícil de superar

beautiful /ˈbjuːtɪfl/ adj **1** lindo **2** magnífico **beautifully** adv maravilhosamente

beauty /ˈbjuːti/ s (*pl* **-ies**) beleza

beaver /ˈbiːvər/ s castor

became *pret de* BECOME

because /bɪˈkɔːz; *GB* -ˈkɒz/ conj porque **because of** prep por causa de, devido a: *because of you* por causa de você

beckon /ˈbekən/ **1** vi ~ **to sb** acenar para alguém **2** vt chamar através de sinais

become /bɪˈkʌm/ vi (*pret* **became** /bɪˈkeɪm/ *pp* **become**) **1** [+ *substantivo*] tornar-se, transformar-se em, fazer-se: *She became a doctor.* Ela se tornou médica. **2** [+ *adj*] ficar, virar: *to become fashionable* virar moda ◊ *She became aware that…* Ela se deu conta de que… *Ver tb* GET LOC **to become aware of sth** dar-se conta de algo **to become of sb/sth** que fim levou alguém/algo: *What will become of me?* O que será de mim?

bed /bed/ s **1** cama: *a queen-size bed* uma cama casal ◊ *to make the bed* fazer a cama

Note que nas seguintes expressões não se usa o artigo definido em inglês: *to go to bed* ir para a cama ◊ *It's time for bed.* É hora de ir para a cama.

2 (*tb river bed*) leito (*de rio*) **3** (*GB sea bed*) fundo (*do mar*) **4** (*flores*) canteiro *Ver tb* FLOWER BED

bed and breakfast (*tb abrev* B & B, b & b) s quarto com café da manhã

bedding /ˈbedɪŋ/ (*GB* **bedclothes** /ˈbedkloʊðz/) [pl] s roupa de cama

bedroom /ˈbedruːm/ s quarto (de dormir)

bedside /ˈbedsaɪd/ s cabeceira: *bedside table* mesa-de-cabeceira

bedsit /ˈbedsɪt/ s (*GB*) (apartamento) conjugado

bedspread /ˈbedspred/ s colcha

bedtime /ˈbedtaɪm/ s hora de dormir

bee /biː/ s abelha

beech /biːtʃ/ (*tb* **beech tree**) s faia

u	ɔː	ɜː	ə	j	w	eɪ	oʊ
situation	saw	fur	ago	yes	woman	pay	home

beef /biːf/ s carne de vaca: *roast beef* rosbife ☞ *Ver nota em* CARNE

beefburger /'biːfbɜːrgər/ s hambúrguer ☞ *Comparar com* BURGER, HAMBURGER

beehive /'biːhaɪv/ s colméia

been /bɪn; *GB* biːn, bɪn/ *pp de* BE

beer /bɪər/ s cerveja ☞ *Comparar com* ALE, BITTER, LAGER

beet /biːt/ (*GB* **beetroot**) /'biːtruːt/ s beterraba

beetle /'biːtl/ s besouro

before /bɪ'fɔːr/ ♦ *adv* antes: *the day/ week before* o dia/a semana anterior ◊ *I've never seen her before.* Nunca a vi antes. ♦ *prep* **1** antes de: *before lunch* antes do almoço ◊ *the day before yesterday* anteontem ◊ *He arrived before me.* Ele chegou antes de mim. **2** diante de: *right before my eyes* diante de meus próprios olhos **3** na frente de: *He puts his work before everything else.* Ele põe o trabalho na frente de tudo. ♦ *conj* antes que: *before he goes on vacation* antes que ele saia de férias

beforehand /bɪ'fɔːrhænd/ *adv* de antemão

beg /beg/ (**-gg-**) **1** *vt, vi* to beg (sth/for sth) (from sb) mendigar (algo) (a alguém): *They had to beg (for) scraps from storekeepers.* Tiveram que mendigar sobras aos vendedores. **2** *vt* to beg sb to do sth implorar a alguém que faça algo ☞ *Comparar com* ASK LOC to beg sb's pardon **1** pedir perdão a alguém **2** pedir a alguém que repita o que disse **beggar** s mendigo, -a

begin /bɪ'gɪn/ *vt, vi* (**-nn-**) (*pret* **began** /bɪ'gæn/ *pp* **begun** /bɪ'gʌn/) ~ (doing/ to do sth) começar (a fazer algo): *Shall I begin?* Posso começar? LOC to begin with **1** para começar **2** a princípio **beginner** s principiante **beginning** s **1** começo, princípio: *at/in the beginning* no começo ◊ *from beginning to end* do início ao fim **2** origem

behalf /bɪ'hæf; *GB* -'hɑːf/ s LOC in behalf of sb/in sb's behalf (*GB* on behalf of sb/on sb's behalf) em nome de alguém

behave /bɪ'heɪv/ *vi* ~ well, badly, etc. (towards sb) comportar-se bem, mal, etc. (com alguém): *Behave yourself!* Comporte-se! ◊ *well-behaved* bem-comportado

behavior (*GB* **behaviour**) /bɪ'heɪvjər/ s comportamento

behind /bɪ'haɪnd/ ♦ *prep* **1** atrás de: *I put it behind the dresser.* Coloquei-o atrás do armário. ◊ *What's behind this sudden change?* O que há por trás dessa mudança repentina? **2** atrasado em relação a: *to be behind schedule* estar atrasado (em relação a um plano) **3** a favor de ♦ *adv* **1** atrás: *to leave sth behind* deixar algo para trás ◊ *to look behind* olhar para atrás ◊ *He was shot from behind.* Atiraram nele pelas costas. ◊ *to stay behind* ficar para atrás ☞ *Comparar com* FRONT **2** ~ (in/with sth) atrasado (com algo) ♦ s (*euf*) traseiro

being /'biːɪŋ/ s **1** ser: *human beings* seres humanos **2** existência LOC to come into being nascer, originar-se

belated /bɪ'leɪtɪd/ *adj* tardio

belch /beltʃ/ ♦ *vi* arrotar ♦ s arroto

belief /bɪ'liːf/ s **1** crença **2** ~ in sth confiança, fé em algo **3** opinião LOC beyond belief inacreditável in the belief that... pensando que... *Ver tb* BEST

believe /bɪ'liːv/ *vt, vi* crer, acreditar: *I believe so.* Acredito que sim. LOC believe it or not acredite se quiser *Ver tb* LEAD² PHR V to believe in sth acreditar em algo, crer em algo **believable** *adj* acreditável **believer** s crente, pessoa que crê LOC to be a (great/firm) believer in sth ser (grande) partidário de algo

bell /bel/ s **1** sino, sineta **2** campainha: *to ring the bell* tocar a campainha

bellow /'beloʊ/ ♦ **1** *vi* urrar **2** *vt, vi* berrar ♦ s **1** urro **2** berro

belly /'beli/ s (*pl* **-ies**) **1** (*coloq*) (*pessoa*) barriga, ventre **2** (*animal*) pança

belong /bɪ'lɔːŋ; *GB* -'lɒŋ/ *vi* **1** ~ to sb/ sth pertencer a alguém/algo **2** ser o lugar adequado: *Where does this belong?* Onde se guarda isso? **belongings** s [*pl*] pertences

below /bɪ'loʊ/ ♦ *prep* abaixo de, debaixo de: *five degrees below freezing* cinco graus abaixo de zero ♦ *adv* abaixo, embaixo: *above and below* em cima e embaixo

belt /belt/ s **1** cinto **2** (*Mec*) cinta, correia: *conveyor belt* correia transportadora **3** (*Geog*) zona LOC below the belt golpe baixo: *That remark hit below the*

aɪ	aʊ	ɔɪ	ɪə	eə	ʊə	ʒ	h	ŋ
five	now	join	near	hair	pure	vision	how	sing

belt. Aquele comentário foi um golpe baixo.

bemused /bɪˈmjuːzd/ *adj* perplexo

bench /bentʃ/ *s* **1** (*assento*) banco **2** (*GB, Pol*): *He started his career on the back bench and rose to the front bench.* Ele começou a carreira como deputado e chegou a ministro. **3 the bench** a magistratura

benchmark /ˈbentʃmɑrk/ *s* ponto de referência

bend /bend/ ◆ (*pret, pp* **bent** /bent/) **1** *vt, vi* dobrar(-se), curvar(-se) **2** *vi* (*tb* **to bend down**) agachar-se, inclinar-se PHR V **to be bent on (doing) sth** estar decidido a (fazer) algo ◆ *s* **1** curva **2** (*cano*) dobra

beneath /bɪˈniːθ/ ◆ *prep* (*formal*) **1** abaixo de, debaixo de **2** indigno de ◆ *adv* debaixo

benefactor /ˈbenɪfæktər/ *s* benfeitor, -ora

beneficial /ˌbenɪˈfɪʃl/ *adj* benéfico, proveitoso

benefit /ˈbenɪfɪt/ ◆ *s* **1** benefício: *to be of benefit to…* ser benéfico para… **2** subsídio: *unemployment benefit* auxílio-desemprego **3** ação beneficente LOC **to give sb the benefit of the doubt** dar uma segunda chance a alguém ◆ (*pret, pp* -fited, *USA tb* -fitted) **1** *vt* beneficiar **2** *vi* ~ (**from/by sth**) beneficiar-se, tirar proveito (de algo)

benevolent /bəˈnevələnt/ *adj* **1** benevolente **2** caridoso **benevolence** *s* benevolência

benign /bɪˈnaɪn/ *adj* benigno

bent /bent/ *pret, pp de* BEND ◆ *s* ~ (**for sth**) habilidade (para algo); inclinação (para algo)

bequeath /bɪˈkwiːð/ *vt* (*formal*) ~ **sth (to sb)** legar algo (a alguém)

bequest /bɪˈkwest/ *s* (*formal*) legado

bereaved /bɪˈriːvd/ ◆ *adj* (*formal*) de luto ◆ *s* **the bereaved** os enlutados **bereavement** *s* luto

beret /bəˈreɪ; *GB* ˈbereɪ/ *s* boina

berry /ˈberi/ *s* (*pl* -ies) baga

berserk /bəˈsɜrk/ *adj* louco de raiva: *to go berserk* perder a cabeça

berth /bɜrθ/ ◆ *s* **1** (*navio*) beliche **2** (*trem*) cabine **3** (*Náut*) ancoradouro ◆ *vt, vi* ancorar (*um navio*)

beset /bɪˈset/ *vt* (-tt-) (*pret, pp* beset)

(*formal*) assediar: *beset by doubts* corroído de dúvidas

beside /bɪˈsaɪd/ *prep* junto de, ao lado de LOC **beside yourself (with sth)** fora de si (por causa de algo)

besides /bɪˈsaɪdz/ ◆ *prep* **1** além de **2** exceto: *No one writes to me besides you.* Ninguém me escreve além de você. ◆ *adv* além disso

besiege /bɪˈsiːdʒ/ *vt* **1** sitiar **2** (*fig*) assediar

best /best/ ◆ *adj* (*superl de* good) melhor: *the best dinner I've ever had* o melhor jantar de minha vida ◊ *the best soccer player in the world* o melhor jogador de futebol do mundo ◊ *my best friend* meu melhor amigo *Ver tb* GOOD, BETTER LOC **best before**: *best before January 1999* consumir antes de janeiro de 1999 **best wishes**: *Best wishes, Ann.* Abraços, Ann. ◊ *Give her my best wishes.* Dê lembranças a ela. ◆ *adv* (*superl de* well) **1** mais bem, melhor: *best dressed* mais bem vestido ◊ *Do as you think best.* Faça o que achar melhor. **2** mais: *best-known* mais famoso LOC **as best you can** o melhor que puder ◆ *s* **1 the best** o/a melhor: *She's the best by far.* Ela é de longe a melhor. **2 the best** o melhor: *to want the best for sb* querer o melhor para alguém **3 (the) ~ of sth**: *We're (the) best of friends.* Somos ótimos amigos. LOC **at best** na melhor das hipóteses **to be at its/your best** estar (algo/alguém) em seu melhor momento **to do/try your (level/very) best** fazer o melhor possível **to make the best of sth** tirar o melhor partido possível de algo **to the best of your belief/ knowledge** que você saiba

best man *s* padrinho (de casamento) ☞ *Ver nota em* CASAMENTO

bestseller /ˌbestˈselər/ *s* sucesso de vendas, best-seller

bet /bet/ ◆ *vt* (-tt-) (*pret, pp* bet *ou* betted) **to bet (on) sth** apostar (em) algo LOC **I bet (that)…** (*coloq*): *I bet you he doesn't come.* Aposto (com você) que ele não vem. ◆ *s* aposta: *to place/put a bet (on sth)* apostar (em algo)

betide /bɪˈtaɪd/ LOC *Ver* WOE

betray /bɪˈtreɪ/ *vt* **1** (*país, princípios*) trair **2** (*segredo*) revelar **betrayal** *s* traição

better /ˈbetər/ ◆ *adj* (*comp de* good)

tʃ	dʒ	v	θ	ð	s	z	ʃ
chin	**J**une	**v**an	**th**in	**th**en	**s**o	**z**oo	**sh**e

melhor: *It was better than I expected.*
Foi melhor do que eu esperava. ◊ *He is
much better today.* Ele está muito me-
lhor hoje. *Ver tb* BEST, GOOD LOC **(to be)
little/no better than…** não passar de…:
He is no better than a thief. Ele não
passa de um ladrão. **to get better** me-
lhorar **to have seen/known better days**
estar gasto, não ser mais o que era *Ver
tb* ALL ◆ *adv* **1** (*comp de* well) melhor:
She sings better than me/than I (do).
Ela canta melhor do que eu. **2** mais: *I
like him better than before.* Gosto mais
dele agora do que antes. LOC **better late
than never** (*provérbio*) antes tarde do
que nunca **better safe than sorry** (*pro-
vérbio*) melhor prevenir do que remedi-
ar **I'd, you'd, etc. better/best (do sth)** é
melhor (que se faça algo): *I'd better be
going now.* Devo ir agora. **to be better
off (doing sth):** *He'd be better off leav-
ing now.* Seria melhor (para ele) que ele
fosse agora. **to be better off (without
sb/sth)** estar melhor (sem alguém/algo)
Ver tb KNOW, SOON ◆ *s* (algo) melhor,
mais: *I expected better of him.* Eu espe-
rava mais dele. LOC **to get the better of
sb** levar vantagem sobre alguém: *His
shyness got the better of him.* A timidez
o venceu.

betting shop *s* (*GB*) casa de apostas

between /bɪ'twiːn/ ◆ *prep* entre (*duas
coisas/pessoas*) ☛ *Ver ilustração em*
ENTRE ◆ *adv* (*tb* **in between**) no meio

beverage /'bevrɪdʒ/ *s* bebida (*exceto
água*)

beware /bɪ'weər/ *vi* ~ **(of sb/sth)** ter
cuidado (com alguém/algo)

bewilder /bɪ'wɪldər/ *vt* confundir **be-
wildered** *adj* perplexo **bewildering** *adj*
desorientador **bewilderment** *s* perple-
xidade

bewitch /bɪ'wɪtʃ/ *vt* enfeitiçar, encan-
tar

beyond /bɪ'jɒnd/ *prep, adv* além (de)
LOC **to be beyond sb** (*coloq*): *It's be-
yond me.* Está além da minha compre-
ensão.

bias /'baɪəs/ *s* **1** ~ **towards sb/sth** pre-
disposição em relação à alguém/algo **2**
~ **against sb/sth** preconceito contra
alguém/algo **3** parcialidade **biased** (*tb*
biassed) *adj* parcial

bib /bɪb/ *s* **1** babador **2** parte superior
de um avental

Bible /'baɪbl/ *s* Bíblia **biblical** (*tb* Bib-
lical*) *adj* bíblico

bibliography /ˌbɪbli'ɒgrəfi/ *s* (*pl* -ies)
bibliografia

biceps /'baɪseps/ *s* (*pl* biceps) bíceps

bicker /'bɪkər/ *vi* bater boca

bicycle /'baɪsɪk(ə)l/ *s* bicicleta: *to ride
a bicycle* andar de bicicleta

bid /bɪd/ ◆ *vi* (-dd-) (*pret, pp* bid) **1**
(*leilão*) fazer uma oferta **2** (*Com*) licitar
LOC *Ver* FAREWELL ◆ *s* **1** (*leilão*) lance **2**
(*Com*) licitação **3** tentativa: *He made a
bid for freedom.* Ele tentou obter a li-
berdade. **bidder** *s* lançador, -ora, li-
citante

bide /baɪd/ *vt* LOC **to bide your time**
esperar pelo momento certo

biennial /baɪ'eniəl/ *adj* bienal

big /bɪg/ ◆ *adj* (bigger, biggest) **1**
grande: *the biggest desert in the world* o
maior deserto do mundo

Big e **large** descrevem o tamanho, ca-
pacidade ou quantidade de algo, porém
big é menos formal.

2 maior, mais velho: *my big sister* mi-
nha irmã mais velha **3** (*decisão*) impor-
tante **4** (*erro*) grave LOC **a big cheese/
fish/noise/shot** (*coloq*) um manda-
chuva **big business**: *This is big busi-
ness.* É um negócio da China. **the big
time** (*coloq*) o estrelato ◆ *adv* (bigger,
biggest) (*coloq*) sem limitações: *Let's
think big.* Vamos pensar grande.

bigamy /'bɪgəmi/ *s* bigamia

bigoted /'bɪgətɪd/ *adj* fanático, intole-
rante

bike /baɪk/ *s* (*coloq*) **1** bicicleta **2** (*tb*
motorbike) moto

bikini /bɪ'kiːni/ *s* biquíni

bilingual /ˌbaɪ'lɪŋgwəl/ *adj* bilíngüe

bill¹ /bɪl/ ◆ *s* **1** fatura, conta: *phone/gas
bills* contas de telefone/gás ◊ *a bill for
5,000 dollars* uma conta de 5.000 dólares
2 (*GB*) (*USA* check) (*restaurante, hotel*)
conta: *The bill, please.* A conta, por
favor. **3** programa (*de cinema, etc.*) **4**
projeto de lei **5** (*GB* note): *a ten-dollar
bill* uma nota de dez dólares LOC **to fill/
fit the bill** preencher os requisitos *Ver
tb* FOOT ◆ *vt* **1** *to bill sb for sth* apresen-
tar a conta (de algo) a alguém **2** anunci-
ar (*num programa*)

i:	i	ɪ	e	æ	ɑ	ʌ	ʊ	u:
see	happy	sit	ten	hat	cot	cup	put	too

bill² /bɪl/ *s* bico (*de ave*)

billboard /ˈbɪlbɔːrd/ *s* (*GB* **hoarding**) outdoor

billiards /ˈbɪliərdz/ *s* [*sing*] bilhar **billiard** *adj*: *billiard ball/room/table* bola/salão/mesa de bilhar

billing /ˈbɪlɪŋ/ *s*: *to get top/star billing* encabeçar o elenco

billion /ˈbɪljən/ *adj*, *s* bilhão (*mil milhões*)

bin /bɪn/ *s* **1** lata, caixa: *waste-paper bin* cesta de lixo **2** (*GB*) *Ver* DUSTBIN

binary /ˈbaɪnəri/ *adj* binário

bind¹ /baɪnd/ *vt* (*pret*, *pp* **bound** /baʊnd/) **1** ~ **sb/sth** (**together**) atar alguém/algo **2** ~ **sb/sth** (**together**) (*fig*) unir, ligar alguém/algo **3** ~ **sb/yourself** (**to sth**) obrigar alguém/obrigar-se (a fazer algo)

bind² /baɪnd/ *s* (*coloq*) **1** saco: *What a bind!* Que saco! **2** apuro, dificuldade: *I'm in a real bind.* Estou em apuros.

binder /ˈbaɪndər/ *s* fichário

binding /ˈbaɪndɪŋ/ ◆ *s* **1** encadernação **2** debrum ◆ *adj* ~ (**on/upon sb**) obrigatório (a alguém)

binge /bɪndʒ/ ◆ *s* (*coloq*) farra ◆ *vi* **1** empanturrar-se **2** beber até cair

bingo /ˈbɪŋɡoʊ/ *s* bingo

binoculars /bɪˈnɑkjələrz/ *s* [*pl*] binóculo

biochemical /ˌbaɪoʊˈkemɪkl/ *adj* bioquímico

biochemist /ˌbaɪoʊˈkemɪst/ *s* bioquímico, -a **biochemistry** *s* bioquímica

biographical /ˌbaɪəˈɡræfɪkl/ *adj* biográfico

biography /baɪˈɑɡrəfi/ *s* (*pl* **-ies**) biografia **biographer** *s* biógrafo, -a

biology /baɪˈɑlədʒi/ *s* biologia **biological** /ˌbaɪəˈlɑdʒɪkl/ *adj* biológico **biologist** /baɪˈɑlədʒɪst/ *s* biólogo, -a

bird /bɜːrd/ *s* ave, pássaro: *bird of prey* ave de rapina LOC *Ver* EARLY

biro® /ˈbaɪroʊ/ (*tb* **Biro**) (*GB*) (*USA* **ballpoint pen**) *s* (*pl* ~**s**) (caneta) esferográfica

birth /bɜːrθ/ *s* **1** nascimento **2** natalidade **3** parto **4** descendência, origem LOC **to give birth** (**to sb/sth**) dar à luz (alguém/algo)

birthday /ˈbɜːrθdeɪ/ *s* aniversário: *Happy birthday!* Feliz aniversário! ◇ *birthday card* cartão de aniversário

birthplace /ˈbɜːrθpleɪs/ *s* lugar de nascimento

biscuit /ˈbɪskɪt/ *s* biscoito

bishop /ˈbɪʃəp/ *s* bispo

bit¹ /bɪt/ *s* (*GB*) (*USA* **piece**) bocado, pedacinho LOC **a bit** um pouco: *I've got a bit of shopping to do.* Tenho que fazer umas comprinhas. ◇ *a bit tired* um pouco cansado **a bit much** (*GB*, *coloq*) além do limite **bit by bit** (*USA* **little by little**) pouco a pouco **bits and pieces** (*coloq*) troços **not a bit; not one** (**little**) **bit** nem um pouco: *I don't like it one little bit.* Não gosto nem um pouco disso. **to bits** (*GB*) (*USA* **to pieces**): *to pull/tear sth to bits* fazer algo em pedaços ◇ *to fall to bits* despedaçar-se ◇ *to smash* (**sth**) *to bits* quebrar algo em pedacinhos ◇ *to take sth to bits* desmontar algo **to do your bit** (*GB*, *coloq*) (*USA* **to do your part**) fazer a sua parte

bit² /bɪt/ *s* freio (*para cavalo*)

bit³ /bɪt/ *s* (*Informát*) bit, bite

bit⁴ *pret de* BITE

bitch /bɪtʃ/ *s* cadela ☞ *Ver nota em* CÃO

bite /baɪt/ ◆ (*pret* **bit** /bɪt/ *pp* **bitten** /ˈbɪtn/) **1** *vt*, *vi* ~ (**into sth**) morder (algo): *to bite your nails* roer as unhas **2** *vt* (*inseto*) picar ◆ *s* **1** mordida, dentada **2** mordida, bocado **3** picada

bitter /ˈbɪtər/ ◆ *adj* (**-er, -est**) **1** amargo **2** ressentido **3** gélido ◆ *s* (*GB*) cerveja amarga **bitterly** *adv* amargamente: *It's bitterly cold.* Faz um frio de rachar. **bitterness** *s* amargura

bizarre /bɪˈzɑr/ *adj* **1** (*evento*) bizarro **2** (*aparência*) esquisito

black /blæk/ ◆ *adj* (**-er, -est**) **1** (*lit e fig*) negro, preto: *black eye* olho roxo ◇ *black market* câmbio negro **2** (*céu, noite*) escuro **3** (*café, chá*) puro ◆ *s* **1** preto **2** (*pessoa*) negro, -a ◆ PHR V **to black out** perder a consciência

blackbird /ˈblækbɜːrd/ *s* melro

blackboard /ˈblækbɔːrd/ *s* quadro-negro

blackcurrant /ˌblækˈkʌrənt/ *s* groselha negra

blacken /ˈblækən/ *vt* **1** (*reputação, etc.*) manchar **2** escurecer

blacklist /ˈblæklɪst/ ◆ *s* lista negra ◆ *vt* pôr na lista negra

u	ɔː	ɜː	ə	j	w	eɪ	oʊ
situation	saw	fur	ago	yes	woman	pay	home

blackmail /ˈblækmeɪl/ ◆ s chantagem ◆ vt chantagear **blackmailer** s chantagista

blacksmith /ˈblæksmɪθ/ (GB tb **smith**) s ferreiro

bladder /ˈblædər/ s bexiga

blade /bleɪd/ s 1 (faca, patim, etc.) lâmina 2 (ventilador, remo) pá 3 (grama) folha

blame /bleɪm/ ◆ vt 1 culpar: He blames it on her/He blames her for it. Ele a culpa por isso ☞ Note que **to blame sb for sth** é o mesmo que **to blame sth on sb** 2 [em frases negativas]: You couldn't blame him for being annoyed. Não é à toa que ele ficou chateado. LOC **to be to blame (for sth)** ser culpado (de algo) ◆ s ~ **(for sth)** culpa (por algo) LOC **to lay/to put the blame (for sth) on sb** pôr a culpa (por algo) em alguém

bland /blænd/ adj (-er, -est) insosso

blank /blæŋk/ ◆ adj 1 (papel, cheque, etc.) em branco 2 (parede) nu 3 (cassete) virgem 4 (munição) sem bala 5 (rosto) sem expressão ◆ s 1 espaço em branco, lacuna 2 (tb **blank cartridge**) cartucho sem bala

blanket /ˈblæŋkɪt/ ◆ s cobertor ◆ adj geral ◆ vt cobrir (por completo)

blare /bleər/ vi ~ **(out)** retumbar, buzinar

blasphemy /ˈblæsfəmi/ s [ger não contável] blasfêmia **blasphemous** adj blasfemo

blast /blæst; GB blɑːst/ ◆ s 1 explosão 2 estrondo 3 rajada: a blast of air uma rajada de vento LOC Ver FULL ◆ vt dinamitar PHR V **to blast off** (Aeronáut) ser lançado ◆ **blast!** interj (GB) droga! **blasted** adj (coloq) maldito

blatant /ˈbleɪtnt/ adj descarado

blaze /bleɪz/ ◆ s 1 incêndio 2 fogueira 3 [sing] a ~ **of sth**: a blaze of color uma explosão de cores ◊ a blaze of publicity um estouro publicitário ◆ vi 1 arder 2 resplandecer 3 (fig): eyes blazing olhos chispando (de raiva)

blazer /ˈbleɪzər/ s blazer: a school blazer um paletó de uniforme escolar

bleach /bliːtʃ/ ◆ vt alvejar ◆ s água sanitária

bleachers /ˈbliːtʃərz/ s [pl] arquibancada descoberta

bleak /bliːk/ adj (-er, -est) 1 (paisagem) desolado 2 (tempo) sombrio 3 (dia) cinzento e deprimente 4 (fig) desanimador **bleakly** adv desoladamente **bleakness** s 1 desolação 2 inospitalidade

bleed /bliːd/ vi (pret, pp **bled** /bled/) sangrar **bleeding** s hemorragia

blemish /ˈblemɪʃ/ ◆ s mancha ◆ vt manchar

blend /blend/ ◆ 1 vt, vi misturar 2 vi mesclar-se PHR V **to blend in (with sth)** combinar (com algo) ◆ s mistura **blender** s Ver LIQUIDIZER em LIQUID

bless /bles/ vt (pret, pp **blessed** /blest/) abençoar LOC **bless you! 1** que Deus te abençoe! **2** saúde! (ao espirrar) ☞ Ver nota em ATXIM! **to be blessed with sth** ter a sorte de possuir algo

blessed /ˈblesɪd/ adj 1 sagrado 2 abençoado 3 (coloq): the whole blessed day todo o santo dia

blessing /ˈblesɪŋ/ s 1 bênção 2 [ger sing] aprovação LOC **it's a blessing in disguise** (provérbio) há males que vêm para bem

blew pret de BLOW

blind /blaɪnd/ ◆ adj cego LOC Ver TURN ◆ vt 1 (momentaneamente) ofuscar 2 cegar ◆ s 1 persiana 2 **the blind** os cegos **blindly** adv cegamente **blindness** s cegueira

blindfold /ˈblaɪndfoʊld/ ◆ vt vendar os olhos ◆ s venda (para os olhos) ◆ adv com os olhos vendados

blink /blɪŋk/ ◆ vi piscar ◆ s piscada

bliss /blɪs/ s [não contável] êxtase **blissful** adj extasiante

blister /ˈblɪstər/ s bolha

blistering /ˈblɪstərɪŋ/ adj (calor) causticante

blitz /blɪts/ s 1 (Mil) bombardeio aéreo 2 (coloq) ~ **(on sth)** blitz (contra algo)

blizzard /ˈblɪzərd/ s nevasca

bloated /ˈbloʊtɪd/ adj inchado

blob /blɑb/ s 1 pingo (líquido espesso) 2 mancha

bloc /blɑk/ s bloco (de países, partidos)

block /blɑk/ ◆ s 1 (pedra, gelo, etc.) bloco 2 (edifícios) quarteirão 3 (apartamentos) prédio 4 (ingressos, ações, etc.) pacote: a block reservation uma reserva em massa 5 obstáculo, impedimento: a mental block um bloqueio mental LOC

Ver CHIP ♦ *vt* **1** obstruir, bloquear **2** tapar, entupir **3** impedir

blockade /blɑˈkeɪd/ ♦ *s* (*Mil*) bloqueio ♦ *vt* bloquear (*porto, cidade, etc.*)

blockage /ˈblɑkɪdʒ/ *s* **1** obstrução **2** bloqueio **3** impedimento

blockbuster /ˈblɑkbʌstər/ *s* livro ou filme que é sucesso de vendas

block capitals (*tb* **block letters**) *s* [*pl*] maiúsculas

bloke /bloʊk/ *s* (*GB, coloq*) cara, sujeito

blond (*tb* **blonde**) /blɑnd/ ♦ *adj* (**-er, -est**) louro ♦ *s* louro, -a ☞ A variante **blonde** refere-se apenas ao sexo feminino. *Ver tb* nota em LOURO

blood /blʌd/ *s* sangue: *blood group* grupo sanguíneo ◊ *blood pressure* pressão arterial ◊ *blood test* exame de sangue LOC *Ver* FLESH *Ver tb* COLD-BLOODED

bloodshed /ˈblʌdʃed/ *s* derramamento de sangue

bloodshot /ˈblʌdʃɑt/ *adj* (*olhos*) injetado de sangue

blood sports *s* [*pl*] caça

bloodstream /ˈblʌdstriːm/ *s* corrente sanguínea

bloody /ˈblʌdi/ ♦ *adj* (**-ier, -iest**) **1** ensangüentado **2** sanguinolento **3** (*batalha, etc.*) sangrento ♦ *adj, adv* (*GB, coloq*): *That bloody car!* Diabo de carro!

bloom /bluːm/ ♦ *s* flor ♦ *vi* florescer

blossom /ˈblɑsəm/ ♦ *s* flor (*de árvore frutífera*) ♦ *vi* florescer ☞ *Comparar com* FLOWER

blot /blɑt/ ♦ *s* **1** mancha **2** ~ **on sth** (*fig*) mancha em algo ♦ *vt* (**-tt-**) **1** (*carta, etc.*) borrar, rasurar **2** (*com mata-borrão*) secar: *blotting-paper* mata-borrão PHR V **to blot sth out 1** (*memória, etc.*) apagar algo **2** (*vista, luz, etc.*) tapar algo

blotch /blɑtʃ/ *s* mancha (*esp na pele*)

blouse /blaʊs; *GB* blaʊz/ *s* blusa

blow /bloʊ/ ♦ (*pret* **blew** /bluː/ *pp* **blown** /bloʊn/*ou* **blowed**) **1** *vi* soprar **2** *vi* (*ação do vento*): *to blow shut/open* fechar/abrir com força **3** *vi* (*apito*) soar **4** *vt* (*apito*) tocar **5** *vt* (*vento, etc.*) levar: *The wind blew us towards the island.* O vento nos levou até a ilha. LOC **blow it!** droga! **to blow your nose** assoar o nariz

PHR V **to blow away** ser carregado para longe (*pelo vento*)

to blow down/over ser derrubado pelo vento **to blow sb/sth down/over** (*vento*) derrubar alguém/algo

to blow sth out apagar algo

to blow over passar (*tempestade, escândalo*)

to blow up 1 (*bomba, etc.*) explodir **2** (*tempestade, escândalo*) estourar **3** (*coloq*) perder a paciência **to blow sth up 1** (*dinamitar*) demolir algo **2** (*balão, etc.*) encher algo **3** (*Fot*) ampliar algo **4** (*coloq*) (*assunto*) exagerar algo: *He blew it up out of all proportion.* Ele exagerou demais.

♦ *s* ~ (**to sb/sth**) golpe (para alguém/algo) LOC **a blow-by-blow account, description, etc.** (**of sth**) um relato, descrição, etc. (de algo) tintim por tintim **at one blow/at a single blow** de um golpe só **come to blows** (**over sth**) cair de tapas (por causa de algo)

blue /bluː/ ♦ *adj* **1** azul **2** (*coloq*) triste **3** (*filme, etc.*) pornô ♦ *s* **1** azul **2** the **blues** [*v sing ou pl*] (*Mús*) os blues **3** the **blues** [*pl*] a depressão LOC **out of the blue** sem mais nem menos

blueberry /ˈbluːberi; *GB* -bəri/ *s* (*pl* **-ies**) arando (*planta silvestre que dá frutinhos comestíveis*)

blue jay /ˈbluː dʒeɪ/ *s* gaio (*espécie de corvo*)

blueprint /ˈbluːprɪnt/ *s* ~ (**for sth**) anteprojeto (de algo)

bluff /blʌf/ ♦ *vi* blefar ♦ *s* blefe

blunder /ˈblʌndər/ ♦ *s* erro crasso ♦ *vi* cometer um erro crasso

blunt /blʌnt/ ♦ *vt* embotar, cegar ♦ *adj* (**-er, -est**) **1** sem fio, cego **2** obtuso: *blunt instrument* instrumento sem pontas **3** curto e grosso: *to be blunt with sb* falar a alguém sem rodeios ◊ *His request met with a blunt refusal.* O pedido dele foi recusado incisivamente. **4** (*comentário*) brusco

blur /blɜːr/ ♦ *s* borrão ♦ *vt* (**-rr-**) **1** embaçar **2** *vt* (*diferença*) atenuar **blurred** *adj* embaçado

blurt /blɜːrt/ PHR V **to blurt sth out** falar algo sem pensar

blush /blʌʃ/ ♦ *vi* corar ♦ *s* rubor **blusher** *s* ruge

boar /bɔːr/ *s* (*pl* **boar** *ou* **~s**) **1** javali **2** varrão ☞ *Ver* nota em PORCO

board /bɔːrd/ ♦ *s* **1** tábua: *ironing board* tábua de passar roupa **2** (*tb* blackboard) quadro-negro **3** (*tb bulletin board*) quadro de avisos **4** (*xadrez, etc.*) tabuleiro **5** cartolina **6 the board** (*tb* **the board of directors**) diretoria **7** (*refeição*) pensão: *full/half board* pensão completa/meia pensão LOC **above board** acima de qualquer suspeita **across the board** em todos os níveis: *a 10% pay increase across the board* um aumento geral de salário de 10% **on board** a bordo ◆ **1** *vt* ~ **sth (up/over)** revestir de tábuas **2** *vi* embarcar **3** *vt* subir em

boarder /ˈbɔːrdər/ *s* **1** (*colégio*) interno, -a **2** (*pensão*) hóspede

boarding card (*tb* **boarding pass**) *s* cartão de embarque

boarding house *s* pensão

boarding school *s* internato

boardwalk /ˈbɔːrdwɔːk/ *s* passarela de madeira para se caminhar na praia

boast /boʊst/ ◆ **1** *vi* ~ **(about/of sth)** gabar-se (de algo) **2** *vt* (*formal*) ostentar: *The town boasts a famous museum.* A cidade ostenta um museu famoso. ◆ *s* ostentação **boastful** *adj* **1** exibido **2** vaidoso

boat /boʊt/ *s* **1** barco: *to go by boat* ir de barco **2** bote: *rowing boat* barco a remo ◊ *boat race* regata **3** navio LOC *Ver* SAME

Boat e ship têm significados muito semelhantes, porém **boat** geralmente se refere a embarcações menores.

bob /bɒb/ *vi* (**-bb-**) **to bob (up and down)** (*na água*) balouçar PHR V **to bob up** surgir

bobby /ˈbɒbi/ *s* (*pl* **-ies**) (*GB, coloq*) tira

bode /boʊd/ *vt* (*formal*) pressagiar LOC **to bode ill/well (for sb/sth)** ser de mau/bom agouro (para alguém/algo)

bodice /ˈbɒdɪs/ *s* corpete

bodily /ˈbɒdɪli/ ◆ *adj* do corpo, corporal ◆ *adv* à força

body /ˈbɒdi/ *s* (*pl* **bodies**) **1** corpo **2** cadáver **3** grupo: *a government body* um órgão do governo **4** conjunto LOC **body and soul** de corpo e alma

bodyguard /ˈbɒdigɑːrd/ *s* **1** guarda-costas **2** (*grupo*) escolta

bodywork /ˈbɒdiwɜːrk/ *s* [*não contável*] carroceria

bog /bɒɡ/ ◆ *s* **1** pântano, brejo **2** (*GB,*

coloq) privada ◆ *v* (**-gg-**) PHR V **to get bogged down 1** (*fig*) encrencar-se **2** (*lit*) atolar-se **boggy** *adj* lodoso, lamacento

bogeyman /ˈbʊɡimæn/ *s* (*pl* **bogeymen**) bicho-papão

bogus /ˈboʊɡəs/ *adj* falso, fraudulento

boil¹ /bɔɪl/ *s* furúnculo

boil² /bɔɪl/ ◆ **1** *vt, vi* ferver **2** *vt* (*ovos*) cozinhar PHR V **to boil down to sth** resumir-se a algo **to boil over** transbordar ◆ *s* LOC **to be on the boil** (*GB*) estar fervendo **boiling** *adj* fervendo: *boiling point* ponto de ebulição ◊ *boiling hot* pelando

boiler /ˈbɔɪlər/ *s* caldeira, aquecedor: *boiler suit* macacão

boisterous /ˈbɔɪstərəs/ *adj* animado, alvoroçado

bold /boʊld/ *adj* (**-er, -est**) **1** valente **2** ousado, atrevido **3** nítido, claro **4** (*cor*) vivo LOC **to be so bold (as to do sth)** (*formal*) atrever-se (a fazer algo) *Ver tb* FACE¹ **boldly** *adv* **1** corajosamente **2** audaciosamente, atrevidamente **3** marcadamente **boldness** *s* **1** coragem **2** audácia, atrevimento

bolster /ˈboʊlstər/ *vt* **1** ~ **sth (up)** sustentar algo **2** ~ **sb (up)** apoiar a alguém

bolt¹ /boʊlt/ ◆ *s* **1** trinco **2** parafuso **3** *a bolt of lightning* um raio (de relâmpago) ◆ *vt* **1** passar o trinco, trancar **2** ~ **A to B**; ~ **A and B together** prender A a B

bolt² /boʊlt/ ◆ **1** *vi* (*cavalo*) disparar **2** *vi* sair em disparada **3** *vt* ~ **sth (down)** (*GB*) comer algo às pressas ◆ *s* LOC **to make a bolt/dash/run for it** tentar escapar

bomb /bɒm/ ◆ *s* **1** bomba: *bomb disposal* desarticulação de bombas ◊ *bomb scare* ameaça de bomba ◊ *to plant a bomb* plantar uma bomba **2 the bomb** a bomba atômica LOC **to go like a bomb** (*GB, coloq*) (*carro*) ser rápido como um foguete *Ver tb* COST ◆ **1** *vt, vi* bombardear **2** *vt, vi* plantar uma bomba (*num edifício, etc.*) **3** *vi* ~ **along, down, up, etc.** (*GB, coloq*) andar a mil por hora

bombard /bɒmˈbɑːrd/ *vt* **1** bombardear **2** (*de perguntas, etc.*) assediar **bombardment** *s* bombardeio

bomber /ˈbɒmər/ *s* **1** (*avião*) bombardeiro **2** pessoa que planta bombas

i:	i	ɪ	e	æ	ɑ	ʌ	ʊ	u:
see	happy	sit	ten	hat	cot	cup	put	too

bombing /ˈbɑmɪŋ/ s **1** bombardeio **2** atentado com explosivos

bombshell /ˈbɑmʃel/ s bomba: *The news came as a bombshell.* A notícia estourou como uma bomba.

bond /bɑnd/ ◆ *vt* unir ◆ *s* **1** acordo **2** laço **3** título: *Government bonds* títulos do Governo **4** bonds [*pl*] correntes

bone /boʊn/ ◆ *s* **1** osso **2** (*peixe*) espinha LOC **bone dry** completamente seco **to be a bone of contention** ser o pomo da discórdia **to have a bone to pick with sb** ter contas para acertar com alguém **to make no bones about sth** falar sem rodeios *Ver tb* CHILL, WORK² ◆ *vt* desossar

bone marrow s medula óssea

bonfire /ˈbɑnfaɪər/ s fogueira

Bonfire Night s (*GB*)

> No dia 5 de novembro comemora-se na Grã-Bretanha o que se chama **Bonfire Night**. As pessoas fazem fogueiras à noite e soltam fogos de artifício para relembrar o dia 5 de novembro de 1605, quando Guy Fawkes tentou incendiar o Parlamento.

bonnet /ˈbɑnɪt/ s **1** (*bebê*) touca **2** (*mulher*) chapéu (*tipo touca*) **3** (*GB*) (*USA* **hood**) capô

bonus /ˈboʊnəs/ s **1** bônus: *a productivity bonus* um bônus de produtividade **2** (*fig*) bênção

bony /ˈboʊni/ adj **1** ósseo **2** cheio de espinhas **3** ossudo

boo /bu:/ ◆ *vt, vi* vaiar ◆ *s* (*pl* **boos**) vaia ◆ **boo!** interj u!

booby-trap /ˈbu:bi træp/ s armadilha (explosiva)

boogeyman s *Ver* BOGEYMAN

book¹ /bʊk/ s **1** livro: *book club* clube do livro **2** caderno **3** caderno de exercícios **4** (*cheques*) talão **5 the books** [*pl*] as contas: *to do the books* fazer a contabilidade LOC **to be in sb's good books** (*GB*) gozar do favor de alguém **to do sth by the book** fazer algo como manda o figurino/correctamente *Ver tb* BAD, COOK, LEAF, TRICK

book² /bʊk/ **1** *vt, vi* reservar, fazer uma reserva **2** *vt* contratar **3** *vt* (*coloq*) (*polícia*) fichar **4** *vt* (*Esporte*) penalizar LOC **to be booked up 1** ter a lotação esgotada **2** (*coloq*): *I'm booked up.* Não tenho

hora na agenda. PHR V **to book in** registrar-se

bookcase /ˈbʊkkeɪs/ s estante

booking /ˈbʊkɪŋ/ s (*esp GB*) reserva

booking office s (*esp GB*) bilheteria

booklet /ˈbʊklət/ s livreto, apostila

bookmaker /ˈbʊkmeɪkər/ (*tb* **bookie**) s banqueiro, -a (de apostas)

bookseller /ˈbʊkˌselər/ s livreiro, -a

bookshelf /ˈbʊkʃelf/ s (*pl* **-shelves** /-ʃelvz/) estante de livros

bookstore /ˈbʊkstɔ:r/ (*GB* **bookshop**) s livraria

boom /bu:m/ ◆ *vi* estrondear, retumbar ◆ *s* estrondo

boost /bu:st/ ◆ *vt* **1** (*negócios, confiança*) aumentar **2** (*moral*) levantar ◆ *s* **1** aumento **2** estímulo

boot /bu:t/ s **1** bota **2** (*GB*) (*USA* **trunk**) porta-mala LOC *Ver* TOUGH

booth /bu:θ; *GB* bu:ð/ s **1** barraca, tenda **2** cabine: *polling/telephone booth* cabine eleitoral/telefônica

booty /ˈbu:ti/ s saque

booze /bu:z/ ◆ *s* (*coloq*) birita ◆ *vi* (*coloq*): *to go out boozing* tomar um porre

border /ˈbɔ:rdər/ ◆ *s* **1** fronteira

> **Border** e **frontier** são usados para designar a divisão entre países ou estados, porém **border** se aplica unicamente a fronteiras naturais: *The river forms the border between the two countries.* O rio faz a fronteira entre os dois países. **Boundary**, por sua vez, compreende divisões entre áreas menores, tais como municípios.

2 (*jardim*) canteiro **3** borda, margem ◆ *vt* limitar-se com, fazer fronteira com PHR V **to border on sth** chegar às raias de algo

borderline /ˈbɔ:rdərlaɪn/ s linha divisória LOC **a borderline case** um caso de difícil diagnóstico

bore¹ *pret de* BEAR²

bore² /bɔ:r/ ◆ *vt* **1** entediar **2** (*buraco*) perfurar ◆ *s* **1** (*pessoa*) chato, -a **2** chatice, aporrinhação **3** (*espingarda*) calibre
bored adj entediado **boredom** s tédio
boring adj chato

born /bɔ:rn/ ◆ *pp* nascido LOC **to be born** nascer: *She was born in Chicago.* Ela nasceu em Chicago. ◊ *He was born blind.* Ele é cego de nascença. ◆ *adj* [*só* *antes de substantivo*] nato: *He's a born actor.* Ele é um ator nato.

borne *pp de* BEAR²

borough /'bʌroʊ; *GB* -rə/ *s* município

borrow

She's **lending** her son some money.

He's **borrowing** some money from his mother.

borrow /'bɑroʊ/ *vt* ~ sth (from sb/sth) pedir (algo) emprestado (a alguém/algo) ☞ É comum em português mudar a estrutura e empregar o verbo "emprestar" antecedido de pronome: *Could I borrow a pen?* Você me empresta uma caneta? **borrower** *s* (*esp Fin*) pessoa que pede algo emprestado **borrowing** *s* ato de pedir emprestado: *public sector borrowing* empréstimo ao governo

bosom /'bʊzəm/ *s* **1** peito, busto **2** (*fig*) seio

boss /bɔːs; *GB* bɒs/ ◆ *s* (*coloq*) chefe ◆ *vt* ~ sb about/around (*pej*) dar ordens a alguém; mandar em alguém **bossy** *adj* (-ier, -iest) (*pej*) mandão

botany /'bɑtəni/ *s* botânica **botanical** /bə'tænɪkl/ (*tb* botanic) *adj* botânico **botanist** /'bɑtənɪst/ *s* botânico, -a

both /boʊθ/ ◆ *pron, adj* ambos, -as, os dois/as duas: *Both of us went./We both went.* Nós dois fomos./Ambos fomos. ◆ *adv* both…and… não só…como também…: *The report is both reliable and readable.* O relatório não só é confiável como também é interessante. ◇ *both you and me* tanto você quanto eu ◇ *He both plays and sings.* Ele tanto toca quanto canta. LOC *Ver* NOT ONLY…BUT ALSO *em* ONLY

bother /'bɑðər/ ◆ **1** *vt* incomodar **2** *vt* preocupar: *What's bothering you?* O que está te preocupando? **3** *vi* ~ (to do sth) dar-se ao trabalho de fazer algo: *He didn't even bother to say thank you.* Ele nem se deu ao trabalho de agradecer. **4** *vi* ~ about sb/sth preocupar-se com alguém/algo LOC **I can't be bothered (to do sth)** (*GB*) não estou com a mínima vontade (de fazer algo) **I'm not bothered** (*GB*) não estou nem aí ◆ *s* incômodo ◆ **bother!** (*GB*) *interj* que saco!

bottle /'bɑtl/ ◆ *s* **1** garrafa **2** frasco **3** mamadeira ◆ *vt* **1** engarrafar **2** armazenar em frascos

bottle bank *s* (*GB*) área para reciclagem de garrafas

bottom /'bɑtəm/ *s* **1** (*colina, página, escada*) pé **2** (*mar, barco, xícara*) fundo **3** (*Anat*) traseiro **4** (*rua*) fim **5** último: *He's bottom of the class.* Ele é o último da classe. **6** *bikini bottom* parte inferior do biquíni ◇ *pajama bottoms* calças do pijama LOC **to be at the bottom of sth** estar por trás de algo **to get to the bottom of sth** desvendar *Ver tb* ROCK¹

bough /baʊ/ *s* ramo

bought *pret, pp de* BUY

boulder /'boʊldər/ *s* rocha

bounce /baʊns/ ◆ **1** *vt, vi* quicar, saltar **2** *vi* (*coloq*) (*cheque*) ser devolvido PHR V **to bounce back** (*coloq*) recuperar-se ◆ *s* salto

bound¹ /baʊnd/ ◆ *vi* pular ◆ *s* pulo

bound² /baʊnd/ *adj* ~ for… com destino a…

bound³ *pret, pp de* BIND¹

bound⁴ /baʊnd/ *adj* **1** to be ~ to do sth: *You're bound to pass the exam.* Você certamente passará no exame. **2** obrigado (*por lei ou dever*) LOC **bound up with sth** ligado a algo

boundary /'baʊndəri, -dri/ *s* (*pl* -ies) limite, fronteira ☞ *Ver nota em* BORDER

boundless /'baʊndləs/ *adj* sem limites

bounds /baʊndz/ *s* [*pl*] limites LOC **out of bounds** interditado

bouquet /buˈkeɪ/ *s* **1** (*flores*) ramalhete **2** buquê

bourgeois /ˌbʊərˈʒwɑ/ *adj, s* burguês, -esa

bout /baʊt/ *s* **1** (*atividade*) período **2** (*enfermidade*) ataque **3** (*boxe*) combate

bow¹ /boʊ/ *s* **1** laço **2** (*Esporte, violino*) arco

bow² /baʊ/ ◆ **1** *vi* curvar-se, fazer reverência **2** *vt* (*cabeça*) inclinar, abaixar ◆

aɪ	aʊ	ɔɪ	ɪə	eə	ʊə	ʒ	h	ŋ
five	now	join	near	hair	pure	vision	how	sing

s 1 reverência **2** (*tb* bows [*pl*]) (*Náut*) proa

bowel /'bauəl/ *s* **1** (*Med*) [*freq pl*] intestino(s) **2 bowels** [*pl*] (*fig*) entranhas

bowl¹ /boʊl/ *s* **1** tigela ☛ **Bowl** é usado em muitas formas compostas cuja tradução se restringe geralmente a uma única palavra: *a fruit bowl* uma fruteira ◊ *a sugar bowl* um açucareiro ◊ *a salad bowl* uma saladeira **2** bacia **3** taça **4** (*banheiro*) privada

bowl² /boʊl/ ◆ *s* **1** (*boliche*) bola de madeira **2 bowls** [*sing*] jogo semelhante a boliche ◆ *vt, vi* arremessar (a bola)

bowler /'boʊlər/ *s* (*GB*) **1** (*Esporte, críquete*) lançador, -ora **2** (*tb* bowler hat) chapéu-coco

bowling /'boʊlɪŋ/ *s* [*não contável*] jogo de boliche: *Bowling is fun.* Boliche é divertido. ◊ *bowling alley* pista de boliche

bow tie *s* gravata borboleta

box¹ /baks/ ◆ *s* **1** caixa: *letter box* caixa de correio ◊ *cardboard box* caixa de papelão ☛ *Ver ilustração em* CONTAINER **2** estojo (*de jóias, de maquiagem*) **3** (*Teat*) camarote **4** (*GB*) (*telefone*) cabine **5 the box** (*coloq, GB*) a TV ◆ *vt* (*tb* to box up) encaixotar

box² /baks/ **1** *vt* esbofetear **2** *vi* lutar boxe, lutar com os punhos

boxer /'baksər/ *s* **1** boxeador, -ora, pugilista **2** bóxer (*cão*)

boxing /'baksɪŋ/ *s* boxe, pugilismo

Boxing Day *s* (*GB*) 26 de dezembro ☛ *Ver nota em* NATAL

box number *s* caixa postal

box office /'baks ɔːfɪs/ *s* bilheteria

boy /bɔɪ/ *s* **1** menino: *It's a boy!* É um menino! **2** filho: *his eldest boy* seu filho mais velho ◊ *I've got three children, two boys and one girl.* Tenho três filhos: dois filhos e uma filha. **3** moço, rapaz: *boys and girls* moços e moças

boycott /'bɔɪkɑt/ ◆ *vt* boicotear ◆ *s* boicote

boyfriend /'bɔɪfrend/ *s* namorado: *Is he your boyfriend, or just a friend?* Ele é seu namorado ou apenas um amigo?

boyhood /'bɔɪhʊd/ *s* meninice, juventude (*de rapazes*)

boyish /'bɔɪʃ/ *adj* **1** (*homem*) de ou como menino, juvenil **2** (*mulher*): *She*

has a boyish figure. Ela tem tipo de menino.

bra /brɑ/ *s* sutiã

brace /breɪs/ *v refl* ~ **yourself** (**for sth**) preparar-se (para algo difícil ou desagradável) PHR V **to brace up** (*USA*) animar-se **bracing** *adj* revigorante

bracelet /'breɪslət/ *s* bracelete, pulseira

braces /'breɪsɪz/ *s* [*pl*] **1** (*para os dentes*) aparelho **2** (*GB*) (*USA* suspenders) suspensório(s)

bracket /'brækɪt/ ◆ *s* **1** (*GB* square bracket) colchete **2** (*USA* parenthesis) parêntese: *in brackets* entre parênteses ◊ *in square brackets* entre colchetes ☛ *Ver págs* 298-9. **3** (*Tec*) suporte angular fixo à parede **4** categoria: *the 20-30 age bracket* a faixa etária entre 20 e 30 anos ◆ *vt* **1** colocar entre parênteses **2** categorizar

brag /bræg/ *vi* (-gg-) ~ (**about sth**) gabar(-se) (de algo)

braid /breɪd/ (*GB* plait) /plæt/ *s* trança

brain /breɪn/ *s* **1** cérebro: *He's the brains of the family.* Ele é o cérebro da família. **2 brains** [*pl*] miolos **3** mente LOC **to have sth on the brain** (*coloq*) estar com algo (metido) na cabeça *Ver tb* PICK, RACK **brainless** *adj* desmiolado, estúpido **brainy** *adj* (-ier, -iest) (*coloq*) inteligente

brainwash /'breɪnwɑʃ/ *vt* ~ **sb** (**into doing sth**) fazer lavagem cerebral em alguém (para que faça algo) **brainwashing** *s* lavagem cerebral

brake /breɪk/ ◆ *s* freio: *to put on/apply the brake(s)* puxar o freio ◆ *vt, vi* frear: *to brake hard* frear de repente

bramble /'bræmbl/ *s* sarça, amoreira silvestre

bran /bræn/ *s* farelo de trigo

branch /bræntʃ; *GB* brɑːntʃ/ ◆ *s* **1** ramo **2** filial, agência: *your nearest/ local branch* a agência mais próxima/ local ◆ PHR V **to branch off** (*carro*) desviar-se **2** (*estrada*) bifurcar-se **to branch out** (**into sth**) expandir-se (em algo) (*ramo, atividade*): *They are branching out into Eastern Europe.* Eles estão se expandindo para a Europa Oriental.

brand /brænd/ ◆ *s* **1** (*Com*) marca (*produtos de limpeza, cigarros, roupas, alimentos, etc.*) ☛ *Comparar com* MAKE² **2**

tʃ	dʒ	v	θ	ð	s	z	ʃ
chin	**J**une	**v**an	**th**in	**th**en	**s**o	**z**oo	**sh**e

tipo: *a strange brand of humor* um estranho tipo de humor ◆ *vt* **1** (*gado*) marcar **2 ~ sb** (**as sth**) estigmatizar alguém (como algo)

brandish /'brændɪʃ/ *vt* brandir

brand new *adj* novo em folha

brandy /'brændi/ *s* conhaque

brash /bræʃ/ *adj* (*pej*) grosseiro, impetuoso **brashness** *s* grosseria

brass /bræs; *GB* brɑ:s/ *s* **1** latão **2** (*Mús*) metais

brat *s* pirralho

bravado /brə'vɑdoʊ/ *s* bravata

brave /breɪv/ ◆ *vt* **1** (*perigo, intempérie, etc.*) desafiar **2** (*dificuldades*) enfrentar (*com bravura*) ◆ *adj* (**-er, -est**) valente LOC *Ver* FACE[1]

brawl /brɔ:l/ *s* briga

Brazil nut *s* castanha-do-pará

breach /bri:tʃ/ ◆ *s* **1** (*contrato, promessa, segurança*) quebra **2** (*lei*) violação **3** (*relações*) rompimento LOC **breach of confidence/faith/trust** abuso de confiança ◆ *vt* **1** (*contrato, promessa*) quebrar **2** (*lei*) violar **3** (*muro, defesas*) abrir brecha em

bread /bred/ *s* **1** [*não contável*] pão: *I bought a loaf/two loaves of bread.* Comprei um pão/dois pães. ◇ *a slice of bread* uma fatia de pão **2** [*contável*] (*tipo de*) pão ☛ Note que o plural **breads** só é utilizado para referir-se a diferentes tipos de pão e não a vários pães. *Ver ilustração em* PÃO.

breadcrumbs /'bredkrʌmz/ *s* [*pl*] farinha de rosca: *fish in breadcrumbs* peixe empanado

breadth /bredθ/ *s* **1** amplitude **2** largura

break[1] /breɪk/ (*pret* **broke** /broʊk/ *pp* **broken** /'broʊkən/) **1** *vt* quebrar: *to break sth in two/in half* quebrar algo em dois/no meio ◇ *She's broken her leg.* Ela quebrou a perna. **2** *vi* quebrar-se, despedaçar-se **3** *vt* (*lei*) violar **4** *vt* (*promessa, palavra*) quebrar **5** *vt* (*recorde*) bater **6** *vt* (*queda*) amortecer **7** *vt* (*viagem*) interromper **8** *vi* fazer uma pausa: *Let's break for coffee.* Vamos fazer uma pausa para um café. **9** *vt* (*vontade, moral*) destruir **10** *vt* (*maus hábitos*) abandonar **11** *vt* (*código*) decifrar **12** *vt* (*cofre*) arrombar **13** *vi* (*tempo*) virar **14** *vi* (*tempestade, escândalo*) irromper **15** *vt* (*notícia, história*) revelar **16** *vi* (*voz*)

mudar de tom, desafinar: *Her voice broke as she told us the bad news.* A voz dela mudou quando ela nos deu a má notícia. engrossar, mudar: *His voice broke when he was thirteen.* A voz dele engrossou quando ele tinha treze anos. **17** *vi* (*ondas, águas*) quebrar, rebentar: *Her waters broke.* A bolsa de águas (da parturiente) se rompeu. LOC **break it up!** basta! **to break the bank** (*coloq*) quebrar a banca: *A meal out won't break the bank.* Jantar fora não vai nos arruinar. **to break the news (to sb)** dar a (má) notícia (a alguém) **to break your back (to do sth)** matar-se (para fazer algo) *Ver tb* WORD

PHR V **to break away (from sth)** escapar (de algo), romper (com algo)

to break down 1 (*carro, máquina*) quebrar: *We broke down.* Nosso carro quebrou. **2** (*pessoa*) descontrolar-se: *He broke down and cried.* Ele pôs-se a chorar. **3** (*negociações*) falhar **to break sth down 1** derrubar algo **2** analisar algo **3** decompor algo

to break in arrombar **to break into sth 1** (*ladrões*) invadir algo **2** (*mercado*) introduzir-se em algo **3** (*começar a fazer algo, irromper*): *to break into a run* disparar a correr ◇ *He broke into a cold sweat.* Ele começou a suar frio.

to break off parar de falar **to break sth off 1** partir algo (*objeto*) **2** romper (*compromisso*)

to break out 1 (*epidemia*) surgir **2** (*guerra, violência*) irromper **3** (*incêndio*) começar **4** cobrir-se repentinamente de: *I've broken out in a rash.* De repente fiquei coberto de manchas.

to break through sth abrir caminho através de algo

to break up 1 (*GB*) (*reunião*) dissolver-se **2** (*relação*) terminar **3** (*GB*): *The school breaks up on July 20.* As aulas terminam no dia 20 de julho. **to break (up) with sb** terminar (um relacionamento) com alguém **to break sth up** terminar algo, fazer algo fracassar

break[2] /breɪk/ *s* **1** quebra, abertura **2** intervalo, férias curtas, recreio: *a coffee break* uma pausa para o café **3** interrupção, mudança: *a break in the routine* uma quebra na rotina **4** (*coloq*) golpe de sorte LOC **to give sb a break** dar uma folga a alguém **to make a break (for it)** escapar (*esp da prisão*) *Ver tb* CLEAN

i:	i	ɪ	e	æ	ɑ	ʌ	ʊ	u:
see	happy	sit	ten	hat	cot	cup	put	too

breakdown /'breɪkdaʊn/ *s* **1** avaria **2** (*saúde*) crise, colapso: *a nervous breakdown* um esgotamento nervoso **3** (*estatística*) análise

breakfast /'brekfəst/ *s* café da manhã: *to have breakfast* tomar café da manhã *Ver tb* BED AND BREAKFAST

break-in /'breɪk ɪn/ *s* arrombamento (*ilegal*)

breakthrough /'breɪkθruː/ *s* avanço (importante)

breast /brest/ *s* seio, peito (*de mulher*): *breast cancer* câncer de mama ◊ *breast-stroke* nado de peito

breath /breθ/ *s* fôlego, hálito, respiração: *to take a deep breath* respirar fundo ◊ *bad breath* mau hálito LOC **a breath of fresh air** um sopro de ar fresco **(to be) out of/short of breath** (estar) sem fôlego **to get your breath (again/back)** recuperar o fôlego **to say sth, speak, etc. under your breath** sussurrar algo **to take sb's breath away** deixar alguém boquiaberto *Ver tb* CATCH, HOLD, WASTE

breathe /briːð/ **1** *vi* respirar **2** *vt, vi* ~ (**sth**) (**in/out**) inspirar, expirar (algo) LOC **not to breathe a word (of/about sth) (to sb)** não dizer uma palavra (sobre algo) (a alguém) **to breathe down sb's neck** (*coloq*) estar em cima de alguém **to breathe life into sb/sth** dar vida a algo/alguém **breathing** *s* respiração: *heavy breathing* respiração pesada

breathless /'breθləs/ *adj* ofegante, sem fôlego

breathtaking /'breθteɪkɪŋ/ *adj* impressionante, extraordinário

breed /briːd/ ◆ (*pret, pp* **bred** /bred/) **1** *vi* (*animal*) reproduzir-se **2** *vt* (*gado*) criar **3** *vt* provocar, gerar: *Dirt breeds disease.* A sujeira gera doenças. ◆ *s* raça, casta

breeze /briːz/ *s* brisa

brew /bruː/ **1** *vt* (*cerveja*) produzir **2** *vt* (*chá, café*) preparar **3** *vi* (*fig*) formar-se: *Trouble is brewing.* Está se armando um problema. **brewery** *s* cervejaria

bribe /braɪb/ ◆ *s* suborno (*dinheiro, etc.*) ◆ *vt* ~ **sb** (**into doing sth**) subornar alguém (para que faça algo) **bribery** *s* suborno (*ato*)

brick /brɪk/ ◆ *s* tijolo ◆ PHR V **to brick sth in/up** fechar algo com tijolos

bride /braɪd/ *s* noiva (*em um casamento*) LOC **the bride and groom** os noivos ☞ *Ver nota em* CASAMENTO

bridegroom /'braɪdgruːm/ (*tb* **groom**) *s* noivo (*em um casamento*): *the bride and groom* os noivos ☞ *Ver nota em* CASAMENTO

bridesmaid /'braɪdzmeɪd/ *s* dama de honra (*em um casamento*) ☞ *Ver nota em* CASAMENTO

bridge /brɪdʒ/ ◆ *s* **1** ponte **2** vínculo ◆ *vt* LOC **to bridge a/the gap between...** reduzir as diferenças entre...

bridle /'braɪdl/ *s* freio (*cavalo*)

brief /briːf/ ◆ *adj* (**-er, -est**) breve, curto LOC **in brief** em poucas palavras ◆ *vt* instruir, dar instruções **briefly** *adv* **1** brevemente **2** em poucas palavras

briefcase /'briːfkeɪs/ *s* pasta executiva ☞ *Ver ilustração em* MALA

briefs /briːfs/ *s* [*pl*] **1** calcinha **2** cueca ☞ *Ver nota em* PAIR

bright /braɪt/ ◆ *adj* (**-er, -est**) **1** brilhante, luminoso: *bright eyes* olhos vivos **2** (*cor*) vivo, berrante **3** (*sorriso, expressão, caráter*) radiante, alegre **4** brilhante, inteligente LOC *Ver* LOOK[1] ◆ *adv* (**-er, -est**) com brilho

brighten /'braɪtn/ **1** *vi* ~ (**up**) animar-se *vi* ~ (**up**) (*tempo*) clarear **2** *vt* ~ **sth** (**up**) animar algo

brightly /'braɪtli/ *adv* **1** com brilho **2** *brightly lit* com muita luz ◊ *brightly painted* pintado com cores vivas **3** radiantemente, alegremente

brightness /'braɪtnəs/ *s* **1** brilho, luminosidade **2** alegria **3** inteligência

brilliant /'brɪliənt/ *adj* **1** brilhante **2** (*GB*) genial **brilliance** *s* **1** brilho, resplendor **2** talento

brim /brɪm/ *s* **1** borda: *full to the brim* cheio até a borda **2** aba (*de chapéu*)

bring /brɪŋ/ *vt* (*pret, pp* **brought** /brɔːt/) ☞ *Ver nota em* LEVAR **1** ~ **sb/sth (with you)** trazer alguém/algo (consigo) **2** levar: *Can I bring a friend to your party?* Posso levar um amigo a sua festa? ☞ *Ver ilustração em* TAKE **3** (*ações judiciais*) instaurar LOC **to be able to bring yourself to do sth**: *I couldn't bring myself to tell her.* Eu não

u	ɔː	ɜː	ə	j	w	eɪ	əʊ
sit**u**ation	s**aw**	f**ur**	**a**go	**y**es	**w**oman	p**ay**	h**ome**

tive coragem de dizer-lhe. **to bring sb to justice** levar alguém à justiça **to bring sb up to date** colocar alguém em dia **to bring sth home to sb** (*GB*) deixar algo claro para alguém **to bring sth (out) into the open** levar algo a público **to bring sth to a close** concluir algo **to bring sb/sth to life** animar algo/ alguém **to bring sth up to date** atualizar algo **to bring tears to sb's eyes/a smile to sb's face** fazer alguém chorar/sorrir **to bring up the rear** estar em último lugar *Ver tb* CHARGE, PEG, QUESTION

PHR V **to bring sth about/on** provocar algo

to bring sth back 1 restaurar algo **2** fazer pensar em algo **3** devolver algo

to bring sth down 1 derrubar algo, derrotar algo **2** (*inflação, preços*) reduzir algo, abaixar algo

to bring sth forward adiantar algo

to bring sth in introduzir algo (*lei*)

to bring sth off (*coloq*) conseguir algo (difícil)

to bring sth on yourself provocar(-se) algo

to bring sth out 1 produzir algo (*produto*) **2** publicar algo (*livro*) **3** realçar algo (*significado*)

to bring sb round/over (to sth) (*GB*) convencer alguém (de algo) **to bring sb round/to** fazer alguém voltar a si

to bring sb/sth together reconciliar, reunir alguém/algo

to bring sb up criar alguém: *She was brought up by her granny.* Ela foi criada pela avó. ☛ *Comparar com* EDUCATE, RAISE *sentido* 8 **to bring sth up 1** vomitar algo **2** mencionar algo

brink /brɪŋk/ *s* borda: *on the brink of war* à beira da guerra

brisk /brɪsk/ *adj* (*-er, -est*) **1** (*passo*) enérgico **2** (*negócio*) ativo

brittle /ˈbrɪtl/ *adj* **1** quebradiço **2** (*fig*) frágil

broach /brəʊtʃ/ *vt* abordar (*um assunto*)

broad /brɔːd/ *adj* (*-er, -est*) **1** largo **2** (*sorriso*) amplo **3** (*esquema, acordo*) geral, amplo: *in the broadest sense of the word* no sentido mais amplo/geral da palavra

Para nos referirmos à distância entre os dois extremos de algo é mais comum utilizar **wide**: *The gate is four meters wide.* O portão tem quatro metros de largura. **Broad** é utilizado para nos referirmos a características geográficas: *a broad expanse of desert* uma ampla área desértica e também em frases como: *broad shoulders* ombros largos.

LOC **in broad daylight** em plena luz do dia

broad bean *s* (*GB*) fava ☛ *Comparar com* LIMA BEAN

broadcast /ˈbrɔːdkæst; *GB* ˈbrɔːdkɑːst/ ◆ (*pret, pp broadcast*) **1** *vt* (*Rádio, TV*) transmitir **2** *vt* (*opinião, etc.*) difundir **3** *vt* emitir ◆ *s* transmissão: *party political broadcast* horário eleitoral

broaden /ˈbrɔːdn/ *vt, vi* ~ (**out**) alargar(-se), ampliar(-se)

broadly /ˈbrɔːdli/ *adv* **1** amplamente: *smiling broadly* com um amplo sorriso **2** de maneira geral: *broadly speaking* falando em termos gerais

broccoli /ˈbrɒkəli/ *s* brócolis

brochure /brəʊˈʃʊər; *GB* ˈbrəʊʃə(r)/ *s* folheto, brochura (*esp turísticos ou de publicidade*)

broil /brɔɪl/ *vt* grelhar

broke /brəʊk/ ◆ *adj* (*coloq*) sem dinheiro, quebrado LOC **to go broke** quebrar (*negócio*) ◆ *pret de* BREAK¹

broken /ˈbrəʊkən/ ◆ *adj* **1** quebrado, interrompido **2** (*coração*) partido ◆ *pp de* BREAK¹

bronchitis /brɒŋˈkaɪtɪs/ *s* [*não contável*] bronquite: *to catch bronchitis* ficar com bronquite

bronze /brɒnz/ ◆ *s* bronze ◆ *adj* de bronze, da cor do bronze

brooch /brəʊtʃ/ *s* broche

brood /bruːd/ *vi* ~ (**on/over sth**) remoer algo

brook /brʊk/ *s* riacho

broom /bruːm, brʊm/ *s* **1** vassoura ☛ *Ver ilustração em* BRUSH **2** (*Bot*) giesta **broomstick** *s* (cabo de) vassoura

broth /brɒθ; *GB* brɒθ/ *s* [*não contável*] caldo

brother /ˈbrʌðər/ *s* **1** irmão: *Does she have any brothers or sisters?* Ela tem irmãos? ◊ *Brother Luke* o Irmão Luke

aɪ	aʊ	ɔɪ	ɪə	eə	ʊə	ʒ	h	ŋ
f**i**ve	n**ow**	j**oi**n	n**ear**	h**air**	p**ure**	vi**si**on	**h**ow	si**ng**

2 (*fig*) confrade **brotherhood** s [*v sing ou pl*] **1** irmandade **2** confraria **brotherly** *adj* fraternal

brother-in-law /ˈbrʌðər ɪn lɔː/ s (*pl -ers-in-law*) cunhado

brought *pret, pp de* BRING

brow /braʊ/ s **1** (*Anat*) fronte, testa ☞ A palavra mais comum é **forehead**. **2** [*ger pl*] (*tb* **eyebrow**) sobrancelha **3** (*colina*) cimo

brown /braʊn/ ♦ *adj, s* (**-er, -est**) **1** marrom **2** (*pêlo, cabelo*) castanho **3** (*pele*) moreno **4** (*açúcar*) mascavo **5** (*urso*) pardo **6** (*GB*): *brown bread/ rice* pão/arroz integral **7** *brown paper* papel pardo ♦ *vt, vi* (*Cozinha*) dourar(-se) **brownish** *adj* pardacento, acastanhado

brownie /ˈbraʊni/ s **1 Brownie** (*menina*) bandeirante **2** (*USA*) biscoito de chocolate

browse /braʊz/ *vi* **1** ~ (**through sth**) (*loja*) passar os olhos (*por algo*) **2** ~ (**through sth**) (*revista, livro*) folhear (*algo*) **3** (*gado*) pastar

bruise /bruːz/ ♦ s **1** contusão **2** (*fruta*) machucadura ♦ *vt, vi* ~ (**sb/sth**) machucar(-se) **bruising** s [*não contável*] (*GB*): *He had a lot of bruising.* Ele tinha muitas contusões.

brush

hairbrush

brush

nail brush

brush/broom

paintbrushes   toothbrush

brush /brʌʃ/ ♦ s **1** escova **2** escovão **3** pincel **4** broxa **5** escovada **6** ~ **with sb** (*fig*) briga com alguém ♦ *vt* **1** escovar: *to brush your hair/teeth* escovar o cabelo/os dentes **2** varrer **3** ~ **past/**

against sb/sth roçar(-se) (com) alguém/algo PHR V **to brush sth aside** fazer pouco caso de algo **to brush sth up/to brush up on sth** desenferrujar algo (*idioma, etc.*)

brusque /brʌsk; *GB* bruːsk/ *adj* (*comportamento, voz*) brusco

Brussels sprout /ˈbrʌsl spraʊt/ (*tb* **sprout**) s couve-de-bruxelas

brutal /ˈbruːtl/ *adj* brutal **brutality** /bruːˈtæləti/ s (*pl -ies*) brutalidade

brute /bruːt/ ♦ s **1** besta **2** bruto ♦ *adj* bruto **brutish** *adj* brutal

bubble /ˈbʌbl/ ♦ s bolha, borbulha: *to blow bubbles* fazer bolhas (*de sabão*) ♦ *vi* borbulhar **bubbly** *adj* (**-ier, -iest**) **1** borbulhante, efervescente **2** (*pessoa*) animado

bubble bath s espuma para banho, banho de espuma

bubblegum /ˈbʌblɡʌm/ s chiclete (*de bola*)

buck¹ /bʌk/ s macho (*de coelho, veado*) ☞ *Ver nota em* COELHO, VEADO

buck² /bʌk/ *vi* corcovear LOC **to buck the trend** ir contra a corrente PHR V **to buck sb up** (*coloq*) animar alguém

buck³ /bʌk/ s **1** (*USA, coloq*) dólar **2** [*ger pl*] (*coloq*) grana LOC **the buck stops here** a responsabilidade pára aqui **to make a fast/quick buck** ganhar dinheiro fácil

bucket /ˈbʌkɪt/ s **1** balde **2** (*máquina*) cuba LOC *Ver* KICK

buckle /ˈbʌkl/ ♦ s fivela (*de cinto*) ♦ **1** *vt* ~ **sth** (**up**) afivelar algo **2** *vi* (*pernas*) dobrar-se **3** *vt, vi* (*metal*) deformar(-se)

bud /bʌd/ s **1** (*flor*) broto **2** (*Bot*) gema

Buddhism /ˈbuːdɪzəm, ˈbʊ-/ s budismo **Buddhist** *adj, s* budista

budding /ˈbʌdɪŋ/ *adj* nascente

buddy /ˈbʌdi/ s (*pl -ies*) (*coloq*) colega (*amigo*) ☞ Emprega-se principalmente entre jovens e é muito utilizado nos Estados Unidos.

budge /bʌdʒ/ **1** *vt, vi* mover(-se) **2** *vi* (*opinião*) ceder

budgerigar /ˈbʌdʒərɪɡɑr/ s (*GB*) (*USA* **parakeet**) periquito

budget /ˈbʌdʒɪt/ ◆ s **1** orçamento: *a budget deficit* um déficit orçamentário **2** (*Pol*) orçamento geral ◆ **1** *vt* orçar **2** *vi* (*gastos*) planejar **3** *vi* ~ **for sth** (*dinheiro*) reservar para algo **budgetary** *adj* orçamentário

buff /bʌf/ ◆ s aficionado, -a: *a movie buff* um fanático por cinema ◆ *adj, s* bege

buffalo /ˈbʌfələʊ/ s (*pl* **buffalo** *ou* **~es**) **1** búfalo **2** bisão

buffer /ˈbʌfər/ s **1** (*lit e fig*) proteção **2** (*estrada*) pára-choque **3** (*Informát*) memória intermediária **4** (*GB, coloq*) (*tb* **old buffer**) velhote

buffet¹ /bəˈfeɪ; *GB* ˈbʊfeɪ/ s **1** lanchonete: *buffet car* vagão-restaurante **2** bufê

buffet² /ˈbʌfɪt/ *vt* **1** esbofetear **2** (*vento*) fustigar **buffeting** s bofetada

bug /bʌg/ ◆ s **1** inseto **2** (*coloq*) micróbio, infecção **3** (*coloq*) (*Informát*) defeito **4** (*coloq*) microfone para escuta clandestina ◆ *vt* (**-gg-**) **1** grampear (*telefone, etc.*) **2** escutar clandestinamente **3** (*coloq, esp USA*) irritar alguém

buggy /ˈbʌgi/ s (*pl* **-ies**) carrinho de bebê

build /bɪld/ *vt* (*pret, pp* **built** /bɪlt/) **1** construir **2** criar PHR V **to build sth in 1** embutir algo **2** (*fig*) incorporar algo **to build on sth** partir (da base) de algo: *to build on earlier results* partir dos resultados anteriores **to build up 1** intensificar-se **2** acumular-se **to build sb/ sth up** elogiar alguém/algo **to build sth up 1** (*coleção*) ampliar algo **2** (*negócio*) desenvolver algo

builder /ˈbɪldər/ s construtor, -ora

building /ˈbɪldɪŋ/ s **1** edifício **2** construção

building site s **1** local de construção **2** (*construção*) obra

building society s (*GB*) sociedade de crédito imobiliário

build-up /ˈbɪld ʌp/ s **1** aumento gradual **2** acúmulo **3** ~ (**to sth**) preparação (para algo) **4** publicidade

built *pret, pp de* BUILD

built-in /ˌbɪlt ˈɪn/ *adj* **1** embutido **2** incorporado

built-up /ˌbɪlt ˈʌp/ *adj* (*GB*) urbanizado: *built-up areas* áreas urbanizadas

bulb /bʌlb/ s **1** (*Bot*) bulbo **2** (*tb* **light bulb**) lâmpada elétrica

bulge /bʌldʒ/ ◆ s **1** protuberância **2** (*coloq*) aumento (*temporário*) ◆ *vi* ~ (**with sth**) inchar (com algo) (*bolso, etc.*)

bulk /bʌlk/ s **1** volume: *bulk buying* compra no atacado **2** massa **3 the bulk (of sth)** a maior parte (de algo) LOC **in bulk 1** em grandes quantidades **2** a granel **bulky** *adj* (**-ier, -iest**) volumoso

bull /bʊl/ s **1** touro **2** (*GB*) *Ver* BULL'S-EYE

bulldoze /ˈbʊldəʊz/ *vt* **1** (*escavadeira*) aplainar **2** derrubar

bullet /ˈbʊlɪt/ s (*arma*) bala

bulletin /ˈbʊlətɪn/ s **1** (*declaração*) comunicado **2** boletim: *news bulletin* boletim de notícias ◊ *bulletin board* quadro de avisos

bulletproof /ˈbʊlɪtpruːf/ *adj* à prova de balas

bullfight /ˈbʊlfaɪt/ s tourada **bullfighter** s toureiro, -a **bullfighting** s tauromaquia

bullfrog /ˈbʊlfrɔːg/ s rã-touro

bullion /ˈbʊliən/ s ouro/prata (*em barras ou lingotes*)

bullring /ˈbʊlrɪŋ/ s praça de touros

bull's-eye /ˈbʊlz aɪ/ s mosca (*do alvo*)

bully /ˈbʊli/ ◆ s (*pl* **-ies**) valentão, -ona ◆ *vt* (*pret, pp* **bullied**) provocar, intimidar alguém

bum /bʌm/ ◆ s (*coloq*) **1** (*GB*) (*USA* **butt**) bunda **2** (*USA*) vagabundo ◆ *v* (*coloq*) PHR V **to bum around** vagabundear

bumblebee /ˈbʌmblbiː/ s abelhão

bump /bʌmp/ ◆ **1** *vt* ~ **sth** (**against/on sth**) chocar algo (contra/em algo) **2** *vi* ~ **into sb/sth** chocar(-se) contra alguém/ algo PHR V **to bump into sb** topar com alguém **to bump sb off** (*coloq*) matar alguém ◆ s **1** baque **2** sacudida **3** (*Anat*) inchação **4** protuberância **5** (*carro*) parte amassada

bumper /ˈbʌmpər/ ◆ s pára-choque: *bumper car* carrinho de batida (*em parque de diversões*) ◆ *adj* abundante

bumpy /ˈbʌmpi/ *adj* (**-ier, -iest**) **1** (*superfície*) desigual **2** (*estrada*) acidentado **3** (*vôo*) turbulento

bun /bʌn/ *s* **1** pãozinho doce **2** (*cabelo*) coque

bunch /bʌntʃ/ ◆ *s* **1** (*uvas, bananas*) cacho **2** (*flores*) ramalhete **3** (*ervas, verduras*) maço **4** (*chaves*) molho **5** [*v sing ou pl*] (*coloq*) grupo ◆ *vt, vi* agrupar-se, aglomerar-se

bundle /'bʌndl/ ◆ *s* **1** (*roupas*) trouxa **2** feixe **3** (*notas, papéis*) maço ◆ *vt* (*tb* to bundle sth together/up) empacotar algo

bung /bʌŋ/ ◆ *s* rolha ◆ *vt* **1** arrolhar **2** (*GB, coloq*) jogar: *Don't bung your clothes on the floor.* Não jogue suas roupas no chão.

bungalow /'bʌŋɡələʊ/ *s* casa térrea, bangalô

bungle /'bʌŋɡl/ **1** *vt* estragar, pôr a perder **2** *vi* fracassar, fazer malfeito

bunk /bʌŋk/ *s* beliche LOC to do a bunk (*GB, coloq*) sumir

bunny /'bʌni/ (*tb* bunny rabbit) *s* coelhinho

bunting /'bʌntɪŋ/ *s* [*não contável*] bandeirolas

buoy /'buːi; *GB* bɔɪ/ ◆ *s* bóia ● PHR V to buoy sb up animar alguém to buoy sth up manter algo à tona

buoyant /'bɔɪənt/ *adj* (*Econ*) em alta

burble /'bɜːrbl/ *vi* **1** (*riacho*) murmurar **2** ~ (on) (about sth) (*GB*) palrar

burden /'bɜːrdn/ ◆ *s* **1** carga **2** fardo ◆ *vt* **1** carregar **2** (*fig*) sobrecarregar burdensome *adj* incômodo, opressivo

bureau /'bjʊərəʊ/ *s* (*pl* -reaux *ou* -reaus /-rəʊz/) **1** (*GB*) escrivaninha **2** (*USA*) cômoda **3** (*esp USA, Pol*) repartição pública **4** (*GB*) agência: *travel bureau* agência de viagem

bureaucracy /bjʊə'rɑkrəsi/ *s* (*pl* -ies) burocracia bureaucrat /'bjʊərəkræt/ *s* burocrata bureaucratic /ˌbjʊərə'krætɪk/ *adj* burocrático

burger /'bɜːrɡər/ *s* (*coloq*) hambúrguer

burglar /'bɜːrɡlər/ *s* (*ladrão*) arrombador, -ora: *burglar alarm* alarme contra roubo ● Ver nota em THIEF burglarize (*GB* burgle) *vt* roubar (*de uma casa*) ● Ver nota em ROB burglary *s* (*pl* -ies) roubo (*de uma casa*) ● Ver nota em THEFT

burgundy /'bɜːrɡəndi/ *s* **1** (*tb* Burgundy) (*vinho*) borgonha **2** (*cor de*) vinho

burial /'beriəl/ *s* enterro

burly /'bɜːrli/ *adj* (-ier, -iest) corpulento

burn /bɜːrn/ ◆ (*pret, pp* burned *ou* burnt /bɜːrnt/) ● Ver nota em DREAM **1** *vt, vi* queimar(-se): *to be badly burned* sofrer queimaduras graves **2** *vi* (*lit e fig*) arder: *a burning building* um edifício em chamas ◊ *to burn to do sth/for sth* (*GB*) estar morrendo de vontade de fazer algo **3** *vi* sentir muito calor **4** *vi* (*luz*): *He left the lamp burning.* Ele deixou a luz acesa. **5** *vt*: *The furnace burns oil.* A caldeira funciona com petróleo. ◆ *s* queimadura

burner /'bɜːrnər/ *s* boca (*de fogão*)

burning /'bɜːrnɪŋ/ *adj* **1** ardente **2** (*vergonha*) intenso **3** (*assunto*) urgente

burnt /bɜːrnt/ *pret, pp de* BURN ◆ *adj* queimado

burp /bɜːrp/ ◆ **1** *vi* arrotar **2** *vt* (*bebê*) fazer arrotar ◆ *s* arroto

burrow /'bɜːrəʊ/ ◆ *s* toca ◆ *vt* cavar (*toca*)

burst /bɜːrst/ ◆ *vt, vi* (*pret, pp* burst) **1** arrebentar **2** estourar **3** romper: *The river burst its banks.* O rio transbordou. LOC to be bursting to do sth estar morrendo de vontade de fazer algo to burst open abrir-se de repente to burst out laughing desatar a rir PHR V to burst into sth **1** *to burst into a room* irromper em um quarto **2** *to burst into tears* cair no choro to burst out sair de repente (*de uma sala*) ◆ *s* **1** (*raiva, etc.*) ataque **2** (*tiros*) rajada **3** (*aplausos*) salva

bury /'beri/ *vt* (*pret, pp* buried) **1** enterrar **2** sepultar **3** (*faca, etc.*) cravar **4** *She buried her face in her hands.* Ela escondeu o rosto nas mãos.

bus /bʌs/ *s* (*pl* buses) ônibus (*urbano*): *bus conductor/conductress* cobrador, -ora de ônibus ◊ *bus driver* motorista de ônibus ◊ *bus stop* ponto de ônibus

bush /bʊʃ/ *s* **1** arbusto: *a rose bush* uma roseira ● Comparar com SHRUB **2**

u	ɔː	ɜː	ə	j	w	eɪ	əʊ
situation	saw	fur	ago	yes	woman	pay	home

the bush mato LOC *Ver* BEAT **bushy** *adj*
1 (*barba*) cerrado **2** (*rabo*) peludo **3**
(*planta*) frondoso

busily /'bɪzɪli/ *adv* atarefadamente

business /'bɪznəs/ *s* **1** [*não contável*]
negócios **2** [*diante de substantivo*]: *business card* cartão de visitas ◊ *business studies* estudos de administração ◊ *a business trip* uma viagem de negócios
3 negócio, empresa **4** *It's none of your business!* Não é da sua conta!
5 (*em uma reunião*): *any other business* e outros assuntos LOC **business before pleasure** (*provérbio*) primeiro a obrigação, depois a diversão **on business** a negócios **to do business with sb** fazer negócios com alguém **to get down to business** ir ao que interessa **to go out of business** falir **to have no business doing sth** não ter direito de fazer algo *Ver tb* BIG, MEAN¹, MIND

businesslike /'bɪznəslaɪk/ *adj* **1** formal **2** profissional

businessman /'bɪznəsmæn/ *s* (*pl* -men /-men/) homem de negócios

businesswoman /'bɪznɪswʊmən/ *s* (*pl* -women) mulher de negócios

busk /bʌsk/ *vi* (*GB*) tocar música em local público (*para arrecadar dinheiro*) **busker** *s* (*GB*) músico que toca na rua

bust¹ /bʌst/ *s* **1** (*escultura*) busto **2** (*Anat*) peito

bust² /bʌst/ ◆ *vt, vi* (*pret, pp* **bust** *ou* **busted**) ☞ *Ver nota em* DREAM (*coloq*) romper(-se) ◆ *adj* (*coloq*) quebrado LOC **to go bust** falir

bustle /'bʌsl/ ◆ *vi* ~ (**about**) apressar(-se) ◆ *s* (*tb* **hustle and bustle**) ruído, alvoroço **bustling** *adj* alvoroçado

busy /'bɪzi/ ◆ *adj* (**busier, busiest**) **1** ~ (**at/with sth**) ocupado (com algo) **2** (*local*) movimentado **3** (*temporada*) agitada **4** (*programa*) apertado **5** (*GB* **engaged**): *The line is busy.* A linha está ocupada. ◆ *v refl* ~ **yourself with** (**doing**) **sth** ocupar-se com algo

busybody /'bɪzibɑdi/ *s* (*pl* -ies) intrometido, -a

but /bʌt, bət/ ◆ *conj* **1** mas: *Not only him but me too.* Não apenas ele, mas eu também. **2** senão: *What could I do but*

cry? O que eu podia fazer senão chorar?
◆ *prep* exceto: *nobody but you* ninguém, exceto você LOC **but for sb/sth** se não fosse por alguém/algo **we can but hope, try, etc.** só nos resta esperar, tentar, etc.

butcher /'bʊtʃər/ ◆ *s* **1** açougueiro, -a **2** carniceiro, -a ◆ *vt* **1** (*animal*) abater e carnear **2** (*pessoa*) matar brutalmente

butcher's /'bʊtʃərz/ (*tb* **butcher shop**) *s* açougue

butler /'bʌtlər/ *s* mordomo

butt /bʌt/ ◆ *s* **1** tonel **2** barrica **3** culatra **4** (*cigarro*) toco **5** (*coloq*) (*GB* **bum**) bunda **6** (*coloq*) alvo: *be the butt of everyone's jokes* ser o alvo das piadas de todo mundo ◆ *vt* dar cabeçadas em alguém/algo PHR V **to butt in** (*coloq*) interromper, intrometer-se

butter /'bʌtər/ ◆ *s* manteiga ◆ *vt* untar com manteiga

buttercup /'bʌtərkʌp/ *s* botão-de-ouro

butterfly /'bʌtərflaɪ/ *s* (*pl* -ies) borboleta LOC **to have butterflies (in your stomach)** estar com frio na barriga

buttock /'bʌtək/ *s* nádega

button /'bʌtn/ ◆ *s* botão ◆ *vt, vi* ~ (**up**) abotoar(-se)

buttonhole /'bʌtnhoʊl/ *s* casa de botão

buttress /'bʌtrəs/ *s* contraforte

buy /baɪ/ ◆ *vt* (*pret, pp* **bought** /bɔːt/) **1** **to buy sth for sb**; **to buy sb sth** comprar algo para alguém: *He bought his girlfriend a present.* Ele comprou um presente para a namorada. ◊ *I bought one for myself for $10.* Eu comprei um para mim por dez dólares. **2 to buy sth from sb** comprar algo de alguém ◆ *s* compra: *a good buy* uma boa compra **buyer** *s* comprador, -ora

buzz /bʌz/ ◆ *s* **1** zumbido **2** (*vozes*) burburinho **3** prazer, excitação: *I get a real buzz out of flying.* Eu adoro viajar de avião. **4** (*coloq*) telefonema ◆ *vi* zumbir PHR V **buzz off!** (*coloq*) vá embora!

buzzard /'bʌzərd/ *s* tipo de falcão

buzzer /'bʌzər/ *s* campainha elétrica

by /baɪ/ ◆ *prep* **1** por: *by post* pelo correio ◊ *ten* (*multiplied*) *by six* dez multiplicado por seis ◊ *designed by Wren* desenhado/projetado por Wren **2** ao lado de, junto a: *Sit by me.* Sente-se

aɪ	aʊ	ɔɪ	ɪə	eə	ʊə	ʒ	h	ŋ
f**i**ve	n**ow**	j**oi**n	n**ea**r	h**ai**r	p**u**re	vi**si**on	**h**ow	si**ng**

ao meu lado. **3** antes de: *to be home by ten o'clock* estar em casa antes das dez **4** de: *by day/night* de dia/noite ◊ *by birth/profession* de nascença/profissão ◊ *a novel by Steinbeck* um romance de Steinbeck **5** de: *to go by boat, car, bicycle* ir de barco, carro, bicicleta ◊ *two by two* de dois em dois **6** segundo: *by my watch* segundo meu relógio **7** com: *to pay by check* pagar com cheque **8** a: *little by little* pouco a pouco **9** à custa de: *by working hard* à custa de muito trabalho **10 by doing sth** fazendo algo: *Let me begin by saying…* Permitam-me que comece dizendo… LOC **to have/keep sth by you** ter/manter algo à mão ◆ *adv* LOC **by and by** logo, em pouco tempo **by the by** a propósito **to go,**

drive, run, etc. by passar por (perto/diante) **to keep/put sth by** deixar algo para mais tarde, em reserva *Ver tb* LARGE

bye! /baɪ/ (*tb* **bye-bye!** /ˌbaɪˈbaɪ, bəˈbaɪ/) *interj* (*coloq*) tchau!

by-election /ˈbaɪ ɪlekʃn/ (*GB*) *s*: *She won the by-election.* Ela venceu a eleição parcial.

bygone /ˈbaɪɡɒn/ *adj* passado

bypass /ˈbaɪpæs; *GB* -pɑːs/ ◆ *s* desvio ◆ *vt* **1** contornar **2** evitar

by-product /ˈbaɪ prɒdʌkt/ *s* **1** (*lit*) subproduto **2** (*fig*) conseqüência

bystander /ˈbaɪstændər/ *s* circunstante, espectador, -ora: *seen by bystanders* testemunhado por curiosos

Cc

C, c /siː/ *s* (*pl* **C's, c's** /siːz/) **1** C,c: *C as in Charlie* C de casa ☞ *Ver exemplos em* A, A **2** (*Educ*) regular: *to get (a) C in physics* ganhar um C em física **3** (*Mús*) dó

cab /kæb/ *s* **1** taxi **2** cabine (*de caminhão, trem*)

cabbage /ˈkæbɪdʒ/ *s* couve, repolho

cabin /ˈkæbɪn/ *s* **1** (*Náut*) camarote **2** (*Aeronáut*) cabine: *pilot's cabin* cabine do piloto **3** cabana

cabinet /ˈkæbɪnət/ *s* **1** armário: *bathroom cabinet* armário de banheiro ◊ *drinks cabinet* bar **2 the Cabinet** [*v sing ou pl*] o gabinete

cable /ˈkeɪbl/ *s* **1** cabo **2** amarra

cable car *s* teleférico

cackle /ˈkækl/ ◆ *s* **1** cacarejo **2** gargalhada ◆ *vi* **1** (*galinha*) cacarejar **2** (*pessoa*) dar uma gargalhada

cactus /ˈkæktəs/ *s* (*pl* ~es *ou* **cacti** /ˈkæktaɪ/) cacto

cadet /kəˈdet/ *s* cadete

Caesarean /sɪˈzeəriən/ (*tb* **Caesarean section**) *s* cesariana

cafe /ˈkæfeɪ; *GB* ˈkæfeɪ/ *s* café (*bar*)

cafeteria /ˌkæfəˈtɪəriə/ *s* cantina

caffeine /ˈkæfiːn/ *s* cafeína

cage /keɪdʒ/ ◆ *s* gaiola, jaula ◆ *vt* engaiolar, enjaular

cagey /ˈkeɪdʒi/ *adj* (**cagier, cagiest**) ~ (**about sth**) (*coloq*) fechado: *He's very cagey about his family.* Ele é cheio de mistério sobre a família.

cake /keɪk/ *s* bolo: *birthday cake* bolo de aniversário LOC **to have your cake and eat it too** (*coloq*) assobiar e chupar cana *Ver tb* PIECE

caked /keɪkt/ *adj* ~ **with sth** empastado de algo: *caked with mud* empastado de lama

calamity /kəˈlæməti/ *s* (*pl* **-ies**) calamidade

calculate /ˈkælkjuleɪt/ *vt* calcular LOC **to be calculated to do sth** ser programado para fazer algo **calculating** *adj* calculista **calculation** *s* cálculo

calculator /ˈkælkjuleɪtər/ *s* calculadora

calendar /ˈkælɪndər/ *s* calendário: *calendar month* mês civil

calf¹ /kæf; *GB* kɑːf/ *s* (*pl* **calves** /kævz; *GB* kɑːvz/) **1** bezerro, terneiro ☞ *Ver nota em* CARNE **2** cria (*de foca, etc.*)

calf² /kæf; *GB* kɑːf/ *s* (*pl* **calves** /kævz; *GB* kɑːvz/) barriga da perna

tʃ	dʒ	v	θ	ð	s	z	ʃ
chin	**J**une	**v**an	**th**in	**th**en	**s**o	**z**oo	**sh**e

caliber (*GB* **calibre**) /ˈkælɪbər/ *s* calibre

call /kɔ:l/ ♦ *s* **1** grito, chamada **2** (*Ornit*) canto **3** visita **4** (*tb* **phone call**, **ring**) chamada (telefônica) **5** ~ **for sth**: *There isn't much call for such things.* Não há muita demanda para essas coisas. LOC (**to be**) **on call** (estar) de plantão *Ver tb* CLOSE[1], PORT ♦ **1** *vi* ~ (**out**) (**to sb**) (**for sth**) chamar (alguém) (para algo): *I thought I heard somebody calling.* Pensei ter ouvido alguém chamar. ◊ *She called to her father for help.* Ela gritou para o pai que a ajudasse. **2** *vt* ~ **sth** (**out**) gritar algo, chamar: *Why didn't you come when I called* (*out*) *your name?* Por que você não veio quando chamei? **3** *vt*, *vi* telefonar **4** *vt* (*táxi, ambulância*) chamar **5** *vt* chamar: *Please call me at seven o'clock.* Por favor me chame às sete. **6** *vt* chamar: *What's your dog called?* Como se chama seu cachorro? **7** *vi* (*GB*) ~ (**in/round**) (**on sb**); ~ (**in/round**) (**at**...) visitar (alguém), passar (em...): *Let's call* (*in*) *on John/at John's house.* Vamos passar na casa do John. ◊ *He was out when I called* (*round*) (*to see him*). Ele não estava quando fui visitá-lo. ◊ *Will you call in at the supermarket for some eggs?* Pode passar no supermercado para comprar ovos? **8** *vi* ~ **at** (*GB*) (*trem*) parar em **9** *vt* (*reunião, eleição*) convocar LOC **to call it a day** (*coloq*) dar por encerrado: *Let's call it a day.* Chega por hoje. *Ver tb* QUESTION

PHR V **to call by** (*coloq*) dar uma passada: *Could you call by on your way home?* Pode passar por aqui no caminho de casa?

to call for sb buscar alguém: *I'll call for you at seven o'clock.* Vou te buscar às sete. **to call for sth** requerer algo: *The situation calls for prompt action.* A situação requer ação imediata.

to call sth off cancelar algo, romper algo

to call sb out convocar alguém, chamar alguém: *to call out the troops/the fire department* convocar as tropas/ chamar os bombeiros

to call sb up 1 (*esp USA*) (*por telefone*) ligar para alguém **2** (*GB*) recrutar alguém

caller /ˈkɔ:lər/ *s* **1** pessoa que chama ao telefone **2** visita

callous /ˈkæləs/ *adj* insensível, cruel

calm /kɑm/ ♦ *adj* (**-er, -est**) calmo ♦ *s* tranqüilidade ♦ *vt*, *vi* ~ (**sb**) (**down**) acalmar(-se), tranqüilizar(-se): *Just calm down a little!* Acalme-se!

calorie /ˈkæləri/ *s* caloria

calves *plural de* CALF[1,2]

came *pret de* COME

camel /ˈkæml/ *s* **1** camelo **2** bege (*cor*)

camera /ˈkæmərə/ *s* máquina fotográfica: *a television/video camera* uma câmera de televisão/vídeo

camouflage /ˈkæməflɑʒ/ ♦ *s* camuflagem ♦ *vt* camuflar

camp /kæmp/ ♦ *s* acampamento: *concentration camp* campo de concentração ♦ *vi* acampar: *to go camping* acampar

campaign /kæmˈpeɪn/ ♦ *s* campanha ♦ *vi* ~ (**for/against sb/sth**) fazer campanha (a favor de/contra alguém/algo) **campaigner** *s* militante

campsite /ˈkæmpsaɪt/ (*tb* **campground**) *s* área de camping

campus /ˈkæmpəs/ *s* (*pl* ~**es**) cidade universitária

can[1] /kæn/ (*esp GB* **tin**) ♦ *s* lata: *a can of sardines* uma lata de sardinhas ◊ *a gasoline can* uma lata de gasolina LOC *Ver* CARRY ☛ *Ver nota em* LATA *e ilustração em* CONTAINER ♦ *vt* (**-nn-**) enlatar, conservar em latas

can[2] /kən, kæn/ *v modal* (*neg* **cannot** /ˈkænɒt/ *ou* **can't** /kænt; *GB* kɑ:nt/ *pret* **could** /kəd, kʊd/ *neg* **could not** *ou* **couldn't** /ˈkʊdnt/)

Can é um verbo modal seguido de infinitivo sem TO. As orações interrogativas e negativas são construídas sem o auxiliar *do*. Só possui a forma presente: *I can't swim.* Não sei nadar.; e pretérita, que também possui um valor condicional: *He couldn't do it.* Ele não conseguiu fazer isso. ◊ *Could you come?* Você pode vir? Quando queremos utilizar outras formas, temos que usar **to be able to**: *Will you be able to come?* Você vai poder vir? ◊ *I'd like to be able to go.* Gostaria de poder ir.

● **possibilidade** poder: *We can catch a bus from here.* Podemos pegar um ônibus aqui.

● **conhecimento, habilidade** saber: *They can't read or write.* Eles não sa-

i:	i	ɪ	e	æ	ɑ	ʌ	ʊ	u:
see	happy	sit	ten	hat	cot	cup	put	too

bem ler nem escrever. ◊ *Can you swim?* Você sabe nadar? ◊ *He couldn't answer the question.* Ele não soube responder a pergunta.

• **permissão** poder: *Can I open the window?* Posso abrir a janela? ◊ *You can't go swimming today.* Você não pode ir nadar hoje. ☞ *Ver nota em* MAY

• **oferecimento, sugestão, pedido** poder: *Can I help?* Posso ajudar? ◊ *We can eat in a restaurant, if you want.* Podemos comer num restaurante, se você quiser. ◊ *Could you help me with this box?* Pode me dar uma mão com esta caixa? ☞ *Ver nota em* MUST

• **com verbos de percepção**: *You can see it everywhere.* Vê-se isso em todo lugar. ◊ *She could hear them clearly.* Ela os ouvia claramente. ◊ *I can smell something burning.* Sinto um cheiro de queimado. ◊ *She could still taste the garlic.* Ela ainda sentia o gosto do alho.

• **incredulidade, perplexidade**: *I can't believe it.* Não acredito. ◊ *Whatever can they be doing?* Que diabo podem estar fazendo? ◊ *Where can she have put it?* Onde ela pode ter colocado isso?

canal /kə'næl/ *s* **1** canal **2** (*Anat*) canal, conduto: *the birth canal* o canal do parto

canary /kə'neəri/ *s* (*pl* -ies) canário

cancel /'kænsl/ *vt, vi* (-l-, *GB* -ll-) **1** (*vôo, pedido, férias*) cancelar ☞ *Comparar com* POSTPONE **2** (*contrato*) anular PHR V **to cancel (sth) out** invalidar (algo) **cancellation** *s* cancelamento

Cancer /'kænsər/ *s* Câncer ☞ *Ver exemplos em* AQUARIUS

cancer /'kænsər/ *s* [*não contável*] câncer

candid /'kændɪd/ *adj* franco

candidate /'kændɪdeɪt; *GB* -dət/ *s* candidato, -a **candidacy** *s* candidatura

candle /'kændl/ *s* **1** vela **2** (*Relig*) círio

candlelight /'kændllaɪt/ *s* luz de vela

candlestick /'kændlstɪk/ *s* **1** castiçal **2** candelabro

candy /'kændi/ *s* **1** [*não contável*] doce **2** (*pl* -ies) (*GB* **sweet**) doce (*caramelo, bombom, etc.*)

cane /keɪn/ *s* **1** (*Bot*) cana **2** bambu **3** vara, bengala **4 the cane** vara (*castigo*)

canister /'kænɪstər/ *s* **1** lata (*de café, chá, biscoito*) **2** estopim

canned /kænd/ (*GB* **tinned**) *adj* enlatado

cannibal /'kænɪbl/ *s* canibal

cannon /'kænən/ *s* (*pl* cannon *ou* ~s) canhão

canoe /kə'nu:/ *s* canoa **canoeing** *s* canoagem

canopy /'kænəpi/ *s* (*pl* -ies) **1** toldo, marquise **2** dossel **3** (*fig*) abóbada

cantaloupe /'kæntəloʊp/ *s* cantalupo (*tipo de melão*)

canteen /kæn'ti:n/ *s* **1** cantina **2** (*GB*) cantil

canter /'kæntər/ *s* meio galope

canvas /'kænvəs/ *s* **1** lona **2** (*Arte*) tela

canvass /'kænvəs/ **1** *vt, vi* ~ (**sb**) (**for sth**) angariar votos (a alguém) (para algo) **2** *vt, vi* ~ **for/on behalf of sb** fazer campanha para alguém ◊ *to go out canvassing* (*for votes*) sair a angariar votos **3** *vt* (*opinião*) sondar

canyon /'kænjən/ *s* desfiladeiro

cap /kæp/ ♦ *s* **1** gorro **2** barrete **3** tampa, tampão ♦ *vt* (-pp-) superar LOC **to cap it all** para completar

capability /ˌkeɪpə'bɪləti/ *s* (*pl* -ies) **1** capacidade, aptidão **2 capabilities** [*pl*] potencial

capable /'keɪpəbl/ *adj* capaz

capacity /kə'pæsəti/ *s* (*pl* -ies) **1** capacidade: *filled to capacity* lotado **2** nível máximo de produção: *at full capacity* a todo vapor LOC **in your capacity as sth** em sua qualidade de algo

cape /keɪp/ *s* **1** capa **2** (*Geog*) cabo

caper /'keɪpər/ ♦ *vi* ~ (**about**) saltitar ♦ *s* **1** (*coloq*) truque, travessura **2** alcaparra

capillary /'kæpəleri; *GB* kə'pɪləri/ *s* (*pl* -ies) vaso capilar

capital¹ /'kæpɪtl/ ♦ *s* **1** (*tb* capital city) capital **2** (*tb* capital letter) maiúscula **3** (*Arquit*) capitel ♦ *adj* **1** capital: *capital punishment* pena de morte **2** maiúsculo

capital² /'kæpɪtl/ *s* capital: *capital gains* ganhos de capital ◊ *capital goods* bens de capital LOC **to make capital**

(out) of sth tirar vantagem de algo **capitalism** s capitalismo **capitalist** *adj, s* capitalista **capitalize, -ise** *vt (Fin)* capitalizar PHR V **to capitalize on sth** aproveitar-se de algo, tirar partido de algo

capitulate /kəˈpɪtʃuleɪt/ *vi* ~ **(to sb/ sth)** capitular (a alguém/algo)

capricious /kəˈprɪʃəs/ *adj* caprichoso

Capricorn /ˈkæprɪkɔːrn/ *s* Capricórnio ☞ *Ver exemplos em* AQUARIUS

capsize /ˈkæpsaɪz; GB kæpˈsaɪz/ *vt, vi (embarcação)* virar(-se)

capsule /ˈkæpsl; GB ˈkæpsjuːl/ *s* cápsula

captain /ˈkæptən/ ◆ *s* **1** *(Esporte, Náut)* capitão, -ã **2** *(avião)* comandante ◆ *vt* capitanear, comandar **captaincy** *s* capitania

caption /ˈkæpʃn/ *s* **1** cabeçalho, título **2** *(Cinema, TV, ilustração)* legenda

captivate /ˈkæptɪveɪt/ *vt* cativar **captivating** *adj* cativante, encantador

captive /ˈkæptɪv/ ◆ *adj* cativo LOC **to hold sb captive/prisoner** manter alguém em cativeiro **to take sb captive/ prisoner** capturar alguém ◆ *s* prisioneiro, -a, cativo, -a **captivity** /kæpˈtɪvəti/ *s* cativeiro

captor /ˈkæptər/ *s* captor, -ora

capture /ˈkæptʃər/ ◆ *vt* **1** capturar **2** *(interesse, etc.)* atrair **3** *(Mil)* tomar **4** *(fig)*: *She captured his heart.* Ela conquistou o coração dele. **5** *(Arte)* captar ◆ *s* **1** captura **2** *(cidade)* conquista

car /kɑr/ *s* **1** *(GB* motor car, *USA tb* automobile) carro, automóvel: *by car* de carro ◊ *car accident* acidente de carro ◊ *car bomb* carro-bomba **2** *(trem)*: *dining car* vagão-restaurante **3** *(GB* carriage) vagão

caramel /ˈkærəməl, ˈkɑrməl/ *s* **1** caramelo *(açúcar queimado)* **2** cor de caramelo

carat *(USA* karat) /ˈkærət/ *s* quilate

caravan /ˈkærəvæn/ *s* **1** *(GB) (USA* trailer) trailer: *caravan site* área para trailers **2** carroção **3** caravana *(de camelos)*

carbohydrate /ˌkɑrbəˈhaɪdreɪt/ *s* carboidrato

carbon /ˈkɑrbən/ *s* **1** carbono: *carbon dating* datar objetos através de técnica com carbono radioativo ◊ *carbon dioxide/monoxide* dióxido/monóxido de carbono **2** *carbon paper* papel-carbono ☞ *Comparar com* COAL

carbon copy *s (pl* -ies) **1** cópia de papel-carbono **2** *(fig)* réplica: *She's a carbon copy of her sister.* Ela é a cara da irmã.

carburetor /ˈkɑrbəˌreɪtər/ *(GB* carburettor /ˌkɑːbəˈretə(r)/) *s* carburador

carcass *(tb* carcase) /ˈkɑrkəs/ *s* **1** carcaça *(de frango, etc.)* **2** restos de um animal pronto para o consumo

card /kɑrd/ *s* **1** cartão **2** ficha: *card index* fichário **3** *(de sócio, identidade, etc.)* carteira **4** carta, baralho **5** *[não contável]* cartolina LOC **on the cards** *(coloq)* provável **to get your cards/give sb their cards** *(coloq)* ser despedido/despedir alguém *Ver tb* LAY[1], PLAY

cardboard /ˈkɑrdbɔːrd/ *s* papelão

cardholder /ˈkɑrdˌhoʊldər/ *s* titular do cartão (de crédito)

cardiac /ˈkɑrdiæk/ *adj* cardíaco

cardigan /ˈkɑrdɪgən/ *s* cardigã

cardinal /ˈkɑrdɪnl/ ◆ *adj* **1** *(pecado, etc.)* cardeal **2** *(regra, etc.)* fundamental ◆ *s (Relig)* cardeal

care /keər/ ◆ *s* **1** ~ **(over sth/in doing sth)** cuidado (com algo/ao fazer algo): *to take care* ter cuidado **2** atenção: *child care provision* instalações para crianças (creche, etc.) **3** preocupação LOC **care of sb** *(correspondência)* aos cuidados de alguém **that takes care of that** isso encerra o assunto **to take care of sb/sth** encarregar-se, cuidar de alguém/algo **to take care of yourself** cuidar-se **to take sb into/put sb in care** *(GB)* colocar alguém (esp crianças) aos cuidados de uma instituição ◆ *vi* **1** ~ **(about sth)** importar-se (com algo): *See if I care.* Para mim tanto faz. **2** ~ **to do sth** querer fazer algo LOC **for all I, you, etc. care** pouco me, te, etc. importa **I, you, etc. couldn't care less** não estou, está, etc. nem aí PHR V **to care for sb 1** ter afeição por alguém **2** cuidar de alguém **to care for sth 1** gostar de algo **2** querer algo

career /kəˈrɪər/ ◆ *s (profissão)* carreira: *career prospects* perspectivas de trabalho ☞ *Comparar com* DEGREE sentido **2** ◆ *vi* correr a toda velocidade

carefree /ˈkeərfriː/ *adj* despreocupado

careful /ˈkeərfl/ *adj* **1** *to be careful (about/of/with sth)* ter cuidado (com algo) **2** *(trabalho, etc.)* cuidadoso **careful-**

---

ly *adv* com cuidado, cuidadosamente: *to listen/think carefully* escutar com atenção/pensar bem LOC *Ver* TREAD

careless /ˈkeərləs/ *adj* ~ **(about sth)** descuidado, desatento (com algo): *to be careless of sth* não ter atenção com algo

carer /ˈkeɪrər/ *s* (GB) acompanhante (*de pessoa idosa ou doente*)

caress /kəˈres/ ◆ *s* carícia ◆ *vt* acariciar

caretaker /ˈkeərteɪkər/ ◆ *s* (GB) (USA **janitor**) zelador, -ora, porteiro, -a, vigia ◆ *adj* interino

cargo /ˈkɑrgoʊ/ *s* (*pl* ~s, GB ~es) **1** carga **2** carregamento

caricature /ˈkærɪkətʃər/ ◆ *s* caricatura ◆ *vt* caricaturar

caring /ˈkeərɪŋ/ *adj* afetuoso, humanitário: *a caring image* uma imagem humanitária

carnation /kɑrˈneɪʃn/ *s* cravo

carnival /ˈkɑrnɪvl/ *s* carnaval

carnivore /ˈkɑrnɪvɔːr/ *s* carnívoro **carnivorous** *adj* carnívoro

carol /ˈkærəl/ *s* cântico natalino

car park (GB) (USA **parking lot**) *s* estacionamento

carpenter /ˈkɑrpəntər/ *s* carpinteiro, -a **carpentry** *s* carpintaria

carpet /ˈkɑrpɪt/ ◆ *s* tapete, carpete ◆ *vt* atapetar **carpeting** *s* [*não contável*] tapeçaria

carriage /ˈkærɪdʒ/ *s* **1** carruagem **2** (GB) (USA **car**) (*trem*) vagão **3** (*correio*) porte **carriageway** *s* pista

carrier /ˈkæriər/ *s* **1** portador, -ora, transportador, -ora **2** transportadora (*empresa*)

carrier bag *s* (GB) saco (*de plástico/papel*)

carrot /ˈkærət/ *s* **1** cenoura **2** (*fig*) recompensa

carry /ˈkæri/ (*pret, pp* **carried**) **1** *vt* carregar: *to carry a gun* portar uma arma ☛ *Ver nota em* WEAR **2** *vt* sustentar **3** *vt* (*votação*) aprovar **4** *v refl* ~ **yourself**: *She carries herself well.* Ela tem um porte elegante. **5** *vi* projetar-se: *Her voice carries well.* Ela tem uma boa projeção de voz. LOC **to carry the can (for sth)** (GB, *coloq*) levar a culpa (por algo) **to carry the day** sair vitorioso (por algo) **to carry weight** pesar (numa decisão) PHR V **to carry sb/sth away 1** (*lit*) entu-

siasmar alguém/algo **2** (*fig*): *Don't get carried away.* Não se deixe levar.

to carry sth off 1 sair-se bem em algo **2** realizar algo **to carry sb/sth off** ganhar, conquistar alguém/algo

to carry on (with sb) (*coloq*) ter um caso (com alguém) **to carry on (with sth/doing sth); to carry sth on** continuar (com algo/a fazer algo): *to carry on a conversation* manter uma conversa

to carry sth out 1 (*promessa, ordem, etc.*) cumprir algo **2** (*plano, investigação, etc.*) levar algo a cabo

to carry sth through levar algo até o fim

carryall /ˈkæriɔːl/ (GB **holdall**) *s* saco de viagem

cart /kɑrt/ ◆ *s* carroça ◆ *vt* transportar (em carroça) PHR V **to cart sth about/around** (*coloq*) carregar algo para cima e para baixo **to cart sb/sth off** (*coloq*) carregar alguém/algo

carton /ˈkɑrtn/ *s* caixa (de papelão) ☛ *Ver ilustração em* CONTAINER

cartoon /kɑrˈtuːn/ *s* **1** charge, caricatura, cartum **2** estória em quadrinhos **3** desenho animado **4** (*Arte*) esboço **cartoonist** *s* chargista, caricaturista, cartunista

cartridge /ˈkɑrtrɪdʒ/ *s* **1** cartucho **2** (*de câmera, etc.*) carretel

carve /kɑrv/ **1** *vt, vi* esculpir: *carved out of/from/in marble* esculpido em mármore **2** *vt, vi* (*madeira*) talhar **3** *vt* (*iniciais, etc.*) gravar **4** *vt, vi* (*carne*) trinchar PHR V **to carve sth out (for yourself)** fazer-se algo: *She carved out a career for herself in law.* Ela se fez bem na carreira de direito. **to carve sth up** (*coloq*) repartir algo **carving** *s* escultura, obra de talha

cascade /kæˈskeɪd/ *s* cascata

case¹ /keɪs/ *s* **1** (*Med, Gram, etc.*) caso: *It's a case of ...* Trata-se de ... **2** argumento(s): *There is a case for ...* Há razões para ... **3** (*Jur*) causa: *the case for the defense/prosecution* a causa para a defesa/acusação LOC **in any case** em todo caso **(just) in case** se por acaso **to make (out) a case (for sth)** apresentar argumentos favoráveis (a algo) *Ver tb* BORDERLINE, JUST

case² /keɪs/ *s* **1** estojo **2** caixa (*embalagem*) **3** caixote (*de vinho*) **4** mala

cash /kæʃ/ ◆ *s* [*não contável*] dinheiro (em espécie): *to pay (in) cash* pagar em

tʃ	dʒ	v	θ	ð	s	z	ʃ
chin	**June**	**van**	**thin**	**then**	**so**	**zoo**	**she**

dinheiro ◊ **cash card** cartão de saque ◊
cash price preço à vista ◊ **cash machine**
caixa automática/eletrônica ◊ *cash flow*
fluxo de caixa ◊ *cash register* caixa
(registradora) ◊ *to be short of cash* estar
sem dinheiro LOC **cash down** pagamento à vista **cash on delivery** (*abrev*
COD) pagamento contra entrega *Ver tb*
HARD ◆ *vt* descontar: *to cash a check*
descontar um cheque PHR V **to cash in**
(**on sth**) lucrar (com algo) **to cash sth
in** trocar algo

cashier /kæ'ʃɪər/ *s* caixa (*pessoa*)

cashmere /ˌkæʃ'mɪər/ *s* cashmere

casino /kə'siːnoʊ/ *s* (*pl* ~s) cassino

cask /kæsk; *GB* kɑːsk/ *s* barril

casket /'kæskɪt; *GB* 'kɑːskɪt/ *s* **1** (*GB*)
caixa (*para jóias, etc.*) **2** (*USA*) caixão

casserole /'kæsərooʊl/ *s* **1** (*tb* **casserole dish**) panela de barro ☞ *Ver ilustração em* SAUCEPAN **2** ensopado

cassette /kə'set/ *s* fita cassete: *cassette
deck/player/recorder* toca-fitas/gravador

cast /kæst; *GB* kɑːst/ ◆ *s* **1** [*v sing ou
pl*] (*Teat*) elenco **2** (*Med*): *My arm's in a
cast.* Meu braço está engessado. **3** (*Arte*)
molde ◆ *vt* (*pret, pp* **cast**) **1** (*Teat*): *to
cast sb as Romeo* dar a alguém o papel
de Romeo **2** atirar, lançar **3** (*olhar*)
lançar **4** (*sombra*) projetar **5** (*voto*) dar:
to cast your vote votar LOC **to cast an
eye/your eye(s) over sth** dar uma olhada rápida em algo **to cast a spell on sb/
sth** lançar um feitiço em alguém/algo
to cast doubt (on sth) lançar suspeita
(sobre algo) PHR V **to cast about/
around for sth** buscar algo às pressas
to cast sb/sth aside colocar alguém/
algo de lado **to cast sth off** desfazer-se
de algo

castaway /'kæstəweɪ; *GB* 'kɑːst-/ *s* náufrago, -a

caste /kæst; *GB* kɑːst/ *s* casta: *caste
system* sistema de castas

cast iron ◆ *s* ferro fundido ◆ *adj* **1** de
ferro fundido **2** (*constituição*) de ferro **3**
(*álibi*) forte

castle /'kæsl; *GB* 'kɑːsl/ *s* **1** castelo **2**
(*tb* **rook**) (*xadrez*) torre

castrate /'kæstreɪt; *GB* kæ'streɪt/ *vt*
castrar **castration** *s* castração

casual /'kæʒuəl/ *adj* **1** (*roupa*) esportivo **2** (*trabalho*) ocasional: *casual
worker* (*GB*) trabalhador sem vínculo
empregatício **3** superficial: *a casual ac-*

quaintance um conhecido ◊ *a casual
glance* uma espiada **4** (*comentário*) sem
importância **5** (*comportamento*) descontraído, informal: *casual sex* sexo sem
compromisso **casually** *adv* **1** casualmente **2** informalmente **3** temporariamente **4** descontraídamente

casualty /'kæʒuəlti/ *s* (*pl* **-ies**) vítima,
ferido, -a

cat /kæt/ *s* **1** gato: *cat food* ração para
gatos ☞ *Ver nota em* GATO **2** felino: *big
cat* felino selvagem LOC *Ver* LET[1]

catalogue (*USA tb* **catalog**) /'kætələːg;
GB -lɒg/ ◆ *s* **1** catálogo **2** (*fig*): *a catalogue of disasters* uma série de desastres ◆ *vt* catalogar **cataloguing** *s*
catalogação

catalyst /'kætəlɪst/ *s* catalisador

catapult /'kætəpʌlt/ ◆ *s* estilingue, atiradeira ◆ *vt* atirar com estilingue

cataract /'kætərækt/ *s* (*Geog, Med*) catarata

catarrh /kə'tɑːr/ *s* (*GB*) catarro

catastrophe /kə'tæstrəfi/ *s* catástrofe
catastrophic /ˌkætə'strɒfɪk/ *adj* catastrófico

catch /kætʃ/ ◆ (*pret, pp* **caught** /kɔːt/)
1 *vt, vi* apanhar: *Here, catch!* Pega! **2** *vt*
pegar, agarrar **3** *vt* surpreender **4** *vt*
(*coloq*) pegar: *I caught a boy stealing
apples.* Peguei um menino roubando
maçãs. **5** *vt* (*USA, coloq*) ver: *I'll catch
you later.* Eu te vejo mais tarde. **6** *vt* ~
sth (**in/on sth**) prender algo (em/con
algo) : *He caught his finger in the door.*
Ele prendeu o dedo na porta. **7** *vt* (*Med*)
ser contagiado por, pegar **8** *vt* ouvir,
compreender **9** *vi* (*fogo*) pegar LOC **to
catch fire** pegar fogo **to catch it** (*coloq*):
You'll catch it! Você vai se dar mal! **to
catch sb off balance** apanhar alguém
desprevenido **to catch sb's attention/
eye** chamar a atenção de alguém **to
catch sight/a glimpse of sb/sth** avistar
alguém/algo **to catch your breath 1**
recuperar o fôlego **2** ficar sem respiração **to catch your death (of cold)** (*coloq*) pegar uma pneumonia *Ver tb*
CROSSFIRE, EARLY, FANCY

PHR V **to catch at sth** *Ver* TO CLUTCH AT
STH *em* CLUTCH

to catch on (*coloq*) entrar na moda,
pegar **to catch on (to sth)** (*coloq*) entender (algo)

to catch sb out 1 apanhar alguém fazendo algo errado **2** (*beisebol, etc.*) eli-

i:	i	ɪ	e	æ	ɑ	ʌ	ʊ	u:
see	happy	sit	ten	hat	cot	cup	put	too

minar alguém no passe de bola
to be caught up in sth estar envolvido em algo **to catch up (on sth)** pôr (algo) em dia **to catch up (with sb)/** (*GB*) **to catch sb up** alcançar alguém
◆ *s* **1** ação de apanhar (especialmente bola) **2** captura **3** (*peixe*) pesca **4** (*coloq, fig*): *He's a good catch.* Ele é um bom partido. **5** trinco, fecho **6** (*fig*) mutreta: *It's a catch-22* (*situation*). Se correr o bicho pega, se ficar o bicho come.
catcher *s* (*beisebol*) apanhador, -ora
catching *adj* contagioso catchy *adj* (-ier, -iest) que pega fácil, fácil de memorizar

catchment area *s* (*GB*) distrito

catchphrase /'kætʃfreɪz/ *s* frase feita

catechism /'kætəkɪzəm/ *s* catecismo

categorical /ˌkætə'gɒːrɪkl; *GB* -'gɒr-/ (*tb* Categoric) *adj* **1** (*resposta*) categórico **2** (*recusa*) terminante **3** (*regra*) final
categorically *adv* categoricamente

categorize, -ise /'kætəgəraɪz/ *vt* classificar

category /'kætəgɔːri; *GB* -gəri/ *s* (*pl* -ies) categoria

cater /'keɪtər/ *vi* abastecer: *to cater for a party* fornecer comida a uma festa ◊ *to cater for all tastes* satisfazer a todos os gostos catering *s* serviço de bufê: *the catering industry* a indústria de bufê

caterpillar /'kætərpɪlər/ *s* **1** lagarta **2** (*tb* Caterpillar track®) lagarta, esteira (*de trator, tanque*)

catfish /'kætfɪʃ/ *s* bagre

cathedral /kə'θiːdrəl/ *s* catedral

Catholic /'kæθlɪk/ *adj, s* católico, -a
Catholicism /kə'θɒləsɪzəm/ *s* catolicismo

cattle /'kætl/ *s* [*pl*] gado

caught *pret, pp de* CATCH LOC CROSSFIRE

cauldron (*tb* caldron) /'kɔːldrən/ *s* caldeirão

cauliflower /'kɒːlɪflaʊər/; *GB* 'kɒlɪ-/ *s* couve-flor

cause /kɔːz/ ◆ *vt* causar LOC *Ver* HAVOC ◆ *s* **1** ~ (**of sth**) causa (de algo) **2** ~ (**for sth**) motivo, razão (de/para algo): *cause for complaint/to complain* motivo de queixa LOC *Ver* ROOT

causeway /'kɔːzweɪ/ *s* estrada ou caminho elevado

caustic /'kɔːstɪk/ *adj* **1** cáustico **2** (*fig*) mordaz

caution /'kɔːʃn/ ◆ **1** *vt, vi* ~ (**sb**) **against sth** advertir (alguém) contra algo **2** *vt* avisar ◆ *s* **1** precaução, cautela: *to exercise extreme caution* agir de forma extremamente cautelosa **2** aviso LOC **to throw/fling caution to the wind** fazer algo sem pensar nas conseqüências cautionary *adj* de advertência: *a cautionary tale* um relato de advertência

cautious /'kɔːʃəs/ *adj* ~ (**about/of sth**) cauteloso (com algo): *a cautious driver* um motorista precavido cautiously *adv* cautelosamente

cavalry /'kævlri/ *s* cavalaria

cave /keɪv/ ◆ *s* caverna, gruta: *cave painting* pintura (pré-histórica) feita em caverna ◆ PHR V **to cave in 1** desabar **2** (*fig*) ceder

cavern /'kævərn/ *s* caverna cavernous *adj* cavernoso

cavity /'kævəti/ *s* (*pl* -ies) **1** cavidade **2** cárie

cease /siːs/ *vt, vi* (*formal*) cessar, terminar: *to cease to do sth* parar de fazer algo

ceasefire /'siːsfaɪər/ *s* cessar-fogo

ceaseless /'siːsləs/ *adj* incessante

cede /siːd/ *vt* ceder

ceiling /'siːlɪŋ/ *s* **1** teto **2** altura máxima **3** (*fig*) teto, limite

celebrate /'selɪbreɪt/ **1** *vt* celebrar **2** *vi* festejar **3** *vt* (*formal*) homenagear celebrated *adj* ~ (**for sth**) célebre (por algo)
celebration *s* comemoração: *in celebration of* em comemoração a celebratory /'seləbrəˌtɔːri/ *adj* comemorativo, festivo

celebrity /sə'lebrəti/ *s* (*pl* -ies) celebridade

celery /'seləri/ *s* aipo

cell /sel/ *s* **1** cela **2** (*Biol, Pol, Eletrôn*) célula

cellar /'selər/ *s* **1** porão **2** adega

cellist /'tʃelɪst/ *s* violoncelista

cello /'tʃeloʊ/ *s* (*pl* ~s) violoncelo

cellular /'seljulər/ *adj* celular

cellular phone (*coloq* cell phone) (*GB* mobile phone) *s* telefone celular

cement /sɪ'ment/ ◆ *s* cimento ◆ *vt*

u	ɔː	ɜː	ə	j	w	eɪ	oʊ
situation	saw	fur	ago	yes	woman	pay	home

1 cimentar, revestir de cimento **2** (*fig*) fortalecer

cemetery /'semətəri; *GB* -tri/ *s* (*pl* -ies) cemitério (municipal) ☛ *Comparar com* CHURCHYARD

censor /'sensər/ ◆ *s* censor, -ora ◆ *vt* censurar **censorship** *s* [*não contável*] censura

censure /'senʃər/ ◆ *vt* ~ **sb** (**for**) censurar alguém (por) ◆ *s* censura (*repri-menda*)

census /'sensəs/ *s* (*pl* ~**es**) censo

cent /sent/ *s* cêntimo

centennial /sen'teniəl/ *s* centenário

center (*GB* centre) /'sentər/ ◆ *s* **1** centro: *the center of town* o centro da cidade **2** núcleo: *a center of commerce* um centro comercial **3** **the center** (*Pol*) o centro: *a center party* um partido de centro **4** (*tb* center forward) (*Esporte*) centroavante ◆ *vt, vi* centrar(-se) PHR V **to center** (**sth**) **on/upon/(a)round sb/ sth** concentrar algo em alguém/algo

center back *s* (*Esporte*) zagueiro

centimeter (*GB* -metre) /'sentimi:tər/ *s* (*abrev* cm) centímetro

centipede /'sentipi:d/ *s* centopéia

central /'sentrəl/ *adj* **1** (*de cidade*) central: *central Boston* o centro de Boston **2** geral: *central heating* aquecimento central **3** principal **centralize, -ise** *vt* centralizar **centralization, -isation** *s* centralização **centrally** *adv* centralmente

centre (*GB*) *Ver* CENTER

century /'sentʃəri/ *s* (*pl* -ies) século

cereal /'siəriəl/ *s* cereal

cerebral /sə'ri:brəl; *GB* 'serəbrəl/ *adj* cerebral

ceremonial /ˌseri'məuniəl/ *adj, s* cerimonial

ceremony /'serəməuni; *GB* -məni/ *s* (*pl* -ies) cerimônia

certain /'sɜ:rtn/ ◆ *adj* **1** certo: *That's far from certain.* Não é nada certo. ◊ *It is certain that he'll be elected.* Ele certamente será eleito. **2** determinado: *to a certain extent* até um certo ponto **3** tal: *a certain Mr. Brown* um tal de Sr Brown LOC **for certain** com certeza **to make certain** (**that…**) assegurar-se (de que…) **to make certain of** (**doing**) **sth** fazer algo a fim de obter um determina-

do resultado ◆ *pron* ~ **of…**: *certain of those present* alguns dos presentes **certainly** *adv* **1** com certeza ☛ *Comparar com* SURELY **2** (*como resposta*) claro: *Certainly not!* Claro que não! **certainty** *s* (*pl* -ies) certeza

certificate /sər'tifikət/ *s* **1** certificado: *doctor's certificate* atestado médico **2** (*nascimento, etc.*) certidão

certify /'sɜ:rtifai/ *vt* (*pret, pp* -fied) **1** certificar **2** (*tb* to certify insane): *He was certified* (*insane*). Ele foi declarado louco. **certification** *s* atestado

chain /tʃein/ ◆ *s* **1** corrente: *chain mail* armadura de malha de ferro ◊ *chain reaction* reação em cadeia **2** (*Geog*) cordilheira LOC **in chains** acorrentado ◆ *vt* ~ **sb/sth** (**up**) prender alguém/algo com corrente

chainsaw /'tʃeinsɔ:/ *s* serra elétrica

chain-smoke /'tʃein sməuk/ *vi* fumar um cigarro atrás do outro

chair /tʃeər/ ◆ *s* **1** cadeira: *Pull up a chair.* Sente-se. ◊ *easy chair* poltrona **2** **the chair** (*reunião*) a presidência, o/a presidente **3** **the** (**electric**) **chair** a cadeira elétrica **4** cátedra ◆ *vt* presidir (*reunião*)

chairman /'tʃeərmən/ *s* (*pl* -men /-mən/) presidente ☛ Prefere-se utilizar a forma **chairperson**, que se refere tanto a homem quanto a mulher.

chairperson /'tʃeərpɜ:rsn/ *s* presidente, -a

chairwoman /'tʃeərwumən/ *s* (*pl* -women) presidenta ☛ Prefere-se utilizar a forma **chairperson**, que se refere tanto a homem quanto a mulher.

chalet /ʃæ'lei/ *s* chalé (*esp de estilo suíço*)

chalk /tʃɔ:k/ ◆ *s* [*ger não contável*] **1** (*Geol*) greda **2** giz: *a piece/stick of chalk* um pedaço de giz ◆ PHR V **to chalk sth up** pôr algo na conta (*de alguém*)

chalkboard /'tʃɔ:kbɔ:rd/ *s* quadro-negro

challenge /'tʃæləndʒ/ ◆ *s* desafio: *to issue a challenge to sb* lançar um desafio a alguém ◆ *vt* **1** desafiar **2** interpelar **3** (*autoridade, etc.*) contestar **4** (*trabalho, etc.*) estimular **challenger** *s* **1** (*Esporte*) desafiante **2** concorrente **challenging** *adj* estimulante, desafiante

chamber /'tʃeimbər/ *s* câmara: *cham-*

aɪ	aʊ	ɔɪ	ɪə	eə	ʊə	ʒ	h	ŋ
five	now	join	near	hair	pure	vision	how	sing

ber music música de câmara ◊ *chamber of commerce* câmara de comércio

champagne /ʃæmˈpeɪn/ s champanhe

champion /ˈtʃæmpiən/ ◆ s 1 (*Esporte, etc.*) campeão, -ã: *the defending/reigning champion* o atual campeão 2 (*causa*) defensor, -ora ◆ vt defender **championship** s campeonato: *world championship* campeonato mundial

chance /tʃæns; GB tʃɑːns/ ◆ s 1 acaso 2 casualidade: *a chance meeting* um encontro casual 3 probabilidade 4 oportunidade 5 risco LOC **by (any) chance** por acaso **on the (off) chance** por via das dúvidas **the chances are (that)…** (*coloq*) o mais provável é que… **to take a chance (on sth)** correr o risco (de algo) **to take chances** arriscar-se *Ver tb* STAND ◆ vt ~ **doing sth** correr o risco de fazer algo LOC **to chance your arm/luck** (*coloq*) arriscar-se PHR V **to chance on/upon sb/sth** encontrar com alguém/encontrar algo por acaso

chancellor /ˈtʃænsələr; GB ˈtʃɑːns-/ s 1 chanceler: *Chancellor of the Exchequer* (*GB*) Ministro da Fazenda 2 (*universidade*) reitor honorário, reitora honorária

chandelier /ˌʃændəˈlɪər/ s lustre

change /tʃeɪndʒ/ ◆ 1 vt, vi mudar: *to change your clothes* mudar de roupa 2 vt ~ **sb/sth (into sth)** transformar alguém/algo (em algo) 3 vi ~ **from sth (in)to sth** passar de algo para algo LOC **to change hands** trocar de dono **to change places (with sb)** 1 trocar de lugar (com alguém) 2 (*fig*) colocar-se no lugar (de alguém) **to change your mind** mudar de idéia **to change your tune** (*coloq*) virar a casaca PHR V **to change back into sth** 1 (*roupa*) vestir algo outra vez 2 voltar a ser algo **to change into sth** 1 passar para algo 2 transformar-se em algo **to change over (from sth to sth)** passar (de algo para algo) ◆ s 1 mudança 2 troca: *a change of socks* um par de meias extra 3 baldeação 4 [*não contável*] trocado: *loose change* dinheiro miúdo/trocado 5 (*dinheiro*) troco LOC **a change for the better/worse** uma mudança para melhor/pior **a change of heart** uma mudança de atitude **for a change** para variar **the change of life** a menopausa **to make a change** mudar o estado das coisas *Ver tb* CHOP **changeable** *adj* variável

changeover /ˈtʃeɪndʒəʊvər/ s transição (*p.ex. de um sistema político a outro*)

changing room s cabine de provas, vestiário

channel /ˈtʃænl/ ◆ s 1 (*TV, Rádio*) canal 2 (*rio, etc.*) leito 3 (*Geog*) canal 4 (*fig*) via ◆ vt (**-ll-, USA tb-l-**) 1 canalizar 2 sulcar

chant /tʃænt; GB tʃɑːnt/ ◆ s 1 (*Relig*) cântico 2 (*multidão*) toada, canção ◆ vt, vi 1 (*Relig*) cantar 2 (*multidão*) entoar, cantarolar

chaos /ˈkeɪɒs/ s [*não contável*] caos: *to cause chaos* causar confusão **chaotic** /keɪˈɒtɪk/ *adj* caótico

chap /tʃæp/ s (*coloq, GB*) cara: *He's a good chap.* Ele é um cara legal.

chapel /ˈtʃæpl/ s capela

chaplain /ˈtʃæplɪn/ s capelão

chapped /tʃæpt/ *adj* rachado

chapter /ˈtʃæptər/ s 1 capítulo 2 época LOC **chapter and verse** nos mínimos detalhes

char /tʃɑr/ vt, vi (**-rr-**) tostar, queimar

character /ˈkærəktər/ s 1 caráter: *character references* referências pessoais ◊ *character assassination* difamação 2 (*coloq*) peça, figura 3 (*Liter*) personagem: *the main character* o protagonista 4 reputação LOC **in/out of character** típico/atípico (de alguém)

characteristic /ˌkærəktəˈrɪstɪk/ ◆ *adj* característico ◆ s traço, característica **characteristically** *adv*: *His answer was characteristically frank.* Ele respondeu com franqueza habitual.

characterize, -ise /ˈkærəktəraɪz/ vt 1 ~ **sb/sth as sth** retratar alguém/alguma coisa como algo 2 caracterizar: *It is characterized by…* Caracteriza-se por… **characterization, -isation** s descrição, caracterização

charade /ʃəˈreɪd; GB ʃəˈrɑːd/ s (*fig*) farsa, charada

charcoal /ˈtʃɑrkoʊl/ s 1 carvão vegetal 2 (*Arte*) carvão 3 (*tb* **charcoal gray**) cinza escuro (*cor*)

charge /tʃɑrdʒ/ ◆ s 1 acusação 2 (*Mil*) carga 3 (*Esporte*) ataque 4 (*animais*) investida 5 preço: *free of charge* grátis 6 encargo 7 carga (*elétrica ou de arma*) LOC **in charge (of sb/sth)** encarregado (de alguém/algo): *Who's in charge here?*

tʃ	dʒ	v	θ	ð	s	z	ʃ
chin	June	van	thin	then	so	zoo	she

Quem é o encarregado aqui? **in/under sb's charge** sob os cuidados de alguém: *to leave a child in a friend's charge* deixar uma criança aos encargos de um amigo **to bring/press charges against sb** processar alguém **to have charge of sth** ser responsável por algo **to take charge (of sth)** assumir a responsabilidade (por algo) *Ver tb* EARTH, REVERSE ◆ **1** *vt* ~ **sb (with sth)** acusar alguém (de algo) **2** *vt, vi* ~ **((at) sb/sth)** (*Mil, Esporte*) lançar-se (contra alguém/algo): *The children charged up/down the stairs.* As crianças correram pelas escadas acima/abaixo. **3** *vt, vi* ~ **(at sb/sth)** (*animal*) investir (contra alguém/algo) **4** *vt, vi* cobrar **5** *vt* (*revólver, pilha*) carregar **6** *vt* (*formal*) incumbir PHR V **to charge sth (up) (to sb)** pôr algo na conta (de alguém) **chargeable** *adj* **1** passível de acusação **2** ~ **to sb** (*pagamento*) debitado na conta de alguém

chariot /ˈtʃæriət/ *s* carro de guerra, biga

charisma /kəˈrɪzmə/ *s* carisma **charismatic** /ˌkærɪzˈmætɪk/ *adj* carismático

charitable /ˈtʃærətəbl/ *adj* **1** caridoso **2** bondoso **3** (*organização*) beneficente

charity /ˈtʃærəti/ *s* (*pl* **-ies**) **1** caridade **2** compaixão **3** (*organização*) instituição de caridade: *for charity* com fins beneficentes

charm /tʃɑrm/ ◆ *s* **1** charme **2** amuleto: *a charm bracelet* uma pulseira de berloques **3** feitiço LOC *Ver* WORK² ◆ *vt* encantar: *a charmed life* uma vida afortunada PHR V **to charm sth from/out of sb/sth** conseguir alguma coisa de alguém/algo por meio de charme **charming** *adj* encantador, charmoso

chart /tʃɑrt/ ◆ *s* **1** carta de navegação **2** gráfico: *flow chart* fluxograma **3 the charts** [*pl*] (*discos*) parada de sucessos ◆ *vt* mapear: *to chart the course/the progress of sth* traçar o percurso/a evolução de algo

charter /ˈtʃɑrtər/ ◆ *s* **1** estatuto: *royal charter* (*GB*) autorização real **2** frete: *a charter flight* um vôo fretado ◊ *a charter plane/boat* um avião/barco fretado ◆ *vt* **1** conceder autorização a **2** (*avião*) fretar **chartered** *adj* habilitado: *chartered accountant* (*GB*) perito-contador

chase /tʃeɪs/ ◆ **1** *vt, vi* (*lit e fig*) perse-

guir: *He's always chasing (after) women.* Ele está sempre correndo atrás de mulheres. **2** *vt* (*coloq*) correr atrás de: *I'm chasing a promotion.* Estou tentando conseguir uma promoção. PHR V **to chase about, around, etc.** correr de lá para cá **to chase sb/sth away, off, out, etc.** botar alguém/algo para fora **to chase sth up** (*GB, coloq*) localizar algo ◆ *s* **1** perseguição **2** (*animais*) caça

chasm /ˈkæzəm/ *s* abismo

chassis /ˈtʃæsi/ *s* (*pl* **chassis** /ˈtʃæsiz/) chassi

chaste /tʃeɪst/ *adj* **1** casto **2** (*estilo*) sóbrio

chastened /ˈtʃeɪsnd/ *adj* **1** escaldado **2** (*tom de voz*) submisso **chastening** *adj* que serve de lição

chastity /ˈtʃæstəti/ *s* castidade

chat /tʃæt/ ◆ *s* bate-papo: *chat show* (*GB*) programa de entrevistas ◆ *vi* (-tt-) ~ **(to/with sb) (about sth)** bater papo (com alguém) (sobre algo) PHR V **to chat sb up** (*GB, coloq*) cantar alguém **chatty** *adj* (-ier, -iest) **1** (*pessoa*) conversador **2** (*carta*) informal

chatter /ˈtʃætər/ ◆ *vi* **1** ~ **(away/on)** tagarelar **2** (*macaco*) chiar **3** (*pássaro*) chilrar **4** (*dentes*) tiritar ◆ *s* tagarelice

chauffeur /ʃoʊˈfɜːr; *GB* ˈʃəʊfə(r)/ ◆ *s* chofer ◆ *vt* ~ **sb around** dar uma de chofer para alguém; conduzir alguém num carro

chauvinism /ˈʃoʊvɪnɪzəm/ *s* chauvinismo

chauvinist /ˈʃoʊvɪnɪst/ ◆ *s* chauvinista ◆ *adj* (*tb* **chauvinistic**) /ˌʃoʊvɪˈnɪstɪk/ chauvinista

cheap /tʃiːp/ ◆ *adj* (-er, -est) **1** barato **2** econômico **3** de má qualidade **4** (*coloq*) (*comentário, piada, etc.*) vulgar **5** (*coloq, USA*) pão-duro LOC **cheap at the price** (*GB*) caro mas vale a pena ◆ *adv* (*coloq*) (-er, -est) barato LOC **not to come cheap** (*coloq*): *Success doesn't come cheap.* O sucesso não vem de graça. **to be going cheap** (*coloq*) estar em oferta ◆ *s* LOC **on the cheap** (*coloq*) abaixo do custo **cheapen** *vt* baixar o preço de: *to cheapen yourself* rebaixar-se **cheaply** *adv* barato, por baixo preço

cheat /tʃiːt/ **1** *vi* trapacear **2** *vi* (*colégio*) colar **3** *vt* enganar PHR V **to cheat sb (out) of sth** defraudar alguém de algo **to cheat on sb** ser infiel a alguém ◆ *s* **1** trapaceiro, -a **2** trapaça, fraude

check /tʃek/ ◆ **1** *vt* verificar, revisar *Ver tb* DOUBLE-CHECK **2** *vt*, *vi* examinar **3** *vt* deter **4** *vi* controlar(-se) LOC **to check (sth) for sth** examinar algo cuidadosamente para algo PHR V **to check in (at…); to check into…** registrar-se (*num hotel, etc.*) **to check sth in** entregar algo (*bagagem*) **to check sth off** ticar algo de uma lista **to check out (of…)** pagar a conta e partir (*de um hotel*) **to check sb/sth out** (*USA*) investigar alguém/algo **to check (up) on sb/sth** investigar alguém/algo ◆ *s* **1** verificação, revisão **2** investigação **3** xeque *Ver tb* CHECKMATE **4** (*GB* cheque) cheque: *pay by check* pagar com cheque ◊ *check card* cartão de garantia de cheque **5** (*GB* bill) (*restaurante*) conta: *The check, please.* A conta, por favor LOC **to hold/keep sth in check** conter/controlar algo **checked** (*tb* check) *adj* xadrez

checkbook (*GB* cheque book) /'tʃekbʊk/ *s* talão de cheques

checkers /'tʃekərz/ (*GB* draughts) *s* [*sing*] (jogo de) damas

check-in /'tʃek ɪn/ *s* check-in

checklist /'tʃeklɪst/ *s* lista

check mark

check mark

check mark (*GB* tick) *s* tique

checkmate /'tʃekmeɪt/ (*tb* mate) *s* xeque-mate

checkout /'tʃekaʊt/ *s* **1** caixa (*numa loja*) **2** ato de pagar a conta num hotel e partir

checkpoint /'tʃekpɔɪnt/ *s* (ponto de) controle

check-up /'tʃek ʌp/ *s* **1** exame (*médico*) **2** revisão

cheek /tʃiːk/ *s* **1** bochecha **2** (*GB, fig*) descaramento: *What (a) cheek!* Que cara-de-pau! LOC *Ver* TONGUE **cheeky** *adj* (*-ier, -iest*) (*GB*) atrevido

cheer /tʃɪər/ ◆ **1** *vt*, *vi* aclamar, dar vivas a **2** *vt* animar, alegrar: *to be cheered by sth* animar-se com algo PHR V **to cheer sb on** torcer por alguém **to cheer up** animar-se: *Cheer up!* Anime-se! **to cheer sb/sth up** alegrar alguém/algo, animar alguém/algo ◆ *s* ovação, aplauso: *Three cheers for…!* Três vivas para…! **cheerful** *adj* **1** alegre, bem-disposto **2** agradável **cheery** *adj* (*-ier, -iest*) alegre, animado

cheering /'tʃɪərɪŋ/ ◆ *s* [*não contável*] aclamação ◆ *adj* alentador, reconfortante

cheerio! /ˌtʃɪəri'oʊ/ *interj* (*GB*) tchau!

cheerleader /'tʃɪərliːdər/ *s* animador, -ora (*de torcida*)

cheers! /tʃɪərz/ *interj* (*GB*) **1** saúde! **2** tchau! **3** obrigado!

cheese /tʃiːz/ *s* queijo: *Would you like some cheese?* Você quer queijo? ◊ *a wide variety of cheeses* uma grande variedade de queijos LOC *Ver* BIG

cheesecake /'tʃiːzkeɪk/ *s* torta de queijo

cheetah /'tʃiːtə/ *s* chita

chef /ʃef/ *s* cozinheiro-chefe, cozinheira-chefe

chemical /'kemɪkl/ ◆ *adj* químico ◆ *s* produto químico

chemist /'kemɪst/ *s* **1** químico, -a **2** (*GB*) (*USA* pharmacist) farmacêutico, -a **chemist's (shop)** (*GB*) *s* farmácia ☛ *Ver nota em* PHARMACY

chemistry /'kemɪstri/ *s* química

cheque (*GB*) *Ver* CHECK

cheque book (*GB*) *Ver* CHECKBOOK

cherish /'tʃerɪʃ/ *vt* **1** (*liberdade, tradições*) valorizar **2** (*pessoa*) estimar, cuidar **3** (*esperança*) acalentar **4** (*recordação*) guardar com carinho

cherry /'tʃeri/ *s* (*pl* -ies) **1** cereja **2** (*tb* cherry tree) (*árvore*) cerejeira: *cherry blossom* flor de cerejeira **3** (*tb* cherry red) (*cor*) vermelho elétrico

cherub /'tʃerəb/ *s* (*pl* ~s *ou* ~im) querubim

chess /tʃes/ *s* xadrez: *chessboard* tabuleiro de xadrez

chest /tʃest/ *s* **1** caixa: *chest of drawers* cômoda **2** peito (*tórax*) ☛ *Comparar com* BREAST LOC **to get it/something off your chest** (*coloq*) desabafar(-se), colocar algo para fora

u	ɔː	ɜː	ə	j	w	eɪ	oʊ
situation	saw	fur	ago	yes	woman	pay	home

chestnut /ˈtʃesnʌt/ ◆ s **1** castanha **2** (*árvore, madeira*) castanheira **3** (*coloq*) estória ou piada surrada ◆ adj, s (cor) castanho

chew /tʃuː/ vt ~ **sth** (**up**) mastigar algo PHR V **to chew sth over** (*coloq*) ruminar algo

chewing gum s [*não contável*] chiclete

chick /tʃɪk/ s **1** pinto

chicken /ˈtʃɪkɪn/ ◆ s **1** (*carne*) frango **2** (*ave*) galinha Ver tb ROOSTER, HEN **3** (*coloq*) covarde ◆ PHR V **to chicken out** (*coloq*) dar para trás ◆ adj (*coloq*) medroso

chickenpox /ˈtʃɪkɪmpɑks/ s [*não contável*] catapora

chickpea /ˈtʃɪkpiː/ s grão-de-bico

chicory /ˈtʃɪkəri/ s [*não contável*] **1** endívia **2** chicória

chief /tʃiːf/ ◆ s chefe ◆ adj principal **chiefly** adv **1** sobretudo **2** principalmente

chieftain /ˈtʃiːftən/ s chefe (*de tribo ou clã*)

child /tʃaɪld/ s (pl ~ren /ˈtʃɪldrən/) **1** criança: *child benefit* (*GB*) salário-família ◇ *child care* puericultura ◇ *child care provisions* (*GB*) serviços de amparo ao menor ◇ *child-minder* babá que cuida de crianças em sua própria casa ◇ *children's clothes/television* roupa/programação infantil **2** filho, -a: *an only child* um filho único **3** (*fig*) produto LOC **child's play** (*coloq*) barbada **childbirth** s parto **childhood** s infância, meninice **childish** adj **1** infantil **2** (*pej*) imaturo: *to be childish* portar-se como criança **childless** adj sem filhos **childlike** adj (*aprov*) de (uma) criança

chili (*GB* **chilli**) /ˈtʃɪli/ s (pl ~es) (tb **chili pepper**) pimenta-malagueta

chill /tʃɪl/ ◆ s **1** frio **2** resfriado: *to catch/get a chill* resfriar-se **3** calafrio ◆ **1** vt gelar **2** vt, vi (*comida*) esfriar, refrigerar: *chilled and frozen foods* alimentos frios e congelados LOC **to chill sb to the bone/marrow** congelar alguém até os ossos/virar picolé **chilling** adj aterrorizante **chilly** adj (-ier, -iest) frio

chilli (*GB*) Ver CHILI

chime /tʃaɪm/ ◆ s **1** repique (*sino, relógio*) **2** carrilhão ◆ vi repicar PHR V **to chime in** (**with sth**) (*coloq*) interromper uma conversa (dizendo algo)

chimney /ˈtʃɪmni/ s (pl -eys) chaminé: *chimney sweep* limpador de chaminés

chimp /tʃɪmp/ s (*coloq*) Ver CHIMPANZEE

chimpanzee /ˌtʃɪmpænˈziː/ s chimpanzé

chin /tʃɪn/ s queixo LOC **to keep your chin up** (*coloq*) manter o moral alto Ver tb CUP

china /ˈtʃaɪnə/ s **1** porcelana **2** louça

chink /tʃɪŋk/ s fresta, abertura LOC **a chink in sb's armor** o ponto fraco de alguém

chip /tʃɪp/ ◆ s **1** pedaço **2** (*madeira*) lasca **3** rachadura **4** (*GB*) (*USA* French fry) batata frita ☛ Ver ilustração em BATATA **5** (*GB* crisp) batatinha frita (em sacos) ☛ Ver ilustração em BATATA **6** (*cassino*) ficha **7** (*Eletrón*) chip LOC **a chip off the old block** (*coloq*) filho de peixe, peixinho é **to have a chip on your shoulder** (*coloq*) ter complexo (por se sentir inferior) ◆ vt, vi lascar, rachar PHR V **to chip away at sth** quebrar algo pedaço por pedaço, destruir algo pouco a pouco **to chip in** (**with sth**) (*coloq*) **1** (*comentário*) interromper uma conversa (dizendo algo) **2** (*dinheiro*) contribuir (com algo) **chippings** s [*pl*] **1** cascalho **2** (tb **wood chippings**) lascas de madeira

chipmunk /ˈtʃɪpmʌŋk/ s tâmia (*gênero de esquilo americano*)

chirp /tʃɜːrp/ ◆ s **1** gorjeio **2** (*grilo*) cricri ◆ vi **1** gorjear **2** (*grilo*) fazer cricri **chirpy** adj animado (*pessoa*)

chisel /ˈtʃɪzl/ ◆ s cinzel ◆ vt **1** cinzelar: *finely chiseled features* feições bem delineadas **2** (*com cinzel*) talhar

chivalry /ˈʃɪvəlri/ s **1** cavalaria **2** cavalheirismo

chive /tʃaɪv/ s [*ger pl*] cebolinha

chloride /ˈklɔːraɪd/ s cloreto

chlorine /ˈklɔːriːn/ s cloro

chock-a-block /ˌtʃɑk ə ˈblɑk/ adj ~ (**with sth**) abarrotado (de algo)

chock-full /ˌtʃɑk ˈfʊl/ adj ~ (**of sth**) repleto (de algo)

chocolate /ˈtʃɑklət/ ◆ s **1** chocolate: *milk/dark chocolate* chocolate com leite/chocolate amargo **2** bombom ◆ adj **1** (*calda, biscoito, etc.*) de chocolate **2** cor de chocolate

choice /tʃɔɪs/ ◆ s **1** ~ (**between …**) escolha (entre …): *to make a choice* escolher **2** seleção **3** possibilidade: *If I*

aɪ	aʊ	ɔɪ	ɪə	eə	ʊə	ʒ	h	ŋ
five	now	join	near	hair	pure	vision	how	sing

had the choice… Se dependesse de mim… LOC **out of/from choice** por decisão própria **to have no choice** não ter(-se) escolha ◆ *adj* (-er, -est) **1** de qualidade **2** seleto

choir /ˈkwaɪər/ *s* [*v sing ou pl*] coro: *choir boy* menino de coro

choke /tʃoʊk/ ◆ **1** *vi* ~ **(on sth)** engasgar-se (com algo): *to choke to death* morrer engasgado **2** *vt* afogar, sufocar **3** *vt* ~ **sth (up) (with sth)** obstruir algo (com algo) PHR V **to choke sth back** conter algo ◆ *s* afogador

cholera /ˈkɑlərə/ *s* cólera

cholesterol /kəˈlestərɑl/ *GB* -rɒl/ *s* colesterol

choose /tʃuːz/ (*pret* chose /tʃoʊz/ *pp* chosen /ˈtʃoʊzn/) **1** *vt*, *vi* ~ **(between A and/or B)** escolher, selecionar (entre A e B) **2** *vt* ~ **A from B** preferir A a B **3** *vt* ~ **sb/sth as sth** eleger, escolher alguém/algo como algo: *They chose her as director.* Eles a escolheram como diretora. **4** *vt* (*Esporte*) selecionar **5** *vt*, *vi* ~ **(to do sth)** decidir (fazer algo) **6** *vi* preferir: *whenever I choose* quando me convém LOC *Ver* PICK **choosy** *adj* (-ier, -iest) (*coloq*) exigente, difícil de agradar

chop /tʃɑp/ ◆ *vt*, *vi* (-pp-) **1** ~ **sth (up) (into sth)** cortar algo (em pedaços): *to chop sth in two* partir algo pela metade ◊ *chopping board* tábua de cortar carne **2** picar, cortar em pedaços **3** (*GB, coloq*) reduzir LOC **to chop and change** (*GB*) mudar de opinião a toda hora PHR V **to chop sth down** abater algo **to chop sth off (sth)** cortar algo aos golpes ◆ *s* **1** machadada **2** golpe **3** (*carne*) costeleta **chopper** *s* **1** machadinha **2** (*carne*) cutelo **3** (*coloq*) helicóptero **choppy** *adj* (-ier, -iest) agitado (*mar*)

chopsticks /ˈtʃɑpstɪks/ *s* [*pl*] pauzinhos (*com que se come*)

choral /ˈkɔːrəl/ *adj* coral (*de coro*)

chord /kɔːrd/ *s* acorde

chore /tʃɔːr/ *s* tarefa (*do dia-a-dia*): *household chores* afazeres domésticos

choreography /ˌkɔːriˈɑɡrəfi/ *GB* ˌkɒri-/ *s* coreografia **choreographer** *s* coreógrafo, -a

chorus /ˈkɔːrəs/ ◆ *s* [*v sing ou pl*] **1** (*Mús, Teat*) coro: *chorus girl* corista **2** refrão LOC **in chorus** em coro ◆ *vt* cantar em coro

chose *pret de* CHOOSE

chosen *pp de* CHOOSE

Christ /kraɪst/ (*tb* Jesus, Jesus Christ) *s* Cristo

christen /ˈkrɪsn/ *vt* batizar **christening** *s* batismo

Christian /ˈkrɪstʃən/ *adj*, *s* cristão, cristã **Christianity** /ˌkrɪstiˈænəti/ *s* cristianismo

Christian name (*tb* first name) *s* nome de batismo

Christmas /ˈkrɪsməs/ *s* Natal: *Christmas Day* dia de Natal ◊ *Christmas Eve* véspera de Natal ◊ *Merry/Happy Christmas!* Feliz Natal! ☛ *Ver nota em* NATAL

chrome /kroʊm/ *s* cromo

chromium /ˈkroʊmiəm/ *s* cromo: *chromium-plating/plated* cromado

chromosome /ˈkroʊməsoʊm/ *s* cromossomo

chronic /ˈkrɑnɪk/ *adj* **1** crônico **2** (*mentiroso, alcoólatra, etc.*) inveterado

chronicle /ˈkrɑnɪkl/ ◆ *s* crônica ◆ *vt* registrar

chrysalis /ˈkrɪsəlɪs/ *s* (*pl* ~es) crisálida

chubby /ˈtʃʌbi/ *adj* (-ier, -iest) gorducho *Ver tb* FAT

chuck /tʃʌk/ *vt* (*coloq*) **1** jogar **2** ~ **sth (in/up)** (*GB*) abandonar algo PHR V **to chuck sth away/out** (*GB*) jogar algo fora **to chuck sb out** (*GB*) botar alguém para fora

chuckle /ˈtʃʌkl/ ◆ *vi* rir consigo mesmo ◆ *s* riso contido

chum /tʃʌm/ *s* (*coloq*) camarada

chunk /tʃʌŋk/ *s* pedaço grande **chunky** *adj* (-ier, -iest) massudo, atarracado

church /tʃɜːrtʃ/ *s* igreja: *church hall* salão paroquial LOC **to go to church** ir à missa/ao culto ☛ *Ver nota em* SCHOOL

churchyard /ˈtʃɜːrtʃjɑːrd/ (*GB*) *s* adro, cemitério de igreja ☛ *Comparar com* CEMETERY

churn /tʃɜːrn/ **1** *vt* ~ **sth (up)** (*água, lama*) agitar algo **2** *vi* (*águas*) agitar-se **3** *vi* (*estômago*) virar PHR V **to churn sth out** (*coloq*) produzir algo em série

chute /ʃuːt/ *s* **1** calha (*para mercadorias ou detritos*) **2** (*GB*) (*USA* water slide) (*piscina*) tobogã

cider /ˈsaɪdər/ *s* sidra

cigar /sɪˈɡɑr/ *s* charuto

tʃ	dʒ	v	θ	ð	s	z	ʃ
chin	**June**	**van**	**thin**	**then**	**so**	**zoo**	**she**

cigarette /ˌsɪgəˈret/ s cigarro: *cigarette
butt* toco de cigarro

cinder /ˈsɪndər/ s cinza

cinema /ˈsɪnəmə/ s (GB) (USA movie
theater) cinema

cinnamon /ˈsɪnəmən/ s canela

circle /ˈsɜːrkl/ ◆ s 1 círculo: *the cir-
cumference of a circle* a circunferência
de um círculo 2 espaço circular: *to
stand in a circle* formar um círculo 3
(*Teat*) balcão LOC **to go around in cir-
cles** marcar passo *Ver tb* FULL, VICIOUS
◆ *vt* 1 dar uma volta/voltas em 2 rode-
ar 3 marcar com um círculo

circuit /ˈsɜːrkɪt/ s 1 turnê 2 volta 3
pista 4 (*Eletrón*) circuito

circular /ˈsɜːrkjələr/ ◆ adj redondo,
circular ◆ s circular

circulate /ˈsɜːrkjəleɪt/ vt, vi circular

circulation /ˌsɜːrkjəˈleɪʃn/ s 1 circu-
lação 2 (*jornal*) tiragem

circumcise /ˈsɜːrkəmsaɪz/ vt circunci-
dar circumcision /ˌsɜːrkəmˈsɪʒn/ s cir-
cuncisão

circumference /sərˈkʌmfərəns/ s cir-
cunferência: *the circumference of a
circle/the earth* a circunferência de um
círculo/da Terra

circumstance /ˈsɜːrkəmstæns/ s 1
circunstância 2 **circumstances** [*pl*]
situação econômica LOC **in/under no
circumstances** de jeito algum **in/under
the circumstances** em tais circunstân-
cias

circus /ˈsɜːrkəs/ s circo

cistern /ˈsɪstərn/ s 1 caixa d'água 2
reservatório

cite /saɪt/ vt 1 citar 2 (*USA, Mil*) fazer
menção a

citizen /ˈsɪtɪzn/ s cidadão, -ã citizen-
ship s cidadania

citrus /ˈsɪtrəs/ adj cítrico: *citrus fruit(s)*
frutas cítricas

city /ˈsɪti/ s (*pl* cities) 1 cidade: *city
center* centro da cidade 2 **the City** (GB)
a City (*centro financeiro de Londres*)

civic /ˈsɪvɪk/ adj 1 municipal: *civic cen-
ter* sede municipal 2 cívico

civil /ˈsɪvl/ adj 1 civil: *civil strife* dis-
senção social ◊ *civil law* código/direito
civil ◊ *civil rights/liberties* direitos
civis ◊ *the Civil Service* (GB) a Admi-
nistração Pública ◊ *civil servant* funcio-
nário público 2 gentil, cortês

civilian /səˈvɪliən/ s civil

civilization, -isation /ˌsɪvələˈzeɪʃn;
GB -əlaɪˈz-/ s civilização

civilized, -ised /ˈsɪvəlaɪzd/ adj civili-
zado

clad /klæd/ adj (formal) ~ (in sth) ves-
tido (de algo)

claim /kleɪm/ ◆ 1 vt, vi ~ (for sth)
exigir (algo) 2 vt afirmar, alegar 3 vt
(*atenção*) merecer 4 vt (*vidas*) tomar ◆ s
1 ~ (for sth) reivindicação (por algo) 2
~ (against sb/sth) reclamação, reivin-
dicação (em relação a alguém/algo) 3 ~
(on sb/sth) direito (sobre alguém/algo)
4 ~ (to sth) direito (a algo) 5 afirmação,
alegação LOC *Ver* LAY¹, STAKE claimant
s requerente

clam /klæm/ ◆ s amêijoa ◆ v (-mm-)
PHR V **to clam up** (*coloq*) calar a boca

clamber /ˈklæmbər/ vi trepar (*esp com
dificuldade*)

clammy /ˈklæmi/ adj (-ier, -iest)
úmido, pegajoso

clamor (GB clamour) /ˈklæmər/ ◆ s
clamor, rebuliço ◆ vi 1 clamar 2 ~ for
sth exigir algo aos gritos 3 ~ against
sth protestar aos gritos contra algo

clamp /klæmp/ ◆ s 1 (*tb* cramp) gram-
po 2 fixador 3 bloqueador (*para carro
estacionado ilegalmente*) ◆ vt 1 segurar
2 (*carro*) prender com bloqueador PHR
V **to clamp down on sb/sth** (*coloq*) im-
por restrições a alguém/algo

clampdown /ˈklæmpdaʊn/ s ~ (on
sth) restrição (a algo); medidas drásti-
cas (contra algo)

clan /klæn/ s [*v sing ou pl*] clã

clandestine /klænˈdestɪn/ adj (for-
mal) clandestino

clang /klæŋ/ ◆ s tinido (*metálico*) ◆ vt,
vi tinir

clank /klæŋk/ vi retinir (*correntes, ma-
quinaria*)

clap /klæp/ ◆ (-pp-) 1 vt, vi aplaudir 2
vt: *to clap your hands (together)* bater
palmas ◊ *to clap sb on the back* (GB) dar
um tapinha nas costas de alguém ◆ s 1
aplauso 2 *a clap of thunder* uma trovoa-
da clapping s aplausos

clarify /ˈklærəfaɪ/ vt (pret, pp -fied) es-
clarecer clarification s esclarecimento

clarinet /ˌklærəˈnet/ s clarinete

clarity /ˈklærəti/ s lucidez, clareza

clash /klæʃ/ ◆ 1 vt, vi chocar-se (*com

i:	i	ɪ	e	æ	ɑ	ʌ	ʊ	u:
see	happy	sit	ten	hat	cot	cup	put	too

ruído) **2** *vi* ~ (**with sb**) enfrentar (alguém) **3** *vi* ~ (**with sb**) (**on/over sth**) divergir fortemente (de alguém) (sobre algo) **4** *vi* (*datas*) coincidir **5** *vi* (*cores*) destoar ◆ *s* **1** estrondo **2** luta **3** ~ (**on/over sth**) divergência (a respeito de algo): *a clash of interests* um conflito de interesses

clasp /klæsp; *GB* klɑːsp/ ◆ *s* fecho ◆ *vt* abraçar

class /klæs; *GB* klɑːs/ ◆ *s* **1** classe: *They're in class.* Eles estão na sala de aula. ◊ *class struggle/system* luta/sistema de classes **2** categoria: *They are not in the same class.* Eles não se comparam. LOC **in a class of your/its own** sem par ◆ *vt* ~ **sb/sth** (**as sth**) classificar alguém/algo (como algo)

classic /ˈklæsɪk/ *adj, s* clássico, típico: *It was a classic case.* Foi um caso típico.

classical /ˈklæsɪkl/ *adj* clássico

classification /ˌklæsɪfɪˈkeɪʃn/ *s* **1** classificação **2** categoria

classify /ˈklæsɪfaɪ/ *vt* (*pret, pp* -fied) classificar **classified** *adj* **1** classificado: *classified advertisements/ads* classificados **2** confidencial

classmate /ˈklæsmeɪt; *GB* ˈklɑːs-/ *s* colega de classe

classroom /ˈklæsruːm -rʊm; *GB* ˈklɑːs-/ *s* sala de aula

classy /ˈklæsi; *GB* ˈklɑːsi/ *adj* (-ier, -iest) cheio de estilo, classudo

clatter /ˈklætər/ ◆ *s* (*tb* **clattering** /-ərɪŋ/) estardalhaço **2** (*trem*) ruído (ao sacolejar) ◆ **1** *vt, vi* fazer estardalhaço (*com pratos, etc.*) **2** *vi* (*trem*) sacolejar ruidosamente

clause /klɔːz/ *s* **1** (*Gram*) oração **2** (*Jur*) cláusula

claw /klɔː/ ◆ *s* **1** garra **2** (*gato*) unha **3** (*caranguejo*) pinça ◆ *vt* arranhar

clay /kleɪ/ *s* argila, barro

clean /kliːn/ ◆ *adj* (-er, -est) **1** limpo: *to wipe sth clean* limpar algo com um pano **2** (*Esporte*) que joga limpo **3** (*papel, etc.*) em branco LOC **to make a clean break** (**with sth**) romper definitivamente (com algo) ◆ *vt, vi* limpar PHR V **to clean sth from/off sth** tirar a sujeira de algo **to clean sb out** (*coloq*) depenar alguém **to clean sth out** fazer uma limpeza caprichada em algo **to clean** (**sth**) **up** limpar (algo): *to clean up your image* melhorar a própria imagem

cleaning *s* limpeza (*ocupação*) **cleanliness** /ˈklenlinəs/ *s* limpeza (*qualidade*) **cleanly** *adv* perfeitamente

clean-cut /ˌkliːn ˈkʌt/ *adj* **1** alinhado **2** honesto, íntegro **3** (*feições*) bem definido

cleaner /ˈkliːnər/ *s* **1** limpador **2** (*pessoa*) faxineiro, -a **3** **cleaners** [*pl*] tinturaria

cleanse /klenz/ *vt* ~ **sb/sth** (**of sth**) **1** limpar profundamente alguém/algo (de algo) **2** (*fig*) purificar alguém/algo (de algo) **cleanser** *s* **1** produto de limpeza **2** (*para o rosto*) creme de limpeza

clean-shaven /ˌkliːn ˈʃeɪvn/ *adj* de cara raspada

clean-up /ˈkliːn ʌp/ *s* limpeza geral

clear /klɪər/ ◆ *adj* (-er, -est) **1** claro: *Are you quite clear about what the job involves?* Está claro para você que tipo de trabalho é esse? **2** (*tempo, céu, estrada*) limpo, desanuviado **3** (*cristal*) transparente **4** (*transmissão*) nítido **5** (*consciência*) tranquilo **6** livre: *clear of debt* sem dívidas ◊ *to keep next weekend clear* deixar o próximo fim de semana livre LOC (**as**) **clear as day** claro como água (**as**) **clear as mud** nada claro **in the clear** (*coloq*) **1** fora de suspeita **2** fora de perigo **to make sth clear/plain** (**to sb**) deixar algo claro (para alguém) *Ver tb* CRYSTAL ◆ **1** *vi* (*tempo*) desanuviar-se **2** *vt* (*dúvida*) esclarecer **3** *vi* (*água*) clarear **4** *vt* (*encanamento*) desentupir **5** *vt* (*pessoas*) dispersar **6** *vt* ~ **sb** (**of sth**) absolver alguém (de algo): *to clear your name* limpar seu nome **7** *vt* (*obstáculo*) transpor LOC **to clear the air** esclarecer as coisas **to clear the table** tirar a mesa PHR V **to clear** (**sth**) **away/up** desobstruir (algo) **to clear off** (*coloq*) cair fora **to clear sth out** arrumar algo **to clear up** (*tempo*) abrir **to clear sth up** esclarecer algo ◆ *adv* (-er, -est) claramente LOC **to keep/stay/steer clear** (**of sb/sth**) evitar alguém/algo

clearance /ˈklɪərəns/ *s* **1** despejo: *a clearance sale* uma liquidação **2** vão **3** autorização

clear-cut /ˌklɪər ˈkʌt/ *adj* bem definido

clear-headed /ˌklɪər ˈhedɪd/ *adj* sensato

clearing /ˈklɪərɪŋ/ *s* clareira (*de bosque*)

clearly 360

clearly /'klɪərli/ adv claramente
clear-sighted /ˌklɪər 'saɪtɪd/ adj lúcido
cleavage /'kli:vɪdʒ/ s decote
clef /klef/ s (Mús) clave
clench /klentʃ/ vt cerrar (punhos, dentes)
clergy /'klɜ:rdʒi/ s [pl] clero
clergyman /'klɜ:rdʒimən/ s (pl -men /-mən/) 1 clérigo 2 pastor anglicano ☛ Ver nota em PRIEST
clerical /'klerɪkl/ adj 1 de escritório: clerical staff pessoal administrativo 2 (Relig) eclesiástico
clerk /klɜ:rk; GB klɑ:k/ s 1 auxiliar de escritório 2 (prefeitura, tribunal) escrevente 3 (USA) (tb desk clerk) recepcionista 4 (USA) (em loja) funcionário, -a
clever /'klevər/ adj (-er, -est) 1 esperto 2 habilidoso: to be clever at sth ter aptidão para algo 3 engenhoso 4 malandro LOC to be too clever ser presunçoso cleverness s esperteza, habilidade, astúcia
cliché /kli:'ʃeɪ; GB 'kli:ʃeɪ/ s clichê
click /klɪk/ ♦ s 1 clique 2 estalido 3 batida (de saltos) ♦ 1 vt: to click your heels bater os saltos ◊ to click your fingers estalar os dedos 2 vi (câmera, etc.) fazer clique 3 vi (amizade) entrosar 4 vi dar-se conta LOC to click open/shut abrir(-se)/fechar(-se) com um estalo
client /'klaɪənt/ s cliente
clientele /ˌklaɪən'tel; GB kli:ən'tel/ s clientela
cliff /klɪf/ s penhasco, precipício
climate /'klaɪmət/ s clima: the economic climate a situação econômica
climax /'klaɪmæks/ s clímax
climb /klaɪm/ ♦ vt, vi 1 escalar 2 subir: The road climbs steeply. A estrada é muito íngreme. 3 trepar 4 (sociedade) ascender LOC to go climbing praticar alpinismo Ver tb BANDWAGON PHR V to climb down 1 (fig) voltar atrás 2 descer to climb out of sth 1 to climb out of bed levantar-se da cama 2 (carro, etc.) descer de algo to climb (up) on to sth subir em algo to climb up sth subir em algo, trepar em algo ♦ s 1 escalada, subida 2 ladeira
climber /'klaɪmər/ s alpinista
clinch /klɪntʃ/ vt 1 (negócio, etc.) fechar

2 (campeonato, etc.) ganhar 3 (vitória, etc.) assegurar: That clinched it. Foi o que faltava para decidir.
cling /klɪŋ/ vi (pret, pp clung /klʌŋ/) ~ (on) to sb/sth (lit e fig) agarrar-se, grudar-se em alguém/algo: to cling to each other dar-se um abraço apertado clinging adj 1 (tb clingy) (roupa) justo 2 (pej) (pessoa) agarrado, grudento
clinic /'klɪnɪk/ s clínica
clinical /'klɪnɪkl/ adj 1 clínico 2 (fig) impessoal
clink /klɪŋk/ 1 vi tilintar 2 vt: They clinked glasses. Tocaram as taças num brinde.
clip /klɪp/ ♦ s 1 clipe 2 (cabelo) grampo ♦ vt (-pp-) 1 cortar 2 ~ sth (on) to sth prender algo a algo (com um grampo) PHR V to clip sth together prender algo com um clipe
clique /kli:k/ s panelinha (grupo de pessoas)
cloak /kloʊk/ ♦ s capa, manto ♦ vt encobrir: cloaked in secrecy envolto em mistério
cloakroom /'kloʊkru:m/ s 1 vestiário 2 (GB, euf) toalete ☛ Ver nota em TOILET
clock /klɑk/ ♦ s 1 relógio (de parede ou de mesa) 2 (coloq) medidor de quilometragem 3 (coloq) taxímetro LOC (a) round the clock vinte e quatro horas por dia ♦ vt cronometrar PHR V to clock in/on marcar o ponto (ao chegar) (no trabalho) to clock off/out marcar o ponto (ao sair) (do trabalho) to clock sth up registrar algo, acumular algo
clockwise adv, adj em sentido horário
clockwork /'klɑkwɜ:rk/ ♦ adj que funciona como um relógio ♦ s mecanismo (como de relógio) LOC like clockwork às mil maravilhas, conforme o planejado
clog /klɑg/ ♦ s tamanco ♦ vt, vi ~ (sth) (up) entupir(-se), emperrar(-se)
cloister /'klɔɪstər/ s claustro
close¹ /kloʊs/ ♦ adj (-er, -est) 1 (parente) próximo 2 (amigo) íntimo 3 (vínculos, etc.) estreito 4 (vigilância) rigoroso 5 (exame) minucioso 6 (Esporte) (competição) acirrado 7 (tempo) abafado 8 ~ to sth próximo de algo, perto de algo: close to tears quase chorando 9 ~ to sb (emocionalmente) chegado a alguém LOC it/that was a

aɪ	aʊ	ɔɪ	ɪə	eə	ʊə	ʒ	h	ŋ
five	now	join	near	hair	pure	vision	how	sing

close call/shave (*coloq*) escapou por um triz **to keep a close eye/watch on sb/sth** manter alguém/algo sob forte vigilância ◆ *adv* (**-er, -est**) (*tb* **close by**) perto LOC **close on** quase **close together** próximo, lado a lado **closely** *adv* **1** de perto **2** atentamente **3** (*examinar*) minuciosamente **closeness** *s* **1** proximidade **2** intimidade

close² /kloʊz/ ◆ *vt, vi* **1** fechar(-se) **2** (*reunião, etc.*) terminar LOC **to close your mind to sth** recusar-se a considerar algo PHR V **to close down 1** (*empresa*) falir **2** (*emissora*) encerrar a transmissão **to close sth down** fechar algo (*empresa, etc.*) **to close in** (*dia*) ficar mais curto **to close in (on sb/sth)** (*névoa, noite, inimigo*) baixar em cima (de alguém/algo) ◆ *s* fim: *towards the close of sth* próximo do fim de algo LOC **to come/draw to a close** chegar ao fim *Ver tb* BRING **closed** *adj* fechado: *a closed door* uma porta fechada

close-knit /ˌkloʊs ˈnɪt/ *adj* muito unido (*comunidade, etc.*)

closet /ˈklɑzɪt/ *s* (*esp USA*) armário

close-up /ˈkloʊs ʌp/ *s* primeiro plano, close

closing /ˈkloʊzɪŋ/ *adj* **1** final **2** (*data*) encerramento **3** *closing time* horário de encerramento

closure /ˈkloʊʒər/ *s* fechamento

clot /klɑt/ *s* **1** coágulo **2** (*GB, coloq, hum*) imbecil

cloth /klɔːθ; *GB* klɒθ/ *s* (*pl* ~s /klɔːðz; *GB* klɒðs/*) **1** tecido, fazenda ☞ *Ver nota em* TECIDO **2** pano

clothe /kloʊð/ *vt* ~ **sb/yourself (in sth)** vestir alguém, vestir-se (de algo)

clothes /kloʊz; *GB* kləʊðz/ *s* [*pl*] roupa: *clothes line* corda de secar roupa ◇ *clothes-pin* pregador (de roupa) ☞ *Comparar com* ROUPA

clothing /ˈkloʊðɪŋ/ *s* vestuário: *the clothing industry* a indústria de vestuário ☞ *Comparar com* ROUPA

cloud /klaʊd/ ◆ *s* nuvem ◆ **1** *vt* (*razão*) ofuscar **2** *vt* (*assunto*) complicar **3** *vi* (*expressão*) anuviar-se PHR V **to cloud over** (*tempo*) fechar **cloudless** *adj* sem nuvens **cloudy** *adj* (**-ier, -iest**) nublado

clout /klaʊt/ ◆ *s* (*coloq*) **1** cascudo **2** (*fig*) influência ◆ *vt* (*GB, coloq*) dar um cascudo em

clove /kloʊv/ *s* **1** cravo (*especiaria*) **2** *clove of garlic* dente de alho

clover /ˈkloʊvər/ *s* trevo

clown /klaʊn/ *s* palhaço, -a

club /klʌb/ ◆ *s* **1** clube **2** *Ver* NIGHTCLUB **3** porrete **4** taco (*de golfe*) **5** clubs [*pl*] (*cartas*) paus ☞ *Ver nota em* BARALHO ◆ *vt, vi* (**-bb-**) dar uma porretada: *to club sb to death* matar alguém a porretadas PHR V **to club together (to do sth)** cotizar-se (para fazer algo)

clue /kluː/ *s* **1** ~ **(to sth)** pista (de algo) **2** indício **3** (*palavra cruzada*) definição LOC **not to have a clue** (*coloq*) **1** não fazer a menor idéia **2** ser inútil (para algo)

clump /klʌmp/ *s* grupo (*de plantas, etc.*)

clumsy /ˈklʌmzi/ *adj* (**-ier, -iest**) **1** desajeitado, deselegante **2** malfeito

clung *pret, pp de* CLING

cluster /ˈklʌstər/ ◆ *s* grupo ◆ PHR V **to cluster/be clustered (together) around sb/sth** apinhar-se ao redor de alguém/algo

clutch /klʌtʃ/ ◆ *vt* **1** (*tomar*) apertar, segurar com força **2** (*apanhar*) agarrar PHR V **to clutch at sth** agarrar-se a algo ◆ *s* **1** embreagem **2** clutches [*pl*] (*pej*) garras

clutter /ˈklʌtər/ ◆ *s* (*pej*) desordem, bagunça ◆ *vt* (*pej*) ~ **sth (up)** entulhar algo

coach /koʊtʃ/ ◆ *s* **1** (*GB*) ônibus **2** (*GB, trem*) vagão *Ver tb* CARRIAGE sentido 2 **3** carruagem **4** treinador, -ora **5** professor, -ora particular ◆ **1** *vt* (*Esporte*) treinar: *to coach a swimmer for the Olympics* treinar um nadador para as Olimpíadas **2** *vt, vi* ~ (**sb**) (**for/in sth**) dar aulas particulares (de algo) (a alguém) **coaching** *s* treinamento, preparação

coal /koʊl/ *s* **1** carvão **2** brasa: *hot/live coals* brasas

coalfield /ˈkoʊlfiːld/ *s* região carbonífera

coalition /ˌkoʊəˈlɪʃn/ *s* coalizão

coal mine (*tb* **pit**) *s* mina de carvão

coarse /kɔːrs/ *adj* (**-er, -est**) **1** (*areia, etc.*) grosso **2** (*material, mãos*) áspero **3** vulgar **4** (*linguagem, pessoa*) grosseiro **5** (*piada*) obsceno

tʃ	dʒ	v	θ	ð	s	z	ʃ
chin	**J**une	**v**an	**th**in	**th**en	**s**o	**z**oo	**sh**e

coast /kəʊst/ ◆ s costa ◆ vi **1** (carro) ir em ponto morto **2** (bicicleta) ir sem pedalar **coastal** adj costeiro

coastguard /ˈkəʊstɡɑːd/ s guarda costeira

coastline /ˈkəʊstlaɪn/ s litoral

coat /kəʊt/ ◆ s **1** casaco, sobretudo: coat-hanger cabide **2** white coat guarda-pó **3** (animal) pêlo, lã **4** (pintura) camada, mão ◆ vt ~ sth (in/with sth) cobrir, banhar, revestir algo (de algo) **coating** s camada, revestimento

coax /kəʊks/ vt ~ sb into/out of (doing) sth; ~ sb to do sth convencer, persuadir alguém (a fazer/deixar de fazer algo) PHR V to coax sth out of/from sb conseguir algo de alguém

cobble /ˈkɒbl/ (tb cobblestone) s pedra de calçamento

cobweb /ˈkɒbweb/ s teia de aranha

cocaine /kəʊˈkeɪn/ s cocaína

cockney /ˈkɒkni/ ◆ adj do leste de Londres ◆ s **1** (pl -eys) nativo, -a do leste de Londres **2** dialeto do leste de Londres

cockpit /ˈkɒkpɪt/ s cabine (de piloto)

cockroach /ˈkɒkrəʊtʃ/ s barata

cocktail /ˈkɒkteɪl/ s (lit e fig) coquetel

cocoa /ˈkəʊkəʊ/ s **1** cacau **2** (bebida) chocolate

coconut /ˈkəʊkənʌt/ s coco

cocoon /kəˈkuːn/ s **1** (larva) casulo **2** (fig) manto

cod /kɒd/ s (pl cod) bacalhau

code /kəʊd/ s **1** código **2** (mensagem) palavra chave: code name codinome

coercion /kəʊˈɜːʃn/ s coação, coerção

coffee /ˈkɒfi; GB ˈkɒfi/ s **1** café: coffee bar/shop café **2** cor de café

coffin /ˈkɒfɪn; GB ˈkɒf-/ s caixão

cog /kɒɡ/ s **1** dente de roda **2** (de engrenagem) dente

cogent /ˈkəʊdʒənt/ adj convincente

coherent /kəʊˈhɪərənt/ adj **1** coerente **2** (fala) inteligível

coil /kɔɪl/ ◆ s **1** rolo **2** (serpente) rosca **3** (anticoncepcional) DIU ◆ **1** vt ~ sth (up) enrolar algo **2** vt, vi ~ (yourself) up (around sth) enroscar-se (em algo)

coin /kɔɪn/ ◆ s moeda ◆ vt cunhar

coincide /ˌkəʊɪnˈsaɪd/ vi ~ (with sth) coincidir (com algo)

coincidence /kəʊˈɪnsɪdəns/ s **1** coincidência **2** (formal) convergência

coke /kəʊk/ s **1** Coke® Coca-Cola® **2** (coloq) coca **3** coque

cold /kəʊld/ ◆ adj (-er, -est) frio ☛ Ver nota em FRIO LOC to be cold **1** (pessoa) sentir frio **2** (tempo) fazer frio **3** (objeto) estar frio **4** (lugares, períodos de tempo) ser (muito) frio To get/catch **1** esfriar **2** ficar frio **3** (tempo) esfriar to get/have cold feet (coloq) ficar com/ter medo ◆ s **1** frio **2** resfriado: to catch (a) cold resfriar-se

cold-blooded /ˌkəʊld ˈblʌdɪd/ adj **1** (Biol) de sangue frio **2** insensível

coliseum /ˌkɒlɪˈsiːəm/ s estádio

collaboration /kəˌlæbəˈreɪʃn/ s colaboração

collapse /kəˈlæps/ ◆ vi **1** desabar, despencar **2** desmaiar **3** (negócio, etc.) fracassar **4** (valor) despencar **5** (móvel, etc.) dobrar ◆ s **1** fracasso **2** queda **3** (Med) colapso

collar /ˈkɒlər/ s **1** (camisa, etc.) colarinho **2** (cão) coleira

collateral /kəˈlætərəl/ s garantia

colleague /ˈkɒliːɡ/ s colega (de trabalho)

collect /kəˈlekt/ ◆ **1** vt recolher: collected works obras completas **2** vt ~ sth (up/together) juntar, reunir algo **3** vt (dados) coletar **4** vt (fundos, impostos) arrecadar **5** vt (selos, moedas) colecionar **6** vi (multidão) reunir-se **7** vi (pó, água) acumular ◆ adj, adv (USA) a cobrar (chamada) LOC Ver REVERSE **collection** s **1** coleção **2** coleta (de igreja, de dados) **3** ajuntamento, grupo **collector** s colecionador, -ora

collective /kəˈlektɪv/ adj, s coletivo

college /ˈkɒlɪdʒ/ s **1** centro de ensino superior Ver tb TECHNICAL COLLEGE **2** (USA) universidade **3** (GB) faculdade (Oxford, Cambridge, etc.)

collide /kəˈlaɪd/ vi ~ (with sb/sth) colidir (com alguém/algo)

colliery /ˈkɒliəri/ s (pl -ies) (GB) mina de carvão Ver tb COAL MINE

collision /kəˈlɪʒn/ s colisão

collusion /kəˈluːʒn/ s conluio

colon /ˈkəʊlən/ s **1** cólon **2** dois pontos ☛ Ver págs 298-9.

colonel /ˈkɜːnl/ s coronel

colonial /kəˈləʊniəl/ adj colonial

i:	i	ɪ	e	æ	ɑ	ʌ	ʊ	u:
see	happy	sit	ten	hat	cot	cup	put	too

colony /ˈkɑləni/ s [v sing ou pl] (pl -ies) colônia

color (GB **colour**) /ˈkʌlər/ ◆ s **1** cor: color-blind daltônico **2 colors** [pl] (time, partido, etc.) cores **3 colors** [pl] (Mil) bandeira LOC **to be/feel off color** (coloq) estar indisposto ◆ **1** vt, vi colorir, pintar **2** vt (afetar) influenciar **3** vt (julgamento) deturpar PHR V **to color sth in** colorir algo **to color** (**up**) (**at sth**) enrubescer (por algo) **colored** (GB **coloured**) adj **1** de uma determinada cor: cream-colored (de) cor creme **2** (pessoa) de cor **3** (exagerado) deturpado **colorful** (GB **colourful**) adj **1** colorido, vibrante **2** (personagem, vida) fascinante **coloring** (GB **colouring**) s **1** colorido **2** tez **3** corante **colorless** (GB **colourless**) adj **1** incolor, sem cor **2** (personagem, estilo) sem graça

colossal /kəˈlɑsl/ adj colossal

colt /koʊlt/ s potro ☞ Ver nota em POTRO

column /ˈkɑləm/ s coluna

coma /ˈkoʊmə/ s coma

comb /koʊm/ ◆ s **1** pente **2** (enfeite de cabelo) travessa ◆ **1** vt pentear **2** vt, vi ~ (**through**) **sth** (**for sb/sth**) vasculhar, esquadrinhar algo (em busca de alguém/algo)

combat /ˈkɑmbæt/ ◆ s [não contável] combate ◆ vt combater, lutar contra

combination /ˌkɑmbɪˈneɪʃn/ s combinação

combine /kəmˈbaɪn/ **1** vt, vi combinar(-se) **2** vi ~ **with sb/sth** (Com) unir-se com alguém/algo **3** vt (qualidades) reunir

come /kʌm/ vi (pret came /keɪm/ pp come) **1** vir: to come running vir correndo **2** chegar **3** percorrer **4** (posição) ser: to come first ser o primeiro ◊ It came as a surprise. Foi uma surpresa. **5** (resultar): to come undone desatar-se **6** ~ **to/into** + substantivo: to come to a halt parar ◊ to come into a fortune herdar uma fortuna LOC **come what may** aconteça o que acontecer **to come to nothing; not to come to anything** não dar em nada **when it comes to** (**doing**) **sth** quando se trata de (fazer) algo ☞ Para outras expressões com **come**, ver os verbetes do substantivo, adjetivo, etc., p.ex. **to come of age** em AGE. PHR V **to come about** (**that…**) ocorrer,

suceder (que…)

to come across sb/sth encontrar com alguém/encontrar algo

to come along 1 chegar, aparecer **2** vir também **3** Ver TO COME ON

to come apart desfazer-se

to come away (**from sth**) desprender-se (de algo) **to come away** (**with sth**) partir, ir-se embora (com algo): We came away with the impression that they were lying. Partimos com a impressão de que eles estavam mentindo.

to come back voltar

to come by sth 1 (obter) conseguir algo **2** (receber) adquirir algo

to come down 1 (preços, temperatura) baixar **2** desmoronar, vir abaixo

to come forward oferecer-se

to come from… ser de…: Where do you come from? De onde você é?

to come in 1 entrar **2** chegar **to come in for sth** (crítica, etc.) receber algo

to come off 1 (mancha) sair **2** (peça): Does it come off? Isso sai?/Dá para tirar? **3** (coloq) ter sucesso, dar certo (plano) **to come off** (**sth**) soltar-se, desprender-se (de algo)

to come on 1 (ator) entrar em cena **2** Come on! Vamos! **3** (tb **to come along**) progredir **to come out 1** sair **2** revelar(-se) **3** declarar-se homossexual

to come out with sth dizer algo surpreendente

to come over (**to…**) (GB tb **to come round** (**to…**)) dar uma passada (em…)

to come over sb apossar-se de alguém: I can't think what came over me. Não sei o que deu em mim.

to come through (**sth**) sobreviver (a algo)

to come to sth 1 somar algo **2** chegar a algo

to come up 1 (planta, sol) desabrochar, nascer **2** (assunto) surgir **to come up against sth** esbarrar em algo **to come up to sb** acercar-se de alguém

comeback /ˈkʌmbæk/ s: to make/stage a comeback regressar à cena

comedian /kəˈmiːdiən/ s (fem **comedienne** /kəˌmiːdiˈen/) humorista, cômico, -a

comedy /ˈkɑmədi/ s (pl -ies) **1** comédia **2** comicidade

comet /ˈkɑmɪt/ s cometa

comfort /ˈkʌmfərt/ ◆ s **1** bem-estar,

u	ɔː	ɜː	ə	j	w	eɪ	oʊ
situation	saw	fur	ago	yes	woman	pay	home

comfortable   364

conforto **2** consolo **3 comforts** [*pl*] co-
modidades ◆ *vt* consolar

comfortable /ˈkʌmfərtəbl; *GB* -ftəbl/
adj **1** confortável **2** (*vitória*) fácil **3**
(*margem, maioria, etc.*) amplo comfort-
ably *adv* (*ganhar*) facilmente LOC **to be
comfortably off** viver bem (financeira-
mente)

comforter /ˈkʌmfərtər/ (*GB* duvet,
quilt) *s* edredom

comic /ˈkamɪk/ ◆ *adj* cômico ◆ *s* **1**
(*GB*) (*USA* comic book) revista em
quadrinhos, gibi **2** humorista, cômico,
-a

coming /ˈkʌmɪŋ/ ◆ *s* **1** chegada **2** (*Re-
lig*) vinda ◆ *adj* próximo

comma /ˈkamə/ *s* vírgula ☞ *Ver págs
298–9.*

command /kəˈmænd; *GB* -ˈmɑːnd/ ◆ **1**
vt ordenar **2** *vt, vi* mandar (em) **3** *vt*
(*recursos*) dispor de **4** *vt* (*vista*) possuir
5 *vt* (*respeito*) inspirar **6** *vt* (*atenção*)
atrair ◆ *s* **1** ordem **2** (*Informát, Mil*)
comando **3** (*idioma*) domínio com-
mander *s* (*Mil*) comandante **2** chefe

commemorate /kəˈmeməreɪt/ *vt* co-
memorar

commence /kəˈmens/ *vt, vi* (*formal*)
dar início (a), começar

commend /kəˈmend/ *vt* **1** elogiar **2**
(*formal, GB*) ~ **sb to sb** recomendar
alguém a alguém commendable *adj*
louvável, digno de elogio

comment /ˈkament/ ◆ *s* comentário:
"No comment." "Sem comentário." ◆ *vi*
1 ~ (**that…**) comentar (que…) **2** ~ (**on
sth**) fazer comentários (sobre algo)

commentary /ˈkamənteri; *GB* -tri/ *s*
(*pl* -ies) comentário

commentator /ˈkamənˌteɪtər/ *s* co-
mentarista

commerce /ˈkamɜːrs/ *s* comércio
☞ Usa-se mais a palavra **trade**.

commercial /kəˈmɜːrʃl/ ◆ *adj* **1** co-
mercial **2** (*direito*) mercantil **3** (*TV, Rá-
dio*) patrocinado por anúncios de
publicidade ☞ *Ver nota em* TELEVISION
◆ *s* anúncio

commission /kəˈmɪʃn/ ◆ *s* **1** (*percen-
tagem, organização*) comissão **2** encar-
go ◆ *vt* **1** encarregar **2** encomendar

commissioner /kəˈmɪʃənər/ *s* comis-
sário, -a (*encarregado de um departa-
mento*)

commit /kəˈmɪt/ (-tt-) **1** *vt* cometer **2** *vt*
~ **sb/sth to sth** confiar alguém/algo a
algo: *to commit sth to memory* memori-
zar algo **3** *v refl* ~ **yourself** (**to sth/to
doing sth**) comprometer-se (a algo/a
fazer algo) ☞ *Comparar com* ENGAGED
em ENGAGE **4** *v refl* ~ **yourself** (**on sth**)
comprometer-se (com algo) commit-
ment *s* **1** ~ (**to sth/to do sth**) compro-
misso (com algo/de fazer algo)
☞ *Comparar com* ENGAGEMENT *sentido*
1 **2** comprometimento

committee /kəˈmɪti/ *s* [*v sing ou pl*]
comitê

commodity /kəˈmɑdəti/ *s* (*pl* -ies) **1**
mercadoria **2** (*Fin*) commodities

common /ˈkamən/ ◆ *adj* **1** habitual **2**
~ (**to sb/sth**) comum (a alguém/algo):
common sense bom senso **3** (*pej*) ordiná-
rio, vulgar ☞ *Comparar com* ORDINARY
LOC **in common** em comum ◆ *s* **1** (*tb*
common land) terra comunitária **2 the
Commons** (*GB*) *Ver* THE HOUSE OF COM-
MONS commonly *adv* geralmente

commonplace /ˈkamənpleɪs/ *adj* tri-
vial

commotion /kəˈmoʊʃn/ *s* alvoroço

communal /kəˈmjuːnl, ˈkamjənl/ *adj*
comunal

commune /ˈkamjuːn/ *s* [*v sing ou pl*]
comuna

communicate /kəˈmjuːnɪkeɪt/ **1** *vt* ~
sth (**to sb/sth**) comunicar algo (a
alguém/algo) **2** *vi* ~ (**with sb/sth**) comu-
nicar-se (com alguém/algo) communi-
cation *s* **1** comunicação **2** mensagem

communion /kəˈmjuːniən/ (*tb* Holy
Communion) *s* comunhão

communiqué /kəˌmjuːnəˈkeɪ; *GB*
kəˈmjuːnɪkeɪ/ *s* comunicado

communism /ˈkamjuːnɪzəm/ *s* comu-
nismo communist *adj, s* comunista

community /kəˈmjuːnəti/ *s* [*v sing ou
pl*] (*pl* -ies) **1** comunidade: *community
center* centro comunitário **2** (*de expatri-
ados*) colônia

commute /kəˈmjuːt/ *vi* viajar (diaria-
mente) para o trabalho commuter *s*
pessoa que viaja de casa para o traba-
lho

compact /kəmˈpækt/ ◆ *adj* compacto
◆ /ˈkɒmpækt/ *s* (*tb* powder compact)
estojo de pó-de-arroz

compact disc *s* (*abrev* CD) disco
laser, compact disc

companion /kəmˈpæniən/ *s* compa-

| aɪ | aʊ | ɔɪ | ɪə | eə | ʊə | . ʒ | h | ŋ |
| five | now | join | near | hair | pure | vision | how | sing |

nheiro, -a **companionship** *s* companheirismo

company /ˈkʌmpəni/ *s* (*pl* -ies) **1** companhia **2** (*Com*) companhia, empresa LOC **to keep sb company** fazer companhia a alguém *Ver tb* PART

comparable /ˈkɒmpərəbl/ *adj* ~ (**to/with sb/sth**) comparável (a alguém/algo)

comparative /kəmˈpærətɪv/ *adj* **1** comparativo **2** relativo

compare /kəmˈpeər/ **1** *vt* ~ **sth with/to sth** comparar algo com algo **2** *vi* ~ (**with sb/sth**) comparar-se (com alguém/algo)

comparison /kəmˈpærɪsn/ *s* ~ (**of sth and/to/with sth**) comparação (de algo com algo) LOC **there's no comparison** não há comparação

compartment /kəmˈpɑːtmənt/ *s* compartimento

compass /ˈkʌmpəs/ *s* **1** bússola **2** (*tb* **compasses** [*pl*]) compasso

compassion /kəmˈpæʃn/ *s* compaixão **compassionate** *adj* compassivo

compatible /kəmˈpætəbl/ *adj* compatível

compel /kəmˈpel/ *vt* (-ll-) (*formal*) **1** obrigar **2** forçar **compelling** *adj* **1** irresistível **2** (*motivo*) eloqüente **3** (*argumento*) convincente *Ver tb* COMPULSION

compensate /ˈkɒmpenseɪt/ **1** *vt, vi* ~ (**sb**) (**for sth**) compensar (alguém) (por algo) **2** *vt* ~ **sb** (**for sth**) indenizar alguém (por algo) **3** *vi* ~ (**for sth**) compensar (algo) **compensation** *s* **1** compensação **2** indenização

compete /kəmˈpiːt/ *vi* **1** ~ (**against/with sb**) (**in sth**) (**for sth**) competir (com alguém) (em algo) (por algo) **2** ~ (**in sth**) (*Esporte*) competir (em algo)

competent /ˈkɒmpɪtənt/ *adj* **1** ~ (**as/at/in sth**) competente (como/em algo) **2** ~ (**to do sth**) competente (para fazer algo) **competence** *s* competência, capacidade

competition /ˌkɒmpəˈtɪʃn/ *s* **1** competição, concurso **2** ~ (**with sb/between...**) (**for sth**) competição (com alguém/entre...) (por algo) **3 the competition** [*v sing ou pl*] a concorrência

competitive /kəmˈpetətɪv/ *adj* competitivo

competitor /kəmˈpetɪtər/ *s* competi

dor, -ora, concorrente *Ver tb* CONTESTANT *em* CONTEST

compile /kəmˈpaɪl/ *vt* compilar

complacency /kəmˈpleɪsnsi/ *s* ~ (**about sb/sth**) satisfação consigo próprio (em relação a alguém/algo) **complacent** *adj* satisfeito consigo mesmo

complain /kəmˈpleɪn/ *vi* **1** ~ (**to sb**) (**about/at/of sth**) queixar-se (a alguém) (de algo) **2** ~ (**that...**) queixar-se (de...) **complaint** *s* **1** queixa, reclamação **2** (*Med*) doença

complement /ˈkɒmplɪmənt/ ♦ *s* **1** ~ (**to sth**) complemento (de/para algo) **2** lotação ♦ *vt* complementar ☞ *Comparar com* COMPLIMENT **complementary** /ˌkɒmplɪˈmentəri; *GB* -tri/ *adj* ~ (**to sth**) complementar (a algo)

complete /kəmˈpliːt/ ♦ *vt* **1** completar **2** terminar **3** (*formulário*) preencher ♦ *adj* **1** completo **2** total **3** (*sucesso*) absoluto **4** terminado **completely** *adv* completamente, totalmente **completion** *s* **1** conclusão **2** finalização de um contrato de venda (duma residência)

complex /ˈkɒmpleks; *GB* ˈkɒmpleks/ ♦ *adj* complexo ♦ *s* complexo: *inferiority complex* complexo de inferioridade

complexion /kəmˈplekʃn/ *s* **1** tez, cútis **2** (*fig*) caráter

compliance /kəmˈplaɪəns/ *s* conformidade: *in compliance with...* de acordo com...

complicate /ˈkɒmplɪkeɪt/ *vt* complicar **complicated** *adj* complicado **complication** *s* complicação

compliment /ˈkɒmplɪmənt/ ♦ *s* **1** elogio: *to pay sb a compliment* fazer um elogio a alguém **2 compliments** [*pl*] (*formal*) cumprimentos: *with the compliments of* com os cumprimentos de ♦ *vt* ~ **sb** (**on sth**) cumprimentar, felicitar alguém (por algo) ☞ *Comparar com* COMPLEMENT **complimentary** /ˌkɒmplɪˈmentəri; *GB* -tri/ *adj* **1** lisonjeiro **2** (*entrada, etc.*) grátis

comply /kəmˈplaɪ/ *vi* (*pret, pp* complied) ~ (**with sth**) agir/estar em conformidade (com algo)

component /kəmˈpoʊnənt/ ♦ *s* **1** componente **2** (*Mec*) peça ♦ *adj*: *component parts* peças integrantes

compose /kəmˈpoʊz/ **1** *vt* (*Mús*) compor **2** *vt* (*texto*) redigir **3** *vt* (*idéias*) pôr no lugar **4** *v refl* ~ **yourself** acalmar-se

tʃ	dʒ	v	θ	ð	s	z	ʃ
chin	**J**une	**v**an	**th**in	**th**en	**s**o	**z**oo	**sh**e

composed *adj* sereno composer *s* compositor, -ora

composition /ˌkɑmpəˈzɪʃn/ *s* **1** composição **2** (*colégio*) redação *Ver tb* ESSAY

compost /ˈkɑmpoʊst/ *s* adubo

composure /kəmˈpoʊʒər/ *s* serenidade

compound /ˈkɑmpaʊnd/ ◆ *adj, s* composto ◆ *s* recinto ◆ /kəmˈpaʊnd/ *vt* agravar

comprehend /ˌkɑmprɪˈhend/ *vt* compreender (*inteiramente*), abranger *Ver tb* UNDERSTAND comprehensible *adj* ~ (to sb) compreensível (para alguém) comprehension *s* compreensão

comprehensive /ˌkɑmprɪˈhensɪv/ *adj* abrangente, completo

comprehensive school *s* (*GB*) escola secundária estatal

compress /kəmˈpres/ *vt* **1** comprimir **2** (*argumento, tempo*) condensar compression *s* compressão

comprise /kəmˈpraɪz/ *vt* **1** constar de **2** formar

compromise /ˈkɑmprəmaɪz/ ◆ *s* acordo ◆ **1** *vi* ~ (on sth) chegar a um acordo (sobre algo) **2** *vt* comprometer compromising *adj* comprometedor

compulsion /kəmˈpʌlʃn/ *s* ~ (to do sth) **1** compulsão (de fazer algo) **2** desejo irresistível (de fazer algo)

compulsive /kəmˈpʌlsɪv/ *adj* **1** (*livro, filme, etc.*) absorvente, fascinante **2** compulsivo **3** (*jogador*) inveterado

compulsory /kəmˈpʌlsəri/ *adj* **1** obrigatório **2** (*aposentadoria*) compulsório LOC **compulsory purchase** expropriação

computer /kəmˈpjuːtər/ *s* computador: *computer programmer* programador ☛ *Ver ilustração em* COMPUTER computerize, -ise *vt* informatizar computing *s* informática

comrade /ˈkɑmræd/ *GB* -reɪd/ *s* **1** (*Pol*) camarada **2** companheiro, -a

con /kɑn/ ◆ *s* (*coloq*) trapaça: *con artist/man* trapaceiro LOC *Ver* PRO ◆ *vt* (*coloq*) (-nn-) **to con sb (out of sth)** trapacear alguém (tirando algo)

conceal /kənˈsiːl/ *vt* **1** ocultar **2** (*alegria*) dissimular

concede /kənˈsiːd/ *vt* **1** conceder **2** ~ that… admitir que…

conceit /kənˈsiːt/ *s* presunção conceited *adj* presunçoso

conceivable /kənˈsiːvəbl/ *adj* concebível conceivably *adv* possivelmente

conceive /kənˈsiːv/ *vt, vi* **1** conceber **2** ~ (of) sth imaginar algo

concentrate /ˈkɑnsntreɪt/ *vt, vi* concentrar(-se) concentration *s* concentração

concept /ˈkɑnsept/ *s* conceito

conception /kənˈsepʃn/ *s* **1** concepção **2** idéia

concern /kənˈsɜːrn/ ◆ **1** *vt* dizer respeito a: *as far as I am concerned* no que me diz respeito/quanto a mim **2** *vt* referir-se a **3** *v refl* ~ yourself with sth involver-se com algo **4** *vt* preocupar ◆ *s* **1** preocupação **2** interesse **3** negócio concerned *adj* preocupado LOC to be concerned with sth tratar de algo concerning *prep* **1** a respeito de **2** no que se refere a

concert /ˈkɑnsərt/ *s* concerto: *concert hall* sala de concertos

concerted /kənˈsɜːrtɪd/ *adj* **1** (*ataque*) coordenado **2** (*tentativa, esforço*) conjunto

concerto /kənˈtʃɜːrtoʊ/ *s* (*pl* ~s) concerto (*peça musical*)

concession /kənˈseʃn/ *s* **1** desconto para determinada categoria de pessoas **2** (*Fin*) concessão

conciliation /kənˌsɪliˈeɪʃn/ *s* conciliação conciliatory /kənˈsɪliətɔːri/ *adj* conciliador

concise /kənˈsaɪs/ *adj* conciso

conclude /kənˈkluːd/ **1** *vt, vi* concluir **2** *vt* ~ that… chegar à conclusão de que… **3** *vt* (*acordo*) firmar conclusion *s* conclusão LOC *Ver* JUMP

conclusive /kənˈkluːsɪv/ *adj* conclusivo, decisivo

concoct /kənˈkɑkt/ *vt* **1** (*freq pej*) fabricar **2** (*desculpa*) inventar **3** (*plano, intriga*) tramar concoction *s* **1** mixórdia **2** (*líquido*) mistura

concord /ˈkɑŋkɔːrd/ *s* concórdia, harmonia

concourse /ˈkɑŋkɔːrs/ *s* saguão (*de edifício*)

concrete /ˈkɑŋkriːt/ ◆ *adj* concreto, tangível ◆ *s* concreto

concur /kənˈkɜːr/ *vi* (-rr-) (*formal*) ~ (with sb/sth) (in sth) estar de acordo, concordar (com alguém/algo) (sobre algo) concurrence *s* acordo concurrent

i:	i	ɪ	e	æ	ɑ	ʌ	ʊ	u:
see	happy	sit	ten	hat	cot	cup	put	too

adj simultâneo concurrently *adv* ao mesmo tempo

concussion /kənˈkʌʃn/ *s* concussão cerebral

condemn /kənˈdem/ *vt* **1** ~ **sb/sth (for/ as sth)** condenar alguém/algo (por algo) **2** ~ **sb (to sth/to do sth)** condenar alguém (a algo/a fazer algo) **3** (*edifício*) declarar impróprio para uso **condemnation** *s* condenação

condensation /ˌkɑndenˈseɪʃn/ *s* **1** condensação **2** (*texto*) resumo

condense /kənˈdens/ *vt, vi* ~ **(sth) (into/to sth) 1** condensar algo (em algo); condensar-se (em algo) **2** resumir algo (em algo); resumir-se (em algo)

condescend /ˌkɑndɪˈsend/ *vi* ~ **to do sth** dignar-se a fazer algo

condition /kənˈdɪʃn/ ♦ *s* **1** estado, condição **2** *to be out of condition* estar fora de forma **3** (*contrato*) requisito **4 conditions** [*pl*] circunstâncias, condições LOC **on condition (that...)** com a condição de que... **on no condition** (*formal*) de modo algum **on one condition** (*formal*) com uma condição *Ver tb* MINT ♦ *vt* **1** condicionar, determinar **2** acondicionar **conditional** *adj* condicional: *to be conditional on/upon sth* depender de algo **conditioner** *s* condicionador

condolence /kənˈdoʊləns/ *s* [*ger pl*] condolência: *to give/send your condolences* dar os pêsames

condom /ˈkɑndəm/ *GB* ˈkɒndɒm/ *s* preservativo, camisinha

condominium /ˌkɑndəˈmɪniəm/ *s* condomínio

condone /kənˈdoʊn/ *vt* **1** tolerar **2** (*abuso*) sancionar

conducive /kənˈduːsɪv; *GB* -ˈdjuːs-/ *adj* ~ **to sth** propício a algo

conduct /ˈkɑndʌkt/ ♦ *s* **1** conduta **2** ~ **of sth** gestão de algo ♦ /kənˈdʌkt/ **1** *vt* guiar **2** *vt* dirigir **3** *vt* (*investigação*) levar a cabo **4** *vt* (*orquestra*) reger **5** *v refl* ~ **yourself** (*formal*) comportar-se **6** *vt* (*Eletrôn*) conduzir **conductor** *s* **1** (*Mús*) maestro, -ina **2** (*GB*) (*ônibus*) cobrador, -ora

Para motorista de ônibus, diz-se **driver**.

3 (*trem*) revisor, -ora **4** (*Eletrôn*) condutor

cone /koʊn/ *s* **1** cone **2** (*sorvete*) casquinha **3** (*Bot*) pinha (*de pinheiro, etc.*)

confectioner's sugar (*GB* **icing sugar**) *s* açúcar para glacê

confectionery /kənˈfekʃəneri; *GB* -nəri/ *s* [*não contável*] doces

confederation /kənˌfedəˈreɪʃn/ *s* confederação

confer /kənˈfɜːr/ (-rr-) **1** *vi* deliberar **2** *vi* ~ **with sb** conferenciar com alguém **3** *vt* ~ **sth (on)** (*título, etc.*) conferir algo (a)

conference /ˈkɑnfərəns/ *s* **1** congresso: *conference hall* sala de conferência ☞ *Comparar com* LECTURE **2** (*discussão*) reunião

confess /kənˈfes/ **1** *vt* confessar **2** *vi* confessar-se: *to confess to sth* confessar algo **confession** *s* confissão

confide /kənˈfaɪd/ *vt* ~ **sth to sb** confiar algo a alguém (*segredos, etc.*) PHR V **to confide in sb** fazer confidências a alguém

confidence /ˈkɑnfɪdəns/ *s* **1** ~ **(in sb/ sth)** confiança (em alguém/algo): *confidence trick* conto-do-vigário **2** confidência LOC **to take sb into your confidence** confidenciar a alguém *Ver tb* BREACH, STRICT, VOTE **confident** *adj* **1** seguro (de si mesmo) **2** *to be confident of sth* confiar em algo ◊ *to be confident that...* ter confiança em que... **confidential** /ˌkɑnfɪˈdenʃl/ *adj* **1** confidencial **2** (*tom, etc.*) de confiança **confidently** *adv* com confiança

confine /kənˈfaɪn/ *vt* **1** confinar, encarcerar: *to be confined to bed* ficar acamado **2** limitar **confined** *adj* restrito (*espaço*) **confinement** *s* detenção LOC *Ver* SOLITARY

confines /ˈkɑnfaɪnz/ *s* [*pl*] (*formal*) confins

confirm /kənˈfɜːrm/ *vt* confirmar **confirmed** *adj* inveterado

confirmation /ˌkɑnfərˈmeɪʃn/ *s* confirmação

confiscate /ˈkɑnfɪskeɪt/ *vt* confiscar

conflict /ˈkɑnflɪkt/ ♦ *s* conflito ♦ /kənˈflɪkt/ *vi* ~ **(with sth)** divergir (de algo) **conflicting** *adj* divergente: *conflicting evidence* provas discrepantes

conform /kənˈfɔːrm/ *vi* **1** ~ **to sth** adaptar-se a algo **2** seguir as regras **3** ~ **with/to sth** ajustar-se a algo **conformist** *s* conformista **conformity** *s* (*formal*) conformidade: *in conformity with sth* de acordo com algo

confront /kənˈfrʌnt/ *vt* confrontar, enfrentar: *They confronted him with the facts.* Confrontaram-no com os fatos.
confrontation *s* confronto

confuse /kənˈfjuːz/ *vt* **1 ~ sb/sth with sb/sth** confundir alguém/algo com alguém/algo **2** (*pessoa*) desorientar **3** (*assunto*) complicar **confused** *adj* **1** confuso **2** (*pessoa*) desorientado: *to get confused* ficar confuso **confusing** *adj* confuso **confusion** *s* confusão

congeal /kənˈdʒiːl/ *vi* coagular-se, solidificar-se

congenial /kənˈdʒiːniəl/ *adj* agradável LOC **congenial to sb** atraente para alguém **congenial to sth** propício a algo

congenital /kənˈdʒenɪtl/ *adj* congênito

congested /kənˈdʒestɪd/ *adj* ~ (**with sth**) congestionado (de algo) **congestion** *s* congestionamento, congestão

conglomerate /kənˈɡlɑmərət/ *s* conglomerado (*de empresas*)

congratulate /kənˈɡrætʃuleɪt/ *vt* ~ **sb (on)** parabenizar alguém (por) **congratulation** *s* felicitação LOC **congratulations!** parabéns!

congregate /ˈkɑŋɡrɪɡeɪt/ *vi* reunir-se **congregation** *s* congregação

congress /ˈkɑŋɡrəs/; *GB* -gres/ *s* congresso **congressional** /kənˈɡreʃənl/ *adj* de congresso

congressman /ˈkɑŋɡrəsmən; *GB* -gres-/ *s* (*pl* **-men**) /-mən/ deputado federal

congresswoman /ˈkɑŋɡrəswʊmən; *GB* -gres-/ *s* (*pl* **-women** /-wɪmɪn/) deputada federal

conical /ˈkɑnɪkl/ *adj* cônico

conifer /ˈkɑnɪfər/ *s* conífera

conjecture /kənˈdʒektʃər/ *s* **1** conjetura **2** [*não contável*] conjeturas

conjunction /kənˈdʒʌŋkʃn/ *s* (*Gram*) conjunção LOC **in conjunction with** junto com

conjure /ˈkʌndʒər/ *vi* fazer truques mágicos PHR V **to conjure sth up 1** (*imagem, etc.*) evocar algo **2** fazer algo aparecer através de mágica **3** (*espírito*) invocar **conjurer** *s* mágico, -a

connect /kəˈnekt/ **1** *vt, vi* (*Eletrôn, etc.*) conectar(-se) **2** *vt* (*aposentos*) comuni-

car **3** *vt* contrair parentesco: *connected by marriage* aparentados por casamento **4** *vt* ~ **sb/sth** (**with sb/sth**) relacionar alguém/algo (com alguém/algo) **5** *vt* ~ **sb** (**with sb**) (*telefone*) ligar alguém (com alguém) **connection** *s* **1** ligação **2** relação **3** (*transporte*) conexão LOC **in connection with** com relação a **to have connections** ter contatos

connoisseur /ˌkɑnəˈsɜːr/ *s* conhecedor, -ora, apreciador, -ora

conquer /ˈkɑŋkər/ *vt* **1** conquistar **2** vencer, derrotar **conqueror** *s* **1** conquistador, -ora **2** vencedor, -ora

conquest /ˈkɑŋkwest/ *s* conquista

conscience /ˈkɑnʃəns/ *s* (*moral*) consciência LOC **to have sth on your conscience** estar com a consciência pesada sobre algo *Ver tb* EASE

conscientious /ˌkɑnʃiˈenʃəs/ *adj* conscencioso: *conscientious objector* pessoa que tem objeções de consciência

conscious /ˈkɑnʃəs/ *adj* **1** consciente **2** (*esforço, decisão*) intencional **consciously** *adv* deliberadamente **consciousness** *s* **1** percepção **2 consciousness (of sth)** consciência (de algo)

conscript /ˈkɑnskrɪpt/ *s* recruta **conscription** *s* serviço militar (*obrigatório*)

consecrate /ˈkɑnsɪkreɪt/ *vt* consagrar

consecutive /kənˈsekjətɪv/ *adj* consecutivo

consent /kənˈsent/ ◆ *vi* ~ (**to sth**) consentir (em algo) ◆ *s* consentimento LOC *Ver* AGE

consequence /ˈkɑnsɪkwens; *GB* -kwəns/ *s* **1** [*ger pl*] conseqüência: *as a/in consequence of sth* por/em conseqüência de algo **2** (*formal*) importância

consequent /ˈkɑnsɪkwənt/ *adj* (*formal*) **1** resultante **2** ~ **on/upon sth** que resulta de algo **consequently** *adv* por conseguinte

conservation /ˌkɑnsərˈveɪʃn/ *s* conservação, proteção: *conservation area* zona preservada

conservative /kənˈsɜːrvətɪv/ ◆ *adj* **1** conservador **2 Conservative** (*Pol*) conservador *Ver tb* TORY ◆ *s* conservador, -ora

conservatory /kənˈsɜːrvətɔːri; *GB* -tri/ *s* (*pl* **-ies**) **1** jardim-de-inverno **2** (*Mús*) conservatório

aɪ	aʊ	ɔɪ	ɪə	eə	ʊə	ʒ	h	ŋ
five	now	join	near	hair	pure	vision	how	sing

conserve /kən'sɜːrv/ vt 1 conservar 2 (energia) economizar 3 (forças) reservar 4 (natureza) proteger

consider /kən'sɪdər/ vt 1 considerar: to consider doing sth pensar em fazer algo 2 levar em consideração

considerable /kən'sɪdərəbl/ adj considerável considerably adv consideravelmente, muito

considerate /kən'sɪdərət/ adj ~ (towards sb/sth) atencioso (com alguém/algo)

consideration /kən,sɪdə'reɪʃn/ s 1 consideração: It is under consideration. Está sendo considerado. 2 fator LOC to take sth into consideration levar algo em consideração

considering /kən'sɪdərɪŋ/ conj considerando que

consign /kən'saɪn/ vt ~ sb/sth (to sth) entregar alguém/algo (a algo): consigned to oblivion relegado ao esquecimento consignment s 1 consignação 2 remessa

consist /kən'sɪst/ v PHR V to consist of sth consistir em algo, compor-se de algo

consistency /kən'sɪstənsi/ s (pl -ies) 1 consistência 2 (atitude) coerência

consistent /kən'sɪstənt/ adj 1 (pessoa) coerente 2 ~ (with sth) de acordo (com algo) consistently adv 1 regularmente 2 (agir) coerentemente

consolation /,kɑnsə'leɪʃn/ s consolação, consolo

console /kən'soʊl/ vt consolar

consolidate /kən'sɑlɪdeɪt/ vt, vi consolidar(-se)

consonant /'kɑnsənənt/ s consoante

consortium /kən'sɔːrʃəm; GB -'sɔːtiəm/ s (pl -tia /-ʃə; GB -tɪə/) consórcio

conspicuous /kən'spɪkjuəs/ adj 1 visível: to make yourself conspicuous fazer-se notar 2 (irôn) to be ~ for sth ter fama de algo 3 notável LOC to be conspicuous by your/its absence ser notado por sua ausência conspicuously adv notavelmente

conspiracy /kən'spɪrəsi/ s (pl -ies) 1 conspiração 2 trama conspiratorial /kən,spɪrə'tɔːriəl/ adj conspirador

conspire /kən'spaɪər/ vi conspirar

constable /'kɑnstəbl; GB 'kʌn-/ s (GB) agente policial

constant /'kɑnstənt/ ◆ adj 1 constante, contínuo 2 (amigo, partidário, etc.) fiel ◆ s constante constantly adv constantemente

constipated /'kɑnstɪpeɪtɪd/ adj com prisão de ventre

constipation /,kɑnstɪ'peɪʃn/ s prisão de ventre

constituency /kən'stɪtjuənsi/ s (pl -ies) 1 eleitorado 2 (GB) distrito eleitoral

constituent /kən'stɪtjuənt/ s 1 (Pol) constituinte 2 componente

constitute /'kɑnstɪtuːt; GB -tjuːt/ vt constituir

constitution /,kɑnstɪ'tuːʃn; GB -'tjuːʃn/ s constituição constitutional adj constitucional

constraint /kən'streɪnt/ s 1 coação 2 restrição

constrict /kən'strɪkt/ vt 1 apertar 2 comprimir

construct /kən'strʌkt/ vt construir ☛ A palavra mais utilizada é build.
construction s construção

construe /kən'struː/ vt interpretar (o significado de)

consul /'kɑnsl/ s cônsul

consulate /'kɑnsələt; GB -sjəl-/ s consulado

consult /kən'sʌlt/ vt, vi consultar: consulting room consultório consultant s 1 consultor, -ora 2 (Med) especialista consultancy s consultoria consultation s consulta

consume /kən'suːm; GB -'sjuːm/ vt consumir: He was consumed with envy. Ele estava tomado de inveja. consumer s consumidor, -ora

consummate /kən'sʌmət/ ◆ adj (formal) 1 consumado 2 (habilidade, etc.) extraordinário ◆ /'kɑnsəmeɪt/ vt (formal) 1 completar 2 (matrimônio) consumar

consumption /kən'sʌmpʃn/ s 1 consumo 2 (antiquado, Med) tuberculose

contact /'kɑntækt/ ◆ s (Eletrôn, etc.) contato: contact lens lente de contato LOC to make contact (with sb/sth) entrar em contato (com alguém/algo) ◆ vt entrar em contato com

contagious /kən'teɪdʒəs/ adj contagioso

tʃ	dʒ	v	θ	ð	s	z	ʃ
chin	June	van	thin	then	so	zoo	she

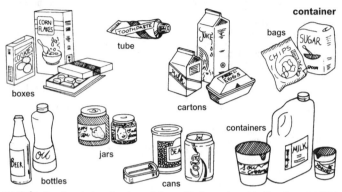

container

tube

bags

boxes

cartons

containers

jars

bottles

cans

contain /kən'teɪn/ vt conter: *to contain yourself* controlar-se **container** s 1 recipiente 2 *container truck/ship* caminhão/navio container

contaminate /kən'tæmɪneɪt/ vt contaminar

contemplate /'kɑntəmpleɪt/ 1 vt, vi contemplar, meditar 2 vt considerar: *to contemplate doing sth* pensar em fazer algo

contemporary /kən'tempəreri; GB -prəri/ ◆ adj 1 contemporâneo 2 da mesma época ◆ s (pl -ies) contemporâneo, -a

contempt /kən'tempt/ s 1 desprezo 2 (tb contempt of court) desacato (ao tribunal) LOC **beneath contempt** desprezível ao extremo Ver tb HOLD **contemptible** adj desprezível **contemptuous** adj desdenhoso, depreciativo

contend /kən'tend/ 1 vi ~ **with sth** lutar contra algo: *She's had a lot of problems to contend with.* Ela tem tido que enfrentar muitos problemas. 2 vi ~ **(for sth)** competir, lutar (por algo) 3 vt afirmar **contender** s adversário, -a

content¹ /'kɑntent/ (tb contents [pl]) s conteúdo: *table of contents* índice

content² /kən'tent/ ◆ adj ~ **(with sth/ to do sth)** contente (com algo/em fazer algo); satisfeito com algo ◆ v refl ~ **yourself with sth** contentar-se com algo **contented** adj satisfeito **contentment** s contentamento, satisfação

contention /kən'tenʃn/ s 1 disputa: the teams in contention for… os times na luta por… 2 discórdia LOC Ver BONE

contentious /kən'tenʃəs/ adj 1 controvertido 2 altercador

contest /kən'test/ ◆ vt 1 (afirmação) contestar 2 (decisão) impugnar 3 (prêmio, bancada) disputar ◆ /'kɑntest/ s 1 concurso, competição 2 (fig) concorrência, luta **contestant** /kən'testənt/ s concorrente

context /'kɑntekst/ s contexto

continent /'kɑntɪmənt/ s 1 (Geog) continente 2 **the Continent** (GB) o continente europeu **continental** /ˌkɑntɪ'nentl/ adj continental

contingency /kən'tɪndʒənsi/ s (pl -ies) 1 eventualidade 2 contingência: *contingency plan* plano de emergência

contingent /kən'tɪndʒənt/ s [v sing ou pl] 1 (Mil) contingente 2 representantes: *The Brazilian contingent arrived at the conference.* Os representantes brasileiros chegaram à conferência.

continual /kən'tɪnjuəl/ adj contínuo **continually** adv continuamente

Continual ou **continuous**? **Continual** e **continually** costumam descrever ações que se repetem sucessivamente e que, em geral, têm um aspecto negativo.: *His continual phone calls started to annoy her.* Os telefonemas insistentes dele começaram a irritá-la. **Continuous** e **continuously** são usados para descrever ações ininterruptas.: *There has been a continuous improvement in his work.* O trabalho dele tem demon-

i:	i	ɪ	e	æ	ɑ	ʌ	ʊ	u:
see	happy	sit	ten	hat	cot	cup	put	too

strado uma melhora contínua. ◊ *It has been raining continuously for three days.* Tem chovido sem parar há três dias.

continuation /kən‚tɪnju'eɪʃn/ *s* continuação

continue /kən'tɪnjuː/ *vt, vi* continuar, prosseguir: *to continue doing sth/to do sth* continuar a fazer algo **continued** *adj* contínuo **continuing** *adj* continuado

continuity /‚kɑntrɪ'nuːəti; *GB* -'njuː-/ *s* continuidade

continuous /kən'tɪnjuəs/ *adj* constante, contínuo **continuously** *adv* continuamente, sem parar ☛ Ver nota em CONTINUAL

contort /kən'tɔːrt/ **1** *vt* contorcer **2** *vi* contorcer-se, retorcer-se

contour /'kɑntər/ *s* contorno

contraband /'kɑntrəbænd/ *s* contrabando

contraception /‚kɑntrə'sepʃn/ *s* contracepção **contraceptive** *adj, s* anticoncepcional

contract /'kɑntrækt/ ♦ *s* contrato LOC **under contract (to sb/sth)** contratado (por alguém/algo) ♦ /kən'trækt/ **1** *vt* (*trabalhador*) contratar **2** *vt* contrair (*matrimônio, enfermidade, dívidas*) **3** *vi* contrair-se, encolher-se **4** *vi* ~ **with sb** fazer um contrato com alguém **contractor** *s* contratante, empreiteiro, -a

contraction /kən'trækʃn/ *s* contração

contradict /‚kɑntrə'dɪkt/ *vt* contradizer **contradiction** *s* contradição **contradictory** *adj* contraditório

contrary /'kɑntreri; *GB* -trəri/ ♦ *adj* contrário a algo; contrário a algo ♦ **the contrary** *s* o contrário LOC **on the contrary** pelo contrário

contrast /kən'træst; *GB* -'trɑːst/ ♦ *vt, vi* ~ **(A and/with B)** contrastar (A e/ com B) ♦ /'kɑntræst; *GB* -trɑːst/ *s* contraste

contribute /kən'trɪbjuːt/ **1** *vt, vi* contribuir **2** *vt, vi* ~ **(sth) to sth** (*artigo*) escrever (algo) para algo **3** *vi* ~ **to sth** (*debate*) participar de algo **contributor** *s* **1** contribuinte **2** (*publicação*) colaborador, -ora **contributory** *adj* **1** que contribui **2** (*plano de aposentadoria*) contributivo

contribution /‚kɑntrɪ'bjuːʃn/ *s* **1** con-

tribuição, participação **2** (*publicação*) artigo

control /kən'troʊl/ ♦ *s* **1** controle, comando, domínio: *to be in control of sth* ter o controle de algo/ter algo sob controle **2 controls** [*pl*] comandos LOC **to be out of control 1** estar fora de controle: *Her car went out of control.* O carro dela perdeu a direção. **2** (*pessoa*) rebelar-se ♦ **1** *vt* controlar, mandar em **2** *vt* (*carro*) dirigir **3** *v refl* ~ **yourself** controlar-se **4** *vt* (*lei*) supervisionar **5** *vt* (*gastos, inflação*) conter

controversial /‚kɑntrə'vɜːrʃl/ *adj* controvertido, polêmico

controversy /'kɑntrəvɜːrsi/ *s* (*pl* **-ies**) ~ (**about/over sth**) controvérsia (a respeito de algo)

convene /kən'viːn/ *vt* convocar

convenience /kən'viːniəns/ *s* **1** comodidade: *public conveniences* sanitários públicos **2** conveniência

convenient /kən'viːniənt/ *adj* **1** *if it's convenient (for you)* se lhe convier **2** (*momento*) apropriado **3** prático **4** (*acessível*) à mão **5** ~ **for sth** bem situado em relação a algo **conveniently** *adv* convenientemente (*tb irón*)

convent /'kɑnvent; *GB* -vənt/ *s* convento

convention /kən'venʃn/ *s* **1** cóngresso **2** convenção (*norma, acordo*) **conventional** *adj* convencional LOC **conventional wisdom** sabedoria popular

converge /kən'vɜːrdʒ/ *vi* **1** convergir **2** ~ (**on sth**) (*pessoas*) encontrar-se (em algo) **convergence** *s* convergência

conversant /kən'vɜːrsnt/ *adj* (*formal*) ~ **with sth** versado em algo: *to become conversant with sth* familiarizar-se com algo

conversation /‚kɑnvər'seɪʃn/ *s* conversação: *to make conversation* puxar conversa, conversar

converse¹ /kən'vɜːrs/ *vi* (*formal*) conversar

converse² /'kɑnvɜːrs/ **the converse** *s* o contrário **conversely** *adv* inversamente

conversion /kən'vɜːrʒn; *GB* kən-'vɜːʃn/ *s* ~ (**from sth**) (**into/to sth**) conversão (de algo) (em/a algo)

convert /kən'vɜːrt/ ♦ *vt, vi* **1** ~ (**sth**) (**from sth**) (**into/to sth**) converter (algo) (de algo) (em algo); converter-se (de algo) (em algo): *The sofa converts (in)to a bed.* O sofá vira cama. **2 ~ (sb) (from sth) (to sth)** (*Relig*) converter (alguém) (de algo) (a algo); converter-se (de algo) (a algo) ◆ /ˈkɒnvɜːt/ *s* ~ **(to sth)** convertido, -a (a algo)

convertible /kənˈvɜːrtəbl/ ◆ *adj* ~ **(into/to sth)** conversível (em algo) ◆ *s* conversível (*carro*)

convey /kənˈveɪ/ *vt* **1** (*formal*) levar, transportar **2** (*idéia, agradecimento*) comunicar, expressar **3** (*saudações*) enviar **4** (*propriedade*) transferir **conveyor** (*tb* **conveyor belt**) *s* correia transportadora

convict /kənˈvɪkt/ ◆ *vt* ~ **sb (of sth)** condenar alguém (por algo) ◆ /ˈkɒnvɪkt/ *s* presidiário, -a: *an escaped convict* um presidiário foragido **conviction** *s* **1** ~ **(for sth)** condenação (por algo) **2** ~ **(that...)** convicção (de que...): *to lack conviction* não ser convincente

convince /kənˈvɪns/ *vt* **1** ~ **sb (that.../ of sth)** convencer alguém (de que.../de algo) **2** (*esp USA*) persuadir **convinced** *adj* convicto **convincing** *adj* convincente

convulse /kənˈvʌls/ *vt* convulsionar: *convulsed with laughter* morto de rir **convulsion** *s* [*ger pl*] convulsão

cook /kʊk/ ◆ **1** *vi* (*pessoa*) cozinhar, preparar a comida **2** *vi* (*comida*) cozinhar **3** *vt* preparar: *The potatoes aren't cooked.* As batatas não estão cozidas. LOC **to cook the books** (*coloq, pej*) burlar a contabilidade PHR V **to cook sth up** (*coloq*): *to cook up an excuse* inventar uma desculpa ◆ *s* cozinheiro, -a

cookbook /ˈkʊkbʊk/ *s* livro de receitas

cooker /ˈkʊkər/ *s* (*GB*) fogão *Ver tb* STOVE

cookery /ˈkʊkəri/ *s* (*GB*) (*USA* **cooking**) [*não contável*] culinária: *Oriental cookery* cozinha oriental

cookie /ˈkʊki/ (*GB* **biscuit**) *s* biscoito (*doce*)

cooking /ˈkʊkɪŋ/ *s* [*não contável*] cozinha: *French cooking* cozinha francesa ◊ *to do the cooking* fazer a comida ◊ *cooking apple* maçã para fazer doce

cool /kuːl/ ◆ *adj* (**-er, -est**) **1** fresco ☛ *Ver nota em* FRIO **2** (*coloq*) calmo **3** ~

(about sth/towards sb) indiferente (a algo/alguém) **4** (*acolhida*) frio **5** (*coloq*) legal: *a really cool guy* um cara muito legal LOC **to keep/stay cool** ficar calmo: *Keep cool!* Fica frio! ◆ *vt, vi* ~ **(sth) (down/off)** esfriar(-se), esfriar algo PHR V **to cool (sb) down/off** acalmar-se, acalmar alguém ◆ **the cool** *s* [*não contável*] o fresco: *in the cool of the night* no fresco da noite LOC **to keep/lose your cool** (*coloq*) manter/perder a calma

cooperate /koʊˈɑpəreɪt/ *vi* **1** ~ **(with sb) (in doing/to do sth)** cooperar (com alguém) (para fazer algo) **2** ~ **(with sb) (on sth)** cooperar (com alguém) (em algo) **3** colaborar **cooperation** *s* **1** cooperação **2** colaboração

cooperative /koʊˈɑpərətɪv/ ◆ *adj* **1** cooperativo **2** disposto a colaborar ◆ *s* cooperativa

coordinate /koʊˈɔːrdɪneɪt/ *vt* coordenar

cop /kɑp/ *s* (*coloq*) tira

cope /koʊp/ *vi* ~ **(with sth)** dar conta (de algo); enfrentar algo: *I can't cope.* Não posso mais.

copious /ˈkoʊpiəs/ *adj* (*formal*) copioso, abundante

copper /ˈkɑpər/ *s* **1** cobre **2** (*coloq, GB*) tira

copy /ˈkɑpi/ ◆ *s* (*pl* **copies**) **1** cópia **2** (*livro, disco, etc.*) exemplar **3** (*revista, etc.*) número **4** texto, originais ◆ *vt* (*pret, pp* **copied**) **1** ~ **sth (down/out) (in/into sth)** copiar algo (em algo) **2** fotocopiar **3** ~ **sb/sth** copiar, imitar alguém/algo

copyright /ˈkɑpiraɪt/ ◆ *s* direitos autorais, copirraite ◆ *adj* registrado, protegido por direitos autorais

coral /ˈkɔːrəl; *GB* ˈkɒrəl/ ◆ *s* coral ◆ *adj* de coral, coralíneo

cord /kɔːrd/ *s* **1** corda **2** (*GB* **flex**) (*Eletrôn*) fio **3** (*coloq*) veludo cotelê **4 cords** [*pl*] calças de veludo cotelê

cordon /ˈkɔːrdn/ ◆ *s* cordão ◆ PHR V **to cordon sth off** isolar algo

corduroy /ˈkɔːrdərɔɪ/ *s* veludo cotelê

core /kɔːr/ *s* **1** (*fruta*) caroço **2** centro, núcleo: *a hard core* um time ferrenho LOC **to the core** até a medula

cork /kɔːrk/ *s* cortiça, rolha

corkscrew /ˈkɔːrkskruː/ *s* saca-rolhas

corn /kɔːrn/ *s* **1** (*USA*) milho **2** (*GB*) cereal **3** calo

corncob /ˈkɔːrnkɑb/ *s* espiga de milho

corner /ˈkɔːrnər/ ◆ *s* **1** (*dentro*) canto **2** (*fora*) esquina **3** (*tb* corner kick) córner, escanteio LOC (**just**) **around the corner** a um pulo daqui ◆ **1** *vt* encurralar **2** *vi* fazer uma curva **3** *vt* monopolizar: *to corner the market in sth* ser o rei de um determinado mercado

cornerstone /ˈkɔːrnərstoʊn/ *s* pedra angular

cornstarch /ˈkɔːrnstɑrtʃ/ *s* farinha de milho

corollary /ˈkɔːrəleri; *GB* kəˈrɒləri/ *s* ~ (**of/to sth**) (*formal*) corolário (de algo)

coronation /ˌkɔːrəˈneɪʃn; *GB* ˌkɒr-/ *s* coroação

coroner /ˈkɔːrənər; *GB* ˈkɒr-/ *s* magistrado, -a (*que investiga mortes suspeitas*)

corporal /ˈkɔːrpərəl/ ◆ *s* (*Mil*) cabo ◆ *adj*: *corporal punishment* castigo corporal

corporate /ˈkɔːrpərət/ *adj* **1** coletivo **2** corporativo

corporation /ˌkɔːrpəˈreɪʃn/ *s* **1** municipalidade, junta **2** corporação

corps /kɔːr/ *s* (*pl* corps /kɔːz/) (*Mil*) corpo

corpse /kɔːrps/ *s* cadáver

correct /kəˈrekt/ ◆ *adj* correto: *Would I be correct in saying…?* Eu estaria certo em dizer…? ◆ *vt* corrigir

correlation /ˌkɔːrəˈleɪʃn; *GB* ˌkɒr-/ *s* ~ (**with sth**)/(**between…**) correlação (com algo)/(entre…)

correspond /ˌkɔːrəˈspɒnd; *GB* ˌkɒr-/ *vi* **1** ~ (**with sth**) coincidir (com algo) **2** ~ (**to sth**) equivaler (a algo) **3** ~ (**with sb**) corresponder-se (com alguém) **correspondence** *s* correspondência **correspondent** *s* correspondente **corresponding** *adj* correspondente

corridor /ˈkɔːrɪdɔːr; *GB* ˈkɒr-/ *s* corredor

corrosion /kəˈroʊʒn/ *s* corrosão

corrugated /ˈkɔːrəgeɪtɪd/ *adj* corrugado, ondulado

corrupt /kəˈrʌpt/ ◆ *adj* **1** corrupto **2** depravado ◆ *vt* corromper, depravar **corruption** *s* corrupção

cosmetic /kɑzˈmetɪk/ *adj* cosmético:

cosmetic surgery cirurgia estética **cosmetics** *s* [*pl*] cosméticos

cosmopolitan /ˌkɑzməˈpɑlɪtən/ *adj, s* cosmopolita

cost /kɔːst; *GB* kɒst/ ◆ *vt* **1** (*pret, pp* cost) custar, valer **2** (*pret, pp* costed) (*Com*) estimar, orçar LOC **to cost a bomb** (*GB*) custar um dinheirão *Ver tb* EARTH ◆ *s* **1** custo: *whatever the cost* custe o que custar ◊ *cost-effective* rentável *Ver tb* PRICE **2 costs** [*pl*] custas, gastos LOC **at all costs** a qualquer custo *Ver tb* COUNT[1] **costly** *adj* (**-ier, -iest**) caro

costume /ˈkɑstuːm; *GB* -tjuːm/ *s* **1** traje **2 costumes** [*pl*] (*Teat*) vestuário

cosy (*GB*) *Ver* COZY

cot /kɑt/ *s* **1** (*USA*) cama de campanha **2** (*USA* crib) berço

cottage /ˈkɑtɪdʒ/ *s* chalé, casa (*de campo*)

cotton /ˈkɑtn/ *s* **1** algodão **2** fio (*de algodão*)

cotton wool *s* [*não contável*] algodão (de farmácia)

couch /kaʊtʃ/ ◆ *s* sofá, divã ◆ *vt* (*formal*) ~ **sth** (**in sth**) expressar algo (em algo)

cough /kɔːf; *GB* kɒf/ ◆ **1** *vi* tossir **2** *vt* ~ **sth up** tossir algo (para fora) PHR V **to cough** (**sth**) **up** (*GB, coloq*) soltar (algo): *He owes us money, but he won't cough it up.* Ele nos deve dinheiro, mas não vai soltar um níquel. ◆ *s* tosse

could *pret de* CAN[2]

council /ˈkaʊnsl/ *s* **1** câmara municipal, distrito: *council flat/house* (*GB*) apartamento/casa em conjunto habitacional **2** conselho **councilor** (*GB* councillor) *s* conselheiro, -a, vereador, -ora

counsel /ˈkaʊnsl/ ◆ *s* **1** (*formal*) conselho *Ver tb* ADVICE **2** (*pl* counsel) advogado, -a ☞ *Ver nota em* ADVOGADO ◆ *vt* (**-l-**, *GB* **-ll-**) (*formal*) aconselhar **counseling** (*GB* counselling) *s* aconselhamento, orientação **counselor** (*GB* counsellor) *s* **1** assessor, -ora, conselheiro, -a **2** (*USA ou Irl*) advogado, -a

count[1] /kaʊnt/ **1** *vt, vi* ~ (**sth**) (**up**) contar (algo) **2** *vi* ~ (**as sth**) contar (como algo) **3** *vi* ~ (**for sth**) importar, contar, valer (para algo) **4** *v refl*: *to count yourself lucky* considerar-se com sorte LOC **to count the cost** (**of sth**) sofrer as conseqüências (de algo) PHR V

to count down fazer contagem regressiva **to count sb/sth in** incluir alguém/algo **to count on sb/sth** contar com alguém/algo **to count sb/sth out** (*coloq*) excluir alguém **to count towards sth** contribuir para algo

count² /kaʊnt/ s conde

countdown /ˈkaʊntdaʊn/ s ~ (**to sth**) contagem regressiva (para algo)

countenance /ˈkaʊntənəns/ vt (*formal*) aprovar, tolerar

counter /ˈkaʊntər/ ♦ **1** vi replicar, contestar **2** vt (*ataque*) contestar, responder a ♦ s **1** (*jogo*) ficha **2** contador **3** balcão (*de bar, loja, etc.*) **4** (*cozinha*) (*GB* **worktop**) superfície de trabalho ♦ adv ~ **to sth** ao contrário de algo

counteract /ˌkaʊntərˈækt/ vt (re)agir contra, contrapor-se a

counter-attack /ˈkaʊntər ətæk/ s contra-ataque

counterfeit /ˈkaʊntərfɪt/ adj falsificado

counterpart /ˈkaʊntərpɑrt/ s **1** contrapartida **2** equivalente

counter-productive /ˌkaʊntər prəˈdʌktɪv/ adj contraproducente

countess /ˈkaʊntəs/ s condessa

countless /ˈkaʊntləs/ adj inumerável

country /ˈkʌntri/ s (*pl* -ies) **1** país **2** [*sing*] pátria **3** [*não contável*] (*tb* **the country**) o campo, o interior: *country life* a vida no campo/no interior **4** zona, terra

countryman /ˈkʌntrimən/ s (*pl* -men /-mən/) **1** compatriota **2** homem do campo/do interior

countryside /ˈkʌntrisaɪd/ s [*não contável*] **1** campo, interior **2** paisagem

countrywoman /ˈkʌntriwʊmən/ s (*pl* -women) **1** compatriota **2** mulher do campo/do interior

county /ˈkaʊnti/ s (*pl* -ies) condado

coup /kuː/ s (*pl* ~s /kuːz/) (*Fr*) **1** (*tb* coup d'état /kuːdeɪˈtɑ/) (*pl* ~s d'état) golpe (de Estado) **2** golpe

couple /ˈkʌpl/ ♦ s **1** casal (*relacionamento amoroso*): *a married couple* um casal (de marido e mulher) **2** par LOC **a couple of** um par de, uns/umas, alguns/algumas ♦ vt **1** associar a: *coupled with sth* junto com algo **2** acoplar

coupon /ˈkuːpɒn/ s cupom, vale

courage /ˈkʌrɪdʒ/ s coragem LOC *Ver* DUTCH, PLUCK courageous /kəˈreɪdʒəs/ adj corajoso

courgette /kʊərˈʒet/ (*USA* zucchini) s (*Bot*) abobrinha

courier /ˈkʊriər/ s **1** guia turístico (*pessoa*) **2** mensageiro, -a

course /kɔːrs/ s **1** curso, transcurso **2** (*barco, avião, rio*) rumo, curso: *to be on/off course* estar dentro/fora do curso **3** ~ (**in/on sth**) (*Educ*) curso (de algo) **4** ~ **of sth** (*Med*) tratamento de algo **5** (*golfe*) campo **6** (*corrida*) pista **7** (*comida*) prato: *the main course* o prato principal LOC **a course of action** uma linha de ação **in the course of sth** no decorrer de algo **of course** é claro *Ver tb* DUE, MATTER

court /kɔːrt/ ♦ s **1** ~ (**of law**) tribunal: *a court case* um caso (jurídico) ◊ *court order* ordem judicial *Ver tb* HIGH COURT **2** (*Esporte*) quadra **3** **Court** corte (*de um monarca*) LOC **to go to court (over sth)** entrar na justiça (por algo) **to take sb to court** processar alguém ♦ vt **1** cortejar **2** (*perigo, etc.*) expor-se a

courteous /ˈkɜːrtiəs/ adj cortês

courtesy /ˈkɜːrtəsi/ s (*pl* -ies) cortesia LOC (**by**) **courtesy of sb** (por) cortesia/gentileza de alguém

court martial s (*pl* ~s martial) corte marcial

courtship /ˈkɔːrtʃɪp/ s noivado

courtyard /ˈkɔːrtjɑrd/ s pátio

cousin /ˈkʌzn/ (*tb* first cousin) s primo (irmão), prima (irmã)

cove /koʊv/ s enseada

covenant /ˈkʌvənənt/ s convênio, pacto

cover /ˈkʌvər/ ♦ **1** vt ~ **sth** (**up/over**) (**with sth**) cobrir algo (com algo) **2** vt ~ **sb/sth in/with sth** cobrir alguém/algo (de/com algo) **3** vt (*rosto*) cobrir **4** vt (*timidez, etc.*) dissimular **5** vt incluir **6** vt tratar de, encarregar-se de **7** vi ~ **for sb** substituir alguém PHR V **to cover (sth) up** (*pej*) encobrir (algo) **to cover up for sb** dar cobertura a alguém ♦ s **1** abrigo **2** coberta **3** (*livro, revista*) capa **4 the covers** [*pl*] as cobertas (de cama) **5** ~ (**for sth**) (*fig*) disfarce (para algo) **6** identidade falsa **7** (*Mil*) proteção **8** ~ (**for sb**) substituição (para/de alguém)

i:	i	ɪ	e	æ	ɑ	ʌ	ʊ	u:
see	happy	sit	ten	hat	cot	cup	put	too

9 ~ (**against sth**) seguro (contra algo) LOC **from cover to cover** da primeira à última página **to take cover** (**from sth**) resguardar-se (de algo) **under cover of sth** sob a proteção de algo: *under cover of darkness* protegidos pela escuridão *Ver tb* DIVE **coverage** *s* cobertura (*de fatos, notícias, etc.*) **covering** *s* **1** cobertura, revestimento **2** capa

covert /ˈkʌʊvɜːrt; *GB* ˈkʌvət/ *adj* **1** secreto, encoberto **2** (*olhar*) furtivo

cover-up /ˈkʌvər ʌp/ *s* (*pej*) acobertamento

covet /ˈkʌvət/ *vt* cobiçar

cow /kaʊ/ *s* vaca ☞ *Ver nota em* CARNE

coward /ˈkaʊərd/ *s* covarde **cowardice** *s* [*não contável*] covardia **cowardly** *adj* covarde

cowboy /ˈkaʊbɔɪ/ *s* **1** vaqueiro **2** (*GB, coloq*) trambiqueiro, -a (*comerciante, profissional, etc.*)

coworker /ˈkoʊwɜːrkər/ (*GB* **workmate**) *s* colega de trabalho

coy /kɔɪ/ *adj* (**coyer, coyest**) **1** (que pretende ser) recatado **2** reservado

cozy (*GB* **cosy**) /ˈkoʊzi/ *adj* (-ier, -iest) **1** acolhedor **2** confortável

crab /kræb/ *s* caranguejo

crack /kræk/ ◆ *s* **1** ~ (**in sth**) rachadura (em algo) **2** ~ (**in sth**) (*fig*) defeito (em algo) **3** fenda, abertura **4** estalo, estampido LOC **the crack of dawn** (*coloq*) o raiar do dia ◆ **1** *vt, vi* rachar: *a cracked cup* uma xícara rachada **2** *vt* ~ **sth** (**open**) quebrar algo (para abrir) **3** *vi* ~ (**open**) romper-se **4** *vt* (*noz*) quebrar **5** *vt* ~ **sth** (**on/against sth**) bater algo (contra algo) **6** *vt, vi* estalar **7** *vi* desmoronar **8** *vt* (*resistência*) romper **9** *vt* (*coloq*) resolver, decifrar **10** *vi* (*voz*) quebrar(-se) **11** *vt* (*coloq*) (*piada*) contar LOC **to get cracking** (*GB, coloq*) pôr mãos à obra PHR V **to crack down** (**on sb/sth**) tomar medidas enérgicas (contra alguém/algo) **to crack up** (*coloq*) ter um colapso (*físico ou mental*)

crackdown /ˈkrækdaʊn/ *s* ~ (**on sth**) medidas enérgicas (contra algo)

cracker /ˈkrækər/ *s* **1** bolacha de água e sal **2** bombinha de São João **3** (*tb* **Christmas cracker**) (*GB*) embrulho em forma de tubo, geralmente presenteado no Natal e que estala ao se romper

crackle /ˈkrækl/ ◆ *vi* crepitar, estalar ◆ *s* (*tb* **crackling**) crepitação, estalido

cradle /ˈkreɪdl/ ◆ *s* berço (*com balanço*) ◆ *vt* ninar

craft /kræft; *GB* krɑːft/ ◆ *s* **1** artesanato: *a craft fair* uma feira de artesanato **2** (*destreza*) técnica **3** ofício **4** nave ◆ *vt* produzir artesanalmente, elaborar

craftsman /ˈkræftsmən; *GB* ˈkrɑːfts-/ (*fem* **craftswoman**) (*pl* -**men** /-mən/) **1** artesão, -ã **2** (*fig*) artista **craftsmanship** *s* **1** artesanato **2** arte

crafty /ˈkræfti; *GB* ˈkrɑːfti/ *adj* (-ier, -iest) astuto, ladino

crag /kræg/ *s* penhasco **craggy** *adj* escarpado

cram /kræm/ **1** *vt* ~ **A into B** enfiar A em B, abarrotar B com A; meter A em B (*com força*) **2** *vi* ~ **into sth** meter-se com dificuldade em algo; abarrotar algo **3** *vi* (*coloq*) rachar de estudar (antes de provas)

cramp /kræmp/ ◆ *s* [*não contável*] **1** (*muscular*) cãibra **2 cramps** (*tb* **stomach cramps**) [*pl*] cólicas estomacais ◆ *vt* (*movimento, desenvolvimento*) impedir, atrapalhar **cramped** *adj* **1** (*letra*) espremido **2** (*espaço*) apertado

crane /kreɪn/ *s* **1** (*Ornit*) grou **2** (*Mec*) grua, guindaste

crank /kræŋk/ *s* **1** (*Mec*) manivela **2** (*coloq*) excêntrico, -a

cranky /krænki/ *adj* **1** excêntrico **2** ranzinza

crash /kræʃ/ ◆ *s* **1** estrondo **2** acidente, batida (de carro): *crash helmet* capacete (de proteção) **3** (*Com*) quebra **4** (*bolsa de valores*) queda ◆ **1** *vt* (*carro*) sofrer um acidente: *He crashed his car last Sunday.* Ele bateu o carro no domingo passado. **2** *vt, vi* ~ (**sth**) (**into sth**) (*veículo*) bater (algo) (em/contra algo): *He crashed into a lamp post.* Ele bateu num poste. ◆ *adj* (*curso, dieta*) intensivo

crash landing *s* aterrissagem forçada

crass /kræs/ *adj* (*pej*) **1** sumo **2** estúpido

crate /kreɪt/ *s* **1** caixote **2** engradado (*de garrafas*)

crater /ˈkreɪtər/ *s* cratera

crave /kreɪv/ *vt, vi* ~ (**for**) **sth** estar com desejo de algo **craving** *s* ~ (**for sth**) ânsia, vontade (de algo)

crawl /krɔːl/ ◆ *vi* **1** engatinhar, arrastar-se **2** (*tb* **to crawl along**) (*tráfego*) arrastar-se **3** (*coloq*) ~ (**to sb**) bajular

u	ɔː	ɜː	ə	j	w	eɪ	oʊ
situation	saw	fur	ago	yes	woman	pay	home

(alguém) LOC **crawling with sth** coberto de algo: *The ground was crawling with ants.* O chão estava coberto de formigas. ◆ s **1** passo de tartaruga **2** (*natação*) (estilo) crawl

crayfish /ˈkreɪfɪʃ/ s (pl crayfish) lagostim

crayon /ˈkreɪən/ s **1** giz de cera, creiom **2** (*Arte*) pastel

craze /kreɪz/ s moda, febre

crazy /ˈkreɪzi/ adj (-ier, -iest) (coloq) **1** louco **2** (*idéia*) disparatado **3** *crazy paving* (GB) pavimento de pedras irregulares

creak /kriːk/ vi ranger, estalar

cream¹ /kriːm/ ◆ s **1** nata, creme: *cream cheese* queijo cremoso **2** creme, pomada **3** *the cream (of the crop)* a nata (de algo) ◆ adj, s (cor) creme creamy adj (-ier, -iest) cremoso

cream² /kriːm/ vt bater/amassar até tornar cremoso PHR V **to cream sth off** selecionar (as melhores pessoas ou coisas)

crease /kriːs/ ◆ s **1** vinco, prega **2** (*calça*) vinco ◆ vt, vi vincar, enrugar

create /kriˈeɪt/ vt criar, produzir: *to create a fuss* armar uma confusão creation s criação creative adj criativo

creator /kriˈeɪtər/ s criador, -ora

creature /ˈkriːtʃər/ s criatura: *living creatures* seres vivos ◊ *a creature of habit* uma pessoa metódica ◊ *creature comforts* necessidades básicas

crèche /kreʃ/ s (GB) creche

credentials /krəˈdenʃlz/ s [pl] **1** credenciais **2** (*para um trabalho*) qualificações

credibility /ˌkredəˈbɪləti/ s credibilidade

credible /ˈkredəbl/ adj verossímil, crível

credit /ˈkredɪt/ ◆ s **1** crédito, empréstimo bancário: *on credit* a crédito/ crediário ◊ *creditworthy* solvente **2** saldo (positivo): *to be in credit* (GB) ter saldo (positivo) **3** (*contabilidade*) haver **4** mérito **5 credits** [pl] créditos (*de um filme/programa*) LOC **to be a credit to sb/sth** ser uma honra para alguém/ algo **to do sb credit** dar o devido crédito a alguém ◆ vt **1** ~ **sb/sth with sth** atribuir o mérito/crédito de algo a alguém/algo **2** (*Fin*) creditar **3** acredi-

tar em creditable adj louvável creditor s credor, -ora

creed /kriːd/ s credo

creek /krik; GB kriːk/ s **1** (USA) riacho **2** (GB) enseada LOC **to be up the creek (without a paddle)** (coloq) estar em dificuldades

creep /kriːp/ ◆ vi (pret, pp crept) **1** mover-se furtivamente, insinuar-se: *to creep up on sb* pegar alguém desprevenido **2** (*fig*): *A feeling of drowsiness crept over him.* Uma sensação de torpor o invadiu. **3** (*planta*) trepar ◆ s (coloq) bajulador LOC **to give sb the creeps** (coloq) dar calafrios em alguém creepy adj (-ier, -iest) (coloq) repugnante

cremation /krəˈmeɪʃn/ s cremação

crematorium /ˌkreməˈtɔːriəm/ s (pl -riums ou -ria /-riə/) crematório

crêpe /kreɪp/ (GB pancake) s (Cozinha) crepe, panqueca

crept pret, pp de CREEP

crescendo /krəˈʃendəʊ/ s (pl ~s) **1** (Mús) crescendo **2** (fig) ponto máximo

crescent /ˈkresnt/ s **1** crescente, meia-lua **2** rua em forma de semicírculo

cress /kres/ s agrião

crest /krest/ s **1** crista **2** (*colina*) topo **3** (*Heráld*) timbre

crestfallen /ˈkrestfɔːlən/ adj cabisbaixo

crevice /ˈkrevɪs/ s fenda (*em rocha*)

crew /kruː/ s **1** tripulação: *cabin crew* tripulação (de um avião) **2** (*remo, cinema*) equipe

crew cut /ˈkruː kʌt/ s corte de cabelo à escovinha

crib /krɪb/ ◆ s **1** manjedoura **2** (GB cot) berço **3** plágio, cola ◆ vt, vi plagiar, colar

cricket /ˈkrɪkɪt/ s **1** (Zool) grilo **2** (*Esporte*) críquete cricketer s jogador, -ora (*de críquete*)

crime /kraɪm/ s **1** delito, crime **2** delinqüência

criminal /ˈkrɪmɪnl/ ◆ adj **1** criminoso: *criminal damage* dano culposo ◊ *a criminal record* antecedentes criminais **2** (*direito*) penal **3** imoral ◆ s delinqüente, criminoso, -a

crimson /ˈkrɪmzn/ adj carmim

cringe /krɪndʒ/ vi **1** encolher-se (*de medo*) **2** (fig) morrer de vergonha

cripple /ˈkrɪpl/ ◆ s aleijado, -a ◆ vt **1**

aleijar **2** (*fig*) prejudicar seriamente
crippling *adj* **1** (*doença*) que deixa invá-
lido **2** (*dívida*) descomunal

crisis /ˈkraɪsɪs/ *s* (*pl* **crises** /-siːz/) crise

crisp /krɪsp/ ◆ *adj* (**-er, -est**) **1** crocante
2 (*frutas, legumes*) fresco **3** *crisp new
bank notes* notas (de dinheiro) novinhas
em folha ◊ *a crisp white shirt* uma cami-
sa branca impecável **4** (*tempo*) seco e
frio **5** (*modos, maneiras*) incisivo ◆ *s* (*tb*
potato crisp, *GB*) (*USA* **potato chip**,
chip) (*de pacote*) ☛ *Ver ilus-
tração em* BATATA **crisply** *adv* incisiva-
mente **crispy** *adj* (**-ier, -iest**) crocante

criterion /kraɪˈtɪəriən/ *s* (*pl* **-ria** /-rɪə/)
critério

critic /ˈkrɪtɪk/ *s* **1** crítico, -a **2** detrator,
-ora **critical** *adj* **1** crítico: *to be critical
of sb/sth* ser crítico em relação a
alguém/algo ◊ *critical acclaim* reconhe-
cimento da crítica **2** (*momento*) crítico,
crucial **3** (*estado*) crítico **critically** *adv*
1 de maneira crítica **2** *critically ill* gra-
vemente enfermo

criticism /ˈkrɪtɪsɪzəm/ *s* **1** crítica **2**
[*não contável*] críticas: *He can't take
criticism.* Ele não tolera críticas. **3** [*não
contável*] crítica: *literary criticism* críti-
ca literária

criticize, -ise /ˈkrɪtɪsaɪz/ *vt* criticar

critique /krɪˈtiːk/ *s* análise crítica

croak /krəʊk/ ◆ *vi* **1** coaxar **2** (*fig*)
rouquejar ◆ *s* (*tb* **croaking**) coaxo

crochet /krəʊˈʃeɪ; *GB* ˈkrəʊʃeɪ/ *s* cro-
chê

crockery /ˈkrɑkəri/ *s* [*não contável*]
louça

crocodile /ˈkrɑkədaɪl/ *s* crocodilo

crocus /ˈkrəʊkəs/ *s* (*pl* ~**es** /-siz/) (*Bot*)
açafrão

crony /ˈkrəʊni/ *s* (*pl* **-ies**) (*pej*) com-
parsa

crook /krʊk/ *s* (*coloq*) trapaceiro, -a
crooked /ˈkrʊkɪd/ *adj* (**-er, -est**) **1** tor-
to **2** (*caminho*) tortuoso **3** (*coloq*) (*pes-
soa, ação*) desonesto

crop /krɑp/ ◆ *s* **1** colheita, produção **2**
cultivo (*fig*) safra LOC *Ver* CREAM ◆
vt (**-pp-**) **1** (*cabelo*) tosar **2** (*animais*)
pastar PHR V **to crop up** aflorar, apare-
cer (*inesperadamente*)

croquet /krəʊˈkeɪ; *GB* ˈkrəʊkeɪ/ *s* cro-
qué

cross /krɔːs; *GB* krɒs/ ◆ *s* **1** cruz **2** ~

(**between …**) cruzamento, misto (entre/
de …) ◆ **1** *vt, vi* cruzar, atravessar:
Shall we cross over? Devemos passar
para o outro lado? **2** *vt, vi* ~ (**each
other/one another**) cruzar-se **3** *v refl* ~
yourself persignar-se **4** *vt* contrariar **5**
vt ~ **sth with sth** (*Zool, Bot*) cruzar algo
com algo LOC **cross your fingers** (**for
me**) torça (por mim) **to cross your
mind** passar pela cabeça, ocorrer a al-
guém *Ver tb* DOT PHR V **to cross sth off/
out/through** riscar/tirar/cancelar algo:
to cross sb off the list tirar alguém da
lista ◆ *adj* (**-er, -est**) **1** zangado: *to get
cross* zangar-se **2** (*vento*) contrário

crossbar /ˈkrɔːsbɑr; *GB* ˈkrɒs-/ *s* **1** bar-
ra (*de bicicleta*) **2** (*Esporte*) trave (*do
gol*)

crossbow /ˈkrɔːsbəʊ; *GB* ˈkrɒs-/ *s* (*ar-
co*) besta

cross-country /ˌkrɔːs ˈkʌntri; *GB*
ˌkrɒs/ *adj, adv* através de campos e
matas

cross-examine /ˌkrɔːs ɪɡˈzæmɪn; *GB*
ˌkrɒs/ *vt* interrogar

cross-eyed /ˈkrɔːs aɪd; *GB* ˈkrɒs/ *adj*
estrábico, vesgo

crossfire /ˈkrɔːsfaɪər; *GB* ˈkrɒs-/ *s* fogo
cruzado, tiroteio (cruzado) LOC **to get
caught in the crossfire** ficar entre dois
fogos

crossing /ˈkrɔːsɪŋ; *GB* ˈkrɒs-/ *s* **1** (*via-
gem*) travessia **2** (*GB*) (*estrada*) cruza-
mento **3** passagem de nível **4** faixa para
pedestres *Ver* ZEBRA CROSSING **5** *border
crossing* fronteira

cross-legged

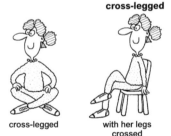

cross-legged   with her legs
                 crossed

cross-legged /ˌkrɔːs ˈleɡɪd; *GB* ˌkrɒs/
adj, adv de/com pernas cruzadas

crossly /ˈkrɔːsli; *GB* ˈkrɒs-/ *adv* com
irritação

tʃ	dʒ	v	θ	ð	s	z	ʃ
chin	**J**une	**v**an	**th**in	**th**en	**s**o	**z**oo	**sh**e

crossover /ˈkrɔːsoʊvər; GB ˈkrɒs-/ s **1** passagem **2** (fig) transição

cross purposes s LOC **at cross purposes**: We're (talking) at cross purposes. Há um mal-entendido entre nós.

cross-reference /ˌkrɔːs ˈrefrəns; GB ˌkrɒs-/ s remissão (em um livro/texto)

crossroads /ˈkrɔːsroʊdz; GB ˈkrɒs-/ s **1** cruzamento, encruzilhada **2** (fig) encruzilhada

cross-section /ˌkrɔːs ˈsekʃn; GB ˌkrɒs-/ s **1** secção (transversal) **2** (estatística) amostra representativa

crossword /ˈkrɔːswɜːrd; GB ˈkrɒs-/ (tb **crossword puzzle**) s palavras cruzadas

crotch /krɑtʃ/ s virilha

crouch /kraʊtʃ/ vi agachar-se, curvar-se

crow /kroʊ/ ♦ s gralha LOC **as the crow flies** em linha reta ♦ vi **1** (galo) cantar **2** ~ (**over sth**) gabar-se de algo

crowbar /ˈkroʊbɑr/ s pé-de-cabra

crowd /kraʊd/ ♦ s [v sing ou pl] **1** multidão **2** (espectadores) público **3 the crowd** (pej) a(s) massa(s) **4** (coloq) gente, turma (de amigos) LOC **crowds of/a crowd of** uma multidão de Ver tb FOLLOW ♦ vt (espaço) abarrotar PHR V **to crowd (a)round** (sb/sth) amontoar-se (ao redor de alguém/algo) **to crowd in** apinhar-se **to crowd sb/sth in** amontoar alguém/algo **crowded** adj **1** lotado, abarrotado **2** (fig) repleto

crown /kraʊn/ ♦ s **1** coroa: crown prince príncipe herdeiro **2 the Crown** (GB, Jur) a Coroa **3** (cabeça) topo **4** (chapéu) copa **5** (colina) topo **6** (dente) coroa ♦ vt coroar

crucial /ˈkruːʃl/ adj ~ (**to/for sb/sth**) crucial (para alguém/algo)

crucifix /ˈkruːsəfɪks/ s crucifixo

crucify /ˈkruːsɪfaɪ/ vt (pret, pp -fied) (lit e fig) crucificar

crude /kruːd/ adj (-er, -est) **1** bruto ☞ Comparar com RAW **2** grosseiro

crude oil s óleo cru

cruel /kruːəl/ adj (-ller, -llest) ~ (**to sb/sth**) cruel (com alguém/algo) **cruelty** s (pl -ies) crueldade

cruise /kruːz/ ♦ vi **1** navegar (em um navio), fazer um cruzeiro (marítimo) **2** (avião, automóvel) ir (em velocidade constante) ♦ s cruzeiro (marítimo) **cruiser** s **1** (navio) cruzador, transa-

tlântico **2** (tb **cabin-cruiser**) lancha a motor com cabine

crumb /krʌm/ s migalha, miolo de pão

crumble /ˈkrʌmbl/ **1** vi ~ (**away**) desmoronar(-se), desfazer(-se) **2** vt desfazer **3** vt, vi (Cozinha) desmanchar(-se) **crumbly** adj (-ier, -iest) que se desfaz, farelento

crumple /ˈkrʌmpl/ vt, vi ~ (**sth**) (**up**) amassar, enrugar algo

crunch /krʌntʃ/ ♦ **1** vt ~ **sth** (**up**) morder algo (ruidosamente) **2** vt, vi esmagalhar ♦ s mastigação ruidosa, ruído áspero **crunchy** adj (-ier, -iest) crocante

crusade /kruːˈseɪd/ s cruzada **crusader** s **1** (Hist) cruzado **2** combatente

crush /krʌʃ/ ♦ vt **1** esmagar: to be crushed to death morrer esmagado **2** ~ **sth** (**up**) (rocha, etc.) triturar algo: crushed ice gelo picado **3** (alho) amassar **4** (fruta) espremer **5** moer **6** (tecido) amassar **7** (ânimo) abater ♦ s **1** (pessoas) aglomeração **2** ~ (**on sb**) (coloq) breve paixão (por alguém): I had a crush on my teacher. Tive uma queda por minha professora. **3** (fruta) suco **crushing** adj (derrota, golpe) arrasador

crust /krʌst/ s casca (de pão, bolo) ☞ Ver ilustração em PÃO **crusty** adj (-ier, -iest) (de casca) crocante

crutch /krʌtʃ/ s **1** muleta **2** (fig) apoio

crux /krʌks/ s xis (da questão)

cry /kraɪ/ ♦ (pret, pp **cried**) **1** vi **to cry** (**over sb/sth**) chorar (por alguém/algo): to cry for joy chorar de alegria ◊ crybaby (pessoa/bebê) chorão **2** vt, vi **to cry** (**sth**) (**out**) gritar (algo) LOC **it's no use crying over spilt milk** não adianta chorar pelo leite derramado **to cry your eyes/heart out** chorar amargamente PHR V **to cry off** dar para trás **to cry out for sth** (fig) exigir/implorar por algo ♦ s (pl **cries**) **1** grito **2** choro: to have a (good) cry desabafar-se chorando LOC Ver HUE **crying** adj LOC **a crying shame** uma verdadeira lástima

crypt /krɪpt/ s cripta

cryptic /ˈkrɪptɪk/ adj críptico

crystal /ˈkrɪstl/ s (Quím) cristal LOC **crystal clear 1** cristalino **2** (significado) claro como o dia

cub /kʌb/ s **1** (leão, tigre, raposa) filhote **2** lobinho **3 the Cub Scouts** [pl] os lobinhos (escoteiros)

cube /kju:b/ ♦ s **1** cubo **2** (*alimento*) cubinho: *sugar cube* cubo de açúcar
cubic adj cúbico

cubicle /ˈkju:bɪkl/ s **1** cubículo **2** provador **3** (*piscina*) vestiário **4** (*banheiro*) vaso sanitário, privada

cuckoo /ˈkʊku:/ s (pl ~s) cuco

cucumber /ˈkju:kʌmbər/ s pepino

cuddle /ˈkʌdl/ ♦ **1** vt abraçar, afagar **2** vt, vi abraçar(-se) **PHR V to cuddle up (to sb)** aconchegar-se a alguém ♦ s abraço, afago **cuddly** adj (-ier, -iest) (*aprov, coloq*) mimoso, fofo: *cuddly toy* brinquedo de pelúcia

cue /kju:/ ♦ s **1** sinal **2** (*Teat*) deixa: *He missed his cue.* Ele perdeu a deixa. **3** exemplo: *to take your cue from sb* pegar a deixa de alguém **4** (*tb* billiard/pool **cue**) taco (*de bilhar*) **LOC** (**right**) **on cue** no momento exato ♦ vt **to cue sb** (**in**) dar o sinal/a deixa a alguém

cuff /kʌf/ ♦ s **1** (*roupa*) punho **2** tapa **LOC off the cuff** de improviso ♦ vt dar um tapa em

cuff link s abotoadura

cuisine /kwɪˈzi:n/ s (*Fr*) culinária

cul-de-sac /ˈkʌl də sæk/ s (pl ~s) (*Fr*) rua sem saída, beco

cull /kʌl/ vt **1** (*informação*) selecionar (de várias fontes) **2** (*animais*) matar (*para controlar o número*)

culminate /ˈkʌlmɪneɪt/ vi (*formal*) ~ **in sth** culminar em algo **culmination** s auge

culottes /k(j)u:ˈlɒts/ s [pl] saia-calça

culprit /ˈkʌlprɪt/ s acusado, -a

cult /kʌlt/ s **1** ~ (**of sb/sth**) culto (a alguém/algo) **2** moda

cultivate /ˈkʌltɪveɪt/ vt (*lit e fig*) cultivar **cultivated** adj **1** (*pessoa*) culto **2** refinado **cultivation** s cultivo

cultural /ˈkʌltʃərəl/ adj cultural

culture /ˈkʌltʃər/ s **1** cultura: *culture shock* choque cultural **2** (*Biol, Bot*) cultura **cultured** adj **1** (*pessoa*) culto **2** *cultured pearl* pérola cultivada

cum /kʌm/ prep (*GB*): *a kitchen-cum-dining room* uma cozinha com sala de jantar

cumbersome /ˈkʌmbərsəm/ adj **1** incômodo **2** volumoso **3** emperrado

cumulative /ˈkju:mjələtɪv/ adj **1** acumulado **2** cumulativo

cunning /ˈkʌnɪŋ/ ♦ adj **1** (*pessoa*) astu-to **2** (*aparelho, ação*) engenhoso **3** (*USA*) (*pessoa*) atraente ♦ s [*não contável*] astúcia, manha **cunningly** adv astuciosamente

cup /kʌp/ ♦ s **1** xícara: *paper cup* copo de papel ☛ Ver ilustração em MUG **2** (*prêmio*) taça: *World Cup* Copa do Mundo **LOC** (**not**) **to be sb's cup of tea** (*coloq*) (não) fazer o gênero de alguém ♦ vt (*mãos*) juntar em concha: *She cupped a hand over the receiver.* Ela cobriu o fone com a mão. **LOC to cup your chin/face in your hands** apoiar o queixo/o rosto/a cabeça nas mãos

cupboard /ˈkʌbərd/ s armário

cupful /ˈkʌpfʊl/ s (*quantidade*) xícara

curate /ˈkjʊərət/ s (*igreja anglicana*) cura

curative /ˈkjʊərətɪv/ adj medicinal

curator /ˈkjʊərətər; GB kjʊəˈreɪtə(r)/ s curador, -a (*de museu, etc.*)

curb /kɜːrb/ ♦ s **1** (*fig*) freio **2** (*GB tb* **kerb**) meio-fio ♦ vt refrear

curdle /ˈkɜːrdl/ vt, vi (*leite, etc.*) coalhar

cure /kjʊər/ ♦ vt **1** curar **2** (*fig*) sanar **3** (*alimentos*) curar ♦ s **1** cura, restabelecimento **2** (*fig*) remédio

curfew /ˈkɜːrfjuː/ s toque de recolher

curious /ˈkjʊəriəs/ adj **1** (*interessado*) curioso: *I'm curious to…* Estou curioso para… **2** (*estranho*) curioso **curiosity** /ˌkjʊəriˈɑsəti/ s (pl -ies) **1** curiosidade **2** coisa rara

curl /kɜːrl/ ♦ s **1** cacho **2** (*fumaça*) espiral ♦ **1** vt, vi cachear(-se), enrolar(-se) **2** vi: *The smoke curled upwards.* A fumaça subiu em espiral. **PHR V to curl up 1** cachear(-se) **2** (sentar-se/deitar-se) encolhido **curly** adj (-ier, -iest) ondulado

currant /ˈkʌrənt/ s **1** uva-passa **2** groselha (negra)

currency /ˈkʌrənsi/ s (pl -ies) **1** moeda (*sistema*): *foreign/hard currency* moeda estrangeira/forte **2** uso corrente: *to gain currency* generalizar-se/entrar em uso

current /ˈkʌrənt/ ♦ s (*água, eletricidade*) corrente ♦ adj **1** atual: *current affairs* (assuntos de) atualidades **2** generalizado **currently** adv atualmente

curriculum /kəˈrɪkjələm/ s (pl ~s ou -a /-lə/) currículo (*escolar*)

curriculum vitae /kəˌrɪkjələm ˈvi:taɪ/

(*abrev* cv, GB, USA resumé) *s* currículo, histórico profissional

curry /ˈkʌri/ ◆ *s* (*pl* -ies) (prato ao) curry, cari ◆ *vt* (*pret, pp* curried) LOC **to curry favor (with sb)** bajular (alguém)

curse /kɜːrs/ ◆ *s* **1** ofensa **2** maldição **3** praga **4 the curse** (*coloq*) as regras (*menstruação*) ◆ *vt, vi* **1** xingar **2** amaldiçoar LOC **to be cursed with sth** estar tomado por algo: *to be cursed with a violent temper* ser amaldiçoado com mau humor

cursory /ˈkɜːrsəri/ *adj* apressado, superficial

curt /kɜːrt/ *adj* (*maneira de falar*) abrupto

curtail /kɜːrˈteɪl/ *vt* encurtar, reduzir **curtailment** *s* **1** (*poder*) limitação **2** interrupção

curtain /ˈkɜːrtn/ *s* **1** cortina: *to draw the curtains* abrir/fechar as cortinas ◊ *lace/net curtains* cortina de renda/filó **2** (*Teat*) pano de boca (*coloq*) **curtains** [*pl*] ~ (**for sb/sth**) o fim (para alguém/algo)

curtsy (*tb* curtsey) /ˈkɜːrtsi/ ◆ *vi* (*pret, pp* curtsied *ou* curtseyed) (*somente mulheres*) fazer uma reverência ◆ *s* (*pl* -ies *ou* -eys) reverência

curve /kɜːrv/ ◆ *s* curva ◆ *vi* **1** curvar(-se) **2** fazer uma curva **curved** *adj* **1** curvo **2** (*tb* curving) em curva, arqueado

cushion /ˈkʊʃn/ ◆ *s* **1** almofada **2** (*fig*) colchão: *a cushion of air* um colchão de ar ◆ *vt* **1** amortecer **2** ~ **sb/sth (against sth)** (*fig*) proteger alguém/algo (de algo)

custard /ˈkʌstərd/ *s* [*não contável*] creme (de baunilha)

custodian /kʌˈstoʊdiən/ *s* **1** guardião, -ã **2** (*museu, etc.*) depositário, -a

custody /ˈkʌstədi/ *s* **1** custódia: *in custody* sob custódia **2 to remand sb in custody** manter alguém sob custódia

custom /ˈkʌstəm/ *s* **1** costume, hábito **2** clientela **customary** *adj* costumeiro, habitual: *It is customary to…* É costume… **customer** *s* cliente

customs /ˈkʌstəmz/ *s* [*pl*] **1** (*tb* customs duty*) impostos aduaneiros **2** (*tb* the customs*) a alfândega

cut /kʌt/ ◆ (-tt-) (*pret, pp* cut) **1** *vt, vi* cortar(-se): *to cut sth in half* partir algo ao meio *Ver tb* CHOP **2** *vt* (*pedra*) lapidar, talhar: *cut glass* vidro/cristal lapidado **3** *vt* (*fig*) ferir **4** *vt* reduzir, recortar **5** *vt* (*preço*) cortar *Ver tb* SLASH **6** *vt* (*suprimir*) cortar **7** *vt* (*motor*) desligar LOC **cut it/that out!** (*coloq*) chega!, deixa disso! **to cut it/things fine** deixar pouca margem (de tempo) **to cut sb/sth short** interromper alguém/algo

PHR V **to cut across sth 1** atravessar algo **2** cortar caminho (por um atalho) **to cut back (on sth)** reduzir(algo) consideravelmente **to cut sth back** (*árvore, arbusto*) podar algo

to cut down (on sth): *to cut down on smoking* fumar menos **to cut sth down 1** cortar/derrubar algo **2** reduzir algo **to cut in (on sb/sth) 1** cortar (*outro carro*) **2** interromper (*alguém/algo*) **to cut sb off 1** deserdar alguém **2** (*telefone*): *I've been cut off.* Cortaram a linha. **to cut sth off 1** cortar algo: *to cut 20 seconds off the record* diminuir o recorde em 20 segundos **2** (*local, pessoa*) isolar alguém/algo: *to be cut off* ficar incomunicável

to be cut out to be sth; to be cut out for sth (*coloq*) ser feito para algo: *He's not cut out for teaching.* Ele não foi feito para ensinar. **to cut sth out 1** (*roupa, molde*) cortar algo **2** (*informação*) omitir algo **3** *to cut out candy* deixar de comer doces

to cut sth up cortar algo, picar algo

◆ *s* **1** corte, incisão **2** redução, corte **3** (*carne*) corte, peça **4** (*roupa*) corte **5** (*coloq*) (*lucros*) parte LOC **a cut above sb/sth** (*coloq*) (algo) superior a alguém/algo *Ver tb* SHORT CUT

cutback /ˈkʌtbæk/ *s* redução, corte

cute /kjuːt/ *adj* (cuter, cutest) (*coloq*) atraente, engraçadinho

cutlery /ˈkʌtləri/ *s* [*não contável*] talheres

cutlet /ˈkʌtlət/ *s* **1** costeleta (*de carne*) **2** posta (*de peixe*)

cut-off /ˈkʌt ɔːf/ (*tb* cut-off point) *s* limite: *the cut-off date for sth* a data limite para algo

cut-rate /ˌkʌt ˈreɪt/ *adj, adv* de oferta

cutthroat /ˈkʌtθroʊt/ *adj* (*competição*) sem piedade

cutting /ˈkʌtɪŋ/ ◆ *s* **1** (*jornal, etc.*) recorte **2** (*Bot*) muda ◆ *adj* **1** (*vento*) cortante **2** (*comentário*) mordaz

aɪ	aʊ	ɔɪ	ɪə	eə	ʊə	ʒ	h	ŋ
five	now	join	near	hair	pure	vision	how	sing

cv /ˈsiː/ = ˈviː/ *abrev de* curriculum vitae

cyanide /ˈsaɪənaɪd/ *s* cianeto

cycle /ˈsaɪkl/ ◆ *s* **1** ciclo **2** (*obras*) série **3** bicicleta ◆ *vi* andar de bicicleta: *to go cycling* andar de bicicleta cyclic (*tb* cyclical) *adj* cíclico cycling *s* ciclismo cyclist *s* ciclista

cyclone /ˈsaɪkloʊn/ *s* ciclone

cylinder /ˈsɪlɪndər/ *s* **1** cilindro **2** (*gás*) tambor cylindrical /səˈlɪndrɪkl/ *adj* cilíndrico

cymbal /ˈsɪmbl/ *s* (*Mús*) prato

cynic /ˈsɪnɪk/ *s* cético, -a, desconfiado, -a cynical *adj* **1** cético **2** cínico cynicism *s* **1** ceticismo **2** cinismo

cypress /ˈsaɪprəs/ *s* cipreste

cyst /sɪst/ *s* quisto

cystic fibrosis /ˌsɪstɪk faɪˈbroʊsɪs/ *s* [*não contável*] fibrose pulmonar

czar (*tb* tsar) /zɑr/ *s* czar

czarina (*tb* tsarina) /zɑˈriːnə/ *s* czarina

Dd

D, d /diː/ *s* (*pl* D's, d's /diːz/) **1** D, d: *D as in David* D de dado ☛ *Ver exemplos em* A, A **2** (*Educ*) conceito D: *to get (a) D in maths* tirar um D em matemática **3** (*Mús*) ré

dab /dæb/ ◆ *vt, vi* (-bb-) to dab (at) sth tocar algo levemente PHR V to dab sth on/off (sth) colocar/retirar algo com leves toques (em/de algo) ◆ *s* toque, pincelada (de tinta)

dad /dæd/ (*tb* daddy /ˈdædi/) *s* (*coloq*) papai

daffodil /ˈdæfədɪl/ *s* (tipo de) narciso amarelo

daft /dæft; *GB* dɑːft/ *adj* (-er, -est) (*coloq*) tolo, ridículo

dagger /ˈdægər/ *s* punhal, adaga LOC to look daggers at sb lançar um olhar fulminante a alguém

daily /ˈdeɪli/ ◆ *adj* diário, cotidiano ◆ *adv* todo dia, diariamente ◆ *s* (*pl* -ies) diário (*jornal*)

dairy /ˈdeəri/ *s* (*pl* -ies) **1** leiteria **2** usina de leite

dairy farm *s* fazenda de gado leiteiro dairy farming *s* indústria de laticínios

dairy products *s* laticínios

daisy /ˈdeɪzi/ *s* (*pl* -ies) margarida

dale /deɪl/ *s* vale

dam /dæm/ ◆ *s* represa, barragem ◆ *vt* represar

damage /ˈdæmɪdʒ/ ◆ *vt* **1** danificar **2** prejudicar **3** estragar ◆ *s* **1** [*não contável*] dano, prejuízo: *brain damage* lesão cerebral **2** damages [*pl*] indenização (por perdas e danos) damaging *adj* prejudicial

Dame /deɪm/ *s* (*GB*) dama (*título honorífico*)

damn /dæm/ ◆ *vt* condenar (ao inferno), amaldiçoar ◆ (*tb* damned) *adj* (*coloq*) maldito ◆ damn! *interj* droga! damnation *s* condenação damning *adj* (*críticas, provas*) contundente

damp /dæmp/ ◆ *adj* (-er, -est) úmido ☛ *Ver nota em* MOIST ◆ *vt* **1** molhar, umedecer **2** ~ sth (down) esfriar algo; sufocar algo: *damp down sb's enthusiasm* acabar com o entusiasmo de alguém

dance /dæns; *GB* dɑːns/ ◆ *vt, vi* dançar ◆ *s* dança, baile dancer *s* dançarino, -a dancing *s* baile

dandelion /ˈdændɪlaɪən/ *s* dente-de-leão

dandruff /ˈdændrʌf/ *s* caspa

danger /ˈdeɪndʒər/ *s* perigo LOC to be in danger of sth correr o risco de algo: *They're in danger of losing their jobs.* Eles estão correndo o risco de perder o emprego. dangerous *adj* **1** perigoso **2** nocivo

dangle /ˈdæŋgl/ *vi* balançar

dank /dæŋk/ *adj* (-er, -est) (*pej*) frio e úmido

dare¹ /deər/ *v modal, vi* (*neg* dare not *ou* daren't /ˈdeərnt/ *ou* don't/doesn't dare *pret* dared not *ou* didn't dare) (*em orações negativas e interrogativas*) atrever-se a LOC don't you dare não se atreva: *Don't (you) dare tell her!* Não

tʃ	dʒ	v	θ	ð	s	z	ʃ
chin	**J**une	**v**an	**th**in	**th**en	**s**o	**z**oo	**sh**e

ouse contar para ela! **how dare you!** como se atreve? **I dare say...** eu diria...

Quando **dare** é um verbo modal é seguido pelo infinitivo sem o *TO* e dispensa o auxiliar *do* nas orações negativas, interrogativas e no passado: *Nobody dared speak.* Ninguém se atreveu a falar. ◊ *I daren't ask my boss for a day off.* Não me atrevo a pedir um dia de folga a meu chefe.

dare² /deər/ *vt* ~ **sb (to do sth)** desafiar alguém (a fazer algo)

daring /'deərɪŋ/ ◆ *s* atrevimento, ousadia ◆ *adj* atrevido, ousado

dark /dɑrk/ ◆ **the dark** *s* escuridão LOC **before/after dark** antes/depois do anoitecer ◆ *adj* (**-er, -est**) **1** escuro: *to get/grow dark* escurecer/anoitecer ◊ *dark green* verde-escuro **2** (*pessoa, tez*) moreno **3** secreto/obscuro **4** triste, de mau agouro: *These are dark days.* Estes são tempos difíceis. LOC **a dark horse** uma pessoa de talentos ocultos

darken /'dɑrkən/ *vt, vi* escurecer

dark glasses *s* [*pl*] óculos escuros

darkly /'dɑrkli/ *adv* **1** ameaçadoramente **2** pessimistamente

darkness /'dɑrknəs/ *s* escuridão, trevas: *in darkness* no escuro

darkroom /'dɑrkruːm/ *s* (*Fot*) quarto escuro

darling /'dɑrlɪŋ/ *s* querido, -a: *Hello, darling!* Oi, querida!

dart¹ /dɑrt/ *s* dardo: *to play darts* jogar dardos

dart² /dɑrt/ *vi* precipitar-se PHR V **to dart away/off** sair em disparada

dash /dæʃ/ ◆ *s* **1** ~ **(of sth)** pingo, pitada (de algo) **2** travessão ☛ *Ver* págs 298–9. **3** corrida curta e rápida: *100-meter dash* 100 metros rasos LOC **to make a dash for sth** precipitar-se para cima de algo *Ver tb* BOLT² ◆ **1** *vi* apressar-se: *I must dash.* Tenho de apressar-me. **2** *vi* disparar: *He dashed across the room.* Ele cruzou a sala em disparada. ◊ *I dashed upstairs.* Subi as escadas correndo. **3** *vt* (*esperanças, etc.*) acabar com PHR V **to dash sth off** rabiscar algo com pressa

dashboard /'dæʃbɔːrd/ *s* painel (de carro)

data /'dætə; *GB* 'deɪtə; *GB* 'dɑːtə/ *s* **1** [*sing*] (*Informát*) dados **2** [*v sing ou pl*] informação

database /'deɪtəbeɪs/ *s* banco de dados

date¹ /deɪt/ ◆ *s* **1** data: *What's the date today?* Que dia é hoje? **2** época **3** (*coloq*) encontro (*romântico*) **4** pessoa com quem se vai encontrar (romanticamente) LOC **out of date 1** fora de moda **2** desatualizado **3** vencido **up to date 1** em dia **2** atualizado **to date** até hoje *Ver tb* BRING ◆ *vt* **1** datar **2** (*fósseis, quadros, etc.*) datar **dated** *adj* **1** fora de moda **2** datado

date² /deɪt/ *s* tâmara

daughter /'dɔːtər/ *s* filha

daughter-in-law /'dɔːtər ɪn lɔː/ *s* (*pl* **-ers-in-law**) nora

daunting /'dɔːntɪŋ/ *adj* desencorajador: *the daunting task of...* a desencorajadora tarefa de...

dawn /dɔːn/ ◆ *s* amanhecer, madrugada: *from dawn till dusk* do nascer ao pôr-do-sol LOC *Ver* CRACK ◆ *vi* amanhecer

day /deɪ/ *s* **1** dia: *all day* o dia todo **2** jornada (de trabalho, etc.) **3** days [*pl*] época LOC **by day/night** de dia/noite **day after day** dia após dia **day by day** dia a dia **day in, day out** entra dia, sai dia **from one day to the next** de um dia para o outro **one/some day; one of these days** algum dia, um dia destes **the day after tomorrow** depois de amanhã **the day before yesterday** anteontem **these days** hoje em dia **to this day** até hoje *Ver tb* BETTER, CALL, CARRY, CLEAR, EARLY, FINE

daycare center *s* (*USA*) creche

daydream /'deɪdriːm/ ◆ *s* sonho acordado, devaneio ◆ *vi* sonhar acordado, devanear

daylight /'deɪlaɪt/ *s* luz do dia: *in daylight* de dia LOC *Ver* BROAD

day off *s* dia livre/de folga

day return *s* (*GB*) passagem de ida e volta para o mesmo dia

daytime /'deɪtaɪm/ *s* dia (*entre o nascer e o pôr-do-sol*) *in the daytime* de dia

day-to-day /ˌdeɪ tə 'deɪ/ *adj* diário

day trip *s* excursão de um dia

daze /deɪz/ *s* LOC **in a daze** aturdido, confuso **dazed** *adj* aturdido, confuso

dazzle /'dæzl/ *vt* ofuscar, deslumbrar

dead /ded/ ◆ *adj* **1** morto **2** (*folhas*) seco **3** (*braços, etc.*) dormente **4** (*bate-

ria) descarregado **5** (*telefone*): *The line's gone dead.* O telefone está mudo. ◆ *adv* completamente/absolutamente: *You are dead right.* Você está absolutamente certo. LOC *Ver* FLOG, DROP, STOP ◆ *s* LOC **in the/at dead of night** em plena noite **deaden** *vt* **1** (*som*) abafar **2** (*dor*) aliviar

dead end *s* beco sem saída

dead heat *s* empate

deadline /ˈdedlaɪm/ *s* prazo/data de entrega (limite)

deadlock /ˈdedlɑk/ *s* impasse

deadly /ˈdedli/ *adj* (-ier, -iest) mortal, fatal LOC *Ver* EARNEST

deaf /def/ *adj* (-er, -est) surdo: *deaf and dumb* surdo-mudo **deafen** *vt* ensurdecer **deafening** *adj* ensurdecedor **deafness** *s* surdez

deal¹ /diːl/ *s* LOC **a good/great deal** muito/uma boa quantia: *It's a good/ great deal warmer today.* Está bem mais quente hoje.

deal² /diːl/ *s* **1** trato **2** contrato

deal³ /diːl/ *vt*, *vi* (*pret*, *pp* dealt /delt/) **1** (*golpe*) dar **2** (*cartas de baralho*) distribuir, dar ☞ *Ver nota em* BARALHO PHR V **to deal in sth** comercializar/ traficar algo: *to deal in drugs/arms* traficar drogas/armas **to deal with sb 1** tratar com alguém **2** castigar alguém **3** ocupar-se com alguém **to deal with sth 1** (*problema*) resolver algo **2** (*situação*) lidar com algo **3** (*tema*) tratar de algo

dealer /ˈdiːlər/ *s* **1** vendedor, -ora, comerciante **2** (*de drogas, armas*) traficante **3** (*cartas*) carteador, -ora

dealing /ˈdiːlɪŋ/ *s* (*drogas, armas*) tráfico **to have dealings with sb/sth** ter negócios/tratar com alguém/algo

dealt *pret*, *pp de* DEAL³

dean /diːn/ *s* **1** deão **2** (*universidade*) decano

dear /dɪər/ ◆ *adj* (-er, -est) **1** querido **2** (*carta*): *Dear Sir* Caro/Prezado senhor ◊ *Dear Jason,...* Caro/Querido Jason,... ☞ *Ver págs 292–3.* **3** (*GB*) caro LOC **oh dear!** oh, meu Deus! ◆ *s* querido, -a **dearly** *adv* muito

death /deθ/ *s* morte: *death certificate* certidão de óbito ◊ *death penalty/ sentence* pena/sentença de morte ◊ *to beat sb to death* matar alguém a pauladas LOC **to put sb to death** executar/ matar alguém *Ver tb* CATCH, MATTER,

SICK **deathly** *adj* (-lier, -liest) mortal: *deathly cold/pale* frio/pálido como um morto

debase /dɪˈbeɪs/ *vt* ~ **sb/sth/yourself** degradar alguém/algo/degradar-se

debatable /dɪˈbeɪtəbl/ *adj* discutível

debate /dɪˈbeɪt/ ◆ *s* debate ◆ *vt*, *vi* debater

debit /ˈdebɪt/ ◆ *s* débito ◆ *vt* debitar, cobrar

debris /dəˈbriː; *GB* ˈdeɪbriː/ *s* [*não contável*] escombros

debt /det/ *s* dívida LOC **to be in debt** estar endividado **debtor** *s* devedor, -ora

decade /ˈdekeɪd; *GB* dɪˈkeɪd/ *s* década

decadent /ˈdekədənt/ *adj* decadente **decadence** *s* decadência

decaffeinated /ˌdiːˈkæfɪneɪtɪd/ *adj* descafeinado

decay /dɪˈkeɪ/ ◆ *vi* **1** (*dentes*) cariar **2** decompor-se **3** decair ◆ *s* [*não contável*] **1** (*tb* tooth decay) cárie **2** decomposição

deceased /dɪˈsiːst/ ◆ *adj* (*formal*) falecido ◆ **the deceased** *s* o falecido, a falecida

deceit /dɪˈsiːt/ *s* **1** desonestidade **2** engano **deceitful** *adj* **1** mentiroso **2** desonesto **3** enganoso

deceive /dɪˈsiːv/ *vt* enganar

December /dɪˈsembər/ *s* (*abrev* Dec) dezembro ☞ *Ver nota e exemplos em* JANUARY

decency /ˈdiːsnsi/ *s* decência, decoro

decent /ˈdiːsnt/ *adj* **1** decente, correto **2** adequado, aceitável **3** amável

deception /dɪˈsepʃn/ *s* trapaça, fraude

deceptive /dɪˈseptɪv/ *adj* enganoso

decide /dɪˈsaɪd/ **1** *vi* ~ (**against sb/sth**) decidir(-se) (contra alguém/algo) **2** *vi* ~ **on sb/sth** optar por alguém/algo **3** *vt* decidir, determinar **decided** *adj* **1** (*claro*) visível **2** ~ (**about sth**) decidido, resolvido (quanto a algo)

decimal /ˈdesɪml/ *adj*, *s* decimal: *decimal point* vírgula decimal

decipher /dɪˈsaɪfər/ *vt* decifrar

decision /dɪˈsɪʒn/ *s* ~ (**on/against sth**) decisão (sobre/contra algo): *decision-making* tomada de decisões

decisive /dɪˈsaɪsɪv/ *adj* **1** decisivo **2** decidido, resoluto

deck /dek/ *s* **1** (*Náut*) convés **2** (*ônibus*)

u	ɔː	ɜː	ə	j	w	eɪ	oʊ
situation	saw	fur	ago	yes	woman	pay	home

andar **3** (*USA*) baralho **4** (*tb* cassette deck, tape deck) toca-fitas

deckchair /ˈdektʃeər/ s espreguiçadeira

declaration /ˌdekləˈreɪʃn/ s declaração

declare /dɪˈkleər/ **1** vt declarar **2** vi ~ **for/against sb/sth** pronunciar-se a favor/contra alguém/algo

decline /dɪˈklaɪn/ ◆ **1** vt, vi (*Gram*) declinar **2** vi ~ **to do sth** negar-se a fazer algo ◆ s **1** declínio **2** decadência, deterioração

decompose /ˌdiːkəmˈpoʊz/ vt, vi decompor(-se), apodrecer

décor /deɪˈkɔːr; *GB* ˈdeɪkɔː(r)/ s [*não contável*] decoração

decorate /ˈdekəreɪt/ vt **1** ~ **sth** (**with sth**) decorar, ornamentar algo (com algo) **2** decorar, pintar **3** ~ **sb** (**for sth**) condecorar alguém (por algo) **decoration** s **1** decoração **2** ornamento **3** condecoração

decorative /ˈdekərətɪv/ adj decorativo

decoy /ˈdiːkɔɪ/ s isca

decrease /dɪˈkriːs/ ◆ **1** vi diminuir **2** vt reduzir ◆ /ˈdiːkriːs/ s ~ (**in sth**) diminuição, redução (em/de algo)

decree /dɪˈkriː/ ◆ s decreto ◆ vt (*pret*, *pp* decreed) decretar

decrepit /dɪˈkrepɪt/ adj decrépito

dedicate /ˈdedɪkeɪt/ vt dedicar(-se), consagrar(-se) **dedication** s **1** dedicação **2** dedicatória

deduce /dɪˈduːs; *GB* dɪˈdjuːs/ vt deduzir (*teoria, etc.*)

deduct /dɪˈdʌkt/ vt deduzir (*impostos, gastos, etc.*) **deduction** s dedução

deed /diːd/ s **1** (*formal*) ação, obra **2** ato, feito **3** (*Jur*) escritura

deem /diːm/ vt (*formal*) considerar

deep /diːp/ ◆ adj (-er, -est) **1** profundo, fundo **2** de profundidade: *This pool is only one meter deep.* Esta piscina tem apenas um metro de profundidade. **3** (*respiração*) fundo **4** (*voz, som, etc.*) grave **5** (*cor*) intenso **6** ~ **in sth** concentrado, absorto em algo ◆ adv (-er, -est) muito profundo, em profundidade: *Don't go in too deep!* Não vá muito fundo. LOC **deep down** (*coloq*) lá no fundo **to go/run deep** (*atitudes, crenças*) estar muito enraizado **deeply** adv profundamente, a fundo, muitíssimo

deepen /ˈdiːpən/ vt, vi aprofundar, aumentar

deep-freeze /ˌdiːp ˈfriːz/ s Ver FREEZER

deer /dɪər/ s (*pl* deer) cervo ☛ Ver *nota em* VEADO

default /dɪˈfɔːlt/ ◆ s **1** descumprimento **2** revelia LOC **by default** por não comparecimento ◆ vi **1** não comparecer **2** ~ (**on sth**) deixar de cumprir (algo) ◆ adj (*Informát*) (por) padrão

defeat /dɪˈfiːt/ ◆ vt **1** derrotar **2** (*fig, esperanças, objetivos, etc.*) frustrar ◆ s derrota: *to admit/accept defeat* dar-se por vencido

defect¹ /dɪˈfekt/ vi **1** ~ (**from sth**) desertar (algo) **2** ~ **to sth** passar para algo: *One of our spies has defected (to the enemy).* Um de nossos espiões passou para o lado do inimigo. **defection** s **1** deserção **2** exílio **defector** s desertor, -ora

defect² /ˈdiːfekt, dɪˈfekt/ s defeito ☛ Ver *nota em* MISTAKE **defective** /dɪˈfektɪv/ adj defeituoso

defense (*GB* defence) /dɪˈfens/ s **1** ~ (**of sth**) (**against sth**) defesa (de algo) (contra algo) **2 the defense** (*judiciário*) a defesa **defenseless** adj indefeso **defend** /dɪˈfend/ vt ~ **sb/sth** (**against/ from sb/sth**) defender, proteger alguém/algo (de alguém/algo) **defendant** s acusado, -a, réu, ré ☛ *Comparar com* PLAINTIFF **defensive** /dɪˈfensɪv/ adj ~ (**about sth**) na defensiva (contra/ sobre algo) LOC **to put sb/to be on the defensive** colocar alguém/estar na defensiva

defer /dɪˈfɜːr/ vt (-rr-) **1** ~ **sth to sth** adiar algo para algo **2** acatar a, respeitar: *On technical matters, I defer to the experts.* Em questões técnicas, eu respeito os especialistas. **deference** /ˈdefərəns/ s deferência, respeito LOC **in deference to sb/sth** por respeito a alguém/algo

defiance /dɪˈfaɪəns/ s desafio, desobediência **defiant** adj desafiador

deficiency /dɪˈfɪʃnsi/ s (*pl* -ies) deficiência **deficient** adj ~ (**in sth**) deficiente (em/de algo)

define /dɪˈfaɪn/ vt ~ **sth** (**as sth**) definir algo (como algo)

definite /ˈdefnət/ adj **1** definido, concreto **2** ~ (**about sth/that…**) seguro, definitivo (sobre algo/de que…) **3** defi-

aɪ	aʊ	ɔɪ	ɪə	eə	ʊə	ʒ	h	ŋ
five	now	join	near	hair	pure	vision	how	sing

nido: *the definite article* o artigo defini-
do definitely *adv* **1** definitivamente **2**
indubitavelmente, sem dúvida alguma

definition /ˌdefɪˈnɪʃn/ *s* definição

definitive /dɪˈfɪnətɪv/ *adj* definitivo

deflate /diːˈfleɪt/ *vt, vi* desinchar,
desinflar

deflect /dɪˈflekt/ *vt* ~ **sth** (**from sth**)
desviar algo (de algo)

deforestation /diːˌfɒrɪˈsteɪʃn/ *s* des-
matamento

deform /dɪˈfɔːrm/ *vt* deformar de-
formed *adj* disforme, deformado de-
formity *s* (*pl* -ies) deformidade

defrost /ˌdiːˈfrɔːst; *GB* ˌdiːˈfrɒst/ *vt* des-
congelar

deft /deft/ *adj* habilidoso

defunct /dɪˈfʌŋkt/ *adj* (*formal*) morto,
extinto

defuse /ˌdiːˈfjuːz/ *vt* **1** (*bomba*) desati-
var, desarmar **2** (*tensão, crise*) atenuar

defy /dɪˈfaɪ/ *vt* (*pret, pp* defied) **1** desafi-
ar, desobedecer a **2** ~ **sb to do sth**
desafiar alguém a fazer algo

degenerate /dɪˈdʒenəreɪt/ *vi* ~ (**from
sth**) (**into sth**) degenerar(-se) (de algo)
(em algo) degeneration *s* degeneração

degrade /dɪˈgreɪd/ *vt* degradar degrad-
ation *s* degradação

degree /dɪˈgriː/ *s* **1** grau **2** diploma,
título: *a university degree* um diploma
universitário ◊ *to choose a degree course*
escolher um curso universitário LOC
by degrees pouco a pouco

deity /ˈdeɪəti/ *s* (*pl* -ies) deidade, divin-
dade

dejected /dɪˈdʒektɪd/ *adj* desanimado

delay /dɪˈleɪ/ ◆ **1** *vt* atrasar: *The train
was delayed.* O trem se atrasou.
☞ *Comparar com* LATE **2** *vi* adiar, atra-
sar-se: *Don't delay!* Não (se) demore! **3**
vt retardar: *delayed action* ação retarda-
da ◆ *s* atraso LOC **without delay** sem
demora delaying *adj*: *delaying tactics*
táticas de retardamento

delegate /ˈdelɪgət/ ◆ *s* delegado, -a,
representante ◆ /ˈdelɪgeɪt/ *vt* ~ **sth** (**to
sb**) delegar algo (a alguém) delegation
s [*v sing ou pl*] delegação

delete /dɪˈliːt/ *vt* **1** apagar, riscar **2**
(*Informát*) excluir deletion *s* omissão,
eliminação

deliberate[1] /dɪˈlɪbərət/ *adj* deliberado

deliberate[2] /dɪˈlɪbəreɪt/ *vi* ~ (**about/on**

sth) (*formal*) deliberar (sobre algo) de-
liberation *s* [*ger pl*] deliberação

delicacy /ˈdelɪkəsi/ *s* (*pl* -ies) **1** delica-
deza **2** manjar

delicate /ˈdelɪkət/ *adj* delicado: *deli-
cate china* porcelana fina ◊ *a delicate
color* uma cor suave ◊ *a delicate flavor*
um sabor delicado

delicatessen /ˌdelɪkəˈtesn/ *s* casa de
frios, queijos, biscoitos finos, etc.

delicious /dɪˈlɪʃəs/ *adj* delicioso

delight[1] /dɪˈlaɪt/ *s* deleite: *the delights
of traveling* as delícias de viajar LOC **to
take delight in** (**doing**) **sth 1** ter prazer
de (fazer) algo **2** (*pej*) sentir prazer em
(fazer) algo

delight[2] /dɪˈlaɪt/ **1** *vt* encantar **2** *vi* ~ **in**
(**doing**) **sth** sentir prazer de (fazer) algo
delighted *adj* **1** ~ (**at/with sth**) encanta-
do (com algo) **2** ~ (**to do sth/that…**)
encantado (em fazer algo/que…)

delightful /dɪˈlaɪtfl/ *adj* encantador

delinquent /dɪˈlɪŋkwənt/ *adj, s* delin-
qüente delinquency *s* delinqüência

delirious /dɪˈlɪriəs/ *adj* delirante: *deli-
rious with joy* delirando/louco de ale-
gria delirium *s* delírio

deliver /dɪˈlɪvər/ *vt* **1** (*correspondência,
mercadoria*) entregar **2** (*recado*) comu-
nicar **3** (*discurso, palestra, sermão*) fa-
zer **4** (*Med*) ajudar uma mulher a dar à
luz **5** (*golpe*) dar delivery *s* (*pl* -ies) **1**
entrega **2** parto LOC Ver CASH

delta /ˈdeltə/ *s* delta

delude /dɪˈluːd/ *vt* enganar, iludir

deluge /ˈdeljuːdʒ/ ◆ *s* (*formal*) **1** trom-
ba d'água, dilúvio **2** (*fig*) chuva forte ◆
vt ~ **sb/sth** (**with sth**) inundar alguém/
algo (com algo)

delusion /dɪˈluːʒn/ *s* engano, ilusão

deluxe /dəˈlʌks, -ˈlʊks/ *adj* de luxo

demand /dɪˈmænd; *GB* dɪˈmɑːnd/ ◆ *s* **1**
~ (**for sb to do sth**) exigência (de que
alguém faça algo) **2** ~ (**that…**) exigên-
cia (de que…) **3** ~ (**for sb/sth**) deman-
da, procura (por alguém/algo) LOC **in
demand** (muito) solicitado/procurado
on demand a pedidos Ver tb SUPPLY ◆
vt **1** exigir **2** requerer demanding *adj*
exigente

demise /dɪˈmaɪz/ *s* (*formal*) falecimen-
to: *the demise of the business* o fracasso
do negócio

tʃ	dʒ	v	θ	ð	s	z	ʃ
chin	**J**une	**v**an	**th**in	**th**en	**s**o	**z**oo	**sh**e

demo /'demoʊ/ s (pl ~s) (coloq) manifestação

democracy /dɪ'mɑkrəsi/ s (pl -ies) democracia **democrat** /'deməkræt/ s democrata **democratic** /ˌdemə'krætɪk/ adj democrático

demographic /ˌdemə'græfɪk/ adj demográfico

demolish /dɪ'mɑlɪʃ/ vt demolir **demolition** s demolição

demon /'di:mən/ s demônio **demonic** adj demoníaco

demonstrate /'demənstreɪt/ **1** vt demonstrar **2** vi ~ (against/in favour of sb/sth) manifestar-se (contra/a favor de alguém/algo) **demonstration** s **1** demonstração **2** ~ (against/in favour of sb/sth) manifestação, passeata (contra/a favor de alguém/algo)

demonstrative /dɪ'mɑnstrətɪv/ adj **1** carinhoso, expressivo **2** (Gram) demonstrativo

demonstrator /'demənstreɪtər/ s manifestante

demoralize, -ise /dɪ'mɔːrəlaɪz; GB -'mɒr-/ vt desmoralizar

demure /dɪ'mjʊər/ adj recatado

den /den/ s toca

denial /dɪ'naɪəl/ s **1** ~ (that…/of sth) negação (de que…/de algo) **2** ~ of sth negação de algo, recusa em fazer algo

denim /'denɪm/ s brim

denomination /dɪˌnɑmɪ'neɪʃn/ s **1** seita **2** denominação

denounce /dɪ'naʊns/ vt ~ sb/sth (to sb) (as sth) denunciar alguém/algo (a alguém) (como algo): An informer denounced him to the police (as a terrorist). Um informante o denunciou à polícia (como terrorista).

dense /dens/ adj (-er, -est) **1** denso **2** (coloq) estúpido **density** s (pl -ies) densidade

dent /dent/ ◆ s amassado ◆ vt, vi amassar(-se) (esp carro)

dental /'dentl/ adj dental

dentist /'dentɪst/ s dentista

denunciation /dɪˌnʌnsi'eɪʃn/ s denúncia, crítica

deny /dɪ'naɪ/ vt (pret, pp denied) **1** negar **2** (verdade) desmentir

deodorant /di'oʊdərənt/ s desodorante

depart /dɪ'pɑrt/ vi (formal) ~ (for…) (from…) partir (para…) (de…)

department /dɪ'pɑrtmənt/ s (abrev Dept) **1** departamento, seção **2** ministério, secretaria **departmental** /ˌdiːpɑːrt'mentl/ adj departamental

department store s loja de departamentos

departure /dɪ'pɑrtʃər/ s ~ (from…) partida (de…)

depend /dɪ'pend/ vi LOC that depends; it (all) depends (isso) depende PHR V to depend on/upon sb/sth **1** contar com alguém/algo **2** confiar em alguém/algo to depend on sb/sth (for sth) depender de alguém/algo (para algo) **dependable** adj confiável

dependent (GB tb -ant) /dɪ'pendənt/ s dependente **dependence** s ~ (on/upon sb/sth) dependência (de alguém/algo) **dependent** adj **1** ~ on/upon sb/sth dependente de alguém/algo **2** (pessoa) dependente

depict /dɪ'pɪkt/ vt representar, descrever

depleted /dɪ'pliːtɪd/ adj reduzido, depauperado

deplore /dɪ'plɔːr/ vt **1** condenar **2** lamentar

deploy /dɪ'plɔɪ/ vt dispor em formação de combate

deport /dɪ'pɔːrt/ vt deportar **deportation** s deportação

depose /dɪ'poʊz/ vt destituir, depor (um governante)

deposit /dɪ'pɑzɪt/ ◆ vt **1** (dinheiro) depositar, colocar **2** ~ sth (with sb) (bens) deixar algo (a cargo de alguém) ◆ s **1** (Fin) depósito: deposit account conta remunerada **2** entrada, depósito: safety deposit box caixa de depósito no banco **3** (aluguel) fiança **4** ~ (on sth) sinal, entrada (para comprar algo) **5** depósito, sedimento

depot /'di:poʊ; GB 'depəʊ/ s **1** depósito, armazém **2** (para veículos) garagem **3** (USA) (estação) terminal (de trem ou ônibus)

depress /dɪ'pres/ vt deprimir **depression** s depressão

deprivation /depri'veɪʃn/ s pobreza, privação

deprive /dɪ'praɪv/ vt ~ sb/sth of sth privar alguém/algo de algo **deprived** adj necessitado

depth /depθ/ s profundidade LOC in depth a fundo, em profundidade

i:	i	ɪ	e	æ	ɑ	ʌ	ʊ	u:
see	happy	sit	ten	hat	cot	cup	put	too

deputation /ˌdepjuˈteɪʃn/ s [v sing ou pl] delegação

deputize, -ise /ˈdepjətaiz/ vi ~ (for sb) representar (alguém)

deputy /ˈdepjəti/ s (pl -ies) **1** substituto, -a, suplente: *deputy chairman* vice-presidente **2** (Pol) deputado, -a

deranged /dɪˈreɪndʒd/ adj transtornado, louco

deregulation /ˌdiːregjʊˈleɪʃn/ s liberação (de preços, serviços, etc.)

derelict /ˈderəlɪkt/ adj (edifício, terras) abandonado

deride /dɪˈraɪd/ vt ridicularizar, zombar•de

derision /dɪˈrɪʒn/ s escárnio **derisive** /dɪˈraɪsɪv/ adj ridicularizante **derisory** /dɪˈraɪsəri/ adj irrisório

derivation /ˌderɪˈveɪʃn/ s derivação **derivative** s derivado

derive /dɪˈraɪv/ **1** vt ~ sth from sth obter, tirar algo de algo: *to derive comfort from sth* achar consolo em algo **2** vi ~ from sth derivar de algo

derogatory /dɪˈrɒɡətɔːri; GB -tri/ adj depreciativo, pejorativo

descend /dɪˈsend/ vt, vi (formal) descer: *descending order* ordem decrescente **descendant** s descendente

descent /dɪˈsent/ s **1** descida **2** ascendência: *to be of French descent* ser de ascendência francesa

describe /dɪˈskraɪb/ vt ~ sb/sth (as sth) descrever, qualificar alguém/algo (como algo) **description** s descrição

desert¹ /ˈdezərt/ s deserto

desert² /dɪˈzɜːrt/ **1** vt abandonar **2** vi (Mil) desertar **deserted** adj deserto, abandonado **deserter** s desertor, -ora

deserve /dɪˈzɜːrv/ vt merecer LOC Ver RICHLY em RICH **deserving** adj digno

design /dɪˈzaɪn/ ◆ s **1** ~ (for/of sth) desenho (de algo) **2** projeto **3** design ◆ vt **1** desenhar **2** projetar

designate /ˈdezɪɡneɪt/ vt **1** ~ sb/sth (as) sth (formal) designar alguém/algo como/para algo **2** nomear

designer /dɪˈzaɪnər/ s designer, estilista, projetista

desirable /dɪˈzaɪrəbl/ adj desejável

desire /dɪˈzaɪər/ ◆ s **1** ~ (for sb/sth) desejo (por/de alguém/algo) **2** ~ (to do sth) desejo (de fazer algo) **3** ~ (for sth/ to do sth) vontade (de algo/fazer algo):

He had no desire to see her. Ele não tinha vontade alguma de vê-la. ◆ vt desejar

desk /desk/ s escrivaninha: *information desk* balcão de informações

desktop /ˈdesktɒp/ adj: *a desktop computer* computador (de mesa) ◊ *desktop publishing* editoração eletrônica

desolate /ˈdesələt/ adj **1** (paisagem) desolado, deserto **2** (pessoa) desolado **desolation** s **1** desolação **2** abandono

despair /dɪˈspeər/ ◆ vi (formal) ~ (of sth/doing sth) perder as esperanças (de algo/fazer algo) ◆ s desespero **despairing** adj desesperado

despatch /dɪˈspætʃ/ s, vt Ver DISPATCH

desperate /ˈdespərət/ adj **1** desesperado **2** (situação) desesperador

despicable /dɪˈspɪkəbl/ adj desprezível

despise /dɪˈspaɪz/ vt desprezar

despite /dɪˈspaɪt/ prep apesar de

despondent /dɪˈspɒndənt/ adj desanimado, desesperançado

despot /ˈdespɒt/ s déspota

dessert /dɪˈzɜːrt/ (tb sweet) s sobremesa

dessertspoon /dɪˈzɜːrtspuːn/ s **1** colher de sobremesa **2** (tb dessertspoonful) colher de sobremesa (medida)

destination /ˌdestɪˈneɪʃn/ s destino (de avião, barco, etc.)

destined /ˈdestɪnd/ adj (formal) destinado: *It was destined to fail.* Estava condenado ao fracasso.

destiny /ˈdestəni/ s (pl -ies) destino

destitute /ˈdestɪtuːt; GB -tjuːt/ adj destituído, indigente

destroy /dɪˈstrɔɪ/ vt destruir **destroyer** s (Náut) contratorpedeiro, destróier

destruction /dɪˈstrʌkʃn/ s destruição **destructive** adj destrutivo

detach /dɪˈtætʃ/ vt ~ sth (from sth) separar algo (de algo) **detachable** adj destacável, separável

detached /dɪˈtætʃt/ adj **1** imparcial **2** (casa) isolado, não ligado a outra casa ☛ *Comparar com* SEMI

detachment /dɪˈtætʃmənt/ s **1** imparcialidade **2** (Mil) destacamento

detail /dɪˈteɪl; GB ˈdiːteɪl/ ◆ s detalhe,

u	ɔː	ɜː	ə	j	w	eɪ	oʊ
sit**u**ation	s**aw**	f**ur**	**a**go	**y**es	**w**oman	p**ay**	h**o**me

pormenor LOC **in detail** em detalhe, detalhadamente **to go into detail(s)** entrar em detalhes ◆ *vt* detalhar detailed *adj* detalhado

detain /dɪˈteɪn/ *vt* deter detainee *s* detido, -a (*pela polícia*)

detect /dɪˈtekt/ *vt* **1** detectar **2** (*fraude, crime, etc.*) descobrir detectable *adj* detectável detection *s* detecção: *to escape detection* passar despercebido

detective /dɪˈtektɪv/ *s* detetive: *detective story* estória policial

detention /dɪˈtenʃn/ *s* detenção: *detention center* centro de detenção preventiva

deter /dɪˈtɜːr/ *vt* (-rr-) ~ **sb (from doing sth)** dissuadir alguém (de fazer algo)

detergent /dɪˈtɜːrdʒənt/ *adj, s* detergente

deteriorate /dɪˈtɪəriəreɪt/ *vi* deteriorar(-se), piorar deterioration *s* deterioração

determination /dɪˌtɜːrmɪˈneɪʃn/ *s* determinação

determine /dɪˈtɜːrmɪn/ *vt* determinar, decidir: *determining factor* fator determinante ◊ *to determine the cause of an accident* determinar a causa de um acidente determined *adj* ~ **(to do sth)** determinado (a fazer algo)

determiner /dɪˈtɜːrmɪnər/ *s* (*Gram*) determinante

deterrent /dɪˈtɜːrənt/ *GB* -ˈter-/ *s* **1** impedimento, empecilho **2** dissuasão **3** (*Mil*): *nuclear deterrent* força nuclear de dissuasão

detest /dɪˈtest/ *vt* detestar Ver tb HATE

detonate /ˈdetəneɪt/ *vt, vi* detonar

detour /ˈdiːtʊər/ *s* desvio ☞ *Comparar com* DIVERSION

detract /dɪˈtrækt/ *vi* ~ **from sth** diminuir (o valor de) algo: *The incident detracted from our enjoyment of the evening.* O incidente nos tirou o prazer da noite.

detriment /ˈdetrɪmənt/ *s* LOC **to the detriment of sb/sth** em detrimento de alguém/algo detrimental /ˌdetrɪˈmentl/ *adj* ~ **(to sb/sth)** prejudicial (para/a alguém/algo)

devalue /ˌdiːˈvæljuː/ *vt, vi* desvalorizar(-se) devaluation *s* desvalorização

devastate /ˈdevəsteɪt/ *vt* **1** devastar, assolar **2** (*pessoa*) desolar: *She was dev-*

astated by his death. Ela ficou arrasada com a morte dele. devastating *adj* **1** devastador **2** arrasador devastation *s* devastação

develop /dɪˈveləp/ **1** *vt, vi* desenvolver **2** *vt* (*plano, estratégia*) elaborar **3** *vt* (*doença*) contrair **4** *vt* (*Fot*) revelar **5** *vt* (*terreno*) urbanizar developed *adj* desenvolvido developer *s* fomentador, -ora, construtor, -ora developing *adj* em desenvolvimento

development /dɪˈveləpmənt/ *s* **1** desenvolvimento, evolução: *There has been a new development.* Aconteceu algo novo. **2** (*de terrenos*) urbanização **3** (*tb* developing) (*Fot*) revelação

deviant /ˈdiːviənt/ *adj, s* **1** transviado, -a **2** (*sexual*) pervertido, -a

deviate /ˈdiːvieɪt/ *vi* ~ **(from sth)** desviar(-se) (de algo) deviation *s* ~ **(from sth)** desvio (de algo): *a deviation from the rules* uma divergência das regras

device /dɪˈvaɪs/ *s* **1** aparelho, dispositivo, mecanismo: *explosive device* dispositivo explosivo ◊ *nuclear device* dispositivo nuclear **2** (*plano*) esquema, estratagema LOC *Ver* LEAVE

devil /ˈdevl/ *s* demônio, diabo: *You lucky devil!* Seu sortudo!

devious /ˈdiːviəs/ *adj* **1** desonesto **2** tortuoso

devise /dɪˈvaɪz/ *vt* idealizar, elaborar

devoid /dɪˈvɔɪd/ *adj* ~ **of sth** desprovido, isento de algo

devolution /ˌdevəˈluːʃn; *GB* ˌdiːv-/ *s* **1** descentralização **2** (*de poderes*) delegação

devote /dɪˈvoʊt/ **1** *v refl* ~ **yourself to sb/sth** dedicar(-se) a alguém/algo **2** *vt* ~ **sth to sb/sth** dedicar algo a alguém/algo **3** *vt* ~ **sth to sth** (*recursos*) destinar algo a algo devoted *adj* ~ **(to sb/sth)** fiel, devotado a alguém/algo: *They're devoted to each other.* Eles são leais um ao outro.

devotee /ˌdevəˈtiː/ *s* devoto, -a

devotion /dɪˈvoʊʃn/ *s* **1** ~ **(to sb/sth)** dedicação (a alguém/algo) **2** devoção

devour /dɪˈvaʊər/ *vt* devorar

devout /dɪˈvaʊt/ *adj* **1** devoto, piedoso **2** (*esperança, desejo*) sincero devoutly *adv* **1** piedosamente, com devoção **2** sinceramente

dew /duː; *GB* djuː/ *s* orvalho

aɪ	aʊ	ɔɪ	ɪə	eə	ʊə	ʒ	h	ŋ
f**i**ve	n**ow**	j**oi**n	n**ear**	h**air**	p**ure**	vi**si**on	**h**ow	si**ng**

dexterity /dek'sterəti/ s destreza

diabetes /ˌdaɪə'biːtiːz/ s [não contável] diabetes diabetic adj, s diabético, -a

diabolic /ˌdaɪə'bɑlɪk/ (tb diabolical) adj diabólico

diagnose /ˌdaɪəg'noʊs; GB 'daɪəgnəʊz/ vt ~ sb with sth (USA) ~ sth (as sth) diagnosticar (algo): She was diagnosed with cancer. Ela foi diagnosticada com câncer. ◊ I've been diagnosed as having hepatitis. Diagnosticaram que eu tenho hepatite. diagnosis /ˌdaɪəg'noʊsɪs/ s (pl -oses /-'noʊsiːz/) diagnóstico diagnostic adj diagnóstico

diagonal /daɪ'ægənl/ adj, s diagonal diagonally adv diagonalmente

diagram /'daɪəgræm/ s diagrama

dial /'daɪəl/ ◆ s 1 (instrumento) mostrador 2 (telefone) disco 3 (relógio) face ◆ vt (-l-, GB -ll-) discar: to dial a wrong number discar o número errado

dialect /'daɪəlekt/ s dialeto

dialling code (GB) (USA area code) s código (de telefone)

dialogue (USA tb dialog) /'daɪəlɔːg; GB -lɒg/ s diálogo

dial tone (GB dialling tone) s tom de discar

diameter /daɪ'æmɪtər/ s diâmetro: It is 15cm in diameter. Tem 15cm de diâmetro.

diamond /'daɪmənd, 'daɪə-/ s 1 diamante 2 losango 3 diamond jubilee sexagésimo aniversário 4 diamonds [pl] (baralho) ouros ☞ Ver nota em BARALHO

diaper /'daɪpər/ (GB nappy) s fralda

diaphragm /'daɪəfræm/ s diafragma

diarrhea (GB diarrhoea) /ˌdaɪə'rɪə/ s [não contável] diarréia

diary /'daɪəri/ s (pl -ies) 1 diário 2 (GB) (USA agenda) agenda

dice[1] /daɪs/ (tb esp USA die /daɪ/) s (pl dice) (jogo) dado: to roll/throw the dice lançar os dados ◊ to play dice jogar dados

dice[2] /daɪs/ vt (Cozinha) cortar em cubinhos

dictate /'dɪkteɪt; GB dɪk'teɪt/ vt, vi ~ (sth) (to sb) ditar (algo) (a alguém) PHR V to dictate to sb: You can't dictate to your children how to run their lives. Você não pode impor a seus filhos como eles devem viver a própria vida.

dictation s ditado: Our English teacher gave us a dictation. Nosso professor de inglês nos deu um ditado.

dictator /'dɪkteɪtər; GB dɪk'teɪt(r)/ s ditador, -ora dictatorship s ditadura

dictionary /'dɪkʃəneri; GB -nri/ s (pl -ies) dicionário

did pret de DO

didactic /daɪ'dæktɪk/ adj (formal, às vezes pej) didático

didn't /'dɪd(ə)nt/ = DID NOT Ver DO[1,2]

die[1] /daɪ/ vi (pret, pp died part pres dying) (lit e fig) morrer: to die of/from sth morrer de algo LOC to be dying for sth/to do sth morrer de vontade de fazer algo: I'm dying for a drink. Estou morrendo de vontade de beber alguma coisa. PHR V to die away 1 desvanecer 2 (ruído) desaparecer aos poucos to die down 1 apagar-se, diminuir gradualmente 2 (vento) amainar to die off morrer um após o outro to die out 1 (Zool) extinguir(-se) 2 (tradições) desaparecer

die[2] Ver DICE[1]

diesel /'diːzl/ s diesel

diet /'daɪət/ ◆ s dieta, alimentação LOC to be/go on a diet estar de/começar uma dieta ☞ Ver nota em LOW-CALORIE ◆ vi estar de dieta dietary adj 1 dietético 2 alimentar: dietary habits/requirements hábitos/necessidades alimentares

differ /'dɪfər/ vi 1 ~ (from sb/sth) diferir, ser diferente (de alguém/algo) 2 ~ (with sb) (about/on sth) não concordar (com alguém) (sobre algo); discordar (de alguém) (quanto a algo)

difference /'dɪfrəns/ s diferença: to make up the difference (in price) compensar a diferença (no preço) ◊ a difference of opinion uma diferença de opinião LOC it makes all the difference isto muda tudo it makes no difference dá no mesmo what difference does it make? que diferença isso faz?

different /'dɪfrənt/ adj ~ (from sb/sth) (USA tb than sb/sth) diferente, distinto (de alguém/algo) differently adv de uma maneira diferente, de maneira distinta

differentiate /ˌdɪfə'renʃieɪt/ vt, vi ~ between A and B; ~ A from B distinguir, diferenciar entre A e B; A de B differentiation s diferenciação

difficult /'dɪfɪkəlt/ adj difícil difficulty

tʃ	dʒ	v	θ	ð	s	z	ʃ
chin	June	van	thin	then	so	zoo	she

s (*pl* **-ies**) **1** dificuldade **2** (*situação difícil*) apuro, aperto: *to get/run into difficulties* ver-se/ficar em apuros ◊ *to make difficulties for sb* colocar obstáculos a alguém

diffident /'dɪfɪdənt/ *adj* (*pessoa*) inseguro **diffidence** s insegurança

dig /dɪg/ ◆ *vt, vi* (**-gg-**) (*pret, pp* **dug** /dʌg/) **1** cavar: *to dig for sth* cavar em busca de algo **2 to dig (sth) into sth** cravar algo em algo LOC **to dig your heels in** manter-se firme (*em uma posição, opinião, etc.*) PHR V **to dig in** (*coloq*) (*comida*) atacar **to dig sb/sth out** retirar alguém/algo (*cavando*) **to dig sth up 1** (*planta*) arrancar algo da terra **2** desenterrar algo **3** (*terra*) preparar algo ◆ s escavação **digger** s escavadeira

digest¹ /'daɪdʒest/ s **1** resumo **2** condensação

digest² /daɪ'dʒest/ *vt, vi* digerir **digestion** s digestão

digit /'dɪdʒɪt/ s dígito **digital** *adj* digital

dignified /'dɪgnɪfaɪd/ *adj* digno

dignitary /'dɪgnɪteri; *GB* -təri/ s dignitário

dignity /'dɪgnəti/ s dignidade

digression /daɪ'greʃn/ s digressão

dike /daɪk/ s **1** dique **2** barragem

dilapidated /dɪ'læpɪdeɪtɪd/ *adj* **1** arruinado **2** (*veículo*) deteriorado

dilemma /daɪ'lemə, daɪ-/ s dilema

dilute /daɪ'luːt; *GB* -'ljuːt/ *vt* **1** diluir **2** (*fig*) suavizar, debilitar

dim /dɪm/ ◆ *adj* (**dimmer, dimmest**) **1** (*luz*) fraco, tênue **2** (*lembrança, noção*) vago **3** (*perspectivas*) pouco promissor, sombrio **4** (*coloq*) (*pessoa*) estúpido **5** (*visão*) turvo ◆ (**-mm-**) **1** *vt* (*luz*) diminuir **2** *vi* (*luz*) apagar-se pouco a pouco **3** *vt, vi* (*fig*) empanar (o brilho de), apagar-se, turvar

dime /daɪm/ s (*Can, USA*) (moeda de) 10 centavos

dimension /dɪ'menʃn, daɪ-/ s dimensão, medida

diminish /dɪ'mɪnɪʃ/ *vt, vi* diminuir **diminishing** *adj* minguante

diminutive /dɪ'mɪnjətɪv/ ◆ *adj* diminuto ◆ *adj, s* diminutivo

dimly /'dɪmli/ *adv* **1** (*iluminar*) fracamente **2** (*recordar*) vagamente **3** (*ver*) apenas

dimple /'dɪmpl/ s covinha (*do rosto*)

din /dɪn/ s [*sing*] **1** (*de gente*) alarido **2** (*de máquinas*) barulhada

dine /daɪn/ *vi* (*formal*) ~ (**on sth**) jantar, comer (algo) *Ver tb* DINNER PHR V **to dine out** jantar fora **diner** s **1** comensal **2** (*USA*) pequeno restaurante (*de estrada*)

dinghy /'dɪŋgi/ s (*pl* **dinghies**) **1** bote, pequeno veleiro **2** (*GB*) barco inflável

dingy /'dɪndʒi/ *adj* (**-ier, -iest**) **1** (*deprimente*) lúgubre **2** encardido

dining room s sala de jantar

dinner /'dɪnər/ s [*não contável*] jantar, almoço: *to have dinner* jantar/almoçar/comer **2** ceia/jantar (de gala) ☛ *Ver nota em* NATAL **3** (*tb* **dinner party**) (*entre amigos*) jantar

dinner jacket s (*GB*) (*USA* **tuxedo**) smoking

dinosaur /'daɪnəsɔːr/ s dinossauro

diocese /'daɪəsɪs, -siːs/ s diocese

dioxide /daɪ'ɒksaɪd/ s dióxido

dip /dɪp/ ◆ (**-pp-**) **1** *vt* **to dip sth (in/into sth)** mergulhar, molhar, banhar algo (em algo) **2** *vi* descer: *The land dips (down) gently to the south.* As terras descem suavemente em direção ao sul. **3** (*GB*) (*USA* **dim**) *vt, vi* abaixar: *to dip the headlights (of a car)* baixar os faróis (de um carro) ◆ s **1** (*coloq*) mergulho: *to go for a dip in the sea* dar um mergulho no mar **2** (*Geog*) depressão **3** declive **4** (*preços*) baixa **5** (*Cozinha*) molho (*no qual molhar alimentos*)

diploma /dɪ'pləʊmə/ s diploma

diplomacy /dɪ'pləʊməsi/ s diplomacia **diplomat** /'dɪpləmæt/ s diplomata **diplomatic** /ˌdɪplə'mætɪk/ *adj* (*lit e fig*) diplomático **diplomatically** *adv* diplomaticamente, com diplomacia

dire /'daɪər/ *adj* (**direr, direst**) **1** (*formal*) terrível, calamitoso: *The firm is in dire straits and may go bankrupt.* A firma está numa situação calamitosa e pode ir à falência. **2** (*coloq*) fatal

direct /dɪ'rekt, daɪ-/ ◆ *vt* dirigir: *Could you direct me to…?* Poderia indicar-me o caminho para…? ◆ *adj* **1** direto **2** franco **3** exato ◆ *adv* **1** diretamente: *You don't have to change, the train goes direct to London.* Você não tem que mudar, o trem vai direto para Londres. **2** pessoalmente: *I prefer to deal with him*

i:	i	ɪ	e	æ	ɑ	ʌ	ʊ	u:
see	happy	sit	ten	hat	cot	cup	put	too

direct. Eu prefiro tratar diretamente com ele.

direct debit *s* (*GB*) (*banco*) débito automático

direction /dɪˈrekʃn, daɪ-/ *s* **1** direção, sentido **2** directions [*pl*] instruções: *to ask* (*sb*) *for directions* pedir orientação

directive /dɪˈrektɪv, daɪ-/ *s* diretriz

directly /dɪˈrektli, daɪ-/ *adv* **1** diretamente: *directly opposite* (*sth*) bem em frente (a algo) **2** imediatamente

directness /dɪˈrektnəs, daɪ-/ *s* franqueza

director /dɪˈrektər, daɪ-/ *s* diretor, -ora

directorate /dɪˈrektərət, daɪ-/ *s* **1** quadro de diretores, diretoria **2** diretório

directory /dəˈrektəri, daɪ-/ *s* (*pl* -ies) catálogo, lista (*telefônica*): *directory enquiries* auxílio à lista

dirt /dɜːrt/ *s* **1** sujeira **2** terra **3** (*coloq*) obscenidade: *He likes to hear all the dirt about his colleagues.* Ele gosta de saber todos os podres dos colegas. LOC *Ver* TREAT

dirty /ˈdɜːrti/ ♦ *vt, vi* (*pret, pp* dirtied) sujar(-se) ♦ *adj* (-ier, -iest) **1** (*lit e fig*) sujo **2** (*piada*) sujo: *dirty word* palavrão **3** (*coloq*) injusto: *dirty trick* golpe sujo/baixo

disability /ˌdɪsəˈbɪləti/ *s* (*pl* -ies) **1** incapacidade **2** (*Med*) deficiência, invalidez

disabled /dɪsˈeɪbld/ ♦ *adj* incapacitado, inválido ♦ **the disabled** *s* [*pl*] os deficientes

disadvantage /ˌdɪsədˈvæntɪdʒ; *GB* -ˈvɑːn-/ *s* desvantagem LOC **to put sb/be at a disadvantage** colocar alguém/estar em desvantagem **disadvantaged** *adj* desfavorecido **disadvantageous** *adj* desvantajoso

disagree /ˌdɪsəˈgriː/ *vi* (*pret, pp* -reed) ~ (**with sb**) (**about/on sth**) não estar de acordo (com alguém/algo) (sobre algo): *He disagreed with her on how to spend the money.* Ele discordava dela quanto à maneira de gastar o dinheiro. PHR V **to disagree with sb** (*comida, clima*) fazer mal a alguém **disagreeable** *adj* desagradável **disagreement** *s* **1** desacordo **2** discussão

disappear /ˌdɪsəˈpɪər/ *vi* desaparecer: *It disappeared into the bushes.* Desapareceu no matagal. **disappearance** *s* desaparecimento

disappoint /ˌdɪsəˈpɔɪnt/ *vt* **1** decepcionar, desapontar **2** (*esperanças*) frustrar **disappointed** *adj* **1** ~ (**about/at/by sth**) decepcionado, desapontado (com/por algo) **2** ~ (**in/with sb/sth**) decepcionado (com alguém/algo): *I'm disappointed in you.* Estou decepcionado com você. **disappointing** *adj* decepcionante **disappointment** *s* decepção

disapproval /ˌdɪsəˈpruːvl/ *s* desaprovação

disapprove /ˌdɪsəˈpruːv/ *vi* **1** ~ (**of sth**) desaprovar (algo) **2** ~ (**of sb**) ter má opinião (de alguém) **disapproving** *adj* de desaprovação, de censura

disarm /dɪsˈɑrm/ *vt, vi* desarmar(-se) **disarmament** *s* desarmamento

disassociate /ˌdɪsəˈsoʊʃieɪt/ *Ver* DISSOCIATE

disaster /dɪˈzæstər; *GB* -ˈzɑːs-/ *s* desastre, calamidade: *disaster area* área de calamidade pública **disastrous** *adj* desastroso, catastrófico

disband /dɪsˈbænd/ *vt, vi* (*grupo*) dissolver(-se)

disbelief /ˌdɪsbɪˈliːf/ *s* descrença

disc (*USA tb* disk) /dɪsk/ *s* disco *Ver tb* DISK

discard /dɪsˈkɑrd/ *vt* descartar, desfazer-se de

discern /dɪˈsɜːrn/ *vt* **1** perceber **2** discernir

discernible /dɪˈsɜːrnəbl/ *adj* perceptível

discharge /dɪsˈtʃɑrdʒ/ ♦ *vt* **1** (*resíduos*) descarregar, despejar **2** (*Mil*) dispensar **3** (*Med*) (*paciente*) dar alta **4** (*dever*) cumprir ♦ /ˈdɪstʃɑːrdʒ/ *s* **1** (*elétrica, de artilharia*) descarga **2** (*resíduo*) emissão **3** (*Mil*) dispensa **4** (*Jur*): *conditional discharge* liberdade condicional **5** (*Med*) supuração, corrimento **6** (*paciente*) alta

disciple /dɪˈsaɪpl/ *s* discípulo, -a

discipline /ˈdɪsəplɪn/ ♦ *s* disciplina ♦ *vt* disciplinar **disciplinary** *adj* disciplinar

disc jockey *s* (*pl* -eys) (*abrev* DJ) discjóquei

disclose /dɪsˈkloʊz/ *vt* (*formal*) revelar **disclosure** /dɪsˈkloʊʒər/ *s* revelação (*de um segredo*)

discolor (*GB* discolour) /dɪsˈkʌlər/ *vt, vi* descolorir, manchar

u	ɔː	ɜː	ə	j	w	eɪ	oʊ
sit**u**ation	s**aw**	f**ur**	**a**go	**y**es	**w**oman	p**ay**	h**o**me

discomfort /dɪsˈkʌmfərt/ s [*não contável*] desconforto, incômodo

disconcerted /ˌdɪskənˈsɜːrtɪd/ adj desconcertado **disconcerting** adj desconcertante

disconnect /ˌdɪskəˈnekt/ vt **1** desconectar **2** (*luz, ligação telefônica*) cortar **disconnected** adj desconexo, incoerente

discontent /ˌdɪskənˈtent/ (*tb* **discontentment**) s ~ (**with/over sth**) descontentamento (com algo) **discontented** adj descontente, insatisfeito

discontinue /ˌdɪskənˈtɪnjuː/ vt suspender, interromper

discord /ˈdɪskɔːrd/ s **1** (*formal*) discórdia **2** (*Mús*) dissonância **discordant** /dɪsˈkɔːdənt/ adj **1** (*opiniões*) discordante **2** (*som*) dissonante

discount[1] /dɪsˈkaʊnt/ vt **1** descartar, ignorar **2** (*Com*) descontar, abaixar

discount[2] /ˈdɪskaʊnt/ s desconto LOC **at a discount** com desconto

discourage /dɪsˈkʌrɪdʒ/ vt **1** desanimar, desencorajar **2** ~ **sth** desaconselhar algo **3** ~ **sb from doing sth** dissuadir alguém de fazer algo **discouraging** adj desencorajador, desanimador

discover /dɪsˈkʌvər/ vt descobrir **discovery** s (*pl* -ies) descoberta, descobrimento

discredit /dɪsˈkredɪt/ vt desacreditar

discreet /dɪˈskriːt/ adj discreto

discrepancy /dɪsˈkrepənsi/ s (*pl* -ies) discrepância

discretion /dɪˈskreʃn/ s **1** discrição **2** discernimento LOC **at sb's discretion** a critério de alguém

discriminate /dɪˈskrɪmɪneɪt/ vi **1** ~ (**between...**) distinguir (entre...) **2** ~ **against/in favor of sb** discriminar contra/favorecer alguém **discriminating** adj perspicaz **discrimination** s **1** discernimento, bom gosto **2** discriminação

discuss /dɪˈskʌs/ vt ~ **sth** (**with sb**) discutir algo (com alguém); tratar de algo (com alguém) **discussion** s discussão, debate ☛ Comparar com ARGUMENT.

disdain /dɪsˈdeɪn/ s desdém

disease /dɪˈziːz/ s enfermidade, doença

Em geral, usa-se **disease** para enfermidades específicas como *heart disease*, *Parkinson's disease*, ao passo que **illness** refere-se à enfermidade como um estado ou o período em que se está doente. *Ver exemplos em* ILLNESS.

diseased adj enfermo

disembark /ˌdɪsɪmˈbɑːrk/ vi ~ (**from sth**) desembarcar (de algo)

disenchanted /ˌdɪsɪnˈtʃæntɪd; GB -ˈtʃɑːntɪd/ adj ~ (**with sb/sth**) desencantado, desiludido (com alguém/algo)

disentangle /ˌdɪsɪnˈtæŋgl/ vt **1** desembaraçar, desenredar **2** ~ **sb/sth** (**from sth**) deslindar, livrar alguém/algo (de algo)

disfigure /dɪsˈfɪgjər; GB -gə(r)/ vt desfigurar

disgrace /dɪsˈgreɪs/ ◆ vt desonrar: *to disgrace yourself* cair em desgraça ◆ s **1** desgraça, desonra **2** a ~ (**to sb/sth**) uma vergonha (para alguém/algo) LOC **in disgrace** (**with sb**) desacreditado (perante alguém) **disgraceful** adj vergonhoso

disgruntled /dɪsˈgrʌntld/ adj **1** ~ (**at/about sth**) desgostoso (por/com algo) **2** ~ (**with sb**) descontente (com alguém)

disguise /dɪsˈgaɪz/ ◆ vt ~ **sb/sth** (**as sb/sth**) disfarçar, dissimular alguém/algo (de/como alguém/algo) ◆ s disfarce LOC **in disguise** disfarçado *Ver tb* BLESSING

disgust /dɪsˈgʌst/ s nojo, repugnância

dish /dɪʃ/ ◆ s **1** (*iguaria*) prato: *the national dish* o prato típico do país **2** (*para servir*) travessa: *to wash/do the dishes* lavar a louça ◆ PHR V **to dish sth out** **1** (*comida*) servir algo **2** (*dinheiro, folhetos*) distribuir algo em grandes quantidades **to dish sth up** servir algo

disheartened /dɪsˈhɑrtnd/ adj desanimado, desalentado **disheartening** adj desencorajador, desanimador

disheveled (GB **dishevelled**) /dɪˈʃevld/ adj **1** (*cabelo*) despenteado **2** (*roupa, aparência*) desalinhado

dishonest /dɪsˈɑnɪst/ adj **1** desonesto **2** fraudulento **dishonesty** s desonestidade

dishonor (GB **dishonour**) /dɪsˈɑnər/ ◆ s desonra ◆ vt desonrar **dishonorable** (GB **dishonourable**) adj desonroso

dishwasher /ˈdɪʃwɑʃər/ s máquina de lavar louças, lavadora de pratos

aɪ	aʊ	ɪc	ɪə	eə	ʊə	ʒ	h	ŋ
f**i**ve	n**ow**	j**oi**n	n**ea**r	h**air**	p**ure**	vi**si**on	**h**ow	si**ng**

disillusion /ˌdɪsɪˈluːʒn/ ◆ s (tb disillu-sionment) ~ (with sth) desilusão, decepção (com algo) ◆ vt desiludir, decepcionar

disinfect /ˌdɪsɪnˈfekt/ vt desinfetar dis-infectant s desinfetante

disintegrate /dɪsˈɪntɪɡreɪt/ vt, vi desin-tegrar(-se), desmoronar(-se) disintegra-tion s desintegração, desmoronamento

disinterested /dɪsˈɪntrəstɪd/ adj de-sinteressado

disjointed /dɪsˈdʒɔɪntɪd/ adj desconexo

disk /dɪsk/ s 1 (esp USA) Ver DISC 2 (Informát) disco

disk drive s unidade de disco ☞ Ver ilustração em COMPUTADOR

diskette /dɪsˈket/ s disquete

dislike /dɪsˈlaɪk/ ◆ vt não gostar de, ter aversão a ◆ s 1 ~ (of sb/sth) aversão (a/por alguém/algo) 2 ~ (of sb) antipa-tia (por alguém) LOC to take a dislike to sb/sth antipatizar com alguém, to-mar aversão a alguém/algo

dislocate /ˈdɪsloʊkeɪt; GB -lək-/ vt des-locar dislocation s deslocamento

dislodge /dɪsˈlɒdʒ/ vt ~ sb/sth (from sth) desalojar, deslocar alguém/algo (de algo)

disloyal /dɪsˈlɔɪəl/ adj ~ (to sb/sth) desleal (com alguém/algo) disloyalty s deslealdade

dismal /ˈdɪzməl/ adj 1 triste, sombrio 2 (coloq) péssimo

dismantle /dɪsˈmæntl/ vt 1 desmontar, desfazer 2 (fig, edifício, navio) desman-telar

dismay /dɪsˈmeɪ/ ◆ s ~ (at sth) cons-ternação (ante algo) ◆ vt consternar

dismember /dɪsˈmembər/ vt desmem-brar

dismiss /dɪsˈmɪs/ vt 1 ~ sb (from sth) demitir, destituir, dispensar alguém (de algo) 2 ~ sb/sth (as sth) descartar, desconsiderar alguém/algo (como algo) dismissal s 1 demissão 2 repúdio dis-missive adj desdenhoso

dismount /dɪsˈmaʊnt/ vi ~ (from sth) desmontar, apear(-se) (de algo)

disobedient /ˌdɪsəˈbiːdiənt/ adj ~ (to sb/sth) desobediente (com alguém/algo) disobedience s desobediência

disobey /ˌdɪsəˈbeɪ/ vt, vi desobedecer

disorder /dɪsˈɔːrdər/ s desordem disor-derly adj 1 desordenado, desarrumado

2 indisciplinado, desordeiro 3 tumul-tuado LOC Ver DRUNK[1]

disorganized, -ised /dɪsˈɔːrgənaɪzd/ adj desorganizado

disorient /dɪsˈɔːriənt/ (GB disorien-tate) /dɪsˈɔːriənteɪt/ vt desorientar

disown /dɪsˈoʊn/ vt repudiar a

dispatch (tb despatch) /dɪˈspætʃ/ ◆ vt (formal) 1 enviar 2 (reunião) despachar ◆ s 1 envio 2 (Jornal) matéria enviada (por correspondente ou agência)

dispel /dɪˈspel/ vt (-ll-) dissipar

dispense /dɪˈspens/ vt distribuir, dis-pensar PHR V to dispense with sb/sth dispensar alguém/algo, prescindir de alguém/algo: Let's dispense with the for-malities. Vamos dispensar as formali-dades.

disperse /dɪˈspɜːrs/ vt, vi disper-sar(-se) dispersal (tb dispersion) s dis-persão

displace /dɪsˈpleɪs/ vt 1 deslocar 2 substituir

display /dɪsˈpleɪ/ ◆ vt 1 expor, exibir 2 (emoção, etc.) mostrar, manifestar 3 (In-formát) exibir na tela ◆ s 1 exposição, exibição 2 demonstração 3 (Informát) (informação apresentada na) tela LOC on display em exposição

disposable /dɪˈspoʊzəbl/ adj 1 descar-tável 2 (Fin) disponível

disposal /dɪˈspoʊzl/ s uso, venda LOC at your/sb's disposal à sua disposição/ à disposição de alguém

disposed /dɪˈspoʊzd/ adj disposto LOC to be ill/well disposed towards sb/sth estar mal/bem disposto com relação a alguém/algo

disposition /ˌdɪspəˈzɪʃn/ s índole, tem-peramento

disproportionate /ˌdɪsprəˈpɔːrʃənət/ adj desproporcional, desproporcionado

disprove /ˌdɪsˈpruːv/ vt refutar (teoria, alegação)

dispute /dɪˈspjuːt/ ◆ s 1 discussão 2 conflito, controvérsia LOC in dispute 1 em discussão 2 (Jur) em litígio ◆ vt 1 discutir, colocar em dúvida 2 disputar

disqualify /dɪsˈkwɒlɪfaɪ/ vt (pret, pp -fied) desqualificar: to disqualify sb from doing sth impedir/incapacitar al-guém de fazer algo

disregard /ˌdɪsrɪˈɡɑːrd/ ◆ vt ignorar

tʃ	dʒ	v	θ	ð	s	z	ʃ
chin	**J**une	**v**an	**th**in	**th**en	**s**o	**z**oo	**sh**e

(*conselho, erro*) ◆ *s* ~ **(for/of sb/sth)** indiferença, desconsideração (por alguém/algo)

disreputable /dɪsˈrepjətəbl/ *adj* **1** de má reputação **2** (*método, aspecto*) indecoroso

disrepute /ˌdɪsrɪˈpjuːt/ *s* descrédito

disrespect /ˌdɪsrɪˈspekt/ *s* falta de respeito

disrupt /dɪsˈrʌpt/ *vt* romper, interromper **disruption** *s* transtorno, interrupção

disruptive /dɪsˈrʌptɪv/ *adj* destruidor, perturbador

dissatisfaction /ˌdɪsˌsætɪsˈfækʃn/ *s* insatisfação

dissatisfied /dɪˈsætɪsfaɪd/ *adj* ~ **(with sb/sth)** descontente (com alguém/algo)

dissent /dɪˈsent/ *s* discordância **dissenting** *adj* discordante, contrário

dissertation /ˌdɪsərˈteɪʃn/ *s* ~ **(on sth)** dissertação (sobre algo)

dissident /ˈdɪsɪdənt/ *adj, s* dissidente

dissimilar /dɪˈsɪmɪlər/ *adj* ~ **(from/to sb/sth)** diferente (de alguém/algo)

dissociate /dɪˈsoʊʃieɪt/ (*tb* **disassociate** /ˌdɪsəˈsoʊʃieɪt/) **1** *v refl* ~ **yourself from sb/sth** desligar(-se) de alguém/algo **2** *vt* desassociar

dissolve /dɪˈzɑlv/ **1** *vt, vi* dissolver(-se) **2** *vi* desvanecer(-se)

dissuade /dɪˈsweɪd/ *vt* ~ **sb (from sth/doing sth)** dissuadir alguém (de algo/fazer algo)

distance /ˈdɪstəns/ ◆ *s* distância: *from/at a distance* à distância LOC **in the distance** ao longe ◆ *vt* ~ **sb (from sb/sth)** distanciar alguém (de alguém/algo) **distant** *adj* **1** distante, longínquo **2** (*parente*) distante

distaste /dɪsˈteɪst/ *s* ~ **(for sb/sth)** aversão (a alguém/algo) **distasteful** *adj* desagradável

distill (*GB* **distil**) /dɪˈstɪl/ *vt* (-ll-) ~ **sth (off/out) (from sth)** destilar algo (de algo) **distillery** *s* destilaria

distinct /dɪˈstɪŋkt/ *adj* **1** claro, nítido **2** ~ **(from sth)** distinto (de algo): *as distinct from sth* em contraposição a algo **distinction** *s* **1** distinção **2** honra **distinctive** *adj* peculiar

distinguish /dɪˈstɪŋgwɪʃ/ **1** *vt* ~ **A (from B)** distinguir A (de B) **2** *vi* ~

between A and B distinguir entre A e B **3** *v refl* ~ **yourself** destacar-se

distort /dɪˈstɔːrt/ *vt* **1** deformar, distorcer **2** (*fig*) distorcer **distortion** *s* distorção

distract /dɪˈstrækt/ *vt* ~ **sb (from sth)** desviar a atenção de alguém (de algo) **distracted** *adj* distraído, preocupado **distraction** *s* distração: *to drive sb to distraction* levar alguém à loucura

distraught /dɪˈstrɔːt/ *adj* consternado

distress /dɪˈstres/ *s* **1** sofrimento **2** desgraça **3** perigo: *a distress signal* um sinal de perigo **distressed** *adj* aflito **distressing** *adj* angustiante, penoso

distribute /dɪˈstrɪbjuːt/ *vt* ~ **sth (to/among sb/sth)** distribuir, repartir algo (a/entre alguém/algo) **distribution** *s* distribuição **distributor** *s* distribuidor, -ora

district /ˈdɪstrɪkt/ *s* **1** distrito, região **2** zona

distrust /dɪsˈtrʌst/ ◆ *s* [*sing*] desconfiança ◆ *vt* desconfiar de **distrustful** *adj* desconfiado

disturb /dɪˈstɜːrb/ *vt* **1** perturbar, interromper: *I'm sorry to disturb you.* Desculpe incomodá-lo. **2** (*silêncio, sono*) perturbar LOC **do not disturb** não perturbe **to disturb the peace** perturbar a tranqüilidade **disturbance** *s* **1** perturbação: *to cause a disturbance* perturbar a ordem **2** distúrbio **disturbed** *adj* perturbado **disturbing** *adj* inquietante

disuse /dɪsˈjuːs/ *s* desuso: *to fall into disuse* cair em desuso **disused** *adj* abandonado

ditch /dɪtʃ/ ◆ *s* valeta ◆ *vt* (*coloq*) abandonar, livrar-se de

dither /ˈdɪðər/ *vi* (*coloq*) ~ **(about sth)** vacilar (sobre algo)

ditto /ˈdɪtoʊ/ *s* idem

Ditto refere-se ao símbolo (") que se utiliza para evitar as repetições em uma lista.

dive /daɪv/ ◆ *vi* (*pret* **dove** /doʊv/ *ou* GB **dived** *pp* **dived**) **1** ~ **(from/off sth) (into sth)** mergulhar (de algo) (em algo) **2** ~ **(down) (for sth)** (*pessoa*) mergulhar (em busca de algo) **3** (*submarino*) submergir **4** (*avião*) picar **5** ~ **into/under sth** meter-se em/debaixo de algo LOC **to dive for cover** procurar abrigo (rapidamente) ◆ *s* mergulho **diver** *s* mergulhador, -ora

diverge /daɪˈvɜːrdʒ/ *vi* **1** ~ **(from sth)** (*estradas*) separar-se (de algo) **2** (*formal*) (*opiniões*) divergir **divergence** *s* divergência **divergent** *adj* divergente

diverse /daɪˈvɜːrs/ *adj* diverso, diversificado **diversification** *s* diversificação **diversify** *vt, vi* (*pret, pp* **-fied**) diversificar(-se)

diversion /daɪˈvɜːrʒn; *GB* -ˈvɜːʃn/ *s* **1** desvio **2** (*diversão*) distração

diversity /daɪˈvɜːrsəti/ *s* diversidade

divert /daɪˈvɜːrt/ *vt* ~ **sb/sth (from sth) (to sth)** desviar, distrair alguém/algo (de algo) (para algo)

divide /dɪˈvaɪd/ **1** *vt* ~ **sth (up) (into sth)** dividir algo (em algo) **2** *vi* ~ **(up) into sth** dividir-se em algo **3** *vt* ~ **sth (out/up) (between/among sb)** dividir, repartir algo (entre alguém) **4** *vt* ~ **sth (between A and B)** dividir, repartir algo (entre A e B) **5** *vt* separar **sth by sth** (*Mat*) dividir algo por algo **divided** *adj* dividido

dividend /ˈdɪvɪdend/ *s* dividendo

divine /dɪˈvaɪn/ *adj* divino

diving /ˈdaɪvɪŋ/ *s* (*Esporte*) mergulho, salto

diving board *s* trampolim

division /dɪˈvɪʒn/ *s* **1** divisão **2** seção, departamento (*de uma empresa*) **divisional** *adj* divisório

divorce /dɪˈvɔːrs/ ◆ *s* divórcio ◆ *vt* divorciar-se de: *to get divorced* divorciar-se **divorcé** /dɪˌvɔːrˈseɪ/ *s* divorciado **divorcée** /dɪˌvɔːrˈseɪ/ *s* divorciada

divulge /daɪˈvʌldʒ/ *vt* ~ **sth (to sb)** revelar, divulgar algo (a alguém)

DIY /ˌdiː aɪ ˈwaɪ/ *abrev* **do-it-yourself**

dizzy /ˈdɪzi/ *adj* (**-ier, -iest**) tonto, vertiginoso **dizziness** *s* tontura, vertigem

DJ /ˈdiː dʒeɪ/ *abrev* **disc jockey**

do¹ /duː/ *v aux* ☞ Não se traduz para o português o auxiliar **do**, pois ele indica apenas o tempo e/ou a pessoa do verbo principal da oração.

● **orações interrogativas e negativas:** *Does she speak French?* Ela fala francês? ◊ *Did you go home?* Você foi para casa? ◊ *She didn't go to Paris.* Ela não foi a Paris. ◊ *He doesn't want to come with us.* Ele não quer vir conosco.

● **question tags 1** [*oração afirmativa*]: **do** + n't + sujeito (pron pessoal)?: *John*

lives here, doesn't he? John mora aqui, não mora/não é? **2** [*oração negativa*]: **do** + sujeito (pron pessoal)?: *Mary doesn't know, does she?* Mary não sabe, sabe? **3** [*oração afirmativa*]: **do** + sujeito (pron pessoal)?: *So you told them, did you?* Então você contou para eles, não é?

● **em afirmativas com uso enfático:** *He does look tired.* Ele parece realmente cansado. ◊ *Well, I did warn you.* Bem, eu o avisei. ◊ *Oh, do be quiet!* Ah, fique quieto!

● **para evitar repetições:** *He drives better than he did a year ago.* Ele está dirigindo melhor do que há um ano. ◊ *She knows more than he does.* Ela sabe mais do que ele. ◊ *"Who won?" "I did."* —Quem ganhou? —Eu. ◊ *"He smokes." "So do I."* —Ele fuma. —Eu também. ◊ *Peter didn't come and neither did I.* Peter não foi e eu também não. ◊ *You didn't know her but I did.* Você não a conheceu, mas eu sim.

do² /duː/ (*3ª pess sing pres* **does** /dʌz/ *pret* **did** /dɪd/ *pp* **done** /dʌn/)

● *vt, vi* fazer ☞ Utilizamos **to do** quando falamos de uma atividade sem dizer exatamente do que se trata. Por exemplo, quando vai acompanhado por palavras como *something, nothing, anything, everything*, etc.: *What are you doing this evening?* O que vai fazer hoje à noite? ◊ *Are you doing anything tomorrow?* Você vai fazer alguma coisa amanhã? ◊ *We'll do what we can to help you.* Faremos o possível para ajudar você. ◊ *What does she want to do?* O que ela quer fazer? ◊ *I've got nothing to do.* Não tenho nada para fazer. ◊ *What can I do for you?* Em que posso servi-lo? ◊ *I have a number of things to do today.*

do	formas contraídas
presente	*na negativa*
I **do**	I **don't**
you **do**	you **don't**
he/she/it **does**	he/she/it **doesn't**
we **do**	we **don't**
you **do**	you **don't**
they **do**	they **don't**
passado	**did**
forma em -ing	**doing**
particípio passado	**done**

Tenho várias coisas para fazer hoje. ◇ *Do as you please.* Faça como quiser. ◇ *Do as you're told!* Faça o que lhe mandam!

● **to do + the, my, etc. + -ing** *vt* (*obrigações, hobbies*) fazer: *to do the washing up* lavar (a) louça ◇ *to do the ironing* passar (a) roupa ◇ *to do the/your shopping* fazer (as) compras

● **to do + (the, my, etc.) + substantivo** *vt*: *to do your homework* fazer a lição de casa ◇ *to do a test/an exam* (*GB*) (*USA* take) fazer uma prova/um exame ◇ *to do an English course* (*GB*) (*USA* take) fazer um curso de inglês ◇ *to do business* fazer negócios ◇ *to do your duty* fazer/cumprir sua obrigação ◇ *to do your job* fazer seu trabalho ◇ *to do the housework* fazer o serviço de casa ◇ *to do your hair/to have your hair done* fazer um penteado/ir ao cabeleireiro

● **outros usos 1** *vt*: *to do your best* dar o melhor de si/fazer o melhor possível ◇ *to do good* fazer o bem ● *to do sb a favor* fazer um favor a alguém **2** *vi* ser suficiente, servir/bastar: *Will $10 do?* $10 será suficiente? ◇ *All right, a pencil will do.* Tudo bem, um lápis serve. **3** *vi*: *Will next Friday do?* Pode ser na próxima sexta? **4** *vi* ir: *She's doing well at school.* Ela está indo bem na escola. ◇ *How's the business doing?* Como vai o negócio? ◇ *He did badly on the test.* Ele foi mal no exame.

LOC **it/that will never/won't do**: *It (simply) won't do.* Não pode ser. ◇ *It would never do to…* Não daria para… **that does it!** (*coloq*) chega! **that's done it!** (*GB, coloq*) era só o que faltava! **that will do!** basta! **to be/have to do with sb/sth** ter a ver com alguém/algo: *What's it got to do with you?* O que isso tem a ver com você? ☛ Para outras expressões com **do**, ver os verbetes do substantivo, adjetivo, etc., p.ex. **to do your bit** em BIT¹.

PHR V **to do away with sth** desfazer-se de algo, abolir algo

to do sth up 1 abotoar, fechar algo (*roupas*) **2** (*GB*) (*USA* **to wrap sth up**) embrulhar algo **3** (*GB*) (*USA* **to fix sth up**) reformar algo (*casa*)

to do with 1 *I could do with a good night's sleep.* Uma boa noite de sono me faria muito bem. ◇ *We could do with a holiday.* Umas férias nos fariam bem. **2**

She won't have anything to do with him. Ela não quer nada com ele.

to do without (**sb/sth**) passar sem (alguém/algo) ☛ Ver também exemplos em MAKE 1.

do³ /duː/ *s* (*pl* **dos** *ou* **do's** /duːz/) LOC **do's and don'ts** regras

docile /ˈdɑsl; *GB* ˈdəʊsaɪl/ *adj* dócil

dock¹ /dɑk/ ◆ *s* **1** doca **2 docks** [*pl*] docas ◆ **1** *vt, vi* (*Náut*) entrar no porto, atracar **2** *vi* chegar de barco **3** *vt, vi* (*Aeronáut*) acoplar(-se)

dock² /dɑk/ *s* (*GB*) banco dos réus

dock³ /dɑk/ *vt* **1** (*salário*) reduzir **2** (*rabo*) cortar

doctor /ˈdɑktər/ ◆ *s* (*abrev* Dr.) **1** (*Med*) médico, -a **2** ~ (**of sth**) (*título*) doutor, -ora (em algo) ◆ *vt* (*coloq*) **1** falsificar **2** (*bebida, comida*) alterar

doctorate /ˈdɑktərət/ *s* doutorado

doctrine /ˈdɑktrɪn/ *s* doutrina

document /ˈdɑkjumənt/ ◆ *s* documento ◆ *vt* documentar

documentary /ˌdɑkjuˈmentəri/ ◆ *adj* documental ◆ *s* (*pl* -ies) documentário

dodge /dɑdʒ/ **1** *vi* esquivar-se: *She dodged around the corner.* Ela se esquivou dobrando a esquina. **2** *vt* (*golpe*) esquivar-se: *to dodge awkward questions* esquivar-se/fugir de perguntas embaraçosas **3** *vt* (*perseguidor*) ludibriar

dodgy /ˈdɑdʒi/ *adj* (-ier, -iest) (*GB, coloq*) suspeito: *Sounds a bit dodgy to me.* Parece-me um pouco suspeito. ◇ *a dodgy situation* uma situação delicada/arriscada ◇ *a dodgy wheel* uma roda defeituosa/problemática

doe /dəʊ/ *s* cerva, rena (fêmea), lebre (fêmea) ☛ Ver nota em COELHO, VEADO

does /dəz, dʌz/ *Ver* DO

doesn't /ˈdʌz(ə)nt/ = DOES NOT *Ver* DO

dog /dɔːg; *GB* dɒg/ ◆ *s* cachorro LOC *Ver* TREAT ◆ *vt* (-gg-) perseguir: *He was dogged by misfortune.* Ele foi perseguido pela desgraça

dogged /ˈdɔːgɪd; *GB* ˈdɒgɪd/ *adj* (*aprov*) tenaz **doggedly** *adv* tenazmente

doggie (*tb* **doggy**) /ˈdɔːgi; *GB* ˈdɒgi/ *s* (*coloq*) cachorrinho

dogsbody /ˈdɔːgzbɑdi; *GB* ˈdɒg-/ *s* (*pl* -ies) (*GB*) pau para toda obra

do-it-yourself /ˌduː ɪt jərˈself/ *s* (*abrev* DIY) faça-você-mesmo

aɪ	aʊ	ɔɪ	ɪə	eə	ʊə	ʒ	h	ŋ
five	now	join	near	hair	pure	vision	how	sing

the dole /dəʊl/ s (GB, coloq) seguro-desemprego: to be/go on the dole estar/ficar desempregado

doll /dɑl/ s bòneca, boneco

dollar /ˈdɑlər/ s dólar: a dollar bill uma nota de dólar

dolly /ˈdɑli/ s (pl -ies) bonequinha

dolphin /ˈdɑlfɪn/ s golfinho

domain /dəʊˈmeɪn/ s 1 (lit) propriedade, domínio 2 campo (de conhecimento): outside my domain fora de minha competência ◊ in the public domain em domínio público

dome /dəʊm/ s cúpula, abóbada
domed adj abobadado

domestic /dəˈmestɪk/ adj 1 doméstico 2 nacional domesticated adj 1 domesticado 2 caseiro

dominant /ˈdɑmɪnənt/ adj dominante
dominance s predominância

dominate /ˈdɑmɪneɪt/ vt, vi dominar
domination s domínio, dominação

domineering /ˌdɑmɪˈnɪərɪŋ/ adj dominador

dominion /dəˈmɪniən/ s domínio

domino /ˈdɑmɪnəʊ/ s 1 (pl ~es) (pedra de) dominó 2 dominoes [sing]: to play dominoes jogar dominó

donate /dəʊˈneɪt; GB dəʊˈneɪt/ vt doar
donation s 1 donativo 2 [não contável] doação

done /dʌn/ ◆ pp de DO² ◆ adj (comida) pronto

donkey /ˈdɑŋki, ˈdɒn-/ s (pl -eys) asno

donor /ˈdəʊnər/ s doador, -ora

don't /dəʊnt/ = DO NOT Ver DO¹,²

donut /ˈdəʊnʌt/ s donut, (doce tipo) sonho ☛ Ver ilustração em PÃO

doom /duːm/ s [sing] 1 (formal) perdição: to send a man to his doom condenar um homem à morte 2 pessimismo
doomed adj condenado: doomed to failure condenado ao fracasso

door /dɔːr/ s 1 porta 2 Ver DOORWAY LOC (from) door to door de casa em casa: a door-to-door salesman um vendedor ambulante out of doors ao ar livre Ver tb NEXT DOOR

doorbell /ˈdɔːrbel/ s campainha (de porta)

doormat /ˈdɔːrmæt/ s capacho

doorstep /ˈdɔːrstep/ s degrau da porta LOC on your doorstep a um passo (da sua casa)

doorway /ˈdɔːrweɪ/ s vão (de porta)

dope¹ /dəʊp/ s (coloq) 1 imbecil 2 (droga) fumo

dope² /dəʊp/ vt dopar, drogar

dope test s teste antidoping

dormant /ˈdɔːrmənt/ adj inativo

dormitory /ˈdɔːrmətɔːri; GB -tri/ s (pl -ies) (tb dorm) 1 (GB hall) residência universitária 2 (GB, internato) dormitório

dosage /ˈdəʊsɪdʒ/ s dosagem

dose /dəʊs/ s dosagem, dose

dot /dɑt/ ◆ s ponto LOC on the dot (coloq) na hora exata: at 5 o'clock on the dot às 5 em ponto ◆ vt (-tt-) colocar um pingo (sobre), pontilhar LOC to dot your/the i's and cross your/the t's dar os últimos retoques

dote /dəʊt/ vi ~ on sb/sth adorar alguém/algo doting adj devotado

double¹ /ˈdʌbl/ ◆ adj duplo: double figures número de dois algarismos ◊ She earns double what he does. Ela ganha o dobro do salário dele. ◆ adv: to see double ver em dobro ◊ bent double curvado/dobrado (em dois) ◊ to fold a blanket double dobrar um cobertor no meio

double² /ˈdʌbl/ s 1 dobro, duplo 2 (Cinema) dublê 3 (bebida) dose dupla 4 doubles [pl] (Esporte) duplas: mixed doubles duplas mistas

double³ /ˈdʌbl/ 1 vt, vi duplicar 2 vt ~ sth (up/over/across/back) dobrar algo (em dois) 3 vi ~ as sth fazer as vezes de algo PHR V to be doubled up: to be doubled up with laughter morrer de rir ◊ to double up with pain dobrar-se de dor to double back dar meia volta

double-barrelled /ˌdʌbl ˈbærəld/ adj 1 (arma) de cano duplo 2 (GB) (sobrenome) composto

double bass s contrabaixo

double bed s cama de casal

double-breasted /ˌdʌbl ˈbrestɪd/ adj (roupa) transpassado

double-check /ˌdʌbl ˈtʃek/ vt verificar novamente

double-cross /ˌdʌbl ˈkrɔːs; GB ˈkrɒs/ vt enganar

double-decker /ˌdʌbl ˈdekər/ (tb double-decker bus) s (GB) ônibus de dois andares

double-edged /ˌdʌbl ˈedʒd/ adj 1 (faca) de fio duplo 2 (comentário) de duplo sentido

tʃ	dʒ	v	θ	ð	s	z	ʃ
chin	June	van	thin	then	so	zoo	she

double glazed *adj* (*GB*) com vidro duplo

double glazing *s* (*GB*) janela com vidro duplo

doubly /'dʌbli/ *adv* duplamente: *to make doubly sure of sth* tornar a assegurar-se de algo

doubt /daʊt/ ◆ *s* **1** ~ (**about sth**) dúvida (sobre algo) **2** ~ **as to** (**whether**)... dúvidas quanto a... LOC **beyond a/all/ any doubt** sem dúvida alguma **in doubt** duvidoso **no doubt; without (a) doubt** sem dúvida *Ver tb* BENEFIT, CAST ◆ *vt, vi* duvidar **doubter** *s* cético, -a **doubtless** *adv* sem dúvida

doubtful /'daʊtfl/ *adj* duvidoso, incerto: *to be doubtful about* (*doing*) *sth* ter dúvidas quanto a (fazer) algo **doubtfully** *adv* sem convicção

dough /doʊ/ *s* massa

doughnut *Ver* DONUT

dour /dʊər/ *adj* (*formal*) severo, austero

douse /daʊs/ *vt* ~ **sb/sth** (**in/with sth**) jogar algo em alguém/algo (*água*)

dove /dʌv/ *s* pomba

dove² (*USA*) *pret de* DIVE

dowdy /'daʊdi/ *adj* (-ier, -iest) (*pej*) **1** (*roupa*) sem graça **2** (*pessoa*) malvestido

down¹ /daʊn/ *partíc adv* **1** para baixo: *face down* olhar para baixo ◊ *Inflation is down this month.* A inflação abaixou este mês. ◊ *to be £50 down* estar com 50 libras a menos **2** *Ten down, five to go.* Dez a menos, faltam cinco. **3** (*Informát*): *The computer's down.* O computador teve uma pane. LOC **down with sb/ sth!** abaixo alguém/algo! **to be/feel down** (*coloq*) sentir-se deprimido ☛ Para o uso de **down** em PHRASAL VERBS, ver os verbetes dos verbos correspondentes, por exemplo, **to go down** em GO¹.

down² /daʊn/ *prep* abaixo: *He ran his eyes down the list.* Ela percorreu a lista de cima a baixo. ◊ *down the hill* morro abaixo ◊ *down the corridor on the right* descendo o corredor, à direita

down³ /daʊn/ *s* **1** penugem **2** buço

down-and-out /'daʊn ən ˌaʊt/ *s* mendigo, -a, vagabundo, -a

downcast /'daʊnkæst; *GB* -kɑːst/ *adj* abatido, deprimido

downfall /'daʊnfɔːl/ *s* [*sing*] queda: *Drink will be your downfall.* A bebida será sua ruína.

downgrade /'daʊngreɪd/ *vt* ~ **sb/sth** (**from...to...**) rebaixar alguém/algo (de...a...)

downhearted /ˌdaʊn'hɑrtɪd/ *adj* desanimado

downhill /ˌdaʊn'hɪl/ *adv, adj* morro abaixo LOC **to be (all) downhill (from here/there)** ser moleza (de agora/dali em diante) **to go downhill** ir de mal a pior, decair

downmarket /ˌdaʊn'mɑrkɪt/ *adj* de massa, vulgar

downpour /'daʊnpɔːr/ *s* toró

downright /'daʊnraɪt/ ◆ *adj* total: *downright stupidity* completa estupidez ◆ *adv* completamente

downside /'daʊnsaɪd/ *s* inconveniente, desvantagem

Down's syndrome *s* síndrome de Down

downstairs /ˌdaʊn'steərz/ ◆ *adv* (escadas) em/para baixo ◆ *adj* no andar de baixo ◆ *s* [*sing*] andar(es) inferior(es) de um edifício

downstream /ˌdaʊn'striːm/ *adv* rio abaixo

down-to-earth /ˌdaʊn tuː 'ɜːrθ/ *adj* prático, realista

downtown /ˌdaʊn'taʊn/ *adv* (*esp USA*) ao/no centro (*da cidade*)

downtrodden /'daʊntrɑdn/ *adj* oprimido

downturn /'daʊntɜːrn/ *s* queda: *a downturn in sales* uma queda nas vendas

downward /'daʊnwərd/ ◆ *adj* para baixo: *a downward trend* uma tendência a baixar ◆ *adv* (*tb* **downwards**) para baixo

downy /'daʊni/ *adj* coberto por penugem/buço

dowry /'daʊri/ *s* (*pl* -ies) dote (de casamento)

doze /doʊz/ ◆ *vi* dormitar PHR V **to doze off** cochilar ◆ *s* cochilo, soneca

dozen /'dʌzn/ *s* (*abrev* doz) dúzia: *There were dozens of people.* Havia dezenas de pessoas. ◊ *two dozen eggs* duas dúzias de ovos

dozy /'doʊzi/ *adj* (-ier, -iest) (*GB*) sonolento

i:	i	ɪ	e	æ	ɑ	ʌ	ʊ	u:
see	happy	sit	ten	hat	cot	cup	put	too

drab /dræb/ *adj* monótono, sem graça

draft /drɑːft; *GB* drɑːft/ ◆ *s* **1** esboço, rascunho: *a draft bill* um (ante)projeto de lei **2** (*Fin*) ordem de pagamento, letra de câmbio **3 the draft** (*USA*) a convocação (para o Exército) **4** (*GB* **draught**) corrente (*de ar*) ◆ *adj* (*GB* **draught**) de barril: *draft beer* chope ◆ *vt* **1** esboçar, rascunhar **2** (*USA, Mil*) convocar (para o serviço militar) **3** ~ **sb/sth** (**in**) convocar alguém/algo (para algo)

draftsman (*GB* **draughtsman**) /ˈdræftsmən; *GB* ˈdrɑːfts-/ *s* (*pl* -men /-mən/) projetista, desenhista

drafty /ˈdræfti/ (*GB* **draughty** /ˈdrɑːfti/) *adj* (-ier, -iest) com muita corrente (*de ar*)

drag¹ /dræg/ *s* **1 a drag** (*coloq*) (*pessoa, coisa*) peso, chato, -a **2** (*coloq*): *a man dressed in drag* um homem vestido de mulher

drag² /dræg/ (-gg-) **1** *vt, vi* arrastar(-se) ☛ *Ver ilustração em* PUSH **2** *vi* (*tempo*) arrastar-se, passar lentamente **3** *vt* (*Náut*) dragar **4** *vi* ~ (**on**) arrastar-se: *How much longer is this meeting going to drag on?* Por mais quanto tempo esta reunião vai se arrastar?

dragon /ˈdrægən/ *s* dragão

dragonfly /ˈdrægənflaɪ/ *s* libélula

drain /dreɪn/ ◆ *s* **1** esgoto **2** bueiro LOC **to be a drain on sth** consumir/exaurir algo ◆ *vt* **1** (*pratos, verduras, etc.*) escorrer **2** (*terreno, lago, etc.*) drenar LOC **to be/feel drained** estar/sentir-se esgotado: *She felt drained of all energy.* Ela se sentiu completamente esgotada. PHR V **to drain away 1** (*lit*) perder-se **2** (*fig*) consumir-se (*lentamente*) **drainage** *s* drenagem

draining board *s* (*pia*) superfície para escorrer louça

drainpipe /ˈdreɪnpaɪp/ *s* cano de esgoto

drama /ˈdrɑːmə/ *s* **1** peça de teatro **2** teatro: *drama school* escola de arte dramática ◊ *drama student* estudante de arte dramática **3** drama **dramatic** *adj* dramático **dramatically** *adv* dramaticamente, radicalmente

dramatist /ˈdræmətɪst/ *s* dramaturgo, -a **dramatization, -isation** *s* dramatização **dramatize, -ise** *vt, vi* (*lit e fig*) dramatizar

drank *pret de* DRINK

drape /dreɪp/ *vt* **1** ~ **sth across/ around/over sth** (*tecido*) jogar algo sobre algo: *She had a shawl draped around her shoulders.* Ela tinha um xale jogado sobre os ombros. **2** ~ **sb/sth** (**in/with sth**) cobrir, envolver alguém/ algo (com/em algo) **drapes** (*tb* **draperies**) *s* [*pl*] cortinas

drastic /ˈdræstɪk/ *adj* **1** drástico **2** grave **drastically** *adv* drasticamente

draught (*GB*) *Ver* DRAFT

draughts /drɑːfts/ (*GB*) *Ver* CHECKERS

draughty (*GB*) *Ver* DRAFTY

draw¹ /drɔː/ *s* **1** (*GB*) (*USA* **drawing**) [*gen sing*] sorteio **2** (*GB*) (*USA* **tie**) empate

draw² /drɔː/ (*pret* **drew** /druː/ *pp* **drawn** /drɔːn/) **1** *vt, vi* desenhar, traçar **2** *vi*: *to draw level with sb* alcançar alguém ◊ *to draw near* aproximar-se **3** *vt* (*cortinas*) correr **4** *vt* tirar: *to draw comfort from sb/sth* consolar-se com alguém/algo ◊ *to draw inspiration from sth* inspirar-se em algo ◊ *to draw a distinction* fazer uma distinção ◊ *to draw an analogy/a parallel* estabelecer uma analogia/um paralelo **5** *vt* (*pensão, salário*) receber **6** *vt* provocar, causar **7** *vt* ~ **sb** (**to sb/sth**) atrair alguém (para alguém/algo) **8** *vi* (*Esporte*) empatar LOC *Ver* CLOSE²

PHR V **to draw back** retroceder, retirar-se **to draw sth back** retirar algo, puxar algo

to draw in (*GB*) (*trem*) entrar na estação

to draw on/upon sth fazer uso de algo

to draw out 1 (*dia*) alongar-se **2** (*GB*) (*trem*) sair da estação

to draw up estacionar **to draw sth up 1** redigir/preparar algo **2** (*cadeira*) aproximar algo

drawback /ˈdrɔːbæk/ *s* ~ (**of/to sth/to doing sth**) inconveniente, desvantagem (de algo/fazer algo)

drawer /drɔːr/ *s* gaveta

drawing /ˈdrɔːɪŋ/ *s* **1** desenho, esboço **2** (*GB* **draw**) sorteio

drawing pin *s* (*GB*) tachinha

drawing-room /ˈdrɔːɪŋ ruːm/ *s* (*GB*) sala de visitas

drawl /drɔːl/ *s* fala arrastada

drawn¹ *pp de* DRAW²

drawn² /drɔːn/ *adj* contraído, tenso

dread /dred/ ◆ *s* terror ◆ *vt* temer:

u	ɔː	ɜː	ə	j	w	eɪ	oʊ
situation	saw	fur	ago	yes	woman	pay	home

I dread to think what will happen. Temo em pensar no que acontecerá. **dreadful** *adj* **1** terrível, espantoso **2** horrível, péssimo: *I feel dreadful.* Sinto-me horrível. ◊ *I feel dreadful about what happened.* Sinto-me péssimo pelo que aconteceu. ◊ *How dreadful!* Que horror! **dreadfully** *adv* **1** terrivelmente **2** muito: *I'm dreadfully sorry.* Sinto muitíssimo.

dream /driːm/ ♦ *s* (*lit e fig*) sonho: *to have a dream about sb/sth* sonhar com alguém/algo ◊ *to go around in a dream/ live in a dream world* viver num mundo de sonhos ♦ (*pret, pp* **dreamt** /dremt/ *ou* **dreamed**) **1** *vt, vi* ~ (**about/of sth/ doing sth**) sonhar (com algo/em fazer algo): *I dreamt (that) I could fly.* Sonhei que podia voar. **2** *vt* imaginar: *I never dreamt (that) I'd see you again.* Nunca imaginei que o veria de novo.

Alguns verbos possuem tanto formas regulares quanto irregulares para o passado e o particípio passado: **spell: spelled/spelt**, **spill: spilled/spilt**, etc. No inglês britânico, preferem-se as formas irregulares (**spelt, spilt**, etc.), ao passo que no inglês americano preferem-se as formas regulares (**spelled, spilled**, etc.).

dreamer *s* sonhador, -ora **dreamy** *adj* (**-ier, -iest**) **1** sonhador, distraído **2** vago **dreamily** *adv* distraidamente

dreary /ˈdrɪəri/ (*tb antiquado* **drear** /drɪər/) *adj* (**-ier, -iest**) **1** deprimente **2** chato

dredge /dredʒ/ *vt, vi* dragar **dredger** (*tb* **dredge**) *s* draga

drench /drentʃ/ *vt* ensopar: *to get drenched to the skin/drenched through* molhar-se até os ossos/encharcar-se ◊ (*absolutely*) *drenched* totalmente ensopado

dress /dres/ ♦ *s* **1** vestido **2** [*não contável*] roupa: *to have no dress* (GB) (USA *fashion*) *sense* não saber se vestir *Ver tb* FANCY DRESS ♦ **1** *vt, vi* vestir-se: *to dress as sth* vestir-se de algo ◊ *to dress smartly* vestir-se bem ☞ Quando nos referimos ao ato de vestir-se dizemos **get dressed**. **2** *vt* (*ferimento*) colocar curativo **3** *vt* (*salada*) temperar LOC (**to be**) **dressed in sth** (estar) vestido com/de algo PHR V **to dress (sb) up (as sb/sth)** fantasiar-se, fantasiar alguém de

alguém/algo **to dress sth up** disfarçar algo **to dress up** arrumar-se

dress circle *s* (GB, *Teat*) balcão nobre

dresser /ˈdresər/ *s* **1** armário de cozinha **2** (USA) (GB **dressing table**) cômoda

dressing /ˈdresɪŋ/ *s* **1** curativo **2** tempero (de salada)

dressing gown *s* (USA **robe**) robe

dressing room *s* vestiário, camarim

dressing table *s* (USA **dresser**) penteadeira

dressmaker /ˈdresmeɪkər/ (*tb* **dress designer**) *s* costureira **dressmaking** *s* corte e costura

dress rehearsal *s* (*Teat*) ensaio geral

drew *pret de* DRAW²

dribble /ˈdrɪbl/ **1** *vi* babar **2** *vt, vi* driblar

dried *pret, pp de* DRY

drier *Ver* DRYER

drift /drɪft/ ♦ *vi* **1** flutuar **2** (*areia, neve*) amontoar-se **3** ir à deriva: *to drift into* (*doing*) *sth* fazer algo por acaso/inércia ♦ *s* **1** [*sing*] idéia geral **2** acúmulo feito pelo vento: *snow drifts* montes de neve **drifter** *s* vagabundo, -a

drill /drɪl/ ♦ *s* **1** broca: *a dentist's drill* uma broca de dentista ◊ *power drill* furadeira elétrica **2** treinamento **3** exercício (repetitivo) **4** (treinamento de) rotina ♦ *vt* **1** furar, perfurar **2** treinar

drily *Ver* DRYLY

drink /drɪŋk/ ♦ *s* bebida: *a drink of water* um gole d'água ◊ *to go for a drink* sair para beber ◊ *a soft drink* um refresco/refrigerante ♦ *vt, vi* (*pret* **drank** /dræŋk/ *pp* **drunk** /drʌŋk/) beber: *Don't drink and drive.* Não dirija depois de beber. LOC **to drink to sb's health** beber à saúde de alguém PHR V **to drink (a toast) to sb/sth** fazer um brinde a alguém **to drink sth down/up** beber algo de um trago/gole **to drink sth in** embeber-se em algo **drinker** *s* bebedor, -ora **drinking** *s* a bebida, o consumo do álcool

drinking water *s* água potável

drip /drɪp/ ♦ *vi* (**-pp-**) pingar, gotejar LOC **to be dripping with sth** estar molhado/coberto de algo ♦ *s* **1** gota, gotejar **2** (*Med*) tubo (para soro): *to be on a drip* estar ligado a tubos

aɪ	aʊ	ɔɪ	ɪə	eə	ʊə	ʒ	h	ŋ
five	now	join	near	hair	pure	vision	how	sing

drive /draɪv/ ◆ (*pret* **drove** /droʊv/ *pp* **driven** /ˈdrɪvn/) **1** *vt, vi* (*veículo*) dirigir: *Can you drive?* Você sabe dirigir? **2** *vi* andar de carro: *Did you drive here?* Você veio de carro? **3** *vt* levar (de carro) **4** *vt*: *to drive cattle* conduzir gado ◊ *to drive sb crazy* deixar alguém louco ◊ *to drive sb to drink* levar alguém à bebida **5** *vt* impulsionar, forçar LOC **to be driving at sth**: *What are you driving at?* O que você está insinuando/querendo dizer? **to drive a hard bargain** negociar duro PHR V **to drive away; to drive off** ir embora de carro **to drive sb/sth back/off** afugentar alguém/algo **to drive (sb) on** impulsionar (alguém) ◆ *s* **1** passeio, viagem (*de carro*): *to go for a drive* dar uma volta de carro **2** (*USA* **driveway**) (*em uma casa*) entrada da garagem **3** impulso **4** campanha **5** (*Mec*) mecanismo de transmissão: *four-wheel drive* tração nas quatro rodas ◊ *a left-hand drive car* um carro com o volante à esquerda **6** (*Informát*): *disk drive* unidade de disco

drive-in /ˈdraɪv ɪn/ *s* (*USA*) (cinema ou restaurante) drive-in

driven *pp de* DRIVE

driver /ˈdraɪvər/ *s* motorista: *train driver* maquinista LOC **to be in the driver's seat** estar no controle

driver's license (*GB* **driving licence**) *s* carteira de motorista

driveway /ˈdraɪvweɪ/ (*GB* **drive**) *s* entrada da garagem (*em uma casa*)

driving school *s* auto-escola

driving test *s* exame para tirar carteira (*de motorista*)

drizzle /ˈdrɪzl/ ◆ *s* garoa ◆ *vi* garoar

drone /droʊn/ ◆ *vi* zumbir: *to drone on about sth* falar sobre algo em tom monótono ◆ *s* zumbido

drool /druːl/ *vi* babar: *to drool over sb/sth* babar por alguém/algo

droop /druːp/ *vi* **1** pender **2** (*flor*) murchar **3** (*ânimo*) desanimar **drooping** (*tb* **droopy**) *adj* **1** penso, caído **2** (*flor*) murcho

drop /drɑp/ ◆ *s* **1** gota, pingo: *Would you like a drop of wine?* Você gostaria de um pouquinho de vinho? **2** [*sing*] queda: *a sheer drop* um precipício ◊ *a drop in prices* um queda nos preços ◊ *a drop in temperature* uma queda de temperatura LOC **at the drop of a hat** sem pensar duas vezes **to be (only) a drop in the bucket** ser apenas uma gota no oceano ◆ (**-pp-**) **1** *vi* cair: *He dropped to his knees.* Ele caiu de joelhos. **2** *vt* deixar cair/derrubar: *to drop anchor* lançar a âncora **3** *vi* cair de cansaço: *I feel ready to drop.* Estou morto de cansaço. ◊ *to work till you drop* matar-se de trabalhar **4** *vt, vi* diminuir, cair: *to drop prices* reduzir os preços **5** *vt* ~ **sb/sth (off)** (*passageiro, pacote*) deixar alguém/algo em algum lugar **6** *vt* excluir: *He's been dropped from the team.* Ele foi excluído do time. **7** *vt* ~ **sb** romper relações com alguém: *She dropped most of her old friends.* Ela rompeu com a maioria dos antigos amigos. **8** *vt* ~ **sth** (*hábito, atitude*) deixar (de fazer) algo: *Drop everything!* Deixe tudo! ◊ *Can we drop the subject?* Vamos mudar de assunto? LOC **to drop a hint (to sb)/drop (sb) a hint** dar uma indireta (a alguém) **to drop dead** (*coloq*) cair morto: *Drop dead!* Vá pro inferno! **to drop sb a line** (*coloq*) mandar uma carta a alguém *Ver tb* LET¹ PHR V **to drop back; to drop behind** ficar para trás **to drop by/in/over**: *Why don't you drop by?* Por que você não dá um pulo lá em casa? ◊ *They dropped in for lunch.* Eles passaram para o almoço. ◊ *Drop over some time.* Apareça um dia desses. **to drop in on sb** fazer uma visitinha a alguém **to drop off** (*coloq*) cochilar **to drop out (of sth)** retirar(-se) de algo: *to drop out (of college)* sair da universidade ◊ *to drop out (of society)* afastar-se da sociedade

dropout /ˈdrɑpaʊt/ *s* **1** marginal **2** estudante que abandona os estudos

droppings /ˈdrɑpɪŋz/ *s* [*pl*] excremento (*de animais*)

drought /draʊt/ *s* seca

drove *pret de* DRIVE

drown /draʊn/ *vt, vi* afogar(-se) PHR V **to drown sb/sth out** encobrir alguém/algo: *His words were drowned out by the music.* Suas palavras foram abafadas pela música.

drowsy /ˈdraʊzi/ *adj* (**-ier, -iest**) sonolento: *This drug can make you drowsy.* Este remédio pode provocar sonolência.

drudgery /ˈdrʌdʒəri/ *s* trabalho monótono

tʃ	dʒ	v	θ	ð	s	z	ʃ
chin	**J**une	**v**an	**th**in	**th**en	**s**o	**z**oo	**sh**e

drug /drʌɡ/ ♦ s **1** (*Med*) remédio, medicamento: *drug company* empresa farmacêutica **2** droga: *to be on drugs* consumir drogas ♦ vt (-gg-) drogar

drug abuse s uso de drogas

drug addict s drogado, -a, toxicômano, -a **drug addiction** s vício, toxicomania

drugstore /'drʌɡstɔːr/ s (*USA*) farmácia que também vende comida, periódicos, etc. *Ver tb* PHARMACY

drum /drʌm/ ♦ s **1** (*Mús*) tambor, bateria: *to play the drums* tocar bateria **2** tambor, barril ♦ (-mm-) **1** vi tocar tambor, batucar **2** vt, vi ~ (**sth**) **on sth** tamborilar (com algo) em algo PHR V **to drum sth into sb/into sb's head** martelar algo na cabeça de alguém **to drum sb out** (**of sth**) expulsar alguém (de algo) **to drum sth up** lutar para conseguir algo (*apoio, clientes*): *to drum up interest in sth* levantar o interesse em algo **drummer** s baterista

drumstick /'drʌmstɪk/ s **1** (*Mús*) baqueta **2** (*Cozinha*) perna (*de frango, etc.*)

drunk¹ /drʌŋk/ ♦ adj bêbado: *to be drunk with joy* estar ébrio de felicidade LOC **drunk and disorderly**: *to be charged with being drunk and disorderly* ser acusado de embriaguez e mau comportamento **to get drunk** embriagar-se ♦ s *Ver* DRUNKARD

drunk² pp de DRINK

drunkard /'drʌŋkərd/ s bêbado, -a

drunken /'drʌŋkən/ adj bêbado: *to be charged with drunken driving* ser acusado de dirigir embriagado **drunkenness** s embriaguez

dry /draɪ/ ♦ adj (**drier, driest**) **1** seco: *Tonight will be dry.* Esta noite não vai chover. **2** árido **3** (*humor*) irônico LOC *Ver* BONE, HIGH¹, RUN ♦ vt, vi (*pret, pp* **dried**) secar, enxugar: *He dried his eyes.* Ele enxugou os olhos. PHR V **to dry out** secar(-se) **to dry up** (*rio*), secar **to dry sth up** enxugar (*pratos, etc.*)

dry-clean /ˌdraɪ 'kliːn/ vt lavar a seco **dry-cleaner's** s tinturaria **dry-cleaning** s lavagem a seco

dryer /'draɪər/ s secador

dry land s terra firme

dryly (*tb* **drily**) /'draɪli/ adv secamente

dryness /'draɪnəs/ s **1** secura **2** aridez **3** (*humor*) ironia

dual /'duːəl/ ; GB 'djuːəl/ adj duplo

dual carriageway s (GB) (USA **divided highway**) auto-estrada, rodovia

dub /dʌb/ vt (-bb-) dublar: *dubbed into English* dublado em inglês **dubbing** s dublagem

dubious /'duːbiəs; GB 'djuː-/ adj **1** *to be dubious about sth* ter dúvidas a respeito de algo **2** (*pej*) (*attitude*) suspeito **3** (*honra*) duvidoso **dubiously** adv **1** de maneira suspeita **2** em tom duvidoso

duchess (*tb* **Duchess** em *títulos*) /'dʌtʃəs/ s duquesa

duck /dʌk/ ♦ s pato ☞ *Ver nota em* PATO ♦ **1** vi abaixar (a cabeça): *He ducked behind a rock.* Ele se abaixou atrás de uma rocha. **2** vt mergulhar: *to duck sb* dar caldo em alguém **3** vt (*responsabilidade*) livrar-se de algo PHR V **to duck out of sth** (*coloq*) livrar-se de algo

duct /dʌkt/ s **1** (*Anat*) canal **2** (*líquido, gás, ar, etc.*) tubo

dud /dʌd/ ♦ adj (*coloq*) **1** defeituoso **2** inutilizável **3** (*cheque*) sem fundos ♦ s (*coloq*): *This battery is a dud.* Esta pilha está com defeito.

due /duː; GB djuː/ ♦ adj **1** *the money due to them* o dinheiro devido a eles ◊ *Our thanks are due to…* Devemos nossos agradecimentos a… ◊ *Payment is due on the fifth.* O pagamento vence no dia cinco. **2** *The bus is due (in) at five o'clock.* O ônibus deve chegar às cinco horas. ◊ *She's due to arrive soon.* Ela deve chegar logo. ◊ *She's due back on Thursday.* Ela deve voltar na quinta-feira. **3 due** (**for**) **sth**: *I reckon I'm due (for) a holiday.* Creio que mereço umas férias. **4** devido: *with all due respect* com o devido respeito ◊ *It's all due to her efforts.* Tudo se deve a seus esforços. LOC **in due course** em seu devido tempo ♦ **dues** s [pl] cota LOC **to give sb their due** ser justo com alguém ♦ adv: *due south* exatamente ao/para o sul

duel /'duːəl; GB 'djuːəl/ s duelo

duet /duː'et; GB djuː'et/ s (*Mús*) duo

duffel coat /'dʌfl koʊt/ s (GB) japona com capuz (*de baeta*)

dug pret, pp de DIG

duke (*tb* **Duke** em *títulos*) /duːk; GB djuːk/ s duque

dull /dʌl/ adj (-er, -est) **1** (*tempo*) nublado **2** (*cor*) apagado, opaco **3** (*superfície*) sem brilho **4** (*luz*) sombrio: *a dull glow* um brilho amortecido **5** (*ruído*) abafado

iː	i	ɪ	e	æ	ɑ	ʌ	ʊ	uː
see	happy	sit	ten	hat	cot	cup	put	too

6 (*dor*) indefinido **7** chato, monótono **dully** *adv* desanimadamente

duly /'dju:li; *GB* 'dju:li/ *adv* **1** devidamente **2** no tempo devido

dumb /dʌm/ *adj* (**-er, -est**) **1** (*coloq*) bobo: *to act dumb* fazer-se de bobo **2** mudo: *to be deaf and dumb* ser surdo-mudo **dumbly** *adv* sem falar

dumbfounded (*tb* **dumfounded**) /dʌm'faʊndɪd/ (*tb* **dumbstruck** /'dʌmstrʌk/) *adj* atônito

dummy /'dʌmi/ ◆ *s* (*pl* **-ies**) **1** manequim **2** imitação **3** (*GB*) (*USA* **pacifier**) chupeta **4** (*coloq*) imbecil ◆ *adj* falso: *dummy run* ensaio

dump /dʌmp/ ◆ *vt, vi* **1** jogar (fora), despejar: *No dumping.* Proibido jogar lixo. ◊ *dumping ground* depósito de lixo **2** (*coloq, pej*) abandonar **3** desfazer-se de ◆ *s* **1** depósito de lixo **2** (*Mil*) depósito **3** (*coloq, pej*) espelunca

dumpling /'dʌmplɪŋ/ *s* bolinho de massa cozido

dumps /dʌmps/ *s* [*pl*] LOC **to be (down) in the dumps** (*coloq*) estar deprimido

dune /du:n; *GB* dju:n/ (*tb* **sand-dune**) *s* duna

dung /dʌŋ/ *s* esterco

dungarees /ˌdʌŋgə'ri:z/ *s* [*pl*] jardineira (*roupa*)

dungeon /'dʌndʒən/ *s* masmorra

duo /'du:oʊ; *GB* 'dju:əʊ/ *s* (*pl* **duos**) duo

dupe /du:p; *GB* dju:p/ *vt* enganar

duplicate /'du:plɪkeɪt; *GB* 'dju:-/ ◆ *vt* **1** copiar, duplicar **2** repetir ◆ /'du:plɪkət; *GB* 'dju:-/ *adj, s* duplicado: *a duplicate* (*letter*) uma cópia (da carta)

durable /'dʊərəbl; *GB* 'djʊə-/ ◆ *adj* durável, duradouro ◆ (**consumer**) **durables** *s* [*pl*] eletrodomésticos **durability** /ˌdʊərə'bɪləti; *GB* ˌdjʊə-/ *s* durabilidade

duration /dʊ'reɪʃn; *GB* dju-/ *s* duração LOC **for the duration** (*coloq*) pelo tempo que durar

duress /du'res; *GB* dju-/ *s* LOC **to do sth under duress** fazer algo sob coação

during /'dʊərɪŋ; *GB* 'djʊər-/ *prep* durante ☞ *Ver exemplos em* FOR³ *e nota em* DURANTE.

dusk /dʌsk/ *s* crepúsculo: *at dusk* ao anoitecer

dusky /'dʌski/ *adj* (**-ier, -iest**) moreno

dust /dʌst/ ◆ *s* pó: *gold dust* ouro em pó ◆ *vt, vi* tirar (o) pó PHR V **to dust sb/sth down/off** tirar o pó de alguém/algo **to dust sth with sth** polvilhar algo com algo

dustbin /'dʌstbɪn/ (*GB*) (*USA* **trash can**) *s* lata de lixo

dustcloth /'dʌstklɔ:θ/ *s* pano de pó

dustman /'dʌstmən/ *s* (*pl* **-men** /-mən/) (*GB*) (*USA* **garbage man**) lixeiro

dustpan /'dʌstpæn/ *s* pá de lixo

dusty /'dʌsti/ *adj* (**-ier, -iest**) empoeirado

Dutch /dʌtʃ/ *adj* LOC **Dutch courage** (*coloq, hum*) coragem adquirida através de uma bebida **to go Dutch** (**with sb**) dividir a conta (com alguém)

dutiful /'du:tɪfl; *GB* 'dju:-/ *adj* (*formal*) obediente, respeitoso

duty /'du:ti; *GB* 'dju:ti/ *s* (*pl* **duties**) **1** dever, obrigação: *to do your duty* (*by sb*) cumprir com seu dever (para com alguém) **2** função: *duty officer* oficial de plantão ◊ *the duties of the president* as funções do presidente **3** ~ (**on sth**) taxa, imposto (sobre algo) LOC TARIFF *sentido* 2 LOC **to be on/off duty** estar/não estar de plantão/serviço

duty-free /ˌdu:ti 'fri:; *GB* ˌdju:ti fri:/ *adj* isento de impostos de importação)

duvet /'du:veɪ/ (*USA* **comforter**) *s* edredom

dwarf /dwɔ:rf/ ◆ *s* (*pl* **dwarfs** *ou* **dwarves** /dwɔ:rvz/) anão, -ã ◆ *vt* tornar menor: *a house dwarfed by sky-scrapers* uma casa apequenada pelos arranha-céus

dwell /dwel/ *vi* (*pret, pp* **dwelled** *ou* **dwelt** /dwelt/ (*GB*)) ~ **in/at sth** (*antiquado, ret*) morar em algo PHR V **to dwell on/upon sth 1** insistir em algo, estender-se sobre algo (*assunto*) **2** deixar-se obcecar por algo **dwelling** (*tb* **dwelling place**) *s* habitação, residência

dwindle /'dwɪndl/ *vi* diminuir, reduzir-se: *to dwindle (away) (to nothing)* reduzir-se (a nada)

dye /daɪ/ ◆ *vt, vi* (3ª *pess sing pres* **dyes** *pret, pp* **dyed** *part pres* **dyeing**) tingir: *to dye sth blue* tingir algo de azul ◆ *s* (*roupas, alimentos*) corante

dying /'daɪɪŋ/ *adj* **1** (*pessoa*) moribundo, agonizante **2** (*palavras, momentos, etc.*) último: *her dying wish* o último

u	ɔ:	ɜ:	ə	j	w	eɪ	oʊ
situation	saw	fur	ago	yes	woman	pay	home

desejo dela ◊ *a dying breed* uma espécie em extinção

dynamic /daɪˈnæmɪk/ *adj* dinâmico

dynamics /daɪˈnæmɪks/ *s* [*pl*] dinâmica

dynamism /ˈdaɪnəmɪzəm/ *s* dinamismo

dynamite /ˈdaɪnəmaɪt/ ◆ *s* (*lit e fig*) dinamite ◆ *vt* dinamitar

dynamo /ˈdaɪnəmoʊ/ *s* (*pl* ~s) dínamo, gerador

dynasty /ˈdaɪnəsti; *GB* ˈdɪ-/ *s* (*pl* -ies) dinastia

dysentery /ˈdɪsənteri; *GB* -tri/ *s* disenteria

dyslexia /dɪsˈleksiə/ *s* dislexia **dyslexic** *adj*, *s* disléxico, -a

dystrophy /ˈdɪstrəfi/ *s* distrofia

Ee

E, e /iː/ *s* (*pl* **E's, e's** /iːz/) **1** E, e: *E as in Edward* E de elefante ☞ *Ver exemplos em* A, A **2** (*GB*, *Educ*) (conceito) E: *to get (an) E in French* tirar um E em francês **3** (*Mús*) mi

each /iːtʃ/ ◆ *adj* cada

Geralmente se traduz **each** como "cada (um/uma)" e **every** como "todo(s)". Uma importante exceção ocorre quando se expressa a repetição de algo em intervalos fixos de tempo: *The Olympics are held every four years.* As Olimpíadas ocorrem de quatro em quatro anos. *Ver também nota em* EVERY.

◆ *pron* cada um (*de dois ou mais*): *each for himself* cada um por si ◆ *adv* cada (um de): *We have two each.* Temos dois cada um.

each other *pron* um ao outro (*mutuamente*) ☞ Utiliza-se **each other** para referir-se a duas pessoas e **one another** a mais de duas: *We love each other.* Nós dois nos amamos. ◊ *They all looked at one another.* Todos se entreolharam.

eager /ˈiːgər/ *adj* ~ (**for sth/to do sth**) ávido (por algo); ansioso (para fazer algo): *eager to please* preocupado em agradar **eagerly** *adv* com impaciência, ansiosamente **eagerness** *s* ânsia, entusiasmo

eagle /ˈiːgl/ *s* águia

ear¹ /ɪər/ *s* **1** orelha **2** ouvido: *to have an ear/a good ear for sth* ter (bom) ouvido para algo LOC **to be all ears** (*coloq*) ser todo ouvidos **to be up to your ears/eyes in sth** estar até o pescoço de/com algo *Ver tb* PLAY, PRICK

ear² /ɪər/ *s* espiga

earache /ˈɪəreɪk/ *s* [*ger sing*] dor de ouvido

eardrum /ˈɪərdrʌm/ *s* tímpano

earl /ɜːrl/ *s* conde

early /ˈɜːrli/ ◆ *adj* (**-ier, -iest**) **1** precoce **2** (*morte*) prematuro **3** antecipado **4** (*primeiro*): *my earliest memories* minhas recordações mais antigas ◊ *at an early age* cedo (na vida) ◊ *He's in his early twenties.* Ele tem pouco mais de 20 anos. ◆ *adv* (**-ier, -iest**) **1** cedo **2** prematuramente **4** no início de: *early last week* no começo da semana passada LOC **as early as …**: *as early as 1988* já em 1988 **at the earliest** não antes de **early bird** (*hum*) madrugador **early on** logo no começo: *earlier on* anteriormente **it's early days (yet)** (*esp GB*) é muito cedo ainda **the early bird gets the worm** (*refrão*) Deus ajuda quem cedo madruga **the early hours** a madrugada

earmark /ˈɪərmɑːrk/ *vt* (*fig*) destinar

earn /ɜːrn/ *vt* **1** (*dinheiro*) ganhar: *to earn a living* ganhar a vida **2** render (*juros, dividendos*) **3** merecer

earnest /ˈɜːrnɪst/ *adj* **1** (*caráter*) sério **2** (*desejo, etc.*) fervoroso LOC **in earnest 1** de verdade **2** a sério: *She said it in earnest.* Ela falava a sério. **earnestly** *adv* com empenho, seriamente **earnestness** *s* fervor, seriedade

earnings /ˈɜːrnɪŋz/ *s* [*pl*] ganhos

earphones /ˈɪərfoʊnz/ *s* [*pl*] fones de ouvido

earring /ˈɪərɪŋ/ *s* brinco

aɪ	aʊ	ɔɪ	ɪə	eə	ʊə	ʒ	h	ŋ
five	now	join	near	hair	pure	vision	how	sing

earshot /'ɪərʃɑt/ s LOC **(to be) out of/ within earshot** (estar) longe/perto dos ouvidos (de alguém)

earth /ɜːrθ/ ◆ s **1 the Earth** (planeta) a Terra **2** (Geol) terra **3** (Eletrón) fio terra LOC **how/what/why, etc. on earth/in the world** (coloq) como/que/por que diabo(s)?: What on earth are you doing? Que diabo você está fazendo? **to charge/cost/pay the earth** (GB, coloq) cobrar/custar/pagar uma fortuna **to come back/down to earth** (with a bang/bump) (coloq) colocar os pés no chão ◆ vt (GB, Eletrón) ligar o fio terra

earthly /'ɜːrθli/ adj **1** (lit) terreno **2** (coloq, fig) possível: You haven't an earthly (chance) of winning. Você não tem a mais remota possibilidade de vencer. ☞ Neste sentido é utilizado somente em orações negativas ou interrogativas.

earthquake /'ɜːrθkweɪk/ (tb **quake**) s terremoto

ease /iːz/ ◆ s **1** facilidade **2** conforto **3** alívio LOC **(to be/feel) at (your) ease** (estar/sentir-se) à vontade Ver tb ILL, MIND ◆ vt **1** (dor) aliviar **2** (tensão) reduzir **3** (tráfego) diminuir **4** (situação) amenizar **5** (restrição) afrouxar LOC **to ease sb's conscience/mind** tranqüilizar (a consciência/mente de) alguém PHR V **to ease (sb/sth) across, along, etc. sth** mover (alguém/algo) cuidadosamente através, ao longo de algo **to ease off/up** tornar-se menos intenso **to ease up on sb/sth** ser mais moderado com alguém/algo

easel /'iːzl/ s cavalete (de pintura)

easily /'iːzəli/ adv **1** facilmente Ver tb EASY **2** certamente: It's easily the best. É certamente o melhor. **3** muito provavelmente

east /iːst/ ◆ s **1** (tb **the east**, **the East**) (abrev **E**) (o) leste: New York is in the East of the United States. Nova Iorque fica no leste dos Estados Unidos. ◊ eastbound em direção ao leste **2 the East** o Oriente ◆ adj (do) leste, oriental: east winds ventos do leste ◆ adv para o leste: They headed east. Eles foram para o leste. Ver tb EASTWARD(S)

Easter /'iːstər/ s Páscoa: Easter egg ovo de Páscoa

eastern (tb **Eastern**) /'iːstərn/ adj (do) leste, oriental

eastward(s) /'iːstwərd(z)/ adv em direção ao leste Ver tb EAST adv

easy /'iːzi/ ◆ adj (-ier, -iest) **1** fácil **2** tranqüilo: My mind is easier now. Estou mais tranqüilo agora. LOC **I'm easy** (coloq, esp GB) tanto faz (para mim) ◆ adv (-ier, -iest) LOC **easier said than done** falar é fácil, fazer é que é difícil **take it easy!** calma! **to go easy on/with sb/sth** (coloq) ir devagar com alguém/algo **to take it/things easy** ir com calma/ relaxar Ver tb FREE

easygoing /ˌiːzi'ɡoʊŋ/ adj tolerante: She's very easygoing. Ela é uma pessoa bastante fácil de lidar.

eat /iːt/ vt, vi (pret **ate** /eɪt/; GB /et/ pp **eaten** /'iːtn/) comer LOC **to be eaten up with sth** estar/ser tomado por algo **to be eating sb** estar inquietando alguém: What's eating you? O que está atormentando você? **to eat out of sb's hand** estar dominado por alguém: She had him eating out of her hand. Ela o tinha na palma da mão. **to eat your words** engolir suas palavras/o que disse Ver tb CAKE PHR V **to eat away at sth/ eat sth away 1** (lit) erodir algo **2** (fig) consumir algo **to eat into sth 1** corroer algo, desgastar algo **2** (fig) consumir algo (reservas) **to eat out** comer fora **to eat (sth) up** comer tudo **to eat sth up** (fig) devorar algo: This car eats up gas! Este carro bebe um monte de gasolina. **eater** s: He's a big eater. Ele é um comilão.

eavesdrop /'iːvzdrɑp/ vi (-pp-) ~ (on sb/sth) escutar escondido (alguém/ algo)

ebb /eb/ ◆ vi **to ebb (away) 1** (maré) baixar **2** (fig) diminuir ◆ s **the ebb** s [sing] (lit e fig) a vazante LOC **on the ebb** em decadência **the ebb and flow (of sth)** o ir e vir (de algo)

ebony /'ebəni/ s ébano

echo /'ekoʊ/ ◆ s (pl **echoes**) **1** eco, ressonância **2** (fig) arremedo ◆ **1** vt ~ **sth** (back): The tunnel echoed back their words. O eco do túnel repetiu as palavras deles. **2** vt (fig) repetir, refletir algo **3** vi ecoar

ecological /ˌiːkəˈlɑdʒɪkl/ adj ecológico **ecologically** adv ecologicamente

ecology /iːˈkɑlədʒi/ s ecologia **ecologist** s ecologista

economic /ˌiːkəˈnɑmɪk, ˌekə-/ adj **1**

tʃ	dʒ	v	θ	ð	s	z	ʃ
chin	**June**	**van**	**thin**	**then**	**so**	**zoo**	**she**

(*desenvolvimento, política, etc.*) econô-
mico ☞ *Comparar com* ECONOMICAL **2**
rentável

economical /ˌiːkəˈnɑmɪkl, ˌekə-/ *adj*
(*combustível, aparelho, estilo*) econôm-
ico ☞ Ao contrário de **economic**, **eco-
nomical** pode ser qualificado por
palavras como *more, less, very*, etc.: *a
more economical car* um carro mais
econômico LOC **to be economical with
the truth** não contar toda a verdade
economically *adv* economicamente

economics /ˌiːkəˈnɑmɪks, ˌekə-/ *s*
[*sing*] **1** economia **2** (*Educ*) economia
economist /ɪˌkɒnəmɪst/ *s* economista

economize, -ise /ɪˈkɒnəmaɪz/ *vi* eco-
nomizar: *to economize on gas* economi-
zar gasolina

economy /ɪˈkɒnəmi/ *s* (*pl* -ies) econo-
mia: *to make economies* economizar ◊
economy size embalagem econômica

ecstasy /ˈekstəsi/ *s* (*pl* -ies) êxtase: *to
be in/go into ecstasy/ecstasies* (*over
sth*) extasiar-se (com algo) **ecstatic**
/ɪkˈstætɪk/ *adj* extasiado

edge /edʒ/ ◆ *s* **1** fio (*de faca, etc.*) **2**
borda LOC **to be on edge** estar com os
nervos à flor da pele **to have an/the
edge on/over sb/sth** (*coloq*) ter/levar
(pequena) vantagem sobre alguém/algo
to take the edge off sth suavizar/
reduzir algo ◆ *vt, vi* ~ (**sth**) (**with sth**)
ladear (algo) (com algo) PHR V **to edge
(your way) along, away, etc.** avançar/
aproximar-se pouco a pouco: *I edged
slowly towards the door.* Avancei lenta-
mente em direção à porta.

edgy /ˈedʒi/ *adj* (*coloq*) nervoso

edible /ˈedəbl/ *adj* comestível

edit /ˈedɪt/ *vt* **1** (*livro, jornal, revista*)
editar **2** (*texto*) revisar **edition** *s* edição

editor /ˈedɪtər/ *s* editor, -ora (*de livro,
jornal, revista, etc.*): *the arts editor* o
editor/a editora (da seção) de cultura

educate /ˈedʒukeɪt/ *vt* educar (*acade-
micamente*): *He was educated abroad.*
Ele estudou no exterior. ☞ *Comparar
com* RAISE, TO BRING SB UP *em* BRING
educated *adj* culto LOC **an educated
guess** uma previsão fundamentada

education /ˌedʒuˈkeɪʃn/ *s* **1** educação,
ensino **2** pedagogia **educational** *adj*
educativo, educacional, pedagógico

eel /iːl/ *s* enguia

eerie (*tb* eery) /ˈɪəri/ *adj* (-ier, -iest)
misterioso, horripilante

effect /ɪˈfekt/ ◆ *s* efeito: *It had no effect
on her.* Não teve qualquer efeito sobre
ela. LOC **for effect** para impressionar **in
effect** na realidade **to come into effect**
entrar em vigor **to take effect 1** surtir
efeito **2** entrar em vigor **to no effect** em
vão **to this effect** com este propósito
Ver tb WORD ◆ *vt* (*formal*) efetuar (*uma
cura/mudança*) ☞ *Comparar com* AF-
FECT

effective /ɪˈfektɪv/ *adj* **1** (*sistema, re-
médio*) ~ (**in doing sth**) eficaz (para
fazer algo) **2** de grande efeito **effective-
ly** *adv* **1** eficazmente **2** efetivamente
effectiveness *s* eficácia

effeminate /ɪˈfemɪnət/ *adj* efeminado

efficient /ɪˈfɪʃnt/ *adj* **1** (*pessoa*) eficien-
te **2** (*máquina, sistema, etc.*) eficaz **effi-
ciency** *s* eficiência **efficiently** *adv*
eficientemente

effort /ˈefərt/ *s* **1** esforço: *to make an
effort* esforçar-se **2** realização

e.g. /ˌiː ˈdʒiː/ *abrev* por exemplo
(= p.ex.)

egg /eg/ ◆ *s* **1** ovo **2** (*Biol*) óvulo LOC **to
put all your eggs in one basket** arris-
car tudo (em uma só coisa) ◆ PHR V **to
egg sb on** (**to do sth**) provocar/incitar
alguém (a fazer algo)

eggplant /ˈegplænt; *GB* ˈegplɑːnt/ (*GB*
aubergine) *s* berinjela

eggshell /ˈegʃel/ *s* casca de ovo

ego /ˈiːgoʊ; *GB tb* ˈegoʊ/ *s* ego: *to boost
sb's ego* levantar o moral de alguém

eight /eɪt/ *adj, pron, s* oito ☞ *Ver
exemplos em* FIVE **eighth 1** *adj* oitavo **2**
pron, adv o(s) oitavo(s), a(s) oitava(s) **3**
s oitava parte, oitavo ☞ *Ver exemplos
em* FIFTH

eighteen /ˌeɪˈtiːn/ *adj, pron, s* dezoito
☞ *Ver exemplos em* FIVE **eighteenth 1**
adj décimo oitavo **2** *pron, adv* o(s) déci-
mo(s) oitavo(s), a(s) décima(s) oitava(s)
3 *s* décima oitava parte, dezoito avos
☞ *Ver exemplos em* FIFTH

eighty /ˈeɪti/ *adj, pron, s* oitenta ☞ *Ver
exemplos em* FIFTY, FIVE **eightieth 1** *adj,
pron* octogésimo **2** *s* octogésima parte,
oitenta avos ☞ *Ver exemplos em* FIFTH

either /ˈaɪðər; ˈiːðər/ ◆ *adj* **1** qualquer
um dos dois: *Either kind of flour will
do.* Qualquer um dos dois tipos de fari-
nha serve. ◊ *either way...* de qualquer
uma das duas maneiras... **2** am-

iː	i	ɪ	e	æ	ɑ	ʌ	ʊ	uː
see	happy	sit	ten	hat	cot	cup	put	too

bos: *on either side of the road* em ambos
os lados da rua **3** [*em orações negativas*]
nenhum dos dois ◆ *pron* **1** qualquer,
um ou outro **2** nenhum: *I don't want
either of them.* Eu não quero nenhum
deles. ☞ *Ver nota em* NENHUM ◆ *adv* **1**
tampouco, também não: *"I'm not
going." "I'm not either."* —Eu não
vou.—Eu também não (vou). **2 ei-
ther... or...** ou...ou..., nem...nem...
☞ Compare com ALSO, TOO e ver nota
em NEITHER.

eject /ɪˈdʒekt/ **1** *vt* (*formal*) expulsar **2**
vt expelir **3** *vi* ejetar

elaborate[1] /ɪˈlæbərət/ *adj* complicado

elaborate[2] /ɪˈlæbəreɪt/ **1** *vi* ~ (**on sth**)
dar detalhes (sobre algo) **2** *vt* elaborar

elapse /ɪˈlæps/ *vi* (*formal*) (*tempo*) de-
correr

elastic /ɪˈlæstɪk/ ◆ *adj* **1** elástico **2**
flexível ◆ *s* elástico

elastic band *s* elástico

elated /iˈleɪtɪd/ *adj* exultante

elbow /ˈelbəʊ/ *s* cotovelo

elder /ˈeldər/ *adj, pron* mais velho: *Pitt
the Elder* Pitt, o Velho

> Os comparativos mais comuns de **old**
> são **older** e **oldest**: *He is older than me.*
> Ele é mais velho do que eu. ◇ *the oldest
> building in the city* o edifício mais anti-
> go da cidade. Quando comparamos as
> idades das pessoas, principalmente dos
> membros de uma família, utilizamos
> com freqüência **elder** e **eldest** como
> adjetivos e pronomes: *my eldest brother*
> meu irmão mais velho ◇ *the elder of the
> two brothers* o mais velho dos dois ir-
> mãos. Note que **elder** e **eldest** não po-
> dem ser empregados com *than* e como
> adjetivos só podem anteceder o subs-
> tantivo.

elderly *adj* idoso: *the elderly* os idosos

eldest /ˈeldɪst/ *adj, pron* o mais velho
☞ *Ver nota em* ELDER

elect /ɪˈlekt/ *vt* eleger **election** *s* elei-
ção **electoral** *adj* eleitoral **electorate** *s*
[*v sing ou pl*] eleitorado

electric /ɪˈlektrɪk/ *adj* **1** elétrico **2** (*am-
biente*) eletrizante **electrical** *adj* elé-
trico ☞ *Ver nota em* ELÉTRICO
electrician /ɪˌlekˈtrɪʃn/ *s* eletricista
electricity /ɪˌlekˈtrɪsəti/ *s* eletricidade:
to turn off the electricity desligar a ele-
tricidade **electrification** *s* eletrificação

electrify *vt* (*pret, pp* -**fied**) **1** eletrificar
2 (*fig*) eletrizar

electrocute /ɪˈlektrəkjuːt/ *vt* eletro-
cutar

electrode /ɪˈlektrəʊd/ *s* eletrodo

electron /ɪˈlektrɒn/ *s* elétron

electronic /ɪˌlekˈtrɒnɪk/ *adj* eletrônico
electronics *s* [*sing*] eletrônica

elegant /ˈelɪɡənt/ *adj* elegante **ele-
gance** *s* elegância

element /ˈelɪmənt/ *s* elemento

elementary /ˌelɪˈmentəri/ *adj* elemen-
tar: *elementary school* escola primária

elephant /ˈelɪfənt/ *s* elefante

elevator /ˈelɪveɪtər/ *s* (*GB* lift) elevador

eleven /ɪˈlevn/ *adj, pron, s* onze ☞ *Ver
exemplos em* FIVE **eleventh 1** *adj* déci-
mo primeiro **2** *pron, adv* o(s) décimo(s)
primeiro(s), a(s) décima(s) primeira(s)
3 *s* a décima primeira parte, onze avos
☞ *Ver exemplos em* FIFTH

elicit /ɪˈlɪsɪt/ *vt* (*formal*) obter (*com difi-
culdade*)

eligible /ˈelɪdʒəbl/ *adj*: *to be eligible for
sth* ter direito a algo ◇ *to be eligible to
do sth* estar qualificado/capacitado
para fazer algo ◇ *an eligible bachelor*
um bom partido

eliminate /ɪˈlɪmɪneɪt/ *vt* **1** eliminar **2**
(*doença, miséria*) erradicar

elk /elk/ *s* alce (*americano*)

elm /elm/ (*tb* elm tree) *s* olmo

elope /ɪˈləʊp/ *vi* fugir com o/a amante

eloquent /ˈeləkwənt/ *adj* eloqüente

else /els/ *adv* [*com pronomes indefini-
dos, interrogativos ou negativos e com
advérbio*]: *Did you see anybody else?* Vo-
cê viu mais alguém? ◇ *anyone else* qual-
quer outra pessoa ◇ *everyone/
everything else* todos os outros/todas as
outras coisas ◇ *It must have been some-
body else.* Deve ter sido outra pessoa. ◇
nobody else mais ninguém ◇ *Anything
else?* Mais alguma coisa? ◇ *some-
where else* em/a algum outro lugar
◇ *What else?* Que mais? **LOC or else** ou
então, senão **elsewhere** *adv* em/para
outro lugar

elude /iˈluːd/ *vt* **1** escapar de **2** *I recog-
nise her face, but her name eludes me.*
Eu reconheço o rosto dela, mas não
consigo me lembrar do nome. **elusive**
adj esquivo: *an elusive word* uma pala-
vra difícil de lembrar

u	ɔː	ɜː	ə	j	w	eɪ	əʊ
situation	saw	fur	ago	yes	woman	pay	home

emaciated /ɪˈmeɪʃieɪtɪd/ *adj* definhado, emaciado

e-mail (*tb* email) /ˈiː meɪl/ ♦ *s* correio eletrônico: *My e-mail address is sjones@oup.co.uk.* O meu e-mail/endereço de correio eletrônico é sjones@oup.co.uk. Pronuncia-se "s jones at oup dot co dot uk".
♦ *vt* enviar por correio eletrônico: *As soon as she found out, she e-mailed me.* Assim que soube, ela me enviou uma mensagem por correio eletrônico.

emanate /ˈemaneɪt/ *vi* ~ **from sb/sth** emanar, provir de alguém/algo

emancipation /ɪˌmænsɪˈpeɪʃn/ *s* emancipação

embankment /ɪmˈbæŋkmənt/ *s* dique, aterro

embargo /ɪmˈbɑːrgoʊ/ *s* (*pl* ~es /-goʊz/) proibição, embargo

embark /ɪmˈbɑːrk/ *vt, vi* **1** ~ (**for…**) embarcar (para…) **2** ~ **on sth** envolver-se em algo

embarrass /ɪmˈbærəs/ *vt* envergonhar, atrapalhar **embarrassing** *adj* embaraçoso **embarrassment** *s* **1** vergonha **2** (*pessoa*) estorvo

embassy /ˈembəsi/ *s* (*pl* -ies) embaixada

embedded /ɪmˈbedɪd/ *adj* **1** encravado, embutido **2** (*dentes, espada*) cravado, fincado

ember /ˈembər/ *s* tição

embezzlement /ɪmˈbezlmənt/ *s* desfalque

embittered /ɪmˈbɪtərd/ *adj* amargurado

embody /ɪmˈbɑdi/ *vt* (*pret, pp* -died) (*formal*) encarnar, incorporar **embodiment** *s* personificação

embrace /ɪmˈbreɪs/ ♦ **1** *vt, vi* abraçar **2** (*oferta, oportunidade*) agarrar **3** *vt* abarcar ♦ *s* abraço

embroider /ɪmˈbrɔɪdər/ *vt, vi* bordar **embroidery** *s* [*não contável*] bordado

embryo /ˈembrioʊ/ *s* (*pl* ~s /-oʊz/) embrião

emerald /ˈemərəld/ *s* esmeralda

emerge /iˈmɜːrdʒ/ *vi* ~ (**from sth**) emergir, surgir (de algo): *It emerged that…* Descobriu-se que… **emergence** *s* surgimento, aparição

emergency /iˈmɜːrdʒənsi/ *s* (*pl* -ies) emergência: *emergency exit* saída de emergência

emigrate /ˈemɪgreɪt/ *vi* emigrar **emigrant** *s* emigrante **emigration** *s* emigração

eminent /ˈemɪnənt/ *adj* eminente

emission /iˈmɪʃn/ *s* (*formal*) emissão

emit /iˈmɪt/ *vt* (-tt-) **1** (*raios, sons*) emitir **2** (*odores, vapores*) liberar

emotion /ɪˈmoʊʃn/ *s* emoção **emotional** *adj* emocional, emotivo **emotive** *adj* emotivo

empathy /ˈempəθi/ *s* empatia

emperor /ˈempərər/ *s* imperador

emphasis /ˈemfəsɪs/ *s* (*pl* -ases /-əsiːz/) ~ (**on sth**) ênfase (em algo) **emphatic** *adj* categórico, enfático

emphasize, -ise /ˈemfəsaɪz/ *vt* enfatizar

empire /ˈempaɪər/ *s* império

employ /ɪmˈplɔɪ/ *vt* empregar **employee** *s* empregado, -a **employer** *s* empregador, -ora **employment** *s* emprego, trabalho ☞ *Ver nota em* WORK¹

empress /ˈemprəs/ *s* imperatriz

empty /ˈempti/ ♦ *adj* **1** vazio **2** vão, inútil ♦ (*pret, pp* emptied) **1** *vt* ~ **sth** (**out**) (**onto/into sth**) esvaziar, jogar algo (em algo) **2** *vt* (*habitação, edifício*) desalojar **3** *vi* esvaziar-se, ficar vazio **emptiness** *s* **1** vazio **2** (*fig*) inutilidade

empty-handed /ˌempti ˈhændɪd/ *adj* de mãos vazias

enable /ɪˈneɪbl/ *vt* ~ **sb to do sth** permitir, possibilitar a alguém fazer algo

enact /ɪˈnækt/ *vt* (*formal*) **1** (*Teat*) representar **2** realizar

enamel /ɪˈnæml/ *s* (*dentes, panela*) esmalte

enchanting /ɪnˈtʃæntɪŋ; *GB* -ˈtʃɑːnt-/ *adj* encantador

encircle /ɪnˈsɜːrkl/ *vt* rodear, cercar

enclose /ɪnˈkloʊz/ *vt* **1** ~ **sth** (**with sth**) cercar algo (de algo) **2** anexar (*em envelope*): *I enclose… /Please find enclosed…* Segue anexo… **enclosure** *s* **1** documento anexo **2** cercado

encore /ˈɑŋkɔːr/ ♦ *interj* bis! ♦ *s* repetição, bis

encounter /ɪnˈkaʊntər/ ♦ *vt* (*formal*) deparar(-se) com ♦ *s* encontro

encourage /ɪnˈkɜːrɪdʒ/ *vt* **1** ~ **sb** (**in sth/to do sth**) encorajar, animar alguém (para algo/para fazer algo) **2** fomentar, estimular encouragement *s* ~ (to sb) (to do sth) estímulo, encorajamento (a alguém) (para fazer algo) encouraging *adj* encorajador

encyclopedia (*tb* -paedia) /ɪnˌsaɪklə-ˈpiːdiə/ *s* enciclopédia

end /end/ ◆ *s* **1** final, extremo: *from end to end* de ponta a ponta **2** (*bastão, etc.*) ponta, extremidade **3** *the east end of town* a região leste da cidade **4** (*tempo*) fim, final: *at the end of* ao final de ◊ *from beginning to end* do princípio ao fim **5** propósito, fim **6** (*Esporte*) lado (do campo/quadra) LOC (to be) at an end (estar/haver) terminado in the end no final on end **1** em pé **2** *for days on end* por dias a fio to be at the end of your rope não agüentar mais Ver *tb* LOOSE, MEANS[1], ODDS, WIT ◆ *vt, vi* terminar, acabar PHR V to end in sth **1** (*forma*) terminar em algo **2** (*resultado*) acabar em algo: *Their argument ended in tears.* A discussão deles terminou em lágrimas. to end up (as sth/doing sth) acabar (sendo/fazendo algo) to end up (in …) ir parar (em …) (*lugar*)

endanger /ɪnˈdeɪndʒər/ *vt* colocar em perigo: *endangered species* espécie em (perigo de) extinção

endear /ɪnˈdɪər/ *vt* (*formal*) ~ sb/ yourself to sb tornar(-se) querido por alguém; conquistar a simpatia de alguém endearing *adj* afetuoso

endeavor (*GB* -vour) /ɪnˈdevər/ ◆ *s* (*formal*) empenho ◆ *vi* (*formal*) ~ to do sth empenhar-se para fazer algo

ending /ˈendɪŋ/ *s* final

endless /ˈendləs/ *adj* **1** interminável, sem fim: *endless possibilities* infinitas possibilidades **2** (*paciência*) infinita

endorse /ɪnˈdɔːrs/ *vt* **1** aprovar **2** (*cheque, etc.*) endossar endorsement *s* **1** aprovação **2** endosso **3** (*em carta de motorista*) nota de advertência

endow /ɪnˈdaʊ/ *vt* ~ sb/sth with sth dotar alguém/algo com algo endowment *s* **1** doação (*dinheiro*) **2** (*talento*) dom

endurance /ɪnˈdʊərəns; *GB* -ˈdjʊə-/ *s* resistência

endure /ɪnˈdʊər; *GB* -djʊə(r)/ **1** *vt* suportar, resistir ☛ Em negativas é mais comum utilizar-se can't bear ou can't stand. **2** *vi* perdurar enduring *adj* duradouro

enemy /ˈenəmi/ *s* (*pl* -ies) inimigo, -a

energy /ˈenərdʒi/ *s* [*ger não contável*] (*pl* -ies) energia energetic /ˌenərˈdʒetɪk/ *adj* enérgico

enforce /ɪnˈfɔːrs/ *vt* fazer cumprir (*lei*) enforcement *s* aplicação

engage /ɪnˈɡeɪdʒ/ **1** *vt* ~ sb (as sth) (*formal*) contratar alguém (como algo) **2** *vt* (*formal*) (*tempo, pensamentos*) ocupar **3** *vt* (*formal*) (*atenção*) prender **4** *vi* ~ (with sth) (*Mec*) encaixar(-se) (em/ com algo) PHR V to engage in sth dedicar-se a algo, envolver-se em algo to engage sb in sth envolver alguém em algo engaged *adj* **1** ocupado, comprometido **2** (*GB*) (*USA* busy) (*telefone*) ocupado **3** ~ (to sb) comprometido (com alguém): *to get engaged* ficar noivo engaging *adj* atraente

engagement /ɪnˈɡeɪdʒmənt/ *s* **1** (compromisso de) noivado **2** (*período*) noivado **3** hora, compromisso

engine /ˈendʒɪn/ *s* **1** motor: *The engine is overheating.* O motor está superaquecido.

> Em geral a palavra **engine** é utilizada para nos referirmos ao motor de um veículo e **motor** para o dos eletrodomésticos. **Engine** geralmente é à gasolina e **motor** é elétrico.

2 (*tb* locomotive) locomotiva: *engine driver* maquinista

engineer /ˌendʒɪˈnɪər/ ◆ *s* **1** engenheiro, -a **2** (*telefone, manutenção, etc.*) técnico, -a **3** (*GB* driver) maquinista ◆ *vt* **1** (*coloq, freq pej*) maquinar **2** construir

engineering /ˌendʒɪˈnɪərɪŋ/ *s* engenharia

engrave /ɪnˈɡreɪv/ *vt* ~ B on A/A with B gravar B em A/A com B engraving *s* **1** gravação **2** (*Arte*) gravura

engrossed /ɪnˈɡroʊst/ *adj* absorto

enhance /ɪnˈhæns; *GB* -ˈhɑːns/ *vt* **1** aumentar, melhorar **2** (*aspecto*) realçar

enjoy /ɪnˈdʒɔɪ/ *vt* **1** desfrutar de: *Enjoy your meal!* Bom apetite! **2** ~ doing sth gostar de fazer algo LOC to enjoy yourself divertir-se: *Enjoy yourself!* Divirta-se! enjoyable *adj* agradável, divertido enjoyment *s* satisfação, prazer: *He spoiled my enjoyment of the movie.* Ele me tirou o prazer do filme.

enlarge /ɪnˈlɑːrdʒ/ *vt* ampliar enlargement *s* ampliação

tʃ	dʒ	v	θ	ð	s	z	ʃ
chin	**June**	**van**	**thin**	**then**	**so**	**zoo**	**she**

enlighten /ɪnˈlaɪtn/ *vt* ~ **sb** (**about/as to/on sth**) esclarecer (algo) a alguém **enlightened** *adj* **1** (*pessoa*) culto **2** (*política*) inteligente **enlightenment** *s* (*formal*) **1** esclarecimento **2** **the Enlightenment** o Iluminismo

enlist /ɪnˈlɪst/ **1** *vi* ~ (**in/for sth**) (*Mil*) alistar-se (em algo) **2** *vt* ~ **sb/sth** (**in/for sth**) recrutar alguém/algo (para algo)

enmity /ˈenməti/ *s* inimizade

enormous /ɪˈnɔːrməs/ *adj* enorme **enormously** *adv* enormemente: *I enjoyed it enormously.* Eu gostei muitíssimo.

enough /ɪˈnʌf/ ◆ *adj, pron* suficiente, bastante: *Is that enough food for ten?* A comida é suficiente para dez pessoas? ◊ *That's enough!* Basta! ◊ *I've saved up enough to go on holiday.* Economizei o suficiente para sair de férias. LOC **to have had enough** (**of sb/sth**) estar farto (de alguém/algo) ◆ *adv* **1** ~ (**for sb/sth**) o bastante (para alguém/algo) **2** ~ (**to do sth**) (o) bastante (para fazer algo): *Is it near enough to go on foot?* É perto (o suficiente) para irmos a pé? ☛ Note que **enough** sempre vem depois do adjetivo e **too** diante deste: *You're not old enough./You're too young.* Você é muito jovem./Você é jovem demais. Compare com **too**. LOC **curiously, oddly, strangely, etc. enough** o curioso/estranho, etc. é que…

enquire *Ver* INQUIRE

enrage /ɪnˈreɪdʒ/ *vt* enfurecer

enrich /ɪnˈrɪtʃ/ *vt* ~ **sb/sth** (**with sth**) enriquecer alguém/algo (com algo)

enroll (*esp GB* **enrol**) /ɪnˈroʊl/ *vt, vi* (**-ll-**) ~ (**sb**) (**in/as sth**) inscrever, matricular (alguém) (em/como algo) **enrollment** (*esp GB* **enrolment**) *s* inscrição, matrícula

ensure (*GB*) *Ver* INSURE

entangle /ɪnˈtæŋgl/ *vt* ~ **sb/sth** (**in/ with sth**) enredar alguém/algo (em algo) **entanglement** *s* enredamento

enter /ˈentər/ **1** *vt* entrar em: *The thought never entered my head.* A idéia nunca me passou pela cabeça. **2** *vt, vi* ~ (**for**) **sth** inscrever-se em algo **3** *vt* (*colégio, universidade*) matricular-se em **4** *vt* (*hospital, sociedade*) ingressar em **5** *vt* ~ **sth** (**up**) (**in sth**) anotar algo (em algo) PHR V **to enter into sth 1** (*negociações*) iniciar algo **2** (*um acordo*) chegar a algo

3 ter a ver com algo: *What he wants doesn't enter into it.* O que ele quer não tem nada a ver com isso.

enterprise /ˈentərpraɪz/ *s* **1** (*atividade*) empresa, empreendimento **2** espírito empreendedor **enterprising** *adj* empreendedor

entertain /ˌentərˈteɪn/ **1** *vt, vi* receber (convidados) (*em casa*) **2** *vt, vi* ~ (**sb with sth**) (*divertir*) entreter (alguém com algo) **3** *vt* (*idéia*) cogitar **entertainer** *s* artista de variedades **entertaining** *adj* interessante, divertido **entertainment** *s* entretenimento, diversão

enthralling /ɪnˈθrɔːlɪŋ/ *adj* cativante

enthusiasm /ɪnˈθuːziæzəm; *GB* -ˈθjuː-/ *s* ~ (**for/about sth**) entusiasmo (por algo) **enthusiast** *s* entusiasta **enthusiastic** /ɪnˌθuːziˈæstɪk; *GB* -θjuː-/ *adj* entusiasmado

entice /ɪnˈtaɪs/ *vt* atrair

entire /ɪnˈtaɪər/ *adj* inteiro, todo **entirely** *adv* totalmente, completamente **entirety** *s* totalidade

entitle /ɪnˈtaɪtl/ *vt* **1** ~ **sb to** (**do**) **sth** dar direito a alguém (de fazer algo) **2** (*livro*) entitular **entitlement** *s* direito

entity /ˈentəti/ *s* (*pl* -**ies**) entidade, ente

entrance /ˈentrəns/ *s* ~ (**to sth**) **1** entrada (de algo) **2** admissão (para algo)

entrant /ˈentrənt/ *s* ~ (**for sth**) participante (de algo)

entrepreneur /ˌɑːntrəprəˈnɜːr/ *s* empresário, -a

entrust /ɪnˈtrʌst/ *vt* ~ **sb with sth/sth to sb** confiar algo a alguém

entry /ˈentri/ *s* (*pl* -**ies**) **1** ~ (**into sth**) entrada, ingresso (em algo): *No entry.* Proibida a entrada. **2** (*diário*) apontamento, anotação **3** (*dicionário*) verbete

enunciate /ɪˈnʌnsieɪt/ *vt, vi* pronunciar, articular

envelop /ɪnˈveləp/ *vt* ~ **sb/sth** (**in sth**) envolver alguém/algo (em algo)

envelope /ˈenvəloʊp, ˈɑːn-/ *s* envelope

enviable /ˈenviəbl/ *adj* invejável **envious** /ˈenviəs/ *adj* invejoso: *to be envious of sb* ter inveja de alguém

environment /ɪnˈvaɪrənmənt/ *s* **1** ambiente **2** **the environment** o meio ambiente **environmental** /ɪnˌvaɪrənˈmentl/ *adj* ambiental **environmentalist** *s* ambientalista

envisage /ɪnˈvɪsɪdʒ/ *vt* prever, imaginar

i:	i	ɪ	e	æ	ɑ	ʌ	ʊ	u:
see	happy	sit	ten	hat	cot	cup	put	too

envoy /'envɔɪ, 'ɑn-/ s enviado, -a

envy /'envi/ ◆ s inveja ◆ vt (pret, pp **envied**) invejar

enzyme /'enzaɪm/ s enzima

ephemeral /ɪ'femərəl/ adj efêmero

epic /'epɪk/ ◆ s épico, epopéia ◆ adj épico

epidemic /ˌepɪ'demɪk/ s epidemia

epilepsy /'epɪlepsi/ s epilepsia **epileptic** /ˌepɪ'leptɪk/ adj, s epiléptico, -a

episode /'epɪsoʊd/ s episódio

epitaph /'epɪtæf/ GB -tɑːf/ s epitáfio

epitome /ɪ'pɪtəmi/ s LOC **to be the epitome of sth** ser a mais pura expressão de algo

epoch /'epək/ GB 'iːpɒk/ s (formal) época

equal /'iːkwəl/ ◆ adj, s igual: equal opportunities igualdade de oportunidades ◊ She doesn't feel equal to the task. Ela não se sente à altura da tarefa. LOC **to be on equal terms (with sb)** ter uma relação de igual para igual (com alguém) ◆ vt (-l-) (GB -ll-) **1** igualar(-se) **2** (Mat): 13 plus 29 equals 42. 13 mais 29 é igual a 42. **equality** /ɪ'kwɒləti/ s igualdade **equally** adv igualmente

equate /i'kweɪt/ vt ~ **sth (to/with sth)** equiparar, comparar algo (a/com algo)

equation /ɪ'kweɪʒn/ s (Mat) equação

equator /ɪ'kweɪtər/ s equador

equilibrium /ˌiːkwɪ'lɪbriəm, ˌek-/ s equilíbrio

equinox /'iːkwɪnɑks, 'ek-/ s equinócio

equip /ɪ'kwɪp/ vt (-pp-) ~ **sb/sth (with sth) (for sth)** equipar, preparar alguém/algo (com algo) (para algo) **equipment** s [não contável] equipamento

equitable /'ekwɪtəbl/ adj (formal) equitativo, justo

equivalent /ɪ'kwɪvələnt/ adj, s ~ **(to sth)** equivalente (a algo)

era /'ɪərə, 'eərə/ s era

eradicate /ɪ'rædɪkeɪt/ vt erradicar

erase /ɪ'reɪs/ GB ɪ'reɪz/ vt ~ **sth (from sth)** apagar algo (de algo) ☛ Utiliza-se **rub out** para as marcas de lápis. **eraser** (GB **rubber**) s borracha (de apagar)

erect /ɪ'rekt/ ◆ vt erigir ◆ adj **1** erguido **2** (pênis) ereto **erection** s ereção

erode /ɪ'roʊd/ vt erodir

erotic /ɪ'rɑtɪk/ adj erótico

errand /'erənd/ s serviço de rua: to run errands for sb fazer serviço de rua para alguém (ir às compras, etc.)

erratic /ɪ'rætɪk/ adj (freq pej) irregular

error /'erər/ s (formal) erro: to make an error cometer um erro ◊ The letter was sent to you in error. A carta lhe foi enviada por engano. ☛ **Mistake** é um termo mais comum do que **error**. No entanto, em algumas construções se utiliza apenas **error**: human error falha humana ◊ an error of judgement um erro de julgamento/equívoco. Ver nota em MISTAKE. LOC Ver TRIAL

erupt /ɪ'rʌpt/ vi **1** (vulcão) entrar em erupção **2** (violência) irromper

escalate /'eskəleɪt/ vt, vi **1** aumentar **2** intensificar(-se) **escalation** s escalada

escalator /'eskəleɪtər/ s escada rolante

escapade /'eskəpeɪd, ˌeskə'peɪd/ s aventura

escape /ɪ'skeɪp/ ◆ **1** vi ~ **(from sb/sth)** escapar (de alguém/algo) **2** vt, vi escapar: They escaped unharmed. Eles saíram ilesos. **3** vi (gás, líquido) vazar LOC **to escape (sb's) notice** passar despercebido (a alguém) Ver tb LIGHTLY ◆ s **1** ~ **(from sth)** fuga (de algo): to make your escape fugir **2** (de gás, líquido) vazamento LOC Ver NARROW

escort /'eskɔːrt/ ◆ s **1** [v sing ou pl] escolta **2** (formal) acompanhante ◆ /ɪ'skɔːrt/ vt ~ **sb (to sth) 1** acompanhar alguém (a algo) **2** (Mil) escoltar alguém (a algo)

especially /ɪ'speʃəli/ adv especialmente, sobretudo ☛ Ver nota em SPECIALLY

espionage /'espiənɑʒ/ s espionagem

essay /'eseɪ/ s **1** (Liter) ensaio **2** (escola) redação

essence /'esns/ s essência **essential** adj **1** ~ **(to/for sth)** imprescindível (para algo) **2** fundamental **essentially** adv basicamente

establish /ɪ'stæblɪʃ/ vt **1** ~ **sb/sth/ yourself** estabelecer(-se) **2** determinar **established** adj **1** (negócio) sólido **2** (religião) oficial **establishment** s **1** fundação **2** estabelecimento **3 the Establishment** o "establishment", o sistema

estate /ɪ'steɪt/ s **1** propriedade **2** (bens) patrimônio **3** Ver HOUSING ESTATE

estate agent (GB) (USA **real estate agent**) s corretor de imóveis

u	ɔː	ɜː	ə	j	w	eɪ	oʊ
sit**u**ation	s**aw**	f**ur**	**ago**	**y**es	**w**oman	p**ay**	h**o**me

estate (car) s (GB) (USA **station wagon**) carro tipo perua

esteem /ɪˈstiːm/ s LOC **to hold sb/sth in high/low esteem** ter uma boa/má opinião de alguém

estimate /ˈestɪmət/ ◆ s **1** estimativa **2** avaliação **3** (serviço) orçamento ◆ /ˈestɪmeɪt/ vt estimar

estimation /ˌestɪˈmeɪʃn/ s opinião

estranged /ɪˈstreɪndʒd/ adj LOC **to be estranged from sb 1** estar brigado com alguém **2** estar separado de alguém

estuary /ˈestʃueri; GB -uəri/ s (pl -ies) estuário

etching /ˈetʃɪŋ/ s gravura (a água-forte)

eternal /ɪˈtɜːrnl/ adj eterno **eternity** s eternidade

ether /ˈiːθər/ s éter **ethereal** adj etéreo

ethics /ˈeθɪks/ s [sing] ética **ethical** adj ético

ethnic /ˈeθnɪk/ adj étnico

ethos /ˈiːθɑs/ s (formal) espírito, mentalidade

etiquette /ˈetɪket, -kɪt/ s (regras) etiqueta

euro /ˈjʊəroʊ/ s (pl ~s) euro

evacuate /ɪˈvækjueɪt/ vt evacuar (pessoas) **evacuee** /ɪˌvækjuˈiː/ s evacuado, -a

evade /ɪˈveɪd/ vt sonegar, evitar

evaluate /ɪˈvæljueɪt/ vt avaliar

evaporate /ɪˈvæpəreɪt/ vt, vi evaporar(-se) **evaporation** s evaporação

evasion /ɪˈveɪʒn/ s evasão **evasive** adj evasivo

eve /iːv/ s véspera LOC **on the eve of sth 1** (lit) à véspera de algo **2** (fig) às vésperas de algo

even¹ /ˈiːvn/ ◆ adj **1** (superfície) plano, liso **2** (cor) uniforme **3** (temperatura) constante **4** (competição, pontuação) igual **5** (número) par ☞ Comparar com ODD ◆ PHR V **to even out** aplainar(-se), nivelar(-se) **to even sth out** dividir algo equitativamente **to even sth up** nivelar/equilibrar algo

even² /ˈiːvn/ adv **1** [uso enfático] até, (nem) mesmo: He didn't even open the letter. Ele nem sequer abriu a carta. **2** [com adj ou adv comparativo] ainda: You know even less than I do. Você sabe ainda menos do que eu. LOC **even if/though** ainda que, mesmo que **even so** mesmo assim, não obstante

evening /ˈiːvnɪŋ/ s **1** (final de) tarde, noite: tomorrow evening amanhã à noite ◊ an evening class uma aula noturna ◊ evening dress (GB) traje de noite/social ◊ the evening meal o jantar ◊ an evening paper um jornal vespertino ☞ Ver nota em MORNING, TARDE¹ **2** entardecer LOC **good evening** boa noite ☞ Ver nota em NOITE

evenly /ˈiːvənli/ adv **1** de maneira uniforme **2** (repartir, etc.) equitativamente

event /ɪˈvent/ s evento, acontecimento LOC **at all events/in any event** em todo caso **in the event** no final **in the event of sth** na eventualidade de (algo) **eventful** adj memorável

eventual /ɪˈventʃuəl/ adj final **eventually** adv finalmente

ever /ˈevər/ adv nunca, já: Nothing ever happens in this place. Nunca acontece nada neste lugar. ◊ more than ever mais que nunca ◊ for ever (and ever) para sempre ◊ Has it ever happened before? Isto já aconteceu antes? LOC **ever since** desde então ☞ Ver nota em ALWAYS, NUNCA

every /ˈevri/ adj cada, todos: every (single) time toda vez ◊ every 10 minutes a cada 10 minutos

Utilizamos **every** para nos referirmos a todos os elementos de um grupo em conjunto: Every player was in top form. Todos os jogadores estavam em plena forma. **Each** é utilizado para nos referirmos individualmente a cada um deles: The Queen shook hands with each player after the game. A rainha apertou a mão de cada um dos jogadores depois do jogo. Ver tb nota em EACH.

LOC **every last…** até o último… **every now and again/then** de vez em quando **every other** um sim, outro não: every other week uma semana sim, outra não **every so often** de tempos em tempos

everybody /ˈevribɑdi/ (tb **everyone** /ˈevriwʌn/) pron todos, todo mundo

Everybody, **anybody** e **somebody** são seguidos pelo verbo no singular, mas substituídos por pronomes no plural, exceto na linguagem formal: Somebody has left their coat behind. Alguém esqueceu o casaco.

everyday /ˈevrideɪ/ adj cotidiano, de

todos os dias: *for everyday use* para uso diário ◊ *in everyday use* de uso corrente

Everyday só é utilizado antes de um substantivo. Não deve ser confundido com a expressão **every day**, que significa "todos os dias".

everything /ˈevriθɪŋ/ *pron* tudo

everywhere /ˈevriweər/ *adv* (em/por) toda parte/todo lugar

evict /ɪˈvɪkt/ *vt* ~ **sb/sth** (**from sth**) expulsar, despejar alguém/algo (de algo)

evidence /ˈevɪdəns/ *s* [*não contável*] **1** (*Jur*) prova: *insufficient evidence* falta de provas **2** (*Jur*) testemunho **evident** *adj* ~ (**to sb**) (**that…**) evidente (para alguém) (que…) **evidently** *adv* obviamente

evil /ˈiːvl/ ◆ *adj* mau, muito desagradável ◆ *s* (*formal*) mal

evocative /ɪˈvɒkətɪv/ *adj* ~ (**of sth**) evocativo (de algo)

evoke /ɪˈvəʊk/ *vt* evocar

evolution /ˌiːvəˈluːʃn; *GB* ˌiːv-/ *s* evolução

evolve /iˈvɒlv/ *vi* evoluir

ewe /juː/ *s* ovelha

exact /ɪɡˈzækt/ *adj* exato

exacting /ɪɡˈzæktɪŋ/ *adj* exigente

exactly /ɪɡˈzæktli/ *adv* exatamente **exactly!** *interj* exato!

exaggerate /ɪɡˈzædʒəreɪt/ *vt* exagerar **exaggerated** *adj* exagerado **exaggeration** *s* exaggero

exam /ɪɡˈzæm/ *s* (*Educ*) exame: *to take an exam* prestar um exame

examination /ɪɡˌzæmɪˈneɪʃn/ *s* (*formal*) **1** exame **2** investigação **examine** *vt* **1** examinar, investigar **2** (*Jur*) interrogar

example /ɪɡˈzæmpl; *GB* -ˈzɑːmpl/ *s* exemplo LOC **for example** (*abrev* **e.g.**) por exemplo *Ver tb* SET²

exasperate /ɪɡˈzæspəreɪt; *GB* -ˈzɑːs-/ *vt* exasperar **exasperation** *s* exasperação

excavate /ˈekskəveɪt/ *vt, vi* escavar **excavation** *s* escavação

exceed /ɪkˈsiːd/ *vt* exceder(-se) (em), superar **exceedingly** *adv* extremamente

excel /ɪkˈsel/ *vi* (**-ll-**) ~ **in/at sth** sobressair(-se), destacar(-se) em algo

excellent /ˈeksələnt/ *s* excelente LOC

excellent! ótimo! **excellence** *adj* excelência

except /ɪkˈsept/ *prep* **1** ~ (**for**) **sb/sth** exceto alguém/algo **2** ~ **that…** exceto que… **exception** *s* exceção LOC **to make an exception** abrir uma exceção **to take exception to sth** fazer objeção a algo **exceptional** *adj* excepcional

excerpt /ˈeksɜːrpt/ *s* ~ (**from sth**) (*livro, filme, música*) passagem (de algo)

excess /ɪkˈses, ˈekses/ *s* excesso **excessive** *adj* excessivo

exchange /ɪksˈtʃeɪndʒ/ ◆ *s* **1** troca, intercâmbio **2** (*Fin*) câmbio ◆ *vt* **1** ~ **A for B** trocar A por B **2** ~ **sth** (**with sb**) trocar algo (com alguém)

the Exchequer /ɪksˈtʃekər/ *s* (*GB*) Ministério da Fazenda

excite /ɪkˈsaɪt/ *vt* excitar **excitable** *adj* excitável **excited** *adj* excitado, emocionado **excitement** *s* excitação **exciting** *adj* emocionante

exclaim /ɪkˈskleɪm/ *vi* exclamar **exclamation** *s* exclamação

exclamation point (*GB* **exclamation mark**) *s* ponto de exclamação *Ver págs 298–9.*

exclude /ɪkˈskluːd/ *vt* ~ **sb/sth** (**from sth**) excluir alguém/algo (de algo) **exclusion** *s* ~ (**of sb/sth**) (**from sth**) exclusão (de alguém/algo) (de algo)

exclusive /ɪkˈskluːsɪv/ *adj* **1** exclusivo **2** ~ **of sb/sth** sem incluir alguém/algo

excursion /ɪkˈskɜːrʒn; *GB* -ʃn/ *s* excursão

excuse /ɪkˈskjuːs/ ◆ *s* ~ (**for sth/doing sth**) desculpa (por/para algo/fazer algo) ◆ /ɪkˈskjuːz/ *vt* **1** ~ **sb/sth** (**for sth/doing sth**) desculpar alguém/algo (por algo/por fazer algo) **2** ~ **sb** (**from sth**) dispensar alguém (de algo)

Dizemos **excuse me** quando queremos interromper ou abordar alguém: *Excuse me, sir!* Com licença, senhor! Dizemos **sorry** quando temos de pedir perdão por algo que fizemos: *I'm sorry I'm late.* Desculpe-me o atraso. ◊ *Did I hit you? I'm sorry!* Eu acertei você? Desculpe-me. Em inglês americano usa-se **excuse me** ao invés de **sorry**.

execute /ˈeksɪkjuːt/ *vt* executar **execution** *s* execução **executioner** *s* carrasco, -a

executive /ɪɡˈzekjətɪv/ *s* executivo, -a

tʃ	dʒ	v	θ	ð	s	z	ʃ
chin	**June**	**van**	**thin**	**then**	**so**	**zoo**	**she**

exempt /ɪgˈzempt/ ◆ *adj* ~ **(from sth)** dispensado (de algo) ◆ *vt* ~ **sb/sth (from sth)** eximir alguém/algo (de algo); dispensar alguém (de algo) **exemption** *s* isenção

exercise /ˈeksərsaɪz/ ◆ *s* exercício ◆ **1** *vi* fazer exercício **2** *vt* (*direito, poder*) exercer

exert /ɪgˈzɜːrt/ **1** *vt* ~ **sth (on sb/sth)** exercer algo (sobre alguém/algo) **2** *v refl* ~ **yourself** esforçar-se **exertion** *s* esforço

exhaust[1] /ɪgˈzɔːst/ *s* **1** (*tb* **exhaust fumes**) fumaça de escapamento **2** (*tb* **exhaust pipe**) (cano de) escapamento

exhaust[2] /ɪgˈzɔːst/ *vt* esgotar **exhausted** *adj* exausto, esgotado **exhausting** *adj* esgotante **exhaustion** *s* esgotamento **exhaustive** *adj* exaustivo

exhibit /ɪgˈzɪbɪt/ ◆ *s* objeto em exposição ◆ **1** *vt, vi* expor **2** *vt* demonstrar

exhibition /ˌeksɪˈbɪʃn/ *s* exposição, demonstração

exhilarating /ɪgˈzɪləreɪtɪŋ/ *adj* estimulante, emocionante **exhilaration** *s* euforia

exile /ˈegzaɪl, ˈeksaɪl/ ◆ *s* **1** exílio **2** (*pessoa*) exilado, -a ◆ *vt* exilar

exist /ɪgˈzɪst/ *vi* **1** ~ **(in sth)** existir (em algo) **2** ~ **(on sth)** sobreviver (à base de/com algo) **existence** *s* existência **existing** *adj* existente

exit /ˈeksɪt/ *s* saída

exotic /ɪgˈzɑtɪk/ *adj* exótico

expand /ɪkˈspænd/ *vt, vi* **1** (*metal, etc.*) dilatar(-se) **2** (*negócio*) expandir(-se) **PHR V to expand on sth** desenvolver (uma estória)

expanse /ɪkˈspæns/ *s* ~ **(of sth)** (*área*) extensão (de algo)

expansion /ɪkˈspænʃn/ *s* **1** expansão **2** desenvolvimento

expansive /ɪkˈspænsɪv/ *adj* expansivo

expatriate /ˌeksˈpeɪtriət/ ; *GB* -ˈpæt-/ *s* expatriado, -a

expect /ɪkˈspekt/ *vt* **1** ~ **sth (from sb/sth)** esperar algo (de alguém/algo) ☞ *Ver nota em* ESPERAR **2** (*esp GB, coloq*) supor: *"Will you be late?" "I expect so."* —Você vai chegar tarde? —Acho que sim. **expectant** *adj* cheio de expectativa: *expectant mother* mulher grávida **expectancy** *s* expectativa *Ver tb* LIFE EXPECTANCY **expectation** *s* ~ **(of sth)** expectativa (de algo): *to fall short of sb's expectations* não corresponder às expectativas de alguém **LOC against/contrary to (all) expectation(s)** contra todas as expectativas

expedition /ˌekspəˈdɪʃn/ *s* expedição

expel /ɪkˈspel/ *vt* (-ll-) **1** ~ **sb (from sth)** expulsar alguém (de algo) **2** ~**sth (from sth)** expelir algo (de algo)

expend /ɪkˈspend/ *vt* ~ **sth (on/upon sth/doing sth)** (*formal*) (*tempo, dinheiro*) empregar algo (em algo/fazer algo)

expendable /ɪkˈspendəbl/ *adj* (*formal*) **1** (*coisas*) descartável **2** (*pessoa*) dispensável

expenditure /ɪkˈspendɪtʃər/ *s* gasto(s)

expense /ɪkˈspens/ *s* gasto(s), custo **expensive** *adj* caro, custoso

experience /ɪkˈspɪəriəns/ ◆ *s* experiência ◆ *vt* experimentar **experienced** *adj* experiente

experiment /ɪkˈsperɪmənt/ ◆ *s* experimento ◆ *vi* ~ **(on/with sth)** fazer experimentos, experimentar (com algo)

expert /ˈekspɜːrt/ ◆ *adj, s* ~ **(at/in/on sth/at doing sth)** especialista, perito (em algo/em fazer algo) **expertise** /ˌekspɜːrˈtiːz/ *s* conhecimento especializado, perícia

expire /ɪkˈspaɪər/ *vi* (*data*) vencer, caducar: *My passport expired.* Meu passaporte venceu. **expiration** (*GB* **expiry**) *s* vencimento

explain /ɪkˈspleɪn/ *vt* ~ **sth (to sb)** explicar, esclarecer algo (a alguém): *Explain this to me.* Explique-me isto. **explanation** *s* ~ **(of/for sth)** explicação, esclarecimento (de/para algo) **explanatory** /ɪkˈsplænətɔːri; *GB* -tri/ *adj* explicativo

explicit /ɪkˈsplɪsɪt/ *adj* explícito

explode /ɪkˈsploʊd/ *vt, vi* explodir, estourar

exploit[1] /ˈeksplɔɪt/ *s* proeza, façanha

exploit[2] /ɪkˈsplɔɪt/ *vt* explorar (*pessoas, recursos*): *They exploited her generosity.* Eles abusaram da generosidade dela. ◊ *to exploit oil reserves* explorar reservas de petróleo **exploitation** *s* exploração

explore /ɪkˈsplɔːr/ *vt, vi* explorar (*um lugar*) **exploration** *s* exploração, investigação **explorer** *s* explorador, -ora

explosion /ɪkˈsploʊʒn/ *s* explosão **explosive** *adj, s* explosivo

i:	i	ɪ	e	æ	ɑ	ʌ	ʊ	u:
see	happy	sit	ten	hat	cot	cup	put	too

export /'ekspɔ:rt/ ◆ s (artigo de) exportação ◆ /ɪk'spɔ:rt/ vt, vi exportar

expose /ɪk'spoʊz/ 1 vt ~ sb/sth (to sth) expor alguém/algo (a algo) 2 v refl ~ **yourself** (to sth) expor-se (a algo) 3 vt (culpado) desmascarar (ignorância, fraqueza) revelar **exposed** adj exposto **exposure** s 1 ~ (to sth) exposição (a algo): to die of exposure morrer de (exposição ao) frio 2 (de falta) descoberta, revelação

express /ɪk'spres/ ◆ adj 1 (trem) expresso 2 (serviço) rápido 3 (desejo) expresso ◆ adv 1 por entrega rápida 2 de trem expresso ◆ vt ~ sth (to sb) expressar, exprimir algo (a alguém): to express yourself expressar-se ◆ s 1 (tb **express train**) trem expresso 2 serviço de entrega rápida

expression /ɪk'spreʃn/ s 1 expressão 2 demonstração, expressão: as an expression of his gratitude como mostra de sua gratidão 3 expressividade

expressive /ɪk'spresɪv/ adj expressivo

expressly /ɪk'spresli/ adv expressamente

expressway /ɪk'spreswei/ s rodovia

expulsion /ɪk'spʌlʃn/ s expulsão

exquisite /'ekskwɪzɪt, ɪk'skwɪzɪt/ adj refinado

extend /ɪk'stend/ 1 vt estender, prolongar 2 vi estender-se: to extend as far as sth chegar até algo 3 vt (circunstância, vida) prolongar 4 vt (prazo, crédito) prorrogar 5 vt (mão) estender 6 vt (boas-vindas) dar

extension /ɪk'stenʃn/ s 1 extensão 2 ~ (to sth) ampliação, anexo (de algo): to build an extension to sth construir um anexo a algo 3 (período) prolongação 4 (prazo) prorrogação 5 (Telec) extensão 6 (Telec) ramal

extensive /ɪk'stensɪv/ adj 1 extenso 2 (danos) grande 3 (conhecimento) amplo 4 (uso) freqüente **extensively** adv 1 extensivamente: He traveled extensively throughout Europe. Ele viajou por toda a Europa. 2 (usar) freqüentemente

extent /ɪk'stent/ s alcance, grau: the full extent of the losses o valor total das perdas LOC to a large/great extent em grande parte to a lesser extent em menor grau to some/a certain extent até certo ponto to what extent até que ponto

exterior /ɪk'stɪəriər/ ◆ adj exterior ◆ s 1 exterior 2 (pessoa) aspecto

exterminate /ɪk'stɜ:rmɪneɪt/ vt exterminar **extermination** s exterminação, extermínio

external /ɪk'stɜ:rnl/ adj externo, exterior

extinct /ɪk'stɪŋkt/ adj extinto (animal, vulcão): to become extinct extinguir-se

extinguish /ɪk'stɪŋgwɪʃ/ vt (fogo) extinguir, apagar ☞ A expressão mais utilizada é **put out**. **extinguisher** s extintor (de incêndio)

extort /ɪk'stɔ:rt/ vt ~ sth (from sb) 1 (dinheiro) extorquir algo (de alguém) 2 (confissão) arrancar algo (a/de alguém) por força **extortion** s extorsão

extortionate /ɪk'stɔ:rʃənət/ adj 1 (preço) exorbitante 2 (exigência) excessivo

extra /'ekstrə/ ◆ adj 1 adicional, a mais, extra: extra charge sobrecarga, sobretaxa ◊ Wine is extra. O vinho não está incluído (na conta). 2 de sobra 3 (Esporte): extra time prorrogação ◆ adv super, extra: to pay extra pagar a mais ◆ s 1 adicional 2 (Cinema) figurante

extract /ɪk'strækt/ ◆ vt 1 ~ sth (from sth) extrair algo (de algo) 2 ~ sth (from sb/sth) arrancar algo (de alguém/algo) ◆ /'ekstrækt/ s 1 extrato 2 (texto, filme, música) passagem

extraordinary /ɪk'strɔ:rdəneri; GB -dnri/ adj extraordinário

extravagant /ɪk'strævəgənt/ adj 1 extravagante 2 exagerado **extravagance** s extravagância

extreme /ɪk'stri:m/ ◆ adj extremo: with extreme care com extremo cuidado ◆ s extremo **extremely** adv extremamente **extremist** s extremista **extremity** /ɪk'streməti/ s (pl -ies) extremidade, extremo

extricate /'ekstrɪkeɪt/ vt (formal) ~ sb/ sth (from sth) livrar alguém/algo (de algo)

extrovert /'ekstrəvɜ:rt/ s extrovertido, -a

exuberant /ɪg'zu:bərənt; GB -'zju:-/ adj exuberante

exude /ɪg'zu:d; GB -'zju:d/ vt, vi 1 (formal) exsudar 2 (fig) irradiar

eye /aɪ/ ◆ s 1 olho: to have sharp eyes ter vista afiada 2 (agulha) buraco LOC **before your very eyes** diante do seu nariz **in the eyes of sb/in sb's eyes** na opinião de alguém **in the eyes of the law** de acordo com a lei **(not) to see eye to eye with sb** (não) concordar plenamente com alguém **to keep an eye on sb/sth** dar uma olhada em alguém/algo *Ver tb* BAT², BRING, CAST, CATCH, CLOSE¹, CRY, EAR¹, MEET¹, MIND, NAKED, TURN ♦ *vt* (*part pres* eyeing) olhar

eyeball /ˈaɪbɔːl/ *s* globo ocular

eyebrow /ˈaɪbraʊ/ *s* sobrancelha LOC *Ver* RAISE

eye-catching /ˈaɪ kætʃɪŋ/ *adj* vistoso

eyelash /ˈaɪlæʃ/ (*tb* lash) *s* cílio(s)

eye-level /ˈaɪ levl/ *adj* à altura dos olhos

eyelid /ˈaɪlɪd/ (*tb* lid) *s* pálpebra

eyesight /ˈaɪsaɪt/ *s* visão

eyewitness /ˈaɪwɪtnəs/ *s* testemunha ocular

Ff

F, f /ef/ *s* (*pl* F's, f's /efs/) **1** F, f: *F as in Frank* F de fada ☛ *Ver exemplos em* A, A **2** (*Educ*) conceito F: *to get an F in history* tirar um F em história **3** (*Mús*) (nota) fá

fable /ˈfeɪbl/ *s* fábula

fabric /ˈfæbrɪk/ *s* **1** tecido ☛ *Ver nota em* TECIDO **2** the ~ (of sth) [*sing*] (*lit e fig*) a estrutura (de algo)

fabulous /ˈfæbjələs/ *adj* **1** fabuloso **2** lendário

façade /fəˈsɑːd/ *s* (*lit e fig*) fachada

face¹ /feɪs/ *s* **1** face, rosto: *to wash your face* lavar o rosto ◊ *face down/up* virado para baixo/cima **2** face, lado: *the south face of...* o lado sul de... ◊ *a rock face* uma parede de pedra **3** mostrador (*de relógio*) **4** superfície LOC **face to face** frente a frente, cara a cara: *to come face to face with sth* ficar cara a cara com algo/enfrentar algo **in the face of sth 1** apesar de algo **2** diante de algo **on the face of it** (*coloq*) aparentemente **to make faces/a face** fazer careta **to put a bold, brave, good, etc. face on it/on sth** aceitar algo corajosamente **to sb's face** na cara de alguém ☛ *Comparar com* BEHIND SB'S BACK *em* BACK¹ *Ver tb* BRING, CUP, SAVE, STRAIGHT

face² /feɪs/ *vt* **1** estar de frente a: *They sat down facing each other.* Eles se sentaram de frente um para o outro. **2** ter vista para: *a house facing the park* um casa que dá para o parque **3** enfrentar **4** (*fig*) afrontar: *to face the facts* encarar os fatos **5** (*sentença, multa*) correr o risco de receber **6** revestir

LOC *Ver* LET¹ PHR V **to face up to sb/sth** enfrentar alguém/algo

faceless /ˈfeɪsləs/ *adj* anônimo

facelift /ˈfeɪslɪft/ *s* **1** cirurgia plástica (*facial*) **2** (*fig*) reforma (de edifício,etc.)

facet /ˈfæsɪt/ *s* faceta

facetious /fəˈsiːʃəs/ *adj* (*pej*) engraçadinho

face value *s* valor nominal LOC **to accept/take sth at (its) face value** levar algo ao pé da letra

facial /ˈfeɪʃl/ ♦ *adj* facial ♦ *s* limpeza de pele

facile /ˈfæsl; *GB* ˈfæsaɪl/ *adj* (*pej*) simplista

facilitate /fəˈsɪlɪteɪt/ *vt* (*formal*) facilitar

facility /fəˈsɪləti/ *s* **1** [*sing*] facilidade **2** facilities [*pl*]: *sports/banking facilities* instalações esportivas/serviços bancários

fact /fækt/ *s* fato: *in fact* na verdade ◊ *the fact that...* o fato de que... LOC **facts and figures** (*coloq*) dados concretos **the facts of life** (*euf*) informações sobre sexualidade (para crianças) *Ver tb* ACTUAL, MATTER, POINT

factor /ˈfæktər/ *s* fator

factory /ˈfæktəri/ *s* (*pl* -ies) fábrica: *a shoe factory* uma fábrica de sapatos ◊ *factory workers* operários (de fábrica)

factual /ˈfæktʃuəl/ *adj* baseado em fatos

faculty /ˈfæklti/ *s* (*pl* -ies) **1** faculdade (mental) **2** (*USA*) corpo docente (de

aɪ	aʊ	ɔɪ	ɪə	eə	ʊə	ʒ	h	ŋ
fi**ve**	**now**	**join**	**near**	**hair**	**pure**	vi**si**on	**how**	si**ng**

uma universidade) **3** faculdade: *Arts Faculty* Faculdade de Filosofia e Letras

fad /fæd/ *s* **1** mania **2** moda

fade /feɪd/ *vt, vi* **1** descolorir(-se) **2** (*tecido*) desbotar **3** (*flor*) murchar PHR V **to fade away** desaparecer aos poucos

fag /fæg/ *s* **1** (*USA, ofen*) (*homossexual*) bicha **2** (*GB, coloq*) cigarro

fail /feɪl/ ◆ **1** *vt* (*exame, candidato*) reprovar **2** *vi* ~ (**in sth**) fracassar (em algo): *to fail in your duty* faltar ao dever **3** *vi* ~ **to do sth**: *They failed to notice anything unusual.* Eles não notaram nada estranho. ◊ *The letter failed to arrive.* A carta não chegou. ◊ *He never fails to write.* Ele nunca deixa de escrever. **4** *vi* (*forças, motor*) falhar **5** *vi* (*saúde*) deteriorar-se **6** *vi* (*colheita*) arruinar-se **7** *vi* (*negócio*) quebrar ◆ *s* reprovação LOC **without fail** sem falta

failing /ˈfeɪlɪŋ/ ◆ *s* **1** falha **2** fraqueza ◆ *prep* na falta de: *Failing this…* Se isto não for possível…

failure /ˈfeɪljər/ *s* **1** fracasso **2** reprovação **3** falha: *heart failure* parada cardíaca ◊ *engine failure* falha do motor **4** ~ **to do sth**: *His failure to answer puzzled her.* Ela estranhou que ele deixara de lhe responder.

faint /feɪnt/ ◆ *adj* (**-er, -est**) **1** (*som*) fraco **2** (*rastro*) leve **3** (*semelhança*) ligeiro **4** (*esperança*) pequeno **5** ~ (**from/with sth**) zonzo (de/por algo): *to feel faint* sentir-se tonto ◆ *vi* desmaiar ◆ *s* [*sing*] desmaio **faintly** *adv* **1** debilmente **2** vagamente

fair /feər/ ◆ *s* feira: *a trade fair* uma feira comercial ◊ *a fun fair* um parque de diversões ◆ *adj* (**-er, -est**) **1** ~ (**to/on sb**) justo, imparcial (com alguém) **2** (*tempo*) bom **3** (*cabelo*) louro ☞ *Ver nota em* LOURO **4** (*idéia*) (suficientemente) bom: *a fair size* bastante grande LOC **fair and square 1** merecidamente **2** claramente **fair game** presa fácil **fair play** jogo limpo **to have, etc. your fair share of sth**: *We had more than our fair share of rain.* Já tivemos mais chuva do que merecíamos.

fair-haired /ˌfeər ˈheərd/ *adj* louro

fairly /ˈfeərli/ *adv* **1** justamente, honestamente **2** [*antes de adj ou adv*] bastante: *It's fairly easy.* É bem fácil ◊ *It's fairly good.* Não está nada mau. ◊ *fairly quickly* razoavelmente rápido

Os advérbios **fairly, quite, rather** e **pretty** modificam a intensidade dos adjetivos ou advérbios que os acompanham e podem significar "bastante", "até certo ponto" ou "não muito".
Fairly é o de grau mais baixo. Nos Estados Unidos, **quite** e **rather** não se usam desta maneira.

fairy /ˈfeəri/ *s* (*pl* **-ies**) fada: *fairy tale* conto de fadas ◊ *fairy godmother* fada madrinha

faith /feɪθ/ *s* ~ (**in sb/sth**) fé (em alguém/algo) LOC **in bad/good faith** de má-/boa- fé **to put your faith in sb/sth** confiar (em alguém/algo) *Ver tb* BREACH

faithful /ˈfeɪθfl/ *adj* fiel, leal **faithfully** *adv* fielmente LOC *Ver* YOURS

fake /feɪk/ ◆ *s* imitação ◆ *adj* falso ◆ **1** *vt* (*assinatura, documento*) falsificar **2** *vt, vi* fingir

falcon /ˈfælkən; *GB* ˈfɔːlkən/ *s* falcão

fall /fɔːl/ ◆ *s* **1** (*lit e fig*) queda **2** baixa, diminuição **3** *a fall of snow* uma nevasca **4** (*GB* autumn) outono **5** [*ger pl*] (*Geog*) catarata ◆ *vi* (*pret* **fell** /fel/ *pp* **fallen** /ˈfɔːlən/) **1** (*lit e fig*) cair **2** (*preço, temperatura*) baixar

Às vezes o verbo **fall** tem o sentido de "tornar-se", "ficar", "pôr-se": *He fell asleep.* Ele pegou no sono. ◊ *He fell ill.* Ele ficou doente.

LOC **to fall in love** (**with sb**) apaixonar-se por alguém **to fall short of sth** ficar aquém de algo **to fall victim to sth** sucumbir a algo, ficar doente com algo *Ver tb* FOOT
PHR V **to fall apart** fazer-se em pedaços
to fall back retroceder **to fall back on sb/sth** recorrer a alguém/algo
to fall behind (**sb/sth**) ficar para trás, ficar atrás (de alguém/algo) **to fall behind with sth** atrasar (pagamento/execução de) algo
to fall down 1 (*pessoa, objeto*) cair **2** (*plano*) falhar
to fall for sb (*coloq*) ficar caído por alguém
to fall for sth (*coloq*) acreditar em algo: *He fell for it immediately.* Ele caiu na história na mesma hora.
to fall in 1 (*teto*) despencar **2** (*Mil*) entrar em formação
to fall off diminuir, decair
to fall on/upon sb recair sobre alguém

tʃ	dʒ	v	θ	ð	s	z	ʃ
chin	**June**	**van**	**thin**	**then**	**so**	**zoo**	**she**

to fall out (with sb) brigar (com alguém)

to fall over cair **to fall over sb/sth** tropeçar em alguém/algo

to fall through fracassar, afundar

fallen /ˈfɔːlən/ ◆ *adj* caído ◆ *pp de* FALL

false /fɔːls/ *adj* **1** falso **2** (*dentes*) postiço **3** (*reclamação*) fraudulento LOC **a false move** um passo em falso **a false start 1** (*Esporte*) saída nula **2** tentativa frustrada

falsify /ˈfɔːlsɪfaɪ/ *vt* (*pret, pp* **-fied**) falsificar

falter /ˈfɔːltər/ *vi* **1** (*pessoa*) vacilar **2** (*voz*) titubear

fame /feɪm/ *s* fama

familiar /fəˈmɪljər/ *adj* **1** familiar (*conhecido*) **2** ~ **with sb/sth** familiarizado com alguém/algo **familiarity** /fəˌmɪliˈærəti/ *s* **1** ~ **with sth** conhecimento de algo **2** familiaridade

family /ˈfæməli/ *s* [*v sing ou pl*] (*pl* **-ies**) família: *family name* sobrenome ◊ *family man* homem de família ◊ *family tree* árvore genealógica ☞ *Ver nota em* FAMÍLIA LOC *Ver* RUN

famine /ˈfæmɪn/ *s* fome ☞ *Ver nota em* FOME

famous /ˈfeɪməs/ *adj* famoso

fan /fæn/ *s* **1** leque **2** ventilador **3** fã, torcedor, -ora ◆ *vt* (**-nn-**) **1 to fan (yourself)** abanar(-se) **2** (*disputa, fogo*) atiçar PHR V **to fan out** espalhar-se em (forma de) leque

fanatic /fəˈnætɪk/ *s* fanático, -a **fanatic(al)** *adj* fanático

fanciful /ˈfænsɪfl/ *adj* **1** (*idéia*) extravagante **2** (*pessoa*) fantasista

fancy /ˈfænsi/ ◆ *s* **1** capricho **2** fantasia ◆ *adj* extravagante: *nothing fancy* nada luxuoso/exagerado ◆ *vt* (*pret, pp* **fancied**) **1** imaginar **2** (*coloq*) querer **3** (*GB, coloq*) gostar de: *I don't fancy him.* Ele não me atrai. LOC **fancy (that)!** quem diria!, imagine! **to catch/take sb's fancy** agradar a alguém: *whatever takes your fancy* o que lhe agradar **to fancy yourself as sth** (*GB, coloq*) achar-se algo **to take a fancy to sb/sth** ficar interessado em alguém/algo

fancy dress *s* [*não contável*] (*GB*) (*roupa*) fantasia

fantastic /fænˈtæstɪk/ *adj* fantástico

fantasy /ˈfæntəsi/ *s* (*pl* **-ies**) fantasia

far /far/ ◆ *adj* (*comp* **farther** /ˈfarðər/ *ou* **further** /ˈfɜːrðər/ *superl* **farthest** /ˈfarðɪst/ *ou* **furthest** /ˈfɜːrðɪst/) *Ver tb* FURTHER, FURTHEST **1** mais distante: *the far end* o outro extremo **2** oposto: *on the far bank* na margem oposta **3** (*antiquado*) distante ◆ *adv* (*comp* **farther** /ˈfarðər/ *ou* **further** /ˈfɜːrðər/ *superl* **farthest** /ˈfarðɪst/ *ou* **furthest** /ˈfɜːrðɪst/) *Ver tb* FURTHER, FURTHEST **1** longe: *Is it far?* Fica longe? ◊ *How far is it?* A que distância fica? ☞ Neste sentido é utilizado em orações negativas ou interrogativas. Em orações afirmativas é muito mais comum utilizar-se **a long way**. **2** [*com prep*] muito: *far above/far beyond sth* muito acima/muito além de algo **3** [*com comparativo*] muito: *It's far easier for him.* É muito mais fácil para ele. LOC **as far as** até **as/so far as** tanto quanto: *as far as I know* até onde eu sei/que eu saiba **as/so far as sb/sth is concerned** no que se refere a alguém/algo **by far** consideravelmente: *She is by far the best.* Ela é de longe a melhor. **far and wide** por todo lugar **far away** muito longe **far from it** (*coloq*) longe disso **to be far from (doing)** estar longe de (fazer) algo **to go too far** ir longe demais **so far 1** até agora: *So far, so good.* Até aqui, tudo bem. **2** até certo ponto *Ver tb* AFIELD, FEW

faraway /ˈfarəweɪ/ *adj* **1** remoto **2** (*expressão*) distraído

fare /feər/ ◆ *s* tarifa, preço de passagem ◆ *vi* (*formal*): *to fare well/badly* sair-se bem/mal

farewell /ˌfeərˈwel/ ◆ *interj* (*antiquado, formal*) adeus ◆ *s* despedida: *farewell party* festa de despedida LOC **to bid/say farewell to sb/sth** despedir-se de alguém/algo

farm /farm/ ◆ *s* fazenda ◆ **1** *vt, vi* cultivar **2** *vt* (*animais*) criar

farmer /ˈfarmər/ *s* fazendeiro, -a, agricultor, -ora

farmhouse /ˈfarmhaʊs/ *s* sede (de fazenda)

farming /ˈfarmɪŋ/ *s* agricultura, cultivo

farmyard /ˈfarmjaːrd/ *s* terreiro (de fazenda)

farsighted /ˈfarsaɪtɪd/ *adj* **1** previdente **2** (*GB* long-sighted) hipermetrope

iː	i	ɪ	e	æ	ɑ	ʌ	ʊ	uː
see	happy	sit	ten	hat	cot	cup	put	too

fart /fɑrt/ ◆ s (coloq) peido ◆ vi (coloq) peidar

farther /ˈfɑrðər/ adv (comp de far) mais longe: I can swim farther than you. Consigo nadar mais longe do que você. ☞ Ver nota em FURTHER

farthest /ˈfɑrðɪst/ adj, adv (superl de far) Ver FURTHEST

fascinate /ˈfæsɪneɪt/ vt fascinar **fascinating** adj fascinante

fascism /ˈfæʃɪzəm/ s fascismo **fascist** adj, s fascista

fashion /ˈfæʃn/ ◆ s 1 moda 2 [sing] maneira LOC to be/go out of fashion estar fora/sair de moda to be in/come into fashion estar/entrar na moda Ver tb HEIGHT ◆ vt amoldar, fazer

fashionable /ˈfæʃnəbl/ adj da moda

fast¹ /fæst; GB fɑːst/ ◆ adj (-er, -est) 1 rápido

Tanto **fast** quanto **quick** significam "rápido", embora **fast** seja utilizado somente para descrever uma pessoa ou coisa que se move a grande velocidade: a fast horse/car/runner um cavalo/carro/corredor rápido, ao passo que **quick** refere-se a algo que se realiza em um curto espaço de tempo: a quick decision/visit uma decisão/visita rápida.

2 (relógio) adiantado LOC Ver BUCK³ ◆ adv (-er, -est) depressa, rápido, rapidamente

fast² /fæst; GB fɑːst/ ◆ adj 1 firme 2 (cor) que não desbota ◆ adv: fast asleep dormindo profundamente LOC Ver HOLD, STAND

fast³ /fæst; GB fɑːst/ ◆ vi jejuar ◆ s jejum

fasten /ˈfæsn; GB ˈfɑːsn/ 1 vt ~ sth (down) prender 2 vt ~ sth (up) fechar algo 3 vt fechar, fixar: to fasten sth (together) prender algo 4 vi fechar-se, prender-se

fastidious /fæˈstɪdiəs, fə-/ adj meticuloso, exigente

fat /fæt/ ◆ adj (fatter, fattest) gordo: You're getting fat. Você está engordando. ☞ Há outras palavras menos diretas que **fat**, p.ex.: chubby, stout, plump e overweight. ◆ s 1 gordura 2 banha

fatal /ˈfeɪtl/ adj 1 ~ (to sb/sth) mortal (para alguém/algo) 2 (formal) fatídico

fatality /fəˈtæləti/ s (pl -ies) vítima (mortal)

fate /feɪt/ s destino, sorte **fated** adj predestinado **fateful** adj fatal

father /ˈfɑðər/ ◆ s pai: Father Christmas (GB) Papai Noel ☞ Ver nota em NATAL ◆ vt engendrar LOC like father, like son tal pai, tal filho

father-in-law /ˈfɑðər ɪn lɔː/ s (pl -ers-in-law) sogro

fatigue /fəˈtiːɡ/ ◆ s fadiga, cansaço ◆ vt fatigar

fatten /ˈfætn/ vt 1 (animal) cevar 2 (alimento) engordar: Butter is very fattening. Manteiga engorda muito. Ver tb TO LOSE/PUT ON WEIGHT em WEIGHT

fatty /ˈfæti/ adj 1 (Med) adiposo 2 (-ier, -iest) (alimento) gorduroso

faucet /ˈfɔːsət/ (GB tap) s torneira

fault /fɔːlt/ ◆ vt criticar: He can't be faulted. Ele não pode ser criticado. ◆ s 1 defeito, falha ☞ Ver nota em MISTAKE 2 culpa: Whose fault is it? De quem é a culpa? 3 (Tênis) falta 4 (Geol) falha LOC to be at fault ser culpado Ver tb FIND

faultless /ˈfɔːltləs/ adj sem defeito, impecável

faulty /ˈfɔːlti/ adj (-ier, -iest) defeituoso, imperfeito

fauna /ˈfɔːnə/ s fauna

favor (GB favour) /ˈfeɪvər/ ◆ s favor: to ask a favor of sb pedir um favor a alguém ◊ Can you do me a favor? Você pode me fazer um favor? LOC in favor of (doing) sth a favor de (fazer) algo Ver tb CURRY ◆ vt 1 favorecer 2 preferir, ser partidário de (idéia)

favorable (GB favour-) /ˈfeɪvərəbl/ adj 1 ~ (for sth) favorável (para algo) 2 ~ (to/toward sb/sth) a favor (de alguém/algo)

favorite (GB favour-) /ˈfeɪvərɪt/ ◆ s favorito, -a ◆ adj preferido

fawn /fɔːn/ ◆ s cervo (com menos de um ano) ☞ Ver nota em VEADO ◆ adj, s bege

fax /fæks/ ◆ s fax ◆ vt 1 to fax sb passar um fax a alguém 2 to fax sth (to sb) enviar algo por fax (a alguém)

fear /fɪər/ ◆ vt temer ◆ s medo, temor: to shake with fear tremer de medo LOC for fear of (doing) sth por/com medo de (fazer) algo for fear (that/lest)...

u	ɔː	ɜː	ə	j	w	eɪ	oʊ
situation	saw	fur	ago	yes	woman	pay	home

por/com temor de... **in fear of sb/sth** com medo de alguém/algo

fearful /'fɪəfl/ *adj* horrendo, terrível

fearless /'fɪələs/ *adj* intrépido

fearsome /'fɪəsəm/ *adj* terrível

feasible /'fi:zəbl/ *adj* viável **feasibility** /ˌfi:zə'bɪləti/ *s* viabilidade

feast /fi:st/ ♦ *s* **1** festim, banquete **2** (*Relig*) festa, festividade ♦ *vi* banquetear-se

feat /fi:t/ *s* proeza, realização

feather /'feðər/ *s* pena

feature /'fi:tʃər/ ♦ *s* **1** característica, aspecto **2** (*TV*) programa (especial) **3** (*filme*) longa-metragem **4 features** [*pl*] feições ♦ *vt*: *featuring Jack Lemmon* apresentando (como atração principal) Jack Lemmon **featureless** *adj* sem traços marcantes

February /'februeri; *GB* -uəri/ *s* (*abrev* **Feb**) fevereiro ☛ *Ver nota e exemplos em* JANUARY

fed *pret, pp de* FEED

federal /'fedərəl/ *adj* federal

federation /ˌfedə'reɪʃn/ *s* federação

fed up *adj* ~ (**about/with sb/sth**) (*coloq*) farto, cheio (de alguém/algo)

fee /fi:/ *s* **1** [*ger pl*] honorários **2** cota (*de clube*) **3** *school fees* anuidade/mensalidade escolar

feeble /'fi:bl/ *adj* (**-er, -est**) **1** débil **2** (*pej*) (*desculpa, argumento*) fraco

feed /fi:d/ ♦ (*pret, pp* **fed** /fed/) **1** *vi* ~ (**on sth**) alimentar(-se), nutrir(-se) (de algo) **2** *vt* dar de comer a, alimentar **3** *vt* (*dados, etc.*) fornecer ♦ *s* **1** alimento **2** ração

feedback /'fi:dbæk/ *s* (*informação*) retorno

feel /fi:l/ ♦ (*pret, pp* **felt** /felt/) **1** *vt* sentir, tocar: *He feels the cold a lot.* Ele é muito sensível ao frio. ◊ *She felt the water.* Ela experimentou a temperatura da água. **2** *vi* sentir-se: *I felt like a fool.* Eu me senti como um idiota. ◊ *to feel sick/sad* sentir-se mal/triste ◊ *to feel cold/hungry* ter/sentir frio/fome **3** *vt, vi* (*pensar*) achar de: *How do you feel about him?* O que você acha dele? **4** *vi* (*coisa*) parecer: *It feels like leather.* Parece de couro. LOC **to feel good** sentir-se bem **to feel like...**: *I feel like I'm going to throw up.* Sinto que vou vomitar. **to feel like (doing) sth**: *I felt like*

hitting him. Tive vontade de bater nele. **to feel sorry for sb** sentir pena de alguém: *I felt sorry for the children.* Fiquei com pena das crianças. **to feel sorry for yourself** sentir pena de si mesmo **to feel yourself** sentir-se bem **to feel your way** andar/mover-se às apalpadelas, ir com cautela *Ver tb* COLOR, DOWN[1], DRAIN, EASE PHR V **to feel about (for sth)** procurar (algo) às apalpadelas/com as mãos **to feel for sb** sentir pena de alguém **to feel up to (doing) sth** sentir-se capaz de (fazer) algo ♦ *s*: *Let me have a feel.* Deixe-me tocá-lo. LOC **to get the feel of sth/of doing sth** (*coloq*) pegar o jeito de (fazer) algo **to have a feel for sth** ter jeito para algo

feeling /'fi:lɪŋ/ *s* **1** ~ (**of...**) sensação (de...): *I've got a feeling that...* Tenho a sensação/impressão de que... **2** [*sing*] opinião **3** [*ger pl*] sentimento **4** sensibilidade: *to lose all feeling* perder toda a sensibilidade LOC **bad/ill feeling** ressentimento *Ver tb* MIXED *em* MIX

feet *plural de* FOOT

fell /fel/ **1** *pret de* FALL **2** *vt* (*árvore*) cortar **3** *vt* derrubar

fellow /'feloʊ/ *s* **1** companheiro: *fellow-countryman* compatriota ◊ *fellow-passenger* companheiro de viagem ◊ *fellow Brazilians* compatriotas brasileiros **2** (*GB, coloq*) cara: *He's a nice fellow.* Ele é um cara legal.

fellowship /'feloʊʃɪp/ *s* **1** companheirismo **2** associação **3** bolsa para pesquisa

felt[1] *pret, pp de* FEEL

felt[2] /felt/ *s* feltro

female /'fi:meɪl/ ♦ *adj* **1** feminino ☛ Aplica-se às características físicas das mulheres: *the female figure* a figura feminina. Compare com FEMININE. **2** fêmea

Female e male especificam o sexo de pessoas ou animais: *a female friend, a male colleague; a female rabbit, a male eagle, etc.*.

3 de mulher: *female equality* a igualdade da mulher ♦ *s* fêmea

feminine /'femənɪn/ *adj, s* feminino (*próprio da mulher*)

Feminino aplica-se às qualidades que consideramos típicas de uma mulher. Compare com EFFEMINATE e FEMALE.

feminism /'femənɪzəm/ s feminismo
    feminist s feminista

fence¹ /fens/ ◆ s **1** cerca **2** alambrado
◆ *vt* cercar

fence² /fens/ *vi* praticar esgrima **fencing** s esgrima

fend /fend/ PHR V **to fend for yourself** cuidar de si mesmo **to fend sb/sth off** defender-se de alguém/algo

fender /'fendər/ s **1** (*lareira*) guarda-fogo **2** (*Náut*) defensa **3** (*GB* wing) (*carro, bicicleta*) pára-lama

ferment /fər'ment/ ◆ *vt, vi* fermentar
◆ /'fɜːment/ (*fig*) ebulição ☞ *Comparar com* YEAST

fern /fɜːrn/ s samambaia

ferocious /fə'rouʃəs/ *adj* feroz

ferocity /fə'rɑːsəti/ s ferocidade

ferry /'feri/ ◆ s (*pl* -ies) **1** ferry-boat: *car ferry* barcaça para carros **2** balsa ◆ *vt* (*pret, pp* ferried) transportar

fertile /'fɜːrtl; *GB* 'fɜːtaɪl/ *adj* **1** fértil, fecundo **2** (*fig*) frutífero

fertility /fər'tɪləti/ s fertilidade

fertilization, -isation /ˌfɜːrtəlɪ'zeɪʃn/ s fertilização

fertilize, -ise /'fɜːrtəlaɪz/ *vt* **1** fertilizar **2** adubar **fertilizer, -iser** s **1** fertilizante **2** adubo

fervent /'fɜːrvənt/ (*tb* fervid) *adj* ardente

fester /'festər/ *vi* infeccionar(-se)

festival /'festɪvl/ s **1** (*de arte, cinema*) festival **2** (*Relig*) festa

fetch /fetʃ/ *vt* **1** trazer **2** buscar ☞ *Ver ilustração em* TAKE **3** atingir (*preço*)

fête /feɪt/ s (*GB*) tipo de quermesse ao ar livre: *the village fête* a quermesse do vilarejo *Ver tb* BAZAAR

fetus (*GB* foetus) /'fiːtəs/ s feto

feud /fjuːd/ ◆ s rixa (*de famílias/classes*) ◆ *vi* ~ (**with sb/sth**) ter rixa (com alguém/algo)

feudal /'fjuːdl/ *adj* feudal **feudalism** s feudalismo

fever /'fiːvər/ s (*lit e fig*) febre **feverish** *adj* febril

few /fjuː/ *adj, pron* **1** (fewer, fewest) poucos: *every few minutes* no/com intervalo de alguns minutos ◊ *fewer than six* menos de seis ☞ *Ver nota em* LESS **2** **a few** alguns/algumas, uns/umas

Few ou **a few**? *Few* tem sentido negativo e equivale a "pouco". *A few* tem sentido mais positivo, equivalendo a "uns, alguns". Compare as seguintes orações: *Few people turned up.* Veio pouca gente. ◊ *I've got a few friends coming for dinner.* Alguns amigos estão vindo para jantar.

    LOC **a good few; quite a few; not a few** um bom número (de), muitos **few and far between** escasso, contado

fiancé (*fem* fiancée) /ˌfiːɑːn'seɪ; *GB* fɪ'ɒnseɪ/ s noivo, -a

fib /fɪb/ ◆ s (*coloq*) lorota (*mentira*) ◆ *vi* (*coloq*) (-bb-) contar lorota

fiber (*GB* fibre) /'faɪbər/ s (*lit e fig*) fibra **fibrous** *adj* fibroso

fickle /'fɪkl/ *adj* **1** (*tempo*) instável **2** (*pessoa*) volúvel

fiction /'fɪkʃn/ s ficção

fiddle /'fɪdl/ ◆ s (*coloq*) **1** violino **2** fraude ◆ **1** *vt* (*coloq*) (*gastos, etc.*) falsificar **2** *vi* tocar violino **3** *vi* ~ (**about/(**GB**) around**) **with sth** brincar com algo (nas mãos) LOC *Ver* FIT¹ PHR V **to fiddle around** perder tempo, enrolar **fiddler** s violinista

fiddly /'fɪdli/ *adj* (*GB, coloq*) complicado

fidelity /faɪ'deləti; *GB* fɪ-/ s ~ (**to sb/sth**) fidelidade (a alguém/algo) ☞ A palavra mais comum é **faithfulness**.

field /fiːld/ s (*lit e fig*) campo

fiend /fiːnd/ s **1** demônio **2** (*coloq*) entusiasta **fiendish** *adj* (*coloq*) diabólico

fierce /fɪərs/ *adj* (-er, -est) **1** (*animal*) feroz **2** (*oposição*) intenso

fifteen /ˌfɪf'tiːn/ *adj, pron, s* quinze ☞ *Ver exemplos em* FIVE **fifteenth 1** *adj* décimo quinto **2** *pron, adv* o(s) décimo(s) quinto(s), a(s) décima(s) quinta(s) **3** s décima quinta parte, quinze avos ☞ *Ver exemplos em* FIFTH

fifth (*abrev* 5th) /fɪfθ/ ◆ *adj* quinto: *We live on the fifth floor.* Moramos no quinto andar. ◊ *It's his fifth birthday today.* Ele completa cinco anos hoje. ◆ *pron, adv* o(s) quinto(s), a(s) quinta(s): *She came fifth in the world championships.* Ela chegou em quinto lugar no campeonato mundial. ◊ *the fifth to arrive* o quinto a chegar ◊ *I was fifth on the list.* Eu era o quinto da lista. ◊ *I've had four cups of coffee already, so this is my fifth.*

tʃ	dʒ	v	θ	ð	s	z	ʃ
chin	**June**	**van**	**thin**	**then**	**so**	**zoo**	**she**

Já tomei quatro xícaras de café, então esta é a quinta. ◆ *s* **1** quinto, quinta parte: *three fifths* três quintos **2 the fifth** o dia cinco: *They'll be arriving on the fifth of March.* Eles chegarão no dia cinco de março. **3** (*tb* **fifth gear**) quinta (marcha): *to change into fifth* colocar em quinta (marcha)

A abreviação dos numerais ordinais é feita colocando-se o numeral seguido das últimas letras da palavra: *1st, 2nd, 3rd, 20th*, etc.

☞ *Ver Apêndice 1.*

fifty /'fɪfti/ *adj, pron, s* cinqüenta: *the fifties* os anos cinqüenta ◊ *to be in your fifties* ter cinqüenta e poucos anos (de idade) ☞ *Ver exemplos em* FIVE LOC **to go fifty-fifty** dividir meio a meio **fiftieth 1** *adj, pron* qüinquagésimo **2** *s* qüinquagésima parte, qüinquagésimo ☞ *Ver exemplos em* FIFTH e Apêndice 1.

fig /fɪg/ *s* **1** figo **2** (*tb* **fig tree**) figueira

fight /faɪt/ ◆ *s* **1** ~ **(for/against sb/sth)** luta, briga (por/contra alguém/algo): *A fight broke out in the bar.* Saiu uma briga no bar. **2** combate

Quando se trata de um conflito prolongado (normalmente em situações de guerra), utiliza-se **fighting**: *There has been heavy/fierce fighting in the capital.* Têm ocorrido combates intensos/encarniçados na capital.

3 ~ **(to do sth)** luta para fazer algo LOC **to give up without a fight** desistir sem lutar **to put up a good/poor fight** colocar muito/pouco empenho em algo ◆ (*pret, pp* **fought** /fɔːt/) **1** *vi, vt* ~ **(against/with sb/sth) (about/over sth)** lutar (contra alguém/algo) (por algo): *They fought (against/with) the Germans.* Eles lutaram contra os alemães. **2** *vi, vt* ~ **(sb/with sb) (about/over sth)** brigar (com alguém) (por algo): *They fought (with) each other about/over the money.* Eles brigaram pelo dinheiro. **3** *vt* (*corrupção, droga*) combater PHR V **to fight back** contra-atacar **to fight for sth** lutar por algo **to fight sb/sth off** repelir/rechaçar alguém/algo LOC **to fight a battle (against sth)** lutar/travar uma batalha (contra algo) **to fight it out**: *They must fight it out between them.* Eles devem resolver isso entre eles. **to fight tooth and nail** lutar com unhas e dentes **to fight your way**

across, into, through, etc. sth abrir caminho (à força) através de/por algo *Ver tb* PICK

fighter /'faɪtər/ *s* **1** lutador, -ora, combatente **2** (avião de) caça

figure /'fɪgjər; *GB* 'fɪgə(r)/ ◆ *s* **1** cifra, número **2** [*ger sing*] quantia, soma **3** (*pessoa de destaque*) figura: *a key figure* uma figura importante **4** tipo, corpo: *to have a good figure* ter tipo/corpo bonito **5** silhueta LOC **to put a figure on sth** dar o número de algo, pôr preço em algo *Ver tb* FACT ◆ **1** *vi* ~ **(in sth)** figurar (em algo) **2** *vi* (*coloq*): *It/That figures.* Compreende-se./Faz sentido. **3** *vt* (*esp USA*) calcular: *It's what I figured.* É o que eu pensava. PHR V **to figure sth out** entender/descobrir algo

file /faɪl/ ◆ *s* **1** pasta suspensa (para arquivo) **2** arquivo: *to be on file* estar arquivado **3** lixa **4** fila: *in single file* em fila indiana LOC *Ver* RANK ◆ **1** ~ **sth (away)** arquivar algo *vt* (*reclamação, apelo*) registrar, protocolar **3** *vt* lixar **4** *vi* ~ **(past sth)** desfilar (em fila) (diante de algo) **5** *vi* ~ **in, out, etc.** entrar, sair em fila **filing cabinet** *s* (*móvel*) arquivo

fill /fɪl/ **1** *vi* ~ **(with sth)** encher-se (de/com algo) **2** *vt* ~ **sth (with sth)** encher algo (de/com algo) **3** *vt* (*buraco, fenda*) fechar **4** *vt* (*dente*) obturar **5** *vt* (*cargo*) ocupar LOC *Ver* BILL¹ PHR V **to fill in (for sb)** substituir (alguém) **to fill sth in/out** preencher algo (*formulário, etc.*) **to fill sb in (on sth)** colocar alguém a par (de algo)

fillet /'fɪlɪt/ *s* filé

filling /'fɪlɪŋ/ *s* **1** obturação **2** recheio

film /fɪlm/ ◆ *s* **1** película **2** (*esp GB*) filme: *film-maker* cineasta ◊ *film-making* cinema(tografia) ◊ *film star* estrela/astro de cinema ◆ *vt* filmar **filming** *s* filmagem

filter /'fɪltər/ ◆ *s* filtro ◆ *vt, vi* filtrar(-se)

filth /fɪlθ/ *s* **1** imundície **2** obscenidade

filthy /'fɪlθi/ *adj* (**-ier, -iest**) **1** imundo **2** obsceno **3** (*coloq*) desagradável

fin /fɪn/ *s* nadadeira, barbatana

final /'faɪnl/ ◆ *s* **1** *the men's final(s)* a final masculina **2 finals** [*pl*] exames finais ◆ *adj* **1** último, final **2** definitivo: *I'm not coming, and that's final.* Eu não vou, e assunto encerrado. LOC *Ver* ANALYSIS, STRAW

iː	i	ɪ	e	æ	ɑ	ʌ	ʊ	uː
see	happy	sit	ten	hat	cot	cup	put	too

finally /'faɪnəli/ *adv* **1** por último **2** finalmente **3** por fim, ao final

finance /'faɪnæns, fə'næns/ ◆ *s* finança: *finance company* (companhia) financeira ◊ *the finance minister* (*GB*) o ministro da Fazenda ◆ *vt* financiar

financial /faɪ'nænʃl, fə'næ-/ *adj* financeiro, econômico: *financial year* (*GB*) ano fiscal

find /faɪnd/ *vt* (*pret, pp* found /faʊnd/) **1** encontrar, achar **2** buscar, procurar: *They came here to find work.* Eles vieram aqui em busca de trabalho. **3** *to find sb guilty* declarar alguém culpado LOC **to find fault (with sb/sth)** encontrar problemas/falhas (em alguém/algo) **to find your feet** acostumar-se **to find your way** encontrar/descobrir o caminho *Ver tb* MATCH², NOWHERE PHR V **to find (sth) out** informar-se (de algo), descobrir (algo) **to find sb out** descobrir/desmascarar alguém (que está fazendo algo errado) **finding** *s* **1** descoberta, resultado **2** decisão

fine /faɪn/ ◆ *adj* (**finer, finest**) **1** excelente: *I'm fine.* Estou bem. ◊ *You're a fine one to talk!* (*GB*) Veja só quem fala! **2** (*seda, pó, etc.*) fino **3** (*traços*) delicado **4** (*tempo*) bom: *a fine day* um lindo dia **5** (*diferença*) sutil LOC *Ver* CUT ◆ *adv* (*coloq*) bem: *That suits me fine.* Para mim está bem. LOC **one fine day** um certo dia ◆ *s* multa ◆ *vt* ~ **sb** (**for doing sth**) multar alguém (por fazer algo)

fine art (*tb* **the fine arts**) *s* as belas-artes

finger /'fɪŋgər/ *s* dedo (*da mão*): *little finger* dedo mindinho ◊ *forefinger/index finger* dedo indicador ◊ *middle finger* dedo médio ◊ *ring finger* dedo anular *Ver tb* THUMB ☞ *Comparar com* TOE LOC **to be all fingers and thumbs** ser atrapalhado (com as mãos) **to put your finger on sth** apontar algo (com precisão) (*erro, problema, etc.*) *Ver tb* CROSS, WORK²

fingernail /'fɪŋgərneɪl/ *s* unha (*da mão*)

fingerprint /'fɪŋgərprɪnt/ *s* impressão digital

fingertip /'fɪŋgərtɪp/ *s* ponta do dedo LOC **to have sth at your fingertips** ter algo à mão

finish /'fɪnɪʃ/ ◆ **1** *vt, vi* ~ (**sth/doing sth**) terminar (algo/de fazer algo) **2** *vt* ~

sth (**off/up**) (*comida, bebida*) acabar (com)/terminar (algo) PHR V **to finish up**: *He could finish up dead.* Ele poderia acabar morto. ◆ *s* acabamento

finish(ing) line *s* linha de chegada

fir /fɜːr/ (*tb* **fir tree**) *s* abeto

fire /'faɪər/ ◆ **1** *vt, vi* disparar: *to fire at sb/sth* atirar em alguém/algo **2** *vt* (*insultos*) soltar **3** *vt* (*coloq*) ~ **sb** demitir alguém **4** *vt* (*imaginação*) estimular ◆ *s* **1** fogo **2** fogueira **3** incêndio **4** disparo(s) LOC **on fire** em chamas: *to be on fire* estar em chamas **to be/come under fire 1** estar/vir sob fogo inimigo **2** (*fig*) ser bastante criticado/atacado *Ver tb* CATCH, FRYING PAN, SET²

firearm /'faɪərɑrm/ *s* [*ger pl*] arma de fogo

fire engine *s* carro de bombeiros

fire escape *s* escada de incêndio

fire extinguisher (*tb* **extinguisher**) *s* extintor de incêndio

firefighter /'faɪər,faɪtər/ *s* bombeiro, -a

fireman /'faɪərmən/ *s* (*pl* **-men** /-mən/) (*GB*) bombeiro

fireplace /'faɪərpleɪs/ *s* lareira

fire station *s* quartel dos bombeiros

firewood /'faɪərwʊd/ *s* lenha

firework /'faɪərwɜːrk/ *s* **1** fogo de artifício **2** **fireworks** [*pl*] (show de) fogos de artifício

firing /'faɪərɪŋ/ *s* tiroteio: *firing line* linha de fogo ◊ *firing squad* pelotão de fuzilamento

firm /fɜːrm/ ◆ *s* [*v sing ou pl*] firma, empresa ◆ *adj* (**-er, -est**) firme LOC **a firm hand** mão/pulso firme **to be on firm ground** pisar terreno seguro *Ver tb* BELIEVER *em* BELIEVE ◆ *adv* LOC *Ver* HOLD, STAND

first (*abrev* **1st**) /fɜːrst/ ◆ *adj* primeiro: *a first night* uma estréia ◊ *first name* (pre)nome ◆ *adv* **1** primeiro: *to come first in the race* chegar em primeiro lugar na corrida **2** pela primeira vez: *I first came to Oxford in 1989.* A primeira vez que vim a Oxford foi em 1989. **3** em primeiro lugar **4** antes: *Finish your dinner first.* Termine seu jantar primeiro. ◆ *pron* o(s) primeiro(s), a(s) primeira(s) ◆ *s* **1** **the first** o dia primeiro **2** (*tb* **first gear**) primeira (marcha) ☞ *Ver exemplos em* FIFTH LOC **at first** a princípio **at first hand** em primeira mão **first come, first served** por ordem de chegada **first**

of all 1 antes de tudo **2** em primeiro lugar **first thing** a primeira coisa: *I always take the dog for a walk first thing in the morning/evening.* Eu sempre levo o cachorro para passear logo pela manhã/no começo da noite. **first things first** primeiro o mais importante **from first to last** do princípio ao fim **from the (very) first** desde o primeiro momento **to put sb/sth first** pôr alguém/algo em primeiro lugar *Ver tb* HEAD¹

first aid *s* primeiros socorros

first class ◆ *s* primeira classe: *first class ticket* passagem de primeira classe ◇ *first class stamp* selo para entrega mais rápida ◆ *adv* de primeira classe: *to travel first class* viajar de primeira classe ◇ *to send sth first class* enviar algo mais rápido pelo correio

first-hand /ˌfɜːrst ˈhænd/ *adj, adv* de primeira mão

firstly /ˈfɜːrstli/ *adv* em primeiro lugar

first-rate /ˌfɜːrst ˈreɪt/ *adj* excelente, de primeira qualidade

fish /fɪʃ/ ◆ *s* **1** [*contável*] peixe **2** [*não contável*] (carne de) peixe: *fish and chips* (*GB*) peixe empanado com batata frita

Como substantivo contável, **fish** tem duas formas de plural: **fish** e **fishes**. **Fish** é a forma mais comum. **Fishes** é uma forma antiquada, técnica ou literária.

LOC **an odd/a queer fish** (*GB, coloq*) um tipo/bicho raro **like a fish out of water** como um peixe fora d'água **to have bigger/other fish to fry** ter coisas mais importantes para fazer *Ver tb* BIG ◆ *vt, vi* pescar

fisherman /ˈfɪʃərmən/ *s* (*pl* -men /-mən/) pescador

fishing /ˈfɪʃɪŋ/ *s* pesca

fishmonger /ˈfɪʃmʌŋgər/ *s* (*GB*) peixeiro, -a: *fishmonger's* peixaria

fishy /ˈfɪʃi/ *adj* (-ier, -iest) **1** (*cheiro, gosto*) de peixe **2** (*coloq*) suspeito, duvidoso: *There's something fishy going on.* Aqui há dente de coelho.

fist /fɪst/ *s* punho, mão fechada **fistful** *s* punhado

fit¹ /fɪt/ *adj* (**fitter, fittest**) **1 fit (for sb/ sth/to do sth)** apto, em condições, adequado (para alguém/algo/fazer algo): *a meal fit for a king* uma refeição digna de um rei **2 fit to do sth** (*coloq*) pronto (para fazer algo) **3** em (boa) forma LOC **to be (as) fit as a fiddle** estar em ótima forma **to keep fit** (*GB*) manter-se em forma

fit² /fɪt/ ◆ (-tt-) (*pret, pp* fit, *GB* fitted) **1** *vi* **to fit (in/into sth)** caber (em algo): *It doesn't fit in/into the box.* Isso não cabe na caixa. **2** *vt* servir: *These shoes don't fit (me).* Estes sapatos não me servem. **3** *vt* **to fit sth with sth** equipar algo com algo **4** *vt* **to fit sth on(to) sth** colocar algo em algo **5** *vt* enquadrar-se em: *to fit a description* enquadrar-se em uma descrição LOC **to fit (sb) like a glove** cair como uma luva (em alguém) *Ver tb* BILL¹ PHR V **to fit in (with sb/sth)** ajustar-se (a alguém/em algo) ◆ *s* LOC **to be a good, tight, etc. fit** (*roupas*) ficar bem/justo

fit³ /fɪt/ *s* ataque (*de riso, choro, etc.*) LOC **to have/throw a fit**: *She'll have/ throw a fit!* Ela vai ter um ataque!

fitness /ˈfɪtnəs/ *s* boa forma (física)

fitted /ˈfɪtɪd/ *adj* **1** (*carpete*) instalado **2** (*armários*) embutido **3** (*quarto*) mobiliado **4** (*cozinha*) feita sob medida

fitting /ˈfɪtɪŋ/ ◆ *adj* apropriado ◆ *s* **1** acessório, peça **2** (*vestido*) prova: *fitting room* provador

five /faɪv/ *adj, pron, s* cinco: *page/ chapter five* página/capítulo cinco ◇ *five past/after nine* nove (horas) e cinco (minutos) ◇ *all five of them* todos os cinco ◇ *There were five of us.* Éramos cinco. ☞ *Ver Apêndice 1.* **fiver** *s* (*GB, coloq*) nota de cinco (libras)

fix /fɪks/ ◆ *s* (*coloq*) dificuldade: *to be in/get yourself into a fix* estar/meter-se numa enrascada ◆ *vt* **to fix sth (on sth)** fixar, prender algo (a/em algo) **2** consertar **3** estabelecer **4 to fix sth (for sb)** (*comida*) preparar algo (para alguém) **5** (*coloq*) (*eleições, jurados*) manipular **6** (*reunião*) marcar **7** (*coloq*) acertar as contas com PHR V **to fix on sb/sth** decidir-se por alguém/algo **to fix sb up (with sth)** (*coloq*) providenciar algo para alguém **to fix sth up 1** consertar algo **2** reformar/decorar algo

fixed /fɪkst/ *adj* fixo LOC **(of) no fixed abode/address** sem endereço fixo

fixture /ˈfɪkstʃər/ *s* **1** acessório fixo/ integrante de uma casa **2** evento esportivo **3** (*coloq*) pessoa/coisa/parte integrante de um lugar

fizz /fɪz/ *vi* **1** efervescer **2** chiar

fizzy /ˈfɪzi/ *adj* (**-ier, -iest**) com gás, gasoso

flabby /ˈflæbi/ *adj* (*coloq, pej*) (**-ier, -iest**) flácido

flag /flæg/ ♦ *s* **1** bandeira **2** bandeirola ♦ *vi* (**-gg-**) fraquejar, decair

flagrant /ˈfleɪɡrənt/ *adj* flagrante

flair /fleər/ *s* **1** [*sing*] ~ **for sth** talento para algo **2** estilo

flake /fleɪk/ ♦ *s* floco ♦ *vi* ~ (**off/away**) descascar(-se)

flamboyant /flæmˈbɔɪənt/ *adj* **1** (*pessoa*) extravagante, vistoso **2** (*vestido*) chamativo

flame /fleɪm/ *s* (*lit e fig*) chama

flammable /ˈflæməbl/ (*tb* inflammable) *adj* inflamável

flank /flæŋk/ ♦ *s* **1** (*pessoa*) lado **2** (*animal*) flanco **3** (*Mil*) flanco ♦ *vt* flanquear

flannel /ˈflænl/ *s* **1** flanela **2** (*GB*) (*USA* washcloth) toalhinha de (lavar o) rosto

flap /flæp/ ♦ *s* **1** (*livro*) orelha (da capa) **2** (*bolso*) aba **3** (*mesa*) borda dobrável **4** (*Aeronáut*) flap ♦ (**-pp-**) **1** *vt, vi* agitar(-se) **2** *vt* (*asas*) bater

flare /fleər/ ♦ *s* **1** labareda **2** clarão **3** flares [*pl*] (*GB*) (*USA* bell-bottoms) calça boca-de-sino ♦ *vi* **1** relampejar **2** (*fig*) explodir (em): *Tempers flared.* Os ânimos se exaltaram. PHR V **to flare up 1** (*fogo*) avivar-se **2** (*conflito*) rebentar **3** (*problema*) reaparecer

flash /flæʃ/ ♦ *s* **1** clarão: *a flash of lightning* um relâmpago **2** (*fig*) lampejo: *a flash of genius* um lance de gênio **3** (*Fot*) flash LOC **a flash in the pan**: *It was no flash in the pan.* Não foi apenas um sucesso passageiro. **in a/like a flash** num piscar de olhos ♦ **1** *vi* relampejar, brilhar: *It flashed on and off.* Ele acendeu e apagou. **2** *vt* piscar (*luz*): *to flash your headlights* piscar os faróis do carro **3** *vt* mostrar rapidamente (*imagem*) PHR V **to flash by, past, through, etc.** passar/cruzar como um raio

flashlight /ˈflæʃlaɪt/ *s* (*USA*) lanterna

flashy /ˈflæʃi/ *adj* (**-ier, -iest**) ostentoso, chamativo

flask /flæsk; *GB* flɑːsk/ *s* **1** frasco, (garrafa) térmica **2** garrafa de bolso

flat /flæt/ ♦ *s* **1** (*esp GB*) apartamento **2 the ~ of sth** (*GB*) a parte plana de algo: *the flat of your hand* a palma da mão **3** [*gen pl*] (*Geog*): *mud flats* brejo **4** (*Mús*) bemol ☞ *Comparar com* SHARP **5** (*USA, coloq*) pneu furado ♦ *adj* (**flatter, flattest**) **1** plano, liso, achatado **2** (*pneu*) furado **3** (*GB*) (*bateria*) descarregado **4** (*bebida*) choco **5** (*Mús*) desafinado **6** (*preço, etc.*) único ♦ *adv* (**flatter, flattest**): *to lie down flat* deitar-se completamente esticado LOC **flat out** (*trabalhar, correr, etc.*) a toda **in 10 seconds, etc. flat** em apenas 10 segundos, etc.

flatly /ˈflætli/ *adv* completamente (*dizer, negar, rechaçar*) totalmente

flatten /ˈflætn/ **1** *vt* ~ **sth** (**out**) aplainar, alisar algo **2** *vt* ~ **sb/sth** derrotar, arrasar alguém/algo **3** *vi* ~ (**out**) (*paisagem*) aplainar-se

flatter /ˈflætər/ **1** *vt* adular, bajular: *I was flattered by your invitation.* Fiquei lisonjeado com seu convite. **2** *vt* (*roupa, penteado*) favorecer **3** *v refl* ~ **yourself** (**that**) ter a ilusão de (que) **flattering** *adj* lisonjeiro, favorecedor

flaunt /flɔːnt/ *vt* (*pej*) alardear

flavor (*GB* flavour) /ˈfleɪvər/ ♦ *s* sabor, gosto ♦ *vt* condimentar

flaw /flɔː/ *s* **1** (*objeto*) defeito **2** (*plano, caráter*) falha, defeito **flawed** *adj* defeituoso **flawless** *adj* impecável

flea /fliː/ *s* pulga: *flea market* mercado de pulgas

fleck /flek/ *s* ~ (**of sth**) partícula, pingo (de algo) (*pó, cor*)

flee /fliː/ (*pret, pp* fled /fled/) **1** *vi* fugir, escapar **2** *vt* abandonar

fleet /fliːt/ *s* [*v sing ou pl*] frota (*de carros, barcos*)

flesh /fleʃ/ *s* **1** carne **2** (*de fruta*) polpa LOC **flesh and blood** corpo humano/ natureza humana **in the flesh** em pessoa **your own flesh and blood** (*parente*) do seu próprio sangue

flew *pret de* FLY

flex /fleks/ ♦ *s* (*USA* cord) fio elétrico ♦ *vt* flexionar

flexible /ˈfleksəbl/ *adj* flexível

flick /flɪk/ ♦ *s* **1** pancadinha rápida **2** movimento rápido: *a flick of the wrist* um movimento de pulso ♦ *vt* **1** acertar **2** ~ **sth** (**off, on, etc.**) mover/bater em algo rapidamente PHR V **to flick**

tʃ	dʒ	v	θ	ð	s	z	ʃ
chin	**June**	**van**	**thin**	**then**	**so**	**zoo**	**she**

through (sth) folhear (algo) rapidamente

flicker /'flɪkər/ ◆ *vi* tremeluzir: *a flickering light* uma luz tremulante ◆ *s* **1** (*luz*) tremulação **2** (*fig*) vislumbre

flight /flaɪt/ *s* **1** vôo **2** fuga **3** (*aves*) bando **4** (*escadas*) lance LOC **to take (to) flight** fugir

flight attendant *s* comissário, -a de bordo

flimsy /'flɪmzi/ *adj* (**-ier, -iest**) **1** (*tecido*) fino **2** (*objeto, desculpa*) fraco

flinch /flɪntʃ/ *vi* **1** retroceder **2** ~ **from sth/from doing sth** esquivar-se diante de algo/fazer algo

fling /flɪŋ/ ◆ *vt* (*pret, pp* flung /flʌŋ/) **1** ~ **sth (at sth)** arrojar, lançar algo (contra algo): *She flung her arms around him.* Ela jogou os braços ao redor do pescoço dele. **2** empurrar/jogar algo (com força): *He flung open the door.* Ele abriu a porta de um só golpe. LOC *Ver* CAUTION ◆ *s* **1** farra **2** aventura amorosa

flint /flɪnt/ *s* **1** pederneira **2** pedra (*de isqueiro*)

flip /flɪp/ (**-pp-**) **1** *vt* lançar: *to flip a coin* tirar cara ou coroa **2** *vt, vi* ~ (**sth**) (**over**) virar (algo) **3** *vi* (*coloq*) ficar uma fera

flippant /'flɪpənt/ *adj* irreverente, frívolo

flirt /flɜːrt/ ◆ *vi* flertar ◆ *s* namorador, namoradeira: *He's a terrible flirt.* Ele é um terrível namorador.

flit /flɪt/ *vi* (**-tt-**) esvoaçar

float /floʊt/ ◆ **1** *vi* flutuar **2** *vi* (*nadador*) boiar **3** *vt* (*barco*) fazer flutuar **4** *vt* (*projeto, idéia*) propor ◆ *s* **1** bóia **2** flutuador **3** (*carnaval*) carro alegórico

flock /flɑk/ ◆ *s* **1** rebanho (*de ovelhas, cabras*) **2** bando (*de aves, pessoas*) ◆ *vi* **1** agrupar-se **2** ~ **into/to sth** ir em bando a algo

flog /flɑg/ *vt* (**-gg-**) **1** açoitar **2** ~ **sth (off)** (**to sb**) (*GB, coloq*) vender algo (a alguém) LOC **to flog a dead horse** esforçar-se por nada

flood /flʌd/ ◆ *s* **1** inundação **2 the Flood** (*Relig*) o Dilúvio **3** (*fig*) jorro, enxurrada ◆ *vt, vi* inundar(-se) PHR V **to flood in** chegar em enormes quantidades

flooding /'flʌdɪŋ/ *s* [*não contável*] inundação, inundações

floodlight /'flʌdlaɪt/ ◆ *s* holofote ◆ *vt* (*pret, pp* floodlighted *ou* floodlit /-lɪt/) iluminar com holofote

floor /flɔːr/ ◆ *s* **1** assoalho: *on the floor* no chão **2** andar, piso **3** (*mar, vale*) fundo ◆ *vt* **1** (*oponente*) derrubar ao chão **2** (*coloq, fig*) confundir, derrotar

floorboard /'flɔːrbɔːrd/ *s* tábua (*de assoalho*)

flop /flɑp/ ◆ *s* (*coloq*) fracasso ◆ *vi* (**-pp-**) **1** despencar **2** (*coloq*) (*obra, negócio*) fracassar

floppy /'flɑpi/ *adj* (**-ier, -iest**) **1** frouxo, flexível **2** (*orelhas*) caído

floppy disk (*tb* floppy, diskette) *s* disquete ☞ *Ver ilustração em* COMPUTADOR

flora /'flɔːrə/ *s* [*pl*] flora

floral /'flɔːrəl/ *adj* floral: *floral tribute* coroa de flores

florist /'flɔːrɪst/; *GB* 'flɒr-/ *s* florista **florist's** *s* floricultura

flounder /'flaʊndər/ *vi* **1** vacilar **2** atrapalhar-se **3** debater-se **4** mover-se com dificuldade

flour /'flaʊər/ *s* farinha

flourish /'flɜːrɪʃ/ ◆ **1** *vi* prosperar, florescer **2** *vt* (*arma*) brandir ◆ *s* floreio: *a flourish of the pen* um floreio da caneta

flow /floʊ/ ◆ *s* **1** fluxo **2** corrente **3** circulação **4** escoamento ◆ *vi* (*pret, pp* -ed) **1** (*lit e fig*) fluir: *to flow into the sea* desaguar no mar **2** circular **3** deslizar **4** (*maré*) subir LOC *Ver* EBB PHR V **to flow in/out**: *Is the tide flowing in or out?* A maré está subindo ou baixando? **to flow in/into sth** chegar a algo num fluxo contínuo

flower /'flaʊər/ ◆ *s* flor ☞ *Comparar com* BLOSSOM ◆ *vi* florescer, dar flores

flower bed *s* canteiro (*de flores*)

flowering /'flaʊərɪŋ/ ◆ *s* florescimento ◆ *adj* que dá flores

flowerpot /'flaʊərpɑt/ *s* vaso de (plantar) flores

flown *pp de* FLY

flu /fluː/ *s* [*não contável*] (*coloq*) gripe

fluctuate /'flʌktʃueɪt/ *vi* ~ (**between...**) flutuar, variar (entre...)

fluent /'fluːənt/ *adj* **1** (*Ling*): *She's fluent in Russian.* Ela fala russo com fluência. ◊ *She speaks fluent French.* Ela domina o francês. **2** (*orador*) eloqüente **3** (*estilo*) articulado

i:	i	ɪ	e	æ	ɑ	ʌ	ʊ	u:
see	happy	sit	ten	hat	cot	cup	put	too

fluff /flʌf/ s **1** felpa: *a piece of fluff* uma felpa **2** penugem **fluffy** adj (-ier, -iest) **1** peludo, felpudo, coberto de penugem **2** fofo, macio

fluid /'fluːɪd/ ◆ adj **1** fluido, líquido **2** (*plano*) flexível **3** (*situação*) variável, instável **4** (*estilo, movimento*) gracioso, solto ◆ s **1** líquido **2** (*Quím, Biol*) fluido

fluke /fluːk/ s (*coloq*) (golpe de) sorte

flung pret, pp de FLING

flunk /flʌŋk/ vt (*coloq*), (*Educ*) ser reprovado, reprovar

flurry /'flɜːri/ s (*pl* -ies) **1** (*vento*) rajada **2** (*chuva*) pancada **3** (*neve*) nevada **4** ~ **(of sth)** (*de atividade, emoção*) onda (de algo)

flush /flʌʃ/ ◆ s (*de calor*) rubor: *hot flushes* ondas de calor ◆ **1** vi ruborizar-se **2** vt (*vaso sanitário*) dar descarga

fluster /'flʌstər/ vt aturdir: *to get flustered* ficar nervoso

flute /fluːt/ s flauta

flutter /'flʌtər/ ◆ **1** vi (*pássaros*) esvoaçar, inquietar-se **2** vt, vi (*asas*) agitar(-se), bater(-se) **3** vi (*cortina, bandeira, etc.*) tremular **4** vt (*objeto*) agitar ◆ s **1** (*asas*) bater **2** (*cílios*) pestanejar **3** *all of a/in a flutter* numa grande agitação

fly /flaɪ/ ◆ s (*pl* flies) **1** mosca **2** (*GB* flies [*pl*]) braguilha ◆ (*pret* flew /fluː/ *pp* flown /floʊn/) **1** vi voar: *to fly away/off* sair voando **2** vi (*pessoa*) ir/viajar de avião: *to fly in/out/back* chegar/partir/voltar de avião **3** vt (*avião*) pilotar **4** vt (*passageiros, carga*) transportar (de avião) **5** vi ir rápido: *I must fly.* Eu tenho de correr. **6** vi (*repentinamente*): *The wheel flew off.* A roda saiu em disparada. ◊ *The door flew open.* A porta abriu-se de repente. **7** vi (*flutuar no ar*) estar solto no ar **8** vt (*bandeira*) hastear **9** vt (*pipa, papagaio*) soltar LOC **to fly high** ir longe *Ver tb* CROW, LET¹, TANGENT PHR V **to fly at sb** lançar-se sobre alguém

flying /'flaɪɪŋ/ ◆ s vôo, aviação: *flying lessons* aulas de vôo ◆ adj voador

flying saucer s disco voador

flying start s LOC **to get off to a flying start** começar bem

flyover /'flaɪoʊvər/ (*USA* overpass) s viaduto

foal /foʊl/ s potro ☞ *Ver nota em* POTRO

foam /foʊm/ ◆ s **1** espuma **2** (*tb* foam rubber) espuma (de enchimento) ◆ vi espumar

focus /'foʊkəs/ ◆ s (*pl* ~es *ou* foci /'foʊsaɪ/) foco LOC **to be in focus/out of focus** estar enfocado/desfocado ◆ (-s- *ou* -ss-) **1** vt, vi enfocar **2** vt ~ **sth on sth** concentrar algo em algo LOC **to focus your attention/mind on sth** concentrar-se em algo

fodder /'fɑdər/ s forragem

foetus (*USA* fetus) /'fiːtəs/ s feto

fog /fɔːg; *GB* fɒg/ ◆ s neblina ☞ *Comparar com* HAZE, MIST ◆ vi (-gg-) (*tb* to fog up) embaçar(-se)

foggy /'fɔːgi; *GB* 'fɒgi/ adj (-ier, -iest) nevoento: *a foggy day* um dia de neblina

foil /fɔɪl/ ◆ s lâmina/folha (de metal): *aluminum foil* papel-alumínio ◆ vt frustrar

fold /foʊld/ ◆ **1** vt, vi dobrar(-se), fechar(-se) **2** vi (*coloq*) (*empresa, negócio*) fechar **3** vi (*coloq*) (*peça de teatro*) sair de cartaz LOC **to fold your arms** cruzar os braços PHR V **to fold (sth) back/down/up** dobrar/fechar algo ◆ s **1** prega, dobra **2** cercado

folder /'foʊldər/ s pasta (*Informát, etc.*)

folding /'foʊldɪŋ/ adj dobrável ☞ Utiliza-se somente antes de um substantivo: *a folding table/bed* uma mesa/cama dobrável

folk /foʊk/ ◆ s **1** pessoas: *country folk* gente do campo/interior **2** folks [*pl*] (*coloq*) pessoal **2** folks [*pl*] (*coloq*) pais, parentes ◆ adj folclórico, popular

follow /'fɑloʊ/ vt, vi **1** seguir, acompanhar **2** (*explicação*) entender **3** ~ **(from sth)** resultar, ser a conseqüência (de algo) LOC **as follows** o seguinte **to follow the crowd** ir com/acompanhar a maioria PHR V **to follow on** seguir: *to follow on from sth* ser uma conseqüência de algo **to follow sth through** prosseguir com algo até o fim **to follow sth up** complementar algo, acompanhar algo

follower /'fɑloʊər/ s seguidor, -ora

following /'fɑloʊɪŋ/ ◆ adj seguinte ◆ s **1 the following** [*v sing ou pl*] o seguinte **2** seguidores ◆ prep após: *following the burglary* depois do roubo

follow-up /'fɑloʊ ʌp/ s continuação

fond /fɑnd/ adj (-er, -est) **1** [*diante de substantivo*] carinhoso: *fond memories* lembranças queridas ◊ *a fond smile* um sorriso carinhoso **2 to be ~ of sb** ter carinho por alguém **3 to be ~ of (doing) sth** gostar muito de (fazer) algo **4** (*esperança*) ingênuo

fondle /ˈfɒndl/ *vt* acariciar

food /fuːd/ *s* alimento, comida LOC (**to give sb) food for thought** (dar a alguém) algo em que pensar

food processor *s* processador de alimentos

foodstuffs /ˈfuːdstʌfs/ *s* [*pl*] gêneros alimentícios

fool /fuːl/ ◆ *s* (*pej*) bobo, idiota LOC **to act/play the fool** fazer-se de bobo **to be no fool** não ser (nenhum) bobo **to be nobody's fool** não ser (nenhum) bobo **to make a fool of yourself/sb** fazer papel/alguém de bobo ◆ **1** *vi* brincar, gracejar **2** *vt* enganar PHR V **to fool around/about** perder tempo: *Stop fooling about with that knife!* Pare de brincar com essa faca!

foolish /ˈfuːlɪʃ/ *adj* **1** bobo **2** ridículo

foolproof /ˈfuːlpruːf/ *adj* infalível

foot /fʊt/ ◆ *s* **1** (*pl* **feet** /fiːt/) pé: *at the foot of the stairs* ao pé das escadas **2** (*pl* **feet** *ou* **foot**) (*abrev* **ft.**) (*unidade de comprimento*) pé (*30,48 centímetros*) ☞ *Ver Apêndice 1.* LOC **on foot** a pé **to fall/land on your feet** safar-se de uma situação difícil (por sorte) **to put your feet up** descansar **to put your foot down** bater o pé (contra algo) **to put your foot in it** dar um fora *Ver tb* COLD, FIND, SWEEP ◆ *vt* LOC **to foot the bill (for sth)** pagar a conta (de algo)

football /ˈfʊtbɔːl/ *s* **1** futebol americano **2** bola (de futebol americano)

football player *s* jogador, -ora de futebol americano

footing /ˈfʊtɪŋ/ *s* [*não contável*] **1** equilíbrio: *to lose your footing* perder o equilíbrio **2** (*fig*) situação: *on an equal footing* em igualdade de condições

footnote /ˈfʊtnəʊt/ *s* nota de rodapé

footpath /ˈfʊtpæθ/ GB -pɑːθ/ *s* trilha, caminho para pedestres: *public footpath* caminho público

footprint /ˈfʊtprɪnt/ *s* [*ger pl*] pegada

footstep /ˈfʊtstep/ *s* pisada, passo

footwear /ˈfʊtweər/ *s* [*não contável*] calçados

for /fər, fɔːr/ ◆ *prep* **1** para: *a letter for you* uma carta para você ◊ *What's it for?* Para que é isso? ◊ *the train for Glasgow* o trem para Glasgow ◊ *It's time for supper.* Está na hora de jantar. **2** por: *What can I do for you?* O que posso fazer por você? ◊ *to fight for your country* lutar por seu país **3** (*em expressões temporais*) durante, por: *They are going for a month.* Eles estão indo por um mês. ◊ *How long are you here for?* Por quanto tempo você vai ficar aqui? ◊ *I haven't seen him for two days.* Eu não o vejo há dois dias.

For ou **since**? Quando **for** se traduz por "há, faz", pode ser confundido com **since**, "desde". As duas palavras são utilizadas para expressar o tempo que dura a ação do verbo, mas **for** especifica a duração da ação e **since** o início da dita ação: *I've been living here for three months.* Moro aqui há três meses. ◊ *I've been living here since August.* Moro aqui desde agosto. Note que em ambos os casos utilizamos o "present perfect" do inglês, nunca o presente. *Ver tb nota em* AGO

4 [*com infinitivo*]: *There's no need for you to go.* Você não precisa ir. ◊ *It's impossible for me to do it.* É impossível para mim fazê-lo. **5** (*outros usos*): *I for Irene* (GB) I de ilha ◊ *for miles and miles* por milhas e milhas ◊ *What does he do for a job?* Com o que ele trabalha? LOC **for all**: *for all his wealth* apesar de toda a sua riqueza **to be for/against sth** ser/estar a favor/contra algo **to be for it** (GB, *coloq*): *He's for it now!* Agora ele está frito! ☞ Para o uso de **for** em PHRASAL VERBS, *ver* as verbetes do verbo, p.ex. **to look for** em LOOK. ◆ *conj* (*formal, antiquado*) visto que

forbade (*tb* **forbad**) *pret de* FORBID

forbid /fərˈbɪd/ *vt* (*pret* **forbade** /fərˈbæd, -ˈbeɪd; GB fəˈbæd/ *ou* **forbad** *pp* **forbidden** /fərˈbɪdn/) ~ **sb to do sth** proibir alguém de fazer algo: *It is forbidden to smoke.* É proibido fumar. ◊ *They forbade them from entering.* Eles proibiram a entrada deles. **forbidding** *adj* imponente, amedrontador

force /fɔːrs/ ◆ *s* (*lit e fig*) força: *the armed forces* as forças armadas LOC **by force** à força **in force** em vigor: *to be in/come into force* estar/entrar em vigor ◆ *vt* ~ **sb/sth (to do sth)** forçar, obrigar alguém/algo (a fazer algo) PHR V **to force sth on sb** forçar/impor algo a alguém

forcible /'fɔːrsəbl/ *adj* **1** à força **2** convincente **forcibly** *adv* **1** à força **2** energicamente

ford /fɔːrd/ ◆ *s* vau ◆ *vt* vadear

fore /fɔːr/ ◆ *adj* dianteiro, anterior ◆ *s* proa LOC **to be/come to the fore** destacar-se

forearm /'fɔːrɑrm/ *s* antebraço

forecast /'fɔːrkæst; GB -kɑːst/ ◆ *vt* (*pret, pp* **forecast** *ou* **forecasted**) prognosticar, prever ◆ *s* prognóstico, previsão

forefinger /'fɔːrfɪŋɡər/ *s* (dedo) indicador

forefront /'fɔːrfrʌnt/ *s* LOC **at/in the forefront of sth** à frente de algo

foreground /'fɔːrɡraʊnd/ *s* primeiro plano

forehead /'fɔːrhed, -ɪd; GB 'fɒrɪd/ *s* (*Anat*) testa

foreign /'fɔːrən; GB 'fɒr-/ *adj* **1** estrangeiro **2** exterior: *foreign exchange* câmbio exterior ◊ *Foreign Office/Secretary* (GB) Ministério/Ministro das Relações Exteriores **3** (*formal*) ~ **to sb/sth** alheio, estranho a alguém/algo

foreigner /'fɔːrənər; GB 'fɒrənə(r)/ *s* estrangeiro, -a

foremost /'fɔːrmoʊst/ ◆ *adj* mais importante, principal ◆ *adv* principalmente

forerunner /'fɔːrʌnər/ *s* precursor, -ora

foresee /fɔːr'siː/ *vt* (*pret* **foresaw** /fɔːr'sɔː/ *pp* **foreseen** /fɔːr'siːn/) prever **foreseeable** *adj* previsível LOC **for/in the foreseeable future** em um futuro próximo

foresight /'fɔːrsaɪt/ *s* previsão

forest /'fɔːrɪst; GB 'fɒr-/ *s* floresta: *rainforest* floresta equatorial/tropical

foretell /fɔːr'tel/ *vt* (*pret, pp* **foretold** /fɔː'toʊld/) (*formal*) profetizar

forever /fə'revər/ *adv* **1** (GB **for ever**) para sempre **2** constantemente: *It takes her forever to get dressed.* Ela leva uma eternidade para se vestir.

foreword /'fɔːrwɜːrd/ *s* prefácio

forgave *pret de* FORGIVE

forge /fɔːrdʒ/ ◆ *s* forja, ferraria ◆ *vt* **1**

(*metal*) forjar **2** (*dinheiro*) falsificar **3** (*relacionamento, laços*) estabelecer PHR V **to forge ahead** progredir com rapidez

forgery /'fɔːrdʒəri/ *s* (*pl* **-ies**) falsificação

forget /fər'ɡet/ (*pret* **forgot** /fər'ɡɑt/ *pp* **forgotten** /fər'ɡɑtn/) **1** *vt, vi* ~ **(sth/to do sth)** esquecer(-se) (de algo/fazer algo): *He forgot to pay me.* Ele se esqueceu de me pagar. **2** *vt* deixar de pensar em, esquecer LOC **not forgetting …** sem esquecer de… PHR V **to forget about sb/sth 1** esquecer alguém/algo **2** esquecer-se de alguém/algo **forgetful** *adj* **1** esquecido **2** descuidado

forgive /fər'ɡɪv/ *vt* (*pret* **forgave** /fər'ɡeɪv/ *pp* **forgiven** /fər'ɡɪvn/) perdoar: *Forgive me for interrupting.* Perdoe-me por interromper. **forgiveness** *s* perdão: *to ask (for) forgiveness (for sth)* pedir perdão (por algo) **forgiving** *adj* clemente

forgot *pret de* FORGET

forgotten *pp de* FORGET

fork /fɔːrk/ ◆ *s* **1** garfo **2** (*Agric*) forcado **3** bifurcação ◆ *vi* **1** (*estrada, rio*) bifurcar-se **2** (*pessoa*): *to fork left* virar à esquerda PHR V **to fork out (for/on sth)** (*coloq*) soltar grana para algo

form /fɔːrm/ ◆ *s* **1** forma: *in the form of sth* na forma de algo **2** formulário: *tax form* formulário de imposto (de renda) ◊ *application form* formulário de inscrição/solicitação **3** formalidades: *as a matter of form* por formalidade **4** (GB, *Educ*) série: *in the first form* na primeira série LOC **in/off form** em forma/fora de forma *Ver tb* SHAPE ◆ **1** *vt* formar, constituir: *to form an idea (of sb/sth)* formar uma idéia (de alguém/algo) **2** *vi* formar-se

formal /'fɔːrml/ *adj* **1** (*maneiras*) cerimonioso **2** (*comida, roupa*) formal **3** (*declaração*) oficial **4** (*formação*) convencional

formality /fɔːr'mæləti/ *s* (*pl* **-ies**) **1** formalidade, cerimônia **2** trâmite: *legal formalities* formalidades legais

formally /'fɔːrməli/ *adv* **1** oficialmente **2** formalmente

format /'fɔːrmæt/ *s* formato

formation /fɔːr'meɪʃn/ *s* formação

former /'fɔːrmər/ ◆ *adj* **1** anterior, prévio: *the former champion* o campeão anterior **2** antigo: *in former times* em

tʃ	dʒ	v	θ	ð	s	z	ʃ
chin	**June**	**van**	**thin**	**then**	**so**	**zoo**	**she**

tempos passados **3** primeiro (*de duas coisas mencionadas*): *the former option* a primeira opção ◆ **the former** *pron* aquilo, aquele, -la, -les, -las: *The former was much better than the latter.* Aquele era muito melhor que este. ☞ *Comparar com* LATTER

formerly /'fɔːrmərli/ *adv* **1** anteriormente **2** antigamente

formidable /'fɔːrmɪdəbl/ *adj* **1** extraordinário, formidável **2** (*tarefa*) tremendo

formula /'fɔːrmjələ/ *s* (*pl* ~s *uso científico* **-lae** /'fɔːrmjʊliː/) fórmula

forsake /fər'seɪk/ *vt* (*pret* **forsook** /fər'sʊk/ *pp* **forsaken** /fər'seɪkən/) **1** (*formal*) ~ **sth** renunciar a algo **2** abandonar

fort /fɔːrt/ *s* fortificação, forte

forth /fɔːrθ/ *adv* (*formal*) para frente/diante: *from that day forth* daquele dia em diante LOC **and (so on and) so forth** e assim por diante *Ver tb* BACK¹

forthcoming /ˌfɔːrθ'kʌmɪŋ/ *adj* **1** vindouro, próximo: *the forthcoming election* as próximas eleições **2** disponível ☞ Não é utilizado antes de substantivo: *No offer was forthcoming.* Não havia nenhuma oferta. **3** (*pessoa*) prestativo ☞ Não é utilizado antes de substantivo.

forthright /'fɔːrθraɪt/ *adj* **1** (*pessoa*) direto **2** (*oposição*) enérgico

fortieth *Ver* FORTY

fortification /ˌfɔːrtɪfɪ'keɪʃn/ *s* fortalecimento, fortificação

fortify /'fɔːrtɪfaɪ/ *vt* (*pret, pp* **fortified**) **1** fortificar **2** ~ **sb/yourself** fortalecer(-se)

fortnight /'fɔːrtnaɪt/ *s* (*GB*) quinzena: *a fortnight today* daqui a quinze dias

fortnightly /'fɔːrtnaɪtli/ ◆ *adj* (*GB*) quinzenal ◆ *adv* a cada quinze dias, quinzenalmente

fortress /'fɔːrtrəs/ *s* fortaleza

fortunate /'fɔːrtʃənət/ *adj* afortunado: *to be fortunate* ter sorte **fortunately** *adv* felizmente

fortune /'fɔːrtʃən/ *s* **1** fortuna: *to be worth a fortune* valer uma fortuna **2** sorte LOC *Ver* SMALL

forty /'fɔːrti/ *adj, pron, s* quarenta ☞ *Ver exemplos em* FIFTY, FIVE **fortieth 1** *adj, pron* quadragésimo **2** *s* quadragésima parte, quarenta avos ☞ *Ver exemplos em* FIFTH

forward /'fɔːrwərd/ ◆ *adj* **1** para frente **2** dianteiro: *a forward position* uma posição avançada **3** para o futuro: *forward planning* planejamento para o futuro **4** atrevido ◆ *adv* **1** (*tb* **forwards**) para frente, adiante **2** em diante: *from that day forward* daquele dia em diante LOC *Ver* BACKWARD(S) ◆ *vt* ~ **sth** (**to sb**) (*carta, encomenda*) remeter algo (a alguém): *please forward* por favor envie (para novo endereço) ◇ *forwarding address* endereço novo para onde se devem enviar as cartas ◆ *s* (*Esporte*) atacante

fossil /'fɑsl/ *s* fóssil

foster /'fɑstər/ *vt* **1** fomentar **2** acolher em uma família: *foster parents* pais de criação

fought *pret, pp de* FIGHT

foul /faʊl/ ◆ *adj* **1** (*água, linguagem*) sujo **2** (*comida, odor, sabor*) nojento **3** (*caráter, humor, tempo*) horrível ◆ *s* (*Esporte*) falta ◆ *vt* (*Esporte*) cometer uma falta contra PHR V **to foul sth up** estragar algo

foul play *s* **1** crime violento **2** (*Esporte*) jogo sujo

found¹ *pret, pp de* FIND

found² /faʊnd/ *vt* **1** fundar **2** fundamentar: *founded on fact* baseado em fatos

foundation /faʊn'deɪʃn/ *s* **1** fundação **2 the foundations** [*pl*] as fundações **3** fundamento **4** (*tb* **foundation cream**) (*maquiagem*) base

founder /'faʊndər/ *s* fundador, -ora

fountain /'faʊntn/; *GB* -tən/ *s* fonte, bebedouro

fountain pen *s* caneta-tinteiro

four /fɔːr/ *adj, pron, s* quatro ☞ *Ver exemplos em* FIVE

fourteen /ˌfɔːr'tiːn/ *adj, pron, s* quatorze ☞ *Ver exemplos em* FIVE **fourteenth 1** *adj* décimo quarto **2** *pron, adv* o(s) décimo(s) quarto(s), a(s) décima(s) quarta(s) **3** *s* décima quarta parte, quatorze avos ☞ *Ver exemplos em* FIFTH

fourth (*abrev* **4th**) /fɔːrθ/ ◆ *adj* quarto ◆ *pron, adv* o(s) quarto(s), a(s) quarta(s) ◆ *s* **1** quarto, quarta, quarta parte: *three fourths* três quartos **2 the fourth** o dia quatro **3** (*tb* **fourth gear**) quarta (marcha) ☞ *Ver exemplos em* FIFTH

fowl /faʊl/ *s* (*pl* **fowl** ou ~s) ave (*doméstica*)

iː	i	ɪ	e	æ	ɑ	ʌ	ʊ	uː
see	happy	sit	ten	hat	cot	cup	put	too

fox /fɑks/ s raposa

foyer /ˈfɔɪər; GB ˈfɔɪeɪ/ s hall de entrada

fraction /ˈfrækʃn/ s fração

fracture /ˈfræktʃər/ ◆ s fratura ◆ vt, vi fraturar(-se)

fragile /ˈfrædʒl; GB -dʒaɪl/ adj (lit e fig) frágil, delicado

fragment /ˈfrægmənt/ ◆ s fragmento, parte ◆ /frægˈment/ vt, vi fragmentar(-se)

fragrance /ˈfreɪɡrəns/ s fragrância, aroma, perfume

fragrant /ˈfreɪɡrənt/ adj aromático, fragrante

frail /freɪl/ adj frágil, fraco ☛ Aplica-se sobretudo a pessoas mais velhas ou enfermas.

frame /freɪm/ ◆ s 1 moldura 2 armação, estrutura 3 (óculos) armação LOC **frame of mind** estado de espírito ◆ vt 1 emoldurar 2 (pergunta, etc.) formular 3 (coloq) incriminar (pessoa inocente): I've been framed. Caí numa cilada.

framework /ˈfreɪmwɜːrk/ s 1 armação, estrutura 2 sistema, conjuntura

franc /fræŋk/ s (moeda) franco

frank /fræŋk/ adj franco, sincero

frantic /ˈfræntɪk/ adj frenético, desesperado

fraternal /frəˈtɜːrnl/ adj fraterno

fraternity /frəˈtɜːrnəti/ s (pl -ies) 1 fraternidade 2 irmandade, confraria, sociedade

fraud /frɔːd/ s 1 (delito) fraude 2 (pessoa) impostor, -ora

fraught /frɔːt/ adj 1 ~ with sth cheio, carregado de algo: fraught with danger cheio de perigo 2 preocupante, tenso

fray /freɪ/ vt, vi desgastar(-se), puir(-se), desfiar(-se)

freak /friːk/ s (coloq, pej) excêntrico, esquisitice

freckle /ˈfrekl/ s sarda **freckled** adj sardento

free /friː/ ◆ adj (freer /ˈfriːər/ freest /ˈfriːɪst/) 1 livre: free speech liberdade de expressão ◊ free will livre arbítrio ◊ to set sb free colocar alguém em liberdade ◊ to be free of/from sb/sth estar livre de alguém/algo 2 (sem prender) solto, livre 3 grátis, gratuito: free admission entrada grátis ◊ free of charge grátis 4 ~ with sth generoso com algo 5 (pej) atrevido: to be too free (with sb) tomar

liberdades (com alguém) LOC **feel free** sinta-se/esteja à vontade **free and easy** descontraído, informal **of your own free will** por vontade própria **to get, have, etc. a free hand** ter total liberdade, ter carta branca (para fazer algo) Ver tb HOME ◆ vt (pret, pp **freed**) 1 ~ sb/sth (from sth) libertar alguém/algo (de algo) 2 ~ sb/sth of/from sth livrar, eximir alguém/algo de algo 3 ~ sb/sth (from sth) soltar alguém/algo (de algo) ◆ adv grátis **freely** adv 1 livremente, copiosamente 2 generosamente

freedom /ˈfriːdəm/ s 1 ~ (of sth) liberdade (de algo): freedom of speech liberdade de expressão 2 ~ (to do sth) liberdade (para fazer algo) 3 ~ from sth imunidade contra algo

free-range /ˌfriː ˈreɪndʒ/ adj de galinha caipira: free-range eggs ovos de galinha caipira ☛ Comparar com BATTERY sentido 2

freeway /ˈfriːweɪ/ s (GB **motorway**) rodovia ☛ Ver nota em RODOVIA

freeze /friːz/ ◆ (pret **froze** /froʊz/ pp **frozen** /ˈfroʊzn/) 1 vt, vi gelar, congelar: I'm freezing! Estou morrendo de frio! ◊ freezing point ponto de solidificação 2 vt, vi (comida, preços, salários, fundos) congelar 3 vi paralisar(-se): Freeze! Não se mova! ◆ s 1 frio intenso (abaixo de zero) 2 (salários, preços) congelamento

freezer /ˈfriːzər/ (tb **deep-freeze**) s congelador

freight /freɪt/ s carga, frete

French fry (GB **chip**) s batata frita (à francesa) ☛ Ver ilustração em BATATA

French window (USA tb **French door**) s porta envidraçada

frenzied /ˈfrenzid/ adj frenético, enlouquecido

frenzy /ˈfrenzi/ s [ger sing] frenesi

frequency /ˈfriːkwənsi/ s (pl -ies) freqüência

frequent /ˈfriːkwənt/ ◆ adj freqüente ◆ /friˈkwent/ vt freqüentar

frequently /ˈfriːkwəntli/ adv com freqüência, freqüentemente ☛ Ver nota em ALWAYS

fresh /freʃ/ adj (-er, -est) 1 novo, outro 2 recente 3 (alimentos, ar, tempo) fresco 4 (água) doce LOC Ver BREATH **freshly** adv recém: freshly baked recém-saído do forno **freshness** s 1 frescor 2 novidade

freshen /ˈfreʃn/ **1** *vt* ~ **sth (up)** dar nova vida a algo **2** *vi* (*vento*) refrescar PHR V **to freshen (yourself) up** lavar(-se)

freshman /ˈfreʃmən/ *s* (*pl* **-men**) /-mən/ (*USA*) (*GB* **fresher**) calouro

freshwater /ˈfreʃˌwɔːtər/ *adj* de água doce

fret /fret/ *vi* (-tt-) ~ **(about/at/over sth)** ficar ansioso, preocupar-se (por algo)

friar /ˈfraɪər/ *s* frade

friction /ˈfrɪkʃn/ *s* **1** fricção, roçar **2** conflito, desavença

Friday /ˈfraɪdeɪ, ˈfraɪdi/ *s* (*abrev* **Fri**) sexta-feira ☛ *Ver exemplos em* MONDAY LOC **Good Friday** Sexta-feira Santa

fridge /frɪdʒ/ *s* (*coloq*) geladeira: *fridge-freezer* (*GB*) conjunto de geladeira e freezer

fried /fraɪd/ *pret*, *pp de* FRY ◆ *adj* frito

friend /frend/ *s* **1** amigo, -a, colega **2** ~ **of/to sth** amante de algo LOC **to be friends (with sb)** ser/tornar-se amigo (de alguém) **to have friends in high places** ter grandes contatos/pistolões **to make friends** fazer amigos **to make friends with sb** tornar-se amigo (de alguém)

friendly /ˈfrendli/ *adj* (-ier, -iest) **1** (*pessoa*) simpático, amável ☛ Note que **sympathetic** traduz-se por "compassivo, solidário, compreensivo". **2** (*relação*) amigável **3** (*conselho*) de amigo **4** (*gesto, palavras*) amável **5** (*ambiente, lugar*) acolhedor **6** (*jogo*) amistoso **friendliness** *s* simpatia, cordialidade

friendship /ˈfrendʃɪp/ *s* amizade

fright /fraɪt/ *s* susto: *to give sb/get a fright* dar um susto em alguém/levar um susto

frighten /ˈfraɪtn/ *vt* assustar, dar medo a **frightened** *adj* assustado: *to be frightened (of sb/sth)* ter medo (de alguém/algo) LOC *Ver* WIT **frightening** *adj* alarmante, aterrorizante

frightful /ˈfraɪtfl/ *adj* **1** horrível, espantoso **2** (*GB, coloq*) (*para enfatizar*): *a frightful mess* uma bagunça terrível **frightfully** *adv* (*GB, coloq*): *I'm frightfully sorry.* Sinto muitíssimo.

frigid /ˈfrɪdʒɪd/ *adj* frígido

frill /frɪl/ *s* **1** (*costura*) babado **2** [*ger pl*] (*fig*) adorno: *no frills* sem adornos

fringe /frɪndʒ/ ◆ *s* **1** (*GB*) (*USA* **bangs** [*pl*]) franja **2** franjas **3** (*fig*) margem ◆ *adj*: *fringe theater* teatro alternativo ◊ *fringe benefits* benefícios adicionais ◆ *vt* LOC **to be fringed by/with sth** estar cercado por algo

frisk /frɪsk/ **1** *vt* (*coloq*) revistar **2** *vi* saltar **frisky** *adj* saltitante, brincalhão

frivolity /frɪˈvɑləti/ *s* frivolidade

frivolous /ˈfrɪvələs/ *adj* frívolo

fro /froʊ/ *adv* LOC *Ver* TO

frock /frɑk/ *s* vestido

frog /frɔːg; *GB* frɒg/ *s* rã

from /frəm; *GB tb* frʌm/ *prep* **1** de (*procedência*): *from São Paulo to Washington* de São Paulo para Washington ◊ *I'm from New Zealand.* Sou da Nova Zelândia. ◊ *from bad to worse* de mal a pior ◊ *the train from London* o trem (procedente) de Londres ◊ *a present from a friend* um presente de um amigo ◊ *to take sth away from sb* tirar algo de alguém **2** (*tempo, situação*) desde: *from above/below* de cima/baixo ◊ *from time to time* de vez em quando ◊ *from yesterday* desde ontem ☛ *Ver nota em* SINCE **3** por: *from choice* (*GB*) (*USA* **by choice**) por escolha ◊ *from what I can gather* pelo que consigo entender **4** entre: *to choose from…* escolher entre… **5** de: *Wine is made from grapes.* Vinho é feito de uvas. **6** (*Mat*): *13 from 34 is/are 21.* 34 menos 13 são 21. LOC **from…on**: *from now on* de agora em diante ◊ *from then on* dali em diante/desde então ☛ Para o uso de **from** em PHRASAL VERBS, ver os verbetes dos verbos correspondentes, p.ex. **to hear from** em HEAR.

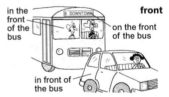

in the front of the bus

front

on the front of the bus

in front of the bus

front /frʌnt/ ◆ *s* **1 the** ~ **(of sth)** a frente, a parte dianteira (de algo): *If you can't see the board, sit at the front.* Se você não consegue enxergar o quadro-negro, sente-se na frente. ◊ *The number is shown on the front of the bus.* O número está escrito na parte da fren-

aɪ	aʊ	ɔɪ	ɪə	eə	ʊə	ʒ	h	ŋ
five	now	join	near	hair	pure	vision	how	sing

te do ônibus. **2 the front** (*Mil*) o fronte **3** fachada: *a front for sth* uma fachada para algo **4** terreno: *on the financial front* na área econômica ◆ *adj* (*roda, casa, etc.*) dianteiro, da frente ◆ *adv* LOC **in front** em frente: *the row in front* a fila da frente ☛ *Ver ilustração em* FRENTE **up front** (*coloq*) (*pagamento*) adiantado *Ver tb* BACK¹ ◆ *prep* LOC **in front of 1** diante de **2** ante ☛ Note que **em frente de** se traduz por **across from** ou **opposite** quando os objetos estão de frente um para o outro.

front cover *s* capa (*de livro, revista*)

front door *s* porta da frente/de entrada

frontier /ˈfrʌntɪər; *GB* ˈfrʌntɪə(r)/ *s* ~ (**with sth/between ...**) fronteira (com algo/entre ...) ☛ *Ver nota em* BORDER

front page *s* primeira página

front row *s* primeira fila

frost /frɔːst; *GB* frɒst/ ◆ *s* **1** geada **2** gelo (*da geada*) ◆ *vt, vi* cobrir com geada **frosty** *adj* (*-ier, -iest*) **1** gelado **2** coberto de geada **3** (*fig*) frio

froth /frɔːθ; *GB* frɒθ/ ◆ *s* espuma (*de cerveja, milk shake, etc.*) ◆ *vi* espumar

frown /fraʊn/ ◆ *s* carranca ◆ *vi* franzir as sobrancelhas/o cenho PHR V **to frown on/upon sth** desaprovar algo

froze *pret de* FREEZE

frozen *pp de* FREEZE

fruit /fruːt/ *s* **1** [*ger não contável*] fruta(s): *fruit and vegetables* frutas e legumes ◊ *tropical fruits* frutas tropicais **2** fruto: *the fruit(s) of your labors* o fruto de seu trabalho

fruitful /ˈfruːtfl/ *adj* frutífero, proveitoso

fruition /fruˈɪʃn/ *s* realização: *to come to fruition* realizar-se

fruitless /ˈfruːtləs/ *adj* infrutífero

frustrate /ˈfrʌstreɪt; *GB* frʌˈstreɪt/ *vt* frustrar, desbaratar

fry /fraɪ/ ◆ *vt, vi* (*pret, pp* **fried** /fraɪd/) fritar ◆ *s Ver* FRENCH FRY

frying pan /ˈfraɪɪŋ pæn/ (*USA tb* skillet) *s* frigideira ☛ *Ver ilustração em* SAUCEPAN LOC **out of the frying pan into the fire** sair da frigideira para o fogo

fuel /ˈfjuːəl/ *s* **1** combustível **2** estímulo

fugitive /ˈfjuːdʒətɪv/ *s* ~ (**from sb/sth**) fugitivo, -a (*de alguém/algo*)

fulfill (*GB* fulfil) /fʊlˈfɪl/ *vt* (**-ll-**) **1** (*promessa, dever*) cumprir **2** (*tarefa, função*) realizar **3** (*desejo, requisitos*) satisfazer

full /fʊl/ ◆ *adj* (**-er, -est**) **1** ~ (**of sth**) cheio (*de algo*) **2** ~ **of sth** tomado por algo **3** ~ (**up**) satisfeito (*depois de comer*): *I'm full up.* Estou satisfeito. **4** (*instruções, informações*) completo **5** (*discussões*) extenso **6** (*sentido*) amplo **7** (*investigação*) detalhado **8** (*roupa*) folgado LOC (**at) full blast** a toda (**at) full speed** a toda velocidade **full of yourself** (*pej*): *You're very full of yourself.* Você é muito cheio de si. **in full** detalhadamente, completamente **in full swing** em plena atividade **to come full circle** voltar ao ponto de partida **to the full** (*GB*) ao máximo ◆ *adv* **1** *full in the face* bem no rosto **2** muito: *You know full well that...* Você sabe muito bem que ...

full board *s* (*hotel*) pensão completa

full-length /ˌfʊl ˈleŋθ/ *adj* **1** (*espelho*) de corpo inteiro **2** (*roupa*) longa

full stop (*GB*) (*tb* full point, *USA* period) *s* ponto final (*Ortografia*) ☛ *Ver págs 298–9*

full-time /ˌfʊl ˈtaɪm/ *adj, adv* (de) período integral

fully /ˈfʊli/ *adv* **1** completamente **2** de todo **3** completo: *fully two hours* duas horas completas

fumble /ˈfʌmbl/ *vi* ~ (**with sth**) manusear desajeitadamente (algo)

fume /fjuːm/ ◆ *s* [*ger pl*] fumaça: *poisonous fumes* gases tóxicos ◆ *vi* estar furioso

fun /fʌn/ ◆ *s* diversão: *to have fun* divertir-se ◊ *to take the fun out of sth* tirar a graça/o prazer de algo LOC **to make fun of sb/sth** ridicularizar alguém/algo *Ver tb* POKE ◆ *adj* (*coloq*) divertido

function /ˈfʌŋkʃn/ ◆ *s* **1** função **2** cerimônia ◆ *vi* **1** funcionar **2** ~ **as sth** servir, fazer as vezes de algo

fund /fʌnd/ ◆ *s* **1** fundo (*de dinheiro*) **2** **funds** [*pl*] fundos ◆ *vt* financiar, subvencionar

fundamental /ˌfʌndəˈmentl/ ◆ *adj* ~ (**to sth**) fundamental (*para algo*) ◆ *s* [*ger pl*] fundamento(s)

funeral /ˈfjuːnərəl/ *s* **1** funeral, enterro: *funeral parlor* (casa) funerária ◊ *funeral director* agente funerário **2** cortejo fúnebre

tʃ	dʒ	v	θ	ð	s	z	ʃ
chin	**June**	**van**	**thin**	**then**	**so**	**zoo**	**she**

fungus /'fʌŋgəs/ s (pl -gi /-gaɪ, -dʒaɪ/ ou -guses /-gəsɪz/) fungo

funnel /'fʌnl/ ◆ s 1 funil 2 (de um barco, de uma locomotiva) chaminé ◆ vt (-l-, GB -ll-) canalizar, colocar com funil

funny /'fʌni/ adj (-ier, -iest) 1 engraçado, divertido 2 estranho, esquisito: funnily enough por estranho que pareça

fur /fɜːr/ s 1 pêlo (de animal) 2 pele: a fur coat um casaco de peles

furious /'fjʊəriəs/ adj 1 ~ (with sb/at sth) furioso (com alguém/algo) 2 (esforço, luta, tormenta) violento 3 (debate) acalorado **furiously** adv violentamente, furiosamente

furnace /'fɜːrnɪs/ s caldeira

furnish /'fɜːrnɪʃ/ vt 1 ~ sth (with sth) mobiliar algo (com algo): a furnished flat um apartamento mobiliado 2 ~ sb/sth with sth prover algo a alguém/algo **furnishings** s [pl] mobília

furniture /'fɜːrnɪtʃər/ s [não contável] mobília, móveis: a piece of furniture um móvel

furrow /'fʌrəʊ/ ◆ s sulco ◆ vt sulcar: a furrowed brow um rosto preocupado

furry /'fɜːri/ adj (-ier, -iest) 1 peludo 2 de/como pele

further /'fɜːðər/ ◆ adj 1 (tb farther) mais distante: Which is further? Qual é mais distante? 2 mais: until further notice até novo aviso ◊ for further details/ information... para mais detalhes/ informações... ◆ adv 1 (tb farther) mais distante: How much further is it to Oxford? Quanto falta para (chegar a) Oxford? 2 Além disso: Further to my letter... Em relação à minha carta... 3 mais: to hear nothing further não ter mais notícias LOC Ver AFIELD

Farther ou **further**? Ambos são formas comparativas de **far**, mas somente são sinónimos quando se referem a distâncias: Which is further/farther? Qual é mais distante?

furthermore /ˌfɜːrðə'mɔːr/ adv além disso

furthest /'fɜːrɪst/ adj, adv (superl de far) o mais distante: the furthest corner of Europe o ponto mais distante da Europa

fury /'fjʊəri/ s fúria, raiva

fuse /fjuːz/ ◆ s 1 fusível 2 pavio 3 (USA fuze) estopim, detonador ◆ 1 vi fundir(-se) 2 vi (fusível, lâmpada) queimar 3 vt ~ sth (together) soldar algo

fusion /'fjuːʒn/ s fusão

fuss /fʌs/ ◆ s [não contável] alvoroço, estardalhaço, preocupação exagerada LOC to make a fuss of/over sb/sth dar muita atenção a alguém/algo to make, kick up, etc. a fuss (about/over sth) fazer um escândalo/uma cena (por algo) ◆ vi 1 ~ (about) preocupar-se (com ninharias) 2 ~ over sb dar muita atenção a alguém

fussy /'fʌsi/ adj (-ier, -iest) 1 meticuloso 2 ~ (about sth) exigente (com algo)

futile /'fjuːtl; GB -taɪl/ adj inútil, fútil

future /'fjuːtʃər/ ◆ s futuro: in the near future num futuro próximo LOC in (the) future no futuro, de agora em diante Ver tb FORESEE ◆ adj futuro

fuze (USA) Ver FUSE

fuzzy /'fʌzi/ adj (-ier, -iest) 1 felpudo, peludo 2 borrado 3 (mente) confuso

Gg

G, g /dʒiː/ s (pl G's, g's /dʒiːz/) 1 G, g: G as in George G de gato ☛ Ver exemplos em A, A 2 (Mús) (nota) sol

gab /gæb/ s LOC Ver GIFT

gable /'geɪbl/ s empena

gadget /'gædʒɪt/ s aparelho, dispositivo

gag /gæg/ ◆ s 1 (lit e fig) mordaça 2 piada (de comediante) ◆ vt (-gg-) (lit e fig) amordaçar

gage (USA) Ver GAUGE

gaiety /'geɪəti/ s alegria

gain /geɪn/ ◆ s 1 ganho, lucro 2 aumento ◆ 1 vt ganhar, obter: to gain control

i:	i	ɪ	e	æ	ɑ	ʌ	ʊ	u:
see	happy	sit	ten	hat	cot	cup	put	too

obter controle **2** *vt* aumentar, subir, ganhar: *to gain two kilograms* engordar dois quilos ◊ *to gain speed* ganhar velocidade **3** *vi* ~ *(relógio)* adiantar(-se) PHR V **to gain on sb/sth** aproximar-se de alguém/algo

gait /geɪt/ *s* [*sing*] (modo de) andar, passo

galaxy /ˈgæləksi/ *s* (*pl* -ies) galáxia

gale /geɪl/ *s* **1** vendaval **2** (*no mar*) temporal

gallant /ˈgælənt/ *adj* **1** (*formal*) valente **2** (*arcaico*) /ˌɡəˈlænt/ galante **gallantry** *s* valentia

gallery /ˈgæləri/ *s* (*pl* -ies) **1** (*tb* **art gallery**) galeria de arte ☞ *Ver nota em* MUSEUM **2** (*lojas, Teat*) galeria

galley /ˈgæli/ *s* (*pl* -eys) **1** cozinha (*de avião ou barco*) **2** (*Náut*) galé

gallon /ˈgælən/ *s* (*abrev* **gall**) galão ☞ *Ver Apêndice 1.*

Um galão equivale a 3,8 litros nos Estados Unidos e 4,5 litros na Grã-Bretanha.

gallop /ˈgæləp/ ♦ *vt, vi* galopar ♦ *s* (*lit e fig*) galope

the gallows /ˈgæloʊz/ *s* a forca

gamble /ˈgæmbl/ ♦ *vt, vi* jogar (*a dinheiro*) PHR V **to gamble on (doing) sth** confiar/apostar em (fazer) algo, arriscar (fazer) algo ♦ *s* **1** jogada **2** (*fig*): *to be a gamble* ser arriscado **gambler** *s* jogador, -ora **gambling** *s* jogo (de azar)

game /geɪm/ ♦ *s* **1** jogo **2** (*futebol, tênis, etc.*) partida ☞ *Comparar com* MATCH² **3** (*cartas, xadrez*) partida **4 games** [*pl*] (*GB*) educação física **5** [*não contável*] caça (*carne*) LOC *Ver* FAIR, MUG ♦ *adj*: *Are you game?* Você topa?

gammon /ˈgæmən/ *s* (*GB*) [*não contável*] presunto defumado ☞ *Comparar com* BACON, HAM

gander *Ver* GOOSE

gang /gæŋ/ ♦ *s* **1** bando, quadrilha **2** turma ♦ PHR V **to gang up on sb** juntar-se contra alguém

gangster /ˈgæŋstər/ *s* gângster

gangway /ˈgæŋweɪ/ *s* **1** passadiço **2** (*GB*) corredor (*entre fileiras, etc.*)

gaol /dʒeɪl/ *Ver* JAIL

gap /gæp/ *s* **1** vão, fenda **2** espaço **3** (*tempo*) intervalo **4** (*fig*) separação, diferença **5** lacuna, vazio LOC *Ver* BRIDGE

gape /geɪp/ *vi* **1** ~ (**at sb/sth**) olhar boquiaberto (para alguém/algo) **2** abrir-se **gaping** *adj* enorme: *a gaping hole* um buraco enorme

garage /gəˈrɑːʒ, -ˈrɑdʒ; *GB* ˈgærɑːʒ, ˈgærɪdʒ/ *s* **1** garagem **2** oficina mecânica **3** posto de gasolina e borracheiro

garbage /ˈgɑrbɪdʒ/ *s* (*GB* **rubbish**) [*não contável*] **1** (*lit e fig*) lixo **2** (*fig*) besteira

garbage man (*GB* **dustman**) *s* lixeiro

garbled /ˈgɑrbld/ *adj* (*mensagem*) confuso

garden /ˈgɑrdn/ ♦ *s* jardim: *vegetable garden* horta ♦ *vi* trabalhar num jardim **gardener** *s* jardineiro, -a **gardening** *s* jardinagem

gargle /ˈgɑrgl/ *vi* fazer gargarejo

garish /ˈgeərɪʃ/ *adj* (*cor, roupa*) berrante

garland /ˈgɑrlənd/ *s* grinalda

garlic /ˈgɑrlɪk/ *s* [*não contável*] alho: *clove of garlic* dente de alho

garment /ˈgɑrmənt/ *s* (*formal*) traje

garnish /ˈgɑrnɪʃ/ ♦ *vt* decorar, enfeitar (*pratos, comida*) ♦ *s* guarnição (*de um prato*)

garrison /ˈgærɪsn/ *s* [*v sing ou pl*] guarnição (*militar*)

gas /gæs/ ♦ *s* (*pl* ~es) **1** gás: *gas mask* máscara contra gases **2** (*GB* **petrol**) (*coloq*) gasolina ♦ *vt* (-ss-) asfixiar com gás

gash /gæʃ/ *s* ferida profunda

gasoline /ˈgæsəliːn/ *s* (*GB* **petrol**) gasolina

gasp /gæsp; *GB* gɑːsp/ ♦ **1** *vi* dar um grito sufocado **2** *vi* arfar: *to gasp for air* fazer esforço para respirar **3** *vt* ~ **sth (out)** dizer algo com voz entrecortada ♦ *s* arfada, grito sufocado

gas station *s* (*GB* **petrol station**) posto de gasolina

gate /geɪt/ *s* **1** portão, porteira, cancela **2** (*futebol, etc.*) arrecadação, público

gatecrash /ˈgeɪtkræʃ/ *vt, vi* entrar de penetra **gatecrasher** *s* penetra

gateway /ˈgeɪtweɪ/ *s* **1** entrada, porta **2** ~ **to sth** (*fig*) passaporte para algo

gather /ˈgæðər/ **1** *vi* juntar-se, reunir-se **2** *vi* (*multidão*) formar-se **3** *vt* ~ **sb/sth** (**together**) reunir/juntar alguém/algo **4** *vt* (*flores, frutas*) colher

u	ɔː	ɜː	ə	j	w	eɪ	oʊ
sit**u**ation	s**aw**	f**ur**	**a**go	**y**es	**w**oman	p**ay**	h**o**me

5 *vt* deduzir, compreender **6** *vt* ~ **sth (in)** (*costura*) franzir algo **7** *vt* (*velocidade*) ganhar PHR V **to gather around** aproximar-se **to gather around sb/sth** agrupar-se em torno de alguém/algo **to gather sth up** recolher algo **gathering** *s* encontro

gaudy /'gɔːdi/ *adj* (**-ier, -iest**) (*pej*) espalhafatoso, chamativo

gauge (USA *tb* **gage**) /geɪdʒ/ ◆ *s* **1** medida **2** (*ferrovia*) bitola **3** medidor ◆ *vt* **1** medir, calcular **2** julgar

gaunt /gɔːnt/ *adj* abatido

gauze /gɔːz/ *s* gaze

gave *pret de* GIVE

gay /geɪ/ ◆ *adj* **1** homossexual **2** (*antiquado*) alegre ◆ *s* homossexual

gaze /geɪz/ ◆ *vi* ~ (**at sb/sth**) contemplar fixamente (alguém/algo): *They gazed into each other's eyes.* Eles se olharam fixamente nos olhos. ◆ *s* [*sing*] olhar intenso

GCSE /ˌdʒiː siː es 'iː/ *abrev* (GB) General Certificate of Secondary Education diploma de segundo-grau britânico

gear /gɪər/ ◆ *s* **1** equipamento: *camping gear* equipamento de camping **2** (*automóvel*) marcha, velocidade: *out of gear* em ponto morto ◊ *to change gear* trocar de marcha *Ver tb* REVERSE **3** (*Mec*) engrenagem ◆ PHR V **to gear sth to/towards sth** adaptar algo a algo, voltar algo para algo **to gear (sb/sth) up (for/to do sth)** preparar (alguém/algo) (para algo/para fazer algo)

gearbox /'gɪəbɒks/ *s* caixa de câmbio

geese *plural de* GOOSE

gem /dʒem/ *s* **1** pedra preciosa **2** (*fig*) jóia

Gemini /'dʒemɪnaɪ/ *s* Gêmeos ☛ *Ver exemplos em* AQUARIUS

gender /'dʒendər/ *s* **1** (*Gram*) gênero **2** classificação sexual

gene /dʒiːn/ *s* gene

general /'dʒenrəl/ ◆ *adj* geral: *as a general rule* de modo geral ◊ *the general public* o público/as pessoas em geral LOC **in general** em geral ◆ *s* general

general election *s* eleições gerais

generalize, -ise /'dʒenrəlaɪz/ *vi* ~ (**about sth**) generalizar (sobre algo) **generalization, -isation** *s* generalização

generally /'dʒenrəli/ *adv* geralmente, em geral: *generally speaking...* em termos gerais...

general practice *s* (GB) clínica geral

general practitioner *s* (*abrev* GP) (GB) clínico geral

general-purpose /ˌdʒenrəl 'pɜːrpəs/ *adj* de uso geral

generate /'dʒenəreɪt/ *vt* gerar **generation** *s* **1** geração: *the older/younger generation* a geração mais velha/jovem ◊ *the generation gap* o conflito de gerações **2** produção (*de eletricidade, etc.*)

generator /'dʒenəreɪtər/ *s* gerador

generosity /ˌdʒenə'rɒsəti/ *s* generosidade

generous /'dʒenərəs/ *adj* **1** (*pessoa, presente*) generoso **2** (*porção*) abundante: *a generous helping* uma porção generosa

genetic /dʒə'netɪk/ *adj* genético **genetics** *s* [*sing*] genética

genial /'dʒiːniəl/ *adj* afável ☛ *Comparar com* BRILLIANT[2]

genital /'dʒenɪtl/ *adj* genital **genitals** (*tb* **genitalia** /ˌdʒenɪ'teɪliə/) *s* [*pl*] (*formal*) genitália

genius /'dʒiːniəs/ *s* (*pl* **geniuses**) gênio: *to have a genius for sth* ter talento para algo

genocide /'dʒenəsaɪd/ *s* genocídio

gent /dʒent/ *s* **1 the Gents** [*sing*] (GB, *coloq*) banheiro público masculino **2** (*coloq, hum*) cavalheiro

genteel /dʒen'tiːl/ *adj* (*pej*) refinado **gentility** /dʒen'tɪləti/ *s* (*aprov, ironia*) fineza

gentle /'dʒentl/ *adj* (**-er, -est**) **1** (*pessoa, caráter*) amável, benévolo **2** (*brisa, carícia, exercício*) suave **3** (*animal*) manso **4** (*declive, descida, toque*) suave **gentleness** *s* **1** amabilidade **2** suavidade **3** mansidão **gently** *adv* **1** suavemente **2** (*fritar*) em fogo brando **3** (*persuadir*) aos poucos

gentleman /'dʒentlmən/ *s* (*pl* **-men** /-mən/) cavalheiro *Ver tb* LADY

genuine /'dʒenjuɪn/ *adj* **1** (*quadro*) autêntico **2** (*pessoa*) sincero

geography /dʒi'ɒɡrəfi/ *s* geografia **geographer** /dʒi'ɒɡrəfər/ *s* geógrafo, -a **geographical** /ˌdʒiːə'ɡræfɪkl/ *adj* geográfico

geology /dʒi'ɒlədʒi/ *s* geologia **geo-**

aɪ	aʊ	ɔɪ	ɪə	eə	ʊə	ʒ	h	ŋ
five	now	join	near	hair	pure	vision	how	sing

logical /dʒɪəˈlɒdʒɪkl/ *adj* geológico

geologist /dʒiˈɒlədʒɪst/ *s* geólogo, -a

geometry /dʒiˈɒmətri/ *s* geometria

geometric /dʒiːəˈmetrɪk/ (*tb* **geometrical** /-ɪkl/) *adj* geométrico

geriatric /ˌdʒeriˈætrɪk/ *adj*, *s* geriátrico, -a

germ /dʒɜːm/ *s* germe, micróbio

gesture /ˈdʒestʃər/ ◆ *s* gesto: *a gesture of friendship* um gesto de amizade ◆ *vi* fazer um gesto, indicar com um gesto

get /get/ (*-tt-*) (*pret* **got** /gɒt/ *GB* **got**/*pp* **gotten** /ˈgɒtn/ *GB* **got**)

● **to get + n/pron** *vt* receber, obter, conseguir: *to get a shock* levar um susto ◇ *to get a letter* receber uma carta ◇ *How much did you get for your car?* Quanto você conseguiu pelo seu carro? ◇ *She gets bad headaches.* Ela sofre de fortes dores de cabeça. ◇ *I didn't get the joke.* Eu não entendi a piada.

● **to get + objeto + infinitivo ou -ing** *vt* **to get sb/sth doing sth/to do sth** fazer com que, conseguir que alguém/algo faça algo: *to get the car to start* fazer o carro pegar ◇ *to get him talking* fazer com que ele fale

● **to get + objeto + particípio** *vt* (*com atividades que queremos que sejam realizadas para nós ou outra pessoa*): *to get your hair cut* cortar o cabelo (*no cabeleireiro*) ◇ *You should get your watch repaired.* Você deveria levar seu relógio para consertar. ☞ *Comparar com* HAVE *sentido* 6

● **to get + objeto + adj** *vt* (*conseguir que algo se torne/faça...*): *to get sth right* acertar algo ◇ *to get the children ready for school* aprontar as crianças para a escola ◇ *to get (yourself) ready* arrumar-se

● **to get + adj** *vi* tornar-se, ficar: *to get wet* molhar-se ◇ *It's getting late.* Está ficando tarde. ◇ *to get better* melhorar/recuperar-se

● **to get + particípio** *vi*: *to get fed up with sth* ficar farto de algo ◇ *to get used to sth* acostumar-se com algo ◇ *to get lost* perder-se

Algumas combinações comuns de **to get + particípio** se traduzem por verbos pronominais/reflexivos: *to get bored* entediar-se/ficar entediado ◇ *to get divorced* divorciar-se ◇ *to get dressed* vestir-se ◇ *to get drunk* embebedar-se/

ficar bêbado ◇ *to get married* casar-se. Para conjugá-los, utilizamos a forma correspondente de **get**: *She soon got used to that.* Ela logo se acostumou com aquilo. ◇ *I'm getting dressed.* Estou me vestindo. ◇ *We'll get married in the summer.* Nós vamos nos casar no verão.

Get + particípio também é utilizado para expressar ações que ocorrem ou se realizam de forma acidental, inesperada ou repentina: *I got caught in a heavy rainstorm.* Fui pego por uma forte tempestade. ◇ *Simon got hit by a ball.* O Simon levou uma bolada.

● **outros usos** **1** *vi* **to get to do sth** chegar a fazer algo: *to get to know sb* (vir a) conhecer alguém **2** *vt*, *vi* to have **got (to do) sth** ter (que fazer) algo *Ver tb* HAVE **3** *vi* **to get to...** (*movimento*) chegar a...: *How do you get to Springfield?* Como se chega a Springfield?

● **to get away from it all** (*coloq*) ficar longe de tudo **to get (sb) nowhere; not to get (sb) anywhere** (*coloq*) não chegar a lugar algum, não levar alguém a lugar algum **to get there** chegar lá, conseguir algo ☞ *Para outras expressões com* get, *ver os verbetes correspondentes ao substantivo, adjetivo, etc., p. ex.* **to get the hang of it** *em* HANG.

● PHR V **to get about/a(a)round 1** (*pessoa, animal*) sair, mover-se **2** (*boato, notícia*) circular, correr

to get ahead (of sb) ultrapassar (alguém)

to get along with sb; to get along (together) dar-se bem (com alguém)

to get (a)round to (doing) sth encontrar tempo para (fazer) algo

to get at sb (*coloq*) pegar no pé (de alguém) **to get at sth** (*coloq*) insinuar algo: *What are you getting at?* O que você está insinuando?

to get away (from...) sair (de...), afastar-se (de...) **to get away with (doing) sth** sair impune de (fazer) algo

to get back regressar **to get back at sb** (*coloq*) vingar-se de alguém **to get sth back** recuperar algo, pegar algo de volta

to get behind (with sth) atrasar-se (com/em algo)

to get by (conseguir) passar

θ	ð	s	z	ʃ
thin	then	so	zoo	she

tʃ	dʒ	v	θ
chin	June	van	thin

to get down 1 baixar **2** (*crianças*) levantar-se da mesa **to get down to (doing) sth** começar a fazer algo: *Let's get down to business.* Vamos aos negócios. **to get sb down** (*coloq*) deprimir alguém

to get in; to get into sth 1 (*trem*) chegar (a algum lugar) **2** (*pessoa*) voltar (para casa) **3** entrar (em algo) (*veículo*) **to get sth in** recolher algo

to get off (sth) 1 sair (do trabalho com permissão) **2** (*trem, ônibus*) sair (de algo) **to get off with sb** (*GB, coloq*) ficar com alguém, envolver-se com alguém **to get sth off (sth)** tirar algo (de algo)

to get on 1 (*GB*) (*USA* **to do well**) ter sucesso **2** (*tb* **to get along**) conseguir fazer, virar-se **to get on; to get onto sth** entrar em algo **to get on to sth** começar a falar de algo, passar a considerar algo **to get on with sb; to get on (together)** (*GB*) (*USA* **to get along**) dar-se bem (com alguém) **to get on with sth** prosseguir com algo: *Get on with your work!* Continue com o seu trabalho! **to get sth on** vestir algo

to get out (of sth) 1 sair (de algo): *Get out (of here)!* Fora daqui! **2** (*carro*) sair (de algo) **to get out of (doing) sth** livrar-se de (fazer) algo **to get sth out of sb/sth** tirar algo de alguém/algo

to get over 1 (*problema, timidez*) superar algo **2** esquecer algo **3** recuperar-se de algo

to get round sb (*GB, coloq*) convencer alguém

to get through sth 1 (*dinheiro, comida*) consumir/usar algo **2** (*tarefa*) terminar/completar algo **to get through (to sb)** conseguir falar (com alguém) (*por telefone*) **to get through to sb** fazer-se entender por alguém

to get together (with sb) reunir-se (com alguém) **to get sb/sth together** reunir alguém, montar algo

to get up levantar-se **to get up to sth 1** chegar a algo **2** meter-se em algo **to get sb up** levantar/acordar alguém

getaway /ˈgetəweɪ/ s fuga: *getaway car* carro de fuga

ghastly /ˈgɑːstli; *GB* ˈgɑːstli/ *adj* (**-ier, -iest**) medonho: *the whole ghastly business* todo esse assunto terrível

ghetto /ˈgetoʊ/ s (*pl* ~s) gueto

ghost /goʊst/ s fantasma **ghostly** *adj* (**-ier, -iest**) fantasmagórico

ghost story s história de terror

giant /ˈdʒaɪənt/ s gigante

gibberish /ˈdʒɪbərɪʃ/ s bobagem

giddy /ˈgɪdi/ *adj* (**-ier, -iest**) **1** zonzo: *The dancing made her giddy.* A dança a deixou tonta. **2** vertiginoso

gift /gɪft/ s **1** presente *Ver tb* PRESENT **2** ~ (**for sth/doing sth**) dom (para algo/fazer algo) **3** (*coloq*) moleza: *That exam question was an absolute gift!* Aquela pergunta do exame foi uma verdadeira moleza! LOC **to have the gift of the gab** ter muita lábia *Ver tb* LOOK¹ **gifted** *adj* talentoso

gift certificate (*tb* **gift voucher**) s vale-presente

gift-wrap /ˈgɪft ræp/ *vt* embrulhar para presente

gig /gɪg/ s (*coloq*) apresentação (*de música*)

gigantic /dʒaɪˈgæntɪk/ *adj* gigantesco

giggle /ˈgɪgl/ ◆ *vi* ~ (**at sb/sth**) dar risadinhas (de alguém/algo) ◆ s **1** risinho **2** gozação: *I only did it for a giggle.* Eu só fiz isso de brincadeira/por gozação. **3 the giggles** [*pl*]: *a fit of the giggles* um ataque de riso

gilded /ˈgɪldɪd/ (*tb* **gilt** /gɪlt/) *adj* dourado

gimmick /ˈgɪmɪk/ s **1** truque, golpe publicitário **2** objeto/acessório promocional

gin /dʒɪn/ s gim: *a gin and tonic* um gim-tônica

ginger /ˈdʒɪndʒər/ ◆ s gengibre ◆ *adj* (*GB*) castanho-avermelhado: *ginger hair* cabelo castanho-avermelhado ◊ *a ginger cat* gato de pêlo castanho-avermelhado

gingerly /ˈdʒɪndʒərli/ *adv* cautelosamente, cuidadosamente

gipsy *Ver* GYPSY

giraffe /dʒəˈræf; *GB* -ˈrɑːf/ s girafa

girl /gɜːrl/ s menina, moça, garota

girlfriend /ˈgɜːrlfrend/ s **1** namorada **2** (*esp USA*) amiga

gist /dʒɪst/ s LOC **to get the gist of sth** captar o essencial de algo

give /gɪv/ ◆ (*pret* **gave** /geɪv/ *pp* **given** /ˈgɪvn/) **1** *vt* ~ **sth (to sb)**; ~ (**sb**) **sth** dar algo (a alguém): *I gave each of the boys an apple.* Eu dei uma maçã a cada um dos meninos. ◊ *It gave us a big shock.* Isso nos deu um bom susto. **2** *vi*

~ (to sth) fazer doação (a algo) **3** *vi* ceder **4** *vt* (*tempo, pensamento*) dedicar **5** *vt* passar (doença): *You've given me your cold.* Você me passou seu resfriado. **6** *vt* conceder: *I'll give you that.* Admito que você está certo. **7** *vt* dar: *to give a lecture* dar uma palestra LOC **don't give me that!** não me venha com essa! **give or take sth**: *an hour and a half, give or take a few minutes* uma hora e meia, mais ou menos **not to give a damn, a hoot, etc.** (**about sb/sth**) (*coloq*) não dar a mínima (a alguém/algo): *She doesn't give a damn about it.* Ela não dá a mínima para isso. ☛ Para outras expressões com **give**, ver os verbetes do substantivo, adjetivo, etc., p.ex. **to give rise to sth** em RISE.

PHR V **to give sth away** entregar algo (de presente) **to give sb/sth away** delatar alguém/algo

to give (sb) back sth; to give sth back (to sb) devolver algo (a alguém)

to give in (to sb/sth) entregar os pontos (a alguém/algo) **to give sth in** entregar algo

to give sth out distribuir algo

to give up desistir, render-se **to give sth up; to give up doing sth** deixar algo, deixar de fazer algo: *to give up hope* perder as esperanças ◊ *to give up smoking* parar de fumar

♦ *s* LOC **give and take** concessões mútuas, toma lá dá cá

given /ˈɡɪvn/ ♦ *adj, prep* dado, determinado ♦ *pp de* GIVE

given name (*GB* Christian name) *s* (pre)nome

glad /ɡlæd/ *adj* (gladder, gladdest) **1 to be ~ (about sth/to do sth/that...)** estar contente (com algo/por fazer algo/de que...): *I'm glad (that) you could come.* Estou feliz de que você tenha vindo. **2 to be ~ to do sth** ter prazer em fazer algo: *"Can you help?" "I'd be glad to."* —Você pode me ajudar?—Será um prazer. **3 to be ~ of sth** estar grato por algo

Utilizamos **glad** e **pleased** para nos referirmos a circunstâncias ou fatos concretos: *Are you glad/pleased about getting a job?* Você está contente de ter conseguido um emprego? **Happy** descreve um estado mental e pode preceder o substantivo que o acompanha: *Are you happy in your new job?* Você

está contente em seu novo emprego? ◊ *a happy occasion* uma ocasião feliz/alegre ◊ *happy memories* boas lembranças

gladly *adv* com prazer

glamor (*GB* glamour) /ˈɡlæmər/ *s* glamour glamorous *adj* glamouroso

glance /ɡlɑːns; *GB* ɡlɑːns/ ♦ *vi* ~ **at/down/over/through sth** dar uma olhada em algo ♦ *s* olhada (rápida): *to take a glance at sth* dar uma olhada em algo LOC **at a glance** num relance, só de olhar

gland /ɡlænd/ *s* glândula

glare /ɡleər/ ♦ *s* **1** luz/brilho ofuscante **2** olhar penetrante ♦ *vi* ~ **at sb/sth** olhar ferozmente para alguém/algo glaring *adj* **1** (*erro*) evidente **2** (*expressão*) feroz **3** (*luz*) ofuscante glaringly *adv*: *glaringly obvious* extremamente óbvio

glass /ɡlɑːs; *GB* ɡlɑːs/ *s* **1** [*não contável*] vidro: *a pane of glass* uma vidraça ◊ *broken glass* vidro quebrado **2** copo: *a glass of water* um copo d'água **3** glasses (*GB* tb spectacles) [*pl*] óculos: *I need a new pair of glasses.* Preciso de uns óculos novos. LOC Ver RAISE ☛ Ver nota em PAIR

glaze /ɡleɪz/ ♦ *s* **1** (*cerâmica*) verniz para vitrificação **2** (*culinária*) calda de açúcar ou de ovos para dar brilho a assados e tortas ♦ *vt* **1** (*cerâmica*) vitrificar **2** (*culinária*) pincelar com calda de açúcar/ovos Ver tb DOUBLE GLAZING PHR V **to glaze over** apagar-se glazed *adj* **1** (*olhos*) inexpressivos **2** (*cerâmica*) vitrificado

gleam /ɡliːm/ ♦ *s* **1** lampejo **2** vislumbre (*de emoção, qualidade*) ♦ *vi* **1** cintilar **2** brilhar, reluzir gleaming *adj* reluzente

glean /ɡliːn/ *vt* obter (*informação*)

glee /ɡliː/ *s* regozijo gleeful *adj* eufórico gleefully *adv* com euforia

glen /ɡlen/ *s* vale estreito

glide /ɡlaɪd/ ♦ *s* deslizamento ♦ *vi* **1** deslizar **2** (*no ar*) planar glider *s* planador ☛ Comparar com HANG-GLIDER

glimmer /ˈɡlɪmər/ *s* **1** luz trêmula **2** ~ (**of sth**) (*fig*) vislumbre (de algo): *a glimmer of hope* um raio de esperança

glimpse /ɡlɪmps/ ♦ *s* vislumbre, olhada LOC Ver CATCH ♦ *vt* vislumbrar, dar uma olhada

u	ɔː	ɜː	ə	j	w	eɪ	əʊ
situation	saw	fur	ago	yes	woman	pay	home

glint /glɪnt/ ◆ *vi* **1** reluzir **2** (*olhos*) brilhar ◆ *s* **1** lampejo **2** (*olhos*) brilho

glisten /ˈglɪsn/ *vi* reluzir (*esp superfície molhada*)

glitter /ˈglɪtər/ ◆ *vi* reluzir ◆ *s* **1** brilho **2** (*fig*) falso brilho

gloat /gloʊt/ *vi* ~ (**about/over sth**) envaidecer-se, regozijar-se (com algo)

global /ˈgloʊbl/ *adj* **1** mundial **2** global

globe /gloʊb/ *s* **1** globo **2** globo terrestre

gloom /gluːm/ *s* **1** penumbra **2** tristeza **3** pessimismo **gloomy** *adj* (-ier, -iest) **1** (*lugar*) escuro **2** (*dia*) nublado **3** (*prognóstico, futuro*) pouco promissor **4** (*aspecto, voz, etc.*) deprimido **5** (*caráter*) melancólico

glorious /ˈglɔːriəs/ *adj* **1** glorioso **2** esplêndido

glory /ˈglɔːri/ ◆ *s* **1** glória **2** esplendor ◆ *vi* ~ **in sth** vangloriar-se de algo **2** orgulhar-se de algo

gloss /glɔːs, glɑːs/ ◆ *s* **1** brilho (*de uma superfície*) **2** (*tb* **gloss paint**) tinta brilhante ☞ *Comparar com* MATT **3** (*fig*) falso brilho, falsa aparência **4** ~ (**on sth**) glosa (de algo) ◆ PHR V **to gloss over sth** tratar de algo por alto, encobrir algo **glossy** *adj* (-ier, -iest) reluzente, lustroso

glossary /ˈglɑːsəri/ *s* (*pl* -ies) glossário

glove /glʌv/ *s* luva LOC *Ver* FIT²

glow /gloʊ/ ◆ *vi* **1** incandescer-se **2** reluzir **3** (*rosto*) enrubescer **4** ~ (**with sth**) (*esp saúde*) irradiar (com algo) ◆ *s* **1** luz suave **2** rubor **3** (*sentimento de*) arrebatamento

glucose /ˈgluːkoʊs/ *s* glicose

glue /gluː/ ◆ *s* cola (adesiva) ◆ *vt* (*part pres* gluing) colar

glutton /ˈglʌtn/ *s* **1** glutão, -ona **2** ~ **for sth** (*coloq, fig*) amante de algo; maníaco por algo: *to be a glutton for punishment* adorar sofrer

gnarled /nɑːrld/ *adj* **1** (*árvore, mão*) retorcido **2** (*tronco*) nodoso

gnaw /nɔː/ *vt, vi* **1** ~ (**at**) **sth** roer algo **2** ~ (**at**) **sb** atormentar alguém

gnome /noʊm/ *s* gnomo

go¹ /goʊ/ *vi* (3ª *pess sing pres* **goes** /goʊz/ *pret* **went** /went/ *pp* **gone** /gɔːn; *GB* gɒn/) **1** ir: *I went to bed at ten o'clock.* Fui para a cama às dez horas. ◊ *to go home* ir para casa

Been é utilizado como particípio passado de **go** para dizer que alguém foi a um lugar e já voltou: *Have you ever been to London?* Você já foi (alguma vez) a Londres? **Gone** implica que essa pessoa ainda não regressou: *John's gone to Peru. He'll be back in May.* John foi para o Peru. Voltará em maio.

2 ir-se (embora) **3** (*trem, etc.*) partir **4** **to go** + **-ing** ir: *to go fishing/swimming/camping* ir pescar/nadar/acampar **5** **to go for a** + **substantivo** ir: *to go for a walk* ir dar um passeio **6** (*progresso*) ir, sair(-se): *How's it going?* Como está indo? ◊ *Everything went well.* Deu tudo certo. **7** (*máquina*) funcionar **8** tornar-se, ficar: *to go crazy/blind/pale* ficar louco/cego/pálido *Ver tb* BECOME **9** fazer (*um som*): *Cats go "meow".* Os gatos fazem "miau". ◊ *How does that song go?* Como é mesmo aquela música? **10** desaparecer, terminar: *My headache's gone.* Minha dor de cabeça passou. ◊ *Is it all gone?* Acabou tudo? **11** falhar, estragar **12** (*tempo*) passar LOC **to be going to do sth**: *We're going to buy a house.* Vamos comprar uma casa. ◊ *He's going to fall!* Ele vai cair! ☞ Para outras expressões com **go**, ver os verbetes dos substantivos, adjetivos, etc., p.ex. **to go astray** em ASTRAY.

PHR V **to go about** (*tb* **to go around**) **1** [*com adj ou* -ing] andar (por aí): *to go about naked* andar pelado **2** (*boato*) circular **to go about (doing) sth**: *How should I go about telling him?* Como eu deveria contar a ele?

to go ahead (with sth) ir em frente (com algo)

to go along with sb/sth concordar com alguém/algo

to go around 1 ser suficiente para todos **2** *Ver* TO GO ABOUT

to go away 1 ir-se (embora), ir viajar **2** (*mancha, cheiro*) desaparecer

to go back voltar **to go back on sth** faltar com algo (*promessa, palavra, etc.*)

to go by 1 passar: *as time goes by* com o (passar do) tempo **2** (*regra*)

to go down 1 cair **2** (*embarcação*) afundar **3** (*sol*) pôr-se **to go down (with sb)** (*filme, obra*) ser recebido (por alguém): *The movie went down well with the audience.* O filme foi bem recebido pelo público. **to go down with sth** cair de

aɪ	aʊ	ɔɪ	ɪə	eə	ʊə	ʒ	h	ŋ
five	now	join	near	hair	pure	vision	how	sing

cama com algo (*doença*)

to go for sb atacar alguém **to go for sb/sth** ser válido para alguém/algo: *That goes for you too.* Isso vale para você também.

to go in entrar **to go in (sth)** caber (em algo) **to go in for (doing) sth** interessar-se por (fazer) algo (*hobby, etc.*)

to go into sth 1 entrar em algo (*profissão*) **2** examinar algo: *to go into (the) details* entrar em detalhes

to go off 1 ir-se (embora) **2** (*arma*) disparar **3** (*bomba*) explodir **4** (*alarme*) soar **5** (*luz, eletricidade*) apagar-se **6** (*alimentos*) estragar **7** (*acontecimento*) ocorrer: *It went off well.* Correu tudo bem. **to go off sb/sth** perder o interesse em alguém/algo **to go off with sth** levar algo (que não lhe pertence)

to go on 1 seguir em frente **2** (*luz*) acender-se **3** ocorrer: *What's going on here?* O que está acontecendo aqui? **4** (*situação*) continuar, durar **to go on (about sb/sth)** não parar de falar (de alguém/algo) **to go on (with sth/doing sth)** continuar (com algo/a fazer algo)

to go out 1 sair **2** (*luz*) apagar-se

to go over sth 1 examinar algo **2** (*novamente*) revisar algo **to go over to sth** passar para algo (*opinião, partido*)

to go through ser aprovado (*lei*) **to go through sth 1** revisar algo **2** (*novamente*) repassar algo **3** sofrer, passar por algo **to go through with sth** levar algo a cabo, prosseguir com algo

to go together combinar (com algo)

to go up 1 subir **2** (*edifício*) erguer **3** ir pelos ares, explodir

to go with sth cair bem, combinar com algo

to go without (sth) passar sem algo

go² /goʊ/ *s* (*pl* **goes** /goʊz/) **1** (*GB*) vez: *Whose go is it?* De quem é a vez agora? *Ver* TURN **2** (*coloq*) energia LOC **to be on the go** (*coloq*) não parar, estar no pique **to have a go (at sth/doing sth)** (*coloq*) dar uma experimentada (em algo), tentar (algo/fazer algo)

goad /goʊd/ *vt* ~ **sb (into doing sth)** provocar alguém (a fazer algo)

go-ahead /ˈgoʊ əhed/ ♦ **the go-ahead** *s* sinal verde ♦ *adj* empreendedor

goal /goʊl/ *s* **1** gol **2** (*fig*) meta **goalkeeper** (*tb coloq* **goalie**) *s* goleiro, -a **goalpost** *s* trave de gol

goat /goʊt/ *s* bode, cabra

gobble /ˈgɑbl/ *vt* ~ **sth (up/down)** devorar algo

go-between /ˈgoʊ bɪtwiːn/ *s* intermediário, -a

god /gɑd/ *s* **1** deus **2 God** [*sing*] Deus LOC *Ver* KNOW, SAKE

godchild /ˈgɑdtʃaɪld/ *s* afilhado, -a

god-daughter /ˈgɑd dɔːtər/ *s* afilhada

goddess /ˈgɑdes/ *s* deusa

godfather /ˈgɑdfɑðər/ *s* padrinho (de batismo)

godmother /ˈgɑdmʌðər/ *s* madrinha (de batismo)

godparent /ˈgɑdpeərənt/ *s* **1** padrinho, madrinha **2 godparents** [*pl*] padrinhos (de batismo)

godsend /ˈgɑdsend/ *s* dádiva do céu

godson /ˈgɑdsʌn/ *s* afilhado

goggles /ˈgɑglz/ *s* [*pl*] óculos de natação/proteção

going /ˈgoʊɪŋ/ ♦ *s* **1** [*sing*] partida (*de um lugar*) **2** *Good going!* Bom tempo! ◊ *That was good going.* Essa foi rápida. ◊ *The path was rough going.* O caminho estava em mau estado. LOC **to get out, etc. while the going is good** enquanto as coisas ainda estão bem ♦ *adj* LOC **a going concern** um negócio próspero **the going rate (for sth)** a tarifa atual (para algo)

gold /goʊld/ *s* ouro: *a gold bracelet* uma pulseira de ouro LOC **(to be) as good as gold** (comportar-se) como um anjo

gold dust *s* ouro em pó

golden /ˈgoʊldən/ *adj* **1** de ouro **2** (*cor e fig*) dourado LOC *Ver* ANNIVERSARY

goldfish /ˈgoʊldfɪʃ/ (*pl* **goldfish**) *s* peixinho dourado/de aquário

golf /gɑlf/ *s* golfe: *golf course* campo de golfe **golf club** *s* **1** clube de golf **2** taco de golfe **golfer** *s* golfista

gone /gɔːn; *GB* gɒn/ *pp de* GO¹ ♦ *prep* (*GB*): *It was gone midnight.* Já passava da meia-noite.

gonna /ˈgʊnə, ˈgənə/ (*coloq*) = GOING TO *em* GO¹

good /gʊd/ ♦ *adj* (*comp* **better** /ˈbetər/ *superl* **best** /best/) **1** bom: *good nature* bom coração **2** *to be good at sth* ser bom em algo **3** ~ **to sb** bom para, amável com alguém **4** *Vegetables are good for you.* Legumes são bons para a saúde. LOC **as good as** praticamente **good for you, her, etc.!** (*coloq*) muito bem!

tʃ	dʒ	v	θ	ð	s	z	ʃ
chin	**J**une	**v**an	**th**in	**th**en	**s**o	**z**oo	**sh**e

☛ Para outras expressões com **good**, ver os verbetes do substantivo, adjetivo, etc., p.ex. **a good many** em MANY. ◆ *s* **1** bem **2 the good** [*pl*] os bons LOC **for good** para sempre **to be no good (doing sth)** não adiantar nada (fazer algo) **to do sb good** fazer bem a alguém

goodbye /ˌɡʊdˈbaɪ/ *interj, s* adeus: *to say goodbye* despedir-se ☛ Outras palavras mais informais para se despedir são: **bye, cheerio** (*GB*) e **cheers** (*GB*).

good-humored (*GB* **-humoured**) /ˌɡʊd ˈhjuːmərd/ *adj* **1** afável **2** bem-humorado

good-looking /ˌɡʊd ˈlʊkɪŋ/ *adj* bonito

good-natured /ˌɡʊd ˈneɪtʃərd/ *adj* **1** amável **2** de bom coração

goodness /ˈɡʊdnəs/ ◆ *s* **1** bondade **2** valor nutritivo ◆ *interj* céus! LOC *Ver* KNOW

goods /ɡʊdz/ *s* [*pl*] **1** bens **2** artigos, mercadorias, produtos

goodwill /ˌɡʊdˈwɪl/ *s* boa vontade

goose /ɡuːs/ *s* (*pl* **geese** /ɡiːs/) (*masc* **gander** /ˈɡændər/) ganso

gooseberry /ˈɡuːsberi; *GB* ˈɡʊzbəri/ *s* (*pl* **-ies**) uva-espim

goose pimples (*tb* **goose bumps**) *s* [*pl*] pele arrepiada

gorge /ɡɔːrdʒ/ *s* (*Geog*) garganta

gorgeous /ˈɡɔːrdʒəs/ *adj* **1** magnífico **2** (*coloq*) maravilhoso, lindo

gorilla /ɡəˈrɪlə/ *s* gorila

gory /ˈɡɔːri/ *adj* (**gorier, goriest**) **1** ensangüentado **2** sangrento

go-slow /ˌɡoʊ ˈsloʊ/ *s* (*GB*) greve branca

gospel /ˈɡɑspl/ *s* evangelho

gossip /ˈɡɑsɪp/ ◆ *s* **1** [*não contável*] (*pej*) fofoca **2** (*pej*) fofoqueiro, -a ◆ *vi* ~ **(with sb) (about sth)** fofocar (com alguém) (sobre algo)

got *pret, pp de* GET

Gothic /ˈɡɑθɪk/ *adj* gótico

gotten (*USA*) *pp de* GET

gouge /ɡaʊdʒ/ *vt* furar PHR V **to gouge sth out** arrancar algo (*com dedos ou ferramenta*)

govern /ˈɡʌvərn; *GB* ˈɡʌvn/ **1** *vt, vi* governar **2** *vt* (*ação, negócio*) reger, dirigir **governing** *adj* diretor, regulador

governess /ˈɡʌvərnəs/ *s* governanta

government /ˈɡʌvərnmənt/ *s* governo LOC **in government** no governo **governmental** /ˌɡʌvərnˈmentl; *GB* ˌɡʌvn-/ *adj* governamental

governor /ˈɡʌvərnər/ *s* **1** governador, -ora **2** diretor, -ora

gown /ɡaʊn/ *s* **1** vestido longo **2** (*Educ, Jur*) toga, beca **3** (*Med*) avental

GP /ˌdʒiː ˈpiː/ *abrev* (*GB*) general practitioner

grab /ɡræb/ ◆ (**-bb-**) **1** *vt* agarrar **2** *vt* (*atenção*) chamar **3** *vi* ~ **at sb/sth** agarrar(-se a) alguém/algo **4** *vt* ~ **sth (from sb/sth)** arrancar algo (de alguém/algo) PHR V **to grab hold of sb/sth** agarrar alguém/algo ◆ *s* LOC **to make a grab for/at sth** tentar agarrar algo

grace /ɡreɪs/ ◆ *s* **1** graça, elegância **2** prazo extra: *five days' grace* cinco dias a mais de prazo **3** *to say grace* rezar em agradecimento (pela refeição) ◆ *vt* **1** enfeitar **2** ~ **sb/sth (with sth)** honrar alguém/algo (com algo) **graceful** *adj* **1** gracioso, elegante **2** delicado (*cortês*)

gracious /ˈɡreɪʃəs/ *adj* **1** afável **2** elegante, luxuoso

grade /ɡreɪd/ ◆ *s* **1** classe, categoria **2** (*GB* **mark**) (*Educ*) nota **3** (*GB* **year**) (*Educ*) série **4** (*GB* **gradient**) (*Geog*) declive LOC **to make the grade** (*coloq*) atingir a média ◆ *vt* **1** classificar **2** (*GB* **mark**) (*Educ*) dar nota (*a exame*) **grading** *s* classificação

grade crossing (*GB* **level crossing**) *s* passagem de nível

gradient /ˈɡreɪdiənt/ *s* (*Geog*) inclinação

gradual /ˈɡrædʒuəl/ *adj* **1** gradual, paulatino **2** (*inclinação*) suave **gradually** *adv* gradativamente, aos poucos

graduate /ˈɡrædʒuət/ ◆ *s* **1** (*USA*) diplomado, -a, graduado, -a **2** (*GB*) ~ **(in sth)** formado, -a (em algo) ◆ /ˈɡrædʒueɪt/ **1** (*USA*) *vi* ~ **(in sth)** graduar-se (em algo) **2** (*GB*) *vi* ~ **(in sth)** formar-se (em algo) **3** *vt* graduar **graduation** *s* graduação

graffiti /ɡrəˈfiːti/ *s* [*não contável*] pichação, grafite

graft /ɡræft; *GB* ɡrɑːft/ ◆ *s* (*Bot, Med*) enxerto ◆ *vt* ~ **sth (onto sth)** enxertar algo (em algo)

grain /ɡreɪn/ *s* **1** [*não contável*] cereais **2** grão **3** veio, fibra (*da madeira*) LOC **to be/go against the grain** ser/ir contra a natureza

gram (*GB* **gramme**) /ɡræm/ *s* (*abrev* **g**) grama ☛ *Ver Apêndice 1.*

iː	i	ɪ	e	æ	ɑ	ʌ	ʊ	uː
see	happy	sit	ten	hat	cot	cup	put	too

grammar /ˈgræmər/ s gramática

grammar school s **1** (*USA, antiquado*) escola primária **2** (*GB*) escola de segundo grau

grammatical /grəˈmætɪkl/ *adj* **1** gramatical **2** (gramaticalmente) correto

gramme /græm/ s (*GB*) *Ver* GRAM

gramophone /ˈgræməfoʊn/ s (*antiquado*) gramofone

grand /grænd/ ◆ *adj* (-er, -est) **1** esplêndido, magnífico, grandioso **2** (*antiquado, coloq, Irl*) estupendo **3 Grand** (*títulos*) grão **4** *grand piano* piano de cauda ◆ s (*pl* grand) (*coloq*) mil dólares/libras

grandad /ˈgrændæd/ s (*coloq*) vô, vovô

grandchild /ˈgræntʃaɪld/ s (*pl* -children) neto, -a

granddaughter /ˈgrændɔːtər/ s neta

grandeur /ˈgrændʒər/ s grandiosidade, grandeza

grandfather /ˈgrænfɑðər/ s avô

grandma /ˈgrænmɑ/ s (*coloq*) vó, vovó

grandmother /ˈgrænmʌðər/ s avó

grandpa /ˈgrænpɑ/ s (*coloq*) vô, vovô

grandparent /ˈgrænpeərənt/ s avô, avó

grandson /ˈgrænsʌn/ s neto

grandstand /ˈgrændstænd/ s (*Esporte*) tribuna (de honra)

granite /ˈgrænɪt/ s granito

granny /ˈgræni/ s (*pl* -ies) (*coloq*) vó, vovó

grant /grænt; *GB* grɑːnt/ ◆ *vt* ~ sth (to sb) conceder algo (a alguém) LOC to take sb/sth for granted não dar valor a alguém/algo, dar algo por certo ◆ s **1** subvenção **2** (*Educ*) bolsa de estudos

grape /greɪp/ s uva

grapefruit /ˈgreɪpfruːt/ s (*pl* grapefruit *ou* ~s) toranja

grapevine /ˈgreɪpvaɪn/ s **1** videira **2** the grapevine (*fig*) boatos: *to hear sth on the grapevine* ouvir algo por aí

graph /græf; *GB* grɑːf/ s gráfico: *graph paper* papel quadriculado/milimetrado

graphic /ˈgræfɪk/ *adj* **1** gráfico **2** (*detalhes, relato*) vívido graphics s [*pl*]: *computer graphics* ilustrações/imagens de computador

grapple /ˈgræpl/ *vi* ~ (with sb/sth) (*lit e fig*) atracar-se (com alguém/algo)

grasp /græsp; *GB* grɑːsp/ ◆ *vt* **1** agarrar **2** (*oportunidade*) aproveitar **3** compreender ◆ s **1** (*fig*) controle: *within/beyond the grasp of...* dentro/fora do alcance/poder de... **2** conhecimento grasping *adj* ganancioso

grass /græs; *GB* grɑːs/ s grama, capim

grasshopper /ˈgræshɒpər; *GB* ˈgrɑːs-/ s gafanhoto

grassland /ˈgræslænd, -lənd; *GB* ˈgrɑːs-/ (*tb* grasslands [*pl*]) s pasto(s)

grass roots s [*pl*] (comunidades de) bases

grassy /ˈgræsi; *GB* ˈgrɑːsi/ *adj* (-ier, -iest) gramado, coberto de capim

grate /greɪt/ ◆ **1** *vt* ralar **2** *vi* ranger **3** *vi* ~ (on sb/sth) (*fig*) irritar (alguém/algo) ◆ s grelha (*de lareira*)

grateful /ˈgreɪtfl/ *adj* ~ (to sb) (for sth); ~ (that...) agradecido (a alguém) (por algo); grato (que...)

grater /ˈgreɪtər/ s ralador

gratitude /ˈgrætɪtuːd; *GB* -tjuːd/ s ~ (to sb) (for sth) gratidão (a alguém) (por algo)

grave /greɪv/ ◆ *adj* (-er, -est) (*formal*) grave, sério ☞ A palavra mais comum é serious. ◆ s túmulo

gravel /ˈgrævl/ s cascalho

graveyard /ˈgreɪvjɑrd/ (*tb* cemetery) s cemitério (*ao redor de uma igreja*)

gravity /ˈgrævəti/ s **1** (*Fís*) gravidade **2** (*formal*) seriedade ☞ A palavra mais comum é seriousness.

gravy /ˈgreɪvi/ s molho (*feito com o caldo da carne assada*)

gray /greɪ/ (*GB* grey) ◆ *adj* (-er, -est) **1** (*lit e fig*) cinza **2** (*cabelo*) branco: *to go/turn gray* ficar branco/grisalho ◊ *grayhaired* de cabelos brancos/grisalhos ◆ s (*pl* grays) cinza

graze /greɪz/ ◆ **1** *vi* pastar **2** *vt* ~ sth (against/on sth) (*pele*) raspar algo (com/em algo) **3** *vt* roçar ◆ s arranhão

grease /griːs/ ◆ s **1** gordura **2** (*Mec*) graxa, lubrificante **3** brilhantina ◆ *vt* **1** engraxar, lubrificar **2** untar greasy *adj* (-ier, -iest) gorduroso

great /greɪt/ ◆ *adj* (-er, -est) **1** grande, grandioso: *in great detail* com grande detalhe ◊ *the world's greatest tennis player* o melhor tenista do mundo ◊ *We're great friends.* Somos grandes amigos. ◊ *I'm not a great reader.* Não sou um grande leitor. **2** (*distância*) grande **3** (*idade*) avançado **4** (*cuidado*)

u	ɔː	ɜː	ə	j	w	eɪ	oʊ
situation	saw	fur	ago	yes	woman	pay	home

muito **5** (*coloq*) magnífico: *We had a great time.* Nós nos divertimos imensamente. ◊ *It's great to see you!* Que bom te ver! **6 ~ at sth** muito bom em algo **7** (*coloq*) muito: *a great big dog* um cachorro enorme LOC **great minds think alike** os gênios se entendem *Ver tb* BELIEVER *em* BELIEVE, DEAL[1], EXTENT ◆ *s* [*ger pl*] (*coloq*): *one of the jazz greats* uma das grandes figuras do jazz **greatly** *adv* muito: *greatly exaggerated* muito exagerado ◊ *It varies greatly.* Varia muito. **greatness** *s* grandeza

great-grandfather /ˌgreɪt ˈgrænfɑðər/ *s* bisavô

great-grandmother /ˌgreɪt ˈgrænmʌðər/ *s* bisavó

greed /griːd/ *s* **1 ~ (for sth)** ganância (de/por algo) **greedily** *adv* **1** gananciosamente **2** vorazmente **greedy** *adj* (-ier, -iest) **1 ~ (for sth)** ganancioso (de algo) **2** guloso

green /griːn/ ◆ *adj* (-er, -est) verde ◆ *s* **1** verde **2 greens** [*pl*] verduras **3** parque público (gramado) **greenery** *s* verde, folhagem

greengrocer /ˈgriːnˌɡroʊsər/ *s* (*GB*) verdureiro, -a: *greengrocer's* (*shop*) quitanda

greenhouse /ˈgriːnhaʊs/ *s* estufa de plantas: *greenhouse effect* efeito estufa

greet /griːt/ *vt* **1 ~ sb** cumprimentar alguém: *He greeted me with a smile.* Ele me cumprimentou com um sorriso. ☞ *Comparar com* SALUTE **2 ~ sth with sth** receber, acolher algo com algo **greeting** *s* **1** saudação: *season's greetings* votos de boas-festas **2** recepção

grenade /ɡrəˈneɪd/ *s* granada (*de mão*)

grew *pret de* GROW

grey (*esp GB*) *Ver* GRAY

greyhound /ˈɡreɪhaʊnd/ *s* galgo

grid /ɡrɪd/ *s* **1** grade **2** (*GB*) (*eletricidade, gás*) rede **3** (*mapa*) linhas de coordenadas

grief /griːf/ *s* **~ (over/at sth)** dor, pesar (por algo) LOC **to come to grief** (*GB, coloq*) **1** fracassar **2** sofrer um acidente

grievance /ˈɡriːvns/ *s* **~ (against sb)** **1** (motivo de) queixa contra alguém **2** (*de trabalhadores*) reivindicação (contra algo)

grieve /ɡriːv/ (*formal*) **1** *vt* afligir, causar grande dor a **2** *vi* **~ (for/over/about sb/sth)** chorar a perda (de alguém/

algo) **3** *vi* **~ at/about/over sth** lamentar (-se) por algo; afligir-se por algo

grill /ɡrɪl/ ◆ *s* **1** grelha **2** (*prato*) grelhado **3** *Ver* GRILLE ◆ **1** *vt, vi* grelhar **2** *vt* (*coloq, fig*) crivar de perguntas

grille (*tb* grill) /ɡrɪl/ *s* grade (*de proteção*)

grim /ɡrɪm/ *adj* (grimmer, grimmest) **1** (*pessoa*) sério, carrancudo **2** (*lugar*) triste, lúgubre **3** deprimente, desagradável **4** macabro, sinistro

grimace /ˈɡrɪməs, ɡrɪˈmeɪs/ ◆ *s* careta ◆ *vi* **~ (at sb/sth)** fazer careta (para alguém/algo)

grime /ɡraɪm/ *s* sujeira **grimy** *adj* (-ier, -iest) encardido

grin /ɡrɪn/ ◆ *vi* (-nn-) **~ (at sb/sth)** sorrir de orelha a orelha (para alguém/algo) LOC **to grin and bear it** agüentar firme (sem reclamar) ◆ *s* sorriso largo

grind /ɡraɪnd/ ◆ (*pret, pp* ground /ɡraʊnd/) **1** *vt, vi* moer, triturar **2** *vt* afiar **3** *vt* (*dentes*) ranger **4** *vt* (*esp USA*) (*GB* mince) (*carne*) moer LOC **to grind to a halt/standstill 1** parar aos poucos **2** (*processo*) parar gradualmente *Ver tb* AX ◆ *s* (*coloq*): *the daily grind* a rotina diária

grip /ɡrɪp/ ◆ (-pp-) **1** *vt, vi* agarrar(-se) **2** *vt* (*mão*) agarrar **3** *vt* (*atenção*) absorver ◆ *s* **1 ~ (on sb/sth)** ato de agarrar (a alguém/algo) **2 ~ (on sb/sth)** (*fig*) domínio, controle, pressão (sobre alguém/algo) **3** cabo, puxador LOC **to come/get to grips with sb/sth** (*lit e fig*) lidar com, atracar-se com alguém/algo **gripping** *adj* fascinante, que prende a atenção

grit /ɡrɪt/ ◆ *s* **1** areia, arenito **2** coragem, determinação ◆ *vt* (-tt-) cobrir com areia LOC **to grit your teeth 1** cerrar os dentes **2** (*fig*) tomar coragem

groan /ɡroʊn/ ◆ *vi* **1 ~ (with sth)** gemer (de/com algo) **2** (*móveis, etc.*) ranger **3 ~ (on) (about/over sth)** reclamar (de algo) **4 ~ at sb/sth** queixar-se (de alguém/algo) ◆ *s* **1** gemido **2** queixa **3** rangido

grocer /ˈɡroʊsər/ *s* **1** merceeiro, -a **2 grocer's** (*tb* grocery shop, grocery store) mercearia, armazém **groceries** *s* [*pl*] comestíveis

groggy /ˈɡrɑɡi/ *adj* (-ier, -iest) tonto, zonzo

aɪ	aʊ	ɔɪ	ɪə	eə	ʊə	ʒ	h	ŋ
five	now	join	near	hair	pure	vision	how	sing

groin /grɔɪn/ s virilha: *a groin injury* um ferimento na virilha

groom /gruːm/ ◆ s **1** cavalariço **2** = BRIDEGROOM LOC *Ver* BRIDE ◆ *vt* **1** (*cavalo*) cuidar de **2** (*pêlo*) escovar **3** ~ **sb** (**for sth/to do sth**) preparar alguém (para algo/fazer algo)

groove /gruːv/ s ranhura, estria, sulco

grope /grəʊp/ *vi* **1** mover-se às cegas **2** ~ (**about**) **for sth** procurar algo às apalpadelas; tatear em busca de algo

gross /grəʊs/ ◆ s (*pl* **gross** *ou* **grosses**) grosa (*doze dúzias*) ◆ *adj* (**-er, -est**) **1** repulsivamente gordo **2** grosseiro **3** (*exagero*) flagrante **4** (*erro*) crasso **5** (*injustiça*) grave **6** (*total, peso*) bruto ◆ *vt* totalizar, atingir **grossly** *adv* extremamente

grotesque /grəʊˈtesk/ *adj* grotesco

grouch /graʊtʃ/ s rabugice

grouchy /ˈgraʊtʃi/ *adj* rabugento

ground /graʊnd/ ◆ s **1** (*lit*) solo, chão, terra **2** (*fig*) terreno **3** zona, campo (*de jogo/esportes*) **4 grounds** [*pl*] jardins, terreno (*ao redor de uma casa*) **5** [*ger pl*] motivo(s), razão **6 grounds** [*pl*] borra, sedimento LOC **on the ground** no chão, entre as massas **to get off the ground 1** iniciar-se com êxito, tornar-se viável **2** (*avião*) decolar **to give/ lose ground** (**to sb/sth**) ceder/perder terreno (para alguém/algo) **to the ground** (*destruir*) completamente *Ver tb* FIRM, MIDDLE, THIN ◆ *vt* **1** (*avião*) impedir que decole **2** (*coloq*) proibir de sair ◆ *pret, pp de* GRIND ◆ *adj* moído: *ground beef* carne moída **grounding** s [*sing*] ~ (**in sth**) base, fundamentos (de algo) **groundless** *adj* infundado

ground floor 1 s andar térreo **2** *adj* **ground-floor** [*diante de substantivo*] do/no andar térreo *Ver tb* FLOOR

group /gruːp/ ◆ s [*v sing ou pl*] (*tb Mús*) grupo ◆ *vt, vi* ~ (**together**) agrupar(-se) **grouping** s agrupamento, comissão

grouse /graʊs/ s (*pl* **grouse**) galo silvestre

grove /grəʊv/ s arvoredo

grovel /ˈgrɒvl/ *vi* (**-l-**, *GB* **-ll-**) (*pej*) ~ (**to sb**) humilhar-se (ante alguém) **grovelling** *adj* servil

grow /grəʊ/ (*pret* **grew** /gruː/ *pp* **grown** /grəʊn/) **1** *vi* crescer **2** *vt* (*cabelo, barba*) deixar crescer **3** *vt* cultivar **4** *vi* tornar-se: *to grow old/rich* envelhecer/enriquecer **5** *vi*: *He grew to rely on her.* Ele passou a depender dela cada vez mais. PHR V **to grow into sth** tornar-se algo **to grow on sb** tornar-se cada vez mais atraente para alguém **to grow up 1** desenvolver-se **2** crescer: *when I grow up* quando eu crescer ◊ *Oh, grow up!* Deixe de ser criança! *Ver tb* GROWN-UP **growing** *adj* crescente

growl /graʊl/ ◆ *vi* rosnar ◆ s rosnado

grown /grəʊn/ ◆ *adj* adulto: *a grown man* um homem adulto ◆ *pp de* GROW

grown-up /ˌgrəʊn ˈʌp/ ◆ *adj* adulto ◆ /ˈgrəʊn ʌp/ s adulto, -a

growth /grəʊθ/ s **1** crescimento **2** ~ (**in/ of sth**) aumento (de algo) **3** [*sing*] formação **4** tumor

grub /grʌb/ s **1** larva **2** (*coloq*) (*comida*) bóia

grubby /ˈgrʌbi/ *adj* (**-ier, -iest**) (*coloq*) sujo

grudge /grʌdʒ/ ◆ *vt* ~ **sb sth 1** invejar alguém por algo **2** regatear algo a alguém: *to grudge doing sth* fazer algo de má vontade ◆ s ressentimento: *to bear sb a grudge/have a grudge against sb* guardar rancor/ter ressentimento de alguém LOC *Ver* BEAR² **grudgingly** *adv* de má vontade, com relutância

grueling (*GB* **gruelling**) /ˈgruːəlɪŋ/ *adj* muito difícil, penoso

gruesome /ˈgruːsəm/ *adj* medonho, horrível

gruff /grʌf/ *adj* **1** (*voz*) brusco **2** (*palavras, maneira*) áspero

grumble /ˈgrʌmbl/ ◆ *vi* resmungar: *to grumble about/at/over sth* queixar-se de algo ◆ s queixa

grumpy /ˈgrʌmpi/ *adj* (**-ier, -iest**) (*coloq*) resmungão

grunt /grʌnt/ ◆ *vi* grunhir ◆ s grunhido

guarantee /ˌgærənˈtiː/ ◆ s ~ (**of sth/ that…**) garantia (de algo/de que…) ◆ *vt* **1** garantir **2** (*empréstimo*) avalizar

guard /gɑːd/ ◆ *vt* **1** proteger, guardar **2** ~ **sb** vigiar alguém PHR V **to guard against sth** prevenir-se contra algo ◆ s **1** guarda, vigilância: *to be on guard* estar de guarda ◊ *guard dog* cão de guarda **2** guarda, sentinela **3** [*v sing ou pl*] (*grupo de soldados*) guarda **4** (*maquinário*) dispositivo de segurança

tʃ	dʒ	v	θ	ð	s	z	ʃ
chin	**J**une	**v**an	**th**in	**th**en	**s**o	**zoo**	**she**

5 (*GB*) (*Ferrovia*) guarda-freios LOC **to be off/on your guard** estar desprevenido/alerta guarded *adj* cauteloso, precavido

guardian /ˈgɑrdiən/ *s* **1** guardião, -ã: *guardian angel* anjo da guarda **2** tutor, -ora

guerrilla (*tb* guerilla) /gəˈrɪlə/ *s* guerrilheiro, -a: *guerrilla war(fare)* guerrilha

guess /ges/ ◆ *vt, vi* **1** adivinhar **2** ~ (**at**) (**sth**) imaginar (algo) **3** (*coloq, esp USA*) crer, pensar: *I guess so/not.* Suponho que sim/não. ◆ *s* suposição, conjectura, cálculo: *to have/make a guess (at sth)* tentar adivinhar (algo) ◊ *guesswork* conjecturas LOC **it's anybody's guess** ninguém sabe *Ver tb* HAZARD

guest /gest/ *s* **1** convidado, -a **2** hóspede: *guest house* hospedaria/pensão LOC **be my guest** pois não

guidance /ˈgaɪdns/ *s* orientação, supervisão

guide /gaɪd/ ◆ *s* **1** (*pessoa*) guia **2** (*tb* guidebook) guia (*de turismo*) **3** (*GB*) (*tb* Guide, Girl Guide) (*USA* Girl Scout) (*menina*) bandeirante ◆ *vt* **1** guiar, orientar: *to guide sb to sth* levar alguém a algo **2** influenciar guided *adj* acompanhado (*por guia*)

guideline /ˈgaɪdlaɪn/ *s* diretriz, pauta

guilt /gɪlt/ *s* culpa, culpabilidade guilty *adj* (-ier, -iest) culpado LOC *Ver* PLEAD

guinea pig /ˈgɪni pɪg/ *s* (*lit e fig*) cobaia, porquinho-da-índia

guise /gaɪz/ *s* (falsa) aparência, disfarce

guitar /gɪˈtɑr/ *s* violão: *electric guitar* guitarra elétrica

gulf /gʌlf/ *s* **1** (*Geog*) golfo **2** (*lit, fig*) abismo: *the gulf between rich and poor* o abismo entre os ricos e os pobres

gull /gʌl/ (*tb* seagull) *s* gaivota

gullible /ˈgʌləbl/ *adj* crédulo

gulp /gʌlp/ ◆ **1** *vt* ~ **sth** (**down**) engolir/tragar algo apressadamente **2** *vi* engolir saliva, engolir em seco ◆ *s* trago

gum /gʌm/ *s* **1** (*Anat*) gengiva **2** goma, resina **3** chiclete *Ver tb* BUBBLEGUM, CHEWING GUM

gun /gʌn/ ◆ *s* arma (*de fogo*) *Ver tb* MACHINE GUN, PISTOL, RIFLE, SHOTGUN ◆ *v* (-nn-) PHR V **to gun sb down** (*coloq*) matar/ferir alguém a tiros

gunfire /ˈgʌnfaɪər/ *s* fogo (*disparo*)

gunman /ˈgʌnmən/ *s* (*pl* -men /-mən/) pistoleiro

gunpoint /ˈgʌnpɔɪnt/ *s* LOC **at gunpoint** sob a ameaça de uma arma

gunpowder /ˈgʌnpaʊdər/ *s* pólvora

gunshot /ˈgʌnʃɑt/ *s* disparo

gurgle /ˈgɜːrgl/ ◆ *vi* gorgolejar, gorjear

gush /gʌʃ/ *vi* **1** ~ (**out**) (**from sth**) jorrar, verter (de algo) **2** ~ (**over sb/sth**) (*pej, fig*) falar/escrever com muito entusiasmo (de/sobre alguém/algo)

gust /gʌst/ *s* rajada (*de vento*)

gusto /ˈgʌstoʊ/ *s* (*coloq*) entusiasmo

gut /gʌt/ ◆ *s* **1 guts** [*pl*] (*coloq*) tripas, barriga **2 guts** [*pl*] (*fig*) coragem, peito **3** intestino: *a gut reaction/feeling* uma reação/sensação instintiva ◆ *vt* (-tt-) **1** destripar **2** destruir por dentro

gutter /ˈgʌtər/ *s* **1** sarjeta: *the gutter press* a imprensa marrom **2** calha

guy /gaɪ/ *s* (*coloq*) cara, sujeito: *Hi guys!* Oi pessoal!

guzzle /ˈgʌzl/ *vt* ~ **sth** (**down/up**) (*coloq*) encher a cara de, empanturrar-se de algo

gymnasium /dʒɪmˈneɪziəm/ (*pl* -siums *ou* -sia /-zɪə/) (*coloq* gym) *s* ginásio (*de esportes*)

gymnast /ˈdʒɪmnæst, -nəst/ *s* ginasta

gymnastics /dʒɪmˈnæstɪks/ (*coloq* gym) *s* [*sing*] ginástica (olímpica)

gynecologist (*GB* gynae-) /ˌgaɪnəˈkɑlədʒɪst/ *s* ginecologista

gypsy (*tb* gipsy, Gypsy) /ˈdʒɪpsi/ *s* (*pl* -ies) cigano, -a

i:	i	ɪ	e	æ	ɑ	ʌ	ʊ	u:
see	happy	sit	ten	hat	cot	cup	put	too

Hh

H, h /eɪtʃ/ s (pl **H's, h's** /'eɪtʃɪz/) H, h: *H as in Harry* H de homem ☞ Ver exemplos em A, A

habit /'hæbɪt/ s **1** hábito, costume **2** (Relig) hábito

habitation /ˌhæbɪ'teɪʃn/ s habitação: *not fit for human habitation* inadequado para habitação

habitual /hə'bɪtʃuəl/ adj habitual

hack¹ /hæk/ vt, vi ~ **(at)** sth cortar algo aos golpes

hack² /hæk/ vt, vi ~ **(into)** **(sth)** (Informát, coloq) invadir algo ilegalmente **hacking** s invasão ilegal de um sistema

had /həd, hæd/ pret, pp de HAVE

hadn't /'hæd(ə)nt/ = HAD NOT Ver HAVE

haemo- (GB) Ver HEMO-

haggard /'hægərd/ adj abatido

haggle /'hægl/ vi ~ **(over/about sth)** pechinchar (por algo)

hail¹ /heɪl/ ◆ s **1** [não contável] granizo **2** (fig) saraivada ◆ vi cair granizo

hail² /heɪl/ vt **1** chamar (atrair a atenção) **2** ~ sb/sth as sth aclamar alguém/algo como algo

hailstone /'heɪlstoʊn/ s pedra (de granizo)

hailstorm /'heɪlstɔːrm/ s tempestade de granizo

hair /heər/ s **1** cabelo, fio de cabelo **2** pêlo LOC Ver PART

hairbrush /'heərbrʌʃ/ s escova (de cabelo) ☞ Ver ilustração em BRUSH

haircut /'heərkʌt/ s corte de cabelo: *to have/get a haircut* cortar o cabelo (no cabeleireiro)

hairdo /'heərduː/ s (pl ~s) (coloq) penteado

hairdresser /'heərdresər/ s cabeleireiro, -a **hairdresser's** (GB) (USA **salon**) s salão de cabeleireiro **hairdressing** s arte de cortar e pentear cabelos

hairdryer /'heərdraɪər/ s secador (de cabelo)

hairpin /'heərpɪn/ s grampo de cabelo: *hairpin curve/turn* curva em U

hairstyle /'heərstaɪl/ s penteado, corte

hair stylist s cabeleireiro, -a

hairy /'heəri/ adj (-ier, -iest) peludo, cabeludo

half /hæf; GB hɑːf/ ◆ s (pl **halves** /hævz; GB hɑːvz/) metade, meio: *The second half of the book is more interesting.* A segunda metade do livro é mais interessante. ◊ *two and a half hours* duas horas e meia ◊ *Two halves make a whole.* Duas metades fazem um inteiro. LOC **to break, etc. sth in half** partir, etc. algo ao meio **to go halves (with sb)** dividir a conta meio a meio (com alguém) ◆ adj, pron metade de, meio: *half the team* metade do time ◊ *half an hour* meia hora ◊ *to cut sth by half* cortar algo pela metade LOC **half (past) one, two, etc.** uma, duas, etc. e meia ◆ adv meio, pela metade: *The job will have been only half done.* O trabalho estará apenas pela metade. ◊ *half built* construído pela metade

half board s meia pensão

half-brother /'hæf brʌðər; GB 'hɑːf-/ s meio-irmão

half-hearted /ˌhæf 'hɑrtɪd; GB ˌhɑːf-/ adj pouco entusiasmado **half-heartedly** adv sem entusiasmo

half-sister /'hæf sɪstər; GB 'hɑːf-/ s meia-irmã

half-term /ˌhæf 'tɜːrm; GB ˌhɑːf-/ s (GB) semana de férias na metade de um período de aulas

half-time /'hæf taɪm; GB ˌhɑːf 'taɪm/ s (Esporte) meio tempo

halfway /ˌhæf'weɪ; GB ˌhɑːf-/ adj, adv meio caminho, na metade: *halfway between London and Glasgow* a meio caminho entre Londres e Glasgow

halfwit /'hæfwɪt; GB 'hɑːf-/ s estúpido, -a

hall /hɔːl/ s **1** (tb **hallway**) vestíbulo, entrada **2** (de concertos ou reuniões) sala **3** (tb **hall of residence**) (GB) (USA **dormitory**) residência universitária

hallmark /'hɔːlmɑrk/ s **1** (de metais preciosos) marca de qualidade **2** (fig) marca característica

Halloween /ˌhæləˈwiːn/ s

Halloween é a noite de fantasmas e bruxas no dia 31 de outubro, véspera de Todos os Santos. É costume esvaziar-se

u	ɔː	ɜː	ə	j	w	eɪ	oʊ
situation	saw	fur	ago	yes	woman	pay	home

uma abóbora (do tipo moranga), desenhar um rosto nela e colocar uma vela dentro. As crianças se disfarçam e passam pelas casas pedindo doces ou dinheiro. Quando as pessoas abrem as portas, as crianças dizem **trick or treat** ("dê algo para a gente ou faremos uma traquinagem").

hallucination /həˌluːsɪˈneɪʃn/ s alucinação

hallway /ˈhɔːlweɪ/ s **1** Ver HALL **2** (USA) corredor

halo /ˈheɪloʊ/ s (pl haloes ou ~s) halo, auréola

halt /hɔːlt/ ◆ s parada, alto, interrupção LOC Ver GRIND ◆ vt, vi parar, deter(-se): Halt! Alto!

halting /ˈhɔːltɪŋ/ adj vacilante, titubeante

halve /hæv; GB hɑːv/ vt **1** dividir na metade **2** reduzir à metade

halves plural de HALF

ham /hæm/ s presunto

hamburger /ˈhæmbɜːrgər/ (tb burger) s hambúrguer

hamlet /ˈhæmlət/ s aldeia, vilarejo

hammer /ˈhæmər/ ◆ s martelo ◆ vt **1** martelar **2** (coloq, fig) arrasar PHR V to **hammer sth in** pregar algo (com martelo)

hammock /ˈhæmək/ s rede (de dormir)

hamper¹ /ˈhæmpər/ s (GB) cesta (de piquenique/Natal)

hamper² /ˈhæmpər/ vt tolher, impedir

hamster /ˈhæmstər/ s hamster

hand /hænd/ ◆ s **1** mão **2** [sing] (tb handwriting) letra (de mão), caligrafia **3** (relógio, etc.) ponteiro, agulha ☛ Ver ilustração em RELÓGIO **4** peão, peoa, operário, -a **5** (Náut) tripulante **6** (baralho) jogada **7** (medida) palmo LOC **by hand** à mão: made by hand feito à mão ◇ delivered by hand entregue em mão (**close/near**) **at hand** à mão, perto: I always keep my glasses close at hand. Eu sempre deixo meus óculos à mão. **hand in hand 1** de mãos dadas **2** (fig) muito unidos, juntos **hands up!** mãos para cima! **in hand 1** disponível, de reserva **2** sob controle **on hand** à disposição **on the one hand…on the other** (**hand**)… por um lado…por outro lado… **out of hand 1** descontrolado **2**

sem pensar (duas vezes) **to give/lend sb a hand** dar uma mão a alguém **to hand** à mão Ver tb CHANGE, CUP, EAT, FIRM, FIRST, FREE, HEAVY, HELP, HOLD, MATTER, PALM, SHAKE, UPPER ◆ vt passar PHR V **to hand sth back** (**to sb**) devolver algo (a alguém) **to hand sth in** (**to sb**) entregar algo (a alguém) **to hand sth out** (**to sb**) distribuir algo (a alguém)

handbag /ˈhændbæg/ (USA purse) s bolsa (de mão) ☛ Ver ilustração em MALA

handbook /ˈhændbʊk/ s manual, guia

handbrake /ˈhændbreɪk/ s freio de mão

handcuff /ˈhændkʌf/ ◆ vt algemar ◆ **handcuffs** s [pl] algemas

handful /ˈhændfʊl/ s (pl ~s) (lit e fig) punhado: a handful of students um punhado de estudantes LOC **to be a** (**real**) **handful** (coloq) ser insuportável: The children are a real handful. As crianças são difíceis de controlar.

handicap /ˈhændikæp/ ◆ s **1** (Med) deficiência (física ou mental) **2** (Esporte) desvantagem ◆ vt (-pp-) prejudicar **handicapped** adj deficiente (físico ou mental)

handicrafts /ˈhændikræfts; GB -krɑːfts/ s [pl] artesanato

handkerchief /ˈhæŋkərtʃɪf, -tʃiːf/ s (pl -chiefs ou -chieves /-tʃiːvz/) lenço (de bolso)

handle /ˈhændl/ ◆ s **1** (de ferramenta, panela) cabo ☛ Ver ilustração em SAUCEPAN **2** (de mala, etc.) alça **3** (de xícara, etc.) asa ☛ Ver ilustração em MUG **4** (de porta, etc.) puxador, maçaneta ◆ vt **1** manusear **2** (máquinas) operar **3** (pessoas) tratar **4** suportar

handlebars /ˈhændlbɑːrz/ s (pl) guidom

handmade /ˌhændˈmeɪd/ adj feito à mão, artesanal

Em inglês, podem-se formar adjetivos compostos para todas as habilidades manuais, p.ex. **hand-built** (construído à mão), **hand-knitted** (tricotado à mão), **hand-painted** (pintado à mão), etc.

handout /ˈhændaʊt/ s **1** donativo **2** folheto **3** declaração (oficial por escrito para a imprensa)

handshake /ˈhændʃeɪk/ s aperto de mão

aɪ	aʊ	ɔɪ	ɪə	eə	ʊə	ʒ	h	ŋ
five	now	join	near	hair	pure	vision	how	sing

handsome /ˈhænsəm/ *adj* **1** atraente ☞ Refere-se principalmente a homens. **2** (*presente*) generoso

handwriting /ˈhændraɪtɪŋ/ *s* **1** escrita **2** letra manuscrita, caligrafia

handwritten /ˌhændˈrɪtn/ *adj* escrito à mão

handy /ˈhændi/ *adj* (**-ier, -iest**) **1** prático **2** à mão **3** conveniente

hang /hæŋ/ ◆ (*pret, pp* **hung** /hʌŋ/) **1** *vt* pendurar **2** *vi* estar pendurado **3** *vi* (*roupa, cabelo*) cair **4** (*pret, pp* **hanged**) *vt, vi* enforcar **5** *vi* ~ (**above/over sb/ sth**) pender, pairar (sobre alguém/algo) **PHR V** **to hang about/around** (*coloq*) **1** ficar sem fazer nada **2** esperar (*sem fazer nada*) **to hang on** segurar (firme), aguardar **to hang (sth) out** estender algo (*roupa no varal*) **to hang up** (**on sb**) (*coloq*) desligar/bater o telefone (na cara de alguém) ◆ *s* **LOC** **to get the hang of sth** (*coloq*) pegar o jeito de algo

hangar /ˈhæŋər/ *s* hangar

hanger /ˈhæŋər/ (*tb* **clothes hanger**, **coat-hanger**) *s* cabide

hang-glider /ˈhæŋ ˌglaɪdər/ *s* asa-delta **hang-gliding** *s* vôo de asa-delta

hangman /ˈhæŋmən/ *s* (*pl* **-men** /-mən/) **1** carrasco (*de forca*) **2** (*jogo*) forca

hangover /ˈhæŋoʊvər/ *s* ressaca (*de bebida*)

hang-up /ˈhæŋ ʌp/ *s* (*coloq*) trauma, complexo

haphazard /hæpˈhæzərd/ *adj* ao acaso, de qualquer maneira

happen /ˈhæpən/ *vi* ocorrer, acontecer: *whatever happens* o que quer que aconteça ◊ *if you happen to go into town* se por acaso, você for ao centro **LOC** **as it happens** para falar a verdade **happening** *s* acontecimento, fato

happy /ˈhæpi/ *adj* (**-ier, -iest**) **1** feliz: *a happy marriage/memory/child* um casamento/uma lembrança/uma criança feliz **2** contente: *Are you happy in your work?* Você está contente com seu trabalho? ☞ *Ver nota em* **GLAD** **happily** *adv* **1** alegremente, com satisfação **2** felizmente **happiness** *s* felicidade

harass /həˈræs, ˈhærəs/ *vt* assediar, atormentar **harassment** *s* assédio, ação de atormentar

harbor (*GB* **harbour**) /ˈhɑrbər/ ◆ *s* porto ◆ *vt* **1** proteger, abrigar **2** (*suspeitas, dúvidas*) nutrir

hard /hɑrd/ ◆ *adj* (**-er, -est**) **1** duro **2** difícil: *It's hard to tell.* É difícil dizer (com certeza). ◊ *hard to please* difícil de agradar **3** duro, cansativo, intenso: *a hard worker* uma pessoa trabalhadora **4** (*pessoa, trato*) difícil, severo, cruel **5** (*bebida*) alcoólico **LOC** **hard cash** dinheiro vivo **hard luck** (*coloq*) azar **the hard way** o caminho mais difícil **to have/give sb a hard time** dar trabalho a alguém **to take a hard line** (**on/over sth**) adotar uma linha dura (a respeito de algo) *Ver tb* **DRIVE** ◆ *adv* (**-er, -est**) **1** (*trabalhar, chover*) muito, com força: *She hit her head hard.* Ela bateu a cabeça com força. ◊ *to try hard* esforçar-se **2** (*vencer*) com dificuldade **3** (*pensar*) bastante **4** (*olhar*) fixamente **LOC** **to be hard put to do sth** ter dificuldade em fazer algo **to be hard up** estar duro (*sem dinheiro*)

hardback /ˈhɑrdbæk/ *s* livro de capa dura: *hardback edition* edição de capa dura *Comparar com* **PAPERBACK**

hard disk (*tb* **hard drive**) *s* (*Informát*) disco rígido

harden /ˈhɑrdn/ *vt, vi* endurecer(-se): *hardened criminal* criminoso calejado **hardening** *s* endurecimento

hardly /ˈhɑrdli/ *adv* **1** apenas: *I hardly know her.* Eu mal a conheço. **2** dificilmente: *It's hardly surprising.* Não é surpresa alguma. ◊ *He's hardly the world's best cook.* Dificilmente se poderia dizer que ele é o melhor cozinheiro do mundo. **3** *hardly anybody* quase ninguém ◊ *hardly ever* quase nunca

hardship /ˈhɑrdʃɪp/ *s* dificuldade, privação

hardware /ˈhɑrdweər/ *s* **1** ferramentas: *hardware store* loja de ferramentas **2** (*Mil*) armamentos **3** (*Informát*) hardware

hard-working /ˌhɑrd ˈwɜːrkɪŋ/ *adj* trabalhador

hardy /ˈhɑrdi/ *adj* (**-ier, -iest**) **1** robusto **2** (*Bot*) resistente

hare /heər/ *s* lebre

harm /hɑrm/ ◆ *s* dano, mal: *He meant no harm.* Ele não queria fazer mal. ◊ *There's no harm in asking.* Não há mal algum em perguntar/pedir. ◊ *(There's) no harm done.* Não aconteceu nada (de

tʃ	dʒ	v	θ	ð	s	z	ʃ
chin	**J**une	**v**an	**th**in	**th**en	**s**o	**z**oo	**sh**e

mal). LOC **out of harm's way** em lugar seguro **to come to harm**: *You'll come to no harm.* Não lhe acontecerá nada (de mal). **to do more harm than good** fazer mais mal do que bem ◆ *vt* **1** *(pessoa)* prejudicar **2** *(coisa)* danificar **harmful** *adj* daninho, nocivo, prejudicial **harmless** *adj* **1** inócuo **2** inocente, inofensivo

harmony /'hɑrməni/ *s (pl -ies)* harmonia

harness /'hɑrnəs/ ◆ *s [sing]* arreios ◆ *vt* **1** *(cavalo)* arrear **2** *(recursos naturais)* aproveitar

harp /hɑrp/ ◆ *s* harpa ◆ PHR V **to harp on (about) sth** falar repetidamente sobre algo

harsh /hɑrʃ/ *adj* (-er, -est) **1** *(textura, voz)* áspero **2** *(luz)* forte **3** *(cor)* berrante **4** *(ruído, etc.)* estridente **5** *(clima, etc.)* rigoroso **6** *(castigo)* severo **7** *(palavra, professor)* duro **harshly** *adv* duramente, severamente

harvest /'hɑrvɪst/ ◆ *s* colheita ◆ *vt* colher

has /həz, hæz/ *Ver* HAVE

hasn't /'hæz(ə)nt/ = HAS NOT *Ver* HAVE

hassle /'hæsl/ ◆ *s (coloq)* **1** *(complicação)* trabalheira, atrapalhação: *It's a big hassle.* Dá muito trabalho. **2** discussão: *Don't give me any hassle!* Deixe-me em paz! ◆ *vt (coloq)* perturbar

haste /heɪst/ *s* pressa LOC **in haste** com pressa **hasten** /'heɪsn/ **1** *vi* apressar-se **2** *vt* acelerar **hastily** *adv* apressadamente **hasty** *adj* (-ier, -iest) apressado

hat /hæt/ *s* chapéu LOC *Ver* DROP

hatch[1] /hætʃ/ *s* **1** portinhola **2** abertura *(para passar comida)*

hatch[2] /hætʃ/ **1** *vi* ~ **(out)** sair do ovo **2** *vi (ovo)* chocar **3** *vt* chocar, incubar **4** *vt* ~ **sth (up)** tramar algo

hate /heɪt/ ◆ *vt* **1** odiar **2** lamentar: *I hate to bother you, but…* Sinto atra-

palhá-lo, mas… ◆ *s* **1** ódio **2** *(coloq)*: *Men with beards are one of my pet hates.* Uma das coisas que odeio é homem com barba. **hateful** *adj* odioso **hatred** *s* ódio

haul /hɔːl/ ◆ *vt* puxar, arrastar ◆ *s* **1** *(distância)* percurso: *a long-haul flight* um vôo de longa distância **2** *(quantidade)* rede *(de peixes)* **3** ganho, despojo

haunt /hɔːnt/ ◆ *vt* **1** *(fantasma)* assombrar **2** *(lugar)* freqüentar **3** *(pensamento)* atormentar ◆ *s* lugar predileto **haunted** *adj (casa)* assombrado

have /həv, hæv/ ◆ *v aux*

Como auxiliar do "present perfect", o verbo **have** geralmente não tem tradução em português e toda a expressão pode ser traduzida ou no passado ou no presente, conforme o caso: *I've lived here since last year.* Moro aqui desde o ano passado. ◊ *"I've finished my work." "So have I."* —Eu terminei meu trabalho. —Eu também. ◊ *He's gone home, hasn't he?* Ele foi para casa, não foi? ◊ *"Have you seen that?" "Yes, I have./No, I haven't."* —Você viu aquilo? —Sim, eu vi./Não, eu não vi.

◆ *vt* **1** *(tb to have got)* ter: *She's got a new car.* Ela tem um carro novo. ◊ *to have flu/a headache* estar com gripe/dor de cabeça ☛ *Ver nota em* TER **2** ~ **(got) sth to do** ter algo a fazer/que fazer algo: *I've got a bus to catch.* Tenho que pegar um ônibus. **3** ~ **(got) to do sth** ter que fazer algo: *I've got to go to the bank.* Tenho que ir ao banco. ◊ *Did you have to pay a fine?* Você teve que pagar uma multa? **4** *(tb to have got)* ter: *Do you have any money on you?* Você tem algum dinheiro (com você)? **5** tomar: *to have a cup of coffee* tomar um café ◊ *to have breakfast/lunch/dinner* tomar ca fé da manhã/almoçar/jantar ☛ Note que a estrutura **to have** +

	have		
presente	*formas contraídas*	*formas contraídas na negativa*	*formas contraídas no passado*
I **have**	I**'ve**	I **haven't**	I**'d**
you **have**	you**'ve**	you **haven't**	you**'d**
he/she/it **has**	he**'s**/she**'s**/it**'s**	he/she/it **hasn't**	he**'d**/she**'d**/it**'d**
we **have**	we**'ve**	we **haven't**	we**'d**
you **have**	you**'ve**	you **haven't**	you**'d**
they **have**	they**'ve**	they **haven't**	they**'d**

passado **had**   *forma em* -*ing* **having**   *particípio passado* **had**

i:	i	ɪ	e	æ	ɑ	ʌ	ʊ	u:
see	happy	sit	ten	hat	cot	cup	put	too

substantivo às vezes se traduz apenas por um verbo em português: *to have a wash* lavar-se **6** ~ *sth done* fazer/mandar fazer algo: *to have your hair cut* cortar o cabelo (no cabeleireiro) ◊ *to have a dress made* fazer um vestido (com uma costureira) ◊ *She had her bag stolen.* Roubaram a bolsa dela. **7** aceitar: *I won't have it!* Não aceitarei isso. LOC **to have had it** (*coloq*): *The TV has had it.* A TV já deu o que tinha que dar. **to have it (that)**: *Rumor has it that…* Dizem que… ◊ *As luck would have it…* O destino quis que… **to have to do with sb/sth** ter a ver com alguém/algo: *It has nothing to do with me.* Não tem nada a ver comigo. ☛ Para outras expressões com **have**, ver os verbetes do substantivo, adjetivo, etc., p.ex. **to have a sweet tooth** em SWEET. PHR V **to have sth back**: *Let me have the book back soon.* Devolva-me logo o livro. **to have sb on** (*GB, coloq*) ridicularizar alguém: *You're having me on!* Você está me gozando! **to have sth on 1** (*roupa*) vestir: *He's got a tie on today.* Ele está de gravata hoje. **2** (*GB*) estar ocupado: *I've got a lot on.* Estou muito ocupado. ◊ *Have you got anything on tonight?* Você tem algum plano para hoje à noite?

haven /ˈheɪvn/ *s* refúgio

haven't /ˈhæv(ə)nt/ = HAVE NOT *Ver* HAVE

havoc /ˈhævək/ *s* estragos, devastação LOC **to wreak/cause/play havoc with sth** fazer estragos em algo

hawk /hɔːk/ *s* falcão, gavião

hay /heɪ/ *s* feno: *hay fever* alergia a pólen

hazard /ˈhæzərd/ ◆ *s* perigo, risco: *a health hazard* um perigo para a saúde ◆ *vt* LOC **to hazard a guess** arriscar um palpite **hazardous** *adj* perigoso, arriscado

haze /heɪz/ *s* bruma ☛ *Comparar com* FOG, MIST

hazel /ˈheɪzl/ ◆ *s* aveleira ◆ *adj* cor de avelã, castanho-claro

hazelnut /ˈheɪzlnʌt/ *s* avelã

hazy /ˈheɪzi/ *adj* (**hazier**, **haziest**) **1** brumoso **2** (*idéia, etc.*) vago **3** (*pessoa*) confuso

he /hiː/ ◆ *pron pess* ele: *He's in Paris.*

Ele está em Paris. ☛ Não se pode omitir o *pronome pessoal* em inglês. *Comparar com* HIM. ◆ *s* [*sing*]: *Is it a he or a she?* É um macho ou uma fêmea?

head¹ /hed/ *s* **1** cabeça: *It never entered my head.* Isso nunca me ocorreu. ◊ *to have a good head for business* ter cabeça/jeito para negócios **2** **a/per head** por cabeça: *ten dollars a head* dez dólares por pessoa **3** cabeceira: *the head of the table* a cabeceira da mesa **4** chefe: *the heads of government* os chefes de governo **5** diretor, -ora (*de uma escola*) LOC **head first** de cabeça **heads or tails?** cara ou coroa? **not to make head or tail of sth** não conseguir entender algo: *I can't make head (n)or tail of it.* Não consigo entender nada disso. **to be/go above/over your head** estar acima da sua compreensão **to go to your head** subir à cabeça de alguém *Ver tb* HIT, SHAKE, TOP¹

head² /hed/ *vt* **1** encabeçar, liderar **2** (*Esporte*) cabecear PHR V **to head for sth** dirigir-se a algo, ir a caminho de algo

headache /ˈhedeɪk/ *s* dor de cabeça

heading /ˈhedɪŋ/ *s* título, divisão de livro/texto

headlight /ˈhedlaɪt/ (*tb* **headlamp**) *s* farol (*de veículo*)

headline /ˈhedlaɪn/ *s* **1** manchete **2** **the headlines** [*pl*] resumo das principais notícias

headmaster /ˌhedˈmæstər/ *s* diretor (*de uma escola*)

headmistress /ˌhedˈmɪstrəs/ *s* diretora (*de uma escola*)

head office *s* escritório central

head-on /hed ˈɒn/ *adj*, *adv* de frente: *a head-on collision* uma colisão de frente

headphones /ˈhedfoʊnz/ *s* [*pl*] fones de ouvido

headquarters /ˌhedˈkwɔːrtəz/ *s* (*abrev* HQ) [*v sing ou pl*] **1** sede **2** (*Exército*) quartel-general

head start *s*: *You had a head start over me.* Você teve uma vantagem sobre mim.

headway /ˈhedweɪ/ *s* LOC **to make headway** avançar/progredir

heal /hiːl/ **1** *vi* cicatrizar, sarar **2** *vt* ~ **sb/sth** curar, sarar alguém/algo

u	ɔː	ɜː	ə	j	w	eɪ	oʊ
sit**u**ation	s**aw**	f**ur**	**a**go	**y**es	**w**oman	p**ay**	h**o**me

health /helθ/ s saúde: *health center* posto de saúde/ambulatório ◊ *health foods* alimentos naturais LOC *Ver* DRINK

healthy /'helθi/ adj (-ier, -iest) **1** (*lit*) são **2** saudável

heap /hi:p/ ◆ s montão, pilha ◆ vt ~ **sth (up)** amontoar, empilhar algo

hear /hɪər/ (pret, pp **heard** /hɜ:rd/) **1** vt, vi ouvir: *I couldn't hear a thing.* Eu não conseguia escutar nada. ◊ *I heard someone laughing.* Ouvi alguém rindo. **2** vt escutar **3** vt (*Jur*) dar audiência PHR V **to hear about sth** ficar sabendo de algo **to hear from sb** ter notícias de alguém **to hear of sb/sth** ouvir falar de alguém/algo

hearing /'hɪərɪŋ/ s **1** (*tb* sense of hearing) audição **2** (*Jur*) audiência

heart /hɑrt/ s **1** coração: *heart attack/ failure* ataque cardíaco/parada cardíaca **2** (*centro*): *the heart of the matter* o xis da questão **3** (*de alface, etc.*) miolo **4 hearts** [*pl*] (*naipe*) copas ☛ *Ver nota em* BARALHO LOC **at heart** em essência **by heart** de memória/cor **to take heart** animar-se **to take sth to heart** levar algo a sério **your/sb's heart sinks**: *When I saw the line my heart sank.* Quando vi a fila, perdi o ânimo. *Ver tb* CHANGE, CRY, SET²

heartbeat /'hɑrtbi:t/ s batida (do coração), batimento cardíaco

heartbreak /'hɑrtbreɪk/ s sofrimento, angústia **heartbreaking** adj de partir o coração, angustiante **heartbroken** adj de coração partido, angustiado

hearten /'hɑrtn/ vt animar **heartening** adj animador

heartfelt /'hɑrtfelt/ adj sincero: *heartfelt thanks* agradecimentos sinceros

hearth /hɑrθ/ s **1** lareira **2** (*lit e fig*) lar

heartless /'hɑrtləs/ adj desumano, cruel

hearty /'hɑrti/ adj (-ier, -iest) **1** (*cumprimento*) cordial: *a hearty welcome* uma recepção calorosa **2** (*pessoa*) expansivo (*às vezes demais*) **3** (*comida*) abundante

heat /hi:t/ ◆ s **1** calor **2** (*Esporte*) prova classificatória LOC **to be in heat** (*GB* **to be on heat**) estar no cio **in the heat of the moment** no auge da irritação ◆ vt, vi ~ **(sth) (up)** aquecer-se, aquecer algo **heated** adj **1** *a heated pool* uma piscina aquecida ◊ *centrally heated* com aqueci-

mento central **2** (*discussão, pessoa*) inflamado **heater** s aquecedor

heath /hi:θ/ s charneca

heathen /'hi:ðn/ s pagão, -ã

heather /'heðər/ s urze

heating /'hi:tɪŋ/ s (sistema de) aquecimento/calefação

heatwave /'hi:tweɪv/ s onda de calor

heave /hi:v/ ◆ **1** vt, vi arrastar, levantar (*com esforço*) **2** vi ~ **(at/on sth)** puxar (algo) com esforço **3** vt (*coloq*) lançar (*algo pesado*) ◆ s puxão, empurrão

heaven (*tb* **Heaven**) /'hevn/ s (*Relig*) céu LOC *Ver* KNOW, SAKE

heavenly /'hevnli/ adj **1** (*Relig*) celestial **2** (*Astron*) celeste **3** (*coloq*) divino

heavily /'hevɪli/ adv **1** bem, muito: *heavily loaded* muito carregado ◊ *to rain heavily* chover forte **2** pesadamente

heavy /'hevi/ adj (-ier, -iest) **1** pesado: *How heavy is it?* Quanto pesa? **2** mais do que o normal/intenso: *heavy traffic* tráfego intenso ◊ *heavy drinker/smoker* pessoa que bebe/fuma muito **3** (*feições, movimento*) pesado LOC **with a heavy hand** com mão firme

heavyweight /'heviweɪt/ s **1** (*Esporte*) peso pesado **2** (*fig*) pessoa de peso

heckle /'hekl/ vt, vi perturbar um orador (*com risos, etc.*)

hectare /'hekteər/ s hectare ☛ *Ver Apêndice 1.*

hectic /'hektɪk/ adj frenético

he'd /hi:d/ **1** = HE HAD *Ver* HAVE **2** = HE WOULD *Ver* WOULD

hedge /hedʒ/ ◆ s **1** sebe **2** ~ **(against sth)** proteção (contra algo) ◆ vt, vi esquivar-se

hedgehog /'hedʒhɔːg; *GB* -hɒg/ s ouriço

heed /hi:d/ ◆ vt (*formal*) prestar atenção a ◆ s LOC **to take heed (of sth)** dar atenção (a algo)

heel /hi:l/ s **1** calcanhar **2** (*sapato*) salto LOC *Ver* DIG

hefty /'hefti/ adj (-ier, -iest) (*coloq*) **1** robusto **2** (*objeto*) pesado **3** (*golpe*) forte

height /haɪt/ s **1** altura **2** estatura **3** (*Geog*) altitude **4** (*fig*) cume, auge: *at/in the height of summer* em pleno verão LOC **the height of fashion** a última moda ☛ *Ver nota em* ALTO

aɪ	aʊ	ɔɪ	ɪə	eə	ʊə	ʒ	h	ŋ
f**i**ve	n**ow**	j**oi**n	n**ear**	h**air**	p**ure**	vi**si**on	**h**ow	si**ng**

heighten /'haɪtn/ *vt, vi* intensificar, aumentar

heir /eər/ *s* ~ (**to sth**) herdeiro (de algo)

heiress /'eərəs/ *s* herdeira

held *pret, pp de* HOLD

helicopter /'helɪkɒptər/ *s* helicóptero

he'll /hiːl/ = HE WILL *Ver* WILL

hell /hel/ *s* inferno: *to go to hell* ir para o inferno ☛ Note que **hell** não é acompanhado por artigo. LOC **a/one hell of a…** (*coloq*): *I got a hell of a shock.* Eu levei um susto terrível. **what, where, who, etc. the hell…?** (*coloq*): *Who the hell is he?* Quem diabos é ele? **hellish** *adj* infernal

hello /hə'loʊ/ *interj, s* **1** olá **2** (*ao telefone*) alô

helm /helm/ *s* timão

helmet /'helmɪt/ *s* capacete

help /help/ ♦ **1** *vt, vi* ajudar: *Help!* Socorro! ◊ *How can I help you?* Em que posso servi-lo? **2** *v refl* ~ **yourself** (**to sth**) servir-se (de) algo: *Help yourself to a cigarette.* Sirva-se de um cigarro. LOC **a helping hand**: *to give/lend* (*sb*) *a helping hand* dar uma mão (a alguém) **can/could not help sth**: *I couldn't help laughing.* Não pude deixar de rir. ◊ *He can't help it.* Ele não consegue evitar. **it can't/couldn't be helped** não há/havia remédio PHR V **to help** (**sb**) **out** dar uma mão (a alguém), socorrer alguém ♦ *s* [*não contável*] **1** ajuda: *It wasn't much help.* Não ajudou muito. **2** assistência

helper /'helpər/ *s* ajudante

helpful /'helpfl/ *adj* **1** prestativo **2** atencioso **3** (*conselho, etc.*) útil

helping /'helpɪŋ/ *s* porção (*de comida*)

helpless /'helpləs/ *adj* **1** indefeso **2** desamparado **3** incapaz

helter-skelter /ˌheltər 'skeltər/ ♦ *s* tobogã (*em espiral*) ♦ *adj* atabalhoado

hem /hem/ ♦ *s* bainha ♦ *vt* (-mm-) fazer a bainha em PHR V **to hem sb/sth in 1** cercar alguém/algo **2** encurralar alguém

hemisphere /'hemɪsfɪər/ *s* hemisfério

hemoglobin (GB **haemo-**) /ˌhiːmə'ɡloʊbɪn/ *s* hemoglobina

hemorrhage (GB **haemo-**) /'hemərɪdʒ/ *s* hemorragia

hen /hen/ *s* galinha

hence /hens/ *adv* **1** (*tempo*) desde já: *three years hence* daqui a três anos **2** (*por conseguinte*) daí, portanto

henceforth /ˌhens'fɔːrθ/ *adv* (*formal*) de agora em diante

hepatitis /ˌhepə'taɪtɪs/ *s* [*não contável*] hepatite

her /hɜːr, ɜːr, ər/ ♦ *pron pess* **1** [*como objeto direto*] a, ela: *I saw her.* Eu a vi. **2** [*como objeto indireto*] lhe, a ela: *I asked her to come.* Pedi a ela que viesse. ◊ *I said it to her.* Eu disse isso a ela. **3** [*depois de preposição e do verbo* **to be**] ela: *I think of her often.* Penso muito nela. ◊ *She took it with her.* Ela o levou consigo. ◊ *It wasn't her.* Não foi ela. ☛ *Comparar com* SHE e *adj poss dela*: *her book(s)* o(s) livro(s) dela ☛ **Her** se usa também para referir-se a carros, barcos ou países. *Comparar com* HERS e *ver nota em* MY.

herald /'herəld/ ♦ *s* arauto, mensageiro, -a ♦ *vt* anunciar (*chegada, início*) **heraldry** *s* heráldica

herb /ɜːrb; GB hɜːb/ *s* erva **herbal** *adj* herbáceo: *herbal tea* chá de ervas

herd /hɜːrd/ ♦ *s* rebanho, manada, vara ☛ *Comparar com* FLOCK ♦ *vt* conduzir (*rebanho*)

here /hɪər/ ♦ *adv* aqui: *I live a mile from here.* Moro a uma milha daqui. ◊ *Please sign here.* Assine aqui, por favor.

Nas orações que começam com **here** o verbo se posiciona depois do sujeito se esse for um pronome: *Here they are, at last!* Aqui estão eles, finalmente! ◊ *Here it is, on the table!* Aí está, em cima da mesa! E antes, se o sujeito for um substantivo: *Here comes the bus.* Aqui vem o ônibus.

LOC **here and there** aqui e ali **here you are** aqui está **to be here** chegar: *They'll be here any minute.* Eles vão chegar a qualquer momento. ♦ *interj* **1** ei! **2** (*oferecendo algo*) tome! **3** (*resposta*) presente!

hereditary /hə'redɪteri; GB -tri/ *adj* hereditário

heresy /'herəsi/ *s* (*pl* -ies) heresia

heritage /'herɪtɪdʒ/ *s* [*ger sing*] patrimônio

hermit /'hɜːrmɪt/ *s* eremita

hero /'hɪəroʊ/ *s* (*pl* -es) **1** protagonista (*de romance, filme, etc.*) **2** (*pessoa*) herói,

tʃ	dʒ	v	θ	ð	s	z	ʃ
chin	**June**	**van**	**thin**	**then**	**so**	**zoo**	**she**

heroína: *sporting heroes* os heróis do esporte heroic /hə'rouɪk/ *adj* heróico

heroism /'herouɪzəm/ *s* heroísmo

heroin /'herouɪn/ *s* heroína (*droga*)

heroine /'herouɪn/ *s* heroína (*pessoa*)

herring /'herɪŋ/ *s* (*pl* herring ou ~s) arenque LOC *Ver* RED

hers /hɜːrz/ *pron poss* o(s)/a(s) dela: *a friend of hers* um amigo dela ◊ *Where are hers?* Onde estão os dela?

herself /hɜːr'self/ *pron* **1** [*uso reflexivo*] se, ela mesma: *She bought herself a book.* Ela comprou um livro para si mesma. **2** [*depois de prep*] si (mesma): *"I am free", she said to herself.* "Estou livre"—disse ela consigo mesma. **3** [*uso enfático*] ela mesma: *She told me the news herself.* Ela mesma me deu a notícia.

he's /hiːz/ **1** = HE IS *Ver* BE **2** = HE HAS *Ver* HAVE

hesitant /'hezɪtənt/ *adj* hesitante, indeciso

hesitate /'hezɪteɪt/ *vi* **1** hesitar: *Don't hesitate to call.* Não deixe de telefonar. **2** vacilar hesitation *s* hesitação, dúvida

heterogeneous /ˌhetərə'dʒiːniəs/ *adj* heterogêneo

heterosexual /ˌhetərə'sekʃuəl/ *adj*, *s* heterossexual

hexagon /'heksəgən; *GB* -gən/ *s* hexágono

heyday /'heɪdeɪ/ *s* auge, apogeu

hi! /haɪ/ *interj* (*coloq*) oi!

hibernate /'haɪbərneɪt/ *vi* hibernar hibernation *s* hibernação

hiccup (*tb* hiccough) /'hɪkʌp/ *s* **1** soluço: *I got (the) hiccups.* Eu estava com soluço. **2** (*coloq*) problema

hid *pret de* HIDE[1]

hidden /'hɪdn/ ◆ *pp de* HIDE[1] ◆ *adj* oculto, escondido

hide[1] /haɪd/ (*pret* hid /hɪd/ *pp* hidden /'hɪdn/) **1** *vi* ~ (**from sb**) esconder-se, ocultar-se (de alguém): *The child was hiding under the bed.* A criança estava escondida debaixo da cama. **2** *vt* ~ sth (**from sb**) ocultar algo (de alguém): *The trees hid the house from view.* As árvores ocultavam a casa.

hide[2] /haɪd/ *s* pele (*de animal*)

hide-and-seek /ˌhaɪd n 'siːk/ *s* esconde-esconde: *to play hide-and-seek* brincar de esconde-esconde

hideous /'hɪdiəs/ *adj* horrendo

hiding[1] /'haɪdɪŋ/ *s* LOC **to be in/go into hiding** estar escondido/esconder-se

hiding[2] /'haɪdɪŋ/ *s* (*coloq*) surra

hierarchy /'haɪərɑːrki/ *s* (*pl* -ies) hierarquia

hieroglyphics /ˌhaɪərə'glɪfɪks/ *s* hieróglifos

hi-fi /'haɪ faɪ/ *adj*, *s* (*coloq*) (aparelho de) alta fidelidade

high[1] /haɪ/ *adj* (-er, -est) **1** (*preço, teto, velocidade*) alto ☛ *Ver nota em* ALTO **2** *to have a high opinion of sb* ter alguém em alta estima ◊ *high hopes* grandes expectativas **3** (*vento*) forte **4** (*ideais, ambições*) elevado: *to set high standards* impor padrões altos ◊ *I have it on the highest authority.* Sei de fonte segura/da mais alta fonte. ◊ *She has friends in high places.* Ela tem amigos influentes. **5** *the high life* a vida de luxo ◊ *the high point of the evening* o melhor momento da noite **6** (*som*) agudo **7** *in high summer* em pleno verão ◊ *high season* alta temporada **8** (*coloq*) ~ (**on sth**) intoxicado (de algo) (*drogas, álcool*) LOC **high and dry** em dificuldades: *to leave sb high and dry* deixar alguém em apuros **to be X meters, feet, etc. high** medir X metros, pés, etc. de altura: *The wall is six feet high.* A parede tem seis pés de altura. ◊ *How high is it?* Qual é a altura disso? *Ver tb* ESTEEM, FLY

high[2] /haɪ/ *s* pico ◆ *adv* (-er, -est) alto, a grande altura

highbrow /'haɪbrau/ *adj* (*freq pej*) erudito, intelectual

high-class /ˌhaɪ 'klæs; *GB* 'klɑːs/ *adj* de categoria

High Court *s* (*GB*) Tribunal Superior

higher education *s* ensino superior

high jump *s* salto em altura

highland /'haɪlənd/ *s* [*ger pl*] região montanhosa

high-level /ˌhaɪ 'levl/ *adj* de alto nível

highlight /'haɪlaɪt/ ◆ *s* **1** ponto alto, melhor momento **2** [*ger pl*] (*no cabelo*) mechas ◆ *vt* realçar, ressaltar

highly /'haɪli/ *adv* **1** muito, altamente, extremamente: *highly unlikely* muito improvável **2** *to think/speak highly of sb* ter alguém em alta estima/falar muito bem de alguém

highly strung *adj* tenso, irritadiço

Highness /'haɪnəs/ s alteza

high-powered /ˌhaɪ 'paʊərd/ adj **1** (carro) de alta potência **2** (pessoa) enérgico, dinâmico

high pressure ◆ s (Meteor) alta pressão **high-pressure** adj estressante

high-rise /'haɪ raɪz/ ◆ s edifício alto, espigão ◆ adj **1** (edifício) com muitos andares **2** (apartamento) de um espigão

high school s (esp USA) escola secundária

high street s rua principal: high-street shops lojas da rua principal

high-tech (tb **hi-tech**) /ˌhaɪ 'tek/ adj (coloq) de alta tecnologia

high tide (tb **high water**) s maré alta

highway /'haɪweɪ/ s **1** (esp USA) estrada, rodovia ☛ Ver nota em RODOVIA ◆ via pública: Highway Code Código Nacional de Trânsito

hijack /'haɪdʒæk/ ◆ vt **1** seqüestrar **2** (fig) monopolizar ◆ s seqüestro **hijacker** s seqüestrador, -ora (de avião)

hike /haɪk/ ◆ s caminhada, excursão a pé ◆ vi fazer uma excursão a pé **hiker** s caminhante, excursionista

hilarious /hɪ'leəriəs/ adj hilariante, divertido

hill /hɪl/ s **1** colina, monte **2** ladeira, subida **hilly** adj montanhoso

hillside /'hɪlsaɪd/ s encosta

hilt /hɪlt/ s punho (de espada) LOC (**up**) **to the hilt 1** completamente **2** (apoiar) incondicionalmente

him /hɪm/ pron pess **1** [como objeto direto] o, ele: I hit him. Eu o acertei. **2** [como objeto indireto] lhe, a ele: Give it to him. Dá-lhe isso./Dá isso a ele. **3** [depois de preposição e do verbo **to be**] ele: He always has it with him. Ele o tem sempre consigo. ◊ It must be him. Deve ser ele. ☛ Comparar com HE

himself /hɪm'self/ pron **1** [uso reflexivo] se **2** [depois de prep] si (mesmo): "I tried", he said to himself. —Tentei disse a si mesmo. **3** [uso enfático] ele mesmo: He said so himself. Ele mesmo disse isso.

hinder /'hɪndər/ vt retardar, atrapalhar: It seriously hindered him in his work. O trabalho dele foi seriamente dificultado. ◊ Our progress was hindered by bad weather. O mau tempo dificultou nosso trabalho.

hindrance /'hɪndrəns/ s ~ (**to sb/sth**) estorvo, impedimento (para alguém/algo)

hindsight /'haɪndsaɪt/ s: with (the benefit of)/in hindsight em retrospectiva

Hindu /'hɪnduː; GB ˌhɪn'duː/ adj, s hindu **Hinduism** s hinduísmo

hinge /hɪndʒ/ ◆ s dobradiça ◆ PHR V **to hinge on sth** depender de algo

hint /hɪnt/ ◆ s **1** insinuação, indireta **2** indício **3** dica ◆ **1** vi ~ **at sth** fazer alusão a algo **2** vt, vi ~ (**to sb**) **that...** insinuar (a alguém) que...

hip /hɪp/ s quadril

hippopotamus /ˌhɪpə'pɑtəməs/ s (pl -muses /-məsɪz/ ou -mi /-maɪ/) (tb **hippo**) hipopótamo

hire /'haɪər/ ◆ vt **1** alugar **2** (pessoa) contratar ☛ Ver nota em ALUGAR ◆ s aluguel: Bicycles for hire. Alugam-se bicicletas. ◊ hire purchase compra a prazo

his /hɪz/ **1** adj poss dele: his bag(s) a(s) sacola(s) dele **2** pron poss o(s)/a(s) dele: a friend of his um amigo dele ◊ He lent me his. Ele me emprestou o dele. ☛ Ver nota em MY

hiss /hɪs/ ◆ **1** vi sibilar, silvar **2** vt, vi (desaprovação) vaiar ◆ s silvo, assobio

historian /hɪ'stɔːriən/ s historiador, -ora

historic /hɪ'stɔːrɪk; GB -'stɒr-/ adj histórico **historical** adj histórico ☛ Comparar com HISTÓRICO

history /'hɪstri/ s (pl -ies) **1** história **2** (Med, etc.) histórico

hit /hɪt/ ◆ vt (-tt-) (pret, pp **hit**) **1** bater: to hit a nail bater num prego **2** acertar: He's been hit in the leg by a bullet. Ele levou uma bala na perna. **3** colidir com **4 to hit sth (on/against sth)** bater (com) algo (em/contra algo): I hit my knee against the table. Bati com o joelho na mesa. **5** (bola) sacar **6** afetar: Rural areas have been worst hit by the strike. As zonas rurais foram as que mais sofreram com a greve. LOC **to hit it off (with sb)** (coloq): Pete and Sue hit it off immediately. Pete e Sue se entrosaram de saída. **to hit the nail on the head** acertar na mosca Ver tb HOME PHR V **to hit back (at sb/sth)** revidar (a alguém/algo) **to hit out (at sb/sth)** desferir golpes (em alguém/algo) ◆ s **1** golpe **2** sucesso

hit-and-run /ˌhɪt ən 'rʌn/ adj: a hit-

hitch

and-run driver um motorista que atropela alguém e foge

hitch¹ /hɪtʃ/ *vt, vi*: to hitch (*a ride*) pegar carona ◊ *Can I hitch a lift with you as far as the station?* Pode me dar uma carona até a estação? PHR V **to hitch sth up** (*calças, saia, etc.*) arregaçar

hitch² /hɪtʃ/ *s* problema: *without a hitch* sem nenhum problema

hitchhike /'hɪtʃhaɪk/ *vi* pedir carona **hitchhiker** *s* pessoa que viaja de carona

hi-tech *Ver* HIGH-TECH

hive /haɪv/ (*tb* beehive) *s* colméia

hoard /hɔːrd/ ◆ *s* **1** tesouro **2** provisão ◆ *vt* acumular

hoarding /'hɔːrdɪŋ/ (*USA* billboard) *s* outdoor

hoarse /hɔːrs/ *adj* rouco

hoax /hoʊks/ *s* trote: *a hoax bomb warning* um alerta de bomba falso

hob /hɑb/ *s* placa de aquecimento (*de fogão*)

hockey /'hɑki/ *s* **1** (*USA*) (*GB* ice hockey) hóquei sobre o gelo **2** (*GB*) (*USA* field hockey) hóquei

hoe /hoʊ/ *s* enxada

hog /hɔːɡ; *GB* hɒɡ/ ◆ *s* porco ◆ *vt* (-gg-) (*coloq*) monopolizar

hoist /hɔɪst/ *vt* içar, levantar

hold /hoʊld/ ◆ (*pret, pp* held /held/) **1** *vt* segurar, prender na mão **2** *vt* agarrar-se a **3** *vt, vi* (*peso*) agüentar **4** *vt* (*criminoso, refém, etc.*) reter, deter **5** *vt* (*opinião*) sustentar **6** *vt* acomodar: *It won't hold you all.* Não vai haver lugar para todos. **7** *vt* (*posto, cargo*) ocupar **8** *vt* (*conversação*) manter **9** *vt* (*reunião, eleições*) realizar **10** *vt* (*possuir*) ter **11** *vt* (*formal*) considerar **12** *vi* (*oferta, acordo*) ser válido **13** *vt* (*título*) ostentar **14** *vi* (*ao telefone*) esperar LOC **don't hold your breath!** é melhor esperar sentado! **hold it!** (*coloq*) espere! **to hold fast to sth** aferrar-se a algo **to hold firm to sth** manter-se fiel a algo **to hold hands (with sb)** ficar de mãos dadas (com alguém) **to hold sb to ransom** (*fig*) chantagear alguém **to hold sb/sth in contempt** desprezar alguém/algo **to hold the line** aguardar na linha **to hold your breath** prender a respiração *Ver tb* BAY, CAPTIVE, CHECK, ESTEEM PHR V **to hold sth against sb** (*coloq*) ter algo contra alguém

to hold sb/sth back conter alguém/algo **to hold sth back** ocultar algo
to hold forth discursar
to hold on (to sb/sth) agarrar-se (a alguém/algo) **to hold sth on/down** segurar algo
to hold out 1 (*provisões*) durar **2** (*pessoa*) agüentar
to hold up (a bank, etc.) assaltar (um banco, etc.) **to hold sb/sth up** atrasar alguém/algo
to hold with sth concordar com algo ◆ *s* **1** *to keep a firm hold of sth* manter-se agarrado a algo **2** (*judô*) chave **3** ~ (**on/over sb/sth**) influência, controle (sobre alguém/algo) **4** (*barco, avião*) porão LOC **to get hold of sb** contatar alguém **to take hold of sb/sth** agarrar alguém/algo

holdall /'hoʊldɔːl/ *s* saco de viagem

holder /'hoʊldər/ *s* **1** titular **2** portador, -ora **3** suporte

hold-up /'hoʊld ʌp/ *s* **1** (*trânsito*) engarrafamento **2** atraso **3** assalto

hole /hoʊl/ *s* **1** buraco **2** orifício **3** furo **4** toca **5** (*coloq*) aperto LOC *Ver* PICK

holiday /'hɑlədeɪ/ ◆ *s* **1** feriado **2** (*USA* vacation) férias: *to be/go on holiday* estar/sair de férias ◆ *vi* passar as férias

holiday-maker /'hɑlədeɪ meɪkər/ *s* pessoa que está de férias

holiness /'hoʊlinəs/ *s* santidade

hollow /'hɑloʊ/ ◆ *adj* **1** oco **2** (*rosto, olhos*) fundo **3** (*som*) surdo **4** (*fig*) insincero, falso ◆ *s* **1** buraco **2** cavidade **3** depressão ◆ *vt* (*tb* to hollow sth out) escavar algo

holly /'hɑli/ *s* azevinho

holocaust /'hɑləkɔːst/ *s* holocausto

holster /'hoʊlstər/ *s* coldre

holy /'hoʊli/ *adj* (holier, holiest) **1** santo **2** sagrado **3** bento

homage /'hɑmɪdʒ, 'am-/ *s* [*não contável*] (*formal*) homenagem: *to pay homage to sb/sth* prestar homenagem a alguém/algo

home /hoʊm/ ◆ *s* **1** (*domicílio*) casa, lar **2** (*de idosos, etc.*) asilo, lar **3** (*fig*) berço **4** (*Zool*) hábitat **5** (*corrida*) meta LOC **at home 1** em casa **2** à vontade **3** no meu, seu, nosso, etc. país ◆ *adj* **1** (*vida*) familiar: *home comforts* comodidades do lar **2** (*comida, filmes, etc.*) caseiro **3** (*no estrangeiro*) nacional: *the Home Office* o

Ministério do Interior **4** (*Esporte*) de/ em casa **5** (*povo, país*) natal ♦ *adv* **1** para casa: *to go home* ir para casa **2** (*fixar, prender, etc.*) até o fundo LOC **home and dry** fora de perigo **to hit/ strike home** acertar em cheio *Ver tb* BRING

homeland /ˈhoʊmlænd/ *s* terra natal, pátria

homeless /ˈhoʊmləs/ ♦ *adj* sem lar ♦ **the homeless** *s* [*pl*] os desabrigados

homely /ˈhoʊmli/ *adj* (-ier, -iest) **1** (*GB*) (*pessoa*) simples, despretensioso **2** (*ambiente, lugar*) caseiro **3** (*USA, pej*) feio

homemade /ˌhoʊmˈmeɪd/ *adj* caseiro, feito em casa

home page *s* página na Internet

homesick /ˈhoʊmsɪk/ *adj* saudoso (de casa): *to be/feel homesick* ter/sentir saudade de casa

homework /ˈhoʊmwɜːrk/ *s* [*não contável*] (*colégio*) dever de casa

homicide /ˈhɑmɪsaɪd/ *s* homicídio ☞ *Comparar com* MANSLAUGHTER, MURDER **homicidal** /ˌhɑmɪˈsaɪdl/ *adj* homicida

homogeneous /ˌhoʊməˈdʒiːniəs/ *adj* homogêneo

homosexual /ˌhoʊməˈsekʃuəl/ *adj, s* homossexual **homosexuality** /ˌhoʊməsekʃuˈæləti/ *s* homossexualismo

honest /ˈɑnɪst/ *adj* **1** (*pessoa*) honesto **2** (*afirmação*) franco, sincero **3** (*salário*) digno **honestly** *adv* **1** honestamente **2** [*uso enfático*] de verdade, francamente

honesty /ˈɑnəsti/ *s* **1** honradez, honestidade **2** franqueza

honey /ˈhʌni/ *s* **1** mel **2** (*coloq, USA*) (*tratamento*) querido, -a

honeymoon /ˈhʌnimuːn/ *s* (*lit e fig*) lua-de-mel

honk /hɔːŋk, hɑŋk/ *vt, vi* buzinar

honor (*GB* **honour**) /ˈɑnər/ ♦ *s* **1** honra **2** (*título*) condecoração **3 honors** [*pl*] distinção **honors degree** (*esp GB*) diploma (com distinção) **4 your Honor, his/her Honor** Vossa/Sua Excelência LOC **in honor of sb/sth; in sb's/sth's honor** em homenagem a alguém/algo ♦ *vt* **1** ~ **sb/sth** (**with sth**) honrar alguém/algo (com algo) **2** ~ **sb/sth** (**with sth**) condecorar alguém/ algo (com algo) **3** (*opinião,*

etc.) respeitar **4** (*compromisso, dívida*) honrar

honorable (*GB* **honourable**) /ˈɑnərəbl/ *adj* **1** honrado **2** nobre

honorary /ˈɑnəreri; *GB* ˈɒnərəri/ *adj* honorário: *an honorary doctorate* um doutorado honorário

hood /hʊd/ *s* **1** capuz **2** (*GB* **bonnet**) (*carro*) capo

hoof /huːf, hʊf/ *s* (*pl* ~s *ou* **hooves** /huːvz/) casco, pata

hook /hʊk/ ♦ *s* **1** gancho **2** (*pesca*) anzol LOC **off the hook** fora do gancho (*telefone*) **to let sb/get sb off the hook** (*coloq*) tirar alguém de um aperto ♦ *vt, vi* enganchar, fisgar LOC **to be hooked (on sb)** (*coloq*) estar vidrado (em alguém) **to be/get hooked (on sth)** (*coloq*) ser/ficar viciado (em algo)

hooligan /ˈhuːlɪɡən/ *s* (*esp GB*) vândalo, -a **hooliganism** *s* (*GB*) vandalismo

hoop /huːp/ *s* arco

hooray! /hʊˈreɪ/ *interj* *Ver* HURRAH

hoot /huːt/ ♦ *s* **1** (*coruja*) pio **2** (*buzina*) buzinada ♦ **1** *vi* (*coruja*) piar **2** *vi* ~ (**at sb/sth**) (*carro*) buzinar (para alguém/ algo) **3** *vt* (*buzina*) tocar

Hoover® /ˈhuːvər/ (*GB*) (*USA* **vacuum**) *s* aspirador de pó **hoover** *vt, vi* passar o aspirador (em)

hooves /huːvz/ *s plural de* HOOF

hop /hɑp/ ♦ *vi* (-pp-) **1** (*pessoa*) pular num pé só **2** (*animal*) saltitar ♦ *s* **1** pulo **2** (*Bot*) lúpulo

hope /hoʊp/ ♦ *s* **1** ~ (**of/for sth**) esperança (de/para algo) **2** ~ (**of doing sth/ that…**) esperança (de fazer algo/de que…) ♦ **1** *vi* ~ (**for sth**) esperar (algo) **2** *vt* ~ **to do sth/that…** esperar fazer algo/que…: *I hope not/so.* Espero que não/sim. LOC **I should hope not!** era só o que faltava! ☞ *Ver nota em* ESPERAR

hopeful /ˈhoʊpfl/ *adj* **1** (*pessoa*) esperançoso, otimista: *to be hopeful that…* ter esperança de que… **2** (*situação*) promissor **hopefully** *adv* **1** com otimismo, com esperança **2** com sorte

hopeless /ˈhoʊpləs/ *adj* **1** inútil **2** (*tarefa*) impossível **hopelessly** *adv* (*enfático*) irremediavelmente

horde /hɔːrd/ *s* (*às vezes pej*) horda: *hordes of people* um bando de gente

horizon /həˈraɪzn/ *s* **1 the horizon** o

tʃ	dʒ	v	θ	ð	s	z	ʃ
chin	**J**une	**v**an	**th**in	**th**en	**s**o	**z**oo	**sh**e

horizonte **2 horizons** [*ger pl*] (*fig*) perspectiva

horizontal /ˌhɔːrɪˈzantl; *GB* ˌhɒr-/ *adj*, *s* horizontal

hormone /ˈhɔːrmoʊn/ *s* hormônio

horn /hɔːrn/ *s* **1** corno, chifre **2** (*Mús*) trompa **3** (*carro*) buzina

horoscope /ˈhɔːrəskoʊp/ *GB* ˈhɒr-/ *s* horóscopo

horrendous /hɔːˈrendəs; *GB* hɒˈr-/ *adj* **1** horrendo **2** (*coloq*) (*excessivo*) tremendo

horrible /ˈhɔːrəbl; *GB* ˈhɒr-/ *adj* horrível

horrid /ˈhɔːrɪd; *GB* ˈhɒrɪd/ *adj* horrível, antipático

horrific /həˈrɪfɪk/ *adj* horripilante, espantoso

horrify /ˈhɔːrɪfaɪ; *GB* ˈhɒr-/ *vt* (*pret, pp* -fied) horrorizar horrifying *adj* tenebroso, horripilante

horror /ˈhɔːrər; *GB* ˈhɒr-/ *s* horror: *horror movie* filme de terror

horse /hɔːrs/ *s* cavalo LOC *Ver* DARK, FLOG, LOOK¹

horseback rider /ˈhɔːrsbæk raɪdər/ *s* cavaleiro, ginete

horseman /ˈhɔːrsmən/ *s* (*pl* -men /-mən/) cavaleiro

horsepower /ˈhɔːrspaʊər/ *s* (*pl* horsepower) (*abrev* hp) cavalo-vapor

horseshoe /ˈhɔːrsʃuː/ *s* ferradura

horsewoman /ˈhɔːrswʊmən/ *s* (*pl* -women) amazona

horticulture /ˈhɔːrtɪkʌltʃər/ *s* horticultura horticultural /ˌhɔːrtɪˈkʌltʃərəl/ *adj* hortícola

hose /hoʊz/ (*GB tb* hosepipe) *s* mangueira

hospice /ˈhaspɪs/ *s* hospital (*para moribundos*)

hospitable /haˈspɪtəbl, ˈhaspɪtəbl/ *adj* hospitaleiro

hospital /ˈhaspɪtl/ *s* hospital

hospitality /ˌhaspɪˈtæləti/ *s* hospitalidade

host /hoʊst/ ◆ *s* **1** multidão, montão: *a host of admirers* um monte de admiradores **2** anfitrião **3** (*TV*) apresentador **4 the Host** (*Relig*) a hóstia ◆ *vt: Barcelona hosted the 1992 Olympic Games.* Barcelona foi a sede dos Jogos Olímpicos de 1992.

hostage /ˈhastɪdʒ/ *s* refém

hostel /ˈhastl/ *s* hospedaria: *youth hostel* albergue da juventude

hostess /ˈhoʊstəs, -tes/ *s* **1** anfitriã **2** (*TV*) apresentadora **3** cicerone

hostile /ˈhastl; *GB* -taɪl/ *adj* **1** hostil **2** (*território*) inimigo

hostility /haˈstɪləti/ *s* hostilidade

hot /hat/ *adj* (hotter, hottest) **1** (*água, comida, objeto*) quente ☞ *Ver nota em* FRIO **2** (*dia*) calorento: *in hot weather* quando faz calor **3** (*sabor*) picante LOC **to be hot 1** (*pessoa*) estar com calor **2** (*tempo*): *It's very hot.* Faz muito calor. *Ver tb* PIPING *em* PIPE

hotel /hoʊˈtel/ *s* hotel

hotly /ˈhatli/ *adv* ardentemente, energicamente

hound /haʊnd/ ◆ *s* cão de caça ◆ *vt* acossar

hour /ˈaʊər/ *s* **1** hora: *half an hour* meia hora **2 hours** [*pl*] horário: *opening hours* horário de abertura **3** [*ger sing*] momento LOC **after hours** depois do expediente **on the hour** na hora exata *Ver tb* EARLY hourly *adv, adj* de hora em hora

house /haʊs/ ◆ *s* (*pl* ~s /ˈhaʊzɪz/) **1** casa **2** (*Teat*) sala de espetáculos: *There was a full house.* Lotou o teatro. LOC **on the house** cortesia da casa *Ver tb* MOVE ◆ /haʊz/ *vt* alojar, acomodar

household /ˈhaʊshoʊld/ *s: a large household* uma casa cheia de gente (geralmente da mesma família) ◊ *household chores* tarefas domésticas householder *s* dono, -a da casa

housekeeper /ˈhaʊskiːpər/ *s* governanta housekeeping *s* **1** administração do lar **2** despesas domésticas

the House of Commons (*tb* the Commons) (*GB*) *s* a Câmara dos Comuns

the House of Lords (*tb* the Lords) (*GB*) *s* a Câmara dos Lordes

the House of Representatives (*USA*) *s* a Câmara dos Deputados

the Houses of Parliament *s* o Parlamento (britânico)

housewife /ˈhaʊswaɪf/ *s* (*pl* -wives) dona de casa

housework /ˈhaʊswɜːrk/ *s* [*não contável*] trabalhos domésticos

i:	i	ɪ	e	æ	ɑ	ʌ	ʊ	u:
see	happy	sit	ten	hat	cot	cup	put	too

housing /'haʊzɪŋ/ s [não contável] habitação, alojamento

housing development (GB **housing estate**) s (USA) loteamento, conjunto residencial

hover /'hʌvər; GB 'hɒvə(r)/ vi 1 (ave) pairar 2 (objeto) ficar suspenso (no ar) 3 (pessoa) rondar

hovercraft /'hʌvərkræft; GB 'hɒvəkrɑːft/ s (pl hovercraft) aerobarco

how /haʊ/ ◆ adv interr 1 como: How can that be? Como é que pode? ◊ Tell me how to spell it. Diz para mim como se escreve. 2 How are you? Como é que você vai? ◊ How is your job going? Como vai o trabalho? 3 How old are you? Quantos anos você tem? ◊ How fast were you going? A que velocidade você ia? LOC how about?: How about it? Que tal? **how are you?** Como vai? **how come…?** como é que…? **how do you do?** muito prazer

How do you do? é usado em apresentações formais e se responde com how do you do? Por outro lado, **how are you?** é empregado em situações informais e a pessoa responde conforme esteja se sentindo: fine, very well, not too well, etc.

how many? quantos?: How many letters did you write? Quantas cartas você escreveu? **how much?** quanto?: How much is it? Quanto é? ◆ adv que…!: How cold it is! Que frio! ◊ How you've grown! Como você cresceu! ◆ conj como: I dress how I like. Eu me visto como quero.

however /haʊ'evər/ ◆ adv 1 contudo 2 por mais que: however strong you are por mais forte que você seja ◊ however hard he tries por mais que ele tente ◆ conj (tb how) como: how(ever) you like como você quiser ◆ adv interr como: However did she do it? Como é que ela conseguiu fazer isso?

howl /haʊl/ ◆ s 1 uivo 2 grito ◆ vi 1 uivar 2 berrar

hub /hʌb/ s 1 (roda) cubo 2 (fig) centro

hubbub /'hʌbʌb/ s vozerio, algazarra

huddle /'hʌdl/ ◆ vi 1 aconchegar-se 2 apinhar-se ◆ s aglomerado

hue /hjuː/ s (formal) 1 (cor, significado) matiz 2 cor LOC hue and cry clamor público

huff /hʌf/ s raiva: to be in a huff estar com raiva

hug /hʌɡ/ ◆ s abraço: to give sb a hug dar um abraço em alguém ◆ vt (-gg-) abraçar

huge /hjuːdʒ/ adj enorme

hull /hʌl/ s casco (de navio)

hullo Ver HELLO

hum /hʌm/ ◆ s 1 zumbido 2 (vozes) murmúrio ◆ (-mm-) 1 vi zumbir 2 vt, vi cantarolar com a boca fechada 3 vi (coloq) agitar-se: to hum with activity ferver de agitação

human /'hjuːmən/ adj, s humano: human being ser humano ◊ human rights direitos humanos ◊ human nature a natureza humana ◊ the human race a raça humana

humane /hjuː'meɪn/ adj humanitário, humano

humanitarian /hjuːˌmænɪ'teəriən/ adj humanitário

humanity /hjuː'mænəti/ s 1 humanidade 2 **humanities** [pl] humanidades

humble /'hʌmbl/ ◆ adj (-er, -est) humilde ◆ vt: to humble yourself ter uma atitude humilde

humid /'hjuːmɪd/ adj úmido **humidity** /hjuː'mɪdəti/ s umidade

Humid e **humidity** somente se referem à umidade atmosférica.

☞ Ver nota em MOIST

humiliate /hjuː'mɪlieɪt/ vt humilhar **humiliating** adj humilhante, vergonhoso **humiliation** s humilhação

humility /hjuː'mɪləti/ s humildade

hummingbird /'hʌmɪŋbɜːrd/ s beija-flor

humor (GB **humour**) /'hjuːmər/ ◆ s 1 humor 2 (comicidade) graça ◆ vt fazer a vontade de, comprazer

humorous /'hjuːmərəs/ adj humorístico, divertido

hump /hʌmp/ s corcova, giba

hunch¹ /hʌntʃ/ s palpite

hunch² /hʌntʃ/ vt, vi ~ (sth) (up) curvar algo/curvar-se

hundred /'hʌndrəd/ ◆ adj, pron cem, cento ☞ Ver exemplos em FIVE ◆ s cento, centena **hundredth 1** adj, pron centésimo **2** s centésima parte ☞ Ver exemplos em FIFTH

hung pret, pp de HANG

u	ɔː	ɜː	ə	j	w	eɪ	oʊ
situation	saw	fur	ago	yes	woman	pay	home

hunger /ˈhʌŋɡər/ ◆ s fome ☞ *Ver nota em* FOME ◆ PHR V **to hunger for/after sth** ansiar por algo, ter sede de algo

hungry /ˈhʌŋɡri/ *adj* (**-ier, -iest**) faminto: *I'm hungry.* Estou com fome.

hunk /hʌŋk/ s naco

hunt /hʌnt/ ◆ *vt, vi* **1** caçar, ir à caça **2** ~ (**for sb/sth**) andar à procura de (de alguém/algo) ◆ s **1** caça, caçada **2** perseguição, busca **hunter** s caçador, -ora

hunting /ˈhʌntɪŋ/ s [*não contável*] caça

hurdle /ˈhɜːrdl/ s **1** barreira **2** (*fig*) obstáculo

hurl /hɜːrl/ *vt* **1** lançar com força, arremessar **2** (*insultos, etc.*) proferir

hurrah! /həˈrɑː/ (*tb* **hooray!**) *interj* ~ (**for sb/sth**) viva! (alguém/algo)

hurricane /ˈhɜːrɪkeɪn; *GB* ˈhʌrɪkən/ s furacão

hurried /ˈhɜːrid/ *adj* apressado, rápido

hurry /ˈhɜːri/ ◆ s [*sing*] pressa LOC **to be in a hurry** estar com pressa ◆ *vt, vi* (*pret, pp* **hurried**) andar depressa, apressar(-se) PHR V **to hurry up** (*coloq*) apressar-se

hurt /hɜːrt/ (*pret, pp* **hurt**) **1** *vt* ferir, machucar: *to get hurt* machucar-se **2** *vi* doer: *My leg hurts.* Estou com dor na perna. **3** *vt* (*machucar*) ferir, ofender **4** *vt* (*interesses, reputação, etc.*) prejudicar, causar dano **hurtful** *adj* ofensivo, cruel, prejudicial

hurtle /ˈhɜːrtl/ *vi* despencar-se

husband /ˈhʌzbənd/ s marido

hush /hʌʃ/ ◆ s [*sing*] silêncio ◆ PHR V **to hush sb/sth up** calar alguém/algo

husky /ˈhʌski/ ◆ *adj* (**-ier, -iest**) rouco ◆ s (*pl* **-ies**) cão esquimó

hustle /ˈhʌsl/ ◆ *vt* empurrar ◆ s LOC **hustle and bustle** corre-corre

hut /hʌt/ s choupana, cabana

hybrid /ˈhaɪbrɪd/ *adj, s* híbrido

hydrant /ˈhaɪdrənt/ s hidrante: *fire hydrant* hidrante

hydraulic /haɪˈdrɔːlɪk/ *adj* hidráulico

hydroelectric /ˌhaɪdrəʊɪˈlektrɪk/ *adj* hidroelétrico

hydrogen /ˈhaɪdrədʒən/ s hidrogênio

hyena (*tb* **hyaena**) /haɪˈiːnə/ s hiena

hygiene /ˈhaɪdʒiːn/ s higiene **hygienic** *adj* higiênico

hymn /hɪm/ s hino religioso, cântico

hype /haɪp/ ◆ s (*coloq*) propaganda (exagerada) ◆ PHR V **to hype sth (up)** (*coloq*) exagerar os fatos de algo

hypermarket /ˈhaɪpərmɑːrkɪt/ s (*GB*) hipermercado

hyphen /ˈhaɪfn/ s hífen ☞ *Ver págs 298–9.*

hypnosis /hɪpˈnəʊsɪs/ s hipnose

hypnotic /hɪpˈnɑːtɪk/ *adj* hipnótico

hypnotism /ˈhɪpnətɪzəm/ s hipnotismo **hypnotist** s hipnotizador, -ora

hypnotize, -ise /ˈhɪpnətaɪz/ *vt* (*lit e fig*) hipnotizar

hypochondriac /ˌhaɪpəˈkɑːndriæk/ s hipocondríaco, -a

hypocrisy /hɪˈpɑːkrəsi/ s hipocrisia

hypocrite /ˈhɪpəkrɪt/ s hipócrita **hypocritical** /ˌhɪpəˈkrɪtɪkl/ *adj* hipócrita

hypothesis /haɪˈpɑːθəsɪs/ s (*pl* **-ses** /-siːz/) hipótese

hypothetical /ˌhaɪpəˈθetɪkl/ *adj* hipotético

hysteria /hɪˈstɪəriə/ s histeria

hysterical /hɪˈsterɪkl/ *adj* **1** (*riso, etc.*) histérico **2** (*coloq*) hilariante

hysterics /hɪˈsterɪks/ s [*pl*] **1** crise de histeria **2** (*coloq*) ataque de riso

Ii

I, i /aɪ/ s (*pl* **I's, i's** /aɪz/) I, i: *I as in ice cream* I de Itália ☞ *Ver exemplos em* A, A

I /aɪ/ *pron pess* eu: *I am 15 (years old).* Tenho quinze anos. ☞ *O pron pess não pode ser omitido em inglês.* ☞ *Comparar com* ME *sentido 3*

ice /aɪs/ ◆ s [*não contável*] gelo: *ice cube* cubo de gelo ◆ *vt* cobrir com glacê

iceberg /ˈaɪsbɜːrɡ/ s iceberg

icebox /ˈaɪsbɑːks/ s (*USA, antiquado*) geladeira

ice cream s sorvete

aɪ	aʊ	ɔɪ	ɪə	eə	ʊə	ʒ	h	ŋ
five	now	join	near	hair	pure	vision	how	sing

ice lolly /ˌaɪs ˈlɒli/ s (pl -ies) (GB) (USA **Popsicle®**) picolé

ice rink s pista de gelo

ice skate /ˈaɪs skeɪt/ ◆ s patim de gelo ◆ vi patinar sobre gelo **ice skating** s patinação sobre o gelo

icicle /ˈaɪsɪkl/ s pingente de gelo

icing /ˈaɪsɪŋ/ s glacê: icing sugar (GB) açúcar para glacê

icon (tb **ikon**) /ˈaɪkɒn/ s (Relig, Informát) ícone

icy /ˈaɪsi/ adj (icier, iciest) 1 gelado 2 (fig) glacial

I'd /aɪd/ 1 = I HAD Ver HAVE 2 = I WOULD Ver WOULD

idea /aɪˈdɪə/ s 1 idéia 2 sugestão: What an idea! Que idéia! LOC **to get/have the idea that…** ter a impressão de que… **to get the idea** entender **to give sb ideas** dar esperança a alguém **to have no idea** não ter a menor idéia

ideal /aɪˈdiːəl/ ◆ adj ~ (**for sb/sth**) ideal (para alguém/algo) ◆ s ideal

idealism /aɪˈdiːəlɪzəm/ s idealismo **idealist** s idealista **idealistic** /ˌaɪdiəˈlɪstɪk/ adj idealista

idealize, -ise /aɪˈdiːəlaɪz/ vt idealizar

ideally /aɪˈdiːəli/ adv de preferência: to be ideally suited complementar-se de forma ideal ◊ Ideally, they should all help. O ideal seria que todos ajudassem.

identical /aɪˈdentɪkl/ adj ~ (**to/with sb/sth**) idêntico a alguém/algo

identification /aɪˌdentɪfɪˈkeɪʃn/ s identificação: identification papers documentos de identidade

identify /aɪˈdentɪfaɪ/ vt (pret, pp -fied) 1 ~ **sb/sth as sb/sth** identificar alguém/algo como alguém/algo 2 ~ **sth with sth** identificar algo com algo

identity /aɪˈdentəti/ s (pl -ies) 1 identidade 2 a case of mistaken identity um erro de identificação

ideology /ˌaɪdiˈɒlədʒi/ s (pl -ies) ideologia

idiom /ˈɪdiəm/ s1 expressão idiomática, locução 2 idioma

idiosyncrasy /ˌɪdiəˈsɪŋkrəsi/ s idiossincrasia

idiot /ˈɪdiət/ s (coloq, pej) idiota **idiotic** /ˌɪdiˈɒtɪk/ adj estúpido

idle /ˈaɪdl/ ◆ adj (idler, idlest) 1 pre-

guiçoso 2 ocioso 3 (máquina) parado 4 vão, inútil: an idle threat uma ameaça vazia ◆ PHR V **to idle sth away** desperdiçar algo (tempo) **idleness** s ociosidade, preguiça

idol /ˈaɪdl/ s ídolo **idolize, -ise** vt idolatrar

idyllic /aɪˈdɪlɪk; GB ɪˈd-/ adj idílico

i.e. /ˌaɪ ˈiː/ abrev isto é

if /ɪf/ conj 1 se: If he were here… Se ele estivesse aqui… 2 quando, sempre que: if in doubt em caso de dúvida 3 (tb **even if**) mesmo que LOC **if I were you** se eu fosse você, no seu lugar **if only** quem dera: If only I had known! Se eu soubesse! **if so** se assim for, em caso afirmativo

igloo /ˈɪɡluː/ s (pl ~s) iglu

ignite /ɪɡˈnaɪt/ vt, vi botar fogo em, incendiar(-se) **ignition** s 1 combustão 2 (Mec) ignição

ignominious /ˌɪɡnəˈmɪniəs/ adj vergonhoso

ignorance /ˈɪɡnərəns/ s ignorância

ignorant /ˈɪɡnərənt/ adj ignorante: to be ignorant of sth desconhecer algo

ignore /ɪɡˈnɔːr/ vt 1 ~ **sb/sth** não fazer caso de alguém/algo 2 ~ **sb** ignorar alguém 3 ~ **sth** não dar ouvidos a algo

I'll /aɪl/ 1 = I SHALL Ver SHALL 2 = I WILL Ver WILL

ill /ɪl/ ◆ adj 1 (GB) (USA **sick**) doente: to fall/be taken ill ficar doente ◊ to feel ill sentir-se mal 2 mau ◆ adv mal: to speak ill of sb falar mal de alguém ☛ Emprega-se muito em palavras compostas, p.ex. **ill-fated** malfadado, **ill-equipped** despreparado, inadequado, **ill-advised** imprudente, desaconselhável. LOC **ill at ease** constrangido, pouco à vontade Ver tb BODE, DISPOSED, FEELING ◆ s (formal) mal, infortúnio

illegal /ɪˈliːɡl/ adj ilegal

illegible /ɪˈledʒəbl/ adj ilegível

illegitimate /ˌɪləˈdʒɪtɪmət/ adj ilegítimo

ill feeling s rancor

ill health s saúde precária

illicit /ɪˈlɪsɪt/ adj ilícito

illiterate /ɪˈlɪtərət/ adj 1 analfabeto 2 ignorante

illness /ˈɪlnəs/ s doença: mental illness doença mental ◊ absences due to illness

tʃ	dʒ	v	θ	ð	s	z	ʃ
chin	**June**	**van**	**thin**	**then**	**so**	**zoo**	**she**

ausência por motivos de saúde ☛ *Ver nota em* DISEASE

illogical /ɪ'lɑdʒɪkl/ *adj* ilógico

ill-treatment /ˌɪl 'triːtmənt/ *s* maus tratos

illuminate /ɪ'luːmɪneɪt/ *vt* iluminar **illuminating** *adj* esclarecedor **illumination** *s* **1** iluminação **2 illuminations** [*pl*] (*GB*) luminárias

illusion /ɪ'luːʒn/ *s* ilusão (*idéia falsa*) LOC **to be under an illusion** ter ilusão

illusory /ɪ'luːsəri/ *adj* ilusório

illustrate /'ɪləstreɪt/ *vt* ilustrar **illustration** *s* **1** ilustração **2** exemplo

illustrious /ɪ'lʌstriəs/ *adj* ilustre

I'm /aɪm/ = I AM *Ver* BE

image /'ɪmɪdʒ/ *s* imagem **imagery** *s* imagens

imaginary /ɪ'mædʒəneri; *GB* -nəri/ *adj* imaginário

imagination /ɪˌmædʒɪ'neɪʃn/ *s* imaginação **imaginative** /ɪ'mædʒɪnətɪv/ *adj* imaginativo

imagine /ɪ'mædʒɪn/ *vt* imaginar(-se)

imbalance /ɪm'bæləns/ *s* desequilíbrio

imbecile /'ɪmbəsl; *GB* -siːl/ *s* imbecil

imitate /'ɪmɪteɪt/ *vt* imitar

imitation /ˌɪmɪ'teɪʃn/ *s* **1** (*causa e efeito*) imitação **2** cópia, reprodução

immaculate /ɪ'mækjələt/ *adj* **1** imaculado **2** (*roupa*) impecável

immaterial /ˌɪmə'tɪəriəl/ *adj* irrelevante

immature /ˌɪmə'tʊər, -'tʃʊər; *GB* -'tjʊə(r)/ *adj* imaturo

immeasurable /ɪ'meʒərəbl/ *adj* incomensurável

immediate /ɪ'miːdiət/ *adj* **1** imediato: *to take immediate action* agir de imediato **2** (*família, parentes*) mais próximo **3** (*necessidade, etc.*) urgente

immediately /ɪ'miːdiətli/ ♦ *adv* **1** imediatamente **2** diretamente ♦ *conj* (*GB*) assim que: *immediately I saw her* assim que a vi

immense /ɪ'mens/ *adj* imenso

immerse /ɪ'mɜːrs/ *vt* (*lit e fig*) submergir **immersion** *s* imersão

immigrant /'ɪmɪgrənt/ *adj, s* imigrante

immigration /ˌɪmɪ'greɪʃn/ *s* imigração

imminent /'ɪmɪnənt/ *adj* iminente

immobile /ɪ'moʊbl; *GB* -baɪl/ *adj* imóvel

immobilize, -ise /ɪ'moʊbəlaɪz/ *vt* imobilizar

immoral /ɪ'mɔːrəl; *GB* ɪ'mɒrəl/ *adj* imoral

immortal /ɪ'mɔːrtl/ *adj* **1** (*alma, vida*) imortal **2** (*fama*) eterno **immortality** /ˌɪmɔːr'tæləti/ *s* imortalidade

immovable /ɪ'muːvəbl/ *adj* **1** (*objeto*) fixo **2** (*pessoa, atitude*) inflexível

immune /ɪ'mjuːn/ *adj* ~ (**to/against sth**) imune (a algo) **immunity** *s* imunidade

immunize, -ise /'ɪmjʊnaɪz/ *vt* ~ **sb** (**against sth**) imunizar alguém (contra algo) **immunization, -isation** *s* imunização

imp /ɪmp/ *s* **1** diabinho **2** (*criança*) capeta

impact /'ɪmpækt/ *s* **1** (*lit e fig*) impacto **2** (*carro*) choque

impair /ɪm'peər/ *vt* deteriorar, prejudicar: *impaired vision* vista fraca **impairment** *s* deterioração

impart /ɪm'pɑrt/ *vt* **1** conferir **2** ~ **sth** (**to sb**) comunicar algo (a alguém)

impartial /ɪm'pɑrʃl/ *adj* imparcial

impasse /'ɪmpæs; *GB* 'æmpɑːs/ *s* impasse

impassioned /ɪm'pæʃnd/ *adj* fervoroso

impassive /ɪm'pæsɪv/ *adj* impassível

impatience /ɪm'peɪʃns/ *s* impaciência

impatient /ɪm'peɪʃnt/ *adj* impaciente

impeccable /ɪm'pekəbl/ *adj* impecável

impede /ɪm'piːd/ *vt* impedir, retardar

impediment /ɪm'pedɪmənt/ *s* **1** ~ (**to sb/sth**) obstáculo (para alguém/algo) **2** (*fala*) defeito

impel /ɪm'pel/ *vt* (-ll-) impelir

impending /ɪm'pendɪŋ/ *adj* iminente

impenetrable /ɪm'penɪtrəbl/ *adj* impenetrável, incompreensível

imperative /ɪm'perətɪv/ ♦ *adj* **1** (*essencial*) premente, imprescindível **2** (*tom de voz*) autoritário ♦ *s* imperativo

imperceptible /ˌɪmpər'septəbl/ *adj* imperceptível

imperfect /ɪm'pɜːrfɪkt/ *adj, s* defeituoso, imperfeito

i:	i	ɪ	e	æ	ɑ	ʌ	ʊ	u:
see	happy	sit	ten	hat	cot	cup	put	too

imperial /ɪmˈpɪəriəl/ *adj* imperial **imperialism** *s* imperialismo

impersonal /ɪmˈpɜːrsənl/ *adj* impessoal

impersonate /ɪmˈpɜːrsəneɪt/ *vt* **1** personificar **2** fazer-se passar por

impertinent /ɪmˈpɜːrtɪnənt/ *adj* impertinente

impetus /ˈɪmpɪtəs/ *s* impulso, ímpeto

implausible /ɪmˈplɔːzəbl/ *adj* inverossímil

implement /ˈɪmplɪmənt/ ◆ *s* instrumento ◆ *vt* **1** implementar, executar **2** (*decisão*) pôr em prática **3** (*lei*) aplicar **implementation** *s* **1** realização, execução **2** (*lei*) aplicação

implicate /ˈɪmplɪkeɪt/ *vt* ~ **sb** (**in sth**) envolver alguém (em algo)

implication /ˌɪmplɪˈkeɪʃn/ *s* **1** ~ (**for sb/sth**) conseqüência (para alguém/algo) **2** conexão (*com delito*)

implicit /ɪmˈplɪsɪt/ *adj* **1** ~ (**in sth**) implícito (em algo) **2** absoluto

implore /ɪmˈplɔːr/ *vt* implorar, suplicar

imply /ɪmˈplaɪ/ *vt* (*pret, pp* **implied**) **1** dar a entender **2** implicar, sugerir

import /ɪmˈpɔːrt/ ◆ *vt* **1** importar **2** (*fig*) trazer ◆ *s* /ˈɪmpɔːrt/ importação

important /ɪmˈpɔːrtnt/ *adj* importante: *vitally important* de suma importância **importance** *s* importância

impose /ɪmˈpoʊz/ *vt* ~ **sth** (**on sb/sth**) impor algo (a alguém/algo) **PHR V to impose on/upon sb/sth** abusar (da hospitalidade) de alguém/algo **imposing** *adj* imponente **imposition** *s* **1** ~ (**on sb/sth**) imposição (sobre alguém/algo) (*restrição, etc.*) **2** incômodo

impossible /ɪmˈpɑsəbl/ ◆ *adj* **1** impossível **2** insuportável ◆ **the impossible** *s* o impossível **impossibility** /ɪmˌpɑsəˈbɪləti/ *s* impossibilidade

impotence /ˈɪmpətəns/ *s* impotência **impotent** *adj* impotente

impoverished /ɪmˈpɑvərɪʃt/ *adj* empobrecido

impractical /ɪmˈpræktɪkl/ *adj* pouco prático

impress /ɪmˈpres/ **1** *vt* impressionar **2** *vt* ~ **sth on/upon sb** incutir algo em alguém **3** *vi* causar boa impressão

impression /ɪmˈpreʃn/ *s* **1** impressão: *to be under the impression that...* ter a impressão de que... **2** imitação (*de pessoa*)

impressive /ɪmˈpresɪv/ *adj* impressionante

imprison /ɪmˈprɪzn/ *vt* encarcerar **imprisonment** *s* encarceramento *Ver tb* LIFE

improbable /ɪmˈprɑbəbl/ *adj* improvável

impromptu /ɪmˈprɑmptuː; *GB* -tjuː/ *adj* improvisado

improper /ɪmˈprɑpər/ *adj* **1** incorreto, inconveniente **2** impróprio **3** (*transação*) desonesto

improve /ɪmˈpruːv/ *vt, vi* melhorar **PHR V to improve on/upon sth** aperfeiçoar algo **improvement** *s* **1** ~ (**on/in sth**) melhora (de algo): *to be an improvement on sth* constituir uma melhora em algo **2** melhoria

improvise /ˈɪmprəvaɪz/ *vt, vi* improvisar

impulse /ˈɪmpʌls/ *s* impulso **LOC on impulse** sem pensar

impulsive /ɪmˈpʌlsɪv/ *adj* impulsivo

in /ɪn/ ◆ *prep* **1** em: *in here/there* aqui/ali dentro **2** [*depois de superl*] de: *the best stores in town* as melhores lojas da cidade **3** (*tempo*) de: *in the morning* de manhã ◊ *in the daytime* de dia ◊ *ten in the morning* dez da manhã **4** *I'll see you in two days.* Vejo você daqui a dois dias. ◊ *He did it in two days.* Ele o fez em dois dias. **5** *one in ten people* uma em cada dez pessoas **6** (*descrição, método*): *the girl in glasses* a garota de óculos ◊ *covered in mud* coberto de lama ◊ *Speak in English.* Fale em inglês. **7** + *ing*: *In saying that, you're contradicting yourself.* Ao dizer isso, você se contradiz. **LOC in that** já que ◆ *partíc adv* **1 to be in** estar (*em casa*): *Is anyone in?* Há alguém em casa? **2** (*trem, etc.*): *to be/get in* chegar ◊ *Applications must be in by...* Os formulários devem ser entregues até... **3** na moda **LOC to be in for sth** (*coloq*) estar a ponto de passar por algo desagradável: *He's in for a surprise!* Que surpresa ele vai levar! **to be/get in on sth** (*coloq*) estar por dentro de algo, inteirar-se de algo **to have (got) it in for sb** (*coloq*): *He's got it in for me.* Ele tem implicância comigo. ☛ Para o uso de **in** em PHRASAL VERBS, ver os verbetes dos verbos correspondentes,

u	ɔː	ɜː	ə	j	w	eɪ	oʊ
sit**u**ation	s**aw**	f**ur**	**a**go	**y**es	**w**oman	p**ay**	h**o**me

p.ex. **to go in** em GO ♦ *s* LOC **the ins and outs (of sth)** os pormenores (de algo)

inability /ˌɪnəˈbɪləti/ *s* ~ **(of sb) (to do sth)** incapacidade (de alguém) (para fazer algo)

inaccessible /ˌɪnækˈsesəbl/ *adj* 1 ~ **(to sb)** inacessível (para alguém) 2 (*fig*) incompreensível

inaccurate /ɪnˈækjərət/ *adj* inexato, impreciso

inaction /ɪnˈækʃn/ *s* inatividade

inadequate /ɪnˈædɪkwət/ *adj* 1 inadequado, insuficiente 2 incapaz

inadvertently /ˌɪnədˈvɜːrtntli/ *adv* inadvertidamente, sem querer

inappropriate /ˌɪnəˈproʊpriət/ *adj* ~ **(to/for sb/sth)** pouco apropriado, inadequado (para alguém/algo)

inaugural /ɪˈnɔːgjərəl/ *adj* 1 inaugural 2 (*discurso*) de posse

inaugurate /ɪˈnɔːgjəreɪt/ *vt* 1 ~ **sb (as sth)** empossar alguém (como algo) 2 inaugurar

incapable /ɪnˈkeɪpəbl/ *adj* 1 ~ **of (doing) sth** incapaz de (fazer) algo 2 incapacitado

incapacity /ˌɪnkəˈpæsəti/ *s* ~ **(for sth/ to do sth)** incapacidade (para algo/ fazer algo)

incense /ˈɪnsens/ *s* incenso

incensed /ɪnˈsenst/ *adj* ~ **(by/at sth)** furioso (por/com algo)

incentive /ɪnˈsentɪv/ *s* ~ **(to do sth)** incentivo, estímulo (para fazer algo)

incessant /ɪnˈsesnt/ *adj* incessante **incessantly** *adv* sem parar

incest /ˈɪnsest/ *s* incesto

inch /ɪntʃ/ *s* (*abrev* in.) polegada (*25,4 milímetros*) ☞ Ver Apêndice 1. LOC **not to give an inch** não ceder nem um milímetro

incidence /ˈɪnsɪdəns/ *s* ~ **of sth** incidência, taxa, casos de algo

incident /ˈɪnsɪdənt/ *s* incidente, episódio: *without incident* sem maiores problemas

incidental /ˌɪnsɪˈdentl/ *adj* 1 eventual, casual 2 sem importância, secundário, marginal 3 ~ **to sth** inerente a algo **incidentally** *adv* 1 a propósito 2 incidentalmente

incisive /ɪnˈsaɪsɪv/ *adj* 1 (*comentário*) incisivo 2 (*tom*) mordaz 3 (*mente*) perspicaz

incite /ɪnˈsaɪt/ *vt* ~ **sb (to sth)** incitar alguém (a algo)

inclination /ˌɪnklɪˈneɪʃn/ *s* 1 inclinação, tendência 2 ~ **to/for/towards sth** disposição para algo/para fazer algo 3 ~ **to do sth** desejo de fazer algo

incline /ɪnˈklaɪn/ ♦ *vt, vi* inclinar(-se) ♦ /ˈɪnklaɪn/ *s* declive **inclined** *adj* **to be** ~ **to do sth** 1 (*vontade*) desejar fazer algo; estar disposto a fazer algo 2 (*tendência*) ser/estar propenso a algo/a fazer algo

include /ɪnˈkluːd/ *vt* ~ **sb/sth (in/ among sth)** incluir alguém/algo (em algo) **including** *prep* inclusive

inclusion /ɪnˈkluːʒn/ *s* inclusão

inclusive /ɪnˈkluːsɪv/ *adj* 1 incluído: *to be inclusive of sth* incluir algo 2 inclusive

incoherent /ˌɪnkoʊˈhɪərənt/ *adj* incoerente

income /ˈɪŋkʌm/ *s* rendimentos: *income tax* imposto de renda

incoming /ˈɪnkʌmɪŋ/ *adj* entrante, novo

incompetent /ɪnˈkɑmpɪtənt/ *adj, s* incompetente

incomplete /ˌɪnkəmˈpliːt/ *adj* incompleto

incomprehensible /ɪnˌkɑmprɪˈhensəbl/ *adj* incompreensível

inconceivable /ˌɪnkənˈsiːvəbl/ *adj* inconcebível

inconclusive /ˌɪnkənˈkluːsɪv/ *adj* inconcluso: *The meeting was inconclusive.* Não se decidiu nada na reunião.

incongruous /ɪnˈkɑŋgruəs/ *adj* incongruente

inconsiderate /ˌɪnkənˈsɪdərət/ *adj* sem consideração

inconsistent /ˌɪnkənˈsɪstənt/ *adj* 1 inconsistente 2 incoerente

inconspicuous /ˌɪnkənˈspɪkjuəs/ *adj* 1 pouco visível 2 que não se nota facilmente: *to make yourself inconspicuous* não chamar a atenção

inconvenience /ˌɪnkənˈviːniəns/ ♦ *s* 1 [*não contável*] inconveniente 2 estorvo ♦ *vt* incomodar

inconvenient /ˌɪnkənˈviːniənt/ *adj* 1 inconveniente, incômodo 2 (*momento*) inoportuno

incorporate /ɪnˈkɔːrpəreɪt/ *vt* 1 ~ **sth**

aɪ	aʊ	ɔɪ	ɪə	eə	ʊə	ʒ	h	ŋ
five	now	join	near	hair	pure	vision	how	sing

(in/into sth) incorporar algo (a algo) **2**
~ **sth** (in/into sth) incluir algo (em algo)
3 (*USA*, *Com*) constituir em sociedade
anônima: *incorporated company* socie-
dade anônima

incorrect /ˌɪnkəˈrekt/ *adj* incorreto

increase /ˈɪŋkriːs/ ◆ *s* ~ (**in sth**) au-
mento (de algo) LOC **on the increase**
(*coloq*) em alta ◆ **1** *vt*, *vi* aumentar **2** *vt*,
vi elevar(-se) **increasing** *adj* crescente
increasingly *adv* cada vez mais

incredible /ɪnˈkredəbl/ *adj* incrível

indecisive /ˌɪndɪˈsaɪsɪv/ *adj* **1** indeciso
2 inconcludente

indeed /ɪnˈdiːd/ *adv* **1** (*GB*) [*uso enfáti-
co*] muitíssimo: *Thank you very much
indeed!* Muitíssimo obrigado! **2** (*comen-
tário, resposta, reconhecimento*) real-
mente: *Did you indeed?* É mesmo? **3**
(*formal*) na verdade, de fato

indefensible /ˌɪndɪˈfensəbl/ *adj* injus-
tificável (*comportamento*)

indefinite /ɪnˈdefnət/ *adj* **1** vago **2** in-
definido: *indefinite article* artigo indefi-
nido **indefinitely** *adv* **1** indefinida-
mente **2** por tempo indeterminado

indelible /ɪnˈdeləbl/ *adj* indelével

indemnity /ɪnˈdemnəti/ *s* **1** indeniza-
ção **2** seguro

independence /ˌɪndɪˈpendəns/ *s* inde-
pendência

independent /ˌɪndɪˈpendənt/ *adj* **1** in-
dependente **2** (*colégio*) particular

in-depth /ˌɪn ˈdepθ/ *adj* exaustivo, de-
talhado: *an in-depth report* um relatório
detalhado

indescribable /ˌɪndɪˈskraɪbəbl/ *adj* in-
descritível

index /ˈɪndeks/ *s* **1** (*pl* indexes) (*livro*)
índice: *index finger* dedo indicador ◊
index-linked vinculado ao índice do
custo de vida ◊ *the consumer price index*
o índice de preços ao consumidor **2** (*pl*
indexes) (*tb* card index) (*arquivo*) fi-
cha **3** (*pl* indices /ˈɪndɪsiːz/) (*Mat*) ex-
poente

indicate /ˈɪndɪkeɪt/ **1** *vt* indicar **2** *vi*
indicar com o pisca-pisca

indication /ˌɪndɪˈkeɪʃn/ *s* **1** indicação **2**
indício, sinal

indicative /ɪnˈdɪkətɪv/ *adj* indicativo

indicator /ˈɪndɪkeɪtər/ *s* **1** indicador **2**
(*carro*) pisca-pisca

indices *plural de* INDEX sentido 3

indictment /ɪnˈdaɪtmənt/ *s* **1** acusação
2 incriminação **3** (*fig*) crítica

indifference /ɪnˈdɪfrəns/ *s* indiferença

indifferent /ɪnˈdɪfrənt/ *adj* **1** indiferen-
te **2** (*pej*) medíocre

indigenous /ɪnˈdɪdʒənəs/ *adj* (*formal*)
indígena, nativo

indigestion /ˌɪndɪˈdʒestʃən/ *s* [*não con-
tável*] indigestão

indignant /ɪnˈdɪgnənt/ *adj* indignado

indignation /ˌɪndɪgˈneɪʃn/ *s* indigna-
ção

indignity /ɪnˈdɪgnəti/ *s* humilhação

indirect /ˌɪndəˈrekt, -daɪˈr-/ *adj*
indireto **indirectly** *adv* indiretamente

indiscreet /ˌɪndɪˈskriːt/ *adj* indiscreto

indiscretion /ˌɪndɪˈskreʃn/ *s* indiscri-
ção, deslize

indiscriminate /ˌɪndɪˈskrɪmɪnət/ *adj*
indiscriminado

indispensable /ˌɪndɪˈspensəbl/ *adj* in-
dispensável

indisputable /ˌɪndɪˈspjuːtəbl/ *adj* irre-
futável, indiscutível

indistinct /ˌɪndɪˈstɪŋkt/ *adj* confuso
(*pouco claro*)

individual /ˌɪndɪˈvɪdʒuəl/ ◆ *adj* **1** dis-
tinto **2** individual **3** pessoal **4** particu-
lar, próprio ◆ *s* indivíduo **individually**
adv **1** separadamente **2** individualmen-
te

individualism /ˌɪndɪˈvɪdʒuəlɪzəm/ *s* in-
dividualismo

indoctrination /ɪnˌdɒktrɪˈneɪʃn/ *s* dou-
trinação

indoor /ˈɪndɔːr/ *adj* interno, interior:
indoor (swimming) pool piscina coberta

indoors /ˌɪnˈdɔːrz/ *adv* no interior, em
casa

induce /ɪnˈduːs; *GB* -ˈdjuːs/ *vt* **1** ~ sb to
do sth induzir alguém a fazer algo **2**
causar **3** (*Med*) induzir (o parto de)

induction /ɪnˈdʌkʃn/ *s* iniciação: *an
induction course* um curso de introdu-
ção

indulge /ɪnˈdʌldʒ/ **1** *v refl* ~ yourself
(**with sth**) dar-se ao capricho (de algo) **2**
vt (*capricho*) condescender com, satisfa-
zer **3** *vi* ~ (**in sth**) dar-se ao luxo de algo

indulgence /ɪnˈdʌldʒəns/ *s* **1** tolerân-
cia **2** vício, prazer **indulgent** *adj* indul-
gente

tʃ	dʒ	v	θ	ð	s	z	ʃ
chin	**June**	**van**	**thin**	**then**	**so**	**zoo**	**she**

industrial /ɪnˈdʌstriəl/ *adj* **1** industrial: *industrial park* parque industrial **2** de trabalho: *industrial unrest* agitação de trabalhadores **industrialist** *s* (*pessoa*) industrial

industrialization, -isation /ɪnˌdʌstriəlɪˈzeɪʃn; *GB* -laɪˈz-/ *s* industrialização

industrialize, -ise /ɪnˈdʌstriəlaɪz/ *vt* industrializar

industrious /ɪnˈdʌstriəs/ *adj* trabalhador

industry /ˈɪndəstri/ *s* (*pl* -ies) **1** indústria **2** (*formal*) diligência

inedible /ɪnˈedəbl/ *adj* (*formal*) não-comestível

ineffective /ˌɪnɪˈfektɪv/ *adj* **1** ineficaz **2** (*pessoa*) ineficiente

inefficiency /ˌɪnɪˈfɪʃnsi/ *s* ineficiência **inefficient** *adj* **1** ineficiente **2** incompetente

ineligible /ɪnˈelɪdʒəbl/ *adj* **to be ~ (for sth/to do sth)** não ter direito (a algo/a fazer algo)

inept /ɪˈnept/ *adj* inepto

inequality /ˌɪnɪˈkwɒləti/ *s* (*pl* -ies) desigualdade

inert /ɪˈnɜːrt/ *adj* inerte

inertia /ɪˈnɜːrʃə/ *s* inércia

inescapable /ˌɪnɪˈskeɪpəbl/ *adj* inelutável

inevitable /ɪnˈevɪtəbl/ *adj* inevitável **inevitably** *adv* inevitavelmente

inexcusable /ˌɪnɪkˈskjuːzəbl/ *adj* imperdoável

inexhaustible /ˌɪnɪɡˈzɔːstəbl/ *adj* inesgotável

inexpensive /ˌɪnɪkˈspensɪv/ *adj* econômico

inexperience /ˌɪnɪkˈspɪəriəns/ *s* inexperiência **inexperienced** *adj* inexperiente: *inexperienced in business* sem experiência em negócios

inexplicable /ˌɪnɪkˈsplɪkəbl/ *adj* inexplicável

infallible /ɪnˈfæləbl/ *adj* infalível **infallibility** /ɪnˌfælə'bɪləti/ *s* infalibilidade

infamous /ˈɪnfəməs/ *adj* infame

infancy /ˈɪnfənsi/ *s* **1** infância: *in infancy* na infância **2** (*fig*): *It was still in its infancy.* Ainda estava dando os primeiros passos.

infant /ˈɪnfənt/ ◆ *s* criança pequena: *infant school* (*GB*) pré-primário ◇ *infant*

mortality rate taxa de mortalidade infantil ☞ **Baby, toddler** e **child** são palavras mais comuns. ◆ *adj* principiante

infantile /ˈɪnfəntaɪl/ *adj* (*ofens*) infantil

infantry /ˈɪnfəntri/ *s* infantaria

infatuated /ɪnˈfætʃueɪtɪd/ *adj* ~ **(with/ by sb/sth)** vidrado (em alguém/algo) **infatuation** *s* ~ **(with/for sb/sth)** gamação (por alguém/algo)

infect /ɪnˈfekt/ *vt* **1** infectar **2** (*fig*) contagiar **infection** *s* infecção **infectious** *adj* contagioso

infer /ɪnˈfɜːr/ *vt* (-rr-) **1** deduzir **2** inferir **inference** *s* conclusão: *by inference* por dedução

inferior /ɪnˈfɪəriər/ *adj, s* inferior **inferiority** /ɪnˌfɪəriˈɔːrəti/ *s* inferioridade: *inferiority complex* complexo de inferioridade

infertile /ɪnˈfɜːrtl; *GB* -taɪl/ *adj* estéril **infertility** /ˌɪnfɜːrˈtɪləti/ *s* infertilidade

infest /ɪnˈfest/ *vt* infestar **infestation** *s* infestação

infidelity /ˌɪnfɪˈdeləti/ *s* (*formal*) infidelidade

infiltrate /ˈɪnfɪltreɪt/ *vt, vi* infiltrar(-se)

infinite /ˈɪnfɪnət/ *adj* infinito **infinitely** *adv* muito

infinitive /ɪnˈfɪnətɪv/ *s* infinitivo

infinity /ɪnˈfɪnəti/ *s* **1** infinidade **2** infinito

infirm /ɪnˈfɜːrm/ *adj* débil, enfermo **infirmity** *s* (*pl* -ies) **1** enfermidade **2** fraqueza

infirmary /ɪnˈfɜːrməri/ *s* (*pl* -ies) enfermaria

inflamed /ɪnˈfleɪmd/ *adj* **1** (*Med*) inflamado **2** ~ **(by/with sth)** (*fig*) exaltado (com algo)

inflammable /ɪnˈflæməbl/ *adj* inflamável

Note que **inflammable** e **flammable** são sinônimos.

inflammation /ˌɪnfləˈmeɪʃn/ *s* inflamação

inflate /ɪnˈfleɪt/ *vt, vi* inflar(-se), encher(-se)

inflation /ɪnˈfleɪʃn/ *s* inflação

inflexible /ɪnˈfleksəbl/ *adj* inflexível

inflict /ɪnˈflɪkt/ *vt* ~ **sth (on sb)** **1** (*sofrimento, derrota*) infligir algo (a alguém) **2** (*dano*) causar algo (a alguém)

iː	i	ɪ	e	æ	ɑ	ʌ	ʊ	uː
see	happy	sit	ten	hat	cot	cup	put	too

influence /ˈɪnfluəns/ ◆ *s* **1** influência: *under the influence of alcohol* sob o efeito de álcool **2** prestígio ◆ *vt* **1** ~ **sth** influir em algo **2** ~ **sb** influenciar alguém

influential /ˌɪnfluˈenʃl/ *adj* influente

influenza /ˌɪnfluˈenzə/ (*formal*) (*coloq* **flu** /fluː/) *s* gripe

influx /ˈɪnflʌks/ *s* afluxo

inform /ɪnˈfɔːrm/ **1** *vt* ~ **sb** (**of/about sth**) informar alguém (de algo) **2** *vi* ~ **against/on sb** delatar alguém **informant** *s* informante

informal /ɪnˈfɔːrml/ *adj* **1** (*papo, reunião, etc.*) informal, extra-oficial **2** (*pessoa, tom*) sem cerimônia **3** (*traje*) de passeio

information /ˌɪnfərˈmeɪʃn/ *s* [*não contável*] informação: *a piece of information* uma informação ◊ *I need some information on...* Preciso de informação sobre...

information technology *s* informática

informative /ɪnˈfɔːrmətɪv/ *adj* informativo

informer /ɪnˈfɔːrmər/ *s* delator, -ora

infrastructure /ˈɪnfrəˌstrʌktʃər/ *s* infra-estrutura

infrequent /ɪnˈfriːkwənt/ *adj* infreqüente

infringe /ɪnˈfrɪndʒ/ *vt* infringir, violar

infuriate /ɪnˈfjʊərieɪt/ *vt* enfurecer **infuriating** *adj* de dar raiva

ingenious /ɪnˈdʒiːniəs/ *adj* engenhoso

ingenuity /ˌɪndʒəˈnuːəti; *GB* -ˈnjuː-/ *s* engenhosidade

ingrained /ɪnˈɡreɪnd/ *adj* arraigado

ingredient /ɪnˈɡriːdiənt/ *s* ingrediente

inhabit /ɪnˈhæbɪt/ *vt* habitar

inhabitant /ɪnˈhæbɪtənt/ *s* habitante

inhale /ɪnˈheɪl/ **1** *vi* inalar **2** *vi* (*fumante*) tragar **3** *vt* aspirar

inherent /ɪnˈhɪərənt/ *adj* ~ (**in sb/sth**) inerente (a alguém/algo) **inherently** *adv* inerentemente

inherit /ɪnˈherɪt/ *vt* herdar **inheritance** *s* herança

inhibit /ɪnˈhɪbɪt/ *vt* **1** ~ **sb** (**from doing sth**) impedir alguém (de fazer algo) **2** (*um processo, etc.*) dificultar **inhibited** *adj* inibido **inhibition** *s* inibição

inhospitable /ˌɪnhɑˈspɪtəbl/ *adj* **1** inospitaleiro **2** (*fig*) inóspito

inhuman /ɪnˈhjuːmən/ *adj* desumano, cruel

initial /ɪˈnɪʃl/ ◆ *adj*, *s* inicial ◆ *vt* (-l-, *GB* -ll-) rubricar **initially** *adv* no início, inicialmente

initiate /ɪˈnɪʃieɪt/ *vt* **1** (*formal*) iniciar **2** (*processo*) abrir **initiation** *s* iniciação

initiative /ɪˈnɪʃətɪv/ *s* iniciativa

inject /ɪnˈdʒekt/ *vt* injetar **injection** *s* injeção

injure /ˈɪndʒər/ *vt* ferir, machucar: *Five people were injured in the crash.* Cinco pessoas ficaram feridas no acidente. ☛ *Ver nota em* FERIMENTO **injured** *adj* **1** ferido, machucado **2** (*tom*) ofendido

injury /ˈɪndʒəri/ *s* (*pl* -ies) **1** ferimento, lesão: *injury time* desconto ☛ *Ver nota em* FERIMENTO **2** (*fig*) dano

injustice /ɪnˈdʒʌstɪs/ *s* injustiça

ink /ɪŋk/ *s* tinta

inkling /ˈɪŋklɪŋ/ *s* [*sing*] ~ (**of sth/ that...**) suspeita, idéia vaga (de algo/de que...)

inland /ˈɪnlənd/ ◆ *adj* interior ◆ /ˌɪnˈlænd/ *adv* para o interior

Inland Revenue *s* (*GB*) Receita Federal

in-laws /ˈɪn lɔːz/ *s* [*pl*] (*coloq*) família do marido/da esposa

inlet /ˈɪnlet/ *s* **1** enseada **2** entrada

inmate /ˈɪnmeɪt/ *s* presidiário, -a, internado, -a

inn /ɪn/ *s* **1** (*USA*, *GB antiquado*) estalagem **2** (*GB*) taverna

innate /ɪˈneɪt/ *adj* inato

inner /ˈɪnər/ *adj* **1** interior **2** íntimo

innermost /ˈɪnərmoʊst/ *adj* **1** (*fig*) mais íntimo **2** mais profundo

innocent /ˈɪnəsnt/ *adj* inocente **innocence** *s* inocência

innocuous /ɪˈnɑkjuəs/ *adj* **1** (*comentário*) inofensivo **2** (*substância*) inócuo

innovate /ˈɪnəveɪt/ *vi* inovar **innovation** *s* inovação **innovative** (*tb* **innovatory**) *adj* inovador

innuendo /ˌɪnjuˈendoʊ/ *s* (*pej*) insinuação

innumerable /ɪˈnuːmərəbl; *GB* ɪˈnjuː-/ *adj* inumerável

inoculate /ɪˈnɑkjuleɪt/ (*tb* **innoculate**) *vt* vacinar **inoculation** *s* vacinação

input /ˈɪnpʊt/ *s* **1** contribuição, produção **2** (*Informát*) entrada

u	ɔː	ɜː	ə	j	w	eɪ	oʊ
sit**u**ation	s**aw**	f**ur**	**a**go	**y**es	**w**oman	p**ay**	h**o**me

inquest /'ɪŋkwest/ *s* ~ (**on sb/into sth**) inquérito (judicial) (a respeito de alguém/algo)

inquire (*esp GB* **enquire**) /ɪn'kwaɪə(r)/ (*formal*) **1** *vt* perguntar **2** *vi* ~ (**about sb/sth**) pedir informação (sobre alguém/algo) **inquiring** (*esp GB* **enquiring**) *adj* **1** (*mente*) curioso **2** (*olhar*) inquisitivo

inquiry (*esp GB* **enquiry**) /ɪn'kwaɪri; *GB* ɪn'kwaɪəri/ *s* (*pl* -**ies**) **1** (*formal*) pergunta **2 inquiries** [*pl*] seção de informações **3** investigação

inquisition /ˌɪnkwɪ'zɪʃn/ *s* **1** (*formal*) inquérito **2 the Inquisition** (*Hist*) a Inquisição

inquisitive /ɪn'kwɪzətɪv/ *adj* curioso

insane /ɪn'seɪn/ *adj* louco

insanity /ɪn'sænəti/ *s* demência, loucura

insatiable /ɪn'seɪʃəbl/ *adj* insaciável

inscribe /ɪn'skraɪb/ *vt* ~ **sth** (**in/on sth**) inscrever algo (em algo) **inscribed** *adj* gravado: *a plaque inscribed with a quotation from Dante* uma placa inscrita com uma citação de Dante

inscription /ɪn'skrɪpʃn/ *s* inscrição (*em pedra, etc.*), dedicatória (*de um livro*)

insect /'ɪnsekt/ *s* inseto **insecticide** /ɪn'sektɪsaɪd/ *s* inseticida

insecure /ˌɪnsɪ'kjʊər/ *adj* inseguro **insecurity** *s* insegurança

insensitive /ɪn'sensətɪv/ *adj* **1** ~ (**to sth**) (*pessoa*) insensível (a algo) **2** (*ato*) imune **insensitivity** /ɪnˌsensə'tɪvəti/ *s* insensibilidade

inseparable /ɪn'seprəbl/ *adj* inseparável

insert /ɪn'sɜːrt/ *vt* introduzir, inserir

inside /ɪn'saɪd/ ◆ *s* **1** interior: *The door was locked from the inside.* A porta estava trancada por dentro. **2 insides** [*pl*] (*coloq*) entranhas LOC **inside out 1** do avesso: *You've got your sweater on inside out.* O seu suéter está do avesso. ☛ *Ver ilustração em* CONTRÁRIO **2** de alto a baixo: *She knows these streets inside out.* Ela conhece estas ruas como a palma da mão. ◆ *adj* [*antes de substantivo*] **1** interior, interno: *the inside pocket* o bolso de dentro **2** interno: *inside information* informação obtida dentro da própria organização ◆ *prep* (*USA* **inside of**) dentro de: *Is there any-*

thing inside of the box? Há alguma coisa dentro da caixa? ◆ *adv* dentro: *Let's go inside.* Vamos entrar. ◇ *Pete's inside.* Pete está lá dentro. **insider** *s* alguém de dentro (*empresa, grupo*)

insight /'ɪnsaɪt/ *s* **1** perspicácia, argúcia **2** ~ (**into sth**) percepção (de algo)

insignificant /ˌɪnsɪg'nɪfɪkənt/ *adj* insignificante **insignificance** *s* insignificância

insincere /ˌɪnsɪn'sɪər/ *adj* insincero, falso **insincerity** *s* insinceridade

insinuate /ɪn'sɪnjueɪt/ *vt* insinuar **insinuation** *s* insinuação

insist /ɪn'sɪst/ *vi* **1** ~ (**on sth**) insistir (em algo) **2** ~ **on** (**doing**) **sth** teimar em (fazer) algo: *She always insists on a room to herself.* Ela sempre teima em ter um quarto só para ela.

insistence /ɪn'sɪstəns/ *s* insistência **insistent** *adj* insistente

insofar as /ˌɪnsoʊ'fɑːr æz/ *conj* na medida em que

insolent /'ɪnsələnt/ *adj* insolente **insolence** *s* insolência

insomnia /ɪn'sɑmniə/ *s* insônia

inspect /ɪn'spekt/ *vt* **1** inspecionar **2** (*equipamento*) vistoriar **inspection** *s* fiscalização **inspector** *s* **1** inspetor, -ora **2** (*de bilhetes*) fiscal

inspiration /ˌɪnspə'reɪʃn/ *s* inspiração

inspire /ɪn'spaɪər/ *vt* **1** inspirar **2** ~ **sb** (**with sth**) (*entusiasmo, etc.*) infundir alguém (com algo)

instability /ˌɪnstə'bɪləti/ *s* instabilidade

install /ɪn'stɔːl/ *vt* instalar

installation /ˌɪnstə'leɪʃn/ *s* instalação

installment (*GB* **instalment**) /ɪn'stɔːlmənt/ *s* **1** (*publicações*) fascículo **2** (*televisão*) capítulo **3** ~ (**on sth**) (*pagamento*) prestação (de algo): *to pay in installments* pagar a prestações

instance /'ɪnstəns/ *s* caso LOC **for instance** por exemplo

instant /'ɪnstənt/ ◆ *s* instante ◆ *adj* **1** imediato **2** *instant coffee* café solúvel **instantly** *adv* imediatamente, de imediato

instantaneous /ˌɪnstən'teɪniəs/ *adj* instantâneo

instead /ɪn'sted/ ◆ *adv* em vez disso ◆ *prep* ~ **of sb/sth** em vez de alguém/algo

aɪ	aʊ	ɔɪ	ɪə	eə	ʊə	ʒ	h	ŋ
five	now	join	near	hair	pure	vision	how	sing

instigate /ˈɪnstɪgeɪt/ *vt* instigar **instigation** *s* instigação

instill (*GB* instil) /ɪnˈstɪl/ *vt* (-ll-) ~ **sth (in/into sb)** incutir algo (em alguém)

instinct /ˈɪnstɪŋkt/ *s* instinto **instinctive** /ɪnˈstɪŋktɪv/ *adj* instintivo

institute /ˈɪnstɪtuːt; *GB* -tjuːt/ ◆ *s* instituto, associação ◆ *vt* (*formal*) iniciar (*investigação*)

institution /ˌɪnstɪˈtuːʃn; *GB* -ˈtjuːʃn/ *s* instituição **institutional** *adj* institucional

instruct /ɪnˈstrʌkt/ *vt* **1** ~ **sb (in sth)** instruir alguém (em/sobre algo) **2** dar instruções

instruction /ɪnˈstrʌkʃn/ *s* **1** **instruction(s) (to do sth)** instrução, instruções (para fazer algo) **2** ~ **(in sth)** instrução, ensino (em/sobre algo)

instructive /ɪnˈstrʌktɪv/ *adj* instrutivo

instructor /ɪnˈstrʌktər/ *s* instrutor, -ora, professor, -ora

instrument /ˈɪnstrəmənt/ *s* instrumento

instrumental /ˌɪnstrəˈmentl/ *adj* **1 to be ~ in doing sth** contribuir decisivamente para a realização de algo **2** (*Mús*) instrumental

insufferable /ɪnˈsʌfrəbl/ *adj* insuportável

insufficient /ˌɪnsəˈfɪʃnt/ *adj* insuficiente

insular /ˈɪnsələr, -sjələr/ *adj* bitolado

insulate /ˈɪnsəleɪt; *GB* -sjul-/ *vt* isolar **insulation** *s* isolamento

insult /ˈɪnsʌlt/ ◆ *s* insulto ◆ /ɪnˈsʌlt/ *vt* insultar **insulting** *adj* insultante

insurance /ɪnˈʃʊərəns; *GB* -ˈʃɔːr-/ *s* [*não contável*] seguro (*Fin*)

insure /ɪnˈʃʊər/ *vt* **1** ~ **sb/sth (against sth)** segurar alguém/algo (contra algo): *to insure sth for $5,000* segurar algo em 5.000 dólares **2** (*GB* ensure) assegurar (*garantir*)

intake /ˈɪnteɪk/ *s* **1** (*pessoas*) admissão: *We have an annual intake of 20.* Admitimos 20 a cada ano. **2** (*de comida, etc.*) consumo

integral /ˈɪntɪgrəl/ *adj* essencial: *an integral part of sth* uma parte fundamental de algo

integrate /ˈɪntɪgreɪt/ *vt, vi* integrar(-se) **integration** *s* integração

integrity /ɪnˈtegrəti/ *s* integridade

intellectual /ˌɪntəˈlektʃuəl/ *adj, s* intelectual **intellectually** *adv* intelectualmente

intelligence /ɪnˈtelɪdʒəns/ *s* inteligência **intelligent** *adj* inteligente **intelligently** *adv* inteligentemente

intend /ɪnˈtend/ *vt* **1** ~ **to do sth** pretender fazer algo; ter a intenção de fazer algo **2 intended for sb/sth** destinado a alguém/algo: *It is intended for Sally.* É para Sally. ◊ *They're not intended for eating/to be eaten.* Não são para comer. **3** ~ **sb to do sth**: *I intend you to take over.* Tenho planos de que você tome posse. ◊ *You weren't intended to hear that remark.* Não era para você ter ouvido aquele comentário. **4** ~ **sth as sth**: *It was intended as a joke.* Era para ser uma piada.

intense /ɪnˈtens/ *adj* (-er, -est) **1** intenso **2** (*emoções*) ardente, forte **3** (*pessoa*) emotivo, sério **intensely** *adv* intensamente, extremamente **intensify** *vt, vi* (*pret, pp* -fied) intensificar(-se), aumentar(-se) **intensity** *s* intensidade, força

intensive /ɪnˈtensɪv/ *adj* intensivo: *intensive care* tratamento intensivo

intent /ɪnˈtent/ ◆ *adj* **1** (*concentrado*) atento **2 to be ~ on/upon doing sth** estar resolvido a fazer algo **3 to be ~ on/upon (doing)** sth estar absorto em algo/fazendo algo ◆ *s* LOC **to all intents (and purposes)** para todos os efeitos

intention /ɪnˈtenʃn/ *s* intenção: *to have the intention of doing sth* ter a intenção de fazer algo ◊ *I have no intention of doing it.* Não tenho intenção de fazer isso. **intentional** *adj* intencional *Ver tb* DELIBERATE[1] **intentionally** *adv* de propósito

intently /ɪnˈtentli/ *adv* atentamente

interact /ˌɪntərˈækt/ *vi* **1** (*pessoas*) interagir **2** (*coisas*) mesclar-se **interaction** *s* **1** relacionamento (*entre pessoas*) **2** interação **interactive** *adj* interativo

intercept /ˌɪntərˈsept/ *vt* interceptar

interchange /ˌɪntərˈtʃeɪndʒ/ ◆ *vt* intercambiar ◆ /ˈɪntətʃeɪndʒ/ *s* intercâmbio **interchangeable** /ˌɪntərˈtʃeɪndʒəbl/ *adj* intercambiável

interconnect /ˌɪntərkəˈnekt/ *vi* **1** interligar-se, conectar-se entre si **2** (*tb*

tʃ	dʒ	v	θ	ð	s	z	ʃ
chin	**J**une	**v**an	**th**in	**th**en	**s**o	**z**oo	**sh**e

intercommunicate) comunicar-se entre si interconnected *adj: to be interconnected* estar interligado interconnection *s* conexão

intercourse /'ɪntəkɔːrs/ *s (formal)* relações sexuais, coito

interest /'ɪntrəst/ ◆ *s* 1 ~ (in sth) interesse (por algo): *It is of no interest to me.* Não me interessa. 2 passatempo: *her main interest in life* o que mais lhe interessa na vida 3 *(Fin)* juro(s) LOC in sb's interest(s) no interesse de alguém in the interest(s) of sth pelo bem de algo: *in the interest(s) of safety* por motivo de segurança *Ver tb* VEST² ◆ *vt* 1 interessar 2 ~ sb in sth fazer com que alguém se interesse por algo

interested /'ɪntrəstɪd/ *adj* interessado: *to be interested in sth* interessar-se por algo

interesting /'ɪntrəstɪŋ/ *adj* interessante interestingly *adv* curiosamente

interfere /ˌɪntər'fɪər/ *vi* 1 ~ (in sth) intrometer-se (em algo) 2 ~ with sth mexer em algo 3 ~ with sth interpor-se a algo, dificultar algo interference *s* [*não contável*] 1 ~ (in sth) intromissão (em algo) 2 *(Rádio)* interferência 3 *(USA, Esporte) Ver* OBSTRUCTION interfering *adj* intrometido

interim /'ɪntərɪm/ ◆ *adj* provisório ◆ *s* LOC in the interim neste ínterim

interior /ɪn'tɪəriər/ *adj, s* interior

interlude /'ɪntərluːd/ *s* intervalo

intermediate /ˌɪntər'miːdiət/ *adj* intermediário

intermission /ˌɪntər'mɪʃn/ *s* intervalo *(Teat)*

intern /ɪn'tɜːrn/ *vt* internar

internal /ɪn'tɜːrnl/ *adj* interno, interior: *internal affairs* assuntos internos ◇ *internal injuries* ferimentos internos internally *adv* internamente, interiormente

international /ˌɪntər'næʃnəl/ ◆ *adj* internacional ◆ *s (GB, Esporte)* 1 partida internacional 2 jogador, -ora internacional internationally *adv* internacionalmente

Internet *(tb* the Internet) /'ɪntərnet/ *(coloq* the Web) *s* Internet

interpret /ɪn'tɜːrprɪt/ *vt* 1 interpretar, entender 2 traduzir

Interpret refere-se à tradução oral e **translate** à tradução escrita.

interpretation *s* interpretação interpreter *s* intérprete ☛ *Comparar com* TRANSLATOR *em* TRANSLATE

interrelated /ˌɪntərɪ'leɪtɪd/ *adj* inter-relacionado

interrogate /ɪn'terəgeɪt/ *vt* interrogar interrogation *s* 1 interrogação 2 interrogatório *(de polícia)* interrogator *s* interrogador, -ora

interrogative /ˌɪntə'rɑgətɪv/ *adj* interrogativo

interrupt /ˌɪntə'rʌpt/ *vt, vi* interromper: *I'm sorry to interrupt but there's a phone call for you.* Desculpe interromper, mas há uma ligação para você. interruption *s* interrupção

intersect /ˌɪntər'sekt/ *vi* cruzar-se intersection *s* intersecção, cruzamento

interspersed /ˌɪntər'spɜːrst/ *adj* ~ with sth entremeado com/de algo

intertwine /ˌɪntər'twaɪn/ *vt, vi* entrelaçar(-se)

interval /'ɪntərvl/ *s* intervalo

intervene /ˌɪntər'viːn/ *vi (formal)* 1 ~ (in sth) intervir (em algo) 2 *(tempo)* decorrer 3 interpor-se intervening *adj* interveniente

intervention /ˌɪntər'venʃn/ *s* intervenção

interview /'ɪntərvjuː/ ◆ *s* entrevista ◆ *vt* entrevistar interviewee /ˌɪntərvjuː'iː/ *s* entrevistado, -a interviewer *s* entrevistador, -ora

interweave /ˌɪntər'wiːv/ *vt, vi (pret* -wove /-'woʊv/ *pp* -woven /-'woʊvn/) entrelaçar(-se)

intestine /ɪn'testɪn/ *s* intestino: *small/large intestine* intestino delgado/grosso

intimacy /'ɪntɪməsi/ *s* intimidade

intimate¹ /'ɪntɪmət/ *adj* 1 *(amigo, restaurante, etc.)* íntimo 2 *(amizade)* estreito 3 *(formal) (conhecimento)* profundo

intimate² /'ɪntɪmeɪt/ *vt* ~ sth (to sb) *(formal)* dar a entender, insinuar algo (a alguém) intimation *s (formal)* sugestão, indício

intimidate /ɪn'tɪmɪdeɪt/ *vt* intimidar intimidation *s* intimidação

into /'ɪntə, 'ɪntuː/ *prep* 1 *(direção)* em, dentro de: *to come into a room* entrar

i:	i	ɪ	e	æ	ɑ	ʌ	ʊ	u:
see	happy	sit	ten	hat	cot	cup	put	too

num quarto/numa sala ◊ *He put it into the box.* Ele colocou isso dentro da caixa. **2** para: *to get into a car* entrar num carro ◊ *She went into town.* Ela foi ao centro. ◊ *to translate into Spanish* traduzir para o espanhol **3** (*tempo, distância*): *long into the night* noite adentro ◊ *far into the distance* até perder de vista **4** (*Mat*): *12 into 144 goes 12 times.* 144 dividido por 12 é 12. **LOC to be into sth** (*coloq*): *She's into motorcycles.* Ela é ligada em motocicleta. ☞ Para o uso de **into** em PHRASAL VERBS, ver os verbetes dos verbos correspondentes, p.ex. **to look into** em LOOK.

intolerable /ɪnˈtɒlərəbl/ *adj* intolerável, insuportável

intolerance /ɪnˈtɒlərəns/ *s* intolerância, intransigência

intolerant /ɪnˈtɒlərənt/ *adj* (*pej*) intolerante

intonation /ˌɪntəˈneɪʃn/ *s* entonação

intoxicated /ɪnˈtɒksɪkeɪtɪd/ *adj* (*formal, lit e fig*) embriagado

intoxication /ɪnˌtɒksɪˈkeɪʃn/ *s* embriaguez

intrepid /ɪnˈtrepɪd/ *adj* intrépido

intricate /ˈɪntrɪkət/ *adj* intrincado, complexo

intrigue /ˈɪntriːɡ, ɪnˈtriːɡ/ ♦ *s* intriga ♦ /ɪnˈtriːɡ/ **1** *vi* fazer intriga **2** *vt* intrigar **intriguing** *adj* intrigante, fascinante

intrinsic /ɪnˈtrɪnzɪk/ *adj* intrínseco

introduce /ˌɪntrəˈduːs; *GB* -ˈdjuːs/ *vt* **1** ~ **sb/sth (to sb)** apresentar alguém/algo (a alguém) ☞ *Ver nota em* APRESENTAR **2** ~ **sb to sth** iniciar alguém em algo **3** (*produto, reforma, etc.*) introduzir

introduction /ˌɪntrəˈdʌkʃn/ *s* **1** apresentação **2** ~ **(to sth)** prólogo (de algo) **3** [*sing*] ~ **to sth** iniciação a/em algo **4** [*não contável*] introdução (*produto, reforma, etc.*)

introductory /ˌɪntrəˈdʌktəri/ *adj* **1** (*capítulo, curso*) introdutório **2** (*oferta*) de lançamento

introvert /ˈɪntrəvɜːrt/ *s* introvertido, -a

intrude /ɪnˈtruːd/ *vi* (*formal*) **1** importunar, incomodar **2** ~ **(on/upon sth)** intrometer-se, introduzir-se (em algo) **intruder** *s* intruso, -a **intrusion** *s* **1** [*não contável*] invasão **2** [*contável*] intromissão **intrusive** *adj* intruso

intuition /ˌɪntuˈɪʃn; *GB* -tju-/ *s* intuição

intuitive /ɪnˈtuːɪtɪv; *GB* -ˈtjuː-/ *adj* intuitivo

inundate /ˈɪnʌndeɪt/ *vt* ~ **sb/sth (with sth)** inundar alguém/algo (de algo): *We were inundated with applications.* Fomos inundados com candidaturas.

invade /ɪnˈveɪd/ *vt, vi* invadir **invader** *s* invasor, -ora

invalid /ˈɪnvəlɪd/ ♦ *s* inválido, -a ♦ /ɪnˈvælɪd/ *adj* nulo

invalidate /ɪnˈvælɪdeɪt/ *vt* invalidar, anular

invaluable /ɪnˈvæljuəbl/ *adj* inestimável

invariably /ɪnˈveəriəbli/ *adv* invariavelmente

invasion /ɪnˈveɪʒn/ *s* invasão

invent /ɪnˈvent/ *vt* inventar **invention** *s* **1** invenção **2** invento **inventive** *adj* **1** (*capacidade*) inventivo **2** imaginativo **inventiveness** *s* inventividade **inventor** *s* inventor, -ora

inventory /ˈɪnvəntɔːri; *GB* -tri/ *s* (*pl* -ies) **1** inventário **2** (*USA*) balanço (*comercial*)

invert /ɪnˈvɜːrt/ *vt* inverter: *in inverted commas* (*GB*) entre aspas

invertebrate /ɪnˈvɜːrtɪbrət/ *adj, s* invertebrado

invest /ɪnˈvest/ *vt, vi* ~ **(in sth)** investir (em algo)

investigate /ɪnˈvestɪɡeɪt/ *vt, vi* investigar

investigation /ɪnˌvestɪˈɡeɪʃn/ *s* ~ **(into sth)** investigação (de algo)

investigative /ɪnˈvestɪɡeɪtɪv; *GB* -ɡətɪv/ *adj*: *investigative journalism* jornalismo de investigação

investigator /ɪnˈvestɪɡeɪtər/ *s* investigador, -ora

investment /ɪnˈvestmənt/ *s* ~ **(in sth)** investimento (em algo)

investor /ɪnˈvestər/ *s* investidor, -ora

invigorating /ɪnˈvɪɡəreɪtɪŋ/ *adj* revigorante, estimulante

invincible /ɪnˈvɪnsəbl/ *adj* invencível

invisible /ɪnˈvɪzəbl/ *adj* invisível

invitation /ˌɪnvɪˈteɪʃn/ *s* convite

invite /ɪnˈvaɪt/ ♦ *vt* **1** ~ **sb (to/for sth)/ (to do sth)** convidar alguém (para algo)/(para fazer algo): *to invite trouble* procurar encrenca **2** (*sugestões, opiniões*) pedir, solicitar PHR V **to invite sb back 1** convidar alguém a voltar consigo para casa **2** retribuir um convite **to**

u	ɔː	ɜː	ə	j	w	eɪ	oʊ
sit**u**ation	s**aw**	f**ur**	**a**go	**y**es	**w**oman	p**ay**	h**ome**

invite sb in convidar alguém para entrar **to invite sb out** convidar alguém para sair **to invite sb over/around** (*GB*) convidar alguém para sua casa ◆ /ˈɪnvaɪt/ s (*coloq*) convite **inviting** /ɪnˈvaɪtɪŋ/ adj **1** convidativo, tentador **2** (*comida*) apetitoso

invoice /ˈɪnvɔɪs/ ◆ s ~ (**for sth**) fatura (de algo) ◆ vt ~ **sb/sth** faturar (mercadorias) a alguém/algo

involuntary /ɪnˈvɒləntəri; *GB* -tri/ adj involuntário

involve /ɪnˈvɒlv/ vt **1** supor, implicar: *The job involves me/my living in London.* O trabalho exige que eu more em Londres. **2** ~ **sb in sth** envolver alguém em algo: *to be involved in sth* estar envolvido em algo **3** ~ **sb in sth** meter, enredar alguém em algo: *Don't involve me in your problems.* Não me envolva em seus problemas. **4** ~ **sb in sth** (*esp crime*) envolver, implicar alguém em algo: *to be/get involved in sth* estar/ficar envolvido em algo **5 to be/become/get involved with sb** (*pej*) estar metido, estar ligado com alguém **6 to be/become/get involved with sb** (*emocionalmente*) estar envolvido, envolver-se com alguém **involved** adj complicado, arrevesado **involvement** s **1** ~ (**in sth**) envolvimento, comprometimento, participação (em algo) **2** ~ (**with sb**) compromisso, relacionamento (com alguém)

inward /ˈɪnwərd/ ◆ adj **1** (*pensamentos, etc.*) interior, íntimo: *to give an inward sigh* suspirar para si mesmo **2** (*direção*) para dentro ◆ adv (*tb* **inwards**) para dentro **inwardly** adv **1** por dentro **2** (*suspirar, sorrir, etc.*) para si

IQ /ˌaɪ ˈkjuː/ abrev **intelligence quotient** quociente de inteligência: *She has an IQ of 120.* Ela tem um QI de 120.

iris /ˈaɪrɪs/ s **1** (*Anat*) íris **2** (*Bot*) íris

iron /ˈaɪərn; *GB* ˈaɪən/ ◆ s **1** (*metal*) ferro **2** ferro de passar roupa ◆ vt passar roupa PHR V **to iron sth out 1** (*vincos*) alisar algo **2** (*problemas, etc.*) resolver, solucionar algo **ironing** s roupa passada ou para passar: *to do the ironing* passar roupa ◇ *ironing board* tábua de passar roupa

ironic /aɪˈrɒnɪk/ adj irônico: *It is ironic that we only won the last match.* É irônico só termos ganho a última partida. ◇ *He gave an ironic smile.* Ele sorriu com ironia. ☛ *Comparar com* SARCASTIC *em* SARCASM **ironically** adv ironicamente, com ironia

irony /ˈaɪrəni/ s (*pl* **-ies**) ironia

irrational /ɪˈræʃənl/ adj irracional **irrationality** /ɪˌræʃəˈnæləti/ s irracionalidade **irrationally** adv de forma irracional

irrelevant /ɪˈreləvənt/ adj irrelevante: *irrelevant remarks* observações descabidas **irrelevance** s irrelevância

irresistible /ˌɪrɪˈzɪstəbl/ adj irresistível **irresistibly** adv irresistivelmente

irrespective of /ˌɪrɪˈspektɪv əv/ prep independente de, sem levar em conta: *irrespective of age* independente da idade

irresponsible /ˌɪrɪˈspɒnsəbl/ adj irresponsável: *It was irresponsible of you.* Foi uma irresponsabilidade de sua parte. **irresponsibility** /ˌɪrɪspɒnsəˈbɪləti/ s irresponsabilidade **irresponsibly** adv de forma irresponsável

irrigation /ˌɪrɪˈɡeɪʃn/ s irrigação

irritable /ˈɪrɪtəbl/ adj irritável **irritability** /ˌɪrɪtəˈbɪləti/ s irritabilidade **irritably** adv com irritação

irritate /ˈɪrɪteɪt/ vt irritar: *He's easily irritated.* Ele se irrita com facilidade. **irritating** adj irritante: *How irritating!* Que irritante! **irritation** s irritação

the IRS /ˌaɪ ɑːr ˈes/ abrev **the Internal Revenue Service** Receita Federal

is /ɪz, s, z/ *Ver* BE

Islam /ˈɪzlɑm, ɪzˈlɑm/ s islã, islamismo

island /ˈaɪlənd/ s (*abrev* I, Is) ilha: *a desert island* uma ilha deserta **islander** s ilhéu, -oa

isle /aɪl/ s (*abrev* I, Is) ilha ☛ Usa-se sobretudo em nomes de lugares, p. ex.: *the Isle of Man. Comparar com* ISLAND

isn't /ˈɪznt/ = IS NOT *Ver* BE

isolate /ˈaɪsəleɪt/ vt ~ **sb/sth** (**from sb/sth**) isolar alguém/algo (de alguém/algo) **isolated** adj isolado **isolation** s isolamento LOC **in isolation** (**from sb/sth**) isolado (de alguém/algo): *Looked at in isolation…* Considerado fora do contexto…

issue /ˈɪʃuː; *GB* ˈɪsjuː/ ◆ s **1** assunto, questão **2** emissão, provisão **3** (*de uma revista, etc.*) número LOC **to make an issue (out) of sth** levar algo a sério: *Let's not make an issue of it.* Vamos

aɪ	aʊ	ɔɪ	ɪə	eə	ʊə	ʒ	h	ŋ
five	now	join	near	hair	pure	vision	how	sing

deixar isso para trás. ◆ **1** *vt* ~ **sth (to sb)** distribuir algo (a alguém) **2** *vt* ~ **sb with sth** prover alguém de algo **3** *vt* (*visto, etc.*) expedir **4** *vt* publicar **5** *vt* (*selos, etc.*) emitir **6** *vt* (*chamada*) fazer **7** *vi* ~ **from sth** (*formal*) emanar de algo

it /ɪt/ *pron pess*

• **como sujeito e objeto** ☞ It substitui um animal ou uma coisa. Pode também ser utilizado para se referir a um bebê. **1** [*como sujeito*] ele, ela: *Where is it?* Onde está? ◊ *The baby is crying, I think it's hungry.* O bebê está chorando, acho que está com fome. ◊ *Who is it?* Quem é? ◊ *It's me.* Sou eu. ☞ O *pron pess* não pode ser omitido em inglês. **2** [*como objeto direto*] o, a: *Did you buy it?* Você comprou (isso/aquilo)? ◊ *Give it to me.* Dê-me (isso). **3** [*como objeto indireto*] lhe: *Give it some milk.* Dá um pouco de leite para ele/ela. **4** [*depois de prep*]: *That box is heavy. What's inside it?* Essa caixa está pesada. O que é que tem dentro?

• **orações impessoais** ☞ Em muitos casos it não tem significado e é utilizado como sujeito gramatical para construir orações que, em português, costumam ser impessoais. Em geral, não é traduzido. **1** (*de tempo, distância e condição atmosférica*): *It's ten past one.* É uma e dez. ◊ *It's May 12.* Hoje é 12 de maio. ◊ *It's two miles to the beach.* São duas milhas até a praia. ◊ *It's a long time since they left.* Faz muito tempo que eles partiram. ◊ *It's raining.* Está chovendo. ◊ *It's hot.* Faz calor. **2** (*em outras construções*): *Does it matter what color the hat is?* Faz diferença a cor do

chapéu? ◊ *I'll come at seven if it's convenient.* Virei às sete se não for te atrapalhar. ◊ *It's Jim who's the smart one, not his brother.* O Jim é que é o esperto, não o irmão.

LOC **that's it 1** é isso aí **2** é tudo **3** é assim mesmo **that's just it** aí é que está o problema **this is it** chegou a hora

italics /ɪˈtælɪks/ *s* [*pl*] itálico

itch /ɪtʃ/ ◆ *s* coceira ◆ *vi* coçar: *My leg itches.* Estou com coceira na perna. ◊ *to be itching to do sth* estar louco para fazer algo **itchy** *adj* que coça: *My skin is itchy.* Estou com coceira na pele.

it'd /ˈɪtəd/ **1** = IT HAD *Ver* HAVE **2** = IT WOULD *Ver* WOULD

item /ˈaɪtəm/ *s* **1** item **2** (*tb* **news item**) notícia

itinerary /aɪˈtɪnəreri; *GB* -rəri/ *s* (*pl* **-ies**) itinerário

it'll /ˈɪtl/ = IT WILL *Ver* WILL

it's /ɪts/ **1** = IT IS *Ver* BE **2** = IT HAS *Ver* HAVE ☞ *Comparar com* ITS

its /ɪts/ *adj poss* dele(s)/dela(s)/seu(s)/sua(s) (*que pertence a uma coisa, animal ou bebê*): *The table isn't in its place.* A mesa está fora de lugar. ☞ *Ver nota em* MY

itself /ɪtˈself/ *pron* **1** [*uso reflexivo*] se: *The cat was washing itself.* O gato estava se lavando. **2** [*uso enfático*] ele mesmo, ela mesma **3** *She is kindness itself.* Ela é a bondade personificada. LOC **by itself 1** por si **2** sozinho **in itself** em si

I've /aɪv/ = I HAVE *Ver* HAVE

ivory /ˈaɪvəri/ *s* marfim

ivy /ˈaɪvi/ *s* hera

Jj

J, j /dʒeɪ/ *s* (*pl* **J's**, **j's** /dʒeɪz/) J, j: *J as in Jack* J de José ☞ *Ver exemplos em* A, a

jab /dʒæb/ ◆ *vt, vi* (**-bb-**) espetar: *He jabbed his finger with a needle.* Ele furou o dedo com uma agulha. ◊ *She jabbed at a potato with her fork.* Ela espetou uma batata com o garfo. PHR V **to jab sth into sb/sth** fincar algo em

alguém/algo ◆ *s* **1** injeção **2** espetada **3** murro

jack /dʒæk/ *s* **1** (*Mec*) macaco **2** (*tb* **knave**) valete (*baralho*) ☞ *Ver nota em* BARALHO

jackal /ˈdʒækl/ *s* chacal

jackdaw /ˈdʒækdɔː/ *s* gralha

jacket /ˈdʒækɪt/ *s* **1** casaco curto,

tʃ	dʒ	v	θ	ð	s	z	ʃ
chin	**J**une	**v**an	**th**in	**th**en	**s**o	**z**oo	**sh**e

jaqueta ☛ *Comparar com* CARDIGAN **2** paletó **3** (*de livro*) sobrecapa

jackpot /ˈdʒækpɒt/ *s* sorte grande, bolada

jade /dʒeɪd/ *adj, s* jade

jaded /ˈdʒeɪdɪd/ *adj* (*pej*) cheio, enfastiado

jagged /ˈdʒægɪd/ *adj* denteado, pontiagudo

jaguar /ˈdʒægwɑr/ *s* jaguar

jail /dʒeɪl/ *s* cadeia

jam /dʒæm/ ♦ *s* **1** geléia ☛ *Comparar com* MARMALADE **2** obstrução: *traffic jam* engarrafamento **3** (*coloq*) aperto: *to be in/get into a jam* estar/meter-se num aperto ♦ (**-mm-**) **1** *vt* **to jam sth into, under, etc. sth** forçar algo dentro, debaixo, etc. de algo: *He jammed the flowers into a vase.* Ele meteu as flores dentro de um vaso às pressas. **2** *vt, vi* amontoar(-se): *The three of them were jammed into a phone booth.* Os três estavam amontoados numa cabine telefônica. **3** *vt, vi* apinhar(-se), obstruir **4** *vt* (*Rádio*) interferir

jangle /ˈdʒæŋgl/ *vt, vi* soar de maneira estridente

janitor /ˈdʒænətər/ (*GB* **caretaker**) *s* zelador, -ora

January /ˈdʒænjueri; *GB* -juəri/ *s* (*abrev* **Jan**) janeiro: *They are getting married this January/in January.* Vão se casar em janeiro. ◊ *on January 1st* no dia primeiro de janeiro ◊ *every January* todo o ano em janeiro ◊ *next January* em janeiro do ano que vem ☛ Os nomes dos meses em inglês se escrevem com maiúscula.

jar¹ /dʒɑr/ *s* **1** frasco, pote ☛ *Ver ilustração em* CONTAINER **2** jarro

jar² /dʒɑr/ (**-rr-**) **1** *vi* **to jar (on sb/sth)** irritar (alguém/algo) **2** *vi* **to jar (with sth)** (*fig*) destoar (de algo) **3** *vt* ferir

jargon /ˈdʒɑrgən/ *s* jargão

jasmine /ˈdʒæzmən; *GB* ˈdʒæzmɪn/ *s* jasmim

jaundice /ˈdʒɔːndɪs/ *s* icterícia **jaundiced** *adj* amargurado, despeitado

javelin /ˈdʒævlɪn/ *s* dardo

jaw /dʒɔː/ *s* mandíbula, maxilar

jazz /dʒæz/ ♦ *s* jazz ♦ PHR V **to jazz sth up** animar algo **jazzy** *adj* (*coloq*) espalhafatoso

jealous /ˈdʒeləs/ *adj* **1** ciumento: *He's very jealous of her male friends.* Ele tem muito ciúme dos amigos homens del. **2** invejoso: *I'm very jealous of your new car.* Estou com muita inveja do seu carro novo. **jealousy** *s* [*ger não contável*] (*pl* **-ies**) ciúme, inveja

jeans /dʒiːnz/ *s* [*pl*] jeans ☛ *Ver nota em* PAIR

Jeep® /dʒiːp/ *s* jipe

jeer /dʒɪər/ ♦ *vt, vi* ~ **(at) (sb/sth) 1** zombar (de alguém/algo) **2** vaiar (alguém/algo) ♦ *s* zombaria, vaia

Jell-O® /ˈdʒeloʊ/ *s* (*USA*) (*GB* **jelly**) gelatina

jelly /ˈdʒeli/ *s* (*pl* **-ies**) **1** (*GB*) (*USA* **Jell-O®**) gelatina **2** geléia

jellyfish /ˈdʒelifɪʃ/ *s* (*pl* **jellyfish** *ou* ~**es**) água-viva (*Zool*)

jeopardize, -ise /ˈdʒepərdaɪz/ *vt* pôr em perigo

jeopardy /ˈdʒepərdi/ *s* LOC (**to be, put, etc.**) **in jeopardy** (estar, pôr, etc.) em perigo

jerk /dʒɜːrk/ ♦ *s* **1** solavanco, sacudida **2** (*coloq*, *pej*) idiota ♦ *vt, vi* sacudir, dar solavancos

jet¹ /dʒet/ *s* **1** (*tb* **jet aircraft**) (avião) jato **2** (*de água, gás*) jorro

jet² /dʒet/ *s* azeviche: *jet-black* da cor do azeviche

jetty /ˈdʒeti/ *s* (*pl* **-ies**) cais, quebra-mar

Jew /dʒuː/ *s* judeu, -ia *Ver tb* JUDAISM

jewel /ˈdʒuːəl/ *s* **1** jóia **2** pedra preciosa **jeweler** (*GB* **jeweller**) *s* joalheiro, -a **jewelry** (*GB* **jewellery**) *s* [*não contável*] jóias: *jewelry box/case* porta-jóias **jewelry shop/store** (*GB* **jeweller's**) *s* joalheria

Jewish /ˈdʒuːɪʃ/ *adj* judaico

jigsaw /ˈdʒɪgsɔː/ (*tb* **jigsaw puzzle**) *s* quebra-cabeça

jingle /ˈdʒɪŋgl/ ♦ *s* **1** [*sing*] tilintar **2** anúncio cantado ♦ *vt, vi* tilintar

jinx /dʒɪŋks/ ♦ *s* (*coloq*) azarão ♦ *vt* (*coloq*) trazer azar

job /dʒɑb/ *s* **1** trabalho, emprego ☛ *Ver nota em* WORK¹ **2** tarefa **3** dever, responsabilidade LOC **a good job** (*coloq*): *It's a good job you've come.* Ainda bem que você veio. **out of a job** desempregado

jobcenter /ˈdʒɑbˌsentər/ *s* (*GB*) agência de empregos (*do governo*)

jobless /ˈdʒɑbləs/ *adj* desempregado

jockey /ˈdʒɑki/ *s* (*pl* **-eys**) jóquei

jog /dʒɑg/ ♦ *s* [*sing*] **1** sacudidela **2** *to*

go for a jog fazer cooper/ir correr ◆ (-gg-) **1** *vt* empurrar de leve **2** *vi* fazer cooper LOC **to jog sb's memory** refrescar a memória de alguém

jogger /'dʒɑgər/ *s* corredor, -ora

jogging /'dʒɑgɪŋ/ *s* cooper, jogging

join /dʒɔɪn/ ◆ *s* **1** junção **2** costura ◆ **1** *vt* ~ **sth (on)to sth** unir, juntar algo a algo **2** *vi* ~ **up (with sb/sth)** juntar-se (com alguém/algo); unir-se a alguém/algo **3** *vt* ~ **sb** reunir-se com alguém **4** *vt, vi (clube, etc.)* associar-se, afiliar-se **5** *vt, vi (empresa)* entrar (para) **6** *vt (organização internacional)* ingressar em PHR V **to join in (sth)** participar (de algo)

joiner /'dʒɔɪnər/ *s* (GB) (USA **carpenter**) marceneiro, -a

joint¹ /dʒɔɪnt/ *adj* conjunto, mútuo, coletivo

joint² /dʒɔɪnt/ *s* **1** (Anat) articulação **2** junta, união **3** quarto de carne **4** (gíria, pej) espelunca **5** (gíria) baseado **jointed** *adj* articulado, flexível

joke /dʒoʊk/ ◆ *s* **1** piada: *to tell a joke* contar uma piada **2** brincadeira: *to play a joke on sb* pregar uma peça em alguém **3** [sing] piada: *The new traffic laws are a joke.* As novas leis do trânsito são uma piada. ◆ *vi* ~ **(with sb)** brincar (com alguém) LOC **joking apart** falando sério

joker /'dʒoʊkər/ *s* **1** (coloq) brincalhão, -ona **2** (coloq) palhaço, -a **3** (cartas) curinga

jolly /'dʒɑli/ ◆ *adj* (-ier, -iest) alegre, animado ◆ *adv* (GB) (coloq) muito

jolt /dʒoʊlt/ ◆ **1** *vi* sacolejar **2** *vt* sacudir ◆ *s* **1** sacudida **2** susto

jostle /'dʒɑsl/ *vt, vi* empurrar(-se), acotovelar(-se)

jot /dʒɑt/ *v* (-tt-) PHR V **to jot sth down** anotar algo

journal /'dʒɜːrnl/ *s* **1** revista, jornal (especializado) **2** diário **journalism** *s* jornalismo **journalist** *s* jornalista

journey /'dʒɜːrni/ *s* (pl -eys) viagem, trajeto ☞ Ver nota em VIAGEM

joy /dʒɔɪ/ *s* **1** alegria: *to jump for joy* pular de alegria **2** deleite LOC Ver PRIDE **joyful** *adj* alegre **joyfully** *adv* alegremente

joystick /'dʒɔɪstɪk/ *s* (Aeronáut, Informát) alavanca de controle, joystick ☞ Ver ilustração em COMPUTADOR

jubilant /'dʒuːbɪlənt/ *adj* jubiloso **jubilation** *s* júbilo

jubilee /'dʒuːbɪliː/ *s* jubileu

Judaism /'dʒuːdiːɪzm; GB -deɪɪzəm/ *s* judaísmo

judge /dʒʌdʒ/ ◆ *s* **1** juiz, juíza **2** (de competição) árbitro **3** ~ **(of sth)** entendido, -a (de algo) ◆ *vt, vi* julgar, considerar, calcular: *judging by/from...* a julgar por...

judgment (GB **judgement**) /'dʒʌdʒmənt/ *s* julgamento, juízo: *to use your own judgment* agir de acordo com a sua própria consciência

judicious /dʒuˈdɪʃəs/ *adj* judicioso **judiciously** *adv* judiciosamente

judo /'dʒuːdoʊ/ *s* judô

jug /dʒʌg/ *s* **1** (GB **pitcher**) botija **2** (GB) (USA **pitcher**) jarro

juggle /'dʒʌgl/ *vt, vi* **1** ~ **(sth/with sth)** fazer malabarismos (com algo) **2** ~ **(with) sth** (fig) virar-se do avesso por algo: *She juggles home, career and children.* Ela dá conta da casa, do trabalho e dos filhos.

juice /dʒuːs/ *s* suco, sumo **juicy** *adj* (-ier, -iest) **1** suculento **2** (coloq) (estória, etc.) picante

July /dʒuˈlaɪ/ *s* (abrev **Jul**) julho ☞ Ver nota e exemplos em JANUARY

jumble /'dʒʌmbl/ ◆ *vt* ~ **sth (up)** misturar algo ◆ *s* **1** bagunça **2** (GB) objetos ou roupas vendidos em bazar de caridade

jumbo /'dʒʌmboʊ/ *adj* (coloq) (de tamanho) gigante

jump /dʒʌmp/ ◆ *s* **1** salto Ver tb HIGH JUMP, LONG JUMP **2** alta ◆ **1** *vt, vi* saltar: *to jump up and down* pular de alegria ◊ *to jump up* levantar-se com um salto **2** *vi* sobressaltar-se: *It made me jump.* Isso me deu um susto. **3** *vi* aumentar LOC **to jump the queue** (GB) furar a fila **to jump to conclusions** tirar conclusões precipitadas **jump to it** (coloq) anda de uma vez! Ver tb BANDWAGON PHR V **to jump at sth** agarrar uma oportunidade com unhas e dentes

jumper /'dʒʌmpər/ *s* **1** (USA) avental **2** (GB) (USA **sweater**) pulôver, suéter ☞ Ver nota em SWEATER **3** saltador, -ora

jumpy /'dʒʌmpi/ *adj* (-ier, -iest) (coloq) nervoso

u	ɔː	ɜː	ə	j	w	eɪ	oʊ
situation	saw	fur	ago	yes	woman	pay	home

junction /'dʒʌŋkʃn/ s **1** (de ruas) cruzamento **2** (de ferrovias) entroncamento

June /dʒuːn/ s (abrev **Jun**) junho
☞ Ver nota e exemplos em JANUARY

jungle /'dʒʌŋgl/ s selva

junior /'dʒuːnɪər/ ◆ adj **1** subalterno **2** (abrev **Jr**) júnior **3** (GB): junior school escola primária ◆ s **1** subalterno, -a **2** [precedido de adj poss]: He is three years her junior. Ele é três anos mais novo do que ela. **3** (USA) estudante no penúltimo ano do segundo grau **4** (GB) aluno, -a de escola primária

junior high school s ginásio

junk /dʒʌŋk/ s [não contável] **1** (coloq) traste **2** ferro-velho, velharias

junk food s (coloq, pej) [não contável] comida lanche sem valor nutritivo

junk mail s correspondência/propaganda não solicitada

Jupiter /'dʒuːpɪtər/ s Júpiter

juror /'dʒʊərər/ s jurado, -a

jury /'dʒʊəri/ s (pl -ies) júri

just /dʒʌst/ ◆ adv **1** justamente, exatamente: It's just what I need. É exatamente o que eu preciso. ◊ That's just it! É isso mesmo! ◊ just here aqui mesmo **2** ~ **as** bem na hora em que; exatamente quando: She arrived just as we were leaving. Ela chegou bem na hora em que estávamos indo embora. ◊ It's just as I thought. É exatamente como imaginei. ◊ **3** ~ **as…as…** tão…quanto…: She's just as smart as her mother. Ela é tão inteligente quanto a mãe. **4 to have** ~ **done sth** acabar de fazer algo: She has just left. Ela acabou de sair. ◊ We had just arrived when… Tínhamos acabado de chegar quando… ◊ "Just married" "Recém-casados" **5** (GB) (**only**) ~ por pouco: I can (only) just reach the shelf. Por pouco não alcanço a prateleira. **6** ~ **over/under**: It's just over a kilogram. É

um pouco mais de um quilo. **7** já: I'm just going. Já vou. **8 to be** ~ **about/going to do sth** estar prestes a fazer algo: I was just about/just going to phone you. Eu já ia te telefonar. **9** simplesmente: It's just one of those things. Não é nada de mais. **10** Just let me say something! Deixe-me só dizer uma coisa! **11** só, somente: I waited an hour just to see you. Esperei uma hora só para te ver. ◊ just for fun só de brincadeira LOC **it is just as well (that…)** ainda bem que… **just about** (coloq) quase: I know just about everyone. Conheço praticamente todo mundo. **just in case** no caso de **just like 1** igual a: It was just like old times. Foi como nos velhos tempos. **2** típico de: It's just like her to be late. É típico dela se atrasar. **just like that** sem mais nem menos **just now 1** no momento **2** agora mesmo ◆ adj **1** justo **2** merecido

justice /'dʒʌstɪs/ s **1** justiça **2** juiz, juíza: justice of the peace juiz de paz LOC **to do justice to sb/sth** fazer justiça a alguém/algo: We couldn't do justice to her cooking. Impossível fazer justiça à sua comida. **to do yourself justice**: He didn't do himself justice in the exam. Ele poderia ter se saído muito melhor na prova. Ver tb BRING, MISCARRIAGE

justifiable /ˌdʒʌstɪˈfaɪəbl, ˈdʒʌstɪfaɪəbl/ adj justificável **justifiably** adv justificadamente: She was justifiably angry. Ela estava zangada com razão.

justify /'dʒʌstɪfaɪ/ vt (pret, pp -fied) justificar

justly /'dʒʌstli/ adv justamente, com razão

jut /dʒʌt/ v (-tt-) PHR V **to jut out** sobressair

juvenile /'dʒuːvənaɪl/ ◆ s jovem, menor ◆ adj **1** juvenil **2** (pej) pueril

juxtapose /ˌdʒʌkstəˈpoʊz/ vt (formal) justapor **juxtaposition** s justaposição

Kk

K, k /keɪ/ s (pl **K's, k's** /keɪz/) K, k: *K as in king* K de Kátia ☞ *Ver exemplos em* A, A

kaleidoscope /kəˈlaɪdəskoʊp/ s caleidoscópio

kangaroo /ˌkæŋɡəˈruː/ s (pl ~s) canguru

karat (GB **carat**) /ˈkærət/ s quilate

karate /kəˈrɑːti/ s caratê

kebab /kəˈbɑb/ s churrasquinho, espetinho

keel /kiːl/ ♦ s quilha ♦ PHR V **to keel over** (*coloq*) desmaiar, emborcar

keen /kiːn/ adj (-er, -est) **1** entusiasmado **2 to be ~ (that.../to do sth)** ter vontade (de que.../de fazer algo); ter entusiasmo (para fazer algo) **3** (*interesse*) grande **4** (*olfato*) aguçado **5** (*ouvido, inteligência*) agudo LOC **to be keen on sb/sth** (*esp GB*) gostar de alguém/algo **keenly** adv **1** com entusiasmo **2** (*sentir*) profundamente

keep /kiːp/ ♦ (*pret, pp* **kept** /kept/) **1** *vi* ficar, permanecer: *Keep still!* Não se mexa! ◊ *Keep quiet!* Cale-se! ◊ *to keep warm* manter-se aquecido **2** *vi* ~ (**on**) **doing sth** continuar a fazer algo; não parar de fazer algo: *He keeps interrupting me.* Ele não pára de me interromper. **3** *vt* [*com adj, adv ou -ing*] manter, causar: *to keep sb waiting* fazer alguém esperar ◊ *to keep sb amused/happy* entreter/alegrar alguém ◊ *Don't keep us in suspense.* Não nos deixe em suspense. **4** *vt* atrasar, reter: *What kept you?* Por que você se atrasou? **5** *vt* guardar, conservar: *Will you keep my place in line?* Pode guardar o meu lugar na fila? **6** *vt* (*não devolver*) ficar com: *Keep the change.* Fique com o troco. **7** *vt* (*negócio*) ter, ser proprietário de **8** *vt* (*animais*) criar, ter **9** *vt* (*segredo*) guardar **10** *vi* (*alimentos*) conservar-se (fresco), durar **11** *vt* (*diário*) escrever, manter **12** *vt* (*contas, registro*) anotar **13** *vt* (*família, pessoa*) sustentar **14** *vt* (*encontro*) comparecer **15** *vt* (*promessa*) cumprir ☞ Para expressões com **keep**, ver os verbetes do substantivo, adjetivo, etc., p.ex. **to keep your word** em WORD.

PHR V **to keep away (from sb/sth)** manter-se afastado (de alguém/algo) **to keep sb/sth away (from sb/sth)** manter alguém/algo afastado (de alguém/algo) **to keep sth (back) from sb** ocultar algo de alguém

to keep sth down manter algo num nível baixo

to keep sb from (doing) sth impedir alguém de fazer algo **to keep (yourself) from doing sth** evitar fazer algo

to keep off (sth) manter-se afastado (de algo), não tocar (em algo): *Keep off the grass.* Não pise na grama. **to keep sb/ sth off (sb/sth)** não deixar alguém/algo se aproximar (de alguém/algo): *Keep your hands off me!* Não me toque!

to keep on (at sb) (about sb/sth) ficar em cima (de alguém) (sobre alguém/ algo)

to keep (sb/sth) out (of sth) impedir (alguém/algo) de entrar (em algo): *Keep Out!* Entrada proibida!

to keep (yourself) to yourself ficar na sua **to keep sth to yourself** guardar algo para si

to keep up (with sb/sth) manter-se no mesmo nível (de alguém/algo) **to keep sth up** manter o padrão de algo, continuar a fazer algo: *Keep it up!* Continue assim!

♦ s sustento

keeper /ˈkiːpər/ s **1** (*zoo, museu*) guarda **2** zelador, -ora

keeping /ˈkiːpɪŋ/ s LOC **in/out of keeping (with sth)** em harmonia/desarmonia (com algo) **in sb's keeping** sob os cuidados de alguém

kennel /ˈkenl/ s casa de cachorro

kept *pret, pp de* KEEP

kerb (*esp USA* **curb**) /kɜːrb/ s meio-fio

kerosene /ˈkerəsiːn/ (*GB* **paraffin**) s querosene

ketchup /ˈketʃəp/ s ketchup

kettle /ˈketl/ s (*GB*) (*USA* **tea kettle**) chaleira

key /kiː/ ♦ s (pl **keys**) **1** chave: *the car keys* as chaves do carro **2** (*Mús*) clave **3** tecla **4** **key (to sth)** chave (de algo): *Exercise is the key to good health.* O

tʃ	dʒ	v	θ	ð	s	z	ʃ
chin	**J**une	**v**an	**th**in	**th**en	**s**o	**z**oo	**sh**e

exercício é a chave da boa saúde. ◆ *adj*
chave ◆ *vt* **to key sth (in)** teclar, digitar
algo

keyboard /'ki:bɔːrd/ *s* teclado ☞ *Ver ilustração em* COMPUTADOR

keyhole /'ki:hoʊl/ *s* buraco da fechadura

khaki /'kɑki/ *adj*, *s* cáqui

kick /kɪk/ ◆ **1** *vt* dar um pontapé em **2** *vt* (*bola*) chutar: *to kick the ball into the river* chutar a bola para dentro do rio **3** *vi* (*pessoa*) espernear **4** *vi* (*animal*) dar coice(s) LOC **to kick the bucket** (*coloq*) bater as botas *Ver tb* ALIVE PHR V **to kick off** dar o pontapé inicial **to kick sb out (of sth)** (*coloq*) botar alguém para fora (de algo) ◆ *s* **1** pontapé, chute **2** (*coloq*): *for kicks* por curtição

kickoff /'kɪkɔːf; *GB* -ɒf/ *s* pontapé inicial

kid /kɪd/ ◆ *s* **1** (*coloq*) garoto, -a: *How are your wife and the kids?* Como vão sua mulher e as crianças? **2** (*coloq, esp USA*): *his kid sister* a irmã mais nova dele **3** (*Zool*) cabrito **4** (*pele*) pelica ◆ (-dd-) **1** *vt, vi* (*coloq*) brincar: *Are you kidding?* Você está brincando? **2** *v refl* **to kid yourself** enganar a si mesmo

kidnap /'kɪdnæp/ *vt* (-pp-) seqüestrar **kidnapper** *s* seqüestrador, -ora **kidnapping** *s* seqüestro

kidney /'kɪdni/ *s* (*pl* -eys) rim

kill /kɪl/ ◆ *vt, vi* matar: *Smoking kills.* O fumo mata. ◊ *She was killed in a car crash.* Ela morreu num acidente de carro. LOC **to kill time** matar o tempo PHR V **to kill sb/sth off** dar fim em alguém, aniquilar algo ◆ *s* (*animal abatido*) presa LOC **to go/move in for the kill** atacar **killer** *s* assassino, -a

killing /'kɪlɪŋ/ *s* assassinato LOC **to make a killing** faturar uma boa nota

kiln /kɪln/ *s* forno para tijolos, cal, etc.

kilogram /'kɪləɡræm/ (*GB* **kilogramme, kilo** /'ki:loʊ/) *s* (*abrev* kg) quilograma ☞ *Ver Apêndice 1.*

kilometer (*GB* -**metre**) /kɪl'ɑmɪtər/ *s* (*abrev* km) quilômetro

kilt /kɪlt/ *s* saiote escocês

kin /kɪn/ (*tb* **kinsfolk**) *s* [*pl*] (*antiquado, formal*) família ☞ *Ver* NEXT OF KIN

kind¹ /kaɪnd/ *adj* (-er, -est) amável

kind² /kaɪnd/ *s* tipo, classe: *the best of its kind* o melhor do gênero LOC **in kind**
1 em espécie **2** (*fig*) na mesma moeda
kind of (*coloq*) de certo modo: *kind of scared* um pouco assustado *Ver tb* NOTHING

kindly /'kaɪndli/ ◆ *adv* **1** amavelmente **2** *Kindly leave me alone!* Por favor me deixe em paz! LOC **not to take kindly to sb/sth** não gostar de alguém/algo ◆ *adj* (-ier, -iest) amável

kindness /'kaɪndnəs/ *s* **1** amabilidade, bondade **2** favor

king /kɪŋ/ *s* rei

kingdom /'kɪŋdəm/ *s* reino

kingfisher /'kɪŋfɪʃər/ *s* martim-pescador

kinship /'kɪnʃɪp/ *s* parentesco

kiosk /'ki:ɑsk/ *s* quiosque, banca

kipper /'kɪpər/ *s* (*GB*) arenque defumado

kiss /kɪs/ ◆ *vt, vi* beijar(-se) ◆ *s* beijo LOC **the kiss of life** (*GB*) respiração boca-a-boca

kit /kɪt/ *s* **1** equipamento **2** kit para montar

kitchen /'kɪtʃɪn/ *s* cozinha

kite /kaɪt/ *s* pipa, papagaio

kitten /'kɪtn/ *s* gatinho ☞ *Ver nota em* GATO

kitty /'kɪti/ *s* (*pl* -ies) (*coloq*) vaquinha

knack /næk/ *s* jeito: *to get the knack of sth* aprender o macete de algo

knapsack /'næpsæk/ *s* mochila

knead /ni:d/ *vt* amassar (*barro, massa de pão*)

knee /ni:/ *s* joelho LOC **to be/go (down) on your knees** estar/ficar ajoelhado

kneecap /'ni:kæp/ *s* rótula

kneel /ni:l/ *vi* (*pret, pp* **kneeled**, *GB tb* **knelt** /nelt/) ☞ *Ver nota em* DREAM ~ **(down)** ajoelhar-se

knew *pret de* KNOW

knickers /'nɪkərz/ *s* [*pl*] (*GB*) calcinha: *a pair of knickers* uma calcinha ☞ *Ver nota em* PAIR

knife /naɪf/ ◆ *s* (*pl* **knives** /naɪvz/) faca ◆ *vt* esfaquear

knight /naɪt/ ◆ *s* **1** cavaleiro **2** (*Xadrez*) cavalo ◆ *vt* conceder o título de Sir **knighthood** *s* título de cavaleiro/Sir

knit /nɪt/ (-tt-) (*pret, pp* **knit** ou *esp GB* **knitted**) **1** *vt* ~ **sth (for sb)** tricotar algo (para alguém) **2** *vi* fazer tricô **3** *Ver* CLOSE-KNIT **knitting** *s* [*não contável*] trabalho de tricô: *knitting needle* agulha de tricô

knitwear /ˈnɪtweər/ s [*não contável*] roupa de malha ou lã (*tricotada*)

knob /nɑb/ s **1** (*de porta*) maçaneta **2** (*de gaveta*) puxador **3** (*de rádio, televisão*) botão

knock /nɑk/ ◆ **1** *vt, vi* bater: *to knock your head on the ceiling* bater com a cabeça no teto **2** *vi*: *to knock at/on the door* bater na porta **3** *vt* (*coloq*) criticar PHR V **to knock sb down** derrubar alguém, atropelar alguém **to knock sth down** demolir algo **to knock off (sth)** (*coloq*): *to knock off* (*work*) terminar o expediente **to knock sth off** fazer um desconto em algo (*uma quantia*) **to knock sb/sth off (sth)** derrubar alguém/algo (de algo) **to knock sb out 1** (*boxe*) nocautear alguém **2** apagar alguém **3** (*coloq*) deixar alguém impressionado **to knock sb/sth over** derrubar alguém/algo LOC **knock on wood** (*USA*) bater na madeira ◆ s **1** *There was a knock at the door.* Bateram na porta. **2** (*lit e fig*) golpe

knockout /ˈnɑkaʊt/ s **1** nocaute **2** *knock-out* (*tournament*) competição com eliminatórias

knot /nɑt/ ◆ s **1** nó **2** grupo (*de pessoas*) ◆ *vt* (**-tt-**) dar um nó em, atar

know /noʊ/ ◆ (*pret* **knew** /nuː; *GB* njuː/ *pp* **known** /noʊn/) **1** *vt, vi* ~ (**how to do sth**) saber (fazer algo): *to know how to swim* saber nadar ◊ *Let me know if…* Avise-me se… **2** *vt*: *I've never known anyone to sleep as much as her!* Nunca vi ninguém dormir tanto como ela! **3** *vt* conhecer: *to get to know sb* conhecer bem alguém LOC **for all you know** pelo (pouco) que se sabe **God/goodness/ Heaven knows** sabe Deus **to know best** saber o que se está fazendo **to know better** (**than that/than to do sth**): *You ought to know better!* Você não aprende mesmo! ◊ *I should have known better.* Eu devia ter percebido. **you never know** nunca se sabe *Ver tb* ANSWER, ROPE PHR V **to know of sb/sth** saber de alguém/algo: *Not that I know of.* Que eu saiba, não. ◆ s LOC **to be in the know** (*coloq*) estar por dentro

knowing /ˈnoʊɪŋ/ *adj* (*olhar*) de cumplicidade **knowingly** *adv* de propósito

knowledge /ˈnɑlɪdʒ/ s [*não contável*] **1** conhecimento: *not to my knowledge* que eu saiba, não **2** saber LOC **in the knowledge that…** sabendo que… **knowledgeable** *adj* versado

known *pp de* KNOW

knuckle /ˈnʌkl/ ◆ s nó dos dedos ◆ PHR V **to knuckle down (to sth)** (*coloq*) pôr mãos à obra **to knuckle under** (*coloq*) ceder

Koran /kəˈræn; *GB* -ˈrɑːn/ s Alcorão

Ll

L, l /el/ s (*pl* **L's, l's** /elz/) L, l: *L as in Larry* L de Lúcia ☞ *Ver exemplos em* A, a

label /ˈleɪbl/ ◆ s rótulo, etiqueta ◆ *vt* (**-l-,** *GB* **-ll-**) **1** etiquetar, pôr etiqueta em **2** ~ **sb/sth as sth** (*fig*) rotular alguém/ algo de algo

labor (*GB* **labour**) /ˈleɪbər/ ◆ s **1** [*não contável*] trabalho **2** [*não contável*] mão-de-obra: *parts and labor* peças e mão-de-obra ◊ *labor relations* relações trabalhistas **3** [*não contável*] parto: *to go into labor* entrar em trabalho de parto **4 Labor** (*tb* **the Labor Party**) [*v sing ou pl*] (*GB*) o Partido Trabalhista ☞ *Comparar com* LIBERAL *sentido* 3, TORY ◆ *vi* trabalhar duro **labored** (*GB* **laboured**) *adj* **1** difícil **2** forçado **laborer** (*GB* **labourer**) s operário, -a

laboratory /ˈlæbrətɔːri; *GB* ləˈbɒrətri/ s (*pl* **-ies**) laboratório

laborious /ləˈbɔːriəs/ *adj* **1** laborioso **2** elaborado

labyrinth /ˈlæbərɪnθ/ s labirinto

lace /leɪs/ ◆ s **1** renda **2** (*tb* **shoe-lace**) cadarço ◆ *vt* amarrar (*sapatos, etc.*)

lack /læk/ ◆ *vt* ~ **sth** carecer de algo LOC **to be lacking** faltar **to be lacking**

u	ɔː	ɜː	ə	j	w	eɪ	oʊ
situation	saw	fur	ago	yes	woman	pay	home

in sth carecer de algo ♦ s [*não contável*] falta, carência

lacquer /'lækər/ s laca

lacy /'leɪsi/ adj rendado

lad /læd/ s (*coloq*) rapaz

ladder /'lædər/ s 1 escada de mão 2 fio corrido (*em meia, etc.*) 3 (*fig*) escala (*social, profissional, etc.*)

laden /'leɪdn/ adj ~ (with sth) carregado (de algo)

ladies /'leɪdiz/ s 1 *plural de* LADY 2 Ver LADY sentido 4

ladies' room s (*USA*) banheiro feminino

lady /'leɪdi/ s (*pl* ladies) 1 senhora: *Ladies and gentlemen...* Senhoras e senhores... Ver tb GENTLEMAN 2 dama 3 Lady lady (*como título de nobreza*) Ver tb LORD 4 Ladies [*sing*] (*GB*) banheiro feminino

ladybug /'leɪdibʌg/ (*GB* ladybird /'leɪdibɜːrd/) s joaninha

lag /læg/ ♦ vi (-gg-) LOC to lag behind (sb/sth) ficar para trás (em relação a alguém/algo) ♦ s (*tb* time lag) defasagem

lager /'lɑːgər/ s cerveja leve e clara ☞ *Comparar com* BEER

lagoon /lə'guːn/ s 1 lagoa 2 laguna

laid pret, pp de LAY¹

laid-back /,leɪd 'bæk/ adj (*coloq*) relaxado, descontraído

lain pp de LIE²

lake /leɪk/ s lago

lamb /læm/ s cordeiro ☞ *Ver nota em* CARNE

lame /leɪm/ adj 1 coxo, manco 2 (*desculpa, etc.*) pouco convincente

lament /lə'ment/ vt, vi ~ (for/over sb/sth) lamentar(-se) (de alguém/algo)

lamp /læmp/ s lâmpada

lamppost /'læmppoʊst/ s poste

lampshade /'læmpʃeɪd/ s abajur

land /lænd/ ♦ s 1 terra: *by land* por terra ◊ *on dry land* em terra firme 2 terreno(s), terra(s): *arable land* terra cultivável ◊ *a plot of land* um lote 3 the land solo, campo: *to work on the land* trabalhar a terra 4 país: *the finest in the land* o melhor do país ♦ 1 vt, vi ~ (sb/sth) (at...) desembarcar (alguém/algo) (em...) 2 vt (*avião*) pousar 3 vi aterrissar 4 vi cair: *The ball landed in the water.* A bola caiu na água. 5 vi (*pássaro*) pousar 6 vt (*coloq*) (*ganhar*) conseguir, obter LOC Ver FOOT PHR V to land sb with sb/sth (*coloq*) impingir algo a alguém: *I got landed with the washing up.* Deixaram a louça para eu lavar.

landing /'lændɪŋ/ s 1 aterrissagem 2 desembarque 3 (*escada*) patamar

landlady /'lændleɪdi/ s (*pl* -ies) 1 senhoria 2 (*GB*) proprietária (*de um pub ou pensão*)

landlord /'lændlɔːrd/ s 1 senhorio 2 (*GB*) proprietário (*de um pub ou pensão*)

landmark /'lændmɑːrk/ s 1 (*lit*) ponto de referência 2 (*fig*) marco

land mine s mina (terrestre)

landowner /'lændoʊnər/ s proprietário, -a de terras

landscape /'lændskeɪp/ s paisagem ☞ *Ver nota em* SCENERY

landslide /'lændslaɪd/ s 1 (*lit*) desabamento (*de terra*) 2 (*tb* landslide victory) (*fig*) vitória esmagadora (*em eleições*)

lane /leɪn/ s 1 senda 2 ruela 3 pista, faixa: *slow/fast lane* faixa da direita/de velocidade 4 (*Esporte*) raia

language /'læŋgwɪdʒ/ s 1 linguagem: *to use bad language* dizer palavrões 2 idioma, língua

lantern /'læntərn/ s lanterna

lap¹ /læp/ s colo

lap² /læp/ s (*Esporte*) volta

lap³ /læp/ (-pp-) 1 vi (*água*) marulhar 2 vt to lap sth (up) beber algo às lambidas PHR V to lap sth up (*coloq*) regalar-se de algo

lapel /lə'pel/ s lapela

lapse /læps/ ♦ s 1 erro, lapso 2 ~ (into sth) deslize (em algo) 3 (*de tempo*) lapso, intervalo: *after a lapse of six years* após um intervalo de seis anos ♦ vi 1 ~ (from sth) (into sth) decair (de algo) (em algo): *to lapse into silence* calar-se 2 (*Jur*) caducar

larder /'lɑːrdər/ s (*GB*) (*USA* pantry) despensa

large /lɑːrdʒ/ ♦ adj (larger, largest) 1 grande: *small, medium or large* pequeno, médio ou grande ◊ *to a large extent* em grande parte 2 extenso, amplo ☞ *Ver nota em* BIG LOC by and large de modo geral Ver tb EXTENT ♦ s LOC at

aɪ	aʊ	ɔɪ	ɪə	eə	ʊə	ʒ	h	ŋ
five	now	join	near	hair	pure	vision	how	sing

large 1 à solta **2** em geral: *the world at large* o mundo inteiro

largely /'lɑːdʒli/ *adv* em grande parte

large-scale /'lɑːdʒ skeɪl/ *adj* **1** em grande escala, extenso **2** (*mapa*) ampliado

lark /lɑːk/ *s* cotovia

laser /'leɪzər/ *s* laser: *laser printer* impressora a laser

lash /læʃ/ ◆ *s* **1** chicotada **2** *Ver* EYELASH ◆ *vt* **1** chicotear **2** (*rabo*) sacudir com força PHR V **to lash out at/against sb/sth 1** atacar alguém/algo violentamente **2** insurgir-se contra alguém/algo

lass /læs/ (*tb* **lassie** /'læsi/) *s* moça (*esp na Escócia e N da Inglaterra*)

last /læst; *GB* lɑːst/ ◆ *adj* **1** último: *last thing at night* a última coisa a se fazer à noite ☞ *Ver nota em* LATE **2** passado: *last month* o mês passado ◊ *last night* ontem à noite ◊ *the night before last* anteontem à noite LOC **as a/in the last resort** em último caso **to have the last laugh** levar a melhor **to have the last word** ter a última palavra *Ver tb* ANALYSIS, EVERY, FIRST, STRAW, THING ◆ *s* **1 the last (of sth)** o último/a última (de algo): *the last but one* (*GB*) o penúltimo/a penúltima **2 the last** o/a anterior LOC **at (long) last** finalmente ◆ *adv* **1** último: *He came last.* Ele chegou por último. **2** da última vez LOC **(and) last but not least** por último, porém não menos importante ◆ *vi* **1** ~ **(for) hours, days, etc.** durar horas, dias, etc. **2** continuar **lasting** *adj* durável, duradouro **lastly** *adv* por último

last name (*GB* **surname**) *s* sobrenome

latch /lætʃ/ ◆ *s* **1** tranca **2** trinco ◆ PHR V **to latch on (to sth)** (*coloq*) captar algo (*explicação, etc.*)

late /leɪt/ ◆ *adj* (**later, latest**) **1** tardio, atrasado: *to be late* atrasar-se ◊ *My flight was an hour late.* Meu vôo atrasou uma hora. **2** *in the late 19th century* no final do século XIX ◊ *in her late twenties* beirando os trinta **3 latest** o último, o mais recente

O superlativo **latest** significa "mais recente", "mais novo": *the latest technology* a tecnologia mais avançada. O

adjetivo **last** significa o último de uma série.

4 [*antes de substantivo*] falecido LOC **at the latest** o mais tardar ◆ *adv* (**later, latest**) tarde: *He arrived half an hour late.* Ele chegou meia hora atrasado. LOC **later on** mais tarde *Ver tb* BETTER, SOON

lately /'leɪtli/ *adv* ultimamente

lather /'læðər; *GB* 'lɑːð-/ *s* espuma (*de sabão*)

latitude /'lætɪtuːd; *GB* -tjuːd/ *s* latitude

the latter /'lætər/ *pron* este último ☞ *Comparar com* FORMER

laugh /læf; *GB* lɑːf/ ◆ *vi* rir(-se) LOC *Ver* BURST PHR V **to laugh at sb/sth 1** rir de alguém/algo **2** zombar de alguém/algo ◆ *s* **1** riso, gargalhada **2** (*coloq*) (*incidente ou pessoa*): *What a laugh!* Que engraçado! LOC **to be good for a laugh** ser divertido *Ver tb* LAST **laughable** *adj* risível **laughter** *s* [*não contável*] risada: *to roar with laughter* dar gargalhadas

launch[1] /lɔːntʃ/ ◆ *vt* **1** (*projétil, ataque, campanha*) lançar **2** (*navio recém-construído*) lançar ao mar PHR V **to launch into sth** (*discurso, etc.*) dar início a algo ◆ *s* lançamento

launch[2] /lɔːntʃ/ *s* lancha

laundromat /'lɔːndrəmæt/ (*GB* **launderette** /lɔːn'dret/) *s* lavanderia self-service ☞ *Comparar com* LAUNDRY

laundry /'lɔːndri/ *s* (*pl* **-ies**) **1** roupa para lavar: *to do the laundry* lavar roupa **2** lavanderia: *laundry service* serviço de lavanderia ☞ *Comparar com* LAUNDROMAT

lava /'lɑːvə, 'lævə/ *s* lava

lavatory /'lævətɔːri/ *s* (*pl* **-ies**) (*formal*) banheiro ☞ *Ver nota em* TOILET

lavender /'lævəndər/ *s* alfazema, lavanda

lavish /'lævɪʃ/ *adj* **1** pródigo, generoso **2** abundante

law /lɔː/ *s* **1** (*tb* **the law**) lei: *against the law* contra a lei **2** (*carreira*) direito LOC **law and order** a ordem pública *Ver tb* EYE **lawful** *adj* legal, legítimo *Ver tb* LEGAL

lawn /lɔːn/ *s* gramado

tʃ	dʒ	v	θ	ð	s	z	ʃ
chin	**June**	**van**	**thin**	**then**	**so**	**zoo**	**she**

lawsuit /ˈlɔːsuːt/ s ação judicial, processo

lawyer /ˈlɔːjər/ s advogado, -a ☛ *Ver nota em* ADVOGADO

lay¹ /leɪ/ *vt, vi* (*pret, pp* **laid** /leɪd/) **1** colocar, pôr **2** (*fiação, etc.*) instalar **3** cobrir ☛ *Ver nota em* LIE² **4** (*ovos*) pôr LOC **to lay claim to sth** reivindicar algo **to lay your cards on the table** pôr as cartas na mesa *Ver tb* BLAME, TABLE PHR V **to lay sth aside** colocar algo de lado **to lay sth down 1** (*armas*) depor algo **2** (*regra, princípio, etc.*) estipular, estabelecer algo **to lay sb off** (*coloq*) demitir alguém **to lay sth on 1** (*GB*) (*gás, luz, etc.*) instalar algo **2** (*coloq*) (*facilitar*) prover algo **to lay sth out 1** (*colocar à vista*) exibir algo **2** (*argumento*) expor algo **3** (*jardim, cidade*) planejar algo: *well laid out* bem planejado/ programado

lay² *pret de* LIE²

lay³ /leɪ/ *adj* leigo

lay-by /ˈleɪ baɪ/ s (*pl* **-bys**) (*GB*) acostamento (*estrada*)

layer /ˈleɪər/ s **1** camada **2** (*Geol*) estrato **layered** *adj* em camadas

lazy /ˈleɪzi/ *adj* (**lazier, laziest**) **1** vadio **2** preguiçoso

lead¹ /led/ s chumbo **leaded** *adj* com chumbo

lead² /liːd/ ◆ s **1** iniciativa **2** (*competição*) vantagem: *to be in the lead* estar na frente **3** (*Teat*) papel principal **4** (*cartas*) mão: *It's your lead.* Você começa. **5** (*indício*) pista **6** (*de cão, etc.*) coleira **7** (*Eletrón*) fio ◆ (*pret, pp* **led** /led/) **1** *vt* levar, conduzir **2** *vt* ~ **sb** (**to do sth**) levar alguém (a fazer algo) **3** *vi* ~ **to/into sth** (*porta, etc.*) conduzir, levar (a algo): *This door leads into the garden.* Esta porta vai dar no jardim. ◊ *This road leads back to town.* Esta estrada vai dar na cidade. **4** *vi* ~ **to sth** dar lugar a algo **5** *vt* (*vida*) levar **6** *vi* estar na frente **7** *vt* encabeçar **8** *vt, vi* (*cartas*) começar a partida LOC **to lead sb to believe (that)…** levar alguém a crer (que)… **to lead the way (to sth)** mostrar o caminho (até algo) PHR V **to lead up to sth** conduzir a algo **leader** s líder, chefe **leadership** s **1** liderança **2** [*v sing ou pl*] (*cargo*) chefia **leading** *adj* principal, mais importante

leaf /liːf/ s (*pl* **leaves** /liːvz/) folha LOC

to take a leaf out of sb's book seguir o exemplo de alguém *Ver tb* TURN **leafy** *adj* (**-ier, -iest**) frondoso: *leafy vegetables* verduras

leaflet /ˈliːflət/ s folheto

league /liːg/ s **1** (*aliança*) liga **2** (*coloq*) (*categoria*) classe LOC **in league (with sb)** em conluio (com alguém)

leak /liːk/ ◆ s **1** buraco, goteira **2** vazamento, escape **3** (*fig*) divulgação ◆ **1** *vi* (*recipiente*) gotejar, vazar **2** *vi* (*gás ou líquido*) vazar, escapar **3** *vt* deixar escapar

lean¹ /liːn/ *adj* (**-er, -est**) **1** (*pessoa, animal*) delgado, esguio **2** (*carne*) magro

lean

She is **leaning against** a tree. / He is **leaning out of** a window.

lean² /liːn/ (*pret, pp* **leaned** *ou* **leant** /lent/) (*GB*) ☛ *Ver nota em* DREAM **1** *vi* inclinar(-se), debruçar(-se): *to lean out of the window* debruçar-se na janela ◊ *to lean back/forward* recostar-se/ inclinar-se para a frente **2** *vt, vi* ~ **against/on sth** encostar(-se) em algo **leaning** s inclinação

leap /liːp/ ◆ *vi* (*pret, pp* **leaped** *ou esp* *GB* **leapt** /lept/) **1** saltar, pular **2** (*coração*) disparar ◆ s salto

leap year s ano bissexto

learn /lɜːrn/ *vt, vi* (*pret, pp* **learned** *ou* *GB* **learnt** /lɜːrnt/) ☛ *Ver nota em* DREAM **1** aprender **2** ~ (**of/about**) **sth** ficar sabendo de algo LOC **to learn your lesson** aprender com um erro *Ver tb* ROPE **learner** s aprendiz, -iza, principiante **learning** s **1** (*ação*) aprendizagem **2** (*conhecimentos*) erudição

lease /liːs/ ◆ s arrendamento LOC *Ver* NEW ◆ *vt* ~ **sth** (**to/from sb**) arrendar algo (a alguém) (*proprietário ou inquilino*)

least /liːst/ ◆ *pron* (*superl de* little) menos: *It's the least I can do.* É o mínimo que eu posso fazer. LOC **at least** pelo menos, no mínimo **not in the least** de maneira nenhuma **not least** especialmente *Ver tb* LAST ◆ *adj* menor ◆ *adv* menos: *when I least expected it* quando eu menos esperava

leather /ˈleðər/ *s* couro

leave /liːv/ ◆ (*pret, pp* left /left/) **1** *vt, vi* deixar: *Leave it to me.* Deixa comigo. **2** *vt, vi* deixar: *You've only got two days left.* Só te faltam dois dias. ◊ *to be left over* sobrar LOC **to leave sb to their own devices/to themselves** deixar alguém por conta de si mesmo *Ver tb* ALONE PHR V **to leave behind** deixar para trás, esquecer ◆ *s* licença (*férias*) LOC **on leave** de licença

leaves *plural de* LEAF

lecture /ˈlektʃər/ ◆ *s* **1** palestra: *to give a lecture* dar uma palestra ☛ *Comparar com* CONFERENCE **2** (*reprimenda*) sermão LOC **lecture theater** anfiteatro ◆ **1** *vi* ~ (**on sth**) dar uma palestra (sobre algo) **2** *vt* ~ **sb** (**for/about sth**) passar um sermão em alguém (por causa de algo) **lecturer** *s* **1** (*GB*) (*USA* **professor**) ~ (**in sth**) (*de universidade*) professor, -ora (*de algo*) **2** conferencista

led *pret, pp de* LEAD²

ledge /ledʒ/ *s* **1** peitoril, saliência: *the window ledge* o peitoril da janela **2** (*Geog*) recife, saliência (*de rocha*)

leek /liːk/ *s* alho-poró

left¹ *pret, pp de* LEAVE

left² /left/ ◆ *s* **1** esquerda: *on the left* à esquerda **2 the Left** [*v sing ou pl*] (*Pol*) a esquerda ◆ *adj* esquerdo ◆ *adv* à esquerda: *Turn/Go left.* Vire à esquerda.

left-hand /ˈleft hænd/ *adj* à/da esquerda: *on the left-hand side* do lado esquerdo **left-handed** *adj* canhoto

left luggage office *s* (*GB*) depósito de bagagem

leftover /ˈleftoʊvər/ *adj* restante **leftovers** *s* [*pl*] sobras (*de comida*)

left wing *adj* esquerdista

leg /leg/ *s* perna LOC **to give sb a leg up** (*coloq*) ajudar alguém a subir em algo **not to have a leg to**

stand on (*coloq*) não ter como se justificar *Ver tb* PULL, STRETCH

legacy /ˈlegəsi/ *s* (*pl* -**ies**) **1** legado **2** (*fig*) patrimônio

legal /ˈliːgl/ *adj* jurídico, legal: *to take legal action against sb* abrir um processo contra alguém *Ver tb* LAWFUL *em* LAW **legality** /lɪˈgæləti/ *s* legalidade **legalization, -isation** *s* legalização **legalize, -ise** *vt* legalizar

legend /ˈledʒənd/ *s* lenda **legendary** *adj* legendário

leggings /ˈlegɪŋz/ *s* [*pl*] legging (*calças*)

legible /ˈledʒəbl/ *adj* legível

legion /ˈliːdʒən/ *s* legião

legislate /ˈledʒɪsleɪt/ *vi* ~ (**for/against sth**) legislar (a favor de/contra algo) **legislation** *s* legislação **legislative** *adj* legislativo **legislature** *s* (*formal*) assembléia legislativa

legitimacy /lɪˈdʒɪtɪməsi/ *s* (*formal*) legitimidade

legitimate /lɪˈdʒɪtɪmət/ *adj* **1** legítimo, legal **2** justo, válido

leisure /ˈliːʒər; *GB* ˈleʒə(r)/ *s* lazer: *leisure time* tempo livre LOC **at your leisure** quando lhe convier

leisure center *s* (*GB*) centro de lazer (e esporte)

leisurely /ˈliːʒərli; *GB* ˈleʒəli/ ◆ *adj* pausado, relaxado ◆ *adv* tranqüilamente

lemon /ˈlemən/ *s* limão

lemonade /ˌleməˈneɪd/ *s* limonada

lend /lend/ *vt* (*pret, pp* lent /lent/) emprestar LOC *Ver* HAND ☛ *Ver ilustração em* BORROW

length /leŋθ/ *s* **1** comprimento, extensão: *20 meters in length* 20 metros de comprimento **2** duração: *for some length of time* por bastante tempo LOC **to go to any, great, etc. lengths (to do sth)** fazer todo o possível (para realizar algo) **lengthen** *vt, vi* encompridar(-se), alongar(-se) **lengthy** *adj* (-ier, -iest) comprido, demorado

lenient /ˈliːniənt/ *adj* **1** indulgente **2** (*tratamento*) tolerante

lens /lenz/ *s* (*pl* lenses) **1** (*câmera*) objetiva **2** lente: *contact lenses* lentes de contato

lent *pret, pp de* LEND

lentil /ˈlentl/ *s* lentilha

Leo

Leo /ˈliːoʊ/ s (*pl* **Leos**) Leão ☛ *Ver exemplos em* AQUARIUS

leopard /ˈlepərd/ s leopardo

lesbian /ˈlezbiən/ s lésbica

less /les/ ◆ *adv* ~ (**than…**) menos (que/de…): *less often* com menos freqüência LOC **less and less** cada vez menos *Ver tb* EXTENT, MORE ◆ *adj, pron* ~ (**than…**) menos (que/de…): *I have less than you.* Tenho menos que você.

> **Less** é usado como comparativo de **little** e acompanha normalmente substantivos não contáveis: *"I've got very little money." "I have even less money (than you)."* —Tenho pouco dinheiro.—Tenho menos ainda (que você). **Fewer** é o comparativo de **few** e é usado em geral com substantivos no plural: *fewer accidents, people, etc.* menos acidentes, pessoas, etc. Entretanto, no inglês falado usa-se mais **less** do que **fewer**, ainda que seja com substantivos no plural.

lessen 1 *vi* diminuir **2** *vt* reduzir **lesser** *adj* menor: *to a lesser extent* em menor grau

lesson /ˈlesn/ s **1** aula: *four English lessons a week* quatro aulas de inglês por semana **2** lição LOC *Ver* LEARN, TEACH

let¹ /let/ *vt* (**-tt-**) (*pret, pp* **let**) deixar, permitir: *to let sb do sth* deixar alguém fazer algo ◊ *My dad won't let me smoke in my bedroom.* Meu pai não me deixa fumar no meu quarto. *Ver nota em* ALLOW

> **Let us** + infinitivo sem TO é usado para fazer sugestões. Exceto em uso formal, normalmente utiliza-se a contração let's: *Let's go!* Vamos! Na negativa, usa-se let's not: *Let's not argue.* Não vamos brigar.

LOC **let alone** quanto mais: *I can't afford new clothes, let alone a vacation.* Não tenho dinheiro para comprar roupa, quanto mais viajar. **let's face it** (*coloq*) convenhamos **let us say** digamos **to let fly at sb/sth** atacar alguém/algo **to let fly with sth** disparar algo **to let off steam** (*coloq*) desabafar(-se) **to let sb know sth** informar alguém sobre algo **to let sb/sth go; to let go of sb/sth** soltar alguém/algo **to let sb/sth loose** libertar alguém/algo **to let sth slip**: *I let it slip that I was married.* Deixei escapar que era casado. **to let the cat out of the bag** dar com a língua nos dentes **to let the matter drop/rest** pôr um fim no assunto **to let yourself go** deixar-se levar pelo instinto *Ver tb* HOOK PHR V **to let sb down** decepcionar alguém **to let sb in/out** deixar alguém entrar/sair **to let sb off (sth)** perdoar alguém (de algo) **to let sth off 1** (*arma*) disparar algo **2** (*fogos de artifício*) soltar algo

let² /let/ *vt* (**-tt-**) (*pret, pp* **let**) (*GB*) (*USA* **rent**) **to let sth (to sb)** (*USA* **to rent sth (out) (to sb)**) alugar algo (a alguém) LOC **to let** (*USA* **for rent**) aluga-se ☛ *Ver nota em* ALUGAR

lethal /ˈliːθl/ *adj* letal

lethargy /ˈleθərdʒi/ s letargia **lethargic** /ləˈθɑːrdʒɪk/ *adj* letárgico

let's /lets/ = LET US *Ver* LET¹

letter /ˈletər/ s **1** letra **2** carta: *to mail a letter* colocar uma carta no correio LOC **to the letter** ao pé da letra

letter box s **1** (*GB*) (*USA* **mailbox**) caixa do correio (*na rua*) **2** fenda na porta de uma casa para a correspondência

letter carrier (*GB* **postman, postwoman**) s carteiro, -a

lettuce /ˈletɪs/ s alface

leukemia (*GB* **leukaemia**) /luːˈkiːmiə/ s leucemia

level /ˈlevl/ ◆ *adj* **1** plano **2** ~ (**with sb/sth**) no mesmo nível (de alguém/algo) LOC *Ver* BEST ◆ s nível: *1,000 meters above sea-level* 1.000 metros acima do nível do mar ◊ *noise levels* níveis de poluição sonora ◊ *high-/low-level negotiations* negociações de alto/baixo nível ◆ *vt* (**-l-**, *GB* **-ll-**) nivelar PHR V **to level sth at sb/sth** dirigir algo a alguém/algo (*críticas, etc.*) **to level off/out** estabilizar-se

level crossing (*GB*) (*USA* **grade crossing**) s passagem de nível

lever /ˈlevər; *GB* ˈliːvə(r)/ s alavanca **leverage** s **1** (*fig*) influência **2** (*lit*) potência de alavanca, sistema de alavancas

levy /ˈlevi/ ◆ *vt* (*pret, pp* **levied**) cobrar (*impostos, etc.*) ◆ s **1** cobrança **2** imposto

liability /ˌlaɪəˈbɪləti/ s (*pl* **-ies**) **1** ~ (**for sth**) responsabilidade (por algo) **2** (*coloq*) desvantagem **liable** *adj* **1** responsável: *to be liable for sth* ser responsável por algo **2** ~ **to sth** sujeito a algo **3** ~ **to**

aɪ	aʊ	ɔɪ	ɪə	eə	ʊə	ʒ	h	ŋ
five	now	join	near	hair	pure	vision	how	sing

sth propenso a algo **4** ~ **to do sth** suscetível de fazer algo

liaison /ˈliːeɪzɑn; *GB* liˈeɪzn/ *s* **1** vínculo **2** caso amoroso

liar /ˈlaɪər/ *s* mentiroso, -a

libel /ˈlaɪbl/ *s* calúnia, difamação

liberal /ˈlɪbərəl/ *adj* **1** liberal **2** livre **3** **Liberal** (*Pol*) liberal: *the Liberal Democrats* (*GB*) o Partido Liberal Democrata ☛ *Comparar com* LABOR *sentido 4,* TORY

liberate /ˈlɪbəreɪt/ *vt* ~ **sb/sth** (**from sth**) libertar alguém/algo (de algo) **liberated** *adj* liberado **liberation** *s* liberação

liberty /ˈlɪbərti/ *s* (*pl* -ies) liberdade *Ver tb* FREEDOM LOC **to take liberties** faltar o respeito

Libra /ˈliːbrə/ *s* Libra ☛ *Ver exemplos em* AQUARIUS

library /ˈlaɪbreri; *GB* -brəri/ *s* (*pl* -ies) biblioteca ☛ *Comparar com* LIVRARIA **librarian** /laɪˈbreəriən/ *s* bibliotecário, -a

lice *plural de* LOUSE

license (*GB* **licence**) /ˈlaɪsns/ *s* **1** licença: *a driver's license* uma carteira de motorista *Ver tb* OFF-LICENCE **2** (*formal*) permissão

license plate (*GB* **number plate**) *s* placa (*de carro*)

lick /lɪk/ ◆ *vt* lamber ◆ *s* lambida

licorice (*GB* **liquorice**) /ˈlɪkərɪs, -ɪʃ/ *s* alcaçuz

lid /lɪd/ *s* tampa ☛ *Ver ilustração em* SAUCEPAN

lie¹ /laɪ/ ◆ *vi* (*pret, pp* **lied** *part pres* **lying**) **to lie** (**to sb**) (**about sth**) mentir (para alguém) (sobre algo) ◆ *s* mentira: *to tell lies* mentir

lie² /laɪ/ *vi* (*pret* **lay** /leɪ/ *pp* **lain** /leɪn/ *part pres* **lying**) **1** deitar-se, jazer **2** estar: *the life that lay ahead of him* a vida que se desenrolava à frente dele ◊ *The problem lies in…* O problema reside em… **3** estender-se PHR V **to lie about/ around** vadiar **2** estar a toa: *Don't leave all your clothes lying around.* Não deixe suas roupas espalhadas por aí. **to lie back** recostar-se **to lie down** deitar-se **to lie in** (*GB*) (*USA* **to sleep in**) (*coloq*) ficar na cama até tarde

Compare os verbos **lie** e **lay**. O verbo **lie** (**lay, lain, lying**) é intransitivo e significa "estar deitado": *I was feeling sick, so I lay down on the bed for a while.* Eu estava passando mal, então me deitei um pouco. É importante não confundir com **lie** (**lied, lied, lying**), que significa "mentir". Por outro lado, **lay** (**laid, laid, laying**) é transitivo e significa "colocar sobre": *She laid her dress on the bed to keep it neat.* Ela colocou o vestido sobre a cama para que não amassasse.

lieutenant /luːˈtenənt; *GB* lefˈt-/ *s* tenente

life /laɪf/ (*pl* **lives** /laɪvz/) *s* **1** vida: *late in life* com uma idade avançada ◊ *a friend for life* um amigo para a vida inteira ◊ *home life* a vida doméstica *Ver* LONG-LIFE **2** (*tb* **life sentence, life imprisonment**) prisão perpétua LOC **to come to life** animar-se **to take your** (**own**) **life** suicidar-se *Ver tb* BREATHE, BRING, FACT, KISS, MATTER, NEW, PRIME, TIME, TRUE, WALK, WAY

lifebelt /ˈlaɪfbelt/ (*tb* **lifebuoy**) (*GB*) *s* cinto salva-vidas

lifeboat /ˈlaɪfbout/ *s* barco salva-vidas

life expectancy *s* (*pl* -ies) expectativa de vida

lifeguard /ˈlaɪfɡɑrd/ *s* salva-vidas

life jacket *s* colete salva-vidas

lifelong /ˈlaɪflɔːŋ; *GB* -lɒŋ/ *adj* que dura a vida inteira

life preserver (*GB* **life jacket**) *s* colete salva-vidas

lifestyle /ˈlaɪfstaɪl/ *s* estilo de vida

lifetime /ˈlaɪftaɪm/ *s* existência: *It lasts a lifetime.* Dura toda a vida. LOC **the chance, etc. of a lifetime** uma oportunidade, etc. única

lift /lɪft/ ◆ **1** *vt* ~ **sb/sth** (**up**) levantar alguém/algo **2** *vt* (*embargo, toque de recolher*) suspender **3** *vi* (*neblina, nuvens*) dispersar-se PHR V **to lift off** decolar ◆ *s* **1** estímulo **2** (*GB*) (*USA* **elevator**) elevador **3** **to give sb a lift** dar uma carona a alguém LOC *Ver* THUMB

light /laɪt/ ◆ *s* **1** luz: *to turn on/off the light* acender/apagar a luz **2** (*traffic*) **lights** [*pl*] semáforo **3** **a light**: *Have you got a light?* Tem fogo? LOC **in the light of sth** considerando algo **to come to light** vir à luz *Ver tb* SET² ◆ *adj* (-er,

-est) **1** (*residência*) iluminado, claro **2** (*cor, tom*) claro **3** leve: *two kilograms lighter* dois quilos a menos **4** (*golpe, vento*) brando ◆ (*pret, pp* lit /lɪt/ *ou* lighted) **1** *vt, vi* acender(-se) **2** *vt* iluminar, clarear ☞ Geralmente usa-se **lighted** como adjetivo antes do substantivo: *a lighted candle* uma vela acesa, e **lit** como verbo: *He lit the candle.* Ele acendeu a vela. PHR V **to light up (with sth)** iluminar-se (de algo) (*rosto, olhos*) ◆ *adv*: *to travel light* viajar com pouca bagagem

light bulb *Ver* BULB

lighten /'laɪtn/ *vt, vi* **1** iluminar(-se) **2** tornar(-se) mais leve **3** descontrair(-se)

lighter /'laɪtər/ *s* isqueiro

light-headed /ˌlaɪt ˈhedɪd/ *adj* tonto

light-hearted /ˌlaɪt ˈhɑrtɪd/ *adj* **1** despreocupado **2** (*comentário*) despretensioso

lighthouse /'laɪthaʊs/ *s* farol

lighting /'laɪtɪŋ/ *s* **1** iluminação **2** *street lighting* iluminação de rua

lightly /'laɪtli/ *adv* **1** ligeiramente, levemente, suavemente **2** agilmente **3** às pressas LOC **to get off/escape lightly** (*coloq*) livrar a cara

lightness /'laɪtnəs/ *s* **1** claridade **2** leveza **3** suavidade **4** agilidade

lightning /'laɪtnɪŋ/ *s* [*não contável*] relâmpago, raio

lightweight /'laɪtweɪt/ ◆ *s* peso leve (*boxe*) ◆ *adj* **1** leve **2** (*boxeador*) de peso leve

like¹ /laɪk/ *vt* gostar: *Do you like fish?* Você gosta de peixe? ◊ *I like swimming.* Gosto de nadar. LOC **if you like** se você quiser **likeable** *adj* agradável

like² /laɪk/ ◆ *prep* **1** como: *to look/be like sb* parecer-se com alguém **2** (*comparação*) como, igual a: *He cried like a child.* Ele chorou como uma criança. ◊ *He acted like our leader.* Ele se comportou como se fosse nosso líder. **3** (*exemplo*) como, tal como: *European countries like Spain, France, etc.* países europeus (tais) como a Espanha, a França, etc. ☞ *Comparar com* AS **4 like + -ing** como + infinitivo: *It's like baking a cake.* É como fazer um bolo. LOC *Ver* JUST ◆ *conj* (*coloq*) **1** como: *It didn't end quite like I expected it to.* Não terminou exatamente como eu esperava. **2** como se *Ver tb* AS IF/THOUGH *em* AS

likely /'laɪkli/ ◆ *adj* (-ier, -iest) **1** provável: *It isn't likely to rain.* Não é muito provável que chova. ◊ *She's very likely to call me/It's very likely that she'll call me.* É bem capaz de ela me ligar. **2** apropriado ◆ *adv* LOC **not likely!** (*coloq*) nem pensar! **likelihood** *s* [*sing*] probabilidade

liken /'laɪkən/ *vt* (*formal*) ~ **sth to sth** comparar algo com algo

likeness /'laɪknəs/ *s* semelhança: *a family likeness* traços de parentesco

likewise /'laɪkwaɪz/ *adv* (*formal*) **1** da mesma forma: *to do likewise* fazer o mesmo **2** também

liking /'laɪkɪŋ/ *s* LOC **to sb's liking** (*formal*) do agrado de alguém **to take a liking to sb** simpatizar com alguém

lilac /'laɪlək/ *s* (*Bot, cor*) lilás

lily /'lɪli/ *s* (*pl* lilies) lírio

lima bean /'laɪmə biːn/ *s* (*USA*) fava ☞ *Comparar com* BROAD BEAN

limb /lɪm/ *s* (*Anat*) braço, perna (*de uma pessoa*)

lime¹ /laɪm/ *s* cal

lime² /laɪm/ ◆ *s* limão, limeira ◆ *adj, s* (*tb* lime green) (*cor*) verde-limão

limelight /'laɪmlaɪt/ *s*: *to be in the limelight* estar em evidência

limestone /'laɪmstoʊn/ *s* pedra calcária

limit¹ /'lɪmɪt/ *s* limite: *the speed limit* o limite de velocidade LOC **within limits** até um certo ponto **limitation** *s* limitação **limitless** *adj* ilimitado

limit² /'lɪmɪt/ *vt* ~ **sb/sth (to sth)** limitar alguém/algo (a algo) **limited** *adj* limitado **limiting** *adj* restritivo

limousine /ˌlɪməˈziːn, ˈlɪməziːn/ *s* limusine

limp¹ /lɪmp/ *adj* **1** mole, frouxo **2** débil

limp² /lɪmp/ ◆ *vi* puxar da perna, mancar ◆ *s*: *to have a limp* ser/estar coxo

line¹ /laɪn/ *s* **1** linha, reta **2** fila **3** lines [*pl*] (*Teat*): *to learn your lines* decorar seu texto **4** lines [*pl*] cópias (*castigo escolar*) **5** linha: *a fishing line* uma linha de pescar ◊ *a clothes line* uma corda para estender roupa **6** linha telefônica: *The line is busy.* A linha está ocupada. **7** [*sing*]: *the official line* o parecer oficial LOC **along/on the same, etc. lines** no mesmo estilo **in line with**

i:	i	ɪ	e	æ	ɑ	ʌ	ʊ	u:
see	happy	sit	ten	hat	cot	cup	put	too

sth de acordo com algo *Ver tb* DROP, HARD, HOLD, TOE

line² /laɪn/ *vt* enfileirar(-se) PHR V **to line up (for sth)** fazer fila (para algo) **lined** *adj* **1** (*papel*) pautado **2** (*rosto*) enrugado

line³ /laɪn/ *vt* ~ **sth** (**with sth**) forrar, revestir algo (de algo) **lined** *adj* forrado, revestido **lining** *s* **1** forro **2** revestimento

line drawing *s* desenho a lápis ou a pena

linen /ˈlɪnən/ *s* **1** linho **2** roupa (branca) de cama

liner /ˈlaɪnər/ *s* transatlântico

linger /ˈlɪŋɡər/ *vi* **1** (*pessoa*) custar para ir embora, demorar-se **2** (*dúvida, odor, memória*) perdurar, persistir

linguist /ˈlɪŋɡwɪst/ *s* **1** poliglota **2** lingüista **linguistic** /lɪŋˈɡwɪstɪk/ *adj* lingüístico **linguistics** *s* [*sing*] lingüística

link /lɪŋk/ ◆ *s* **1** elo **2** laço **3** vínculo **4** conexão: *satellite link* conexão via satélite ◆ *vt* **1** unir: *to link arms* dar o braço **2** vincular, relacionar PHR V **to link up (with sb/sth)** unir-se (com alguém/algo)

lion /ˈlaɪən/ *s* leão: *a lion tamer* um domador de leões ◊ *a lion cub* um filhote de leão

lip /lɪp/ *s* lábio

lip-read /ˈlɪp riːd/ *vi* (*pret, pp* lip-read /-red/) ler os lábios

lipstick /ˈlɪpstɪk/ *s* batom

liqueur /lɪˈkɜː(r); *GB* -ˈkjʊə(r)/ *s* licor

liquid /ˈlɪkwɪd/ ◆ *s* líquido ◆ *adj* líquido **liquidize, -ise** *vt* liqüidificar **liquidizer, -iser** (*US* blender) *s* liquidificador

liquor /ˈlɪkər/ *s* bebida alcoólica

liquorice (*GB*) *Ver* LICORICE

liquor store (*GB* off-licence) *s* loja de bebidas alcoólicas

lisp /lɪsp/ ◆ *s* ceceio ◆ *vt, vi* cecear, falar com a língua presa

list /lɪst/ ◆ *s* lista: *to make a list* fazer uma lista ◊ *waiting list* lista de espera ◆ *vt* **1** enumerar, fazer uma lista **2** listar

listen /ˈlɪsn/ *vi* **1** ~ (**to sb/sth**) escutar (alguém/algo) **2** ~ **to sb/sth** dar ouvidos a alguém/algo PHR V **to listen out for sth** prestar atenção a algo **listener** *s*

1 (*Rádio*) ouvinte **2** *a good listener* uma pessoa que sabe escutar os outros

lit *pret, pp de* LIGHT

liter (*GB* litre) /ˈliːtər/ *s* (*abrev* l) litro ☞ *Ver Apêndice 1.*

literacy /ˈlɪtərəsi/ *s* alfabetização

literal /ˈlɪtərəl/ *adj* literal **literally** *adv* literalmente

literary /ˈlɪtəreri; *GB* -rəri/ *adj* literário

literate /ˈlɪtərət/ *adj* alfabetizado

literature /ˈlɪtərətʃʊər; *GB* -tʃə(r)/ *s* **1** literatura **2** (*coloq*) folhetos

litter /ˈlɪtər/ ◆ *s* **1** (*papel, etc. na rua*) lixo **2** (*Zool*) ninhada ◆ *vt*: *Newspapers littered the floor.* Havia jornais espalhados pelo chão.

litter bin *s* (*GB*) (*US* trash can) lata de lixo

little /ˈlɪtl/ ◆ *adj* ☞ O comparativo **littler** e o superlativo **littlest** são pouco freqüentes; normalmente usa-se **smaller** e **smallest**. **1** pequeno: *When I was little…* Quando eu era pequeno… ◊ *my little brother* meu irmão caçula ◊ *little finger* dedo mindinho ◊ *Poor little thing!* Pobrezinho! **2** pouco: *to wait a little while* esperar um pouco ☞ *Ver nota em* LESS

Little ou **a little**? *Little* tem um sentido negativo e equivale a "pouco". *A little* tem uma acepção muito mais positiva e significa "um pouco de". Compare as seguintes frases: *I have little hope.* Tenho pouca esperança. ◊ *You should always carry a little money with you.* Você deveria sempre sair de casa com um pouco de dinheiro.

◆ *s, pron* pouco: *There was little anyone could do.* Ninguém pôde fazer nada. ◊ *I only want a little.* Só quero um pouquinho. ◆ *adv* pouco: *little more than an hour ago* faz pouco mais de uma hora LOC **little by little** pouco a pouco **little or nothing** quase nada

live¹ /laɪv/ ◆ *adj* **1** vivo **2** (*bomba, etc.*) ativado **3** (*Eletrôn*) eletrizado **4** (*TV*) ao vivo **5** (*gravação*) ao vivo ◆ *adv* ao vivo

live² /lɪv/ *vi* **1** morar: *Where do you live?* Onde você mora? **2** (*fig*) permanecer vivo PHR V **to live for sth** viver para algo **to live on** continuar a viver **to live on sth** viver de algo **to live through sth**

sobreviver a algo **to live up to sth** corresponder às expectativas **to live with sth** tolerar algo

livelihood /'laɪvlihʊd/ s (meio de) vida/subsistência

lively /'laɪvli/ adj (-ier, -iest) **1** (pessoa, imaginação) vivo **2** (conversa, festa) animado

liver /'lɪvər/ s fígado

lives plural de LIFE

livestock /'laɪvstɑk/ s gado

living /'lɪvɪŋ/ ◆ s sustento: to earn/ make a living ganhar a vida ◊ What do you do for a living? O que você faz na vida? ◊ cost/standard of living custo/ padrão de vida ◆ adj [só antes de substantivo] vivo: living creatures seres vivos ☞ Comparar com ALIVE LOC **in/ within living memory** de que se tem notícia

living room (GB tb **sitting room**) s sala de estar

lizard /'lɪzərd/ s lagarto

load /loʊd/ ◆ s **1** carga **2 loads (of sth)** [pl] (coloq) um monte (de algo) LOC **a load of (old) rubbish, etc.** (coloq): What a load of rubbish! Que asneira! ◆ **1** vt ~ **sth (into/onto sb/sth)** carregar alguém/ algo de algo **2** vt ~ **sth (up) (with sth)** carregar algo (de algo) **3** vt ~ **sb/sth (down)** atulhar alguém/algo **4** vi ~ **(up)/(up with sth)** carregar algo (de algo) **loaded** adj carregado LOC **a loaded question** uma pergunta capciosa

loaf /loʊf/ s (pl loaves /loʊvz/) pão (de forma, redondo, etc.): a loaf of bread um pão ☞ Ver ilustração em PÃO

loan /loʊn/ s empréstimo

loathe /loʊð/ vt abominar **loathing** s repugnância

loaves plural de LOAF

lobby /'lɑbi/ ◆ s (pl -ies) **1** vestíbulo **2** [v sing ou pl] (Pol) grupo de pressão ◆ vt (pret, pp lobbied) ~ **(sb) (for sth)** pressionar (alguém) (por algo)

lobster /'lɑbstər/ s lagosta

local /'loʊkl/ adj **1** local, do lugar: local authority (GB) município **2** (Med) localizado: local anesthetic anestesia local **locally** adv na vizinhança

locate /'loʊkeɪt; GB ləʊ'keɪt/ vt **1** localizar **2** situar

location /loʊ'keɪʃn/ s **1** local **2** localização **3** (pessoa) paradeiro LOC **to be on location** ser filmado em externas

loch /lɑk/ s (Escócia) lago

lock /lɑk/ ◆ s **1** fechadura **2** (canal) eclusa ◆ vt, vi **1** trancar **2** (volante, etc.) travar PHR V **to lock sth away/up** guardar algo a sete chaves **to lock sb up** trancafiar alguém

locker /'lɑkər/ s armário com chave

lodge /lɑdʒ/ ◆ s **1** casa do guarda (numa propriedade) **2** (de caça, pesca, etc.) cabana **3** portaria ◆ vi **1** ~ **(with sb/ at…)** alojar-se (com alguém/na casa de alguém) **2** ~ **in sth** alojar-se em algo **lodger** s (GB) hóspede, inquilino, -a **lodging** s **1** alojamento: board and lodging (GB) casa e comida **2 lodgings** [pl] (GB) quarto mobiliado

loft /lɔːft; GB lɒft/ s sótão

log¹ /lɔːg; GB lɒg/ ◆ s **1** tronco **2** lenha

log² /lɔːg; GB lɒg/ ◆ s diário de bordo/ de vôo ◆ vt (-gg-) registrar PHR V **to log in/on** (Informát) iniciar a sessão **to log off/out** (Informát) encerrar a sessão

logic /'lɑdʒɪk/ s lógica **logical** adj lógico

logo /'loʊgoʊ/ s (pl ~s) logotipo

lollipop /'lɑlipɑp/ s pirulito

lonely /'loʊnli/ adj **1** só: to feel lonely sentir-se só ☞ Ver nota em ALONE **2** solitário **loneliness** s solidão **loner** s solitário, -a

long¹ /lɔːŋ; GB lɒŋ/ ◆ adj (longer /'lɔːŋgər/ longest /'lɔːŋgɪst/) **1** (comprimento) longo: It's two meters long. Tem dois metros de comprimento. **2** (tempo): a long time ago há muito tempo ◊ How long is the vacation? Quanto tempo duram as férias? LOC **at the longest** no máximo **in the long run** no final das contas Ver tb TERM ◆ adv (longer /'lɔːŋgər/ longest /'lɔːŋgɪst/) **1** muito tempo: Stay as long as you like. Fique o tempo que quiser. ◊ long ago há muito tempo ◊ long before/after muito antes/ depois **2** todo: the whole night long a noite inteira ◊ all day long o dia inteiro LOC **as/so long as** contanto que **for long** por muito tempo **no longer/not any longer**: I can't stay any longer. Não posso ficar mais.

long² /lɔːŋ; GB lɒŋ/ vi **1** ~ **for sth/to do sth** ansiar por algo/por fazer algo **2** ~ **for sb to do sth** desejar que alguém faça algo **longing** s desejo

aɪ	aʊ	ɔɪ	ɪə	eə	ʊə	ʒ	h	ŋ
five	now	join	near	hair	pure	vision	how	sing

lose

long-distance /ˌlɔ:ŋ ˈdɪstəns; *GB* ˌlɒŋ-/ *adj, adv* de longa distância: *to phone long-distance* fazer um telefonema interurbano

longitude /ˈlɒndʒɪtu:d; *GB* -tju:d/ *s* (*Geog*) longitude ☞ *Comparar com* LATITUDE

long jump *s* salto em distância

long-life /ˌlɔ:ŋ ˈlaɪf; *GB* ˌlɒŋ-/ *adj* de duração prolongada

long-range /ˌlɔ:ŋ ˈreɪndʒ; *GB* ˌlɒŋ-/ *adj* **1** a longo prazo **2** de longo alcance

long-sighted /ˌlɔ:ŋ ˈsaɪtɪd; *GB* ˌlɒŋ-/ (*US* farsighted) *adj* hipermetrope

long-standing /ˌlɔ:ŋ ˈstændɪŋ; *GB* ˌlɒŋ-/ (*GB*) *adj* muito antigo

long-suffering /ˌlɔ:ŋ ˈsʌfərɪŋ; *GB* ˌlɒŋ-/ *adj* resignado

long-term /ˌlɔ:ŋ ˈtɜ:rm; *GB* ˌlɒŋ-/ *adj* a longo prazo

loo /lu:/ *s* (*pl* loos) (*GB, coloq*) banheiro ☞ *Ver nota em* TOILET

look¹ /lʊk/ *vi* **1** olhar: *She looked out of the window.* Ela olhou pela janela. **2** parecer: *You look tired.* Você parece cansado. **3** ~ **onto sth** dar para algo LOC **don't look a gift horse in the mouth** (*provérbio*) de cavalo dado não se olham os dentes **not to look yourself** parecer abatido/cansado **to look on the bright side** ver o lado bom das coisas **to look sb up and down** olhar para alguém de cima a baixo **to look your age** aparentar a idade que se tem

PHR V **to look after yourself/sb** cuidar-se/cuidar de alguém

to look around 1 olhar para trás **2** dar uma comparada **to look around sth** visitar algo (*museu, atração turística, etc.*)

to look at sth 1 examinar algo **2** considerar algo **to look at sb/sth** olhar para alguém/algo

to look back (on sth) recordar algo

to look down on sb/sth (*coloq*) desprezar alguém/algo

to look for sb/sth procurar alguém/algo

to look forward to sth/doing sth aguardar algo/fazer algo com ansiedade

to look into sth investigar algo

to look on assistir

look out: *Look out!* Cuidado! **to look out (for sb/sth)** estar à espreita de (alguém/algo)

to look sth over checar algo

to look up 1 erguer a vista **2** (*coloq*) melhorar **to look up to sb** admirar alguém **to look sth up** procurar algo (*num dicionário ou livro*)

look² /lʊk/ *s* **1** olhar, olhada: *to have/take a look at sth* dar uma olhada em algo **2** *to have a look for sth* buscar algo **3** aspecto, aparência **4** estilo **5 looks** [*pl*] físico: *good looks* boa aparência

lookout /ˈlʊkaʊt/ *s* vigia LOC **to be on the lookout for sb/sth; to keep a lookout for sb/sth** *Ver* TO LOOK OUT (FOR SB/STH) *em* LOOK¹

loom /lu:m/ ♦ *s* tear ♦ *vi* **1** ~ (**up**) surgir, assomar(-se) **2** (*fig*) ameaçar

loony /ˈlu:ni/ *adj, s* (*pl* -ies) (*coloq, pej*) maluco, -a

loop /lu:p/ ♦ *s* **1** curva, volta **2** (*com nó*) laço ♦ *vt*: *to loop sth round/over sth* enlaçar algo

loophole /ˈlu:phəʊl/ *s* escapatória: *a legal loophole* uma saída legal

loose /lu:s/ ♦ *adj* (**-er, -est**) **1** solto: *loose change* (dinheiro) trocado **2** frouxo **3** (*vestido*) folgado, largo **4** (*moral*) corrupto LOC **to be at a loose end** estar sem ter o que fazer *Ver tb* LOC **to be on the loose** estar à solta ♦ *s* LOC **loosely** *adv* **1** sem apertar **2** livremente, aproximadamente

loosen /ˈlu:sn/ **1** *vt, vi* afrouxar, soltar(-se), desatar **2** *vt* (*controle*) relaxar PHR V **to loosen up 1** descontrair-se, soltar-se **2** (*Esporte*) aquecer-se

loot /lu:t/ ♦ *s* saque ♦ *vt, vi* saquear **looting** *s* saque

lop /lɒp/ *vt* (**-pp-**) podar PHR V **to lop sth off/away** cortar algo

lopsided /ˌlɒpˈsaɪdɪd/ *adj* **1** torto **2** (*fig*) destorcido

lord /lɔ:rd/ *s* **1** senhor **2 the Lord** o Senhor: *the Lord's Prayer* o pai-nosso **3 the Lords** *Ver* THE HOUSE OF LORDS **4 Lord** (*GB*) (*título*) lorde *Ver tb* LADY **lordship** *s* LOC **your/his Lordship** Vossa/Sua Senhoria

lorry /ˈlɒri; *GB* ˈlɒrɪ/ *s* (*pl* -ies) (*GB*) (*tb esp USA* truck) caminhão

lose /lu:z/ (*pret, pp* lost /lɔ:st; *GB* lɒst/) **1** *vt, vi* perder: *He lost his title to the Russian.* Ele perdeu o título para o russo. **2** *vt* ~ **sb sth** fazer alguém perder algo: *It lost us the game.* Isso nos custou a partida. **3** *vi* (*relógio*) atrasar-se LOC **to lose your mind** enlouquecer **to lose**

tʃ	dʒ	v	θ	ð	s	z	ʃ
chin	June	van	thin	then	so	zoo	she

your nerve perder a coragem **to lose sight of sb/sth** perder alguém/algo de vista: *We must not lose sight of the fact that*… Devemos ter em mente o fato de que… **to lose your touch** perder o jeito **to lose your way** perder-se *Ver tb* COOL, GROUND, TEMPER[1], TOSS, TRACK, WEIGHT PHR V **to lose out (on sth)/(to sb/sth)** (*coloq*) sair perdendo (em algo)/(em relação a alguém/algo) **loser** s perdedor, -ora, fracassado, -a

loss /lɔːs; GB lɒs/ s perda LOC **to be at a loss** estar desorientado

lost /lɔːst; GB lɒst/ ◆ *adj* perdido: *to get lost* perder-se LOC **get lost!** (*gíria*) cai fora! ◆ *pret, pp de* LOSE

lost and found s objetos achados e perdidos

lot[1] /lɑt/ ◆ s **the (whole) lot** (*esp GB*) tudo: *That's the lot!* Isso é tudo! ◆ **a lot, lots** *pron* (*coloq*) muito: *He spends a lot on clothes.* Ele gasta muito com roupa. ◆ **a lot of, lots of** *adj* (*coloq*) muito(s): *lots of people* uma porção de gente ◊ *What a lot of presents!* Quantos presentes! ☛ *Ver nota em* MANY *Ver tb* MUITO LOC **to see a lot of sb** ver alguém com freqüência ◆ *adv* muito: *It's a lot colder today.* Faz muito mais frio hoje. ◊ *Thanks a lot.* Muito obrigado.

lot[2] /lɑt/ s **1** lote **2** (*GB*) grupo: *What do you lot want?* O que é que vocês querem? ◊ *I don't go out with that lot.* Não ando com essa turma. **3** sorte (*destino*)

lotion /ˈloʊʃn/ s loção

lottery /ˈlɑtəri/ s (*pl* -ies) loteria

loud /laʊd/ ◆ *adj* (-er, -est) **1** (*volume*) alto **2** (*grito*) forte **3** (*cor*) berrante ◆ *adv* (-er, -est) alto: *Speak louder.* Fale mais alto. LOC **out loud** em voz alta

loudspeaker /ˈlaʊdspiːkər/ (*tb* speaker) s alto-falante

lounge /laʊndʒ/ ◆ *vi* ~ (about/around) preguiçar ◆ s **1** sala de estar **2** salão: *departure lounge* salão de embarque **3** salão

louse /laʊs/ s (*pl* lice /laɪs/) piolho

lousy /ˈlaʊzi/ *adj* (-ier, -iest) péssimo

lout /laʊt/ s (*GB*) arruaceiro, grosseiro

lovable /ˈlʌvəbl/ *adj* adorável

love /lʌv/ ◆ s **1** amor: *love story/song* estória/canção de amor ☛ Note que, com relação a pessoas, diz-se **love** *for somebody* enquanto que com coisas, **love** *of something.* **2** (*Esporte*) zero

LOC **to be in love (with sb)** estar apaixonado (por alguém) **to give/send sb your love** dar/mandar lembranças a alguém **to make love (to sb)** fazer amor (com alguém) *Ver tb* FALL ◆ *vt* **1** amar: *Do you love me?* Você me ama? **2** adorar: *She loves horses.* Ela adora cavalos. ◊ *I'd love to come.* Gostaria muito de ir.

love affair s caso (amoroso)

lovely /ˈlʌvli/ *adj* (-ier, -iest) **1** lindo **2** encantador **3** muito agradável: *We had a lovely time.* Nós nos divertimos bastante.

lovemaking /ˈlʌvmeɪkɪŋ/ s relações sexuais

lover /ˈlʌvər/ s amante

loving /ˈlʌvɪŋ/ *adj* carinhoso **lovingly** *adv* amorosamente

low /loʊ/ ◆ *adj* (lower, lowest) **1** baixo: *low pressure* pressão baixa ◊ *high and low temperatures* temperaturas altas e baixas ◊ *lower lip* lábio inferior ◊ *lower case* minúsculas ◊ *the lower middle classes* a classe média baixa ☛ *Comparar com* HIGH[1], UPPER **2** (*voz, som*) grave **3** abatido LOC **to keep a low profile** procurar passar despercebido *Ver tb* ESTEEM ◆ *adv* (lower, lowest) baixo: *to shoot low* atirar para baixo LOC *Ver* STOOP ◆ s baixa

low-alcohol /ˌloʊ ˈælkəhɔːl; GB -hɒl/ *adj* de baixo teor alcoólico

low-calorie /ˌloʊ ˈkæləri/ *adj* baixo em calorias

Low-calorie é o termo usual para se referir a produtos de baixo teor calórico ou "light". Para bebidas usa-se **diet**: *diet drinks* bebidas de baixa caloria.

low-cost /ˌloʊ ˈkɔːst; GB -ˈkɒst/ *adj* barato

lower /ˈloʊər/ *vt, vi* abaixar(-se)

low-fat /ˌloʊ ˈfæt/ *adj* magro: *low-fat yogurt* iogurte de baixa caloria

low-key /ˌloʊ ˈkiː/ *adj* discreto

lowlands /ˈloʊləndz/ s [*pl*] planícies

low tide s maré baixa

loyal /ˈlɔɪəl/ *adj* ~ (to sb/sth) leal, fiel (a alguém/algo) **loyalist** s partidário do regime, legalista **loyalty** s (*pl* -ies) lealdade

luck /lʌk/ s sorte: *a stroke of luck* um golpe de sorte LOC **no such luck** que nada! **to be in/out of luck** estar com/sem sorte *Ver tb* CHANCE, HARD

i:	i	ɪ	e	æ	ɑ	ʌ	ʊ	u:
see	happy	sit	ten	hat	cot	cup	put	too

lucky /ˈlʌki/ *adj* (-ier, -iest) **1** (*pessoa*) sortudo **2** *It's lucky she's still here.* Por sorte ela ainda está aqui. ◊ *a lucky number* um número de sorte **luckily** *adv* por sorte

ludicrous /ˈluːdɪkrəs/ *adj* ridículo

luggage /ˈlʌgɪdʒ/ (*tb* baggage) *s* [*não contável*] bagagem

luggage rack *s* bagageiro

lukewarm /ˌluːkˈwɔːrm/ *adj* morno

lull /lʌl/ ◆ *vt* **1** acalmar **2** acalentar ◆ *s* calmaria

lumber /ˈlʌmbər/ **1** *vt* ~ **sb with sb/sth** empurrar alguém/algo para cima de alguém **2** *vi* mover-se pesadamente **lumbering** *adj* desajeitado, pesado

lump /lʌmp/ ◆ *s* **1** pedaço: *sugar lump* torrão de açúcar **2** coágulo **3** (*Med*) caroço, galo ◆ *vt* ~ **sb/sth together** juntar alguém/algo indiscriminadamente **lumpy** *adj* (-ier, -iest) **1** (*mistura, etc.*) encaroçado **2** (*colchão, etc.*) disforme

lump sum *s* quantia paga de uma só vez

lunacy /ˈluːnəsi/ *s* [*não contável*] loucura

lunatic /ˈluːnətɪk/ *s* louco, -a

lunch /lʌntʃ/ ◆ *s* almoço: *to have lunch* almoçar ◊ *the lunch hour* a hora do almoço LOC *Ver* PACKED *em* PACK ◆ *vi* almoçar

lunchtime /ˈlʌntʃtaɪm/ *s* a hora do almoço

lung /lʌŋ/ *s* pulmão

lurch /lɜːrtʃ/ ◆ *s* guinada ◆ *vi* **1** cambalear **2** dar uma guinada

lure /lʊər/ ◆ *s* atrativo ◆ *vt* atrair

lurid /ˈlʊərɪd/ *adj* **1** (*cor*) berrante **2** (*descrição, estória*) sensacionalista

lurk /lɜːrk/ *vi* espreitar

luscious /ˈlʌʃəs/ *adj* (*comida*) apetitoso

lush /lʌʃ/ *adj* (*vegetação*) exuberante

lust /lʌst/ ◆ *s* **1** luxúria **2** ~ **for sth** sede de algo ◆ *vi* ~ **after/for sb/sth** cobiçar algo; desejar alguém

luxurious /lʌgˈʒʊəriəs/ *adj* luxuoso

luxury /ˈlʌkʃəri/ *s* (*pl* -ies) luxo: *a luxury hotel* um hotel de luxo

lying *Ver* LIE[1,2]

lyric /ˈlɪrɪk/ ◆ **lyrics** *s* [*pl*] letra (*de música*) ◆ *adj Ver* LYRICAL

lyrical /ˈlɪrɪkl/ *adj* lírico

Mm

M, m /em/ *s* (*pl* M's, m's /emz/) M, m: *M as in Mary* M de Maria ☞ *Ver exemplos em* A, A

mac (*tb* mack) /mæk/ *s* (*GB, coloq*) *Ver* MACKINTOSH

macabre /məˈkɑːbrə/ *adj* macabro

macaroni /ˌmækəˈroʊni/ *s* [*não contável*] macarrão

machine /məˈʃiːn/ (*lit e fig*) *s* máquina

machine gun /məˈʃiːn gʌn/ *s* metralhadora

machinery /məˈʃiːnəri/ *s* maquinaria

mackintosh /ˈmækɪntɒʃ/ (*tb* mac, mack /mæk/) *s* (*GB*) (*USA* raincoat) (capa) impermeável

mad /mæd/ *adj* (madder, maddest) **1** (*coloq, esp USA*) **mad** (**at/with sb**) furioso (com alguém) **2** louco: *to be/go mad* estar/ficar louco ◊ *to be mad about sb/sth* (*GB*) estar louco por alguém/algo

LOC **like mad** (*coloq*) como um louco **madly** *adv* loucamente: *to be madly in love with sb* estar perdidamente apaixonado por alguém **madness** *s* loucura

madam /ˈmædəm/ *s* [*sing*] (*formal*) senhora

maddening /ˈmædnɪŋ/ *adj* exasperante

made *pret, pp de* MAKE[1]

magazine /ˈmægəziːn; *GB* ˌmægəˈziːn/ *s* revista

maggot /ˈmægət/ *s* larva

magic /ˈmædʒɪk/ ◆ *s* (*lit e fig*) magia LOC **like magic** como que por magia ◆ *adj* mágico **magical** *adj* mágico **magician** *s* mago, -a, mágico, -a *Ver tb* CONJURER *em* CONJURE

magistrate /ˈmædʒɪstreɪt/ *s* magistrado, -a, juiz, -íza: *the magistrates' court* o Juizado de paz

u	ɔː	ɜː	ə	j	w	eɪ	oʊ
situation	saw	fur	ago	yes	woman	pay	home

magnet /ˈmægnət/ s ímã **magnetic** /mægˈnetɪk/ adj magnético: *magnetic field* campo magnético **magnetism** /ˈmægnətɪzəm/ s magnetismo **magnetize, -ise** vt magnetizar

magnificent /mægˈnɪfɪsnt/ adj magnífico **magnificence** s magnificência

magnify /ˈmægnɪfaɪ/ vt, vi (pret, pp -fied) aumentar **magnification** s ampliação

magnifying glass s lupa

magnitude /ˈmægnɪtuːd; GB -tjuːd/ s magnitude

mahogany /məˈhɑgəni/ adj, s mogno

maid /meɪd/ s 1 empregada 2 (antiquado) donzela

maiden /ˈmeɪdn/ s (antiquado) donzela

maiden name s nome de solteira

Nos países de língua inglesa, muitas mulheres adotam somente o nome do marido ao se casarem.

mail /meɪl/ ◆ s [não contável] (esp USA) correio

A palavra **post** é mais usual do que **mail** no inglês britânico, embora **mail** seja bastante comum, principalmente em palavras compostas como **electronic mail**, **junk mail** e **airmail**.

◆ vt ~ **sth (to sb)** mandar algo (para alguém) pelo correio

mailbox /ˈmeɪlbɑks/ (USA) (GB **letter box**) s caixa do correio

mailman /ˈmeɪlmæn/ s (USA) (GB **postman**) (pl -men /-mən/) carteiro

mail order s venda por correspondência

maim /meɪm/ vt mutilar

main¹ /meɪn/ adj principal: *main course* prato principal LOC **in the main** em geral **the main thing** o principal **mainly** adv principalmente

main² /meɪn/ s 1 cano principal: *a gas main* um cano de gás 2 **the mains** [pl] (GB) a rede elétrica

mainland /ˈmeɪnlænd/ s terra firme, continente

main line s (Ferroviária) linha principal

mainstream /ˈmeɪnstriːm/ s tendência dominante

maintain /meɪnˈteɪn/ vt 1 ~ **sth (with sb/sth)** manter algo (com alguém/algo)

2 conservar: *well-maintained* bem cuidado 3 sustentar

maintenance /ˈmeɪntənəns/ s 1 manutenção 2 pensão alimentícia

maize /meɪz/ (GB) (USA **corn**) s milho ☛ Para se referir ao milho cozido diz-se **sweetcorn**.

majestic /məˈdʒestɪk/ adj majestoso

majesty /ˈmædʒəsti/ s (pl -ies) majestade: *Your Majesty* Vossa Majestade

major /ˈmeɪdʒər/ ◆ adj 1 muito importante: *to make major changes* realizar mudanças consideráveis ◊ *a major road/problem* uma estrada principal/um problema sério 2 (Mús) maior ◆ s 1 major 2 (USA) (universidade) matéria principal ◆ vi ~ **in sth** especializar-se em algo

majority /məˈdʒɔːrəti; GB -ˈdʒɒr-/ s (pl -ies) 1 [v sing ou pl] maioria: *The majority was/were in favor.* A maioria ficou a favor. 2 [antes de substantivo] majoritário: *majority rule* governo majoritário

make¹ /meɪk/ vt (pret, pp **made** /meɪd/) 1 (causar ou criar): *to make an impression* impressionar ◊ *to make a note of sth* anotar algo 2 (levar a cabo): *to make an improvement/change* fazer progresso/uma mudança ◊ *to make an effort* fazer um esforço ◊ *to make a phone call* fazer uma ligação (telefônica) ◊ *to make a visit/trip* fazer uma visita/uma viagem 3 (propor): *to make an offer/a promise* fazer uma oferta/uma promessa ◊ *to make plans* fazer planos 4 (outros usos): *to make a mistake* cometer um erro ◊ *to make an excuse* dar uma desculpa ◊ *to make a comment* fazer um comentário ◊ *to make a noise/hole/list* fazer barulho/um buraco/uma lista 5 ~ **sth (from/out of sth)** fazer algo (com/de algo): *He made a meringue from egg white.* Ele fez um merengue com a clara do ovo. ◊ *What's it made (out) of?* É feito de quê? ◊ *made in Japan* fabricado no Japão 6 ~ **sth (for sb)** fazer algo (para alguém): *She makes films for children.* Ela faz filmes para criança. ◊ *I'll make you a meal/cup of coffee.* Vou te fazer uma comida/um café. 7 ~ **sth into sth** converter algo em algo; fazer algo com algo: *We can make this room into a bedroom.* Podemos converter este cômodo num quarto. 8 ~ **sb/sth + adj/**

aɪ	aʊ	ɪc	ɪə	eə	ʊə	ʒ	h	ŋ
five	now	join	near	hair	pure	vision	how	sing

subst: *He made me angry.* Ele me irritou. ◊ *That will only make things worse.* Isso só vai piorar as coisas. ◊ *He made my life hell.* Ele tornou minha vida um inferno. **9** ~ **sb/sth do sth** fazer com que alguém/algo faça algo ☛ O verbo que se segue após **make** no infinitivo não leva TO, exceto na voz passiva: *I can't make him do it.* Não posso obrigá-lo a fazer isso. ◊ *You've made her feel guilty.* Você a fez se sentir culpada. ◊ *He was made to wait at the police station.* Ele foi obrigado a esperar na delegacia. **10** ~ **sb sth** fazer algo de alguém: *to make sb king* fazer alguém rei **11** tornar-se: *He'll make a good teacher.* Ele vai ser um bom professor. **12** (*dinheiro*) ganhar: *She makes lots of money.* Ela ganha uma fortuna. **13** (*coloq*) (*conseguir, comparecer*): *Can you make it (to the party)?* Você vai poder vir (à festa)? LOC **to make do with sth** contentar-se (com algo) **to make it** (*coloq*) triunfar **to make the most of sth** aproveitar algo ao máximo ☛ Para outras expressões com **make**, ver os verbetes do substantivo, adjetivo, etc., p.ex. **to make love** em LOVE.

PHR V **to be made for sb/each other** ser feito para alguém/serem feitos um para o outro **to make for sth** contribuir para (melhorar) algo **to make for sb/sth** dirigir-se para alguém/algo: *to make for home* dirigir-se para casa

to make sth of sb/sth ter uma opinião sobre alguém/algo: *What do you make of it all?* O que você acha disso tudo?

to make off (with sth) fugir (com algo) **to make sth out** escrever algo: *to make out a check for $10* fazer um cheque no valor de dez dólares **to make sb/sth out 1** compreender alguém/algo **2** distinguir alguém/algo: *to make out sb's handwriting* decifrar a letra de alguém **to make up for sth** compensar algo **to make up (with sb)** fazer as pazes (com alguém) **to make sb up** maquilar alguém **to make sth up 1** constituir algo: *the groups that make up our society* os grupos que constituem a nossa sociedade **2** inventar algo: *to make up an excuse* inventar uma desculpa **to make (yourself) up** maquilar-se

make² /meɪk/ *s* marca (*eletrodomésticos, carros, etc.*) ☛ *Comparar com* BRAND

maker /ˈmeɪkər/ *s* fabricante

makeshift /ˈmeɪkʃɪft/ *adj* provisório, improvisado

make-up /ˈmeɪk ʌp/ *s* [*não contável*] **1** maquilagem **2** constituição **3** caráter

making /ˈmeɪkɪŋ/ *s* fabricação LOC **to be the making of sb** ser a chave do êxito de alguém **to have the makings of sth 1** (*pessoa*) ter potencial para algo **2** (*coisa*) ter as condições para tornar-se algo

male /meɪl/ ◆ *adj* **1** masculino ☛ Aplica-se às características físicas dos homens: *The male voice is deeper than the female.* A voz do homem é mais grave do que a da mulher. *Comparar com* MASCULINE. **2** macho ☛ Ver nota em FEMALE ◆ *s* macho, varão

malice /ˈmælɪs/ *s* maldade, malícia **malicious** /məˈlɪʃəs/ *adj* mal-intencionado

malignant /məˈlɪɡnənt/ *adj* maligno

mall /mɔːl/ (*tb* **shopping mall**) *s* centro comercial

malnutrition /ˌmælnuːˈtrɪʃn; *GB* -njuː-/ *s* desnutrição

malt /mɔːlt/ *s* malte

mammal /ˈmæml/ *s* mamífero

mammoth /ˈmæməθ/ ◆ *s* mamute ◆ *adj* colossal

man¹ /mæn/ *s* (*pl* **men** /men/) homem: *a young man* um rapaz ◊ *a man's shirt* uma camisa de homem LOC **the man in/ on the street** o cidadão comum

Man e **mankind** são utilizados com o significado geral de "todos os homens e mulheres". Todavia, muitos consideram tal uso discriminatório, e preferem usar palavras como **humanity**, **the human race** (singular) ou **humans**, **human beings**, **people** (plural).

man² /mæn/ *vt* (**-nn-**) **1** (*escritório*) prover de pessoal **2** (*navio*) tripular

manage /ˈmænɪdʒ/ **1** *vt* (*empresa*) gerenciar **2** *vt* (*propriedades*) administrar **3** *vi* ~ (**without sb/sth**) arranjar-se (sem alguém/algo): *I can't manage on $50 a week.* Não consigo viver com apenas 50 dólares por semana. **4** *vt, vi*: *to manage to do sth* conseguir fazer algo ◊ *Can you manage all of it?* Você dá conta disso tudo? ◊ *Can you manage six o'clock?* Dá para você vir às seis? ◊ *I couldn't manage another mouthful.* Não

tʃ	dʒ	v	θ	ð	s	z	ʃ
chin	**June**	**van**	**thin**	**then**	**so**	**zoo**	**she**

pude dar nem mais uma garfada. **manageable** *adj* **1** manejável **2** (*pessoa ou animal*) acessível, dócil

management /ˈmænɪdʒmənt/ *s* direção, gestão: *a management committee* um comitê/conselho administrativo ◊ *a management consultant* um consultor em administração

manager /ˈmænɪdʒər/ *s* **1** diretor, -ora, gerente **2** (*de uma propriedade*) administrador, -ora **3** (*Teat*) empresário, -a **4** (*Esporte*) técnico, -a **managerial** /ˌmænəˈdʒɪəriəl/ *adj* diretivo, administrativo, gerencial

managing director *s* diretor, -ora geral

mandate /ˈmændeɪt/ *s* ~ (**to do sth**) mandato (para fazer algo) **mandatory** /ˈmændətɔːri; *GB* -təri/ *adj* obrigatório

mane /meɪn/ *s* **1** (*cavalo*) crina **2** (*leão*) juba

maneuver (*GB* **manoeuvre**) /məˈnuːvər/ *s* manobra

manfully /ˈmænfəli/ *adv* valentemente

mangle /ˈmæŋgl/ *vt* mutilar, estropiar

manhood /ˈmænhʊd/ *s* virilidade

mania /ˈmeɪniə/ *s* mania **maniac** *adj, s* maníaco, -a: *to drive like a maniac* dirigir como um louco

manic /ˈmænɪk/ *adj* **1** maníaco **2** frenético

manicure /ˈmænɪkjʊər/ *s* manicure

manifest /ˈmænɪfest/ *vt* manifestar, mostrar: *to manifest itself* manifestar-se **manifestation** *s* manifestação **manifestly** *adv* visivelmente

manifesto /ˌmænɪˈfestoʊ/ *s* (*pl* ~s ou ~es) manifesto

manifold /ˈmænɪfoʊld/ *adj* (*formal*) múltiplo

manipulate /məˈnɪpjuleɪt/ *vt* manipular, manejar **manipulation** *s* manipulação **manipulative** *adj* manipulador

mankind /mænˈkaɪnd/ *s* humanidade ☞ *Ver nota em* MAN¹

manly /ˈmænli/ *adj* (**-ier, -iest**) másculo, viril

man-made /ˌmæn ˈmeɪd/ *adj* artificial

manned /mænd/ *adj* tripulado

mannequin /ˈmænɪkən/ *s* manequim

manner /ˈmænər/ *s* **1** maneira, modo **2** atitude, comportamento **3 manners** [*pl*] educação: *good/bad manners* boa/má educação ◊ *It's bad manners to stare.* É

falta de educação encarar os outros. ◊ *He has no manners.* Ele é muito maleducado.

mannerism /ˈmænərɪzəm/ *s* maneirismo

manoeuvre (*GB*) *Ver* MANEUVER

manor /ˈmænər/ *s* **1** (*terra*) senhorio **2** (*tb* **manor house**) solar

manpower /ˈmænpaʊər/ *s* mão-de-obra

mansion /ˈmænʃn/ *s* **1** mansão **2** palacete

manslaughter /ˈmænslɔːtər/ *s* homicídio involuntário ☞ *Comparar com* HOMICIDE, MURDER

mantelpiece /ˈmæntlˌpiːs/ (*GB tb* **chimney-piece**) *s* consolo da lareira

manual /ˈmænjuəl/ ♦ *adj* manual ♦ *s* manual: *a training manual* um manual de instruções **manually** *adv* manualmente

manufacture /ˌmænjuˈfæktʃər/ *vt* fabricar: *to* ~ *evidence* fabricar provas ☞ *Comparar com* PRODUCE **manufacturer** *s* fabricante

manure /məˈnʊər/ *s* estrume

manuscript /ˈmænjuskrɪpt/ *adj, s* manuscrito

many /ˈmeni/ *adj, pron* **1** muito, -a, -os, -as: *Many people would disagree.* Muita gente discordaria. ◊ *I don't have many left.* Não me sobram muitos. ◊ *In many ways, I regret it.* Sob vários pontos de vista, lamento o que aconteceu.

Muito se traduz conforme o substantivo ao qual acompanha ou substitui. Em frases afirmativas usa-se **a lot (of)**: *She's got a lot of money.* Ela tem muito dinheiro. ◊ *Lots of people are poor.* Muita gente é pobre. Em frases negativas e interrogativas usa-se **many** ou **a lot of** quando o substantivo é contável: *I haven't seen many women as bosses.* Não vejo muitas mulheres em posição de chefia. Usa-se **much** ou **a lot of** quando o substantivo é não-contável: *I haven't eaten much (food).* Não tenho comido muito. *Ver tb* MUITO.

2 ~ **a sth**: *Many a politician has been ruined by scandal.* Muitos políticos foram arruinados por causa de escândalos. ◊ *many a time* muitas vezes LOC **a good/great many** muitíssimos *Ver tb* SO

i:	i	ɪ	e	æ	ɑ	ʌ	ʊ	u:
see	happy	sit	ten	hat	cot	cup	put	too

map /mæp/ ◆ s mapa LOC **to put sb/sth on the map** tornar alguém/algo conhecido ◆ vt (-pp-) fazer o mapa de, mapear PHR V **to map sth out 1** planejar algo **2** (idéia) expor algo

maple /'meɪpl/ s bordo

marathon /'mærəθən; GB -θən/ s maratona: to run a marathon participar de uma maratona ◊ The interview was a real marathon. A entrevista foi exaustiva.

marble /'mɑrbl/ s **1** mármore: a marble statue uma estátua de mármore **2** bola de gude

March /mɑrtʃ/ s (abrev **Mar**) março
☛ Ver nota e exemplos em JANUARY

march /mɑrtʃ/ ◆ vi marchar: The students marched on Parliament. Os estudantes fizeram uma passeata até o Parlamento. LOC **to get your marching orders** ser despedido Ver tb QUICK PHR V **to march sb away/off** conduzir alguém à força **to march in** entrar marchando **to march past (sb)** desfilar (diante de alguém) **to march up to sb** abordar alguém com resolução ◆ s marcha LOC **on the march** em marcha **marcher** s manifestante

mare /'meər/ s égua

margarine /'mɑrdʒərɪn; GB ˌmɑ:dʒə-'ri:n/ s margarina

margin /'mɑrdʒɪn/ s margem: margin of error margem de erro **marginal** adj **1** marginal (ligeiro) **2** (notas) de margem **marginally** adv ligeiramente

marina /mə'ri:nə/ s marina

marine /mə'ri:n/ ◆ adj **1** marinho **2** marítimo ◆ s fuzileiro naval

marital /'mærɪtl/ adj conjugal: marital status estado civil

maritime /'mærɪtaɪm/ adj marítimo

mark¹ /mɑrk/ s marco (moeda)

mark² /mɑrk/ ◆ s **1** marca **2** sinal: punctuation marks sinais de pontuação **3** (GB) (USA grade) (Educ) nota: a good/poor mark uma nota boa/ruim LOC **on your marks, (get) set, go!** ficar em posição, preparar, vai! **to be up to the mark** (GB) corresponder às expectativas **to make your mark** ganhar nome Ver tb OVERSTEP ◆ vt **1** marcar **2** assinalar **3** (exames) corrigir LOC **to mark time 1** (Mil) marcar passo **2** (fig) fazer hora **mark my words** pode escrever o

que eu estou dizendo PHR V **to mark sth up/down** aumentar/baixar o preço de algo **marked** /mɑrkt/ adj marcante **markedly** /'mɑrkɪdli/ adv (formal) marcadamente

marker /'mɑrkər/ s marcador: a marker buoy uma bóia de sinalização

market /'mɑrkɪt/ ◆ s mercado LOC **in the market for sth** (coloq) interessado em comprar algo **on the market** no mercado: to put sth on the market colocar algo à venda **to sell like hot cakes** ◆ vt **1** vender **2 ~ sth (to sb)** promover a venda de algo (para alguém) **marketable** adj comercializável

marketing /'mɑrkətɪŋ/ s marketing

marketplace /'mɑrkɪtpleɪs/ s mercado

market research s pesquisa de mercado

marmalade /'mɑrməleɪd/ s geléia (de frutos cítricos esp laranja)

maroon /mə'ru:n/ adj, s vinho (cor)

marooned /mə'ru:nd/ adj abandonado (p. ex. numa ilha deserta)

marquee /mɑr'ki:/ s (USA) toldo

marriage /'mærɪdʒ/ s **1** (instituição) matrimônio **2** (cerimônia) casamento
☛ Ver nota em CASAMENTO

married /'mærid/ adj ~ **(to sb)** casado (com alguém): to get married casar-se ◊ a married couple um casal

marrow¹ /'mæroʊ/ s medula, tutano LOC Ver CHILL

marrow² /'mærəʊ/ s abóbora

marry /'mæri/ vt, vi (pret, pp **married**) casar(-se) Ver tb MARRIED

Mars /mɑrz/ s Marte

marsh /mɑrʃ/ s pântano

marshal /'mɑrʃl/ ◆ s **1** marechal **2** (USA) espécie de xerife ◆ vt (-l-, GB -ll-) **1** (tropas) formar **2** (idéias, dados) ordenar

marshy /'mɑrʃi/ adj (-ier, -iest) pantanoso

martial /'mɑrʃl/ adj marcial

Martian /'mɑrʃn/ adj, s marciano

martyr /'mɑrtər/ s mártir **martyrdom** s martírio

marvel /'mɑrvl/ ◆ s maravilha, prodígio ◆ vi (-l-, GB -ll-) **~ at sth** maravilhar-se com algo **marvelous** (GB

u	ɔː	ɜː	ə	j	w	eɪ	oʊ
situation	saw	fur	ago	yes	woman	pay	home

Marxism

marvellous) *adj* maravilhoso, excelente: *We had a marvelous time.* Nós nos divertimos à beça. ◊ *(That's) marvelous!* Que maravilha!

Marxism /ˈmɑrksɪzəm/ *s* marxismo
Marxist *adj, s* marxista

marzipan /ˈmɑrzɪpæn, ˌmɑrzɪˈpæn/ *s* marzipã

mascara /mæˈskærə; *GB* -ˈskɑːrə/ *s* rímel

mascot /ˈmæskət/ *s* mascote

masculine /ˈmæskjəlɪn/ *adj, s* masculino

Masculine se aplica às qualidades que consideramos típicas de um homem.

masculinity /ˌmæskjuˈlɪnəti/ *s* masculinidade

mash /mæʃ/ ◆ *s* (*GB, coloq*) purê (de batatas) ◆ *vt* **1** ~ sth (up) amassar, esmagar algo **2** fazer purê de: *mashed potatoes* purê de batatas

mask /mæsk; *GB* mɑːsk/ ◆ *s* máscara, disfarce ◆ *vt* **1** (*rosto*) mascarar **2** tapar **3** (*fig*) encobrir, disfarçar **masked** *adj* **1** mascarado **2** (*assaltante*) encapuzado

mason¹ /ˈmeɪsn/ *s* pedreiro

mason² (*tb* Mason) /ˈmeɪsn/ *s* maçom **masonic** (*tb* Masonic) /məˈsɑnɪk/ *adj* maçônico

masonry /ˈmeɪsənri/ *s* alvenaria

masquerade /ˌmæskəˈreɪd; *GB* ˌmɑːsk-/ ◆ *s* mascarada, farsa ◆ *vi* ~ as sth fazer-se passar por algo; disfarçar-se de algo

mass¹ (*tb* Mass) /mæs/ *s* (*Relig, Mús*) missa

mass² /mæs/ ◆ *s* **1** ~ (of sth) massa (de algo) **2** montão, grande quantidade: *masses of letters* um montão de cartas **3** [*com função adjetiva*]: *a mass grave* uma sepultura coletiva ◊ *mass hysteria* histeria coletiva ◊ *mass media* meios de comunicação de massa **4** the masses [*pl*] as massas LOC the (great) mass of... a (grande) maioria de... to be a mass of sth estar coberto/cheio de algo ◆ *vt, vi* **1** juntar(-se) (em massa), reunir(-se) **2** (*Mil*) formar(-se), concentrar(-se)

massacre /ˈmæsəkər/ ◆ *s* massacre ◆ *vt* massacrar

massage /məˈsɑʒ; *GB* ˈmæsɑːʒ/ ◆ *vt* fazer massagem em ◆ *s* massagem

massive /ˈmæsɪv/ *adj* **1** enorme,

monumental **2** maciço, sólido **massively** *adv* extremamente

mass-produce /ˌmæs prəˈduːs; *GB* -ˈdjuːs/ *vt* produzir em massa

mass production *s* produção em massa

mast /mæst; *GB* mɑːst/ *s* **1** (*barco*) mastro **2** (*televisão*) torre

master /ˈmæstər; *GB* ˈmɑːs-/ ◆ *s* **1** amo, dono, senhor **2** mestre **3** (*Náut*) capitão **4** (*filme*) original **5** *master bedroom* dormitório principal LOC a master plan um plano infalível ◆ *vt* **1** dominar **2** controlar **masterful** *adj* **1** autoritário **2** enérgico

masterly /ˈmæstərli; *GB* ˈmɑːs-/ *adj* magistral

mastermind /ˈmæstərmaɪnd; *GB* ˈmɑːs-/ ◆ *s* cabeça ◆ *vt* planejar, dirigir

masterpiece /ˈmæstərpiːs; *GB* ˈmɑːs-/ *s* obra-prima

Master's degree (*tb* Master's) *s* mestrado

mastery /ˈmæstəri; *GB* ˈmɑːs-/ *s* **1** ~ (of sth) domínio (de algo) **2** ~ (over sb/sth) controle (sobre alguém/algo)

masturbate /ˈmæstərbeɪt/ *vi* masturbar-se **masturbation** *s* masturbação

mat /mæt/ *s* **1** esteira, capacho **2** colchonete **3** descanso para pratos **4** emaranhamento *Ver tb* MATTED

match¹ /mætʃ/ *s* fósforo

match² /mætʃ/ *s* **1** (*Esporte*) partida, jogo **2** igual **3** ~ (for sb/sth) complemento (para alguém/algo) LOC a good match um bom partido to find/to meet your match encontrar alguém à sua altura

match³ /mætʃ/ **1** *vt, vi* combinar com **2** *vt* fazer jogo (com): *matching shoes and handbag* sapatos e bolsa da mesma cor **3** *vt* igualar PHR V to match up coincidir to match up to sb/sth equiparar-se a alguém/algo to match sth up (with sth) juntar algo (a algo)

matchbox /ˈmætʃbɑks/ *s* caixa de fósforos

mate¹ /meɪt/ ◆ *s* **1** (*GB, coloq*) colega, companheiro, -a **2** ajudante **3** (*Náut*) imediato **4** (*Zool*) macho ou fêmea ◆ *vt, vi* acasalar(-se)

mate² /meɪt/ (*tb* checkmate) *s* xeque-mate

material /məˈtɪəriəl/ ◆ *s* **1** material:

aɪ	aʊ	ɔɪ	ɪə	eə	ʊə	ʒ	h	ŋ
five	now	join	near	hair	pure	vision	how	sing

raw materials matérias-primas **2** tecido
☛ *Ver nota em* TECIDO ♦ *adj* material
materially *adv* substancialmente

materialism /məˈtɪəriəlɪzəm/ *s* materi-
alismo **materialist** *s* materialista **ma-
terialistic** /məˌtɪəriəˈlɪstɪk/ *adj* ma-
terialista

materialize, -ise /məˈtɪəriəlaɪz/ *vi*
concretizar-se

maternal /məˈtɜːrnl/ *adj* **1** maternal **2**
(*familiares*) materno

maternity /məˈtɜːrnəti/ *s* maternidade

math /mæθ/ (*GB* **maths** /mæθs/) *s* [*não
contável*] (*coloq*) matemática

mathematical /ˌmæθəˈmætɪkl/ *adj*
matemático **mathematician** /ˌmæθəmə-
ˈtɪʃn/ *s* matemático, -a **mathematics**
/ˌmæθəˈmætɪks/ *s* [*sing*] matemática

matinée /ˌmætnˈeɪ; *GB* ˈmætneɪ/ *s*
matinê (*cinema, teatro*)

mating /ˈmeɪtɪŋ/ *s* acasalamento LOC
mating season época de cio

matrimony /ˈmætrɪmoʊni; *GB* -məni/
s (*formal*) matrimônio **matrimonial**
/ˌmætrɪˈmoʊniəl/ *adj* matrimonial

matron /ˈmeɪtrən/ *s* (*GB*) enfermeira-
chefe

matt (*USA* **matte**) /mæt/ *adj* **1** fosco **2**
(*tb* **matte paint**) tinta mate ☛ *Com-
parar com* GLOSS

matted /ˈmætɪd/ *adj* emaranhado

matter /ˈmætər/ ♦ *s* **1** assunto: *I have
nothing further to say on the matter.*
Não tenho mais nada a acrescentar ao
assunto. **2** (*Fís*) matéria **3** material:
printed matter impressos LOC **a matter
of hours, minutes, days, etc.** coisa de
horas, minutos, dias, etc. **a matter of
life and death** uma questão de vida ou
morte **a matter of opinion** uma questão
de opinião **as a matter of course** como
de costume **as a matter of fact** na ver-
dade **for that matter** tampouco **no mat-
ter who, what, where, when, etc.**: *no
matter what he says* não importa o que
ele disser ◊ *no matter how rich he is* por
mais rico que ele seja ◊ *no matter what*
aconteça o que acontecer **(to be) a mat-
ter of ...** (ser) uma questão de ... **to be
the matter (with sb/sth)** (*coloq*) estar
incomodando alguém/algo: *What's the
matter with him?* O que ele tem? ◊ *Is
anything the matter?* O que é que há? ◊
What's the matter with my dress? O que

há de errado com o meu vestido? **to
take matters into your own hands** agir
por conta própria *Ver tb* LET¹, MINCE,
WORSE ♦ *vi* ~ **(to sb)** importar (a al-
guém)

matter-of-fact /ˌmætər əv ˈfækt/ *adj* **1**
(*estilo*) prosaico **2** (*pessoa*) objetivo **3**
prático

mattress /ˈmætrəs/ *s* colchão

mature /məˈtʊər; *GB* -ˈtʃʊə(r)/ ♦ *adj* **1**
maduro **2** (*Com*) vencido ♦ **1** *vi* amadu-
recer **2** *vi* (*Com*) vencer **3** *vt* tornar
maduro **maturity** *s* maturidade

maul /mɔːl/ *vt* **1** maltratar **2** (*fera*)
estraçalhar

mausoleum /ˌmɔːsəˈliːəm/ *s* mausoléu

mauve /moʊv/ *adj, s* malva

maverick /ˈmævərɪk/ *s* LOC **to be a
maverick** ser inconformista

maxim /ˈmæksɪm/ *s* máxima

maximize, -ise /ˈmæksɪmaɪz/ *vt* maxi-
mizar

maximum /ˈmæksɪməm/ ♦ *s* (*pl* **max-
ima** /ˈmæksɪmə/) (*abrev* **max**) máximo
♦ *adj* máximo

May /meɪ/ *s* maio ☛ *Ver nota e exem-
plos em* JANUARY

may /meɪ/ *v modal* (*pret* **might** /maɪt/;
neg **might not** *ou* **mightn't** /ˈmaɪtnt/
(*GB*))

May é um verbo modal seguido de infi-
nitivo sem TO; as orações interrogati-
vas e negativas são construídas sem o
auxiliar *do*. Tem apenas duas formas:
presente, **may**, e passado, **might**.

1 (*permissão*) poder: *You may come if
you wish.* Você pode vir se quiser. ◊
May I go to the bathroom? Posso ir ao
banheiro? ◊ *You may as well go home.*
Vale mais a pena você ir para casa.

Para pedir permissão, **may** é mais poli-
do do que **can**, embora **can** seja muito
mais usual: *Can I come in?* Posso en-
trar? ◊ *May I get down from the table?*
Posso me levantar da mesa? ◊ *I'll take a
seat, if I may.* Você se importa se eu me
sentar? Todavia, no passado usa-se
could muito mais do que **might**: *She
asked if she could come in.* Ela pergun-
tou se podia entrar.

2 (*tb* **might**) (*possibilidade*) pode ser
que: *They may/might not come.* Pode
ser que não venham. ☛ *Ver nota em*

tʃ	dʒ	v	θ	ð	s	z	ʃ
chin	**J**une	**v**an	**th**in	**th**en	**s**o	**z**oo	**sh**e

PODER¹ LOC **be that as it may** seja como for

maybe /'meɪbi/ *adv* talvez

mayhem /'meɪhem/ *s* [*não contável*] caos

mayonnaise /ˌmeɪə'neɪz; *GB* 'meɪə-neɪz/ *s* maionese

mayor /'meɪər; *GB* meə(r)/ *s* prefeito **mayoress** /'meɪərəs/ *s* **1** (*tb* lady mayor) prefeita **2** esposa do prefeito

maze /meɪz/ *s* labirinto

me /mi:/ *pron pess* **1** [*como complemento*] me: *Don't hit me.* Não me bata. ◊ *Tell me all about it.* Conte-me tudo. **2** [*depois de prep*] mim: *as for me* quanto a mim ◊ *Come with me.* Venha comigo. **3** [*depois do verbo* to be] eu: *Hello, it's me.* Oi, sou eu. ☛ *Comparar com* I

meadow /'medoʊ/ *s* prado

meager (*GB* meagre) /'mi:gər/ *adj* escasso, magro

meal /mi:l/ *s* refeição LOC **to make a meal of sth** (*coloq*) perder tempo com algo *Ver tb* SQUARE

mean¹ /mi:n/ *vt* (*pret*, *pp* meant /ment/) **1** querer dizer, significar: *Do you know what I mean?* Você sabe o que eu quero dizer? ◊ *What does "tutu" mean?* O que quer dizer "tutu"? **2 ~ sth (to sb)** significar algo (para alguém): *You know how much Jane means to me.* Você sabe o quanto a Jane significa para mim. ◊ *That name doesn't mean anything to me.* Esse nome não me diz nada. **3** implicar: *His new job means him traveling more.* Seu novo emprego acarreta mais viagem. **4** pretender: *I didn't mean to.* Não tive a intenção. ◊ *I meant to wash the car today.* Era para eu lavar o carro hoje. **5** falar a sério: *She meant it as a joke.* Ela falou de brincadeira. ◊ *I'm never coming back—I mean it!* Nunca mais vou voltar, estou falando sério! LOC **I mean** (*coloq*) quero dizer: *It's very warm, isn't it? I mean, for this time of year.* Faz muito calor, não? Quero dizer, para esta época do ano. ◊ *We went there on Tuesday, I mean Thursday.* Fomos lá na terça, quero dizer, quinta. **to be meant for each other** serem feitos um para o outro **to mean business** (*coloq*) não estar para brincadeiras **to mean well** ter boas intenções

mean² /mi:n/ *adj* (-er, -est) **1 ~ (to sb)** mesquinho (com alguém) **2** (*GB*) (*USA* stingy) **~ (with sth)** avarento (com algo)

mean³ /mi:n/ *s* **1** meio-termo **2** (*Mat*) média **mean** *adj* médio

meander /mi'ændər/ *vi* **1** (*rio*) serpentear **2** (*pessoa*) perambular **3** (*conversa*) divagar

meaning /'mi:nɪŋ/ *s* significado **meaningful** *adj* significativo **meaningless** *adj* sem sentido

means¹ /mi:nz/ *s* (*pl* means) meio LOC **a means to an end** um meio para se atingir um fim **by all means** (*formal*) claro que sim *Ver tb* WAY

means² /mi:nz/ *s* [*pl*] recursos (*financeiros*)

meant *pret*, *pp de* MEAN¹

meantime /'mi:ntaɪm/ *adv* enquanto isso LOC **in the meantime** nesse ínterim

meanwhile /'mi:nwaɪl/ *adv* enquanto isso

measles /'mi:zlz/ *s* [*não contável*] sarampo

measurable /'meʒərəbl/ *adj* **1** mensurável **2** notável

measure /'meʒər/ ◆ *vt*, *vi* medir PHR V **to measure sb/sth up (for sth)** medir alguém/algo (para algo): *The tailor measured me up for a suit.* O alfaiate tirou minhas medidas para fazer um terno. **to measure up (to sth)** estar à altura (de algo) ◆ *s* medida: *weights and measures* pesos e medidas ◊ *to take measures to do sth* tomar medidas para fazer algo LOC **a measure of sth** uma medida de algo **for good measure** para ficar bem servido **half measures**: *to do things by half measures* fazer as coisas pela metade **to make sth to measure** fazer algo sob medida

measured /'meʒərd/ *adj* **1** (*linguagem*) comedido **2** (*passos*) pausado

measurement /'meʒərmənt/ *s* **1** medição **2** medida

meat /mi:t/ *s* carne

meatball /'mi:tbɔ:l/ *s* almôndega

meaty /'mi:ti/ *adj* (-ier, -iest) **1** carnudo **2** (*fig*) substancial

mechanic /mə'kænɪk/ *s* mecânico, -a **mechanical** *adj* mecânico **mechanically** *adv* mecanicamente: *I'm not mech-*

i:	i	ɪ	e	æ	ɑ	ʌ	ʊ	u:
see	happy	sit	ten	hat	cot	cup	put	too

anically minded. Não tenho jeito para máquinas.

mechanics /məˈkænɪks/ *s* **1** [*sing*] (*Ciências*) mecânica **2 the mechanics** [*pl*] (*fig*) mecanismo, funcionamento

mechanism /ˈmekənɪzəm/ *s* mecanismo

medal /ˈmedl/ *s* medalha **medalist** (*GB* **medallist**) *s* (*Esporte*) ganhador, -ora de medalha

medallion /məˈdæliən/ *s* medalhão

meddle /ˈmedl/ *vi* (*pej*) **1** ~ (**in sth**) intrometer-se (em algo) **2** ~ **with sth** mexer em algo

media /ˈmiːdiə/ *s* **1 the media** [*pl*] os meios de comunicação: *media studies* comunicação (disciplina) **2** *plural de* MEDIUM¹

mediaeval *Ver* MEDIEVAL

mediate /ˈmiːdieɪt/ *vi* mediar **mediation** *s* mediação **mediator** *s* mediador, -ora

medic /ˈmedɪk/ *s* (*coloq*) **1** médico, -a **2** estudante de medicina

medical /ˈmedɪkl/ ◆ *adj* **1** médico: *medical student* estudante de medicina **2** clínico ◆ *s* (*coloq*) exame médico

medication /ˌmedɪˈkeɪʃn/ *s* medicação

medicinal /məˈdɪsɪnl/ *adj* medicinal

medicine /ˈmedsɪn; *GB* ˈmedsn/ *s* medicina

medieval (*tb* **mediaeval**) /ˌmediˈiːvl/ *adj* medieval

mediocre /ˌmiːdɪˈoʊkər/ *adj* medíocre **mediocrity** /ˌmiːdɪˈɑkrəti/ *s* **1** mediocridade **2** (*pessoa*) medíocre

meditate /ˈmedɪteɪt/ *vi* ~ (**on sth**) meditar (sobre algo) **meditation** *s* meditação

medium¹ /ˈmiːdiəm/ ◆ *s* **1** (*pl* media) meio **2** (*pl* ~s) meio-termo *Ver tb* MEDIA ◆ *adj* médio: *I'm medium.* Sou tamanho médio.

medium² /ˈmiːdiəm/ *s* médium

medley /ˈmedli/ *s* (*pl* -eys) pot-pourri, miscelânea

meek /miːk/ *adj* (-er, -est) manso, submisso **meekly** *adv* submissamente

meet¹ /miːt/ (*pret, pp* **met** /met/) **1** *vt, vi* encontrar(-se): *What time shall we meet?* A que horas a gente se encontra? ◊ *Our eyes met across the table.* Nossos olhares se cruzaram por cima da mesa. ◊ *Will you meet me at the station?* Você

vai me esperar na estação? **2** *vi* reunir-se **3** *vt, vi* conhecer(-se): *Pleased to meet you.* Prazer em conhecê-lo. ◊ *I'd like you to meet...* Gostaria de lhe apresentar... **4** *vt, vi* enfrentar(-se) **5** *vt* (*requisito*) satisfazer: *They failed to meet payments on their loan.* Não conseguiram pagar o empréstimo. LOC **to meet sb's eye** olhar alguém nos olhos *Ver tb* MATCH² PHR V **to meet up** (**with sb**) encontrar(-se) (com alguém) **to meet with sb** (*USA*) reunir-se com alguém

meet² /miːt/ *s* **1** (*USA, Esporte*) (*tb GB* **meeting**) competição **2** (*GB*) reunião de caçadores

meeting /ˈmiːtɪŋ/ *s* **1** encontro: *meeting place* ponto de encontro **2** reunião: *Annual General Meeting* assembléia geral anual **3** (*Esporte*) (*USA* **meet**) competição **4** (*Pol*) assembléia

megaphone /ˈmegəfoʊn/ *s* megafone

melancholy /ˈmelənkɑli/ ◆ *s* melancolia ◆ *adj* **1** (*pessoa*) melancólico **2** (*coisa*) triste

mêlée /ˈmeɪleɪ; *GB* ˈmeleɪ/ *s* (*Fr*) briga, tumulto

mellow /ˈmeloʊ/ ◆ *adj* (-er, -est) **1** (*fruta*) maduro **2** (*vinho*) envelhecido **3** (*cor*) suave **4** (*som*) melodioso **5** (*atitude*) amadurecido **6** (*coloq*) alegre (*devido à bebida*) ◆ **1** *vt, vi* (*pessoa*) abrandar(-se) **2** *vt* (*vinho*) envelhecer

melodious /məˈloʊdiəs/ *adj* melodioso

melodrama /ˈmelədrɑmə/ *s* melodrama **melodramatic** /ˌmelədrəˈmætɪk/ *adj* melodramático

melody /ˈmelədi/ *s* (*pl* -ies) melodia **melodic** /məˈlɑdɪk/ *adj* melódico

melon /ˈmelən/ *s* melão

melt /melt/ **1** *vt, vi* derreter: *melting point* ponto de fusão **2** *vi* (*fig*) desfazer-se: *to melt in the mouth* desfazer-se na boca **3** *vt, vi* dissolver(-se) **4** *vt, vi* (*fig*) enternecer(-se) PHR V **to melt away** dissolver-se, fundir-se **to melt sth down** fundir algo **melting** *s* **1** derretimento **2** fundição

melting pot *s* cadinho (*de raças, culturas, etc.*) LOC **to be in/go into the melting pot** entrar em processo de mudança

member /ˈmembər/ *s* **1** membro: *Member of Parliament* (*MP*) deputado ◊ *a member of the audience* um membro da platéia **2** (*clube*) sócio, -a **3** (*Anat*) membro **membership** *s* **1** associação: *to apply for membership* candidatar-se a sócio ◊ **membership card** carteira de sócio **2** (número de) sócios

membrane /ˈmembreɪn/ *s* membrana

memento /məˈmentoʊ/ *s* (*pl* -os *ou* -oes) lembrança

memo /ˈmemoʊ/ *s* (*pl* ~s) (*coloq*) memorando, circular: *an inter-office memo* uma circular interna

memoirs /ˈmemwɑrz/ *s* [*pl*] memórias

memorabilia /ˌmemərəˈbiːliə/ *s* [*pl*] recordações

memorable /ˈmemərəbl/ *adj* memorável

memorandum /ˌmeməˈrændəm/ *s* (*pl* -anda /-də/ *ou* ~s) **1** memorando **2** ~ (**to sb**) nota (para alguém) **3** (*Jur*) minuta

memorial /məˈmɔːriəl/ *s* ~ (**to sb/sth**) monumento comemorativo (de alguém/algo)

memorize, -ise /ˈmeməraɪz/ *vt* decorar

memory /ˈmeməri/ *s* (*pl* -ies) **1** memória: *from memory* de cabeça *Ver tb* BY HEART *em* HEART **2** recordação LOC **in memory of sb/to the memory of sb** em memória de alguém *Ver tb* JOG, LIVING, REFRESH

men *plural de* MAN¹

menace /ˈmenəs/ ◆ *s* **1** ~ (**to sb/sth**) ameaça (para alguém/algo) **2 a menace** (*coloq, hum*) uma praga ◆ *vt* ~ **sb/sth** (**with sth**) ameaçar alguém/algo (com algo) **menacing** *adj* ameaçador

menagerie /məˈnædʒəri/ *s* coleção de feras para exibição

mend /mend/ ◆ **1** *vt* consertar *Ver tb* FIX **2** *vi* recuperar-se LOC **to mend your ways** emendar-se ◆ *s* remendo LOC **on the mend** (*coloq*) melhorando **mending** *s* **1** reparo (*de roupa*) **2** roupas por consertar

menfolk /ˈmenfoʊk/ *s* [*pl*] os homens (da família)

meningitis /ˌmenɪnˈdʒaɪtɪs/ *s* meningite

menopause /ˈmenəpɔːz/ *s* menopausa

menstrual /ˈmenstruəl/ *adj* menstrual

menstruation /ˌmenstruˈeɪʃn/ *s* menstruação

menswear /ˈmenzweər/ *s* roupa masculina

mental /ˈmentl/ *adj* **1** mental: *mental hospital* hospital psiquiátrico **2** (*coloq, pej*) pirado **mentally** *adv* mentalmente: *mentally ill/disturbed* doente mental

mentality /menˈtæləti/ *s* (*pl* -ies) **1** mentalidade **2** (*formal*) intelecto

mention /ˈmenʃn/ ◆ *vt* mencionar, dizer, falar de: *worth mentioning* digno de nota LOC **don't mention it** não há de quê **not to mention…** sem falar de…, para não falar de… ◆ *s* menção, alusão

mentor /ˈmentɔːr/ *s* mentor, -ora

menu /ˈmenjuː/ *s* **1** menu, cardápio **2** (*Informát*) menu

meow /miˈaʊ/ ◆ *interj* miau ◆ *s* miado ◆ *vi* miar

mercantile /ˈmɜːrkəntiːl; *GB* -tɪl, -taɪl/ *adj* mercantil

mercenary /ˈmɜːrsəneri; *GB* -nəri/ ◆ *adj* **1** mercenário **2** (*fig*) interesseiro ◆ *s* (*pl* -ies) mercenário, -a

merchandise /ˈmɜːrtʃəndaɪz; *GB* -daɪs/ *s* [*não contável*] mercadoria(s) **merchandising** *s* comercialização, promoção

merchant /ˈmɜːrtʃənt/ *s* **1** comerciante, atacadista (*que comercia com o exterior*) *Ver tb* DEAL³, DEALER **2** (*Hist*) mercador **3** *merchant bank* banco mercantil ◊ *merchant navy* marinha mercante

merciful *Ver* MERCY

Mercury /ˈmɜːrkjəri/ *s* Mercúrio

mercury /ˈmɜːrkjəri/ (*tb* quicksilver) *s* mercúrio

mercy /ˈmɜːrsi/ *s* **1** piedade, misericórdia: *to have mercy on sb* ter piedade de alguém ◊ *mercy killing* eutanásia **2** *It's a mercy that…* É uma sorte que… LOC **at the mercy of sb/sth** à mercê de alguém/algo **merciful** *adj* ~ (**to/towards sb**) piedoso, misericordioso (com alguém) **2** (*sucesso*) afortunado **mercifully** *adv* **1** misericordiosamente, piedosamente **2** felizmente **merciless** *adj* ~ (**to/towards sb**) impiedoso (com alguém)

mere /mɪər/ *adj* mero, simples: *He's a mere child.* Ele não passa de uma criança. ◊ *mere coincidence* mera coincidência ◊ *the mere thought of him* só de pensar nele LOC **the merest…** o menor…: *The merest glimpse was enough.*

aɪ	aʊ	ɔɪ	ɪə	eə	ʊə	ʒ	h	ŋ
f**i**ve	n**ow**	j**oi**n	n**ear**	h**air**	p**ure**	vi**s**ion	**h**ow	si**ng**

Um simples olhar foi suficiente. **merely** *adv* simplesmente, apenas

merge /mɜːrdʒ/ *vt, vi* ~ (**sth**) (**with/into sth**) **1** (*Com*) fundir (algo)/fundir-se (com/em algo): *Three small companies merged into one.* Três pequenas empresas se fundiram em uma só. **2** (*fig*) mesclar algo/mesclar-se, unir algo/unir-se (com algo): *Past and present merge in Oxford.* Em Oxford o passado se mescla com o presente. **merge** *s* fusão de empresas

meringue /məˈræŋ/ *s* merengue, suspiro

merit /ˈmerɪt/ ◆ *s* mérito: *to judge sth on its merits* julgar algo pelo seu mérito ◆ *vt* (*formal*) merecer, ser digno de

mermaid /ˈmɜːrmeɪd/ *s* sereia

merry /ˈmeri/ *adj* (-ier, -iest) **1** alegre: *Merry Christmas!* Feliz Natal! **2** (*coloq*) divertido, alegre (*devido à bebida*) LOC **to make merry** (*antiquado*) divertir-se **merriment** *s* (*formal*) alegria, regozijo: *amid merriment* entre risos

merry-go-round /ˈmeri ɡoʊ raʊnd/ *s* carrossel

mesh /meʃ/ ◆ *s* **1** malha: *wire mesh* aramado **2** (*Mec*) engrenagem **3** (*fig*) rede ◆ *vi* ~ (**with sth**) **1** engrenar (em algo) **2** (*fig*) encaixar (em algo)

mesmerize, -ise /ˈmezməraɪz/ *vt* hipnotizar

mess /mes/ ◆ *s* **1** bagunça: *This kitchen's a mess!* Esta cozinha está uma bagunça! **2** (*coloq, euf*) (*excremento*) cocô **3** confusão, embrulhada **4** desleixado, -a **5** (*Mil*) (*USA tb* **mess hall**) refeitório ◆ *vt* (*USA, coloq*) bagunçar PHR V **to mess about/around 1** vadiar **2** fazer algo de forma despreocupada **to mess sb about/around; to mess about/around with sb** enrolar alguém **to mess sth about/around; to mess about/around with sth** mexer com algo **to mess sb up** (*coloq*) fazer mal a alguém (emocionalmente) **to mess sth up 1** sujar, desarrumar algo: *Don't mess up my hair!* Não me despenteie! **2** fazer algo mal feito **to mess with sb/sth** (*coloq*) mexer com alguém/algo

message /ˈmesɪdʒ/ *s* **1** recado **2** mensagem LOC **to get the message** (*coloq*) sacar

messenger /ˈmesɪndʒər/ *s* mensageiro, -a

Messiah (*tb* **messiah**) /məˈsaɪə/ *s* Messias

messy /ˈmesi/ *adj* (-ier, -iest) **1** sujo **2** bagunçado, desarrumado **3** (*fig*) enrolado

met *pret, pp de* MEET[1]

metabolism /məˈtæbəlɪzəm/ *s* metabolismo

metal /ˈmetl/ *s* metal: *metalwork* trabalho em metal **metallic** /məˈtælɪk/ *adj* metálico

metamorphose /ˌmetəˈmɔːrfoʊz/ *vt, vi* (*formal*) transformar(-se), metamorfosear(-se) **metamorphosis** /ˌmetəˈmɔːrfəsɪs/ *s* (*pl* -oses /-əsiːz/) (*formal*) metamorfose

metaphor /ˈmetəfɔːr; GB -fə(r)/ *s* metáfora **metaphorical** /ˌmetəˈfɔːrɪkl; GB -ˈfɒr-/ *adj* metafórico ☛ *Comparar com* LITERAL

metaphysics /ˌmetəˈfɪzɪks/ *s* [*não contável*] metafísica **metaphysical** *adj* metafísico

meteor /ˈmiːtiɔːr/ *s* meteoro **meteoric** /ˌmiːtiˈɔːrɪk; GB -ˈɒr-/ *adj* meteórico

meteorite /ˈmiːtiəraɪt/ *s* meteorito

meter /ˈmiːtər/ ◆ *s* **1** (GB **metre**) (*abrev* m) metro ☛ *Ver Apêndice 1.* **2** medidor **metric** /ˈmetrɪk/ *adj* métrico: *the metric system* o sistema métrico decimal ◆ *vt* medir

methane /ˈmiːθeɪn/ (*tb* **marsh gas**) *s* metano

method /ˈmeθəd/ *s* método: *a method of payment* uma modalidade de pagamento **methodical** /məˈθɑdɪkl/ *adj* metódico **methodology** *s* metodologia

Methodist /ˈmeθədɪst/ *adj, s* metodista

methylated spirits /ˌmeθəleɪtɪd ˈspɪrɪts/ (GB coloq **meths**) (USA **denatured alcohol**) *s* álcool metílico

meticulous /məˈtɪkjələs/ *adj* meticuloso

metre (GB) *Ver* METER

metropolis /məˈtrɑpəlɪs/ *s* (*pl* -lises) metrópole **metropolitan** /ˌmetrəˈpɑlɪtən/ *adj* metropolitano

mice *plural de* MOUSE

micro /ˈmaɪkroʊ/ (*tb* **microcomputer**) *s* microcomputador

microbe /ˈmaɪkroʊb/ *s* micróbio

microchip /ˈmaɪkroʊtʃɪp/ (*tb* **chip**) *s* microchip

tʃ	dʒ	v	θ	ð	s	z	ʃ
chin	**J**une	**v**an	**th**in	**th**en	**s**o	**z**oo	**sh**e

microcosm /'maɪkrəkazəm/ s microcosmo

micro-organism /ˌmaɪkroʊ 'ɔːrgənɪzəm/ s microorganismo

microphone /'maɪkrəfoʊn/ s microfone

microprocessor /ˌmaɪkroʊ'prəsesər; GB -'prəʊsesə(r)/ s microprocessador

microscope /'maɪkrəskoʊp/ s microscópio **microscopic** /ˌmaɪkrə'skɑpɪk/ adj microscópico

microwave /'maɪkrəweɪv/ s **1** microonda **2** (tb microwave oven) (forno de) microondas

mid /mɪd/ adj: in mid-July em meados de julho ◊ mid-morning (no) meio da manhã ◊ in mid sentence em meio à frase ◊ mid-life crisis crise da meia-idade

mid-air /ˌmɪd 'eər/ s: in mid-air em pleno ar ◊ to leave sth in mid-air deixar algo sem resolver

midday /ˌmɪd'deɪ/ s meio-dia

middle /'mɪdl/ ◆ s **1 the middle** [sing] o meio, o centro: in the middle of the night no meio da noite **2** (coloq) cintura LOC **in the middle of nowhere** (coloq) no fim do mundo ◆ adj central, médio: middle finger dedo médio ◊ middle management executivos de nível intermediário LOC **the middle ground** a ala/tendência moderada (**to follow/take**) **a middle course** (seguir/ficar em) um meio-termo

middle age s meia-idade **middle-aged** adj de meia-idade

middle class s classe média: the middle classes a classe média **middle-class** adj de classe média

middleman /'mɪdlmæn/ s (pl -men /-men/) intermediário

middle name s segundo nome

Nos países de língua inglesa, geralmente utilizam-se dois nomes e um sobrenome.

middle-of-the-road /ˌmɪdl əv ðə 'roʊd/ adj (freq pej) moderado

middleweight /'mɪdlweɪt/ s (Boxe) peso médio

midfield /mɪd'fiːld/ s meio-de-campo: midfield player (jogador de) meio-de-campo **midfielder** s (jogador de) meio-de-campo

midge /mɪdʒ/ s mosquito

midget /'mɪdʒɪt/ s anão, anã

midnight /'mɪdnaɪt/ s meia-noite

midriff /'mɪdrɪf/ s abdome

midst /mɪdst/ s meio: in the midst of no meio de LOC **in our midst** entre nós

midsummer /ˌmɪd'sʌmər/ s período próximo ao solstício de verão (21 de junho): Midsummer('s) Day dia de São João (24 de junho)

midway /ˌmɪd'weɪ/ adv ~ (**between ... and ...**) no meio, a meio caminho (entre ... e ...)

midweek /ˌmɪd'wiːk/ ◆ s o meio da semana ◆ adv no meio da semana

midwife /'mɪdwaɪf/ s (pl -wives /-waɪvz/) parteira **midwifery** /mɪd'wɪfəri/ s trabalho de parteira

midwinter /ˌmɪd'wɪntər/ s período próximo ao solstício de inverno (21 de dezembro)

miffed /mɪft/ adj (coloq) chateado

might¹ /maɪt/ v modal (neg might not ou mightn't /'maɪtnt/) **1** pret de MAY **2** (tb may) (possibilidade) poder (ser que): They may/might not come. Pode ser que eles não venham. ◊ I might be able to. Talvez eu possa. **3** (formal): Might I make a suggestion? Eu poderia fazer uma sugestão? ◊ And who might she be? E quem será ela? ◊ You might at least offer to help! Você poderia ao menos oferecer ajuda. ◊ You might have told me! Você podia ter me dito! ☛ Ver nota em MAY, PODER¹

might² /maɪt/ s [não contável] força, poder: with all their might com todas as suas forças ◊ military might poderio militar **mightily** adv (coloq) extremamente **mighty** adj (-ier, -iest) **1** poderoso, potente **2** imenso

migraine /'maɪgreɪn; GB 'miːgreɪn/ s enxaqueca

migrant /'maɪgrənt/ ◆ adj **1** (pessoa) migrante **2** (ave) migratório ◆ s migrante

migrate /'maɪgreɪt; GB maɪ'greɪt/ vi migrar **migratory** /'maɪgrətɔːri; GB 'maɪgrətri; maɪ'greɪtəri/ adj migratório

mike /maɪk/ s microfone

mild /maɪld/ adj (-er, -est) **1** (caráter) meigo **2** (clima) ameno: a mild winter um inverno ameno **3** (sabor, etc.) suave **4** (enfermidade, castigo) leve **5** ligeiro **mildly** adv levemente, um tanto: mildly surprised um tanto surpreso LOC **to put**

it mildly para não dizer outra coisa, por assim dizer

mildew /'mɪldu:; *GB* 'mɪldju:/ *s* mofo

mild-mannered /ˌmaɪld 'mænərd/ *adj* gentil, manso

mile /maɪl/ *s* **1** milha ☞ *Ver Apêndice 1.* **2** *esp* **the mile** (corrida de) milha LOC **miles better** muito melhor **miles from anywhere/nowhere** no fim do mundo **to be miles away** (*coloq*) estar longe (em pensamento/sonhando) **to see/tell, etc. sth a mile off** (*coloq*) ver/notar algo de longe **mileage** *s* **1** quilometragem, distância percorrida em milhas **2** (*coloq, fig*) vantagem

milestone /'maɪlstoʊn/ *s* **1** marco (*de estrada*) **2** (*fig*) marco

milieu /ˌmɪl'jɜ:; *GB* 'mi:ljɜ:/ *s* (*pl* -**eus** *ou* -**eux**) meio social

militant /'mɪlɪtənt/ ♦ *adj* militante ♦ *s* militante

military /'mɪləteri; *GB* -tri/ ♦ *adj* militar ♦ *s* **the military** os militares, o exército

militia /mə'lɪʃə/ *s* milícia **militiaman** *s* (*pl* -**men** /-mən/) miliciano

milk /mɪlk/ ♦ *s* leite: *milk products* laticínios ◊ *milk shake* leite batido LOC *Ver* CRY ♦ *vt* **1** ordenhar **2** (*fig*) tirar/extrair (*desonestamente*) **milky** *adj* (-**ier**, -**iest**) **1** (*café, chá, etc.*) com bastante leite **2** leitoso

milkman /'mɪlkmæn/ *s* (*pl* -**men** /-mən/) leiteiro

the Milky Way *s* a Via Láctea

mill /mɪl/ ♦ *s* **1** moinho **2** moedor **3** fábrica: *steel mill* siderúrgica ♦ *vt* moer PHR V **to mill about/around** circular (confusamente em grupo) **miller** *s* moleiro, -a

millennium /mɪ'leniəm/ *s* (*pl* -**ia** /-nɪə/ *ou* -**iums**) milênio

millet /'mɪlɪt/ *s* painço

million /'mɪljən/ *adj, s* **1** milhão ☞ *Ver exemplos em* FIVE **2** (*fig*) milhões LOC **one, etc. in a million** uma raridade **millionth** **1** *adj* milionésimo **2** *s* milionésima parte ☞ *Ver exemplos em* FIFTH

millionaire /ˌmɪljə'neər/ *s* (*fem* **millionairess**) milionário, -a

Em um contexto comercial, também se emprega **millionaire** para o feminino, uma vez que o termo **millionairess** é

usado somente para descrever uma mulher da alta sociedade com grande fortuna familiar.

millstone /'mɪlstoʊn/ *s* mó LOC **a millstone around your/sb's neck** um peso sobre os ombros (de alguém)

mime /maɪm/ ♦ *s* mímica: *a mime artist* um mímico ♦ *vt, vi* fazer mímica, imitar

mimic /'mɪmɪk/ ♦ *vt* (*pret, pp* **mimicked** *part pres* **mimicking**) arremedar, imitar ♦ *s* imitador, -ora **mimicry** *s* imitação

mince /mɪns/ ♦ *vt* moer (*carne*) LOC **not to mince matters**; **not to mince (your) words** não fazer rodeios, não medir as (próprias) palavras ♦ *s* (*GB*) (*USA* **ground beef**) carne moída

mincemeat /'mɪnsmi:t/ *s* recheio de frutas secas LOC **to make mincemeat of sb/sth** (*coloq*) fazer picadinho de alguém/algo

mincemeat pie (*GB* **mince pie**) *s* torta de Natal recheada com frutas secas

mind /maɪnd/ ♦ *s* **1** espírito **2** (*intelecto*) mente, cérebro: *mind-boggling* incrível **3** pensamento: *My mind was on other things.* Minha cabeça estava em outras coisas. **4** juízo: *to be sound in mind and body* estar em seu juízo perfeito LOC **in your mind's eye** na sua imaginação **to be in two minds about (doing) sth** (*GB*) estar indeciso quanto a (fazer) algo **to be on your mind**: *What's on your mind?* Com que você está preocupado? **to be out of your mind** (*coloq*) estar louco/fora de si **to come/spring to mind** ocorrer a alguém **to have a mind of your own** ter opinião própria **to have half a mind** (*GB* **a good mind**) **to do sth** (*coloq*) estar com (muita) vontade de fazer algo **to have sb/sth in mind (for sth)** ter alguém/algo em mente (para algo) **to keep your mind on sth** concentrar-se em algo **to make up your mind** decidir(-se) **to my mind** no meu parecer **to put/set your/sb's mind at ease/rest** tranqüilizar-se/tranqüilizar alguém **to put/set/turn your mind to sth** concentrar-se em algo, dedicar-se a algo **to take your/sb's mind off sth** distrair-se/distrair alguém de algo *Ver tb* BACK[1], BEAR[2], CHANGE, CLOSE[2], CROSS, FOCUS, FRAME, GREAT, PREY, SIGHT, SLIP, SOUND[2],

u	ɔː	ɜː	ə	j	w	eɪ	oʊ
sit**u**ation	s**aw**	f**ur**	**a**go	**y**es	**w**oman	p**ay**	h**o**me

SPEAK, STATE¹, UPPERMOST ♦ **1** *vt* cuidar de **2** *vt, vi* (*importar*): *Do you mind if I smoke?* Você se incomoda se eu fumar? ◊ *I don't mind.* Eu não me incomodo. ◊ *Would you mind going tomorrow?* Você se importaria de ir amanhã? **3** *vt* preocupar-se com: *Don't mind him.* Não se importe com ele. **4** (*GB*) (*USA* watch) *vt, vi* ter cuidado com: *Mind your head!* Cuidado com a cabeça! LOC **do you mind?** (*irôn, pej*) Você se importa(ria)? **mind you; mind** (*GB, coloq*) veja bem **never mind** não tem importância **never you mind** (*coloq*) nem perguntar **to mind your own business** não se meter onde não é chamado PHR V **to mind out (for sb/sth)** ter cuidado (com alguém/algo) **minder** *s* (*GB*) **1** pessoa que cuida de/ajuda outra pessoa **2** guarda-costas **mindful** *adj* (*formal*) consciente **mindless** *adj* idiota, descuidado

mine¹ /maɪn/ *pron poss* meu(s), minha(s): *a friend of mine* um amigo meu ◊ *Where's mine?* Onde está o meu? ☛ *Comparar com* MY

mine² /maɪn/ ♦ *s* mina: *mine worker* mineiro ♦ *vt* **1** extrair (*minerais*) **2** (*lit e fig*) minar **3** colocar minas (explosivas) em **miner** *s* mineiro, -a

minefield /ˈmaɪnfiːld/ *s* **1** campo minado **2** (*fig*) terreno perigoso

mineral /ˈmɪnərəl/ *s* mineral: *mineral water* água mineral

mingle /ˈmɪŋgl/ **1** *vi* misturar-se (às pessoas) (*em uma festa, reunião, etc.*): *The president mingled with his guests.* O presidente juntou-se aos convidados. **2** *vi* ~ (**with sth**) misturar(-se) com algo **3** *vt* combinar

miniature /ˈmɪnətʃʊər/ *s* miniatura

minibus /ˈmɪnibʌs/ *s* (*GB*) microônibus

minicab /ˈmɪnikæb/ *s* (*GB*) radiotáxi

minimal /ˈmɪnɪməl/ *adj* mínimo

minimize, -ise /ˈmɪnɪmaɪz/ *vt* minimizar

minimum /ˈmɪnɪməm/ ♦ *s* (*pl* minimums *ou* minima /-mə/) (*abrev* min) [*ger sing*] mínimo: *with a minimum of effort* com um mínimo de esforço ♦ *adj* mínimo: *There is a minimum charge of...* Há uma taxa mínima de...

mining /ˈmaɪnɪŋ/ *s* mineração: *the mining industry* a indústria de mineração

minister /ˈmɪnɪstər/ ♦ *s* **1** (*GB*) (*USA* secretary) ~ (**for/of sth**) ministro, -a (de algo) ☛ *Ver nota em* MINISTRO **2** ministro (*protestante*) ☛ *Ver nota em* PRIEST ♦ *vi* ~ **to sb/sth** (*formal*) atender a alguém/algo **ministerial** /ˌmɪnɪˈstɪəriəl/ *adj* ministerial

ministry /ˈmɪnɪstri/ *s* (*pl* -ies) **1** (*GB*) (*USA* department) (*Pol*) ministério **2** **the ministry** o clero (*protestante*): *to enter/go into/take up the ministry* tornar-se padre/pastor

mink /mɪŋk/ *s* visom

minor /ˈmaɪnər/ ♦ *adj* **1** secundário: *minor repairs* pequenos reparos ◊ *minor injuries* ferimentos leves **2** (*Mús*) menor ♦ *s* menor (de idade)

minority /maɪˈnɔːrəti; *GB* -ˈnɒr-/ *s* [*v sing ou pl*] (*pl* -ies) minoria: *a minority vote* um voto minoritário LOC **to be in a/the minority** estar em/na minoria

mint /mɪnt/ ♦ *s* **1** menta, hortelã **2** bala de menta/hortelã **3** a Casa da Moeda **4** [*sing*] (*coloq*) fortuna LOC **in mint condition** em perfeitas condições ♦ *vt* cunhar (*moeda*)

minus /ˈmaɪnəs/ ♦ *prep* **1** menos **2** (*coloq*) sem: *I'm minus my car today.* Estou sem meu carro hoje. **3** (*temperatura*) abaixo de zero: *minus five* cinco abaixo de zero ♦ *adj* (*Educ*) menos: *B minus* (*B-*) B menos ♦ *s* **1** (*tb* minus sign) sinal de menos **2** (*coloq*) desvantagem: *the pluses and minuses of sth* os prós e os contras de algo

minute¹ /ˈmɪnɪt/ *s* **1** minuto **2** minuto, momento: *Wait a minute!/Just a minute!* Espere um minuto!/(Só um momento)! **3** instante: *at that very minute* naquele exato momento **4** nota (*oficial*) **5** **minutes** [*pl*] ata (*de uma reunião*) LOC **not for a/one minute/moment** (*coloq*) nem por um segundo **the minute/moment (that)...** assim que...

minute² /maɪˈnuːt; *GB* -ˈnjuːt/ *adj* (-er, -est) **1** minúsculo **2** minucioso **minutely** *adv* minuciosamente

miracle /ˈmɪrəkl/ *s* milagre: *a miracle cure* uma cura milagrosa LOC **to do/work miracles/wonders** (*coloq*) fazer milagres/maravilhas **miraculous** /mɪˈrækjələs/ *adj* **1** milagroso: *He had a miraculous escape.* Ele escapou por milagre. **2** (*coloq*) assombroso

mirage /mɪˈrɑːʒ/ *s* miragem

mirror /ˈmɪrər/ ♦ *s* **1** espelho: *mirror*

image réplica exata/imagem invertida **2** (*no carro*) (espelho) retrovisor **3** (*fig*) reflexo ◆ *vt* refletir

mirth /mɜːrθ/ *s* (*formal*) **1** riso **2** alegria

misadventure /ˌmɪsədˈventʃər/ *s* **1** (*formal*) desgraça **2** (*GB, Jur*): *death by misadventure* morte acidental

misbehave /ˌmɪsbɪˈheɪv/ *vi* comportar-se mal misbehavior (*GB* misbehaviour) *s* mau comportamento

miscalculation /ˌmɪskælkjuˈleɪʃn/ *s* erro de cálculo

miscarriage /ˈmɪskærɪdʒ, ˌmɪsˈkær-/ *s* (*Med*) aborto (*espontâneo*) LOC **miscarriage of justice** erro judicial

miscellaneous /ˌmɪsəˈleɪniəs/ *adj* variado: *miscellaneous expenditure* gastos diversos

mischief /ˈmɪstʃɪf/ *s* **1** travessura, diabrura: *to keep out of mischief* não fazer travessuras **2** dano mischievous *adj* (*criança, sorriso*) travesso

misconceive /ˌmɪskənˈsiːv/ *vt* (*formal*) interpretar mal: *a misconceived project* um projeto mal concebido misconception *s* idéia equivocada: *It is a popular misconception that...* É um erro comum crer que...

misconduct /ˌmɪsˈkɑndʌkt/ *s* (*formal*) **1** (*Jur*) má conduta: *professional misconduct* má conduta/erro profissional **2** (*Com*) má administração

miser /ˈmaɪzər/ *s* sovina miserly *adj* (*pej*) **1** avarento **2** mísero

miserable /ˈmɪzrəbl/ *adj* **1** triste, infeliz **2** desprezível **3** horrível: *miserable weather* tempo horrível ◊ *I had a miserable time.* Foi horrível. miserably *adv* **1** tristemente **2** miseravelmente: *Their efforts failed miserably.* Seus esforços foram um fracasso total.

misery /ˈmɪzəri/ *s* (*pl* -ies) **1** tristeza, sofrimento: *a life of misery* uma vida miserável **2** [*ger pl*] miséria, tormento **3** (*GB, coloq*) infeliz, rabugento, -a LOC **to put sb out of their misery** (*lit e fig*) acabar com a agonia/o sofrimento de alguém

misfortune /ˌmɪsˈfɔːrtʃən/ *s* desgraça, infortúnio

misgiving /ˌmɪsˈgɪvɪŋ/ *s* [*ger pl*] dúvida (*apreensão*)

misguided /ˌmɪsˈgaɪdɪd/ *adj* (*formal*) equivocado: *misguided generosity* generosidade mal empregada

mishap /ˈmɪshæp/ *s* **1** contratempo **2** percalço

misinform /ˌmɪsɪnˈfɔːrm/ *vt* ~ **sb** (**about sth**) (*formal*) informar mal alguém (sobre algo)

misinterpret /ˌmɪsɪnˈtɜːrprɪt/ *vt* interpretar mal misinterpretation *s* interpretação errônea

misjudge /ˌmɪsˈdʒʌdʒ/ *vt* **1** julgar mal **2** calcular mal

mislay /ˌmɪsˈleɪ/ *vt* (*pret, pp* mislaid /-ˈleɪd/) extraviar, pôr/guardar em lugar errado

mislead /ˌmɪsˈliːd/ *vt* (*pret, pp* misled /-ˈled/) ~ **sb** (**about/as to sth**) induzir alguém em erro (a respeito de algo): *Don't be misled by...* Não se deixe enganar por... misleading *adj* enganoso

mismanagement /ˌmɪsˈmænɪdʒmənt/ *s* má administração

misogynist /mɪˈsɑdʒɪnɪst/ *s* misógino

misplaced /ˌmɪsˈpleɪst/ *adj* **1** mal colocado **2** (*afeto, confiança*) imerecido **3** fora de propósito

misprint /ˈmɪsprɪnt/ *s* erro de impressão

misread /ˌmɪsˈriːd/ *vt* (*pret, pp* misread /-ˈred/) **1** ler mal **2** interpretar mal

misrepresent /ˌmɪsˌreprɪˈzent/ *vt* ~ **sb** deturpar as palavras de alguém

Miss /mɪs/ *s* senhorita ☞ *Ver nota em* SENHORITA

miss /mɪs/ ◆ **1** *vt, vi* não acertar, errar: *to miss your footing* tropeçar **2** *vt* não ver/entender: *You can't miss it.* Você não tem como errar. ◊ *I missed what you said.* Não entendi o que você disse. ◊ *to miss the point* não entender a questão **3** *vt* perder, não chegar a tempo para **4** *vt* sentir falta/saudades de **5** *vt* evitar: *to narrowly miss (hitting) sth* não bater em algo por pouco LOC **not to miss much**; **not to miss a trick** (*coloq*) ser muito vivo PHR V **to miss sth out** (*GB*) deixar alguém/algo de fora **to miss out** (**on sth**) (*coloq*) perder (a oportunidade de) algo ◆ *s* falha, tiro errado LOC **to give sth a miss** (*GB, coloq*) deixar de fazer algo (*habitual*)

missile /ˈmɪsl/; *GB* ˈmɪsaɪl/ *s* **1** projétil **2** (*Mil*) míssil

missing /ˈmɪsɪŋ/ *adj* **1** extraviado **2** que falta: *He has a tooth missing.* Ele

tʃ	dʒ	v	θ	ð	s	z	ʃ
chin	**June**	**van**	**thin**	**then**	**so**	**zoo**	**she**

não tem um dente. **3** desaparecido: *missing persons* pessoas desaparecidas

mission /'mɪʃn/ s missão

missionary /'mɪʃəneri; *GB* -nri/ s (*pl* -ies) missionário, -a

mist /mɪst/ ◆ s **1** névoa ☞ *Comparar com* FOG, HAZE **2** (*fig*) bruma: *lost in the mists of time* perdido na névoa do tempo ◆ PHR V **to mist over/up** embaçar **misty** *adj* (-ier, -iest) **1** (*tempo*) com cerração **2** (*fig*) embaçado

mistake /mɪ'steɪk/ ◆ s erro, equívoco: *to make a mistake* errar

As palavras **mistake**, **error**, **fault** e **defect** estão relacionadas. **Mistake** e **error** têm o mesmo significado, mas **error** é mais formal. **Fault** indica a culpabilidade de uma pessoa: *It's all your fault.* É tudo culpa sua. Pode também indicar uma imperfeição: *an electric fault* uma falha elétrica ◊ *He has many faults.* Ele tem muitos defeitos. **Defect** é uma imperfeição mais grave.

LOC **and no mistake** (*coloq*) sem dúvida alguma **by mistake** por engano ◆ vt (*pret* **mistook** /mɪ'stʊk/ *pp* **mistaken** /mɪ'steɪkən/) **1** equivocar-se a respeito de: *I mistook your meaning/what you meant.* Eu entendi mal o que você queria dizer. **2** ~ **sb/sth for sb/sth** confundir alguém/algo com alguém/algo LOC **there's no mistaking sb/sth** é impossível confundir alguém/algo **mistaken** *adj* ~ (**about sb/sth**) equivocado (sobre alguém/algo): *if I'm not mistaken* se não me engano **mistakenly** *adv* erroneamente, por engano

mister /'mɪstər/ s (*abrev* Mr.) Senhor

mistletoe /'mɪsltoʊ/ s visco

mistook *pret de* MISTAKE

mistreat /ˌmɪs'triːt/ vt maltratar

mistress /'mɪstrəs/ s **1** amante **2** (*de situação, animal*) dona **3** (*esp GB*) professora **4** senhora *Ver tb* MASTER

mistrust /ˌmɪs'trʌst/ ◆ vt desconfiar de ◆ s ~ (**of sb/sth**) desconfiança (de alguém/algo)

misty *Ver* MIST

misunderstand /ˌmɪsʌndər'stænd/ vt, vi (*pret, pp* **misunderstood** /ˌmɪsˌʌndər'stʊd/) compreender mal, interpretar mal **misunderstanding** s **1** mal-entendido **2** desavença

misuse /ˌmɪs'juːs/ s **1** (*palavra*) emprego incorreto **2** (*fundos*) malversação **3** abuso

mitigate /'mɪtɪgeɪt/ vt (*formal*) mitigar, atenuar

mitten /'mɪtn/ s luva (*com separação apenas para o polegar*)

mix /mɪks/ ◆ **1** vt, vi misturar(-se): *She mixed a drink for me.* Ela preparou uma bebida para mim. **2** vi **to mix (with sb/sth)** relacionar-se com alguém/algo: *She mixes well with other children.* Ela se relaciona bem com outras crianças. LOC **to be/get mixed up in sth** (*coloq*) estar metido/meter-se em algo PHR V **to mix sth in (to sth)** adicionar algo (a algo) **to mix sb/sth up (with sb/sth)** confundir alguém/algo (com alguém/algo) ◆ s **1** mistura **2** preparado **mixed** *adj* **1** misto **2** sortido **3** (*tempo*) variável LOC **to have mixed feelings (about sb/sth)** ter sentimentos desencontrados (sobre alguém/algo) **mixer** s **1** (*de alimentos*) misturador, batedeira **2** (*coloq*): *to be a good/bad mixer* ser sociável/não sociável **mixture** s **1** mistura **2** combinação **mix-up** s (*coloq*) confusão

moan /moʊn/ ◆ **1** vt, vi gemer, dizer gemendo **2** vi ~ (**about sth**) (*coloq*) queixar-se (de algo) ◆ s **1** gemido **2** (*coloq*) queixa

moat /moʊt/ s fosso (*de castelo*)

mob /mɑb/ ◆ s [*v sing ou pl*] **1** turba **2** (*coloq*) quadrilha (*de criminosos*) **3 the Mob** a Máfia ◆ vt (-bb-) acossar

mobile /'moʊbl, -biːl; *GB* -baɪl/ *adj* **1** móvel: *mobile library* biblioteca itinerante ◊ *mobile home* trailer ◊ *mobile (phone)* (telefone) celular **2** (*rosto, traços*) versátil **mobility** /moʊ'bɪləti/ s mobilidade

mobilize, -ise /'moʊbəlaɪz/ **1** vt, vi (*Mil*) mobilizar(-se) **2** vt organizar

mock /mɑk/ ◆ **1** vt zombar **2** vi ~ (**at sb/sth**) zombar (de alguém/algo): *a mocking smile* um sorriso de zombaria ◆ *adj* **1** fictício: *mock battle* batalha simulada **2** falso, de imitação **mockery** s [*não contável*] **1** zombaria **2** ~ (**of sth**) paródia (de algo) LOC **to make a mockery of sth** ridicularizar algo

mode /moʊd/ s (*formal*) **1** (*de transporte*) meio **2** (*de produção*) modo **3** (*de pensar*) forma

model /'mɑdl/ ◆ s **1** modelo **2** maquete: *scale model* maquete/modelo (em mini-

i:	i	ɪ	e	æ	ɑ	ʌ	ʊ	u:
see	happy	sit	ten	hat	cot	cup	put	too

atura) ◊ *model car* carro em miniatura ◆ *vt, vi* (**-l-**, *GB* **-ll-**) posar como modelo, ser modelo PHR V **to model yourself/sth on sb/sth** tomar alguém/algo como modelo **modeling** (*GB* **modelling**) *s* 1 modelagem 2 trabalho de modelo

modem /ˈmoʊdem/ *s* modem

moderate /ˈmɑdərət/ ◆ *adj* 1 moderado: *Cook over a moderate heat.* Cozinhar em fogo moderado. 2 regular ◆ *s* moderado, -a ◆ /ˈmɑdəreɪt/ *vt, vi* moderar(-se): *a moderating influence* uma influência moderadora **moderation** *s* moderação LOC **in moderation** com moderação

modern /ˈmɑdərn/ *adj* moderno: *to study modern languages* estudar línguas modernas **modernity** /məˈdɜːrnəti/ *s* modernidade **modernize, -ise** *vt, vi* modernizar(-se)

modest /ˈmɑdɪst/ *adj* 1 modesto 2 pequeno, moderado 3 (*soma, preço*) módico 4 ~ (**about sth**) (*aprov*) modesto (em relação a algo) 5 recatado **modesty** *s* modéstia

modify /ˈmɑdɪfaɪ/ *vt* (*pret, pp* **-fied**) modificar ☛ A palavra mais comum é **change**.

module /ˈmɑdʒuːl/; *GB* -dju:l/ *s* módulo **modular** *adj* modular

mogul /ˈmoʊɡl/ *s* magnata

moist /mɔɪst/ *adj* úmido: *a rich, moist fruit cake* um bolo de frutas úmido e saboroso ◊ *in order to keep your skin soft and moist* para manter sua pele macia e hidratada

Tanto **moist** quanto **damp** se traduzem por "úmido"; porém **damp** é o termo mais freqüente e pode ter um sentido mais negativo: *damp walls* paredes úmidas ◊ *Use a damp cloth.* Use um pano umedecido. ◊ *cold damp weather* tempo frio e chuvoso

moisten /ˈmɔɪsn/ *vt, vi* umedecer(-se) **moisture** /ˈmɔɪstʃər/ *s* umidade **moisturize, -ise** *vt* hidratar **moisturizer, -iser** *s* (creme) hidratante

molar /ˈmoʊlər/ *s* molar

mold[1] (*GB* **mould**) /moʊld/ ◆ *s* molde, forma ◆ *vt* moldar(-se)

mold[2] (*GB* **mould**) /moʊld/ *s* mofo **moldy** (*GB* **mouldy**) *adj* mofado

mole /moʊl/ *s* 1 pinta 2 (*Zool*) toupeira 3 (*fig*) informante

molecule /ˈmɑlɪkjuːl/ *s* molécula **molecular** *adj* molecular

molest /məˈlest/ *vt* 1 agredir/molestar sexualmente 2 agredir

mollify /ˈmɑlɪfaɪ/ *vt* (*pret, pp* **-fied**) acalmar, apaziguar

molten /ˈmoʊltən/ *adj* fundido

mom /mɑm/ (*GB* **mum** /mʌm/) *s* (*coloq*) mamãe

moment /ˈmoʊmənt/ *s* momento, instante: *One moment/Just a moment/ Wait a moment.* Um momento/Só um momento /Aguarde um momento. ◊ *I shall only be/I won't be a moment.* Não vou demorar. LOC **at a moment's notice** imediatamente, sem avisar **at the moment** no momento, atualmente **for the moment/present** no momento, por enquanto **the moment of truth** a hora da verdade *Ver tb* MINUTE[1], SPUR

momentary /ˈmoʊmənteri; *GB* -tri/ *adj* momentâneo **momentarily** *adv* 1 momentaneamente 2 (*US*) imediatamente

momentous /məˈmentəs, moʊˈm-/ *adj* de enorme importância

momentum /məˈmentəm, moʊˈm-/ *s* 1 impulso, ímpeto 2 (*Fís*) momento: *to gain/gather momentum* ganhar velocidade

mommy /ˈmɑmi/ (*GB* **mummy**) *s* (*pl* **-ies**) mamãe

monarch /ˈmɑnərk; *GB* -ɑrk/ *s* monarca **monarchy** *s* (*pl* **-ies**) monarquia

monastery /ˈmɑnəsteri; *GB* -tri/ *s* (*pl* **-ies**) mosteiro

monastic /məˈnæstɪk/ *adj* monástico

Monday /ˈmʌndeɪ, ˈmʌndi/ *s* (*abrev* **Mon**) segunda-feira ☛ Em inglês, os nomes dos dias da semana têm inicial maiúscula: *every Monday* toda segunda-feira ◊ *last/next Monday* segunda-feira passada/que vem ◊ *the Monday before last/after next* duas segundas atrás/daqui a duas segundas ◊ *Monday morning/evening* segunda-feira de manhã/noite ◊ *Monday week/a week on Monday* na outra segunda-feira ◊ *I'll see you (on) Monday.* Até segunda! ◊ *We usually play badminton on Mondays/on a Monday.* Costumamos jogar badminton às segundas-feiras. ◊ *The museum is open Monday through Friday.* O museu abre de segunda a sexta. ◊ *Did you read the article about Italy in Monday's*

u	ɔː	ɜː	ə	j	w	eɪ	oʊ
sit**u**ation	s**aw**	f**ur**	**a**go	**y**es	**w**oman	p**ay**	h**o**me

paper? Você leu o artigo sobre a Itália no jornal de segunda?

monetary /ˈmʌnɪtəri, ˈmʌn-; *GB* -tri/ *adj* monetário

money /ˈmʌni/ *s* [*não contável*] dinheiro: *to spend/save money* gastar/guardar dinheiro ◊ *to earn/make money* ganhar/fazer dinheiro ◊ *money worries* preocupações com dinheiro LOC **to get your money's worth** receber boa qualidade (*em uma compra ou serviço*)

monitor /ˈmʌnɪtər/ ◆ *s* **1** (*TV, Informát*) monitor **2** (*eleições*) supervisor, -ora ◆ *vt* **1** controlar, observar **2** (*Rádio*) controlar **monitoring** *s* controle, supervisão

monk /mʌŋk/ *s* monge

monkey /ˈmʌŋki/ *s* (*pl* -eys) **1** macaco **2** (*coloq*) (*criança*) capetinha

monogamy /məˈnɒɡəmi/ *s* monogamia **monogamous** *adj* monogâmico

monolithic /ˌmɒnəˈlɪθɪk/ *adj* (*lit e fig*) monolítico

monologue (*USA tb* **monolog**) /ˈmɒnəlɔːɡ; *GB* -lɒɡ/ *s* monólogo

monopolize, -ise /məˈnɒpəlaɪz/ *vt* monopolizar

monopoly /məˈnɒpəli/ *s* (*pl* -ies) monopólio

monoxide /məˈnɒksaɪd/ *s* monóxido

monsoon /ˌmɒnˈsuːn/ *s* monção

monster /ˈmɒnstər/ *s* monstro **monstrous** /ˈmɒnstrəs/ *adj* monstruoso

monstrosity /mɒnˈstrɒsəti/ *s* (*pl* -ies) monstruosidade

month /mʌnθ/ *s* mês: *$14 a month* 14 dólares por mês ◊ *I haven't seen her for months.* Eu não a vejo há meses.

monthly /ˈmʌnθli/ ◆ *adj* mensal ◆ *adv* mensalmente ◆ *s* (*pl* -ies) publicação mensal

monument /ˈmɒnjumənt/ *s* ~ (**to** algo) monumento (a algo) **monumental** /ˌmɒnjuˈmentl/ *adj* **1** monumental **2** (*fig*) excepcional **3** enorme

moo /muː/ *vi* mugir

mood /muːd/ *s* **1** humor: *to be in a good/bad mood* estar de bom/mau humor **2** mau humor: *He's in a mood.* Ele está mal-humorado. **3** ambiente **4** (*Gram*) modo LOC **to be in the/in no mood to do sth/for (doing) sth** (não) estar a fim de (fazer) algo **moody** *adj*

(-ier, -iest) **1** de lua, de humor instável **2** mal-humorado

moon /muːn/ ◆ *s* lua: *moonbeam* raio de luar ◊ *moonless* sem lua LOC **over the moon** (*coloq*) louco de contente ◆ *vi* ~ (**about/around**) (*coloq*) ficar/andar sem fazer nada

moonlight /ˈmuːnlaɪt/ ◆ *s* luar ◆ *vi* (*pret, pp* -lighted) (*coloq*) ter um bico/otro trabalho **moonlit** *adj* enluarado

Moor /mʊər/ *s* mouro, -a **Moorish** *adj* mouro, mourisco

moor¹ /mʊər/ *s* charneca

moor² /mʊər/ *vt, vi* ~ **sth** (**to sth**) (*Náut*) amarrar algo (a algo) **mooring** *s* **1 moorings** [*pl*] amarras **2** ancoradouro

moorland /ˈmʊərlənd/ *s* charneca

moose /muːs/ *s* (*pl* moose) alce americano

mop /mɒp/ ◆ *s* **1** esfregão **2** (*cabelo*) madeixa ◆ *vt* (-pp-) **1** enxugar, esfregar **2** (*rosto*) enxugar PHR V **to mop sth up** enxugar algo

mope /moʊp/ *vi* deprimir-se PHR V **to mope about/around** ficar/andar deprimido

moped /ˈmoʊped/ *s* bicicleta motorizada

moral /ˈmɒrəl; *GB* ˈmɒrəl/ ◆ *s* **1** moral **2 morals** [*pl*] moralidade ◆ *adj* **1** moral **2** *a moral tale* uma estória com moral **moralistic** /ˌmɒrəˈlɪstɪk/ *adj* (*freq pej*) moralista **morality** /məˈræləti/ *s* moral, moralidade: *standards of morality* padrões/valores morais **moralize, -ise** *vi* ~ (**about/on sth**) (*freq pej*) moralizar, dar lição de moral (sobre algo) **morally** *adv* moralmente: *to behave morally* comportar-se honradamente

morale /məˈræl; *GB* -ˈrɑːl/ *s* moral (*ânimo*): *raise sb's morale* levantar o moral de alguém

morbid /ˈmɔːrbɪd/ *adj* **1** mórbido **2** (*Med*) patológico **morbidity** /mɔːrˈbɪdəti/ *s* **1** morbidez **2** (*Med*) patologia

more /mɔːr/ ◆ *adj* mais: *more money than sense* mais dinheiro que juízo ◊ *more food than could be eaten* mais comida do que se conseguia comer ◆ *pron* mais: *You've had more to drink than me/than I have.* Você bebeu mais do que eu. ◊ *I'll take three more.* Eu vou levar mais três. ◊ *more than $50* mais do que 50 dólares ◊ *I hope we'll see more*

aɪ	aʊ	ɔɪ	ɪə	eə	ʊə	ʒ	h	ŋ
five	now	join	near	hair	pure	vision	how	sing

of you. Espero ver você com mais freqüência. ◆ *adv* **1** mais ☞ É utilizado para formar o comparativo de *adjs* e *advs* de duas ou mais sílabas: *more quickly* mais rápido ◊ *more expensive* mais caro **2** mais: *once more* mais uma vez ◊ *It's more of a hindrance than a help.* Mais atrapalha do que ajuda. ◊ *That's more like it!* Assim, sim! ◊ *even more so* ainda mais LOC **to be more than happy, glad, willing, etc. to do sth** ter o maior prazer em fazer algo **more and more** cada vez mais, mais e mais **more or less** mais ou menos: *more or less finished* quase pronto **what is more** e mais, além disso *Ver tb* ALL

moreover /mɔːˈrouvər/ *adv* além disso, de mais a mais

morgue /mɔːrg/ *s* necrotério

morning /ˈmɔːrnɪŋ/ *s* **1** manhã: *on Sunday morning* no domingo de manhã ◊ *tomorrow morning* amanhã de manhã ◊ *on the morning of the wedding* na manhã do casamento **2** madrugada: *in the early hours of Sunday morning* nas primeiras horas da madrugada de domingo ◊ *at three in the morning* às três da madrugada **3** [diante de substantivo] da manhã, matinal: *the morning papers* os jornais matutinos LOC **good morning!** bom dia! ☞ Em situações informais, muitas vezes se diz simplesmente **Morning!** ao invés de **Good morning!** **in the morning** de/pela manhã: *eleven o'clock in the morning* onze horas da manhã

Utilizamos a preposição **in** com **morning, afternoon** e **evening** para nos referirmos a um determinado período do dia: *at three o'clock in the afternoon* às três da tarde, e **on** para nos referirmos a um ponto no calendário: *on a cool May morning* em uma manhã fresca de maio ◊ *on Monday afternoon* na tarde de segunda-feira ◊ *on the morning of September 4* na manhã de 4 de setembro. No entanto, em combinação com **tomorrow, this, that** e **yesterday**, não utilizamos preposição: *They'll leave this evening.* Eles vão embora esta noite. ◊ *I saw her yesterday morning.* Eu a vi ontem de manhã.

moron /ˈmɔːrɑːn/ *s* (coloq, ofen) imbecil

morose /məˈrous/ *adj* carrancudo
morosely *adv* com mau humor

morphine /ˈmɔːrfiːn/ *s* morfina

morsel /ˈmɔːrsl/ *s* bocado (*de comida*)

mortal /ˈmɔːrtl/ ◆ *s* mortal ◆ *adj* mortal **mortality** /mɔːrˈtæləti/ *s* **1** mortalidade **2** mortandade

mortar /ˈmɔːrtər/ *s* **1** argamassa **2** (*Mil*) morteiro **3** pilão

mortgage /ˈmɔːrgɪdʒ/ ◆ *s* hipoteca: *mortgage (re)payment* pagamento de hipoteca ◆ *vt* hipotecar

mortify /ˈmɔːrtɪfaɪ/ *vt* (pret, pp -fied) humilhar

mortuary /ˈmɔːrtʃueri; GB ˈmɔːtʃəri/ *s* (pl -ies) sala/capela mortuária

mosaic /mouˈzeɪk/ *s* mosaico

Moslem *Ver* MUSLIM

mosque /mɑsk/ *s* mesquita

mosquito /məsˈkiːtou, mɑs-/ *s* (pl -oes) mosquito: *mosquito net* mosquiteiro

moss /mɔːs; GB mɒs/ *s* musgo

most /moust/ ◆ *adj* **1** mais, a maior parte de: *Who got (the) most votes?* Quem conseguiu a maioria dos votos? ◊ *We spent most time in Rome.* Passamos a maior parte do tempo em Roma. **2** a maioria de, quase todos: *most days* quase se todos os dias ◆ *pron* **1** *I ate (the) most.* Fui eu quem comeu mais. ◊ *the most I could offer you* o máximo que eu poderia oferecer a você **2** a maioria de: *most of the day* a maior parte do dia ◊ *Most of you know.* A maioria de vocês sabe.

Most é o superlativo de **much** e de **many**, sendo utilizado tanto com substantivos não contáveis quanto com substantivos no plural: *Who's got most time?* Quem (é que) tem mais tempo? ◊ *most children* a maioria das crianças. No entanto, diante de pronomes, de substantivos precedidos por *the* ou de adjetivos possessivos e demonstrativos, utilizamos **most of**: *most of my friends* a maioria dos meus amigos ◊ *most of us* a maioria de nós ◊ *most of these records* a maior parte destes discos.

◆ *adv* **1** mais ☞ É utilizado para formar o superlativo de locuções adverbiais, adjetivos e advérbios de duas ou mais sílabas: *This is the most interesting book I've read for a long time.* Este é o livro mais interessante que eu li em muito tempo. ◊ *What upset me (the)*

tʃ	dʒ	v	θ	ð	s	z	ʃ
chin	**June**	**van**	**thin**	**then**	**so**	**zoo**	**she**

most was that… O que mais me aborreceu foi que… ◊ **most of all** sobretudo **2** muito: *most likely* muito provavelmente LOC **at (the) most** no máximo, quanto muito mostly *adv* principalmente, em geral

moth /mɔːθ; *GB* mɒθ/ *s* **1** mariposa **2** (*tb clothes moth*) traça

mother /ˈmʌðər/ ◆ *s* mãe ◆ *vt* **1** criar (como mãe) **2** mimar motherhood *s* maternidade (*estado*) mother-in-law *s* (*pl* -ers-in-law) sogra motherly *adj* maternal mother-to-be *s* (*pl* -ers-to-be) futura mamãe mother tongue *s* língua materna

motif /moʊˈtiːf/ *s* **1** motivo, desenho **2** tema

motion /ˈmoʊʃn/ ◆ *s* **1** movimento: *motion picture* filme (de cinema) **2** (*em reunião*) moção LOC **to go through the motions (of doing sth)** (*coloq*) fingir (fazer algo) **to put/set sth in motion** colocar algo em movimento/funcionamento *Ver tb* SLOW ◆ **1** *vi* ~ **to/for sb to do sth** fazer sinal a alguém para que faça algo **2** *vt* indicar com sinais: *to motion sb in* fazer sinal para alguém entrar motionless *adj* imóvel

motivate /ˈmoʊtɪveɪt/ *vt* motivar

motive /ˈmoʊtɪv/ *s* ~ **(for sth)** motivo, razão (de algo): *He had an ulterior motive.* Ele tinha segundas intenções. ☞ A tradução mais comum de "motivo" é **reason**.

motor /ˈmoʊtər/ *s* **1** motor ☞ *Ver nota em* ENGINE **2** (*GB, antiquado, hum*) carro motoring *s* automobilismo motorist *s* motorista motorize, -ise *vt* motorizar

motorbike *s* (*coloq*) moto

motor boat *s* lancha (a motor)

motor car *s* (*formal, antiquado*) carro

motorcycle /ˈmoʊtərsaɪkl/ *s* motocicleta

motor racing *s* corrida automobilística

motorway /ˈmoʊtərweɪ/ (*GB*) (*USA* freeway) *s* rodovia

mottled /ˈmɒtld/ *adj* mosqueado

motto /ˈmɒtoʊ/ *s* (*pl* -oes) lema

mould (*GB*) *Ver* MOLD[1,2]

mouldy (*GB*) *Ver* MOLDY *em* MOLD[2]

mound /maʊnd/ *s* **1** montículo **2** monte (*de coisas*)

mount /maʊnt/ ◆ *s* **1** (*Geog*) monte **2** suporte, montagem **3** (*animal*) montaria **4** (*de quadro*) moldura ◆ **1** *vt* (*cavalo*) montar em **2** *vt* (*quadro*) emoldurar **3** *vt* organizar, montar **4** *vt* instalar **5** *vi* ~ **(up) (to sth)** crescer, aumentar (até atingir algo) mounting *adj* crescente

mountain /ˈmaʊntn; *GB* -ntən/ *s* **1** montanha: *mountain range* cadeia de montanhas **2** the mountains [*pl*] (*em contraposição à costa*) as montanhas mountaineer /ˌmaʊntɪˈnɪər/ *s* alpinista mountaineering /ˌmaʊntɪˈnɪərɪŋ/ *s* alpinismo mountainous /ˈmaʊntənəs/ *adj* montanhoso

mountainside /ˈmaʊntənsaɪd/ *s* encosta

mourn /mɔːrn/ **1** *vi* lamentar(-se) **2** *vi* estar de luto **3** *vt*: *to mourn sb/sth* chorar a morte de alguém/lamentar algo mourner *s* pessoa que comparece a enterro ou velório mournful *adj* triste, depressivo mourning *s* luto, dor: *in mourning* de luto

mouse /maʊs/ *s* (*pl* mice /maɪs/) **1** camundongo **2** (*Informát*) mouse ☞ *Ver ilustração em* COMPUTADOR mousetrap *s* ratoeira

mousse /muːs/ *s* mousse

moustache (*esp GB*) *Ver* MUSTACHE

mouth /maʊθ/ *s* (*pl* ~s /maʊðz/) **1** boca **2** (*de rio*) foz LOC *Ver* LOOK[1] mouthful *s* **1** (*comida*) bocado **2** (*líquido*) trago

mouthpiece /ˈmaʊθpiːs/ *s* **1** (*Mús*) boquilha **2** (*de telefone*) bocal **3** (*fig*) porta-voz

movable /ˈmuːvəbl/ *adj* móvel

move /muːv/ ◆ *s* **1** movimento **2** (*de casa, trabalho*) mudança **3** (*xadrez, etc.*) jogada, vez **4** passo, medida LOC **to get a move on** (*coloq*) apressar-se **to make a move 1** agir **2** ir(-se) embora *Ver tb* FALSE ◆ **1** *vi* mover(-se): *Don't move!* Não se mexa! ◊ *It's your turn to move.* É a sua vez de jogar. **2** *vt, vi* mudar(-se) de local, transportar: *He has been moved to London.* Ele foi enviado para Londres. ◊ *I'm going to move the car before they give me a ticket.* Eu vou mudar o carro de lugar antes que me multem. ◊ *They sold the house and moved to Scotland.* Eles venderam a casa e se mudaram para a Escócia. **3** *vi* ~ **(in)/(out)** mudar(-se): *They had to move out.* Eles tiveram que se mudar da casa. **4** *vt* comover **5** *vt* ~ **sb (to do sth)**

i:	i	ɪ	e	æ	ɑ	ʌ	ʊ	u:
see	happy	sit	ten	hat	cot	cup	put	too

convencer alguém (a fazer algo) LOC **to move house** mudar (de casa), mudar-se *Ver tb* KILL

PHR V **to move about/around** andar de lá para cá

to move (sth) away afastar-se, afastar algo

to move forward avançar

to move in instalar-se

to move on prosseguir (viagem)

to move out mudar-se

movement /ˈmuːvmənt/ *s* **1** movimento **2** ~ **(towards/away from sth)** tendência (em direção a algo/a afastar-se de algo) **3** (*Mec*) mecanismo

movie /ˈmuːvi/ (*esp USA*) *s* filme (*de cinema*): *to go to the movies* ir ao cinema

movie theater (*GB* cinema) *s* cinema

moving /muːvɪŋ/ *adj* **1** móvel **2** comovente

mow /moʊ/ *vt* (*pret* mowed *pp* mown /moʊn/ *ou* mowed) aparar, cortar PHR V **to mow sb down** aniquilar alguém **mower** *s* cortador (de grama)

MP /ˌem ˈpiː/ *abrev* (*GB*) Member of Parliament deputado, -a

Mr. /ˈmɪstər/ *abrev* senhor (=Sr.)

Mrs. /ˈmɪsɪz/ *abrev* senhora (=Sra.)

Ms. /mɪz, məz/ *abrev* senhora (=Sra.) ☞ *Ver nota em* SENHORITA

much /mʌtʃ/ ♦ *adj* muito: *so much traffic* tanto tráfego ♦ *pron* muito: *How much is it?* Quanto é? ◊ *too much* demais ◊ *as much as you can* quanto você puder ◊ *for much of the day* pela maior parte do dia ☞ *Ver nota em* MANY *Ver tb* MUITO ♦ *adv* muito: *Much to her surprise…* Para grande surpresa dela… ◊ *much-needed* muito necessário ◊ *much too cold* frio demais LOC **much as** por mais que **much the same** praticamente igual **not much of a…**: *He's not much of an actor.* Ele não é grande coisa como ator. *Ver tb* AS, SO

muck /mʌk/ ♦ *s* **1** esterco **2** (*coloq, esp GB*) porcaria ♦ *v* (*coloq, esp GB*) PHR V **to muck about/around** enrolar, perder tempo **to muck sth up** estragar algo **mucky** *adj* (-ier, -iest) sujo

mucus /ˈmjuːkəs/ *s* [*não contável*] muco

mud /mʌd/ *s* barro, lama: *mudguard* pára-lama LOC *Ver* CLEAR **muddy** *adj* (-ier, -iest) **1** lamacento: *muddy foot-*

prints pegadas de barro **2** (*fig*) turvo, pouco claro

muddle /ˈmʌdl/ ♦ *vt* **1** ~ *sth* (up) misturar, bagunçar algo **2** ~ sb/sth (up) confundir alguém/algo **3** ~ A (up) with B; ~ A and B (up) confundir A com B ♦ *s* **1** desordem, bagunça **2** ~ (about/over sth) confusão (com algo): *to get (yourself) into a muddle* meter-se em confusão **muddled** *adj* confuso

muffin /ˈmʌfɪn/ *s* tipo de bolo

muffled /ˈmʌfld/ *adj* **1** (*grito, voz*) abafado **2** ~ (up) (in sth) (*em roupa*) enrolado (em algo)

muffler /ˈmʌflər/ *s* **1** (*GB* scarf) cachecol **2** (*carro*) silenciador

handle   rim   **mug**

cup and saucer   mug

mug /mʌg/ ♦ *s* **1** caneca **2** (*coloq, pej, hum*) (*rosto*) cara **3** (*coloq*) otário LOC **a mug's game** (*pej, GB*) uma perda de tempo ♦ *vt* (-gg-) assaltar **mugger** *s* assaltante **mugging** *s* assalto

muggy /ˈmʌgi/ *adj* (-ier, -iest) (*tempo*) abafado

mulberry /ˈmʌlberi; *GB* ˈmʌlbəri/ *s* **1** (*tb* mulberry tree, mulberry bush) amoreira **2** amora **3** cor de amora

mule /mjuːl/ *s* **1** mula **2** chinelo (*de quarto*)

mull /mʌl/ PHR V **to mull sth over** refletir sobre algo

multicolored (*GB* multicoloured) /ˈmʌltikʌlərd/ *adj* multicor

multilingual /ˌmʌltiˈlɪŋgwəl/ *adj* poliglota

multinational /ˌmʌltiˈnæʃnəl/ *adj, s* multinacional

multiple /ˈmʌltɪpl/ ♦ *adj* múltiplo ♦ *s* múltiplo

multiple sclerosis /ˌmʌltɪpl sklə-ˈroʊsɪs/ *s* esclerose múltipla

multiplication /ˌmʌltɪplɪˈkeɪʃn/ *s* multiplicação: *multiplication table* tabuada ◊ *multiplication sign* sinal de multiplicação

multiplicity /ˌmʌltɪˈplɪsəti/ s ~ **of sth** multiplicidade de algo

multiply /ˈmʌltɪplaɪ/ *vt, vi* (*pret, pp* -**lied**) multiplicar(-se)

multi-purpose /ˌmʌlti ˈpɜːrpəs/ *adj* para diversas finalidades

multitude /ˈmʌltɪtuːd; *GB* -tjuːd/ *s* (*formal*) multidão

mum (*GB, coloq*) Ver MOM

mumble /ˈmʌmbl/ *vt, vi* murmurar, resmungar: *Don't mumble.* Não resmungue.

mummy /ˈmʌmi/ *s* (*pl* -**ies**) **1** (*GB*) (*USA* **mommy** /ˈmɑmi/) (*coloq*) mamãe **2** múmia

mumps /mʌmps/ *s* [*sing*] caxumba

munch /mʌntʃ/ *vt, vi* ~ **(on) sth** mascar, mastigar algo

mundane /mʌnˈdeɪn/ *adj* comum, mundano

municipal /mjuːˈnɪsɪpl/ *adj* municipal

munitions /mjuːˈnɪʃnz/ *s* [*pl*] munições, armamentos

mural /ˈmjʊərəl/ *s* (*Arte*) mural

murder /ˈmɜːrdər/ ♦ *s* **1** assassinato, homicídio ☞ *Comparar com* MANSLAUGHTER, HOMICIDE **2** (*coloq, fig*) um pesadelo: *The traffic was murder today.* O trânsito estava um pesadelo hoje. LOC **to get away with murder** (*freq hum, coloq*) sair/escapar impune ♦ *vt* assassinar, matar ☞ *Ver nota em* ASSASSINAR **murderer** *s* assassino, -a **murderous** *adj* **1** homicida: *a murderous look* um olhar assassino/fulminante **2** (*muito desagradável*) de matar

murky /ˈmɜːrki/ *adj* (-**ier**, -**iest**) **1** lúgubre, sombrio **2** (*lit e fig*) turvo, obscuro

murmur /ˈmɜːrmər/ ♦ *s* murmúrio LOC **without a murmur** sem um pio ♦ *vt, vi* sussurrar, murmurar

muscle /ˈmʌsl/ ♦ *s* **1** músculo: *Don't move a muscle!* Não mexa um dedo! **2** (*fig*) poder ♦ PHR V **to muscle in (on sth)** (*coloq, pej*) intrometer-se (em algo) **muscular** *adj* **1** muscular **2** musculoso

muse /mjuːz/ ♦ *s* musa ♦ **1** *vi* ~ **(about/over/on/upon sth)** meditar, refletir (sobre algo) **2** *vt*: *"How interesting," he mused.* —Que interessante—disse ele pensativo.

museum /mjuˈziəm/ *s* museu

Utilizamos **museum** para nos referirmos aos museus em que se expõem esculturas, peças históricas, científicas, etc. **Gallery** ou **art gallery** são utilizados para nos referirmos aos museus em que se expõem principalmente quadros e esculturas artísticas.

mushroom /ˈmʌʃruːm, -rʊm/ ♦ *s* cogumelo ♦ *vi* (*às vezes pej*) crescer/dar como praga

mushy /ˈmʌʃi/ *adj* **1** mole, pastoso **2** (*coloq, pej*) piegas

music /ˈmjuːzɪk/ *s* **1** música: *a piece of music* uma peça musical/uma música ◊ *music hall* teatro de variedades **2** (*texto*) partitura **musical** *adj* musical, de música: *to be musical* ter talento para música **musical** (*tb* **musical comedy**) *s* (comédia) musical **musician** *s* músico, -a, musicista **musicianship** *s* conhecimento/habilidade musical

musk /mʌsk/ *s* (perfume de) almíscar

musket /ˈmʌskɪt/ *s* mosquete **musketeer** *s* mosqueteiro

Muslim /ˈmʌzləm; *GB* ˈmʊzlɪm/ (*tb* **Moslem** /ˈmɒzləm/) *adj, s* muçulmano, -a *Ver tb* ISLAM

muslin /ˈmʌzlɪn/ *s* musselina

mussel /ˈmʌsl/ *s* mexilhão

must /məst, mʌst/ ♦ *v modal* (*neg* **must not** *ou* **mustn't** /ˈmʌsnt/)

Must é um verbo modal ao qual se segue um infinitivo sem o TO, e as orações negativas e interrogativas das quais faz parte se constroem sem o auxiliar *do*: *Must you go?* Você tem que ir? ◊ *We mustn't tell her.* Não devemos contar a ela. **Must** tem apenas a forma do presente: *I must leave early.* Tenho que sair cedo. Quando necessitamos de outras formas, utilizamos **to have to**: *He'll have to come tomorrow.* Ele terá que vir amanhã. ◊ *We had to eat quickly.* Tivemos que comer depressa.

● **obrigação e proibição** dever, ter que/de: *"Must you go so soon?" "Yes, I must."* —Você tem que ir tão cedo? —Sim, eu tenho.

Emprega-se **must** para dar ordens ou mesmo para fazer com que alguém (ou a pessoa que fala) siga determinado comportamento: *The children must be back by four.* As crianças têm que estar

aɪ	aʊ	ɔɪ	ɪə	eə	ʊə	ʒ	h	ŋ
five	now	join	near	hair	pure	vision	how	sing

de volta antes das quatro. ◊ *I must quit smoking.* Tenho que deixar de fumar. Quando as ordens são impostas por um agente externo, p.ex. uma lei, uma regra, etc., utilizamos **to have to**: *The doctor says I have to quit smoking.* O médico disse que eu tenho que parar de fumar. ◊ *You have to send it before Tuesday.* Você tem que enviá-lo antes de terça. Em negativas, **must not** ou **mustn't** expressam proibição: *You mustn't open other people's mail.* Você não deve abrir a correspondência de outras pessoas. No entanto, **haven't got to** ou **don't have to** indicam que algo não é necessário, ou seja, que há ausência de obrigação: *You don't have to go if you don't want to.* Você não tem que ir se não quiser.

- **sugestão, recomendação, conselho** ter que: *You must come to lunch one day.* Você tem que vir almoçar um dia destes. ☞ Na maioria dos casos, para fazer sugestões e dar conselhos utiliza-se **ought to** ou **should**.
- **probabilidade, conclusões** dever: *You must be hungry.* Você deve estar com fome. ◊ *You must be Mr. Smith.* O senhor deve ser o Sr. Smith.

LOC **if I, you, etc. must** se não há outro jeito

◆ *s* (*coloq*): *It's a must.* É imprescindível. ◊ *His new book is a must.* Você não pode deixar de ler o último livro dele.

mustache /ˈmʌstæʃ/ (*GB* **moustache** /məˈstɑːʃ/) *s* bigode

mustard /ˈmʌstərd/ *s* **1** mostarda **2** (cor de) mostarda

muster /ˈmʌstər/ **1** *vt, vi* reunir(-se) **2** *vt* reunir, juntar: *to muster (up) enthusiasm* ganhar entusiasmo ◊ *to muster a smile* conseguir sorrir

musty /ˈmʌsti/ *adj* (**-ier, -iest**) **1** mofado: *to smell musty* cheirar a mofo **2** (*pej, fig*) bolorento, obsoleto, velho

mutant /ˈmjuːtənt/ *adj, s* mutante

mutate /ˈmjuːteɪt/ *GB* mjuːˈteɪt/ *vi* ~ **(into sth)** transformar-se (em algo) **mutation** *s* mutação

mute /mjuːt/ ◆ *adj* mudo ◆ *s* **1** (*Mús*) surdina **2** (*antiquado*) (*pessoa*) mudo, -a ◆ *vt* **1** abafar (*o som de algo*) **2** (*Mús*) colocar surdina em **muted** *adj* **1** (*som*) abafado **2** (*cor*) apagado **3** (*crítica, etc.*) velado **4** (*Mús*) em surdina

mutilate /ˈmjuːtɪleɪt/ *vt* mutilar

mutiny /ˈmjuːtəni/ *s* (*pl* **-ies**) motim **mutinous** *adj* **1** (*fig*) rebelde **2** amotinado

mutter /ˈmʌtər/ **1** *vt, vi* ~ **(sth) (to sb) (about sth)** falar entre os dentes, murmurar (algo) (para alguém) (sobre algo) **2** *vi* ~ **(about/against/at sb/sth)** resmungar (de alguém/algo)

mutton /ˈmʌtn/ *s* (carne de) carneiro ☞ *Ver nota em* CARNE

mutual /ˈmjuːtʃuəl/ *adj* **1** mútuo **2** comum: *a mutual friend* um amigo (em) comum **mutually** *adv* mutuamente: *mutually beneficial* mutuamente vantajoso

muzzle /ˈmʌzl/ ◆ *s* **1** focinho **2** focinheira **3** (*de arma de fogo*) boca ◆ *vt* **1** colocar focinheira em **2** (*fig*) amordaçar

my /maɪ/ *adj poss* meu(s), minha(s): *It was my fault.* Foi culpa minha. ◊ *My God!* Meu Deus! ◊ *My feet are cold.* Meus pés estão frios.

Em inglês, utiliza-se o possessivo diante de partes do corpo e de peças de roupa. *Compare com* MINE 1

myopia /maɪˈoʊpiə/ *s* miopia **myopic** /maɪˈɑːpɪk/ *adj* míope

myriad /ˈmɪriəd/ ◆ *s* miríade ◆ *adj*: *their myriad activities* suas inúmeras atividades

myself /maɪˈself/ *pron* **1** [*uso reflexivo*] me: *I cut myself.* Eu me cortei. ◊ *I said to myself…* Eu disse a mim mesmo… **2** [*uso enfático*] eu mesmo, -a: *I myself will do it.* Eu mesma o farei. LOC **(all) by myself** sozinho

mysterious /mɪˈstɪriəs/ *adj* misterioso

mystery /ˈmɪstri/ *s* (*pl* **-ies**) **1** mistério: *It's a mystery to me.* É um mistério para mim. **2** *mystery tour* viagem surpresa ◊ *the mystery assailant* o agressor anônimo **3** (*romance, peça*) policial, de mistério

mystic /ˈmɪstɪk/ ◆ *s* místico, -a ◆ *adj* (*tb* **mystical**) místico **mysticism** *s* misticismo, mística

mystification /ˌmɪstɪfɪˈkeɪʃn/ *s* **1** mistério, perplexidade **2** (*pej*) confusão (*deliberada*)

mystify /ˈmɪstɪfaɪ/ *vt* (*pret, pp* **-fied**) intrigar, deixar perplexo **mystifying** *adj* intrigante

tʃ	dʒ	v	θ	ð	s	z	ʃ
chin	**June**	**van**	**thin**	**then**	**so**	**zoo**	**she**

mystique /mɪˈstiːk/ s (aprov) [sing] (ar de) mistério

myth /mɪθ/ s mito **mythical** adj mítico, fictício

mythology /mɪˈθɒlədʒi/ s mitologia
mythological /ˌmɪθəˈlɒdʒɪkl/ adj mitológico

Nn

N, n /en/ s (pl N's, n's /enz/) N, n: *N as in Nancy* N de navio. ☞ *Ver exemplos em* A, a

nag /næg/ vt, vi (-gg-) **to nag (at) sb 1** atazanar alguém **2** dar bronca em alguém **3** (*dor, suspeita*) incomodar alguém **nagging** adj **1** (*dor, suspeita*) persistente **2** (*pessoa*) ranzinza, chato

nail /neɪl/ ◆ s **1** unha: *nail file* lixa de unhas ◊ *nail polish* esmalte de unhas *Ver tb* FINGERNAIL, TOENAIL **2** prego LOC *Ver* FIGHT, HIT ◆ PHR V **to nail sb down (to sth)** conseguir que alguém se comprometa (com algo), conseguir uma resposta concreta de alguém (sobre algo) **to nail sth to sth** pregar algo em algo

naive (*tb* naïve) /naɪˈiːv/ adj ingênuo

naked /ˈneɪkɪd/ adj **1** nu: *stark naked* nu em pêlo

Há três traduções possíveis para "nu" em inglês: **bare, naked** e **nude**. Utilizamos **bare** para nos referirmos às partes do corpo: *bare arms*, **naked** geralmente para nos referirmos a todo o corpo: *a naked body* e **nude** para nos referirmos a nus artísticos e eróticos: *a nude figure*.

2 (*lâmpada*) sem cúpula/lustre **3** puro: *the naked truth* a pura verdade ◊ *naked aggression* a pura agressão LOC **with the naked eye** a olho nu

name /neɪm/ ◆ s **1** nome: *What's your name?* Qual é o seu nome? ◊ *first/given name* prenome/nome de batismo **2** sobrenome ☞ *Comparar com* SURNAME **3** reputação **4** personalidade LOC **by name** de nome **by/of the name of** (*formal*) chamado *in the name of sb/sth* em nome de alguém/algo ◆ vt **1** ~ sb/sth sth chamar alguém/algo de algo **2** ~ sb/sth (**after/for sb** (*GB*)) dar nome a alguém; colocar em alguém/algo o nome de alguém **3** (*identificar*) nomear **4** (*data, preço*) fixar LOC **you name it** qualquer coisa (que você imaginar): *You name it, she makes it.* O que você imaginar, ela faz.

nameless /ˈneɪmləs/ adj anônimo, sem nome

namely /ˈneɪmli/ adv a saber

namesake /ˈneɪmseɪk/ s homônimo, xará

nanny /ˈnæni/ s (pl -ies) (GB) babá

nap /næp/ s soneca, sesta: *to have/take a nap* tirar uma soneca

nape /neɪp/ (*tb* nape of the neck) s nuca

napkin /ˈnæpkɪn/ (GB *tb* table napkin) s guardanapo

nappy /ˈnæpi/ s (pl -ies) (GB) (USA diaper) fralda

narcotic /nɑrˈkɑtɪk/ adj, s narcótico

narrate /ˈnæreɪt; GB nəˈreɪt/ vt narrar, contar **narrator** s narrador, -ora

narrative /ˈnærətɪv/ ◆ s **1** relato **2** narrativa ◆ adj narrativo

narrow /ˈnæroʊ/ ◆ adj (-er, -est) **1** estreito **2** limitado **3** (*vantagem, maioria*) pequeno LOC **to have a narrow escape** escapar por pouco ◆ vt, vi tornar(-se) mais estreito, estreitar(-se), diminuir PHR V **to narrow (sth) down to sth** reduzir algo a algo **narrowly** adv: *He narrowly escaped drowning.* Ele não se afogou por pouco.

narrow-minded /ˌnæroʊ ˈmaɪndɪd/ adj de mente estreita, intolerante

nasal /ˈneɪzl/ adj **1** nasal **2** (*voz*) anasalado

nasty /ˈnæsti; GB ˈnɑːs-/ adj (-ier, -iest) **1** desagradável **2** (*odor*) repugnante **3** (*pessoa*) antipático: *to be nasty to sb* tratar alguém mal **4** (*situação, crime*)

i:	i	ɪ	e	æ	ɑ	ʌ	ʊ	u:
see	happy	sit	ten	hat	cot	cup	put	too

feio **5** grave, perigoso: *That's a nasty cut.* Que corte feio!

nation /'neɪʃn/ s nação

national /'næʃnəl/ ◆ *adj* nacional: *national service* serviço militar ◆ *s* cidadão, -ã

National Health Service *s* (*GB*) (*abrev* **NHS**) sistema estatal de saúde

National Insurance *s* (*GB*) previdência social: *National Insurance contributions* contribuições à previdência (social)

nationalism /'næʃənəlɪzəm/ s nacionalismo **nationalist** *adj, s* nacionalista

nationality /ˌnæʃə'næləti/ s (*pl* -ies) nacionalidade

nationalize, -ise /'næʃnəlaɪz/ *vt* nacionalizar

nationally /'næʃnəli/ *adv* nacionalmente, em escala nacional

nationwide /ˌneɪʃn'waɪd/ *adj, adv* em escala nacional, em todo o território nacional

native /'neɪtɪv/ ◆ *s* **1** nativo, -a, natural **2** (*freq pej*) indígena **3** (*traduz-se por adj*) originário: *The koala is a native of Australia.* O coala é originário da Austrália. ◆ *adj* **1** natal: *native land* terra natal **2** indígena, nativo **3** inato **4** ~ **to...** originário de...

natural /'nætʃərəl/ *adj* **1** natural **2** nato, inato

naturalist /'nætʃərəlɪst/ *s* naturalista

naturally /'nætʃərəli; *GB* 'nætʃrəli/ *adv* **1** naturalmente, com naturalidade **2** claro, evidentemente

nature /'neɪtʃər/ *s* **1** (*tb* Nature) natureza **2** caráter: *good nature* bom coração ◊ *It's not in my nature to...* Não faz parte da minha natureza... **3** [*não contável*] tipo, índole LOC **in the nature of sth** da mesma natureza de algo

naughty /'nɔːti/ *adj* (-ier, -iest) **1** (*coloq*) travesso: *to be naughty* comportar-se mal **2** malicioso, picante

nausea /'nɔːsiə, 'nɔːʒə/ *s* náusea

nauseating /'nɔːzieɪtɪŋ/ *adj* asqueroso, nauseante

nautical /'nɔːtɪkl/ *adj* náutico

naval /'neɪvl/ *adj* naval, marítimo

nave /neɪv/ *s* nave (*de igreja*)

navel /'neɪvl/ *s* umbigo

navigate /'nævɪgeɪt/ **1** *vi* navegar **2** *vi* (*em carro*) dar a direção **3** *vt* (*barco*)

dirigir **4** *vt* (*rio, mar*) navegar por **navigation** *s* **1** navegação **2** náutica **navigator** *s* navegador, -ora

navy /'neɪvi/ *s* **1** (*pl* -ies) armada, frota **2 the navy, the Navy** a Marinha **3** (*tb* **navy blue**) azul-marinho

Nazi /'nɑːtsi/ *s* nazista

near /nɪər/ ◆ *adj* (-er, -est) **1** (*lit*) próximo: *Which town is nearer?* Que cidade está mais próxima? ◊ *to get nearer* aproximar-se

Note que antes de substantivo se utiliza o adjetivo **nearby** ao invés de **near**: *a nearby village* um vilarejo nas proximidades. No entanto, quando queremos utilizar outras formas do adjetivo, como o superlativo, temos de utilizar **near**: *the nearest store* a loja mais próxima.

2 (*fig*) próximo: *in the near future* em um futuro próximo ◆ *prep* perto de: *I live near the station.* Moro perto da estação. ◊ *Is there a bank near here?* Há um banco por aqui? ◊ *near the beginning* próximo do começo ◆ *adv* (-er, -est) perto: *I live quite near.* Moro bem perto. ◊ *We are getting near to Christmas.* Estamos nos aproximando do Natal.

Note que *I live nearby* é mais comum do que *I live near*, mas **nearby** não pode ser modificado por **quite**, **very**, etc.: *I live quite near.*

LOC **not to be anywhere near**; **to be nowhere near** não chegar nem perto, não se parecer em nada *Ver tb* HAND ◆ *vt, vi* aproximar(-se) (de)

nearby /ˌnɪər'baɪ/ ◆ *adj* próximo ◆ *adv* perto: *She lives nearby.* Ela mora perto (daqui). ☛ *Ver nota em* NEAR

nearly /'nɪərli/ *adv* quase: *He nearly won.* Ele quase ganhou.

Com freqüência, **almost** e **nearly** são intercambiáveis. No entanto, apenas **almost** pode ser utilizado para qualificar outro advérbio terminado em -ly: *almost completely* quase completamente e apenas **nearly** pode ser qualificado por outros advérbios: *I very nearly left.* Por pouco eu não saí.

LOC **not nearly** nem de perto, nem: *We aren't nearly ready for the inspection.* Nós não estamos nem um pouco prontos para a inspeção.

u	ɔː	ɜː	ə	j	w	eɪ	oʊ
situation	saw	fur	ago	yes	woman	pay	home

nearsighted /'nɪərsaɪtɪd/ (GB short-sighted) adj míope

neat /niːt/ adj (-er, -est) **1** em ordem, arrumado **2** (pessoa) organizado **3** (letra) caprichado **4** (coloq, esp USA) genial **5** (GB) (bebidas, líquidos) (USA straight) puro (sem água) **neatly** adv **1** organizadamente, asseadamente **2** habilmente

necessarily /ˌnesə'serəli; GB 'nesəsərəli/ adv forçosamente, necessariamente

necessary /'nesəseri; GB -səri/ adj **1** necessário: Is it necessary for us to meet/necessary that we meet? É necessário que nos encontremos? **2** inevitável

necessitate /nə'sesɪteɪt/ vt (formal) requerer

necessity /nə'sesəti/ s (pl -ies) **1** necessidade **2** artigo de primeira necessidade

neck /nek/ s **1** pescoço: to break your neck quebrar o pescoço **2** (de roupa) gola Ver tb PAIN LOC **neck and neck (with sb/sth)** emparelhado (com alguém/algo) **(to be) up to your neck in sth** estar até o pescoço com algo Ver tb BREATHE, MILLSTONE, RISK, SCRUFF, WRING

necklace /'nekləs/ s colar

neckline /'neklaɪm/ s decote

nectarine /ˌnektə'riːn/ s nectarina

need /niːd/ ◆ v modal (neg need not ou needn't /'niːdnt/ (GB)) (obrigação) precisar: You needn't have come. Você não precisava ter vindo. ◊ Need I explain it again? Preciso explicar de novo?

Quando need é um verbo modal, é seguido por um infinitivo sem o TO e as orações interrogativas e negativas se constroem sem o auxiliar do.

◆ vt **1** necessitar: Do you need any help? Você necessita de ajuda? ◊ It needs painting. Está precisando de uma pintura. **2** ~ to do sth (obrigação) ter que fazer algo: Do we really need to leave so early? Precisamos mesmo sair tão cedo? ☞ Neste sentido é possível utilizar o verbo modal, porém este seria mais formal: Need we really leave so early? ◆ s ~ (for sth) necessidade (de algo) LOC **if need be** se (for) necessário **to be in need of sth** necessitar de algo

needle /'niːdl/ s agulha LOC Ver PIN

needless /'niːdləs/ adj desnecessário LOC **needless to say** nem é preciso dizer que

needlework /'niːdlwɜːrk/ s [não contável] costura, bordado

needy /'niːdi/ adj necessitado

negative /'negətɪv/ ◆ adj negativo ◆ s (Fot) negativo

neglect /nɪ'glekt/ ◆ vt **1** ~ sb/sth negligenciar alguém/algo **2** ~ to do sth esquecer-se de fazer algo ◆ s abandono

negligent /'neglɪdʒənt/ adj negligente **negligence** s negligência

negligible /'neglɪdʒəbl/ adj insignificante

negotiate /nɪ'ɡoʊʃieɪt/ **1** vt, vi ~ (sth) (with sb) negociar (algo) (com alguém) **2** vt (obstáculo) contornar **negotiation** s [freq pl] negociação

neigh /neɪ/ ◆ vi relinchar ◆ s relincho

neighbor (GB **neighbour**) /'neɪbər/ s **1** vizinho, -a **2** próximo, -a **neighborhood** (GB -bourhood) s **1** (distrito) bairro **2** (pessoas) vizinhança **neighboring** (GB -bouring) adj vizinho, contíguo

neither /'naɪðər, 'niːðər/ ◆ adj, pron nenhum ☞ Ver nota em NENHUM ◆ adv **1** nem, também não

Quando **neither** significa "tampouco/nem" pode ser substituído por **nor**. Com ambos utilizamos a estrutura: **neither/nor + v aux/v modal + sujeito**: "I didn't go." "Neither/nor did I." —Eu não fui.—Nem eu. ◊ I can't swim and neither/nor can my brother. Eu não sei nadar e meu irmão também não.

Either pode significar "tampouco/também não", mas requer um verbo na negativa e ocupa uma posição diferente na oração: I don't like it, and I can't afford it either. Eu não gosto dele nem tenho dinheiro para comprá-lo. ◊ My sister didn't go either. Minha irmã também não foi. ◊ "I haven't seen that movie." "I haven't either." —Eu não vi aquele filme.—Eu também não.

2 neither … nor nem … nem

neon /'niːɑn/ s néon

nephew /'nefjuː; GB tb 'nevjuː/ s sobrinho: I have two nephews and one niece. Tenho dois sobrinhos e uma sobrinha.

Neptune /'neptuːn; GB -tjuːn/ s Netuno

nerve /nɜːrv/ s **1** nervo: nerve-racking

aɪ	aʊ	ɔɪ	ɪə	eə	ʊə	ʒ	h	ŋ
five	now	join	near	hair	pure	vision	how	sing

desesperador 2 coragem **3** (*pej*, *coloq*) cara-de-pau: *You've got some nerve!* Você é cara-de-pau! LOC **to get on your/ sb's nerves** (*coloq*) dar nos nervos de alguém *Ver tb* LOSE

nervous /'nɜːrvəs/ *adj* **1** (*Anat*) nervoso: *nervous breakdown* colapso nervoso **2** ~ (**about/of sth/doing sth**) nervoso (com algo/a idéia de fazer algo) **nervousness** *s* nervosismo

nest /nest/ *s* (*lit e fig*) ninho

nestle /'nesl/ **1** *vi* acomodar(-se), aconchegar(-se) **2** *vi* (*vilarejo*) estar situado **3** *vt*, *vi* ~ (**sth**) **against/on sb/sth** recostar algo/recostar-se a alguém/algo

net /net/ ◆ *s* **1** (*lit e fig*) rede **2** [*não contável*] tela, tule: *net curtains* cortinas de filó ◆ *adj* (*tb* **nett**) **1** (*peso*, *salário*) líquido **2** (*resultado*) final **netting** *s* rede: *wire netting* (USA **wire mesh**) tela de arame

netball /'netbɔːl/ *s* tipo de basquete

nettle /'netl/ *s* urtiga

network /'netwɜːrk/ ◆ *s* rede, sistema ◆ **1** *vt* retransmitir, interligar (em rede) **2** *vi* fazer (uma rede de) contatos

neurotic /nʊə'rɑtɪk/; *GB* njʊ-/ *adj*, *s* neurótico, -a

neutral /'nuːtrəl/; *GB* 'njuː-/ ◆ *adj* neutro ◆ *s* (*marcha*) ponto morto

never /'nevər/ *adv* **1** nunca **2** *That will never do.* Isto não serve (de maneira alguma). LOC **well, I never (did)!** veja(m) só! ☞ *Ver nota em* ALWAYS, NUNCA

nevertheless /,nevərðə'les/ *adv* (*formal*) no entanto, todavia

new /nuː; *GB* njuː/ *adj* (**newer, newest**) **1** novo: *What's new?* Quais as novidades? **2** outro: *a new job* um novo emprego LOC **a new lease on life** (*GB* **a new lease of life**) uma nova vida (**as**) **good as new** como novo *Ver tb* TURN **newly** *adv* recém **newness** *s* novidade

newcomer /'nuːkʌmər; *GB* 'njuː-/ *s* recém-chegado, -a

news /nuːz; *GB* njuːz/ *s* [*não contável*] **1** notícia(s), novidade(s): *The news is not good.* As notícias não são boas. ◊ *a piece of news* uma notícia ◊ *Do you have any news?* Você tem alguma notícia/ novidade? ◊ *It's news to me.* Isto é novidade para mim. **2 the news** as notícias, o noticiário LOC *Ver* BREAK¹

newsdealer /'nuːzdiːlər; *GB* 'njuː-/

(*GB* **newsagent**) /'nuːzeɪdʒənt; *GB* 'njuː-/ *s* jornaleiro, -a

newspaper /'nuːzpeɪpər; *GB* njuːs-/ *s* jornal (impresso)

newsstand /'nuːzstænd; *GB* 'njuːz/ *s* banca de jornais

new year *s* ano novo: *New Year's Day/ Eve* dia/véspera de Ano Novo

next /nekst/ ◆ *adj* **1** próximo, seguinte: (*the*) *next time you see her* a próxima vez que você a vir ◊ (*the*) *next day* o dia seguinte ◊ *next month* o mês que vem ◊ *It's not ideal, but it's the next best thing.* Não é o ideal, mas é o melhor possível. **2** (*contíguo*) ao lado de LOC **the next few days, months, etc.** os próximos dias, meses, etc. *Ver tb* DAY ◆ **next to** *prep* **1** (*posição*) ao lado de, junto a **2** (*ordem*) depois de **3** quase: *next to nothing* quase nada ◊ *next to last* penúltimo ◆ *adv* **1** depois, agora: *What shall we do next?* O que devemos fazer agora? ◊ *What did they do next?* O que eles fizeram depois? **2** *when we next meet* na próxima vez em que nos encontrarmos **3** (*comparação*): *the next oldest* o próximo em idade ◆ **the next** *s* [*sing*] o/a seguinte, o próximo, a próxima: *Who's next?* Quem é o próximo?

next door *adj*, *adv*: *next-door neighbor* vizinho ao lado ◊ *the room next door* o quarto vizinho ◊ *They live next door.* Eles moram na casa ao lado.

next of kin *s* parente(s) mais próximo(s) *Ver tb* KIN

nibble /'nɪbl/ *vt*, *vi* ~ (**at sth**) mordiscar, lambiscar (algo)

nice /naɪs/ *adj* (**nicer, nicest**) **1** ~ (**to sb**) simpático, amável (com alguém) ☞ Note que **sympathetic** se traduz por "compassivo". **2** bonito: *You look nice.* Você está bonito. **3** agradável: *to have a nice time* divertir-se ◊ *It smells nice.* Tem cheiro bom. **4** (*tempo*) bom LOC **nice and...** (*coloq*) bem: *nice and warm* bem quentinho **nicely** *adv* **1** (muito) bem **2** de maneira amável/ agradável

niche /nɪtʃ, niːʃ/ *s* **1** nicho **2** (*fig*) oportunidade, lugar

nick /nɪk/ ◆ *s* **1** entalhe, pequeno corte, brecha **2 the nick** (*GB*, *coloq*) a delegacia, a prisão LOC **in the nick of time** na hora H ◆ *vt* **1** cortar, entalhar

tʃ	dʒ	v	θ	ð	s	z	ʃ
chin	**J**une	**v**an	**th**in	**th**en	**s**o	**z**oo	**sh**e

2 ~ sth (from sb/sth) roubar algo (de alguém/algo)

nickel /'nɪkl/ *s* **1** níquel **2** (*Can, USA*) moeda de 5 centavos

nickname /'nɪkneɪm/ ◆ *s* apelido, alcunha ◆ *vt* apelidar

nicotine /'nɪkəti:n/ *s* nicotina

niece /ni:s/ *s* sobrinha

night /naɪt/ *s* **1** noite: *the night before last* anteontem à noite ◊ *night school* escola noturna ◊ *night shift* turno da noite **2** (*Teat*) apresentação: *first/opening night* noite de estréia LOC **at night** à noite, de noite: *ten o'clock at night* dez da noite **good night** boa noite, até manhã (*como fórmula de despedida*) Ver tb DAY, DEAD ☞ *Ver nota em* NOITE

nightclub /'naɪtklʌb/ *s* boate

nightfall /'naɪtfɔːl/ *s* anoitecer

nightgown /'naɪtɡaʊn/ *s* (*tb nightie* (*coloq*)) camisola

nightingale /'naɪtɪŋɡeɪl; GB -tɪŋɡ-/ *s* rouxinol

nightlife /'naɪtlaɪf/ *s* vida noturna

nightly /'naɪtli/ ◆ *adv* todas as noites, toda noite ◆ *adj* **1** noturno **2** (*regular*) de todas as noites

nightmare /'naɪtmeər/ *s* (*lit e fig*) pesadelo **nightmarish** *adj* de pesadelo, apavorante

night-time /'naɪt taɪm/ *s* noite

nil /nɪl/ *s* **1** (*GB, Esporte*) zero **2** nada

nimble /'nɪmbl/ *adj* (**-er, -est**) **1** ágil **2** (*mente*) esperto

nine /naɪn/ *adj, pron, s* nove ☞ *Ver exemplos em* FIVE **ninth 1** *adj* nono **2** *pron, adv* o(s) nono(s), a(s) nona(s) **3** *s* nona parte, nono ☞ *Ver exemplos em* FIFTH

nineteen /ˌnaɪn'tiːn/ *adj, pron, s* dezenove ☞ *Ver exemplos em* FIVE **nineteenth 1** *adj* décimo nono **2** *pron, adv* o(s) décimo(s) nono(s), a(s) décima(s) nona(s) **3** *s* décima nona parte, dezenove avos ☞ *Ver exemplos em* FIFTH

ninety /'naɪnti/ *adj, pron, s* noventa ☞ *Ver exemplos em* FIFTY, FIVE **ninetieth 1** *adj, pron* nonagésimo **2** *s* nonagésima parte, noventa avos ☞ *Ver exemplos em* FIFTH

nip /nɪp/ (**-pp-**) **1** *vt* beliscar **2** *vi* (*coloq*) correr: *to nip out* sair por um momento

nipple /'nɪpl/ *s* mamilo, bico do seio

nitrogen /'naɪtrədʒən/ *s* nitrogênio

no /noʊ/ ◆ *adj neg* [*diante de substantivo*] **1** nenhum: *No two people think alike.* Não há duas pessoas que pensem da mesma maneira. ☞ *Ver nota em* NENHUM **2** (*proibição*): *No smoking.* Proibido fumar. **3** (*para enfatizar uma negação*): *She's no fool.* Ela não é nenhuma tola. ◊ *It's no joke.* Não é brincadeira. ◆ *adv neg* [*antes de adj comparativo e adv*] não: *His car is no bigger/more expensive than mine.* O carro dele não é maior/mais caro que o meu. ◆ *interj* não!

nobility /noʊ'bɪləti/ *s* nobreza

noble /'noʊbl/ *adj, s* (**-er** /'noʊblər/ **-est** /'noʊblɪst/) nobre

nobody /'noʊbədi/ ◆ *pron* (*tb* **no one** /'noʊwʌn/) ninguém

Em inglês não se podem utilizar duas negativas na mesma oração. Como as palavras **nobody, nothing** e **nowhere** são negativas, o verbo sempre fica no afirmativo: *Nobody saw him.* Ninguém o viu. ◊ *She said nothing.* Ela não disse nada. ◊ *Nothing happened.* Não aconteceu nada. Quando o verbo está na negativa, temos que utilizar **anybody, anything** e **anywhere**: *I didn't see anybody.* Eu não vi ninguém. ◊ *She didn't say anything.* Ela não disse nada.

◆ *s* (*pl* **-ies**) joão-ninguém, pessoa sem importância

nocturnal /nɑk'tɜːrnl/ *adj* noturno

nod /nɑd/ ◆ (**-dd-**) **1** *vt, vi* afirmar com a cabeça: *He nodded (his head) in agreement.* Ele disse sim (com a cabeça). **2** *vi* **to nod (to/at sb)** saudar com a cabeça (a alguém) **3** *vt, vi* indicar/fazer sinal com a cabeça **4** *vi* pescar (dormindo) PHR V **to nod off** (*coloq*) cochilar ◆ *s* movimento da cabeça LOC **to give (sb) the nod** dar permissão (a alguém) para fazer algo

noise /nɔɪz/ *s* ruído, barulho LOC **to make a noise (about sth)** fazer barulho/escândalo (por algo) Ver tb BIG **noisily** *adv* ruidosamente, escandalosamente **noisy** *adj* (**-ier, -iest**) **1** ruidoso **2** barulhento

nomad /'noʊmæd/ *s* nômade **nomadic** /noʊ'mædɪk/ *adj* nômade

nominal /'nɑmɪnl/ *adj* nominal, simbólico **nominally** *adv* de nome, na aparência

nominate /ˈnɒmɪneɪt/ *vt* **1** ~ **sb** (**as sth**) (**for sth**) nomear alguém (como algo) (para algo) **2** ~ **sth** (**as sth**) estabelecer, designar algo (como algo) **nomination** *s* nomeação

nominee /ˌnɒmɪˈniː/ *s* candidato, -a, pessoa nomeada/indicada

none /nʌn/ ◆ *pron* **1** nenhum, -a: *None (of them) is/are alive now.* Nenhum deles ainda está vivo. **2** [*com substantivos ou pronomes não contáveis*] nada: *"Is there any bread left?" "No, none."* —Ainda temos pão?—Não, não sobrou nada. **3** (*formal*) ninguém: *and none more so than...* e ninguém mais do que... LOC **none but** apenas **none other than** nada mais nada menos do que ◆ *adv* **1** [*com* **the** + *comparativo*]: *I'm none the wiser.* Continuo sem entender nada. ◊ *He's none the worse for it.* Não lhe fez mal. **2** [*com* **too** + *adj/adv*]: *none too clean* não muito limpo

nonetheless *adv* /ˌnʌnðəˈles/ todavia

non-existent /ˌnɒn ɪɡˈzɪstənt/ *adj* inexistente

non-fiction /ˌnɒn ˈfɪkʃn/ *s* (livros de) não-ficção

nonsense /ˈnɒnsens; *GB* -sns/ *s* [*não contável*] **1** absurdo(s), besteira(s) **2** tolice, palhaçada **nonsensical** /nɒnˈsensɪkl/ *adj* absurdo

non-stop /ˌnɒn ˈstɒp/ ◆ *adj* **1** (*vôo, viagem, etc.*) direto **2** ininterrupto ◆ *adv* **1** diretamente, sem escalas **2** (*falar, trabalhar, etc.*) sem parar, ininterruptamente

noodle /ˈnuːdl/ *s* macarrão tipo espaguete

noon /nuːn/ *s* (*formal*) meio-dia: *at noon* ao meio-dia ◊ *twelve noon* meio-dia

no one *Ver* NOBODY

noose /nuːs/ *s* nó corrediço, laço

nor /nɔːr/ *conj, adv* **1** nem **2** tampouco/ nem: *Nor do I.* Nem eu. ☞ *Ver nota em* NEITHER

norm /nɔːrm/ *s* norma

normal /ˈnɔːrml/ ◆ *adj* normal ◆ *s* o normal: *Things are back to normal.* As coisas voltaram ao normal. **normally** *adv* normalmente ☞ *Ver nota em* ALWAYS

north /nɔːrθ/ ◆ *s* (*tb* **the north**, **the North**) (*abrev* **N**) (o) norte: *Leeds is in the North of England.* Leeds fica no norte da Inglaterra. ◊ *northbound* em direção ao norte ◆ *adj* (do) norte: *north winds,* ventos do norte ◆ *adv* para o norte: *We are going north on Tuesday.* Nós estamos indo para o norte na terça-feira. *Ver tb* NORTHWARD(S)

northeast /ˌnɔːrθˈiːst/ ◆ *s* (*abrev* **NE**) nordeste ◆ *adj* (do) nordeste ◆ *adv* para o nordeste **northeastern** *adj* (do) nordeste

northern (*tb* **Northern**) /ˈnɔːrðərn/ *adj* do norte: *She has a northern accent.* Ela tem sotaque do norte. ◊ *the northern hemisphere* o hemisfério norte **northerner** *s* nortista

northward(s) /ˈnɔːrθwərd(z)/ *adv* em direção ao norte *Ver tb* NORTH *adv*

northwest /ˌnɔːrθˈwest/ ◆ *s* (*abrev* **NW**) noroeste ◆ *adj* (do) noroeste ◆ *adv* para o noroeste **northwestern** *adj* (do) noroeste

nose /nəʊz/ ◆ *s* **1** nariz **2** (*avião*) nariz, parte dianteira **3** (*lit e fig*) faro, olfato LOC *Ver* BLOW ◆ PHR V **to nose about/ around** (*coloq*) bisbilhotar

nostalgia /nɒˈstældʒə/ *s* nostalgia

nostril /ˈnɒstrəl/ *s* narina

nosy (*GB tb* **nosey**) /ˈnəʊzi/ *adj* (**-ier, -iest**) (*coloq, pej*) curioso, xereta

not /nɒt/ *adv* não: *I hope not.* Espero que não. ◊ *I'm afraid not.* Infelizmente não. ◊ *Certainly not!* Claro que não! ◊ *Not any more.* Não mais. ◊ *Not even...* Nem mesmo...

Not é utilizado para formar a negativa com verbos auxiliares e modais (**be**, **do**, **have**, **can**, **must**, etc.) e muitas vezes é utilizado em sua forma contraída **-n't**: *She is not/isn't going.* ◊ *We did not/ didn't go.* ◊ *I must not/mustn't go.* A forma não contraída (**not**) tem um uso mais formal ou enfático e é utilizada para formar a negativa dos verbos subordinados: *He warned me not to be late.* Ele me avisou para não chegar tarde. ◊ *I suppose not.* Suponho que não. *Comparar com* NO.

LOC **not at all 1** (*resposta*) de nada *Ver tb* WELCOME **2** nada, nem um pouco **not that...** não que...: *It's not that I mind...* Não que me importe...

notably /ˈnəʊtəbli/ *adv* particularmente

notary public /ˈnəʊtəri ˈpʌblɪk/ *s* (*pl*

u	ɔː	ɜː	ə	j	w	eɪ	əʊ
situation	saw	fur	ago	yes	woman	pay	home

notaries public *ou* notary publics)
tabelião, -ã (público/a)

notch /nɑtʃ/ ◆ *s* **1** entalhe **2** grau ◆
PHR V **to notch sth up** (*coloq*) conseguir
algo

note /noʊt/ ◆ *s* **1** nota: *to make a note
(of sth)* tomar nota (de algo) ◊ *to take
notes* tomar notas ◊ *notepaper* papel de
carta **2** (*Mús*) nota **3** (*GB*) (*tb* **bank-
note**, *USA* **bill**) nota (de dinheiro) **4**
(*piano, etc.*) tecla **5** tom: *an optimistic
note* um tom otimista ◆ *vt* notar, obser-
var PHR V **to note sth down** anotar algo
noted *adj* ~ (**for/as sth**) célebre, conhe-
cido (por/por ser algo)

notebook /'noʊtbʊk/ *s* caderno

noteworthy /'noʊtwɜːrði/ *adj* digno de
nota

nothing /'nʌθɪŋ/ *pron* **1** nada ☞ *Ver
nota em* NOBODY **2** zero LOC **for nothing
1** grátis **2** em vão **nothing much** nada
de mais **nothing of the kind/sort** nada
do tipo **to have nothing to do with sb/
sth** não ter nada a ver com alguém/
algo

notice /'noʊtɪs/ ◆ *s* **1** aviso, anúncio:
noticeboard (*GB*) (*USA* **bulletin board**)
quadro de avisos **2** aviso: *until further
notice* até nova/segunda ordem ◊
to give one month's notice avisar com
um mês de antecedência **3** demissão,
carta de demissão LOC **to take no
notice/not to take any notice (of sb/
sth)** não dar atenção (a alguém/algo)
Ver tb ESCAPE, MOMENT ◆ *vt* **1** dar-se
conta **2** prestar atenção a, notar **notice-
able** *adj* perceptível, evidente

notify /'noʊtɪfaɪ/ *vt* (*pret, pp* **-fied**) (*for-
mal*) ~ **sb** (**of sth**); ~ **sth to sb** notificar
alguém (de algo)

notion /'noʊʃn/ *s* **1** ~ (**that…**) noção,
idéia (de que…) **2** [*não contável*] ~ (**of
sth**) idéia de algo): *without any notion
of what he would do* sem a mínima
noção do que ele faria

notorious /noʊ'tɔːriəs/ *adj* (*pej*) ~ (**for/
as sth**) conhecido, infame (por/por ser
algo)

notwithstanding /ˌnɑtwɪθ'stændɪŋ/
prep, adv (*formal*) apesar de

nought /nɔːt/ *s* (*GB*) (*USA* **zero**) zero

noun /naʊn/ *s* substantivo

nourish /'nɜːrɪʃ/ *vt* **1** nutrir **2** (*formal,
fig*) alimentar **nourishing** *adj* nutritivo

novel /'nɑvl/ ◆ *adj* original ◆ *s* ro-
mance **novelist** *s* romancista

novelty /'nɑvlti/ *s* (*pl* **-ies**) novidade

November /noʊ'vembər/ *s* (*abrev* **Nov**)
novembro ☞ *Ver nota e exemplos em*
JANUARY

novice /'nɑvɪs/ *s* novato, -a, principian-
te

now /naʊ/ ◆ *adv* **1** agora: *by now* já/até
agora ◊ *right now* agora mesmo **2** então
LOC (**every**) **now and again/then** de vez
em quando ◆ *conj* **now** (**that…**) agora
que…, já que…

nowadays /'naʊədeɪz/ *adv* hoje em dia

nowhere /'noʊweər/ *adv* a/em lugar
nenhum: *There's nowhere to park.* Não
há lugar para estacionar. ☞ *Ver nota
em* NOBODY LOC **to be nowhere to be
found/seen** não se encontrar em lugar
algum *Ver tb* MIDDLE, NEAR

nozzle /'nɑzl/ *s* bocal

nuance /'nuːɑns; *GB* 'njuː-/ *s* matiz

nuclear /'nuːkliər; *GB* 'njuː-/ *adj* nu-
clear

nucleus /'nuːkliəs; *GB* 'njuː-/ *s* (*pl* **nu-
clei** /-kliaɪ/) núcleo

nude /nuːd; *GB* njuːd/ ◆ *adj* nu (*artísti-
co e erótico*) ☞ *Ver nota em* NAKED ◆ *s*
nu (artístico) LOC **in the nude** nu **nud-
ity** *s* nudez

nudge /nʌdʒ/ *vt* **1** dar uma cotovelada
em *Ver tb* ELBOW **2** empurrar gentil-
mente

nuisance /'nuːsns; *GB* 'njuː-/ *s* **1** incô-
modo **2** (*pessoa*) chato, -a: *Stop making
a nuisance of yourself.* Pare de amolar.

null /nʌl/ *adj* LOC **null and void** nulo

numb /nʌm/ ◆ *adj* (*parte do corpo*)
dormente: *numb with shock* paralisado
de susto ◆ *vt* **1** entorpecer **2** (*fig*) parali-
sar

number /'nʌmbər/ ◆ *s* (*abrev* **No**) nú-
mero *Ver* REGISTRATION NUMBER LOC **a
number of…** vários/certos… ◆ *vt* **1**
numerar **2** ser em número de: *We num-
bered 20 in all.* Éramos 20 no total.

number plate *s* (*GB*) (*USA* **license
plate**) placa de carro

numerical /nuː'merɪkl; *GB* njuː-/ *adj*
numérico

numerous /'nuːmərəs; *GB* 'njuː-/ *adj*
(*formal*) numeroso

nun /nʌn/ *s* freira

aɪ	aʊ	ɔɪ	ɪə	eə	ʊə	ʒ	h	ŋ
five	now	join	near	hair	pure	vision	how	sing

nurse /nɜːrs/ ◆ s 1 enfermeiro, -a 2 (tb **nursemaid**) babá Ver tb NANNY ◆ 1 vt (lit e fig) cuidar de 2 vt, vi (mãe) amamentar 3 vi (bebê) mamar 4 vt abraçar 5 vt (sentimentos) alimentar Ver tb NURTURE sentido 2 **nursing** s 1 enfermagem: nursing home asilo para idosos 2 cuidado (de enfermos)

nursery /ˈnɜːrsəri/ s (pl -ies) 1 creche: nursery school escola maternal ◊ nursery rhyme canção infantil Ver tb CRÈCHE, PLAYGROUP 2 quarto de crianças 3 viveiro de plantas

nurture /ˈnɜːrtʃər/ vt 1 (criança) criar 2 alimentar 3 (fig) fomentar

nut /nʌt/ s 1 noz: Brazil nut castanha-do-pará 2 porca (de parafuso) 3 (coloq, pej) (GB **nutter**) maluco, -a 4 fanático, -a **nutty** adj (-ier, -iest) 1 a nutty flavor um sabor de castanhas 2 (coloq) maluco

nutcase /ˈnʌtkeɪs/ s (coloq) maluco, -a

nutcrackers /ˈnʌtkrækərz/ s [pl] quebra-nozes

nutmeg /ˈnʌtmeɡ/ s noz-moscada

nutrient /ˈnuːtriənt; GB ˈnjuː-/ s (formal) nutriente, substância nutritiva

nutrition /nuˈtrɪʃn; GB njuː-/ s nutrição **nutritional** adj nutritivo **nutritious** adj nutritivo

nuts /nʌts/ adj (coloq) 1 maluco 2 ~ about sb/sth louco por alguém/algo

nutshell /ˈnʌtʃel/ s casca (de noz) LOC (to put sth) in a nutshell (dizer algo) em poucas palavras

nutty Ver NUT

nylon /ˈnaɪlɑn/ s nylon, náilon

nymph /nɪmf/ s ninfa

Oo

O, o /oʊ/ s (pl O's, o's /oʊz/) 1 O, o: O as in Oscar O de ovo ☞ Ver exemplos em A, A 2 zero

Quando se menciona o zero em uma série de números, p.ex. 01865, este é pronunciado como a letra O: /ˌoʊ wʌn eɪt sɪks ˈfaɪv/.

oak /oʊk/ (tb oak tree) s carvalho

oar /ɔːr/ s remo

oasis /oʊˈeɪsɪs/ s (pl oases /-siːz/) (lit e fig) oásis

oath /oʊθ/ s 1 juramento 2 palavrão LOC on/under oath sob juramento

oats /oʊts/ s [pl] (grãos de) aveia

obedient /oʊˈbiːdiənt; GB əˈbiːd-/ adj obediente **obedience** s obediência

obese /oʊˈbiːs/ adj (formal) obeso

obey /oʊˈbeɪ; GB əˈbeɪ/ vt, vi obedecer

obituary /oʊˈbɪtʃʊeri; GB -tʃuəri/ s (pl -ies) (seção de jornal) obituário

object /ˈɑbdʒɪkt/ ◆ s 1 objeto 2 objetivo, propósito 3 (Gram) objeto ◆ /əbˈdʒekt/ vi ~ (to sb/sth) objetar (a alguém/algo); ser contra (alguém/ algo): If he doesn't object. Se ele não tiver nada contra.

objection /əbˈdʒekʃn/ s ~ (to/against sth/doing sth) oposição, objeção (a algo/a fazer algo)

objective /əbˈdʒektɪv/ adj, s objetivo: to remain objective manter a objetividade

obligation /ˌɑblɪˈɡeɪʃn/ s 1 obrigação 2 (Com) compromisso LOC to be under an/no obligation (to do sth) ter/não ter obrigação (de fazer algo)

obligatory /əˈblɪɡətɔːri; GB -tri/ adj (formal) obrigatório, de rigor

oblige /əˈblaɪdʒ/ vt 1 obrigar 2 ~ sb (with sth/by doing sth) (formal) fazer um favor a alguém; satisfazer a alguém (fazendo algo) **obliged** adj ~ (to sb) (for sth/ doing sth) agradecido (a alguém) (por algo/fazer algo) LOC much obliged muito agradecido **obliging** adj atencioso

obliterate /əˈblɪtəreɪt/ vt (formal) eliminar

oblivion /əˈblɪviən/ s esquecimento

oblivious /əˈblɪviəs/ adj ~ of/to sth não consciente de algo

oblong /ˈɑblɔːŋ; GB -lɒŋ/ ◆ s retângulo ◆ adj retangular

oboe /ˈoʊboʊ/ s oboé

obscene /əbˈsiːn/ adj obsceno

obscure /əbˈskjʊər/ ◆ adj 1 obscuro 2 desconhecido ◆ vt obscurecer, esconder

tʃ	dʒ	v	θ	ð	s	z	ʃ
chin	**J**une	**v**an	**th**in	**th**en	**s**o	**z**oo	**sh**e

observant /əbˈzɜːrvənt/ *adj* observador

observation /ˌɑbzərˈveɪʃn/ *s* observação

observatory /əbˈzɜːrvətɔːri; *GB* -tri/ *s* (*pl* -ies) observatório

observe /əbˈzɜːrv/ *vt* **1** observar **2** (*formal*) (*festividade*) celebrar **observer** *s* observador, -ora

obsess /əbˈses/ *vt* obcecar **obsession** *s* ~ (**with/about sb/sth**) obsessão (com alguém/algo) **obsessive** *adj* (*pej*) obsessivo

obsolete /ˈɑbsəliːt/ *adj* obsoleto

obstacle /ˈɑbstəkl/ *s* obstáculo

obstetrician /ˌɑbstəˈtrɪʃn/ *s* obstetra

obstinate /ˈɑbstɪnət/ *adj* obstinado

obstruct /əbˈstrʌkt/ *vt* obstruir

obstruction /əbˈstrʌkʃn/ *s* obstrução

obtain /əbˈteɪn/ *vt* obter **obtainable** *adj* obtenível, disponível

obvious /ˈɑbviəs/ *adj* óbvio **obviously** *adv* obviamente

occasion /əˈkeɪʒn/ *s* **1** ocasião **2** acontecimento **3** oportunidade LOC **on the occasion of sth** (*formal*) na ocasião de algo

occasional /əˈkeɪʒənl/ *adj* esporádico: *She reads the occasional book.* Ela lê um livro ocasionalmente. **occasionally** *adv* de vez em quando ☞ *Ver nota em* ALWAYS

occupant /ˈɑkjəpənt/ *s* ocupante

occupation /ˌɑkjuˈpeɪʃn/ *s* **1** ocupação **2** profissão ☞ *Ver nota em* WORK¹

occupational /ˌɑkjuˈpeɪʃənl/ *adj* **1** profissional: *occupational hazards* riscos profissionais **2** (*terapia*) ocupacional

occupier /ˈɑkjʊpaɪər/ *s* ocupante

occupy /ˈɑkjupaɪ/ (*pret, pp* **occupied**) **1** *vt* ocupar **2** *v refl* ~ **yourself** (**in doing sth/with sth**) ocupar-se (fazendo algo/com algo)

occur /əˈkɜːr/ *vi* (-rr-) **1** ocorrer, acontecer **2** (*formal*) existir **3** ~ **to sb** (*idéia, pensamento*) ocorrer a alguém

occurrence /əˈkɜːrəns/ *s* **1** acontecimento, caso **2** (*formal*) existência, aparecimento **3** freqüência

ocean /ˈoʊʃn/ *s* oceano LOC *Ver* DROP ☞ *Ver nota em* OCEANO

o'clock /əˈklɑk/ *adv*: *six o'clock* seis horas

October /ɑkˈtoʊbər/ *s* (*abrev* Oct) outubro ☞ *Ver nota e exemplos em* JANUARY

octopus /ˈɑktəpəs/ *s* (*pl* ~es) polvo

odd /ɑd/ *adj* **1** (**odder, oddest**) estranho, peculiar **2** (*número*) ímpar **3** (*artigo de um par*) solto **4** (*sapato*) desparelhado **5** restante, a mais **6** *thirty-odd* trinta e poucos ◊ *twelve pounds odd* doze libras é pouco **7** *He has the odd beer.* Ele toma uma cerveja de vez em quando. LOC **to be the odd man/one out** ser o único sem par, ser diferente *Ver tb* FISH

oddity /ˈɑdəti/ *s* (*pl* -ies) **1** (*tb* **oddness**) estranheza, peculiaridade **2** excentricidade **3** (*pessoa*) excêntrico, -a

oddly /ˈɑdli/ *adv* de maneira estranha: *Oddly enough…* Curiosamente…

odds /ɑdz/ *s* [*pl*] **1** probabilidades: *The odds are that…* O mais provável é que… **2** apostas LOC **it makes no odds** (*GB, coloq*) dá no mesmo **odds and ends** (*GB, coloq*) coisas sem valor, quinquilharias **to be at odds** (**with sb**) (**over/on sth**) estar brigado (com alguém) (por algo), desentender-se (com alguém) (a respeito de algo)

odor (*GB* **odour**) /ˈoʊdər/ *s* (*formal*) odor: *body odor* cheiro de suor ☞ **Odor** é utilizado em contextos mais formais que **smell** e às vezes implica um odor desagradável.

of /əv, ɑv/ *prep* **1** de: *a girl of six* uma menina de seis anos ◊ *It's made of wood.* É feito de madeira ◊ *two kilograms of rice* dois quilos de arroz ◊ *It was very kind of him.* Foi muito gentil da parte dele. **2** (*com possessivos*) de: *a friend of John's* um amigo do John ◊ *a cousin of mine* um primo meu **3** (*com quantidades*): *There were five of us.* Éramos cinco. ◊ *most of all* acima de tudo ◊ *The six of us went.* Fomos nós seis. **4** (*datas e tempo*) de: *the first of March* o dia primeiro de março **5** (*causa*) de: *What did she die of?* Do que ela morreu?

off /ɔːf; *GB* ɒf/ ◆ *adj* (*GB*) **1** (*comida*) estragado **2** (*leite*) azedado ◆ *partíc adv* **1** (*de distância*): *five miles off* a cinco milhas de distância ◊ *some way off* a certa distância ◊ *not far off* não muito distante **2** *You left the lid off.* Você dei-

iː	i	ɪ	e	æ	ɑ	ʌ	ʊ	uː
see	happy	sit	ten	hat	cot	cup	put	too

xou destampado. ◊ *with her shoes off* descalça **3** *I must be off.* Tenho que ir embora. **4** (*coloq*): *The meeting is off.* A reunião está cancelada. **5** (*gás, eletricidade*) desconectado **6** (*máquinas, etc.*) desligado **7** (*torneira*) fechado **8** *a day off* um dia de folga **9** *five per cent off* cinco por cento de desconto *Ver* WELL OFF LOC **off and on; on and off** de tempos em tempos **to be off (for sth)** (*GB, coloq*): *How are you off for cash?* Como você está de dinheiro? ☛ *Comparar com* BADLY, BETTER ♦ *prep* **1** de: *to fall off sth* cair de algo **2** *a street off the main road* uma rua que sai da principal **3** *off the coast* a certa distância da costa **4** (*GB, coloq*) sem vontade de: *to be off your food* estar sem fome LOC **come off it!** pare com isso! ☛ Para o uso de **off** em PHRASAL VERBS, ver os verbetes dos verbos correspondentes, p.ex. **to go off** em GO¹.

off-duty /ˌɔːf ˈduːti/ *adj* de folga

offend /əˈfend/ *vt* ofender: *to be offended* ofender-se **offender** *s* **1** infrator, -ora **2** criminoso, -a

offense (*GB* **offence**) /əˈfens/ *s* **1** delito **2** ofensa LOC **to take offense (at sth)** ofender-se (por algo)

offensive /əˈfensɪv/ ♦ *adj* **1** ofensivo, insultante **2** (*odor, etc.*) repugnante ♦ *s* ofensiva

offer /ˈɒfər; *GB* ˈɒf-/ ♦ *vt, vi* oferecer: *to offer to do sth* oferecer-se para fazer algo ♦ *s* oferta **offering** *s* **1** oferecimento **2** oferenda

offhand /ˌɒfˈhænd; *GB* ˌɒf-/ ♦ *adv* de improviso, sem pensar ♦ *adj* brusco

office /ˈɒfɪs; *GB* ˈɒf-/ *s* **1** escritório: *office hours* horário de expediente **2** consultório **3** cargo: *to take office* tomar posse (de cargo) LOC **in office** no poder

officer /ˈɒfɪsər; *GB* ˈɒf-/ *s* **1** (*exército*) oficial **2** (*governo*) funcionário, -a **3** (*tb* **police officer**) policial

office supply store *s* papelaria

official /əˈfɪʃl/ ♦ *adj* oficial, formal ♦ *s* funcionário, -a **officially** *adv* oficialmente

off-licence /ˈɒf laɪsns; *GB* ˈɒf-/ *s* (*GB*) (*USA* **liquor store**) loja de bebidas

off-peak /ˌɒf ˈpiːk; *GB* ˈɒf-/ *adj* **1** (*preço, tarifa*) de baixa temporada **2** (*período*) de menor consumo

off-putting /ˈɒf pʊtɪŋ; *GB* ˈɒf-/ *adj* (*coloq*) **1** desconcertante **2** (*pessoa*) desagradável

offset /ˌɒfˈset; *GB* ˈɒfset/ *vt* (**-tt-**) (*pret, pp* **offset**) compensar

offshore /ˌɒfˈʃɔːr; *GB* ˌɒf-/ *adj* **1** (*ilha*) próximo da costa **2** (*brisa*) terrestre **3** (*pesca*) costeira

offside /ˌɒfˈsaɪd; *GB* ˌɒf-/ *adj, adv* (*Esporte*) impedido

offspring /ˈɒfsprɪŋ; *GB* ˈɒf-/ *s* (*pl* **offspring**) (*formal*) **1** filho(s), descendência **2** cria

often /ˈɒfn; *GB* ˈɒfn, ˈɒftən/ *adv* **1** com freqüência, muitas vezes: *How often do you see her?* Com que freqüência você a vê? **2** geralmente ☛ *Ver nota em* ALWAYS *Ver tb* EVERY

oh! /oʊ/ *interj* **1** ó, ah **2** *Oh yes I will.* Com certeza eu vou! ◊ *Oh no you won't!* Ah, não vai, não!

oil /ɔɪl/ ♦ *s* **1** petróleo: *oilfield* campo petrolífero ◊ *oil rig* plataforma de petróleo ◊ *oil tanker* petroleiro ◊ *oil well* poço de petróleo **2** óleo **3** (*Arte*) tinta a óleo ♦ *vt* lubrificar **oily** *adj* (**oilier, oiliest**) **1** oleoso **2** engordurado

oil slick *s* mancha de petróleo (*de vazamento*)

okay (*tb* **OK**) /ˌoʊˈkeɪ/ ♦ *adj* (*coloq*) bom ♦ *adv* (*coloq*) bem ♦ *interj* tudo bem ♦ *vt* aprovar ♦ *s* consentimento, aprovação

old /oʊld/ ♦ *adj* (**older, oldest**) ☛ *Ver nota em* ELDER **1** velho: *old age* velhice ◊ *old people* idosos ◊ *the Old Testament* o Antigo Testamento **2** *How old are you?* Quantos anos você tem? ◊ *She is two (years old).* Ela tem dois anos.

Para falar "tenho dez anos", dizemos *I am ten* ou *I am ten years old*. No entanto, para falar "um menino de dez anos", dizemos *a boy of ten* ou *a ten-year-old boy.*

☛ *Ver nota em* YEAR **3** (*anterior*) antigo LOC *Ver* CHIP ♦ **the old** *s* [*pl*] os idosos

old-fashioned /ˌoʊld ˈfæʃnd/ *adj* **1** fora de moda **2** tradicional

olive /ˈɑlɪv/ ♦ *s* **1** azeitona **2** (*tb* **olive tree**) oliveira: *olive oil* azeite ♦ *adj* **1** (*tb* **olive green**) verde-oliva **2** (*pele*) azeitonada

the Olympic Games *s* [*pl*] **1** (*Hist*) os Jogos Olímpicos **2** (*tb* **the Olympics**) as Olimpíadas

u	ɔː	ɜː	ə	j	w	eɪ	oʊ
sit*u*ation	s*aw*	f*ur*	*ago*	*y*es	*w*oman	p*ay*	h*ome*

omelet (*tb* **omelette**) /ˈɑmlət/ *s* omele-
te

omen /ˈoʊmen/ *s* presságio

ominous /ˈɑmɪnəs/ *adj* agourento

omission /oʊˈmɪʃn/ *s* omissão, ausên-
cia

omit /oʊˈmɪt/ *vt* (**-tt-**) **1** ~ **doing/to do
sth** deixar de fazer algo **2** omitir

omnipotent /ɑmˈnɪpətənt/ *adj* onipo-
tente

on /ɑn, ɔːn/ ◆ *partíc adv* **1** (*com sentido
de continuidade*): *to play on* continuar
tocando ◊ *further on* mais adiante ◊
from that day on daquele dia em diante
2 (*roupa, etc.*) vestido: *I have my glasses
on.* Estou de óculos. **3** (*máquinas, etc.*)
conectado, ligado **4** (*torneira*) aberto **5**
programado: *When is the movie on?* A
que horas começa o filme? LOC **on and
on** sem parar *Ver tb* OFF ◆ *prep* **1** (*tb
upon*) em, sobre: *on the table* sobre a
mesa ◊ *on the wall* na parede **2** (*trans-
porte*): *to go on the train/bus* ir de
trem/ônibus ◊ *to go on foot* ir a pé **3**
(*datas*): *on Sunday(s)* aos domingos/no
domingo ◊ *on May 3* no dia três de maio
4 (*tb upon*) [+ *-ing*]: *on arriving home*
ao chegar em casa **5** (*a respeito de*)
sobre **6** (*consumo*): *to be on drugs* estar
tomando drogas ◊ *to live on fruit/on £20
a week* viver de frutas/com 20 libras
por semana **7** (*atividade, estado,
etc.*) de: *on vacation* de férias ◊ *to be on
duty* estar de serviço ☛ *Para o uso de*
on *em* PHRASAL VERBS, *ver os verbetes
dos verbos correspondentes, p.ex.* **to
get on** *em* GET.

once /wʌns/ ◆ *conj* uma vez que: *Once
he'd gone…* Assim que ele saiu… ◆
adv uma vez: *once a week* uma vez por
semana LOC **at once 1** imediatamente
2 de uma só vez **once again/more** mais
uma vez **once and for all** de uma vez
por todas **once in a while** de vez em
quando **once or twice** algumas vezes
once upon a time era uma vez

oncoming /ˈɒnkʌmɪŋ, ˈɔːn-/ *adj* em
direção contrária

one¹ /wʌn/ *adj, pron, s* um, uma ☛ *Ver
exemplos em* FIVE

one² /wʌn/ ◆ *adj* **1** um, uma: *one morn-
ing* uma manhã **2** único: *the one way to
succeed* a única maneira de ter êxito **3**
mesmo: *of one mind* da mesma opinião
◆ *pron* **1** [*depois de adj*]: *the little ones*
os pequenos ◊ *I prefer this/that one.*
Prefiro este/aquele. ◊ *Which one?* Qual?
◊ *another one* (um) outro ◊ *It's better
than the old one.* É melhor que o antigo.
2 o(s), a(s): *the one at the end* o que está
no final **3** um, uma: *I need a pen. Do
you have one?* Preciso de uma caneta.
Você tem uma? ◊ *one of her friends* um
de seus amigos ◊ *to tell one from the
other* distinguir um do outro **4** [*como
sujeito indeterminado*] (*formal*): *One
must be sure.* Deve-se estar seguro.
☛ *Ver nota em* YOU LOC **(all) in one**
tudo em um **one by one** um a um **one
or two** alguns

one another *pron* uns aos outros, um
ao outro ☛ *Ver nota em* EACH OTHER

one-off /ˌwʌn ˈɔːf; *GB* -ˈɒf/ *adj, s* (algo)
excepcional/único

oneself /wʌnˈself/ *pron* **1** [*uso reflexi-
vo*]: *to cut oneself* cortar-se **2** [*uso enfáti-
co*] mesmo: *to do it oneself* fazer sozinho

one-way /ˌwʌn ˈweɪ/ *adj* **1** (*rua*) de
mão única **2** (*passagem*) de ida

ongoing /ˈɑnɡoʊɪŋ/ *adj* **1** em andamen-
to **2** atual

onion /ˈʌnjən/ *s* cebola

on-line /ˌɑn ˈlaɪn/ *adj, adv* (*Informát*)
conectado, em linha

onlooker /ˈɑnlʊkər/ *s* espectador, -ora

only /ˈoʊnli/ ◆ *adv* somente, apenas
LOC **not only…but also** não só…mas
também **only just 1** *I've only just ar-
rived.* Acabo de chegar. **2** *I can only just
see.* Eu mal consigo ver. *Ver tb* IF ◆ *adj*
único: *He is an only child.* Ele é filho
único. ◆ *conj* (*coloq*) só que, mas

onset /ˈɑnset/ *s* chegada, início

onslaught /ˈɑnslɔːt/ *s* ~ **(on sth/sb)**
investida violenta (contra algo/alguém)

onto (*tb* **on to**) /ˈɑntə, ˈɑntuː, ˈɔːn-/ *prep*
em, sobre, a: *to climb* (*up*) *onto sth* su-
bir em algo PHR V **to be onto sb** (*coloq*)
estar atrás de alguém **to be onto sth**
ter descoberto algo

onward /ˈɑnwərd, ˈɔːn-/ ◆ *adj* (*formal*)
para diante/frente: *your onward jour-
ney* a continuação da sua viagem ◆ *adv*
(*tb* **onwards**) **1** para frente **2** em diante:
from then onwards dali em diante

ooze /uːz/ **1** *vt, vi* ~ **(with) sth** soltar,
exsudar algo **2** *vi* ~ **from/out of sth**
vazar, escorrer de algo

opaque /oʊˈpeɪk/ *adj* opaco

aɪ	aʊ	ɔɪ	ɪə	eə	ʊə	ʒ	h	ŋ
five	now	join	near	hair	pure	vision	how	sing

open /ˈoʊpən/ ◆ adj **1** aberto: *Don't leave the door open.* Não deixe a porta aberta. **2** (*vista*) desimpedido **3** público **4** (*fig*): *to leave sth open* deixar algo em aberto LOC **in the open air** ao ar livre *Ver tb* BURST, CLICK, WIDE ◆ **1** *vt, vi* abrir(-se) **2** *vt* (*processo*) começar **3** *vt, vi* (*edifício, exposição, etc.*) inaugurar PHR V **to open into/onto sth** dar (acesso) para (um lugar) **to open sth out** abrir algo **to open up** (*coloq*) abrir-se, soltar-se **to open (sth) up** abrir (algo), abrir-se: *Open up!* Abra! ◆ **the open** *s* o ar livre LOC **to come (out) into the open** vir a público *Ver tb* BRING **opener** *s* abridor **openly** *adv* abertamente **openness** *s* franqueza

open-air /ˌoʊpən ˈeər/ *adj* ao ar livre

opening /ˈoʊpənɪŋ/ ◆ *s* **1** (*fresta*) abertura **2** (*ato*) abertura **3** começo **4** (*tb* **opening night**) (*Teat*) estréia **5** inauguração **6** (*trabalho*) vaga **7** oportunidade ◆ *adj* primeiro

open-minded /ˌoʊpən ˈmaɪndɪd/ *adj* aberto, de mente aberta

opera /ˈɑprə/ *s* ópera: *opera house* teatro de ópera

operate /ˈɑpəreɪt/ **1** *vt, vi* (*máquina*) funcionar, operar **2** *vi* (*empresa*) operar **3** *vt* (*serviço*) oferecer **4** *vt* (*negócio*) dirigir **5** *vt, vi* (*Mec*) operar **6** *vi* ~ (**on sb**) (**for sth**) (*Med*) operar (alguém) (de algo): *operating room* sala de cirurgia

operation /ˌɑpəˈreɪʃn/ *s* **1** operação **2** funcionamento LOC **to be in/come into operation 1** estar/entrar em funcionamento **2** (*Jur*) estar/entrar em vigor **operational** *adj* **1** operacional **2** operante, em funcionamento

operative /ˈɑpərətɪv, ˈɑprə-/ ◆ *adj* **1** em funcionamento **2** (*Jur*) em vigor **3** (*Med*) operatório ◆ *s* operário, -a

operator /ˈɑpəreɪtər/ *s* operador, -ora: *radio operator* operador de rádio ◊ *switchboard operator* telefonista

opinion /əˈpɪniən/ *s* ~ (**of/about sb/sth**) opinião, parecer (de/sobre/a respeito de alguém/algo) LOC **in my opinion** na minha opinião *Ver tb* MATTER

opinion poll *Ver* POLL sentido 4

opponent /əˈpoʊnənt/ *s* **1** ~ (**at/in sth**) adversário, -a, oponente (em algo) **2** *to be an opponent of sth* ser contrário a algo

opportunity /ˌɑpərˈtuːnəti; *GB* -ˈtjuːn-/

s (*pl* **-ies**) ~ (**for/of doing sth**); ~ (**to do sth**) oportunidade (de fazer algo) LOC **to take the opportunity to do sth/of doing sth** aproveitar a oportunidade para fazer algo

oppose /əˈpoʊz/ *vt* **1** ~ **sth** opor-se a algo **2** ~ **sb** enfrentar alguém **opposed** *adj* contrário: *to be opposed to sth* ser contrário a algo LOC **as opposed to**: *quality as opposed to quantity* qualidade e não quantidade **opposing** *adj* contrário

opposite /ˈɑpəzɪt/ ◆ *adj* **1** (*GB*) de frente: *the house opposite* a casa em frente/do outro lado da rua **2** contrário: *the opposite sex* o sexo oposto ◆ *adv* em frente: *She was sitting opposite.* Ela estava sentada do outro lado. ◆ *prep* (*GB*) (*USA* **across from**) ~ (**to**) **sb/sth** de frente para alguém/algo; em frente de alguém/algo: *opposite each other* de frente um para o outro ◆ *s* ~ (**of sth**) o contrário (de algo) ☛ *Ver ilustração em* FRENTE

opposition /ˌɑpəˈzɪʃn/ *s* ~ (**to sb/sth**) oposição (a alguém/algo)

oppress /əˈpres/ *vt* **1** oprimir **2** angustiar **oppressed** *adj* oprimido **oppression** *s* opressão **oppressive** *adj* **1** opressivo **2** angustiante, sufocante

opt /ɑpt/ *vi* **to opt to do sth** optar por fazer algo PHR V **to opt for sth** optar por algo **to opt out (of sth)** optar por não fazer algo, não participar (de algo)

optical /ˈɑptɪkl/ *adj* óptico: *optical illusion* ilusão de óptica

optician /ɑpˈtɪʃn/ *s* **1** óptico, -a, oculista **2 optician's** (*loja*) óptica

optimism /ˈɑptɪmɪzəm/ *s* otimismo **optimist** *s* otimista **optimistic** /ˌɑptɪˈmɪstɪk/ *adj* ~ (**about sth**) otimista (sobre/a respeito de algo)

optimum /ˈɑptɪməm/ (*tb* **optimal**) *adj* ideal

option /ˈɑpʃn/ *s* opção **optional** *adj* opcional, optativo

or /ɔːr/ *conj* **1** ou *Ver tb* EITHER **2** (*de outro modo*) ou, senão **3** [*depois de negativo*] nem *Ver tb* NEITHER LOC **or so**: *an hour or so* uma hora mais ou menos **sb/sth/somewhere or other** (*coloq*) alguém/algo/em algum lugar *Ver tb* RATHER, WHETHER

oral /ˈɔːrəl/ ◆ *adj* **1** (*falado*) oral **2** (*Anat*) bucal, oral ◆ *s* (*exame*) oral

tʃ	dʒ	v	θ	ð	s	z	ʃ
chin	June	van	thin	then	so	zoo	she

orange /'ɔːrɪndʒ; GB 'ɒr-/ ◆ s **1** laranja **2** (tb **orange tree**) laranjeira **3** (cor) (de) laranja ◆ adj (cor) laranja, alaranjado

orbit /'ɔːrbɪt/ ◆ s (lit e fig) órbita ◆ vt, vi ~ (**sth/around sth**) descrever uma órbita, ficar em órbita (ao redor de algo)

orchard /'ɔːrtʃərd/ s pomar

orchestra /'ɔːrkɪstrə/ s orquestra

orchid /'ɔːrkɪd/ s orquídea

ordeal /ɔːrˈdiːl/ s experiência penosa, suplício

order /'ɔːrdər/ ◆ s **1** (disposição) ordem: in alphabetical order por/em ordem alfabética **2** (instrução) ordem **3** (Com) pedido **4** (Mil, Relig) ordem LOC **in order 1** em ordem, segundo as regras **2** (aceitável) permitido **in order that…** para que… **in order to…** para… **in running/working order** em perfeito estado de funcionamento **out of order** quebrado: It's out of order. Não funciona. Ver tb LAW, MARCHING em MARCH, PECKING em PECK ◆ **1** vt ~ **sb to do sth** ordenar, mandar alguém fazer algo **2** vt ~ **sth** pedir, encomendar algo **3** vt, vi ~ (**sth**) (**for sb**) (comida, etc.) pedir (algo) (para alguém) **4** vt (formal) colocar em ordem, ordenar, organizar PHR V **to order sb about/around** dar ordens a alguém, ser autoritário com alguém

orderly /'ɔːrdərli/ adj **1** organizado, arrumado **2** disciplinado, pacífico

ordinance /'ɔːrdɪnəns/ s (USA) ordem, regulamento

ordinary /'ɔːrdəneri; GB 'ɔːdnri/ adj corrente, normal, comum: ordinary people pessoas comuns ☞ Comparar com COMMON sentido 3 LOC **out of the ordinary** fora do comum, extraordinário

ore /ɔːr/ s minério: gold/iron ore minério de ouro/ferro

oregano /əˈreɡənoʊ; GB ˌɒrɪˈɡɑːnəʊ/ s orégano

organ /'ɔːrɡən/ s (Mús, Anat) órgão

organic /ɔːrˈɡænɪk/ adj orgânico

organism /'ɔːrɡənɪzəm/ s organismo

organization, -isation /ˌɔːrɡənɪˈzeɪʃn; GB -naɪˈz-/ s organização **organizational, -isational** adj organizacional

organize, -ise /'ɔːrɡənaɪz/ **1** vt, vi organizar(-se) **2** vt (pensamentos) colocar em ordem **organizer, -iser** s organizador, -ora

orgy /'ɔːrdʒi/ s (pl -ies) (lit e fig) orgia

orient /'ɔːriənt/ ◆ vt (GB **orientate**) /'ɔːriənteɪt/ ~ **sth/sb** (**towards sth/sb**) orientar algo/alguém (para algo/alguém): to orient yourself orientar-se ◆ **the Orient** s o Oriente **oriental** /ˌɔːriˈentl/ adj oriental s **orientation** orientação

origin /'ɔːrɪdʒɪn/ s **1** origem **2** [freq pl] origens, ascendência

original /əˈrɪdʒənl/ ◆ adj **1** original **2** primeiro, primitivo ◆ s original LOC **in the original** no original **originality** /əˌrɪdʒəˈnæləti/ s originalidade **originally** adv **1** originalmente **2** no princípio, antigamente

originate /əˈrɪdʒɪneɪt/ **1** vi ~ **in/from sth** originar-se, ter sua origem em algo; provir de algo **2** vi nascer, começar **3** vt originar, produzir

ornament /'ɔːrnəmənt/ s (objeto de) enfeite, ornamento **ornamental** /ˌɔːrnəˈmentl/ adj decorativo, de enfeite

ornate /ɔːrˈneɪt/ adj (freq pej) **1** ornamentado, decorado **2** (linguagem, estilo) floreado

orphan /'ɔːrfn/ ◆ s órfão, -ã ◆ vt: to be orphaned ficar órfão **orphanage** s orfanato

orthodox /'ɔːrθədɑːks/ adj ortodoxo

ostrich /'ɑstrɪtʃ/ s avestruz

other /'ʌðər/ ◆ adj **1** [com substantivos no plural] outro: other books outros livros ◊ Do you have other plans? Você tem outros planos? **2** [com substantivo no singular ou plural quando são precedidos de adjetivos possessivos ou demonstrativos] outro: All their other children have left home. Todos os outros filhos deles já saíram de casa. ◊ That other car was better. Aquele outro carro era melhor. ◊ some other time (alguma) outra hora ☞ Ver nota em OUTRO LOC **the other day, morning, week, etc.** outro dia, outra manhã/semana, etc. Ver tb EVERY, OR, WORD ◆ pron **1** others [pl] outros, -as: Others have said this before. Outros já disseram isso antes. ◊ Do you have any others? Você tem mais? **2** the **other** o outro, a outra: I'll keep one and *she can have the other.* Eu fico com um e ela pode ficar com o outro. **3 the others** [*pl*] os, as demais: *This shirt is too small and the others are too big.* Esta camisa é pequena demais e as outras são grandes demais. ◆ **other than** *prep* **1** exceto: *He never speaks to me other than to ask for something.* Ele não fala comigo a não ser para pedir alguma coisa. **2** *I have never known him to behave other than selfishly.* Eu nunca o vi comportar-se de uma maneira que não fosse egoísta.

otherwise /ˈʌðərwaɪz/ ◆ *adv* **1** (*formal*) de outra maneira: *mulled wine, otherwise known as Glühwein* vinho quente, também conhecido como Glühwein **2** sob outros aspectos ◆ *conj* se não, se não fosse assim ◆ *adj* diferente

otter /ˈɑtər/ *s* lontra

ouch! /aʊtʃ/ *interj* ai!

ought to /ˈɔːt tə, ˈɔːt tuː/ *v modal* (*neg* **ought not** *ou* **oughtn't** /ˈɔːtnt/)

Ought to é um verbo modal, e as orações interrogativas e negativas se constroem sem o auxiliar *do*.

1 (*sugestões e conselhos*): *You ought to do it.* Você deveria fazê-lo. ◊ *I ought to have gone.* Eu deveria ter ido. ☛ *Comparar com* MUST **2** (*probabilidade*): *Five ought to be enough.* Cinco devem ser suficientes.

ounce /aʊns/ *s* (*abrev* **oz**) onça (*28,35 gramas*) ☛ *Ver Apêndice 1.*

our /ɑr, ˈaʊər/ *adj poss* nosso(s), nossa(s): *Our house is in the center.* Nossa casa fica no centro. ☛ *Ver nota em* MY

ours /ɑrz, ˈaʊərz/ *pron poss* nosso(s), nossa(s): *a friend of ours* uma amiga nossa ◊ *Where's ours?* Onde está o nosso?

ourselves /ɑrˈselvz, aʊərˈselvz/ *pron* **1** [*uso reflexivo*] nós **2** [*uso enfático*] nós mesmos LOC **by ourselves 1** sozinhos **2** sem ajuda

out /aʊt/ ◆ *partíc adv* **1** fora: *to be out* não estar (em casa) **2** *The sun is out.* O sol já saiu. **3** fora de moda **4** (*coloq*) (*possibilidade, etc.*) descartado **5** (*luz, etc.*) apagado **6** *to call out* (*loud*) chamar em voz alta **7** (*cálculo*) errado: *The bill is out by five pounds.* A conta está errada em cinco libras. **8** (*jogador*) eliminado **9** (*bola*) fora (*da quadra*) *Ver tb* OUT OF LOC **to be out to do sth** estar decidi-

do a fazer algo ☛ Para o uso de **out** em PHRASAL VERBS ver os verbetes dos verbos correspondentes, p.ex. **to pick out** em PICK. ◆ *s* LOC *Ver* IN

outbreak /ˈaʊtbreɪk/ *s* **1** irrupção **2** (*guerra*) deflagração

outburst /ˈaʊtbɜːrst/ *s* **1** explosão **2** (*emoção*) acesso

outcast /ˈaʊtkæst; *GB* -kɑːst/ *s* proscrito, -a, pária

outcome /ˈaʊtkʌm/ *s* resultado

outcry /ˈaʊtkraɪ/ *s* (*pl* **-ies**) protesto

outdo /ˌaʊtˈduː/ *vt* (*3ª pess sing pres* **-does** /-ˈdʌz/ *pret* **-did** /-ˈdɪd/ *pp* **-done** /-ˈdʌn/) superar

outdoor /ˈaʊtdɔːr/ *adj* ao ar livre: *outdoor swimming pool* piscina ao ar livre

outdoors /ˌaʊtˈdɔːrz/ *adv* ao ar livre, fora

outer /ˈaʊtər/ *adj* externo, exterior

outfit /ˈaʊtfɪt/ *s* **1** (*roupa*) conjunto **2** equipamento

outgoing /ˈaʊtɡoʊɪŋ/ *adj* **1** para fora, de saída **2** (*Pol*) que está saindo, em final de mandato **3** extrovertido

outgrow /ˌaʊtˈɡroʊ/ *vt* (*pret* **outgrew** /-ˈɡruː/ *pp* **outgrown** /-ˈɡroʊn/) **1** *He's outgrown his shoes.* Os sapatos dele ficaram pequenos. **2** (*hábito, etc.*) cansar-se de, abandonar

outing /ˈaʊtɪŋ/ *s* excursão (rápida e curta)

outlandish /aʊtˈlændɪʃ/ *adj* esquisito

outlaw /ˈaʊtlɔː/ ◆ *vt* declarar ilegal ◆ *s* foragido, -a

outlet /ˈaʊtlet/ *s* **1** ~ (**for sth**) escoadouro, saída (para algo) **2** ~ (**for sth**) (*fig*) escape (para algo) **3** (*Com*) ponto de venda **4** (*eletricidade*) (*GB* **socket**) tomada

outline /ˈaʊtlaɪn/ ◆ *s* **1** contorno, perfil **2** linhas gerais, esboço ◆ *vt* **1** delinear, esboçar **2** expor em linhas gerais

outlive /ˌaʊtˈlɪv/ *vt* ~ **sb/sth** sobreviver a alguém/algo

outlook /ˈaʊtlʊk/ *s* **1** ~ (**onto/over sth**) perspectiva (de algo) **2** ~ (**on sth**) (*fig*) ponto de vista (sobre algo) **3** ~ (**for sth**) perspectiva, prognóstico (para algo)

outnumber /ˌaʊtˈnʌmbər/ *vt* ~ **sb** superar em número a alguém

out of /ˈaʊt əv/ *prep* **1** fora de: *I want that dog out of the house.* Quero aquele cachorro fora da casa. ◊ *to jump out of*

u	ɔː	ɜː	ə	j	w	eɪ	oʊ
situation	saw	fur	ago	yes	woman	pay	home

bed pular da cama **2** (*causa*) por: *out of interest* por interesse **3** de: *eight out of every ten* oito em cada dez ◊ *to copy sth out of a book* copiar algo de um livro **4** (*material*) de, com: *made out of plastic* (feito) de plástico **5** sem: *to be out of work* estar sem trabalho

outpost /'aʊtpəʊst/ *s* posto avançado

output /'aʊtpʊt/ *s* **1** produção **2** (*Fís*) potência

outrage /'aʊtreɪdʒ/ ◆ *s* **1** atrocidade **2** escândalo **3** revolta ◆ /aʊt'reɪdʒ/ *vt* ~ **sb/sth** ultrajar alguém/algo **outrageous** *adj* **1** escandaloso, ultrajante **2** extravagante

outright /'aʊtraɪt/ ◆ *adv* **1** (*sem reservas/rodeios*) francamente, diretamente **2** imediatamente, instantaneamente **3** completamente **4** (*vencer*) indiscutivelmente ◆ *adj* **1** franco **2** (*vencedor*) indiscutível **3** (*negativa*) definitivo

outset /'aʊtset/ *s* LOC **at/from the outset (of sth)** no/desde o princípio (de algo)

outside /ˌaʊt'saɪd/ ◆ *s* exterior: *on/from the outside* por/de fora ◆ *prep* (*esp USA* **outside of**) fora de: *Wait outside the door.* Espere do lado de fora da porta. ◆ *adv* (do lado de) fora, para fora ◆ /'aʊtsaɪd/ *adj* **1** externo, de fora **2** (*chance*) pequeno

outsider /ˌaʊt'saɪdər/ *s* **1** forasteiro, -a, estranho, -a **2** (*pej*) intruso, -a **3** (*competidor, cavalo*) azarão

outskirts /'aʊtskɜːrts/ *s* [*pl*] subúrbios, arredores

outspoken /aʊt'spəʊkən/ *adj* sincero, franco

outstanding /aʊt'stændɪŋ/ *adj* **1** destacado, excepcional **2** (*visível*) saliente **3** (*pagamento, trabalho*) pendente

outstretched /ˌaʊt'stretʃt/ *adj* estendido, aberto

outward /'aʊtwərd/ *adj* **1** externo, superficial **2** (*viagem*) de ida **outwardly** *adv* por fora, aparentemente **outwards** *adv* para fora

outweigh /ˌaʊt'weɪ/ *vt* pesar mais que, importar mais que

oval /'əʊvl/ *adj* oval, ovalado

ovary /'əʊvəri/ *s* (*pl* **-ies**) ovário

oven /'ʌvn/ *s* forno *Ver tb* STOVE

over /'əʊvər/ ◆ *partíc adv* **1** *to knock sth over* derrubar/entornar algo ◊ *to fall over* cair **2** *to turn sth over* virar algo **3** (*lugar*): *over here/there* (por/logo) aqui/ali/lá ◊ *They came over to see us.* Eles vieram para nos ver. **4 left over** sobrando: *Is there any food left over?* Sobrou (alguma) comida? **5** (*mais*): *children of five and over* crianças de cinco anos para cima **6** terminado LOC (**all**) **over again** (tudo) outra vez, (tudo) de novo **over and done with** completamente terminado **over and over (again)** repetidas vezes *Ver tb* ALL ◆ *prep* **1** sobre, por cima de: *clouds over the mountains* nuvens sobre as montanhas **2** do outro lado de: *He lives over the hill.* Ele mora do outro lado da colina. **3** mais de: (*for*) *over a month* (durante) mais de um mês **4** (*tempo*) durante, enquanto: *We'll discuss it over lunch.* Discutiremos isso durante o almoço. **5** (*por causa de*): *an argument over money* uma discussão por questões de dinheiro **6** (*via rádio/televisão*) através: *We heard it over the radio.* Ouvimos isso no rádio. LOC **over and above** além de ☛ Para o uso de **over** em PHRASAL VERBS, ver os verbetes dos verbos correspondentes, p.ex. **to think over** em THINK.

over- /'əʊvər/ *pref* **1** excessivamente: *over-ambitious* extremamente ambicioso **2** (*idade*) maior de: *the over-60s* os maiores de 60 anos

overall /ˌəʊvər'ɔːl/ ◆ *adj* **1** total **2** (*geral*) global **3** (*vencedor*) absoluto ◆ *adv* **1** no total **2** em geral ◆ /'əʊvərɔːl/ *s* **1** (*GB*) guarda-pó **2 overalls** [*pl*] macacão

overbearing /ˌəʊvər'beərɪŋ/ *adj* dominador

overboard /'əʊvərbɔːrd/ *adv* pela borda: *to fall overboard* cair ao mar LOC **to go overboard** ficar extremamente entusiasmado

overcame *pret de* OVERCOME

overcast /ˌəʊvər'kæst; *GB* -'kɑːst/ *adj* nublado, encoberto

overcharge /ˌəʊvər'tʃɑːrdʒ/ *vt, vi* ~ **(sb) (for sth)** cobrar a mais (de alguém) (por algo)

overcoat /'əʊvərkəʊt/ *s* sobretudo

overcome /ˌəʊvər'kʌm/ *vt* (*pret* **overcame** /-'keɪm/ *pp* **overcome**) **1** (*dificuldade*) superar, dominar **2** tomar, invadir: *overcome by fumes/smoke* inva-

aɪ	aʊ	ɔɪ	ɪə	eə	ʊə	ʒ	h	ŋ
f**i**ve	n**ow**	j**oi**n	n**ear**	h**air**	p**ure**	vi**si**on	**h**ow	si**ng**

dido por gases/fumaça ◊ **overcome with/by emotion** tomado por emoções

overcrowded /ˌoʊvərˈkraʊdɪd/ *adj* superlotado **overcrowding** *s* superlotação

overdo /ˌoʊvərˈduː/ *vt* (*pret* **overdid** /-ˈdɪd/ *pp* **overdone** /-ˈdʌn/) **1** exagerar, usar muito **2** cozinhar demais LOC **to overdo it/things** passar das medidas

overdose /ˈoʊvərdoʊs/ *s* overdose

overdraft /ˈoʊvərdræft; GB -drɑːft/ *s* saldo negativo (*de conta bancária*)

overdue /ˌoʊvərduː; GB -ˈdjuː/ *adj* **1** atrasado **2** (*Fin*) vencido (sem pagamento)

overestimate /ˌoʊvərˈestɪmeɪt/ *vt* superestimar

overflow /ˌoʊvərˈfloʊ/ ♦ **1** *vt, vi* transbordar **2** *vi* extravasar ♦ /ˈoʊvərfloʊ/ *s* **1** transbordamento **2** excesso **3** (*tb* **overflow pipe**) (*cano*) ladrão

overgrown /ˌoʊvərˈɡroʊn/ *adj* **1** crescido demais, grande demais **2** ~ (**with sth**) (*jardim*) coberto (de algo)

overhang /ˌoʊvərˈhæŋ/ *vt, vi* (*pret, pp* **overhung** /-ˈhʌŋ/) projetar-se (sobre): *overhanging* que se projeta (sobre)

overhaul /ˌoʊvərˈhɔːl/ ♦ *vt* revisar ♦ /ˈoʊvərhɔːl/ *s* revisão

overhead /ˈoʊvərhed/ ♦ *adj* **1** elevado **2** (*cabos, fios*) aéreo **3** (*luz*) de teto ♦ /ˌoʊvərˈhed/ *adv* por cima da cabeça, no alto, pelo alto LOC *Ver* PROJECTOR

overhear /ˌoʊvərˈhɪər/ *vt* (*pret, pp* **overheard** /-ˈhɜːrd/) ouvir (*por acaso*)

overhung *pret, pp de* OVERHANG

overjoyed /ˌoʊvərˈdʒɔɪd/ *adj* **1** ~ (**at sth**) eufórico (por/com algo) **2** ~ (**to do sth**) contentíssimo (de fazer algo)

overland /ˈoʊvərlænd/ ♦ *adj* terrestre ♦ *adv* por terra

overlap /ˌoʊvərˈlæp/ ♦ *vt, vi* (-pp-) **1** sobrepor(-se) **2** (*fig*) coincidir em parte (com) ♦ /ˈoʊvərlæp/ *s* **1** sobreposição **2** (*fig*) coincidência

overleaf /ˌoʊvərˈliːf/ *adv* no verso (*de página*)

overload /ˌoʊvərˈloʊd/ ♦ *vt* ~ **sb/sth** (**with sth**) sobrecarregar alguém/algo (com algo) ♦ /ˈoʊvərloʊd/ *s* sobrecarga

overlook /ˌoʊvərˈlʊk/ *vt* **1** dar para, ter vista para **2** passar por alto **3** não notar **4** (*perdoar*) deixar passar

overnight /ˌoʊvərˈnaɪt/ ♦ *adv* **1** durante a noite **2** (*coloq*) da noite para o dia ♦ /ˈoʊvərnaɪt/ *adj* **1** durante a noite, para a noite **2** (*coloq*) (*sucesso*) repentino

overpass /ˈoʊvərpæs; GB -pɑːs/ (*GB* **flyover**) *s* viaduto

overpower /ˌoʊvərˈpaʊər/ *vt* dominar, vencer, subjugar **overpowering** *adj* esmagador, insuportável

overran *pret de* OVERRUN

overrate /ˌoʊvəˈreɪt/ *vt* superestimar, supervalorizar

override /ˌoʊvəˈraɪd/ *vt* (*pret* **overrode** /-ˈroʊd/ *pp* **overridden** /-ˈrɪdn/) **1** ~ **sb/sth** desprezar/ignorar alguém/algo **2** ter preferência/prioridade a **overriding** /ˌoʊvəˈraɪdɪŋ/ *adj* capital, prioritário

overrule /ˌoʊvəˈruːl/ *vt* **1** negar, anular **2** (*Jur*) revogar

overrun /ˌoʊvəˈrʌn/ (*pret* **overran** /-ˈræn/ *pp* **overrun**) **1** *vt* invadir **2** *vi* ultrapassar (o tempo)

oversaw *pret de* OVERSEE

overseas /ˌoʊvərˈsiːz/ ♦ *adj* exterior, estrangeiro ♦ *adv* no/do/ao estrangeiro

oversee /ˌoʊvərˈsiː/ *vt* (*pret* **oversaw** /-ˈsɔː/ *pp* **overseen** /-ˈsiːn/) supervisionar, inspecionar

overshadow /ˌoʊvərˈʃædoʊ/ *vt* **1** (*entristecer*) ensombrecer **2** (*pessoa, realização*) ofuscar

oversight /ˈoʊvərsaɪt/ *s* omissão, descuido

oversleep /ˌoʊvərˈsliːp/ *vi* (*pret, pp* **overslept** /-ˈslept/) perder a hora (*dormindo*)

overspend /ˌoʊvərˈspend/ (*pret, pp* **overspent** /-ˈspent/) **1** *vi* gastar em excesso **2** *vt* (*orçamento*) ultrapassar

overstate /ˌoʊvərˈsteɪt/ *vt* exagerar

overstep /ˌoʊvərˈstep/ *vt* (-pp-) ultrapassar (*limites*) LOC **to overstep the mark** passar dos limites

overt /oʊˈvɜːrt; GB ˈəʊvɜːt/ *adj* (*formal*) declarado, público

overtake /ˌoʊvərˈteɪk/ (*pret* **overtook** /-ˈtʊk/ *pp* **overtaken** /-ˈteɪkən/) **1** *vt, vi* (*GB*) (*USA* **pass**) (*carro*) ultrapassar **2** *vt* (*fig*) colher de surpresa, surpreender

overthrow /ˌoʊvərˈθroʊ/ ♦ *vt* (*pret* **overthrew** /-ˈθruː/ *pp* **overthrown** /-ˈθroʊn/) depor, derrubar ♦ /ˈoʊvərθroʊ/ *s* deposição

| tʃ | dʒ | v | θ | ð | s | z | ʃ |
| chin | June | van | thin | then | so | zoo | she |

overtime /'oʊvərtaɪm/ s, adv hora(s) extra(s)

overtone /'oʊvərtoʊn/ s [ger pl] conotação, insinuação

overtook pret de OVERTAKE

overture /'oʊvərtʃər/ s 1 (Mús) abertura 2 proposta LOC **to make overtures** (**to sb**) tentar uma aproximação (com alguém)

overturn /ˌoʊvər't3:rn/ 1 vt, vi virar 2 vt, vi (carro) capotar 3 vt (decisão) anular

overview /'oʊvərvjuː/ s (formal) panorama (geral)

overweight /ˌoʊvər'weɪt/ adj: to be overweight estar com excesso de peso ☞ Ver nota em FAT

overwhelm /ˌoʊvər'welm/ vt 1 derrotar, derrubar 2 (fig) desarmar **overwhelming** adj esmagador

overwork /ˌoʊvər'w3:rk/ vt, vi (fazer) trabalhar demais

owe /oʊ/ vt, vi dever, estar em dívida (com)

owing to /'oʊɪŋ tu/ prep devido a, por causa de

owl /aʊl/ s coruja

own /oʊn/ ♦ adj, pron próprio: It was my own idea. Foi idéia minha. LOC **of your own** próprio: a house of your own uma casa própria (**all**) **on your own 1** completamente só **2** por si só, sem ajuda Ver tb BACK¹ ♦ vt possuir, ter, ser dono de PHR V **to own up** (**to sth**) (coloq) confessar(-se culpado) (de algo)

owner /'oʊnər/ s proprietário, -a **ownership** s [não contável] propriedade

ox /ɑks/ s (pl oxen /'ɑksn/) boi

oxygen /'ɑksɪdʒən/ s oxigênio

oyster /'ɔɪstər/ s ostra

ozone /'oʊzoʊn/ s ozônio: ozone layer camada de ozônio

Pp

P, p /piː/ s (pl P's, p's /piːz/) P, p: P as in Peter P de pato ☞ Ver exemplos em A, A

pace /peɪs/ ♦ s 1 passo 2 ritmo LOC **to keep pace** (**with sb/sth**) **1** acompanhar o ritmo (de alguém/algo) **2** manter-se atualizado (em relação a alguém/algo) ♦ vt, vi (inquieto) andar de lá para cá LOC **to pace up and down** (**a room, etc.**) andar (nervoso) de lá para cá (em uma sala, etc.)

pacemaker /'peɪsmeɪkər/ s (Med) marca-passo

pacifier /'pæsɪfaɪər/ (GB **dummy**) s chupeta

pacify /'pæsɪfaɪ/ vt (pret, pp **-fied**) **1** (temores, ira) apaziguar **2** (região) pacificar

pack /pæk/ ♦ s **1** mochila **2** (GB) (USA **set**) pacote: The pack contains a pen, ten envelopes and twenty sheets of writing paper. O pacote contém uma caneta, dez envelopes e vinte folhas de papel de carta. ☞ Ver nota em PACKAGE **3** (cigarros) maço **4** (animal) carga **5** (cachorros)

matilha **6** [v sing ou pl] (lobos) alcatéia **7** (GB) (USA **deck**) (cartas) baralho ♦ **1** vt (mala) fazer **2** vi fazer as malas **3** vt carregar **4** vt embalar **5** vt ~ **sth into sth** colocar algo em algo **6** vt ~ **sth in sth** envolver algo com algo **7** vt (caixa) encher **8** vt (comida) embalar, conservar em **9** vt (sala, espaço) lotar LOC **to pack your bags** (fazer as malas e) ir embora PHR V **to pack sth in** (coloq) deixar/abandonar algo: I've packed in my job. Eu deixei meu emprego. **to pack** (**sb/sth**) **into sth** espremer-se em algo, colocar alguém/algo em algo (apertado) **to pack up** (GB, coloq) quebrar (deixar de funcionar) **packed** adj **1** lotado **2** ~ **with sth** abarrotado, cheio de algo LOC **packed lunch** (GB) (USA (**brown-)bag lunch**) almoço/sanduíche que se leva de casa

package /'pækɪdʒ/ ♦ s **1** pacote **2** (GB **parcel**) (bagagem) volume

Package (GB **parcel**) é utilizado para nos referirmos a pacotes enviados pelo correio. **Pack** (GB **packet**) é o termo

---

iː	i	ɪ	e	æ	ɑ	ʌ	ʊ	uː
see	happy	sit	ten	hat	cot	cup	put	too

utilizado para nos referirmos a um pacote ou uma bolsa que contém algum produto à venda em uma loja: *a pack of cigarettes/chips*. Na Grã-Bretanha **pack** (*USA* set) é utilizado para nos referirmos a um conjunto de coisas diferentes que são vendidas juntas: *The pack contains needles and thread*. O pacote contém agulhas e linha. *Ver tb* PACKAGING *em* PACKAGE *e ilustração em* CONTAINER.

◆ *vt* empacotar **packaging** *s* embalagem

package tour (*GB* package holiday) *s* pacote turístico

packet /'pækɪt/ *s* (*esp GB*) pacote ☞ *Ver ilustração em* CONTAINER *e nota em* PARCEL.

packing /'pækɪŋ/ *s* **1** processo de embalar/fazer as malas **2** material para acondicionamento

pact /pækt/ *s* pacto

pad /pæd/ ◆ *s* **1** enchimento: *ink pad* almofada de carimbo **2** (*papel*) bloco ◆ *vt* (-dd-) acolchoar PHR V **to pad about, along, around, etc.** andar (de leve) **to pad sth out** (*fig*) encher lingüiça (*livro, texto, etc.*) **padding** *s* **1** enchimento **2** (*fig*) enchção de lingüiça

paddle /'pædl/ ◆ *s* remo de cabo curto LOC **to have a paddle** molhar os pés/andar com os pés na água *Ver tb* CREEK ◆ **1** *vt* (*barco, canoa*) dirigir (remando) **2** *vi* remar **3** *vi* andar em lugar raso

paddock /'pædək/ *s* prado (*onde pastam cavalos*)

padlock /'pædlɑk/ *s* cadeado

paediatrician (*GB*) *Ver* PEDIATRICIAN

pagan /'peɪgən/ *adj, s* pagão, -ã

page /peɪdʒ/ ◆ *s* página ◆ *vt* chamar/procurar por alto-falante

paid /peɪd/ *pret, pp de* PAY ◆ *adj* **1** (*empregado*) assalariado **2** (*trabalho, férias*) remunerado LOC **to put paid to sth** acabar com algo

pain /peɪn/ *s* **1** dor: *Is she in pain?* Ela está com dor? ◊ *painkiller* analgésico ◊ *I have a pain in my neck.* Estou com dor no pescoço. **2** ~ (**in the neck**) (*coloq*) (*esp pessoa*) chato, -a LOC **to be at pains to do sth** esforçar-se para fazer algo **to take great pains with/over sth** esmerar-se muito em algo **pained** *adj* **1** aflito **2** ofendido **painful** *adj* **1** dolorido: *to be painful* doer **2** doloroso **3** (*dever,*

missão) penoso **4** (*decisão*) difícil **painfully** *adv* terrivelmente **painless** *adj* **1** sem dor **2** (*procedimento*) sem dificuldades

painstaking /'peɪnzteɪkɪŋ/ *adj* **1** (*trabalho*) laborioso **2** (*pessoa*) caprichoso

paint /peɪnt/ ◆ *s* tinta ◆ *vt, vi* pintar **painter** *s* pintor, -ora **painting** *s* **1** pintura **2** quadro ☞ *Ver ilustração em* BRUSH

paintbrush /'peɪntbrʌʃ/ *s* pincel, broxa

paintwork /'peɪntwɜːrk/ *s* pintura (*superfície*)

pair /peər/ ◆ *s* **1** par: *a pair of pants* umas calças/uma calça

As palavras que designam objetos compostos por dois elementos (como pinça, tesoura, calça, etc.) são seguidas de verbo no plural: *My pants are very tight.* Minha calça está muito apertada/justa. Quando nos referimos a mais de um objeto, utilizamos a palavra **pair**: *I've got two pairs of pants.* Tenho duas calças.

2 [*v sing ou pl*] casal: *the winning pair* o par vencedor ☞ *Comparar com* COUPLE ◆ PHR V **to pair off/up (with sb)** formar par (com alguém) **to pair sb off (with sb)** formar par (com alguém)

pajamas /pə'dʒæməz/ (*GB* pyjamas /-'dʒɑːm-/) *s* [*pl*] pijama: *a pair of pajamas* um pijama ☞ **Pajama** se usa no singular quando precede outro substantivo: *pajama pants* calça do pijama. *Ver tb nota em* PAIR.

pal /pæl/ *s* (*coloq*) **1** companheiro, -a, amigo, -a **2** colega

palace /'pæləs/ *s* palácio

palate /'pælət/ *s* **1** paladar **2** palato

pale /peɪl/ ◆ *adj* (paler, palest) **1** pálido **2** (*cor*) claro **3** (*luz*) tênue LOC **to go/turn pale** empalidecer ◆ *s* LOC **beyond the pale** (*conduta*) inaceitável

pall /pɔːl/ ◆ *vi* ~ (**on sb**) cansar, aborrecer (alguém) ◆ *s* **1** pano mortuário **2** (*fig*) nuvem: *A pall of smoke hung over the town.* Havia uma nuvem de fumaça sobre a cidade.

pallid /'pælɪd/ *adj* pálido

pallor /'pælər/ *s* palidez

palm /pɑm/ ◆ *s* **1** (*mão*) palma **2** (*tb* palm tree) palmeira LOC **to have sb in the palm of your hand** ter alguém na palma da mão ◆ PHR V **to palm sb/sth**

off (on sb) *(coloq)* passar alguém/algo (que não se quer) para alguém

paltry /ˈpɔːltri/ *adj* (**-ier, -iest**) insignificante

pamper /ˈpæmpər/ *vt (freq pej)* mimar

pamphlet /ˈpæmflət/ *s* **1** folheto **2** *(político)* panfleto

pan /pæn/ *s* panela ☞ *Ver ilustração em* SAUCEPAN LOC *Ver* FLASH

pancake /ˈpænkeɪk/ *s* panqueca ☞ *Ver nota em* TERÇA-FEIRA

panda /ˈpændə/ *s* panda

pander /ˈpændər/ PHR V **to pander to sb/sth** *(pej)* satisfazer alguém/algo, condescender com alguém/algo

pane /peɪn/ *s* vidraça: *pane of glass* lâmina de vidro ◊ *windowpane* vidro de janela

panel /ˈpænl/ *s* **1** painel **2** *(TV, Rádio)* painel **3** *[v sing ou pl]* comissão de jurados, júri **paneled** (*GB* **panelled**) *adj* revestido **paneling** (*GB* **panelling**) *s* revestimento: *oak paneling* revestimento de carvalho

pang /pæŋ/ *s (lit e fig)* pontada

panic /ˈpænɪk/ ♦ *s* pânico: *panic-stricken* em pânico ♦ *vt, vi* (**-ck-**) entrar em pânico, assustar(-se)

pant /pænt/ *vi* arfar

panther /ˈpænθər/ *s* **1** pantera **2** *(USA)* puma

panties /ˈpæntiz/ *s (coloq) [pl]* calcinha

pantomime /ˈpæntəmaɪm/ *s* **1** *(GB)* pantomima de Natal **2** *(fig)* farsa

pantry /ˈpæntri/ *s (pl -ies)* despensa

pants /pænts/ *s [pl]* **1** *(USA)* calça **2** *(GB)* (*USA* **underpants**) cueca, calcinha ☞ *Ver nota em* PAIR

paper /ˈpeɪpər/ ♦ *s* **1** *[não contável]* papel: *a piece of paper* uma folha/um pedaço de papel **2** jornal **3** (*tb* **wallpaper**) papel de parede **4 papers** *[pl]* documentação **5 papers** *[pl]* papéis, papelada **6** exame *(escrito)* **7** *(científico, acadêmico)* trabalho, artigo LOC **on paper 1** por escrito **2** *(fig)* em teoria no papel ♦ *vt* revestir com papel de parede

paperback /ˈpeɪpərbæk/ *s* livro tipo brochura

paperwork /ˈpeɪpərwɜːrk/ *s [não contável]* **1** papelada **2** tarefas administrativas

par /pɑːr/ *s* LOC **below par** *(coloq)* abaixo do esperado **to be on a par with sb/sth** estar em pé de igualdade com alguém/algo

parable /ˈpærəbl/ *s* parábola *(estória)*

parachute /ˈpærəʃuːt/ *s* pára-quedas

parade /pəˈreɪd/ ♦ *s* **1** desfile **2** *(Mil)* parada **3** (*tb* **parade ground**) praça de armas ♦ **1** *vi* desfilar **2** *vi* *(Mil)* passar em revista **3** *vt* *(pej)* *(conhecimentos)* alardear **4** *vt* exibir

paradise /ˈpærədaɪs/ *s* paraíso

paradox /ˈpærədɑːks/ *s* paradoxo

paraffin /ˈpærəfɪn/ *s* querosene

paragraph /ˈpærəgræf; *GB* -grɑːf/ *s* parágrafo

parakeet /ˈpærəkiːt/ *s* periquito

parallel /ˈpærəlel/ ♦ *adj* (em) paralelo ♦ *s* **1** *(ger)* *(Geog)* paralelo **2** paralela

paralysis /pəˈræləsɪs/ *s [não contável]* **1** paralisia **2** *(fig)* paralisação

paralyze (*GB* **paralyse**) /ˈpærəlaɪz/ *vt* paralisar

paramount /ˈpærəmaʊnt/ *adj* primordial: *of paramount importance* de suma importância

paranoid /ˈpærənɔɪd/ *s, adj* paranóico, -a

paraphrase /ˈpærəfreɪz/ *vt* parafrasear

parasite /ˈpærəsaɪt/ *s* parasita

parcel /ˈpɑːrsl/ (*GB*) (*USA* **package**) *s* pacote ☞ *Ver nota em* PACKAGE

parched /pɑːrtʃt/ *adj* **1** ressecado **2** *(pessoa)* sedento

parchment /ˈpɑːrtʃmənt/ *s* pergaminho

pardon /ˈpɑːrdn/ ♦ *s* **1** perdão **2** *(Jur)* indulto LOC *Ver* BEG ♦ *vt (formal)* perdoar LOC **pardon me?** (*GB* **pardon?**) como (disse)?, perdão, o que você disse? **pardon me!** perdão!

parent /ˈpeərənt/ *s* mãe, pai: *parents* pais ◊ *parent company* (empresa) matriz **parentage** *s* **1** ascendência **2** *(coloq)* **parental** /pəˈrentl/ *adj* dos pais **parenthood** /ˈpeərənthʊd/ *s* maternidade, paternidade

parenthesis /pəˈrenθəsɪs/ *s* (*pl* **-theses** /-θəsiːz/) (*GB* **bracket**) parêntese: *in parentheses* entre parênteses

parish /ˈpærɪʃ/ *s* paróquia: *parish priest* pároco

park /pɑːrk/ ♦ *s* **1** parque: *parkland*

---

zona verde/parque **2** (*USA*) campo de esportes ◆ *vt, vi* estacionar

parking /'pɑrkɪŋ/ *s* estacionamento: *parking ticket/fine* multa por estacionamento proibido ◊ *parking meter* parquímetro

parking lot (*GB* car park) *s* estacionamento (*local*)

parliament /'pɑrləmənt/ *s* parlamento/congresso: *Member of Parliament* deputado **parliamentary** /ˌpɑrlə'mentəri/ *adj* parlamentar

parlor (*GB* parlour) /'pɑrlər/ *s* salão

parody /'pærədi/ *s* (*pl* -ies) paródia

parole /pə'roʊl/ *s* liberdade condicional

parrot /'pærət/ *s* (*Zool*) papagaio

parsley /'pɑrsli/ *s* salsinha

parsnip /'pɑrsnɪp/ *s* chirivia

part /pɑrt/ ◆ *s* **1** parte: *in part exchange* (*GB*) como parte do pagamento **2** peça (*de máquina*) **3** (*TV*) episódio **4** (*cinema, teatro*) papel **5** (*USA*) (*GB* parting) (*do cabelo*) risca **6** parts [*pl*] região: *She's not from these parts.* Ela não é daqui. LOC **for my part** de minha parte **for the most part** no geral **on the part of sb/on sb's part**: *It was an error on my part.* Foi um erro de minha parte. **the best/better part of sth** a maior parte de algo: *for the best part of a year* durante a maior parte do ano **to take part (in sth)** tomar parte (em algo) **to take sb's part** tomar partido de alguém ◆ **1** *vt, vi* separar(-se) **2** *vt, vi* afastar(-se) LOC **to part company (with sb)** separar-se (de alguém), despedir-se (de alguém) **to part your hair** dividir o cabelo PHR V **to part with sth 1** renunciar a algo, dar algo **2** (*dinheiro*) gastar algo

partial /'pɑrʃl/ *adj* **1** parcial **2** ~ (**towards sb/sth**) parcial (a favor de alguém/algo) LOC **to be partial to sb/sth** ser apreciador de alguém/algo **partially** *adv* **1** parcialmente **2** de maneira parcial

participant /pɑr'tɪsɪpənt/ *s* participante

participate /pɑr'tɪsɪpeɪt/ *vi* ~ (**in sth**) participar (em/de algo) **participation** *s* participação

particle /'pɑrtɪkl/ *s* partícula

particular /pər'tɪkjələr/ ◆ *adj* **1** (*em especial*) em particular: *in this particular case* neste caso em particular **2** (*ex-*

cepcional) especial **3** ~ (**about sth**) exigente (em relação a algo) ◆ **particulars** *s* [*pl*] dados **particularly** *adv* **1** particularmente, especialmente **2** em particular

parting /'pɑrtɪŋ/ *s* **1** despedida, separação **2** (*GB*) (*USA* part) (*do cabelo*) risca

partisan /'pɑrtɪzn; *GB* ˌpɑ:tɪ'zæn; 'pɑ:tɪzæn/ ◆ *adj* parcial ◆ *s* **1** partidário, -a **2** (*Mil*) guerrilheiro, -a

partition /pɑr'tɪʃn/ *s* **1** (*Pol*) divisão **2** divisória

partly /'pɑrtli/ *adv* em parte

partner /'pɑrtnər/ *s* **1** (*Com*) sócio, -a **2** (*baile, jogo, relação*) parceiro, -a **partnership** *s* **1** associação, parceria **2** (*Com*) sociedade

partridge /'pɑrtrɪdʒ/ *s* perdiz

part-time /ˌpɑrt 'taɪm/ *adj, adv* **1** meio período **2** (*curso*) de meio período

party /'pɑrti/ *s* (*pl* -ies) **1** (*reunião*) festa **2** (*Pol*) partido **3** grupo **4** (*Jur*) parte LOC **to be (a) party to sth** participar de algo

pass /pæs; *GB* pɑːs/ ◆ *s* **1** (*exame*) aprovação **2** (*permissão, ônibus*) passe **3** (*Esporte*) passe **4** (*montanha*) passo LOC **to make a pass at sb** (*coloq*) passar uma cantada em alguém ◆ **1** *vt, vi* passar **2** *vt* (*barreira*) cruzar **3** *vt* (*limite*) superar **4** *vt* (*exame, lei*) aprovar **5** *vi* acontecer PHR V **to pass sth around** circular algo **to pass as sb/sth** Ver TO PASS FOR SB/STH **to pass away** (*euf*) morrer **to pass by (sb/sth)** passar ao lado (de alguém/algo) **to pass sb/sth by 1** passar por cima de alguém/algo **2** passar despercebido a alguém/algo **to pass for sb/sth** passar por alguém/algo (*ser tomado por*) **to pass sb/sth off as sb/sth** fazer alguém/algo passar como alguém/algo **to pass out** desmaiar **to pass sth up** (*coloq*) deixar passar/não aproveitar algo (*oportunidade*)

passable /'pæsəbl; *GB* 'pɑːs-/ *adj* **1** aceitável **2** transitável

passage /'pæsɪdʒ/ *s* **1** (*tb* passageway) passagem, corredor **2** (*citação*) passagem

passenger /'pæsɪndʒər/ *s* passageiro, -a

tʃ	dʒ	v	θ	ð	s	z	ʃ
chin	**J**une	**v**an	**th**in	**th**en	**s**o	**z**oo	**sh**e

passer-by /ˌpæsər ˈbaɪ; *GB* ˌpɑːsə-/ *s* (*pl* -s-by /ˌpæsərz ˈbaɪ/) transeunte

passing /ˈpæsɪŋ; *GB* ˈpɑːs-/ ◆ *adj* **1** passageiro **2** (*referência*) casual **3** (*tráfego*) que passa ◆ *s* **1** passagem **2** (*formal*) final LOC **in passing** casualmente

passion /ˈpæʃn/ *s* paixão **passionate** *adj* apaixonado, ardente

passive /ˈpæsɪv/ ◆ *adj* passivo ◆ *s* (*tb* **passive voice**) (voz) passiva

passport /ˈpæspɔːrt; *GB* ˈpɑːs-/ *s* passaporte

password /ˈpæswɜːrd; *GB* ˈpɑːs-/ (*tb* **watchword**) *s* senha

past /pæst; *GB* pɑːst/ ◆ *adj* **1** passado **2** antigo: *past students* antigos alunos **3** último: *the past few days* os últimos dias **4** (*tempo*) acabado: *The time is past.* Acabou o tempo. ◆ *s* **1** passado **2** (*tb* **past tense**) pretérito, passado ◆ *prep* **1** *half past two* duas e meia ◊ *past midnight* depois da meia-noite ◊ *It's past five o'clock.* Já passou das cinco. **2** (*com verbos de movimento*): *to walk past sb/sth* passar por alguém/algo **3** para lá de, depois de: *It's past your bedtime.* Já passou sua hora de ir para a cama. LOC **not to put it past sb (to do sth)** crer que alguém seja capaz (de fazer algo) ◆ *adv* ao lado, pela frente: *to walk past* passar por/pela frente

pasta /ˈpɑːstə; *GB* ˈpæstə/ *s* massa(s), macarrão

paste /peɪst/ *s* **1** pasta, massa **2** cola **3** patê

pastime /ˈpæstaɪm; *GB* ˈpɑːs-/ *s* passatempo

pastor /ˈpæstər; *GB* ˈpɑːs-/ *s* pastor, -ora (*sacerdote*)

pastoral /ˈpæstərəl; *GB* ˈpɑːs-/ *adj* **1** pastoril, bucólico **2** *pastoral care* aconselhamento (*de pastor/educador*)

pastry /ˈpeɪstri/ *s* (*pl* -ies) **1** massa (*de torta, etc.*) **2** doce (*de massa*)

pasture /ˈpæstʃər; *GB* ˈpɑːs-/ *s* pasto

pat /pæt/ ◆ *vt* (-tt-) **1** dar palmadas em, dar tapinhas em **2** acariciar ◆ *s* **1** palmada, tapinha **2** carícia **3** (*manteiga*) porção LOC **to give sb a pat on the back** **1** dar tapinhas nas costas de alguém **2** felicitar alguém

patch /pætʃ/ ◆ *s* **1** (*tecido*) remendo **2** (*cor*) mancha (*neblina, etc.*) zona **4** pedaço de terra (*onde se cultivam verduras, etc.*) **5** (*GB, coloq*) (*área de traba-*

lho) zona LOC **not to be a patch on sb/ sth** não ter nem comparação com alguém/algo *Ver tb* BAD ◆ *vt* remendar PHR V **to patch sth up** **1** remendar/ consertar algo **2** (*disputa, briga*) resolver algo **patchy** *adj* (-ier, -iest) **1** irregular: *patchy rain/fog* áreas de chuva/neblina **2** desigual **3** (*conhecimento*) com lacunas

patchwork /ˈpætʃwɜːrk/ *s* **1** colcha/ trabalho de retalhos **2** (*fig*) miscelânea

patent /ˈpeɪtnt/ ◆ *adj* **1** patente, óbvio **2** (*Com*) patenteado ◆ *s* patente ◆ *vt* patentear **patently** *adv* claramente

paternal /pəˈtɜːrnl/ *adj* **1** paternal **2** paterno

path /pæθ; *GB* pɑːθ/ *s* **1** (*tb* **pathway**, **footpath**) trilha **2** passo **3** trajetória **4** (*fig*) caminho

pathetic /pəˈθetɪk/ *adj* **1** patético **2** (*coloq*) (*inútil*) lamentável

pathological /ˌpæθəˈlɑdʒɪkl/ *adj* patológico **pathology** /pəˈθɑlədʒi/ *s* patologia

pathos /ˈpeɪθɑs, -θɔːs/ *s* patos

patience /ˈpeɪʃns/ *s* **1** [*não contável*] paciência **2** (*GB*) (*USA* **solitaire**) (*cartas*) paciência LOC *Ver* TRY

patient /ˈpeɪʃnt/ ◆ *s* paciente ◆ *adj* paciente

patio /ˈpætioʊ/ *s* (*pl* ~s /-oʊz/) **1** terraço **2** pátio

patriarch /ˈpeɪtriɑrk/ *s* patriarca

patriot /ˈpeɪtriət; *GB* ˈpæt-/ *s* patriota **patriotic** /ˌpeɪtriˈatɪk; *GB* ˌpæt-/ *adj* patriótico

patrol /pəˈtroʊl/ ◆ *vt* (-ll-) **1** patrulhar **2** (*guarda*) fazer a ronda ◆ *s* patrulha

patron /ˈpeɪtrən/ *s* **1** patrocinador, -ora **2** (*antiquado*) mecenas **3** freguês, -esa **patronage** *s* **1** patrocínio, apoio **2** clientela **3** proteção

patronize, -ise /ˈpeɪtrənaɪz; *GB* ˈpæt-/ *vt* **1** tratar com condescendência **2** freqüentar (*estabelecimento*) **patronizing, -ising** *adj* condescendente

pattern /ˈpætərn/ *s* **1** estampa (*em tecido, papel de parede, etc.*) **2** (*costura, etc.*) modelo **3** padrão, tendência **patterned** *adj* estampado

pause /pɔːz/ ◆ *s* pausa *Ver tb* BREAK[2] ◆ *vi* fazer uma pausa, parar

pave /peɪv/ *vt* pavimentar LOC **to pave**

iː	i	ɪ	e	æ	ɑ	ʌ	ʊ	uː
see	happy	sit	ten	hat	cot	cup	put	too

the way (for sb/sth) preparar o caminho (para alguém/algo)

pavement /'peɪvmənt/ s 1 (USA) pavimentação 2 (GB) (USA **sidewalk**) calçada

pavilion /pə'vɪliən/ s (GB) pavilhão

paving /'peɪvɪŋ/ s pavimento: paving stone pedra de calçamento

paw /pɔ:/ ♦ s 1 pata 2 (coloq, hum) mão ♦ vt tocar com as mãos

pawn¹ /pɔ:n/ s (lit e fig) peão (de xadrez)

pawn² /pɔ:n/ vt penhorar

pawnbroker /'pɔ:n,broʊkər/ s agiota

pay /peɪ/ ♦ s [não contável] salário, pagamento: a pay raise/increase um aumento de salário ◊ pay claim pedido de aumento salarial ◊ payday dia de pagamento Ver tb INCOME ♦ (pret, pp paid) 1 vt to pay sth (to sb) (for sth) pagar algo (a alguém) (por algo) 2 vt, vi to pay sb (for sth) pagar alguém (por algo) 3 vi to pay for sth pagar algo 4 vi ser rentável 5 vi valer a pena 6 vt, vi compensar LOC to pay attention (to sb/sth) prestar atenção (em alguém/algo) to pay sb a compliment/pay a compliment to sb elogiar alguém to pay sb/sth a visit visitar alguém/algo Ver tb EARTH
PHR V to pay sb back (for sth) vingar-se de alguém (por algo) to pay sb back sth; to pay sth back devolver dinheiro a alguém

to pay in depositar algo (em banco) to pay off (coloq) dar resultado, valer a pena to pay sb off pagar e despedir alguém, subornar alguém to pay sth off acabar de pagar algo

to pay up pagar tudo/completamente

payable adj devido, pagável

payment /'peɪmənt/ s 1 pagamento 2 [não contável]: in/as payment for como recompensa/pagamento por

pay-off /'peɪ ɔ:f/ s (coloq) 1 pagamento, suborno 2 recompensa

payroll /'peɪroʊl/ s folha de pagamento

PC /ˌpi: 'si:/ abrev (pl PCs) 1 personal computer microcomputador 2 (GB) police constable policial 3 politically correct politicamente correto

PE /ˌpi: 'i:/ abrev physical education educação física

pea /pi:/ s ervilha

peace /pi:s/ s 1 paz 2 tranqüilidade: peace of mind paz de espírito LOC

peace and quiet paz e tranqüilidade to be at peace (with sb/sth) estar em paz (com alguém/algo) to make (your) peace (with sb) fazer as pazes (com alguém) Ver tb DISTURB **peaceful** adj 1 pacífico 2 tranqüilo

peach /pi:tʃ/ s 1 pêssego 2 (tb peach tree) pessegueiro 3 cor de pêssego

peacock /'pi:kɑk/ s pavão

peak /pi:k/ ♦ s 1 (montanha) pico, cume 2 ponta 3 viseira (de boné, quepe) 4 ponto máximo ♦ adj máximo: peak hours horas de pico ◊ in peak condition em ótima forma ♦ vi atingir o ponto máximo **peaked** adj 1 em ponta 2 (boné, quepe) com viseira

peal /pi:l/ s 1 (sinos) repique 2 peals of laughter gargalhadas

peanut /'pi:nʌt/ s 1 amendoim 2 peanuts [pl] (coloq) ninharia (de dinheiro)

pear /peər/ s 1 pera 2 (tb pear tree) pereira

pearl /pɜ:rl/ s 1 pérola 2 (fig) jóia

peasant /'peznt/ s 1 camponês, -esa ☛ Ver nota em CAMPONÊS 2 (coloq, pej) grosseirão, -ona

peat /pi:t/ s turfa

pebble /'pebl/ s pedregulho

peck /pek/ ♦ s 1 vt, vi bicar 2 vt (coloq) dar beijinho em LOC **pecking order** (coloq) ordem de importância ♦ s 1 bicada 2 (coloq) beijinho

peckish /'pekɪʃ/ adj (GB, coloq) faminto: to feel peckish ter vontade de comer algo

peculiar /pɪ'kju:liər/ adj 1 estranho, excêntrico 2 especial, particular 3 ~ (to sb/sth) típico, próprio (de alguém/algo) **peculiarity** /pɪ,kju:li'ærəti/ s (pl -ies) 1 peculiaridade 2 [não contável] excentricidade **peculiarly** adv 1 particularmente 2 tipicamente 3 de maneira estranha

pedal /'pedl/ ♦ s pedal ♦ vi (pret -l-, GB -ll-) pedalar

pedantic /pɪ'dæntɪk/ adj (pej) 1 detalhista 2 pedante

pedestrian /pə'destriən/ ♦ s pedestre: pedestrian precinct área de pedestres ◊ pedestrian crossing faixa de pedestres ♦ adj (pej) prosaico

pediatrician (GB paedi-) /ˌpi:diə'trɪʃn/ s pediatra

pedigree /'pedɪgri:/ ♦ s 1 (animal) pedigree 2 (pessoa) ascendência, árvore

u	ɔ:	ɜ:	ə	j	w	eɪ	oʊ
situation	saw	fur	ago	yes	woman	pay	home

genealógica **3** passado ◆ *adj* **1** com
pedigree **2** (*cavalo*) de raça

pee /piː/ ◆ *vi* (*coloq*) fazer xixi ◆ *s*
(*coloq*) xixi

peek /piːk/ *vi* ~ **at sb/sth** dar uma
espiada em alguém/algo

peel /piːl/ ◆ *vt, vi* descascar(-se) PHR V
to peel (away/off) 1 (*papel de parede*)
despregar-se **2** (*pintura*) descascar **to
peel sth away/back/off 1** descascar al-
go **2** tirar algo ◆ *s* [*não contável*] **1** pele
(de fruta) **2** casca

Para cascas duras, como a de noz ou
ovo, utilizamos **shell** ao invés de **peel**.
Para a casca do limão, utilizamos **rind**
ou **peel**, embora apenas a última seja
utilizada para a laranja. **Skin** é uti-
lizada para a casca da banana e de
outras frutas com casca mais fina, co-
mo o pêssego.

peep /piːp/ ◆ *vi* **1** ~ **at sb/sth** dar uma
olhada em alguém/algo ☞ Implica
uma olhada rápida e muitas vezes cau-
telosa. **2** ~ **over, through, etc. sth** espi-
ar por cima de, através de, etc. algo
PHR V **to peep out/through** surgir (em/
através) ◆ *s* **1** espiada **2** pio (de pas-
sarinho) LOC **to have/take a peep at
sb/sth** dar uma espiada em alguém/
algo

peer /pɪər/ ◆ *vi* ~ **at sb/sth** fitar
alguém/algo ☞ Implica uma olhada
prolongada que às vezes pressupõe
esforço. PHR V **to peer out (of sth)** olhar
para fora (de algo) ◆ *s* **1** igual, par **2**
contemporâneo, -a **3** (*GB*) nobre **the
peerage** *s* [*v sing ou pl*] os pares (do
Reino), a nobreza

peeved /piːvd/ *adj* (*coloq*) irritado

peg /peg/ ◆ *s* **1** (*GB*) (*tb* clothes-peg)
pregador (de roupa) **2** (*na parede*) gan-
cho LOC **to bring/take sb down a peg
(or two)** abaixar a crista de alguém ◆ *vt*
(-gg-) **1** (*preços, salários*) fixar (o nível
de) **2 to peg sth to sth** prender algo a/
em algo

pejorative /prˈdʒɒːrətɪv; *GB* -ˈdʒɒr-/ *adj*
(*formal*) pejorativo

pelican /ˈpelɪkən/ *s* pelicano

pellet /ˈpelɪt/ *s* **1** (*papel, etc.*) bola **2**
bala de chumbo, chumbinho **3** (*fertili-
zantes, etc.*) grânulo

pelt /pelt/ ◆ *s* **1** pele (*de animal*) ◆ *vt*
(*coloq*) ~ **sb with sth** atirar algo em
alguém LOC **to pelt down (with rain)**

chover a cântaros PHR V **to pelt along,
down, up, etc. (sth)** (*GB*) correr a toda
velocidade (por algum lugar): *They pelt-
ed down the hill.* Eles desceram o morro
correndo.

pelvis /ˈpelvɪs/ *s* pélvis **pelvic** *adj* pél-
vico

pen /pen/ *s* **1** caneta **2** cercado (*para
animais*) **3** (*bebê*) (*tb* playpen) cerca-
dinho

penalize, -ise /ˈpiːnəlaɪz, ˈpen-/ *vt* **1**
penalizar, punir **2** prejudicar

penalty /ˈpenlti/ *s* (*pl* -ies) **1** (*castigo*)
pena **2** multa **3** desvantagem **4**
(*Esporte*) penalidade **5** (*futebol*) pênalti

pence /pens/ *s* (*abrev* p) pence

pencil /ˈpensl/ *s* lápis: *pencil sharpener*
apontador (de lápis)

pendant /ˈpendənt/ *s* pingente

pending /ˈpendɪŋ/ ◆ *adj* (*formal*) pen-
dente ◆ *prep* à espera de

pendulum /ˈpendʒʊləm; *GB* -djələm/ *s*
pêndulo

penetrate /ˈpenɪtreɪt/ *vt* **1** penetrar **2**
(*organização*) infiltrar PHR V **to pene-
trate into sth** introduzir(-se) em algo **to
penetrate through sth** atravessar algo
penetrating *adj* **1** perspicaz **2** (*olhar,
som*) penetrante

penguin /ˈpeŋgwɪn/ *s* pingüim

penicillin /ˌpenɪˈsɪlɪn/ *s* penicilina

peninsula /pəˈnɪnsələ; *GB* -nsjələ/ *s* pe-
nínsula

penis /ˈpiːnɪs/ *s* pênis

penknife /ˈpennaɪf/ *s* (*pl* -knives
/naɪvz/) canivete

penniless /ˈpeniləs/ *adj* sem dinheiro

penny /ˈpeni/ *s* **1** (*pl* pence /pens/)
(*GB*) pêni **2** (*pl* pennies) (*fig*) centavo:
It was worth every penny. Valeu cada
centavo que custou. **3** (*USA, coloq*) cen-
tavo (*pl* pennies)

pen pal *s* amigo, -a por correspondên-
cia

pension /ˈpenʃn/ ◆ *s* pensão (*de apo-
sentadoria*) ◆ PHR V **to pension sb off**
aposentar alguém **to pension sth off**
deixar de usar algo **pensioner** *s* apo-
sentado, -a

penthouse /ˈpenthaʊs/ *s* (apartamento
de) cobertura

pent-up /ˈpent ʌp/ *adj* **1** (*sentimento*)
contido **2** (*desejo*) reprimido

penultimate /pen'ʌltɪmət/ *adj (formal)* penúltimo

people /'piːpl/ ◆ *s* **1** [*pl*] gente: *People are saying that…* (As pessoas) estão dizendo que… **2** pessoas: *ten people* dez pessoas ☞ *Comparar com* PERSON **3 the people** [*pl*] (*público*) o povo **4** (*nação*) povo (*apenas neste sentido é contável*) ◆ *vt* povoar

pepper /'pepər/ *s* **1** pimenta: *peppercorn* grão de pimenta **2** (*legume*) pimentão

peppermint /'pepərmɪnt/ *s* **1** hortelã-pimenta **2** (*tb* mint) bala de hortelã/menta

per /pər/ *prep* por: *per person* por pessoa ◇ *£60 per day* 60 libras por dia ◇ *per annum* por/ao ano

perceive /pər'siːv/ *vt (formal)* **1** (*observar*) perceber, notar **2** (*considerar*) interpretar

per cent /pər 'sent/ *adj, adv* por cento **percentage** *s* porcentagem: *percentage increase* aumento percentual

perceptible /pər'septəbl/ *adj* **1** perceptível **2** (*melhora, etc.*) sensível

perception /pər'sepʃn/ *s (formal)* **1** percepção **2** sensibilidade, perspicácia **3** ponto de vista

perceptive /pər'septɪv/ *adj (formal)* perspicaz

perch /pɜːrtʃ/ ◆ *s* **1** (*para pássaros*) poleiro **2** posição elevada **3** (*peixe*) perca ◆ *vi* **1** (*pássaro*) pousar, empoleirar-se **2** (*pessoa, edifício*) empoleirar-se/colocar-se em lugar alto ☞ Com freqüência é utilizado na passiva ou como particípio passado.

percussion /pər'kʌʃn/ *s* percussão

perennial /pə'reniəl/ *adj* perene

perfect¹ /'pɜːrfɪkt/ *adj* **1** perfeito **2** ~ **for sb/sth** ideal para alguém/algo **3** completo: *a perfect stranger* um perfeito estranho

perfect² /pər'fekt/ *vt* aperfeiçoar

perfection /pər'fekʃn/ *s* perfeição LOC **to perfection** à perfeição **perfectionist** *s* perfeccionista

perfectly /'pɜːrfɪktli/ *adv* **1** perfeitamente **2** completamente

perforate /'pɜːrfəreɪt/ *vt* perfurar, picotar **perforated** *adj* perfurado **perforation** *s* **1** perfuração **2** picote

perform /pər'fɔːrm/ **1** *vt* (*função, pa-pel*) desempenhar **2** *vt* (*operação, ritual, trabalho*) realizar **3** *vt* (*compromisso*) cumprir **4** *vt* (*dança, peça*) representar **5** *vt, vi* (*música*) interpretar **6** *vt, vi* (*teatro*) atuar, representar

performance /pər'fɔːrməns/ *s* **1** (*deveres*) cumprimento **2** (*estudante, empregado*) desempenho **3** (*empresa*) resultados **4** (*Mús*) interpretação, apresentação **5** (*Teat*) representação: *the evening performance* a sessão da noite

performer /pər'fɔːrmər/ *s* **1** (*Mús*) intérprete **2** (*Teat*) ator, atriz **3** (*variedades*) artista

perfume /pər'fjuːm; *GB* 'pɜːrfjuːm/ *s* perfume

perhaps /pər'hæps; *GB* præps/ *adv* talvez, porventura: *perhaps not* talvez não *Ver tb* MAYBE

peril /'perəl/ *s* perigo, risco

perimeter /pə'rɪmɪtər/ *s* perímetro

period /'pɪəriəd/ *s* **1** período: *over a period of three years* em um período de três anos **2** época: *period dress/furniture* vestuário/mobília de época **3** (*Educ*) aula **4** (*Med*) menstruação, regras **5** (*GB* full stop) ponto final

periodic /ˌpɪəri'ɑdɪk/ (*tb* periodical /ˌpɪəri'ɑdɪkl/) *adj* periódico

periodical /ˌpɪəri'ɑdɪkl/ *s* periódico

perish /'perɪʃ/ *vi (formal)* perecer, falecer **perishable** *adj* perecível

perjury /'pɜːrdʒəri/ *s* perjúrio

perk /pɜːrk/ ◆ *v* (*coloq*) PHR V **to perk up 1** animar-se, sentir-se melhor **2** (*negócios, tempo*) melhorar ◆ *s* (*coloq*) benefício (adicional) (*de um trabalho, emprego, etc.*)

perm /pɜːrm/ ◆ *s* permanente (de cabelo) ◆ *vt*: *to have your hair permed* fazer permanente no cabelo

permanent /'pɜːrmənənt/ *adj* **1** permanente, fixo **2** (*dano*) irreparável, permanente **permanently** *adv* permanentemente, para sempre

permissible /pər'mɪsəbl/ *adj* permissível, admissível

permission /pər'mɪʃn/ *s* ~ (**for sth/to do sth**) permissão, autorização (para algo/fazer algo)

permissive /pər'mɪsɪv/ *adj* (*freq pej*) permissivo

permit /pər'mɪt/ ◆ *vt, vi* (-tt-) (*formal*) permitir: *If time permits…* Se der

tʃ	dʒ	v	θ	ð	s	z	ʃ
chin	**J**une	**v**an	**th**in	**th**en	**s**o	**z**oo	**sh**e

tempo... ☞ *Ver nota em* ALLOW ◆
/ˈpɜːrmɪt/ s **1** permissão, autorização **2**
(*de entrada*) passe

perpendicular /ˌpɜːrpənˈdɪkjələr/ *adj*
1 ~ (**to sth**) perpendicular (a algo) **2**
(*rochedo a pique*) vertical

perpetrate /ˈpɜːrpətreɪt/ *vt* (*formal*)
cometer, perpetrar

perpetual /pərˈpetʃuəl/ *adj* **1** perpé-
tuo, contínuo **2** constante, interminá-
vel

perpetuate /pərˈpetʃueɪt/ *vt* perpetuar

perplexed /pərˈplekst/ *adj* perplexo

persecute /ˈpɜːrsɪkjuːt/ *vt* ~ **sb** (**for
sth**) perseguir alguém (por algo) (*p. ex.
raça, religião, etc.*) **persecution** s perse-
guição

persevere /ˌpɜːrsɪˈvɪər/ *vi* **1** ~ (**in/with
sth**) perseverar (em algo) **2** ~ (**with sb**)
persistir (com alguém) **perseverance** s
perseverança

persist /pərˈsɪst/ *vi* **1** ~ (**in sth/in doing
sth**) persistir, insistir (em algo/em fa-
zer algo) **2** ~ **with sth** continuar com
algo **3** persistir **persistence** s **1** perse-
verança **2** persistência **persistent** *adj* **1**
teimoso, pertinaz **2** contínuo, persisten-
te

person /ˈpɜːrsn/ s pessoa ☞ O plural
persons só é usado em linguagem for-
mal. *Comparar com* PEOPLE. LOC **in per-
son** em pessoa **personal** *adj* pessoal,
particular: *personal assistant* secretá-
rio, -a particular ◊ *personal column(s)*
anúncios pessoais LOC **to become/get
personal** passar a nível pessoal **per-
sonality** /ˌpɜːrsəˈnæləti/ s (*pl* -ies) per-
sonalidade **personalized, -ised** *adj* **1**
personalizado **2** timbrado **personally**
adv pessoalmente: *to know sb personal-
ly* conhecer alguém pessoalmente LOC
to take sth personally ofender-se com
algo

personify /pərˈsɑnɪfaɪ/ *vt* (*pret, pp*
-fied) personificar

personnel /ˌpɜːrsəˈnel/ s [*v sing ou pl*]
(departamento de) pessoal: *personnel of-
ficer* funcionário do departamento de
pessoal

perspective /pərˈspektɪv/ s perspecti-
va LOC **to put sth in (its right/true)
perspective** colocar algo em perspecti-
va

perspire /pərˈspaɪər/ *vi* (*formal*) trans-
pirar **perspiration** s **1** suor **2** trans-

piração ☞ A palavra mais comum é
sweat.

persuade /pərˈsweɪd/ *vt* **1** ~ **sb to do
sth** persuadir alguém a fazer algo **2** ~
sb (**of sth**) convencer alguém (de algo)
persuasion s **1** persuasão **2** crença,
opinião **persuasive** *adj* **1** convincente
2 persuasivo

pertinent /ˈpɜːrtənənt; GB -tɪnənt/ *adj*
(*formal*) pertinente

perturb /pərˈtɜːrb/ *vt* (*formal*) pertur-
bar

pervade /pərˈveɪd/ *vt* ~ **sth 1** (*odor*)
espalhar-se por algo **2** (*luz*) difundir-se
por algo **3** (*obra, livro*) impregnar algo
pervasive (*tb* **pervading**) *adj* difundido

perverse /pərˈvɜːrs/ *adj* **1** (*pessoa*) obs-
tinado, mal-intencionado **2** (*decisão,
comportamento*) caprichoso **3** (*prazer,
desejo*) perverso **perversion** s **1** corrup-
ção **2** perversão **3** deturpação

pervert /pərˈvɜːrt/ ◆ *vt* **1** deturpar **2**
corromper ◆ /ˈpɜːrvɜrt/ s pervertido, -a

pessimist /ˈpesɪmɪst/ s pessimista
pessimistic /ˌpesɪˈmɪstɪk/ *adj* pessi-
mista

pest /pest/ s **1** inseto ou animal nocivo:
pest control dedetização/desratização **2**
(*coloq, fig*) peste

pester /ˈpestər/ *vt* incomodar

pet /pet/ ◆ s **1** animal de estimação **2**
(*pej*) favorito, -a ◆ *adj* **1** predileto
2 (*animal*) domesticado ◆ *vt* (*GB*
stroke): *to pet the cat* acariciar o gato

petal /ˈpetl/ s pétala

peter /ˈpiːtər/ PHR V **to peter out 1**
extinguir-se pouco a pouco **2** (*conversa*)
esgotar-se

petition /pəˈtɪʃn/ s petição

petrol /ˈpetrəl/ (*GB*) (*USA* **gasoline,
gas**) s gasolina: *petrol station* posto de
gasolina

petroleum /pəˈtroʊliəm/ s petróleo

petrol station (*GB*) (*USA* **gas station**)
s posto de gasolina

petticoat /ˈpetikoʊt/ s combinação,
anágua

petty /ˈpeti/ *adj* (-ier, -iest) **1** (*pej*) in-
significante **2** (*delito, despesa*) pequeno:
petty cash fundo para pequenas despe-
sas **3** (*pej*) (*pessoa, conduta*) mesquinho

pew /pjuː/ s banco de igreja

phantom /ˈfæntəm/ ◆ s fantasma ◆
adj imaginário

i:	i	ɪ	e	æ	ɑ	ʌ	ʊ	u:
see	happy	sit	ten	hat	cot	cup	put	too

pharmaceutical /ˌfɑːrməˈsuːtɪkl; *GB* -ˈsjuː-/ *adj* farmacêutico

pharmacist /ˈfɑːrməsɪst/ *s* farmacêutico, -a

pharmacy /ˈfɑːrməsi/ *s* (*pl* -ies) farmácia

Para "farmácia", diz-se **pharmacy** ou **drugstore** em inglês americano e **chemist's** (**shop**) em inglês britânico.

phase /feɪz/ ◆ *s* fase, etapa ◆ *vt* escalonar PHR V **to phase sth in/out** introduzir/retirar algo por etapas

pheasant /ˈfeznt/ *s* (*pl* **pheasant** *ou* ~s) faisão

phenomena *s plural de* PHENOMENON

phenomenal /fəˈnɑmɪnl/ *adj* fenomenal

phenomenon /fəˈnɒmɪnən; *GB* -nən/ *s* (*pl* -ena /-ɪnə/) fenômeno

phew! /fjuː/ *interj* ufa!

philanthropist /fɪˈlænθrəpɪst/ *s* filantropo, -a

philosopher /fɪˈlɑsəfər/ *s* filósofo, -a

philosophical /ˌfɪləˈsɑfɪkl/ (*tb* **philosophic**) *adj* filosófico

philosophy /fəˈlɑsəfi/ *s* (*pl* -ies) filosofia

phlegm /flem/ *s* 1 fleuma 2 (*Med*) catarro **phlegmatic** /flegˈmætɪk/ *adj* fleumático

phobia /ˈfoʊbiə/ *s* fobia

phone /foʊn/ *Ver* TELEPHONE

phone-in /ˈfoʊn ɪn/ *s* programa de rádio ou televisão com participação do público

phon(e)y /ˈfoʊni/ *adj* (*coloq*) (-ier, -iest) falso

photo /ˈfoʊtoʊ/ *s* (*pl* ~s /-toʊz/) *Ver* PHOTOGRAPH

photocopier /ˈfoʊtoʊˌkɑpiər/ *s* fotocopiadora

photocopy /ˈfoʊtoʊkɑpi/ ◆ *vt* (*pret, pp* -pied) fotocopiar, fazer/tirar xerox® ◆ *s* (*pl* -ies) fotocópia, (cópia) xerox ®

photograph /ˈfoʊtəgræf; *GB* -grɑːf/ ◆ (*tb abrev* **photo**) fotografia ◆ 1 *vt* fotografar 2 *vi*: *He photographs well.* Ele é fotogênico. **photographer** /fəˈtɑgrəfər/ *s* fotógrafo, -a **photographic** /ˌfoʊtəˈgræfɪk/ *adj* fotográfico **photography** /fəˈtɑgrəfi/ *s* fotografia

phrase /freɪz/ ◆ *s* 1 Conjunto de palavras que não contém verbo, por exemplo: *a bar of chocolate* ◊ *running fast* 2

expressão, locução: *phrase book* guia de conversação *Ver tb* CATCH PHRASE LOC *Ver* TURN ◆ *vt* 1 expressar 2 (*Mús*) frasear

physical /ˈfɪzɪkl/ ◆ *adj* físico: *physical fitness* boa forma física ◆ *s* exame médico **physically** *adv* fisicamente: *physically fit* em boa forma física ◊ *physically handicapped* deficiente físico

physician /fɪˈzɪʃn/ *s* médico, -a

physicist /ˈfɪzɪsɪst/ *s* físico, -a

physics /ˈfɪzɪks/ *s* [*sing*] física

physiology /ˌfɪziˈɑlədʒi/ *s* fisiologia

physiotherapy /ˌfɪzioʊˈθerəpi/ *s* fisioterapia **physiotherapist** *s* fisioterapeuta

physique /fɪˈziːk/ *s* físico (*aspecto*)

pianist /ˈpɪənɪst/ *s* pianista

piano /piˈænoʊ/ *s* (*pl* ~s /-noʊz/) piano: *piano stool* banqueta de piano

pick /pɪk/ ◆ 1 *vt* escolher, selecionar ☞ *Ver nota em* CHOOSE 2 *vt* (*flor, fruta, etc.*) colher 3 *vt* escarafunchar: *to pick your teeth* palitar os dentes ◊ *to pick your nose* botar o dedo no nariz ◊ *to pick a hole* (*in sth*) fazer um buraco (em algo) 4 *vt* ~ **sth from/off sth** tirar, remover algo de algo 5 *vt* (*fechadura*) forçar 6 *vi* ~ **at sth** lambiscar algo; comer algo aos bocadinhos LOC **to pick a fight/quarrel** (**with sb**) comprar briga (com alguém) **to pick and choose** ser exigente **to pick holes in sth** achar defeito em algo **to pick sb's brains** explorar os conhecimentos de alguém **to pick sb's pocket** bater a carteira de alguém **to pick up speed** ganhar velocidade *Ver tb* BONE

PHR V **to pick on sb** 1 implicar com alguém 2 escolher alguém (*para um trabalho desagradável*)

to pick sth out 1 identificar algo 2 destacar algo **to pick sb/sth out** 1 escolher alguém/algo 2 (*numa multidão, etc.*) distinguir alguém/algo

to pick up 1 melhorar 2 (*vento*) soprar mais forte 3 continuar de onde se parou **to pick sb up** 1 (*esp com carro*) buscar alguém 2 (*coloq*) conhecer alguém (*em um bar, uma festa*) 3 prender alguém **to pick sth up** 1 aprender algo 2 (*doença, sotaque, costume*) pegar algo **to pick sb/sth up** apanhar alguém/algo **to pick yourself up** levantar-se ◆ *s* 1 (direito de) escolha, seleção: *Take your*

u	ɔː	ɜː	ə	j	w	eɪ	oʊ
sit**u**ation	s**aw**	f**ur**	**a**go	**y**es	**w**oman	p**ay**	h**ome**

pick. Escolha o/a que quiser. **2 the pick (of sth)** o melhor (de algo) **3** picareta

pickle /ˈpɪkl/ *s* picles LOC **to be in a pickle** estar em apuros

pickpocket /ˈpɪkpɑkɪt/ *s* batedor, -ora de carteira

picnic /ˈpɪknɪk/ *s* piquenique

pictorial /pɪkˈtɔːriəl/ *adj* **1** ilustrado **2** (*Arte*) pictórico

picture /ˈpɪktʃər/ ◆ *s* **1** quadro **2** ilustração **3** foto **4** retrato **5** (*fig*) beleza **6** imagem, idéia **7** (*TV*) imagem **8** (*GB*) filme **9 the pictures** [*pl*] (*GB*) o cinema LOC **to put sb in the picture** pôr alguém a par da situação ◆ **1** *v refl* ~ **yourself** imaginar-se **2** *vt* retratar, fotografar

picturesque /ˌpɪktʃəˈresk/ *adj* pitoresco

pie /paɪ/ *s* **1** (*doce*) torta: *apple pie* torta de maçã **2** (*salgado*) empadão

Pie é uma torta ou empadão de massa que tem cobertura e recheio doce ou salgado. **Tart** e **flan** se referem às tortas doces com uma base de massa, mas sem cobertura.

piece /piːs/ ◆ *s* **1** pedaço **2** peça: *to take sth to pieces* (*GB*) desmontar algo **3** parte **4** (*papel*) folha **5** *a piece of advice/news* um conselho/uma notícia ☛ **A piece of…** ou **pieces of…** são usados com substantivos não contáveis. **6** (*Mús*) obra **7** (*Jornal*) artigo **8** moeda LOC **in one piece** inteiro **to be a piece of cake** (*coloq*) ser uma barbada **to pieces**: *to pull/tear sth to pieces* desfazer algo em pedaços ◊ *to fall to pieces* cair aos pedaços ◊ *to smash sth to pieces* espatifar algo *Ver tb* BIT¹ ◆ PHR V **to piece sth together 1** (*provas, dados, etc.*) juntar algo **2** (*passado*) reconstruir algo, reconstituir algo

piecemeal /ˈpiːsmiːl/ ◆ *adv* pouco a pouco ◆ *adj* gradual

pier /pɪər/ *s* píer, molhe

pierce /pɪərs/ *vt* **1** (*bala, faca*) atravessar **2** perfurar: *to have your ears pierced* furar as orelhas **3** (*som, etc.*) penetrar em **piercing** *adj* **1** (*grito*) agudo **2** (*olhar, olhos*) penetrante

piety /ˈpaɪəti/ *s* abnegação, devoção (*religiosa*)

pig /pɪg/ *s* **1** (*coloq, pej*) porco ☛ *Ver*

nota em CARNE, PORCO **2** (*tb greedy pig*) glutão, -ona

pigeon /ˈpɪdʒɪn/ *s* pombo

pigeon-hole /ˈpɪdʒɪn hoʊl/ *s* escaninho

piglet /ˈpɪglət/ *s* leitão, porquinho, -a ☛ *Ver nota em* PORCO

pigment /ˈpɪgmənt/ *s* pigmento

pigsty /ˈpɪgstaɪ/ *s* (*pl -ies*) (*lit e fig*) pocilga, chiqueiro

pigtails /ˈpɪgteɪlz/ *s* [*pl*] trança (*em forma de maria-chiquinha*)

pile /paɪl/ ◆ *s* **1** pilha **2** ~ (**of sth**) (*coloq*) um monte de algo ◆ *vt* amontoar, empilhar: *to be piled with sth* estar entulhado de algo PHR V **to pile in/out** entrar/sair desordenadamente **to pile up 1** acumular **2** (*veículos*) chocar-se uns nos outros **to pile sth up** acumular algo

pile-up /ˈpaɪl ʌp/ *s* colisão em cadeia, engavetamento

pilgrim /ˈpɪlgrɪm/ *s* peregrino, -a **pilgrimage** *s* peregrinação

pill /pɪl/ *s* **1** pílula **2 the pill** (*coloq*) (*anticoncepcional*) a pílula

pillar /ˈpɪlər/ *s* pilar, coluna

pillar box *s* (*GB*) caixa do correio

pillow /ˈpɪloʊ/ *s* travesseiro **pillowcase** *s* fronha

pilot /ˈpaɪlət/ ◆ *s* **1** piloto **2** (*TV*) programa piloto ◆ *adj* piloto (*experimental*)

pimple /ˈpɪmpl/ *s* espinha (*na pele*)

PIN /pɪn/ (*tb* PIN number) *s* personal identification number senha (*de cartão de crédito*)

pin /pɪn/ ◆ *s* **1** alfinete **2** broche **3** cavilha LOC **pins and needles** formigamento ◆ *vt* (-nn-) **1** (*com alfinete*) prender, segurar **2** (*pessoa, braços*) segurar PHR V **to pin sb down 1** fazer com que alguém se posicione **2** imobilizar alguém (*no chão*)

pincer /ˈpɪnsər/ *s* **1** (*Zool*) pinça **2** **pincers** [*pl*] torquês ☛ *Ver nota em* PAIR

pinch /pɪntʃ/ ◆ **1** *vt* beliscar **2** *vt, vi* (*sapatos, etc.*) apertar **3** *vt* ~ **sth** (**from sb/sth**) (*coloq*) surrupiar algo (de alguém/algo) ◆ *s* **1** beliscão **2** (*sal, etc.*) pitada LOC **in a pinch em** último caso

pine /paɪn/ ◆ *s* (*tb* pine tree) pinho ◆ *vi* **1** ~ (**away**) definhar, consumir-se

2 ~ **for sb/sth** sentir falta de alguém/algo; ansiar por alguém/algo

pineapple /ˈpaɪnæpl/ s abacaxi

ping /pɪŋ/ s **1** tinido **2** (de bala) sibilo

ping-pong /ˈpɪŋ pɒŋ/ (tb table tennis) s (coloq) pingue-pongue

pink /pɪŋk/ ◆ adj **1** cor-de-rosa, rosado **2** (de vergonha, etc.) corado ◆ s **1** (cor-de-) rosa **2** (Bot) cravina

pinnacle /ˈpɪnəkl/ s **1** (fig) auge **2** (Arquit) pináculo **3** (de montanha) pico

pinpoint /ˈpɪnpɔɪnt/ vt **1** localizar com precisão **2** pôr o dedo em, precisar

pint /paɪnt/ s **1** (abrev pt) quartilho (0,473 litros; GB 0,568 litros) ☞ Ver Apêndice 1. **2** (GB): to have a pint tomar uma cerveja

pin-up /ˈpɪn ʌp/ s foto (de pessoa atraente, pregada na parede)

pioneer /ˌpaɪəˈnɪər/ ◆ s (lit e fig) pioneiro, -a ◆ vt ser o pioneiro em **pioneering** adj pioneiro

pious /ˈpaɪəs/ adj **1** pio, devoto **2** (pej) beato

pip /pɪp/ s (GB) (USA seed) caroço, semente

pipe /paɪp/ ◆ s **1** tubo, cano **2 pipes** [pl] encanamento **3** cachimbo **4** (Mús) flauta **5 pipes** [pl] Ver BAGPIPE ◆ vt canalizar PHR V **to pipe down** (coloq) calar a boca **piping** adj LOC **piping hot** fervendo

pipeline /ˈpaɪplaɪn/ s tubulação, gasoduto, oleoduto LOC **to be in the pipeline 1** (pedido) estar encaminhado **2** (mudanças, propostas, etc.) estar prestes a ser implementado

piracy /ˈpaɪrəsi/ s pirataria

pirate /ˈpaɪrət/ ◆ s pirata ◆ vt piratear

Pisces /ˈpaɪsiːz/ s Peixes ☞ Ver exemplos em AQUARIUS

pistol /ˈpɪstl/ s pistola

piston /ˈpɪstən/ s pistão

pit /pɪt/ ◆ s **1** fossa **2** (de carvão) mina **3 the pit** (GB, Teat) platéia **4** (garagem) fosso **5 the pits** [pl] (automobilismo) box **6** (esp GB stone) caroço (de fruta) LOC **to be the pits** (coloq) ser o fim da picada ◆ v (-tt-) PHR V **to pit sb/sth against sb/sth** opor alguém/algo a alguém/algo

pitch /pɪtʃ/ ◆ s **1** (GB, Esporte) campo **2** (Mús) tom **3** (telhado) inclinação **4** (GB) ponto (em mercado, rua) **5** piche:

pitch-black preto como a asa da graúna ◆ **1** vt armar (barraca) **2** vt (idéias) expressar **3** vt lançar, arremessar **4** vi cair **5** vi (barco) trepidar PHR V **to pitch in** (coloq) **1** pôr mãos à obra **2** comer avidamente **to pitch in** (with sth) contribuir (com algo), colaborar (com algo) **pitched** adj (batalha) campal

pitcher /ˈpɪtʃər/ s **1** (GB jug) jarro **2** (Esporte) arremessador

pitfall /ˈpɪtfɔːl/ s cilada

pith /pɪθ/ s cerne

pitiful /ˈpɪtɪfl/ adj **1** lamentável, comovente **2** desprezível

pitiless /ˈpɪtɪləs/ adj **1** impiedoso **2** (fig) implacável

pity /ˈpɪti/ ◆ s **1** pena, compaixão **2** lástima, pena LOC **to take pity on sb** ter pena de alguém ◆ vt (pret, pp pitied) compadecer-se de: I pity you. Tenho pena de você.

pivot /ˈpɪvət/ s **1** eixo **2** (fig) pivô

placard /ˈplækɑrd/ s placar, cartaz

placate /ˈpleɪkeɪt; GB pləˈkeɪt/ vt apaziguar, aplacar

place /pleɪs/ ◆ s **1** lugar **2** (na superfície) parte **3** (assento, posição) posto, lugar, vaga **4** It's not my place to… Não me compete… **5** (coloq) casa LOC **all over the place** (coloq) **1** por toda parte **2** desarrumado **in place** no lugar **in the first, second, etc. place** em primeiro, segundo, etc. lugar **out of place 1** desordenado, fora do lugar **2** descabido, deslocado **to take place** realizar-se, ocorrer Ver tb CHANGE, HAPPEN ◆ vt **1** pôr, colocar **2** ~ **sb** identificar alguém **3** ~ **sth** (with sb/sth): to place an order for sth with sb encomendar algo a alguém ◊ to place a bet on sb/sth apostar em alguém/algo **4** situar

plague /pleɪg/ ◆ s **1** peste **2** ~ **of sth** praga de algo ◆ vt **1** importunar, atormentar **2** acossar

plaice /pleɪs/ s (pl plaice) solha

plaid /plæd/ s tecido xadrez de origem escocesa

plain /pleɪn/ ◆ s planície ◆ adj (-er, -est) **1** claro, evidente **2** franco, direto **3** simples: plain yogurt iogurte natural ◊ plain chocolate chocolate amargo **4** liso, neutro, sem estampa: plain paper papel sem pauta **5** (físico) sem atrativos LOC **to make sth plain** deixar algo claro Ver tb CLEAR ◆ adv simplesmente: It's *just plain stupid.* É simplesmente uma estupidez. **plainly** *adv* **1** claramente, com clareza **2** evidentemente

plain clothes *adj* à paisana

plaintiff /'pleɪntɪf/ *s* querelante

plait /plæt/ *(GB)* *Ver* BRAID

plan /plæn/ ◆ *s* **1** plano, programa **2** planta **3** projeto LOC *Ver* MASTER ◆ (**-nn-**) **1** *vt* planejar, projetar: *What do you plan to do?* O que você pretende fazer? **2** *vi* fazer planos PHR V **to plan sth out** planejar algo

plane /pleɪn/ *s* **1** (*tb* **airplane**, *GB* **aeroplane**) avião: *plane crash* acidente aéreo **2** plano **3** plaina

planet /'plænɪt/ *s* planeta

plank /plæŋk/ *s* **1** tábua, prancha **2** (*fig*) item de plataforma política

planner /'plænər/ *s* planejador, -ora

planning /'plænɪŋ/ *s* planejamento

plant /plænt; *GB* plɑːnt/ ◆ *s* **1** planta: *plant pot* (*GB*) vaso para planta **2** (*Mec*) maquinaria, aparelhagem **3** fábrica **4** (*USA*): *power plant* central elétrica ◆ *vt* **1** plantar **2** (*jardim, campo*) semear **3** (*coloq*) (*objetos roubados, etc.*) colocar às escondidas **4** (*dúvidas, etc.*) semear

plantation /plæn'teɪʃn; *GB* plɑːn-/ *s* **1** (*fazenda*) plantação **2** arvoredo

plaque /plæk; *GB* plɑːk/ *s* placa (*tb dental*)

plaster /'plæstər; *GB* 'plɑːs-/ ◆ *s* **1** gesso, reboco **2** (*tb* **plaster of Paris**) gesso: *to put sth in plaster* engessar algo **3** (*GB*) (*tb* **sticking plaster**) (*USA* **Band Aid**®) band-aid ◆ *vt* **1** rebocar (*parede*) **2** emplastrar **3** (*fig*) encher, cobrir

plastic /'plæstɪk/ ◆ *s* plástico ◆ *adj* **1** de plástico **2** (*flexível*) plástico

plasticine® /'plæstəsiːn/ *s* (*GB*) plasticina, massa de moldar

plate /pleɪt/ *s* **1** prato **2** (*metal*) placa, vidro, chapa: *plate glass* vidro laminado **3** baixela (*de ouro/prata*) **4** (*imprensa*) chapa

plateau /plæ'toʊ; *GB* 'plætəʊ/ *s* (*pl* ~s *ou* **-eaux** /-toʊz/) platô

platform /'plætfɔːrm/ *s* **1** tribuna **2** plataforma **3** (*Pol*) programa

platinum /'plætɪnəm/ *s* platina

platoon /plə'tuːn/ *s* (*Mil*) pelotão

plausible /'plɔːzəbl/ *adj* **1** plausível **2** (*pessoa*) convincente

play /pleɪ/ ◆ *s* **1** (*Teat*) peça **2** (*movimento*) folga **3** (*de forças, personalidades, etc.*) interação LOC **a play on words** um jogo de palavras **at play** brincando **in play** de brincadeira *Ver tb* CHILD, FAIR, FOOL ◆ **1** *vt, vi* brincar **2** *vt* ~ **sb** (*Esporte*) jogar com alguém **3** *vt* (*carta*) jogar **4** *vt, vi* (*instrumento*) tocar: *to play the guitar* tocar violão **5** *vt* (*disco, fita*) pôr **6** *vi* (*música*) tocar **7** *vt* (*tacada*) dar **8** *vt* (*peça*) pregar **9** *vt* (*papel dramático*) interpretar, fazer **10** *vt, vi* (*cena, peça*) representar **11** *vt* fazer-se de: *to play the fool* fazer-se de bobo **12** *vt* (*mangueira*) direcionar LOC **to play it by ear** (*coloq*) improvisar **to play (sth) by ear** tocar (algo) de ouvido **to play truant** matar/cabular aula **to play your cards well/right** saber aproveitar as oportunidades *Ver tb* HAVOC PHR V **to play along (with sb)** fazer o jogo (de alguém) **to play sth down** minimizar algo **to play A off against B** opor A a B **to play (sb) up** (*coloq*) dar trabalho (a alguém) **player** *s* **1** jogador, -ora **2** (*Mús*) músico, -a **playful** *adj* **1** brincalhão **2** (*comentário*) jocoso

playground /'pleɪɡraʊnd/ *s* pátio de recreio

playgroup /'pleɪɡruːp/ *s* (*GB*) jardim de infância

playing card (*tb* **card**) *s* carta de baralho

playing field *s* campo de esportes

play-off /'pleɪ ɔːf/ *s* partida de desempate

playtime /'pleɪtaɪm/ *s* recreio

playwright /'pleɪraɪt/ *s* dramaturgo, -a

plea /pliː/ *s* **1** ~ **(for sth)** petição (de algo) **2** súplica **3** (*Jur*) declaração, alegação: *plea of guilty/not guilty* declaração de culpa/inocência LOC **to make a plea for sth** suplicar algo

plead /pliːd/ (*pret, pp* **pleaded, pled** /pled/ (*GB* **pleaded**)) **1** *vi* ~ **(with sb)** suplicar (a alguém) **2** *vi* ~ **for sth** pedir algo **3** *vi* ~ **for sb** defender alguém **4** *vt* (*defesa*) alegar LOC **to plead guilty/not guilty** declarar-se culpado/inocente

pleasant /'pleznt/ *adj* (**-er, -est**) agradável **pleasantly** *adv* **1** agradavelmente, prazerosamente **2** amavelmente

please /pliːz/ ◆ **1** *vt, vi* agradar **2** *vt*

dar prazer a **3** *vi*: *for as long as you please* o tempo que você quiser ◊ *I'll do whatever I please.* Vou fazer o que me der vontade. LOC **as you please** como quiser **please yourself!** você é que sabe! ◆ *interj* **1** por favor! **2** (*formal*): *Please come in.* Entre, por favor. ◊ *Please do not smoke.* Favor não fumar. LOC **please do!** claro! **pleased** *adj* **1** contente ☞ *Ver nota em* GLAD **2** ~ (**with sb/sth**) satisfeito (com alguém/algo) LOC **to be pleased to do sth** alegrar-se em fazer algo, ter o prazer de fazer algo: *I'd be pleased to come.* Gostaria muito de ir. **pleased to meet you** prazer em conhecê-lo **pleasing** *adj* prazeroso, agradável

pleasure /ˈpleʒər/ *s* prazer: *It gives me pleasure to…* Tenho o prazer de… LOC **my pleasure** não há de quê **to take pleasure in sth** gostar de fazer algo **with pleasure** com muito prazer *Ver tb* BUSINESS **pleasurable** *adj* prazeroso

pled (*USA*) *pret, pp de* PLEAD

pledge /pledʒ/ ◆ *s* **1** promessa, compromisso **2** (*fiança*) penhor ◆ **1** *vt, vi* (*formal*) prometer, comprometer-se **2** *vt* (*jóias, etc.*) empenhar

plentiful /ˈplentɪfl/ *adj* abundante: *a plentiful supply* um suprimento abundante LOC **to be in plentiful supply** abundar

plenty /ˈplenti/ ◆ *pron* **1** muito, de sobra: *plenty to do* muito que fazer **2** bastante: *That's plenty, thank you.* Chega, obrigado. ◆ *adv* **1** (*coloq*) o suficiente: *plenty high enough* suficientemente alto **2** (*USA*) muito LOC **plenty more 1** de sobra **2** (*pessoas*) outros tantos: *There's room for plenty more.* Há espaço para muitos mais.

pliable /ˈplaɪəbl/ (*tb pliant* /ˈplaɪənt/) *adj* **1** flexível **2** influenciável

pliers /ˈplaɪərz/ *s* [*pl*] alicate: *a pair of pliers* um alicate ☞ *Ver nota em* PAIR

plight /plaɪt/ *s* situação difícil, apuro

plod /plɑd/ *vi* (**-dd-**) caminhar com dificuldade PHR V **to plod away** (**at sth**) executar algo a duras penas

plonk /plɑŋk/ PHR V **to plonk sth down** deixar algo cair pesadamente

plot /plɑt/ ◆ *s* **1** lote **2** (*livro, filme*) trama **3** complô, intriga ◆ **1** *vt* (**-tt-**) (*direção, etc.*) traçar **2** *vt* (*intriga*) tramar **3** *vi* conspirar, fazer intriga

plow (*GB* **plough**) /plaʊ/ ◆ *s* arado ◆ *vt, vi* arar LOC **to plow (your way) through sth** abrir caminho através de algo PHR V **to plow sth back** (*finanças*) reinvestir em algo **to plow into sb/sth** chocar-se contra alguém/algo

ploy /plɔɪ/ *s* ardil, estratagema

pluck /plʌk/ ◆ *vt* **1** colher, arrancar **2** depenar **3** (*sobrancelhas*) tirar **4** (*corda*) tanger LOC **to pluck up courage** (**to do sth**) criar coragem (para fazer algo) ◆ *s* (*coloq*) coragem, peito

plug /plʌg/ ◆ *s* **1** (*GB* **stopper**) tampão **2** (*Eletrôn*) tomada (*de aparelho elétrico*) ☞ *Ver ilustração em* TOMADA **3** vela (de ignição) **4** (*coloq*) propaganda ◆ *vt* (**-gg-**) **1** (*buraco*) tapar **2** (*escape*) vedar **3** (*ouvidos*) tampar **4** (*cavidade*) encher **5** (*coloq*) fazer propaganda de PHR V **to plug sth in(to sth)** ligar algo (a algo)

plum /plʌm/ *s* **1** ameixa **2** (*tb plum tree*) ameixeira

plumage /ˈpluːmɪdʒ/ *s* plumagem

plumber /ˈplʌmər/ *s* bombeiro, -a (*hidráulico*) **plumbing** *s* encanamento

plummet /ˈplʌmɪt/ *vi* **1** despencar, tombar **2** (*fig*) despencar

plump /plʌmp/ ◆ *adj* roliço, rechonchudo *Ver tb* FAT ◆ PHR V **to plump for sb/sth** decidir-se por alguém/algo, optar por alguém/algo

plunder /ˈplʌndər/ *vt* saquear

plunge /plʌndʒ/ ◆ **1** *vi* despencar, atirar-se **2** *vt* (*fig*) mergulhar **3** *vi* mergulhar **4** *vt* submergir **5** *vt* (*no bolso, bolsa, etc.*) meter **6** *vt* (*faca, etc.*) enfiar até o fundo ◆ *s* **1** mergulho **2** salto **3** (*preços*) queda LOC **to take the plunge** topar a parada

plural /ˈplʊərəl/ *adj, s* plural

plus /plʌs/ ◆ *prep* **1** (*Mat*) mais: *Five plus six equals eleven.* Cinco mais seis é igual a onze. **2** além de: *plus the fact that…* além de… ◆ *conj* além ◆ *adj* **1** no mínimo: *£500 plus* no mínimo 500 libras ◊ *He must be forty plus.* Ele deve ter quarenta e cacetada. **2** (*Eletrôn, Mat*) positivo ◆ *s* **1** (*tb plus sign*) sinal de adição **2** a ~ (**for sb**) (*coloq*) um ponto a favor (de alguém): *the pluses and minuses of sth* os prós e os contras de algo

plush /plʌʃ/ *adj* (*coloq*) luxuoso, de luxo

u	ɔː	ɜː	ə	j	w	eɪ	oʊ
sit**u**ation	s**aw**	f**ur**	**a**go	**y**es	**w**oman	p**ay**	h**o**me

Pluto /'pluːtoʊ/ s Plutão

plutonium /pluː'toʊniəm/ s plutônio

ply /plaɪ/ ◆ s **1** Ver PLYWOOD **2** (papel) espessura **3** (lã) fio ◆ vt (pret, pp **plied** /plaɪd/) **1** (formal) (ofício) exercer: to ply your trade exercer o seu ofício **2** (rota) trafegar: This ship plied between the Indies and Spain. Este navio trafegava entre as Índias e a Espanha. PHR V **to ply sb with drink/food** encher alguém de bebida/comida **to ply sb with questions** bombardear alguém de perguntas

plywood /'plaɪwʊd/ s madeira compensada

p.m. /ˌpiː 'em/ abrev da tarde, da noite: at 4.30p.m. às quatro e meia da tarde

Note que quando usamos **a.m.** ou **p.m.** com horas, não podemos dizer **o'clock**: Shall we meet at three o'clock/3p.m.? Que tal nos encontrarmos às três (da tarde)?

pneumatic /nuː'mætɪk/ GB njuː-/ adj pneumático: pneumatic drill broca pneumática

pneumonia /nuː'moʊniə/ GB njuː-/ s [não contável] pneumonia

PO /ˌpiː 'oʊ/ abrev Post Office

poach /poʊtʃ/ **1** vt cozinhar **2** vt (ovos) fazer pochê **3** vt, vi caçar/pescar clandestinamente **4** vt (idéia) roubar **poacher** s caçador, -ora, pescador, -ora (furtivo)

pocket /'pɑkɪt/ ◆ s **1** bolso: pocket money mesada ◊ pocket knife canivete ◊ pocket-sized tamanho de bolso **2** (fig) núcleo LOC **to be out of pocket** ficar sem dinheiro Ver tb PICK ◆ vt **1** meter no bolso **2** embolsar

pod /pɑd/ s vagem (de feijão, etc.)

podium /'poʊdiəm/ s pódio

poem /'poʊəm/ s poema

poet /'poʊɪt/ s poeta

poetic /poʊ'etɪk/ adj poético: poetic justice justiça divina

poetry /'poʊətri/ s poesia

poignant /'pɔɪnjənt/ adj comovente

poinsettia /ˌpɔɪn'setiə, -'setə/ s bico-de-papagaio

point /pɔɪnt/ ◆ s **1** ponto **2** ponta **3** (Mat) vírgula **4** fato: The point is… O fato é que… **5** sentido: What's the point? Para quê? **6** (GB power point) (USA outlet) tomada **7** points [pl] (GB)

(ferrovia) chaves LOC **in point of fact** na verdade **point of view** ponto de vista **to be beside the point** não ter nada a ver **to make a point of doing sth** fazer questão de fazer algo **to make your point** deixar claro o que se pensa, sente, etc. **to take sb's point** levar em conta o que alguém tem a dizer **to the point** a propósito, relevante Ver tb PROVE, SORE, STRONG ◆ **1** vi ~ (at/to sb/ sth) indicar (com o dedo) (para alguém/algo); apontar (para alguém/ algo) **2** vi ~ **to sth** (fig) indicar, apontar para algo **3** vt ~ **sth at sb** apontar algo para alguém: to point your finger (at sb/ sth) apontar o dedo (para alguém/algo) PHR V **to point sth out (to sb)** chamar a atenção (de alguém) para algo

point-blank /ˌpɔɪnt 'blæŋk/ ◆ adj **1** at point-blank range à queima-roupa **2** (recusa) categórico ◆ adv **1** à queima-roupa **2** (fig) de forma categórica

pointed /'pɔɪntɪd/ adj **1** aguçado, pontudo **2** (fig) intencional

pointer /'pɔɪntər/ s **1** indicador **2** ponteiro **3** (coloq) dica **4** indicativo

pointless /'pɔɪntləs/ adj **1** sem sentido **2** inútil

poise /pɔɪz/ s **1** porte **2** aplomb **poised** adj **1** suspenso **2** com desembaraço, seguro de si

poison /'pɔɪzn/ ◆ s veneno ◆ vt **1** envenenar **2** (mente) corromper **poisoning** s envenenamento **poisonous** adj venenoso

poke /poʊk/ vt cutucar (com o dedo, etc.): to poke your finger into sth meter o dedo em algo LOC **to poke fun at sb/sth** zombar de alguém/algo PHR V **to poke about/around** (coloq) **1** bisbilhotar **2** mexericar **to poke out (of sth)/through** (sth) sair (de algo)

poker /'poʊkər/ s **1** atiçador **2** pôquer

poker-faced /'poʊkər ˌfeɪst/ adj de semblante impassível

poky /'poʊki/ adj (coloq) (**pokier, pokiest**) **1** (USA) lento **2** (GB) apertado

polar /'poʊlər/ adj polar: polar bear urso polar

pole /poʊl/ s **1** (Geog, Fís) pólo **2** vara: pole-vault salto com vara **3** (telegráfico) poste LOC **to be poles apart** divergir inteiramente

police /pə'liːs/ ◆ s [pl] polícia: police officer/constable policial ◊ police force

aɪ	aʊ	ɔɪ	ɪə	eə	ʊə	ʒ	h	ŋ
five	now	join	near	hair	pure	vision	how	sing

polícia ◊ *police state* estado policial ◊ *police station* delegacia (de polícia) ◆ *vt* policiar, vigiar

policeman /pəˈliːsmən/ *s* (*pl* -men /-mən/) policial

policewoman /pəˈliːswʊmən/ *s* (*pl* -women) policial feminina

policy /ˈpɒləsi/ *s* (*pl* -ies) **1** política **2** (*seguro*) apólice

polio /ˈpəʊliəʊ/ (*formal* poliomyelitis) *s* pólio, poliomielite

polish /ˈpɒlɪʃ/ ◆ *vt* **1** dar brilho a, polir **2** (*óculos*) polir **3** (*sapatos*) engraxar **4** (*fig*) aperfeiçoar PHR V **to polish sb off** dar um fim em alguém **to polish sth off** (*coloq*) **1** devorar algo **2** (*trabalho*) acabar algo de uma vez ◆ *s* **1** lustre **2** brilho **3** (*móveis*) polimento **4** (*sapatos*) graxa **5** (*unhas*) esmalte **6** (*fig*) requinte, refinamento polished *adj* **1** brilhoso, polido **2** (*maneira, estilo*) refinado, elegante **3** (*atuação*) impecável

polite /pəˈlaɪt/ *adj* **1** cortês **2** (*pessoa*) educado **3** (*comportamento*) apropriado

political /pəˈlɪtɪkl/ *adj* político

politician /ˌpɒləˈtɪʃn/ *s* político, -a

politics /ˈpɒlətɪks/ *s* **1** política **2** [*pl*] princípios políticos **3** [*sing*] (*matéria*) ciências políticas

polka dot /ˈpəʊkə dɒt/ (*GB* spot) *s* bolinha

poll /pəʊl/ *s* **1** eleição **2** votação: *to take a poll on something* submeter algo a votação **3** the polls [*pl*] as urnas **4** pesquisa, sondagem

pollen /ˈpɒlən/ *s* pólen

pollute /pəˈluːt/ *vt* ~ sth (with sth) **1** contaminar, poluir algo (com algo) **2** (*fig*) corromper pollution *s* **1** poluição **2** (*fig*) corrupção

polo /ˈpəʊləʊ/ *s* (*Esporte*) pólo

polo neck (*GB*) (*USA* turtleneck) *s* gola rulê

polyester /ˌpɒliˈestər/ *s* poliéster

polyethylene /ˌpɒliˈeθəliːn/ *s* polietileno

polystyrene /ˌpɒliˈstaɪriːn/ *s* poliestireno, isopor

pomp /pɒmp/ *s* **1** pompa **2** (*pej*) ostentação

pompous /ˈpɒmpəs/ *adj* (*pej*) **1** pomposo **2** (*pessoa*) pretensioso

pond /pɒnd/ *s* tanque, lago pequeno

ponder /ˈpɒndər/ *vt, vi* ~ (on/over sth) refletir (sobre algo)

pony /ˈpəʊni/ *s* (*pl* ponies) pônei: *pony-trekking* excursão em pônei ◊ *ponytail* rabo-de-cavalo

poodle /ˈpuːdl/ *s* poodle

pool /puːl/ ◆ *s* **1** poça **2** charco **3** (*tb* swimming pool) piscina **4** (*luz*) facho **5** (*rio*) poço **6** tanque **7** (*dinheiro*) fundo comum, vaquinha **8** bilhar americano **9** the (football) pools [*pl*] (*GB*) loteria esportiva ◆ *vt* (*recursos, idéias*) reunir, juntar

poor /pʊər, pɔːr/ ◆ *adj* (-er, -est) **1** pobre **2** mau: *in poor taste* de mau gosto **3** (*nível*) baixo LOC *Ver* FIGHT ◆ the poor *s* [*pl*] os pobres

poorly /ˈpʊərli/ ◆ *adv* **1** mal **2** insuficientemente ◆ *adj* (*GB*) (*USA* sick) mal, adoentado

pop /pɒp/ ◆ *s* **1** estalo **2** estouro **3** (*USA*) papai **4** (*música*) pop ◆ *adv*: *to go pop* estourar/rebentar ◆ (-pp-) **1** *vi* estalar **2** *vi* fazer bum! **3** *vt, vi* (*balão*) estourar **4** *vt* (*rolha*) fazer saltar PHR V **to pop across, back, down, out, etc.** (*coloq*) atravessar, voltar, descer, sair, etc. (*rapida ou subitamente*) **to pop sth back, in, etc.** (*coloq*) devolver, colocar, etc. algo (*rapida ou subitamente*) **to pop in** visitar (*rapidamente*) **to pop out (of sth)** sair (de algo) (*subitamente*) **to pop up** aparecer (*de repente*)

popcorn /ˈpɒpkɔːrn/ *s* pipoca

pope /pəʊp/ *s* papa

poplar /ˈpɒplər/ *s* álamo, choupo

poppy /ˈpɒpi/ *s* (*pl* -ies) papoula

Popsicle® /ˈpɒpsɪkl/ *s* (*USA*) (*GB* ice lolly) picolé

popular /ˈpɒpjələr/ *adj* **1** popular: *to be popular with sb* cair/estar nas graças de alguém **2** na moda: *Turtle necks are very popular this season.* As golas rulês são a coqueluche da estação. **3** corrente **4** (*crença*) geral popularize, -ise *vt* **1** popularizar **2** vulgarizar

population /ˌpɒpjuˈleɪʃn/ *s* população: *the population explosion* a explosão demográfica

porcelain /ˈpɔːrsəlɪn/ *s* [*não contável*] porcelana

porch /pɔːrtʃ/ *s* **1** alpendre **2** (*USA*) sacada, varanda

pore /pɔːr/ ◆ *s* poro ◆ PHR V **to pore over sth** estudar algo detalhadamente

tʃ	dʒ	v	θ	ð	s	z	ʃ
chin	**J**une	**v**an	**th**in	**th**en	**s**o	**z**oo	**sh**e

pork /pɔːrk/ s carne de porco ☞ Ver nota em CARNE

porn /pɔːrn/ s (coloq) pornografia

pornography /pɔːrˈnɑgrəfi/ s pornografia

porous /ˈpɔːrəs/ adj poroso

porpoise /ˈpɔːrpəs/ s boto, tipo de golfinho

porridge /ˈpɔːrɪdʒ; GB ˈpɒr-/ s [não contável] mingau (de aveia)

port /pɔːrt/ s 1 porto 2 (barco) bombordo 3 vinho do Porto LOC **port of call** porto de escala

portable /ˈpɔːrtəbl/ adj portátil

porter /ˈpɔːrtər/ s 1 (estação, hotel) carregador, bagageiro 2 porteiro, -a

porthole /ˈpɔːrthoʊl/ s vigia

portion /ˈpɔːrʃn/ s 1 porção 2 (comida) ração

portrait /ˈpɔːrtrət, -treɪt/ s 1 retrato 2 (fig) descrição

portray /pɔːrˈtreɪ/ vt 1 retratar 2 ~ sb/ sth (as sth) (Teat) representar alguém/algo (como algo) **portrayal** s representação

pose /poʊz/ ◆ s 1 vi posar (para retrato) 2 vi (pej) comportar-se de forma afetada 3 vi ~ as sb/sth fazer-se passar por alguém/algo 4 vt (dificuldade, pergunta) colocar ◆ s 1 postura 2 (pej) pose

posh /pɑʃ/ adj (-er, -est) 1 (hotel, carro) de luxo 2 (zona) chique 3 (esp pej) (sotaque) afetado, requintado 4 (pej) metido a besta

position /pəˈzɪʃn/ ◆ s 1 posição 2 situação 3 ~ (on sth) (opinião) ponto de vista (com respeito a algo) 4 (trabalho) cargo LOC **to be in a/no position to do sth** estar/não estar em condição de fazer algo ◆ vt colocar, situar

positive /ˈpɑzətɪv/ adj 1 positivo 2 definitivo, categórico 3 ~ (about sth/ that…) certo (de algo/de que…) 4 total, verdadeiro: a positive disgrace uma vergonha total **positively** adv 1 positivamente 2 com otimismo 3 categoricamente 4 verdadeiramente

possess /pəˈzes/ vt 1 possuir, ter 2 apoderar-se de: What possessed you to do that? O que é que te deu para fazer aquilo? **possession** s 1 posse, possessão 2 **possessions** [pl] bens LOC **to be in possession of sth** ter posse de algo

possibility /ˌpɑsəˈbɪləti/ s (pl -ies) 1 possibilidade: within/beyond the bounds of possibility dentro/além do possível 2 **possibilities** [pl] potencial Ver tb CHANCE

possible /ˈpɑsəbl/ adj possível: if possible se for possível ◊ as quickly as possible o mais rápido possível LOC **to make sth possible** possibilitar algo **possibly** adv possivelmente: You can't possibly go. Você não pode ir de maneira alguma.

post /poʊst/ ◆ s 1 poste, estaca, esteio 2 (trabalho) cargo 3 (esp USA mail) correio: postbox (GB) caixa do correio ☞ Ver nota em MAIL ◆ vt 1 (esp USA to mail) pôr no correio, mandar pelo correio 2 (Mil) nomear, enviar 3 (soldado) postar LOC **to keep sb posted (about sth)** manter alguém informado (sobre algo)

postage /ˈpoʊstɪdʒ/ s porte, franquia: postage stamp selo postal

postal /ˈpoʊstl/ adj postal, de correio: postal vote (GB) (USA **absentee ballot**) voto postal

postcard /ˈpoʊstkɑːrd/ s cartão postal

postcode /ˈpoʊstkoʊd/ (GB) (USA **Zip code**) s código postal

poster /ˈpoʊstər/ s 1 (anúncio) cartaz 2 pôster

posterity /pɑˈsterəti/ s posteridade

postgraduate /ˌpoʊstˈgrædʒuət/ adj de pós-graduado

posthumous /ˈpɑstjʊməs; GB ˈpɒstʃəməs/ adj póstumo

postman /ˈpoʊstmən/ s (pl -men /-mən/) (GB) (USA **mailman, letter carrier**) carteiro

post-mortem /ˌpoʊst ˈmɔːrtəm/ s autópsia

post office s (agência do) correio

postpone /poʊstˈpoʊn, poʊsˈpoʊn/ vt adiar

postscript /ˈpoʊstskrɪpt/ s 1 pós-escrito 2 (fig) desfecho

posture /ˈpɑstʃər/ s 1 postura 2 atitude

post-war /ˌpoʊst ˈwɔːr/ adj de após-guerra

postwoman /ˈpoʊstwʊmən/ s (pl -women) (GB) (USA **letter carrier**) carteiro (mulher)

pot /pɑt/ ◆ s 1 caçarola, panela: pots and pans bateria de cozinha (panelas, tige-

las, etc.) **2** vasilhame **3** (*decorativo*) po-
te **4** (*planta*) vaso **5** (*coloq*) maconha
LOC **to go to pot** (*coloq*) degringolar

potassium /pə'tæsiəm/ *s* potássio

potato /pə'teɪtoʊ/ *s* (*pl* -oes) batata

potent /'poʊtnt/ *adj* potente, poderoso
  potency *s* potência

potential /pə'tenʃl/ ◆ *adj* potencial ◆ *s*
  ~ **for sth** potencial para algo **potential-
  ly** *adv* potencialmente

pothole /'pɑthoʊl/ *s* **1** (*Geol*) cova **2**
  (*estrada*) buraco

potter /'pɑtər/ *s* ceramista, oleiro, -a

pottery /'pɑtəri/ *s* cerâmica

potty /'pɑti/ ◆ *adj* (-ier, -iest) (*GB, co-
  loq*) ~ (**about sb/sth**) louco por alguém/
  algo ◆ *s* (*pl* -ies) (*coloq*) penico (*de
  criança*)

pouch /paʊtʃ/ *s* **1** pochete **2** (*tabaco*)
  tabaqueira **3** (*Zool*) bolsa

poultry /'poʊltri/ *s* [*não contável*] aves
  domésticas

pounce /paʊns/ *vi* **1** ~ (**on sb/sth**) lan-
  çar-se (sobre alguém/algo) **2** (*fig*) ata-
  car (alguém/algo)

pound /paʊnd/ ◆ *s* **1** (*abrev* lb) libra
  (*0,454 quilograma*) ☞ *Ver Apêndice 1.* **2**
  (*dinheiro*) libra (£) ◆ **1** *vi* ~ (**at sth**)
  golpear (algo) **2** *vi* correr pesadamente
  3 *vi* ~ (**with sth**) bater fortemente (de
  algo) (*medo, emoção, etc.*) **4** *vt* triturar,
  socar **5** *vt* esmurrar **pounding** *s* **1** (*lit e
  fig*) surra **2** (*onda*) marulho

pour /pɔːr/ **1** *vi* fluir, correr **2** *vi* (*tb* **to
  pour with rain**) chover a cântaros **3** *vt*
  (*bebida*) servir PHR V **to pour in 1** en-
  trar de enxurrada **2** inundar **to pour
  sth in** despejar algo (*acrescentar*) **to
  pour out (of sth) 1** verter (de algo) **2**
  (*pessoas*) sair em massa (de algo)
  to pour sth out 1 servir algo (*bebida*)
  2 expressar algo

pout /paʊt/ *vi* **1** ficar de tromba **2** (*com
  provocação*) fazer beicinho

poverty /'pɑvərti/ *s* **1** pobreza **2** misé-
  ria **3** (*de idéia*) falta **poverty-stricken**
  adj desprovido

powder /'paʊdər/ *s* [*geralmente não
  contável*] pó ◆ *vt* pulverizar, empoar: *to
  powder your face* passar pó no rosto
  powdered *adj* em pó

powdered sugar (*GB* **icing sugar**) *s*
  açúcar cristalizado

power /'paʊər/ ◆ *s* **1** poder: *power-

sharing divisão de poder **2 powers** [*pl*]
capacidade, faculdades **3** força **4** potên-
cia **5** energia **6** (*eletricidade*) luz: *power
outage* corte de energia ◇ *power plant*
central elétrica LOC **the powers that be**
(*esp irôn*) os manda-chuvas **to do sb a
power of good** (*GB, coloq*) ser muito
benéfico para alguém ◆ *vt* propulsar,
acionar **powerful** *adj* **1** poderoso **2**
(*máquina*) potente **3** (*braços, golpe, be-
bida*) forte **4** (*imagem, obra*) marcante
powerless *adj* **1** ineficaz, impotente **2**
~ **to do sth** impossibilitado de fazer
algo

practicable /'præktɪkəbl/ *adj* viável

practical /'præktɪkl/ *adj* prático: *prac-
tical joke* brincadeira de mau gosto
practically *adv* praticamente, de forma
prática

practice[1] /'præktɪs/ *s* **1** prática **2**
(*Esporte*) treinamento **3** (*Med*) consultó-
rio *Ver tb* GENERAL PRACTICE **4** (*profis-
são*) exercício LOC **to be out of practice**
estar fora de/sem prática

practice[2] (*GB* **practise**) /'præktɪs/ **1**
vt, vi praticar **2** *vi* (*Esporte*) exercitar-se
3 *vt, vi* ~ (**as sth**) (*profissão*) exercer
(algo) **4** *vt* ter por costume **practiced**
(*GB* **practised**) *adj* ~ (**in sth**) experien-
te (em algo)

practitioner /præk'tɪʃənər/ *s* **1** prati-
cante **2** médico, -a *Ver tb* GENERAL PRAC-
TITIONER

pragmatic /præg'mætɪk/ *adj* pragmá-
tico

praise /preɪz/ ◆ *vt* **1** elogiar **2** (*Relig*)
louvar ◆ *s* [*não contável*] **1** elogio(s) **2**
(*Relig*) louvor **praiseworthy** *adj* louvá-
vel, digno de elogio

prawn /prɔːn/ *s* (*GB*) (*USA* **shrimp**) ca-
marão

pray /preɪ/ *vi* rezar, orar

prayer /preər/ *s* prece, oração

preach /priːtʃ/ **1** *vt, vi* (*Relig*) pregar **2**
vi ~ (**at/to sb**) (*pej*) fazer sermão (a
alguém) **3** *vt* exortar **preacher** *s* pastor,
-ora, pregador, -ora

precarious /prɪ'keəriəs/ *adj* precário

precaution /prɪ'kɔːʃn/ *s* precaução
precautionary *adj* de precaução

precede /prɪ'siːd/ *vt* **1** preceder a **2**
(*discurso*) introduzir

precedence /'presɪdəns/ *s* prioridade,
precedência

precedent /'presɪdənt/ *s* precedente

preceding 548

preceding /prɪˈsiːdɪŋ/ adj **1** precedente **2** (tempo) anterior

precinct /ˈpriːsɪŋkt/ s **1** (USA) distrito policial **2** (tb precincts) recinto **3** (GB) zona: pedestrian precinct zona de pedestres

precious /ˈpreʃəs/ ◆ adj **1** precioso **2** ~ to sb de grande valor para alguém ◆ adv LOC **precious few** muito poucos **precious little** muito pouco

precipice /ˈpresəpɪs/ s precipício

precise /prɪˈsaɪs/ adj **1** exato, preciso **2** (explicação) claro **3** (pessoa) meticuloso **precisely** adv **1** exatamente, precisamente **2** (hora) em ponto **3** com precisão **precision** s exatidão, precisão

preclude /prɪˈkluːd/ vt (formal) excluir

precocious /prɪˈkoʊʃəs/ adj precoce

preconceived /ˌpriːkənˈsiːvd/ adj preconcebido **preconception** s idéia preconcebida

precondition /ˌpriːkənˈdɪʃn/ s condição prévia

predator /ˈpredətər/ s predador **predatory** adj **1** (animal) predatório **2** (pessoa) oportunista

predecessor /ˈpredɪsesər; GB ˈpriːdə-/ s predecessor, -ora

predicament /prɪˈdɪkəmənt/ s situação difícil, apuro

predict /prɪˈdɪkt/ vt **1** predizer, prever **2** prognosticar **predictable** adj previsível **prediction** s previsão, prognóstico

predominant /prɪˈdɑmɪnənt/ adj predominante **predominantly** adv predominantemente

pre-empt /pri ˈempt/ vt antecipar-se a

preface /ˈprefəs/ s **1** prefácio, prólogo **2** (discurso) introdução

prefer /prɪˈfɜːr/ vt (-rr-) preferir: Would you prefer cake or cookies? Você prefere bolo ou biscoitos? ☛ Ver nota em PREFERIR **preferable** /ˈprefrəbl/ adj preferível **preferably** /ˈprefrəbli/ adv preferivelmente **preference** /ˈprefrəns/ s preferência LOC **in preference to sb/sth** em vez de alguém/algo **preferential** /ˌprefəˈrenʃl/ adj preferencial

prefix /ˈpriːfɪks/ s prefixo

pregnant /ˈpregnənt/ adj **1** grávida **2** (animal) prenhe **pregnancy** s (pl -ies) gravidez

prejudice /ˈpredʒudɪs/ ◆ s **1** [não contável] preconceito **2** prejuízo **3** parcialidade LOC **without prejudice to sb/sth** (Jur) sem danos para alguém/algo ◆ vt **1** (pessoa) predispor **2** (decisão, resultado) influir em **3** prejudicar **prejudiced** adj **1** parcial **2** preconceituoso LOC **to be prejudiced against sb/sth** ter preconceito contra alguém/algo

preliminary /prɪˈlɪmɪneri; GB -nəri/ ◆ adj **1** preliminar **2** (Esporte) eliminatório ◆ **preliminaries** s [pl] preliminares

prelude /ˈpreljuːd/ s **1** (Mús) prelúdio **2** (fig) início

premature /ˌpriːməˈtʊər, -ˈtʃʊər; GB ˈpremətjʊə(r)/ adj prematuro

premier /prɪˈmɪər; GB ˈpremiə(r)/ ◆ s primeiro-ministro, primeira-ministra ◆ adj principal

première /prɪˈmɪər; GB ˈpremieə(r)/ s estréia

premises /ˈpremɪsɪz/ s [pl] **1** (loja, bar, etc.) local **2** (empresa) escritório(s) **3** edifício

premium /ˈpriːmiəm/ s (pagamento) prêmio LOC **to be at a premium** estar a peso de ouro (por ser difícil de se obter)

preoccupation /priɑkjuˈpeɪʃn/ s ~ (with sth) preocupação (com algo) **preoccupied** adj **1** preocupado **2** absorto

preparation /ˌprepəˈreɪʃn/ s **1** preparação **2** **preparations** [pl] (for sth) preparativos (para algo)

preparatory /prɪˈpærətɔːri, ˈprepərə-; GB -tri/ adj preparatório

prepare /prɪˈpeər/ **1** vi ~ for sth/to do sth preparar-se para algo/para fazer algo; fazer preparativos para algo **2** vt preparar LOC **to be prepared to do sth** estar disposto a fazer algo

preposterous /prɪˈpɑstərəs/ adj absurdo

prerequisite /ˌpriːˈrekwəzɪt/ (tb precondition) s (formal) ~ (for/of sth) pré-requisito, condição prévia (para algo)

prerogative /prɪˈrɑgətɪv/ s prerrogativa

prescribe /prɪˈskraɪb/ vt **1** (remédio) receitar **2** recomendar

prescription /prɪˈskrɪpʃn/ s **1** (lit e fig) receita **2** (ação) prescrição

presence /ˈprezns/ s **1** presença **2** comparecimento **3** existência

present /ˈpreznt/ ◆ adj **1** ~ (at/in sth) presente (a/em algo) **2** (tempo) atual **3**

| aɪ | aʊ | ɔɪ | ɪə | eə | ʊə | ʒ | h | ŋ |
| five | now | join | near | hair | pure | vision | how | sing |

(*mês, ano*) corrente LOC **to the present day** até hoje ◆ *s* **1 the present** (*tempo*) o presente **2** presente: *to give sb a present* dar um presente a alguém LOC **at present** no momento, atualmente *Ver tb* MOMENT ◆ /prɪˈzent/ *vt* **1** apresentar: *to present yourself* apresentar-se **2** ~ **sb with sth**; ~ **sth** (**to sb**) entregar algo (a alguém): *to present sb with a problem* causar um problema a alguém **3** (*argumento*) expor **4** ~ **itself** (**to sb**) (*oportunidade*) apresentar-se (a alguém) **5** (*Teat*) representar **presentable** /prɪˈzentəbl/ *adj* **1** apresentável **2** (*decente*) de boa aparência

presentation /ˌpriːzenˈteɪʃn; GB ˌprezn-/ *s* **1** apresentação **2** (*argumento*) exposição **3** (*Teat*) representação **4** (*prêmio*) entrega

present-day /ˌpreznt ˈdeɪ/ *adj* atual

presenter /prɪˈzentər/ *s* apresentador, -ora

presently /ˈprezntli/ *adv* **1** (*esp USA*) no momento **2** (*GB*) [*futuro: geralmente no final da frase*] em breve, dentro em pouco: *I will follow on presently.* Vou em seguida. **3** (*GB*) [*passado: geralmente no princípio da frase*] logo em seguida: *Presently he got up to go.* Logo em seguida ele se levantou para ir embora. **4** (*GB*) logo

preservation /ˌprezərˈveɪʃn/ *s* conservação, preservação

preservative /prɪˈzɜːrvətɪv/ *adj, s* preservativo, conservante

preserve /prɪˈzɜːrv/ ◆ *vt* **1** conservar (*comida, etc.*) **2** ~ **sth** (**for sth**) preservar algo (para algo) **3** ~ **sb** (**from sb/sth**) resguardar, proteger alguém de alguém/algo ◆ *s* **1** [*ger pl*] conserva, compota **2** (*caça*) (*lit e fig*) reserva: *the exclusive preserve of party members* o reduto exclusivo dos membros do partido

preside /prɪˈzaɪd/ *vi* ~ (**over/at sth**) presidir (algo)

presidency /ˈprezɪdənsi, -den-/ *s* (*pl* -ies) presidência

president /ˈprezɪdənt, -dent/ *s* presidente, -a **presidential** /ˌprezɪˈdenʃl/ *adj* presidencial

press /pres/ ◆ *s* **1** (*tb* the Press) a imprensa: *press conference* entrevista coletiva ◊ *press clipping* recorte de jornal ◊ *press release* comunicado à im-

prensa **2** prensa **3** (*tb* printing press) impressora, prelo ◆ **1** *vt, vi* apertar **2** *vt* espremer, prensar **3** *vi* ~ (**up**) **against sb** apoiar-se em alguém **4** *vt* (*uvas*) pisar **5** *vt* (*azeitonas, flores*) prensar **6** *vt* passar (*roupas*) **7** *vt* ~ **sb** (**for sth/to do sth**) pressionar alguém (por algo/a fazer algo) LOC **to be pressed for time** estar com pouco tempo *Ver tb* CHARGE PHR V **to press ahead/on** (**with sth**) seguir em frente (com algo) **to press for sth** pressionar por algo

pressing /ˈpresɪŋ/ *adj* premente, urgente

press-up /ˈpres ʌp/ (*esp USA* **push-up**) *s* flexão

pressure /ˈpreʃər/ ◆ *s* ~ (**of sth**); ~ (**to do sth**) pressão (de algo); pressão (para fazer algo): *pressure gauge* manômetro ◊ *pressure group* grupo de pressão LOC **to put pressure on sb** (**to do sth**) pressionar alguém (a fazer algo) ◆ *vt Ver* PRESSURIZE

pressure cooker *s* panela de pressão ☞ *Ver ilustração em* SAUCEPAN

pressurize, -ise /ˈpreʃəraɪz/ (*tb* **pressure**) *vt* **1** ~ **sb into** (**doing**) **sth** pressionar alguém a fazer algo **2** (*Fís*) pressurizar

prestige /preˈstiːʒ/ *s* prestígio **prestigious** *adj* prestigioso

presumably /prɪˈzuːməbli; GB -ˈzjuːm-/ *adv* presumivelmente

presume /prɪˈzuːm; GB -ˈzjuːm/ *vt* supor: *I presume so.* Suponho que sim.

presumption /prɪˈzʌmpʃn/ *s* **1** suposição **2** atrevimento

presumptuous /prɪˈzʌmptʃuəs/ *adj* presunçoso

presuppose /ˌpriːsəˈpoʊz/ *vt* pressupor

pretend /prɪˈtend/ ◆ *vt, vi* **1** fingir, simular **2** ter pretensões a **3** ~ **to be sth** fingir ser algo: *They're pretending to be explorers.* Eles estão fazendo de conta que são exploradores. ◆ *adj* (*coloq*) **1** de brincadeira **2** falso

pretense (*GB* **pretence**) /ˈpriːtens, prɪˈtens/ *s* **1** [*não contável*] fingimento: *They abandoned all pretense of objectivity.* Eles deixaram de fingir que eram objetivos. **2** (*formal*) ostentação

pretentious /prɪˈtenʃəs/ *adj* pretensioso

pretext /ˈpriːtekst/ *s* pretexto

tʃ	dʒ	v	θ	ð	s	z	ʃ
chin	**June**	**van**	**thin**	**then**	**so**	**zoo**	**she**

pretty /ˈprɪti/ ◆ *adj* (-ier, -iest) **1** bonito **2** (*mulher*) atraente LOC **not to be a pretty sight** não ser nada agradável (de se olhar) ◆ *adv* bastante *Ver tb* QUITE sentido 1 ☛ *Ver nota em* FAIRLY, RATHER LOC **pretty much/well** praticamente, quase

prevail /prɪˈveɪl/ *vi* **1** (*lei, condições*) imperar **2** triunfar **3** (*fig*) prevalecer PHR V **to prevail (up)on sb to do sth** (*formal*) convencer alguém a fazer algo **prevailing** *adj* **1** (*formal*) dominante **2** (*vento*) característico

prevalent /ˈprevələnt/ *adj* (*formal*) **1** difundido **2** predominante **prevalence** *s* **1** difusão **2** predomínio

prevent /prɪˈvent/ *vt* **1** ~ **sb from doing sth** impedir alguém de fazer algo **2** ~ **sth** evitar, prevenir algo

prevention /prɪˈvenʃn/ *s* prevenção

preventive /prɪˈventɪv/ *adj* preventivo

preview /ˈpriːvjuː/ *s* pré-estréia

previous /ˈpriːviəs/ *adj* anterior LOC **previous to doing sth** antes de fazer algo **previously** *adv* anteriormente

pre-war /ˌpriː ˈwɔːr/ *adj* do pré-guerra

prey /preɪ/ ◆ *s* [*não contável*] (*lit e fig*) presa ◆ *vi* LOC **to prey on sb's mind** atormentar alguém PHR V **to prey on sb/sth 1** caçar alguém/algo **2** viver às custas de alguém/algo

price /praɪs/ ◆ *s* preço: *to go up/down in price* aumentar/baixar de preço LOC **at any price** a qualquer preço **not at any price** por nada no mundo *Ver tb* CHEAP ◆ *vt* **1** fixar o preço de **2** avaliar **3** pôr preço em **priceless** *adj* inestimável

prick /prɪk/ ◆ *s* **1** picada **2** alfinetada ◆ *vt* **1** picar **2** (*fig*) atormentar (*a consciência*) LOC **to prick up your ears 1** (*animal*) empinar as orelhas **2** (*pessoa*) aguçar os ouvidos

prickly /ˈprɪkli/ *adj* (-ier, -iest) **1** espinhoso **2** que pica **3** (*coloq*) irritadiço

pride /praɪd/ ◆ *s* **1** ~ **(in sth)** orgulho (de algo) **2** (*pej*) orgulho, soberba LOC **(to be) sb's pride and joy** (ser) a menina dos olhos de alguém **to take pride in sth** orgulhar-se de fazer algo ◆ *vt* LOC **to pride yourself on sth** orgulhar-se de algo

priest /priːst/ *s* sacerdote, padre **priesthood** *s* **1** sacerdócio **2** clero

Em inglês usa-se a palavra **priest** para referir-se, em geral, aos padres católicos. Os párocos anglicanos chamam-se **clergyman** ou **vicar**, e os das demais religiões protestantes, **minister**.

prig /prɪg/ *s* (*pej*) pessoa metida a besta **priggish** *adj* pedante

prim /prɪm/ *adj* (*pej*) (**primmer, primmest**) **1** pudico **2** (*aspecto*) recatado

primarily /praɪˈmerəli; *GB* ˈpraɪmərəli/ *adv* principalmente

primary /ˈpraɪməri; *GB* -məri/ ◆ *adj* **1** primário: *primary school* escola primária **2** primordial **3** principal ◆ *s* (*pl* -ies) (*USA*) (*tb* primary election) eleição primária

prime /praɪm/ ◆ *adj* **1** principal **2** de primeira: *a prime example* um exemplo perfeito ◆ *s* LOC **in your prime/in the prime of life** no auge (da vida) ◆ *vt* **1** ~ **sb (for sth)** preparar alguém (para algo) **2** ~ **sb (with sth)** instruir alguém (de algo)

Prime Minister *s* primeiro-ministro, primeira-ministra

primeval (*GB* primaeval) /praɪˈmiːvl/ *adj* primevo, primitivo

primitive /ˈprɪmətɪv/ *adj* primitivo

primrose /ˈprɪmrəʊz/ ◆ *s* primavera, prímula ◆ *adj, s* amarelo claro

prince /prɪns/ *s* príncipe

princess /ˌprɪnˈses/ *s* princesa

principal /ˈprɪnsəpl/ ◆ *adj* principal ◆ *s* diretor, -ora, reitor, -ora (*colégio, universidade*)

principle /ˈprɪnsəpl/ *s* princípio: *a woman of principle* uma mulher de princípios LOC **in principle** em princípio **on principle** por princípio

print /prɪnt/ ◆ *vt* **1** imprimir **2** (*Jornal*) publicar **3** escrever em letra de imprensa **4** (*tecido*) estampar PHR V **to print (sth) out** (*Informát*) imprimir (algo) ◆ *s* **1** (*tipografia*) letra **2** impressão **3** (*Arte*) gravura, estampa **4** (*Fot*) cópia **5** tecido estampado LOC **in print 1** (*livro*) à venda **2** publicado **out of print** fora do prelo *Ver tb* SMALL **printer** *s* **1** (*pessoa*) tipógrafo, -a **2** (*máquina*) impressora ☛ *Ver ilustração em* COMPUTADOR **3 the printers** [*pl*] (*oficina*) gráfica **printing** *s* **1** imprensa (*técnica*): *a printing error* um erro tipográfico **2** (*livros, etc.*) im-

551   **produce**

pressão **printout** *s* cópia impressa (*esp Informát*)

prior /ˈpraɪər/ ◆ *adj* anterior, prévio ◆ **prior to** *adv* **1 prior to doing sth** antes de fazer algo **2 prior to sth** anterior a algo **priority** *s* (*pl* -ies) ~ (**over sb/sth**) prioridade (sobre alguém/algo) LOC **to get your priorities right** saber estabelecer prioridades

prise (*tb* USA **prize**) /praɪz/ PHR V **to prise sth apart, off, open, etc.** (**with sth**) separar, tirar, abrir, etc. algo à força (com algo)

prison /ˈprɪzn/ *s* prisão: *prison camp* campo de detenção **prisoner** *s* **1** presidiário, -a, preso, -a **2** (*cativo*) prisioneiro, -a **3** detido, -a **4** (*em julgamento*) acusado, -a, réu, ré LOC *Ver* CAPTIVE

privacy /ˈpraɪvəsi; GB ˈprɪv-/ *s* privacidade

private /ˈpraɪvət/ ◆ *adj* **1** privado: *private eye* detetive particular **2** (*do indivíduo*) particular **3** (*pessoa*) reservado **4** (*lugar*) tranquilo ◆ *s* **1** (*Mil*) soldado raso **2 privates** [*pl*] (*coloq*) partes (íntimas) LOC **in private** em particular **privately** *adv* em particular **privatize, -ise** *vt* privatizar

privilege /ˈprɪvəlɪdʒ/ *s* **1** privilégio **2** (*Jur*) imunidade **privileged** *adj* **1** privilegiado **2** (*informação*) confidencial

privy /ˈprɪvi/ *adj* LOC **to be privy to sth** (*formal*) estar inteirado de algo

prize[1] /praɪz/ ◆ *s* prêmio ◆ *adj* **1** premiado **2** de primeira **3** (*irôn*) total: *a prize idiot* um completo idiota **prize** *vt* valorizar

prize[2] (*USA*) *Ver* PRISE

pro /prəʊ/ ◆ *s* LOC **the pros and (the) cons** os prós e os contras ◆ *adj, s* (*coloq*) profissional

probable /ˈprɒbəbl/ *adj* provável: *It seems probable that he'll arrive tomorrow.* É provável que ele chegue amanhã. **probability** /ˌprɒbəˈbɪləti/ *s* (*pl* -ies) probabilidade LOC **in all probability** com toda a probabilidade **probably** *adv* provavelmente

Em inglês costuma-se usar o advérbio nos casos em que se usaria *é provável que* em português: *They will probably go.* É provável que eles vão.

probation /prəˈbeɪʃn; GB prə-/ *s* **1** liberdade condicional **2** (*funcionário*)

em (estágio de) experiência: *a three-month probation period* um período de experiência de três meses

probe /prəʊb/ ◆ *s* sonda ◆ **1** *vt, vi* (*Med*) sondar **2** *vt, vi* explorar **3** *vt* ~ **sb about/on sth** interrogar alguém sobre algo **4** *vi* ~ (**into sth**) investigar (algo) **probing** *adj* (*pergunta*) inquisitivo

problem /ˈprɒbləm/ *s* problema LOC *Ver* TEETHE **problematic(al)** *adj* **1** problemático **2** (*discutível*) duvidoso

procedure /prəˈsiːdʒər/ *s* **1** procedimento **2** (*administração*) trâmite(s)

proceed /prəˈsiːd, prəʊ-/ *vi* **1** prosseguir **2** ~ **to sth/to do sth** passar a algo/a fazer algo **3** (*formal*) avançar, seguir **4** ~ (**with sth**) continuar, ir em frente (com algo) **proceedings** *s* [*pl*] **1** sessão **2** (*Jur*) processo **3** (*reunião*) ata

proceeds /ˈprəʊsiːdz/ *s* [*pl*] ~ (**of/from sth**) renda (de algo)

process /ˈprəʊses; GB ˈprəʊses-/ ◆ *s* técnica, processo LOC **in the process** ao fazer (algo) **to be in the process of (doing) sth** estar fazendo algo ◆ *vt* **1** (*alimento, matéria-prima*) tratar **2** (*requisição*) dar andamento a **3** (*Fot*) revelar *Ver tb* DEVELOP **4** (*Informát*) processar **processing** *s* **1** tratamento **2** (*Fot*) revelação **3** (*Informát*) processamento: *word processing* processamento de textos

procession /prəˈseʃn/ *s* desfile, procissão

processor /ˈprəʊsesər; GB ˈprəʊsesə(r)/ *s* processador *Ver* MICROPROCESSOR, FOOD PROCESSOR

proclaim /prəˈkleɪm/ *vt* proclamar **proclamation** *s* **1** pronunciamento **2** (*ato*) proclamação

prod /prɒd/ ◆ *vt, vi* (-dd-) ~ (**at**) **sb/sth** cutucar alguém/algo ◆ *s* **1** (*lit e fig*) empurrão **2** objeto pontudo

prodigious /prəˈdɪdʒəs/ *adj* prodigioso

prodigy /ˈprɒdədʒi/ *s* (*pl* -ies) prodígio

produce /prəˈdjuːs; GB -ˈdʒuːs/ ◆ *vt* **1** produzir ☞ *Comparar com* MANUFACTURE **2** (*cria*) dar **3** ~ **sth** (**from/out of sth**) sacar algo (de algo) **4** (*Teat*) pôr em cena **5** (*Cinema, TV*) produzir ◆ /ˈprɒdjuːs; GB -duːs/ *s* [*não contável*] produtos (agrícolas): *produce of France* produto da França ☞ *Ver nota em* PRODUCT **producer** *s* **1** (*Cinema, TV, etc.*) produtor, -ora ☞ *Comparar com*

u	ɔː	ɜː	ə	j	w	eɪ	əʊ
sit**u**ation	s**aw**	f**ur**	**a**go	**y**es	**w**oman	p**ay**	h**o**me

DIRECTOR, CONSUMER *em* CONSUME **2**
(*Teat*) diretor, -ora

product /ˈprɒdʌkt/ *s* produto

> **Product** é usado para referir-se a pro-
> dutos industrializados, enquanto **pro-
> duce** se aplica a produtos agrícolas.

production /prəˈdʌkʃn/ *s* produção:
production line linha de montagem

productive /prəˈdʌktɪv/ *adj* produtivo
productivity /ˌprɒdʌkˈtɪvəti, ˌprɑd-/ *s*
produtividade

profess /prəˈfes/ *vt* (*formal*) **1** ~ **to be
sth** pretender ser algo; declarar-se algo
2 ~ (**yourself**) **sth** declarar-se algo **3**
(*Relig*) professar **professed** *adj* **1** su-
posto **2** declarado

profession /prəˈfeʃn/ *s* profissão
☛ *Ver nota em* WORK[1] **professional** *adj*
profissional

professor /prəˈfesər/ *s* (*abrev* Prof) **1**
(*USA*) professor, -ora de ensino técnico
ou universitário **2** (*GB*) catedrático, -a

proficiency /prəˈfɪʃnsi/ *s* ~ (**in sth/
doing sth**) competência, proficiência
(em algo/para fazer algo) **proficient** *adj*
~ (**in/at sth/doing sth**) competente (em
algo/fazer algo): *She's very proficient
in/at swimming.* Ela é uma nadadora
muito competente.

profile /ˈprəʊfaɪl/ *s* perfil

profit /ˈprɒfɪt/ ◆ *s* **1** lucro, ganho: *to do
sth for profit* fazer algo com fins lucrati-
vos ◊ *to make a profit of $20* ter um
lucro de 20 dólares ◊ *to sell at a profit*
vender com lucro ◊ *profit-making* lucra-
tivo **2** (*fig*) vantagem, proveito ◆ PHR V
to profit from sth beneficiar-se de algo
profitable *adj* **1** rentável **2** proveitoso

profound /prəˈfaʊnd/ *adj* profundo
profoundly *adv* profundamente, extre-
mamente

profusely /prəˈfjuːsli/ *adv* profusa-
mente

profusion /prəˈfjuːʒn/ *s* profusão,
abundância LOC **in profusion** em abun-
dância

program (*GB* **programme**) /ˈprəʊ-
græm, -grəm/ ◆ *s* programa ☛ Em lin-
guagem de computação escreve-se
program inclusive na Grã-Bretanha. ◆
vt, vi (-mm-) programar **programmer**
(*tb* computer programmer) *s* progra-
mador, -ora **programming** *s* programa-
ção

progress /ˈprɒɡres; *GB* ˈprəʊɡ-/ ◆ *s*
[*não contável*] **1** progresso **2** (*movimen-
to*) avanço: *to make progress* avançar
LOC **in progress** em curso ◆ /prəˈɡres/
vi progredir, avançar

progressive /prəˈɡresɪv/ *adj* **1** pro-
gressivo **2** (*Pol*) progressista

prohibit /prəˈhɪbɪt; *GB* prə-/ *vt* (*for-
mal*) **1** ~ **sb/sth** (**from doing sth**) proi-
bir alguém/algo (de fazer algo) **2** ~ **sth**;
~ **sb** (**from doing sth**) impedir algo;
impedir alguém (de fazer algo) **prohib-
ition** *s* proibição

project /ˈprɒdʒekt/ ◆ *s* projeto ◆
/prəˈdʒekt/ **1** *vt* projetar **2** *vi* sobressair
projection *s* projeção **projector** *s* proje-
tor (*de cinema*): *overhead projector*
retroprojetor

prolific /prəˈlɪfɪk/ *adj* prolífico

prologue (*tb USA* prolog) /ˈprəʊlɔːɡ;
GB -lɒɡ/ *s* ~ (**to sth**) (*lit e fig*) prólogo
(de algo)

prolong /prəˈlɔːŋ; *GB* -ˈlɒŋ/ *vt* prolon-
gar, estender

prom /prɒm/ *s* **1** (*USA*) baile de estu-
dantes **2** (*GB*) *Ver* PROMENADE

promenade /ˌprɒməˈneɪd; *GB* -ˈnɑːd/
(*GB*, *coloq* prom) *s* passeio (à beira-
mar)

prominent /ˈprɒmɪnənt/ *adj* **1** proemi-
nente **2** importante

promiscuous /prəˈmɪskjuəs/ *adj* pro-
míscuo

promise /ˈprɒmɪs/ ◆ *s* **1** promessa **2** *to
show promise* ser promissor ◆ *vt, vi*
prometer **promising** *adj* promissor

promote /prəˈməʊt/ *vt* **1** promover, es-
timular **2** (*no trabalho*) promover **3**
(*Com*) fazer promoção de **promoter** *s*
patrocinador, -ora **promotion** *s* promo-
ção, desenvolvimento

prompt /prɒmpt/ ◆ *adj* **1** sem atraso **2**
(*serviço*) rápido **3** (*pessoa*) pontual ◆
adv pontualmente ◆ **1** *vt* ~ **sb to do sth**
incitar alguém a fazer algo **2** *vt* (*reação*)
provocar **3** *vt, vi* (*Teat*) servir de ponto
(a) **promptly** *adv* **1** com prontidão **2**
pontualmente **3** em seguida

prone /prəʊn/ *adj* ~ **to sth** propenso a
algo

pronoun /ˈprəʊnaʊn/ *s* pronome

pronounce /prəˈnaʊns/ *vt* **1** pronunci-
ar **2** declarar **pronounced** *adj* **1** (*sota-
que*) forte **2** (*melhora*) notável **3**
(*movimento*) acentuado

aɪ	aʊ	ɔɪ	ɪə	eə	ʊə	ʒ	h	ŋ
five	now	join	near	hair	pure	vision	how	sing

pronunciation /prəˌnʌnsiˈeɪʃn/ s pronúncia

proof /pruːf/ s **1** [não contável] prova(s) **2** comprovação

prop /prɑp/ ◆ s **1** (lit e fig) apoio **2** suporte ◆ vt (-pp-) ~ **sth (up) against sth** apoiar algo contra algo PHR V **to prop sth up 1** escorar algo **2** (fig) respaldar algo

propaganda /ˌprɑpəˈɡændə/ s (Pol) propaganda

propel /prəˈpel/ vt (-ll-) **1** impulsionar **2** (Mec) propulsar **propellant** adj, s propulsor

propeller /prəˈpelər/ s hélice

propensity /prəˈpensəti/ s (formal) ~ **(for/to sth)** propensão (a algo)

proper /ˈprɑpər/ adj **1** apropriado **2** adequado **3** de verdade **4** correto **5** conveniente **6** the city proper a cidade propriamente dita **properly** adv **1** bem **2** (comportar-se) direito **3** adequadamente

property /ˈprɑpərti/ s (pl -ies) **1** propriedade **2** [não contável] bens: personal property bens móveis

prophecy /ˈprɑfəsi/ s (pl -ies) profecia

prophesy /ˈprɑfəsaɪ/ (pret, pp -sied) **1** vt predizer **2** vi profetizar

prophet /ˈprɑfɪt/ s profeta

proportion /prəˈpɔːrʃn/ s proporção: sense of proportion senso de proporção LOC **out of (all) proportion 1** desproporcionadamente **2** desproporcional Ver tb THING **proportional** adj ~ **(to sth)** proporcional a algo; em proporção a algo

proposal /prəˈpoʊzl/ s **1** proposta **2** (tb proposal of marriage) pedido de casamento

propose /prəˈpoʊz/ **1** vt (sugestão) propor **2** vt ~ **to do sth/doing sth** propor-se a fazer algo **3** vi ~ **(to sb)** pedir a mão (de alguém)

proposition /ˌprɑpəˈzɪʃn/ s **1** proposição **2** proposta

proprietor /prəˈpraɪətər/ s proprietário, -a

prose /proʊz/ s prosa

prosecute /ˈprɑsɪkjuːt/ vt processar: prosecuting lawyer promotor público **prosecution** s **1** acusação, (instauração de) processo **2** (advogado) acusação **prosecutor** s promotor, -ora

prospect /ˈprɑspekt/ s **1** perspectiva **2** ~ **(of sth/doing sth)** expectativa(s), possibilidade(s) (de algo/fazer algo) **3** (antiquado) panorama, vista **prospective** /prəˈspektɪv/ adj **1** futuro **2** provável

prospectus /prəˈspektəs/ s prospecto (folheto promocional)

prosper /ˈprɑspər/ vi prosperar **prosperity** /prɑˈsperəti/ s prosperidade **prosperous** adj próspero

prostitute /ˈprɑstɪtuːt; GB -tjuːt/ s **1** prostituta **2** male prostitute prostituto **prostitution** s prostituição

prostrate /ˈprɑstreɪt/ adj **1** prostrado **2** ~ **(with sth)** abatido (por algo)

protagonist /prəˈtæɡənɪst/ s **1** protagonista **2** ~ **(of sth)** defensor, -ora (de algo)

protect /prəˈtekt/ vt ~ **sb/sth (against/ from sth)** proteger alguém/algo (contra/de algo) **protection** s **1** ~ **(for sth)** proteção (de/para algo) **2** ~ **(against sth)** proteção (contra algo)

protective /prəˈtektɪv/ adj protetor

protein /ˈproʊtiːn/ s proteína

protest /ˈproʊtest/ ◆ s protesto ◆ /prəˈtest/ **1** vi ~ **(about/at/against sth)** protestar (por/contra algo) **2** vt afirmar **protester** s manifestante Ver tb DEMONSTRATOR

Protestant /ˈprɑtɪstənt/ adj, s protestante

prototype /ˈproʊtətaɪp/ s protótipo

protrude /proʊˈtruːd; GB prə-/ vi ~ **(from sth)** sobressair (de algo): protruding teeth dentes salientes

proud /praʊd/ adj (-er, -est) **1** (aprov) ~ **(of sb/sth)** orgulhoso (de alguém/ algo) **2** (aprov) ~ **(to do sth/that...)** orgulhoso (de fazer algo/de que...) **3** (pej) soberbo **proudly** adv orgulhosamente

prove /pruːv/ (pp proven /ˈpruːvn/ GB proved), **1** vt ~ **sth (to sb)** provar, demonstrar algo (a alguém) **2** vt, vi ~ **(yourself) (to be) sth** revelar-se (como sendo) algo: The task proved (to be) very difficult. A tarefa acabou sendo mais difícil do que se esperava. LOC **to prove your point** provar que se tem razão

proven /ˈpruːvn/ ◆ adj comprovado ◆ (USA) pp de PROVE

proverb /ˈprɑvɜːrb/ s provérbio **proverbial** adj **1** proverbial **2** notório

provide /prəˈvaɪd/ vt ~ **sb (with sth)**; ~ **sth (for sb)** munir alguém (com algo);

tʃ	dʒ	v	θ	ð	s	z	ʃ
chin	**J**une	**v**an	**th**in	**th**en	**s**o	**z**oo	**sh**e

fornecer algo (a alguém) PHR V **to provide for sb** prover alguém (de algo) **to provide for sth 1** prevenir algo **2** precaver-se contra algo

provided /prə'vaɪdɪd/ (*tb* providing) *conj* ~ (**that...**) com a condição de que, contanto que

province /'prɒvɪns/ s **1** província **2 the provinces** [*pl*] o interior **3** alçada, campo de ação: *It's not my province.* Está fora da minha alçada. **provincial** /prə'vɪnʃl/ *adj* **1** provincial **2** (*pej*) do interior, provinciano

provision /prə'vɪʒn/ s **1** ~ **of sth** fornecimento, abastecimento de algo **2** *to make provision for sb* assegurar o futuro de alguém ◊ *to make provision against/for sth* precaver-se contra algo **3 provisions** [*pl*] mantimentos, provisões **4** (*Jur*) cláusula, estipulação

provisional /prə'vɪʒənl/ *adj* provisório

proviso /prə'vaɪzoʊ/ s (*pl* ~s) condição

provocation /ˌprɒvə'keɪʃn/ s provocação **provocative** /prə'vɒkətɪv/ *adj* provocador, provocante

provoke /prə'voʊk/ *vt* **1** (*pessoa*) provocar **2** ~ **sb into doing sth/to do sth** induzir, instigar alguém a fazer algo **3** ~ **sth** provocar, causar algo

prow /praʊ/ s proa

prowess /'praʊəs/ s **1** proeza **2** destreza

prowl /praʊl/ *vt, vi* ~ (**about/around**) (**sth**) rondar, andar à espreita (por algo)

proximity /prɒk'sɪməti/ s proximidade

proxy /'prɒksi/ s **1** procurador, -ora **2** procuração: *by proxy* por procuração

prude /pruːd/ s (*pej*) pudico, -a

prudent /'pruːdnt/ *adj* prudente

prune¹ /pruːn/ s ameixa seca

prune² /pruːn/ *vt* **1** podar **2** (*fig*) cortar **pruning** s poda

pry /praɪ/ (*pret, pp* pried /praɪd/) **1** *vi* **to pry** (**into sth**) intrometer-se (em algo); bisbilhotar **2** *vt* (*esp USA*) Ver PRISE

P.S. /ˌpiː 'es/ *abrev* **postscript** postscriptum

psalm /sɑːm/ s salmo

pseudonym /'suːdənɪm; *GB* 'sjuːdənɪm/ s pseudônimo

psyche /'saɪki/ s psique, psiquismo

psychiatry /saɪ'kaɪətri/ s psiquiatria **psychiatric** /ˌsaɪki'ætrɪk/ *adj* psiquiá-

trico **psychiatrist** /saɪ'kaɪətrɪst/ s psiquiatra

psychic /'saɪkɪk/ *adj* **1** (*tb* psychical) psíquico **2** (*pessoa*): *to be psychic* ser paranormal

psychoanalysis /ˌsaɪkoʊə'næləsɪs/ (*tb* analysis) s psicanálise

psychology /saɪ'kɒlədʒi/ s psicologia **psychological** /ˌsaɪkə'lɒdʒɪkl/ *adj* psicológico **psychologist** /saɪ'kɒlədʒɪst/ s psicólogo, -a

pub /pʌb/ s (*GB*) bar

puberty /'pjuːbərti/ s puberdade

pubic /'pjuːbɪk/ *adj* púbico: *pubic hair* pêlos púbicos

public /'pʌblɪk/ ◆ *adj* público: *public convenience* (*GB*) banheiro público ◊ *public house* (*GB*) bar ◆ s **1** público **2 the public** [*v sing ou pl*] o público LOC **in public** em público

publication /ˌpʌblɪ'keɪʃn/ s publicação

publicity /pʌb'lɪsəti/ s publicidade: *publicity campaign* campanha publicitária

publicize, -ise /'pʌblɪsaɪz/ *vt* **1** divulgar **2** promover

publicly /'pʌblɪkli/ *adv* publicamente

public school s **1** (*USA*) escola pública **2** (*GB*) escola particular ☛ *Ver nota em* ESCOLA

publish /'pʌblɪʃ/ *vt* **1** publicar **2** tornar público **publisher** s **1** editor, -ora **2** editora **publishing** s mundo editorial: *publishing house* editora

pudding /'pʊdɪŋ/ s **1** (*GB*) sobremesa ☛ *Ver nota em* NATAL **2** pudim **3** *black pudding* morcela

puddle /'pʌdl/ s poça

puff /pʌf/ ◆ s **1** sopro **2** (*fumo*) baforada **3** (*vapor*) jato **4** (*coloq*) (*cigarro*) tragada **5** (*coloq*) fôlego ◆ **1** *vi* arquejar **2** *vi* ~ (**away**) **at/on sth** (*cachimbo, etc.*) dar tragadas em algo **3** *vt* (*fumo*) lançar baforadas **4** *vt* (*cigarro, etc.*) tragar PHR V **to puff sb out** (*GB, coloq*) deixar alguém sem fôlego **to puff sth out** inflar algo **to puff up** inflar-se **puffed** (*tb* puffed out) *adj* (*coloq*) sem fôlego **puffy** *adj* (**-ier, -iest**) inchado (*esp rosto*)

pull /pʊl/ ◆ s **1** ~ (**at/on sth**) puxão (em algo) **2 the** ~ **of sth** a atração, o chamado de algo **3** *It was a hard pull.* Foi uma estirada e tanto. ◆ **1** *vt* dar um puxão em, puxar ☛ *Ver ilustração em* PUSH **2**

iː	i	ɪ	e	æ	ɑ	ʌ	ʊ	uː
see	happy	sit	ten	hat	cot	cup	put	too

vi ~ (**at/on sth**) estirar algo **3** *vt*: *to pull a muscle* estirar um músculo **4** *vt* (*gatilho*) puxar **5** *vt* (*rolha, revólver*) sacar **6** *vt* (*dente*) extrair LOC **to pull sb's leg** (*coloq*) brincar com alguém **to pull strings** (**for sb**) (*coloq*) mexer os pauzinhos (para alguém), usar pistolão (para alguém) **to pull your socks up** (*GB, coloq*) tomar jeito **to pull your weight** fazer a sua parte *Ver tb* FACE¹

PHR V **to pull sth apart** separar, romper algo

to pull sth down 1 puxar algo para baixo **2** (*edifício*) demolir algo

to pull into sth; pull in (**to sth**) **1** (*trem*) chegar (em algo) **2** (*carro*) encostar em algo

to pull sth off (*coloq*) ser bem-sucedido em algo

to pull out (**of sth**) **1** retirar-se (de algo) **2** (*veículo*) arrancar (de algo) **to pull sth out** arrancar algo **to pull sb/sth out** (**of sth**) retirar alguém/algo (de algo)

to pull over (*carro, etc.*) encostar, chegar para o lado

to pull yourself together controlar-se

to pull up (*veículo*) parar **to pull sth up 1** levantar algo **2** (*planta*) arrancar algo

pulley /ˈpʊli/ *s* (*pl* **-eys**) roldana

pullover /ˈpʊloʊvər/ *s* pulôver ☛ *Ver nota em* SWEATER

pulp /pʌlp/ *s* **1** polpa **2** (*de madeira*) pasta

pulpit /ˈpʊlpɪt/ *s* púlpito

pulsate /ˈpʌlseɪt; *GB* pʌlˈseɪt/ (*tb* **pulse**) *vi* palpitar, pulsar

pulse /pʌls/ *s* **1** (*Med*) pulso **2** ritmo **3** pulsação **4** [*ger pl*] grãos (*feijão, etc.*)

pumice /ˈpʌmɪs/ (*tb* **pumice stone**) *s* pedra-pomes

pummel /ˈpʌml/ *vt* (**-l-**, *GB* **-ll-**) esmurrar

pump /pʌmp/ ◆ *s* **1** bomba: *gasoline pump* bomba de gasolina **2** sapatilha ◆ **1** *vt* bombear **2** *vt* encher com bomba **3** *vi* (*coração*) bater **4** *vt* ~ **sb** (**for sth**) (*coloq*) sondar alguém; tirar informação de alguém PHR V **to pump sth up** encher algo

pumpkin /ˈpʌmpkɪn/ *s* abóbora

pun /pʌn/ *s* jogo de palavras

punch /pʌntʃ/ ◆ *s* **1** punção **2** (*para bilhetes*) furador **3** (*bebida*) ponche **4** soco ◆ *vt* **1** perfurar, picotar: *to punch*

a hole in sth fazer um buraco em algo **2** dar um soco em

punch-up /ˈpʌntʃ ʌp/ *s* (*GB, coloq*) briga

punctual /ˈpʌŋktʃuəl/ *adj* pontual ☛ *Ver nota em* PONTUAL **punctuality** /ˌpʌŋktʃuˈæləti/ *s* pontualidade

punctuate /ˈpʌŋktʃueɪt/ *vt* **1** (*Gram*) pontuar **2** ~ **sth** (**with sth**) interromper algo (com algo)

puncture /ˈpʌŋktʃər/ ◆ *s* furo ◆ **1** *vt, vi* furar **2** *vt* (*Med*) perfurar

pundit /ˈpʌndɪt/ *s* entendido, -a (*conhecedor*)

pungent /ˈpʌndʒənt/ *adj* **1** acre **2** pungente **3** (*fig*) mordaz

punish /ˈpʌnɪʃ/ *vt* castigar **punishment** *s* **1** castigo **2** (*fig*) paulada

punitive /ˈpjuːnətɪv/ *adj* (*formal*) **1** punitivo **2** pesado

punk /pʌŋk/ ◆ *s* **1** (*tb* **punk rock**) punk **2** (*pej, coloq, esp USA*) arruaceiro ◆ *adj* punk

punt /pʌnt/ *s* (*GB*) chalana

punter /ˈpʌntər/ *s* (*GB*) **1** apostador, -ora **2** (*coloq*) cliente, freguês, -esa

pup /pʌp/ *s* **1** *Ver* PUPPY **2** filhote

pupil /ˈpjuːpl/ *s* **1** aluno, -a **2** discípulo, -a **3** pupila (*de olho*)

puppet /ˈpʌpɪt/ *s* **1** (*lit*) marionete **2** (*fig*) fantoche

puppy /ˈpʌpi/ *s* (*pl* **-ies**) (*tb* **pup**) *s* cachorrinho, -a ☛ *Ver nota em* CÃO

purchase /ˈpɜːrtʃəs/ ◆ *s* (*formal*) compra, aquisição LOC *Ver* COMPULSORY ◆ *vt* (*formal*) comprar **purchaser** *s* (*formal*) comprador, -ora

pure /pjʊər/ *adj* (**purer, purest**) puro **purely** *adv* puramente, simplesmente

purée /ˈpjʊəreɪ; *GB* ˈpjʊəreɪ/ *s* purê

purge /pɜːrdʒ/ ◆ *vt* ~ **sb/sth** (**of/from sth**) expurgar alguém/algo (de algo) ◆ *s* **1** (*Pol*) expurgo **2** (*Med*) purgante

purify /ˈpjʊərɪfaɪ/ *vt* (*pret, pp* **-fied**) purificar

puritan /ˈpjʊərɪtən/ *adj, s* puritano, -a **puritanical** /ˌpjʊərɪˈtænɪkl/ *adj* (*pej*) puritano

purity /ˈpjʊərəti/ *s* pureza

purple /ˈpɜːrpl/ *adj, s* roxo

purport /pərˈpɔːrt/ *vt* (*formal*): *It purports to be…* Isso pretende ser…

purpose /ˈpɜːrpəs/ *s* **1** propósito, motivo: *purpose-built* construído com um

u	ɔː	ɜː	ə	j	w	eɪ	oʊ
sit**u**ation	s**aw**	f**ur**	**a**go	**y**es	**w**oman	p**ay**	h**o**me

fim específico **2** determinação: *to have a/no sense of purpose* ter/não ter um objetivo na vida LOC **for the purpose of** para efeito de **for this purpose** para este fim **on purpose** de propósito *Ver tb* INTENT **purposeful** *adj* decidido **purposely** *adv* intencionalmente

purr /pɜːr/ *vi* ronronar ☞ *Ver nota em* GATO

purse /pɜːrs/ ♦ *s* **1** (*GB* **handbag**) bolsa (*de mão*) **2** porta-moedas ☞ *Comparar com* WALLET ☞ *Ver ilustração em* MALA ♦ *vt*: *to purse your lips* franzir os lábios

pursue /pərˈsuː; *GB* -ˈsjuː/ *vt* (*formal*) **1** perseguir ☞ *A palavra mais comum é* **chase**. **2** (*atividade*) dedicar-se a **3** (*conversa*) continuar (com)

pursuit /pərˈsuːt; *GB* -ˈsjuːt/ *s* (*formal*) **1** ~ **of sth** busca de algo **2** [*ger pl*] atividade LOC **in pursuit of sth** em busca de algo **in pursuit (of sb/sth)** perseguindo (alguém/algo)

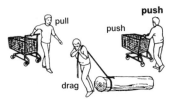

push
pull
push
drag

push /pʊʃ/ ♦ *s* empurrão LOC **to get the push/to give sb the push** (*GB*, *coloq*) ser despedido/despedir alguém ♦ *vt*, *vi* empurrar: *to push past sb* passar por alguém empurrando **2** *vt*, *vi* ~ **(on/against) sth** (*botão*) apertar algo **3** *vt* (*coloq*) (*idéia*) promover LOC **to be pushed for sth** (*coloq*) ter pouco de algo PHR V **to push ahead/forward/on (with sth)** prosseguir (com algo) **to push sb around** (*coloq*) ser mandão com alguém **to push in** furar fila **to push off** (*GB*, *coloq*) ir embora

pushchair /ˈpʊʃtʃeər/ *s* (*USA* **stroller**) carrinho de criança

push-up /ˈpʊʃ ʌp/ *s* (*GB* **press-up**) flexão

pushy /ˈpʊʃi/ *adj* (**-ier**, **-iest**) (*coloq*, *pej*) auto-afirmativo em excesso, entrão

put /pʊt/ *vt* (**-tt-**) (*pret*, *pp* **put**) **1** pôr, colocar, meter: *Did you put sugar in my tea?* Você pôs açúcar no meu chá? ◊ *to*

put sb out of work deixar alguém sem trabalho ◊ *Put them together.* Coloque-os juntos. **2** dizer, expressar **3** (*pergunta*, *sugestão*) fazer **4** (*tempo*, *esforço*) dedicar ☞ *Para expressões com* **put**, *ver os verbetes do substantivo, adjetivo, etc., p.ex.* **to put sth right** *em* RIGHT.

PHR V **to put sth across/over** comunicar algo **to put yourself across/over** expressar-se

to put sth aside 1 pôr, deixar algo de lado **2** (*dinheiro*) economizar, reservar algo

to put sth away guardar algo

to put sth back 1 recolocar algo em seu lugar, guardar algo **2** (*relógio*) atrasar algo **3** (*pospor*) adiar algo

to put sth by 1 (*dinheiro*) economizar algo **2** (*reservar*) guardar algo

to put sb down (*coloq*) humilhar, depreciar alguém **to put sth down 1** pôr algo (no chão, etc.) **2** largar, soltar algo **3** (*escrever*) anotar algo **4** (*rebelião*) sufocar, reprimir algo **5** (*animal*) sacrificar algo **to put sth down to sth** atribuir algo a algo

to put sth forward 1 (*proposta*) apresentar algo **2** (*sugestão*) fazer algo **3** (*relógio*) adiantar algo

to put sth into (doing) sth dedicar algo a (fazer) algo, investir algo para (fazer) algo

to put sb off 1 adiar/cancelar um encontro com alguém **2** perturbar, distrair alguém **to put sb off (sth/doing sth)** fazer alguém perder a vontade (de algo/fazer algo)

to put sth on 1 (*roupa*) vestir, pôr algo **2** (*luz, etc.*) acender algo **3** engordar: *to put on weight* engordar ◊ *to put on two kilograms* engordar dois quilos **4** (*obra teatral*) produzir, apresentar algo **5** fingir algo

to put sb out [*ger passiva*] aborrecer, ofender alguém **to put sth out 1** tirar algo **2** (*luz, fogo*) apagar algo **3** (*mão*) estender algo **to put yourself out (to do sth)** (*coloq*) dispor-se (a fazer algo)

to put sth through concluir algo (*plano, reforma, etc.*) **to put sb through sth** submeter alguém a algo **to put sb through (to sb)** pôr alguém em contato (com alguém) (*por telefone*)

to put sth to sb sugerir, propor algo a alguém

to put sth together preparar, montar

aɪ	aʊ	ɔɪ	ɪə	eə	ʊə	ʒ	h	ŋ
five	now	join	near	hair	pure	vision	how	sing

algo (*aparelho*)

to put sb up alojar alguém **to put sth up 1** (*mão*) levantar algo **2** (*edifício*) construir, levantar algo **3** (*cartaz, etc.*) pôr algo **4** (*preço*) aumentar algo **to put up with sb/sth** agüentar alguém/algo

putrid /ˈpjuːtrɪd/ *adj* **1** podre, putrefato **2** (*cor, etc.*) asqueroso

putter /ˈpʌtər/ PHR V **to putter about/ around** (**sth**) entreter-se fazendo uma coisa e outra

putty /ˈpʌti/ *s* massa de vidraceiro (*para janelas*)

puzzle /ˈpʌzl/ ◆ *s* **1** *jigsaw puzzle* quebra-cabeça ◊ *crossword puzzle* palavras cruzadas **2** mistério ◆ *vt* desconcertar PHR V **to puzzle sth out** resolver algo **to puzzle over sth** dar tratos à imaginação acerca de algo

pygmy /ˈpɪɡmi/ ◆ *s* pigmeu, -eia ◆ *adj* anão: *pygmy horse* cavalo anão

pyjamas (*GB*) *Ver* PAJAMAS

pylon /ˈpaɪlɑn; *GB* ˈpaɪlən/ *s* torre de transmissão elétrica

pyramid /ˈpɪrəmɪd/ *s* pirâmide

python /ˈpaɪθɑn; *GB* ˈpaɪθn/ *s* píton

Qq

Q, q /kjuː/ *s* (*pl* Q's, q's /kjuːz/) Q, q: *Q as in Queen* Que de quiabo ☞ *Ver exemplos em* A, A

quack /kwæk/ ◆ *s* **1** grasnido **2** (*coloq, pej*) charlatão, -ona ◆ *vi* grasnar

quadruple /kwɑˈdruːpl; *GB* ˈkwɒdrupl/ ◆ *adj* quádruplo ◆ *vt, vi* quadruplicar(-se)

quagmire /ˈkwæɡmaɪər, kwɑɡ-/ *s* (*lit e fig*) atoleiro

quail /kweɪl/ ◆ *s* (*pl* quail *ou* ~s) codorna ◆ *vi* ~ (**at sb/sth**) acovardar-se diante de alguém/algo

quaint /kweɪnt/ *adj* **1** (*idéia, costume, etc.*) curioso **2** (*lugar, edifício*) pitoresco

quake /kweɪk/ ◆ *vi* tremer ◆ *s* (*coloq*) terremoto

qualification /ˌkwɑlɪfɪˈkeɪʃn/ *s* **1** (*diploma, etc.*) título **2** requisito **3** modificação: *without qualification* sem restrição **4** qualificação

qualified /ˈkwɑlɪfaɪd/ *adj* **1** diplomado **2** qualificado, capacitado **3** (*êxito, etc.*) limitado

qualify /ˈkwɑlɪfaɪ/ (*pret, pp* **-fied**) **1** *vt* ~ **sb** (**for sth/to do sth**) capacitar alguém (a algo/fazer algo); dar direito a alguém (de algo/fazer algo) **2** *vi* ~ **for sth/to do sth** ter direito a algo/de fazer algo **3** *vt* (*declaração*) modificar **4** *vi* ~ (**as sth**) obter o título (de algo) **5** *vi* ~ (**as sth**): *He doesn't exactly qualify as our best writer.* Ele não é exatamente o nosso

melhor escritor. **6** *vi* ~ (**for sth**) preencher os requisitos (para algo) **7** *vi* ~ (**for sth**) (*Esporte*) classificar-se (para algo)

qualifying *adj* eliminatório

qualitative /ˈkwɑlɪteɪtɪv; *GB* -tət-/ *adj* qualitativo

quality /ˈkwɑləti/ *s* (*pl* **-ies**) **1** qualidade **2** classe **3** característica

qualm /kwɑlm/ *s* escrúpulo

quandary /ˈkwɑndəri/ *s* LOC **to be in a quandary 1** estar num dilema **2** estar em apuros

quantify /ˈkwɑntɪfaɪ/ *vt* (*pret, pp* **-fied**) quantificar

quantitative /ˈkwɑntɪteɪtɪv; *GB* -tət-/ *adj* quantitativo

quantity /ˈkwɑntəti/ *s* (*pl* **-ies**) quantidade

quarantine /ˈkwɔːrəntiːn; *GB* ˈkwɒr-/ *s* quarentena

quarrel /ˈkwɔːrəl; *GB* ˈkwɒrəl/ ◆ *s* **1** briga **2** queixa LOC *Ver* PICK ◆ *vi* (**-l-**, *GB* **-ll-**) ~ (**with sb**) (**about/over sth**) brigar (com alguém) (sobre/por algo)

quarrelsome *adj* briguento

quarry /ˈkwɔːri; *GB* ˈkwɒri/ *s* (*pl* **-ies**) **1** presa **2** pedreira

quart /kwɔːrt/ *s* (*abrev* qt) quarto de galão (= 0,95 litro) ☞ *Ver Apêndice 1.*

quarter /ˈkwɔːrtər/ *s* **1** quarto: *It's (a) quarter to/after one.* Faltam quinze para a uma./É uma e quinze. **2** um quarto: *a quarter full* cheio em um

tʃ	dʒ	v	θ	ð	s	z	ʃ
chin	**June**	**van**	**thin**	**then**	**so**	**zoo**	**she**

quarto **3** trimestre **4** bairro **5** (*USA*) vinte e cinco centavos **6 quarters** [*pl*] (*esp Mil*) alojamento LOC **in/from all quarters** em/de toda parte

quarter-final /ˌkwɔːrtər ˈfaɪnəl/ *s* quarta-de-final

quarterly /ˈkwɔːrtərli/ ◆ *adj* trimestral ◆ *adv* trimestralmente ◆ *s* revista trimestral

quartet /kwɔːrˈtet/ *s* quarteto

quartz /kwɔːrts/ *s* quartzo

quash /kwɑʃ/ *vt* **1** (*sentença*) anular **2** (*rebelião*) sufocar **3** (*boato, suspeita, etc.*) pôr fim a

quay /kiː/ (*tb* **quayside**) /ˈkiːsaɪd/ *s* cais

queen /kwiːn/ *s* **1** rainha **2** (*baralho*) dama ☞ *Ver nota em* BARALHO

queer /kwɪər/ ◆ *adj* esquisito LOC *Ver* FISH ◆ *s* (*calão, ofen*) efeminado ☞ *Comparar com* GAY

quell /kwel/ *vt* **1** (*revolta, etc.*) reprimir **2** (*medo, dúvidas, etc.*) dissipar

quench /kwentʃ/ *vt* **1** saciar (*sede*) **2** apagar, extinguir (*fogo, paixão*)

query /ˈkwɪəri/ ◆ *s* (*pl* -ies) (*pergunta*) dúvida: *Do you have any queries?* Você tem alguma dúvida? ◆ *vt* (*pret, pp* **queried**) perguntar, pôr em dúvida

quest /kwest/ *s* (*formal*) busca

question /ˈkwestʃən/ ◆ *s* **1** pergunta: *to ask/answer a question* fazer/responder a uma pergunta **2** ~ (**of sth**) questão (de algo) LOC **to be out of the question** estar fora de questão **to bring/call sth into question** pôr algo em dúvida *Ver tb* LOADED *em* LOAD ◆ *vt* **1** fazer perguntas a, interrogar **2** ~ **sth** duvidar de algo **questionable** *adj* questionável

questioning /ˈkwestʃənɪŋ/ ◆ *s* interrogatório ◆ *adj* inquisitivo

question mark *s* ponto de interrogação ☞ *Ver págs* 298–9.

questionnaire /ˌkwestʃəˈneər/ *s* questionário

queue /kjuː/ ◆ *s* (*GB*) (*USA* **line**) fila (*de pessoas, etc.*) LOC *Ver* JUMP ◆ *vi* ~ (**up**) (*GB*) (*USA* **line up**) fazer fila

quick /kwɪk/ ◆ *adj* (-er, -est) **1** rápido: *Be quick!* Seja rápido! ☞ *Ver nota em* FAST[1] **2** (*pessoa, mente, etc.*) rápido, agudo LOC **a quick temper** um temperamento irritadiço **quick march!** marcha acelerada! **to be quick to do sth** ser

rápido para fazer algo *Ver tb* BUCK[3] ◆ *adv* (-er, -est) rápido, rapidamente

quicken /ˈkwɪkən/ *vt, vi* **1** acelerar(-se) **2** (*ritmo, interesse*) avivar(-se)

quickly /ˈkwɪkli/ *adv* depressa, rapidamente

quid /kwɪd/ *s* (*pl* quid) (*coloq, GB*) libra: *It's five quid each.* São cinco libras cada um.

quiet /ˈkwaɪət/ ◆ *adj* (-er, -est) **1** (*lugar, vida*) tranqüilo **2** calado: *Be quiet!* Cale-se! **3** silencioso ◆ *s* **1** silêncio **2** tranqüilidade LOC **on the quiet** secretamente, em surdina *Ver tb* PEACE **quiet** (*esp GB* **quieten**) *vt* ~ (**sb/sth**) (**down**) (*esp GB*) acalmar (alguém/algo) PHR V **to quieten down** tranqüilizar-se, acalmar-se

quietly /ˈkwaɪətli/ *adv* **1** em silêncio **2** tranqüilamente **3** em voz baixa

quietness /ˈkwaɪətnəs/ *s* tranqüilidade, silêncio

quilt /kwɪlt/ *s* **1** (*tb* **patchwork quilt**) colcha de retalhos **2** (*GB*) (*USA* **comforter**) edredom

quintet /kwɪnˈtet/ *s* quinteto

quirk /kwɜːrk/ *s* **1** singularidade (de comportamento) **2** capricho **quirky** *adj* esquisito

quit /kwɪt/ (-tt-) (*pret, pp* **quit**) **1** *vt, vi* (*trabalho, etc.*) deixar **2** *vt* (*coloq*) ~ (**doing**) **sth** parar (de fazer) algo **3** *vi* ir embora

quite /kwaɪt/ *adv* **1** bastante: *He played quite well.* Ele jogou bastante bem. **2** (*GB*) totalmente, absolutamente: *quite empty/sure* absolutamente vazio/seguro ◊ *She played quite brilliantly.* Ela tocou de maneira absolutamente brilhante. ☞ *Ver nota em* FAIRLY LOC **quite a; quite some** (*aprov, esp USA*) um e tanto: *It gave me quite a shock.* Ele me deu um susto e tanto! **quite a few** um número considerável

quiver /ˈkwɪvər/ ◆ *vi* tremer, estremecer(-se) ◆ *s* tremor, estremecimento

quiz /kwɪz/ ◆ *s* (*pl* **quizzes**) competição, prova (*de conhecimento*) ◆ *vt* (-zz-) ~ **sb** (**about sb/sth**) interrogar alguém (sobre alguém/algo) **quizzical** *adj* inquisitivo

quorum /ˈkwɔːrəm/ *s* [*ger sing*] quórum

quota /ˈkwoʊtə/ *s* **1** quota **2** cota, parte

iː	i	ɪ	e	æ	ɑ	ʌ	ʊ	uː
see	happy	sit	ten	hat	cot	cup	put	too

quotation /kwoʊˈteɪʃn/ s **1** (tb quote) (de um livro, etc.) citação **2** (Fin) cotação **3** orçamento

quotation marks (tb quotes) s [pl] aspas ☞ Ver págs 298–9.

quote /kwoʊt/ ◆ **1** vt, vi citar **2** vt dar um orçamento **3** vt cotar ◆ s **1** Ver QUOTATION sentido 1 **2** Ver QUOTATION sentido 3 **3** quotes [pl] Ver QUOTATION MARKS

Rr

R, r /ɑr/ s (pl R's, r's /ɑrz/) R, r: R as in Robert R de Roberto ☞ Ver exemplos em A, A

rabbit /ˈræbɪt/ s coelho ☞ Ver nota em COELHO

rabid /ˈræbɪd/ adj raivoso

rabies /ˈreɪbiːz/ s [não contável] raiva (doença)

raccoon /ræˈkuːn/ s guaxinim

race¹ /reɪs/ s raça: race relations relações raciais

race² /reɪs/ ◆ s corrida LOC Ver RAT ◆ **1** vi (em corrida) correr **2** vi correr a toda velocidade **3** vi competir **4** vi (pulso, coração) bater muito rápido **5** vt ~ sb disputar uma corrida com alguém **6** vt (cavalo) fazer correr, apresentar em corrida

racecar /ˈreɪskɑr/ (GB racing car) s carro de corrida

racecourse /ˈreɪskɔːrs/ (USA tb racetrack) s hipódromo

racehorse /ˈreɪshɔːrs/ s cavalo de corrida

racetrack /ˈreɪstræk/ s **1** circuito (de automobilismo, etc.) **2** (GB racecourse) s hipódromo

racial /ˈreɪʃl/ adj racial

racing /ˈreɪsɪŋ/ s corrida: horse racing corridas de cavalos ◊ racing bike bicicleta de corrida

racism /ˈreɪsɪzəm/ s racismo racist adj, s racista

rack /ræk/ ◆ s **1** suporte **2** bagageiro Ver ROOF-RACK ◆ vt LOC to rack your brain(s) quebrar a cabeça

racket /ˈrækɪt/ s **1** (tb racquet) raquete **2** alvoroço **3** conto-do-vigário

racy /ˈreɪsi/ adj (racier, raciest) **1** (estilo) animado **2** (piada) picante

radar /ˈreɪdɑr/ s [não contável] radar

radiant /ˈreɪdiənt/ adj ~ (with sth) radiante (de algo): radiant with joy radiante de alegria radiance s esplendor

radiate /ˈreɪdieɪt/ vt, vi (luz, alegria) irradiar

radiation /ˌreɪdiˈeɪʃn/ s radiação: radiation sickness intoxicação radioativa

radiator /ˈreɪdieɪtər/ s radiador

radical /ˈrædɪkl/ adj, s radical

radio /ˈreɪdioʊ/ s (pl ~s) rádio: radio station estação de rádio

radioactive /ˌreɪdioʊˈæktɪv/ adj radioativo radioactivity /ˌreɪdioʊækˈtɪvəti/ s radioatividade

radish /ˈrædɪʃ/ s rabanete

radius /ˈreɪdiəs/ s (pl radii /-diaɪ/) raio

raffle /ˈræfl/ s rifa

raft /ræft; GB rɑːft/ s jangada: life raft bote salva-vidas

rafter /ˈræftər; GB ˈrɑːf-/ s viga (de telhado)

rag /ræg/ s **1** trapo **2** rags [pl] farrapos **3** (coloq, pej) jornaleco

rage /reɪdʒ/ ◆ s (ira) fúria: to fly into a rage enfurecer-se LOC to be all the rage estar na moda ◆ vi **1** esbravejar, enfurecer-se **2** (tempestade) estrondear **3** (batalha) seguir com ímpeto

ragged /ˈrægɪd/ adj **1** (roupa) esfarrapado **2** (pessoa) maltrapilho

raging /ˈreɪdʒɪŋ/ adj **1** (dor, sede) alucinante **2** (mar) revolto **3** (tempestade) violento

raid /reɪd/ ◆ s **1** ~ (on sth) ataque (contra algo) **2** ~ (on sth) (roubo) assalto (a algo) **3** (polícia) batida ◆ vt **1** (polícia) fazer uma batida em **2** (fig) saquear, assaltar raider s atacante, assaltante

rail /reɪl/ s **1** balaustrada **2** (cortinas) trilho **3** (Ferrovia) trilho **4** (Ferrovia):

u	ɔː	ɜː	ə	j	w	eɪ	oʊ
situation	saw	fur	ago	yes	woman	pay	home

rail strike greve de ferroviários ◊ *by rail* de trem

railing /'reɪlɪŋ/ (*tb* **railings**) *s* grade

railroad /'reɪlroʊd/ *s* (*GB* **railway**) estrada de ferro

railway /'reɪlweɪ/ (*GB*) (*USA* **railroad**) *s* **1** estrada de ferro: *railway station* estação ferroviária **2** (*tb* **railway line/track**) linha do trem

rain /reɪn/ ♦ *s* (*lit e fig*) chuva: *It's pouring with rain.* Chove a cântaros. ♦ *vi* (*lit e fig*) chover: *It's raining hard.* Está chovendo à beça.

rainbow /'reɪnboʊ/ *s* arco-íris

raincoat /'reɪnkoʊt/ *s* capa de chuva

rainfall /'reɪnfɔːl/ *s* [*não contável*] precipitação (atmosférica)

rainforest /'reɪnfɔːrɪst/ *s* floresta tropical

rainy /'reɪni/ *adj* (-ier, -iest) chuvoso

raise /reɪz/ ♦ *vt* **1** levantar **2** (*salários, preços*) aumentar **3** (*esperanças*) dar **4** (*nível*) elevar **5** (*alarme*) soar **6** (*assunto*) pôr em discussão **7** (*empréstimo*) obter **8** (*fundos*) angariar **9** (*filhos, animais*) criar ☞ *Comparar com* EDUCATE, TO BRING SB UP *em* BRING **10** (*exército*) recrutar LOC **to raise your eyebrows (at sth)** torcer o nariz (para algo) **to raise your glass (to sb)** brindar à saúde de (alguém) ♦ *s* (*GB* **rise**) aumento (*salarial*)

raisin /'reɪzn/ *s* passa *Ver tb* SULTANA

rake /reɪk/ ♦ *s* ancinho ♦ *vt, vi* revolver ou limpar (algo) com ancinho LOC **to rake it in** fazer uma grana preta PHR V **to rake sth up** (*coloq*) desenterrar (*passado, etc.*)

rally /'ræli/ ♦ (*pret, pp* **rallied**) **1** *vi* ~ **(around)** unir-se **2** *vt* ~ **sb (around sb)** congregar alguém (em volta de alguém) **3** *vi* recuperar-se ♦ *s* (*pl* -ies) **1** comício **2** (*tênis, etc.*) rebatida **3** (*carros*) rali

ram /ræm/ ♦ *s* carneiro ♦ (-mm-) **1** *vi* **to ram into sth** bater contra/em algo **2** *vt* (*porta, etc.*) empurrar com força **3** *vt* **to ram sth in, into, on, etc. sth** meter algo em algo à força

ramble /'ræmbl/ ♦ *vi* ~ **(on) (about sb/sth)** (*fig*) divagar (sobre alguém/algo) ♦ *s* excursão a pé **rambling** *adj* **1** labiríntico **2** (*Bot*) trepador **3** (*discurso*) desconexo

ramp /ræmp/ *s* **1** rampa **2** (*em estrada*) lombada

rampage /'ræmpeɪdʒ, ræm'peɪdʒ/ ♦ *vi* alvoroçar-se ♦ /'ræmpeɪdʒ/ *s* alvoroço, tumulto LOC **to be/go on the rampage** causar tumulto

rampant /'ræmpənt/ *adj* **1** desenfreado **2** (*plantas*) exuberante

ramshackle /'ræmʃækl/ *adj* desconjuntado, caindo aos pedaços

ran *pret de* RUN

ranch /ræntʃ; *GB* rɑːntʃ/ *s* fazenda, estância

rancid /'rænsɪd/ *adj* rançoso

random /'rændəm/ ♦ *adj* fortuito ♦ *s* LOC **at random** ao acaso

rang *pret de* RING²

range /reɪndʒ/ ♦ *s* **1** (*montanhas*) cadeia **2** gama **3** (*produtos*) linha **4** escala **5** (*visão, som*) extensão **6** (*armas*) alcance ♦ **1** *vi* ~ **from sth to sth** estender-se, ir de algo até algo **2** *vi* ~ **from sth to sth**; ~ **between sth and sth** (*cifra*) oscilar entre algo e algo **3** *vt* ordenar **4** *vi* ~ **(over/through sth)** vaguear (por algo)

rank /ræŋk/ ♦ *s* **1** categoria **2** (*Mil*) posto, graduação LOC **the rank and file** a massa (*pessoas*) ♦ **1** *vt* ~ **sb/sth (as sth)** classificar alguém/algo (como algo); considerar alguém/algo (algo) **2** *vi* figurar: *high-ranking* de alto escalão

ransack /'rænsæk/ *vt* **1** ~ **sth (for sth)** revistar algo (em busca de algo) **2** pilhar

ransom /'rænsəm/ *s* resgate LOC *Ver* HOLD

rap /ræp/ ♦ *s* **1** pancada seca **2** (*Mús*) rap ♦ *vt, vi* (-pp-) dar uma pancada seca (em)

rape /reɪp/ ♦ *vt* violentar, estuprar ☞ *Ver nota em* VIOLATE ♦ *s* estupro **rapist** *s* estuprador

rapid /'ræpɪd/ *adj* rápido **rapidity** /rə'pɪdəti/ *s* (*formal*) rapidez **rapidly** *adv* rapidamente

rapport /ræ'pɔːr/ *s* entrosamento

rapt /ræpt/ *adj* ~ **(in sth)** absorto (em algo)

rapture /'ræptʃər/ *s* êxtase **rapturous** *adj* entusiástico

rare¹ /reər/ *adj* (**rarer, rarest**) raro: *a rare opportunity* uma oportunidade rara **rarely** *adv* raramente ☞ *Ver nota em* ALWAYS **rarity** *s* (*pl* -ies) raridade

rare² /reər/ *adj* mal passado (*carne*)

aɪ	aʊ	ɪc	ɪə	eə	ʊə	ʒ	h	ŋ
five	now	join	near	hair	pure	vision	how	sing

rash¹ /ræʃ/ s erupção cutânea, irritação na pele

rash² /ræʃ/ adj (**rasher, rashest**) imprudente, precipitado: *In a rash moment I promised her…* Num momento impensado prometi a ela…

raspberry /ˈrɑːzberi; GB ˈrɑːzbəri/ s (pl -ies) framboesa

rat /ræt/ s rato LOC **the rat race** (coloq, pej) luta por um lugar ao sol

rate¹ /reɪt/ s **1** razão (proporção): *at a rate of 50 a/per week* numa proporção de cinqüenta por semana ◇ *the exchange rate/the rate of exchange* a taxa de câmbio **2** tarifa: *an hourly rate of pay* um pagamento por hora ◇ *interest rate* taxa de juros LOC **at any rate** de qualquer modo **at this/that rate** (coloq) desse jeito

rate² /reɪt/ **1** vt, vi avaliar, estimar: *highly rated* de prestígio **2** vt considerar

rather /ˈrɑːðər; GB ˈrɑːð-/ adv (esp GB) um tanto, bastante: *I rather suspect…* Acho…

Rather seguido de palavra com sentido positivo indica surpresa por parte do falante: *It was a rather nice present.* Foi um presente e tanto. É também utilizado quando queremos criticar algo: *This room looks rather untidy.* Este quarto está uma bela bagunça.

LOC **I'd, you'd, etc. rather … (than)**: *I'd rather walk than wait for the bus.* Prefiro ir a pé a esperar o ônibus. **or rather** ou melhor **rather than** prep em vez de

rating /ˈreɪtɪŋ/ s **1** índice: *a high/low popularity rating* um alto/baixo índice de popularidade **2** **the ratings** [pl] (TV) os índices de audiência

ratio /ˈreɪʃiəʊ/ s (pl ~s) proporção: *The ratio of boys to girls in this class is three to one.* Nesta turma a proporção é de três garotos para uma garota.

ration /ˈræʃn/ ♦ s ração ♦ vt **1** racionar **2** ~ **sb/sth (to sth)** restringir alguém/algo (a algo) **rationing** s racionamento

rational /ˈræʃnəl/ adj racional, razoável **rationality** /ˌræʃəˈnæləti/ s racionalidade **rationalization, -isation** s racionalização **rationalize, -ise** vt racionalizar

rattle /ˈrætl/ ♦ **1** vt chocalhar **2** vi fazer retinir PHR V **to rattle along, off, past,**

etc. mover-se fazendo muito barulho **to rattle sth off** falar em disparada ♦ s **1** (som) chocalhar **2** chocalho, guizo

rattlesnake /ˈrætlsneɪk/ s cascavel

ravage /ˈrævɪdʒ/ vt devastar

rave /reɪv/ vi **1** ~ **(at/against/about sb/ sth)** soltar os cachorros (em alguém/ algo) **2** ~ **(on) about sb/sth** (coloq) vibrar com alguém/algo

raven /ˈreɪvn/ s corvo

raw /rɔː/ adj **1** cru **2** bruto: *raw silk* seda bruta ◇ *raw material* matéria-prima **3** (ferida) em carne viva

ray /reɪ/ s raio: *X-rays* raios X

razor /ˈreɪzər/ s navalha (de barba)

razor blade s lâmina de barbear

reach /riːtʃ/ ♦ **1** vi ~ **for sth** estender a mão para pegar algo **2** vi ~ **out (to sb/ sth)** estender a mão (a alguém/algo) **3** vt alcançar **4** vt comunicar-se com **5** vt chegar a: *to reach an agreement* chegar a um acordo ♦ s LOC **beyond/out of/ within (sb's) reach** fora do alcance/ao alcance (de alguém) **within (easy) reach (of sb/sth)** próximo (de alguém/ algo)

react /riˈækt/ vi **1** ~ **(to sb/sth)** reagir (a alguém/algo) **2** ~ **(against sb/sth)** insurgir-se (contra alguém/algo) **reaction** s ~ **(to sb/sth)** reação (a alguém/ algo) **reactionary** adj reacionário

reactor /riˈæktər/ s **1** (tb **nuclear reactor**) reator nuclear **2** reator

read /riːd/ (pret, pp **read** /red/) **1** vt, vi ~ **(about/of sb/sth)** ler (sobre alguém/ algo) **2** vt ~ **sth (as sth)** interpretar algo (como algo) **3** vi (telegrama, etc.) dizer, rezar **4** vi (marcador, etc.) marcar PHR V **to read on** continuar a ler **to read sth into sth** atribuir algo a algo **to read sth out** ler algo em voz alta **readable** adj agradável de ler **reading** s leitura: *reading glasses* óculos (para ler)

reader /ˈriːdər/ s **1** leitor, -ora **2** (livro) edição simplificada **readership** s [não contável] (número de) leitores

ready /ˈredi/ adj (**-ier, -iest**) **1** ~ **(for sth/to do sth)** pronto, preparado (para algo/para fazer algo): *to get ready* preparar-se **2** ~ **(to do sth)** disposto (a fazer algo): *He's always ready to help his friends.* Ele está sempre disposto a ajudar seus amigos. **3** ~ **to do sth** prestes a fazer algo **4** disponível **readily**

tʃ	dʒ	v	θ	ð	s	z	ʃ
chin	**June**	**van**	**thin**	**then**	**so**	**zoo**	**she**

adv **1** prontamente **2** facilmente **readiness** *s* prontidão: *to do sth in readiness for sth* fazer algo em preparação a algo ◊ *her readiness to help* sua prontidão em ajudar

ready-made /ˈredi meɪd/ *adj* **1** (*roupa*, *etc.*) de confecção **2** (já) feito: *You can buy ready-made curtains.* Você pode comprar cortinas (já) feitas.

real /ˈriːəl/ *adj* **1** real, verdadeiro: *real life* a vida real **2** genuíno, autêntico: *That's not his real name.* Esse não é o nome dele de verdade. ◊ *The meal was a real disaster.* A comida foi um verdadeiro desastre.

real estate *s* (*USA*) bens imobiliários

real estate agent (*GB* **estate agent**) *s* corretor, -ora de imóveis

realism /ˈriːəlɪzəm/ *s* realismo **realist** *s* realista **realistic** /ˌriːəˈlɪstɪk/ *adj* realista

reality /riˈæləti/ *s* (*pl* -ies) realidade LOC **in reality** na realidade

realize, -ise /ˈriːəlaɪz/ *vt* **1** ~ **sth** dar-se conta de algo: *Not realizing that…* Sem dar-se conta de que… **2** (*plano, ambição*) realizar **realization, -isation** *s* compreensão

really /ˈriːəli, ˈriːli/ *adv* **1** de verdade: *I really mean that.* Estou falando sério. ◊ *Is it really true?* É verdade mesmo? **2** muito, realmente: *This is a really complex subject.* Esse é um assunto muito complexo. **3** (*expressa surpresa, interesse, dúvida, etc.*): *Really?* É mesmo?

realm /relm/ *s* (*fig*) terreno: *the realms of possibility* o terreno das possibilidades

reap /riːp/ *vt* ceifar

reappear /ˌriːəˈpɪər/ *vi* reaparecer **reappearance** *s* reaparição

rear[1] /rɪər/ **the rear** *s* [*sing*] (*formal*) a parte traseira: *a rear window* uma janela traseira LOC *Ver* BRING

rear[2] /rɪər/ **1** *vt* criar **2** *vi* ~ (**up**) (*cavalo*) empinar-se **3** *vt* erguer

rearrange /ˌriːəˈreɪndʒ/ *vt* **1** reorganizar **2** (*planos*) mudar

reason /ˈriːzn/ ◆ *s* **1** ~ (**for sth/doing sth**) razão, motivo (de/para algo/para fazer algo) **2** ~ (**why…/that…**) razão, motivo (pela/pelo qual…/que…) **3** razão, bom senso LOC **by reason of sth** (*formal*) em virtude de algo **in/within reason** dentro do possível **to make sb see reason** chamar alguém à razão *Ver tb* STAND ◆ *vi* raciocinar **reasonable** *adj* **1** razoável, sensato **2** tolerável, regular **reasonably** *adv* **1** suficientemente **2** de forma sensata **reasoning** *s* argumentação

reassure /ˌriːəˈʃʊər/ *vt* tranqüilizar, reconfortar **reassurance** *s* **1** reconforto, confiança **2** palavras reconfortantes **reassuring** *adj* reconfortante

rebate /ˈriːbeɪt/ *s* dedução, desconto

rebel /ˈrebl/ ◆ *s* rebelde ◆ /rɪˈbel/ *vi* (-ll-) rebelar-se **rebellion** /rɪˈbeljən/ *s* rebelião **rebellious** /rɪˈbeljəs/ *adj* rebelde

rebirth /ˌriːˈbɜːrθ/ *s* **1** renascimento **2** ressurgimento

rebound /rɪˈbaʊnd/ ◆ *vi* **1** ~ (**from/off sth**) ricochetear (em algo) **2** ~ (**on sb**) recair (sobre alguém) ◆ /ˈriːbaʊnd/ *s* ricochete LOC **on the rebound** de ricochete

rebuff /rɪˈbʌf/ ◆ *s* **1** esnobada **2** recusa ◆ *vt* **1** esnobar **2** rechaçar

rebuild /ˌriːˈbɪld/ *vt* (*pret, pp* **rebuilt** /ˌriːˈbɪlt/) reconstruir

rebuke /rɪˈbjuːk/ ◆ *vt* repreender ◆ *s* reprimenda

recall /rɪˈkɔːl/ *vt* **1** chamar de volta **2** (*livro*) cobrar o retorno **3** (*parlamento*) convocar **4** recordar *Ver tb* REMEMBER

recapture /ˌriːˈkæptʃər/ *vt* **1** recobrar, recapturar **2** (*fig*) reviver, recriar

recede /rɪˈsiːd/ *vi* **1** retroceder: *receding chin* queixo voltado para dentro ◊ *receding hair(line)* entradas **2** (*maré*) baixar

receipt /rɪˈsiːt/ *s* **1** ~ (**for sth**) (*formal*) recibo, recebimento (de algo): *to acknowledge receipt of sth* acusar o recebimento de algo ◊ *a receipt for your expenses* um recibo de suas despesas **2** **receipts** [*pl*] (*Com*) receitas

receive /rɪˈsiːv/ *vt* **1** receber, acolher **2** (*ferimento*) sofrer

receiver /rɪˈsiːvər/ *s* **1** (*Rádio, TV*) receptor **2** (*telefone*) fone: *to lift/pick up the receiver* levantar o fone **3** destinatário, -a

recent /ˈriːsnt/ *adj* recente: *in recent years* nos últimos anos **recently** *adv* **1** recentemente: *until recently* até pouco tempo atrás **2** (*tb* **recently-**) recém: *a recently-appointed director* um diretor recém-nomeado

i:	i	ɪ	e	æ	ɑ	ʌ	ʊ	u:
see	happy	sit	ten	hat	cot	cup	put	too

reception /rɪˈsepʃn/ s 1 recepção: *reception desk* (mesa de) recepção 2 acolhida **receptionist** s recepcionista

receptive /rɪˈseptɪv/ adj ~ (**to sth**) receptivo (a algo)

recess /ˈriːses; GB rɪˈses/ s 1 (*parlamento*) recesso 2 (*USA*) (*na escola*) recreio 3 (*nicho*) vão 4 [ger pl] esconderijo, recôndito

recession /rɪˈseʃn/ s recessão

recharge /ˌriːˈtʃɑːrdʒ/ vt recarregar

recipe /ˈresəpi/ s 1 ~ (**for sth**) (*Cozinha*) receita (de algo) 2 ~ **for sth** (*fig*) receita para/de algo

recipient /rɪˈsɪpiənt/ s destinatário, -a

reciprocal /rɪˈsɪprəkl/ adj recíproco

reciprocate /rɪˈsɪprəkeɪt/ vt, vi (*formal*) retribuir

recital /rɪˈsaɪtl/ s recital

recite /rɪˈsaɪt/ vt 1 recitar 2 enumerar

reckless /ˈrekləs/ adj 1 temerário 2 imprudente

reckon /ˈrekən/ vt 1 considerar 2 crer 3 calcular PHR V **to reckon on sb/sth** contar com alguém/algo **to reckon with sb/sth** contar com alguém, levar algo em conta: *There is still your father to reckon with.* Você ainda tem que se haver com seu pai. **reckoning** s [sing] 1 cálculo: *by my reckoning* segundo os meus cálculos 2 contas

reclaim /rɪˈkleɪm/ vt 1 recuperar 2 (*materiais, etc.*) reciclar **reclamation** s recuperação

recline /rɪˈklaɪn/ vt, vi reclinar(-se), recostar(-se) **reclining** adj reclinável (*assento*)

recognition /ˌrekəɡˈnɪʃn/ s reconhecimento: *in recognition of sth* em reconhecimento de algo ◊ *to have changed beyond recognition* estar irreconhecível

recognize, -ise /ˈrekəɡnaɪz/ vt reconhecer **recognizable, -isable** adj reconhecível

recoil /rɪˈkɔɪl/ vi 1 ~ (**at/from sb/sth**) recuar (de alguém/algo) 2 retroceder

recollect /ˌrekəˈlekt/ vt recordar, lembrar **recollection** s recordação, lembrança

recommend /ˌrekəˈmend/ vt recomendar

recompense /ˈrekəmpens/ ◆ vt (*formal*) ~ **sb** (**for sth**) recompensar alguém (por algo) ◆ s (*formal*) [sing] recompensa

reconcile /ˈrekənsaɪl/ vt 1 reconciliar 2 ~ **sth** (**with sth**) conciliar algo (com algo) 3 *to reconcile yourself to sth* resignar-se a algo **reconciliation** s [sing] 1 conciliação 2 reconciliação

reconnaissance /rɪˈkɑnɪsns/ s (*Mil*) reconhecimento

reconsider /ˌriːkənˈsɪdər/ 1 vt reconsiderar 2 vi reavaliar

reconstruct /ˌriːkənˈstrʌkt/ vt ~ **sth** (**from sth**) reconstruir algo (de algo)

record /ˈrekərd; GB ˈrekɔːd/ ◆ s 1 registro: *to make/keep a record of sth* anotar algo 2 antecedentes: *a criminal record* uma ficha na polícia 3 disco: *a record company* uma gravadora 4 recorde: *to beat/break a record* bater/quebrar um recorde LOC **to put/set the record straight** corrigir um equívoco ◆ /rɪˈkɔːd/ vt 1 registrar, anotar 2 ~ (**sth**) (**from sth**) (**on sth**) gravar (algo) (de algo) (em algo) 3 (*termômetro, etc.*) marcar

record-breaking /ˈrekərd breɪkɪŋ/ adj sem precedentes

recorder /rɪˈkɔːrdər/ s 1 flauta doce 2 *Ver* TAPE RECORDER, VIDEO

recording /rɪˈkɔːrdɪŋ/ s gravação

record player s toca-discos

recount /rɪˈkaʊnt/ vt ~ **sth** (**to sb**) relatar algo (a alguém)

recourse /rɪˈkɔːrs/ s recurso LOC **to have recourse to sb/sth** (*formal*) recorrer a alguém/algo

recover /rɪˈkʌvər/ 1 vt recuperar, recobrar: *to recover consciousness* recobrar os sentidos 2 vi ~ (**from sth**) recuperar-se, refazer-se (de algo)

recovery /rɪˈkʌvəri/ s 1 (pl -ies) recuperação, resgate 2 [sing] ~ (**from sth**) restabelecimento (de algo)

recreation /ˌrekriˈeɪʃn/ s 1 passatempo, recreação 2 recreio: *recreation ground* área de lazer

recruit /rɪˈkruːt/ ◆ s recruta ◆ vt ~ **sb** (**as/to sth**) recrutar alguém (como/para algo) **recruitment** s recrutamento

rectangle /ˈrektæŋɡl/ s retângulo

rector /ˈrektər/ s (GB) pároco *Ver tb* VICAR **rectory** s presbitério

recuperate /rɪˈkuːpəreɪt/ 1 vi (*formal*)

u	ɔː	ɜː	ə	j	w	eɪ	oʊ
sit**u**ation	s**aw**	f**ur**	**a**go	**y**es	**w**oman	p**ay**	h**o**me

~ **(from sth)** recuperar-se, restabelecer-se (de algo) **2** *vt* recuperar

recur /rɪˈkɜːr/ *vi* (-rr-) repetir-se, voltar a ocorrer

recycle /ˌriːˈsaɪkl/ *vt* reciclar **recyclable** *adj* reciclável **recycling** *s* reciclagem

red /red/ ◆ *adj* (**redder, reddest**) **1** vermelho: *a red dress* um vestido vermelho **2** (*rosto*) ruborizado **3** (*vinho*) tinto LOC **a red herring** uma pista falsa ◆ *s* vermelho **reddish** *adj* avermelhado

redeem /rɪˈdiːm/ *vt* **1** redimir: *to redeem yourself* redimir-se **2** compensar **3** ~ **sth (from sb/sth)** resgatar algo (de alguém/algo)

redemption /rɪˈdempʃn/ *s* (*formal*) **1** salvação **2** resgate

redevelopment /ˌriːdɪˈveləpmənt/ *s* reedificação, reurbanização

redo /ˌriːˈduː/ *vt* (*pret* **redid** /-ˈdɪd/ *pp* **redone** /-ˈdʌn/) refazer

red tape *s* papelada, burocracia

reduce /rɪˈdjuːs/ *GB* -ˈdjuːs/ **1** *vt* ~ **sth (from sth to sth)** reduzir, diminuir algo (de algo a algo) **2** *vt* ~ **sth (by sth)** diminuir, baixar algo (em algo) **3** *vi* reduzir-se **4** *vt* ~ **sb/sth (from sth) to sth**: *The house was reduced to ashes.* A casa ficou reduzida a cinzas. ◊ *to reduce sb to tears* levar alguém às lágrimas **reduced** *adj* reduzido

reduction /rɪˈdʌkʃn/ *s* **1** ~ **(in sth)** redução (de algo) **2** ~ **(of sth)** abatimento, desconto (em algo): *a reduction of 5%* um abatimento de 5%

redundancy /rɪˈdʌndənsi/ *s* (*pl* -ies) (*GB*) demissão (*por motivo de extinção de postos de trabalho*): *redundancy pay* indenização por demissão por motivo de extinção de postos de trabalho

redundant /rɪˈdʌndənt/ *adj* **1** (*GB*): *to be made redundant* ser demitido por motivo de extinção de postos de trabalho **2** supérfluo

reed /riːd/ *s* junco

reef /riːf/ *s* recife

reek /riːk/ *vi* (*pej*) ~ **(of sth)** (*lit e fig*) feder (a algo)

reel /riːl/ ◆ *s* **1** bobina, carretel **2** (*filme*) rolo ◆ *vi* **1** cambalear **2** (*cabeça*) rodar PHR V **to reel sth off** recitar algo (de uma tirada só)

re-enter /ˌriː ˈentər/ *vt* ~ **sth** entrar de novo, reingressar em algo **re-entry** *s* reingresso

refer /rɪˈfɜːr/ (-rr-) **1** *vi* ~ **to sb/sth** referir-se a alguém/algo **2** *vt, vi* recorrer

referee /ˌrefəˈriː/ ◆ *s* **1** (*Esporte*) árbitro, -a **2** mediador, -ora, árbitro, -a **3** (*GB*) (*para emprego*) referência (*pessoa*) ◆ *vt, vi* arbitrar

reference /ˈrefərəns/ *s* referência LOC **in/with reference to sb/sth** (*esp Com*) com referência a alguém/algo

referendum /ˌrefəˈrendəm/ *s* (*pl* ~s) referendum, plebiscito

refill /ˌriːˈfɪl/ ◆ *vt* reabastecer ◆ /ˈriːfɪl/ *s* refil, carga

refine /rɪˈfaɪn/ *vt* **1** refinar **2** (*modelo, técnica, etc.*) aprimorar **refinement** *s* **1** requinte, refinamento **2** (*Mec*) refinação **3** apuro **refinery** *s* (*pl* -ies) refinaria

reflect /rɪˈflekt/ **1** *vt* refletir **2** *vi* ~ **(on/upon sth)** refletir (sobre algo) LOC **to reflect on sb/sth**: *to reflect well/badly on sb/sth* ser favorável/desfavorável à imagem de alguém/algo **reflection** (*GB tb* **reflexion**) *s* **1** reflexo **2** (*ação, pensamento*) reflexão LOC **on reflection** pensando bem **to be a reflection on sb/sth** apontar a falha de alguém/algo

reflex /ˈriːfleks/ (*tb* **reflex action**) *s* reflexo

reform /rɪˈfɔːrm/ ◆ *vt, vi* reformar(-se) ◆ *s* reforma **reformation** *s* **1** reforma **2 the Reformation** a Reforma

refrain[1] /rɪˈfreɪn/ *s* (*formal*) refrão

refrain[2] /rɪˈfreɪn/ *vi* (*formal*) ~ **(from sth)** abster-se (de algo): *Please refrain from smoking in the hospital.* Por favor abstenha-se de fumar no hospital.

refresh /rɪˈfreʃ/ *vt* refrescar LOC **to refresh sb's memory (about sb/sth)** refrescar a memória de alguém (sobre alguém/algo) **refreshing** *adj* **1** refrescante **2** (*fig*) reconfortador

refreshments /rɪˈfreʃmənts/ *s* [*pl*] lanches: *Refreshments will be served after the concert.* Refrescos e lanches serão servidos depois do concerto.

Refreshment é usado no singular quando antecede outro substantivo: *There will be a refreshment stop.* Haverá uma parada para o lanche.

refrigerate /rɪˈfrɪdʒəreɪt/ *vt* refrigerar **refrigeration** *s* refrigeração

aɪ	aʊ	ɔɪ	ɪə	eə	ʊə	ʒ	h	ŋ
five	now	join	near	hair	pure	vision	how	sing

refrigerator /rɪˈfrɪdʒəreɪtər/ (*coloq* **fridge** /frɪdʒ/) *s* geladeira *Ver tb* FREEZER

refuge /ˈrefjuːdʒ/ *s* **1** ~ **(from sb/sth)** refúgio (de alguém/algo): *to take refuge* refugiar-se **2** (*Pol*) asilo ☛ *Comparar com* ASYLUM

refugee /ˌrefjuˈdʒiː/ *s* refugiado, -a

refund /rɪˈfʌnd/ ◆ *vt* reembolsar ◆ /ˈriːfʌnd/ *s* reembolso

refusal /rɪˈfjuːzl/ *s* **1** recusa, rejeição **2** ~ **(to do sth)** recusa (em fazer algo)

refuse¹ /rɪˈfjuːz/ **1** *vt* recusar, rejeitar: *to refuse an offer* recusar uma oferta ◊ *to refuse (sb) entry/entry (to sb)* proibir a entrada (de alguém) **2** *vi* ~ **(to do sth)** negar-se (a fazer algo)

refuse² /ˈrefjuːs/ *s* [*não contável*] refugo, lixo

regain /rɪˈɡeɪn/ *vt* recuperar: *to regain consciousness* recuperar os sentidos

regal /ˈriːɡl/ *adj* real, régio

regard /rɪˈɡɑːrd/ ◆ *vt* **1** ~ **sb/sth as sb/sth** considerar alguém/algo como algo **2** (*formal*) ~ **sb/sth (with sth)** olhar para alguém/algo (com algo) LOC **as regards sb/sth** no que se refere a alguém/algo ◆ *s* **1** ~ **to/for sb/sth** respeito a/por alguém/algo: *with no regard for/to speed limits* sem respeitar os limites de velocidade **2 regards** [*pl*] (*em correspondência*) cordialmente LOC **in this/ that regard** a este/esse respeito **in/with regard to sb/sth** com respeito a alguém/algo **regarding** *prep* com relação a **regardless** *adv* (*coloq*) apesar de tudo **regardless of** *prep* indiferente a, sem levar em conta

regime /reɪˈʒiːm/ *s* regime (*governo, regras, etc.*)

regiment /ˈredʒɪmənt/ *s* regimento **regimented** *adj* regrado

region /ˈriːdʒən/ *s* região LOC **in the region of sth** por volta de algo

register /ˈredʒɪstər/ ◆ *s* **1** registro **2** (*no colégio*) (lista de) chamada: *to call the register* fazer a chamada ◆ **1** *vt* ~ **sth (in sth)** registrar algo (em algo) **2** *vi* ~ **(at/for/with sth)** matricular-se, inscrever-se (em/para/com algo) **3** *vt* (*cifras, etc.*) registrar **4** *vt* (*surpresa, etc.*) indicar, demonstrar **5** *vt* (*correio*) registrar

registered mail *s* porte registrado: *to send sth by registered mail* mandar algo por porte registrado

registrar /ˈredʒɪstrɑr/ *s* **1** escrivão, -ã (*de registro civil, etc.*) **2** (*Educ*) secretário, -a (*encarregado de matrículas, exames, etc.*)

registration /ˌredʒɪˈstreɪʃn/ *s* **1** registro **2** inscrição

registration number (*GB*) (*USA* license plate number) *s* número da placa

registry office /ˈredʒɪstri ɒfɪs/ (*tb* register office) *s* (*GB*) cartório

regret /rɪˈɡret/ ◆ *s* **1** ~ **(at/about sth)** lástima (por algo) **2** ~ **(for sth)** arrependimento (por algo) ◆ *vt* (-tt-) **1** lamentar **2** arrepender-se de **regretfully** *adv* com pesar, pesarosamente **regrettable** *adj* lamentável

regular /ˈreɡjələr/ ◆ *adj* **1** regular: *to get regular exercise* fazer exercício regularmente **2** habitual LOC **on a regular basis** com regularidade ◆ *s* cliente habitual **regularity** /ˌreɡjuˈlærəti/ *s* regularidade **regularly** *adv* **1** regularmente **2** com regularidade

regulate /ˈreɡjuleɪt/ *vt* regular, regulamentar **regulation** *s* **1** regulamento **2** [*ger pl*] norma: *safety regulations* normas de segurança

rehabilitate /ˌriːəˈbɪlɪteɪt/ *vt* reabilitar **rehabilitation** *s* reabilitação

rehearse /rɪˈhɜːrs/ *vt, vi* ~ **(sb) (for sth)** ensaiar (alguém) (para algo) **rehearsal** *s* ensaio: *a dress rehearsal* um ensaio geral

reign /reɪn/ ◆ *s* reinado ◆ *vi* ~ **(over sb/sth)** reinar (sobre alguém/algo)

reimburse /ˌriːɪmˈbɜːrs/ *vt* **1** ~ **sth (to sb)** reembolsar algo (a alguém) **2** ~ **sb (for sth)** reembolsar alguém (por algo)

rein /reɪn/ *s* rédea

reindeer /ˈreɪndɪər/ *s* (*pl* **reindeer**) rena

reinforce /ˌriːɪnˈfɔːrs/ *vt* reforçar **reinforcement** *s* **1** consolidação, reforço **2 reinforcements** [*pl*] (*Mil*) reforços

reinstate /ˌriːɪnˈsteɪt/ *vt* (*formal*) ~ **sb/ sth (in/as sth)** reintegrar alguém/algo (em algo)

reject /rɪˈdʒekt/ ◆ *vt* rejeitar ◆ /ˈriːdʒekt/ *s* **1** enjeitado, -a, marginalizado, -a **2** artigo defeituoso **rejection** *s* rejeição

rejoice /rɪˈdʒɔɪs/ *vi* (*formal*) ~ **(at/in/ over sth)** alegrar-se, regozijar-se (com/ em algo)

tʃ	dʒ	v	θ	ð	s	z	ʃ
chin	**June**	**van**	**thin**	**then**	**so**	**zoo**	**she**

rejoin /ˌriːˈdʒɔɪn/ vt **1** reincorporar-se a **2** voltar a unir-se a

relapse /rɪˈlæps/ ◆ vi recair ◆ s recaída

relate /rɪˈleɪt/ **1** vt ~ sth (to sb) (*formal*) relatar algo (a alguém) **2** vt ~ sth to/with sth relacionar algo com algo **3** vi ~ to sb/sth estar relacionado com alguém/algo **4** vi ~ (to sb/sth) identificar-se (com alguém/algo) related adj **1** relacionado **2** ~ (to sb) aparentado (com alguém): *to be related by marriage* ser parente por afinidade

relation /rɪˈleɪʃn/ s **1** ~ (to sth/ between...) relação (com algo/entre ...) **2** parente, -a **3** parentesco: *What relation are you?* Qual é o seu parentesco? ◊ *Is he any relation (to you)?* Ele é parente seu? LOC in/with relation to (*formal*) em/com relação a *Ver tb* BEAR² relationship s **1** ~ (between A and B); ~ (of A to/with B) relação entre A e B **2** (relação de) parentesco **3** relação (*sentimental ou sexual*)

relative /ˈrelətɪv/ ◆ s parente, -a ◆ adj relativo

relax /rɪˈlæks/ **1** vt, vi relaxar(-se) **2** vt descontrair(-se) relaxation s **1** relaxamento **2** descontração **3** passatempo relaxing adj relaxante

relay /ˈriːleɪ/ ◆ s **1** turma (de trabalhadores), turno **2** (*tb* relay race) corrida de revezamento ◆ /ˈriːleɪ, rɪˈleɪ/ vt (*pret, pp* relayed) **1** transmitir **2** (*GB, TV, Rádio*) retransmitir

release /rɪˈliːs/ ◆ vt **1** libertar **2** pôr em liberdade **3** soltar: *to release your grip on sb/sth* soltar alguém/algo **4** (*notícia*) dar **5** (*disco*) lançar **6** (*filme*) estrear ◆ s **1** libertação **2** soltura **3** (*disco*) lançamento **4** (*filme*) entrada em cartaz: *The movie is on general release.* O filme entrou em cartaz em vários cinemas.

relegate /ˈrelɪɡeɪt/ vt **1** relegar **2** (*esp GB, Esporte*) rebaixar relegation s **1** afastamento **2** (*Esporte*) rebaixamento

relent /rɪˈlent/ vi ceder relentless adj **1** implacável **2** contínuo

relevant /ˈreləvənt/ adj pertinente, relevante relevance (*tb* relevancy) s relevância

reliable /rɪˈlaɪəbl/ adj **1** (*pessoa*) de confiança **2** (*dados*) confiável **3** (*fonte*) fidedigno **4** (*método, aparelho*) seguro

reliability /rɪˌlaɪəˈbɪləti/ s confiabilidade

reliance /rɪˈlaɪəns/ s ~ on sb/sth dependência de alguém/algo; confiança em alguém/algo

relic /ˈrelɪk/ s relíquia

relief /rɪˈliːf/ s **1** alívio: *much to my relief* para meu alívio **2** assistência, auxílio **3** (*pessoa*) substituto, -a **4** (*Arte, Geog*) relevo

relieve /rɪˈliːv/ **1** vt aliviar **2** v refl ~ yourself (*euf*) fazer suas necessidades **3** vt substituir PHR V to relieve sb of sth tirar algo de alguém

religion /rɪˈlɪdʒən/ s religião religious adj religioso

relinquish /rɪˈlɪŋkwɪʃ/ vt (*formal*) **1** renunciar a **2** abandonar ☞ A expressão mais comum é give sth up.

relish /ˈrelɪʃ/ ◆ s ~ (for sth) gosto (por algo) ◆ vt apreciar

reluctant /rɪˈlʌktənt/ adj ~ (to do sth) relutante (em fazer algo) reluctance s relutância reluctantly adv de má vontade, relutantemente

rely /rɪˈlaɪ/ v (*pret, pp* relied) PHR V to rely on/upon sb/sth depender de alguém/algo, confiar em alguém/algo, contar com alguém/algo (para fazer algo) to rely on/upon sb/sth (to do sth) contar com alguém/algo (para fazer algo)

remain /rɪˈmeɪn/ vi (*formal*) **1** ficar ☞ A palavra mais comum é stay. **2** (*continuar*) permanecer, continuar sendo remainder s [*sing*] restante, resto (*tb Mat*) remains s [*pl*] **1** restos **2** ruínas

remand /rɪˈmænd; GB -ˈmɑːnd/ ◆ vt: *to remand sb in custody/on bail* pôr alguém sob prisão preventiva/em liberdade sob fiança ◆ s custódia LOC on remand sob prisão preventiva

remark /rɪˈmɑːrk/ ◆ vt comentar, observar PHR V to remark on/upon sb/sth fazer um comentário sobre alguém/algo ◆ s comentário remarkable adj **1** extraordinário **2** ~ (for sth) notável (por algo)

remedial /rɪˈmiːdiəl/ adj **1** (*ação, medidas*) reparador, corretivo **2** (*aulas*) para crianças com dificuldade de aprendizado

remedy /ˈremədi/ ◆ s (*pl* -ies) remédio ◆ vt (*pret, pp* -died) remediar

remember /rɪˈmembər/ vt, vi lem-

i:	i	ɪ	e	æ	ɑ	ʌ	ʊ	uː
see	happy	sit	ten	hat	cot	cup	put	too

brar-se (de): *as far as I remember* pelo que me lembro ◊ *Remember that we have visitors tonight.* Lembre que temos visita hoje à noite. ◊ *Remember to call your mother.* Lembre-se de telefonar para a sua mãe.

Remember varia de significado dependendo de ser usado com infinitivo ou com uma forma em **-ing**. Quando é seguido de infinitivo, faz referência a uma ação que ainda não se realizou: *Remember to mail that letter.* Lembre-se de pôr essa carta no correio. Quando é seguido de uma forma em **-ing**, refere-se a uma ação que já ocorreu: *I remember mailing that letter.* Lembro que pus aquela carta no correio.

PHR V **to remember sb to sb** dar lembranças de alguém a alguém: *Remember me to Anna.* Dê lembranças minhas a Anna. ☞ *Comparar com* REMIND remembrance *s* comemoração, lembrança

remind /rɪˈmaɪnd/ *vt* ~ **sb (to do sth)** lembrar alguém (de fazer algo): *Remind me to call my mother.* Lembre-me de telefonar à minha mãe. ☞ *Comparar com "Remember to call your mother" em* REMEMBER PHR V **to remind sb of sb/sth** lembrar alguém de alguém/algo

A construção **to remind sb of sb/sth** é utilizada quando uma coisa ou pessoa fazem lembrar de algo ou de alguém: *Your brother reminds me of John.* O seu irmão me lembra o John. ◊ *That song reminds me of my first girlfriend.* Essa música me lembra a minha primeira namorada.

reminder *s* **1** lembrete **2** aviso

reminisce /ˌremɪˈnɪs/ *vi* ~ **(about sth)** relembrar (algo)

reminiscent /ˌremɪˈnɪsnt/ *adj* ~ **of sb/sth** evocativo de alguém/algo **reminiscence** *s* reminiscência, evocação

remnant /ˈremnənt/ *s* **1** resto **2** (*fig*) vestígio **2** retalho (*tecido*)

remorse /rɪˈmɔːrs/ *s* [*não contável*] ~ **(for sth)** remorso (por algo) **remorseless** *adj* **1** impiedoso **2** implacável

remote /rɪˈmoʊt/ *adj* (**-er, -est**) **1** (*lit e fig*) remoto, distante, afastado **2** (*pessoa*) distante **3** (*possibilidade*) remoto **remotely** *adv* remotamente: *I'm not remotely interested.* Não estou nem um pouco interessado.

remove /rɪˈmuːv/ *vt* **1** ~ **sth (from sth)** tirar algo (de algo): *to remove your coat* tirar o casaco ☞ É mais comum dizer **take off, take out**, etc. **2** (*fig*) eliminar **3** ~ **sb (from sth)** demitir, destituir alguém (de algo) **removable** *adj* removível **removal** *s* **1** eliminação **2** mudança

the Renaissance /ˈrenəsɑns; *GB* rɪˈneɪsns/ *s* o Renascimento

render /ˈrendər/ *vt* (*formal*) **1** (*serviço, etc.*) prestar **2** *She was rendered speechless.* Ela ficou perplexa. **3** (*Mús, Arte*) interpretar

rendezvous /ˈrɒndeɪvuː/ *s* (*pl* **rendezvous** /-z/) **1** encontro *Ver tb* APPOINTMENT *em* APPOINT **2** local de encontro

renegade /ˈrenɪɡeɪd/ *s* (*formal, pej*) renegado, -a, rebelde

renew /rɪˈnuː; *GB* -ˈnjuː/ *vt* **1** renovar **2** (*restabelecer*) retomar, reatar **3** reafirmar **renewable** *adj* renovável **renewal** *s* renovação

renounce /rɪˈnaʊns/ *vt* (*formal*) renunciar a: *He renounced his right to be king.* Ele renunciou ao seu direito ao trono.

renovate /ˈrenəveɪt/ *vt* restaurar

renowned /rɪˈnaʊnd/ *adj* ~ **(as/for sth)** famoso (como/por algo)

rent /rent/ ◆ *s* aluguel LOC **for rent** (*GB* **tb to let**) aluga(m)-se ☞ *Ver nota em* ALUGAR ◆ *vt* **1** ~ **sth (from sb)** alugar algo (de alguém): *I rent a garage from a neighbor.* Alugo a garagem de um vizinho. **2** ~ **sth (out) (to sb)** (*GB tb* **to let sth (to sb)**) alugar algo (a alguém): *We rented out the house to some students.* Alugamos a nossa casa a uns estudantes. **rental** *s* aluguel (*carros, eletrodomésticos, etc.*)

reorganize, -ise /ˌriˈɔːrɡənaɪz/ *vt, vi* reorganizar(-se)

rep /rep/ *s* (*coloq*) *Ver* REPRESENTATIVE

repaid *pret, pp de* REPAY

repair /rɪˈpeər/ ◆ *vt* **1** consertar *Ver tb* FIX, MEND **2** remediar ◆ *s* reparo: *It's beyond repair.* Não tem conserto. LOC **in a good state of/in good repair** em bom estado de conservação

repay /rɪˈpeɪ/ *vt* (*pret, pp* **repaid**) **1** (*dinheiro*) devolver **2** (*pessoa*) reembolsar

u	ɔː	ɜː	ə	j	w	eɪ	oʊ
sit**u**ation	s**aw**	f**ur**	**a**go	**y**es	**w**oman	p**ay**	h**ome**

repeat   568

3 (*empréstimo, dívida*) pagar 4 (*cortesia*) retribuir **repayment** s 1 reembolso, devolução 2 (*quantidade*) pagamento

repeat /rɪˈpiːt/ ◆ 1 *vt, vi* repetir(-se) 2 *vt* (*confidência*) contar ◆ *s* repetição **repeated** *adj* 1 repetido 2 reiterado **repeatedly** *adv* repetidamente, em repetidas ocasiões

repel /rɪˈpel/ *vt* (-ll-) 1 repelir 2 repugnar

repellent /rɪˈpelənt/ ◆ *adj* ~ (**to sb**) repelente (para alguém) ◆ *s*: *insect repellent* repelente

repent /rɪˈpent/ *vt, vi* ~ (**of**) **sth** arrepender-se de algo **repentance** s arrependimento

repercussion /ˌriːpəˈkʌʃn/ s [*ger pl*] repercussão

repertoire /ˈrepətwɑːr/ s repertório (*de um músico, ator, etc.*)

repertory /ˈrepətɔːri; *GB* -tri/ (*tb* **repertory company/theater** *ou coloq* **rep**) s (*pl* -**ies**) companhia de repertório

repetition /ˌrepəˈtɪʃn/ s repetição **repetitive** /rɪˈpetətɪv/ *adj* repetitivo

replace /rɪˈpleɪs/ *vt* 1 repor 2 substituir 3 (*algo quebrado*) trocar: *to replace a broken window* trocar o vidro quebrado de uma janela **replacement** s 1 substituição, troca 2 (*pessoa*) substituto, -a 3 (*peça*) reposição

replay /ˈriːpleɪ/ s 1 partida de desempate 2 (*TV*) repetição

reply /rɪˈplaɪ/ ◆ *vi* (*pret, pp* **replied**) responder, replicar *Ver tb* ANSWER ◆ *s* (*pl* -**ies**) resposta, réplica

report /rɪˈpɔːrt/ ◆ 1 *vt* ~ **sth** informar de/sobre algo; comunicar algo 2 *vt* (*crime, culpado*) denunciar 3 *vi* ~ (**on sth**) informar (acerca de/sobre algo) 4 *vi* ~ **to/for sth** (*trabalho, etc.*) apresentar-se em/para algo: *to report sick* faltar por motivo de doença 5 *vi* ~ **to sb** prestar contas a alguém ◆ *s* 1 informação 2 notícia 3 (*Jornal*) reportagem 4 boletim escolar 5 (*pistola*) detonação **reportedly** *adv* segundo consta **reporter** s repórter

represent /ˌreprɪˈzent/ *vt* 1 representar 2 descrever **representation** s representação

representative /ˌreprɪˈzentətɪv/ ◆ *adj* representativo ◆ *s* 1 representante 2 (*USA, Pol*) deputado, -a

repress /rɪˈpres/ *vt* 1 reprimir 2 conter **repression** s repressão

reprieve /rɪˈpriːv/ s 1 suspensão temporária de uma pena 2 (*fig*) trégua

reprimand /ˈreprɪmænd; *GB* -mɑːnd/ ◆ *vt* repreender ◆ *s* reprimenda

reprisal /rɪˈpraɪzl/ s represália

reproach /rɪˈprəʊtʃ/ ◆ *vt* ~ **sb** (**for/with sth**) repreender alguém (por algo) ◆ *s* repreensão LOC **above/beyond reproach** irrepreensível

reproduce /ˌriːprəˈduːs; *GB* -ˈdjuːs/ *vt, vi* reproduzir(-se) **reproduction** s reprodução **reproductive** *adj* reprodutivo

reptile /ˈreptl; *GB* -taɪl/ s réptil

republic /rɪˈpʌblɪk/ s república **republican** *adj* 1 republicano 2 **Republican** (*Pol*) Republicano

repugnant /rɪˈpʌɡnənt/ *adj* repugnante

repulsive /rɪˈpʌlsɪv/ *adj* repulsivo

reputable /ˈrepjətəbl/ *adj* 1 (*pessoa*) de boa reputação, respeitado 2 (*empresa*) conceituado

reputation /ˌrepjuˈteɪʃn/ s reputação, fama

repute /rɪˈpjuːt/ s (*formal*) reputação, fama **reputed** *adj* segundo consta: *He is reputed to be…* Ele é tido como…/ Dizem que é… **reputedly** *adv* segundo consta

request /rɪˈkwest/ ◆ *s* ~ (**for sth**) pedido, solicitação (de algo): *to make a request for sth* pedir algo ◆ *vt* ~ **sth** (**from/of sb**) solicitar algo (a/de alguém) ☞ A palavra mais comum é **ask**.

require /rɪˈkwaɪər/ *vt* 1 requerer 2 (*formal*) necessitar ☞ A palavra mais comum é **need**. 3 (*formal*) ~ **sb to do sth** exigir de alguém que faça algo **requirement** s 1 necessidade 2 requisito

rescue /ˈreskjuː/ ◆ *vt* resgatar, salvar ◆ *s* resgate, salvamento: *rescue operation/team* operação/equipe de resgate LOC **to come/go to sb's rescue** socorrer alguém **rescuer** s salvador, -ora

research /rɪˈsɜːrtʃ, ˈriːsɜːrtʃ/ ◆ *s* [*não contável*] ~ (**into/on sth**) pesquisa (sobre algo) ◆ *vt, vi* ~ (**into/on**) **sth** pesquisar (sobre) algo **researcher** s investigador, -ora, pesquisador, -ora

aɪ	aʊ	ɔɪ	ɪə	eə	ʊə	ʒ	h	ŋ
five	now	join	near	hair	pure	vision	how	sing

resemble /rɪ'zembl/ vt parecer(-se) com **resemblance** s semelhança LOC Ver BEAR²

resent /rɪ'zent/ vt ressentir(-se) de/ com **resentful** adj **1** (olhar, etc.) de ressentimento **2** ressentido **resentment** s ressentimento

reservation /ˌrezər'veɪʃn/ s **1** reserva **2** (dúvida) reserva: I have reservations on that subject. Tenho algumas reservas sobre esse assunto.

reserve /rɪ'zɜːrv/ ◆ vt **1** reservar **2** (direito) reservar-se ◆ s **1** reserva(s) **2** **reserves** [pl] (Mil) reservistas LOC **in reserve** de reserva **reserved** adj reservado

reservoir /'rezərvwar/ s **1** (lit) reservatório **2** (fig) acúmulo, grande quantidade

reshuffle /ˌriː'ʃʌfl/ s remanejamento (de governo)

reside /rɪ'zaɪd/ vi (formal) residir

residence /'rezɪdəns/ s (formal) **1** residência: residence hall residência de estudantes universitários **2** (ret) casa

resident /'rezɪdənt/ ◆ s **1** residente **2** (hotel) hóspede, -a ◆ adj residente: to be resident ser residente **residential** /ˌrezɪ'denʃl/ adj **1** residencial **2** (curso) com alojamento incluído

residue /'rezɪduː; GB -djuː/ s resíduo

resign /rɪ'zaɪn/ vt, vi demitir-se PHR V **to resign yourself to sth** resignar-se a algo **resignation** s **1** demissão **2** resignação

resilient /rɪ'zɪliənt/ adj **1** (material) elástico **2** (pessoa) resistente **resilience** s **1** elasticidade **2** resistência, capacidade de recuperação

resist /rɪ'zɪst/ **1** vt, vi resistir (a): I had to buy it, I couldn't resist it. Tive que comprar, não consegui resistir. **2** vt (pressão, reforma) opor-se a, opor resistência a

resistance /rɪ'zɪstəns/ s ~ (**to sb/sth**) resistência (a alguém/algo): He didn't put up/offer much resistance. Ele não demonstrou/ofereceu muita resistência. ◊ the body's resistance to diseases a resistência do organismo às doenças

resolute /'rezəluːt/ adj resoluto, decidido ☞ A palavra mais comum é **determined**. **resolutely** adv **1** com determinação **2** resolutamente

resolution /ˌrezə'luːʃn/ s **1** resolução **2**

propósito: New Year's resolutions resoluções de Ano Novo

resolve /rɪ'zɑlv/ (formal) **1** vi ~ **to do sth** resolver(-se) a fazer algo **2** vi decidir: The senate resolved that... O Senado decidiu que... **3** vt (disputa, crise) resolver

resort¹ /rɪ'zɔːrt/ ◆ PHR V **to resort to sth** recorrer a algo: to resort to violence recorrer à violência ◆ s LOC Ver LAST

resort² /rɪ'zɔːrt/ s: a coastal resort um centro turístico à beira-mar ◊ a ski resort uma estação de esqui

resounding /rɪ'zaʊndɪŋ/ adj ressoante: a resounding success um sucesso retumbante

resource /'riːsɔːrs/ s recurso **resourceful** adj de recursos, desembaraçado: She is very resourceful. Ela é muito desembaraçada.

respect /rɪ'spekt/ ◆ s **1** ~ (**for sb/sth**) respeito, consideração (por alguém/ algo) **2** sentido: in this respect neste sentido LOC **with respect to sth** (formal) com respeito a algo ◆ vt ~ **sb** (**as/ for sth**) respeitar alguém (como/por algo): I respect them for their honesty. Eu os respeito pela sua honestidade. ◊ He respected her as a detective. Ele a respeitava como detetive. **respectful** adj respeitoso

respectable /rɪ'spektəbl/ adj **1** respeitável, decente **2** considerável

respective /rɪ'spektɪv/ adj respectivo: They all got on with their respective jobs. Todos se dedicaram aos respectivos trabalhos.

respite /'respɪt/ s **1** pausa **2** trégua

respond /rɪ'spɑnd/ vi **1** ~ (**to sth**) reagir (a algo): The patient is responding to treatment. O paciente está reagindo ao tratamento. **2** responder: I wrote to them last week but they haven't responded. Escrevi a eles na semana passada, mas não responderam. ☞ Para dizer "responder", **answer** e **reply** são palavras mais comuns.

response /rɪ'spɑns/ s ~ (**to sb/sth**) resposta (a alguém/algo): In response to your inquiry... Em resposta à sua pergunta... **2** reação (a alguém/algo)

responsibility /rɪˌspɑnsə'bɪləti/ s (pl -ies) ~ (**for sth**); ~ (**to/for sb**) responsabilidade (por algo); responsabilidade (sobre/perante alguém): *to take full responsibility for sb/sth* assumir toda a responsabilidade por alguém/algo

responsible /rɪ'spɑnsəbl/ *adj* ~ (**for sth/doing sth**); ~ (**to sb/sth**) responsável (por algo/fazer algo); responsável (por/perante alguém/algo): *She's responsible for five patients.* Ela é responsável por cinco pacientes. ◊ *to act in a responsible way* agir de maneira responsável

responsive /rɪ'spɑnsɪv/ *adj* **1** receptivo: *a responsive audience* um público receptivo **2** sensível: *to be responsive (to sth)* ser sensível (a algo)

rest[1] /rest/ ◆ **1** *vt, vi* descansar **2** *vt, vi* ~ (**sth**) **on/against sth** apoiar algo, apoiar-se em/contra algo **3** *vi* (*formal*): *to let the matter rest* encerrar o assunto ◆ *s* descanso: *to have a rest* descansar ◊ *to get some rest* descansar **LOC at rest** em repouso **to come to rest** parar *Ver tb* MIND **restful** *adj* descansado, sossegado

rest[2] /rest/ *s* **the ~ (of sth)** **1** [*não contável*] resto (de algo) **2** [*pl*] os/as demais, os outros, as outras: *The rest of the players are going.* Os outros jogadores estão indo.

restaurant /'restrɑːnt; *GB* -trɒnt/ *s* restaurante

restless /'restləs/ *adj* **1** agitado **2** inquieto **3** *to have a restless night* ter/passar uma noite agitada

restoration /ˌrestə'reɪʃn/ *s* **1** devolução **2** restauração **3** restabelecimento

restore /rɪ'stɔːr/ *vt* **1** ~ **sth** (**to sb/sth**) (*formal*) restituir algo (a alguém/algo) **2** (*ordem, paz*) restabelecer **3** (*edifício, obra de arte*) restaurar

restrain /rɪ'streɪn/ **1** *vt* ~ **sb** conter alguém **2** *v refl* ~ **yourself** controlar-se **3** *vt* (*entusiasmo*) moderar, conter **restrained** *adj* moderado, comedido

restraint /rɪ'streɪnt/ *s* (*formal*) **1** compostura **2** limitação, restrição **3** comedimento

restrict /rɪ'strɪkt/ *vt* restringir **restricted** *adj* restrito: *to be restricted to sth* estar restrito a algo **restriction** *s* restrição **restrictive** *adj* restritivo

restroom /'restruːm/ *s* banheiro

result /rɪ'zʌlt/ ◆ *s* resultado: *As a result of...* Em resultado de... ◆ *vi* ~ (**from sth**) resultar, originar-se (de al-

go) **PHR V to result in sth** resultar em algo

resume /rɪ'zuːm; *GB* -'zjuːm/ (*formal*) **1** *vt, vi* reatar **2** *vt* recuperar, retomar **resumption** /rɪ'zʌmpʃn/ *s* [*sing*] (*formal*) reatamento, retomada

resumé /'rezəmeɪ/ (*GB* curriculum vitae *abrev* cv) *s* curriculum vitae

resurgence /rɪ'sɜːrdʒəns/ *s* (*formal*) ressurgimento

resurrect /ˌrezə'rekt/ *vt* ressuscitar: *to resurrect old traditions* reviver antigas tradições **resurrection** *s* ressurreição

resuscitate /rɪ'sʌsɪteɪt/ *vt* reanimar **resuscitation** *s* reanimação

retail /'riːteɪl/ ◆ *s* varejo: *retail price* preço de venda ao público ◆ *vt, vi* vender(-se) a varejo **retailer** *s* varejista

retain /rɪ'teɪn/ *vt* (*formal*) **1** ficar com **2** conservar **3** reter: *I find it difficult to retain so much new vocabulary.* Acho difícil reter na memória tanto vocabulário novo.

retaliate /rɪ'tælieɪt/ *vi* ~ (**against sb/sth**) vingar-se (de alguém/algo); retaliar (alguém/algo) **retaliation** *s* ~ (**against sb/sth/for sth**) represália (contra alguém/algo/por algo)

retarded /rɪ'tɑrdɪd/ *adj* retardado ☛ *Ver nota em* RETARDADO

retch /retʃ/ *vi* estar com ânsias de vômito

retention /rɪ'tenʃn/ *s* (*formal*) retenção

rethink /ˌriː'θɪŋk/ *vt* (*pret, pp* rethought /-'θɔːt/) reconsiderar

reticent /'retɪsnt/ *adj* reticente **reticence** *s* reticência

retire /rɪ'taɪər/ **1** *vt, vi* aposentar(-se) **2** *vi* (*formal, hum*) ir deitar-se **3** *vi* (*formal, Mil*) retirar-se **retired** *adj* aposentado **retiring** *adj* **1** retraído **2** que se aposenta

retirement /rɪ'taɪərmənt/ *s* aposentadoria, retiro

retort /rɪ'tɔːrt/ ◆ *s* réplica, contestação ◆ *vt* replicar

retrace /rɪ'treɪs/ *vt*: *to retrace your steps* refazer o mesmo caminho

retract /rɪ'trækt/ *vt, vi* (*formal*) **1** (*declaração*) retratar-se (de) **2** (*garra, unha, etc.*) retrair(-se) **3** recuar

retreat /rɪ'triːt/ ◆ *vi* bater em retirada, retirar-se ◆ *s* **1** retirada **2** the retreat

(*Mil*) toque de retirada **3** retiro **4** refúgio

retrial /ˌriːˈtraɪəl/ *s* novo julgamento

retribution /ˌretrɪˈbjuːʃn/ *s* (*formal*) **1** castigo merecido **2** vingança

retrieval /rɪˈtriːvl/ *s* (*formal*) recuperação

retrieve /rɪˈtriːv/ *vt* **1** (*formal*) recobrar **2** (*Informát*) acessar **3** (*cão de caça*) buscar (*a presa abatida*) **retriever** *s* perdigueiro

retrograde /ˈretrəgreɪd/ *adj* (*formal*) retrógrado

retrospect /ˈretrəspekt/ *s* LOC **in retrospect** em retrospectiva

retrospective /ˌretrəˈspektɪv/ ◆ *adj* **1** retrospectivo **2** retroativo ◆ *s* exposição retrospectiva

return /rɪˈtɜːrn/ ◆ **1** *vi* voltar, regressar **2** *vt* devolver **3** *vt* (*Pol*) eleger **4** *vt* (*formal*) declarar: *The jury returned a verdict of not guilty.* O júri proferiu um veredicto de inocência. **5** *vi* (*sintoma*) reaparecer ◆ *s* **1** volta, retorno: *on my return* na minha volta **2** ~ (**to sth**) retorno (a algo) **3** reaparecimento **4** devolução **5** declaração: (*income*) *tax return* declaração de renda **6** ~ (**on sth**) rendimento (de algo) **7** (*GB*) (*tb* **return ticket**) passagem de ida e volta ☞ *Comparar com* SINGLE **8** (*GB*) [*diante de substantivo*] de volta: *return journey* viagem de volta LOC **in return (for sth)** em troca (de algo)

returnable /rɪˈtɜːrnəbl/ *adj* **1** (*dinheiro*) reembolsável **2** (*vasilhame*) restituível

reunion /ˌriːˈjuːniən/ *s* reunião, reencontro

reunite /ˌriːjuːˈnaɪt/ *vt*, *vi* **1** reunir(-se), reencontrar(-se) **2** reconciliar(-se)

rev /rev/ ◆ *s* [*ger pl*] (*coloq*) rotação (*de motor*) ◆ *v* (-vv-) PHR V **to rev (sth) up** acelerar (algo)

revalue /ˌriːˈvæljuː/ *vt* **1** (*propriedade, etc.*) reavaliar **2** (*moeda*) revalorizar **revaluation** *s* reavaliação, revalorização

revamp /ˌriːˈvæmp/ *vt* (*coloq*) modernizar

reveal /rɪˈviːl/ *vt* **1** (*segredos, dados, etc.*) revelar **2** mostrar, expor **revealing** *adj* **1** revelador **2** (*roupa*) ousado

revel /ˈrevl/ *vi* (-l-, *GB* -ll-) PHR V **to revel in sth/doing sth** deleitar-se com algo/em fazer algo

revelation /ˌrevəˈleɪʃn/ *s* revelação

revenge /rɪˈvendʒ/ ◆ *s* vingança LOC **to take (your) revenge (on sb)** vingar-se (de alguém) ◆ *vt* LOC **to revenge yourself/be revenged (on sb)** vingar-se (de alguém)

revenue /ˈrevənuː; *GB* -ənjuː/ *s* receita: *a source of government revenue* uma fonte de rendimentos do governo

reverberate /rɪˈvɜːrbəreɪt/ *vi* **1** ecoar **2** (*fig*) ter repercussões **reverberation** *s* **1** reverberação **2** **reverberations** [*pl*] (*fig*) repercussões

revere /rɪˈvɪər/ *vt* (*formal*) venerar

reverence /ˈrevərəns/ *s* reverência (*veneração*)

reverend /ˈrevərənd/ (*tb* **the Reverend**) *adj* (*abrev* **Rev**) reverendo

reverent /ˈrevərənt/ *adj* reverente

reversal /rɪˈvɜːrsl/ *s* **1** (*opinião*) mudança **2** (*sorte, fortuna*) revés **3** (*Jur*) anulação **4** (*de papéis*) inversão

reverse /rɪˈvɜːrs/ ◆ *s* **1 the ~ (of sth)** o contrário (de algo): *quite the reverse* exatamente o oposto **2** reverso **3** (*papel*) verso **4** (*tb* **reverse gear**) marcha a ré ◆ **1** *vt* inverter **2** *vt, vi* pôr em/ir em marcha a ré **3** *vt* (*decisão*) anular LOC **to reverse (the) charges** (*USA* **to call collect**) telefonar a cobrar

revert /rɪˈvɜːrt/ *vi* **1** ~ **to sth** reverter a algo (*estado, assunto, etc. anterior*) **2** ~ (**to sb/sth**) (*propriedade, etc.*) reverter (a alguém/algo)

review /rɪˈvjuː/ ◆ *s* **1** exame, revisão **2** informe **3** (*Jornal*) crítica **4** (*Mil*) revista ◆ **1** *vt* reconsiderar **2** *vt* examinar **3** *vt* (*Jornal*) fazer uma crítica de **4** *vt* (*GB* **revise**) rever: *to review for a test* estudar para uma prova **5** *vt* (*Mil*) passar em revista **reviewer** *s* crítico, -a

revise /rɪˈvaɪz/ **1** *vt* rever **2** *vt* corrigir **3** *vt, vi* (*GB*) (*USA* **review**) revisar (*para exame*)

revision /rɪˈvɪʒn/ *s* **1** revisão **2** correção **3** (*GB*) estudo: *to do some revision* estudar

revival /rɪˈvaɪvl/ *s* **1** renascimento **2** (*moda*) ressurgimento **3** (*Teat*) reapresentação

revive /rɪˈvaɪv/ **1** *vt, vi* (*doente*) reanimar(-se) **2** *vt* (*lembranças*) reavivar **3** *vt, vi* (*economia*) reativar **4** *vt* (*Teat*) reapresentar

revoke /rɪˈvoʊk/ *vt* (*formal*) revogar

u	ɔː	ɜː	ə	j	w	eɪ	oʊ
situation	saw	fur	ago	yes	woman	pay	home

revolt /rɪ'vəʊlt/ ◆ **1** *vi* ~ **(against sb/sth)** revoltar-se, rebelar-se (contra alguém/algo) **2** *vt* repugnar a, dar nojo a: *The smell revolted him.* O cheiro lhe dava nojo. ◆ *s* ~ **(over sth)** revolta, rebelião (por algo)

revolting /rɪ'vəʊltɪŋ/ *adj* repugnante

revolution /ˌrevə'luːʃn/ *s* revolução

revolutionary *adj, s* (*pl* -ies) revolucionário, -a

revolve /rɪ'vɒlv/ *vt, vi* (fazer) girar PHR V **to revolve around sb/sth** girar ao redor de alguém/algo

revolver /rɪ'vɒlvər/ *s* revólver

revulsion /rɪ'vʌlʃn/ *s* repugnância

reward /rɪ'wɔːrd/ ◆ *s* recompensa, prêmio ◆ *vt* recompensar **rewarding** *adj* gratificante

rewrite /ˌriː'raɪt/ *vt* (*pret* **rewrote** /-'rəʊt/ *pp* **rewritten** /-'rɪtn/) reescrever

rhetoric /'retərɪk/ *s* retórica

rhinoceros /raɪ'nɑsərəs/ *s* (*pl* **rhinoceros** *ou* ~es) rinoceronte

rhubarb /'ruːbɑrb/ *s* ruibarbo

rhyme /raɪm/ ◆ *s* **1** rima **2** (*poema*) verso *Ver* NURSERY ◆ *vt, vi* rimar

rhythm /'rɪðəm/ *s* ritmo

rib /rɪb/ *s* (*Anat*) costela: *ribcage* caixa torácica

ribbon /'rɪbən/ *s* fita LOC **to tear, cut, etc. sth to ribbons** cortar algo em tiras

rice /raɪs/ *s* arroz: *rice field* arrozal ◊ *brown rice* arroz integral ◊ *rice pudding* arroz-doce

rich /rɪtʃ/ *adj* (-er, -est) **1** rico: *to become/get rich* enriquecer ◊ *to be rich in sth* ser rico em algo **2** (*luxuoso*) suntuoso **3** (*terra*) fértil **4** (*pej*) (*comida*) pesado, enjoativo **the rich** *s* [*pl*] os ricos **riches** *s* riqueza(s) **richly** *adv* LOC **to richly deserve sth** merecer muito algo

rickety /'rɪkəti/ *adj* (*coloq*) **1** (*estrutura*) desconjuntado **2** (*móvel*) bambo

rid /rɪd/ *vt* (-dd-) (*pret, pp* **rid**) **to rid sb/ sth of sb/sth** livrar alguém/algo de alguém/algo; eliminar algo de algo LOC **to be/get rid of sb/sth** livrar-se de alguém/algo

ridden /'rɪdn/ *pp de* RIDE ◆ *adj* ~ **with/ by sth** aflito, atormentado por algo

riddle¹ /'rɪdl/ *s* **1** charada, adivinhação **2** mistério, enigma

riddle² /'rɪdl/ *vt* **1** crivar (*de balas*) **2**

(*pej, fig*): *to be riddled with sth* estar cheio de algo

ride /raɪd/ ◆ (*pret* **rode** /rəʊd/ *pp* **ridden** /'rɪdn/) **1** *vt* (*cavalo*) montar a **2** *vt* (*bicicleta, etc.*) andar de **3** *vi* andar a cavalo **4** *vi* (*veículo*) viajar de, ir de ◆ *s* **1** (*a cavalo*) passeio **2** (*de veículo*) volta: *to go for a ride* dar uma volta **3** (*GB* lift) carona: *to give sb a ride* dar uma carona a alguém ◊ *She offered me a ride to the station.* Ela me ofereceu uma carona até a estação. LOC **to take sb for a ride** (*coloq*) dar gato por lebre a alguém **rider** *s* **1** cavaleiro, amazona **2** ciclista **3** motociclista

ridge /rɪdʒ/ *s* **1** (*montanha*) cume **2** (*telhado*) cumeeira

ridicule /'rɪdɪkjuːl/ ◆ *s* ridículo ◆ *vt* ridicularizar **ridiculous** /rɪ'dɪkjələs/ *adj* ridículo, absurdo

riding /'raɪdɪŋ/ *s* equitação: *I like riding.* Gosto de andar a cavalo.

rife /raɪf/ *adj* (*formal*): *to be rife* (*with sth*) estar cheio (de algo)

rifle /'raɪfl/ *s* fuzil, espingarda

rift /rɪft/ *s* **1** (*Geog*) fenda **2** (*fig*) divisão

rig /rɪg/ ◆ *vt* (-gg-) manipular PHR V **to rig sth up** armar algo, improvisar algo ◆ *s* **1** (*tb* **rigging**) aparelho (*de navio*), enxárcia **2** apetrechos

right /raɪt/ ◆ *adj* **1** correto, certo: *You are absolutely right.* Você está absolutamente certo. ◊ *Are these figures right?* Estes números estão corretos? **2** adequado, correto: *Is this the right color for the curtains?* Esta é a cor adequada para as cortinas? ◊ *to be on the right track* estar no caminho certo **3** (*momento*) oportuno: *It wasn't the right time to say that.* Não era o momento oportuno para dizer aquilo. **4** (*pé, mão*) direito **5** justo: *It's not right to pay people so badly.* Não é justo pagar tão mal às pessoas. ◊ *He was right to do that.* Ele agiu certo ao fazer isso. **6** (*GB, coloq*) completo: *a right fool* um perfeito idiota *Ver tb* ALL RIGHT LOC **to get sth right** acertar, fazer algo bem **to get sth right/ straight** entender algo direito **to put/ set sb/sth right** corrigir alguém/algo, consertar algo *Ver tb* CUE, SIDE ◆ *adv* **1** bem, corretamente, direito: *Have I spelled your name right?* Escrevi direito o seu nome? **2** exatamente: *right beside you* exatamente ao seu lado **3** completamente: *right to the end* até o final **4** à direita: *to turn right* virar à direita **5** imediatamente: *I'll be right back.* Volto num instante. LOC **right away** imediatamente **right now** agora mesmo *Ver tb* SERVE ◆ *s* **1** certo: *right and wrong* o certo e o errado **2** ~ (**to sth/to do sth**) direito (a algo/de fazer algo): *human rights* direitos humanos **3** (*tb Pol*) direita: *on the right* à direita LOC **by rights 1** de direito **2** em teoria **in your own right** por direito próprio **to be in the right** ter razão ◆ *vt* **1** endireitar(-se) **2** corrigir(-se)

right angle *s* ângulo reto

righteous /ˈraɪtʃəs/ *adj* **1** (*formal*) (*pessoa*) justo, honrado **2** (*indignação*) justificado

rightful /ˈraɪtfl/ *adj* [*só antes de substantivo*] legítimo: *the rightful heir* o herdeiro legítimo

right-hand /ˈraɪt hænd/ *adj*: *on the right-hand side* do lado direito LOC **right-hand man** braço direito **right-handed** *adj* destro

rightly /ˈraɪtli/ *adv* corretamente, justificadamente: *rightly or wrongly* pelo certo ou pelo errado

right wing ◆ *s* direita ◆ *adj* de direita, direitista

rigid /ˈrɪdʒɪd/ *adj* **1** rígido **2** (*atitude*) inflexível

rigor (*GB* **rigour**) /ˈrɪgər/ *s* (*formal*) rigor **rigorous** *adj* rigoroso

rim /rɪm/ *s* **1** borda ☛ *Ver ilustração em* MUG **2** (*óculos, roda, etc.*) aro

rind /raɪnd/ *s* **1** casca (*de queijo, limão*) ☛ *Ver nota em* PEEL **2** pele (*de bacon*)

ring¹ /rɪŋ/ ◆ *s* **1** anel: *ring road* (*GB*) estrada periférica **2** aro **3** círculo **4** (*tb* **circus ring**) picadeiro (*de circo*) **5** (*tb* **boxing ring**) ringue **6** (*tb* **bullring**) arena ◆ *vt* (*pret, pp* **-ed**) **1** ~ **sb/sth** (**with sth**) rodear alguém/algo (*de algo*) **2** (*esp algo*) pôr anel em

ring² /rɪŋ/ ◆ (*pret* **rang** /ræŋ/ *pp* **rung** /rʌŋ/) **1** *vi* soar **2** *vt* (*campainha*) tocar **3** *vi* ~ (**for sb/sth**) chamar (alguém/ algo) **4** *vi* (*ouvidos*) zumbir **5** *vt, vi* (*GB*) ~ (**sb/sth**) (**up**) telefonar (para alguém/algo) PHR V **to ring** (**sb**) **back** (*GB*) ligar de volta (para alguém) **to ring off** (*GB*) desligar ◆ *s* **1** (*campainha*) toque **2** (*sino*) badalada **3** [*sing*]

ressonância **4** (*GB, coloq*): *to give sb a ring* dar uma ligada para alguém

ringleader /ˈrɪŋˌliːdər/ *s* (*pej*) cabeça (*de uma gangue*)

rink /rɪŋk/ *s* pista (*de patinação*) *Ver* ICE RINK

rinse /rɪns/ ◆ *vt* ~ **sth** (**out**) enxaguar algo ◆ *s* **1** enxaguada **2** rinsagem

riot /ˈraɪət/ ◆ *s* distúrbio, motim LOC *Ver* RUN ◆ *vi* causar distúrbios, amotinar-se **rioting** *s* desordem **riotous** *adj* **1** (*festa*) desenfreado, tumultuado **2** (*formal, Jur*) desordeiro

rip /rɪp/ ◆ *vt, vi* (**-pp-**) rasgar(-se): *to rip sth open* abrir algo rasgando PHR V **to rip sb off** (*coloq*) roubar alguém **to rip sth off/out** arrancar algo **to rip sth up** rasgar algo ◆ *s* rasgão

ripe /raɪp/ *adj* (**riper, ripest**) **1** (*fruta, queijo*) maduro **2** ~ (**for sth**) pronto (para algo): *The time is ripe for his return.* Está na hora de ele voltar. **ripen** *vt, vi* amadurecer

rip-off /ˈrɪp ɔːf/ *s* (*coloq*) trapaça, roubo

ripple /ˈrɪpl/ ◆ *s* **1** ondulação, encrespamento **2** murmúrio (*de riso, interesse, etc.*) ◆ *vt, vi* ondular(-se)

rise /raɪz/ ◆ *vi* (*pret* **rose** /rəʊz/ *pp* **risen** /ˈrɪzn/) **1** subir **2** (*voz*) erguer **3** (*formal*) (*pessoa*) levantar-se **4** ~ (**up**) (**against sb/sth**) (*formal*) sublevar-se (contra alguém/algo) **5** (*sol*) nascer **6** (*lua*) surgir **7** ascender (*em posição*) **8** (*rio*) nascer **9** (*nível de um rio*) subir ◆ *s* **1** subida, ascensão **2** (*quantidade*) elevação, aumento **3** aclive **4** (*GB*) (*USA* **raise**) aumento (*de salário*) LOC **to give rise to sth** (*formal*) ocasionar algo

rising /ˈraɪzɪŋ/ ◆ *s* **1** (*Pol*) insurreição **2** (*sol, lua*) surgimento ◆ *adj* **1** crescente **2** (*sol*) nascente

risk /rɪsk/ ◆ *s* ~ (**of sth/that…**) risco (de algo/de que…) LOC **at risk** em perigo **to take a risk/risks** arriscar-se *Ver tb* RUN ◆ *vt* **1** arriscar(-se) **2** ~ **doing sth** expor-se, arriscar-se a fazer algo LOC **to risk your neck** arriscar o pescoço **risky** *adj* (**-ier, -iest**) arriscado

rite /raɪt/ *s* rito

ritual /ˈrɪtʃuəl/ ◆ *s* ritual, rito ◆ *adj* ritual

rival /ˈraɪvl/ ◆ *s* ~ (**for/in sth**) rival (em algo) ◆ *adj* rival ◆ *vt* (**-l-**, *esp GB* **-ll-**) ~ **sb/sth** (**for/in sth**) competir com alguém/algo (em algo) **rivalry** *s* (*pl* **-ies**) rivalidade

tʃ	dʒ	v	θ	ð	s	z	ʃ
chin	**June**	**van**	**thin**	**then**	**so**	**zoo**	**she**

river /ˈrɪvər/ s rio: *river bank* margem do rio ☛ *Ver nota em* RIO **riverside** s beira/orla do rio

rivet /ˈrɪvɪt/ vt **1** (*lit*) rebitar **2** (*olhos*) cravar **3** (*atrair*) fascinar **riveting** adj fascinante

roach /roʊtʃ/ s (*USA*) barata

road /roʊd/ s **1** (*entre cidades*) estrada: *road sign* placa de sinalização ◊ *road safety* segurança do trânsito ◊ *across/ over the road* do outro lado da estrada **2** **Road** (*abrev* **Rd**) (*em nomes de ruas*): *Banbury Road* Rua Banbury LOC **by road** por terra **on the road to sth** a caminho de algo **roadside** s beira da estrada: *roadside café* café de beira de estrada **roadway** s pista

roadblock /ˈroʊdblɑk/ s barreira

roadworks /ˈroʊdwɜːrks/ s [*pl*] (*GB*) obras: *There were roadworks on the motorway.* A auto-estrada estava em obras.

roam /roʊm/ **1** vt vagar por **2** vi vagar, perambular

roar /rɔːr/ ♦ s **1** (*leão, etc.*) rugido **2** estrondo: *roars of laughter* gargalhadas ♦ **1** vi berrar: *to roar with laughter* dar gargalhadas **2** vi (*leão, etc.*) rugir **3** vt berrar **roaring** adj LOC **to do a roaring trade** fazer um negócio da China

roast /roʊst/ ♦ **1** vt, vi (*carne*) assar **2** vt, vi (*café, etc.*) torrar **3** vi (*pessoa*) tostar-se ♦ adj, s assado: *roast beef* rosbife

rob /rɑb/ vt (**-bb-**) **to rob sb/sth (of sth)** roubar (algo) de alguém/algo

Os verbos **rob** e **steal** significam "roubar". **Rob** é utilizado com complementos de pessoa ou lugar: *He robbed me (of all my money).* Ele me roubou (todo o dinheiro). **Steal** é usado quando mencionamos o objeto roubado (de um lugar ou de uma pessoa): *He stole all my money (from me).* Ele roubou todo o meu dinheiro. **Burglarize** refere-se a roubos a casas particulares ou lojas, normalmente quando os donos estão fora: *The house was burglarized.* A casa foi roubada.

robber s **1** ladrão, ladra **2** (*tb* **bank robber**) assaltante de banco ☛ *Ver nota em* THIEF **robbery** s (*pl* **-ies**) **1** roubo **2** (*violento*) assalto ☛ *Ver nota em* THEFT

robe /roʊb/ s **1** (*GB tb* **dressing gown**) manto, roupão **2** (*cerimônia*) toga

robin /ˈrɑbɪn/ s pintarroxo

robot /ˈroʊbɑt/ s robô

robust /roʊˈbʌst/ adj robusto, forte

rock¹ /rɑk/ s **1** rocha: *rock climbing* alpinismo **2** (*USA*) pedra LOC **at rock bottom** no nível mais baixo, em baixa **on the rocks** (*coloq*) em crise **2** (*coloq*) (*bebida*) com gelo

rock² /rɑk/ **1** vt, vi balançar(-se): *rocking chair* cadeira de balanço **2** vt (*criança*) embalar **3** vt, vi (*lit e fig*) abalar, sacudir

rock³ /rɑk/ (*tb* **rock music**) s (*música*) rock

rocket /ˈrɑkɪt/ ♦ s foguete ♦ vi disparar

rocky /ˈrɑki/ adj (**-ier, -iest**) **1** rochoso **2** (*fig*) instável

rod /rɑd/ s **1** vareta **2** vara

rode *pret de* RIDE

rodent /ˈroʊdnt/ s roedor

rogue /roʊg/ s **1** (*antiquado*) patife **2** (*hum*) brincalhão

role (*tb* **rôle**) /roʊl/ s papel: *role model* modelo (a imitar)

roll /roʊl/ ♦ s **1** rolo **2** pãozinho ☛ *Ver ilustração em* PÃO **3** (*com recheio*) folheado **4** balanço **5** registro, lista: *roll-call* ato de fazer a chamada **6** maço (*de dinheiro*) ♦ **1** vt, vi (*fazer*) rolar **2** vt, vi dar voltas (em algo) **3** vt, vi ~ (**up**) enrolar(-se) **4** vt, vi ~ (**up**) embrulhar-se **5** vt (*cigarro*) enrolar **6** vt aplainar com um rolo **7** vt, vi balançar(-se) LOC **to be rolling in it** (*coloq*) estar cheio da grana *Ver tb* BALL **PHR V** **to roll in** (*coloq*) chegar em grande quantidade **to roll on** (*tempo*) passar **to roll sth out** estender algo **to roll over** dar voltas **to roll up** (*coloq*) chegar **rolling** adj ondulado

roller /ˈroʊlər/ s **1** rolo **2** bob (*para cabelo*)

roller coaster /ˈroʊlər koʊstər/ s montanha russa

roller skate s patim (de roda)

rolling pin s rolo para massa

romance /ˈroʊmæns/ s **1** romantismo: *the romance of foreign lands* o romantismo das terras estrangeiras **2** romance, caso amoroso: *a holiday romance* um romance de verão **3** história de amor

romantic /roʊˈmæntɪk/ *adj* romântico

romp /rɑmp/ ◆ *vi* ~ (about/around) brincar animadamente, traquinar ◆ *s* **1** brincadeira animada **2** (*coloq*) (*cinema, teatro, literatura*) obra divertida e despretensiosa

roof /ruːf, rʊf/ *s* (*pl* ~s) **1** telhado **2** (*carro*) teto **roofing** *s* material para telhados

roof-rack /ˈruːf ræk, ˈrʊf/ *s* bagageiro

rooftop /ˈruːftɑp, ˈrʊf-/ *s* (cimo do) telhado

room /ruːm, rʊm/ *s* **1** aposento, quarto, sala *Ver* DINING ROOM, LIVING ROOM **2** lugar: *Is there room for me?* Há lugar para mim? ◇ *room to breathe* espaço para respirar **3** *There's no room for doubt.* Não há a menor dúvida. ◇ *There's room for improvement.* Há como melhorar.

roommate /ˈruːmmeɪt/ *s* companheiro, -a de quarto

room service *s* serviço de quarto

room temperature *s* temperatura ambiente

roomy /ˈruːmi/ *adj* (**-ier, -iest**) espaçoso

roost /ruːst/ ◆ *s* poleiro ◆ *vi* empoleirar-se

rooster /ˈruːstər/ *s* galo

root /ruːt, rʊt/ ◆ *s* raiz: *square root* raiz quadrada LOC **the root cause (of sth)** a verdadeira origem (de algo) **to put down (new) roots** criar raízes ◆ PHR V **to root about/around (for sth)** vasculhar algo (em busca de algo) **to root for sb/sth** (*coloq*) torcer por alguém/algo **to root sth out** **1** erradicar algo, arrancar algo pela raiz **2** (*coloq*) encontrar algo

rope /roʊp/ ◆ *s* corda LOC **to show sb/know/learn the ropes** colocar alguém/estar/ficar por dentro do assunto *Ver tb* END ◆ PHR V **to rope sb in (to do sth)** (*coloq*) persuadir alguém (a fazer algo) **to rope sth off** isolar algo (*com cordas*)

rope ladder *s* escada de corda

rosary /ˈroʊzəri/ *s* (*pl* **-ies**) rosário (*prece e contas*)

rose¹ *pret de* RISE

rose² /roʊz/ *s* rosa

rosé /roʊˈzeɪ; GB ˈrəʊzeɪ/ *s* (vinho) rosé

rosette /roʊˈzet/ *s* roseta

rosy /ˈroʊzi/ *adj* (**rosier, rosiest**) **1** rosado **2** (*fig*) promissor

rot /rɑt/ *vt, vi* (**-tt-**) apodrecer

rota /ˈroʊtə/ *s* (*pl* ~s) (GB) rodízio (*de tarefas*)

rotate /ˈroʊteɪt; GB rəʊˈteɪt/ **1** *vt, vi* (fazer) girar **2** *vt, vi* alternar(-se) **rotation** *s* **1** rotação **2** alternância LOC **in rotation** por turnos

rotten /ˈrɑtn/ *adj* **1** podre **2** corrupto

rough /rʌf/ ◆ *adj* (**-er, -est**) **1** (*superfície*) áspero **2** (*mar*) agitado **3** (*comportamento*) violento **4** (*tratamento*) grosseiro **5** (*cálculo*) aproximado **6** (*coloq*) mal: *I feel a little rough.* Não estou me sentindo bem. LOC **to be rough (on sb)** (*coloq*) ser duro (com alguém) ◆ *adv* (**-er, -est**) duro ◆ *s* LOC **in rough** (GB) em rascunho ◆ *vt* LOC **to rough it** (*coloq*) passar aperto **roughly** *adv* **1** asperamente **2** aproximadamente

roulette /ruːˈlet/ *s* roleta

round¹ /raʊnd/ *adj* redondo

round² /raʊnd/ *adv* (GB) **1** *Ver* AROUND² **2** *all year round* o ano inteiro ◇ *a shorter way round* um caminho mais curto ◇ *round the clock* 24 horas por dia ◇ *round at Maria's* na casa de Maria LOC **round about** nos arredores: *the houses round about* as casas da vizinhança

round³ (*tb* around) /raʊnd/ *prep* (GB) **1** em volta (de): *to show sb round the house* mostrar a casa a alguém **2** ao redor de: *She wrapped the towel round her waist.* Ela enrolou a toalha em volta da cintura. **3** em volta de: *just round the corner* virando a esquina

round⁴ /raʊnd/ *s* **1** ciclo: *a round of talks* um ciclo de palestras **2** rodada (*de bebidas*): *It's my round.* Esta rodada é por minha conta. **3** (*Esporte*) assalto, partida, rodada **4** *a round of applause* uma salva de palmas **5** tiro

round⁵ /raʊnd/ *vt* (*uma esquina*) dobrar PHR V **to round sth off** completar algo **to round sb up** reunir alguém **to round sth up** (*gado*) arrebanhar algo **to round sth up/down** arredondar algo (*cifra, preço, etc.*)

roundabout /ˈraʊndəbaʊt/ ◆ *adj* indireto: *in a roundabout way* de forma indireta/dando voltas ◆ *s* **1** (*tb* carousel, merry-go-round) carrossel **2** (GB) rotatória

round trip *s* viagem de ida e volta

u	ɔː	ɜː	ə	j	w	eɪ	oʊ
situation	saw	fur	ago	yes	woman	pay	home

round trip ticket s bilhete de ida e volta

rouse /raʊz/ vt **1** ~ **sb (from/out of sth)** (formal) despertar alguém (de algo) **2** suscitar **rousing** adj **1** (discurso) inflamado **2** (aplauso) caloroso

rout /raʊt/ ◆ s derrota ◆ vt derrotar

route /raʊt; GB ruːt/ s rota

routine /ruːˈtiːn/ ◆ s rotina ◆ adj de rotina, rotineiro **routinely** adv regularmente

row¹ /rəʊ/ s fila, fileira LOC **in a row** enfileirado: the third week in a row a terceira semana consecutiva ◊ four days in a row quatro dias seguidos

row² /rəʊ/ ◆ vt, vi remar, navegar com remos: She rowed the boat to the bank. Ela remou até a margem. ◊ Will you row me across the river? Pode me levar (de barco) para o outro lado do rio? ◊ to row across the lake atravessar o lago de barco ◆ s: to go for a row ir remar

row³ /raʊ/ (GB) ◆ s (coloq) **1** briga: to have a row ter uma briga/discussão ☛ Também se diz **argument**. **2** algazarra **3** barulho ◆ vi brigar, discutir

rowdy /ˈraʊdi/ adj (-ier, -iest) (pej) **1** (pessoa) barulhento, bagunceiro **2** (reunião) tumultuado

royal /ˈrɔɪəl/ adj real

Royal Highness s: your/his/her Royal Highness Vossa/Sua Alteza Real

royalty /ˈrɔɪəlti/ s **1** [sing] realeza **2** [pl -ties] direitos autorais

rub /rʌb/ ◆ vt (-bb-) **1** vt esfregar, friccionar: to rub your hands together esfregar as mãos **2** vt friccionar **3** vi to rub (on/ against sth) roçar (em/contra algo) PHR V **to rub off (on/onto sb)** passar (para alguém) **to rub sth out** apagar algo (com borracha) ◆ s esfrega: to give sth a rub esfregar/polir algo

rubber /ˈrʌbər/ s **1** borracha: rubber/ elastic band elástico ◊ rubber stamp carimbo **2** (GB) (USA **eraser**) borracha (de apagar) **3** (USA, coloq) camisinha

rubbish /ˈrʌbɪʃ/ (GB) (USA **garbage, trash**) s [não contável] **1** lixo: rubbish dump/tip depósito de lixo **2** (pej, fig) asneiras

rubble /ˈrʌbl/ s [não contável] entulho

ruby /ˈruːbi/ s (pl -ies) rubi

rucksack /ˈrʌksæk/ (esp USA **back-** pack) s mochila ☛ Ver ilustração em MALA

rudder /ˈrʌdər/ s leme

rude /ruːd/ adj (**ruder, rudest**) **1** grosseiro, mal-educado: to be rude to do sth ser falta de educação fazer algo **2** indecente **3** (piada, etc.) obsceno **4** rude

rudimentary /ˌruːdɪˈmentəri/ adj rudimentar

ruffle /ˈrʌfl/ vt **1** (superfície) agitar **2** (cabelo) despentear **3** (plumas) encrespar **4** (tecido) amarrotar **5** perturbar, irritar

rug /rʌg/ s **1** tapete **2** manta

rugby /ˈrʌgbi/ s rúgbi

rugged /ˈrʌgɪd/ adj **1** (terreno) acidentado **2** (montanha) escarpado **3** (feições) marcado

ruin /ˈruːɪn/ ◆ s (lit e fig) ruína ◆ vt **1** arruinar, destruir **2** estragar, pôr a perder

rule /ruːl/ ◆ s **1** regra, norma **2** hábito **3** poder, domínio, governo **4** (governo) mandato **5** (de monarca) reinado LOC **as a (general) rule** em geral, por via de regra ◆ **1** vt, vi ~ (**over sb/sth**) (Pol) governar (alguém/algo) **2** vt dominar, governar **3** vt, vi (Jur) decretar, decidir **4** vt (linha) traçar PHR V **to rule sb/sth out (as sth)** descartar alguém/algo (como algo)

ruler /ˈruːlər/ s **1** governante **2** (instrumento) régua

ruling /ˈruːlɪŋ/ ◆ adj **1** dominante **2** (Pol) no poder ◆ s (Jur) parecer

rum /rʌm/ s rum

rumble /ˈrʌmbl/ ◆ vi **1** retumbar, ressoar **2** (estômago) roncar ◆ s estrondo, ribombo

rummage /ˈrʌmɪdʒ/ vi **1** ~ **about/ around** remexer, revistar **2** ~ **among/ in/through sth (for sth)** remexer, vasculhar algo (em busca de algo)

rumor (GB **rumour**) /ˈruːmər/ s boato, rumor: Rumor has it that... Corre o boato de que...

rump /rʌmp/ s **1** garupa, anca **2** (tb **rump steak**) (filé de) alcatra

run /rʌn/ ◆ (-nn-) (pret **ran** /ræn/ pp **run**) **1** vt, vi correr: I had to run to catch the bus. Tive que correr para apanhar o ônibus. ◊ I ran almost ten kilometers. Corri quase dez quilômetros. **2** vt, vi passar: to run your fingers through sb's

aɪ	aʊ	ɔɪ	ɪə	eə	ʊə	ʒ	h	ŋ
five	now	join	near	hair	pure	vision	how	sing

hair passar os dedos pelo cabelo de alguém ◊ *to run your eyes over sth* dar uma olhada em algo ◊ *She ran her eye around the room.* Ela deu uma olhada geral no quarto. ◊ *A shiver ran down her spine.* Ela teve um frio na espinha. ◊ *The tears ran down her cheeks.* As lágrimas corriam pelo rosto dela. **3** *vt, vi (máquina, sistema, organização)* (fazer) funcionar: *Everything is running smoothly.* Tudo está correndo bem. ◊ *Run the engine for a few minutes before you start off.* Deixe o motor aquecer por alguns minutos antes de arrancar. **4** *vi* estender-se: *The cable runs the length of the wall.* O fio se estende por toda a parede. ◊ *A fence runs around the field.* Uma cerca circunda o campo. **5** *vi (ônibus, trem, etc.)*: *The buses run every hour.* Os ônibus saem de hora em hora. ◊ *The train is running an hour late.* O trem está atrasado uma hora. **6** *vt* levar *(de carro)*: *Can I run you to the station?* Posso te levar até a estação? **7** *vi* tu run **(for…)** *(Teat)* continuar em cartaz (por…) **8** *vt*: *to run a bath* encher a banheira (para o banho) **9** *vi*: *to leave the faucet running* deixar a torneira aberta **10** *vi (nariz)* escorrer **11** *vi (tinta)* soltar **12** *vt (negócio, etc.)* administrar, dirigir **13** *vt (serviço, curso, etc.)* organizar, oferecer **14** *vt (Informát)* executar **15** *vi* to run **(for sth)** *(Pol)* candidatar-se (a algo) **16** *vt (Jornal)* publicar LOC **to run dry** secar **to run for it** dar no pé **to run in the family** estar no sangue *(coloq)* **to run out of steam** perder o ânimo **to run riot** desenfrear-se **to run the risk (of doing sth)** correr o risco (de fazer algo) *Ver tb* DEEP, TEMPERATURE, WASTE

PHR V **to run about/around** correr para todos os lados

to run across sb/sth topar com alguém/algo

to run after sb perseguir alguém

to run at sth: *Inflation is running at 25%.* A inflação está em 25%.

to run away (from sb/sth) fugir (de alguém/algo)

to run into sb/sth 1 topar com alguém/algo **2** bater em alguém/algo, atropelar alguém/algo **to run sth into sth**: *He ran the car into a tree.* Ele bateu o carro numa árvore.

to run off (with sth) fugir, escapar (com algo)

to run out 1 vencer, expirar **2** acabar, esgotar-se **to run out of sth** ficar sem algo

to run sb over atropelar alguém

◆ *s* **1** corrida: *to go for a run* ir correr ◊ *to break into a run* pôr-se a correr **2** passeio *(de carro, etc.)* **3** período: *a run of bad luck* um período de azar **4** *(Teat)* temporada LOC **to be on the run** estar foragido *Ver tb* BOLT[2], LONG[1]

runaway /ˈrʌnəweɪ/ ◆ *adj* **1** fugitivo **2** fora de controle **3** galopante ◆ *s* fugitivo, -a

run-down /ˌrʌn ˈdaʊn/ *adj* **1** *(edifício)* desmantelado **2** *(pessoa)* exaurido

rung[1] *pp de* RING[2]

rung[2] /rʌŋ/ *s* degrau

runner /ˈrʌnər/ *s* corredor, -ora

runner-up /ˌrʌnər ˈʌp/ *s* (*pl* **-s-up** /ˌrʌnərz ˈʌp/) segundo colocado, segunda colocada

running /ˈrʌnɪŋ/ ◆ *s* **1** corrida **2** funcionamento **3** organização LOC **to be in/ out of the running (for sth)** *(coloq)* ter/ não ter chance (de conseguir algo) ◆ *adj* **1** contínuo **2** consecutivo: *four days running* quatro dias seguidos **3** *(água)* corrente LOC *Ver* ORDER

runny /ˈrʌni/ *adj* (-ier, -iest) *(coloq)* **1** aguado **2** to have a runny nose estar com coriza

run-up /ˈrʌn ʌp/ *s* ~ **(to sth)** período anterior (a algo)

runway /ˈrʌnweɪ/ *s* pista *(de pouso e decolagem)*

rupture /ˈrʌptʃər/ ◆ *s (formal)* ruptura ◆ *vt, vi* romper(-se)

rush /rʌʃ/ ◆ **1** *vi* andar com pressa, apressar-se: *They rushed out of school.* Eles saíram correndo da escola. ◊ *They rushed to help her.* Eles se pressaram em ajudá-la. **2** *vi* agir precipitadamente **3** *vt* apressar: *Don't rush me!* Não me apresse! **4** *vt* levar às pressas: *He was rushed to hospital.* Ele foi levado às pressas para o hospital. ◆ *s* **1** *[sing]* investida: *There was a rush to the exit.* Houve uma debandada em direção à saída. **2** *(coloq)* pressa: *I'm in a terrible rush.* Estou morrendo de pressa. ◊ *There's no rush.* Não há pressa. ◊ *the rush hour* a hora do rush

rust /rʌst/ ◆ *s* ferrugem ◆ *vt, vi* enferrujar

rustic /ˈrʌstɪk/ *adj* rústico

tʃ	dʒ	v	θ	ð	s	z	ʃ
chin	**J**une	**v**an	**th**in	**th**en	**s**o	**z**oo	**sh**e

rustle /'rʌsl/ ◆ *vt, vi* (fazer) farfa-
lhar, (fazer) sussurrar PHR V **to rustle
sth up** (*coloq*) preparar algo: *I'll rustle
up some coffee for you.* Vou te preparar
um café. ◆ *s* farfalhada, sussurro, ruge-
ruge

rusty /'rʌsti/ *adj* (**-ier, -iest**) **1** enferru-
jado **2** (*fig*) fora de prática

rut /rʌt/ *s* sulco LOC **to be (stuck) in a
rut** estar enferrujado

ruthless /'ru:θləs/ *adj* impiedoso, im-
placável **ruthlessly** *adv* impiedosa-
mente **ruthlessness** *s* crueldade, desu-
manidade

rye /raɪ/ *s* centeio

Ss

S, s /es/ *s* (*pl* **S's, s's** /'esɪz/) S,s: *S as in
Sam* S de Susana ☞ *Ver exemplos em*
A, A

the Sabbath /'sæbəθ/ *s* **1** (*para os
cristãos*) domingo **2** (*para os judeus*)
sábado

sabotage /'sæbətɑʒ/ ◆ *s* sabotagem ◆
vt sabotar

saccharin /'sækərɪn/ *s* sacarina

sack¹ /sæk/ *s* saca, saco

sack² /sæk/ *vt* (*GB, coloq*) despedir **the
sack** *s* demissão: *to give sb the sack*
despedir alguém ◊ *to get the sack* ser
despedido

sacred /'seɪkrɪd/ *adj* sagrado, sacro

sacrifice /'sækrɪfaɪs/ ◆ *s* sacrifício: *to
make sacrifices* fazer sacrifícios ◊
sacrificar-se ◆ *vt* ~ **sth (to/for sb/sth)**
sacrificar algo (por alguém/algo)

sacrilege /'sækrəlɪdʒ/ *s* sacrilégio

sad /sæd/ *adj* (**sadder, saddest**) **1** tris-
te **2** (*situação*) lamentável **sadden** *vt*
entristecer

saddle /'sædl/ ◆ *s* **1** (*para cavalo*) sela
2 (*GB*) (*para bicicleta ou moto*) (*USA
seat*) selim ◆ *vt* **1** ~ **sth** selar algo **2** ~
sb with sth sobrecarregar alguém com
algo

sadism /'seɪdɪzəm/ *s* sadismo

sadly /'sædli/ *adv* **1** tristemente, com
tristeza **2** lamentavelmente, infelizmen-
te

sadness /'sædnəs/ *s* tristeza, melanco-
lia

safari /sə'fɑri/ *s* (*pl* ~**s**) safári

safe¹ /seɪf/ *adj* (**safer, safest**) **1** ~
(**from sb/sth**) a salvo (de alguém/algo)
2 seguro: *Your secret is safe with me.*

Seu segredo está seguro comigo. **3** ileso
4 (*motorista*) prudente LOC **safe and
sound** são e salvo **to be on the safe
side** por via das dúvidas: *It's best to be
on the safe side.* É melhor não correr
risco. *Ver tb* BETTER **safely** *adv* **1** sem
acidente, em segurança **2** tranqüila-
mente, sem perigo: *safely locked away*
guardado num lugar seguro (à chave)

safe² /seɪf/ *s* cofre

safeguard /'seɪfgɑrd/ ◆ *s* ~ (**against
sth**) salvaguarda, proteção (contra al-
go) ◆ *vt* ~ **sb/sth (against sb/sth)** prote-
ger alguém/algo (de alguém/algo)

safety /'seɪfti/ *s* segurança

safety belt (*tb* **seat belt**) *s* cinto de
segurança

safety net *s* **1** rede de segurança **2**
respaldo

safety pin /'seɪfti pɪn/ *s* alfinete de
segurança

safety valve *s* válvula de segurança

sag /sæg/ *vi* (**-gg-**) **1** (*cama, sofá*) afun-
dar **2** (*madeira*) vergar

Sagittarius /ˌsædʒɪ'teəriəs/ *s* Sagitário
☞ *Ver exemplos em* AQUARIUS

said *pret, pp de* SAY

sail /seɪl/ ◆ *s* vela LOC *Ver* SET² ◆ **1** *vt,
vi* navegar, velejar: *to sail around the
world* dar a volta ao mundo de barco **2**
vi ~ (**from…**) (**for/to…**) zarpar (de…)
(para…): *The ship sails at noon.* O na-
vio parte ao meio-dia. **3** *vi* (*objeto*) voar
deslizando PHR V **to sail through (sth)**
tirar (algo) de letra: *She sailed through
her exams.* Ela tirou os exames de letra.

sailboat /'seɪlboʊt/ (*GB* **sailing boat**) *s*
barco à vela

i:	i	ɪ	e	æ	ɑ	ʌ	ʊ	u:
see	happy	sit	ten	hat	cot	cup	put	too

sailing /'seɪlɪŋ/ s **1** navegação: *to go sailing* ir velejar **2** *There are three sailings a day.* Há três saídas diárias.

sailor /'seɪlər/ s marinheiro, marujo

saint /seɪnt, snt/ s (*abrev* St) são, santo, -a: *Saint Bernard/Teresa* São Bernardo/Santa Teresa

sake /seɪk/ s LOC **for God's, goodness', Heaven's, etc. sake** pelo amor de Deus **for sb's/sth's sake; for the sake of sb/sth** por alguém/algo, pelo bem de alguém/algo

salad /'sæləd/ s salada

salary /'sæləri/ s (*pl* -ies) salário, ordenado (*mensal*) ☛ *Comparar com* WAGE

sale /seɪl/ s **1** venda: *sales department* departamento de vendas **2** liquidação: *to hold/have a sale* estar em liquidação LOC **for sale** à venda: *For sale.* Vende-se. **on sale à venda**

salesman /'seɪlzmən/ s (*pl* -men /-mən/) vendedor

salesperson /'seɪlzpɜːrsn/ s (*pl* -people) vendedor, -ora

sales tax s (*USA*) imposto sobre circulação de mercadorias

saleswoman /'seɪlzwʊmən/ s (*pl* -women) vendedora

saliva /sə'laɪvə/ s saliva

salmon /'sæmən/ s (*pl* salmon) salmão

salon /sə'lɑn; GB 'sælɒn/ s salão (*de beleza*)

saloon /sə'luːn/ s **1** salão (*de navio, etc.*) **2** (*USA*) bar **3** (*GB*) (*tb* saloon car) (*USA* sedan) sedã

salt /sɔlt/ s sal **salted** *adj* salgado **salty** (-ier, -iest) (*tb* salt) *adj* salgado

saltshaker /'sɔltʃeɪkər/ (GB salt cellar) s saleiro

salt-water /'sɔlt wɔːtər/ *adj* de água salgada

salutary /'sæljəteri; GB -tri/ *adj* salutar

salute /sə'luːt/ ◆ *vt, vi* **1** (*formal*) saudar **2** fazer continência (*a um militar*) ☛ *Comparar com* GREET ◆ s **1** saudação **2** continência **3** salva

salvage /'sælvɪdʒ/ ◆ s salvamento ◆ *vt* recuperar

salvation /sæl'veɪʃn/ s salvação

same /seɪm/ ◆ *adj* mesmo, igual: *the same thing* o mesmo ◊ *I left that same day.* Saí naquele dia mesmo. ☛ Às vezes é usado para dar ênfase à frase: *the very same man* o próprio homem LOC **at the same time 1** ao mesmo tempo **2** não obstante, apesar disso **to be in the same boat** estar na mesma situação ◆ **the same** *adv* da mesma forma, igualmente: *to treat everyone the same* tratar a todos da mesma forma ◆ *pron* **the same (as sb/sth)** o mesmo, a mesma, etc. (que alguém/algo): *I think the same as you.* Penso como você. LOC **all/just the same 1** mesmo assim **2** *It's all the same to me.* Para mim tanto faz. **same here** (*coloq*) eu também **(the) same to you** igualmente

sample /'sæmpl; GB 'sɑːmpl/ ◆ s amostra ◆ *vt* provar

sanatorium /sænə'tɔːriəm/ (*tb* USA **sanitarium** /sænə'teəriəm/) s (*pl* ~s *ou* -ria /-riə/) sanatório

sanction /'sæŋkʃn/ ◆ s **1** aprovação **2** sanção: *to lift sanctions* levantar as sanções ◆ *vt* autorizar

sanctuary /'sæŋktʃueri; GB -uəri/ s (*pl* -ies) **1** santuário **2** refúgio: *The rebels took sanctuary in the church.* Os rebeldes se refugiaram na igreja.

sand /sænd/ s **1** areia **2** the sands [*pl*] a praia

sandal /'sændl/ s sandália

sandcastle /'sændkæsl; GB -kɑːsl/ s castelo de areia

sand dune (*tb* dune) s duna

sandpaper /'sændpeɪpər/ s lixa

sandwich /'sænwɪtʃ; GB -wɪdʒ/ ◆ s sanduíche ◆ *vt* inserir (*entre duas pessoas ou coisas*)

sandy /'sændi/ *adj* (-ier, -iest) arenoso

sane /seɪn/ *adj* (saner, sanest) **1** são **2** sensato

sang *pret de* SING

sanitarium (*USA*) Ver SANATORIUM

sanitary /'sænəteri; GB -tri/ *adj* higiênico

sanitary pad (GB sanitary towel) s absorvente feminino

sanitation /sænɪ'teɪʃn/ s saneamento

sanity /'sænəti/ s **1** sanidade **2** sensatez

sank *pret de* SINK

sap /sæp/ ◆ s seiva ◆ *vt* (-pp-) esgotar, minar

sapphire /'sæfaɪər/ *adj, s* (cor de) safira

u	ɔː	ɜː	ə	j	w	eɪ	oʊ
situation	saw	fur	ago	yes	woman	pay	home

sarcasm /'sɑrkæzəm/ s sarcasmo **sarcastic** /sɑr'kæstɪk/ adj sarcástico

sardine /ˌsɑr'diːn/ s sardinha

sash /sæʃ/ s faixa

sat pret, pp de SIT

satellite /'sætəlaɪt/ s satélite

satin /'sætn; GB 'sætɪn/ s cetim

satire /'sætaɪər/ s sátira **satirical** /sə'tɪrɪkl/ adj satírico

satisfaction /ˌsætɪs'fækʃn/ s satisfação

satisfactory /ˌsætɪs'fæktəri/ adj satisfatório

satisfy /'sætɪsfaɪ/ vt (pret, pp -fied) **1** (curiosidade) satisfazer **2** (requisitos, etc.) preencher **3** ~ sb (as to sth) convencer alguém (de algo) **satisfied** adj ~ (with sth) satisfeito (com algo) **satisfying** adj satisfatório: a satisfying meal uma refeição que satisfaz

saturate /'sætʃəreɪt/ vt ~ sth (with sth) saturar algo (de algo): The market is saturated. O mercado está saturado. **saturation** s saturação

Saturday /'sætərdeɪ, 'sætərdi/ s (abrev **Sat**) sábado ☞ Ver exemplos em MONDAY

Saturn /'sætərn/ s Saturno

sauce /sɔːs/ s molho

frying pan | handle | **saucepan**
wok
lid
pressure cooker | pan/ saucepan | casserole

saucepan /'sɔːspæn; GB -pən/ s panela, caçarola

saucer /'sɔːsər/ s pires ☞ Ver ilustração em MUG

sauna /'sɔːnə, 'saʊnə/ s sauna

saunter /'sɔːntər/ vi caminhar vagarosamente: He sauntered over to the bar. Ele se dirigiu lentamente para o bar.

sausage /'sɔːsɪdʒ; GB 'sɒs-/ s salsicha, lingüiça

sausage roll s (GB) folheado de lingüiça

savage /'sævɪdʒ/ ◆ adj **1** selvagem **2** (cachorro, etc.) feroz **3** (ataque, regime) brutal: savage cuts in the budget cortes drásticos no orçamento ◆ s selvagem ◆ vt atacar ferozmente **savagery** s selvageria

save /seɪv/ ◆ **1** vt ~ sb (from sth) salvar alguém (de algo) **2** vi ~ (up) (for sth) (dinheiro) economizar (para algo) **3** vt (Informát) salvar **4** vt ~ (sb) sth poupar (alguém) de algo: That will save us a lot of trouble. Isso vai nos evitar muitos problemas. **5** vt (Esporte) defender LOC **to save face** salvar as aparências ◆ s defesa (de bola)

saving /'seɪvɪŋ/ s **1** economia: a saving of $5 uma economia de cinco dólares **2 savings** [pl] poupanças

savior (GB **saviour**) /'seɪvɪər/ s salvador, -ora

savory (GB **savoury**) /'seɪvəri/ adj **1** saboroso **2** (GB) salgado

saw¹ pret de SEE

saw² /sɔː/ ◆ s serra ◆ vt (pret **sawed** pp **sawed**, GB **sawn** /sɔːn/) serrar Ver tb CUT PHR V **to saw sth down** serrar algo **to saw sth off** (sth) cortar algo (de algo) com uma serra: a sawed-off shotgun uma espingarda de cano serrado **to saw sth up** serrar algo em pedaços **sawdust** s serragem

saxophone /'sæksəfoʊn/ (coloq **sax**) s saxofone

say /seɪ/ ◆ vt (3ª pess sing pres **says** /sez/ pret, pp **said** /sed/) **1 to say sth (to sb)** dizer algo (a alguém): to say yes dizer (que) sim

Say costuma acompanhar palavras textuais ou introduzir uma oração de estilo indireto precedida por **that**: "I'll leave at nine," he said. —Vou sair às nove, ele disse. ◊ He said that he would leave at nine. Ele disse que ia sair às nove. **Tell** é utilizado para introduzir uma oração de estilo indireto, e deve ser seguido de um substantivo, pronome ou nome próprio: He told me that he would leave at nine. Ele me disse que ia sair às nove. Com ordens ou conselhos costuma-se usar **tell**: I told them to hurry up. Eu disse a eles que se apressassem. ◊ She's always telling me what I

aɪ	aʊ	ɔɪ	ɪə	eə	ʊə	ʒ	h	ŋ
five	now	join	near	hair	pure	vision	how	sing

ought to do. Ela está sempre me dizendo o que eu devo fazer.

2 *Let's take any writer, say Dickens…* Tomemos como exemplo um escritor qualquer, digamos Dickens… ◊ *Say there are 30 in a class…* Digamos que haja 30 em uma turma… **3** *What time does it say on that clock?* Que horas são nesse relógio? ◊ *The map says the hotel is on the right.* O mapa diz que o hotel fica à direita. LOC **it goes without saying that…** é óbvio que… **that is to say** ou seja *Ver tb* DARE¹, FAREWELL, LET¹, NEEDLESS, SORRY, WORD ♦ *s* LOC **to have a/some say (in sth)** ter poder de decisão (em algo) **to have your say** expressar sua opinião

saying /'seɪŋ/ *s* ditado, provérbio *Ver tb* PROVERB

scab /skæb/ *s* casca *(de ferida)*

scaffold /'skæfoʊld/ *s* cadafalso

scaffolding /'skæfəldɪŋ/ *s [não contável]* andaime(s)

scald /skɔːld/ ♦ *vt* escaldar ♦ *s* escaldadura **scalding** *adj* escaldante

scale¹ /skeɪl/ *s* **1** escala: *a large-scale map* um mapa em grande escala ◊ *a scale model* uma maquete em escala **2** alcance, magnitude, envergadura: *the scale of the problem* a magnitude do problema LOC **to scale** em escala

scale² /skeɪl/ *s* escama

scale³ /skeɪl/ *vt* escalar, trepar em

scalp /skælp/ *s* couro cabeludo

scalpel /'skælpəl/ *s* bisturi

scamper /'skæmpər/ *vi* correr aos pulos

scan /skæn/ ♦ *vt* (-nn-) **1** esquadrinhar, perscrutar **2** examinar com ultrasom **3** dar uma olhada em ♦ *s* exame ultra-som, ultra-sonografia

scandal /'skændl/ *s* **1** escândalo **2** fofoca **scandalize, -ise** *vt* escandalizar **scandalous** *adj* escandaloso

scant /skænt/ *adj (formal)* escasso **scanty** *adj* (-ier, -iest) escasso **scantily** *adv* escassamente: *scantily dressed* vestido sumariamente

scapegoat /'skeɪpɡoʊt/ *s* bode expiatório: *She has been made a scapegoat for what happened.* Fizeram-na de bode expiatório dos acontecimentos.

scar /skɑr/ ♦ *s* cicatriz ♦ *vt* (-rr-) marcar (com uma cicatriz)

scarce /skeərs/ *adj* (**scarcer, scarcest**) escasso: *Food was scarce.* Havia escassez de comida.

scarcely /'skeərsli/ *adv* **1** mal: *There were scarcely a hundred people present.* Mal havia cem pessoas presentes. **2** *You can scarcely expect me to believe that.* Você não espera que eu acredite nisso. *Ver tb* HARDLY

scarcity /'skeərsəti/ *s* (*pl* -ies) escassez

scare /skeər/ ♦ *vt* assustar PHR V **to scare sb away/off** afugentar alguém ♦ *s* susto: *bomb scare* suspeita de bomba **scared** *adj*: *to be scared* estar assustado/ter medo ◊ *She's scared of the dark.* Ela tem medo do escuro. LOC **to be scared stiff** (*coloq*) estar morrendo de medo *Ver tb* WIT

scarecrow /'skeərkroʊ/ *s* espantalho

scarf /skɑrf/ *s* (*pl* **scarfs** *ou* **scarves** /skɑrvz/) **1** cachecol, echarpe **2** lenço de cabeça

scarlet /'skɑrlət/ *adj, s* escarlate

scary /'skeəri/ *adj* (-ier, -iest) (*coloq*) assustador

scathing /'skeɪðɪŋ/ *adj* **1** mordaz **2** feroz: *a scathing attack on…* um ataque feroz contra…

scatter /'skætər/ **1** *vt, vi* dispersar(-se) **2** *vt* espalhar **scattered** *adj* espalhado, disperso: *scattered showers* pancadas (de chuva) isoladas

scavenge /'skævɪndʒ/ *vi* **1** (*animal, ave*) ir em busca de carniça **2** (*pessoa*) remexer (*no lixo*) **scavenger** *s* **1** animal/ave que se alimenta de carniça **2** pessoa que remexe no lixo

scenario /sə'nærioʊ; *GB* -'nɑːr-/ *s* (*pl* ~s) **1** (*Teat*) sinopse **2** (*fig*) hipótese

scene /siːn/ *s* **1** cena: *a change of scene* uma mudança de ares **2** cenário: *the scene of the crime* o local do crime **3** escândalo: *to make a scene* fazer um escândalo **4** **the scene** [*sing*] (*coloq*) o panorama: *the music scene* o panorama musical LOC *Ver* SET²

scenery /'siːnəri/ *s [não contável]* **1** paisagem

A palavra **scenery** tem uma forte conotação positiva, costuma ser acompanhada de adjetivos como *beautiful, spectacular, stunning*, etc., e é utilizada fundamentalmente para descrever paisagens naturais. Por outro lado, **landscape** costuma se referir a paisagens

---

tʃ	dʒ	v	θ	ð	s	z	ʃ
chin	**J**une	**v**an	**th**in	**th**en	**s**o	**z**oo	**sh**e

construídas pelo homem: *an urban/ industrial landscape* uma paisagem urbana/industrial ◊ *Trees and hedges are typical features of the British landscape.* Árvores e cercas vivas são componentes típicos da paisagem britânica. **2** (*Teat*) cenário

scenic /ˈsiːnɪk/ *adj* pitoresco, panorâmico

scent /sent/ *s* **1** aroma (*agradável*) **2** perfume **3** rastro, pista **scented** *adj* perfumado

sceptic (*GB*) Ver SKEPTIC

schedule /ˈskedʒul; *GB* ˈʃedjuːl/ ◆ *s* **1** programa: *to be two months ahead of/ behind schedule* estar dois meses adiantado/atrasado (em relação ao calendário previsto) ◊ *to arrive on schedule* chegar na hora prevista **2** (*tb esp GB* **timetable**) horário ◆ *vt* programar: *scheduled flight* vôo regular

scheme /skiːm/ ◆ *s* **1** conspiração **2** (*GB*) plano, esquema: *training scheme* programa de treinamento ◊ *savings/ pension scheme* plano de poupança/de pensão **3** *color scheme* combinação de cores ◆ *vi* conspirar

schizophrenia /ˌskɪtsəˈfriːniə/ *s* esquizofrenia **schizophrenic** /ˌskɪtsəˈfrenɪk/ *adj*, *s* esquizofrênico, -a

scholar /ˈskɒlər/ *s* **1** aluno, -a **2** erudito, -a **scholarship** *s* **1** bolsa de estudo **2** erudição

school /skuːl/ *s* **1** colégio, escola: *school age/uniform* idade/uniforme escolar Ver tb COMPREHENSIVE SCHOOL

Utilizamos as palavras **school** e **church** sem artigo quando se vai ao colégio para estudar ou lecionar ou à igreja para rezar: *I enjoyed being at school.* Eu gostava de ir ao colégio. ◊ *We go to church every Sunday.* Vamos à igreja todos os domingos. Usamos o artigo quando nos referimos a estes lugares por algum outro motivo: *I have to go to the school to talk to John's teacher.* Tenho que ir ao colégio para falar com o professor de John.

2 (*USA*) universidade **3** aulas: *School begins at nine o'clock.* As aulas começam às nove. **4** faculdade: *law school* faculdade de direito **5** (*Arte*, *Liter*) escola LOC **school of thought** doutrina, filosofia

schoolboy /ˈskuːlbɔɪ/ *s* aluno

schoolchild /ˈskuːltʃaɪld/ *s* aluno, -a

schoolgirl /ˈskuːlɡɜːrl/ *s* aluna

schooling /ˈskuːlɪŋ/ *s* educação, instrução

school-leaver /ˈskuːl ˌliːvər/ *s* (*GB*) jovem que recém terminou o ensino secundário

schoolmaster /ˈskuːlmæstər; *GB* -mɑːs/ *s* (*antiquado*) professor

schoolmistress /ˈskuːlmɪstrəs/ *s* (*antiquado*) professora

schoolteacher /ˈskuːltiːtʃər/ *s* professor, -ora

science /ˈsaɪəns/ *s* ciência: *science fiction* ficção científica **scientific** *adj* científico **scientifically** *adv* cientificamente **scientist** *s* cientista

sci-fi /ˈsaɪ ˌfaɪ/ *s* (*coloq*) **science fiction** ficção científica

scissors /ˈsɪzərz/ *s* [*pl*] tesoura: *a pair of scissors* uma tesoura ☞ Ver nota em TESOURA

scoff /skɒf; *GB* skɒf/ *vi* ~ (**at sb/sth**) zombar (de alguém/algo)

scold /skoʊld/ *vt* ~ **sb** (**for sth**) ralhar com alguém (por algo)

scoop /skuːp/ ◆ *s* **1** pá: *ice cream scoop* colher de sorvete **2** colherada: *a scoop of ice cream* uma bola de sorvete **3** (*Jornal*) furo ◆ *vt* escavar, tirar (*com pá*) PHR V **to scoop sth out** escavar algo (*com a mão, uma colher, etc.*)

scooter /ˈskuːtər/ *s* **1** lambreta, Vespa® **2** patinete

scope /skoʊp/ *s* **1** ~ (**for sth/to do sth**) oportunidade (para algo/para fazer algo) **2** âmbito, alcance: *within/beyond the scope of this dictionary* dentro/fora do âmbito deste dicionário

scorch /skɔːrtʃ/ *vt*, *vi* chamuscar(-se), queimar(-se) **scorching** *adj* escaldante

score /skɔːr/ ◆ *s* **1** contagem: *to keep the score* marcar os pontos ◊ *The final score was 4–3.* O placar foi 4–3. **2** (*Educ*) pontos **3** **scores** [*pl*] muitos **4** (*Mús*) partitura **5** vintena LOC **on that score** quanto a isso ◆ **1** *vt*, *vi* (*Esporte*) marcar **2** *vt* (*Educ*) tirar (*nota*) **scoreboard** *s* marcador

scorn /skɔːrn/ ◆ *s* ~ (**for sb/sth**) desdém (por alguém/algo) ◆ *vt* desdenhar **scornful** *adj* desdenhoso

Scorpio /ˈskɔːrpioʊ/ *s* (*pl* ~s) Escorpião ☞ Ver exemplos em AQUARIUS

scorpion /'skɔːrpiən/ s escorpião

Scotch /skɑtʃ/ s uísque escocês

Scotch tape® (*GB* **Sellotape®**) ◆ s durex®, fita adesiva ◆ vt colar com durex

scour /'skaʊər/ vt **1** arear **2** ~ sth (**for sb/sth**) esquadrinhar, vasculhar algo (à procura de alguém/algo)

scourge /skɜːrdʒ/ s (*lit e fig*) açoite

scout /skaʊt/ s **1** (*Mil*) explorador **2** (*tb* (**Boy**) **Scout**) escoteiro **3** (*tb* (**Girl**) **Scout**) bandeirante

scowl /skaʊl/ ◆ s carranca ◆ vi olhar com um ar carrancudo

scrabble /'skræbl/ PHR V **to scrabble about** (**for sth**) tatear (em busca de algo)

scramble /'skræmbl/ ◆ vi **1** trepar **2** ~ (**for sth**) lutar (por algo) ◆ s [*sing*] ~ (**for sth**) luta (por algo)

scrambled eggs s ovos mexidos

scrap /skræp/ ◆ s **1** fragmento: *a scrap of paper* um pedaço de papel ◊ *scraps* (*of food*) sobras **2** [*não contável*] refugo: *scrap paper* papel de rascunho **3** [*sing*] pingo **4** briga ◆ (**-pp-**) **1** vt descartar, jogar fora **2** vi brigar

scrapbook /'skræpbʊk/ s álbum de recortes

scrape /skreɪp/ ◆ **1** vt raspar **2** vt ~ sth away/off tirar algo raspando **3** vt ~ sth off sth tirar algo de algo raspando **4** vi ~ (**against sth**) roçar (em algo) PHR V **to scrape in/into sth** conseguir algo com dificuldade: *She just scraped into college.* Ela entrou na universidade de raspão. **to scrape sth together/up** conseguir juntar algo **to scrape through** (**sth**) passar (em algo) raspando ◆ s arranhão, risco

scratch /skrætʃ/ ◆ **1** vt, vi arranhar(-se) **2** vt, vi coçar(-se) **3** vt riscar PHR V **to scratch sth away, off, etc.** tirar algo raspando ◆ s **1** arranhão, unhada **2** [*sing*]: *The dog gave itself a good scratch.* O cachorro se coçou para valer. LOC (**to be/come**) **up to scratch** (estar) à altura (**to start sth**) **from scratch** (começar algo) do zero

scrawl /skrɔːl/ ◆ **1** vt garatujar **2** vi fazer garranchos ◆ s [*sing*] garrancho

scream /skriːm/ ◆ **1** vt gritar **2** vi esganiçar-se: *to scream with excitement*

gritar de emoção ◆ s **1** guincho, grito: *a scream of pain* um grito de dor **2** [*sing*] (*coloq*) alguém/algo muito engraçado

screech /skriːtʃ/ ◆ vi guinchar, gritar de forma estridente ◆ s guincho, grito estridente

screen /skriːn/ s **1** tela ☛ *Ver ilustração em* COMPUTADOR **2** biombo

screw /skruː/ ◆ s parafuso ◆ vt **1** aparafusar, prender com parafuso **2** atarraxar PHR V **to screw sth up 1** (*papel*) amassar algo **2** (*rosto*) contrair algo **3** (*coloq*) (*planos, situação, etc.*) estragar algo

screwdriver /'skruːdraɪvər/ s chave de fenda

scribble /'skrɪbl/ ◆ **1** vt garatujar **2** vi rabiscar ◆ s garatuja, rabisco

script /skrɪpt/ ◆ s **1** roteiro **2** letra **3** escrita ◆ vt escrever o roteiro para

scripture /'skrɪptʃər/ (*tb* **Scripture**/ **the Scriptures**) s a Sagrada Escritura

scroll /skroʊl/ s **1** rolo de pergaminho **2** rolo de papel

scrub¹ /skrʌb/ s [*não contável*] mato

scrub² /skrʌb/ ◆ vt (**-bb-**) esfregar ◆ s: *Give your nails a good scrub.* Esfregue bem as unhas.

scruff /skrʌf/ s LOC **by the scruff of the neck** pelo cangote

scruffy /'skrʌfi/ adj (**-ier, -iest**) (*coloq*) desleixado

scrum /skrʌm/ s (*rúgbi*) luta pelo posse da bola

scruples /'skruːplz/ s escrúpulo(s)

scrupulous /'skruːpjələs/ adj escrupuloso **scrupulously** adv escrupulosamente: *scrupulously clean* imaculadamente limpo

scrutinize, -ise /'skruːtənaɪz/ vt **1** examinar minuciosamente **2** inspecionar

scrutiny /'skruːtəni/ s **1** exame minucioso **2** (*tb Pol*) escrutínio

scuba diving /'skuːbə daɪvɪŋ/ s mergulho

scuff /skʌf/ vt esfolar

scuffle /'skʌfl/ s **1** tumulto **2** briga

sculptor /'skʌlptər/ s escultor, -ora

sculpture /'skʌlptʃər/ s escultura

scum /skʌm/ s **1** espuma **2** escória

scurry /'skʌri/ vi (*pret, pp* **scurried**) correr a passos rápidos PHR V **to scurry**

about/around 1 correr de lá para cá **2** dar corridinhas

scuttle /ˈskʌtl/ vi: *She scuttled back to her car.* Ela correu de volta para seu carro. ◊ *to scuttle away/off* escapulir-se

scythe /saɪð/ s foice grande

sea /siː/ s **1** mar: *sea creatures* animais marinhos ◊ *the sea air/breeze* a brisa marinha ◊ *sea port* porto marítimo ☛ Ver nota em MAR **2 seas** [pl] mar: *heavy/rough seas* mar agitado **3** multidão: *a sea of people* um mar de gente LOC **at sea** em alto mar **to be all at sea** estar confuso ou desorientado

seabed /ˈsiːbed/ s fundo do mar

seafood /ˈsiːfuːd/ s marisco(s), frutos do mar

seagull /ˈsiːɡʌl/ s gaivota

seal¹ /siːl/ s foca

seal² /siːl/ ◆ s selo ◆ vt **1** selar **2** (*documento*) lacrar **3** (*envelope*) fechar PHR V **to seal sth off** isolar

sea level s nível do mar

seam /siːm/ s **1** costura **2** (*Geol*) filão

search /sɜːtʃ/ ◆ **1** vi ~ (**for sth**) buscar (algo) **2** vt ~ **sb/sth** (**for sth**) revistar alguém/algo (em busca de algo): *They searched the house for drugs.* Revistaram a casa à procura de drogas. ◆ s **1** ~ (**for sb/sth**) busca (de alguém/algo) **2** (*polícia*) revista **searching** adj penetrante

searchlight /ˈsɜːtʃlaɪt/ s (*foco*) holofote

seashell /ˈsiːʃel/ s concha marinha

seasick /ˈsiːsɪk/ adj mareado, enjoado

seaside /ˈsiːsaɪd/ adj da costa

season¹ /ˈsiːzn/ s **1** estação **2** temporada: *season ticket* passe (de trem, etc.) LOC **in season** (que está) na estação Ver tb MATING **seasonal** adj **1** sazonal, de estação **2** (*trabalho*) de temporada

season² /ˈsiːzn/ vt temperar, condimentar **seasoned** adj **1** condimentado **2** (*pessoa*) calejado **seasoning** s tempero

seat /siːt/ ◆ s **1** (*carro*) assento **2** (*parque*) banco **3** (*teatro*) lugar **4** (*avião*) poltrona **5** (*Pol*) cadeira **6** (*GB, Pol*) distrito eleitoral LOC Ver DRIVER ◆ vt acomodar: *The stadium can seat 5,000 people.* O estádio tem capacidade para acomodar 5.000 pessoas.

seat belt (*tb* **safety belt**) s cinto de segurança

seating /ˈsiːtɪŋ/ s [*não contável*] assentos

seaweed /ˈsiːwiːd/ s [*não contável*] alga marinha

secluded /sɪˈkluːdɪd/ adj **1** (*lugar*) retirado **2** (*vida*) isolado **seclusion** s **1** isolamento **2** privacidade

second (*abrev* **2nd**) /ˈsekənd/ ◆ adj segundo LOC **second thought(s)**: *We had second thoughts.* Nós reconsideramos. ◊ *On second thought…* Pensando bem… ◆ pron, adv o(s) segundo(s), a(s) segunda(s) ◆ s **1 the second** (o dia) dois **2** (*tb* **second gear**) segunda (marcha) **3** (*tempo*) segundo: *the second hand* o ponteiro de segundos ☛ Ver exemplos em FIFTH ◆ vt secundar

secondary /ˈsekənderi/ adj secundário

second best adj segunda opção

second-class /ˌsekənd ˈklæs/ adj **1** de segunda classe: *a second-class ticket* um bilhete de segunda classe **2** (*GB*) (*correio*) de porte comum

second-hand /ˌsekənd ˈhænd/ adj, adv de segunda mão

secondly /ˈsekəndli/ adv em segundo lugar

second-rate /ˌsekənd ˈreit/ adj de segunda categoria

secret /ˈsiːkrət/ ◆ adj secreto ◆ s segredo **secrecy** s **1** sigilo **2** segredo

secretarial /ˌsekrəˈteəriəl/ adj **1** (*pessoal*) administrativo **2** (*trabalho*) de secretário, -a

secretary /ˈsekrəteri; GB -rətri/ s (pl -ies) secretário, -a

Secretary of State s **1** (*USA*) Ministro, -a das Relações Exteriores **2** (*GB*) ministro, -a ☛ Ver nota em MINISTRO

secrete /sɪˈkriːt/ vt (*formal*) **1** secretar **2** esconder **secretion** s secreção

secretive /ˈsiːkrətɪv/ adj reservado

secretly /ˈsiːkrətli/ adv secretamente

sect /sekt/ s seita

sectarian /sekˈteəriən/ adj sectário

section /ˈsekʃn/ s **1** seção, parte **2** (*estrada*) faixa **3** (*sociedade*) setor **4** (*lei, código*) artigo

sector /ˈsektər/ s setor

secular /ˈsekjələr/ adj secular

aɪ	aʊ	ɔɪ	ɪə	eə	ʊə	ʒ	h	ŋ
five	now	join	near	hair	pure	vision	how	sing

secure /sɪˈkjʊər/ ◆ *adj* **1** seguro **2** (*prisão*) de alta segurança ◆ *vt* **1** prender **2** (*acordo, contrato*) conseguir **3** assegurar **securely** *adv* firmemente **security** *s* (*pl* **-ies**) **1** segurança **2** (*empréstimo*) fiança

security guard *s* (guarda de) segurança

sedan /sɪˈdæn/ (*GB* **saloon**) *s* sedã

sedate /sɪˈdeɪt/ ◆ *adj* comedido ◆ *vt* sedar **sedation** *s* sedação LOC **to be under sedation** estar sob o efeito de sedativos **sedative** /ˈsedətɪv/ *adj*, *s* sedativo

sedentary /ˈsednteri; *GB* -tri/ *adj* sedentário

sediment /ˈsedɪmənt/ *s* sedimento

sedition /sɪˈdɪʃn/ *s* sedição

seduce /sɪˈduːs; *GB* -ˈdjuːs/ *vt* seduzir **seduction** *s* sedução **seductive** *adj* sedutor

see /siː/ *vt*, *vi* (*pret* **saw** /sɔː/ *pp* **seen** /siːn/) **1** ver: *I saw a program on TV about that.* Vi um programa na TV sobre isso. ◊ *to go and see a movie* ir ver um filme ◊ *She'll never see again.* Ela nunca voltará a enxergar. ◊ *See page 158.* Ver página 158. ◊ *Go and see if the mailman's been.* Vá ver se chegou carta. ◊ *Let's see.* Vamos ver. ◊ *I'm seeing Sue tonight.* Vou encontrar com a Sue hoje à noite. **2** acompanhar: *He saw her to the door.* Ele a acompanhou até a porta. **3** encarregar-se: *I'll see that it's done.* Tomarei providências para isso. **4** compreender LOC **see you (around); (I'll) be seeing you** (*coloq*) até logo **seeing that...** visto que... ☛ Para outras expressões com **see**, ver os verbetes do substantivo, adjetivo, etc., p.ex. **to make sb see reason** em REASON. PHR V **to see about sth/doing sth** encarregar-se de algo/fazer algo **to see sb off 1** despedir-se de alguém **2** botar alguém para correr **to see through sb/sth** não se deixar enganar por alguém/algo **to see to sth** providenciar algo

seed /siːd/ *s* semente, germe

seedy /ˈsiːdi/ *adj* (**-ier, -iest**) sórdido

seek /siːk/ *vt*, *vi* (*pret, pp* **sought** /sɔːt/) (*formal*) **1** ~ (**after/for sth**) procurar (algo) **2** ~ (**to do sth**) tentar (fazer algo) PHR V **to seek sb/sth out** ir ao encontro de alguém/algo

seem /siːm/ *vi* parecer: *It seems that...*

Parece que... ☛ Não é usado em tempos contínuos. *Ver tb* APPEAR sentido 2 **seemingly** *adv* aparentemente

seen *pp de* SEE

seep /siːp/ *vi* infiltrar-se

seething /ˈsiːðɪŋ/ *adj* ~ **with sth**: *seething with rage* fervendo de raiva ◊ *seething with people* fervilhando de gente

see-through /ˈsiː θruː/ *adj* transparente

segment /ˈsegmənt/ *s* **1** (*Geom*) segmento **2** (*de laranja, etc.*) gomo

segregate /ˈsegrɪgeɪt/ *vt* ~ **sb/sth (from sb/sth)** segregar alguém/algo (de alguém/algo)

seize /siːz/ *vt* **1** agarrar: *to seize hold of sth* agarrar algo ◊ *We were seized by panic.* Fomos acometidos de pânico. **2** (*armas, drogas, etc.*) apreender **3** (*pessoas, edifícios*) capturar **4** (*bens*) confiscar **5** (*controle*) tomar **6** (*oportunidade, etc.*) aproveitar: *to seize the initiative* tomar a iniciativa PHR V **to seize on/upon sth** valer-se de algo **to seize up** (*motor*) gripar **seizure** /ˈsiːʒər/ *s* **1** (*de contrabando, etc.*) confisco **2** apreensão **3** (*Med*) ataque

seldom /ˈseldəm/ *adv* raramente: *We seldom go out.* Raramente saímos. ☛ *Ver nota em* ALWAYS

select /sɪˈlekt/ ◆ *vt* ~ **sb/sth (as sth)** escolher alguém/algo (como algo) ◆ *adj* seleto **selection** *s* seleção **selective** *adj* ~ (**about sb/sth**) seletivo (com respeito a alguém/algo)

self /self/ *s* (*pl* **selves** /selvz/) eu, ego: *She's her old self again.* Ela voltou a ser a mesma de sempre.

self-centered (*GB* **-centred**) /ˌself ˈsentərd/ *adj* egocêntrico

self-confident /ˌself ˈkɑnfɪdənt/ *adj* seguro de si

self-conscious /ˌself ˈkɑnʃəs/ *adj* contrafeito, sem naturalidade

self-contained /ˌself kənˈteɪnd/ *adj* (*apartamento*) independente

self-control /ˌself kənˈtroʊl/ *s* autocontrole

self-defense /ˌself dɪˈfens/ *s* autodefesa, legítima defesa

self-determination /ˌself dɪˌtɜːrmɪˈneɪʃn/ *s* autodeterminação

self-employed /ˌself ɪmˈplɔɪd/ *adj* (*trabalhador*) autônomo

tʃ	dʒ	v	θ	ð	s	z	ʃ
chin	**June**	**van**	**thin**	**then**	**so**	**zoo**	**she**

self-interest /ˌself ˈɪntrəst/ s interesse próprio

selfish /ˈselfɪʃ/ adj egoísta

self-pity /ˌself ˈpɪti/ s autopiedade

self-portrait /ˌself ˈpɔːrtrɪt, -treɪt/ s auto-retrato

self-respect /ˌself rɪˈspekt/ s amor-próprio

self-satisfied /ˌself ˈsætɪsfaɪd/ adj cheio de si

self-service /ˌself ˈsɜːrvɪs/ adj de auto-serviço

sell /sel/ vt, vi (pp, pret **sold** /soʊld/) ~ **(at/for sth)** vender(-se) (por algo) LOC **to be sold out (of sth)** estar com o estoque (de algo) esgotado PHR V **to sell sth off** liquidar algo **to sell out** (entradas) esgotar-se

sell-by date /ˈsel baɪ deɪt/ (USA **expiration date**) s (prazo de) validade

seller /ˈselər/ s vendedor, -ora

selling /ˈselɪŋ/ s venda

Sellotape® /ˈseləteɪp/ ◆ s (USA **Scotch tape**) durex®, fita adesiva ◆ vt colar com durex

selves plural de SELF

semester /səˈmestər/ s semestre: the spring/fall semester o primeiro/segundo semestre

semi /ˈsemi/ s (pl **semis** /ˈsemiz/) (GB, coloq) casa geminada

semicircle /ˈsemisɜːrkl/ s **1** semicírculo **2** semicircunferência

semicolon /ˈsemikoʊlon; GB ˌsemiˈk-/ s ponto-e-vírgula ☞ Ver págs 298–9.

semi-detached /ˌsemi dɪˈtætʃt/ adj (GB) geminado: a semi-detached house uma casa geminada

seminar /ˈsemɪnɑːr/ s seminário (aula)

senate (tb **Senate**) /ˈsenət/ s [v sing ou pl] **1** (Pol) Senado **2** (Univ) junta administrativa **senator** (tb **Senator**) /ˈsenətər/ s (abrev **Sen.**) senador, -ora

send /send/ vt (pret, pp **sent** /sent/) **1** enviar, mandar: She was sent to bed without any supper. Ela foi mandada para a cama sem jantar. **2** fazer (com que): to send sb to sleep (GB) dar sono a alguém ◊ The story sent shivers down my spine. A estória me deu calafrios. ◊ to send sb mad (GB) enlouquecer alguém LOC Ver LOVE PHR V **to send for sb** chamar alguém, mandar buscar alguém **to send (off) for sth** pedir algo pelo correio/encomendar algo **to send sb in** enviar alguém (esp tropas, polícia, etc.) **to send sth in** enviar algo: I sent my application in last week. Enviei minha candidatura semana passada. **to send sth off 1** enviar algo pelo correio **2** despachar algo **to send sth out 1** (raios, etc.) emitir algo **2** (convites, etc.) enviar algo **to send sb/sth up** (GB, coloq) parodiar alguém/algo **sender** s remetente

senile /ˈsiːnaɪl/ adj senil **senility** /səˈnɪləti/ s senilidade

senior /ˈsiːniər/ ◆ adj **1** superior: senior partner sócio principal **2** (abrev **Sr.**) sênior: John Brown, Senior John Brown, sênior ◆ s mais velho: She is two years my senior. Ela é dois anos mais velha do que eu. **seniority** /ˌsiːniˈɔːrəti; GB -ˈɒr-/ s antiguidade (posição, anos, etc.)

senior citizen s idoso, -a

senior high school s segundo grau

sensation /senˈseɪʃn/ s sensação **sensational** adj **1** sensacional **2** (pej) sensacionalista

sense /sens/ ◆ s **1** sentido: sense of smell/touch/taste olfato/tato/paladar ◊ a sense of humor senso de humor ◊ It gives him a sense of security. Isso o faz se sentir seguro. **2** bom senso, sensatez: to come to your senses recobrar o juízo ◊ to make sb see sense trazer alguém à razão LOC **in a sense** de certo modo **to make sense** fazer sentido **to make sense of sth** decifrar algo **to see sense** cair em si ◆ vt **1** sentir, perceber **2** (máquina) detectar

senseless /ˈsensləs/ adj **1** insensato **2** sem sentidos (inconsciente)

sensibility /ˌsensəˈbɪləti/ s sensibilidade

sensible /ˈsensəbl/ adj ☞ Comparar com SENSITIVE **1** sensato **2** (decisão) acertado **sensibly** adv **1** (comportar-se) com prudência **2** (vestir-se) adequadamente

sensitive /ˈsensətɪv/ adj ☞ Comparar com SENSIBLE **1** sensível: She's very sensitive to criticism. Ela é muito sensível à crítica. **2** (assunto, pele) delicado: sensitive documents documentos confidenciais **sensitivity** /ˌsensəˈtɪvəti/ s **1** sen-

i:	i	ɪ	e	æ	ɑ	ʌ	ʊ	u:
see	happy	sit	ten	hat	cot	cup	put	too

sibilidade **2** suscetibilidade **3** (*assunto, pele*) delicadeza

sensual /ˈsenʃuəl/ *adj* sensual **sensuality** /ˌsenʃuˈæləti/ *s* sensualidade

sensuous /ˈsenʃuəs/ *adj* sensual

sent *pret, pp de* SEND

sentence /ˈsentəns/ ◆ *s* **1** (*Gram*) frase, oração **2** sentença: *a life sentence* prisão perpétua ◆ *vt* sentenciar, condenar

sentiment /ˈsentɪmənt/ *s* **1** sentimentalismo **2** sentimento **sentimental** /ˌsentɪˈmentl/ *adj* **1** sentimental **2** melodramático **sentimentality** /ˌsentɪmenˈtæləti/ *s* sentimentalismo, melodrama

sentry /ˈsentri/ *s* (*pl* -**ies**) sentinela

separate /ˈseprət, ˈsepərɪt/ ◆ *adj* **1** separado **2** diferente: *It happened on three separate occasions.* Aconteceu em três ocasiões diferentes. ◆ /ˈsepəreɪt/ **1** *vt, vi* separar(-se) **2** *vt* dividir: *We separated the children into three groups.* Dividimos as crianças em três grupos. **separately** *adv* separadamente **separation** *s* separação

September /sepˈtembər/ *s* (*abrev* **Sept**) setembro ☞ *Ver nota e exemplos em* JANUARY

sequel /ˈsiːkwəl/ *s* **1** resultado **2** (*filme, livro, etc.*) continuação

sequence /ˈsiːkwəns/ *s* seqüência, série

serene /səˈriːn/ *adj* sereno

sergeant /ˈsɑːrdʒənt/ *s* sargento

serial /ˈsɪəriəl/ *s* seriado, série: *a radio serial* um seriado de rádio ☞ *Ver nota em* SERIES

series /ˈsɪəriːz/ *s* (*pl* **series**) **1** série **2** sucessão **3** (*Rádio, TV*) série, seriado

Em inglês utilizamos a palavra **series** para nos referirmos às séries que contam uma estória diferente a cada episódio, e **serial** quando se trata de uma única estória dividida em capítulos.

serious /ˈsɪəriəs/ *adj* **1** sério: *Is he serious (about it)?* Ele está falando sério? ◊ *to be serious about sth* levar algo a sério **2** (*doença, erro, crime*) grave **seriously** *adv* **1** a sério **2** gravemente **seriousness** *s* **1** seriedade **2** gravidade

sermon /ˈsɜːrmən/ *s* sermão

servant /ˈsɜːrvənt/ *s* **1** empregado, -a, serviçal **2** *Ver* CIVIL

serve /sɜːrv/ ◆ **1** *vt* ~ **sth** (**up**) (**to sb**) servir algo (a alguém) **2** *vi* ~ (**with sth**) servir (em algo): *He served with the eighth squadron.* Ele serviu no oitavo esquadrão. **3** *vt* (*cliente*) atender **4** *vt* (*pena*) cumprir **5** *vt, vi* ~ (**sth**) (**to sb**) (*jogo de raquete*) sacar (algo) (para alguém) LOC **to serve sb right**: *It serves them right!* Bem feito para eles. *Ver tb* FIRST PHR V **to serve sth out 1** servir algo **2** distribuir algo ◆ *s* saque: *Whose serve is it?* Quem é que saca?

service /ˈsɜːrvɪs/ ◆ *s* **1** serviço: *on active service* na ativa ◊ *10% extra for service* 10% a mais pelo serviço **2** culto: *morning service* culto matinal **3** (*de carro*) revisão **4** (*jogo de raquete*) saque ◆ *vt* fazer revisão

serviceman /ˈsɜːrvɪsmən/ *s* (*pl* -**men** /-men/) militar

service station *s* posto de gasolina

servicewoman /ˈsɜːrvɪswʊmən/ *s* (*pl* -**women**) militar

session /ˈseʃn/ *s* sessão

set¹ /set/ *s* **1** jogo: *a set of saucepans* um jogo de panelas **2** (*de pessoas*) círculo **3** (*Eletrôn*) aparelho **4** (*tênis*) partida, set **5** (*Teat*) cenário **6** (*Cinema*) set **7** *a shampoo and set* lavagem e penteado

set² /set/ (-**tt**-) (*pret, pp* **set**) **1** *vt* (*localizar*): *The movie is set in Austria.* O filme é ambientado na Áustria. **2** *vt* (*preparar*) colocar: *I set the alarm clock for seven.* Coloquei o despertador para as sete. ◊ *Did you set the VCR to record that movie?* Você programou o vídeo para gravar aquele filme? **3** *vt* (*fixar*) estabelecer: *She set a new world record.* Ela estabeleceu um novo recorde mundial. ◊ *They haven't set a date for their wedding yet.* Eles ainda não marcaram a data do casamento. ◊ *Can we set a limit to the cost of the trip?* Podemos estabelecer um limite para o custo da viagem? **4** *vt* (*mudança de estado*): *They set the prisoners free.* Libertaram os prisioneiros. ◊ *It set me thinking.* Isso me fez pensar. **5** *vt* (*mandar*) passar: *She set them a difficult task.* Ela deu uma tarefa difícil a eles. **6** *vi* (*sol*) pôr-se **7** *vi* solidificar-se, consolidar-se, endurecer: *Put the Jell-O in the fridge to set.* Ponha a gelatina na geladeira para que endureça. **8** *vt* (*formal*) pôr, colocar: *He set a bowl of soup in front of me.* Ele colocou um prato de sopa na minha

u	ɔː	ɜː	ə	j	w	eɪ	oʊ
situation	saw	fur	ago	yes	woman	pay	home

frente. **9** *vt* (*osso quebrado*) engessar **10** *vt* (*cabelo*) fazer **11** *vt* engastar LOC **to set a good/bad example (to sb)** dar bom/mau exemplo (a alguém) **to set a/ the trend** lançar moda **to set fire to sth/ to set sth on fire** botar fogo em algo **to set light to sth** botar fogo em algo **to set sail (to/for)** zarpar (rumo a) **to set sth alight** fazer algo pegar fogo **to set the scene (for sth) 1** descrever o cenário (de algo) **2** desencadear (algo) **to set your heart on (having/doing) sth** desejar (ter/fazer) algo ardentemente *Ver tb* BALL, MIND, MOTION, RECORD, RIGHT, WORK¹

PHR V **to set about (doing) sth** pôr-se a fazer algo

to set off partir: *to set off on a journey* partir de viagem **to set sth off 1** detonar algo **2** ocasionar algo

to set out 1 iniciar uma viagem **2** partir: *to set out from London* partir de Londres ◊ *They set out for Australia.* Partiram para a Austrália. **to set out to do sth** propor-se a fazer algo

to set sth up 1 erigir algo **2** montar algo

set³ /set/ *adj* **1** situado **2** determinado LOC **to be all set (for sth/to do sth)** estar preparado (para algo/para fazer algo) *Ver tb* MARK²

setting /ˈsetɪŋ/ *s* **1** armação **2** ambientação, cenário **3** [*sing*] (*do sol*) ocaso

settle /ˈsetl/ **1** *vi* estabelecer-se, ficar para morar **2** *vi* ~ **(on sth)** pousar (em algo) **3** *vt* (*estômago, nervos, etc.*) acalmar **4** *vt* ~ **sth (with sb)** (*disputa*) resolver algo (com alguém) **5** *vt* (*conta*) pagar **6** *vi* (*sedimento*) depositar(-se)

PHR V **to settle down** acalmar-se: *to marry and settle down* casar-se e tomar juízo **to settle for sth** aceitar algo **to settle in/into sth** adaptar(-se) a/com algo **to settle on sth** decidir-se por algo **to settle up (with sb)** acertar contas (com alguém) **settled** *adj* estável

settlement /ˈsetlmənt/ *s* **1** acordo **2** colonização, povoado

settler /ˈsetlər/ *s* colono, -a, colonizador, -ora

seven /ˈsevn/ *adj, pron, s* sete ☞ *Ver exemplos em* FIVE **seventh 1** *adj* sétimo **2** *pron, adv* o(s) sétimo(s), a(s) sétima(s) **3** *s* sétima parte, sétimo ☞ *Ver exemplos em* FIFTH

seventeen /ˌsevnˈtiːn/ *adj, pron, s*

dezessete ☞ *Ver exemplos em* FIVE

seventeenth 1 *adj* décimo sétimo **2** *pron, adv* o(s) décimo(s) sétimo(s), a(s) décima(s) sétima(s) **3** *s* décima sétima parte, dezessete avos ☞ *Ver exemplos em* FIFTH

seventy /ˈsevnti/ *adj, pron, s* setenta ☞ *Ver exemplos em* FIFTY, FIVE **seventieth 1** *adj, pron* septuagésimo **2** *s* septuagésima parte, setenta avos ☞ *Ver exemplos em* FIFTH

sever /ˈsevər/ *vt* (*formal*) **1** ~ **sth (from sth)** cortar algo (de algo) **2** (*relações*) romper

several /ˈsevrəl/ *adj, pron* vários

severe /sɪˈvɪər/ *adj* (**-er, -est**) **1** (*expressão, castigo*) severo **2** (*tempestade, geada*) forte **3** (*dor*) intenso

sew /soʊ/ *vt, vi* (*pret* **sewed** *pp* **sewn** /soʊn/ *ou* **sewed**) coser, costurar PHR V **to sew sth up** costurar algo: *to sew up a hole* cerzir um furo

sewage /ˈsuːɪdʒ; *GB* ˈsjuː-/ *s* [*não contável*] efluentes dos esgotos

sewer /ˈsuːər; *GB* ˈsjuː-/ *s* (cano de) esgoto

sewing /ˈsoʊɪŋ/ *s* costura

sewn *pp de* SEW

sex /seks/ *s* **1** sexo **2** relações sexuais: *to have sex (with sb)* ter relações sexuais (com alguém)

sexism /ˈseksɪzəm/ *s* sexismo

sexist /ˈseksɪst/ *adj, s* sexista

sexual /ˈsekʃuəl/ *adj* sexual: *sexual intercourse* relações sexuais **sexuality** /ˌsekʃuˈæləti/ *s* sexualidade

shabby /ˈʃæbi/ *adj* (**-ier, -iest**) **1** (*roupa*) surrado **2** (*coisas*) gasto, em mau estado **3** (*gente*) mal vestido **4** (*comportamento*) mesquinho

shack /ʃæk/ *s* cabana

shade /ʃeɪd/ ◆ *s* **1** sombra ☞ *Ver ilustração em* SOMBRA **2** abajur (*de lâmpada*) **3** persiana **4** (*cor*) tom **5** (*significado*) vestígio ◆ *vt* sombrear **shady** *adj* (**-ier, -iest**) sombreado

shadow /ˈʃædoʊ/ ◆ *s* **1** sombra ☞ *Ver ilustração em* SOMBRA **2 shadows** [*pl*] trevas ◆ *vt* seguir e vigiar secretamente ◆ *adj* (*Pol*) da oposição **shadowy** *adj* **1** (*lugar*) sombreado **2** (*fig*) indistinto

shaft /ʃæft; *GB* ʃɑːft/ *s* **1** dardo **2** haste **3** fuste **4** eixo **5** poço: *the elevator shaft*

aɪ	aʊ	ɔɪ	ɪə	eə	ʊə	ʒ	h	ŋ
f**i**ve	n**ow**	j**oi**n	n**ea**r	h**air**	p**ure**	vi**si**on	**h**ow	si**ng**

o poço do elevador **6** ~ **(of sth)** raio (de algo)

shaggy /ˈʃægi/ adj (-ier, -iest) peludo: *shaggy eyebrows* sobrancelhas cerradas ◊ *shaggy hair* cabelo desgrenhado

shake /ʃeɪk/ ♦ (pret **shook** /ʃʊk/ pp **shaken** /ˈʃeɪkən/) **1** vt ~ **sb/sth (about/around)** sacudir, agitar alguém/algo **2** vi tremer **3** vt ~ **sb (up)** perturbar alguém LOC **to shake sb's hand/shake hands (with sb)/shake sb by the hand** apertar a mão de alguém **to shake your head** negar com a cabeça PHR V **to shake sb off** livrar-se de alguém **to shake sb up** dar uma sacudida em alguém **to shake sth up** agitar algo ♦ s [ger sing] sacudida: *a shake of the head* uma negação com a cabeça **shaky** adj (-ier, -iest) **1** trêmulo **2** pouco firme

shall /ʃəl, ʃæl/ (contração 'll neg shall not ou shan't /ʃænt; GB ʃɑːnt/) ♦ v aux (esp GB) para formar o futuro: *As we shall see…* Como veremos… ◊ *I shall tell her tomorrow.* Direi a ela amanhã.

Shall e will são usados para formar o futuro em inglês. Utiliza-se **shall** com a primeira pessoa do singular e do plural, **I** e **we**, e **will** com as demais pessoas. Mas, em inglês falado, tende-se a utilizar **will** (ou **'ll**) com todos os pronomes.

♦ v modal

Shall é um verbo modal, seguido de infinitivo sem TO. As orações interrogativas e negativas se constroem sem o auxiliar do.

1 (formal) (vontade, determinação): *I shan't go.* Não irei. ☞ Neste sentido, **shall** é mais formal do que **will**, especialmente quando se usa com pronomes que não sejam *I* e *we*. **2** (oferta, sugestão): *Shall we pick you up?* Vamos te buscar? ☞ Nos Estados Unidos usa-se **should** em vez de **shall** neste sentido.

shallow /ˈʃæloʊ/ adj (-er, -est) **1** (água) raso **2** (pej) (pessoa) superficial

shambles /ˈʃæmblz/ s [sing] (coloq) confusão: *to be (in) a shambles* estar numa confusão só

shame /ʃeɪm/ ♦ s **1** vergonha **2** desonra **3 a shame** (coloq) uma pena: *What a shame!* Que pena! LOC **to put sb/sth to shame** deixar alguém/algo em situação constrangedora Ver tb CRY ♦ vt **1** envergonhar **2** desonrar

shameful /ˈʃeɪmfl/ adj vergonhoso

shameless /ˈʃeɪmləs/ adj descarado, sem-vergonha

shampoo /ʃæmˈpuː/ ♦ s (pl -oos) xampu ♦ vt (pret, pp -ooed part pres -oing) lavar com xampu

shan't /ʃænt; GB ʃɑːnt/ = SHALL NOT Ver SHALL

shanty town /ˈʃænti taʊn/ s favela

shape /ʃeɪp/ ♦ s **1** forma **2** figura LOC **in any shape (or form)** (coloq) de qualquer tipo **in shape** em forma **out of shape 1** deformado **2** fora de forma **to give shape to sth** (fig) moldar algo **to take shape** tomar forma, concretizar-se ♦ vt **1** ~ **sth (into sth)** dar forma (de algo) a algo **2** formar **shapeless** adj sem forma definida

share /ʃeər/ ♦ s **1** ~ **(in/of sth)** parte (em/de algo) **2** (Fin) ação LOC Ver FAIR ♦ **1** vt ~ **sth (out) (among/between sb)** repartir algo (entre/com alguém) **2** vt, vi ~ **(sth) (with sb)** compartilhar (algo) (com alguém)

shareholder /ˈʃeərhoʊldər/ s acionista

shark /ʃɑrk/ s tubarão

sharp /ʃɑrp/ ♦ adj (-er, -est) **1** (faca) afiado **2** (curva) fechado **3** (subida) acentuado **4** nítido **5** (som) agudo **6** (sabor) ácido **7** (cheiro) acre **8** (vento) cortante **9** (dor) agudo **10** (pessoa) pouco escrupuloso **11** (Mús) sustenido ♦ s sustenido ☞ Comparar com FLAT ♦ adv (coloq) em ponto: *at two o'clock sharp* às duas horas em ponto **sharpen 1** vt, vi afiar(-se) **2** vt (lápis) apontar

shatter /ˈʃætər/ vt, vi **1** despedaçar(-se) **2** vt destruir **shattering** adj avassalador

shave /ʃeɪv/ **1** vt, vi barbear(-se) **2** vt (corpo) rapar LOC Ver CLOSE[1]

she /ʃiː/ ♦ pron pess ela (também se usa em relação a carros, barcos ou países): *She didn't come.* Ela não veio. ☞ O pron pess não pode ser omitido em inglês. Comparar com HER ♦ s fêmea: *Is it a he or a she?* É macho ou fêmea?

shear /ʃɪər/ vt (pret **sheared** pp **shorn** /ʃɔːrn/ ou **sheared**) **1** (ovelha) tosquiar **2** cortar **shears** /ʃɪəz/ s [pl] tesoura de jardim

sheath /ʃiːθ/ s (pl ~s /ʃiːðz/) bainha

tʃ	dʒ	v	θ	ð	s	z	ʃ
chin	**June**	**van**	**thin**	**then**	**so**	**zoo**	**she**

she'd /ʃiːd/ **1** = SHE HAD *Ver* HAVE **2** = SHE WOULD *Ver* WOULD

shed¹ /ʃed/ *s* barracão

shed² /ʃed/ *vt* (**-dd-**) (*pret, pp* **shed**) **1** (*folhas*) perder **2** (*a pele*) mudar **3** (*formal*) (*sangue ou lágrimas*) derramar **4** ~ **sth** (**on sb/sth**) (*luz*) lançar, espalhar algo (sobre alguém/algo)

sheep /ʃiːp/ *s* (*pl* **sheep**) ovelha *Ver tb* EWE, RAM ☛ *Ver nota em* CARNE **sheepish** *adj* tímido, encabulado

sheer /ʃɪər/ *adj* **1** (*absoluto*) puro **2** (*tecido*) diáfano, translúcido **3** (*quase vertical*) íngreme

sheet /ʃiːt/ *s* **1** (*para cama*) lençol **2** (*de papel*) folha **3** (*de vidro, metal*) chapa

sheikh /ʃeɪk/ *s* xeque

shelf /ʃelf/ *s* (*pl* **shelves** /ʃelvz/) estante, prateleira

she'll /ʃiːl/ = SHE WILL *Ver* WILL

shell¹ /ʃel/ *s* **1** (*de molusco*) concha **2** (*de ovo, noz*) casca ☛ *Ver nota em* PEEL **3** (*de tartaruga, crustáceo, inseto*) carapaça **4** (*de barco*) casco **5** (*de edifício*) estrutura

shell² /ʃel/ ◆ *s* obus, granada ◆ *vt* bombardear

shellfish /ˈʃelfɪʃ/ *s* (*pl* **shellfish**) **1** (*Zool*) crustáceo **2** (*como alimento*) marisco

shelter /ˈʃeltər/ ◆ *s* **1** ~ (**from sth**) abrigo, refúgio (contra algo): *to take shelter* refugiar-se **2** (*lugar*) refúgio ◆ **1** *vt* ~ **sb/sth** (**from sb/sth**) proteger, abrigar alguém/algo (de/contra alguém/algo) **2** *vi* ~ (**from sth**) refugiar-se, abrigar-se (de/contra algo) **sheltered** *adj* **1** (*lugar*) abrigado **2** (*vida*) protegido

shelve /ʃelv/ *vt* engavetar

shelves *plural de* SHELF

shelving /ˈʃelvɪŋ/ *s* prateleiras

shepherd /ˈʃepərd/ *s* pastor

sheriff /ˈʃerəf/ *s* xerife

sherry /ˈʃeri/ *s* (*pl* **-ies**) xerez

she's /ʃiːz/ **1** = SHE IS *Ver* BE **2** = SHE HAS *Ver* HAVE

shield /ʃiːld/ ◆ *s* escudo ◆ *vt* ~ **sb/sth** (**from sb/sth**) proteger alguém/algo (de/contra alguém/algo)

shift /ʃɪft/ ◆ **1** *vi* mover-se, mudar de posição, de lugar: *She shifted uneasily in her seat.* Pouco à vontade, ela mudou de posição na cadeira. **2** *vt* mover, mudar de lugar ◆ *s* **1** mudança: *a shift in public opinion* uma mudança na opinião pública **2** (*trabalho*) turno

shifty /ˈʃɪfti/ *adj* (**-ier, -iest**) duvidoso

shilling /ˈʃɪlɪŋ/ *s* xelim

shimmer /ˈʃɪmər/ *vi* **1** (*água, seda*) brilhar **2** (*luz*) bruxulear **3** (*luz em água*) tremeluzir

shin /ʃɪn/ *s* **1** canela (*da perna*) **2** (*tb* **shin-bone**) tíbia

shine /ʃaɪn/ ◆ (*pret, pp* **shone** /ʃɒn; *GB* ʃɒn/) **1** *vi* brilhar: *His face shone with excitement.* O rosto dele irradiava entusiasmo. **2** *vt* iluminar com uma lanterna **3** *vi* ~ **at/in sth** brilhar: *She's always shone at languages.* Ela sempre se destacou em idiomas. ◆ *s* brilho

shingle /ˈʃɪŋɡl/ *s* **1** telha de madeira **2** seixos

shiny /ˈʃaɪni/ *adj* (**-ier, -iest**) brilhante, reluzente

ship /ʃɪp/ ◆ *s* barco, navio: *The captain went on board ship.* O capitão subiu a bordo. ◊ *to launch a ship* lançar um navio à água ◊ *a merchant ship* um navio mercante ☛ *Ver nota em* BOAT ◆ *vt* (**-pp-**) enviar (por via marítima)

shipbuilding /ˈʃɪpbɪldɪŋ/ *s* construção naval

shipment /ˈʃɪpmənt/ *s* carregamento

shipping /ˈʃɪpɪŋ/ *s* navegação, navios: *shipping lane/route* via/rota de navegação

shipwreck /ˈʃɪprek/ ◆ *s* naufrágio ◆ *vt*: *to be shipwrecked* naufragar

shirt /ʃɜːt/ *s* camisa

shiver /ˈʃɪvər/ ◆ *vi* **1** ~ (**with sth**) arrepiar-se (de/com algo) **2** estremecer ◆ *s* calafrio

shoal /ʃəʊl/ *s* cardume

shock /ʃɒk/ ◆ *s* **1** choque **2** (*tb* **electric shock**) choque elétrico **3** (*Med*) choque ◆ **1** *vt* chocar, transtornar **2** *vt, vi* escandalizar(-se) **shocking** *adj* **1** chocante **2** (*coloq*) horrível, péssimo

shod *pret, pp de* SHOE

shoddy /ˈʃɒdi/ *adj* (**-ier, -iest**) **1** (*produto*) de má qualidade **2** (*trabalho*) mal feito

shoe /ʃuː/ ◆ *s* **1** sapato: *shoe shop* sapataria ◊ *shoe polish* graxa ◊ *What shoe size do you wear?* Que número você calça? ☛ *Ver nota em* PAIR **2** *Ver* HORSESHOE ◆ *vt* (*pret, pp* **shod** /ʃɒd/) (*cavalo*) ferrar

shoelace /ˈʃuːleɪs/ (*GB*) *s Ver* SHOESTRING

i:	i	ɪ	e	æ	ɑ	ʌ	ʊ	uː
see	happy	sit	ten	hat	cot	cup	put	too

shoestring /'ʃuːstrɪŋ/ s (GB **shoelace**) cadarço LOC **on a shoestring** (tb GB) com muito pouco dinheiro

shone pret, pp de SHINE

shook pret de SHAKE

shoot /ʃuːt/ ◆ (pret, pp **shot** /ʃɑt/) **1** vt disparar: to shoot rabbits caçar coelhos ◊ She was shot in the leg. Ela levou um tiro na perna. ◊ to shoot sb dead matar alguém a tiros **2** vi ~ **at sb/sth** atirar em/contra alguém/algo **3** vt fuzilar **4** vt (olhar) lançar **5** vt (filme) filmar **6** vi ~ **along, past, out, etc.** ir, passar, sair, etc., disparado **7** vi (Esporte) chutar PHR V **to shoot sb down** matar alguém (a tiro) **to shoot sth down** abater algo (a tiro) **to shoot up 1** (preços) disparar **2** (planta, criança) crescer rapidamente ◆ s (Bot) broto

shop /ʃɑp/ ◆ s **1** (GB) (USA **store**) loja: a clothes shop uma loja de roupa ◊ I'm going to the shops. Vou fazer compras. **2** Ver WORKSHOP LOC Ver TALK ◆ vi (-pp-) ir às compras, fazer compras: to shop for sth procurar algo (nas lojas) PHR V **to shop around** (coloq) ver o que há (nas lojas), comparar preços

shop assistant s vendedor, -ora

shopkeeper /'ʃɑpkiːpər/ (USA tb **storekeeper**) s comerciante, lojista

shoplifting /'ʃɑplɪftɪŋ/ s furto (em loja): She was charged with shoplifting. Ela foi acusada de ter roubado da loja. **shoplifter** s ladrão, ladra de lojas ☞ Ver nota em THIEF

shopper /'ʃɑpər/ s comprador, -ora

shopping /'ʃɑpɪŋ/ s compra(s): to do the shopping fazer compras ◊ She's gone shopping. Ela foi às compras. ◊ shopping bag sacola de compras

shopping cart s carrinho de compras

shopping center (tb **shopping mall**) s centro comercial

shore /ʃɔːr/ s **1** costa: to go on shore desembarcar **2** orla (de mar, lago): on the shore(s) of Loch Ness nas margens do lago Ness ☞ Comparar com BANK¹

shorn pp de SHEAR

short¹ /ʃɔːrt/ adj (-er, -est) **1** (cabelo, vestido) curto **2** (pessoa) baixo **3** I was only there for a short while. Estive ali só um instante. ◊ a short time ago há pouco tempo **4** ~ **(of sth)** com falta de algo: Water is short. Está faltando água. ◊ I'm a bit short on time just now. Neste

exato momento estou um pouco sem tempo. ◊ I'm $5 short. Faltam-me cinco dólares. **5** ~ **for sth**: Ben is short for Benjamin. Ben é o diminutivo de Benjamin. LOC **for short** para abreviar: He's called Ben for short. A gente o chama de Ben para abreviar. **in short** em resumo **to get/receive short shrift** ser tratado com brusquidão, ser despachado sem maiores cerimônias **to have a short temper** ser irritadiço Ver tb BREATH, TERM

short² /ʃɔːrt/ ◆ adv Ver CUT, FALL, STOP ◆ s **1** Ver SHORT-CIRCUIT **2** (Cinema) curta-metragem

shortage /'ʃɔːrtɪdʒ/ s escassez

short-circuit /,ʃɔːrt 'sɜːrkɪt/ ◆ **1** vi ter um curto-circuito **2** vt causar um curto-circuito ◆ s (tb coloq **short**) curto-circuito

shortcoming /'ʃɔːrtkʌmɪŋ/ s deficiência: severe shortcomings in police tactics falhas graves nas táticas policiais

short cut s atalho: He took a short cut through the park. Ele tomou um atalho pelo parque.

shorten /'ʃɔːrtn/ vt, vi encurtar(-se)

shorthand /'ʃɔːrthænd/ s taquigrafia

shortlist /'ʃɔːrtlɪst/ s lista final de candidatos

short-lived /,ʃɔːrt 'lɪvd, -laɪvd/ adj de curta duração

shortly /'ʃɔːrtli/ adv **1** dentro em pouco **2** pouco: shortly afterwards pouco depois

shorts /ʃɔːrts/ s [pl] **1** calça curta, short **2** (USA) cuecas ☞ Ver nota em PAIR

short-sighted /,ʃɔːrt 'saɪtɪd/ adj **1** (USA **nearsighted**) míope **2** (fig) imprudente

short-term /'ʃɔːrt tɜːrm/ adj a curto prazo: short-term plans planos de curto prazo

shot¹ /ʃɑt/ s **1** tiro **2** tentativa: to have a shot at (doing) sth experimentar algo/fazer algo **3** (Esporte) tacada **4** the shot [sing] (Esporte): to put the shot lançar o peso **5** (Fot) foto **6** (coloq) injeção, pico LOC Ver BIG

shot² pret, pp de SHOOT

shotgun /'ʃɑtgʌn/ s espingarda

should /ʃəd, ʃʊd/ v modal (neg **should not** ou **shouldn't** /'ʃʊdnt/)

u	ɔː	ɜː	ə	j	w	eɪ	oʊ
sit**u**ation	s**aw**	f**ur**	**a**go	**y**es	**w**oman	p**ay**	h**o**me

Should é um verbo modal, seguido de infinitivo sem TO. As orações interrogativas e negativas se constroem sem o auxiliar *do*.

1 (*sugestões e conselhos*) dever: *You shouldn't drink and drive.* Você não deveria dirigir depois de beber. ☞ *Comparar com* MUST **2** (*probabilidade*) dever: *They should be there by now.* Eles já devem ter chegado. **3** *How should I know?* E como é que eu posso saber? **4** (*GB* shall): *Should we pick you up?* Vamos te buscar?

shoulder /ˈʃoʊldər/ ♦ *s* ombro LOC *Ver* CHIP ♦ *vt* arcar com

shoulder blade *s* omoplata

shout /ʃaʊt/ ♦ *s* grito ♦ *vt, vi* ~ (**sth**) (**out**) (**at/to sb**) gritar (algo) (a/para alguém) PHR V **to shout sb down** fazer alguém calar com gritos

Quando utilizamos **to shout** com **at sb**, o verbo tem o sentido de *repreender*, mas quando o utilizamos com **to sb**, tem o sentido de *dizer aos gritos*: *Don't shout at him, he's only little.* Não grite com ele, é muito pequeno. ◊ *She shouted the number out to me from the car.* Do carro, ela me gritou o número.

shove /ʃʌv/ ♦ **1** *vt, vi* empurrar **2** *vt* (*coloq*) meter ♦ *s* [*ger sing*] empurrão

shovel /ˈʃʌvl/ ♦ *s* pá ♦ *vt* (-l-, *GB* -ll-) (re)mover com pá

show /ʃoʊ/ ♦ *s* **1** espetáculo, função **2** exposição, feira **3** demonstração, alarde: *a show of force* uma demonstração de força ◊ *to make a show of sth* fazer alarde de algo LOC **for show** para impressionar **on show** em exposição ♦ (*pret* showed *pp* shown /ʃoʊn/ *ou* showed) **1** *vt* mostrar, ensinar **2** *vi* ver-se, notar-se **3** *vt* demonstrar **4** *vt* (*filme*) passar **5** *vt* (*Arte*) expor LOC *Ver* ROPE PHR V **to show off (to sb)** (*coloq, pej*) exibir-se (para alguém) **to show sb/sth off** (*aprov*) exibir alguém/algo **to show up** (*coloq*) aparecer **to show sb up** (*coloq*) envergonhar alguém

show business *s* mundo do espetáculo

showdown /ˈʃoʊdaʊn/ *s* confrontação

shower /ˈʃaʊər/ ♦ *s* **1** aguaceiro, chuvarada **2** ~ (**of sth**) chuva (de algo) **3** ducha: *to take a shower* tomar um banho de chuveiro **4** chá de cozinha ♦ *vt* ~ **sb with sth** (*fig*) cumular alguém de algo

showing /ˈʃoʊɪŋ/ *s* exibição

shown *pp de* SHOW

showroom /ˈʃoʊruːm/ *s* sala de exposição

shrank *pret de* SHRINK

shrapnel /ˈʃræpnəl/ *s* metralha

shred /ʃred/ ♦ *s* **1** (*de verduras*) tira **2** (*de tabaco*) filamento **3** (*de tecido*) retalho **4** ~ **of sth** (*fig*) sombra de algo ♦ *vt* (-dd-) cortar em tiras

shrewd /ʃruːd/ *adj* (-er, -est) **1** astuto, perspicaz **2** (*decisão*) inteligente, acertado

shriek /ʃriːk/ ♦ *vt, vi* ~ (**with sth**) gritar, guinchar (algo): *to shriek with laughter* rir às gargalhadas ♦ *s* guincho

shrift /ʃrɪft/ *s* Ver SHORT¹

shrill /ʃrɪl/ *adj* (-er, -est) **1** agudo, esganiçado **2** (*protesto*) estridente

shrimp /ʃrɪmp/ *s* camarão

shrine /ʃraɪn/ *s* **1** santuário **2** sepulcro

shrink /ʃrɪŋk/ *vt, vi* (*pret* shrank /ʃræŋk/ *ou* shrunk /ʃrʌŋk/ *pp* shrunk) encolher(-se), reduzir(-se) PHR V **to shrink from sth/doing sth** esquivar-se de algo/fazer algo

shrivel /ˈʃrɪvl/ *vt, vi* (-l-, *GB* -ll-) ~ (**up**) **1** secar (algo), murchar (algo) **2** enrugar algo/enrugar-se

shroud /ʃraʊd/ ♦ *s* **1** mortalha **2** ~ (**of sth**) (*fig*) manto, véu (de algo) ♦ *vt* ~ **sth in sth** envolver algo em algo: *shrouded in secrecy* rodeado do maior segredo

shrub /ʃrʌb/ *s* arbusto ☞ *Comparar com* BUSH

shrug /ʃrʌg/ ♦ *vt, vi* (-gg-) ~ (**your shoulders**) encolher os ombros PHR V **to shrug sth off** não dar importância a algo ♦ *s* encolher de ombros

shrunk *pret, pp de* SHRINK

shudder /ˈʃʌdər/ ♦ *vi* **1** ~ (**with sth**) estremecer (de/com algo) **2** sacudir ♦ *s* **1** estremecimento, arrepio **2** sacudida

shuffle /ˈʃʌfl/ **1** *vt, vi* (*baralho*) embaralhar ☞ *Ver nota em* BARALHO **2** *vt* ~ **your feet** arrastar os pés **3** *vi* ~ (**along**) andar arrastando os pés

shun /ʃʌn/ *vt* (-nn-) evitar

shut /ʃʌt/ ♦ *vt, vi* (-tt-) (*pret, pp* shut) fechar(-se) LOC *Ver* CLICK PHR V **to shut sb/sth away** encerrar

aɪ	aʊ	ɪc	ɪə	eə	ʊə	ʒ	h	ŋ
five	now	join	near	hair	pure	vision	how	sing

alguém/algo

to shut (sth) down fechar (algo)

to shut sth in sth trancar algo em algo

to shut sth off cortar algo (*fornecimento*) **to shut sb/sth off (from sth)** isolar alguém/algo (de algo)

to shut sb/sth out (of sth) excluir alguém/algo (de algo)

to shut up (*coloq*) calar(-se) **to shut sb up** (*coloq*) mandar alguém calar **to shut sth up** fechar algo **to shut sb/sth up (in sth)** trancar alguém/algo (em algo)

◆ *adj* [*usa-se sempre depois do verbo*] fechado: *The door was shut.* A porta estava fechada. ☞ *Comparar com* CLOSED *em* CLOSE²

shutter /'ʃʌtər/ *s* **1** veneziana **2** (*Fot*) obturador

shuttle /'ʃʌtl/ *s* **1** lançadeira **2** *shuttle service* ponte (aérea, rodoviária) **3** (*tb* space shuttle) ônibus espacial

shy /ʃaɪ/ ◆ *adj* (**shyer, shyest**) tímido: *to be shy of sb/sth* ser acanhado com alguém/algo ◆ *vi* (*pret, pp* shied /ʃaɪd/) **to shy (at sth)** (*cavalo*) espantar-se com algo PHR V **to shy away from sth/doing sth** evitar algo/fazer algo por medo ou timidez **shyness** *s* timidez

sick /sɪk/ ◆ *adj* (**-er, -est**) **1** (*GB tb* ill) doente: *to be out sick* faltar ao trabalho por motivo de doença **2** enjoado **3** ~ **of sb/sth/doing sth** (*coloq*) farto de alguém/algo/fazer algo **4** (*coloq*) mórbido LOC **to be sick** (*GB*) vomitar **to be sick to death of/sick and tired of sb/sth** (*coloq*) estar (com alguém/algo) até a raiz dos cabelos **to make sb sick** deixar alguém doente ◆ *s* (*GB, coloq*) vômito **sicken** *vt* enojar **sickening** *adj* **1** repugnante **2** irritante

sickly /'sɪkli/ *adj* (**-ier, -iest**) **1** doentio **2** (*gosto, odor*) enjoativo

sickness /'sɪknəs/ *s* **1** doença **2** náusea

side /saɪd/ ◆ *s* **1** lado: *on the other side* do outro lado **2** lado: *to sit at/by sb's side* sentar(-se) ao lado de alguém **3** (*de uma casa*) fachada lateral: *a side door* uma porta lateral **4** (*de uma montanha*) encosta **5** (*de um lago*) beira **6** (*Anat*) (*de uma pessoa*) flanco **7** (*de um animal*) ilharga **8** parte: *to change sides* mudar de lado ◊ *to be on our side* estar do nosso lado ◊ *Whose side are you on?* De que lado você está? **9** (*GB, Esporte*) (*USA* team) equipe **10** aspecto: *the dif-*

ferent sides of a question os diferentes aspectos de uma questão LOC **on/from all sides**; **on/from every side** por/de todos os lados, por/de toda parte **side by side** lado a lado **to get on the right/ wrong side of sb** conquistar/não conquistar a simpatia de alguém **to put sth on/to one side** deixar algo de lado **to take sides (with sb)** tomar o partido (de alguém) *Ver tb* LOOK¹, SAFE¹ ◆ PHR V **to side with/against sb** pôr-se ao lado de/contra alguém

sideboard /'saɪdbɔːrd/ *s* aparador

side effect *s* efeito colateral

side street *s* rua transversal

sidetrack /'saɪdtræk/ *vt* desviar do assunto principal

sidewalk /'saɪdwɔːk/ *s* (*GB* pavement) calçada

sideways /'saɪdweɪz/ *adv, adj* **1** de lado **2** (*olhar*) de soslaio

siege /siːdʒ/ *s* **1** sítio **2** cerco policial

sieve /sɪv/ ◆ *s* peneira ◆ *vt* peneirar

sift /sɪft/ *vt* **1** peneirar **2** ~ (**through**) **sth** (*fig*) examinar algo minuciosamente

sigh /saɪ/ ◆ *vi* suspirar ◆ *s* suspiro

sight /saɪt/ *s* **1** vista: *to have poor sight* ter a vista curta **2** **the sights** [*pl*] os lugares de interesse LOC **at/on sight** no ato **in sight** à vista **out of sight, out of mind** o que os olhos não vêem, o coração não sente *Ver tb* CATCH, LOSE, PRETTY

sightseeing /'saɪtsiːɪŋ/ *s* turismo

sign¹ /saɪn/ *s* **1** signo: *the signs of the Zodiac* os signos do Zodíaco **2** (*tráfego*) sinal de trânsito, placa **3** sinal: *to make a sign at sb* fazer um sinal a alguém **4** ~ (**of sth**) sinal, indício (de algo): *a good/ bad sign* um bom/mau sinal ◊ *There are signs that…* Há indícios de que… **5** ~ (**of sth**) (*Med*) sintoma (de algo)

sign² /saɪn/ *vt, vi* assinar PHR V **to sign sb up** contratar alguém **to sign up (for sth) 1** inscrever-se (em algo) **2** associar-se (a algo)

signal /'sɪgnəl/ ◆ *s* sinal ◆ *vt, vi* (**-l-,** *GB* **-ll-**) **1** fazer sinal: *to signal (to) sb to do sth* fazer sinal a alguém para que faça algo **2** mostrar: *to signal your discontent* dar mostra de descontentamento

signature /'sɪgnətʃər/ *s* assinatura

tʃ	dʒ	v	θ	ð	s	z	ʃ
chin	**June**	**van**	**thin**	**then**	**so**	**zoo**	**she**

significant /sɪgˈnɪfɪkənt/ adj significativo **significance** s **1** significação **2** significado **3** importância

signify /ˈsɪgnɪfaɪ/ vt (pret, pp -fied) **1** significar **2** indicar

sign language s linguagem de sinais

signpost /ˈsaɪmpəʊst/ s poste de sinalização

silence /ˈsaɪləns/ ◆ s, interj silêncio ◆ vt silenciar

silent /ˈsaɪlənt/ adj **1** silencioso **2** calado **3** (filme) mudo

silhouette /ˌsɪluˈet/ ◆ s silhueta ◆ vt LOC **to be silhouetted (against sth)** estar em silhueta (contra algo)

silk /sɪlk/ s seda **silky** adj (-ier, -iest) sedoso

sill /sɪl/ s (de janela) parapeito

silly /ˈsɪli/ adj (-ier, -iest) **1** tolo: That was a very silly thing to say. Você disse uma bobagem muito grande. ☛ Ver nota em TOLO **2** ridículo: to feel/look silly sentir-se/parecer ridículo

silver /ˈsɪlvər/ ◆ s **1** prata: silver paper papel prateado ◊ silver-plated banhado a prata **2** moedas (de prata) **3** prataria LOC Ver WEDDING ◆ adj **1** de prata **2** (cor) prateado **silvery** adj prateado

similar /ˈsɪmɪlər/ adj ~ (to sb/sth) semelhante (a alguém/algo) **similarity** /ˌsɪməˈlærəti/ s (pl -ies) semelhança **similarly** adv **1** de maneira semelhante **2** (também) do mesmo modo, igualmente

simile /ˈsɪməli/ s comparação

simmer /ˈsɪmər/ vt, vi cozinhar em fogo brando

simple /ˈsɪmpl/ adj (-er, -est) **1** simples **2** (pessoa) tolo, ingênuo

simplicity /sɪmˈplɪsəti/ s simplicidade

simplify /ˈsɪmplɪfaɪ/ vt (pret, pp -fied) simplificar

simplistic /sɪmˈplɪstɪk/ adj simplista

simply /ˈsɪmpli/ adv **1** simplesmente, absolutamente **2** de maneira simples, modestamente **3** meramente

simulate /ˈsɪmjuleɪt/ vt simular

simultaneous /ˌsaɪmlˈteɪniəs; GB ˌsɪm-/ adj ~ (with sth) simultâneo (a algo) **simultaneously** adv simultaneamente

sin /sɪn/ ◆ s pecado ◆ vi (-nn-) **to sin (against sth)** pecar (contra algo)

since /sɪns/ ◆ conj **1** desde que: How long has it been since we visited your mother? Quanto tempo faz desde que visitamos a sua mãe? **2** visto que ◆ prep desde: It was the first time they'd won since 1974. Foi a primeira vez que ganharam desde 1974.

Tanto **since** quanto **from** são traduzidos por "desde", e são usados para especificar o ponto de partida da ação do verbo. Usa-se **since** quando a ação se estende no tempo até o momento presente: She has been here since three. Ela está aqui desde as três horas. Usa-se **from** quando a ação já terminou ou ainda não teve início: I was there from three until four. Estive lá desde às três até às quatro. ◊ I'll be there from three. Estarei lá a partir das três horas. Ver nota em FOR 3.

◆ adv desde então: We haven't heard from him since. Desde então, não tivemos mais notícias dele.

sincere /sɪnˈsɪər/ adj sincero **sincerely** adv sinceramente LOC Ver YOURS **sincerity** /sɪnˈserəti/ s sinceridade

sinful /ˈsɪnfl/ adj **1** pecador **2** pecaminoso

sing /sɪŋ/ vt, vi (pret sang /sæŋ/ pp sung /sʌŋ/) ~ (sth) (for/to sb) cantar (algo) (para alguém) **singer** s cantor, -ora **singing** s canto, cantar

single /ˈsɪŋgl/ ◆ adj **1** só, único: every single day cada dia **2** (cama) de solteiro **3** (GB) (USA one-way) (passagem) de ida ☛ Comparar com ROUND TRIP TICKET **4** solteiro: single parent mãe solteira/pai solteiro LOC **in single file** em fila indiana Ver tb BLOW ◆ s **1** (GB) passagem de ida **2** (disco) compacto ☛ Comparar com ALBUM **3** singles [pl] (Esporte) individuais ◆ PHR V **to single sb/sth out (for sth)** escolher alguém/algo (para algo)

single-handedly /ˌsɪŋgl ˈhændɪdli/ (tb **single-handed**) adv sem ajuda

single-minded /ˌsɪŋgl ˈmaɪndɪd/ adj decidido, tenaz

singular /ˈsɪŋgjələr/ ◆ adj **1** (Gram) singular **2** extraordinário, singular ◆ s: in the singular no singular

sinister /ˈsɪnɪstər/ adj sinistro, ameaçador

sink /sɪŋk/ ◆ (pret sank /sæŋk/ pp sunk /sʌŋk/) **1** vt, vi afundar(-se) **2** vi baixar **3** vi (sol) ocultar-se **4** vt (coloq)

i:	i	ɪ	e	æ	ɑ	ʌ	ʊ	u:
see	happy	sit	ten	hat	cot	cup	put	too

(*planos*) arruinar LOC **to be sunk in sth** estar mergulhado em algo *Ver tb* HEART PHR V **to sink in 1** (*líquido*) absorver **2** *It hasn't sunk in yet that…* Ainda não me entrou na cabeça que… **to sink into sth 1** (*líquido*) penetrar em algo **2** (*fig*) mergulhar em algo **to sink sth into sth** cravar algo em algo (*dentes, punhal*) ♦ *s* **1** (*USA*) lavabo ☛ *Comparar com* WASHBASIN **2** (**kitchen**) **sink** pia

sinus /ˈsaɪnəs/ *s* seio (*de osso da cabeça*)

sip /sɪp/ ♦ *vt, vi* (-pp-) bebericar ♦ *s* gole

sir /sɜːr/ *s* **1** *Yes, sir* Sim, senhor **2 Sir:** *Dear Sir* Prezado Senhor **3 Sir** /sər/: *Sir Laurence Olivier*

siren /ˈsaɪrən/ *s* sirene (*de polícia, ambulância*)

sister /ˈsɪstər/ *s* **1** irmã **2** (*GB, Med*) enfermeira-chefe **3 Sister** (*Relig*) irmã **4** *sister ship* navio gêmeo ◊ *sister organization* organização congênere

sister-in-law /ˈsɪstər ɪn lɔː/ *s* (*pl* **-ers-in-law**) cunhada

sit /sɪt/ (-tt-) (*pret, pp* **sat** /sæt/) **1** *vi* sentar(-se), estar sentado **2** *vt* **to sit sb** (**down**) sentar alguém **3** *vi* **to sit** (**for sb**) (*Arte*) posar (para alguém) **4** *vi* (*parlamento*) permanecer em sessão **5** *vi* (*comitê*) reunir-se **6** *vi* (*objeto*) estar **7** *vt* (*GB*) (*exame*) fazer

PHR V **to sit around** não fazer nada: *to sit around doing nothing* passar o dia sentado, sem fazer nada

to sit back acomodar-se, relaxar

to sit (**yourself**) **down** sentar-se

to sit up 1 endireitar-se na cadeira **2** passar a noite acordado

site /saɪt/ *s* **1** local: *construction site* terreno de construção **2** (*de acontecimento*) lugar

sitting /ˈsɪtɪŋ/ *s* **1** sessão **2** (*para comer*) turno

sitting room (*esp GB*) *Ver* LIVING ROOM

situated /ˈsɪtʃueɪtɪd/ *adj* situado, localizado

situation /ˌsɪtʃuˈeɪʃn/ *s* **1** situação **2** (*GB, formal*): *situations vacant* vagas para emprego

six /sɪks/ *adj, pron, s* seis ☛ *Ver exemplos em* FIVE **sixth 1** *adj* sexto **2** *pron, adv* o(s) sexto(s), a(s) sexta(s) **3** *s* sexta parte, sexto ☛ *Ver exemplos em* FIFTH

sixteen /ˌsɪksˈtiːn/ *adj, pron, s* dezes-

seis ☛ *Ver exemplos em* FIVE **sixteenth 1** *adj* décimo sexto **2** *pron, adv* o(s) décimo(s) sexto(s), a(s) décima(s) sexta(s) **3** *s* décima sexta parte, dezesseis avos ☛ *Ver exemplos em* FIFTH

sixth form *s* (*GB*) os dois últimos anos do ensino secundário

sixty /ˈsɪksti/ *adj, pron, s* sessenta ☛ *Ver exemplos em* FIFTY, FIVE **sixtieth 1** *adj, pron* sexagésimo **2** *s* sexagésima parte, sessenta avos ☛ *Ver exemplos em* FIFTH

size /saɪz/ ♦ *s* **1** tamanho **2** (*roupa, calçado*) tamanho, número: *I wear size seven.* Calço número 38. ♦ PHR V **to size sb/sth up** (*coloq*) avaliar alguém/algo: *She sized him up immediately.* Na mesma hora ela formou uma opinião sobre ele. **sizeable** (*tb* **sizable**) *adj* considerável

skate /skeɪt/ ♦ *s* **1** (*tb* **ice-skate**) patim **2** *Ver* ROLLER SKATE ♦ *vi* patinar **skater** *s* patinador, -ora **skating** *s* patinação

skateboard /ˈskeɪtbɔːrd/ *s* skate

skeleton /ˈskelɪtn/ ♦ *s* esqueleto ♦ *adj* mínimo: *skeleton staff/service* pessoal/serviço mínimo

skeptic /ˈskeptɪk/ (*GB* **sceptic**) *s* cético, -a

skeptical /ˈskeptɪkl/ (*GB* **scep-**) *adj* ~ (**of/about sth**) cético (acerca de algo)

skepticism /ˈskeptɪsɪzəm/ (*GB* **scep-**) *s* ceticismo

sketch /sketʃ/ ♦ *s* **1** esboço **2** (*Teat*) esquete ♦ *vt, vi* esboçar **sketchy** *adj* (-ier, -iest) (*freq pej*) superficial, incompleto

ski /skiː/ ♦ *vi* (*pret, pp* **skied** *part pres* **skiing**) esquiar ♦ *s* esqui **skiing** *s* esqui: *to go skiing* fazer esqui

skid /skɪd/ ♦ *vi* (-dd-) **1** (*carro*) derrapar **2** (*pessoa*) escorregar ♦ *s* derrapagem

skies *plural de* SKY

skill /skɪl/ *s* **1** ~ (**at/in sth/doing sth**) habilidade (para algo/fazer algo) **2** destreza **skillful** (*GB* **skilful**) *adj* **1** ~ (**at/in sth/doing sth**) hábil (para algo/fazer algo) **2** (*pintor, jogador*) habilidoso **skilled** *adj* ~ (**at/in sth/doing sth**) habilitado (a algo/fazer algo); especialista (em algo/fazer algo): *skilled work/worker* trabalho/trabalhador qualificado

skillet /ˈskɪlɪt/ *s* frigideira

skim /skɪm/ (-mm-) **1** *vt* desnatar, tirar

u	ɔː	ɜː	ə	j	w	eɪ	oʊ
situation	saw	fur	ago	yes	woman	pay	home

a espuma de **2** *vt* roçar **3** *vt, vi* ~ **(through/over)** sth ler algo por alto

skim milk (*GB* **skimmed milk**) *s* leite desnatado

skin /skɪn/ ♦ *s* **1** (*animal, pessoa*) pele **2** (*fruta, embutidos*) pele, casca ☛ *Ver nota em* PEEL **3** (*de leite*) nata LOC **by the skin of your teeth** (*coloq*) por um triz ♦ *vt* (**-nn-**) descascar, tirar a pele

skinhead /'skɪnhed/ *s* cabeça rapada

skinny /'skɪni/ *adj* (**-ier, -iest**) (*coloq, pej*) magricela ☛ *Ver nota em* MAGRO

skip /skɪp/ ♦ (**-pp-**) **1** *vi* saltar **2** *vi* (*GB*) (*USA* **jump**) pular corda: *skipping rope* corda de pular **3** *vt* saltar ♦ *s* **1** salto **2** (*GB*) container (*para entulho*)

skipper /'skɪpər/ *s* **1** capitão, -ã (*de navio*) **2** (*coloq*) (*Esporte*) capitão, -ã

skirmish /'skɜːrmɪʃ/ *s* escaramuça

skirt /skɜːrt/ ♦ *s* saia ♦ *vt* contornar: *skirting board* rodapé PHR V **to skirt (a)round sth** contornar, evitar algo

skull /skʌl/ *s* caveira, crânio

skunk /skʌŋk/ *s* gambá

sky /skaɪ/ *s* (*pl* **skies**) céu: *sky-high* elevadíssimo ◊ *skylight* clarabóia ◊ *skyline* linha do horizonte (numa cidade) ◊ *skyscraper* arranha-céu

slab /slæb/ *s* **1** (*mármore*) placa **2** (*concreto*) laje, bloco **3** (*chocolate*) barra

slack /slæk/ *adj* (**-er, -est**) **1** frouxo **2** (*pessoa*) descuidado

slacken /'slækən/ *vt, vi* ~ **(sth) (off/up)** afrouxar (algo)

slain *pp de* SLAY

slam /slæm/ (**-mm-**) **1** *vt, vi* ~ **(sth) (to/ shut)** fechar (algo) batendo violentamente **2** *vt* atirar, lançar: *to slam on your brakes* frear de repente **3** *vt* (*coloq*) (*criticar*) malhar (alguém/algo)

slander /'slændər; *GB* 'slɑːn-/ ♦ *s* calúnia ♦ *vt* caluniar

slang /slæŋ/ *s* gíria

slant /slænt; *GB* slɑːnt/ ♦ **1** *vt, vi* inclinar(-se), pender **2** *vt* (*freq pej*) apresentar de forma tendenciosa ♦ *s* **1** inclinação **2** ~ **(on/to sth)** (*fig*) ângulo (de algo)

slap /slæp/ ♦ *vt* (**-pp-**) **1** (*rosto*) esbofetear **2** (*ombro*) dar tapas em **3** lançar/ atirar/deixar cair (com ruído) ♦ *s* **1** (*ombro*) tapa **2** (*castigo*) palmada **3** (*rosto*) bofetada ♦ *adv* (*coloq*) em cheio: *slap in the middle* bem no meio

slash /slæʃ/ ♦ *vt* **1** cortar **2** destruir a facadas (*pneus, pinturas*) **3** (*preços, etc.*) achatar ♦ *s* **1** navalhada, facada **2** talho, corte

slate /sleɪt/ *s* **1** ardósia **2** telha (*de ardósia*)

slaughter /'slɔːtər/ ♦ *s* **1** (*animais*) abate **2** (*pessoas*) massacre ♦ *vt* **1** abater (*em matadouro*) **2** massacrar **3** (*coloq, Esporte*) dar uma surra em

slave /sleɪv/ ♦ *s* ~ **(of/to sb/sth)** escravo, -a (de alguém/algo) ♦ *vi* ~ **(away) (at sth)** trabalhar como um escravo (em algo)

slavery /'sleɪvəri/ *s* escravidão

slay /sleɪ/ *vt* (*pret* **slew** /sluː/ *pp* **slain** /sleɪn/) (*GB formal ou USA*) matar (*violentamente*)

sleazy /'sliːzi/ *adj* (**-ier, -iest**) (*coloq*) sórdido

sled /sled/ (*GB tb* **sledge** /sledʒ/) *s* trenó (*para neve*) ☛ *Comparar com* SLEIGH

sleek /sliːk/ *adj* (**-er, -est**) liso e lustroso

sleep /sliːp/ ♦ *s* [*sing*] sono LOC **to go to sleep** adormecer, ir dormir ♦ (*pret, pp* **slept** /slept/) **1** *vi* dormir: *sleeping bag* saco de dormir ◊ *sleeping pill* comprimido para dormir **2** *vt* acomodar, ter camas para dormir PHR V **to sleep in** (*USA*) (*GB* **to lie in**) (*coloq*) ficar na cama até tarde **to sleep on sth** consultar o travesseiro sobre algo **to sleep sth off** dormir para recuperar-se de algo (*de ressaca, bebedeira*) **to sleep through sth** não ser despertado por algo **to sleep with sb** dormir com alguém

sleeper /'sliːpər/ *s* **1** pessoa adormecida: *to be a heavy/light sleeper* ter sono pesado/leve **2** (*nos trilhos do trem*) dormente **3** (*em vagão-leito*) leito **4** (*no trem*) vagão-leito

sleepless /'sliːpləs/ *adj* sem sono

sleepwalker /'sliːpwɔːkər/ *s* sonâmbulo, -a

sleepy /'sliːpi/ *adj* (**-ier, -iest**) **1** sonolento **2** (*lugar*) tranqüilo LOC **to be sleepy** estar com sono

sleet /sliːt/ *s* chuva com neve

sleeve /sliːv/ *s* **1** manga (*de roupa*) **2** (*tb* **album sleeve**) (*de disco*) capa LOC **(to have sth) up your sleeve** (ter algo) escondido **sleeveless** *adj* sem mangas

aɪ	aʊ	ɔɪ	ɪə	eə	ʊə	ʒ	h	ŋ
five	now	join	near	hair	pure	vision	how	sing

sleigh /sleɪ/ s trenó (*puxado a cavalo*) ☛ *Comparar com* SLED

slender /ˈslendər/ adj (**-er, -est**) **1** delgado **2** (*pessoa*) esbelto *Ver tb* THIN **3** remoto

slept *pret, pp de* SLEEP

slew *pret de* SLAY

slice /slaɪs/ ◆ s **1** fatia ☛ *Ver ilustração em* PÃO **2** (*coloq*) porção, pedaço ◆ **1** vt cortar (*em fatias*) **2** vi ~ **through/into sth** cortar algo com facilidade PHR V **to slice sth up** cortar algo em fatias

slick /slɪk/ ◆ adj (**-er, -est**) **1** (*apresentação*) bem-sucedido **2** (*vendedor*) astuto ◆ s *Ver* OIL SLICK

slide /slaɪd/ ◆ s **1** escorregador **2** diapositivo: *slide projector* projetor de slides **3** (*microscópio*) lâmina **4** (*fig*) deslizamento ◆ (*pret, pp* slid /slɪd/) **1** vi escorregar, deslizar **2** vt deslizar, correr

sliding door s porta corrediça

slight /slaɪt/ adj (**-er, -est**) **1** quase imperceptível **2** mínimo, ligeiro: *without the slightest difficulty* sem a menor dificuldade **3** (*pessoa*) delgado, franzino LOC **not in the slightest** em absoluto **slightly** adv ligeiramente: *He's slightly better.* Ele está um pouco melhor.

slim /slɪm/ ◆ adj (**slimmer, slimmest**) **1** (*aprov*) (*pessoa*) magro ☛ *Ver nota em* MAGRO **2** (*oportunidade*) escasso **3** (*esperança*) ligeiro ◆ vt, vi (**-mm-**) ~ (**down**) emagrecer

slime /slaɪm/ s **1** lodo **2** baba **slimy** adj lodoso, viscoso

sling¹ /slɪŋ/ s tipóia

sling² /slɪŋ/ vt (*pret, pp* slung /slʌŋ/) **1** (*coloq*) lançar (*com força*) **2** suspender

slink /slɪŋk/ vi (*pret, pp* slunk /slʌŋk/) mover-se (*furtivamente*): *to slink away* fugir furtivamente

slip /slɪp/ ◆ s **1** escorregão **2** erro, lapso **3** (*roupa*) combinação **4** (*de papel*) tira LOC **to give sb the slip** (*coloq*) escapar de alguém ◆ (**-pp-**) **1** vt, vi escorregar, deslizar **2** vi ~ **from/out of/through sth** escapar de/por entre algo **3** vt ~ **sth (from/off sth)** soltar algo (de algo) LOC **to slip your mind:** *It slipped my mind.* Fugiu-me da cabeça. *Ver tb* LET¹ PHR V **to slip away** escapulir **to slip sth off/on** tirar/vestir algo **to slip out 1** dar uma fugida **2** escapulir **3** *It just slipped out.* Simplesmente me escapou. **to slip up**

(**on sth**) (*coloq*) cometer uma gafe (em relação a algo)

slipper /ˈslɪpər/ s chinelo

slippery /ˈslɪpəri/ adj **1** escorregadio **2** (*pessoa*) inescrupuloso

slit /slɪt/ ◆ s **1** fenda **2** (*num tecido*) rasgão **3** corte **4** rachadura, abertura ◆ vt (**-tt-**) (*pret, pp* slit) cortar: *to slit sb's throat* degolar alguém LOC **to slit sth open** abrir algo cortando

slither /ˈslɪðər/ vi **1** escorregar **2** resvalar, patinar

sliver /ˈslɪvər/ s **1** lasca **2** estilhaço **3** fatia fina

slob /slɑb/ s (*coloq*) **1** vadio **2** porcalhão

slog /slɑːg/ vi (**-gg-**) caminhar pesadamente PHR V **to slog (away) at sth** (*coloq*) suar sangue

slogan /ˈsloʊgən/ s slogan

slop /slɑp/ (**-pp-**) **1** vt fazer transbordar **2** vt, vi derramar(-se)

slope /sloʊp/ ◆ s **1** ladeira **2** (*de esqui*) pista ◆ vi inclinar(-se), formar declive

sloppy /ˈslɑpi/ adj (**-ier, -iest**) **1** (*trabalho*) descuidado, feito de qualquer jeito **2** desmazelado **3** (*coloq*) piegas

slot /slɑt/ ◆ s **1** ranhura, fenda **2** espaço: *a ten-minute slot on TV* um espaço de dez minutos na tevê ◆ v (**-tt-**) PHR V **to slot in** encaixar(-se) **to slot sth in** enfiar/meter algo

slot machine s caça-níqueis

slow /sloʊ/ ◆ adj (**-er, -est**) **1** lento: *We're making slow progress.* Estamos avançando lentamente. **2** lerdo: *He's a bit slow.* Ele demora a entender as coisas. **3** (*negócio*) fraco: *Business is awfully slow today.* O movimento está bem fraco hoje. **4** (*relógio*) atrasado: *That clock is five minutes slow.* Aquele relógio está cinco minutos atrasado. LOC **in slow motion** em câmara lenta **to be slow to do sth/in doing sth** demorar em fazer algo (**-er, -est**) devagar ◆ adv ◆ **1** vt ~ **sth (up/down)** reduzir a velocidade de algo: *to slow up the development of research* atrasar o desenvolvimento da pesquisa **2** vi ~ (**up/down**) reduzir a velocidade, ir mais devagar: *Production has slowed (up/down).* O ritmo da produção diminuiu. **slowly** adv **1** devagar **2** lentamente

sludge /slʌdʒ/ s **1** lodo **2** sedimento

tʃ	dʒ	v	θ	ð	s	z	ʃ
chin	**J**une	**v**an	**th**in	**th**en	**s**o	**z**oo	**sh**e

slug /slʌg/ s lesma sluggish adj 1 lento 2 moroso 3 (*Econ*) fraco

slum /slʌm/ s 1 (*tb* slum area) bairro pobre 2 favela

slump /slʌmp/ ◆ vi 1 (*tb* to slump down) despencar(-se) 2 (*Com*) sofrer uma queda ◆ s depressão, baixa

slung pret, pp de SLING²

slunk pret, pp de SLINK

slur¹ /slɜːr/ vt (-rr-) pronunciar indistintamente

slur² /slɜːr/ s estigma

slush /slʌʃ/ s neve meio derretida e suja

sly /slaɪ/ adj (slyer, slyest) 1 astuto, sonso 2 (*olhar*) furtivo

smack /smæk/ ◆ s palmada ◆ vt dar uma palmada a PHR V to smack of sth (*fig*) cheirar a algo

small /smɔːl/ adj (-er, -est) 1 pequeno: *a small number of people* um pequeno número de pessoas ◊ *small change* trocado ◊ *in the small hours* (USA wee hours) de madrugada ◊ *small ads* anúncios classificados ◊ *to make small talk* bater papo 2 (*letra*) minúscula LOC a small fortune um dinheirão it's a small world (*refrão*) como o mundo é pequeno the small print o texto em letra miúda (*num contrato*)

Small costuma ser utilizado como antônimo de big ou large e pode ser modificado por advérbios: *Our house is smaller than yours.* A nossa casa é menor do que a sua. ◊ *I have a fairly small income.* A minha renda é bastante pequena. Little não costuma ser acompanhado por advérbios e com freqüência segue outro adjetivo: *He's a horrid little man.* É um homenzinho horrível. ◊ *What a lovely little house!* Que casinha adorável!

smallpox /ˈsmɔːlpɑks/ s varíola

small-scale /ˈsmɔːl skeɪl/ adj em pequena escala

smart /smɑrt/ ◆ adj (-er, -est) 1 esperto, vivo 2 (*esp GB*) elegante ◆ vi arder smarten (*GB*) PHR V to smarten (yourself) up arrumar-se to smarten sth up melhorar a aparência de algo

smash /smæʃ/ ◆ 1 vt despedaçar, quebrar 2 vi fazer-se em pedaços PHR V to smash against, into, etc. sth espatifar-se contra algo to smash sth against, into, through, etc. sth despedaçar algo contra/em algo to smash sth up destroçar algo ◆ s 1 estrondo 2 (*tb* smash-up) acidente de trânsito, colisão 3 (*tb* smash hit) (*coloq*) grande sucesso

smashing /ˈsmæʃɪŋ/ adj (*GB*) estupendo

smear /smɪər/ vt 1 ~ sth on/over sth besuntar algo em algo 2 ~ sth with sth untar algo com algo 3 ~ sth with sth manchar algo de algo

smell /smel/ ◆ s 1 cheiro: *a smell of gas* um cheiro de gás ☞ *Ver nota em* ODOR 2 (*tb* sense of smell) olfato: *My sense of smell isn't very good.* Meu olfato não é muito bom. ◆ (*pret, pp* smelled *ou* smelt /smelt/ (*esp GB*)) 1 vi ~ (of sth) cheirar (a algo): *It smells like fish.* Cheira a peixe. ◊ *What does it smell like?* Cheira a quê? 2 vt cheirar: *Smell this rose!* Cheira esta rosa!

É muito comum o uso do verbo smell com can ou could: *I can smell something burning.* Estou sentindo cheiro de queimado. ◊ *I could smell gas.* Cheirava a gás.

3 vt, vi farejar ☞ *Ver nota em* DREAM smelly adj (-ier, -iest) (*coloq*) malcheiroso: *It's smelly in here.* Cheira mal aqui.

smile /smaɪl/ ◆ s sorriso: *to give sb a smile* dar um sorriso a alguém LOC *Ver* BRING ◆ vi sorrir

smirk /smɜːrk/ ◆ s sorriso falso ou presumido ◆ vi sorrir com afetação

smock /smɑk/ s 1 guarda-pó 2 túnica (*de mulher*)

smog /smɑg, smɔːg/ s mistura de nevoeiro e poluição

smoke /smoʊk/ ◆ 1 vt, vi fumar: *to smoke a pipe* fumar cachimbo 2 vi soltar fumaça 3 vt (*peixe, etc.*) defumar ◆ s 1 fumaça 2 (*coloq*): *to have a smoke* fumar um cigarro smoker s fumante smoking s fumar: *"No Smoking"* "Proibido fumar" (*GB tb* smokey) adj (-ier, -iest) 1 (*sala*) enfumaçado 2 (*fogo*) fumacento 3 (*sabor*) defumado 4 (*cor*) fumê

smolder (*GB* smoulder) /ˈsmoʊldər/ vi queimar, arder (*sem chama*)

smooth /smuːð/ ◆ adj (-er, -est) 1 liso 2 (*pele, uísque, etc.*) suave 3 (*estrada*) plano 4 (*viagem, período*) sem proble-

| i: | i | ɪ | e | æ | ɑ | ʌ | ʊ | u: |
| see | happy | sit | ten | hat | cot | cup | put | too |

mas 5 (*molho, etc.*) uniforme, sem ca-
roços 6 (*pej*) (*pessoa*) bajulador ◆ *vt*
alisar PHR V **to smooth sth over** re-
mover algo (*dificuldades*) **smoothly**
adv: *to go smoothly* ir às mil maravi-
lhas

smother /ˈsmʌðər/ *vt* **1** (*pessoa*) asfi-
xiar **2** ~ **sb/sth with/in sth** cobrir
alguém/algo com algo **3** (*chamas*) aba-
far

smudge /smʌdʒ/ ◆ *s* borrão, mancha
◆ *vt, vi* sujar(-se)

smug /smʌg/ *adj* (**smugger, smug-
gest**) (*freq pej*) presunçoso, convencido

smuggle /ˈsmʌgl/ *vt* contrabandear
PHR V **to smuggle sb/sth in/out** fazer
sair/entrar algo/alguém às escon-
didas/de contrabando para/de algum
lugar **smuggler** *s* contrabandista
smuggling *s* contrabando (*ato*)

snack /snæk/ ◆ *s* refeição ligeira, lan-
che: *snack bar* lanchonete ◊ *to have a
snack* fazer um lanche ◆ *vi* (*coloq*) lam-
biscar

snag /snæg/ *s* obstáculo

snail /sneɪl/ *s* caracol

snake /sneɪk/ ◆ *s* serpente, cobra ◆ *vi*
serpentear (*estrada, etc.*)

snap /snæp/ ◆ (**-pp-**) **1** *vt, vi* estalar **2**
vt, vi partir(-se) em dois com um estalo
PHR V **to snap at sb** falar/responder a
alguém bruscamente ◆ *s* **1** (*ruído seco*)
estalo **2** (*GB* **snapshot**) (*Fot*) instantâ-
neo ◆ *adj* (*coloq*) repentino (*decisão*)

snapshot /ˈsnæpʃat/ *s* (*Fot*) instantâ-
neo

snare /sneər/ ◆ *s* laço, armadilha ◆ *vt*
apanhar em armadilha

snarl /snɑrl/ ◆ *s* rosnado ◆ *vi* rosnar

snatch /snætʃ/ ◆ *vt* **1** agarrar, arran-
car **2** (*coloq*) roubar com um puxão **3**
raptar **4** (*oportunidade*) aproveitar,
agarrar-se a PHR V **to snatch at sth 1**
(*objeto*) agarrar/tentar agarrar algo, ar-
rancar algo bruscamente **2** (*oportuni-
dade*) agarrar-se a algo, aproveitar algo
◆ *s* **1** (*conversa, canção*) fragmento **2**
seqüestro **3** (*coloq*) roubo

sneak /sni:k/ ◆ *vt*: *to sneak a look at
sb/sth* dar uma espiada em alguém/
algo PHR V **to sneak in, out, away, etc.**
entrar, sair, ir embora às escondidas **to
sneak into, out of, past, etc. sth** entrar
em, sair de, passar por algo às escondi-
das ◆ *s* (*coloq*) dedo-duro

sneakers /ˈsni:kərz/ *s* [*pl*] (*GB* train-
ers) (*calçado*) tênis

sneer /snɪər/ ◆ *s* **1** expressão de des-
dém **2** comentário desdenhoso ◆ *vi* ~
(**at sb/sth**) sorrir desdenhosamente (de
alguém/algo)

sneeze /sni:z/ ◆ *s* espirro ◆ *vi* espirrar

snicker /ˈsnɪkər/ (*GB* **snigger**)
/ˈsnɪgə(r)/ ◆ *s* riso contido ◆ *vi* ~ (**at
sb/sth**) rir (com sarcasmo) (de alguém/
algo)

sniff /snɪf/ ◆ *vi* **1** *vi* fungar **2** *vi* farejar **3**
vt cheirar **4** *vt* inalar **5** *vi* desdenhar ◆
s fungada

snip /snɪp/ *vt* (**-pp-**) cortar (com tesou-
ra): *to snip sth off* cortar algo fora

sniper /ˈsnaɪpər/ *s* franco-atirador, -ora

snob /snɑb/ *s* esnobe **snobbery** *s* esno-
bismo **snobbish** *adj* esnobe

snoop /snu:p/ ◆ *vi* (*coloq*) (*tb* **to snoop
about/around**) bisbilhotar ◆ *s* LOC **to
have a snoop about/around (sth)** bisbi-
lhotar (algo)

snore /snɔ:r/ *vi* roncar

snorkel /ˈsnɔ:rkl/ *s* tubo para respirar

snort /snɔ:rt/ ◆ *vi* **1** (*animal*) bufar **2**
(*pessoa*) bufar, gargalhar ◆ *s* bufada

snout /snaʊt/ *s* focinho

snow /snoʊ/ ◆ *s* neve ◆ *vi* nevar LOC
to be snowed in/up estar/ficar isolado
pela neve **to be snowed under (with
sth)**: *I was snowed under with work.* Eu
estava sobrecarregado de trabalho.

snowball /ˈsnoʊbɔ:l/ ◆ *s* bola de neve
◆ *vi* aumentar (*vertiginosamente*)

snowdrop /ˈsnoʊdrɑp/ *s* galanto (*flor*)

snowfall /ˈsnoʊfɔ:l/ *s* nevada

snowflake /ˈsnoʊfleɪk/ *s* floco de neve

snowman /ˈsnoʊmæn/ *s* (*pl* **-men**
/-men/) boneco de neve

snowy /ˈsnoʊi/ *adj* (**-ier, -iest**) **1** cober-
to de neve **2** (*dia, etc.*) de/com neve

snub /snʌb/ *vt* (**-bb-**) ignorar, desde-
nhar

snug /snʌg/ *adj* (**snugger, snuggest**)
aconchegante, aconchegado

snuggle /ˈsnʌgl/ *vi* **1** ~ **down** aconche-
gar-se **2** ~ **up to sb** aconchegar-se a
alguém

so /soʊ/ *adv, conj* **1** tão: *Don't be so
silly!* Não seja tão bobo! ◊ *It's so cold!*
Está tão frio! ◊ *I'm so sorry!* Sinto
muito/tanto! **2** assim: *So it seems.* As-
sim parece. ◊ *Hold out your hand, (like)*

u	ɔ:	ɜ:	ə	j	w	eɪ	oʊ
sit**u**ation	s**aw**	f**ur**	**a**go	**y**es	**w**oman	p**ay**	h**ome**

so. Estendá a mão, assim. ◊ *The table is about so big.* A mesa é mais ou menos deste tamanho. ◊ *If so, …* Se for esse o caso, … **3** *I believe/think so.* Eu creio/ acho que sim. ◊ *I expect/hope so.* Espero que sim. **4** (*para exprimir concordância*): *"I'm hungry." "So am I."* —Estou com fome.—Eu também. ☛ Neste caso o pronome ou o substantivo vão após o verbo. **5** (*para exprimir surpresa*): *"Philip's gone home." "So he has."* —O Philip foi para casa.—Ele foi mesmo. **6** [*uso enfático*]: *He's as clever as his brother, maybe more so.* Ele é tão esperto quanto o irmão, talvez até mais. ◊ *She has complained, and rightly so.* Ela reclamou, e com razão. **7** por isso: *The stores were closed so I didn't get any milk.* As lojas estavam fechadas, por isso eu não comprei leite. **8** então: *So why did you do it?* Então, por que você fez isso? LOC **and so on** (**and so forth**) etcetera, etcetera **is that so?** não me diga! **so as to do sth** para fazer algo **so many** tantos **so much** tanto **so?; so what?** (*coloq*) e daí? **so that** para que

soak /soʊk/ **1** *vt* encharcar, colocar de molho **2** *vi* estar de molho LOC **to get soaked** (**through**) encharcar-se PHR V **to soak into sth** ser absorvido por algo **to soak through** passar por (*líquido*) **to soak sth up 1** (*líquido*) absorver algo **2** (*fig*) embeber-se de algo **soaked** *adj* encharcado

soap /soʊp/ *s* [*não contável*] **1** sabão: *soap powder* sabão em pó **2** sabonete

soap opera (*tb* **soap**) *s* novela (*de televisão*)

soapy /ˈsoʊpi/ *adj* (-ier, -iest) com/ como sabão

soar /sɔːr/ *vi* **1** (*avião*) subir **2** (*preços*) disparar **3** (*ave*) pairar

sob /sɑb/ ◆ *vi* (-bb-) (*chorar*) soluçar ◆ *s* soluço **sobbing** *s* (*choro*) soluços

sober /ˈsoʊbər/ *adj* **1** sóbrio **2** sério

so-called /ˌsoʊ ˈkɔːld/ *adj* (*pej*) suposto, chamado

soccer /ˈsɑkər/ *s* futebol ☛ Ver nota em FUTEBOL

sociable /ˈsoʊʃəbl/ *adj* (*aprov*) sociável

social /ˈsoʊʃəl/ *adj* social

socialism /ˈsoʊʃəlɪzəm/ *s* socialismo **socialist** *s* socialista

socialize, -ise /ˈsoʊʃəlaɪz/ *vi* ~ (**with sb**) relacionar-se socialmente (com alguém): *He doesn't socialize much.* Ele não sai muito.

social security *s* previdência social

social services *s* [*pl*] serviços de assistência social

social work *s* assistência social **social worker** *s* assistente social

society /səˈsaɪəti/ *s* (*pl* -ies) **1** sociedade **2** (*formal*) companhia: *high society* alta sociedade **3** associação

sociological /ˌsoʊsiəˈlɑdʒɪkl/ *adj* sociológico

sociologist /ˌsoʊsiˈɑlədʒɪst/ *s* sociólogo, -a **sociology** *s* sociologia

sock /sɑk/ *s* meia (*curta*) LOC Ver PULL ☛ Ver nota em PAIR

socket /ˈsɑkɪt/ *s* **1** (*olho*) cavidade **2** tomada (*elétrica*) ☛ Ver ilustração em TOMADA **3** (*tb* **light socket**) soquete de lâmpada

soda /ˈsoʊdə/ *s* **1** (*Quím*) soda **2** (*tb* **soda pop**) (*USA, coloq*) refrigerante

sodden /ˈsɑdn/ *adj* encharcado

sodium /ˈsoʊdiəm/ *s* sódio

sofa /ˈsoʊfə/ *s* sofá

soft /sɔːft; *GB* sɒft/ *adj* (-er, -est) **1** macio, mole: *soft option* caminho mais fácil **2** (*pele, cor, luz, som, voz*) suave **3** (*brisa*) leve LOC **to have a soft spot for sb/sth** (*coloq*) ter uma queda por alguém/algo **softly** *adv* suavemente

soft drink *s* bebida não alcoólica

soften /ˈsɔːfn; *GB* ˈsɒfn/ *vt, vi* **1** abrandar(-se), amolecer **2** suavizar(-se) **softener** *s* amaciante

soft-spoken /ˌsɔːft ˈspoʊkən/ *adj* de voz suave

software /ˈsɔːftweər; *GB* ˈsɒft-/ *s* software

soggy /ˈsɑgi, ˈsɔːgi/ *adj* (-ier, -iest) **1** encharcado **2** (*doce, pão, etc.*) empapado

soil /sɔɪl/ ◆ *s* solo, terra ◆ *vt* (*formal*) **1** sujar **2** (*reputação*) manchar

solace /ˈsɑləs/ *s* (*formal*) conforto, consolo

solar /ˈsoʊlər/ *adj* solar: *solar energy* energia solar

sold *pret, pp de* SELL

soldier /ˈsoʊldʒər/ *s* soldado

sole[1] /soʊl/ *s* **1** (*do pé*) planta **2** sola

sole[2] /soʊl/ *adj* **1** único: *her sole interest* seu único interesse **2** exclusivo

solemn /'sɑləm/ *adj* **1** (*aspecto, maneira*) sério **2** (*acontecimento, promessa*) solene **solemnity** /sə'lemnəti/ *s* (*formal*) solenidade

solicitor /sə'lɪsɪtər/ *s* (*GB*) **1** advogado, -a **2** procurador, -ora ☞ *Ver nota em* ADVOGADO

solid /'sɑlɪd/ ◆ *adj* **1** sólido **2** compacto **3** contínuo: *I slept for ten hours solid.* Dormi por dez horas seguidas. ◆ *s* **1** **solids** [*pl*] alimentos sólidos **2** (*Geom*) sólido **solidly** *adv* **1** solidamente **2** sem parar

solidarity /,sɑlɪ'dærəti/ *s* solidariedade

solidify /sə'lɪdɪfaɪ/ *vi* (*pret, pp* -fied) solidificar(-se)

solidity /sə'lɪdəti/ (*tb* solidness) *s* solidez

solitary /'sɑləteri; *GB* -tri/ *adj* **1** solitário: *to lead a solitary life* levar uma vida retirada/solitária **2** (*lugar*) afastado **3** único LOC **solitary confinement** (*tb colloq* **solitary**) (prisão em) solitária

solitude /'sɑlɪtu:d; *GB* -tju:d/ *s* solidão

solo /'soʊloʊ/ ◆ *s* (*pl* ~s) (*Mús*) solo ◆ *adj, adv* desacompanhado **soloist** *s* solista

soluble /'sɑljəbl/ *adj* solúvel

solution /sə'lu:ʃn/ *s* solução

solve /sɑlv/ *vt* resolver

solvent /'sɑlvənt/ *s* solvente

somber (*GB* sombre) /'sɑmbər/ *adj* **1** sombrio **2** (*cor*) escuro **3** (*maneira, humor*) melancólico

some /səm/ *adj, pron* **1** um pouco de: *There's some ice in the freezer.* Há um pouco de gelo no congelador. ◊ *Would you like some?* Quer um pouco? **2** uns, alguns: *Do you want some potato chips?* Você quer batatas fritas?

Some ou **any**? Ambos são utilizados com substantivos incontáveis ou no plural e, embora muitas vezes não sejam traduzidos no português, não podem ser omitidos no inglês. Geralmente, **some** é utilizado nas orações afirmativas e **any** nas negativas e interrogativas: *I've got some money.* Tenho (algum) dinheiro. ◊ *Do you have any children?* Você tem filhos? ◊ *I don't want any candy.* Eu não quero doces. No entanto, **some** pode ser utilizado em orações interrogativas quando se espera uma resposta afirmativa, por exemplo, quando se pede ou se oferece algo:

Would you like some coffee? Você quer café? ◊ *Can I have some bread, please?* Pode me trazer pão, por favor? Quando **any** é utilizado em orações afirmativas, significa "qualquer": *Any parent would have worried.* Qualquer pai teria ficado preocupado. *Ver também exemplos em* ANY

somebody /'sʌmbədi/ (*tb* someone /'sʌmwʌn/) *pron* alguém: *somebody else* outra pessoa ☞ A diferença entre **somebody** e **anybody**, ou entre **someone** e **anyone** é a mesma que há entre **some** e **any**. *Ver nota em* SOME

somehow /'sʌmhaʊ/ (*USA tb* someway /'sʌmweɪ/) *adv* **1** de alguma maneira: *Somehow we had gotten completely lost.* De alguma maneira nós ficamos completamente perdidos. **2** por alguma razão: *I somehow get the feeling that I've been here before.* Por alguma razão tenho a sensação de já ter estado aqui antes.

someone /'sʌmwʌn/ *Ver* SOMEBODY

someplace /'sʌmpleɪs/ *Ver* SOMEWHERE

somersault /'sʌmərsɔ:lt/ ◆ *s* **1** cambalhota: *to do a forward/backward somersault* dar uma pirueta para frente/trás **2** (*de acrobata*) salto mortal ◆ *vi* (*carro*) capotar

something /'sʌmθɪŋ/ *pron* algo: *something else* (alguma) outra coisa ◊ *something to eat* algo para comer ☞ A diferença entre **something** e **anything** é a mesma que existe entre **some** e **any**. *Ver nota em* SOME

sometime /'sʌmtaɪm/ *adv* **1** algum/um dia: *sometime or other* um dia destes **2** em algum momento: *Can I see you sometime today?* Posso falar em algum momento com você hoje?

sometimes /'sʌmtaɪmz/ *adv* **1** às vezes **2** de vez em quando ☞ *Ver nota em* ALWAYS

someway /'sʌmweɪ/ *Ver* SOMEHOW

somewhat /'sʌmwɑt/ *adv* [*com adj ou adv*] **1** algo, um tanto: *a somewhat different question.* Tenho uma pergunta um pouco diferente. **2** bastante: *We missed the bus, which was somewhat unfortunate.* Perdemos o ônibus, o que foi certa falta de sorte.

somewhere /'sʌmweər/ (*USA tb*

tʃ	dʒ	v	θ	ð	s	z	ʃ
chin	**J**une	**v**an	**th**in	**th**en	**s**o	**z**oo	**sh**e

someplace ◆ *adv* em algum lugar: *I've seen your glasses somewhere downstairs.* Eu vi seus óculos em algum lugar lá em baixo. ◊ *somewhere else* em algum outro lugar ◆ *pron: to have somewhere to go* ter para onde ir ☞ A diferença entre **somewhere** e **anywhere** é a mesma que há entre **some** e **any**. *Ver nota em* SOME

son /sʌn/ *s* filho LOC *Ver* FATHER

song /sɒŋ; *GB* sɒŋ/ *s* **1** canção **2** canto

son-in-law /ˈsʌn ɪn lɔː/ *s* (*pl* **sons-in-law**) genro

soon /suːn/ *adv* (**-er, -est**) logo, dentro em pouco LOC **as soon as** assim que, tão logo: *as soon as possible* o mais rápido possível (**just**) **as soon do sth** (**as do sth**): *I'd* (*just*) *as soon stay at home as go for a walk.* Para mim tanto faz ficar em casa ou sair para um passeio. **sooner or later** (mais) cedo ou (mais) tarde **the sooner the better** quanto antes melhor

soot /sʊt/ *s* fuligem

soothe /suːð/ *vt* **1** (*pessoa, etc.*) acalmar **2** (*dor, etc.*) aliviar

sophisticated /səˈfɪstɪkeɪtɪd/ *adj* sofisticado **sophistication** *s* sofisticação

sophomore /ˈsɒfmɔːr/ *s* (*USA*) estudante de segundo ano da faculdade

soppy /ˈsɑpi/ *adj* (*coloq*) sentimental

sordid /ˈsɔːrdɪd/ *adj* **1** sórdido **2** (*comportamento*) abominável

sore /sɔːr/ ◆ *s* machucado ◆ *adj* dolorido: *to have a sore throat* ter dor de garganta ◊ *I have sore eyes.* Estou com dor nos olhos. LOC **a sore point** um assunto delicado **sorely** *adv* (*formal*): *She will be sorely missed.* Ela fará bastante falta. ◊ *I was sorely tempted to do it.* Eu fiquei bastante tentado a fazê-lo.

sorrow /ˈsɑroʊ/ *s* pesar: *to my great sorrow* para meu grande pesar

sorry /ˈsɑri/ ◆ *interj* **1** (*para desculpar-se*) desculpe(-me) ☞ *Ver nota em* EXCUSE **2 sorry?** o que disse?, como? ◆ *adj* **1** *I'm sorry I'm late.* Desculpe-me pelo atraso. ◊ *I'm so sorry!* Sinto muito! **2** *He's very sorry for what he's done.* Ele está arrependido do que fez. ◊ *You'll be sorry!* Você vai se arrepender! **3** (**-ier, -iest**) (*estado*) lamentável LOC **to say you are sorry** desculpar-se *Ver tb* BETTER, FEEL

sort /sɔːrt/ ◆ *s* **1** tipo: *They sell all sorts of gifts.* Eles vendem todo tipo de presentes. **2** (*antiquado, coloq*) pessoa: *He's not a bad sort really.* Ele não é má pessoa. LOC **a sort of:** *It's a sort of autobiography.* É uma espécie de autobiografia. **sort of** (*coloq*): *I feel sort of uneasy.* Eu me sinto um pouco inquieto. *Ver tb* NOTHING ◆ *vt* organizar PHR V **to sort sth out** separar, resolver algo **to sort through sth** classificar, organizar algo

so-so /ˌsoʊ ˈsoʊ, ˈsoʊ soʊ/ *adj, adv* (*coloq*) mais ou menos

sought *pret, pp de* SEEK

sought-after /ˈsɔːt æftər; *GB* -ɑːf-/ *adj* cobiçado

soul /soʊl/ *s* alma: *There wasn't a soul to be seen.* Não se via vivalma. ◊ *Poor soul!* (Pobre) coitado! LOC *Ver* BODY

sound¹ /saʊnd/ ◆ *s* **1** som: *sound waves* ondas sonoras **2** ruído: *I could hear the sound of voices.* Eu ouvia som de vozes. ◊ *She opened the door without a sound.* Ela abriu a porta sem fazer barulho. **3** **the sound** o volume: *Can you turn the sound up/down?* Você poderia aumentar/baixar o volume? ◆ **1** *vi* soar: *Your voice sounds a little strange.* Sua voz soa um pouco estranha. **2** *vt* (*trombeta, etc.*) tocar **3** *vt* (*alarme*) dar **4** *vt* pronunciar: *You don't sound the "h".* Não se pronuncia o "h". **5** *vi* parecer: *She sounded very surprised.* Ela parecia muito surpresa. ◊ *He sounds like a very nice person from his letter.* A julgar pela carta, ele parece uma pessoa bastante agradável.

sound² /saʊnd/ ◆ *adj* (**-er, -est**) **1** são **2** (*estrutura*) sólido **3** (*crença*) firme **4** (*conselho*) bom LOC **being of sound mind** em pleno uso de suas faculdades mentais *Ver tb* SAFE¹ ◆ *adv* LOC **to be sound asleep** estar dormindo profundamente

sound³ /saʊnd/ *vt* (*mar*) sondar PHR V **to sound sb out** (**about/on sth**) sondar alguém (a respeito de algo)

soundproof /ˈsaʊndpruːf/ ◆ *adj* à prova de som ◆ *vt* tornar algo à prova de som

soundtrack /ˈsaʊndtræk/ *s* trilha sonora

soup /suːp/ *s* sopa, caldo: *soup spoon* colher de sopa

sour /ˈsaʊər/ *adj* **1** (*sabor*) acre **2** (*leite*)

i:	i	ɪ	e	æ	ɑ	ʌ	ʊ	u:
see	happy	sit	ten	hat	cot	cup	put	too

azedo, azedado LOC **to go/turn sour** aze-
dar

source /sɔːrs/ s **1** (*informação*) fonte:
They didn't reveal their sources. Eles
não revelaram suas fontes. **2** (*rio*) nas-
cente: *a source of income* uma fonte de
renda

south /saʊθ/ ◆ s (*tb* **the south, the
South**) (*abrev* **S**) (o) sul: *Brighton is in
the South of England.* Brighton fica no
sul da Inglaterra. ◊ *southbound* em
direção ao sul ◆ *adj* (do) sul: *south
winds* ventos do sul ◆ *adv* para o sul:
The house faces south. A casa dá para o
sul. *Ver tb* SOUTHWARD(S)

southeast /ˌsaʊθˈiːst/ ◆ s (*abrev* **SE**)
sudeste ◆ *adj* (do) sudeste ◆ *adv* para o
sudeste **southeastern** *adj* (do) sudeste

southern (*tb* **Southern**) /ˈsʌðərn/ *adj*
do sul, meridional: *southern Italy* o sul
da Itália ◊ *the southern hemisphere* o
hemisfério sul **southerner** s sulista

southward(s) /ˈsaʊθwərdz/ *adv* em
direção ao sul *Ver tb* SOUTH *adv*

southwest /ˌsaʊθˈwest/ ◆ s (*abrev* **SW**)
sudoeste ◆ *adj* (do) sudoeste ◆ *adv*
para o sudoeste **southwestern** *adj* (do)
sudoeste

souvenir /ˈsuːvəniər; *GB* ˌsuːvəˈnɪə(r)/
s lembrança (*objeto*)

sovereign /ˈsɑvərɪn, ˈsɑvrɪn/ *adj*, s so-
berano, -a **sovereignty** s soberania

sow¹ /saʊ/ s (*Zool*) porca ☞ *Ver nota
em* PORCO

sow² /soʊ/ *vt* (*pret* **sowed** *pp* **sown**
/soʊn/ *ou* **sowed**) semear

soy /sɔɪ/ (*GB* **soya** /ˈsɔɪə/) s soja: *soy
bean* semente/grão de soja

spa /spɑ/ s estância hidromineral

space /speɪs/ ◆ s **1** [*não contável*] lu-
gar, espaço: *Leave some space for the
dogs.* Deixe lugar para os cachorros. ◊
There's no space for my suitcase. Não há
espaço para as minhas malas. **2** (*Aero-
náut*) espaço: *a space flight* um vôo es-
pacial ◊ *to stare into space* ficar olhando
o vazio **3** (*período*) intervalo: *in a short
space of time* num curto espaço de
tempo ◆ *vt* ~ **sth** (**out**) espaçar algo

spacecraft /ˈspeɪskræft; *GB* -krɑːft/ s
(*pl* **spacecraft**) (*tb* **spaceship**
/ˈspeɪsʃɪp/) nave espacial

spacious /ˈspeɪʃəs/ *adj* espaçoso, am-
plo

spade /speɪd/ s **1** pá **2 spades** [*pl*]

(*naipe*) espadas ☞ *Ver nota em* BARA-
LHO

spaghetti /spəˈgeti/ s [*não contável*]
espaguete

span /spæn/ ◆ s **1** (*de ponte*) vão **2** (*de
tempo*) período, duração: *time span/
span of time* lapso/espaço de tempo ◊
life span expectativa de vida ◆ *vt* (**-nn-**)
1 (*ponte*) cruzar **2** abarcar

spank /spæŋk/ *vt* dar uma surra em,
dar palmadas em

spanner /ˈspænər/ (*GB*) (*tb esp USA*
wrench) s chave (*inglesa, de porca, etc.*)

spare /speər/ ◆ *adj* **1** disponível, de
sobra: *There are no spare seats.* Não há
mais lugares. ◊ *the spare room* o quarto
de hóspedes **2** de reposição, de reserva:
a spare tire/part um estepe/uma peça
de reposição **3** (*tempo*) livre ◆ s peça de
reposição, estepe ◆ *vt* **1** ~ **sth** (**for sb/
sth**) (*tempo, dinheiro, etc.*) dispensar/
oferecer algo (para alguém/algo) **2** (*a
vida de alguém*) poupar **3** economizar:
No expense was spared. Não se poupa-
ram gastos. **4** dispensar: *Spare me the
gory details.* Poupe-me dos detalhes
desagradáveis. LOC **to spare** de sobra:
with two minutes to spare faltando dois
minutos **sparing** *adj* ~ **with/of/in sth**
parco em algo; econômico com algo

spark /spɑrk/ ◆ s faísca, fagulha ◆
PHR V **to spark sth** (**off**) (*coloq*) provo-
car algo, ocasionar algo

sparkle /ˈspɑrkl/ ◆ *vi* cintilar, faiscar
◆ s centelha **sparkling** *adj* **1** (*tb
sparkly) cintilante **2** (*vinho*) espuman-
te **3** (*conversa*) animado **4** (*espírito*) bri-
lhante

sparrow /ˈspæroʊ/ s pardal

sparse /spɑrs/ *adj* **1** escasso, esparso **2**
(*população*) disperso **3** (*cabelo*) ralo

spartan /ˈspɑrtn/ *adj* espartano

spasm /ˈspæzəm/ s **1** espasmo **2** (*tosse,
raiva, etc.*) acesso

spat *pret, pp de* SPIT

spate /speɪt/ s (*fig*) avalanche, onda

spatial /ˈspeɪʃl/ *adj* (*formal*) de espaço:
to develop spatial awareness desenvol-
ver a noção de espaço ☞ *Comparar
com* SPACE

spatter /ˈspætər/ (*tb* **splatter**) *vt* ~ **sb
with sth**; ~ **sth on sb** borrifar, salpicar
alguém com algo

speak /spiːk/ (*pret* **spoke** /spoʊk/ *pp*
spoken /ˈspoʊkən/) **1** *vi* falar: *Can I*

u	ɔː	ɜː	ə		j	w	eɪ	oʊ
situation	saw	fur	ago		yes	woman	pay	home

speak to you a minute, please? Posso falar com você um minuto, por favor? ☛ *Ver nota em* FALAR **2** *vt* dizer, falar: *to speak the truth* dizer a verdade ◊ *Do you speak French?* Você fala francês? *vi* ~ **(on/about sth)** fazer um discurso/ falar (sobre algo) **4** *vi* (*coloq*) ~ **(to sb)** falar (com alguém) LOC **generally, etc. speaking** em termos gerais **so to speak** por assim dizer **to speak for itself:** *The statistics speak for themselves.* As estatísticas falam por si mesmas. **to speak for sb** falar em favor de alguém **to speak up** falar mais alto **to speak your mind** falar sem rodeios *Ver tb* STRICTLY *em* STRICT

speaker /ˈspiːkər/ *s* **1** falante: *Portuguese speakers* falantes de português **2** (*em público*) orador, -ora, conferencista **3** (*coloq*) alto-falante *Ver* LOUDSPEAKER

spear /spɪər/ *s* **1** lança **2** (*para pesca*) arpão

special /ˈspeʃl/ ◆ *adj* **1** especial **2** particular: *nothing special* nada (em) especial **3** (*reunião, edição*) extraordinário ◆ **1** (*edição, programa, etc.*) especial **2** (*coloq*) oferta especial **specialist** *s* especialista

specialize, -ise /ˈspeʃəlaɪz/ *vi* ~ **(in sth)** especializar-se (em algo) **specialization, -isation** *s* especialização **specialized, -ised** *adj* especializado

specially /ˈspeʃli/ *adv* **1** especialmente, excepcionalmente

> Ainda que **specially** e **especially** tenham significados semelhantes, são utilizados de maneiras diferentes. **Specially** é utilizado basicamente com particípios e **especially** como conector entre frases: *specially designed for schools* projetado especialmente para escolas ◊ *He likes dogs, especially poodles.* Ele gosta de cães, principalmente de poodles.

2 (*tb* **especially**) particularmente, sobretudo

specialty /ˈspeʃəlti/ (*GB* **speciality** /ˌspeʃiˈæləti/) *s* (*pl* **-ies**) especialidade

species /ˈspiːʃiːz/ *s* (*pl* **species**) espécie

specific /spəˈsɪfɪk/ *adj* específico, preciso, concreto **specifically** *adv* especificamente, concretamente, especialmente

specification /ˌspesɪfɪˈkeɪʃn/ *s* **1**

especificação **2** [*ger pl*] especificações, plano detalhado

specify /ˈspesɪfaɪ/ *vt* (*pret, pp* **-fied**) especificar, precisar

specimen /ˈspesɪmən/ *s* espécime, exemplar, amostra

speck /spek/ *s* **1** (*de sujeira*) mancha **2** (*de pó*) partícula **3** *a speck on the horizon* um ponto no horizonte

spectacle /ˈspektəkl/ *s* espetáculo

spectacles /ˈspektəklz/ *s* (*abrev* **specs**) [*pl*] (*formal*) óculos ☛ A palavra mais comum é **glasses**. *Ver nota em* PAIR

spectacular /spekˈtækjələr/ *adj* espetacular

spectator /ˈspekteɪtər; *GB* spekˈteɪtə(r)/ *s* espectador, -ora

specter (*GB* **spectre**) /ˈspektər/ *s* (*formal, lit e fig*) espectro, fantasma: *the specter of another war* a ameaça de uma nova guerra

spectrum /ˈspektrəm/ *s* (*pl* **-tra** /ˈspektrə/) **1** espectro (*de cores, luz*) **2** gama, leque

speculate /ˈspekjuleɪt/ *vi* ~ **(about sth)** especular (sobre/acerca de algo) **speculation** *s* ~ **(on/about sth)** especulação (sobre algo)

speculative /ˈspekjələtɪv/ *adj* especulativo

speculator /ˈspekjuleɪtər/ *s* especulador, -ora

sped *pret, pp de* SPEED

speech /spiːtʃ/ *s* **1** fala: *freedom of speech* liberdade de expressão ◊ *to lose the power of speech* perder a capacidade de falar ◊ *speech therapy* fonoaudiologia **2** discurso: *to make/deliver/give a speech* fazer um discurso **3** linguagem: *children's speech* linguagem de criança **4** (*Teat*) fala

speechless /ˈspiːtʃləs/ *adj* sem fala, mudo: *The boy was almost speechless.* O menino estava quase sem fala.

speed /spiːd/ ◆ *s* velocidade, rapidez LOC **at speed** a toda velocidade *Ver tb* FULL, PICK ◆ *vt, vi* (*pret, pp* **speeded**) acelerar PHR V **to speed (sth) up** acelerar (algo) ◆ *vi* (*pret, pp* **sped** /sped/) ir a toda velocidade: *I was fined for speeding.* Eu fui multado por excesso de velocidade.

speedily /ˈspiːdɪli/ *adv* rapidamente

aɪ	aʊ	ɔɪ	ɪə	eə	ʊə	ʒ	h	ŋ
five	now	join	near	hair	pure	vision	how	sing

speedometer /spi:'dɒmɪtər/ s velocímetro

speedy /'spi:di/ adj (-ier, -iest) (freq coloq) rápido, pronto: a speedy recovery um pronto restabelecimento

spell /spel/ ◆ s 1 feitiço, encanto 2 período, acesso 3 ~ (at/on sth) revezamento, turno (em algo) LOC Ver CAST ◆ vt, vi (pret, pp spelled ou spelt /spelt/ (GB)) ☞ Ver nota em DREAM 1 soletrar, escrever 2 resultar em, significar PHR V **to spell sth out** explicar algo claramente

spelling /'spelɪŋ/ s ortografia

spelt pret, pp de SPELL

spend /spend/ vt (pret, pp spent /spent/) 1 ~ sth (on sth) gastar algo (em algo) 2 (tempo livre, férias, etc.) passar 3 ~ sth on sth dedicar algo a algo **spending** s gasto: public spending o gasto público

sperm /spɜːrm/ s (pl sperm) 1 espermatozóide 2 esperma

sphere /sfɪər/ s esfera

sphinx /sfɪŋks/ (tb the Sphinx) s esfinge

spice /spaɪs/ ◆ s 1 (lit) tempero, especiaria 2 (fig) interesse: to add spice to a situation tornar uma situação interessante ◆ vt temperar **spicy** adj (-ier, -iest) (lit e fig) picante Ver tb HOT

spider /'spaɪdər/ s aranha: spider's web teia de aranha Ver tb COBWEB

spied pret, pp de SPY

spike /spaɪk/ s 1 ponta (de ferro, etc.), ferrão 2 cravo (de calçado esportivo) **spiky** adj (-ier, -iest) cheio de pontas, pontiagudo

spill /spɪl/ ◆ vt, vi (pret, pp spilled ou spilt /spɪlt/ (GB)) ☞ Ver nota em DREAM derramar, verter LOC Ver CRY PHR V **to spill over** transbordar, vazar ◆ (tb spillage) s 1 vazamento 2 o que foi derramado

spin /spɪn/ ◆ vt, vi (-nn-) (pret, pp spun /spʌn/) 1 vi ~ (around) girar, dar voltas 2 vt ~ sth (around) (fazer) girar algo; dar voltas em algo 3 vt, vi (máquina de lavar) centrifugar 4 vt fiar PHR V **to spin sth out** espichar algo, prolongar algo ◆ s 1 volta, giro 2 (coloq) (passeio em carro/moto) volta: to go for a spin dar uma volta

spinach /'spɪnɪtʃ; GB -ɪdʒ/ s [não contável] espinafre

spinal /'spaɪnl/ adj da espinha: spinal column coluna vertebral

spine /spaɪn/ s 1 (Anat) espinha 2 (Bot, Zool) espinho 3 (de livro) lombada

spinster /'spɪnstər/ s 1 (mulher) solteira 2 (freq ofen) solteirona

spiral /'spaɪrəl/ ◆ s espiral ◆ adj (em) espiral, helicoidal: a spiral staircase uma escada em espiral

spire /'spaɪər/ s (Arquitetura) pináculo, agulha

spirit /'spɪrɪt/ s 1 espírito, alma 2 fantasma 3 coragem, ânimo 4 atitude 5 **spirits** [pl] (bebida alcoólica) destilados 6 **spirits** [pl] estado de ânimo, humor: in high spirits de muito bom humor **spirited** adj animado, vigoroso

spiritual /'spɪrɪtʃuəl/ adj espiritual

spit /spɪt/ ◆ s (-tt-) (pret, pp spat /spæt/ spec USA spit) 1 vt, vi cuspir 2 vt (insulto, etc.) lançar 3 vi (fogo, etc.) crepitar PHR V **to spit sth out** colocar algo para fora ◆ s 1 saliva, cuspe 2 ponta (de terra) 3 (de metal) espeto

spite /spaɪt/ ◆ s despeito, ressentimento: out of/from spite por despeito LOC in **spite of** apesar de ◆ vt perturbar, incomodar **spiteful** adj malicioso, despeitado

splash /splæʃ/ ◆ s 1 chape 2 (mancha) salpico 3 (de cor) mancha LOC **to make a splash** (coloq) causar sensação ◆ 1 vi chapinhar 2 vt ~ sb/sth (with sth) molhar/borrifar alguém/algo (com algo) PHR V **to splash out (on sth)** (GB) (coloq) queimar dinheiro (em algo), dar-se ao luxo de comprar (algo)

splatter /'splætər/ (tb spatter) vt borrifar

splendid /'splendɪd/ adj esplêndido, magnífico

splendor (GB splendour) /'splendər/ s esplendor

splint /splɪnt/ s tala (para imobilizar membro)

splinter /'splɪntər/ ◆ s farpa, estilhaço ◆ vt, vi 1 estilhaçar(-se) 2 dividir(-se)

split /splɪt/ ◆ vt, vi (-tt-) (pret, pp split) 1 vt, vi partir(-se): to split sth in two partir algo em dois 2 vt, vi dividir(-se) 3 vt, vi repartir(-se) 4 vi fender(-se), rachar(-se) PHR V **to split up (with sb)** separar-se (de alguém) ◆ s 1 divisão, ruptura 2 abertura, fenda ◆ adj partido, dividido

splutter /'splʌtər/ ◆ 1 vt, vi gaguejar,

tʃ	dʒ	v	θ	ð	s	z	ʃ
chin	June	van	thin	then	so	zoo	she

spoil 606

balbuciar **2** *vi* (*tb* **sputter**) (*fogo, etc.*) crepitar ♦ *s* crepitar

spoil /spɔɪl/ (*pret, pp* **spoilt** /spɔɪlt/ *ou* **spoiled**) ☞ *Ver nota em* DREAM **1** *vt, vi* estragar, arruinar **2** *vt* (*criança*) mimar

spoils /spɔɪlz/ *s* [*pl*] espólio (*de roubo, guerra*)

spoilt ♦ *pret, pp de* SPOIL ♦ *adj* mimado

spoke /spəʊk/ *pret de* SPEAK ♦ *s* raio (*de roda*)

spoken *pp de* SPEAK

spokesman /ˈspəʊksmən/ *s* (*pl* -men /-mən/) porta-voz ☞ É preferível utilizar a forma **spokesperson**, que se refere tanto a homens quanto a mulheres.

spokesperson /ˈspəʊkspɜːrsn/ *s* porta-voz ☞ Refere-se tanto a um homem quanto a uma mulher. *Comparar com* SPOKESMAN *e* SPOKESWOMAN

spokeswoman /ˈspəʊkswʊmən/ *s* (*pl* -women) porta-voz ☞ É preferível utilizar a forma **spokesperson**, que se refere tanto a um homem quanto a uma mulher.

sponge /spʌndʒ/ ♦ *s* **1** esponja **2** (*tb* **sponge cake**) pão-de-ló ♦ PHR V **to sponge on/off sb** (*coloq*) viver à custa de alguém

sponsor /ˈspɒnsər/ ♦ *s* patrocinador, -ora ♦ *vt* patrocinar **sponsorship** *s* patrocínio

spontaneous /spɒnˈteɪniəs/ *adj* espontâneo **spontaneity** /ˌspɒntəˈneɪəti/ *s* espontaneidade

spooky /spuːki/ *adj* (*coloq*) (-ier, -iest) **1** de aspecto assustador/fantasmagórico **2** misterioso

spoon /spuːn/ ♦ *s* **1** colher: *a serving spoon* uma colher de servir **2** (*tb* **spoonful**) colherada ♦ *vt*: *She spooned the mixture out of the bowl.* Ela tirou a mistura da tigela com uma colher.

sporadic /spəˈrædɪk/ *adj* esporádico

sport /spɔːrt/ *s* **1** esporte: *sports center* centro esportivo ◊ *sports facilities* instalações esportivas ◊ *sports field* campo esportivo **2** (*coloq*) cara legal, pessoa legal: *a good/bad sport* um bom/mau perdedor **sporting** *adj* esportivo

sports car *s* carro esporte

sportsman /ˈspɔːrtsmən/ *s* (*pl* -men /-mən/) esportista **sportsmanlike** *adj*

esportivo (*justo*) **sportsmanship** *s* espírito esportivo

sportswoman /ˈspɔːrtswʊmən/ *s* (*pl* -women) esportista

spot[1] /spɒt/ *vt* (-tt-) encontrar, notar: *He finally spotted a shirt he liked.* Ele finalmente encontrou uma camisa da qual gostou. ◊ *Nobody spotted the mistake.* Ninguém notou o erro.

spot[2] /spɒt/ *s* **1** (GB) (USA **polka dot**) (*estampa*) bolinha: *a blue skirt with red spots on it* uma saia azul com bolinhas vermelhas **2** (*em animais, etc.*) mancha **3** (*na pele*) espinha **4** lugar **5** ~ **of sth** (GB, *coloq*): *Would you like a spot of lunch?* Quer comer um pouquinho? ◊ *You seem to be having a spot of bother.* Você parece estar passando por um momento difícil. **6** *Ver* SPOTLIGHT LOC *Ver* SOFT

spotless /ˈspɒtləs/ *adj* **1** (*casa*) imaculado **2** (*reputação*) intocável

spotlight /ˈspɒtlaɪt/ *s* **1** (*tb* **spot**) holofote **2** (*fig*): *to be in the spotlight* ser o centro das atenções

spotted /ˈspɒtɪd/ *adj* **1** (*animal*) com manchas **2** (*roupa*) de bolinhas

spotty /ˈspɒti/ *adj* (GB) (-ier, -iest) **1** cheio de espinhas **2** (*tecido*) de bolinhas

spouse /spaʊs; GB spaʊz/ *s* (*Jur*) cônjuge

spout /spaʊt/ ♦ *s* **1** (*de chaleira, bule*) bico **2** calha ♦ **1** *vi* ~ (**out/up**) jorrar **2** *vi* ~ (**out of/from sth**) jorrar, brotar (de algo) **3** *vt* ~ **sth** (**out/up**) fazer jorrar algo **4** *vt* (*coloq, freq pej*) declamar **5** *vi* (*coloq, freq pej*) dissertar, discursar

sprain /spreɪn/ ♦ *vt*: *to sprain your ankle* torcer o tornozelo ♦ *s* entorse

sprang *pret de* SPRING

sprawl /sprɔːl/ *vi* **1** ~ (**out**) (**across/in/on sth**) escarrapachar-se, estatelar-se (por/em algo) **2** (*cidade, etc.*) estender-se, esparramar-se (*desordenadamente*)

spray /spreɪ/ ♦ *s* **1** borrifo **2** (*para cabelo, etc.*) spray **3** (*atomizador*) pulverizador, spray ♦ **1** *vt* ~ **sb/sth with sth**; ~ **sth on/over sb/sth** borrifar alguém/algo com algo **2** *vi* ~ (**out**) **over, across, etc. sb/sth** borrifar alguém/algo

spread /spred/ ♦ (*pret, pp* **spread**) **1** *vt* ~ **sth** (**out**) (**on/over sth**) estender, espalhar algo (em/sobre/por algo) **2** *vt* ~ **sth with sth** cobrir algo com/de algo **3**

iː	i	ɪ	e	æ	ɑ	ʌ	ʊ	uː
see	happy	sit	ten	hat	cot	cup	put	too

vt, vi untar **4** *vt, vi* estender(-se), propagar(-se) **5** *vt, vi* (*notícia*) espalhar(-se) **6** *vt* distribuir ♦ *s* **1** extensão **2** (*asas*) envergadura **3** propagação, difusão **4** pasta, patê, geléia, etc. para passar no pão

spree /spri:/ *s* farra: *to go on a shopping/spending spree* sair gastando dinheiro

spring /sprɪŋ/ ♦ *s* **1** primavera: *spring clean(ing)* faxina geral **2** salto **3** nascente **4** mola **5** elasticidade ♦ *vi* (*pret* **sprang** /spræŋ/ *pp* **sprung** /sprʌŋ/) **1** saltar: *to spring into action* pôr-se em ação *Ver tb* JUMP **2** (*líquido*) brotar LOC *Ver* MIND PHR V **to spring back** pular/voltar para trás **to spring from sth** provir/originar-se de algo **to spring sth on sb** pegar alguém de surpresa com algo

springboard /ˈsprɪŋbɔːrd/ *s* (*lit e fig*) trampolim

springtime /ˈsprɪŋtaɪm/ *s* primavera

sprinkle /ˈsprɪŋkl/ *vt* **1** ~ **sth (with sth)** borrifar, polvilhar algo (com algo) **2** ~ **sth (on/onto/over sth)** aspergir, salpicar algo (sobre algo) **sprinkling** *s* ~ (**of sb/sth**) um pouquinho (de algo); uns poucos/umas poucas

sprint /sprɪnt/ ♦ *vi* **1** correr a toda (*uma pequena distância*) **2** (*Esporte*) disparar ♦ *s* corrida de velocidade

sprout /spraʊt/ ♦ **1** *vi* ~ (**out/up**) (**from sth**) brotar, crescer (de algo) **2** *vt* (*Bot*) lançar (*flores, brotos, etc.*) ♦ *s* **1** broto **2** *Ver* BRUSSELS SPROUT

sprung *pp de* SPRING

spun *pret, pp de* SPIN

spur /spɜːr/ ♦ *s* **1** espora **2** ~ **(to sth)** (*fig*) um estímulo (para algo) LOC **on the spur of the moment** impulsivamente ♦ *vt* (**-rr-**) ~ **sb/sth (on)** incitar alguém; estimular algo

spurn /spɜːrn/ *vt* (*formal*) desprezar

spurt /spɜːrt/ ♦ *vi* **1** ~ (**out**) (**from sth**) jorrar (de algo) **2** (*carro*) arrancar ♦ *s* **1** jorro **2** arrancada

sputter /ˈspʌtər/ (*tb* **splutter**) *s, vi* crepitar

spy /spaɪ/ ♦ *s* (*pl* **spies**) espião, espiã: *spy thriller* estória de espionagem ♦ *vi* (*pret, pp* **spied**) **to spy (on sb/sth)** espionar (alguém/algo)

squabble /ˈskwɒbl/ ♦ *vi* ~ (**with sb**) (**about/over sth**) discutir (com alguém) (por algo) ♦ *s* bate-boca

squad /skwɒd/ *s* **1** (*Mil*) esquadrão **2** (*polícia*) brigada: *the drug squad* o esquadrão antidrogas **3** (*Esporte*) seleção

squadron /ˈskwɒdrən/ *s* esquadrão

squalid /ˈskwɒlɪd/ *adj* sórdido

squalor /ˈskwɒlər/ *s* miséria

squander /ˈskwɒndər/ *vt* ~ **sth (on sth)** (*dinheiro, tempo, etc.*) desperdiçar algo (em algo)

square /skweər/ ♦ *adj* quadrado: *one square meter* um metro quadrado LOC **a square meal** uma refeição substancial **to be (all) square (with sb)** estar empatado (com alguém), estar quite (com alguém) *Ver tb* FAIR ♦ *s* **1** (*Mat*) quadrado **2** esquadro **3** (*tabuleiro*) casa **4** (*abrev* Sq) praça LOC **back to square one** de volta ao ponto de partida ♦ PHR V **to square up (with sb)** acertar (uma dívida) (com alguém)

squarely /ˈskweərli/ *adv* diretamente, honestamente

square root *s* raiz quadrada

squash /skwɒʃ/ ♦ *vt* esmagar: *It was squashed flat.* Estava completamente esmagado. ♦ *s* **1** *What a squash!* Que aperto! **2** (*GB*) refresco (de frutas) **3** (*formal* **squash rackets**) (*Esporte*) squash **4** (*Bot*) abóbora

squat /skwɒt/ ♦ *vi* (**-tt-**) ~ (**down**) **1** (*pessoa*) ficar de cócoras **2** (*animal*) agachar-se ♦ *adj* (**-tter, -ttest**) atarracado **squatter** *s* invasor, -ora de propriedade

squawk /skwɔːk/ ♦ *vi* grasnar, guinchar ♦ *s* grasnido, guincho

squeak /skwiːk/ ♦ *s* **1** (*animal, etc.*) guincho **2** (*sapatos, etc.*) rangido ♦ *vi* **1** (*animal, etc.*) guinchar **2** (*sapato*) ranger **squeaky** *adj* (**-ier, -iest**) **1** (*voz*) esganiçado **2** (*sapatos*) rangente

squeal /skwiːl/ ♦ *s* grito, guincho ♦ *vt, vi* gritar, guinchar

squeamish /ˈskwiːmɪʃ/ *adj* melindroso

squeeze /skwiːz/ ♦ **1** *vt* apertar **2** *vt* espremer, torcer **3** *vt, vi* ~ (**sb/sth**) **into, past, through, etc. (sth)**: *to squeeze through a gap in the hedge* passar com dificuldade por um vão na sebe ◊ *Can you squeeze past/by?* Você consegue passar? ◊ *Can you squeeze anything else into that case?* Você consegue colocar mais alguma coisa naquela maleta? ♦ *s*

u	ɔː	ɜː	ə	j	w	eɪ	oʊ
situation	saw	fur	ago	yes	woman	pay	home

1 apertão: *a squeeze of lemon* um pouquinho de limão **2** aperto **3** (*coloq, Fin*) dificuldades

squint /skwɪnt/ ◆ *vi* **1** ~ (**at/through sth**) olhar (algo/através de algo) com olhos semicerrados **2** ser estrábico ◆ *s* estrabismo

squirm /skwɜːrm/ *vi* **1** contorcer-se **2** envergonhar-se

squirrel /'skwɜːrəl/ *GB* 'skwɪrəl/ *s* esquilo

squirt /skwɜːrt/ ◆ **1** *vt*: *to squirt soda-water into a glass* esguichar soda em um copo **2** *vt* ~ **sb/sth** (**with sth**) esguichar (algo) em alguém/algo **3** *vi* ~ (**out of/from sth**) esguichar para fora (de algo) ◆ *s* esguicho

stab /stæb/ ◆ *vt* (-bb-) **1** apunhalar **2** cravar ◆ *s* punhalada, facada LOC **to have a stab at** (**doing**) **sth** (*coloq*) tentar (fazer) algo **stabbing** *adj* pungente **stabbing** *s* esfaqueamento

stability /stə'bɪləti/ *s* estabilidade

stabilize, -ise /'steɪbəlaɪz/ *vt, vi* estabilizar(-se)

stable¹ /'steɪbl/ *adj* **1** estável **2** equilibrado

stable² /'steɪbl/ *s* **1** cavalariça **2** haras

stack /stæk/ ◆ *s* **1** pilha (*de livros, lenha, etc.*) **2** ~ **of sth** [*ger pl*] (*coloq*) monte de algo ◆ *vt* ~ **sth** (**up**) empilhar, amontoar algo

stadium /'steɪdiəm/ *s* (*pl* ~s *ou* -dia /-diə/) estádio

staff /stæf; *GB* stɑːf/ ◆ *s* pessoal, empregados: *teaching staff* corpo docente ◊ *The whole staff is working long hours.* Todo o pessoal está trabalhando até mais tarde. ◆ *vt* prover com pessoal: *The center is staffed by volunteers.* O centro é servido por voluntários.

stag /stæg/ ◆ *s* cervo ☞ Ver nota em VEADO ◆ *adj: stag night/party* despedida de solteiro

stage /steɪdʒ/ ◆ *s* **1** palco **2** **the stage** [*sing*] o teatro (*profissão*) **3** estágio: *at this stage* a esta altura/neste momento LOC **in stages** por etapas **stage by stage** passo a passo **to be/go on the stage** ser/tornar-se ator/atriz ◆ *vt* **1** apresentar uma peça **2** (*evento*) organizar

stagger /'stægər/ ◆ **1** *vi* andar cambaleante: *He staggered back home.* Ele vol-

tou cambaleando para casa. ◊ *He staggered to his feet.* Ele se pôs em pé cambaleante. **2** *vt* deixar atônito **3** *vt* (*viagem, férias*) escalonar ◆ *s* cambaleio **staggering** *adj* assombroso

stagnant /'stægnənt/ *adj* estagnado

stagnate /'stægneɪt; *GB* stæg'neɪt/ *vi* estagnar **stagnation** *s* estagnação

stain /steɪn/ ◆ *s* **1** mancha **2** tinta (*para madeira*) ☞ Comparar com DYE ◆ **1** *vt, vi* manchar(-se) **2** *vt* tingir: *stained glass* vitral **stainless** *adj*: *stainless steel* aço inoxidável

stair /steər/ *s* **1** **stairs** [*pl*] escada: *to go up/down the stairs* subir/descer as escadas **2** degrau

staircase /'steərkeɪs/ (*tb* stairway /'steərweɪ/) *s* escadaria Ver tb LADDER

stake /steɪk/ ◆ *s* **1** estaca **2** **the stake** a fogueira **3** [*ger pl*] aposta **4** (*investimento*) participação LOC **at stake** em jogo: *His reputation is at stake.* A reputação dele está em jogo. ◆ *vt* **1** apoiar com uma estaca **2** ~ **sth** (**on sth**) apostar algo (em algo) LOC **to stake** (**out**) **a/your claim** (**to sb/sth**) mostrar interesse (por alguém/algo)

stale /steɪl/ *adj* **1** (*pão*) velho **2** (*alimento*) passado **3** (*ar*) viciado **4** (*idéias*) gasto

stalemate /'steɪlmeɪt/ *s* **1** (*xadrez*) empate **2** (*fig*) impasse

stalk /stɔːk/ ◆ *s* **1** haste **2** (*de fruta*) cabo ◆ *vt* (*de caça*) aproximar-se a (sorrateiramente) **2** *vi* ~ (**along**) andar altivamente

stall /stɔːl/ ◆ *s* **1** (*em feira, mercado*) banca **2** (*em estábulo*) baia **3** **stalls** [*pl*] (*GB*) (*no teatro*) platéia ◆ **1** *vt, vi* (*carro, motor*) parar (*por problema*) **2** *vi* ser evasivo

stallion /'stæliən/ *s* garanhão

stalwart /'stɔːlwərt/ ◆ *s* partidário fiel ◆ *adj* leal, fiel

stamina /'stæmɪnə/ *s* resistência

stammer /'stæmər/ (*tb* stutter) ◆ **1** *vi* gaguejar **2** *vt* ~ **sth** (**out**) gaguejar algo ◆ *s* gagueira

stamp /stæmp/ ◆ *s* **1** (*de correio*) selo: *stamp collecting* filatelia **2** (*fiscal*) selo **3** carimbo **4** (*para metal*) cunho **5** (*com o pé*) batida ◆ **1** *vt, vi* bater (o pé), andar batendo o pé **2** *vt* (*carta*) selar, franquear **3** *vt* imprimir, estampar **4** *vt* timbrar, carimbar PHR V **to stamp sth**

out (*fig*) erradicar algo, acabar com algo

stampede /stæm'piːd/ ◆ *s* debandada ◆ *vi* debandar

stance /stæns; *GB* stɑːns/ *s* **1** postura **2** ~ (**on sth**) postura, atitude (em relação a algo)

stand /stænd/ ◆ *s* **1** ~ (**on sth**) (*fig*) postura, atitude (em relação a algo) **2** (*geralmente em compostos*) pé, suporte, apoio: *music stand* estante para partitura **3** banca, estande **4** (*Esporte*) [*freq pl*] arquibancada **5** (*USA, Jur*) banco das testemunhas LOC **to make a stand** (**against sb/sth**) opor resistência (a alguém/algo) **to take a stand** (**on sth**) posicionar-se (em relação a algo) ◆ (*pret, pp* **stood** /stʊd/) **1** *vi* estar de pé, ficar de pé: *Stand still.* Não se mova. **2** *vi* ~ (**up**) ficar de pé, levantar-se **3** *vt* pôr, colocar **4** *vi* medir **5** *vi* encontrar-se: *A house once stood here.* Antes havia uma casa aqui. **6** *vi* (*oferta, etc.*) continuar em pé **7** *vi* permanecer, estar: *as things stand* do modo como vão as coisas **8** *vt* agüentar, suportar: *I can't stand him.* Eu não o agüento. **9** *vi* ~ (**for sth**) (*GB, Pol*) (*USA* **run** (**for sth**)) candidatar-se (a algo) LOC **it/that stands to reason** é lógico **to stand a chance** (**of sth**) ter chance/possibilidade (de algo) **to stand firm** manter-se firme *Ver tb* BAIL, LEG, TRIAL PHR V **to stand by sb** ficar do lado de alguém **to stand for sth 1** significar, representar algo **2** ser a favor de algo **3** (*coloq*) tolerar algo **to stand in** (**for sb**) substituir (alguém) **to stand out** (**from sb/sth**) (*ser melhor*) destacar-se (de alguém/algo) **to stand sb up** (*coloq*) deixar alguém esperando **to stand up for sb/sth/yourself** defender alguém/ algo/a si mesmo **to stand up to sb** fazer frente a alguém

standard /'stændərd/ ◆ *s* padrão LOC **to be up to/below standard** estar acima/abaixo do padrão ◆ *adj* **1** padrão, média **2** oficial

standardize, -ise /'stændərdaɪz/ *vt* padronizar

standard of living *s* nível/padrão de vida

standby /'stændbaɪ/ *s* (*pl* **-bys**) **1** (*objeto*) recurso **2** (*pessoa*) reserva **3** lista de espera LOC **on standby 1** à disposição **2** em lista de espera

stand-in /'stænd ɪn/ *s* substituto, dublê

standing /'stændɪŋ/ ◆ *s* **1** prestígio **2** *of long standing* de longa data ◆ *adj* permanente, constante

standing order *s* (*GB*) débito automático

standpoint /'stændpɔɪnt/ *s* ponto de vista

standstill /'stændstɪl/ *s* parada: *to be at a standstill* estar parado ◊ *to come to/ bring sth to a standstill* parar/paralisar algo LOC *Ver* GRIND

stank *pret de* STINK

staple[1] /'steɪpl/ *adj* principal

staple[2] /'steɪpl/ ◆ *s* grampo (*de papel*) ◆ *vt* grampear **stapler** *s* grampeador

star /stɑːr/ ◆ *s* estrela, astro ◆ *vi* (**-rr-**) ~ (**in sth**) protagonizar algo

starboard /'stɑːbərd/ *s* estibordo

starch /stɑːtʃ/ *s* **1** amido **2** goma (*para roupa*) **starched** *adj* com amido, engomado

stardom /'stɑːdəm/ *s* estrelato

stare /steər/ *vi* ~ (**at sb/sth**) olhar fixamente (para alguém/algo)

stark /stɑːk/ *adj* (**-er, -est**) **1** rígido **2** cru **3** (*contraste*) marcante

starry /'stɑːri/ *adj* (**-ier, -iest**) estrelado

start /stɑːt/ ◆ *s* **1** princípio **2** **the start** [*sing*] (*Esporte*) a saída LOC **for a start** para começar **to get off to a good, bad, etc. start** começar bem, mal, etc. ◆ **1** *vt, vi* começar: *It started to rain.* Começou a chover. **2** *vi* (*carro, motor*) dar partida **3** *vt* (*boato*) iniciar LOC **to start with** para começar *Ver tb* BALL, FALSE, SCRATCH PHR V **to start off** partir **to start out** (**on sth/to do sth**) começar (algo/a fazer algo) **to start** (**sth**) **up 1** (*motor*) dar partida, colocar em movimento **2** (*negócio*) começar, montar

starter /'stɑːtər/ *s* (*GB, coloq*) (prato de) entrada

starting point *s* ponto de partida

startle /'stɑːtl/ *vt* sobressaltar **startling** *adj* assombroso

starve /stɑːv/ **1** *vi* passar fome: *to starve* (*to death*) morrer de fome **2** *vt* matar de fome, fazer passar fome **3** *vt* ~ **sb/sth of sth** (*fig*) privar alguém/algo de algo LOC **to be starving** (*coloq*) estar morto de fome **starvation** *s* fome ☛ *Ver nota em* FOME

state[1] /steɪt/ ◆ *s* **1** estado: *to be in no*

tʃ	dʒ	v	θ	ð	s	z	ʃ
chin	**J**une	**v**an	**th**in	**th**en	**s**o	**z**oo	**sh**e

state to drive não estar em condições de dirigir ◊ *the State* o Estado **2 the States** [*sing*] (*coloq*) os Estados Unidos LOC **state of affairs** conjuntura **state of mind** estado de espírito *Ver tb* REPAIR ♦ *adj* (*tb* State) estatal: *a state visit* uma visita oficial ◊ *state education* educação pública

state² /steɪt/ *vt* **1** declarar, afirmar: *State your name.* Declare seu nome. **2** estabelecer: *within the stated limits* dentro dos limites estabelecidos

stately /'steɪtli/ *adj* (**-ier, -iest**) majestoso

statement /'steɪtmənt/ *s* declaração: *to issue a statement* dar uma declaração ◊ *bank statement* extrato bancário

statesman /'steɪtsmən/ *s* (*pl* **-men** /-mən/) estadista

static¹ /'stætɪk/ *adj* estático

static² /'stætɪk/ *s* **1** (*Rádio*) interferência **2** (*tb* static electricity) (eletricidade) estática

station¹ /'steɪʃn/ *s* **1** estação: *train station* estação de trem **2** *nuclear power station* (*GB*) usina nuclear ◊ *police station* delegacia de polícia ◊ *fire station* corpo de bombeiros ◊ *gas station* posto de gasolina **3** (*Rádio, TV*) emissora

station² /'steɪʃn/ *vt* postar

stationary /'steɪʃəneri; *GB* -nri/ *adj* estacionário

stationery /'steɪʃəneri; *GB* -nri/ *s* material de papelaria

station wagon (*GB* estate (car)) *s* carro tipo perua

statistic /stə'tɪstɪk/ *s* estatística **statistics** *s* [*sing*] (*Mat*) estatística

statue /'stætʃuː/ *s* estátua

stature /'stætʃər/ *s* **1** (*lit*) estatura **2** (*fig*) renome

status /'steɪtəs/ *s* posição: *social status* posição social ◊ *marital status* estado civil ◊ *status symbol* símbolo de status

statute /'stætʃuːt/ *s* estatuto: *statute book* código (de leis) **statutory** /'stætʃətɔːri; *GB* -tri/ *adj* estatutário

staunch /stɔːntʃ/ *adj* (**-er, -est**) incondicional

stave /steɪv/ PHR V **to stave sth off 1** (*crise*) evitar **2** (*ataque*) rechaçar

stay /steɪ/ ♦ *vi* ficar: *to stay (at) home* ficar em casa ◊ *What hotel are you staying at?* Em que hotel você está? ◊ *to stay*

sober ficar sóbrio LOC *Ver* CLEAR, COOL PHR V **to stay away (from sb/sth)** ficar longe (de alguém/algo) **to stay behind** ficar (*depois que os outros foram embora*) **to stay in** ficar em casa **to stay on (at ...)** ficar (em ...) **to stay up** ficar acordado: *to stay up late* ficar acordado até tarde ♦ *s* estadia

steady /'stedi/ ♦ *adj* (**-ier, -iest**) **1** firme: *to hold sth steady* segurar algo firme **2** constante, regular: *a steady boyfriend* um namorado firme ◊ *a steady job/income* um emprego/salário fixo ♦ (*pret, pp* **steadied**) **1** *vi* estabilizar(-se) **2** *v refl* ~ **yourself** recuperar o equilíbrio

steak /steɪk/ *s* bife, filé

steal /stiːl/ (*pret* **stole** /stəʊl/ *pp* **stolen** /'stəʊlən/) **1** *vt, vi* ~ (**sth**) (**from sb/sth**) roubar (algo) (de alguém/algo) ☛ *Ver nota em* ROB **2** *vi* ~ **in, out, away, etc.**: *He stole into the room.* Ele entrou no quarto às escondidas. ◊ *They stole away.* Eles saíram às escondidas. ◊ *to steal up on sb* aproximar-se de alguém sem ser notado

stealth /stelθ/ *s* sigilo, procedimento furtivo: *by stealth* às escondidas **stealthy** *adj* (**-ier, -iest**) sigiloso

steam /stiːm/ ♦ *s* vapor: *steam engine* máquina a vapor LOC *Ver* LET¹, RUN ♦ **1** *vi* soltar vapor: *steaming hot coffee* café fumegante **2** *vt* cozinhar no vapor LOC **to get (all) steamed up (about/over sth)** (*coloq*) ficar agitado (por algo) PHR V **to steam up** embaçar-se (*com vapor*)

steamer /'stiːmər/ *s* **1** navio a vapor **2** utensílio para cozinhar a vapor

steamroller /'stiːmˌrəʊlər/ *s* rolo compressor

steel /stiːl/ ♦ *s* aço ♦ *v refl* ~ **yourself** (**for/against sth**) armar-se de coragem para/contra algo

steep /stiːp/ *adj* (**-er, -est**) **1** íngreme: *a steep mountain* uma montanha escarpada **2** (*coloq*) excessivo

steeply /'stiːpli/ *adv* de maneira bastante inclinada: *The plane was climbing steeply.* O avião estava subindo vertiginosamente. ◊ *Share prices fell steeply.* As ações despencaram.

steer /stɪər/ *vt, vi* **1** dirigir, guiar: *to steer north* seguir rumo ao norte ◊ *to steer by the stars* navegar pelas estrelas ◊ *He steered the discussion away from*

i:	i	ɪ	e	æ	ɑ	ʌ	ʊ	u:
see	happy	sit	ten	hat	cot	cup	put	too

the subject. Ele levou a conversa para outro lado. **2** navegar LOC *Ver* CLEAR
steering s direção *(de um veículo)*
steering wheel s volante
stem¹ /stem/ ♦ s haste ♦ v (-mm-) PHR V **to stem from sth** originar-se de algo
stem² /stem/ vt (-mm-) estancar
stench /stentʃ/ s fedor
step /step/ ♦ vi (-pp-) dar um passo, andar: *to step on sth* pisar (em) algo ◊ *to step over sth* passar por cima de algo PHR V **to step down** deixar um cargo **to step in** intervir **to step sth up** aumentar algo ♦ s **1** passo **2** degrau, grau **3 steps** [pl] escadas **4** medida LOC **step by step** passo a passo **to be in step (with sb/sth) 1** (*lit*) estar no mesmo passo (que alguém) **2** (*fig*) estar de acordo (com alguém/algo) **to be out of step (with sb/sth) 1** (*lit*) estar fora do passo (com alguém) **2** (*fig*) estar em desacordo (com alguém/algo) **to take steps to do sth** tomar medidas para fazer algo *Ver tb* WATCH
stepbrother /ˈstepbrʌðər/ s irmão de criação
stepchild /ˈsteptʃaɪld/ s (pl -children) enteado, -a
stepdaughter /ˈstepdɔːtər/ s enteada
stepfather /ˈstepfɑːðər/ s padrasto
stepladder /ˈsteplædər/ s escada (de mão)
stepmother /ˈstepmʌðər/ s madrasta
step-parent /ˈstep peərənt/ s padrasto, madrasta
stepsister /ˈstepsɪstər/ s irmã de criação
stepson /ˈstepsʌn/ s enteado
stereo /ˈsterioʊ/ s (pl ~s) estéreo
stereotype /ˈsteriətaɪp/ s estereótipo
sterile /ˈsteral; GB ˈsteraɪl/ adj estéril **sterility** /stəˈrɪləti/ s esterilidade **sterilize, -ise** /ˈsterəlaɪz/ vt esterilizar
sterling /ˈstɜːrlɪŋ/ ♦ adj **1** (*prata*) de lei **2** (*fig*) excelente ♦ s (GB) (*tb* **pound sterling**) libra esterlina
stern¹ /stɜːrn/ adj (-er, -est) severo, duro
stern² /stɜːrn/ s popa
stew /stuː; GB stjuː/ ♦ vt, vi cozinhar, ensopar ♦ s guisado, ensopado
steward /ˈstuːərd; GB ˈstjuːəd/ s **1** (*fem* **stewardess**) (*em avião*) comissário de

bordo: (*air*) *stewardess* aeromoça **2** (*em barco*) camareiro
stick¹ /stɪk/ s **1** pau, vara **2** bastão **3** barra, talo: *a stick of celery* um talo de salsão ◊ *a stick of dynamite* um cartucho de dinamite
stick² /stɪk/ (*pret, pp* **stuck** /stʌk/) **1** vt enfiar, cravar: *to stick a needle in your finger* espetar uma agulha no dedo ◊ *to stick your fork into a potato* espetar uma batata com o garfo **2** vt, vi grudar: *Jam sticks to your fingers.* A geléia gruda nos dedos. **3** vt (*coloq*) colocar: *He stuck the pen behind his ear.* Ele pôs a caneta atrás da orelha. **4** vt ficar preso: *The bus got stuck in the mud.* O ônibus ficou preso na lama. ◊ *The elevator got stuck between floors six and seven.* O elevador ficou preso entre o sexto e o sétimo andar. **5** vt (*coloq*) agüentar: *I can't stick it any longer.* Eu não agüento mais isso. **6** vi ~ **at sth** persistir em algo **7** ~ **by sb** continuar a apoiar alguém **8** ~ **to sth** ater-se a algo PHR V **to stick around** (*coloq*) ficar por perto
to stick out sobressair-se: *His ears stick out.* As orelhas dele são muito salientes. **to stick it/sth out** (*coloq*) agüentar algo **to stick sth out** esticar algo: *to stick your head out of the window* pôr a cabeça para fora da janela ◊ *to stick your tongue out* mostrar a língua
to stick together manter-se unidos
to stick up sobressair-se **to stick up for yourself/sb/sth** defender-se, defender alguém/algo
sticker /ˈstɪkər/ s colante
sticky /ˈstɪki/ adj (-ier, -iest) **1** pegajoso **2** (*coloq*) (*situação*) difícil
stiff /stɪf/ ♦ adj (-er, -est) **1** rígido, duro **2** (*articulação*) enrijecido: *stiff neck* torcicolo **3** (*sólido*) espesso **4** difícil, duro **5** (*pessoa*) formal, frio **6** (*brisa, bebida alcoólica*) forte ♦ adv (*coloq*) extremamente: *bored/scared stiff* morto de tédio/medo
stiffen /ˈstɪfn/ **1** vi ficar tenso **2** vi (*articulação*) enrijecer-se **3** vt (*colarinho*) engomar
stifle /ˈstaɪfl/ **1** vt, vi sufocar(-se) **2** vt (*rebelião*) conter **3** vt (*bocejo*) segurar **4** vt (*idéias*) sufocar, reprimir **stifling** adj sufocante
stigma /ˈstɪgmə/ s estigma

u	ɔː	ɜː	ə	j	w	eɪ	oʊ
situation	saw	fur	ago	yes	woman	pay	home

still

still¹ /stɪl/ *adv* **1** ainda

Still ou yet? Still é utilizado em frases afirmativas e interrogativas, e se coloca depois de verbos auxiliares e modais e diante dos demais verbos: *He still talks about her.* Ele ainda fala dela. ◊ *Are you still here?* Você ainda está aqui? ◊ *He hasn't done it yet.* Ele ainda não o fez. No entanto, pode-se utilizar **still** em frases negativas quando queremos dar ênfase à oração. Neste caso, sempre é colocado diante do verbo, mesmo que este seja um auxiliar ou um modal: *He still hasn't done it.* Ele ainda não o fez. ◊ *He still can't do it.* Ele ainda não consegue fazê-lo.

2 ainda assim, contudo, todavia: *Still, it didn't turn out badly.* Ainda assim, não saiu mal.

still² /stɪl/ *adj* **1** quieto: *still life* natureza morta ◊ *Stand still!* Não se mova! ☞ *Comparar com* QUIET **2** (*águas, vento*) calmo **3** (*bebida*) sem gás

stillness /'stɪlnəs/ *s* calma, quietude

stilt /stɪlt/ *s* **1** perna-de-pau **2** palafita

stilted /'stɪltɪd/ *adj* (*fala, linguagem*) artificial

stimulant /'stɪmjələnt/ *s* estimulante

stimulate /'stɪmjuleɪt/ *vt* estimular **stimulating** *adj* **1** estimulante **2** interessante

stimulus /'stɪmjələs/ *s* (*pl* -muli /-laɪ/) estímulo, incentivo

sting /stɪŋ/ ♦ *s* **1** ferrão **2** (*ferida*) picada, ferroada **3** (*dor*) dor aguda ♦ (*pret, pp* **stung** /stʌŋ/) **1** *vt, vi* picar **2** *vi* arder **3** *vt* (*fig*) atormentar

stingy /'stɪndʒi/ *adj* sovina

stink /stɪŋk/ ♦ *vi* (*pret* **stank** /stæŋk/ *ou* **stunk** /stʌŋk/ *pp* **stunk**) (*coloq*) **1** ~ (**of sth**) feder (a algo) **2** ~ (**of sth**) (*fig*) ter cheiro (de algo) PHR V **to stink out** empestear algo ♦ *s* (*coloq*) mau cheiro, fedor **stinking** *adj* (*coloq*) horrível

stint /stɪnt/ *s* período: *a training stint in Minas Gerais* um período de treinamento em Minas Gerais

stipulate /'stɪpjuleɪt/ *vt* (*formal*) estipular

stir /stɜ:r/ ♦ (**-rr-**) **1** *vt* mexer (*mistura*) **2** *vt, vi* mover(-se) **3** *vt* (*imaginação, etc.*) despertar PHR V **to stir sth up** provocar algo ♦ *s* **1** *to give sth a stir* mexer algo **2** alvoroço **stirring** *adj* emocionante

stirrup /'stɪrəp/ *s* estribo

stitch /stɪtʃ/ ♦ *s* **1** (*costura, cirurgia*) ponto **2** pontada: *I got a stitch.* Deu-me uma pontada. LOC **in stitches** (*coloq*) morrendo de rir ♦ *vt, vi* costurar **stitching** *s* costura

stock /stɑk/ ♦ *s* **1** estoque **2** ~ (**of sth**) sortimento, reserva (de algo) **3** (*tb* **livestock**) criação (*animais*) **4** (*Fin*) [*ger pl*] ações **5** (*de empresa*) capital **6** (*Cozinha*) caldo (*de galinha, etc.*) LOC **out of/in stock** fora de/em estoque **to take stock (of sth)** fazer balanço (de algo) ♦ *adj* (*frase, etc.*) batido, convencional ♦ *vt* estocar PHR V **to stock up (on/with sth)** abastecer-se (de algo)

stockbroker /'stɑkbroʊkər/ (*tb* **broker**) *s* corretor, -ora de bolsa de valores

stock exchange (*tb* **stock market**) *s* bolsa de valores

stocking /'stɑkɪŋ/ *s* meia (*de seda/nylon*)

stocktaking /'stɑkteɪkɪŋ/ (*GB*) (*USA* **inventory**) *s* balanço (*comercial*)

stocky /'stɑki/ *adj* (-ier, -iest) robusto

stodgy /'stɑdʒi/ *adj* (-ier, -iest) (*coloq, pej*) (*comida, livro*) pesado

stoke /stoʊk/ *vt* ~ **sth (up) (with sth)** alimentar algo (com algo)

stole *pret de* STEAL

stolen *pp de* STEAL

stolid /'stɑlɪd/ *adj* (*pej*) impassível

stomach /'stʌmək/ ♦ *s* **1** estômago: *stomach-ache* dor de estômago **2** abdome **3** ~ **for sth** (*fig*) vontade de algo ♦ *vt* agüentar: *I can't stomach too much violence in films.* Eu não suporto muita violência em filmes.

stone /stoʊn/ *s* **1** pedra: *the Stone Age* a Idade da Pedra **2** (*GB*) (*esp USA* **pit**) (*de fruta*) caroço **3** (*GB*) (*pl* **stone**) unidade de peso equivalente a 14 libras ou 6,348 kg ♦ *vt* apedrejar **stoned** *adj* (*coloq*) chapado (*com maconha*)

stony /'stoʊni/ *adj* (-ier, -iest) **1** pedregoso, coberto de pedras **2** (*olhar*) frio **3** (*silêncio*) sepulcral

stood *pret, pp de* STAND

aɪ	aʊ	ɔɪ	ɪə	eə	ʊə	ʒ	h	ŋ
five	now	join	near	hair	pure	vision	how	sing

stool /stuːl/ s banquinho, banqueta

stoop /stuːp/ ◆ vi ~ (**down**) inclinar-se, curvar-se LOC **to stoop so low (as to do sth)** chegar tão baixo (a ponto de fazer algo) ◆ s: *to walk with/have a stoop* andar curvado

stop /stɒp/ ◆ (**-pp-**) **1** vt, vi parar, deter(-se) **2** vt (*processo*) interromper **3** vt (*injustiça*) acabar com, pôr fim a **4** vt ~ **doing sth** deixar de fazer algo: *Stop it!* Pare com isso! **5** vt ~ **sb/sth (from) doing sth** impedir que alguém/algo faça algo: *to stop yourself doing sth* esforçar-se para não fazer algo **6** vt cancelar **7** vt (*pagamento*) suspender **8** vt (*cheque*) sustar **9** vi (*GB, coloq*) ficar (*por pouco tempo*) LOC **to stop dead/ short** parar de repente **to stop short of (doing) sth** não fazer algo por pouco *Ver tb* BUCK³ PHR V **to stop off (at/in…)** dar uma parada (em…) ◆ s **1** parada, pausa: *to come to a stop* parar **2** (*ônibus, trem, etc.*) ponto **3** (*ortografia*) ponto **stoppage** s **1** paralisação **2 stoppages** [*pl*] deduções (de salário)

stopgap /'stɒpgæp/ s **1** substituto **2** recurso provisório

stopover /'stɒpoʊvər/ s escala (*em uma viagem*)

stopper /'stɒpər/ (*USA* **plug**) s tampão

stopwatch /'stɒpwɒtʃ/ s cronômetro

storage /'stɔːrɪdʒ/ s armazenamento, armazenagem: *storage space* espaço para armazenagem

store /stɔːr/ ◆ s **1** provisão, reserva **2 stores** [*pl*] provisões, víveres **3** (*esp USA*) (*GB* **shop**) loja, armazém LOC **to be/have sth in store for sb** ser/ter algo reservado para alguém (*surpresa, etc.*) ◆ vt ~ **sth (up/away)** armazenar, guardar, estocar algo

storekeeper /'stɔːrkiːpər/ (*GB* **shopkeeper**) s comerciante

storeroom /'stɔːruːm/ s depósito, despensa

storey (*GB*) *Ver* STORY²

stork /stɔːrk/ s cegonha

storm /stɔːrm/ ◆ s tempestade, temporal: *a storm of criticism* uma enxurrada de críticas ◆ **1** vi ~ **in/off/out** entrar/ir-se/sair furiosamente **2** vt (*edifício*) assaltar **stormy** adj (**-ier, -iest**) **1** tempestuoso **2** (*debate*) inflamado **3** (*relação*) turbulento

story¹ /'stɔːri/ s (*pl* **-ies**) **1** estória **2** conto: *short story* conto **3** (*Jornal*) notícia

story² /'stɔːri/ s (*pl* **-ies**) (*USA*) (*GB* **storey**) piso, andar

stout /staʊt/ adj **1** forte **2** (*freq euf*) corpulento *Ver tb* FAT

stove /stoʊv/ s **1** fogão **2** aquecedor

stow /stoʊ/ vt ~ **sth (away)** guardar algo

straddle /'strædl/ vt pôr-se a cavalo em

straggle /'strægl/ vi **1** (*planta*) esparramar-se **2** (*pessoa*) ficar para trás **straggler** s pessoa perdida/extraviada **straggly** adj (**-ier, -iest**) desalinhado, desgrenhado

straight /streɪt/ ◆ adj (**-er, -est**) **1** reto: *straight hair* cabelo liso **2** em ordem **3** direto LOC **to be straight (with sb)** ser franco (com alguém) **to keep a straight face** manter uma cara séria *Ver tb* RECORD ◆ adv (**-er, -est**) **1** em linha reta: *Look straight ahead.* Olhe bem em frente. **2** (*sentar-se*) direito **3** (*pensar*) de maneira clara **4** (*ir*) diretamente LOC **straight away** imediatamente **straight out** sem vacilar

straighten /'streɪtn/ **1** vt, vi tornar(-se) reto **2** vt, vi (*as costas*) endireitar(-se) **3** vt (*gravata, saia*) arrumar PHR V **to straighten sth out** acertar algo **to straighten up** endireitar-se

straightforward /ˌstreɪt'fɔːrwərd/ adj **1** (*pessoa*) honesto **2** franco **3** (*estilo*) simples

strain /streɪn/ ◆ **1** vi esforçar-se **2** vt (*corda*) tensionar **3** vt (*ouvido, vista*) aguçar **4** vt (*músculo, costas*) distender **5** vt (*vista, voz, coração*) forçar **6** vt (*relações*) tornar tenso **7** vt ~ **sth (off)** peneirar algo ◆ s **1** tensão: *Their relationship is showing signs of strain.* A relação deles apresenta sinais de tensão. **2** distensão: *eye strain* vista cansada **strained** adj **1** (*riso, tom de voz*) forçado **2** tenso

strainer /'streɪnər/ s coador

straitjacket /'streɪtdʒækɪt/ s camisa-de-força

straits /streɪts/ s [*pl*] **1** estreito: *the Straits of Gibraltar* o estreito de Gibraltar **2** *in dire straits* em uma situação desesperadora

strand /strænd/ s **1** linha, fio **2** mecha

tʃ	dʒ	v	θ	ð	s	z	ʃ
chin	**June**	**van**	**thin**	**then**	**so**	**zoo**	**she**

stranded /'strændɪd/ adj abandonado: *to be left stranded* ficar/ser abandonado

strange /streɪndʒ/ adj (-er, -est) **1** desconhecido **2** estranho: *I find it strange that...* Eu acho estranho que... **stranger** s **1** desconhecido, -a **2** forasteiro, -a

strangle /'stræŋgl/ vt estrangular, sufocar

strap /stræp/ ◆ s **1** correia, tira ☞ *Ver ilustração em* RELÓGIO **2** (*de vestido*) alça ◆ vt ~ **sth** (**up**) (*Med*) enfaixar algo PHR V **to strap sth on** amarrar, segurar algo (*com correias*) **to strap sb in** colocar cinto de segurança em alguém

strategy /'strætədʒi/ s (pl -ies) estratégia **strategic** /strə'tiːdʒɪk/ adj estratégico

straw /strɔː/ s **1** palha: *a straw hat* um chapéu de palha **2** canudo (*para beber*) LOC **the last/final straw** a gota d'água

strawberry /'strɔːberi; GB -bəri/ s (pl -ies) morango: *strawberries and cream* morango com chantilly

stray /streɪ/ ◆ vi **1** extraviar-se, desgarrar-se **2** afastar-se ◆ adj **1** extraviado: *a stray dog* um cão vadio **2** perdido: *a stray bullet* uma bala perdida

streak /striːk/ ◆ s **1** risca **2** traço **3** (*de sorte*) período: *to be on a winning/losing streak* estar numa maré de sorte/azar ◆ **1** vt ~ **sth** (**with sth**) riscar, raiar algo (de algo) **2** vi correr/passar como um raio

stream /striːm/ ◆ s **1** riacho, córrego **2** (*de líquidos, palavras*) torrente **3** (*de gente*) fluxo **4** (*de carros*) sucessão ◆ vi **1** (*água, sangue, lágrimas*) escorrer **2** (*luz*) jorrar **3** tremular (*ao vento*)

streamer /'striːmər/ s serpentina

streamline /'striːmlaɪn/ vt **1** tornar aerodinâmico **2** (*fig*) racionalizar

street /striːt/ s (*abrev* St) rua: *the Main Street* a rua principal ☞ Note que **street** é escrito com inicial maiúscula quando é precedido pelo nome da rua. *Ver também* ROAD *e nota em* RUA. LOC (**right**) **up your street**: *This job seems right up your street.* Este trabalho parece perfeito para você. **to be streets ahead** (**of sb/sth**) estar muito à frente (de alguém/algo) *Ver* MAN[1]

streetcar /'striːtkɑr/ s (GB **tram**) bonde

strength /streŋθ/ s **1** [*não contável*] força **2** [*não contável*] (*material*) resistência **3** (*luz, emoção*) intensidade **4** ponto forte LOC **on the strength of sth** com base em algo, confiando em algo

strengthen vt, vi fortalecer(-se), reforçar(-se)

strenuous /'strenjuəs/ adj **1** árduo, extenuante **2** vigoroso

stress /stres/ ◆ s **1** tensão (nervosa) **2** ~ (**on sth**) (*Ling*) acento **4** (*Mec*) tensão ◆ vt enfatizar, acentuar **stressful** adj estressante

stretch /stretʃ/ ◆ **1** vt, vi esticar(-se), alargar(-se) **2** vi espreguiçar-se **3** vi (*área, terreno*) estender-se **4** vt (*pessoa*) exigir o máximo de LOC **to stretch your legs** esticar as pernas PHR V **to stretch** (**yourself**) **out** estirar-se ◆ s **1** *to have a stretch* espreguiçar-se **2** elasticidade **3** ~ (**of sth**) (*terreno*) trecho (de algo) **4** ~ (**of sth**) (*tempo*) intervalo, período (de algo) LOC **at a stretch** sem interrupção, contínuo

stretcher /'stretʃər/ s maca

strewn /struːn/ adj **1** ~ (**all**) **over sth** esparramado por/sobre algo **2** ~ **with sth** coberto de algo

stricken /'strɪkən/ adj ~ (**by/with sth**) afligido (por algo): *drought-stricken area* área afetada pela seca

strict /strɪkt/ adj (-er, -est) **1** severo **2** estrito, preciso LOC **in strictest confidence** com o maior sigilo **strictly** adv **1** severamente **2** estritamente: *strictly prohibited* terminantemente proibido LOC **strictly speaking** a rigor

stride /straɪd/ ◆ vi (*pret* **strode** /stroʊd/ pp **stridden** /'strɪdn/) **1** andar a passos largos **2** ~ **up to sb/sth** aproximar-se resolutamente de alguém/algo ◆ s **1** passada **2** (*modo de andar*) passo LOC **to take sth in your stride** enfrentar algo com calma

strident /'straɪdnt/ adj estridente

strife /straɪf/ s luta, conflito

strike /straɪk/ ◆ s **1** greve: *to go on strike* entrar em greve **2** (*Mil*) ataque ◆ (*pret, pp* **struck** /strʌk/) **1** vt golpear, acertar **2** vt (*raio*) atingir **3** vt chocar(-se) contra **4** vi atacar **5** vt, vi (*relógio*) bater **6** vt (*ouro, etc.*) encontrar **7** vt (*fósforo*) acender **8** vt: *It strikes me that...* Ocorre-me que... **9** vt impressionar, chamar a atenção de: *I was struck by the similarity between them.* Fiquei impressionado pela semelhança entre eles. LOC *Ver* HOME PHR V **to strike**

back (at sb/sth) revidar (a alguém/algo) **to strike up (sth)** começar a tocar (algo) **to strike up sth (with sb)** 1 (*conversa*) entabular algo (com alguém) 2 (*amizade*) começar algo (com alguém)

striker /'straɪkər/ s 1 grevista 2 (*Esporte*) artilheiro, -a

striking /'straɪkɪŋ/ adj chamativo, notável

string /strɪŋ/ ◆ s 1 barbante: *I need some string to tie up this package.* Preciso de barbante para amarrar este pacote. 2 (*de pérolas*) cordão 3 (*Mús*) corda LOC (with) **no strings attached/without strings** (*coloq*) sem restrições, sem compromisso *Ver tb* PULL ◆ vt (pret, pp **strung** /strʌŋ/) ~ **sth (up)** pendurar algo (com um cordão) PHR V **to string (sth) out** estender algo **to string sth together** colocar algo em ordem (*para formar frases*)

stringent /'strɪndʒənt/ adj rigoroso

strip¹ /strɪp/ (-pp-) 1 vt (*uma máquina*) desmantelar 2 vt (*papel, pintura, etc.*) arrancar 3 vt ~ **sth of sth** despojar algo de algo 4 vt ~ **sb of sth** tirar algo de alguém 5 vt, vi ~ **(off)** despir(-se)

strip² /strɪp/ s 1 (*de papel, metal, etc.*) tira 2 (*de terra, água*) faixa

stripe /straɪp/ s listra **striped** adj listrado

strive /straɪv/ vi (pret **strove** /strouv/ pp **striven** /'strɪvn/) (*formal*) ~ **(for/after sth)** esforçar-se (para obter algo)

strode pret de STRIDE

stroke¹ /strouk/ s 1 golpe: *a stroke of luck* um golpe de sorte 2 (*natação*) braçada, estilo 3 traço (*de lápis, caneta*) 4 batida (*de sino, relógio*) 5 (*Med*) apoplexia, derrame LOC **at a stroke** de um golpe **not to do a stroke (of work)** (*esp GB*) não trabalhar

stroke² /strouk/ vt afagar

stroll /stroʊl/ ◆ s passeio: *to go for/take a stroll* dar um passeio ◆ vi caminhar

stroller /'stroʊlər/ (*GB* **pushchair**) s carrinho de bebê

strong /strɔːŋ/ *GB* strɒŋ/ adj (**stronger** /'strɔːŋgər/, **strongest** /'strɔːŋgɪst/) forte LOC **to be going strong** (*coloq*) continuar firme **to be sb's strong point/suit** ser o forte de alguém **strongly** adv firmemente, fortemente

strong-minded /ˌstrɔːŋ 'maɪndɪd/ adj determinado (*pessoa*)

strove pret de STRIVE

struck pret, pp de STRIKE

structure /'strʌktʃər/ ◆ s 1 estrutura 2 construção ◆ vt estruturar

struggle /'strʌgl/ ◆ vi 1 esforçar-se 2 ~ (**against/with sth**) lutar (contra/com alguém/algo) ◆ s 1 luta 2 esforço

strung pret, pp de STRING

strut /strʌt/ ◆ s escora ◆ vi (-tt-) ~ **(about/along)** pavonear-se

stub /stʌb/ s 1 (*de lápis, cigarro, etc.*) toco 2 (*de cheque*) canhoto

stubble /'stʌbl/ s 1 restolho 2 barba (por fazer)

stubborn /'stʌbərn/ adj 1 teimoso, tenaz 2 (*mancha*) difícil (de remover)

stuck /stʌk/ pret, pp de STICK² ◆ adj 1 preso: *to get stuck* ficar preso 2 (*coloq*): *to be/get stuck with sb/sth* ficar preso com alguém/algo

stuck-up /ˌstʌk 'ʌp/ adj (*coloq*) esnobe

stud /stʌd/ s 1 pino 2 (*em sapato*) cravo 3 garanhão 4 (*tb* **stud farm**) haras

student /'stuːdnt; *GB* 'stjuː-/ s estudante

studied /'stʌdid/ adj estudado, deliberado

studio /'stuːdioʊ; *GB* 'stjuː-/ s (pl ~s) 1 estúdio 2 (*Cinema, TV*) estúdio

studious /'stuːdiəs; *GB* 'stjuː-/ adj 1 estudioso 2 (*formal*) estudado

study /'stʌdi/ ◆ s (pl -ies) 1 estudo 2 escritório (*em uma casa*) ◆ vt, vi (pret, pp **studied**) estudar

stuff /stʌf/ ◆ s 1 material, substância 2 (*coloq*) coisas *Ver* FOODSTUFFS ◆ 1 vt ~ **sth (with sth)** encher, rechear algo (com algo) 2 vt ~ **sth in**; ~ **sth into sth** meter algo (à força) (em algo) 3 v refl ~ **yourself (with sth)** empanturrar-se (de algo) 4 vt (*animal*) empalhar LOC **get stuffed!** (*GB, coloq*) pare de encher! **stuffing** s 1 recheio 2 (*estofado*) enchimento

stuffy /'stʌfi/ adj (-ier, -iest) 1 abafado 2 (*coloq*) (*pessoa*) antiquado

stumble /'stʌmbl/ vi 1 ~ (**over sth**) tropeçar (em algo): *stumbling block* obstáculo 2 ~ (**over sth**) equivocar-se (quanto a algo) PHR V **to stumble across/on sb/sth** topar com alguém/algo

stump /stʌmp/ s toco

stun /stʌn/ vt 1 (-nn-) (*fig*) assombrar,

u	ɔː	ɜː	ə	j	w	eɪ	oʊ
situation	saw	fur	ago	yes	woman	pay	home

chocar **2** (*lit*) aturdir **stunning** *adj* (*coloq, aprov*) atordoante, impressionante

stung *pret, pp de* STING

stunk *pret, pp de* STINK

stunt¹ /stʌnt/ *s* (*coloq*) **1** truque: *publicity stunt* golpe publicitário **2** acrobacia

stunt² /stʌnt/ *vt* atrofiar

stupendous /stuːˈpendəs; *GB* stjuː-/ *adj* estupendo

stupid /ˈstuːpɪd; *GB* ˈstjuː-/ *adj* (**-er, -est**) tonto, estúpido ☞ *Ver nota em* TOLO **stupidity** /stuːˈpɪdəti; *GB* stjuː-/ *s* estupidez, burrice

stupor /ˈstuːpər; *GB* ˈstjuː-/ *s* [*ger sing*]: *a drunken stupor* um estupor alcoólico

sturdy /ˈstɜːrdi/ *adj* (**-ier, -iest**) **1** (*pessoa, planta*) robusto **2** (*mesa, constituição*) sólido **3** (*sapatos*) resistente

stutter /ˈstʌtər/ (*tb* **stammer**) ♦ *vi* gaguejar ♦ *s* gagueira

sty¹ /staɪ/ *s* (*pl* **sties**) chiqueiro

sty² /staɪ/ *s* (*pl* **sties**) (*tb* **stye**) terçol

style /staɪl/ *s* **1** estilo **2** maneira **3** modelo: *the latest style* a última moda **stylish** *adj* elegante

suave /swɑːv/ *adj* educado (*às vezes excessivamente*)

subconscious /ˌsʌbˈkɑːnʃəs/ *adj, s* subconsciente

subdivide /ˌsʌbdɪˈvaɪd/ **1** *vt* ~ **sth (into sth)** subdividir algo (em algo) **2** *vi* ~ **(into sth)** subdividir-se (em algo)

subdue /səbˈduː; *GB* -ˈdjuː/ *vt* controlar, subjugar **subdued** *adj* **1** (*voz*) baixo **2** (*luz, cor*) suave **3** (*pessoa*) abatido

subheading /ˈsʌbhedɪŋ/ *s* subtítulo

subject¹ /ˈsʌbdʒɪkt/ *s* **1** assunto **2** matéria **3** (*Gram*) sujeito **4** súdito, -a

subject² /ˈsʌbdʒekt/ *adj* ~ **to sb/sth** sujeito a alguém/algo

subject³ /səbˈdʒekt/ *vt* ~ **sb/sth (to sth)** sujeitar, expor alguém/algo (a algo) **subjection** *s* sujeição, submissão

subjective /səbˈdʒektɪv/ *adj* subjetivo

subject matter /ˈsʌbdʒekt mætər/ *s* tema

subjunctive /səbˈdʒʌŋktɪv/ *s* subjuntivo

sublime /səˈblaɪm/ *adj* sublime

submarine /ˈsʌbməriːn; *GB* ˌsʌbməˈriːn/ *adj, s* submarino

submerge /səbˈmɜːrdʒ/ **1** *vi* submergir **2** *vt* submergir, inundar

submission /səbˈmɪʃn/ *s* ~ **(to sb/sth)** submissão (a alguém/algo) **2** (*documento, decisão*) apresentação

submissive /səbˈmɪsɪv/ *adj* submisso

submit /səbˈmɪt/ (**-tt-**) **1** *vi* ~ **(to sb/sth)** submeter-se, render-se (a alguém/algo) **2** *vt* ~ **sth (to sb/sth)** apresentar algo (a alguém/algo): *Applications must be submitted by March 31.* As inscrições devem ser entregues até o dia 31 de março.

subordinate /səˈbɔːrdənət; *GB* -dɪnət/ ♦ *adj, s* subordinado, -a ♦ /səˈbɔːrdɪneɪt; *GB* -dəneɪt/ *vt* ~ **sth (to sth)** subordinar algo (a algo)

subscribe /səbˈskraɪb/ *vi* ~ **(to sth)** fazer a assinatura (de algo) PHR V **to subscribe to sth** (*formal*) concordar com algo (*opinião*) **subscriber** *s* assinante **subscription** *s* **1** assinatura (*de jornal, revista*) **2** cota (*de clube*)

subsequent /ˈsʌbsɪkwənt/ *adj* [*somente antes de substantivo*] posterior **subsequently** *adv* posteriormente, mais tarde **subsequent to** *prep* (*formal*) posterior a, depois de

subside /səbˈsaɪd/ *vi* **1** ceder **2** (*água*) baixar **3** (*vento*) acalmar **4** (*emoção*) acalmar-se **subsidence** /səbˈsaɪdns, ˈsʌbsɪdns/ *s* afundamento (*de muro, etc.*)

subsidiary /səbˈsɪdieri; *GB* -diəri/ ♦ *adj* secundário, subsidiário ♦ *s* (*pl* **-ies**) filial

subsidize, -ise /ˈsʌbsɪdaɪz/ *vt* subvencionar

subsidy /ˈsʌbsədi/ *s* (*pl* **-ies**) subvenção

subsist /səbˈsɪst/ *vi* ~ **(on sth)** (*formal*) subsistir (à base de algo) **subsistence** *s* subsistência

substance /ˈsʌbstəns/ *s* **1** substância **2** essência

substantial /səbˈstænʃl/ *adj* **1** considerável, importante **2** (*construção*) sólido **substantially** *adv* **1** consideravelmente **2** essencialmente

substitute /ˈsʌbstɪtuːt; *GB* -tjuːt/ ♦ *s* **1** ~ **(for sb)** substituto, -a (de alguém) **2** ~ **(for sth)** substitutivo (para algo) **3** (*Esporte*) reserva ♦ *vt* ~ **A (for B)/B with A** substituir (B) por A: *Substitute honey for sugar/sugar with honey.* Substituir açúcar por mel.

subtitle /ˈsʌbtaɪtl/ *s* legenda: *a Brazi-*

aɪ	aʊ	ɔɪ	ɪə	eə	ʊə	ʒ	h	ŋ
five	now	join	near	hair	pure	vision	how	sing

lian movie with subtitles in English um filme brasileiro com legendas em inglês

subtle /ˈsʌtl/ *adj* (**-er, -est**) **1** sutil **2** (*sabor*) delicado **3** (*pessoa*) perspicaz **4** (*odor, cor*) suave **subtlety** *s* (*pl* **-ies**) sutileza

subtract /səbˈtrækt/ *vt, vi* ~ (**sth**) (**from sth**) subtrair (algo) (de algo) **subtraction** *s* subtração

suburb /ˈsʌbɜːrb/ *s* subúrbio: *the suburbs* os subúrbios **suburban** *adj* /səˈbɜːrbən/ suburbano: *suburban trains* trens suburbanos

subversive /səbˈvɜːrsɪv/ *adj* subversivo

subway /ˈsʌbweɪ/ *s* **1** (*GB* the underground (*tb* the tube [*coloq*])) metrô *Ver* TUBE **2** (*GB*) passagem subterrânea

succeed /səkˈsiːd/ **1** *vi* ter sucesso, triunfar: *to succeed in doing sth* conseguir/ter êxito em fazer algo **2** *vt, vi* ~ (**sb**) suceder (a alguém) **3** *vi* ~ (**to sth**) herdar (algo): *to succeed to the throne* suceder/subir ao trono

success /səkˈses/ *s* sucesso: *to be a success* ser um sucesso ◊ *hard work is the key to success* o trabalho árduo é o segredo do sucesso **successful** *adj* bem-sucedido: *a successful writer* um escritor de sucesso ◊ *the successful candidate* o candidato vitorioso ◊ *to be successful in doing sth* ter sucesso em fazer algo

succession /səkˈseʃn/ *s* **1** sucessão **2** série LOC **in succession**: *three times in quick succession* três vezes seguidas

successor /səkˈsesər/ *s* ~ (**to sb/sth**) sucessor, -ora (a/de alguém/algo): *successor to the former world title holder* sucessor do último campeão mundial

succumb /səˈkʌm/ *vi* ~ (**to sth**) sucumbir (a algo)

such /sʌtʃ/ *adj, pron* **1** semelhante, tal: *Whatever gave you such an idea?* De onde você tirou tal idéia? ◊ *I did no such thing!* Eu não fiz isso! ◊ *There's no such thing as ghosts.* Fantasmas não existem. **2** [*uso enfático*] tão, tanto: *I'm in such a hurry.* Estou com muita pressa. ◊ *We had such a wonderful time.* Nós nos divertimos tanto. ☛ **Such** é utilizado com adjetivos que acompanham um substantivo e **so** com adjetivos desacompanhados. Compare os seguintes exemplos: *The food was so good.* ◊

We had such good food. ◊ *You are so intelligent.* ◊ *You are such an intelligent person.* LOC **as such** como tal: *It's not a promotion as such.* Não é uma promoção propriamente dita. **in such a way that...** de tal maneira que... **such as** por exemplo

suck /sʌk/ *vt, vi* **1** chupar **2** (*bomba*) aspirar, bombear **sucker** *s* **1** ventosa **2** (*coloq*) otário, -a, bobo, -a

sudden /ˈsʌdn/ *adj* súbito, repentino LOC **all of a sudden** de repente **suddenly** *adv* de repente

suds /sʌdz/ *s* [*pl*] espuma (*de sabão*)

sue /suː, sjuː/ *vt, vi* **to sue** (**sb**) (**for sth**) processar (alguém) (por algo)

suede /sweɪd/ *s* camurça

suffer /ˈsʌfər/ **1** *vi* ~ (**from/with sth**) sofrer (de/com algo) **2** *vt, vi* (*dor, derrota*) sofrer **3** *vi* ser prejudicado **suffering** *s* sofrimento

sufficient /səˈfɪʃnt/ *adj* ~ (**for sb/sth**) suficiente (para alguém/algo)

suffix /ˈsʌfɪks/ *s* sufixo ☛ *Comparar com* PREFIX

suffocate /ˈsʌfəkeɪt/ **1** *vt, vi* asfixiar(-se) **2** *vi* sufocar(-se) **suffocating** *adj* sufocante **suffocation** *s* asfixia

sugar /ˈʃʊgər/ *s* açúcar: *sugar bowl* açucareiro ◊ *sugar cube/lump* cubo/torrão de açúcar

suggest /səgˈdʒest/ *GB* səˈdʒ-/ *vt* **1** sugerir: *I suggest you go to the doctor.* Eu sugiro que você vá ao médico. **2** indicar **3** insinuar **suggestion** *s* **1** sugestão **2** proposta **3** insinuação **suggestive** *adj* **1** ~ (**of sth**) indicativo (de algo) **2** insinuante

suicidal /ˌsuːɪˈsaɪdl/ *adj* **1** suicida **2** a ponto de se suicidar

suicide /ˈsuːɪsaɪd/ *s* **1** suicídio: *to commit suicide* suicidar-se **2** suicida

suit /suːt/ ◆ *s* **1** (*de homem*) terno: *a two/three-piece suit* um terno de duas/três peças **2** (*de mulher*) tailleur **3** (*cartas*) naipe ☛ *Ver nota em* BARALHO **4** (*Jur*) processo LOC *Ver* STRONG ◆ *vt* **1** cair bem: *Does this skirt suit me?* Esta saia fica bem em mim? **2** convir a **3** fazer bem a: *The climate here doesn't suit me.* O clima daqui não me faz bem.

suitability /ˌsuːtəˈbɪləti/ (*tb* **suitableness**) *s* conveniência, adequabilidade

suitable /ˈsuːtəbl/ *adj* ~ (**for sb/sth**) **1**

tʃ	dʒ	v	θ	ð	s	z	ʃ
chin	June	van	thin	then	so	zoo	she

adequado (para alguém/algo) **2** conveniente (para alguém/algo) **suitably** *adv* devidamente

suitcase /'suːtkeɪs/ *s* mala ☛ *Ver ilustração em* MALA

suite /swiːt/ *s* **1** (*hotel, Mús*) suíte **2** conjunto: *a dining room suite* um jogo de sala de jantar

suited /'suːtɪd/ *adj* ~ (**for/to sb/sth**) adequado (para alguém/algo): *He and his wife are well suited (to each other).* Ele e a esposa são feitos um para o outro.

sulfur (*GB* **sulphur**) /'sʌlfər/ *s* enxofre

sulk /sʌlk/ *vi* (*pej*) emburrar, fazer cara feia **sulky** *adj* (**-ier, -iest**) emburrado

sullen /'sʌlən/ *adj* (*pej*) carrancudo

sultan /'sʌltən/ *s* sultão

sultana /sʌl'tænə; *GB* -ɑːnə/ *s* uva passa (*sem sementes*)

sultry /'sʌltri/ *adj* (**-ier, -iest**) **1** úmido e quente **2** sensual

sum /sʌm/ ♦ *s* soma, total: *to be good at sums* ser bom em cálculo ◊ *the sum of $200* a soma de 200 dólares ♦ *v* (**-mm-**) PHR V **to sum (sth) up** resumir (*algo*): *to sum up…* em resumo… **to sum sb/sth up** ter uma idéia de alguém/algo

summarize, -ise /'sʌməraɪz/ *vt, vi* resumir **summary** *s* (*pl* **-ies**) resumo

summer /'sʌmər/ *s* verão: *a summer's day* um dia de verão ◊ *summer weather* clima de verão ◊ *summer time* horário de verão **summery** *adj* de verão **summertime** *s* verão

summit /'sʌmɪt/ *s* cume: *summit conference/meeting* conferência/encontro de cúpula

summon /'sʌmən/ *vt* **1** convocar, chamar: *to summon help* pedir ajuda **2** ~ **sth (up)** (*coragem, etc.*) juntar algo, armar-se de algo: *I couldn't summon (up) the energy.* Eu não tive energia. PHR V **to summon sth up** evocar algo

summons /'sʌmənz/ *s* (*pl* **-onses**) intimação (judicial)

sun /sʌn/ ♦ *s* sol: *The sun was shining.* Estava ensolarado. ♦ *v refl* (**-nn-**) **to sun yourself** tomar sol

sunbathe /'sʌnbeɪð/ *vi* tomar (banho de) sol

sunbeam /'sʌnbiːm/ *s* raio de sol

sunburn /'sʌnbɜːrn/ *s* [*não contável*] queimadura de sol: *to get sunburn*

queimar-se ☛ *Comparar com* SUNTAN **sunburnt** *adj* queimado de sol

Sunday /'sʌndeɪ, 'sʌndi/ *s* (*abrev* **Sun**) domingo ☛ *Ver exemplos em* MONDAY

sundry /'sʌndri/ *adj* vários, diversos: *on sundry occasions* em diversas ocasiões LOC **all and sundry** (*coloq*) todo o mundo

sunflower /'sʌnflaʊər/ *s* girassol

sung *pp de* SING

sunglasses /'sʌnglæsɪz; *GB* -glɑːs-/ *s* [*pl*] óculos escuros: *a pair of sunglasses* uns óculos escuros ☛ *Ver nota em* PAIR

sunk *pp de* SINK

sunken /'sʌŋkən/ *adj* afundado

sunlight /'sʌnlaɪt/ *s* luz do sol

sunlit /'sʌnlɪt/ *adj* iluminado pelo sol

sunny /'sʌni/ *adj* (**-ier, -iest**) **1** ensolarado: *It's sunny today.* Está ensolarado hoje. **2** (*personalidade*) alegre

sunrise /'sʌnraɪz/ *s* nascer do sol

sunset /'sʌnset/ *s* pôr-do-sol

sunshine /'sʌnʃaɪn/ *s* sol: *Let's sit in the sunshine.* Vamos nos sentar ao sol.

sunstroke /'sʌnstroʊk/ *s* insolação: *to get sunstroke* ter uma insolação

suntan /'sʌntæn/ *s* bronzeado: *to get a suntan* bronzear-se ☛ *Comparar com* SUNBURN **suntanned** *adj* bronzeado

super /'suːpər/ *adj* estupendo, excelente

superb /suː'pɜːrb/ *adj* magnífico **superbly** *adv* magnificamente: *a superbly situated house* uma casa situada em um lugar magnífico

superficial /ˌsuːpər'fɪʃl/ *adj* superficial **superficiality** /ˌsuːpərˌfɪʃi'æləti/ *s* superficialidade **superficially** *adv* superficialmente, aparentemente

superfluous /suː'pɜːrfluəs/ *adj* supérfluo, desnecessário

superhuman /ˌsuːpər'hjuːmən/ *adj* sobre-humano

superimpose /ˌsuːpərɪm'poʊz/ *vt* ~ **sth (on sth)** sobrepor algo (a algo)

superintendent /ˌsuːpərɪn'tendənt/ *s* **1** comissário, -a (*de polícia*) **2** encarregado, -a, superintendente

superior /suː'pɪəriər/ ♦ *adj* **1** ~ (**to sb/sth**) superior (a alguém/algo) **2** (*pessoa, atitude*) soberbo ♦ *s* superior, -ora: *Mother Superior* madre superiora **superiority** /suːˌpɪəri'ɑːrəti/ *s* ~ (**in sth**); ~

i:	i	ɪ	e	æ	ɑ	ʌ	ʊ	u:
see	happy	sit	ten	hat	cot	cup	put	too

(over/to sb/sth) superioridade (em algo); superioridade (sobre alguém/algo)

superlative /suːˈpɜːrlətɪv/ adj, s superlativo

supermarket /ˈsuːpərmɑrkɪt/ s supermercado

supernatural /ˌsuːpərˈnætʃərəl/ **1** adj sobrenatural **2 the supernatural** s o sobrenatural

superpower /ˈsuːpərpaʊər/ s superpotência

supersede /ˌsuːpərˈsiːd/ vt suplantar, substituir

supersonic /ˌsuːpərˈsɑnɪk/ adj supersônico

superstition /ˌsuːpərˈstɪʃn/ s superstição **superstitious** adj supersticioso

superstore /ˈsuːpərstɔːr/ s hipermercado

supervise /ˈsuːpərvaɪz/ vt supervisionar **supervision** /ˌsuːpərˈvɪʒn/ s supervisão, orientação **supervisor** s supervisor, -ora, orientador, -ora

supper /ˈsʌpər/ s ceia, jantar: to have supper cear

supple /ˈsʌpl/ adj (-er, -est) flexível

supplement /ˈsʌplɪmənt/ ◆ s **1** suplemento, complemento **2** (de livro) apêndice ◆ vt complementar, completar: supplemented by complementado por/com

supplementary /ˌsʌplɪˈmenteri; GB -tri/ adj adicional, complementar

supplier /səˈplaɪər/ s provedor, -ora, fornecedor, -ora

supply /səˈplaɪ/ ◆ vt (pret, pp supplied) **1** ~ sb (with sth) prover, abastecer alguém (com algo) **2** ~ sth (to sb) fornecer, proporcionar, oferecer algo (a alguém) ◆ s (pl -ies) **1** suprimento, provisão **2 supplies** [pl] provisões **3 supplies** [pl] (Mil) suprimento LOC **supply and demand** oferta e procura Ver tb PLENTIFUL

support /səˈpɔːrt/ ◆ vt **1** (peso) suster, suportar **2** (causa) apoiar, dar respaldo a: a supporting role um papel secundário **3** (GB, Esporte) torcer para: Which team do you support? Para que time você torce? **4** (pessoa) sustentar ◆ s **1** apoio **2** suporte **supporter** s **1** (Pol) partidário, -a **2** (GB, Esporte) torcedor, -ora **3** (de teoria) seguidor, -ora **supportive** adj que ajuda: to be supportive dar apoio

suppose /səˈpoʊz/ vt **1** supor, imaginar **2** (sugestão): Suppose we change the subject? Que tal mudarmos de assunto? LOC **to be supposed to do sth** dever fazer algo **supposed** adj suposto **supposedly** adv supostamente **supposing** (tb supposing that) conj se, no caso de

suppress /səˈpres/ vt **1** (rebelião) reprimir **2** (informação) omitir **3** (sentimento) conter, reprimir **4** (bocejo) segurar

supremacy /suːˈpreməsi, sjuː-/ s ~ (over sb/sth) supremacia (sobre alguém/algo)

supreme /suːˈpriːm, sjuː-/ adj supremo, sumo

Supreme Court s **the Supreme Court** (USA) o Supremo Tribunal

surcharge /ˈsɜːrtʃɑrdʒ/ s ~ (on sth) sobretaxa (sobre algo)

sure /ʃʊər/ ◆ adj (surer, surest) **1** seguro, certo: He's sure to be elected. Ele será eleito com certeza. **2** confiante, firme LOC **to be sure of sth** estar certo de algo **to be sure to do sth; to be sure and do sth** não deixar de fazer algo: Be sure to write to me. Não deixe de me escrever. **for sure** (coloq) com certeza **to make sure (of sth/that…)** assegurar-se (de algo/de que…): Make sure you are home by nine. Esteja em casa às nove sem falta. **sure!** (coloq, esp USA) claro! ◆ adv LOC **sure enough** efetivamente

surely /ˈʃʊərli; GB ˈʃɔːli/ adv **1** certamente, seguramente, com certeza **2** (surpresa): Surely you can't agree? Certamente você não está de acordo!

surf /sɜːrf/ ◆ s espuma (das ondas do mar) ◆ vi surfar

surface /ˈsɜːrfɪs/ ◆ s **1** superfície: by surface mail por via terrestre ou marítima ◊ the earth's surface a superfície da terra ◊ a surface wound um ferimento superficial **2** face ◆ **1** vt ~ sth (with sth) recobrir algo (com algo) **2** vi subir à superfície

surge /sɜːrdʒ/ ◆ vi: They surged into the stadium. Eles entraram em tropel no estádio. ◆ s ~ (of sth) onda (de algo)

surgeon /ˈsɜːrdʒən/ s cirurgião, -a **surgery** s (pl -ies) **1** cirurgia: brain surgery neurocirurgia ◊ to undergo surgery

u	ɔː	ɜː	ə	j	w	eɪ	oʊ
situation	saw	fur	ago	yes	woman	pay	home

submeter-se a uma cirurgia **2** (*GB*) consultório: *surgery hours* horas de consulta **surgical** *adj* cirúrgico

surly /ˈsɜːrli/ *adj* (**-ier, -iest**) rude

surmount /sərˈmaʊnt/ *vt* superar

surname /ˈsɜːrneɪm/ (*esp GB*) (*USA* **last name**) *s* sobrenome ☞ *Comparar com* NAME

surpass /sərˈpæs; *GB* -ˈpɑːs/ (*formal*) **1** *vt* superar **2** *v refl* ~ **yourself** superar-se

surplus /ˈsɜːrpləs/ ◆ *s* excedente: *the food surplus in Western Europe* o excedente de alimentos na Europa Ocidental ◆ *adj* excedente

surprise /sərˈpraɪz/ ◆ *s* surpresa LOC **to take sb/sth by surprise** tomar alguém/algo de surpresa ◆ *vt* **1** surpreender: *I wouldn't be surprised if it rained.* Eu não me surpreenderia se chovesse. **2** ~ **sb** surpreender alguém **surprised** *adj* ~ (**at sb/sth**) surpreso (por alguém/algo): *I'm not surprised!* Não estou surpreso! **surprising** *adj* surpreendente

surrender /səˈrendər/ ◆ **1** *vi* ~ (**to sb**) render-se (a alguém) **2** *vt* ~ **sth** (**to sb**) (*formal*) entregar algo (a alguém) ◆ *s* rendição, entrega

surreptitious /ˌsʌrəpˈtɪʃəs/ *adj* subreptício, furtivo

surrogate /ˈsʌrəgət/ *s* (*formal*) substituto: *surrogate mother* mãe de aluguel

surround /səˈraʊnd/ *vt* rodear, cercar **surrounding** *adj* circundante: *the surrounding countryside* o campo dos arredores **surroundings** *s* [*pl*] arredores

surveillance /sɜːrˈveɪləns/ *s* vigilância: *to keep sb under surveillance* manter alguém sob vigilância

survey /sərˈveɪ/ ◆ *vt* **1** observar, contemplar **2** (*Geog*) ~ **sth** fazer levantamento topográfico de algo; mapear algo **3** (*GB*) inspecionar (*um edifício*) **4** pesquisar, fazer levantamento de ◆ /ˈsɜːrveɪ/ *s* **1** panorama **2** (*GB*) inspeção (*de uma casa, etc.*) **3** levantamento, pesquisa **surveying** /sɜːrˈveɪɪŋ/ *s* agrimensura, topografia **surveyor** /sərˈveɪər/ *s* **1** (*GB*) inspetor, -ora (de imóveis) **2** agrimensor, -ora, topógrafo, -a

survive /sərˈvaɪv/ **1** *vi* sobreviver **2** *vi* ~ (**on sth**) subsistir (à base de algo) **3** *vt* ~ **sth** (*naufrágio, incêndio*) sobreviver a

algo **survival** *s* sobrevivência **survivor** *s* sobrevivente

susceptible /səˈseptəbl/ *adj* **1** ~ **to sth**: *He's very susceptible to flattery.* Ele é bastante suscetível a elogios. **2** ~ **to sth** (*Med*) propenso a algo **3** sensível, suscetível

suspect /səˈspekt/ ◆ *vt* **1** suspeitar **2** (*motivo, etc.*) duvidar de **3** ~ **sb** (**of sth/ of doing sth**) suspeitar de alguém; suspeitar que alguém tenha feito algo ◆ /ˈsʌspekt/ *adj*, *s* suspeito, -a

suspend /səˈspend/ *vt* **1** ~ **sth** (**from sth**) pendurar algo (em algo): *to suspend sth from the ceiling* pendurar algo no teto ☞ A palavra mais comum é **hang**. **2** suspender: *suspended sentence* suspensão da pena

suspender /səˈspendər/ *s* **1** **suspenders** (*GB* **braces**) [*pl*] (*USA*) suspensório (s) **2** (*GB*) liga (*de meia feminina*)

suspense /səˈspens/ *s* suspense, tensão

suspension /səˈspenʃn/ *s* suspensão: *suspension bridge* ponte suspensa

suspicion /səˈspɪʃn/ *s* suspeita, receio: *on suspicion of…* com suspeita de…

suspicious /səˈspɪʃəs/ *adj* **1** ~ (**about/ of sb/sth**) receoso (de alguém/algo): *They're suspicious of foreigners.* Eles desconfiam de estrangeiros. **2** suspeito: *He died in suspicious circumstances.* Ele morreu em circunstâncias suspeitas.

sustain /səˈsteɪn/ *vt* **1** (*vida, interesse*) manter: *People have a limited capacity to sustain interest in politics.* As pessoas têm capacidade limitada para se manterem interessadas em política. **2** sustentar: *It is difficult to sustain this argument.* É difícil sustentar este argumento. **3** (*formal*) (*lesão, perda, etc.*) sofrer

swagger /ˈswægər/ *vi* pavonear-se

swallow¹ /ˈswɑloʊ/ *s* andorinha

swallow² /ˈswɑloʊ/ ◆ **1** *vt, vi* engolir **2** *vt* (*coloq*) (*tolerar, crer*) engolir **3** *vt* ~ **sb/sth** (**up**) (*fig*) engolir alguém/algo; consumir algo ◆ *s* trago

swam *pret de* SWIM

swamp /swɑmp/ ◆ *s* pântano ◆ *vt* **1** (*lit*) inundar **2** ~ **sb/sth** (**with sth**) (*fig*) atolar alguém/algo (com algo)

swan /swɑn/ *s* cisne

swap (*tb* **swop**) /swɑp/ *vt, vi* (**-pp-**)

aɪ	aʊ	ɔɪ	ɪə	eə	ʊə	ʒ	h	ŋ
five	now	join	near	hair	pure	vision	how	sing

(*coloq*) trocar: *to swap sth around* trocar algo de lugar

swarm /swɔːrm/ ◆ *s* **1** (*abelhas, moscas*) enxame **2** (*gente*) multidão: *swarms of people* um mar de gente ◆ *v* PHR V **to swarm in/out** entrar/sair em tropa **to swarm with sb/sth** estar repleto de alguém/algo

swat /swɑt/ *vt* (-tt-) acertar com um tapa (*um inseto*)

sway /sweɪ/ ◆ **1** *vt, vi* balançar, oscilar **2** *vi* rebolar **3** *vt* influenciar ◆ *s* **1** balanço **2** rebolado **3** (*fig*) domínio

swear /sweər/ (*pret* **swore** /swɔːr/ *pp* **sworn** /swɔːrn/) **1** *vi* dizer palavrões: *swear word* palavrão ◊ *Your sister swears a lot.* Sua irmã fala muitos palavrões. **2** *vt, vi* jurar: *to swear to tell the truth* jurar dizer a verdade PHR V **to swear by sb/sth** (*coloq*) confiar plenamente em alguém/algo **to swear sb in** tomar juramento de alguém

sweat /swet/ ◆ *s* suor ◆ *vi* suar LOC **to sweat it out** (*coloq*) agüentar firme **sweaty** *adj* (-ier, -iest) **1** suado **2** que faz suar

sweater /ˈswetər/ *s* suéter

As palavras **sweater**, **jumper**, **pullover** significam "suéter, pulôver". *Comparar com* CARDIGAN

sweatshirt /ˈswetʃɜːrt/ *s* blusão de moletom

sweep /swiːp/ ◆ (*pret, pp* **swept** /swept/) **1** *vt, vi* varrer **2** *vt* (*chaminé*) vasculhar **3** *vt* arrastar **4** *vi* estender-se **5** *vi*: *She swept out of the room.* Ela saiu da sala majestosamente. **6** *vt, vi* ~ (**through, over, across, etc.**) **sth** percorrer algo; estender-se por algo LOC **to sweep sb off their feet** arrebatar (o coração de) alguém PHR V **to sweep (sth) away/up** varrer/limpar (algo) ◆ *s* **1** varrida **2** movimento, gesto (amplo) **3** extensão, alcance **4** (*de polícia*) ronda

sweeping /ˈswiːpɪŋ/ *adj* **1** (*mudança*) amplo, radical **2** (*pej*) (*afirmação*) taxativo

sweet /swiːt/ ◆ *adj* (-er, -est) **1** doce **2** (*odor*) cheiroso **3** (*som*) melodioso **4** (*coloq*) lindo, fofo **5** (*caráter*) meigo LOC **to have a sweet tooth** (*coloq*) adorar doces ◆ *s* **1** (*GB*) (*USA* **candy**) doce **2** (*GB*) *Ver* DESSERT **sweetness** *s* doçura

sweet corn /ˈswiːt kɔːrn/ *s* milho verde ☞ *Comparar com* MAIZE

sweeten /ˈswiːtn/ *vt* **1** adoçar, pôr açúcar em **2** ~ **sb** (**up**) (*coloq*) abrandar alguém **sweetener** *s* adoçante

sweetheart /ˈswiːthɑrt/ *s* **1** (*antiquado*) namorado, -a **2** (*tratamento*) benzinho

sweet pea *s* ervilha-de-cheiro

swell /swel/ *vt, vi* (*pret* **swelled** *pp* **swollen** /ˈswoʊlən/ *ou* **swelled**) inchar(-se) **swelling** *s* inchação, protuberância

swept *pret, pp de* SWEEP

swerve /swɜːrv/ *vt, vi* desviar(-se) bruscamente: *The car swerved to avoid the child.* O carro desviou bruscamente para não pegar a criança.

swift /swɪft/ *adj* (-er, -est) rápido, pronto: *a swift reaction* uma reação imediata

swill /swɪl/ *vt* ~ **sth** (**out/down**) (*esp GB*) enxaguar algo

swim /swɪm/ ◆ (-mm-) (*pret* **swam** /swæm/ *pp* **swum** /swʌm/) **1** *vi* nadar: *to go swimming* ir nadar **2** *vt*: *to swim the English Channel* atravessar o canal da Mancha a nado ◊ *to swim breaststroke* nadar de peito **3** *vi* (*cabeça*) rodar (*por tontura*) ◆ *s* nadada: *to go for a swim* (ir) nadar **swimmer** *s* nadador, -ora

swimming /ˈswɪmɪŋ/ *s* natação

swimming costume (*GB*) *Ver* SWIMSUIT

swimming pool *s* piscina

swimming shorts (*GB* **swimming trunks**) *s* [*pl*] calção de banho: *a pair of swimming shorts* um calção de banho ☞ *Ver nota em* PAIR

swimsuit /ˈswɪmsuːt/ *s* maiô (*de mulher*)

swindle /ˈswɪndl/ ◆ *vt* (*coloq*) fraudar, trapacear ◆ *s* fraude, trapaça **swindler** *s* trapaceiro, -a

swing /swɪŋ/ ◆ (*pret, pp* **swung** /swʌŋ/) **1** *vt, vi* balançar(-se) **2** *vt, vi* girar **3** *vi* [*seguido de advérbio*]: *The door swung open/shut.* A porta se abriu/fechou. PHR V **to swing (a)round** dar meia-volta ◆ *s* **1** balanço **2** oscilação **3** mudança: *mood swings* alterações de humor LOC *Ver* FULL

swirl /swɜːrl/ *vt, vi* rodopiar: *Flakes of*

tʃ	dʒ	v	θ	ð	s	z	ʃ
chin	**June**	**van**	**thin**	**then**	**so**	**zoo**	**she**

snow swirled in the cold wind. Flocos de neve faziam redemoinhos no vento frio.

switch /swɪtʃ/ ◆ s **1** interruptor **2** (*tb* **switch-over**) (*coloq*) mudança: *a switch in policy* uma mudança de política ◆ **1** *vi* ~ (**from sth**) **to sth** mudar (de algo) para algo **2** *vt* ~ **sth** (**with sb/sth**) trocar algo (com alguém/algo) PHR V **to switch** (**sth**) **off** desligar (algo), apagar (algo) **to switch** (**sth**) **on** acender (algo), ligar (algo)

switchboard /'swɪtʃbɔːrd/ s (painel de) telefonista

swivel /'swɪvl/ *v* (-l-, *GB* -ll-) PHR V **to swivel around** girar

swollen *pp de* SWELL

swoop /swuːp/ ◆ *vi* ~ (**down**) (**on sb/sth**) arremeter-se (sobre alguém/algo) ◆ *s* investida: *Police made a dawn swoop.* A polícia atacou ao amanhecer.

swop *Ver* SWAP

sword /sɔːrd/ s espada

swore *pret de* SWEAR

sworn *pp de* SWEAR

swum *pp de* SWIM

swung *pret, pp de* SWING

syllable /'sɪləbl/ s sílaba

syllabus /'sɪləbəs/ s (*pl* -buses, -bi /-baɪ/) currículo escolar, programa (*de estudos*): *Does the syllabus cover modern literature?* O currículo inclui literatura moderna?

symbol /'sɪmbl/ s ~ (**of/for sth**) símbolo (de algo) **symbolic** /sɪm'bɑlɪk/ *adj* ~ (**of sth**) simbólico (de algo) **symbolism** /'sɪmbəlɪzəm/ s simbolismo **symbolize, -ise** /'sɪmbəlaɪz/ *vt* simbolizar

symmetry /'sɪmətri/ s simetria **symmetrical** /sɪ'metrɪkl/ (*tb* **symmetric**) *adj* simétrico

sympathetic /ˌsɪmpə'θetɪk/ *adj* **1** ~ (**to/towards/with sb**) compreensivo, solidário (com alguém): *They were very sympathetic when I told them I could not sit the exam.* Eles foram bastante compreensivos quando eu lhes falei que não poderia fazer o exame. ☞ Note que "simpático" se traduz por **nice** em inglês. **2** ~ (**to sb/sth**) favorável (a alguém/algo): *lawyers sympathetic to the peace movement* advogados que apóiam o movimento pacifista

sympathize, -ise /'sɪmpəθaɪz/ *vi* ~ (**with sb/sth**) **1** compadecer-se (de alguém/algo) **2** ser favorável (a alguém/algo) **sympathy** s (*pl* -ies) ~ (**for/towards** sb) solidariedade (a alguém/algo)

symphony /'sɪmfəni/ s (*pl* -ies) sinfonia

symptom /'sɪmptəm/ s sintoma: *The riots are a symptom of a deeper problem.* Os distúrbios são um sintoma de um problema mais grave.

synagogue /'sɪnəgɑg/ s sinagoga

synchronize, -ise /'sɪŋkrənaɪz/ *vt, vi* ~ (**sth**) (**with sth**) sincronizar (algo) (com algo)

syndicate /'sɪndɪkət/ s sindicato

syndrome /'sɪndroʊm/ s (*Med, fig*) síndrome

synonym /'sɪnənɪm/ s sinônimo **synonymous** /sɪ'nɑnɪməs/ *adj* ~ (**with sth**) sinônimo (de algo)

syntax /'sɪntæks/ s sintaxe

synthetic /sɪn'θetɪk/ *adj* **1** sintético **2** (*coloq, pej*) artificial

syringe /sɪ'rɪndʒ/ s seringa

syrup /'sɪrəp/ s **1** calda de açúcar **2** xarope

system /'sɪstəm/ s sistema: *the metric/ solar system* o sistema métrico/solar ◊ *different systems of government* diferentes sistemas de governo LOC **to get sth out of your system** (*coloq*) colocar algo para fora (*emoções*) **systematic** /ˌsɪstə'mætɪk/ *adj* **1** sistemático **2** metódico

i:	i	ɪ	e	æ	ɑ	ʌ	ʊ	u:
see	happy	sit	ten	hat	cot	cup	put	too

T, t /tiː/ s (pl **T's, t's** /tiːz/) T, t: *T as in Tom* T de tatu ☞ *Ver exemplos em* A, A

tab /tæb/ s **1** (*de lata de bebida*) anel da tampa **2** etiqueta **3** (*USA*) conta: *to pick up the tab* pagar a conta

table /'teɪbl/ s **1** mesa: *bedside/coffee table* criado-mudo/mesa de centro **2** tabela: *table of contents* índice (*de início de livro*) LOC **to lay/set the table** pôr a mesa *Ver tb* LAY¹, CLEAR

tablecloth /'teɪblklɒːθ; *GB* -klɒθ/ s toalha de mesa

tablespoon /'teɪblspuːn/ s **1** colher de sopa **2** (*tb* **tablespoonful**) colherada (de sopa)

tablet /'tæblət/ s **1** comprimido **2** placa (comemorativa)

table tennis s tênis de mesa

tabloid /'tæblɔɪd/ s tablóide: *the tabloid press* a imprensa sensacionalista

taboo /tə'buː; *GB* tæ-/ *adj, s* (pl ~s) tabu: *a taboo subject* um assunto tabu

tacit /'tæsɪt/ *adj* tácito

tack /tæk/ ◆ *vt* pregar (*com tachinha*) PHR V **to tack sth on** (**to sth**) (*coloq*) anexar algo (a algo) ◆ s **1** tachinha **2** política (de ação)

tackle /'tækl/ ◆ s **1** [*não contável*] equipamento, material: *fishing tackle* equipamento de pesca **2** (*Esporte*) entrada ◆ *vt* **1** ~ **sth** enfrentar algo: *to tackle a problem* lidar com um problema **2** ~ **sb about/on/over sth** tratar com alguém sobre algo **3** (*Esporte*) dar uma entrada em

tacky /'tæki/ *adj* (**-ier, -iest**) **1** pegajoso **2** (*coloq*) brega

tact /tækt/ s tato, discrição **tactful** *adj* diplomático, discreto

tactic /'tæktɪk/ s tática **tactical** *adj* **1** tático **2** estratégico: *a tactical decision* uma decisão estratégica

tactless /'tæktləs/ *adj* indiscreto, pouco diplomático: *It was tactless of you to ask him his age.* Foi falta de tato de sua parte perguntar a idade dele.

tadpole /'tædpoʊl/ s girino

tag /tæg/ ◆ s **1** etiqueta **2** (*fig*) rótulo ◆ *vt* (**-gg-**) **1** etiquetar **2** (*fig*) rotular

PHR V **to tag along** (**behind/with sb**) acompanhar alguém, seguir alguém de perto

tail¹ /teɪl/ s **1** rabo, cauda **2 tails** [*pl*] fraque **3 tails** [*pl*] (*moeda*) coroa: *Heads or tails?* Cara ou coroa? LOC *Ver* HEAD¹

tail² /teɪl/ *vt* perseguir PHR V **to tail away/off 1** diminuir, esvanecer(-se) **2** (*ruído, etc.*) sumir

tailor /'teɪlər/ ◆ s alfaiate ◆ *vt* (*fig*) ~ **sth for/to sb/sth** fazer algo sob medida para alguém/algo

tailor-made /ˌteɪlər 'meɪd/ *adj* **1** (feito) sob medida **2** (*fig*) feito de/sob encomenda

taint /teɪnt/ *vt* **1** contaminar **2** (*reputação*) manchar

take

Bring the newspaper.

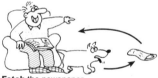

Fetch the newspaper.

Take the newspaper.

take /teɪk/ *vt* (*pret* **took** /tʊk/ *pp* **taken** /'teɪkən/) **1** tomar: *to take the bus* tomar o ônibus **2** pegar: *Who has taken my pen?* Quem pegou a minha caneta? ◊ *She took my handbag by mistake.* Ela pegou a minha bolsa por engano. ◊ *to*

u	ɔː	ɜː	ə	j	w	eɪ	oʊ
situation	saw	fur	ago	yes	woman	pay	home

take sb's hand/take sb by the hand pegar a mão de alguém/pegar alguém pela mão **3** ~ **sb/sth (with you)** levar alguém/algo (com você): *Take the dog with you.* Leve o cachorro com você. ◊ *I'll take the green one.* Vou levar o verde. **4** ~ **sth (from sb)** tirar algo (de alguém): *I took the knife from the baby.* Tirei a faca do bebê. **5** aceitar: *Do you take checks?* Vocês aceitam cheques? **6** receber: *How did she take the news?* Como foi que ela recebeu a notícia? ◊ *She took it as a compliment.* Ela recebeu (o comentário) como um elogio. **7** (*tolerar*) suportar **8** (*tempo*) levar: *It takes an hour to get there.* Leva-se uma hora até lá. ◊ *It won't take long.* Não vai demorar muito. **9** (*qualidade*) necessitar de, precisar de: *It takes courage to speak out.* É preciso coragem para se falar o que se pensa. **10** (*tamanho*) (*esp GB*) usar: *What size shoes do you take?* Que número você calça? **11** (*foto*) tirar **12** (*curso, exame*) fazer LOC **to take it (that...)** supor (que...) **to take some/a lot of doing** (*coloq*) dar trabalho ☛ Para outras expressões com **take**, ver os verbetes do substantivo, adjetivo, etc., p.ex. **to take place** em PLACE.
PHR V **to take sb aback** [*ger passiva*] chocar alguém: *I was really taken aback.* Isso realmente me pegou de surpresa.

to take after sb ser a cara de, parecer-se com alguém (*mais velho da família*)

to take sth apart desmontar algo

to take sb/sth away (from sb/sth) tirar alguém/algo (de alguém/algo)

to take sth back 1 (*loja*) aceitar algo de volta **2** retirar algo (*que se disse*)

to take sth down 1 trazer/levar algo para baixo **2** desmontar algo **3** tomar nota de algo

to take sb in 1 acolher a alguém **2** enganar alguém **to take sth in** entender, assimilar algo

to take off decolar **to take sth off 1** (*roupa*) tirar algo **2** *to take the day off* tirar o dia livre

to take sb on contratar alguém **to take sth on** aceitar algo (*trabalho*)

to take it out on sb descontar em alguém **to take sth out on sb** descontar algo em alguém **to take sb out** convidar/levar alguém para sair: *I'm taking him out tonight.* Eu vou levá-lo

para passear esta noite. **to take sth out** tirar, extrair algo

to take over from sb substituir alguém **to take sth over 1** assumir o controle de algo (*empresa*) **2** tomar conta de algo **to take to sb/sth:** *I took to his parents immediately.* Gostei dos pais dele imediatamente.

to take up sth ocupar algo (*espaço, tempo*) **to take sb up on sth** (*coloq*) aceitar algo de alguém (*aposta, desafio*) **to take sth up** começar algo (*como hobby*) **to take sth up with sb** discutir algo com alguém

takeaway /'teɪkəweɪ/ (*GB*) *Ver* TAKE-OUT

taken *pp de* TAKE

take-off /'teɪk ɔːf/ *s* decolagem

takeout /'teɪkaʊt/ (*GB* **takeaway**) *s* **1** restaurante que vende comida para viagem **2** comida para viagem

takeover /'teɪkoʊvər/ *s* **1** (*empresa*) aquisição **2** (*Mil*) tomada do poder

takings /'teɪkɪŋz/ *s* [*pl*] arrecadação, renda

talc /tælk/ (*tb* **talcum** /'tælkəm/) (*tb* **talcum powder**) *s* talco

tale /teɪl/ *s* **1** conto, estória **2** fofoca

talent /'tælənt/ *s* ~ **(for sth)** talento (para algo) **talented** *adj* talentoso, de talento

talk /tɔːk/ ◆ *s* **1** conversa, papo: *to have a talk with sb* ter uma conversa com alguém **2** talks [*pl*] negociações **3** palestra: *to give a talk* dar/fazer uma palestra ◆ *vi* ~ **(to/with sb) (about/of sb/ sth)** conversar (com alguém) (sobre alguém/algo) ☛ *Ver nota em* FALAR **2** *vt* falar ̄ de: *to talk business* falar de negócios ◊ *to talk sense* falar algo sensato **3** *vi* comentar LOC **to talk shop** (*pej*) falar de trabalho **to talk your way out of (doing)** sth livrar-se de (fazer) algo com lábia PHR V **to talk down to sb** falar com alguém como se este fosse estúpido **to talk sb into/out of doing sth** persuadir alguém a fazer/não fazer algo **talkative** *adj* tagarela

tall /tɔːl/ *adj* (**-er, -est**) alto: *How tall are you?* Quanto você tem de altura? ◊ *Tom is six feet tall.* Tom tem 1,80m de altura. ◊ *a tall tree* uma árvore alta ☛ *Ver nota em* ALTO

tambourine /ˌtæmbə'riːn/ *s* pandeiro

tame /teɪm/ ◆ *adj* (**tamer, tamest**) **1**

aɪ	aʊ	ɔɪ	ɪə	eə	ʊə	ʒ	h	ŋ
five	now	join	near	hair	pure	vision	how	sing

domesticado **2** manso **3** (*festa, livro*) sem graça ◆ *vt* domar

tamper /'tæmpər/ PHR V **to tamper with sth** mexer em algo

tampon /'tæmpɒn/ *s* tampão

tan /tæn/ ◆ (-nn-) *vt, vi* bronzear(-se) ◆ *s* (*tb* suntan) bronzeado (*da pele*): *to get a tan* bronzear-se ◆ *adj* (cor) castanho amarelado

tangent /'tændʒənt/ *s* tangente LOC **to go/fly off at a tangent** sair pela tangente

tangerine /'tændʒəri:n; GB ˌtændʒə-'ri:n/ ◆ *s* tangerina ◆ *adj, s* (cor) laranja escuro

tangle /'tæŋgl/ ◆ *s* **1** emaranhado **2** confusão: *to get into a tangle* entrar numa enrascada ◆ *vt, vi* ~ (**sth**) (**up**) emaranhar-se, emaranhar algo **tangled** *adj* emaranhado

tank /tæŋk/ *s* **1** tanque: *gas tank* tanque de gasolina **2** (*Mil*) tanque

tanker /'tæŋkər/ *s* **1** petroleiro **2** carro-tanque

tantalize, -ise /'tæntəlaɪz/ *vt* atormentar **tantalizing, -ising** *adj* tentador

tantrum /'tæntrəm/ *s* acesso de raiva: *Peter threw/had a tantrum.* Peter teve um acesso de raiva.

tap¹ /tæp/ ◆ *s* (USA *tb* faucet) torneira: *to turn the tap on/off* abrir/fechar a torneira ◆ (-pp-) **1** *vt, vi* ~ (**into**) **sth** explorar algo **2** *vt* (*telefone*) grampear

tap² /tæp/ ◆ *s* pancadinha ◆ *vt* (-pp-) **1 to tap sth (against/on sth)** bater levemente com algo (em algo) **2 to tap sb/sth (on sth) (with sth)** dar tapinhas em alguém/algo (com algo): *to tap sb on the shoulder* dar tapinhas no ombro de alguém

tape /teɪp/ ◆ *s* **1** fita: *adhesive tape* fita adesiva **2** fita (*de gravação*): *to have sth on tape* ter algo gravado ◊ *blank tape* fita virgem **3** *Ver* TAPE MEASURE ◆ **1** *vt* ~ **sth** (**up**) fechar algo com fita **2** *vt* gravar

tape deck *s* toca-fita

tape measure /'teɪp meʒər/ (*tb* tape, measuring tape) *s* fita métrica

tape recorder *s* gravador

tapestry /'tæpəstri/ *s* (*pl* -ies) tapeçaria

tar /tɑr/ *s* alcatrão

target /'tɑrgɪt/ ◆ *s* **1** alvo, objetivo: *military targets* alvos militares **2** meta:

I'm not going to meet my weekly target. Não vou conseguir cumprir minha meta semanal. ◆ *vt* **1** ~ **sb/sth** dirigir-se a alguém/algo: *We're targeting young drivers.* Temos como alvo motoristas jovens. **2** ~ **sth at/on sb/sth** apontar algo na direção de alguém/algo

tariff /'tærɪf/ *s* **1** lista de preços **2** taxa de importação

Tarmac® /'tɑrmæk/ *s* **1** tarmac pista (*de aeroporto*) **2** (GB) (*tb* tarmacadam) asfalto

tarnish /'tɑrnɪʃ/ **1** *vt, vi* embaçar, perder o brilho **2** *vt* (*fig*) manchar (*reputação, etc.*)

tart /tɑrt/ *s* torta ☛ *Ver nota em* PIE

tartan /'tɑrtn/ *s* (tecido de) xadrez escocês

task /tæsk; GB tɑ:sk/ *s* tarefa: *Your first task will be to type these letters.* Sua primeira tarefa será datilografar estas cartas.

taste /teɪst/ ◆ *s* **1** sabor **2** ~ (**for sth**) gosto (por algo) **3** bom gosto **4** ~ (**of sth**) (*comida, bebida*) um pouco (de algo) **5** ~ (**of sth**) amostra (de algo): *her first taste of life in the city* sua primeira experiência da vida na cidade ◆ **1** *vt* sentir o gosto de: *I can't taste anything.* Não consigo sentir o gosto de nada. **2** *vi* ~ (**of sth**) ter gosto (de algo) **3** *vt* provar **4** *vt* (*fig*) experimentar, conhecer

tasteful /'teɪstfl/ *adj* de bom gosto

tasteless /'teɪstləs/ *adj* **1** insípido, sem gosto **2** de mau gosto

tasty /'teɪsti/ *adj* (-ier, -iest) saboroso

tattered /'tætərd/ *adj* esfarrapado

tatters /'tætərz/ *s* [*pl*] farrapos LOC **in tatters** em farrapos

tattoo /tæ'tu:; GB tə'tu:/ ◆ *s* (*pl* ~s) tatuagem ◆ *vt* tatuar

tatty /'tæti/ *adj* (-ier, -iest) (GB, *coloq*) em mau estado

taught *pret, pp de* TEACH

taunt /tɔ:nt/ ◆ *vt* zombar de ◆ *s* zombaria

Taurus /'tɔ:rəs/ *s* Touro ☛ *Ver exemplos em* AQUARIUS

taut /tɔ:t/ *adj* esticado, tenso

tavern /'tævərn/ *s* (*antiquado*) taverna

tax /tæks/ ◆ *s* imposto: *tax return* declaração de imposto de renda ◆ *vt* **1** (*artigos*) taxar **2** (*pessoas*) cobrar imposto de **3** (*recursos*) exigir demais de **4**

tʃ	dʒ	v	θ	ð	s	z	ʃ
chin	**June**	**van**	**thin**	**then**	**so**	**zoo**	**she**

(*paciência*) esgotar, abusar de taxable *adj* tributável **taxation** *s* tributação **taxing** *adj* extenuante, cansativo

tax-free /ˌtæks ˈfriː/ *adj* livre de impostos

taxi /ˈtæksi/ ◆ *s* (*tb* **taxicab**, *esp USA* **cab**) táxi: *taxi driver* taxista ◆ *vi* (*part pres* **taxiing**) (*Aeronáut*) taxiar

taxpayer /ˈtækspeɪər/ *s* contribuinte (*do imposto de renda*)

tea /tiː/ *s* **1** chá **2** lanche, chá da tarde **3** (*GB*) jantar LOC *Ver* CUP

teach /tiːtʃ/ (*pret, pp* **taught** /tɔːt/) **1** *vt* ensinar: *Jeremy is teaching us how to use the computer.* Jeremy está nos ensinando a usar o computador. **2** *vt, vi* lecionar *Ver tb* COACH LOC **to teach sb a lesson** dar uma lição a alguém, servir de lição a alguém

teacher /ˈtiːtʃər/ *s* professor, -ora: *English teacher* professor de inglês

teaching /ˈtiːtʃɪŋ/ *s* magistério: *teaching materials* material didático ◊ *a teaching career* uma carreira de professor

tea kettle (*GB* **kettle**) *s* chaleira

team /tiːm/ ◆ *s* [*v sing ou pl*] equipe, time ◆ *v* PHR V **to team up** (**with sb**) trabalhar em equipe (com alguém)

teamwork /ˈtiːmwɜːrk/ *s* trabalho em equipe

teapot /ˈtiːpɑt/ *s* bule de chá

tear¹ /tɪər/ ◆ *s* lágrima: *He was in tears.* Ele estava chorando. LOC *Ver* BRING **tearful** *adj* choroso

tear² /teər/ ◆ (*pret* **tore** /tɔːr/ *pp* **torn** /tɔːrn/) **1** *vt, vi* rasgar(-se) **2** *vt* ~ **out** arrancar algo **3** *vi* ~ **along/past** andar/passar a toda velocidade PHR V **to be torn between A and B** estar (dividido) entre A e B **to tear sth down** derrubar algo **to tear sth up** fazer algo em pedaços ◆ *s* rasgo LOC *Ver* WEAR

tearoom /ˈtiːruːm, -rʊm/ (*GB* **tea shop**) *s* casa de chá

tease /tiːz/ *vt* caçoar de, atormentar

teaspoon /ˈtiːspuːn/ *s* **1** colher de chá **2** (*tb* **teaspoonful**) colherada de chá

teatime /ˈtiːtaɪm/ *s* (*GB*) hora do chá

technical /ˈteknɪkl/ *adj* técnico: *a technical point* uma questão técnica **technicality** /ˌteknɪˈkæləti/ *s* (*pl* -ies) **1** detalhes técnicos, tecnicidade **2** (meros) detalhes **technically** *adv* **1** tecnica-

mente, em termos técnicos **2** estritamente

technical college *s* (*GB*) escola técnica superior

technician /tekˈnɪʃn/ *s* técnico, -a

technique /tekˈniːk/ *s* técnica

technology /tekˈnɑlədʒi/ *s* (*pl* -ies) tecnologia **technological** /ˌteknəˈlɑdʒɪkl/ *adj* tecnológico

teddy bear /ˈtedi beər/ *s* ursinho de pelúcia

tedious /ˈtiːdiəs/ *adj* tedioso

tedium /ˈtiːdiəm/ *s* tédio

teem /tiːm/ *vi* ~ **with sth** estar repleto de algo

teenage /ˈtiːneɪdʒ/ *adj* (de) adolescente **teenager** *s* adolescente

teens /tiːnz/ *s* [*pl*] adolescência

tee shirt *Ver* T-SHIRT

teeth *plural de* TOOTH

teethe /tiːð/ *vi*: *The baby is teething.* Os dentes do bebê estão nascendo. LOC **teething problems/troubles** pequenas dificuldades do início de um negócio

telecommunications /ˌtelɪkəˌmjuːnɪˈkeɪʃnz/ *s* [*pl*] telecomunicações

telegraph /ˈtelɪɡræf; *GB* -ɡrɑːf/ *s* telégrafo

telephone /ˈtelɪfoʊn/ ◆ *s* (*tb* **phone**) telefone: *telephone call* ligação telefônica ◊ *telephone book/directory* lista telefônica LOC **on the telephone**: *She's on the telephone.* Ela está (falando) ao telefone. ◊ *We're not on the telephone.* Não temos telefone. ◆ *vt, vi* ~ (**sb/sth**) telefonar (para alguém/algo)

telephone booth (*tb* **phone booth**, *GB* **telephone box**, **phone box**) *s* cabine telefônica

telescope /ˈtelɪskoʊp/ *s* telescópio

televise /ˈtelɪvaɪz/ *vt* televisionar

television /ˈtelɪvɪʒn/ (*GB*, *coloq* **telly**) *s* (*abrev* **TV**) **1** televisão: *to watch television* assistir (a) televisão **2** (*tb* **television set**) televisor

telex /ˈteleks/ *s* telex

tell /tel/ (*pret, pp* **told** /toʊld/) **1** *vt* dizer: *to tell the truth* dizer a verdade

No discurso indireto **tell** geralmente é seguido por um objeto direto: *Tell him to wait.* Diga a ele para esperar. ◊ *She told him to hurry up.* Ela disse a ele para se apressar. *Ver nota em* SAY

i:	i	ɪ	e	æ	ɑ	ʌ	ʊ	u:
see	happy	sit	ten	hat	cot	cup	put	too

2 *vt* contar: *Tell me all about it.* Conte-me tudo. ◊ *Promise you won't tell.* Prometa que você não vai contar. **3** *vt, vi* saber: *You can tell she's French.* Dá para notar que ela é francesa. **4** *vt* ~ **A from B** distinguir entre A e B LOC **I told you (so)** (*coloq*) eu lhe disse/avisei **there's no telling** é impossível saber/ dizer **to tell the time** (*USA* **to tell time**) dizer as horas **you never can tell** nunca se sabe **you're telling me!** (*coloq*) e você acha que está me contando uma novidade! PHR V **to tell sb off (for sth/doing sth)** (*coloq*) dar bronca em alguém (por algo/por fazer algo) **to tell on sb** (*coloq*) dedurar alguém

teller /ˈtelər/ *s* caixa (*de banco*)

telling /ˈtelɪŋ/ *adj* revelador, significativo

telling-off /ˌtelɪŋ ˈɔːf/ *s* bronca

telly /ˈteli/ *s* (*pl* -ies) (*GB*, *coloq*) TV

temp /temp/ *s* (*coloq*) empregado temporário, empregada temporária

temper¹ /ˈtempər/ *s* humor, temperamento: *to get into a temper* perder a calma LOC **in a (bad, foul, rotten, etc.) temper** de mau humor **to keep/lose your temper** manter/perder a calma *Ver tb* QUICK, SHORT¹

temper² /ˈtempər/ *vt* ~ **sth (with sth)** moderar algo (com algo)

temperament /ˈtemprəmənt/ *s* temperamento

temperamental /ˌtemprəˈmentl/ *adj* temperamental

temperate /ˈtempərət/ *adj* **1** (*clima, região*) temperado **2** (*comportamento, caráter*) moderado

temperature /ˈtemprətʃʊər; *GB* -tʃər/ *s* temperatura LOC **to have/run a temperature** ter febre

template /ˈtemplɪt/ *s* molde

temple /ˈtempl/ *s* **1** (*Relig*) templo **2** (*Anat*) têmpora

tempo /ˈtempoʊ/ *s* (*pl* ~s *Mús* tempi /ˈtempi:/) **1** (*Mús*) andamento **2** (*fig*) ritmo

temporary /ˈtempəreri; *GB* -prəri/ *adj* temporário, provisório **temporarily** *adv* temporariamente

tempt /tempt/ *vt* tentar, provocar LOC **to tempt fate** brincar com a sorte **temptation** *s* tentação **tempting** *adj* tentador

ten /ten/ *adj, pron, s* dez ☛ *Ver exemplos em* FIVE **tenth 1** *adj* décimo **2** *pron, adv* o(s) décimo(s), a(s) décima(s) **3** *s* décima parte, décimo ☛ *Ver exemplos em* FIFTH

tenacious /təˈneɪʃəs/ *adj* tenaz

tenacity /təˈnæsəti/ *s* tenacidade

tenant /ˈtenənt/ *s* inquilino, -a, arrendatário, -a **tenancy** *s* (*pl* -ies) aluguel, arrendamento

tend /tend/ **1** *vt* cuidar de, atender **2** *vi* ~ **to (do sth)** tender, ter tendência a (fazer algo) **tendency** *s* (*pl* -ies) tendência, propensão

tender /ˈtendər/ *adj* **1** (*planta, carne*) tenro **2** (*ferida*) dolorido **3** (*olhar*) carinhoso **tenderly** *adv* ternamente, com ternura **tenderness** *s* ternura

tendon /ˈtendən/ *s* tendão

tenement /ˈtenəmənt/ *s*: *a tenement block/tenement house* cortiço

tenner /ˈtenər/ *s* (*GB*, *coloq*) (nota de) dez libras

tennis /ˈtenɪs/ *s* tênis

tenor /ˈtenər/ *s* tenor

tense¹ /tens/ *adj* (-er, -est) tenso

tense² /tens/ *s* (*Gram*) tempo (*verbal*): *in the past tense* no (tempo) passado

tension /ˈtenʃn/ *s* tensão, ansiedade

tent /tent/ *s* **1** barraca (*de acampar*) **2** (*de circo*) toldo

tentacle /ˈtentəkl/ *s* tentáculo

tentative /ˈtentətɪv/ *adj* **1** provisório, experimental **2** cauteloso

tenth *Ver* TEN

tenuous /ˈtenjuəs/ *adj* tênue

tenure /ˈtenjər; *GB* -juə(r)/ *s* **1** (*de um cargo*) mandato: *security of tenure* direito de posse **2** (*de terra, propriedade*) posse

tepid /ˈtepɪd/ *adj* tépido, morno

term /tɜːrm/ ♦ *s* **1** período, prazo: *term of office* mandato (*de um governo*): *the long-term risks* os riscos a longo prazo **2** período letivo: *the autumn/spring/ summer term* o primeiro/segundo/ terceiro trimestre do ano letivo **3** expressão, termo *Ver tb* TERMS LOC **in the long/short term** a longo/curto prazo ♦ *vt* (*formal*) considerar como

terminal /ˈtɜːrmɪnl/ *adj, s* terminal

terminate /ˈtɜːrmɪneɪt/ **1** *vt, vi* terminar: *This train terminates at Euston.* O

u	ɔː	ɜː	ə	j	w	eɪ	oʊ
situation	saw	fur	ago	yes	woman	pay	home

ponto final deste trem é Euston. **2** *vt* (*contrato*) rescindir

terminology /ˌtɜːrmɪˈnɑlədʒi/ *s* (*pl* -ies) terminologia

terminus /ˈtɜːrmɪnəs/ *s* (*pl* **termini** /ˈtɜːrmɪnaɪ/ *ou* ~**es** /-nəsɪz/) (estação) terminal

termite /ˈtɜːrmaɪt/ *s* térmite, cupim

terms /tɜːrmz/ *s* [*pl*] **1** condições **2** termos LOC **to be on good, bad, etc. terms (with sb)** manter boas, más, etc. relações (com alguém) **to come to terms with sb/sth** aceitar alguém/algo *Ver tb* EQUAL

terrace /ˈterəs/ *s* **1** terraço **2** **the terraces** [*pl*] (*GB, Esporte*) as arquibancadas **3** (*GB*) fileira de casas **4** (*GB* terraced house, *USA* row house) casa geminada (*dos dois lados*) **5** (*Agricult*) terraço

terrain /təˈreɪn/ *s* terreno

terrible /ˈterəbl/ *adj* terrível, horrível **terribly** *adv* terrivelmente, extremamente: *I'm terribly sorry.* Sinto muitíssimo.

terrific /təˈrɪfɪk/ *adj* (*coloq*) **1** tremendo **2** maravilhoso: *The food was terrific value.* A comida tinha um preço ótimo.

terrify /ˈterɪfaɪ/ *vt* (*pret, pp* -fied) aterrorizar **terrified** *adj* aterrorizado: *She's terrified of flying.* Ela morre de medo de voar. LOC *Ver* WIT **terrifying** *adj* aterrorizante, amedrontador

territorial /ˌterəˈtɔːriəl/ *adj* territorial

territory /ˈterətɔːri; GB -tri/ *s* (*pl* -ies) território

terror /ˈterər/ *s* terror: *to scream with terror* gritar de medo

terrorism /ˈterərɪzəm/ *s* terrorismo **terrorist** *s* terrorista

terrorize, -ise /ˈterəraɪz/ *vt* aterrorizar

terse /tɜːrs/ *adj* lacônico: *a terse reply* uma resposta seca

test /test/ ◆ *s* **1** teste: *blood test* exame de sangue **2** (*Educ*) prova, exame: *I'll give you a test on Thursday.* Eu vou dar uma prova na quinta. ◆ *vt* **1** testar, pôr à prova **2** ~ **sth for sth** testar algo para algo **3** ~ **sb (on sth)** (*Educ*) examinar alguém (quanto a/em algo)

testament /ˈtestəmənt/ *s* (*formal*) ~ (**to sth**) prova (de algo)

testicle /ˈtestɪkl/ *s* testículo

testify /ˈtestɪfaɪ/ *vt, vi* (*pret, pp* -fied) testemunhar

testimony /ˈtestɪmoʊni; GB -məni/ *s* (*pl* -ies) testemunho

test tube *s* tubo de ensaio: *test-tube baby* bebê de proveta

tether /ˈteðər/ ◆ *vt* (*animal*) prender (*com corda, etc.*) ◆ *s* LOC *Ver* END

text /tekst/ *s* texto: *set text* (*GB*) leitura obrigatória

textbook /ˈtekstbʊk/ *s* livro didático

textile /ˈtekstaɪl/ *s* [*ger pl*] tecido: *the textile industry* a indústria têxtil

texture /ˈtekstʃər/ *s* textura

than /ðən, ðæn/ *conj, prep* **1** [*depois de adj comparativo*] (do) que: *faster than ever* mais rápido (do) que nunca ◊ *better than he thought* melhor do que ele pensava **2** (*com tempo e distância*) de: *more than an hour/a kilometer* mais de uma hora/um quilômetro

thank /θæŋk/ *vt* ~ **sb** (**for sth/doing sth**) agradecer alguém (por algo/fazer algo); dizer obrigado a alguém (por algo/fazer algo) LOC **thank you** obrigado

thankful /ˈθæŋkfl/ *adj* agradecido

thanks /θæŋks/ ◆ *interj* (*coloq*) obrigado!: *Thanks for coming!* Obrigado por ter vindo! ◆ *s Ver* VOTE

thanksgiving /ˌθæŋksˈɡɪvɪŋ/ *s* ação de graças: *Thanksgiving* (*Day*) dia de Ação de Graças

that¹ /ðət, ðæt/ *conj* que: *I told him that he should wait.* Eu lhe disse que esperasse.

that² /ðət, ðæt/ *pron rel* **1** [*sujeito*] que: *The letter that came is from him.* A carta que chegou é dele. **2** [*complemento*] que: *These are the books* (*that*) *I bought.* Estes são os livros que eu comprei. ◊ *the job* (*that*) *I applied for* o emprego para o qual me candidatei **3** [*com expressões temporais*] em que: *the year that he died* o ano em que ele morreu

that³ /ðæt/ ◆ *adj* (*pl* **those** /ðoʊz/) esse, aquele ◆ *pron* (*pl* **those** /ðoʊz/) isso, esse, -a, esses, -as, aquilo, aquele, -a, aqueles, -as ☛ *Comparar com* THIS LOC **that is (to say)** ou seja **that's right/it** é isso

that⁴ /ðæt/ *adv* tão: *It's that long.* É comprido assim. ◊ *that much worse* tanto pior

aɪ	aʊ	ɔɪ	ɪə	eə	ʊə	ʒ	h	ŋ
five	now	join	near	hair	pure	vision	how	sing

thatch /θætʃ/ *vt* cobrir com telhado de palha/sapé **thatched** *adj* com telhado de palha/sapé

thaw /θɔː/ ◆ *vt, vi* degelar ◆ *s* degelo

the /ðə/ ☞ Pronuncia-se /ði/antes de vogal ou /ðiː/quando se quer dar ênfase. *art def* o, a, os, as LOC **the more/less…the more/less…** quanto mais/menos…, mais/menos…

O artigo definido em inglês:

1 Não é utilizado com substantivos contáveis quando falamos em termos gerais: *Books are expensive.* Os livros são caros. ◊ *Children learn very fast.* Criança aprende muito rápido.

2 É omitido com substantivos incontáveis quando se refere a uma substância ou a uma idéia em geral: *I like cheese/pop music.* Eu gosto de queijo/música pop.

3 Geralmente é omitido com nomes próprios e substantivos que indicam relações familiares: *Mrs. Smith* a Sra. Smith ◊ *Ana's mother* a mãe de Ana ◊ *Grandma came yesterday.* A vovó veio ontem.

4 Com as partes do corpo e objetos pessoais, utiliza-se o possessivo ao invés do artigo: *Give me **your** hand.* Dê a mão. ◊ *He put **his** tie on.* Ele colocou a gravata.

5 **School** e **church** podem ser precedidos de artigo ou não, mas o significado difere. *Ver nota em* SCHOOL

theater (*GB* **theatre**) /ˈθiːətər; *GB* ˈθɪətə(r)/ *s* 1 teatro 2 (*USA*) (**movie**) **theater** (sala de) cinema LOC *Ver* LECTURE

theatrical /θiˈætrɪkl/ *adj* teatral, de teatro

theft /θeft/ *s* roubo

Theft é o termo utilizado para roubos que se realizam sem que ninguém o veja ou sem uso de violência: *car/cattle thefts* roubo de carros/gado, **robbery** refere-se a roubos que fazem uso de violência ou ameaças: *armed/bank robbery* assalto à mão armada/de banco e **burglary** refere-se a roubos de casas e lojas quando os donos estão ausentes. *Ver também notas em* THIEF *e* ROB

their /ðeər/ *adj poss* dele(s), dela(s): *What colour is their cat?* De que cor é o gato deles? ☞ *Ver nota em* MY

theirs /ðeərz/ *pron poss* o(s)/a(s) deles/delas: *a friend of theirs* um amigo deles ◊ *Our apartment is not as big as theirs.* Nosso apartamento não é tão grande quanto o deles.

them /ðəm, ðem/ *pron pess* 1 [*como objeto direto*] os, as: *I saw them yesterday.* Eu os vi ontem. 2 [*como complemento/objeto indireto*] lhes: *Tell them to wait.* Diga-lhes para esperar. 3 [*depois de prep e do verbo* **to be**] eles, elas: *Go with them.* Vá com eles. ◊ *They took it with them.* Elas o levaram consigo. ◊ *Was it them at the door?* Eram eles que estavam batendo à porta? ☞ *Comparar com* THEY

theme /θiːm/ *s* tema

themselves /ðəmˈselvz/ *pron* 1 [*uso reflexivo*] se: *They enjoyed themselves a lot.* Eles se divertiram bastante. 2 [*com prep*] si mesmos/mesmas: *They were talking about themselves.* Eles estavam falando sobre si mesmos. 3 [*uso enfático*] eles mesmos, elas mesmas: *Did they paint the house themselves?* Elas mesmas pintaram a casa?

then /ðen/ *adv* 1 então: *until then* até então ◊ *from then on* desde então 2 naquela época: *Life was hard then.* A vida era difícil naquela época. 3 logo, depois: *the soup and then the chicken* a sopa e depois o frango 4 (*assim*) nesse caso, então: *You're not coming, then?* Então você não vem?

theology /θiˈɑlədʒi/ *s* teologia **theological** /ˌθiːəˈlɑdʒɪkl/ *adj* teológico

theoretical /ˌθɪəˈretɪkl/ *adj* teórico

theory /ˈθɪəri/ *s* (*pl* **-ies**) teoria: *in theory* em/na teoria

therapeutic /ˌθerəˈpjuːtɪk/ *adj* terapêutico

therapist /ˈθerəpɪst/ *s* terapeuta

therapy /ˈθerəpi/ *s* terapia

there /ðeər/ ◆ *adv* aí, ali, lá: *My car is there, in front of the bar.* Meu carro está ali, em frente ao bar. LOC **there and then** no ato, ali mesmo *Ver tb* HERE ◆ *pron* LOC **there + to be**: *There's someone at the door.* Há alguém à porta. ◊ *How many are there?* Quantos há? ◊ *There'll be twelve guests at the party.* Serão doze os convidados para a festa. ◊ *There was a terrible accident yesterday.* Aconteceu um acidente horrível ontem.

tʃ	dʒ	v	θ	ð	s	z	ʃ
chin	**J**une	**v**an	**th**in	**th**en	**s**o	**z**oo	**sh**e

◊ *There has been very little rain recently*. Tem chovido muito pouco ultimamente. ☛ *Ver nota em* HAVER **there + v modal + be**: *There must be no mistakes*. Não deve haver erro algum. ◊ *There might be rain later*. Pode chover mais tarde. ◊ *There shouldn't be any problems*. Creio que não haverá problema algum. ◊ *How can there be that many?* Como pode haver tantos?

There é utilizado também com **seem** e **appear**: *There seem/appear to be two ways of looking at this problem.* Parece haver duas maneiras de se considerar este problema.

thereafter /ˌðeərˈæftər; GB -ˈɑːf-/ adv (formal) depois disso

thereby /ˌðeərˈbaɪ/ adv (formal) **1** por isso **2** desse modo

therefore /ˈðeəfɔːr/ adv portanto, por conseguinte

thermal /ˈθɜːrml/ adj **1** térmico **2** (fonte) termal

thermometer /θərˈmɑmɪtər/ s termômetro

thermostat /ˈθɜːrməstæt/ s termostato

these /ðiːz/ adj, pron [pl] estes, -as Ver tb THIS

thesis /ˈθiːsɪs/ s (pl theses /ˈθiːsiːz/) tese

they /ðeɪ/ pron pess eles, -as: *They didn't like it.* Eles não gostaram. ☛ O pron pess não pode ser omitido em inglês. *Comparar com* THEM

they'd /ðeɪd/ **1** = THEY HAD Ver HAVE **2** = THEY WOULD Ver WOULD

they'll /ðeɪl/ = THEY WILL Ver WILL

they're /ðeər/ = THEY ARE Ver BE

they've /ðeɪv/ = THEY HAVE Ver HAVE

thick /θɪk/ ◆ adj (-er, -est) **1** grosso: *The ice was six inches thick.* O gelo tinha seis polegadas de grossura. **2** espesso: *This sauce is too thick.* Este molho está muito grosso. **3** (barba) cerrado **4** (sotaque) carregado **5** (coloq, esp GB) (pessoa) estúpido ◆ adv (-er, -est) (tb thickly) espesso: *Don't spread the butter too thick.* Não ponha uma camada muito grossa de manteiga. ◆ s LOC **in the thick of sth** bastante envolvido em algo **through thick and thin** para o que der e vier **thicken** vt, vi engrossar **thickly** adv **1** espessamente,

de maneira grossa **2** (povoado) densamente **thickness** s espessura, grossura

thief /θiːf/ s (pl thieves /θiːvz/) ladrão, ladra

Thief é o termo geral utilizado para designar um ladrão que rouba coisas, geralmente sem ser visto ou sem recorrer à violência, **robber** refere-se à pessoa que rouba bancos, lojas, etc., geralmente valendo-se de violência ou ameaças, **burglar** é o ladrão que rouba uma casa ou uma loja quando não há ninguém dentro e **shoplifter** é a pessoa que leva coisas de uma loja sem pagar. *Ver também notas em* ROB *e* THEFT

thigh /θaɪ/ s coxa

thimble /ˈθɪmbl/ s dedal

thin /θɪn/ ◆ adj (thinner, thinnest) **1** (pessoa) magro ☛ Ver nota em MAGRO **2** fino, delgado **3** (sopa) ralo LOC **(to be) thin on the ground** (GB) (ser) escasso **to vanish, etc. into thin air** desaparecer misteriosamente Ver tb THICK ◆ adv (thinner, thinnest) (tb thinly) fino ◆ vt, vi (-nn-) ~ **(sth) (out)** tornar algo/tornar-se menos espesso/intenso/volumoso

thing /θɪŋ/ s **1** coisa: *What's that thing on the table?* O que é isso sobre a mesa? ◊ *I can't see a thing.* Não consigo ver nada. ◊ *the main thing* o mais importante ◊ *the first thing* a primeira coisa ◊ *Forget the whole thing.* Esqueça todo o assunto. ◊ *to take things seriously* levar as coisas a sério ◊ *The way things are going...* Do modo como está a situação... **2** things coisas: *You can put your things in that drawer.* Você pode colocar as suas coisas naquela gaveta. **3** Poor (little) thing! Coitadinho! **4** **the thing**: *Just the thing business people need.* Exatamente o que as pessoas de negócios precisam. LOC **first/last thing** na primeira/última hora **for one thing** para começar **to get/keep things in proportion** considerar/manter as coisas dentro de suas devidas proporções **it's a good thing (that)...** ainda bem que... **the thing is...** a questão é...

think /θɪŋk/ (pret, pp thought /θɔːt/) **1** vt, vi pensar: *What are you thinking (about)?* No que você está pensando? ◊ *Just think!* Imagina! ◊ *Who'd have thought it?* Quem teria pensado nisso? ◊ *The job took longer than we thought.* O trabalho levou mais tempo do que

i:	i	ɪ	e	æ	ɑ	ʌ	ʊ	u:
see	happy	sit	ten	hat	cot	cup	put	too

havíamos imaginado. **2** *vi* refletir **3** *vt* crer: *I think so.* Acho que sim. ◊ *I don't think so.* Acho que não. ◊ *What do you think of her?* O que você acha dela? ◊ *It would be nice, don't you think?* Seria legal, você não acha? ◊ *I think this is the house.* Acho que a casa é esta. LOC **I should think so!** eu espero que sim! **to think the world of sb** ter alguém em alta consideração *Ver tb* GREAT

PHR V **to think about sb/sth 1** pensar em alguém/algo **2** lembrar-se de alguém/algo **3** levar alguém/algo em conta **to think about (doing) sth** pensar em (fazer) algo: *I'll think about it.* Vou pensar nisso.

to think of sth 1 pensar em algo **2** imaginar algo **3** lembrar-se de algo

to think sth out: *a well thought out plan* um plano bem pensado

to think sth over refletir sobre algo

to think sth up (*coloq*) inventar algo, pensar em algo

thinker /ˈθɪŋkər/ *s* pensador, -ora

thinking /ˈθɪŋkɪŋ/ ♦ *s* [*não contável*] modo de pensar: *What's your thinking on this?* O que você pensa disso? ◊ *Good thinking!* Bem pensado! LOC *Ver* WISH-FUL *em* WISH ♦ *adj* [*só antes de substantivo*] racional, inteligente: *thinking people* pessoas racionais

third (*abrev* 3rd) /θɜːrd/ ♦ *adj* terceiro ♦ *pron, adv* o(s) terceiro(s), a(s) terceira(s) ♦ *s* **1** terço, terça parte **2 the third** o dia três **3** (*tb* third gear) terceira (*marcha*) ☛ *Ver exemplos em* FIFTH **thirdly** *adv* em terceiro lugar (*em uma enumeração*)

third party *s* terceiros

Third World *s* **the Third World** o terceiro mundo

thirst /θɜːrst/ *s* ~ (**for sth**) sede (de algo) **thirsty** *adj* (-ier, -iest) sedento: *to be thirsty* estar com sede

thirteen /ˌθɜːrˈtiːn/ *adj, pron, s* treze ☛ *Ver exemplos em* FIVE **thirteenth 1** *adj* décimo terceiro **2** *pron, adv* o(s) décimo(s) terceiro(s), a(s) décima(s) terceira(s) **3** *s* décima terceira parte, treze avos ☛ *Ver exemplos em* FIFTH

thirty /ˈθɜːrti/ *adj, pron, s* trinta ☛ *Ver exemplos em* FIFTY, FIVE **thirtieth 1** *adj, pron* trigésimo **2** *s* trigésima parte, trinta avos ☛ *Ver exemplos em* FIFTH

this /ðɪs/ ♦ *adj* (*pl* these /ðiːz/) isto,

este, esta: *I don't like this color.* Eu não gosto desta cor. ◊ *This one suits me.* Este fica bem em mim. ◊ *These shoes are more comfortable than those.* Estes sapatos são mais confortáveis do que aqueles. ☛ *Comparar com* THAT³ ♦ *pron* (*pl* these /ðiːz/) **1** isto, este, esta: *This is John's father.* Este é o pai de John. ◊ *I prefer these.* Eu prefiro estes. **2** isto: *Listen to this…* Escute isto… ♦ *adv: this high* alto assim ◊ *this far* longe assim

thistle /ˈθɪsl/ *s* cardo

thorn /θɔːrn/ *s* espinho **thorny** *adj* (-ier, -iest) espinhoso

thorough /ˈθʌroʊ; *GB* ˈθʌrə/ *adj* **1** (*exame, conhecimento*) profundo **2** (*pessoa*) meticuloso **thoroughly** *adv* **1** a fundo **2** completamente

those /ðoʊz/ ♦ *adj* [*pl*] aqueles, aquelas, esses, essas ♦ *pron* [*pl*] aqueles, aquelas, esses, essas *Ver tb* THAT³

though /ðoʊ/ ♦ *conj* embora, ainda que ♦ *adv* de qualquer forma, mesmo assim

thought¹ *pret, pp de* THINK

thought² /θɔːt/ *s* **1** pensamento: *deep/lost in thought* absorto/perdido em seus próprios pensamentos **2** ~ (**of doing sth**) idéia, intenção (de fazer algo) LOC *Ver* FOOD, SCHOOL, SECOND, TRAIN¹ **thoughtful** *adj* **1** pensativo **2** atencioso: *It was very thoughtful of you.* Foi muito gentil da sua parte. **thoughtless** *adj* desatencioso, impensado, descuidado

thousand /ˈθaʊznd/ *adj, pron, s* mil: *thousands of people* milhares de pessoas ☛ *Ver exemplos em* FIVE **thousandth 1** *adj, pron* milésimo **2** *s* milésima parte ☛ *Ver exemplos em* FIFTH

thrash /θræʃ/ *vt* dar uma surra em **thrashing** *s* surra

thread /θred/ ♦ *s* ~ (**of sth**) fio (de algo): *a needle and thread* agulha e linha ♦ *vt* **1** (*agulha*) colocar linha em **2** (*pérolas, contas*) colocar em um fio **3** (*corda, cabo*) passar

threat /θret/ *s* ~ (**to sb/sth**) (**of sth**) ameaça (para/a alguém/algo) (de algo): *a threat to national security* uma ameaça à segurança nacional **threaten** *vt* **1** ~ **sb/sth** (**with sth**) ameaçar alguém/algo (com algo) **2** ~ **to do sth** ameaçar fazer algo **threatening** *adj* ameaçador

u	ɔː	ɜː	ə	j	w	eɪ	oʊ
situation	saw	fur	ago	yes	woman	pay	home

three /θri:/ *adj, pron, s* três ☞ *Ver exemplos em* FIVE

three-dimensional /ˌθri: dɪˈmenʃənl/ (*tb* 3-D /ˌθri: ˈdi:/) *adj* tridimensional

threshold /ˈθreʃhoʊld/ *s* umbral, limiar

threw *pret de* THROW[1]

thrill /θrɪl/ *s* **1** calafrio **2** emoção: *What a thrill!* Que emocionante! **thrilled** *adj* entusiasmado, emocionado **thriller** *s* obra de suspense (*filme, romance*) **thrilling** *adj* emocionante

thrive /θraɪv/ *vi* ~ (**on sth**) desenvolver-se, crescer (em/com algo): *a thriving industry* uma indústria em pleno desenvolvimento

throat /θroʊt/ *s* garganta: *a sore throat* dor de garganta

throb /θrɑb/ ◆ *vi* (-bb-) ~ (**with sth**) vibrar, latejar, palpitar (com/de algo) ◆ *s* vibração, latejamento

throne /θroʊn/ *s* trono

through (*tb USA, coloq* thru) /θru:/ *prep* **1** através de, por: *She made her way through the traffic.* Ela abriu caminho através do trânsito. ◊ *to breathe through your nose* respirar pelo nariz **2** durante, ao longo de: *I'm halfway through the book.* Eu estou na metade do livro. **3** por causa de: *through carelessness* por descuido **4** (*USA*) até…(inclusive): *Tuesday through Friday* de terça a sexta ◆ *partíc adv* **1** de um lado para o outro: *Can you get through?* Você consegue passar? **2** do princípio ao fim: *I've read the poem through once.* Eu li o poema inteiro uma vez. ◊ *all night through* durante toda a noite ☞ Para o uso de **through** em PHRASAL VERBS, ver os verbetes dos verbos correspondentes, p.ex. **to break through** em BREAK. ◆ *adj* direto: *a through train* um trem direto ◊ *No through road* Rua sem saída

throughout /θruːˈaʊt/ ◆ *prep* por todo, durante todo: *throughout his life* (durante) toda a sua vida ◆ *adv* **1** por toda parte **2** todo o tempo

throw[1] /θroʊ/ *vt* (*pret* threw /θru:/ *pp* thrown /θroʊn/) *vt* **1** ~ **sth** (**to sb**) atirar, lançar algo (a/para alguém/algo): *Throw the ball to Mary.* Jogue a bola para a Mary. **2** ~ **sth** (**at sb/sth**) atirar, jogar algo (em alguém/algo) ☞ **To throw sth at sb/sth** indica a intenção de acertar um objeto ou uma pessoa: *Don't throw stones at the cat.* Não atire pedras no gato. **3** [+ *loc adv*] jogar: *He threw back his head.* Ele jogou a cabeça para trás. ◊ *She threw up her hands in horror.* Ela levantou as mãos horrorizada. **4** (*cavalo*) derrubar **5** (*coloq*) desconcertar **6** deixar (*de certa forma*): *to be thrown out of work* ser mandado embora do trabalho ◊ *We were thrown into confusion by the news.* As notícias nos deixaram confusos. **7** (*luz, sombra*) projetar, fazer LOC *Ver* CAUTION, FIT[3] PHR V **to throw sth about/around** esparramar algo **to throw sth away** jogar algo fora (*no lixo*) **to throw sb out** expulsar alguém **to throw sth out 1** (*proposta*) recusar algo **2** jogar algo fora **to throw (sth) up** vomitar (algo)

throw[2] /θroʊ/ *s* **1** lançamento **2** (*dados, basquete, etc.*) lance: *It's your throw.* É sua vez (de jogar).

thrown *pp de* THROW[1]

thru (*USA*) *Ver* THROUGH

thrust /θrʌst/ ◆ (*pret, pp* thrust) **1** *vt* meter **2** *vt, vi* ~ **at sb** (**with sth**)/**sth at sb** lançar-se sobre alguém (com algo) PHR V **to thrust sb/sth on/upon sb** obrigar alguém a aceitar alguém/algo, impor alguém/algo a alguém ◆ *s* **1** empurrão **2** (*de espada*) estocada **3** ~ (**of sth**) idéia fundamental (de algo)

thud /θʌd/ ◆ *s* ruído surdo, baque surdo ◆ *vi* (-dd-) **1** fazer um ruído surdo, cair com um baque: *to thud against/into sth* chocar-se contra algo (com um baque) **2** (*coração*) bater com força

thug /θʌg/ *s* assassino, -a, bandido, -a

thumb /θʌm/ ◆ *s* polegar LOC *Ver* TWIDDLE ◆ *vi* ~ **through sth** folhear algo LOC **to thumb a lift** pedir carona *Ver tb* FINGER

thump /θʌmp/ ◆ **1** *vt* golpear, dar um golpe em **2** *vi* (*coração*) bater com força ◆ *s* **1** golpe, soco **2** baque

thunder /ˈθʌndər/ ◆ *s* [*não contável*] trovão: *a clap of thunder* uma trovoada ◆ *vi* **1** trovejar **2** estrondar

thunderstorm /ˈθʌndərstɔːm/ *s* tempestade com trovões

Thursday /ˈθɜːrzdeɪ, -di/ *s* (*abrev* Thur, Thurs) quinta-feira ☞ *Ver exemplos em* MONDAY

thus /ðʌs/ *adv* (*formal*) **1** assim, desta

aɪ	aʊ	ɔɪ	ɪə	eə	ʊə	ʒ	h	ŋ
five	now	join	near	hair	pure	vision	how	sing

maneira **2** (*por esta razão*) portanto, assim que

thwart /θwɔːrt/ *vt* frustrar, impedir

tick /tɪk/ ◆ *s* **1** (*de relógio, etc.*) tique-taque **2** (*GB*) (*marca*) (*USA* **check**) tique ◆ **1** *vi* (*relógio, etc.*) fazer tique-taque **2** *vt*: *to tick sth* (*off*) (*GB*) (*USA* **to check sth off**) marcar algo com um sinal PHR V **to tick away/by** passar (*tempo*) **to tick over** (*GB*) (*USA* **to turn over**) manter coisas na rotina

ticket /'tɪkɪt/ *s* **1** (*trem, etc.*) passagem **2** (*Teat, Cinema*) ingresso **3** (*USA* **card**) (*biblioteca*) ficha, carteirinha **4** etiqueta

tickle /'tɪkl/ ◆ *vt, vi* fazer cócegas (em) ◆ *s* cócegas, coceira

ticklish /'tɪklɪʃ/ *adj* que tem cócegas: *to be ticklish* ter cócegas

tidal /'taɪdl/ *adj* relativo à maré

tidal wave *s* maremoto

tide /taɪd/ *s* **1** maré: *The tide is coming in/going out.* A maré está subindo/baixando. **2** (*fig*) corrente

tidy /'taɪdi/ ◆ *adj* (**tidier, tidiest**) **1** organizado, ordeiro **2** (*aparência*) arrumado, asseado ◆ *vt* (*pret, pp* **tidied**) ~ (**sth**) (**up**) arrumar, organizar (algo) PHR V **to tidy sth away** colocar algo no lugar

tie /taɪ/ ◆ *s* **1** (*tb* **necktie**) gravata **2** [*ger pl*] laço: *family ties* laços de família **3** (*Esporte*) empate ◆ *vt, vi* (*pret, pp* **tied** *part pres* **tying**) **1** amarrar(-se) **2** (*gravata*) colocar **3** (*Esporte*) empatar PHR V **to tie sb/yourself down** comprometer alguém, comprometer-se: *Having young children really ties you down.* Ter filhos pequenos realmente prende a gente. **to tie sb/sth up** amarrar alguém/algo

tier /tɪər/ *s* grau, nível, camada

tiger /'taɪɡər/ *s* tigre **tigress** *s* tigresa

tight /taɪt/ ◆ *adj* (**-er, -est**) **1** apertado, justo: *These shoes are too tight.* Estes sapatos estão muito apertados. **2** esticado **3** (*controle*) rigoroso ◆ *adv* (**-er, -est**) firme, com força: *Hold tight!* Agarre-se firme! **tighten** *vt, vi* ~ (**sth**) (**up**) apertar algo, apertar-se: *The government wants to tighten immigration controls.* O governo quer tornar mais rigoroso o controle da imigração. **tightly** *adv* com firmeza, com força, rigorosamente

tightrope /'taɪtroʊp/ *s* corda bamba

tights /taɪts/ *s* [*pl*] meia-calça **2** (*para balé, etc.*) malha ☞ *Ver nota em* PAIR

tile /taɪl/ ◆ *s* **1** telha **2** azulejo, ladrilho **3** pedra (*de dominó*) ◆ *vt* **1** cobrir com telha **2** ladrilhar **3** azulejar

till[1] *Ver* UNTIL

till[2] /tɪl/ *s* caixa (registradora): *Please pay at the till.* Por favor, pague no caixa.

tilt /tɪlt/ ◆ *vt, vi* inclinar(-se) ◆ *s* inclinação, tendência

timber /'tɪmbər/ *s* **1** madeira **2** árvores (*para corte*) **3** madeiramento, viga

time /taɪm/ ◆ *s* **1** tempo: *You've been gone a long time!* Você demorou muito! **2** hora: *What time is it?/What's the time?* Que horas são? ◊ *It's time we were going/time for us to go.* Está na hora de irmos embora. ◊ *by the time we reached home* quando chegamos em casa ◊ (*by*) *this time next year* nesta data no ano que vem ◊ *at the present time* atualmente **3** vez, ocasião: *last time* a última vez ◊ *every time* toda vez ◊ *for the first time* pela primeira vez **4** tempo, época LOC **ahead of time** adiantado **all the time** todo o tempo (**and**) **about time** (**too**) (*coloq*) já está/estava na hora **at all times** a qualquer hora **at a time** por vez: *one at a time* um de cada vez **at one time** em certa época **at the time** naquele momento/tempo **at times** às vezes **for a time** por um momento, durante algum tempo **for the time being** por enquanto, de momento **from time to time** de vez em quando **in good time** cedo, com tempo **in time** com o tempo **in time** (**for sth/to do sth**) a tempo (para algo/de fazer algo) **on time** na hora, pontualmente ☞ *Ver nota em* PONTUAL **time after time**; **time and** (**time**) **again** repetidamente **to have a good time** divertir-se **to have the time of your life** divertir-se muito **to take your time** (**over sth/to do sth/doing sth**) não se apressar (com algo/para fazer algo) *Ver tb* BIDE, BIG, HARD, KILL, MARK[2], NICK, ONCE, PRESS, SAME, TELL ◆ *vt* **1** programar, prever **2** *to time sth well/badly* escolher o momento oportuno/errado para (fazer) algo **3** medir o tempo de, cronometrar **timer** *s* timer **timing** *s* **1** coordenação: *the timing of the election* a data das eleições **2** cronometragem

timely /'taɪmli/ *adj* (**-ier, -iest**) oportuno

times /taɪmz/ *prep* multiplicado por:

tʃ	dʒ	v	θ	ð	s	z	ʃ
chin	**J**une	**v**an	**th**in	**th**en	**s**o	**z**oo	**sh**e

Three times four is twelve. Três vezes quatro é doze.

timetable /'taɪmteɪbl/ (*esp USA* **schedule**) *s* horário

timid /'tɪmɪd/ *adj* tímido, assustado: *the first timid steps towards…* os primeiros passos tímidos em direção a…

tin /tɪn/ *s* **1** estanho: *tin foil* papel-alumínio **2** (*tb esp USA* **can**) lata: *tin-opener* abridor de latas ☞ *Ver ilustração em* CONTAINER

tinge /tɪndʒ/ ◆ *vt* ~ **sth** (**with sth**) (*lit e fig*) tingir algo (com/de algo) ◆ *s* pincelada, tom

tingle /'tɪŋgl/ *vi* **1** formigar **2** ~ **with sth** (*fig*) tremer com/de algo (*emoção*)

tinker /'tɪŋkər/ *vi* ~ (**with sth**) mexer (com algo)

tinned /tɪnd/ *adj* em lata, de lata

tinsel /'tɪnsl/ *s* ouropel

tint /tɪnt/ *s* **1** tonalidade **2** (*cabelo*) tintura **tinted** *adj* **1** (*cabelo*) tingido **2** (*vidro*) escurecido

tiny /'taɪni/ *adj* (**tinier, tiniest**) diminuto, minúsculo

tip /tɪp/ ◆ *s* **1** ponta **2** (*GB*) depósito de lixo, lixeira *Ver tb* DUMP **3** gorjeta **4** dica ◆ (**-pp-**) **1** *vt, vi* **to tip** (**sth**) (**up**) inclinar (algo) **2** *vt* virar, derrubar **3** *vt, vi* dar gorjeta (a) PHR V **to tip sb off** (*coloq*) dar uma dica a alguém **to tip** (**sth**) **over** derrubar algo, virar-se

tiptoe /'tɪptoʊ/ ◆ *s* LOC **on tiptoe** na ponta dos pés ◆ *vi*: **to tiptoe in/out** entrar/sair na ponta dos pés

tire¹ /'taɪər/ **1** *vt, vi* cansar(-se) **2** *vi* ~ **of sb/sth/of doing sth** cansar-se, enjoar de alguém/algo/fazer algo PHR V **to tire sb/yourself out** esgotar alguém/esgotar-se **tired** *adj* cansado LOC **tired out** esgotado **to be** (**sick and**) **tired of sb/sth/doing sth** estar farto de alguém/algo/fazer algo

tire² (*GB* **tyre**) /'taɪər/ *s* pneu

tiring /'taɪrɪŋ/ *adj* cansativo: *a long and tiring journey* uma viagem longa e cansativa

tireless /'taɪərləs/ *adj* incansável

tiresome /'taɪərsəm/ *adj* **1** (*tarefa*) tedioso **2** (*pessoa*) chato

tissue /'tɪʃuː/ *s* **1** (*Biol, Bot*) tecido **2** lenço de papel **3** (*tb* **tissue-paper**) papel de seda

tit /tɪt/ *s* **1** (*Ornit*) chapim **2** (*coloq*) teta

(*de mulher*) LOC **tit for tat** olho por olho, dente por dente

title /'taɪtl/ *s* **1** título: *title page* página de rosto ◊ *title role* papel principal **2** título de nobreza **3** forma de tratamento **4** ~ (**to sth**) (*Jur*) direito (a algo): *title deed* título de propriedade

titter /'tɪtər/ ◆ *s* risada nervosa ◆ *vi* rir dissimuladamente

to /tə, tuː/ *prep* **1** (*direção*) para, a: *to go to the beach* ir à praia ◊ *the road to Edinburgh* a estrada para Edimburgo **2** [*com complemento/objeto indireto*] para, a: *He gave it to Bob.* Ele o deu para Bob. **3** para: *Move to the left.* Mover-se para a esquerda. **4** até: *faithful to the end/last* leal até o fim **5** (*duração*): *It lasts two to three hours.* Dura de duas a três horas. **6** (*tempo*): *ten to one* dez para a uma **7** de: *the key to the door* a chave da porta **8** (*comparação*) a: *I prefer walking to climbing.* Eu prefiro andar a escalar. **9** (*proporção*) por: *How many kilometers to the liter?* Quantos quilômetros por litro? **10** (*propósito*): *to go to sb's aid* ir em ajuda de alguém **11** para: *to my surprise* para minha surpresa **12** (*opinião*) a, para: *It looks red to me.* Parece vermelho para mim. LOC **to and fro** de lá para cá

A partícula **to** é utilizada para formar o infinitivo em inglês e tem vários usos: *to go* ir ◊ *to eat* comer ◊ *I came to see you.* Eu vim para ver você. ◊ *He didn't know what to do.* Ele não sabia o que fazer. ◊ *It's for you to decide.* Você é que tem de decidir.

toad /toʊd/ *s* sapo

toast /toʊst/ ◆ *s* [*não contável*] **1** torrada: *a slice/piece of toast* uma torrada ◊ *toast and jam* torrada com geléia ◊ *Would you like some toast?* Gostaria de umas torradas? **2** brinde (*com bebidas*) ◆ *vt* **1** tostar, torrar **2** fazer um brinde **toaster** *s* torradeira

tobacco /tə'bækoʊ/ *s* (*pl* ~s) tabaco **tobacconist's** *s* tabacaria ☞ *Ver nota em* SELO

today /tə'deɪ/ *adv, s* **1** hoje **2** hoje em dia: *Today's computers are very small.* Os computadores de hoje são bem pequenos.

toddler /'tɑdlər/ *s* criança (*que começa a andar*)

toe /toʊ/ ◆ *s* **1** dedo (*do pé*): *big toe*

i:	i	ɪ	e	æ	ɑ	ʌ	ʊ	u:
see	happy	sit	ten	hat	cot	cup	put	too

dedão do pé ☛ *Comparar com* FINGER **2** ponta (*de meia, calçado*) LOC **on your toes** alerta ◆ *vt* (*pret, pp* **toed** *part pres* **toeing**) LOC **to toe the line** seguir as regras

toenail /ˈtoʊneɪl/ *s* unha do pé

toffee /ˈtɔːfi; GB ˈtɒfi/ *s* (bala) toffee

together /təˈgeðər/ *partíc adv* **1** juntos: *Can we have lunch together?* Podemos almoçar juntos? **2** ao mesmo tempo: *Don't all talk together.* Não falem todos juntos. LOC **together with** junto com, além de *Ver tb* ACT ☛ Para o uso de **together** em PHRASAL VERBS, ver os verbetes do verbo correspondente, p.ex. **to pull yourself together** em PULL. **togetherness** *s* unidade, harmonia

toil /tɔɪl/ ◆ *vi* (*formal*) trabalhar duramente ◆ *s* (*formal*) trabalho pesado, esforço *Ver tb* WORK[1]

toilet /ˈtɔɪlət/ *s* **1** vaso sanitário, privada: *toilet paper* papel higiênico **2** (*em casa*) banheiro **3** (*público*) toalete, sanitário

No inglês britânico se diz **toilet** ou **loo** (*coloq*) para nos referirmos aos banheiros das casas (**lavatory** e **WC** caíram em desuso). **The Gents, the Ladies, the toilets, the cloakroom** ou **public conveniences** são utilizados para nos referirmos aos banheiros em locais públicos.

No inglês americano se diz **lavatory**, **toilet** ou **bathroom** se estamos em uma casa, e **washroom** ou **restroom** se estamos em um edifício público.

toiletries *s* [*pl*] artigos de higiene

token /ˈtoʊkən/ ◆ *s* **1** sinal, mostra **2** ficha (*de telefone, máquina, etc.*) **3** vale ◆ *adj* simbólico (*pagamento, mostra, etc.*)

told *pret, pp de* TELL

tolerate /ˈtɑləreɪt/ *vt* tolerar **tolerance** *s* tolerância **tolerant** *adj* ~ (**of/towards sb/sth**) tolerante (com alguém/algo)

toll /toʊl/ *s* **1** pedágio **2** número de vítimas LOC **to take its toll (of sth)** provocar perda (de algo), causar dano (a algo)

tollbooth /ˈtoʊlbuːθ/ *s* (barreira de) pedágio

tollroad /ˈtoʊlroʊd/ (*USA* **turnpike**) *s* auto-estrada com pedágio

tomato /təˈmeɪtoʊ; GB təˈmɑːtəʊ/ *s* (*pl* -**oes**) tomate

tomb /tuːm/ *s* tumba **tombstone** *s* lápide

tom-cat /ˈtɑm kæt/ (*tb* **tom**) *s* gato macho ☛ *Ver nota em* GATO

tomorrow /təˈmɑroʊ/ *s, adv* amanhã: *tomorrow morning* amanhã de manhã ◊ *a week from tomorrow* dentro de oito dias ◊ *See you tomorrow.* Até amanhã. LOC *Ver* DAY

ton /tʌn/ *s* **1** 2.240 libras (1.016 kg) na Grã-Bretanha ou 2.000 libras (908 kg) nos Estados Unidos ☛ *Comparar com* TONNE **2 tons** [*pl*] (**of sth**) (*coloq*) toneladas (de algo)

tone /toʊn/ ◆ *s* **1** tom: *Don't speak to me in that tone of voice.* Não me fale neste tom. **2** tonalidade ◆ PHR V **to tone sth down** suavizar (o tom de) algo

tongs /tɑŋz/ *s* [*pl*] tenaz: *a pair of tongs* uma tenaz ☛ *Ver nota em* PAIR

tongue /tʌŋ/ *s* **1** (*Anat*) língua **2** (*formal*) língua, idioma *Ver tb* MOTHER TONGUE *em* MOTHER LOC **to put/stick your tongue out** mostrar a língua (**with**) **tongue in cheek** ironicamente

tonic /ˈtɑnɪk/ *s* **1** tônico **2** (*tb* **tonic water**) (água) tônica

tonight /təˈnaɪt/ *s, adv* esta noite: *What's on TV tonight?* O que tem na TV hoje à noite?

tonne /tʌn/ *s* (*GB*) (*USA* **metric ton**) tonelada (métrica) ☛ *Comparar com* TON

tonsil /ˈtɑnsl/ *s* amígdala **tonsillitis** /ˌtɑnsəˈlaɪtɪs/ *s* [*não contável*] amigdalite

too /tuː/ *adv* **1** também: *I've been to Paris too.* Eu também estive em Paris. ☛ *Ver nota em* TAMBÉM **2** demais, muito: *It's too cold outside.* Está muito frio lá fora. **3** bem, ainda por cima: *Her purse was stolen. And on her birthday too.* A bolsa dela foi roubada. E bem no aniversário dela. **4** muito: *I'm not too sure.* Não estou bem certo.

took *pret de* TAKE

tool /tuːl/ *s* ferramenta: *tool box/kit* caixa/jogo de ferramentas

tooth /tuːθ/ *s* (*pl* **teeth** /tiːθ/) dente: *to have a tooth pulled* arrancar um dente ◊ *false teeth* dentadura postiça LOC *Ver* FIGHT, GRIT, SKIN, SWEET

toothache /ˈtuːθeɪk/ *s* dor de dente

u	ɔː	ɜː	ə	j	w	eɪ	oʊ
situation	saw	fur	ago	yes	woman	pay	home

toothbrush /'tu:θbrʌʃ/ s escova de
dentes ☞ *Ver ilustração em* BRUSH

toothpaste /'tu:θpeɪst/ s pasta de den-
te

toothpick /'tu:θpɪk/ s palito de dente

top¹ /tɒp/ ◆ s **1** a parte de cima, o alto: *the
top of the page* o alto da página **2** (*de
montanha*) (*fig*) cume, topo **3** (*de uma
lista*) topo **4** tampão **5** (*roupa*) camisa,
blusa, etc. LOC **at the top of your voice**
(*gritar*) o mais alto possível **to be on top**
(**of sth**) estar no controle (de algo) **off the
top of your head** (*coloq*) sem pensar **on
top** por cima **on top of sb/sth 1** sobre
alguém/algo **2** além de alguém/algo:
And on top of all that… E além disso
tudo… ◆ *adj* **1** superior: *a top floor
apartment* um apartamento no último
andar ◊ *top quality* de alta qualidade ◊ *the
top jobs* os melhores empregos ◊ *a top
Brazilian scientist* um cientista brasilei-
ro de primeira categoria **2** máximo ◆ *vt*
(**-pp-**) cobrir: *ice cream topped with choc-
olate sauce* sorvete com cobertura de
chocolate ◊ *and to top it all…* e para
finalizar… PHR V **to top sth up** comple-
tar algo: *We topped up our glasses.* Com-
pletamos nossos copos.

top² /tɒp/ s pião

top hat (*GB tb* **topper**) s cartola

topic /'tɒpɪk/ s tópico (*tema*) **topical**
adj atual

topple /'tɒpl/ ~ (**sth**) (**over**) *vt, vi* (fazer)
cair (algo)

top secret *adj* extremamente sigiloso

torch /tɔ:rtʃ/ s **1** lanterna **2** tocha

tore *pret de* TEAR²

torment /'tɔ:rment/ ◆ s tormento ◆
/tɔ:r'ment/ *vt* **1** atormentar **2** aborrecer

torn *pp de* TEAR²

tortoise /'tɔ:rtəs/ s tartaruga (*terrestre*)
☞ *Comparar com* TURTLE

torture /'tɔ:rtʃər/ ◆ s **1** tortura **2** (*fig*)
tormento ◆ *vt* **1** torturar **2** (*fig*) ator-
mentar **torturer** s torturador, -ora

Tory /'tɔ:ri/ s (*pl* **-ies**) *adj* (*Pol*) conser-
vador, -ora: *the Tory Party* o partido
Conservador *Ver tb* CONSERVATIVE
☞ *Comparar com* LABOR sentido 4, LIB-
ERAL sentido 3

toss /tɔ:s; *GB* tɒs/ ◆ **1** *vt* jogar, atirar
(*descuidadamente ou sem força*) **2** *vt* (*ca-
beça*) sacudir **3** *vi* agitar-se: *to toss and
turn* dar voltas (na cama) **4** *vt* (*moeda*)
tirar cara ou coroa: *to toss sb for sth*

tirar cara ou coroa com alguém para
decidir algo **5** *vi: to toss (up) for sth*
tirar cara ou coroa para algo ◆ s **1**
(*cabeça*) sacudida **2** (*moeda*) tirada de
sorte LOC **to win/lose the toss** ganhar/
perder ao tirar cara ou coroa

total /'toʊtl/ ◆ *adj, s* total ◆ *vt* (**-l-**, *esp
GB* **-ll-**) **1** somar **2** totalizar **totally** *adv*
totalmente

totter /'tɒtər/ *vi* **1** cambalear **2** balan-
çar

touch¹ /tʌtʃ/ **1** *vt, vi* tocar(-se) **2** *vt*
roçar **3** *vt* [*em frases negativas*] provar:
You've hardly touched your steak. Você
mal provou o bife. **4** *vt* comover **5** *vt*
igualar LOC **touch wood!** (*GB*) isola!
PHR V **to touch down** aterrissar **to
touch on/upon sth** mencionar algo, to-
car em algo

touch² /tʌtʃ/ s **1** toque: *to put the fin-
ishing touches to sth* dar os retoques
finais em algo **2** (*tb sense of touch*)
tato: *soft to the touch* macio ao tato **3** a
~ (**of sth**) um pingo, um pouco (de al-
go): *I've got a touch of flu.* Estou um
pouco gripada. ◊ *a touch more garlic*
um pouco mais de alho ◊ *It's a touch
colder today.* Está um pouco mais frio
hoje. **4** jeito: *He hasn't lost his touch.*
Ele não perdeu o jeito. LOC **at a touch**
ao menor toque **in/out of touch** (**with
sb**) em/fora de contato (com alguém) **to
be in/out of touch with sth** estar a par/
desinformado sobre algo **to get/keep in
touch with sb** entrar/manter-se em
contato com alguém *Ver tb* LOSE

touched /tʌtʃt/ *adj* comovido **touch-
ing** *adj* comovente

touchy /'tʌtʃi/ *adj* (**-ier, -iest**) **1** (*pes-
soa*) suscetível **2** (*situação, tema, etc.*)
delicado

tough /tʌf/ *adj* (**-er, -est**) **1** duro **2**
forte, sólido **3** tenaz **4** (*medida*) rígido **5**
(*carne*) duro **6** (*decisão, etc.*) difícil: *to
have a tough time* passar por uma situa-
ção difícil **7** (*coloq*): *Tough luck!* Que
azar! LOC (**as**) **tough as nails** (*coloq*)
duro na queda (**as**) **tough as old boots**
(*coloq*) duro como sola de sapato **to be/
get tough** (**with sb**) ser duro com al-
guém **toughen** ~ (**up**) *vt, vi* tornar(-se)
mais rígido/forte/difícil **toughness** s **1**
dureza, resistência **2** firmeza

tour /tʊər/ ◆ s **1** excursão **2** visita:
guided tour visita com guia **3** turnê: *to
be on tour/go on tour in Spain* estar em

aɪ	aʊ	ɔɪ	ɪə	eə	ʊə	ʒ	h	ŋ
f**i**ve	n**ow**	j**oi**n	n**ear**	h**air**	p**ure**	vi**si**on	**h**ow	si**ng**

turnê/fazer uma turnê pela Espanha ☞ *Ver nota em* VIAGEM ♦ **1** *vt* visitar **2** *vi* viajar **3** *vt, vi (artistas, etc.)* fazer turnê (por)

tourism /ˈtʊərɪzəm/ *s* turismo

tourist /ˈtʊərɪst/ *s* turista: *tourist attraction* atração turística

tournament /ˈtɜːrnəmənt; *GB* ˈtɔːn-/ *s* torneio

tow /toʊ/ ♦ *vt* rebocar PHR V **to tow sth away** rebocar algo ♦ *s [ger sing]* reboque LOC **in tow** *(coloq)*: *He had his family in tow.* Ele trazia a família toda a reboque.

towards /tɔːrdz; *GB* təˈwɔːdz/ *(tb* **toward** /tɔːrd; *GB* təˈwɔːd/) *prep* **1** *(direção, tempo)* em direção a: *toward the end of the movie* quase no final do filme **2** (para) com: *to be friendly towards sb* ser amável com alguém **3** *(propósito)* para: *to put money towards sth* colocar dinheiro para algo

towel /ˈtaʊəl/ *s* toalha *(de banho, etc.)*

tower /ˈtaʊər/ ♦ *s* torre: *tower block (GB)* arranha-céu ♦ PHR V **to tower above/over sb/sth** erguer-se por cima/acima de alguém/algo: *At six feet, he towers over his mother.* Com 1,80m, ele passa a mãe.

town /taʊn/ *s* **1** cidade **2** centro (da cidade): *to go into town* ir ao centro LOC **(out) on the town** de folga, divertindo-se na cidade **to go to town (on sth)** *(coloq)* cair na farra

town hall *s* prefeitura, câmara municipal *(edifício)*

toy /tɔɪ/ ♦ *s* brinquedo ♦ PHR V **to toy with sth 1** brincar com algo **2** *to toy with the idea of doing sth* considerar a idéia de fazer algo

trace /treɪs/ ♦ *s* rastro, pista: *to disappear without a trace* desaparecer sem deixar pistas ◊ *He speaks without a trace of a Scottish accent.* Ele fala sem qualquer sinal de sotaque escosês. ♦ *vt* **1** seguir a pista de **2** ~ **sb/sth (to sth)** descobrir alguém/algo (em algo) **3** *It can be traced back to the Middle Ages.* Isto remonta à Idade Média. **4** ~ **sth (out)** delinear, traçar algo **5** fazer cópia *(decalcando)*

track /træk/ ♦ *s* **1** *[ger pl]* rastro *(de animal, roda, etc.)* **2** caminho, trilha *Ver tb* PATH **3** *(Esporte)* pista, circuito **4** *(Ferrovia)* trilho **5** faixa *(de disco ou fita) Ver tb* SOUNDTRACK LOC **off track** fora de rumo **on the right/wrong track** no caminho certo/errado **to be on sb's track** estar na pista de alguém **to keep/lose track of sb/sth** seguir/perder a pista de alguém/algo: *to lose track of time* perder a noção do tempo **to make tracks (for ...)** *(coloq)* ir (para ...) *Ver tb* BEAT ♦ *vt* ~ **sb (to sth)** seguir a pista de alguém (até algo) PHR V **to track sb/sth down** localizar alguém/algo

tracksuit /ˈtræksuːt/ *s* abrigo, training

tractor /ˈtræktər/ *s* trator

trade /treɪd/ ♦ *s* **1** comércio **2** indústria: *the tourist trade* a indústria do turismo **3** ofício: *He's a carpenter by trade.* Ele é carpinteiro por profissão. ☞ *Ver nota em* WORK¹ LOC *Ver* ROARING *em* ROAR, TRICK ♦ *vi* comerciar, negociar **2** *vt* ~ **(sb) sth for sth** trocar algo por algo (com alguém) PHR V **to trade sth in (for sth)** dar algo como parte do pagamento (de algo)

trademark /ˈtreɪdmɑrk/ *s* marca registrada

trader /ˈtreɪdər/ *s* comerciante

tradesman /ˈtreɪdzmən/ *s (pl -men /-mən/ (esp GB))* **1** fornecedor: *tradesmen's entrance* entrada de serviço **2** comerciante

trade union *s* sindicato

trading /ˈtreɪdɪŋ/ *s* comércio

tradition /trəˈdɪʃn/ *s* tradição **traditional** /trəˈdɪʃənl/ *adj* tradicional

traffic /ˈtræfɪk/ ♦ *s* trânsito: *traffic jam* engarrafamento ◊ *traffic warden* guarda de trânsito ♦ *vi (pret, pp* **trafficked** *part pres* **trafficking)** ~ **(in sth)** traficar (com algo) **trafficker** *s* traficante

traffic light *s* sinal de trânsito

tragedy /ˈtrædʒədi/ *s (pl -ies)* tragédia

trail /treɪl/ ♦ *s* **1** esteira *(de fumaça)* **2** vestígio *(de sangue)* **3** trilha **4** rastro *(de um animal)*: *to be on sb's trail* estar no encalço de alguém ♦ **1** *vi* ~ **along behind (sb/sth)** seguir (alguém/algo) a passos lentos e cansados **2** *vi* perder: *trailing by two goals to three* perdendo de dois gols contra três

trailer /ˈtreɪlər/ *s* **1** *(GB* caravan) reboque **2** *(Cinema)* trailer

train¹ /treɪn/ *s* **1** trem: *by train* de trem ◊ *train station* estação ferroviária/de trem ◊ *train track(s)* trilho(s) do trem **2**

tʃ	dʒ	v	θ	ð	s	z	ʃ
chin	**J**une	**v**an	**th**in	**th**en	**s**o	**z**oo	**sh**e

train[2] /treɪn/ **1** *vi* estudar, formar-se: *She trained to be a lawyer.* Ela estudou direito. ◊ *to train as a nurse* estudar enfermagem **2** *vt* adestrar **3** *vt, vi* (*Esporte*) treinar, preparar(-se) **4** *vt* ~ **sth on sb/sth** (*câmera, etc.*) apontar algo para alguém/algo **trainee** /treɪˈniː/ *s* estagiário, -a, aprendiz **trainer** *s* **1** (*atletas*) treinador, -ora **2** (*animais*) adestrador, -ora **3** (*GB*) (*US* **sneaker**) [*ger pl*] tênis **training** *s* **1** (*Esporte*) treinamento **2** formação, instrução

trait /treɪt/ *s* traço (*de personalidade*)

traitor /ˈtreɪtər/ *s* traidor, -ora *Ver tb* BETRAY

tram /træm/ (*tb esp GB* **tramcar** /ˈtræmkɑː(r)/) (*USA* **streetcar**) *s* bonde

tramp /træmp/ ◆ **1** *vi* caminhar com passos pesados **2** *vt* percorrer a pé ◆ *s* vagabundo, -a

trample /ˈtræmpl/ *vt, vi* ~ **sb/sth (down)**; ~ **on sb/sth** pisar com força em alguém/algo

tranquilize, -ise /ˈtræŋkwəlaɪz/ *vt* tranqüilizar **tranquilizer, -iser** *s* tranqüilizante: *She's on tranquilizers.* Ela toma tranqüilizantes.

transfer /trænsˈfɜːr/ ◆ (**-rr-**) **1** *vt, vi* transferir(-se) **2** *vt* transmitir **3** *vi* ~ (**from...**) (**to...**) (para...) ◆ /ˈtrænsfɜːr/ *s* **1** transferência, transmissão, traslado **2** (*Esporte*) transferência **3** baldeação **4** (*GB*) decalcomania

transform /trænsˈfɔːrm/ *vt* transformar **transformation** *s* transformação **transformer** /trænsˈfɔːrmər/ *s* (*Eletrôn*) transformador

translate /trænsˈleɪt/ *vt, vi* traduzir(-se): *to translate sth from French (in)to Dutch* traduzir algo do francês para o holandês ◊ *It translates as "fatherland".* Traduz-se como "fatherland" ☛ *Comparar com* INTERPRET **translation** *s* tradução: *translation into/from Portuguese* tradução para o/do português ◊ *to do a translation* fazer uma tradução LOC **in translation**: *Camões in translation* Camões traduzido **translator** *s* tradutor, -ora

transmit /trænsˈmɪt/ *vt* (**-tt-**) transmitir **transmitter** *s* (*Eletrôn*) transmissor, emissora

transparent /trænsˈpærənt/ *adj* **1** (*lit*) transparente **2** (*mentira, etc.*) evidente

transplant /trænsˈplænt; *GB* -ˈplɑːnt/ ◆ *vt* (*Bot, Med*) transplantar ◆ /ˈtrænsplænt; *GB* -plɑːnt/ *s* transplante: *a heart transplant* um transplante de coração

transport /trænsˈpɔːrt/ *vt* transportar, levar **transportation** (*GB* **transport** /ˈtrænspɔːt/) *s* transporte

transvestite /trænzˈvestaɪt/ *s* travesti

trap /træp/ ◆ *s* armadilha, cilada: *to lay/set a trap* armar uma cilada ◆ *vt* (**-pp-**) **1** prender, aprisionar **2** enredar

trapdoor /ˈtræpdɔːr/ (*tb* **trap**) *s* alçapão

trapeze /træˈpiːz; *GB* trə-/ *s* trapézio (*circo*)

trash /træʃ/ *s* (*USA*) **1** (*lit e fig*) lixo: *trash can* lata de lixo ◊ *It's trash.* É uma porcaria.

Em inglês britânico usa-se **rubbish** para lixo e **dustbin** para *lata de lixo*. **Trash** só é empregado no sentido figurado.

2 (*coloq, pej*) ralé **trashy** *adj* ruim, que não vale nada

travel /ˈtrævl/ ◆ *s* **1** [*não contável*] viagem: *travel bag* saco de viagem **2** **travels** [*pl*] (*esp GB*): *to be on your travels* estar viajando ◊ *Did you see John on your travels?* Você viu John enquanto esteve fora? ☛ *Ver nota em* VIAGEM ◆ (**-l-**, *GB* **-ll-**) **1** *vi* viajar: *to travel by car, bus, etc.* viajar/ir de carro, ônibus, etc. **2** *vt* percorrer

travel agency *s* (*pl* **-ies**) agência de viagens

travel agent *s* agente de viagem

traveler's check (*GB* **traveller's cheque**) *s* cheque de viagem

tray /treɪ/ *s* bandeja

treacherous /ˈtretʃərəs/ *adj* traiçoeiro, pérfido **treachery** *s* **1** traição, perfídia ☛ *Comparar com* TREASON **2** falsidade

tread /tred/ ◆ (*pret* **trod** /trɒd/ *pp* **trodden** /ˈtrɒdn/ *ou* **trod**) **1** *vi* ~ (**on/in sth**) pisar (em algo) **2** *vt* ~ **sth (in/down/out)** pisotear algo **3** *vt* (*caminho*) marcar com passos LOC **to tread carefully** agir de forma cautelosa ◆ *s* [*sing*] passo

iː	i	ɪ	e	æ	ɑ	ʌ	ʊ	uː
see	happy	sit	ten	hat	cot	cup	put	too

treason /ˈtriːzn/ *s* alta traição ☞ **Treason** é usado especificamente para se referir a um ato de traição em relação ao próprio país. *Comparar com* TREACHERY *em* TREACHEROUS.

treasure /ˈtreʒər/ ◆ *s* tesouro: *art treasures* tesouros artísticos ◆ *vt* dar grande valor a, guardar bem guardado: *her most treasured possession* o seu bem mais precioso

treasurer /ˈtreʒərər/ *s* tesoureiro, -a

the Treasury /ˈtreʒəri/ *s* Ministério da Fazenda

treat /triːt/ ◆ **1** *vt* tratar: *to treat sth as a joke* levar algo na piada **2** *vt* ~ **sb (to sth)** convidar alguém (para algo): *Let me treat you.* Você é meu convidado. **3** *v refl* ~ **yourself (to sth)** dar-se ao luxo (de algo) LOC **to treat sb like dirt/a dog** (*coloq*) tratar alguém como lixo/um cachorro ◆ *s* **1** prazer, regalo: *as a special treat* como um prêmio ◇ *to give yourself a treat* presentear-se **2** *This is my treat.* É por minha conta. LOC **a treat** (*coloq*) às mil maravilhas

treatment /ˈtriːtmənt/ *s* tratamento

treaty /ˈtriːti/ *s* (*pl* -ies) tratado

treble¹ /ˈtrebl/ (*GB*) (*USA* **triple**) ◆ *adj, s* triplo ◆ *vt, vi* triplicar(-se)

treble² /ˈtrebl/ ◆ *s* (*Mús*) **1** soprano **2** [*não contável*] agudo ◆ *adj* de soprano: *treble clef* clave de sol ☞ *Comparar com* BASS

tree /triː/ *s* árvore

trek /trek/ ◆ *s* caminhada ◆ *vi* (-kk-) caminhar (*penosamente*)

tremble /ˈtrembl/ *vi* ~ (**with/at sth**) tremer (de/por algo)

trembling /ˈtremblɪŋ/ ◆ *adj* trêmulo ◆ *s* tremor

tremendous /trəˈmendəs/ *adj* **1** enorme: *a tremendous number* uma quantidade enorme **2** fantástico **tremendously** *adv* muitíssimo

tremor /ˈtremər/ *s* tremor, estremecimento

trench /trentʃ/ *s* **1** (*Mil*) trincheira **2** vala

trend /trend/ *s* tendência LOC *Ver* SET², BUCK²

trendy /ˈtrendi/ *adj* (*coloq*) da moda

trespass /ˈtrespəs/ *vi* ~ (**on sth**) invadir (algo): *no trespassing* entrada proibida **trespasser** *s* intruso, -a

trial /ˈtraɪəl/ *s* **1** julgamento, processo **2** prova: *a trial period* um período de experiência ◇ *to take sth on trial* testar algo **3** (*Esporte*) experiência, teste LOC **to be/go on trial/stand trial (for sth)** ser julgado (por algo) **trial and error** (por) tentativa e erro: *She learnt to type by trial and error.* Ela aprendeu a datilografar por tentativas. **trials and tribulations** percalços

triangle /ˈtraɪæŋgl/ *s* triângulo **triangular** /traɪˈæŋgjələr/ *adj* triangular

tribe /traɪb/ *s* tribo

tribulation /ˌtrɪbjuˈleɪʃn/ *s Ver* TRIAL

tribute /ˈtrɪbjuːt/ *s* **1** homenagem **2 a** ~ (**to sth**): *That is a tribute to his skill.* Isso é prova da habilidade dele.

trick /trɪk/ ◆ *s* **1** truque, brincadeira, trapaça: *to play a trick on sb* pregar uma peça em alguém ◇ *His memory played tricks on him.* A memória dele lhe pregava peças. ◇ *a dirty trick* uma ursada ◇ *a trick question* uma pergunta capciosa **2** segredo: *The trick is to wait.* O segredo está em esperar. ◇ *a trick of the light* uma ilusão de óptica **3** (*magia*): *conjuring tricks* mágicas ◇ *card tricks* truques com o baralho LOC **every/any trick in the book** é possível e o impossível: *I tried every trick in the book.* Tentei de tudo. **the tricks of the trade** as manhas do ofício *Ver tb* MISS ◆ *vt* enganar: *to trick sb into doing sth* induzir alguém a fazer algo ◇ *They tricked the old lady out of her savings.* Passaram a perna na velha e tomaram todas as economias dela. **trickery** *s* (*não contável*) trapaça, astúcia

trickle /ˈtrɪkl/ ◆ *vi* escorrer, gotejar ◆ *s* **1** fio: *a trickle of blood* um fio de sangue **2** ~ (**of sth**) (*fig*) punhado (de algo)

tricky /ˈtrɪki/ *adj* (-ier, -iest) complicado, difícil

tried *pret, pp de* TRY

trifle /ˈtraɪfl/ ◆ *s* **1** (*GB*) sobremesa feita com pão-de-ló, frutas e creme **2** ninharia, bagatela LOC **a trifle** um pouquinho: *a trifle short* um pouquinho curto ◆ *vi* ~ **with sb/sth** fazer pouco de alguém/algo

trigger /ˈtrɪgər/ ◆ *s* gatilho ◆ *vt* ~ **sth (off)** **1** (*fig*) provocar, desencadear algo **2** (*alarme, etc.*) acionar algo

trillion /ˈtrɪljən/ *adj, s* trilhão

trim¹ /trɪm/ *adj* (**trimmer, trimmest**)

u	ɔː	ɜː	ə	j	w	eɪ	oʊ
sit**u**ation	s**aw**	f**ur**	**a**go	**y**es	**w**oman	p**ay**	h**ome**

(*aprov*) **1** bem cuidado, bem aparado **2** esbelto, elegante

trim² /trɪm/ ◆ *vt* (**-mm-**) **1** aparar **2** ~ **sth off** (**sth**) cortar algo (de algo) **3** ~ **sth** (**with sth**) (*vestido, etc.*) enfeitar algo (com algo) ◆ *s* **1** aparada: *to have a trim* aparar o cabelo **2** adorno **trimming** *s* **1** enfeite **2 trimmings** [*pl*] (*comida*) acompanhamento

trip¹ /trɪp/ (**-pp-**) **1** *vi* ~ (**over/up**) tropeçar: *She tripped* (*up*) *on a stone.* Ela tropeçou numa pedra. **2** *vt* ~ **sb** (**up**) passar uma rasteira em alguém **PHR V to trip** (**sb**) **up** confundir-se/confundir alguém

trip² /trɪp/ *s* viagem, excursão: *to go on a trip* fazer uma viagem ◊ *a business trip* uma viagem de negócios ◊ *a bus trip* uma excursão de ônibus ☞ *Ver nota em* VIAGEM

triple /ˈtrɪpl/ ◆ *adj, s* triplo: *at triple the speed* três vezes mais rápido ◆ *vt, vi* triplicar(-se)

triplet /ˈtrɪplət/ *s* trigêmeo, -a

triumph /ˈtraɪʌmf/ ◆ *s* triunfo, êxito: *to return home in triumph* regressar triunfante para casa ◊ *a shout of triumph* um grito de vitória ◆ *vi* ~ (**over sb/sth**) triunfar (sobre alguém/algo) **triumphal** /traɪˈʌmfl/ *adj* triunfal (*arco, processão*) **triumphant** *adj* **1** triunfante **2** exultante **triumphantly** *adv* triunfantemente, vitoriosamente

trivial /ˈtrɪviəl/ *adj* trivial, insignificante **triviality** /ˌtrɪviˈæləti/ *s* (*pl* **-ies**) trivialidade

trod *pret de* TREAD

trodden *pp de* TREAD

troop /truːp/ ◆ *s* **1** bando, manada **2 troops** [*pl*] tropas, soldados ◆ **PHR V to troop in**(**to**), **out** (**of**), **etc.** entrar, sair, etc. em bando

trophy /ˈtroʊfi/ *s* (*pl* **-ies**) troféu

tropic /ˈtrɑpɪk/ *s* **1** trópico **2 the tropics** [*pl*] os trópicos **tropical** *adj* tropical

trot /trɑt/ ◆ *vi* (**-tt-**) trotar, ir a trote ◆ *s* trote **LOC on the trot** (*coloq*): *six days on the trot* seis dias seguidos

trouble /ˈtrʌbl/ ◆ *s* **1** [*não contável*] problema(s): *The trouble is* (*that*)… O problema é que… ◊ *What's the trouble?* Qual é o problema? **2** dificuldades: *money troubles* dificuldades financeiras **3** [*não contável*] incômodo, transtorno: *It's no trouble.* Não há problema. ◊ *It's*

not worth the trouble. Não vale a pena. **4** distúrbios, conflito **5** (*Med*) doença: *back trouble* problemas de coluna **LOC to be in trouble** encrencar-se, estar em apuros: *If I don't get home by ten, I'll be in trouble.* Se eu não estiver em casa às dez, vai ter encrenca. **to get into trouble** meter-se/entrar numa fria: *He got into trouble with the police.* Ele entrou numa fria com a polícia. **to go to a lot of trouble** (**to do sth**) dar-se ao trabalho (de fazer algo) *Ver tb* ASK, TEETHE ◆ **1** *vt* incomodar: *Don't trouble yourself.* Não se dê ao trabalho. **2** preocupar: *What's troubling you?* O que é que você tem? **troubled** *adj* **1** (*expressão, voz*) preocupado, aflito **2** (*período*) agitado **3** (*vida*) conturbado **troublesome** *adj* importuno, problemático

trouble-free /ˌtrʌbl ˈfriː/ *adj* **1** sem problemas **2** (*viagem*) sem acidentes

troublemaker /ˈtrʌblˌmeɪkər/ *s* encrenqueiro, -a, criador, -ora de caso

trough /trɔːf; *GB* trɒf/ *s* **1** bebedouro (*de animais*) **2** comedouro **3** canal **4** (*Meteor*) cavado de baixa pressão

trousers /ˈtraʊzərz/ *s* [*pl*] calça: *a pair of trousers* uma calça **trouser** *adj*: *trouser leg/pocket* perna/bolso de calça

trout /traʊt/ *s* (*pl* trout) truta

truant /ˈtruːənt/ *s* (*Educ*) gazeteiro **LOC** *Ver* PLAY

truce /truːs/ *s* trégua

truck /trʌk/ *s* **1** (*GB* **lorry**) caminhão **2** (*GB*) (*estrada de ferro*) vagão

true /truː/ *adj* (**truer, truest**) **1** certo, verdadeiro: *It's too good to be true.* É bom demais para ser verdade. **2** (*história*) verídico **3** real, autêntico: *the true value of the house* o valor real da casa **4** fiel: *to be true to your word/principles* cumprir com o prometido/ser fiel a seus princípios **LOC to come true** realizar-se **true to life** realista

truly /ˈtruːli/ *adv* sinceramente, verdadeiramente, realmente **LOC** *Ver* WELL²

trump /trʌmp/ *s* trunfo: *Hearts are trumps.* Copas valem mais.

trumpet /ˈtrʌmpɪt/ *s* trompete

trundle /ˈtrʌndl/ **1** *vi* rodar lentamente **2** *vt* arrastar **3** *vt* empurrar

trunk /trʌŋk/ *s* **1** (*Anat, Bot*) tronco **2** baú **3** (*elefante*) tromba **4 trunks** [*pl*] calção de banho **5** (*GB* **boot**) mala (*de carro*) ☞ *Ver ilustração em* MALA

aɪ	aʊ	ɔɪ	ɪə	eə	ʊə	ʒ	h	ŋ
five	now	join	near	hair	pure	vision	how	sing

trust /trʌst/ ◆ s **1** ~ **(in sb/sth)** confiança (em alguém/algo) **2** responsabilidade: *As a teacher you are in a position of trust.* Os professores exercem um papel de responsabilidade. **3** fundação LOC *Ver* BREACH ◆ **1** *vt* confiar em **2** *vt* ~ **sb with sth** confiar algo a alguém PHR V **to trust to sth** confiar em algo **trusted** *adj* de confiança **trusting** *adj* confiante

trustee /trʌˈstiː/ s **1** fideicomissário, -a **2** administrador, -ora

trustworthy /ˈtrʌstwɜːrði/ *adj* digno de confiança

truth /truːθ/ s (*pl* ~s /truːðz/) verdade LOC *Ver* ECONOMICAL, MOMENT **truthful** *adj* sincero: *to be truthful* dizer a verdade

try /traɪ/ ◆ (*pret, pp* **tried**) **1** *vi* tentar ☞ Coloquialmente, **try to +** infinitivo pode ser substituído por **try and +** infinitivo: *I'll try to/and finish it.* Vou tentar terminar. **2** *vt* provar: *Can I try the soup?* Posso provar a sopa? **3** *vt* (*Jur*) (*caso*) julgar **4** *vt* **to try sb (for sth)** (*Jur*) julgar alguém (por algo); processar alguém (por algo) LOC **to try and do sth** tentar fazer algo **to try sb's patience** fazer alguém perder a paciência *Ver tb* BEST PHR V **to try sth on** experimentar algo (*roupa, sapatos, etc.*) ◆ s (*pl* **tries**) **1** *I'll give it a try.* Vou tentar. **2** (*rúgbi*) ensaio **trying** *adj* difícil, árduo

T-shirt /ˈtiː ʃɜːrt/ s camiseta

tub /tʌb/ s **1** tina **2** pote ☞ *Ver ilustração em* CONTAINER **3** banheira

tube /tuːb/; *GB* tjuːb/ s **1** ~ **(of sth)** tubo (de algo) ☞ *Ver ilustração em* CONTAINER **2** **the tube** (*GB, coloq*) (*GB tb* **the underground**, *USA* **subway**) (o) metrô: *by tube* de metrô

tuck /tʌk/ *vt* **1** ~ **sth into sth** enfiar algo em algo **2** ~ **sth around sb/sth** cobrir alguém/algo com algo: *to tuck sth around you* cobrir-se com algo PHR V **to be tucked away** (*coloq*) **1** (*dinheiro*) estar guardado **2** (*vilarejo, edifício*) estar escondido **to tuck sth in** enfiar algo (*camisa*) **to tuck sb in/up** aconchegar alguém (*na cama*)

Tuesday /ˈtuːzdeɪ, ˈtuːzdi; *GB* ˈtjuː-/ s (*abrev* **Tue, Tues**) terça-feira ☞ *Ver exemplos em* MONDAY

tuft /tʌft/ s **1** (*cabelo*) mecha **2** (*plumas*) penacho **3** (*grama*) tufo

tug /tʌɡ/ ◆ (-gg-) **1** *vi* **to tug (at sth)** puxar (algo) com força: *He tugged at his mother's coat.* Ele puxou com força o casaco da mãe. **2** *vt* arrancar ◆ s **1 tug (at/on sth)** puxão (em algo) **2** (*tb* **tugboat**) rebocador

tuition /tuˈɪʃn; *GB* tjuː-/ s **1** (*USA*) (taxa de) matrícula **2** (*GB, formal*) ensino, aulas: *private tuition* aulas particulares

tulip /ˈtuːlɪp; *GB* ˈtjuː-/ s tulipa

tumble /ˈtʌmbl/ ◆ *vi* cair, tombar PHR V **to tumble down** vir abaixo ◆ s tombo

tumble-dryer (*tb* **tumble-drier**) /ˌtʌmbl draɪər/ s (*GB*) secadora (de roupa)

tumbler /ˈtʌmblər/ s copo (sem pé)

tummy /ˈtʌmi/ s (*pl* **-ies**) (*coloq*) barriga: *tummy ache* dor de barriga

tumor (*GB* **tumour**) /ˈtuːmər; *GB* ˈtjuː-/ s tumor

tuna /ˈtuːnə; *GB* ˈtjuːnə/ (*pl* **tuna** *ou* ~s) (*tb* **tuna-fish**) s atum

tune /tuːn; *GB* tjuːn/ ◆ s melodia LOC **in/out of tune** afinado/desafinado **in/out of tune with sb/sth** em harmonia/desarmonia com alguém/algo *Ver tb* CHANGE ◆ *vt* **1** (*piano*) afinar **2** (*motor*) regular PHR V **to tune in (to sth)** sintonizar (algo): *Tune in to us again tomorrow.* Sintonize novamente conosco amanhã. **to tune up** afinar **tuneful** *adj* melodioso

tunic /ˈtuːnɪk; *GB* ˈtjuː-/ s túnica

tunnel /ˈtʌnl/ ◆ s **1** túnel **2** galeria ◆ (-l-, *GB* -ll-) **1** *vi* ~ **(into/through/under sth)** abrir um túnel (em/através de/debaixo de algo) **2** *vt, vi* escavar

turban /ˈtɜːrbən/ s turbante

turbulence /ˈtɜːrbjələns/ s turbulência **turbulent** *adj* **1** turbulento **2** agitado

turf /tɜːrf/ ◆ s [*não contável*] gramado ◆ *vt* relvar PHR V **to turf sb/sth out (of sth)** (*GB, coloq*) colocar alguém/algo para fora (de algo)

turkey /ˈtɜːrki/ s (*pl* ~s) peru

turmoil /ˈtɜːrmɔɪl/ s tumulto

turn /tɜːrn/ ◆ **1** *vi* virar, dar voltas **2** *vt* fazer girar, dar voltas em **3** *vt, vi* virar(-se): *She turned her back on Simon and walked off.* Ela virou as costas para o Simon e foi embora. **4** *vt* (*página*) virar **5** *vi: to turn left* virar à esquerda

tʃ	dʒ	v	θ	ð	s	z	ʃ
chin	**J**une	**v**an	**th**in	**th**en	**s**o	**z**oo	**sh**e

6 vt (esquina) dobrar **7** vi ficar, tornar-se: to turn white/red ficar branco/vermelho ☛ Ver nota em BECOME **8** vt, vi ~ (sb/sth) (from A) into B transformar-se, transformar (alguém/algo) (de A) em B **9** vt: to turn 40 fazer 40 anos LOC to turn a blind eye (to sth) fazer vista grossa (para algo) to turn back the clock voltar ao passado, retroceder to turn over a new leaf começar vida nova to turn your back on sb/sth virar as costas para alguém/algo Ver tb MIND, PALE, SOUR

PHR V to turn around (tb to turn round) virar-se

to turn sb/sth around (tb to turn sb/sth round) girar alguém/algo to turn away (from sb/sth) afastar-se (de alguém/algo) to turn sb away negar-se a ajudar alguém to turn sb away from sth mandar alguém embora de algo

to turn back virar-se para trás to turn sb back mandar alguém retornar

to turn sb/sth down rejeitar alguém/algo to turn sth down abaixar algo (rádio, etc.)

to turn off sair (de um caminho) to turn sb off (coloq) tirar a vontade de alguém to turn sth off **1** apagar algo (luz) **2** fechar algo (torneira) **3** desligar algo (rádio, TV, motor)

to turn sb on (coloq) excitar alguém to turn sth on **1** acender algo (luz) **2** abrir algo (torneira) **3** ligar algo (rádio, TV, motor)

to turn out **1** comparecer, apresentar-se **2** resultar, sair to turn sb out (of/from sth) botar alguém para fora (de algo) to turn sth out apagar algo (luz)

to turn over (GB to tick over) funcionar em marcha lenta to turn (sb/sth) over virar (alguém/algo)

to turn to sb recorrer a alguém

to turn up chegar, aparecer to turn sth up aumentar algo (volume)

♦ s **1** volta **2** (cabeça) movimento **3** virada: to take a wrong turn dobrar no lugar errado **4** curva **5** (circunstâncias) mudança: to take a turn for the better/worse mudar para melhor/pior **6** turno, vez: It's your turn. É a sua vez. **7** (coloq) susto **8** (coloq) mal-estar, indisposição LOC a turn of phrase um modo de se expressar in turn por sua vez, um atrás do outro to do sb a good/bad turn fazer um favor/desfavor a alguém to take turns (at sth) revezar-se (em algo)

turning /'tɜːrnɪŋ/ s rua transversal

turning point s momento decisivo

turnip /'tɜːrnɪp/ s nabo

turnout /'tɜːrnaʊt/ s assistência, comparecimento

turnover /'tɜːrnoʊvər/ s **1** (negócio) faturamento **2** (mercadorias) circulação **3** (funcionários) rotatividade

turnpike /'tɜːrnpaɪk/ (GB tollroad) s auto-estrada com pedágio

turntable /'tɜːrnteɪbl/ s (toca-discos) prato

turpentine /'tɜːrpəntaɪn/ (GB tb coloq turps /tɜːrps/) s aguarrás

turquoise /'tɜːrkwɔɪz/ ♦ s turquesa ♦ adj azul-turquesa

turret /'tɜːrət/ s torreão

turtle /'tɜːrtl/ s tartaruga (marinha) ☛ Comparar com TORTOISE

turtleneck /'tɜːrtlnek/ (GB polo neck) s pulôver de gola rulê

tusk /tʌsk/ s defesa, presa (de elefante, etc.)

tutor /'tuːtər; GB 'tjuː-/ s **1** professor, -ora particular **2** (GB) (universidade) professor, -ora

tutorial /tuː'tɔːriəl; GB tjuː-/ ♦ adj docente ♦ s seminário (aula)

twang /twæŋ/ s **1** (Mús) dedilhado **2** (voz) nasalização

twelve /twelv/ adj, pron, s doze ☛ Ver exemplos em FIVE twelfth **1** adj décimo segundo **2** pron, adv o(s) décimo(s) segundo(s), a(s) décima(s) segunda(s) **3** s duodécima parte, doze avos ☛ Ver exemplos em FIFTH

twenty /'twenti/ adj, pron, s vinte ☛ Ver exemplos em FIFTY, FIVE twentieth **1** adj, pron vigésimo **2** s vigésima parte, vinte avos ☛ Ver exemplos em FIFTH

twice /twaɪs/ adv duas vezes: twice as much/many o dobro LOC Ver ONCE

twiddle /'twɪdl/ vt, vi ~ (with) sth brincar com algo; girar algo LOC to twiddle your thumbs ficar à toa

twig /twɪg/ s graveto

twilight /'twaɪlaɪt/ s crepúsculo

twin /twɪn/ s **1** gêmeo, -a **2** (de um par) gêmeo, casal, dupla

twinge /twɪndʒ/ s pontada: a twinge of pain/regret uma pontada de dor/remorso

i:	i	ɪ	e	æ	ɑ	ʌ	ʊ	u:
see	happy	sit	ten	hat	cot	cup	put	too

twinkle /'twɪŋkl/ vi **1** cintilar, brilhar **2** ~ (**with sth**) (olhos) reluzir (de algo)

twirl /twɜːrl/ vt, vi **1** fazer girar, dar voltas (em) **2** retorcer(-se)

twist /twɪst/ ◆ **1** vt, vi torcer(-se), retorcer(-se) **2** vt, vi enrolar(-se), enroscar(-se) **3** vi (caminho, rio) serpentear **4** vt (palavras, etc.) deturpar ◆ s **1** torção, torcedura **2** (caminho, rio) dobra, curva **3** (limão, papel) pedacinho **4** (mudança) virada

twit /twɪt/ s (coloq, esp GB) idiota

twitch /twɪtʃ/ ◆ s **1** contração **2** tique (nervoso) **3** puxão ◆ vt, vi **1** contrair(-se), crispar(-se) **2** ~ (**at**) **sth** dar um puxão em algo

twitter /'twɪtər/ vi gorjear

two /tuː/ adj, pron, s dois, duas ☛ Ver exemplos em FIVE LOC **to put two and two together** tirar conclusões

two-faced /ˌtuː 'feɪst/ adj falso

two-way /ˌtuː 'weɪ/ adj **1** (processo) duplo **2** (comunicação) recíproco

tycoon /taɪ'kuːn/ s magnata

tying Ver TIE

type /taɪp/ ◆ s **1** tipo, espécie: all types of jobs todos os tipos de trabalho ◊ He's not my type (of person). Ele não é meu tipo. **2** (modelo) tipo: She's not the artistic type. Ela não é chegada às artes. ◆ vt, vi escrever à máquina, datilografar ☛ Usa-se geralmente com **out** ou **up**: to type sth up datilografar algo

typescript /'taɪpskrɪpt/ s (GB) texto datilografado

typewriter /'taɪpˌraɪtər/ s máquina de escrever

typhoid (fever) /'taɪfɔɪd/ s febre tifóide

typical /'tɪpɪkl/ adj típico, característico **typically** adv **1** tipicamente **2** como de costume

typify /'tɪpɪfaɪ/ vt (pret, pp -fied) tipificar, ser o protótipo de

typing /'taɪpɪŋ/ s datilografia

typist /'taɪpɪst/ s datilógrafo, -a

tyranny /'tɪrəni/ s tirania

tyrant /'taɪrənt/ s tirano, -a

tyre (GB) Ver TIRE²

Uu

U, u /juː/ s (pl U's, u's /juːz/) U, u: U as in uncle U de uva ☛ Ver exemplos em A, A

ubiquitous /juː'bɪkwɪtəs/ adj (formal) onipresente

UFO (tb **ufo**) /ˌjuː ef 'oʊ/ abrev (pl ~s) OVNI (=objeto voador não identificado)

ugh! /ɜː, ʊ/ interj uf!, puf!

ugly /'ʌɡli/ adj (**uglier, ugliest**) **1** feio **2** ameaçador, perigoso

ulcer /'ʌlsər/ s úlcera

ultimate /'ʌltɪmət/ adj **1** último, final **2** supremo **3** fundamental **ultimately** adv **1** no final, finalmente **2** fundamentalmente

umbrella /ʌm'brelə/ s (lit e fig) guarda-chuva

umpire /'ʌmpaɪər/ s árbitro (tênis, críquete)

unable /ʌn'eɪbl/ adj (freq formal) incapaz, impossibilitado

unacceptable /ˌʌnək'septəbl/ adj inaceitável

unaccustomed /ˌʌnə'kʌstəmd/ adj **1** to be unaccustomed to (doing) sth não estar acostumado a (fazer) algo **2** desacostumado, insólito

unambiguous /ˌʌnæm'bɪɡjuəs/ adj inequívoco

unanimous /juː'nænɪməs/ adj ~ (**in sth**) unânime (em algo)

unarmed /ˌʌn'ɑrmd/ adj **1** desarmado, sem armas **2** indefeso

unattractive /ˌʌnə'træktɪv/ adj pouco atraente

unavailable /ˌʌnə'veɪləbl/ adj indisponível

unavoidable /ˌʌnə'vɔɪdəbl/ adj inevitável

unaware /ˌʌnə'weər/ adj despercebido: He was unaware that… Ele ignorava que…

unbearable /ʌnˈbeərəbl/ *adj* insuportável

unbeatable /ʌnˈbiːtəbl/ *adj* invencível, inigualável

unbeaten /ʌnˈbiːtn/ *adj* (*Esporte*) invicto, não vencido

unbelievable /ˌʌnbɪˈliːvəbl/ *adj* inacreditável *Ver tb* INCREDIBLE

unbroken /ʌnˈbroʊkən/ *adj* 1 intato 2 ininterrupto 3 (*recorde*) mantido 4 (*espírito*) indômito

uncanny /ʌnˈkæni/ *adj* (-ier, -iest) 1 misterioso 2 assombroso

uncertain /ʌnˈsɜːrtn/ *adj* 1 inseguro, duvidoso, indeciso 2 incerto: *It is uncertain whether…* Não se sabe se… 3 inconstante **uncertainty** *s* (*pl* -ies) incerteza, dúvida

unchanged /ʌnˈtʃeɪndʒd/ *adj* inalterado, sem modificação

uncle /ˈʌŋkl/ *s* tio

unclear /ˌʌnˈklɪər/ *adj* pouco claro, confuso

uncomfortable /ʌnˈkʌmfərtəbl; *GB* -ft-/ *adj* incômodo **uncomfortably** *adv* desconfortavelmente: *The exams are getting uncomfortably close.* Os exames estão se aproximando de forma preocupante.

uncommon /ʌnˈkɑmən/ *adj* incomum, excepcional

uncompromising /ʌnˈkɑmprəmaɪzɪŋ/ *adj* inflexível, intransigente

unconcerned /ˌʌnkənˈsɜːrnd/ *adj* 1 ~ **(about/by sth)** indiferente (a algo) 2 despreocupado

unconditional /ˌʌnkənˈdɪʃənl/ *adj* incondicional

unconscious /ʌnˈkɑnʃəs/ ◆ *adj* 1 inconsciente 2 *to be unconscious of sth* não se dar conta de algo ◆ **the unconscious** *s* o inconsciente ☛ *Comparar com* SUBCONSCIOUS

unconventional /ˌʌnkənˈvenʃənl/ *adj* não convencional

unconvincing /ˌʌnkənˈvɪnsɪŋ/ *adj* não convincente

uncouth /ʌnˈkuːθ/ *adj* grosseiro

uncover /ʌnˈkʌvər/ *vt* 1 destampar, descobrir 2 (*fig*) desvendar

undecided /ˌʌndɪˈsaɪdɪd/ *adj* 1 pendente, por decidir 2 ~ **(about sb/sth)** indeciso (sobre alguém/algo)

undeniable /ˌʌndɪˈnaɪəbl/ *adj* inegá-

vel, indiscutível **undeniably** *adv* indubitavelmente

under /ˈʌndər/ *prep* 1 embaixo de: *It was under the bed.* Estava embaixo da cama. 2 (*idade*) menor de 3 (*quantidade*) menos que 4 (*governo, ordem, etc.*) sob 5 (*Jur*) segundo (*uma lei, etc.*) 6 *under construction* em construção

under- /ˈʌndər/ *pref* 1 *Women are under-represented in the group.* Há menos mulheres no grupo do que o desejado. ◇ *under-used* desperdiçado 2 (*idade*) menor de: *the under-fives* os menores de cinco anos ◇ *the under-21s* os menores de vinte e um anos ◇ *the under-21 team* a turma dos menores de idade ◇ *under-age drinking* o consumo de bebidas alcoólicas por menores de idade

undercover /ˌʌndərˈkʌvər/ *adj* 1 (*polícia*) à paisana, secreto 2 (*operação*) secreto, clandestino

underestimate /ˌʌndərˈestɪmeɪt/ *vt* subestimar, não dar o devido valor a

undergo /ˌʌndərˈɡoʊ/ *vt* (*pret* **underwent** /-ˈwent/ *pp* **undergone** /-ˈɡɔːn; *GB* -ˈɡɒn/) 1 experimentar, sofrer 2 (*experimento*) passar por 3 (*série*) realizar 4 (*tratamento, cirurgia*) submeter-se a

undergraduate /ˌʌndərˈɡrædʒuət/ *s* estudante universitário

underground /ˌʌndərˈɡraʊnd/ ◆ *adv* 1 debaixo da terra 2 (*fig*) clandestinamente ◆ *adj* 1 subterrâneo 2 (*fig*) clandestino ◆ *s* 1 (*GB tb coloq* **the tube**, *USA* **subway**) metrô 2 organização clandestina

undergrowth /ˈʌndərɡroʊθ/ *s* vegetação rasteira

underlie /ˌʌndərˈlaɪ/ *vt* (*pret* **underlay** /ˌʌndərˈleɪ/ *pp* **underlain** /-ˈleɪn/) (*fig*) formar a base de

underline /ˌʌndərˈlaɪn/ (*tb* **underscore** /ˌʌndərˈskɔːr/) *vt* sublinhar

undermine /ˌʌndərˈmaɪn/ *vt* minar, solapar

underneath /ˌʌndərˈniːθ/ ◆ *prep* embaixo de ◆ *adv* debaixo ◆ **the underneath** *s* [*não contável*] a parte inferior

underpants /ˈʌndərpænts/ (*tb coloq* **pants**) *s* [*pl*] cueca(s): *a pair of underpants* uma cueca ☛ *Ver nota em* PAIR

underprivileged /ˌʌndərˈprɪvəlɪdʒd/ *adj* desfavorecido

undershirt /ˈʌndərʃɜːrt/ *s* (*GB* **vest**) camiseta

underside /ˈʌndərsaɪd/ s parte inferior, base

understand /ˌʌndərˈstænd/ (pret, pp **understood** /-ˈstʊd/) **1** vt entender **2** vt comprender **3** vt (saber lidar) entender de **4** vt (freq formal) ficar sabendo, concluir **understandable** adj comprensível **understandably** adv naturalmente

understanding /ˌʌndərˈstændɪŋ/ ◆ adj comprensivo ◆ s **1** entendimento, comprensão **2** conhecimento **3** acordo (informal) **4** ~ (of sth) (freq formal) interpretação (de algo)

understate /ˌʌndərˈsteɪt/ vt dizer que algo é menor ou menos importante do que é

understatement /ˈʌndərsteɪtmənt/ s: To say they are disappointed would be an understatement. Dizer que estão desiludidos seria um eufemismo.

understood pret, pp de UNDERSTAND

undertake /ˌʌndərˈteɪk/ vt (pret **undertook** /-ˈtʊk/ pp **undertaken** /-ˈteɪkən/) (formal) **1** empreender **2** ~ **to do sth** comprometer-se a fazer algo **undertaking** s **1** (formal) compromisso, obrigação **2** (Com) empreendimento

undertaker /ˈʌndərteɪkər/ s (GB) (USA **funeral director**) agente funerário **the undertaker's** s (GB) (USA **funeral parlor**) casa funerária

undertook pret de UNDERTAKE

underwater /ˌʌndərˈwɔːtər/ ◆ adj subaquático ◆ adv embaixo d'água

underwear /ˈʌndərweər/ s roupa de baixo

underwent pret de UNDERGO

the underworld /ˈʌndərwɜːrld/ s **1** o inferno **2** o submundo do crime

undesirable /ˌʌndɪˈzaɪərəbl/ adj, s indesejável

undid pret de UNDO

undisputed /ˌʌndɪˈspjuːtɪd/ adj inquestionável, indiscutível

undisturbed /ˌʌndɪˈstɜːrbd/ adj **1** (pessoa) tranqüilo, sem ser perturbado **2** (coisa) sem ser tocado

undo /ʌnˈduː/ vt (pret **undid** /ʌnˈdɪd/ pp **undone** /ʌnˈdʌn/) **1** desfazer **2** desabotoar **3** desatar **4** (invólucro) tirar **5** anular: to undo the damage reparar o dano **undone** adj **1** desabotoado, desa-

tado: to come undone desabotoar-se/desatar-se **2** inacabado

undoubtedly /ʌnˈdaʊtɪdli/ adv indubitavelmente

undress /ʌnˈdres/ vt, vi despir(-se) ☞ É mais comum dizer **to get undressed**. **undressed** adj nu

undue /ˌʌnˈduː; GB -ˈdjuː/ adj (formal) [só antes de substantivo] excessivo **unduly** adv (formal) excessivamente, em demasia

unearth /ʌnˈɜːrθ/ vt desenterrar, trazer a público

unease /ʌnˈiːz/ s mal-estar

uneasy /ʌnˈiːzi/ adj (-ier, -iest) **1** ~ **(about/at sth)** inquieto (por algo) **2** (silêncio) incômodo

uneducated /ʌnˈedʒukeɪtɪd/ adj inculto

unemployed /ˌʌnɪmˈplɔɪd/ adj desempregado **the unemployed** s [pl] os desempregados

unemployment /ˌʌnɪmˈplɔɪmənt/ s desemprego

unequal /ʌnˈiːkwəl/ adj **1** desigual **2** (formal): to feel unequal to sth não se sentir à altura de algo

uneven /ʌnˈiːvn/ adj **1** desigual **2** (pulso) irregular **3** (terreno) desnivelado

uneventful /ˌʌnɪˈventfl/ adj sem incidentes, tranqüilo

unexpected /ˌʌnɪkˈspektɪd/ adj inesperado, imprevisto

unfair /ʌnˈfeər/ adj **1** ~ **(to/on sb)** injusto (para/para com alguém) **2** (concorrência) desleal **3** (despedimento) injusto

unfaithful /ʌnˈfeɪθfl/ adj **1** infiel **2** (antiquado) desleal

unfamiliar /ˌʌnfəˈmɪliər/ adj **1** não familiar **2** (pessoa, cara) desconhecido **3** ~ **with sth** não familiarizado com algo

unfashionable /ʌnˈfæʃnəbl/ adj fora de moda

unfasten /ʌnˈfæsn; GB -ˈfɑːsn/ vt **1** desabotoar, desatar **2** abrir **3** soltar

unfavorable (GB **unfavour-**) /ʌnˈfeɪvərəbl/ adj **1** adverso, desfavorável **2** não propício

unfinished /ʌnˈfɪnɪʃt/ adj inacabado: unfinished business assuntos pendentes

unfit /ʌnˈfɪt/ adj **1** ~ **(for sth/to do sth)** inadequado, incapacitado (para algo/

tʃ	dʒ	v	θ	ð	s	z	ʃ
chin	June	van	thin	then	so	zoo	she

para fazer algo) **2** impróprio: *unfit for human consumption* impróprio para consumo (humano) **3** fora de forma

unfold /ʌnˈfoʊld/ **1** *vt* estender, desdobrar **2** *vt, vi* (*fig*) revelar(-se)

unforeseen /ˌʌnfərˈsiːn, -fɔːr-/ *adj* imprevisto

unforgettable /ˌʌnfərˈgetəbl/ *adj* inesquecível

unforgivable (*GB tb* **unforgiveable**) /ˌʌnfərˈgɪvəbl/ *adj* imperdoável

unfortunate /ʌnˈfɔːrtʃənət/ *adj* **1** infeliz: *It is unfortunate* (*that*)… É de lamentar que… **2** (*acidente*) lamentável **3** (*comentário*) inoportuno **unfortunately** *adv* infelizmente, lamentavelmente

unfriendly /ʌnˈfrendli/ *adj* (-ier, -iest) ~ (**to/towards sb**) antipático (com alguém)

ungrateful /ʌnˈgreɪtfl/ *adj* **1** mal-agradecido **2** ~ (**to sb**) ingrato (com alguém)

unhappy /ʌnˈhæpi/ *adj* (-ier, -iest) **1** infeliz, triste **2** ~ (**about/at sth**) preocupado, descontente (com algo) **unhappiness** *s* infelicidade

unharmed /ʌnˈhɑrmd/ *adj* ileso

unhealthy /ʌnˈhelθi/ *adj* (-ier, -iest) **1** doentio **2** insalubre **3** (*interesse*) mórbido

unhelpful /ʌnˈhelpfl/ *adj* que não ajuda

uniform /ˈjuːnɪfɔːrm/ ◆ *adj* uniforme ◆ *s* uniforme LOC **in uniform** de uniforme

unify /ˈjuːnɪfaɪ/ *vt* (*pret, pp* -fied) unificar

unimportant /ˌʌnɪmˈpɔːrt(ə)nt/ *adj* sem importância, insignificante

uninhabited /ˌʌnɪnˈhæbɪtɪd/ *adj* desabitado

unintentionally /ˌʌnɪnˈtenʃənəli/ *adv* sem querer

uninterested /ʌnˈɪntrəstɪd/ *adj* ~ (**in sb/sth**) indiferente (a alguém/algo); desinteressado (em alguém/algo)

union /ˈjuːniən/ *s* **1** união **2** *Ver* TRADE UNION

unique /juˈniːk/ *adj* **1** único **2** ~ **to sb/sth** exclusivo de alguém/algo **3** (*incomum*) excepcional, extraordinário

unison /ˈjuːnɪsn, ˈjuːnɪzn/ *s* LOC **in unison** (**with sb/sth**) em uníssono (com alguém/algo)

unit /ˈjuːnɪt/ *s* **1** unidade **2** (*de mobiliá-*

rio) módulo: *kitchen unit* (*GB*) móvel de cozinha

unite /juˈnaɪt/ **1** *vt, vi* unir(-se) **2** *vi* ~ (**in sth/in doing sth/to do sth**) unir-se, juntar-se (em algo/para fazer algo)

unity /ˈjuːnəti/ *s* **1** unidade **2** (*concórdia*) unidade, harmonia

universal /ˌjuːnɪˈvɜːrsl/ *adj* universal, geral **universally** *adv* universalmente, mundialmente

universe /ˈjuːnɪvɜːrs/ *s* (*lit e fig*) universo

university /ˌjuːnɪˈvɜːrsəti/ *s* (*pl* -ies) universidade: *to go to university* (*GB*) ir para a universidade ☞ *Ver nota em* SCHOOL

unjust /ˌʌnˈdʒʌst/ *adj* injusto

unkempt /ˌʌnˈkempt/ *adj* **1** desarranjado, descuidado **2** (*cabelo*) despenteado

unkind /ˌʌnˈkaɪnd/ *adj* **1** (*pessoa*) não amável, cruel **2** (*comentário*) cruel

unknown /ˌʌnˈnoʊn/ *adj* ~ (**to sb**) desconhecido (para alguém)

unlawful /ʌnˈlɔːfl/ *adj* ilegal, ilícito

unleash /ʌnˈliːʃ/ *vt* ~ **sth** (**against/on sb/sth**) **1** (*animal*) soltar algo (contra alguém/algo) **2** (*fig*) desencadear algo (contra alguém/algo)

unless /ənˈles/ *conj* a menos que, a não ser que

unlike /ˌʌnˈlaɪk/ ◆ *adj* **1** diferente **2** (*não típico de*): *It's unlike him to be late.* É muito raro ele chegar tarde. ◆ *prep* ao contrário de

unlikely /ʌnˈlaɪkli/ *adj* (-ier, -iest) **1** pouco provável, improvável **2** (*história, desculpa, etc.*) inverossímil

unlimited /ʌnˈlɪmɪtɪd/ *adj* ilimitado, sem limites

unload /ˌʌnˈloʊd/ *vt, vi* descarregar

unlock /ˌʌnˈlɑk/ *vt, vi* abrir (*com chave*)

unlucky /ʌnˈlʌki/ *adj* (-ier, -iest) **1** infeliz, azarado: *to be unlucky* ter azar **2** azarento

unmarried /ˌʌnˈmærid/ *adj* solteiro

unmistakable /ˌʌnmɪˈsteɪkəbl/ *adj* inconfundível, inequívoco

unmoved /ˌʌnˈmuːvd/ *adj* impassível

unnatural /ʌnˈnætʃərəl/ *adj* **1** não natural, anormal **2** antinatural **3** afetado, sem naturalidade

unnecessary /ʌnˈnesəseri; *GB* -səri/ *adj* **1** desnecessário **2** (*comentário*) gratuito

i:	i	ɪ	e	æ	ɑ	ʌ	ʊ	u:
see	happy	sit	ten	hat	cot	cup	put	too

unnoticed /ˌʌnˈnoʊtɪst/ adj despercebido

unobtrusive /ˌʌnəbˈtruːsɪv/ adj discreto

unofficial /ˌʌnəˈfɪʃl/ adj 1 não oficial, extra-oficial 2 (fonte) oficioso

unorthodox /ʌnˈɔːrθədɑks/ adj não ortodoxo

unpack /ˌʌnˈpæk/ 1 vi desfazer as malas 2 vt desempacotar, desembrulhar 3 vt (mala) desfazer

unpaid /ˌʌnˈpeɪd/ adj 1 não pago 2 (pessoa, trabalho) não remunerado

unpleasant /ʌnˈpleznt/ adj 1 desagradável 2 (pessoa) antipático

unplug /ˌʌnˈplʌg/ vt desligar

unpopular /ˌʌnˈpɑpjələr/ adj impopular

unprecedented /ʌnˈpresɪdentɪd/ adj sem precedente

unpredictable /ˌʌnprɪˈdɪktəbl/ adj imprevisível

unqualified /ˌʌnˈkwɑlɪfaɪd/ adj 1 ~ (to do sth) não habilitado (a/para fazer algo) 2 (sucesso) absoluto

unravel /ʌnˈrævl/ vt, vi (-l-, GB -ll-) (lit e fig) desemaranhar(-se), desenredar(-se)

unreal /ˌʌnˈrɪəl/ adj irreal, ilusório

unrealistic /ˌʌnrɪəˈlɪstɪk/ adj não realista

unreasonable /ʌnˈriːznəbl/ adj 1 não razoável, insensato 2 excessivo

unreliable /ˌʌnrɪˈlaɪəbl/ adj que não merece confiança

unrest /ʌnˈrest/ s 1 agitação, intranqüilidade 2 (Pol) distúrbios

unruly /ʌnˈruːli/ adj indisciplinado, rebelde

unsafe /ʌnˈseɪf/ adj perigoso, inseguro

unsatisfactory /ˌʌnˌsætɪsˈfæktəri/ adj insatisfatório, inaceitável

unsavory (GB **unsavoury**) /ʌnˈseɪvəri/ adj desagradável

unscathed /ʌnˈskeɪðd/ adj 1 ileso 2 (fig) incólume

unscrew /ˌʌnˈskruː/ vt, vi 1 desparafusar 2 (tampa, etc.) desenroscar

unscrupulous /ʌnˈskruːpjələs/ adj sem escrúpulos, inescrupuloso

unseen /ˌʌnˈsiːn/ adj despercebido, não visto

unsettle /ʌnˈsetl/ vt perturbar, inquie-

tar **unsettled** adj 1 (pessoa) inquieto 2 (situação) instável 3 (mudável) variável, incerto 4 (assunto) pendente **unsettling** adj perturbador, inquietante

unshaven /ʌnˈʃeɪvn/ adj não barbeado

unsightly /ʌnˈsaɪtli/ adj antiestético, feio

unskilled /ˌʌnˈskɪld/ adj 1 (trabalhador) não qualificado 2 (trabalho) não especializado

unspoiled /ˌʌnˈspɔɪld/ (GB tb **unspoilt** /ˌʌnˈspɔɪlt/) adj intato, não destruído

unspoken /ˌʌnˈspoʊkən/ adj tácito, não expresso

unstable /ʌnˈsteɪbl/ adj instável

unsteady /ʌnˈstedi/ adj (-ier, -iest) 1 inseguro, vacilante 2 (mão, voz) trêmulo

unstuck /ˌʌnˈstʌk/ adj descolado LOC **to come unstuck** 1 descolar(-se) 2 (coloq, fig) fracassar

unsuccessful /ˌʌnsəkˈsesfl/ adj malsucedido, fracassado: to be unsuccessful in doing sth não conseguir fazer algo **unsuccessfully** adv sem êxito

unsuitable /ʌnˈsuːtəbl/ adj 1 impróprio, inadequado 2 (momento) inoportuno

unsure /ˌʌnˈʃʊər; GB -ˈʃɔː(r)/ adj 1 ~ (of yourself) inseguro (de si mesmo) 2 to be ~ (about/of sth) não ter certeza (de algo)

unsuspecting /ˌʌnsəˈspektɪŋ/ adj que não desconfia de nada

unsympathetic /ˌʌnˌsɪmpəˈθetɪk/ adj 1 incompreensivo 2 antipático

unthinkable /ʌnˈθɪŋkəbl/ adj impensável, inconcebível

untidy /ʌnˈtaɪdi/ adj (-ier, -iest) 1 desarrumado 2 (aparência) desleixado, descuidado 3 (cabelo) despenteado

untie /ʌnˈtaɪ/ vt (pret, pp untied part pres untying) desamarrar

until /ənˈtɪl/ (coloq **till**) ◆ conj até que ◆ prep até: until recently até há pouco tempo ☞ Ver nota em ATÉ

untouched /ʌnˈtʌtʃt/ adj ~ (by sth) 1 intato, não tocado (por algo) 2 (comida) não provado 3 insensível (a algo) 4 não perturbado (por algo) 5 incólume

untrue /ʌnˈtruː/ adj 1 falso 2 ~ (to sb/ sth) desleal (a/com alguém/algo)

unused adj 1 /ˌʌnˈjuːzd/ não usado 2

/ˌʌnˈjuːst/ ~ **to sb/sth** não acostumado a alguém/algo

unusual /ʌnˈjuːʒuəl/ *adj* **1** incomum, inusitado **2** (*estranho*) fora do comum **3** extraordinário **unusually** *adv* inusitadamente, excepcionalmente: *unusually talented* um com talento fora do comum

unveil /ˌʌnˈveɪl/ *vt* **1** ~ **sb/sth** tirar o véu de alguém/algo **2** (*monumento*) desvelar **3** (*fig*) revelar

unwanted /ˌʌnˈwɒntɪd/ *adj* **1** indesejado: *to feel unwanted* sentir-se rejeitado ◊ *an unwanted pregnancy* uma gravidez não desejada **2** supérfluo, desnecessário

unwarranted /ʌnˈwɒːrəntɪd; *GB* -ˈwɒr-/ *adj* injustificado

unwelcome /ʌnˈwelkəm/ *adj* inoportuno, desagradável: *to make sb feel unwelcome* fazer alguém sentir-se indesejado

unwell /ʌnˈwel/ *adj* indisposto

unwilling /ʌnˈwɪlɪŋ/ *adj* não disposto a, relutante **unwillingness** *s* falta de vontade, relutância

unwind /ˌʌnˈwaɪnd/ (*pret, pp* unwound /-ˈwaʊnd/) **1** *vt, vi* desenrolar(-se) **2** *vi* (*coloq*) relaxar

unwise /ˌʌnˈwaɪz/ *adj* imprudente

unwittingly /ʌnˈwɪtŋli/ *adv* inconscientemente

unwound *pret, pp de* UNWIND

up /ʌp/ ◆ *partíc adv* **1** em pé: *Is he up yet?* Ele já levantou? **2** mais alto, mais acima: *Pull your socks up.* Puxe as meias para cima. **3** ~ (**to sb/sth**): *He came up (to me).* Ele se aproximou (de mim). **4** em pedaços: *to tear sth up* rasgar algo **5** (*firmemente*): *to lock sth up* fechar algo à chave **6** (*terminado*): *Your time is up.* O seu tempo terminou. **7** colocado: *Are the curtains up yet?* As cortinas já estão penduradas? LOC **not to be up to much** não valer grande coisa **to be up to sb** depender de alguém, ser decisão de alguém: *It's up to you.* Você que sabe. **to be up (with sb)**: *What's up with you?* O que é que está acontecendo com você? **up and down 1** para cima e para baixo **2** *to jump up and down* dar pulos **up to sth 1** (*tb* up until sth) até algo: *up to now* até agora **2** capaz de algo, à altura de algo: *I don't feel up to it.* Não me sinto capaz de fazê-lo. **3** (*coloq*): *What are you up to?* O que é que você

está fazendo? ◊ *He's up to no good.* Ele está tramando alguma. ☞ Para os usos de **up** em PHRASAL VERBS, ver os verbetes dos verbos correspondentes, p. ex. **to go up** em GO¹. ◆ *prep* acima: *further up the road* mais acima (na rua) LOC **up and down** de um lado para o outro em algo ◆ *s* LOC **ups and downs** altos e baixos

upbringing /ˈʌpbrɪŋɪŋ/ *s* criação, educação (*em casa*)

update ◆ /ˌʌpˈdeɪt/ *vt* **1** atualizar **2** ~ **sb (on sth)** pôr alguém ao corrente (de algo) ◆ /ˈʌpdeɪt/ *s* **1** (*tb* updating) atualização **2** ~ (**on sb/sth**) informação atualizada (sobre alguém/algo)

upgrade /ˌʌpˈgreɪd/ *vt* **1** melhorar **2** (*pessoa*) promover

upheaval /ʌpˈhiːvl/ *s* agitação

upheld *pret, pp de* UPHOLD

uphill /ˌʌpˈhɪl/ *adj, adv* encosta acima: *an uphill struggle* uma luta difícil

uphold /ʌpˈhoʊld/ *vt* (*pret, pp* upheld /-ˈheld/) **1** defender (*decisão, etc.*) **2** manter (*tradição, etc.*)

upholstered /ˌʌpˈhoʊlstərd, ˌʌpˈoʊl-/ *adj* estofado **upholstery** *s* [*não contável*] estofamento

upkeep /ˈʌpkiːp/ *s* manutenção

uplifting /ʌpˈlɪftŋ/ *adj* inspirador

upmarket /ˌʌpˈmɑːrkɪt/ *adj* de/para o cliente com dinheiro, caro

upon /əˈpɒn/ *prep* (*formal*) = ON LOC *Ver* ONCE

upper /ˈʌpər/ *adj* **1** superior, de cima: *upper case* letras maiúsculas ◊ *upper limit* máximo **2** alto: *the upper class* a classe alta ☞ *Ver exemplos em* LOW LOC **to gain, get, etc. the upper hand** ficar por cima

uppermost /ˈʌpərmoʊst/ *adj* mais alto (*posição*) LOC **to be uppermost in sb's mind** ser o que domina os pensamentos de alguém

upright /ˈʌpraɪt/ ◆ *adj* **1** (*posição*) vertical **2** (*pessoa*) honesto, honrado ◆ *adv* direito, em posição vertical

uprising /ˈʌpraɪzɪŋ/ *s* insurreição

uproar /ˈʌprɔːr/ *s* [*não contável*] tumulto, alvoroço

uproot /ˌʌpˈruːt, -ˈrʊt/ *vt* **1** arrancar (*com as raízes*) **2** ~ **sb/yourself (from sth)** (*fig*) desenraizar-se/desenraizar alguém (de algo)

aɪ	aʊ	ɔɪ	ɪə	eə	ʊə	ʒ	h	ŋ
fi**ve**	n**ow**	j**oin**	n**ear**	h**air**	p**ure**	vi**s**ion	**h**ow	si**ng**

upset /ˌʌpˈset/ ♦ vt (pret, pp **upset**) **1** transtornar, contrariar **2** (plano, etc.) contrariar **3** (recipiente) virar, entornar ♦ adj ☛ Pronuncia-se /ˈʌpset/antes de substantivo. **1** contrariado, incomodado **2** (estômago) embrulhado ♦ /ˈʌpset/ s **1** transtorno, contrariedade **2** (Med) indisposição

upshot /ˈʌpʃɑt/ s **the ~ (of sth)** a conseqüência (de algo)

upside down /ˌʌpsaɪd ˈdaʊn/ adj, adv **1** ao contrário, de cabeça para baixo ☛ Ver ilustração em CONTRÁRIO **2** (coloq, fig) de pernas para o ar

upstairs /ˌʌpˈsteərz/ ♦ adv (no andar) de cima ♦ adj do andar de cima ♦ s (coloq) andar de cima

upstream /ˌʌpˈstriːm/ adv contra a corrente (de um rio, etc.)

upsurge /ˈʌpsɜːrdʒ/ s **1 ~ (in sth)** aumento (de algo) **2 ~ (of sth)** onda (de algo) (enfado, interesse, etc.)

up-to-date /ˌʌp tə ˈdeɪt/ adj **1** moderno **2** em dia

upturn /ˈʌptɜːrn/ s **~ (in sth)** melhora, aumento (em algo)

upturned /ˌʌpˈtɜːrnd/ adj **1** (caixa, etc.) virado de cabeça para baixo **2** (nariz) arrebitado

upward /ˈʌpwərd/ ♦ adj ascendente: an upward trend uma tendência de alta ♦ adv (tb **upwards**) para cima **upwards of** prep mais de: upwards of 100 people mais de 100 pessoas

uranium /juˈreɪniəm/ s urânio

Uranus /ˈjʊərənəs, juˈreɪnəs/ s Urano

urban /ˈɜːrbən/ adj urbano

urge /ɜːrdʒ/ ♦ vt **~ sb (to do sth)** instar, tentar convencer alguém (a fazer algo) PHR V **to urge sb on** incitar alguém ♦ s vontade, impulso

urgency /ˈɜːrdʒənsi/ s urgência, premência

urgent /ˈɜːrdʒənt/ adj **1** urgente: to be in urgent need of sth precisar de algo urgentemente **2** premente

urine /ˈjʊərɪn/ s urina

us /əs, ʌs/ pron pess **1** [como complemento] nos: She gave us the job. Ela nos deu o emprego. ◊ He ignored us. Ele nos ignorou. ☛ Ver nota em LET[1] **2** [depois de preposição e do verbo to be]: behind us atrás de nós ◊ both of us nós

dois ◊ It's us. Somos nós. ☛ Comparar com WE

usage /ˈjuːsɪdʒ, ˈjuːzɪdʒ/ s uso

use[1] /juːz/ vt (pret, pp **used** /juːzd/) **1** utilizar, usar, fazer uso de **2** (esp pessoa) usar, aproveitar-se de **3** consumir, gastar PHR V **to use sth up** esgotar algo, acabar algo

use[2] /juːs/ s **1** uso: for your own use para seu próprio uso ◊ a machine with many uses uma máquina com muitas aplicações ◊ to find a use for sth encontrar alguma utilidade para algo **2** What's the use of crying? De que serve chorar? ◊ What's the use? Para quê? LOC **in use** em uso **to be of use** ser útil **to be no use 1** não servir para nada **2** ser (um) inútil **to have the use of sth** poder usar algo **to make use of sth** aproveitar algo

used[1] /juːzd/ adj usado, de segunda mão

used[2] /juːst/ adj acostumado: to get used to sth/doing sth acostumar-se a algo/fazer algo ◊ I am used to being alone. Estou acostumada a ficar sozinho.

used to /ˈjuːst tə, ˈjuːst tu/ v modal

Utiliza-se **used to + infinitivo** para descrever hábitos e situações que ocorriam no passado e que deixaram de ocorrer: I used to live in London. Eu antes morava em Londres. As orações interrogativas ou negativas geralmente se formam com **did**: He didn't use to be fat. Ele não era gordo. ◊ You used to smoke, didn't you? Você fumava, não fumava?

useful /ˈjuːsfl/ adj útil, proveitoso Ver tb HANDY **usefulness** s utilidade

useless /ˈjuːsləs/ adj **1** inútil, inutilizável **2** (coloq) incompetente

user /ˈjuːzər/ s usuário, -a: user-friendly fácil de usar

usual /ˈjuːʒuəl/ adj usual, habitual, normal: more than usual mais que de costume ◊ later than usual mais tarde que o normal ◊ the usual o de sempre LOC **as usual** como de costume

usually /ˈjuːʒuəli/ adv normalmente ☛ Ver nota em ALWAYS

utensil /juːˈtensl/ s (ger pl) utensílio

utility /juːˈtɪləti/ s (pl -ies) **1** utilidade **2**

tʃ	dʒ	v	θ	ð	s	z	ʃ
chin	**June**	**van**	**thin**	**then**	**so**	**zoo**	**she**

public utility empresa pública de fornecimento de água, eletricidade, etc.

utmost /'ʌtmoʊst/ ♦ *adj* maior: *with the utmost care* com o maior cuidado ♦ *s* LOC **to do your utmost (to do sth)** fazer todo o possível (para fazer algo)

utter¹ /'ʌtər/ *vt* pronunciar, proferir

utter² /'ʌtər/ *adj* total, absoluto **utterly** *adv* totalmente, completamente

Vv

V, v /viː/ *s* (*pl* V's, v's /viːz/) **1** V, v: *V as in Victor* V de Vitória ☛ *Ver exemplos em* A, A **2** *V-neck* (com) gola em V ◊ *V-shaped* em forma de v

vacant /'veɪkənt/ *adj* **1** vago *Ver tb* SITUATION **2** (*olhar*) vago **3** (*expressão*) distraído **vacancy** *s* (*pl* -ies) vaga **vacantly** *adv* distraidamente

vacate /'veɪkeɪt; *GB* və'keɪt/ *vt* (*formal*) desocupar, vagar

vacation /veɪ'keɪʃn; *GB* və-/ (*GB tb* holiday) *s* férias

Na Grã-Bretanha, usa-se **vacation** sobretudo para as férias das universidades e dos tribunais de justiça. Nos outros casos, a palavra mais comum é **holiday**. Nos Estados Unidos, usa-se **vacation** de maneira mais generalizada.

vaccination /ˌvæksɪ'neɪʃn/ *s* **1** vacinação **2** vacina: *polio vaccinations* vacinas contra a pólio

vaccine /væk'siːn; *GB* 'væksiːn/ *s* vacina

vacuum /'vækjuəm/ *s* (*pl* ~s) **1** vácuo: *vacuum-packed* embalado a vácuo **2** **vacuum cleaner** aspirador de pó LOC **in a vacuum** isolado (*de outras pessoas, acontecimentos*)

vagina /və'dʒaɪnə/ *s* (*pl* ~s) vagina

vague /veɪg/ *adj* (-er, -est) **1** vago **2** (*pessoa*) indeciso **3** (*gesto, expressão*) distraído **vaguely** *adv* **1** vagamente **2** aproximadamente: *It looks vaguely familiar.* Parece vagamente familiar. **3** distraidamente

vain /veɪn/ *adj* (-er, -est) **1** vaidoso **2** inútil LOC **in vain** em vão

valiant /'væliənt/ *adj* valente

valid /'vælɪd/ *adj* válido **validity** /və'lɪdəti/ *s* validade

valley /'væli/ *s* (*pl* -eys) vale

valuable /'væljuəbl/ *adj* valioso ☛ *Comparar com* INVALUABLE **valuables** *s* [*pl*] objetos de valor

valuation /ˌvælju'eɪʃn/ *s* (*Fin*) avaliação

value /'væljuː/ ♦ *s* **1** valor **2** values [*pl*] (*moral*) valores LOC **to be good value (at sth)** estar com preço muito bom ♦ *vt* **1** ~ **sth** avaliar algo (em algo) **2** ~ **sb/sth (as sth)** valorizar, apreciar alguém/algo (como algo)

valve /vælv/ *s* válvula

vampire /'væmpaɪər/ *s* vampiro

van /væn/ *s* furgão, caminhonete

vandal /'vændl/ *s* vândalo, -a **vandalism** *s* vandalismo **vandalize, -ise** *vt* destruir (*intencionalmente*)

the vanguard /'vængɑːrd/ *s* a vanguarda

vanilla /və'nɪlə/ *s* baunilha

vanish /'vænɪʃ/ *vi* desaparecer

vanity /'vænəti/ *s* vaidade

vantage point /'væntɪdʒ pɔɪnt; *GB* 'vɑːn-/ *s* posição estratégica

vapor (*GB* vapour) /'veɪpər/ *s* vapor

variable /'veəriəbl/ *adj, s* variável

variance /'veəriəns/ *s* discordância LOC **to be at variance (with sb/sth)** (*formal*) estar em desacordo (com alguém/algo), discordar (de alguém/algo)

variant /'veəriənt/ *s* variante

variation /ˌveəri'eɪʃn/ *s* ~ **(in/of sth)** variação, variante (em/de algo)

varied /'veərid/ *adj* variado

variety /və'raɪəti/ *s* (*pl* -ies) variedade: *a variety of subjects* uma diversidade de temas ◊ *variety show* espetáculo de variedades

various /'veəriəs/ *adj* vários, diversos

i:	i	ɪ	e	æ	ɑ	ʌ	ʊ	uː
see	happy	sit	ten	hat	cot	cup	put	too

varnish /ˈvɑːnɪʃ/ ◆ s verniz ◆ vt envernizar

vary /ˈveəri/ vt, vi (pret, pp varied) variar **varying** adj variado: in varying amounts em diversas quantidades

vase /veɪs, veɪz; GB vɑːz/ s vaso, jarra

vast /vɑːst; GB vɑːst/ adj **1** vasto, imenso: the vast majority a grande maioria **2** (coloq) (soma, quantidade) considerável **vastly** adv imensamente

VAT /ˌviː eɪ ˈtiː, væt/ abrev (GB) value added tax Imposto sobre a Circulação de Mercadorias e Serviços (=ICMS)

vat /væt/ s tonel

vault /vɔːlt/ ◆ s **1** abóbada **2** cripta **3** (tb bank vault) caixa-forte **4** salto ◆ vt, vi ~ (over) sth saltar (algo) (apoiando-se nas mãos ou com vara)

VCR /ˌviː siː ˈɑːr/ abrev (USA) video (cassette) recorder videocassete

veal /viːl/ s vitela ☞ Ver nota em CARNE

veer /vɪər/ vi **1** virar, desviar(-se): to veer off course sair do rumo **2** (vento) mudar (de direção)

vegetable /ˈvedʒtəbl/ s **1** verdura, legume **2** (pessoa) vegetal

vegetarian /ˌvedʒəˈteəriən/ adj, s vegetariano, -a

vegetation /ˌvedʒəˈteɪʃn/ s vegetação

vehement /ˈviːəmənt/ adj veemente, intenso

vehicle /ˈviːɪkl/ s **1** veículo **2** ~ (for sth) (fig) meio (de algo)

veil /veɪl/ ◆ s (lit e fig) véu ◆ vt velar, esconder, encobrir **veiled** adj (ameaça) velado: veiled in secrecy rodeado de sigilo

vein /veɪn/ s **1** veia **2** (Geol) veio **3** ~ (of sth) (fig) veia, rasgo (de algo) **4** tom, estilo

velocity /vəˈlɑːsəti/ s velocidade

Emprega-se **velocity** especialmente em contextos científicos ou formais. A palavra de uso mais geral é **speed**.

velvet /ˈvelvɪt/ s veludo

vending machine /ˈvendɪŋ məʃiːn/ s máquina de vender

vendor /ˈvendər/ s (formal) vendedor, -ora

veneer /vəˈnɪər/ s **1** (madeira, plástico) folheado **2** ~ (of sth) (freq pej, fig) verniz, fachada de algo

vengeance /ˈvendʒəns/ s vingança: to take vengeance on sb vingar-se de alguém LOC **with a vengeance** furiosamente, em excesso

venison /ˈvenɪsn, ˈvenɪzn/ s (carne de) veado

venom /ˈvenəm/ s **1** veneno **2** (fig) veneno, ódio **venomous** adj (lit e fig) venenoso

vent /vent/ ◆ s **1** orifício: air vent respiradouro **2** (jaqueta, blusão) abertura LOC **to give (full) vent to sth** desabafar/dar vazão a algo ◆ vt ~ **sth (on sb/sth)** descarregar algo (em alguém/algo)

ventilator /ˈventɪleɪtər/ s ventilador

venture /ˈventʃər/ ◆ s projeto, empreendimento Ver tb ENTERPRISE ◆ **1** vi aventurar-se, arriscar-se **2** vt (formal) (opinião, etc.) aventurar

venue /ˈvenjuː/ s **1** lugar (de reunião) **2** (esp GB) local (para música) **3** campo (para uma partida de futebol, etc.)

Venus /ˈviːnəs/ s Vênus

verb /vɜːrb/ s verbo

verbal /ˈvɜːrbl/ adj verbal

verdict /ˈvɜːrdɪkt/ s veredicto

verge /vɜːrdʒ/ ◆ s (GB) borda de grama (em caminho, jardim, etc.) LOC **on the verge of (doing) sth** à beira de, prestes a (fazer) algo ◆ PHR V **to verge on sth** aproximar-se de algo

verification /ˌverɪfɪˈkeɪʃn/ s **1** verificação, comprovação **2** ratificação

verify /ˈverɪfaɪ/ vt (pret, pp -fied) **1** verificar, comprovar **2** (suspeita, receio) confirmar

veritable /ˈverɪtəbl/ adj (formal, hum) verdadeiro

versatile /ˈvɜːrsətl; GB -taɪl/ adj versátil

verse /vɜːrs/ s **1** poesia, verso **2** estrofe **3** versículo LOC Ver CHAPTER

versed /vɜːrst/ adj ~ **in sth** versado em algo

version /ˈvɜːrʒn; GB -ʃn/ s versão

vertebra /ˈvɜːrtɪbrə/ s (pl -brae /-briː/) vértebra

vertical /ˈvɜːrtɪkl/ adj, s vertical

verve /vɜːrv/ s verve, entusiasmo

very /ˈveri/ ◆ adv **1** muito: I'm very sorry. Sinto muito. ◊ not very much não muito **2** the very best o melhor possível ◊ at the very latest o mais tardar **3** mesmo: the very next day logo no dia

u	ɔː	ɜː	ə	j	w	eɪ	oʊ
situation	saw	fur	ago	yes	woman	pay	home

seguinte ◊ *your very own pony* um pônei só para você ♦ *adj* **1** *at that very moment* naquele mesmo momento ◊ *You're the very man I need.* Você é exatamente o homem de quem preciso. **2** *at the very end/beginning* bem no fim/começo **3** *the very idea/thought of...* a mera idéia/só de pensar em... LOC *Ver* EYE, FIRST

vessel /'vesl/ *s* **1** (*formal*) navio, barco **2** (*formal*) vasilha **3** vaso (sanguíneo, etc.)

vest[1] /vest/ *s* **1** (*GB* waistcoat) colete **2** (*GB*) (*USA* undershirt) camiseta

vest[2] /vest/ *vt* LOC **to have a vested interest in sth** ter interesse em algo (por esperar vantagens)

vestige /'vestɪdʒ/ *s* vestígio

vet[1] /vet/ *vt* (-tt-) (*GB*) investigar

vet[2] *Ver* VETERAN

veteran /'vetərən/ ♦ *adj*, *s* veterano, -a ♦ *s* (*USA*, *coloq* vet) veterano de guerra

veterinarian (*GB* veterinary surgeon) *s* veterinário, -a

veto /'viːtoʊ/ ♦ *s* (*pl* ~es) veto ♦ *vt* (*part pres* ~ing) vetar

via /'viə, 'vaɪə/ *prep* por, via: *via Paris* via Paris

viable /'vaɪəbl/ *adj* viável

vibrate /'vaɪbreɪt; *GB* vaɪ'breɪt/ *vt*, *vi* (fazer) vibrar **vibration** *s* vibração

vicar /'vɪkər/ *s* pastor (anglicano) ☞ *Ver nota em* PRIEST **vicarage** *s* (*GB*) residência paroquial

vice[1] /vaɪs/ *s* vício

vice[2] *s* (*GB*) *Ver* VISE

vice- /vaɪs/ *pref* vice-

vice versa /ˌvaɪs 'vɜːrsə/ *adv* vice-versa

vicinity /və'sɪnəti/ *s* LOC **in the vicinity (of sth)** (*formal*) nas proximidades (de algo)

vicious /'vɪʃəs/ *adj* **1** maldoso, cruel **2** (*ataque, pancada*) violento **3** (*cachorro*) feroz LOC **a vicious circle** um círculo vicioso

victim /'vɪktɪm/ *s* vítima LOC *Ver* FALL **victimize, -ise** *vt* escolher como vítima, tratar injustamente

victor /'vɪktər/ *s* (*formal*) vencedor, -ora **victorious** /vɪk'tɔːriəs/ *adj* **1** ~ (**in sth**) vitorioso (em algo) **2** (*equipe*) vencedor **3 to be** ~ (**over sb/sth**) triunfar (sobre alguém/algo)

victory /'vɪktəri/ *s* (*pl* -ies) vitória, triunfo

video /'vɪdioʊ/ *s* (*pl* ~s) **1** vídeo **2** (*GB*) (*tb* video (cassette) recorder) (*USA* VCR) videocassete videotape *s* videoteipe

view /vjuː/ ♦ *s* **1** vista **2 viewing** sessão: *We had a private viewing of the movie.* Assistimos ao filme numa sessão privada. **3** [*ger pl*] ~ (**about/on sth**) opinião, parecer (sobre algo) **4** (*modo de entender*) critério, conceito **5** (*imagem*) visão LOC **in my, etc. view** (*formal*) na minha, etc. opinião **in view of sth** em vista de algo **with a view to doing sth** (*formal*) com a intenção de fazer algo *Ver tb* POINT ♦ *vt* **1** ver, assistir a **2** ~ **sth** (**as sth**) ver, considerar algo (como algo) **viewer** *s* **1** telespectador, -ora **2** espectador, -ora **3** (*aparelho*) visor **viewpoint** *s* ponto de vista

vigil /'vɪdʒɪl/ *s* vigília

vigilant /'vɪdʒɪlənt/ *adj* vigilante, alerta

vigorous /'vɪgərəs/ *adj* vigoroso, enérgico

vile /vaɪl/ *adj* (viler, vilest) repugnante, asqueroso

village /'vɪlɪdʒ/ *s* povoado, aldeia villager *s* habitante (*de uma aldeia*)

villain /'vɪlən/ *s* **1** (*esp Teat*) bandido **2** (*GB*, *coloq*) criminoso, -a

vindicate /'vɪndɪkeɪt/ *vt* **1** vindicar **2** justificar

vine /vaɪn/ *s* **1** videira, parreira **2** trepadeira

vinegar /'vɪnɪgər/ *s* vinagre

vineyard /'vɪnjərd/ *s* vinha, vinhedo

vintage /'vɪntɪdʒ/ ♦ *s* **1** safra **2** vindima ♦ *adj* **1** (*vinho*) de safra excepcional e de determinado ano **2** (*fig*) clássico **3** (*GB*) (*carro*) antigo

vinyl /'vaɪnl/ *s* vinil

violate /'vaɪəleɪt/ *vt* **1** violar (*leis, normas*)

Quase nunca se usa **violate** no sentido sexual. Nesse sentido, utiliza-se **rape**.

2 (*confiança*) abusar de **3** (*intimidade*) invadir

violence /'vaɪələns/ *s* **1** violência **2** (*emoções*) intensidade, violência

violent /'vaɪələnt/ *adj* **1** violento **2** (*emoções*) intenso, violento

aɪ	aʊ	ɔɪ	ɪə	eə	ʊə	ʒ	h	ŋ
five	now	join	near	hair	pure	vision	how	sing

violet /'vaɪələt/ ◆ s violeta *(flor)* ◆ *adj*, s violeta *(cor)*

violin /ˌvaɪə'lɪn/ s violino

virgin /'vɜːdʒɪn/ *adj*, s virgem

Virgo /'vɜːɡəʊ/ s *(pl Virgos)* Virgem ☛ *Ver exemplos em* AQUARIUS

virile /'vɪrəl; GB 'vɪraɪl/ *adj* viril, varonil

virtual /'vɜːtʃʊəl/ *adj* virtual **virtually** *adv* virtualmente, praticamente

virtue /'vɜːtʃuː/ s **1** virtude **2** mérito LOC **by virtue of sth** *(formal)* em virtude de algo **virtuous** *adj* virtuoso

virus /'vaɪrəs/ s *(pl viruses)* vírus

visa /'viːzə/ s visto

vis-à-vis /ˌviːz ə 'viː; GB ˌviːz ɑː 'viː/ *prep (Fr)* **1** com relação a **2** em comparação com

vise *(GB vice)* /vaɪs/ s torninho *(de carpinteiro)*

visible /'vɪzəbl/ *adj* **1** visível **2** *(fig)* patente **visibly** *adv* visivelmente, obviamente

vision /'vɪʒn/ s **1** vista **2** *(previsão, sonho)* visão

visit /'vɪzɪt/ ◆ *vt, vi* visitar ◆ s visita LOC *Ver* PAY **visiting** *adj* visitante *(equipe, professor)*: **visiting hours** horário de visita **visitor** s **1** visitante, visita **2** turista

vista /'vɪstə/ s *(formal)* **1** vista, panorama **2** *(fig)* perspectiva

visual /'vɪʒuəl/ *adj* visual: **visual display unit** monitor **visualize, -ise** *vt* **1** ~ (**yourself**) visualizar(-se) **2** prever

vital /'vaɪtl/ *adj* **1** ~ (**for/to sb/sth**) vital, imprescindível (para alguém/algo) **2** *(órgão, aspecto)* vital **vitally** *adv*: **vitally important** de importância vital

vitamin /'vaɪtəmɪn; GB 'vɪt-/ s vitamina

vivacious /vɪ'veɪʃəs/ *adj* vivaz

vivid /'vɪvɪd/ *adj* vivo *(cores, imaginação, etc.)* **vividly** *adv* vivamente

vocabulary /və'kæbjələri; GB -ləri/ s *(pl -ies)* (*tb coloq* **vocab** /'vəʊkæb/) vocabulário

vocal /'vəʊkl/ ◆ *adj* **1** vocal: **vocal cords** cordas vocais **2** barulhento: *a group of very vocal supporters* um grupo de admiradores muito barulhentos ◆ s [*ger pl*]: **to do the/be on vocals** ser o cantor/cantar

vocation /vəʊ'keɪʃn/ s ~ (**for/to sth**)

vocação (para/de algo) **vocational** *adj* técnico-profissional: *vocational training* formação profissional

vociferous /vəʊ'sɪfərəs; GB və-/ *adj* vociferante

vogue /vəʊɡ/ s ~ (**for sth**) moda (de algo) LOC **in vogue** em voga

voice /vɔɪs/ ◆ s voz: *to raise/lower your voice* levantar/baixar a voz ◊ *to have no voice in the matter* não ter voz ativa na questão LOC **to make your voice heard** fazer-se ouvir *Ver tb* TOP¹ ◆ *vt* exprimir

void /vɔɪd/ ◆ s *(formal)* vazio ◆ *adj (formal)* nulo: *to make sth void* anular algo *Ver* NULL

volatile /'vɒlətl; GB -taɪl/ *adj* **1** *(freq pej)* *(pessoa)* volúvel **2** *(situação)* instável

volcano /vɒl'keɪnəʊ/ s *(pl -oes)* vulcão

volition /və'lɪʃn; GB vəʊ-/ s *(formal)* LOC **of your own volition** por sua própria vontade

volley /'vɒli/ s *(pl -eys)* **1** *(Esporte)* voleio **2** *(pedras, balas)* saraivada **3** *(fig)* torrente

volleyball /'vɒlibɔːl/ s voleibol

volt /vəʊlt/ s volt **voltage** s voltagem: *high voltage* alta tensão

volume /'vɒljuːm; GB -jəm/ s volume

voluminous /və'luːmɪnəs/ *adj (formal)* **1** amplo **2** *(texto)* extenso

voluntary /'vɒləntri; GB -tri/ *adj* voluntário

volunteer /ˌvɒlən'tɪər/ ◆ s voluntário, -a ◆ **1** *vi* ~ (**for sth/to do sth**) oferecer-se (como voluntário) (para algo/fazer algo) **2** *vt* oferecer *(informação, sugestão)*

vomit /'vɒmɪt/ ◆ *vt, vi* vomitar ☛ É mais comum dizer-se **throw up**. ◆ s vômito **vomiting** s vômitos

voracious /və'reɪʃəs/ *adj* voraz, insaciável

vote /vəʊt/ ◆ s **1** voto **2** votação: *to take a vote on sth/put sth to the vote* submeter algo a votação **3 the vote** direito de voto LOC **vote of no confidence** voto de censura **vote of thanks** palavras de agradecimento ◆ **1** *vt, vi* votar: *to vote for/against sb/sth* votar a favor de/contra alguém/algo **2** *vt (dinheiro)* designar **3** *vt* ~ (**that...**) *(coloq)* propor (que...) **voter** s eleitor, -ora **voting** s votação

tʃ	dʒ	v	θ	ð	s	z	ʃ
chin	**J**une	**v**an	**th**in	**th**en	**s**o	**z**oo	**sh**e

vouch /vaʊtʃ/ vi **1** ~ **for sb/sth** responder por alguém/algo **2** ~ **for sth/that** ... garantir algo/que ...

voucher /'vaʊtʃər/ s (GB) vale

vow /vaʊ/ ◆ s voto, juramento ◆ vt **to vow (that)** ... **/to do sth** jurar que ... / fazer algo

vowel /'vaʊəl/ s vogal

voyage /'vɔɪɪdʒ/ s viagem

Geralmente se usa **voyage** para viagens espaciais, por mar e em sentido figurado. Ver tb nota en VIAGEM.

vulgar /'vʌlgər/ adj **1** vulgar **2** (piada) grosseiro

vulnerable /'vʌlnərəbl/ adj vulnerável

vulture /'vʌltʃər/ s abutre

Ww

W, w /'dʌblju:/ s (pl **W's, w's** /'dʌblju:z/) W, w: W as in William W de WC ☞ Ver exemplos em A, A

wade /weɪd/ **1** vi caminhar com dificuldade por água, lama, etc. **2** vt, vi (riacho) vadear

wafer /'weɪfər/ s biscoito de baunilha

wag /wæg/ vt, vi (-gg-) **1** sacudir **2** (rabo) abanar

wage /weɪdʒ/ ◆ s [ger pl] ordenado (semanal) ☞ Comparar com SALARY ◆ vt LOC **to wage (a) war/a battle (against/on sb/sth)** travar guerra/ batalha (contra alguém/algo)

wagon (GB tb **waggon**) /'wægən/ s **1** carroça **2** (trem) vagão

wail /weɪl/ ◆ vi **1** gemer **2** (sirene) apitar ◆ s gemido, lamento

waist /weɪst/ s cintura: waistband cós ◊ waistline cintura

waistcoat /'weskət; GB 'weɪskəʊt/ (GB) (USA vest) s colete

wait /weɪt/ ◆ **1** vi ~ **(for sb/sth)** esperar (alguém/algo): Wait a minute. Espere um minuto. ◊ I can't wait to ... Não vejo a hora de ... ☞ Ver nota em ESPERAR **2** vt (vez) esperar LOC **to keep sb waiting** fazer alguém esperar PHR V **to wait on sb** servir alguém **to wait up (for sb)** esperar acordado (por alguém) ◆ s espera: We had a three-hour wait for the bus. Esperamos três horas pelo ônibus. ☞ Comparar com AWAIT **waiter** s garçom **waitress** s garçonete

waive /weɪv/ vt (formal) **1** (pagamento) renunciar a **2** (norma) não aplicar

wake /weɪk/ ◆ vt, vi (pret **woke** /wəʊk/ pp **woken** /'wəʊkən/) ~ **(sb)** **(up)** acordar, despertar alguém ☞ Ver nota en AWAKE e comparar com AWAKEN. PHR V **to wake (sb) up** (fig) (fazer alguém) abrir os olhos **to wake up to sth** dar-se conta de algo ◆ s **1** velório **2** (Náut) esteira LOC **in the wake of sth** em seguida a algo

walk /wɔːk/ ◆ **1** vi andar **2** vt passear: I'll walk you home. Acompanho você até a sua casa. **3** vt percorrer (a pé) PHR V **to walk away/off** ir-se embora **to walk into sb/sth** chocar(-se) contra alguém/ algo **to walk out** (coloq) entrar em greve **to walk out of sth** retirar-se de algo ◆ s **1** passeio, caminhada: to go for a walk (ir) dar um passeio ◊ It's a ten-minute walk. É uma caminhada de dez minutos. **2** andar LOC **a walk of life**: people of all walks of life pessoas de todas as classes e profissões **walker** s caminhante **walking** s andar: walking shoes sapatos para caminhar ◊ walking stick bengala **walkout** s greve

Walkman® /'wɔːkmən/ s (pl **-mans**) walkman

wall /wɔːl/ s **1** muro, parede **2** (cidade) (fig) muralha LOC Ver BACK¹ **walled** adj **1** amuralhado **2** murado

wallet /'wɑlɪt/ s carteira (de dinheiro) ☞ Comparar com PURSE

wallpaper /'wɔːlpeɪpər/ s papel de parede

walnut /'wɔːlnʌt/ s **1** noz **2** nogueira (árvore e madeira)

waltz /wɔːl(t)s/ ◆ s valsa ◆ vi valsar

wand /wɑnd/ s varinha: magic wand varinha mágica

wander /'wɑndər/ **1** vi andar ao acaso

i:	i	ɪ	e	æ	ɑ	ʌ	ʊ	u:
see	happy	sit	ten	hat	cot	cup	put	too

Freqüentemente o verbo **to wander** é seguido de **around**, **about** ou de outras preposições ou advérbios. Nesses casos é traduzido por diferentes verbos em português e tem o sentido de andar distraidamente, sem nenhum propósito: *to wander in* entrar distraidamente ◊ *She wandered across the road.* Ela atravessou a rua distraidamente.

2 *vi* (*pensamentos*) devanear **3** *vi* (*olhar*) passear **4** *vt* (*ruas, etc.*) vagar por PHR V **to wander away/off** perder-se (*animal*), afastar-se

wane /weɪn/ (*tb* **to be on the wane**) *vi* minguar, diminuir (*poder, entusiasmo*)

want /wɑnt/ ◆ **1** *vt, vi* querer: *I want some cheese.* Quero queijo. ◊ *Do you want to go?* Você quer ir?

Note que **like** também significa "querer", mas só se utiliza quando se oferece alguma coisa ou quando se convida alguém: *Would you like to come to dinner?* ◊ Você quer vir jantar lá em casa? ◊ *Would you like something to eat?* Você quer comer alguma coisa?

2 *vt* procurar, precisar: *You're wanted upstairs/on the phone.* Estão procurando você lá em cima./Querem falar com você ao telefone. ◆ *s* **1** [*ger pl*] necessidade, vontade **2** ~ **of sth** falta de algo: *for want of* por falta de ◊ *not for want of trying* não por não tentar **3** miséria, pobreza **wanting** *adj* ~ (**in sth**) (*formal*) carente (de algo)

war /wɔːr/ *s* **1** guerra **2** conflito **3** war (**against sb/sth**) luta (contra alguém/algo) LOC **at war** em guerra **to make/wage war on sb/sth** fazer/travar guerra contra alguém/algo

ward /wɔːrd/ ◆ *s* ala (*de hospital*) ◆ PHR V **to ward sth off** **1** (*ataque*) repelir algo **2** (*mal*) afugentar algo **3** (*perigo*) afastar algo

warden /ˈwɔːrdn/ *s* guarda *Ver tb* TRAFFIC

wardrobe /ˈwɔːrdroʊb/ *s* guarda-roupa

warehouse /ˈweərhaʊs/ *s* armazém

wares /weərz/ *s* [*pl*] (*antiquado*) mercadorias

warfare /ˈwɔːrfeər/ *s* guerra

warlike /ˈwɔːrlaɪk/ *adj* belicoso

warm /wɔːrm/ ◆ *adj* (**-er, -est**) **1** (*clima*) temperado: *to be warm* fazer calor ☛ *Ver nota em* FRIO **2** (*coisa*) quente **3**

(*pessoa*): *to be/get warm* sentir calor/aquecer-se **4** (*roupa*) de agasalho, quente **5** (*fig*) caloroso, cordial ◆ *vt, vi* ~ (**sth/yourself**) (**up**) esquentar algo; aquecer-se PHR V **to warm up 1** (*Esporte*) fazer o aquecimento **2** (*motor*) esquentar **to warm sth up** esquentar algo (*comida*) **warming** *s*: *global warming* aquecimento global **warmly** *adv* **1** calorosamente **2** *warmly dressed* bem agasalhado **3** (*agradecer*) efusivamente **warmth** *s* **1** calor **2** (*fig*) simpatia, amabilidade, entusiasmo

warn /wɔːrn/ *vt* **1** ~ **sb** (**about/of sth**) avisar alguém (sobre/de algo); prevenir alguém (contra/sobre algo): *They warned us about/of the strike.* Eles nos avisaram sobre a greve. ◊ *They warned us about the neighbors.* Eles nos preveniram sobre os vizinhos. **2** ~ **sb that**... advertir alguém de que...: *I warned them that it would be expensive.* Eu os adverti de que seria caro. **3** ~ **sb against doing sth** advertir alguém a não fazer algo: *They warned us against going into the forest.* Eles nos advertiram de que não entrássemos na floresta. **4** ~ **sb** (**not**) **to do sth** ordenar a alguém que (não) faça algo (sob ameaça) **warning** *s* aviso, advertência

warp /wɔːrp/ *vt, vi* empenar **warped** *adj* pervertido: *a warped sense of humor* um senso de humor deturpado

warrant /ˈwɔːrənt/ *GB* ˈwɒr-/ ◆ *s* (*Jur*) autorização: *search warrant* mandado de busca ◆ *vt* (*formal*) justificar

warranty /ˈwɔːrənti; *GB* ˈwɒr-/ *s* (*pl* **-ies**) garantia *Ver tb* GUARANTEE

warren /ˈwɔːrən; *GB* ˈwɒrən/ *s* **1** coelheira **2** labirinto

warrior /ˈwɔːrɪər; *GB* ˈwɒr-/ *s* guerreiro, -a

warship /ˈwɔːrʃɪp/ *s* navio de guerra

wart /wɔːrt/ *s* verruga

wartime /ˈwɔːrtaɪm/ *s* (tempo de) guerra

wary /ˈweəri/ *adj* (**warier, wariest**) cauteloso: *to be wary of sb/sth* desconfiar de alguém/algo

was /wəz, wɑz, wʌz/ *pret de* BE

wash /wɑʃ/ ◆ *s* **1** lavagem: *to have a wash* lavar-se **2** **the wash** [*sing*]: *All my shirts are in the wash.* Todas as minhas camisas estão para lavar. **3** [*sing*] (*Náut*) esteira ◆ **1** *vt, vi* lavar(-se): *to*

u	ɔː	ɜː	ə	j	w	eɪ	oʊ
situation	saw	fur	ago	yes	woman	pay	home

wash yourself lavar-se 2 *vi* ~ over sth cobrir algo 3 *vi* ~ **over sb** (*fig*) não atingir alguém 4 *vt* levar, arrastar: *to be washed overboard* ser lançado ao mar pela correnteza PHR V **to wash sb/ sth away** arrastar, levar alguém/algo **to wash off** sair ao lavar **to wash sth off** tirar algo lavando **to wash sth out** lavar algo **to wash up 1** (*USA*) lavar-se (*as mãos e o rosto*) **2** (*GB*) lavar os pratos/a louça **to wash sth up 1** (*GB*) (*pratos*) lavar algo **2** (*mar*) arrastar algo até a praia **washable** *adj* lavável

washbasin /ˈwɒʃbeɪsn/ (*GB*) (*USA* sink*) *s* pia

washcloth /ˈwɒʃklɔːθ// *s* toalhinha de (lavar o) rosto

washing /ˈwɒʃɪŋ/ *s* **1** lavagem: *washing powder* (*esp GB*) sabão em pó **2** roupa suja **3** roupa lavada ou para lavar

washing machine *s* máquina de lavar roupa

washing-up /ˌwɒʃɪŋ ˈʌp/ *s* lavagem da louça: *to do the washing-up* lavar a louça ◊ *washing-up liquid* detergente

washroom /ˈwɒʃruːm/ *s* (*USA, euf*) banheiro ☞ *Ver nota em* TOILET

wasn't /ˈwɒznt/ = WAS NOT *Ver* BE

wasp /wɒsp/ *s* vespa

waste /weɪst/ ♦ *adj* **1** *waste material/ products* resíduos **2** baldio (*terreno*) ♦ *vt* **1** esbanjar **2** (*tempo, ocasião*) perder **3** (*não usar*) desperdiçar LOC **to waste your breath** perder seu tempo PHR V **to waste away** definhar ♦ *s* **1** perda, desperdício **2** (*ação*) esbanjamento **3** [*não contável*] resíduos, sobras, lixo: *waste disposal unit* triturador de lixo LOC **to go/run to waste** ser desperdiçado, desperdiçar-se **wasted** *adj* inútil (*viagem, esforço*) **wasteful** *adj* **1** esbanjador **2** (*método, processo*) anti-econômico

wastebasket /ˈweɪstbæskɪt/ (*GB* **waste-paper basket**) *s* cesta de papéis

wasteland /ˈweɪstlænd/ *s* terreno baldio

watch /wɒtʃ/ ♦ *s* **1** relógio (*de pulso*) ☞ *Ver ilustração em* RELÓGIO **2** quarto **3** (*pessoas*) sentinela, vigia LOC **to keep watch (over sb/sth)** vigiar (alguém/ algo) *Ver tb* CLOSE[1] ♦ *vt, vi* observar, olhar **2** *vt, vi* (*espiar*) vigiar, observar **3** *vt* (*TV, Esporte*) assistir **4** *vt, vi* ~ (**over**) **sb/sth** tomar conta de alguém/algo **5**

vi ~ **for sth** estar atento a algo; esperar algo **6** *vt* ter cuidado com, prestar atenção a: *Watch your language.* Modere a linguagem. LOC **to watch your step** andar na linha PHR V **to watch out** ter cuidado: *Watch out!* Cuidado! **to watch out for sb/sth** ter cuidado com alguém/ algo: *Watch out for that hole.* Cuidado com aquele buraco. **watchful** *adj* vigilante, atento

watchdog /ˈwɒtʃdɔːɡ; *GB* -dɒɡ/ *s* órgão em defesa dos direitos do consumidor

water /ˈwɔːtər/ ♦ *s* água LOC **under water 1** embaixo d'água, debaixo d'água **2** inundado *Ver tb* FISH ♦ **1** *vt* (*planta*) regar **2** *vi* (*olhos*) lacrimejar **3** *vi* (*boca*) salivar PHR V **to water sth down 1** diluir algo com água **2** (*fig*) amenizar algo

watercolor (*GB* -colour) /ˈwɔːtərkʌlər/ *s* aquarela

watercress /ˈwɔːtərkres/ *s* [*não contável*] agrião

waterfall /ˈwɔːtərfɔːl/ *s* cascata, cachoeira

watermelon /ˈwɔːtərmelən/ *s* melancia

waterproof /ˈwɔːtərpruːf/ *adj, s* impermeável

watershed /ˈwɔːtərʃed/ *s* momento decisivo

water-skiing /ˈwɔːtər skiːɪŋ/ *s* esqui aquático

watertight /ˈwɔːtərtaɪt/ *adj* **1** à prova d'água, hermético **2** (*argumento*) irrefutável

waterway /ˈwɔːtərweɪ/ *s* via navegável, canal

watery /ˈwɔːtəri/ *adj* **1** (*pej*) aguado **2** (*cor*) pálido **3** (*olhos*) lacrimoso

watt /wɒt/ *s* watt

wave /weɪv/ ♦ **1** *vt, vi* ondular(-se) **2** *vi* (*bandeira*) tremular **3** *vi* ~ (**at/to sb**) acenar (para alguém) **4** *vt, vi* (*cabelo, etc.*) ondular PHR V **to wave sth aside** ignorar (*objeções*) ♦ *s* **1** onda **2** (*fig*) enxurrada **3** aceno **wavelength** *s* comprimento de onda

waver /ˈweɪvər/ *vi* **1** fraquejar **2** (*voz*) tremer **3** vacilar

wavy /ˈweɪvi/ *adj* (**wavier, waviest**) **1** ondulado **2** ondulante

wax /wæks/ *s* cera

way /weɪ/ ♦ *s* **1 way (from…to…)** caminho (de…a…): *to ask/tell sb the way*

aɪ	aʊ	ɪc	ɪə	eə	ʊə	ʒ	h	ŋ
five	now	join	near	hair	pure	vision	how	sing

perguntar/informar o caminho a alguém ◊ *across/over the way* em frente/do outro lado da rua ◊ *a long way* (*away*) muito longe ◊ *way out* saída **2 Way** (*em nomes*) via **3** rua: *Get out of my way!* Sai da minha frente! **4** direção: *"Which way?" "That way."* —Por onde?—Por ali. **5** forma, maneira: *Do it your own way!* Faça como quiser! **6** [*ger pl*] costume LOC **by the way** a propósito **in a/one way; in some ways** de certo modo **no way!** (*coloq*) nem pensar! **one way or another** de um jeito ou de outro **on the way** a caminho (de): *to be on your way* ir-se embora **the other way around 1** às avessas **2** ao contrário **to divide, split, etc. sth two, three, etc. ways** dividir algo em dois, três, etc. **to get/have your own way** conseguir o que se quer **to give way (to sb/sth) 1** dar a preferência (a alguém/algo) **2** ceder (a alguém/algo) **to give way to sth** dar lugar a algo, ceder a algo **to go out of your way (to do sth)** dar-se ao trabalho (de fazer algo) **to make way (for sb/sth)** abrir caminho (para alguém/algo) **to make your way (to/towards sth)** ir-se (para/em direção a algo) **under way** em andamento **way of life** estilo de vida **ways and means** meios *Ver tb* BAR, FEEL, FIGHT, FIND, HARD, HARM, LEAD[2], LOSE, MEND, PAVE ◆ *adv* (*coloq*) muito: *way ahead* muito adiante LOC **way back** muito tempo atrás: *way back in the fifties* lá pelos anos cinquenta

we /wi:/ *pron pess* nós: *Why don't we go?* Por que não vamos? ☛ O *pron pess* não pode ser omitido em inglês. *Comparar com* US.

weak /wi:k/ *adj* (**-er, -est**) **1** fraco **2** (*Med*) debilitado **3** (*bebida*) aguado **4** ~ (**at/in/on sth**) deficiente (em algo) **weaken 1** *vt, vi* enfraquecer(-se) **2** *vi* ceder **weakness** *s* **1** debilidade **2** fraqueza

wealth /welθ/ *s* **1** [*não contável*] riqueza **2** ~ **of sth** abundância de algo **wealthy** *adj* (**-ier, -iest**) rico

weapon /'wepən/ *s* arma

wear /weər/ ◆ (*pret* **wore** /wɔːr/ *pp* **worn** /wɔːrn/) **1** *vt* (*roupa, óculos, etc.*) usar **2** *vt* (*expressão*) ter **3** *vt, vi* gastar **4** *vt* (*buraco, etc.*) fazer **5** *vi* durar PHR V **to wear (sth) away** desgastar (algo)/desgastar-se **to wear sb down** exaurir

alguém **to wear sth down** gastar algo **to wear (sth) down/out** puir (algo) **to wear off** desaparecer, passar (*novidade, etc.*) **to wear sb out** esgotar alguém ◆ *s* **1** desgaste **2** uso **3** roupa: *ladies' wear* roupa feminina LOC **wear and tear** desgaste

weary /'wɪəri/ *adj* (**-ier, -iest**) **1** exausto **2** ~ **of sth** cansado de algo

weather /'weðər/ ◆ *s* tempo: *weather forecast* previsão do tempo LOC **under the weather** (*coloq*) indisposto ◆ *vt* superar (*crise*)

weave /wi:v/ ◆ (*pret* **wove** /wouv/ *pp* **woven** /'wouvn/) **1** *vt* tecer **2** *vt* ~ **sth into sth** (*fig*) entrelaçar algo com algo **3** *vi* (*pret, pp* **weaved**) ziguezaguear

web /web/ *s* **1** teia (de aranha) **2** (*fig*) rede **3** (*mentiras*) emaranhado **4 the Web** a Web

we'd /wi:d/ **1** = WE HAD *Ver* HAVE **2** = WE WOULD *Ver* WOULD

wedding /'wedɪŋ/ *s* casamento: *wedding ring/cake* aliança/bolo de casamento LOC **golden/silver wedding** bodas de ouro/prata ☛ *Ver nota em* CASAMENTO

wedge /wedʒ/ ◆ *s* **1** calço **2** (*queijo, bolo*) fatia **3** (*limão*) quarto ◆ *vt* **1** *to wedge sth open/shut* manter algo aberto/fechado com calço **2** *to wedge itself/get wedged* apertar-se **3** (*esp pessoas*) entalar

Wednesday /'wenzdeɪ, 'wenzdi/ *s* (*abrev* **Wed**) quarta-feira ☛ *Ver exemplos em* MONDAY

weed /wi:d/ ◆ *s* **1** erva daninha: *weed-killer* herbicida **2** [*não contável*] (*na água*) alga **3** (*coloq, pej*) indivíduo frágil **4** (*GB*) pessoa covarde: *He's a weed.* Ele é um cagão. ◆ *vt* capinar PHR V **to weed sb/sth out** livrar-se de alguém/algo

week /wi:k/ *s* semana: *35-hour week* semana de 35 horas LOC **a week from today/tomorrow** de hoje/amanhã a oito dias **a week on Monday/Monday week** (*GB*) sem ser a segunda que vem, a próxima, daqui a duas segundas-feiras **weekday** *s* dia de semana **weekend** /'wi:kend; *GB* ˌwi:k'end/ *s* fim de semana

weekly /'wi:kli/ ◆ *adj* semanal ◆ *adv* semanalmente ◆ *s* (*pl* **-ies**) semanário

weep /wi:p/ *vi* (*pret, pp* **wept** /wept/) (*formal*) ~ (**for/over sb/sth**) chorar (por

tʃ	dʒ	v	θ	ð	s	z	ʃ
chin	**June**	**van**	**thin**	**then**	**so**	**zoo**	**she**

alguém/algo): *weeping willow* salgueiro chorão weeping s choro

weigh /weɪ/ **1** *vt, vi* pesar **2** *vt* ~ **sth (up)** ponderar algo **3** *vi* ~ **(against sb/ sth)** pesar (contra alguém/algo) LOC **to weigh anchor** levantar âncora PHR V **to weigh sb down** sobrecarregar alguém **to weigh sb/sth down**: *weighed down with luggage* carregado de bagagem

weight /weɪt/ ◆ *s* peso: *by weight* por peso LOC **to lose/put on weight** (*pessoa*) emagrecer/engordar *Ver tb* CARRY, PULL ◆ *vt* **1** pôr peso(s) em **2** ~ **sth (down) (with sth)** sobrecarregar algo (com algo) weighting *s* **1** (*GB*): *London weighting* suplemento salarial por trabalhar em Londres **2** importância weightless *adj* imponderável weighty *adj* (-ier, -iest) **1** pesado **2** (*fig*) de peso, importante

weir /wɪər/ *s* represa

weird /wɪərd/ *adj* (-er, -est) **1** assombroso, estranho **2** (*coloq*) esquisito

welcome /'welkəm/ ◆ *adj* **1** bem-vindo **2** agradável LOC **to be welcome to sth/to do sth**: *You're welcome to use my car/to stay.* Meu carro está à sua disposição./Você pode ficar, se quiser. **you're welcome** de nada ◆ *s* boas-vindas, acolhida ◆ *vt* **1** dar as boas-vindas a, receber **2** apreciar **3** acolher, receber welcoming *adj* acolhedor

weld /weld/ *vt, vi* soldar

welfare /'welfeər/ *s* **1** bem-estar **2** assistência: *the Welfare State* o Estado-Previdência **3** (*GB* social security) previdência social

we'll /wiːl/ **1** = WE SHALL *Ver* SHALL **2** = WE WILL *Ver* WILL

well¹ /wel/ ◆ *s* poço ◆ *vi* ~ **(out/up)** brotar

well² /wel/ ◆ *adj* (*comp* better /'betər/ *superl* best /best/) bem: *to be well* estar bem ◊ *to get well* ficar bom ◆ *adv* (*comp* better /'betər/ *superl* best /best/) **1** bem **2** depois de *can, could, may, might*: *I can well believe it.* Não duvido. ◊ *I can't very well leave.* Não posso ir embora sem mais nem menos. LOC **as well** também ☞ *Ver nota em* TAMBÉM **as well as** assim como **may/might (just) as well do sth**: *We may/might as well go home.* O melhor a fazer é ir para casa. **to do well 1** ser bem-sucedido **2** [*só em tempos contínuos*] (*paciente*) recupe-

rar-se **well and truly** (*GB, coloq*) completamente *Ver tb* DISPOSED, JUST, MEAN¹, PRETTY

well³ /wel/ *interj* **1** (*surpresa*) puxa!: *Well, look who's here!* Puxa, veja só quem está aqui. **2** (*resignação*) paciência: *Oh well, that's that then.* Paciência, o que se pode fazer? **3** (*interrogação*) e então? **4** (*dúvida*) pois é: *Well, I don't know…* Pois é, não sei…

well behaved *adj* bem comportado: *to be well behaved* portar-se bem

well-being /'wel biːɪŋ/ *s* bem-estar

well-earned /'wel ɜːrnd/ *adj* merecido

wellington /'welɪŋtən/ (*tb* wellington boot) *s* [*ger pl*] (*esp GB*) bota de borracha

well-kept /'wel kept/ *adj* **1** bem cuidado, bem conservado **2** (*segredo*) bem guardado

well-known /wel 'nəʊn/ *adj* conhecido, famoso: *It's a well-known fact that…* É sabido que…

well-meaning /wel 'miːnɪŋ/ *adj* bem-intencionado

well-to-do /ˌwel tə 'duː/ (*tb* well-off) *adj* próspero, rico

went *pret de* GO¹

wept *pret, pp de* WEEP

we're /wɪər/ = WE ARE *Ver* BE

were /wər, wɜːr/ *pret de* BE

weren't /wɜːrnt/ = WERE NOT *Ver* BE

west /west/ ◆ *s* **1** (*tb* the west, the West) (*abrev* W) (o) oeste: *I live in the west of Scotland.* Moro no oeste da Escócia. ◊ *westbound* em direção ao oeste **2 the West** (o) Ocidente, os países ocidentais ◆ *adj* do oeste, ocidental: *west winds* ventos do oeste ◆ *adv* para o oeste: *They headed west.* Eles foram para o oeste. *Ver tb* WESTWARD(S)

western /'westərn/ ◆ *adj* (*tb* Western) do oeste, ocidental ◆ *s* livro ou filme de cowboy westerner *s* ocidental

westward(s) /'westwərd(z)/ *adv* em direção ao oeste *Ver tb* WEST *adv*

wet /wet/ ◆ *adj* (wetter, wettest) **1** molhado: *to get wet* molhar-se **2** úmido: *in wet places* em lugares úmidos **3** (*tempo*) chuvoso **4** (*tinta, etc.*) fresco **5** (*GB, coloq, pej*) (*pessoa*) mole ◆ *s* **1 the wet** (*GB*) a chuva: *Come in out of the wet.* Sai da chuva. **2** umidade ◆ (*pret, pp* wet *ou* wetted) **1** *vt* molhar, umedecer: *to wet the/your bed* fazer xixi na

i:	i	ɪ	e	æ	ɑ	ʌ	ʊ	u:
see	happy	sit	ten	hat	cot	cup	put	too

cama **2** *v refl* **to wet yourself** fazer xixi na calça

we've /wiːv/ = WE HAVE *Ver* HAVE

whack /wæk/ ◆ *vt* (*coloq*) bater em ◆ *s* pancada

whale /weɪl/ *s* baleia

wharf /wɔːrf/ *s* (*pl* **wharves** /wɔːrvz/) cais

what /wɑt, wʌt/ ◆ *adj interr* que: *What time is it?* Que horas são? ◊ *What color is it?* (De) que cor é? ◆ *pron interr* o que: *What did you say?* O que você disse? ◊ *What's her phone number?* Qual é o número do telefone dela? ◊ *What's your name?* Qual é o seu nome? **LOC what about…? 1** que tal…? **2** o que é feito de…?

Which ou **what**? **Which** se refere a um ou mais membros de um determinado grupo: *Which is your car, this one or that one?* Qual é o seu carro, este ou aquele? **What** é usado quando há mais opções: *What are your favorite books?* Quais são os seus livros preferidos?

what if…? e se…?: *What if it rains?* E se chover? ◆ *adj rel, pron rel* o/a que: *what money I have* todo o dinheiro que eu tenho ◊ *I know what you're thinking.* Eu sei o que você está pensando. ◆ *adj* que: *What a pity!* Que pena! ◆ *interj* **1 what!** o quê! **2 what?** (*coloq*) (o) quê?, como?

whatever /wɑtˈevər/ ◆ *pron* **1** (tudo) o que: *Give whatever you can.* Dê o quanto você puder. **2** *whatever happens* o que quer que aconteça **LOC or whatever** (*coloq*) ou seja lá o que for: *… basketball, swimming or whatever* … basquete, natação ou seja lá o que for ◆ *adj* qualquer: *I'll be in whatever time you come.* Estarei em casa não importa a hora em que você vier. ◆ *pron interr* que diabo: *Whatever can it be?* Que diabo pode ser? ◆ *adv* (*tb* **whatsoever**) em absoluto: *nothing whatsoever* absolutamente nada

wheat /wiːt/ *s* trigo

wheel /wiːl/ ◆ *s* **1** roda **2** volante ◆ **1** *vt* (*bicicleta, etc.*) empurrar **2** *vt* (*pessoa*) levar **3** *vi* (*pássaro*) voar em círculo **4** *vi* ~ **around** dar a volta

wheelbarrow /ˈwiːlbærou/ (*GB tb* **barrow**) *s* carrinho (*de mão*)

wheelchair /ˈwiːltʃeər/ *s* cadeira de rodas

wheeze /wiːz/ *vi* chiar, respirar ruidosamente

when /wen/ ◆ *adv interr* quando: *When did he die?* Quando ele morreu? ◊ *I don't know when she arrived.* Não sei quando ela chegou. ◆ *adv rel* em que: *There are times when…* Há momentos em que… ◆ *conj* quando: *It was raining when I arrived.* Estava chovendo quando eu cheguei. ◊ *I'll call you when I'm ready.* Eu lhe chamo quando eu estiver pronto.

whenever /wenˈevər/ *conj* **1** quando (quer que): *Come whenever you like.* Venha quando quiser. **2** (*todas as vezes que*) sempre que: *You can borrow my car whenever you want.* Você pode usar meu carro sempre que quiser.

where /weər/ ◆ *adv interr* onde, aonde: *I don't know where it is.* Não sei onde é. ◊ *Where are you going?* Aonde você vai? ◆ *adv rel* onde: *the town where I was born* a cidade onde eu nasci ◆ *conj* onde: *Stay where you are.* Fique onde está.

whereabouts /ˌweərəˈbaʊts/ ◆ *adv interr* onde ◆ /ˈweərəbaʊts/ *s* [*v sing ou pl*] paradeiro

whereas /ˌweərˈæz/ *conj* enquanto

whereby /weərˈbaɪ/ *adv rel* (*formal*) pelo/pela qual

whereupon /ˌweərəˈpɑn/ *conj* após o que

wherever /weərˈevər/ ◆ *conj* onde quer que: *wherever you like* onde você quiser ◆ *adv interr* onde (diabo)

whet /wet/ *vt* (-tt-) **LOC to whet sb's appetite** pôr água na boca de alguém

whether /ˈweðər/ *conj* se: *I'm not sure whether to resign or stay on.* Não sei se devo pedir demissão ou não. ◊ *It depends on whether the letter arrives on time.* Depende de a carta chegar a tempo. **LOC whether or not**: *whether or not it rains/whether it rains or not* chova ou não chova

which /wɪtʃ/ ◆ *adj interr* que: *Which book did you take?* Que livro você levou? ◊ *Do you know which one is yours?* Você sabe qual é o seu? ☛ *Ver nota em* WHAT ◆ *pron interr* qual: *Which is your favorite?* Qual é o seu favorito? ☛ *Ver nota em* WHAT ◆ *adj rel, pron rel* **1** [*sujeito*] que: *the book which is on the table* o livro que está em cima da mesa

2 [*complemento*] que: *the article* (*which*) *I read yesterday* o artigo que li ontem **3** (*formal*) [*depois de prep*] o/a qual: *her work, about which I know nothing*... seu trabalho, sobre o qual não sei nada... ◊ *in which case* caso em que ◊ *the bag in which I put it* a bolsa onde o coloquei ☛ Este uso é muito formal. O mais usual é colocar a preposição no final: *the bag which I put it in.*

whichever /wɪtʃˈevər/ **1** *pron* o que (quer que): *whichever you like* o que você quiser **2** *adj* qualquer: *It's the same, whichever route you take.* Não importa o caminho que você tomar.

whiff /wɪf/ *s* ~ (**of sth**) baforada, sopro (de algo)

while /waɪl/ ◆ *s* [*sing*] (período de) tempo, momento: *for a while* durante algum tempo LOC *Ver* ONCE, WORTH ◆ *conj* (*GB tb* **whilst** /waɪlst/) **1** (*tempo*) enquanto **2** (*contraste*) enquanto: *I drink coffee while she prefers tea.* Eu bebo café, ela no entanto prefere chá. **3** (*formal*) embora: *While I admit that*... Embora eu admita que... LOC **while you're at it** aproveitando a ocasião ☛ PHR V **to while sth away** passar (o tempo) de forma relaxada: *to while the morning away* passar a manhã numa boa

whim /wɪm/ *s* capricho, veneta

whimper /ˈwɪmpər/ ◆ *vi* choramingar ◆ *s* lamúria

whip /wɪp/ ◆ *s* **1** açoite, chicote **2** (*Pol*) líder da bancada parlamentar ◆ *vt* (-pp-) **1** chicotear **2** ~ **sth** (**up**) (**into sth**) (*Cozinha*) bater algo (até obter algo): *whipped cream* creme chantilly PHR V **to whip sth up 1** preparar algo rapidamente **2** atiçar algo

whir (*esp GB* **whirr**) /wɜːr/ ◆ *s* zumbido ◆ *vi* zumbir

whirl /wɜːrl/ ◆ *vt, vi* (fazer) rodar **2** *vi* (*folhas*) redemoinhar **3** *vi* (*cabeça*) rodar ◆ *s* [*sing*] **1** giro **2** rodopio: *a whirl of dust* um redemoinho de pó **3** (*fig*) turbilhão: *My head is in a whirl.* Minha cabeça está dando voltas.

whirlpool /ˈwɜːrlpuːl/ *s* redemoinho

whirlwind /ˈwɜːrlwɪnd/ ◆ *s* redemoinho de vento ◆ *adj* (*fig*) furacão

whisk /wɪsk/ ◆ *s* batedor, batedeira (elétrica) ◆ *vt* (*Cozinha*) bater PHR V **to**

whisk sb/sth away/off levar alguém/ algo rapidamente

whiskers /ˈwɪskərz/ *s* [*pl*] (*de animal*) bigode **2** (*de homem*) suíças

whiskey /ˈwɪski/ *s* (*pl* -eys) (*esp GB* **whisky,** *pl* -ies) uísque

whisper /ˈwɪspər/ ◆ **1** *vi* sussurrar **2** *vi* cochichar **3** *vt* falar em voz baixa ◆ *s* **1** cochicho **2** sussurro

whistle /ˈwɪsl/ ◆ *s* **1** silvo, assobio **2** apito ◆ *vt, vi* assobiar, apitar

white /waɪt/ ◆ *adj* (-er, -est) **1** branco, pálido: *white bread* pão branco **2** ~ (**with sth**) pálido (de algo) ◆ *s* **1** branco **2** clara (*de ovo*) ☛ *Comparar com* YOLK

white-collar /ˌwaɪt ˈkɒlər/ *adj* de escritório: *white-collar workers* funcionários de escritório

whiteness /ˈwaɪtnəs/ *s* brancura

White Paper *s* (*GB*) relatório oficial (do governo)

whitewash /ˈwaɪtwɒʃ/ ◆ *s* cal ◆ *vt* **1** caiar **2** (*fig*) encobrir

who /huː/ ◆ *pron interr* quem: *Who are they?* Quem são eles? ◊ *Who did you meet?* Quem você encontrou? ◊ *Who is it?* Quem é? ◊ *They wanted to know who had rung.* Eles perguntaram quem tinha ligado. ◆ *pron rel* **1** [*sujeito*] que: *people who eat garlic* gente que come alho ◊ *the man who wanted to meet you* o homem que queria conhecer você ◊ *all those who want to go* todos os que quiserem ir **2** [*complemento*] que: *I bumped into a woman* (*who*) *I knew.* Encontrei com uma conhecida. ◊ *the man* (*who*) *I had spoken to* o homem com o qual eu havia falado ☛ *Ver nota em* WHOM

whoever /huːˈevər/ *pron* **1** qualquer um que: *Whoever gets the job*... Quem quer que consiga o emprego... **2** quem quer que: *Whoever calls, I'm not in.* Não importa quem telefone, eu não estou.

whole /hoʊl/ ◆ *adj* **1** inteiro: *a whole bottle* uma garrafa inteira **2** (*coloq*) todo: *to forget the whole thing* esquecer tudo ◆ *s* todo: *the whole of August* o mês de agosto inteiro LOC **on the whole** de um modo geral

wholehearted /ˌhoʊlˈhɑːrtɪd/ *adj* irrestrito **wholeheartedly** *adv* sem reservas

wholesale /ˈhoʊlseɪl/ *adj, adv* **1** (*Com*) por atacado **2** em grande escala: *whole-*

sale destruction destruição em grande escala

wholesome /'hoʊlsəm/ *adj* sadio, saudável

wholewheat /'hoʊlwiːt/ *adj* integral: *wholewheat bread* pão integral

wholly /'hoʊlli/ *adv* totalmente

whom /huːm/ ♦ *pron interr (formal)* quem: *Whom did you meet there?* Quem você encontrou lá? ◊ *To whom did you give the money?* Para quem você deu o dinheiro? ☛ Este uso é muito formal. O mais comum é dizer *Who did you meet there? Who did you give the money to?* ♦ *pron rel (formal): the investors, some of whom bought shares* os investidores, alguns dos quais compraram ações ◊ *the person to whom this letter was addressed* a pessoa a quem esta carta foi endereçada ☛ Este uso é bastante formal. Seria mais natural dizer: *the person this letter was addressed to*

whose /huːz/ ♦ *pron interr, adj interr* de quem: *Whose house is that?* De quem é aquela casa? ◊ *I wonder whose it is.* De quem será? ♦ *adj rel* cujo(s), cuja(s): *the people whose house we stayed in* as pessoas na casa de quem ficamos

why /waɪ/ *adv interr, adv rel* por que: *Why was she so late?* Por que ela chegou tão tarde? ◊ *Can you tell me the reason why you are so unhappy?* Você pode me dizer por que está tão infeliz? LOC **why not** por que não?: *Why not go to the cinema?* Por que não vamos ao cinema?

wicked /'wɪkɪd/ *adj* (**-er, -est**) **1** malvado **2** travesso **3** (*USA, coloq*) ótimo **wickedness** *s* maldade

wicker /'wɪkər/ *s* vime

wide /waɪd/ ♦ *adj* (**wider, widest**) **1** (*fig*) amplo: *a wide range of possibilities* uma gama imensa de possibilidades **2** largo: *How wide is it?* Quanto tem de largura? ◊ *It's two feet wide.* Tem dois pés de largura. ☛ *Ver nota em* BROAD **3** extenso ♦ *adv* completamente: *wide awake* bem acordado LOC **wide open** (*competição*) sem favoritos *Ver tb* FAR **widely** *adv* extremamente, muito: *widely used* muito utilizado **widen** *vt, vi* alargar(-se), ampliar(-se)

wide-ranging /ˌwaɪd 'reɪndʒɪŋ/ *adj* abrangente, de grande alcance (*investigação, etc.*)

widespread /'waɪdspred/ *adj* espalhado, difundido

widow /'wɪdoʊ/ *s* viúva **widowed** *adj* viúvo **widower** *s* viúvo

width /wɪdθ, wɪtθ/ *s* largura, amplitude

wield /wiːld/ *vt* **1** (*arma, etc.*) empunhar, brandir **2** (*poder*) exercer

wife /waɪf/ *s* (*pl* **wives** /waɪvz/) mulher, esposa

wig /wɪg/ *s* peruca

wiggle /'wɪgl/ *vt, vi* (*coloq*) menear(-se)

wild /waɪld/ ♦ *adj* (**-er, -est**) **1** selvagem **2** (*planta*) silvestre **3** (*paisagem*) agreste **4** (*tempo*) tempestuoso **5** desenfreado **6** (*ímpetuoso*) furioso **7** (*coloq*) (*entusiasmado*) louco ♦ *s* **1** **the wild** a selva: *in the wild* em estado selvagem **2** **the wilds** [*pl*] (o) mato

wilderness /'wɪldərnəs/ *s* **1** terra inculta, deserto **2** (*fig*) selva

wildlife /'waɪldlaɪf/ *s* fauna

wildly /'waɪldli/ *adv* **1** loucamente, desatinadamente **2** violentamente, furiosamente

will /wɪl/ (*contração* **'ll** *neg* **will not** *ou* **won't** /woʊnt/) ♦ *v aux* [*para formar o futuro*]: *He'll come, won't he?* Ele vai vir, não vai? ◊ *I hope it won't rain.* Espero que não chova. ◊ *That'll be the postman.* Deve ser o carteiro. ◊ *You'll do as you're told.* Você vai fazer o que mandarem. ☛ *Ver nota em* SHALL ♦ *v modal*

Will é um verbo modal seguido de infinitivo sem TO. As orações interrogativas e negativas são formadas sem o auxiliar do.

1 (*vontade, determinação*): *She won't go.* Ela não quer ir. ◊ *Will the car start?* Esse carro vai pegar ou não? ☛ *Ver nota em* SHALL **2** (*oferta, pedido*): *Will you help me?* Você pode me ajudar? ◊ *Will you stay for tea?* Você quer ficar para o chá? ◊ *Won't you sit down?* Sente-se, por favor. **3** (*regra geral*): *Oil will float on water.* O óleo flutua na água. ♦ *s* **1** vontade **2** desejo **3** (*tb testament*) testamento LOC **at will** à vontade *Ver tb* FREE

willful (*esp GB* **wilful**) /'wɪlfl/ *adj* (*pej*) **1** (*ato*) deliberado, intencional (*delito*) premeditado **3** (*pessoa*) voluntarioso **willfully** *adv* deliberadamente

willing /'wɪlɪŋ/ *adj* **1** prestativo, solícito **2** ~ (**to do sth**) disposto (a fazer algo) **3** (*apoio, etc.*) espontâneo **willingly** *adv*

tʃ	dʒ	v	θ	ð	s	z	ʃ
chin	**J**une	**v**an	**th**in	**th**en	**s**o	**z**oo	**sh**e

de boa vontade, de bom grado **willingness** s **1** disposição **2** ~ **(to do sth)** vontade (de fazer algo)

willow /ˈwɪloʊ/ (*tb* **willow tree**) s salgueiro

willpower /ˈwɪlpaʊər/ s força de vontade

wilt /wɪlt/ vi **1** murchar **2** (*fig*) esmorecer

win /wɪn/ ◆ (-nn-) (*pret, pp* **won** /wʌn/) **1** vi ganhar **2** vt vencer, obter **3** vt (*vitória*) conquistar, lograr **4** vt (*apoio, amigos*) conquistar, granjear LOC *Ver* TOSS PHR V **to win sb/sth back** reconquistar alguém/algo **to win sb over/ around (to sth)** convencer alguém (de algo) ◆ s vitória

wince /wɪns/ vi **1** contrair-se **2** estremecer

wind¹ /wɪnd/ s **1** vento **2** fôlego, resistência **3** (*GB*) (*USA* **gas**) [*não contável*] gases (*Med*) LOC **to get wind of sth** tomar conhecimento de algo *Ver tb* CAUTION

wind² /waɪnd/ (*pret, pp* **wound** /waʊnd/) **1** vi serpentear **2** vt ~ **sth around/onto sth** enrolar algo ao redor de algo **3** vt ~ **sth (up)** dar corda em algo PHR V **to wind down 1** (*pessoa*) relaxar **2** (*atividade*) findar **to wind sb up** (*coloq*) **1** irritar alguém **2** (*amolar alguém*) provocar alguém **to wind (sth) up** terminar (algo), concluir (algo) **to wind sth up** liquidar algo (*negócio*) **winding** adj **1** tortuoso, sinuoso **2** (*escada*) de caracol

windfall /ˈwɪndfɔːl/ s **1** fruta caída (da árvore) **2** (*fig*) sorte grande

windmill /ˈwɪndmɪl/ s moinho de vento

window /ˈwɪndoʊ/ s **1** janela: *windowsill/window ledge* peitoril **2** (*bilheteria*) guichê **3** (*tb* **windowpane**) vidraça, vidro **4** vitrine: *to go window-shopping* ir ver vitrines

windshield /ˈwɪndʃiːld/ (*GB* **windscreen** /ˈwɪndskriːn/) s pára-brisa: (*windshield*) *wiper* limpador de pára-brisa

windsurfing /ˈwɪndsɜːrfɪŋ/ s prancha a vela, windsurf

windy /ˈwɪndi/ adj (-ier, -iest) **1** ventoso **2** (*lugar*) exposto ao vento

wine /waɪn/ s vinho: *wine glass* copo de vinho

wing /wɪŋ/ s **1** asa: *the right/left wing* *of the party* a facção de direita/esquerda do partido **2** (*GB*) (*veículo*) (*USA* **fender**) pára-lamas **3** **the wings** [*pl*] bastidores

wink /wɪŋk/ ◆ **1** vi ~ **(at sb)** piscar o olho (para alguém) **2** vi (*luz*) piscar, cintilar **3** vt (*olho*) piscar ◆ s piscadela

winner /ˈwɪnər/ s vencedor, -ora

winning /ˈwɪnɪŋ/ adj **1** vencedor **2** premiado **3** atraente, encantador **winnings** s [*pl*] ganhos

winter /ˈwɪntər/ ◆ s inverno ◆ vi hibernar, passar o inverno

wipe /waɪp/ vt **1** ~ **sth (from/off sth) (on/with sth)** limpar, enxugar algo (de algo) (com algo) **2** ~ **sth (from/off sth)** (*eliminar*) apagar algo (de algo) **3** ~ **sth across, onto, over, etc. sth** limpar passando algo por algo PHR V **to wipe sth away/off/up** limpar algo, enxugar algo **to wipe sth out 1** aniquilar algo **2** (*doença, crime*) erradicar algo

wire /ˈwaɪər/ ◆ s **1** arame **2** (*Eletrôn*) fio **3** alambrado **4** (*USA*) telegrama ◆ vt **1** ~ **sth (up)** fazer a instalação elétrica de algo **2** ~ **sth (up) to sth** ligar algo a algo **3** (*USA*) mandar um telegrama a **wiring** s [*não contável*] **1** instalação elétrica **2** fiação

wireless /ˈwaɪərləs/ s (*antiquado*) **1** rádio (*eletrodoméstico*) **2** radiotransmissor

wisdom /ˈwɪzdəm/ s **1** sabedoria: *wisdom tooth* dente do siso **2** sensatez, bom senso LOC *Ver* CONVENTIONAL

wise /waɪz/ adj (**wiser, wisest**) **1** sensato, prudente **2** sábio LOC **to be no wiser/none the wiser; not to be any the wiser** continuar sem entender nada

wish /wɪʃ/ ◆ **1** vi ~ **for sth** desejar algo **2** vt ~ **sb sth** desejar algo a alguém **3** vt (*formal*) querer **4** vt (*que não pode se realizar*): *I wish he'd go away.* Eu gostaria que ele fosse embora. ◊ *She wished she had gone.* Ela se arrependeu de não ter ido. ☛ O uso de **were**, e não **was**, com **I**, **he** ou **she** depois de **wish** é considerado mais correto: *I wish I were rich!* Quem me dera ser rico! **5** vi expressar um desejo ◆ s **1** ~ **(for sth/to do sth)** vontade (de algo/fazer algo): *against my wishes* contra a minha vontade **2** **wishes** [*pl*]: (*with*) *best wishes, Mary* (com) saudações cordiais, Mary LOC *Ver* BEST **wishful** adj LOC **wishful**

i:	i	ɪ	e	æ	ɑ	ʌ	ʊ	u:
see	happy	sit	ten	hat	cot	cup	put	too

thinking: *It's wishful thinking on my part.* Estou sonhando acordado.

wistful /ˈwɪstfl/ *adj* triste, melancólico

wit /wɪt/ *s* **1** humor, presença de espírito **2** (*pessoa*) espirituoso, -a **3** **wits** [*pl*] inteligência, sagacidade LOC **to be at your wits' end** não saber o que fazer (por preocupação ou desespero) **to be frightened/terrified/scared out of your wits** estar morto de medo

witch /wɪtʃ/ *s* bruxa

witchcraft /ˈwɪtʃkræft; *GB* -krɑːft/ *s* [*não contável*] bruxaria

witch-hunt /ˈwɪtʃ hʌnt/ *s* (*lit e fig*) caça às bruxas

with /wɪð, wɪθ/ *prep* **1** com: *I'll be with you in a minute.* Estarei com você daqui a um minuto. ◊ *He's with ICI.* Ele trabalha na ICI. **2** (*descrições*) de, com: *the man with the scar* o homem da cicatriz ◊ *a house with a garden* uma casa com jardim **3** de: *Fill the glass with water.* Encha o copo de água. **4** (*apoio e conformidade*) (*de acordo*) com **5** (*por causa de*) de: *to tremble with fear* tremer de medo LOC **to be with sb** (*coloq*) entender o que alguém diz: *I'm not with you.* Não estou te entendendo. **with it** (*coloq*) **1** em dia **2** da moda **3** *He's not with it today.* Ele não está muito ligado hoje. ☛ Para o uso de **with** em PHRASAL VERBS, ver os verbetes dos verbos correspondentes, p.ex. **to bear with** em BEAR.

withdraw /wɪðˈdrɔː, wɪθˈd-/ (*pret* **withdrew** /-ˈdruː/ *pp* **withdrawn** /-ˈdrɔːn/) **1** *vt, vi* retirar(-se) **2** *vt* (*dinheiro*) sacar **3** *vt* (*formal*) retratar(-se) **withdrawal** /-ˈdrɔːəl/ *s* **1** retirada, retratação **2** (*Med*): *withdrawal symptoms* síndrome de abstinência **withdrawn** *adj* retraído

wither /ˈwɪðər/ *vt, vi* ~ (**sth**) (**away/up**) murchar (algo); secar (algo)

withhold /wɪθˈhoʊld, wɪðˈh-/ *vt* (*pret, pp* **withheld** /-ˈheld/) (*formal*) **1** reter **2** (*informação*) ocultar **3** (*consentimento*) negar

within /wɪˈðɪn, -ˈθɪn/ ◆ *prep* **1** (*tempo*) no prazo de: *within a month* dentro de um mês **2** (*distância*) a menos de **3** ao alcance de: *It's within walking distance.* Dá para ir a pé. **4** (*formal*) dentro de ◆ *adv* (*formal*) dentro

without /wɪˈðaʊt, -ˈθaʊt/ *prep* sem: *without saying goodbye* sem despedir-se ◊ *without him/his knowing* sem ele saber

withstand /wɪðˈstænd, wɪθˈstænd/ *vt* (*pret, pp* **withstood** /-ˈstʊd/) (*formal*) resistir a

witness /ˈwɪtnəs/ ◆ *s* ~ (**to sth**) testemunha (de algo) ◆ *vt* **1** presenciar **2** ser testemunha de

witness stand (*GB* **witness box**) *s* banco das testemunhas

witty /ˈwɪti/ *adj* (**-ier, -iest**) espirituoso, com senso de humor

wives *plural de* WIFE

wizard /ˈwɪzərd/ *s* mago, feiticeiro

wobble /ˈwɑbl/ **1** *vi* (*pessoa*) cambalear **2** *vi* (*cadeira*) balançar **3** *vi* (*gelatina*) tremer **4** *vt* mover **wobbly** *adj* (*coloq*) **1** cambaleante **2** pouco firme **3** bambo

woe /woʊ/ *s* desgraça, infortúnio LOC **woe betide (sb)** coitado de (alguém): *Woe betide me if I forget!* Coitado de mim se me esquecer!

wok /wɑk/ *s* frigideira chinesa ☛ *Ver ilustração em* SAUCEPAN

woke *pret de* WAKE

woken *pp de* WAKE

wolf /wʊlf/ *s* (*pl* **wolves** /wʊlvz/) lobo *Ver tb* PACK

woman /ˈwʊmən/ *s* (*pl* **women** /ˈwɪmɪn/) mulher

womb /wuːm/ *s* útero

won *pret, pp de* WIN

wonder /ˈwʌndər/ ◆ **1** *vi* (*formal*) ~ (**at sth**) admirar-se (de/com algo) **2** *vt, vi* perguntar-se: *It makes you wonder.* Faz a gente pensar. ◊ *I wonder if/whether he's coming.* Será que ele vem? ◆ *s* **1** assombro **2** maravilha LOC **it's a wonder (that)...** é um milagre que... **no wonder (that...)** não admira que... *Ver tb* MIRACLE

wonderful /ˈwʌndərfl/ *adj* maravilhoso, estupendo

won't /woʊnt/ = WILL NOT *Ver* WILL

wood /wʊd/ *s* **1** madeira **2** lenha **3** [*freq pl*] bosque: *We went into the woods.* Fomos ao bosque. LOC *Ver* TOUCH[1] **wooded** *adj* arborizado **wooden** *adj* **1** de madeira **2** (*perna*) de pau

woodland /ˈwʊdlənd/ *s* bosque

woodwind /ˈwʊdwɪnd/ *s* instrumentos de sopro (*de madeira*)

u	ɔː	ɜː	ə	j	w	eɪ	oʊ
situation	saw	fur	ago	yes	woman	pay	home

woodwork /ˈwʊdwɜːrk/ s **1** madeira-mento **2** carpintaria

wool /wʊl/ s lã **woolen** (GB **woollen**) (tb **wooly**, GB **woolly**) adj de lã

word /wɜːrd/ ◆ s palavra LOC **in other words** em outras palavras, isto é **to give sb your word** (**that…**) dar sua palavra a alguém (de que…) **to have a word** (**with sb**) (**about sth**) falar (com alguém) (sobre algo) **to keep/break your word** cumprir/faltar com a palavra **to put in/say a** (**good**) **word for sb** recomendar alguém, interceder por alguém **to take sb's word for it** (**that…**) acreditar em alguém (quando diz que…) **without a word** sem dizer uma palavra **words to that effect**: *He told me to get out, or words to that effect.* Ele me mandou sair, ou coisa parecida. *Ver tb* BREATHE, EAT, LAST, MARK[2], MINCE, PLAY ◆ vt exprimir, redigir **wording** s termos, texto

word processor s processador de textos **word processing** s processamento de textos

wore *pret de* WEAR

work[1] /wɜːrk/ s **1** [*não contável*] trabalho: *to leave work* sair do trabalho ◊ *work experience* experiência profissional **2** obra: *Is this your own work?* Foi você mesmo que fez isso? ◊ *a piece of work* uma obra/um trabalho **3** obra: *the complete works of Shakespeare* as obras completas de Shakespeare **4** **works** [*pl*] obras: *Danger! Works ahead.* Perigo! Obras. ☛ A palavra mais comum é **roadworks**. LOC **at work** no trabalho **to get** (**down**)/**go/set to work** (**on sth/to do sth**) pôr-se a trabalhar (em algo/para fazer algo) *Ver tb* STROKE[1]

A diferença entre **work** e **job** é que **work** é incontável e **job** é contável: *I've found work/a new job at the hospital.* Encontrei trabalho no hospital. **Employment** é mais formal que **work** e **job**, e é utilizado para se referir à condição daqueles que têm emprego: *Many women are in part-time employment.* Muitas mulheres trabalham em meio expediente. **Occupation** é o termo que se utiliza nos impressos oficiais: *Occupation: student* Profissão: estudante. A palavra **profession** é usada para se referir aos trabalhos que requerem um curso universitário: *the medical profes-*

sion a profissão médica. **Trade** é usado para designar os ofícios que requerem uma formação especial: *He's a carpenter by trade.* Ele é carpinteiro por profissão.

work[2] /wɜːrk/ (*pret*, *pp* **worked**) **1** vi ~ (**away**) (**at/on sth**) trabalhar (em algo): *to work as a lawyer* trabalhar como advogado ◊ *to work on the assumption that…* basear-se na hipótese de que… **2** vi ~ **for sth** esforçar-se por algo/por fazer algo **3** vi (*Mec*) funcionar **4** vi surtir efeito: *It will never work.* Não vai dar certo nunca. **5** vt (*máquina*) operar **6** vt (*pessoa*) fazer trabalhar **7** vt (*mina*) explorar **8** vt (*terra*) cultivar LOC **to work free/loose, etc.** soltar(-se), afrouxar(-se) **to work like a charm** (*colog*) ter um efeito mágico **to work your fingers to the bone** matar-se de trabalhar *Ver tb* MIRACLE PHR V **to work out 1** resultar, dar certo **2** fazer ginástica **to work sth out 1** calcular algo **2** solucionar algo **3** planejar algo, elaborar algo **to work sth up 1** desenvolver algo **2** *to work up an appetite* abrir o apetite **to work sb up** (**into sth**) incitar alguém (a algo): *to get worked up* enervar-se **workable** adj praticável, viável

worker /ˈwɜːrkər/ s **1** trabalhador, -ora **2** operário, -a

workforce /ˈwɜːrkfɔːrs/ s mão-de-obra

working /ˈwɜːrkɪŋ/ ◆ adj **1** ativo **2** de trabalho **3** útil: *working day* dia útil **4** que funciona **5** (*conhecimento*) básico LOC *Ver* ORDER ◆ s **workings** [*pl*] ~ (**of sth**) funcionamento (de algo)

working class ◆ s (tb **working classes**) classe operária ◆ adj (USA **blue-collar**) de classe operária

workload /ˈwɜːrkloʊd/ s carga de trabalho

workman /ˈwɜːrkmən/ s (*pl* **-men** /-mən/) operário **workmanship** s **1** (*de pessoa*) arte **2** (*de produto*) fabricação

workmate /ˈwɜːrkmeɪt/ s (GB) (USA **coworker**) s colega de trabalho

workplace /ˈwɜːrkpleɪs/ s local de trabalho

workshop /ˈwɜːrkʃɑp/ s oficina

worktop /ˈwɜːrktɑp/ s (GB) (USA **counter(top)**) superfície de trabalho (*na cozinha*)

world /wɜːrld/ s **1** mundo: *all over the*

aɪ	aʊ	ɔɪ	ɪə	eə	ʊə	ʒ	h	ŋ
five	now	join	near	hair	pure	vision	how	sing

world/the world over no mundo inteiro ◊ *world-famous* famoso no mundo inteiro **2** mundial, universal: *the world population* a população mundial *Ver* SMALL, THINK **worldly** *adj* (-**ier**, -**iest**) **1** mundano **2** *worldly goods* bens materiais **3** experiente, conhecedor do mundo

worldwide /ˈwɜːrldwaɪd/ ♦ *adj* mundial, universal ♦ *adv* por todo o mundo

worm /wɜːrm/ *s* **1** verme **2** (*tb* **earthworm**) minhoca LOC *Ver* EARLY

worn *pp de* WEAR

worn out *adj* **1** gasto **2** (*pessoa*) esgotado

worry /ˈwʌri/ ♦ (*pret, pp* **worried**) **1** *vi* ~ (**yourself**) (**about sb/sth**) preocupar-se (com alguém/algo) **2** *vt* preocupar, inquietar: *to be worried by sth* estar preocupado com algo ♦ *s* (*pl* -**ies**) **1** [*não contável*] preocupação **2** problema: *financial worries* problemas econômicos **worried** *adj* **1** ~ (**about sb/sth**) preocupado (com alguém/algo) **2** *to be* ~ **that…** preocupar a alguém que…: *I'm worried that he might get lost.* Preocupa-me que ele possa se perder. **worrying** *adj* inquietante, preocupante

worse /wɜːrs/ ♦ *adj* (*comp de* **bad**) ~ (**than sth/than doing sth**) pior (que algo/que fazer algo): *to get worse* piorar *Ver tb* BAD, WORST LOC *to make matters/things worse* para piorar as coisas ♦ *adv* (*comp de* **badly**) pior: *She speaks German even worse than I do.* Ela fala alemão até pior do que eu. ♦ *s* o pior: *to take a turn for the worse* piorar **worsen** *vt, vi* piorar, agravar(-se)

worship /ˈwɜːrʃɪp/ ♦ *s* **1** ~ (**of sb/sth**) veneração (de alguém/algo) **2** ~ (**of sb/sth**) (*Relig*) culto a (alguém/algo) ♦ (-**p**-, *GB* -**pp**-) **1** *vt, vi* adorar **2** *vt* render culto a **worshipper** *s* devoto, -a

worst /wɜːrst/ ♦ *adj* (*superl de* **bad**) pior: *My worst fears were confirmed.* Aconteceu o que eu mais temia. *Ver tb* BAD, WORSE ♦ *adv* (*superl de* **badly**) pior: *the worst hit areas* as áreas mais atingidas ♦ **the worst** *s* o pior LOC **at (the) worst; if the worst comes to the worst** na pior das hipóteses

worth /wɜːrθ/ ♦ *adj* **1** com um valor de, que vale: *to be worth $5* valer cinco dólares **2** *It's worth reading.* Vale a

pena ler. LOC **to be worth it** valer a pena **to be worth sb's while (to do sth)** valer a pena (fazer algo) ♦ *s* **1** valor **2** (*em dinheiro*): *$10 worth of gas* dez dólares de gasolina **3** (*em tempo*): *two weeks' worth of supplies* provisões para duas semanas LOC *Ver* MONEY **worthless** *adj* **1** sem valor **2** (*pessoa*) desprezível

worthwhile /ˌwɜːrθˈwaɪl/ *adj* que vale a pena: *to be worthwhile doing/to do sth* valer a pena fazer algo

worthy /ˈwɜːrði/ *adj* (-**ier**, -**iest**) **1** merecedor: *to be worthy of sth* ser digno de algo **2** (*causa*) nobre **3** (*pessoa*) respeitável

would /wəd, wʊd/ (*contração* ˈd *neg* **would not** *ou* **wouldn't** /ˈwʊdnt/) ♦ *v aux* (*condicional*): *Would you do it if I paid you?* Você o faria se eu lhe pagasse? ◊ *He said he would come at five.* Ele disse que viria às cinco. ♦ *v modal*

Would é um verbo modal, seguido de infinitivo sem TO. As orações interrogativas e negativas são construídas sem o auxiliar *do*.

1 (*oferecimento, pedido*): *Would you like a drink?* Quer tomar alguma coisa? ◊ *Would you come this way?* Quer vir por aqui? **2** (*propósito*): *I left a note so (that) they'd call us.* Deixei um bilhete para que nos telefonassem. **3** (*vontade*): *He wouldn't shake my hand.* Ele não queria apertar a minha mão.

wouldn't = WOULD NOT *Ver* WOULD

wound¹ /wuːnd/ ♦ *s* ferimento ♦ *vt* ferir: *He was wounded in the back during the war.* Ele foi ferido nas costas durante a guerra. **the wounded** *s* [*pl*] os feridos ☞ *Ver nota em* FERIMENTO

wound² *pret, pp de* WIND²

wove *pret de* WEAVE

woven *pp de* WEAVE

wow! /waʊ/ *interj* (*coloq*) uau!

wrangle /ˈræŋɡl/ ♦ *s* ~ (**about/over sth**) disputa (sobre algo) ♦ *vi* discutir

wrap /ræp/ ♦ *vt* (-**pp**-) **1** ~ **sb/sth (up)** envolver alguém/algo **2** ~ **sth (a)round sb/sth** enrolar algo ao redor de alguém/algo LOC **to be wrapped up in sb/sth** estar absorto em alguém/algo PHR V **to wrap (sb/yourself) up** (*GB*) agasalhar alguém/agasalhar-se **to wrap sth up** (*coloq*) concluir algo ♦ *s* xale

tʃ	dʒ	v	θ	ð	s	z	ʃ
chin	**J**une	**v**an	**th**in	**th**en	**s**o	**zoo**	**sh**e

wrapper *s* invólucro wrapping *s* emba-
lagem: *wrapping paper* papel de embru-
lho

wrath /ræθ; *GB* rɒθ/ *s* (*formal*) ira

wreath /riːθ/ *s* (*pl* ~s /riːðz/) coroa
(*funerária*)

wreck /rek/ ◆ *s* 1 navio naufragado 2
(*coloq, fig*) ruína 3 veículo, avião, etc.
destroçado ◆ *vt* destruir, afundar
wreckage *s* destroços (*acidente, etc.*)

wrench /rentʃ/ ◆ *vt* 1 ~ sth off (sth)
arrancar algo (de algo) (*com um puxão*)
2 ~ sth out of sth tirar algo de algo
(*com um puxão*) ◆ *s* 1 puxão 2 (*fig*)
golpe 3 (*GB tb* spanner) chave inglesa

wrestle /ˈresl/ *vi* (*Esporte, fig*) lutar
wrestler *s* lutador, -ora wrestling *s* lu-
ta livre

wretch /retʃ/ *s* desgraçado, -a

wretched /ˈretʃɪd/ *adj* 1 infeliz, des-
consolado 2 (*coloq*) maldito

wriggle /ˈrɪgl/ *vt, vi* 1 ~ (about) reme-
xer(-se), mover(-se) 2 contorcer(-se): *to
wriggle free* conseguir soltar-se

wring /rɪŋ/ *vt* (*pret, pp* wrung /rʌŋ/) 1
~ sth (out) espremer, torcer algo 2 ~
sth out of/from sb arrancar algo de
alguém LOC to wring sb's neck (*coloq*)
torcer o pescoço de alguém

wrinkle /ˈrɪŋkl/ ◆ *s* ruga ◆ 1 *vt, vi*
enrugar(-se) 2 *vt* (*cenho, nariz*) franzir

wrist /rɪst/ *s* pulso

write /raɪt/ *vt, vi* (*pret* wrote /rəʊt/ *pp*
written /ˈrɪtn/) escrever
PHR V to write back (to sb) responder
(a alguém)
to write sth down anotar algo
to write off/away (to sb/sth) for sth
escrever (a alguém/algo) pedindo algo
to write sth off 1 anular, cancelar algo
(*dívida, por ser incobrável*) 2 destruir
algo to write sb/sth off (as sth) excluir
alguém/algo (por algo) to write sth out
1 escrever algo (por extenso ou a lim-
po) 2 copiar algo
to write sth up redigir algo

write-off /ˈraɪt ɔːf; *GB* -ɒf/ *s* estrago:
The car was a write-off. O carro ficou
um estrago só.

writer /ˈraɪtər/ *s* escritor, -ora

writhe /raɪð/ *vi* contorcer(-se): *to
writhe in agony* contorcer-se de dor

writing /ˈraɪtɪŋ/ *s* 1 escrita 2 escrito 3
estilo de redação 4 letra 5 writings [*pl*]
obras, escritos LOC in writing por escri-
to

written /ˈrɪtn/ ◆ *adj* por escrito ◆ *pp
de* WRITE

wrong /rɔːŋ; *GB* rɒŋ/ ◆ *adj* 1 mau,
injusto: *It is wrong to…* Não está cer-
to… ◇ *He was wrong to say that.* Ele
errou em dizer aquilo. 2 errado, incor-
reto, falso: *to be wrong* estar enganado/
enganar-se 3 inoportuno, equivocado:
the wrong way up/around de cabeça
para baixo/ao contrário 4 *What's
wrong?* Qual é o problema? LOC *Ver*
SIDE ◆ *adv* mal, equivocadamente,
incorretamente *Ver tb* WRONGLY LOC to
get sb wrong (*coloq*) interpretar mal
alguém to get sth wrong enganar-se
em algo to go wrong 1 enganar-se 2
(*máquina*) quebrar 3 dar-se/ir mal ◆ *s*
1 mal 2 (*formal*) injustiça LOC to be in
the wrong não ter razão wrongful *adj*
injusto, ilegal wrongly *adv* mal, incor-
retamente

wrote *pret de* WRITE

wrought iron /ˌrɔːt ˈaɪən/ *s* ferro forja-
do

wrung *pret, pp de* WRING

i:	i	ɪ	e	æ	ɑ	ʌ	ʊ	uː
see	happy	sit	ten	hat	cot	cup	put	too

Xx

X, x /eks/ s (pl **X's, x's** /'eksɪz/) X, x: *X as in Xylophone* X de Xavier ☞ *Ver exemplos em* A, A

Xmas /'krɪsməs/ s (coloq) Natal

X-ray /'eks reɪ/ s radiografia: *X-rays* raios X

xylophone /'zaɪləfoʊn/ s xilofone

Yy

Y, y /waɪ/ s (pl **Y's, y's** /waɪz/) Y, y: *Y as in Yellow* Y de yin-yang ☞ *Ver exemplos em* A, A

yacht /jɑt/ s iate **yachting** s iatismo

yank /jæŋk/ vt, vi (coloq) puxar bruscamente PHR V **to yank sth off/out** puxar algo bruscamente

Yankee /'jæŋki/ (tb **Yank**) s (coloq) ianque

yard /jɑrd/ s 1 jardim 2 (GB) pátio 3 (abrev **yd.**) jarda (0,9144m) ☞ *Ver Apêndice 1.*

yardstick /'jɑrdstɪk/ s padrão, referência

yarn /jɑrn/ s 1 fio 2 longa história

yawn /jɔːn/ ◆ vi bocejar ◆ s bocejo **yawning** adj 1 (brecha) muito grande 2 (abismo) enorme

yeah! /jeə/ interj (coloq) sim!

year /jɪər, jɜːr/ s 1 ano: *for years* durante/há muitos anos 2 (GB) (USA **grade**) (escola) ano 3 *a two-year-old (child)* uma criança de dois anos ◊ *I am ten (years old).* Tenho dez anos. ☞ Note que, ao se dizer a idade, pode-se omitir a expressão **years old**. *Ver nota em* OLD

yearly /'jɪərli/ ◆ adj anual ◆ adv anualmente, cada ano

yearn /jɜːrn/ vi 1 ~ (for sb/sth) suspirar (por alguém/algo) 2 ~ (to do sth) ansiar (por fazer algo) **yearning** s 1 ~ (for sb/sth) desejo (de alguém/algo); anseio (por algo) 2 ~ (to do sth) ânsia (por/de fazer algo)

yeast /jiːst/ s fermento

yell /jel/ ◆ 1 vt, vi ~ (sth) (out) (at sb/sth)

gritar (algo) (para alguém/algo) 2 vi ~ (in/with sth) gritar (de algo) ◆ s grito, gritaria

yellow /'jeloʊ/ adj, s amarelo

yelp /jelp/ vi 1 (animal) ganir 2 (pessoa) gritar

yes /jes/ ◆ interj sim! ◆ s (pl **yeses** /'jesɪz/) sim

yesterday /'jestərdeɪ, -di/ adv, s ontem: *yesterday morning* ontem de manhã *Ver tb* DAY

yet /jet/ ◆ adv 1 [em frases negativas] ainda: *not yet* ainda não ◊ *They haven't called yet.* Ainda não telefonaram. ☞ *Ver nota em* STILL[1] 2 [em frases interrogativas] já

Yet ou **already**? Só se usa **yet** em frases interrogativas, e sempre no final da oração: *Have you finished it yet?* Você já terminou? **Already** é usado em frases afirmativas e interrogativas; normalmente vai depois dos verbos auxiliares ou modais e na frente dos demais verbos: *Have you finished already?* Você já terminou? ◊ *He already knew her.* Ele já a conhecia. Quando **already** indica surpresa com o fato de uma ação se haver realizado antes do esperado, pode ser usado no final da frase: *He has found a job already!* Ele já arrumou emprego! ◊ *Is it there already? That was quick!* Já está lá? Que rapidez! *Ver tb exemplos em* ALREADY

3 [depois de superl]: *her best novel yet* seu melhor romance até hoje 4 [antes de adj comparativo] ainda: *yet more work* mais trabalho ainda LOC **yet**

u	ɔː	ɜː	ə	j	w	eɪ	oʊ
situation	saw	fur	ago	yes	woman	pay	home

again outra vez, novamente ◆ *conj* contudo: *It's incredible yet true.* É inacreditável, mas é verdade.

yew /juː/ (*tb* **yew tree**) *s* teixo

yield /jiːld/ ◆ **1** *vt* produzir, dar **2** *vt* (*Fin*) render **3** *vi* ~ (**to sb/sth**) (*formal*) render-se (a alguém/algo); ceder (a alguém/algo) ☞ O verbo mais comum é **give in.** ◆ *s* **1** produção **2** colheita **3** (*Fin*) rendimento **yielding** *adj* **1** flexível **2** submisso

yogurt (*tb* **yoghurt**, *GB tb* **yoghourt**) /ˈjʊʊɡərt; *GB* ˈjɒɡət/ *s* iogurte

yoke /jʊʊk/ *s* jugo

yolk /jʊʊk/ *s* gema (*de ovo*) ☞ *Comparar com* WHITE *sentido 2*

you /juː/ *pron pess* **1** [*como sujeito*] tu, você(s), o(s) senhor(es), a(s) senhora(s): *You said that…* Você disse que… **2** [*em frases impessoais*]: *You can't smoke in here.* Não se pode fumar aqui. ☞ Nas frases impessoais pode-se usar **one** com o mesmo significado que **you**, mas é muito mais formal. **3** [*como objeto direto*] te, o(s), a(s), você(s), o(s) senhor(es), a(s) senhora(s) **4** [*como objeto indireto*] te, lhe(s), a você(s), ao(s) senhor(es), à(s) senhora(s): *I told you to wait.* Eu disse a você que esperasse. **5** [*depois de prep*] ti, você, o(s) senhor(es), a(s) senhora(s): *Can I go with you?* Posso ir com vocês? ☞ O *pron pess* não pode ser omitido em inglês.

you'd /juːd/ **1** = YOU HAD *Ver* HAVE **2** = YOU WOULD *Ver* WOULD

you'll /juːl/ = YOU WILL *Ver* WILL

young /jʌŋ/ ◆ *adj* (**younger** /ˈjʌŋɡər/, **youngest** /ˈjʌŋɡɪst/) jovem: *young people* jovens ◊ *He's two years younger than me.* Ele é dois anos mais novo do que eu. ◆ *s* [*pl*] **1** (*de animais*) crias, filhotes **2 the young** os jovens

youngster /ˈjʌŋstər/ *s* jovem

your /jʊər; *GB* jɔːr/ *adj poss* teu(s), tua(s), seu(s), sua(s), de você(s), do(s) senhor(es), da(s) senhora(s): *to break your arm* quebrar o braço ◊ *Your room is ready.* O seu quarto está pronto. ☞ *Ver nota em* MY

you're /jʊər, jɔːr/ = YOU ARE *Ver* BE

yours /jʊərz; *GB* jɔːrz/ *pron poss* o(s) teu(s), a(s) tua(s), o(s) seu(s), a(s) sua(s), o(s) de você(s), o do(s) senhor(es), o da(s) senhora(s): *Is she a friend of yours?* Ela é amiga sua/de vocês/dos senhores? ◊ *Where is yours?* Onde está o teu/o seu/o de vocês? LOC **Yours faithfully/sincerely** Atenciosamente

yourself /jʊərˈself; *GB* jɔːrˈself/ *pron* (*pl* **-selves** /-ˈselvz/) **1** [*uso reflexivo*] te, se, o(s), a(s): *Enjoy yourselves!* Divirtam-se! **2** [*depois de prep*] ti, si mesmo(s): *proud of yourself* orgulhoso de si mesmo. **3** [*uso enfático*] você(s) mesmo(s), você(s) mesma(s) LOC (**all**) **by yourself/yourselves** (completamente) sozinho(s) **to be yourself/yourselves** ser natural: *Just be yourself.* Simplesmente seja você mesma.

youth /juːθ/ *s* **1** juventude: *In my youth…* Quando eu era jovem… ◊ *youth club/hostel* clube/centro/ albergue para jovens **2** (*pl* ~**s** /juːðz/) (*freq pej*) jovem **youthful** *adj* juvenil

you've /juːv/ = YOU HAVE *Ver* HAVE

Zz

Z, z /ziː; *GB* zed/ *s* (*pl* Z's, z's /ziːz; *GB* zedz/) Z, z: *Z as in zebra* Z de zebra
☞ *Ver exemplos em* A, A

zeal /ziːl/ *s* entusiasmo, fervor **zealous** /ˈzeləs/ *adj* entusiasta

zebra /ˈziːbrə; *GB* ˈzebrə/ *s* (*pl* zebra *ou* ~s) zebra

zebra crossing *s* (*GB*) (*USA* cross-walk) faixa para pedestres

zenith /ˈzenɪθ/ *s* zênite

zero /ˈzɪərəʊ/ *adj, pron, s* (*pl* ~s) zero

zest /zest/ *s* ~ (**for sth**) entusiasmo, paixão (por algo)

zigzag /ˈzɪgzæg/ ◆ *adj* em ziguezague ◆ *s* ziguezague

zinc /zɪŋk/ *s* zinco

zip /zɪp/ ◆ (-pp-) **1** *vt* **to zip sth (up)** fechar o zíper de algo **2** *vi* **to zip (up)** fechar com zíper ◆ *s* (*USA* zipper) zíper

Zip code (*GB* postcode) *s* código de endereçamento postal

zipper /ˈzɪpər/ (*GB* zip) *s* zíper

zodiac /ˈzəʊdiæk/ *s* zodíaco

zone /zəʊn/ *s* zona

zoo /zuː/ (*pl* zoos) (*formal* zoological gardens) *s* (jardim) zoológico

zoology /zuːˈɒlədʒi/ *s* zoologia **zoologist** /zuːˈɒlədʒɪst/ *s* zoólogo, -a

zoom /zuːm/ *vi* ir muito depressa: *to zoom past* passar zunindo PHR V **to zoom in** (**on sb/sth**) enfocar (alguém/algo) (*com um zum*)

zoom lens *s* zum

zucchini /zuːˈkiːni/ *s* (*pl* zucchini) (*GB* courgette*) abobrinha

tʃ	dʒ	v	θ	ð	s	z	ʃ
chin	**J**une	**v**an	**th**in	**th**en	**s**o	**z**oo	**sh**e

■

Apêndices

Nesta seção se encontram os apêndices aos quais nos referimos ao longo do dicionário:

1 **Expressões numéricas** 672–5

2 **Nomes de pessoas** 676

3 **Nomes de lugares** 677–9

4 **Divisão territorial dos EUA** 680
Mapa dos Estados Unidos da América e Canadá 681

5 **As Ilhas Britânicas** 682
Mapa das Ilhas Britânicas 683

6 **Pronúncia** 684

7 **Abreviaturas e símbolos** 685

Apêndice 1
Expressões numéricas

Numerais

Cardinais		Ordinais	
1	one	1st	first
2	two	2nd	second
3	three	3rd	third
4	four	4th	fourth
5	five	5th	fifth
6	six	6th	sixth
7	seven	7th	seventh
8	eight	8th	eighth
9	nine	9th	ninth
10	ten	10th	tenth
11	eleven	11th	eleventh
12	twelve	12th	twelfth
13	thirteen	13th	thirteenth
14	fourteen	14th	fourteenth
15	fifteen	15th	fifteenth
16	sixteen	16th	sixteenth
17	seventeen	17th	seventeenth
18	eighteen	18th	eighteenth
19	nineteen	19th	nineteenth
20	twenty	20th	twentieth
21	twenty-one	21st	twenty-first
22	twenty-two	22nd	twenty-second
30	thirty	30th	thirtieth
40	forty	40th	fortieth
50	fifty	50th	fiftieth
60	sixty	60th	sixtieth
70	seventy	70th	seventieth
80	eighty	80th	eightieth
90	ninety	90th	ninetieth
100	a/one hundred	100th	hundredth
101	a/one hundred and one	101st	hundred and first
200	two hundred	200th	two hundredth
1,000	a/one thousand	1,000th	thousandth
10,000	ten thousand	10,000th	ten thousandth
100,000	a/one hundred thousand	100,000th	hundred thousandth
1,000,000	a/one million	1,000,000th	millionth

Exemplos

528	*five hundred and twenty-eight*
2,976	*two thousand, nine hundred and seventy-six*
50,439	*fifty thousand, four hundred and thirty-nine*
2,250,321	*two million, two hundred and fifty thousand, three hundred and twenty-one*

Atenção! Em inglês se utiliza uma vírgula para marcar o milhar, por exemplo *25,000*.

Números como *100, 1,000, 1,000,000*, etc. podem ser lidos de duas maneiras,

one hundred ou **a hundred**, **one thousand** ou **a thousand**, etc.

0 (zero) lê-se **zero, nothing, o** /oʊ/ ou **nought** (*GB*) dependendo das expressões em que é usado.

Frações

½	a half
⅓	a/one third
¼	a quarter
⅖	two fifths
⅛	an/one eighth
⅒	a/one tenth
⅟₁₆	a/one sixteenth
1½	one and a half
2⅜	two and three eighths
3⁷⁄₁₀	three and seven tenths

Há duas maneiras de se exprimir uma fração em inglês: a mais comum é dizer *one eighth of the cake, two thirds of the population*, etc.; mas seu professor de matemática pode pedir-lhe que resolva o seguinte problema:

Multiply two over five by three over eight (⅖ × ⅜).

Decimais

0.1	(zero) (*GB* nought) point one
0.25	(zero) (*GB* nought) point two five
1.75	one point seven five

Atenção! Em inglês se utiliza um ponto (NÃO uma vírgula) para marcar os decimais.

Expressões matemáticas

+	plus
−	minus
×	times *ou* multiplied by
÷	divided by
=	equals
%	per cent
3²	three squared
5³	five cubed
6¹⁰	six to the tenth power (*GB* to the power of ten)

Exemplos

$6 + 9 = 15$ *Six **plus** nine equals/is fifteen.*

$5 \times 6 = 30$ *Five **times** six equals thirty./ Five **multiplied by** six is thirty.*

75%   *Seventy-five **per cent** of the class passed the test.*

Peso

	Sistema americano		Sistema métrico	
	1 ounce	(oz.)	= 28.35 grams	(g)
16 ounces	= **1 pound**	(lb.)	= 0.454 kilogram	(kg)
2,000 pounds	= **1 ton**	(t.)	= 0.907 metric ton	(m.t.)

Exemplos

The baby weighed 7 lb 4 oz (seven pounds four ounces).
For this recipe you need 500g (five hundred grams) of flour.

Comprimento

	Sistema americano		Sistema métrico	
	1 inch	(in.)	= 25.4 millimeters	(mm)
12 inches	= **1 foot**	(ft.)	= 30.48 centimeters	(cm)
3 feet	= **1 yard**	(yd.)	= 0.914 meter	(m)
1 760 yards	= **1 mile**		= 1.609 kilometers	(km)

Exemplos

Height: 5 ft 9 in (five foot nine/five feet nine).
The hotel is 30 yds (thirty yards) from the beach.
The car was doing 50 mph (fifty miles per hour).
The room is 11' × 9'6" (eleven foot by nine foot six/eleven feet by nine feet six).

Superfície

	Sistema americano	Sistema métrico
	1 square inch (sq in.)	= 6.452 square centimeters
144 square inches	= **1 square foot** (sq ft.)	= 929.03 square centimeters
9 square feet	= **1 square yard** (sq yd.)	= 0.836 square meter
4,840 square yards	= **1 acre**	= 0.405 hectare
640 acres	= **1 square mile**	= 2.59 square kilometers/259 hectares

Exemplos
They have a 200-acre farm.
The fire destroyed 40 square miles of woodland.

Capacidade

	Sistema americano	Sistema métrico
	1 cup	= 0.2371 liter (ℓ)
2 cups	= **1 pint** (pt.)	= 0.4731 liter (ℓ)
2 pints	= **1 quart** (qt.)	= 0.9461 liter (ℓ)
8 pints	= **1 gallon** (gal.)	= 3.7851 liters

Exemplos
I bought a quart of milk at the store.
The gas tank holds 12 gallons.

Atenção! Nas receitas de cozinha, uma xícara
(*a cup*) de leite, água, etc. equivale a 0,275 litros.

Datas

Como escrevê-las:
4/15/99 (GB *15/4/99*)   *April 15, 1999*
4–15–99 (GB *15.4.99*)   *15 April 1999* (GB)

Como dizê-las:
April fifteenth, nineteen ninety-nine
The fifteenth of April/April the fifteenth, nineteen ninety-nine (GB)

Exemplos
Her birthday is on April 9/9th (April ninth) (GB *the ninth of April/April the ninth*).
The restaurant will be closed May 3–June 1
(from May third through June first) (GB *from May the third to June the first*).

Moeda

EUA	Valor da moeda/nota		Nome da moeda/nota
1¢	a cent		a penny
5¢	five cents		a nickel
10¢	ten cents		a dime
25¢	twenty-five cents		a quarter
$1	a dollar		a dollar bill
$5	five dollars	(five bucks*)	a five-dollar bill
$10	ten dollars	(ten bucks*)	a ten-dollar bill
$20	twenty dollars	(twenty bucks*)	a twenty-dollar bill
$50	fifty dollars	(fifty bucks*)	a fifty-dollar bill
$100	a hundred dollars	(a hundred bucks*)	a hundred-dollar bill

Exemplos
$5.75: five seventy-five
$0.79: seventy-nine cents
The apples are $1.29 (a dollar twenty-nine/one twenty-nine) a pound.
We pay $400 a month for rent.

* As expressões que aparecem entre parênteses são mais coloquiais.

Reino Unido	Valor da moeda/nota		Nome da moeda/nota
1p	a penny	(one p*)	a penny
2p	two pence	(two p*)	a two-pence piece
5p	five pence	(five p*)	a five-pence piece
10p	ten pence	(ten p*)	a ten-pence piece
20p	twenty pence	(twenty p*)	a twenty-pence piece
50p	fifty pence	(fifty p*)	a fifty-pence piece
£1	a pound		a pound (coin)
£2	two pounds		a two-pound coin
£5	five pounds		a five-pound note
£10	ten pounds		a ten-pound note
£20	twenty pounds		a twenty-pound note
£50	fifty pounds		a fifty-pound note

Exemplos
£5.75: five pounds seventy-five   *The apples are 65p a pound.*
25p: twenty-five pence   *We pay £250 a month in rent.*

* As expressões que aparecem entre parênteses são mais coloquiais.
Note que *one p, two p*, etc. se pronunciam /wʌn piː/, /tuː piː/, etc.

Apêndice 2
Nomes de pessoas

de mulher

Alice /ˈælɪs/
Alison /ˈælɪsn/
Amanda /əˈmændə/; Mandy /ˈmændi/
Angela /ˈændʒələ/
Ann, Anne /æn/
Barbara /ˈbɑːbrə/
Carol, Carole /ˈkærəl/
Caroline /ˈkærəlɪn/
Catherine, Katherine /ˈkæθrɪn/; Cathy,
 Kathy /ˈkæθi/; Kate /ˈkeɪt/
Christine /krɪsˈtiːn/; Chris /krɪs/
Cindy /ˈsɪndi/
Clare, Claire /kleər/
Cynthia /ˈsɪnθiə/
Deborah /ˈdebərə/; Debbie /ˈdebi/
Diana /daɪˈænə/; Diane /daɪˈæn/
Elizabeth, Elisabeth /ɪˈlɪzəbəθ/; Liz /lɪz/
Emma /ˈemə/
Frances /ˈfrænsɪs/; Fran /fræn/
Helen /ˈhelən/
Jacqueline /ˈdʒækəlɪn/; Jackie /ˈdʒæki/
Jane /dʒeɪn/
Jennifer /ˈdʒenɪfər/; Jenny /ˈdʒeni/
Jessica /ˈdʒesɪkə/
Jill /dʒɪl/
Joanna /dʒoʊˈænə/; Joanne /dʒoʊˈæn/;
 Jo /dʒoʊ/
Judith /ˈdʒuːdɪθ/; Judy /ˈdʒuːdi/
Julia /ˈdʒuːliə/; Julie /ˈdʒuːli/
Karen /ˈkærən/
Laura /ˈlɔːrə/
Linda /ˈlɪndə/
Lucy /ˈluːsi/
Margaret /ˈmɑːrgrət/; Maggie /ˈmægi/
Mary /ˈmeəri/
Melissa /məˈlɪsə/
Michelle /mɪˈʃel/; Shell(e)y /ˈʃeli/
Patricia /pəˈtrɪʃə/; Pat /pæt/; Patty
 /ˈpæti/
Peggy /ˈpegi/
Rachel /ˈreɪtʃl/
Rebecca /rɪˈbekə/; Becky /ˈbeki/
Rose /roʊz/; Rosie /ˈroʊzi/
Sally /ˈsæli/
Sarah, Sara /ˈseərə/
Sharon /ˈʃærən/
Susan /ˈsuːzn/; Sue /suː/; Susie /ˈsuːzi/
Tracy, Tracey /ˈtreɪsi/
Victoria /vɪkˈtɔːriə/; Vicky /ˈvɪki/

de homem

Alan, Allan, Allen /ˈælən/
Andrew /ˈændruː/; Andy /ˈændi/
Anthony /ˈænθəni/; Tony /ˈtoʊni/
Benjamin /ˈbendʒəmɪn/; Ben /ben/
Brian /ˈbraɪən/
Charles /tʃɑːlz/; Charlie /ˈtʃɑːli/;
 Chuck /tʃʌk/
Christopher /ˈkrɪstəfər/; Chris /krɪs/
Daniel /ˈdænjəl/; Dan /dæn/
David /ˈdeɪvɪd/; Dave /deɪv/
Edward /ˈedwərd/; Ed /ed/; Ted /ted/
Francis /ˈfrænsɪs/; Frank /fræŋk/
Gary /ˈgæri/
George /dʒɔːrdʒ/
Graham, Grahame, Graeme /ˈgreɪəm/
Henry /ˈhenri/; Hank /hæŋk/; Harry
 /ˈhæri/
Ian /ˈiːən/
Jack /dʒæk/
James /dʒeɪmz/; Jim /dʒɪm/
Jeffrey /ˈdʒefri/; Jeff /dʒef/
Jeremy /ˈdʒerəmi/; Jerry /ˈdʒeri/
John /dʒɑn/; Johnny /ˈdʒɑni/
Jonathan /ˈdʒɑnəθən/; Jon /dʒɑn/
Joseph /ˈdʒoʊsəf/; Joe /dʒoʊ/
Keith /kiːθ/
Kevin /ˈkevɪn/
Lawrence /ˈlɔːrəns/; Larry /ˈlæri/
Malcolm /ˈmælkəm/
Mark /mɑrk/
Martin /ˈmɑrtɪn/
Matthew /ˈmæθjuː/
Michael /ˈmaɪkl/; Mike /maɪk/
Neil, Neal /niːl/
Nicholas /ˈnɪkələs/; Nick /nɪk/
Nigel /ˈnaɪdʒl/
Patrick /ˈpætrɪk/; Pat /pæt/
Paul /pɔːl/
Peter /ˈpiːtər/; Pete /piːt/
Philip /ˈfɪlɪp/; Phil /fɪl/
Richard /ˈrɪtʃərd/; Rick /rɪk/
Robert /ˈrɑbərt/; Bob /bɑb/
Sean /ʃɔːn/
Simon /ˈsaɪmən/
Stephen, Steven /ˈstiːvn/; Steve /stiːv/
Thomas /ˈtɑməs/; Tom /tɑm/
Timothy /ˈtɪməθi/; Tim /tɪm/
William /ˈwɪljəm/; Bill /bɪl/

Apêndice 3
Nomes de lugares

Afghanistan /æfˈgænɪstæn; GB -stɑːn/; Afghan /ˈæfgæn/, Afghani /æfˈgɑni/, Afghanistani /æfˌgænɪˈstæni; GB -ˈstɑːni/

Africa /ˈæfrɪkə/; African /ˈæfrɪkən/

Albania /ælˈbeɪniə/; Albanian /ælˈbeɪniən/

Algeria /ælˈdʒɪəriə/; Algerian /ælˈdʒɪəriən/

America ☞ (the) United States (of America)

America /əˈmerɪkə/; American /əˈmerɪkən/

Andorra /ænˈdɔːrə/; Andorran /ænˈdɔːrən/

Angola /æŋˈɡoʊlə/; Angolan /æŋˈɡoʊlən/

Antarctica /ænˈtɑːktɪkə/; Antarctic

Antigua and Barbuda /ænˌtiːɡə ən bɑːˈbjuːdə/; Antiguan /ænˈtiːɡən/, Barbudan /bɑːˈbjuːdən/

(the) Arctic Ocean /ˌɑːktɪk ˈoʊʃn/; Arctic

Argentina /ˌɑːdʒənˈtiːnə/, the Argentine /ˈɑːdʒəntaɪn/; Argentinian /ˌɑːdʒənˈtɪniən/, Argentine

Armenia /ɑːˈmiːniə/; Armenian /ɑːˈmiːniən/

Asia /ˈeɪʒə, ˈeɪʃə/; Asian /ˈeɪʒn, ˈeɪʃn/

Australia /ɔːˈstreɪliə, ɑˈs-/; Australian /ɔːˈstreɪliən, ɑˈs-/

Austria /ˈɔːstriə, ˈɑs-/; Austrian /ˈɔːstriən, ˈɑs-/

(the) Bahamas /bəˈhɑməz/; Bahamian /bəˈheɪmiən/

Bangladesh /ˌbæŋɡləˈdeʃ/; Bangladeshi /ˌbæŋɡləˈdeʃi/

Barbados /bɑːˈbeɪdoʊs/; Barbadian /bɑːˈbeɪdiən/

Belgium /ˈbeldʒəm/; Belgian /ˈbeldʒən/

Belize /bəˈliːz/; Belizean /bəˈliːziən/

Bolivia /bəˈlɪviə/; Bolivian /bəˈlɪviən/

Bosnia-Herzegovina /ˌbɒzniə ˌhertsəɡəˈviːnə/; Bosnian /ˈbɒzniən/

Botswana /bɒtˈswɑnə/; Botswanan /bɒtˈswɑnən/

Brazil /brəˈzɪl/; Brazilian /brəˈzɪliən/

Bulgaria /bʌlˈɡeəriə/; Bulgarian /bʌlˈɡeəriən/

Burundi /bʊˈrʊndi /; Burundian /bʊˈrʊndiən/

Cambodia /kæmˈboʊdiə/; Cambodian /kæmˈboʊdiən/

Cameroon /ˌkæməˈruːn/; Cameroonian /ˌkæməˈruːniən/

Canada /ˈkænədə/; Canadian /kəˈneɪdiən/

Cape Verde Islands /ˌkeɪp ˈvɜːd aɪləndz/; Cape Verdean /ˌkeɪp ˈvɜːrdiən/

(the) Caribbean Sea /ˌkærəˌbiːən ˈsiː, kəˈrɪbiːən/; Caribbean

Central African Republic /ˌsentrəl ˌæfrɪkən rɪˈpʌblɪk/

Chad /tʃæd/; Chadian /ˈtʃædiən/

Chile /ˈtʃɪli/; Chilean /ˈtʃɪliən/

China /ˈtʃaɪnə/; Chinese /ˌtʃaɪˈniːz/

Colombia /kəˈlʌmbiə/; Colombian /kəˈlʌmbiən/

Congo /ˈkɒŋɡoʊ/ Congolese /ˌkɒŋɡəˈliːz/

(the Democratic Republic of the) Congo /ˈkɒŋɡoʊ/

Costa Rica /ˌkoʊstə ˈriːkə/; Costa Rican /ˌkoʊstə ˈriːkən/

Côte d'Ivoire /ˌkoʊt diːˈvwɑr/

Croatia /kroʊˈeɪʃə/; Croatian /kroʊˈeɪʃən/

Cuba /ˈkjuːbə/; Cuban /ˈkjuːbən/

Cyprus /ˈsaɪprəs/; Cypriot /ˈsɪpriət/

(the) Czech Republic /ˌtʃek rɪˈpʌblɪk/; Czech /tʃek/

Denmark /ˈdenmɑrk/; Danish /ˈdemɪʃ/, Dane /deɪn/

(the) Dominican Republic /dəˌmɪnɪkən rɪˈpʌblɪk/; Dominican /dəˈmɪnɪkən/

Ecuador /ˈekwədɔːr/; Ecuadorian /ˌekwəˈdɔːriən/

Egypt /ˈiːdʒɪpt/; Egyptian /iˈdʒɪpʃn/

El Salvador /el ˈsælvədɔːr/; Salvadorean /ˌsælvəˈdɔːriən/

Equatorial Guinea /ˌekwəˌtɔːriəl ˈɡmi/; Equatorial Guinean /ˌekwəˌtɔːriəl ˈɡmiən/

Ethiopia /ˌiːθiˈoʊpiə/; Ethiopian /ˌiːθiˈoʊpiən/

Europe /ˈjʊərəp/; European /ˌjʊərəˈpiːən/

Fiji /ˈfiːdʒiː; GB ˌfiːˈdʒiː/; Fijian /ˈfiːdʒiən; GB ˌfiːˈdʒiən/

Finland /ˈfɪnlənd/; Finnish /ˈfɪnɪʃ/, Finn /fɪn/

France /fræns; GB frɑːns/; French /frentʃ/, Frenchman /ˈfrentʃmən/, Frenchwoman /ˈfrentʃwʊmən/

Gabon /gæˈboʊn; *GB* -ˈbɒn/; **Gabonese** /ˌgæbəˈniːz/

The Gambia /ˈgæmbiə/; **Gambian** /ˈgæmbiən/

Germany /ˈdʒɜːrməni/; **German** /ˈdʒɜːrmən/

Ghana /ˈgɑnə/; **Ghanaian** /gɑˈneɪən/

Gibraltar /dʒɪˈbrɔːltər/; **Gibraltarian** /ˌdʒɪbrɔːlˈteəriən/

Greece /griːs/; **Greek** /griːk/

Guatemala /ˌgwɑtəˈmɑlə/; **Guatemalan** /ˌgwɑtəˈmɑlən/

Guinea /ˈgɪni/; **Guinean** /ˈgɪniən/

Guinea-Bissau /ˌgɪni bɪˈsaʊ/

Guyana /gaɪˈænə/; **Guyanese** /ˌgaɪəˈniːz/

Haiti /ˈheɪti/; **Haitian** /ˈheɪʃn/

Holland /ˈhɑlənd/ ☞ (the) Netherlands

Honduras /hɑnˈdʊərəs; *GB* -ˈdjʊə-/; **Honduran** /hɑnˈdʊərən; *GB* -ˈdjʊə-/

Hong Kong /ˈhɑŋ kɑŋ/

Hungary /ˈhʌŋgəri/; **Hungarian** /hʌŋˈgeəriən/

Iceland /ˈaɪslənd/; **Icelandic** /aɪsˈlændɪk/

India /ˈɪndiə/; **Indian** /ˈɪndiən/

Indonesia /ˌɪndəˈniːʒə; *GB* -ˈniːziə/; **Indonesian** /ˌɪndəˈniːʒn; *GB* -ziən/

Iran /ɪˈrɑn/; **Iranian** /ɪˈreɪniən/

Iraq /ɪˈrɑk/; **Iraqi** /ɪˈrɑki/

(the Republic of) Ireland /ˈaɪələnd/; **Irish** /ˈaɪərɪʃ/

Israel /ˈɪzreɪl/; **Israeli** /ɪzˈreɪli/

Italy /ˈɪtəli/; **Italian** /ɪˈtæliən/

Jamaica /dʒəˈmeɪkə/; **Jamaican** /dʒəˈmeɪkən/

Japan /dʒəˈpæn/; **Japanese** /ˌdʒæpəˈniːz/

Jordan /ˈdʒɔːrdn/; **Jordanian** /dʒɔːrˈdemiən/

Kenya /ˈkenjə/; **Kenyan** /ˈkenjən/

Korea /kəˈriːə; *GB* kəˈrɪə/; **North Korea, North Korean** /ˌnɔːθ kəˈriːən; *GB* kəˈrɪən/; **South Korea, South Korean** /ˌsaʊθ kəˈriːən; *GB* kəˈrɪən/

Kuwait /kuˈweɪt/; **Kuwaiti** /kuˈweɪti/

Laos /laʊs/; **Laotian** /leɪˈoʊʃn; *GB* ˈlaʊʃn/

Lebanon /ˈlebənən; *GB* -nən/; **Lebanese** /ˌlebəˈniːz/

Libya /ˈlɪbiə/; **Libyan** /ˈlɪbiən/

Liechtenstein /ˈlɪktənstam, lɪxt-/; **Liechtenstein, Liechtensteiner** /ˈlɪktənstamə(r), ˈlɪxt-/

Luxembourg /ˈlʌksəmbɜːrg/; **Luxembourg, Luxembourger** /ˈlʌksəmbɜːrgər/

Madagascar /ˌmædəˈgæskər/; **Madagascan** /ˌmædəˈgæskən/, **Malagasy** /ˌmæləˈgæsi/

Malawi /məˈlɑwi/; **Malawian** /məˈlɑwiən/

Malaysia /məˈleɪʒə; *GB* -ˈleɪziə/; **Malaysian** /məˈleɪʒn; *GB* -ˈleɪziən/

Maldives /ˈmɑldiːvz/; **Maldivian** /mɑlˈdɪviən/

Mali /ˈmɑli/; **Malian** /ˈmɑliən/

Malta /ˈmɑltə/; **Maltese** /ˌmɑlˈtiːz/

Mauritania /ˌmɔːrɪˈteɪniə; *GB* mɒr-/; **Mauritanian** /ˌmɔːrɪˈteɪniən; *GB* ˌmɒr-/

Mauritius /mɔːˈrɪʃəs; *GB* mə-/; **Mauritian** /mɔːˈrɪʃn; *GB* mə-/

Mexico /ˈmeksɪkoʊ/; **Mexican** /ˈmeksɪkən/

Monaco /ˈmɑnəkoʊ/; **Monegasque** /ˌmɑniˈgæsk/

Mongolia /mɑŋˈgoʊliə/; **Mongolian** /mɑŋˈgoʊliən/, **Mongol** /ˈmɑŋgl/

Montserrat /ˌmɑntsəˈræt/; **Montserratian** /ˌmɑntsəˈreɪʃn/

Morocco /məˈrɑkoʊ/; **Moroccan** /məˈrɑkən/

Mozambique /ˌmoʊzæmˈbiːk/; **Mozambiquean** /ˌmoʊzæmˈbiːkən/

Namibia /nəˈmɪbiə/; **Namibian** /nəˈmɪbiən/

Nepal /nɪˈpɑl/; **Nepalese** /ˌnepəˈliːz/

(the) Netherlands /ˈneðərləndz/; **Dutch** /dʌtʃ/, **Dutchman** /ˈdʌtʃmən/, **Dutchwoman** /ˈdʌtʃwʊmən/

New Zealand /ˌnuː ˈziːlənd; *GB* ˌnjuː-/; **New Zealand, New Zealander** /ˌnuː ˈziːləndər; *GB* ˌnjuː-/

Nicaragua /ˌnɪkəˈrɑgwə; *GB* -ˈrægjuə/; **Nicaraguan** /ˌnɪkəˈrɑgwən; *GB* -ˈrægjuən/

Niger /ˈnaɪdʒər; *GB* niːˈʒeə(r)/; **Nigerien** /niːˈʒeəriən/

Nigeria /naɪˈdʒɪəriə/; **Nigerian** /naɪˈdʒɪəriən/

Norway /ˈnɔːrweɪ/; **Norwegian** /nɔːrˈwiːdʒən/

Oman /oʊˈmɑn/; **Omani** /oʊˈmɑni/

Pakistan /ˈpækɪstæn; *GB* ˌpɑːkɪˈstɑn/; **Pakistani** /ˌpækɪˈstæni; *GB* ˌpɑːkɪˈstɑːni/

Panama /'pænəmɑ/; Panamanian /ˌpænə'meɪnɪən/

Papua New Guinea /ˌpæpuə ˌnju: 'gmi; *GB* -ˌnju:-/; Papuan /'pæpuən/

Paraguay /'pærəgweɪ; *GB* -gwaɪ/; Paraguayan /ˌpærə'gweɪən; *GB* -'gwaɪən/

Peru /pə'ru:/; Peruvian /pə'ru:vɪən/

(the) Philippines /'fɪlɪpi:nz/; Philippine /'fɪlɪpi:n/, Filipino /ˌfɪlɪ'pi:nəʊ/

Poland /'pəʊlənd/; Polish /'pəʊlɪʃ/, Pole /pəʊl/

Portugal /'pɔ:rtʃʊgl/; Portuguese /ˌpɔ:rtʃʊ'gi:z/

Romania /ru'meɪnɪə/; Romanian /ru'meɪnɪən/

Russia /'rʌʃə/; Russian /'rʌʃn/

Rwanda /ru'ʊndə/; Rwandan /ru'ʊndən/

San Marino /ˌsæn mə'ri:nəʊ/; San Marinese /ˌsæn ˌmærɪ'ni:z/

Sao Tomé and Principe /ˌsaʊ təˌmeɪ ən 'prɪnsɪpeɪ/

Saudi Arabia /ˌsaʊdi ə'reɪbɪə/; Saudi /'saʊdi/, Saudi Arabian /ˌsaʊdi ə'reɪbɪən/

Senegal /ˌsenɪ'gɔ:l/; Senegalese /ˌsenɪgə'li:z/

Serbia and Montenegro / ˌsɜ:rbɪə ən ˌmɑntə'negrəʊ/; Serbian /'sɜ:rbɪən/, Montenegrin /ˌmɑntə'negrɪn/

(the) Seychelles /seɪ'ʃelz/; Seychellois /ˌseɪʃel'wa/

Sierra Leone /siˌerə li'əʊn/; Sierra Leonean /siˌerə li'əʊnɪən/

Singapore /'sɪŋɡəpɔ:r; *GB* ˌsɪŋə'pɔ:(r), ˌsɪŋə-/; Singaporean /ˌsɪŋə'pɔ:rɪən, ˌsɪŋə-/

Slovakia /sləʊ'vɑkɪə, -'væk-/; Slovak /'sləʊvæk/

(the) Solomon Islands /'sɑləmən aɪləndz/

Somalia /sə'mɑlɪə/; Somali /sə'mɑli/

(the Republic of) South Africa /ˌsaʊθ 'æfrɪkə/; South African /ˌsaʊθ 'æfrɪkən/

Spain /speɪn/; Spanish /'spænɪʃ/, Spaniard /'spænɪərd/

Sri Lanka /sri 'lɑŋkə; *GB* -'læŋ-/; Sri Lankan /sri 'lɑŋkən; *GB* -'læŋ-/

St. Lucia /seɪnt 'lu:ʃə; *GB* snt-/

Sudan /su'dæn; *GB* -'dɑ:n/; Sudanese /ˌsu:də'ni:z/

Suriname /ˌsʊərɪ'nɑm/; Surinamese /ˌsʊərnə'mi:z/

Swaziland /'swɑzilænd/; Swazi /'swɑzi/

Sweden /'swi:dn/; Swedish /'swi:diʃ/, Swede /swi:d/

Switzerland /'swɪtsərlənd/; Swiss /swɪs/

Syria /'sɪrɪə/; Syrian /'sɪrɪən/

Taiwan /taɪ'wɑn/; Taiwanese /ˌtaɪwə'ni:z/

Tanzania /ˌtænzə'ni:ə/; Tanzanian /ˌtænzə'ni:ən/

Thailand /'taɪlænd/; Thai /taɪ/

Tibet /tɪ'bet/; Tibetan /tɪ'betn/

Togo /'təʊgəʊ/; Togolese /ˌtəʊgə'li:z/

Trinidad and Tobago /ˌtrɪnɪdæd ən tə'beɪgəʊ/; Trinidadian /ˌtrɪnɪ'dædɪən/, Tobagan /tə'beɪgən/, Tobagonian /ˌtəʊbə'gəʊnɪən/

Tunisia /tu'ni:ʒə; *GB* tju'nɪzɪə/; Tunisian / tu'ni:ʒn; *GB* tju'nɪzɪən/

Turkey /'tɜ:rki/; Turkish /'tɜ:rkɪʃ/, Turk /tɜ:rk/

Uganda /ju:'gændə/; Ugandan /ju:'gændən/

United Arab Emirates /juˌnaɪtɪd ˌærəb 'emɪrəts/

(the) United States of America /juˌnaɪtɪd ˌsteɪts əv ə'merɪkə/; American /ə'merɪkən/

Uruguay /'jʊərəgwaɪ/; Uruguayan /ˌjʊərə'gwaɪən/

Vatican City /ˌvætɪkən 'sɪti/

Venezuela /ˌvenə'zweɪlə/; Venezuelan /ˌvenə'zweɪlən/

Vietnam /viˌet'nɑm; *GB* -'næm/; Vietnamese /viˌetnə'mi:z/

(the) West Indies /ˌwest 'ɪndɪz/; West Indian /ˌwest 'ɪndɪən/

Yemen Republic /ˌjemən rɪ'pʌblɪk/; Yemeni /'jeməni/

Zambia /'zæmbɪə/; Zambian /'zæmbɪən/

Zimbabwe /zɪm'bɑbwi/; Zimbabwean /zɪm'bɑbwɪən/

Como se forma o plural

Para formar o plural basta juntar um **-s** ao substantivo (por exemplo, a *Haitian*, two *Haitians*), exceto no caso de **Swiss** e palavras terminadas em **-ese** (como *Japanese*), que são invariáveis. As nacionalidades terminadas em **-man** ou **-woman** formam o plural em **-men** e **-women** (por exemplo, three *Frenchmen*).

Apêndice 4
Divisão territorial dos EUA

Estados que fazem parte dos EUA

Alabama (AL) /ˌæləˈbæmə/
Alaska (AK) /əˈlæskə/
Arizona (AZ) /ˌærɪˈzoʊnə/
Arkansas (AR) /ˈɑːrkənsɔː/
California (CA) /ˌkælɪˈfɔːrnjə/
Colorado (CO) /ˌkɑləˈrædoʊ/
Connecticut (CT) /kəˈnetɪkət/
Delaware (DE) /ˈdeləweər/
Florida (FL) /ˈflɔːrɪdə/
Georgia (GA) /ˈdʒɔːrdʒə/
Hawaii (HI) /həˈwaɪi/
Idaho (ID) /ˈaɪdəhoʊ/
Illinois (IL) /ˌɪlɪˈnɔɪ/
Indiana (IN) /ˌɪndiˈænə/
Iowa (IA) /ˈaɪəwə/
Kansas (KS) /ˈkænzəs/
Kentucky (KY) /kənˈtʌki/
Louisiana (LA) /luˌiːziˈænə/
Maine (ME) /meɪn/
Maryland (MD) /ˈmerɪlənd/
Massachusetts (MA) /ˌmæsəˈtʃuːsɪts/
Michigan (MI) /ˈmɪʃɪgən/
Minnesota (MN) /ˌmɪnɪˈsoʊtə/
Mississippi (MS) /ˌmɪsɪˈsɪpi/
Missouri (MO) /mɪˈzʊri/
Montana (MT) /mɑnˈtænə/
Nebraska (NE) /nəˈbræskə/
Nevada (NV) /nəˈvɑdə, nəˈvædə/
New Hampshire (NH) /ˌnuː ˈhæmpʃər/
New Jersey (NJ) /ˌnuː ˈdʒɜːrzi/
New Mexico (NM) /ˌnuː ˈmeksɪkoʊ/
New York (NY) /ˌnuː ˈjɔːrk/
North Carolina (NC) /ˌnɔːrθ kærəˈlamə/
North Dakota (ND) /ˌnɔːrθ dəˈkoʊtə/
Ohio (OH) /oʊˈhaɪoʊ/
Oklahoma (OK) /ˌoʊkləˈhoʊmə/
Oregon (OR) /ˈɔːrɪgən/
Pennsylvania (PA) /ˌpensəlˈveɪnjə/
Rhode Island (RI) /ˌroʊd ˈaɪlənd/
South Carolina (SC) /ˌsaʊθ kærəˈlamə/
South Dakota (SD) /ˌsaʊθ dəˈkoʊtə/
Tennessee (TN) /ˌtenəˈsiː/
Texas (TX) /ˈteksəs/
Utah (UT) /ˈjuːtɑ/
Vermont (VT) /vərˈmɑnt/
Virginia (VA) /vərˈdʒɪnjə/
Washington (WA) /ˈwɑʃɪŋtən, ˈwɔː-/
West Virginia (WV) /ˌwest vərˈdʒɪnjə/
Wisconsin (WI) /wɪsˈkɑnsɪn/
Wyoming (WY) /waɪˈoʊmɪŋ/

Principais cidades

Atlanta /ətˈlæntə/
Anchorage /ˈæŋkərɪdʒ/
Baltimore /ˈbɔːltɪmɔːr/
Boston /ˈbɔːstən, ˈbɑs-/
Chicago /ʃɪˈkɑgoʊ/
Cincinnati /ˌsɪnsɪˈnæti/
Cleveland /ˈkliːvlənd/
Dallas /ˈdæləs/
Denver /ˈdenvər/
Detroit /dɪˈtrɔɪt/
Honolulu /ˌhɑnəˈluːluː/
Houston /ˈhjuːstən/
Indianapolis /ˌɪndiəˈnæpəlɪs/
Kansas City /ˌkænzəs ˈsɪti/
Los Angeles /lɔːs ˈændʒələs, lɑs-/
Miami /maɪˈæmi/
Milwaukee /mɪlˈwɔːki/
Minneapolis /ˌmɪniˈæpəlɪs/
New Orleans /ˌnuː ˈɔːrliənz, ɔːrˈliːnz/
New York /ˌnuː ˈjɔːrk/
Philadelphia /ˌfɪləˈdelfiə/
Pittsburgh /ˈpɪtsbɜːrg/
San Diego /ˌsæn diˈeɪgoʊ/
San Francisco /ˌsæn frənˈsɪskoʊ/
Seattle /siˈætl/
St. Louis /semt ˈluːɪs/
Washington D.C. /ˈwɑʃɪŋtən ˌdiː ˈsiː/

Estados Unidos da América e Canadá

Apêndice 5
As Ilhas Britânicas

A Grã-Bretanha, **Great Britain (GB)** ou **Britain**, é formada pela Inglaterra – **England** /'ɪŋglənd/, pela Escócia – **Scotland** /'skɑtlənd/ e pelo País de Gales – **Wales** /weɪlz/.

A designação correta para o estado político é the **United Kingdom (of Great Britain and Northern Ireland) (UK)**, que, além da Grã-Bretanha, inclui também a Irlanda do Norte. A designação **Great Britain** é, no entanto, muitas vezes usada como sinônimo de **United Kingdom** (Reino Unido).

Quando falamos de **the British Isles** nos referimos à ilha da Grã-Bretanha e à ilha da Irlanda – **Ireland** /'aɪərlənd/.

Principais cidades das Ilhas Britânicas

Aberdeen /'æbərdiːn/
Bath /bæθ; GB bɑːθ/
Belfast /'belfæst/
Berwick-upon-Tweed /ˌberɪk əpɑn 'twiːd/
Birmingham /'bɜːrmɪŋəm/
Blackpool /'blækpuːl/
Bournemouth /'bɔːrnməθ/
Bradford /'brædfərd/
Brighton /'braɪtn/
Bristol /'brɪstl/
Caernarfon /kər'nɑrvn/
Cambridge /'keɪmbrɪdʒ/
Canterbury /'kæntərberi; GB -bəri/
Cardiff /'kɑrdɪf/
Carlisle /'kɑrlaɪl/
Chester /'tʃestər/
Colchester /'koʊltʃestər/
Cork /kɔːrk/
Coventry /'kʌvəntri; GB 'kɒv-/
Derby /'dɑrbi/
Douglas /'dʌgləs/
Dover /'doʊvər/
Dublin /'dʌblɪn/
Dundee /dʌn'diː/
Durham /'dɜːrəm; GB 'dʌr-/
Eastbourne /'iːstbɔːrn/
Edinburgh /'ednbɜːrə/
Ely /'iːli/
Exeter /'eksɪtər/
Galway /'gɔːlweɪ/
Glasgow /'glæsgoʊ; GB 'glɑːz-/
Gloucester /'glɔːstər/
Hastings /'heɪstɪŋz/
Hereford /'herɪfərd/
Holyhead /'hɑlihed/
Inverness /ˌɪnvər'nes/
Ipswich /'ɪpswɪtʃ/

Keswick /'kezɪk/
Kingston upon Hull /ˌkɪŋstən əpɑn 'hʌl/
Leeds /liːdz/
Leicester /'lestər/
Limerick /'lɪmərɪk/
Lincoln /'lɪŋkən/
Liverpool /'lɪvərpuːl/
London /'lʌndən/
Londonderry /'lʌndəndəri/
Luton /'luːtn/
Manchester /'mæntʃestər/
Middlesbrough /'mɪdlzbrə/
Newcastle upon Tyne /ˌnuːkæsl əpɑn 'taɪn; GB ˌnjuːkɑːsl -/
Norwich /'nɔːrɪtʃ; GB 'nɒrɪdʒ/
Nottingham /'nɑtɪŋəm/
Oxford /'ɑksfərd/
Plymouth /'plɪməθ/
Poole /puːl/
Portsmouth /'pɔːrtsməθ/
Ramsgate /'ræmzgeɪt/
Reading /'redɪŋ/
Salisbury /'sɔːlzberi/
Sheffield /'ʃefiːld/
Shrewsbury /'ʃruːzberi; GB 'ʃroʊzbəri/
Southampton /saʊθ'hæmptən/
St. Andrews /semt 'ændruːz; GB snt/
Stirling /'stɜːrlɪŋ/
Stoke-on-Trent /ˌstoʊk ɑn 'trent/
Stratford-upon-Avon /ˌstrætfərd əpɑn 'eɪvn/
Swansea /'swɑnzi, US tb -si/
Taunton /'tɔːntn; GB -tən/
Warwick /'wɔːrɪk/
Worcester /'wʊstər/
York /jɔːrk/

As Ilhas Británicas

Apêndice 6
Pronúncia

Há palavras que podem ser pronunciadas de maneiras diferentes. No *Oxford Escolar* se encontram as formas mais comuns, ordenadas conforme a freqüência de uso.

either /ˈiːðər, ˈaɪðər/

Se a pronúncia da palavra varia muito no inglês britânico, essa também é indicada e precedida da abreviatura *GB*.

salon /səˈlɑn; *GB* ˈsælɒn/

/ˈ/ indica onde recai o acento tônico principal da palavra

money /ˈmʌni/ a sílaba tônica é a primeira

lagoon /ləˈguːn/ a sílaba tônica é a segunda

/ˌ/ indica onde recai o acento secundário da palavra

pronunciation /prəˌnʌnsiˈeɪʃn/ o acento secundário cai na segunda sílaba /ˌnʌn/ e o principal na sílaba /ˈeɪʃn/.

r No inglês americano sempre se pronuncia o **r** final.

No entanto, no inglês britânico somente se pronuncia o **r** final quando a palavra seguinte começa por vogal.

Por exemplo, o **r** não é pronunciado na frase *His car broke down*, más é em *His car is brand new*.

Por isso, indicamos este fato na variante britânica adicionando um **r** entre parênteses à transcrição fonética.

chauffeur /ʃoʊˈfɜːr; *GB* ˈʃəʊfə(r)/

ɑː/ɒ Além disso, há dois símbolos fonéticos que aparecem apenas nas variantes britânicas:

ɑː **bath** /bæθ; *GB* bɑːθ/

ɒ **off** /ɔːf; *GB* ɒf/

Formas tônicas e átonas

Algumas palavras de uso freqüente (**an**, **as**, **from**, **that**, **of**, etc.) podem ser pronunciadas de duas maneiras diferentes, uma tônica e outra átona. Das duas, a átona é a mais freqüente.

Vejamos, por exemplo, o caso da preposição **from** /frəm, frɑm/, que normalmente se pronuncia /frəm/, como na frase
He comes from Brazil.

No entanto, quando surge no final da oração ou é utilizada de maneira enfática, utiliza-se a pronúncia tônica /frɑm/, como em
The ˌpresent's not ˈfrom John, it's ˈfor him.

Palavras derivadas

Muitas vezes a pronúncia da palavra derivada é a soma da pronúncia dos vários elementos que a constituem. Nesses casos não é dada a transcrição fonética, visto que é óbvia.

slowly = **slow** + **ly**
/ˈsloʊli/ /sloʊ + li/

astonishingly = **astonish** + **ing** + **ly**
/əˈstɑnɪʃmli/ /əˈstɑnɪʃ + ɪŋ + li/

Contudo, às vezes o acento da palavra muda quando se adicionam as desinências e, nesses casos, indicamos a transcrição fonética.

photograph /ˈfoʊtəgræf/
photographer /fəˈtɑgrəfər/
photographic /ˌfoʊtəˈgræfɪk/
photography /fəˈtɑgrəfi/

Nos casos das palavras derivadas terminadas em **-tion** não apresentamos a pronúncia, pois a norma é o acento recair na penúltima sílaba, o que acontece com regularidade.

alter /ˈɔːltər/
alteration /ˌɔːltəˈreɪʃn/
celebrate /ˈselɪbreɪt/
celebration /ˌselɪˈbreɪʃn/

Apêndice 7

Abreviaturas e símbolos

abrev	abreviatura	**Mil**	termo militar
adj	adjetivo	**Mús**	Música
adj interr	adjetivo interrogativo	**Náut**	Náutica
adj neg	adjetivo negativo	**num**	numeral
adj poss	adjetivo possessivo	**ofen**	termo ofensivo
adj rel	adjetivo relativo	**Ornit**	Ornitologia
+ adj	seguido de adjetivo	**partíc adv**	partícula adverbial
adv	advérbio	**pej**	termo pejorativo
adv interr	advérbio interrogativo	**pl**	plural
adv neg	advérbio negativo	**Pol**	Política
adv rel	advérbio relativo	**pp**	particípio passado
Aeronáut	Aeronáutica	**pref**	prefixo
Anat	Anatomia	**prep**	preposição
aprov	tom de aprovação	**pron**	pronome
Arquit	Arquitetura	**pron interr**	pronome interrogativo
art def	artigo definido	**pron pess**	pronome pessoal
art indef	artigo indefinido	**pron poss**	pronome possessivo
Astron	Astronomia	**pron rel**	pronome relativo
Biol	Biologia	**Quím**	Química
Bot	Botânica	**Relig**	Religião
Can	Canadá	**ret**	tom retórico
científ	termo científico	**s**	substantivo
coloq	termo coloquial	**s atrib**	substantivo em posição atributiva
Com	termo comercial		(antes de outro substantivo)
conj	conjunção	**sb**	somebody
Econ	Economia	**sf**	substantivo feminino
Educ	Educação	**sing**	singular
Eletrôn	Eletrônica	**sm**	substantivo masculino
esp	especialmente	**smf**	substantivo masculino e feminino
euf	eufemismo	**sm-sf**	substantivo com desinências
fem	feminino		diferentes para o masculino e o
fig	sentido figurado		feminino
Fil	Filosofia	**sm ou sf**	gênero vacilante: substantivo
Fin	Finanças		masculino ou feminino
Fís	Física	**Sociol**	Sociologia
Fot	Fotografia	**sth**	something
Fr	termo francês	**Teat**	Teatro
freq	freqüentemente	**Tec**	Tecnologia
GB	Grã-Bretanha	**téc**	termo técnico
Geog	Geografia	**TV**	Televisão
Geol	Geologia	**USA**	Estados Unidos
Geom	Geometria	**v**	verbo
ger	geralmente	**v aux**	verbo auxiliar
Gram	Gramática	**v imp**	verbo impessoal
Hist	História	**v modal**	verbo modal
hum	termo humorístico	**v pl**	verbo no plural
Informát	Informática	**v pron**	verbo pronominal
+ ing	seguido de verbo terminado	**v refl**	verbo reflexivo
	em -ing	**v sing**	verbo no singular
interj	interjeição	**v sing ou pl**	verbo no singular ou no plural
Irl	Irlanda	**vi**	verbo intransitivo
irôn	termo irônico	**vt**	verbo transitivo
Jornal	Jornalismo	**Zool**	Zoologia
Jur	termo jurídico		
Ling	Lingüística	**LOC**	locuções e expressões
lit	sentido literal		
Liter	Literatura		enquadra as notas explicativas
+ loc adv	seguido de locução adverbial		
masc	masculino	**♦**	mudança de classe gramatical
Mat	Matemática		(adjetivo, verbo, advérbio, etc.)
Mec	Mecânica	**☞**	introduz uma breve nota sobre a
Med	Medicina		palavra consultada ou simplesmente
Meteor	Meteorologia		remete a outras palavras relacionadas
			a ela

Notas

Notas

Notas

Notas

Notas

Notas

Notas